शिक्षा तकनीकी

एस.के. मंगल

प्राचार्य एवं विभागाध्यक्ष (सेवानिवृत)
स्नातकोत्तर शिक्षा विभाग
सी.आर. कॉलेज ऑफ एजूकेशन
रोहतक, हरियाणा

उमा मंगल

प्राचार्या (सेवानिवृत)
वैश्य कॉलेज ऑफ एजूकेशन
रोहतक, हरियाणा

PHI Learning Private Limited
Delhi-110092
2022

₹ 995.00

शिक्षा तकनीकी

एस. के. मंगल एवं उमा मंगल

ISBN-978-81-203-3724-4 (Print Book)
ISBN-978-93-5443-825-7 (e-Book)

Published by Asoke K. Ghosh, PHI Learning Private Limited, Rimjhim House, 111, Patparganj Industrial Estate, Delhi-110092 and Printed by Rajkamal Electric Press, Plot No. 2, Phase IV, HSIDC, Kundli-131028, Sonepat, Haryana.

"भावी अध्यापकों के लिए जिन्हें
शिक्षा तकनीकी का उपयोग कर
अपने कक्षा कक्षों में
राष्ट्र का भविष्य बनाना है।"

विषय सूची

प्राक्कथन

हम जो आज अपने दैनिक जीवन और व्यवसाय की दुनिया को बड़े ही सुविधाजनक और प्रगतिपूर्ण ढंग से जी रहे हैं उसके पीछे तकनीकी क्षेत्र में हो रहे बहु–आयामी प्रगति और विकास का बहुत बड़ा हाथ है। आज हमारे जीवन का कोई भी क्षेत्र और कोना ऐसा नहीं जहां तकनीकी ज्ञान और कौशल के उपयोग का आनंद हमारे द्वारा नहीं उठाया जा रहा। फिर शिक्षा इससे अछूती कैसे रह सकती है। शिक्षा प्रक्रिया और उसके परिणामों के सभी तरह के नियोजन, क्रियान्वयन और प्रबंधन में आज तकनीकी अपना बहुमूल्य योगदान दे रही है। ऐसा सब कुछ करने में हार्डवेयर तथा सॉफ्टवेयर के रूप में उपलब्ध वैज्ञानिक तथा तकनीकी ज्ञान और सिद्धांतों ने ही अपना चमत्कार दिखाया है। तकनीकी ज्ञान एवं कौशल का यही व्यावहारिक पहलू शिक्षा जगत में शिक्षा तकनीकी के नाम से जाना जाता है। इसी के सहारे आज हम शिक्षण–अधिगम प्रक्रिया को इस तरह नियोजित, क्रियान्वित एवं प्रबंधित करने में सक्षम सिद्ध हो सकते हैं कि कम से कम समय में कम से कम शक्ति और साधनों का उपयोग करते हुए अच्छे से अच्छे और बेहतर शिक्षण–अधिगम परिणामों की प्राप्ति संभव हो सके। शिक्षक और शिक्षार्थी वर्ग को शिक्षा तकनीकी का ज्ञान और कौशल वांछित शिक्षण–अधिगम उद्देश्यों को भलीभांति पूरा करने हेतु उसी रूप में यथेष्ट सहयोगी सिद्ध हो सकता है जिस प्रकार की अपेक्षित इंजीनियरिंग तथा तकनीकी ज्ञान भवन या पुल निर्माणकर्त्ताओं को अपने-अपने कार्यों में भरपूर सहयोग देता है। शिक्षा तकनीकी के प्रयोग से शिक्षक अच्छी तरह शिक्षण कर सकते हैं और विद्यार्थी अच्छी तरह अधिगम। इस दृष्टि से यह अत्यंत आवश्यक है कि हमारे देश के विद्यालयों में कार्यरत अध्यापकों को अपने अध्यापकीय उत्तरदायित्वों के भलीभांति निर्वहन हेतु शैक्षिक तकनीकी विषय का समुचित ज्ञान हो। यह तभी संभव है जब कि अध्यापकों को शैक्षिक तकनीकी के ज्ञान कौशल एवं उसके उपयोग के प्रति यथेष्ट अभिवृत्ति के विकास हेतु अपेक्षित अवसरों की उपलब्धि सेवा पूर्व तथा सेवाकालीन प्रशिक्षण अवसरों के माध्यम से भलीभांति सुलभ कराई जाये। यहां अब यह बात स्वाभाविक रूप से सामने आ जाती है कि शैक्षिक तकनीकी विषय को सभी स्तरों के शिक्षक प्रशिक्षण पाठ्यक्रमों में अनिवार्य रूप से स्थान दिया जाए। इसी आवश्यकता को ध्यान में रखकर देश के सभी विश्वविद्यालयों तथा विद्यालय शिक्षा परिषदों ने शिक्षक प्रशिक्षणार्थियों तथा शिक्षक प्रशिक्षण देने वाले प्राध्यापकों को उनके पूर्व सेवा प्रशिक्षण तथा बेसिक पाठ्यक्रमों में शैक्षिक तकनीकी विषय को प्रमुख स्थान दे रखा है। प्रस्तुत पुस्तक डी.एड., बी.एड., एम.एड., एम.ए. (शिक्षा), एम.फिल. (शिक्षा) से जुड़े हुए ऐसे सभी विद्यार्थियों की इसी आवश्यकता की पूर्ति हेतु लिखी गई है।

अपने इस उद्देश्य की पूर्ति के लिए इस पुस्तक की विषय सामग्री का 34 विभिन्न अध्यायों में नियोजन एवं संगठन किया गया है। शुरुआत शैक्षिक तकनीकी विषय के अर्थ, प्रकृति और क्षेत्र पर प्रकाश डालने से हुई है। आगे के तीन अध्यायों में हार्डवेयर और सॉफ्टवेयर अनुदेशन सामग्री का वर्णन करते हुए यह बताने की चेष्टा की है कि इसका उपयोग शिक्षण अधिगम प्रक्रिया और उसके परिणामों को कैसे प्रभावित करता है। इससे आगे के चार अध्यायों में शिक्षण

तकनीकी (जो शैक्षिक तकनीकी का एक प्रमुख घटक है) संबंधी विभिन्न पहलुओं जैसे शिक्षण अधिगम का संप्रत्यय, शिक्षण कार्य, शिक्षण सिद्धांत तथा सफल शिक्षण के आधारभूत प्रनियमों एवं सूत्रों पर प्रकाश डाला गया है। इसके आगे नवें अध्याय में शिक्षण–अधिगम या अनुदेशन प्रक्रिया को सही दिशा और दशा प्रदान करने में सहायक शिक्षण या अनुदेशन उद्देश्यों की निर्माण प्रक्रिया को सामने लाया गया है। इन निर्धारित शिक्षण अथवा शिक्षण व्यूह रचनाओं तथा युक्तियों, संप्रेक्षण प्रक्रिया तथा शिक्षण–अधिगम का प्रबंधन आदि बातों का तीन अध्यायों में विस्तार से वर्णन किया गया है।

चूंकि शिक्षक का व्यवहार तथा उसकी व्यावसायिक अभिवृत्ति बहुत कुछ सीमा तक कक्षा शिक्षण में विद्यार्थियों के साथ होने वाली अंतःक्रिया तथा उसके द्वारा विद्यार्थियों के व्यवहार का निरूपण करने संबंधी प्रयासों को तय करने वाली सिद्ध होती है, अतः आगे के पांच अध्यायों में अंतःक्रिया विश्लेषण तकनीक द्वारा शिक्षक व्यवहार का परिमार्जन करने, क्रियात्मक अनुसंधान, सूक्ष्म शिक्षण, भूमिका निर्वाह एवं क्रीड़न तथा शिक्षक मूल्यांकन आदि विषयों पर चर्चा की गई है। आगे प्रणाली उपागम, प्रशिक्षण मनोविज्ञान, शिक्षण प्रतिमान तथा साइबरनेटिक्स आदि कुछ अध्यायों के माध्यम से पुस्तक अनुदेशनात्मक तकनीकी (जो शैक्षिक तकनीकी का एक प्रमुख अवयव है) को प्रकाश में लाती है ताकि अनुदेशनात्मक प्रक्रिया को ठीक प्रकार चलाने हेतु उचित अनुदेशनात्मक प्रारूपों अथवा प्रतिमानों के विकास तथा उपयोग के अवसर शिक्षकों को प्राप्त हो सकें।

शिक्षण–अधिगम की प्रक्रिया में अपनी–अपनी विशिष्ट विशेषताओं तथा उपयोग क्षेत्र के संदर्भ में वैयक्तिक तथा सामूहिक शिक्षण–अधिगम प्रयासों की विशेष भूमिका रहती है। पुस्तक में इस प्रकार के वैयक्तिक प्रयासों का जहां अभिक्रमित अधिगम या अनुदेशन, विद्यार्थी नियंत्रित अनुदेशन तथा व्यक्तिगत अनुदेशन प्रणाली नामक अध्यायों में आवश्यक वर्णन किया गया है वहीं सामूहिक प्रयासों की इकाई योजना तथा पाठ योजना, टोली शिक्षण तथा सहकारी शिक्षण नामक पाठों में चर्चा की गई है।

शैक्षिक तकनीकी का प्रयोग एवं उपयोग आज की दुनिया में कम्प्यूटर तथा सूचना एवं संप्रेषण तकनीकी से युक्त ज्ञान एवं कौशल से सराबोर है। पुस्तक में इन दोनों पर समुचित ध्यान देने की दृष्टि से कम्प्यूटर सहाय तथा टेलीकांफ्रेंसिंग, सूचना एवं संप्रेषण तकनीकी तथा कम्प्यूटर आपरेशन एवं नेट वर्किंग आदि अध्यायों को शामिल किया गया है। एक शिक्षक को जिला, प्रांत तथा राष्ट्रीय स्तर पर कार्यरत शैक्षिक तकनीकी के संसाधन केंद्रों से संबंधित कार्यविधियों तथा साधन सामग्री का पूर्ण ज्ञान होना चाहिए। इसी उद्देश्य की पूर्ति हेतु पुस्तक में "शैक्षिक तकनीकी के संसाधन केंद्र" के रूप में अलग से एक अध्याय को स्थान दिया गया है।

अंत में पुस्तक में शैक्षिक तकनीकी के एक अति महत्त्वपूर्ण पहलू (जो वास्तविक कक्षा शिक्षण तथा परंपरागत शिक्षा प्रणाली का पर्याय बन सकता है) पर अवास्तविक कक्षा कक्ष, ई–लर्निंग तथा दूरवर्ती शिक्षा जैसे विषयों की चर्चा द्वारा अपने अंतिम दो अध्यायों में विशेष रूप से ध्यान देने का प्रयत्न किया गया है।

अपने विशद् उद्देश्यों को 34 विभिन्न अध्यायों में नियोजित एवं संगठित विषयवस्तु के माध्यम से प्रस्तुत करने के लिए जहां तक हो सका है प्रस्तुतीकरण, तथा भाषा एवं शैली को बहुत ही सहज, स्वाभाविक एवं जीवंत रखने का प्रयत्न किया गया है ताकि पाठकों को विषय के सभी पहलुओं को भलीभांति समझने में पूरी–पूरी सहायता मिले। पुस्तक के सभी अध्यायों की शुरुआत अध्याय रूपरेखा द्वारा की गई है ताकि एक झलक मात्र में ही यह आभास हो जाये कि अध्याय विशेष में क्या कुछ कहा गया है। अध्यायों के अंत में सार–संक्षेप के रूप में अध्याय विशेष में चर्चित विषय सामग्री का संक्षिप्त अवलोकन प्रस्तुत किया गया है तथा साथ ही संबंधित संदर्भित एवं अध्ययन योग्य पुस्तकों की सूची दी गई है और अभ्यास हेतु अध्ययन प्रश्नों का भी समावेश किया है ताकि विद्यार्थियों को स्व–मूल्यांकन तथा परीक्षा संबंधी तैयारी आदि कार्यों में पर्याप्त सहायता मिल सके।

रचना में काफी कुछ विस्तृतता एवं स्पष्टता लाने के कार्य में लेखकगण को विषय विशेष को तीन दशक से भी अधिक समय तक पढ़ाने के अनुभव ने तो साथ दिया ही है, साथ ही बहुत से विद्वानों तथा लेखकों की रचनाओं से भी यह पुस्तक अनुप्रेरित है। उन सभी के प्रति कृतज्ञता यापन करना हम अपना धर्म समझते हैं जिनके कार्य की यत्र–तत्र चर्चा पुस्तक के विभिन्न अध्यायों में संदर्भ एवं विशेष अध्ययन ग्रंथों के रूप में की गई है। साथ ही हम अपने प्रकाशक पी.एच.आई. लर्निंग प्राइवेट लिमिटेड के भी आभारी हैं जिनके सहयोग के बिना यह पुष्प सरस्वती माँ के चरणों में इतनी अच्छी तरह से अर्पित नहीं हो सकता था।

पाठकों के लिए शुभकामनाओं सहित !

गणतंत्र दिवस
26 जनवरी, 2009

—एस.के. मंगल
—उमा मंगल

1

शैक्षिक तकनीकी—अर्थ, प्रकृति एवं क्षेत्र
(Educational Technology—Meaning, Nature and Scope)

अध्याय रूपरेखा (Chapter Outline)

- उद्भव एवं ऐतिहासिक पृष्ठभूमि (Origin and History)
- शैक्षिक तकनीकी—अर्थ एवं परिभाषाएं (Educational Technology—Meaning and Definitions)
- शैक्षिक तकनीकी की प्रकृति (Nature of Educational Technology)
- शैक्षिक तकनीकी के उद्देश्य (Objectives of Educational Technology)
- शैक्षिक तकनीकी के विभिन्न प्रकार एवं उपागम (Types and Approaches of Educational Technology)
- शैक्षिक तकनीकी के विभिन्न रूप (Various Forms of Educational Technology)
- शैक्षिक तकनीकी का क्षेत्र (Scope and Significance of Educational Technology)
- भारत में शैक्षिक तकनीकी का क्षेत्र एवं महत्त्व
  (Scope and Significance of Educational Technology in India)
- सार-संक्षेप (Summary)
- संदर्भित एवं विशेष अध्ययन ग्रंथ (References and Suggested Readings)
- अध्ययन के लिए प्रश्न (Study Questions)

उद्भव एवं ऐतिहासिक पृष्ठभूमि
(Origin and History)

शैक्षिक तकनीकी अपनी पद रचना तथा नामावली के रूप में दो अलग—अलग पदों शिक्षा तथा तकनीकी के संयुक्त स्वरूप का प्रतिनिधित्व करती है। शिक्षा तथा तकनीकी शास्त्र दोनों के ही स्वरूपों में समय और परिस्थितियों के अनुरूप भारी फेरबदल और परिवर्तन आते रहते हैं। परंतु यहाँ अब इस समय हमारा प्रयोजन तकनीकी शास्त्र के उद्भव स्वरूप के बारे में ही जानकारी ग्रहण करने का है। ऐसा इसलिए है कि शैक्षिक तकनीकी अपने सभी रूपों में सभी प्रकार से ऐसी तकनीकियों (हार्डवेयर तथा सॉफ्टवेयर दोनों ही) के विकास और उपयोग पर ध्यान देती है जिससे शिक्षार्थियों और शिक्षकों की शिक्षण अधिगम आवश्यकताओं की भलीभाँति आपूर्ति होती रहे तथा साथ में समुदाय और

समाज के विकास हेतु उपयुक्त शिक्षा व्यवस्था के नियोजन तथा क्रियान्वयन कार्य में आवश्यक तत्परता एवं प्रभावशीलता बनी रहे। दूसरे शब्दों में शैक्षिक तकनीकी के उद्‌गम, उद्‌भव एवं विकास की बात जहाँ शिक्षा प्रणाली और शिक्षण अधिगम के स्वरूप में परिवर्तन लाने संबंधी उसकी भूमिका से जुड़ी हुई है वहीं स्वयं उसके विकास का आधार तकनीकी ज्ञान एवं उसके उपयोग में होने वाले क्रमिक विकास से भलीभाँति जुड़ा हुआ है।

यही कारण है कि जैसे–जैसे किसी समुदाय या समाज विशेष में वैज्ञानिक, दार्शनिक, मनोवैज्ञानिक तथा तकनीकी नवाचारों, नवीन मान्यताओं, सिद्धांतों आदि के रूप में तकनीकी जागरूकता तथा परिवर्तन आते गए वैसे–वैसे ही इस तकनीकी समृद्धि का लाभ शैक्षिक तकनीकी के रूप में शिक्षा व्यवस्था तथा कार्यप्रणाली को नया रूप प्रदान करने के लिए किया जाता रहा। यह बात सार्वभौमिक रूप से सभी समुदायों, समाज तथा भू–देशों के लिये समान रूप से लागू होती रही जिसका आभास आगे की पंक्तियों पर दृष्टि डालने से भलीभाँति हो सकता है।

– विकास के प्रारम्भिक दौर में जब लेखन–कला का प्रादुर्भाव नहीं था तब शिक्षकों का शिक्षण कार्य मौखिक प्रस्तुतीकरण पर ही पूरी तरह आधारित था। विद्यार्थी अच्छी तरह सुनने तथा सुने हुए ज्ञान को कंठस्थ करने तथा उसे पुनः प्रस्तुत करने की अपनी क्षमता को बढ़ाने संबंधी उपायों को अपनाने के रूप में ही उस समय उपलब्ध शैक्षिक तकनीकी का उपयोग करते सर्वत्र देखे जा सकते थे। पश्चिमी देशों में प्रचलित सुकरात द्वारा प्रतिपादित शिक्षक–शिष्य संवाद प्रणाली तथा हमारे ऋषियों तथा गुरुओं द्वारा अपने आश्रमों एवं गृहशालाओं में अपनाई जाने वाली मौखिक शिक्षण एवं अधिगम व्यवस्था उस समय उपलब्ध शैक्षिक तकनीकी के यथाविध उपयोग के ज्वलन्त उदाहरण माने जा सकते हैं।

– जैसे–जैसे आगे के समय में संप्रेषण तकनीकी के आविष्कार और उपयोग में प्रगति आती गई वैसे वैसे ही इस विकसित तकनीकी को शिक्षा की प्रक्रिया और प्रतिफलों को नया स्वरूप प्रदान करने के कार्य में लाया जाता रहा। पेड़ों की छाल एवं तनों पर लिखने, पत्थरों तथा धातु पात्रों पर अक्षर खोदने तथा विविध प्रकार की लेखन सामग्री, लेखनी लिपियों तथा मुद्रण–मशीनों के आविष्कार और विकास के साथ लेखन और मुद्रण तकनीकी में जैसे–जैसे क्रांति आती गई वैसे–वैसे ही इस तकनीकी प्रगति का लाभ शैक्षिक तकनीकी के उपयोग के रूप में शिक्षा जगत को मिलता चला गया। परिणामस्वरूप विद्यार्थी तथा शिक्षक दोनों ही अपने–अपने कामों को भलीभाँति अंजाम देने हेतु मुद्रित सामग्री तथा पाठ्य पुस्तकों का विधिवत प्रयोग करते हुए देखे जाने लगे।

– शैक्षिक तकनीकी के शिक्षण–अधिगम कार्यों में प्रयुक्त किये जाने के प्रयत्नों में आगे का बदलाव तब आया जब विज्ञान और तकनीक के क्षेत्र में होने वाले नवीन आविष्कारों ने हार्डवेयर तथा सॉफ्टवेयर उपकरणों के रूप में विविध प्रकार के दृश्य–श्रव्य सहायक साधनों के उपयोग का मार्ग शिक्षकों तथा विद्यार्थियों के लिए प्रशस्त किया। इन सहायक साधनों के प्रयोग में जहाँ पहला पड़ाव सॉफ्टवेयर या मृदुल उपकरणों (चार्ट, चित्र, ग्राफ, मानचित्र, आरेख, श्यामपट्ट) के उपयोग को लेकर था वहीं दूसरा पड़ाव हार्डवेयर या कठोर उपकरणों के रूप में रेडियो, टेलीविज़न, टेपरिकार्डर, प्रोजेक्टरर्स एवं ट्रान्सपेरेन्सीज के प्रयोग के रूप में आया।

– आगे मनोवैज्ञानिक एवं अनुदेशन तकनीकी में होने वाले नवीन अनुसंधानों तथा विकास ने वैयक्तिक अनुदेशन और अधिगम अर्जन की नवीन मान्यताओं तथा सिद्धांतों को जन्म दिया तब शैक्षिक तकनीकी क्षेत्र में भी विभिन्न प्रकार के नवाचारों तथा प्रयोगों का चलन तेजी से जोर पकड़ने लगा। इनमें से प्रमुख रूप से हम प्रणाली उपागम (Systems approach), अभिक्रमित अधिगम या अनुदेशन (Programmed learning or instruction), सूक्ष्म शिक्षण, अन्तःक्रिया विश्लेषण (Interaction analysis) व कंप्यूटर सह–अनुदेशन इत्यादि का उल्लेख कर सकते हैं।

इस प्रकार से, यह भलीभाँति देखा जा सकता है कि जैसे–जैसे समाज में विज्ञान, तकनीकी, प्रौद्योगिकी, मनोविज्ञान, दर्शन आदि ज्ञान–विज्ञान के क्षेत्रों में नए नए प्रगति आयाम स्थापित होते गए वैसे–वैसे शिक्षा के क्षेत्र में प्रयुक्त होने वाली तकनीकों का भी चोला बदलता गया। फलस्वरूप शैक्षिक तकनीकी के संप्रत्यय, उसकी प्रकृति, स्वरूप तथा अनुप्रयोगों के क्षेत्र में भी निरंतर बदलाव आता गया। इस बात की पुष्टि विभिन्न समयों पर उपलब्ध शैक्षिक तकनीकी पद की परिभाषाओं द्वारा भलीभाँति हो सकती है। आइये अब इनमें से कुछ परिभाषाओं का अवलोकन किया जाए।

शैक्षिक तकनीकी—अर्थ एवं परिभाषाएं (Educational Technology—Meaning and Definitions)

1. **जी०ओ०एम० लीथ** (G.O.M. Leith)—शैक्षिक तकनीकी से तात्पर्य शिक्षण–अधिगम प्रक्रिया और अधिगम की परिस्थितियों से संबंधित वैज्ञानिक ज्ञान के उस सुव्यवस्थित प्रयोग से है जिसके द्वारा शिक्षण एवं प्रशिक्षण की कार्य क्षमता को बढ़ाया जा सकता है।

"Educational technology is the systematic application of scientific knowledge about teaching-learning and conditions of learning to improve the efficiency of teaching and training." (Leith, 1967).

2. **शिव के० मित्रा** (Shiv K. Mitra)—शैक्षिक तकनीकी को ऐसी तकनीक और विधियों के विज्ञान के रूप में जाना जा सकता है जिसके द्वारा शिक्षण उद्देश्यों की प्राप्ति की जा सके।

"Educational technology can be conceived as a science of techniques and methods by which educational goals could be realized." (Mitra, 1968).

3. **एस०एस० कुलकर्णी** (S.S. Kulkarni)—शैक्षिक तकनीकी को शिक्षा प्रक्रिया में प्रयोग किए जाने वाले वैज्ञानिक और तकनीकी सिद्धांतों एवं नवीनतम खोजों के रूप में परिभाषित किया जा सकता है।

"Educational technology may be defined as the application of the laws as well as recent discoveries of science and technology to the process of education." (Kulkarni, 1969).

4. **डी० अन्विन** (D. Unwin)—शैक्षिक तकनीकी का संबंध परीक्षा और प्रशिक्षण की आवश्यकताओं को पूरा करने हेतु अपनाई जाने वाली आधुनिक तकनीकों एवं कौशलों से है। इसके अंतर्गत अधिगम प्रक्रिया को सहज एवं सरल बनाने हेतु विधियों और साधनों के उचित उपयोग एवं अधिगम परिस्थितियों के नियंत्रण की बात शामिल होती है।

"Educational technology is concerned with the application of modern skills and techniques to requirements of education and training. This includes the facilitation of learning to manipulation of media and methods and the control of environment in so far as this reflects on learning." (Unwin, 1969).

5. **केनेथ रिचमंड** (Kenneth Richmond)—शैक्षिक तकनीकी शिक्षण एवं प्रशिक्षणों के उद्देश्यों को ध्यान में रखते हुए समुचित रूप से अभिकल्पित अधिगम की उन परिस्थितियों को प्रदान करने से संबंधित है जो अनुदेशन के सर्वोत्तम रूप को जन्म देती है।

"Educational technology is concerned with providing appropriately designed learning situations which holding in view the objectives of teaching or training, bring to bear the best means of instruction." (Richmond, 1979).

6. **आई० के० डेविस** (I.K. Davies)—शैक्षिक तकनीकी प्रशिक्षण और शैक्षिक समस्याओं से अपना संबंध रखती है तथा अधिगम स्रोतों के संगठन हेतु एक अनुशासित और व्यवस्थित उपागम के रूप में सामने आती है।

"Educational technology is concerned with the problems of education and training context and characterized by the disciplined and systematic approach to the organisation for resources of learning." (Davies, 1971).

7. जे०आर० गेसेज (J.R. Gases)—शैक्षिक तकनीकी को कुछ ऐसे अनवरत और जटिल प्रयत्नों के रूप में देखा जा सकता है जिसके द्वारा विद्यार्थियों, अध्यापकों और तकनीकी साधनों को प्रभावशाली ढंग से एक मंच पर लाया जा सके।

"Educational technology has to be seen as part of a persistent and complex endeavour of bringing pupils, teachers and technical means together in an effective way." (Report of the Interview of Ford Foundation, 1971)

8. स्कॉटिश शैक्षिक तकनीकी परिषद् (Scottish Council for Eductional Technology)—शैक्षिक तकनीकी से तात्पर्य एक ऐसे सुव्यवस्थित उपागम से है जिसे अधिगम और शिक्षण विधियों एवं प्रविधियों का प्रारूप तैयार करने और उनका मूल्यांकन करने के काम में लाया जाता है और साथ ही जिसके द्वारा संचार तकनीकी के माध्यमों और नवीनतम ज्ञान को औपचारिक एवं अनौपचारिक शिक्षा के क्षेत्र में अधिक से अधिक उपयोग में लाने का भी प्रयत्न किया जाता है।

"Educational technology is a systematic approach to designing and evaluating learning and teaching methods and methodologies and to the application and exploitation of media and the current knowledge of communication techniques in education, both formal and informal." (Cited in Tucker, 1978)

शैक्षिक तकनीकी की उपरोक्त सभी परिभाषाएँ अपने–अपने ढंग से शैक्षिक तकनीकी के प्रारूप, उद्देश्यों एवं स्वरूप का वर्णन करने का प्रयास करती है। इनके आधार पर शैक्षिक तकनीकी के अर्थ एवं स्वरूप, प्रकृति के संबंध में कुछ निम्न निष्कर्ष निकाले जा सकते हैं–

1. शैक्षिक तकनीकी में विज्ञान एवं तकनीकी प्रगति को शिक्षा के हित में उपयोग करने का प्रयास किया जाता है। हमारे सामान्य जीवन में जिस प्रकार विज्ञान और तकनीकी ज्ञान का उपयोग कम से कम समय में कम से कम शक्ति लगा कर अधिक से अधिक काम करने के रूप में किया जाता है, शैक्षिक तकनीकी उसी रूप में शिक्षण और अधिगम के क्षेत्र में अधिक से अधिक लाभ उठाने के लिए प्रयोग में लाई जाती है।
2. शैक्षिक तकनीकी शिक्षा की समस्याओं के लिए आवश्यक तकनीकी परामर्श एवं हल प्रस्तुत करती है।
3. शिक्षण संप्रेषण की एक प्रभावशाली कला है। अधिगम स्रोतों और शिक्षार्थी के बीच चलने वाले इस संप्रेषण में शैक्षिक तकनीकी बहुत ही महत्त्वपूर्ण भूमिका निभा सकती है।
4. शैक्षिक तकनीकी शिक्षण–अधिगम प्रक्रिया संबंधी सभी कार्यों को उचित मार्गदर्शन प्रदान करती है। इस प्रकार के कुछ कार्य निम्न हो सकते हैं–
   (i) लक्ष्यों (Goals) और व्यवहारपरक उद्देश्यों (Behavioural objectives) को निर्धारित करना।
   (ii) शिक्षार्थी की योग्यता अथवा विशेषताओं का विश्लेषण।
   (iii) पाठ्यक्रम से संबंधित विषयवस्तु का चयन एवं आयोजन।
   (iv) पाठ्यवस्तु के प्रस्तुतीकरण के लिए शिक्षण विधियों और व्यूह रचनाओं का चयन और प्रयोग करना।
   (v) उचित दृश्य–श्रव्य सामग्री, संप्रेषण माध्यम एवं शिक्षण उपकरणों का चयन एवं प्रयोग।
   (vi) अधिगम परिस्थितियों और वातावरण का उचित नियोजन एवं प्रभावपूर्ण संगठन।
   (vii) प्रभावपूर्ण कक्षा नियंत्रण एवं प्रबंध।
   (viii) शिक्षण प्रक्रिया के परिणामों का मूल्यांकन एवं अपेक्षित पृष्ठ पोषण (Feedback) और पुनर्बलन का आयोजन।

5. दृश्य–श्रव्य सामग्रियों के प्रयोग को ही शैक्षिक तकनीकी नहीं समझा जाना चाहिए और न हार्डवेयर उपकरणों जैसे प्रोजेक्टर, टेलीविजन, कंप्यूटर, शिक्षण मशीन आदि के प्रयोग को ही शैक्षिक तकनीकी का पर्याय समझा जाना चाहिए।

इस प्रकार हम देखते हैं कि शैक्षिक तकनीकी को मात्र श्रव्य सहायक साधन, सॉफ्टवेयर उपागम और हार्डवेयर उपागम आदि के रूप में सीमित नहीं किया जा सकता। यह एक विषद् और व्यापक संप्रत्यय है और एक प्रकार से उन सभी तकनीकों, साधन, विधियों, उपागम और प्रणालियों का मिला–जुला रूप है जिससे शिक्षण, अधिगम और संप्रेषण कला के क्षेत्रों में हो रहे विभिन्न अनुसंधानों और अनुभवों के परिणामों का लाभ उठाकर बड़ी बुद्धिमानी से समस्त मानवीय और भौतिक शिक्षण स्रोतों की धारा को अपेक्षित शैक्षिक उद्देश्यों की प्राप्ति की दिशा में मोड़ने का प्रयत्न किया जाता है।

इस तरह निष्कर्ष रूप से *शैक्षिक तकनीकी से अभिप्राय उपलब्ध मानवीय और भौतिक शिक्षण साधनों एवं स्रोतों के उस विवेकपूर्ण उपयोग से है जिसके द्वारा कम से कम समय में कम से कम शक्ति लगाकर अधिक से अधिक अच्छे रूप में शिक्षण–अधिगम प्रक्रिया और उसके परिणामों को प्रभावशाली बनाया जा सके एवं शिक्षा जगत की विविध समस्याओं का उपयुक्त हल खोजा जा सके।*

शैक्षिक तकनीकी की प्रकृति (Nature of Educational Technology)

जैसा कि पहले संकेत दिया जा चुका है, शैक्षिक तकनीकी एक विषद और व्यापक संप्रत्यय है। इसके विशाल स्वरूप से परिचित होने के लिए हमें निम्न तीन दृष्टिकोणों से इस पर विचार करना होगा–

(I) शैक्षिक तकनीकी के संप्रत्यय का ऐतिहासिक परिप्रेक्ष्य।
(II) शैक्षिक तकनीकी के संप्रत्यय का वर्तमान स्वरूप।
(III) शैक्षिक तकनीकी और अन्य संबंधित संप्रत्यय।

(I) शैक्षिक तकनीकी के संप्रत्यय का ऐतिहासिक परिप्रेक्ष्य (Evolution in the Concept of Educational Technology)

शैक्षिक तकनीकी का संप्रत्यय विभिन्न समयों में उसके प्रयोग और समझे जाने वाले अर्थ के अनुरूप परिवर्तित होता रहा है जैसा कि निम्न विवरण द्वारा स्पष्ट हो सकता है–

अपनी प्रारम्भिक अवस्था में शैक्षिक तकनीकी का प्रयोग पारम्परिक दृश्य–श्रव्य साधनों (चार्ट, चित्र, मॉडल, नमूने और स्थूल सामग्री आदि) के उपयोग तक ही सीमित था। अतः इस अवस्था में शैक्षिक तकनीकी को दृश्य–सामग्री के पर्याय के रूप में मान्यता दी जाती रही।

विज्ञान और तकनीकी प्रगति के परिणामस्परूप टेप–रिकॉर्डर, माइक्रोफोन, प्रोजेक्टर, फोटोग्राफी, रेडियो, टेलीविजन, शिक्षण मशीन, कंप्यूटर आदि सूक्ष्म और प्रभावशाली उपकरणों का अस्तित्व प्रकाश में आया और इनका शिक्षा जगत में प्रयोग होने लगा। धीरे–धीरे इन मशीनी उपकरणों और उनके प्रयोग को ही शैक्षिक तकनीकी समझा जाने लगा।

शैक्षिक तकनीकी के संप्रत्यय को अगला रूप तब मिला जब प्रगतिशील संचार साधनों और जनसंपर्क माध्यमों (Mass media) को शिक्षा के साधन के रूप में उपयोग किया जाने लगा। रेडियो, टेलीविजन, सिनेमा, वीडियो और कंप्यूटर आदि साधनों पर आधारित औपचारिक एवं अनौपचारिक शिक्षण को शैक्षिक तकनीकी के इस स्वरूप का ही

परिणाम समझा जा सकता है। इस प्रकार जनसम्पर्क माध्यमों अथवा संप्रेषण साधनों (Mass media and means of mass communication) को ही शैक्षिक तकनीकी समझे जाने की परम्परा विकसित हुई।

अभिक्रमित अधिगम अथवा अनुदेशन (Programmed learning or instruction) के प्रादुर्भाव से शैक्षिक तकनीकी के संप्रत्यय में फिर एक नया मोड़ आया। अब शिक्षा प्रक्रिया में वैयक्तिकता की बाढ़ आई और अभिक्रमित अनुदेशनात्मक सामग्री तथा शिक्षण मशीन एवं कंप्यूटर निर्देशित अनुदेशन के परिणामस्वरूप शिक्षक के बिना शिक्षा ग्रहण करने के विचारों ने जोर पकड़ा। परिणामस्वरूप शैक्षिक तकनीकी को वैयक्तिक रूप से स्वयं शिक्षा ग्रहण कराने वाली अभिक्रमित अनुदेशनात्मक सामग्री (Self instructional programmed material) के रूप में समझा जाने लगा।

आगे चलकर शैक्षिक तकनीकी के संप्रत्यय में कुछ और नवीनता आई। इस परिवर्तन को सूक्ष्म शिक्षण (Micro-teaching), टीम शिक्षण (Team teaching), अनुरूपित शिक्षण (Simulated teaching), क्रीडन (Gaming), प्रणाली उपागम (Systems approach) आदि नवीन प्रवर्तनों (Innovations) का परिणाम कहा जा सकता है और इस संदर्भ में शैक्षिक तकनीकी इन प्रवर्तनों (Innovations) का पर्याय बन गई।

(II) शैक्षिक तकनीकी के संप्रत्यय का वर्तमान स्वरूप (Existing Positions and Latest Concept)

ऊपर की पंक्तियों में हमने देखा है कि शैक्षिक तकनीकी के अर्थ एवं प्रयोगों में समय–समय पर परिवर्तन आते गए हैं और उसका सीमित एवं संकुचित अर्थ लगाया जाता रहा है। शैक्षिक तकनीकी के संप्रत्यय की इस प्रकार की छाप अभी तक व्याप्त है। जिस कार्यक्षेत्र अथवा व्यवसाय से कोई संबंधित है अथवा शैक्षिक तकनीकी के जिस रूप का उपयोग कोई अपने कार्यों में कर रहा है वह शैक्षिक तकनीकी के संप्रत्यय को उसी संकुचित अर्थ में ग्रहण करने–कराने पर जोर देता है। वे व्यक्ति जो दृश्य–श्रव्य साधनों से संबंधित हैं, शैक्षिक तकनीकी को दृश्य–श्रव्य साधनों का पर्याय मानते हैं। जनसम्पर्क माध्यमों के विशेषज्ञ (Mass media experts) और संप्रेक्षण तकनीकी (Communication technology) से संबंधित व्यक्ति शैक्षिक तकनीकी को जनसम्पर्क माध्यमों और संप्रेषण साधनों के रूप में देखते हैं। अभिक्रमित अनुदेशन सामग्री तैयार करने वाले और इस सामग्री से स्वयं शिक्षा ग्रहण कराने वालों के लिए शैक्षिक तकनीकी अभिक्रमित अनुदेशन का पर्याय है और शिक्षण मशीन अथवा कंप्यूटर निर्देशित शिक्षण से संबंधित व्यक्तियों के लिए शैक्षिक तकनीकी का अर्थ उसके इस प्रकार के प्रयोग में ही निहित है।

इस प्रकार से आज तक भी शैक्षिक तकनीकी के संप्रत्यय के विभिन्न रूप देखने को मिलते रहे हैं और परिणामस्वरूप भारत में ही नहीं बल्कि सभी देशों में शैक्षिक तकनीकी का कोई निश्चित स्वरूप नहीं बन पाया है बल्कि इस संबंध में बहुत अधिक विषमताएँ और असहमति दिखाई देती हैं। यही कारण विभिन्न विश्वविद्यालयों के शैक्षिक तकनीकी विषय के किसी भी स्तर (बी०एड०, एम०एड०, एम०ए०, शिक्षा और एम०फिल० आदि) के पाठ्यक्रमों में बहुत अधिक विभिन्नतायें देखने को मिलती हैं।

शैक्षिक तकनीकी के अर्थ, प्रयोग और उसे पढ़ाए जाने से संबंधित इन सभी मतभेदों, विभिन्नताओं और अराजकता को समाप्त करने के लिए गत कुछ वर्षों में गम्भीर प्रयत्नों की शुरुआत हुई है। इन प्रयत्नों के परिणामस्वरूप शैक्षिक तकनीकी के संप्रत्यय का जो स्वरूप निखर कर सामने आया है उसका आधार कंप्यूटर विज्ञान द्वारा विकसित प्रणाली अभियांत्रिकी (Systems engineering) और प्रणाली उपागम (Systems approach) से संबंधित संप्रत्यय है। शैक्षिक तकनीकी को इस नवीनतम संप्रत्यय के आधार पर अपने बिखरे हुए संकीर्ण उपयोगों के रूप में नहीं देखा जाता है बल्कि समग्र रूप में एक विकसित प्रणाली के रूप में समझा और प्रयोग में लाया जाता है। इस संदर्भ में आज शैक्षिक तकनीकी, विकसित प्रणाली उपागम के उस रूप का प्रतिनिधित्व करती है जिसके अंतर्गत विभिन्न अनुसंधानों और अनुभवों के आधार पर शिक्षण और अधिगम की समग्र प्रक्रिया को निर्धारित उद्देश्यों के परिप्रेक्ष्य में इस तरह नियोजित और नियंत्रित करने का प्रयास किया जाता है, ताकि सभी मानवीय और भौतिकी शिक्षण स्रोतों को अधिक से अधिक अच्छे परिणामों की प्राप्ति के लिए कुशलतापूर्वक प्रयोग में लाया जा सके।

दूसरे शब्दों में शैक्षिक तकनीकी को शिक्षा के क्षेत्र में प्रयुक्त प्रणाली उपागम के उस प्रारूप की संज्ञा दी जा सकती है जिसके द्वारा शिक्षा के व्यापक उद्देश्यों और साधनों के संदर्भ में एक उपयुक्त शैक्षिक प्रणाली (Educational system) का संगठन किया जा सके। शैक्षिक तकनीकी का यह स्वरूप अपने आप में काफी विस्तृत अर्थ संजोए हुए है। इसके अंतर्गत शिक्षाजगत की विविध समस्याओं के समाधान के लिए प्रणाली उपागम का प्रयोग करने की बात सोची जाती है। इस प्रकार की समस्याओं के क्षेत्र और विषयों का रूप निम्न हो सकता है–

(i) शिक्षा का नियोजन और आयोजन।
(ii) अधिगम का मनोविज्ञान।
(iii) पाठ्यक्रम निर्माण और विभिन्न अध्ययन कोर्सों (Courses) का निर्धारण।
(iv) शिक्षण और अधिगम सामग्री का उत्पादन, उपयोग, देखभाल एवं सुरक्षा।
(v) शिक्षा के विभिन्न माध्यमों और उपकरणों के परिणामों का व्यय के अनुपात में मूल्यांकन करना।
(vi) मूल्यांकन।

(III) शैक्षिक तकनीकी और अन्य संबंधित संप्रत्यय (Educational Technology and Other Related Concepts)

शैक्षिक तकनीकी के संप्रत्यय को और अधिक स्पष्ट करने के लिए हम इसे कुछ मिलते–जुलते अन्य संप्रत्ययों से अलग करके देखने का प्रयास करेंगे।

1. **शैक्षिक तकनीकी एवं अनुदेशनात्मक तकनीकी** (Educational Technology and Instructional Technology)— इन दोनों को एक–दूसरे का समानार्थी नहीं समझा जाना चाहिए। शैक्षिक तकनीकी एक विशद् और व्यापक संप्रत्यय है और अनुदेशनात्मक तकनीकी उसका एक हिस्सा। शिक्षा की प्रक्रिया व्यापक है और अनुदेशन, शिक्षा प्रक्रिया की विभिन्न शैलियों में एक का प्रतिनिधित्व करता है। इस प्रकार अनुदेशनात्मक तकनीकी को शैक्षिक तकनीकी प्रणाली (System of Educational Technology) की एक उपप्रणाली (Sub-system) ही समझा जाना चाहिए।

   अनुदेशनात्मक तकनीकी का उद्देश्य शिक्षार्थी को इस प्रकार के उचित अनुभव और उद्दीपन (Stimuli) प्रदान करना है जिनके माध्यम से अनुकूल अनुक्रियाओं (Responses) का सृजन कर अधिगम को अधिक से अधिक प्रभावशाली बनाया जा सके। दूसरे शब्दों में, अनुदेशानात्मक तकनीकी का कार्य ऐसी उचित विधियों, तकनीकी माध्यमों और साधनों का निर्धारण करना है जिनके द्वारा किसी एक अधिगम परिस्थिति (Learning Situation) में पूर्व निश्चित अनुदेशनात्मक उद्देश्यों की अच्छे–से–अच्छे ढंग से प्राप्ति हो सके। इसकी तुलना में शैक्षिक तकनीकी का उद्देश्य और कार्यक्षेत्र अधिक व्यापक होता है। उसका कार्य समस्त उपलब्ध मानवीय और भौतिक स्रोतों को वैज्ञानिक ढंग से इस प्रकार नियोजित और नियंत्रित करना है जिसके द्वारा शिक्षा (अनुदेशन इसमें सम्मिलित है) की विभिन्न समस्याओं का उचित समाधान हो सके और सम्पूर्ण शिक्षण–अधिगम प्रक्रिया को अधिक–से–अधिक फलदायक बनाया जा सके।

2. **शैक्षिक तकनीकी एवं शिक्षण तकनीकी** (Educational Technology and Teaching Technology)— अनुदेशनात्मक तकनीकी की भाँति शिक्षण तकनीकी भी वृहत् शैक्षिक तकनीकी प्रणाली की एक उपप्रणाली है। एक शिक्षक अपने उद्देश्यों की प्राप्ति के लिए जो शिक्षण कार्य करता है, उसके सफल नियोजन और व्यवस्थापन में शिक्षण तकनीकी महत्त्वपूर्ण सहयोग देती है। इस तरह शिक्षण तकनीकी शिक्षण कार्य को आवश्यक सैद्धांतिक और क्रियात्मक आधार प्रदान कर अधिक–से–अधिक प्रगति की ओर ले जाने का कार्य करती है। इस रूप में अनुदेशनात्मक तकनीकी का संप्रत्यय शिक्षण तकनीकी के संप्रत्यय से कुछ अधिक बड़ा बैठता है, क्योंकि

अध्यापकीय शिक्षण कार्य के अतिरिक्त बहुत–सी अन्य बातें जैसे अभिक्रमित अनुदेशन तथा शिक्षण मशीन जो स्व–शिक्षण में सहायक हो सकती है–उनका समावेश अनुदेशनात्मक तकनीकों में हो सकता है।

वास्तव में देखा जाए तो शिक्षा का क्षेत्र अपेक्षाकृत बहुत व्यापक होता है और उसे किसी अवस्था में एक शिक्षक के कार्यों अथवा शिक्षण क्रियाओं (Teaching activities) के रूप में सीमित नहीं किया जा सकता। यही कारण है कि शिक्षण तकनीकी को शैक्षिक तकनीकी नामक विषय के एक उपविषय के रूप में ही मान्यता दी जा सकती है, उसे उसका पर्याय नहीं माना जा सकता।

3. **शिक्षा की तकनीकी और शिक्षा में तकनीकी** (Technology of Education and Technology in Education)— शिक्षा में तकनीकी पद का आशय विज्ञान एवं तकनीकी प्रगति के परिणामस्वरूप विकसित साधनों, उपकरणों एवं मशीनों आदि के शिक्षा के क्षेत्र में प्रभावपूर्ण उपयोग से है। इसके अंतर्गत सभी प्रकार की दृश्य–श्रव्य सामग्री, संचार एवं संप्रेषण साधनों, जनसंपर्क माध्यमों और यांत्रिक एवं इलेक्ट्रानिक उपकरणों जैसे प्रोजेक्टर, फिल्म, रेडियो, टेलीविजन, टेपरिकार्डर, शिक्षण मशीन और कंप्यूटर निर्देशित अनुदेशन आदि का समावेश हो सकता है। इन्हें व्यक्तिगत अथवा सामूहिक रूप से सीखने के किसी भी कार्य में लाया जा सकता है। इस प्रकार की तकनीकी प्रगति का शिक्षा के क्षेत्र में वैसा ही उपयोग है अथवा दूसरे शब्दों में तकनीकी साधनों द्वारा प्रदान की गई वैसी ही सेवा है जैसी कि कृषि और बागवानी के क्षेत्र में उन्नत वैज्ञानिक कृषि यंत्रों एवं उपकरणों के द्वारा अथवा हमारी दिन–प्रतिदिन की जिन्दगी में विज्ञान के चमत्कारी साधनों द्वारा की जाती है।

इसके विपरीत 'शिक्षा की तकनीकी' अथवा 'शैक्षिक तकनीकी' पद जैसा कि इसके संप्रत्यय का स्पष्टीकरण करते हुए पहले लिखा जा चुका है, एक बहुत और विशद् प्रारूप है। इसे 'शिक्षा में तकनीकी' संप्रत्यय की भाँति तकनीकी साधनों के शिक्षा में उपयोग तक ही सीमित नहीं किया जा सकता। 'शिक्षा में तकनीकी' ऐसा संबोधन करते हुए हमें ऐसा लगता है कि मानो हम शिक्षा कार्य की सफलता के लिए कुछ अतिरिक्त सहायता की पुकार कर रहे हों और तकनीकी प्रगति से जुड़े हुए साधन, मशीन एवं उपकरण आदि शिक्षक और विद्यार्थी को उनसे जुड़े हुए अथवा शिक्षा प्रणाली का अंग बने हुए बाहर से यांत्रिक ढंग से कुछ सहायता पहुँचा रहे हों। दूसरी ओर 'शिक्षा की तकनीकी' ऐसा करने से इस प्रकार की सेवा अथवा बाह्य सहायता का बोध नहीं होता। बल्कि यह मालूम पड़ता है कि शिक्षा में जो तकनीकी सिद्धांतों एवं क्रियाओं का प्रयोग होता है वह शिक्षा प्रक्रिया में बाहर से डाली जाने वाली चीज नहीं बल्कि उसका एक अभिन्न अंग है। दूसरे शब्दों में शिक्षा की विविध समस्याओं के समाधान और कार्यों के संपादन हेतु अपनाई गई विशेष तकनीक एवं प्रणाली का इसके द्वारा बोध होता है न कि तकनीकी द्वारा कुछ सेवा करने की बात का।

शैक्षिक तकनीकी की प्रकृति को स्पष्ट करने के लिए हमने जिन तीन दृष्टिकोणों का चुनाव किया था, उसके संदर्भ में ऊपर के पृष्ठों में किए गए विवेचन से हमें कुछ निम्न निष्कर्ष निकालने में सहायता मिल सकती है–

1. शैक्षिक तकनीकी को दृश्य–श्रव्य सहायक सामग्री का उपयोग मात्र नहीं माना जा सकता और न इसके संप्रत्यय को 'शिक्षा में तकनीकी' (Technology in teaching) संप्रत्यय का पर्याय गाना जा सकता है। 'शिक्षा की सेवा में तकनीकी' ऐसा अर्थ शैक्षिक तकनीकी से नहीं लगाया जा सकता और इस तरह वैज्ञानिक तथा तकनीकी साधनों, मशीनों, उपकरणों, संचार संप्रेषण तथा जनसंपर्क माध्यमों आदि के उपयोगों को शैक्षिक तकनीकी नहीं कहा जा सकता।
2. शैक्षिक तकनीकी को हर अवस्था में शिक्षा की तकनीकी (Technology of teaching) के अर्थों में ही एक ऐसी प्रणाली (System) के रूप में ग्रहण किया जाना चाहिए जिसके द्वारा शिक्षा की सभी समस्याओं का विश्लेषण कर सम्पूर्ण शिक्षण–अधिगम प्रक्रिया को इस प्रकार नियंत्रण एवं व्यवस्थित किया जा सके कि उसके द्वारा सर्वोत्तम परिणामों की उपलब्धि का सर्वोत्तम रास्ता खुल सके।

3. शैक्षिक तकनीकों को उसके अपने विशाल समग्र रूप में ही देखा और समझा जाना चाहिए। इसके छोटे–छोटे भागों और प्रयोगों को इसका पर्याय मानना एक बड़ी भूल है। अनुदेशनात्मक तकनीकी, शिक्षण तकनीकी, व्यवहार तकनीकी, अभिक्रमित अनुदेशन, सूक्ष्म शिक्षण, प्रणाली विश्लेषण (System analysis), शिक्षण–अभिगम प्रबंध (Management of teaching learning), शिक्षण व्यवहार और अध्यापक व्यवहार (Teacher behaviour) आदि संप्रत्यय शैक्षिक तकनीकी नामक विशद् और व्यापक संप्रत्यय के अंश मात्र ही हैं। ये या तो इसके विभिन्न तत्त्व हैं अथवा इसके प्रयोग में लाने से संबंधित विभिन्न तकनीकी साधनों अथवा शैलियों का प्रतिनिधित्व करते हैं। इनमें से कोई भी अपने आप में उतना सक्षम नहीं कि वह शैक्षिक तकनीकी का पर्याय बन सके। शैक्षिक तकनीकी में इन सभी को परिस्थिति और सुविधानुसार इस प्रकार सुव्यवस्थित ढंग से शामिल किया जाता है कि एक ऐसी उपयोगी प्रणाली की संरचना की जा सके जिसके द्वारा शिक्षा प्रक्रिया को अधिक से अधिक फलदायक बनाने में सहायता मिल सके।

शैक्षिक तकनीकी के उद्देश्य (Objectives of Educational Technology)

शैक्षिक तकनीकी 'शिक्षा की तकनीकी' के रूप में संपूर्ण शिक्षा प्रक्रिया के सफलतार्पूक नियोजन, क्रियान्वयन और मूल्यांकन तथा शिक्षण स्रोतों एवं साधनों के सर्वोत्तम उपयोग की दिशा में भरपूर सहयोग देती है।

यहाँ अब यह प्रश्न सामने आ जाता है कि शैक्षिक तकनीकी के द्वारा किस प्रकार की आवश्यकताओं और प्रयोजनों–सामान्य या विशेष की पूर्ति होती है ? दूसरे शब्दों में, हमें निश्चित रूप से यह जानना जरूरी है कि शिक्षा के क्षेत्र में प्रयुक्त शैक्षिक तकनीकी के द्वारा किस प्रकार के शैक्षिक उद्देश्यों की पूर्ति की जा सकती है। इस दृष्टि से शैक्षिक तकनीकी के सामान्य उद्दश्यों अथवा व्यापक लक्ष्यों एवं विशिष्ट कक्षा शिक्षण उद्देश्यों को निम्न रूप में प्रकट किया जा सकता है–

(I) शैक्षिक तकनीकी के सामान्य उद्देश्य अथवा व्यापक लक्ष्य (Objectives at the Macro Level in View of the Broad Educational Goals)

1. समुदाय विशेष की आकांक्षाओं और शैक्षिक आवश्यकताओं का पता लगाना।
2. शिक्षा उद्देश्यों, सामान्य शिक्षण विधियों और शिक्षा के सामान्य स्वरूप का निर्धारण करना।
3. विज्ञान, कला और मानवीय मूल्यों को आत्मसात करने वाले उचित पाठ्यक्रम का निर्माण करना।
4. निर्धारित शिक्षा उद्देश्यों की प्राप्ति हेतु मानवीय और भौतिक साधनों एवं युक्तियों का पता लगाना।
5. शिक्षण–अधिगम प्रक्रिया में अच्छे परिणामों हेतु विशेष शिक्षण–प्रतिमानों का विकास करना।
6. शिक्षा–प्रक्रिया में सहायता हेतु उचित साधनों एवं उपकरणों का उत्पादन, निर्माण एवं विकास करना।
7. शैक्षिक वातावरण में उपस्थित प्रतिकूल परिस्थितियों की संभावना का पता लगाना और उन्हें दूर करने के तरीके सोचना।
8. जन साधारण, विशेषतया दलित और उपेक्षित वर्ग के लिए शिक्षा की सुविधाएँ प्रदान करने में सहायता पहुँचाना।
9. नियोजन, क्रियान्वयन और मूल्यांकन संबंधी सभी शिक्षा–क्रियाओं पर ध्यान देते हुए शिक्षा की संपूर्ण प्रणाली को व्यवस्थित करना।

(II) शैक्षिक तकनीकी के कक्षा शिक्षण संबंधी विशिष्ट उद्देश्य (Objectives at the Micro Level in View of the Specific Classroom Teaching)

1. विद्यार्थियों की योग्यताओं विशेषताओं और शैक्षिक विशेषताओं का पता लगाना।
2. कक्षा शिक्षण संबंधी विशिष्ट उद्देश्यों का निर्धारण कर उन्हें व्यवहारपरक शब्दावली में प्रस्तुत करना।
3. अनुदेशनात्मक सामग्री का विश्लेषण करना और उसे क्रमबद्ध रूप से व्यवस्थित करना।
4. उपलब्ध शिक्षण–अधिगम सामग्री और साधनों की जानकारी प्राप्त करना।
5. शिक्षण–प्रणाली की विभिन्न उप–प्रणालियों और तत्त्वों जैसे – विद्यार्थी–अध्यापक, शिक्षण–अधिगम सामग्री, अनुदेशन सामग्री और विधियों आदि की संभावित पारस्परिक अंतःक्रिया की प्रकृति से अवगत होना।
6. कक्षा शिक्षण संबंधी विशिष्ट उद्देश्यों की प्राप्ति हेतु उपलब्ध समस्त साधनों एवं शिक्षण व्यूह रचनाओं (Strategies) के उपयोग के बारे में योजना बनाना।
7. विद्यार्थियों की शैक्षिक उपलब्धियों और व्यवहार परिवर्तन के संदर्भ में कक्षा शिक्षण के परिणामों का मूल्यांकन करना।
8. शिक्षण–अधिगम प्रक्रिया में यथेष्ट सुधार लाने के लिए विद्यार्थियों और अध्यापक को उचित प्रतिपुष्टि (Feed-back) प्रदान करना।

शैक्षिक तकनीकी के विभिन्न प्रकार एवं उपागम (Types and Approaches of Educational Technology)

शैक्षिक तकनीकी के अर्थ एवं संप्रत्यय संबंधी विभिन्न धारणाओं और शिक्षा जगत में उसके बहुमुखीय उपयोगों के आधार पर शैक्षिक तकनीकी के स्वरूप को कुछ विभिन्न प्रकार के उपागमों के माध्यम से व्यक्त करने का प्रयत्न किया है। इनमें से ए. ए. लुम्सडीन (Lumsdeine, 1964) के प्रयासों को अधिक मान्यता प्राप्त हुई है। उनके अनुसार शैक्षिक तकनीकी को सुविधा की दृष्टि से निम्न तीन मुख्य प्रकारों एवं उपागमों (Approaches) के माध्यम से व्यक्त किया जा सकता है–

(I) शैक्षिक तकनीकी प्रथम अथवा हार्डवेयर उपागम।
(II) शैक्षिक तकनीकी द्वितीय अथवा सॉफ्टवेयर उपागम।
(III) शैक्षिक तकनीकी तृतीय अथवा प्रणाली उपागम।

आइए अब इन सभी का परिचय प्राप्त किया जाए।

(I) शैक्षिक तकनीकी प्रथम अथवा हार्डवेयर उपागम (Educational Technology I or Hardware Approach)

इस प्रकार की शैक्षिक तकनीकी का उद्‌गम स्रोत भौतिक और अभियांत्रिकी (Engineering) में है और इसका आधार 'सेवा' (Service) से संबंधित संप्रत्यय है। सिल्वरमैन (Silverman, 1968) के अनुसार इस प्रकार की शैक्षिक तकनीकी 'शिक्षा में तकनीकी' संप्रत्यय के अर्थों में प्रयुक्त होती है। इस तरह विज्ञान और तकनीकी प्रगति के परिणामस्वरूप विकसित जो कुछ भी साधन, उपकरण, माध्यम और मशीन आदि की सहायता शिक्षण कार्यों के संपादन हेतु ली जाती है, उस सभी को इस प्रकार की शैक्षिक तकनीकी के अंतर्गत शामिल किया जाता है।

एक अध्यापक जब एक विद्यालय के विशाल हॉल अथवा प्रांगण में अपनी आवाज सभी विद्यार्थियों तक पहुंचाने के लिए माइक्रोफोन का प्रयोग करता है तब उस समय वह इसी प्रकार की शैक्षिक तकनीकी का उपयोग

कर रहा होता है। इस तरह दृश्य–श्रव्य सहायक सामग्री जैसे चार्ट, चित्र, मॉडल, फिल्म–स्ट्रिप, कैसेट आदि और मशीनी उपकरण जैसे रेडियो, टेलीविजन, टेपरिकार्डर, प्रोजेक्टर, रिकार्ड प्लेयर, वीडियो, शिक्षण मशीन और कंप्यूटर आदि का उपयोग इसी प्रकार की तकनीकी में आता है। इस तकनीकी ने शिक्षा जगत में क्रांतिकारी परिवर्तन लाने की भूमिका निभाई है। व्यापक स्तर पर जनसंपर्क करने और शिक्षा सुविधाएँ एवं लाभों को दूर–दूर तक फैले हुए उपेक्षित और पिछड़े हुए क्षेत्रों एवं जनसमुदाय तक पहुँचाने में विकसित संचार एवं संप्रेक्षण माध्यमों का बहुत योगदान रहा है। शिक्षा के क्षेत्र में प्रयुक्त हार्डवेयर उपागमों ने शिक्षा देने के तरीकों को अधिक से अधिक प्रभावशाली बनाने और शिक्षा कार्य में होने वाले व्यय को घटाने का सराहनीय प्रयास किया है। परंतु इस प्रकार की तकनीकी शिक्षा की सेवा करने के लिए बाहर से आई हुई मानी जाती है और इसलिए यह शिक्षा प्रक्रिया के किसी तत्त्व या अंग के रूप में उसमें घुलमिल नहीं सकती। जो कुछ भी उपकरण, सामग्री और मशीन आदि हार्डवेयर साधनों के रूप में शिक्षा क्षेत्र में सहायता के लिए आगे आते हैं वे सभी शिक्षा जगत या विषय के बाहर के क्षेत्रों से अपना संबंध रखते हैं और उन्हें शिक्षा के कार्यों का सम्पादन करने हेतु इन क्षेत्रों से उधार लिया जाता है।

(II) शैक्षिक तकनीकी द्वितीय अथवा सॉफ्टवेयर उपागम (Educational Technology II or Software Approach)

द्वितीय प्रकार की शैक्षिक तकनीकी अथवा सॉफ्टवेयर उपागम का उद्‌गम स्थान अधिगम मनोविज्ञान से संबंधित व्यवहारपरक विज्ञान है। शिक्षण–अधिगम का मनोविज्ञान हमारे सामने शिक्षा की ऐसी तकनीक प्रस्तुत करता है जिसके माध्यम से शिक्षा की संपूर्ण प्रक्रिया को अच्छे से अच्छे ढंग से सुव्यवस्थित एवं सुनियोजित किया जा सकता है। अध्यापक और विद्यार्थी दोनों को ही सर्वोत्तम ढंग से अपना–अपना उत्तरदायित्व निभाने, शिक्षण परिस्थितियों और वातावरण को अनुकूल बनाने और अपेक्षित व्यवहार परिवर्तन संबंधी उद्देश्यों को अच्छी तरह प्राप्त करने में इस प्रकार की शैक्षिक तकनीकी काफी सहायता करती है। विशिष्ट शिक्षण और अधिगम विधियों, प्रविधियों, तकनीक, युक्तियों, व्यूह रचनाओं का निर्माण इस तकनीकी द्वारा ही किया जाता है। शिक्षण अधिगम के अंतर्गत चलने वाली पारस्परिक अन्तःक्रिया, शिक्षक और विद्यार्थी व्यवहार, अनुदेशन सामग्री और व्यवहार तकनीकों को भी इस प्रकार की शैक्षिक तकनीकी से ही जन्म और पोषण मिलता है। इस प्रकार शिक्षण–अधिगम से संबंधित सभी प्रकार की क्रियाओं के संपादन और आदान–प्रदान में सॉफ्टवेयर उपागम नामक यह द्वितीय प्रकार की तकनीकी बहुत ही महत्त्वपूर्ण भूमिका निभाती है और शिक्षा जगत में अपने विभिन्न उपनामों जैसे अनुदेशनात्मक तकनीकी, शिक्षण तकनीकी और व्यवहार तकनीकी आदि के नाम से जानी जाती है।

अपने मूल रूप में यह तकनीकी अधिगम के सिद्धांतों (Theories of learning) से ही अवतरित होती है। कम से कम शक्ति लगाकर अधिक से अधिक अच्छे ढंग से कोई बात कैसे सीखी जा सकती है, इस कार्य के लिए आवश्यक तकनीकी आधार प्रदान करना इस सॉफ्टवेयर उपागम नामक शैक्षिक तकनीकी का प्रमुख उद्देश्य है। शिक्षण–अधिगम सामग्री, शिक्षण–अधिगम युक्तियों और व्यूह रचनाओं, मूल्यांकन तकनीक और इस प्रकार की अन्य शिक्षण–अधिगम प्रविधियों की सहायता से शिक्षण और अधिगम के कार्य को सरल (Simple), मृदु (Soft) बनाने के अपने गुण के कारण ही इसे सॉफ्टवेयर उपागम का नाम दिया जाता है। हार्डवेयर उपागम और सॉफ्टवेयर उपागमों से संबंधित तकनीकियों में अंतर समझने के लिए हमें तकनीकी उपकरणों एवं मशीनों जैसे टेपरिकार्डर, प्रोजेक्टर, शिक्षण मशीन आदि को हार्डवेयर उपागम के उदाहरणों के रूप में देखना चाहिए जबकि इन उपकरणों के अंतर्गत प्रयोग में लाई जाने वाली शिक्षण अधिगम सामग्री और अभिक्रमित अनुदेशन सामग्री एवं शिक्षण अधिगम विधियों, युक्तियों और प्रविधियों को सॉफ्टवेयर उपागम के उदाहरण के रूप में समझना चाहिए।

हार्डवेयर और सॉफ्टवेयर तकनीकियों में अंतर
(Distinction between Hardware and Software Technologies)

हार्डवेयर और सॉफ्टवेयर तकनीकियाँ किस रूप में एक दूसरे से भिन्न हैं, यह जानने के लिए आगे तालिका 1.1 में दिया हुआ तुलनात्मक विवरण ठीक तरह सहायता कर सकता है।

तालिका 1.1 हार्डवेयर एवं सॉफ्टवेयर तकनीकियाँ

हार्डवेयर तकनीकी *(Hardware Technology)*	*सॉफ्टवेयर तकनीकी* *(Software Technology)*
1. हार्डवेयर तकनीकी का उद्‌गम स्रोत भौतिक विज्ञानों और अभियांत्रिकी (Engineering) में है।	1. सॉफ्टवेयर तकनीकी का उद्‌गम स्रोत अधिगम मनोविज्ञान से संबंधित व्यावहारिक विज्ञान है।
2. इस तकनीकी का उपयोग करते हुए अध्यापक और विद्यार्थी शिक्षण और अधिगम हेतु विभिन्न प्रकार की दृश्य–श्रव्य सहायक सामग्री और उपकरणों के निर्माण एवं उपयोग की चेष्टा करते हैं।	2. इस प्रकार की तकनीकी में अधिगम मनोविज्ञान का उपयोग करते हुए ऐसी सॉफ्टवेयर तकनीक, प्रविधियों और सामग्री का निर्माण किया जाता है जिसके उपयोग से शिक्षण अधिगम प्रक्रिया सहज और प्रभावशील बन जाए।
3. यह एक उत्पादजन्य उपागम (Product oriented approach) है। सॉफ्टवेयर तकनीकी द्वारा उत्पादित/निर्मित शिक्षण–अधिगम सामग्री तकनीक तथा प्रविधियों को हार्डवेयर उपकरणों एवं मशीनों में शिक्षण अधिगम प्रक्रिया को सुचारू रूप से चलाने हेतु काम में लाने का प्रयत्न किया जाता है।	3. यह एक प्रक्रिया जन्य उपागम (Process oriented approach) है। इससे प्रभावपूर्ण शिक्षण–अधिगम हेतु शिक्षण अधिगम तकनीक प्रविधियों और सामग्री का उत्पादन किया जाता है। यही उत्पादन हार्डवेयर उपकरणों द्वारा काम में लाया जाता है।
4. हार्डवेयर तकनीकी का आधार सेवा (Service) से संबंधित संप्रत्यय है। इस संदर्भ में इस तकनीकी द्वारा शिक्षा जगत को उसी रूप में अपनी सेवायें अर्पित की जाती हैं जिस रूप में वैज्ञानिक उपकरणों टेलीफोन, विद्युत हीटर, पंखे तथा लैम्प द्वारा हमारी दिन प्रतिदिन की जिंदगी में दी जाती हैं। अपने इस अर्थ में हार्डवेयर तकनीकी का अर्थ है शिक्षा के क्षेत्र में तकनीकी सेवाओं का उपयोग।	4. सॉफ्टवेयर तकनीकी हार्डवेयर तकनीकी या एप्लाइड इंजीनियरिंग की तरह अपनी सेवायें प्रत्यक्ष रूप से अर्पित नहीं करती। इसका कार्य तो ऐसी शिक्षण अधिगम विधियों, युक्तियों तथा सामग्री का निर्माण करना होता है, जिसे हार्डवेयर उपकरणों द्वारा काम में लाकर शिक्षा क्षेत्र में अपना सेवा संबंधी उत्तरदायित्व निभाया जा सके।
5. हार्डवेयर तकनीकी में प्रयुक्त उपकरण और यांत्रिक साधनों के उदाहरणों के रूप में रेडियो, टेलीविजन, टेपरिकार्डर, वी.डी.ओ, स्लाइड्स और फिल्म प्रोजेक्टर, शिक्षण मशीन तथा कंप्यूटरों का नाम लिया जा सकता है।	5. सॉफ्टवेयर तकनीकी द्वारा निर्मित शिक्षण अधिगम सामग्री के रूप में हम अभिक्रमित अधिगम पैकेज, अधिगम मनोविज्ञान द्वारा प्रदत्त विभिन्न प्रकार की शिक्षण–अधिगम तकनीक, प्रविधि तथा उनके व्यवहारात्मक स्वरूप के रूप में चार्ट, चित्र, मॉडल, स्लाइड, आडियो एवं वीडियो कैसेट, सॉफ्टवेयर पैकेज आदि का नाम ले सकते हैं।

(क्रमशः)

तालिका 1.1 हार्डवेयर एवं सॉफ्टवेयर तकनीकियाँ (*क्रमशः*)

हार्डवेयर तकनीकी *(Hardware Technology)*	*सॉफ्टवेयर तकनीकी* *(Software Technology)*
6. हार्डवेयर तकनीकी को अपने क्रियान्वयन और अपनी सेवायें प्रदान करने हेतु सॉफ्टवेयर तकनीकी की मदद की जरूरत पड़ती है। सॉफ्टवेयर तकनीकी के बिना हार्डवेयर तकनीकी काम नहीं कर सकती। कंप्यूटर अपने हार्डवेयर मशीनी रूप में उस समय तक अनुपयोगी और व्यर्थ ही है जब तक कि पहले उसे किसी उपयुक्त सॉफ्टवेयर तकनीकी से चालू न कर लिया जाए। इसके बाद भी किसी सॉफ्टवेयर से प्रदत्त शिक्षण—अधिगम सामग्री को प्रस्तुत हार्डवेयर तकनीकी की सेवायें सॉफ्टवेयर तकनीकी की मेहरबानी से ही प्राप्त हो सकती हैं।	6. सॉफ्टवेयर तकनीकी से उत्पादित एवं निर्मित शिक्षण अधिगम तकनीकें और सामग्री तभी उचित प्रभाव छोड़ पाती हैं जब इन्हें हार्डवेयर तकनीकी का उपयोग करते हुए प्रस्तुत किया जाये। परंतु इनके लिये हार्डवेयर उपकरणों की मदद लेना हर हाल में आवश्यक नहीं है। इस प्रकार की तकनीकी हार्डवेयर तकनीकी के बिना भी शिक्षण—अधिगम हेतु प्रयुक्त की जा सकती है। जैसे आप किसी चार्ट, चित्र और अभिक्रमित अधिगम पैकेज का बिना किसी मशीनी उपकरण के भी शिक्षण—अधिगम प्रक्रिया के उपयोग कर सकते हैं।
7. हार्डवेयर तकनीकी का एक विशेष फायदा यह है कि इसे एक ही समय में बहुत से अधिगम कर्त्ताओं को लाभ पहुँचाने हेतु जन साधन (Man media) के रूप में अच्छी तरह काम में लाया जा सकता है। इस तरह कम खर्चे व सीमित साधनों में जनशिक्षा प्रदान करने का कार्य हार्डवेयर तकनीकी अच्छी तरह कर सकती है।	7. सॉफ्टवेयर तकनीकी द्वारा हार्डवेयर तकनीकी में प्रयुक्त जनसंपर्क तथा जन शिक्षा साधनों जैसे रेडियो, टेलीविजन, कंप्यूटर आदि की तरह शिक्षा सुविधायें प्रदान करने का कार्य नहीं किया जा सकता।
8. हार्डवेयर तकनीकी शिक्षण अधिगम प्रक्रिया को अत्यधिक प्रभावशाली बनाने, शिक्षक और विद्यार्थियों को शिक्षण अधिगम संबंधी कार्यक्षमता बढ़ाने तथा शिक्षा में होने वाले व्यय को कम करने में महत्त्वपूर्ण भूमिका निभा सकती है। एक अध्यापक एक बड़े हाल में हार्डवेयर तकनीकी का प्रयोग करके जैसे माइक्रोफोन, स्लाइड तथा फिल्म प्रोजेक्टर की सेवायें लेकर एक समय में एक बड़े विद्यार्थी समूह को अपनी शिक्षण सेवायें दे सकता है।	8. सॉफ्टवेयर तकनीकी भी अपनी तरह से शिक्षण—अधिगम प्रक्रिया को प्रभावशाली बनाने में महत्त्वपूर्ण भूमिका निभा सकती है जैसे चित्र, ग्राफ, आरेख और चार्टों के उपयोग से अध्यापक अपने शिक्षण में उपयुक्त जान डाल सकता है परंतु इनके प्रयोग में हार्डवेयर तकनीकी की भी सहायता ली जाए तो बात और भी अच्छी तरह बनती है। इस प्रकार सॉफ्टवेयर तकनीकी, हार्डवेयर तकनीकी से उपलब्ध शिक्षा सेवाओं में सदैव पीछे ही रहती है।

आधुनिक शैक्षिक क्रियाकलापों में हार्डवेयर तथा सॉफ्टवेयर तकनीकियों की भूमिका (Role of Hardware and Software Technologies in Modern Educational Practices)

तकनीकी, अपनी स्वाभाविक विशेषताओं के फलस्वरूप, यही चाहती है कि इसके उपयोग से कोई भी हाथ में लिये जाने वाला कार्य आसान हो जाये और परिणामों की प्राप्ति भी उनके द्वारा सर्वोत्तम रूप में हो। हार्डवेयर और सॉफ्टवेयर तकनीकियों के शिक्षा के क्षेत्र में उपयोग की बात भी लगभग यही है। शिक्षण—अधिगम प्रक्रिया को सुगम एवं प्रभावपूर्ण

बनाने में इनके द्वारा भी कोई कसर नहीं छोड़ी जाती। इस बात की पुष्टि निम्न आधुनिक शैक्षिक क्रिया कलापों में इनके द्वारा जो सार्थक भूमिका निभाई जा रही है उस पर दृष्टि डालकर अच्छी तरह हो सकती है।

1. अनुदेशन का वैयक्तीकरण (Individualization of Instruction)

अनुदेशन का वैयक्तीकरण आज के समय की एक बड़ी मांग है। व्यक्तिगत विभिन्नताओं के मनोविज्ञान की जानकारी ने आज हमारे सामने यह चुनौती रख दी है कि हम किस प्रकार सभी बालकों की रुचियों, अभिरुचियों, आवश्यकताओं, योग्यताओं तथा क्षमताओं का व्यक्तिगत रूप में ध्यान रखते हुये अनुदेशन की व्यवस्था करें। हार्डवेयर और सॉफ्टवेयर तकनीकियाँ यहाँ हमें इस चुनौती का मुकाबला करने में मदद कर सकती हैं।

इस प्रकार के वैयक्तिक अनुदेशन को प्रदान करने में उनकी सामर्थ्य के पीछे उनके द्वारा प्रदत्त निम्न सामग्री, उपकरणों तथा उपायों का विशेष योगदान रह सकता है।

- अभिक्रमित अनुदेशन अभिक्रमित पाठ्यपुस्तक तथा अभिक्रमित अधिगम माड्यूल्य तथा पैकेज इत्यादि।
- शिक्षण मशीन, कंप्यूटर सहायक अनुदेशन तथा कंप्यूटर प्रबंधित अधिगम।
- वी.डी.ओ. तथा आडियो रिकार्डेड अधिगम तथा अनुदेशन सामग्री।
- ई–मेल, इन्टरनेट, टेलीकॉन्फ्रेन्सिंग तथा अन्य ऑन लाइन सुविधायें
- शारीरिक, मानसिक तथा अधिगम अक्षमताओं से युक्त विकलांगों के लिये उपलब्ध विशेष शिक्षण–अधिगम सामग्री, उपकरण तथा समायोजन साधन।
- सृजनशील और प्रतिभावान बालकों की अपनी वैयक्तिक क्षमताओं को उनकी अपनी गति और सामर्थ्य से उपयोग कर सकने हेतु उचित सुविधायें एवं प्रबंध।

2. शिक्षण-अधिगम में बहु-माध्यम तथा बहु-इन्द्रिय उपागमों का उपयोग (Use of Multi-media and Multi-sensory Approach to Teaching Learning)

हार्डवेयर तथा सॉफ्टवेयर तकनीकियाँ शिक्षण के मनोविज्ञान एवं शिक्षण की तकनीकी द्वारा प्रतिपादित शिक्षण–अधिगम तकनीकों, प्रविधियों तथा विभिन्न प्रकार की शिक्षण–अधिगम सामग्री एवं उपकरणों के प्रयोग के अवसर प्रदान कर शिक्षण अधिगम प्रक्रिया में बहु–माध्यम तथा बहु–इन्द्रिय उपागमों के उचित प्रयोग का मार्ग प्रशस्त करने में बड़ी ही प्रभावशाली भूमिका निभा सकती हैं। इनके द्वारा इस प्रकार की भूमिका निभा सकने के पीछे इनके निम्न प्रकार के योगदान का हाथ रहता है।

- इच्छित शिक्षण–अधिगमों को अर्जित करने हेतु सभी ज्ञानेन्द्रियों जैसे, देखने, सुनने, सूँघने, स्पर्श करना तथा चखने आदि का सुविधानुसार उपयोग करने में सहायता करना।
- इच्छित शिक्षण–अधिगमों को प्रदान करने हेतु हार्डवेयर और सॉफ्टवेयर तकनीकियों द्वारा सुलभ विभिन्न प्रकार के बहु माध्यम, दृश्य श्रव्य साधन, जन शिक्षा तथा सुदूर शिक्षा साधनों एवं उपकरणों को सुविधानुसार प्रयोग में लाने की व्यवस्था करने में सहायता करना।
- जिस समय जिस प्रकार के शिक्षण–अधिगम हेतु जैसी शिक्षण–अधिगम विधियाँ, प्रविधियाँ तथा तकनीकें चाहियें उन्हें अपनी हार्डवेयर तथा सॉफ्टवेयर तकनीकियों के माध्यम से शिक्षक और अध्यापकों को सुलभ कराना।

3. शैक्षिक क्रियाकलापों का कुशल एवं प्रभावपूर्ण प्रबंध (Management of the Affairs of Educational Practices in an Efficient and Productive Way)

सॉफ्टवेयर तथा हार्डवेयर तकनीकियों का उपयोग एक अध्यापक तथा शैक्षिक प्रशासकों को शिक्षा के विविध क्रियाकलापों, कार्यक्रमों तथा गतिविधियों के कुशल एवं प्रभावपूर्ण प्रबंधन में उचित सहयोग दे सकता है। मोटे तौर

पर इस प्रकार का सहयोग उनकी निम्न चार महत्त्वपूर्ण शैक्षिक क्षेत्रों से जुड़ी हुई गतिविधियों के प्रबंध में ठीक प्रकार मिल सकता है।

— शिक्षण—अधिगम का नियोजन (Planning)
— शिक्षण—अधिगम का संगठन (Organisation)
— शिक्षण—अधिगम का अग्रसरण (Leading)
— शिक्षण—अधिगम का नियन्त्रण (Controlling)

4. सर्वोत्तम परिणामों की प्राप्ति हेतु उचित संसाधन एवं प्रक्रिया जुटाना
(Arranging Proper Input and Processes for the Best Possible Output)

प्रणाली विश्लेषण (System analysis) उपागम का प्रयोग करते हुए किसी प्रक्रिया के सर्वोत्तम परिणाम निकालने में सहायता प्रदान करने का उत्तरदायित्व भी सॉफ्टवेयर तथा हार्डवेयर तकनीकियों द्वारा अच्छी तरह निभाया जा सकता है। किसी एक विशेष शिक्षण अधिगम प्रक्रिया के लिये उपलब्ध शिक्षण—अधिगम परिस्थितियों में उचित संसाधनों के जुटाने तथा शिक्षण अधिगम उद्देश्यों हेतु उचित शिक्षण अधिगम प्रक्रिया के संचालन का उचित उत्तरदायित्व इन तकनीकियों के द्वारा इस तरह निभाया जा सकता है कि परिणामों की प्राप्ति कम से कम खर्च में अच्छी से अच्छी तरह हो सके।

5. पत्राचार तथा दूर शिक्षा की अपेक्षाओं को पूरा करना
(Meeting the Expectations of Distance and Correspondence Education)

आज के समय की बढ़ती हुई माँग यही है कि पत्राचार तथा दूर शिक्षा कार्यक्रमों को अधिक से अधिक प्रोत्साहन दिया जाये। इस दिशा में इनके आयोजन हेतु जितनी सहायता सॉफ्टवेयर तथा हार्डवेयर तकनीकियों से उपलब्ध साधनों एवं उपकरणों से संभव है उतनी शायद किसी और से नहीं। जो कुछ भी आवश्यकतायें तथा जैसी भी अपेक्षायें हमारी पत्राचार एवं दूर शिक्षा से हो सकती है, उन सभी को भली—भाँति पूरा करने में सॉफ्टवेयर तथा हार्डवेयर तकनीकियाँ बहुत ही महत्त्वपूर्ण भूमिका निभा सकती है।

6. शिक्षण—अधिगम कार्य को रोचक, प्रयोजनपूर्ण तथा प्रभावशील बनाना
(Making the Task of Teaching Learning Interesting, Purposeful and Effective)

हार्डवेयर तथा सॉफ्टवेयर तकनीकियों की शिक्षण—अधिगम प्रक्रिया को रोचक, प्रयोजनपूर्ण तथा प्रभावशील बनाने में महत्त्वपूर्ण भूमिका रहती है। इस कार्य हेतु उनके द्वारा प्रदत्त निम्न बातों का योगदान उल्लेखनीय है—

— शिक्षण—अधिगम के मनोविज्ञान पर आधारित उचित शिक्षण—अधिगम विधियाँ, तकनीक तथा प्रविधियाँ सुझाना।
— शिक्षण—अधिगम तकनीकी के सिद्धांत और व्यवहार पक्ष पर आधारित उचित शिक्षण अधिगम सिद्धांत तथा सूत्रों को सामने लाना।
— शिक्षक और शिक्षार्थियों के शिक्षण—अधिगम हेतु विविध प्रकार की दृश्य—श्रव्य सहायक सामग्री तथा उपकरणों के प्रयोग के अवसर उपलब्ध कराना।
— शिक्षण—अधिगम परिस्थितियों तथा शिक्षक और शिक्षार्थी की वैयक्तिकता को ध्यान में रखते हुये विविध प्रकार के अनुदेशन प्रतिमान, स्व—अनुदेशन सामग्री तथा शिक्षण—अधिगम प्रविधियों को सामने लाना।

इस प्रकार से उपरोक्त वर्णित उपायों तथा साधनों द्वारा हार्डवेयर तथा सॉफ्टवेयर तकनीकियों की मदद से शिक्षण—अधिगम कार्य में यथेष्ट रोचकता, सजीवता तथा उद्देश्यपूर्णता का समावेश हो जाता है। एक उस अध्यापक की तुलना में जो मात्र व्याख्यान विधि से ही अपना शिक्षण कर रहा होता है, हार्डवेयर तथा सॉफ्टवेयर तकनीकियों

से प्रदत्त साधनों और सुविधाओं का प्रयोग कर रहा अध्यापक अपने शिक्षण को अधिक रोचक तथा प्रभावपूर्ण बना सकता है। यही बात एक विद्यार्थी के सीखने में होती है। उसकी सीखने की प्रक्रिया को सजीव, रोचक और उसकी अपनी शक्ति और सामर्थ्य के अनुकूल बनाने में इस प्रकार की तकनीकियाँ सदैव ही महत्त्वपूर्ण भूमिका निभाती हुई देखी जा सकती हैं।

(III) शैक्षिक तकनीकी तृतीय अथवा प्रणाली उपागम (Educational Technology III or System Approach)

तृतीय प्रकार की शैक्षिक तकनीकी का संबंध कंप्यूटर विज्ञान पर आधारित प्रणाली अभियांत्रिकी (System Engineering) से है। यह तकनीकी शैक्षिक तकनीकी के नवीनतम स्वरूप और संप्रत्यय का प्रतिनिधित्व करती है। इस प्रकार की शैक्षिक तकनीकी शिक्षा के क्षेत्र में प्रणाली उपागम का प्रयोग इस प्रकार करना चाहती है कि शिक्षा की प्रणाली को इस रूप में नियोजित और संगठित किया जाये ताकि शक्ति और साधनों के अपव्यय को रोकते हुए सीमित शिक्षा स्रोतों एवं साधनों के अंतर्गत शैक्षिक उद्देश्यों की सर्वोत्तम ढंगों से प्राप्ति की जा सके।

इस प्रणाली उपागम में शिक्षा को एक ऐसी प्रणाली माना जाता है जिसमें कुल तत्त्व अदा (Inputs) के रूप में कार्य करते हैं। इन तत्त्वों को एक प्रक्रिया (Process) में से गुजरना होता है जिसकी परिणित प्रदा (Outputs) के रूप में होती है। यह प्रणाली किसी एक समय में उपस्थित विशिष्ट शैक्षिक एवं भौतिक परिस्थितियों एवं वातावरण में अपना कार्य करती है और यह वातावरण इसकी प्रक्रिया और परिणामों को हर प्रकार से प्रभावित करता है। किसी भी प्रणाली में प्रदा (Outputs) के रूप में प्राप्त परिणाम ही उस प्रणाली के लिए निर्धारित उद्देश्यों की प्राप्ति का कार्य करते हैं। इस प्रकार की शैक्षिक तकनीकी में शिक्षा को सक्रिय उत्पादन प्रणाली का दर्जा दिया जाता है। विद्यार्थी, अध्यापक, प्रधानाध्यापक, अधिकारीगण, पाठ्यक्रम शिक्षण–अधिगम सामग्री और अन्य स्रोत इस प्रणाली में अदा (Input) के रूप में सामने आते हैं। यह वह मूल सामग्री है जिसकी तुलना किसी कल कारखाने में कुछ उत्पादन करने के लिए प्रयोग में लाए जाने वाले कच्चे माल और भौतिक साधनों तथा मानवीय श्रम स्रोतों से की जा सकती है। अदा से सम्बन्धित सभी तत्त्वों और सामग्री को प्रक्रिया (Process) के भीतर से गुजरना होता है। यहाँ विद्यार्थी और अध्यापक अन्तःक्रिया, विद्यार्थी और अध्यापक व्यवहार, शिक्षण–अधिगम की विधियाँ, तकनीक तथा सहायक सामग्री आदि तत्त्व एवं क्रियायें प्रणाली प्रक्रिया में सहायक की भूमिका निभाते हैं। इस प्रक्रिया के परिणामस्वरूप विद्यार्थी के व्यवहार में अपेक्षित परिवर्तन लाने के संदर्भ में जो भी परिणाम निकलते हैं उन्हें प्रदा (Outputs) का नाम दिया जाता है। एक शिक्षा प्रणाली का मूल्यांकन प्रदा से सम्बन्धित इन्हीं परिणामों पर आधारित रहता है। किसी अधिगम वातावरण में प्रणाली से सम्बन्धित निश्चित शैक्षिक उद्देश्यों की प्राप्ति अगर ठीक प्रकार हो जाती है तो समझा जाता है कि प्रणाली भली भाँति कार्य कर रही है अन्यथा उसके तत्त्वों अथवा कार्य शैली में यथानुकूल परिवर्तन एवं संशोधन लाने की बात सोची जाती है। इस प्रकार प्रणाली उपागम में हर समय यह ध्यान रखा जाता है कि मानवीय और भौतिक स्रोतों एवं साधनों को किसी एक परिस्थिति में किस प्रकार नियोजित एवं नियंत्रित किया जाये ताकि निश्चित शैक्षिक उद्देश्यों की प्राप्ति के लिए अधिक से अधिक प्रभावशाली अनुदेशनात्मक प्रारूप (Instructional design) और व्यूहरचनाओं (Instructional strategies) का विकास किया जा सके।

इस प्रकार की शैक्षिक तकनीकी अथवा प्रणाली उपागम शैक्षिक तकनीकी क्षेत्र में नवीनतम विचारों का प्रतिनिधित्व करती है। हमारे देश में अभी यह शैशवास्था में ही है। परन्तु इसकी बढ़ती हुई लोकप्रियता, वैज्ञानिक शैली और गणितीय प्रकृति को देखते हुए यहाँ निश्चित रूप से कहा जा सकता है कि निकट भविष्य में शिक्षा को एक सुसंगठित, सुव्यवस्थित और उपयोगी प्रणाली बनाने में इसके द्वारा महत्त्वपूर्ण भूमिका निभाई जायेगी।

शैक्षिक तकनीकी के विभिन्न रूप (Various Forms of Educational Technology)

शैक्षिक तकनीकी जैसा कि आप इस अध्याय में पढ़ चुके हैं, शिक्षा के क्षेत्र में अपने प्रयोग तथा उपयोग को लेकर काफी महत्त्वपूर्ण स्थान रखती है। इसकी अवधारणा और उपयोग क्षेत्र दोनों ही अपनी दृष्टि से काफी विस्तृत और व्यापक हैं। अपने इस व्यापक रूप में शैक्षिक तकनीकी न केवल विज्ञान और तकनीकी शास्त्रों के प्रनियमों तथा तकनीकों के प्रयोग में शिक्षण अधिगम कार्य में प्रशंसनीय सहयोग देती पाई जाती है बल्कि मनोविज्ञान और शिक्षण विज्ञान (Pedagogy) के सिद्धांतों का भी सैद्धान्तिक तथा व्यवहारात्मक रूप में इस कार्य में शैक्षिक तकनीकी द्वारा भली भाँति उपयोग किया जाता है। इस तरह शिक्षण अधिगम की प्रक्रिया और इस प्रक्रिया के फलस्वरूप होने वाले सभी प्रकार के परिणामों को वांछित दिशा और दशा प्रदान करने के बृहत् कार्य में शैक्षिक तकनीकी को काफी महत्त्वपूर्ण भूमिका निभाते हुए पाया जा सकता है। शिक्षा और शिक्षण का क्षेत्र चाहे औपचारिक हो या अनौपचारिक, विद्यार्थी केंद्रित हो या अध्यापक केंद्रित, वैयक्तिक हो या सामूहिक सभी के लिये शैक्षिक तकनीकी का सैद्धान्तिक तथा व्यावहारिक ज्ञान रामबाण औषधि की तरह लाभदायक होता हुआ पाया जा सकता है। इस प्रकार अनुप्रयोगों की विविधता तथा विस्तार को ध्यान में रखते हुए शैक्षिक तकनीकी के कुछ विशिष्ट रूप एवं प्रयोग हमें भली भाँति दिखाई दे सकते हैं। सामान्य रूप से प्रचलित शैक्षिक तकनीकी के इन रूपों एवं प्रयोगों को हम निम्न प्रकार वर्गीकृत कर सकते हैं–

(I) शिक्षण तकनीकी (Teaching Technology)
(II) अनुदेशात्मक तकनीकी (Instructional Technology)
(III) व्यवहारजन्य तकनीकी (Behaviour Technology)
(IV) अनुदेशनात्मक प्रारूप तकनीकी (Instructional Design Technology)

आइए अब इन उपरोक्त प्रकार की शैक्षिक तकनीकियों का आवश्यक परिचय प्राप्त किया जाये।

(I) शिक्षण तकनीकी (Teaching Technology)

जैसा कि पहले भी कहा जा चुका है कि शैक्षिक तकनीकी की एक उपप्रणाली (subsystem) के रूप में शिक्षण तकनीकी का संबंध शिक्षण प्रक्रिया के व्यवस्थापना संबंधी कार्यों से है। लेकिन यहाँ शिक्षण से तात्पर्य केवल मात्र शिक्षण कौशलों को प्रयोग में लाने से ही नहीं है। यद्यपि यह सही है कि शिक्षण एक कौशलात्मक कार्य है जिसके लिए कुछ विशिष्ट शिक्षण कौशलों की जानकारी शिक्षक के लिए आवश्यक है, परंतु इस प्रकार की जानकारी मात्र से ही कोई व्यक्ति शिक्षक नहीं बन जाता। शिक्षक को शिक्षण की कला और विज्ञान में यथेष्ट रूप से पारंगत होकर एक शिक्षण तकनीशियन की भूमिका निभानी होती है। इस अर्थ में शिक्षण को एक तकनीकी (Technology) के रूप में समझा जाना चाहिए जिसके बारे में पूरा ज्ञान और उसकी उपयोग में लाने संबंधी पूरी कुशलता एक अध्यापक में अपनी अध्यापक भूमिका के निर्वाह हेतु अवश्य ही होनी चाहिए। आवश्यक शिक्षण तकनीकी से युक्त अध्यापक से ही यह आशा की जा सकती है कि वह कम समय में कम शक्ति लगाकर इतनी अच्छी तरह से अपनी शिक्षण प्रक्रिया को संपादित कर सकेगा कि उसे अधिक से अधिक प्रभावी ढंग से शिक्षण उद्देश्यों की प्राप्ति में सफलता हासिल हो सके।

प्रश्न उठता है कि शिक्षण तकनीकों के ज्ञान और कौशल से सुसज्जित शिक्षण तकनीशियन की भूमिका निभाने वाले एक शिक्षक से अपने विषय पर स्वामित्व (Mastery) होने के अतिरिक्त किस प्रकार की तकनीकी कुशलताओं की अपेक्षा की जा सकती है। सामान्य रूप से शिक्षण तकनीकी से संबंधित इस प्रकार की कुछ प्रमुख कुशलताएँ निम्न हो सकती हैं–

(i) संप्रेषण कौशल (Communication skill)
(ii) विद्यार्थियों के साथ अंतःक्रिया करने संबंधी कौशल (Skill of interaction with students)

(iii) विद्यार्थियों में स्वतंत्र रूप से सोचने और अधिगम अनुभव अर्जित करने की योग्यता विकसित करने वाला कौशल (Skill of making students to learn and think independently)

(iv) विद्यार्थियों के अधिगम व्यवहार का मूल्यांकन तथा प्रतिपुष्टि प्रदान करने संबंधी कौशल (Skill of evaluating and reinforcing pupil's learning behaviour)

शिक्षण तकनीकी के आधारभूत सिद्धांत एवं विशेषताएँ (Fundamental Principles and Characteristics of Teaching Technology)

ई०जी० वेदान्यागम (Vedanayagam, E.G., 1988) के अनुसार शिक्षण तकनीकी के आधारभूत सिद्धांतों एवं विशेषताओं को संक्षेप में निम्न प्रकार लिपिबद्ध किया जा सकता है:–

1. शिक्षण एक वैज्ञानिक प्रक्रिया है जिसके मुख्य अवयवों के रूप में शिक्षण सामग्री, संप्रेषण तथा प्रतिपुष्टि (Feedback) का उल्लेख किया जा सकता है।
2. शिक्षण और अधिगम दोनों में पारस्परिक गहरा संबंध पाया जाता है।
3. शिक्षण–अधिगम क्रियाओं में परिमार्जन, सुधार तथा विकास लाया जा सकता है।
4. अधिगम संरचनाओं (Learning structures) के रूप में समुचित शिक्षण परिस्थितियाँ पैदा करके विद्यार्थियों को अंतिम या लक्ष्य व्यवहार (Terminal or target behaviour) तक पहुँचाया जा सकता है।
5. आधुनिक उच्च तकनीकों और उनके बिना भी उचित प्रतिपुष्टि प्रदान करके वांछित शिक्षण कौशलों का अर्जन और विकास किया जा सकता है।
6. उचित शिक्षण क्रियाओं के माध्यम से पूर्व निर्धारित अधिगम उद्देश्यों की प्राप्ति की जा सकती है।
7. उपलब्धि अभिप्रेरणा तकनीकों की सहायता से शिक्षक और विद्यार्थी दोनों के ही शिक्षण और अधिगम परिणामों में यथेष्ट वृद्धि की जा सकती है।

शिक्षण तकनीकी की विषयवस्तु (Contents of Teaching Technology)

इस प्रकार से शिक्षण दर्शन और शिक्षण कार्यों के रूप में शिक्षण तकनीकी में कुछ आधारभूत मूल विशेषताएँ देखने को मिलती हैं। शिक्षक को इस तकनीकी की कला और विज्ञान में निपुणता अर्जित होनी चाहिए। प्रश्न उठता है कि शिक्षण–अधिगम प्रक्रिया के उचित संचालन में शिक्षण तकनीकी के व्यावहारिक उपयोग हेतु कैसे आगे बढ़ा जाए ? प्रसिद्ध शिक्षाशास्त्रियों जैसे ग्लेजर, ब्रूनर, गेगने तथा डेविस आदि द्वारा इस बात पर गंभीरता से विचार किया गया है। डेवीस (Davies, 1971) ने अपनी रचना अधिगम प्रबंध (Management of learning) में शिक्षण तकनीकी की विषय–वस्तु को चार निश्चित सोपानों – शिक्षण नियोजन, शिक्षण संगठन, शिक्षण अग्रसरण तथा शिक्षण नियंत्रण में प्रस्तुत करने का प्रयत्न किया है। शिक्षक को एक शिक्षक तकनीशियन की भूमिका निभाने हेतु शिक्षण तकनीकी की विषयवस्तु से संबंधित इन चारों सोपानों में वर्णित बातों को समझने तथ उनको उचित अभ्यास द्वारा व्यवहार में लाने का प्रयत्न करना चाहिए।

अपने पहले सोपान शिक्षण नियोजन (Planning of teaching) की विषयवस्तु के द्वारा शिक्षण तकनीकी शिक्षक को अपनी उस शैक्षिक यात्रा के नियोजन संबंधी बातों को तय करने की बात कहती है जो उसे अपने शिक्षण के दौरान विद्यार्थियों के साथ मिलकर पूरी करनी है। इस संबंध में वह यह बताती है कि अध्यापक को पहले तो चलने वाली शिक्षण–अधिगम प्रक्रिया से उपलब्ध शिक्षण–अधिगम उद्देश्यों का पूर्व निर्धारण करने की बात करनी चाहिए और फिर इन उद्देश्यों की पूर्ति हेतु जिन प्रमुख बातों के विधिवत् नियोजन पर ध्यान देना चाहिए वे हैं–

(i) विद्यार्थियों के प्रविष्टि व्यवहार की जाँच

(ii) उचित अधिगम अनुभवों का चयन

(iii) उचित शिक्षण विधियों, व्यूह रचनाओं तथा शिक्षण सामग्री का चयन

(iv) शिक्षण—अधिगम हेतु उचित परिस्थितियों का निर्माण।

अपने दूसरे सोपान शिक्षण संगठन (Organisation of teaching) की विषयवस्तु के द्वारा शिक्षण तकनीकी शिक्षक को वह सभी आवश्यक ज्ञान एवं कौशल प्रदान करना चाहती है जिससे किसी विशेष शिक्षण—अधिगम परिस्थिति में उपलब्ध मानवीय तथा भौतिक संसाधनों को इस तरह व्यवस्थित, संगठित एवं समन्वित किया जा सके कि उनसे निर्धारित शिक्षण—अधिगम उद्देश्यों की अधिकाधिक मितव्ययी तथा प्रभावी उपलब्धि संभव हो सके। विशेषरूप से शिक्षक को यहाँ यह बताने का प्रयत्न किया जाता है कि वह अपनी व्यक्तिगत क्षमताओं तथा कुशलताओं जैसे संप्रेषण कौशल, शिक्षण विधियों तथा शिक्षण सामग्री के प्रयोग संबंधी कुशलताओं तथा उपलब्ध भौतिक सुविधाओं तथा संसाधनों को उत्तम शिक्षण हेतु किस तरह अच्छे से अच्छे रूप में प्रयोग में ला सकता है तथा अपने विशिष्ट शिक्षण उद्देश्यों की प्राप्ति हेतु विद्यार्थियों, उनके माता—पिता, अभिभावक, समुदाय के सदस्य, विद्यालय के अधिकारियों तथा शिक्षा विभाग के अधिकारियों का उचित सहयोग किस तरह प्राप्त कर सकता है।

अपने तृतीय सोपान शिक्षण अग्रसरण (Leading teaching) की विषयवस्तु के द्वारा शिक्षण तकनीकी एक शिक्षक को ऐसा आवश्यक ज्ञान और कौशल प्रदान करती है कि जिसके द्वारा वह अपने विद्यार्थियों को वांछित रूप से प्रोत्साहित, अभिप्रेरित तथा मार्गदर्शन प्रदान कर अधिगम पथ पर आगे बढ़ते रहने में पूरी—पूरी मदद कर सके।

अपनी चतुर्थ सोपान शिक्षण नियंत्रण (Controlling of teaching) की विषयवस्तु के द्वारा शिक्षण तकनीकी शिक्षक को वह सभी आवश्यक ज्ञान एवं कुशलताओं के अर्जन में सहायक सिद्ध होती है जिनसे वह शिक्षण—अधिगम परिणामों का उचित मूल्यांकन कर सके अर्थात् यह जान सके कि निर्धारित शिक्षण—अधिगम उद्देश्यों की प्राप्ति के संदर्भ में उसका शिक्षण कितना प्रभावपूर्ण सिद्ध हो रहा है।

(II) अनुदेशनात्मक तकनीकी (Instructional Technology)

जैसा कि नाम से ही विदित होता है, अनुदेशनात्मक तकनीकी किसी भी अनुदेशनकर्ता (Instructor) तथा अधिगमकर्ता (Learner) को किसी एक विशेष शिक्षण—अधिगम परिस्थिति में निर्धारित अनुदेशनात्मक उद्देश्यों की प्राप्ति में उचित सहयोग प्रदान करने की भूमिका निभाती है। सरल शब्दों में यह वह तकनीकी है जिसके द्वारा अनुदेशनात्मक प्रक्रिया को सही दिशा तथा दशा प्रदान करने का कार्य भली भाँति किया जा सकता है। यहाँ अनुदेशन शब्द को शब्दकोषीय अर्थ में एक ऐसी कमांड या आज्ञा के रूप में समझा जा सकता है जिसे किसी वस्तु, प्रणाली या प्रक्रिया के बारे में कुछ विशेष सूचना, ज्ञान तथा समझ विकसित करने हेतु प्रदान किया जाता है। अपने इस अर्थ में इस तरह अनुदेशनात्मक तकनीकी से अभिप्राय उस विशेष शैक्षिक तकनीकी से है जो अनुदेशन के अर्थ को व्यवहार में लाने हेतु एक अनुदेशनकर्ता या अधिगमकर्ता की उचित सहायता करती है। अनुदेशनात्मक तकनीकी इस तरह अपने इस रूप में पहले तो यह तय करती है कि किसी एक विशेष शिक्षण—अधिगम परिस्थिति में किस प्रकार का अनुदेशन तथा उसे प्रदान करने के लिए किस प्रकार की अनुदेशनात्मक सामग्री चाहिए और फिर बाद में यह बताती है कि इस प्रकार की अनुदेशनात्मक सामग्री को किस प्रकार ऐसे प्रयोग में लाया जाए कि यह निर्धारित अनुदेशनात्मक उद्देश्यों की प्राप्ति प्रभावपूर्ण ढंग से सम्पन्न कर सके।

स्पष्ट है कि अपने इस रूप में अनुदेशनात्मक तकनीकी को शैक्षिक तकनीकी की एक उपप्रणाली (Subsystem) के रूप में ही जाना और समझा जाना चाहिए। इस तकनीकी के द्वारा अधिगमकर्ता को निर्धारित अनुदेशनात्मक उद्देश्यों की प्राप्ति हेतु मात्र अनुदेशन ही उपलब्ध कराया जाता है, उसे पूर्ण रूप से शिक्षित करने की बात यहाँ नहीं उठती।

इस प्रकार की अनुदेशन प्रक्रिया से व्यावहारिक रूप में कक्षा शिक्षण द्वारा प्रायः ज्ञानात्मक उद्देश्यों और उनमें भी मात्र विषय संबंधी ज्ञान और समझ विकसित करने संबंधी उद्देश्यों की प्राप्ति ही हो पाती है। इस तरह अनुदेशनात्मक तकनीकी द्वारा प्रदत्त सेवाओं में क्रियात्मक और भावात्मक व्यवहार अनुक्षेत्र से संबंधित शैक्षिक उद्देश्यों की प्रायः अवहेलना ही होती रहती है। परंतु जहाँ तक अनुदेशनात्मक उद्देश्यों की प्राप्ति का प्रश्न है उसे नियमित कक्षा शिक्षण या स्व–अधिगम तथा स्व–अनुदेशन द्वारा प्राप्त कराने में यह तकनीकी अपना महत्त्वपूर्ण योगदान देती है। अभिक्रमित अधिगम पैकेज (Programmed instructional package), शिक्षण मशीन तथा कंप्यूटर सहायक अधिगम के माध्यम से स्व–अनुदेशन का मार्ग अच्छी तरह प्रशस्त करने में इस तकनीकी का काफी महत्त्वपूर्ण योगदान रहता है।

उपरोक्त विवरण के आधार पर अब हमें यह निष्कर्ष निकालने में सहायता मिल सकती है कि अनुदेशनात्मक तकनीकी को शैक्षिक तकनीकी की एक ऐसी उपप्रणाली के रूप में परिभाषित किया जा सकता है जिसके द्वारा किसी अनुदेशक (Instructor) या स्व–अध्ययन में रत अधिगमकर्ता को इस तरह उपयुक्त सहायता प्रदान करने का कार्य किया जा सकता है कि वह एक विशेष शिक्षण–अधिगम परिस्थिति में निर्धारित अनुदेशनात्मक उद्देश्यों की प्राप्ति हेतु उचित माध्यम, विधियों तथा सामग्री का ठीक तरह चयन और उपयोग कर सके। आइए अब आगे यहाँ देखा जाए कि अनुदेशनात्मक तकनीकी की सहायता से अनुदेशनकर्ता तथा अधिगमकर्ता को अपने–अपने कार्यों को ठीक ढंग से करने में किस प्रकार की मदद मिलती है।

1. **अनुदेशनात्मक उद्देश्यों का निर्धारण** (Setting of Instructional Objectives)—किसी भी अनुदेशनात्मक प्रक्रिया में अनुदेशनात्मक उद्देश्यों की केंद्रीय भूमिका रहती है। अनुदेशन चाहे किसी भी रूप में दिया जाए, उसे आगे बढ़ाने के लिए जो सबसे पहली बात सामने आती है वह है उसके लिए अनुदेशनात्मक उद्देश्यों का निर्धारण। किसी भी अनुदेशन के माध्यम से अधिगमकर्ता में किस प्रकार के व्यवहार परिवर्तन की अपेक्षा की जानी है यह निर्धारित करना अनुदेशन की पहली सीढ़ी है। अनुदेशनात्मक तकनीकी इस कार्य में अपना पूरा सहयोग देने की क्षमता रखती है। अपेक्षित अनुदेशनात्मक उद्देश्यों के निर्माण में वह कुछ निम्न बातों को आधार बनाकर आगे बढ़ती है :

   (i) अधिगमकर्ता या विद्यार्थी की आयु तथा श्रेणी स्तर (Grade level)।
   (ii) विद्यार्थी की शारीरिक, मानसिक, सामाजिक तथा संवेगात्मक क्षमताएँ।
   (iii) विषय और विषयवस्तु पर अधिकार की दृष्टि से विद्यार्थी का पूर्व ज्ञान एवं परिस्थितियाँ।
   (iv) अनुदेशन कार्य हेतु वर्तमान में उपलब्ध मानवीय एवं भौतिकीय संसाधन एवं परिस्थितियाँ।

   किसी एक परिस्थिति में अनुदेशनात्मक उद्देश्यों के निर्माण में अब आगे चलकर अनुदेशनात्मक तकनीकी द्वारा प्रदत्त वांछित ज्ञान तथा कौशलों की सहायता ली जा सकती है, जैसे–

   (i) संज्ञानात्मक तथा भावनात्मक क्षेत्रों (Cognitive and affective domains) से संबंधित ब्लूम और उसके सहयोगियों द्वारा किया गया अनुदेशनात्मक उद्देश्यों का वर्गीकरण।
   (ii) क्रियात्मक व्यवहार क्षेत्र (Psychomotor domain) में सिम्पसन तथा हैरो द्वारा निर्धारित अनुदेशनात्मक उद्देश्यों का वर्गीकरण।
   (iii) रोबर्ट मेगर, रोबर्ट मिलर तथा आर०सी०ई०एम० (RCEM) के उपागमों की सहायता लेकर अनुदेशनात्मक उद्देश्यों को व्यवहारजन्य शब्दावली में व्यक्त करना।

   स्पष्ट है अपनी इस पृष्ठभूमि, ज्ञान और कौशलों के माध्यम से अनुदेशनात्मक तकनीकी अनुदेशनात्मक उद्देश्यों के उचित निर्धारण में भरपूर सहयोग कर सकती है।

2. **अनुदेशनात्मक सामग्री के चयन तथा आयोजन में सहायक** (Taking Decision About the Instructional Material)—निर्धारित अनुदेशनात्मक उद्देश्यों की प्राप्ति को लेकर आगे अब यह तय करना होता है कि किस प्रकार की अनुदेशनात्मक सामग्री का चयन किया जाए ताकि विद्यार्थियों में अपेक्षित व्यवहार परिवर्तन का कार्य सम्पन्न हो सके। शिक्षण–अधिगम अनुभवों से संबंधित इस सामग्री का चयन करने तथा उसे फिर ठीक ढंग से आयोजित करने के कार्य में भी अनुदेशनात्मक तकनीकी संबंधी ज्ञान तथा कौशलों से उचित सहायता मिल सकती है। जैसे विषयवस्तु विश्लेषण (Content analysis) द्वारा यह परखा जा सकता है कि किस प्रकार की विषयवस्तु या अधिगम अनुभव किस प्रकार के अनुदेशनात्मक उद्देश्यों की प्राप्ति में कहाँ तक सहायक सिद्ध हो सकते हैं। इसी प्रकार अनुदेशनात्मक सामग्री भी कुछ प्रनियमों जैसे सरल से कठिन, स्थूल से सूक्ष्म, विशेष से सामान्य सिद्धांत आदि का अनुगमन करते हुए भली भाँति नियोजित एवं व्यवस्थित की जा सकती है। इस तरह विषयवस्तु अथवा शिक्षण–अधिगम अनुभवों के उचित चयन एवं आयोजन में अनुदेशन तकनीकी का ज्ञान और कौशल इस तरह अपनी सार्थकता निभा सकता है कि उससे अपेक्षित अनुदेशनात्मक उद्देश्यों की प्राप्ति उपलब्ध संसाधनों की सीमा के भीतर ही ठीक तरह सम्पन्न हो सके। जहाँ तक स्व–अनुदेशन सामग्री (Auto-instructional material) का प्रश्न है वहाँ तो अनुदेशनात्मक तकनीकी हर प्रकार से ऐसा प्रयत्न करने की क्षमता रखती है कि अधिगमकर्ता को उसकी अपनी योग्यता, क्षमता तथा गति के अनुसार स्वयं अपने अनुदेशन मार्ग पर आगे बढ़ते रहने का पूरा–पूरा अवसर प्राप्त होता रहे। अभिक्रमित अनुदेशन (Programmed Instruction), कम्प्यूटर निर्देशित अनुदेशन तथा शिक्षण मशीन से संपादित अनुदेशन में यह सब कुछ अनुदेशनात्मक तकनीकी के ज्ञान और कौशल के द्वारा किया जाता है, यह बात किसी से छुपी नहीं है।

3. **अनुदेशनात्मक विधियों तथा माध्यम के बारे में निर्णय लेना** (Taking Decision About the Methods and Modes of Instruction)—अनुदेशनात्मक तकनीकी अध्यापक तथा विद्यार्थियों को विधियों तथा माध्यम के चुनाव में भली भाँति मदद करने में भी सहायक सिद्ध हो सकती है ताकि उनके प्रयोग द्वारा अनुदेशनात्मक उद्देश्यों की प्राप्ति उत्तम ढंग से हो सके। इस कार्य में सहायता प्रदान करने में यह कुछ निम्न बातों को स्पष्ट रूप से उनके सामने रखने का प्रयत्न करती है :

   1. अनुदेशन प्राप्त करने तथा प्रदान करने की विभिन्न प्रकार की विधियाँ तथा माध्यम उपलब्ध कराती हैं।
   2. कोई भी एक विधि, तकनीक तथा माध्यम सभी प्रकार के अनुदेशन या किसी भी विशेष प्रकार के अनुदेशन के लिए सभी परिस्थितियों में उपयुक्त नहीं ठहराया जा सकता। जिस तरह का अनुदेशन देना होता है, और जिस तरह की शिक्षण–अधिगम परिस्थितियाँ उपलब्ध होती हैं उसी को ध्यान में रखते हुए शिक्षक और शिक्षार्थी को किसी एक या अनेक अनुदेशन तकनीक विधि या माध्यमों का अपनी–अपनी प्रकृति और सामर्थ्य के अनुसार चयन करना होता है।
   3. अनुदेशन करना हो या स्व–अनुदेशन के मार्ग पर आगे बढ़ना हो तो शिक्षक और शिक्षार्थी दोनों को ही अपनाई गई अनुदेशन तकनीक, विधि तथा माध्यम के प्रयोग में कुशलता अर्जित होनी चाहिए। अनुदेशनात्मक तकनीकी अपने विषय संबंधी कुशलता के द्वारा शिक्षक और शिक्षार्थी दोनों को ही आवश्यक सैद्धान्तिक तथा व्यावहारिक ज्ञान प्रदान करने की पूरी–पूरी क्षमता रखती है।
   4. अनुदेशनात्मक तकनीकी के किसी भी पाठ्यक्रम में निम्न प्रकरणों की उपस्थिति इसी बात की परिचायक है।

      (i) विभिन्न प्रकार की अनुदेशनात्मक तकनीकें एवं व्यूह रचनाएँ (Instructional tactics and strategies) जैसे व्याख्यान, प्रदर्शन, वर्णनात्मक, दृष्टांत, भूमिका, निर्वाह (Role playing), प्रश्नोत्तर, अनुसंधानात्मक, अधिन्यास (Assignment) मस्तिष्क उद्वेलन (Brain storming), क्रीडन (Gaming) आदि।

(ii) स्व–अधिगम या स्व–अनुदेशन हेतु विशेष प्रकार की तकनीक एवं प्रणालियों जैसे – अभिक्रमित अनुदेशन (Programmed instruction), वैयक्तिक अनुदेशन प्रणाली (Personalized system of instruction or PSI) तथा अधिगमकर्ता नियंत्रित अनुदेशन (Learner controlled instruction or LCI) आदि।

(iii) समूह में मिलजुल कर अनुदेशन प्राप्ति में सहायक तकनीकें जैसे किसी प्रोजेक्ट पर कार्य करना, दल शिक्षण (Team teaching), समुदाय विशेष में रहकर ज्ञान प्राप्त करना आदि।

(iv) विभिन्न प्रकार की दृश्य–श्रव्य सहायक सामग्री तथा साधन (जो अनुदेशन हेतु प्रयोग में लाए जा सकते हैं) जैसे–रेडियो, टेलीविजन, टेपरिकार्डर, प्रोजेक्टर, चार्ट, चित्र, मानचित्र, मॉडल आदि की सैद्धान्तिक तथा व्यावहारिक जानकारी।

4. **उचित अनुदेशनात्मक वातावरण या परिस्थितियों के निर्माण में सहायक** (Taking decision about the proper instructional environment)—अनुदेशनात्मक उद्देश्यों की प्राप्ति में उचित परिस्थितियों एवं वातावरण का महत्त्वपूर्ण योगदान रहता है क्योंकि उन्हीं के अपेक्षित सहयोग से अनुदेशन कार्य विधिवत सही मार्ग पर चलता रहता है। अनुदेशनात्मक तकनीकी का ज्ञान और कौशल हमें उचित परिस्थितियों एवं वातावरण की महत्ता से परिचित कराकर शिक्षक और शिक्षार्थी दोनों को ही इस प्रकार की शिक्षण–अधिगम परिस्थितियों एवं वातावरण के आयोजन की ओर उन्मुख करता है कि जिनके सहयोग से अपेक्षित अनुदेशनात्मक उद्देश्यों की ठीक ढंग से प्राप्ति हो सके।

5. **मूल्यांकन के कार्य में सहायक** (Helpful in the task of evaluation)—किसी भी प्रकार के अनुदेशन कार्य की चाहे वह अध्यापक नियंत्रित हो या अधिगमकर्ता द्वारा स्व–निर्देशित–वास्तविक नियंत्रण कुंजी मूल्यांकन के ही साथ में होती है। शिक्षक और शिक्षार्थी अपने–अपने कर्त्तव्य निर्वाह में किस सीमा तक सफल हो पाए हैं इसका निर्धारण मूल्यांकन की उपयुक्त तकनीकों द्वारा ही हो सकता है। यही कारण है कि अनुदेशनात्मक तकनीक के किसी भी पाठ्यक्रम में मूल्यांकन पद्धतियों तथा तकनीकों की अवहेलना नहीं की जाती। इसमें विशेष रूप से ऐसे प्रकरण तथा विषय वस्तु का समावेश किया जाता है। जिनके द्वारा मूल्यांकन प्रक्रिया और पद्धतियों को व्यावहारिक ज्ञान प्रदान किया जा सके। अध्यापक निर्मित परीक्षाएँ तथा मानक परीक्षाएँ (Standardized tests) क्या होती हैं ? स्वयं निर्मित परीक्षण तथा परीक्षाओं को कैसे विकसित किया जाता है। निबंधात्मक, लघु–उत्तरात्मक तथा वस्तुगत (Objective) प्रश्नों का निर्माण तथा व्यवहार के सभी पक्षों ज्ञानात्मक, भावनात्मक तथा क्रियात्मक क्षेत्रों में आने वाले परिवर्तनों का समुचित मूल्यांकन करने की प्रविधियों तथा तकनीकों का ज्ञान अनुदेशनात्मक तकनीकी के ज्ञान एवं कौशल से ही सम्पन्न हो सका है।

इस प्रकार अनुदेशनात्मक तकनीकी अपने विस्तृत रूप में वह सभी प्रकार की क्षमता रखती है जिससे एक अध्यापक को अपने अनुदेशन कार्य में तथा एक विद्यार्थी को अनुदेशन से होने वाले लाभों के उपार्जन में (जिसमें स्व–अनुदेशन भी शामिल है) पूरी–पूरी सहायता मिल सके।

(III) व्यवहारजन्य तकनीकी
(Behavioural Technology)

वुडवर्थ (Woodworth, 1948) ने कहा है कि "जीवन की किसी भी प्रकार की अभिव्यक्ति को एक क्रिया कहा जा सकता है।" सही अर्थों में जिसे हम व्यवहार कहते हैं वह जीवन को अभिव्यक्त करने वाली ऐसी सभी क्रियाओं का संयुक्त रूप है। इसलिए मानव में ज्ञानात्मक, क्रियात्मक तथा भावात्मक सभी प्रकार की क्रियाओं का समावेश पाया जाता है। परंतु जब हम मनोविज्ञान को व्यवहार का अध्ययन करने वाले विषय के रूप में परिभाषित करते हैं तो यहाँ हमारा व्यवहार से संबंध मात्र मानव व्यवहार का ही अध्ययन नहीं होता बल्कि सभी जीवधारियों के व्यवहार का अध्ययन

मनोविज्ञान द्वारा किया जाना होता है। इस रूप में व्यवहारजन्य तकनीकी (जिसका जन्म मनोविज्ञान के सिद्धांत और व्यवहारात्मक उपयोग से जुड़ा हुआ है) भी सभी जीवधारियों के व्यवहार का अध्ययन करने तथा उसमें यथानुकूल सुधार लाने के कार्य से पूरी तरह जुड़ी हुई है। प्रसिद्ध मनोवैज्ञानिक बी०एफ० स्किनर वह पहले मनोवैज्ञानिक थे जिन्होंने जीवधारियों के व्यवहार में अपेक्षित सुधार लाने हेतु अपने सक्रिय अनुबंधन अधिगम सिद्धान्त के माध्यम से व्यवहारजन्य तकनीकी (Behavioural technology) के उपयोग की बात हमारे सामने रखी। उन्होंने अपने प्रयोगों के द्वारा यह बात हमारे सामने रखी कि किस प्रकार व्यवहारजन्य तकनीकी के उपयोग द्वारा किसी भी पशु पक्षी और मनुष्य मात्र को किस तरह से अधिगम अनुभव या प्रशिक्षण प्रदान किए जा सकते हैं और किस प्रकार व्यवहारजन्य तकनीकी के माध्यम से उनके व्यवहार का मनचाहे ढंग से निरूपण (Shaping) किया जा सकता है।

व्यवहारजन्य तकनीकी में व्यवहार परिमार्जन (Behaviour modification) हेतु केवल मात्र सक्रिय अनुबंधन अधिगम सिद्धांतों पर आधारित तकनीक या व्यूह रचना का ही प्रयोग होता हो ऐसी बात नहीं है। इसमें अन्य और तकनीक या व्यूह रचनाओं जैसे केमोथेरेपी (Chemotherapy), मस्तिष्क सर्जरी (Brain surgery) तथा भौतिक नियंत्रकों (Physical restraints) का भी समुचित उपयोग किया जा सकता है, परंतु जहाँ तक विद्यालय परिस्थितियों में व्यवहारजन्य तकनीकी के उपयोग का प्रश्न है इसका उपयोग प्रायः व्यवहार विश्लेषण (Behaviour analysis) तथा व्यवहार परिमार्जन (Behaviour modification) को फलीभूत करने वाली तकनीकों तक ही सीमित रहता है और ये दोनों कार्य सक्रिय अनुबंधन तथा निरीक्षात्मक विश्लेषण (Observational analysis) अधिगम सिद्धांतों पर आधारित व्यवहारजन्य तकनीकी से अच्छी तरह निभाए जा सकते हैं। व्यवहारजन्य तकनीकी को विद्यालय परिस्थितियों में उपयोग करने वाले तकनीशियन पहले तो व्यवहार का अच्छी तरह अध्ययन करते हैं और फिर विश्लेषण कर यह जानने की कोशिश करते हैं कि व्यवहार को वांछित रूप देने के लिए कौन–सी दिशा और दशा चाहिए। उसी के अनुरूप वे अपने तकनीकी ज्ञान का उपयोग करते हैं। आदर्श व्यवहार क्या है, इसी आदर्श व्यवहार का प्रदर्शन करके उसके इसी रूप का अनुकरण करने को कहा जाता है तथा इच्छित व्यवहार का (Shaping) निरूपण करने के लिए सक्रिय अनुबंधन के सिद्धांत का अनुसरण करके आगे बढ़ा जाता है। व्यवहार करने से जो परिणाम (Consequences) निकलते हैं तथा व्यवहार से पहले जो घटनाएँ घटित होती हैं (antecedents), इन दोनों के ही संदर्भ में सक्रिय अनुबंधन तथा निरीक्षात्मक विश्लेषण के माध्यम से व्यवहार परिमार्जन का कार्य किया जाता है।

व्यवहारजन्य तकनीकी की उपयोग प्रक्रिया (Process of using Behaviour Technology)

व्यवहार परिमार्जन हेतु व्यवहारजन्य तकनीकी को उपयोग में लाने की प्रक्रिया को निम्न सोपानों में व्यक्त किया जा सकता है :

1. **व्यवहार विश्लेषण** (Analysis of behaviour)—व्यवहार तकनीकी में व्यवहार का निरीक्षण और विश्लेषण करने की काफी उपयोगी और व्यावहारिक तकनीक तथा प्रणालियाँ पाई जाती हैं। उदाहरण के लिए शिक्षक के कक्षा व्यवहार का निरीक्षण तथा विश्लेषण करने के लिए फ्लेंडर द्वारा प्रतिपादित अंतःक्रिया विश्लेषण प्रणाली काफी उपयोगी सिद्ध हो सकती है। इसी तरह मनोविज्ञान द्वारा प्रदान निरीक्षण विधियाँ तथा विश्लेषणात्मक प्रणाली व्यवहार को अच्छी तरह जानने और समझने में काफी महत्त्वपूर्ण भूमिका निभा सकती है। कौन, कब, किस तरह, क्या कर रहा है – इस प्रकार के उचित निरीक्षण और विश्लेषण के सहारे व्यवहार के वर्तमान विशिष्ट रूप से अच्छी तरह परिचित हुआ जा सकता है। फोटोग्राफ, वीडियो रिकार्डिंग, आडियो टेप आदि की मदद से निरीक्षण कार्य में काफी मदद मिल सकती है तथा एक के बजाय कई निरीक्षणकर्त्ताओं द्वारा सूचनाओं को इकट्ठा करने में कुछ और वैधता तथा विश्वसनीयता आ सकती है। इस प्रकार की एकत्रित सूचना और उसके विधिवत विश्लेषण से इस तरह संबंधित व्यक्ति या विद्यार्थी के वर्तमान व्यवहार से भली भाँति अवगत होने के प्रयत्न किए जाने चाहिएं।

2. **व्यवहार परिमार्जन हेतु अंतिम या लक्ष्य व्यवहार निर्धारित करना** (Setting the target behaviour for behaviour modification)—एक बार जब वर्तमान व्यवहार का निरीक्षण और यथेष्ट विश्लेषण हो जाए तो फिर व्यवहारजन्य तकनीकी की मदद से जिस प्रकार के व्यवहार की विद्यार्थियों से आशा की जाती है उस अंतिम या लक्ष्य व्यवहार की निश्चित और अपने विशिष्ट रूप में निर्धारित करने का प्रयत्न किया जाना चाहिए। विद्यार्थियों का इस समय यह व्यवहार है और हमें निश्चित उद्देश्यों की प्राप्ति हेतु इस व्यवहार का किस प्रकार का परिमार्जित रूप चाहिए, इसका निश्चित और स्पष्ट निर्धारण ही यहाँ इस दूसरे सोपान में किया जाना चाहिए। उदाहरण के लिए, अगर एक विद्यार्थी खेल के मैदान पर आक्रामक व्यवहार का प्रदर्शन कर रहा है (जिसकी पुष्टि उसके कुछ अवांछित व्यवहारों जैसे धक्का देना, झगड़ना, लड़ना, गुथ्थम–गुथ्था करना, हाथापाई करना, दूसरों को चोट पहुँचाना, धमकी देना आदि निरीक्षणात्मक व्यवहार से हो रही है) तो इस प्रकार के व्यवहार के परिमार्जन हेतु व्यवहार परिमार्जनकर्ता द्वारा जो लक्ष्यव्यवहार निर्धारित किया जा सकता है, इसमें खिलाड़ी विद्यार्थी से यह आशा की जाती है कि वह आक्रामक व्यवहार को त्यागकर खेले। इस प्रकार जब एक बार लक्ष्य व्यवहार के रूप में यह अच्छी तरह निश्चित हो जाता है कि व्यवहार परिमार्जन प्रयत्नों के फलस्वरूप किस प्रकार के व्यवहार की विद्यार्थी से आशा की जाती है तो व्यवहार परिमार्जन के प्रयत्नों को सही दिशा और दशा प्रदान करने में वांछित सहायता मिल जाती है।

3. **व्यवहार परिमार्जन हेतु उचित विधियाँ एवं तकनीक अपनाना** (Adopting proper way and means for behaviour modification)—अपने इस सोपान में व्यवहारजन्य तकनीकी द्वारा वे सभी वांछित तकनीकें, युक्तियाँ तथा विधियाँ व्यवहार परिमार्जनकर्त्ता के उपयोग के लिए प्रस्तुत की जाती हैं जिनके उपयोग से लक्ष्य व्यवहार (Target behaviour) तक पहुँचने में पूरी–पूरी मदद मिले। छात्र अध्यापक के रूप में आपके व्यवहार में पर्याप्त परिमार्जन कर इच्छित शिक्षक व्यवहार के लक्ष्य व्यवहार तक पहुँचने हेतु कुछ उपयुक्त व्यवहार परिमार्जन तकनीकों का इसी पुस्तक के आगे के अध्यायों में विस्तृत विवरण दिया जाएगा। इन तकनीकों को यहाँ अभी आप फ्लेंडर्स अंतःक्रिया विश्लेषण प्रणाली (Flander's interaction analysis system), सूक्ष्म शिक्षण (Micro teaching), भूमिका निर्वाह (Role playing), क्रीडन (Gaming) तथा क्रियात्मक अनुसंधान (Action research) के नाम से जान सकते हैं। परंतु जिन विशेष व्यवहार परिमार्जन तकनीकों की अब हम यहाँ विद्यार्थियों के व्यवहार परिमार्जन हेतु उपयोग में लाने की बात करना चाहेंगे वे हैं व्यवहार निरूपण (Shaping of behaviour) तथा मॉडलिंग (Modelling)।

व्यवहार निरूपण तकनीक स्किनर द्वारा प्रतिपादित सक्रिय अनुबंधन सिद्धांत पर आधारित है। इस तकनीक का उपयोग करते हुए जैसे ही विद्यार्थी इच्छित लक्ष्य व्यवहार की ओर कुछ कदम बढ़ाता है या किसी भी प्रकार से ऐसा कुछ संकेत देता है तो उसके इस व्यवहार को उचित पुनर्बलन प्रदान करने के प्रयत्न किए जाते हैं। मान लीजिए अभी अपने वर्तमान व्यवहार के रूप में कोई विद्यार्थी 20 मिनट की कक्षा अवधि में मात्र दो गणित की समस्याओं को हल करता है, परंतु अध्यापक यह चाहता है कि वह इस अवधि में कम से कम 10 ऐसी ही समस्याओं को हल करने योग्य बन जाए। तब उसे व्यवहार निरूपण तकनीक का उपयोग करने में व्यवस्थित क्रमबद्ध पुनर्बलन प्रक्रिया को अपनाते हुए आगे बढ़ना होगा। वर्तमान और लक्ष्य व्यवहार में कितना अंतर है तथा इस अंतर को किस तरह क्रमबद्ध रूप से आगे बढ़ते हुए पूरा करना है, सबसे पहले यह तय कर लिया जाना चाहिए। अब जैसे ही विद्यार्थी कुछ प्रगति करता दिखाई दे, जैसे दो के स्थान पर तीन समस्याओं के हल में जुटता या उनके हल में सफलता प्राप्त करता दिखाई दे उसे उचित रूप से पुनर्बलित किया जाना चाहिए। उचित पुनर्बलकों (Reinforces) द्वारा लक्ष्य व्यवहार की ओर शनैः–शनैः व्यवस्थित रूप से धकेलने की यह प्रक्रिया तब तक चालू रहनी चाहिए जब तक कि व्यवहार का उस रूप में निरूपण न हो जाए जैसा कि लक्ष्य व्यवहार के रूप में पहले से ही तय कर रखा है।

व्यवहार परिमार्जन हेतु **मॉडलिंग तकनीक** का उपयोग करने के लिए जिस प्रकार के अंतिम या लक्ष्य व्यवहार (Target or terminal behaviour) की विद्यार्थी से आशा की जाती है उस व्यवहार को किसी भी उपयुक्त मॉडल (Model) द्वारा विद्यार्थी के सामने रखा जाता है तथा विद्यार्थी से उसका अनुकरण करने के लिए कहा जाता है। मॉडल के रूप में अध्यापक तथा माता–पिता ऐसी पहल कर सकते हैं। कोई साथी विद्यार्थी या बड़ी कक्षाओं में पढ़ने वाले विद्यार्थी भी मॉडल हो सकते हैं अथवा उपन्यास, कहानियों, साहित्य, फिल्म तथा अन्य मीडिया से संबंधित प्रसिद्ध व्यक्ति भी इस तरह के मॉडल के रूप में उपयोग किए जा सकते हैं। विद्यार्थी सामाजिक या निरीक्षण अधिगम (Social or observational learning) के सिद्धांतों का अनुसरण करते हुए मॉडल द्वारा प्रदर्शित आदर्श व्यवहार का अनुकरण करके इसे अपने व्यवहार में उतारने का प्रयत्न करता है। इस प्रकार के अनुकरण द्वारा न केवल कुछ सरल व्यवहार बल्कि क्रोधी, जटिल और पेचीदा व्यवहारों जैसे किसी खेल विशेष के खेलने में पूरी तरह पारंगत होना या किसी विशेष यांत्रिक तथा इलेक्ट्रानिक उपकरण के प्रयोग में प्रवीणता हासिल करना आदि का समुचित अर्जन मॉडलिंग द्वारा अच्छी तरह किया जा सकता है। इस तरह मॉडलिंग तकनीक लक्ष्य व्यवहार तक पहुँचने के लिए एक उत्तम स्व–अनुदेशन या स्व–अधिगम तकनीक के रूप में जानी जा सकती है।

(IV) अनुदेशनात्मक प्रारूप तकनीकी (Instructional Design Technology)

अनुदेशन अपने प्रक्रिया रूप में विद्यार्थियों को शिक्षण–अधिगम उद्देश्यों की प्राप्ति में पूरी तरह सहायता करता है। एक अच्छा अनुदेशन सदैव ही प्रयोजनपूर्ण तथा लक्ष्य निर्धारित होता है। इस दृष्टि से अधिगमकर्त्ता को जब भी कोई अनुदेशन प्रदान किया जाता है तब सदैव यही आशा की जाती है कि इस प्रकार के अनुदेशन की परिणिति सदैव उसे निर्धारित शिक्षण अधिगम उद्देश्यों की अच्छी से अच्छी तरह प्राप्ति में होती रहे। स्पष्ट है कि ऐसा करने के लिए अनुदेशन प्रणाली का भली भाँति नियोजन, संगठन तथा विधिवत् क्रियान्वयन जरूरी है। शैक्षिक तकनीकी की एक शाखा जिसे अनुदेशात्मक प्रारूप तकनीकी कहा जाता है अपने कुछ प्रभावोत्पादक अनुदेशनात्मक प्रारूपों के माध्यम से यही सब कुछ करते हुए अनुदेशन की प्रक्रिया और परिणामों को सही दिशा और दशा प्रदान करने का प्रयत्न करती हुई देखी जा सकती है।

अनुदेशनात्मक प्रारूप तकनीकी के ज्ञान और कौशलों से विकसित इन अनुदेशात्मक प्रारूपों का प्रयोजन जैसा कि अमेरिका के सिराक्यूज विश्वविद्यालय (Syracuse University, USA) के प्रोफेसर डॉ० राबर्ट सी० ब्रान्च (Robert C. Branch) का मत है "अनुदेशन, प्रदान करने हेतु अनुदेशनात्मक घटनाक्रम से संबंधित पेचीदगियों का विश्लेषण, परिभाषीकरण तथा परीक्षण कर अपेक्षित व्यूह रचनायें सुझाना है।" (Instruction designs are meant for responding to the complexities associated with the instructional episode by analysis, defining, testing and recommending strategies for implementing instruction—Branch C. Robert, 1996, p. 44).

वैसे अपने सरल अर्थ में अनुदेशनात्मक प्रारूप से तात्पर्य एक ऐसे खाके या योजना से है जिसके आधार पर यह निर्णय लेने में मदद मिलती है कि एक अनुदेशनात्मक प्रक्रिया (शिक्षण अधिगम और उसकी अन्तःक्रिया) को किस प्रकार ठीक ढंग से संपादित किया जाये ताकि निर्धारित अनुदेशनात्मक उद्देश्यों की भली भाँति उपलब्धि हो सके। इस तरह अनुदेशनात्मक प्रारूप तकनीकी का संबंध निश्चित रूप से अनुदेशनात्मक प्रक्रिया के ऐसे नियोजन, कार्यान्वयन तथा मूल्यांकन से है जिसके द्वारा अनुदेशन की प्रक्रिया और परिणामों पर उचित नियंत्रण रखा जा सके। इन सभी बातों को ध्यान में रखते हुए अन्विन (Unwin, 1969) ने अनुदेशनात्मक प्रारूप तकनीकी को निम्न प्रकार परिभाषित करने का प्रयत्न किया है।

"अनुदेशन प्रारूप तकनीकी एक ऐसी तकनीकी है जिसके माध्यम से आधुनिक कौशलों एवं तकनीकों का प्रयोग शिक्षा और प्रशिक्षण (अनुदेशन) की आवश्यकताओं की पूर्ति हेतु किया जाता है। अधिगम को प्रभावपूर्ण बनाने से संबंधित अधिगम विधियों, साधनों तथा परिवेशजन्य बातों पर उचित नियंत्रण बनाये रखना इसी के अंतर्गत आता है।"

("Instructional design technology is a type of technology concerning with application of modern skills and techniques to requirements of education and training (instruction). This includes the facilitation of learning by manipulation of media and methods and the control of environment in so far as it reflects on learning").

अनुदेशन प्रक्रिया और उसके परिणामों पर वांछित नियंत्रण स्थापित करने हेतु अनुदेशन प्रारूप तकनीकी जिन विशेष उपागमों का प्रयोग करती हुई देखी जा सकती है, उनमें से प्रमुख रूप से उल्लेखनीय है–प्रणाली उपागम, साइबरनैटिक उपागम तथा प्रशिक्षण मनोविज्ञान। इनकी सहायता से किसी एक विशेष परिस्थिति में सम्पन्न होने वाले अनुदेशन के लिये वांछित अनुदेशनात्मक प्रारूपों का निर्माण और क्रियान्वयन में उचित सहायता मिल सकती है। ये उपागम अपने आपमें क्या हैं तथा इनके प्रयोग से अनुदेशन प्रारूप तकनीकी को किस प्रकार भली भाँति व्यावहारात्मक रूप प्रदान किया जा सकता है इसका दिग्दर्शन प्रस्तुत पाठ्यपुस्तक के इनसे संबंधित अध्यायों में प्राप्त विवरण के आधार पर भली भाँति किया जा सकता है। पाठकों से यहाँ यह अनुरोध है कि यह ज्ञान प्राप्त करने हेतु वे संबंधित अध्यायों (अध्याय 18, 23, तथा 24) का अध्ययन करें।

शैक्षिक तकनीकी का क्षेत्र एवं महत्त्व (Scope and Significance of Educational Technology)

शैक्षिक तकनीकी विषय के क्षेत्र का निर्धारण करने के लिए निम्न दो प्रश्नों का उत्तर प्राप्त करना आवश्यक होगा :

1. शैक्षिक तकनीकी के कार्य क्षेत्र की क्या सीमायें हैं ?
2. शैक्षिक तकनीकी विषय के अध्ययन में क्या–क्या शामिल किया जाना चाहिये?

इन दो प्रश्नों का उत्तर इस बात से जुड़ा है कि हम यह जानें कि शैक्षिक तकनीकी अपने आप में क्या है ? उसकी क्या प्रकृति एवं विशेषतायें हैं ? उसका वास्तविक स्वरूप क्या है ? उसके संप्रत्यय के बारे में क्या विचारधारायें हैं ? वह किन–किन रूपों अथवा उपागमों के रूप में शिक्षा के क्षेत्र में प्रयोग की जाती है तथा उसके द्वारा किन व्यापक लक्ष्यों एवं कक्षा शिक्षण उद्देश्यों की शर्तें होती हैं ? इन सब बातों की जानकारी हम इस अध्याय में ले चुके हैं। शैक्षिक तकनीकी का क्षेत्र एवं सीमा निर्धारण के लिए यह जानकारी काफी महत्त्वपूर्ण सिद्ध हो सकती है। परन्तु मूल बात यह है कि हमें यह अच्छी तरह से जानना चाहिए कि शैक्षिक तकनीकी शिक्षा जगत से कैसे जुड़ी है और उसका शिक्षा के कार्यों अथवा उद्देश्यों की पूर्ति के लिए कहाँ और किस रूप में प्रयोग हो सकता है। शैक्षिक तकनीकी के इस उत्तरदायित्व अथवा कार्यों (Functions) को ध्यान में रखते हुए ही हम नीचे की पंक्तियों में यह निर्णय लेंगे कि उसके अध्ययन क्रम में किन बातों (प्रकरण एवं विषयवस्तु) का समावेश किया जाना चाहिए।

1. **शैक्षिक लक्ष्यों एवं उद्देश्यों का निर्धारण** (Spelling out the Educational Goals or Objectives)—शिक्षा कार्यों की सफलता शैक्षिक लक्ष्यों एवं उद्देश्यों के उचित निर्धारण पर निर्भर करती है। शैक्षिक तकनीकी को इस दिशा में सहयोग करने के लिए कुछ निम्न प्रकार की विषय सामग्री पर ध्यान देना होता है–
   समुदाय विशेष की आकांक्षाओं एवं शैक्षिक आवश्यकताओं का निदान, इन आवश्यकताओं और आकांक्षाओं को पूरा करने के लिए उपलब्ध स्रोतों एवं साधनों की जानकारी, व्यापक शैक्षिक लक्ष्यों या सामान्य उद्देश्यों का निर्धारण, सामान्य या व्यापक लक्ष्यों का कक्षा शिक्षण और अधिगम से संबंधित विशिष्ट उद्देश्यों में विभाजन, विशिष्ट शिक्षण एवं अधिगम उद्देश्यों को व्यवहारपरक शब्दावली में लिखना आदि।
2. **पाठ्यक्रम निर्माण** (Development of Curriculum)—शैक्षिक उद्देश्यों की सफलतापूर्वक प्राप्ति के लिये एक अच्छे पाठ्यक्रम का होना अति आवश्यक है। शैक्षिक तकनीकी इस दिशा में भी अपना सहयोग देने का प्रयास करती है और इस संदर्भ में कुछ निम्न प्रकरणों एवं विषयवस्तु का समावेश चाहती है–

उचित अधिगम अनुभवों एवं पाठ्यवस्तु का चयन, चयन की हुई पाठ्यवस्तु का उत्तम अनुदेशन के लिए सफलतापूर्वक आयोजन, निर्धारित उद्देश्यों, शिक्षण विधियों, साधन और मूल्यांकन तकनीकों के संदर्भ में पाठ्यक्रम की उपयुक्तता को जाँचना आदि।

3. **शिक्षण-अधिगम सामग्री का उत्पादन एवं विकास** (Production and Development of Teaching Learning Material)—शैक्षिक तकनीकी का यह अंग निर्धारित उद्देश्यों, नियत पाठ्यक्रम और उपलब्ध साधनों के संदर्भ में सर्वोत्तम शिक्षण–अधिगम सामग्री के उत्पादन एवं विकास पर जोर देता है। इस दृष्टि से शैक्षिक तकनीकी कुछ निम्न प्रकरणों का समावेश चाहती है:–

   अभिक्रमित अनुदेशन सामग्री, कंप्यूटर निर्देशित अधिगम सामग्री, जनसम्पर्क माध्यमों में प्रयुक्त सामग्री, शिक्षण मशीन में प्रयुक्त सामग्री, शिक्षण और अधिगम के नियोजन एवं पाठ योजना के निर्माण से संबंधित आवश्यक सामग्री का उत्पादन एवं विकास आदि।

4. **अध्यापकीय प्रशिक्षण** (Teacher Training)—शिक्षण–अधिगम प्रक्रिया में अध्यापक को बहुत ही महत्त्वपूर्ण भूमिका निभानी होती है। इस दृष्टि से शैक्षिक तकनीकी एक अध्यापक को अपने विभिन्न उत्तरदायित्वों को निभाने हेतु उचित प्रशिक्षण प्रदान करने का कार्य करती है। अपने इस कार्य हेतु वह कुछ निम्न प्रकार की विषय सामग्री पर बल देती है। शिक्षण अभ्यास के प्रतिमान (Models of practice teaching), सूक्ष्म शिक्षण, टीम शिक्षण, अनुरूपित शिक्षण, शैक्षिक क्रीडन (Academic gaming), प्रणाली उपागम, अध्यापक व्यवहार, शिक्षण व्यवहार, कक्षा अन्तःक्रिया, वैयक्तिक अनुदेशन प्रणाली (Personalized system of instruction) बहु–माध्य उपागम (Multi-media approach) आदि।

5. **शिक्षण-अधिगम प्रविधियों एवं व्यूह रचनाओं का चयन एवं विकास** (Development and Selection of the Teaching-learning Devices and Strategies)—किसी भी शिक्षण अधिगम प्रक्रिया में शिक्षण–अधिगम प्रविधियों एवं व्यूह रचनाओं की केंद्रीय भूमिका रहती है। शिक्षण तकनीकी इन प्रविधियों और व्यूह रचनाओं के निर्माण, चयन एवं विकास में पूरा सहयोग देती है और इस दृष्टि से अपने अध्ययन क्रम में निम्न सामग्री का समावेश चाहती है:–

   शिक्षण–अधिगम के उपलब्ध स्रोतों और उद्देश्यों के संदर्भ में उचित प्रविधियों और व्यूह रचनाओं का निर्माण एवं विकास, शिक्षण–अधिगम के क्षेत्र में उपलब्ध विभिन्न शिक्षण प्रतिमान, शिक्षण अधिगम विधियों, प्रविधियों, तकनीक तथा युक्तियों की जानकारी और उनका उचित चयन एवं उपयोग करने की तकनीकों की जानकारी आदि।

6. **उचित दृश्य-श्रव्य सामग्री का चयन, विकास एवं उपयोग** (Development, Selection and Use of the Appropriate Audio-visual Aids)—दृश्य–श्रव्य सहायक सामग्री द्वारा ठीक प्रकार से सीखने एवं सिखाने में भरपूर सहायता मिलती है। शिक्षण तकनीकी इस दृष्टि से उचित दृश्य–श्रव्य सहायक सामग्रियों के निर्माण, विकास, चयन और उपयोग पर पूरा–पूरा ध्यान देती है और इस संदर्भ में कुछ निम्न प्रकार की विषय सामग्री को स्थान दिलाना चाहती है–

   दृश्य–श्रव्य सहायक सामग्री का अर्थ एवं शैक्षणिक उपयोगिता, विभिन्न प्रकार की दृश्य–श्रव्य सहायक सामग्रियों का उचित श्रेणियों में विभाजन, इन सामग्रियों की संरचना एवं कार्य प्रणाली का अध्ययन, एक विशेष शिक्षण–अधिगम परिस्थिति के परिप्रेक्ष्य में उचित दृश्य–श्रव्य सामग्री का चयन और उपयोग के तरीके, उपलब्ध साधनों के आधार पर दृश्य–श्रव्य सामग्री का निर्माण और विकास, दृश्य–श्रव्य सामग्री की उचित देखभाल एवं संरक्षण, व्यय और उपयोगिता की दृष्टि से दृश्य–श्रव्य सहायक सामग्री का मूल्यांकन आदि।

7. **हार्डवेयर उपकरण एवं जनसम्पर्क माध्यमों का प्रभावपूर्ण उपयोग** (Effective Utilization of the Hardware and Mass Media)—शिक्षा जगत में बहुत से तकनीकी यंत्रों, उपकरणों, मशीनों, संप्रेषण तकनीक, प्रचार साधनों एवं जनसम्पर्क माध्यमों का प्रचलन तेजी से बढ़ गया है। शैक्षिक तकनीकी इस सभी साधनों से परिचित कराने एवं उनके उपयोग में पर्याप्त कुशलता लाने का कार्य करती है। इस दृष्टि से शैक्षिक तकनीकी के किसी भी अध्ययन क्रम में निम्न प्रकार की विषयवस्तु का समावेश किया जाता है–

   हार्डवेयर उपागम का अर्थ, शिक्षा कार्य के काम में आने वाला विभिन्न तंत्रों, उपकरणों एवं मशीनों की बनावट एवं कार्य प्रणाली का अध्ययन, उचित हार्डवेयर अथवा शिक्षण उपकरण का चुनाव, उनका प्रयोग करने से संबंधित सावधानियाँ, रखरखाव और सुरक्षा और इनका निर्माण एवं विकास, व्यय और उपयोग की दृष्टि से तुलनात्मक मूल्यांकन, विविध संप्रेषण, तकनीक, संचार साधन एवं जनसम्पर्क माध्यमों की जानकारी और उनका शिक्षा कार्य हेतु उपयोग, व्यक्तिगत और सामूहिक स्तर पर औपचारिक एवं अनौपचारिक शिक्षण हेतु इन साधनों अथवा माध्यमों का उपयोग आदि।

8. **शिक्षा की उप-प्रणालियों के प्रभावपूर्ण उपयोग की ओर ध्यान देना** (To Work for the Effective Utilization of Subsystems of Education) – शिक्षा तकनीकी शिक्षा के क्षेत्र में प्रणाली उपागम के उपयोग की जोरदार वकालत करती है। इस दृष्टि से यह ऐसी अध्ययन सामग्री का समावेश चाहती है कि जिसके द्वारा एक अध्यापक शिक्षा को एक सुनियोजित प्रणाली के रूप में देख और समझ सके। इस दृष्टि से कुछ निम्न प्रकार की अध्ययन सामग्री इनमें शामिल की जाती है–

   प्रणाली उपागम का अर्थ एवं प्रकृति तथा सिद्धांत और प्रक्रिया, शिक्षा की एक प्रणाली के रूप में व्याख्या, विभिन्न उपप्रणालियों एवं उनमें निहित तत्त्व, प्रणाली की कार्यपद्धति की व्याख्या, प्रणाली की उपादेयता, मितव्ययिता, परिणामों की प्राप्ति आदि को ध्यान में रखते हुए विभिन्न उपप्रणालियों और तत्त्वों का उचित प्रबंध एवं नियंत्रण, अपेक्षित सुधार एवं विकास आदि।

9. **मूल्यांकन द्वारा उचित नियंत्रण एवं पृष्ठपोषण की व्याख्या** (To Provide Essential Feedback and Control through Evaluation) – शैक्षिक, तकनीकी, मूल्यांकन तकनीकी के उचित विकास एवं उपयोग द्वारा संपूर्ण प्रक्रिया पर उचित नियंत्रण स्थापित करने एवं पृष्ठपोषण प्रदान करने का कार्य करती है। इस दृष्टि से शैक्षिक तकनीकी के अध्ययन क्रम में कुछ निम्न प्रकरणों का समावेश किया जाता है–

मूल्यांकन तकनीकों के अर्थ एवं प्रयोजन, विभिन्न प्रकार की मूल्यांकन तकनीकों का वर्णन, उद्देश्य पाठ्यवस्तु, शिक्षण विधियों तथा मूल्यांकन तकनीकों का पारस्परिक संबंध, उचित मूल्यांकन तकनीकों का चुनाव, निर्माण विकास और समुचित उपयोग आदि।

इस प्रकार से शैक्षिक तकनीकी का संबंध शिक्षण–अधिगम के हर पहलू से होता है। शिक्षा प्रणाली का कोई तत्त्व या घटक ऐसा नहीं जिसके मार्गदर्शन, नियंत्रण एवं कुशल कार्य संपादन हेतु शिक्षण तकनीकी को काम में नहीं लाया जाता हो। यह एक शिक्षार्थी को शिक्षा प्राप्त करने, अध्यापक को अपना अध्यापन कार्य करने, प्रशासक को अपना प्रशासन संभालने, पाठ्यक्रम निर्माण–कर्त्ता को पाठ्यक्रम निर्माण करने, परीक्षक को परीक्षा संबंधी कार्य करने, शिक्षा योजना बनाने वाले को योजना बनाने और इस तरह शिक्षण–अधिगम प्रक्रिया से जुड़े हुए सभी व्यक्तियों को अपने–अपने कार्य में इस प्रकार दक्षता प्राप्त करने और अनुकूल सहायता प्रदान करने का कार्य करती है कि वे सभी कम से कम शक्ति लगाकर, कम से कम समय में अधिक अच्छी प्रकार से अपने उत्तरदायित्वों का निर्वाह कर सकें। वैयक्तिक एवं सामूहिक, औपचारिक अथवा अनौपचारिक, शिक्षण युक्त अथवा शिक्षण विहीन–सभी प्रकार की परिस्थितियों एवं शिक्षण में यह अपना चमत्कार दिखाने का प्रयास करती है। जनसंपर्क के व्यापक माध्यमों, संचार एवं संप्रेषण के दूरगामी

साधनों और अनुदेशन सामग्री, पत्राचार आदि के प्रादुर्भाव ने शैक्षिक तकनीकों के क्षेत्र एवं सीमा में व्यापक वृद्धि कर दी है और इसकी उपयोगिता शिक्षा जगत के हर पहलू और प्रयास को छूने लगी है।

ऊपर की पंक्तियों में हमने शैक्षिक तकनीकी के उपयोग और कार्यक्षेत्र को एक निश्चित सीमा में बाँधने का प्रयास किया है। वैसे देखा जाए तो शैक्षिक तकनीकी जैसे उत्तरोत्तर विकास को प्राप्त हुए विषय को न तो इस प्रकार सीमा में बाँधना संभव ही है और न ऐसा करना कोई बुद्धिमानी समझा जा सकता है। शैक्षिक तकनीकी शिक्षा की समस्याओं का समाधान करने और शिक्षा की प्रक्रिया में भरसक योगदान देने का प्रयास करती है। शिक्षा एक अनवरत और विकासात्मक प्रक्रिया है जिसकी परिवर्तनशीलता असंदिग्ध है। शिक्षा की इस निरंतर परिवर्तनशीलता और नूतनता को ध्यान में रखते हुए शैक्षिक तकनीकी, जो शिक्षा की प्रणाली और उसकी प्रक्रिया को उत्तरोत्तर विकसित करने की भूमिका निभाती है, कैसे भी जड़ और अपरिवर्तनशील नहीं हो सकती। उसमें यथानुकूल परिवर्तन, परिमार्जन एवं सुधार अपेक्षित है और इस दृष्टि से शैक्षिक तकनीकी की विषय सामग्री का कलेवर दिनोदिन परिवर्तित और परिवर्द्धित होता रहता है। इस दृष्टि से इसके क्षेत्र का कभी भी स्थायी रूप से सीमांकन नहीं किया जा सकता। शिक्षा जगत की भलाई इसी में है कि उसका हित चिंतन करने वाली शैक्षिक तकनीकी विषय के क्षेत्र को बढ़ने और फलने फूलने के लिए उन्मुक्त खुला छोड़ दिया जाए ताकि वह आने वाले सभी समयों में शिक्षा की समस्याओं के समाधान और उसकी प्रक्रिया में उत्तरोत्तर निखार लाने के लिए अपना अभूतपूर्व योगदान दे सके।

भारत में शैक्षिक तकनीकी का क्षेत्र एवं महत्त्व (Scope and Significance of Educational Technology in India)

1960 से पहले हमारे देश के शैक्षिक क्षितिज पर शिक्षा तकनीकी का अवतरण नहीं हुआ था। अगर इसे कहीं किसी रूप में प्रयोग में लाया जाता था तो वह दृश्य–श्रव्य सहायक सामग्री के उपयोग मात्र तक ही सीमित था। शिक्षा तकनीकी नाम का चलन कुछ वर्षों बाद 'अभिक्रमित अनुदेशन' के प्रादुर्भाव के साथ आरंभ हुआ। अभिक्रमिक अनुदेशन ने शिक्षा जगत में एक आन्दोलन–सा ला दिया और 'अनुदेशन प्रक्रिया' को सुधारने एवं संभालने तथा स्व–शिक्षा एवं स्व–अधिगम (Self-learning) को प्रोत्साहित करने में इस से काफी बल मिला। धीरे–धीरे शैक्षिक तकनीकी का और उपयोगी स्वरूप निखर कर सामने आया और आज यह देखा जा सकता है कि हमारे देश में शैक्षिक तकनीकी के ज्ञान और उपयोग से संबंधित नवीनतम धारणायें और विचार काफी फल–फूल रहे हैं। परिणामस्वरूप आज एक शैक्षिक तकनीकी विशेषज्ञ (Educational technology expert) को न तो मात्र दृश्य–श्रव्य सहायक सामग्री का उपयोग करने वाले मास्टरजी के रूप में देखा जाता है और न उसे मशीनी उपकरणों या माध्यमों का शिक्षण कार्य में उपयोग करने वाले कोई कारीगर अथवा अभिक्रमित पाठ्यपुस्तक (Programmed textbook) तैयार करने वाला लेखक ही समझा जाता है। आज उसका कार्यक्षेत्र शिक्षण की संपूर्ण प्रक्रिया को लेकर सामने आता है। उसे इस प्रक्रिया के नियोजन, क्रियान्वयन और मूल्यांकन तीनों प्रश्नों को साथ लेकर इस प्रकार व्यवस्थित और नियंत्रित करना होता है जिससे निर्धारित शैक्षिक उद्देश्यों की सर्वोत्तम ढंग से प्राप्ति हो सके।

दूसरे शब्दों में आज की शैक्षिक तकनीकी, शिक्षा की समस्याओं के हल के लिए प्रणाली उपागम का प्रयोग करना चाहती है। शिक्षा की एक अति उपयोगी उत्पादक प्रणाली के रूप में मान्यता देकर उसमें निहित तत्त्वों, अवयवों अथवा प्रक्रियाओं की कार्यक्षमताओं में निरंतर निखार लाने और समस्त प्रणाली को ठीक प्रकार नियोजित और प्रबंध करने के कार्य में आज की तकनीकी में प्रणाली विश्लेषण (System analysis) की अति आधुनिक तकनीक के प्रयोग पर जोर दिया जा रहा है और परिणामस्वरूप शिक्षा को अधिक से अधिक उपयोगी एवं प्रभावशाली बनाने का प्रयत्न किया जा रहा है।

आज के संदर्भ में अगर देखा जाए तो हमारे देश में शैक्षिक तकनीकी का वर्तमान काफी प्रयोजनपूर्ण और भविष्य काफी आशाप्रद दिखाई देता है। शिक्षा के हर स्तर, अवस्था और पहलू को यह सभी ओर से प्रभावित कर रही है।

न केवल औपचारिक शिक्षा बल्कि अनौपचारिक और अनवरत शिक्षा के क्षेत्रों में भी यह विविध रूपों में महत्त्वपूर्ण भूमिका निभा कर देश की प्रगति में पूरा योगदान दे रही है। इसकी उपयोगिता और प्रयोग का अनुमान निम्न विवरण से अच्छी तरह से लगाया जा सकता है–

1. आकाशवाणी कार्यक्रमों द्वारा रेडियो को औपचारिक एवं अनौपचारिक शिक्षा के एक सशक्त तथा महत्त्वपूर्ण साधन बनाने का चलन जोर पकड़ता जा रहा है। आज सुव्यवस्थित क्रम में कई शिक्षण विषयों का अध्ययन और अध्यापन रेडियो प्रसारण द्वारा सम्पन्न किया जाता है। जाने माने वैज्ञानिक, लेखकों एवं विद्वानों के विचार प्रस्तुत किये जाते हैं। कई प्रांतों में विद्यालय दिनचर्या को रेडियो से प्रसारित शैक्षिक कार्यक्रमों के साथ समन्वित करने के प्रयास भी किये गये हैं। कृषि, बागवानी, महिलाओं के गृह प्रबंध और छोटे–छोटे कुटीर उद्योगों, परिवार कल्याण, समाज सेवा और प्रौढ़ शिक्षा आदि से संबंधित विशेष कार्यक्रमों का आयोजन अनौपचारिक शिक्षा की दृष्टि से काफी प्रसिद्धि पा चुके हैं।
2. शैक्षिक तकनीकी के उपयोग से संबंधित दूसरा महत्त्वपूर्ण पहलू दूरदर्शन (Television) द्वारा शैक्षिक महत्त्व के विशेष कार्यक्रमों द्वारा दिखाया जाना है। अनुभवी प्रशिक्षित और योग्य अध्यापक एवं विशेषज्ञ दूरदर्शन के माध्यम से विभिन्न विषयों से संबंधित व्यवस्थित शिक्षण कार्यक्रम प्रस्तुत करते हैं और विद्यालय तथा विद्यालय से बाहर के सभी जिज्ञासु शिक्षार्थियों को इनके द्वारा समुचित रूप से शिक्षा ग्रहण करने में पूरी–पूरी सहायता मिलती है। औपचारिक शिक्षा से नहीं बल्कि अनौपचारिक एवं अनवरत शिक्षा से भी अपना रिश्ता जोड़ने में दूरदर्शन कार्यक्रम अब पीछे नहीं रहे हैं। उपग्रह सेवाओं के माध्यम से आज दूरदर्शन केंद्रों का पूरे देश में एक जाल–सा फैला दिया गया है। उपयोगी राष्ट्रीय तथा स्थानीय कार्यक्रमों के द्वारा सभी दूरदर्शन केंद्र देश के कोने–कोने में शिक्षा और ज्ञान के प्रसार और प्रचार में बहुत ही महत्त्वपूर्ण भूमिका निभा रहे हैं।
3. हमारे देश में शैक्षिक तकनीकी के उपयोग का तीसरा महत्त्वपूर्ण क्षेत्र अध्यापक प्रशिक्षण से संबंध रखता है। देश के लाखों विद्यालयों में सेवारत अध्यापकों को प्रशिक्षित करने एवं उन्हें शिक्षा और शिक्षण में आये नवीन परिवर्तनों से परिचित कराने का कार्य काफी चुनौतीपूर्ण है। शैक्षिक तकनीकी के संप्रेषण और जनसम्पर्क माध्यमों के द्वारा इस चुनौती का मुकाबला किया जा रहा है। अपनी बहुसाधनीय पैकेज (Multimedia package) योजना के आधार पर राष्ट्रीय शैक्षिक अनुसंधान एवं प्रशिक्षण परिषद् (NCERT) शैक्षिक तकनीकी केंद्र (Centre for educational technology) ने सेवारत अध्यापकों के लिए जो विभिन्न प्रकार के प्रशिक्षण कोर्स तैयार किये हैं, उन्हें अध्यापकीय प्रशिक्षण की दिशा में एक सराहनीय कदम कहा जा सकता है। शिक्षण प्रशिक्षण महाविद्यालय के कार्यक्रमों और प्रशिक्षण को अधिक उपयोगी एवं प्रभावशाली बनाने में शैक्षिक तकनीकी ने अपना सहयोग देना प्रारम्भ कर दिया है। शिक्षक प्रशिक्षण के सभी स्तरों पर आज प्रशिक्षण पाठ्यक्रम एवं कार्यक्रमों में उचित परिवर्तन लाने, नवीन परिवर्तनों और अनुसंधानों के परिणामों से परिचित कराने एवं शैक्षिक तकनीकी द्वारा विकसित उपागमों, प्रविधियों, शिक्षण युक्तियों और व्यूह रचनाओं को प्रयोग में लाने का काम किया जा रहा है। शिक्षण प्रशिक्षण कार्यक्रमों में सूक्ष्म शिक्षण, टीम शिक्षण, अनुरूपित शिक्षण, शिक्षण–प्रतिमान आदि बहुत से नवाचारों (Innovations) एवं शिक्षण कलाओं का समावेश शैक्षिक तकनीकी के शिक्षण प्रशिक्षण के क्षेत्र में प्रभावपूर्ण उपयोग का ज्वलंत उदाहरण प्रस्तुत करता है।
4. दूरगामी शिक्षा (Distance education) हेतु भी आज अपने देश में शैक्षिक तकनीकी का उपयोग किया जा रहा है। औपचारिक शिक्षा तो सामने बैठे हुए विद्यार्थी को ही लाभान्वित कर पाती है। ऐसे विद्यार्थी भी हैं जो न तो विद्यालय ही आ सकते हैं और न ही विद्यालय की सुविधायें ही उन तक पहुँच पाती हैं। ऐसे दूर–दूर तक बिखरे हुए शिक्षार्थियों को शिक्षा की सुविधा पहुँचाने के लिए आज की शैक्षिक तकनीकी आगे आ रही है। इन सुविधाओं से कोई भी व्यक्ति किसी भी समय, किसी आयु में, कहीं भी शिक्षा ग्रहण कर अपने आप को

प्रगति के पथ पर अग्रसर कर सकता है। इस कार्य में शैक्षिक तकनीकी के द्वारा विभिन्न शैक्षिक माध्यमों का अनुदेशनात्मक उद्देश्य प्राप्ति के लिए उपयोग किया जाता है। जन सम्पर्क आदि माध्यमों जैसे रेडियो, टेलीविजन आदि के शैक्षिक कार्यक्रम, अभिक्रमित अनुदेशन सामग्री का निर्माण और पत्राचार पाठ्यक्रम आदि का आयोजन इस प्रकार के प्रयत्नों का उदाहरण प्रस्तुत करता है।

5. शैक्षिक तकनीकी को हमारे देश में विभिन्न भाषाओं को अच्छी तरह सीखने–सिखाने के कार्य में भी प्रयुक्त किया जा रहा है। भाषा शिक्षण हेतु विभिन्न प्रकार की शिक्षण और अधिगम सामग्री के उत्पादन में शैक्षिक तकनीकी सक्रिय सहयोग दे रही है। भाषा प्रयोगशालाओं (Language laboratories) को स्थापित करने और उन्हें भाषा शिक्षण हेतु अधिक से अधिक उपयोगी एवं प्रभावशाली बनाने में शैक्षिक तकनीकी महत्त्वपूर्ण भूमिका निभा रही है।

6. पत्राचार पाठ्यक्रम द्वारा औपचारिक एवं अनौपचारिक शिक्षा प्रदान करने में भी अपने देश में शैक्षिक तकनीकी सक्रिय योगदान दे रही है। आज विभिन्न विश्वविद्यालयों में स्नातक और स्नातकोत्तर अध्ययन के लिए पत्राचार शिक्षा प्रारम्भ हो चुकी है। कुछ प्रांतों में इण्टरमीडिएट और सेकेन्ड्री स्तर की शिक्षा के लिए भी इस प्रकार के पाठ्यक्रम शुरु हो चुके हैं। इन पाठ्यक्रमों में विद्यार्थियों से सम्पर्क साधने के लिए निम्न चार माध्यमों का उपयोग किया जाता है:–

   (i) अनुदेशनात्मक सामग्री (जो डाक द्वारा भेजी जाती है)।
   (ii) पत्राचार द्वारा विद्यार्थियों की प्रगति से परिचित होना एवं उन्हें अध्ययन कार्य में लगाये रखना।
   (iii) वैयक्तिक सम्पर्क हेतु विभिन्न कार्यक्रमों (Personal contact programmes) का आयोजन।
   (iv) रेडियो और टेलीविजन प्रसारणों की सहायता लेना।

7. शैक्षिक तकनीकी का एक महत्त्वपूर्ण क्षेत्र दृश्य–श्रव्य सहायक सामग्री और शिक्षण उपकरणों, मशीनों एवं साधनों के उत्पादन, रख–रखाव, सुरक्षा और उनके उचित प्रयोग से संबंधित है। हमारे देश में शैक्षिक अनुसंधान एवं प्रशिक्षण परिषद् (NCERT) का शिक्षण साधन विभाग (Department of teaching aids) इस दिशा में बहुत ही उपयोगी कार्य कर रहा है। शैक्षिक तकनीकी केंद्र (CET) के सहयोग से यहाँ इन सहायक साधनों एवं उपकरणों के ठीक प्रकार के प्रयोग में लाने का प्रशिक्षण दिया जाता है। पाठ्यक्रम के विभिन्न अंशों को ठीक प्रकार पढ़ाने के लिए कम से कम खर्च में स्थानीय उपलब्ध साधनों के द्वारा प्रभावशाली सहायक सामग्री तैयार करने और उसमें अपेक्षित सुधार लाने आदि से संबंधित महत्त्वपूर्ण अनुसंधानों को यहाँ प्राथमिकता दी जाती है। विभिन्न मशीनी उपकरणों को शिक्षण हेतु प्रयोग में लाने और उनकी देखभाल एवं सुरक्षा करने से संबंधित विभिन्न सेमीनार और कार्यशालाओं का यहाँ आयोजन किया जाता है। व्यक्तिगत स्तर पर अध्यापकों और सामूहिक स्तर पर शिक्षा संस्थानों को ऐसे साधनों के प्रयोग और उपयोग के बारे में आवश्यक सहायता और परामर्श देने का कार्य भी राष्ट्रीय स्तर के इन विभागों द्वारा किया जाता है। प्रांतीय और स्थानीय स्तरों पर यह सभी कार्य प्रांतीय शैक्षिक अनुसंधान एवं प्रशिक्षण परिषदों (SCERT) तथा शिक्षा महाविद्यालय के शिक्षण साधन विभागों द्वारा किया जाता है।

इस प्रकार हम देखते हैं कि अपने देश में तकनीकी के उपयोग की जड़ें कुछ अच्छी तरह से जमने लगी हैं। औपचारिक और अनौपचारिक शिक्षा के हर क्षेत्र, अवस्था और पहलू पर इसका प्रयोग तेजी से बढ़ता चला जा रहा है और यह शिक्षा के सामान्य और विशिष्ट सभी प्रकार के उद्देश्यों को प्रभावपूर्ण ढंग से पूरा करने में शिक्षक और शिक्षार्थी दोनों को ही अपना भरसक सहयोग प्रदान कर रही है।

सार-संक्षेप (Summary)

1. शैक्षिक तकनीकी के उद्‌गम और विकास का इतिहास तकनीकी प्रगति और उसके शिक्षा के क्षेत्र में उपयोग संबंधी इतिहास से जुड़ा हुआ है। लेखन कला तथा अन्य संप्रेषण साधनों, हार्डवेयर तथा सॉफ्टवेयर उपकरणों के प्रादुर्भाव के साथ–साथ मनोविज्ञान तथा अनुदेशन तकनीकी में होने वाले नवाचारों तथा प्रयोगों ने शैक्षिक तकनीकी को उसके वर्तमान आयाम तक पहुँचाने का प्रशंसनीय कार्य किया है।
2. शैक्षिक तकनीकी से अभिप्राय वर्तमान में उपलब्ध सभी मानवीय और भौतिक साधनों एवं स्रोतों का शिक्षा जगत में इस प्रकार भली भाँति उपयोग से है जिससे कम से कम समय में कम से कम शक्ति लगाकर अधिक से अधिक अच्छे रूप में शैक्षिक उद्देश्यों की पूर्ति संभव हो सके।
3. शैक्षिक तकनीकी की प्रकृति और उसका स्वरूप काफी व्यापक है। इसे मात्र दृश्य–श्रव्य साधन का उपयोग, अभिक्रमित अनुदेशन अथवा कंप्यूटर निर्देशित शिक्षण का पर्याय नहीं माना जा सकता। इसी तरह अनुदेशनात्मक तकनीकी, शिक्षण तकनीकी, व्यवहार तकनीकी आदि को भी शैक्षिक तकनीकी का पर्याय न मानकर उसकी विभिन्न उपप्रणालियों के रूप में ही समझा जाना चाहिए। शैक्षिक तकनीकी में उसके इन सभी अंगों एवं प्रणालियों का सुविधानुसार अलग–अलग या सामूहिक रूप से इस तरह प्रयोग किया जाता है कि किसी समय और परिस्थिति विशेष में वांछित शैक्षिक उद्देश्यों की प्रभावपूर्ण उपलब्धि संभव हो सके।
4. शैक्षिक तकनीकी अपने सामान्य उद्देश्य अथवा व्यापक लक्ष्यों की उपलब्धि के संदर्भ में जहाँ शिक्षा के सामान्य उद्देश्यों एवं व्यापक लक्ष्यों की प्राप्ति में भरसक योगदान देती हुई संपूर्ण शिक्षा व्यवस्था के नियोजन एवं कार्यान्वयन संबंधी उत्तरदायित्वों के निर्वहन में पर्याप्त सहयोग करती है वहीं वह कक्षा कक्ष–शिक्षण के विशिष्ट उद्देश्यों की पूर्ति में भी विद्यार्थी और अध्यापक दोनों को ही अपने अधिगम और शिक्षण संबंधी कर्त्तव्यों के उचित निर्वाह में पूरी–पूरी सहायता करती है।
5. शैक्षिक तकनीकी को शिक्षा के क्षेत्र में उपयोग में लाने की दृष्टि से मुख्य रूप से जिन तीन प्रकार के उपागमों (Approaches) की चर्चा की जाती है वे हैं हार्डवेयर उपागम, सॉफ्टवेयर उपागम तथा प्रणाली उपागम।
6. हार्डवेयर उपकरणों के प्रयोग से संबंधित इस प्रकार की तकनीकी और उपागम का स्रोत भौतिक विज्ञानों और अभियांत्रिकी (Engineering) में है और इसका आधार सेवा से संबंधित संप्रत्यय है। इस प्रकार की तकनीकी शिक्षा की सेवा के लिए बाहर (विज्ञान और तकनीकी प्रगति के परिणामस्वरूप) से आई हुई मानी जाती है।

   इस तरह शिक्षा क्षेत्र में प्रयुक्त हार्डवेयर तकनीकी से तात्पर्य ऐसी शैक्षिक तकनीकी से है जिसमें विज्ञान और तकनीकी आविष्कारों के परिणामस्वरूप विकसित होने वाले शिक्षण उपकरणों जैसे रेडियो, टेलीविजन, टेपरिकार्डर, वीडियो, प्रोजेक्टर्स, चलचित्र, कंप्यूटर्स आदि का शिक्षा की गतिविधियों के संपादन हेतु भली भाँति उपयोग किया जाता है। इसके विपरीत सॉफ्टवेयर तकनीकी से तात्पर्य ऐसी तकनीकी से होता है जो अपनी सामग्री और युक्तियों के सहारे शिक्षण अधिगम प्रक्रिया को सहज, सरल तथा कोमल बनाने की भूमिका निभाती है। इस दृष्टि से इस प्रकार की तकनीकी में जिन बातों को स्थान दिया जाता है वे मुख्य रूप से दो प्रकार की होती हैं (i) एक तो ऐसी शिक्षण युक्तियाँ, सिद्धांत तथा कार्यविधियाँ जिनसे शिक्षक को शिक्षण में तथा विद्यार्थियों को अधिगम में उचित सहायता मिल सके तथा (ii) दूसरे इस प्रकार की सामग्री जो हार्डवेयर उपकरणों की मशीनों में प्रयोग के लिए काम में लाई जाए ताकि उनके द्वारा उपयुक्त शिक्षण गतिविधियाँ सम्पन्न हो सके। चित्र, फोटोग्राफ, ट्रान्सपेरेन्सीज आदि (जिन्हें प्रोजेक्टर्स से दिखाया जा सके अथवा स्वतंत्र

रूप से काम में लाया जा सके) के उपयोग का संबंध हार्डवेयर की तरह विज्ञान तथा यांत्रिकी से न होकर मनोविज्ञान के शिक्षण–अधिगम क्षेत्र में व्यावहारिक अनुप्रयोग से होता है।

7. हार्डवेयर तथा सॉफ्टवेयर इन दोनों प्रकार की तकनीकियों का प्रयोग आज के समय में हमारी जिन प्रमुख अपेक्षाओं को पूरा करने की सामर्थ्य रखता है वे हैं—अनुदेशन की वैयक्तीकरण, शिक्षण अधिगम में बहु–माध्यम तथा बहु–इन्द्रिय उपागमों का उपयोग, शैक्षिक क्रियाकलापों का कुशल एवं प्रभावपूर्ण प्रबंध, पत्राचार तथा दूर शिक्षा की अपेक्षाओं को पूरा करना तथा शिक्षण– अधिगम कार्य को रोचक, प्रयोजनपूर्ण तथा प्रभावशील बनाना।

8. प्रणाली उपागम नामक तीसरे प्रकार की शैक्षिक तकनीकी का संबंध कंप्यूटर विज्ञान पर आधारित प्रणाली अभियांत्रिकी (System engineering) से है। यह तकनीकी शैक्षिक तकनीकी के ऐसे नवीनतम स्वरूप की प्रतिनिधित्व करती है जिसमें किसी परिस्थिति विशेष में उपलब्ध मानवीय एवं भौतिक स्त्रोतों एवं साधनों का इस प्रकार नियोजन तथा नियंत्रण किया जाता है कि उनके द्वारा अच्छे से अच्छे ढंग से सर्वोत्तम शैक्षिक परिणामों की प्राप्ति हो सके।

9. शैक्षिक तकनीकों को उसके विभिन्न रूपों एवं प्रयोग की दृष्टि से जिन चार उपप्रणालियों में बाँटा जाता है वे हैं, शिक्षण तकनीकी, अनुदेशनात्मक तकनीकी, व्यवहारजन्य तकनीकी तथा अनुदेशनात्मक प्रारूप तकनीकी।

    (i) शिक्षण तकनीकी, शैक्षिक तकनीकी का वह रूप या उपप्रणाली है जिसके माध्यम से एक शिक्षक कम समय में कम शक्ति लगाकर अधिक से अधिक प्रभावी ढंग से अपने शिक्षण उद्देश्यों की प्राप्ति में सफलता प्राप्त करता है।

    (ii) व्यवहारजन्य तकनीकी शैक्षिक तकनीकी का वह रूप या उपप्रणाली है जिसके द्वारा किसी अनुदेशन या स्व–अध्ययन में रत अधिगमकर्त्ता को अपने स्व–अनुदेशन कार्य को अधिक से अधिक अच्छे ढंग से अंजाम देने में पर्याप्त सहायता मिल सके।

    (iii) व्यवहारजन्य तकनीकी शैक्षिक तकनीकी का वह रूप या उपप्रणाली है जिसके द्वारा विद्यार्थियों के व्यवहार का इच्छित दिशा में और दशा में परिमार्जन तथा निरूपण (Modification and shaping) करने के प्रयत्न किये जाते हैं।

    (iv) अनुदेशनात्मक प्रारूप तकनीकी शैक्षिक तकनीकी का वह रूप या उपप्रणाली है जिसके द्वारा हमें इस प्रकार के उचित अनुदेशनात्मक प्रारूपों (Instructional design) के निर्माण में समुचित सहायता मिल सकती है जिनके माध्यम से अनुदेशन की प्रक्रिया और परिणामों पर उचित नियंत्रण रखा जा सके। अपने कार्य को उचित अंजाम देने हेतु इस प्रकार की तकनीकी प्रमुख रूप से जिन तीन उपागमों या विधाओं का सहारा लेने का प्रयत्न करती है वे हैं – प्रणाली उपागम, साइबरनैटिक उपागम तथा प्रशिक्षण मनोविज्ञान।

10. शैक्षिक तकनीकी का कार्यक्षेत्र काफी विस्तृत है और इस दृष्टि से यह शिक्षा जगत के विविध कार्यों एवं गतिविधियों के उचित संपादन में महत्त्वपूर्ण योगदान देती हुई दिखाई दे सकती है। इस दृष्टि से शैक्षिक तकनीकी की अध्ययन–अध्यापन संबंधी विषयवस्तु में जिन बातों को आधार बनाकर प्रकरण तथा अधिगम सामग्री शामिल होनी चाहिये वे हैं– शिक्षण–अधिगम प्रक्रियाओं का विश्लेषण, शैक्षिक लक्ष्यों एवं उद्देश्यों का निर्धारण, पाठ्यक्रम निर्माण, शिक्षण–अधिगम सामग्री का उत्पादन एवं विकास, अध्यापकीय प्रशिक्षण, शिक्षण–अधिगम प्रविधियों एवं व्यूह रचनाओं का चयन एवं विकास, उचित दृश्य–श्रव्य सामग्री का चयन एवं उपयोग, हार्डवेयर

उपकरणों एवं जनसंपर्क माध्यमों का प्रभावपूर्ण उपयोग, शिक्षा की उपप्रणालियों के प्रभावपूर्ण उपयोग की ओर ध्यान देना तथा मूल्यांकन द्वारा उचित नियंत्रण एवं पृष्ठपोषण की व्यवस्था।

11. हमारे देश में शैक्षिक तकनीकी के उपयोग का चलन अब काफी जोर पकड़ता जा रहा है। उपग्रह प्रणाली के माध्यम से रेडियो तथा टेलीविजन कार्यक्रमों का विधिवत शैक्षिक प्रसारण, अध्यापक प्रशिक्षण कार्यक्रमों में शैक्षिक तकनीकी का उपयोग, भाषा प्रयोगशालाओं की स्थापना और उनका भाषा शिक्षण हेतु प्रभावपूर्ण उपयोग, दृश्य–श्रव्य सहायक सामग्री और शिक्षण उपकरणों के निर्माण एवं उपयोग पर अपेक्षित ध्यान दिया जाना, कंप्यूटर ऑपरेशन एवं नेटवर्किंग को विद्यालयी शिक्षा में प्राथमिकता तथा पत्राचार पाठ्यक्रम, दूरवर्ती शिक्षा तथा मुक्त विद्यालय प्रणाली तथा मुक्त विश्वविद्यालयों की स्थापना आदि क्षेत्रीय, प्रांतीय तथा राष्ट्रीय स्तर पर आयोजित ऐसी कुछ गतिविधियाँ हैं जिनके द्वारा भारत में शैक्षिक तकनीकी के प्रभावपूर्ण उपयोग की बात काफी कुछ आगे बढ़ रही प्रतीत होती है।

संदर्भित एवं विशेष अध्ययन ग्रंथ (References and Suggested Readings)

Branch, Robert C., Instructional Design as a Response on the complexities of Instruction, in N. Venkataiah (Ed.), *Educational Technology*, APH Publishing Corporation, New Delhi: 1996.

Briggs, Lesile, J. and W. Wager, *Hand Book of procedures for the design of Instruction*, 2nd ed., Englewood Cliffs, N.J.: Educational Technology Publication, 1981.

Davies, I.K., *The Management of Learning*, New York: McGraw-Hill, 1971.

Dick, W. and L. Carry, *The Systematic Design of Instruction*, 3rd ed., New York: Harper Collins, 1990.

Kulkarni, S.S., Teaching Learning Process: A system Analysis, in C.K. Basu (Ed.), *Program Instruction in Industries, Defence, Health and Education*, Indian Association for Programmed Instruction, 1969.

Leith, G.O. et al., *A Hand Book of Programmed Learning*, University of Birmingham, 1966.

Lumbsdaine, A.A., Educational Technology, Programmed Learning and Instructional Science, in E.R. Hilgard (Ed.), *Theories of Learning and Instruction*, The sixty third year book of the National Society for the Study of Education, Part I Chicago: University Press, 1964.

Mitra, Shiv K, *Proceeding of Symposium on Educational Technology*, IPAL, NECERT, March 1968, p. 4.

Richmond, W.K. (Ed.), *The Concept of Educational Technology, a Dialogue with Yourself*, London: Weidenfeld and Nicolson, 1970.

Robinson, T.K., *Educational Technology and Curriculum Development*, Scottish Education Department Inspection Bulletin, 49, Nov. 1976, quoted by Tucker, R.N., *The Organization and Management of Educational Technology*, London: Croom Helm, 1978.

Report of the interview to Ford Foundation Team of J.R. Gases of the Educational Technology Division OECD, December, 1971.

Report of the US President's commission of Enquiry as cited by Richard N. Tucker: The Organisation and Management of Educational Technology, London: Croom Helm, 1979.

Report of DES working Party on central arrangement for promoting 'Educational Technology, in UK, as quoted by Tucker, R.N. *The Organisation and Management of Educational Technology,* London: Croom Helm, 1978.

Sharma, S.R., *Educational Technology*, New Delhi: Mohit Publications, 2003.

Tucker, R.N. *The Organisation and Management of Educational Technology*, London: Croom Helm, 1978.

Unwin, D. (Ed.), *Media and Methods: Instructional Technology in Higher Education*, London: McGraw-Hill, 1969.

Vedanayagam, E.G., quoted by S.K. Mangal, *Foundations of Educational Technolgy*, Ludhiana: Tandon Publication, 2001.

Woodworth, R.S, *Psychology,* London: Methuen, 1945.

Working definition adopted by the Scottish Council for Educational Technology, as quoted by R.N. Tucker, *The Organization and Management of Educational Technology*, London: Croom Helm, 1978.

अध्ययन के लिए प्रश्न (Study Questions)

1. शैक्षिक तकनीकी से आप क्या समझते हैं ? अनुदेशनात्मक तकनीकी और शिक्षण तकनीकी से यह किन बातों में भिन्न है ? स्पष्ट कीजिये।
2. शैक्षिक तकनीकी के अर्थ और संप्रत्यय को पूरी तरह स्पष्ट कीजिये।
3. शैक्षिक तकनीकी की परिभाषा दीजिये और इसकी मुख्य विशेषताओं और गुणों पर प्रकाश डालिये।
4. "शैक्षिक तकनीकी के स्वरूप के समयानुसार परिवर्तन आता गया है।" शैक्षिक तकनीकी के विगत (Past) के संदर्भ में आज के नवीनतम स्वरूप पर प्रकाश डालिये।
5. शैक्षिक तकनीकी के व्यापक लक्ष्यों (सामान्य उद्देश्यों और कक्षा शिक्षण संबंधी विशिष्ट उद्देश्यों) को संक्षेप में प्रस्तुत कीजिये।
6. 'शिक्षा की तकनीकी ' और 'शिक्षा में तकनीकी' इन दोनों संप्रत्ययों के अंतर को स्पष्ट कीजिये।
7. शैक्षिक तकनीकी के विभिन्न प्रकारों या उपागमों (Approaches) की संक्षेप में चर्चा कीजिए।
8. हार्डवेयर और सॉफ्टवेयर उपागमों से आप क्या समझते हैं ? प्रभावपूर्ण शिक्षण और अधिगम की प्रक्रिया में इनकी उपयोगिता पर प्रकाश डालिए।
9. शैक्षिक तकनीकी के क्षेत्र एवं महत्त्व के बारे में विस्तार से अपने विचार प्रकट कीजिए।
10. शैक्षिक तकनीकी का ज्ञान किसी भी अध्यापक को एक सफल अध्यापक बनाने में कैसे सहयोगी सिद्ध हो सकता है ? स्पष्ट कीजिए।
11. "हमारे देश में शैक्षिक तकनीकी शिक्षण—अधिगम के सभी क्षेत्रों में अपनी दुन्दभी बजा रही है।" शैक्षिक तकनीकी के व्यापक उपयोगों की दृष्टि से इस कथन के औचित्य पर अपने विचार प्रकट कीजिए।
12. शैक्षिक तकनीकी के विभिन्न प्रकार एवं रूप (Forms) कौन—कौन से हैं ? उनकी संक्षेप में चर्चा कीजिए।

13. शैक्षिक तकनीकी क्या है ? इसके आधारभूत सिद्धांत, विशेषताओं और इसमें शामिल विषय सामग्री की चर्चा कीजिये।
14. अनुदेशनात्मक तकनीकी क्या है ? यह किस प्रकार से अनुदेशनकर्त्ता और अधिगमकर्त्ता के लिए उपयोगी सिद्ध हो सकती है ? विस्तार से बताइये।
15. व्यवहार तकनीकी क्या है ? व्यवहार तकनीकी के प्रयोग एवं उपयोग के संदर्भ में विस्तार से बताइये।
16. अनुदेशनात्मक प्रारूप तकनीकी (Instructional design technology) से आप क्या समझते हैं ?
17. अनुदेशनात्मक प्रारूप तकनीकी क्या है ? अनुदेशनात्मक उद्देश्यों की प्राप्ति हेतु प्रभावपूर्ण अनुदेशनात्मक प्रारूप तैयार करने में इसका प्रयोग कैसे किया जाता है ? किसी एक उपागम की सहायता लेते हुए स्पष्ट कीजिए।
18. प्रणाली उपागम (Systems approach) क्या है ? इसे एक अनुदेशनात्मक प्रारूप को विकसित करने हेतु कैसे काम में लाया जा सकता है ? विस्तार से बताइये।
19. साइबरनैटिक्स (Cybernetics) उपागम क्या है ? इसकी सैद्धान्तिक विचारधारा तथा कार्यप्रणाली पर प्रकाश डालते हुए अनुदेशनात्मक प्रारूपों के विकास में इसकी उपयोगिता की चर्चा कीजिए।

2

आधुनिक तकनीकियों के प्रयोग हेतु मनोवैज्ञानिक आधार
(Psychological Basis for the Use of Modern Technologies)

"The foundation of all learning, consist in representing clearly to the senses, sensible object, so that can be appreciated easily".

—**Comenius**

अध्याय रूपरेखा (Chapter Outline)

- विषय प्रवेश (Introduction)
- एडगर डेल का अनुभव शंकु (Edger Dale's Cone of Experiences)
- बह-इन्द्रिय अनुदेशन उपागम (Multi-sensory Instruction Approach)
- सार-संक्षेप (Summary)
- संदर्भित एवं विशेष अध्ययन ग्रंथ (References and Suggested Readings)
- अध्ययन के लिए प्रश्न (Study Questions)

विषय प्रवेश
(Introduction)

मनोविज्ञान को व्यवहार के विज्ञान के रूप में जाना तथा समझा जाता है। अपनी एक महत्त्वपूर्ण शाखा शिक्षा मनोविज्ञान के द्वारा यह विद्यार्थी और अध्यापक दोनों को ही अपने–अपने उद्देश्यों की प्राप्ति में भरसक सहायता करता है। शिक्षा मनोविज्ञान जिसे शिक्षा के विज्ञान एवं तकनीकी शास्त्र के रूप में परिभाषित किया जाता है, शिक्षक और शिक्षार्थी दोनों को ही अपने–अपने व्यवहार में यथेष्ट परिमार्जन कर शिक्षण और अधिगम उद्देश्यों की प्राप्ति में सहयोग प्रदान करता है। अच्छे से अच्छे ढंग से कैसे सीखा जाए तथा कैसे पढ़ाया जाए इसके लिए किस प्रकार की हार्डवेयर एवं सॉफ्टवेयर तकनीकियों को कैसे काम में लाया जाए, इस प्रकार के वांछित सुझाव देना शिक्षा मनोविज्ञान के ही उपयोग क्षेत्र में आता है। विभिन्न प्रकार के सामान्यीकरण तथा निष्कर्ष जैसे "अनुभव अपने आप में एक महान शिक्षक है" "ज्ञानेन्द्रियाँ ही ज्ञान का द्वार है" इत्यादि हमें शिक्षा के इसी विज्ञान एवं तकनीकी शास्त्र के माध्यम से प्राप्त होते हैं। इस प्रकार के निष्कर्ष तथा मार्गदर्शक कथन जो मनोविज्ञान के गहन ज्ञान, प्रनियम एवं सिद्धांतों पर टिके होते हैं शिक्षा के क्षेत्र में सॉफ्टवेयर तथा हार्डवेयर तकनीकियों के उपयोग हेतु एक सबल एवं सशक्त मनोवैज्ञानिक आधार प्रदान करते हैं। इस अध्याय में आधुनिक तकनीकियों के शिक्षा क्षेत्र में उपयोग को दिशा प्रदान करने वाले ऐसे ही दो महत्त्वपूर्ण मनोवैज्ञानिक आधारों की हम विस्तार से चर्चा करना चाहेंगे।

एडगर डेल का अनुभव शंकु (Edger Dale's Cone of Experiences)

एडगर डेल ने अपने बहुचर्चित अनुभव शंकु (Cone of experiences) के माध्यम से शिक्षा के क्षेत्र में आधुनिक तकनीकियों के उपयोग को एक बहुत ही ठोस मनोवैज्ञानिक आधार प्रदान करने की कोशिश की है। उनका यह अनुभव त्रिकोण यह प्रदर्शित करता है कि सॉफ्टवेयर और हार्डवेयर तकनीकियों द्वारा प्रदत्त विभिन्न प्रकार की शिक्षण–अधिगम विधियाँ, सामग्री तथा उपकरण व्यक्ति विशेष को विभिन्न प्रकार के अधिगम अनुभव अर्जित करने में किस प्रकार सहयोगी सिद्ध हो सकते हैं।

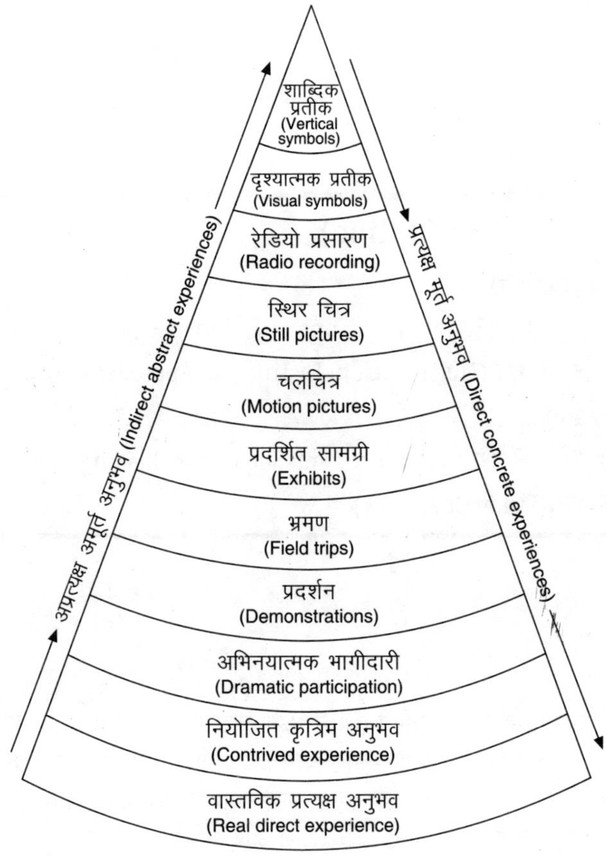

चित्र 2.1 एडगर डेल का अनुभव शंकु (Edger Dale's Cone of Experiences)।

जैसा कि उपरोक्त चित्रात्मक प्रस्तुति से विदित हो सकता है, एडगर डेल ने अपने इस अनुभव शंकु में अनुभवों को ठोस प्रत्यक्ष से विशुद्ध अमूर्त चिंतन तक की ऊँचाई देने की कोशिश की है और यह बताया है कि किस श्रेणी या प्रकार के अनुभवों के अर्जन में किस प्रकार के सहायक साधन (सामग्री या उपकरण) अधिक उपयोगी सिद्ध हो सकते हैं। हम इस शंकु आकृति के शीर्ष से जैसे ही नीचे आधार की ओर बढ़ते हैं, यह पाते हैं कि जिस प्रकार के अनुभव हमें विभिन्न उपकरण सामग्री के माध्यमों को उपभोग से हो रहे हैं वे क्रमशः जटिल से सरल, सूक्ष्म से स्थूल

तथा अप्रत्यक्ष से प्रत्यक्ष होते चले जाते हैं। यथा जैसे ही हम आधार तल पर पहुँचते हैं हमें शिक्षण अधिगम को सबसे अधिक प्रभावशाली बनाने वाले वास्तविक प्रत्यक्ष अनुभवों की प्राप्ति होती है। शिक्षण–अधिगम का प्रारंभिक चरण ऐसे ही वास्तविक प्रत्यक्ष अनुभवों से शुरु होता है, जैसे–जैसे आगे बढ़ते जाते हैं प्रत्यक्ष अनुभवों का स्थान अप्रत्यक्ष अनुभव तथा अमूर्त चिंतन लेता जाता है और विचार एवं बोध प्रक्रिया का अंतिम शीर्ष पड़ाव विशुद्ध अमूर्त चिंतन युक्त अनुभवों पर जाकर ठहरता है और इस तरह अधिगमकर्त्ता मात्र शब्दों एवं मौखिक प्रतीकों द्वारा अधिगम अर्जन करने में सक्षम हो जाता है। इस तरह जहाँ शब्द और मौखिक प्रतीक शिक्षण अधिगम हेतु सबसे अधिक अप्रत्यक्ष और अमूर्त अनुभव एवं काल्पनिक चिंतन भूमि प्रदान कराते हैं वहीं वास्तविक पदार्थों, क्रियाओं तथा परिस्थितियों के संपर्क से होने वाले प्रत्यक्ष अनुभव हमें ठोस और प्रत्यक्ष ज्ञान के अवबोध में सहायक होते हैं। अपनी इस त्रिकोणात्मक प्रस्तुति के माध्यम से एडगर ने विभिन्न प्रकार की शिक्षण अधिगम सामग्री, उपकरण एवं माध्यमों का (उन्हें प्रत्यक्ष तथा अप्रत्यक्ष और स्थूल तथा सूक्ष्म प्रकार के अनुभवों से जोड़कर) एक क्रमिक वर्गीकरण भी प्रस्तुत करने का प्रयत्न किया है। यहाँ इन साधनों तथा इनसे जुड़े अनुभवों को उन्होंने 11 विभिन्न श्रेणियाँ प्रदान की हैं। आइए देखें इन श्रेणियों तथा उनके विभिन्न नामकरण के माध्यम से एडगर डेल क्या कहना चाहते हैं।

1. **वास्तविक प्रत्यक्ष अनुभव** (Real Direct Experiences)—एडगर डेल के अनुसार ये अनुभव सबसे अधिक वास्तविक और स्थूल चिंतनयुक्त होते हैं। इनका क्षेत्र भी बहुत अधिक विस्तृत होता है हमारे वास्तविक जीवन का बहुत कुछ समय इन्हीं अनुभवों के बीच गुजरता है। शिक्षण अधिगम का वास्तविक आधार भी यही अनुभव जन्य, ज्ञान, कौशल तथा बोध होता है। सीखने की शुरुआत भी इन्हीं अनुभवों को लेकर होती है अतः इन्हें ही हमारे शिक्षण अधिगम के वास्तविक ठोस आधार की संज्ञा दी जाती है। इन्हें अधिगमकर्ता द्वारा स्वयं ही वस्तुओं, व्यक्तियों, स्थानों, क्रियाओं तथा घटनाओं के प्रत्यक्ष संपर्क में आकर अनुभव किया जाता है। जो कुछ भी वह स्वयं करता है और उसके फलस्वरूप उसे जो कुछ मिलता है या जैसी भी प्रत्यक्ष अनुभूति उसे अपनी इन्द्रियों के द्वारा होती है वही सब कुछ उसके इन प्रत्यक्ष अनुभवों में शामिल होता है। उदाहरण के लिए अगर कोई व्यक्ति यह लिखा देखकर भी कि "आगे अवरोधक है गाड़ी सावधानी से चलायें" अपने वाहन की रफ्तार कम नहीं करता तो निःसंदेह वह प्राप्त परिणामों के अनुभव के आधार पर स्वयं ही सीख जायेगा कि सड़क पर वाहन चलाते समय अवरोधकों पर ध्यान रखा जाना चाहिए। इसी आधार पर एडगर डेल ने वास्तविक प्रत्यक्ष अनुभवों को अधिगम अर्जन का सर्वोत्तम साधन बतलाने की चेष्टा की है। फलस्वरूप हमें विद्यार्थियों को विषय विशेष संबंधी अधिगम अनुभव अर्जित कराने हेतु अपनी शिक्षण विधि में यह सदैव ही ध्यान रखना चाहिए कि विद्यार्थियों को वास्तविक पदार्थ, घटना, प्रक्रिया आदि से प्रत्यक्ष संपर्क कराकर प्रत्यक्ष अनुभव प्राप्त करने के ज्यादा से ज्यादा अवसर प्रदान किये जायें।

2. **नियोजित कृत्रिम अनुभव** (Contrived Experiences)—इस तरह के अनुभव उतने अधिक सार्थक, स्थूल एवं प्रत्यक्ष नहीं होते जितने कि उपरोक्त वर्णित प्रथम प्रकार के वास्तविक प्रत्यक्ष अनुभव होते हैं। परंतु फिर भी इन्हें इस तरह नियोजित एवं व्यवस्थित रूप प्रदान करने का प्रयत्न किया जाता है कि ये परिस्थिति अनुसार वास्तविक प्रत्यक्ष अनुभवों का सर्वोत्तम विकल्प साबित हो सकें। कक्षा शिक्षण में ऐसी बहुत सी परिस्थितियाँ और अवसर आते ही रहते हैं, जब अपेक्षित ज्ञान, कुशलता एवं समझ विकसित करने हेतु वास्तविक प्रत्यक्ष अनुभव प्रदान करना संभव ही न हो अथवा इस कार्य में बहुत अधिक शक्ति, समय और धन का अपव्यय होता हो। किसी भी कार्यकारी मॉडल (Working model) जैसे जलपंप या हैन्ड पंप आदि के मॉडल से पंप द्वारा पानी कैसे निकाला जाता है इसका प्रदर्शन करना नियोजित कृत्रिम अनुभव प्रदान करने का ही एक उदाहरण है। इसी प्रकार प्रयोगशाला में विद्यार्थियों द्वारा किये गये विभिन्न परीक्षण एवं प्रयोग इसी तरह के नियोजित कृत्रिम अनुभवों के विशेष उदाहरण कहे जा सकते हैं।

3. **अभिनयात्मक भागीदारी** (Dramatic Participation)—किसी नाटक या ड्रामा में भूत या वर्तमान की घटनाओं तथा अनुभवों को अभिनय क्रियाओं तथा भूमिका निर्वाह द्वारा देखा, सुना तथा स्वयं में अनुभव करने का प्रयत्न किया जाता है। जैसे "पृथ्वीराज की आँखें" नामक नाटक में जब विद्यार्थियों द्वारा स्वयं विभिन्न पात्रों की भूमिका निर्वाह की जाती है अथवा अपने साथियों को इन भूमिकाओं के निर्वाह करते हुए वे देखते हैं तथा अन्य तरीके से इस नाटक के आयोजन में अपनी–अपनी भूमिका निभाते हैं तो उन्हें संबंधित ऐतिहासिक तथ्यों एवं घटनाओं का वैसा ही दिग्दर्शन और अनुभव होता है कि मानो इतिहास पुनः अपने आपको उनके सामने दोहरा रहा हो। इतिहास में ही नहीं विद्यालय पाठ्यक्रम के अन्य विषयों जैसे नागरिकशास्त्र, राजनीतिशास्त्र, भाषा और साहित्य के तथ्यों, घटनाओं तथा ज्ञान से भली–भाँति अवगत होने के लिए इस प्रकार के अभिनयजन्य अनुभव बहुत ही प्रभावपूर्ण सिद्ध हो सकते हैं। ऐसे रोचक अनुभव प्रदान करने वाली अभिनय क्रियाओं के विविध रूप देखने को मिल सकते हैं जैसे संपूर्ण ड्रामा या नाटक का रंगमंचीय प्रदर्शन, एकांकी तथा कठपुतली प्रदर्शन, स्किट, एकल अभिनय, मूक अभिनय आदि।

4. **प्रदर्शन** (Demonstration)—यहाँ विषय संबंधी विभिन्न तथ्यों, प्रनियमों एवं सिद्धांतों के ज्ञान एवं कौशल संबंधी अनुभवों को प्रदान करने हेतु अध्यापकों द्वारा कक्षा कक्ष या प्रयोगशाला में विभिन्न वस्तुओं, उनकी कार्यप्रणाली, प्रक्रियाओं तथा उपयोगों के प्रदर्शन का सहारा लिया जाता है। छात्र स्वयं इस प्रकार के अनुभवों को स्वयं प्रयोग एवं परीक्षण करके ग्रहण नहीं करते बल्कि अपने अध्यापकों या डिमोन्सट्रेटर्स को इन प्रयोग एवं परीक्षणों का प्रदर्शन करते हुए देख कर ग्रहण करते हैं। साइकिल के पंप से साइकिल में हवा कैसे भरी जाती है हमारा भोजन कैसे पचता है, मानव हृदय एवं फेफड़े कैसे कार्य करते हैं, प्रयोगशाला में कोई गैस जैसे ऑक्सीजन, हाइड्रोजन, कार्बन डाई आक्साइड आदि कैसे बनाई जाती है, दिन–रात कैसे बनते हैं, मौसम कैसे बदलते हैं, इन सब बातों से संबंधित प्रयोगात्मक तथा क्रियात्मक प्रदर्शन कार्यकारी मॉडल तथा अन्य प्रायोगिक सामग्री द्वारा अध्यापक द्वारा विद्यार्थियों के सामने दिखाये जाते हैं और इन्हें देखकर विद्यार्थी वे सभी आवश्यक अनुभव ग्रहण करने का प्रयत्न करते हैं जिससे उनसे विषय विशेष के तथ्यों, नियमों, सिद्धांतों तथा व्यावहारिक उपयोग की वांछित जानकारी प्राप्त हो सके।

5. **भ्रमण या पर्यटन** (Field Trips)—प्राकृतिक, सामाजिक, ऐतिहासिक, भौगोलिक, औद्योगिक, वैज्ञानिक रूचि एवं ज्ञान से जुड़े हुए स्थानों एवं कार्यक्षेत्रों की सैर या भ्रमण के अवसर प्रदान करने से भी विद्यार्थियों को ऐसे सजीव और रोचक प्रत्यक्ष अनुभवों की प्राप्ति हो सकती है जिनसे उन्हें अपने विषय विशेष संबंधी तथ्यों, सिद्धांतों एवं उसकी व्यावहारिक उपयोगिता को जानने तथा समझने में यथेष्ट मदद मिले। स्पष्ट है ऐसे अनुभव बालकों को शिक्षण अधिगम के समय स्वाभाविक रूप से अनायास ही नहीं मिल सकते बल्कि अध्यापक विद्यालय अधिकारी तथा माता–पिता के सहयोग से ही इन्हें भली–भाँति नियोजित एवं आयोजित कर बालकों को प्रदान किया जा सकता है। दूसरी बात यह भी है कि यहाँ प्रदर्शन की तरह क्रियाओं और वस्तुओं का प्रदर्शन कर अधिगम अर्जन संबंधी बातें उतनी अच्छी तरह सरल और संक्षिप्त रूप में बालकों के सामने अध्यापकों द्वारा नहीं रखी जातीं बालकों को भ्रमण के दौरान होने वाले विभिन्न अनुभवों के द्वारा स्वयं ही इनके बारे में जानने तथा समझने के प्रयत्न करने पड़ते हैं। इसी कारण भ्रमण या पर्यटन से प्राप्त अनुभव उतने स्थूल, स्पष्ट एवं सुलझे हुए रूप में ग्रहण नहीं हो पाते जैसे कि पिछले वर्गीकरण यानी प्रदर्शन के माध्यम से बालकों को प्राप्त हो सकते हैं।

6. **प्रदर्शित सामग्री** (Exhibits)—भ्रमण या सैर के दौरान विद्यार्थी विभिन्न पदार्थों, व्यक्तियों, स्थानों, घटनाओं तथा प्रक्रियाओं के वास्तविक अनुभव प्राप्त करने के अमूल्य अवसर प्राप्त करते हैं परंतु शिक्षण अधिगम के दौरान विद्यालयों द्वारा इस प्रकार के आयोजित अनुभव प्रदान करना उन्हें न तो हर समय संभव ही है और

न समय, शक्ति और धन के व्यय को लेकर बुद्धिमतापूर्ण ही। अपने विद्यालय में ही इस प्रकार के भ्रमण अनुभवों को विद्यार्थियों को कैसे प्रदान किया जाये इसके लिये पहल एक संग्रहालय की स्थापना कर की जा सकती है। एक ऐसा प्रदर्शन कक्ष या कार्नर भी विद्यालय में स्थापित किया जा सकता है जिसमें विषय विशेष के ज्ञान एवं कौशल से जुड़े हुए अनुभवों को वस्तु, उपकरण तथा प्रक्रियाओं के माध्यम से प्रदर्शित कर विद्यार्थियों के सामने रखा जा सके। इतिहास के किस विशेष काल में सभ्यता एवं संस्कृति का क्या रूप रहा, संसार या अपने देश के विभिन्न प्रांतों में क्या कुछ है, विज्ञान के आविष्कारों का क्या इतिहास है तथा इन अनुसंधानों का हमारी प्रगति में क्या योगदान रहा है, पानी से विद्युत कैसे पैदा होती है, मौसम कैसे बदलते हैं, सूर्यमंडल में हमारी पृथ्वी की क्या स्थिति है, अमीबा कैसे भोजन ग्रहण करता है, पशु–पक्षी एवं वनस्पति जगत में क्या कुछ है और इसका औपचारिक वर्गीकरण कैसे किया गया है, किस पेड़ पौधे का वनस्पति शास्त्र द्वारा क्या औपचारिक नाम दिया हुआ है, जल चक्र, नाइट्रोजन चक्र क्या होता है ऐसी बहुत सी विभिन्न विषयों से जुड़े हुए अधिगम अनुभव बालकों को प्रदर्शन कक्ष में प्रदर्शित सामग्री एवं क्रिया कलापों द्वारा बड़ी ही आसानी तथा रोचक ढंग से प्राप्त हो सकते हैं।

7. **चल चित्र** (Motion Pictures)—वास्तविक प्रत्यक्ष अनुभव प्रदान करने की दृष्टि से चलचित्रों की गिनती भ्रमण तथा प्रदर्शित सामग्री के बाद ही एडगर की अनुभव शंकु प्रस्तुति में की गई है। यह उपयुक्त भी है क्योंकि जो वास्तविक सजीव, रोचक तथा प्रभावशाली जीवंत अनुभव भ्रमण के दौरान वस्तुओं एवं प्रक्रियाओं के निकट आकर उन्हें स्वयं महसूस करने से होते हैं वे उन्हें संग्रहालय या प्रदर्शनी कक्ष की चार दीवारी में कैद करके देखने सुनने से नहीं हो सकते और यही बात आगे चलकर चलचित्रों में उन वस्तुओं, व्यक्तियों, स्थानों, घटनाओं और प्रक्रियाओं को देखकर अनुभव प्राप्त करने को लेकर भी है। चलचित्रों द्वारा प्रदत्त अनुभव कभी भी वास्तविक सजीव अनुभवों का स्थान नहीं ले सकते हाँ ऐसे अनुभवों की प्राप्ति जब नहीं हो रही हो तो उनकी कमी को पूरा करने की कोशिश अवश्य कर सकते हैं। विद्यालय परिस्थितियों में यह कमी आती ही रहती है क्योंकि न तो बालकों को विषय विशेष के शिक्षण–अधिगम में सहायक वास्तविक प्रत्यक्ष अनुभव प्राप्त कराने के लिए उन्हें हर समय भ्रमण या सैर के लिए ही ले जाया जा सकता है और न इस प्रकार के सभी अनुभवों से युक्त संग्रहालय तथा प्रदर्शन सामग्री को जुटा पाना विद्यालय में संभव हो पाता है। इस दिशा में एक उपयुक्त दृश्य–श्रव्य साधन एवं उपकरण के रूप में चलचित्रों का कक्षा कक्ष या विद्यालय हॉल में प्रदर्शन विद्यार्थियों के वांछित अधिगम अनुभव अर्जन में विशेष सहयोगी सिद्ध हो सकता है। आज इस तरह की शैक्षिक फिल्में हर विषय में मौजूद हैं जिनके प्रदर्शन से बालकों को अपने विषय के शैक्षिक उद्देश्यों की प्राप्ति में यथेष्ट सहायता मिल सकती है। एडगर डेल द्वारा वर्णित इस अनुभव श्रेणी में हम चलचित्र या मूवी के अतिरिक्त ऐसी सभी शिक्षण अधिगम सामग्री और उपकरणों को स्थान दे सकते हैं जिनके द्वारा बालकों को विषय विशेष के अधिगम हेतु आवश्यक दृश्य–श्रव्य अनुभवों की प्राप्ति हो सके। इस रूप में दूरदर्शन, वीडियो, कैसेट रिकार्डर आदि से प्राप्त अनुभवों को भी इस श्रेणी में स्थान दिया जा सकता है।

8. **स्थिर चित्र** (Still Pictures)—वास्तविक प्रत्यक्ष अनुभव प्रदान करने की दृष्टि से एडगर के अनुभव शंकु में स्थिर चित्रों की गिनती चलचित्र (Motion pictures or movies), दूरदर्शन (T.V.) तथा वीडियो कैसेट रिकार्डर (V.C.R.) के बाद ही होती है। कारण स्पष्ट है कि स्थिर चित्रों से संबंधित शिक्षण अधिगम सामग्री में सभी प्रकार की चित्रात्मक और प्रक्षेपी सामग्री (Graphic and projective material) जैसे चित्र, चार्ट, ग्राफ, मानचित्र, आकृति चित्र, कार्टून, पोस्टर, स्लाइड तथा फिल्म स्ट्रिप्स आदि की गिनती की जाती है और इस प्रकार की सामग्री के उपयोग द्वारा विद्यार्थियों को केवल दृश्यात्मक अनुभव (Visual experiences) ही प्रदान किए जा सकते हैं। वे केवल इस सामग्री की सहायता से देखकर ही ज्ञान प्राप्त कर सकते हैं चलचित्र दूरदर्शन और वी०सी०आर० की तरह देखकर और सुनकर नहीं।

9. **रेडियो प्रसारण** (Radio Recordings)—स्थिर चित्रों से जहाँ केवल मात्र दृश्यात्मक अनुभवों (Visual experiences) की प्राप्ति संभव है वहाँ एडगर डेल द्वारा प्रदत्त इस अनुभव श्रेणी में दृश्यात्मक अनुभवों के स्थान पर विद्यार्थियों को केवल मात्र श्रव्यात्मक अनुभव (Audio-experiences) ही उपलब्ध हो सकते हैं। यद्यपि एडगर डेल ने यहाँ केवल रेडियो प्रसारण से उपलब्ध श्रव्य–अनुभवों का ही जिक्र किया है परंतु यहाँ उन सभी शिक्षण–अधिगम साधन एवं उपकरणों को स्थान दिया जा सकता है जिनसे केवल मात्र सुनकर ज्ञान प्राप्त किया जा जाता है। इस दृष्टि से टेप रिकार्डर, माइक्रोफोन, रेडियो रिकार्डिंग, ग्रामोफोन आदि के शैक्षिक उपयोग को भी इसी प्रकार के अनुभवों को प्रदान करने में शामिल किया जा सकता है। विभिन्न विषयों के शिक्षण अधिगम संबंधी विशेष अनुभव प्रदान करने के लिए रेडियो से वार्ताओं, भेंट चर्चाओं, शैक्षिक पाठ या व्याख्या मालाओं का प्रसारण होता रहता है। इन सभी प्रकार के प्रसारण के दिन, समय और अवधि को पहले ही सूचित कर दिया जाता है ताकि विद्यार्थी इसे सुनकर आवश्यक अधिगम अनुभव अर्जित कर सकें। विद्यार्थी और अध्यापकों द्वारा इन प्रसारित कार्यक्रमों को टेप रिकार्डर की सहायता से रिकार्ड भी करके रखा जा सकता है ताकि आवश्यकतानुसार उसे शिक्षण अधिगम हेतु काम में लाया जा सके। इसी तरह टेप रिंकार्डर, माइक्रोफोन, ग्रामोफोन इत्यादि का उपयोग शिक्षक और शिक्षार्थियों द्वारा ऐसे उपयुक्त श्रव्यात्मक अनुभव ग्रहण करने के लिए अच्छी तरह किया जा सकता है जिनसे विषय विशेष के ज्ञान, कौशल तथा उपयोग हेतु आवश्यक सहायता मिल सके। अपने इस रूप में श्रव्यात्मक अनुभवों की प्राप्ति द्वारा जो अनुभव विद्यार्थियों को होते हैं वे निस्संदेह दृश्य–श्रव्यात्मक या मात्र दृश्यात्मक अनुभवों की तुलना में अधिक सूक्ष्म (Abstract) जटिल एवं बोझिल, तथा अप्रत्यक्ष (Indirect) होते हैं और यही कारण है कि एडगर डेल ने इस प्रकार के अनुभवों को अपने अनुभव त्रिकोण में चलचित्रों तथा स्थिर चित्रों से प्राप्त अनुभवों के बाद ही स्थान दिया है।

10. **दृश्यात्मक प्रतीक** (Visual Symbols)—संप्रेषण में भाषा यानी शब्दों का प्रयोग किया जाता है अथवा चित्रात्मक प्रस्तुति का। चित्रात्मक प्रस्तुति को शाब्दिक प्रस्तुति से बेहतर समझा जाता है और इसलिए यह कहा भी जाता है कि "एक चित्र हजार शब्दों से भी बेहतर है" (A picture is better than thousands of words)। शिक्षण अधिगम प्रक्रिया में अक्सर अनेक प्रकार की दृश्यात्मक प्रतीकों युक्त सामग्री जैसे चार्ट, चित्र, आलेख, मानचित्र, रेखाचित्र, कार्टून, पोस्टर, फोटोग्राफ, श्यामपट्ट, चित्रांकन आदि का उपयोग किया जाता है। इस प्रकार की सभी सामग्री में भाषा का प्रयोग जरूरी नहीं होता। अतः इससे केवल मात्र दृश्यात्मक अनुभवों की प्राप्ति ही बालकों द्वारा की जा सकती है, श्रव्यात्मक प्रतीकों में निहित दृश्यात्मक अनुभवों के ऊपर अपनी भाषा में टिप्पणी की जाय या टेप रिकार्डर में रिकार्ड टिप्पणी को साथ–साथ सुनवाया जाय। किसी भी रूप में दृश्यात्मक प्रतीकों का उपयोग शिक्षण–अधिगम में किया जाय एक बात तो पूरी तरह स्पष्ट है ही कि इनके प्रयोग से मौखिक कथन या शाब्दिक प्रस्तुतीकरण को यथेष्ट रोचक एवं बोध युक्त बनाकर अधिक स्थूल एवं वास्तविक प्रत्यक्ष अनुभवों की प्राप्ति बालकों को कराई जा सकती है और यही कारण है कि एडगर डेल ने दृश्यात्मक प्रतीकों द्वारा प्राप्त अनुभवों को वास्तविक प्रत्यक्ष अनुभव प्रदान करने की दृष्टि से शाब्दिक प्रतीकों (Verbal symbols) से पहले स्थान प्रदान करने की चेष्टा की है।

11. **शाब्दिक प्रतीक** (Verbal Symbols)—भाषा और उसके शब्द (अपने मौखिक चाहे लिखित किसी भी रूप में) संप्रेषण के प्राण कहे जाते हैं। परंतु शिक्षण अधिगम प्रक्रिया में इनके माध्यम से जो भी अनुभव विद्यार्थियों को उपलब्ध कराये जाते हैं उनकी गिनती वास्तविक प्रत्यक्ष अनुभव प्राप्त कराने की दृष्टि से सबके अंत में होती है। एडगर डेल ने इसी वजह से इन्हें अपनी अनुभव शंकु आकृति के सबसे बाद में ऊपरी सिरे पर स्थान देने का प्रयत्न किया है। ऐसा स्थान देकर उसने यह प्रदर्शन करने की चेष्टा की है कि मात्र शब्दों के द्वारा संपन्न शिक्षण अधिगम में जो भी अनुभव विद्यार्थियों को प्राप्त होते हैं वे व्यक्तियों, वस्तुओं, स्थानों, प्रक्रियाओं तथा घटनाओं की वास्तविकता के प्रत्यक्षीकरण को लेकर बहुत अधिक दूर होते हैं। विद्यार्थियों को उनके द्वारा

समझने, सोचने और प्राप्त ज्ञान को उपयोग में लाने की दिशा में आवश्यक सहायता प्रदान नहीं की जा सकती। वे स्थूल की जगह सूक्ष्म चिंतन, सरलता की जगह दुरुहता तथा स्पष्टता की जगह अस्पष्टता को बढ़ावा देते हैं और इसलिए किसी भी नयी चीज को सीखने सिखाने तथा शिक्षण अधिगम में शुरुआत करने के प्रयत्नों हेतु अच्छे नहीं समझे जाते। परंतु शाब्दिक प्रतीकों की भी अपनी एक विशिष्ट पहचान होती है, जिससे संप्रेषण में संलग्न व्यक्ति भलीभाँति परिचित होते हैं। यही कारण है कि अपने सूक्ष्म, जटिल और बोझिल स्वभाव के होते हुए भी शब्दों के द्वारा संप्रेषण संबंधी उत्तरदायित्व भलीभाँति निभाया जाता रहता है। इनका सबसे बड़ा फायदा इनकी इस विशेषता में है कि शब्दों के माध्यम से कम से कम समय में कम से कम साधन और शक्ति का उपयोग करते हुए अधिक से अधिक विषय संबंधी सूचनायें तथा संबंधित ज्ञान अधिक से अधिक विद्यार्थियों तक पहुँचाया जा सकता है। अपनी इसी अनूठी विशेषता की वजह से व्याख्यान विधि को कक्षा शिक्षण में सबसे अधिक प्राथमिकता सभी विषयों के शिक्षण में सभी जगह दी जाती है। परंतु इसको जरूरत से ज्यादा महत्त्व देना जैसा कि एडगर डेल के अनुभव शंकु से स्पष्ट है कदापि अच्छा नहीं माना जा सकता है। शिक्षण अधिगम कभी भी मात्र शाब्दिक ज्ञान और अनुभवों से अपने उद्देश्य में सफल नहीं हो सकता। यह केवल रटने और रटे हुये ज्ञान की पुनरावृत्ति तो करा सकता है परंतु सोच समझने, चिंतन करने और उसे अच्छी तरह उपयोग में लाने संबंधी आवश्यक अनुभव अर्जित कराने में विद्यार्थियों की सहायता नहीं कर सकता।

बहु-इन्द्रिय अनुदेशन उपागम (Multi-sensory Instruction Approach)

"इन्द्रियाँ ज्ञान का द्वारा कहलाती हैं" शिक्षण–अधिगम के इस बहु–चर्चित सूत्र (Maxim) को ध्यान में रखते हुए प्रभावकारी शिक्षण–अधिगम हेतु अधिक से अधिक इन्द्रियों का प्रयोग करना सदैव ही लाभदायक रहता है। इसके अतिरिक्त एक बात और भी है कि शिक्षण–अधिगम क्षेत्र में हो रहे अनुसंधानात्मक कार्यों एवं प्रयोगों द्वारा आज यह भलीभाँति सिद्ध हो गया है कि शिक्षण अधिगम प्रक्रिया का आयोजन एवं संचालन उसी परिस्थिति में सबसे अच्छा होता है जिसमें किसी एक इन्द्रिय माध्यम या उपागम के स्थान पर अनेक इन्द्रियों माध्यम एवं उपागमों का सहारा लिया जाए। उदाहरण के तौर पर वह अध्यापक जो अपने शिक्षण कार्य में व्याख्यान या प्रश्नोत्तर विधि को अपनाते हुए दृश्य–श्रव्य साधनों का यथोचित उपयोग करता है, श्यामपट्ट पर लिखते हुये बोलता जाता है, वस्तुओं का प्रदर्शन करता है, क्रियाओं को करके दिखाता है तथा अपने विद्यार्थियों को शिक्षण अधिगम कार्य में साझीदार बनाने के लिए मौखिक प्रश्न भी पूछता है तथा प्रायोगिक कार्य भी कराता है, ऐसा अध्यापक अवश्य ही उस अध्यापक से अधिक प्रभावशाली सिद्ध होगा जो केवल मात्र किसी एक इन्द्रिय जनित माध्यम जैसे भाषण कला, प्रदर्शन या पाठ्यपुस्तक आदि की मदद लेकर आगे बढ़ रहा हो। इस तरह अनुसंधान एवं प्रायोगिक कार्यों से जन्मी शैक्षिक तकनीकी ने शिक्षक अधिगम को अधिक सशक्त, प्रभावपूर्ण एवं सहज बनाने के लिए आज एक नयी शिक्षा पद्धति तथा उपागम को जन्म दिया है जिसे बहु–इन्द्रिय या बहु–माध्यम उपागम का नाम दिया जाता है।

इस नवीन पद्धति या उपागम की विशेषता यह है कि इसमें शिक्षण–अधिगम की एक विशेष परिस्थिति को ध्यान में रखते हुये विभिन्न उपयुक्त तकनीकों, विधियों तथा माध्यमों का चयन करके उन्हें ऐसे संयुक्त तथा समन्वित (Coordinated) रूप में अपनाया जाता है कि निश्चित शिक्षण–अधिगम उद्देश्यों की प्राप्ति प्रभावपूर्ण ढंग से संपन्न हो सके। एक के स्थान पर कई इन्द्रियजनित माध्यमों तथा पद्धतियों का संयुक्त तथा समन्वय रूप में प्रयोग किये जाने के कारण इसे बहु–इन्द्रीय या बहु माध्यम उपागम का नाम दिया जाता है। परिभाषा की दृष्टि से *शिक्षण–अधिगम में प्रयुक्त बहु–इन्द्रिय उपागम को एक ऐसी पद्धति तथा उपागम के रूप में जाना जा सकता है जिसमें उचित एवं*

भली भाँति चयनित अधिगम अनुभवों का, अनेक उपयुक्त तकनीकों (इन्द्रिय जनित माध्यम या पद्धतियों के संयुक्त एवं समन्वित रूप से आवश्यकतानुसार प्रयोग) द्वारा, इस प्रकार शिक्षण अधिगम किया जाता है कि प्रयुक्त इन्द्रिय जनित माध्यम या पद्धतियाँ निर्धारित शिक्षण–अधिगम उद्देश्यों की प्राप्ति के कार्य में एक दूसरे को अधिक से अधिक सहयोग देती हुई दिखाई दें।

इस प्रकार के बहु–माध्यम या बहुइन्द्रिय उपागम या पद्धति की प्रकृति एवं विशेषताओं को संक्षेप में निम्न प्रकार लिपिबद्ध किया जा सकता है।

1. बहु–माध्यम या बहुइन्द्रिय उपागम (Multi-media or multisensory approach) में शिक्षण अधिगम कार्य को संपन्न करने के लिए किसी एक पद्धति या माध्यम का आश्रय न लेकर विभिन्न पद्धतियों, इन्द्रियों तथा माध्यमों का सहारा लिया जाता है।
2. बहु–माध्यम या बहुइन्द्रिय उपागम या पद्धति शैक्षिक तकनीकी विषय में किए जा रहे उन नवीन अनुसंधानों एवं प्रयोगों का परिणाम है जिनके द्वारा शिक्षण अधिगम प्रक्रिया को अधिक सजीव एवं प्रभावशील बनाने का प्रयत्न किया जा रहा है।
3. बहुइन्द्रिय उपागम द्वारा प्रदत्त अनुदेशन में एक से अधिक इन्द्रिय जनित माध्यम या पद्धतियों का प्रयोग करने हेतु उनके उपयुक्त एवं सार्थक चुनाव पर पूरा–पूरा ध्यान दिया जाता है।
4. बहुइन्द्रिय जनित माध्यमों का चुनाव इस प्रकार किया जाता है कि उनमें इस तरह का तालमेल और समन्वय संभव हो कि उनके द्वारा शिक्षण–अधिगम उद्देश्यों की प्राप्ति अच्छी से अच्छी तरह संभव हो सके।
5. बहु–इन्द्रिय जनित माध्यमों का चयन और उनके उपयोग में सबसे जरूरी यह बात अवश्य ध्यान में रखी जाती है कि किसी एक माध्यम के उपयोग से उपयोग में लाये जा रहे अन्य माध्यमों के प्रभाव में यथेष्ट वृद्धि आये और इस तरह एक दूसरे को प्रभावपूर्ण बनाते हुये बहु–इन्द्रियजनित माध्यम उपागम में प्रयुक्त सभी माध्यम समन्वित रूप से शिक्षण अधिगम उद्देश्यों की सर्वोत्तम प्राप्ति में भरपूर योगदान दे सकें।
6. अपने कार्य रूप में बहु–इन्द्रियजनित माध्यम उपागम का उपयोग शिक्षण तथा शिक्षार्थी से यह अपेक्षा करता है कि वे शैक्षिक तकनीकी के क्षेत्र में उपलब्ध सभी प्रणाली, सॉफ्टवेयर तथा हार्डवेयर सामग्री एवं उपकरणों का अपनी शैक्षणिक परिस्थितियों तथा उद्देश्यों को ध्यान में रखते हुए भलीभाँति चयन कर बड़े ही संतुलित और समन्वित ढंग से उपयोग करें।
7. बहु–इन्द्रियजनित माध्यम उपागम या पद्धति की सबसे महत्त्वपूर्ण विशेषता उसके इस गुण में है कि इस पद्धति का प्रयोग करते हुए हमें तकनीक, विधि, माध्यम तथा विधाओं के रूप में बहुत से ऐसे साधन उपलब्ध हो जाते हैं जिनके सम्मिलित एवं उचित प्रभाव से शिक्षण–अधिगम प्रक्रिया के लिए आवश्यक विचारों–भावों तथा क्रियाओं का संप्रेषण और आदान–प्रदान भलीभाँति संपन्न हो सके।

बहु-इन्द्रिय अनुदेशन उपागम को कैसे काम में लाया जाये?
(How to make use of the Multi-sensory Instruction Approach ?)

शिक्षण–अधिगम मार्ग पर चलते हुए निर्धारित उद्देश्यों की प्राप्ति को सहज बनाने में बहुइन्द्रिय अनुदेशन पद्धति या उपागम बहुत ही महत्त्वपूर्ण भूमिका निभाता है। जैसा कि पहले ही स्पष्ट किया जा चुका है। इस उपागम या पद्धति में किसी एक शिक्षण–अधिगम परिस्थिति में भलीभाँति काम में आ सकने वाले विभिन्न इन्द्रिय जनित माध्यमों को इस तरह कुशलतापूर्वक समन्वित या संयुक्त रूप में काम में लाया जाता है कि उनके प्रयोग से पूर्वनिर्धारित शिक्षण अधिगम उद्देश्यों की सर्वोत्तम ढंग से प्राप्ति संभव हो सके। इन विभिन्न माध्यमों को ऐसे किस तरह काम में लाया जाए और

बहुइन्द्रिय उपागम को शिक्षक एवं शिक्षार्थी द्वारा अपनाने में किस निर्धारित मार्ग, तरीके या कार्यप्रणाली को प्रयोग में लाया जाए इसके लिए कोई सर्वमान्य या सर्वप्रचलित रास्ता बतलाना कठिन ही है क्योंकि प्रत्येक शिक्षण–अधिगम परिस्थिति अपने आप में अपूर्व (Unique) होती है। जिस प्रकार की परिस्थिति होती है उसी के अनुरूप शिक्षण–अधिगम कार्यक्रमों का प्रवाह एवं मार्ग परिवर्तित होता चला जाता है और उसी के अनुरूप शिक्षक और शिक्षार्थी को अपनी शिक्षण और अधिगम प्रक्रियाओं में भी परिवर्तन लाना होता है। शिक्षण–अधिगम के माध्यम और उनके प्रयोग में लाने के तरीके आदि सभी का स्वरूप इसीलिये कभी भी सार्वभौमिक तथा एक जैसा नहीं हो सकता परंतु हाँ अगर बहुइन्द्रिय उपागम के कुछ मान्य लक्ष्यों या उद्देश्यों को फिर एक बार ध्यान में रखने का प्रयत्न किया जाए तो उसकी प्रक्रिया और प्रयोग में लाने के ढंग के बारे में कुछ ना कुछ निश्चित धारणा बनाने में अवश्य ही सफलता मिल सकती है। इस दृष्टि से आइए एक बार फिर बहुइन्द्रिय उपागम के उपयोग से संबंधित लक्ष्यों एवं उद्देश्यों पर नजर डालें। संक्षेप में इन लक्ष्यों को निम्न रूप में व्यक्त किया जा सकता है।

– बहुइन्द्रिय उपागम के प्रयोग से शिक्षण–अधिगम उद्देश्यों की प्राप्ति सर्वोत्तम ढंग से संभव हो सकती है।
– अध्यापक को अपने शिक्षण संबंधी क्रियाओं को प्रभावपूर्ण ढंग से संपादित करने में पूरी–पूरी सहायता मिल सकती है।
– अधिगम अनुभवों को इस उपागम के प्रयोग द्वारा इस तरह आयोजित किया जा सकता है कि अधिगमकर्ता (Learner) द्वारा सीखने की प्रक्रिया में अधिक से अधिक सक्रिय सहयोग और योगदान का उत्तरदायित्व निभाया जा सके।
– शिक्षण–अधिगम क्रियाओं को बहुइन्द्रिय उपागम के प्रयोग द्वारा इस प्रकार नियोजित एवं आयोजित किया जाना चाहिए कि जिसके द्वारा जहाँ एक शिक्षक को किसी भी विशेष पाठ इकाई या विषय सामग्री को अपने विद्यार्थियों के लिए पूरी तरह सरल, रोचक एवं स्पष्ट बनाने में पूरी–पूरी सहायता मिल सके वहाँ विद्यार्थियों को भी ऐसी सुविधा उपलब्ध हो सके कि वे अपने स्वयं के प्रयासों तथा सामूहिक प्रयासों द्वारा अधिगम मार्ग पर सफलतापूर्वक आगे बढ़ सकें।
– शिक्षण–अधिगम क्रियाओं के संपादन हेतु बहुइन्द्रिय उपागम में जिन इन्द्रियजनित माध्यमों का चयन किया जाए वह इस बात पर निर्भर होना चाहिए कि उनका संयुक्त एवं समन्वित रूप में इस ढंग से उपयोग किया जा सके कि किसी विशेष शिक्षण अधिगम परिस्थिति के संदर्भ में निर्धारित उद्देश्यों की सर्वोत्तम प्राप्ति संभव हो सके।

बहुइन्द्रिय उपागम की उपरोक्त प्रकृति और प्रयोग संबंधी आवश्यकताओं को ध्यान में रखते हुए सामान्यतया निम्न प्रारूप तथा सोपानों का अनुगमन बहुइन्द्रिय अनुदेशन गतिविधियों के संचालन हेतु किया जा सकता है।

प्रथम चरण (First Stage) – इस प्रारंभिक अवस्था में शिक्षण अधिगम क्रियाओं की पहल अध्यापक द्वारा ही की जाती है। अपने विषय से संबंधित एक इकाई पर अध्यापक भलीभाँति पाठ योजना तैयार कर अध्यापन कार्य प्रारंभ करता है। इस कार्य हेतु वह विभिन्न इन्द्रियजनित माध्यमों के उपयोग का प्रयास कर सकता है। अधिगम सामग्री को वह अपने संपूर्ण रूप में विभिन्न विधियों जैसे व्याख्यान, प्रश्नोत्तर, व्याख्यान एवं प्रदर्शन आदि के माध्यम से प्रस्तुत कर सकता है। विषय सामग्री की प्रकृति तथा उपलब्ध शिक्षण–अधिगम परिस्थितियों के संदर्भ में वह ऐसे सभी इन्द्रियजनित माध्यम, तकनीक तथा साधनों जैसे श्यामपट्ट, चार्ट, चित्र, मॉडल, नमूने, स्लाइड, फिल्म, टेप्स, वास्तविक पदार्थ, प्रयोग एवं परीक्षण आदि का प्रयोग कर सकता है जिनके द्वारा विषय सामग्री को सहज, रोचक तथा स्पष्ट बनाने में मदद मिल सके और शिक्षण–अधिगम उद्देश्यों को सर्वोत्तम ढंग से प्राप्त किया जा सके।

द्वितीय चरण (Second Stage) – पहले चरण में विषय सामग्री को ऊपरी तौर पर उसके संपूर्ण रूप में प्रस्तुत करने का प्रयत्न किया जाता है। वहाँ दूसरे चरण में अधिगम इकाई को इसी सामग्री से संबंधित सूक्ष्म एवं विशिष्ट ज्ञान देने का कार्य संपन्न किया जाता है। यह विशिष्ट सूचना तथा ज्ञान प्रदान करने का कार्य विभिन्न इन्द्रियजनित माध्यमों के द्वारा पूरा किया जा सकता है। अच्छी तरह तैयार अभिक्रमित अधिगम सामग्री, रिकार्ड किए गए आडियो तथा वीडियो टेप्स, कार्य पुस्तिकाओं (Work books) तथा संदर्शिकाओं (Guide) की इस कार्य में भलीभाँति सहायता ली जा सकती है।

तृतीय चरण (Third Stage) – बहुइन्द्रिय उपागम को प्रयोग में लाने से संबंधित इस तृतीय चरण में अधिगम–कर्ता (Learner) की व्यक्तिगत रूप से निर्देशन, परामर्श एवं आवश्यक सहायता प्रदान करने का प्रयत्न किया जाता है ताकि वह स्वतंत्र रूप से अधिगम पथ पर अच्छी तरह अग्रसर रह सके। इस प्रकार की क्रियाओं का कुछ निम्न रूप हो सकता है–

(i) विद्यार्थी अपने सहपाठियों तथा अध्यापक से आवश्यक विचार विनिमय, अन्तःक्रिया तथा वार्तालाप आदि कर सकता है।

(ii) अध्यापक या विषय विशेषज्ञ के द्वारा उसे व्यक्तिगत रूप से आवश्यक परामर्श तथा अतिरिक्त सहायता दी जा सकती है।

(iii) वह अध्यापक, विषय विशेषज्ञ तथा साथी विद्यार्थियों द्वारा किये जाने वाले प्रदर्शन, प्रयोग तथा कार्य गतिविधियों के निरीक्षण द्वारा स्वतः प्रेरणा और सही दिशा प्राप्त कर सकता है।

चतुर्थ चरण (Fourth Stage) – यह चरण विस्तृत एवं गहन अध्ययन से संबंधित है। यहाँ विद्यार्थी ने जो कुछ पहले अनुभव या अध्ययन किया होता है उसी के बारे में विस्तार से जानने तथा गहराई में उतरने का प्रयत्न करता है। अतः इस अवस्था में इस कार्य में सहायक इन्द्रियजनित माध्यमों तथा साधनों का प्रयोग किया जा सकता है। विद्यार्थी पुस्तकालय में जाकर सहायक पाठ्य–पुस्तकों, विशेष एवं संदर्भित पुस्तकों तथा अच्छे प्रकार की अध्ययन सामग्री का अच्छी तरह अध्ययन कर सकते हैं।

अभिक्रमित पाठ्य–पुस्तकों, अभिक्रमित अध्ययन सामग्री, प्रदत्त कार्य (Assignment task), शिक्षण मशीन तथा कंप्यूटर सह–अनुदेशन आदि माध्यमों की सहायता से इस अवस्था की अधिगम क्रियाओं के संचालन में पर्याप्त सहायता मिल सकती है।

पंचम चरण (Fifth Stage) – किसी भी विषय इकाई के शिक्षण–अधिगम से संबंधित यह पाँचवी अवस्था अर्जित ज्ञान और कुशलताओं को व्यावहारिक रूप में प्रयोग में लाने का अभ्यास कराती है। अतः यहाँ क्रियात्मक कार्यों और प्रयोगशाला कार्य पर अधिक जोर देने की आवश्यकता होती है। इस चरण पर शिक्षण–अधिगम प्रक्रिया के आयोजन में जिन उपयुक्त इन्द्रिय जनित माध्यमों तथा साधनों का सहारा लिया जा सकता है उनमें प्रयोगशाला में कार्य करना, कार्यशालाओं में व्यावहारिक अनुभव प्राप्त करना, उत्पादन एवं सृजनात्मक क्रियाओं तथा क्रियाकलापों में रत रहना, वास्तविक जीवन की गतिविधियों में प्राप्त ज्ञान और कुशलताओं के प्रयोग का प्रशिक्षण लेना आदि बातें सम्मिलित हैं, जिन्हें विषय विशेष की प्रकृति तथा उपलब्ध परिस्थितियों के संदर्भ में यथानुसार अपनाया जा सकता है।

छठा चरण (Sixth Stage) – इस अंतिम चरण में शिक्षण क्रियाओं का संचालन काफी ऊँचे स्तर पर संपन्न होने की अपेक्षा करता है। ज्ञान के मनन, सृजन, विश्लेषण, मूल्यांकन जैसी बातें इसी अवस्था में संपन्न होती हैं। अतः इन्द्रियजनित माध्यमों और साधनों का चयन और उपयोग उसी संदर्भ में किया जाना ठीक रहता है। साधारणतया निम्न प्रकार के माध्यम एवं शिक्षण–अधिगम क्रियाओं का समावेश इस स्तर पर किया जाता है–

(i) विद्यार्थी वर्ग समूह क्रियाओं जैसे समूह चर्चा, वादविवाद एवं पारस्परिक विचार विनिमय, सेमीनार, पेनल वार्ता, सभा समितियों तथा कार्यशालाओं में भाग ले सकता है।

(ii) स्वतंत्र लेखन, स्वाध्याय, सृजन तथा निर्माण कार्य, प्रयोग एवं परीक्षण कार्य आदि के आधार पर विश्लेषण, समालोचना, मनन तथा सृजन क्रियाओं में संलग्न रह सकता है।

(iii) अपने स्वयं के कार्यों, प्रयासों तथा उपलब्धियों का मूल्यांकन किया जा सकता है तथा सहपाठियों के कार्य तथा गतिविधियों की निष्पक्ष ढंग से समालोचना तथा उनका मूल्यांकन किया जा सकता है।

इस प्रकार के किसी अधिगम इकाई से संबंधित अनुदेशन कार्य को संपन्न करने के लिए जो शिक्षण–अधिगम क्रियायें की जा सकती हैं उनके संचालन हेतु विभिन्न इन्द्रियजनित माध्यमों एवं साधनों का प्रयोग उपरोक्त चरणों में यथानुसार इस समन्वित एवं संयुक्त ढंग से किया जा सकता है कि उससे अध्यापक और विद्यार्थी दोनों को ही अपने उत्तरदायित्वों को भलीभाँति निभाने में पर्याप्त सहायता मिल सके।

औपचारिक शिक्षण–अधिगम गतिविधियों के अतिरिक्त अनौपचारिक तथा अन्य विशेष परिस्थितियों के शिक्षण–अधिगम जैसे प्रौढ़ शिक्षा, दूर शिक्षा, पत्राचार शिक्षा, सृजनात्मक बालकों की शिक्षा, विकलांग बालकों की शिक्षा आदि में बहुइन्द्रिय उपागम का उपयोग काफी प्रभावशाली सिद्ध हो सकता है। उदाहरण के लिये पत्राचार या दूर शिक्षा को ही लीजिये। इस शिक्षा से संबंधित शिक्षार्थी को अपने पढ़ने वाले विषय की सभी इकाइयों पर भलीभाँति तैयार की गई पठन सामग्री प्राप्त होती रहती है। यह सामग्री अभिक्रमित अधिगम तथा स्व–अनुदेशन के सिद्धांतों को ध्यान में रखकर तैयार की जाती है। इस लिखित सामग्री के साथ आडियो एवं वीडियो टेप में संग्रहित सामग्री भी उपलब्ध कराई जा सकती है। इस तरह इन्द्रियजनित माध्यमों के उपयोग का दायरा विस्तृत होता जाता है। विद्यार्थी लिखित सामग्री एवं माध्यम के अलावा टेप्स (Tapes) के रूप में उपलब्ध दृश्य–श्रव्य सामग्री का उपयोग कर उचित अधिगम अनुभव प्राप्त करने में सफल हो सकता है। जनसंपर्क शिक्षण साधनों जैसे रेडियो, टेलीविजन, समाचारपत्र, पत्रिकाओं आदि इन्द्रियजनित माध्यमों का उपयोग भी दूर शिक्षा के शिक्षार्थियों हेतु अब भलीभाँति किया जा सकता है। विद्यार्थी घर बैठे ही विभिन्न प्रकार के शैक्षिक पाठों तथा कार्यक्रमों के संपर्क में आकर पूरा–पूरा फायदा उठा सकते हैं। व्यक्तिगत संपर्क कार्यक्रमों (Personal contact programmes) का आयोजन इसके लिए एक ऐसा इन्द्रियजनित माध्यम प्रस्तुत कर सकता है जिसके द्वारा उनकी व्यक्तिगत शैक्षिक समस्याओं के निराकरण में मदद मिल सके तथा उन्हें अपने अधिगम हेतु आवश्यक निर्देशन एवं परामर्श प्राप्त हो सके। उन्हें कक्षाओं में बिठाकर औपचारिक शिक्षण अधिगम प्रदान करने का कार्य भी इन व्यक्तिगत संपर्क कार्यक्रमों में भलीभाँति किया जा सकता है। आगे चलकर कुछ अन्य विशेष इन्द्रियजन्य माध्यमों तथा साधनों जैसे शिक्षण मशीन, बंद पथ टेलीविजन (Closed circuit television), कंप्यूटर सह–अनुदेशन आदि का सहारा भी लेना उचित रहता है ताकि विद्यार्थी सामूहिक अथवा स्वतंत्र रूप से अपने अधिगम पथ पर निरंतर आगे बढ़ सकें। आगे के चरण में विद्यार्थियों को अपने–अपने अर्जित अधिगम अनुभवों का स्व–मूल्यांकन करने को प्रोत्साहित किया जा सकता है। इस कार्य हेतु अच्छी तरह तैयार किए गए प्रदत्त कार्यों (Assignment tasks) तथा प्रश्नपत्रों आदि की सहायता ली जा सकती है। उन्हें पुस्तकालयों में अध्ययन करने के लिए संदर्भ पुस्तकें तथा विशेष सामग्री सुझाई जा सकती है। प्रयोग एवं परीक्षण करने की सलाह दी जा सकती है। दैनिक जीवन में अपने ज्ञान का उपयोग कर सकने की बात समझाई जा सकती है और इस प्रकार सैद्धांतिक तथा व्यावहारात्मक ज्ञान का संबंध करने एवं गहराई और विस्तार से बातों को जानने समझने हेतु विभिन्न संसाधन केन्द्रों (Resource centres) की स्थापना इस तरह की जा सकती है कि ऐसे बालकों की उन तक भलीभाँति पहुँच संपन्न हो सके। इस प्रकार पत्राचार और इस शिक्षा के विद्यार्थियों को उचित अधिगम–अनुभव अर्जित करने में बहुइन्द्रियजनित माध्यम उपागम का उपयोग बहुत सहायक सिद्ध हो सकता है।

बहुइन्द्रिय उपागम का उपयोग सभी तरह की शिक्षण अधिगम परिस्थितियों, औपचारिक तथा अनौपचारिक में तो संभव है ही साथ ही सभी प्रकार के अधिगमकर्ताओं औसत, औसत से कम तथा औसत से अधिक सभी को हर तरह से अनुकूल सिद्ध हो सकता है। एक ओर इसे जहाँ मंद गति के सीखने वाले शिक्षार्थियों को शैक्षिक गतिविधियों के

सफल संचालन हेतु काम में लाया जा सकता है तो दूसरी ओर अति प्रतिभाशाली और सृजनशाली बालकों की शिक्षा हेतु भी इसका प्रयोग काफी हितकारी सिद्ध हुआ है। सृजनशील बालकों की शिक्षा में जिस रूप में इसका उपयोग संभव है उसकी रूपरेखा हम उदाहरण के तौर पर यहाँ रखना चाहेंगे। संक्षेप में इस कार्य हेतु निम्न प्रकार के इन्द्रियजनित माध्यम तथा साधनों का सहारा लिया जा सकता है।

— अध्यापक एवं विद्यार्थियों के उपयोग हेतु संदर्शिकायें (Guides) तथा कार्य पुस्तकें (Work books) जैसे "सृजनात्मक कार्य हेतु मार्गदर्शन" (The guide to creative action) एवं सृजनात्मक कार्य हेतु कार्य पुस्तक (Creative action work book) आदि।

— विचार पुस्तकों (Idea books) का उपयोग जिनमें सृजनात्मक चिंतन के विकास में सहायक आवश्यक बौद्धिक कौशलों के प्रशिक्षण पर जोर दिया जाता है। ऐसी पुस्तकों के उदाहरण रूप में क्या तुम कल्पना कर सकते हो ? (Can you Imagine?), 'सोचो और करो' (Think and do), आदि नामवाली पुस्तकों तथा पहेली बूझ, कथात्मक और ऐसे नाट्य साहित्य आदि को उद्धृत किया जा सकता है जिससे सृजनात्मक चिंतन को प्रोत्साहन मिले।

— भलीभाँति सोच समझकर तैयार की गई अनुदेशन सामग्री का उपयोग। इसमें मुद्रित तथा रिकार्ड की गई ऐसी सामग्री शामिल हो सकती है, जिसमें सृजनात्मक चिंतन प्रक्रिया का सजीव चित्रण और वर्णन हो जैसे "खोज के सुनहरे मौके" "अन्वेषण के अविस्मरणीय क्षण" "सृजनशीलता के सुनहरे पल" आदि।

— सृजनात्मक शिक्षण एवं अधिगम में सहायक विभिन्न प्रकार के दृश्य–श्रव्य सामग्री एवं उपकरणों का प्रयोग। विशेषकर इस कार्य हेतु विशेष रूप से तैयार की गई वीडियो फिल्म, स्लाइड्स, आडियो टेप्स, चलचित्र (Motion films), शिक्षण मशीन तथा कंप्यूटर पर प्रयुक्त स्व–अध्ययन सामग्री आदि का उपयोग काफी प्रभावपूर्ण सिद्ध हो सकता है।

— सृजनात्मकता के शिक्षण–अधिगम से जुड़े हुए विभिन्न प्रकार के अभिक्रमित अध्ययन कार्यक्रमों का उपयोग। इन कार्यक्रमों के अंतर्गत ऐसी सामग्री को इकट्ठे रूप में पेश किया जाता है जो शिक्षक और अध्यापक दोनों को ही अपने–अपने कार्यों में आगे बढ़ने में भरपूर सहायता दे सकती है। जो सामग्री ऐसे कार्यक्रमों में प्रयोग में लाई जाती है उनमें उल्लेखनीय हैं–अनुदेशन मेनुअल (Instructions manual), सृजनात्मक चिंतन के विभिन्न पहलुओं तथा पक्षों से जुड़े हुये ग्रंथ एवं पुस्तकें, पोस्टर्स, चित्र एवं फोटोग्राफ, आडियो तथा वीडियो टेप्स एवं कैसेट एवं अन्य दृश्य–श्रव्य ऐसी सामग्री जो सृजनात्मकता के शिक्षण–अधिगम में विशेष रूप में सहायक सिद्ध हो सकती है।

— स्व–अनुदेशन में सहायक ऐसे अनुदेशन कार्यक्रमों का उपयोग जो सृजनात्मकता की शिक्षा में विशेष रूप से सहायक हो जैसे रहस्य एवं रोमांच से भरपूर ऐसी सृजनात्मक समस्याओं एवं आविष्कारों का विवरण जिन्हें स्व–अधिगम तथा स्व–अनुदेशन के सिद्धांतों को ध्यान में रखकर अच्छी तरह तैयार किया गया हो तथा जिनमें सृजनशीलता के सभी पक्षों को अच्छी तरह चित्रित किया जा सकता हो।

— सृजनात्मक चिंतन एवं सृजनशीलता की वृद्धि में सहायक विभिन्न प्रकार की नवीन तकनीकों जैसे मस्तिष्क उद्वेलन (Brain storming); मारफोलोजीकल एनेलाइसिस (Morphological analysis), लक्षण सूची (Attribute listing) तथा विभिन्न मनोअभिनयात्मक उपागमों (Psychodramatic approaches) जैसी भूमिका निर्वाह (Role playing), पूछताछ प्रशिक्षण (Inquiry training) तथा शब्द साहचर्य (Word association) आदि तकनीकों का उपयोग।

बहु-इन्द्रिय उपागम के लाभ एवं उपयोग (Uses and Advantages of Multisensory Approach)

शिक्षण–अधिगम क्षेत्र में बहुइन्द्रिय उपागम या पद्धति को अपनाने से जो भी लाभ उठाये जा सकते हैं उन्हें संक्षिप्त रूप से निम्न प्रकार वर्णित किया जा सकता है।

1. **शिक्षा प्रक्रिया को रुचिकर, सार्थक एवं प्रभावपूर्ण बनाना** (Making process of education interesting purposeful and effective)—बहुइन्द्रिय अनुदेशन द्वारा शिक्षण–अधिगम प्रक्रिया को रूचिकर, सार्थक तथा प्रभावपूर्ण बनाने में बहुत अधिक सहायता मिल सकती है। ऐसा होना निम्न कारणों की वजह से जरूरी हो जाता है–

   – किसी एक इन्द्रियजनित माध्यम, विधि या तरीके जैसे भाषण, पठन तथा प्रदर्शन विधि आदि द्वारा पढ़ते रहने से शिक्षण–अधिगम की प्रक्रिया नीरस तथा बोझिल–सी बन जाती है। अगर विभिन्न इन्द्रिय जनित साधनों, उपकरणों, विधियों या माध्यमों का प्रयोग समय–समय पर परिस्थिति अनुसार किया जाता रहे तो यही प्रक्रिया और उसका वातावरण काफी सरस, रुचिपूर्ण तथा सजीव बन सकता है।

   – बहुमाध्यम उपागम में जो विभिन्न प्रकार के साधन, उपकरण तथा सामग्री काम में लाई जाती है उससे विभिन्न ज्ञानेंद्रियों जैसे आँख, कान, नाक, जीभ तथा त्वचा द्वारा प्रत्यक्ष अनुभव प्राप्त करके सार्थक ज्ञान एवं कौशल प्राप्त करने के अवसर बहुत बढ़ जाते हैं।

   – बहुमाध्यम पद्धति को अपनाने में शिक्षक और शिक्षार्थी दोनों को ही आवश्यक रूप से सक्रिय रहना पड़ता है और उनकी शिक्षण–अधिगम क्रियाओं का दायरा भी बढ़ जाता है। इससे निष्क्रियता तथा नीरसता से तो छुटकारा मिलता ही है साथ ही प्रत्यक्ष अवलोकन, स्व–अनुभव तथा निजी सक्रियता के कारण जो भी अधिगम अनुभव प्राप्त होते हैं वे काफी सार्थक तथा लाभकारी सिद्ध होते हैं।

   – बहुमाध्यम पद्धति का प्रयोग एक अध्यापक को अपनी अध्यापन कला तथा अधिगमकर्ता को अपने सीखने के ढंग को अच्छे से अच्छा बनाने का अवसर प्रदान करता है।

   – विभिन्न साधनों एवं माध्यमों के समयानुसार उचित उपयोग से विषयवस्तु को स्पष्ट, रोचक तथा सरल बनाने में काफी मदद मिलती है और इसी कारण अध्यापक तथा विद्यार्थी दोनों को ही अपने लक्ष्यों को प्राप्त करने में काफी आसानी हो जाती है।

   – बहुमाध्यम पद्धति में प्रयुक्त विभिन्न उपयुक्त माध्यमों की सहायता से अधिगमकर्ता को विभिन्न प्रकार की कुशलताओं के अर्जन और प्रशिक्षण में काफी सहायता मिल सकती है।

   – बहुमाध्यम पद्धति के उपयोग से विद्यार्थियों के भावात्मक व्यवहार क्षेत्र जैसे रुचियों, अभिरुचियों, अभिवृत्तियों, आदतों आदि में वांछित परिवर्तन लाने का कार्य अच्छी तरह किया जा सकता है।

   – बहु–माध्यम पद्धति में प्रयुक्त साधनों तथा माध्यमों का सावधानी से भलीभाँति प्रयोग किया जाए तो विद्यार्थी के संपूर्ण व्यवहार यानी ज्ञानात्मक, क्रियात्मक तथा भावात्मक व्यवहार के सभी पक्षों में संतुलित रूप से आवश्यक परिवर्तन लाए जा सकते हैं और इस तरह अनुदेशात्मक उद्देश्यों की भलीभाँति प्राप्ति का रास्ता इस पद्धति के प्रयोग द्वारा काफी सहज हो जाता है।

2. **विद्यार्थी की आवश्यकताओं की पूर्ति में सहायक** (Helpful in meeting the needs of the learner)—बहुमाध्यम पद्धति के प्रयोग द्वारा सभी प्रकार के अधिगमकर्ताओं की बौद्धिक तथा मनोवैज्ञानिक आवश्यकताओं की पूर्ति भलीभाँति संभव है। विभिन्न माध्यमों तथा साधनों का उपयोग ऐसे अवसर स्वतः ही प्रदान कर देता है जिनमें विद्यार्थियों की सभी प्रकार की जिज्ञासा को शांत करने तथा उनकी रचनात्मक, निर्माणात्मक,

सृजनात्मक तथा अन्वेषणात्मक शक्तियों को विकसित करने में मदद मिल सके। इन माध्यमों द्वारा प्रदत्त अनुभवों के द्वारा उन्हें सोचने विचारने, मनन करने तथा क्रियात्मक अभ्यास करने के पर्याप्त अवसर प्राप्त हो जाते हैं। संवेगों के उचित प्रशिक्षण एवं संवेगात्मक शक्ति के प्रवाह को उचित दिशा प्रदान करने में भी बहुमाध्यम पद्धति का प्रयोग काफी सहायक सिद्ध होता है। बहुमाध्यम पद्धति की एक खास विशेषता इस बात में भी है कि इसमें साधनों तथा माध्यमों की प्रचुरता होती है और इससे यह भलीभाँति संभव हो सकता है कि प्रत्येक शिक्षार्थी अपनी–अपनी रुचि तथा स्तर के हिसाब से किसी एक या अनेक माध्यमों का अपने शिक्षण अधिगम के लिए चयन कर सके। यही कारण है कि बहुमाध्यम पद्धति को अपनाने से पिछड़े हुए छात्रों, धीमी गति से सीखने वाले छात्रों, मेधावी छात्रों तथा समस्या युक्त या अपराधी बालकों सभी को अपने उपयुक्त रास्तों पर लाने तथा अधिगम पथ पर आगे बढ़ाने में पर्याप्त सहायता मिल सकती है।

3. **अधिगम को व्यक्तिगत तथा आत्मनिर्भर बनाने में सहायक** (Helpful in making the learning highly individualized and self-dependent)—शिक्षा अधिगम में बहुइन्द्रिय जन्य पद्धति का उपयोग इसे आवश्यक रूप से पूर्ण व्यक्तिगत तथा स्वावलंबी बनाने में महत्त्वपूर्ण भूमिका निभा सकता है। सरल सॉफ्टवेयर सामग्री जैसे चार्ट, चित्र, मॉडल आदि के उपयोग से लेकर पेचीदा हार्डवेयर उपकरणों जैसे शिक्षण मशीन और कंप्यूटर के उपयोग तक सभी पुराने बहुमाध्यमी साधन अपनी–अपनी तरह से एक विद्यार्थी को उसकी स्वयं की गति, रुचियों तथा योग्यता के हिसाब से अधिगम पथ पर आगे बढ़ने में पूर्ण मदद करते हैं तथा इसके प्रयोग में धीरे–धीरे अधिगमकर्ता को अपने ऊपर इतना विश्वास हो जाता है कि वह अध्यापक तथा अध्यापक की देखरेख के बगैर स्वतंत्र रूप से अधिगम ग्रहण कर सके।

4. **अध्यापकों को अपने नियमित उत्तरदायित्वों से मुक्त करने में सहायक** (Relieving teachers from their routine duties)—बहुइन्द्रिय–माध्यम उपागम का प्रयोग अध्यापकों को अपने शैक्षिक उत्तरदायित्वों के निर्वाह में कई तरह से लाभकारी सिद्ध होता है। साधनों एवं माध्यमों का उचित प्रयोग एक ओर तो उनके शिक्षण कार्य की जटिलता को कम करके उन्हें पर्याप्त रूप में मानसिक तथा व्यावसायिक संतुष्टि प्रदान करता है तो दूसरी ओर इनके प्रयोग से समय और शक्ति की भी काफी बचत हो सकती है। जिस विषयवस्तु के स्पष्टीकरण तथा जिन कौशलों को सिखाने में उन्हें ज्यादा मेहनत करनी पड़ती थी, साधनों तथा माध्यमों का उपयोग अब उन्हीं बातों को अधिक सहज, रुचिकर और बोधगम्य बना देता है। अतिरिक्त समय और बची शक्ति का उपयोग अब अध्यापक अन्य छात्र कल्याण कार्यों में करने के काबिल बन जाते हैं। स्व–अधिगम हेतु प्रयुक्त प्रभावी माध्यम जैसे स्लाइड, फिल्म, आडियो टेप्स, शिक्षण मशीन, अभिक्रमित अधिगम पाठ्य–पुस्तक तथा अभिक्रमित अध्ययन सामग्री तथा कंप्यूटर सह–अनुदेशन आदि कार्यक्रमों द्वारा विद्यार्थियों की अध्यापकों पर निर्भरता कम होती चली जाती है।

   परिणामस्वरूप अध्यापकों के परंपरागत तथा नियमित शैक्षिक उत्तरदायित्वों के निर्वाह का कार्य बहुत कुछ इन साधनों तथा माध्यमों के जरिए सम्पन्न हो जाता है और वे स्वयं को निर्देशन, परामर्श, व्यक्तिगत संपर्क एवं सहायता आदि अन्य छात्रोपयोगी कार्यों को करने के लिए पर्याप्त रूप से स्वतंत्र पाते हैं।

5. **जन-साधारण में चेतना एवं शिक्षा के प्रसार में सहायक** (Helpful in the task of appealing and spreading education to masses)—बहुइन्द्रिय–माध्यम उपागम का प्रयोग ऐसे साधन एवं माध्यमों के उचित उपयोग के अवसर प्रदान करने में सक्षम है जिनके द्वारा एक ही समय में एक जैसी शिक्षा तथा सूचनायें बहुत सारे व्यक्तियों को एक साथ उनकी अपनी सुविधा के अनुसार प्रदान कर दी जायें। रेडियो, टेलीविजन, समाचारपत्र, पत्रिकाओं, मुद्रित सामग्री, उपग्रह प्रसारण, चलचित्र एवं वीडियो फिल्में आदि इसी प्रकार के माध्यम हैं जिन्हें जन शिक्षा तथा जन साधारण अभियान के लिये अच्छी तरह से प्रयोग में लाया जा सकता

है। इतने अधिक बड़े पैमाने पर दूर दराज बैठे हुए अनगिनत शिक्षार्थियों में शिक्षा के प्रसार का कार्य बहुमाध्यम उपागम में शामिल ऐसे ही साधनों एवं माध्यमों के द्वारा सुचारु रूप से संपन्न हो सकता है।

6. **सामूहिक एवं व्यक्तिगत दोनों प्रकार के शिक्षण–अधिगम प्राप्त कराने में सहायक** (Helpful in providing advantages of both group and individual learning)—बहु–इन्द्रियजनित–माध्यम उपागम के प्रयोग द्वारा व्यक्तिगत एवं सामूहिक दोनों प्रकार की शिक्षण–अधिगम प्रक्रियाओं का संचालन अच्छी तरह से संभव है। अभिक्रमित अधिगम तथा अभिक्रमित अध्ययन सामग्री, कंप्यूटर सह–अनुदेशन, विद्यार्थी नियंत्रित अनुदेशन, शिक्षण मशीन पर दिये जा रहे स्व–अधिगम कार्य, आडियो तथा वीडियो पर रिकार्ड की गई सामग्री, प्रयोगशाला, कार्यशाला तथा जीवन की वास्तविक परिस्थितियों में व्यक्तिगत रूप से संपन्न किए जाने वाले प्रायोगिक कार्य तथा अनुभव आदि सभी इस तरह के साधन एवं माध्यम हैं जिनके द्वारा व्यक्तिगत रूप से स्वतंत्र चिंतन, मनन, स्वाध्याय तथा स्व–अधिगम अच्छी तरह संभव है। दूसरी ओर बहुमाध्यम उपागम का उपयोग ऐसे सभी माध्यमों तथा साधनों के प्रयोग के लिये भी उचित अवसर प्रदान करता है जिनकी सहायता से सामूहिक रूप से सुनने–सुनाने, देखने–दिखाने, चर्चा करने तथा मिल जुल कर काम करने और अधिगम अनुभव अर्जित करने के बहुमूल्य अवसर प्राप्त होते हैं। व्याख्यान तथा प्रदर्शन विधि का उपयोग, रेडियो, टी०वी० तथा फिल्मों के प्रसारण का सामूहिक प्रदर्शन, सेमीनार, वाद–विवाद, भाषण, गोष्ठी, पैनल वार्तालाप, कार्यशाला आदि का संचालन सामूहिक रूप से अधिगम अनुभव प्राप्त कराने के ऐसे ही साधन हैं। इस तरह से बहुइन्द्रिय जनित पद्धति में माध्यमों तथा साधनों का ऐसा प्रचुर खजाना निहित रहता है जिसके द्वारा व्यक्तिगत एवं सामूहिक दोनों प्रकार के शिक्षण–अधिगम का उचित प्रभावकारी नियोजन संभव हो सकता है।

सार-संक्षेप (Summary)

1. हार्डवेयर तथा सॉफ्टवेयर जैसी आधुनिक तकनीकियों का शिक्षा के कार्यों के संपादन हेतु उपयोग मनोविज्ञान के सिद्धांतों तथा व्यवहार प्रक्रिया पर आधारित होने के कारण अपना एक ठोस मनोवैज्ञानिक आधार रखता है। उनके इस मनोवैज्ञानिक आधार के प्रमाण के रूप में हम एडगर डेल द्वारा प्रतिपादित अनुभव शंकु (Edger Dale's cone of experiences) तथा बहुइन्द्रिय अनुदेशन उपागम (Multisensory instruction approach) के स्वरूप एवं प्रभाव क्षेत्र की चर्चा कर सकते हैं।
2. एडगर डेल द्वारा प्रतिपादित अनुभव त्रिकोण हमें यह बताता है कि किस प्रकार की शिक्षण–अधिगम परिस्थितियों में, किस प्रकार के अधिगम अनुभव प्रदान करना या ग्रहण करना हितकारी सिद्ध हो सकता है। अतः शिक्षक विशेष को उसी के अनुरूप हार्डवेयर तथा सॉफ्टवेयर तकनीकी के उपयोग की बात अपने सामने रखनी चाहिए। अपने इस अनुभव त्रिकोण के माध्यम से एडगर डेल ने यह बात स्पष्ट रूप से सामने रखी कि वास्तविक प्रत्यक्ष अनुभव प्रदान करना या ग्रहण करना शिक्षण–अधिगम हेतु बहुत ही ठोस मनोवैज्ञानिक आधार प्रदान करता है परंतु इसके अभाव में हम फिर क्रमशः इसके विकल्प के रूप में नियोजित कृत्रिम अनुभव प्रदान करने का कार्य कर सकते हैं और इस कार्य हेतु आधुनिक तकनीकियों जैसे रेडियो, टेपरिकार्डर, टेलीविजन, फिल्म, स्लाइड, ट्रान्सपेरेन्सीज, चित्र, मानचित्र, आरेख आदि हार्डवेयर उपकरणों तथा सॉफ्टवेयर सामग्री का उपयोग प्रभावशाली सिद्ध हो सकता है। इसके अतिरिक्त सॉफ्टवेयर तकनीकी के उपयोग की दृष्टि से शिक्षण कार्य को रोचक बनाने हेतु अभिनयात्मक भागीदारी, प्रदर्शन, भ्रमण या पर्यटन, मेले या प्रदर्शनियों संबंधी अनुभवों का शिक्षा कार्य में उपयोग काफी हितकर सिद्ध हो सकता है। इसके अतिरिक्त

शाब्दिक प्रतीक, उदाहरणों तथा मौखिक अभिव्यक्ति को सबल बनाने से संबंधित युक्तियों एवं व्यूहरचनाओं (Devices and strategies) का उपयोग भी शिक्षण–अधिगम कार्य के उचित संपादन में प्रभावशाली भूमिका निभा सकता है। एडगर डेल द्वारा प्रतिपादित इस प्रकार की सभी मान्यतायें शिक्षण–अधिगम क्षेत्र में आधुनिक तकनीकियों के प्रयोग को एक सशक्त मनोवैज्ञानिक आधार प्रदान करने की क्षमता रखती हैं।

3. बहुइन्द्रिय अनुदेशन उपागम हमें यह बताता है कि इन्द्रियाँ ही वास्तविक ज्ञान प्राप्ति का द्वार है और ज्ञान प्राप्ति का मार्ग ही उतना ही सहज एवं प्रभावशाली सिद्ध हो सकता है जितनी अच्छी तरह से अधिक से अधिक इन्द्रियों के संयुक्त उपयोग को अनुदेशन प्रक्रिया का अंग बनाये जाने के प्रयत्न किये जा सकें। बहुइन्द्रिय अनुदेशन उपागम इस रूप में हमारे सामने आधुनिक तकनीकियों के प्रयोग के लिए एक मनोवैज्ञानिक ठोस आधार प्रदान करता हुआ यह सुझाव देता है कि किसी अधिगम इकाई से संबंधित अनुदेशन कार्य को संपन्न करने के लिये जो शिक्षण–अधिगम कार्य किये जाते हैं उनके संपादन हेतु विभिन्न इन्द्रियजनित अनुभवों को प्रदान करने वाली हार्डवेयर तथा सॉफ्टवेयर तकनीकियों का ऐसे समन्वित एवं संयुक्त ढंग से उपयोग किया जा सकता है कि इससे अध्यापक और विद्यार्थी दोनों को ही अपने उत्तरदायित्वों को भलीभाँति निभाने में पर्याप्त सहायता मिल सके।

संदर्भित एवं विशेष अध्ययन ग्रंथ (References and Suggested Readings)

Dale, E., The Cone of Experiences, Chapter 4 in *Audio-Visual Methods in Teaching*, Revised ed., New York: The Dryden Press, 1946.

Dale, E., The Cone of Experiences, Chapter 4 in *Audio-Visual Methods in Teaching*, Revised ed., New York: The Dryden Press, 1954.

Dale, E., *The Cone of Experiences*, Chapter 4 in *Audio-Visual Methods in Teaching*, 3rd ed., 107–135, Hinsdale, IL: The Dryden Press, 1969.

Packiam, S., *Curriculum Innovations and Educational Technology*, Delhi: Doaba House, 1986.

अध्ययन के लिए प्रश्न (Study Questions)

1. एडगर डेल के अनुभव त्रिकोण (Edgar Dale's cone of experiences) के बारे में आप क्या जानते हैं ? एडगर डेल द्वारा प्रदत्त चित्रात्मक प्रस्तुति के माध्यम से शिक्षण–अधिगम में सहायक विभिन्न प्रकार के अनुभवों का विस्तार से वर्णन कीजिए।

2. एडगर डेल द्वारा अनुभव त्रिकोण में प्रदर्शित विभिन्न प्रकार के अनुभवों की प्रकृति और शिक्षण–अधिगम में उनकी विशिष्ट भूमिकाओं की विस्तार में चर्चा कीजिए।

3. बहुइन्द्रिय अनुदेशन क्या होता है ? शैक्षिक उद्देश्यों की पूर्ति में यह किस प्रकार सहायक है ? वर्णन कीजिए।

4. बहुइन्द्रिय या बहुमाध्यम उपागम क्या है ? इसे शिक्षण–अधिगम हेतु कैसे काम में लाया जा सकता है ? स्पष्ट कीजिए।

5. बहुइन्द्रिय या बहुमाध्यम अनुदेशन क्या है ? शिक्षा क्षेत्र में इसके लाभों तथा उपयोगिता पर प्रकाश डालिए।

3

हार्डवेयर या कठोर उपकरण (Hardware)

"In the technology of teaching and learning use of hardwares and softwares aims in arranging and relating teaching–learning material and equipments for realising teaching–learning objectives in the most effective, efficient and economical way possible."

अध्याय रूपरेखा (Chapter Outline)

विषय प्रवेश (Introduction)

हार्डवेयर तकनीकी के नाम से प्रसिद्ध शैक्षिक तकनीकी में वैज्ञानिक एवं तकनीकी ज्ञान और कौशलों पर आधारित मशीनी उपकरणों के निर्माण में जिस सामग्री का प्रयोग होता है वह अपेक्षाकृत कठोर (Hard) होती है और इनकी संरचना, कार्यप्रणाली और शिक्षण साधन के रूप में प्रयोग किये जाने के तरीकों में भी काफी तकनीकी जटिलता देखने को मिलती है अत: इन्हीं बातों की वजह से इन्हें जटिल या कठोर (Hard) कहकर पुकारा जाता है और इनसे युक्त तकनीकी को कठोर अथवा हार्डवेयर तकनीकी की संज्ञा दी जाती है। इस प्रकार की तकनीकी से संबंधित कुछ अति महत्त्वपूर्ण यांत्रिक उपकरणों की चर्चा ही हमारे प्रस्तुत अध्ययन का विषय है।

महत्त्वपूर्ण हार्डवेयर उपकरण और उनका उपयोग (Important Hardware and their Applications)

मायादीप या जादुई लालटेन (Magic Lantern)

हार्डवेयर शिक्षण साधनों के इतिहास में यह पहला आविष्कार माना जाता है। इसका प्रयोग दीवार या पर्दे पर स्लाइड के माध्यम से चित्रों का प्रक्षेपण करने के लिए होता है। इसकी कार्यवाही तथा बनावट बड़ी सरल है। जब कोई आकृति

(Figure) या उदाहरण (Illustration) बहुत छोटा हो और जिसे सारी कक्षा को दिखाना हो तो उसकी एक पारदर्शी स्लाइड (Transparent slide) तैयार की जाती है। उसके बाद यह स्लाइड कैरियर में लगा दी जाती है जो कि मायादीप का ही एक भाग है। मायादीप इसके आयाम (dimension) को बड़ा करके इसे पर्दे पर प्रक्षेपित करता है जिससे यह अधिक स्पष्ट और तीखा दिखाई देता है।

रचना (Construction)—इसके अंतर्गत प्रकाश का शक्तिशाली साधन (लैम्प) रिफ्लेक्टर, प्रतिबिंब प्रसार करने वाला उत्तल लैंस (Condensing lens), स्लाइड कैरियर (Slide carrier) तथा वस्तुगत लैंस (Objective lens)–ये सभी चीजें एक हल्के वजन के धातु के डिब्बे में बंद होती हैं।

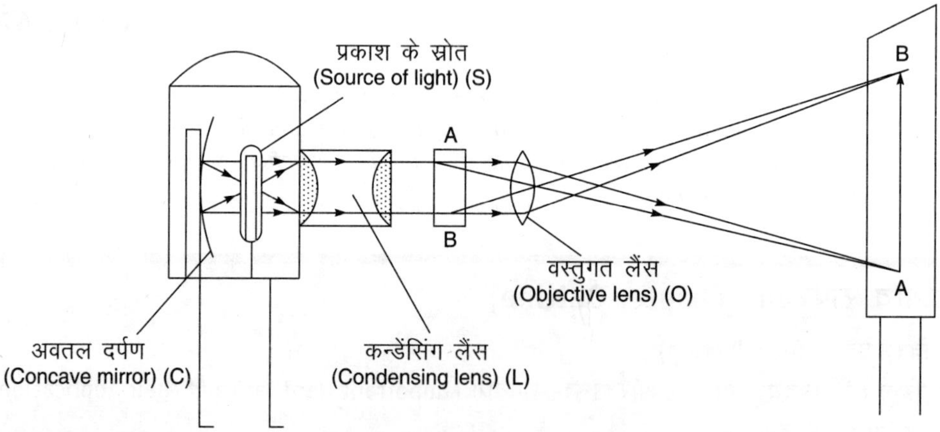

चित्र 3.1 मायादीप (Magic Lantern)।

कार्यप्रणाली (Working)—जैसा कि ऊपर की आकृति में दिखाया गया है प्रकाश के स्रोत (S) से निकलती हुई रोशनी की किरणें पीछे रखे गये अवतल शीशे (C) द्वारा प्रतिबिम्बित होकर कन्डैंसिंग लैंस (L) पर पड़ने के लिए भेजी जाती हैं। यह लैंस इन किरणों को तोड़ता है और इन्हें एक शक्तिशाली प्रकाश पुंज के रूप में AB स्लाइड के भीतर से गुजार कर वस्तुगत लैंस (Objective lens) के बीच में एक बिन्दु (O) पर लाता है। वस्तुगत लैन्स (Objective lens) एक विकेन्द्रित लैन्स (Divergent lens) होने के कारण प्रकाश की किरणों को फैला देता है और पर्दे के धरातल की ओर भेजता है। पर्दे पर प्रस्तुत की गई तस्वीर तीक्ष्ण, स्पष्ट और बड़े आकार वाली परंतु उल्टी होती है। इसीलिए पर्दे पर ठीक तस्वीर प्राप्त करने के लिए स्लाइड कैरियर में स्लाइड को उल्टा रखने के लिए सावधानी रखी जाती है।

ऐपीडाइस्कोप (Epidiascope)

पारदर्शी स्लाइडों को पर्दे पर प्रक्षेपित करने के अतिरिक्त अपारदर्शी पदार्थों को भी प्रक्षेपित करने के कारण यह साधन जादुई लालटेन से अधिक लाभकारी है। पुस्तक से निकाले बिना ही कोई भी चित्र, चार्ट, मानचित्र, रेखाचित्र, फोटोग्राफ अथवा मुद्रित सामग्री इसके द्वारा पर्दे पर प्रक्षेपित की जा सकती है। इसके लिए किसी स्लाइड की आवश्यकता नहीं रहती। इस प्रकार यह साधन–उपकरण निम्नलिखित दो कार्य करता है–

1. **ऐपीस्कोप का कार्य** (As Episcope)—जब इसका प्रयोग अपारदर्शी वस्तु को प्रोजेक्ट करने के लिए किया जाता है तो यह ऐपीस्कोप के रूप में काम करता है।

2. **डायस्कोप का कार्य** (As Diascope)—जब इसका प्रयोग स्लाइडों को प्रोजेक्ट करने के लिए किया जाता है तो डायस्कोप का काम करता है। अपने उपरोक्त दोनों प्रकार के कार्यों के कारण ही इसका नाम ऐपीडायस्कोप रखा गया है। यह प्रोजेक्शन लैन्स, समतल दर्पण तथा विद्युत लैंप की सहायता से संपन्न क्षैतिज और सरल रेखीय प्रक्षेपण के सिद्धांत को अपनाता है। लैंप से एक तेज प्रकाश अपारदर्शी वस्तु पर पड़ता है। एक समतल दर्पण जो कि वस्तु के ऊपर 45° कोण बनाते हुए रखा होता हे, इस रोशनी को परावर्तित करता है जो प्रोजेक्शन लैन्स से होकर निकलती है और पर्दे पर एक बड़े (बढ़े हुए) आकार का चित्र बनाती है।

स्लाइड एवं फिल्म पट्टी प्रोजेक्टर (Slide and Film Strip Projector)

इस यंत्र का प्रयोग स्लाइड प्रोजेक्टर या फिल्म प्रोजेक्टर–दोनों रूपों में किया जा सकता है।

एक फिल्म पट्टी में सेल्यूलाइड ऐसिटेट की पट्टी होती है और उसमें प्रायः किसी विषय या उपविषय प्रकरण से संबंधित 40 से 100 तक अलग चित्र होते हैं। मूलरूप में स्लाइड और फिल्म पट्टी प्रोजेक्टर का ढाँचा वही होता है जो लालटेन स्लाइड प्रोजेक्टर का होता है। अंतर कुछ निम्न बातों को लेकर होता है–

(i) दिशा बदलने तथा फिल्म–स्ट्रिप को प्रोजेक्टर के बीच में घुमाने का तरीका।
(ii) लालटेन स्लाइड प्रोजेक्टर के मुकाबले में प्रोजेक्शन लैंस की छिद्र/सुराख के साथ समीपता।
(iii) अधिक तपिश से फिल्म पट्टी या स्लाइडों को ठण्डा करने का प्रबंध।

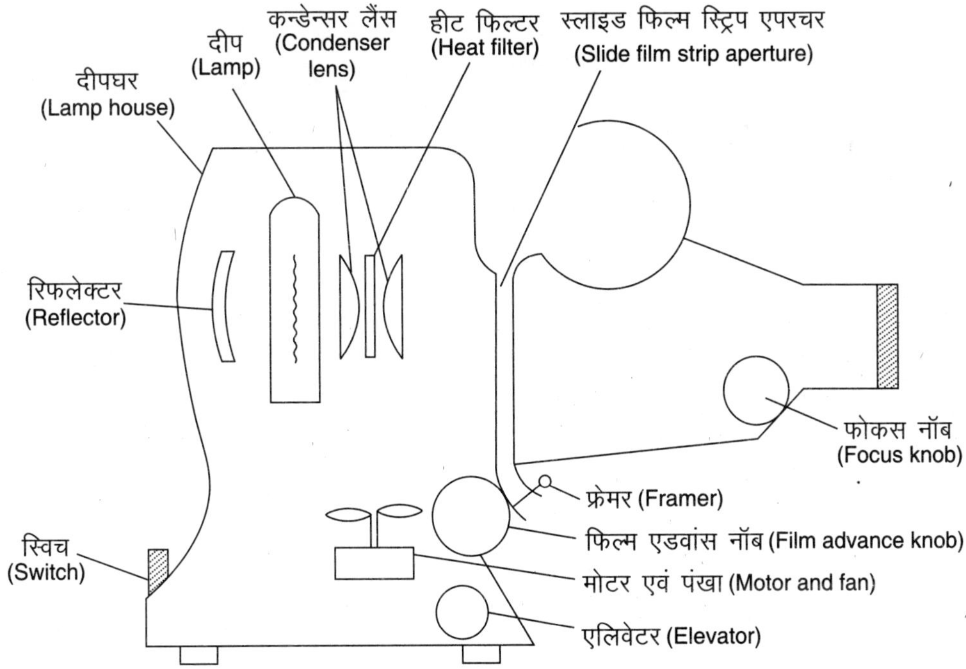

चित्र 3.2 स्लाइड और फिल्म स्ट्रिप प्रोजेक्टर (Slide-cum-film strip projector)।

स्लाइड और फिल्म–स्ट्रिप प्रोजेक्टर के प्रयोग से अत्यधिक लाभ प्राप्त करने के लिए अध्यापक या किसी छात्र द्वारा मौखिक टिप्पणी (Commentary) देने की आवश्यकता पड़ती है। इसे अच्छी प्रकार तैयार करना चाहिए जिससे ध्यान आकर्षित करने, समस्याओं को स्पष्ट करने तथा विषय सामग्री को पूर्णतया प्रस्तुत करने में सहायता मिल सके।

शिरोपरि प्रोजेक्टर (The Overhead Projector)

शिरोपरि प्रोजेक्टर में यद्यपि अन्य प्रोजेक्टरों से मिलती जुलती सामग्री और तत्त्व रहते हैं, फिर भी यह निम्न बातों को लेकर आम प्रोजेक्टरों से अधिक उन्नत प्रक्षेपी उपकरण है।

1. आम प्रोजेक्टरों में उपलब्ध प्रकाश के समतल सीधे मार्ग के अतिरिक्त इसमें शीर्ष–प्रक्षेपण (Vertical projection) का भी क्षेत्र होता है। प्रकाश की किरणों का मार्ग एक दर्पण के द्वारा जो 45° कोण पर रखा रहता है, पुनः क्षैतिज (Horizontal) की ओर परिवर्तित कर दिया जाता है जो अध्यापक के कंधे पर पर्दे की ओर जाता है जैसा कि आगे दिए रेखाचित्र (Diagram) से स्पष्ट हो सकता है–
2. इसमें स्लाइडों अथवा अन्य दृश्य सामग्री को रखने के लिए 25 × 25 cm का एक सुराख (Aperture) होता है।
3. प्रोजेक्शन हैड की शीर्ष गतिविधि (Vertical movement) के द्वारा किसी भी आकृति को पर्दे पर फोकस कर सकने का प्रावधान होता है।
4. प्रोजेक्टर के मूल में संवाती पंखे (Cooling fan) के माध्यम से लैंप के पीछे होकर हवा के निरंतर बहाव का प्रबंध होता है।

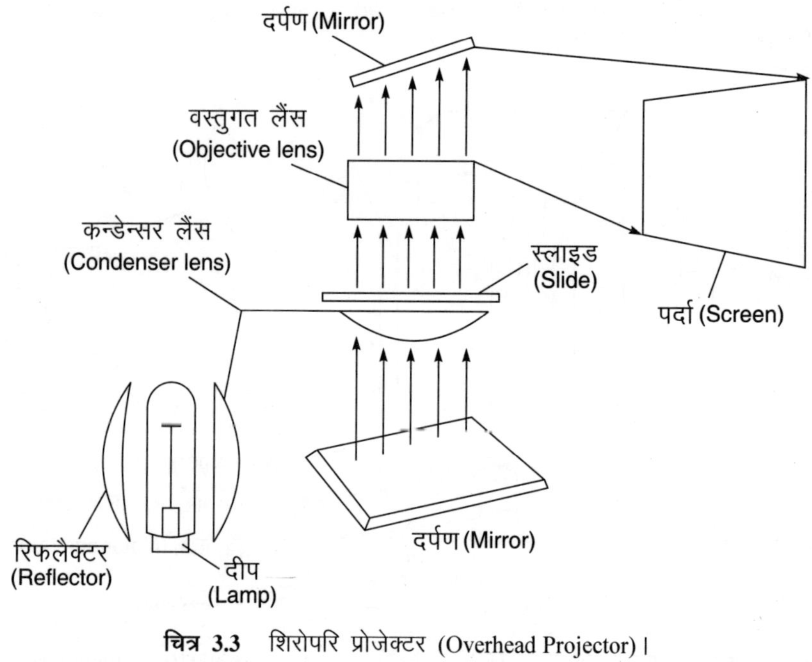

चित्र 3.3 शिरोपरि प्रोजेक्टर (Overhead Projector)।

शिरोपरि प्रोजेक्टर के लाभ (Advantages of the Overhead Projector)

अन्य प्रोजेक्टरों की अपेक्षा शिरोपरि प्रोजेक्टर के लाभ नीचे दिए जाते हैं–

1. यह प्रकाशयुक्त कमरे में भी काम कर सकता है। इसलिए कमरे में अंधेरा करने की जरूरत नहीं पड़ती।
2. इस प्रोजेक्टर में आकृति का प्रक्षेपण अध्यापक के कंधे के ऊपर से होता है। इसलिए वह हर समय क्लास को देख सकता है या सामना कर सकता है।
3. कक्षा को पूरी तरह देखता हुआ अध्यापक छात्र क्रियाओं का पर्यवेक्षण कर सकता है, छात्रों के उत्तरों के अनुरूप कार्यक्रमों को ठीक कर सकता है तथा शिक्षण–अधिगम स्थितियों पर अपेक्षित अधिक नियंत्रण रख सकता है।
4. अध्यापक स्वयं ही क्लास का सामना करते हुए मशीन को चला सकता है। इसलिए अध्यापक की सहायता के लिए किसी प्रशिक्षक या प्रोजेक्टर चालक की आवश्यकता नहीं पड़ती।
5. इसके सुराख के बड़े होने के कारण इसमें 25×25 cm या 20×20 cm आकार की बड़ी स्लाइडों का प्रयोग हो सकता है।
6. स्लाइडों को बदलने में कोई कठिनाई नहीं होती क्योंकि स्लाइडें शीशे के सुराख के ऊपर रखी रहती हैं। अध्यापक स्लाइडों को इसी तरह देख सकता है जैसे कि विद्यार्थी देखते हैं।
7. इससे अध्यापक पर्दे को श्यामपट्ट के रूप में प्रयोग कर सकता है। वह स्लाइड पर निशान लगाने वाली पैंसिल से जब वस्तु का प्रक्षेपण हो रहा हो, लिख या तस्वीर बना सकता है। बाद में साफ कपड़े द्वारा स्लाइड से पैंसिल के निशान मिटाये जा सकते हैं।
8. छात्रों को कुछ बताने के लिए अध्यापक को मशीन के साथ दीवार की ओर भागने की जरूरत नहीं, वह पैंसिल या संकेतक का प्रयोग कर सकता है।
9. प्रोजेक्टर का संचालन बड़ा सरल है। इसमें केवल आवश्यकता रहती है–बिजली के बटन को दबाना, प्रोजैक्शन मंच पर स्लाइड को रखना तथा पर्दे पर आकृति को फोकस करना।

रेडियो (Radio)

रेडियो एक प्रभावशाली श्रव्य साधन है और कक्षा भवन में एक साथ बहुत से छात्रों को उपयोगी जानकारी तथा अधिगम अनुभव करने के लिए अध्यापक की बहुमूल्य सहायता करता है। **आर०जी० रेनल्डस** (R.G. Reynolds) इसकी शैक्षिक सशक्तता पर टिप्पणी करते हुए लिखते हैं–

"रेडियो शिक्षा का एक महत्त्वपूर्ण साधन है। कक्षा शिक्षण के पूरक रूप में इसकी संभावनायें बहुत बढ़ जाती हैं। इसकी शिक्षण संभावनायें स्कूल दिवस (School day) के पाँच या छः घण्टों तक सीमित नहीं। यह प्रातःकाल से रात देर तक उपलब्ध रहता है। रेडियो द्वारा प्रदत्त शैक्षिक तथा सांस्कृतिक उपहार दूर स्थित समुदायों के प्रौढ़ तथा बालकों को संसार की कला और ज्ञान के उत्तम भण्डार से परिचित कराते हैं। किसी दिन शैक्षिक उपकरण के रूप में इसका प्रयोग इतना सामान्य हो जायेगा जितना कि पाठ्यपुस्तकों तथा श्यामपट्ट का है।"

"Radio is the most significant medium for education. As a supplement to classroom teaching, its possibilities are almost unlimited. Its teaching possibilities are not confined to the five or six hours of the school day. It is available from early morning till long after midnight. By utilising the rich educational and cultural offering of the radio, children and adults in communities, however remote, have

access to the best of the world's stores of knowledge and art. Some day its use as an educational instrument will be as common place as textbooks and blackboards." (Quoted by Bhalla, 1953, p. 91)

रेडियो प्रसारण (broadcasting) निम्नलिखित दो प्रकार के होते हैं–

(i) **साधारण प्रसारण** (Ordinary broadcasts)—जिनके द्वारा घटनाओं तथा स्थितियों की सामान्य जानकारी दी जाती है ताकि संसार, संस्कृति तथा जीवन से संबंधित ज्ञान को आत्मसात किया जा सके।

(ii) **शैक्षिक प्रसारण** (Educational broadcasts)—जिनकी तैयारी और प्रसारण विशिष्ट रूप से किए जाते हैं ताकि रेडियो पाठों (Radio lesson) तथा भाषणों के रूप में शिक्षा और कक्षा अधिगम के उद्देश्यों को प्राप्त किया जा सके।

लाभ (Advantages)—रेडियो प्रसारण के शैक्षिक लाभ संक्षिप्त रूप से नीचे दिये जाते हैं–

1. रेडियो प्रसारण शैक्षिक रुचि वाले भाषणों, बातचीत, वाद–विवाद, विचार गोष्ठी कार्यवाही आदि को सुनना संभव बना देते हैं। इनमें प्रसिद्ध लेखक, शिक्षा शास्त्री, प्रमुख विद्वान तथा अन्य प्रभावशाली व्यक्ति (Important personality) भाग ले सकते हैं। ऐसे अवसर छात्रों को विशाल शैक्षिक तथा मनोवैज्ञानिक मूल्य प्रदान करते हैं।
2. स्कूल विषयों से संबंधित विभिन्न उपविषयों पर आयोजित क्रमिक शैक्षणिक पाठों के माध्यम से रेडियो प्रसारण कक्षाकक्ष अध्यापक को शैक्षिक उद्देश्यों की प्राप्ति में बहुत सहायता प्रदान कर सकते हैं।
3. रेडियो प्रसारण में शिक्षा का एक सशक्त साधन सिद्ध होने की क्षमता है क्योंकि ये प्रसारण एक ओर शिक्षा को यथार्थ जीवन अनुभव से एकीकृत (Integrate) करते हैं और दूसरी ओर स्वस्थ मनोरंजन तथा आनन्द के साधन भी हैं। फलस्वरूप छात्रों को आसानी से रेडियो बातचीत सुनने के लिए प्रेरित किया जा सकता है।
4. जनसंचार साधन (Mass-media) के रूप में प्रसारण शैक्षिक अधिगम के लिए किफायती साधन है। समय तथा दूरी के प्रतिबंधों (Barriers) को तोड़कर लाखों सुनने वालों को इसके लाभ प्राप्त हो सकते हैं। शैक्षिक प्रसारण के माध्यम से सुनने वालों पर प्रति–व्यक्ति खर्च इनकी उपयोगिता के संदर्भ में नगण्य है।
5. रेडियो प्रसारण शिक्षा के क्षेत्र में अनेक समस्याओं का समाधान करने में समर्थ है जो मानव तथा भौतिक सामग्री की कमी के कारण उत्पन्न होती है। आजकल अच्छी पाठ्य–पुस्तकों, सुनियोजित शैक्षिक कार्यक्रमों, उपयुक्त शैक्षिक साधनों तथा उपायों और योग्य अध्यापकों की कमी है। सीखने या पढ़ने वालों की संख्या दिन–प्रतिदिन बढ़ती जा रही है। शैक्षिक पाठ्यक्रम विस्तृत होते जा रहे हैं। छात्रों के इतने बड़े समूह को अपेक्षित क्षमता अथवा निपुणता के साथ शिक्षा के लाभ प्रदान करना रेडियो प्रसारण जैसे प्रभावशाली माध्यम की सहायता से ही संभव हो सकता है।

कक्षा भवन में रेडियो प्रसारण किस प्रकार प्रयुक्त किए जायें ? (How to Utilize Radio Broadcasting in the Classroom)

आकाशवाणी तथा दूसरे देशों द्वारा शैक्षिक प्रसारण सेवायें कक्षा संबंधी शैक्षणिक कार्यक्रमों में बहुमूल्य सहायता कर सकती हैं। अपेक्षित परिणामों को प्राप्त करने के लिए अध्यापकों को उचित प्रयत्न करने होंगे। इन प्रयत्नों का संक्षिप्त रूप इस प्रकार है–

1. उपलब्ध प्रासंगिक साहित्य (Relevant available literature) के द्वारा अध्यापक को इन प्रसारणों के सूचीबद्ध कार्यक्रमों के प्रति जानकारी प्राप्त करनी चाहिए।

2. उसे सूचीबद्ध कार्यक्रम को अपने कक्षीय शिक्षण के साथ एकीकृत (Integrate) करने के लिए अच्छी तरह योजना बनानी चाहिए।
3. रेडियो प्रसारण के द्वारा किए जाने वाले ज्ञान तथा अनुभवों को ठीक ढंग से प्राप्त कर सकने के लिए अध्यापक द्वारा अपने छात्रों को मनोवैज्ञानिक तथा शैक्षिक रूप में यथासंभव तैयार करना चाहिए।

टेप रिकॉर्डर (Tape-recorder)

यह एक ऐसा रिकार्डिंग उपकरण है जो छात्रों को शैक्षिक संदेश पहुँचाने के लिए श्रवण इन्द्रियों के प्रयोग की अपेक्षा रखता है। मुख्य रूप से इसके तीन भाग होते है–माइक्रोप्लेन (Microplane) अथवा ओवर साऊंड इनपुट (Over sound input), एम्पलीफायर (Amplifier) तथा रिप्रोड्यूसर (Reproducer)। इसमें मुख्य दो प्रक्रियायें होती हैं–आवाज की रिकॉर्डिंग (Recording) तथा पुनः उत्पादन (Reproducing)।

रिकार्ड किया जाने वाला शैक्षिक संदेश पहले ध्वनि प्रसारक (Microphone) के द्वारा टेप में पहुँचा दिया जाता है। आवाज मशीनी कंपन पैदा करती है जो विद्युत संबंधी कंपन में बदल जाती है। ध्वनि विस्तारक (Amplifier) उन कंपनों को तेज करता है जो बदले में चुंबक (Magnet) को क्रियाशील (Activate) बनाते हैं। फलस्वरूप आयरन ऑक्साइड (Iron oxide) के आवरण वाले टेप पर विभिन्न प्रकार के ध्वनि प्रतिरूप स्थापित हो जाते हैं।

इस उपकरण को चलाने से रिकॉर्ड की गई ध्वनि का पुनः उत्पादन होता है। यहाँ टेप पर उपस्थित ध्वनि प्रतिरूप विद्युत प्रकंपनों के अधीनकृत (Subjected to electrical vibrations) होते हैं जो ध्वनि–प्रसारक के द्वारा विस्तीर्ण होकर वक्ता की असल आवाज में बदल जाते हैं।

टेप रिकॉर्डर को किस प्रकार चलाना चाहिए ? (How to Operate a Tape-recorder ?)

टेप–रिकॉर्डर की क्रिया (Operation) बहुत सरल है। टेप–रिकॉर्डर के सभी विशेष मॉडलों के साथ ही वांछित आदेश उपलब्ध होते हैं। फिर भी निम्नलिखित सावधानियाँ टेप–रिकॉर्डर की क्रिया में सहायक हो सकती हैं–

1. चलाने वाले को क्रिया–निर्देशनों तथा विभिन्न कंट्रोल बटनों (Control switches) जैसे रोको (Stop), चलाओ (Play), रिकॉर्ड (Record), आगे बढ़ना या भेजना (Forward) आदि से परिचित होना चाहिए।
2. टेप–रिकॉर्डर को हमेशा समतल (Flat) तथा सख्त धरातल (Sturdy surface) पर उचित स्थिति में रखना चाहिए।
3. अच्छी रिकॉर्डिंग के लिए गति नियंत्रण (Volume control) को नीचे दबा देना चाहिए और बोलने वाले को स्पष्ट तथा सशक्त आवाज में बोलने के लिए कहना चाहिए।
4. रिकॉर्डर को रिकॉर्ड (Record) पर सैट करते हुए टेप पर रिकॉर्ड की गई पिछली सामग्री साफ की जा सकती है।
5. चलाने में अच्छे परिणामों के लिए शुरु में आवाज को धीमी या नीचा रखना चाहिए। प्ले नियंत्रण (Play control) की सहायता से इसे अपेक्षित स्तर पर लाया जा सकता है और बाद में अनुकूल आवाज पैदा करने के लिए स्तर नियंत्रण (Tone control) को व्यवस्थित करना होता है।
6. बंद करते समय यह देखना चाहिए कि पुनः घुमाव नियंत्रण (Rewind control) की सहायता से पूरी टेप असली सप्लाई रील (Supply real) पर पलट या लौटा दी गई है। यदि कैसेट का प्रयोग किया गया हो तो उसे टेप–रिकॉर्डर में छोड़ना नहीं चाहिए। ध्वनि–प्रसारक सहित टेपरिकॉर्डर को ठीक ढंग से बंद करना चाहिए और उपयुक्त स्थान पर रखना चाहिए।

शैक्षिक लाभ (Educational Advantages)

टेप–रिकॉर्डर निम्नलिखित उपयोगी शैक्षिक उद्देश्यों की पूर्ति करता है–

1. कुछ विशिष्ट विषय जैसे संगीत, नाटक अभिनय तथा भाषा अधिगम में यह बहुत सहायक होता है।
2. यह बोलचाल की बुरी आदतों तथा बोलचाल के वास्तविक दोषों को दूर करने में सहायता करता है।
3. यह वार्तालाप पटुता, सशक्त अभिव्यक्ति तथा नाटकीयता की प्रभावशाली विधियों के विकास में सहायक होता है।
4. इसकी रिकॉर्डिंग सेवा के कारण यह शिक्षण–अधिगम कार्यक्रम के मूल्यांकन के लिए एक प्रभावशाली साधन सिद्ध हो सकता है।
5. स्कूल की विभिन्न पाठ्यक्रम सहगामी क्रियाओं के संगठन, संचालन तथा मूल्यांकन में विशेष सहायता कर सकता है।
6. यह शैक्षणिक कार्यों के लिए प्रयुक्त रिकॉर्ड किए गए शैक्षिक कार्यक्रम तैयार करने में सहायता कर सकता है।
7. इसके द्वारा रेडियो तथा दूरदर्शन प्रसारणों तथा आमंत्रित अतिथि भाषणकर्त्ताओं के परिश्रम का पूरा–पूरा लाभ उठाया जा सकता है।
8. फिल्म पट्टियों तथा स्लाइडों के लिए व्याख्यात्मक वर्णन (Commentary) तैयार करने में यह बहुमूल्य सहायता कर सकता है।
9. स्कूलों में आयोजित विभिन्न सम्मेलनों, कार्यशालाओं तथा कार्य–गोष्ठियों की कार्यवाही को रिकॉर्ड करने के लिए इसका प्रयोग हो सकता है।
10. व्यवहार परिवर्तन के काम तथा कक्षा भवन की घटनाओं को अंकित करने में यह सहायता कर सकता है।
11. यह अध्यापक को अपने व्यवहार तथा शिक्षण–कार्य की जांच करने में सहायक होता है।

दूरदर्शन (Television)

दूरदर्शन संप्रेषण–संचार क्रिया (Communication) का एक शक्तिशाली माध्यम है जो शिक्षा प्राप्ति में छात्रों के श्रवण तथा दृष्टि संबंधी इन्द्रियों के प्रयोग पर बल देता है। यह उपकरण हमें इस योग्य बनाता है कि सुदूर से बोला जाने वाला या लिखा हुआ प्रत्येक शब्द, चित्र, दृश्य, आवाज और घटने वाली घटनाओं को तत्काल ही प्रेषित किया जा सके।

संसार के बहुत से विकसित तथा विकासशील देशों की भाँति भारत ने भी समस्त स्तरों पर शिक्षा के गुणात्मक विकास, विशेष रूप से ग्रामीण तथा पिछड़े क्षेत्रों में शैक्षिक सुविधाओं के विस्तार के लिए, औपचारिक तथा अनौपचारिक शिक्षा (Formal and non-formal education system) प्रणालियों के लिए और छात्रों के लिए शिक्षा को रुचिकर बनाने और इस प्रकार शिक्षा में अपव्यय (Wastage) को कम करने के लिए अर्थात् शैक्षिक प्रणाली में बीच में ही शिक्षा छोड़ने वालों की संख्या कम करने के लिए शिक्षा में दूरदर्शन का प्रयोग प्रारंभ कर दिया है।

ब्रह्माण्ड में कृत्रिम उपग्रहों को स्थापित करने की सफलता से शैक्षणिक कार्यों के लिए दूरदर्शन के प्रयोग में नए आयाम (Dimensions) सामने आये हैं। अब व्यक्ति अपने दूरदर्शन सेट पर बहुत से कार्यक्रम देख सकता है जो महत्त्वपूर्ण शैक्षिक अनुभव प्रदान करते हैं। इसके अतिरिक्त स्कूल और कालेज छात्रों के लिए नियमित शैक्षिक सेवा, आदर्श पाठ तथा शैक्षणिक कार्यक्रमों के रूप में अब दूरदर्शन स्क्रीन पर देखी जा सकती है।

अब तक हमारे देश में ओपन सर्किट टेलीविजन (Open circuit television) का प्रबंध है। इसे प्रसारण केंद्र द्वारा वायु के माध्यम से ग्रहण किया जाता है। शैक्षिक कार्यों के लिए बंद परिपथ दूरदर्शन (Closed circuit television) का प्रयोग अभी चालू नहीं किया गया। बंद परिपथ दूरदर्शन संचार के एक स्कूल या अधिक स्कूलों तक सीमित होता है। प्रसारण केंद्र से श्रवण केंद्र तक चित्र या ध्वनि प्रसारणों को तार अथवा सूक्ष्म तरंगों द्वारा पहुँचाया जाता है। चुने हुए प्रसारण क्षेत्र (Network) के बाहर वाले दूसरे सेटों द्वारा यह प्रसारण प्राप्त नहीं किया जा सकता और इसके प्रसारण के लिए सामान्य व्यापारिक प्रसारण नियमों को पूरा करने की आवश्यकता नहीं होती।

शिक्षण में दूरदर्शन का प्रयोग कैसे किया जाए ? (How to Use Television in Teaching ?)

दूरदर्शन उपकरण का चलाना बहुत सरल है। आजकल यह रोजमर्रा की जिन्दगी का आवश्यक अंग बन चुका है। इसकी सेवाओं को स्कूल शैक्षणिक कार्यक्रम में प्रयोग करने के लिए अध्यापक को इसके उपयोग की विभिन्न अवस्थाओं में निम्न सावधानी रखनी चाहिए।

तैयारी की अवस्था (The Preparation Stage)

1. अध्यापक को पहले से ही प्रसारण केंद्रों से संबंधित सभी मुद्रित सामग्री प्राप्त करके प्रसारण कार्यक्रमों अथवा सूची से अवगत हो जाना चाहिए।
2. शैक्षणिक कार्यों के लिए दूरदर्शन प्रसारणों से अधिक से अधिक लाभ उठाने के लिए अध्यापक को अपने आपको तैयार कर लेना चाहिए।
3. उसे अपने छात्रों को दूरदर्शन प्रसारणों से शिक्षा प्राप्त करने के लिए शैक्षिक और मनोवैज्ञानिक तौर पर भली प्रकार तैयार कर लेना चाहिए। छात्रों को यह बताते हुए कि किस प्रकार वे लाभ उठा सकते हैं और किन महत्त्वपूर्ण बिंदुओं को उन्हें देखना तथा याद करना है, अध्यापक छात्रों की विचार शक्ति या क्रिया का पथ प्रदर्शन कर सकता है।
4. दूरदर्शन कार्यक्रम दिखाने से पहले अधिगम स्थितियों तथा भौतिक वातावरण की अनुकूलता (Adequacy) का ठीक ढंग से निश्चय कर लेना चाहिए। इस आशय के लिए निम्नलिखित बातों को याद रखना चाहिए–
   (i) दूरदर्शन के सेट की कार्य विधि (Working) का निश्चय कर लेना चाहिए।
   (ii) कक्षा भवन की बनावट तथा आकार और स्क्रीन के आकार तथा प्रसारण कार्यक्रम के आधार पर छात्रों की संख्या जिन्हें वहाँ स्थान देना है, निर्धारित कर लेनी चाहिए।
   (iii) बैठने की जगह, हवा तथा रोशनी (प्रकाश) आदि का उचित प्रबंध करने का प्रयत्न करना चाहिए।
   (iv) दूरदर्शन स्क्रीन की चौड़ाई की दस गुनी दूरी से कम दूरी पर किसी को बैठने की आज्ञा नहीं दी जानी चाहिए।

प्रस्तुतीकरण की अवस्था (The Presentation Stage)

1. दूरदर्शन उपकरण इस प्रकार चलाया जाना चाहिए कि आवाज और आकृति अधिक से अधिक स्पष्ट रूप से प्राप्त हो सके।
2. प्रसारण कार्यक्रम के पूरे समय में अनुशासन तथा उचित अधिगम वातावरण बना रहे इसका ध्यान रखा जाना चाहिए।

3. छात्रों को अति संक्षिप्त रूप में नोट्स अथवा स्कैच बनाने के लिए कहा जाना चाहिए।
4. प्रसारण कार्यक्रम के शीघ्र बाद छात्रों को अपने नोट्स या स्कैचों की कमी को पूरा करने के लिए कहा जाना चाहिए।

अनुवर्ती-कार्य की अवस्था (The Follow-up Stage)

1. अध्यापक के नेतृत्व में प्रसारण विषय पर सजीव विचार विनिमय होना चाहिए।
2. प्रत्येक छात्र को अपनी शंकाओं को दूर करने तथा खोई हुई कड़ी को प्राप्त करने का अवसर देना चाहिए।
3. छात्रों को प्रसारण कार्यक्रम में उनके द्वारा देखी गई बातों को क्रियात्मक रूप देने के लिए सहायता तथा अवसर दिए जाने चाहियें।
4. जबानी या लिखित परीक्षा के द्वारा प्रसारित विषय की जानकारी के मूल्यांकन का पर्याप्त प्रबंध होना चाहिए।
5. परीक्षा द्वारा निदान की गई छात्रों की कमजोरियों या अशुद्धियों का समूह विधि या व्यक्तिगत शिक्षण द्वारा शीघ्र ही संशोधन होना चाहिए।

दूरदर्शन के शैक्षिक लाभ (Educational Values of Television)

आयोजित दूरदर्शन कार्यक्रमों के शैक्षिक मूल्य संक्षिप्त रूप में आगे दिए जाते हैं–

1. अध्यापक के निजी विकास में दूरदर्शन सहायक सिद्ध हो सकता है। दूरदर्शन कार्यक्रमों को देख कर वह अपने व्यवसाय की कला तथा कौशल सीख सकता है।
2. दूरदर्शन छात्रों के लिए उत्कृष्टता तथा श्रेष्ठता (Excellence) के प्रतिरूप या नमूने प्रस्तुत कर सकता है। वे उच्चकोटि के प्रदर्शक, संगीतज्ञ अथवा कलाकार तथा उच्चकोटि के शिक्षा–शास्त्री, प्रसिद्ध अध्यापक, रचनात्मक वैज्ञानिक की बात और काम को देख और सुन सकते हैं। दूरदर्शन स्क्रीन पर उनकी उपस्थिति उन्हें शैक्षिक तथा मनोवैज्ञानिक लाभ प्राप्त करने के लिए उचित गर्मजोशी तथा समीपता प्रदान कर सकती है।
3. दूरदर्शन पर प्रसारित शिक्षण कार्यक्रमों में अधिगम प्रक्रिया तथा परिणामों को सुधारने की क्षमता है क्योंकि उनमें बहुत–सी दृश्य–श्रव्य सामग्री तथा उपकरणों की पूर्ण योजना, क्रमिक प्रस्तुतीकरण और एकीकरण सम्मिलित होता है।
4. दूरदर्शन कार्यक्रम पाठ्यक्रम को विस्तृत करने और शैक्षिक कार्यक्रमों को सरलता तथा मितव्ययिता से समृद्ध करने में सहायक सिद्ध हो सकते हैं।
5. अपने स्क्रीन के माध्यम से दूरदर्शन कक्षा–भवन में संसार की वास्तविकता को प्रस्तुत कर सकता है जो कि छात्रों को प्रायः अनुपलब्ध, असंभव तथा महँगी रहती है।
6. दूरदर्शन अध्यापक तथा छात्रों को अधिगम–उद्देश्यों की प्राप्ति में सहायता करता है। यह एक कम खर्च वाला साधन है जो अध्यापक तथा छात्रों को समय की बचत में सहायता करता है।
7. शैक्षिक साधन के रूप में दूरदर्शन शैक्षिक साधनों की कमी से संबंधित समस्याओं का समा धान प्रस्तुत कर सकता है। आयोजित दूरदर्शन कार्यक्रमों के द्वारा अच्छे अध्यापकों, कक्षा–भवनों, दृश्य–श्रव्य साधनों तथा अन्य साधनों की कमी को पूरा किया जा सकता है।

8. दूरदर्शन शिक्षण छात्रों को अच्छे ढंग से अवसरों की समानता प्रदान करता है। दूर स्थित साधन विहीन ग्रामीण क्षेत्रों में पढ़ने वाले छात्र इन कार्यक्रमों से समान लाभ उठा सकते हैं।
9. शैक्षिक माध्यम के रूप में दूरदर्शन स्कूल को समुदाय कल्याण तथा शिक्षा का केंद्र बनाने में सहायता कर सकता है।

बंद परिपथ दूरदर्शन (Closed Circuit Television or CCTV)

मुक्त परिपथ दूरदर्शन के अतिरिक्त जिसकी चर्चा अभी हमने ऊपर की है, हम बंद परिपथ दूरदर्शन का प्रयोग भी विद्यालीय शिक्षा को प्रभावशाली बनाने हेतु विभिन्न प्रकार से कर सकते हैं। मुक्त परिपथ दूरदर्शन में जैसा कि हम जानते हैं, देश के किसी भी कोने में स्थित दूरदर्शन केंद्र से विभिन्न प्रकार के शैक्षणिक कार्यक्रमों का प्रसारण किया जा सकता है। इन प्रसारणों को आज हम देश में कहीं भी किसी स्थान पर या विश्व के किसी भी कोने में ग्रहण करने की क्षमता रखते हैं। इसके लिए एक विद्यालय को ग्रहणकर्त्ता (Receiver) के रूप में एक या एक से अधिक टेलीविजन सैट चाहियें जिन्हें वह अलग–अलग जगहों (कक्षा के कमरे आदि) में व्यवस्थित कर सकता है। इन एक या अधिक सैटों को फिर एक एन्टीना (Antenna) से जोड़ा जा सकता है जो प्रायः विद्यालय की छत पर इसलिए लगा होता है कि उसकी सहायता से दूरदर्शन केंद्र द्वारा प्रसारित कार्यक्रमों की दृश्य–श्रव्य तरंगों/सिगनलों को ग्रहण करके टेलीविजन सैटों तक पहुँचाया जा सके। टेलीविजन केंद्रों द्वारा प्रसारित इन शैक्षिक कार्यक्रमों के विकास एवं प्रसारण संबंधी सारा नियंत्रण उन्हीं के हाथों में होता है, विद्यालयों को वे ही कार्यक्रम अपने टेलीविजन सैटों पर विद्यार्थियों को दिखाने होते हैं जिनका प्रसारण किसी समय विशेष पर इन केंद्रों के विभिन्न चैनलों पर किया जा रहा होता है। जो कुछ भी एक समय विशेष पर इन विद्यालयों को अपने विद्यार्थियों के लिए अनुदेशन प्राप्त करने के लिए सामान्यतया विषय विशेषों के शिक्षण हेतु चाहिए वह उन्हें उनकी इच्छानुसार प्राप्त करने का प्रावधान इस प्रकार की सामान्य या मुक्त परिपथ दूरदर्शन संचार प्रणाली द्वारा संभव नहीं हो सकता। इस कमी को बंद परिपथ दूरदर्शन प्रणाली (Closed circuit television system) द्वारा पूरा किया जा सकता है।

बंद परिपथ दूरदर्शन प्रणाली अपने नाम के अनुसार एक ऐसी दूरदर्शन संचार व्यवस्था का प्रतिनिधित्व करती है जिसमें प्रसारण का परिपथ पूरी तरह उन्मुक्त या अतिविस्तृत न होकर एक सीमित सीमा परिधि में बंद रहता है। दूसरे शब्दों में इस व्यवस्था में प्रसारित शैक्षिक कार्यक्रमों को ग्रहण करने और उनसे लाभ उठाने का क्षेत्र काफी सीमित होता है। इसके अतिरिक्त शैक्षिक कार्यक्रमों के चुनाव, तैयार करने का कार्य, तैयार कर उनका प्रसारण करने तथा उन्हें टीवी रिसीवरों पर ग्रहण कर विद्यार्थियों को दिखाने आदि सभी प्रकार की व्यवस्था का नियंत्रण पूरी तरह उस विद्यालय या विद्यालयों के हाथों में होता है जो बंद परिपथ दूरदर्शन प्रणाली से लाभान्वित होना चाहते हैं। यह एक प्रकार से दूरदर्शन कार्यक्रमों के विकास, प्रसारण और ग्रहण करने की एक ऐसी स्थानीय व्यवस्था है जिसकी संचालन और उपभोगीकरण दोनों ही रूपों में क्रियान्वयन की बागडोर किसी एक विद्यालय विशेष या क्षेत्र विशेष के सीमित दायरे में स्थित कुछ विद्यालयों के ही हाथों में होती है। परिणामस्वरूप इस प्रणाली में जो शैक्षिक कार्यक्रम प्रसारण के लिए तय किए जाते हैं वे स्थानीय आवश्यकताओं को ध्यान में रखकर ही चुने और विकसित किए जाते हैं। जैसे पाठ्यक्रम के विषयों को क्रमबद्ध तथा सुव्यवस्थित रूप से अनुदेशन प्रदान करना, विद्यार्थियों में उचित प्रयोग एवं कार्यकुशलता संबंधी कुशलताओं के विकास हेतु अभ्यास पाठों या प्रदर्शन क्रियाओं का प्रसारण करना आदि–आदि। इन कार्यक्रमों को या तो सीधे ही प्रसारित कर केबलों (Cables) के माध्यम से अलग–अलग जगहों पर स्थित टेलीविजनों के रिसीवरों द्वारा ग्रहण कर टेलीविजन स्क्रीनों पर देखा तथा सुना जा सकता है अथवा उनकी वीडियो रिकॉर्डिंग कर फिर इच्छानुसार इनके प्रसारण तथा ग्रहण करने का प्रयास किया जा सकता है। केबलों के माध्यम से प्रसारित करने की यह व्यवस्था ठीक वैसी ही होती है जैसा कि स्थानीय केबल ऑपरेटरों द्वारा केबलों का जाल बिछाकर एक स्थानीय क्षेत्र में स्थित अपने ग्राहकों के लिए मुक्त परिपथ दूरदर्शन प्रणाली द्वारा प्रसारित विभिन्न चैनलों के कार्यक्रमों को उनके

घरों के टेलीविजन सैटों पर पहुँचाने के लिए की जाती है। इस केबल व्यवस्था से आपको न केवल राष्ट्रीय या अन्तर्राष्ट्रीय कार्यक्रम जो विभिन्न चैनलों द्वारा विकसित और प्रसारित किए जाते हैं, प्राप्त होते हैं बल्कि केबल आपरेटर द्वारा स्थानीय रूप से निर्मित और प्रसारित स्थानीय कार्यक्रम, विज्ञापन तथा फिल्में आदि भी देखने को मिल जाती हैं। इसी तरह का कुछ प्रयत्न स्थानीय स्तर पर किसी भी विद्यालय विशेष या विद्यालयों के समूह के द्वारा किया जा सकता है, जिसके द्वारा वे अपनी आवश्यकताओं या रुचियों के शैक्षिक कार्यक्रमों का विकास तथा प्रसारण कर उसे केबल नेटवर्क के जरिए विभिन्न कक्षाओं में बैठे हुए अपने विद्यार्थियों या इस नेटवर्क से जुड़े हुए विद्यालयों की कक्षाओं में लगे हुए टेलीविजन सैटों तक पहुँचा सकें। प्रश्न उठता है कि इस प्रकार के शैक्षिक कार्यक्रमों के उत्पादन/विकास, प्रसारण तथा ग्रहण करने का कार्य स्थानीय रूप से विद्यालय या विद्यालय विशेषों द्वारा किस प्रकार संपन्न किया जाता है ? आइए इस बारे में कुछ बात की जाए।

कक्षा के उस कमरे में जहाँ कोई अध्यापक अपना पाठ पढ़ा रहा है या कोई विषय विशेषज्ञ अपनी बात छात्रों के सामने रख रहा होता है या किसी भी प्रकार का प्रयोग प्रदर्शन/कौशल प्रशिक्षण का कार्य चल रहा होता है उसी का सीधा प्रसारण करने अथवा वीडियो रिकार्डिंग के उपरांत प्रसारण करने की व्यवस्था बंद परिपथ दूरदर्शन प्रणाली में होती है। दोनों ही अवस्था में कार्यक्रम को प्रसारण के लिए तैयार करने हेतु कुछ निम्न प्रकार की व्यवस्था की जा सकती है।

क्रियान्वयन के लिए जो आवश्यक उपकरण तथा व्यवस्था चाहिए वह यह है कि हमें यहाँ अब एक वीडियो कैमरा चाहिए तथा एक माइक्रोफोन, एक ऑडियो–वीडियो मिक्सर और एक कपलर (Coupler) भी। साथ ही उस स्थान पर जहाँ अध्यापक या प्रदर्शनकर्त्ता कुछ क्रिया कर रहा हो उस पर पूरी रोशनी हेतु तीव्र प्रकाश (Flood lights) का भी प्रबंध चाहिए, ताकि सभी क्रियाओं को वीडियो कैमरे में अच्छी तरह कैद किया जा सके। माइक्रोफोन का कार्य ध्वनि को अच्छी तरह प्रसारित करना, मिक्सर का कार्य ऑडियो तथा वीडियो संदेशों को अच्छी तरह उचित तालमेल में ग्रहण करना तथा कपलर का कार्य उन्हें इलेक्ट्रिक इम्पलसेज (Electric impulses) में बदल कर ठीक प्रकार केबलों में प्रवाहित होने में सक्षम बनाना होता है। इस प्रकार के प्रवाह और प्रसारण को ही फिर कक्षाओं में जगह–जगह रखे हुए टेलीविजन सैटों द्वारा ग्रहण किया जाता है। (देखिए चित्र 3.4) अगर पूरी कक्षा या प्रदर्शन कक्ष की कार्यवाही का

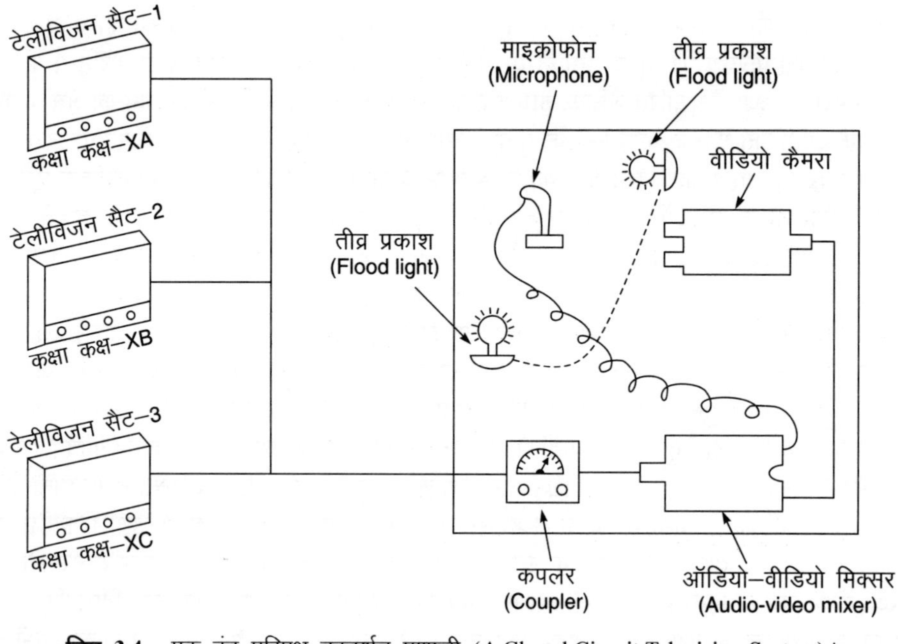

चित्र 3.4 एक बंद परिपथ दूरदर्शन प्रणाली (A Closed Circuit Television System)।

प्रसारण होना हो तो फिर पूरी कक्षा में ही समुचित प्रकाश व्यवस्था होनी चाहिए और वीडियो कैमरे, ध्वनि प्रसारण व्यवस्था के लिए विभिन्न माइक्रोफोन आदि की संख्या में भी उसी अनुपात में वृद्धि करने की व्यवस्था होनी चाहिए।

बंद परिपथ दूरदर्शन का शैक्षणिक महत्त्व (Educational Significance of CCTV)

अनुदेशन और शिक्षा जगत में बंद परिपथ दूरदर्शन प्रणाली का चलन अब काफी उपयोगी और महत्त्वपूर्ण होता जा रहा है। मुक्त परिपथ दूरदर्शन प्रणाली में तो अभी तक विद्यालयों को उन शैक्षिक कार्यक्रमों को ही उनके निर्धारित समयों पर अपने विद्यालयों को दिखाने के लिए मजबूर होना पड़ रहा था जिनका निर्माण, प्रसारण आदि सभी कुछ दूरदर्शन केंद्रों के ही हाथ में था। परंतु बंद परिपथ दूरदर्शन प्रणाली के चलन से अब यह सब कुछ विद्यालयों के अपने हाथ में ही आ गया है। जिस प्रकार के कार्यक्रम उन्हें अपने विद्यार्थियों के लिए चाहियें उनका निर्माण और प्रसारण कर आम विद्यालय अपने बंद परिपथ दूरदर्शन के नेटवर्क द्वारा अपनी आवश्यकताओं को पूरा करने में अच्छी तरह सक्षम सिद्ध हो सकते हैं। संक्षेप में बंद परिपथ दूरदर्शन प्रणाली से उपलब्ध शैक्षणिक उपयोगिताओं को निम्न रूप में व्यक्त किया जा सकता है–

1. बंद परिपथ दूरदर्शन प्रणाली के माध्यम से आज यह संभव है कि एक अध्यापक द्वारा अपनी कक्षा में जो कुछ भी पढ़ाया और सिखाया जा रहा है अथवा किसी विषय विशेषज्ञ या प्रोफेशनल द्वारा जो बातें विद्यार्थियों के एक समूह विशेष के सामने रखी जा रही हैं या किसी प्रयोगशाला अथवा कार्यशाला में किसी परीक्षण या क्रिया विशेष का प्रदर्शन किया जा रहा है तो उसका लाभ न केवल वहाँ उपस्थित विद्यार्थियों द्वारा उठाया जाये बल्कि इस कक्षा या अधिगम परिस्थिति के बाहर दूसरे कक्षा कक्षों या पास के विद्यालयों (जो बंद परिपथ दूरदर्शन प्रणाली के नेटवर्क से जुड़े हों) में अध्ययनरत विद्यार्थियों को भी यह सब कुछ सक्रिय रूप से देखने–सुनने को इस तरह मिल सके कि वे भी अपने आपको उसी शिक्षण–अधिगम प्रक्रिया का एक अंग मान सकें। द्वि–मार्गीय ऑडियो सिस्टम से अब यह अच्छी तरह संभव है कि दूसरे कमरों में बैठे हुए विद्यार्थी भी अपना सवाल–जवाब अध्यापक या प्रदर्शनकर्त्ता से वैसे ही कर सकते हैं जैसा कि कक्षा की वास्तविक परिस्थितियों में आमने–सामने रहने पर किए जा सकते हैं।
2. कक्षा में अध्यापक द्वारा प्रदर्शित बहुत–सी बातों की बारीकियों को एक साथ सभी विद्यार्थी पूरी तरह देख या सुन नहीं पाते। चीजों को बड़ी करके, उन्हें अधिक व्याख्या प्रदान करने का कार्य टेलीविजन के पर्दे पर सुविधापूर्वक किया जा सकता है। एक प्रदर्शन मेज के चारों ओर न तो अधिक विद्यार्थी खड़े ही हो सकते हैं और न उन्हें प्रदर्शन की सभी बातें स्पष्ट रूप से समझ आ सकती हैं। ऐसी स्थिति में दूर बैठकर सब कुछ देखने सुनने की बात केवल बंद परिपथ दूरदर्शन के टेलीविजन स्क्रीनों पर ही संभव हो पाती है। यही नहीं दूसरे विद्यालयों में बैठे हुए विद्यार्थी भी इस प्रदर्शन और प्रशिक्षण पाठ से उतना ही लाभ उठा सकते हैं जितना कि प्रदर्शन मेज के दायरे में उपस्थित विद्यार्थीगण।
3. बंद परिपथ दूरदर्शन प्रणाली का उपयोग सीमित भौतिक और मानवीय संसाधनों द्वारा अधिक से अधिक लाभ पहुँचाने की महारथ रखता है। यहाँ एक ही शिक्षक, प्रयोगकर्त्ता तथा विशेषज्ञ अपने सीमित शिक्षण साधनों एवं प्रयोगिक संसाधनों द्वारा बहुत सी कक्षाओं तथा विभिन्न विद्यालयों की कक्षाओं में बैठे हुए बालकों को समुचित अनुदेशन प्रदान कर लाभान्वित कर सकता है। जो जिस विद्यालय के पास अच्छा है, उसका लाभ अन्य विद्यालयों के द्वारा उठाया जा सकता है और इस तरह भौतिक और मानवीय संसाधनों का प्रभावपूर्ण विनिमय (Effective exchange) तथा पारस्परिक सहयोग इस प्रणाली के द्वारा पूरी तरह संभव है।

4. इस प्रणाली में सभी निर्मित और प्रसारित स्थानीय शैक्षिक कार्यक्रमों की भलीभाँति ऑडियो–वीडियो रिकॉर्डिंग हो सकती है। परिणामस्वरूप क्रिया या कौशल विशेष के प्रदर्शन और प्रशिक्षण सोपानों को दोबारा देखना और सुनना तथा फिर सुविधानुसार उनका अनुकरण तथा अभ्यास करना यहाँ काफी सुविधाजनक रहता है। परिणामस्वरूप इस प्रणाली द्वारा प्रदत्त अनुदेशन और शिक्षण प्रक्रिया द्वारा कौशलों के उचित अधिगम और अभ्यास के पूरे–पूरे अवसर विद्यार्थियों को उनकी व्यक्तिगत और सामूहिक जरूरतों के मुताबिक प्राप्त होते रहते हैं।

5. बंद परिपथ दूरदर्शन प्रणाली में यह अच्छी तरह संभव है कि कोई विद्यालय विशेष या पास–पड़ोस के विद्यालय आपस में मिलकर ऐसे शैक्षिक कार्यक्रमों का निर्माण और प्रसारण कर सकें जिनसे उनके विद्यार्थियों की अनुदेशन और शैक्षिक जरूरतों को उनके अपने संसाधनों के अंतर्गत ही भली भाँति पूरा किया जा सके और जिनका उनके अपने विद्यालय के समय, कार्य दिवसों तथा गतिविधियों से अच्छी तरह तालमेल स्थापित किया जा सके।

6. विद्यालीय परिस्थितियों में अध्यापकों तथा विद्यार्थियों को उनके अपने शिक्षण और अधिगम उत्तरदायित्वों के निर्वाह में सहायक सिद्ध होने के अतिरिक्त बंद परिपथ दूरदर्शन प्रणाली का उपयोग सेवापूर्व तथा सेवाकालीन शिक्षक प्रशिक्षण कार्यों में भी भरसक सहयोगी सिद्ध हो सकता है। इस बात का परिचय कुछ निम्न वर्णन द्वारा प्राप्त हो सकता है–

   (i) शिक्षकों को प्रशिक्षण देने हेतु जो भी सैद्धान्तिक विषयों का अनुदेशन प्रदान किया जाता है ऐसे सभी कार्यों में बंद परिपथ दूरदर्शन प्रणाली उसी रूप में सहायक सिद्ध हो सकती है जैसी कि वह विद्यालय पाठ्यक्रम की विषयवस्तु के शैक्षिक–अधिगम में सहायक सिद्ध होती है।

   (ii) शिक्षक प्रशिक्षकों द्वारा शिक्षण कौशलों का प्रशिक्षण देने हेतु जो भी आदर्श पाठ अनुकरण हेतु प्रशिक्षणार्थियों के सामने प्रस्तुत किए जाते हैं, बंद परिपथ दूरदर्शन का उपयोग इस कार्य में काफी प्रभावपूर्ण सिद्ध हो सकता है। कार्य अनुभवों से संबंधित क्रियाओं के सफल संपादन हेतु जो भी प्रदर्शन कार्य तथा प्रशिक्षण गतिविधियाँ शिक्षक प्रशिक्षण संस्थानों में प्रशिक्षकों तथा विशेषज्ञों के द्वारा प्रशिक्षणार्थियों के सम्मुख अनुकरण तथा अभ्यास के लिए रखी जाती हैं उनका उचित प्रस्तुतीकरण भी बंद परिपथ दूरदर्शन प्रणाली की सहायता से भलीभाँति संभव हो सकता है।

   (iii) शिक्षण कौशलों के उचित विकास हेतु जो भी सूक्ष्म शिक्षण तकनीक संबंधी क्रियाकलाप शिक्षक प्रशिक्षण संस्थानों में आयोजित किये जाते हैं उनके उचित संपादन में भी बंद परिपथ दूरदर्शन प्रणाली काफी प्रभावपूर्ण सिद्ध हो सकती है। प्रशिक्षणार्थियों को जब भी वे अपने पाठ को उचित तैयारी के साथ एक समूह विशेष में प्रस्तुत करते हैं तो उन्हें न केवल विभिन्न कक्षा–कक्षों में बैठे हुए साथी प्रशिक्षणार्थियों या अध्यापक प्रशिक्षकों द्वारा पृष्ठपोषण (Feedback) प्राप्त होने का समुचित अवसर मिलता है बल्कि वे अपने प्रस्तुतीकरण की उचित रिकार्डिंग की सहायता से अपनी गलतियों का बार–बार अवलोकन कर उनमें पर्याप्त सुधार लाने हेतु स्व–पृष्ठपोषण भी प्राप्त करते रहते हैं।

   (iv) बंद परिपथ दूरदर्शन प्रणाली शिक्षण प्रशिक्षण संस्थानों को उनके अपने प्रशिक्षण कार्यक्रमों तथा गतिविधियों के उचित संपादन एवं उन्नयन में इस दृष्टि से भी पर्याप्त सहायक सिद्ध हो सकती है कि यहाँ उनको अपने संसाधनों–भौतिक तथा मानवीय को काफी मितव्ययी ढंग से उपयोग में लाने के अच्छे अवसर मिल सकते हैं। प्रशिक्षणार्थियों को लघु समूहों या सैक्शनों में बाँटकर उपयोग करना यहाँ अच्छी तरह हो सकता है। रिकॉर्डिंग की सुविधा इन कार्यक्रमों को आगे भी उपभोग करते रहने की सुविधा प्रदान कर सकती है और गलतियों को सुधार कर इनमें यथानुकूल परिवर्तन, परिवर्धन एवं उन्नयन करने का रास्ता भी दिखा सकती है।

(v) बंद परिपथ दूरदर्शन प्रणाली शिक्षण प्रशिक्षकों तथा प्रशिक्षण व्यवस्था से जुड़े हुए सभी कार्यकर्त्ताओं, प्रशासकों तथा नीतिनिर्धारकों को यह अवसर देती है कि वे विभिन्न स्थानों पर बैठे हुए उन सभी प्रशिक्षण गतिविधियों तथा कार्यक्रमों का भलीभाँति अवलोकन करते रहें जिन्हें बन्द परिपथ दूरदर्शन नेटवर्क के दायरे में शामिल किया गया है। इस प्रकार यह प्रणाली शिक्षक प्रशिक्षणार्थियों के प्रशिक्षण हेतु दिए जाने वाले प्रयत्नों तथा इन प्रयत्नों के फलस्वरूप होने वाले व्यवहार परिवर्तनों का समुचित लेखा–जोखा रखती हुई प्रशिक्षणार्थियों को उचित शिक्षक व्यवहार अपनाने तथा शिक्षण कौशलों को विकसित करने के यथेष्ट अवसर प्रदान करती है।

इस प्रकार बंद परिपथ दूरदर्शन प्रणाली सामान्य रूप से प्रचलित मुक्त परिपथ दूरदर्शन प्रणाली की तुलना में शैक्षिक तथा अनुदेशनात्मक महत्ता की दृष्टि से काफी अधिक प्रभावशाली सिद्ध हो सकती है। अतः यह आवश्यक हो जाता है कि सभी विद्यालयों द्वारा अपने–अपने दायरे या कुछ विद्यालयों को पारस्परिक नाता जोड़कर स्थानीय रूप से इस प्रणाली को क्रियान्वित कर समुचित शैक्षणिक लाभ उठाने के प्रयत्न करने चाहिएं।

चलचित्र या मूवी (Motion Pictures or Movie)

चलचित्र जिन्हें संक्षेप में फिल्में कहा जाता है, एक प्रभावशाली शैक्षणिक साधन का प्रतिनिधित्व करते हैं। ये छात्रों की श्रवण तथा चक्षु इन्द्रियों को प्रभावित करते हैं। ये अपने सामान्य प्रदर्शन में दूरदर्शन कार्यक्रमों से मेल खाते हैं। फिर भी इन दोनों साधनों का प्रमुख भेद आगे की बातों में स्पष्ट हो सकता है।

1. अध्यापक के लिए बच्चों को प्रसारित कार्यक्रम दिखाना बहुत ही सरल है। उसे बस दूरदर्शन प्रसारण केन्द्रों के दूरदर्शन कार्यक्रम या सूची को देखना होता है और उचित समय पर दूरदर्शन उपकरण को चला देना होता है। दूसरी ओर शैक्षिक कार्यों के लिए फिल्मों के प्रयोग के लिए उसे (i) उपयुक्त फिल्मों की प्राप्ति (ii) उचित प्रक्षेपण यंत्र (Projector) की प्राप्ति (Availability) तथा (iii) चलचित्र उपकरण को चलाने की जानकारी आदि बातों पर ध्यान देना होता है।
2. अपने वास्तविक प्रसारण से पूर्व प्रसारित कार्यक्रम उपलब्ध नहीं होते जबकि दिखाई जाने वाली फिल्में व्यावसायिक प्रतिष्ठानों तथा फिल्म पुस्तकालयों से मिल सकती हैं। इसलिए अध्यापक के लिए शैक्षिक उपयोगिताओं को ध्यान में रखते हुए फिल्म के कार्य की परख करना सरल है।
3. दूरदर्शन शिक्षा से संबंधित कार्यक्रमों का प्रसारण दूरदर्शन चालक या दूरदर्शन द्वारा प्रसारित कार्यक्रमों का कक्षा कक्ष में प्रयोग करने वाले अध्यापक के वश की बात नहीं होती। किसी विशिष्ट अनुसूची में एक समय पर प्रसारित कार्यक्रम सभी दर्शकों को देखना होता है। बीच में प्रसारणों को रोकना, छात्रों के प्रश्नों का उत्तर देना या प्रदर्शित विषय से संबंध रखने वाली किसी महत्त्वपूर्ण बात को बताना संभव नहीं। यह दूरदर्शन कार्यक्रम की पूर्ति या समाप्ति पर ही किया जा सकता है। परंतु चलचित्रों की स्थिति में फिल्म की कार्यवाही या संचालन का पूरा अधिकार अध्यापक के हाथ में रहता है। फिल्म की सामग्री के प्रस्तुतीकरण के लिए वह उसे रोक सकता है, या आगे पीछे कर सकता है। इसलिए चलचित्र अधिक उपयोगी रहते हैं और अध्यापक को शिक्षण उद्देश्यों को पूरा करने में अधिक सहायता प्रदान करते हैं।
4. चलचित्रों का प्रयोग विषय से संबंधित धारणाओं या विचारों को प्रस्तुत करने में निरंतरता प्रदान करता है क्योंकि इस प्रयोजन के लिए फिल्में मिल जाती हैं और आवश्यकता पड़ने पर अध्यापक जब चाहे उनका प्रयोग कर सकता है। दूरदर्शन शिक्षा में वह प्रायः दूरदर्शन केंद्र पर प्रसारण किये जाने वाले कार्यक्रमों की अनुसूची पर निर्भर करता है। वह इन प्रसारणों का प्रयोग या पुनः प्रयोग स्वतंत्र रूप से नहीं कर सकता जब तक वह उनकी फिल्में नहीं बना लेता।

शैक्षिक लाभ (Educational Advantage)

होबर एण्ड ओर्मर (Quoted by Pula, 1968) द्वारा किये गये अनुसंधानों के आधार पर चलचित्रों से होने वाले शैक्षिक लाभ नीचे दिए जाते हैं–

1. कार्यकौशल विकसित करने तथा कुछ विशेष यथार्थ जानकारी देने के लिए चलचित्रों का एकमात्र साधन के रूप में प्रयोग किया जा सकता है।
2. छात्रों की मनोवृत्तियों को परिवर्तित करने अथवा उनका उचित विकास करने में फिल्में पर्याप्त सहयोग दे सकती हैं।
3. अच्छी प्रकार प्रेरित और तैयार करने से छात्र फिल्मों से अधिक से अधिक अच्छी तरह अधिगम कर सकते हैं।
4. फिल्म को बार–बार देखने से सीखने की क्रिया में वृद्धि होती है। छोटी और एक ही संप्रत्यय से जुड़ी फिल्म अधिक प्रभाव डाल सकती है।
5. अच्छी बनाई गई फिल्मों को देखते हुए छात्रों में समस्या समाधान की योग्यता विकसित हो सकती है।
6. अभ्यास के द्वारा फिल्मों से सीखने की योग्यता में वृद्धि की जा सकती है।
7. दर्शकों के भाग लेने के आधार पर बनी फिल्में और केंद्रीय बिंदुओं की पुनरावृत्ति अधिगम में वृद्धि करती है। जब ये तत्व फिल्म में न हों तो अध्यापक द्वारा शिक्षण के दौरान या फिल्म शो के शीघ्र बाद इन पर बल दिया जाना चाहिए।
8. यह बात मान नहीं लेनी चाहिए कि फिल्म में एक बार दिखाने से अधिगम (Learning) संभव हो गया है या बच्चे सीख गए हैं। कई बार प्रस्तुतीकरण ठीक प्रकार नहीं हो पाता अथवा फिल्म बालकों के अनुकूल नहीं होती अतः इस दिशा में उचित प्रयत्न किये जाने चाहियें।

चलचित्रों का उचित उपयोग कैसे किया जाए? (How to Make Proper Use of Motion Pictures ?)

स्कूल के विभिन्न विषयों तथा उपविषयों से संबंधित शैक्षिक फिल्में आमतौर पर 16 mm या 35 mm आकार में मिलती है और क्रमशः 16 mm या 35 mm फिल्म प्रक्षेपी (प्रोजेक्टर) पर दिखाई जा सकती है। अध्यापक को शैक्षणिक सहायक साधन के रूप में इसके प्रभावपूर्ण प्रयोग के लिए आगे दी गई बातों का ध्यान रखना चाहिये।

तैयारी की अवस्था (The Preparation Stage)

1. अध्यापक को उन स्त्रोतों का पता होना चाहिए जहाँ से उसके विषय से संबंधित शैक्षिक फिल्में उधार ली जा सकें अथवा उन्हें खरीदा जा सके।
2. चलचित्र उपकरण को चलाने में सहायक को अपने आपको प्रशिक्षित कर लेना चाहिए।
3. उसे फिल्म की विषय सूची का पहले से ही पता होना चाहिए और छात्रों को प्रदर्शित करने से पहले फिल्म के कार्य को स्वयं (अधिक अच्छा होगा यदि अपने साथियों सहित) देख लेना चाहिए और इसके अनुरूप अपने शिक्षण की योजना बनाने या उसका अपने शिक्षण के साथ एकीकरण करने का प्रयास करना चाहिए।

4. फिल्म से अधिक से अधिक शैक्षिक लाभ प्राप्त करने के लिए उसे अपने छात्रों को शैक्षिक तथा मनोवैज्ञानिक आधार पर तैयार कर लेना चाहिए।
5. उसे अधिगम परिस्थितियों तथा भौतिक वातावरण पर पूरा नियंत्रण कर लेना चाहिए। प्रदर्शन शुरु करने से पहले हवा तथा बैठने की जगह के प्रबंध देख लेने चाहिएँ। फिल्म के चलाने से पहले कमरे में पूरा अंधेरा कर लेना चाहिए।
6. प्रोजेक्टर की क्रिया तथा स्क्रीन के काम की पहले से ही पड़ताल कर लेनी चाहिए।

प्रस्तुतीकरण की अवस्था (The Presentation Stage)

1. फिल्म के प्रमुख अंशों की ओर छात्र का ध्यान आकर्षित करते हुए अध्यापक को क्रमवार (Step by step) फिल्म दिखानी चाहिए।
2. फिल्म के द्वारा उपयोगी जानकारी प्रदान करते हुए छात्रों को पूरी तरह से प्रेरित, आकर्षित तथा क्रियाशील बनाते हुए अध्यापक को छात्रों का सहयोग प्राप्त करना चाहिए। उसे फिल्म की क्रिया को रोक कर प्रश्न पूछने चाहिएँ, प्रश्न आमंत्रित करने चाहिएँ और विचार विनिमय के लिए उत्साहित करना चाहिए। साथ ही विभिन्न संकेतों को स्पष्ट करना चाहिए।
3. उसे छात्रों को उसी समय पूछने या बाद के विचार विनिमय के लिए महत्त्वपूर्ण भागों, प्रतिक्रिया तथा शंकाओं को लिखने के लिए कहना चाहिए जिनके लिए अधिक जानकारी लेने, निष्कर्ष निकालने तथा प्रयोग आदि करने की आवश्यकता हो।
4. अधिक स्पष्टता के लिए फिल्म या उसके अंशों को पुनः प्रदर्शित करना चाहिए और छात्रों को अधिक जानकारी, प्रयोग और अंतरालों (Gaps) को पूरा करने के लिए व्यक्तिगत या सामूहिक रूप से परामर्श दिया जाना चाहिए।

अनुवर्ती–कार्य की अवस्था (Follow-up Stage)

1. छात्रों को सीखने तथा शैक्षणिक उद्देश्यों की पूर्ति पर फिल्म के प्रभाव का उचित मूल्यांकन होना चाहिए।
2. फिल्म के विषय तथा विषय सूची पर स्वतंत्र तथा निष्पक्ष विचार विनिमय होना चाहिए। अध्यापक के निर्देशन में छात्रों को आपसी विचार विनिमय द्वारा सीखने का अवसर देना चाहिए। अपेक्षित सुधार के लिए फिल्म दिखाने की प्रक्रिया की जाँच भी होनी चाहिए।
3. फिल्म द्वारा प्रदत्त जानकारी के प्रयोग की संभावनाओं की छानबीन होनी चाहिए और छात्रों को प्रायोगिक कार्य करने का अवसर दिया जाना चाहिए।

कंप्यूटर्स (Computers)

शिक्षा के क्षेत्र में कंप्यूटरों का प्रयोग नवीनतम शैक्षिक तकनीक का प्रतिनिधित्व करता है। अनुदेशन प्रक्रिया को अधिक से अधिक वैयक्तिक और स्वचालित बनाने की दिशा में अभिक्रमित अधिगम तकनीक और शिक्षण मशीनों ने जो दौड़ प्रारंभ की थी, कंप्यूटरों ने इस क्षेत्र में उन्हें काफी पीछे छोड़ दिया है। शिक्षा अपने आने वाले समय में कंप्यूटरों के रूप में प्राप्त इस बहुमूल्य शैक्षिक साधन से काफी प्रभावित होने जा रही है।

कंप्यूटर क्या हैं (What are Computers ?)

कंप्यूटरों का चलन कब से प्रारंभ हुआ यह जानने के लिए हमें गणित और मानव सभ्यता के इतिहास के पन्ने पलटने होंगे जिनमें मानव द्वारा गिनती और गणना करने से संबंधित इतिहास छुपा पड़ा है। शुरुआत इस तरह की दिशा में तभी से हुई जब मानव ने अपने हाथ पैर की अंगुलियों तथा कंकड़ पत्थरों का प्रयोग चीजों की गिनती और गणना करने हेतु करने की चेष्टा की। कम्प्यूटिंग यानी गणना करने की ओर उठाया गया मानव का यह पहला कदम था। आगे चलकर इस दिशा में मानव के द्वारा किया गया दूसरा प्रयास एबेकस (Abacus) के रूप में था। सही अर्थों में इसी को मानव द्वारा आविष्कृत पहला गणक यंत्र कहा जा सकता है। एबेकस उपकरण में एक चौखटा होता है जिसमें कई तार लगे रहते हैं और इन तारों में मूंगे या लकड़ी के मनके इत्यादि लगे रहते हैं। इच्छानुसार इन मूंगों को सरका कर किसी भी संख्या को प्रदर्शित किया जा सकता है तथा वांछित जोड़, बाकी, गुणा और भाग आदि सभी क्रियायें सरलतापूर्वक की जा सकती हैं।

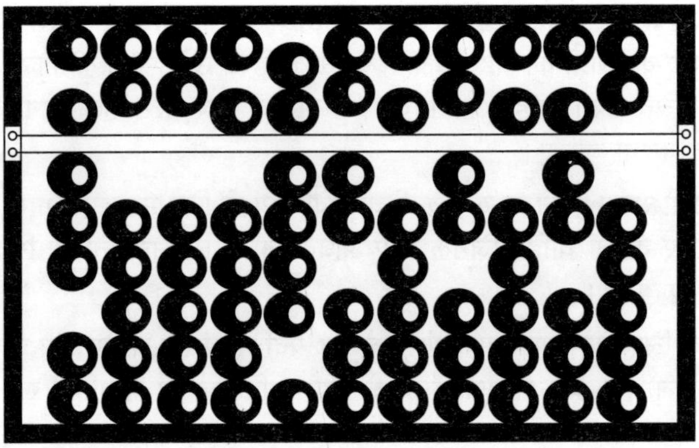

चित्र 3.5 एबेकस (Abacus)।

यांत्रिक उपकरण से गणना कार्य संपन्न करने के लिए आगे की पहल फ्रांस के वैज्ञानिक **ब्लेसी पास्कल** (Blaise Pascal) द्वारा 1962 में की गई। इस कार्य के लिए तकनीकी भाषा में सभी कंप्यूटरों में निश्चित रूप से दो अवयव (Components) होते हैं–जिन्हें हार्डवेयर (Hardware) तथा सॉफ्टवेयर (Software) का नाम दिया जाता है। हार्डवेयर कंप्यूटर का मशीनी भाग होता है। कंप्यूटर का मशीन जैसा शरीर ही हार्डवेयर होता है। सॉफ्टवेयर कंप्यूटर का वह आवश्यक हिस्सा है जिसकी मदद से वह कार्य करता है तथा हमारी जरूरतों को पूरा करता है। इसमें वे सभी प्रोग्राम शामिल होते हैं जो कंप्यूटर मशीन का काम करने तथा हमारे उपयोग में लाने के काबिल बनाते हैं। इनकी चर्चा हम इसी पुस्तक में आगे करेंगे।

कंप्यूटर की संरचना एवं कार्य प्रणाली (Structure and Working of a Computer)

सामान्यतया किसी भी कंप्यूटर की संरचना और उसकी कार्यप्रणाली के संदर्भ में निम्न पाँच भागों में बाँटा जा सकता है–

1. **लेखक** (Input)—बाहरी सूचनाओं को मशीन में देने के लिए।
2. **यादगार** (Memory)—सूचनाएँ सुरक्षित रखने तथा आवश्यकतानुसार प्रयोग में लाने के लिए।

3. अंकगणित (Arithmetic)—गणनाएँ करने के लिए।

4. उत्तर (Output)—मशीन से उत्तर सूचनाएँ बाहर लाने के लिए।

5. नियंत्रण (Control)—मशीन के सभी भागों में तालमेल बिठाने के लिए।

उपरोक्त सभी भाग किस प्रकार क्रिया में प्रयुक्त होते हैं नीचे दिए गए चित्र में यही दिखाया गया है।

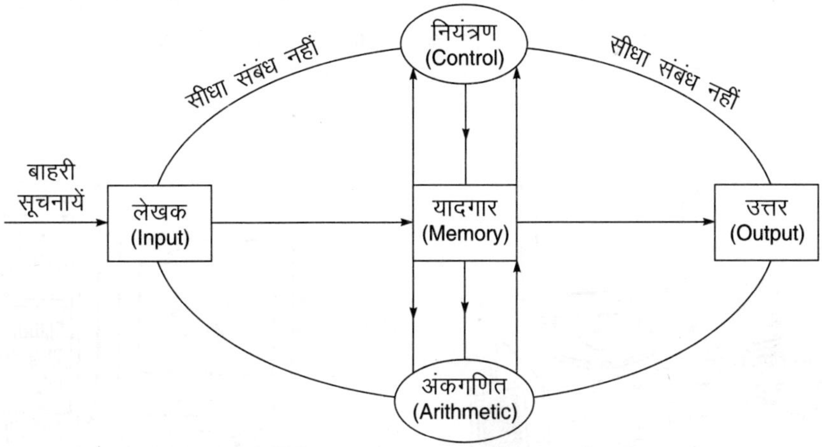

चित्र 3.6 एक सामान्य कंप्यूटर की संरचना एवं कार्यप्रणाली (Working and Organization of a Computer)।

सभी प्रकार की आज्ञाएँ तथा समस्याएँ लेखक यंत्र द्वारा गणक को दी जाती हैं जो यादगार यंत्र द्वारा जमा कर ली जाती हैं। इसके बाद प्रत्येक आज्ञा नियंत्रण भाग को भेज दी जाती है और नियंत्रण भाग अन्य अंगों को कार्य करने की आज्ञाएँ दे देता है। अंकगणित यंत्र (Control Processing Unit) गणनाएँ करके फिर नियंत्रण भाग के आदेश द्वारा यादगार यंत्र में भेज देता है और यादगार यंत्र के माध्यम से उत्तर भाग उत्तर को प्रकाश में ला देता है। कंप्यूटर के ये सभी भाग निश्चित भाषा में बात करते हैं।

कंप्यूटर की भाषा (Language of the Computer)—आधुनिक कंप्यूटर की भाषा द्विमान पद्धति (Binary system) पर आधारित है। दशमान पद्धति में जहाँ (0 से लेकर 9 तक) 10 अंक संकेतों की आवश्यकता होती है वहाँ द्विमान पद्धति में केवल 2 अंक संकेतों 0 और 1 से ही सब संख्याओं को लिखा जा सकता है। नीचे कुछ संख्याओं को द्विमान पद्धति के अनुसार विद्युत गणक की संकेत लिपि में परिवर्तित करने का उदाहरण दिया जा रहा है–

0	→	0000	7	→	0111
1	→	0001	8	→	1000
2	→	0010	9	→	1001
3	→	0111	10	→	1010
4	→	0100	11	→	1011
5	→	0101	12	→	1100
6	→	0110		→	इत्यादि

अब प्रश्न यह उठता है कि आधुनिक विद्युत गणकों में द्विमान पद्धति का प्रयोग ही क्यों होता है। इसका प्रमुख कारण यह है कि विद्युत यंत्रों की चालू (on) और बंद (off) स्थिति द्विमान अंक पद्धति के 0 और 1 का प्रतिनिधित्व

कर सकती है। एक समय में जितनी अधिक से अधिक बार विद्युत प्रवाह को चालू अथवा बंद किया जा सकता है उतनी ही अधिक से अधिक बार 0 और 1 को जोड़ा अथवा घटाया जा सकता है और क्योंकि अंकगणित में गुणा और भाग की क्रियाएँ जोड़ और घटाने के ही दूसरे रूप हैं, इसलिए जब जोड़ तथा घटाने की क्रिया विद्युत परिपथों (Electronic circuits) द्वारा शीघ्रता से की जाती है तो वे स्वतः ही गुणा और भाग की क्रियाओं का मार्ग खोल देती हैं।

अपनी अद्वितीय संरचना कार्य प्रणाली तथा भाषा को प्रयोग में लाते हुए जिस कंप्यूटर व्यवस्था को आज की शिक्षण–अधिगम परिस्थितियों में आप प्रयोग में आता हुआ देखते हो, उसकी चित्रमयी प्रस्तुति कुछ निम्न प्रकार की हो सकती है।

पर्सनल कंप्यूटर
(सी.पी.यू. तथा मोनीटर दोनों जुड़े हुए)

पर्सनल कंप्यूटर
(मोनीटर और सी.पी.यू. अलग–अलग रखे हुए)

चित्र 3.7 शिक्षण–अधिगम परिस्थिति में एक सामान्य कंप्यूटर व्यवस्था।

कंप्यूटरों का शैक्षिक उपयोग (Educational Significance of Computers)

कंप्यूटर अपनी जटिल मशीनी शरीर, अद्भुत कार्यप्रणाली तथा अपार क्षमता के सहारे आज हमारी जिंदगी का ऐसा प्रमुख हिस्सा बन गए हैं कि आज हमारा कोई भी दैनिक कार्य तथा कार्य व्यवहार इनके उपयोग से अछूता नहीं रह गया है। हार्डवेयर के रूप में इनका मशीनी भाग तथा सॉफ्टवेयर के रूप में इन्हें चलाने तथा इन्हें विविध प्रकार से प्रयोग में लाने हेतु विविध सॉफ्टवेयर प्रोग्रामों ने सभी कुछ बदल कर रख दिया है और एक तरह से जिन हार्डवेयर तथा सॉफ्टवेयर साधनों की हम पहले शिक्षण–अधिगम हेतु उपयोग करने की बात कहते रहते थे उन सभी का स्थान आज कंप्यूटरों ने ले लिया है। इनकी सहायता से अनुदेशन प्रक्रिया किस रूप में प्रभावित हो रही है ? एक कप्यूटर मशीन कैसे कार्य करती है ? इन्टरनेट, टेलीकान्फ्रेन्सिंग आदि सुविधाओं ने शिक्षण–अधिगम को किस रूप में प्रभावित किया है इन सभी की विस्तार से चर्चा आगे के अध्यायों में की जायेगी। यहाँ तो हम यही कहकर अपनी बात समाप्त करना चाहेंगे कि कंप्यूटरों में शिक्षण–अधिगम सामग्री के रूप में पहले के सभी शिक्षण साधनों का स्थान लेने की पूरी क्षमता और प्रभावोत्पादकता है और इसी बात के लिये इनके प्रयोग के ऊपर सभी ओर से पूरा ध्यान दिया जाना चाहिए।

सार-संक्षेप (Summary)

1. हार्डवेयर या कठोर उपकरण शिक्षण–अधिगम में सहायक ऐसे उपकरणों का प्रतिनिधित्व करते हैं जिनका शरीर, संरचना अथवा कार्यप्रणाली मशीनी उपकरणों की तरह होती है। इनके निर्माण में जिस सामग्री का उपयोग होता है वह अपेक्षाकृत कठोर होती है और उनका प्रयोग भी अधिकतर तकनीकी जटिलता युक्त होता है। इन्हीं कारणों से इन उपकरणों को प्रायः कठोर (Hard) उपकरण कहा जाता है। मायादीप, एपीडाइस्कोप, प्रोजेक्टर्स, रेडियो, टेप रिकॉर्डर, दूरदर्शन, चलचित्र तथा कंप्यूटर्स आदि ऐसे ही उपकरणों के उदाहरण हैं।

2. मायादीप या जादुई लालटेन हार्डवेयर शिक्षण साधनों में सबसे पुराना साधन है। इसका प्रयोग करने हेतु किसी आकृति या चित्र की पहले स्लाइड बना ली जाती है। इस पारदर्शी स्लाइड को मायादीप के एक भाग स्लाइड कैरियर में लगा दिया जाता है। मायादीप इसके आकार को बड़ा करके पर्दे पर प्रक्षेपित कर देता है। एपीडाइस्कोप हार्डवेयर साधनों में मायादीप से आगे का आविष्कार है। इससे न केवल पारदर्शी स्लाइडें बल्कि अपारदर्शी पदार्थों (जैसे कोई भी चित्र या मुद्रित सामग्री अपने मूल रूप में) को भी बड़ा करके पर्दे पर प्रक्षेपित किया जा सकता है।

3. प्रोजेक्टर ऐसे हार्डवेयर शिक्षण साधन हैं जिनसे स्लाइड, फिल्म, ट्रांसपेरेंसीज आदि को बड़ा करके पर्दे पर प्रक्षेपित किया जा सकता है। स्लाइड तथा फिल्म स्ट्रिप प्रोजेक्टरों का उपयोग उनके नाम के अनुरूप ही स्लाइड तथा फिल्म दोनों के ही प्रक्षेपण हेतु भलीभाँति किया जा सकता है। ओवरहेड प्रोजेक्टर भी यह कार्य कर सकते हैं। इनका प्रयोग ट्रांसपेरेंसीज द्वारा चित्र, आरेख, मुद्रित सामग्री, लिखित सामग्री आदि को पर्दे पर बड़ा करके दिखाने हेतु कक्षा शिक्षण में अक्सर किया जाता रहता है। इन प्रोजेक्टरों में आकृति का प्रक्षेपण अध्यापक के कंधे के ऊपर से होता है इसलिए इन्हें ओवरहैड प्रोजेक्टरों की संज्ञा दी जाती है।

4. रेडियो एक ऐसा हार्डवेयर शिक्षण साधन है जिसमें सुनकर ज्ञान प्राप्त करने के अमूल्य अवसर मिलते हैं। आकाशवाणी द्वारा प्रसारित सामान्य तथा शैक्षिक दोनों ही प्रकार के प्रसारणों का लाभ विद्यार्थियों द्वारा अपने शैक्षिक तथा व्यक्तिगत विकास हेतु भलीभाँति उठाया जा सकता है। विद्यालीय विषयों पर प्रसारित कार्यक्रमों को शिक्षकगण शिक्षण–अधिगम गतिविधियों का विस्तार करने हेतु अच्छी तरह उपयोग कर सकते हैं। यही बात दूरदर्शन से प्रसारित कार्यक्रमों के बारे में भी पूरी तरह सही है। दूरदर्शन से दोहरा लाभ प्राप्त हो सकता है। देखने और सुनने की सुविधा प्राप्त होने की दृष्टि से इनसे जो अधिगम अनुभव विद्यार्थियों को प्राप्त होते हैं वे अधिक यथार्थ, सजीव एवं प्रभावशाली सिद्ध होते हैं। एक बड़ी असुविधा जो रेडियो तथा दूरदर्शन से प्रसारित कार्यक्रमों से लाभ उठाने को लेकर होती है वह यह है कि जो कुछ भी जिस समय प्रसारित हो रहा है उसे उसी समय विशेष में ग्रहण करने के अतिरिक्त विद्यार्थियों के पास और कोई चारा नहीं होता। टेप रिकॉर्डिंग तथा वीडियो रिकॉर्डिंग से यहाँ अब उन्हें फायदा पहुँच सकता है। प्रसारित कार्यक्रमों को अब शिक्षण अधिगम हेतु इच्छित समय और सुविधानुसार प्रयोग में लाया जा सकता है। टेपरिकॉर्डर तथा वीडियो कैसेट/सीडी रिकॉर्डर आदि से एक बड़ा लाभ यह भी है कि न केवल प्रसारित कार्यक्रमों को बल्कि किसी भी शिक्षाप्रद कार्यक्रम, वार्तालाप तथा घटनाक्रम की रिकॉर्डिंग कर सुविधानुसार अपने ढंग से वैयक्तिक और कक्षा अनुदेशन हेतु काम में लाया जा सकता है।

5. बंद पथ दूरदर्शन (Closed circuit television) में कार्यक्रमों का विकास, प्रसारण और उनसे लाभान्वित होना यह सभी ऐसी बातें हैं जिनका संचालन और उपभोगीकरण सभी कुछ उन्हीं के हाथों में होता है जो इस व्यवस्था से स्थानीय रूप में लाभ उठाना चाहते हैं। कोई भी एक विद्यालय या आस–पास के विद्यालय मिलकर इस

प्रकार की बंद पथ दूरदर्शन व्यवस्था कायम कर सकते हैं। एक जगह से प्रसारित कार्यक्रम अब इस परिपथ में शामिल सभी कक्षाओं या विद्यालयों के दूरदर्शन स्क्रीनों पर भलीभाँति देखा तथा सुना जा सकता है।

6. चलचित्र तथा फिल्मों का प्रसारण भी एक सशक्त हार्डवेयर शिक्षण साधन के रूप में शिक्षण–अधिगम प्रक्रिया को सजीव तथा प्रभावशाली बनाने में काफी उपयोगी भूमिका निभा सकता है। दूरदर्शन की तरह इनमें समय की कोई बंदिश नहीं होती और न जो प्रोग्राम प्रसारित हो रहे हैं उन्हीं को देखने–सुनने की विवशता होती है। अपनी आवश्यकतानुसार शिक्षक और विद्यार्थी यह तय कर सकते हैं कि उन्हें किस फिल्म को किस समय और कहाँ देखना है तथा उससे किस प्रकार के शैक्षिक लाभों की प्राप्ति करनी है। कभी भी रोककर फिल्म के कोई भी अंश तथा क्रियायें बार–बार देखी जा सकती हैं तथा उन्हें इस प्रकार पुनरावृत्ति एवं अभ्यास करने हेतु अच्छी तरह काम में लाया जा सकता है।
7. कंप्यूटरों का प्रयोग हार्डवेयर शिक्षण साधनों के उपयोग में सबसे नवीनतम कड़ी है। शिक्षा के क्षेत्र में इनके प्रादुर्भाव ने एक तरह से पूरी क्रांति ही ला दी है। इनके द्वारा प्रदत्त मल्टी मीडियम सुविधायें, इन्टरनेट तथा वेबसाइट पर उपलब्ध उन्नत सूचना एवं संप्रेषण तकनीकी सेवायें शिक्षण–अधिगम संबंधी सभी क्रियाओं के सफल संपादन में अमूल्य योगदान दे रही हैं। चाहे व्यक्तिगत रूप से अपनी अधिगम गति और क्षमताओं के अनुरूप वैयक्तिक शिक्षण–अधिगम का नियोजन और प्रबंध करने की बात हो या औपचारिक कक्षा शिक्षण तथा अनौपचारिक जन शिक्षा की, सभी दिशाओं में कंप्यूटर का उपयोग काफी लाभप्रद सिद्ध हो रहा है।

संदर्भित एवं विशेष अध्ययन ग्रंथ (References and Suggested Readings)

Ahluwalia, S.L., *Audio Visual Hand Book*, Delhi: NCERT, 1967.

Brown, James, M. Richard B. Lewis and Feed F. Harcleroad, *A.V. Instructional Material and Methods,* New York: McGraw-Hill, 1959.

Chakrabarti, S.K., *Audio Visual Education in India*, New Delhi: Oxford IBH, 1962.

Chaudhry, K.P., *Audio Visual Aids in Teaching of Indian History*, Delhi: Atma Ram & Sons, 1962.

Dale Edgar, *Audio-Visual Methods in Teaching* (Rev. ed.), New York: Holt, Rinehart and Winston, 1961.

Firth, Brain, *Mass Media in Class Room*, London: Macmillan, 1968.

Hass, K.B. and H.Q. Packer, *Preparation and Use of Audio-Visual Aids*, New Delhi: Prentice- Hall of India, 1964.

Hoban, Charles F. and Edward B. Ormer, Instructional Film Research, Quoted in, Fred John Pula, *Application and Operation of Audio-Visual Equipment in Education*, London: John Wiley & Sons, 1968.

Kieffer, Q.E. and L.W. Cochran, *Manual of Audio-Visual Aids*, New Delhi: Prentice Hall of India, 1964.

Kinder, James S., *Audio Visual Materials and Techniques*, (2nd ed.), New York: American Book Co. 1959.

Raynolds, R.G. quoted in C. L. Bhalla, *Audio-Visual Aids in Education*, p. 91, Delhi: Atma Ram & Sons, 1953.

Wittich, Walter A. and Charles, F. Schuller, *Audio-Visual Materials: Their Nature and Use*, (2nd ed.) New York: Harper & Brothers, 1962.

Wyman, Raymond, *Audio-Visual Devices and Techniques*, Amherest: University of Massachusetts, 1957.

Pula, Fred John, *Application and Operation of Audio-Visual Equipment in Education*, London: John Wiley & Sons, 1968.

अध्ययन के लिए प्रश्न (Study Questions)

1. हार्डवेयर तकनीकी (Hardware Technology) से आप क्या समझते हैं ? शिक्षा के क्षेत्र में प्रयुक्त कुछ महत्त्वपूर्ण हार्डवेयर उपकरणों का उल्लेख कीजिए और उनमें से किसी एक की कार्यप्रणाली एवं शैक्षिक उपयोगिता पर विस्तार से प्रकाश डालिए।
2. मायादीप लैन्टर्न और एपीडायस्कोप का अनुदेशनात्मक सहायक सामग्री के रूप में (उनकी कार्यप्रणाली एवं प्रयोग सहित) वर्णन कीजिए।
3. स्लाइड तथा फिल्म प्रोजेक्टर्स क्या होते हैं ? आप उन्हें गतिशील तथा स्थिर आकृतियों के प्रदर्शन हेतु कैसे काम में ला सकते हैं ? इनकी शैक्षिक उपयोगिता पर प्रकाश डालिए।
4. एक ओवरहैड प्रोजेक्टर (Overhead Projector) की संरचना और कार्यप्रणाली का वर्णन करें।
5. शैक्षिक हार्डवेयर तकनीक की दृष्टि से रेडियो की उपयोगिता पर प्रकाश डालिए। एक अध्यापक अपने शैक्षिक उद्देश्यों की पूर्ति हेतु इसे कैसे प्रभावशाली ढंग से उपयोग कर सकता है ?
6. हार्डवेयर तकनीकी उपकरण के रूप में टेप रिकॉर्डर की शैक्षिक संभावनाओं तथा उपयोगिता पर प्रकाश डालिए। इसे अच्छी तरह काम में लाने हेतु किस तरह की सावधानियाँ रखी जानी चाहियें ?
7. "दूरदर्शन (Television) ने अनुदेशन के क्षेत्र में एक क्रांति सी ला दी है।" इस कथन की शिक्षण–अधिगम प्रक्रिया के संदर्भ में समीक्षा करते हुए स्पष्ट कीजिए कि दूरदर्शन को अनुदेशनात्मक प्रयोजन हेतु किस तरह भलीभाँति काम में लाया जा सकता है ?
8. "दूरदर्शन की तुलना में चलचित्रों (Motion pictures or movies) का प्रयोग अधिक उपयोगी सिद्ध हो सकता है।" इस कथन की फिल्म प्रदर्शन से होने वाले शैक्षिक लाभों के संदर्भ में समीक्षा कीजिए।
9. निर्धारित शैक्षिक उद्देश्यों की पूर्ति हेतु आप चलचित्रों को एक शिक्षण उपकरण के रूप में प्रयोग लाने हेतु क्या–क्या सावधानियाँ बरतना चाहोगे ? वर्णन कीजिए।
10. बंद परिपथ दूरदर्शन क्या होता है ? यह कैसे काम करता है ? शिक्षा क्षेत्र में इसके उपयोग के संदर्भ में उत्तर दीजिये।
11. कंप्यूटर्स (Computers) क्या हैं ? शिक्षा के क्षेत्र में इनकी भूमिका तथा उपयोगिता की चर्चा कीजिए।

4

सॉफ्टवेयर या मृदुल उपकरण
(Software)

अध्याय रूपरेखा (Chapter Outline)

- विषय प्रवेश (Introduction)
- विविध प्रकार की सॉफ्टवेयर सामग्री (A Variety of Software)
- सार-संक्षेप (Summary)
- संदर्भित एवं विशेष अध्ययन ग्रंथ (References and Suggested Readings)
- अध्ययन के लिए प्रश्न (Study Questions)

विषय प्रवेश (Introduction)

पिछले अध्याय में वर्णित हार्डवेयर सामग्री, उपकरण तथा साधनों को शिक्षण–अधिगम प्रक्रिया या सूचना और ज्ञान के संप्रेषण में प्रयुक्त करने में सबसे बड़ी कमी इस बात को लेकर खलती है कि इनमें से किसी को स्वतंत्र रूप से तब तक काम में नहीं लाया जा सकता जब तक कि इन्हें काम में लाने के लिए आवश्यक सॉफ्टवेयर सामग्री से इन्हें सुसज्जित नहीं कर दिया जाता। उदाहरण के लिए अगर स्लाइड प्रोजेक्टर को काम में लाना है तो इसके लिये संबंधित प्रकरण का विषय विशेष से संबंधित स्लाइड की जरूरत पड़ेगी। टेप रिकॉर्डर को काम में लाना है तो टेप की और वीडियों कैसेट प्लेयर को काम में लाना है तो वीडियो कैसेट की, फिल्म प्रोजेक्टर से फिल्म दिखानी है तो फिल्म की और ओवरहैड प्रोजेक्टर को काम में लाना है तो किसी न किसी प्रकार की चित्रात्मक सामग्री या ट्रांसपेरेन्सीज इत्यादि की जरूरत हर हाल में पड़ेगी। यही बात कंप्यूटर तथा शिक्षण मशीन के बारे में भी है। उन्हें भी अपने उपयोग हेतु अभिक्रमित अनुदेशन सामग्री या उपयुक्त प्रकार की सॉफ्टवेयर सामग्री चाहिए। रेडियो तथा टेलीविजन प्रसारण भी तभी काम कर पायेंगे जब इनमें प्रसारित सूचना या ज्ञान सामग्री इसके लिए ठीक प्रकार उपलब्ध कराई जाए। हमने अभी उदाहरणार्थ हार्डवेयर उपकरणों में प्रयुक्त होने वाली या दूसरे शब्दों में उन्हें कार्य करने में समर्थ बनाने वाली जिस प्राणवान सामग्री, स्लाइड, फिल्म, कैसेट, चित्रात्मक सामग्री तथा अभिक्रमित अनुदेशन सामग्री इत्यादि का उल्लेख किया है, शैक्षिक तकनीकी या प्रौद्योगिकी की

दुनिया में उसे ही सॉफ्टवेयर या मृदुल उपागम सामग्री एवं साधनों का नाम दिया जाता है। इन्हें सॉफ्ट या मृदुल नाम से पुकारने के पीछे भी काफी यथार्थता है। एक तो यह है कि इन साधनों के निर्माण तथा विकास में जो सामग्री प्रयोग में लाई जाती है उसकी प्रकृति हार्डवेयर के रूप में उपलब्ध मशीनी उपकरणों से काफी सरल, कोमल और मृदुल होती है। दूसरी यह है सॉफ्टवेयरों का निर्माण और विकास जहाँ मनोविज्ञानिक सिद्धांतों तथा कलात्मक रुचि एवं कौशलों का अनुसरण करता है वहीं हार्डवेयरों के निर्माण और विकास में अन्य मशीनी उपकरणों की तरह विज्ञान और तकनीकी ज्ञान, कौशल एवं परिश्रम की आवश्यकता पड़ती है। तीसरी बात यह है कि सॉफ्टवेयर सामग्री, चित्र, चार्ट, मानचित्र, मॉडल या अभिक्रमित सामग्री को प्रयोग में लाना भी नितांत सहज तथा सरल होता है इसमें हार्डवेयर मशीनी उपकरणों के संचालन संबंधी तकनीकी बारीकियों या पेचीदगियों की जरूरत नहीं पड़ती। उन्हें काम में लाने के लिए हार्डवेयर मशीनी उपकरणों का होना आवश्यक नहीं होता, वे स्वतंत्र रूप से भी अपना योगदान दे सकते हैं। अपने इन गुणों के कारण ही शिक्षण–अधिगम प्रक्रिया की स्वाभाविक और सहज परिस्थितियों में एक अध्यापक द्वारा कक्षा शिक्षण में तथा विद्यार्थियों द्वारा कक्षा अधिगम में इन्हें ही अधिकतर काम में लाया जाता है। प्रस्तुत अध्याय में हमारा उद्देश्य ऐसे ही मशीनों की उपस्थिति के बिना भी स्वतंत्र रूप से शिक्षण–अधिगम प्रक्रिया या जनसम्पर्क के काम में आने वाली सॉफ्टवेयर सामग्री या साधनों के निर्माण तथा उपायों से परिचित होना है। इस कार्य हेतु जिस प्रकार के सॉफ्टवेयर सामग्री या साधनों का कक्षा–कक्ष या विद्यालय शिक्षण परिस्थितियों में ज्यादा उपयोग होता है, उन्हीं का हम एक–एक करके आगे उल्लेख करना चाहेंगे।

विविध प्रकार की सॉफ्टवेयर सामग्री (A Variety of Software)

चार्ट (Charts)

कक्षा शिक्षण में सबसे अधिक तथा सबसे सहज रूप में प्रयुक्त सॉफ्टवेयर सामग्री के रूप में चार्टों का ही अधिक प्रचलन पाया जाता है। शैक्षिक तकनीकी की भाषा में कहा जाये तो शिक्षण–अधिगम में चार्ट संख्या रहित संबंधों तथा प्रक्रियाओं को दिखाने के लिए ग्राफिक सहायक साधन के रूप में प्रयुक्त होते हैं। शिक्षण–अधिगम स्थिति में इनका उपयोग किसी समस्या या स्थिति का विश्लेषण करने में किया जाता है। ये पर्याप्त मात्रा में पुस्तकालय तथा बाजार में उपलब्ध हो जाते हैं परन्तु फिर भी अच्छा होगा यदि छात्रों की सहायता से अध्यापक स्वयं इनका निर्माण करे। इनके प्रयोग से अध्यापक को बहुत सहायता मिलती है अन्यथा विभिन्न संप्रत्ययों तथा समस्याओं को श्यामपट्ट पर आकृतियाँ और रेखाचित्र खींच कर दिखाने में समय, शक्ति और श्रम का बहुत अपव्यय होता है। इसके अतिरिक्त ये छात्रों के लिए निरंतर प्रेरणा स्रोत और स्वशिक्षा के साधन भी सिद्ध हो सकते हैं।

शैक्षिणिक कार्यों के लिए मुख्यतः निम्न प्रकार के चार्ट प्रयुक्त किये जाते हैं–

1. **वृक्ष की आकृति वाले चार्ट** (Tree Charts)—इन मानचित्रों में रेखा द्वारा या तने को व्यक्त करने वाले अन्य किसी विधि के उद्‌भव को व्यक्त किया जाता है और बहु–विध विकास को शाखाओं, तने तथा पत्तों के माध्यम से दर्शाया जाता है। (देखिए चित्र 4.1)

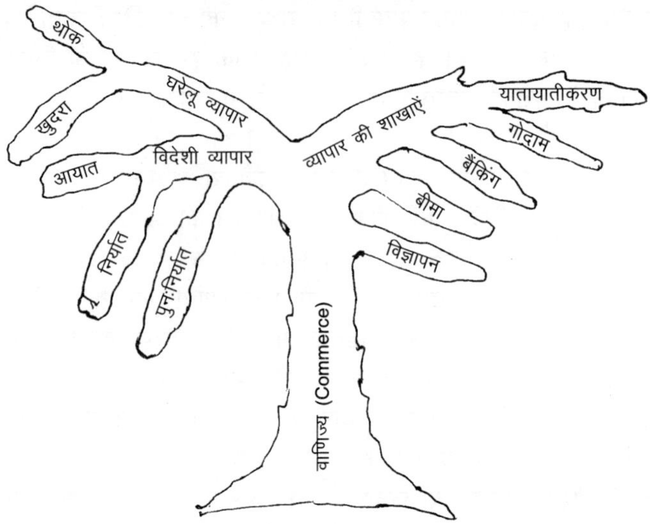

चित्र 4.1 वृक्ष की आकृति वाला चार्ट (Tree Chart)।

2. **समय चार्ट** (Time Chart) – इस प्रकार के चार्ट घटनाओं के कालक्रम को बताने के लिए काम में लाये जाते हैं; जैसा कि चित्र 4.2 से स्पष्ट आभास हो सकता है।

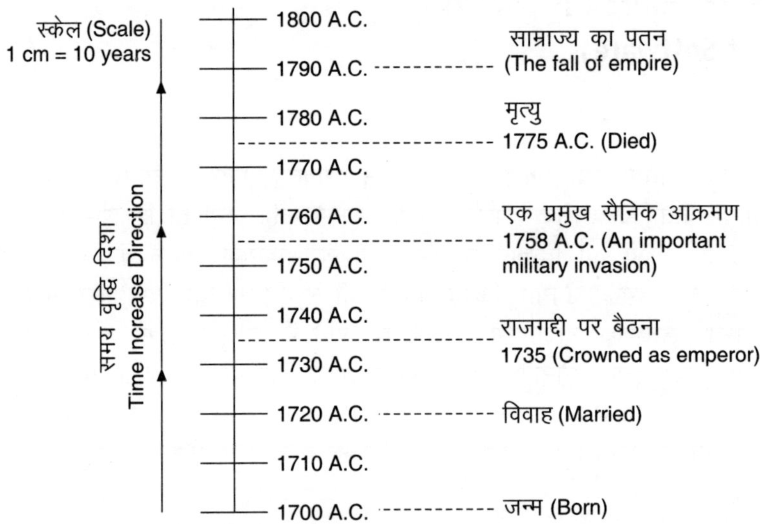

चित्र 4.2 एक सम्राट के जीवनकाल को प्रदर्शित करता हुआ समय चार्ट।

3. **प्रवाह-चार्ट** (Flow Chart) – इस प्रकार के चार्टों का प्रयोग किसी संगठन, विचारधारा, आंदोलन प्रक्रिया, वंश आदि के क्रमिक विकास एवं प्रवाह को भली–भाँति दिखाने के लिए किया जाता है। उदाहरण के लिए मुगल साम्राज्य के वंश प्रवाह को बाबर से प्रारम्भ कर आगे आने वाली पीढ़ियों तक इस प्रकार के चार्ट द्वारा अच्छी तरह प्रदर्शित किया जा सकता है। इसी प्रकार शासन सम्बन्धी क्रमिक संगठन को नीचे प्रदर्शित चार्ट द्वारा अच्छी तरह स्पष्ट किया जा सकता है।

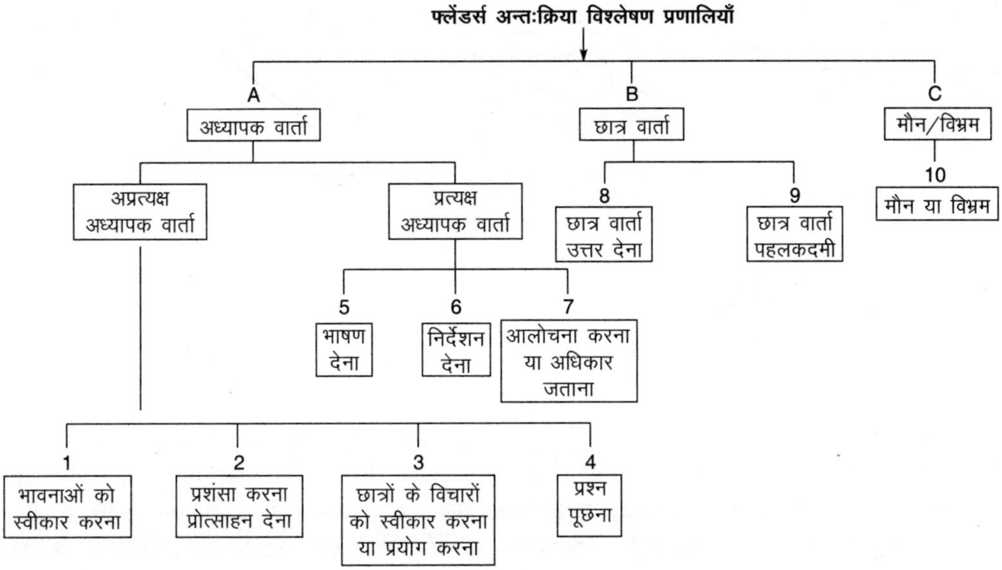

चित्र 4.3 प्रवाह चार्ट (Flow Chart)।

4. **समस्या चार्ट** (Issues Chart)—ये चार्ट किसी विषय विशेष या किसी समस्या विशेष को अच्छी तरह स्पष्ट करने या उस पर ध्यान देने हेतु बनाए जाते हैं। उदाहरणार्थ वर्षा के पानी के भूमि में जाने से स्रोत, गाईजर तथा पाताल–तोड़ कुओं के निर्माण को स्पष्ट करने हेतु निम्न समस्या चार्ट बनाया जा सकता है–

चित्र 4.4 स्रोत या स्रोता।

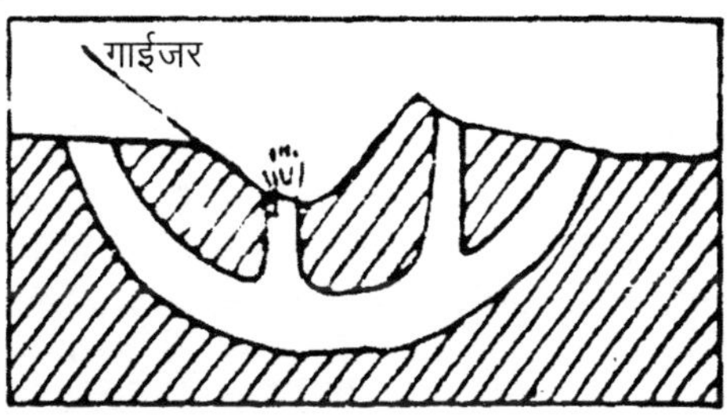

चित्र 4.5 गाईजर।

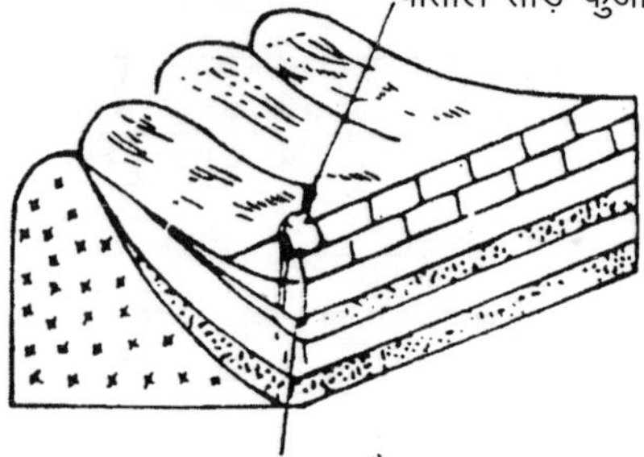

चित्र 4.6 पाताल–तोड़ कुआँ।

5. **तालिका चार्ट** (Table Chart)—इन चार्टों में तथ्य एवं सूचनाओं को तालिका के रूप में प्रदर्शित किया जाता है। विद्यालय टाइम टेबल इसका सबसे अच्छा उदाहरण है। इस प्रकार के चार्टों द्वारा देश या संसार के विभिन्न सामग्री और संपदा के उत्पादन, औसत वर्षा, औसत उपज, तापक्रम आदि के आँकड़ों को भलीभाँति दर्शाया जा सकता है। तुलनात्मक अध्ययन में भी ऐसा प्रदर्शन बहुत सहायक हो सकता है।

मुम्बई शहर में चलती हुई यात्री गाड़ियों में अपराध का विवरण

वर्ष	*लूट*	*हत्या*	*डकैती*
1983–84	320	102	80
1984–85	387	130	110
1985–86	352	96	140
1986–87	290	105	60
1987–88	250	70	65

6. **चित्रात्मक चार्ट** (Pictorial Charts)—इन चार्टों में पढ़ाई जाने वाली विषयवस्तु को आलेख, ग्राफ, रेखाकृतियों, शब्दों तथा परंपरागत चित्रों के माध्यम से प्रदर्शित करने का प्रयत्न किया जाता है। कक्षा–शिक्षण में सबसे अधिक प्रयोग इसी प्रकार के चार्टों का होता है। इन चार्टों की प्रकृति निम्न प्रकार की हो सकती है–

चित्र 4.7 ऐतिहासिक भवन (लाल किला) का चित्र।

चित्र 4.8 शिवाजी।

चार्टों का प्रभावपूर्ण उपयोग कैसे किया जाए? (How to Use Charts as an Effective Aid)

चार्टों का दृश्य साधन के रूप में अच्छी तरह प्रयोग करने के लिए निम्न कुछ बातों पर ध्यान दिया जाना चाहिए–

1. चार्टों के द्वारा निश्चित शैक्षिक–उद्देश्यों की प्राप्ति में सहायता मिलनी चाहिए।
2. यद्यपि विभिन्न प्रकार के चार्ट पुस्तकालय तथा बाजार से उपलब्ध हो सकते हैं, परन्तु जहाँ तक संभव हो इनका निर्माण अध्यापक की देख रेख में छात्रों द्वारा ही किया जाना चाहिये।
3. जिस विचार, तथ्य, सूचना अथवा प्रक्रिया को चार्ट द्वारा प्रदर्शित करना हो उसके ऊपर भलीभाँति विचार कर चार्ट की दृश्य–सामग्री को इस प्रकार दिखाया जाना चाहिये कि उससे प्रस्तुत विषय को स्पष्ट एवं प्रभावपूर्ण ढंग से अभिव्यक्त किया जा सके।
4. विषयवस्तु, छात्रों के स्तर, उपलब्ध शिक्षण–अधिगम परिस्थितियों आदि बातों को ध्यान में रखकर ही उपयुक्त प्रकार के चार्टों का चयन किया जाना चाहिए।
5. एक चार्ट का केवल एक ही उद्देश्य होना चाहिए। एक ही चार्ट में बहुत–सी बातों को शामिल कर लेने से उसकी स्पष्टता पर असर पड़ता है।
6. जिस उद्देश्य से चार्ट को प्रदर्शित किया जा रहा है उसी को स्पष्ट करने से संबंधित आवश्यक सामग्री ही उसमें होनी चाहिये, अनावश्यक व्यर्थ की बातें नहीं।
7. चार्टों में दृश्य सामग्री की उत्तमता एवं प्रभावपूर्णता पर पूरा–पूरा ध्यान दिया जाना चाहिये। इस दृष्टि से रंगों, अक्षरों, आकृतियों के आकर्षण तथा आकार आदि पर पूरा 'ध्यान' दिया जाना चाहिए।
8. कक्षा में जिस चार्ट की जिस समय आवश्यकता हो उसी समय प्रदर्शित किया जाना चाहिए। व्यर्थ ही पाठ से संबंधित सभी चार्टों की प्रदर्शनी नहीं लगायी जानी चाहिए।
9. चार्ट को इस तरह प्रदर्शित किया जाना चाहिए कि उसका सम्पूर्ण भाग विद्यार्थियों को अच्छी तरह दिखाई दे सके।

चार्टों का निर्माण (Preparation of Charts)

चित्र एवं आरेखों का निर्माण करने से पहले चार्टों के निर्माण में कुशलता प्राप्त करने का ही प्रयास एक विषय अध्यापक द्वारा किया जाना चाहिए। ऐसा इसलिए किया जाना चाहिए क्योंकि इनका निर्माण चित्र एवं आरेखों की अपेक्षा अधिक आसान और सुविधाजनक होता है। मात्र रेखाओं तथा अनुकृतियों के निर्माण में प्रवीणता अर्जित

करने से ही चार्टों के निर्माण में सफलता अर्जित की जा सकती है। विषय विशेष का एक अध्यापक इस तरह आगे बढ़ते हुए अभ्यास करते हुए विभिन्न प्रकार के चार्टों जैसे समय चार्ट (Time chart), प्रवाह चार्ट (Flow chart), वृक्ष की आकृति वाले चार्ट (Tree chart), टेबल चार्ट (Table chart) आदि का निर्माण अच्छी तरह कर सकता है। चार्टों के निर्माण में अपेक्षित कुशलता प्राप्त करने हेतु निम्न बातों पर ध्यान देना चाहिए :

(i) शिक्षण–अधिगम परिस्थिति की आवश्यकता के संदर्भ में सबसे पहले इस बात की ओर ध्यान दिया जाना चाहिए कि वह क्या विचार, तथ्य, प्रक्रिया तथा वस्तु है जिसे चार्ट द्वारा प्रदर्शित एवं संप्रेषित किया जाना चाहिए।

(ii) अब यह सोचा जाना चाहिए कि संप्रेषणीय विचार, तथ्य, सूचना एवं प्रक्रिया को किस प्रकार की रेखाओं, अनुकृतियों, संकेतों एवं आकृतियों में भली भाँति प्रदर्शित एवं संप्रेषित किया जा सकता है। इन्हें साकार करने के लिए कुछ रफ आकृतियों, डिजाइन, स्केच, नमूने, पैटर्न इत्यादि बनाए जा सकते हैं और उनमें से जो भी सर्वोत्तम हो उसका चयन कर लेना चाहिए।

(iii) इस चयनित आकृति, डिजाइन या स्केच को अब सावधानीपूर्वक चार्ट पेपर पर बहुत ही शुद्धता एवं स्वच्छता से निर्मित किया जाना चाहिए।

(iv) इसके बाद इस निर्मित अनुकृति, आकृति, डिजाइन या पैटर्न में जो वांछित सूचनाओं तथा विचारों को ठीक तरह प्रदर्शित एवं संप्रेषित करने के लिए बनाई गई है, उपयुक्त रंगों से भरा जाना चाहिए तथा उचित शब्दावली व नामावली का समावेश किया जाना चाहिए। इस प्रकार से तैयार चार्ट अब अपने आप में इतना स्पष्ट हो जाता है कि वांछित विचारों तथा सूचनाओं का संप्रेषण इसके माध्यम से भलीभाँति हो सकता है जिसका कुछ अनुमान आप को निम्न चार्ट द्वारा अच्छी तरह हो सकता है।

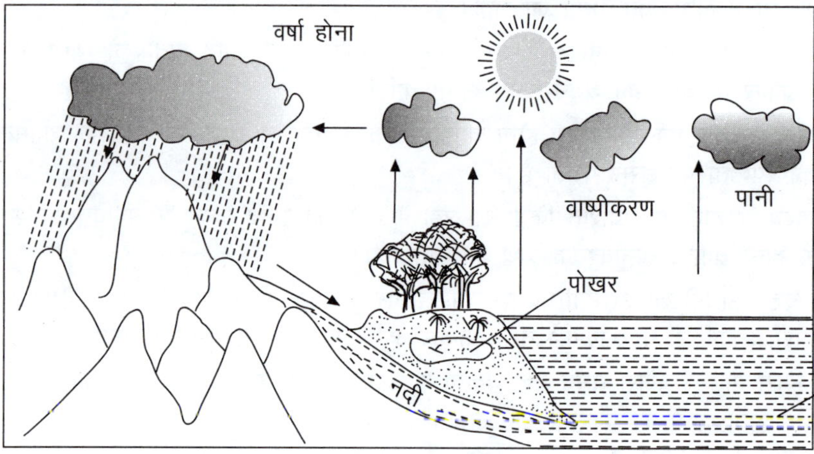

चित्र 4.9 जलचक्र प्रदर्शित करता हुआ एक चार्ट।

आरेख या रेखाकृति (Diagrams)

आरेख या रेखाकृति जैसा कि नाम से स्पष्ट होता है, रेखाओं तथा प्रतीकों के माध्यम से बनाई हुई ऐसी आकृतियाँ होती हैं जो अपनी चित्र तथा संकेतात्मक भाषा द्वारा एक अच्छे दृश्य साधन के रूप में विभिन्न पाठ्यविषयों से संबंधित बहुत–सी बातों की स्पष्ट अभिव्यक्ति में काफी सहायक सिद्ध हो सकती है। उदाहरण के लिए सूर्यग्रहण,

चंद्रग्रहण, दिन-रात परिवर्तन आदि से संबंधित आरेखों को ही लीजिए। इनसे सूर्यग्रहण, चंद्रग्रहण तथा दिन–रात परिवर्तन में सहायक तत्त्वों, उनमें निहित अंतःसंबंधों तथा इनके होने के कारण आदि के स्पष्टीकरण और विवेचन में उचित सहायता मिल सकती है।

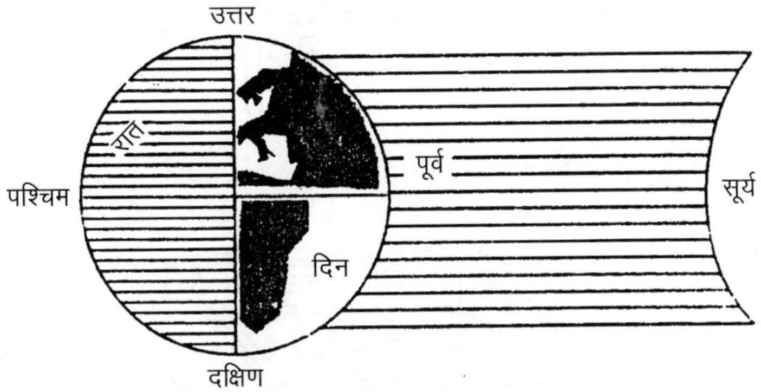

चित्र 4.10 आरेख—दिन-रात परिवर्तन।

इसी प्रकार फसल चक्र, जल चक्र, प्रदूषण, शक्ति के साधन और शक्ति का उत्पादन आदि प्रकरण की विषयवस्तु को आरेखों की सहायता से भलीभाँति स्पष्ट किया जा सकता है। आरेखों को सहायक साधन के रूप में प्रयोग में लाने के लिए मुख्य बात जिसका सदैव ध्यान रखा जाना चाहिए, वह यह है कि इनमें प्रयुक्त संकेतात्मक भाषा (रेखा तथा शब्द संकेत) ऐसी होनी चाहिए जो विद्यार्थियों को ठीक तरह समझ में आ सके और वे इसकी सहायता से संबंधित विषय भलीभाँति समझ सकें। जो भी शब्द या नाम एक आरेख में प्रयुक्त होते हैं उनसे वे पूरी तरह परिचित होने चाहिए और जिन रेखाकृतियों का प्रयोग किया गया है उनसे क्या आकार बना तथा उसका क्या अर्थ है अथवा विषयवस्तु की किस बात की ओर वे संकेत करते हैं इस प्रकार का प्रारंभिक ज्ञान विद्यार्थियों को अवश्य होना चाहिए तभी वे प्रयुक्त शब्द के चित्र संकेतों को समझकर विषय का ज्ञान प्राप्त कर सकते हैं। आरेखों से अधिक लाभ प्राप्त करने की दिशा में इन्हें चित्र, चार्ट, मॉडल आदि सामग्री के साथ मिलाकर उपयोग में लाना काफी उपयुक्त रहता है और अगर इनके निर्माण में छात्रों का सक्रिय सहयोग भी प्राप्त होता रहे तो और भी अच्छे परिणाम निकल सकते हैं।

आरेख या रेखाकृतियों का निर्माण

आरेखों के निर्माण के कार्य में एक अध्यापक को शुरू–शुरू में कुछ कठिनाई आ सकती है। अतः अच्छा यही रहता है कि इनकी शुरुआत मुद्रित सामग्री या पुस्तकों में दिए जाने वाले आरेखों की प्रतिलिपि या नकल (Copy) करके ही की जाए। इस कार्य हेतु निम्न तकनीकें काम में लाई जा सकती हैं–

(a) **ट्रेसिंग** (Tracing)—जिस चित्र या आकृति की नकल उतारनी हो, उसके ऊपर ट्रेसिंग पेपर रख दिया जाता है और फिर धीरे-धीरे बारीक नोक की पेंसिल की सहायता से इस पेपर पर उसका रेखांकन (Sketch) कर लिया जाता है तथा फिर रंग, शेड आदि देने की उपयुक्त व्यवस्था कर ली जाती है। इस कार्य के लिए ट्रेसिंग डेस्क (Tracing desk) या ट्रेसिंग टेबल (Tracing table) को प्रयोग में लाया जा सकता है।

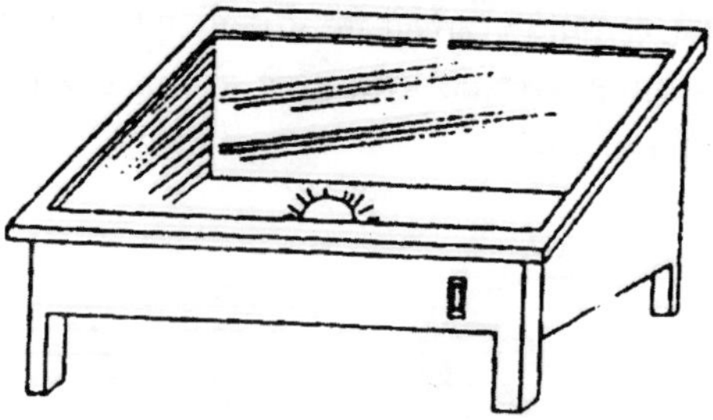

चित्र 4.11 ट्रेसिंग डेस्क (Tracing Desk)।

चित्र 4.12 ट्रेसिंग टेबल (Tracing Table)।

इसमें नीचे से विद्युत लैंप जलाकर तेज प्रकाश का प्रबंध किया जाता है। फिर जिस चित्र की नकल उतारनी हो, उसे शीशे के तल के ऊपर रखा जाता है तथा उसके ऊपर कागज की शीट लगा दी जाती है। इस कागज पर अब किसी विद्युत लैंप की तीव्र रोशनी के कारण इच्छित आकृति को ट्रेस करना आसान हो जाता है।

(b) **स्टेंसिल और ब्लॉक प्रिंटिंग** (Stencil and Block Printing) – शिक्षण के दौरान प्रयुक्त चित्र, आकृतियों एवं मानचित्रों में कुछ आकृतियाँ ऐसी होती हैं जिन्हें प्रायः बार–बार दिखाने की आवश्यकता पड़ती है। ये आकृतियाँ प्लास्टिक या किसी धातु के बने हुऐ स्टेंसिलों द्वारा आसानी से खींची जा सकती हैं या लकड़ी अथवा धातु के ब्लॉक भी इन्हें प्रस्तुत करने के लिए बनाए जा सकते हैं। इन ब्लॉकों (Blocks) को आलू या गाजर के उचित टुकड़ों पर भी अंकित किया जा सकता है। इस प्रकार के स्टेंसिल तथा ब्लॉकों की सहायता से बार–बार प्रयोग में लाई जाने वाली आकृतियों को श्यामपट्ट तथा फ्लेनल बोर्ड पर आसानी से प्रस्तुत किया जा सकता है।

(c) **उचित प्रक्षेपी उपकरण का प्रयोग** (Use of Appropriate Projective Instrument)– एपीस्कोप, एपीडाइस्कोप तथा अपारदर्शी प्रोजेक्टरों का प्रयोग पुस्तकों, पत्र–पत्रिकाओं तथा अन्य रेखांकित, चित्रित एवं मुद्रित सामग्री को कॉपी (Copy) करने में किया जा सकता है। यह ट्रेसिंग कार्य निम्न प्रकार किया जा सकता है–

(i) एक अच्छे कागज की शीट या चार्ट पेपर को पिन या टेप लगाकर किसी प्रक्षेपित परदे पर (Projective screen) जो कार्डबोर्ड, कपड़ा या श्यामपट्ट कुछ भी हो सकता है, फिक्स कर दो ताकि इस पर मूल आकृति या चित्र को ट्रेस या कॉपी किया जा सके।

(ii) पुस्तक के पृष्ठ या चित्रात्मक सामग्री को जिसकी अनुकृति प्रक्षेपित करके परदे पर लगे कागज पर उतारनी हो, प्रोजेक्शन मंच (Projection table) पर ठीक प्रकार रखो ताकि उसका प्रतिबिंब (Image) परदे पर बड़ा और स्पष्ट दिखाई दे।

(iii) पेंसिल या स्केच पेन की सहायता से इस प्रक्षेपित आकृति को परदे पर लगे हुए चार्ट पेपर पर या कागज पर धीरे–धीरे उतार लो और फिर उसमें आवश्यकतानुसार रंग या शेड इत्यादि की व्यवस्था इस प्रकार करो ताकि यह मूल आकृति तथा चित्र की तरह ही नजर आए।

ट्रेसिंग और नकल करने संबंधी उपरोक्त उपायों को अपनाने से एक अध्यापक को चित्रों और आरेखों से संबंधित रेखाओं अनुकृतियों तथा आकृतियों को खींचने का पर्याप्त अभ्यास हो सकता है। शुरुआत ऐसे ही की जा सकती है। आगे चलकर अब उसे कुछ अधिक उचित एवं सार्थक रेखाचित्रीय कुशलताओं (Drawing skills) तथा तकनीकों के अर्जन हेतु प्रयत्न करने चाहिये ताकि विषय शिक्षण हेतु जिस प्रकार के चित्रों और आरेखों का प्रदर्शन किया जाता है उन्हें बनाने में उसे पर्याप्त सुविधा रहे। थोड़े धैर्य और परिश्रम से धीरे–धीरे वह ऐसी सभी जानकारी को चित्रों तथा आरेखों के माध्यम से बालकों को देने में समर्थ हो सकता है जिससे विषय विशेष के शिक्षण अधिगम उद्देश्यों की सहज और प्रभावपूर्ण उपलब्धि ठीक प्रकार संभव हो सके। ऐसी उपलब्धि का प्रमाण एक विषय अध्यापक द्वारा निर्मित निम्न प्रकार के आरेखों से अच्छी तरह हो सकता है–

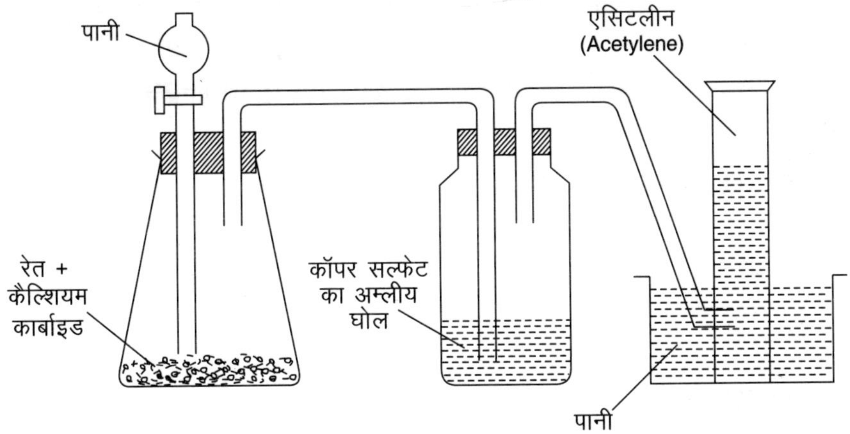

चित्र 4.13 आरेख (Diagram) ऑक्सीजन गैस का प्रयोगशाला में निर्माण।

उपरोक्त पंक्तियों में हमने चित्रात्मक/ग्राफिक सामग्री जैसे चार्ट, चित्र तथा आरेखों के निर्माण संबंधी कुछ उपायों का उल्लेख किया है। परंतु आज के संदर्भ में अगर इस बात पर विचार किया जाए तो चित्रात्मक सामग्री के निर्माण और प्रयोग दोनों में ही बहुत ही क्रांतिकारी परिवर्तन आ चुके हैं। अब अध्यापक को परंपरागत ढंग से इनके निर्माण की जरूरत भी नहीं है। उसका कार्य उन्नत प्रक्षेपी साधनों जैसे एपीडाइस्कोप तथा ओवरहेड प्रोजेक्टरों ने बहुत आसान कर दिया है। वह पाठ्यपुस्तकों तथा अन्य स्रोतों से मुद्रित रूप में उपलब्ध इस चित्रात्मक सामग्री का सीधे ही प्रक्षेपी साधनों के माध्यम से विद्यार्थियों के सामने प्रदर्शन कर सकता है।

इसी प्रकार से आज के युग में अति–विकसित तकनीकी साधनों जैसे वीडियो ग्राफिक उपकरण, कंप्यूटर पर निर्मित चित्रात्मक सामग्री, स्कैनर्स आदि के चित्रात्मक सामग्री (Graphics) के निर्माण की बिल्कुल एक नई दिशा प्रदान कर दी है। इस प्रकार के ग्राफिक्स का न केवल सर्वोत्तम ढंग से निर्माण ही संभव है बल्कि उन्हें प्रदर्शित करने का ढंग भी बहुत प्रभावपूर्ण है। टेलीविजन स्क्रीन, कंप्यूटरों के मॉनीटर तथा अन्य प्रक्षेपी स्क्रीन अब इसमें बहुत ही महत्त्वपूर्ण भूमिका निभा रहे हैं। आज कंप्यूटरों की सहायता से विभिन्न प्रकार की स्लाइड्स, वीडियो प्रस्तुतीकरण तथा ट्रांसपेरेंसीज का निर्माण और प्रदर्शन इतनी अच्छी तरह से होने लगा है कि उनके आगे सभी परंपरागत निर्माण कार्य और प्रदर्शन निस्तेज लगने लगे हैं। अतः एक शिक्षक को अब इन उन्नत साधनों के उपयोग द्वारा ही चित्रात्मक सामग्री का निर्माण और प्रदर्शन कार्य करना चाहिए।

आरेखों का प्रभावपूर्ण उपयोग कैसे किया जाये? (How to Make Use of Diagram in an Effective Way?)

सामान्यतया आरेखों को विषय शिक्षण हेतु प्रयोग में लाने हेतु निम्न बातों का ध्यान देना ठीक रहता है–

1. आरेखों का उपयोग पाठ्य–विषय प्रस्तुतीकरण के प्रारंभ में न होकर बाद के स्तरों पर किया जाना चाहिए।
2. छात्रों को इनमें प्रयुक्त शब्द या चित्र संकेतों का ज्ञान तथा उनकी व्याख्या कर सकने की योग्यता पहले ही विकसित कर देनी चाहिए।
3. जो भी इन आरेखों के द्वारा प्रदर्शित और विवेचित किया जाए वह तकनीकी दृष्टि से पूरी तरह सही होना चाहिए।
4. एक आरेख द्वारा किसी एक प्रयोजन की सिद्धि ही होनी चाहिए बहुत–सी बातों का एक साथ वर्णन करने से स्पष्टता समाप्त हो जाती है।
5. आरेखों की अधिक स्पष्टता के लिए इन्हें अकेले नहीं बल्कि अन्य दृश्य–श्रव्य सहायक साधनों के साथ मिलाकर उपयोग में लाना श्रेयस्कर रहता है।
6. छात्रों को केवल इन्हें समझने या अर्थग्रहण में ही सक्षम नहीं बनाया जाना चाहिए बल्कि वे स्वयं भी उपयुक्त आरेखों का निर्माण कर अध्ययन मार्ग पर आगे बढ़ सके यह प्रयत्न भी किये जाने चाहिए।

फोटोग्राफ (Photographs)

कक्षा शिक्षण में चित्रात्मक सामग्री के प्रदर्शन के रूप में फोटोग्राफों का अपना एक विशेष स्थान है। विद्यालय में लगभग सभी विषयों के शिक्षण में इनका प्रयोग सुविधानुसार किया जा सकता है। उदाहरण के लिये विज्ञान के ऐतिहासिक आविष्कारों तथा वैज्ञानिकों के क्रियाकलापों का फोटोग्राफी से बहुत ही जीवंत प्रस्तुतीकरण किया जा सकता है। इसी तरह सामाजिक विज्ञानों के अध्ययन से संबंधित सभी प्रकार के प्राकृतिक तथा सामाजिक परिवेश का चित्रण फोटोग्राफी की सहायता से आसान किया जा सकता है। दूसरे अन्य विषयों की सभी प्रकार की घटनाओं, प्रकृति तथा प्रक्रियाओं का स्पष्ट अवलोकन भी फोटोग्राफों की सहायता से भली भाँति कराया जा सकता है। फोटोग्राफी को कई अर्थों में चित्रों या चार्टों से बढ़कर माना जाता है। उसके मूल में असल बात यही है कि चित्रों की अपेक्षा इनका वास्तविकता से अधिक नजदीकी रिश्ता होता है। प्रकृति के बहुत ही सूक्ष्म रहस्य,

मानव स्वभाव की विचित्र कही–अनकही बातें और जीव–जंतु तथा प्राणी वर्ग की दिनचर्या, जीवनलीला या आदतों को प्रकट करने वाली गहन जानकारी अनायास ही फोटोग्राफों को शिक्षण साधन के रूप में प्राप्त करना भी कठिन नहीं होता। व्यावसायिक स्रोतों से इन्हें आसानी से क्रय किया जा सकता है। परंतु इनका सबसे बड़ा लाभ इस बात को लेकर है कि इन्हें अध्यापक या छात्रों द्वारा भ्रमण के समय अथवा किसी प्रक्रिया तथा दृश्य विशेष का निरीक्षण या अध्ययन करते समय अपने कैमरे की मदद से स्वयं निर्मित अथवा संग्रहित किया जा सकता है। जिस प्रक्रिया के द्वारा इन फोटोग्राफों का निर्माण किया जाता है उसे फोटोग्राफी कहते हैं। आगे के पृष्ठों में हम इसी के बारे में जानकारी अर्जित करने की चेष्टा करेंगे।

फोटोग्राफी में जो उपकरण मुख्य रूप से प्रयुक्त होता है वह फोटोग्राफिक कैमरा है। उपयोग को देखते हुए इनके आकार तथा कार्यप्रणाली में पर्याप्त अंतर पाया जाता है। परंतु इनके द्वारा फोटो खींचने का कार्य आसान और सुविधाजनक ही होता है। सभी प्रकार के कैमरों में मूल रूप से जो सिद्धांत तथा कार्यप्रणाली काम में लाई जाती है उसे संक्षिप्त रूप में निम्न प्रकार व्यक्त किया जा सकता है।

जिस वस्तु का फोटोग्राफ प्राप्त करना हो उस पर कैमरे को केंद्रित (Focus) कर दिया जाता है। वस्तु से प्रकाश की किरणें निकलकर कैमरे के एक बारीक सुराख (Aperture) से प्रवेश कर कैमरे में स्थित लैंस में से गुजरती हुई कैमरे के पीछे की ओर (Back side) में लगी हुई फोटोग्राफिक फिल्म (Photographic film) व फोटोग्राफिक प्लेट (Photographic plate) पर पड़ती है। इस फिल्म या प्लेट पर किसी उपयुक्त सिल्वर यौगिक जैसे सिल्वर नाइट्रेट, सिल्वर क्लोराइड आदि का लेपन किया हुआ होता है। परिणामस्वरूप परदे के रूप में इस फिल्म या प्लेट पर जो आकृति उभरती है वह रजत कणों (Silver grains) के रूप में अदृश्य ही होती है। इस आकृति को दृश्यमय बनाने के लिए एक विशेष प्रक्रिया में से गुजारना होता है जो निम्न चरणों में पूरी होती है–

(i) डेवलप करना या उभारना (Developing) (ii) स्थायी या फिक्स करना (Fixation) (iii) धोना (Washing) (iv) सुखाना (Drying) (v) छापना (Printing)

(i) डेवलप करना या उभारना (Developing)—फिल्म के अंदर जिसमें फोटोग्राफ लेने की गुंजाइश होती है उन्हें ले चुकने के बाद फिल्म को कैमरे से किसी अंधेरे कमरे में या खुले में ही सावधानी से इस प्रकार निकाला जाता है कि वह प्रकाश की किरणों से संपर्क में न आए। इस निकाली हुई फिल्म रील को अब एक कमरे (Dark room) में रखे हुए एक ट्रे (Tray) या टब में घुले हुए विशेष प्रकार के रसायन, जिसे डवलपर (Developer) कहा जाता है में से निकाला जाता है। इस रसायन को तैयार करने में निम्न सूत्र का उपयोग किया जाता है–

मिथोल (Methol)	7.5 ग्राम
सोडियम सल्फाइट–सूखा (Sodium sulphite anhydrous)	100 ग्राम
सोडियम बाइसल्फाइट (Sodium bisulphite)	15 ग्राम
जल (Water)	1000 ग्राम

उपरोक्त रासायनिक घोल के रासायनिक प्रभाव (Chemical Action) द्वारा अदृश्य आकृति को उभारने (Develop) का कार्य किया जाता है। परिणामस्वरूप एक रजत आकृति (Silver Image) फिल्म पर उभर आती है जिसमें सफेद रंग काले और काले रंग सफेद नजर आते हैं। इसे नेगेटिव (Negative) कहा जाता है।

(ii) स्थायी या फिक्स करना (Fixation)—डेवलप करने की प्रक्रिया (Developing) में कुछ सिल्वर साल्ट अभी भी सिल्वर के रूप में परिवर्तित हुए बिना रह जाते हैं। इस कार्य को अब इस चरण में पूरा किया जाता है। फिल्म रील को अब एक और विशेष रसायन में से जिसे फिक्सर (Fixer) कहते हैं, गुजारा जाता है। यह प्रक्रिया भी अंधेरे कमरे में की जाती है। फिक्सर घोल (Fixer solution), जिसे हाइपो कहकर भी पुकारा जाता है, निम्न सूत्र के आधार पर तैयार किया जाता है–

हाइपो (Hypo)	300 ग्राम
पोटैशियम मेटाबाइसल्फाइट (Potassium metabisulphite)	25 ग्राम
सोडियम बाइसल्फाइट (Sodium bisulphite)	15 ग्राम
जल (Water)	1000 ग्राम

(iii) धोना (Washing)—फिक्सिंग (Fixing) के बाद फिल्म रील को नल के बहते हुए स्वच्छ पानी (Running Water) से धोया जाता है ताकि फिक्सिंग के लिए प्रयुक्त हाइपो घोल के अवशेष खत्म हो जायें। यह क्रिया प्रकाश में भी की जा सकती है।

(iv) सुखाना (Drying)—क्लिप्स (Clips) की सहायता से अब फिल्म को रस्सी या तार से टाँगकर सूखने के लिए बाहर छायादार तथा धूलरहित स्थान में छोड़ दिया जाता है ताकि वे जलरहित होकर आवश्यक मात्रा में कड़ी हो जायें।

(v) छापना (Printing)—यह क्रिया अंधेरे कमरे में (Dark room) में ही संपन्न की जाती है और इसके लिए विशेष प्रकार के ऐसे प्रिंटिंग फ्रेम या बाक्स की आवश्यकता पड़ती है जिसके नीचे से विद्युत लैंप के द्वारा ऐसा प्रकाश फ्रेम पर रखे गए नेगेटिव पर डाला जाता है कि उसके द्वारा एक फोटोग्राफी के लिए प्रयुक्त विशेष प्रकार के कागज पर स्पष्ट और सही आकृति जिसे पोजिटिव (Positive) कहा जाता है, उभर कर आ सके। इस कार्य के लिए मुख्य बात यह ध्यान में रखनी होती है कि नेगेटिव को कितने समय तक प्रकाश का सामना (Exposition) कराया जाए। यह बात अनुभव से आती है, परन्तु फिर भी एक सामान्य नेगेटिव (Normal negative) के लिए जो 60 वाट के लैंप से 6 फुट दूरी पर रखा गया हो आधा सेकेण्ड पर्याप्त रहता है।

इस प्रकार फोटोग्राफिक कैमरे से फिल्म पर लिए गए फोटोग्राफों को उपरोक्त वर्णित प्रक्रियाओं में से गुजार कर फोटोग्राफिक कार्डों पर बने हुए चित्रों के रूप में अच्छी तरह प्रदर्शित कर कक्षा शिक्षण में वास्तविक वस्तुओं जैसे अनुभव प्राप्त करने के काम में लाया जा सकता है। किसी वस्तु की संपूर्ण प्रकृति या प्रक्रिया विशेष का अध्ययन करने के लिए उसमें संबंधित क्रमिक फोटोग्राफ लेकर प्रदर्शित किए जाते हैं। इन फोटोग्राफों के एनलार्जर (Enlarger) की सहायता से आवश्यकतानुसार बड़े आकार के भी प्रिंट (Print) लिये जा सकते हैं। सम्पूर्ण कक्षा को दिखाने के लिए इन्हें एपीसकोप या एपीडाइस्कोप उपकरण की सहायता से परदे पर बड़ा करके भी दिखाया जा सकता है।

आजकल फोटोग्राफी विज्ञान में अधिक उन्नति होने के कारण अब ब्लैक एंड व्हाइट फोटोग्राफी के स्थान पर रंगीन फोटोग्राफों का चलन हो गया है। जिस रंग के कपड़े आप पहने हों तथा फूलों का जो भी रंग वास्तविक हालत में हो बिल्कुल वैसे ही रंगों की छटा फोटोग्राफों में भी नजर आ सकती है। अब ऐसे कैमरे भी आने लगे हैं जिनमें फोटो खींचने से लेकर उससे नेगेटिव तथा पोजिटिव प्रिंट तैयार करने की सारी प्रक्रिया कैमरे के भीतर ही अपने आप चंद क्षणों में संपन्न हो जाती है। अतः फोटोग्राफी अब अपने आप में बहुत ही उज्ज्वल शैक्षिक भविष्य

संजोए हुए है। इससे मनोरंजन, सामाजिक, सांस्कृतिक और शैक्षिक सभी प्रकार के लाभ एक साथ ही बिना कुछ विशेष प्रयास किए हुए हमें प्राप्त हो सकते हैं।

ग्राफ (Graphs)

ग्राफ से तात्पर्य उस चित्रात्मक दृश्य साधन से है जिसके माध्यम से संख्यात्मक या गुणात्मक आंकड़ों या सूचनाओं (Numerical and qualitative data) को इस तरह से प्रदर्शित किया जा सकता है कि उनमें निहित तथ्यों, अंतरों तथा विकास की दिशा को ठीक तरह से समझा जा सके। कक्षा कक्ष शिक्षण में प्रायः इस कार्य हेतु निम्न प्रकार के ग्राफों का प्रयोग होता रहता है–

1. **रेखा ग्राफ** (Line Graph)—इस प्रकार के ग्राफों में विभिन्न तथ्यों एवं सूचनाओं को क्षैतिज और शीर्ष आधारों पर सरल रेखाओं के रूप में व्यक्त किया जाता है और फिर उनसे वांछित तुलनात्मक निष्कर्ष निकालने का प्रयत्न किया जाता है। उदाहरण के लिये विश्व की संपूर्ण जनसंख्या की दृष्टि से हमारी जनसंख्या कितनी है, किस तरह प्रति वर्ष बढ़ रही है, हमारे प्राकृतिक साधनों की क्या स्थिति है, देश के प्रांतों में प्रति व्यक्ति किस प्रकार की आय है, किस प्रकार की शिक्षा है, विकास की दर या स्थिति क्या है इत्यादि विभिन्न तथ्यों को स्पष्ट करने तथा तुलनात्मक अध्ययन में ये ग्राफ काफी सहायक सिद्ध हो सकते हैं। जैसा कि चित्र 4.14 से स्पष्ट हो सकता है।

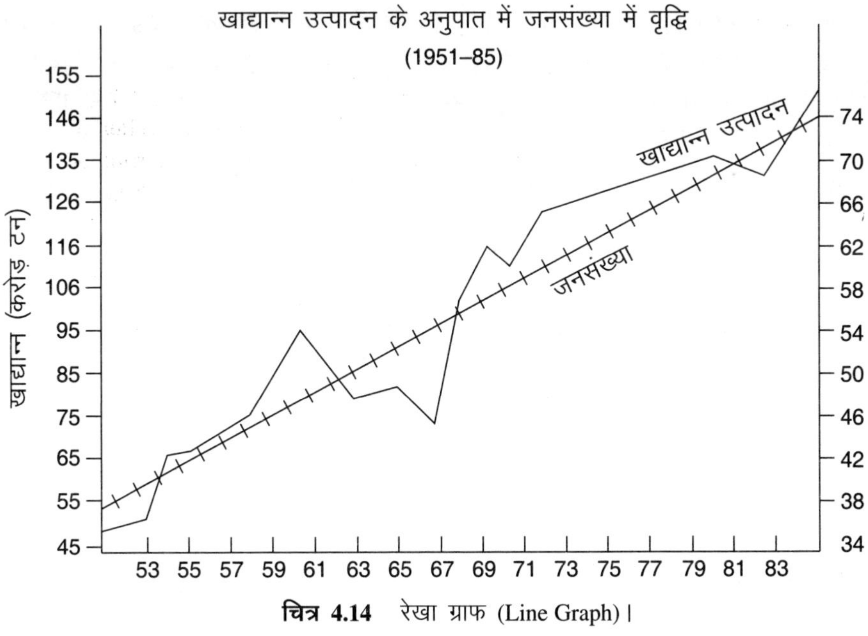

चित्र 4.14 रेखा ग्राफ (Line Graph)।

2. **दंड ग्राफ** (Bar Graph)—इस प्रकार से ग्राफों में सरल रेखाओं के स्थान पर आंकड़ों के तुलनात्मक अध्ययन के लिए दंडों या छड़ों (Bars) का प्रयोग किया जाता है। दंडों या छड़ों की मोटाई या चौड़ाई एक जैसी रखी जाती है और लंबाई को तुलनात्मक अध्ययन का आधार बनाया जाता है। रंगों तथा शैडों

के उपयोग द्वारा विभिन्न तथ्यों या सूचनाओं से संबंधित दंडों में अंतर दिखाने का काम लिया जाता है जैसा कि चित्र 4.15 से स्पष्ट हो सकता है।

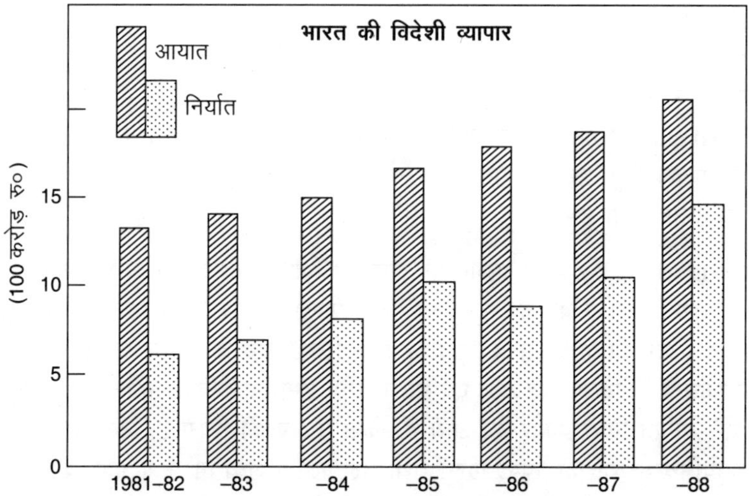

चित्र 4.15 दंड ग्राफ (Bar Graph)।

3. वृत्त ग्राफ (Circle Graph)—इन ग्राफों को बनाने के लिए वृत्त खींचकर उन्हें विभिन्न वृत्त खण्डों (Sectors) में इस प्रकार बांट दिया जाता है कि प्रत्येक वृत्त खण्ड संपूर्ण वृत्त के एक निश्चित भाग, अंश या परिणाम को प्रदर्शित कर सके। एक वृत्त खण्ड किस विशेष सूचना या तथ्य का प्रतिनिधित्व करता है इस बात को लिखकर पूरी तरह स्पष्ट कर दिया जाता है। ऐसे ग्राफों से किस तरह का प्रदर्शन होता है यह बात चित्र द्वारा अच्छी तरह समझी जा सकती है।

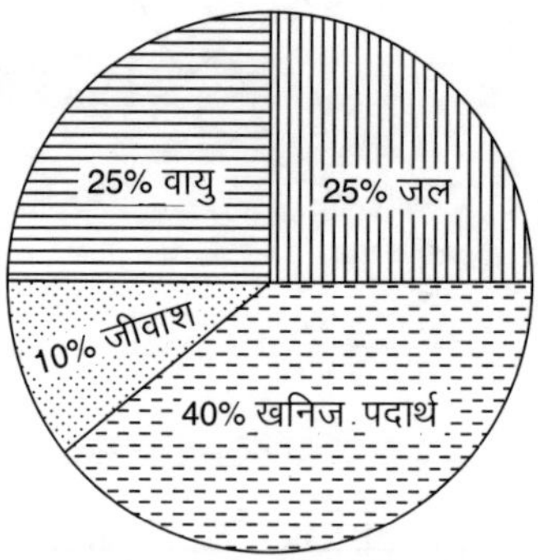

चित्र 4.16 वृत्त ग्राफ (Circle Graph)।

4. चित्रात्मक ग्राफ (Pictorial Graph)—इस प्रकार के ग्राफों में संख्यात्मक तथ्यों या सूचनाओं के तुलनात्मक अध्ययन हेतु चित्रों की सहायता ली जाती है। चित्रों की संख्या उनके आकार, रंग तथा छाया व्यवस्था (Shading) आदि को इस तुलना का आधार बनाया जाता है जैसा कि आगे के उदाहरण द्वारा स्पष्ट हो सकता है। इस उदाहरण में चित्रात्मक ग्राफ द्वारा विद्यालयों के छात्रों द्वारा जो विभिन्न खेलों में भाग लिया जाता है उनका तुलनात्मक अध्ययन प्रस्तुत किया गया है।

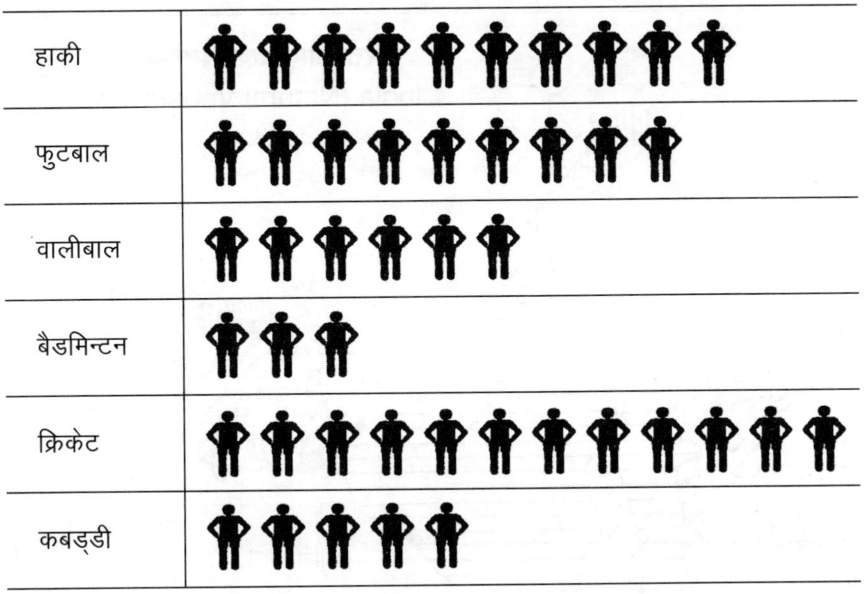

चित्र 4.17 चित्रात्मक ग्राफ (Pictorial Graph)।

मानचित्र (Maps)

मानचित्र अथवा नक्शे का प्रयोग भू–भागों के प्रदर्शन हेतु किया जाता है। कक्षा शिक्षण की बहुत–सी ऐसी बातें जिनका संबंध पृथ्वी के विभिन्न स्थानों या क्षेत्रों से होता है, जैसे–कोई घटना पृथ्वी के किस स्थान पर घटी या घट रही है अथवा कोई वस्तु विश्व के किस स्थान विशेष पर मिलती है अथवा कोई स्थान हमसे कितनी दूर विश्व के किस कोने में स्थित है इत्यादि से संबंधित विभिन्न तथ्यों और सूचनाओं को मानचित्रों की सहायता से अच्छी तरह प्रदर्शित किया जा सकता है। विशेषकर इतिहास, भूगोल, अर्थशास्त्र, राजनीतिशास्त्र और वर्तमान सामाजिक जीवन से संबंधित बहुत–सी घटनाओं, समस्याओं तथा योजनाओं आदि का ज्ञान कराने में मानचित्रों का उपयोग काफी महत्त्वपूर्ण भूमिका निभा सकता है। अशोक के साम्राज्य की सीमायें कहाँ तक थी ? सिकंदर किस देश से आया, वह देश पृथ्वी पर कहाँ स्थित है और हमारे देश से कितना दूर है ? किसी विशेष फसल, खनिज संपदा आदि का वितरण देश या संसार की दृष्टि से कैसा है ? चाय की पैदावार संसार में किन–किन प्रदेशों में होती है ? विशेष प्रकार के कल–कारखाने कहाँ–कहाँ स्थित हैं ? इस तरह की बहुत–सी बातों की जानकारी प्रदान कराने की दृष्टि से मानचित्रों से उपयुक्त कोई और साधन नहीं। इस तरह की बहुमूल्य जानकारी मानचित्रों द्वारा किस रूप में प्राप्त हो सकती है उसकी एक झलक दिए हुए मानचित्र (चित्र 4.18) से हमें अच्छी तरह प्राप्त हो सकती है।

प्रश्न उठता है कि इस प्रकार के शैक्षणिक उपयोगी मानचित्रों को कहाँ से प्राप्त किया जाए ऐसे सभी भौगोलिक, ऐतिहासिक तथा आर्थिक साधनों की जानकारी प्रदान करने में सक्षम मानचित्र या तो बाजार से खरीदे जा सकते हैं अथवा उन्हें विभिन्न स्रोतों से उधार लिया जा सकता है। फिर भी जहाँ तक हो सके भूगोल, इतिहास, अर्थशास्त्र के अध्यापकों को इन्हें स्वयं निर्मित करने का प्रशिक्षण अवश्य ही ले लेना चाहिए ताकि वे अपने विद्यार्थियों को इन्हें बनाने के लिए उचित प्रेरणा और मार्गदर्शन प्रदान कर सकें।

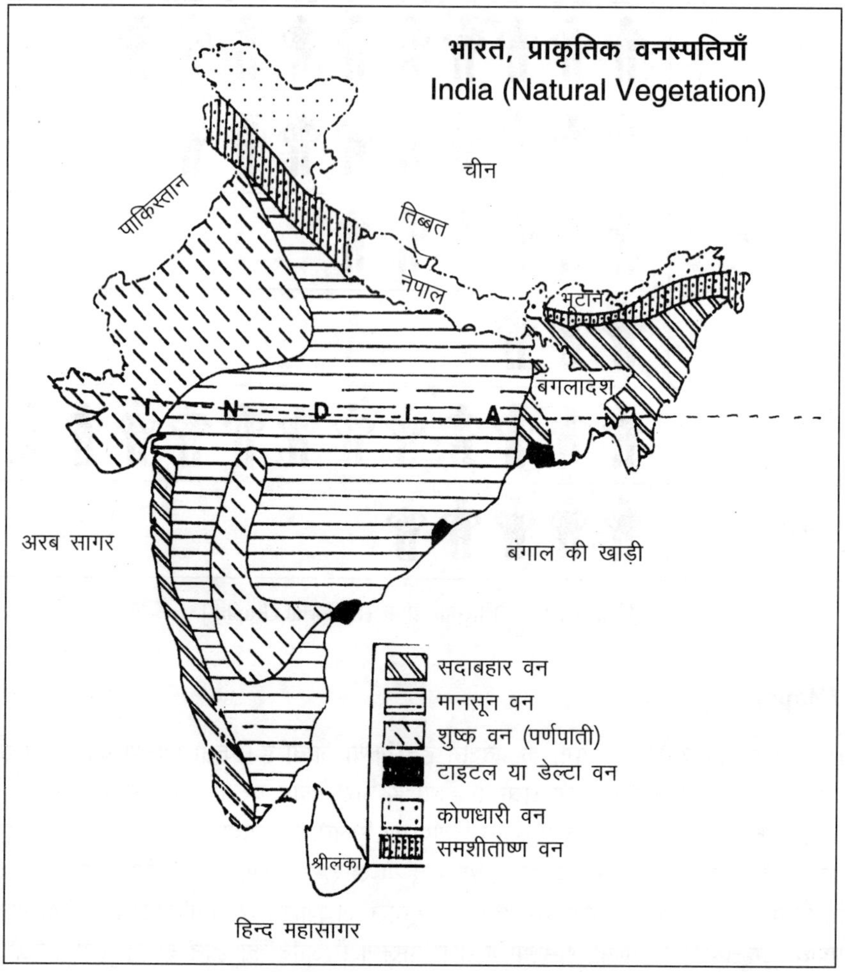

चित्र 4.18 मानचित्र : भारत में प्राकृतिक वनस्पति।

मानचित्रों के चयन और प्रयोग से संबंधित आवश्यक बातें (Essential Points Regarding Selection and Use of Maps)

मानचित्रों से पूर्ण शैक्षिक लाभ प्राप्त करने की दृष्टि से निम्न बातों पर ध्यान देना अच्छा रहता है–

1. राजनैतिक, भौगोलिक तथा आर्थिक जिस प्रकार के मानचित्र का उपयोग जिस परिस्थिति में किया जाता है उसी का चुनाव किया जाना चाहिए।
2. विद्यार्थियों की योग्यता, कक्षा विशेष के स्तर को ध्यान में रखकर मानचित्र का चयन किया जाना चाहिए।
3. विषयवस्तु की स्पष्टता, यथार्थता तथा सूचनाओं की पर्याप्तता को इनके चयन में पूरा महत्त्व दिया जाना चाहिए।

4. मानचित्र को इस प्रकार दिखाया जाना चाहिए तथा उसमें दिखाई जाने वाली बातों का चित्रण ऐसा होना चाहिए जिससे कक्षा के सभी विद्यार्थी उसके द्वारा प्रदर्शित सभी बातों को अच्छी तरह देख सकें।
5. संकेतों (Symbols) तथा पैमाने (Scale) की दृष्टि से इसका उपयुक्त होना आवश्यक है जिससे दूरी तथा संख्यात्मक और गुणात्मक आँकड़ों का सही चित्रण हो सके।
6. रंग, रेखांकन (Sketching) तथा सूचना व्यक्त करने वाले शब्दों या संकेतों की दृष्टि से भी इसको उपयुक्त होना चाहिए।
7. बार–बार प्रयोग में लाने तथा संभालकर रखने की दृष्टि से इनका उपयुक्त होना भी बहुत आवश्यक है ताकि ये जल्दी खराब न हो जाए।
8. इनमें प्रदर्शित बातों पर ध्यान दिलाने हेतु संकेतक (Pointer) का प्रयोग किया जाना चाहिए।
9. किसी एक मानचित्र द्वारा सीमित उद्देश्यों की ही पूर्ति होनी चाहिए, बहुत–सी बातों को एक साथ अपना उद्देश्य बना लेने पर मानचित्र में इतना अधिक भीड़–भड़ाका (Crowdy) हो जाता है कि उसकी स्पष्टता और निश्चितता समाप्त हो जाती है।
10. जहाँ तक हो सके मानचित्रों का निर्माण छात्रों द्वारा ही अध्यापक की देख रेख में किया जाना चाहिए। कक्षा में पूर्ण विवरण वाले मानचित्रों के स्थान पर मानचित्र खाकों (Sketches and boundaries marked) का प्रयोग किया जाना शैक्षिक दृष्टि से उपयुक्त होता है ताकि बालकों में ज्ञानार्जन और जिज्ञासा की प्रवृत्ति को बढ़ावा दिया जा सके और रटने की प्रवृत्ति को निरुत्साहित किया जा सके।

व्यंग्य चित्र (Cartoons)

व्यंग्य चित्र एक ऐसी चित्रात्मक अभिव्यक्ति (Pictorial representation) है जो किसी भी वस्तु, व्यक्ति, संगठन, विचार परिस्थिति या घटना के बारे में जनसाधारण की एक विशेष प्रकार की राय बनाने के लिए प्रस्तुत की जाती है। इनका अनूठा तथा अतिशयोक्तिपूर्ण दिग्दर्शन इनमें प्रयुक्त उन टेढ़ी–मेढ़ी आकृतियों, छवियों तथा शब्द और रेखा संकेतों में झलकता है जो हास्य की गुदगुदी और व्यंग्य की चुभन लिये हुए हमारे मस्तिष्क और दिल की गहराइयों को छू जाते हैं। जो कुछ शब्दों में नहीं कहा जा सकता उसे वे अपनी निराली शैली में एक झलक मात्र से ही व्यक्त कर अपना एक अमिट प्रभाव छोड़ने की पूरी–पूरी क्षमता रखते हैं। इनके माध्यम से जीवन की कठोर वास्तविकताओं तथा नग्न सत्य को खुलकर सामने आने का अवसर मिलता है और इस तरह भावनाओं को उभारकर ये व्यवहार परिवर्तन, चरित्र–निर्माण तथा वास्तविकता से परिचय कराने के लिए प्रभावशाली शैक्षिक साधन के रूप में हमारे सामने आते हैं। इनका प्रभाव सर्वकालीन और सार्वभौमिक होता है। बिना किसी आयु, लिंग तथा सामाजिक भेदभाव के ये सभी जगह सभी को प्रभावित करने की पूरी क्षमता रखते हैं और इसी रूप में शिक्षा के सभी विषयों और क्षेत्रों में ये अपना पूरा दखल रखते हैं। अध्ययन–अध्यापन क्षेत्र में इनके द्वारा मुख्यतयः तीन प्रकार की भूमिका निभाई जाती है–

(i) शिक्षण प्रक्रिया में रुचि पैदा कर ध्यान केंद्रित करना तथा अभिप्रेरणा (Motivation) प्रदान करना।
(ii) किसी नियम तथा घटना की वास्तविकता या सच्चाई को सामने लाना।
(iii) वांछित व्यवहार परिवर्तन तथा चरित्र निर्माण में सहायक होना।

कार्टून अपनी इन भूमिकाओं का निर्वाह कितने अच्छी ढंग से कर सकते हैं इसकी एक झलक निम्न कार्टून अभिव्यक्ति से भली भाँति हो सकती है–

चित्र 4.19 एक व्यंग्य चित्र (Cartoon): पुस्तकों के बोझ तले दबा भविष्य।

व्यंग्य चित्रों को सहायक साधन के रूप में प्रयोग में लाना भी खर्चीला सिद्ध नहीं होता क्योंकि इनका संग्रह आसानी से अखबारों, पत्र–पत्रिकाओं तथा अन्य विज्ञापन सामग्री में से किया जा सकता है। प्रेरणा प्रदान कर छात्रों की सहायता से इन्हें विद्यालय में भी निर्मित कराया जा सकता है। अधिक शैक्षिक लाभ की दृष्टि से इनका उचित प्रकार से चयन एवं उपयोग किया जाना भी आवश्यक है। इसके लिए अध्यापक द्वारा कुछ निम्न बातों को ध्यान में रखा जा सकता है–

1. अपने विषय की पाठ्यवस्तु तथा वांछित अधिगम उद्देश्यों को ध्यान में रखकर ही व्यंग्य चित्रों का संग्रह या निर्माण किया जाना चाहिए।
2. वे ही व्यंग्य चित्र उपयोग में लाने चाहियें जो कक्षा के छात्रों को आसानी से समझ में आ जायें तथा जिनसे वांछित निष्कर्ष निकालने में उन्हें समय न लगे।
3. छात्रों को व्यंग्य चित्रों को समझने से संबंधित आवश्यक पृष्ठभूमि से परिचित कराने तथा इनमें प्रयुक्त सांकेतिक भाषा को समझने की योग्यता विकसित करने के पूर्व प्रयत्न भी अवश्य किये जाने चाहियें।
4. हर अवस्था में यह ध्यान रखना चाहिए कि न तो व्यंग्य चित्रों का उद्देश्य मात्र मनोरंजन होता है और न केवल शैक्षिक। खेल–खेल में शिक्षा (Playway in education) की भावना के अनुसार दोनों प्रकार के उद्देश्यों को ध्यान में रखकर ही इनका चयन और उपयोग किया जाना चाहिए।
5. भित्ति पत्रिका (Wall magazine) एवं विद्यालय पत्रिका (School magazine) द्वारा तथा कक्षा–अध्ययन के समय श्यामपट्ट पर उपयोगी कार्टून बनाने की अनुमति देकर छात्रों को कार्टूनों का शैक्षिक लाभ उठाने के लिये प्रोत्साहित किया जाना चाहिए।
6. किसी भी कार्टून का प्रदर्शन करके ही अध्यापक को अपने कार्य की इति श्री नहीं समझ लेनी चाहिए। उसका उचित विश्लेषण कर अभीष्ट शैक्षिक लाभ प्रदान करने के सभी प्रयत्न उसके द्वारा अवश्य किए जाने चाहियें।

पोस्टर (Posters)

पोस्टर यूं तो एक प्रकार से वस्तुओं, व्यक्तियों, स्थानों या घटनाओं के चित्र ही होते हैं परंतु उनमें से चित्रात्मक अभिव्यक्ति चित्रों की तरह बिल्कुल स्पष्ट और प्रत्यक्ष ढंग से नहीं होती बल्कि एक खास अंदाज में अप्रत्यक्ष तथा संकेतात्मक रूप (Indirect and symbolic form) में की जाती है। जबकि सामान्य चित्र विषयवस्तु के बारे में ढेर सारा विवरण प्रस्तुत कर सकते हैं। पोस्टर द्वारा किसी एक विचार को ही केंद्र बिंदु बना कर इतनी सशक्त संवेगात्मक अपील की जाती है कि जो भी विशेष संदेश या खास बात दर्शकों को प्रेषित करनी होती है वह उनके दिल और दिमाग पर पूरी तरह छा जाती है। यही कारण है कि विज्ञापन और प्रचार की दुनिया में जितनी अधिक सहायता पोस्टर सामग्री से ली जाती है उतनी और किसी से नहीं। पोस्टर अपनी निराली शैली के बलबूते पर किसी मनोवृत्ति को बनाने, बदलने तथा किसी कार्य को करने की प्रेरणा देने में ऐसा जबरदस्त वातावरण तैयार कर सकते हैं जिनसे न केवल व्यक्तिगत व्यवहार में वांछित परिवर्तन लाने की भूमिका निभाई जा सकती है बल्कि एक प्रकार से पूरे के पूरे जनसमूह को इच्छित दिशा में मोड़कर विशेष योजनाओं तथा प्रचार आंदोलनों को भी आगे बढ़ाने में इनसे पूरी–पूरी सहायता मिल सकती है। इनके द्वारा यह किस प्रकार संभव है इसकी झलक पोस्टर के अवलोकन से आपको भलीभाँति मिल सकती है। (चित्र 4.20)।

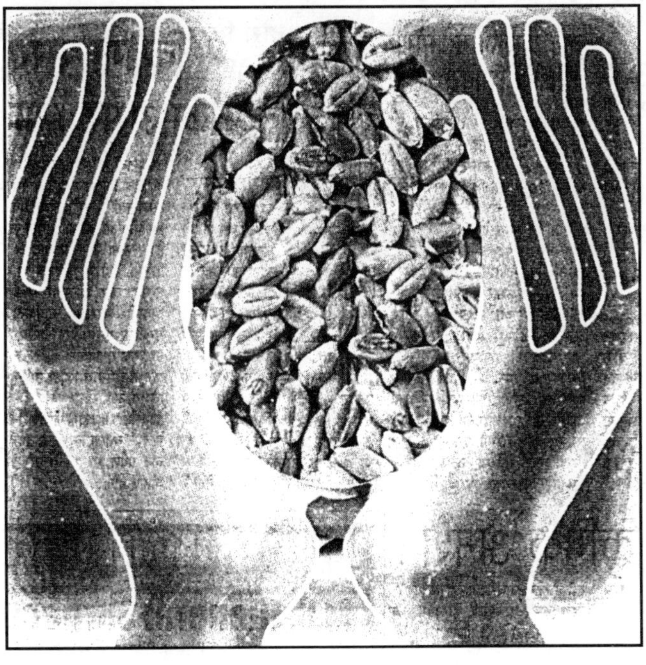

चित्र 4.20 एक पोस्टर 'अन्न बचाओ' (Save Grains)।

कक्षा शिक्षण में इनकी भूमिका के बारे में यह स्पष्ट रूप से कहा जा सकता है कि सभी विषयों में विद्यार्थियों को अध्ययन–अध्यापन की ओर आकर्षित करने तथा उनकी रुचि बनाए रखकर सीखने की दिशा में पर्याप्त अभिप्रेरणा प्रदान करने में पोस्टर महत्त्वपूर्ण भूमिका निभा सकते हैं। किसी भी पाठ को प्रस्तावित करते समय उसके प्रति आकर्षित होकर विद्यार्थियों द्वारा उसे पढ़ने की आवश्यकता पोस्टरों द्वारा अच्छी तरह अनुभव कराई जा सकती है। विषयवस्तु से संबंधित महत्त्वपूर्ण नियम, निष्कर्ष, विचार, घटना तथा प्रक्रिया पर ध्यान आकर्षित

करने तथा उसे छात्रों के दिल और दिमाग में बिठाने के कार्य में भी कक्षा अध्यापक द्वारा उचित पोस्टरों की सहायता ली जा सकती है। अपनी पाठ्यवस्तु का किन्हीं दूसरे विषयों तथा दिन–प्रतिदिन के कार्यों से समन्वय करने के उद्देश्य से भी अध्यापक पोस्टरों की मदद ले सकता है। इनके अतिरिक्त बालकों के सर्वांगीण विकास तथा व्यक्तित्व उन्नयन के कार्य में पोस्टर अपनी महत्त्वपूर्ण भूमिका निभा सकते हैं। छात्रों की बुरी आदतों को समाप्त कर अच्छी आदतें विकसित करने, वांछित अभिवृत्तियों (Desirable attitudes) के निर्माण तथा अच्छे व्यवहार को प्रोत्साहित करने में भी इनका अच्छी तरह उपयोग किया जा सकता है।

पोस्टरों को अध्यापक द्वारा कहाँ से प्राप्त किया जाये इस संदर्भ में संबंधित स्रोतों (Sources) को दो भागों में बाँटा जा सकता है, बाहरी स्रोत तथा निजी स्रोत। विद्यालय समुदाय तथा समाज में प्रचार और विज्ञापन की दुनिया से जो कुछ भी उपयुक्त संकलन हो सकता है, अध्यापक को छात्रों की सहायता से तथा अपने निजी प्रभाव का उपयोग कर उसे संग्रहित करने का प्रयत्न करना चाहिए। निजी स्रोत के रूप में विद्यालय द्वारा भी छात्रों की रचनात्मक शक्ति का उपयोग करते हुए पोस्टर तैयार कराने का प्रयास करना चाहिए। इनके निर्माण, संग्रह तथा प्रयोग में जो बातें विशेष रूप से ध्यान में रखी जानी चाहिये वे निम्न हैं–

1. पोस्टरों की शैक्षिक उपयोगिता को ज्यादा महत्त्व देना चाहिए तथा उन्हीं पोस्टरों का संकलन या निर्माण किया जाना चाहिए जिनसे विशिष्ट शैक्षिक उद्देश्यों की प्राप्ति हो सके।
2. उन्हीं पोस्टरों का चयन और प्रयोग कक्षा–अध्यापक द्वारा किया जाना चाहिए जिनको अच्छी तरह समझने की योग्यता कक्षा के छात्रों में हो तथा जिनके द्वारा अपेक्षित व्यवहार परिवर्तन लाने की भूमिका अधिक सशक्त ढंग से निभाई जा सकती हो।
3. विचार संप्रेषण तथा संवेगात्मक अभिव्यक्ति की दृष्टि से पोस्टरों में जितने अनुपात में स्पष्टता, सरलता, आकर्षण क्षमता, विचार केंद्रिता और संवेगों को उभारने की शक्ति हो उसी को ध्यान में रखकर कक्षाध्यापक द्वारा उनका चयन तथा प्रयोग किया जाना चाहिए।

समाचार पत्र (Newspapers)

जनमानस के विचारों और धारणाओं में बदलाव लाने के लिए और वांछित रूप से शिक्षित करने के संदर्भ में समाचार पत्र एक सशक्त जन माध्यम के रूप में बहुत बड़ी भूमिका निभा सकते हैं। जीवन के विविध क्षेत्रों से संबंधित स्थानीय एवं वैश्विक नवीनतम सूचनाओं और ज्ञान का अनुपम भंडार होने के नाते ये शिक्षण अधिगम प्रक्रिया में काफी महत्त्वपूर्ण साधन सिद्ध हो सकते हैं।

अपने सरल अर्थ में, समाचार पत्र एक ऐसे पत्र और लिखित दस्तावेज के रूप में हमारे सामने आते हैं, जिनमें व्यक्ति, स्थानों और घटनाओं से संबंधित विविध प्रकार के सामान्य एवं विशिष्ट समाचारों का संग्रह रहता है। जिन समाचार पत्रों को आप रोजाना अपने घर एवं पुस्तकालय में पढते हो, उन्हें सामान्यतया स्थानीय दैनिक, स्थानीय साप्ताहिक, प्रादेशिक दैनिक और राष्ट्रीय दैनिक के रूप में श्रेणीबद्ध किया जा सकता है। इनमें से जहाँ स्थानीय समाचार पत्रों को स्थानीय लोगों द्वारा ही ज्यादातर पढ़ा जाता है क्योंकि उनमें स्थानीय रुचि के ही समाचार एवं जानकारी रहती है, वहाँ इनकी तुलना में प्रांतीय और राष्ट्रीय समाचार पत्रों का क्षेत्र अधिक विस्तृत होता है। उनमें प्रांत, देश और विदेश की खबरें तथा जानकारी प्रदान की जाती है और इसीलिए उनके पढ़ने वालों का दायरा भी प्रांतीय और राष्ट्रीय स्तर से संबंधित रहता है।

समाचार पत्र से शैक्षिक एवं अनुदेशनात्मक लाभ उठाने के लिए यह जरूरी है कि उसमें निहित सूचनाओं और विचारों को पढ़ने के साथ–साथ उन्हें समझने का प्रयास भी किया जाए। समाचार पत्र पढ़ने वालों के लिए पठन एवं बोध संबंधी कौशलों को विकसित करने में एक अच्छा दृश्य साधन सिद्ध होता है। यहाँ तक कि नव

साक्षरों एवं जिन्हें पढ़ना नहीं आता है, उनके लिए भी समाचार पत्र का प्रयोग नई–नई बातों को जानने एवं सीखने में एक अनुदेशनात्मक साधन का रूप ले लेता है।

शैक्षिक उपयोगिता (Educational Advantage)

एक अनुदेशनात्मक साधन के रूप में समाचार पत्र के प्रयोग से प्राप्त होने वाले शैक्षिक लाभों को संक्षेप में निम्न रूप से स्पष्ट किया जा सकता है–

1. पठन या वाचन में आवश्यक रुचि पैदा करने में समाचार पत्र एक बहुमूल्य स्रोत का काम करता है। इसी प्रकार बच्चों में बचपन से ही विषय विशेष से संबंधित तथा सामान्य विषयों पर विशिष्ट पठन कौशल का विकास एवं रुचि पैदा करने में वे बहुत सहायता करते हैं।
2. एक अनुदेशनात्मक सहायक सामग्री के रूप में समाचार पत्र बच्चों में भाषा एवं संप्रेषण संबंधी आवश्यक कौशलों जैसे पढ़ना, लिखना, सुनना, बोलना, समझना, विचारों को ग्रहण करने के उपरांत उनका सार बताना, रिपोर्ट तैयार करना, संपादन करना, किसी विषय पर अपने तर्क युक्त विचार देना, समीक्षा करना एवं मूल्यांकन करना आदि को विकसित करने में अपना महत्त्वपूर्ण योगदान करते हैं।
3. समाचार पत्र वास्तव में अपने पाठकों को व्यक्तिगत, सामाजिक, स्थानीय यहाँ तक कि वैश्विक रुचियों से संबंधित ज्ञान और समसामयिक सूचनाओं के खजाने तथा भंडार गृह हैं। इस प्रकार से समाचार पत्र सभी आयु एवं श्रेणियों के विद्यार्थियों के लिए उनके विद्यालय पाठ्यक्रम से संबंधित विभिन्न क्षेत्रों की विस्तृत सूचनाओं एवं ज्ञान को प्राप्त करने के लिए महत्त्वपूर्ण स्रोत के रूप में कार्य करते हैं।
4. समाचार पत्र, किसी विशेष खर्च के एक अनुदेशनात्मक सहायक सामग्री के रूप में बालकों में उच्च स्तरीय संज्ञानात्मक योग्यताओं एवं कौशलों को जैसे चिंतन कौशल, तर्कशील, समस्या समाधान योग्यता, विश्लेषणात्मक, संश्लेषणात्मक, मूल्यांकन तथा प्रयोगात्मक, कौशलों आदि को विकसित करने एवं पुनर्बलन प्रदान करने में भी सहायता करते हैं।
5. एक अनुदेशनात्मक सहायक साधन के रूप में समाचार पत्र बच्चों में सृजनात्मक योग्यताओं एवं अभिव्यक्ति योग्यता को विकसित करने में भी सहायता करते हैं।
6. विद्यालय पाठ्यक्रम के विभिन्न विषयों से संबंधित अनन्त अधिगम अनुभवों को प्रदान करने में समाचार पत्र एक महत्त्वपूर्ण स्रोत की भूमिका निभाते हैं। इस प्रकार से वे विद्यालय पाठ्यक्रम के विभिन्न विषयों जैसे भाषाएं, गणित, प्राकृतिक एवं प्रयोगात्मक विज्ञान, सामाजिक विज्ञान, कला, कार्य अनुभव, आरोग्य एवं स्वास्थ्य विज्ञान आदि के विभिन्न क्षेत्रों से संबंधित उपयोगी अधिगम अनुभव प्राप्त करने में महत्त्वपूर्ण सहायक साधन सिद्ध होते हैं।
7. पाठ्यक्रम संबंधी विषयों के अतिरिक्त विद्यालय में आयोजित की जाने वाली विभिन्न पाठ्य सहगामी क्रियाओं जैसे साहित्यिक क्रियाएँ, सांस्कृतिक क्रियाएँ, खेलकूद संबंधी क्रियाएँ, स्काउटिंग, समाज कल्याण एवं सामुदायिक क्रियाएँ आदि में सक्रिय सहयोग देने और भाग लेने के लिए विद्यार्थियों में वांछित रुचि, दृष्टिकोण, कौशल एवं उत्साह की वृद्धि एवं विकास करने में भी समाचार पत्रों की सहायता ली जा सकती है।
8. अंत में हम कह सकते हैं कि एक अनुदेशनात्मक सहायक सामग्री के रूप में समाचार पत्र का प्रयोग विद्यार्थियों को अपने शारीरिक, सांस्कृतिक, सामाजिक, राजनीतिक वातावरण एवं मनोरंजन की दुनिया एवं वातावरण के बारे में सचेत, सजग, जीवंत एवं जागरूक बनाने में मदद करता है। समाचार पत्र की

सहायता से वे अपने स्थानीय, क्षेत्रीय, राष्ट्रीय एवं अन्तर्राष्ट्रीय स्तर पर सब जगह घटने वाली घटनाओं, होने वाले परिवर्तनों, व्यक्तियों तथा स्थानों के निरंतर संपर्क में रहते हैं। इस प्रकार से समसामयिक घटनाओं तथा नवीनतम ज्ञान में रुचि विकसित करके समाचार पत्र एक अनुदेशनात्मक सामग्री के रूप में बहुत ही महत्त्वपूर्ण योगदान करने की क्षमता रखते हैं।

एक अनुदेशनात्मक सहायक साधन के रूप में समाचार पत्र का प्रयोग कैसे किया जाए ? (How to Make Use of Newspapers as an Instructional Aid ?)

एक अनुदेशनात्मक सहायक साधन के रूप में समाचार पत्र का उचित प्रयोग करने की दिशा में निम्न बातें काफी सहायक सिद्ध हो सकती हैं–

1. बच्चों में बचपन से ही समाचार पत्र पढ़ने की आदत डालनी चाहिए। प्रारंभिक कक्षाओं से ही बच्चों को प्रतिदिन समाचार पत्र पढ़ने के लिए प्रेरित करना चाहिए जिससे जीवन पर्यंत उनमें यह आदत बनी रहे और वे रुचिपूर्वक समाचार पत्र पढ़ें तथा अपने ज्ञान में वृद्धि करें।
2. विद्यालय पुस्तकालय में स्थानीय, क्षेत्रीय एवं राष्ट्रीय स्तर के समाचार पत्र प्रतिदिन आने की व्यवस्था होनी चाहिए। समाचार पत्र पढ़ने के लिए वाचनालय कक्ष में खड़े होकर या बैठकर पढ़ने की व्यवस्था की ओर भी समुचित ध्यान दिया जाना चाहिए। विद्यालय के समय विभाग चक्र में प्रत्येक कक्षा के लिए प्रतिदिन कुछ समय पुस्तकालय के लिए अर्थात् पुस्तकालय कालांश रखना चाहिए जिससे कि छात्र उस कालांश विशेष में पुस्तकालय जाकर समाचार पत्र का वाचन कर सकें और उनको पढ़ने के लिए उचित समय एवं सुविधा मिल सके।
3. अध्यापक समाचार पत्रों में प्रकाशित विभिन्न सामाजिक समाचारों, घटनाओं, वृतान्तों तथा सामान्य व विशेष रुचियों से संबंधित लेखों में छपी हुई बातों का कक्षा में तथा प्रार्थना सभा में बताने का कार्य कर सकता है। इससे विद्यार्थियों को एक तरफ तो समसामयिक घटनाओं व बातों की जानकारी मिलेगी तो दूसरी ओर विषय विशेष अथवा प्रकरण विशेष से संबंधित अमूल्य जानकारी भी प्राप्त हो सकेगी।
4. समाचार पत्रों में दी हुई जानकारी, घटनाओं में विवरण तथा लेखों एवं संस्मरणों के आधार पर अध्यापक द्वारा विद्यार्थियों को उनके पाठ्यक्रम से संबंधित अधिगम अनुभव प्रदान करने में समाचार पत्रों की उचित सहायता ली जा सकती है। समाचार पत्रों में इस तरह के उपयोग से संबंधित बहुत सारी सामग्री हो सकती है जैसे विभिन्न प्रकार के चित्र, आकृतियाँ, मानचित्र, ग्राफ, सांख्यिकी आँकड़े तथा उनका तालिकाबद्ध, चित्रात्मक प्रस्तुतीकरण, मौसम संबंधी जानकारी, कॉमिक्स, कार्टून, विज्ञापन, वस्तुओं के भाव, स्टॉक संबंधी जानकारी, बजट संबंधी सूचनाएँ, स्वास्थ्य, खेलकूद तथा मनोरंजन एवं सांस्कृतिक रुचि से संबंधी विवरण और लेख आदि। स्पष्ट है कि इस प्रकार की सामग्री का उपयोग अनुदेशन कार्य हेतु अच्छी तरह से किया जा सकता है।
5. समाचार पत्रों का पढ़ना निश्चित रूप से विद्यार्थियों के लिए एक अत्यन्त लाभ की बात है परंतु इससे उचित फायदा उन्हें तभी हो सकता है जब उन्हें समाचार पत्र ठीक प्रकार से पढ़ने की कला आती हो। उन्हें समाचार पत्र पढ़ने संबंधी उचित प्रशिक्षण देते समय यह बात स्पष्ट कर देनी चाहिए कि उन्हें इसे पढ़कर फायदा उठाने के लिए 'पूर्ण से अंश की ओर' सूत्र की अनुपालना करनी चाहिए यानी उन्हें पहले सरसरी तौर पर पूरे अखबार पर नजर दौड़ानी चाहिए फिर अपनी रुचि एवं आवश्यकता के अनुसार एक एक करके समाचारों को पढ़ना चाहिए। हाँ, जो विशेष ज्ञान एवं अनुभव से ओतप्रोत लेख या रचनाएँ हैं उन पर विशेष समय लगाना चाहिए ताकि उनको पढ़कर उन्हें अधिक से अधिक फायदा हो सके।

6. समाचार पत्रों को अनुदेशन सामग्री के रूप में प्रयोग किए जाने के संबंध में इस बात को अवश्य ध्यान में रखना चाहिए कि इन्हें कोई ऐसी बाहरी वस्तु न समझा जाए जिसे ऊपर से अनुदेशन प्रक्रिया पर लाद दिया गया है। इसलिए जहाँ तक हो सके, इसे विद्यालय पाठ्यक्रम का एक अभिन्न अंग मानकर ही चलना चाहिए। यह तभी हो सकता है जब कि अध्यापक जब भी अपने विषय को पढ़ा रहे हों अथवा पाठ्य सहगामी क्रियाओं का आयोजन कर रहे हों तो समाचार पत्रों में प्रकाशित सूचनाओं एवं तथ्यों का उनके द्वारा अधिक से अधिक समावेश अपनी गतिविधियों में किया जाए। उदाहरणार्थ–एक भूगोल अथवा विज्ञान के अध्यापक द्वारा समाचार पत्र में प्रकाशित मौसम संबंधी रिपोर्ट और उससे संबंधित मानचित्र, चार्ट, ग्राफ इत्यादि को अपनी कक्षा में अनुदेशन का एक महत्त्वपूर्ण केंद्र बिंदु बनाया जा सकता है। इसी प्रकार अर्थशास्त्र के एक अध्यापक द्वारा राज्य और केंद्र द्वारा प्रस्तुत बजट प्रावधानों को, अपने विद्यार्थियों के पाठ्यक्रम संबंधी अनुभवों में वृद्धि करने का एक अच्छा स्रोत बनाया जा सकता है।
7. समाचार पत्र को एक अच्छी अनुदेशनात्मक सामग्री के रूप में काम में लाने के लिए अध्यापक का उन सभी संभावित परिस्थितियों, पक्षों एवं तरीकों के प्रयोग हेतु प्रयत्न करने चाहिए जिनके आधार पर समाचार पत्र पठन को विद्यालय के पाठ्य एवं पाठान्तर अनुभव क्षेत्रों के साथ अच्छी प्रकार सहसंबंधित किया जा सके। इस प्रकार की कुछ बातें निम्न तरह से हो सकती हैं–
   - समाचार पत्र को पढ़ने के कार्य को किसी विषय अथवा प्रकरण विशेष के अधिगम में रुचि एवं अभिप्रेरणा पैदा करने के लिए प्रयोग किया जा सकता है।
   - किसी विषय विशेष के लिए निर्धारित उद्देश्यों की प्राप्ति में इससे सहायता ली जा सकती है।
   - विभिन्न भाषायी एवं संप्रेषण कौशल में इसकी सहायता ली जा सकती है।
   - उच्च स्तरीय संज्ञानात्मक योग्यताओं तथा सृजनात्मक योग्यताओं के विकास तथा पोषण में सहायता ली जा सकती है।
8. समाचार पत्रों को एक अच्छे अनुदेशनात्मक साधन के रूप में प्रयोग करने हेतु यह आवश्यक है कि अध्यापक पहले स्वयं विद्यालय में उपलब्ध समाचार पत्रों को ठीक ढंग से पढ़े और फिर यह निर्णय ले कि उसमें उपलब्ध सामग्री से उचित शैक्षणिक लाभ कैसे उठाए जा सकते हैं। इनसे ऐसे लाभ उठाने की सीमा अंतहीन है। उदाहरण स्वरूप कुछ की चर्चा नीचे की जा रही है–
   - विद्यार्थियों से समसामयिक घटनाओं, सार्थक सूचना और ज्ञान को स्क्रैपबुक, नोट बुक अथवा बुलेटिन बोर्ड पर संग्रहित एवं प्रदर्शित करने के लिए कहना तथा उनके संबंध में अपनी स्वयं की टिप्पणी करने के लिए प्रेरित करना।
   - समाचार पत्रों में प्रकाशित व्यक्तियों और स्थानों के फोटोग्राफों की पहचान कर छात्र बतायें कि वे कौन हैं और उनका क्या योगदान है ?
   - किसी राज्य अथवा देश के किसी भी कोने में कानून व्यवस्था के हालात तथा राजनीतिक घटना चक्र के बारे में अपनी टिप्पणी प्रस्तुत करने के लिए छात्रों से कहना।
   - छात्रों से किसी एक विषय पर विभिन्न समाचार पत्रों में जो संपादकीय लेख या टिप्पणियाँ छपती हैं उनकी भलीभाँति तुलना करते हुए स्वयं के विचार और निष्कर्ष प्रस्तुत करने के लिए कहना।
   - विद्यार्थियों से कहा जाए कि वे समाचार पत्रों का अध्ययन कर ऐसे उदाहरणों, घटनाओं एवं वृत्तांतों का संग्रह करें जिनसे स्वतंत्रता सेनानियों, समाज सेवकों, ईमानदार व्यक्तियों तथा राष्ट्र के लिए अपना सर्वस्व न्यौछावर करने वाले व्यक्तियों की जानकारी हासिल हो सके।

– विद्यार्थियों से यह कहना कि वे किसी भी सामाजिक घटना या वृत्तांत का इस तरह से वर्णन करें जैसे कि वे स्वयं ही किसी समाचार पत्र के रिपोर्टर हैं।
– विद्यार्थियों से यह कहना कि वे समाचार पत्र में प्रकाशित किसी कार्टून को लेकर किसी कार्टून कथा अथवा घटना वृत्तांत का निर्माण करें।

मॉडल या प्रतिमान (Models)

परिभाषा की दृष्टि से किसी वस्तु के मॉडल या प्रतिमान से तात्पर्य उस वस्तु की उपयुक्त एवं सुविधाजनक दृष्टि से अच्छी तरह नकल की हुई ऐसी बनावट (Representation) या प्रतिरूप से है जिसे प्रदर्शित कर अच्छी तरह उस वस्तु या उसकी प्रक्रियाओं के बारे में जानकारी प्राप्त की जा सके।

मॉडल का इस तरह एकदम वास्तविक पदार्थों जैसा होना जरूरी नहीं। यह तो प्रत्येक अवस्था में मात्र नकल (Imitation) ही होते हैं क्योंकि इसे बनाया ही इस दृष्टि से जाता है। जब वास्तविक पदार्थों को उनके आकार (छोटे या बड़े), सुरक्षा तथा अध्ययन के लिए मिलने वाले कम या अधिक समय तथा कीमत की दृष्टि से कक्षा शिक्षण में प्रयुक्त कर पाना संभव नहीं होता तो उसकी ऐसी नकल बनाने की चेष्टा की जाती है जो वास्तविक पदार्थ की तरह ही लगे, वास्तविक पदार्थ को कक्षा शिक्षण में प्रयुक्त करने संबंधी अड़चनों को दूर कर सके तथा शैक्षिक लाभ उठाने की दृष्टि से अधिक से अधिक सीमा तक वास्तविकता का प्रदर्शन उसके द्वारा किया जा सके। उदाहरण के लिए अगर रेल, वायुयान या स्टीमर के बारे में पढ़ाना है तो न तो ये इंजन ही कक्षा में लाए जा सकते हैं और न उनके लिए किसी अंश को ही नमूने के रूप में दिखाया जा सकता है। ऐसी अवस्था में इन इंजनों की बनावट तथा कार्यप्रणाली का अध्ययन करने के लिए इनके छोटे प्रतिरूप (Models) बनाकर कक्षा में दिखलाए जा सकते हैं। इसी प्रकार पानी के पंप, जेनरेटर, पनडुब्बी तथा भवन, पुल और बांध आदि के मॉडल इनसे संबंधित ज्ञान प्रदान करने के लिए काम में लाए जा सकते हैं।

शैक्षिक उपयोगिता (Educational Value)

विभिन्न विषयों को पढ़ाते समय ऐसे अवसर आते ही रहते हैं जिनमें वस्तुओं तथा उनसे संबंधित क्रियाकलापों के प्रदर्शन के लिए मॉडलों का उपयोग काफी प्रभावपूर्ण सिद्ध होता है। ऐसी कुछ परिस्थितियाँ निम्न प्रकार की हो सकती हैं–

(i) जबकि दिखाई जाने वाली वास्तविक वस्तु का आकार काफी छोटा हो, जैसे भौतिक वातावरण में पाए जाने वाले सूक्ष्म जीवाणु, जल में पाई जाने वाली अशुद्धियाँ तथा कीटाणु, रोगाणु, सौरमंडल के ग्रह, ब्रह्माण्ड के तारे, नीहारिकाएँ, प्रदूषण क्रियाएँ तथा पर्यावरण पर प्रदूषण का प्रभाव आदि। ऐसी अवस्था में इन पदार्थों एवं प्रक्रियाओं को बड़े आकार में प्रदर्शित करने के लिए उपयुक्त मॉडलों का उपयोग किया जाता है।

(ii) जबकि दिखाई जाने वाली वास्तविक वस्तु का आकार काफी बड़ा हो उस अवस्था में उस वस्तु या प्रक्रिया का छोटा रूप मॉडल के माध्यम से प्रदर्शित कर उचित शैक्षिक लाभ उठाने के प्रयत्न किए जाते हैं। उदाहरण के लिए संचार, यातायात आदि के साधनों जैसे स्टीमर, वायुयान, रेलगाड़ी, टेलीफोन केंद्र, हवाई अड्डा, बंदरगाह, रेलवे पुल आदि के बारे में पढ़ाते समय इन वस्तुओं के लघु रूप ही मॉडल के माध्यम से कक्षा में प्रस्तुत किए जाते हैं। इसी तरह पृथ्वी का ज्ञान देने में पृथ्वी के मॉडल के रूप में ग्लोब तथा ब्रह्माण्ड का ज्ञान कराने के लिए उचित आकार के मॉडल काम में लाए जाते हैं।

(iii) जबकि प्रदर्शित की जाने वाली सामग्री वर्तमान में उपलब्ध ही न हो; जैसे मोहनजोदड़ो की सभ्यता के अवशेष, प्राचीन काल के राजा–महाराजा तथा अन्य नागरिकों की वेशभूषा, आकृति, रहन–सहन, हल्दीघाटी की लड़ाई का दृश्य, विभिन्न नेताओं, क्रांतिकारियों, समाज सुधारकों आदि इन सभी के प्रदर्शन हेतु मिट्टी, गत्ते तथा लकड़ी के उचित मॉडल बनाए जा सकते हैं।

(iv) जबकि प्रदर्शित की गई वस्तु काल्पनिक हो अथवा उसके वास्तविक रूप को देख पाना सम्भव न हो; जैसे कुतुबमीनार, मीनाक्षी मंदिर, कोणार्क का सूर्य मंदिर, ताजमहल आदि भवनों और इमारतों के मॉडल, भाखड़ा, हीराकुंड आदि बांधों और परियोजनाओं के मॉडल, राउरकेला, भिलाई आदि राष्ट्रीय महत्त्व के प्लांट्स के मॉडल, देश में बन रहे विभिन्न जलयानों, वायुयानों, पनडुब्बियों, टैंक आदि के मॉडल आदि।

(v) जबकि वस्तुओं की जटिल रचना कार्यप्रणाली अथवा विभिन्न प्रणालियों के बारे में कार्यकारी जानकारी लेनी हो तो हमें ऐसी जानकारी उनके कार्यकारी मॉडलों (Working models) से प्राप्त हो सकती है। इन मॉडलों की सहायता से वस्तुओं के भागों को अलग–अलग खोलकर तथा फिर जोड़कर दिखाया जा सकता है तथा किसी एक भाग की कार्यप्रणाली का अलग ज्ञान कराया जा सकता है। इस दृष्टि से हृदय, फेफड़े आदि जीवित और कार्यशील भागों की रचना और कार्यप्रणाली को मॉडलों की सहायता से अच्छी तरह समझा जा सकता है तथा किसी एक भाग की कार्यप्रणाली का अलग–अलग ज्ञान कराया जा सकता है। एक इंजन के भीतरी संयंत्र तथा कार्यपद्धति को मॉडल की सहायता से अच्छी तरह दिखाया और समझाया जा सकता है। इसी प्रकार दिन–रात कैसे बनते हैं, मौसम कैसे बदलते हैं, जलपंप तथा साइकिल–पंप कैसे कार्य करते हैं, कान की आंतरिक और बाह्य रचना कैसी है, हम कैसे सुनते हैं, इत्यादि बातों को भलीभाँति स्पष्ट करने में मॉडल प्रभावकारी भूमिका निभा सकते हैं।

इसके अतिरिक्त अधिगम प्रक्रिया को रोचक तथा सजीव बनाकर रुचि पैदा करने, ध्यान आकर्षित करने, विद्यार्थियों की सृजनात्मक क्षमता का विकास करने तथा शिक्षण प्रक्रिया में विद्यार्थियों को क्रियात्मक सहभागी बनाने के कार्य में भी मॉडलों के उपयोग द्वारा पूरी–पूरी सहायता मिलती है। इस तरह कक्षाध्यापन में मॉडलों का उपयोग काफी महत्त्वपूर्ण भूमिका निभा सकता है।

मॉडलों का निर्माण (Preparation or Construction of Models)

विभिन्न विषयों से संबंधित प्रकरणों के शिक्षण से संबंधित आवश्यक मॉडल यूँ तो दुकानों अथवा व्यावसायिक फर्मों से आसानी से क्रय किए जा सकते हैं, परंतु शैक्षिक लाभ और सीमित बजट को ध्यान में रखते हुए इनका छात्रों की सहायता से विद्यालयों में ही निर्माण कराना अधिक उपयुक्त रहता है। सामान्यतया मॉडल के निर्माण कार्य हेतु कुछ निम्न मुख्य बातों को ध्यान में रखकर चलना लाभप्रद सिद्ध हो सकता है–

1. जिस विषयवस्तु को स्पष्ट करने के लिए मॉडल का उपयोग किया जाना है उसके बारे में पूरी तरह सोचकर यह निर्णय लिया जाना चाहिए कि इसके लिए मॉडल का सहायक साधन के रूप में प्रयोग किया जाना कहाँ तक ठीक होगा। यह मॉडल किस तरह का होना चाहिए और इसका विशिष्ट शैक्षिक उद्देश्य या प्रयोजन क्या होगा आदि बातों के बारे में पूरी तरह निश्चित होकर ही आगे बढ़ना चाहिए।
2. मॉडल के प्रयोग तथा प्रयोजन का पूरी तरह स्पष्टीकरण हो जाने के पश्चात् यह निर्णय लिया जाना चाहिए कि किस सामग्री का बना हुआ हो। निर्माण सामग्री के रूप में प्रायः मिट्टी, प्लास्टर ऑफ पेरिस, कुट्टी यानी पेपर मेशी (Paper machie), कागज, गत्ता, सामान्य लकड़ी, प्लाईवुड, धातु आदि का प्रयोग

किया जा सकता है। इनमें से विद्यालय के अपने साधनों, परिस्थितियों तथा मॉडल के लिए उपयुक्तता को ध्यान में रखकर किसी भी अच्छी निर्माण सामग्री का चुनाव किया जा सकता है।

3. मॉडल को वास्तविक पदार्थ या प्रक्रिया की एक सर्वोत्तम नकल (Real Copy) के रूप में ही निर्माण करने पर पूरा–पूरा ध्यान दिया जाना चाहिए। अतः जिस वस्तु या प्रक्रिया का मॉडल बनाना हो वह सामने होना चाहिए। उसकी अनुपस्थिति में उसका चित्र या फोटोग्राफ सामने होना चाहिए अन्यथा उसकी छवि जो मन में अंकित है उसी कागज पर रफ स्केच (Rough Sketch) बनाकर सामने रख लेना चाहिए।
4. मॉडल के निर्माण में इस बात का भी ध्यान रखा जाना चाहिए कि तैयार मॉडल इस प्रकार का हो कि उसे आसानी से पढ़ने–पढ़ाने के लिए उपयोग में लाया जा सके, वह जल्दी से खराब या क्षतिग्रस्त न हो तथा उसे भविष्य में प्रयोग के लिए भी संभालकर रखा जा सके।

विभिन्न सामग्रियों से मॉडल निर्माण (Preparation of Models with Different Materials)

मिट्टी के मॉडल बनाना (Construction of Clay Models)—मिट्टी की सहायता से विभिन्न प्रकार के मॉडलों का आसानी से निर्माण किया जा सकता है। इस कार्य के लिए अधिकतर बालू रहित चिकनी मिट्टी का उपयोग किया जाता है जो नदी, तालाब, पोखर, खान व खेत आदि में से खोदकर निकाली जा सकती है। इस प्रकार की सूखी मिट्टी को मुँगरी अथवा हथौड़ी से तोड़कर अच्छी तरह महीन कर लिया जाता है। फिर इसे किसी बरतन में डालकर आवश्यकतानुसार पानी में भिगो दिया जाता है। 2–4 घण्टों में जब मिट्टी मुलायम हो जाती है तब इसे आटे की तरह गूँथ लिया जाता है जिससे वह मुलायम और लेसदार बनकर मॉडल बनाने लायक बन जाए। इस मिट्टी को खुले में नहीं छोड़ा जाता बल्कि अच्छी तरह से गीला करके किसी मोटे कपड़े में लपेट कर या बंद पीपों में भरकर रखा जाता है ताकि इसमें दरारें न पड़ें और यह पर्याप्त रूप से मुलायम रहे।

जिस समय किसी पदार्थ या प्रक्रिया का मॉडल बनाना हो उस समय जितनी आवश्यकता हो उतनी ही मिट्टी बनाने वाली मेज या तख्ते इत्यादि पर रखी हुई होनी चाहिए। अधिक मिट्टी एक साथ रखने से उसमें दरारें पड़ने की संभावना बढ़ जाती है। अब जिस वस्तु का मॉडल बनाना हो उसे या उसके चित्र को ध्यान में रखते हुए तैयार मिट्टी के द्वारा मॉडल निर्माण को आगे बढ़ाना चाहिए। बड़े मॉडलों के निर्माण में पहले बाँस की खपच्चियों, तारों इत्यादि का ढाँचा खड़ा कर लेना चाहिए और फिर उस पर मिट्टी का लेप चढ़ाना चाहिए।

आकृतियाँ निर्मित हो जाने के बाद उन पर खुदाई, लिखाई, डिजाइन तथा चित्रांकन आदि का कार्य किया जा सकता है। जहाँ तक रंग भरने का प्रश्न है यह कार्य कच्ची मिट्टी से निर्मित मॉडलों को आवाँ में पकने के बाद ही किया जाना चाहिए। पकाने हेतु विद्यालय के पास में स्थित किसी कुम्हार के आवाँ का सहारा लिया जा सकता है। इस प्रकार से पकाए गए मॉडल सुरक्षा और प्रयोग की दृष्टि से टिकाऊ हो जाते हैं तथा देखने में भी आकर्षित लगते हैं। इन पर अब वास्तविक वस्तु और प्रतिक्रियाओं का प्रतिनिधित्व करने की दृष्टि से उचित रंग इत्यादि करने की व्यवस्था कर ली जाती है।

कुट्टी या पेपर मेशी के मॉडल (Paper-machie Models)

कुट्टी जिसे फ्रेंच भाषा में पेपर मेशी (Paper-machie) कहा जाता है, कागज को गलाकार तैयार की जाती है। जब कागज अच्छी तरह गल जाए तो उसे मूसल से कूटकर अथवा सिल–बट्टे से पीसकर लोचयुक्त लुगदी बना ली जाती है। जिस पानी में कागज गलाया जाता है उसे हर तीन दिन के बाद बदलते रहना चाहिए और इस तरह लगभग 10–20 दिन में कागज गल जाता है। जल्दी गलाने के लिए पानी को गरम कर लेना चाहिए और इस

तरह फिर 4–5 घण्टे में ही कागज गल जाता है। बढ़िया गौंद व सरेस और चावलों की लेई मिला दी जाती है ताकि यह पर्याप्त रूप से लेसदार चिकनी बन जाए। इस प्रकार से पेपर मेशी को अब मनचाहे मॉडल बनाने के लिए प्रयुक्त किया जा सकता है।

इन मॉडलों को मिट्टी के मॉडलों की तरह या तो बने बनाए साँचों की सहायता से तैयार किया जा सकता है अथवा इसके लिए वस्तु की आकृति को देखकर खपच्चियों या तार की जाली का ढाँचा तैयार कर उस पर ऊपर से पेपर मेशी की लुगदी चढ़ा दी जाती है और उसे सुखाकर वांछित मॉडल का निर्माण किया जा सकता है।

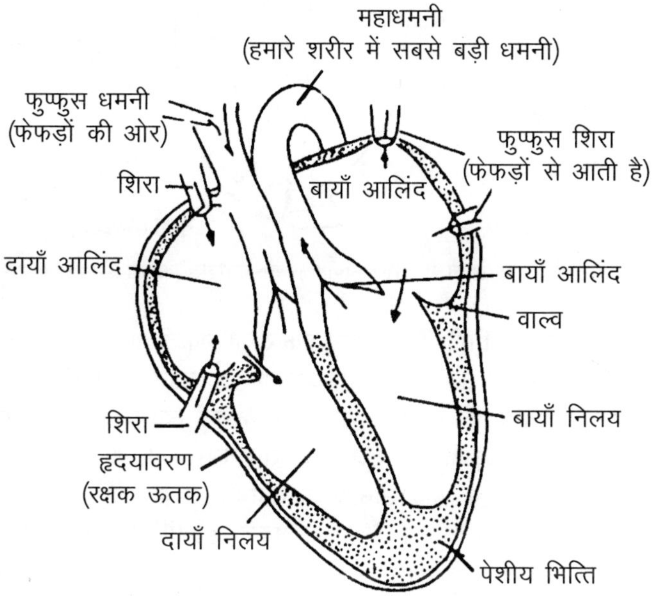

चित्र 4.21 मानव हृदय एवं रक्त परिसंचरण को प्रदर्शित करता हुआ प्लास्टर ऑफ पेरिस का एक मॉडल।

मिट्टी और पेपर मेशी के अतिरिक्त मॉडल बनाने के लिए प्लास्टर ऑफ पेरिस (Plaster of paris) का भी उपयोग किया जा सकता है और उससे भी इन्हीं की तरह के मॉडल उपलब्ध हो सकते हैं। मॉडल बनाने की अन्य उपयुक्त सामग्रियों में मोटे कागज या गत्ते का प्रयोग करके मॉडल उपलब्ध हो सकते हैं। मॉडल बनाने की अन्य उपयुक्त सामग्रियों में मोटे कागज या गत्ते का प्रयोग करके मॉडल बनाना सबसे अधिक प्रचलित और सुविधाजनक माना जाता है।

मोटे कागज या गत्ते से मॉडल बनाना (Construction of Models with Thick Paper or Cardboard)

विभिन्न विषय वस्तुओं के शिक्षण से संबंधित अनेक मॉडलों के निर्माण के लिए मोटे कागज तथा गत्ते या थर्मोकोल इत्यादि का बहुत ही प्रभावपूर्ण ढंग से उपयोग किया जा सकता है। वनस्पति, पशु–पक्षी तथा मानव आकृतियों के निर्माण और उनके क्रिया–व्यापार को प्रदर्शित करने के लिए इन मॉडलों का अच्छी तरह उपयोग किया जा सकता है।

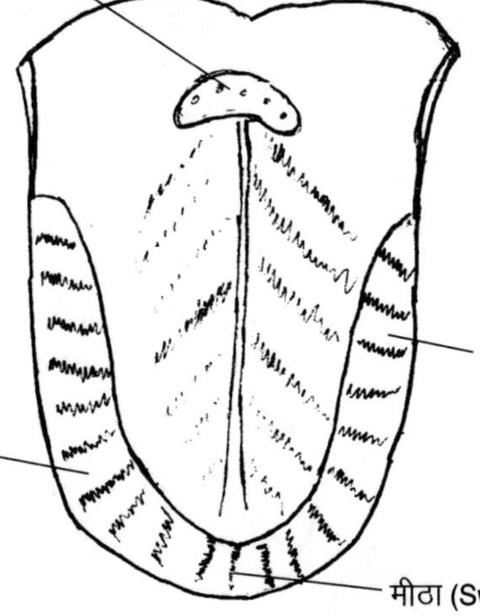

चित्र 4.22 जीभ पर स्वाद कलिकाओं (Taste buds) को प्रदर्शित करता हुआ एक थर्मोकोल मॉडल।

इस प्रकार न केवल गत्ते, कागज, मिट्टी और विभिन्न प्रकार की लकड़ी आदि को मॉडल बनाने के लिए प्रयुक्त किया जा सकता है बल्कि एक अनुभवी तथा प्रशिक्षित अध्यापक द्वारा बहुत–सी ऐसी बेकार पड़ी हुई सामग्री जैसे दियासलाई और सिगरेट की डिब्बियाँ, काँच की शीशियों तथा बरतन, लकड़ी और गत्ते के बॉक्स, खिड़कियों के शीशे, ऊन, कपास, रेशम के धागों, बिजली के फ्यूज बल्ब, साइकिल के पहिए के टूटे तार, मिट्टी तथा धातु के बेकार बरतनों, प्लास्टिक तथा रबर ट्यूब आदि सामग्री की सहायता से बहुत ही उपयोगी मॉडलों तथा स्वनिर्मित उपकरणों (Improvised apparatus) का निर्माण किया जा सकता है। पंडित नेकचंद द्वारा निर्मित चण्डीगढ़ के रॉक गार्डन संग्रहालय (Rock garden museum) एवं शहर के अन्य महत्त्वपूर्ण स्थानों पर प्रदर्शित विभिन्न प्रकार की आकृतियाँ ऐसे मॉडलों का सुंदरतम नमूना प्रस्तुत करती हैं जिनसे प्रेरणा प्राप्त कर बहुत–से उपयोगी शैक्षिक मॉडलों का निर्माण बहुत ही कम खर्चे में किया जा सकता है। एन०सी०ई०आर०टी० के शिक्षण साधन विभाग (Department of teaching aids) ने भी इस दिशा में कई उपयोगी कदम उठाये हैं। उन्होंने न केवल स्व–निर्मित मॉडलों को तैयार करने से संबंधित उपयोगी सेमिनार तथा कार्यशालाओं का आयोजन किया है बल्कि इन्हें निर्मित करने के लिए उपयुक्त सुझाव एवं मार्गदर्शन देने का कार्य भी अपने हाथ में ले रखा है। हर उत्साही अध्यापक एवं विद्यालय को उनकी इस प्रकार की सेवाओं से यथासंभव लाभ उठाने का प्रयत्न करना चाहिए।

स्लाइड (Slide)

स्लाइड प्रक्षेपित दृश्य सामग्री (Projective visual material) के अंतर्गत आती है। इन्हें एपीडाइस्कोप, मैजिक लैन्टर्न तथा प्रोजेक्टरों आदि दृश्य उपकरणों की सहायता से पर्दे पर प्रक्षेपित (Project) कर कक्षा शिक्षण में प्रयुक्त किया जा सकता है। परिभाषा की दृष्टि से स्लाइडों को ऐसी प्रक्षेपित दृश्य सामग्री की संज्ञा दी जा सकती है जो किसी पारदर्शी तत्त्व (Transparent surface) जैसे घिसा हुआ शीशा या प्लास्टिक (Etched glass or plastic) सेल्यूलोज ऐसिटेट फिल्म तथा सिल्होहट (Silhouette) आदि का ऐसा भाग है जो एक विशिष्ट आकार वाला (जैसे 2" × 2" या 3¼" × 4") होता है और जिस पर तस्वीरें या रेखाचित्र होते हैं और जिन्हें प्रेषित प्रकाश के माध्यम से अच्छी प्रकार देखा जा सकता है तथा प्रोजेक्टर आदि प्रक्षेपित उपकरणों द्वारा पर्दे पर बड़ा करके दिखाया जा सकता है।

चित्र 4.23 पौधों में प्रकाश के प्रति अनुक्रिया को प्रदर्शित करती हुई दो स्लाइडें।

शैक्षिक मूल्य (Educational Value)—स्लाइडों के द्वारा पढ़ने–पढ़ाने की प्रक्रिया बहुत ही सहज, आकर्षक और प्रभावपूर्ण बन जाती है। उदाहरण के लिए चित्र 4.23 में प्रदर्शित स्लाइडों को देखिए। इनकी सहायता से पौधे में प्रकाश के प्रति अनुक्रिया को बहुत ही रोचक ढंग से समझाया जा सकता है। पाठ्यपुस्तक के लगभग सभी विषयों तथा प्रकरणों पर स्लाइडें उपलब्ध हो सकती हैं तथा इन्हें सावधानी से विद्यालय में इस तरह संभाल कर रखा जा सकता है कि जब आवश्यकता हो प्रक्षेपित उपकरणों (Projective equipments) में प्रयुक्त कर पढ़ने–पढ़ाने के काम में लाया जा सके। अपने में निहित विशेष गुणों के कारण ये शिक्षण प्रक्रिया में निम्न प्रकार प्रभावशाली सिद्ध हो सकती है–

1. ध्यान आकर्षित करने में सहायक होती हैं।
2. रुचि उत्पन्न करने तथा बनाए रखने में सहायता देती हैं।
3. पाठ की प्रस्तावना, उसके प्रस्तुतीकरण तथा विकास में सहायक होती हैं।
4. पढ़ाई हुई सामग्री के पुनः प्रस्तुतीकरण, अभ्यास तथा पुनः निरीक्षण में सहायक होती हैं।
5. जो कुछ पढ़ा दिया जाता है उसे कितना कुछ विद्यार्थी समझ पाए हैं, इसकी जाँच में सहायक होती हैं।
6. विषयवस्तु को सरल, आकर्षक तथा स्पष्ट बनाती हैं।
7. नीरसता एवं अरुचि को दूर करने तथा रचनात्मक अनुशासन बनाए रखने में योगदान देती हैं।
8. कक्षा के वातावरण को सरस, क्रियाशील तथा पढ़ने–पढ़ाने को अधिक उपयुक्त बनाने में सहयोग देती हैं।
9. छात्रों को शिक्षण–अधिगम प्रक्रिया में सक्रिय साझीदार बनाने में सहायक होती हैं।
10. एक साथ संपूर्ण कक्षा के विद्यार्थियों के अधिक–से–अधिक अच्छी प्रकार ज्ञानार्जन में सहायक होती हैं।

स्लाइडों के प्राप्ति स्रोत (Sources for Getting Slides)—साधारण तथा फोटोग्राफिक स्लाइडें (Simple and photographic slides) निम्न स्रोतों द्वारा उपलब्ध हो सकती हैं–

(i) व्यावसायिक फर्मों से खरीदी जा सकती हैं।

(ii) अध्यापक प्रशिक्षण संस्थानों, विश्वविद्यालयों, प्रांतीय एवं राष्ट्रीय शिक्षा अनुसंधान तथा प्रशिक्षण परिषदों और दृश्य–श्रव्य पुस्तकालयों आदि से उधार ली जा सकती हैं।

(iii) अध्यापकों की देख–रेख में छात्रों की सहायता से निर्मित की जा सकती हैं।

स्लाइडों का निर्माण (Preparation of Slides)

स्लाइडों को निर्माण की दृष्टि से मुख्य रूप से दो भागों में बाँटा जा सकता है–साधारण स्लाइड (Simple Slide) और फोटोग्राफिक स्लाइड (Photographic Slide)।

साधारण स्लाइडों का निर्माण–इनके निर्माण के लिए निम्न प्रक्रिया से गुजरना होता है–

(i) जिस आधार भूमि (Base) पर स्लाइड बनाई जाती है पहले उसका चुनाव किया जाता है। इसके लिए साधारण शीशा (Plane glass), घिसा हुआ शीशा अथवा प्लास्टिक (Etched glass or Etched plastic), सेलोफेन (Cellophane), सिल्हौटी (Silhouette), पारदर्शी सेल्यूलोज एसीटेट फिल्म (Transparent cellulose acetate film) और पारभासी कागज (Translucent paper) इत्यादि का उपयोग किया जा सकता है।

(ii) स्लाइड के शीशे आदि किसी चयनित आधार भूमि पर कोई चित्र, आरेख तथा लिखावट आदि सीधे ही नहीं बनाई जाती बल्कि इस कार्य के लिए ट्रेसिंग पेपर (Tracing paper) की सहायता ली जाती है। इसके लिए सबसे पहले ट्रेसिंग पेपर पर स्लाइड के प्रोजेक्शन क्षेत्र (Area of projection) की सीमा परिधि (Boundary) बना ली जाती है। आधा इंच का हासिया चारों ओर छोड़कर बीच के क्षेत्र को जिसकी माप लगभग 2″ × 2″ या 3¼″ × 4″ हो सकती है, रेखांकन तथा आकृति निर्माण के लिए रखा जाता है। इसके बाद योजनानुसार स्लाइड पर जो भी चित्र, आकृति बनानी हो, बनाई जाती है तथा चिह्न, संकेत और नाम आदि का यथास्थान उल्लेख कर दिया जाता है।

(iii) अब ट्रेसिंग पेपर पर बनी मूल आकृति, चित्र अथवा रेखांकन कार्य को स्लाइड बनाने के लिए चुनी गई पारदर्शी शीशे आदि की शीट पर रख दिया जाता है तथा ड्राईंग पेन अथवा पेंसिल की सहायता से पारदर्शी शीट पर ट्रेसिंग पेपर पर बनी आकृति आदि की नकल उतारने, कलात्मक कार्य करने अथवा अक्षर और संख्याएँ आदि लिखने का प्रयत्न किया जाता है।

(iv) जब पारदर्शी शीशे पर ट्रेसिंग (Tracing) तथा अन्य कलात्मक और लेखन कार्य पूरा हो जाए तो उसे उसी आकार के गत्ते या कार्डबोर्ड के टुकड़े पर रखकर टेप (Tape) की सहायता से चिपका दिया जाता है और इस तरह साधारण स्लाइड के निर्माण कार्य को पूरा कर लिया जाता है।

फोटोग्राफिक स्लाइड का निर्माण–फोटोग्राफिक स्लाइडें कैमरे द्वारा फोटोग्राफी प्रक्रिया के परिणामस्वरूप तैयार की जाती है। काली और सफेद (Black & White) तथा रंगीन (Coloured) दोनों ही प्रकार की फिल्मों पर इन्हें तैयार किया जा सकता है। स्लाइड बनाने की प्रक्रिया कैमरे द्वारा व्यक्तियों, वस्तुओं, घटनाओं तथा प्रक्रियाओं के फोटोग्राफ उतारने से प्रारंभ हो जाती है। इसके बाद फोटोग्राफी की विभिन्न क्रियाओं– डेवलपिंग (Developing), फिक्सिंग (Fixing), धोने (Washing) तथा सुखाने (Drying) आदि के द्वारा फोटोग्राफिक फिल्म पर उतरे फोटोग्राफों के नेगेटिव (Negative) विकसित कर लिए जाते हैं। नेगेटिव को फिर अंधेरे कमरे में एक विशेष प्रक्रिया द्वारा पारदर्शी शीशे की प्लेट पर मुद्रित (Print) करने का प्रयत्न किया जाता है। इसे फिर विकास की प्रक्रिया (Developing, fixing, washing and drying) से गुजारकर पोजिटिव बिंदु (Positive point) को शीशे से ढक दिया जाता है ताकि प्लेट पर बनी हुई आकृति सुरक्षित रखी जा सके। इसके पश्चात् शीशे के उस तल पर जिस पर आकृति बनी होती है और जो ढकने के लिए काम आता है उन दोनों को टेप से जोड़ दिया जाता है और इस तरह स्लाइड प्रक्षेपण (Projection) के लिए तैयार हो जाती है।

फिल्मस्ट्रिप्स (Filmstrips)

कैमरे की सहायता से हम किसी दृश्य, व्यक्ति या वस्तु का एक फोटोग्राफिक फिल्म पर फोटोग्राफ उतार सकते हैं। कैमरे में डाली उस फिल्म में 12 या 24 अलग अलग फोटोग्राफ लेने की गुंजाइश होती है। अधिक फोटोग्राफ लेने के लिए ज्यादा लंबाई वाली फिल्म की जरूरत पड़ सकती है। जैसे एक प्रक्रिया अथवा दृश्य को उसके अपने स्वाभाविक क्रम में पूरी तरह दिखाने के लिए बहुत सारे क्रमबद्ध फोटोग्राफों की जरूरत पड़ सकती है। इस कार्य को तभी किया जा सकता है जबकि फिल्म की लंबाई अधिक हो। फिल्म स्ट्रिप या पट्टियाँ (Film strips) इसी जरूरत को पूरा करने के लिए काम में लाई जाती है। इस तरह फिल्म स्ट्रिप से (Film strip) तात्पर्य फिल्म की उन लंबी पट्टियों (Strips) से है जिन पर एक निश्चित क्रम अथवा लड़ी (Sequence) के रूप में अनेक फोटोग्राफ बने होते हैं। इस आधार पर अलग–अलग स्लाइडों को एक अविच्छिन्न (Continuous) लड़ी के रूप में दिखाने से भी फिल्म स्ट्रिप संबंधी प्रयोजन पूरा हो सकता है। एक फिल्म स्ट्रिप पर जितने भी चित्र या फोटोग्राफ बने होते हैं उन्हें किसी भी उपयुक्त प्रोजेक्टर की सहायता से क्रमबद्ध रूप में इस प्रकार दिखाया जा सकता है कि संबंधित घटना, प्रक्रिया या विषयवस्तु का सुनियोजित ढंग से क्रमबद्ध विवरण प्राप्त करने में सुविधा हो।

उदाहरण के लिए संयुक्त कोष (Zygote) निर्माण की विभिन्न अवस्थाओं को निम्न फिल्म स्ट्रिप द्वारा आसानी से प्रदर्शित किया जा सकता है–

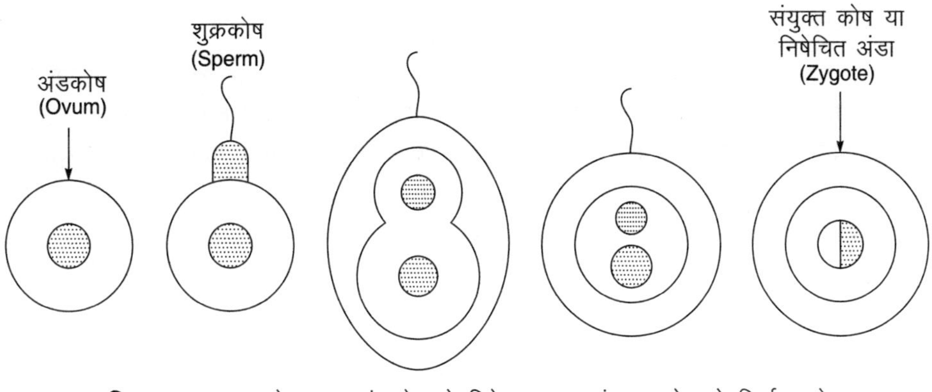

चित्र 4.24 शुक्रकोष द्वारा अंडकोष के निषेचन द्वारा संयुक्त कोष के निर्माण को प्रदर्शित करती हुई एक फिल्म स्ट्रिप।

फिल्म स्ट्रिप्स का निर्माण (Preparation of Film Strips)

फिल्म पट्टी या फिल्म स्ट्रिप्स (Film strips) का निर्माण कार्य भी फोटोग्राफिक स्लाइडों की भाँति फोटोग्राफिक सामग्री के द्वारा ही संपन्न होता है। अंतर केवल दो बातों को लेकर है। एक तो यहाँ वस्तुओं या प्रक्रियाओं के चित्रों को पारदर्शी स्लाइड पर अंकित नहीं किया जाता बल्कि फिल्म पट्टी, जिसकी लंबाई 10–12 इंच से लेकर 3–4 फुट तक हो सकती है, पर उतारा जाता है, दूसरे जहाँ स्लाइड पर एक ही चित्र या दृश्य होता है वहाँ फिल्म पट्टी पर किसी विशेष अथवा प्रक्रिया के स्पष्टीकरण के लिए एक क्रमबद्ध एवं सुनियोजित लड़ी के रूप में कई चित्र या फोटोग्राफ (10 से लेकर 100 तक) होते हैं।

फिल्म स्ट्रिप्स पर अंकित प्रत्येक चित्र या फोटोग्राफ को अपने आप में फ्रेम (Frame) कहा जाता है। साधारणतया एक फ्रेम का आकार ¾" × 1" (18 × 24 mm) का होता है इन्हें इकहरे फ्रेम (Single frame) कहा जाता है। जिन फ्रेमों का आकार 1½" × 1" (36 × 24 mm) का होता है उन्हें दोहरा फ्रेम (Double frame) कहा जाता है।

फिल्म स्ट्रिप पर केवल चित्र, ग्राफ या आरेख आदि चित्रात्मक सामग्री ही होती हो ऐसी बात नहीं। इसमें अक्षरों, शब्दों, वाक्यों, अंकों, संकेतों तथा संख्या आदि के रूप में आवश्यक अन्य संप्रेषण सामग्री भी छपी हो सकती है जिसे किसी प्रोजेक्टर की सहायता से परदे पर प्रक्षेपित करके विषयवस्तु को स्पष्ट करने के लिए कक्षा–शिक्षण में प्रयुक्त किया जा सके।

अब प्रश्न यह उठता है कि एक फिल्म स्ट्रिप के निर्माण के लिए कैसे आगे बढ़ा जाए? संक्षेप में इस कार्य के लिए निम्न मुख्य बिंदुओं पर ध्यान देना लाभकारी सिद्ध हो सकता है–

1. जिस विषय विशेष या प्रक्रिया को स्पष्ट करने के लिए फिल्म स्ट्रिप का उपयोग करना हो उसे अच्छी तरह क्रमबद्ध रूप में उचित छोटी–छोटी इकाइयों में विभक्त कर लिया जाना चाहिए।
2. विषयवस्तु की इन क्रमबद्ध छोटी–छोटी इकाइयों को स्पष्ट करने के लिए अब किसी प्रकार की चित्रात्मक सामग्री, चित्र, मानचित्र, आरेख, फोटोग्राफ, हस्तलिखित या मुद्रित सामग्री अथवा नमूने, मॉडल आदि दृश्य सामग्री की आवश्यकता पड़ सकती है इसके बारे में ठीक–ठीक निर्णय लेकर उचित सूची बनाने का प्रयत्न करना चाहिए। जिस सामग्री से जितना अधिक लाभ पहुँचता हो उसका उसकी उपयोगिता एवं व्यावहारिकता दोनों को ही ध्यान रखकर चयन किया जाना चाहिए।
3. लिए गए निर्णय और बनाई गई सूची के आधार पर अब सामग्री को तैयार करने में जुट जाना चाहिए। इसके लिए अब यहाँ आवश्यक चित्रात्मक सामग्री का संग्रह किया जा सकता है, आकृति, मानचित्र और आरेखों की रचना की जा सकती है, संबंधित भाषागत संकेतों या विषय सामग्री को हस्तलिखित टाइप या मुद्रित रूप में तैयार किया जा सकता है और इस प्रकार फिल्म स्ट्रिप के विभिन्न फ्रेमों में जो कुछ अंकित करना या फोटोग्राफी के रूप में छापना होता है उसे मूल रूप में स्वयं तैयार करने अथवा संग्रहित करने का प्रयत्न किया जाता है। इस कार्य में व्यावसायिक व्यक्तियों, चित्रकारों तथा विशेषज्ञों की भी सहायता ली जा सकती है? इन सभी प्रकार की मूल सामग्री को उचित आकार के कार्डों पर निर्मित किया जाता है। 1½″ × 1″ (36 × 24 mm) आकार के डबल फ्रेम के लिए इस कार्ड का आकार प्रायः 12″×8″ (30 × 20 cm) का रखा जाता है।
4. निश्चित आकार के कार्डों पर मूल सामग्री का चित्रांकन या मुद्रण होने के बाद इन सभी कार्डों को विषयवस्तु की क्रमबद्धता के हिसाब से इस प्रकार व्यवस्थित कर दिया जाता है कि सबसे पहला कार्ड सबसे ऊपर तथा आखिरी कार्ड नीचे एक क्रमबद्ध खड़ी पंक्ति में बिछा हुआ दिखाई दे।
5. अब इन कार्डों पर अंकित सामग्री को फोटोग्राफिक कैमरे की मदद से एक के बाद एक करके कैमरे की फोटोग्राफिक फिल्म में फोटोग्राफों के रूप में उतार लिया जाता है और फिर उन्हें फोटोग्राफी प्रक्रिया के विभिन्न चरणों डेवलपिंग, फिक्सिंग, धोने तथा सुखाने (Developing, fixation, washing and drying) आदि से गुजारकर इनके निगेटिव (Negative) बना लिए जाते हैं। जिन्हें फिर आवश्यकतानुसार पोजीटिव प्रिंट (Positive print) में बदल दिया जाता है और इस प्रकार हमें चित्रात्मक सामग्री की फोटोग्राफों के रूप में वांछित फिल्म स्ट्रिप प्राप्त हो जाती है।
6. इन फिल्म स्ट्रिप्स के निर्माण में एक और बात जो आवश्यक रूप से ध्यान रखने की होती है वह इनकी लंबाई को लेकर है। अधिक लंबाई की ज्यादा फोटोग्राफों वाली फिल्म स्ट्रिप शैक्षिक दृष्टि से अरुचिपूर्ण

और उबाऊ सिद्ध हो सकती है और उसमें निहित सभी सामग्री को एक साथ समझ पाना भी छात्रों के लिए कठिन हो जाता है। इसलिए फिल्म स्ट्रिप को उचित 'भागों' तथा इकाइयों (Units) में इस प्रकार विभक्त कर देना चाहिए कि एक भाग में लगभग पूर्णता रहे और उसकी विषयवस्तु को छात्रों द्वारा अच्छी तरह एक बार में प्रस्तुत करके समझा जा सके। उदाहरण के लिए 'फूल एवं उसके भाग' नामक विषय पर फिल्म स्ट्रिप निर्माण करते समय उसे निम्न इकाइयों या भागों में विभक्त करके आगे बढ़ा जा सकता है–

(i) प्रस्तावना खण्ड (Introductory Zone) – इसमें फिल्म स्ट्रिप द्वारा क्या प्रदर्शित किया जाएगा इसकी भूमिका, प्रयोजन तथा सार संक्षेप में प्रस्तुत किया जा सकता है।

(ii) एक फूलदार पौधे को उसके सभी भागों सहित अपने संपूर्ण रूप में दिखाया जाएगा ताकि फूलदार पौधों के बारे में संपूर्ण जानकारी प्राप्त हो सके।

(iii) फूल के विभिन्न भागों की संरचना और कार्यप्रणाली (इसके लिए हम विभिन्न उपइकाइयों/खण्डों का निर्माण कर सकते हैं)।

(iv) फूल के विभिन्न भागों की पारस्परिक निर्भरता तथा सह–अस्तित्व को प्रदर्शित करती हुई विषय सामग्री।

(v) प्रस्तुत विषय सामग्री के पुनः प्रस्तुतीकरण, पुनरावृत्ति तथा बोधात्मक मूल्यांकन संबंधी सामग्री।

(vi) विषय के और अधिक अध्ययन हेतु सामग्री तथा सुझाव तथा उसकी दैनिक जीवन में उपयोगिता।

ट्रैंसपैरांसिज या पारदर्शक शीट (Transparencies)

विभिन्न विषयों के शिक्षण और अनुदेशन हेतु एक उत्तम अनुदेशनात्मक सामग्री तथा शिक्षण साधन के रूप में आज पारदर्शक शीटों (Transparencies) का चलन काफी जोरों पर है, उत्तम कोटि के ओवरहेड प्रोजेक्टर्स की उपलब्धि ने इस कार्य में अपेक्षित सहायता की है। अर्थ एवं परिभाषा की दृष्टि से पारदर्शक शीट (Transparency) को एक ऐसी प्रक्षेपी दृश्यात्मक सामग्री कहा जा सकता है जिसे आवरहेड प्रोजेक्टर्स की सहायता से परदे पर सुविधापूर्वक प्रक्षेपित कर उत्तम ढंग से विद्यार्थियों के सामने प्रस्तुत किया जा सकता है। पारदर्शक शीट पर उपस्थित विषय संबंधी मुद्रित, लिखित या चित्रात्मक सामग्री को जब भी एक समतल क्षैतिज धरातल (Horizontal surface) पर रखकर ओवरहेड प्रोजेक्टर की सहायता से शिक्षक या वक्ता के सिर के ऊपर होकर पीछे रखे हुए परदे (Screen) पर प्रक्षेपित किया जाता है तो विद्यार्थियों/दर्शकों को उस सामग्री को वांछित आकार में भलीभाँति देखने और उसे देखकर अपेक्षित अधिगम अनुभवों की प्राप्ति का सर्वोत्तम अवसर मिलता है।

पारदर्शक शीटों का निर्माण (Preparation of Transparencies)

पारदर्शक शीट, जिन्हें अध्यापक द्वारा अपने कक्षा शिक्षण हेतु प्रयुक्त किया जाता है, उन्हें जहाँ तक हो सके उसके द्वारा ही निर्मित किया जाना चाहिए। इनकी प्रकृति के हिसाब से इन्हें बनाने की प्रक्रिया का आगे हम वर्णन करना चाहेंगे–

हस्तनिर्मित पारदर्शक शीटों का निर्माण (Preparation of Hand Made Transparencies)—हस्तनिर्मित पारदर्शक शीटों के निर्माण हेतु निम्न बातों का ध्यान रखा जाना चाहिए–

(i) उचित पारदर्शी दृश्यात्मक धरातल प्रदान करने हेतु (यानी पारदर्शी शीट ऐसी हो जिसे अच्छी तरह प्रक्षेपित कर दृश्यात्मक अनुभव भलीभाँति प्राप्त हो सकें) ट्राईएसीटेट (Triacetate) की कम से कम मोटाई की शीटों का प्रयोग किया जाना चाहिए। प्रायः इस प्रकार की शीट 75 सेमी० चौड़ाई के आकार में उपलब्ध रहती है जिन्हें प्रयोग की सुविधा की दृष्टि से 20 × 25 सेमी० या 25 × 25 सेमी० आकार में काट कर काम में लाने का प्रयत्न करना चाहिए। ओवरहेड प्रोजेक्टर प्लेटफार्म पर ठीक प्रकार रखने हेतु इन शीटों को कार्डबोर्ड पर स्थापित (Mount) किया जा सकता है।

(ii) मुख्य बात अब इन एसीटेट शीटों पर चित्रात्मक सामग्री को अंकित करने की आती है। विषयवस्तु संबंधी दृश्यात्मक अनुभव प्रदान करने हेतु हम यहाँ अब किसी आकृति, चित्र, ग्राफ, डाइग्राम, समय रेखा आदि के निर्माण के बारे में सोच सकते हैं। इनके निर्माण के लिए ट्रेसिंग के रूप में अप्रत्यक्ष विधि (Indirect method) को अपनाना ही ठीक रहता है। इस कार्य हेतु जो भी चित्र या डाइग्राम आदि बनाना है उसे एक सफेद कागज पर इस तरह बनाया जाता है कि चित्र या आकृति को 18 सेमी० × 22 सेमी० आकार सीमा के अंतर्गत ही सीमित रखा जाए और इसके चारों ओर 2.3 सेमी० का हाशिया (Margin) छोड़ा जाए। यह सीमांकन इसलिए किया जाता है जिससे इस प्रकार के आकार में निर्मित चित्रात्मक सामग्री को 20 × 25 सेमी० आकार की ट्राईएसीटेट शीट पर उचित हाशिया (Margin) छोड़ते हुए भलीभाँति ट्रेस (Trace) किया जा सके।

(iii) सफेद कागज पर निर्मित चित्रात्मक सामग्री को पारदर्शी शीट पर ट्रेस (Trace) करने के लिए चित्रयुक्त सफेद कागज को पहले समतल धरातल पर अच्छी तरह स्थापित कर लिया जाता है (कार्ड बोर्ड या लकड़ी के बोर्ड की यहाँ मदद ली जा सकती है) और फिर उसके ऊपर पारदर्शी एसीटेट शीट को बिछाकर पेपर क्लिप, पिन या टेप इत्यादि की मदद से स्थिर कर दिया जाता है।

(iv) पारदर्शी शीट पर ट्रेस करने के लिए उचित मार्करों (Markers) का प्रयोग किया जाना चाहिए। अगर अस्थायी उपयोग हेतु पारदर्शक शीट बनानी है तब पानी के रंग या मिट जाने वाली स्याही युक्त मार्करों (Water colour or soluble ink markers) का प्रयोग करना चाहिए। इन मार्करों से लिखी या चित्रित सामग्री गीले कपड़े से अच्छी तरह मिटाई जा सकती है। परन्तु अगर आपको बार–बार काम में लाई जा सकने वाली स्थायी उपयोग की ट्रांसपेरेंसीज का निर्माण करना है तो तेल, स्प्रिट या मोम आधारयुक्त स्थापित मार्करों जैसे कोले चीजल मार्कर (Cole chisel marker) आदि का प्रयोग करना चाहिए। एसीटेट शीट पर ड्राइंग और टाइप की गई सामग्री को ट्रेस करने हेतु हम हेक्टो कार्बन पेपर (Hacto carbon paper) का भी उपयोग कर सकते हैं।

(v) किसी भी ट्रांसपेरेंसी को सुरक्षित रखकर उसका स्थायी उपयोग करने हेतु हमें उसके ऊपर या तो शुद्ध वार्निश का स्प्रे (Spray) कर देना चाहिए या उसके ऊपर एक और पारदर्शी शीट रख देनी चाहिए।

(vi) एसीटेट शीट पर लिखने या ट्रेसिंग करने हेतु सदैव ही अधिक गहरे परंतु अच्छा प्रभाव छोड़ देने वाली स्याही या रंगों का प्रयोग करना चाहिए, फीके और निस्तेज का नहीं। दूसरे, चित्रों या अक्षरों का आकार भी इस तरह का अवश्य रखना चाहिए ताकि परदे पर उनके प्रक्षेपण से प्राप्त चित्रों तथा लिखित सामग्री का अच्छी तरह अवलोकन कर कक्षा के सभी विद्यार्थियों को उचित दृश्यात्मक अनुभवों (Visual experiences) की प्राप्ति हो सके।

(vii) ऐसीटेट शीटों पर लिखने, चित्र बनाने या ट्रेसिंग द्वारा प्राप्त अच्छे परिणामों के लिए इन्हें पहले अच्छे किस्म की जिलेटिन (Gelatin) से पोत देना चाहिए और फिर किसी अच्छे किस्म की स्याही युक्त पेन से इनके ऊपर लिखने या ट्रेस करने के प्रयत्न किए जाने चाहिए।

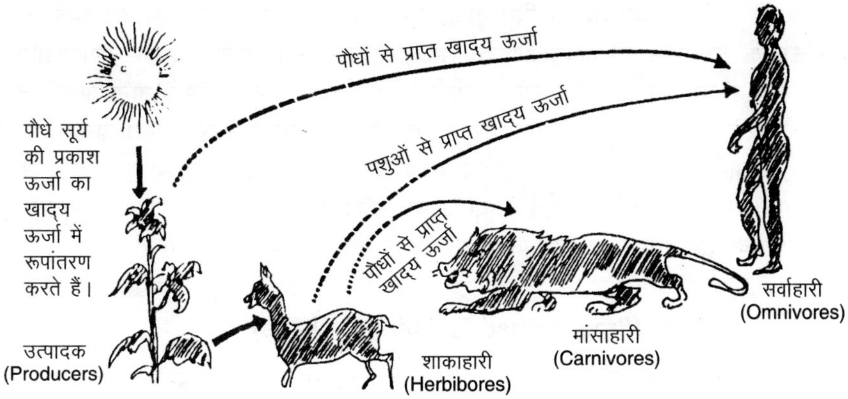

चित्र 4.25 भूमि पर उपलब्ध आहार श्रृंखला को प्रदर्शित करती हुई एक ट्रांसपेरेन्सी।

मशीन निर्मित पारदर्शक शीटों का निर्माण (Preparation of Machine Made Transparencies)

इस प्रकार की शीटों के निर्माण हेतु निम्न प्रकार आगे बढ़ा जा सकता है–

1. किसी ट्रेसिंग पेपर या आर्ट पेपर पर विषय विशेष के शिक्षण से संबंधित दृश्यात्मक अनुभव प्रदान करने हेतु जो भी लिखित या चित्रात्मक सामग्री ट्रांसपेरेंसी पर निर्मित की जानी है उसे लिखने या चित्रांकन करने का प्रयत्न करो। इसे आप अपने दृश्यात्मक प्रस्तुतीकरण की मौलिक अनुकृति कह सकते हैं।
2. इसके बाद इस मौलिक अनुकृति की एक मास्टर फोटोकॉपी (Master photocopy) बनाई जानी चाहिए जिसका आकार 20 सेमी० × 25 सेमी० की सीमा में हो तथा उसके चारों ओर 2 सेमी० का मार्जिन रहे। इसके लिए मौलिक अनुकृति के आकार को जैसी जरूरत हो उसके अनुसार जीरॉक्स मशीन से घटाया, बढ़ाया जा सकता है।
3. इसके बाद फोटोस्टेट या जीरॉक्स मशीन से इस मास्टर कॉपी की एसीटेट शीटों पर जितनी जरूरत हो उतनी फोटोस्टेट या जीरॉक्स कॉपी करवा लें। ध्यान रहे कि आकार सीमा में रहे ताकि इसे आवेरहेड प्रोजेक्टर की सहायता से अच्छी तरह परदे पर प्रक्षेपित कर देखा जा सके। फोटोकॉपियर से अधिकतर श्वेत–श्याम रंग में कापियाँ निकलती हैं परन्तु ऐसे थर्मोकॉपियर भी मौजूद हैं जिनसे अब रंगीन ट्रांसपेरेंसीज का निर्माण इन कॉपियरों की मदद से किया जा सकता है।
4. कंप्यूटर द्वारा मुद्रित सामग्री और ग्राफिक्स को भी हम मास्टर कॉपी की तरह काम में ला सकते हैं और फिर इनकी सहायता से एसीटेट शीटों पर फोटोस्टेट या जीरॉक्स मशीन की सहायता से ट्रांसपेरेंसीज का निर्माण किया जा सकता है।

पारदर्शक शीटों का शिक्षण हेतु उपयोग (Use of Transparencies in Teaching)

अध्यापकों द्वारा अपने विषयों की विषयवस्तु से संबंधित अधिगम अनुभवों को ध्यान में रखते हुए उपयुक्त ट्रांसपेरेंसीज का स्थायी रूप से निर्माण कर अपने कक्षों में रखना चाहिए ताकि जब भी जरूरत हो, इनका प्रदर्शन किया जा सके। ट्रांसपेरेंसीज के दृश्यात्मक प्रस्तुतीकरण हेतु ओवरहेड प्रोजेक्टर तथा एक अच्छे किस्म के स्क्रीन (Screen) की जरूरत पड़ती है। इस प्रोजेक्टर को उचित ऊँचाई पर रखकर ट्रांसपेरेंसीज को एक–एक कर जब भी अनुदेशन/शिक्षण हेतु जरूरत हो, परदे पर प्रक्षेपित करने का प्रयत्न करना चाहिए। कमरे में जितना अंधेरा

होगा उतनी ही अच्छी प्रकार से विद्यार्थी प्रक्षेपित दृश्य सामग्री का अवलोकन परदे पर कर सकेंगे। अध्यापक को ओवरहेड प्रोजेक्टर के प्रयोग में भी अपने आपको सिद्धहस्त कर लेना चाहिए ताकि ट्रांसपेरेंसीज पर अंकित सामग्री को परदे पर उचित आकार तथा अच्छे दृश्यात्मक स्वरूप में प्रस्तुत किया जाना अच्छी तरह संभव हो सके। जो कुछ भी परदे पर प्रक्षेपित हो उसके बारे में समुचित स्पष्टीकरण और व्याख्या इत्यादि अध्यापक द्वारा अवश्य करते रहना चाहिए तथा किसी भी ट्रांसपेरेंसीज को जब उसकी आवश्यकता हो और जितनी देर आवश्यकता हो यही ध्यान में रखकर प्रस्तुत किया जाना चाहिए ताकि ट्रांसपेरेंसीज के प्रस्तुतीकरण से विषय शिक्षण में जो आवश्यक सहायता प्राप्त हो सकती है उसकी सर्वोत्तम ढंग से प्राप्ति होती रहे।

अभिक्रमित अधिगम पैकेज (Programmed Learning Package)

अभिक्रमित अधिगम पैकेज ऐसी मूल्यवान शैक्षणिक सॉफ्टवेयर अधिगम सामग्री का प्रतिनिधित्व करते हैं जिन्हें बहुत ही प्रभावशाली ढंग से अभिक्रमित अधिगम सामग्री के रूप में या तो स्वतंत्र रूप से शिक्षण–अधिगम प्रक्रिया में काम में लाया जा सकता है अथवा शिक्षण मशीन (Teaching machines) तथा कंप्यूटर्स (Computers) जैसे हार्डवेयर उपकरणों में उनके क्रियान्वयन के लिए आवश्यक सॉफ्टवेयर सामग्री के रूप में प्रयुक्त किया जा सकता है। यही कारण है कि चाहे शिक्षण मशीन से अनुदेशन देने की बात हो या कंप्यूटर की सहायता से कंप्यूटर–सह–अनुदेशन (Computer assisted instruction) प्रदान करने की, अभिक्रमित अधिगम पैकेजों के रूप में उपलब्ध सॉफ्टवेयर सामग्री बहुत ही सक्रिय एवं महत्त्वपूर्ण भूमिका निभाने की अपूर्व क्षमता रखती है।

जैसा कि नाम से ही आभास हो जाता है, अभिक्रमित पैकेजों में अधिगम या अनुदेशन सामग्री पैकेजों (Package) के रूप में इस तरह प्राप्त होती है कि एक विशेष पैकेज में किसी विषय विशेष के प्रकरण या प्रकरण अंश के स्व–अधिगम या अनुदेशन हेतु आवश्यक सामग्री अपने समग्र रूप में अच्छी तरह उपलब्ध हो जाए। जैसे खाने–पीने की सामग्री पैकेजों में उपलब्ध होती है और ऐसी सुविधापूर्ण उपलब्धि किसी भी व्यक्ति की भूख–प्यास मिटाने वाली आवश्यकता की पूर्ति का सहज साधन बन जाती है, वैसे ही अभिक्रमित अधिगम पैकेजों में उपलब्ध अधिगम या अनुदेशन सामग्री अधिगमकर्त्ता की अधिगम आवश्यकताओं तथा अनुदेशनकर्त्ता (शिक्षक) की अनुदेशन प्रदान करने संबंधी आवश्यकताओं को बहुत ही सहज एवं प्रभावशाली ढंग से पूरा करने की सामर्थ्य रखती है।

अभिक्रमित अधिगम पैकेजों में इस तरह अपने विशिष्ट रूप में अधिगमकर्त्ताओं हेतु ऐसी महत्त्वपूर्ण स्व–अधिगम या स्व–अनुदेशन सॉफ्टवेयर सामग्री उपलब्ध रहती है जिसकी सहायता से अधिगम या अनुदेशन पथ पर आगे बढ़ते हुए वांछित अधिगम या अनुदेशन उद्देश्यों की प्राप्ति हो सके। इन पैकेजों में विषय विशेषों के निर्धारित पाठ्यक्रम के प्रकरण या प्रकरण अंशों पर पूरी तरह संरचित एवं अभिक्रमित अधिगम सामग्री उपलब्ध रहती है। प्रत्येक पैकेट अपने आप में एक ऐसी पूर्ण और सुव्यवस्थित पाठ्य इकाई को समेटे रहता है जिससे अधिगमकर्त्ताओं को एक संप्रत्यय विशेष या इकाई विशेष के स्व–अधिगम हेतु वांछित अधिगम या अनुदेशन सामग्री सहज रूप में उपलब्ध हो सके। इन पैकेजों के निर्माण या विकास का कार्य अभिक्रम लेखक (Programme writer) का होता है जो इनके विकास हेतु किसी भी एक तरह की अभिक्रम शैली–रेखीय, शाखात्मक या मैथीटिक्स आदि का प्रयोग कर सकता है। अभिक्रम लेखक द्वारा अपना यह उत्तरदायित्व कैसे निभाया जाता है, इसकी विस्तृत चर्चा हम इस पुस्तक के अध्याय "अभिक्रमित अधिगम" में पहले ही कर चुके हैं। फिर भी पाठकों की सुविधा हेतु अभिक्रम लेखकों द्वारा विकसित इस प्रकार के अभिक्रमित अधिगम पैकेज का एक नमूना आगे की पंक्तियों में प्रस्तुत किया जा रहा है।

पाठ्य इकाई या पाठ्यांश-पदार्थ और उसकी अवस्थायें

1. हमारे चारों ओर परिवेश में जो वस्तुयें प्रत्यक्ष या अप्रत्यक्ष रूप में हमें दिखाई देती हैं या जिनका हमें अपनी ज्ञानेन्द्रियों से किसी भी तरह आभास होता है उन्हें पदार्थों की संज्ञा दी जाती है। इस तरह पदार्थों

से तात्पर्य उन सभी......से है जिन्हें हम अपने चारों ओर देखते हैं या किसी तरह उनका अपनी..........से आभास करते हैं। (वस्तुओं, ज्ञानेन्द्रियों)

2. पदार्थ अपने तीन प्रकार या अवस्थाओं–ठोस, तरल और गैसीय रूपों में मिलते हैं। दूसरे शब्दों में जो कुछ भी हमें दिखाई देता है अथवा जिसकी हमें हमारी.....से अनुभूति होती है, तीन निश्चित रूपों या अवस्थाओं में पाया जाता है जिन्हें..............कहकर पुकारा जाता है। (ज्ञानेन्द्रियों, ठोस, तरल तथा गैस)
3. कुर्सी, मेज, श्यामपट्ट, चॉक, किताब और पेंसिल ये सभी...........पदार्थों के उदाहरण हैं। (ठोस)
4. उपरोक्त सभी ठोसों में उनका आकार, आयतन आदि सब कुछ निश्चित रहता है तथा उन्हें हाथों में संभाला जा सकता है। इनकी प्रकृति सरल न होकर प्रायः ....ही होती है। (कठोर)
5. पानी, तेल, दूध तथा पेट्रोल आदि.....पदार्थों के उदाहरण हैं। (तरल)
6. उपरोक्त सभी तरल पदार्थों के बारे में यह अच्छी तरह सोचा जा सकता है कि उनका कोई .... आकार नहीं होता है और न कोई...........आयतन। इन्हें........में नहीं संभाला जा सकता।

   (निश्चित, निश्चित हाथों)
7. ऑक्सीजन, हाइड्रोजन, कार्बन डाई–ऑक्साइड आदि.........के उदाहरण हैं। (गैसों)
8. गैसों का न तो कोई...........आकार होता है और न कोई..............आयतन ही। (निश्चित, निश्चित)

सार-संक्षेप
(Summary)

1. हार्डवेयर उपकरणों (जैसे टेपरिकॉर्डर, प्रोजेक्टर तथा कंप्यूटर) में प्रयुक्त होने वाली या दूसरे शब्दों में इन मशीनी उपकरणों को उन्हें अपने कार्य में समर्थ बनाने वाली जिस प्राणवान सामग्री, स्लाइड, फिल्म, कैसेट, सीडी, चित्रात्मक सामग्री तथा अभिक्रमित अनुदेशन सामग्री इत्यादि का उपयोग बहुधा हमारे द्वारा शिक्षण–अधिगम प्रक्रिया के प्रभावपूर्ण संचालन हेतु किया जाता रहता है उसे ही सॉफ्टवेयर या मृदुल उपागम सामग्री या साधनों की संज्ञा दी जाती है।
2. चित्रात्मक सामग्री के रूप में जिन सॉफ्टवेयर सामग्री या उपकरणों का प्रयोग हमारे द्वारा बहुधा कक्षा शिक्षण में किया जाता है वे हैं–चार्ट, आरेख या रेखाकृति, फोटोग्राफ, विभिन्न प्रकार के ग्राफ, मानचित्र, व्यंग्य चित्र तथा पोस्टर आदि।
3. चार्टों का ही ज्यादा प्रयोग परंपरागत शिक्षण–अनुदेशन प्रणाली में हमारे विद्यालयों में बहुधा किया जाता है। शैक्षणिक कार्य के लिए मुख्यतया जिन चार्टों का प्रयोग हम करते रहते हैं वे हैं–वृक्ष की आकृति वाले चार्ट, समय रेखा चार्ट, प्रवाह चार्ट, समस्या चार्ट, तालिका चार्ट तथा चित्रात्मक चार्ट आदि।
4. आरेख या रेखाकृतियों को या तो श्यामपट्ट पर अध्यापक द्वारा कक्षा में ही कक्षा शिक्षण के दौरान बनाया जाता है अथवा इन्हें चार्टों पर पहले से ही बनाकर कक्षा शिक्षण के समय प्रस्तुत किया जाता है। ये आरेख, रेखाओं तथा प्रतीकों के माध्यम से बनी हुई ऐसी आकृतियाँ होती हैं जो एक अच्छे दृश्य साधन के रूप में पाठ्यविषय से संबंधित बहुत सी बातों की स्पष्ट अभिव्यक्ति में पूरी तरह सहायक सिद्ध होती है।
5. फोटोग्राफों को फोटोग्राफिक कैमरे की मदद से आसानी से शिक्षण सामग्री के रूप में तैयार कर काम में लाया जा सकता है अथवा इन्हें व्यावसायिक स्रोतों से क्रय किया जा सकता है। चित्रों अथवा चार्टों की तुलना में इनके द्वारा वास्तविकता को कुछ अधिक अच्छी तरह से प्रदर्शित किया जा सकता है और इसी

कारण सभी प्रकार के प्राकृतिक और सामाजिक परिवेश से संबंधित घटनाओं, वस्तु, व्यक्ति तथा प्रक्रियाओं की स्पष्ट जानकारी और अभिव्यक्ति में इनसे समुचित सहायता मिलती है।

6. ग्राफ एक ऐसे चित्रात्मक दृश्य साधन हैं जिनके माध्यम से संख्यात्मक या गुणात्मक सूचनाओं, तथ्यों तथा आँकड़ों को उनमें निहित तथ्यों, अंतरों, दशा तथा दिशाओं आदि के संदर्भ में ठीक तरह जाना और समझा जा सकता है। कक्षा–कक्ष शिक्षण में जिन ग्राफ या रेखा चित्रों का बहुधा उपयोग किया जाता है वे हैं–रेखा ग्राफ, दंड ग्राफ, वृत्त ग्राफ तथा चित्रात्मक ग्राफ आदि।

7. मानचित्र अथवा नक्शे का प्रयोग भू–भागों के प्रदर्शन हेतु किया जाता है। कक्षा शिक्षण की ऐसी बहुत सी बातें जिनका संबंध पृथ्वी के विभिन्न स्थानों या क्षेत्रों से होता है, उनसे संबंधित तथ्यों और सूचनाओं को मानचित्रों की सहायता से भलीभाँति प्रदर्शित किया जा सकता है। मानचित्र कई प्रकार के हो सकते हैं जैसे प्राकृतिक मानचित्र, भौगोलिक मानचित्र, ऐतिहासिक मानचित्र, राजनैतिक मानचित्र आदि। अपने नाम के अनुरूप ये विभिन्न प्रकार के मानचित्र इनसे संबंधित विषय सामग्री के उचित स्पष्टीकरण में काफी सहायक सिद्ध होते हैं।

8. व्यंग्यचित्र या कार्टून अपनी निराली शैली में एक झलक मात्र से ही काफी शिक्षाप्रद तथ्य एवं विचार हमारे सामने रखने में बहुत उपयोगी सिद्ध होते हैं। इनका प्रभाव सर्वकालीन और सार्वभौमिक होता है और इसीलिए ये बिना किसी आयु, लिंग और सामाजिक भेदभाव के सभी जगह सभी को प्रभावित करने की पूरी क्षमता रखते हैं और इसी रूप में शिक्षा के सभी विषयों तथा क्षेत्रों में इन्हें बखूबी एक अच्छे शिक्षण साधन के रूप में काम में लाया जा सकता है।

9. पोस्टर द्वारा किसी एक विचार जैसे स्वच्छता अभियान, वृक्ष लगाओ अभियान, एड्स एवं परिवार नियोजन के प्रति जागरूकता आदि को ही केंद्र बिंदु बनाकर चित्रात्मक अभिव्यक्ति द्वारा ऐसी सशक्त संवेगात्मक अपील की जाती है कि जो भी विशेष संदेश या खास बात देखने वालों को प्रेषित की जाए वह उनके दिल और दिमाग पर पूरी तरह छा जाए। अपने इस गुण के कारण ही विषयवस्तु से संबंधित महत्त्वपूर्ण नियम, निष्कर्ष, विचार, घटना तथा प्रक्रिया पर ध्यान आकर्षित करने तथा उसे बालकों के दिल और दिमाग में बिठाने के कार्य में पोस्टरों का प्रयोग काफी लाभप्रद रहता है।

10. माडल या प्रतिमानों का उपयोग भी कक्षा शिक्षण में काफी बड़े पैमाने पर किया जाता रहता है। ये एक तरह से वास्तविक पदार्थों तथा प्रक्रियाओं को उनके कृत्रिम रूप में प्रदर्शित करने के लिए काम में लाये जाते हैं परंतु इनके द्वारा चित्र तथा आरेखों की तुलना में वास्तविकता की नकल अच्छी तरह प्रस्तुत की जा सकती है। इसके अतिरिक्त इन्हें ऐसी सभी परिस्थितियों में कक्षा शिक्षण में अच्छी तरह काम में लाया जा सकता है। जब (i) वास्तविक वस्तु का आकार काफी छोटा या बड़ा हो (ii) वह कोई इतिहास की वस्तु या घटना हो (iii) काल्पनिक हो या पहुँच के बाहर हो (iv) कार्यप्रणाली ऐसी जटिल हो जिसे कार्यकारी मॉडलों द्वारा ही स्पष्ट किया जा सकता हो। मॉडलों का निर्माण अगर विद्यार्थियों की मदद से विद्यालयों में ही किया जाये तो शैक्षणिक और आर्थिक रूप से यह अधिक लाभप्रद सिद्ध हो सकता है। इनके निर्माण हेतु मिट्टी, पेपर मेशी, मोटे कागज और गत्तों तथा थर्मोकोल का इस्तेमाल किया जा सकता है।

11. स्लाइड आदि ऐसी दृश्यात्मक चित्र सामग्री है जिसे एपीडाइस्कोप तथा प्रोजेक्टरों की मदद से पर्दे पर प्रक्षेपित करके विद्यार्थियों को दिखाया जाता है। निर्माण की दृष्टि से इन्हें दो भागों में बाँटा जा सकता है–साधारण स्लाइड तथा फोटोग्राफिक स्लाइड। साधारण स्लाइडों में पारदर्शी शीट पर किसी आकृति विशेष की ट्रेसिंग तथा अन्य लेखन कार्य किया जाता है जबकि फोटोग्राफिक स्लाइडें कैमरे द्वारा फोटोग्राफी प्रक्रिया के परिणामस्वरूप तैयार की जाती है।

12. फिल्म स्ट्रिप्स से तात्पर्य फिल्म की उन लंबी पट्टियों (Strips) से होता है जिन पर एक निश्चित क्रम अथवा लड़ी के रूप में अनेक फोटोग्राफ होते हैं। उपयोग में लाते समय एक फिल्म स्ट्रिप पर जितने भी चित्र या फोटोग्राफ बने होते हैं उन्हें किसी भी उपयुक्त प्रोजेक्टर की सहायता से क्रमबद्ध रूप में इस प्रकार दिखाने के प्रयत्न किये जाते हैं कि संबंधित घटना, प्रक्रिया या विषयवस्तु का सुनियोजित ढंग से क्रमबद्ध विवरण प्राप्त करने में विद्यार्थियों को आसानी हो। फोटोग्राफिक स्लाइडों की तरह इन्हें भी फोटोग्राफी प्रक्रिया के माध्यम से तैयार किया जाता है परन्तु यहाँ चित्रों को पारदर्शी स्लाइड पर अंकित न कर फिल्म पट्टी पर क्रमबद्ध रूप से सुनियोजित लड़ी के रूप में उतारा जाता है।

13. ट्रैंसपैरांसिज या पारदर्शक शीटों का प्रयोग भी आजकल कक्षा शिक्षण में काफी ज्यादा किया जाने लगा है। इन शीटों पर विद्यमान विषय संबंधी मुद्रित, लिखित या चित्रात्मक सामग्री को समतल क्षैतिज धरातल पर रखकर ओवरहेड प्रोजेक्टर की मदद से परदे पर प्रक्षेपित कर वांछित आकार में भलीभाँति विद्यार्थियों को दिखाया जा सकता है। अपने निर्माण की दृष्टि से ये ट्रैंसपैरांसिज दो प्रकार की हो सकती है एक तो हस्तनिर्मित और दूसरे फोटोस्टेट या जीरोक्स मशीन निर्मित। हस्तनिर्मित शीटों का निर्माण करने हेतु ऐसीटेट शीटों पर उचित मार्करों की सहायता से लिखने या चित्रांकन करने का प्रयत्न किया जाता है जबकि मशीन निर्मित ट्रैंसपैरांसिज के निर्माण के लिए मौलिक अनुकृति (लेखन या चित्रांकन) की ऐसीटेट शीटों पर फोटोस्टेट तथा जीरोक्स कराई जाती है।

14. अभिक्रमित अधिगम पैकेजों में उपलब्ध अभिक्रमित अधिगम या अनुदेशन सामग्री अधिगमकर्त्ता की अधिगम आवश्यकताओं तथा शिक्षक की अनुदेशन प्रदान करने संबंधी आवश्यकताओं को बहुत ही सहज एवं प्रभावपूर्ण ढंग से पूरा करने की सामर्थ्य रखती है। इन पैकेजों में से प्रत्येक में पाठ्य इकाई से संबंधित ऐसी सुव्यवस्थित एवं क्रमबद्ध अध्ययन सामग्री होती है जिससे विद्यार्थियों को इकाई विशेष के स्व–अध्ययन हेतु वांछनीय अनुदेशन सामग्री ठीक प्रकार उपलब्ध हो सके। इन पैकेजों के निर्माण या विकास का कार्य अभिक्रम लेखक (Programme writer) द्वारा किसी भी तरह की अभिक्रम शैली–रेखीय, शाखात्मक या मैथीटिक्स का प्रयोग करके किया जा सकता है।

संदर्भित एवं विशेष अध्ययन ग्रंथ
(References and Suggested Readings)

Ahluwalia, S.L., *Audio Visual Hand Book*, Delhi: NCERT, 1967.

Bhola, H.S., *Effective Use of Display Material in School*, Delhi: NCERT, 1963.

Brown, James, Richard B.M., Lewis and Feed F. Harcleroad, *A.V. Instructional Material and Methods,* New York: Mc Graw-Hill 1959.

Chakrabarti, S.K. *Audio-Visual Education in India*, New Delhi: Oxford IBH, 1962.

Chaudhry, K.P. *Audio Visual Aids in Teaching of Indian History*, Delhi: Atma Ram & Sons, 1962.

Dale Edgar, *Audio-Visual Methods in Teaching* (Revd. ed.), New York: Holt, Rinehart and Winston, 1961.

Green, T.L., *The Visual Approach to Teaching*, (2nd ed.) London: Oxford Press, 1963.

Hass, K.B. and H.Q. Packer, *Preparation and Use of Audio-Visual Aids*, New Delhi: Prentice-Hall of India, 1964.

Jerolimek, J. and W.C. Parker, *Social Studies in Elementary Education*, (9th ed.), New York: Macmillan, 1993.

Kieffer, Q.E. and L.W. Cochran, *Manual of Audio-Visual Aids*, New Delhi: Prentice-Hall of India, 1964.

Kinder, James S, *Audio-Visual Materials and Techniques* (2nd ed.), New York: American Book Co. 1959.

Michaelis, John U., *Social Studies for Children in a Democracy—Recent Trends and Development*, 6th ed., Englewood Cliffs, N.J.: Prentice-Hall, Inc., 1976.

Modley, Rudolf and Lowenstein, Dyno, Pictographs and Graphs, New York: Harper & Brothers, 1952.

Schmid, Calvin, F., *Hand Book of Graphic Presentation*, New York: Ronald Press, 1954.

Waugh, Coulton, *The Comics*, London: Macmillan, 1947.

Wittich, Walter A. and Charles, F. Schuller, *Audio-Visual Materials: Their Nature and Use*, New York: Harper & Row, 1953.

Wyman, Raymond, *Audio-Visual Devices and Techniques*, Amherest: University of Massachusetts, 1957.

अध्ययन के लिए प्रश्न (Study Questions)

1. अनुदेशनात्मक माध्यम और सहायक साधन के रूप में सॉफ्टवेयर्स से आप क्या समझते हैं ? इस श्रेणी के किन्हीं दो महत्त्वपूर्ण साधनों का विस्तार से वर्णन कीजिए।
2. सॉफ्टवेयर के रूप में वर्गीकृत निम्न में से किन्हीं तीन साधनों या सहायक सामग्री की महत्ता और उपयोग की कक्षा शिक्षण के संदर्भ में चर्चा कीजिये–

   (i) चार्ट, (ii) आरेख या डाइग्राम, (iii) मानचित्र, (iv) कार्टून, (v) पोस्टर, (vi) ग्राफ, (vii) फोटोग्राफ, (viii) स्लाइड्स, (ix) ट्रैंसपैरांसिज या पारदर्शिका।
3. निम्न सॉफ्टवेयर सामग्री में से किन्हीं तीन के निर्माण और विकास प्रक्रिया पर अपने विचार व्यक्त कीजिए–

   (a) स्लाइड, (b) फिल्म स्ट्रिप, (c) ट्रान्सपेरेन्सीज, (d) चित्र एवं आरेख, (e) फोटोग्राफ, (f) मॉडल्स।
4. स्लाइड्स क्या है ? उन्हें कैसे उपलब्ध किया जा सकता है ? इनके शैक्षिक मूल्य पर प्रकाश डालिए।
5. निम्न में से किन्हीं तीन सॉफ्टवेयर सहायक सामग्री के बारे में बताइये कि उन्हें प्रभावपूर्ण ढंग से कैसे प्रयोग में लाया जा सकता है ?

   (a) चार्ट, (b) मानचित्र, (c) आरेख या डाइग्राम, (d) कार्टून, (e) पोस्टर्स
6. फिल्म स्ट्रिप्स क्या है ? ये शिक्षण–अधिगम प्रक्रिया में कैसे उपयोगी सिद्ध हो सकती है? चर्चा कीजिये।
7. अभिक्रमित अधिगम पैकेज क्या होता है ? सॉफ्टवेयर सहायक सामग्री के रूप में इसके शैक्षणिक महत्त्व पर प्रकाश डालिए।

5

शिक्षण एवं अधिगम की अवधारणा (Concept of Teaching and Learning)

अध्याय रूपरेखा (Chapter Outline)

- शिक्षण की अवधारणा (Concept of Teaching)
- अधिगम की अवधारणा (Concept of Learning)
- शिक्षण और अधिगम में संबंध (Relationship between Teaching and Learning)
- सार-संक्षेप (Summary)
- संदर्भित एवं विशेष अध्ययन ग्रंथ (References and Suggested Readings)
- अध्ययन के लिए प्रश्न (Study Questions)

शिक्षण की अवधारणा (Concept of Teaching)

किसी वस्तु, व्यक्ति या विचार विशेष के प्रति जो हमारी आम धारणा बन जाती है उसे ही हम उसके संप्रत्यय के रूप में जानते हैं। इस धारणा के पीछे वह सब कुछ छुपा रहता है जिसका प्रत्यक्ष और अप्रत्यक्ष किसी भी तरह से हमें ज्ञान है। शिक्षण के संप्रत्यय पर भी यही बात पूरी तरह से लागू होती है। इस प्रकार शिक्षण–संप्रत्यय से तात्पर्य उस आम धारणा और छवि से है जो शिक्षण शब्द का नाम लेते ही हमारे मानस पटल पर उभर जाती है। इस छवि के दिग्दर्शन हेतु निम्न बातों को लेकर आगे बढ़ा जा सकता है या दूसरे शब्दों में निम्न बिंदुओं पर विचार करके ही हम शिक्षण के संप्रत्यय और उस धारणा से पूरी तरह परिचित हो सकते हैं।

— शिक्षण का अर्थ एवं परिभाषायें
— शिक्षण की प्रकृति एवं विशेषतायें
— शिक्षण का अन्य समरूप संप्रत्ययों से संबंध
— शिक्षण संप्रत्यय का विश्लेषणात्मक स्वरूप
— शिक्षण के चर तथा उसके कार्य

आइए इन सभी बातों पर एक एक करके विचार किया जाए।

शिक्षण का अर्थ एवं परिभाषायें (Meaning and Definitions of Teaching)

साधारण अर्थों में शिक्षण का अर्थ अध्यापक वर्ग द्वारा अपनाये गये व्यवसाय अथवा किसी व्यक्ति विशेष को कुछ सिखाने या कुछ विशेष ज्ञान, कौशल, रुचियों और अभिवृत्ति आदि को अर्जित करने में दी जाने वाली सहायता से लिया जाता है।

परंतु ध्यान से सोचा जाए तो शिक्षण को न तो इतने सरल शब्दों में परिभाषित ही किया जा सकता है और न इसका इस तरह कोई प्रयोजन ही आँका जा सकता है। शिक्षण सामाजिक और सांस्कृतिक परिप्रेक्ष्य में घटने वाली एक बहुत ही जटिल सामाजिक, सांस्कृतिक और नैतिक प्रक्रिया है जिसका स्वरूप और संगठन समाज के सामाजिक और सांस्कृतिक रूप के अनुसार बदलता रहता है। शिक्षण का यह बदलता स्वरूप शिक्षण शब्द की पारिभाषिक शब्दावली में लगातार परिवर्तन लाता रहा है। इसका अनुमान शिक्षण की कुछ निम्न परिभाषाओं के आधार पर भलीभाँति लगाया जा सकता है।

1. **एच.सी. मौरीसन** (H.C. Morrison, 1934)—"शिक्षण एक अधिक परिपक्व (Mature) व्यक्तित्व और कम परिपक्व व्यक्तित्व के बीच वह घनिष्ट संपर्क है जिसके द्वारा कम परिपक्व व्यक्तित्व को शिक्षा की दिशा में और आगे बढ़ाया जा सकता है।"

   (Teaching is an intimate contact between a more mature personality and a less mature one which is designed to further the education of the latter).

2. **जॉन ब्रूबेकर** (John Brubacher, 1939)—"शिक्षण से तात्पर्य किसी ऐसी परिस्थिति के आयोजन और परिचालन से है जिसमें कुछ अधूरापन या अवरोध रहते हैं, जिन्हें कोई व्यक्ति पूरा करने अथवा उन पर विजय पाने का प्रयास करता है तथा परिणामस्वरूप कुछ सीखता है।"

   (Teaching is an arrangement and manipulation of a situation in which there are gaps and obstructions which an individual will seek to overcome and from which he will learn in the course of doing so.)

3. **बी.ओ. स्मिथ** (B.O. Smith, 1960)—"शिक्षण सीखने हेतु संपन्न की जाने वाली क्रियाओं की एक प्रणाली है।"

   (Teaching is a system of actions intended to produce learning).

4. **एन.एल. गेज** (N.L. Gage, 1962)—"शिक्षण से तात्पर्य उस व्यक्तिगत पारस्परिक प्रभाव से है जिसे किसी दूसरे व्यक्ति की व्यावहारिक क्षमताओं में परिवर्तन लाने के लिए डाला जाता है।"

   (Teaching is a form of inter-personal influence aimed at changing the behaviour potential of another person.)

5. **बी.ओ. स्मिथ** (B.O. Smith, 1963)—"शिक्षण क्रियाओं की वह प्रणाली है जिसमें किसी एजेन्ट, निर्दिष्ट लक्ष्य और एक ऐसी परिस्थिति का समावेश होता है जिसके कुछ घटकों (जैसे कक्षा में विद्यार्थियों की संख्या, कक्षा–कक्ष का आकार, विद्यार्थियों का स्वभाव एवं विशेषताएँ आदि) पर एजेंट का कोई नियंत्रण नहीं होता, परंतु वह उनमें (अनुदेशन संबंधी उचित प्रश्नों और सूचना अथवा विचारों को संप्रेषित करने वाले विशेष तरीकों द्वारा) अपेक्षित परिवर्तन या सुधार ला सकता है।"

   (Teaching is a system of actions involving an agent, an end in view, and a situation including two sets of factors—those over which the agent has no control (class-size, size of classroom, physical characteristics of public etc.) and those that he can modify (ways of asking questions about instructions and ways of structuring information or ideas gleaned).)

6. **एडमण्ड एमीडन** (Edmund Amidon, 1967)—"शिक्षण को एक अंतःप्रक्रिया के रूप में परिभाषित किया जा सकता है जिसमें मुख्यतया उस कक्षा–वार्ता का समावेश हो जो अध्यापक और विद्यार्थी के बीच कुछ निश्चित और स्पष्ट क्रियाओं के माध्यम से घटित होती है।"

   (Teaching is defined as an interactive process, primarily involving classroom talk which takes place between teacher and pupil and occurs during certain definable activities.)

7. **क्लार्क** (Clarke, 1970)—"शिक्षण से तात्पर्य उन क्रियाओं से है जिनकी संरचना और जिनका परिचालन विद्यार्थी के व्यवहार में परिवर्तन लाने के लिए किया जाता है।"

   (Teaching refers to activities that are designed and performed to produce change in student behaviour).

8. **थोमस एफ. ग्रीन** (Thomas F. Green, 1971)—"शिक्षण शिक्षक का वह कार्य है जिसे बालक के विकास के लिए किया जाता है।"

   (Teaching is the task of teacher which is performed for the development of a child).

आइए अब इन परिभाषाओं का मनन किया जाए। मोरीसन (Morrison, 1934) द्वारा दी गई परिभाषा शिक्षण को एक ऐसी अनुशासित और नियंत्रित सामाजिक प्रक्रिया मानती है जिसमें अध्यापक अपनी गुरुता, ज्ञान और अनुभव के सहारे अपने से कम अनुभवी और परिपक्व विद्यार्थी के ऊपर उचित प्रभाव डालकर उसे समाज अथवा शासन के आदर्शों के अनुरूप ढालने का प्रयत्न करता है। निस्संदेह इस प्रकार के शिक्षण में अध्यापक की ही केंद्रीय भूमिका रहती है। जो कुछ उसके द्वारा प्रदान किया जाता है और जैसा किसी विद्यार्थी को बनाने का प्रयत्न किया जाता है, वैसे ही परिणामों की आशा की जा सकती है। ऐसे शिक्षण में अध्यापक और विद्यार्थी के बीच उपयोगी और सक्रिय आदान–प्रदान का अभाव रहता है और विद्यार्थी मूक दर्शक और निष्क्रय श्रोता के रूप में शिक्षा ग्रहण करते हैं।

ब्रूबेकर (Brubacher, 1939) द्वारा दी गई परिभाषा शिक्षण प्रक्रिया में विद्यार्थी की भूमिका को बहुत अधिक महत्त्व देती है। यहाँ अध्यापक का कार्य तो सीखने संबंधी उचित परिस्थितियों के सृजन और संगठन तक ही सीमित रहता है। विद्यार्थी को स्वयं यह तय करना होता है कि उसे क्या करना है तथा कैसे करना है। बाधाएँ आने या समस्याओं का सामना करने पर उस पर विजय प्राप्त करने की चेष्टा करनी होती है। अपने इन्हीं प्रयत्नों से ही वह सीखता है और आगे बढ़ता है। इस प्रकार का शिक्षण विद्यार्थियों को आत्मनिर्भर बनाकर उन्हें स्वयं अपने प्रयत्नों द्वारा सीखने और समस्या का समाधान करने की दिशा में आगे बढ़ा सकता है।

स्मिथ (Smith, 1960) द्वारा दी गई परिभाषा शिक्षण को ऐसी विशिष्ट क्रियाओं की एक संगठित प्रणाली मानती है जिनके द्वारा एक विद्यार्थी को कुछ सीखने में सहायता मिलती है। इस प्रकार के शिक्षण में अध्यापक की उपस्थिति अनिवार्य नहीं मानी जाती। प्रकृति (Nature), पुस्तकें, शिक्षण मशीन, टेप रिकॉर्डर, टेलीविजन, रेडियो आदि कोई भी साधन शिक्षक का रूप ले सकता है। इन साधनों द्वारा प्रतिपादित क्रियाओं के उचित संगठन से किसी भी विद्यार्थी को उसके सीखने संबंधी कार्यों में पूरी–पूरी सहायता मिल सकती है। इस प्रकार से स्मिथ द्वारा दी गई परिभाषा शिक्षण को एक ऐसे यांत्रिकी ढाँचे में बदलने का प्रयत्न करती है जिसमें विद्यार्थी और अध्यापक के व्यक्तिगत संबंधों, पारस्परिक अन्तःक्रिया और प्रभाव का कोई मूल्य नहीं रह जाता। शिक्षण प्रक्रिया के लिए आवश्यक सभी तत्त्वों जैसे अध्यापक, विद्यार्थी और सीखने संबंधी अनुभव एवं परिस्थितियों की चर्चा न करने के कारण यह परिभाषा अपने आप में काफी एकांगी और अपूर्ण जान पड़ती है।

उपरोक्त कमियों को दूर करते हेतु स्मिथ (Smith) ने 1963 में अपनी शिक्षण की परिभाषा पर पुनर्विचार करने की चेष्टा की और परिणामस्वरूप शिक्षण को ऐसी त्रिध्रुवीय प्रक्रिया (Tripolar process) की संज्ञा दी जिस में निम्न तत्त्वों का समावेश होता है–

(i) **एक कार्यवाहक** (Agent): इससे अभिप्राय किसी भी ऐसे मानवीय और भौतिक साधन से है जो विद्यार्थी को सीखने में सहायता कर सके।

(ii) **लक्ष्य अथवा उद्देश्य** (A goal or target): इससे तात्पर्य उन परिणामों से है जिनकी प्राप्ति के लिए शिक्षण का आयोजन किया जाता है।

(iii) **मध्यस्थ चर** (Intervening variables): इनसे तात्पर्य उन तत्त्वों, सामग्री या परिस्थितियों से है जो सीखने और सिखाने में सहायक होती हैं, जैसे कक्षा का वातावरण और सहायक सामग्री आदि।

परंतु स्मिथ की यह परिभाषा भी अधूरी ही रही क्योंकि यहाँ उसने निहित तत्त्वों से प्रेरित क्रियाओं की प्रणाली की बात तो कही, परंतु प्रणाली में इन तत्त्वों के प्रारूप और भूमिका की बात खुलकर सामने नहीं रखी।

गेज (Gage, 1962) ने शिक्षण को व्यक्तिगत स्तर पर अध्यापक और विद्यार्थी के बीच चल रहे ऐसे पारस्परिक संबंधों के रूप में मान्यता दी जिनके द्वारा विद्यार्थी के व्यवहार में अपेक्षित परिवर्तन लाया जा सकता है। इस परिभाषा में पारस्परिक संबंधों को शिक्षण का आधार ठहराया गया है जो काफी हद तक सही है, परंतु निम्न कमियाँ इस परिभाषा में भी देखने को मिलती हैं।

आज के प्रगतिशील वैज्ञानिक और तकनीकी युग में अभिक्रमित अनुदेशन (Programmed instruction) रेडियो, टेप–रिकॉर्डर, टेलीविजन आदि शिक्षण साधनों–जिन में विद्यार्थी–अध्यापक का लगभग अभाव–सा पाया जाता है–का समावेश इस परिभाषा में नहीं किया गया है। इसके अतिरिक्त शिक्षण प्रक्रिया में सभी घटकों को भी इसमें शामिल नहीं किया गया है। अतः यह परिभाषा भी एकांगी और अपूर्ण है।

एमीडन (Amidon, 1967) द्वारा दी गई अगली परिभाषा में शिक्षण को विद्यार्थी और अध्यापक दोनों के बीच चलने वाली एक अन्तःप्रक्रिया का रूप दिया गया है। इस दृष्टि से शिक्षा एक पक्षीय न होकर विद्यार्थी और अध्यापक–दोनों के पारस्परिक सहयोग से चलने वाली रुचिकर और उपयोगी क्रिया बन जाती है इससे विद्यार्थी और अध्यापक दोनों पक्ष लाभान्वित होते हैं तथा दोनों की ही प्रगति होती है, परन्तु एमीडन द्वारा दी नई परिभाषा कुछ संकुचित बनकर रह गई है। इसका कारण यह है कि इसमें शिक्षण क्षेत्र में संबंधित बहुत–सी अंतःक्रियाओं में से केवल छात्र और अध्यापक अन्तःक्रिया की ही चर्चा है और उसका भी दायरा कक्षा–कक्ष में आयोजित क्रियाओं तक ही सीमित कर दिया गया है।

क्लार्के (Clarke, 1970) ने अपनी परिभाषा द्वारा शिक्षण को कुछ विस्तृत अर्थ प्रदान करने की चेष्टा की है। उसने शिक्षण में ऐसी सभी क्रियाओं का समावेश किया है जिनसे विद्यार्थी के व्यवहार में कुछ अपेक्षित परिवर्तन लाने में सहायता मिलती है, परंतु यहाँ न तो उन क्रियाओं के बारे में कुछ जानकारी दी गई है और न ही उन तत्त्वों की संरचना के बारे में जिनसे एक शिक्षण प्रक्रिया जुड़ी रहती है।

ग्रीन (Green, 1971) महोदय ने शिक्षण को शिक्षकों के व्यवसाय के रूप में परिभाषित किया है। उनके अनुसार शिक्षण वह सब कुछ है जो एक शिक्षक द्वारा शिक्षक का व्यवसाय अपनाने के नाते अपने विद्यार्थी की प्रगति और विकास के लिए किया जाता है, परंतु शिक्षण की यह परिभाषा काफी अपूर्ण और भ्रामक है। न तो शिक्षण को केवल अध्यापक समुदाय के व्यावसायिक कार्यों के रूप में ही सीमित किया जा सकता है औ न ही शिक्षण के द्वारा यह आशा की जा सकती है कि वह सदैव विद्यार्थी की वांछनीय दिशा में प्रगति होने की गारंटी देगा। वास्तविकता तो यह है कि शिक्षण द्वारा दुःखद और सुखद–दोनों ही प्रकार का अंत संभव है। परिणाम स्वरूप व्यवहार में वांछित और अवांछित–किन्हीं भी दिशाओं में परिवर्तन हो सकते हैं।

इस प्रकार हम देखते हैं कि उपरोक्त सभी परिभाषाएँ किसी न किसी प्रकार से एकांगी और अपूर्ण हैं। इनसे शिक्षण की मूल प्रकृति, उसमें निहित घटकों, तत्त्वों तथा क्रियाओं और उनके द्वारा संपन्न लक्ष्यों आदि की सही जानकारी नहीं मिल पाती है।

वास्तव में देखा जाए तो शिक्षण एक ऐसा गतिमान व्यापक सम्प्रत्यय (Dynamic and broad concept) है जिसको शब्दों में बाँधना काफी कठिन कार्य है। फिर भी अगर प्रयत्न किया जाए तो शिक्षण की एक अच्छी परिभाषा में कुछ निम्न बातों की उपस्थिति पर अवश्य ध्यान दिया जाना चाहिए–

1. इस परिभाषा द्वारा यह प्रकट होना चाहिए कि शिक्षण एक प्रक्रिया है अथवा किसी प्रक्रिया का परिणाम।
2. शिक्षण में निहित सभी घटकों, तत्त्वों और क्रियाओं की इसमें चर्चा होनी चाहिए।
3. शिक्षण के लक्ष्य और उद्देश्यों की बात इसमें कही जानी चाहिए।
4. शिक्षण उद्देश्यों की प्राप्ति के लिए शिक्षण संरचना, संगठन और आयोजन की आवश्यक चर्चा इसमें होनी चाहिए।

उपरोक्त बातों को ध्यान में रखते हुए अगर आगे बढ़ा जाए तो शिक्षण की परिभाषा के रूप में कुछ निम्न प्रकार का चित्र उभरकर सामने आता है।

शिक्षण से तात्पर्य एक ऐसे त्रिपक्षीय संबंध (Triadic relation) अथवा त्रिध्रुवीय प्रक्रिया (Tripolar process) से है जिसमें शिक्षण के स्रोत (मानवीय और भौतिक), विद्यार्थी और विद्यार्थी के व्यवहार में परिवर्तन लाने के लिए आवश्यक सभी क्रियाओं के प्रारूप और आयोजन पर ध्यान दिया जाता है।

शिक्षण की प्रकृति एवं विशेषताएँ (Nature and Characteristics of Teaching)

इस संबंध में व्याप्त धारणाओं और मान्यताओं के संदर्भ में संक्षेप में निम्न बातें रखी जा सकती हैं–

1. **शिक्षण एक जटिल सामाजिक प्रक्रिया है** (Teaching is a Complex Social Process)—शिक्षण समाज के भीतर, समाज के लिए और समाज द्वारा संचालित और संगठित प्रक्रिया है। समाज और शामिल सदस्यों के विचार, उद्देश्य, कार्य प्रणाली और संगठन में विविधता और निरंतर परिवर्तनशीलता शिक्षण को कोई सरल, सार्वभौमिक और स्थिर रूप प्रदान नहीं कर सकती।
2. **शिक्षण कला और विज्ञान दोनों ही है** (Teaching is both Art as well as Science)—शिक्षण की प्रकृति कलात्मक और विज्ञानमयी दोनों ही है। इस संबंध में चर्चा करते हुए सिल्वरमैन (Silverman, 1966) महोदय लिखते हैं "निस्संदेह शिक्षण औषधि–विज्ञान के प्रक्रिया पक्ष (व्यवहार उपयोग) की तरह एक कला है, क्योंकि इसमें प्रतिभा और सृजनात्मक का उपयोग किया जाता है, परन्तु औषधि–विज्ञान की ही तरह यह एक विज्ञान भी है, क्योंकि इसमें ऐसी तकनीक, तरीकों और कौशलों का समावेश होता है जिनका क्रमबद्ध रूप में अध्ययन करना, वर्णन करना और उनमें सुधार लाना संभव होता है। एक महान चिकित्सक की भाँति एक अच्छा अध्यापक वह है जो उपलब्ध साधनों एवं परिस्थितियों का यथोचित उपयोग ही नहीं करता बल्कि उनमें अपनी सृजनात्मकता और प्रेरणा का भी समावेश कर देता है।"
3. **शिक्षण एक व्यावसायिक क्रिया है** (Teaching is a Professional Activity)—शिक्षण को ऐसी व्यावसायिक क्रियाओं से संबंधित किया जाता है जिनके द्वारा एक अध्यापक को अपने विद्यार्थियों की प्रगति और विकास में सहायता मिलती है।
4. **शिक्षण अध्यापक के परिश्रम का परिणाम है** (Teaching is the Output Emanating from the Teacher)—विद्यार्थी कुछ सीख सकें, इसके लिए एक अध्यापक जो परिश्रम करता है, शिक्षण उसी का परिणाम कहा जा सकता है।

5. **शिक्षण विभिन्न प्रकार की क्रियाओं की एक संगठित प्रणाली है** (Teaching is an Organised System of Varied Actions)—शिक्षण के अंतर्गत विभिन्न प्रकार की क्रियाएँ संपन्न होती हैं। इन सारी क्रियाओं का इस प्रकार संगठन और आयोजन किया जाता है कि उपस्थित भौतिक और सामाजिक वातावरण में उपयुक्त पाठ्य–सामग्री, पाठ्य–विधियों और शिक्षण साधनों के द्वारा विद्यार्थियों के व्यवहार में अपेक्षित परिवर्तन लाया जा सके।
6. **शिक्षण का वैज्ञानिक ढंग से अवलोकन और विश्लेषण किया जा सकता है** (Teaching is Amenable to Scientific Observation and Analysis)—अध्यापक व्यवहार, विद्यार्थी–अध्यापक अन्तःक्रिया और विद्यार्थियों के व्यवहार में आए हुए अपेक्षित परिवर्तनों के माध्यम से शिक्षण में क्या कुछ हो रहा है और उसका क्या प्रतिफल है, इसका विश्लेषण और मूल्यांकन वैज्ञानिक ढंग से किया जा सकता है। इस प्रकार से किया हुआ विश्लेषण और मूल्यांकन शिक्षण प्रक्रिया परिवर्तन एवं सुधार लाने के लिए पर्याप्त प्रतिपुष्टि (Feedback) प्रदान कर सकता है।
7. **शिक्षण में संप्रेषण कौशल का आधिपत्य रहता है** (Teaching is Highly Dominated by the Communication Skill)—ज्ञान, कर्म और भावनाओं का सफलतापूर्वक संप्रेषण करना एक अच्छे शिक्षण की प्रमुख विशेषता मानी जा सकती है। यह संप्रेषण–क्रिया शिक्षण के अन्य स्रोतों, विद्यार्थी और शिक्षण क्रियाओं के मध्य बराबर चलती रहती है।
8. **शिक्षण एक पारस्परिक अन्तःप्रक्रिया है** (Teaching is an Interactive Process)—शिक्षण विद्यार्थी और शिक्षण स्रोतों के मध्य चलने वाली एक ऐसी अन्तःप्रक्रिया है जिसका परिचालन विद्यार्थी के मार्गदर्शन और प्रगति के लिए किया जाता है।
9. **शिक्षण विविध रूपों में संपन्न हो सकता है** (Teaching may be Carried out in its Various Forms and Styles)—कक्षा के किन्हीं निश्चित पीरियडों में सीखने एवं सिखाने के लिए संपादित क्रियाओं का नाम ही शिक्षण नहीं है। औपचारिक और अनौपचारिक शिक्षा, निदेशात्मक और अनुदेशात्मक प्रशिक्षण, सुधारात्मक शिक्षण (Remedial teaching), अनुबंधन (Conditioning) और प्रतिपादन (Indoctrination), वर्णन, निरीक्षण, प्रयोग, प्रदर्शन आदि शिक्षण के ऐसे कई रूप और प्रकार हो सकते हैं जिनके द्वारा शिक्षण उद्देश्यों को प्राप्त करने का प्रयास किया जाता है।
10. **शिक्षण विभिन्न शिक्षण कौशलों से युक्त एक विशिष्ट कार्य है** (Teaching is a Specialized Task Comprising of Different Teaching Skills)—जंगीरा और अजीत सिंह (Jangira and Azit Singh, 1982) के अनुसार शिक्षण एक अति विशिष्ट कार्य है जिसके अंदर विभिन्न प्रकार के ऐसे शिक्षण कौशलों को प्रयोग किया जाता है, जिनके आधार पर निर्धारित उद्देश्यों की प्राप्ति संभव हो सके।

- शिक्षण के अर्थ से भलीभाँति परिचित होना।
- शिक्षण की प्रकृति और विशेषताओं से परिचित होना।
- शिक्षण की इससे मिलते–जुलते अन्य संप्रत्ययों से तुलना करना।
- शिक्षण और अधिगम के पारस्परिक संबंधों के बारे में सोचना।
- शिक्षण के विश्लेषणात्मक स्वरूप (Analytical concept) की चर्चा करना।
- शिक्षण की उसके विभिन्न चरों के रूप में व्याख्या करना।

इस अध्याय में हम पहले दो बिंदुओं पर पहले ही प्रकाश डाल चुके हैं। शेष अन्य बिंदुओं पर हम अब आगे की पंक्तियों में चर्चा करना चाहेंगे।

शिक्षण का अन्य समरूप संप्रत्ययों से संबंध (The Relation of Teaching with other Similar or Related Concepts)

शिक्षा की दुनिया में शिक्षण के अतिरिक्त हम कुछ ऐसे ही संप्रत्ययों जैसे अनुबंधन (Conditioning), प्रशिक्षण (Training), अनुदेशन (Instruction) और प्रतिपादन (Indoctrination) का प्रयोग भी करते हैं। इन्हें शिक्षण का पर्यायवाची मानने की भूल भी कभी–कभी हो जाती है। आइए, देखा जाए कि शिक्षण से इनका क्या संबंध है?

वास्तव में ये सभी संप्रत्यय किसी न किसी प्रकार के शिक्षण को ही प्रकट करते हैं और शिक्षण के विभिन्न उद्देश्यों को अपनी–अपनी तरह से पूरा करते हैं। शिक्षण संप्रत्ययों की विशालता में इन सभी संप्रत्ययों का अस्तित्व विलीन हो जाता है। मूल रूप से सभी प्रकार के शिक्षण का उद्देश्य विद्यार्थियों के व्यवहार में परिवर्तन लाना है। परिवर्तन का यह कार्य निम्न दो प्रकार से हो सकता है–

(i) विद्यार्थियों को यह शिक्षा दी जाए कि किसी कार्य को कैसे किया जाता है अथवा किसी परिस्थिति अथवा उद्दीपन (Stimulus) के प्रति कैसी अनुक्रिया (Response) की जानी चाहिए।

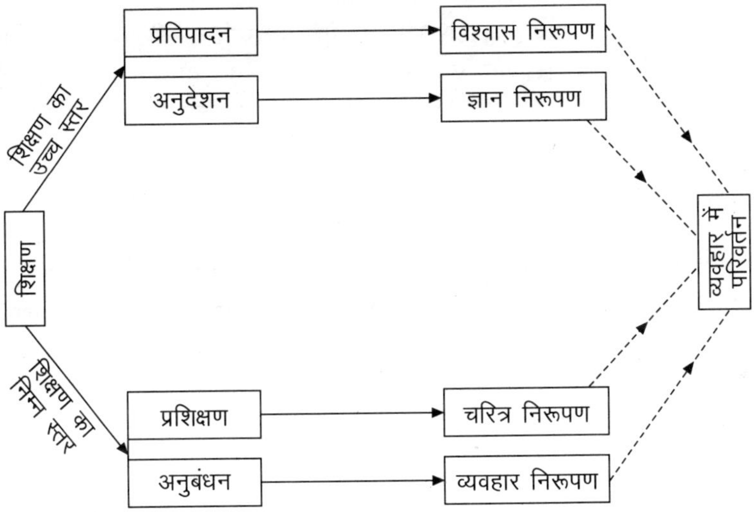

चित्र 5.1 शिक्षण संप्रत्यय का अन्य संबंधित संप्रत्ययों से संबंध।

(ii) विद्यार्थियों को उन बातों की शिक्षा दी जाए जिनसे उनके ज्ञान में वृद्धि हो और कुछ निश्चित प्रकार की मान्यताओं और विश्वासों का निर्माण हो सके।

पहले प्रकार के परिवर्तन जिनका संबंध चरित्र अथवा व्यवहार को वांछित रूप देने से है, अनुबंधन या प्रशिक्षण संप्रत्ययों के अंतर्गत आते हैं जबकि दूसरे प्रकार के परिवर्तन जिनसे ज्ञान प्राप्ति और निश्चित प्रकार के विश्वास निर्माण में सहायता मिलती है, अनुदेशन अथवा प्रतिपादन जैसे संप्रत्ययों से अपना संबंध रखते हैं। (देखिए चित्र नं 5.1)

इस प्रकार से अनुबंधन, प्रशिक्षण, अनुदेशन और प्रतिपादन आदि सभी संप्रत्यय अपनी–अपनी सीमाओं के अंतर्गत शिक्षण के लक्ष्य (विद्यार्थी के व्यवहार में परिवर्तन) को पूरा करने का प्रयत्न करते हैं। अपने–अपने संपादित कार्य के हिसाब से इन सभी संप्रत्ययों का स्तर एक जैसा नहीं है। कुछ के द्वारा अधिक ऊँचे स्तर का शिक्षण संपन्न होता है जबकि कुछ निम्न स्तर के शिक्षण की भूमिका निभाते हैं।

यहाँ हमने ऊँचे स्तर और नीचे स्तर के शिक्षण की बात कही है। प्रश्न यह उठता है कि इस प्रकार के शिक्षण का स्तरों में विभाजन करने का प्रयोजन क्या है? मानव को अन्य जीवधारियों से श्रेष्ठ समझा जाता है। जहाँ तक जीवनयापन और सीखने का संबंध है, यह कार्य पशु–पक्षियों द्वारा भी किया जाता है। मानसिक शक्तियों का विकास तथा वृद्धि और विवेक ही कुछ ऐसी बातें हैं जो उन्हें इन पशु–पक्षियों से श्रेष्ठ बनाती हैं और वह कार्य शिक्षा द्वारा ही संपादित होता है। अतः मानसिक स्तर (बुद्धि और विवेक के विकास) के मूल्यांकन को शिक्षण स्तर का मापदण्ड बनाया जा सकता है। जिस प्रकार का शिक्षण जितना अधिक मानसिक स्तर को ऊँचा उठाएगा अथवा बुद्धि और विवेक का उपयोग करने में व्यक्ति को जितना अधिक सक्षम बनाएगा उसे उतने ही ऊँचे स्तर का शिक्षण माना जाएगा। आइए, अब इस कसौटी का उपयोग करके देखा जाए।

अनुबंधन (Conditioning)—जब किसी कुत्ते या बिल्ली को किसी आदेश, जैसे घंटी की आवाज़ आदि की वांछित अनुक्रिया जैसे पंजा उठाना आदि के लिए शिक्षा दी जाती है तो इस प्रकार के शिक्षण को अनुबंधन का नाम दिया जाता है। इसी रूप में अनुबंधन के द्वारा पशु–पक्षियों और मनुष्यों को विभिन्न चेतावनी, संकेत और आदेशों का पालन करने की शिक्षा दी जा सकती है। हमारी बहुत–सी अच्छी–बुरी आदतों और वांछित अथवा अवांछित व्यवहारों के मूल में अनुबंधन द्वारा प्राप्त इस प्रकार का शिक्षण ही होता है। अधिकतर इसका संबंध आदतों के निर्माण से होता है और आदतें व्यवहार की कुछ ऐसी यंत्रचालित–सी पुनरावृत्तियों का परिणाम होती हैं जिनमें मानसिक शक्तियों के विकास और उपयोग की संभावना बहुत ही कम होती है। यही कारण है कि अनुबंधन को शिक्षण के सबसे निचले और प्राथमिक स्तर के प्रतिनिधि के रूप में ही मान्यता प्रदान की जाती है।

प्रशिक्षण (Training)—शिक्षण स्तर की दृष्टि से प्रशिक्षण का स्तर अनुबंधन से ऊँचा माना जाता है प्रशिक्षण के द्वारा विभिन्न कौशलों को अर्जित करने और चरित्र निर्माण अथवा व्यवहार को वांछनीय बनाने में सहायता मिलती है। किसी व्यक्ति को उपयुक्त कौशलों का प्रशिक्षण प्रदान करके किसी विशेष कार्य को करने के लिए बढ़िया मिस्त्री या कारीगर बनाया जा सकता है। परिणामस्वरूप वह कारखाने की मशीनों को बहुत ही कुशलता से चलाने में सक्षम हो सकता है। यहाँ ऐसा करने में उसके लिए यह आवश्यक नहीं कि उसे मशीनों की आंतरिक रचना, उनके सिद्धांत तथा उनके द्वारा उत्पादित सामान की उपयोगिता और क्रय–विक्रय आदि का ज्ञान हो। इसी प्रकार विभिन्न सरकस कंपनियां अपने–अपने सरकसों के लिए तरह–तरह के जानवरों को बहुत कठिन, दिलचस्प और जोखिम भरे खेल–तमाशे दिखाने के लिए प्रशिक्षित करती हैं। यहाँ अब सरकस के ये जानवर और कारखाने का वह मिस्त्री दोनों ही शिक्षण की दृष्टि से समान समझे जाते हैं। दोनों को कुछ सिखाने में शिक्षण के जिस रूप का प्रयोग होता है उसे प्रशिक्षण कहा जाता है। उन्हें शिक्षित किया जा रहा है, यह कभी नहीं कहा जाता। हर अवस्था में इस प्रकार के सीखने का शिक्षण स्तर को प्रशिक्षण नाम ही दिया जाता है। पशु–पक्षियों को सिखाने अथवा शिक्षा देने का स्तर अनुबंधन से शुरू होकर प्रशिक्षण पर जाकर समाप्त हो जाता है। इन्हें किसी भी अवस्था में शिक्षण के आगे के स्तरों, अनुदेशन अथवा प्रतिपादन पर नहीं ले जाया जा सकता। इसके विपरीत मनुष्यों को शिक्षण के ऊँचे स्तर पर बिठाकर शिक्षित किया जा सकता है। उपरोक्त मिस्त्री की ही बात ले लीजिए। हम उसे मशीन की संरचना और कार्यप्रणाली की जानकारी दे सकते हैं, उसमें अपने कार्य के प्रति रुचि और निष्ठा पैदा कर सकते हैं, उसे अपने द्वारा किए गए उत्पादन का उपयोग और देशहित में उसके योगदान की बात समझाकर देशभक्ति के बीज बो सकते हैं और इस प्रकार उसके व्यक्तित्व, विचार और विश्वासों को एक नई दिशा प्रदान की जा सकती है।

कौशलों के अर्जन और अन्य इसी प्रकार के सीखे हुए व्यवहार में यह देखने के लिए कि कौन–सा परिवर्तन प्रशिक्षण का परिणाम है और कौन–सा शिक्षण का, हमें उस व्यवहार के द्वारा प्रदर्शित बुद्धि और विवेक के स्तर का मूल्यांकन करना होगा। अगर यह स्तर ऊँचा है तो व्यवहार को शिक्षण का परिणाम कहा जाएगा अन्यथा इसे प्रशिक्षण की उपज माना जाएगा। जिन व्यवहारों में अपेक्षाकृत कम बुद्धि और विवेक की आवश्यकता होती है,

उनका अर्जन प्रशिक्षण द्वारा भलीभाँति हो सकता है जबकि अधिक बुद्धि और विवेक पर टिके हुए जटिल व्यवहारों के लिए प्रशिक्षण से आगे के स्तर पर बढ़ना आवश्यक होता है।

अनुदेशन (Instruction)—अनुदेशन का संबंध किसी व्यक्ति में किसी चालू, प्रक्रिया अथवा प्रणाली के बारे में अपेक्षित ज्ञान और समझ पैदा करने से है। ज्ञान और समझ (Knowledge and Understanding) पैदा करना शिक्षण के विभिन्न उद्देश्यों में से केवल मात्र एक उद्देश्य का प्रतिनिधित्व करता है। ऐसी स्थिति में अनुदेशन को शिक्षण का पर्यायवाची या समानार्थी कैसे माना जा सकता है। शिक्षण हर अवस्था में एक बड़ा संप्रत्यय है और अनुदेशन उसका एक छोटा–सा हिस्सा है। अनुदेशन जहाँ व्यवहार के ज्ञानात्मक पक्ष से ही अपना संबंध रखता है वहाँ शिक्षण व्यवहार के ज्ञानात्मक पक्ष तक ही सीमित नहीं रहता बल्कि कर्म और भावनापक्ष को भी साथ लेकर व्यक्तित्व के सामंजस्यपूर्ण विकास पर अपनी दृष्टि रखता है।

शिक्षण और अनुदेशन का अंतर उनमें निहित प्रक्रियाओं के आधार पर भी समझा जा सकता है। शिक्षण में शिक्षक की उपस्थिति, अध्यापक और विद्यार्थी के मध्य चल रहे पारस्परिक आदान–प्रदान और व्यक्तित्व संबंधी प्रभाव को बहुत अधिक महत्त्व दिया जाता है, जबकि अनुदेशन में शिक्षक की उपस्थिति और शिक्षक–विद्यार्थी अन्तःक्रिया आवश्यक नहीं होती। शिक्षण मशीन, टेप, रिकार्डर, रेडियो, टेलीविजन, अभिक्रमित अनुदेशन, सहायक सामग्री आदि शिक्षण साधनों द्वारा अनुदेशन की क्रिया संपन्न हो सकती है। एक अध्यापक अपने शिक्षण में भी इन सभी शिक्षण साधनों का आवश्यकतानुसार प्रयोग करता हुआ देखा जा सकता है। अतएव अनुदेशन से संबंधित सभी बातों का तो शिक्षण में समावेश हो सकता है, परन्तु अनुदेशन कभी भी शिक्षण की ऊँचाइयों को नहीं छू सकता।

प्रतिपादन (Indoctrination)—अनुबंधन शिक्षण स्तर का जहाँ पहला चरण है वहाँ प्रतिपादन उसका सर्वोत्तम शिखर है। प्रतिपादन की सहायता से व्यक्ति के व्यक्तित्व में आदर्श और मूल्यों की स्थापना की जा सकती है तथा उसमें मान्यताओं, विचारों एवं विश्वासों की गहरी जड़ें जमाई जा सकती हैं। शिक्षण के इस स्तर पर व्यक्ति से अन्य स्तरों की तुलना में अधिक ऊँचे स्तर की बुद्धि और विवेक की अपेक्षा की जाती है, परिणामस्वरूप प्रतिपादन व्यक्ति के ज्ञानात्मक और भावात्मक—दोनों ही प्रकार के व्यवहार संबंधी पक्षों में अधिक स्थायी परिवर्तन लाने की भूमिका निभाता है। धर्माधिकारी और महान पुरुष, सफल राजनीतिज्ञ और शासनाधिकारी तथा स्वेच्छाचारी एवं गिरोहों के सरगने प्रतिपादन का सहारा लेकर व्यक्तियों को अपनी विचारधारा, चिंतन, मान्यताओं, विश्वास और कार्यशैली के रंग में रंगने में समर्थ हो जाते हैं। आवश्यकता पड़ने पर कोई भी शिक्षक प्रतिपादन को अपनी शिक्षण शैली में शामिल कर सकता है। इस तरह प्रतिपादन शिक्षण का एक अंग तो बन सकता है परन्तु पर्याय नहीं। कोई भी अध्यापक प्रतिपादन के बिना भी शिक्षण प्रदान कर सकता है जबकि प्रतिपादन की शिक्षण प्रक्रिया, शिक्षण साधनों और शिक्षण उद्देश्यों के बिना कोई अस्तित्व ही नहीं रखती।

सारांश रूप में यह कहा जा सकता है कि अनुबंधन, प्रशिक्षण, अनुदेशन और प्रतिपादन शिक्षण के विभिन्न स्तरों का प्रतिनिधित्व करते हैं। इन्हें शिक्षण का अंग तो माना जा सकता है पर पर्याय नहीं। एक–दूसरे से प्रकृति और कार्यप्रणाली में पृथकता रखते हुए भी ये सभी अंग अपने–अपने ढंग से शैक्षणिक उद्देश्यों की प्राप्ति में संघर्षरत रहते हैं। शिक्षण प्रक्रिया में इनमें से किसी को भी शिक्षण शैली के रूप में प्रयुक्त किया जा सकता है। अतएव शिक्षण के ये सभी रूप विविधता में एकता का उदाहरण प्रस्तुत करते हुए शिक्षण के वृहत रूप की सृष्टि और हित चिंतन करते हुए दिखलाई पड़ते हैं।

शिक्षण संप्रत्यय का विश्लेषणात्मक स्वरूप (Analytical Concept of Teaching)

विश्लेषण से अभिप्राय उस प्रक्रिया से है जिसके द्वारा किसी भी वस्तु के तत्त्वों अथवा अवयवों को अलग–अलग किया जा सके। अतएव शिक्षण का विश्लेषणात्मक स्वरूप प्राप्त करने के लिए हमें शिक्षण कार्य अथवा प्रक्रिया

में शामिल विभिन्न घटकों और अवयवों को इस प्रकार अलग–अलग रूप में सामने लाना होगा ताकि यह स्पष्ट किया जा सके कि शिक्षण कार्य में किस–किस प्रकार की क्रियाएँ संपन्न होती हैं तथा इन क्रियाओं द्वारा कौन–कौन से शैक्षणिक उद्देश्यों की पूर्ति की जाती है। शिक्षण के इस प्रकार के विश्लेषणात्मक स्वरूप को प्राप्त करने के लिए विद्वानों द्वारा काफी कुछ प्रयत्न किए गए हैं। इनमें से कुछ प्रयत्नों को संक्षिप्त रूप में नीचे प्रस्तुत किया जा रहा है–

1. 1966 में कोमीसार (Komisar) ने शिक्षण को अनेक विशिष्ट क्रियाओं (जैसे प्रस्तावित करना, प्रदर्शन करना, वर्णन करना, परिभाषित करना, व्याख्या करना, बढ़ाकर प्रस्तुत करना, प्रश्न पूछना, पहचानना, पुष्टि करना आदि) के रूप में विश्लेषण करने का प्रयत्न किया।
2. 1968 में गेज (Gage) ने शिक्षण या शिक्षण से संबंधित कुछ तकनीकी कौशलों के बारे में टिप्पणी करते हुए लिखा है, "शिक्षण कौशलों से तात्पर्य उन विशिष्ट अनुदेशनात्मक तकनीकों और तरीकों से है जिनका उपयोग कक्षा में एक अध्यापक द्वारा किया जा सकता है। शिक्षण प्रक्रिया में शामिल स्वतंत्र तत्त्वों या अवयवों का ये कौशल प्रतिनिधित्व करते हैं। इन कौशलों को विभिन्न प्रकार से एक–दूसरे से जोड़कर एक अध्यापक द्वारा अपने शिक्षण कार्य में प्रयुक्त किया जा सकता है।"

   (Teaching skills are specific instructional techniques and procedures that a teacher may use in the classroom. They represent an analysis of the teaching process into relatively discrete components that can be used in different combination in the continuous flow of the teacher's performance).
3. 1967 में क्लार्क (Clarke) ने कोमीसार (Komisar) और गेज (Gage) के विचारों की पुष्टि करते हुए शिक्षण को अपनी परिभाषा के माध्यम से शिक्षण का कुछ ऐसी विशिष्ट क्रियाओं के रूप में विश्लेषण करने का प्रयास किया जिनकी रचना और जिनका आयोजन विद्यार्थी के व्यवहार में परिवर्तन लाने के लिए किया जाता है। इन क्रियाओं का संबंध व्यवहार के तीनों पक्षों–ज्ञान, क्रिया और भाव–में किसी से भी हो सकता है।
4. 1975 में ब्राउन (Brown) ने शिक्षण को एक बहुमुखी क्रिया मानकर विभिन्न प्रकार की शैक्षणिक क्रियाओं जैसे प्रश्न पूछना, जानकारी देना, सुनना, वर्णन करना आदि के रूप में विश्लेषित करने का प्रयास किया।
5. 1976 में बी. के. पासी (B.K. Passi) ने शिक्षण का विश्लेषण करते हुए यह मत व्यक्त किया कि शिक्षण के अंतर्गत विभिन्न प्रकार के शाब्दिक (Verbal) और अशाब्दिक (Non-verbal) शिक्षण कार्यों (जैसे प्रश्न पूछना, वर्णन करना, उत्तर प्राप्त करना, प्रशंसा करना, मुस्कराना, सिर हिलाना, कक्षा में इधर–उधर घूमना, संकेतों से अभिव्यक्ति करना आदि) का समावेश होता है। अपने विशेष रूपों से एक–दूसरे से जुड़े हुए इन शिक्षण कार्यों की सहायता से विभिन्न शैक्षणिक उद्देश्यों की प्राप्ति सहज रूप में होती रहती है।
6. 1982 में एन.के. जंगीरा (N.K. Jangira) और अजीत सिंह (Azit Singh) ने अपने अध्ययन के आधार पर शिक्षण का विश्लेषण करते हुए निम्न विचार प्रस्तुत किए–

   (1) शिक्षण का शिक्षण व्यवहार के रूप में विश्लेषण किया जा सकता है। इस व्यवहार में कम से कम तीन स्तर होते हैं। ये हैं–

      (i) शिक्षण कौशल अवयव (Component teaching skills)

      (ii) शिक्षण कौशल अवयव से जुड़े हुए शिक्षण–व्यवहार अवयव (Component teaching behaviours, comprising the component skills), और

      (iii) अति सूक्ष्म शिक्षण व्यवहार (Atomistic teaching behaviours).

चित्र रूप में इसे चित्र 5.2 द्वारा प्रदर्शित किया जा सकता है।

शिक्षण

प्रथम स्तर—शिक्षण को उसके विविध शिक्षण कौशल घटकों जैसे—$S_1, S_2, S_3 \ldots S_n$ में विश्लेषित किया जा सकता है।

S_1	S_2	S_3	S_4	S_5	S_6	S_7	S_8	S_9	S_{10}	S_{11}	S_{12}	S_{13}	S_{14}

द्वितीय स्तर—प्रत्येक शिक्षण कौशल घटक को अब उसके विविध शिक्षण व्यवहार घटकों जैसे—$C_1, C_2, C_3 \ldots C_n$ में विश्लेषित किया जा सकता है।

S_7 (कोई एक विशिष्ट शिक्षण कौशल घटक)

C_1	C_2	C_3	C_4	C_5	C_6	C_7	C_8

तृतीय स्तर—प्रत्येक शिक्षण व्यवहार घटक को अब आगे उसके अति सूक्ष्म शिक्षण व्यवहारों जैसे—$Tb_1, Tb_2, Tb_3 \ldots Tb_n$ में विश्लेषित किया जा सकता है।

C_4 (कोई एक विशिष्ट शिक्षण व्यवहार घटक)

Tb_1	Tb_2	Tb_3	Tb_4	Tb_5	Tb_6	Tb_7	Tb_8

चित्र 5.2 शिक्षण का विश्लेषण।

शिक्षण के विश्लेषण के संदर्भ में उपरोक्त चर्चा के आधार पर यह निष्कर्ष निकाला जा सकता है कि शिक्षण की जटिल प्रक्रिया का कुछ सीमित परंतु स्पष्ट अवयवों (जिन्हें 'शिक्षण कौशलों' अथवा 'तकनीकी कौशलों' का नाम दिया जाता है) के रूप में विश्लेषण किया जा सकता है। एशियन इन्स्टीट्यूट फार टीचर एजूकेशन (1982) ने इस प्रकार के विश्लेषित सभी कौशलों को ऐसी विशिष्ट शिक्षण क्रियाएँ माना है जिनके द्वारा विद्यार्थियों के व्यवहार में अपेक्षित परिवर्तन लाने में भरपूर सहायता मिलती है।

अतः इस स्थिति में निष्कर्ष रूप में यह कहना उचित होगा कि **शिक्षण, शिक्षण कौशलों के रूप में पुकारे जाने वाले विविध कौशलों का एक संगठन है और किसी भी शिक्षण कौशल को विद्यार्थी के व्यवहार में अपेक्षित परिवर्तन लाने हेतु किए जाने वाले विभिन्न शिक्षण कार्यों अथवा व्यवहारों के समूह अथवा संगठन के रूप में परिभाषित किया जा सकता है।**

शिक्षण को कुछ विशिष्ट शिक्षण कौशलों और उनसे संबंधित शिक्षण कार्यों अथवा व्यवहारों के रूप में विश्लेषित करने के उपरोक्त दृष्टिकोण को व्यापक रूप से आलोचना का भी शिकार होना पड़ा है। परिणामस्वरूप अब यह माना जाने लगा है कि शिक्षण को कुछ शिक्षण कौशलों का समूह अथवा संगठन मात्र नहीं माना जा सकता। एक ओर यद्यपि इस बात से इंकार नहीं किया जा सकता है कि विभिन्न शिक्षण कौशलों का अर्जन एक शिक्षक के कार्य में सहायक होता है परंतु दूसरी ओर शिक्षण कौशलों का अर्जन ही अपने आप में वह सब कुछ नहीं है जो एक अच्छे अध्यापक बनने के प्रयत्नों में उसे सफलता दिलाए। शिक्षण कौशलों के अलावा भी उसे बहुत कुछ चाहिए। एक कारीगर और मिस्त्री की भाँति घिसे-पिटे तरीकों (शिक्षण कौशलों) का अपने शिक्षण कार्य में उपयोग करके उसे अपने लक्ष्यों की प्राप्ति नहीं हो सकती। यहाँ उसका सामना निर्जीव वस्तुओं, मशीनों और

उपकरणों से नहीं बल्कि सजीव विद्यार्थियों और उनकी गतिशील सजीव आवश्यकताओं से होता है। अध्यापक के व्यक्तित्व, इच्छाओं, अभिवृत्तियों और उनके परिणामों का पर्याप्त प्रभाव पड़ता है। अतः शिक्षण को शिक्षण कौशलों का एक संगठन और समूह मात्र मानकर विश्लेषण करने और इन कौशलों को अर्जित कर इनके उपयोग मात्र से अध्यापक को अपने लक्ष्यों की प्राप्ति नहीं हो सकती। उसे किसी भी हालत में इन कौशलों के मशीनी उपयोग का साधन नहीं बनाया जा सकता। एक अच्छा अध्यापक बनने के लिए इन कौशलों के अर्जन के साथ उसे इनका समुचित उपयोग करने की कला भी अपनानी चाहिए और उसे अपने को एक मशीनी मिस्त्री मानने की बजाए एक ऐसे सजीव आदर्श के रूप में देखना चाहिए जिसके व्यक्तित्व और क्रियाकलापों तथा विद्यार्थियों के साथ बनाए गए संबंधों की छाप विद्यार्थियों के व्यक्तित्व का सर्वांगीण विकास करने के लिए आवश्यक होती है।

शिक्षण के चर (Variables of Teaching)

शिक्षण संप्रत्यय की व्याख्या शिक्षण प्रक्रिया में शामिल विभिन्न चरों के माध्यम से भी की जा सकती है। मुख्यतया इन चरों को निम्न तीन भागों में बाँटा जा सकता है–

1. आश्रित चर (Dependent Variable)
2. स्वतंत्र चर (Independent Variable)
3. मध्यस्थ चर (Intervening Variable)

1. **आश्रित चर** (Dependent Variable)—शिक्षण प्रक्रिया में जिस चीज में परिवर्तन लाना होता है वह विद्यार्थी और उसका व्यवहार होता है। शिक्षक और शिक्षण–प्रक्रिया के प्रत्यनों के फलस्वरूप यह परिवर्तन लाया जाता है। जिस तरह का शिक्षक होगा अथवा जिस प्रकार के प्रयत्न वह करेगा विद्यार्थी में परिवर्तन वैसे ही होंगे। विद्यार्थी को उसी तरह की क्रियाएँ अथवा व्यवहार करना होगा जिसका आयोजन शिक्षक अथवा शिक्षण–क्रियाओं द्वारा समय–समय पर निर्धारित कर दिया जाता है। अतएव एक विद्यार्थी को शिक्षण प्रक्रिया में एक आश्रित चर के रूप में अपना उत्तरदायित्व निभाना होता है।
2. **स्वतंत्र चर** (Independent Variable)—शिक्षण प्रक्रिया में शिक्षक का बहुत ही महत्त्वपूर्ण स्थान होता है। शिक्षण की संपूर्ण प्रक्रिया को अपने नियंत्रण में रखकर विद्यार्थियों के व्यवहार में अपेक्षित परिवर्तन लाने का उत्तरदायित्व शिक्षक ही निभाता है। इस प्रक्रिया में विद्यार्थी को उसके बनाए हुए मार्ग का अनुसरण करना होता है तथा शिक्षक को शिक्षण के अनुकूल अपने आप को ढालते रहना पड़ता है। शिक्षण प्रक्रिया में शिक्षक एक स्वतंत्र चर के रूप में कार्य करते हुए न केवल आश्रित के रूप में विद्यार्थियों को सक्रिय रखता है बल्कि सभी प्रकार के मध्यस्थ चरों पर भी पूरा नियंत्रण रखता हुआ शिक्षण प्रक्रिया का इस प्रकार नियोजन और आयोजन करता है ताकि शैक्षणिक उद्देश्यों की अधिक अच्छी तरह से प्राप्ति हो सके और विद्यार्थियों का अधिक से अधिक हित चिंतन किया जा सके।
3. **मध्यस्थ चर** (Intervening Variable)—शिक्षण प्रक्रिया में अध्यापक और विद्यार्थी के अतिरिक्त अपनी भूमिका निभाने वाले सभी तत्त्वों और परिस्थितियों को मध्यस्थ चरों की संज्ञा दी जाती है। इस प्रकार पाठ्यक्रम तथा पाठ्यवस्तु, शिक्षण साधन, शिक्षण विधियाँ एवं तकनीक, मूल्यांकन तकनीक एवं शैक्षणिक वातावरण आदि सभी बातों को मध्यस्थ चर कहा जा सकता है। शिक्षण प्रक्रिया को अध्यापक और विद्यार्थियों के बीच चलने वाली एक उपयोगी अन्तःक्रिया बनाने में इन मध्यस्थ चरों का बहुत हाथ रहता है। अध्यापक विद्यार्थी के व्यवहार में जितना कुछ भी परिवर्तन करना चाहता है, उसका आयोजन और पालन इन्हीं मध्यस्थ चरों को नियंत्रण में रखने और उनका उचित उपयोग करने के द्वारा ही संपन्न हो सकता है।

शिक्षण चरों के कार्य (Functions of Teaching Variables)—जैसा कि ऊपर की पंक्तियों में दिए गए विवरण से स्पष्ट हो सकता है, शिक्षण प्रक्रिया में स्वतंत्र और आश्रित चरों के रूप में अध्यापक और विद्यार्थी ही सक्रिय भूमिका निभाते हैं। मध्यस्थ चर यद्यपि स्वयं में निष्क्रिय और निर्जीव होते हैं परन्तु फिर भी एक मध्यस्थ की भाँति अध्यापक और विद्यार्थी दोनों को ही अपने–अपने उत्तरदायित्वों को निभाने में सहायता देते हुए शिक्षण प्रक्रिया में अपना योगदान देते हैं। जहाँ तक विद्यार्थी और अध्यापक दोनों सक्रिय चरों का प्रश्न है उनके कार्यों को मोटे तौर पर तीन भागों में बाँटा जा सकता है–

1. निदानात्मक कार्य (Diagnostic Functions)
2. उपचारात्मक कार्य (Prescriptive Functions)
3. मूल्यांकन कार्य (Evaluative Functions)

1. **निदानात्मक कार्य** (Diagnostic Functions)—शिक्षण में शिक्षक के कार्य की तुलना एक चिकित्सक के चिकित्सा कार्यों से की जा सकती है। चिकित्सक की तरह ही एक शिक्षक को अपने विद्यार्थी के हित चिंतन के लिए कुछ निम्न प्रकार के निदानात्मक कार्य करने होते हैं–

   (i) जिस विद्यार्थी के व्यवहार में परिवर्तन लाना है उसके प्रविष्टि व्यवहार (Entering Behaviour) के बारे में जानकारी करनी होती है। विद्यार्थी की मानसिक, शारीरिक और भावनात्मक योग्यताओं और क्षमताओं का क्या स्तर है और शिक्षण आरंभ करने से पूर्व विद्यार्थी का व्यवहार कैसा है, इसके बारे में जाँच करना शिक्षक का पहला प्रमुख कार्य है।

   (ii) विद्यार्थी के प्रविष्टि व्यवहार और उपलब्ध शैक्षणिक वातावरण एवं सुविधाओं को ध्यान में रखते हुए वह किस तरह के परिवर्तन विद्यार्थी के व्यवहार में लाना चाहता है, उनका निर्णय कर विशिष्ट शैक्षणिक उद्देश्यों को निश्चित करना शिक्षक का दूसरा निदानात्मक कार्य है।

   (iii) शिक्षक को अपने शिक्षण कार्य के लिए जिन साधनों का उपयोग करना होता है, उनका ठीक–ठाक निदान करना भी इस श्रेणी के कार्यों में आता है। पाठ्यवस्तु, अनुदेशन सामग्री, विधि और तकनीक तथा शैक्षणिक वातावरण की उपयुक्तता की जाँच का कार्य इसी प्रकार का कार्य है।

   (iv) अध्यापक को शिक्षण कार्य में सफलता हेतु स्वयं अपनी योग्यताओं और शक्तियों का भी सही–सही निदान करने का कार्य भी करना पड़ता है।

   यद्यपि शिक्षक को ही स्वतंत्र चर और अधिक सक्रिय सदस्य होने के नाते शिक्षण प्रक्रिया से संबंधित निदानात्मक कार्यों में प्रमुख भूमिका निभानी पड़ती है, परंतु फिर भी विद्यार्थी (आश्रित) चर के निदानात्मक कार्यों की अवहेलना नहीं की जा सकती। उसे भी योग्यताओं और क्षमताओं के उचित निदान को लेकर निम्न कार्य करने होते हैं–

   (a) अपने प्रविष्टि व्यवहार (Entering behaviour) की कमियों और अच्छाइयों को पहचानना।

   (b) सीखने के साधनों जैसे भाषा ज्ञान, सोचने–समझने की शक्ति, गत्यात्मक योग्यताएँ, अभिव्यक्ति क्षमता और संवेगात्मक व्यवहार के संदर्भ में अपना मूल्यांकन करना।

   (c) शिक्षण प्रक्रिया में अपने को सक्रिय साँझीदार बनाने हेतु अपने अध्यापक के व्यवहार, अध्यापन शैली, पाठ्यक्रम और अनुदेशनात्मक सामग्री से परिचित होने का प्रयत्न करना।

2. **उपचारात्मक कार्य** (Prescriptive Functions)—निदानात्मक क्रियाएँ अध्यापक को इस योग्य बनाती हैं कि वह निश्चित शैक्षणिक उद्देश्यों की प्राप्ति के लिए उचित कार्य योजना तैयार कर सके। इस कार्य की तुलना एक चिकित्सक द्वारा निदान करने के पश्चात् किए गए चिकित्सा संबंधी उपायों अथवा उपचारों से

की जा सकती है। शिक्षण प्रक्रिया का यह अत्यंत सक्रिय और उत्पादक पक्ष है जिसमें अध्यापक और विद्यार्थियों के बीच सक्रिय अन्तःक्रिया और उचित तालमेल की आवश्यकता होती है इस काम के लिए अध्यापक द्वारा सभी मध्यस्थ चरों को उचित रूप से नियंत्रित करके उपचारात्मक कार्य को नियोजित करने का उत्तरदायित्व निभाना होता है। इस दृष्टि से उसे कुछ निम्न प्रकार के कार्यों का संपादन करना होता है–

(i) उचित विषयवस्तु अथवा शिक्षण सामग्री का चयन और उसका उचित शिक्षण, इकाइयों में विभाजन एवं संगठन।

(ii) विद्यार्थियों की योग्यताओं, व्यक्तिगत विभिन्नताओं और उपलब्ध साधन एवं परिस्थितियों को ध्यान में रखते हुए शिक्षण तकनीक (Teaching techniques), शिक्षण व्यूह रचनाओं (Teaching strategies), शिक्षण युक्तियों (Teaching tactics), शिक्षण कौशल (Teaching skills) तथा पृष्ठ पोषण अथवा प्रतिपुष्टि विधियों (Feedback devices) का ठीक प्रकार चयन करना।

(iii) विद्यार्थी और अध्यापक के बीच चलने वाली उपयोगी अन्तःक्रिया के लिए विद्यार्थियों से आवश्यक सहयोग लेना।

स्पष्ट है कि शिक्षण प्रक्रिया में उपचारात्मक कार्यों को संपादित करने की दृष्टि से अध्यापक को ही पूरी तरह से सक्रिय रहकर विद्यार्थी के व्यवहार में अपेक्षित परिवर्तन लाने की पूरी–पूरी चेष्टा करनी पड़ती है। एक चिकित्सक को भी इस तरह अपने मरीज के उपचार के लिए सभी कुछ साधन जुटाकर उसे रोग मुक्त कर स्वास्थ्य लाभ कराना होता है। मरीज की भूमिका अपने उपचार के लिए किए गए सभी प्रयत्नों में पूरा–पूरा सहयोग देने से संबंध रखती है। इस दृष्टि से शिक्षण प्रक्रिया में विद्यार्थी की उपचारात्मक कार्यों से संबंधित भूमिका अध्यापक के साथ पूरी तरह सहयोग करने की होती है। विद्यार्थी से जिस प्रकार के व्यवहार परिवर्तनों की अपेक्षा शिक्षण प्रयत्नों द्वारा की जाती है उन्हें क्रियात्मक रूप देने के लिए उसे शिक्षण प्रक्रिया में बराबर का साँझीदार बनाना होता है।

3. **मूल्यांकन कार्य** (Evaluative Functions)—इस श्रेणी में वे सभी कार्य आते हैं जिनके द्वारा निश्चित शिक्षण उद्देश्यों की प्राप्ति के लिए किए गए सभी प्रकार के उपचारात्मक कार्यों की उपलब्धि का मूल्यांकन किया जाता है। अगर किसी कारण से निश्चित शिक्षण उद्देश्यों की प्राप्ति ठीक प्रकार नहीं हो पाती तो इसका सारा उत्तरदायित्व उपचार उपायों पर ही आता है। उपचार व्यवस्था में यह कमी या तो त्रुटिपूर्ण निदान के फलस्वरूप पैदा होती है अथवा उपचार हेतु त्रुटिपूर्ण निर्णय लेने और उपचार संबंधी निर्णयों को ठीक प्रकार कार्यान्वित न करने की गलती इस तरह की गड़बड़ी पैदा करती है।

शिक्षण प्रक्रिया में मूल्यांकन कार्य हेतु विविध मूल्यांकन तकनीकों जैसे निरीक्षण, साक्षात्कार, रेटिंग स्केल, प्रश्नावली, मौखिक, लिखित एवं प्रयोगात्मक परीक्षा और प्रक्षेपी तकनीकों (Projective techniques) आदि का प्रयोग किया जाता है। इन सभी मूल्यांकन तकनीकों और विधियों के प्रयोग में शिक्षक और शिक्षार्थी–दोनों ही को सक्रिय रूप से भाग लेना होता है। शिक्षक यह चाहता है कि विद्यार्थी के व्यवहार में परिवर्तन लाने के लिए उपचारात्मक उपायों के द्वारा उसने जितने प्रयत्न किए हैं, उनमें वह कहाँ तक सफल हुआ है, उसका सही–सही मूल्यांकन होना चाहिए। अतः मूल्यांकन प्रक्रिया में उसका तो सक्रिय होना आवश्यक हो ही जाता है, साथ ही जिसके द्वारा अध्यापक को अपने उपचारात्मक कार्यों का मूल्यांकन करना होता है, वह और कोई नहीं बल्कि सजीव रूप में विद्यार्थी ही होता है। अतएव बिना उसके सक्रिय सहयोग के मूल्यांकन की क्रिया आगे नहीं बढ़ सकती। यही कारण है कि मूल्यांकन कार्यों में एक विद्यार्थी को निदानात्मक और उपचारात्मक कार्यों की अपेक्षा अधिक सक्रिय रहकर अपनी भूमिका निभानी होती है। उसे किसी मूल्यांकन तकनीक के सहयोग से अपने में आए हुए अपेक्षित परिवर्तनों का लेखा–जोखा देना होता है। इस तकनीक के अनुकूल आवश्यक अनुक्रियाएँ (Responses) करना और योग्यता संबंधी उपलब्धियों एवं व्यवहार परिवर्तनों का स्वयं अपने आप मूल्यांकन करना तथा दूसरों

की इस प्रकार के मूल्यांकन करने में सहायता देना प्रत्येक विद्यार्थी का कर्त्तव्य बन जाता है। उसकी मूल योग्यताओं और प्रविष्टि व्यवहार के आधार पर उसकी योग्यताओं को विकसित करने और व्यवहार में अपेक्षित परिवर्तन लाने के लिए शिक्षक द्वारा जो जी–तोड़ परिश्रम उपचारात्मक कार्यों द्वारा किया जाता है, उन सभी का मूल्यांकन, मूल्यांकन कार्यों में उसके द्वारा दिए गए सहयोग के आधार पर ही हो सकता है। उसे स्वयं अब यह देखना है कि जो कुछ भी उपचार (शिक्षणात्मक उपाय) उसे विकसित या परिवर्तित करने के लिए किया गया है, वह उपयुक्त है या नहीं। उसे एक मरीज की भाँति यह बताना होगा कि यह उपचार उसे कितना ठीक बैठता है। तभी अध्यापक एक चिकित्सक की तरह यह निर्णय लेने में सक्षम हो सकता है कि उसके द्वारा अपनाए गए उपचारात्मक उपाय कहाँ तक ठीक हैं। विद्यार्थी के हित चिंतन हेतु इन उपायों को ऐसे ही चालू रखा जाए या उनमें कुछ आवश्यक परिवर्तन किए जाएँ अथवा उनके स्थान पर किन्हीं अन्य उपचारात्मक उपायों को अपनाया जाए, इस बात का निर्णय सदैव मूल्यांकन कार्यों के आधार पर ही किया जाता है।

अधिगम की अवधारणा (Concept of Learning)

अधिगम की अवधारणा के स्पष्टीकरण हेतु हम दो प्रकार आगे बढ़ सकते हैं– (i) इसके अर्थ एवं परिभाषाओं पर विचार करके तथा (ii) इसकी प्रकृति एवं विशेषताओं की जानकारी लेकर। आगे हम यही करने जा रहे हैं।

अधिगम का अर्थ (Meaning of the Term Learning)

अधिगम या सीखना एक बहुत ही सामान्य और आम प्रचलित प्रक्रिया है। जन्म के तुरंत बाद से ही व्यक्ति सीखना प्रारंभ कर देता है और फिर जीवन–पर्यंत जाने–अनजाने कुछ–न–कुछ सीखता ही रहता है। एक बच्चा जलती हुई दियासलाई की तीली या लैंप की लौ को छूने से जल जाता है। उसके लिए यह पहला कटु अनुभव होता है। दूसरी बार कभी भी जलती हुई तीली, लैंप की लौ और यहाँ तक की किसी भी जलती हुई वस्तु की ओर हाथ बढ़ाने का दुःसाहस वह नहीं करता। इस तरह का अनुभव उसे जलती हुई वस्तुओं अर्थात् आग से दूर रहना सिखा देता है। दूसरे शब्दों में, हम यह कह सकते हैं कि बच्चा यह सीख जाता है कि अगर किसी गर्म वस्तु या लौ को हाथ लगाया जाएगा तो अवश्य ही जलने की पीड़ा उठानी होगी।

इस प्रकार से प्रत्यक्ष और प्रत्यक्ष अनुभवों के माध्यम से एक व्यक्ति के व्यवहार में अपेक्षित परिवर्तन होते रहते हैं। अनुभवों द्वारा व्यवहार में होने वाले इन परिवर्तनों को साधारण रूप में सीखने की संज्ञा दे दी जाती है। सीखने की प्रक्रिया की यह एक बहुत ही सरल व्याख्या है। इसका विस्तृत अर्थ समझने के लिए कुछ अधिक स्पष्टीकरण एवं पारिभाषिक शब्दावली की आवश्यकता है। इसी संदर्भ में कुछ जानी पहचानी परिभाषायें नीचे दी जा रही हैं–

1. **गार्डनर मरफी** (Gardner Murphy): ''सीखने या अधिगम शब्द में वातावरण संबंधी आवश्यकताओं की पूर्ति के लिए व्यवहार में होने वाले सभी प्रकार के परिवर्तन सम्मिलित हैं।''

   ("The term learning covers every modification in behaviour to meet environmental requirements," 1968 p. 205)

2. **गेट्स व अन्य** (Gates and others): ''अनुभव के द्वारा व्यवहार में होने वाले परिवर्तन को सीखना या अधिगम कहते हैं।''

   ("Learning is the modification of behaviour through experience", 1946, p. 318)

3. **वुडवर्थ** (Woodworth): ''किसी भी ऐसी क्रिया को जो कि व्यक्ति के (अच्छे या बुरे किसी भी तरह के) विकास में सहायक होती है और उसके वर्तमान व्यवहार और अनुभवों को जो कुछ वे हो सकते थे, उनसे भिन्न बनाती है, सीखने की संज्ञा दी जा सकती है।''

("Any activity can be called learning so far as it develops the individual in any respect, good or bad and makes his later behaviour and experiences different from what they would otherwise have been", 1945, p. 238)

4. **किंगस्ले एवं गैरी** (Kingsley and Garry): "अभ्यास अथवा प्रशिक्षण के फलस्वरूप नवीन तरीके के व्यवहार (अपने विस्तृत अर्थ में) करने अथवा व्यवहार में परिवर्तन लाने की प्रक्रिया को सीखना कहते हैं।"

   ("Learning is the process by which behaviour (in the broader sense) is originated or changed through practice or training", 1957, p. 12)

5. **क्रो व क्रो** (Crow and Crow): "सीखना आदतों, ज्ञान और अभिवृत्तियों का अर्जन है। इसमें कार्यों को करने के नवीन तरीके सम्मिलित हैं, और इसकी शुरूआत व्यक्ति द्वारा किसी भी बाधा को दूर करने अथवा नवीन परिस्थितियों में अपने समायोजन को लेकर होती है। इसके माध्यम से व्यवहार में उत्तरोत्तर परिवर्तन होता रहता है। वह व्यक्ति को अपने अभिप्राय अथवा लक्ष्य को पाने में समर्थ बनाती है।"

   ("Learning is the acquisition of habits, knowledge and attitudes. It involves new ways of doing things, and it operates in an individual's attempts to overcome obstacles or to adjust to new situations. It represents progressive change in behaviour ... It enables him to satisfy interests or to attain goals", 1973, p. 225)

6. **हिलगार्ड** (Hilgard): "सीखना या अधिगम वह प्रक्रिया है जिसके द्वारा कोई क्रिया आरंभ होती है, अथवा परिस्थिति से सामना होने पर प्रतिक्रिया द्वारा परिवर्तित की जाती है बशर्ते कि क्रिया में होने वाले परिवर्तन की विशेषताओं को मूल प्रवृत्तियों, परिपक्वता या प्राणी की अस्थायी अवस्थाओं (जैसे थकावट अथवा औषधि के प्रभाव इत्यादि) के आधार पर नहीं समझाया जा सके।"

   ("Learning is the process by which an activity originates or is changed through reacting to an encountered situation, provided that the characteristics of the change in activity cannot be explained on the basis of native responses, tendencies, maturation, or temporary states of the organism (e.g., fatigue or drugs etc.", 1958, p. 3.)

अधिगम या सीखने की प्रकृति एवं विशेषतायें (Nature and Characteristics of Learning)

अधिगम या सीखने की जिन परिभाषाओं को हमने अभी तक उपरोक्त पंक्तियों में उद्धृत किया है, उनके आधार पर सीखने की प्रकृति और विशेषताओं के संबंध में निम्न निष्कर्ष निकाले जा सकते हैं–

1. सीखना एक प्रक्रिया है, प्रक्रिया का परिणाम नहीं।
2. सीखने में जीवन से मृत्युपर्यंत उन सभी अनुभवों और प्रशिक्षणों का समावेश होता है जिनके द्वारा व्यक्ति के व्यवहार में परिवर्तन लाने की भूमिका निभाई जाती है।
3. सीखने के द्वारा व्यवहार में परिवर्तन लाने की भूमिका निभाई जाती है, उसका यह अर्थ नहीं है कि इन परिवर्तनों के द्वारा सदैव विकास के सही रास्ते पर ही व्यक्ति चलता है। व्यक्ति भला और बुरा दोनों प्रकार के व्यवहारों को सीखने के द्वारा अर्जित कर सकता है और इस तरह अपने व्यक्तित्व को उत्थान और पतन किसी भी रास्ते पर डाल सकता है।
4. सीखने के द्वारा व्यक्ति को समायोजन और अनुकूलन करने के कार्य में सहायता मिलती है।
5. सभी प्रकार का सीखना प्रयोजनपूर्ण एवं उद्देश्ययुक्त होता है। जहाँ कोई प्रयोजन नहीं होता है, वहाँ सीखने की कोई बात नहीं उठती।
6. सीखना उद्देश्यपूर्ण होने के साथ–साथ लक्ष्य निर्देशित (Goal directed) भी होता है।

7. सीखने को वातावरण एवं क्रियाशीलता (Activity and environment) की उपज माना जाता है। इसमें वंशक्रम से उपहारस्वरूप कुछ नहीं मिलता बल्कि वातावरण के साथ घर्षण करके इसे अर्जित किया जाता है।
8. सीखने के द्वारा व्यवहार के सभी क्षेत्रों ज्ञानात्मक, क्रियात्मक एवं भावात्मक में आवश्यक परिवर्तन लाए जा सकते हैं।
9. सीखना एक सार्वभौमिक (Universal) एवं सतत (Continuous) प्रक्रिया है। सभी प्राणी चाहे वे किसी लिंग एवं वर्ग से संबंधित हों, सीखते हैं। सीखना किसी एक जाति, वर्ण, धर्म, आयु और लिंग की विरासत नहीं, सभी इन सब भेदों को परे हटाकर सीखने की क्षमता रखते हैं तथा सीखने की यह प्रक्रिया उनमें गर्भाधान से लेकर मृत्युपर्यंत अपने सतत रूप में चलती ही रहती है।
10. सीखने के अंतर्गत हम उन व्यवहारजन्य परिवर्तनों को शामिल नहीं कर सकते जो कि परिपक्वन (Maturation), थकान (Fatigue), बीमारी अथवा नशीले और उत्तेजक पदार्थों के सेवन के परिणामस्वरूप प्राप्त होते हैं।

सीखने संबंधी अंतिम विशेषता हमें किसी विशेष बात की ओर आकृष्ट करती है। यह बताती है कि व्यवहार में होने वाले परिवर्तनों को यद्यपि हम सीखने की प्रक्रिया से जोड़ते हैं, परंतु व्यवहार से होने वाले कुछ परिवर्तन ऐसे भी हैं जिन्हें सीखना नहीं कहा जा सकता। व्यवहार में वे परिवर्तन अनुभव और प्रशिक्षण के अतिरिक्त किन्हीं अन्य कारकों अथवा प्रभावों के कारण भी उत्पन्न होते हैं।

इस प्रकार के परिवर्तनों में एक तो वे परिवर्तन आते हैं, जिन्हें या तो नशीले और उत्तेजक पदार्थों के सेवन का परिणाम कहा जा सकता है अथवा व्यक्ति शारीरिक या मानसिक रूप से अधिक थकान अनुभव करता है, किसी लंबी बीमारी का शिकार हो जाता है अथवा किसी अन्य कारण से शारीरिक और मानसिक अस्वस्थता का अनुभव करता है तो इस अवस्था में उसके व्यवहार में परिवर्तन आ जाते हैं। रोगी और थका हुआ व्यक्ति चिड़चिड़ा और झगड़ालू अथवा शंकाशील बन सकता है। नशे की अवस्था में वह एक बिल्कुल अलग प्रकार के व्यवहार का प्रदर्शन कर सकता है, परंतु व्यवहार में अचानक आ जाने वाले ये परिवर्तन बहुत ही अस्थायी प्रकृति के होते हैं जब तक कि जिन कारणों द्वारा ये पैदा होते हैं, वे कारण विद्यमान रहते हैं। कारणों की समाप्ति पर ये स्वयं भी समाप्त हो जाते हैं। नशा उतरने पर व्यक्ति फिर वैसा ही अपना स्वाभाविक व्यवहार करने लगता है। थकान उतरने या बीमारी ठीक होने पर उसका व्यवहार पहले जैसा ही संयत हो जाता है। इस प्रकार के परिवर्तनों की तुलना तुम विज्ञान विषय में पढ़े जाने वाले भौतिक परिवर्तनों जैसे बिजली के बल्ब का जलना, भार से लौह स्प्रिंग का दबना इत्यादि परिवर्तनों से कर सकते हो।

दूसरे प्रकार के परिवर्तनों का स्रोत परिपक्वन की प्रक्रिया है। वह प्रक्रिया सभी प्राणीमात्र में देखने को मिलती है और बिल्कुल स्वाभाविक रूप से व्यवहारजन्य परिवर्तनों को जन्म देती है। बीज से अंकुर फूटना, चिड़िया के बच्चों का अंडे से बाहर निकल कर फुदकना, हिरण के बच्चे का जन्म के तुरंत बाद ही कुलाचें भरना, हम सब का किशोरावस्था में पदार्पण करते ही यौन आकर्षण अनुभव करना, ये इस प्रकार के व्यवहार परिवर्तन के उदाहरण हैं जो परिपक्वन यानी आयु के साथ स्वाभाविक रूप से व्यवहार में आने वाले परिवर्तनों के रूप में देखे जा सकते हैं। ये परिवर्तन बहुत ही स्थायी प्रकृति के होते हैं जिनकी तुलना तुम विज्ञान मे पढ़े रासायनिक परिवर्तनों जैसे लकड़ी के जलने के बाद राख बनने की परिवर्तन प्रक्रिया से कर सकते हो।

निस्संदेह अब तुम्हें इस परिणाम पर पहुंचने में कोई कठिनाई नहीं होनी चाहिए कि अनुभव और प्रशिक्षण के द्वारा होने वाले व्यवहारजन्य परिवर्तन न तो परिपक्वन की प्रक्रिया द्वारा लाए जाने वाले परिवर्तनों की भाँति अचल एवं स्थायी होते हैं और न बीमारी, थकान, क्रोध और नशे के द्वारा लाए जाने वाले परिवर्तनों की भाँति क्षणिक

और अस्थायी ही। इस प्रकार के परिवर्तन इन दोनों स्थायी और अस्थायी के बीच की भूमिका निभाते हैं और इसलिये इन्हें अपेक्षाकृत स्थायी परिवर्तनों (Relatively permanent or enduring, changes) की संज्ञा दी जाती है। ये स्थायी तो होते हैं, परंतु ऐसे स्थायी भी नहीं कि किसी भी तरह इन्हें फिर बदला नहीं जा सकता हो। उदाहरण के लिये, जो आदतें सीखने के द्वारा बन जाती हैं, उन्हें फिर भुलाकर प्रयास द्वारा नई आदतें डाली जा सकती हैं।

निष्कर्ष रूप में सीखने का अर्थ लगाते हुये हम यह कह सकते हैं कि सीखना एक ऐसी प्रक्रिया है जिसमें अनुभव और प्रशिक्षण के फलस्वरूप किसी सीखने वाले के व्यवहार में अपेक्षाकृत स्थायी परिवर्तन लाए जा सकते हैं।

(Learning is a process that brings relatively permanent changes in the behaviour of the learner through experience and training).

शिक्षण और अधिगम में संबंध (Relationship between Teaching and Learning)

शिक्षण क्या है, उसकी क्या प्रकृति और विशेषताएँ हैं तथा अधिगम क्या है और वह किन तत्त्वों से प्रभावित होता है यह जानने के पश्चात् आइए अब इन दोनों के पारस्परिक संबंधों पर दृष्टि डालने का प्रयत्न किया जाए।

अधिगम अथवा सीखने को व्यवहार में लाए गए ऐसे परिवर्तनों के रूप में परिभाषित किया जाता है जो अपेक्षाकृत कुछ अधिक स्थायी प्रकृति के हों। शिक्षण का आयोजन भी व्यवहार में इसी प्रकार के परिवर्तन लाने के लिए किया जाता है। इसका अनुमान इस अध्याय के प्रारंभिक पृष्ठों में दी गई शिक्षण शब्द की परिभाषाओं से भलीभाँति लगाया जा सकता है। उदाहरण के रूप में क्लार्क (Clarke, 1970) ने शिक्षण का संबंध उन सभी क्रियाओं से जोड़ा है जिनकी संरचना और आयोजन विद्यार्थी के व्यवहार में परिवर्तन लाने के लिए ही होता है। इस तरह अधिगम और शिक्षण दोनों ही, जहाँ तक लक्ष्य और उद्देश्यों का प्रश्न है एक–दूसरे से काफी नजदीक माने जा सकते हैं। शिक्षण की परिणति व्यवहार परिवर्तन में होती है और व्यवहार परिवर्तन को ही सीखना (अधिगम) कहा जाता है। अतः यह निष्कर्ष निकाला जा सकता है कि शिक्षण से अर्थ उन सभी कार्यकलापों अथवा क्रियाओं की प्रणाली से है जिनका आयोजन कुछ सीखने (Learning) के लिए किया जाता है।

यहाँ यह प्रश्न उठता है कि क्या यह आवश्यक है कि सभी प्रकार के शिक्षण की परिणति अधिगम में हो अर्थात् उसके परिणामस्वरूप हर अवस्था में कुछ न कुछ सीखा जाए। इसी प्रकार क्या यह आवश्यक है कि सभी प्रकार के अधिगम अर्थात् सीखने के लिए किसी न किसी प्रकार के शिक्षण का आयोजन करना पड़े। स्पष्ट रूप से कहना होगा कि शिक्षण और अधिगम में इस प्रकार का संबंध नहीं है। न तो शिक्षण की परिणति अधिगम में होनी आवश्यक है और न ही अधिगम के लिए शिक्षण प्रक्रिया की सभी औपचारिकताओं को निभाना आवश्यक है। प्रत्येक अध्यापक अपने कक्षा शिक्षण के द्वारा विद्यार्थियों के व्यवहार में अपेक्षित स्थायी परिवर्तन लाकर उन्हें वांछित अधिगम की ओर ले जाना चाहता है। परंतु यह आवश्यक नहीं है कि वह जैसा चाहता है, सदैव वैसा ही हो। यह बात लगभग उसी प्रकार की है जैसा कि एक डॉक्टर और मरीज के बीच घटित होता है। डॉक्टर अपने मरीजों के इलाज के लिए बढ़िया से बढ़िया दवाई और सुझाव देता है और इस प्रकार उन्हें रोगमुक्त कर स्वस्थ बनाना चाहता है, परंतु आवश्यक नहीं कि डॉक्टर द्वारा किए गए इलाज से उस का हर मरीज ठीक हो जाए। ठीक इसी प्रकार एक अध्यापक अपने एक विद्यार्थी अथवा पूरी कक्षा के व्यवहार में जो परिवर्तन लाना चाहता है उसका होना आवश्यक नहीं है। अपनी तरफ से एक डॉक्टर की तरह वह सभी विद्यार्थियों को समान शिक्षण सुविधाएँ देने का प्रयत्न करता है परंतु सभी विद्यार्थी समान रूप से प्रगति नहीं करते।

इसी प्रकार जब कोई व्यक्ति कुछ सीखना चाहता है तो उसके लिए शिक्षक की उपस्थिति अथवा शिक्षण की औपचारिकताओं के दायरे में बँधना आवश्यक नहीं है। वह अनुभव के द्वारा सीख सकता है। स्वयं अपने प्रयत्न और स्वाध्याय भी उसे अपना लक्ष्य पूरा करने में सहायता कर सकते हैं। जहाँ शिक्षण के लिए शिक्षण स्रोत (अध्यापक) और विद्यार्थी में पारस्परिक अन्तःक्रिया का होना आवश्यक है वहाँ अधिगम बिना किसी ऐसी अन्तःक्रिया की परवाह किए बिना एक तरफा भी संपन्न हो सकता है।

बी.ओ. स्मिथ (B.O. Smith, 1961) इस प्रकार की परिस्थिति में शिक्षण–अधिगम संबंधों के बारे में अपना निष्कर्ष निकालते हुए लिखते हैं, "अधिगम, आवश्यक रूप से शिक्षण की उपज नहीं है, शिक्षण एक चीज है और अधिगम बिलकुल अलग दूसरी।" (Learning does not necessarily issue from teaching—Here teaching is one thing and learning is quite another). इस प्रकार यह कहना और मानना कि अधिगम और शिक्षण का एक–दूसरे के बिना कोई अस्तित्व ही नहीं और जिस अनुपात में एक उपस्थित होगा, दूसरा भी उसी अनुपात में होगा, सत्य नहीं है। शिक्षण और अधिगम इस प्रकार का संबंध न रखते हुए स्वतंत्र रूप से अपना अस्तित्व बनाए रख सकते हैं।

अभी तक हम अधिगम संबंधों को लेकर यह निष्कर्ष बनाए रख सकते हैं। परंतु इससे यह अर्थ नहीं लगाया जाना चाहिए कि अधिगम और शिक्षण को अलग–अलग रखने में ही लाभ है। अधिगम और शिक्षण–दोनों का लक्ष्य बालक के व्यवहार में अपेक्षित परिवर्तन लाकर उसके व्यक्तित्व का सर्वांगीण विकास करना है। अतः उन्हें अलग–अलग रखना और आपस में प्रतिस्पर्धा कराना मूर्खता ही होगी। समझदारी इसी में है कि दोनों को एक ही प्रक्रिया (शिक्षण–अधिगम) में बराबर का साझीदार बनाया जाए। शिक्षण का आयोजन इस प्रकार से हो कि उससे अधिक से अधिक संभव हो सके, शिक्षण में जुटे हुए साधनों की शक्ति का कम से कम अपव्यय हो और शिक्षण उद्देश्यों की पूर्ति अधिक से अधिक अच्छे ढंग से हो सके।

दूसरी ओर अधिगम–प्रक्रिया, अधिगम–सामग्री और अधिगम में परिणामों को इस तरह व्यवस्थित और संतुलित किया जाना चाहिए कि शिक्षण की प्रक्रिया अच्छे से अच्छे ढंग से चलायी जाए ताकि शिक्षार्थी का अधिक से अधिक हित चिंतन हो सके। अतः जैसा कि गेज (Gage, 1968) ने स्पष्ट किया है, "शिक्षण और अधिगम की प्रक्रियाओं को एक–दूसरे में विलीन करके एक ऐसी मिश्रित प्रक्रिया का निर्माण किया जाना चाहिए ताकि उसके द्वारा अच्छे से अच्छे परिणामों की प्राप्ति संभव हो सके।"

(The process of teaching and learning must be adapted to each other so as to make whatever combination of procedures pay off best).

किसी भी अवस्था में, जैसा कि स्टोन्स और मोरिस (Stones and Morris, 1972) का मत है, "हमें अधिगम को एक ऐसी अपरिवर्तनशील, जड़ और निश्चित प्रक्रिया के रूप में नहीं समझना चाहिए जिसके हित चिंतन के लिए शिक्षक को हर समय संघर्षरत रहना पड़े। इसके स्थान पर हमें शिक्षण–अधिगम प्रक्रिया को लाना चाहिए जिससे दोनों पक्षों (शिक्षण क्रियाओं और अधिगम प्रक्रिया) में अधिगम को अधिक प्रभावशाली बनाने की दृष्टि से यथानुकूल परिवर्तन किए जा सकें।

(We need not to consider learning to be immutable, fixed, given process to which teaching must be adopted. Instead we should concern with a teaching-learning process, both of whose parts (teaching activities as well as learning process) can be changed to make learning more effective).

अतः सारांश रूप में यह कहना सर्वथा उचित होगा कि जहाँ शिक्षण को शिक्षा की प्रक्रिया और अध्ययन–अध्यापन योजन का केंद्र बनाना उचित होगा, वहाँ सभी प्रकार के शिक्षण को अधिगम केंद्रित बना कर ही शिक्षार्थी का अधिक से अधिक हित चिंतन किया जा सकेगा।

सार-संक्षेप
(Summary)

1. शिक्षण से तात्पर्य एक ऐसी त्रि–पक्षीय प्रक्रिया से है जिसमें शिक्षण के स्रोत (मानवीय और भौतिक) विद्यार्थी और विद्यार्थी के व्यवहार में परिवर्तन लाने वाली सभी क्रियाओं के भलीभाँति नियोजन पर ध्यान दिया जाता है।
2. शिक्षण की प्रकृति और मुख्य विशेषताओं के बारे में जो बातें सामने आती हैं वे हैं–शिक्षण का एक जटिल सामाजिक प्रक्रिया होना, इसकी प्रकृति कलात्मक तथा विज्ञानात्मक होना, शिक्षक के शिक्षण व्यवसाय के रूप में इसे मान्यता दिया जाना, इसके सफल संपादन में शिक्षक की निष्ठा तथा परिश्रम का विशेष हाथ रहना, इसके संपादन में विभिन्न कौशलों का हाथ रहना, इसकी वैज्ञानिक ढंग से अवलोकन तथा विश्लेषण की संभावना, इसके संप्रेक्षण कौशल का आधिपत्य रहना, इसे विविध रूपों में संपन्न किया जाना तथा इसे इसके तीनों पक्षों के बीच वाली पारस्परिक अंतःक्रिया का परिणाम मानना आदि।
3. शिक्षण का संप्रत्यय अन्य समरूप संप्रत्ययों जैसे अनुबंधन, प्रशिक्षण, अनुदेशन और प्रतिपादन से काफी भिन्न है। अनुबंधन, प्रशिक्षण, अनुदेशन और प्रतिपादन ये सभी शिक्षण के विभिन्न स्तरों का प्रतिनिधित्व करते हैं। जिन व्यवहारों में अपेक्षाकृत कम बुद्धि और विवेक की आवश्यकता होती है उनका अर्जन अनुबंधन और प्रशिक्षण द्वारा भलीभाँति हो सकता है जबकि अधिक बुद्धि और विवेक पर टिके हुए व्यवहारों के अर्जन हेतु अनुदेशन तथा प्रतिपादन का सहारा लिया जाता है। इन चारों की तुलना में शिक्षण संप्रत्यय काफी विषद और व्यापक है और इस दृष्टि से ये सभी शिक्षण का अंग तो कहे जा सकते हैं पर पर्याय नहीं।
4. शिक्षण की जटिल प्रक्रिया का कुछ सीमित परन्तु स्पष्ट अवयवों यानी शिक्षण कौशलों के रूप में विश्लेषण किया जा सकता है। इस प्रकार के विश्लेषित सभी कौशलों को ऐसी विशिष्ट शिक्षण क्रियायें माना जाता है जिनके द्वारा सभी विद्यार्थियों के व्यवहार में अपेक्षित परिवर्तन लाने की भूमिका निभाई जा सके।
5. किसी भी शिक्षण प्रक्रिया की उसमें निहित तीन मुख्य चरों के रूप में भलीभाँति व्याख्या की जा सकती है। ये चर हैं–आश्रित चर, स्वतंत्र चर तथा मध्यस्थ चर। आश्रित चर के रूप में जहाँ विद्यार्थी वर्ग की गिनती होती है वहाँ शिक्षक को शिक्षण प्रक्रिया का नियंत्रक होने के कारण स्वतंत्र चर का दर्जा प्राप्त होता है। अध्यापक और विद्यार्थी के अतिरिक्त शिक्षण प्रक्रिया में और जो भी तत्त्व और परिस्थितियाँ अपनी भूमिका निभाते हैं, उन्हें मध्यस्थ चरों की संज्ञा दी जाती है। शिक्षण प्रक्रिया में अपना–अपना योगदान देने वाले इन चरों द्वारा निदानात्मक, उपचारात्मक तथा मूल्यांकन से जुड़े हुये विभिन्न शिक्षण अधिगम कार्य संपन्न किए जाते हैं ताकि विद्यार्थी के व्यवहार में वांछित परिवर्तन लाने के कार्य को किसी एक परिस्थिति में आयोजित शिक्षण प्रक्रिया के जरिए सही ढंग से प्रभावपूर्ण अंजाम दिया जा सके।
6. अधिगम या सीखने को एक ऐसी प्रक्रिया के रूप में समझा जा सकता है जिसमें अनुभव और प्रशिक्षण के फलस्वरूप विद्यार्थी के व्यवहार में अपेक्षाकृत स्थायी परिवर्तन लाए जा सकें। अनुभव और प्रशिक्षण के द्वारा होने वाले व्यवहारजन्य परिवर्तन न तो परिपक्वन (Maturation) की प्रक्रिया द्वारा लाए गए परिवर्तनों की भाँति अचल एवं स्थायी होते हैं और न बीमारी, थकावट, क्रोध और नशे के द्वारा लाए जाने वाले परिवर्तनों की तरह क्षणिक और अस्थायी ही। इसीलिए इन्हें स्थायी और अस्थायी परिवर्तनों के बीच की यानी अपेक्षाकृत स्थायी परिवर्तनों की संज्ञा दी जाती है।
7. अधिगम और शिक्षण दोनों जहाँ तक लक्ष्य और उद्देश्यों का प्रश्न है, एक दृष्टि से काफी नजदीक माने जा सकते हैं। कारण स्पष्ट है। एक तो शिक्षण प्रक्रिया की परिणति व्यवहार परिवर्तन में होती है और

व्यवहार परिवर्तनों को ही सीखना या अधिगम कहा जाता है। दूसरी ओर यह बात भी सत्य है कि इन्हें एक दूसरे का पर्याय नहीं माना जा सकता। सभी प्रकार के शिक्षण की परिणति अधिगम में हो यह आवश्यक नहीं है और इसी तरह अधिगम के लिए किसी न किसी प्रकार का शिक्षण आवश्यक हो यह भी जरूरी नहीं है। एक दूसरे के बिना ये अपना–अपना स्वतंत्र अस्तित्व रख सकते हैं। परंतु जब इनका उद्देश्य अथवा लक्ष्य एक ही है तो भलाई इसी में ही है कि इन्हें एक दूसरे के प्रतिद्वन्द्वी न बनाकर बराबर का साझीदार बनाया जाए। शिक्षण प्रक्रिया तथा अधिगम प्रक्रिया दोनों को एक दूसरे में विलीन करके शिक्षण अधिगम प्रक्रिया का दर्जा दिया जाए तथा शिक्षक और विद्यार्थी अपने अपने शिक्षण तथा अधिगम उत्तरदायित्वों को निभाते हुए निश्चित शिक्षण अधिगम उद्देश्यों की पूर्ति की दिशा में परस्पर सहयोगी भूमिका निभाए।

संदर्भित एवं विशेष अध्ययन ग्रंथ
(References and Suggested Readings)

Amidon, E.J. and J, Hough, *Interaction Analysis: Theory, Research and Application*, Readings, Massachusetts, California: Addison Wesley, 1967.

Asian Institute for Teacher Educators, *Identification of technical skills of teaching and development of training materials together with suggestions for the development of a model for analyzing a classroom,* Bangkok: Unesco Region Office for Education in Asia, 1972.

Biggie, Maurice and Maurice, P. Hunt, *Psychological Foundations of Education*, New York/ London: Harper & Row, 1968.

Bloom, B.S. (Ed.), *Taxonomy of Educational Objetives: Cognitive Domain*, New York: David McKay, 1956.

Brown, B.B., *Experimental Mind in Education*, New York: Harper & Row, 1975.

Brubacher, J., Modern Philosophies of Education, New York: McGraw-Hill, 1939.

Crow, L.D. and A. Crow, *Educational Psychology*, 3rd Indian reprint, New Delhi: Eurasia Publishing House, 1973.

Clarke, S.C.T., "General Teaching Theory", *The Journal of Teacher Education*, **21**(3), Fall, 1970.

Gage, N.S., "Theories of Teaching", in *Theories of Learning and Instruction,* E.R. Hilgard, 63rd Yearbook of the National Society for the Study of Education, Chicago: University Press, 1968.

Gage, N.L. (Ed.), *Hand Book of Research on Teaching*, Chicago: Rand McNally & Co., 1963.

Gates, A.I. and others, *Educational Psychology*, New York: Macmillan, 1946.

Green, T.F., *The Activities of Teaching*, New York: McGraw-Hill, 1971.

Harold F. O'Neil and Jr., Ray S. Perez (Eds), *Technology Applications in Education: A Learning View*, Mahwah, N.J.: L. Erlbaum Publishers, 2003.

Hilgard, E.R., *Theories of Learning*, 2nd ed., New York: Appelton Century Crofts, 1956.

Hilgard, R.R. and G.H., Bower, *Theories of Learning*, New Delhi: Prentice-Hall of India,1977.

Jangira, N.K. and Azit, Singh *Core Teaching Skills: The Micro-Teaching Approach*, New Delhi: NCERT, 1983.

Kingsley, H.L. and R., Garry, *The Nature and Conditions of Learning*, (2nd ed.), New York: Prentice-Hall Inc., 1957.

Komisar, N.P., "Conceptual Analysis of Teaching", *High School Journal*, **50**, 14–21, 1966.

Lloyd, Les. (Ed.), *Technology and teaching*, Publication Information Medford, NJ : Information Today, 1997.

Morison, H.C., *Basic Principles of Education*, Boston: Houghton Mifflin, 1934.

Murphy, Gardner., *An Introduction to Psychology*, 2nd Indian Reprint, New Delhi: Oxford & IBH. 1968.

Passi, B.K. (Ed.), *Becoming Better Teacher: Micro-teaching Approach*, Ahmedabad: Sahitya Mudranalya, 1976.

Pressy, Sidney L., Francis P. Robinson and John E. Horrocks, *Psychology in Education*, Indian edition, Delhi: University Book Stall, 1967.

Silverman, R.E., *Psychology* (3rd ed.), Englewood Cliffs, N.J.: Prentice Hall, 1978.

Smith, H.P., *Psychology in Teaching*, New York: Prentice-Hall Inc., 1962.

Smith, B.O., "A concept of teaching", *Teachers College Record*, **61**(5), 1960.

Smith, B.O., "A concept of Teaching", in B.O. Smith, and R.H. Ennis, (Eds), *Language and Concept in Education,* Chicago: Rand McNally, 1961.

Smith, B.O., "Toward a Theory of Teaching", in A.A. Bellack, (Ed.), *Theory and Research in Teaching,* New York: Teachers College Press, Columbia University, 1963.

Stones, Edgar and Morris Sidney, *Teaching Practice: Problems and Perspectives,* London: Methuen & Co. Ltd. 1972.

Woodworth, R.S., *Psychology*, London: Methuen & Co. Ltd., 1945.

अध्ययन के लिए प्रश्न (Study Questions)

1. शिक्षण क्या है? शिक्षण की कोई उपयुक्त परिभाषा दीजिए।
2. शिक्षण की प्रकृति और उसकी विशेषताओं की संक्षेप में चर्चा कीजिए।
3. शिक्षण संप्रत्यय के विश्लेषणात्मक स्वरूप का विवरण दीजिए।
4. शिक्षण और उससे मिलते जुलते निम्न संप्रत्ययों को आप आपस में किस प्रकार अलग करेंगे?
   (i) अनुबंधन (Conditioning)
   (ii) प्रशिक्षण (Training)
   (iii) अनुदेशन (Instruction)
   (iv) प्रतिपादन (Indoctrination)
5. शिक्षण और अधिगम को परिभाषित करते हुए दोनों के संबंधों पर प्रकाश डालिए।
6. अधिगम क्या है? शिक्षण से यह किस रूप में संबंधित हैं? वर्णन कीजिए।
7. "शिक्षण" के संप्रत्यय की व्याख्या कीजिए तथा शिक्षण–अधिगम एवं अनुदेशन के मध्य संबंध स्थापित कीजिए।
8. शिक्षण के विभिन्न चरों (Variables) का उनके कार्यों सहित वर्णन कीजिए।

6

शिक्षण कार्य
(Track of Teaching)

अध्याय रूपरेखा (Chapter Outline)

शिक्षण कार्य—अर्थ एवं परिभाषा (Meaning and Definition of Teaching Task)

सरल शब्दों में शिक्षण कार्य से तात्पर्य उन सभी प्रकार की शिक्षण गतिविधियों से होता है जिन्हें वास्तविक शिक्षण—अधिगम परिस्थितियों में एक शिक्षक द्वारा अपने विद्यार्थियों को साथ लेकर संपन्न किया जाता है। शिक्षण कार्य में इस तरह आवश्यक रूप से उस शिक्षण प्रक्रिया का समावेश होता है जिसके माध्यम से कुछ निश्चित शिक्षण उद्देश्यों की प्राप्ति संभव हो पाती है। शिक्षण संबंधी ऐसे कार्य और प्रक्रिया की चर्चा इस पुस्तक के पिछले अध्याय में विस्तार से की जा चुकी है, अतः यहाँ इसकी पुनरावृत्ति नहीं की जा रही है।

शिक्षण कार्य को हम चाहे जो अर्थ एवं परिभाषा प्रदान करें, एक बात बिल्कुल स्पष्ट है कि किसी भी औपचारिक शैक्षणिक परिस्थिति में शिक्षण प्रक्रिया की शुरुआत करने और उसे नियोजित कर आगे बढ़ाने का श्रेय शिक्षक को ही जाता है। परंतु वह अपने इस कार्य हेतु शून्य में विचरण नहीं करता। अपने शिक्षण कार्य के संपादन हेतु उसे विद्यार्थी चाहियें और विद्यार्थियों को अधिगम पथ पर ले जाने के लिए उचित शिक्षण—अधिगम परिस्थितियाँ।

एक शिक्षक के द्वारा विद्यार्थियों के हित चिंतन के लिए शिक्षक कार्य के नाम से किए गए प्रयत्नों में उसके द्वारा पूरी तरह नियोजित एवं प्रबंधित वे सभी गतिविधियाँ होती हैं जिनके माध्यम से शिक्षण—अधिगम उद्देश्यों की अच्छी तरह प्राप्ति संभव हो सके। इसीलिए जैसा कि कार्टर बी. गुड (Carter B. Good, 1959) का मत है शिक्षण कार्य का सरल अर्थ है – शिक्षा संस्थाओं में अनुदेशन या शिक्षा प्रदान करने की प्रक्रिया। परंतु अपने विस्तृत अर्थ

में शिक्षण कार्य से तात्पर्य शिक्षक द्वारा संपन्न उन सभी शिक्षण–अधिगम परिस्थितियों के प्रबंधन या व्यवस्था से होता है जिनके अंतर्गत एक शिक्षक को–

(i) शिक्षक और शिक्षार्थी के बीच प्रत्यक्ष अंतःक्रिया (Direct interaction) का संचालन करना पड़ता है,

(ii) कक्षा शिक्षण हेतु अध्यापक को पूर्व तैयारी के रूप में नियोजन तथा शिक्षण–अधिगम हेतु आवश्यक सामग्री जुटाने का कार्य करना पड़ता है, तथा

(iii) कक्षा शिक्षण के उपरांत पढ़ाई हुई बातों को अच्छी तरह आत्मसात करने तथा शिक्षण–अधिगम प्रक्रिया का मूल्यांकन करने संबंधी कार्य करने पड़ते हैं।

शिक्षण कार्य–अवस्थाएँ एवं संक्रियाएँ (Teaching Task—Phases and Operations)

जैसा कि शिक्षण कार्य (Tasks of teaching) पद को परिभाषित करने में ऊपर चर्चा की गई है, एक शिक्षक को अपने शिक्षण उत्तरदायित्व को निभाने हेतु विभिन्न प्रकार की शिक्षण गतिविधियाँ अपने विद्यार्थियों के साथ मिलकर संपन्न करनी होती हैं और इसके लिए विधिवत् नियोजन तथा कार्यान्वयन संबंधी उचित प्रक्रियाओं से गुजरना होता है। यह सब करने के लिए उसे अपने शिक्षण कार्य को कुछ निश्चित सोपानों या अवस्थाओं में व्यवस्थित करके आगे बढ़ना होता है। इन्हीं सोपानों या अवस्थाओं को शिक्षण कार्य की अवस्थाओं या शिक्षण चरणों (Phases of teaching) की संज्ञा दी जाती है। साधारणतया शिक्षक द्वारा संपन्न शिक्षण कार्य को उससे जुड़ी हुई विभिन्न संक्रियाओं के संपादन की दृष्टि से निम्न तीन चरणों या अवस्थाओं (Phases) में विभाजित किया जाता है–

(I) पूर्वक्रियात्मक अवस्था (Preactive Phase)

(II) अंतःक्रियात्मक अवस्था (Interactive Phase)

(III) उत्तर क्रियात्मक अवस्था (Post-active Phase)

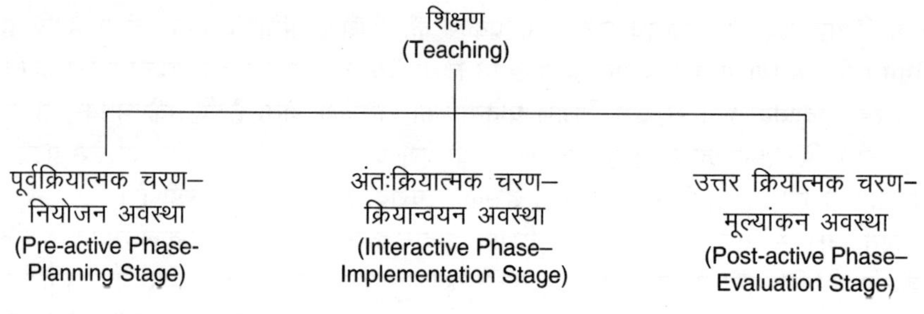

चित्र 6.1 शिक्षण कार्य के चरण या अवस्थाएँ।

(I) पूर्व क्रियात्मक अवस्था (Preactive Phase)

यह शिक्षण कार्य की नियोजन अवस्था (Planning Stage) है। एक अच्छा नियोजन शिक्षण कार्य को सुगम, प्रभावशील और सभी दृष्टि से सफल बनाने में अधिक से अधिक सहायता प्रदान करता है। शिक्षक को नियोजन चरण में दो निम्न मुख्य बातों की ओर विशेष रूप से ध्यान देना होता है–

(i) शिक्षण संबंधी कुछ विशेष उद्देश्यों का निर्धारण।

(ii) निर्धारित उद्देश्यों को प्राप्त करने के लिए विधियों और उपायों की तलाश।

इन दोनों मुख्य बातों को लेकर जो भी गतिविधियाँ पूर्व क्रियात्मक अवस्था (Preactive phase) में की जा सकती हैं उन्हीं की चर्चा हम अब आगे करेंगे।

अपने शिक्षण नियोजन हेतु पहला कदम जो किसी शिक्षक द्वारा उठाया जाना चाहिए वह शिक्षण उद्देश्यों के निर्धारण को लेकर ही होता है। इस दृष्टि से प्रत्येक अध्यापक अपने–अपने विषय और पढ़ाए जाने वाले पाठ को लेकर वांछित शिक्षण–अधिगम उद्देश्यों के निर्धारण और उनको व्यवहारजन्य शब्दावली में लिखने का कार्य इस स्तर पर करने का प्रयत्न करता है। इस कार्य की विस्तार में चर्चा इस पुस्तक के नवें अध्याय में की गई है।

नियोजन के दूसरे चरण में फिर अध्यापक यह सोचने का प्रयत्न करता है कि निर्धारित उद्देश्यों की प्राप्ति किस तरह से भलीभाँति की जा सकती है। इस तरह के नियोजन कार्य द्वारा निम्न बातों के संदर्भ में निर्णय लिए जा सकते हैं–

(i) किस प्रकार को विषयवस्तु या अधिगम अनुभवों का चयन किया जाए।

(ii) विषयवस्तु या अधिगम सामग्री को किस तरह संगठित या व्यवस्थित किया जाए।

(iii) शिक्षण के किन सूत्रों या सिद्धांतों की अनुपालना की जाए।

(iv) शिक्षण साधनों के चयन और उपयोग के बारे में निर्णय लेना।

(v) शिक्षण विधियों, तकनीकों, व्यूह रचना तथा युक्तियों के बारे में निर्णय लेना।

(vi) कक्षा शिक्षण की अवधि, स्थान और अन्य सभी प्रकार की व्यवस्था और प्रबंध हेतु निर्णय लेना।

(vii) मूल्यांकन तकनीकों के बारे में निर्णय लेना।

इस तरह से पूर्व क्रियात्मक अवस्था से जुड़े हुए इस नियोजन चरण में अध्यापक अपनी उस यात्रा की सफलता हेतु उन सभी बातों के बारे में ठीक तरह नियोजन करता है जिसे उसे अपने शिक्षण के दौरान विद्यार्थियों के साथ तय करना है।

(II) अंतःक्रियात्मक अवस्था (Interactive Phase)

शिक्षण कार्य की यह द्वितीय अवस्था क्रियान्वयन चरण (Implementation stage) के रूप में हमारे सामने आती है। यहाँ नियोजन की प्रथम अवस्था में जो कुछ भी नियोजन किया जाता है उसी के क्रियान्वयन का प्रयत्न किया जाता है। शिक्षण का वास्तविक क्रियात्मक स्वरूप यहाँ अध्यापक और विद्यार्थियों के बीच कक्षा–कक्ष अंतःक्रिया के रूप में देखने को मिलता है। यह अंतःक्रिया जितनी सजीव, यथार्थ और प्रभावपूर्ण होगी उतनी ही सफलता निर्धारित शिक्षण–अधिगम उद्देश्यों की प्राप्ति में मिल सकेगी। इस क्रियान्वयन चरण की गतिविधियों को मुख्य रूप से निम्न तीन श्रेणियों में बाँट कर समझा जा सकता है–

(a) प्रत्यक्षीकरण (Perception)

(b) निदान (Diagnosis)

(c) प्रतिक्रियात्मक प्रक्रियाएँ (Reactive Processes)

(a) प्रत्यक्षीकरण (Perception)—कक्षा–कक्ष अंतःक्रिया विद्यार्थियों और अध्यापकों से उचित प्रत्यक्षीकरण की माँग करती है। अध्यापक जब तक अपने विद्यार्थियों को ठीक तरह समझ नहीं पाएगा तब तक उसके द्वारा उन्हें साथ लेकर उचित शिक्षण–अधिगम हेतु वांछित अंतःक्रिया करना संभव नहीं हो पाएगा। यही बात विद्यार्थियों के लिए भी लागू होती है। उनका भी अध्यापक पर तभी सही विश्वास और आस्था होती है जब वे उसकी योग्यता, शिक्षण, व्यवहार और व्यक्तित्व का सही प्रत्यक्षीकरण कर पाते हैं।

इस तरह उचित प्रत्यक्षीकरण द्वारा एक–दूसरे को जानने और समझने की बात शिक्षण कार्य के उचित क्रियान्वयन के लिए काफी आवश्यक बात के रूप में मानी जानी चाहिए।

(b) निदान (Diagnosis)—विद्यार्थियों के साथ उचित अंतःक्रिया करने हेतु उनकी योग्यताओं, क्षमताओं तथा व्यक्तित्व एवं व्यवहार संबंधी अन्य आवश्यक बातों की ठीक–ठीक जानकारी होना अति आवश्यक है। इसी दृष्टि से एक अध्यापक विभिन्न विधियों एवं तकनीकों की सहायता लेकर हर संभव तरीके से यह प्रयत्न करता है कि उसे विद्यार्थियों के (किसी विषय विशेष के संदर्भ में) प्रारंभिक व्यवहार (Entry behaviour) स्तर की उचित जानकारी हो जाए। पहले से उन्हें कितना ज्ञान और बोध है, कितनी किस प्रकार की कुशलताएँ और प्रवीणताएँ उनके अंदर हैं, इस बात का बोध उसे अपने शिक्षण हेतु विद्यार्थियों के साथ वांछित अंतःक्रिया करने के लिए ठीक प्रकार तैयार कर सकता है। प्रश्नों के उत्तर तथा कराए गए कार्यों का प्रदर्शन और क्षमता स्तर और विद्यार्थियों के हाव–भाव तथा व्यवहार–जन्य क्रियाओं का स्वरूप उसे अपने इस निदानात्मक कार्य में काफी सहायता कर सकता है। विद्यार्थी स्वयं भी कक्षा–कक्ष अंतःक्रिया के दौरान अपनी अनुक्रियाओं तथा प्रतिक्रियाओं के ऊपर विचार करके अपनी क्षमताओं, योग्यताओं, रुचियों तथा दृष्टिकोण के बारे में अपनी राय बना सकते हैं और फिर शिक्षक के साथ उचित अंतःक्रिया कर शिक्षण–अधिगम हेतु उचित सहायता एवं मार्गदर्शन प्राप्त कर सकते हैं। इस तरह निदानात्मक गतिविधियाँ शिक्षक और शिक्षार्थियों के बीच चलने वाली शिक्षण–अधिगम अंतःक्रिया को सही दिशा प्रदान करने में सदैव ही काफी सहयोग देने वाली सिद्ध होती हैं।

(c) प्रतिक्रियात्मक प्रक्रियाएँ (Reactive Processes)—कक्षा–कक्ष अंतःक्रिया–प्रतिक्रिया से संबंधित प्रक्रियाएँ अपनी महत्त्वपूर्ण भूमिका निभाती हैं। इस कार्य हेतु अध्यापक को उद्दीपनों (Stimuli), पढ़ाने की उचित विधियों एवं युक्तियों, पुनर्बलन के तरीकों (Schedules of reinforcement) तथा पृष्ठपोषण तकनीकों (Feedback devices) के उचित चयन तथा उपयोग के लिए काफी सोच–विचार कर आवश्यक कदम उठाने की जरूरत होती है ताकि विद्यार्थियों को उचित रूप से अभिप्रेरित करते हुए उन्हें शिक्षण–अधिगम प्रक्रिया से जोड़कर क्रिया–प्रक्रियाओं का सिलसिला ठीक प्रकार चालू रखा जा सके। विद्यार्थियों का भी यहाँ यह उत्तरदायित्व हो जाता है कि वे विभिन्न उद्दीपनों और शिक्षण तकनीकों से परिचित होकर अपनी उचित प्रतिक्रिया–शाब्दिक और अशाब्दिक, व्यक्त करते हुए अधिगम पथ पर ठीक प्रकार आगे बढ़ते रहें तथा शिक्षक को अपनी प्रतिक्रियाओं से अभिव्यक्ति कराते हुए शिक्षण–अधिगम अंतःक्रिया को पूरा सक्रिय सहयोग प्रदान करते रहें। जितनी अच्छी तरह से क्रिया–प्रतिक्रिया से जुड़ी यह शिक्षण–अधिगम शृंखला ठीक प्रकार चलती रहेगी, शिक्षण–अधिगम के उद्देश्यों की पूर्ति में उतना ही सहयोग प्राप्त होता रहेगा। यही बात शिक्षण के इस द्वितीय चरण में पूरा करने की चेष्टा की जाती है।

इस तरह प्रत्यक्षीकरण, निदान और प्रतिक्रियात्मक प्रक्रियाओं के माध्यम से क्रियान्वित होती हुई शिक्षण की यह अंतःक्रियात्मक अवस्था शिक्षार्थी और शिक्षण की शाब्दिक और अशाब्दिक अंतःक्रिया को इस तरह आगे बढ़ती रहती है कि इसके द्वारा प्रथम अवस्था में नियोजित सभी बातें इस तरह क्रियान्वित हो सकें कि जिनसे निर्धारित उद्देश्यों की प्राप्ति ठीक प्रकार हो जाए।

(III) उत्तर क्रियात्मक अवस्था
(Post-active Phase)

शिक्षण प्रक्रिया की इस तीसरी अवस्था का संबंध मूल्यांकन प्रयत्नों एवं गतिविधियों से है। जो कुछ भी पहली अवस्था में नियोजित कर द्वितीय अवस्था में क्रियान्वित किया जाता है उसी का मूल्यांकन अब इस तृतीय अवस्था में किया जाता है। इस कार्य हेतु निर्धारित उद्देश्यों के संदर्भ में यह भलीभाँति विश्लेषण किया जाता है कि शिक्षण–अधिगम प्रयत्नों द्वारा विद्यार्थियों के व्यवहार में किस स्तर तक अपेक्षित परिवर्तन लाने में सफलता प्राप्त हुई है। उद्देश्यों की प्राप्ति की जाँच अथवा मूल्यांकन हेतु विभिन्न प्रकार की तकनीकों जैसे उपलब्धि परीक्षाएँ, विद्यार्थियों को विभिन्न प्रकार के कार्यों को करने का मौका देकर उनका निरीक्षण करने, उनके द्वारा दिए जाने वाले लिखित या मौखिक उत्तरों तथा अभिव्यक्तियों की समीक्षा करने इत्यादि का उपयोग किया जा सकता है। किस स्थिति में किन विशेष प्रकार के शिक्षण कार्यों का मूल्यांकन करने हेतु कौन–सी मूल्यांकन तकनीक उपयुक्त रहेगी, इस बारे में भलीभाँति सोच समझकर ही निर्णय लिया जाना चाहिए। मूल्यांकन द्वारा जो भी परिणाम और निष्कर्ष सामने आएँ उनका उपयोग फिर शिक्षण कार्यों में सुधार लाने हेतु किया जाना चाहिए। इस प्रकार के सुधार संबंधी बातों का निम्न स्वरूप हो सकता है–

- मूल्यांकन के परिणामों के आधार पर निर्धारित शिक्षण–अधिगम उद्देश्यों की समीक्षा की जा सकती है। ये उद्देश्य कितने सही थे और इनमें किस प्रकार के सुधार अपेक्षित हैं इस बात का अनुमान मूल्यांकन के परिणामों द्वारा भलीभाँति लगाया जा सकता है। इस समीक्षा के आधार पर किसी कक्षा, विषय या प्रकरण विशेष के अनुदेशात्मक उद्देश्यों के निर्धारण और लिखने में सुधार लाया जा सकता है।
- शिक्षण–अधिगम हेतु चयनित पाठ्यसामग्री या शिक्षण–अधिगम अनुभव कैसे थे, उनसे उद्देश्यों की प्राप्ति और शिक्षण कार्यों के क्रियान्वयन में किस तरह की सहायता अथवा बाधा पहुँची। इस बात की समीक्षा हेतु मूल्यांकन के परिणाम हमारी काफी सहायता कर सकते हैं तथा परिणामस्वरूप विषयवस्तु के चयन, संगठन तथा पाठ्यक्रम निर्माण संबंधी कार्यों में सुधार लाने का कार्य मूल्यांकन परिणामों के आधार पर ठीक तरह किया जा सकता है।
- मूल्यांकन के द्वारा शिक्षण प्रक्रिया, शिक्षण साधन और विधियों, शिक्षण तकनीक, व्यूह रचनाओं तथा युक्तियों आदि की भी पर्याप्त मात्रा में परख हो जाती है और परिणामस्वरूप उनमें भी अपेक्षित सुधार लाने का कार्य अच्छी तरह से निभाया जा सकता है।
- शिक्षण–अधिगम परिस्थितियाँ, कक्षा प्रबंध तथा शिक्षण–अधिगम वातावरण से संबंधित सभी प्रकार की बातों को अनुकूल या प्रतिकूल होने संबंधी परख भी मूल्यांकन के परिणामों द्वारा हो जाती है अतः उनमें भी अपेक्षित सुधार लाने के लिए सुझाव हमें इनके विश्लेषण द्वारा प्राप्त हो सकते हैं।

इस तरह संक्षेप में यह कहा जा सकता है कि मूल्यांकन से जुड़े हुए शिक्षण कार्य की यह तृतीय अवस्था विद्यार्थी और अध्यापक दोनों को ही ऐसे उचित अवसर और परिणाम प्राप्त कराती है जिनके द्वारा वे शिक्षण–अधिगम के उचित नियोजन तथा कार्यान्वयन में अपेक्षित सुधार लाकर शिक्षण–अधिगम प्रक्रिया को निरंतर प्रगति की राह पर चलाने में कामयाब हो सकें।

शिक्षण कार्यों के संपादन से संबंधित उपरोक्त तीनों अवस्थाएँ–पूर्व क्रियात्मक, अंतःक्रियात्मक तथा उत्तर क्रियात्मक अपना–अपना स्वतंत्र अस्तित्व रखते हुए भी पूरी तरह एक–दूसरे पर निर्भर और अंतःसंबंधित होती हुई एक–दूसरे को पोषित और पल्लवित करने का पूरा प्रयत्न करती रहती हैं, जिसकी एक झलक आगे चित्र 6.2 में दी गई आकृति से मिल सकती है।

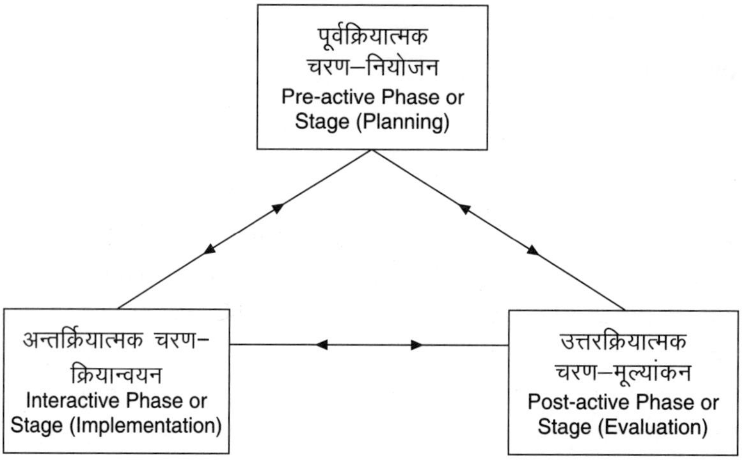

चित्र 6.2 शिक्षण कार्य की अवस्थाओं में अंतःसंबंध।

एक शिक्षक के शिक्षण कार्य की उपरोक्त तीनों अवस्थाओं और उनके अंतःसंबंधों से अब हमें यह निष्कर्ष निकालने में काफी आसानी हो सकती है कि शिक्षक का कार्य अपनी विषयवस्तु को पढ़ाने या अधिगम अनुभवों को प्रदान करने तथा कक्षा में विद्यार्थियों के साथ अंतःक्रिया करने तक ही सीमित नहीं है। कक्षा के पीरियड में जो कुछ भी किया जाता है यह पूरी तरह नियोजित होता है जिसकी नींव शिक्षण कार्य की प्रथम अवस्था यानी नियोजन चरण में डाली जाती है। दूसरे शब्दों में, शिक्षक का शिक्षण उसके द्वारा शिक्षण नियोजन करने से ही प्रारंभ हो जाता है और कक्षा शिक्षण के बाद भी तृतीय अवस्था मूल्यांकन चरण तक चलता रहता है। यह तृतीय चरण ही पहले दो चरणों के कार्यों की समीक्षा में सहायता देकर शिक्षण–अधिगम गतिविधियों के सुधार और उत्तरोत्तर विकास में सहयोगी होता है और एक तरह से पहले दो चरणों के शिक्षण कार्य को व्यवस्थित, नियंत्रित एवं परिमार्जित करने का प्रयत्न करता है। इस तरह से शिक्षण अपने तीनों चरणों या अवस्थाओं के सम्मिलित रूप में ही पूरा होता है और इसी कारण शिक्षक के शिक्षण कार्यों में इन तीनों चरणों या अवस्थाओं की सभी गतिविधियों का पूरी तरह समावेश होता है।

शिक्षण कार्य के स्तर (Levels of Teaching Task)

औपचारिक कक्षा शिक्षण के दौरान शिक्षक द्वारा अपने विद्यार्थियों के हितार्थ जो कार्य किया जाता है, उसे जैसा कि प्रसिद्ध मनोवैज्ञानिक एवं शिक्षाविद् मौरिस एल विग्गी (Morris L. Biggie, 1967) की मान्यता है, बौद्धिक शक्तियों के उपयोग की दृष्टि से कम से कम विचारयुक्त (Least thoughtful) स्तर से लेकर अति विचारयुक्त (Most thoughtful) स्तर तक आयोजित करने के प्रयत्न किये जा सकते हैं। इस दृष्टि से शिक्षक द्वारा संपन्न शिक्षण कार्यों के आयोजन हेतु तीन विभिन्न स्तरों की उपस्थिति आज सभी शिक्षाविदों तथा मनोवैज्ञानिकों द्वारा स्वीकार कर ली गई है। शिक्षण के इन तीन स्तरों को क्रमशः स्मृति स्तर (Memory level), बोध स्तर (Understanding level) तथा चिंतन स्तर (Reflective level) नाम प्रदान किए गए हैं।

शिक्षण के इन तीन स्तरों को बौद्धिकता और विचार युक्तता की दृष्टि से जो तुलनात्मक स्थान प्राप्त हो सकता है उसे चित्रात्मक रूप में आगे दर्शाया जा सकता है (देखिए चित्र 6.3 और 6.4)।

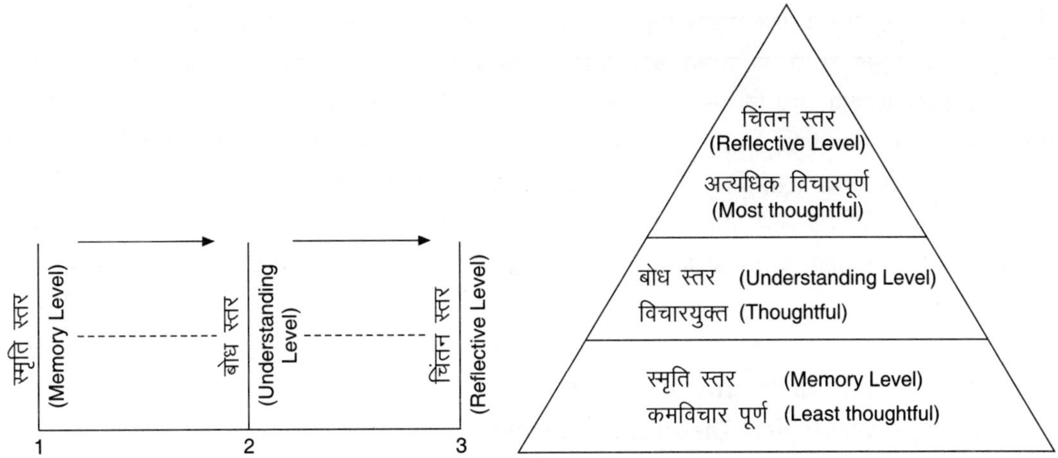

चित्र 6.3 एवं 6.4 शिक्षण कार्य स्तरों का तुलनात्मक स्वरूप।

इन चित्रों से स्पष्ट है कि स्मृति स्तर के शिक्षण को निम्न कोटि का होने के कारण बिल्कुल सबसे नीचे चित्रित किया गया है, जबकि चिंतन स्तर को बिल्कुल दाईं ओर अथवा शीर्ष स्थान पर दिखाया गया है। बोध स्तर को बीच का दर्जा देकर यह कहा गया है कि यह चिंतन स्तर से कम परंतु स्मृति स्तर से अधिक स्तर का शिक्षण माना जाता है। शिक्षण के इन तीनों स्तरों की कैसी प्रकृति होती है और इन स्तरों पर शिक्षण किस तरह आयोजित किया जाता है इसकी विस्तृत जानकारी अब हम आगे ग्रहण करेंगे।

स्मृति स्तर का शिक्षण (Teaching at Memory Level)

अर्थ एवं परिभाषा (Meaning and Definition)

जहाँ तक मानसिक शक्तियों और बौद्धिक क्षमताओं के उपयोग तथा विकास का प्रश्न है स्मृति स्तर का शिक्षण काफी निम्न स्तर का माना जाता है, क्योंकि इसमें शिक्षण–अधिगम मात्र स्मृति के सहारे ही टिका रहता है। छात्रों के सामने तथ्यों, सूचनाओं, नियमों तथा सूत्रों आदि के रूप में जो भी ज्ञान प्रस्तुत किया जाता है वे उसे केवल रटकर अपनी स्मृति में संजोने का ही प्रयत्न करते हैं। न तो उनको इनके बारे में कोई समझ ही होती है और न वे इनका अर्थ जानकर इनका उपयोग ही कर पाते हैं। स्मृति स्तर के शिक्षण के बारे में ऐसे ही विचार व्यक्त करते हुए मौरिस एल० बिग्गी ने उसे ऐसे शिक्षण की संज्ञा दी है जिसमें ***"प्रस्तुत तथ्य सामग्री को रट लेने के अतिरिक्त और कुछ नहीं होता।"***

The type of act "which supposedly embraces committing factual materials to memory and nothing else." (Biggie Morris L., 1967, p. 316)

इस परिभाषा से स्पष्ट है कि स्मृति स्तर के शिक्षण में शिक्षण–अधिगम कार्य मात्र तथ्यों को रटने–रटाने तक ही सीमित रहता है। यहाँ अध्यापक छात्रों के सामने विषय सामग्री को क्रमबद्ध रूप में रखता चला जाता है। उन्हें जो कुछ बताया जा रहा है वे उसे पा रहे हैं अथवा नहीं, इसके बारे में अध्यापक को कोई चिंता करने की आवश्यकता नहीं होती। विद्यार्थियों को प्राप्त सूचनाओं को रटकर याद करना होता है। शिक्षण–अधिगम की सारी सफलता इस बात में निहित होती है कि छात्र कितनी कुशलता से प्रस्तुत तथ्यों, सूचनाओं तथा नियमों आदि को

अपनी स्मृति में रख पाते हैं तथा आवश्यकता पड़ने पर किस सीमा तक उन्हें पुनः प्रस्तुत कर सकते हैं। इस तरह स्मृति स्तर का शिक्षण छात्रों को रटकर याद रखने की क्षमता के प्रयोग तथा उसका अभ्यास करने में ही जुटा रहता है। परिणामस्वरूप छात्र विभिन्न प्रकार की विषय सामग्री जैसे गणित की समस्याओं के हल में काम आने वाले विभिन्न सूत्र तथा पहाड़े, रेखागणित को साध्यों के प्रमाण, रसायनशास्त्र में पढ़ाए जाने वाले विभिन्न तत्त्वों, यौगिक तथा नियमों तथा रासायनिक क्रियाओं के नाम, संकेत, सूत्र तथा समीकरण, इतिहास में घटित विभिन्न घटनाओं का क्रम, तिथियाँ तथा विवरण, भाषा–शिक्षण से संबंधित विभिन्न शब्द तथा मुहावरे, उनका अर्थ तथा व्याकरण संबंधी कार्य आदि बहुत–सी बातों को रटने के द्वारा अपनी स्मृति का अंग बनाकर अपने ज्ञान भंडार में वृद्धि करते रहते हैं।

अंतनिर्हित मनोवैज्ञानिक सिद्धांत और विचार (Underlying Psychological Theories and Ideas)

स्मृति स्तर का शिक्षण मुख्य रूप से निम्न मनोवैज्ञानिक विचारों तथा सिद्धांतों से प्रभावित माना जाता है–

(i) **मानसिक अनुशासन अथवा मानसिक शक्तियों के सिद्धांत (Theory of Mental Faculty or Mental Discipline)** से स्मृति का शिक्षण इस रूप में प्रभावित माना जा सकता है कि इस प्रकार के शिक्षण में स्मरण शक्ति के प्रयोग और विकास पर ही पूरा–पूरा बल देने की चेष्टा की जाती है।

(ii) **हरबर्ट के संचित ज्ञान संबंधी सिद्धांत (Herbartian Appreciation Mass Theory)** से स्मृति स्तर का शिक्षण इस रूप में प्रभावित जान पड़ता है कि यहाँ भी स्मृति की सहायता से ज्ञान का संचय कर मस्तिष्क के भंडार में वृद्धि करते रहना शिक्षण–अधिगम का मुख्य उद्देश्य माना जाता है।

(iii) **थोर्नडाइक के संयोजनवाद (Thorndike's Connectionism)** से स्मृति स्तर का शिक्षण इस रूप में प्रभावित जान पड़ता है कि यहाँ भी शिक्षण–अधिगम प्रक्रिया को उद्दीपक (Stimulus) और अनुक्रिया (Response) दोनों के बीच उचित संबंध स्थापित करने की प्रक्रिया समझा जाता है और इस कार्य के लिए स्मृति को माध्यम बनाया जाता है।

(iv) **अनुबंधन सिद्धांत (Theory of Conditioning)** से स्मृति स्तर का शिक्षण इस रूप में प्रभावित जान पड़ता है कि यहाँ भी शिक्षण कार्य–उद्दीपक और अनुक्रिया के बीच स्थापित साहचर्य और संयोजन–अभ्यास द्वारा महज एक आदत (Habit) के रूप में परिवर्तित हो जाता है। परिणामस्वरूप विद्यार्थियों को निरंतर अभ्यास द्वारा कोई भी तथ्य नियम तथा सूत्र आदतन इन तरह कंठस्थ हो जाता है कि उन्हें उसका प्रत्यास्मरण करने में कोई असुविधा महसूस नहीं होती।

उद्देश्य (Objectives)—स्मृति स्तर के शिक्षण द्वारा ज्ञानात्मक उद्देश्यों की पूर्ति को मुख्य लक्ष्य बनाया जाता है। इस तरह मुख्य रूप से इस प्रकार का शिक्षण महज ज्ञान प्राप्ति तक ही सीमित रहता है और ज्ञान प्राप्ति हेतु विषयवस्तु को कंठस्थ करने, उसे स्मृति में संचित रखने तथा आवश्यकतानुसार उसे पुनः प्रस्तुत करने में समर्थ बनाना ही इसका लक्ष्य होता है।

विषयवस्तु की प्रकृति और उसका प्रस्तुतीकरण (Nature of the Subject Matter and its Presentation)— स्मृति स्तर का शिक्षण मुख्य रूप से विषय केंद्रित होता है। विषय संबंधी तथ्यों को रटकर याद कर लेना ही इस शिक्षण का मुख्य उद्देश्य रहता है। अतः स्वाभाविक ही है यहाँ विषय सामग्री इस प्रकार की होनी चाहिए और उसे इस रूप में प्रस्तुत किया जाना चाहिए कि उसे रटकर याद रखने तथा आवश्यकता पड़ने पर पुनः प्रस्तुत करने में अधिक–से–अधिक आसानी हो। यही कारण है कि इस प्रकार के शिक्षण में विषयवस्तु के उचित चयन तथा

प्रस्तुतीकरण पर पूरा–पूरा ध्यान देने की आवश्यकता होती है। विषय सामग्री यहाँ पूरी तरह से व्यवस्थित एवं पूर्व नियोजित होती है और इसे क्रमबद्ध रूप से छात्रों के सामने इस तरह प्रस्तुत किया जाता है कि उन्हें इसे स्मरण करके स्मृति में बनाए रखने तथा इसका पुनः स्मरण करने आदि कार्यों में पर्याप्त आसानी हो। विषयवस्तु में प्रस्तुत तथ्यों की स्पष्ट रूप से जानकारी होना, उनके बारे में उचित सूझबूझ तथा उनके प्रयोग की क्षमता विकसित करना इस स्तर के शिक्षण–अधिगम में आवश्यक नहीं माना जाता है इसलिए विषयवस्तु को प्रस्तुत करते समय उसे पूर्व अनुभवों से जोड़ना तथा उसका जीवन की क्रियाओं तथा अन्य ज्ञान स्रोतों से संबंध स्थापित करना आदि जैसी बातों पर यहाँ ध्यान नहीं दिया जाता।

अध्यापक की भूमिका (The Role of the Teacher)—स्मृति स्तर के शिक्षण में अध्यापक की भूमिका प्रधान होती है और विद्यार्थी की काफी गौण। इसलिए यहाँ पूरी तरह से अध्यापक का बोलबाला रहता है। चाहे वह विषयवस्तु के चयन की बात हो अथवा उसे प्रस्तुत करने के तरीके, अभ्यास और विद्यार्थियों द्वारा पुनः प्रस्तुत करने का कार्य, सभी में अध्यापक की ही चलती है। विद्यार्थी वही करता है जिसे करने के लिए अध्यापक द्वारा कहा जाता है। वास्तव में शिक्षक की भूमिका यहाँ एक तानाशाह की भाँति होती है जो अपने ढंग से शिक्षण प्रक्रिया को अपने पूर्ण नियंत्रण में रखकर छात्रों की रुचि, क्षमताओं तथा योग्यता आदि पर बिना ध्यान दिए हुए उन पर तथ्यों एवं सूचनाओं की वर्षा करता रहता है तथा विद्यार्थियों को विभिन्न तरीकों से मजबूर करता है कि वे इन तथ्यों एवं सूचनाओं को भलीभाँति कंठस्थ कर लें। इसके लिए आवश्यक अभ्यास, दोहराने आदि कार्यों की भी उसके द्वारा व्यवस्था की जाती है तथा फिर इस रटे हुए ज्ञान को वे कितना याद रख पाते हैं इसकी जाँच करना भी उसके कर्त्तव्य क्षेत्र में आता है।

विद्यार्थी की भूमिका (The Role of the Learner)—स्मृति स्तर के शिक्षण में विद्यार्थी की भूमिका अध्यापक की तुलना में काफी नगण्य रहती है। वह शिक्षण–अधिगम प्रक्रिया में एक प्रकार से निष्क्रिय श्रोता तथा मूकदर्शक ही बना रहता है। यहाँ उसके मस्तिष्क को विभिन्न विषयों से संबंधित तरह–तरह के ज्ञान को संचय करने का एक बड़ा गोदाम या भंडार मात्र ही समझा जाता है। अध्यापकों का कार्य अपने–अपने विषयों से संबंधित ज्ञान को विद्यार्थियों के मस्तिष्क में उड़ेलना होता है और विद्यार्थियों का बिना इसका कोई बोध (Understanding) किए मात्र स्मृति के सहारे अपने मस्तिष्क में संचित करते जाना। उन्हें स्वतंत्र रूप से अपने आप ज्ञान प्राप्त करने की कोई स्वतंत्रता नहीं होती है और न वे शिक्षण–अधिगम प्रक्रिया में अपनी ओर से कोई पहल करने का प्रयत्न ही करते हैं। किसी तरह की आलोचना, समालोचना या वाद–विवाद का भी यहाँ उन्हें कोई अवसर नहीं दिया जाता तथा ज्ञान प्राप्ति की दिशा में भी उन्हें विचार–प्रक्रिया का कोई खास उपयोग नहीं करना पड़ता, केवल मात्र स्मृति के सहारे ही वे यहाँ अपना काम चला लेते हैं।

अभिप्रेरणा की प्रकृति (Nature of Motivation)—स्मृति स्तर के शिक्षण में अभिप्रेरणा की प्रकृति बाह्य (Extrinsic) ही होती है, आंतरिक (Intrinsic) नहीं। यहाँ विद्यार्थी स्वतः अपनी इच्छा तथा रुचि के कारण शिक्षण–अधिगम कार्य में कार्यरत नहीं रहते हैं बल्कि वे किसी बाह्य कारण जैसे सजा या फटकार खाने का डर, शाबाशी, पुरस्कार, सर्टीफिकेट, ग्रेड प्राप्त करने तथा परीक्षा पास कर अगली कक्षा में चले जाने के लालच के वशीभूत सूचनाओं को कंठस्थ करने में लगे रहते हैं।

प्रयुक्त विधियाँ (The Methods Employed)—स्मृति स्तर के शिक्षण में प्रयुक्त विधियाँ पूरी तरह से शिक्षक केंद्रित तथा विषय केंद्रित ही होती हैं, विद्यार्थी केंद्रित या परिस्थिति केंद्रित नहीं। परिणामस्वरूप न तो इनको अधिगम–शिक्षण की प्रचलित मनोवैज्ञानिक धारणाओं के अनुकूल बनाने की अपेक्षा की जा सकती है और न स्वतंत्र चिंतन तथा मनन के माध्यम से समस्या–समाधान, सृजनशीलता तथा अनुसंधानात्मक क्षमता के विकसित होने के बारे में ही सोचा जा सकता है। अर्जित ज्ञान भंडार के उचित उपयोग के लिए भी ये विधियाँ विद्यार्थियों को तैयार नहीं कर पातीं बल्कि केवल विषयवस्तु को स्मृति के सहारे ग्रहण करने में ही यह सहायक सिद्ध हो

पाती हैं। इस प्रकार की शिक्षण विधियों के रूप में व्याख्यान विधि (Lecture method), पाठ्यपुस्तक विधि (Text-book method), विवरण विधि (Narration method), संश्लेषण विधि (Synthetic method), निगमन विधि (Deductive method) आदि विधियों का उल्लेख किया जा सकता है।

मूल्यांकन पद्धतियाँ (Testing Devices Used)—स्मृति स्तर के शिक्षण द्वारा मुख्य रूप से स्मृति के माध्यम से ज्ञानात्मक उद्देश्यों की प्राप्ति की जाती है। यहाँ विद्यार्थियों से यह अपेक्षा की जाती है कि वे प्रस्तुत विषयवस्तु को अपनी स्मृति के सहारे अपने ज्ञान भंडार का इस तरह अंग बना लें कि जब आवश्यकता हो वे उसको प्रत्यास्मरण (Recall) तथा अभिज्ञान (Recongnition) के रूप में पुनः प्रस्तुत कर सकें। परिणामस्वरूप यहाँ निबंधात्मक, लघु–उत्तरात्मक तथा वस्तुपरक परीक्षाओं का इस रूप में उपयोग किया जाता है जिससे विद्यार्थियों के स्मृति स्तर के शिक्षण द्वारा अर्जित ज्ञान की अच्छी तरह जाँच की जा सके। विषयवस्तु को विद्यार्थियों ने अपनी स्मृति में कितना धारण किया है इसकी परीक्षा के लिए यहाँ विशेषकर ऐसे प्रश्नों का निर्माण किया जाता है जिनसे विद्यार्थियों की प्रत्यास्मरण तथा अभिज्ञान की योग्यता की जाँच की जा सके।

स्मृति स्तर शिक्षण के गुण-दोष (Merits and Demerits of Teaching at Memory Level)

गुण (Merits)—स्मृति स्तर के शिक्षण को निम्न गुणों के कारण प्रशंसा का पात्र माना जा सकता है–

1. इस स्तर का शिक्षण छोटी कक्षाओं तथा छोटे बच्चों के शिक्षण के लिए उपयुक्त सिद्ध हो सकता है, क्योंकि छोटी आयु के बालकों की मानसिक शक्तियाँ उतनी सशक्त तथा विकसित नहीं होती जितनी कि बोध स्तर तथा चिंतन स्तर के शिक्षण के लिए आवश्यक रूप से चाहिए। साथ में उनकी स्मृति इस आयु में रटने पर आधारित पाई जाती है। वे अनायास ही बहुत सारी बातों को रटकर याद रखने में समर्थ होते हैं। इसलिए उन्हें इस आयु में विचार प्रक्रिया की उलझन में न डालकर स्मृति के सहारे ही तथ्यों एवं सूचनाओं का ज्ञान कराना ठीक रहता है।
2. विद्यालय के पाठ्यक्रम में बहुत सारी विषयवस्तु ऐसी हो सकती हैं जिन्हें ग्रहण करने में स्मृति का शिक्षण विद्यार्थियों की काफी सहायता कर सकता है। या यूँ कहिए कि इनसे संबंधित ज्ञान के अर्जन के लिए स्मृति स्तर के शिक्षण से अधिक सहज और व्यावहारिक विकल्प हो ही नहीं सकता। इस प्रकार की पाठ्य सामग्री प्रायः सभी विषयों में पाई जाती है। उदाहरण के लिए गणित में गिनती, पहाड़े तथा अन्य गणना संबंधी नियम एवं सूत्र, इतिहास में ऐतिहासिक घटनाएँ, उनका क्रम तथा तिथियाँ, रसायन विज्ञान में तत्त्वों तथा यौगिकों आदि के संकेत तथा नाम, रासायनिक सूत्र, समीकरण, आणविक भार तथा रासायनिक रचना, जीव विज्ञान में प्राणियों का वर्गीकरण, शरीर रचना से संबंधित तथ्य और विभिन्न अंगों में हड्डियों की संख्या आदि ऐसी ही पाठ्यवस्तु है जिसे स्मृति स्तर के शिक्षण के सहारे अच्छी तरह ग्रहण किया जा सकता है।
3. स्मृति स्तर के शिक्षण द्वारा तथ्यों, नियमों एवं सिद्धातो के रूप में जिस ज्ञान को स्मृति में संजोकर रखा जाता है वह बोध स्तर तथा चिंतन स्तर के शिक्षण में काफी सहायक सिद्ध होता है। एक तरह से इन दोनों स्तरों के शिक्षण–अधिगम के लिए स्मृति स्तर पर अर्जित ज्ञान एक ठोस आधार का कार्य करता है और जब तक यह आवश्यक आधार तैयार नहीं होता, बोध तथा चिंतन स्तर के शिक्षण कार्य में सफलता नहीं मिलती।
4. स्मृति स्तर के शिक्षण में अध्यापक को अपने ढंग से अपने लक्ष्य की प्राप्ति करने में पूरी सहायता मिलती है। वह विषयवस्तु के चयन, आयोजन तथा प्रस्तुतीकरण में पूरी तरह स्वतंत्र होता है। कम समय में इतना अधिक सुव्यवस्थित एवं क्रमबद्ध ज्ञान प्रदान करना स्मृति स्तर के शिक्षण द्वारा ही संभव हो सकता है।

दोष (Demerits)—स्मृति स्तर के शिक्षण की निम्न दोषों तथा कमियों के कारण आलोचना की जाती है–

1. मानसिक शक्तियों तथा विचार प्रक्रिया के उपयोग एवं विकास की दृष्टि से स्मृति स्तर का शिक्षण–निम्नतम स्तर पर संपन्न किया जाता है। अतः विद्यार्थियों की मानसिक शक्तियों तथा बौद्धिक विचार प्रक्रिया को विकसित करने के कार्य में यह कोई सहायता नहीं कर सकता।
2. स्मृति स्तर के शिक्षण द्वारा प्राप्त रटा हुआ ज्ञान जीवन की वास्तविक परिस्थितियों में अनुपयोगी एवं निरर्थक ही सिद्ध होता है। इस प्रकार के उदाहरणों की कमी नहीं है जबकि रटे रटाए ज्ञान से युक्त विद्यार्थी दिन–प्रतिदिन की आवश्यकताओं की पूर्ति हेतु उसका समुचित उपयोग करने में अपने आपको असहाय पाते हैं। उदाहरण के लिए, गणित की कक्षा में वे कमरे की चारदीवारी का क्षेत्रफल निकालने का सूत्र तो याद कर लेते हैं और इसका प्रयोग कर अपनी पाठ्य पुस्तक के सवाल भी लगा लेते हैं। परंतु उनसे अगर यह पूछ लिया जाए कि जिस कमरे में बैठकर वे पढ़ रहे हैं उसकी चारदीवारी का क्षेत्रफल क्या होगा और अगर उसमें सफेदी या पेंट करना हो तो उसका खर्चा कैसे निकालोगे तो यह ज्ञात करना उनके लिए मुश्किल हो जाएगा। इसी तरह एक विद्यार्थी जिसने बिजली की तारों को जोड़ने से संबंधित विद्युत परिपथों (Circuits) को कंठस्थ कर रखा है, उसे वास्तविक परिस्थितियों में इस प्रकार के परिपथ (Circuit) बनाने में असफलता ही हाथ लगती है।
3. स्मृति स्तर के शिक्षण का वास्तविक जीवन परिस्थितियों में उपयोग कर सकने की बात तो दूर उसे रटकर स्मृति में इतना संजोकर रखना भी टेढ़ी खीर होती है कि कम–से–कम परीक्षा के समय तो उसकी पुनः प्रस्तुति की जा सके। विद्यार्थियों के साथ बहुधा यही दुर्घटना घटित होती रहती है कि इतने परिश्रम के द्वारा रट रटाकर अर्जित किया हुआ ज्ञान ठीक परीक्षा के समय उनकी स्मृति से उत्तरपुस्तिका तक नहीं आ पाता अथवा मौखिक प्रश्न पूछते समय वे उत्तर नहीं दे पाते।
4. स्मृति स्तर का शिक्षण बहुत अधिक अध्यापक नियंत्रित और विषय केंद्रित होता है। कक्षा में किसी भी प्रकार की स्वस्थ अंतःप्रक्रिया को यहाँ कोई स्थान नहीं दिया जाता। छात्रों को प्रश्न पूछने तथा खुलकर अपने विचार व्यक्त करने, वाद–विवाद करने तथा आलोचना–समालोचना आदि से संबंधित किसी भी प्रकार की अभिव्यक्ति को यहाँ कोई आजादी नहीं मिलती। इस तरह के घुटन भरे वातावरण में, जहाँ विद्यार्थियों को मात्र मूकदर्शक और निष्क्रिय श्रोता ही मानकर दी हुई सूचनाओं के ग्रहण करने वाली मशीन के रूप में मान्यता मिलती रहे, किसी भी प्रकार के उचित व्यक्तित्व विकास की आशा ही कैसे की जा सकती है।
5. स्मृति स्तर के शिक्षण में अभिप्रेरणा का स्रोत बाह्य होता है आंतरिक नहीं। विद्यार्थी किसी भय या लालच के वशीभूत ही तथ्यों एवं नियमों को रटकर याद करने में लगे रहते हैं। सीखने के प्रति कोई स्वाभाविक इच्छा, उत्साह या लगन उनमें दिखाई नहीं देती। अतः कक्षा में अध्ययन–अध्यापन के प्रति उनके ध्यान को बनाए रखने में भी काफी कठिनाई आती है तथा साथ में कक्षा–अनुशासन को बनाए रखने की बात भी बार–बार उभर कर अध्यापक के सामने आती रहती है। इस तरह के वातावरण में नवीन ज्ञान प्राप्त करने संबंधी जो वास्तविक उत्साह और जिज्ञासा विद्यार्थियों में दिखाई दी जानी चाहिए उसका यहाँ प्रायः अभाव ही देखने को मिलता है।
6. स्मृति स्तर के शिक्षण में शिक्षण–प्रक्रिया के संगठन और संचालन का पूरा उत्तरदायित्व ही अध्यापक के कंधों पर आ पड़ता है। उसे ही पाठ्यवस्तु का चयन, आयोजन तथा प्रस्तुतीकरण करना पड़ता है एवं विद्यार्थियों द्वारा ठीक प्रकार से कंठस्थ करने हेतु दोहराने, अभ्यास तथा परीक्षण हेतु प्रश्न पूछने और मूल्यांकन आदि संबंधी क्रियाओं में शक्ति लगानी पड़ती है। विद्यार्थी तो इस पूरी प्रक्रिया में निष्क्रिय ही

बने रहते हैं और इस तरह शिक्षण–अधिगम में उनके द्वारा कोई सक्रिय साँझेदारी न निभाने के फलस्वरूप शिक्षण–अधिगम वातावरण काफी नीरस, यांत्रिक और बोझिल–सा हो जाता है।

निष्कर्ष (Conclusion)—इस प्रकार हम देखते हैं कि स्मृति का शिक्षण कई दृष्टियों से दोषपूर्ण ठहरता है, परंतु इससे कदापि यह धारणा नहीं बन जानी चाहिए कि इस प्रकार का शिक्षण–अधिगम अपने आप में बिल्कुल बेकार और अनुपयोगी होता है और इसीलिए इससे दूर ही रहा जाए तो अच्छा है। दोषों के रहते हुए भी इसमें अपनी काफी अच्छाइयाँ हैं। छोटे बालकों तथा प्रारंभिक कक्षाओं में इसकी उपयोगिता से इंकार नहीं किया जा सकता। इसी तरह विभिन्न विषयों से संबंधित ऐसी पाठ्यसामग्री, जिसमें तथ्यों, सूचनाओं तथा नियमों को याद रखने पर बल दिया जाता है, की ज्ञान प्राप्ति इसी स्तर के शिक्षण द्वारा अच्छी तरह संपन्न हो सकती है। इसके अतिरिक्त इस बात से भी इंकार नहीं किया जा सकता कि बोध तथा चिंतन स्तरों पर ज्ञान प्राप्ति की दिशा में स्मृति स्तर का शिक्षण एक ठोस आधार और उपयोगी साधन की भूमिका निभाता है। मस्तिष्क में भरी हुई सूचनायें और कंठस्थ किये गये सूत्र तथा नियम सूझबूझ विकसित करने, चिंतन मनन करने तथा समस्या समाधान हेतु कितने काम आते हैं यह किसी से छिपा नहीं है। एक तरह से बोध और चिंतन स्तरों की ऊँचाई तक तभी पहुँचा जा सकता है जबकि स्मृति स्तर की यात्रा तैयार कर ली जाए। हाँ यह बात अवश्य है कि स्मृति स्तर के शिक्षण से पूरा–पूरा लाभ तभी उठाया जा सकता है जबकि उसमें पाए जाने वाले दोषों तथा कमियों को जितना हो सके कम करने तथा उन पर उचित नियंत्रण रखने का प्रयत्न किया जाए। निरर्थक तथ्यों को रटवाने की अपेक्षा अगर अर्थपूर्ण, रुचिकर और जीवनोपयोगी बनाकर तथा उनके बारे में उचित समझ विकसित कर ही उन्हें स्मृति में धारण कराया जाए तो इससे अधिगम के अभीष्ट लक्ष्यों को प्राप्त करने में अधिक सहायता मिल सकती है।

बोध स्तर का शिक्षण (Teaching at Understanding Level)

बोध स्तर का शिक्षण स्मृति स्तर के शिक्षण की तुलना में अधिक विचारयुक्त (More thoughtful) माना जाता है। इसलिए मानसिक शक्तियों और बौद्धिक क्षमताओं के उपयोग तथा विकास की दृष्टि से इस स्तर पर शिक्षण के आयोजन हेतु स्मृति स्तर के शिक्षण से कुछ ऊँचे स्तर की आवश्यकता होती है। इस स्तर का शिक्षण क्या है और इसकी क्या विशेषताएँ हैं। यह सब जानने के लिए हम कुछ सामान्य शीर्षकों के तहत इसके बारे में आवश्यक जानकारी लेना चाहेंगे।

अर्थ और परिभाषा (Meaning and Definition)—मोरिस एल. बिग्गी ने अपनी पुस्तक "शिक्षकों के लिए अधिगम सिद्धांत" (Learning Theory for Teachers) में बोध स्तर के शिक्षण को एक ऐसे शिक्षण की संज्ञा दी है ***"जो विद्यार्थियों को सामान्यीकरण तथा विशिष्ट या दूसरे शब्दों में सिद्धांत तथा अलग-अलग तथ्यों के बीच पाए जाने वाले संबंधों से परिचित कराने का प्रयत्न करता है और यह भी बताता है कि सिद्धांतों का किस तरह व्यावहारिक उपयोग किया जा सकता है।"***

The one "that seeks to acquiant students with the relationship between a generalization and the particulars—between principles and solitary facts— and which shows the use to which the principles may be applied." (Biggie, Morris L., 1967, p. 323)

बिग्गी महोदय के उपरोक्त कथन पर अगर ठीक तरह से विचार किया जाए तो हमें बोध स्तर के शिक्षण की कुछ निम्न विशेषताओं के दर्शन हो सकते हैं–

– बोध स्तर का शिक्षण–स्मृति स्तर के शिक्षण की तरह तथ्यों और सूचनाओं संबंधी ज्ञान प्राप्ति तक ही सीमित नहीं रहता बल्कि इन तथ्यों एवं सूचनाओं के आधार पर उचित निष्कर्ष निकालने, सामान्यीकृत नियम तथा सिद्धांतों को ग्रहण करने में भी आगे आता है।

– विद्यार्थियों को विभिन्न तथ्यों और इन तथ्यों के सामान्यीकृत रूप–नियम तथा सिद्धांतों के बीच पारस्परिक संबंधों की पहचान कराने में भी यह सहयोगी सिद्ध होता है।
– सामान्यीकृत नियमों एवं सिद्धांतों को अन्य नवीन तथ्यों एवं सिद्धांतों को ग्रहण करने तथा व्यावहारिक जीवन में इसका सदुपयोग करने में भी यह सहायता करता है।

आइए अब इस बात को किसी उपयुक्त उदाहरण के माध्यम से समझने का प्रयत्न किया जाए।

जब कोई विद्यार्थी गणित के इस सरल तथ्य $7 \times 5 = 35$ को रटकर याद करने का प्रयत्न करता है तब यह प्रक्रिया स्मृति स्तर पर आयोजित मानी जाती है। यहाँ वह पहाड़ों से संबंधित इस तथ्य को केवल घोटा लगाकर ही याद कर लेता है। उसे न तो इसका अर्थ ही मालूम होता है और न उसका उपयोग। जब यही बात बोध स्तर पर अर्जित करनी होती है तो वह इसका पूरी तरह बोध करके ही इसे अपने ज्ञान का अंग बनाता है। इस बोध के द्वारा उसे निम्न बातों का पता चल जाता है।

(i) 7×5 का वही अर्थ है जो 5×7 का होता है।
(ii) अगर एक बार सात–सात मोमबत्तियों के पाँच पैकेट तैयार किए जाएँ तथा दूसरी बार पाँच–पाँच मोमबत्तियों के सात पैकेट बनाए जाएँ तो मोमबत्तियों की कुल गिनती दोनों बार 35 ही होगी।
(iii) यह बात मोमबत्तियों की तरह सभी वस्तुओं पर लागू होती है।
(iv) 7×5 या $5 \times 7 = 35$ यह एक सामान्यीकृत तथ्य है और इसका उपयोग 7 वस्तुओं की 5 रु० की दर से और 5 वस्तुओं की 7 रु० की दर से कीमत निकालने में अच्छी तरह किया जा सकता है।

इस तरह बोध स्तर का शिक्षण विद्यार्थियों को तथ्यों के बारे में ज्ञान प्राप्त करने के अतिरिक्त उन्हें उनके बारे में उचित सूझबूझ (जैसे तथ्यों में समानता या अंतर देखकर उनके आपसी संबंधों को पहचानना, इन संबंधों के आधार पर सामान्यीकरण निष्कर्ष या नियम पर पहुँचना आदि।) बढ़ाने तथा उनका व्यावहारिक रूप में उपयोग कर सकने की क्षमता विकसित करने में सहायक सिद्ध होता है।

अंतर्निहित मनोवैज्ञानिक सिद्धांत तथा विचार (Understanding Psychological Theory and Ideas)

बोध स्तर के शिक्षण को जिन मनोवैज्ञानिक सिद्धांतों तथा विचारों ने प्रभावित किया है उनमें से उल्लेखनीय निम्न है–

1. **हरबर्ट का संचित ज्ञान संबंधी सिद्धांत तथा पंच पदीय शिक्षण-अधिगम** (Herbaration Theory of Apperceptive Mass and Five Steps of Teaching-Learning)—हरबर्ट के संचित ज्ञान संबंधी अधिगम धारणा के अनुकूल ही बोध स्तर के शिक्षण में नवीन ज्ञान को पुराने ज्ञान से जोड़कर इस प्रकार प्रदान करने की चेष्टा की जाती है कि विद्यार्थियों को क्रमबद्ध ढंग से ज्ञान संचय में आसानी रहे। हरबर्ट ने ज्ञान के साथ–साथ उसका पूरा–पूरा बोध कराने हेतु शिक्षण–अधिगम प्रक्रिया को पाँच पदों में विभाजित करने की कोशिश की। अपने पहले पद तैयारी (Preparation) में उसने विद्यार्थियों के पूर्व ज्ञान की जाँच करने और नवीन ज्ञान को ग्रहण करने की आवश्यकता अनुभव करने पर जोर दिया। दूसरे पद प्रस्तुतीकरण (Presentation) में पूर्व ज्ञान से संबंध स्थापित करते हुए नवीन ज्ञान को एक सुव्यवस्थित एवं क्रमबद्ध रूप में प्रस्तुत करने की बात की। तीसरे और चौथे पदों, तुलना तथा सामान्यीकरण (Comparison and generalization) में प्रस्तुत विषय सामग्री में समान तथ्यों की खोज करने तथा उनको नियम एवं सिद्धांतों

के रूप में सामान्यीकृत कराने की चेष्टा की तथा अंतिम पद प्रयोग (Application) में सामान्यीकृत तथ्यों तथा नियमों का नवीन तथ्यों को ग्रहण करने तथा व्यावहारिक जीवन में प्रयोग करने की बात उठाई।

बोध स्तर के शिक्षण में हरबर्ट की इसी पंच पदीय शिक्षण प्रणाली के अनुरूप आचरण किया जाता है। यहाँ विद्यार्थियों को तथ्यों का पूरा बोध कराकर इस प्रकार ज्ञान अर्जित कराने की चेष्टा की जाती है कि वे प्रस्तुत तथ्यों को भलीभाँति समझ सकें। उनमें निहित समानताओं तथा अंतर को पहचान सकें। विशिष्ट तथ्यों से सामान्यीकृत नियमों एवं सिद्धांतों की ओर चल सकें तथा इन नियमों एवं सिद्धांतों से नवीन ज्ञान ग्रहण करने तथा व्यावहारिक जीवन में उपयोग करने की क्षमता उनमें विकसित हो सके।

2. **गेस्टाल्टवादी सूझ-बूझ सिद्धांत** (Theory of Insight or Gestalt Field Theory) – गेस्टाल्टवादी अंतःदृष्टि या सूझबूझ के सिद्धांत का अनुसरण करते हुए बोध स्तर के शिक्षण में इस बात पर जोर दिया जाता है कि विद्यार्थी

   (i) प्रस्तुत तथ्यों एवं विषय सामग्री का समग्र रूप से अध्ययन या अवलोकन करें।

   (ii) वे पता लगाएँ कि इन तथ्यों में कितनी समानता तथा असमानताएँ हैं तथा पहले प्राप्त ज्ञान से ये किस प्रकार भिन्न हैं अथवा किस रूप में संबंधित हैं।

   (iii) इस प्रकार की छानबीन द्वारा प्रस्तुत तथ्यों के बारे में कोई सामान्यीकृत सूझबूझ उनमें विकसित की जाए ताकि उसका उपयोग भविष्य में ज्ञानार्जन तथा समस्याओं के हल हेतु किया जा सके।

उद्देश्य (Objectives)—बोध स्तर के शिक्षण द्वारा निम्न उद्देश्यों की प्राप्ति की अपेक्षा की जाती है।

(i) **ज्ञानात्मक उद्देश्य (Knowledge Objectives)**—विषय संबंधी तथ्यों एवं सूचनाओं के बारे में ज्ञानार्जन।

(ii) **बोधात्मक उद्देश्य (Understanding Objectives)**—ज्ञानार्जन के साथ बोधात्मक उद्देश्यों की निम्न रूप में प्राप्ति–

- अर्जित तथ्यों के मध्य संबंध देखना।
- अर्जित तथ्यों का अर्थ जानना।
- अर्जित तथ्यों के बीच समानता एवं असमानता की पहचान कर सकना।
- विशेष तथ्यों से सामान्यीकृत विचार तथा नियम स्थापित करना।
- सामान्यीकृत तथ्य, नियम और सिद्धांतों का नवीन ज्ञान प्राप्ति तथा व्यावहारिक जीवन की समस्याओं को हल करने में प्रयोग करना।

विषयवस्तु की प्रकृति और उसका प्रस्तुतीकरण (Nature of the Subject Matter and its Presentation)—बोध स्तर के शिक्षण में प्रयुक्त विषय सामग्री इस तरह से संरचित (Structured) एवं पूर्व नियोजित (Pre-planned) होती है कि उसके प्रस्तुतीकरण के माध्यम से सुव्यवस्थित, क्रमबद्ध एवं प्रयोजनयुक्त अर्थपूर्ण ज्ञान की प्राप्ति भलीभाँति हो सके। जो कुछ इस समय पढ़ा–पढ़ाया जाए उसे पूर्व अनुभवों तथा ज्ञान से पूरी तरह जोड़कर प्रस्तुत किया जाना चाहिए तथा साथ में यह भी ध्यान रखना चाहिए कि इसके द्वारा आगे ज्ञान प्राप्ति का आधार बन सके तथा इससे व्यावहारिक जीवन की समस्याओं को सुलझाने में मदद मिल सके।

अध्यापक की भूमिका (The Role of the Teacher)—स्मृति स्तर के शिक्षण की तरह इस स्तर पर भी अध्यापक की भूमिका काफी सशक्त और अधिनायकवादी होती है। शिक्षण के लिए जो कुछ भी सोचा तथा किया जाता है सब कुछ अध्यापक के ही हाथों में होता है। स्मृति स्तर पर तो केवल तथ्यों और सूचनाओं को मात्र इस

तरह विद्यार्थियों तक पहुँचाना होता है कि इन्हें रटकर ज्ञानार्जन कर सकें, परंतु इस स्तर पर अध्यापक को कुछ अतिरिक्त परिश्रम करना पड़ता है। उसे ज्ञान के साथ–साथ उसका पूर्ण बोध कराना भी आवश्यक होता है। अर्जित ज्ञान को पूरी तरह समझने, उससे संबंधित सामान्यीकृत सूझबूझ विकसित करने तथा उसका आगे उचित उपयोग करने की क्षमता विकसित करने का पूरा उत्तरदायित्व अध्यापक के कंधों पर होता है। अतः इस स्तर के शिक्षण में अध्यापक को काफी सक्रिय तथा सजग रह कर विद्यार्थियों के साथ अधिक परिश्रम करना पड़ता है।

विद्यार्थी की भूमिका (The Role of the Learner)—इस तरह के शिक्षण में विद्यार्थी की भूमिका स्मृति स्तर की तरह निष्क्रिय और महत्त्वहीन नहीं हो सकती। मात्र रटकर ज्ञान प्राप्त करना ही यहाँ उद्देश्य नहीं होता बल्कि उसे पूरी तरह समझकर आत्मसात करना होता है। अतः विद्यार्थी को भी यहाँ सजग और क्रियाशील रहने की आवश्यकता होती है। पढ़ाई जा रही बातों में से अगर कोई बात समझ नहीं आती तो उसे अधिक स्पष्ट करने की माँग विद्यार्थियों द्वारा की जा सकती है। विशिष्ट तथ्यों में निहित सामान्यीकरण तक पहुँचने और सामान्यीकृत सूझबूझ का आगे उपयोग करने की दिशा में भी विद्यार्थियों द्वारा उचित भागीदारी निभाई जा सकती है, परंतु जो कुछ भी भागीदारी उनके द्वारा शिक्षण–अधिगम प्रक्रिया में निभाई जाती है उसका नियंत्रण अध्यापक के ही हाथों में होता है। अपने आप आगे बढ़कर ज्ञान प्राप्त करना तथा स्वतंत्र रूप से आलोचना या वाद–विवाद करने जैसी बातें यहाँ नहीं उठती।

अभिप्रेरणा की प्रकृति (Nature of Motivation)—बोध स्तर का शिक्षण यद्यपि पूरी तरह से प्रयोजनपूर्ण होता है और विद्यार्थी जो कुछ भी ज्ञान प्राप्त करते हैं उसके बारे में उचित सूझबूझ विकसित करने तथा उसको आगे उपयोग में लाने की बात भी यहाँ ठीक प्रकार निभाई जाती है परंतु अभिप्रेरणा का स्रोत स्मृति स्तर के शिक्षण की तरह यहाँ भी बाह्य होता है, आंतरिक नहीं।

प्रयुक्त विधियाँ (The Methods Employed)—बोध स्तर के शिक्षण के लिए जो विधियाँ तथा तकनीक काम में लाई जाती हैं उसका चयन इस आधार पर किया जाता है कि वे ज्ञानात्मक उद्देश्यों की पूर्ति के साथ–साथ बोधात्मक उद्देश्यों की प्राप्ति में भी पूरी–पूरी सहायता कर सकें। शिक्षक और विषय केंद्रित होते हुए भी उनसे विद्यार्थियों में अर्जित ज्ञान को अच्छी तरह समझने और उसका परिस्थिति अनुसार उपयोग करने की योग्यता भी विकसित हो जाए। इस दृष्टि से व्याख्यान विधि को प्रदर्शन विधि से समन्वित कर तथा वर्णन विधि को प्रश्नोत्तर विधि से जोड़कर प्रयोग में लाना यहाँ श्रेष्ठ रहता है। इसी तरह आगमन–निगमन विधि (Inductive-deductive method), विश्लेषण–संश्लेषण विधि (Analytic-synthetic method) आदि का इनके संयुक्त रूपों में प्रयोग करना इस स्तर के शिक्षण के लिए उपयुक्त रहता है।

मूल्यांकन पद्धतियाँ (Testing Devices Used)—इस स्तर के शिक्षण का मूल्यांकन स्मृति स्तर के शिक्षण से अधिक व्यापक और विस्तृत होता है। स्मृति स्तर में तो स्मृति अर्जित ज्ञान की ही प्रत्यास्मरण तथा अभिज्ञान (Recall and recognition) प्रकार के प्रश्नों के द्वारा जाँच की जाती है, परंतु यहाँ साथ में बोधात्मक उद्देश्यों की प्राप्ति की जाँच करना भी आवश्यक होता है। छात्र तथ्यों में निहित समानता और अंतर को कितना समझते हैं, विशेष तथ्यों से किस प्रकार सामान्यीकृत निष्कर्ष निकालने की क्षमता रखते हैं, सामान्यीकृत नियमों तथा सिद्धांतों के बारे में उनको कितनी समझ है, उनका किस तरह के बौद्धिक तथा क्रियात्मक ढंग से उपयोग करने की उनमें क्षमता है आदि–आदि बातों का मूल्यांकन करने के लिए यहाँ मौखिक, लिखित तथा क्रियात्मक सभी प्रकार की परीक्षाओं की आवश्यकता पड़ती है। ज्ञान और बोधात्मक दोनों प्रकार के उद्देश्यों की प्राप्ति का मूल्यांकन करने हेतु यहाँ वैसे तो निबंधात्मक, लघु उत्तरात्मक तथा वस्तुनिष्ठ तीनों प्रकार के प्रश्नों का निर्माण किया जाता है परंतु फिर भी लघु उत्तरात्मक तथा वस्तुनिष्ठ इन दोनों को ही निबंधात्मक से अधिक प्राथमिकता दी जाती है।

सीखने और प्रशिक्षण का स्थानांतरण (Transfer of Training or Learning)—बोध स्तर का शिक्षण तथ्यों एवं सिद्धांतों का कोरा ज्ञान कराने की अपेक्षा उनमें निहित संबंधों तथा सामान्यीकृत सूझबूझ पर अधिक जोर देता है और यहाँ विद्यार्थी सूत्र, नियम तथा सिद्धांतों का नवीन ज्ञान प्राप्ति तथा जीवनोपयोगी समस्याओं के हल करने में उपयोग करने से परिचित होते हैं। अतः इस तरह के शिक्षण द्वारा प्राप्त ज्ञान, समझ तथा कौशलों की अन्य परिस्थितियों में प्रयोग कर सकने की संभावना काफी बढ़ जाती है।

बोध स्तर पर शिक्षण के गुण-दोष (Merits and Demerits of Understanding Level Teaching)

गुण (Merits)—बोध स्तर के शिक्षण को निम्न गुणों के आधार पर अच्छा कहा जाता है—

1. बोध स्तर के शिक्षण द्वारा प्राप्त ज्ञान अधिक प्रभावपूर्ण एवं स्थायी होता है। यहाँ तथ्यों को मात्र रटकर नहीं बल्कि भलीभाँति समझबूझ कर ग्रहण करने पर बल दिया जाता है, अतः उन्हें अधिक समय तक याद रखना और आवश्यकतानुसार पुनः प्रस्तुत करने में अधिक सफलता मिलती है।
2. यहाँ अलग–अलग विशेष तथ्यों संबंधी ज्ञान को ग्रहण करने की अपेक्षा उसके सामान्यीकृत रूप को ग्रहण करने पर जोर दिया जाता है। इस प्रकार के सामान्यीकृत निष्कर्ष, नियम तथा सिद्धांत विद्यार्थियों के लिए एक बहुत ही उपयोगी साधन के रूप में काम आते हैं जिन्हें वह नवीन तथ्यों तथा सिद्धांतों को ग्रहण करने, नवीन सूझबूझ विकसित करने तथा विद्यालय और विद्यालय की बाहर की समस्याओं के निराकरण में काम में ला सकता है।
3. बोध स्तर का शिक्षण विद्यार्थियों को इस बात के लिए उचित अवसर और प्रशिक्षण प्रदान करता है कि वे सीखने के कार्य में अपनी बुद्धि और विचार प्रक्रिया का समुचित प्रयोग करें। तथ्यों को भलीभाँति समझने, उनमें निहित समानता और असमानताओं को पहचानने, सामान्यीकरण करने, सामान्यीकृत तथ्यों एवं सिद्धांतों का उपयोग करने आदि विभिन्न क्रियाओं द्वारा इस स्तर का शिक्षण विद्यार्थियों को मानसिक शक्तियों का उपयोग करने एवं विकसित करने के पर्याप्त अवसर प्रदान करता है।
4. बोध स्तर के शिक्षण द्वारा अर्जित सामान्यीकृत सूझबूझ (Generalized insight) विद्यार्थियों को समय पर काम आने वाले सामान्य तथ्य, नियम तथा सिद्धांतों के रूप में ऐसे मानसिक साधनों से युक्त कर देता है कि जिसकी सहायता से उन्हें चिंतन स्तर के शिक्षण के दौरान आवश्यक चिंतन–मनन तथा समस्या समाधान कार्यों में बहुत सुविधा हो जाती है।
5. इस स्तर के शिक्षण में पाठ्यवस्तु, पाठ्यक्रम, शिक्षण–अधिगम व्यवस्था तथा अन्य सभी बातें पूरी तरह से नियोजित, क्रमबद्ध एवं सुव्यवस्थित रहती हैं जिससे विद्यार्थियों की शिक्षण प्रक्रिया को औपचारिक रूप से संगठित एवं व्यवस्थित बनाए रखने में पूरी–पूरी सहायता मिलती है। जिस तरह की शैक्षणिक परिस्थितियाँ और साधन हमारे देश के विद्यालयों में उपलब्ध हैं उन्हें देखते हुए जो कुछ शैक्षणिक उद्देश्यों की प्राप्ति हेतु किया जाता है उसमें प्राप्त सफलता के संदर्भ में जितना उपयोगी बोध स्तर का शिक्षण सिद्ध हो सकता है उतना किसी अन्य स्तरों पर आयोजित शिक्षण नहीं।

दोष (Demerits)—बोध स्तर के शिक्षण की निम्न दोषों के कारण आलोचना की जाती है —

1. बोध स्तर का शिक्षण स्मृति स्तर के शिक्षण की भाँति ही अध्यापक प्रधान और विषय केंद्रित ही रहता है, विद्यार्थी तथा परिस्थिति केंद्रित नहीं। ज्ञान के साथ जो समय तथा सूझबूझ विकसित करने की बात यहाँ

कही जाती है वह अध्यापक द्वारा लाई गई ही समझ तथा सूझबूझ होती है, विद्यार्थियों द्वारा स्वयं इसके लिए नहीं के बराबर ही पहल तथा प्रयत्न किए जाते हैं। जैसा कि अध्यापक द्वारा अनुमान लगाया जाता है, विद्यार्थी उस गति से न तो तथ्यों को ही समझ पाते हैं और न उनमें उसके बारे में सामान्यीकृत सूझबूझ ही विकसित हो पाती है।

2. अभिप्रेरणा का स्रोत बाह्य होने के कारण विद्यार्थियों में कार्य के प्रति स्वाभाविक रुचि, जिज्ञासा, उत्साह तथा सच्ची लगन नहीं पाई जाती। वे यंत्रवत अध्यापकों के डर, प्रशंसा तथा अच्छे अंक मिलने या आगे की कक्षा में चढ़ने की चाह में पढ़ाई लिखाई में जुटे रहते हैं और इस तरह शिक्षण का वह वातावरण जो आंतरिक अभिप्रेरणा से प्राप्त हो सकता है उसका यहाँ अभाव ही नजर आता है।
3. इस स्तर के शिक्षण में अध्यापक का स्थान प्रधान तथा विद्यार्थी का गौण होता है। शिक्षण की सभी क्रियाओं की बागडोर अध्यापक के हाथों में होती है तथा विद्यार्थियों को खुलकर अपने विचार व्यक्त करने, स्वयं पहल करके कुछ सीखने, समझने तथा प्रयोग आदि करने के समुचित अवसर भी यहाँ उपलब्ध नहीं होते। इस तरह यहाँ उस प्रकार का शैक्षणिक वातावरण नहीं बन पाता जैसा कि बालकों को स्वतंत्र रूप से चिंतन–मनन करने, आवश्यकतानुसार क्रियाशील होने तथा उनकी समीक्षात्मक, रचनात्मक, सृजनात्मक तथा अनुसंधानात्मक शक्तियों एवं समस्या समाधान योग्यता को विकसित करने के लिए उन्हें मिलना चाहिए।

निष्कर्ष (Conclusion)—बोध स्तर के शिक्षण में इस तरह गुण और दोष दोनों ही देखने को मिलते हैं। स्मृति स्तर के शिक्षण की तुलना में यह अधिक विचार युक्त होता है तथा इसके आयोजन के लिए कुछ अधिक ऊँचे मानसिक धरातल की आवश्यकता होती है। मात्र तथ्यों को रटने से यहाँ काम नहीं चलता। उन्हें भलीभाँति समझकर ही अपने ज्ञान का अंग बनाना होता है। दूसरे इन तथ्यों के बारे में जो सामान्यीकृत सूझबूझ विद्यार्थियों के अंदर यहाँ विकसित होती है वह उन्हें नवीन ज्ञान को ग्रहण करने तथा विद्यालय और विद्यालय के बाहर की समस्याओं को सुलझाने के काम में मदद कर सकती है। अतः जहाँ तक सीमित साधनों में अधिक–से–अधिक उपयोगी एवं सार्थक ज्ञान प्राप्ति का प्रश्न है बोध स्तर का शिक्षण–अधिगम अन्य स्तरों के शिक्षण की तुलना में हमारे देश की परिस्थितियों में सबसे अधिक उपयुक्त सिद्ध हो सकता है। कमी रहती है तो विशेषकर इस बात की कि इस स्तर के शिक्षण द्वारा विद्यार्थियों को उस मानसिक स्तर तक पहुंचाना कठिन होता है जिसकी सहायता से वे स्वतंत्र रूप से चिंतन–मनन कर सकें, उनमें समीक्षात्मक दृष्टिकोण पैदा हो सके तथा अन्वेषणशीलता, सृजनात्मकता तथा अपने प्रयत्नों से समस्याओं के हल ढूँढ़ने की क्षमता विकसित हो सके। इसके लिए जिस प्रकार की शिक्षण सामग्री तथा विधियों आदि का प्रयोग होना चाहिये उनका बोध स्तर के शिक्षण में अभाव ही रहता है। इसके लिए शिक्षण प्रक्रिया को कुछ अधिक ऊँचे स्तर पर आयोजित करने की आवश्यकता होती है जिसकी चर्चा हम आगे करने जा रहे हैं।

चिंतन स्तर का शिक्षण (Teaching at the Reflective Level)

चिंतन स्तर का शिक्षण, शिक्षण के उच्चतम स्तर का प्रतिनिधित्व करता है। यह स्मृति तथा बोध स्तरों की तुलना में सबसे अधिक विचारयुक्त माना जाता है और यहाँ शिक्षण संबंधी सभी आयोजन तथा क्रियाएँ उन्नत मानसिक धरातल पर संपन्न की जाती हैं। विद्यार्थियों की मानसिक शक्तियों तथा बौद्धिकता को अपने शिखर तक पहुंचाने का कार्य इसी स्तर के शिक्षण द्वारा भलीभाँति किया जा सकता है। आगे के पृष्ठों में इस स्तर के शिक्षण के बारे में विस्तार से जानने का प्रयत्न करेंगे।

अर्थ एवं परिभाषा (Meaning and Definition)—किसी भी प्रकार के तथ्य एवं ज्ञान सामग्री को पढ़ने, सुनने, देखने तथा उसे भलीभाँति समझने के पश्चात ही उस पर पुनर्विचार करने तथा उसके बारे में चिंतन तथा मनन करने की बात सामने आती है। यही बात चिंतन स्तर के शिक्षण के बारे में है। स्मृति तथा बोध स्तर के शिक्षण से जब छात्र तथ्यों को इस प्रकार ग्रहण कर लेते हैं कि उनमें उनके बारे में आवश्यक समझ तथा सूझबूझ विकसित हो जाए तब आगे का शिक्षण मार्ग चिंतन अथवा मनन स्तर (Reflective level) के शिक्षण द्वारा तय किया जाता है। यहाँ नाम के अनुरूप ही विद्यार्थी अर्जित ज्ञान का बहुत ही गहराई से पुनः निरीक्षण तथा अध्ययन करने का प्रयत्न करते हैं। उसके प्रत्येक पहलू के बारे में गहराई से चिंतन, मनन तथा मंथन चलता है जिससे उसके बारे में कोई नवीन तथ्य उभर कर सामने आए, कोई नई सूझबूझ तथा सामान्यीकृत निष्कर्ष निकाले जा सकें, नियम तथा सिद्धांतों में ऐसे परिवर्तन किए जा सकें कि नवीन तथ्यों को ग्रहण करने तथा विभिन्न समस्याओं के नए समाधान के नए रास्ते सामने आ सकें आदि–आदि। चिंतन स्तर के शिक्षण के इसी स्वरूप को ध्यान में रखते हुए मौरिस एल० बिग्गी ने चिंतन स्तर के शिक्षण को ऐसे शिक्षण की संज्ञा दी है जिसके अंतर्गत ***"किसी विचार और ज्ञान के अंश की योग्य साक्ष्यों के तहत (जिनके द्वारा उसका अनुमोदन किया जाता है और आगे के निष्कर्ष निकालने में भी मदद ली जाती है) सावधानीपूर्वक समीक्षात्मक ढंग से जाँच या परीक्षा ली जाती है।"***

"Careful critical examination of an idea or supposed article of knowledge in the light of the testable evidence which supports it and the further conclusions towards which it points."—Biggie Morris, L., 1967, p. 324.

इस परिभाषा के विश्लेषण से चिंतन स्तर के शिक्षण की प्रकृति और उसकी विशेषताओं के बारे में निम्न निष्कर्ष निकाले जा सकते हैं–

– चिंतन स्तर का शिक्षण विद्यार्थियों को पूर्व अर्जित तथ्यों, विचारों, सूझबूझ तथा सामान्यीकृत निष्कर्षों को पुनः एक बार गहराई से निरीक्षण और समीक्षा करने के अवसर देना चाहता है।

– इस प्रकार के गहरे अध्ययन, चिंतन तथा मनन के लिए विश्वसनीय तथा कभी भी जाँची परखी जा सकने वाली नए या पुराने साक्ष्यों (Testable evidences) की सहायता ली जा सकती है।

– गहरे अध्ययन, चिंतन तथा मनन के उपरांत पूर्व अर्जित ज्ञान, तथ्य और सामान्यीकृत निष्कर्षों, विचारों तथा सिद्धांतों में अपेक्षित परिवर्तन लाए जा सकते हैं, नई सूझबूझ विकसित की जा सकती है, नए सिद्धांतों की रचना की जा सकती है ताकि नवीन तथ्यों को ग्रहण करने, खोजने तथा समस्याओं का नए ढंग से समाधान ढूँढ़ने में सहायता मिल सके।

चिंतन स्तर के शिक्षण की उपरोक्त प्रकृति एवं विशेषताओं से परिचित हो जाने के बाद यह अच्छी तरह स्पष्ट हो सकता है कि इस स्तर के शिक्षण का आयोजन और संचालन काफी ऊँचे बौद्धिक धरातल पर किया जाना चाहिए जिसमें विद्यार्थियों की मानसिक योग्यताओं के उपयोग तथा विकास के अधिक से अधिक अवसर प्राप्त हो सकें। इस प्रकार के अवसर ऐसी शिक्षण–अधिगम परिस्थितियों में ही संभव हैं जहाँ शिक्षण को इस प्रकार समस्या केंद्रित बनाने का प्रयत्न किया जाए कि विद्यार्थी किसी बात को जानने, समझने तथा किसी समस्या विशेष को सुलझाने के लिए बेचैन दिखाई दें तथा फिर उन्हें ऐसा स्वस्थ एवं मुक्त शिक्षण–अधिगम वातावरण प्रदान किया जाए कि वे स्वयं अपने प्रयत्नों से जो कुछ जानते हैं उस पर गहराई से चिंतन मनन करते हुए प्रस्तुत समस्या का हल ढूँढ़ने में सफल हो सकें। इस तरह चिंतन स्तर का शिक्षण अपने वास्तविक रूप में शिक्षण–अधिगम के प्रति अपनाए गए आलोचनात्मक, समस्यात्मक तथा अनुसंधानात्मक दृष्टिकोण का ही प्रतिनिधित्व करता है।

अंतर्निहित मनोवैज्ञानिक सिद्धांत एवं विचार (Underlying Psychological Theory and Ideas)—चिंतन स्तर का शिक्षण जिन मनोवैज्ञानिक सिद्धांतों तथा विचारों से अनुप्रेरित है उनमें कर्ट लेविन (Kurt Lewin) का

अधिगम संबंधी ज्ञानात्मक क्षेत्र सिद्धांत (Cognitive field theory of learning) अधिक उल्लेखनीय है। लक्ष्य अंतःदृष्टि सिद्धांत (Goal insight theory) के नाम से भी जाना जाने वाला यह सिद्धांत तथ्यों के बिना सोचे समझे रटने की प्रवृत्ति के बिल्कुल विरुद्ध है। इसके स्थान पर यह सिद्धांत सीखने को एक बुद्धिमतापूर्ण कार्य समझता है जिसकी सफलता के लिए विकसित मानसिक शक्तियों की आवश्यकता होती है। इस सिद्धांत के अनुसार सीखना एक प्रयोजनपूर्ण लक्ष्य निर्देशित क्रिया है जिसका उद्देश्य विद्यार्थियों में ऐसी सूझबूझ या अंतःदृष्टि विकसित करना है जिसके माध्यम से उनमें समस्याओं के हल के लिए उपयुक्त समस्या समाधान योग्यता का विकास हो सके। चिंतन स्तर का शिक्षण लेविन के इसी सिद्धांत से अनुप्रेरित होकर बुद्धि कौशल का प्रयोग कर पूर्व ज्ञान, तथ्यों तथा सामान्यीकृत नियमों का गहराई से चिंतन एवं मनन करने पर जोर देता है ताकि उनके बारे में नई अंतःदृष्टि तथा सामान्यीकृत विचारों को जन्म मिल सके तथा विद्यार्थियों को नवीन तथ्यों एवं नियमों की खोज करने तथा समस्याओं का समाधान करने की योग्यता को विकसित करने के पूरे–पूरे अवसर मिल सकें।

उद्देश्य (Objectives)—चिंतन स्तर का शिक्षण निम्न उद्देश्यों की पूर्ति में सहायक सिद्ध हो सकता है—

(i) जो कुछ भी तथ्य और सामान्यीकृत सूझबूझ के रूप में पहले सीखा हुआ है उसे गहन अध्ययन, चिंतन तथा मनन के लिए प्रयुक्त कर सकना।

(ii) गहन चिंतन एवं मनन के द्वारा पूर्व अर्जित तथ्यों एवं सामान्यीकृत सूझबूझ में परिवर्तन लाना तथा नई सामान्यीकृत सूझबूझ (Generalized insight) अर्जित करना।

(iii) अपने प्रयत्नों से ज्ञान की खोज तथा समस्याओं का समाधान कर सकने की योग्यता विकसित करना।

विषयवस्तु की प्रकृति और उसका प्रस्तुतीकरण (Nature of the Subject Matter and its Presentation)—चिंतन स्तर के शिक्षण में प्रयुक्त विषयवस्तु स्मृति तथा बोध स्तर की भाँति पूरी तरह से संरचित, पूर्व निर्धारित, नियोजित एवं व्यवस्थित नहीं होती। यह एक तरह से परिस्थिति केंद्रित होती है जिसकी संरचना और आयोजन किसी पूर्व बंधन में बँधा नहीं होता बल्कि जिस प्रकार की परिस्थिति और समस्या सामने आती है उसका उचित समाधान ढूँढ़ने हेतु ही विषयवस्तु का ताना बाना अपने आप बुनता चला जाता है। मुख्य रूप से चिंतन स्तर के शिक्षण की विषयवस्तु और उसका प्रस्तुतीकरण दो मुख्य पहलुओं पर केंद्रित होता है। पहला समस्यात्मक परिस्थिति उत्पन्न होना तथा समस्या से अवगत कराना (Problem raising) तथा दूसरा समस्या का समाधान ढूँढ़ना (Problem solving)।

समस्या से सामना होना या उससे अवगत कराना (Problem raising) मौरिस एल० बिग्गी के मतानुसार *"एक ऐसी प्रक्रिया है जो दृष्टिकोण, विचारों अथवा अंतःदृष्टियों में निहित अपर्याप्तताओं तथा विसंगतियों की खोज तथा पहचान से अपना संबंध रखती है।"* "A process of discovering and identifying inadequacies and disharmonies of outlooks or insights."—(Biggie Morris, L., 1967, p. 338)

औपचारिक तथा अनौपचारिक अधिगम परिस्थितियों के दौरान विद्यार्थियों का ऐसी और समस्यात्मक परिस्थितियों से सामना हो सकता है कि जहाँ उन्हें विचारों, सिद्धांतों, अंतदृष्टि या सामान्यीकृत सूझबूझ में विविध प्रकार की विसंगतियाँ, न्यूनताएँ तथा अपर्याप्तताएँ नजर आएँ और उनके मन में इन्हें लेकर तनाव की ऐसी परिस्थिति पैदा हो जाए कि वे उसका समाधान ढूँढ़ने के लिए तत्पर दिखाई दें। इस प्रकार की समस्यात्मक परिस्थितियाँ कई बार तो विद्यालय में संपन्न शिक्षण–अधिगम प्रक्रियाओं के दौरान यूँ ही स्वाभाविक तौर पर घटित हो जाती हैं तथा कई बार ऐसी परिस्थितियाँ उत्पन्न करने के लिए अध्यापक द्वारा उपयुक्त तानाबाना बुना जाता है। चिंतन स्तर के शिक्षण–अधिगम की शुरुआत करने वाली ऐसी समस्यात्मक परिस्थितियाँ कैसी हो सकती हैं। आइए इस संबंध में निम्न परिस्थितियों पर विचार किया जाए—

1. विद्यार्थी देखते हैं कि पानी से भरी शीशे की ट्रे में कुछ वस्तुएँ डूबी हुई हैं तथा कुछ तैर रही हैं। ऐसा क्यों ?
2. उनके हैंड पंप के पानी से साबुन के कपड़े धोने में झाग नहीं आते जबकि पड़ोस के हैंड पंप से निकला पानी खूब झाग बनाता है। ऐसा क्यों होता है ?
3. चमगादड़ को पशु भी कहा जा सकता है और पक्षी भी। ऐसा कैसे संभव है ?

इस प्रकार की सभी परिस्थितियों में छात्रों को कुछ अनोखापन, विसंगतियाँ तथा समझ न आने वाली बातें देखने को मिलती हैं इसी को लेकर उनमें तनाव की स्थिति उत्पन्न हो जाती है। वे "क्यों और कैसे" इत्यादि प्रश्नों का उत्तर चाहते हैं तथा इस प्रकार समस्यात्मक परिस्थिति और समस्या से उनका सामना हो जाता है। वे अपनी इस समस्या का हल चाहते हैं परंतु या तो उन्हें इसका कोई समाधान नजर नहीं आता अथवा उनके समाधान के रूप में उनके सामने कई रास्ते होते हैं, कौन–सा रास्ता या हल ठीक है, इसके बारे में वे निर्णय नहीं ले पाते। जब विद्यार्थी अपने आपको इस प्रकार की परिस्थितियों के बीच घिरा हुआ महसूस करें तब समझ लेना चाहिए कि अब शिक्षण को चिंतन स्तर के आगे के सोपानों पर अग्रसर करने का ठीक अवसर आ पहुंचा है। अनुभव की गई समस्या के उचित हल के लिए अब समस्या समाधान संबंधी वैज्ञानिक प्रणाली तथा सोपानों का अनुसरण कराने के ऐसे प्रयत्न होने चाहिएं जिससे छात्रों में स्वयं अपने प्रयत्नों द्वारा समस्या हल करने की उचित क्षमता विकसित हो सके।

अध्यापक की भूमिका (The Role of the Teacher)—चिंतन स्तर के शिक्षण में अध्यापक की भूमिका अधिनायकवादी न होकर जनतंत्रात्मक (Democratic) होती है। उसका कार्य विद्यार्थियों को तथ्यों, सूचनाओं तथा सामान्यीकृत सूझबूझ संबंधी ज्ञान तथा समझ से लादना नहीं बल्कि इस प्रकार के ज्ञान तथा सूझबूझ को स्वयं अर्जित करने की उनमें क्षमता उत्पन्न करना है। इस कार्य के संपादन हेतु समस्यात्मक परिस्थितियाँ उत्पन्न कर समस्याओं के समाधान का रास्ता खोजने में विद्यार्थियों की उचित सहायता करना ही उसका मुख्य कार्य होता है। विद्यार्थियों की शंकाओं का समाधान करना, उनमें आलोचनात्मक तथा समीक्षात्मक दृष्टिकोण पैदा करना, वाद विवाद तथा अंतःप्रक्रिया को सही रूप में आगे बढ़ाते रहना, विद्यार्थियों को नवीन ज्ञान की खोज, नवीन सूझबूझ के अर्जन तथा अनुभव की गई समस्याओं का हल ढूँढ़ने में सहायता करना इतना सरल कार्य नहीं। इस कार्य हेतु अध्यापक को स्वयं भी काफी चिंतक और मननशील बनना पड़ता है तथा विद्यार्थियों का बड़ी ही सावधानी से इस प्रकार मार्गदर्शन करना पड़ता है कि वे चिंतन स्तर के शिक्षण पर ठीक प्रकार आगे बढ़ सकें। इस प्रकार इस स्तर का शिक्षण अन्य दोनों स्तरों की तुलना में अध्यापक से उसके कर्त्तव्य के निर्वाह के संदर्भ में काफी अधिक अपेक्षाएँ रखता है।

विद्यार्थी की भूमिका (The Role of the Learner)—इस शिक्षण स्तर का विद्यार्थी केंद्रित होने की वजह से यहाँ विद्यार्थी को शिक्षण–अधिगम प्रक्रिया के हर एक स्तर पर काफी सक्रिय और सजग भूमिका निभानी होती है। उन्हें स्वतंत्र रूप से चिंतन–मनन तथा अपने प्रयत्नों से स्वयं ज्ञान अर्जित करने, नई सूझबूझ द्वारा समस्याओं के निराकरण में पूरी तल्लीनता से कार्य करते रहने का उत्तरदायित्व निभाना होता है। इस तरह से इस स्तर के शिक्षण में विद्यार्थी की भूमिका सभी दृष्टि से काफी उत्तरदायी और प्रधान होती है।

अभिप्रेरणा की प्रकृति (Nature of Motivation)—चिंतन स्तर के शिक्षण में अभिप्रेरणा का स्रोत स्मृति और बोध स्तरों की तरह बाह्य न होकर आंतरिक होता है। इस प्रकार के शिक्षण की शुरुआत ही इस प्रकार की समस्यात्मक परिस्थिति से होती है जबकि विद्यार्थी किसी बात को जानने तथा समझने के लिए विशेष रूप से उत्सुक दिखाई दें या उनके सामने कोई ऐसी समस्या आ खड़ी हो जिसका समाधान करने के लिए वे बेचैन नजर आएँ। स्पष्ट है कि इस प्रकार की स्थिति से निपटने के लिए उनमें शिक्षण प्रक्रिया में जुट जाने से संबंधित

आवश्यक रुचि और इच्छा अवश्य ही जागृत होगी और वे तब तक उसमें लगे रहना चाहेंगे, जब तक आवश्यक जानकारी तथा अपनी समस्या का समाधान उनके द्वारा नहीं खोज लिया जाए। इस प्रकार की आंतरिक अभिप्रेरणा चिंतन स्तर के शिक्षण के लिए एक ऐसे उपयुक्त वातावरण का निर्माण करने में मदद करती है जो अधिक सजीव, सक्रिय, प्रेरणादायक, जनतंत्रात्मक तथा संवेदनशील हो तथा जिसके द्वारा विद्यार्थियों को स्वतंत्र रूप से मौलिक चिंतन करने, विचारों तथा समस्याओं का गहराई से मनन करने तथा समस्याओं को स्वयं के प्रयत्नों द्वारा हल करने में सहायता मिल सके।

प्रयुक्त विधियाँ (Methods Employed)—चिंतन स्तर के शिक्षण के लिए प्रयुक्त विधियाँ एवं तकनीक अध्यापक नियंत्रित तथा विषय केंद्रित न होकर विद्यार्थी केंद्रित होती हैं। यहाँ तथ्यों, सूचनाओं तथा सामान्यीकृत सूझबूझ को अध्यापक द्वारा छात्रों पर उड़ेला नहीं जाता बल्कि उन्हें स्वयं इनकी तह में जाने, तथ्यों का अपनी तरह से पता लगाने, नई सूझबूझ विकसित करने तथा समस्याओं का हल ढूँढ़ने के कार्य में लगाया जाता है। अतः यहाँ इस प्रकार की विधियाँ और तकनीक अपनाई जाती हैं कि जो विचारशक्ति, कल्पनाशक्ति, तर्कशक्ति, निरीक्षण तथा सामान्यीकरण योग्यता आदि के विकास द्वारा उपयुक्त चिंतन–मनन में सहायक हों, ज्ञान को स्वयं खोजने में सहायता करें, समस्या समाधान का मार्ग सुझाएँ, आलोचनात्मक दृष्टिकोण बनाए रखने, वाद–विवाद के अवसर प्रदान करने तथा कक्षा में अधिक से अधिक अंतःप्रक्रिया को बढ़ावा देने में सहायता करें आदि–आदि। इस दृष्टि से चिंतन स्तर के शिक्षण के लिए विश्लेषण विधि (Analytic method), खोज विधि (Discovery method), समस्या समाधान विधि (Problem solving method), अधिन्यास विधि (Assignment method) तथा योजना विधि (Project method) आदि अधिक उपयोगी सिद्ध हो सकती हैं।

प्रयुक्त मूल्यांकन पद्धतियाँ (The Testing Devices Used)—मूल्यांकन तकनीक एवं पद्धतियाँ सदैव ही शिक्षण की प्रकृति तथा उससे संबंधित उद्देश्यों के अनुकूल ही अपनाई जाती हैं। इस दृष्टि से चिंतन स्तर के शिक्षण कार्य के मूल्यांकन हेतु ऐसी पद्धतियाँ एवं तकनीकों को अपनाना उचित रहता है जो किसी भी विषय, ज्ञान एवं बोध के मार्ग पर आगे बढ़ते हुए विशेष रूप से इस बात की जाँच करने में मदद करें कि छात्र (i) किस स्तर तक स्वतंत्र रूप से मौलिक चिंतन तथा मनन करने में समर्थ हैं। (ii) तथ्यों से सामान्यीकृत निष्कर्ष निकालने की उनमें कितनी क्षमता है। (iii) ज्ञान की स्वयं खोज करने में वे कितने समर्थ हैं। (iv) दी हुई समस्या के समाधान के संबंध में उनमें किस प्रकार की योग्यता है। (v) वे किस स्तर तक सृजनशील और विचारवान हैं आदि–आदि। इस दृष्टि से चिंतन स्तर के शिक्षण के मूल्यांकन के लिए वस्तुनिष्ठ तथा लघु–उत्तरात्मक परीक्षाएँ अधिक उपयोगी नहीं होती। यहाँ निबंधात्मक तथा खुले उत्तर वाले (Open end type) प्रश्नों का प्रयोग उचित रहता है तथा साथ में विद्यार्थियों द्वारा दिए जाने वाले उत्तरों के सही या गलत होने के साथ–साथ उनके स्तर तथा उत्तरों के लिए किए जाने वाले प्रयास दोनों का इस प्रकार के मूल्यांकन में समुचित ध्यान रखा जाता है।

चिंतन स्तर के शिक्षण के गुण-दोष
(Merits and Demerits of Reflective Level Teaching)

गुण (Merits)—चिंतन स्तर के शिक्षण को निम्न विशेषताओं के कारण अच्छा समझा जाता है–

1. इस स्तर का शिक्षण अध्यापक और विषय केंद्रित न होकर विद्यार्थी केंद्रित होता है। विद्यार्थी अपनी स्वयं की जिज्ञासा की पूर्ति तथा अनुभव की गई समस्याओं के निदान के लिए शिक्षण में तत्पर रहते हैं तथा उन्हें शिक्षण प्रक्रिया के मार्ग पर अपने ढंग से आगे बढ़कर निर्धारित लक्ष्य को प्राप्त करने की यहाँ पूरी स्वतंत्रता मिलती है।

2. शिक्षण की प्रक्रिया यहाँ स्मृति तथा बोध स्तरों की तुलना में अधिक विचारयुक्त तथा अधिक उन्नत मानसिक धरातल पर संपन्न की जाती है। परिणामस्वरूप विद्यार्थियों को मानसिक शक्तियों के प्रयोग एवं विकसित होने के अवसर जितने अधिक और अच्छी तरह से चिंतन स्तर के शिक्षण में प्राप्त होते हैं उतने किसी और स्तर पर आयोजित शिक्षण में नहीं।
3. मानव जीवन समस्याओं से भरा हुआ है और इसलिए इनसे भलीभाँति निपटने की योग्यता और क्षमता हममें विकसित होने की बात हमारे लिए सबसे अधिक महत्त्वपूर्ण बन जाती है। इस दृष्टि से चिंतन स्तर का शिक्षण हमारे लिए सबसे अधिक उपयोगी सिद्ध हो सकता है, क्योंकि इसमें विद्यार्थियों को समस्याओं से भलीभाँति अवगत होने, उनका सामना करने तथा उनका उचित समाधान ढूँढ़ने की योग्यता विकसित करने का उद्देश्य ठीक ढंग से पूरा किया जाता है।
4. चिंतन स्तर के शिक्षण द्वारा कक्षा का वातावरण सक्रिय, सजीव, प्रेरणादायक तथा जनतंत्रात्मक बनाने में काफी सहायता मिलती है। यहाँ विद्यार्थी खुलकर अपनी बात कर सकते हैं, प्रश्न पूछकर अपनी शंकाओं का समाधान कर सकते हैं, आपसी वाद–विवाद तथा विचार–विमर्श की उन्हें पूरी स्वतंत्रता रहती है तथा स्वयं आगे बढ़कर ज्ञान प्राप्त करने, ज्ञान की खोज करने, सृजन करने तथा समस्याओं का हल ढूँढ़ने आदि के लिए जितना उपयुक्त वातावरण इस स्तर के शिक्षण में प्राप्त हो सकता है उतना किसी अन्य स्तर के शिक्षण में नहीं।
5. चिंतन स्तर के शिक्षण में स्मृति तथा बोध स्तर का शिक्षण–अधिगम स्वाभाविक रूप से शामिल हो जाता है, क्योंकि तथ्यों के ज्ञान तथा बोध के अभाव में उनका चिंतन तथा मनन हो ही नहीं सकता। अतः शिक्षण को चिंतन स्तर पर आयोजित करने से ज्ञानात्मक तथा बोधात्मक उद्देश्यों की पूर्ति के साथ–साथ तथ्यों एवं सिद्धांतों का गहराई से चिंतन मनन करने, अनुसंधानात्मक दृष्टिकोण विकसित होने तथा सृजनशीलता और समस्या समाधान योग्यता तथा कौशल के विकसित होने संबंधी जो आंतरिक लाभ इस स्तर के शिक्षण के द्वारा संभव हैं वह अन्य स्तरों पर आयोजित शिक्षण से प्राप्त नहीं हो सकते।
6. आज की तेजी से प्रगति करती हुई दुनिया की आवश्यकताओं को पूरा करने के लिए जिस प्रकार के शिक्षण की आवश्यकता है उसे चिंतन स्तर पर आयोजित करके ही पूरा किया जा सकता है। आज सभी तरह से सभी विषयों में ज्ञान का अथाह सागर लहरा रहा है। आए दिन इस ज्ञान भंडार में वृद्धि होती रहती है, परिवर्तन आते रहते हैं। विद्यार्थियों द्वारा जितना भी ज्ञान इकट्ठा कर लिया जाए उतना थोड़ा ही है। अतः विद्यार्थियों को पहले से ज्ञात ज्ञान से परिचित कराना उतना महत्त्वपूर्ण नहीं जितना कि उन्हें ज्ञान प्राप्त करने के ढंग से परिचित कराना। अतः तथ्यों की तह में जाने तथा उनकी स्वयं खोज करने की बात उन्हें सिखाई जानी चाहिए, समस्याओं के हल को रटाने या उससे परिचित कराने के स्थान पर उन्हें यह सिखाया जाना चाहिए कि समस्यात्मक स्थिति में किस प्रकार का व्यवहार करना चाहिए, समस्या का सही विश्लेषण कर उसके समाधान के लिए क्या कदम उठाए जाने चाहिए आदि–आदि। इस प्रकार ऐसी क्षमताओं से युक्त सुयोग्य नागरिकों का निर्माण जो बदलते हुए प्रगतिशील युग के अनुरूप सिद्ध हो सके, केवल चिंतन स्तर के शिक्षण द्वारा ही संभव है।
7. चिंतन स्तर के शिक्षण द्वारा सीखे हुए तथ्यों, नियमों तथा कौशल आदि का नए तथ्यों को अर्जित करने, नई सूझबूझ को ग्रहण करने तथा सामने आई विद्यालय और विद्यालय के बाहर की समस्याओं को सुलझाने के रूप में जितनी अच्छी तरह से स्थानान्तरण (Transfer) करने की कुशलता विद्यार्थियों में विकसित की जा सकती है उतनी किसी और स्तर के शिक्षण में नहीं।

8. चिंतन स्तर का शिक्षण सभी विषयों तथा प्रकरणों के शिक्षण–अधिगम के लिए प्रयुक्त किया जा सकता है। इसके अतिरिक्त नियोजन तथा आयोजन की दृष्टि से भी यह काफी अधिक लचीला और गतिशील साबित होता है। यहाँ विषयवस्तु विधियों तथा शिक्षण–अधिगम परिस्थितियों के संदर्भ में शिक्षक और विद्यार्थी दोनों को ही पूरी स्वतंत्रता से कार्य करने का अवसर मिलता है। अतः यहाँ मौलिक चिंतन, मनन, सृजन, अनुसंधान और स्वयं अपने प्रश्नों द्वारा आगे बढ़कर समस्या का हल ढूँढ़ने का कार्य दूसरे स्तरों के शिक्षण की तुलना में अच्छी तरह संपन्न हो सकता है।

दोष (Demerits)—चिंतन स्तर के शिक्षण की निम्न दोषों तथा कमियों की वजह से आलोचना की जाती है–

1. चिंतन स्तर के शिक्षण के लिए विकसित मानसिक शक्तियों, बौद्धिक योग्यताओं तथा उच्च स्तर की विचार प्रक्रिया की आवश्यकता होती है। अतः यह उन विद्यार्थियों के लिए ही उपयुक्त हैं जिनमें इस तरह की मानसिक क्षमताओं का विकास हो चुका होता है। छोटी कक्षाओं तथा छोटी आयु के विद्यार्थियों के लिए इस स्तर का शिक्षण अधिक उपयुक्त सिद्ध नहीं होता।
2. चिंतन स्तर की शिक्षण सामग्री तथा परिस्थितियों का स्वरूप काफी लचीला होता है। पूर्व नियोजित, व्यवस्थित एवं क्रमबद्ध शिक्षण–अधिगम सामग्री के अभाव में विद्यार्थी विषय विशेष का व्यवस्थित एवं क्रमबद्ध ज्ञान नहीं ग्रहण कर पाते।
3. चिंतन स्तर के शिक्षण में विद्यार्थियों को जो स्वतंत्र एवं खुला वातावरण आगे बढ़कर ज्ञान प्राप्त करने के लिए मिलता है उसका विद्यार्थियों द्वारा दुरुपयोग करने की संभावना भी यहाँ बहुत बढ़ जाती है। ज्ञान की खोज करना तथा समस्याओं का हल ढूँढ़ना आसान नहीं। इसके लिए पर्याप्त अनुभव, परिपक्वता, धैर्य, लगन तथा परिश्रम की आवश्यकता होती है। प्रायः विद्यार्थी इस कसौटी पर खरे नहीं उतरते तथा उन्हें व्यर्थ के वाद–विवाद में फँसने, अनावश्यक छानबीन करने तथा समस्या समाधान के लिए गलत परिकल्पनाओं का निर्माण कर अपना समय बर्बाद करते हुए देखा जा सकता है।
4. यह दावा कि इस स्तर के शिक्षण द्वारा सभी विषयों तथा विषय सामग्री का शिक्षण संभव है, व्यवहार में खरा नहीं उतरता। सच बात यह है कि इस स्तर पर शिक्षण का आयोजन केवल उन्हीं विषयों तथा विषयवस्तु के लिए श्रेयस्कर सिद्ध होता है जिनके लिए आलोचनात्मक चिंतन, गहन अध्ययन एवं मनन, समस्या समाधान तथा खोज विधि का ठीक तरह से उपयोग संभव हो सके।
5. इस स्तर पर शिक्षण के नियोजन तथा आयोजन में अध्यापक का उत्तरदायित्व और अपेक्षाएँ आवश्यकता से अधिक बढ़ जाती हैं जैसे कि उसे विभिन्न विषयों, विषयवस्तु तथा विद्यालय और विद्यालय के बाहर की परिस्थितियों में प्रयुक्त व्यावहारिक बातों का समुचित ज्ञान होना चाहिए, उसमें तथ्यों की गहराई से छानबीन करने, चिंतन तथा मनन करने तथा समस्याओं से निपटने के लिए पर्याप्त बुद्धि कौशल और योग्यता होनी चाहिए तथा स्वयं इन योग्यताओं तथा कुशलताओं से युक्त होने के साथ–साथ उसमें यह क्षमता भी होनी चाहिए कि वह विद्यार्थियों को चिंतन स्तर के शिक्षण–अधिगम के लिए आवश्यक सभी योग्यताओं तथा कुशलताओं के अर्जन के लिए उपयुक्त मार्ग दर्शन प्रदान कर सके। व्यावहारिक परिस्थितियों के इस प्रकार के योग्य, अनुभवी तथा विषय विशेष से संबंधित अध्यापकों का मिलना कठिन ही होता है और इनके अभाव में चिंतन स्तर के शिक्षण की सफलता की आशा नहीं की जा सकती।

निष्कर्ष (Conclusion)—चिंतन स्तर पर आयोजित शिक्षण के उपरोक्त गुण–दोषों पर विचार किया जाए तो यह समझने में कठिनाई नहीं होगी कि इसके गुणों की तुलना में इसके दोष तथा कमियाँ नगण्य ही हैं। ये दोष

तथा कमियाँ किसी भी परिस्थिति में इस स्तर के शिक्षण के लिए बाधक नहीं बन सकती हैं। आवश्यकता केवल थोड़ी सावधानी बरतने की है। अगर शिक्षण–अधिगम परिस्थितियों तथा प्रक्रिया पर उचित नियंत्रण अध्यापक द्वारा रखा जाए तथा विद्यार्थियों के चिंतन–मनन तथा स्वयं आगे बढ़कर ज्ञान प्राप्त करने और समस्याओं को सुलझाने के लिए उन्हें आवश्यक हिदायतें, निर्देशन तथा प्रशिक्षण प्रदान कर दिया जाए तो इस स्तर के शिक्षण के द्वारा जो परिणाम प्राप्त हो सकते हैं उनका कोई मुकाबला नहीं। इस स्तर के शिक्षण द्वारा पढ़े हुए विद्यार्थियों द्वारा अर्जित ज्ञान कभी भी निरर्थक नहीं जाता। जो कुछ भी वे सीखते हैं अपने प्रयत्नों द्वारा सीखते हैं। ज्ञान को यहाँ उनके ऊपर लादा नहीं जाता बल्कि वे स्वयं उसकी आवश्यकता अनुभव कर उसे सीखने के लिए प्रेरित होते हैं। अतः ऐसे ज्ञान के स्थायी तथा प्रभावपूर्ण होने में कोई संदेह नहीं रहता। तथ्यों की गहराई से छानबीन करना, पूर्व स्थापित सिद्धांतों तथा सामान्यीकृत निष्कर्षों की नई परिस्थितियों में जाँच करना, नई सूझ–बूझ ग्रहण करना, नवीन निर्माण तथा सृजन करना तथा समस्याओं के हल हेतु नए–नए रास्ते तलाश करना आदि ऐसी बातें हैं जिनका विद्यार्थियों में विकास करना ही वास्तविक शिक्षा है और इस प्रकार की शिक्षा चिंतन स्तर के शिक्षण के आयोजन से ही संभव हो सकती है और तभी हम अपने विद्यालयों में देश की प्रगति में सहायक सूझबूझयुक्त कुशल नागरिक, विचारक, आलोचक, वैज्ञानिक अन्वेषक तथा सृजनशील व्यक्तित्वों के निर्माण की अपेक्षा कर सकते हैं।

सारांश रूप में स्मृति, बोध तथा चिंतन स्तरों के शिक्षण का तुलनात्मक अध्ययन

तालिका 6.1 के माध्यम से स्मृति बोध तथा चिंतन स्तर के शिक्षण के संबंध में ऊपर कही हुई सब बातों का सार रूप में तुलनात्मक अध्ययन करना सहज हो सकता है।

तालिका 6.1 शिक्षण के विभिन्न स्तरों का तुलनात्मक अध्ययन
(Comparative Study of the Different Levels of Teaching)

शीर्षगत विशेषता	*स्मृति स्तर (Memory Level)*	*बोध स्तर (Understanding Level)*	*चिंतन स्तर (Reflective Level)*
मानसिक धरातल का स्तर	कम–से–कम विचारयुक्त अर्थात् लगभग विचारहीन	विचारयुक्त	अधिक–से–अधिक विचारयुक्त
अंतर्निहित मनोवैज्ञानिक सिद्धांत एवं विचार	मानसिक अनुशासन का सिद्धांत, हरबर्ट का संचयी ज्ञान सिद्धांत, थोर्नडाइक का संयोजनवाद तथा अनुबंधन सिद्धांत।	हरबर्ट की पंचपदी प्रणाली, गेस्टाल्टवादी अंतःदृष्टि या सूझबूझ का सिद्धांत।	अधिगम संबंधी ज्ञानात्मक क्षेत्र सिद्धांत।
मुख्य उद्देश्य	ज्ञानात्मक तथ्य एवं सूचनाओं का ज्ञान।	बोधात्मक तथ्यों को सही संदर्भ में समझना, सामान्यीकृत निष्कर्ष, नियम तथा सिद्धांतों की जानकारी और उनका उपयोग।	बोधात्मक एवं रचनात्मक मौलिक चिंतन, मनन, नवीन सूझबूझ तथा समस्या समाधान की योग्यता।

(क्रमशः)

(क्रमशः)

शीर्षगत विशेषता	*स्मृति स्तर* *(Memory Level)*	*बोध स्तर* *(Understanding Level)*	*चिंतन स्तर* *(Reflective Level)*
विषयवस्तु की प्रकृति और उसका प्रस्तुतीकरण	संरचित, व्यवस्थित एवं पूर्व नियोजित, क्रमबद्ध प्रस्तुतीकरण	संरचित व्यवस्थित एवं पूर्व नियोजित, अच्छी तरह स्पष्ट करते हुए अर्थपूर्ण प्रस्तुती–करण	अनियोजित परिस्थितिजन्य एवं समस्या केन्द्रित।
अध्यापक की भूमिका	अधिकारपूर्ण एवं अधिनायकवादी, ज्ञान को बिना समझाए हुए उड़ेलते रहना	अधिकारपूर्ण एवं अधि–नायकवादी, ज्ञान को पूरी तरह से समझाते हुए प्रदान करना, विद्यार्थियों की जिज्ञासा व प्रश्नों के उत्तर देना	जनतंत्रात्मक एवं सहयोगपूर्ण, विद्यार्थियों को मौलिक चिंतन, मनन, सृजन, अन्वेषण तथा समस्या समाधान में सहयोग करना।
विद्यार्थी की भूमिका	काफी निष्क्रिय तथा गौण	निष्क्रिय परन्तु ज्ञान को स्पष्ट रूप से समझने को उत्सुक	पूर्ण सक्रिय, सजग मननशील तथा स्वयं सीखने के लिए प्रयत्नशील।
अभिप्रेरणा की प्रकृति	बाह्य	बाह्य	आंतरिक
प्रयुक्त विधियाँ	विषय एवं शिक्षण केंद्रित, रटकर याद करने के उपयुक्त	विषय केंद्रित, विषय को स्पष्ट करने तथा उसे अर्थपूर्ण बनाते हुए ज्ञान प्राप्ति में सहायक	विद्यार्थी केंद्रित तथा समस्या केंद्रित, स्वयं अध्ययन, अन्वेषण व समस्या समाधान में सहायक।
कक्षा का वातावरण	नितांत नीरस, बिना किसी अंतःप्रक्रिया के अध्यापक द्वारा एकतरफा शिक्षण	विद्यार्थी–अध्यापक अंतः–प्रक्रिया के रूप में थोड़ी बहुत सक्रियता	काफी सजग, क्रियाशील, प्रेरणादायक, आलोचनात्मक तथा स्वतः शिक्षा, चिंतन–मनन एवं समस्या समाधान के लिए उपयुक्त।
प्रयुक्त मूल्यांकन पद्धति	मौखिक तथा लिखित वस्तुनिष्ठ तथा विशेष प्रकार के प्रत्यास्मरण तथा पहचान, योग्यता की जाँच संबंधी प्रश्नों का अधिक प्रयोग	मौखिक, लिखित तथा क्रियात्मक, वस्तुनिष्ठ तथा लघुउत्तरात्मक, ऐसे प्रश्नों का अधिक प्रयोग जिनसे ज्ञान के साथ–साथ समझ और सूझबूझ की जाँच हो सके।	मौखिक, लिखित तथा क्रियात्मक, निबंधात्मक तथा खुले उत्तर वाले ऐसे प्रश्नों का जिनसे उनकी मौलिकता, सृजनशीलता तथा समस्या समाधान योग्यता की जाँच की जा सके।

सार-संक्षेप
(Summary)

1. शिक्षण कार्य से तात्पर्य शिक्षक द्वारा पूरी तरह नियोजित एवं प्रबंधित उसकी उन सभी गतिविधियों से है जिन्हें वह अपने विद्यार्थियों के हित चिंतन हेतु एक विशेष शिक्षण–अधिगम परिस्थिति में निर्धारित शिक्षण–अधिगम उद्देश्यों की पूर्ति हेतु संपादित करता है।
2. शिक्षक द्वारा संपन्न शिक्षण कार्य को उससे जुड़ी हुई विभिन्न संक्रियाओं के संपादन की दृष्टि से (i) पूर्व क्रियात्मक अवस्था (ii) अंतःक्रियात्मक अवस्था तथा (iii) उत्तर क्रियात्मक अवस्था नामक तीन चरणों या अवस्थाओं में बाँटा जा सकता है।

   पूर्व क्रियात्मक अवस्था शिक्षण कार्य की नियोजन अवस्था है। इसमें शिक्षक द्वारा मुख्य रूप से दो बातों पर पूर्ण विचार करना होता है – एक तो शिक्षण संबंधी उद्देश्यों का निर्धारण तथा दूसरे इन उद्देश्यों की प्राप्ति हेतु उचित विधियों और उपायों की तलाश। अंतःक्रियात्मक अवस्था यह शिक्षण कार्य की क्रियान्वयन अवस्था है जो नियोजन स्तर पर सोचा जाता है उसी को व्यावहारिक रूप देना इस अवस्था का कार्य है। इस क्रियान्वयन की सारी सफलता विद्यार्थियों और अध्यापक के बीच चल रही कक्षा–कक्ष अन्तःक्रिया की प्रभावपूर्णता पर निर्भर करती है। उत्तर क्रियात्मक अवस्था में जो कुछ पहली अवस्था में नियोजित कर द्वितीय अवस्था में क्रियान्वित किया जाता है उसी का मूल्यांकन करने का प्रयत्न किया जाता है। मूल्यांकन द्वारा जो भी परिणाम सामने आता है उनको सामने रखते हुये ऐसे प्रयत्न किये जाते हैं कि शिक्षण की प्रथम और द्वितीय अवस्था से संबंधित कार्यों में अपेक्षित सुधार लाए जा सकें।
3. शिक्षण को बौद्धिक शक्तियों के उपयोग की दृष्टि से जिन तीन विभिन्न स्तरों पर आयोजित किया जा सकता है वे हैं स्मृति स्तर, बोध स्तर तथा चिंतन स्तर। स्मृति स्तर के शिक्षण में शिक्षण अधिगम कार्य मात्र तथ्यों को रटने–रटाने तक ही सीमित रहता है और इसी दृष्टि से मानसिक शक्तियों और बौद्धिक क्षमताओं के उपयोग और विकास हेतु इस स्तर के शिक्षण को काफी निम्न स्तर का माना जाता है। परंतु फिर भी इस प्रकार के शिक्षण की पूरी तरह अवहेलना नहीं की जा सकती। प्रारंभिक कक्षा के बालकों के शिक्षण में तथा उन विषयों या प्रकरणों में जिनमें तथ्यों, सूचनाओं तथा नियमों को याद रखने की आवश्यकता होती है, स्मृति स्तर का शिक्षण विशेष सहयोगी सिद्ध हो सकता है। दूसरी ओर इस प्रकार का शिक्षण बोध स्तर तथा चिंतन स्तरों पर ज्ञान प्राप्ति की दिशा में एक ठोस आधार और उपयोगी साधन के रूप में काम में आता हुआ भी स्पष्ट दिखाई दे सकता है।

   बोध स्तर का शिक्षण स्मृति स्तर के शिक्षण की तुलना में कुछ अधिक ऊँचे और विचारयुक्त मानसिक स्तर पर संपन्न होता है। विद्यार्थियों को तथ्यों से परिचित कराने के अतिरिक्त यह उन्हें उनके बारे में उचित सूझबूझ बनाने, उनका अधिक अच्छी तरह से बोध कराने और उनका व्यावहारिक रूप से उपयोग कर सकने की क्षमता विकसित करने में सहायक सिद्ध होता है। सीमित साधनों में अधिक से अधिक उपयोगी एवं सार्थक ज्ञान की प्राप्ति की दृष्टि से इस स्तर का शिक्षण हमारे देश की शिक्षण–अधिगम परिस्थितियों में सबसे अधिक उपयुक्त सिद्ध हो सकता है।

   चिंतन स्तर का शिक्षण, शिक्षण के उच्चतम स्तर का प्रतिनिधित्व करता है। विद्यार्थियों की मानसिक शक्तियों तथा बौद्धिक क्षमता को अपने शिखर तक पहुँचाने का कार्य इस स्तर के शिक्षण द्वारा भलीभाँति किया जा सकता है। परंतु इस स्तर के शिक्षण का कार्य पहले दो स्तरों के शिक्षण से प्राप्त उपलब्धियों

को आधार बनाकर ही करना उचित रहता है क्योंकि किसी भी प्रकार के तथ्य, सूचना सामग्री एवं ज्ञान भंडार को पढ़ने, सुनने, देखने तथा उसे भलीभाँति समझने के पश्चात् ही उस पर पुनर्विचार करने तथा उसके बारे में चिंतन तथा मनन करने की बात सामने आती है।

इस तरह शिक्षण कार्य की शुरुआत अपनी प्रारम्भिक अवस्था में भले ही स्मृति स्तर पर की जाए परंतु इसका अगला पड़ाव क्रमशः बोध स्तर तथा चिंतन स्तर पर आयोजित शिक्षण ही होना चाहिए। ज्ञान का केवल स्मृति में बने रहना ही पर्याप्त नहीं है इसके भलीभाँति उपयोग, चिंतन, मनन तथा सृजन के रास्ते भी विद्यार्थियों के लिए खुले होने चाहिए ताकि हमें अपने देश की प्रगति हेतु सूझबूझ वाले कुशल नागरिक एवं सृजनशील व्यक्तित्व उपलब्ध होते रहें।

संदर्भित एवं विशेष अध्ययन गंथ
(References and Suggested Readings)

Biggie, Morris, L., *Learning Theory of Teachers*, Indian Reprint, Delhi: University Book Stall, 1967.

Good, Carter V., *Dictionary of Education*, NewYork: McGraw-Hill, 1959.

Harold F. O'Neil, (Jr.), Ray S. Perez (Eds.), *Technology Applications in Education: A Learning View*, Mahwah, N.J.: L. Erlbaum Publishers, 2003.

Lloyd, Les. (Ed.), *Technology and Teaching*, Publication Information Medford, NJ : Information Today, 1997.

अध्ययन के लिए प्रश्न
(Study Questions)

1. शिक्षण कार्य पद से क्या अभिप्राय है ? उचित रूप से परिभाषित करते हुए इसके अर्थ पर प्रकाश डालिए।
2. शिक्षण कार्य की विभिन्न अवस्थाएँ एवं संक्रियाएँ क्या हैं ? विस्तार से चर्चा कीजिए।
3. शिक्षण कार्य के विभिन्न स्तर कौन–से होते हैं ? इनकी विस्तार से चर्चा कीजिए।
4. शिक्षण के स्तरों से आप क्या समझते हैं ? इन स्तरों का उल्लेख करते हुए इनकी प्रमुख विशेषताओं की चर्चा कीजिए।
5. स्मृति स्तर का शिक्षण क्या है ? शिक्षण–अधिगम कार्य को स्मृति स्तर पर किस प्रकार आयोजित किया जाता है ? विस्तार से वर्णन कीजिए।
6. बोध स्तर के शिक्षण से आप क्या समझते हैं ? इस स्तर पर शिक्षण–अधिगम का आयोजन कैसे किया जाता है ? स्पष्ट कीजिए।
7. चिंतन स्तर के शिक्षण से आप क्या समझते हैं ? इस स्तर पर आयोजित शिक्षण–अधिगम की सभी मुख्य विशेषताओं की सविस्तार चर्चा कीजिए।

8. शिक्षण–अधिगम के स्मृति, बोध तथा चिंतन स्तरों की प्रमुख विशेषताओं की चर्चा कीजिए।

9. शिक्षण के विभिन्न स्तरों की व्याख्या कीजिए। चिंतन स्तर का शिक्षण–अधिगम, स्मृति स्तर के शिक्षण से किस प्रकार भिन्न होता है ? उदाहरण सहित स्पष्ट कीजिए।

10. स्मृति, बोध तथा चिंतन स्तरों के शिक्षण में निहित अंतर को जितना संभव हो सके, स्पष्ट करने का प्रयत्न कीजिए।

11. स्मृति, बोध तथा चिंतन स्तरों पर आयोजित शिक्षण–अधिगम के बारे में एक तुलनात्मक विवरण प्रस्तुत कीजिए।

7

शिक्षण सिद्धांत
(Theories of Teaching)

अध्याय रूपरेखा (Chapter Outline)

सिद्धांत पद से अभिप्राय (What is Theory ?)

सिद्धांत (Theory) पद से क्या अभिप्राय है, यह जानने हेतु विभिन्न विद्वानों द्वारा इसे कैसे परिभाषित किया गया है, यह जानना काफी उपयुक्त सिद्ध हो सकता है। ऐसी कुछ परिभाषाओं को इसलिये हम नीचे प्रस्तुत कर रहे हैं—

1. **करलिंगर**—किसी सिद्धांत से अभिप्राय अन्तःसंबंधित संप्रत्ययों, परिभाषाओं तथा मान्यताओं के ऐसे संगठन या संरचना से है जो किसी प्रक्रिया विशेष को स्पष्ट करने और उसके बारे में पूर्वानुमान लगाने के संदर्भ में उसमें विद्यमान चरों के बीच निहित संबंधों को प्रकाश में लाकर उस प्रक्रिया को सुव्यवस्थित रूप से जानने और समझने में हमारी सहायता करता है।

(A theory is a set of inter-related concepts, definitions and propositions that presents a systematic view of phenomena by specifying relationship among variables with the purpose of explaining and predicting the phenomena. Kerlinger, 1964, p. 11)

2. **गुडे एवं हाट्ट**—किसी सिद्धांत का प्रयोजन तथ्यों के बीच संबंध प्रदर्शित करना और उन्हें सार्थक ढंग से क्रमबद्धता देना होता है।

   (Theory refers to the relationship between facts and ordering of them in some meaningful way.—Goode and Hatt, 1952, p. 9)

3. **मैथीसन एवं अन्य**—घटित घटनाओं का स्पष्टीकरण देने तथा आगे घटने वाली घटनाओं का पूर्वानुमान लगाने हेतु घटनाओं के बीच विद्यमान संबेधों को प्रकाश में लाना ही किसी सिद्धांत विशेष का प्रयोजन होता है।

   (A theory specifies the relationship between events for the purpose of explaining the occurrence of the events and predicting future events.—Matheson & others, 1979, p. 8)

अगर उपरोक्त परिभाषाओं में व्यक्त विचारों का मंथन किया जाए तो हमें यह समझने में कठिनाई नहीं होगी कि किसी विषय विशेष से संबंधित सिद्धांत से तात्पर्य एक ऐसी सुनियोजित सैद्धान्तिक ढाँचे या संरचना से होता है जिसके माध्यम से हमें किसी प्रक्रिया विशेष को समझने तथा प्रयोग में लाने में सुविधा होती है। उस प्रक्रिया या प्रक्रम में जिन चरों का समावेश होता है उनकी गतिविधियों तथा अन्तःसंबंधों के बारे में अपेक्षित जानकारी भी हमें इस सिद्धांत के द्वारा भलीभाँति प्राप्त हो सकती है। इसके अतिरिक्त सिद्धांत विशेष की उपयोगिता उसकी पूर्वानुमान लगाने की क्षमता को लेकर भी है। इसमें क्या कुछ होना है या इसके द्वारा क्या कुछ कर पाना संभव है किसी प्रक्रिया विशेष के बारे में इस तरह की भविष्यवाणी कर पाना उससे संबंधित सिद्धांत के लिये ही संभव है। अतः अगर कोई व्यक्ति किसी सैद्धान्तिक ढाँचे में बंधकर कार्य करने को तत्पर होता है तो संबंधित सिद्धांत यह बताने में जरूर कामयाब हो सकता है कि उस व्यक्ति को अपने कार्य में किस सीमा तक सफलता या असफलता मिलेगी।

शिक्षण क्या है ?
(What is Teaching)

इस पुस्तक के पाँचवें अध्याय में हम पहले ही विस्तार से यह चर्चा कर चुके हैं कि शिक्षण क्या है। उन सबकी पुनरावृत्ति न कर यहाँ हम इतना ही कहना चाहेंगे कि शिक्षण एक काफी महत्त्वपूर्ण तथा चुनौतीपूर्ण कार्य है जिसे किसी अध्यापक द्वारा अपने विद्यार्थियों के व्यवहार में अपेक्षित परिवर्तन लाने हेतु अपने हाथ में लिया जाता है। यह एक ऐसी प्रक्रिया है जिसका उद्देश्य विद्यार्थियों को उनकी अधिगम गतिविधियों में वांछित सहायता प्रदान करना होता है और इस प्रक्रिया के दौरान शिक्षकों से यह अपेक्षा की जाती है कि वे शिक्षकों के लिये आवश्यक और अपेक्षित एक विशेष प्रकार के व्यवहार 'शिक्षक व्यवहार' से अपने आपको युक्त रखेंगे और फिर कुछ अपेक्षित गतिविधियों तथा क्रियाओं जिन्हें शिक्षण गतिविधियों तथा कार्य की संज्ञा दी जाती है, उनमें संलग्न रहेंगे।

शिक्षण सिद्धान्त पद से अभिप्राय
(Meaning of the Term Theories of Teaching)

यह समझने के बाद कि 'सिद्धांत' और 'शिक्षण' पदों से क्या अभिप्राय है, अब हम यह विचार कर सकते हैं कि 'शिक्षण सिद्धांत' पद से क्या आशय है।

एक शिक्षक के शिक्षण में बहुत सारे कार्यों, कारकों तथा तत्त्वों का समावेश होता है जैसे शिक्षण कार्य, शिक्षक व्यवहार तथा शिक्षण प्रक्रिया में सहायक विभिन्न आश्रित स्वतंत्र तथा मध्यस्थ चर आदि। एक शिक्षण सिद्धांत से यह अपेक्षा की जाती है कि उसके द्वारा एक ऐसा सैद्धांतिक ढाँचा या प्रारूप प्रस्तुत किया जाये जिसके माध्यम से निर्धारित शैक्षिक और अनुदेशनात्मक उद्देश्यों की प्रभावपूर्ण उपलब्धि हेतु शिक्षण कार्यों, शिक्षक व्यवहार तथा शिक्षण प्रक्रिया में सहायक विभिन्न प्रकार के चरों के नियोजन, संगठन तथा नियंत्रण का कार्य भलीभाँति संपन्न किया जा सके। इसके द्वारा अध्यापकों की इस प्रकार पूरी–पूरी सहायता की जानी चाहिए कि वे अपने विद्यार्थियों को वांछित अधिगम अनुभव प्रदान कर उनके व्यवहार में अपेक्षित परिवर्तन लाने और उनकी योग्यताओं और शक्तियों का अधिकतम विकास करने में यथेष्ट रूप से सफलता अर्जित कर सकें। दूसरे शब्दों में एक शिक्षण सिद्धांत प्रभावपूर्ण तथा उपयोगी अधिगम से संबंधित सभी समस्याओं, प्रश्नों, शंकाओं तथा सीमाओं के समाधान हेतु सदैव तत्पर दिखाई देना चाहिए। अधिगम सिद्धांतों की तुलना में जिसका संबंध अधिगमकर्त्ताओं के व्यवहार तथा उनके प्रभावपूर्ण अधिगम में सहायक कारकों, परिस्थितियों तथा संसाधनों से होता है, शिक्षण सिद्धांतों का संबंध शिक्षण कार्य को संपन्न करने वाले शिक्षक गणों के व्यवहार, उनकी शिक्षण क्रियाओं तथा इस क्रिया में सहायक तत्त्वों तथा परिस्थितियों से ही होना चाहिए। उनकी प्रकृति तथा प्रयोजन को और अच्छी तरह स्पष्ट रूप से समझने हेतु हमें विभिन्न विद्वानों द्वारा दी गई 'शिक्षण सिद्धांत' पद की उनकी परिभाषायें तथा स्पष्टीकरण अधिक उपयोगी सिद्ध हो सकता है। नीचे हम अब इसी की सहायता लेना चाहेंगे–

1. प्रसिद्ध अमेरिकन मनोवैज्ञानिक **बी.ओ. स्मिथ** (1963) ने शिक्षण सिद्धांत पद को परिभाषित करते हुए कहा है कि किसी शिक्षण के सिद्धांत का कार्य शिक्षण के परिणामों की भविष्यवाणी करने हेतु शिक्षक व्यवहार में शामिल शिक्षण चरों की उनकी उपस्थिति तथा संभावित अन्तःसंबंधों के संदर्भ में व्याख्या करना है।

   अपनी उपरोक्त परिभाषा के माध्यम से इस प्रकार स्मिथ महोदय ने यह बतलाने की चेष्टा की है कि एक शिक्षण के सिद्धांत से मुख्य रूप से निम्न तीन बातों की अपेक्षा की जानी चाहिये–

   (i) इसमें शिक्षक व्यवहार में सम्मिलित विभिन्न शिक्षण चरों का उल्लेख होना चाहिए।
   (ii) इसमें इन चरों में विद्यमान सभी संभावित संबंधों का उल्लेख होना चाहिए।
   (iii) इसके द्वारा शिक्षण के परिणामों तथा प्रभाव के संबंध में भविष्यवाणी की जानी चाहिए।

2. **एन.एल. गेज** (1964) के अनुसार एक शिक्षण के सिद्धांत द्वारा शिक्षण प्रक्रिया से संबंधित जिन तीन प्रश्नों का उत्तर अवश्य दिया जाना चाहिए वे हैं–

   (i) शिक्षक कैसा व्यवहार करते हैं ?
   (ii) वे जो व्यवहार करते हैं वैसा क्यों करते हैं ?
   (iii) इसके क्या परिणाम होते हैं ?

   अगर गेज के उपरोक्त विचारों का विश्लेषण किया जाए तो हमें यह समझने में कोई कठिनाई नहीं होगी कि किसी शिक्षण सिद्धांत (Teaching Theory) का प्रयोजन शिक्षण व्यवहार में अपेक्षित परिवर्तन लाकर निर्धारित शिक्षण उद्देश्यों की प्राप्ति होता है। दूसरे शब्दों में एक शिक्षण के सिद्धांत के माध्यम से एक अध्यापक अपने शिक्षण कार्यों तथा शिक्षक व्यवहार को इस प्रकार नियोजित, क्रियान्वित तथा नियंत्रित कर सकता है कि फलस्वरूप उसे अपने विद्यार्थियों के अधिगम व्यवहार को ठीक दिशा और दशा प्रदान करने में पूरी–पूरी मदद मिले। जैसा कि गेज का विचार है कोई भी शिक्षण का सिद्धांत शिक्षण प्रक्रिया के परिणामों के बारे में भविष्यवाणी करने की पर्याप्त क्षमता रखता है। शिक्षक जैसा व्यवहार करते हैं या

शिक्षण कार्य करते हैं उनकी यह प्रभावशीलता का सीधा प्रत्यक्ष प्रभाव विद्यार्थियों की उपलब्धि पर पड़ता है और शिक्षकों को ऐसी प्रभावशीलता शिक्षण के सिद्धांतों (Theories) के सही अनुसरण से ही प्राप्त हो सकती है।

3. **ब्रूनर** (1966) के अनुसार शिक्षण के सिद्धांत और कुछ नहीं बल्कि शिक्षण की सामान्य विधियों या ढंगों को स्पष्ट रूप से सामने लाने के प्रयास हैं, और यही कारण है कि इन्हें अधिगम के सामान्य सिद्धांतों की देन कहा जा सकता है। एक शिक्षण विधि स्पष्ट रूप से यह बताती है कि एक शिक्षक को अपने शिक्षण उद्देश्यों की प्राप्ति हेतु किस प्रकार की शिक्षण क्रियाओं तथा शिक्षक व्यवहार में संलग्न रहना चाहिए। इस प्रकार से ब्रूनर के अनुसार किसी शिक्षण सिद्धांत का उद्देश्य सर्वोत्तम अधिगम हेतु अच्छे से अच्छे प्रभावपूर्ण तरीके तथा ढंग बतलाना होता है। इस मार्ग पर आगे बढ़ते हुये कोई भी शिक्षण सिद्धांत सदैव ही सर्वोत्तम अधिगम परिणामों की प्राप्ति हेतु अच्छे से अच्छे प्रभावपूर्ण अधिगम अनुभवों, अधिगम परिस्थितियों तथा अधिगम विधियों के वांछित नियोजन तथा संगठन पर विशेष बल देता हुआ पाया जा सकता है।
4. **मित्रा** (1972) के अनुसार शिक्षण के सभी सिद्धांत मनोवैज्ञानिक सिद्धांतों जैसे अधिगम के सिद्धांत, अभिप्रेरणा, बुद्धि तथा व्यक्तिगत भेदों के सिद्धांत आदि की देन हैं। इसीलिये शिक्षण का कोई भी सिद्धांत शिक्षकों को उनके अपने शिक्षण दायित्यों को अच्छी से अच्छी तरह निभाने में समुचित सहायता करता हुआ देखा जा सकता है। शिक्षक विशेष का अपने विद्यार्थियों के व्यवहार में अपेक्षित परिवर्तन लाने हेतु प्रयत्न करने का एक विशेष उत्तरदायित्व होता है। इस उत्तरदायित्व को पूरा करने हेतु उसे किन्हीं विशिष्ट शिक्षण कार्यों जैसे शिक्षण कार्य का विश्लेषण, शिक्षण उद्देश्यों का निर्धारण, विद्यार्थियों के प्रविष्टि व्यवहार का निदान और निर्धारित उद्देश्यों की पूर्ति हेतु सबसे उचित शिक्षण विधियों तथा तकनीकों का चयन करना पड़ता है।

उपरोक्त सभी विद्वानों के द्वारा 'शिक्षण के सिद्धांत' पद के अर्थ के बारे में व्यक्त विचारों के आधार पर अब हम 'शिक्षण के सिद्धांत' पद को कुछ निम्न शब्दों में परिभाषित करने का प्रयत्न कर सकते हैं।

"शिक्षण के सिद्धांत एक प्रकार से मनोवैज्ञानिक सिद्धांतों के ज्ञान और सूझबूझ को शिक्षण क्षेत्र में प्रयुक्त करने में सहायक ऐसे सैद्धांतिक आधार हैं जिनके माध्यम से शिक्षक विशेष के शिक्षण कौशलों, शिक्षक व्यवहार तथा कक्षा–कक्ष शिक्षण कार्यक्रम को यथेष्ट प्रभावपूर्ण बनाया जा सकता है।"

शिक्षण सिद्धांत–प्रकृति एवं विशेषताएं
(Theories of Teaching—Nature and Characteristics)

ऊपर अभी तक शिक्षण सिद्धांतों के अर्थ एवं परिभाषा को लेकर जो भी विवेचना की गई है उसके आधार पर हम इनकी प्रकृति एवं विशेषताओं का संक्षेप में निम्न प्रकार उल्लेख कर सकते हैं–

1. शिक्षण के सिद्धांतों का सीधा संबंध अनुदेशन के मनोविज्ञान से है। परंतु हाँ इस कार्य हेतु वे अधिगम, अभिप्रेरणा तथा व्यक्तिगत भेद नामक अन्य मनोवैज्ञानिक सिद्धांतों से भी आवश्यक अधिगम सामग्री तथा प्रेरणा ग्रहण करने हेतु स्वतंत्र हैं। इस तरह वास्तविक रूप में देखा जाये तो शिक्षण के सिद्धांत अधिगम कार्यों तथा प्रक्रिया के समुचित तार्किक विश्लेषण तथा उन्हें भलीभाँति संपादित करने से संबंधित उचित सूझबूझ की ही देन हैं।

2. शिक्षण सिद्धांत कक्षा विशेष में विद्यार्थियों के बेहतर अधिगम में सहायता प्रदान करने हेतु अपनाए जाने वाले शिक्षक व्यवहार को प्रकाश में लाने का कार्य करते हैं।
3. अधिगम सिद्धांतों की तुलना में जो स्वाभाविक रूप से मनोवैज्ञानिक प्रकृति के होते हैं, शिक्षण सिद्धांतों की प्रकृति मुख्य रूप से सामाजिक ही मानी जाती है।
4. शिक्षण के सिद्धांत, अधिगम के सिद्धांतों से बहुत कुछ आगे और अधिक होते हैं। एक अधिगम सिद्धांत जहाँ अपने आपको अधिगम की प्रकृति के स्पष्टीकरण और वर्णन करने तक ही सीमित रखता है वहीं एक शिक्षण सिद्धांत आगे बढ़कर किसी अधिगम का प्रभावपूर्ण होना सुनिश्चित करने हेतु उचित कारकों, परिस्थितियों, विधियों तथा तकनीकों की व्यवस्था सुझाने में हमारी मदद करता है।
5. शिक्षण प्रक्रिया में निहित चरों के बीच अन्तःसंबंधों की व्याख्या कर एक शिक्षण सिद्धांत शिक्षण के सुव्यवस्थित स्वरूप को हमारे सामने लाने में उपयोगी सिद्ध होता है।
6. एक शिक्षण सिद्धांत किसी शिक्षक विशेष को उसके शिक्षण कार्यों को भलीभाँति संपादित करने हेतु आवश्यक सैद्धांतिक आधार तथा पृष्ठभूमि प्रदान करने का कार्य करता है।
7. विद्यार्थी विशेष को उचित ज्ञान कौशल और अभिवृत्तियों का अर्जन करने हेतु सहायता प्रदान करने के संदर्भ में ऐसे शिक्षक सिद्धांत शिक्षक विशेष की यथेष्ट सहायता कर सकते हैं।
8. कोई भी शिक्षण सिद्धांत जिन तीन मूलभूत प्रश्नों के उत्तर देने में पर्याप्त रूप से सक्षम सिद्ध हो सकता है वे हैं परिस्थिति विशेष में शिक्षकों का व्यवहार कैसा होता है, वे उस तरह से व्यवहार क्यों करते हैं तथा उनके इस व्यवहार के क्या परिणाम निकलते हैं?
9. कोई भी शिक्षण सिद्धांत एक शिक्षक को अपने विद्यार्थियों के प्रति निभाए जाने वाले शिक्षण उत्तरदायित्वों तथा प्रतिबद्धता को पूरा करने में मदद करता है।
10. शिक्षण के सिद्धांतों का उपयोग शिक्षण के प्रबंधन के संदर्भ में उचित नियोजन, क्रियान्वयन, नियंत्रण तथा उसके आधार पर परिणामों की भविष्यवाणी करने हेतु अच्छी तरह किया जा सकता है।
11. एक शिक्षण सिद्धांत किसी भी शिक्षण प्रक्रिया में निहित तत्त्वों तथा चरों को उपयुक्त रूप से काम में लाने हेतु विधियों एवं तरीकों का वर्णन, व्याख्या, स्पष्टीकरण एवं औचित्यीकरण स्थापित करने का प्रयत्न करता है।
12. एक शिक्षण सिद्धांत जहाँ एक शिक्षण–अधिगम परिस्थिति विशेष में प्रभावकारी सिद्ध हो सकता है वहीं किन्हीं और परिस्थितियों में इसके प्रयोग में कठिनाई आ सकती है अथवा उसके संतोषजनक परिणामों की प्राप्ति नहीं हो पाती। दूसरे शिक्षण को सभी प्रकार से एक ऐसी जटिल प्रक्रिया माना जाता है जिसमें विविध प्रकार की शिक्षण गतिविधियों, कार्यों तथा बहुआयामी शिक्षक व्यवहार का समावेश पाया जाता है। फलस्वरूप सभी शिक्षण अधिगम परिस्थितियाों में सभी शिक्षकों के लिए कोई एक शिक्षण सिद्धांत कारगर सिद्ध नहीं हो सकता।

शिक्षण के सिद्धांतों की आवश्यकता एवं महत्त्व (Need and Significance of Theory of Teaching)

शिक्षण प्रक्रिया के संदर्भ में हमारा प्रयोजन काफी कुछ स्पष्ट रहता है। शिक्षक के रूप में हम सभी अपने विद्यार्थियों को उनके विकास तथा अधिगम कार्यों में समुचित सहायता करना चाहते हैं। इस कार्य हेतु अतः हमें

अपने आपको पूरी तरह तैयार करने की जरूरत है। शिक्षण कार्यों के रूप में हम जिन उत्तरदायित्वों को अपने विद्यार्थियों के प्रति निभाते हैं उनकी प्रकृति पूरी तरह प्रयोगात्मक एवं व्यावहारात्मक ही होती है। इनकी सफलता अब इस बात में निहित रहती है कि इनके उचित नियोजन, क्रियान्वयन तथा नियंत्रण हेतु हमारे पास किस प्रकार का सैद्धांतिक आधार मौजूद है। यह उसी प्रकार की बात है जैसी कि एक ठेकेदार, मिस्त्री या मजदूर वर्ग के सामने उस समय आ खड़ी होती है जब वह किसी पुल या भवन निर्माण के कार्य में जुटा होता है। अपने कार्य को अच्छी तरह पूरा करने हेतु अब यहाँ उसे उचित सैद्धांतिक ज्ञान, पूर्व कार्य योजना, किसी ब्लू प्रिंट तथा पूर्व तैयारी की जरूरत होती है। बिना सैद्धांतिक ज्ञान और पूर्व नियोजन के किसी भी निर्माण कार्य को ठीक प्रकार अंजाम नहीं दिया जा सकता। यही बात अध्यापक द्वारा अपने विद्यार्थियों के भविष्य का निर्माण करने हेतु किये जाने वाले शिक्षण कार्य के लिये समान रूप से लागू होती है। उसके द्वारा जो भी शिक्षण गतिविधियाँ इस बारे में व्यावहारात्मक रूप से संपन्न की जाती हैं उनकी सफलता के पीछे उनसे संबंधित शिक्षण के सिद्धांतों का ज्ञान अध्यापक के लिये काफी महत्त्वपूर्ण सिद्ध होता है। इस निष्कर्षित तथ्य को दृष्टि में रखते हुये किसी शिक्षण सिद्धांत की आवश्यकता और महत्त्व का संक्षेप में निम्न बिन्दुओं के तहत उल्लेख किया जा सकता है—

1. शिक्षण सिद्धान्त (Theory of Teaching) की सबसे महत्त्वपूर्ण उपयोगिता उसके इस गुण में निहित है कि उसके माध्यम से शिक्षण की प्रकृति और प्रक्रिया को विभिन्न रूपों एवं ढंगों से समझने में पूरी मदद मिलती है जैसे (i) शिक्षण क्या है (ii) शिक्षण का विश्लेषण (iii) शिक्षण और अधिगम में संबंध और (iv) शिक्षण तथा अधिगम को प्रभावित करने वाले तत्त्व या परिस्थितियाँ आदि।
2. शिक्षण उद्देश्यों के निर्माण, इन उद्देश्यों को व्यवहारजन्य शब्दावली में व्यक्त करना तथा फिर इन उद्देश्यों की उचित प्रकार से प्राप्ति हेतु विभिन्न तरीके तथा व्यूह रचनायें सुझाना, ऐसे सभी कार्यों में शिक्षण सिद्धांतों का ज्ञान भलीभाँति मदद करता है।
3. एक शिक्षण सिद्धांत शिक्षण प्रक्रिया में निहित विभिन्न चरों की भूमिका को अच्छी तरह समझने तथा सर्वोत्तम प्रभावपूर्ण अधिगम हेतु इन चरों की अन्तःक्रिया को ठीक प्रकार से संपादित कराने में पूरी–पूरी मदद करता है।
4. यह किसी एक विशेष शिक्षण–अधिगम परिस्थिति के संदर्भ में उचित शिक्षण प्रतिमानों, शिक्षण और अनुदेशनात्मक प्रारूपों तथा शिक्षण प्रणाली को विकसित करने हेतु अपनी सेवायें प्रदान करता है।
5. यह शिक्षक व्यवहार की बारीकियों को भलीभाँति जानने और समझने में हमारी मदद करता है। अध्यापकों में वांछित शिक्षक तथा शिक्षण प्रभावशीलता के विकास हेतु इसी की सहायता से शिक्षक व्यवहार के यथेष्ट परिमार्जन और उन्नयन संबंधी कार्य किये जा सकते हैं।
6. यह शिक्षण के उचित नियोजन, संगठन तथा नियंत्रण पक्ष पर पूरा ध्यान देते हुये प्रभावपूर्ण शिक्षण प्रबंधन में भलीभाँति सहायता कर सकता है।
7. इसकी उपयोगिता बहुत कुछ इसका पूर्वानुमान लगाने या भविष्यवाणी करने की क्षमता में निहित है। एक शिक्षण सिद्धांत द्वारा संरचित शिक्षण अधिगम प्रक्रिया के क्या परिणाम हो सकते हैं इसका उस सिद्धांत की प्रकृति, विशेषता और कार्य व्यापार के माध्यम से भलीभाँति अनुमान लगाया जा सकता है।
8. पूर्व सेवा तथा सेवाकालीन अध्यापक प्रशिक्षण पाठ्यक्रमों तथा गतिविधियों के संचालन हेतु आवश्यक रूपरेखा तैयार करने तथा इनके लिये आवश्यक अधिगम तथा प्रशिक्षण सामग्री प्रस्तुत करने हेतु भी इनका भलीभाँति उपयोग किया जा सकता है।

9. शिक्षकों को उनके दिन प्रतिदिन की शिक्षण गतिविधियों के संचालन में आ रही विविध समस्याओं के समाधान तथा शिक्षण और अनुदेशनात्मक तकनीकी के उचित विकास में भी शिक्षण सिद्धांतों से विशेष सहायता मिलती है।
10. शिक्षण सिद्धांत शिक्षण और शिक्षण तकनीकी के क्षेत्र में किये जा रहे विशेष अनुसंधानात्मक कार्यों के प्रतिफलों को अपने–अपने तरीकों से विषय अध्यापक तथा शैक्षिक प्रशासकों तक पहुँचाने में काफी कारगर सिद्ध हो सकते हैं।

शिक्षण के सिद्धांतों का कार्यक्षेत्र (Scope of the Teaching Theories)

किसी शिक्षण सिद्धांत के कार्यक्षेत्र की जानकारी के माध्यम से हमें इसके बारे में उठाए गए निम्न प्रश्नों के उत्तर प्राप्त करने में आसानी हो सकती है–

(i) उपयोगिता एवं महत्त्व के संदर्भ में उसके प्रयोग अथवा उपयोग का कार्यक्षेत्र क्या है?
(ii) इससे किन प्रयोजनों की सिद्धि होती है ? इसके अन्दर किस प्रकार की पाठ्यसामग्री तथा विषयवस्तु का समावेश है ? इसकी क्या सीमायें हैं ? आदि–आदि।

किसी शिक्षण सिद्धांत के क्षेत्र का सीमांकन करने हेतु उठाये गये उपरोक्त विविध प्रश्नों का उत्तर, जो कुछ भी ऊपर अभी तक इस अध्याय में शिक्षण के सिद्धांतों के अर्थ एवं परिभाषा, विशेषताओं तथा प्रकृति, आवश्यकता एवं महत्त्व के बारे में टीका टिप्पणी करते हुए कह दिया गया है, उसके आधार पर हमें भलीभाँति आसानी से प्राप्त हो सकता है। परंतु फिर भी इस कार्य में एक बार हम संक्षेप में निम्न प्रकार चर्चा कर सकते हैं–

एक शिक्षण सिद्धांत शिक्षण की प्रक्रिया तथा शिक्षण कार्यों से संबंधित सभी पहलुओं तथा समस्याओं के समाधान तथा स्पष्टीकरण हेतु एक आवश्यक उचित सैद्धांतिक ढांचा या आधार प्रदान करने का प्रयत्न करता है। फलस्वरूप इसके कार्यक्षेत्र में निम्न प्रकरणों की उपस्थिति की बात भलीभाँति सोची जा सकती है–

– शिक्षण की प्रकृति तथा इसका अधिगम से संबंध,
– शिक्षण का इसके अवयवों, व्यवहारजन्य क्रियाओं तथा शिक्षण कौशलों के रूप में विश्लेषण,
– शिक्षण चर–इनकी शिक्षण प्रक्रिया में भूमिका तथा अन्तःसंबंध,
– शिक्षक व्यवहार तथा इसके विद्यार्थियों के अधिगम पर प्रभाव, अपेक्षित शिक्षण प्रभावशीलता हेतु शिक्षक व्यवहार का उचित परिमार्जन,
– शिक्षण उद्देश्य और इनका व्यवहारजन्य शब्दावली तथा इनमें निहित विशिष्ट शिक्षण विशिष्ट शिक्षण क्रियाओं के रूप में उल्लेख,
– मनोवैज्ञानिक और सामाजिक–सांस्कृतिक परिवेश तथा परिस्थितियों के संदर्भ में शिक्षण चरों तथा शिक्षक व्यवहार की भूमिका की चर्चा,
– शिक्षण के प्रबंध की उसके नियोजन, संगठन तथा नियंत्रण के संदर्भ में व्याख्या,
– किसी एक विशेष शिक्षण–अधिगम परिस्थिति के संदर्भ में शिक्षण के परिणामों के बारे में भविष्यवाणी,
– विद्यार्थियों के अधिगम हेतु शिक्षण–अधिगम, वातावरण तथा इसके प्रभावपूर्ण प्रबंधन की व्याख्या,
– शिक्षण में सहायक विविध शिक्षण व्यूह रचनाओं, प्रविधियों, शिक्षण और अनुदेशन संबंधी प्रारूपों तथा प्रणालियों की चर्चा,
– शिक्षण कार्यों के संपादन में अध्यापकों के सामने आने वाली विविध समस्यायें और उनका समाधान।

इस प्रकार से एक शिक्षण सिद्धांत की सभी तरह से यह कोशिश होती है कि उसके माध्यम से अध्यापकों को अपने शिक्षण कार्यों, व्यवहार तथा शिक्षण प्रक्रियाओं के भलीभाँति संपादन हेतु आवश्यक ज्ञान, तथ्यों, प्रनियमों तथा सैद्धांतिक आधार की उपलब्धि हो सके। इसके द्वारा अध्यापकों को अपने शिक्षण पथ पर भलीभाँति अग्रसर होने तथा प्रभावशील अध्यापक बनने में यथेष्ट सहायता मिलती है।

इस प्रकार से यह भलीभाँति स्पष्ट हो सकता है कि एक शिक्षण के सिद्धांत का कार्यक्षेत्र एक अधिगम के सिद्धांत की तुलना में काफी विषद और व्यापक होता है। अधिगम का कोई सिद्धांत तो अधिगम की प्रक्रिया के स्पष्टीकरण और वर्णन हेतु अधिगम की प्रकृति, अधिगम को प्रभावित करने वाले कारक या परिस्थितियों तथा अधिगम अर्जित करने की विधियों तथा तकनीकों की चर्चा एवं उपयोग तक ही सीमित रहता है। इसकी तुलना में एक शिक्षण सिद्धांत द्वारा न केवल शिक्षण में निहित विभिन्न चरों तथा पहलुओं पर प्रकाश डालने का प्रयत्न किया जाता है बल्कि इसके द्वारा शिक्षण के विभिन्न चरों, परिस्थितियों तथा प्रक्रियाओं के प्रबंधन तथा नियंत्रण की समुचित रूप से चर्चा की जाती है। शिक्षण का उद्देश्य प्रभावपूर्ण अधिगम हेतु उचित परिस्थितियाँ तथा सुविधायें जुटाना है और इसीलिए एक शिक्षण के सिद्धांत द्वारा सदैव इसी बात को सामने लाने का प्रयत्न किया जाता है कि उसके उपयोग से प्रभावपूर्ण अधिगम तथा विद्यार्थियों के वांछित विकास की दशा में भलीभाँति कैसे आगे बढ़ा जाये। फलस्वरूप जहाँ तक शिक्षण के किसी सिद्धांत के कार्यक्षेत्र का प्रश्न है उसके द्वारा सदैव ही शिक्षण–अधिगम की समस्त प्रक्रिया को अपने दायरे में लेने का प्रयत्न किया जाना चाहिए। इस दायरे में इस प्रकार शिक्षण अधिगम प्रक्रिया में निहित सभी विभिन्न चरों, इन चरों के मध्य चल रही अन्तःक्रियाओं तथा उनके विद्यार्थी अधिगम पर पड़ने वाले प्रभावों, विद्यार्थी व्यवहार के संदर्भ में शिक्षक व्यवहार की प्रकृति तथा विभिन्न शिक्षण कार्यों और गतिविधियों के प्रबंधन आदि का उल्लेख स्वाभाविक रूप से ही शामिल हो जाता है। एक बात की ओर इशारा हमारे द्वारा पहले ही किया जा चुका है कि शिक्षण अपने आप में विभिन्न कौशलों से युक्त एक काफी जटिल प्रक्रिया है जिसमें विभिन्न प्रकार के विशिष्ट कार्यों और गतिविधियों का समावेश रहता है। इसके अतिरिक्त आज विकासोन्मुख इस दुनिया में ज्ञान का विस्फोट हो रहा है तथा मनोवैज्ञानिक और सामाजिक–सांस्कृतिक परिवेश तथा परिस्थितियाँ भी तेजी से बदल रही हैं तब फिर यह कैसे संभव है कि इस ज्ञान के उपार्जन तथा उपयोग में सहायक शिक्षण के सिद्धांतों के कार्यक्षेत्र में अपेक्षित परिवर्तन न आये। सामान्य रूप से शिक्षण के सिद्धांतों से यही अपेक्षा की जाती है कि उनके द्वारा शिक्षण के क्षेत्र में आने वाली हर चुनौती का सामना करने के लिये उचित दिशा और दशा प्रदान करने का कार्य किया जाना चाहिए तब फिर हम नवीन शिक्षण सिद्धांतों के विकास तथा उपलब्ध शिक्षण सिद्धांतों के बहु–आयामी उपयोगों पर कैसे अंकुश लगा सकते हैं। शिक्षण और अनुदेशन के क्षेत्र में आए दिन नई समस्यायें तथा चुनौती आकर खड़ी हो रही है इनका सामना करने के लिए शिक्षण के सिद्धांतों द्वारा नए विचारों, तथ्यों तथा प्रक्रियाओं को सामने लाना ही होगा। यही कारण है कि हम शिक्षण सिद्धांतों के कार्यक्षेत्र को किसी एक निश्चित दायरे या सीमा में बाँधने की भूल नहीं कर सकते। अगर हम बदलते परिवेश, परिस्थितियों की माँग के संदर्भ में शिक्षण कार्यों, शिक्षक व्यवहार तथा शिक्षण गतिविधियों को सही दिशा और दशा प्रदान करने में शिक्षण के सिद्धांतों की समुचित सहायता लेना चाहते हैं तो हमें हर अवस्था में इनके कार्यक्षेत्र को सीमा मुक्त करना ही होगा।

विभिन्न शिक्षण सिद्धांत—प्रकार एवं विवरण (Various Teaching Theories—Types and Description)

एक शिक्षण सिद्धांत जैसा कि इस अध्याय में ऊपर चर्चा की जा चुकी है शिक्षकों के लिये वह सभी सैद्धांतिक आधार तथा पृष्ठभूमि प्रदान करता है जिसके अनुगमन द्वारा उन्हें अपने शिक्षण कार्यों को सर्वोत्तम ढंग से संपादित करने में पूरी–पूरी मदद मिलती है। संपादित किये जाने वाले इन शिक्षण कार्यों में पर्याप्त विविधता पाई जाती

है और फिर जिन शिक्षण–अधिगम परिस्थितियों में इन कार्यों के संपादन की बात उठती है उनके भी तो बहुत से रूप हो सकते हैं। शिक्षण कार्य जिनसे संबंधित होते हैं उन विषयों, प्रकरण विशेष तथा विषय सामग्री और फिर यह सब कुछ जिनके लिए होता है उन बालकों की अवस्थाओं, आयु वर्ग तथा क्षमताओं में भी पर्याप्त विभिन्नतायें पाई जाती हैं। ऐसी अवस्था में यह काफी जरूरी हो जाता है कि विभिन्न प्रकार की शिक्षण अधिगम परिस्थितियों, अधिगमकर्त्ताओं तथा अधिगम अनुभवों को ध्यान में रखते हुये एक से अधिक शिक्षण सिद्धांतों का प्रादुर्भाव हो। यही कारण है कि मनोवैज्ञानिक तथा शिक्षा शास्त्रियों ने अपने प्रयासों द्वारा ऐसे अनेक शिक्षण सिद्धांतों का प्रतिपादन किया है जिनमें से किसी एक का समय और परिस्थिति विशेष के अनुसार उपयुक्त चयन करके शिक्षक अपनी शिक्षण क्रियाओं तथा शिक्षक व्यवहार को उपयुक्त दिशा और दशा प्रदान कर सकते हैं।

जो भी शिक्षण सिद्धांत इस दिशा में अब तक विकसित किए गए हैं उन्हें ठीक प्रकार जानने व समझने हेतु मुख्यतया जिन तीन वर्गों में विभाजित कर आगे बढ़ा जा सकता है वे हैं–

(I) शिक्षण के औपचारिक सिद्धांत (Formal Theories of Teaching)

(II) शिक्षण के वर्णनात्मक सिद्धांत (Descriptive Theories of Teaching)

(III) शिक्षण के नियामक या मानक निर्धारक सिद्धांत (Normative Theories of Teaching)

इन वर्गों में किन–किन सिद्धांतों को शामिल किया गया है (देखिए चित्र 7.1) तथा उन सिद्धांतों में क्या है यह जानने हेतु हम उपरोक्त तीन वर्गों में शामिल सिद्धांतों पर एक–एक करके संक्षेप में चर्चा करना चाहेंगे।

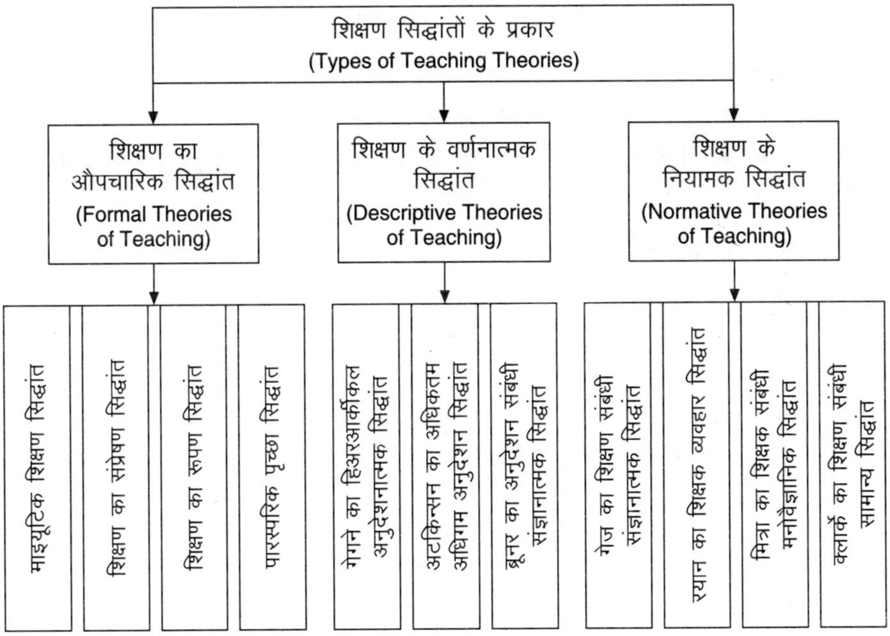

चित्र 7.1 शिक्षण के सिद्धांतों के प्रकार।

(I) शिक्षण के औपचारिक सिद्धांत (Formal Theories of Teaching)

इस प्रकार के शिक्षण सिद्धांत किसी न किसी प्रकार के सैद्धांतिक विचार, ज्ञान विज्ञान तथा दार्शनिक मान्यताओं पर टिके रहते हैं और शायद इसीलिये इन्हें शिक्षण के दार्शनिक सिद्धांतों (Philosophical Theories of

Teaching) की संज्ञा भी दी जाती है। इस वर्ग में जिन चार सिद्धांतों को मुख्य रूप से स्थान दिया गया है उनका वर्णन आगे किया जा रहा है।

1. माइयूटिक शिक्षण सिद्धांत (Maieutic Theory of Teaching)

शिक्षण सिद्धांतों में यह सबसे पुराना दार्शनिक सिद्धांत है जिसका प्रतिपादन प्राचीन ग्रीक दार्शनिकों सुकरात तथा प्लेटो के विचारों तथा शिक्षण विधियों के आधार पर हुआ है। विवेकानन्द तथा गांधी जैसे महान भारतीय शिक्षा शास्त्रियों के शिक्षा दर्शन की मूल मान्यताओं की भी इसमें झलक दिखाई देती है। इस शिक्षण सिद्धांत के मूल में इस प्रकार इन प्राचीन मनीषियों की यह दार्शनिक मान्यता कार्य करती है कि बालक विशेष में सभी प्रकार का ज्ञान अपने आप ही निहित रहता है, शिक्षण का उद्देश्य तो इस अन्तःनिहित ज्ञान को भीतर से बाहर लाना है। शिक्षक के रूप में हमारा इसलिये यह कर्त्तव्य बन जाता है कि बालक के शरीर, मस्तिष्क और आत्मा में निहित सर्वोत्तम को प्रकाश में लाए। हमें बाहर से बालक के भीतर कुछ नहीं डालना है बल्कि उसकी अन्तर्निहित शक्तियों का समुचित विकास उसी तरह करना है जैसे कि बीज को उसकी अन्तर्निहित शक्तियों का विकास कर एक अच्छे पौधे या वृक्ष के रूप में विकसित करने की कोशिश की जाती है। इस तरह शिक्षण में और कुछ नहीं किया जाता बल्कि बालक की अन्तर्निहित शक्तियों के उचित अंकुरण, पल्लवन तथा पोषण के लिये उपयुक्त परिस्थितियाँ तथा सुविधायें प्रदान करने का प्रयत्न किया जाता है। इस संदर्भ में निम्न बातों का उल्लेख किया जा सकता है।

- शिक्षा के फलस्वरूप उपलब्ध ज्ञान बालक के भीतर एक विस्तृत ज्ञान के रूप में पहले से ही विद्यमान रहता है। शिक्षण का प्रयोजन इस विस्मृत ज्ञान को भलीभाँति फिर से बालक की स्मृति में लाना होता है।
- प्रत्येक बालक में जन्मजात योग्यतायें तथा क्षमतायें पाई जाती हैं। अध्यापक का कार्य इन योग्यताओं तथा क्षमताओं को वास्तविक रूप प्रदान कर उसकी अन्तर्निहित शक्तियों को बाहर प्रकाश में लाना होता है।
- इस सिद्धांत की यह मान्यता है कि बालक की शिक्षा और पालन पोषण में वातावरण की शक्तियों की तुलना में आनुवंशिकी कारणों का अधिक योगदान रहता है।

2. शिक्षण का संप्रेषण सिद्धांत (Communication Theory of Teaching)

माइयूटिक शिक्षण सिद्धांत के बिल्कुल विपरीत इस सिद्धांत की यह मान्यता है कि बालक के पास विस्मृत ज्ञान अथवा अन्तर्निहित योग्यताओं एवं क्षमताओं के रूप में पहले से ऐसा कुछ नहीं होता जिसे शिक्षण के द्वारा स्मृति में लाया जाए अथवा उनका बाह्य रूप से विकास किया जाए। इसलिए यह आवश्यक है कि बालक को ज्ञान, कौशल, अभिवृत्तियों अथवा रुचियों के रूप में जो कुछ भी दिया जाना है उसका प्रयास बाह्य रूप से ही हो। बालक नहीं बल्कि वे अध्यापक ही हैं जो शिक्षण कार्य के दौरान ज्ञान और कौशलों से युक्त रहते हैं और इसीलिए अध्यापकों का यह कर्त्तव्य बन जाता है कि वे अपने में निहित ज्ञान और कौशलों को उचित संप्रेषण के माध्यम से अपने विद्यार्थियों को उनके समुचित कल्याण हेतु भलीभाँति हस्तांतरित कर दें। अपने इस संप्रेषण को प्रभावपूर्ण बनाने हेतु अध्यापकों द्वारा विभिन्न प्रकार की विधियों, प्रविधियों तथा व्यूह रचनाओं जैसे व्याख्यान वर्णन, स्पष्टीकरण, प्रदर्शन, प्रयोग आदि को अपनाया जा सकता है। इस प्रकार अपने नाम के अनुरूप ही यह शिक्षण सिद्धांत शिक्षण को एक प्रभावपूर्ण संप्रेषण के रूप में मान्यता देने का प्रयत्न करता है। इसके अनुसार जो शिक्षक अपने विद्यार्थियों के व्यवहार में अपेक्षित परिवर्तन लाने हेतु जितनी अच्छी तरह से अपनी बात अपने विद्यार्थियों को संप्रेषित करने में सक्षम सिद्ध होता है उसे उतना ही कुशल और प्रभावकारी अध्यापक माना जा सकता है।

दार्शनिक दृष्टि से यह सिद्धांत हरबर्ट की उस मान्यता पर आधारित माना जाता है जिसमें वह यह दावा करता है कि जो कुछ मस्तिष्क में पूर्व ज्ञान तथा अनुभवों के रूप में पहले से विद्यमान रहता है उससे नवीन ज्ञान तथा अनुभवों का भलीभाँति तालमेल बिठाने से ही नवीन ज्ञानार्जन में सहायता मिल सकती है। परिणामस्वरूप

संप्रेषण सिद्धांत यह बतलाने की चेष्टा करता है कि एक अध्यापक को शिक्षण हेतु विद्यार्थियों के साथ संप्रेषण करते समय (i) उनके पूर्व अनुभवों का बेहतर इस्तेमाल करना चाहिये (ii) वर्णन, व्याख्या तथा प्रदर्शनात्मक क्रियाओं का विधि के रूप में प्रयोग करना चाहिये (iii) विद्यार्थियों की संवेदी और प्रत्यक्षीकरण योग्यताओं को अधिक से अधिक उपयोग में लाना चाहिए तथा (iv) पाठ योजनाओं के निर्माण हेतु हरबर्ट की पंचपदीय प्रणाली का उपयोग करना चाहिए।

उपरोक्त विचारों और मान्यताओं को सामने रखते हुए अब हम संप्रेषण सिद्धांत की मुख्य विशेषताओं का संक्षेप में निम्न प्रकार उल्लेख कर सकते हैं–

- जो कुछ बालक को पढ़ाया जाता है वह उसके भीतर नहीं बल्कि बाहर मौजूद रहता है।
- वह अध्यापक ही है जो बालकों को कुछ कहकर, दिखाकर अथवा करके उचित संप्रेषण तकनीक का प्रयोग करते हुए वांछित ज्ञान एवं कौशल प्रदान करने का प्रयत्न करता है।
- उचित संप्रेषण से ही शिक्षण संभव है।
- संप्रेषण प्रक्रिया में संवेदना (Sensation) और प्रत्यक्षीकरण (Perception) की प्रमुख भूमिका रहती है।
- बेहतर संप्रेषण के लिए नवीन ज्ञान को सदैव ही पुराने ज्ञान तथा अनुभवों से संबंधित करने के प्रयत्न करने चाहियें।
- शिक्षण की प्रक्रिया में वंशक्रम तथा वातावरणजन्य दोनों प्रकार के तत्वों तथा कारकों को उचित महत्त्व दिया जाना चाहिए।

3. शिक्षण का रूपण सिद्धांत (Moulding Theory of Teaching)

यह सिद्धांत शिक्षण को एक व्यवहार परिमार्जन प्रक्रिया मानता है। इसके अनुसार शिक्षण का उद्देश्य विद्यार्थियों के व्यवहार तथा व्यक्तित्व का भलीभाँति रूपण (Moulding) तथा निरूपण (Shaping) कर उसे एक वांछित स्वरूप प्रदान करना होता है। यह मनोविज्ञान के व्यवहारवादी दृष्टिकोण का प्रतिफल है और इसलिए उद्दीपन–अनुक्रियाजन्य सिद्धांतों (जिनमें सक्रिय अनुबंधन भी शामिल है) को इसकी कार्यप्रणाली में प्रमुख स्थान दिया जाता है। वातावरणवादियों की मान्यताओं के नजदीक होने के कारण इस सिद्धांत द्वारा प्रतिपादित शिक्षण में वातावरणजन्य कारकों के प्रभाव को उचित महत्त्व दिया जाता है। कोशिश सभी तरह से ऐसी की जाती है कि शिक्षण के लिये ऐसा बेहतर वातावरण, परिस्थितियां तथा सुविधायें उपलब्ध कराई जायें ताकि अधिगम परिणामों की बेहतर ढंग से उपलब्धि हो सके। इसके अतिरिक्त सक्रिय अनुबंधन की मान्यताओं को ध्यान में रखते हुये ऐसे प्रयत्न भी किये जाते रहते हैं कि ज्ञान और कौशलों के अपेक्षित अर्जन के अतिरिक्त विद्यार्थियों की अभिवृत्तियों, रुचियों, मान्यताओं तथा चालचलन को भी अपेक्षित दिशा और दशा में रूपण तथा निरूपण करने हेतु उन्हें वांछित पुनर्बलन तथा प्रतिपुष्टि भी सही समय पर सही तरह से दी जाती रहे।

इस सिद्धांत की प्रमुख विशेषताओं का संक्षेप में निम्न प्रकार उल्लेख किया जा सकता है–

- बालक के व्यवहार और व्यक्तित्व का एक विशेष तरह से रूपण (Moulding) तथा निरूपण (Shaping) करने में वातावरणजन्य कारकों की प्रमुख भूमिका रहती है।
- शिक्षण और कुछ नहीं बल्कि एक ऐसा प्रयास है जिसमें बालक के व्यवहार को वांछित रूप में ढालने तथा परिमार्जित करने हेतु वातावरणजन्य प्रभावों को ठीक तरह संगठित करने का कार्य किया जाता है।
- शिक्षण द्वारा किये जाने वाले व्यवहार परिमार्जन के इस कार्य में सदैव सार्थक अधिगम परिस्थितियों के भलीभाँति नियोजन तथा संगठन द्वारा उद्दीपक तथा अनुक्रिया के बीच वांछित तालमेल रखने के प्रयत्न किए जाते हैं।

– शिक्षण में शिक्षक का प्रमुख उत्तरदायित्व उचित अधिगम परिस्थितियों का संगठन करना तथा विद्यार्थी को उसके अधिगम अर्जन तथा क्षमताओं के उचित विकास हेतु पर्याप्त अवसर तथा समुचित स्वतंत्रता प्रदान करना होता है।

4. पारस्परिक पृच्छा सिद्धांत (Mutual Inquiry Theory)

यह सिद्धांत यह मानकर चलता है कि बालक स्वभाव से ही जिज्ञासु होते हैं और उनकी यह आदत होती है कि वे ज्ञानार्जन हेतु बहुत सी घटनाओं, वस्तुओं और व्यक्तियों के बारे में तरह–तरह के प्रश्न कर आवश्यक पूछताछ में संलग्न रहें। अतः एक शिक्षक को उनकी इस प्रवृत्ति से लाभ उठाने हेतु अधिगम परिस्थितियों तथा साधनों को इस तरह संगठित करने का प्रयत्न करना चाहिए कि वे आवश्यक पूछताछ कर ज्ञान की स्वयं खोज करने में कामयाब हो सकें। इस प्रकार ज्ञान की खोज हेतु अपने विद्यार्थियों को तत्पर करने के लिए एक अध्यापक को विशेष रूप से कुछ आवश्यक प्रारंभिक तैयारी की आवश्यकता है। अपनी इस तैयारी हेतु उसे निम्न बातों से संबंधित आवश्यक जानकारी जुटाने के प्रयत्न करने चाहियें–

– विद्यार्थियों के स्वभाव, रुचियों, योग्यताओं तथा क्षमताओं का ज्ञान।

– पूछताछ प्रक्रिया द्वारा जिस प्रकार की विषय सामग्री या अधिगम अनुभवों का अर्जन होता है, उसकी प्रकृति।

– पूछताछ की ऐसी विधि तथा प्रक्रिया जो विषयवस्तु की प्रकृति तथा विद्यार्थियों की आवश्यकताओं तथा क्षमताओं से मेल खाती हो।

– वातावरणजन्य परिस्थितियों का ऐसा संगठन जो पूछताछ या समस्या समाधान उपागम के उपयोग में सहायक हो।

इस तरह की प्रारंभिक तैयारी के लिए यह सिद्धांत पारस्परिक पृच्छा या पूछताछ प्रक्रिया को अपनाने की बात करता है। अध्यापक और विद्यार्थी दोनों ही अपने अपने ढंग से प्रश्न पूछते हुए पारस्परिक पूछताछ प्रक्रिया में संलग्न रह सकते हैं और इस तरह पूछताछ तथा खोज उपागम को काम में लाते हुए निर्धारित शिक्षण या अनुदेशनात्मक उद्देश्यों की प्राप्ति का कार्य किया जा सकता है। यहाँ अध्यापक द्वारा इस बात का पूरा–पूरा ध्यान रखा जाता है कि विद्यार्थी वर्ग को ऐसी संगठित तथा साधन संपन्न वातावरणजन्य परिस्थितियाँ उपलब्ध कराई जायें कि वे स्वयं ही अपनी शंका विशेषों का आवश्यक पूछताछ या अन्वेषण द्वारा समाधान करते हुए ज्ञान प्राप्ति के मार्ग पर भलीभाँति आरूढ़ रह सकें। दूसरी बात जिसके अनुसरण पर इस सिद्धांत में विशेष जोर दिया जाता है वह यह है कि शिक्षण अधिगम प्रक्रिया को यहाँ विद्यार्थियों तथा अध्यापकों से युक्त एक सहकारी व्यवस्था के रूप में देखा जाना चाहिये इस व्यवस्था में अध्यापक और विद्यार्थी वर्ग दोनों ही पारस्परिक सहयोगपूर्ण वातावरण में एक दूसरे से प्रश्न पूछने, अपनी–अपनी शंकाओं का समाधान या प्रयोजनों को पूरा करने हेतु पारस्परिक पूछताछ करने, पारस्परिक सहयोग से नवीन ज्ञान की उपलब्धि या निर्धारित उद्देश्यों की प्राप्ति में जुटे रहने, ज्ञान की खोज करने तथा समस्याओं के समाधान हेतु नये तरीके खोजने जैसी उपयोगी क्रियाओं में संलग्न रहते हैं।

उपरोक्त विवरण के आधार पर इस सिद्धांत की विशेषताओं का संक्षेप में निम्न प्रकार उल्लेख किया जा सकता है–

– पूछताछ और खोज का रास्ता अपनाकर ज्ञान का बेहतर अर्जन किया जा सकता है।

– बेहतर शिक्षण हेतु शिक्षण अधिगम परिस्थितियों का इस प्रकार आयोजन किया जा सकता है कि विद्यार्थियों को अध्यापक के बिना कोई ज्यादा सहायता लेते हुए अपने आप ज्ञान की खोज के अवसर मिल सकें।

- शिक्षण–अधिगम एक सांझा कार्य है जिसमें विद्यार्थी और अध्यापक दोनों को ही पूछताछ तथा समस्या समाधान उपागम की सहायता लेते हुए परस्पर सहयोग से आगे बढ़ना होता है।
- अध्यापक और विद्यार्थी दोनों के द्वारा विषयवस्तु, उपलब्ध वातावरणजन्य परिस्थितियों तथा निर्धारित अनुदेशनात्मक उद्देश्यों के संदर्भ में पूछताछ और खोज की बेहतर विधियों एवं तकनीकों का चयन किया जाना चाहिए।
- सारांश रूप में यह सिद्धांत उन विधियों एवं तकनीकों को शिक्षण हेतु प्रयोग में लाने की बात करता है जिनसे पारस्परिक पूछताछ या खोज कार्य को बढ़ावा मिले, जैसे पूछताछ प्रशिक्षण विधि, खोज या अनुसंधानात्मक विधि तथा समस्या समाधान विधि आदि।

(II) शिक्षण की वर्णनात्मक विधियाँ (Descriptive Theories of Teaching)

शिक्षण के वर्णनात्मक सिद्धांतों से तात्पर्य उन शिक्षण सिद्धांतों से है जो शिक्षण प्रक्रिया में निहित विभिन्न चरों की, उनके अन्तःसंबंधों तथा उनके द्वारा निभाई जाने वाली भूमिका की प्रभावशीलता के संदर्भ में, व्याख्या तथा वर्णन करने का प्रयत्न करते हैं। उनकी यह व्याख्या और वर्णन वस्तुगत निरीक्षण तथा यथार्थ साक्ष्यों पर टिका होता है। इन सिद्धांतों की उपयोगिता उन पर आधारित शिक्षण कार्य के परिणामों के संबंध में उपयुक्त भविष्यवाणी करने तथा अध्यापक और विद्यार्थियों को बेहतर शिक्षण परिणामों हेतु उचित उपाय सुझाने में ही निहित होती है। इसीलिये कभी–कभी इन सिद्धांतों को शिक्षण के उपचारात्मक सिद्धांतों (Prescriptive theories) की भी संज्ञा दी जाती है। अपने इस रूप में इन सिद्धांतों से यह अपेक्षा की जाती है कि वे निर्धारित अनुदेशनात्मक उद्देश्यों की प्राप्ति हेतु अनुदेशनात्मक प्रक्रिया के समुचित संगठन तथा आयोजन हेतु उपयुक्त सुझाव दें। इस प्रकार की अपेक्षाओं के फलस्वरूप ही इस प्रकार के शिक्षण सिद्धांतों द्वारा विभिन्न प्रकार के अनुदेशनात्मक सिद्धांतों (Theories of Instruction) को जन्म मिला है। यहाँ प्रमुख रूप से उनमें से हम जिन तीन अनुदेशनात्मक सिद्धांतों की संक्षेप में चर्चा करने जा रहे हैं वे हैं गेगने का हाइअराकिकल अनुदेशनात्मक सिद्धांत, अटिकिन्सन का अधिकतम अधिगम अनुदेशन सिद्धांत तथा ब्रूनर का अनुदेशन संबंधी संज्ञानात्मक सिद्धांत।

आइए इन तीनों अनुदेशन सिद्धांतों पर संक्षेप में अलग–अलग चर्चा की जाए।

गेगने का हाइआरकिकल अनुदेशनात्मक सिद्धांत (Gagne's Hierarchical Theory of Instruction)

रोबर्ट गेगने (1976) ने अधिगम के प्रकार तथा अधिगम की परिस्थितियों तथा हालात के बारे में व्यक्त किए गए अपने स्वयं के विचारों के आधार पर एक अनुदेशनात्मक सिद्धांत को हमारे सामने रखा। गेगने द्वारा प्रतिपादित इस अनुदेशनात्मक सिद्धांत की मुख्य मान्यताओं तथा विचारों का संक्षेप में निम्न प्रकार उल्लेख किया जा सकता है।

1. अपने अनुदेशनात्मक सिद्धांत की आधारशिला रखते हुए गेगने ने अधिगम के आठ प्रकारों का उल्लेख कर उन्हें उनके सरल से जटिल क्रमिक प्रारूप में निम्न प्रकार व्यवस्थित किया :

    1. संकेत अधिगम (Signal Learning)
    2. उद्दीपन–अनुक्रिया अधिगम (Stimulus—Response Learning)
    3. शृंखलाबद्ध अधिगम (Chain Learning)
    4. शाब्दिक साहचर्य अधिगम (Verbal Association Learning)

5. विभेदीकरण अधिगम (Discriminating Learning)
6. संप्रत्यय अधिगम (Concept Learning)
7. नियम अधिगम (Rule Learning)
8. समस्या समाधान अधिगम (Problem Solving Learning)

अधिगम के प्रकारों को सरल से जटिल क्रम में उपरोक्त प्रारूप में व्यवस्थित करके गेगने ने एक प्रकार से यह बताने की चेष्टा की कि बालक विशेष के अधिगम अर्जन का क्रमिक रूप क्या होता है, वह किन बातों को पहले आसानी से सीख सकता है और किन को बाद में। इस तथ्य को आधार बनाते हुये गेगने ने अपने अनुदेशनात्मक सिद्धांत द्वारा शिक्षकों को यह स्पष्ट करने का प्रयास किया कि उन्हें अपने अनुदेशनात्मक विधियों, तकनीकों तथा व्यूह रचनाओं का चयन क्रमिक रूप से इस तरह करना चाहिए कि बालक विशेष को सरल से जटिल प्रनियम का अनुगमन करते हुए उसके अधिगम पथ पर ठीक प्रकार अग्रसर किया जा सके।

2. गेगने ने फिर अपने सहयोगी बिग्स (1974) के साथ मिलकर अपने आठ प्रकार के अधिगमों के संदर्भ में पाँच अधिगम परिणामों (Learning outcomes) को हमारे सामने रखा और उन्हें क्रमशः गामक कौशलों (Motor skills), शाब्दिक सूचना (Verbal information), बौद्धिक कौशल (Intellectual skills), अभिवृत्तियों (Attitudes) तथा संज्ञानात्मक व्यूह रचनाओं (Cognitive strategies) का नाम दिया। इन अधिगम परिणामों को भी गेगने द्वारा सरल से जटिल क्रमिक प्रारूप में व्यवस्थित कर यह कहा गया है कि किसी अनुदेशनात्मक प्रक्रिया को अधिगम परिणामों की प्राप्ति के क्रमिक प्रारूप को ध्यान में रखते हुए ही नियोजित एवं संगठित करने के प्रयत्न किये जाने चाहियें। फलस्वरूप बालक विशेष को बौद्धिक कौशल तथा अन्य संज्ञानात्मक व्यूहरचनाओं संबंधी ज्ञान कराने से पहले उन्हें गामक कौशलों को सीखने तथा शाब्दिक सूचनाएं ग्रहण करने में समर्थ बनाया जाना चाहिए।
3. गेगने (1977, 1979) ने फिर इसी क्रम में आगे बढ़ते हुए उन अधिगम परिस्थितियों को हमारे सामने रखा जिनकी उपस्थिति एवं आयोजन एक विशेष प्रकार के अधिगम तथा उससे जुड़े हुए अधिगम परिणामों की प्राप्ति हेतु आवश्यक होता है। इन परिस्थितियों को उसके द्वारा अधिगम घटना क्रम (Learning events) या अधिगम अवस्थाओं (Phases of learning) का नाम दिया गया। उसने बताया कि किसी भी अधिगम कार्य के संपादन हेतु बालक विशेष को इन अधिगम घटनाक्रम अवस्था विशेषों का उनके 'सरल से जटिल' क्रम में आयोजित प्रारूप के हिसाब से अनुसरण करना होता है। अब क्योंकि अनुदेशन प्रदान करने का उद्देश्य ही बालक को उसके अधिगम कार्य में वांछित सहायता प्रदान करना होता है अतः किस प्रकार का अनुदेशन और उसके लिये ऐसी अनुदेशनात्मक व्यूह रचना अपनाया जाना ठीक रहेगा इसका निर्धारण जिस अधिगम घटना क्रम या अधिगम अवस्थाओं से बालक किसी समय और परिस्थिति विशेष में गुजर रहा होता है उसी के आधार पर किया जाना चाहिये। विभिन्न अधिगम घटनाक्रम (Events of learning) या अधिगम अवस्थाओं का यह क्रमिक प्रारूप बालकों के द्वारा अधिगम अर्जन के संदर्भ में किस प्रकार का होता है इसे चित्र 7.2 के माध्यम से भलीभाँति समझा जा सकता है।

इस प्रकार गेगने का अनुदेशनात्मक सिद्धांत स्पष्ट रूप से यह सुझाव देता है कि शिक्षण के दौरान एक अध्यापक द्वारा अपने विद्यार्थियों को उस प्रकार के अनुदेशन कार्य करने चाहियें जो विद्यार्थियों की अधिगम आवश्यकताओं तथा उपलब्ध अधिगम परिस्थितियों से अच्छी तरह मेल खाता हो।

अब अगर चित्र 7.2 पर ध्यान दिया जाए तो यह अच्छी तरह विदित हो सकता है कि गेगने के अनुसार अधिगम की प्रक्रिया आठ सोपानों या अवस्थाओं में पूरी होती है। इन आठ अवस्थाओं में से प्रत्येक में कोई न कोई ऐसी बाह्य परिस्थिति या घटना (Event) की उपस्थिति रहती है जिसके घटने के लिए अधिगमकर्त्ता या अध्यापक

अधिगम की घटनाएं अथवा अवस्थाएं		अनुदेशनात्मक घटनाएं
अभिप्रेरणा अवस्था	आकांक्षा	(i) अभिप्रेरणा को सक्रिय करने हेतु विद्यार्थी को उद्देश्यों से अवगत कराना
बोध अवस्था	अवधान चयनित प्रत्यक्षीकरण	(ii) अवधान को निर्देशित करना
संप्राप्ति अवस्था	कोडिंग भंडारण प्रविष्टि	(iii) प्रत्यास्मरण के लिए प्रयत्न करना (iv) अधिगम मार्गदर्शन प्रदान करना
धारणा अवस्था	स्मृति भंडारण	(v) धारणा में बढ़ोत्तरी करना
प्रत्यास्मरण अवस्था	पुनः प्रस्तुतीकरण	
सामान्यीकरण अवस्था	स्थानान्तरण	(vi) अधिगम स्थानान्तरण को बढ़ावा देना
निष्पादन अवस्था	अनुक्रिया करना	(vii) प्रतिपुष्टि प्रदान कर निष्पत्ति को प्रकाश में लाना
प्रतिपुष्टि अवस्था	पुनर्बलन	

चित्र 7.2 अधिगम अवस्थाएं तथा अनुदेशनात्मक घटनाएं।

उत्तरदायी होता है। उदाहरण के लिये अभिप्रेरणात्मक अवस्था को ही लीजिये। इस अवस्था में अधिगमकर्त्ता को अभिप्रेरित करना जरूरी है। अब यह कार्य या तो अधिगमकर्त्ता द्वारा स्वयं किया जा सकता है अथवा इसके लिये अध्यापक द्वारा ऐसी परिस्थितियाँ या घटनाक्रम सृजित किया जाता है जिससे अधिगमकर्त्ता को वांछित रूप से अभिप्रेरित किया जा सके। एक बात और जो गौर करने वाली है वह यह है कि प्रत्येक बाह्य परिस्थिति या अधिगम वृतांत अधिगमकर्त्ता के मस्तिष्क में चल रही विचार प्रक्रिया का प्रतिनिधित्व करने वाले आंतरिक वृतांत या घटनाक्रम की आकांक्षा (Expectancy) यानी अधिगम के परिणामस्वरूप कुछ पाने की अभिलाषा से संबंधित पाया जाता है। चित्र 7.2 में अधिगम वृतांत या अवस्थाओं से संबंधित सभी आंतरिक घटनाचक्र या वृतांत आयताकार बॉक्स में दिए गए हैं तथा फिर सभी संबंधित अनुदेशनात्मक वृतांतों या घटनाक्रमों को उनके क्रमिक रूप में आगे दिया गया है। इन अनुदेशनात्मक वृतांतों या घटनाक्रमों में उन बातों की ओर स्पष्ट संकेत है जिनको अनुदेशनात्मक गतिविधियों के रूप में अध्यापक विशेष द्वारा अपने किसी अनुदेशन के दौरान संपन्न किया जाता है।

अगर उपरोक्त सभी बातों पर ठीक प्रकार से मनन किया जाए तो गेगने का अनुदेशनात्मक सिद्धांत अध्यापक से एक उचित अनुदेशनात्मक व्यूह रचना अपनाने हेतु निम्न बातों की अपेक्षा करता हुआ प्रतीत होता है।

- विद्यार्थियों को अधिगम हेतु अभिप्रेरित करना। इस कार्य हेतु अधिगम कार्य के प्रति विद्यार्थियों की रुचि बढ़ाई जा सकती है। इसके अतिरिक्त विद्यार्थियों को अधिगम परिस्थितियों या उपलब्ध उद्देश्यों की जानकारी अगर समय पर दी जाती रहे तो इससे भी उनको भलीभाँति अभिप्रेरित रखा जा सकता है।
- प्रस्तुत की जा रही अधिगम सामग्री पर विद्यार्थियों का ध्यान केंद्रित करना।
- नवीन ज्ञान को ठीक प्रकार ग्रहण करने हेतु उससे संबंधित पूर्व ज्ञान की याद तरोताजा करना।
- प्रस्तुत अधिगम सामग्री के उचित अधिगम हेतु वांछित अधिगम मार्गदर्शन प्रदान करना।
- नवीन अर्जित अधिगम अनुभवों को अपनी स्मृति में बनाए रखने के प्रयत्नों में विद्यार्थियों की सहायता करना।
- अर्जित तथ्यों, प्रनियमों तथा अवधारणाओं का सामान्यीकरण तथा उनका नयी परिस्थितियों में उपयोग करने संबंधी प्रयत्नों में विद्यार्थियों की सहायता करना।
- विद्यार्थियों को उनकी उपलब्धियों तथा निष्पत्तियों को बेहतर बनाये रखने हेतु उचित एवं तात्कालिक पृष्ठपोषण की व्यवस्था करना

अटकिन्सन का अधिकतम अधिगम अनुदेशन सिद्धांत (Atkinson's Optimal Learning Theory of Instruction)

रिचर्ड सी० अटकिन्सन (1968) जब अधिगम के वैयक्तिक भेदों से उत्पन्न समस्या के निराकरण हेतु कंप्यूटर सह–अनुदेशन कार्यक्रम पर कार्य कर रहे थे तब उन्होंने शिक्षण हेतु एक ऐसे अनुदेशन सिद्धांत को विकसित किया जिसके माध्यम से विद्यार्थियों को उनके अधिकतम अधिगम स्तर को प्राप्त करने में सहायता की जा सकती थी। अपने इस सिद्धांत की अनुपालना के संदर्भ में जिस अनुदेशनात्मक व्यूह रचना को उन्होंने सबके सामने रखा उसमें शिक्षक से उनके नियोजन हेतु निम्न सोपानों का अनुगमन करने की बात कही गई।

1. शिक्षक को सबसे पहले अनुदेशनात्मक उद्देश्यों को निर्धारित करना चाहिए और फिर इन्हें निश्चित, स्पष्ट एवं व्यवहारजन्य शब्दावली में व्यक्त करने का प्रयत्न करना चाहिए।
2. इसके बाद शिक्षक को यह तय करना चाहिए कि वह अपनी शिक्षण अधिगम प्रक्रिया को किस प्रकार तथा किस रूप में चलाना चाहेगा। इसके लिए जिस प्रकार की अनुदेशनात्मक गतिविधियों के संचालन की आवश्यकता पड़ेगी उनके नियोजन पर भी यहाँ विचार किया जाना चाहिए।
3. इसके बाद निर्धारित अनुदेशनात्मक उद्देश्यों की उपलब्धि के मापन के संदर्भ में उचित मूल्यांकन तकनीकों/मापन पैमानों को विकसित करने की बात पर भी विचार करना चाहिए।

ब्रूनर का अनुदेशन संबंधी संज्ञानात्मक सिद्धांत (Bruner's Cognitive Theory of Instruction)

प्रसिद्ध शिक्षा शास्त्री एवं मनोवैज्ञानिक जे.एस. ब्रूनर ने अपने से पूर्व मनोवैज्ञानिकों एवं शिक्षा शास्त्रियों से बिल्कुल अलग प्रकार के एक अनुदेशन सिद्धांत को प्रतिपादित किया। इस सिद्धांत में निहित मूल मान्यताओं तथा धारणाओं को संक्षेप में निम्न प्रकार व्यक्त किया जा सकता है–

1. अधिगम को मात्र उद्दीपन–अनुक्रिया अनुबंधन या अनुक्रिया–उद्दीपन अनुबंधन के रूप में नहीं समझा जा सकता। वस्तुतः अधिगम अपने आप में एक संज्ञानात्मक प्रक्रिया है जिसमें निम्न तीन प्रकार की गतिविधियाँ क्रमिक रूप से संपन्न होती हुई नजर आ सकती हैं।

(i) नवीन ज्ञान या सूचना की प्राप्ति या अर्जन।

(ii) अधिगमकर्ता में पहले से ही विद्यमान ज्ञान का वर्तमान ज्ञानार्जन हेतु स्थानांतरण।

(iii) पहले से विद्यमान/पूर्व अर्जित ज्ञान की सार्थकता तथा उपादेयता की नवीन ज्ञान उपार्जन के संदर्भ में समीक्षा।

2. हम सभी में जिज्ञासा की मूल प्रवृत्ति जन्म से ही विद्यमान रहती है। अपने चारों ओर फैली हुई वस्तुओं, व्यक्तियों तथा घटनाओं से परिचित होने संबंधी जिज्ञासाओं तथा ज्ञान उपलब्धि हेतु किए जाने वाले अपने प्रयत्नों के सहारे हम जन्म लेते ही ज्ञानार्जन के कार्य में संलग्न हो जाते हैं।

3. हमारे इस ज्ञानार्जन कार्य या अधिगम प्रक्रिया में पहला महत्त्वपूर्ण कदम हमारी संप्रत्यय निर्माण योग्यता (Conceptualizing ability) का विकास है। इस योग्यता के सहारे बालक अपने परिवेश में विद्यमान विभिन्न वस्तुओं और घटनाओं को उनकी समानता तथा असमानताओं के आधार पर श्रेणियों में वर्गीकृत कर अच्छी तरह समझने का प्रयत्न करते हैं। बालकों के संप्रत्यय निर्माण संबंधी इन प्रयत्नों में इस बात का ध्यान शिक्षकों तथा माता–पिता द्वारा अवश्य रखा जाना चाहिए कि बालकों द्वारा अपने इन प्रयत्नों से सदैव ही सही संप्रत्ययों का अर्जन हो, गलत तथा भ्रमपूर्ण संप्रत्ययों का नहीं। बालकों में सही संप्रत्ययों का अच्छी तरह विकास करने हेतु ब्रूनर ने संप्रत्यय उपलब्धि नामक प्रतिमान के उपयोग की बात भी शिक्षकों के सामने रखी।

4. ब्रूनर ने बताया कि मनुष्य मात्र में संज्ञानात्मक योग्यताओं का विकास एक अनवरत प्रक्रिया है। बालकों में इसका विकास क्रमबद्ध ढंग से लगातार होता रहता है। इस विकास कार्य की मुख्यतया तीन निम्न अवस्थायें होती हैं।

(a) एनेक्टिव या शारीरिक अनुक्रियाओं की अवस्था (The Enactive mode or stage)

(b) इकोनिक या मानस बिंब अवस्था (The Econic mode or stage)

(c) प्रतीकात्मक प्रतिनिधित्व अवस्था (The Symbolic representation mode or stage)

पहली एनेक्टिव या शारीरिक अनुक्रियाओं की अवस्था में बालक को अपने चारों ओर विद्यमान परिवेश संबंधी वास्तविकता का ज्ञान अपनी शारीरिक चेष्टाओं तथा गामक गतिविधियों के माध्यम से ही होता है। कौन सी चीज छोटी है या बड़ी, हल्की है या भारी, काली है या पीली, खट्टी है या मीठी, इन सब बातों का ज्ञान वह अपने आप इनके प्रति शारीरिक अनुक्रियायें करके प्राप्त करता है। यही कारण है कि अधिगम अर्जन की इस प्रारंभिक अवस्था में बालकों को स्थूल वस्तुओं तथा वास्तविक क्रियाओं के संपर्क में आकर सीखने तथा करने के वास्तविक अवसर प्रदान किए जाने चाहिए।

दूसरी इकोनिक या मानस बिंब अवस्था में पहुँचकर बालक में अब इस प्रकार का संज्ञानात्मक विकास हो जाता है कि वह वस्तुओं और घटनाओं का अमूर्त्त चिंतन करने हेतु उन्हें मानस बिंबों (Mental images) के रूप में अपने सामने रख सके। उदाहरण के लिये आयताकार या वर्गाकार कमरे का कैसा रूप हो सकता है इस बात को जानने समझने हेतु अब उसके पास इस प्रकार के कमरों के मानस बिंब (Mental images) मौजूद रहते हैं।

तीसरी प्रतीकात्मक प्रतिनिधि अवस्था में पहुँचते ही बालक अब मानस बिंबों के स्थान पर प्रतीकों या चिह्नों का प्रयोग करना या उनके प्रयोग को समझना शुरु कर देता है। अब वह Δ आकृति देखते ही कह सकता है कि यह एक त्रिभुजाकार आकृति है। यह एक प्रकार से संज्ञानात्मक विकास की एक ऐसी उन्नत और चरम अवस्था है जिसमें स्थूल वस्तुओं तथा वास्तविक घटनाओं को उनके सूक्ष्म तथा प्रतीकात्मक प्रतिनिधित्व या विवरण से समझा और समझाया जा सकता है।

5. ब्रूनर के मतानुसार यद्यपि विद्यार्थियों से यह आशा नहीं की जानी चाहिए कि कहीं से सुनी, पढ़ी या देखी बातों को ज्यों की त्यों दोहराने या प्रस्तुत करने का प्रयत्न करें बल्कि उनके सामने ऐसी परिस्थितियाँ पैदा करनी चाहिएं और उनको इस तरह प्रोत्साहित तथा अभिप्रेरित करना चाहिए कि वे अपने स्वयं के प्रयत्नों से जैसे तैसे ज्ञान की उपलब्धि करने की बजाए ज्ञान प्राप्ति के ढंग से परिचित कराकर स्वयं के प्रयत्नों से ज्ञान प्राप्ति की ओर अग्रसर हों। इस संदर्भ में अपने विचार स्पष्ट करते हुए ब्रूनर ने लिखा है, "हम किसी विषय को इसलिये नहीं पढ़ाते कि ऐसा करके उस विषय विशेष पर एक छोटे जीते जागते पुस्तकालय के रूप में अपने विद्यार्थियों को देखेंगे बल्कि इसलिए कि वे स्वयं सोच सकें, बातों को ऐसे जानने और समझने की कोशिश करें जैसा कि इतिहासकार करते हैं, वे ज्ञान प्राप्ति के प्रयत्नों और प्रक्रिया में भाग लें। उन्हें यह जानना चाहिये कि ज्ञान एक प्रक्रिया है, परिणाम नहीं।

(We teach a subject not to produce little living libraries on that subject, but rather to get a student to think for himself, to consider matters as a historian does, to take part into process of knowledge getting. Knowledge is a process, not a product.—Bruner, 1966, p. 72)

अपने इस प्रकार के विचारों को मूर्त रूप देने के लिए ही ब्रूनर ने अपने अनुदेशन के संज्ञानात्मक सिद्धांत में खोजपूर्ण अधिगम (Discovery learning) पर विशेष बल दिया है।

7. ब्रूनर ने अपने अनुदेशन सिद्धांत द्वारा यह प्रतिपादित करने की चेष्टा की एक अध्यापक को अपने अनुदेशन में ज्ञान की उपलब्धि और इस उपलब्धि का ढंग सीखने, दोनों ही बातों को अपना अनुदेशनात्मक उद्देश्य बनाने की चेष्टा करनी चाहिए। इस कार्य हेतु उसने शिक्षकों से अपनी अनुदेशन प्रक्रिया में निम्न चार बातों के समावेश का उल्लेख किया है।

(i) **अधिगम हेतु तत्पर करना (Pre-disposition to learn)**—शिक्षण प्रारंभ करने से पहले एक अध्यापक को चाहिये कि वह बालक को जो कुछ पढ़ाया जाएगा उसके प्रति इच्छुक तथा उसे समझने या ग्रहण करने में समर्थ बनाने की ओर ध्यान दे।

(ii) **ज्ञान को आयोजित या संरचित करना (Structuring the knowledge)**—विद्यार्थियों को जो भी अधिगम अनुभव प्रदान किये जायें या जिस विषयवस्तु का अनुदेशन प्रदान किया जाए वह इतनी अच्छी तरह आयोजित या संरचित होने चाहिये कि विद्यार्थियों को प्रदत्त ज्ञान को भलीभाँति ग्रहण करने तथा उसको प्रयोग में लाने में अधिक से अधिक आसानी हो। यह बात सत्य है कि हम अपने विद्यार्थियों को ऐसे नहीं पढ़ा सकते कि उन्हें किसी विषय विशेष से संबंधित सभी बातों का पूरी तरह विस्तार से ज्ञान हो जाये। ज्ञान की कोई सीमा नहीं होती अतः हमारी कोशिश यही होनी चाहिए कि हमारे पढ़ाने से विद्यार्थी विषय विशेष से संबंधित ज्ञान की आधारभूत संरचना या उसकी मूलभूत बातों तथा उपयोगिता को भलीभाँति जान लें। इस कार्य हेतु इसलिए हमें जिस विषय को हम पढ़ा रहे हैं उसकी विषयवस्तु तथा अधिगम अनुभवों की ऐसी संरचना व्यवस्था या आयोजन करना चाहिए जिससे विषय विशेष की आधारभूत बातों, तथ्यो तथा प्रनियमों को अच्छी तरह जानने, समझने और प्रयोग में लाने का अवसर हमारे विद्यार्थियों को प्राप्त हो सके।

(iii) **अधिगम सामग्री का क्रमबद्ध प्रस्तुतीकरण (Sequencing of the presented material)**—जो भी विषय सामग्री तथा अनुभव विद्यार्थियों के अनुदेशन हेतु प्रस्तुत किए जायें उनकी उपयुक्तता तथा प्रभावपूर्णता तभी ठीक तरह से बनी रह सकती है जब उनका प्रस्तुतीकरण विद्यार्थियों की आयु, पूर्वज्ञान तथा उनके संज्ञानात्मक विकास को ध्यान में रखकर किया गया हो। इस प्रस्तुतीकरण में यह भी ध्यान रखा जाना चाहिए कि अधिगम अर्जन में क्रमिक रूप से तीन स्तर होते हैं। पहला स्तर यह चाहता है कि विषयवस्तु का प्रस्तुतीकरण स्थूल वस्तुओं तथा अनुभवों के रूप में हो, दूसरे में

इनके मानसिक बिंब तथा तीसरे पर इनका प्रतीकों के माध्यम से चिंतन संभव है। अतः विषयवस्तु के प्रस्तुतीकरण में हमें क्रमिक रूप से स्थूल से सूक्ष्म तथा सूक्ष्मतर अवस्था की ओर बढ़ना चाहिए।

(iv) **उचित पुनर्बलन प्रदान करना (Providing due reinforcement)**—ब्रूनर ने अपने अनुदेशनात्मक सिद्धांत द्वारा यह विचार व्यक्त किया कि अध्यापकों को अपनी अनुदेशन प्रक्रिया की सफलता एवं प्रभावशीलता हेतु पुनर्बलन प्रदान करने संबंधी तकनीक के उपयोग में दक्ष होना चाहिए। इस संबंध में उसके अनुसार यह बात सदैव ध्यान में रखी जानी चाहिये कि जहाँ तक हो सके विद्यार्थियों को अनुदेशन प्रक्रिया में बाह्य पुनर्बलकों की अपेक्षा आंतरिक पुनर्बलकों को ही प्रदान कराने की चेष्टा की जाए। ब्रूनर की यह मान्यता है कि पारितोषिक तथा सजा के रूप में प्रयोग में लाए जाने वाले बाह्य पुनर्बलक विद्यार्थियों के स्व–अध्ययन स्वतंत्र रूप से सोचने, करने तथा समस्या समाधान प्रवृत्ति के उचित प्रकाशन और विकास में रोड़ा अटकाते हैं। पारितोषिक तथा अन्य बाह्य पुनर्बलकों द्वारा पोषित व्यवहार में बालक वही व्यवहार करते हैं जिसे करने के लिये उन्हें अध्यापकों द्वारा कहा जाता है। वे पढ़ी, सुनी तथा देखी बातों की ही पुनरावृत्ति करते रहते हैं। इससे उनकी सृजनात्मकता लगभग समाप्त सी ही हो जाती है। सजा या नकारात्मक पुनर्बलक दूसरी ओर व्यवहार के परिमार्जन या उसमें इच्छित सुधार लाने की बजाय उसे एक समस्या व्यवहार बनने की दिशा में धकेल देते हैं।

अपने इस उपरोक्त विचारों के माध्यम से ब्रूनर ने अनुदेशन हेतु एक काफी उपयोगी तथा सार्थक संज्ञानात्मक सिद्धांत को हमारे सामने रखने का प्रयत्न किया। उसने अपने इस सिद्धांत के बारे में यह कहा कि यह वर्णनात्मक (Descriptive) या उपचारात्मक (Prescriptive) होने के साथ साथ नियामक या मानक (Normative) भी है। वर्णनात्मक या उपचारात्मक इसलिए कि यह अनुदेशनात्मक उद्देश्यों की प्रभावपूर्ण प्राप्ति हेतु विभिन्न नियमों, प्रनियमों तथा मान्यताओं का वर्णन और व्यवस्था कर उन्हें उपचारात्मक ढंग से प्रयोग में लाने के अवसर प्रदान करता है और नियामक या मानक इसलिए कि यह शिक्षकों के सामने आवश्यक शिक्षण अधिगम परिस्थितियों के रूप में ऐसे नार्मस (Norms) तथा मानदंड (Standards) रखने की कोशिश करती है कि जिनकी अनुपालना से अपेक्षित शिक्षण/अनुदेशनात्मक उद्देश्यों की प्राप्ति का मार्ग सहज हो सकता है। ब्रूनर सही अर्थों में संज्ञानात्मक विचारधारा का पोषण करने वाला मनोवैज्ञानिक तथा शिक्षा शास्त्री था। इसलिए उसने अपने अनुदेशन सिद्धांत में उन बातों को प्रमुख रूप से शामिल किया है जिनसे स्व–अध्ययन, स्वतंत्र रूप से कार्य करने, खोजने तथा समस्या समाधान करने और योग्यताओं को पोषित कर बालकों की संज्ञानात्मक योग्यताओं और क्षमताओं का विकास किया जा सके। जो कुछ भी उसने अपने इस प्रकार के संज्ञानात्मक अनुदेशन सिद्धांत में कहा है अगर उसका विश्लेषण किया जाये तो अध्यापकों के लिये निम्न प्रकार की मार्गदर्शन सामग्री प्राप्त हो सकती है।

– विद्यार्थियों की स्वाभाविक रुचियों तथा जिज्ञासा प्रवृत्ति का अधिक से अधिक फायदा उठाया जाए।
– विद्यार्थियों को स्वतंत्र रूप से सोचने, समझने तथा करने के लिए प्रोत्साहित किया जाए। उन्हें पकी पकायी खीर परोसने के स्थान पर स्वयं अपने प्रयत्नों से कुछ करने तथा खोजने के लिए तत्पर किया जाए।
– अधिगम परिस्थितियों तथा संसाधनों का इस तरह आयोजन किया जाना चाहिए कि इनसे (i) बालकों की जिज्ञासा तथा अभिप्रेरणा में वृद्धि हो (ii) असफल होने का खतरा या डर कम किया जा सके तथा (iii) इन्हें शिक्षण अधिगम उद्देश्यों की पूर्ति की दिशा में अधिक से अधिक सार्थक बनाया जा सके।

- बालकों को सब कुछ बताने या पढ़ाने जैसी पुरानी परिपाटी पर रोक लगाने की जरूरत है। रटने, यंत्रवत कार्य करने, देखे, सुने या पढ़े विचारों को ज्यों का त्यों प्रस्तुत करने से कोई बात नहीं बनती। अतः अनुदेशन प्रदान करने के ढंग से ऐसा परिवर्तन लाना चाहिए कि बालकों को उनकी आयु तथा संज्ञानात्मक स्तर के आधार पर उचित अनुदेशन प्रदान किया जा सके।
- विद्यार्थियों की अनुदेशनात्मक प्रक्रिया को ठीक ढंग से आगे बढ़ाने के लिये यह आवश्यक है कि उन्हें शुरु से ही सही संप्रत्यय निर्माण की ओर ढाला जाए। इस कार्य के लिए उचित विधियों, तकनीक तथा प्रतिमान जैसे ब्रूनर का संप्रत्यय उपलब्धि प्रतिमान का प्रयोग करना इस दिशा में काफी लाभप्रद हो सकता है।
- ज्ञान प्राप्ति में सहायता करने के साथ–साथ विद्यार्थियों को ज्ञान प्राप्ति का ढंग सीखने हेतु उचित मार्गदर्शन और प्रशिक्षण दिया जाना चाहिए।
- अधिगम सामग्री को अच्छी तरह नियोजित एवं संरचित किया जाना चाहिये तथा फिर इसे क्रमिक रूप से इस प्रकार व्यवस्थित कर लेना चाहिये ताकि इसके प्रस्तुतीकरण से विद्यार्थियों से इसे जानने, समझने तथा प्रयोग में लाने में आसानी हो।
- विद्यार्थियों के अधिगम व्यवहार को सही ढंग से पुनर्बलित करने के प्रयत्न किये जाने चाहिए। बाह्य पुनर्बलकों जैसे पारितोषिक तथा सजा के स्थान पर आंतरिक पुनर्बलकों जैसे आंतरिक अभिप्रेरणा का प्रयोग सदैव हितकर होता है इस बात का यहाँ विशेष ध्यान रखा जाना चाहिए।

(III) शिक्षण के नियामक या मानक निर्धारक सिद्धांत (Normative Theories of Teaching)

सरकस के जानवरों और अन्य पालतू पशु पक्षियों की तरह मानव मात्र का अधिगम और प्रशिक्षण पूर्ण नियंत्रित प्रयोगशाला जैसी परिस्थितियों में संपन्न नहीं हो सकता। हमारी सभी प्रकार की शिक्षण–अधिगम गतिविधियाँ सामान्य तौर पर सामान्य ढंग और सामान्य परिस्थितियों में ही संपन्न होती है। अतः हमें तो ऐसे शिक्षण सिद्धांतों की ही सामान्यतया विशेष जरूरत है जो हमारी सामान्य कक्षा कक्ष परिस्थितियों में आयोजित शिक्षण प्रक्रिया में निहित चरों की व्याख्या, आयोजन तथा नियंत्रण के कार्य में हमारी समुचित मदद कर सके। यह कार्य शिक्षण के नियामक या मानक निर्धारक सिद्धांतों के माध्यम से सुचारू रूप से संपन्न हो सकता है। सामान्य कक्षा कक्ष शिक्षण परिस्थितियों के संदर्भ में किए जाने वाले आवश्यक सर्वेक्षण, निरीक्षण, प्रयोगों तथा अनुसंधान के माध्यम से विकसित इन सिद्धांतों की सहायता से विभिन्न शिक्षण चरों के मध्य होने वाली अन्तःक्रियाओं तथा अन्तःसंबंधों की स्पष्ट जानकारी प्राप्त हो सकती है। अपने इन प्रयासों द्वारा ये सिद्धांत वांछित शिक्षण अधिगम उद्देश्यों की बेहतर प्राप्ति हेतु शिक्षण अधिगम परिस्थितियों तथा साधनों के नियोजन तथा आयोजन के लिये आवश्यक नार्म्स (Norms) तथा मानक (Standard) तय करते हैं। इन सिद्धांतों द्वारा प्रतिपादित विचार, मान्यतायें और आचार संहिता सामान्य कक्षा कक्ष शिक्षण की हमारी परिस्थितियों तथा आवश्यकताओं को पूरा करने में हमारी विशेष रूप से मदद कर सकती हैं। नियामक या मानक निर्धारक सिद्धांतों के वर्ग में जिन चार सिद्धांतों को मुख्य रूप से स्थान दिया जा सकता है वे हैं (i) गेज का शिक्षण संबंधी संज्ञानात्मक सिद्धांत (ii) रयान का शिक्षक व्यवहार सिद्धांत (iii) मित्रा का शिक्षण संबंधी मनोवैज्ञानिक सिद्धांत तथा (iv) क्लार्क का शिक्षण संबंधी सामान्य सिद्धांत।

आइए अब इन सभी नियामक सिद्धांतों का संक्षेप में परिचय प्राप्त किया जाए।

गेज का शिक्षण संबंधी संज्ञानात्मक सिद्धांत (Gage's Cognitive Theory of Teaching)—एन.एल. गेज द्वारा प्रतिपादित यह शिक्षण सिद्धांत संज्ञानात्मक मनोविज्ञान के विचारों तथा सिद्धांतों से अनुप्रेरित है। संज्ञानात्मक मनोविज्ञान अधिगम और प्रशिक्षण के क्षेत्र में उद्दीपक अनुक्रिया तथा आदतों के निर्माण संबंधी पुनरावृत्ति एवं अभ्यास युक्त यांत्रिकता के बिल्कुल विरुद्ध है। इस प्रकार की यांत्रिकता की अपेक्षा वह अध्यापकों से यह आशा करता है कि वे विद्यार्थियों की संज्ञानात्मक योग्यताओं एवं क्षमताओं का सर्वोत्तम उपयोग करने हेतु अपनी शिक्षण–अधिगम प्रक्रिया को संज्ञानात्मक अधिगम के प्रक्रियाकरण तथा सोचने समझने तथा समस्या समाधान की स्वतंत्रता आदि से अनुप्रेरित करने का प्रयत्न करेंगे। गेज द्वारा प्रतिपादित शिक्षण सिद्धांत की विचारधारा का संक्षेप में निम्न बिंदुओं के तहत उल्लेख किया जा सकता है।

1. शिक्षण कार्य का मुख्य प्रयोजन विद्यार्थियों को विषय सामग्री के सार्थक अधिगम या उचित बोध में सहायता प्रदान करना है।
2. विद्यार्थी अपने इस उद्देश्य में तभी सफल हो सकते हैं जब उनके सामने अधिगम सामग्री या विषयवस्तु संज्ञानात्मक अधिगम के प्रनियमों/सिद्धांतों की अनुपालना करते हुए उचित रूप से नियोजित एवं संगठित कर क्रमबद्ध एवं व्यवस्थित रूप से प्रस्तुत की जाए। इस प्रकार की संरचित तथा व्यवस्थित अधिगम सामग्री के उदाहरण के रूप में अभिक्रमित अधिगम सामग्री का नाम लिया जा सकता है।
3. शिक्षण कार्य में अनेक गतिविधियों तथा क्रियाओं का समावेश होता है। इन सभी के सफल संपादन हेतु हमें उपलब्ध परिस्थितियों तथा आवश्यकताओं के संदर्भ में इनके नियोजन संगठन तथा क्रियान्वयन पर पूरा ध्यान देना होता है। इस प्रकार की परिस्थितियाँ तथा आवश्यकतायें प्रमुख रूप से निम्न प्रकार की हो सकती हैं–
   - शिक्षक द्वारा दार्शनिक, अभिप्रेरक, मार्गदर्शक, प्रदर्शक, पर्यवेक्षक आदि के रूप में निभाई जाने वाली विशिष्ट भूमिका।
   - निर्धारित शैक्षणिक उद्देश्यों की प्रकृति।
   - अधिगम का वह स्वरूप और प्रकार जिसमें अधिगमकर्त्ता को संलग्न रहना है जैसे गामक अधिगम, संप्रत्यय अधिगम, समस्या समाधान आदि।
   - अधिगम अवस्था या स्तर की प्रकृति जैसे विद्यार्थियों को अधिगम हेतु तैयार करने की अवस्था, उनकी रुचि और ध्यान को बनाए रखने से संबंधित अवस्था, उनके अधिगम का स्मृति, बोध या चिंतन स्तर, उन्हें ज्ञान देने या अवबोध कराने संबंधी अवस्था, अभ्यास या पुनरावृत्ति कराने संबंधी अवस्था अथवा अधिगम परिणामों के मूल्यांकन करने की अवस्था आदि।

रयान्स का शिक्षक व्यवहार सिद्धांत (Ryan's Theory of Teacher Behaviour)—डी.जी. रयान्स (Ryans, D.G., 1969) का यह शिक्षण सिद्धांत शिक्षक व्यवहार संबंधी उनकी मान्यताओं तथा विचारों पर आधारित है। इसके अनुसार शिक्षण, शिक्षक के उस शाब्दिक तथा अशाब्दिक व्यवहार से काफी कुछ प्रभावित होता है जिसका प्रदर्शन उसके द्वारा सामान्यतया कक्षा कक्ष में विद्यार्थियों के अधिगम हेतु किया जाता है। इसलिये शिक्षण और कक्षा कक्ष अनुदेशन में सुधार तथा उन्नयन का कार्य उस शिक्षक व्यवहार की गुणवत्ता पर निर्भर करता है जिसे शिक्षक द्वारा कक्षा कक्ष गतिविधियों के संचालन के रूप में हम घटित होते हुए देखते हैं। इस प्रकार के घटित शिक्षक व्यवहार के बारे में रयान अपने सिद्धांत के प्रतिपादन हेतु निम्न मान्यताओं को साथ लेकर चलता है।

– शिक्षक व्यवहार अध्यापक विशेष की व्यक्तिगत विशेषताओं तथा शिक्षण के समय उपलब्ध परिस्थितिजन्य कारकों पर निर्भर करता है।

– शिक्षक व्यवहार का निरीक्षण किया जा सकता है और इसलिये प्रभावी शिक्षण के संदर्भ में यह कितना वांछित है या अवांछित, इसकी इस रूप में जाँच या मापन संभव है।

अपनी इन मान्यताओं को आधार बनाते हुए डी.जी. रयान द्वारा प्रतिपादित शिक्षण सिद्धांत शिक्षण प्रक्रिया में सुधार लाने हेतु निम्न बातों की अपेक्षा करता है।

1. शिक्षण–अधिगम परिस्थितियाँ भलीभाँति संरचित की जानी चाहिए ताकि उचित शिक्षक व्यवहार बनाए रखने में इनका उचित योगदान शिक्षकों को प्राप्त हो सके।
2. शिक्षकों की ओर से ऐसे समुचित प्रयास किए जाने चाहिए कि वे प्रभावपूर्ण शिक्षण और समुचित कक्षा–कक्ष अन्तःक्रिया में सहायक वांछित व्यवहार तथा व्यक्तिगत विशेषताओं से अपने आपको ओतप्रोत रखें।
3. चूंकि शिक्षक व्यवहार का निरीक्षण तथा मापन संभव है इसीलिये सेवापूर्व तथा सेवाकालीन प्रशिक्षण के समय शिक्षक व्यवहार के उचित परिमार्जन हेतु उचित तकनीकों जैसे फ्लेंडर्स अन्तःक्रिया विश्लेषण और क्रियात्मक अनुसंधान आदि का समुचित प्रयोग किया जाना चाहिये। शिक्षकों द्वारा स्वयं भी ऐसी तकनीकों का प्रयोग अपने व्यवहार का स्व–मूल्यांकन करने तथा अपने शाब्दिक एवं अशाब्दिक व्यवहार में अपेक्षित परिवर्तन लाने हेतु किया जा सकता है।

मित्रा का शिक्षण संबंधी मनोवैज्ञानिक सिद्धांत (Mitra's Psychological Theory of Teaching)—इस सिद्धांत का प्रतिपादन राष्ट्रीय अनुसंधान एवं प्रशिक्षण परिषद् (NCERT) के भूतपूर्व डाइरेक्टर एस०के० मित्रा द्वारा मनोविज्ञान के प्रनियमों तथा सिद्धांतों का प्रयोग शिक्षण क्षेत्र में करने के उद्देश्य से किया गया है। इस सिद्धांत में निहित मूल मान्यताओं तथा विचारों का संक्षेप में निम्न प्रकार उल्लेख किया जा सकता है।

1. बेहतर यही है कि शिक्षण को औपचारिक अनुदेशनात्मक परिस्थितियों या परिवेश के दायरे में ही सीमित रखा जाये। परन्तु ऐसी भी कोई पाबंदी नहीं है कि यह कक्षा कक्ष तथा विद्यालय की चारदीवारी के बाहर संपन्न न हो सके।
2. शिक्षण प्रक्रिया में क्रियान्वयन हेतु कम से कम दो व्यक्ति, एक अध्यापक और दूसरा विद्यार्थी अवश्य चाहिए। इन दोनों व्यक्तियों का एक विशेष शर्तयुक्त बंधन में बंधना आवश्यक है। जहाँ अध्यापक का यह उत्तरदायित्व है कि वह विद्यार्थी के व्यवहार को उसके प्रारंभिक व्यवहार से वांछित अंतिम व्यवहार तक पहुँचाने हेतु सार्थक प्रयास करने के लिए उस पर उचित प्रभाव डाले तो वहीं विद्यार्थी से भी यह अपेक्षा की जाती है कि वह अध्यापक द्वारा किए गए प्रयासों को उचित अंजाम देने हेतु सक्रिय रूप से अपना सहयोग प्रदान करे।
3. अध्यापक को अपने शिक्षण कार्यों तथा गतिविधियों का नियोजन, संगठन तथा क्रियान्वयन मनोवैज्ञानिक प्रनियमों एवं सिद्धांतों की अपनी समझ तथा सूझबूझ के आधार पर करने का प्रयत्न करना चाहिये। काम में लाए जाने वाले ये मनोवैज्ञानिक प्रनियम व्यक्तिगत भेदों, अधिगम, बुद्धि, व्यक्तित्व, अभिरुचि, अभिवृत्ति तथा निष्पत्ति या उपलब्धि मनोविज्ञान से संबंधित हो सकते हैं। इन प्रनियमों तथा सिद्धांतों पर आधारित शिक्षण कार्य में मित्रा के अनुसार प्रमुख रूप से निम्न गतिविधियों को शामिल किया जा सकता है।

– शिक्षण कार्य का विश्लेषण
– विद्यार्थियों के प्रविष्ठि व्यवहार का निदान
– शिक्षण उद्देश्यों का निर्धारण
– उपयुक्त शिक्षण विधियों, प्रविधियों तथा व्यूह रचनाओं का चयन एवं उपयोग।

क्लार्के का शिक्षण संबंधी सामान्य सिद्धांत (Clarke's General Theory of Teaching)—इस सिद्धांत का प्रतिपादन प्रसिद्ध विद्वान एस.सी.टी. क्लार्के (Clarke, 1970) द्वारा किया गया है। इसे शिक्षण का सामान्य सिद्धांत इसलिये कहा जाता है क्योंकि इसकी प्रकृति, विशेषताओं तथा प्रयोजन में काफी सामान्यता देखने को मिलती है। इस सामान्यता के बारे में प्रमुख रूप से निम्न बातें कही जा सकती हैं–

– इसमें शिक्षक को एक विशिष्ट प्रक्रिया या कार्य का दर्जा न देकर एक आम या सामान्य प्रक्रिया अथवा कार्य माना जाता है।
– इसमें ऐसे सामान्य शिक्षण–अधिगम वातावरण तथा परिस्थितियों में आयोजन की बात की जाती है जो सामान्य रूप से सभी प्रकार के अधिगम हेतु उपयुक्त मानी जाती हों।
– इस शिक्षण सिद्धांत में जिन प्रनियमों को लागू करने की बात की जाती है वे सामान्यतया विभिन्न स्तरों या अवस्थाओं पर आयोजित शिक्षण के सभी सामान्य उद्देश्यों को पूरा करने में सहायक सिद्ध हो सकते हैं।
– सामान्य रूप से इसमें विभिन्न स्तरों या अवस्थाओं से संबंधित शिक्षण प्रक्रिया में निहित सभी चरों को उचित महत्त्व देने का प्रयत्न किया जाता है।
– इसमें उन सभी सामान्य व्यूह–रचनाओं की चर्चा की जाती है जिन्हें एक आम अध्यापक द्वारा विभिन्न शिक्षण अधिगम परिस्थितियों में अपने विद्यार्थियों के साथ वांछित व्यवहार करने हेतु काम में लाया जाता है।

जहाँ तक क्लार्के द्वारा प्रतिपादित शिक्षण सिद्धांत में निहित मान्यताओं, अवधारणाओं, प्रनियमों आदि को भलीभाँति समझने की बात है इस कार्य हेतु हम इन्हें निम्न तीन शीर्षकों में विभाजित कर आगे बढ़ना चाहेंगे।

1. **शिक्षण का संप्रत्यय (Concept of Teaching)**—क्लार्के द्वारा प्रतिपादित शिक्षण सिद्धांत की यह मान्यता है कि शिक्षण एक विशिष्ट प्रक्रिया न होकर एक सामान्य प्रक्रिया ही है। अपने इस सामान्य अर्थ में शिक्षण से तात्पर्य उन सामान्य शिक्षण क्रियाओं या गतिविधियों से होता है जिनका नियोजन तथा क्रियान्वयन विद्यार्थी के व्यवहार में अपेक्षित परिवर्तन लाने हेतु किया जाता है।
2. **शिक्षण के चर (Variables of Teaching)**—क्लार्के के शिक्षण सिद्धांत के अनुसार किसी शिक्षण प्रक्रिया में सामान्य तौर पर निम्न तीन चरों का समावेश रहता है।
   (i) स्वतन्त्र चर (अध्यापक)
   (ii) आश्रित चर (विद्यार्थी)
   (iii) मध्यस्थ चर (शिक्षण अधिगम परिस्थितियाँ, पाठ्यक्रम, शिक्षण साधन तथा मूल्यांकन प्रविधियाँ आदि)
3. **शिक्षण के स्तर (Levels of Teaching)**—इस सिद्धांत के अनुसार किसी शिक्षण प्रक्रिया को अंजाम देने का कार्य निम्न तीन विभिन्न स्तरों या चरणों में पूरा किया जाता है।
   (i) प्रथम स्तर या चरण में वास्तविक शिक्षण कार्य हेतु आवश्यक तैयारी का कार्य किया जाता है। यह नियोजन अवस्था है।

(ii) द्वितीय स्तर या चरण में शिक्षण का वास्तविक कार्य संपन्न होता है। यह शिक्षण की क्रियान्वयन अवस्था है।

(iii) तृतीय स्तर या चरण में शिक्षण के परिणामों का मापन एवं मूल्यांकन किया जाता है। यह शिक्षण कार्य की मूल्यांकन अवस्था है।

क्लार्क ने अपने शिक्षण सिद्धांत में अब आगे उन सभी प्रनियमों का भी उल्लेख किया है जो इन तीन स्तरों या चरणों पर आयोजित शिक्षण क्रियाओं के संपादन में उचित रूप से सहायक सिद्ध हो सकते हैं। इनकी चर्चा हम आगे कर रहे हैं।

नियोजन स्तर—इस स्तर पर नियोजन संबंधी शिक्षण क्रियाओं के आयोजन हेतु निम्न बातों का ध्यान रखा जाना चाहिए।

1. अध्यापक और विद्यार्थियों में पारस्परिक संप्रेषण हेतु उचित अवसर प्रदान किए जाने चाहिए।
2. बेहतर अधिगम हेतु उचित शिक्षक–शिष्य संबंध स्थापित करने के प्रयत्न किए जाने चाहिए।
3. विद्यार्थियों के समूहगत शिक्षण में इस प्रकार का सामाजिक वातावरण बनाया जाना चाहिए जो बेहतर अधिगम में सहायक हो।
4. अध्यापक को यह सुनिश्चित कर लेना चाहिए कि विद्यार्थी अधिगम के प्रति पूरी तरह अभिप्रेरित हैं।
5. अध्यापक को यह भी सुनिश्चित कर लेना चाहिए कि शिक्षण–अधिगम प्रक्रिया में विद्यार्थियों की सक्रिय भागीदारी रहेगी।

क्रियान्वयन स्तर—इस स्तर पर क्रियान्वयन संबंधी गतिविधियों को संपन्न करने हेतु क्लार्क ने समुचित शिक्षण व्यूह रचनाओं के चयन और प्रयोग की बात की है। इस बात पर जोर दिया है कि ये व्यूह रचनायें सामान्य तौर पर

(i) विद्यार्थियों की आवश्यकताओं तथा विशेषताओं,

(ii) अधिगम सिद्धांतों तथा

(iii) विशिष्ट पाठ्य उद्देश्यों से जुड़ी होनी चाहिएं।

मूल्यांकन स्तर—इस स्तर पर मूल्यांकन संबंधी गतिविधियों के संचालन हेतु क्लार्क का शिक्षण–सिद्धांत निम्न प्रनियमों को हमारे सामने रखता है।

1. शिक्षक को चाहिए कि वह निर्धारित शिक्षण उद्देश्यों की प्राप्ति के संदर्भ में विद्यार्थियों की निष्पत्ति या उपलब्धि का उचित मूल्यांकन करने का प्रयत्न करे।
2. इस मूल्यांकन को आधार बनाते हुए उसे पुनः शिक्षण, शिक्षण, व्यूह रचनाओं में सुधार या उसके स्थान पर दूसरी शिक्षण व्यूह रचनाओं के प्रयोग तथा निर्धारित शिक्षण उद्देश्यों में परिवर्तन लाने के प्रयत्न करने चाहिएं।
3. उचित मूल्यांकन हेतु शिक्षक को अनुदेशनात्मक उद्देश्यों की निश्चितता पर समुचित ध्यान देना चाहिए। इन सभी उद्देश्यों को व्यवहारजन्य शब्दावली में व्यक्त करके यह स्पष्ट किया जाना चाहिए कि शिक्षण कार्य की समाप्ति के बाद विद्यार्थी विशेष की निष्पत्ति या उपलब्धि का कम से कम स्तर क्या होगा।
4. इस प्रकार के परीक्षण तथा मूल्यांकन के पश्चात विद्यार्थियों को समय–समय पर उचित पृष्ठपोषण प्रदान करने की भी समुचित व्यवस्था अध्यापक द्वारा की जानी चाहिए।

विभिन्न शिक्षण सिद्धांतों के बारे में निष्कर्ष (Conclusion about different Theories of Teaching)

ऊपर हमने विद्वानों तथा शिक्षा शास्त्रियों द्वारा प्रतिपादित जिन विभिन्न शिक्षण सिद्धांतों की चर्चा की है उनके द्वारा अपने–अपने ढंग से शिक्षण की प्रकृति तथा बेहतर शिक्षण और अनुदेशन के उपाय बतलाने की चेष्टा की गई है। शिक्षण के सिद्धांतों के रूप में इन सभी के अपने–अपने गुण, दोष तथा सीमायें हैं। इनमें से कोई भी एक सिद्धांत अकेले में स्वयं इतना समर्थ नहीं है कि वह या तो शिक्षण के यथार्थ स्वरूप का दिग्दर्शन करा दे अथवा कम से कम यह बता दे कि प्रभावपूर्ण अनुदेशन हेतु किस–किस प्रकार की शिक्षण गतिविधियों का नियोजन और क्रियान्वयन किस रूप में करना सबसे अच्छा सिद्ध हो सकता है। वास्तविकता तो यही है कि ऐसा कोई पूर्ण या सामर्थ्यवान शिक्षण सिद्धांत है ही नहीं। शिक्षण सिद्धांतों के रूप में हमारे सामने जो कुछ भी विद्यमान है वह उनका स्वरूप सिद्धांत का न होकर शिक्षण प्रतिमान या शिक्षण आयोजन के एक खाके, नक्शे या प्रायोजना का ही है। इनके द्वारा अधिक से अधिक यही बताने का प्रयत्न किया जाता है कि अनुदेशनात्मक प्रक्रिया में किस–किस प्रकार की शैक्षणिक गतिविधियों को स्थान दिया जा सकता है और किस प्रकार की शिक्षण–अधिगम परिस्थितियों या शिक्षक व्यवहार का विद्यार्थियों के अधिगम पर क्या प्रभाव पड़ सकता है। निश्चित ही हमें एक ऐसे व्यापक, वस्तुनिष्ठ वैज्ञानिक शिक्षण सिद्धांत का अभाव पूरी तरह अभी खटकता है जिसके सहारे शिक्षण की प्रकृति, शिक्षण चरों की भूमिका तथा शिक्षण की प्रक्रिया और परिणामों के सुधार तथा उन्नयन के कार्य में वांछित सहायता प्राप्त हो सके।

सार-संक्षेप (Summary)

1. किसी विषय विशेष से संबंधित सिद्धांत से तात्पर्य उस सुनियोजित ढाँचे या संरचना से है जिसके माध्यम से हमें किसी प्रक्रिया विशेष को जानने, समझने, प्रयोग में लाने तथा उस प्रक्रिया के परिणामों का पूर्वानुमान लगाने में समुचित सहायता मिल सकती है।
2. शिक्षण के सिद्धांतों से तात्पर्य मनोविज्ञान के व्यावहारात्मक उपयोग से अनुप्रेरित ऐसे सैद्धांतिक आधारों से है जिसके माध्यम से एक शिक्षक को अपने शिक्षण कौशलों, शिक्षक व्यवहार तथा कक्षा शिक्षण प्रक्रिया को प्रभावपूर्ण बनाने में यथेष्ट मदद मिल सके।
3. किसी भी प्रयोगात्मक कार्य या व्यवहारात्मक गतिविधि की सफलता इस बात पर बहुत कुछ निर्भर करती है कि उन्हें संपन्न करने में सहायक आवश्यक सैद्धांतिक बातों की जानकारी कार्य करने वाले को हो। शिक्षक को भी इसी तरह अपने शिक्षण को व्यवहारात्मक रूप देते हुए उससे संबंधित सैद्धांतिक बातों का ज्ञान होना चाहिए और यह ज्ञान शिक्षण सिद्धांतों की मदद से ही हो सकता है। इस दृष्टि से शिक्षण सिद्धांत एक शिक्षक को अपने प्रयोगात्मक तथा व्यवहारात्मक कार्य यानी कक्षा शिक्षण तथा विद्यार्थियों के साथ उचित अंतःक्रिया करने में भलीभाँति सहयोगी सिद्ध हो सकते हैं।
4. शिक्षण के सिद्धांतों को उनकी अपनी प्रकृति, विशेषताओं, सैद्धांतिक विचारधारा तथा उपयोग को लेकर मोटे तौर पर तीन वर्गों—औपचारिक सिद्धांत, वर्णनात्मक सिद्धांत तथा नियामक या मानक निर्धारक सिद्धांतों में बाँट कर अच्छी तरह समझा जा सकता है।

5. औपचारिक सिद्धांतों के वर्ग में प्रमुख रूप से जिन शिक्षण सिद्धांतों का विशेष रूप से उल्लेख किया जाता है वे हैं माइयूटिक शिक्षण सिद्धांत, शिक्षण का संप्रेषण सिद्धांत, शिक्षण का रूपण सिद्धांत तथा पारस्परिक पृच्छा या पूछताछ का सिद्धांत। माइयूटिक शिक्षण सिद्धांत की यह मान्यता है कि बालक में सब प्रकार का ज्ञान पहले से वैसे ही निहित रहता है जैसे कि बीज में पौधा बनने और फलने फूलने की क्षमता। अतः शिक्षक का उद्देश्य बालक की इन अंतर्निहित शक्तियों का विकास करना होना चाहिये। संप्रेषण सिद्धांत के अनुसार बालक में ज्ञान पहले से ही मौजूद नहीं होता बल्कि एक उचित संप्रेषण के माध्यम से शिक्षक द्वारा उस तक पहुँचाया जाता है। रुपण सिद्धांत मनोविज्ञान के व्यवहारवादी दृष्टिकोण तथा विशेषकर सक्रिय अनुबंधन के सिद्धांत का पालन करता हुआ ऐसे वातावरण तथा परिस्थितियों के आयोजन के पक्ष में है जिनसे बालक के व्यवहार और व्यक्तित्व को भलीभाँति इच्छित दिशा और दशा में मोड़ने तथा निरुपण करने में कामयाबी मिल सके। पारस्परिक पृच्छा या पूछताछ के सिद्धांत के शिक्षण में पारस्परिक अन्तःक्रिया को उचित महत्त्व देता हुआ यह बतलाने की चेष्टा करता है कि शिक्षण प्रक्रिया की सफलता इस बात में निहित है कि विद्यार्थी और अध्यापक दोनों की आवश्यकतानुसार परस्पर पूछताछ या प्रश्नोत्तर प्रणाली की सहायता लेते हुए अपने–अपने शिक्षण–अधिगम उद्देश्यों की पूर्ति में जुटे रहें।

6. शिक्षण के वर्णनात्मक सिद्धांतों के वर्ग में प्रमुख रूप से तीन सिद्धांतों को स्थान दिया जाता है वे हैं गेगने का हाइआरकिकल अनुदेशनात्मक सिद्धांत, अटकिन्सन का अधिकतम अधिगम अनुदेशन सिद्धांत तथा ब्रूनर का अनुदेशन संबंधी संज्ञानात्मक सिद्धान्त। गेगने ने अपने सिद्धांत का प्रतिपादन करते हुए अधिगम को आठ प्रकारों तथा अधिगम के परिणामों को पाँच वर्गों में विभाजित किया तथा फिर इसके बाद यह बताने की चेष्टा की कि एक विशेष प्रकार के अधिगम तथा अधिगम परिणाम हेतु एक विशेष प्रकार के अधिगम वातावरण या परिस्थितियों की उपस्थिति पर ध्यान दिया जाना चाहिए। अधिगम को 8 प्रकारों में बाँटकर यह बताने की चेष्टा की कि अधिगम किस प्रकार आयु तथा बालक के मानसिक स्तर को सरल से कठिन की ओर ले चलता है तथा जैसा जिस स्तर का अधिगम चाहिये, अनुदेशन संबंधी गतिविधियों तथा शिक्षण–अधिगम परिस्थितियों का आयोजन भी उसी अनुसार किया जाना चाहिए। दूसरे शब्दों में शिक्षण अनुदेशन कार्य सदैव ही विद्यार्थियों की अधिगम आवश्यकताओं तथा उपलब्ध शिक्षण अधिगम परिस्थितियों के साथ तालमेल करके ही किया जाना चाहिए। अटकिन्सन ने अपने शिक्षण सिद्धांत के माध्यम से इस प्रकार के विचारों तथा शिक्षण प्रक्रिया को हमारे सामने रखा जिसकी सहायता से विद्यार्थियों को उनके अधिकतम अधिगम स्तर तक पहुँचाया जा सके। ब्रूनर ने अपने शिक्षण सिद्धांत के माध्यम से ऐसे विचार तथा कार्यपद्धति को हमारे सामने प्रस्तुत किया जिनसे स्व–अध्ययन, स्वतंत्र रूप से कार्य करने, खोजने तथा समस्या समाधान करने आदि योग्यताओं को पोषित कर बालकों की संज्ञानात्मक योग्यताओं और क्षमताओं का विकास किया जा सके।

7. शिक्षण के नियामक या मानक सिद्धांत अपनी–अपनी तरह से शिक्षण अधिगम उद्देश्यों की बेहतर प्राप्ति हेतु शिक्षण अधिगम परिस्थितियों तथा साधनों के नियोजन तथा आयोजन के लिए आवश्यक नॉमर्स तथा मानक तय करने का प्रयत्न करते हैं। इन सिद्धांतों के वर्ग में प्रमुख रूप से जिन शिक्षण सिद्धांतों को स्थान दिया जाता है वे हैं गेज का शिक्षण संबंधी संज्ञानात्मक सिद्धांत, रयान का शिक्षक व्यवहार सिद्धांत, मित्रा का शिक्षण संबंधी मनोवैज्ञानिक सिद्धांत तथा क्लार्के का शिक्षण संबंधी सामान्य सिद्धांत। गेज का सिद्धांत शिक्षकों से यह अपेक्षा रखता है कि विद्यार्थियों की संज्ञानात्मक योग्यताओं का सर्वोत्तम उपयोग करते हुए अपनी शिक्षण प्रक्रिया को संज्ञानात्मक अधिगम प्रनियमों या सिद्धांतों (जैसे गेस्टाल्ट सिद्धांत, क्षेत्र सिद्धांत, सूचना प्रक्रियाकरण सिद्धांत आदि) से अनुप्रेरित रखेंगे। रयान का सिद्धांत

उपयुक्त शिक्षण हेतु शिक्षक के शाब्दिक तथा अशाब्दिक व्यवहार के उचित परिमार्जन तथा उन्नयन पर विशेष जोर देता है। मित्रा का शिक्षण संबंधी मनोवैज्ञानिक सिद्धांत शिक्षण प्रक्रिया में मनोविज्ञान के प्रनियमों एवं सिद्धांतों की अनुपालना को विशेष महत्त्व देते हुए ऐसे उपयुक्त शिक्षण अधिगम वातावरण तथा प्रविधियों का उपयोग करने के लिए कहता है जिनसे अनुदेशनात्मक उद्देश्यों की सर्वोत्तम रूप में उपलब्धि हो सके। क्लार्क द्वारा प्रतिपादित शिक्षण सिद्धांत शिक्षण को विशिष्ट के स्थान पर एक सामान्य प्रक्रिया मानता हुआ कक्षा शिक्षण में सहायक उन परिस्थितियों तथा क्रियाओं के नियोजन तथा क्रियान्वयन पर जोर देता है जिन्हें सामान्य तौर पर सभी विषयों तथा कक्षा शिक्षण परिस्थितियों में व्यवहार में लाया जा सकता है।

8. शिक्षण के सभी सिद्धांत अपनी–अपनी तरह से अपने सैद्धांतिक विचारों तथा मान्यताओं के आधार पर शिक्षण प्रक्रिया के नियोजन तथा क्रियान्वयन की बात करते हैं। कोई एक शिक्षण सिद्धांत तथा सभी विषयों तथा कक्षा कक्ष परिस्थितियों के शिक्षण हेतु सभी प्रकार से उपयोगी सिद्ध हो, ऐसा होना संभव नहीं है। इसलिये परिस्थिति विशेष तथा प्रयोजन विशेष को ध्यान में रखते हुए किसी एक शिक्षण सिद्धांत को अथवा एक से अधिक शिक्षण सिद्धांतों के द्वारा बताये गये मार्ग का अनुसरण करना अध्यापकों के लिए लाभदायक सिद्ध हो सकता है।

संदर्भित एवं विशेष अध्ययन ग्रंथ
(References and Suggested Readings)

Atkinson, R.C., "Computerized Instruction and the Learning Process", *American Psychologist,* **12**:225–239, 1968.

Briggs, L.J. (Ed.), *Instructional Design: Principles and Applications*, Englewood Cliffs, New Jersey : Educational Technology Publications, 1977.

Bruner, J.S., *Toward a Theory of Instruction*, New York: Norton, 1966.

Clarke, S.C.T., "General Teaching Theory" *Journal of Teacher Education*, Vol. XXI, No.3, Fall, 1970.

Gage, N.S., "Theories of Teaching", *Theories of Learning and Instruction*, E.R. Hilgard (Ed.), 63rd Yearbook of the National Society for the Study of Education, Chicago: University Press, 1968.

Gage, N.L.(Ed.), *Hand Book of Research on Teaching*, Chicago: Rand McNally & Co., 1963.

Gagne, R., *The Conditions of Learning*, 2nd ed., New York: Holt Rinehart and Winston, 1970.

Gagne, R. and Briggs, L., *Principles of Instructional Design*, New York: Holt Rinehart and Winston, 1974.

Gagne, R., *The Conditions of Learning*, 3rd ed., New York: Holt Rinehart and Winston, 1977.

Gagne, R., *The Conditions of Learning*, 4th ed., New York: Holt Rinehart and Winston, 1979.

Goode, William J. and Paul K. Hatt, *Methods in Social Research*, New York: McGraw-Hill, 1952.

Harold, F. O'Neil, Jr., Ray S. Perez (Eds.), *Technology Applications in Education: A Learning View*, Mahwah, N.J.: L. Erlbaum Publishers, 2003.

Kerlinger, F.N., *Foundations of Behavioral Research*, New York: Holt Rinehart and Winston, 1964.

Lloyd, Les. (Ed.), *Technology and Teaching*, Publication Information Medford, NJ : Information Today, 1997.

Matheson, Douglas W., Richard L. Bruce and Kenneth L. Beauchamp, *Introduction in Experimental Psychology*, New York: Holt Rinehart and Winston, 1970.

Mitra, S.K., "Psychology of Teaching: Rudiments of a Theory", *Educational Trends*, July–Oct., pp. 23–45, 1972.

Ryans, D.G., *Characteristics of Teachers: A Research Study*, Delhi: Sterling Publishers(P) Ltd., 1969.

Smith, B.O., "Toward a Theory of Teaching", in A.A. Bellack, (Ed.), *Theory and Research in Teaching*, New York: Teachers College Press, Columbia University, 1963.

अध्ययन के लिए प्रश्न
(Study Questions)

1. 'शिक्षण सिद्धांत' पद से क्या अभिप्राय है ? पूरी तरह स्पष्ट कीजिए।
2. 'शिक्षण सिद्धांत' पद को परिभाषित करते हुए इसकी प्रकृति तथा विशेषताओं का उल्लेख कीजिए।
3. शिक्षण सिद्धांतों से क्या अभिप्राय है ? शिक्षण तकनीकी के रूप में इनकी आवश्यकताओं तथा महत्त्व पर प्रकाश डालिए।
4. शिक्षण सिद्धांतों के अर्थ, प्रकृति एवं क्षेत्र की विस्तार से चर्चा कीजिए।
5. शिक्षण सिद्धांतों से आप क्या समझते हैं ? इनका ज्ञान आपको एक अच्छा शिक्षक बनने में किस प्रकार उपयोगी है ? चर्चा कीजिए।
6. शिक्षण सिद्धांतों को सामान्यतया किन प्रमुख वर्गों में बाँटा जाता है ? इन वर्गों में शामिल प्रमुख शिक्षण सिद्धांतों का उल्लेख करते हुए किसी एक शिक्षण सिद्धांत पर विस्तार से प्रकाश डालें।
7. शिक्षण के औपचारिक सिद्धांत क्या होते हैं ? किसी एक ऐसे सिद्धांत की विस्तार से चर्चा कीजिए।
8. शिक्षण के वर्णनात्मक सिद्धांत क्या होते हैं ? किसी एक ऐसे सिद्धांत की विस्तार से चर्चा कीजिए।
9. शिक्षण के नियामक या मानक निर्धारक सिद्धांत क्या होते हैं ? किसी एक ऐसे सिद्धांत की विस्तार से चर्चा कीजिए।
10. गेगने द्वारा प्रतिपादित हाइआरकिकल अनुदेशन सिद्धांत की विस्तार से चर्चा कीजिए।
11. शिक्षण या अनुदेशनात्मक सिद्धांत क्या होते हैं ? ब्रूनर द्वारा प्रतिपादित अनुदेशनात्मक सिद्धांत का विस्तार से उल्लेख कीजिए।
12. नियामक या मानक निर्धारक शिक्षण सिद्धांतों के वर्ग में शामिल निम्न सिद्धांतों में से किसी एक का विस्तार से वर्णन कीजिए।
    (a) गेज का शिक्षण संबंधी सिद्धांत
    (b) रयान का शिक्षण व्यवहार सिद्धांत
    (c) मित्रा का शिक्षण संबंधी मनोवैज्ञानिक सिद्धांत
    (d) क्लार्के का शिक्षण संबंधी सामान्य सिद्धांत

8

शिक्षण के प्रनियम एवं सूत्र
(Principles and Maxims of Teaching)

अध्याय रूपरेखा (Chapter Outline)

विषय प्रवेश
(Introduction)

शिक्षण एक जटिल एवं कौशलयुक्त प्रक्रिया है जिसका उद्देश्य विद्यार्थियों को लाभ पहुँचाना है। शिक्षण के द्वारा ही विद्यार्थियों के व्यवहार में वाँछित परिवर्तन लाने तथा उनका व्यवहार सुधारने का प्रयास किया जाता है। इस कार्य की सफलता उचित नियोजन एवं उसके कुशल क्रियान्वन पर निर्भर करती है। शिक्षा के क्षेत्र में कार्यरत, शिक्षा शास्त्रियों, मनोवैज्ञानिकों और अनुसंधानकर्त्ताओं ने कुछ ऐसे सामान्य एवं मनोवैज्ञानिक प्रनियमों और शिक्षण सूत्रों का प्रतिपादन करने का प्रयास किया है जो निश्चय ही शिक्षण की इस प्रक्रिया को प्रभावशाली और उद्देश्यपूर्ण बनाने में सहायक सिद्ध हो सकते हैं। आगे के पृष्ठों में इन्हीं प्रनियमों और शिक्षण सूत्रों से परिचित कराने का प्रयास किया जा रहा है।

शिक्षण के सामान्य प्रनियम
(General Principles of Teaching)

शिक्षा और शिक्षण विज्ञान के क्षेत्र में की जाने वाली नई खोजों, सामान्य और परंपराओं के परिणामस्वरूप कुछ सामान्य प्रनियमों का प्रतिपादन किया गया है। उनमें से कुछ मुख्य प्रनियमों का वर्णन अग्रांकित है—

1. **उद्देश्यों की निश्चितता का प्रनियम** (Principle of Definiteness of Goals or Objectives)—शिक्षण के उद्देश्यों की जानकारी के बिना शिक्षण प्रक्रिया में रत अध्यापक उस मल्लाह की तरह है जो अपने लक्ष्य को जाने बिना विशाल–सागर में अपनी नौका चला रहा है। एक धावक को यदि यह बात ज्ञात है कि उसे किस निश्चित स्थान से किस निश्चित स्थान तक 1 मीटर दौड़ना है तो इससे उसका कार्य निश्चित, उद्देश्यपूर्ण और प्रेरणादायक हो जाता है। इसी प्रकार यदि एक अध्यापक को अपने कार्य के शैक्षिक व अनुदेशनात्मक उद्देश्य व लक्ष्यों की पूर्ण व स्पष्ट जानकारी है तो इसी बात से उसका आधा कार्य संपन्न हो जाता है। निश्चित उद्देश्यों की जानकारी शिक्षक को शिक्षण कार्य के हर सोपान और अवस्था में सहायता करती है। अतः उसे अपने शिक्षण प्रक्रिया के सभी पक्षों का नियोजन, क्रियान्वन व मूल्यांकन निश्चित उद्देश्यों के आधार पर करना चाहिए। इन निश्चित उद्देश्यों की सहायता से वह हमेशा अपने सही मार्ग पर रहता है और भटकने से बच जाता है। इस प्रकार उद्देश्यों की निश्चितता का प्रनियम शिक्षण को प्रभावशाली बनाने में सहायता करता है।
2. **नियोजन का प्रनियम** (Principle of Planning)—किसी भी कार्य की सफलता उसके अच्छे एवं नियोजन पर निर्भर करती है। शिक्षण प्रक्रिया के वांछित लक्ष्यों की प्राप्ति के लिए भी शिक्षण प्रक्रिया का नियोजन अति आवश्यक है। अतः एक अध्यापक को पाठ पढ़ाने से पहले पाठ की योजना विस्तार से तैयार कर लेनी चाहिए। इस योजना में शैक्षिक उद्देश्यों का व्यवहारपरक शब्दावली में लिखना, विषयवस्तु का उचित इकाइयों में संगठन, प्रस्तुतीकरण की सही विधि, तकनीकें या व्यूह रचना, अध्यापक छात्र अन्तःक्रिया एवं मूल्यांकन आदि कार्य सम्मिलित है। संक्षेप में, एक अध्यापक को बहुत ही सावधानी के साथ अपनी उस यात्रा की योजना विस्तार से तैयार कर लेनी चाहिए जिसे वह कक्षा के कमरे में या अन्य किसी शिक्षण वातावरण में अपने विद्यार्थियों के साथ तय करने जा रहा है।
3. **लचीलेपन का प्रनियम** (Principle of Flexibility or Elasticity)—यह ठीक है कि शिक्षण कार्य के लिए उचित पूर्व नियोजन की आवश्यकता है परंतु इसका यह मतलब कदापि नहीं कि शिक्षण अपने आप में जड़ व अपरिवर्तनशील बन कर रह जाए। शिक्षण एक जटिल कार्य और एक सजीव प्रक्रिया है। शिक्षण को क्रियान्वित करते समय पूर्व नियोजित स्थितियों या वातावरण में किसी भी प्रकार के परिवर्तन की आवश्यकता पड़ सकती है। इसलिए आवश्यकतानुसार स्थिति पर नियंत्रण करने के लिए अध्यापक को लचीलेपन के प्रनियम का पालन करना चाहिए। शिक्षण अधिगम वातावरण एवं विद्यार्थियों की माँग के अनुसार अपने आप को व अपने शिक्षण को समायोजित करने के लिए अध्यापक को साधन संपन्न, कल्पनाशील, मौलिक एवं रचनात्मक होना चाहिए।
4. **पूर्व अनुभवों के उपयोग का प्रनियम** (Principle of Utilising Past Experiences)—व्यक्ति के पूर्व अनुभव एक ऐसा आधार व नींव है जिन पर नवीन ज्ञान का ढाँचा मज़बूती एवं सुरक्षा के साथ खड़ा किया जा सकता है। अतः एक अध्यापक को चाहिए कि वह बच्चों को जो भी नवीन ज्ञान दे उसे उनके पूर्व अर्जित अनुभवों एवं ज्ञान के साथ उचित ढंग से जोड़कर दे। यह शिक्षण क्रिया को सुगम बना देता है। इस प्रनियम का पालन करने से शिक्षण के निश्चित उद्देश्यों की प्राप्ति में आसानी हो जाती है। अब यह बात गलत सिद्ध हो चुकी है कि बच्चा कोरी स्लेट (Clean slate) की तरह होता है क्योंकि हर अवस्था में बच्चा कुछ न कुछ अनुभव अर्जित करता रहता है। शिक्षण की हर अवस्था में बच्चे का अपना प्रारंभिक व्यवहार (Entry behaviour) होता है जो बच्चे के व्यवहार में सुधार करने व वांछित परिवर्तन लाने की प्रक्रिया को एक आधार और प्रारंभिक बिंदु प्रदान करता है। सफल शिक्षण के लिए यह आवश्यक है कि बच्चों को नवीन ज्ञान से परिचित कराने के लिए, उस ज्ञान को प्रारंभिक शिक्षण बिंदु (Starting point) बनाया जाए जिसे वह पहले से ही जानता है।

5. **बाल केंद्रिता का प्रनियम** (Principle of Child Centredness)—शिक्षण का उद्देश्य बालक के व्यवहार में वांछित परिवर्तन लाना है। इसलिए हर अवस्था में शिक्षण प्रक्रिया को बाल केंद्रित बनाया जाना चाहिए। शिक्षण कार्य का नियोजन, क्रियान्वन एवं मूल्यांकन करते समय बालक की योग्यता एवं आवश्यकता को ध्यान में रखना चाहिए। पाठ्यक्रम, विधियाँ, तकनीकें, शिक्षण अधिगम वातावरण का प्रबंध एवं मूल्यांकन सभी का उद्देश्य बच्चों का हित चिंतन होना चाहिए।

6. **व्यक्तिगत विभिन्नता के पोषण का प्रनियम** (Principle of Making Provision for Individual Differences)—संसार में कुछ भी एक जैसा नहीं है। हम सब जन्मजात और अर्जित योग्यताओं, विशेषताओं एवं क्षमताओं की दृष्टि से एक दूसरे से बहुत भिन्न है। कुछ बहुत मंद गति से अधिगम करते हैं और कुछ बहुत तीव्र। वृद्धि एवं विकास की दृष्टि से ज्ञानात्मक, भावात्मक एवं क्रियात्मक योग्यताओं को अर्जित करने में सभी बच्चों की स्थिति भिन्न–भिन्न होती है। इसलिए अच्छा शिक्षण वही है जिसमें बच्चों की व्यक्तिगत विभिन्नताओं के उचित पोषण का ध्यान रखा गया हो। जो शिक्षक बच्चों की व्यक्तिगत आवश्यकताओं एवं योग्यताओं को पोषित नहीं करता उस से बच्चों के व्यवहार में वांछित परिवर्तन लाने संबंधी निश्चित उद्देश्यों को प्राप्त करने की आशा करना ही व्यर्थ है। इसलिए सभी तरह से शिक्षण का नियोजन, क्रियान्वन एवं मूल्यांकन बच्चों की व्यक्तिगत विभिन्नताओं के प्रनियम को ध्यान में रख कर किया जाना चाहिए।

7. **वास्तविक जीवन से संबंध जोड़ने का प्रनियम** (Principle of Linking with Actual Life)—शिक्षा यदि जीवन के लिए है और इसका लक्ष्य बच्चों को सुखी जीवन व्यतीत करने के लिए तैयार करना है तो शिक्षण को हर तरह से बच्चे के वास्तविक जीवन की आवश्यकताओं व प्राथमिकताओं के साथ संबंधित करना जरूरी है। शिक्षण कभी भी जीवन से दूर नहीं होना चाहिए। सामाजिक उद्देश्य को पूरा करने के लिए शिक्षण कार्य हमेशा सामाजिक परिस्थिति में ही संपन्न किया जाना चाहिए। वास्तविक जीवन की माँग के अनुसार बच्चे का पालन पोषण हो और उसके व्यवहार में ऐसा परिवर्तन लाया जाए जिस से वह जीवन की यथार्थ परिस्थितियों के साथ अपना सामंजस्य स्थापित कर सके तथा वास्तविक जीवन को जीने और उसके विकास में अपना सहयोग प्रदान करे। इसलिए बालक को जो कुछ भी सिखाया जाए वह वास्तविक जीवन से दूर नहीं होना चाहिए। शिक्षा केवल कक्षा के कमरे या विद्यालय की चारदीवारी तक ही सीमित न रहे बल्कि उसके वास्तविक जीवन से संबंधित होनी चाहिए।

8. **अन्य विषयों से समवाय का प्रनियम** (Principle of Correlating with Other Subjects)—पाठ्यचर्या के सभी विषयों का एक ही उद्देश्य है। बालक को जीवन के लिए तैयार करना। ज्ञान अपने आप में पूर्ण इकाई है, विभिन्न विषयों के रूप में ज्ञान का विभाजन शिक्षण कार्य को सुविधाजनक बनाने के लिए किया गया है। इसलिए सभी विषयों को अलग–अलग नहीं समझना चाहिए। विभिन्न विषयों के बीच में एक अभिन्न संबंध है। एक विषय विशेष का अध्ययन निश्चिय ही दूसरे विषयों की बहुत सी बातों को सीखने में सहायता करता है। यदि समवाय के प्रनियम और अधिगम के स्थानांतरण का सही ढंग से उपयोग किया जाए तो अध्यापकों व विद्यार्थियों के बहुत से परिश्रम, शक्ति व समय की बचत की जा सकती है। उदाहरण के लिए–इतिहास के अध्यापक को इतिहास के ज्ञान का स्थानांतरण अन्य विषयों के साथ करने में कभी भी झिझकना नहीं चाहिए। उसे अपने इतिहास विषय के शिक्षण में कुशलता लाने के लिए स्वयं भी भूगोल, गणित, भाषा, विज्ञान, अर्थशास्त्र व अन्य विषयों के ज्ञान का प्रयोग करना चाहिए।

9. **प्रभावशाली व्यूह रचना और अनुदेशनात्मक सामग्री का प्रनियम** (Principle of Effective Strategies and Instructional Material)—कोई भी उत्पादन किसी न किसी प्रक्रिया का परिणाम है। इस प्रक्रिया

की सफलता व्यूह रचना, युक्तियों एवं साधनों के उचित चुनाव एवं प्रयोग पर निर्भर करती है। शिक्षण की सफलता भी शिक्षण की प्रभावशाली व्यूह रचनाओं, साधनों व सामग्री पर निर्भर करती है। एक अध्यापक द्वारा किसी विद्यार्थी को किसी विषय विशेष या उपविषय के शिक्षण में जो साधन व सामग्री उचित सिद्ध होती है ज़रूरी नहीं कि वही साधन व सामग्री दूसरी परिस्थिति में भी सहायक सिद्ध हो। इसलिए किसी भी विषय के शिक्षण में सफलता प्राप्त करने के लिए यह ज़रूरी है कि विद्यार्थी की योग्यता का ध्यान न रखते हुए बहुत ही सावधानी के साथ किसी उचित व्यूह रचना या अनुदेशनात्मक सामग्री का चुनाव किया जाए।

10. **सक्रिय सहयोग लेने का प्रनियम** (Principle of Active Participation)—शिक्षण एक द्विपक्षीय प्रक्रिया है जो अध्यापक व विद्यार्थी दोनों के सामूहिक प्रयास व सक्रिय सहयोग के द्वारा पूर्ण होती है। जिस तरह किसी तार के विधुतधारा प्रवाहित होने के लिए दो ध्रुवों की आवश्यकता होती है, उसी प्रकार से अध्यापन एवं अध्ययन प्रक्रिया को चालू रखने के लिए अध्यापक व विद्यार्थी दो ध्रुवों का कार्य करते हैं। ज्ञान की धारा को प्रवाहित करने के लिए अध्यापक और विद्यार्थी के बीच वांछित सहयोग आवश्यक है। विद्यार्थी की इच्छा के प्रतिकूल यदि कोई अध्यापक विद्यार्थी शिक्षण प्रक्रिया संपन्न करना चाहता है तो वह उसकी नितांत भूल है। वह अपनी शक्ति के साथ–साथ राष्ट्रीय स्रोतों का भी अपव्यय करता है। एक अच्छा अध्यापक शिक्षण प्रक्रिया के वांछित एवं प्रभावशाली परिणामों के लिए हमेशा विद्यार्थियों का सक्रिय सहयोग लेने का प्रयास करता है। शिक्षण के उद्देश्यों को प्राप्त करने के लिए शिक्षण कार्य में अपने गंभीर प्रयासों के साथ–साथ वह अपने विद्यार्थियों को भी उसमें भाग लेने के लिए प्रेरित और प्रोत्साहित करता है।

11. **अनुकूल वातावरण और उचित नियंत्रण का प्रनियम** (Principle of Conducive Environment and Proper Control)—किसी भी शिक्षण प्रक्रिया में समुचित वातावरण, प्रभावशाली प्रबंध और शिक्षण अधिगम परिस्थितियों पर नियंत्रण का महत्त्वपूर्ण योगदान होता है। वातावरण संबंधी तत्त्व जैसे बैठने की उचित व्यवस्था, कमरों में रोशनदान व प्रकाश की व्यवस्था, कक्षा, अन्तःक्रिया, समूह गति–शास्त्र (Group dynamics), अनुशासन एवं विद्यालय की प्रतिष्ठाा हमेशा शिक्षण अधिगम प्रक्रिया पर प्रभाव डालते हैं। इसलिए इन सबके उचित प्रबंधन एवं नियंत्रण का समुचित प्रयास करना चाहिए।

शिक्षण के मनोवैज्ञानिक प्रनियम (Psychological Principles of Teaching)

शिक्षण के मनोवैज्ञानिक प्रनियम, शिक्षण के सामान्य प्रनियमों से अतिरिक्त वे प्रनियम है जिनका जन्म अधिकांश मनोविज्ञान के क्षेत्र में हुए प्रयोगों एवं अनुसंधानों के फलस्वरूप हुआ है। ये प्रनियम प्रत्यक्ष या अप्रत्यक्ष रूप से शिक्षण प्रक्रिया को प्रेरित या प्रभावित करते हैं और शिक्षण प्रक्रिया को और भी अधिक प्रभावशाली बनाते हैं। कुछ मुख्य मनोवैज्ञानिक प्रनियमों का वर्णन निम्नांकित है:

1. **अभिप्रेरणा एवं रुचि का प्रनियम** (Principle of Motivation and Interest)—शिक्षण एवं अधिगम की प्रक्रिया में अभिप्रेरणा एवं रुचि दो केंद्रीय तत्त्व हैं। रुचि एवं अभिप्रेरणा के प्रनियम और अधिगम के नियम जैसे तत्परता का नियम आदि से इन दोनों की वैधता सिद्ध होती है। अभिप्रेरक (Motives) ऐसे शक्तिशाली साधन हैं जो किसी भी व्यक्ति को व्यवहार करने के लिए शक्ति प्रदान करते हैं और सक्रिय करते हैं। बालक के व्यवहार में वांछित परिवर्तन लाने के उद्देश्य को तभी प्राप्त किया जा सकता है। जब

कि उसे अपने व्यवहार में उस परिवर्तन को स्वीकार करने के लिए अभिप्रेरित किया जाए। इसी प्रकार से रुचि व्यवहार में वांछित परिवर्तन लाने व अधिगम प्रदान करने की कुंजी है। "आप एक घोड़े को पानी तक ले जा सकते हैं परंतु उसे पानी पीने के लिए बाध्य नहीं कर सकते।" (You can take a horse to water but cannot make him drink water.) यह कहावत उस बच्चे के साथ बिल्कुल ठीक बैठती है जिसके व्यवहार में वांछित परिवर्तन लाने या कुछ सिखाने का प्रयास किया जा रहा है।

ध्यान आकर्षित करना और इस ध्यान को बराबर बनाए रखना किसी भी शिक्षण अधिगम प्रक्रिया का सब से महत्त्वपूर्ण पहलू है। विद्यार्थियों की अभिप्रेरणा व रुचि को जागृत करने वाली एक सुनियोजित योजना के द्वारा ही शिक्षण अधिगम प्रक्रिया में इसकी प्राप्ति हो सकती है। इसलिए एक अध्यापक को शिक्षण अधिगम कार्य में बच्चों की तत्परता व सहयोग प्राप्त करने के लिए अभिप्रेरणा व रुचि के प्रनियम को हमेशा ध्यान में रखना चाहिए।

2. **आवृत्ति एवं अभ्यास का प्रनियम** (Principle of Repetition and Exercise)—शिक्षण अधिगम प्रक्रिया में आवृत्ति एवं अभ्यास की उपयोगिता सिद्ध करने के लिए थोर्नडाइक (Thorndike) ने प्रयोगात्मक साक्ष्य (Experimental evidences) प्रस्तुत करने का प्रयास किया। अब यह बात स्पष्ट हो चुकी है कि आवृत्ति एवं अभ्यास के प्रनियम का प्रयोग करने से व्यवहार में वांछित परिवर्तन प्रभावशाली ढंग से लाए जा सकते हैं। 'करत–करत अभ्यास के जड़मति होत सुजान' (Practice make a person perfect) यह कहावत कुशलताओं, दृष्टिकोणों, रुचियों एवं ज्ञान की प्राप्ति में सही सिद्ध होती है। जो अध्यापक अपने सिखाए हुए ज्ञान के अभ्यास, आवृत्ति, पुनरावृत्ति एवं प्रयोग में विश्वास रखता है वह अपने शिक्षण के उद्देश्यों को प्राप्त करने में हमेशा सफलता प्राप्त करता है।

3. **परिवर्तन, आराम एवं मनोरंजन का प्रनियम** (Principle of Change, Rest and Recreation)—अधिगम के मनोवैज्ञानिक प्रयोगों ने अधिगम प्रक्रिया में एकरसता, थकान व अधिगम का अभाव आदि के दुष्प्रभावों को स्पष्ट करने का प्रयास किया है। शिक्षण अधिगम वातावरण, विषयवस्तु एवं विधियों में विभिन्न प्रकार के परिवर्तन, उद्दीपन की भिन्नता, उचित आराम व मनोरंजन की सुविधा के रूप में सुधार अधिगम को प्रभावशाली बनाने में काफी सहायक सिद्ध हुए हैं। इसलिए एक अध्यापक को अपने शिक्षण को नियोजित व क्रियान्वित करते समय परिवर्तन, आराम व मनोरंजन के प्रनियम का पूरा ध्यान रखना चाहिए।

4. **प्रतिपुष्टि और पुनर्बलन का प्रनियम** (Principle of Feedback and Reinforcement)—अधिगम सिद्धांतों ने शिक्षण अधिगम क्रिया में पुनर्बलन और प्रतिपुष्टि के महत्त्व को पूरी तरह स्थापित करने का प्रयास किया है। कार्य संपादन से जुड़े हुए परिणामों का जल्दी से जल्दी ज्ञान होना किसी भी बालक को आगे सीखने के लिए अधिक प्रोत्साहित करता है। उसी प्रकार से सकारात्मक पुनर्बलन (Positive reinforcement) जैसे प्रशंसा करना, पुरस्कार और प्रमाण पत्र देना और इसी प्रकार के अन्य प्रोत्साहित करने वाले उपायों के परिणाम बहुत महत्त्वपूर्ण और प्रभावशाली होते हैं। ये किसी बालक को वही कार्य बार–बार सफलता पूर्वक करने के लिए प्रेरित करते है और अधिगम को स्थायी रूप प्रदान करते हैं। शिक्षण अधिगम प्रक्रिया के सब से महत्त्वपूर्ण लक्ष्य अर्थात् व्यवहार में वांछित परिवर्तन लाने के लक्ष्य को प्रतिपुष्टि एवं पुनर्बलन के प्रनियम का अच्छी तरह से पालन करने से प्राप्त किया जा सकता है।

5. **सहानुभूति और सहयोग का प्रनियम** (Principle of Sympathy and Cooperation)—एक अच्छा अध्यापक अच्छे मित्र, दार्शनिक और पथप्रदर्शक के समान होना है। वह विद्यार्थियों को बलपूर्वक शिक्षा नहीं देता बल्कि शिक्षण पथ पर उन्हें अपने साथ लेकर चलने का प्रयास करता है। उचित सहानुभूति और सक्रिय

सहयोग प्राप्त कर वह विद्यार्थियों को अधिक से अधिक प्रोत्साहन और अमूल्य सुझाव देने का प्रयास करता है। वह अपनी कक्षा के विद्यार्थियों के साथ अपने आप को पूर्णतया आत्मसात करने की कोशिश करता है और उनका अभिन्न मित्र बन जाता है। विद्यार्थी ऐसे अध्यापक पर पूरी तरह विश्वास कर सकते हैं और अपनी कठिनाइयों तथा समस्याओं के निराकरण के लिए उसकी सहायता लेने में संकोच नहीं करते हैं। कोई भी शिक्षण कार्य तब तक भलीभाँति संपन्न नहीं हो सकता जब तक एक अध्यापक विद्यार्थियों का विश्वास जीत कर शिक्षण प्रक्रिया में उनका सहयोग प्राप्त न करे। यदि अध्यापक व विद्यार्थी एक दूसरे के साथ सहानुभूति दिखाते हुए व सक्रिय सहयोग देते हुए पढ़ाने व पढ़ने का कार्य करें तो कक्षा का वातावरण बहुत ही सजीव व प्रेरणादायक बन सकता है इसीलिए एक सफल अध्यापक को विद्यार्थियों की सहानुभूति व सक्रिय सहयोग प्राप्त करने का भरसक प्रयत्न करना चाहिए।

6. **ज्ञानेन्द्रियों को प्रशिक्षित करने का प्रनियम** (Principle of Providing Training to Senses)—ज्ञानेन्द्रियों को ज्ञान प्राप्त करने की कुंजी कहा जाता है। अधिगम के क्षेत्र में होने वाले अनुसंधानों ने यह सिद्ध कर दिया है कि किसी प्रकार के अधिगम में ज्ञानेन्द्रियाँ बहुत ही महत्त्वपूर्ण भूमिका निभाती हैं। यदि एक ज्ञानेन्द्रिय के स्थान पर कई ज्ञानेन्द्रियों जैसे सुनने, देखने, स्वाद चखने, स्पर्श करने एवं सूंघने आदि से संबंधित सभी ज्ञानेन्द्रियों को शिक्षा का आधार बनाया जाए तो पढ़ने–पढ़ाने के क्षेत्र में अच्छे से अच्छे परिणाम प्राप्त किए जा सकते हैं। इसके लिए इन ज्ञानेन्द्रियों का समुचित प्रशिक्षण आवश्यक है। दोषपूर्ण अनुभूति शिक्षण अधिगम प्रक्रिया में बहुत हानिकारक सिद्ध हो सकती है। निरीक्षण, विभेदीकरण, पहचान, सामान्यीकरण, और प्रयोग आदि सभी क्षमताओं व शक्तियों के विकास के लिए ज्ञानेन्द्रियों की उचित कार्य क्षमता और प्रशिक्षण का होना आवश्यक है। अतएव अध्यापक को अच्छे परिणामों की प्राप्ति के लिए अपने विद्यार्थियों की ज्ञानेन्द्रियों के उचित उपयोग और प्रशिक्षण की ओर पूरा ध्यान देना चाहिए।

7. **समूह गतिशास्त्र के उपयोग का प्रनियम** (Principle of Utilising Group Dynamics)—समूह व्यवहार व समूह गतिशास्त्र शिक्षण के उद्देश्यों की प्राप्ति में महत्त्वपूर्ण भूमिका निभाते हैं। समूह व्यवहार के अंतर्गत व्यवहार करने के फलस्वरूप कोई भी विद्यार्थी वही सोचता है जैसा कि उसके समूह में सम्मिलित सभी विद्यार्थी सोचते हैं, यह वही करता है जो दूसरे करते हैं और उसे वैसी ही अनुभूति होती है जैसी दूसरों को होती है। समूह का नेता, समूह के अंदर घटित होने वाली अन्तःक्रियाएं, समूह के सदस्यों के बीच में घटित होने वाली अन्तःक्रियाएं और बाह्य समूह के प्रभाव के फलस्वरूप एक विशेष प्रकार का शैक्षिक वातावरण पैदा होता है जिस के द्वारा विद्यार्थी के व्यवहार में अनुकूल अथवा प्रतिकूल परिवर्तन होते हैं। एक सफल अध्यापक को अच्छे परिणामों के लिए सदैव ही समूह मनोविज्ञान के उपयोगी सिद्धांतों का पालन करने का प्रयास करना चाहिए।

8. **स्व-अधिगम को प्रोत्साहित करने का प्रनियम** (Principle of Encouraging Self Learning)—एक अध्यापक को अपने विद्यार्थियों के अंदर 'स्वाध्याय', स्वयं अपने प्रयत्नों द्वारा सीखना तथा स्वतंत्र रूप से चिंतन एवं कार्य करने की उपयोगी आदतों को विकसित करने का प्रयास करना चाहिए। संसार में ज्ञान का अथाह सागर लहरा रहा है। अपनी छोटी–सी जिंदगी में कोई भी व्यक्ति इतना कुछ ज्ञानार्जन नहीं कर सकता है। मुख्य बात ज्ञान की प्राप्ति नहीं बल्कि ज्ञान प्राप्त करने के ढंग का सीखना है। जिस बालक को ज्ञान प्राप्त करने का ढंग आता है वह अपने प्रयत्नों से बहुत कुछ सीख सकता है। इसलिए एक अध्यापक को अपने विद्यार्थियों को ज्ञान प्राप्त करने के उचित ढंग का प्रशिक्षण प्रदान करना चाहिए

ताकि वे स्वाध्याय एवं अपने प्रयत्नों से वह सब कुछ अर्जित कर सकें जो उनको जीवन में ठीक प्रकार समायोजित होने और समाज में अपना महत्त्वपूर्ण योग देने में सहायक बन सके।

9. **सृजनात्मकता एवं आत्माभिव्यक्ति के पोषण का प्रनियम** (Principle of Fostering Creativity and Self Expression)—किसी भी अच्छे शिक्षक से यह आशा नहीं की जा सकती कि वह विद्यार्थियों को बिना सोचे समझे और रट कर सीखने अथवा तथ्यों की मात्र पुनरावृत्ति करने के लिए प्रोत्साहित करे। हर अवस्था में अच्छे शिक्षण के द्वारा व्यक्ति की सृजनात्मक क्षमताओं का विकास होना चाहिए। इसके द्वारा विद्यार्थियों को प्रभावपूर्ण आत्माभिव्यक्ति के ऐसे अवसर प्रदान किए जाने चाहिएं जिस से उनकी छिपी हुई योग्यताओं एवं प्रतिभाओं को बाहर आने का अवसर मिल सके। इसके द्वारा विद्यार्थियों की सृजनात्मकता तथा आत्माभिव्यक्ति में मौलिकता, नवीनता, अन्वेषण क्षमता आदि गुणों को विकसित करने का प्रयास किया जाना चाहिए। विद्यार्थियों को वस्तुओं एवं तथ्यों की खोज करना और कोई घटना क्यों घटित हुई, इसकी तह में जाने का प्रशिक्षण प्रदान किया जाना चाहिए। इस प्रकार से उन्हें नवीन अनुसन्धान, सृजन एवं खोज के मार्ग पर अग्रसर कर राष्ट्रीय विकास में अपना योगदान देने और मानवता का कल्याण करने में समर्थ बनाया जाना चाहिए।

10. **उपचारात्मक शिक्षण का प्रनियम** (Principle of Remedial Teaching)—शिक्षण कार्य का उद्देश्य बच्चों के व्यवहार में वांछित परिवर्तन लाना है। यह कार्य इतना आसान नहीं है। इसे पूरा करने में बहुत अधिक बाधाओं का सामना करना पड़ता है। अपने शिक्षण के पश्चात् ही अध्यापक को यह अनुभव हो सकता है कि वह अपने शिक्षण उद्देश्यों को ठीक प्रकार प्राप्त कर पाया है या नहीं। इसका अर्थ यही है कि शिक्षण अधिगम प्रक्रिया में कहीं न कहीं, कोई न कोई भूल रह गई है। चाहे वह उद्देश्यों को ठीक प्रकार विभाजित करने से संबंधित हो अथवा पाठ्यवस्तु, शिक्षण विधि और अध्यापक विद्यार्थी अन्तःक्रिया की कुछ कमियों की वजह से हो। कोई विद्यार्थी स्वयं अपनी सीमाओं अथवा कमियों की वजह से भी शिक्षा के क्षेत्र में पीछे रह सकता है। एक अध्यापक को हर अवस्था में सही कारण का पता लगाना होता है और उसे ध्यान में रखते हुए अच्छे से अच्छे उपचार की तलाश करनी होती है। विद्यार्थियों की व्यक्तिगत और सामूहिक कठिनाइयों का निवारण करने के लिए और उन्हें शिक्षण अधिगम मार्ग पर उचित गति से चलाने एवं उनकी उचित वृद्धि एवं विकास में सहायता पहुँचाने के लिए व्यक्तिगत अथवा सामूहिक रूप से अतिरिक्त शिक्षा अथवा उन पर अतिरिक्त ध्यान देने की आवश्यकता का अनुभव किया जाना चाहिए। इस प्रकार की अतिरिक्त शिक्षा एवं उपचारात्मक कार्य द्वारा उनका पर्याप्त हित संपादन हो सकता है।

शिक्षण के सूत्र
(Maxims of Teaching)

व्यक्ति के अनुभव एक अच्छे अध्यापक एवं विश्वसनीय मार्गदर्शन की भूमिका निभाते हैं। कक्षा शिक्षण में रत अध्यापकों एवं शिक्षा–शास्त्रियों ने अपने अनुभवों के आधार पर कुछ सामान्य विचार एवं कार्य करने के तरीके बतलाए हैं जो शिक्षण के कार्य में सहायक सिद्ध हो सकते हैं। इन विचारों या कार्य करने के तरीकों को 'शिक्षण सूत्र' के नाम से जाना जाता है। वे विश्वसनीय, सर्वकालिक एवं सार्वभौमिक हैं। उनमें से कुछ मुख्य सूत्रों का वर्णन यहाँ किया जा रहा है—

1. **ज्ञात से अज्ञात की ओर** (From Known to Unknown)—यह मनुष्य की प्रकृति है कि अज्ञान एवं अपरिचित वस्तु उसे भयभीत करती है जबकि ज्ञात एवं परिचित की तरफ वह जल्दी ही आकर्षित होता

हैं क्योंकि वह विश्वसनीय होती है। इसीलिए अज्ञात से परिचित होने की क्रिया में ज्ञात एक विश्वसनीय आधार का काम करता है। जिस प्रकार एक परिचित व्यक्ति या मित्र अपरिचित व्यक्ति से परिचित होने में एक माध्यम या स्रोत का काम करता है, उसी प्रकार किसी विषय या उपविषय से संबंधित पूर्व ज्ञान उससे संबंधित अज्ञात तथ्यों को खोजने व नई सूचनाएं एकत्रित करने में हमारी सहायता करता है। एक बच्चा जमा घटा का ज्ञान प्राप्त करने के बाद गुणा भाग की पेचीदा बातों को आसानी से समझ सकता है। इसीलिए एक बुद्धिमान अध्यापक को अपने शिक्षण का नियोजन 'ज्ञात से अज्ञात की ओर' प्रनियम के आधार पर करना चाहिए। सर्वप्रथम उसे अपने छात्र से प्रारंभिक व्यवहार, पूर्व अनुभव एवं अर्जित ज्ञान को जानने का प्रयास करना चाहिए और तब नई बातों के शिक्षण की प्रक्रिया या बालकों के व्यवहार में वांछित परिवर्तन लाने की क्रिया की ओर अग्रसर होना चाहिए।

2. **निश्चित से अनिश्चित की ओर** (From Definite to Indefinite)—एक अच्छी शिक्षण प्रक्रिया को हमेशा निश्चित से अनिश्चित की ओर अग्रसर होना चाहिए निश्चित एवं परखी हुई बातों पर हम हमेशा विश्वास कर सकते हैं। इसलिए निश्चित बातों, धारणाओं, घटनाओं और ज्ञान के आधार पर हम अनिश्चित बातों को आसानी से समझ सकते हैं। व्याकरण के निश्चित नियमों के आधार पर संबंधित भाषा का ज्ञान प्रभावशाली ढंग से प्राप्त किया जा सकता है। इसी प्रकार से गणित में पहाड़ों से संबंधित निश्चित तथ्यों के ज्ञान की सहायता से कोई भी विद्यार्थी सभी प्रकार के गुणा भाग करने और वर्गमूल अथवा घनमूल निकालने की क्रियाओं को आसानी से सीख सकता है।

3. **सरल से कठिन की ओर** (From Simple to Complex)—पहले आसान तथ्यों को जानना और बाद में उसकी सहायता से अनावश्यक रूप से कठिन व जटिल तथ्यों को समझने का प्रयास हमेशा ही सफलता प्राप्त करता है। शिक्षण अधिगम प्रक्रिया में भी 'सरल से कठिन की ओर' या 'आसान से जटिल की ओर' अग्रसर होने का सूत्र उचित अधिगम क्रम एवं व्यवस्था प्रदान करता है। इसीलिए अध्यापक को शिक्षण कार्य करते समय पहले सरल, बाद में कठिन तथ्य प्रस्तुत करने चाहिएं। शिक्षण का यह स्वाभाविक क्रम अधिगम के लिए बच्चों को पुनर्बलन प्रदान करता है और कठिन से कठिन तथ्यों को सीखने के लिए अभिप्रेरित करता है। उदाहरण के लिए भाषा शिक्षण में अभिव्यक्ति का कौशल विकसित करने के लिए पहले सरल वाक्य रचना का अभ्यास कराना चाहिए और बाद में बड़ी और जटिल वाक्य रचना का।

4. **मूर्त से अमूर्त की ओर या सूक्ष्म की ओर** (From Concrete to Abstract)—सूक्ष्म तथ्य कठिनाई से समझ में आने वाले, व्यक्तिनिष्ठ एवं भ्रामक होते हैं। किसी भी अमूर्त या सूक्ष्म तथ्य की तरफ ध्यान केंद्रित करते समय व्यक्ति थोड़ी से देर में थक जाता है और ऊबने लगता है यहाँ तक कि परेशान होकर उसका धैर्य भी कम होने लगता है। ऐसी अमूर्त बातों को याद करना या व्यावहारिक प्रयोग करना कठिन कार्य है। इस के विपरीत स्थूल या मूर्त तथ्य आसानी से बोधगम्य, सरल एवं वस्तुनिष्ठ होते हैं। इसीलिए किसी नवीन सूक्ष्म ज्ञान को स्थूल उदाहरण से संबंधित करके प्रदान किया जाए तो उसकी प्राप्ति सुगमता से हो जाती है। इसीलिए बच्चों को सूक्ष्म संप्रत्ययों और अनुभवों को सिखाने के लिए, उन अनुभवों से संबंधित सामग्री दिखानी चाहिए, सजीव उदाहरण प्रस्तुत करने चाहिएं और प्रत्यक्ष अनुभव प्राप्त करने के अधिक से अधिक अवसर प्रदान करने चाहिएं, जैसे गोली, पेंसिल आदि रंगबिरंगी स्थूल सामग्री की सहायता से गणित में जोड़ घटा आदि सिखाने का प्रयास करना चाहिए आदि–आदि।

5. **वास्तविकता से प्रतिरूप की ओर** (From Actual to Representative)—शिक्षण अधिगम की किसी भी प्रक्रिया में ज्ञान का एक वास्तविक अंश पदार्थ, प्रनियम या सिद्धांत अपने प्रतिरूप से कहीं ज्यादा श्रेष्ठ होते हैं। शैक्षिक मूल्यों एवं प्रत्यक्ष अनुभव की दृष्टि से कोई भी रोमांचक अनुभव, दृश्य, वृक्षों की

मरमराहट, पक्षियों की चहचहाहट अपने आप में अतुलनीय अनुभव है। किसी भी स्थान का भ्रमण, वहाँ की केवल चर्चा करने से ज्यादा शिक्षाप्रद है। इसीलिए एक अध्यापक को हमेशा अपने विद्यार्थियों के सम्मुख जहाँ तक संभव हो, कृत्रिम पदार्थ के स्थान पर वास्तविक पदार्थ प्रस्तुत करने का प्रयास करना चाहिए। भाषा में 'रेलवे स्टेशन का दृश्य' विषय पर निबंध रचना कराते समय चित्रों के स्थान पर बच्चों को वास्तविक रेलवे स्टेशन का दृश्य दिखाना चाहिए।

6. **विशेष से सामान्य की ओर** (From Particular to General)—सामान्यीकृत तथ्य, सिद्धांत, संप्रत्यय आदि अपने आप में कठिन होते हैं। शुरू–शुरू में बालकों को उन्हें ग्रहण करने में बहुत परेशानी होती है। अतः शिक्षक को शिक्षण के प्रारंभ में ही कभी भी इन्हें प्रस्तुत नहीं करना चाहिए। एक अध्यापक जो यह कहते हुए अपना शिक्षण प्रारंभ करता है कि 'हर पदार्थ में भार होता है' और फिर उस से संबंधित उदाहरण एवं प्रयोग करता है, अपने शिक्षण को बिल्कुल विपरीत रास्ते पर ले जा रहा होता है। भला, विशेष उदाहरणों, तथ्यों और प्रयोगों के किए बिना किसी नियम अथवा सिद्धांत का निर्माण कैसे किया जा सकता है। इसलिए एक अच्छे अध्यापक को अपने शिक्षण का प्रारंभ विशेष तथ्यों, उदाहरणों अथवा प्रयोगों के द्वारा ही करना चाहिए और फिर उसके आधार पर अपने विद्यार्थियों को किन्हीं नियम या संप्रत्यय तक पहुंचने के लिए प्रेरित करना चाहिए।

7. **पूर्ण से अंश की ओर** (From Whole to Parts)—पूर्ण अंश से हर अवस्था में बड़ा ही नहीं होता बल्कि अधिक बोधगम्य और रुचिकर भी होता है। इसलिए शिक्षण प्रक्रिया के प्रारंभ में किसी भी वस्तु को अपने समग्र रूप में प्रस्तुत किया जाना चाहिए और फिर उसके सभी भागों को धीरे–धीरे विद्यार्थियों के सम्मुख लाया जाना चाहिए। उदाहरण के लिए पौधे के भागों से परिचित कराने के लिए उसके सामने पहले फूलदार पौधे को संपूर्ण रूप में प्रस्तुत करना चाहिए और फिर धीरे–धीरे पौधे के विभिन्न भागों को दिखाते हुए उनकी कार्यप्रणाली से परिचित कराना चाहिए। इसी प्रकार जल पंप की रचना एवं कार्यप्रणाली का ज्ञान कराने के लिए जल पंप के मॉडल अथवा चित्र को समग्र रूप में दिखाया जाना चाहिए और फिर धीरे–धीरे उसके सभी भागों एवं उनकी कार्य प्रणालियों से अलग–अलग रूप में परिचित कराना चाहिए।

8. **आगमन से निगमन की ओर** (From Induction to Deduction)—आगमन एक ऐसा तरीका है जिसकी सहायता से हम यह सिद्ध कर सकते हैं कि यदि एक कथन किसी विशेष स्थिति में ठीक है तो वह उसी प्रकार की अन्य स्थितियों में भी ठीक सिद्ध होगा। एक अध्यापक को शिक्षण में इसका प्रयोग करते समय अपने विद्यार्थियों के सम्मुख विशेष उदाहरण तथा अनुभव या प्रमाण प्रस्तुत करने पड़ते हैं और इनके गुणों की समानता तथा कार्यों की पुनरावृत्ति के आधार पर विद्यार्थी किसी भी धारणा, सिद्धांत या नियम का सामान्यीकरण करते हैं। निगमन इसके बिल्कुल विपरीत है। उसमें पहले सामान्यीकृत तथ्यों, सिद्धांतों, नियमों या सूत्रों को विद्यार्थी के सम्मुख प्रस्तुत किया जाता है और फिर कुछ विशेष उदाहरणों की सहायता से उस नियम या सिद्धांत की सत्यता को परखने के लिए कहा जाता है।

   एक अच्छा शिक्षण हमेशा आगमन से प्रारंभ होकर निगमन में समाप्त होता है। ज्ञान किसी खोज या अनुसंधान का परिणाम है और आगमन इस ज्ञान की खोज करने का एक रास्ता है। निगमन भी कुछ ऐसी ही खोजों के परिणाम है। इसलिए एक अध्यापक को अपने शिक्षण में हमेशा ही आगमन से निगमन की ओर अग्रसर होना चाहिए, जैसे भाषा की शिक्षा में व्याकरण के नियमों का ज्ञान कराते समय विशेषण की परिभाषा बताने के लिए पहले लाल, हरा, अच्छा, बुरा, दो, चार आदि उदाहरणों को वाक्यों के माध्यम से प्रस्तुत करते हुए विशेषण के नियम का सामान्यीकरण कराना चाहिए।

9. **विश्लेषण से संश्लेषण की ओर** (From Analysis to Synthesis)—विश्लेषण एक ऐसी प्रक्रिया है जिसमें किसी वस्तु के ढांचे और रचना को अच्छी तरह समझने के लिए उसे आसान भागों, तत्वों या अवयवों में अलग–अलग विभाजित किया जाता है। यह एक ऐसी प्रक्रिया या प्रणाली है जिसके द्वारा एक समस्या के छिपे हुए तथ्य और किसी व्यवहार या घटना के कारणों का पता लगाने एवं किसी तथ्य या वस्तु की प्रकृति की जटिलता को समझने में सहायता मिलती है। उदाहरण के लिए एक मशीन की बनावट या कार्य प्रणाली को समझने के लिए मशीन के भागों या पुर्जों को अलग–अलग प्रस्तुत किया जाता है और पुर्जे का अलग–अलग ज्ञान दिया जाता है। फिर पूरी मशीन की बनावट व कार्य प्रणाली समझाई जाती है। इस प्रकार विश्लेषण की प्रक्रिया द्वारा कठिन से कठिन विषय को भी बोधगम्य बनाया जा सकता है। संश्लेषण इसके ठीक विपरीत कार्य करता है। किसी भी वस्तु या तथ्य की पूर्ण जानकारी देने के लिए उस वस्तु के विभिन्न भागों या तत्वों को संपूर्ण रूप में प्रस्तुत किया जाता है। इस से अधिगम कठिन हो जाता है। संश्लेषण की तुलना में विश्लेषण की प्रक्रिया खोज करने या किसी बात का पता लगाने की एक सहज, स्वाभाविक व सुव्यवस्थित विधि है। यह शिक्षण अधिगम कार्य को प्रारंभ करने का एक अनुसंधानात्मक दृष्टिकोण है। इसलिए अच्छे शिक्षक को अपना शिक्षण हमेशा विश्लेषण से शुरू करके संश्लेषण पर समाप्त करना चाहिए।

10. **ठोस अनुभव से युक्तियुक्त की ओर** (From Empirical to Rational)—शिक्षण अधिगम प्रक्रिया का प्रारंभ नियमीकरण या व्याख्या के स्थान पर बालक जो देखता है, महसूस करता है, अनुभव करता है, उसके आधार पर करना हमेशा ज्यादा अच्छा होता है। किसी वस्तु को देखने, परखने में उसकी अनुभूति पहले होती है, उसके बारे में तर्क देने की योग्यता बाद में आती है। युक्तियुक्त दृष्टिकोण ठोस अनुभवों का ही परिणाम है। अनुभूति जन्य प्रमाण, या मूर्त तथ्य ही किसी निष्कर्ष या तर्क संगत ज्ञान के लिए नींव के पत्थरों का काम करते हैं। ठोस सत्य या मूर्त प्रमाणों से रहित थोथे विचारों से कभी भी युक्तियुक्त चिंतन की क्रिया संपन्न नहीं हो सकती। वस्तुओं, व्यक्तियों, घटनाओं या तथ्यों से संबंधित धारणाओं एवं प्रकृति को भली–भाँति समझने के तर्कसंगत दृष्टिकोणों को विकसित करने के लिए या किसी ठोस निष्कर्ष तक पहुंचने के लिए अध्यापक को विद्यार्थियों के सम्मुख प्रत्यक्ष या अप्रत्यक्ष अनुभवों, उदाहरणों, घटनाओं तथ्यों या प्रमाणों को प्रस्तुत करना पड़ता है। अतः सफल शिक्षण में अध्यापक को हमेशा अपने विद्यार्थियों को ठोस अनुभव से युक्तियुक्त ज्ञान की ओर अग्रसर करना चाहिए। भाषा, गणित तथा विज्ञान आदि विषयों के शिक्षण में यह सूत्र बहुत सहायक सिद्ध हो सकता है।

11. **मनोवैज्ञानिक से तार्किक की ओर** (From Psychological to Logical)—मनोवैज्ञानिक दृष्टिकोण शिक्षा की प्रक्रिया के शिक्षण और अधिगम के मनोवैज्ञानिक सिद्धांतों के महत्त्व का प्रतिपादन करता है। इसके अनुसार शिक्षा का केंद्र बिंदु बालक है। शिक्षण क्रियाओं का नियोजन एवं संगठन बच्चे की आवश्यकताओं, योग्यताओं, रुचियों एवं क्षमताओं के आधार पर किया जाता है। अनुदेशनात्मक उद्देश्यों का लक्ष्य भी बच्चे का हित चिंतन है। बाल मनोविज्ञान के आधार पर ही पाठ्यक्रम, शिक्षण व्यूह रचना, सहायक सामग्री और शिक्षण अधिगम वातावरण सभी का संगठन किया जाता है। परंतु इसका यह मतलब नहीं कि एक अध्यापक अपना शिक्षण कार्य अनियोजित या बेतरतीब ढंग से करने लगे। बालक को जो कुछ ज्ञान दिया जाए वह मनोवैज्ञानिक आधार के साथ–साथ तर्कपूर्ण क्रम में भी होना चाहिए। शिक्षण कार्य को प्रभावशाली बनाने के लिए यह आवश्यक है कि अधिगम के लिए दिए जाने वाले अनुभवों, शिक्षण की व्यूह रचनाओं, मूल्यांकन क्रियाओं, प्रति–पुष्टि की प्रविधियों आदि शिक्षण क्रियाओं को सुव्यवस्थित क्रम में प्रस्तुत किया जाए। इसलिए एक योग्य अध्यापक अपने शिक्षण कार्य में हमेशा मनोवैज्ञानिक

एवं तार्किक–दोनों प्रनियमों को समुचित रूप में अपनाता है। वह मनोवैज्ञानिक धरातल पर रहते हुए भी अपनी शिक्षण क्रियाओं की तर्कपूर्ण क्रमबद्धता बनाए रखता है।

सार-संक्षेप (Summary)

1. शिक्षा और शिक्षण विज्ञान के क्षेत्र में होने वाले अनुसंधानों और व्यावहारिक अनुभवों द्वारा शिक्षाशास्त्रियों द्वारा शिक्षण कार्य के सफल संपादन हेतु जिन प्रनियमों का विकास किया है उन्हें ही हम शिक्षण के सामान्य प्रनियमों की संज्ञा देते हैं। इन प्रनियमों द्वारा जिन बातों पर विशेष जोर दिया जाता है वे हैं– शिक्षा उद्देश्यों की निश्चितता, शिक्षण कार्य का पूर्व नियोजन, लचीलेपन यानी शिक्षण गतिविधियों में आवश्यकतानुसार परिवर्तन लाते रहना, पूर्व अनुभवों का उपयोग, शिक्षण का बाल केंद्रित होना और वैयक्तिक विभिन्नताओं को ध्यान में रखकर शिक्षण प्रदान करना, शिक्षण को वास्तविक जीवन से जोड़ना तथा अन्य विषयों, प्रविधियों तथा शिक्षण सामग्री का उपयोग करना, शिक्षण में विद्यार्थियों की सक्रिय साझीदारी रखना और शिक्षण के लिये उपयुक्त वातावरण एवं परिस्थितियों के निर्माण की ओर ध्यान देना आदि।
2. शिक्षण के सामान्य प्रनियमों के अतिरिक्त कुछ ऐसे प्रनियम भी हैं जिनका प्रादुर्भाव मनोवैज्ञानिकों द्वारा किए गए प्रयासों के फलस्वरूप हुआ है जिनमें शिक्षण को सजीव एवं प्रभावशाली बनाने में अधिक से अधिक सहायता मिल सकती है। इन्हें शैक्षिक दुनिया में शिक्षण के मनोवैज्ञानिक प्रनियमों के रूप में जाना जाता है। इन प्रनियमों में मुख्य रूप से जिनकी गिनती की जाती है वे हैं– (i) अभिप्रेरणा एवं रुचि का प्रनियम (ii) आवृत्ति एवं अभ्यास का प्रनियम (iii) परिवर्तन, आराम एवं मनोरंजन का प्रनियम (iv) प्रतिपुष्टि और पुनर्बलन का प्रनियम (v) सहानुभूति और सहयोग का प्रनियम (vi) ज्ञानेन्द्रियों को प्रशिक्षित करने का प्रनियम (vii) समूह गतिशास्त्र के उपयोग का प्रनियम (viii) स्व–अधिगम को प्रोत्साहित करने का प्रनियम (ix) सृजनात्मकता एवं आत्माभिव्यक्ति के पोषण का प्रनियम एवं (x) उपचारात्मक शिक्षण का प्रनियम।
3. अनुभव को एक सफल मार्गदर्शन तथा महान शिक्षक माना जाता है। अपने अनुभवों के आधार पर शिक्षा जगत में कार्यरत शिक्षकों तथा शिक्षा शास्त्रियों द्वारा जो कुछ सामान्य धारणायें, विचार तथा कार्यपद्धतियाँ शिक्षण कार्य की सफलता हेतु अपनाने की बात कही जाती है उन्हें ही प्रायः शिक्षण सूत्रों के नाम से जाना जाता है। इनमें से प्रमुख रूप से जिन सूत्रों का बहुधा शिक्षण कार्य संपादन हेतु शिक्षकों द्वारा उपयोग किया जाता है, उनमें प्रायः एक शिक्षक से यह अपेक्षा की जाती है कि वह अपने शिक्षण कार्य में ज्ञात से अज्ञात, निश्चित से अनिश्चित, सरल से कठिन, मूर्त से अमूर्त, वास्तविकता से प्रतिरूप, विशेष से सामान्य, पूर्ण से अंश, विश्लेषण से संश्लेषण, ठोस अनुभव से युक्तियुक्तता, मनोवैज्ञानिकता से तार्किकता की ओर ही बढ़ने का प्रयास करें।

संदर्भित एवं विशेष अध्ययन ग्रंथ (References and Suggested Readings)

Bhatia, K.K. and J.N. Arora, *Methodology of Teaching*, Ludhiana: Prakash Brothers, 1967.

Bloom, B.S., *All Our Children Learning*, New York: McGraw-Hill, 1981.

Clayto, Thomas, E., *Teaching and Learning—Psychological Perspective*, New Jersey: Prentice Hall, 1969.

Frieberg, H.J. and Driscoli Amy, *Universal Teaching Strategies*, Boston: Allyan and Bacon, 1992

Knirk, R.G. and Chailds, W. John, *General Method of Effective Teaching—Practical Approach*, New York: Thomas Y. Browell, 1973.

Morrison, H.C., *Basic Principles of Education*, Boston: Houghton Mifflin, 1934.

Verma, K.K., A First Course in Teacher Education: General Methods of Teaching, Allahabad: The Indian Press Ltd, 1957.

White William, F., *Psychological Principles Applied to Classroom Teaching*, NewYork: McGraw-Hill, 1969.

अध्ययन के लिए प्रश्न (Study Questions)

1. शिक्षण के सामान्य प्रनियम क्या हैं ? विस्तार सहित वर्णन करें।
2. शिक्षण के मनोवैज्ञानिक प्रनियमों से आप क्या समझते हैं ? प्रभावशाली शिक्षण अधिगम में उपयोगी विभिन्न मनोवैज्ञानिक प्रनियमों को संक्षेप में वर्णन करें।
3. शिक्षण सूत्रों से क्या अभिप्राय है ? शिक्षण के विभिन्न सूत्रों का संक्षेप में वर्णन कीजिए।
4. निम्नलिखित शिक्षण सूत्रों को आप प्रभावशाली शिक्षण के लिए किस प्रकार काम में लाना चाहेंगे—
   (अ) सरल से कठिन की ओर
   (ब) स्थूल से सूक्ष्म की ओर
   (स) विशेष से सामान्य की ओर
   (द) ज्ञात से अज्ञात की ओर
5. शिक्षण अधिगम प्रक्रिया में निम्नलिखित प्रनियमों के उपयोग का संक्षेप में विवरण दीजिए—
   (अ) प्रति–पुष्टि और पुनर्बलन का प्रनियम
   (ब) आवृत्ति एवं अभ्यास का प्रनियम
   (स) बाल केंद्रितता का प्रनियम
   (द) अन्य विषयों से समवाय का प्रनियम
   (इ) अभिप्रेरणा और रुचि का प्रनियम
6. शिक्षक के सामान्य सिद्धांत शिक्षक के कार्य में किस प्रकार सहायक होते हैं ? अपने उत्तर की पुष्टि में उपयुक्त उदाहरण दीजिये।

9

शिक्षण या अनुदेशनात्मक उद्देश्यों का निर्माण
(Formulation of Teaching or Instructional Objectives)

"Learning objectives (Instructional Objectives) are the description of the behavior expected of a learner after instruction."

—R.H. Davis

अध्याय रूपरेखा (Chapter Outline)

- अनुदेशनात्मक उद्देश्य क्या होते हैं ? (What are Instructional Objectives)
- अनुदेशनात्मक उद्देश्यों की वर्गीकरण प्रणाली (Taxonomy of Instructional Objectives)
- ज्ञानात्मक पक्ष के अनुदेशनात्मक उद्देश्यों का वर्गीकरण (Taxonomy of Instructional Objectives in the Cognitive Domain)
- भावात्मक पक्ष के अनुदेशनात्मक उद्देश्यों का वर्गीकरण (Taxonomy of Instructional Objectives in the Affective Domain)
- मनोशारीरिक क्रियात्मक पक्ष के अनुदेशनात्मक उद्देश्यों का वर्गीकरण (Taxonomy of Instructional Objectives in the Cognitive or Psychomotor Domain)
- उद्देश्यों को व्यवहारात्मक शब्दावली में लिखना (Writing Objectives in Behavioural Terms)
- सार-संक्षेप (Summary)
- संदर्भित एवं विशेष अध्ययन ग्रंथ (References and Suggested Readings)
- अध्ययन के लिए प्रश्न (Study Questions)

अनुदेशनात्मक उद्देश्य क्या होते हैं ? (What are Instructional Objectives ?)

अनुदेशन अर्थात किसी विशेष पाठ या प्रकरण के शिक्षण–अधिगम में विषय विशेष के अध्यापक को नियत कक्षा अवधि (Classroom period) में अपने सीमित साधनों के अंतर्गत पूरे होने वाले कुछ निश्चित और अति विशिष्ट उद्देश्यों को अपने सामने रखकर आगे बढ़ना होता है। इन अति विशिष्ट और निश्चित कक्षा कक्ष शिक्षण–अधिगम उद्देश्यों, जिन्हें प्रायः अनुदेशनात्मक उद्देश्यों की संज्ञा दी जाती है, के माध्यम से ही वह अपने विद्यार्थियों के व्यवहार में अपेक्षित परिवर्तन लाने की चेष्टा करता है। इस प्रकार विषय विशेष के शिक्षण के संदर्भ में *अनुदेशनात्मक उद्देश्यों से तात्पर्य शिक्षक द्वारा निर्मित उन विशिष्ट तथा निश्चित कथन समूहों (Groups of statements) से होता*

है जिनकी सहायता से अध्यापक को यह स्पष्ट ज्ञान होता है कि किसी पाठ या प्रकरण विशेष के अध्ययन के पश्चात विद्यार्थियों के व्यवहार में किस प्रकार के परिवर्तनों की अपेक्षा की जाती है। इस तरह से अनुदेशनात्मक उद्देश्यों का प्रयोजन शिक्षण के फलस्वरूप विद्यार्थियों का जो अंतिम व्यवहार (Terminal behaviour) होता है उसकी स्पष्ट, सटीक एवं निश्चित शब्दों में व्याख्या करना होता है।

विषय शिक्षण के सामान्य लक्ष्य (General aims) तथा उद्देश्यों (Objectives) की तुलना में उस विषय के किसी पाठ या प्रकरण के लिए निर्धारित अनुदेशनात्मक उद्देश्य बहुत संकुचित (Narrow) तथा अति विशिष्ट (Very much specific) होते हैं। वे निश्चित, स्पष्ट, व्यावहारिक व प्राप्त करने के योग्य (Attainable) होते हैं। ये पूर्व निर्धारित होते हैं और इनका निर्माण इस प्रकार किया जाता है कि निश्चित अवधि वाले एक निर्धारित कालांश में संपन्न किए गए सामान्य कक्षा शिक्षण द्वारा आसानी से उनकी प्राप्ति हो सकती है। ये शिक्षण व अधिगम के वांछित परिणाम होते हैं। अतः इन्हें शिक्षण तथा अधिगम उद्देश्यों का नाम भी दे दिया जाता है। इनका उल्लेख हमेशा अपेक्षित छात्र व्यवहार या वांछित व्यवहार परिवर्तन के रूप में किया जाता है और इसका मापन भी आसानी से किया जा सकता है। कक्षा में संपन्न अनुदेशनात्मक कार्य के पश्चात विद्यार्थी जिस प्रकार के अपेक्षित व्यवहार का प्रदर्शन कर सकेंगे, उस व्यवहार को मापने योग्य उचित शब्दावली में व्यक्त करना ही अनुदेशनात्मक उद्देश्यों का प्रयोजन है।

इसके विपरीत विषय विशेष के शिक्षण संबंधी सामान्य लक्ष्यों (General aims) से तात्पर्य उन शैक्षिक लक्ष्यों या आदर्शों से होता है जिन्हें हम उसके शिक्षण के द्वारा प्राप्त करना चाहते हैं। बहुधा वे इतने व्यापक होते हैं या पूर्णता की उस स्थिति का बोध कराते हैं जिस तक पहुँचना संभव भी हो सकता है और असंभव भी – जैसे बालकों की मानसिक शक्तियों का समुचित विकास करना, नैतिकता संबंधी गुणों से बालकों को युक्त करना, उनमें अंतर्राष्ट्रीय शांति, सद्भाव व भाईचारे के गुणों को विकसित करना आदि–आदि। इस तरह से ये इतने अस्पष्ट और अनिश्चित होते हैं कि उपलब्ध शैक्षिक ढाँचे और कक्षा परिस्थितियों में इनकी प्राप्ति कठिन ही नहीं असंभव भी हो सकती है।

इस तरह विषय विशेष के शिक्षण संबंधी उद्देश्य (Objectives), सामान्य लक्ष्यों तथा अनुदेशनात्मक उद्देश्यों (Instructional objectives) के बीच की स्थिति को प्रकट करते हैं। ये सामान्य लक्ष्यों से अधिक विशिष्ट, सीमित एवं सुनिश्चित होते हैं, परंतु अनुदेशनात्मक उद्देश्यों से कम विशिष्ट और अधिक विस्तृत होते हैं। इनका उद्देश्य विषय विशेष की शिक्षा द्वारा बालकों के व्यक्तित्व के ज्ञानात्मक, भावनात्मक और मनोशारीरिक पक्षों को उचित रूप से विकसित करने में सहायता प्रदान करना होता है।

इस प्रकार किसी भी विषय के शिक्षण संबंधी कक्षा कक्ष अनुदेशनात्मक उद्देश्यों (Instructional objectives), उद्देश्यों (Objectives) तथा सामान्य लक्ष्यों (General aims) के आपसी संबंधों को चित्र 9.1 के द्वारा अच्छी तरह

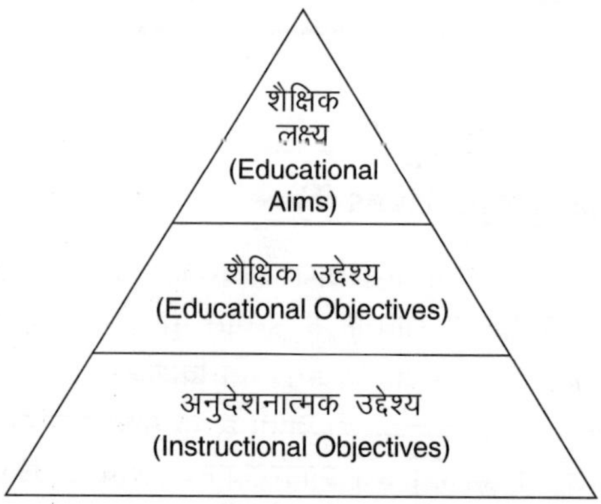

चित्र 9.1 विषय शिक्षण के लक्ष्यों एवं उद्देश्यों की चित्रात्मक प्रस्तुति।

प्रदर्शित किया जा सकता है। इससे स्पष्ट होता है कि किसी शिक्षण के अनुदेशनात्मक उद्देश्यों की प्राप्ति प्रयोगात्मक रूप से जमीनी सतह पर संभव है जबकि लक्ष्य अधिक ऊँचाई पर स्थित होने के कारण प्राप्ति की दृष्टि से असंभव ही होते हैं।

उद्देश्यों के इन व्यापक और सीमित दृष्टिकोण और उनके प्रभाव क्षेत्र (Area of influence) को निम्न रेखाचित्र द्वारा भी प्रदर्शित किया जा सकता है

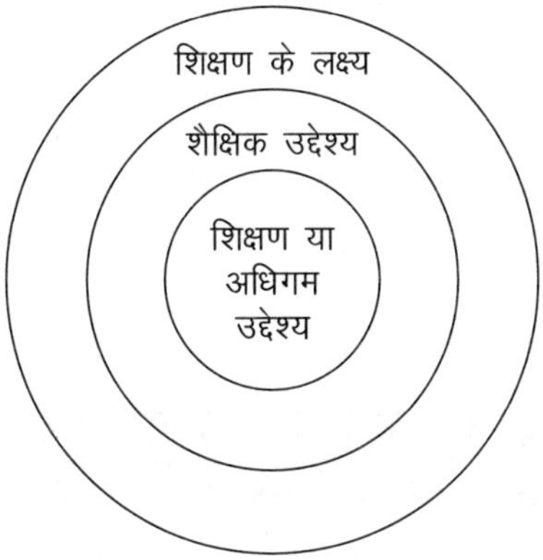

चित्र 9.2 विद्यार्थियों के शिक्षण के लक्ष्यों एवं उद्देश्यों की व्यापकता का चित्रात्मक प्रस्तुतीकरण।

इस दृष्टिकोण के अनुसार विषय विशेष के शिक्षण का सामान्य लक्ष्य वह विशाल समुद्र है जिसके गर्भ में इस विषय के शिक्षण के उद्देश्य समाए हुए हैं और आगे चलकर अनुदेशनात्मक या शिक्षण अधिगम उद्देश्य इन उद्देश्यों के अंतर्गत ही समाविष्ट हो जाते हैं।

सारांश रूप में यह कहा जा सकता है कि विषय विशेष के शिक्षण हेतु एक अध्यापक के सामने पहले तो वह सामान्य लक्ष्य होते हैं जिनकी प्राप्ति उस विषय के मूल्यों से संबंधित रहती है। इसके बाद विद्यालय स्तर विशेष के लिए निर्धारित उद्देश्य (Objectives) होते हैं जिनके द्वारा विद्यार्थी के ज्ञानात्मक, भावात्मक तथा क्रियात्मक व्यवहार में अपेक्षित परिवर्तन लाए जाते हैं और जिन्हें ज्ञानात्मक, प्रयोगात्मक, दक्षता, दृष्टिकोण, अनुभूति एवं सराहनात्मक उद्देश्यों के रूप में वर्गीकृत किया जाता है और इसके पश्चात बारी आती है अनुदेशनात्मक उद्देश्यों की। किसी पाठ या प्रकरण विशेष के अनुदेशन हेतु अध्यापक द्वारा इसी प्रकार के अनुदेशनात्मक उद्देश्यों का निर्माण किया जाता है। इस प्रकार के उद्देश्य व्यवहार के तीनों पक्षों–ज्ञानात्मक, भावात्मक तथा क्रियात्मक से संबंधित होते हैं। इनके विषय में हम नीचे विस्तार से चर्चा करना चाहेंगे।

अनुदेशनात्मक उद्देश्यों की वर्गीकरण प्रणाली (Taxonomy of Instructional Objectives)

'टेक्सोनोमी' (Taxonomy) का अर्थ वर्गीकरण करने की एक प्रणाली है। जिस प्रकार डीवी (Dewey) ने पुस्तकालय की विभिन्न पुस्तकों एवं ग्रंथों के अलग–अलग वर्गीकरण के लिए अपनी दशमलव प्रणाली (Decimal system) प्रस्तुत की थी उसी प्रकार अनुदेशनात्मक उद्देश्यों को वर्गीकृत करने की दिशा में अनेक विद्वानों द्वारा विभिन्न प्रयास किए गए हैं। परंतु बी.एस. ब्लूम और उसके सहयोगियों (Bloom et al., 1956) द्वारा किया गया प्रयास काफी सराहनीय है। ब्लूम द्वारा अनुदेशनात्मक उद्देश्यों का वर्गीकरण इस आधार पर किया गया है कि

शिक्षण अधिगम प्रक्रिया किसी पाठ्यपुस्तक या अधिगम अनुभव द्वारा विद्यार्थियों के व्यवहार में परिवर्तन लाने का एक प्रयास है। व्यवहार के तीन पक्ष (Domains) हैं–ज्ञानात्मक (Cognitive-knowing), भावात्मक (Affective-feeling) और क्रियात्मक (Psychomotor-doing)। ब्लूम ने इन तीनों पक्षों (Domains) के आधार पर अनुदेशनात्मक या शिक्षण अधिगम उद्देश्यों का वर्गीकरण निम्न प्रकार किया है–

(i) ज्ञानात्मक उद्देश्य (Cognitive Objectives)
(ii) भावात्मक उद्देश्य (Affective Objectives)
(iii) क्रियात्मक उद्देश्य (Psychomotor or Conative Objectives)

प्रथम, ज्ञानात्मक पक्ष का वर्गीकरण ब्लूम तथा अन्यों (Bloom, et al., 1956) ने, दूसरे, भावात्मक पक्ष का वर्गीकरण ब्लूम व उसके सहयोगी क्रेथवोहल व मरिया (Krathwohl and Maria, 1964) ने, और तीसरे, क्रियात्मक पक्ष का वर्गीकरण सिंपसन (1966) तथा हेरो (1972) ने प्रस्तुत किया है। यहाँ सभी पक्षों का वर्गीकरण संक्षिप्त रूप में प्रस्तुत किया जा रहा है।

ज्ञानात्मक पक्ष के अनुदेशनात्मक उद्देश्यों का वर्गीकरण (Taxonomy of Instructional Objectives in the Cognitive Domain)

ब्लूम ने ज्ञानात्मक पक्ष के उद्देश्यों को सरल से कठिन (Simple to Complex) और शिक्षण–अधिगम के निम्न स्तर से शुरु करके ऊँचे–से–ऊँचे स्तर तक ले जाने के दृष्टिकोण को ध्यान में रखते हुए छह वर्गों में विभाजित किया है। ये वर्ग हैं–ज्ञान, बोध, उपयोग, विश्लेषण, संश्लेषण और मूल्यांकन। साथ ही उन्होंने हर वर्ग के अधिगम परिणामों को भी स्पष्ट करने का प्रयास किया है, जैसा कि निम्नलिखित तालिका में प्रस्तुत किया गया है–

तालिका 9.1 ज्ञानात्मक पक्ष के उद्देश्यों का वर्गीकरण
(Taxonomy of Objectives in the Cognitive Domain)

1. ज्ञान (Knowledge) (सबसे निम्न स्तर)

(a) विशिष्टताओं का ज्ञान (Knowledge of specifics)
   (i) पदों का ज्ञान (Knowledge of terminology)
   (ii) विशिष्ट तथ्यों का ज्ञान (Knowledge of specific facts)

(b) विशिष्ट ज्ञान से संबंध स्थापित करने के उपायों एवं परंपराओं का ज्ञान (Knowledge of ways and means of dealing with specific)
   (i) परंपराओं का ज्ञान (Knowledge of conventions)
   (ii) प्रचलन और तारतम्य का ज्ञान (Knowledge of trends and sequences)
   (iii) वर्गीकरण एवं वर्गों का ज्ञान (Knowledge of classifications and categories)
   (iv) कसौटियों का ज्ञान (Knowledge of criteria)
   (v) विधियों का ज्ञान (Knowledge of methodology)

(c) ज्ञान के किसी क्षेत्र के सार्वभौमिक और अमूर्त प्रत्ययों का ज्ञान (Knowledge of universals and abstractions in a field)

(i) प्रनियमों और सामान्यीकरण का ज्ञान
(Knowledge of principles and generalisations)

2. बोध (Comprehension) (ज्ञान के बाद दूसरे क्रम का निम्न स्तर)

(a) अनुवाद (Translation)
(b) अर्थापन (Interpretation)
(c) बहिर्वेशन (Extrapolation)

3. उपयोग (Application) (तीसरे क्रम का निम्न स्तर)

4. विश्लेषण (Analysis) (उच्च स्तर)

(a) तत्त्वों का विश्लेषण (Analysis of elements)
(b) संबंधों का विश्लेषण (Analysis of relationships)
(c) संगठनात्मक प्रनियमों का विश्लेषण (Analysis of organisational principles)

5. संश्लेषण (Synthesis) (उच्चतर स्तर)

(a) एक नवीन संप्रेषण का उत्पादन (Production of unique communication)
(b) किसी प्रस्तावित कार्यवाही के लिए योजना बनाना
(Production of a plan or a proposed set of operations)
(c) अमूर्त संबंधों के समुच्चय का निर्माण (Derivation of a set of abstract relations)

6. मूल्यांकन (Evaluation) (उच्चतम स्तर)

(a) आंतरिक साक्ष्यों के आधार पर मूल्य निर्धारण
(Judgement in terms of internal evidence)
(b) बाह्य कसौटियों के आधार पर मूल्य निर्धारण
(Judgement in terms of external criteria)

ब्लूम द्वारा प्रस्तुत किए गए ज्ञानात्मक पक्ष के उपरोक्त वर्गीकरण को हम इस प्रकार से स्पष्ट कर सकते हैं–

1. **ज्ञान (Knowledge)**—इस वर्ग में विद्यार्थियों को पाठ्यवस्तु के विशिष्ट तथ्यों, पदों, परंपराओं, प्रचलनों, वर्गों, कसौटियों, विधियों, प्रनियमों, सामान्यीकरणों, सिद्धांतों एवं संरचनाओं का प्रत्यभिज्ञान (Recognition) और प्रत्यास्मरण (Recall) कराने का प्रयास किया जाता है तथा कक्षा में इसके लिए समुचित परिस्थितियाँ उत्पन्न की जाती हैं।
2. **बोध (Comprehension)**—ज्ञान वर्ग में जिन तथ्यों, पदों, परंपराओं, वर्गों और प्रनियमों आदि का अर्जन किया जाता है, बोध स्तर पर ऐसा प्रयास किया जाता है जिससे विद्यार्थी उस प्राप्त ज्ञान को अपने शब्दों में अनुवाद करके व्यक्त कर सकें और बाह्य–गणना तथा उल्लेख कर सकें। ज्ञान के बिना बोध नहीं हो सकता है। अतः ज्ञान इस वर्ग के लिए आवश्यक आधार है।
3. **उपयोग (Application)**—किसी भी तथ्य, नियम के सिद्धांत का सामान्यीयकरण करने, उनकी कमजोरियों का निदान करने तथा पाठ्यवस्तु का प्रयोग करने के लिए यह आवश्यक है कि पहले उस वस्तु का ज्ञान व बोध होना चाहिए। तभी विद्यार्थी उचित ढंग से अपनी योग्यतानुसार व्यक्तिगत परिस्थितियों में उस ज्ञान का उपयोग कर सकेंगे। अतः ज्ञान व बोध वर्ग इस वर्ग के आधार हैं।

4. **विश्लेषण (Analysis)**—इस वर्ग में विद्यार्थियों को तथ्यों, नियमों या सिद्धांतों आदि का विश्लेषण, उनके संबंधों का विश्लेषण तथा उनका व्यवस्थित सिद्धांतों के रूप में विश्लेषण करना होता है। सीखी गई वस्तु के तत्त्वों को इस प्रकार अलग–अलग करने और उनका संबंध स्थापित करने के लिए ज्ञान, बोध व उपयोग के उद्देश्यों की प्राप्ति आवश्यक है।
5. **संश्लेषण (Synthesis)**—विद्यार्थी पहले चार वर्गों के उद्देश्यों की प्राप्ति के पश्चात ही सीखी गई पाठ्यवस्तु के तथ्यों, नियमों, सिद्धांतों आदि के तत्त्वों को एक नवीन रूप में व्यवस्थित करके एक नई अनोखी संप्रेषण योजना या प्रारूप तैयार करते हैं।
6. **मूल्यांकन (Evaluation)**—किसी भी शिक्षण कार्य की सफलता इस बात पर निहित है कि विद्यार्थी यह निर्णय ले सके कि उन्होंने जो भी अधिगम किया है, वह मूल्य की दृष्टि से उपयोगी है या अनुपयोगी। अतः इस स्तर पर अंतःसाक्ष्यों व बाह्य कसौटियों के आधार पर बच्चों में पाठ्यवस्तु के तथ्यों, सिद्धांतों और नियमों आदि के बारे में निर्णय लेने की योग्यता विकसित की जाती है।

इस प्रकार विभिन्न शिक्षण विषयों में निहित तथ्यों, सिद्धांतों आदि की सहायता में ज्ञान से लेकर मूल्यांकन तक के उद्देश्यों की प्राप्ति करके ज्ञानात्मक पक्ष को विकसित करने का प्रयास किया जाता है।

भावात्मक पक्ष के अनुदेशनात्मक उद्देश्यों का वर्गीकरण (Taxonomy of Instructional Objectives in the Affective Domain)

ब्लूम तथा उसके सहयोगियों क्रेथवोहल और मरिया (Bloom and his associates Krathwohl & Maria, 1964) ने भावात्मक पक्ष के उद्देश्यों का वर्गीकरण निम्न स्तर से उच्च स्तर पर जाते हुए जिस रूप में प्रस्तुत किया है वह निम्न है–

तालिका 9.2 भावात्मक पक्ष के उद्देश्यों का वर्गीकरण
(Taxonomy of Objectives in Affective Domain)

1. **आग्रहण या ध्यान देना (Receiving or Attending)—सबसे निम्न स्तर का उद्देश्य**
   (a) अभिज्ञता या चेतना (Awareness)
   (b) ग्रहण करने की तत्परता (Willingness to receive)
   (c) नियंत्रण या चयनात्मक अवधान (Controlled or selected attention)
2. **अनुक्रिया (Responding)**
   (a) अनुक्रिया करने की सम्मति देना (Acquiesce in responding)
   (b) अनुक्रिया करने की तत्परता (Willingness to respond)
   (c) अनुक्रिया करने में संतुष्टि (Satisfaction in response)
3. **आकलन (Valuing)**
   (a) किसी मूल्य की स्वीकृति (Acceptance of a value)
   (b) किसी मूल्य के लिए अधिक लगाव व अभिरुचि (Preference for a value)
   (c) प्रतिबद्धता (Commitment)

4. संगठन (Organisation)
   (a) एक मूल्य प्रणाली को धारण करना (Conceptualisation of a value)
   (b) एक मूल्य प्रणाली का संगठन करना (Organisation of a value system)

5. मूल्य प्रणाली का चरित्रीकरण अथवा विशेषीकरण (Characterisation by a value or value complex)—उच्चतर स्तर का उद्देश्य
   (a) सामान्यीकृत समुच्चय (Generalised set)
   (b) चरित्रीकरण या विशेषीकरण (Characterisation)

इस प्रकार हम देखते हैं कि ब्लूम और उसके सहयोगियों ने भावात्मक पक्ष के शैक्षिक उद्देश्यों को पाँच वर्गों में विभाजित किया है जिनको निम्न ढंग से स्पष्ट किया जा सकता है–

1. **आग्रहण या ध्यान देना (Receiving or attending)**—भावात्मक विकास की दृष्टि से सबसे पहले मानव मूल्यों की अनुभूति करानी होती है। अनुभूति के लिए किसी–न–किसी प्रकार के उद्दीपन का होना अत्यंत आवश्यक है। इस उद्दीपन के प्रति विद्यार्थी को आवश्यक रूप से आकृष्ट होना चाहिए और उसके प्रति अनुक्रिया करने की इच्छा उत्पन्न होनी चाहिए। इसलिए इस वर्ग में अध्यापक का कार्य विद्यार्थियों को प्रस्तुत विषयवस्तु के प्रति पर्याप्त रूप से आकर्षित करना तथा इस प्रकार से अभिप्रेरित करना है कि विद्यार्थियों में मानवीय मूल्यों को भलीभाँति ग्रहण करने के लिए पर्याप्त इच्छा जाग्रत हो जाए। इच्छा जाग्रत होने और ध्यानाकर्षित होने की यह स्थिति विद्यार्थियों में उचित समय तक बनी रहे, इस कार्य हेतु पर्याप्त चेष्टा करना ही अध्यापक का कर्त्तव्य होता है।
2. **अनुक्रिया (Responding)**—भावात्मक विकास का दूसरा स्तर विद्यार्थियों की उचित अनुक्रिया से संबंधित है। इस वर्ग के लिए आग्रहण वर्ग एक आधार का काम करता है। विद्यार्थियों में मूल्यों को उचित रूप से ग्रहण करने की इच्छा तब जाग्रत हो जाती है जब वह शैक्षिक गतिविधियों में सुरुचिपूर्वक भाग लेना प्रारंभ कर देता है तभी उसके द्वारा की हुई अनुक्रियाओं की पहचान हो सकती है। विद्यार्थी अनुक्रिया करने में समर्थ हों, इसके लिए उन्हें अनुक्रिया करने के लिए तैयार किया जाना चाहिए, उनमें अनुक्रिया करने की इच्छा जाग्रत करना चाहिए और वे अनुक्रिया करने में पर्याप्त संतुष्टि का अनुभव करें, इसके लिए आवश्यक प्रयत्न करने चाहिएं। इस प्रकार से यह वर्ग विद्यार्थियों से आत्माभिव्यक्ति, आत्म–विकास और उससे प्राप्त संतुष्टि को विकसित करने में सहायता करता है।
3. **आकलन (Valuing)**—इस वर्ग की क्रियाएँ अपने दोनों वर्गों की क्रियाओं व उनके परिणामों पर आधारित है। जब कोई विद्यार्थी किसी वस्तु या विचार के प्रति पर्याप्त रूप से आकर्षित होकर उसके प्रति अपनी अनुक्रिया व्यक्त करता है तो उसकी यह अनुक्रिया, वह वस्तु या विचार उतने ही मूल्यवान होते हैं जितना कि वह उन्हें अपने प्रयोजन पूर्ति का साधन समझता है। यहाँ उस वस्तु या विचार का सामाजिक मूल्य भी आँका जाता है। इस तरह व्यक्तिगत और सामाजिक–दोनों प्रकार के मूल्यों की प्राप्ति की दृष्टि से उसका संबंधित व्यवहार प्रभावित होता है। इस प्रकार इस स्तर पर विद्यार्थियों में किसी विशेष मूल्य को स्वीकार करने व किसी विशेष मूल्य के प्रति अधिक लगाव या अभिरुचि प्रकट करते हुए उसके पालन के लिए वचनबद्ध होने की योजना को विकसित करने का प्रयास किया जाता है।
4. **संगठन (Organisation)**—जैसे–जैसे विद्यार्थी किसी वस्तु या विचार के मूल्य को ध्यान में रखते हुए उसके प्रति अपनी व्यवहार संबंधी अनुक्रियाएँ करना सीखता जाता है, वैसे–वैसे इस दिशा में आगे बढ़ते

हुए जब वह कई प्रकार के व्यक्तिगत व सामाजिक मूल्यों को ग्रहण करता है तो कई परिस्थितियों में उसे ऐसा आभास होता है कि ये मूल्य अंतर्विरोधी हैं। उनके इस टकराव को रोकने के लिए तथा इन मूल्यों को भलीभाँति अर्जित करने के लिए मूल्यों के स्वरूप और संप्रत्यय का ज्ञान कराना जरूरी हो जाता है। इस ज्ञान के बाद ही इनका व्यवस्थापन और संगठन करना होता है। इसके लिए एक अध्यापक को विभिन्न मूल्यों के व्यक्तिगत एवं सामाजिक हितचिंतन को अच्छी तरह ध्यान में रखकर इस प्रकार उचित समन्वय करना चाहिए कि व्यक्तिगत हितचिंतन होते हुए भी सामाजिक मूल्यों की प्राप्ति हो सके। इन मूल्यों के आपसी संबंधों को अच्छी प्रकार समझकर उनको एक ऐसी प्रणाली के अंदर गठित करना चाहिए जिससे विद्यार्थियों में एक सशक्त चरित्र उभरकर सामने आ सके। इस प्रकार के स्तर की प्राप्ति इस वर्ग के पहले तीनों वर्गों के उद्देश्यों को प्राप्त होने के बाद ही हो सकती है।

5. **मूल्यों का चरित्रीकरण या विशेषीकरण (Characterisation by a value or value complex)**— भावात्मक पक्ष के विकास के इस स्तर तक पहुँचने के लिए इसके पहले चारों वर्गों के उद्देश्यों की प्राप्ति आवश्यक है। यहाँ आकर विद्यार्थी के व्यक्तिगत व सामजिक मूल्यों के समन्वय से उत्पन्न जिस मूल्य प्रणाली अथवा चरित्र की भूमिका बन चुकी होती है, उसे विशेष रूप प्रदान करने का प्रयत्न किया जाता है। चरित्र संबंधी यह स्तर व्यक्ति का वह अपेक्षाकृत स्थायी और वैयक्तिक रूप होता है जिसके आधार पर उसके व्यक्तित्व की पहचान होती है। इस प्रकार अपने अंदर विभिन्न मूल्यों को आत्मसात करके वह भावात्मक विकास के उच्च स्तर को प्राप्त करता है। इसीलिए चरित्रीकरण या विशेषीकरण भावात्मक क्षेत्र के उद्देश्यों में सर्वोपरि है।

मनोशारीरिक क्रियात्मक पक्ष के अनुदेशनात्मक उद्देश्यों का वर्गीकरण (Taxonomy of Instructional Objectives in the Cognitive or Psychomoter Domain)

अपने चारों ओर फैले भौतिक और सामाजिक वातावरण के साथ सही ढंग से समायोजन करने के लिए बालकों का क्रियात्मक या मनोशारीरिक विकास आवश्यक है। बालक के व्यवहार के इस क्रियात्मक या मनोशारीरिक पक्ष से संबंधित उद्देश्यों को वर्गीकृत करने का सबसे पहला प्रयत्न सिंपसन (Simpson, 1966) द्वारा किया गया। बाद में हैरो (Harrow, 1972) ने इससे आगे कुछ विकास किया। हैरो (Harrow, 1972) ने इन उद्देश्यों को छह वर्गों में विभाजित किया है। इस वर्गीकरण को आगे इसी अध्याय की तालिका 9.5 में देखा जा सकता है। यहाँ वर्गीकृत अंगों का आवश्यक वर्णन किया जा रहा है।

1. **सहज क्रियात्मक अंग संचालन (Reflex Movements)**—व्यवहार के क्रियात्मक पक्ष का यह वर्ग सबसे निम्न स्तर का है। ये क्रियाएँ किसी वस्तु के संपर्क में आते ही बिना किसी इच्छा के अपने आप ही होने लगती हैं। ये स्वचालित स्नायुतंत्र व मस्तिष्क के द्वारा संचालित व नियंत्रित होती हैं। इसलिए ये क्रियाएँ जन्म से मृत्यु तक विकसित होती रहती हैं। इनके बिना जीवन असंभव है। जब बच्चा अपने चारों ओर फैले किसी उद्दीपन के संपर्क में आता है तो वह कोई–न–कोई प्रतिक्रिया अनजाने में ही व्यक्त करता है–जैसे हाथ पर चींटी गिरते ही हाथ झटक देता है। इस प्रकार के मानव के सभी प्रकार के व्यवहार इन सहज क्रियाओं पर आधारित हैं। अतः इस वर्ग में विद्यार्थियों की इन्हीं सहज क्रियाओं को और भी सजग बनाने का प्रयास किया जाता है।

2. **आधारभूत अंग संचालन (Basic Fundamental Movements)**—प्रथम वर्ग की सहज क्रियाओं के आधार पर ही बालक में स्वाभाविक आधारभूत अंग संचालन संबंधी क्रियाएँ विकसित होती हैं। किसी प्रकार का आदेश मिलते ही बच्चा इस प्रकार का अंग संचालन करने लगता है, परंतु वह इन क्रियाओं पर अधिक देर तक नियंत्रण नहीं कर सकता है जैसे उछलना, कूदना। मनुष्य के भावी जीवन में सुदृढ़ एवं सशक्त अंग संचालन की क्षमता विकसित करने के लिए इस प्रकार की क्रियाओं का प्रशिक्षण आवश्यक है।
3. **शारीरिक योग्यताएँ (Physical Abilities)**—शारीरिक अंगों के उचित संचालन से ही शारीरिक योग्यता विकसित होती है तथा शारीरिक योग्यता से ही अंग संचालन में सहायता मिलती है। अतः अंग संचालन संबंधी क्रियाओं में और भी परिपक्वता लाने के लिए बालक की शक्ति व सामर्थ्य को विकसित करने का प्रयास करना ही इस वर्ग का उद्देश्य है। शक्ति व सामर्थ्य की सहायता से ही बालक जीवन की कठिनाइयों का सामना करता है और वातावरण के साथ सामंजस्य स्थापित करता है। अतः इस वर्ग में बच्चे को शक्ति का प्रयोग करने, किसी भी स्थिति को सहन करने और उसके अनुसार गति करने की क्रिया में प्रशिक्षित किया जाना चाहिए। इन योग्यताओं की सहायता से ही बालक बाद में विभिन्न कौशलों को अर्जित करता है।
4. **प्रत्यक्षीकरण योग्यताएँ (Perceptual Abilities)**—इन योग्यताओं को अर्जित करने के लिए पेशीय क्रियाएँ व शारीरिक योग्यताएँ आधार का काम करती हैं। प्रत्यक्षीकरण योग्यताएँ बच्चे की कर्मेन्द्रियों व ज्ञानेन्द्रियों के सामंजस्य पर निर्भर करती हैं। बच्चा जान–बूझकर, अपनी इच्छानुसार इन योग्यताओं को अर्जित करने का प्रयास करता है। इन कौशलों की सहायता से बच्चा वातावरण में फैले उद्दीपनों को पहचानते व समझते हुए, उसके साथ समायोजन करने में सफल होता है। साथ ही अपनी पाँचों ज्ञानेन्द्रियों से प्राप्त ज्ञान में विभेद करने की योग्यता भी अर्जित करता है, जैसे–छूकर, देखकर, सुनकर, चखकर तथा सूँघकर पहचानना और अंतर बताना। इन्हीं योग्यताओं की सहायता से बाद में उच्चकोटि की पेशीय क्रियाएँ विकसित होती हैं।
5. **कौशल युक्त अंग संचालन (Skilled Movement)**—पहले चारों वर्गों में अर्जित योग्यताओं व क्रियाओं के आधार पर ये कौशल युक्त अंग संचालन संबंधी क्रियाएँ विकसित होती हैं। इनके लिए बच्चे को पूर्ण प्रशिक्षण लेना होता है। तभी वह इस प्रकार के कौशल युक्त जटिल अंग संचालन की क्रियाएँ कर सकता है। पहले इन क्रियाओं को जान–बूझकर सीखना पड़ता है, फिर इनका अभ्यास करना पड़ता है और तब अच्छी तरह से सीख लेने के पश्चात छात्र बिना किसी विशेष प्रयास के इन क्रियाओं को पूर्ण कौशल के साथ प्रदर्शित करने में समर्थ हो जाता है, जैसे नृत्य कौशल, वाद्‌य कौशल, तैरने का कौशल आदि।
6. **सुसंबद्ध या सांकेतिक संप्रेषण (Non-Discursive Communications)**—सांकेतिक संप्रेषण या सुसंबद्ध संप्रेषण वह व्यवहार है जिनके द्वारा विद्यार्थी बिना कहे ही अपने भावों को पूर्ण कौशल के साथ अभिव्यक्त कर सके। मनोपेशीय क्रियाएँ इस कार्य हेतु आवश्यक आधार का कार्य करती हैं। अतः पहले पूर्व कौशल अर्जित कर लेने के पश्चात विद्यार्थी में इतनी योग्यता आ जाती है कि वह सामान्य मुखाकृति या भावभंगिमा से लेकर पूर्ण रूप से कौशल युक्त व्यवहार एवं अभिनय के द्वारा अपने भावों का संप्रेषण कर सकता है।

उद्देश्यों को व्यवहारात्मक शब्दावली में लिखना (Writing Objectives in Behavioural Terms)

ब्लूम द्वारा किए गए उद्देश्यों के वर्गीकरण की मुख्य कमी यह है कि इसमें शिक्षण अधिगम के उद्देश्यों को विद्यार्थियों के अन्त्य व्यवहार (Terminal Behaviour) के रूप में स्पष्ट नहीं किया गया है–जैसे यह स्पष्ट नहीं होता कि शिक्षण कार्य की समाप्ति पर छात्र किस कार्य को करने की योग्यता प्राप्त कर लेगा। यदि इन उद्देश्यों को व्यावहारिक भाषा में स्पष्ट कर दिया जाए तो उद्देश्यों का यह विशिष्टीकरण शिक्षण अधिगम कार्य में अधिक प्रभावशाली और उद्देश्यपूर्ण सिद्ध होगा।

अगर रचना की दृष्टि से देखा जाए तो शैक्षिक और अनुदेशनात्मक उद्देश्यों के मुख्यतया दो भाग हैं–

(i) अपेक्षित व्यवहार में परिवर्तन (Modification of behaviour)

(ii) व्यवहार में परिवर्तन लाने वाली विषयवस्तु (Content Part)

पहला भाग उन व्यवहार परिवर्तनों की ओर संकेत करता है जो संबंधित अनुदेशन या अधिगम अनुभवों के द्वारा अधिगमकर्त्ता के व्यवहार में लाए जाते हैं। दूसरा विषयवस्तु भाग, संबंधित अनुदेशन के द्वारा प्रदान किए गए सामान्य पाठ्यक्रम और पाठ्यचर्या के विशिष्ट भाग की ओर संकेत करता है। इसके माध्यम से ही व्यवहार में अपेक्षित परिवर्तन लाना संभव होता है।

उद्देश्य को व्यवहारपरक शब्दावली में लिखने के लिए निम्नलिखित तीन बातों को ध्यान में रखना होता है–

(i) उद्देश्य की प्रकृति–जैसे ज्ञान, बोध, प्रयोग आदि।

(ii) व्यवहार का पक्ष या क्षेत्र–जैसे ज्ञानात्मक, भावात्मक आदि।

(iii) विषयवस्तु का वह विशिष्ट भाग जिसके माध्यम से व्यवहार में परिवर्तन लाने का कार्य किया जाता है–जैसे पाचन संस्थान, कोशिका संरचना, प्रकाश संश्लेषण, फूलदार पौधे के भाग आदि।

इन उद्देश्यों को व्यावहारिक भाषा में लिखने के लिए कई विधियाँ या उपागम प्रयोग में लाए जाते हैं। यहाँ इस कार्य के लिए निम्न तीन उपागमों का वर्णन किया जा रहा है–

1. रॉबर्ट मेगर उपागम (Robert Mager's Approach)
2. रॉबर्ट मिलर उपागम (Robert Miller's Approach)
3. आर.सी.ई.एम. उपागम (R.C.E.M. Approach)

1. रॉबर्ट मेगर उपागम (Robert Mager's Approach)—रॉबर्ट मेगर (Robert Mager, 1962) के अनुसार छात्रों के अपेक्षित अंत्य या अंतिम व्यवहार (Expected terminal behaviour) के रूप में अनुदेशनात्मक उद्देश्यों को भलीभाँति लिखा जा सकता है। इन उद्देश्यों को लिखने के लिए निम्न बातों को ध्यान में रखना चाहिए–

(i) अंत्य व्यवहार की पहचान और उसका नामकरण।

(ii) उन सभी महत्त्वपूर्ण परिस्थितियों का वर्णन जिनके अंतर्गत छात्रों में अपेक्षित व्यवहार करने की आशा की जाती है।

(iii) विद्यार्थियों की उपलब्धि (अपेक्षित अंतिम व्यवहार) की परीक्षा के लिए मापदंड निर्धारित करना जिससे यह पता लगाया जा सके कि व्यवहार के स्वीकृत स्तर पर आने के लिए विद्यार्थी को अपने व्यवहार में कितना परिवर्तन लाना है।

मेगर उपागम में उद्देश्यों को व्यावहारिक रूप में लिखने के लिए ब्लूम द्वारा प्रस्तुत किए गए उद्देश्यों के वर्गीकरण को अपना आधार बनाया है। विभिन्न उद्देश्यों को लिखने के लिए मेगर ने कार्यपरक क्रियाओं (Action verbs) का उपयोग किया है। इन क्रियाओं के माध्यम से विद्यार्थी के अंत्य व्यवहार अथवा अधिगम परिणामों को ऐसी व्यावहारिक शब्दावली में लिखा जा सकता है जिनको आसानी से मापा जा सके और निरीक्षण किया जा सके। व्यवहार के ज्ञानात्मक और भावात्मक पक्षों से संबंधित ऐसी कार्यपरक क्रियाओं की सूची तालिका 9.3 और 9.4 में दी जा रही है।

तालिका 9.3 ज्ञानात्मक पक्ष से संबंधित कार्यपरक क्रियाओं की सूची
(A List of Associated Action Verbs for the Cognitive Domain)

उद्देश्य (ब्लूम के वर्गीकरण पर आधारित) (Objective Based on Bloom's Taxonomy)	*संबंधित कार्यपरक क्रियाएँ (Associated Action Verbs)*
1. ज्ञान (Knowledge)	परिभाषा देना (Define), सूची देना (List), लेबल लगाना (Label), मापन करना (Measure), नाम देना (Name), प्रत्यास्मरण करना (Recall), पहचानना (Recognize), पुनः उत्पादन करना (Reproduce), चुनना (Select), कथन देना (State), लिखना (Write), रेखांकित करना (Underline) आदि।
2. बोध (Comprehension)	बदलना (Change), वर्गीकरण करना (Classify), भेद करना (Distinguish), व्याख्या (Explain), प्रतिपादन करना (Formulate), पहचानना (Identify), उदाहरण देना (Illustrate), संकेत करना (Indicate), अर्थापन करना (Interpret), न्याय करना (Justify), निर्णय लेना (Judge), नाम देना (Name), प्रतिनिधित्व करना (Represent), चयन करना (Select), सारांश देना (Summarize), रूपांतर करना (Transform), अनुवाद करना (Translate) इत्यादि।
3. प्रयोग (Application)	जाँच करना (Assess), बदलना (Change), चुनना (Choose), संचालित करना (Conduct), निर्माण करना (Construct), गणना करना (Compute), प्रदर्शित करना (Demonstrate), खोज करना (Discover), व्याख्या करना (Explain), स्थापित करना (Establish), पाना (Find), उत्पन्न करना (Generate), उदाहरण देना (Illustrate), संशोधित करना (Modify), पूर्व कथन देना (Predict), परिपालन करना (Perform), चयन करना (Select), समाधान करना (Solve), उपयोग करना (Use) आदि।
4. विश्लेषण (Analysis)	विश्लेषण करना (Analyse), संबंधित करना (Associate), तुलना करना (Compare), निष्कर्ष निकालना (Conclude), अंतर बताना (Contrast), आलोचना करना (Criticise), विभेद करना (Differentiate), पहचानना (Identify), पुष्टि करना (Justify), इंगित करना (Point Out), निर्णय लेना (Resolve), चयन करना (Select), अलग करना (Separate) आदि।

(क्रमशः)

(क्रमशः)

उद्देश्य (ब्लूम के वर्गीकरण पर आधारित) (Objective Based on Bloom's Taxonomy)	संबंधित कार्यपरक क्रियाएँ (Associated Action Verbs)
5. संश्लेषण (Synthesis)	तर्क करना (Argue), निष्कर्ष देना (Conclude), मिलाना (Combine), निकालना (Derive), वाद–विवाद करना (Discuss), सामान्यीकरण करना (Generalize), समन्वित करना (Integrate), संगठित करना (Organise), संक्षिप्त करना (Precise), सिद्ध करना (Prove), संबंधित करना (Relate), पुनः कथन देना (Re-state), चयन करना (Select), सारांश देना (Summarize), संश्लिष्ट करना (Synthesize) आदि।
6. मूल्यांकन (Evaluation)	संबंधित करना (Associate), चुनना (Choose), तुलना करना (Compare), आलोचना करना (Criticise), निष्कर्ष देना (Conclude), बचाव करना (Defend), निश्चित करना (Determine), मूल्यांकन करना (Evaluate), निर्णय लेना (Judge), पहचानना (Identify), अभिज्ञान करना (Recognize), संबंध स्थापित करना (Relate), चयनित करना (Select), सारांश देना (Summarize), समर्थन करना (Support), जाँच करना (Verify) आदि।

तालिका 9.4 भावात्मक पक्ष से संबंधित कार्यपरक क्रियाओं की सूची
(A List of Action Verbs for the Affective Domain)

उद्देश्य (ब्लूम तथा उसके सहयोगियों द्वारा प्रस्तुत वर्गीकरण के आधार पर) (Objectives Based on Bloom's Taxonomy)	कार्यपरक क्रियाएँ (Action Verbs)
1. आग्रहण (Receiving)	पूछना (Ask), स्वीकार करना (Accept), ध्यान देना (Attend), सावधान होना (Beware), पकड़ना (Catch), खोजना (Discover), प्रयोग करना (Experiment), पहचानना (Identify), पक्ष लेना (Favour), अनुसरण करना (Follow), निरीक्षण करना (Observe), पसंद करना (Prefer), प्रत्यक्षीकरण करना (Perceive), आग्रहण करना (Receive), चयन करना (Select), नाम देना (Name) आदि।
2. अनुक्रिया (Responding)	उत्तर देना (Answer), मदद करना (Assist), पूरा करना (Complete), निकालना (Derive), वाद–विवाद करना (Discuss), विकसित करना (Develop), सहायता करना (Help), सूची देना (List), लेबल देना (Label), नाम देना (Name), आज्ञापालन करना (Obey), उपस्थित करना

(क्रमशः)

	(Present), अभ्यास करना (Practise), आलेखन बनाना (Record), चयन करना (Select), कथन करना (State), लिखना (Write) आदि
3. आकलन (Value)	स्वीकार करना (Accept), ध्यान देना (Attend), पूरा करना (Complete), चुनना (Choose), निश्चय करना (Decide), प्रदर्शित करना (Demonstrate), विभेद करना (Discriminate), विकास करना (Develop), वृद्धि करना (Increase), संकेत करना (Indicate), भाग लेना (Participate), अभिरुचि का क्रम देना (Prefer), पहचानना (Recognise) आदि।
4. संगठन (Organization)	जोड़ना (Add), संबंधित करना (Associate), परिवर्तित करना (Change), तुलना करना (Compare), समन्वय करना (Coordinate), सम–संबंध स्थापित करना (Correlate), निश्चित करना (Determine), पाना (Find), बनाना (Form), सामान्यीकरण करना (Generalize), समन्वित करना (Integrate), निर्णय करना (Judge), तैयार करना (Prepare), संबंध स्थापित करना (Relate), चयन करना (Select), संश्लेषण करना (Synthesize) व्यवस्थित करना (Organize) आदि।
5. मूल्यों का चरित्रीकरण या विशेषीकरण (Characteri- (zation by a value or value complex)	स्वीकार करना (Accept), बदलना (Change), चरित्रीकरण (Characterize), निश्चय करना (Decide), विभेद करना (Discriminate), विकसित करना (Develop), प्रयोग करना (Experiment), सामना करना (Face), पहचानना (Identify), पुष्टि करना (Justify), सिद्ध करना (Prove), दोहराना (Revise), सेवा करना (Serve), हल करना (Solve), जाँच करना (Verify) आदि।

अगर हम मेगर उपागम का अनुसरण करके अनुदेशनात्मक उद्देश्यों को व्यवहारजन्य भाषा में लिखना चाहते हैं तो हमें निम्न प्रक्रिया अपनानी होगी–

1. उन परिस्थितियों का उल्लेख करना जिसमें निष्पत्ति व्यवहार का प्रदर्शन हो रहा है– पादप और जंतु कोशिकाओं की स्लाइडों को दिए जाने पर विद्यार्थी सूक्ष्मदर्शी यंत्र द्वारा अवलोकन करने संबंधी अपने सामर्थ्य का प्रदर्शन करते हैं।
2. इसके पश्चात उस कार्यपरक क्रिया (Action verb) का उल्लेख करना जिससे उनकी समर्थता का पता चलता है–जैसे विभेदीकरण करना/पहचानना/अध्ययन करना आदि।
3. इसके पश्चात निष्पत्ति व्यवहार के अंतिम स्तर–उपलब्धि का उल्लेख करना–जैसे पादक और जंतु कोशिकाओं की स्लाइडों को दिए जाने पर विद्यार्थी सूक्ष्मदर्शी निरीक्षण द्वारा उनकी संरचना में निहित कम से कम दो समानताओं तथा दो असमानताओं का उल्लेख करते हैं पहचान करते हैं।

इसी प्रक्रिया का अनुगमन करते हुए विद्यार्थी 'फूलदार पौधे के भाग' नामक प्रकरण के एक अनुदेशनात्मक उद्देश्य को निम्न प्रकार लिखेंगे।

"एक फूलदार पौधे जैसे गुलाब को दिए जाने पर विद्यार्थी उसके विभिन्न भागों जैसे–रंगीन, पंखुड़ी, गर्भ–केसर, पराग–केसर, बाहृय–दल पुंज की शत–प्रतिशत शुद्धता से पहचान करते हैं।"

2. **मिलर उपागम (Miller's Approach)**—मेगर ने अपने उपागम में व्यवहार के क्रियात्मक पक्ष को उपेक्षित रखा है। रॉबर्ट मिलर (Miller, 1962) ने कौशल विश्लेषण का प्रयोग करते हुए मनोशारीरिक या क्रियात्मक उद्देश्यों को व्यवहारपरक शब्दावली में लिखने के लिए जिस प्रक्रिया का वर्णन किया है, संक्षेप में उसका निम्न रूप है–

   (i) उस संकेतक (Indicator) का वर्णन जो किसी सार्थक क्रिया की ओर संकेत करता है।
   (ii) उस संकेतक अथवा उद्दीपक का वर्णन करना जिसके प्रति अनुक्रिया करनी होती है।
   (iii) उस वस्तु या व्यक्ति को नियंत्रित करना जिसे कार्य करने की दिशा में प्रेरित किया जाता है।
   (iv) उस क्रिया का वर्णन करना जिसे संपन्न किया जाना है।
   (v) अनुक्रियाओं अथवा प्रतिपुष्टि की उपयुक्तता का संकेत।

मेगर की तरह मिलर ने भी क्रियात्मक उद्देश्यों को लिखने के लिए संबंधित 'कार्यपरक क्रियाओं' की सूची प्रस्तुत करने का प्रयत्न किया है। मनोशारीरिक उद्देश्यों को व्यावहारिक रूप में लिखने के लिए इन कार्यपरक क्रियाओं की सहायता ले सकते हैं। मनोशारीरिक या क्रियात्मक पक्ष के हैरो (Harrow, 1972) द्वारा प्रस्तुत किए गए उद्देश्यों को व्यावहारिक रूप में लिखने के लिए संबंधित 'कार्यपरक क्रियाओं' की सूची (जिनका उल्लेख मिलर द्वारा किया गया है) निम्न रूप में प्रस्तुत की जा सकती है।

तालिका 9.5 मनोशारीरिक पक्ष से संबंधित कार्यपरक क्रियाएँ
(Associated Action Verbs for Psychomotor Domain)

उद्देश्य (हैरो के वर्गीकरण पर आधारित) (Objective Based on Harrow's Classification)	*संबंधित कार्यसूचक क्रियापद (Associated Action Verbs)*
1. सहज क्रियात्मक अंग संचालन (Reflex Movements)	काटना (Bite), कड़ा करना (Harden), झटका देना (Jerk), लंबा करना (Lengthen), ढीला करना (Loosen), छोटा करना (Make small), शिथिल होना (Relax), रोकना (Stop), सीधा करना (Straighten), फैलना (Stretch) आदि।
2. आधारभूत अंग संचालन (Basic Fundamental Movement)	गिर पड़ना (Be fall), पकड़ना (Catch), रेंगना (Creep), पीना (Drink), पकड़ना (Hold), कूदना (Jump), घुटनों के बल चलना (Kneel), चलाना (Move), पहुँचना (Reach), दौड़ना (Run), चलना (Walk) आदि
3. शारीरिक योग्यताएँ (Physical Abilities)	शुरु करना (Begin), सहन करना (Bear), झुकना (Bend), व्यवहार करना (Conduct), बढ़ाना (Increase), सुधारना (Reform), चालू करना (Start),

(क्रमशः)

	रोकना (Stop), टुकड़े–टुकड़े करना (Smash), सहारा देना या टेक लगाना (Lean) आदि।
4. प्रत्यक्षीकरण योग्यताएँ (Perceptual Abilities)	संतुलन करना (Balance), झुकाना (Bend), पकड़ना (Catch), खोजना (Discover), खाना (Eat), अंवेषण करना (Explore), खिलाना (Feed), छूकर, देखकर, सूँघकर या सुनकर पहचान करना (Identification by touching, seeing, smelling or hearing), स्मृति चित्रण करना (Memory of Tracing), फेंकना (Throw), लिखना (Write) आदि।
5. कौशल युक्त अंग संचालन (Skilled Movements)	नृत्य करना (Dance), खोदना (Dig), गोता लगाना (Dive), चलाना (Drive), बुनाई करना (Knit), संगीत के वाद्ययंत्रों को बजाना (Play the musical organs), नाव खेना (Row), स्केटिंग करना (Skate), निशाना लगाना (Shoot), तैरना (Swim), टाइप करना (Type) आदि।
6. सुसंबद्ध या सांकेतिक संप्रेषण (Non-Discursive Communication)	नकल उतारना (Mimic), भावभंगिमा बनाना (Pose), बैठना (Sit), चित्रांकन करना (Sketch), मुस्कराना (Smile) खड़ा होना (Stand), चिढ़ाना (Tease) आदि।

2. **आर.सी.ई.एम. उपागम (R.C.E.M. Approach)**—व्यवहार के तीनों पक्षों से संबंधित सभी अनुदेशनात्मक उद्देश्यों को व्यावहारिक रूप में लिखने के कार्य में मेगर व मिलर (Mager and Miller)–दोनों की विधियाँ असफल रही हैं। यदि मेगर उपागम ज्ञानात्मक व भावात्मक पक्ष के उद्देश्यों से संबंधित है तो मिलर उपागम मनोशारीरिक उद्देश्यों से संबंध रखता है। इस प्रकार इन दोनों उपागमों में से कोई भी एक विधि मानव व्यवहार के सभी पक्षों के उद्देश्यों को व्यवहारपरक शब्दावली में लिखने के प्रयोजन को सिद्ध नहीं करती है। दूसरी बात यह है कि इन दोनों उपागमों ने उद्देश्यों को व्यावहारिक रूप में लिखने के लिए व्यवहार से संबंधित 'कार्यपरक क्रिया पदों' को (जिनमें से बहुत–से क्रिया पदों की पुनरावृत्ति केवल एक ही पक्ष के विभिन्न वर्गों में ही नहीं, बल्कि दूसरे पक्ष के वर्गों में भी हुई है) महत्त्व दिया है और अधिगम प्रक्रिया में महत्त्वपूर्ण कार्य करने वाली मानसिक प्रक्रियाओं या मानसिक योग्यताओं की पूर्णतया उपेक्षा की है। इन कमियों के कारण इन दोनों उपागमों को कड़ी आलोचना का शिकार होना पड़ा है। इन कमियों को दूर करने के लिए यथासंभव अनुसंधान कार्य किए गए। हमारे देश में भी इस दिशा में कार्य हुए, परिणामस्वरूप एक नई विधि का विकास हुआ और उसे आर.सी.ई.एम. उपागम नाम दिया गया, क्योंकि इसका विकास क्षेत्रीय शिक्षा महाविद्यालय, मैसूर में किया गया है।

आर.सी.ई.एम. उपागम ने अनुदेशनात्मक उद्देश्यों को व्यवहारपरक शब्दावली में लिखने के लिए 'कार्यपरक क्रिया पदों' के स्थान पर मानसिक प्रक्रियाओं या मानसिक योग्यताओं का प्रयोग किया है। इस विधि में थोड़े से परिवर्तन के साथ ब्लूम द्वारा दिए गए उद्देश्यों के वर्गीकरण को अपनाया है और उसे आर.सी.ई.एम. टैक्सोनोमी नाम दिया है। इसमें ब्लूम द्वारा दिए गए ज्ञानात्मक पक्ष के छह वर्गों के स्थान पर चार वर्ग किए गए हैं। अंतिम तीन वर्ग विश्लेषण और मूल्यांकन को समन्वित करके सृजनात्मकता (Creativity) नाम दिया है। दूसरा अंतर यह है कि ब्लूम द्वारा दिए गए बोध वर्ग को समझ (Understanding) नाम दिया है। आर.सी.ई.एम. उपागम द्वारा

किए गए उद्देश्यों को इन वर्गों और उनसे संबंधित मानसिक प्रक्रियाओं को तालिका 9.6 में प्रदर्शित किया गया है।

तालिका 9.6 आर.सी.ई.एम. उपागम के उद्देश्य व मानसिक प्रक्रियाएँ
(Objectives and Mental Processes in R.C.E.M. Approach)

उद्देश्य *(Objective)*	*मानसिक प्रक्रियाएँ या मानसिक योग्यताएँ* *(Mental Process or Mental Approach)*
1. ज्ञान (Knowledge)	(i) पहचान करना (Recognize)
	(ii) प्रत्यास्मरण करना (Recall)
2. समझ (Understanding)	(i) संबंध देखना (See Relationship)
	(ii) उदाहरण देना (Cite example)
	(iii) भेद करना (Discriminate)
	(iv) वर्गीकरण करना (Classify)
	(v) अर्थापन करना (Interpret)
	(vi) पुष्टि करना (Verify)
	(vii) सामान्यीकरण करना (Generalize)
3. प्रयोग (Application)	(i) कारण बताना (Reason out)
	(ii) परिकल्पना का निर्माण करना (Formulate Hypothesis)
	(iii) परिकल्पना स्थापित करना (Establish Hypothesis)
	(iv) निष्कर्ष निकालना (Infer)
	(v) पूर्वकथन करना (Predict)
4. सृजनात्मकता (Creativity)	(i) विश्लेषण करना (Analyze)
	(ii) संश्लेषण करना (Synthesize)
	(iii) मूल्यांकन करना (Evaluate)

नोट—ब्लूम व आर.सी.ई.एम. उपागम के उद्देश्यों का तुलनात्मक अध्ययन करने के लिए कृपया तालिका 9.1 देखें।

उपरोक्त तालिका 9.6 से ज्ञात होता है कि ज्ञानात्मक पक्ष के उद्देश्यों के चारों वर्गों को सत्रह (17) मानसिक प्रक्रियाओं या योग्यताओं में विभाजित किया गया है। इन प्रक्रियाओं या योग्यताओ का प्रयोग करके उद्देश्यों को व्यावहारिक शब्दावली में लिखा जा सकता है। इस कार्य हेतु आर.सी.ई.एम. उपागम में 17 कथनों का उल्लेख किया गया है जिन्हें नीचे प्रस्तुत किया जा रहा है–

1. ज्ञान उद्देश्य (Knowledge Objectives)

1.1 छात्र ... पहचानने की योग्यता रखते हैं।

1.2 छात्र ... प्रत्यास्मरण करने की योग्यता रखते हैं।

2. समझ उद्देश्य (Understanding Objectives)

2.1 छात्र ... तथा ... में संबंध की योग्यता रखते हैं।

2.2 छात्र ... उदाहरण देने की योग्यता रखते हैं।

2.3 छात्र ... तथा ... में भेद करने की योग्यता रखते हैं।

2.4 छात्र ... का वर्गीकरण करने की योग्यता रखते हैं।

2.5 छात्र ... का अर्थापन करने की योग्यता रखते हैं।

2.6 छात्र ... की पुष्टि करने की योग्यता रखते हैं।

2.7 छात्र ... का सामान्यीकरण करने की योग्यता रखते हैं।

3. प्रयोग उद्देश्य (Application Objectives)

3.1 छात्र ... का कारण बताने की योग्यता रखते हैं।

3.2 छात्र ... के बारे में परिकल्पना निर्माण करने की योग्यता रखते हैं।

3.3 छात्र ... के बारे में परिकल्पना को स्थापित करने की योग्यता रखते हैं।

3.4 छात्र ... का निष्कर्ष निकालने की योग्यता रखते हैं।

3.5 छात्र ... का पूर्वकथन करने की योग्यता रखते हैं।

4. सृजनात्मक उद्देश्य (Creativity Objectives)

4.1 छात्र ... का विश्लेषण करने की योग्यता रखते हैं।

4.2 छात्र ... का संश्लेषण करने की योग्यता रखते हैं।

4.3 छात्र ... का मूल्यांकन करने की योग्यता रखते हैं।

आर.सी.ई.एम. उपागम के उद्देश्यों को कैसे लिखा जाए ?
(How to Write Objectives in R.C.E.M. Approach ?)

उद्देश्यों को लिखने की प्रक्रिया का निम्न क्रम है–

1. सर्वप्रथम छात्र के प्रविष्टि व्यवहार को ध्यान में रखना चाहिए।
2. फिर छात्र को प्रदान किए जाने वाले अधिगम अनुभवों, पाठ्य–वस्तु या उपविषय आदि के बारे में विचार करना चाहिए।
3. शिक्षण अथवा अधिगम उद्देश्यों पर विचार किया जाना चाहिए।
4. इसके पश्चात् छात्र के प्रविष्टि व्यवहार, विषयवस्तु, तत्त्व और किसी विशिष्ट शिक्षण उद्देश्य को ध्यान में रखते हुए उचित मानसिक प्रक्रिया या योग्यताओं का चुनाव किया जाना चाहिए।
5. अंत में ऊपरलिखित 17 कथनों का प्रयोग किया जाना चाहिए। इसके लिए छात्र के अर्जित अधिगम अनुभव को इन कथनों के रिक्त स्थानों में भर देना चाहिए।

इस प्रकार उद्देश्यों के व्यावहारिक रूप में लेखन कार्य को हम एक उदाहरण द्वारा स्पष्ट कर रहे हैं।

विषय—जीव विज्ञान, उपविषय—फूलदार पौधे के भाग

1.1 विद्यार्थी फूलदार पौधे के विभिन्न भागों की पहचान करता है। (ज्ञान)

2.3 विद्यार्थी फूलदार पौधे के दो महत्त्वपूर्ण भाग बाह्यदल पुंज (Calyx) तथा रंगीन पंखुड़ियों (Corolla) के कार्यों में अंतर बताता है। (समझ या बोध)

3.4 नए पौधों का जन्म कैसे होता है, इसके बारे में विद्यार्थी निष्कर्ष निकालता है। (प्रयोग)

4.1 विद्यार्थी फूलदार पौधे के विभिन्न भागों/अवयवों का विश्लेषण करता है। (सृजनात्मकता)

अनुदेशनात्मक उद्देश्यों के लेखन के बारे में निष्कर्ष (Conclusion Regarding Writing of Instructional Objectives)

ऊपर जो कुछ कहा गया है वह एक विषय अध्यापक को अपने दैनिक पाठों से संबंधित अनुदेशनात्मक उद्देश्यों के निर्माण में पर्याप्त सहायता प्रदान कर सकता है। उसे अपने विद्यार्थियों के व्यवहार में अपने अनुदेशन के माध्यम से अपेक्षित परिवर्तन लाने होते हैं। व्यवहार में परिवर्तन व्यवहार के तीनों पक्षों में ही लाए जाते हैं। इन तीनों से संबंधित अनुदेशनात्मक वर्गीकरण प्रणाली (Taxonomies of Instructional Objectives) और अनुदेशनात्मक उद्देश्यों को व्यावहारिक शब्दावली में व्यक्त करने के विभिन्न उपागमों की जो चर्चा हमने ऊपर की है उससे विषय अध्यापक को अनुदेशनात्मक उद्देश्यों को निश्चित शब्दावली में व्यक्त करने के कार्य में आवश्यक सहायता मिल सकती है। प्रश्न उठता है कि अध्यापकों को प्रशिक्षित करने के रूप में आज हमारे शिक्षा महाविद्यालयों में जो परिस्थितियाँ हैं और माध्यमिक विद्यालयों में शिक्षण हेतु जो परिस्थितियाँ तथा संसाधन उपलब्ध हैं उनको देखते हुए कक्षा शिक्षण के सीमित कालांश (30 या 35 मिनट) किसी विषय विशेष के पाठों के शिक्षण द्वारा विद्यार्थियों से किस प्रकार के व्यवहार परिवर्तन की अपेक्षा की जा सकती है। मुख्यतया इस प्रकार के व्यवहार परिवर्तनों का निम्न रूप हो सकता है—

1. किसी विषय विशेष के पाठ या प्रकरण विशेष से संबंधित तथ्यों, सिद्धांतों और प्रक्रियाओं का ज्ञान एवं अवबोध।
2. विभिन्न प्रकार के कौशलों जैसे मानचित्र पठन कौशल, संप्रेषण कौशल, समस्या समाधान कौशल आदि में पर्याप्त निपुणता अर्जित करना।
3. विषय विशेष में प्राप्त किए हुए ज्ञान, अवबोध तथा कौशलों का दिन—प्रतिदिन की जिंदगी तथा अन्य विषयों के अध्ययन में प्रयोग कर सकने की योग्यता अर्जित करना।
4. विषय विशेष से संबंधित ज्ञान और कौशलों को अर्जित करने हेतु सकारात्मक दृष्टिकोण का विकास।
5. विषय विशेष के ज्ञान अवबोध, प्रक्रियाओं और परिणामों के प्रति उचित रुचि एवं सराहनात्मक भावों का विकास।

विद्यार्थियों के व्यवहार में उपरोक्त पाँचों प्रकार के अपेक्षित परिवर्तनों को अगर ध्यान में रखा जाए तो विद्यालय पाठ्यक्रम के विषयों के किसी भी प्रकरण के लिए पाठ योजना निर्मित करने हेतु निम्न पाँच प्रकार के अनुदेशनात्मक उद्देश्यों का निर्माण किया जा सकता है।

1. ज्ञानात्मक एवं बोधात्मक उद्देश्य (Knowledge and Understanding Objective)
2. दक्षता या कौशलात्मक उद्देश्य (Skill Objectives)

3. प्रयोगात्मक उद्देश्य (Application Objectives)
4. दृष्टिकोण या अभिवृत्ति संबंधी उद्देश्य (Attitude Objectives)
5. रुचि एवं सराहनात्मक उद्देश्य (Interest and Application Objectives)

इन पाँच प्रकार के अनुदेशनात्मक उद्देश्यों के निर्माण कार्य को ध्यान में रखते हुए अध्यापकों को अपने–अपने विषय की पाठ योजना के निर्माण में इन अनुदेशनात्मक उद्देश्यों को किस प्रकार लिखना है, इस बात को हम जीव विज्ञान विषय के एक विशेष पाठ का उदाहरण लेकर स्पष्ट करना चाहेंगे।

अनुदेशनात्मक उद्देश्यों के लेखन का एक उदाहरण (An Illustration of Writing Instructional Objectives)

प्रकरण—कोशिका संरचना (Cell Structure)

ज्ञानात्मक एवं बोधात्मक उद्देश्य (Knowledge and Understanding Objectives)

दिए हुए प्रकरण के संदर्भ में इस उद्देश्य को अपेक्षित व्यवहारगत परिवर्तनों (Expected behavioural changes) के रूप में निम्न प्रकार लिखा जा सकता है–

1. विद्यार्थी कोशिका शब्द के अर्थ की व्याख्या करते हैं, उसे परिभाषित करते हैं।
2. कोशिकाओं के खोज संबंधी इतिहास का वर्णन करते हैं।
3. कोशिका सिद्धांत के प्रतिपादक जैव शास्त्री का नाम बताते हैं।
4. पौधों और पशुओं की कोशिकाओं की संरचनाओं में निहित समानताओं का वर्णन/उल्लेख करते हैं।
5. केवल पौधों या केवल पशुओं की कोशिकाओं की संरचनाओं में पाई जाने वाली विशेषताओं का उल्लेख/वर्णन करते हैं।
6. पौधों और पशुओं की कोशिकाओं की संरचनाओं में निहित अंतर का उल्लेख करते हैं।
7. पौधों और पशुओं की कोशिकाओं की संरचना में निहित समानताओं तथा असमानताओं को पहचानते हैं तथा उनमें भेद करते हैं।

प्रयोगात्मक उद्देश्य (Application Objectives)

1. विद्यार्थी बताते हैं कि पपीता पीले रंग का, पालक हरे रंग का तथा तरबूज (भीतर से) लाल रंग का क्यों होता है।
2. विद्यार्थी बताते हैं कि पीपल के वृक्ष की नवजात पत्तियों का पहले तो लालिमा लिए हुए भूरा रंग होता है पर समय गुजरने के साथ–साथ यह हरे रंग में क्यों बदल जाता है।
3. कोई भी कोशिका बिना केंद्रक के जीवित क्यों नहीं रह सकती, विद्यार्थी यह स्पष्ट करते हैं।
4. विद्यार्थी पौधों की कोशिकाओं में क्लोरोप्लास्ट की उपस्थिति की औचित्यता के बारे में बताते हैं।

कौशलात्मक उद्देश्य (Skill Objectives)

1. पौधों और पशुओं की कोशिकाओं की संरचना को स्वच्छ एवं उपयुक्त आरेखों (Diagram) द्वारा प्रदर्शित करते हैं।

2. पौधों और पशुओं की कोशिका संरचनाओं की उपलब्ध स्लाइडों का सूक्ष्मदर्शी उपकरण से निरीक्षण करते हैं तथा प्राप्त परिणामों को ठीक तरह से रिकॉर्ड करते हैं।

अभिवृत्ति संबंधी उद्देश्य (Attitude Objectives)

1. विद्यार्थी कोशिका संरचनाओं के संदर्भ में कही गई या पढ़ी हुई किसी बात को तब तक अंगीकृत नहीं करते जब तक कि वे स्वयं कोशिका की स्लाइडों का सूक्ष्मदर्शी अध्ययन करके इनकी पुष्टि नहीं कर लेते।
2. विद्यार्थी इस बात को स्वीकार करते हैं कि पौधों और पशुओं में कोशिका संरचना की दृष्टि से बहुत–सी बातों को लेकर समानताएँ/असमानताएँ पाई जाती हैं।

रुचि एवं प्रशंसात्मक उद्देश्य (Interest and Appreciative Objectives)

1. विद्यार्थी पौधों और पशुओं की कोशिकाओं की स्लाइडों के निरीक्षण में रुचि का प्रदर्शन करते हैं।
2. वे पौधों और पशुओं की कोशिका संरचनाओं से संबंधित चार्टों एवं मॉडलों का निर्माण करते हैं।
3. वे पौधों और पशुओं की कोशिका संरचनाओं के बारे में विद्यालय पत्रिका में लेख छपवाते हैं।
4. विद्यार्थी कोशिका, कोशिका संरचना तथा कोशिका सिद्धांत की खोज से संबंधित इतिहास का अध्ययन करते हैं।
5. विद्यार्थी कोशिका तथा सिद्धांतों की खोज करने वाले जीवशास्त्रियों की जीवनी और उनके योगदान की जानकारी हेतु वैज्ञानिक साहित्य का अध्ययन करते हैं।
6. विद्यार्थी पशु और पौधों की कोशिकाओं में निहित समानताओं तथा असमानताओं के बारे में अधिक से अधिक जानने में रुचि तथा प्रसन्नता का प्रदर्शन करते हैं।
7. विद्यार्थी पशुओं और पौधों की कोशिका संरचनाओं से संबंधित विभिन्न रहस्यों का पता लगाने के लिए जीवशास्त्रियों द्वारा किए गए प्रयासों एवं योगदान की सराहना करते हैं।

नोट–इन सभी उपरोक्त कथनों में विद्यार्थी/वे शब्दों की पुनरावृत्ति करने की अपेक्षा हम एक बार शुरु में ही इस तरह लिख सकते हैं–"कोशिका संरचना नामक प्रकरण के अध्ययन के उपरांत विद्यार्थियों से निम्न प्रकार के व्यवहार प्रदर्शन की अपेक्षा की जाती है।"

अनुदेशनात्मक उद्देश्यों का निष्पादन आधारित उद्देश्यों के रूप में विशिष्टीकरण (Specification of Instructional Objectives into Performance Based Objectives)

उद्देश्य, अधिगम अनुभव एवं मूल्यांकन इन तीनों की किसी भी विषय की शिक्षण अधिगम प्रक्रिया में एक–दूसरे से पूरी तरह अंतःनिर्भरता और अंतःसंबद्धता पाई जाती है। जो कुछ उद्देश्यों के रूप में प्राप्त करने हेतु सोचा जाता है उसके अनुरूप ही अधिगम अनुभवों को प्रदान करने की बात की जाती है और इन अनुभवों से उद्देश्यों की प्राप्ति किस सीमा तक हो सकी है इसका निदान ही मूल्यांकन के परिणामों द्वारा किया जाता है। इस दृष्टि से मूल्यांकन कार्य को तभी अच्छी तरह से किया जा सकता है जबकि उद्देश्यों को भलीभाँति इस प्रकार निर्धारित किया जाए कि विद्यार्थियों की उपलब्धि या उनके व्यवहार में आने वाले परिवर्तनों की जाँच किन्हीं विशेष क्रियाओं के निष्पादन (Performance) की गुणवत्ता के आधार पर की जा सके। इस दृष्टि से यह आवश्यक हो जाता है कि हमारे द्वारा ये अनुभव किस प्रकार से प्रदान किए जाए और फिर उनका मूल्यांकन कैसे ठीक प्रकार किया जाए, इस बात

को अच्छी तरह सुनिश्चित करना चाहते हैं तो हमें सामान्य उद्देश्यों (General Objectives) की जगह निष्पादन आधारित उद्देश्यों (Performance based objectives) के निर्माण पर ध्यान देना होगा।

सामान्य अनुदेशनात्मक उद्देश्यों को निष्पादन आधारित उद्देश्यों में कैसे परिवर्तित किया जाए, इसके लिए हमें निष्पादन आधारित उद्देश्यों की रचनागत मुख्य विशेषताओं को ध्यान में रखकर आगे बढ़ना होता है। सामान्यतया एक निष्पादन आधारित उद्देश्य (Performance based objective) के कथन में निम्न विशेषताओं का समावेश पाया जाता है।

(i) **अधिगमकर्ता विशिष्टीकरण (Specification of the learner)** – उद्देश्य के द्वारा यह स्पष्ट होना चाहिए कि अधिगम उपलब्धियों या अनुदेशन के अंतिम परिणाम को कौन प्रदर्शित करेगा ?

(ii) **छात्र निष्पत्ति का निरीक्षण करने योग्य व्यावहारिक शब्दावली में विशिष्टीकरण (Specification of the learner performance in observable behavioural terms)** – उद्देश्यों को लिखने में इस प्रकार की क्रियाओं का प्रयोग करना जो प्रत्यक्ष रूप से निरीक्षण किए जाने वाले व्यवहार की ओर संकेत करें।

(iii) **उन परिस्थितियों का विशिष्टीकरण जिनमें छात्र-निष्पत्ति क्रिया संपन्न होती है (Specification of conditions in which the learner performance occurs)** – विशेष रूप से सार्थक परिस्थितियों का विवरण जैसे किसी विशेष आविष्कार के वैज्ञानिक का नाम जानने के लिए 'कई वैज्ञानिकों की सूची देना' या 'बिना किसी संदर्भ सामग्री की सहायता से' आदि।

(iv) **छात्र-निष्पत्ति के न्यूनतम अपेक्षित स्तर का विशिष्टीकरण (Specifications of the minimum expected level of performance of the learner)** –जैसे छात्र जंतु और पादप कोशिकाओं में कम से कम तीन समानताओं व तीन असमानताओं का उल्लेख करते हैं।

निष्पादन आधारित उद्देश्यों (Performance based objectives) की प्रकृति को निम्न उदाहरणों द्वारा अच्छी तरह समझा जा सकता है।

उदाहरण 1—अनुदेशन/पाठ के शिक्षण अधिगम के पश्चात विद्यार्थी मानव पाचन संस्थान (Human digestive system) के एक डाइग्राम (जिसमें अंगों के नाम नहीं लिखे हैं) में मानव पाचन संस्थानों से संबंधित कम से कम चार महत्त्वपूर्ण अंगों के नाम तथा उनकी स्थिति बताने में समर्थ होंगे।

उदाहरण 2—पाठ के शिक्षण–अधिगम के उपरांत विद्यार्थी अपने विद्यालय की वाटिका में एक उचित प्रयोग द्वारा यह प्रदर्शित करने में समर्थ होंगे कि पौधों में प्रकाश संश्लेषण हेतु सूर्य के प्रकाश का होना आवश्यक है।

उदाहरण 3—अनुदेशन के उपरांत विद्यार्थी 20 विभिन्न फूलों की एक सूची में से कम से कम पाँच ऐसे फूलों की पहचान करने में समर्थ होंगे जिनसे वायु तथा कीट पतंगों द्वारा परागण (Pollination) की प्रक्रिया संपन्न होती है।

उदाहरण 4—अनुदेशन के उपरांत विद्यार्थियों को अगर विद्यालय की वाटिका में ले जाया जाए तो वे कम से कम ऐसे चार पौधों की पहचान करके उनके नाम बताने में समर्थ होंगे जिनमें कायिक प्रजनन होता है।

उपरोक्त उदाहरणों का अगर ध्यान से अवलोकन किया जाए तो हम यह अच्छी तरह जान सकते हैं कि इनमें अनुदेशनात्मक उद्देश्यों का निष्पादन आधारित उद्देश्यों के रूप में विशिष्टीकरण करने संबंधी शर्तों या सोपानों का अनुसरण करने हेतु–

(i) पहले शर्त या सोपान का अनुसरण अधिगमकर्ताओं को 'विद्यार्थी' के रूप में संबोधित करके किया गया है।

(ii) दूसरी शर्त या सोपान का अनुसरण करने हेतु कार्यपरक क्रियाओं जैसे "नाम तथा स्थिति बताना", "प्रदर्शित करना", "पहचान करना", "पहचान करके नाम बताना" आदि का सहारा लिया गया है।

(iii) तीसरी शर्त या सोपान का अनुसरण करने हेतु "कम से कम चार महत्त्वपूर्ण अंग", "सूर्य का प्रकाश, प्रकाश संश्लेषण हेतु आवश्यक है", "कम से कम पाँच फूल", "कम से कम चार पौधे" आदि शब्दावली का उपयोग किया गया है।

(iv) चौथी शर्त या सोपान का अनुसरण करने हेतु "पाचन संस्थान का बिना कोई नाम लिखे हुए एक डायग्राम", "वाटिका में किया जाने वाला एक प्रयोग", "20 विभिन्न फूलों की सूची", "वाटिका में ले जाने पर" आदि शब्दावली का प्रयोग किया गया है।

सार-संक्षेप (Summary)

1. अनुदेशनात्मक उद्देश्यों से तात्पर्य शिक्षक विशेष द्वारा निर्मित उन विशिष्ट तथा निश्चित कथनों से होता है जिनकी सहायता से यह स्पष्ट होता है कि किसी विषय के पाठ या प्रकरण विशेष के अध्ययन के उपरांत विद्यार्थियों के व्यवहार में किस प्रकार के परिवर्तनों की अपेक्षा की जाती है। ये बहुत ही निश्चित, स्पष्ट, व्यवहारिक रूप में प्राप्त करने के योग्य तथा पूर्व निर्धारित होते हैं और इनका निर्माण इस तरह किया जाता है कि निश्चित अवधि वाले एक निर्धारित कालांश में संपन्न सामान्य कक्षा शिक्षण द्वारा आसानी से इनकी प्राप्ति हो सके।
2. अनुदेशनात्मक उद्देश्यों का वर्गीकरण करने की प्रणाली को तकनीकी भाषा में टेक्सोनोमी कहा जाता है। बी.एस. ब्लूम तथा उनके सहयोगियों द्वारा अपने प्रयासों द्वारा कक्षा कक्ष अनुदेशन के फलस्वरूप व्यवहार के तीनों पक्षों—ज्ञानात्मक, भावात्मक तथा क्रियात्मक के वांछित परिवर्तन लाने हेतु उपयुक्त वर्गीकरण प्रणालियों को प्रस्तुत किया है।
3. ब्लूम ने ज्ञानात्मक पक्ष के उद्देश्यों को सरल से कठिन और शिक्षण अधिगम के निम्न स्तर से शुरु करके ऊँचे से ऊँचे स्तर तक ले जाने के दृष्टिकोण से जिन 6 वर्गों में विभाजित किया है वे हैं—ज्ञान, बोध, उपयोग, विश्लेषण, संश्लेषण तथा मूल्यांकन।
4. ब्लूम तथा उसके सहयोगियों क्रैथवाल और मेरिया के भावनात्मक पक्ष के उद्देश्यों का निम्न स्तर से उच्च स्तर पर वर्णन करने हेतु जिन 5 वर्गों का उल्लेख किया है वे हैं आग्रहण या ध्यान देना, अनुक्रिया, आकलन, संगठन तथा मूल्य प्रणाली का चरित्रीकरण अथवा विशेषीकरण।
5. मनोशारीरिक क्रियात्मक पक्ष के अनुदेशनात्मक उद्देश्यों का वर्गीकरण प्रस्तुत करने हेतु हैरो ने इन्हें जिन 6 वर्गों में विभाजित किया है, वे हैं – सहज क्रियात्मक अंग संचालन, आधारभूत अंग संचालन, शारीरिक योग्यतायें, प्रत्यक्षीकरण योग्यतायें, कौशल युक्त, अंग संचालन तथा सुसंबद्धित या सांकेतिक संप्रेषण।
6. उद्देश्यों को व्यवहार परक शब्दावली में व्यक्त करने का सबसे बड़ा लाभ है कि इससे भलीभाँति स्पष्ट हो जाता है कि किसी विशेष शिक्षण या अनुदेशन की समाप्ति के बाद विद्यार्थी किस कार्य को करने की योग्यता या कुशलता प्राप्त कर लेगा। इनके व्यवहार जन्य शब्दावली में व्यक्त करने हेतु प्रमुख रूप से जिन उपागमों का प्रयोग होता है वे हैं रॉबर्ट मेगर उपागम, रॉबर्ट मिलर उपागम तथा आर.सी.ई.एम. उपागम।

7. मेगर उपागम में उद्देश्यों को व्यावहारिक भाषा में लिखने हेतु ब्लूम द्वारा प्रस्तुत उद्देश्यों को अपना आधार बनाया गया है और फिर इन उद्देश्यों को लिखने हेतु कार्यपरक क्रियाओं (Action verbs) का उपयोग किया है। इन क्रियाओं के माध्यम से विद्यार्थी के अंत्य व्यवहार अथवा अधिगम परिणामों को ऐसी व्यवहारजन्य शब्दावली में लिखा जा सकता है जिनका भलीभाँति निरीक्षण और मापन संभव हो सके।
8. मेगर ने अपने उपागम में व्यवहार के ज्ञानात्मक एवं भावात्मक पक्ष के उद्देश्यों को लिखने की ही बात रखी है। इसमें व्यवहार के क्रियात्मक पक्ष की नितांत उपेक्षा की गई है। रॉबर्ट मिलर ने इस कमी को दूर करते हुए कौशल विश्लेषण तकनीक का प्रयोग करते हुए मनोशारीरिक या क्रियात्मक उद्देश्यों को व्यवहारपरक शब्दावली में व्यक्त करने का उत्तम प्रयत्न किया है। इन उद्देश्यों को व्यवहारपरक भाषा में लिखने हेतु उसने हैरो द्वारा प्रस्तुत मनोशारीरिक या क्रियात्मक पक्ष के उद्देश्यों के वर्गीकरण को आधार बनाकर संबंधित कार्यसूचक क्रियापदों की सूची प्रस्तुत की है।
9. आर.सी.ई.एम. उपागम में व्यवहार के तीनों पक्षों से संबंधित सभी अनुदेशनात्मक उद्देश्यों को व्यावहारिक रूप में लिखने हेतु मेगर एवं मिलर द्वारा प्रयुक्त कार्यपरक क्रियापदों के स्थान पर 17 विशिष्ट मानसिक प्रक्रियाओं या मानसिक योग्यताओं का प्रयोग किया गया है। इस विधि में ब्लूम द्वारा प्रतिपादित ज्ञानात्मक पक्ष के 6 वर्गों के स्थान पर 4 वर्ग लिए गए हैं तथा इन चारों वर्गों को 17 मानसिक प्रक्रियाओं या योग्यताओं में विभाजित किया गया है। इसके पश्चात् इन प्रक्रियाओं का प्रयोग कर उद्देश्यों को व्यावहारिक शब्दावली में लिखने हेतु 17 विभिन्न कथनों का उल्लेख किया गया है।
10. हमारे विद्यालय की कक्षा शिक्षण परिस्थितियों में विद्यार्थियों के व्यवहार के तीनों पक्षों में अपेक्षित परिवर्तन लाने हेतु किसी भी विषय विशेष के प्रकरण के लिये पाठ योजना बनाने हेतु जिन निम्न पाँच प्रकार के अनुदेशनात्मक उद्देश्यों का निर्माण किया जा सकता है वे हैं ज्ञानात्मक एवं बोधात्मक उद्देश्य, दक्षता या कौशलात्मक उद्देश्य, प्रयोगात्मक या उपयोगात्मक उद्देश्य, दृष्टिकोण या अभिवृत्ति संबंधी उद्देश्य तथा रुचि एवं सराहनात्मक उद्देश्य। इन पाँच प्रकार के उद्देश्यों को अब व्यवहारजन्य शब्दावली में व्यक्त करते हुए यह कहा जा सकता है कि किसी भी पाठ या प्रकरण विशेष के अध्ययन के उपरांत विद्यार्थियों के इन पाँचों प्रकार की व्यवहारगत क्रियाओं में किस प्रकार के परिवर्तन आ सकते हैं, अर्थात् उन्हें किस प्रकार के ज्ञान, कौशल तथा उनके उपयोग और किस प्रकार की अभिवृत्ति तथा रुचियों के विकास में अपेक्षित रूप से सहायता मिल सकती है।

संदर्भित एवं विशेष अध्ययन ग्रंथ
(References and Suggested Readings)

Bloom, Benjamin S. (Ed.), *Taxonomy of Educational Objectives: Cognitive Domain*, New York: David McKay, 1956.

Burns, Richard W., *New Approaches to Behavioral Objectives*, Dubuque, Iowa: W. McBrown, 1972.

Dave, R.H., *Taxonomy of Educational Objectives and Achievement Testing: Development in Educational Testing,* Vol. 1, London: University of London Press, 1969.

Harrow, Anita J., *A Taxonomy of the Psychomotor Domain: A Guide for Developing Behavioral Objectives*, New York: David McKay, 1972.

Harrow, R.J., *A Taxonomy of the Motor Domain*, NewYork: David McKay, 1972.

Krathwohl, David R, B.S. Bloom, and B.B. Maria, *Taxonomy of Educational Objectives: Affective Domain,* NewYork: David McKay, 1964.

Mager, R.P., *Preparing Instructional Objectives*, Palo Alto, California: Fearon, 1962.

Miller, R.B., "Task Description and Analysis", in R.M. Gagne (Ed.) *Psychological Principles in Systems Development,* New York: Holt Rinehart and Winston, 1962.

Marzano, Robert J. and John S. Kendall, *The New Taxonomy of Educational Objectives*, 2nd ed., Thousand Oaks, CA : Corwin Press, 2007.

Simpson, E.J., *The Classification of Educational Objectives: Psychomotor Domain*, New York: Prentice-Hall, 1966.

अध्ययन के लिए प्रश्न
(Study Questions)

1. अनुदेशनात्मक उद्देश्य क्या हैं ? कक्षा शिक्षण के संदर्भ में बताइए कि सामान्य लक्ष्य (General aims) तथा उद्देश्यों (Objectives) से ये किस रूप में संबंधित होते हैं ?
2. अनुदेशनात्मक उद्देश्यों की वर्गीकरण प्रणाली (Taxonomy) से आप क्या समझते हैं ? ब्लूम द्वारा वर्णित अनुदेशनात्मक वर्गीकरण प्रणाली (ज्ञानात्मक व्यवहार क्षेत्र से संबंधित) का उल्लेख कीजिए।
3. मनोशारीरिक व्यवहार क्षेत्र के अनुदेशनात्मक उद्देश्यों के वर्गीकरण हेतु एक उचित वर्गीकरण प्रणाली (Taxonomy) का वर्णन कीजिए।
4. व्यवहारजन्य शब्दावली में उद्देश्य लेखन से आप क्या समझते है ? इसके लिए प्रयुक्त तीन विभिन्न उपागमों का उल्लेख करते हुए किसी एक उपागम का विस्तार से वर्णन कीजिए।
5. व्यवहारजन्य शब्दावली में उद्देश्य लेखन का आर.सी.ई.एम. उपागम क्या है ? इसके द्वारा उद्देश्यों को किस प्रकार लिखा जाता है ? उदाहरण सहित स्पष्ट कीजिए।
6. किसी विषय विशेष के शिक्षण के लिए निर्धारित विभिन्न अनुदेशनात्मक उद्देश्यों की अपेक्षित व्यवहारगत परिवर्तनों के संदर्भ में किस प्रकार व्याख्या की जा सकती है ? इस बात को पाठ्यक्रम में से कोई उपविषय या इकाई चुनकर पूरी तरह स्पष्ट कीजिए।
7. अनुदेशनात्मक उद्देश्यों का निष्पादन आधारित उद्देश्यों के रूप में विशिष्टीकरण से क्या अभिप्राय है ? एक उदाहरण की सहायता से स्पष्ट कीजिए।
8. सामान्य उद्देश्यों को निष्पादन आधारित उद्देश्यों (Performance based objectives) में कैसे बदला जाता है ? किसी भी विषय से कोई तीन निष्पादन आधारित उद्देश्यों के उदाहरण देकर बताइए।

10

शिक्षण व्यूह रचनाएँ तथा प्रविधियाँ

(Teaching Strategies and Devices)

अध्याय रूपरेखा (Chapter Outline)

- शिक्षण व्यूह रचनाओं से अभिप्राय (Meaning of the Term "Teaching Strategies")
- शिक्षण व्यूह रचनाओं की मुख्य विशेषताएँ
  (Special Features of Teaching Strategies)
- शिक्षण व्यूह रचनाओं तथा शिक्षण विधियों में अंतर
  (Distinguishing Teaching Strategies from Teaching Methods)
- शिक्षण व्यूह रचनाएं और शिक्षण युक्तियाँ
  (Teaching Strategies and Teaching Tactics)
- शिक्षण प्रविधियों से अभिप्राय (Meaning of the Term Teaching Devices)
- शिक्षण प्रविधियों और शिक्षण विधियों में अंतर
  (Distinction between Teaching Devices and Teaching Methods)
- शिक्षण प्रविधियों का वर्गीकरण (Classification of Teaching Devices)
- शिक्षण व्यूह रचनाओं तथा शिक्षण प्रविधियों में अंतर
  (Distinguishing Teaching Strategies and Teaching Devices)
- शिक्षण व्यूह रचनाओं के प्रकार एवं चर्चा (Types of Teaching Strategies and Description)
  व्याख्यान व्यूह रचना, सामूहिक परिचर्चा व्यूह रचना, प्रदर्शन व्यूह रचना, अनुसंधान अथवा ह्यूरिस्टिक व्यूह रचना, प्रोजेक्ट व्यूहरचना, स्पष्टीकरण व्यूहरचना, व्याख्यान व्यूहरचना, विवरण व्यूहरचना, वर्णन व्यूह रचना, दृष्टांत या उदाहरण व्यूह रचना, प्रश्नोत्तर व्यूह रचना, शिक्षण व्यूह रचना के रूप में अभ्यास कार्य, शिक्षण व्यूह रचना के रूप में गृहकार्य, समीक्षा या पुनः अवलोकन व्यूह रचना, दत्त कार्य या अधिन्यास व्यूह रचना, ट्यूटोरियल व्यूह रचना, मस्तिष्क उद्वेलन व्यूह रचना, स्वाधीन अध्ययन व्यूह रचना, संवेदनशीलता या सूक्ष्मग्राहिता प्रशिक्षण व्यूह रचना।
- सार-संक्षेप (Summary)
- संदर्भित एवं विशेष अध्ययन ग्रंथ (References and Suggested Readings)
- अध्ययन के लिए प्रश्न (Study Questions)

शिक्षण व्यूह रचनाओं से अभिप्राय
(Meaning of the Term Teaching Strategies)

सरल शब्दों में शिक्षण व्यूह रचनाओं से तात्पर्य ऐसी व्यूह रचनाओं या नीतियों से है जिसे शिक्षकों द्वारा अपने शिक्षण या अनुदेशन में निर्धारित उद्देश्यों की पूर्ति हेतु काम में लाया जाता है। शिक्षण व्यूह रचना शब्द आँग्ल भाषा के शब्द स्ट्रेटिजी (Strategy) का हिंदी रूपांतर है। स्ट्रेटिजी शब्द की उत्पत्ति ग्रीक भाषा के शब्द स्ट्रेटिजिआ (Strategia) से हुई है जिसके आधार पर स्ट्रेटिजी को किसी लक्ष्य की प्राप्ति हेतु अपनाई जाने वाली एक विशिष्ट कार्य पद्धति या योजना के रूप में परिभाषित किया जा सकता है। व्यूह रचना या स्ट्रेटिजी शब्द का प्रचलन सैन्य विज्ञान (Military science) और युद्ध कला (Warfare) में काफी मात्रा में किया जाता है। द्रोणाचार्य ने महाभारत के युद्ध में अभिमन्यु को घेरकर पांडवों को परास्त करने के लिए चक्रव्यूह नामक व्यूह रचना का ही आयोजन किया था। अतः युद्ध कला में इसे ऐसी प्रभावी योजनाओं और विशेष कार्य पद्धतियों के रूप में समझा तथा प्रयोग में लाया जाता है जिनके द्वारा युद्ध को अपने पक्ष में करने में सफलता मिलती है। एक शतरंज का खिलाड़ी भी प्रभावी व्यूह रचना (Effective strategy) के सहारे ही शतरंज की बाजी जीतता है। इसी क्रम का अनुसरण करते हुए एक अध्यापक के लिए भी यही जाना और समझा जा सकता है कि उसे अगर अपनी शिक्षण यात्रा में सफलता अर्जित करनी है तो उसे उचित और प्रभावपूर्ण शिक्षण व्यूह रचनाओं का ठीक तरह उपयोग करने में कुशलता अर्जित कर लेनी चाहिए। अतः व्यूह रचनाओं से क्या अभिप्राय है, इस बात को अब हम उपरोक्त विवेचन द्वारा अच्छी तरह समझ सकते हैं और जहाँ तक शिक्षण शब्द के अर्थ और अभिप्राय की बात है, इसे इसी पुस्तक के पाँचवे अध्याय में हम ठीक तरह परिभाषित कर चुके हैं। अतः हमारी इस जानकारी के अनुसार हम शिक्षण को ऐसी प्रयोजनपूर्ण चेष्टा या प्रक्रिया के रूप में समझ सकते हैं जिसे एक शिक्षक द्वारा अपने विद्यार्थियों का ठीक तरह मार्गदर्शन कर उनकी उचित सहायता हेतु इसलिए संपादित किया जाता है कि उसके माध्यम से उन्हें निर्धारित शिक्षण–अधिगम उद्देश्यों की प्राप्ति ठीक प्रकार से हो सके।

व्यूह रचना (Strategy) और शिक्षण (Teaching) इन दोनों पदों की ठीक तरह जानकारी होने के बाद अब हम शिक्षण व्यूह रचना पद को निम्न शब्दावली में परिभाषित कर सकते हैं–

शिक्षण व्यूह रचनाओं (Teaching Strategy) से अभिप्राय एक शिक्षक द्वारा विशेष रूप से निर्मित और अपनाई गई उन सभी योजनाओं, विशिष्ट कार्य पद्धतियों तथा साधनों से है जिनके द्वारा वह अपने विद्यार्थियों का उचित मार्गदर्शन कर उन्हें निर्धारित शिक्षण–अधिगम उद्देश्यों की प्राप्ति में अधिक से अधिक सहायता प्रदान कर सके। ठीक इसी प्रकार की अभिव्यक्ति शिक्षण व्यूह रचना पद को परिभाषित करने में प्रसिद्ध लेखक ई स्टोंस तथा मौरिस (1972) ने अपनी पुस्तक टीचिंग प्रैक्टिस–प्रोबलम्स एंड पर्सपेक्टिव्ज (Teaching Practice—Problems and Perspectives) द्वारा की है। उनका कथन है कि, *"शिक्षण व्यूह रचना से तात्पर्य किसी पाठ के शिक्षण हेतु अपनाई गई उस सामान्यीकृत योजना से है जिसमें संरचना, अनुदेशनात्मक उद्देश्यों के रूप में वांछित विद्यार्थी व्यवहार तथा व्यूह रचना को प्रयोग में लाने के लिए आवश्यक युक्तियों की रूपरेखा का समावेश हो।"* (Teaching strategy is a generalized plan for a lesson which includes structure, desired learner behaviour in terms of goals of instruction and an outline of planned tactics necessary to implement the strategy.)

शिक्षण व्यूह रचनाओं की मुख्य विशेषताएँ
(Special Features of Teaching Strategy)

शिक्षण व्यूह रचनाओं के अर्थ परिभाषा संबंधी उपरोक्त विवरण की समीक्षा हमें इनकी निम्न मुख्य विशेषताओं एवं प्रकृति से परिचित कराने में सहायक सिद्ध हो सकती है।

- शिक्षण व्यूह रचनाएँ ऐसी सामान्यीकृत योजनाओं, विधियों एवं तरीकों का प्रतिनिधित्व करती हैं जिनके द्वारा किसी भी विशेष शिक्षण कार्य अथवा शिक्षण पाठ को पढ़ाने के लिए प्रयुक्त किया जा सकता है।
- इससे शिक्षण कार्य या पाठ को पढ़ाने के द्वारा निर्धारित शिक्षण–अधिगम उद्देश्यों की प्राप्ति की जाती है।
- शिक्षण व्यूह रचनाओं का चयन और उपयोग विद्यार्थियों को शिक्षण–अधिगम उद्देश्यों की प्राप्ति कराने हेतु किया जाता है।
- शिक्षण व्यूह रचनाओं के द्वारा कोई ऐसी कार्य योजना, पद्धति, प्रारूप या शिक्षण–अधिगम संरचना प्रस्तुत की जाती है जिसके अनुगमन से निर्धारित शिक्षण–अधिगम उद्देश्यों की प्रभावी ढंग से उपलब्धि ठीक तरह संभव हो सकती है।
- शिक्षण व्यूह रचनाओं को ठीक तरह से उपयोग में लाने के लिए अच्छी तरह नियोजित शिक्षण युक्तियों की जरूरत पड़ती है। दूसरे शब्दों में, शिक्षण युक्तियाँ किसी एक शिक्षण व्यूह–रचना का एक अभिन्न अंग होती हैं।
- किसी भी शिक्षण व्यूह रचना द्वारा संपादित शिक्षण–अधिगम संरचना को निम्न आकृति (देखिए चित्र 10.1) से भलीभाँति प्रदर्शित किया जा सकता है।

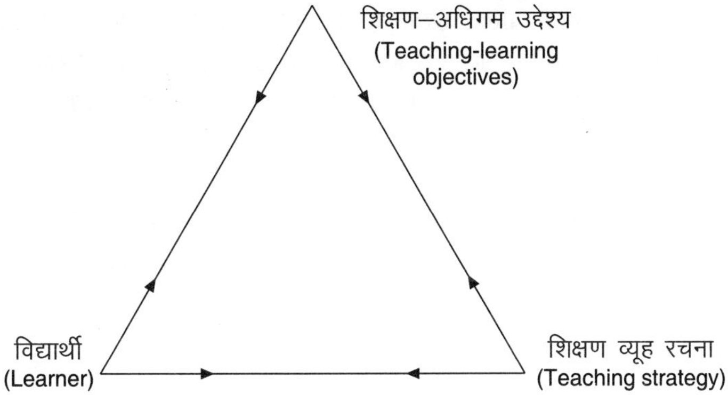

चित्र 10.1 शिक्षण–अधिगम संरचना और शिक्षण व्यूह संरचना।

शिक्षण–अधिगम संरचना के प्रारूप को प्रदर्शित करने वाली उपरोक्त चित्रात्मक आकृति से विभिन्न बातों की जानकारी मिलती है–

(i) एक शिक्षण व्यूह रचना का निर्माण और उपयोग विद्यार्थियों को निर्धारित शिक्षण–अधिगम उद्देश्यों की प्राप्ति में सहायता करने हेतु किया जाता है।

(ii) किसी भी व्यूह रचना का निर्माण और उपयोग इस दृष्टि से किया जाता है कि उसके द्वारा विद्यार्थियों की आवश्यकताओं, योग्यताओं तथा रुचियों, विद्यार्थियों को पढ़ने हेतु मिलने वाली अधिगम परिस्थितियों तथा सुविधाओं और उनके द्वारा प्राप्त किए जाने वाले अधिगम उद्देश्यों सभी का ठीक से ध्यान रखा जा सके।

(iii) विद्यार्थियों से मिलने वाले पृष्ठपोषण (Feedback) के आधार पर शिक्षण व्यूह रचना में उचित संशोधन करते रहने का प्रावधान रखा जाता है।

(iv) शिक्षण–अधिगम उद्देश्य किसी भी शिक्षण–अधिगम संरचना के केंद्रीय बिंदु और लक्ष्य होते हैं, परंतु ये पूरी तरह स्थिर और अपरिवर्तनशील हों यह बात नहीं है। विद्यार्थियों, शिक्षण–अधिगम वातावरण तथा शिक्षण व्यूह रचना के उपयोग संबंधी परिणामों के आधार पर इनमें यथानुकूल परिवर्तन किया जा सकता है।

शिक्षण व्यूह रचनाओं तथा शिक्षण विधियों में अंतर (Distinguishing Teaching Strategies from Teaching Methods)

शिक्षण विधियाँ क्या होती हैं, हम सभी इस बात से भलीभाँति परिचित हैं। कक्षा में विद्यार्थियों को पढ़ाने हेतु अध्यापक प्रायः इन शिक्षण विधियों जैसे व्याख्यान विधि, प्रदर्शन विधि, आगमन विधि, निगमन विधि, अन्वेषण विधि, समस्या समाधान विधि आदि का प्रयोग करते रहते हैं। कोई भी विधि जो एक शिक्षक द्वारा अपने शिक्षण हेतु प्रयोग में लाई जाती है उसका यही प्रयोजन होता है कि उसके द्वारा विषयवस्तु को अच्छे से अच्छे ढंग से विद्यार्थियों के सामने प्रस्तुत किया जाए। इसलिए किसी विशेष विधि का चयन और उपयोग इसलिए किया जाता है कि उसके द्वारा पाठ्यक्रम से संबंधित किसी एक प्रकार की विषय सामग्री को एक विशेष उपयुक्त ढंग से प्रस्तुत करने में सहायता मिल सके। इसके विपरीत व्यूह रचना का चयन और उपयोग मात्र किसी विषयवस्तु के प्रभावी ढंग से प्रस्तुतीकरण के लिए ही नहीं होता बल्कि उसके द्वारा निर्धारित शिक्षण–अधिगम उद्देश्यों की प्राप्ति को भी अपना लक्ष्य बनाया जाता है। इस प्रकार शिक्षण व्यूह रचना का उपयोग क्षेत्र और उसकी संरचना शिक्षण विधि की तुलना में कहीं अधिक विस्तृत होती है। इन दोनों के बीच के अंतर को निम्न विवरण द्वारा अच्छी तरह समझा जा सकता है।

शिक्षण विधि (Teaching Method)	*शिक्षण व्यूह रचना (Teaching Strategy)*
1. शिक्षण विधि से किसी विषयवस्तु विशेष को इस ढंग से प्रस्तुत करने में मदद मिलती है कि उसे उचित ढंग से ग्रहण करने और भलीभाँति समझाने में सहायता मिल सके।	1. शिक्षण व्यूह रचना से इस प्रकार के शिक्षण–अधिगम वातावरण के निर्माण में सहायता मिलती है कि जिससे निर्धारित शिक्षण–अधिगम उद्देश्यों की प्राप्ति में विद्यार्थियों की उचित सहायता की जा सके।
2. शिक्षण विधि के नाम से प्रचलित यह पद काफी पुराना है और इसका संबंध शिक्षण विज्ञान (Pedagogy) से है।	2. शिक्षण व्यूह रचना के नाम से प्रचलित यह पद अपेक्षाकृत नया है और इसका संबंध सैन्य विज्ञान और शैक्षिक तकनीकी से है।
3. शिक्षण कार्य के संपादन हेतु किसी भी शिक्षण विधि का चयन विषयवस्तु विशेष की प्रकृति पर निर्भर करता है।	3. शिक्षण–अधिगम उद्देश्यों की प्रकृति ही यह निर्धारित करती है कि उनकी प्राप्ति हेतु किस प्रकार की व्यूह रचना काम में लाई जाए।
4. शिक्षण विधि इस धारणा पर आधारित है कि शिक्षण एक कला है।	4. शिक्षण व्यूह रचना इस मान्यता पर आधारित है कि शिक्षण विज्ञान है और इसकी प्रकृति काफी तकनीकी युक्त है।

(क्रमशः)

शिक्षण विधि (Teaching Method)	शिक्षण व्यूह रचना (Teaching Strategy)
5. कोई शिक्षण विधि कितनी प्रभावशाली है इसका निर्धारण इस आधार पर किया जाता है कि विद्यार्थियों द्वारा विषयवस्तु पर कितना अधिकार है और यह पता लगाने के लिए उपलब्धि परीक्षाओं का प्रयोग किया जाता है।	5. कोई शिक्षण व्यूह रचना कितनी प्रभावशाली है इसका निर्धारण इस बात के आधार पर किया जाता है कि निर्धारित उद्देश्यों की प्राप्ति किस रूप में की जा सकी है और इसका पता लगाने हेतु मानदंड संदर्भित परीक्षणों (Criterion reference tests) का प्रयोग किया जाता है।
6. शिक्षण विधि में इस बात पर जोर दिया जाता है कि विषयवस्तु के उचित प्रस्तुतीकरण हेतु किस प्रकार के शैक्षणिक कदम उठाए जाएँ।	6. शिक्षण व्यूह रचना में इस बात पर जोर दिया जाता है कि शिक्षण–अधिगम वातावरण के उचित आयोजन हेतु किस प्रकार की शैक्षणिक गतिविधियाँ संपन्न की जाएँ।
7. शिक्षण विधि के तहत उठाए गए कदम बहुत कुछ निश्चित और अपरिवर्तनशील होते हैं। सामान्यतः इनके प्रारूपों में परिवर्तन करने की कोई बात आसानी से नहीं उठती।	7. शिक्षण व्यूह रचना उपयोग की दृष्टि से काफी लचीली होती है। उपलब्ध शिक्षण–अधिगम परिस्थितियों के परिप्रेक्ष्य में निर्धारित शिक्षण–अधिगम उद्देश्यों की प्राप्ति हेतु इनमें आवश्यक संशोधन किए जा सकते हैं।
8. शिक्षण विधि में उसके प्रभावपूर्ण उपयोग हेतु शिक्षण तकनीकों और सहायक सामग्री का प्रयोग किया जा सकता है।	8. इस संदर्भ में यह व्यूह रचना बहुत अधिक व्यापक होती है क्योंकि इसके प्रयोग हेतु विविध विधियों, तकनीकों, साधनों और उपकरणों, युक्तियों आदि की सहायता लेना आवश्यक होता है ताकि उनकी सहायता से शिक्षण–अधिगम गतिविधियों और उपयुक्त वातावरण का आयोजन भलीभाँति किया जा सके।

व्यावहारिक दृष्टि से शिक्षण विधियों और शिक्षण व्यूह रचनाओं के बीच दिखाई पड़ने वाला यह अंतर अपने आप में काफी कम होता चला जाता है, क्योंकि इन दोनों का उद्देश्य शिक्षण कार्य को जितना अधिक हो सके उतना प्रभावपूर्ण बनाना होता है। यही कारण है कि शिक्षण विधियों और व्यूह रचनाओं दोनों के ही वर्गीकरण में एक जैसी नामावली व्याख्यान, प्रदर्शन, प्रश्नोत्तर, समस्या समाधान, अन्वेषण परियोजना आदि देखने को मिलती है। परंतु फिर भी शिक्षण विधियों और व्यूह रचनाओं के बीच विद्यमान अंतर काफी स्पष्ट रूप से अनुभव किया जा सकता है। उदाहरण के लिए, व्याख्यान विधि एक व्याख्यान व्यूह रचना का रूप उस समय भलीभाँति धारण करती हुई देखी जा सकती है जब यह मात्र विषय प्रस्तुतीकरण का ढंग न बनकर निर्धारित उद्देश्यों की प्राप्ति में अच्छी तरह सहायक हो सके। यही बात अन्य विधियों के लिए भी लागू हो सकती है। वे विधि तभी तक रहती हैं जब तक उन्हें मात्र विषय विशेष की प्रस्तुतीकरण हेतु एक विशेष तरीके या साधन के रूप में इस्तेमाल किया जाता रहता है।

शिक्षण व्यूह रचनाएँ और शिक्षण युक्तियाँ (Teaching Strategies and Teaching Tactics)

किसी शिक्षण व्यूह रचना को भलीभाँति उपयोग में लाने हेतु शिक्षण युक्तियों का प्रयोग उसी तरह आवश्यक होता है जैसी कि किसी भी शिक्षण विधि की सफलता हेतु उचित शिक्षण तकनीकों और शिक्षण साधनों के इस्तेमाल की जरूरत अनुभव की जाती है। शिक्षण युक्तियों को परिभाषित करते हुए प्रसिद्ध विद्वान ई० स्टोंस तथा एस० मोरिस (1972) ने निम्न विचार व्यक्त किए हैं। *"शिक्षण युक्तियाँ लक्ष्य निर्धारित, प्रभावित और प्रभावित किए जा सकने वाले शिक्षक व्यवहार का प्रतिनिधित्व करती हैं, उस व्यवहार का जिसका वह किसी अनुदेशनात्मक परिस्थिति के दौरान किसी व्यूह रचना के निर्माण हेतु प्रयोग करता है। इन्हें शिक्षक व्यवहार की उन इकाइयों के रूप में भी जाना जा सकता है जिनकी सहायता से शिक्षक समय–समय पर कक्षा के विद्यार्थियों के साथ निभाई जाने वाली विभिन्न अनुदेशनात्मक भूमिकाओं का निर्वाह करता है अथवा शिक्षक व्यवहार के ऐसे अवयवों के रूप में भी जाना जा सकता है जिसके माध्यम से शिक्षक, शिक्षार्थी और विषयवस्तु में पारस्परिक अंतःक्रिया चलती रहती है।"*

(Teaching tactics is goal directed, influenced or influencing behaviour of the teacher, the way he behaves in the instructional situation in working towards the development of the strategy; units of teaching behaviour through which the teacher fulfils his various instructional roles with the students of his class from moment to moment, the components of teaching behaviour through which the teacher, the students and subject matter interact.)

उपरोक्त परिभाषा का अगर गंभीरता से विश्लेषण किया जाए तो शिक्षण युक्तियों की प्रकृति और विशेषताओं के संदर्भ में हमें निम्न बातों की जानकारी प्राप्त हो सकती है।

- शिक्षण युक्तियाँ शिक्षक की उन गतिविधियों व व्यवहार का प्रतिनिधित्व करती हैं जिनको वह किसी विशेष शिक्षण व्यूह रचना के आयोजन और प्रयोग हेतु काम में लाता है।
- शिक्षण युक्तियाँ शिक्षक व्यवहार की वे मूलभूत इकाइयाँ होती हैं जो निर्धारित शिक्षण–अधिगम उद्देश्यों की प्राप्ति हेतु उचित अधिगम संरचना के निर्माण में सहायक सिद्ध होती हैं।
- शिक्षण युक्तियाँ समय–समय पर शिक्षण व्यूह रचना के संपादन हेतु एक शिक्षक को उसके विभिन्न अनुदेशनात्मक भूमिकाओं के निभाने में मदद करती हैं।
- शिक्षण युक्तियों में वे सभी शाब्दिक और अशाब्दिक शिक्षक व्यवहार एवं गतिविधियाँ शामिल हो सकती हैं जिनकी सहायता से शिक्षक, शिक्षार्थी और विषयवस्तु के बीच स्वस्थ अंतःक्रिया होते रहने में मदद मिलती है।
- शिक्षण युक्तियाँ विद्यार्थियों को निर्धारित अधिगम उद्देश्यों की प्राप्ति हेतु उचित अधिगम संरचना के निर्माण में सहयोगी सिद्ध होती हैं।

उपरोक्त विवेचन के आधार पर हम शिक्षण युक्तियों और शिक्षण व्यूह रचनाओं में निहित अंतर को निम्न विवरण द्वारा प्रदर्शित कर सकते हैं–

शिक्षण व्यूह रचना (Teaching Strategy)	शिक्षण युक्तियाँ (Teaching Tactics)
1. शिक्षण व्यूह रचना लक्ष्य निर्देशित होती हैं और यह लक्ष्य, निर्धारित शिक्षण अधिगम उद्देश्यों की उपलब्धि करना होता है।	1. शिक्षण युक्तियाँ शिक्षक की उन गतिविधियों एवं व्यवहार का प्रतिनिधित्व करती हैं जिन्हें निर्धारित शिक्षण–अधिगम उद्देश्यों की प्राप्ति हेतु निर्मित और उपयोग में लाया जाता है।
2. शिक्षण व्यूह रचना में शिक्षक और शिक्षार्थी की वे सभी गतिविधियाँ शामिल होती हैं जिनसे निर्धारित शिक्षण–अधिगम उद्देश्यों की प्राप्ति हेतु उचित शिक्षण–अधिगम निर्माण में सहायता मिलती है।	2. शिक्षण युक्तियों का संबंध केवल उन शिक्षक गतिविधियों एवं व्यवहार से होता है जिनके द्वारा उचित अधिगम संरचना के आयोजन में मदद मिलती है।
3. शिक्षण उद्देश्य और शिक्षण कार्य विश्लेषण (Task analysis) ये दोनों ही किसी शिक्षण व्यूह रचना के काफी महत्त्वपूर्ण आधारभूत तत्व होते हैं।	3. उचित अधिगम संरचना का निर्माण–शिक्षण युक्तियों हेतु एक केंद्रीभूत तत्त्व (Central theme) का कार्य करता है।
4. शिक्षण व्यूह रचना, शिक्षण युक्तियों की तुलना में काफी कुछ ज्यादा विस्तृत और गहन संप्रत्यय है। इसमें वह सभी कुछ शामिल किया जा सकता है जिससे एक शिक्षक को अपने शिक्षण उत्तरदायित्व यानी शिक्षण–अधिगम उद्देश्यों की प्राप्ति में यथानुकूल सहायता प्राप्त हो सके। इस दृष्टि से एक शिक्षण व्यूह रचना में उन सभी विभिन्न शिक्षण विधियों, शिक्षण तकनीकों, शिक्षक सहायक सामग्री व शिक्षण युक्तियों को समाविष्ट होते हुए देखा जा सकता है जिनके द्वारा एक व्यापक शिक्षण–अधिगम की संरचना कर निर्धारित शिक्षण–अधिगम उद्देश्यों की प्रभावपूर्ण उपलब्धि का कार्य संपन्न किया जा सके।	4. शिक्षण युक्ति शिक्षण व्यूह रचना की तुलना में काफी छोटा और सीमित संप्रत्यय है। यह वास्तव में शिक्षक व्यवहार के उस छोटे से अंश, अवयव या इकाई का प्रतिनिधित्व करता है जिसकी सहायता से उसे अपने शिक्षण उद्देश्यों की प्राप्ति में सहायता मिलती है।

शिक्षण प्रविधियों से अभिप्राय (Meaning of the term Teaching Devices)

शिक्षण एक अति कौशल युक्त कार्य है। एक शिक्षक को अपने शिक्षण कार्य को अच्छी तरह पूरा करने के लिए विभिन्न प्रकार की योग्यताओं, क्षमताओं तथा कुशलताओं की आवश्यकता होती है। शिक्षण प्रविधियों की गिनती उन्हीं परम आवश्यकताओं में होती है जिनसे युक्त होना एक शिक्षक के लिए अपने कार्य में सफलता प्राप्ति हेतु अनिवार्य होता है। चाहे उसे अपने विद्यार्थियों को पढ़ने हेतु तैयार करना हो, विषयवस्तु को भलीभाँति प्रस्तुत करके छात्रों के मस्तिष्क में बिठाना हो अथवा अपने शिक्षण कार्य का मूल्यांकन करना हो, इन सभी कार्यों में उचित सफलता प्राप्त करने के लिए उसे शिक्षण विधियों के अतिरिक्त जिन विशेष तरीकों, नीतियों, कुशलताओं एवं साधनों इत्यादि का प्रयोग करना होता है शिक्षण तकनीकी की भाषा में मोटे तौर पर इन्हीं को शिक्षण प्रविधियों की संज्ञा दी जा सकती है।

ऊपर की पंक्तियों से जो चित्र शिक्षण प्रविधियों के बारे में हमने खींचने की कोशिश की है उसको आधार मानते हुए अब हम इसे परिभाषित करने का प्रयत्न कर सकते हैं।

शिक्षण प्रविधियों से अभिप्रायः उन अतिरिक्त साधनों से है जिनका प्रयोग शिक्षक द्वारा अपने शिक्षण को अधिक प्रभावपूर्ण एवं उपयोगी बनाने के लिए किया जाता है। इनके द्वारा उसे अपने शिक्षण उद्देश्यों को अच्छी तरह प्राप्त करने में पूरी–पूरी सहायता मिलती है। अपने शिक्षण के दौरान जब एक अध्यापक संबंधित विषयवस्तु का विवरण देता है, वर्णन करता है, दृष्टांत देता है, प्रदर्शन करता है, प्रश्न पूछता है और अपने विद्यार्थियों को विचारविमर्श, विचारगोष्ठी तथा कार्यशाला जैसे कार्यों में संलग्न करता है अथवा उन्हें अभ्यास कार्य एवं गृहकार्य देकर पढ़ाई हुई बातों का अभ्यास एवं पुनरावृत्ति कराता है तब यह कहा जाता है कि वह अपने शिक्षण कार्य में शिक्षण प्रविधियों का प्रयोग कर रहा है। इस प्रकार शिक्षण प्रविधियों से तात्पर्य उन विशिष्ट योजनाओं, कार्य प्रणालियों, तरकीबों, साधनों अथवा कौशलों से होता है जिन्हें एक अध्यापक द्वारा आवश्यकतानुसार समय–समय पर अपने शिक्षण के दौरान इसलिए प्रयुक्त किया जाता है कि जिससे शिक्षण उद्देश्यों को सरलता और सफलतापूर्वक प्राप्त किया जा सके।

वास्तव में शिक्षण के उपकरण साधनों के रूप में शिक्षक को लाभ पहुँचाने में शिक्षण प्रविधियों की कोई सानी नहीं। एक अच्छे मिस्त्री या कारीगर के बारे में यह निश्चित रूप से कहा जा सकता है कि वह सदैव अच्छे औजारों का उचित समय पर उचित रूप से उपयोग करता है। यही बात एक अच्छे अध्यापक के लिए है। अध्यापक कार्य में उसकी सफलता भी इसी बात में निहित है कि वह किस तरह से उचित समय पर उचित रूप में उचित शिक्षण–प्रविधियों का अपने शिक्षण कार्य के लिए उपयोग करता है। प्रसिद्ध विद्वान ए०एच० गारलिक के शब्दों में *"शिक्षण प्रविधियाँ तो शिक्षक के औजार (Tools) हैं और यदि कार्य अच्छी तरह करना है तो उचित औजारों को उचित रूप में काम लाना ही होगा।"* (Teaching devices are the teacher's tool and if good work is to be produced the right tools must be used in the right way.—A.H. Garlick)।

शिक्षण प्रविधियों और शिक्षण विधियों में अंतर (Distinction between Teaching Devices and Teaching Methods)

मोटे तौर पर देखने में शिक्षण–प्रविधि और शिक्षण विधि शब्दों में कोई अंतर नजर नहीं आता इसलिए प्रायः दोनों को एक ही अर्थ में उपयोग करने का धोखा हो जाता है। परंतु अगर बारीकी से देखा जाए तो दोनों में पर्याप्त अंतर नजर आ सकता है। शिक्षण विधि जैसे आगमन, निगमन, विश्लेषणात्मक एवं अनुसंधान विधि आदि एक अध्यापक को इस रूप में सहायता पहुँचाती है कि वह अपने शिक्षण कार्य को पूर्णतया व्यवस्थित एवं क्रमबद्ध रूप में संपन्न कर सके। एक अध्यापक अपने विषय की सामग्री को किसी विशेष शिक्षणविधि के द्वारा ही प्रस्तुत करता है। विषय सामग्री और शिक्षण विधि इनको एक दूसरे से पृथक नहीं किया जा सकता। जैसी विषय सामग्री होती है उसी के अनुरूप शिक्षणविधि का चुनाव एवं उपयोग किया जाता है। इसलिए विषयवस्तु के प्रस्तुतीकरण में शिक्षण विधियों को ऐसा नहीं समझा जाता कि वे कोई बाहर की वस्तु हैं अथवा उन्हें ऊपर से कोई अतिरिक्त रूप में शिक्षक के द्वारा प्रयोग में लाया जा रहा है। इसके विपरीत शिक्षण प्रविधियाँ और विषयवस्तु के प्रस्तुतीकरण में इस प्रकार का सामीप्य और संबंध नजर नहीं आता। विषयवस्तु के प्रस्तुतीकरण में उनका उपयोग अनिवार्य नहीं है। एक अध्यापक चाहे तो बिना उनकी सहायता से किसी उचित विधि का उपयोग करते हुए अपने विषय की सामग्री को प्रस्तुत कर सकता है।

वह शिक्षण प्रविधियों का प्रयोग समय–समय पर शिक्षण विधियों को प्रयोग में लाते हुए अतिरिक्त रूप से इसलिए करता है कि इससे उसे अपने शिक्षण उद्देश्यों को भलीभाँति प्राप्त करने में उपयुक्त सहायता मिलती है। इस रूप में शिक्षण प्रविधियाँ शिक्षण विधियों की तुलना में बाह्य और अतिरिक्त साधनों अथवा शिक्षण उपकरणों के रूप में हमारे सामने आती हैं जिनके द्वारा एक शिक्षक को अपने शिक्षण को अधिक यथार्थ, प्रभावपूर्ण एवं उपयोगी बनाने में अधिक से अधिक सहायता मिलती है। इस रूप में शिक्षण विधियों और शिक्षण प्रविधियों में जो प्रभावपूर्ण अंतर हमें देखने को मिलता है वह इसी बात में है कि शिक्षण कार्य हेतु शिक्षणविधि अपने आप में पूर्ण होती है उसका प्रयोग बिल्कुल स्वतंत्र रूप से किया जा सकता है जबकि केवल शिक्षण प्रविधि के सहारे एक अध्यापक अपने विषय की सामग्री का शिक्षण नहीं कर सकता उसे कोई शिक्षणविधि ही काम में लानी होती है। शिक्षण प्रविधि तो उसके शिक्षण कार्य में अतिरिक्त रूप से ही सहायता करने के काम में आती है अर्थात् दूसरे शब्दों में शिक्षण प्रविधियाँ, शिक्षण विधियों की पूरक होती हैं जिन्हें कोई अध्यापक किसी शिक्षण विधि का प्रयोग करते हुए अतिरिक्त रूप से इसलिए काम में लाता है कि शिक्षण उद्देश्यों की प्राप्ति सुगमता से और भलीभाँति हो सके। उदाहरण के लिए भाषा में व्याकरण संबंधी प्रकरण "विशेषण और उसके प्रकार" को पढ़ाने हेतु आगमन विधि का प्रयोग करना अपने आप में पूर्ण है परंतु इसे और अच्छी तरह पढ़ाने हेतु ही अध्यापक द्वारा कुछ उचित प्रविधियों जैसे वर्णन, व्याख्या तथा दृष्टांत आदि का उपयोग किया जाता है। इस तरह प्रविधियाँ, विधियों को और अधिक सार्थक और प्रभावपूर्ण बनाने हेतु ही काम में लायी जाती है, स्वतंत्र रूप से शिक्षण कार्य इनके द्वारा संपन्न नहीं किया जाता।

शिक्षण प्रविधियों का वर्गीकरण (Classification of Teaching Devices)

शिक्षण प्रविधियों का वर्गीकरण विभिन्न विद्वानों द्वारा विभिन्न प्रकार से किया गया है। आगे की पंक्तियों में हम इसी की चर्चा करेंगे।

1. विद्वानों के एक वर्ग के अनुसार शिक्षण को तीन वर्गों में सामान्य प्रविधियाँ (General devices), समूह कार्य प्रविधियाँ (Group work devices) तथा धारण सहायक प्रविधियाँ (Fixing devices) में विभाजित किया जा सकता है।

सामान्य प्रविधियों में वे प्रविधियाँ आती हैं जिनका प्रयोग शिक्षक द्वारा अपने पाठ के विकास हेतु किया जाता है। इन प्रविधियों में शिक्षक की भूमिका ही प्रधान होती है विद्यार्थी का कार्य तो जो कुछ शिक्षक कहता अथवा करता है उसे सुनना तथा देखना मात्र ही होता है। वर्णन करना, व्याख्या करना, कहानी सुनाना, विवरण देना, प्रदर्शन करना, उदाहरण या दृष्टांत देना नाटकीकरण आदि प्रविधियाँ इसी वर्ग में शामिल की जाती हैं।

समूह–कार्य प्रविधियों में उन प्रविधियों को शामिल किया जाता है जिन्हें शिक्षण कार्य में प्रयोग करने से शिक्षक की अपेक्षा शिक्षार्थियों को अधिक क्रियाशील रहने का अवसर प्राप्त होता है। यहाँ विद्यार्थी वर्ग किसी समान उद्देश्य की प्राप्ति हेतु मिलजुल कर एक समूह में कार्य करते हैं। इस प्रकार की प्रविधियों के उदाहरण रूप में विचार विमर्श (Discussions), विचार गोष्ठी (Seminar), सम्मेलन (Conference), कार्यशाला (Workshop) आदि प्रविधियों का नाम लिया जा सकता है।

धारण सहायक प्रविधियों में वे प्रविधियाँ आती हैं जिनकी सहायता से विद्यार्थियों को सीखे हुए ज्ञान अथवा कौशलों को मस्तिष्क में अच्छी तरह बिठाने में सहायता मिलती है। ये एक प्रकार से पुनरावृत्ति और अभ्यास हेतु काम में लायी जाती हैं। अभ्यास कार्य (Drill work), समीक्षा (Review), संक्षिप्तीकरण (Summarization), गृहकार्य देना (Assigning home work) आदि को इसी वर्ग में शामिल किया जाता है।

2. शिक्षण प्रविधियों का वर्गीकरण कुछ दूसरे विद्वानों द्वारा एक और अलग ढंग से भी किया जाता है। इसके अनुसार उन्हें मात्र दो वर्गों – औपचारिक (Formal) तथा अनौपचारिक (Informal) में विभाजित किया जाता है। औपचारिक प्रविधियों का प्रयोग उन शिक्षण अधिगम परिस्थितियों में किया जाता है जो पूरी तरह से औपचारिक और व्यवस्थित होती हैं। इनके प्रयोग से समुचित लाभ उठाने के लिए इस प्रकार की प्रविधियों में विशेष तकनीकों एवं कार्य प्रणालियों का प्रयोग करना पड़ता है। विचार विमर्श, वर्णन, दृष्टांत अथवा उदाहरण, प्रदर्शन एवं व्याख्या आदि को औपचारिक प्रविधियों में शामिल किया जाता है।

अनौपचारिक प्रविधियाँ वे प्रविधियाँ मानी जाती हैं जिन्हें उन शिक्षण अधिगम परिस्थितियों में प्रयोग में लाया जाता है जिनका संगठन और कार्यप्रणाली प्रायः अनौपचारिक ही होती हैं। इन प्रविधियों के द्वारा विद्यार्थियों की पढ़ाई प्रासंगिक ढंग से ही होती है। साथ ही प्रत्यक्ष अनुभवों द्वारा सीखने का अवसर भी मिलता है। भ्रमण, सैर, दर्शनीय स्थल, संग्रहालय, पुस्तकालय आदि को इस श्रेणी में रखा जा सकता है।

अगर ध्यान से देखा जाए तो ये दोनों उपर्युक्त वर्गीकरण उचित सिद्ध नहीं होते हैं। उदाहरण के लिए हम प्रश्न पूछने व उत्तर निकलवाने की प्रविधि (Questioning-answering device) को लेकर चलें तो यह तय करना मुश्किल हो जाएगा कि इस प्रविधि को सामान्य, समूहकार्य अथवा धारण सहायक आदि प्रविधियों के किस वर्ग में रखा जाए ? प्रश्न पूछना और उत्तर निकलवाना इस प्रकार की प्रविधि है जिसका प्रयोग संपूर्ण पाठ के दौरान प्रस्तावना, प्रस्तुतीकरण एवं आवृत्ति कार्य आदि सभी स्तरों पर किया जाता है। चाहे हमें व्यक्तिगत स्तर पर शिक्षण कार्य करना हो अथवा सामूहिक स्तर पर, प्रश्नोत्तर की आवश्यकता दोनों स्थितियों में बराबर रूप में पड़ती है। किसी भी शैक्षणिक परिस्थिति में कोई भी अध्यापक ऐसा नहीं है जो अपने शिक्षण में प्रश्न पूछने और उत्तर प्राप्त करने संबंधी प्रविधि प्रयोग न करता हो। इसी रूप में अगर यह सोचा जाए कि इस प्रविधि को औपचारिक माना जाए या अनौपचारिक, तो भी हमें यह तय करना कठिन हो जाएगा क्योंकि प्रश्न पूछने और उत्तर प्राप्त करने की प्रविधि सभी प्रकार की शैक्षणिक परिस्थितियों में चाहे वे औपचारिक हों या अनौपचारिक, समान रूप से प्रयोग में लाई जाती हैं।

वास्तव में देखा जाए तो एक अध्यापक अपने शिक्षण काल में अपनी शिक्षण संबंधी आवश्यकताओं को देखते हुए विवरण व्याख्या, प्रदर्शन, भ्रमण, विचार विमर्श, विचारगोष्ठी आदि प्रविधियों का प्रयोग करता है। प्रविधि चाहे कोई भी काम में लाई जाए उसका प्रयोजन सदैव एक जैसा होता है अर्थात् प्रभावशाली अनुदेशन और उद्देश्यपूर्ण अधिगम। इस दृष्टि से शिक्षण प्रविधियों को किन्हीं विशेष वर्गों में विभाजित करने के पचड़े में पड़ने की विशेष आवश्यकता नहीं है। एक अध्यापक को पूरी तरह से उन सभी प्रविधियों (Devices) का ज्ञान होना चाहिए जो उसकी शिक्षण प्रक्रिया को प्रभावशाली, सार्थक एवं रुचिकर बनाने में अधिक से अधिक सहायता कर सकती हों।

शिक्षण व्यूह रचनाओं तथा शिक्षण प्रविधियों में अंतर (Distinguishing Teaching Strategies and Teaching Devices)

अब तक शिक्षण व्यूह रचनाओं तथा शिक्षण प्रविधियों के अर्थ, प्रकृति एवं प्रयोजनों को लेकर जो चर्चा इस अध्याय में की गई है उसके आधार पर हम इस निष्कर्ष पर पहुँच सकते हैं कि शिक्षण प्रविधियों की तुलना में शिक्षण व्यूह रचना पद काफी विशद् और व्यापक है। एक शिक्षण कार्य को भलीभाँति संपादित करने हेतु तथा उसमें निहित शिक्षण उद्देश्यों की अच्छी तरह प्राप्ति की दिशा में शिक्षण व्यूह रचनाएं नितान्त सहयोगी सिद्ध होती हैं और इसलिए जब हम किसी शिक्षण कार्य के संदर्भ में यह सब कुछ करना चाहते हैं तो हमें एक उपयुक्त शिक्षण व्यूह रचना का चुनाव करना होता है। इस शिक्षण व्यूह रचना को काम में लाने हेतु अब आगे शिक्षक विशेष द्वारा किसी एक या अधिक शिक्षण विधियों का प्रयोग करना होता है और इस विधि का विधियों के समुचित उपयोग हेतु विभिन्न शिक्षण प्रविधियों (Devices), शिक्षण तकनीक या युक्तियों (Tactics) को काम में लाना होता है। परंतु

जैसा कि इस अध्याय में हम पहले भी कह चुके हैं और अपने व्यवहारात्मक अनुभवों के माध्यम से शिक्षक वर्ग इस निष्कर्ष पर स्वयं भी पहुँच सकता है कि इन सभी पदों शिक्षण व्यूह रचना, शिक्षण विधि, शिक्षण प्रविधि तथा शिक्षण युक्तियों में जो अर्थ एवं प्रकृति संबंधी भेद नजर आते हैं वे इन्हें व्यवहार में लाने पर धीरे–धीरे काफी कम होते चले जाते हैं क्योंकि अपने–अपने ढंग से चाहे ये अलग अलग प्रकार का प्रयत्न करते नजर आएं परंतु सबकी मंजिल तो एक ही है और वह है शिक्षक के शिक्षण कार्य को सफल एवं प्रभावशील बनाने हेतु उनके द्वारा दिया जाने वाला अधिक से अधिक सहयोग। शिक्षण व्यूह रचनाओं तथा शिक्षण प्रविधियों के संदर्भ में तो यह और भी अधिक सार्थक और सत्य है और यही कारण है कि शिक्षण तकनीकी और शिक्षण विधियों से संबंधित अधिकांश पाठ्यपुस्तकों तथा विभिन्न विश्वविद्यालयों द्वारा अनुमोदित शिक्षक प्रशिक्षण पाठ्यक्रमों में शिक्षण व्यूह रचनाओं तथा शिक्षण प्रविधियों (Teaching strategies and teaching devices) को समानार्थी मानकर ही प्रयोग में लाया जाता है। जैसे वर्णन, स्पष्टीकरण व्याख्या, प्रश्नोत्तर, दृष्टांत या उदाहरण देना, समीक्षा करना, अभ्यास कार्य कराना, गृह कार्य देना आदि को कहीं तो शिक्षण व्यूह रचनाओं में शामिल किया जाता है तो कहीं इन्हें प्रविधियों का संबोधन किया जाता है। यही बात कभी–कभी शिक्षण विधियों तथा शिक्षण व्यूह रचनाओं के संबंध में भी दोहराई जाती है। जैसे प्रदर्शन, योजना, अनुसंधान तथा समस्या विधि की बात भी अच्छी तरह कहीं–कही भी जाती है तो कहीं इन्हें व्यूह रचनाओं में भी शामिल करके चर्चा की जाती है। इस दृष्टि से हम आगे के पृष्ठों में इन सभी प्रकार की विभिन्नताओं तथा असमंजसपूर्ण स्थिति से निपटने हेतु एक सर्वनिष्ठ पदावली का प्रयोग करते हुए सभी की चर्चा शिक्षण व्यूह रचनाओं (Teaching strategies) के रूप में ही करना चाहेंगे।

शिक्षण व्यूह रचनाओं के प्रकार एवं चर्चा (Types of Teaching Strategies and Description)

शिक्षकों द्वारा विभिन्न शिक्षण–अधिगम परिस्थितियों के परिप्रेक्ष्य में अपने शिक्षण उद्देश्यों की प्राप्ति हेतु अनेक प्रकार की शिक्षण व्यूह रचनाओं को काम में लाया जाता है। इन शिक्षण व्यूह रचनाओं को मोटे तौर पर दो बड़े समूहों (i) अधिनायकवादी शिक्षण व्यूह रचनाएँ (Autocratic teaching strategies) या विषय केंद्रित और शिक्षक आधीन (Content centred and Teacher dominated) तथा जनतांत्रिक शिक्षण व्यूह रचनाएँ (Democratic teaching strategies) या विद्यार्थी केंद्रित और जनतंत्रीय गठबंधित (Student centred and democratically organised) में विभक्त कर निम्न प्रकार समझा जा सकता है।

अधिनायकवादी शिक्षण व्यूह रचनाएँ (Autocratic Teaching strategies)	*जनतंत्रात्मक शिक्षण व्यूह रचनाएँ (Democratic Teaching strategies)*
1. व्याख्यान व्यूह रचना (Lecture strategy)	1. सामूहिक परिचर्चा व्यूह रचना (Group Discussion strategy)
2. प्रदर्शन व्यूह रचना (Demonstration strategy)	2. प्रश्नोत्तर व्यूह रचना (Question-answer strategy)
3. ट्यूटोरियल या अनुशिक्षण व्यूह रचना (Tutorial strategy)	3. अनुसंधान अथवा ह्यूरिस्टिक व्यूह रचना (Discovery or heuristic strategy)
4. वर्णन व्यूह रचना (Narration strategy)	4. समस्या समाधान व्यूह रचना (Problem solving strategy)

(क्रमशः)

(क्रमशः)

अधिनायकवादी शिक्षण व्यूह रचनाएँ (Autocratic Teaching strategies)	*जनतंत्रात्मक शिक्षण व्यूह रचनाएँ (Democratic Teaching strategies)*
5. विवरण व्यूह रचना (Description strategy)	5. परियोजना या प्रोजेक्ट व्यूह रचना (Project strategy)
6. व्याख्या व्यूह रचना (Explanation strategy)	6 स्वाधीन अध्ययन व्यूह रचना (Independent study strategy)
7. दृष्टांत व्यूह रचना (Illustration strategy)	7. अधिन्यास या दत्त कार्य व्यूह रचना (Assignment strategy)
8. अभिक्रमित अनुदेशन व्यूह रचना (Programmed instruction strategy)	8. अभ्यास कार्य व्यूह रचना (Drill or practice work strategy)
9. भूमिका निर्वाह व्यूह रचना (Role playing strategy)	9. भूमिका निर्वाह व्यूह रचना (Role playing strategy)
10. समीक्षा या पुनः अवलोकन व्यूह रचना (Review strategy)	10. भ्रमण व्यूह रचना (Excursion strategy)
11. स्पष्टीकरण व्यूह रचना (Exposition strategy)	11. दृश्य–श्रव्य साधन उपयोग व्यूह रचना (Strategy of employing A.V. aids)
	12. मस्तिष्क उद्वेलन व्यूह रचना (Brain storming strategy)
	13. संवेदनशीलता या सूक्ष्मग्राहिता प्रशिक्षण व्यूह रचना (Sensitivity training strategy)
	14. कंप्यूटर सह–अनुदेशन व्यूह रचना (Computer assisted instruction strategy)

आइये इनमें से कुछ मुख्य अधिनायकवादी और जनतंत्रात्मक व्यूह रचनाओं के बारे में विस्तार से जानकारी प्राप्त की जाए।

व्याख्यान व्यूह रचना (Lecture Strategy)

अर्थ एवं परिभाषा (Meaning and Definition)—व्याख्यान व्यूह रचना एक शिक्षण व्यूह रचना के रूप में सदियों से शिक्षकों द्वारा सभी विषयों तथा विषयवस्तुओं के शिक्षण हेतु प्रयोग में लाई जा रही हैं। इसकी गिनती अधिनायकवादी शिक्षण व्यूह रचनाओं के अंतर्गत की जाती है, क्योंकि इसमें शिक्षक कक्षा–कक्ष शिक्षण की लगभग सभी गतिविधियों के आयोजन, संचालन तथा नियंत्रण में अपनी अधिनायकवादी प्रवृत्ति का ही परिचय देता रहता है। सरल अर्थों में इस व्यूह रचना को परिभाषित करने हेतु निम्न बात कही जा सकती है–

व्याख्यान व्यूह रचना से अभिप्राय शिक्षक द्वारा निर्मित और उपयोग में लाए जाने वाले ऐसे प्रारूप या नियोजित कार्य योजना से है जिसके द्वारा वह किसी विषय विशेष के एक अंश या इकाई को इस प्रकार प्रस्तुत करने का प्रयत्न करता है ताकि विद्यार्थियों के ज्ञानात्मक एवं भावात्मक व्यवहार से संबंधित विशिष्ट शिक्षण–अधिगम उद्देश्यों की उपलब्धि ठीक प्रकार की जा सके।

लाभ (Advantages)

व्याख्यान व्यूह रचना निम्न प्रकार से लाभप्रद सिद्ध हो सकती है :

1. व्याख्यान व्यूह रचना शिक्षक को शिक्षण–अधिगम प्रक्रिया का केंद्र बिंदु बनाकर सभी प्रकार की शिक्षण–अधिगम गतिविधियों के नियंत्रण और संचालन हेतु पूरी आजादी देने में सभी प्रकार से समर्थ सिद्ध होती है। व्याख्यान देता हुआ अध्यापक सारी कक्षा के विद्यार्थियों पर पूरी नजर रख सकता है तथा सभी प्रकार की कक्षा शिक्षण गतिविधियों पर अपनी इच्छानुसार अंकुश रख सकता है।
2. व्याख्या व्यूह रचना की सहायता से न केवल निम्न स्तर के ज्ञानात्मक उद्देश्यों जैसे सूचना प्रदान करना और समझ विकसित करना आदि की प्राप्ति ठीक प्रकार हो सकती है बल्कि उच्च स्तर के ज्ञानात्मक उद्देश्यों जैसे विश्लेषण, मूल्यांकन और सृजनात्मक चिंतन आदि के विकास में भी इससे पर्याप्त सहायता मिलती है।
3. यह व्यूह–रचना औपचारिक शिक्षण व्यवस्था हेतु काम में लाई जाने वाली व्यूह रचनाओं में आर्थिक दृष्टि से सबसे सस्ती व्यूह रचना सिद्ध होती है। एक शिक्षक बिना कोई विशेष खर्च किए एक ही समय में अपने व्याख्यान द्वारा विद्यार्थियों के एक बड़े समूह को शिक्षा प्रदान करने का उत्तरदायित्व निभा सकता है।
4. व्याख्या व्यूह रचना एक बहुत ही अधिक लचीली व्यूह रचना है जिसके माध्यम से एक शिक्षक अपने शिक्षण को विद्यार्थियों की रुचि और उनके योग्यता स्तर, विषयवस्तु की माँग, समय सीमा तथा शिक्षण–अधिगम वातावरण के अनुरूप बिना कोई विशेष प्रयास के जल्दी ही ढालने में कामयाब हो जाते हैं।
5. व्याख्यान व्यूह रचना शिक्षक के समय और शक्ति के उपयोग की दृष्टि से भी काफी मितव्ययी सिद्ध होती हैं इसकी मदद से वह विद्यार्थियों के एक बड़े समूह को एक साथ ही अनुदेशन प्रदान कर सकता है और कक्षा के सीमित पीरियड तथा सत्र के नियत दिनों में ही बहुत अधिक विषय सामग्री तथा पाठ्यक्रम अंशों को पूरा कर सकता है।
6. व्याख्यान व्यूह रचना द्वारा कक्षा–कक्ष मे पर्याप्त रुचि, उत्साह और प्रेरणायुक्त वातावरण बनाने में उचित मदद मिल सकती है। शिक्षक को उसी समय उपयुक्त पुनर्बलन प्राप्त हो जाता है और उसके उत्साह एवं उमंग में पर्याप्त वृद्धि हो जाती है जब वह देखता है कि उसके विद्यार्थी उसके शिक्षण में पर्याप्त रुचि ले रहे हैं और उसकी बात बड़े ध्यान से सुन रहे हैं। इसी तरह विद्यार्थियों को भी अध्यापक के शाब्दिक और प्रशंसा, हाव–भाव, भाव–भंगिमा, हस्त संचालन, हास–परिहास की मनोवृत्ति आदि अशाब्दिक व्यवहार के द्वारा शिक्षण–अधिगम कार्य में यथेष्ट रुचि बनाए रखने में पूरी मदद मिलती रहती है।
7. तथ्यों की सूचनाओं को व्याख्यान व्यूह रचना में शिक्षक द्वारा पहले से ही अच्छी तरह नियोजित और संगठित कर लिया जाता है, इसीलिए इस व्यूह रचना द्वारा शिक्षण में तार्किक क्रम (Logical sequence) बनाए रखने में सहायता मिलती है। विषयवस्तु के भलीभाँति नियोजित एवं संगठित रहने से व्याख्यान व्यूह रचना द्वारा अध्यापक को विचारों तथा अवधारणाओं (Ideas and concepts) को शृंखलाबद्ध रूप में प्रस्तुत करने में पूरी मदद मिलती है।

8. व्याख्या व्यूह रचना के द्वारा विद्यार्थियों को प्रेरणा प्रदान करने और उन पर व्यक्तित्व की छाप छोड़ने का एक अच्छा अवसर अध्यापकों को अनायास ही प्राप्त हो जाता है। एक व्याख्यान दाता के रूप में यहाँ अध्यापक अपने प्रभावपूर्ण और प्रेरणादायक व्याख्यान के जरिए श्रोतागण के रूप में विद्यार्थियों के ऊपर काफी गहरा प्रभाव छोड़ने में कामयाब हो सकता है। व्याख्यान के अतिरिक्त उसका अपना व्यवहार और व्यक्तित्व गुणों की छाप भी विद्यार्थियों को भलीभाँति प्रभावित करने की क्षमता रखती है और फलस्वरूप उनके व्यवहार के भावात्मक पक्ष में अनुकूल परिवर्तन लाने में व्याख्यान व्यूह रचना द्वारा काफी प्रभावी भूमिका निभाई जा सकती है।

दोष एवं कमियाँ (Shortcomings and Limitations)

व्याख्यान व्यूह रचना को अपनी जिन कमियों और दोषों के कारण अक्सर आलोचनाओं का शिकार होना पड़ता है उनका निम्न रूप में वर्णन किया जा सकता है–

1. व्याख्यान व्यूह रचना में विषयवस्तु के प्रस्तुतीकरण पर ही पूरा ध्यान केंद्रित रहता है। इस कार्य हेतु अध्यापकों द्वारा रटी–रटाई विषय सामग्री ही अपने व्याख्यान द्वारा प्रस्तुत की जाती है। शिक्षण–अधिगम उद्देश्यों की प्राप्ति हो रही है या नहीं इस बात को प्रायः नजरअंदाज ही कर दिया जाता है।
2. व्याख्यान व्यूह रचना में विषयवस्तु को ही महत्त्व दिया जाता है, विद्यार्थियों की रुचियों, आवश्यकताओं और योग्यता स्तर को ध्यान में रखकर पढ़ाना जैसी बात इस व्यूह रचना में नहीं हो सकती। अध्यापक का सारा ध्यान विषयवस्तु को जैसे–तैसे प्रस्तुत कर पाठ्यक्रम को समय पर समाप्त करने में ही रहता है, इसीलिए वह अपने लंबे–चौड़े और उबाऊ व्याख्यानों से विषय सामग्री को विद्यार्थियों के गले उतारने में जुटा रहता है।
3. व्याख्यान व्यूह रचना में शिक्षण–अधिगम प्रक्रिया प्रायः एक तरफा ही रहती है। अध्यापक बोलता रहता है और विद्यार्थी निष्क्रिय श्रोता और मूकदर्शक बनकर उसका व्याख्यान सुनते रहते हैं।
4. व्याख्यान व्यूह रचना में निरीक्षण, प्रयोग, परीक्षण और प्रदर्शन जैसी प्रयोगात्मक एवं क्रियात्मक गतिविधियों का प्रायः लगभग पूरा अभाव ही रहता है। इसलिए इसे पाठ्यक्रम के उन विषयवस्तुओं के शिक्षण के बिल्कुल अनुपयुक्त माना जाता है जिनमें प्रयोग, प्रदर्शन और परीक्षण के जरिए ही तथ्यों और सिद्धांतों को ग्रहण करने पर बल दिया जाता है। इसी तरह उन विषयों का शिक्षण भी इसके द्वारा संभव नहीं है जिनमें क्रियात्मक कौशलों और मनोशारीरिक योग्यताओं तथा क्षमताओं के विकास या प्रशिक्षण को स्थान दिया जाता है।
5. शाब्दिक संप्रेषण तभी सफल सिद्ध होता है जबकि इसे श्रोताओं द्वारा उसी रूप में ग्रहण करके भलीभाँति समझा जा सके। जिस गति से और जिस बौद्धिक स्तर पर इसका प्रेषण किया जा रहा है, ग्रहण करने वाले उसी गति और स्तर पर इसे ग्रहण कर बोधगम्य कर सकें। छोटे बालकों का बौद्धिक विकास इस रूप में नहीं होता है कि वे व्याख्यान व्यूह रचना द्वारा प्रेषित व्याख्यान से सही रूप में लाभान्वित हो सके, अतः छोटी कक्षाओं में व्याख्यान व्यूह रचना की सफलता सर्वथा संदिग्ध ही रहती है।
6. व्याख्यान व्यूह रचना शाब्दिक संप्रेषण को प्रयोग में लाने वाली एक ऐसी व्यूह रचना है जिसे समूह शिक्षण के लिए ही काम में लाया जा सकता है। इस व्यूह रचना में विद्यार्थियों को वैयक्तिक रूप से शिक्षण–अधिगम अनुभव अर्जित कराने का कोई प्रावधान नहीं होता।

7. व्याख्यान द्वारा जो कुछ भी प्रेषित किया जाता है उसको उसी रूप में विद्यार्थियों द्वारा न तो ग्रहण किया जा सकता है और न वैसे ही उसका अवबोधन किया जा सकता है। अध्यापक द्वारा किए गए प्रेषण और विद्यार्थियों द्वारा उसके ग्रहण एवं अवबोधन में इस तरह बहुत कुछ अंतर देखने को मिलता है। इस तरह अधूरी और त्रुटिपूर्ण विषय सामग्री एवं ज्ञान को ही विद्यार्थी आत्मसात करते रहते हैं।
8. व्याख्यान व्यूह रचना में शिक्षकों को अभिव्यक्ति की पूर्ण स्वतंत्रता रहती है। प्रायः उन्हें अधिक बोलने की आदत होती है और इसी कारण वे अपने विषय से भटक जाते हैं। बार–बार उन्हीं बातों की पुनरावृत्ति और व्यर्थ की भाषणबाजी से प्रायः विद्यार्थियों का समय बर्बाद होने की संभावना इस तरह की व्यूह रचना में कुछ अधिक ही देखने को मिलती है।
9. सभी अध्यापक अच्छे व्याख्यान कर्त्ता नहीं होते। व्याख्यान देने से पहले वे आवश्यक तैयारी भी नहीं करते और उन्हें विषय की उतनी समझ तथा पकड़ भी नहीं होती। कुछ घिसी–पिटी बातें और रटे रटाए ज्ञान को ही अपने व्याख्यान द्वारा विद्यार्थियों को प्रेषित करते रहते हैं चाहे उनकी रुचि इन बातों को सुनने या ज्ञान को प्राप्त करने में हो या नहीं। फलस्वरूप विद्यार्थियों के लिए कक्षा का पीरियड बहुत अधिक अरुचिकर, बोझिल और थकाने वाला बन जाता है जिसकी परिणति विषय से या अध्यापक से दूर भागने के रूप में ही प्रायः होती है।
10. व्याख्यान व्यूह रचना के द्वारा शिक्षण–अधिगम कार्य को कभी भी चिंतन स्तर (Reflective level) पर आयोजित नहीं किया जा सकता। इस व्यूह रचना के उपयोग द्वारा विद्यार्थियों में सोचने विचारने की शक्ति, निरीक्षण क्षमता, निर्णय क्षमता, सृजनात्मक चिंतन और समस्या समाधान क्षमता का ठीक ढंग से विकास करना संभव नहीं है। यहाँ तक कि इस व्यूह रचना के प्रयोग द्वारा शिक्षण–अधिगम कार्य को बोध स्तर पर भी आयोजित करना संभव नहीं हो पाता। इसके प्रयोग द्वारा तो शिक्षण–अधिगम कार्य को मात्र स्मृति स्तर (Memory level) पर ही आयोजित करने की भूमिका निभाई जा सकती है।

व्याख्यान व्यूह रचना की उपरोक्त कमियों एवं दोषों को देखते हुए हमें यह नहीं समझ लेना चाहिए कि यह बिल्कुल अनुपयुक्त है और शिक्षण हेतु इसका प्रयोग नहीं किया जाना चाहिए। यह सही है कि इसे कुछ विशेष विषयों, विषयवस्तु तथा शिक्षण–अधिगम परिस्थितियों में प्रयोग करना ठीक नहीं सिद्ध होता, वहाँ यह भी सही है कि कुछ ऐसी परिस्थितियों में इसका प्रयोग काफी लाभप्रद सिद्ध हो सकता है, जैसे–

(i) नए संप्रत्ययों से परिचित कराना या उनका ठीक प्रकार वर्णन करना।
(ii) छोटे–छोटे तथ्यों और सूचनाओं के आधार पर बड़े तार्किक संरचना संगठन का निर्माण करना।
(iii) प्रस्तुत संप्रत्ययों के संबंध में आगामी जानकारी लेना।
(iv) विद्यार्थियों के ज्ञान और अवबोधन में वृद्धि करना।
(v) विषय सामग्री का पुनः अवलोकन और संक्षिप्तीकरण करना इत्यादि।

व्याख्यान व्यूह रचना के बारे में यह कहना कि इसके द्वारा सूचनाओं या ज्ञान की प्राप्ति ठीक ढंग से नहीं हो पाती अथवा ज्ञानात्मक उद्देश्यों की पूरी तरह उपलब्धि नहीं हो पाती, इसके पीछे इस व्यूह रचना की कमी या दोष नहीं है बल्कि इस व्यूह रचना को ठीक तरह से प्रयोग में न लाने के कारण ही ऐसा होता है। अतः इस व्यूह रचना को ठीक से प्रयोग में लाने की योग्यता और कुशलता विकसित करने के उचित प्रयत्न करना बहुत जरूरी है। ऐसा कैसे किया जा सकता है आगे हम इसी बात पर विचार करेंगे।

व्याख्यान व्यूह रचना में वांछित सुधार लाने हेतु सुझाव (Suggestions for Bringing Desirable Improvement in Lecture Strategy)

A. नियोजन अवस्था (Planning Stage)—इस स्तर पर अध्यापक को व्याख्यान व्यूह रचना के प्रयोग में निम्न बातों पर ध्यान देना उपयुक्त रहता है–

1. व्याख्यान व्यूह रचना के उद्देश्य एवं लक्ष्य को स्पष्ट रूप से निर्धारित कर लेना चाहिए। क्या संप्रेषण करना है ? किस बात का ज्ञान, सूचना, अवबोध विद्यार्थियों में विकसित करना है? किस तरह के चिंतन को बढ़ावा देना है ? ऐसी सभी बातें व्याख्यान व्यूह रचना के उपयोग से पूर्व शिक्षक को पूरी तरह स्पष्ट होनी चाहिए।
2. विद्यार्थियों की प्रकृति तथा उनके प्रारंभिक अधिगम स्तर का ज्ञान अवश्य ही होना चाहिए। इससे व्याख्यान की विषयवस्तु, उसके स्तर एवं उसको दिए जाने वाले प्रारूप के निर्धारण में पर्याप्त मदद मिलती है।
3. व्याख्यान द्वारा जो भी विषयवस्तु प्रस्तुत की जानी है उस पर पूरा अधिकार स्थापित करने के गंभीर प्रयत्न किए जाने चाहिए। ऐसा करने से विषयवस्तु के प्रस्तुतीकरण हेतु उचित आत्मविश्वास और समझ विकसित होने में पर्याप्त मदद मिलती है।
4. अध्यापकों को अपने व्याख्यान को तैयार करने के लिए निर्धारित पाठ्यपुस्तकों के अतिरिक्त विषय संबंधी अन्य पुस्तकों, सहायक एवं संदर्भ ग्रंथों, नवीनतम सूचना स्रोतों, पत्र–पत्रिकाओं, शोध–ग्रंथों आदि की भी समुचित सहायता लेनी चाहिए और इस तरह यथा संभव यही प्रयत्न करना चाहिए कि विद्यार्थियों को ऐसा कुछ दिया जा सके जो उनके लिए विषय की दृष्टि से नया और महत्त्वपूर्ण हो और इसकी प्राप्ति उन्हें उनकी पाठ्यपुस्तकों से नहीं हो सकती है।
5. व्याख्यान के नियोजन हेतु कुछ मुख्य अवधारणाओं और केंद्रीय बिंदुओं को आधार बनाया जाना चाहिए। भाषा के उचित चयन पर भी ध्यान दिया जाना चाहिए। कहाँ किन बिंदुओं तथा अवधारणाओं पर अधिक प्रकाश डालना है इस बात का ध्यान रखा जाना चाहिए और ऐसा करने के लिए उचित उदाहरणों एवं दृष्टांतों के चयन पर भी ध्यान दिया जाना चाहिए।
6. अपने व्याख्यान के नियोजन हेतु कक्षा–कक्ष में उपलब्ध भौतिक परिस्थितियों, सुविधाओं, उपलब्ध संसाधनों, विद्यार्थियों के सामाजिक एवं सांस्कृतिक वातावरण आदि सभी प्रकार के शिक्षण–अधिगम वातावरण का पूरा ध्यान रखा जाना चाहिए।
7. व्याख्यान व्यूह रचना में प्रयुक्त विभिन्न प्रकार की शिक्षण युक्तियों जैसे प्रश्नोत्तर, प्रदर्शन, श्यामपट का प्रयोग, दृश्य–श्रव्य सहायक सामग्री का प्रयोग आदि के उचित समय पर उपयोग की बात भी ठीक तरह सोच लेनी चाहिए।
8. व्याख्यान में पर्याप्त रुचि, ध्यान एवं उत्साह बनाए रखने के लिए जो कुछ भी परिस्थिति अनुसार किया जा सकता है उस पर भी ठीक तरह विचार कर लेना चाहिए।

B. प्रस्तुतीकरण अवस्था (Presentation Stage)—शिक्षण–अधिगम प्रक्रिया की इस अवस्था में निम्न बातों पर ध्यान दिया जाना चाहिए–

1. विद्यार्थियों को न केवल व्याख्यान के प्रति आकर्षित करने बल्कि उनके ध्यान को पूरे व्याख्यान में बराबर बनाए रखने की बात पर पूरा ध्यान दिया जाना चाहिए। ऐसा करने के लिए अध्यापक को पूरी तरह सजग

और क्रियाशील रहना पड़ता है। पूरे व्याख्यान के दौरान कहीं भी ऐसी कमी या ढील नहीं छोड़नी पड़ती है जिसके फलस्वरूप विद्यार्थी अरुचि, उबाऊपन या थकान महसूस करें। उन्हें ऐसा भी नहीं अनुभव करना चाहिए कि समय बर्बाद हो रहा है, कुछ भी पल्ले नहीं पड़ रहा है या कोई भी नई बात नहीं बताई जा रही है। वे किसी भी अवस्था में हतोत्साहित न हों और उन्हें हर अवस्था में कोई नई चुनौती अध्यापक के व्याख्यान में दिखाई दे, यही बात व्याख्यान के दौरान घटती रहनी चाहिए।

2. शिक्षक को व्याख्यान व्यूह रचना का प्रयोग करते हुए पूरे उत्साह एवं जोश के साथ विषयवस्तु का प्रस्तुतीकरण करना चाहिए तथा ऐसा प्रयत्न करना चाहिए कि विद्यार्थियों का भी पूरा उत्साह शिक्षण प्रक्रिया में बना रहे।
3. यह ध्यान रखा जाना चाहिए कि व्याख्यान की विषयवस्तु, भाषा और उसकी शैली पूरी तरह इस प्रकार संप्रेषणशील बनी रहे कि विद्यार्थी उसे ठीक तरह ग्रहण कर अधिगम उद्देश्यों की उपलब्धि कर सकें।
4. व्याख्यान व्यूह रचना की सफलता का श्रेय बहुत कुछ शिक्षक के संप्रेषण कौशल को जाता है। इस संदर्भ में कुछ निम्न बातों पर ध्यान देना उपयुक्त रहता है–
   - अध्यापक को अपनी आवाज पर पर्याप्त नियंत्रण रखने का प्रयत्न करना चाहिए। न तो यह इतनी कम होनी चाहिए कि सुनाई न दे और न ऐसा मालूम पड़ना चाहिए कि वह चिल्ला रहा है। कक्षा के सभी विद्यार्थियों को यह ठीक तरह सुनाई देनी चाहिए। इसके लिए आवश्यकता पड़े तो माइक्रोफोन आदि की सहायता ली जा सकती है।
   - अध्यापक को रोचक उदाहरणों और दृष्टांतों के द्वारा विद्यार्थियों के सामने तथ्यों और संप्रत्ययों को प्रस्तुत करने का प्रयत्न करना चाहिए तथा इस तरह जहाँ तक हो सके व्याख्यान को अधिक से अधिक रोचक, सहज तथा आकर्षक बनाए रखने की कोशिश करनी चाहिए।
   - व्याख्यान व्यूह रचना के द्वारा विषय प्रस्तुतीकरण हेतु उद्दीपनों के प्रयोग में विविधता (Variation in stimuli) लाने का प्रयत्न करना चाहिए। ध्वनि के उतार–चढ़ाव, बोलते–बोलते एकदम थोड़ी देर के लिए चुप हो जाना, बोलते समय विभिन्न प्रकार के हाव–भाव, भाव–भंगिमा आदि का प्रदर्शन करना, विभिन्न सहायक साधनों की सहायता लेना आदि इसी प्रकार के उपाय हैं जिनसे व्याख्यान व्यूह रचना से प्रस्तुतीकरण में पर्याप्त बल मिल सकता है।
5. विषयवस्तु के प्रस्तुतीकरण में उसके उचित संगठन और क्रमबद्धता पर पूरा ध्यान दिया जाना चाहिए। यह प्रस्तुतीकरण सदैव ही सार्थक इकाइयों में बाँटकर इस प्रकार किया जाना चाहिए कि विद्यार्थियों को किसी एक संप्रत्यय और विचार प्रक्रिया को जानने और समझने में पूरी मदद मिले।
6. प्रस्तुतीकरण को अधिक रोचक और बोधगम्य बनाया जा सके ऐसे प्रयत्न किए जाने चाहिए। इसके लिए आवश्यकतानुसार अन्य उपयोगी शिक्षण व्यूह रचनाओं, युक्तियों तथा तकनीकों–जैसे व्याख्यान, वर्णन, स्पष्टीकरण दृष्टांतीकरण, प्रदर्शन, सहायक सामग्री के प्रयोग आदि का समुचित प्रयोग करने के प्रयत्न किए जाने चाहिएं।
7. व्याख्यान व्यूह रचना की कमियों को दूर करने की दृष्टि से यह अच्छा रहता है कि इस व्यूह रचना को मात्र व्याख्यान देने तक ही सीमित न रखा जाए बल्कि इसमें विविधता का सामंजस्य करते हुए व्याख्यान देते हुए प्रदर्शन करने, श्यामपट पर लिखते जाने, प्रयोग एवं परीक्षण करते रहने तथा प्रश्नोत्तर तकनीक का उपयोग करते रहने के भी प्रयत्न करने चाहिएं।

8. व्याख्यान देते हुए अध्यापक को कक्षा के सभी विद्यार्थियों पर उचित नजर रखनी चाहिए। श्यामपट पर लिखने, प्रयोग प्रदर्शन करने तथा सहायक साधनों का प्रयोग करते हुए भी यह ध्यान रखना चाहिए कि विद्यार्थियों की ओर कभी पीठ न हो और उन पर पर्याप्त ध्यान दिया जाता रहे।
9. व्यर्थ की बातों में समय की बर्बादी नहीं की जानी चाहिए। किसी भी तथ्य और संप्रत्यय के प्रस्तुतीकरण कार्य को अनावश्यक रूप से बढ़ाया नहीं जाना चाहिए, साथ ही यह भी ध्यान रखा जाना चाहिए कि प्रस्तुतीकरण में अनावश्यक जल्दबाजी न की जाए और कोई महत्त्वपूर्ण तथ्य या सूचना प्रेषित करने से रह न जाए।
10. व्याख्यान देते हुए लिखित सामग्री से पढ़ते रहना ठीक नहीं होता। व्याख्यान को नोट्स लिखाने के रूप में भी नहीं लिया जाना चाहिए। ऐसा करने से अध्यापक की विषय विशेष में कमजोरी ही नही जाहिर होती बल्कि विद्यार्थियों के लिए भी प्रस्तुतीकरण नीरस तथा अरुचिपूर्ण बन जाता है।
11. व्याख्यान के माध्यम से शिक्षण–अधिगम प्रक्रिया बिल्कुल एकतरफा न हो जाए इस बात पर पूरा ध्यान दिया जाना चाहिए। जिस तरह भी संभव हो अध्यापक को सदैव ही विद्यार्थियों को कक्षा की शिक्षण–अधिगम प्रक्रिया में एक सक्रिय साझीदार बनाने का प्रयत्न करना चाहिए।
12. व्याख्यान की समाप्ति के बाद प्रस्तुतीकरण संबंधी मुख्य बिन्दुओं को संक्षेप में दोहराना ठीक रहता है। अगर यह कार्य श्यामपट, चार्ट और ओवरहेड प्रोजक्टर की मदद से किया जाए तो और भी अच्छा रहता है। विद्यार्थियों की सहायता लेकर भी ऐसा किया जा सकता है।

C. मूल्यांकन अवस्था (Evaluation Stage)—यह मूल्यांकन अवस्था पाठ की समाप्ति के बाद ही आती है ऐसी बात नहीं है। एक शिक्षक जब भी उसे ऐसी आवश्यकता महसूस हो अपने व्याख्यान प्रस्तुतीकरण की किसी भी अवस्था में अपने शिक्षण के परिणामों का मूल्यांकन कर सकता है। विद्यार्थियों द्वारा किए जाने वाले अधिगम की प्रगति पर सही नियंत्रण रखने के लिए भी सतत मूल्यांकन किया जाना ठीक रहता है। इस मूल्यांकन प्रक्रिया पर उचित नियंत्रण रखने और वांछित सफलता प्राप्ति हेतु निम्न बातों पर ध्यान देना ठीक रहता है।

1. शिक्षक को अपनी शिक्षण गतिविधियों के परिणामों का उचित मूल्यांकन करते रहने के लिए निर्धारित शिक्षण–अधिगम को सदैव ही अपने सम्मुख रखना चाहिए।
2. किसी भी इकाई या विषयवस्तु के एक सारगर्भित अंश के प्रस्तुतीकरण के बाद यह समझने की आवश्यकता अवश्य अनुभव की जानी चाहिए कि उसे विद्यार्थियों द्वारा किस रूप में कितना समझा और ग्रहण किया गया है। उसका मूल्यांकन करने के बाद ही आगे की विषय सामग्री प्रस्तुत की जानी चाहिए।
3. शिक्षण गतिविधियों पर उचित नियंत्रण रखने और उनकी प्रगति का मूल्यांकन करने के लिए शिक्षक द्वारा प्रश्नोत्तर तकनीक की सहायता लेने का प्रयत्न करना चाहिए।
4. मूल्यांकन चाहे पाठ पढ़ाने के बीच किया जाए या पाठ की समाप्ति के बाद, काफी सोच–समझकर उचित युक्तियों एवं तकनीकों के माध्यम से किया जाना चाहिए। इसके लिए मौखिक प्रश्न पूछकर या लिखित रूप में उत्तर प्राप्त किए जा सकते हैं। लिखकर प्रश्न पूछे जा सकते हैं और उत्तर पत्र पर उत्तर प्राप्त किए जा सकते हैं अथवा कोई प्रश्नावली (Questionnaire) के उत्तर देने या प्रोफार्मा (Proforma) भरने के लिए विद्यार्थियों से कहा जा सकता है।
5. विद्यार्थियों के अधिगम का मूल्यांकन करने के अतिरिक्त व्याख्यान व्यूह रचना का उपयोग शिक्षण–अधिगम उद्देश्यों की प्राप्ति में सभी प्रकार से कितना उपयुक्त रहा इस बात का भी मूल्यांकन किया जाना चाहिए। इस कार्य के लिए विद्यार्थियों की राय किसी प्रश्नावली या रेटिंग स्केल के जरिए जानी जा सकती है।

कोई भी साथी अध्यापक जिसे कक्षा–शिक्षण के निरीक्षण के लिए साथ में लिया जा सकें, यह कार्य कर सकता है और बता सकता है कि कक्षा शिक्षण में किन बातों पर और अच्छी तरह ध्यान देने की जरूरत है। अध्यापक स्वयं अपने शिक्षण कार्य का मूल्यांकन कर यह जान सकता है कि आज उसके व्याख्यान में क्या कुछ कमी रह गई है और भविष्य में उसे किन बातों पर और ध्यान देना चाहिए। इस तरह के सभी मूल्यांकन परिणामों को एक शिक्षक द्वारा अपने व्याख्यान की तैयारी, प्रस्तुतीकरण और उससे उचित लाभ उठाने हेतु अवश्य ही एक अच्छे पृष्ठ पोषण (Feedback) के रूप में प्रयुक्त करते रहना चाहिए।

इस तरह पाठ शिक्षण की तीनों अवस्थाओं में शिक्षक द्वारा अगर उपरोक्त वर्णित बातों पर ध्यान दिया जाता रहे तो इससे उसे व्याख्यान व्यूह रचना का सही उपयोग करते हुए निर्धारित शिक्षण–अधिगम उद्देश्यों की प्राप्ति कराने में उचित मदद मिल सकती है।

सामूहिक परिचर्चा व्यूह रचना (Group Discussion Strategy)

अर्थ एवं परिभाषा (Meaning and Definition)—सरल शब्दों में सामूहिक परिचर्चा का अर्थ है समूह के अंतर्गत की जाने वाली पारस्परिक चर्चा या वाद–विवाद, गोष्ठी या विचारों का आदान–प्रदान। इस अर्थ में सामूहिक परिचर्चा व्यूह रचना को परिभाषित करते हुए यह कहा जा सकता है कि *सामूहिक परिचर्चा व्यूह रचना निर्धारित शिक्षण–अधिगम उद्देश्यों की प्राप्ति हेतु प्रयोग में लाई जाने वाली एक ऐसी व्यूह रचना है जिसमें सामूहिक परिचर्चा यानी विद्यार्थियों तथा शिक्षक के मध्य या विद्यार्थियों में होने वाले पारस्परिक वाद–विवाद एवं विचारों के आदान–प्रदान को शिक्षण–अधिगम प्रक्रिया का मुख्य आधार बनाने का प्रयत्न किया जाता है।* व्यूह रचना में इस प्रकार की सामूहिक परिचर्चा, गोष्ठी या वाद–विवाद बिना किसी पूर्व योजना के यूँ ही प्रसंगवश होता रहे ऐसी कोई बात नहीं है। शिक्षक और विद्यार्थी दोनों को ही इस परिचर्चा में पूरी तरह सक्रिय साझीदारी निभाकर परिचर्चा गतिविधियों के नियोजन तथा संगठन पर इस तरह ध्यान देना होता है कि उनके माध्यम से निर्धारित शिक्षण–अधिगम उद्देश्यों को ठीक ढंग से प्राप्त किया जा सके। ऐसा कैसे किया जाए इसके लिए निम्न विवरण पर ध्यान देना ठीक रहेगा।

सामूहिक परिचर्चा व्यूह रचना को कैसे काम में लाया जाए ? (How to Make Use of Group Discussion Strategy ?)

सामूहिक परिचर्चा में किसी एक कक्षा के विद्यार्थी, विषय अध्यापक के साथ मिलकर एक समूह का निर्माण कर सकते हैं। समूह का नेतृत्व विषय अध्यापक के ही हाथ में रहता है। विद्यार्थियों के साथ मिलकर सामूहिक परिचर्चा व्यूह रचना के संगठन और संचालन हेतु सामान्य तौर पर निम्न बातों पर ध्यान देना जरूरी होता है।

नियोजन अवस्था (Planninhg Stage)

इस अवस्था में अध्यापक विद्यार्थियों को सामूहिक परिचर्चा की आवश्यकता और उपयोगिता का अनुभव कराने का प्रयत्न करता है। शिक्षण–अधिगम उद्देश्यों का ध्यान रखते हुए इस परिचर्चा प्रक्रिया को किस तरह आयोजित किया जाएगा, नियोजन स्तर पर इन सभी बातों पर विचार करने का प्रयत्न किया जाता है।

क्रियान्वयन अवस्था (Implementation Stage)

इस अवस्था में सामूहिक परिचर्चा व्यूह रचना को नियोजन के आधार पर क्रियान्वित करने का प्रयत्न किया जाता है। अध्यापक समूह का नेतृत्व संभालते हुए यह कोशिश करता है कि समूह के जिम्मेदार सदस्यों के रूप में सभी विद्यार्थी सामूहिक परिचर्चा में पूरी सक्रियता से अपनी–अपनी भूमिका निभाएँ। इस परिचर्चा तथा विचारों के आदान–प्रदान का तरीका पूरी तरह जनतंत्रात्मक (Democratic) होता है। शिक्षक के कुशल नेतृत्व में विद्यार्थी वर्ग ऐसी वांछित परिचर्चा में संलग्न रहता है जिससे शिक्षण–अधिगम उद्देश्यों की प्रभावी ढंग से उपलब्धि हो सके।

मूल्यांकन अवस्था (Evaluation Stage)

इस अवस्था में सामूहिक परिचर्चा व्यूह रचना के परिणामों का शिक्षण–अधिगम उद्देश्यों की उपलब्धि के संदर्भ में मूल्यांकन करने का प्रयत्न किया जाता है। इस कार्य हेतु समूह सचिव (Member secretary) जो विद्यार्थियों में से ही एक होता है, परिचर्चा की सारी कार्यवाही को नोट करता जाता है। परिचर्चा में विद्यार्थियों की क्या–क्या गतिविधियाँ रहीं, क्या–क्या प्रश्न पूछे गए, किस तरह के सुझाव किन–किन बातों के लिए दिए गए, किसी एक निर्णय पर कैसे पहुँचा गया, अध्यापक द्वारा किस प्रकार का निर्देशन और परामर्श प्राप्त हुआ, इस तरह की सभी बातें रिकार्ड की जाती रहती हैं। इस तरह की रिकार्ड की गई कार्यवाही के आधार पर फिर यह देखा जाता है कि शिक्षण–अधिगम उद्देश्यों की प्राप्ति के संदर्भ में क्या कुछ कमी रह गई है। इस कमी को पूरा करने के लिए वांछित सूचना सामग्री, स्पष्टीकरण इत्यादि जैसी जरूरत हो अध्यापक द्वारा विद्यार्थियों को प्रदान करने के प्रयत्न किए जाते हैं।

सामूहिक परिचर्चा व्यूह रचना के लाभ (Advantages of Group Discussion Strategy)

सामूहिक परिचर्चा व्यूह रचना का उपयोग कुछ निम्न प्रकार के लाभों के अर्जन में सहयोगी होता है–

1. शिक्षण–अधिगम प्रक्रिया में विद्यार्थियों का सक्रिय सहयोग इस व्यूह रचना द्वारा शिक्षक को आसानी से प्राप्त हो सकता है।
2. यह व्यूह रचना विद्यार्थियों को सामूहिक गतिविधियों में भाग लेने तथा मिलजुल कर सोचने समझने के अच्छे अवसर प्रदान करने का कार्य करती है। इसके द्वारा विद्यार्थियों का सामाजिक विकास करने तथा जनतांत्रिक जीवन जीने का ढंग सिखाने के भी उचित अवसर प्राप्त होते हैं।
3. समूह के सदस्य के रूप में सभी की बातें सुनने के द्वारा उन्हें एक अच्छा श्रोता बनने का प्रशिक्षण मिलता है और नेतृत्व की क्षमता भी विकसित होती है। परिचर्चा में जब कोई एक विद्यार्थी अपनी बात कहता है तो समूह के अन्य विद्यार्थी उसके विचार ध्यान से सुनते हैं और उसके विचारों को पर्याप्त सम्मान देते हुए अपने तर्कपूर्ण विचार सभी के सामने बड़े ही जनतांत्रिक ढंग से बारी–बारी रखने का प्रयत्न करते हैं।
4. इस व्यूह रचना के माध्यम से विद्यार्थियों मे विविध प्रकार की योग्यताओं, क्षमताओं और कुशलताओं का सहज ही विकास हो जाता है। विचारों के विश्लेषण, संश्लेषण तथा मूल्यांकन करने की योग्यता, निष्कर्ष निकालने की क्षमता, समस्या समाधान योग्यता, आलोचना तथा समालोचना क्षमता आदि इसी प्रकार के गुण हैं जिनका समावेश करने में यह व्यूह रचना सहयोगी सिद्ध हो सकती है। समूह के सदस्य के रूप

में सामूहिक हित चिंतन संबंधी बातों में रुचि रखने, सामूहिक कार्यों के प्रति सकारात्मक दृष्टिकोण उत्पन्न करने तथा अन्य सामाजिक और नैतिक गुणों के विकास में भी इस व्यूह रचना का प्रयोग काफी सहायक सिद्ध होता है। इस प्रकार ध्यान से देखा जाए तो इस व्यूह रचना का उपयोग विद्यार्थियों के व्यवहार के ज्ञानात्मक (Conative) और भावात्मक (Affective) पक्षों से संबंधित वांछित शिक्षण–अधिगम उद्देश्यों की उपलब्धि में काफी सहायक सिद्ध हो सकता है।

5. इस व्यूह रचना का उपयोग विद्यार्थियों को यह सिखाने में मदद कर सकता है कि किसी भी विचार को स्वीकार करने से पहले उसे तर्क की कसौटी पर परख कर अवश्य ही देखा जाना चाहिए। उसके गुण–दोषों की पर्याप्त समीक्षा करके ही उस पर कोई राय कायम करनी चाहिए तथा व्यवहार में लाने से पहले उसके परिणामों पर ध्यान देकर ही आगे बढ़ना चाहिए।
6. मौखिक अभिव्यक्ति और सशक्त संप्रेक्षण योग्यता का विकास करने हेतु इस व्यूह रचना से काफी सहयोग प्राप्त हो सकता है तथा साथ ही सृजनात्मक एवं रचनात्मक चिंतन को भी बढ़ावा देने में यह व्यूह रचना लाभप्रद सिद्ध हो सकती है।
7. यह व्यूह रचना जनतांत्रिक ढंग से खुलकर सभी बातों को सोचने–विचारने, समीक्षा करने तथा आलोचना करने का अवसर प्रदान करती है। इस प्रकार की खुली समीक्षा तथा आलोचना, किसी भी गलत तथा अपूर्ण सूचना, विचार या समस्या समाधान के त्रुटिपूर्ण तरीके को अनायास ही स्वीकार कर लेने के दोष से शिक्षण–अधिगम प्रक्रिया को मुक्त कराते रहने में काफी सक्रिय भूमिका निभा सकती है।

दोष एवं सीमाएँ (Drawbacks and Limitations)

सामूहिक परिचर्चा व्यूह रचना में निम्न दोष और सीमाओं की उपस्थिति पाई जा सकती है।

1. समूह नेता होने के नाते अध्यापक सामूहिक परिचर्चा में अपना दबदबा बनाए रखने हेतु व्यर्थ ही समूह सदस्यों के सुझावों और बातों की अनदेखी करने का प्रयत्न कर सकता है, अपनी ही बातें मनवाने की कोशिश कर सकता है और स्वयं ही बोलते रहकर उन्हें बोलने के कोई अवसर नहीं देने की भूल कर सकता है।
2. सामूहिक परिचर्चा अपने लक्ष्य से भटक सकती है और सदस्यगण व्यर्थ की बातों में अपना समय बर्बाद कर सकते हैं।
3. समूह के सदस्य परिचर्चा के दौरान एक–दूसरे से उलझ सकते हैं, व्यक्तिगत आक्षेप और कटाक्षों से परिचर्चा का वातावरण खराब हो सकता है।
4. समूह में से कोई एक या दो सदस्य पूरी परिचर्चा पर इस तरह छाए रह सकते हैं कि दूसरों को कुछ भी कहने और करने का मौका ही न मिले।
5. समूह के जो सदस्य शर्मीली प्रकृति के या आगे बढ़कर पहल करने वाले नहीं होते, समूह परिचर्चा में प्रायः उपेक्षित ही रह जाते हैं और फलस्वरूप परिचर्चा में उनका कोई भी योगदान देखने को नहीं मिलता।
6. परिचर्चा के दौरान समूह के सदस्य अपनी–अपनी मान्यता, विचारधारा और किन्हीं व्यक्तिगत कारणों से भी छोटे–छोटे दबाव समूहों (Pressure groups) में बँट सकते हैं। इनके अड़ियल रुख अपनाने से परिचर्चा में किन्हीं उचित निर्णयों और निष्कर्षों पर पहुँचने में काफी कठिनाई उपस्थित हो सकती है।

सामूहिक परिचर्चा व्यूह रचना के उचित प्रयोग हेतु सुझाव (Suggestions for the Effective Utilization of Group Discussion Strategy)

सामूहिक परिचर्चा व्यूह रचना को भलीभाँति उपयोग में लाने हेतु निम्न सुझाव लाभप्रद सिद्ध हो सकते हैं–

1. सामूहिक परिचर्चा के माध्यम से उपलब्ध किए जाने वाले उद्देश्यों एवं लक्ष्यों से समूह के सदस्यों को भलीभाँति अवगत करा दिया जाना चाहिए।
2. परिचर्चा के लिए चुना गया विषय और प्रकरण काफी रोचक और उपयोगी होना चाहिए। यह हर अवस्था में विद्यार्थियों की रुचियों, योग्यताओं तथा आवश्यकताओं से पूरी तरह जुड़ा हुआ होना चाहिए।
3. परिचर्चा का विषय ऐसा होना चाहिए जिसके बारे में विद्यार्थियों को कुछ ऐसे पूर्व अनुभव और जानकारी हो जिनके आधार पर वे उसके बारे में आगे कुछ परिचर्चा कर सकें।
4. समूह नेता होने के नाते अध्यापक का यह कर्त्तव्य हो जाता है कि वह परिचर्चा के सफल आयोजन हेतु आवश्यक रूप से पहल करके परिचर्चा को दिशा प्रदान करने का उत्तरदायित्व निभाए। ऐसा करने के लिए वह अपने स्वयं के कुछ सुझाव या प्रश्नों के द्वारा समस्यात्मक पहलू पैदा करके परिचर्चा की शुरुआत कर सकता है।
5. समूह नेता होते हुए अध्यापक का यह भी कर्त्तव्य बन जाता है कि वह सामूहिक परिचर्चा को पूरी तरह जनतंत्रात्मक बनाए रखे। सदस्यों को खुलकर अपने विचार अभिव्यक्त करने की आजादी दे तथा कभी भी अपने विचार समूह पर नहीं लादे। सूचनाएँ देने तथा अपनी बात मनवाने के स्थान पर उसकी भूमिका एक अच्छे पथ–प्रदर्शक या नियोजक (Facilitator) की होनी चाहिए। इस कार्य हेतु उससे यह अपेक्षा की जाती है कि वह–
   - (i) बिना किसी हस्तक्षेप के विद्यार्थियों के पारस्परिक वाद–विवाद को बढ़ावा दें।
   - (ii) विद्यार्थियों की सामूहिक परिचर्चा और विचारों के आदान–प्रदान के बीच उन्हें टोकने या उनसे कोई प्रश्न पूछने की बात नहीं सोचें।
   - (iii) समूह के सदस्यों द्वारा अपने विचार प्रस्तुत करने के बाद उन पर अनावश्यक कोई टीका टिप्पणी न करें।
   - (iv) सदस्यों द्वारा प्रस्तुत विचारों और प्रस्तावों को पूरे ध्यान से धैर्यपूर्वक सुनने का प्रयत्न करें।
   - (v) समूह परिचर्चा के दौरान अपनी रुचि और उत्साह को बराबर बनाए रखें।
   - (vi) परिचर्चा अपने उद्देश्यों से भटके नहीं, इसके लिए पूरी तरह सजग और तत्पर रहें।
   - (vii) परिचर्चा के उद्देश्यों की पूर्ति हेतु सभी सदस्यों को उनकी अपनी योग्यता, बारी और रुचि के अनुकूल चर्चा में भाग लेने का समान अवसर मिलता रहे, इस बात का ध्यान रखें।
   - (viii) जो सदस्य काफी सक्रिय और मुखर हों उन्हें अनावश्यक रूप से हावी नहीं होने दिया जाए तथा जो शर्मीले और पीछे रहने वाले हों उन्हें अभिप्रेरित कर चर्चा में आगे आने का मौका दिया जाए, इसका ध्यान रखें।
6. विद्यार्थी सामूहिक परिचर्चा में ठीक तरह भाग लेकर अपेक्षित उद्देश्यों की प्राप्ति में योगदान दे सकें, इसके लिए उन्हें निम्न प्रकार के दिशा निर्देश देना भी ठीक रहता है–
   - (i) परिचर्चा के दौरान जब आप में से कोई एक विद्यार्थी अपने विचार व्यक्त कर रहा हो तो दूसरों का फर्ज है कि वे उसकी बातों ध्यान से सुनें।

(ii) जब तक एक विद्यार्थी अपनी पूरी बात न कह ले दूसरों को बीच में टोकने या उसकी बात काटने की गलती नहीं करनी चाहिए।

(iii) ऐसी कोई कड़वी, आपत्तिजनक या व्यक्तिगत आक्षेपयुक्त बातें न कहो जिससे किसी अन्य सदस्य की भावनाओं को ठेस पहुँचे।

(iv) ध्यान रखें कि दूसरे अन्य विद्यार्थियों को भी अपने विचार प्रस्तुत करने हैं, अतः अपने विचार सही, सटीक और संक्षिप्त रूप में रखो। व्यर्थ की विवादास्पद बातें करके अपना और समूह का समय बर्बाद न करो। अपनी बात समाप्त करके दूसरों को अपने विचार व्यक्त करने दो। बार–बार खड़े होकर अपने मत के समर्थन की ही जिद न करो, हाँ आवश्यकता पड़ने पर अगर कोई नई बात कहना चाहते हो तो उचित अनुमति लेकर ऐसा करो।

(v) समूह को परिचर्चा के फलस्वरूप किसी निष्कर्ष पर पहुँचने में मदद करो। छोटे–छोटे समूह (Cliques) बनाकर अकारण ही ऐसे व्यवधान न डालो कि सामूहिक चर्चा किन्हीं उपयोगी निष्कर्षों पर न पहुँच सके।

(vi) दूसरों के विचारों और तर्कों का आदर करना सीखो। अगर सहमत न हों तो दूसरे के विचारों और तर्कों से बड़े ही सरल व स्वाभाविक ढंग से अलग होते हुए अपने विचार और तर्क पूरी सहृदयता परंतु दृढ़ता से प्रस्तुत करो।

7. सामूहिक परिचर्चा की गतिविधियों का समूह नेता या समूह सचिव द्वारा अच्छी तरह लेखा जोखा (Recording) भी रखा जाना चाहिए ताकि शिक्षण–अधिगम उद्देश्यों की प्राप्ति के संदर्भ में परिचर्चा का उचित मूल्यांकन किया जा सके। परिचर्चा के दौरान गतिविधियों का मूल्यांकन चलते रहना चाहिए ताकि परिचर्चा उद्देश्य की प्राप्ति वांछनीय दिशा और दशा से न भटक जाए। इस मूल्यांकन हेतु पहले से ही भलीभाँति निर्धारित किसी रेटिंग स्केल या प्रोफार्मा की सहायता लेना भी काफी अच्छा रहता है।

प्रदर्शन व्यूह रचना (Demonstration Strategy)

अर्थ (Meaning)—*प्रदर्शन व्यूह रचना से तात्पर्य उस व्यूह रचना से है जिसमें एक अध्यापक द्वारा अपने शिक्षण–अधिगम कार्यों में सहायता हेतु कक्षा के विद्यार्थियों के सामने पढ़ाए जाने वाले पाठ से संबंधित तथ्यों एवं सिद्धांतों का विभिन्न क्रियात्मक गतिविधियों एवं प्रयोगात्मक कार्य द्वारा दृश्यात्मक चित्र प्रस्तुत करने का प्रयत्न किया जाता है।*

इस तरह एक अध्यापक प्रदर्शन व्यूह रचना का प्रयोग करते हुए जब जहाँ जरूरत पड़ती है अपनी शिक्षण संबंधी तथ्यों, सिद्धांतों एवं सूचनाओं को स्पष्ट करने के लिए किन्हीं प्रयोगों एवं परीक्षणों का सहारा लेता है अथवा किन्हीं वस्तुओं, शिक्षण सामग्री, उपकरणों आदि से बताई जा रही बातों का दृश्यात्मक प्रदर्शन करता है। कक्षा अध्यापक के द्वारा किए जा रहे इस दृश्यात्मक प्रदर्शन द्वारा कक्षा के सभी छात्र एक साथ मिलकर विभिन्न प्रकार के प्रयोगात्मक एवं क्रियात्मक अनुभव ग्रहण करते हैं और इस प्रकार प्रदर्शन व्यूह रचना का प्रयोग विद्यार्थियों को विभिन्न प्रकार के पाठ्यक्रम संबंधी तथ्यों एवं सिद्धांतों का सैद्धांतिक एवं व्यावहारिक ज्ञान प्राप्त करने में यथेष्ट सहायता करता है।

उपयोग एवं महत्त्व (Uses and Importance)

प्रदर्शन व्यूह रचना विद्यालय पाठ्यक्रम के सभी विषयों के शिक्षण–अधिगम में सहायक सिद्ध होने के साथ–साथ ललित कला, संगीत, नृत्य, खेलकूद, कार्य अनुभव तथा पाठांतर क्रियाओं संबंधी गतिविधियों को सीखने, समझने एवं आयोजित करने में भलीभाँति सहायक सिद्ध होती है। शिक्षक के लिए शिक्षण कार्य में तो यह हर अवस्था में बहुत ही उपयोगी सिद्ध होती है। अपने वांछित शिक्षण उद्देश्यों की प्राप्ति के लिए इसके प्रयोग द्वारा उसे कम संघर्ष करना पड़ता है, क्योंकि विषय संबंधी तथ्यों, सिद्धांतों एवं प्रक्रियाओं आदि को प्रदर्शन क्रियाओं एवं सामग्री द्वारा विद्यार्थियों को कम समय में कम शक्ति लगाकर आसान और प्रभावपूर्ण ढंग से समझाया जा सकता है। साथ ही शिक्षण–अधिगम प्रक्रिया में विद्यार्थियों को आकर्षित करने, उनकी रुचि, ध्यान तथा उत्साह को बराबर बनाए रखकर उन्हें पढ़ाई जाने वाली बातों का स्पष्ट ज्ञान, बोध तथा प्रयोगात्मक उपयोग सिखाने में इस व्यूह रचना का प्रयोग बहुत ही लाभप्रद सिद्ध होता है। विद्यार्थी यहाँ जो ज्ञान और अनुभव प्राप्त करते हैं वह अपेक्षाकृत अधिक स्थायी होता है और उसके व्यावहारिक उपयोग की क्षमता भी उनमें विकसित होने की पूरी संभावना इस व्यूह रचना में अच्छी तरह व्यक्त की जा सकती है। प्रदर्शन के दौरान बालकों का क्रियात्मक सहयोग प्राप्त करने से उन्हें शिक्षण–अधिगम प्रक्रिया में बराबर का साझीदार बनाया जा सकता है। प्रदर्शन की जा रही बातों को ठीक तरह देखने, समझने की आवश्यकता के परिणामस्वरूप विद्यार्थियों की निरीक्षण शक्ति, सोचने–समझने और निष्कर्ष निकालने की क्षमता तथा सृजनात्मक चिंतन एवं कल्पनाशील होने की योग्यता को भी पोषित करने का अमूल्य अवसर प्राप्त होता है।

जहाँ तक पाठ्यक्रम संबंधी विषयों, विषयवस्तु तथा अधिगम अनुभवों के अर्जन का प्रश्न है तो शायद ही कोई ऐसा विषय या शिक्षण–अधिगम क्षेत्र हो जहाँ प्रदर्शन व्यूह रचना के प्रयोग द्वारा अभीष्ट लाभों की प्राप्ति संभव दिखाई न दे। सबसे पहले भाषा शिक्षण को ही लेते हैं। यहाँ भाषा का अध्यापक किसी भी शब्द या वाक्य का अर्थ, उसकी संरचना, प्रयोग तथा अंतःनिहित गूढ़ संदेश एवं भावाभिव्यक्ति को ठीक तरह समझाने के लिए प्रदर्शन विधि की अच्छी तरह सहायता ले सकता है। लज्जा, भय, क्रोध, विस्मय, घृणा आदि संवेगात्मक भावों का प्रदर्शन करके उनके अर्थ एवं निहित भेदों की जानकारी बच्चों को ठीक प्रकार दी जा सकती है। छोटा–बड़ा, लम्बा–नाटा, मोटा–पतला, ऊँचा–नीचा आदि के अर्थ और अंतर बताने में प्रदर्शन व्यूह रचना से अच्छी व्यूह रचना मिल ही नहीं सकती। इस तरह भाषा संबंधी अभिव्यक्ति को सिद्धांत और व्यवहार दोनों ही स्तरों पर पढ़ाने–लिखाने में प्रदर्शन व्यूह रचना बहुत ही उपयोगी सिद्ध हो सकती है। सामाजिक विज्ञान से जुड़े हुए संप्रत्ययों एवं विषयवस्तु के शिक्षण–अधिगम हेतु भी इस प्रकार की व्यूह रचना विभिन्न प्रकार से उपयोगी सिद्ध हो सकती है। पंचायत, नगर पालिका, विधान सभा तथा संसद के चुनाव कैसे होते हैं – इस बात को प्रदर्शन करके विद्यार्थियों को समझाया जा सकता है। इतिहास के पाठ में किसी विशेष सभ्यता, काल या सामान्य विशेष में नागरिकों की जीवन शैली, आभूषण, सिक्के, वस्त्र, शासन व्यवस्था आदि को प्रदर्शन व्यूह रचना के प्रयोग द्वारा भलीभाँति स्पष्ट किया जा सकता है। भूगोल के पाठ में सौर मंडल में विभिन्न ग्रहों और उपग्रहों की स्थिति, पृथ्वी का घूमना और मौसम तथा दिन व रात के परिवर्तन की प्रक्रिया, चन्द्रग्रहण, सूर्यग्रहण, ज्वार–भाटे, भूचाल एवं ज्वालामुखी के फूटने संबंधी विभिन्न प्रक्रियाओं का प्रदर्शन विधि द्वारा बहुत ही सजीव चित्रण किया जा सकता है। गणित में ज्यामिति की साध्यों, रचनाओं, आकृतियों तथा उनकी मापों एवं सर्वेक्षण संबंधी बहुत–सी बातों को प्रयोगात्मक एवं क्रियात्मक रूप से प्रदर्शित किया जा सकता है। यही बात अंकगणित, बीजगणित, त्रिकोणमिति आदि से संबंधित व्यावहारिक तथा आधारभूत जानकारी प्राप्त करने को लेकर भी है। यहाँ बहुत सी बातें जो बालकों को कठिन, अरुचिपूर्ण और पेचीदा लगती हैं, प्रदर्शन व्यूह रचना का प्रयोग उन्हीं बातों को बहुत सरस और आसान बना देता है। विज्ञान शिक्षण में तो हर कदम पर प्रदर्शन व्यूह रचना का प्रयोग उपयोगी ही नहीं

बल्कि अति आवश्यक दिखाई देता है। विज्ञान तो जीने की कला है और वह स्वयं जीकर या जीवंत क्रियाओं का निरीक्षण करके ही आ सकती है। यहाँ सभी विज्ञान विषयों चाहे वह भौतिक शास्त्र हो या रसायन शास्त्र, जीव विज्ञान हो या वनस्पति, प्राणी, औषधि या यांत्रिक और कंप्यूटर विज्ञान सभी के शिक्षण–अधिगम में क्रियाओं, तथ्यों, सिद्धांतों तथा अनुप्रयोगों का प्रदर्शन बहुत अधिक महत्त्व रखता है। अतः विज्ञान संबंधी जो भी बात पढ़ाई जाए उसका पहले प्रदर्शन ही होना चाहिए और उसी के आधार पर विद्यार्थियों को उचित निष्कर्ष निकालने में मदद करके वांछित ज्ञान, समझ और अनुप्रयोग की बात विकसित करने के बारे में सोचा जाना चाहिए। पाठ्यक्रम के और अन्य विषयों तथा पाठांतर क्रियाओं के संपादन में जहाँ कौशल अर्जन का प्रश्न आता है, जैसे नृत्य–संगीत, खेल–कूद, जिमनास्टिक, कार्य अनुभव आदि से जुड़ी हुई बातों का शिक्षण–अधिगम – उनमें भी विभिन्न प्रकार के ज्ञान और कौशलों के सैद्धांतिक तथा व्यवहारात्मक अनुभव प्राप्त करने में प्रदर्शन व्यूह रचना काफी अधिक उपयोगी सिद्ध होती है।

सीमाएँ एवं दोष (Limitations and Defects)

प्रदर्शन व्यूह रचना में निम्न दोषों और सीमाओं की उपस्थिति मानी जाती है–

1. सभी विषयों के सभी प्रकरण या विषयवस्तु को क्रियाओं, प्रयोगात्मक कार्य या स्थूल सामग्री के माध्यम से प्रस्तुत नहीं किया जा सकता। अतः इस व्यूह रचना का प्रयोग उन्हीं विषय प्रकरणों तक ही सीमित रहता है जिनका कक्षा में प्रदर्शन क्रियाओं या साधनों द्वारा प्रदर्शन संभव हो।
2. प्रदर्शन व्यूह रचना अपनी सफलता हेतु यह माँग करती है कि कक्षा अध्यापक को सैद्धांतिक जानकारी के साथ–साथ विषयवस्तु को स्पष्ट करने हेतु क्रियात्मक और प्रयोगात्मक परीक्षणों तथा प्रयोगों को करने की पर्याप्त कुशलता हो और ज्ञान को व्यवहार में लाने की पर्याप्त क्षमता हो। इस प्रकार के दक्ष अध्यापकों के अभाव में इस व्यूह रचना की सफलता की आशा करना व्यर्थ है।
3. जो कुछ भी कक्षा में प्रदर्शित किया जाए विद्यार्थियों द्वारा उसका इस तरह भलीभाँति निरीक्षण तथा अवलोकन करते रहना चाहिए कि वे उसके माध्यम से निर्धारित शिक्षण–अधिगम उद्देश्यों की उपलब्धि कर सकें। उचित निरीक्षण तथा अवलोकन तभी हो सकता है जब कक्षा में विद्यार्थियों की संख्या सीमित हो, प्रदर्शन हेतु अच्छे साधन एवं उपकरण उपलब्ध हों, प्रदर्शन इस प्रकार किया जा सके कि कक्षा के सभी विद्यार्थियों को उसका अवलोकन भलीभाँति हो सके और इसके लिए उनमें प्रदर्शन के पूरे समय के दौरान रुचि, ध्यान, तत्परता और उत्साह बराबर बना रहे। चूँकि इस प्रकार की सभी परिस्थितियों की सामान्य कक्षा वातावरण में उपस्थिति सहज नहीं होती, अतः प्रदर्शन व्यूह रचना की सफलता भी संदिग्ध ही रहती है।
4. प्रदर्शन में अध्यापक द्वारा ही प्रयोग, परीक्षणों तथा स्थूल सामग्री का प्रदर्शन किया जाता है, विद्यार्थियों को स्वयं करके देखने का मौका नहीं दिया जाता, अतः उनमें प्रयोगात्मक कुशलता या व्यवहारात्मक ज्ञान की प्राप्ति जैसी बात इस व्यूह रचना द्वारा संभव नहीं है।
5. प्रदर्शन व्यूह रचना को अगर उचित ढंग से काम में न लाया जाए तो प्रदर्शन क्रियाओं के आयोजन में शिक्षक और विद्यार्थियों दोनों की ही शक्ति और समय का अपव्यय होता है। जितनी अधिक शक्ति समय और साधनों को प्रदर्शन हेतु जुटाया जाता है उस मात्रा में शिक्षण–अधिगम संबंधी लाभों की प्राप्ति नहीं होती।

प्रदर्शन व्यूह रचना के उचित प्रयोग हेतु सुझाव (Suggestions for the Effective Use of Demonstration Strategy)

प्रदर्शन व्यूह रचना के उपयुक्त उपयोग हेतु अध्यापक द्वारा निम्न बातों पर ध्यान देना ठीक रहता है–

1. प्रदर्शन कार्य जो भी कक्षा में किया जाना है उसकी ठीक तरह पूर्व तैयारी होनी चाहिए। पाठ की विषय सामग्री और शिक्षण विधि के संदर्भ में यह सोचा जाना चाहिए कि किन बातों का प्रयोगात्मक एवं क्रियात्मक परिस्थितियों एवं संसाधनों के संदर्भ में शिक्षक द्वारा किस प्रकार प्रदर्शन किया जा सकता है। इसके बाद जो कुछ प्रदर्शित करना है उसका अग्रिम रिहर्सल कर लेना चाहिए।
2. प्रदर्शन व्यूह रचना के प्रयोग द्वारा जो भी शिक्षण–अधिगम उद्देश्य उपलब्ध करने हैं उनकी स्पष्ट जानकारी शिक्षक को अवश्य होनी चाहिए।
3. जो भी प्रदर्शन कार्य कक्षा में किया जा रहा है वह पढ़ाए जाने वाले पाठ की विषयवस्तु शिक्षण–अधिगम उद्देश्य, विद्यार्थियों की रुचियों, आवश्यकताओं, मानसिक स्तर और पूर्व अनुभव तथा उपलब्ध शिक्षण–अधिगम परिस्थितियों से ठीक तरह मेल खा रहा है या नहीं, इस बात पर पूरा ध्यान दिया जाना चाहिए।
4. अध्यापक को प्रदर्शन व्यूह रचना का प्रयोग करते हुए सैद्धांतिक ज्ञान के व्यावहारिक अनुप्रयोग से पूरा सामंजस्य करने की बात हर समय ध्यान रखनी चाहिए। जो भी प्रदर्शन द्वारा क्रियात्मक रूप से करके दिखाया जाए उसके बारे में उचित सैद्धांतिक ज्ञान बालकों को अवश्य ही दिया जाना चाहिए।
5. प्रदर्शन कार्य में प्रयुक्त होने वाली सामग्री एवं उपकरणों से विद्यार्थियों को ठीक तरह अवगत कराकर ही प्रदर्शन कार्य किया जाना चाहिए।
6. अध्यापक द्वारा इस बात की पूरी तसल्ली कर लेनी चाहिए कि सभी को प्रदर्शन कार्य का किसी विघ्न–बाधा के भलीभाँति निरीक्षण और अवलोकन करने का अवसर मिल रहा है या नहीं।
7. प्रदर्शन से संबंधित सभी गतिविधियाँ विद्यार्थियों को अच्छी तरह समझ में आती रहें इस बात का ध्यान रखा जाना चाहिए। विद्यार्थियों को इस बात की पूरी स्वतंत्रता दी जानी चाहिए कि वे यह जान सकें कि प्रदर्शन में कोई भी वस्तु या क्रिया क्यों प्रदर्शित की जा रही है, इसकी सैद्धांतिक पृष्ठभूमि क्या है तथा इसका व्यावहारिक उपयोग और अच्छी तरह कैसे किया जा सकता है आदि–आदि।
8. प्रदर्शन क्रियाओं के आयोजन के दौरान शिक्षक द्वारा इसके संबंध में क्या–क्या सावधानियाँ बरती जा रही हैं, उनसे विद्यार्थियों को ठीक तरह अवगत कराते रहना चाहिए।
9. अध्यापक को प्रदर्शन क्रियाओं में विद्यार्थियों के ध्यान और रुचि को बराबर बनाए रखने के लिए उसी तरह प्रयत्न करना चाहिए जैसा कि एक जादूगर या मदारी अपने करतब दिखाने हेतु भीड़ को आकर्षित करने और उसे जमे रहने के लिए करता है।
10. मात्र दर्शक बने रहने देना उपयुक्त नहीं, इस बात का ध्यान रखकर अध्यापक को प्रदर्शन कार्यों में विद्यार्थियों से उचित सक्रिय सहयोग लेने का प्रयत्न करना चाहिए। परीक्षण और प्रयोग संबंधी उपकरणों के प्रयोग में हाथ बंटाना तथा प्रयोग होने के बाद प्रायोगिक क्रियाओं को दोहराने जैसे कार्य उनसे कराए जा सकते हैं।
11. सफल प्रदर्शन हेतु अध्यापक द्वारा सभी प्रकार की वांछित सावधानियाँ रखनी चाहिएं। फिर भी किसी कारणवश अगर प्रदर्शन कार्य में कुछ गतिरोध पैदा हो जाए या किए जाने वाले प्रयोग एवं परीक्षण ठीक तरह से न किए जा सके तो उसे अनावश्यक रूप से ज्यादा परेशान नहीं होना चाहिए। बल्कि बड़े ही

संयत ढंग से प्रदर्शन की असफलता के कारणों की खोज करने की बात विद्यार्थियों के सामने रखनी चाहिए और प्रदर्शन कार्य को नए सिरे से उसी समय शुरु कर देना चाहिए या फिर अगले दिन करने की घोषणा कर देनी चाहिए।

12. प्रदर्शन हेतु जो भी सामग्री एवं उपकरण काम में लाने हों उन्हें जिस क्रम से उपयोग में लाना है उसी तरह सुव्यवस्थित रूप में प्रदर्शन टेबल या उसके पास रखने का प्रयत्न करना चाहिए।
13. प्रदर्शन व्यूह रचना को अधिक प्रभावपूर्ण बनाने हेतु इसे अन्य व्यूह रचनाओं जैसे प्रश्नोत्तर, व्याख्या, वर्णन, व्याख्यान आदि व्यूह रचनाओं के साथ मिलाकर प्रयोग में लाना उपयुक्त रहता है।
14. प्रदर्शन क्रियाओं हेतु दृश्यात्मक सहायक सामग्री जैसे चार्ट, चित्र, मॉडल, ग्रॉफ, स्लाइड आदि का प्रदर्शन भी प्रयोग और परीक्षणों का साथ देने के लिए करते रहना चाहिए। प्रदर्शन से संबंधित महत्त्वपूर्ण बातों या बिंदुओं को श्यामपट पर लिखना भी लाभप्रद सिद्ध होता है।
15. प्रदर्शन व्यूह रचना का उपयोग करते हुए प्रदर्शन की गई बातों का समुचित मूल्यांकन भी करते रहना चाहिए। उचित प्रश्न पूछते रहकर यह जानने की कोशिश करनी चाहिए कि विद्यार्थियों को प्रदर्शन गतिविधियों के आधार पर विषयवस्तु संबंधी तथ्यों और सिद्धांतों को समझने में कितनी सफलता प्राप्त हुई है। उसे फिर इस मूल्यांकन के आधार पर उनके समझने में जो भी कुछ कमी रह गई है उसे दूर करने का प्रयत्न करना चाहिए।

अनुसंधान अथवा ह्यूरिस्टिक व्यूह रचना (Discovery or Heuristic Strategy)

अर्थ (Meaning)—ह्यूरिस्टिक (Heuristic) नाम एक ग्रीक शब्द ह्यूरिस्को (Heurisco) से जुड़ा हुआ है जिसका अर्थ होता है अन्वेषण या खोज करना। इन्हीं अर्थों में ह्यूरिस्टिक व्यूह रचना को अनुसंधान या खोज व्यूह रचना का भी नाम दिया जाता है। लंदन निवासी रसायनशास्त्र के प्रोफेसर एच०ई० आर्मस्ट्रांग (H.E. Armstrong) के शब्दों में *"ह्यूरिस्टिक व्यूह रचना शिक्षण के लिए प्रयुक्त एक ऐसी व्यूह रचना है जिसमें हम विद्यार्थियों को यथासंभव एक अनुसंधानकर्ता या खोजी स्थिति में रखना चाहते हैं अर्थात् वह व्यूह रचना है जिसमें केवल वस्तुओं के विषय में कहे जाने के बजाए उनकी खोज को आवश्यक माना जाता है।"* (Heuristic strategy of teaching is that strategy which involves our placing the students as far as possible in the attitude of the discoverer or problem solver, the strategy which involves their finding out instead of being merely told about things.)

उपरोक्त परिभाषा स्पष्टतः यह बता रही है कि अनुसंधान या ह्यूरिस्टिक व्यूह रचना का उद्देश्य विद्यार्थियों में समस्या समाधान या अनुसंधानात्मक दृष्टिकोण का विकास करना है। इस तरह यह उन्हें निष्क्रिय श्रोता तथा मूकदर्शक बनाकर ज्ञान ग्रहण करते रहने की बजाए अपने स्वयं के प्रयत्नों के आधार पर तथ्यों को जानने, समझने तथा खोज करने हेतु शिक्षण–अधिगम प्रक्रिया में सक्रिय साझीदार बनने के लिए उपयुक्त अवसर देना चाहती है।

इस व्यूह रचना को कक्षा शिक्षण में कैसे प्रयुक्त किया जाए ? (How to Use This Strategy in the Classroom Teaching ?)

अनुसंधानात्मक या ह्यूरिस्टिक व्यूह रचना वास्तविक अर्थ में एक समस्या समाधानात्मक व्यूह रचना है। इस व्यूह रचना में अध्यापक विद्यार्थियों के सामने कोई एक समस्या प्रस्तुत करता है अथवा वे स्वयं ही अपने अध्ययन,

परीक्षण तथा भ्रमण के दौरान किसी समस्या का सामना करते हैं। अध्यापक उन्हें प्रेरित करता है कि वे इस समस्या का ठीक तरह से विश्लेषण करके स्वयं अपने प्रयत्नों के आधार पर इसका समाधान खोजें। इस कार्य हेतु वह उचित परामर्श तथा परिस्थितियाँ उन्हें प्रदान करता है। समस्या के सभी पहलुओं पर खुलकर विचार विमर्श करने का भी उन्हें पूरा अवसर दिया जाता है व समस्या का हल खोजने हेतु पूरी तरह कार्य और विचार संबंधी स्वतंत्रता प्रदान की जाती है। जहाँ जिस समय उन्हें शिक्षक के परामर्श और निर्देशन की आवश्यकता होती है वहाँ उन्हें इस संबंध में उचित सहायता प्रदान की जाती रहती है।

व्यूह रचना को प्रयोग में लाने संबंधी विभिन्न सोपान (Steps Involved in the Implementation of Strategy)

हयूरिस्टिक या अनुसंधान व्यूह रचना के प्रयोग हेतु निम्न सोपानों का अनुसरण करना उपयुक्त रहता है।

1. **समस्या का सामना करना (Confrontation with the problem)**—व्यूह रचना के प्रथम चरण में विद्यार्थी किसी समस्या विशेष का सामना करते हैं और इसका समाधान चाहते हैं। यह समस्या पढ़ते हुए, परिचर्चा करते हुए या पर्यटन आदि के दौरान या तो स्वाभाविक रूप से विद्यार्थियों के सामने आ खड़ी होती है अथवा अध्यापक द्वारा किसी सुनियोजित ढंग से जान–बूझकर उनके सामने रखी जाती है। शिक्षण व्यूह रचना के रूप में चुनी जाने वाली यह समस्या विद्यार्थियों की योग्यताओं, क्षमताओं तथा रुचि के अनुकूल ही होनी चाहिए और पाठ्यक्रम या शिक्षा के लक्ष्यों और उद्देश्यों की पूर्ति में भी सहायक होनी चाहिए।
2. **समस्या का विश्लेषण करना और उसे समझना (Analysis and understanding of the problem)**—समाधान के लिए हाथ में ली जाने वाली समस्या का विद्यार्थियों द्वारा उचित विश्लेषण कराया जाना चाहिए ताकि वे उससे अच्छी तरह अवगत हो सकें; उसके समाधान के लिए उनमें आवश्यक रुचि और लगन का विकास हो सके, वे यह जान सकें कि वास्तव में समस्या क्या है, वह किस प्रकार का समाधान चाहती है और इसके समाधान के लिए उन्हें क्या कुछ उपलब्ध है तथा इसे हल करने हेतु कैसे आगे बढ़ा जा सकता है आदि–आदि।
3. **समस्या के संबंध में आवश्यक सूचना या आँकड़े इकट्ठा करना (Gathering relevant information or data)**—व्यूह रचना के इस सोपान में विद्यार्थियों द्वारा समस्या के समाधान हेतु उपयुक्त सूचना या आँकड़े इकट्ठे करने का कार्य किया जाता है। इस कार्य हेतु सभी विद्यार्थी मिलकर यह विचार विमर्श कर सकते हैं कि समस्या का हल कैसे निकल सकता है। जो कुछ पहले की कक्षाओं में पढ़ा है, जिस तरह के अनुभव उनके पास हैं उनके आधार पर समस्या समाधान हेतु आगे बढ़ने के लिए उन्हें प्रेरित किया जा सकता है। जो भी साधन और संसाधन उन्हें रिकार्ड, पुस्तक, पत्र–पत्रिकाओं, सूचना केंद्रों, पुस्तकालयों इंटरनेट की साइटों तथा अन्य सूचना एवं संपर्क स्रोतों से प्राप्त हो सकते हैं उनसे अपनी समस्या के समाधान हेतु आवश्यक सूचना एवं आँकड़े इकट्ठे करने का काम उनके द्वारा किया जा सकता है। कार्य विद्यार्थियों को ही करना पड़ता है, हाँ जब आवश्यकता हो तो उचित मात्रा में परामर्श और निर्देशन देने का रास्ता अध्यापक की ओर से हर समय खुला रहता है।
4. **एकत्रित सूचना सामग्री या आँकड़ों का विश्लेषण (Analysing the collected data or information)**—समस्या समाधान हेतु जो भी सूचना सामग्री या आँकड़े एकत्रित किए गए हैं उनसे समस्या समाधान में कितनी सहायता मिल सकती है, यह जानने का प्रयत्न इस सोपान के अंतर्गत किया जाता है। जो बातें समाधान में सहायक हों उन्हें अलग कर लिया जाता है और जो निरर्थक लगें उन्हें छोड़ दिया जाता है।

5. **परिकल्पनाओं या अनुमानित हलों की स्थापना (Formulation of hypotheses or tentative solutions)**—समस्या समाधान की दृष्टि से जो भी भलीभाँति विश्लेषित सूचना सामग्री या आँकड़े पूर्व सोपान के अंतर्गत अलग छाँटे गए थे उनके आधार पर भलीभाँति सोच–समझकर कुछ परिकल्पनाओं यानी संभावित हलों (Tentative or probable solutions) को अपने सामने रखने का प्रयत्न किया जाता है।
6. **उचित परिकल्पना का चयन और परीक्षण (Selection and testing of a proper hypothesis)**—जो भी संभावित हल या समस्या समाधान के रास्ते पूर्व सोपान में सोचे–विचारे गए थे उनकी यहाँ अब पुनः अच्छी तरह समीक्षा की जाती है। उन्हें एक–एक करके परखा तथा जाँचा जाता है कि वे समस्या का सही हल प्रस्तुत करने में किस सीमा तक उपयुक्त अथवा अनुपयुक्त हैं। जो परिकल्पना या संभावित हल सबसे अधिक उपयुक्त जँचता है उसका चयन कर लिया जाता है और फिर इसका उपयुक्त रूप से परीक्षण करके इसे समस्या समाधान के एकमात्र हल के रूप में स्वीकार कर लिया जाता है।
7. **स्वीकृत परिकल्पना या निष्कर्षित हल को पूर्ण मान्यता देना (Application of the accepted hypothesis or conclusion)**—जो भी एकमात्र हल या परिकल्पना पूर्व सोपान के अंतर्गत चयनित की गई थी उसका अन्य उसी प्रकार की समस्याओं के समाधान के लिए उपयोग में लाने का कार्य इस सोपान के अंतर्गत किया जाता है। अगर वह अन्य ऐसी सभी समस्याओं के समाधान में सहायक सिद्ध होता है तो उसकी इस विश्वसनीयता और वैधता के आधार पर उसे समस्या समाधान के रूप में पूर्ण मान्यता प्रदान की जाती है और भविष्य में ऐसी समस्याओं का समाधान उसी के माध्यम से करने–कराने का काम किया जाता रहता है।

ह्यूरिस्टिक या अनुसंधान व्यूह रचना के लाभ एवं उपयोग (Merits and Advantages of Heuristic or Discovery Strategy)

1. अनुसंधान व्यूह रचना के शिक्षण–अधिगम हेतु उपयोग करते रहने से विद्यार्थियों में नई–नई समस्याओं का सामना करके उनका समाधान तलाशने संबंधी आत्मविश्वास बढ़ता है और यही बात उन्हें भविष्य में जीवन की समस्याओं के समाधान में सहायक होती है।
2. इसके उपयोग से विद्यार्थियों की मानसिक शक्तियों को उचित ढंग से विकसित करने में पर्याप्त सहायता मिलती है।
3. विद्यार्थियों द्वारा समस्याओं के उचित विश्लेषण तथा स्वयं में प्रयत्नों द्वारा समाधान ढूँढ़ सकने संबंधी आवश्यक प्रशिक्षण प्रदान करने में भी यह व्यूह रचना काफी सहायक सिद्ध होती है।
4. विद्यार्थियों को अपने स्वयं के प्रयत्नों से ज्ञान प्राप्ति करने और अधिगम प्रयत्नों में जुटे रहने में सही प्रशिक्षण देने का कार्य भी इस व्यूह रचना द्वारा अच्छी तरह किया जा सकता है।
5. बाल केंद्रित या अधिगमकर्ता केंद्रित दृष्टिकोण अपनाने की वजह से इस व्यूह रचना का प्रयोग शिक्षण–अधिगम प्रक्रिया को बहुत ही रोचक, उद्देश्यपूर्ण और सार्थक बनाने में काफी महत्त्वपूर्ण भूमिका निभा सकता है।

दोष एवं सीमाएँ (Drawbacks and Limitations)

अपनी कुछ सीमाओं और अंतर्निहित दोषों के कारण अनुसंधान व्यूह रचना को निम्न प्रकार की आलोचना का शिकार होना पड़ सकता है।

1. अनुसंधान व्यूह रचना के माध्यम से विशिष्ट शैक्षिक उद्देश्यों एवं प्रयोजनों की प्राप्ति में काफी असुविधा रहती है।
2. यह व्यूह रचना विद्यार्थियों से यह अपेक्षा करती है कि वे अपने स्वयं के प्रयत्नों द्वारा समस्या का हल ढूँढ़े। ऐसा करना आसान नहीं है। सभी विद्यार्थियों में इस प्रकार की अनुसंधानात्मक क्षमता और दृष्टिकोण नहीं होता। परिणामस्वरूप कक्षा के सभी विद्यार्थियों को साथ लेकर चलना इस व्यूह रचना में काफी कठिन होता है।
3. समस्या समाधान हेतु परिकल्पनाओं या संभावित हलों का दिमाग में लाना आसान बात नहीं है। विद्यार्थी अज्ञानता या शीघ्रतावश गलत परिकल्पनाओं (Hypothesis) का चुनाव कर सकते हैं और परिणामस्वरूप व्यर्थ की क्रियाओं में उनके समय और शक्ति का अपव्यय होता रहता है।
4. इस व्यूह रचना का प्रयोग अध्यापकों से भी काफी कुछ अपेक्षा रखता है। उन्हें समस्या का हल स्वयं न बताकर विद्यार्थियों को इसे खोजने के लिए अभिप्रेरित करना होता है तथा समस्या के उचित विश्लेषण द्वारा उन्हीं के प्रयत्नों से समस्या का हल ढुँढ़वाने के लिए वांछित परामर्श एवं निर्देशन देना होता है। इस प्रकार का निर्देशन, परामर्श तथा समय–समय पर उचित मात्रा में व्यक्तिगत एवं सामूहिक सहायता प्रदान करना आसान बात नहीं है। शिक्षक में इन बातों से संबंधित कोई भी कमी या उसकी उदासीनता इस व्यूह रचना की सफलता को खतरे में डाल सकती है।
5. अनुसंधान व्यूह रचना अपने क्रियान्वयन के लिए एक विशेष प्रकार का शिक्षण–अधिगम वातावरण चाहती है। कक्षा में विद्यार्थियों की संख्या थोड़ी और सीमित हो, समस्या समाधान में सहायक संसाधनों जैसे अच्छा पुस्तकालय, प्रयोगशाला और सूचना तकनीकी सुविधाएँ, शांत और उत्साहवर्द्धक शिक्षण–अधिगम वातावरण आदि की उपलब्धि में कोई बाधा न आए इस प्रकार की परिस्थितियों की उपस्थिति इस व्यूह रचना में प्रयोग के लिए आवश्यक मानी जाती है। जहाँ तक हमारे विद्यालयों का प्रश्न है ऐसी परिस्थितियों का मिल पाना कुछ कठिन ही हो जाता है और परिणामस्वरूप इस व्यूह रचना के उपयोग से वर्तमान कक्षा परिस्थितियों में कोई बहुत ज्यादा आशा नहीं की जा सकती।

सुझाव (Suggestions)

इस बात में कोई संदेह नहीं है कि ह्यूरिस्टिक व्यूह रचना के प्रयोग में कठिनाइयाँ व अड़चनें आती हैं, परंतु इसका यह अर्थ भी नहीं कि इस व्यूह रचना का प्रयोग किया ही नहीं जाना चाहिए। इस दृष्टि से इसके उचित उपयोग हेतु निम्न सुझावों पर ध्यान देना उपयुक्त सिद्ध हो सकता है।

1. ह्यूरिस्टिक व्यूह रचना के प्रयोग हेतु अध्यापक को पूरी तरह दक्ष एवं प्रशिक्षित होना चाहिए तथा उसे इसके प्रभावपूर्ण उपयोग हेतु पूरी तरह अभिप्रेरित एवं उत्साही भी होना चाहिए।
2. समस्या विशेष जिसे ह्यूरिस्टिक व्यूह रचना का केंद्र बिंदु बनाया जाना है–विद्यार्थियों की दृष्टि से रोचक एवं उपयोगी तथा उनके योग्यताओं और क्षमताओं के अनुकूल ही होना चाहिए।
3. व्यूह रचना के क्रियान्वयन में जो भी पद्धति या क्रमबद्ध सोपानों का अनुसरण किया जा रहा है विद्यार्थियों को उन पर चलने के लिए पर्याप्त प्रशिक्षण और परामर्श प्रदान किया जाना चाहिए।

4. इस व्यूह रचना के प्रयोग हेतु समस्या समाधान में प्रयुक्त साधन–लक्ष्य विश्लेषण (Means-end analysis) तकनीक काफी काम की सिद्ध हो सकती है। फलस्वरूप विद्यार्थियों को समस्या में क्या ज्ञात करना है अथवा क्या और कैसा समाधान चाहिए, इस प्रकार के लक्ष्य के सही निर्धारण पर लाया जाना चाहिए। जो कुछ इस लक्ष्य को प्राप्त करने के लिए उपलब्ध परिस्थितियों (पूर्व ज्ञान, संगठित एवं सूचनाएँ सहायक साधन आदि) के रूप में प्राप्त है और लक्ष्य तक पहुँचने के लिए अब क्या चाहिए (ताकि लक्ष्य और उपलब्ध साधनों के बीच की दूरी समाप्त हो), इसी बात पर सोच–विचार कर ही समस्या समाधान या समस्या के हल की खोज में विद्यार्थियों को प्रेरित करना चाहिए।
5. विद्यार्थियों को अपने स्वयं के प्रयत्नों से समस्या समाधान या अनुसंधानात्मक अधिगम हेतु पूर्ण स्वतंत्रता दी जानी चाहिए। वे परस्पर खुलकर विचार कर सकें तथा जिस स्रोत से जैसी सूचना चाहें प्राप्त कर सकें आदि–आदि। परंतु फिर भी उनकी गतिविधियों पर उचित नियंत्रण रहना भी आवश्यक होता है। अतः सभी अनुसंधानात्मक और समस्या समाधान कार्य अध्यापक की उचित निगरानी और निरीक्षण में रहे तो अच्छा रहता है। हाँ बीच–बीच में टीका टिप्पणी कर उन्हें निरुत्साहित नहीं किया जाना चाहिए।

प्रोजेक्ट व्यूह रचना (Project Strategy)

प्रोजेक्ट व्यूह रचना जॉन डेबी के प्रयोजनवाद (Pragmatism) संबंधी दार्शनिक विचारों की देन मानी जाती है।

प्रोजेक्ट अथवा परियोजना एक ऐसी व्यूह रचना है, जिसकी सहायता से सभी विषयों की शिक्षा दी जा सकती है। बहुत से प्रयोगात्मक एवं व्यावहारिक विषयों के लिए तो यह और भी अधिक उपयोगी है। इसके जन्मदाता प्रसिद्ध शिक्षाशास्त्री डेवी (Deway) के शिष्य सर विलियम किलपैट्रिक हैं। आपने डेबी के प्रयोजनवाद (Progmatism) से प्रभावित होकर इस व्यूह रचना द्वारा शिक्षा के सभी अंगों को एकता के सूत्र में पिरोकर शिक्षण को जीवनोपयोगी एवं रुचिपूर्ण बनाने का प्रयत्न किया है।

इस व्यूह रचना को ठीक प्रकार से समझने के लिए पहले 'प्रोजेक्ट' शब्द का अर्थ समझ लेना आवश्यक है। शिक्षाशास्त्रियों ने इसकी अलग–अलग परिभाषायें दी हैं–

1. **किलपैट्रिक (Kilpatrick, 1921)** के अनुसार, "प्रोजेक्ट वह उद्देश्यपूर्ण कार्य है जिसे लगन के साथ सामाजिक वातावरण में किया जाता है।"

   A project is a whole-hearted purposeful activity proceeding in a social environment.
2. **प्रोफेसर स्टीवेन्सन (Stevenson, 1922)** के अनुसार, "प्रोजेक्ट एक समस्यामूलक कार्य है जिसे स्वाभाविक परिस्थितियों में पूर्ण किया जाता है।"

   A project is a problematic act carried to completion in its natural setting.
3. **विद्वान बेलर्ड (Ballard, 1936) के अनुसार,** "प्रोजेक्ट यथार्थ जीवन का एक भाग है जो विद्यालय में प्रदान किया गया है।"

   A project is a bit of real life that has been imparted into school.

इन परिभाषाओं के आधार पर अगर प्रोजेक्ट शब्द का अर्थ समझने का प्रयत्न किया जाए तो इस परिणाम पर पहुँचा जा सकता है कि प्रोजेक्ट विद्यार्थियों के वास्तविक जीवन से संबंधित किसी समस्या का हल खोज निकालने के लिए अच्छी तरह से चुना हुआ तथा प्रसन्नतापूर्वक हाथ में लिया जाने वाला वह कार्य है जिसे पूर्ण स्वाभाविक परिस्थितियों में सामाजिक वातावरण में ही पूरा किया जाता है।

व्यूह रचना का स्वरूप (Nature of the Project Strategy)

इस व्यूह रचना में पढ़ाई का केंद्र प्रोजेक्ट ही होता है। विद्यार्थी किसी समस्या के समाधान के लिए किसी उचित प्रोजेक्ट को अपने हाथ में लेते हैं तथा योजनाबद्ध कार्य करके उसे पूरा करने का प्रयत्न करते हैं। प्रोजेक्ट पर कार्य करते समय उन्हें जिस प्रकार के ज्ञान की आवश्यकता होती है, वह उसी समय ग्रहण कर लिया जाता है चाहे वह किसी भी विषय से संबंधित क्यों न हो। इस प्रकार यहाँ प्रासंगिक (Incidental) ढंग से पढ़ाई की जाती है। प्रोजेक्ट पर कार्य करते समय विभिन्न विषयों के जिन तथ्यों, सिद्धांतों और व्यावहारिक ज्ञान की जहाँ–जहाँ आवश्यकता होती है, वह ज्ञान उसी समय विद्यार्थियों को दे दिया जाता है, यही प्रोजेक्ट व्यूह रचना द्वारा पढ़ाने का रूप है।

कार्य प्रणाली (Procedure)

प्रोजेक्ट विधि से पढ़ने के लिए एक निश्चित क्रम का अनुसरण करना पड़ता है। ये सोपान निम्न हैं–

1. परिस्थिति उत्पन्न करना (Providing a Situation);
2. प्रोजेक्ट का चुनाव और उसके उद्देश्य के बारे में स्पष्ट ज्ञान (Choosing & Purposing);
3. कार्यक्रम बनाना (Planning of the Project);
4. योजनानुसार कार्य करना (Executing the Project);
5. कार्य का मूल्यांकन करना (Evaluation of the Project);
6. सारे कार्य का लेखा–जोखा रखना (Recording of the Project).

1. **परिस्थिति उत्पन्न करना**–सबसे पहले ऐसी परिस्थिति उत्पन्न की जाती है जिसमें विद्यार्थी किसी समस्या का सामना करे। जीवनोपयोगी क्रियाओं को करते समय, किसी स्थान की सैर और भ्रमण करते समय विद्यार्थियों के सामने कोई समस्या आती है अथवा वे अपनी कोई आवश्यकता पूरी करना चाहते हैं। इस प्रकार परिस्थिति का सामना करने के लिए ही विद्यार्थियों को अनुकूल प्रोजेक्ट हाथ में लेने की इच्छा जागृत होती है।
2. **प्रोजेक्ट का चुनाव और उसके उद्देश्य का स्पष्टीकरण**–समस्या के समाधान के लिए प्रत्येक विद्यार्थी को अपनी योजना प्रस्तावित करने के लिए पूरी स्वतंत्रता दी जाती है। किस योजना को लेकर आगे बढ़ाया जाए, इस पर कक्षा में वाद–विवाद होता है। विचार गोष्ठी द्वारा अध्यापक के उचित निर्देशन में अनुकूल प्रोजेक्ट का चुनाव विद्यार्थियों द्वारा स्वयं ही किया जाता है। जिस उद्देश्य के लिए प्रोजेक्ट का चुनाव किया गया है, उसे पूरी तरह स्पष्ट कर दिया जाता है।
3. **कार्यक्रम बनाना**–प्रोजेक्ट का चुनाव होने के बाद उस पर कार्य करने के लिए कार्यक्रम बनाया जाता है। इसके लिए पुनः विचार–गोष्ठी का आयोजन किया जाता है। अध्यापक की उचित देखरेख में प्रोजेक्ट के अंतर्गत आने वाली कठिनाइयों, किए जाने वाले विविध कार्यों, प्राप्त साधनों इत्यादि को ध्यान में रखते हुए संपूर्ण कार्यक्रम बना लिया जाता है। कार्यक्रम ऐसा बनाया जाता है कि कक्षा का प्रत्येक बालक उसमें हाथ बँटा सके।
4. **कार्यक्रम के अनुसार कार्य करना**–कार्यक्रम बन चुकने के पश्चात उसके अनुसार कार्य किया जाता है। विद्यार्थियों को उनकी पूरी योग्यता और सामर्थ्य के अनुकूल ही कार्य दिया जाता है। सभी विद्यार्थी अपनी पूरी योग्यता और सामर्थ्य के अनुसार अपने–अपने उत्तरदायित्व को निभाते हैं। अपने कार्य को पूरा करते

समय जहाँ उनको नवीन ज्ञान को ग्रहण करने की आवश्यकता अनुभव होती है, वहीं अध्यापक उसे ग्रहण करने में विद्यार्थियों की उचित सहायता करता है।

5. **कार्य का मूल्यांकन करना**—समय—समय पर विचारगोष्ठी का आयोजन करके कार्य का मूल्यांकन भी किया जाता है। विद्यार्थियों को स्वयं भी अपने किए हुए कार्य का मूल्यांकन करने को प्रेरित किया जाता है। उद्देश्यों की पूर्ति किस दिशा में हो रही है, कार्यक्रम के विभिन्न क्रियाकलापों पर विचार करके उनकी उपयोगिता और अनुपयोगिता को देखकर उनमें थोड़ा—बहुत संशोधन भी किया जाता है। प्रोजेक्ट के पूरा हो जाने के बाद भी यह देखा जाता है कि उसकी पूर्ति में कहाँ तक सफलता मिली है ?

6. **सारे कार्य का लेखा-जोखा रखना**—विद्यार्थियों द्वारा प्रोजेक्ट के चुनाव से लेकर उसके पूरा होने तक सभी क्रियाकलापों का पूरा ब्योरा रखा जाता है। वे अपने कार्य के बारे में भी रजिस्टरों में लिखते हैं तथा जो कठिनाइयाँ उनके सामने आती हैं, जो कमियाँ अथवा गलतियाँ उनके काम में रह जाती हैं जो नवीन ज्ञान वे प्राप्त करते हैं, उन्हें भी नोट करते हैं।

प्रोजेक्ट व्यूह रचना के गुण (Merits of Project Strategy)

1. **मनोवैज्ञानिकता**—प्रोजेक्ट व्यूह रचना मनोवैज्ञानिक सिद्धांतों पर आधारित है। इसमें बालक को केंद्र बनाकर शिक्षा दी जाती है। बालकों की स्वाभाविक रुचियों, मनोवृत्तियाँ और चेष्टाओं का पूरा—पूरा ध्यान रखा जाता है, उनकी जिज्ञासा, संग्रह, रचनात्मक एवं अन्वेषणात्मक प्रवृत्तियों का पोषण होता है। बच्चों की शुरु से लेकर अंत तक रुचि बनी रहती है, क्योंकि—

   (i) लक्ष्य निश्चित एवं स्पष्ट होता है।
   (ii) स्वतंत्रता का वातावरण मिलता है।
   (iii) बालक सक्रिय रूप से ज्ञान ग्रहण करता है।
   (iv) कार्य जीवनोपयोगी एवं वास्तविक होता है और उसकी समस्या के समाधान के लिए ही होता है।

   इसके अतिरिक्त यह व्यूह रचना थोर्नडाइक (Thorndike) के सीखने के तीनों नियमों—तत्परता का नियम, अभ्यास का नियम, प्रभाव का नियम का भी पालन करती है।

2. **प्रयोगात्मक एवं व्यावहारिक व्यूह रचना**—इस व्यूह रचना में बालक की क्रियाशीलता को प्रधानता दी जाती है। जो भी ज्ञान ग्रहण किया जाता है, अध्यापक द्वारा लादा नहीं जाता बल्कि विद्यार्थियों द्वारा क्रियात्मक कार्यों एवं प्रत्यक्ष अनुभवों के माध्यम से सीखा जाता है। संक्षेप में, यह विधि 'करके सीखना' (Learning by doing) आदि नियमों पर आधारित है। प्रोजेक्ट का चुनाव विद्यार्थियों की दैनिक जीवन की आवश्यकताओं और सामाजिक एवं प्राकृतिक परिवेश को ठीक प्रकार से जानने के लिए ही किया जाता है। अतः यहाँ विद्यार्थी अपने वास्तविक जीवन की समस्याओं को सुलझाने का प्रशिक्षण लेते हैं तथा प्राप्त ज्ञान को जीवन में उपयोग करना सीखते हैं।

3. **सीखने का प्रजातांत्रिक ढंग**—प्रोजेक्ट प्रणाली बालक को सिखाने की प्रजातांत्रिक विधि है। इसमें बालक अपने ढंग से काम करने को स्वतंत्र रहता है। प्रोजेक्ट के चुनाव से लेकर उसकी समाप्ति तक विद्यार्थियों को स्वतंत्र रूप से सोचने—विचारने, अपना मत व्यक्त करने, निर्णय लेने एवं उन्हें कार्यान्वित करने का पूर्ण अवसर दिया जाता है। जिसकी जो रुचि है, जितनी योग्यता और सामर्थ्य है, उसी के अनुकूल ही योजना को पूरा करने में प्रत्येक विद्यार्थी यथाशक्ति हाथ बँटाता है। सबका एक ही लक्ष्य होता है—

योजना पूरी करके उद्देश्य की प्राप्ति। इसलिए सभी पूरे सहयोग तथा उत्साह के साथ काम में जुटे रहते हैं। इस तरह यह विधि जनतांत्रिक भावनाओं को विकसित करती है।

4. **सामाजिक गुणों का विकास**—इस विधि में सामाजिक दृष्टिकोण को आधार बनाकर शिक्षा दी जाती है तथा शिक्षा के द्वारा बालकों को समाज के अनुकूल ढालने का प्रयत्न किया जाता है। इसके अतिरिक्त प्रोजेक्ट संबंधी सभी क्रियाएँ सामाजिक वातावरण में ही पूरी की जाती है। विद्यार्थी मिल जुलकर ऐसे प्रोजेक्ट का चुनाव करते हैं जो उनके उद्देश्य की पूर्ति आसानी से कर सकें तथा जो सबको मान्य हो। आपस में विचार—विनिमय करके ही कार्यक्रम बनाया जाता है तथा अपनी—अपनी रुचि, योग्यता और सामर्थ्य के अनुकूल काम में बँटवारा करके सभी उद्देश्य की प्राप्ति के लिए प्रयत्न करते हैं। इस तरह मिल जुलकर कार्य करने से विद्यार्थियों में उत्तरदायित्व की भावना, सहिष्णुता, धैर्य, कर्तव्यनिष्ठा, पारस्परिक प्रेम एवं सहयोग की भावना आदि सामाजिक गुणों का विकास होता है।

5. **स्थायी एवं स्पष्ट ज्ञान**—इस विधि द्वारा विद्यार्थी सक्रिय होकर पूरी लगन और प्रत्यक्ष अनुभवों एवं क्रियाओं द्वारा ज्ञान प्राप्त करते हैं, केवल सुनकर अथवा तथ्यों को रटने के द्वारा नहीं। इस प्रकार का ज्ञान व्यावहारिक होने के कारण तथा स्वयं अपनी चेष्टाओं पर आधारित होने के कारण स्पष्ट तो होता है, साथ—साथ बहुत समय तक मस्तिष्क में भी बना रहता है।

6. **हस्त कार्य के प्रति अनुराग**—आधुनिक शिक्षा का सबसे बड़ा दोष यह है कि यह हाथ से काम करने वालों के प्रति उपेक्षा का भाव पैदा करती है। परंतु इस विधि में सभी विद्यार्थी ऊँच—नीच, अमीर—गरीब आदि किसी भी प्रकार का भेदभाव न रखकर अपनी पूरी शक्ति से डटकर मानसिक तथा शारीरिक परिश्रम करते हैं। इस तरह से उनमें अपने हाथों अपना कार्य करने के प्रति उदासीनता एवं श्रम करने वालों के प्रति घृणा के भाव नहीं रहते।

7. **समवाय के सिद्धांत द्वारा शिक्षण**—यह व्यूह रचना समवायी रूप से शिक्षण देने की एक आदर्श विधि है। इसमें न केवल प्रोजेक्ट को समवाय के तीन महत्त्वपूर्ण केंद्रों— उद्योग, सामाजिक एवं प्राकृतिक परिवेश से चुना जाता है, बल्कि उसको केंद्र बनाकर विद्यालय के सभी विषयों को एकता के सूत्र में पिरो दिया जाता है। इस तरह प्रोजेक्ट व्यूह रचना में समवायी शिक्षण के द्वारा संपूर्ण शिक्षा को जीवनोपयोगी बनाने का प्रयत्न किया जाता है।

8. **अनुसंधानात्मक दृष्टिकोण उत्पन्न करना**—स्टीवेन्सन के अनुसार, "प्रोजेक्ट एक समस्यामूलक कार्य है जो स्वाभाविक परिस्थितियों में पूरा किया जाता है।" अतः प्रोजेक्ट व्यूह रचना में बच्चों के सामने योजना के मूल में कोई एक समस्या होती है जिसे वे एक चुनौती के रूप में स्वीकार करते हैं। यहाँ उन्हें स्वतंत्र रूप से सोचने, विचारने, तर्क करने, प्रयोग तथा प्रत्यक्ष अनुभव प्राप्त करने के अवसर प्राप्त होते हैं, उनका वे पूरा—पूरा उपयोग करते हैं। इसके फलस्वरूप उन्हें अपने दृष्टिकोण को अधिक से अधिक अनुसंधानात्मक बनाने मे सहायता मिलती है।

9. **शारीरिक विकास**—प्रोजेक्ट व्यूह रचना द्वारा पढ़ाने से केवल बच्चों की मानसिक शक्तियों को विकसित होने का अवसर मिलता है, यह बात नहीं, इससे उनका शारीरिक विकास भी होता है, क्योंकि योजना—पूर्ति के लिए सोचने—विचारने, लिखने—पढ़ने के अतिरिक्त शारीरिक रूप से भी श्रम करना पड़ता है।

10. **अनुशासन, गृह-कार्य आदि समस्याओं से मुक्त**—इस व्यूह रचना में विद्यार्थी शुरु से लेकर अंत तक पूर्ण रुचि और उत्साह के साथ अपने—अपने उत्तरदायित्व को निभाने में जुटे रहते हैं, अतः सदैव रचनात्मक अनुशासन बना रहता है। इसके अतिरिक्त यहाँ गृह—कार्य देने की कोई आवश्यकता नहीं होती, क्योंकि

विद्यार्थी स्वयं ही अपनी समस्या के समाधान के बारे में सोचते रहते हैं। इस तरह से अध्यापक को कुछ समस्याओं से छुटकारा मिल जाता है।

प्रोजेक्ट व्यूह रचना के दोष एवं सीमाएँ (Demerits and Limitations of Project Strategy)

1. **अधिक व्ययपूर्ण**—प्रोजेक्ट व्यूह रचना में चाहे किसी योजना को लेकर चला जाए, उसे पूरा करने के लिए पर्याप्त धन की आवश्यकता होती है। स्कूल में तो काम करने की सुविधा के लिए अच्छी प्रयोगशाला, पुस्तकालय एवं अन्य आवश्यक साधनों की आवश्यकता पड़ती ही है, जानकारी प्राप्त करने के लिए किए जा रहे प्रयत्न और आवश्यक सामग्री को खरीदने में विद्यार्थियों को स्वयं भी बहुत कुछ खर्च करना पड़ता है। साथ ही अनुभव एवं कार्य–कुशलता की कमी के कारण बहुत–सी सामग्री एवं धन व्यर्थ ही खर्च हो जाता है। फिर जितना भी खर्च होता है उस अनुपात में लाभ बहुत ही कम होता है। इस तरह से यह व्यूह रचना बहुत महंगी सिद्ध होती है।
2. **अधिक समय की आवश्कता**—किसी भी प्रोजेक्ट को पूरा करने के लिए अधिकतर बहुत समय की आवश्यकता होती है। उदाहरण के लिए 'स्कूल में फूलों का बगीचा लगाने' संबंधी प्रोजेक्ट को पूरा करने के लिए कितना समय लगेगा, इसी के अनुमान से इस विधि की गति से परिचित हुआ जा सकता है। इस गति से एक–एक प्रोजेक्ट के पूरा होने में काफी समय लग जाता है और इतने समय में केवल कुछ आंशिक ज्ञान की ही प्राप्ति हो पाती है। इस व्यूह रचना द्वारा इस तरह से निश्चित समय में वर्तमान पाठ्यक्रम को समाप्त करना तो बहुत दूर की बात है, उसका अनुसरण कर पाना भी कठिन हो जाता है।
3. **अध्यापक से अत्यधिक आशा**—इस व्यूह रचना द्वारा अध्यापक का कार्य बहुत बढ़ जाता है। उसे योजना के चुनाव से लेकर योजना को पूरा होने तक बहुत अधिक परिश्रम करना पड़ता है, अपने विद्यार्थियों का मनोवैज्ञानिक रूप से अध्ययन करना पड़ता है, उनकी योग्यताओं, आवश्यकताओं एवं रुचियों इत्यादि से परिचित होना पड़ता है तथा समय–समय पर उनके कार्य का निरीक्षण करना पड़ता है ताकि उचित समय पर उनका उचित मार्गदर्शन किया जा सके। किसी बात को आज्ञा के रूप में कहकर कार्य कराना आसान है, परंतु उन्हें उनकी आवश्यकता एवं उपयोगिता इत्यादि का अनुभव कराकर अपने विश्वास में लाना और फिर उनकी इच्छा से कार्य कराना कितना कठिन है, इसे अध्यापक ही जान सकते हैं। इसके अतिरिक्त यहाँ अध्यापक से यह आशा की जाती है कि उसका सब विषयों पर समान रूप से अधिकार हो और वह सभी प्रकार के व्यावसायिक एवं व्यावहारिक कार्यों में प्रवीण हो। ऐसी आशा करना दूर की ही कल्पना है कि अध्यापक योजना संबंधी सभी कार्यकलापों से पूरी तरह परिचित हो और वह बच्चों को समवायी रूप से सभी विषयों का ठीक–ठीक ज्ञान दे सके।
4. **क्रमबद्ध एवं पूर्णता का अभाव**—प्रोजेक्ट व्यूह रचना में प्रासंगिक ढंग से ही पढ़ाई की जाती है। मुख्य कार्य प्रोजेक्ट को पूरा करना होता है। प्रोजेक्ट पर कार्य करते समय जिस–जिस प्रकार के ज्ञान की, चाहे वह किसी भी विषय से संबंधित क्यों न हो, जब–जब आवश्यकता होती है, उसे उसी समय दिया जाता है। इसलिए इस व्यूह रचना की पाठन–विधि पूरी तरह से अव्यवस्थित एवं क्रमहीन है। विद्यार्थी थोड़ी–थोड़ी मात्रा में विभिन्न विषयों का ऐसा ज्ञान प्राप्त करते हैं जिसका कोई क्रम नहीं होता। इस व्यूह रचना द्वारा ज्ञान प्राप्त करने के ढंग पर **"कहीं की ईट कहीं का रोड़ा भानमती ने कुनबा जोड़ा"** वाली उक्ति ठीक बैठती है। इस प्रकार के ज्ञान से न तो किसी विषय का ठीक प्रकार ज्ञान ही हो पाता है और न ही विषय–संबंधी कार्य–कुशलता एवं व्यावहारिकता ही आती है।

5. **व्यावहारिक कठिनाइयाँ**—वर्तमान शिक्षा प्रणाली, प्राप्य साधन और अन्य परिस्थितियाँ इस व्यूह रचना के प्रयोग के पक्ष में नहीं हैं।
   (i) आर्थिक साधनों के अभाव के कारण इसके लिए पर्याप्त धन जुटाना संभव नहीं है।
   (ii) स्कूलों में आवश्यक साधनों की कमी है। विद्यार्थियों की संख्या अधिक है, उसके अनुपात में अध्यापक नहीं के बराबर हैं। इसके अतिरिक्त इस व्यूह रचना पर चल सकने वाले अच्छी तरह प्रशिक्षित, योग्य एवं अनुभवी अध्यापक नहीं मिलते।
   (iii) इस व्यूह रचना को आधार बनाकर लिखी हुई पाठ्य–पुस्तकें भी उपलब्ध नहीं हैं।
   (iv) पाठ्यक्रम बहुत विस्तृत है और उसकी रचना एवं आयोजन में इस व्यूह रचना को ध्यान में नहीं रखा जाता।
   (v) वर्तमान परीक्षा प्रणाली में इस व्यूह रचना को कोई स्थान नहीं दिया गया है।

उपरोक्त कुछ दोषों और इसके प्रयोग में आने वाली कुछ अड़चनों को देखकर यह नहीं समझ लेना चाहिए कि यह व्यूह रचना सर्वथा अनुपयोगी एवं अव्यावहारिक है। अगर शैक्षणिक और आर्थिक दृष्टि से उपयुक्त सही प्रोजेक्ट का चुनाव ठीक ढंग से किया जाए, अध्यापक अपना उत्तरदायित्व ठीक प्रकार निभाएँ तथा प्रोजेक्ट के द्वारा की जा रही प्रासंगिक (Incidental) पढ़ाई के साथ–साथ विभिन्न विषयों का क्रमबद्ध एवं सुनियोजित अध्ययन–क्रम (Organised class and subject room teaching) भी चलता रहे तो जहाँ तक इस व्यूह रचना की उपयोगिता है उससे मुँह नहीं मोड़ा जा सकता।

स्पष्टीकरण व्यूह रचना (Exposition Strategy)

इस व्यूह रचना का प्रयोग अध्यापकों द्वारा अपनी विषयवस्तु के अच्छी तरह प्रस्तुतीकरण के लिये किया जाता है। पाठ की प्रस्तावना के बाद प्रस्तुतीकरण स्तर पर ही इसके प्रयोग की आवश्यकता पड़ती है। इस व्यूह रचना का प्रयोग करने के लिए अध्यापक पहले तो प्रस्तुत की जाने वाली विषय सामग्री को एक निश्चित तार्किक क्रम में संजोता है और फिर उसे बहुत स्पष्ट एवं रोचक ढंग से बच्चों के सामने प्रस्तुत करता है जिससे वे पूरी तरह से इसे समझकर मस्तिष्क में धारण कर सकें। इस प्रकार से स्पष्टीकरण व्यूह रचना में पूरा जोर इसी बात पर दिया जाता है कि जो कुछ भी विषय सामग्री बच्चों के सामने रखी जाए उसे बहुत ही सरल स्पष्ट एवं रोचक ढंग से उनके सामने इस तरह रखा जाना चाहिए कि इससे उन्हें उसे अच्छी तरह समझने और ग्रहण करने में पूरी–पूरी सुविधा मिले। विषय सामग्री में निहित विचार एवं भावों को छात्रों के स्तर को ध्यान में रखते हुए बिल्कुल स्पष्ट एवं सरल कर देना ही स्पष्टीकरण व्यूह रचना का एकमात्र उद्देश्य होता है और इसीलिए पाठ के उचित प्रस्तुतीकरण में यह युक्ति एक अध्यापक को बहुत अधिक फायदा पहुँचाती है।

महत्त्व एवं उपयोगिता (Uses and Importance)

साधारण रूप से स्पष्टीकरण व्यूह रचना का प्रयोग विद्यालय पाठ्यक्रम के लगभग सभी विषयों को पढ़ाने हेतु किया जा सकता है परंतु विभिन्न विषयों को पढ़ाने हेतु इसके प्रयोग में विभिन्नता अवश्य पाई जाती है। उदाहरण के तौर पर भाषा शिक्षण के लिए जब इस व्यूह रचना का प्रयोग किया जाता है तो एक अध्यापक मात्र मौखिक उदाहरणों की सहायता से ही विषय को स्पष्ट एवं सहज रूप से प्रस्तुत करने में सफल हो जाता है जबकि विज्ञान के पाठों को पढ़ाने के लिए आवश्यक स्पष्टीकरण के लिए उसे प्रयोग आदि का प्रदर्शन करने की आवश्यकता

पड़ती है और भूगोल में बिना मानचित्र तथा ग्लोब आदि की सहायता लिए स्पष्टीकरण व्यूह रचना का प्रयोग नहीं किया जा सकता।

सीमाएं एवं दोष (Limitations and Defects)

स्पष्टीकरण व्यूह रचना के प्रयोग में निम्न दोष एवं कठिनाइयां नजर आती हैं।

1. इस व्यूह रचना के प्रयोग में यह अपेक्षा की जाती है कि विषयवस्तु को बिल्कुल सरल और स्पष्ट रूप से छात्रों के सम्मुख रखा जाये। परंतु देखा जाये तो सरलता और स्पष्टता की कोई सीमा ही नहीं होती। फिर यह सरलता और स्पष्टता किसके दृष्टिकोण से देखी जाए। अगर विद्यार्थियों की नजर से इसे देखा जाना है तो किन विद्यार्थियों के स्तर को सरलता और स्पष्टता की सीमा बनाया जाए और किनके स्तर को नहीं। इस प्रकार की समस्या खड़ी होना स्वाभाविक ही है।
2. इस व्यूह रचना के प्रयोग में अध्यापक के ऊपर काफी बड़ी जिम्मेदारी लाद दी जाती है कि वह इस व्यूह रचना का प्रयोग करके विषयवस्तु को पूर्णतया स्पष्ट रूप से बच्चों के सामने रखे। यह सब करने के लिए जिन कुशलताओं, योग्यताओं और समझ आदि की आवश्यकता हो, उस सबसे वह युक्त हो। परंतु प्रत्येक अध्यापक से यह आशा करना ठीक नहीं है और इसके अभाव में व्यूह रचना प्रयोग में पर्याप्त सफलता की आशा भी नहीं की जा सकती।
3. इस व्यूह रचना के प्रयोग में विद्यार्थी पूरी तरह से निष्क्रिय ही बने रहते हैं न तो उनके सामने कोई समस्या उपस्थित होती है जिसे वे हल करने का प्रयत्न करें न उनसे किसी वादविवाद अथवा विचार विमर्श की अपेक्षा की जाती है। इस तरह से शिक्षण–अधिगम प्रक्रिया का सारा उत्तरदायित्व शिक्षकों के कंधे पर ही आ जाता है जो कि कदापि उचित नहीं है।

स्पष्टीकरण व्यूह रचना के प्रभावपूर्ण उपयोग संबंधी सुझाव (Suggestions for the Effective Use of Exposition Device)

स्पष्टीकरण व्यूह रचना से समुचित लाभ उठाने के लिए एक अध्यापक को निम्नलिखित बातों पर समुचित ध्यान देना चाहिए–

(i) जिस विषय सामग्री को विद्यार्थियों के सामने प्रस्तुत किया जाए, उसके ऊपर अध्यापक को अपना पूर्ण अधिकार करने का प्रयास करना चाहिए।

(ii) विषयवस्तु को पढ़ाने संबंधी शिक्षण उद्देश्य स्पष्ट रूप से विद्यार्थियों के सामने रखने चाहिए।

(iii) पढ़ाई जाने वाली विषयवस्तु को तार्किक क्रम में पिरोकर व्यवस्थित किया जाना चाहिए।

(iv) यह सब करने के पश्चात् विषय सामग्री को विद्यार्थियों के सामने एक–एक करके छोटी परंतु सार्थक इकाइयों में प्रस्तुत किया जाना चाहिए। किसी भी अवस्था में विद्यार्थियों के सामने अधिक विवरण या ऐसी अधिक जानकारी एक साथ प्रस्तुत नहीं की जानी चाहिए जिसे वह ठीक प्रकार से समझ कर ग्रहण न कर सके।

(v) अध्यापक को यह ध्यान रखना चाहिए कि उसका स्पष्टीकरण जितना सरल, स्पष्ट और सटीक हो उतना ही अच्छा। इस कार्य हेतु उसके द्वारा जो भाषा प्रयोग में लाई जाए वह विद्यार्थियों के दृष्टिकोण से सरल

और प्रभावपूर्ण होनी चाहिए। व्यर्थ की बातों और निरर्थक कार्यों को जितना दूर रखा जाए स्पष्टीकरण उतना ही सार्थक एवं प्रभावपूर्ण होता है। इस बात का अवश्य ध्यान रखा जाना चाहिए।

(vi) शिक्षक को विषयवस्तु के प्रस्तुतीकरण में अनावश्यक जल्दबाजी नहीं करनी चाहिए। पाठ की गति कितनी रखी जाए इसका निर्धारण विद्यार्थियों की आवश्यकताओं, रुचि और योग्यता के आधार पर होना चाहिए।

(vii) अध्यापक को यह ध्यान रखना चाहिए कि स्पष्टीकरण करते समय विद्यार्थियों की रुचि और अभिप्रेरणा पूरी तरह से पाठ में बनी रहे।

(viii) जहाँ तक संभव हो शिक्षण प्रक्रिया में विद्यार्थियों की भागीदारी बराबर बनी रहनी चाहिए। उन्हें इस बात की पूरी स्वतंत्रता दी जानी चाहिए कि वे विषयवस्तु के पूर्ण स्पष्टीकरण और उसे समझ कर ग्रहण करने हेतु जो प्रश्न पूछना चाहें, पूछ सकें एवं अपनी शंकाओं का समाधान कर सकें।

(ix) विषयवस्तु का स्पष्टीकरण करते समय अध्यापक को चाहिए कि वह संबंधित मुख्य बातों, बिंदुओं और घटनाओं को श्यामपट पर लिखता रहे।

(x) विषयवस्तु के उचित स्पष्टीकरण के लिए अध्यापक को आवश्यकतानुसार उचित सहायक सामग्री जैसे–चित्र, चार्ट, मानचित्र, मॉडल आदि की सहायता लेते रहना चाहिए।

(xi) स्पष्टीकरण व्यूह रचना का प्रयोग करते समय जहाँ आवश्यकता हो उसको ध्यान में रखते हुए अन्य शिक्षण युक्तियों जैसे विवरण, वर्णन, व्याख्या, प्रश्नोत्तर, विचार विमर्श आदि का प्रयोग करते रहना चाहिए।

(xii) स्पष्टीकरण व्यूह रचना के प्रयोग के पश्चात् उसके अधिगम परिणामों के मूल्यांकन हेतु प्रश्नोत्तर युक्ति की सहायता भी ली जानी चाहिए और विद्यार्थियों के मस्तिष्क में ज्ञान को पूरी तरह बैठाने के लिए उचित धारण सहायक युक्तियों जैसे पुनरीक्षण, अभ्यास एवं गृहकार्य आदि की उचित व्यवस्था भी की जानी चाहिए।

व्याख्या व्यूह रचना (Explanation Strategy)

अर्थ (Meaning)—स्पष्टीकरण व्यूह रचना का प्रयोग करते समय एक अध्यापक को अपने विद्यार्थियों को विषय सामग्री से संबंधित तथ्य, नियम और घटनाओं को पूर्णतया स्पष्ट, सरल और बोधगम्य बनाने के लिए व्याख्या व्यूह रचना की आवश्यकता पड़ सकती है। व्याख्या शब्द का शब्दकोशीय अर्थ है–सरल अथवा स्पष्ट करना, अर्थ खोलना, संबंधित विषय एवं विचारों को उद्घाटित करना आदि। परिणामस्वरूप इस व्यूह रचना के द्वारा प्रस्तुत विषय सामग्री में निहित जटिल एवं कठिन बातों की इस प्रकार अच्छी तरह खोलकर स्पष्ट रूप में व्याख्या की जाती है कि विद्यार्थी उसे सहज और सरल रूप से ग्रहण कर सकें। 'पर्सीवल कॉल' (Percival Cole) नामक विद्वान के अनुसार व्याख्या और स्पष्टीकरण में अंतर इस बात को लेकर है जहाँ स्पष्टीकरण में विद्यार्थी के सामने विषयवस्तु को पूर्णतया स्पष्ट रूप से रखा जाता है वहाँ व्याख्या में पाठ्यवस्तु को उसके उसी रूप में रखकर उसे पूरी तरह से संबंधित कठिन बातों और बिंदुओं की व्याख्या करके समझाया जाता है। इस प्रकार व्याख्या स्पष्टीकरण से कुछ ज्यादा महत्त्व रखती है क्योंकि इसमें विषयवस्तु को कुछ और अधिक खोल कर सरल और स्पष्ट करने का प्रयत्न किया जाता है।

उद्देश्य (Objects)

व्याख्या व्यूह रचना के निम्न उद्देश्य माने जाते हैं–

1. शिक्षण अधिगम प्रक्रिया में विद्यार्थियों को सक्रिय एवं चिंतनशील सहभागी बनाना।
2. उन्हें प्रस्तुत विषय सामग्री का अर्थ एवं प्रयोजन समझने में सहायता करना।
3. प्राप्त ज्ञान के आधार पर विद्यार्थियों के अनुभवों में वृद्धि करना।

महत्त्व एवं उपयोगिता (Importance and Use)

व्याख्या व्यूह रचना का प्रयोग भाषा शिक्षण के लिए बहुत किया जाता है। एक भाषा अध्यापक इसका उपयोग मुख्य रूप से निम्न कार्यों के लिए करता है।

(i) अपने गद्य या पद्य पाठों में आए कठिन शब्दों या वाक्यांशों को स्पष्ट करने के लिए तथा

(ii) इन पाठों में निहित भावों को स्पष्ट करने, गूढ़ और छुपे हुए विशेष अर्थों एवं भावों को सामने लाने के लिए तथा कवि या लेखक द्वारा दिए जाने वाले संदेश को बालकों तक पहुँचाने के लिए।

भाषा एवं साहित्य के पाठों के शिक्षण के अतिरिक्त व्याख्या व्यूह रचना का प्रयोग अन्य विषयों के ज्ञान एवं कौशल पाठों के शिक्षण में भी सफलतापूर्वक किया जा सकता है। विज्ञान, भूगोल, कृषि और सैन्य विज्ञान जैसे विषयों में क्यों और कैसे होता है और अगर होता है तो इसका परिणाम क्या होगा यह सब अच्छी तरह जानने में व्याख्या व्यूह रचना काफी सहायक सिद्ध होती है। गणित में एक अध्यापक को इस व्यूह रचना का प्रयोग करने की आवश्यकता तब पड़ती है जब उसे किसी नियम अथवा सूत्र का उपयोग छात्रों को समझाना होता है अथवा दी हुई समस्या क्या है और इसे हल करने के लिए कैसे आगे बढ़ा जा सकता है यह बात छात्रों तक पहुँचानी होती है। इस तरह व्याख्या व्यूह रचना का प्रयोग विभिन्न विषयों के शिक्षण में सफलतापूर्वक किया जा सकता है।

सीमाएं एवं दोष (Limitations and Defects)

व्याख्या व्यूह रचना के प्रयोग में निम्न दोष एवं कठिनाइयाँ पाई जाती हैं–

1. व्याख्या व्यूह रचना के प्रयोग से शिक्षण अधिगम प्रक्रिया एक तरफा होकर रह जाती है जिसमें शिक्षक का ही सब प्रकार से बोलबाला नजर आता है और विद्यार्थी मात्र मूकदर्शक और निष्क्रिय श्रोता बने रहते हैं। यहाँ सब कुछ बताने और स्पष्ट करने की पूरी जिम्मेदारी अध्यापक को ही अपने कंधे पर ढोनी पड़ती है।
2. व्याख्या द्वारा विषयवस्तु का केवल विश्लेषण मात्र ही किया जाता है। इस प्रकार न तो प्रस्तुत विषय सामग्री का संपूर्ण चित्र ही बच्चों के सामने रखा जा सकता है और न ही उन्हें सीखे हुए ज्ञान का नई परिस्थितियों में प्रयोग करने का अवसर मिलता है।
3. इस युक्ति का प्रयोग अध्यापक से यह अपेक्षा करता है कि उसे विषयवस्तु पर पूर्ण अधिकार तो हो ही साथ में व्याख्या व्यूह रचना के उपयोग संबंधी पूरी दक्षता और अनुभव से भी वह युक्त हो। अध्यापक के इन गुणों से युक्त न होने की अवस्था में व्याख्या व्यूह रचना के प्रयोग में सफलता की आशा नहीं की जा सकती।

व्याख्या व्यूह रचना के प्रभावपूर्ण उपयोग संबंधी सुझाव (Suggestion for the Effective Use of Explanation Device)

व्याख्या व्यूह रचना के प्रयोग को प्रभावशाली बनाने हेतु निम्न सुझाव उपयोगी सिद्ध हो सकते हैं–

1. सर्वप्रथम अध्यापक को प्रस्तुत की जाने वाली विषय सामग्री का भलीभाँति अध्ययन करके यह निर्णय लेना चाहिए कि पाठ में ऐसे कौन से शब्द, भाव, वाक्यांश, स्थल, विचार, सिद्धांत और बिंदु आदि हैं जिनको स्पष्ट करने के लिए व्याख्या करना आवश्यक है।
2. इसके पश्चात् उसे अपने विद्यार्थियों के पूर्वज्ञान एवं मानसिक योग्यताओं को ध्यान में रखते हुए यह निर्णय लेना चाहिए कि यह व्याख्या कार्य कहाँ और कैसे करना है।
3. अध्यापक को इस बात का सदैव ध्यान रखना चाहिए कि व्याख्या का उद्देश्य प्रस्तुत विषय सामग्री को इस खुले रूप में छात्रों के सामने रखना है कि वे इसे अच्छी तरह समझ कर सरलतापूर्वक ग्रहण कर सकें। इसलिए व्याख्या का स्तर विद्यार्थियों की आवश्यकता रुचि और योग्यताओं का ध्यान रखकर ही तय किया जाना चाहिए।
4. व्याख्या करते समय अध्यापक को अपने विषय से इधर–उधर नहीं जाना चाहिए। व्याख्या जितनी सही और सटीक होगी लाभ उतना ही ज्यादा होगा।
5. यह जरूरी नहीं कि व्याख्या कार्य मात्र कथन अथवा भाषण के रूप में किया जाए। अधिक सफलता प्राप्त करने के लिए एक अध्यापक द्वारा अन्य उपयुक्त शिक्षण युक्तियों तथा साधनों जैसे उदाहरण देना, कहानी सुनना, प्रश्न पूछना, दृश्य–श्रव्य साधनों आदि का प्रयोग भी व्याख्या कार्य हेतु अवश्य किया जाना चाहिए।
6. अध्यापक को चाहिए कि वह व्याख्या करते समय महत्त्वपूर्ण बिंदुओं, विचारों तथा भावों आदि को श्यामपट पर लिखता जाए।
7. अध्यापक को व्याख्या करते समय अपनी भाषा के स्तर का पूरा ध्यान रखना चाहिए। जहाँ तक हो सके यह ऐसी होनी चाहिए जिसे बच्चे अच्छी तरह समझ सकें।
8. व्याख्या मात्र व्याख्या के लिए नहीं की जानी चाहिए। इसका स्पष्ट उद्देश्य होना चाहिए और पाठ के दौरान यह तभी की जानी चाहिए जबकि इसकी आवश्यकता हो।
9. व्याख्या करते समय अध्यापक का यह प्रयत्न नहीं होना चाहिए कि वह इस रूप में पूरे विस्तार सहित ऐसी व्याख्या करे कि विद्यार्थियों के लिए अपने आप कुछ सोचने या करने की गुंजाइश ही नहीं रहे।
10. व्याख्या कभी अनुदेश या उपदेश के रूप में नहीं की जानी चाहिए। सभी परिस्थितियों में इसका लक्ष्य यही होना चाहिए कि जो बातें बालकों के समझ के बाहर हों उन्हें वे इसके द्वारा समझ सकें।
11. व्याख्या करते समय अध्यापक को अपने विद्यार्थियों से पूरा–पूरा सहयोग लेने का प्रयत्न करना चाहिए। छात्रों को व्याख्या द्वारा समझाते समय उसे उनसे उचित प्रश्न पूछते रहना चाहिए तथा साथ में उनको प्रोत्साहित भी करना चाहिए कि वे अपनी शंकाओं के समाधान हेतु उचित प्रश्न पूछते रहें। इस प्रकार से प्रश्नोत्तर व्यूह रचना का व्याख्या व्यूह रचना के साथ उपयोग करने में काफी लाभ रहता है, इससे एक तो विद्यार्थी शिक्षण प्रक्रिया में पर्याप्त सक्रिय रहते हैं और दूसरे शिक्षण कार्य का मूल्यांकन भी होता जाता है।
12. सभी और बातों के साथ–साथ अध्यापक को अपने विषय पर पूर्ण अधिकार करने और व्याख्या व्यूह रचना के सफल प्रयोग संबंधी आवश्यक दक्षता अर्जित करने के गंभीर प्रयत्न करने चाहिएं।

विवरण व्यूह रचना (Narration Strategy)

अर्थ (Meaning)—शिक्षण व्यूह रचना के रूप में विवरण एक ऐसी व्यूह रचना है जिसकी सहायता से एक अध्यापक बड़े ही रोचक एवं रचनात्मक तरीके से किसी व्यक्ति, वस्तु, स्थान, घटना या पूर्व अनुभव का एक ऐसा क्रमबद्ध एवं सुव्यवस्थित शाब्दिक चित्र अपने विद्यार्थियों के सामने प्रस्तुत करता है जिसके द्वारा उन्हें इस प्रकार दिए हुए अप्रत्यक्ष ज्ञान का सजीव आभास होने लगे और वे विषयवस्तु को ठीक प्रकार समझकर ग्रहण कर सकें। इस कार्य के लिए अध्यापक बच्चों को संबंधित वस्तुओं या घटनाओं के बारे में अपने स्वयं के अनुभवों को सुनाने का प्रयत्न करता है अथवा वह अपनी रचनात्मक या सृजनात्मक योग्यताओं और शिक्षण अनुभवों की सहायता से मौखिक अभिव्यक्ति का इस प्रकार का जाल बुनता है कि जिससे वह जिसके बारे में जो कुछ कहे उससे उस वस्तु, व्यक्ति या घटना का उचित शाब्दिक चित्र खिंच जाए। बच्चे स्थान और काल के हिसाब से उसी जगह उसी रूप में घटना का विवरण प्राप्त करें जैसे वे वहाँ उस समय स्वयं उपस्थित थे।

महत्त्व एवं उपयोगिता (Use and Importance)

विवरण व्यूह रचना का महत्त्व उसकी इस सामर्थ्य में है कि उसकी सहायता से व्यक्तियों, वस्तुओं और घटनाओं का क्रमबद्ध एवं सुव्यवस्थित मौखिक चित्र विद्यार्थियों के सम्मुख बड़े ही रोचक ढंग से रखा जा सकता है। बच्चे सुनने सुनाने में बहुत रुचि रखते हैं और जब वह एक अच्छे अध्यापक द्वारा वस्तुओं और घटनाओं का विवरण अच्छी तरह सुनते हैं तब वे उसमें इतने मस्त हो जाते हैं कि वे यही समझते हैं कि सुनाई हुई घटना उन्हीं के सामने घटित हो रही है। इस प्रकार से विवरण व्यूह रचना एक अध्यापक को ऐसा सुअवसर प्रदान करती है कि वह वस्तुओं एवं घटनाओं की मौखिक अभिव्यक्ति बड़े ही सुंदर ढंग से सही समय पर प्रस्तुत कर सके और विद्यार्थियों के लिए ऐसा अवसर प्रस्तुत करे कि वे व्यवहारिक रूप से घटी हुई घटनाओं के साथ अपने आपको जोड़कर बड़े ही रोचक ढंग से उनके प्रत्यक्ष जैसे अनुभव प्राप्त कर सकें। यही कारण है कि विवरण व्यूह रचना के प्रयोग से पाठ्यक्रम का कोई भी विषय अछूता नहीं रहता। एक भाषा अध्यापक को इसकी आवश्यकता अपने गद्य, पद्य एवं रचना पाठों में उस समय पड़ती है जब वह इनकी विषयवस्तु से संबंधित सांस्कृतिक, ऐतिहासिक और पौराणिक एवं तात्कालिक घटनाओं और तथ्यों को अपने विद्यार्थियों के सम्मुख प्रस्तुत करना चाहता है। एक विज्ञान अध्यापक को तथ्य एवं घटनाओं के पीछे छिपे हुए कारणों को बताने के लिए विवरण व्यूह रचना की सहायता लेनी पड़ सकती है। उनके द्वारा इस व्यूह रचना का प्रयोग करके ऐसे रोचक प्रसंग और घटनाएँ, प्रसिद्ध वैज्ञानिकों की जीवनी तथा विज्ञान के आविष्कारों की कथाओं में से उद्धृत किए जा सकते हैं जिनके द्वारा विज्ञान के पाठों को पढ़ने में बच्चों की रुचि अच्छी तरह जागृत की जा सके। सामाजिक विज्ञान के विषयों जैसे नागरिक शास्त्र, समाज शास्त्र, अर्थशास्त्र, इतिहास तथा भूगोल के शिक्षण में तो इस व्यूह रचना का प्रयोग अध्यापकों द्वारा विशेष रूप से किया ही जाता है। एक अच्छे विवरणकर्ता के रूप में इन विषयों के अध्यापक इन विषयों से संबंधित विषय सामग्री को बड़े ही सुंदर ढंग से विवरण व्यूह रचना का प्रयोग कर विद्यार्थियों के सामने काफी सजीव रूप में रखने में समर्थ हो जाते हैं।

सीमाएँ एवं दोष (Limitations and Defects)

विवरण में एक शिक्षण व्यूह रचना के रूप में निम्न दोष या कमियाँ पाई जाती हैं–

(i) उचित रूप से विवरण देना कोई सरल बात नहीं है। इसमें काफी अनुभव एवं दक्षता की आवश्यकता होती है। कुशल विवरणकर्ता के रूप में एक अध्यापक का न केवल अपने विषय पर पूर्ण अधिकार होना

चाहिए बल्कि उसे एक अच्छा विवरण प्रस्तुत करने में काफी प्रवीण होना चाहिए। स्पष्ट है कि इन सभी गुणों के अभाव में विवरण व्यूह रचना से अच्छे परिणामों की आशा नहीं की जा सकती है।

(ii) विवरण देने की कला पर यदि उचित ध्यान न दिया जाए तो इसके मात्र कथन, प्रवचन अथवा भाषण में परिवर्तित हो जाने का पूरा भय बना रहता है। ऐसा हो जाने से शिक्षक और विद्यार्थी दोनों में पढ़ने पढ़ाने के लिए न तो आवश्यक रुचि रहती है और न उत्साह।

(iii) विवरण पर उचित ध्यान न दिए जाने से एक खतरा यह भी है कि इससे शिक्षण अधिगम प्रक्रिया एक तरफा बन कर रह जाती है जिसमें अध्यापक के द्वारा विवरण कार्य चलता रहता है और विद्यार्थी एक मूक दर्शक और निष्क्रिय श्रोता बनकर सुनते रहते हैं।

(iv) विवरण व्यूह रचना का प्रयोग करने में एक खतरा यह भी है कि विवरण देते–देते अध्यापक अपने विषय से भटक सकता है। इस प्रकार कक्षा का बहुत सा समय व्यर्थ में ही नष्ट हो जाता है।

(v) विवरण व्यूह रचना शिक्षण अधिगम के स्मृति स्तर और बोध स्तर के शिक्षण में ही अच्छी तरह से काम में लाई जा सकती है। चिंतन स्तर के शिक्षण में इसका प्रयोग ठीक प्रकार से नहीं किया जा सकता है।

(vi) वस्तु एवं घटनाओं का विवरण प्रदान करने में सबसे बड़ी कमी यह है कि यहाँ विवरणकर्त्ता द्वारा उनका यथार्थ वर्णन अथवा यथार्थ शब्द चित्र नहीं खींचा जाता है। रुचिकर बनाने के उत्साह में काफी नमक मिर्च लगाकर इसे छात्रों के सामने इस तरह प्रस्तुत किया जाता है कि जिससे प्रस्तुतकर्त्ता का प्रयोजन सिद्ध हो जाए। परंतु इस प्रकार की प्रस्तुति से विद्यार्थी यथार्थता से परिचित होने से वंचित रह जाते हैं।

विवरण व्यूह रचना के प्रभावपूर्ण उपयोग संबंधी सुझाव
(Suggestions for the Effective Use of Narration Strategy)

विवरण व्यूह रचना के उचित प्रयोग हेतु एक अध्यापक से निम्न सावधानियों की अपेक्षा रहती है–

(i) विवरण के लिए प्रयुक्त भाषा काफी सरल, रोचक व विद्यार्थियों के समझ में आने वाली होनी चाहिए। विवरण देते हुए छात्रोचित भाषा के साथ–साथ एक अध्यापक को अपनी बात विद्यार्थियों तक पहुँचाने के लिए उचित हावभाव के प्रदर्शन में भी दक्ष होना चाहिए।

(ii) विवरण की सफलता इस बात पर निर्भर करती है कि अध्यापक द्वारा सही समय पर सही रूप में विवरण प्रस्तुत किया जाए। इसके लिए यह आवश्यक है कि पाठ के प्रस्तुतीकरण में जब इसकी आवश्यकता हो तभी इसे प्रदान किया जाए। दूसरी बात यह भी है कि विद्यार्थियों की रुचि विवरण में पूरी तरह बनी रहनी चाहिए। दिए जाने वाला विवरण पूरी तरह से उद्देश्यपूर्ण होना चाहिए तथा अध्यापक को विवरण देते समय व्यर्थ की ऊल–जलूल बातों से दूर रहना चाहिए।

(iii) विवरण देते समय अध्यापक को इसकी उचित गति पर भी पूरा ध्यान देना चाहिए। किसी भी वस्तु, स्थान या घटना का विवरण प्रदान करने में अध्यापक द्वारा अनावश्यक जल्दबाजी नहीं दिखानी चाहिए क्योंकि विद्यार्थियों को विवरण में प्रस्तुत बातों को सुनने, समझने एवं नोट करने में समय लगता है। दूसरी ओर विवरण देने की गति इतनी धीमी नहीं होनी चाहिए कि छात्रों की विवरण सुनने में रुचि समाप्त हो जाए और वे कक्षा में ऊँघने लगें।

(iv) एक अध्यापक जिन वस्तुओं, व्यक्तियों और घटनाओं का विवरण सुना रहा हो उसके बारे में या तो उसका स्वयं का प्रत्यक्ष अनुभव हो अथवा वह उनके काल्पनिक चित्र बनाने में प्रवीण हो। ऐसा होने पर ही वह बच्चों के सामने रोचक ढंग से आवश्यक विवरण प्रस्तुत कर सकता है।

(v) विवरण देते समय अध्यापक का अपने ऊपर पर्याप्त आत्मविश्वास एवं आत्मसंयम होना चाहिए। विद्यार्थियों का क्रियात्मक सहयोग प्राप्त करने का प्रयत्न भी करना चाहिए ताकि विवरण द्वारा जो शाब्दिक चित्र अध्यापक प्रस्तुत कर रहा है उसकी अनुभूति एवं गहराई को वे अपने चिंतन एवं कल्पना के सहारे छू सकें।

(vi) विवरण व्यूह रचना का प्रयोग करने के लिए अध्यापक को अपने आपको उचित रूप से तैयार करने का पूरा प्रयत्न करना चाहिए। इसके लिए उसे सर्वप्रथम अपने पाठ में उन स्थलों एवं अवसरों की खोज करनी चाहिए जहाँ विवरण व्यूह रचना ठीक प्रकार से काम में लाई जा सके। उसके पश्चात् उसे उचित रूप से विवरण देने के लिए अनुकूल कथानक, घटना, प्रसंग आदि की खोज करनी चाहिए और फिर विवरण देने के लिए अनुकूल भाषा एवं शैली के प्रयोग के बारे में सोचना चाहिए ताकि विवरण व्यूह रचना के प्रयोग का लक्ष्य सफलतापूर्वक पूरा हो सके।

(vii) विवरण के लिए प्रयोग में लाई जाने वाली मौखिक सामग्री का चयन ठीक प्रकार से किया जाना चाहिए। सदैव एक जैसा विवरण देने से विद्यार्थियों में अरुचि तथा नीरसता घर कर लेती है। इसलिए एक अध्यापक को अपनी विवरण सामग्री विविध स्रोतों से इकट्ठी करनी चाहिए और इसे विभिन्न ढंगों से बच्चों के सामने रखने का प्रयत्न करना चाहिए।

(viii) विवरण देते समय अध्यापक को विवरण से संबंधित मुख्य बिंदुओं, घटनाओं, नामों तथा स्थानों आदि को श्यामपट पर लिखते रहना चाहिए जिससे विद्यार्थियों को मुख्य विषयवस्तु को जानने और समझने में उचित सहायता मिल सके।

(ix) विवरण व्यूह रचना को और अधिक प्रभावपूर्ण बनाने में अन्य शिक्षण व्यूह रचनाओं जैसे प्रदर्शन, नाटकीकरण, उदाहरण, प्रश्नोत्तर आदि का आवश्यकतानुसार सहारा लेना भी अच्छा रहता है। इसके अतिरिक्त विवरण में दृश्य श्रव्य सहायक सामग्री और वस्तुओं एवं घटनाओं से संबंधित प्रत्यक्ष स्थानों की सैर एवं भ्रमण से भी विद्यार्थियों को प्रत्यक्ष अनुभव प्रदान करने में सहायता मिलती है।

(x) अध्यापक को अपने विवरण में कहानी एवं अभिनय करने—दोनों कलाओं का सुंदर समन्वय करना चाहिए ताकि वह अपने विवरण में पर्याप्त रुचि लाकर विद्यार्थियों के विचारों और भावों को उस स्थल तक ला सके जहाँ पहुँच कर वे दी जाने वाली विवरण सामग्री को ठीक प्रकार ग्रहण कर सके।

(xi) एक अध्यापक को बहुत अधिक लंबे समय तक बिना किसी विराम के विवरण नहीं देते रहना चाहिए। नहीं तो विद्यार्थियों में विषय के प्रति अरुचि और नीरसता आ जाती है। विद्यार्थियों की सक्रिय भागीदारी प्राप्त करने हेतु उसे प्रश्नोत्तर व्यूह रचना का प्रयोग भी करना चाहिए ताकि बच्चों को प्रश्न पूछने, अपनी शंकाओं का समाधान करने तथा अपनी रचनात्मक योग्यताओं का उपयोग करने का पूरा–पूरा अवसर मिल सके। यहाँ प्रश्न पूछने का एक अतिरिक्त लाभ भी अध्यापक को मिल सकता है कि वह अपने शिक्षण कार्य का मूल्यांकन करने एवं बच्चों का ध्यान पाठ में बनाए रखने में भी सफलता प्राप्त कर सकता है।

वर्णन व्यूह रचना (Description Strategy)

अर्थ (Meaning)—वर्णन शिक्षण के लिए प्रयोग में लाई जाने वाली एक ऐसी व्यूह रचना है जिसके द्वारा किसी व्यक्ति, वस्तु अथवा घटना को उसके अपने संपूर्ण रूप में विद्यार्थियों के सामने रखने के लिए मौखिक अथवा लिखित रूप में शाब्दिक चित्र खींचा जाता है। साथ ही उसकी विशेषताओं और कार्यों को स्पष्ट करने का प्रयास

भी किया जाता है। वर्णन व्यूह रचना कई बातों में विवरण व्यूह रचना जैसी ही लगती है। दोनों में किसी व्यक्ति, वस्तु या स्थान के बारे में बताने के लिए शाब्दिक चित्रण किया जाता है। दोनों में ही अध्यापक द्वारा किसी व्यक्ति, वस्तु एवं स्थान के अपने पूर्व अनुभवों अथवा काल्पनिक विचारों का ऐसा सजीव शाब्दिक चित्रण किया जाता है कि सुनने वाले यही अनुभव करते हैं कि सुनाई हुई बात उनके सामने घटित हो रही है। तीसरे, दोनों ही व्यूह रचनाओं में सफलता अध्यापक के इस गुण पर आधारित होती है कि उसमें शाब्दिक चित्रण करने की कितनी योग्यता है। परंतु ये दोनों व्यूह रचनाएँ एक जैसी नहीं हैं इनमें काफी भिन्नता है जिन्हें निम्न प्रकार से व्यक्त किया जा सकता है–

(i) वर्णन में विवरण की अपेक्षा किसी व्यक्ति, वस्तु अथवा घटना के बारे में अधिक विस्तृत जानकारी दी जाती है। विवरण एक तरह से वर्णन का संक्षिप्त रूप है जिससे केवल आवश्यक बिंदुओं और बातो की जानकारी को ही रोचक ढंग से बच्चों के सामने रखा जाता है।

(ii) किसी वस्तु, व्यक्ति, स्थान अथवा घटना का वर्णन करने के लिए हमें उससे संबंधित सभी प्रकार के अनुभव, उसकी विशेषता और कार्यों आदि के बारे में पूरी जानकारी बच्चों के सामने रखनी होती है। एक तरह से वर्णन उस व्यक्ति, वस्तु अथवा घटना का समग्र शब्द चित्र होता है, जिसे श्रोता के मस्तिष्क में अच्छी तरह उभारने का प्रयास किया जाता है। उदाहरण के लिए यदि हमें सिंधु घाटी की सभ्यता का वर्णन करना है तो सबसे पहले उसके बारे में आवश्यक परिचय दिया जाता है और फिर छात्रों को इस सभ्यता की सभी प्रकार की विशेषताओं से परिचित कराया जाता है और फिर इस सभ्यता की सभी अच्छाईयों एवं कमियों के रूप में समीक्षा की जाती है। उस युग में प्रचलित अन्य सभ्यताओं से तुलना की जाती है तथा आज के संदर्भ में भी उसका मूल्यांकन किया जाता है। इसी विषयवस्तु में यदि विवरण व्यूह रचना का प्रयोग किया जाए तो हमें इतने अधिक विस्तार में जाने की आवश्यकता नहीं होगी। यहाँ पर अध्यापक का कार्य सिंधु घाटी की सभ्यता से जुड़ी हुई बातों का यथार्थ शाब्दिक चित्रण, बिना विस्तार में जाए हुए अथवा बिना किसी टीका टिप्पणी के, क्रमबद्ध एवं व्यवस्थित रूप में करना होगा।

(iii) विवरण अपने शाब्दिक चित्र में जहाँ मौखिक अभिव्यक्ति तक ही सीमित रहता है वहाँ वर्णन में मौखिक और लिखित दोनों ही प्रकार की अभिव्यक्ति का अवसर मिलता है।

महत्त्व एवं उपयोगिता (Use and Importance)

वर्णन व्यूह रचना विद्यालय पाठ्यक्रम के लगभग सभी विषयों को पढ़ाने हेतु ठीक प्रकार से काम में लायी जा सकती है परंतु फिर भी इसका अधिक प्रयोग भाषा एवं समाज विज्ञान संबंधी विषयों को पढ़ाने के लिए किया जाता है। भाषा शिक्षण में गद्य, पद्य एवं रचना संबंथी पाठों को पढ़ाने में एक अध्यापक द्वारा इसका प्रयोग संबंधित व्यक्तियों, वस्तुओं, स्थानों अथवा घटनाओं का पूर्ण शाब्दिक चित्र प्रस्तुत करने में किया जा सकता है। इतिहास जो कि अपने आप में घटनाओं का क्रमबद्ध चित्र ही होता है उसका शाब्दिक चित्रण भी वर्णन व्यूह रचना द्वारा भलीभाँति किया जा सकता है। "भारतीय स्वतंत्रता का प्रथम संग्राम", "मुगल साम्राज्य के पतन के कारण", "गुप्त काल का स्वर्ण युग" आदि प्रकरणों के शिक्षण के लिये वर्णन व्यूह रचना से श्रेष्ठ कोई युक्ति नहीं क्योंकि इसके द्वारा पाठ्यवस्तु से संबंधित व्यक्तियों, वस्तुओं, स्थानों तथा घटनाओं का ऐसा संपूर्ण शाब्दिक चित्र बच्चों के सामने रखा जा सकता है कि उन्हें बताई गई बातें फिल्म की भाँति अपने सामने चलती नजर आती है। सीमित समय में सीमित साधनों के अपने दायरे में इस तरह वर्णन व्यूह रचना अध्यापक की अपने कार्य में पूर्ण सहायता करती है। इसी तरह भूगोल के शिक्षण में एक अध्यापक को संबंधित भूभाग और प्रदेश की स्थिति, उसकी जलवायु, संसाधन आदि बातों को प्रकाश में लाने के लिये वर्णन व्यूह रचना का ही प्रयोग करना होता है। वर्षा क्यों और

कैसे होती है, दिन रात कैसे होते हैं, ग्रहण कैसे पड़ता है, साईकिल पंप कैसे कार्य करता है, हमारे शरीर के विभिन्न संस्थान कैसे कार्य करते हैं, आदि इस प्रकार के अनगिनत प्रश्न हैं, जिनका सामना एक भूगोल अध्यापक को अपने विषय में तथा विज्ञान अध्यापकों को अपने विषयों में करना ही पड़ता है। कम समय में कम साधनों के द्वारा शाब्दिक अभिव्यक्ति का साधन इन परिस्थितियों में वर्णन व्यूह रचना ही है जिसकी सहायता से विद्यार्थियों की जिज्ञासा को शांत करके उन्हें यथोचित ज्ञान प्रदान किया जा सकता है। इस प्रकार वर्णन व्यूह रचना विभिन्न विषयों से संबंधित प्रकरणों के शिक्षण में भलीभाँति उपयोग में लाई जा सकती है।

दोष एवं सीमाएँ (Defects and Limitations)

इस व्यूह रचना के प्रयोग में निम्न दोष एवं सीमाओं का सामना करना पड़ता है।

1. वर्णन व्यूह रचना के प्रयोग में इस दोष की संभावना रहती है कि इसके प्रयोग से शिक्षण–अधिगम कार्य एक तरफा बन सकता है जिसमें अध्यापक ही वर्णन के रूप में सब कुछ करता रहे और विद्यार्थी पूरी तरह से निष्क्रिय बन जायें। इस तरह से अध्यापक के ऊपर ही शिक्षण का सारा भार आने का खतरा यहाँ बना रह सकता है।
2. वर्णन व्यूह रचना स्मृति एवं बोध स्तर के शिक्षण–अधिगम के लिये ही ठीक प्रकार से काम में लाई जा सकती है चिंतन स्तर के शिक्षण–अधिगम के लिए यह उपयुक्त सिद्ध नहीं होती।
3. अध्यापक द्वारा वर्णन व्यूह रचना के प्रयोग के समय में वह कभी–कभी इसमें इतना दूर चला जाता है कि वर्णन बहुत अधिक लम्बा तथा अनावश्यक लगने लगता है। स्वाभाविक है कि ऐसा होने पर शिक्षण उद्देश्य ही समाप्त हो जाता है क्योंकि बच्चों में पाठ के प्रति अरुचि एवं नीरसता आने लगती है।
4. वर्णन व्यूह रचना के प्रयोग में एक खतरा यह भी है कि अध्यापक के द्वारा यह मात्र कथन अथवा भाषण में परिवर्तित न हो जाए।
5. वर्णन के विस्तार के बारे में निर्णय लेने में कठिनाई होती है। किसी चीज के बारे में कितना वर्णन किया जाए इसका प्रायः ध्यान नहीं रहता और विषय से दूर चले जाने का खतरा बना रहता है।
6. वर्णन, शिक्षण व्यूह रचना के रूप में अध्यापक से कुछ अधिक ही अपेक्षा करता है। विषय का पूर्ण ज्ञान होने के अतिरिक्त उसे वर्णन व्यूह रचना का समुचित प्रयोग करने में पूरी तरह प्रवीण होना भी आवश्यक होता है। इन गुणों के अभाव में वर्णन व्यूह रचना से विशेष लाभ की आशा नहीं की जा सकती।

वर्णन व्यूह रचना के प्रभावपूर्ण उपयोग संबंधी सुझाव (Suggestions for the Effective Use of Description Strategy)

वर्णन व्यूह रचना से समुचित शिक्षण लाभ प्राप्त करने के लिए एक अध्यापक को कुछ निम्न बातों पर अवश्य ध्यान देना चाहिए।

1. जिस पाठ को वर्णन व्यूह रचना द्वारा पढ़ाया जा रहा है उससे संबंधित विषयवस्तु पर शिक्षक का पूरा अधिकार होना चाहिए।
2. विषयवस्तु पर अधिकार के पश्चात् अध्यापक को वर्णन व्यूह रचना के प्रयोग के बारे में आवश्यक तैयारी करनी चाहिए। इसके लिए उसे अपने पाठ में सही स्थल और अवसर अच्छी तरह तय कर लेने चाहिएं

जहाँ वर्णन व्यूह रचना को ठीक प्रकार काम में लाया जा सकना संभव हो। उसे वर्णन के लिए उपयुक्त सामग्री का चयन और आयोजन भी इस स्तर पर कर लेना चाहिए।

3. वर्णन के लिए प्रयुक्त भाषा बालकों के उपयुक्त होनी चाहिए। जहाँ तक हो सके इसे सरल तथा स्पष्ट होना चाहिए। इसमें आवश्यकतानुसार हाव–भाव तथा चेष्टा आदि का भी प्रयोग किया जाना ठीक रहता है।
4. अधिक अच्छे परिणामों के लिए वर्णन करते समय अन्य उपयोगी शिक्षण युक्तियों जैसे व्याख्या, विवरण, उदाहरण, नाटकीकरण, प्रश्नोत्तर आदि का यथा अवसर प्रयोग करते रहना चाहिए।
5. वर्णन करते समय आवश्यक बातों, नाम, तारीख, स्थान और मुख्य घटनाएं इत्यादि को श्यामपट पर लिखते जाना चाहिए।
6. वर्णन में अभिव्यक्ति के साधन मात्र कोरे शब्द ही न रह जाएं अतः अन्य अभिव्यक्त साधन जैसे कुछ उपयोगी शिक्षणोपकरण, चार्ट, ग्राफ, मानचित्र, मॉडल, स्लाइड आदि का प्रयोग भी आवश्यकतानुसार करते रहना चाहिए।
7. वर्णन तब ही किया जाए जब वह आवश्यक हो। अनावश्यक रूप से किए हुए वर्णन से नुकसान ही होता है। जितनी मात्रा में वर्णन की आवश्यकता हो उतना ही वर्णन किया जाना चाहिए। यह न बहुत लंबा हो और न बहुत कम।
8. वर्णन का कोई निश्चित प्रयोजन होना चाहिए। यह शिक्षण के उद्देश्यों की पूर्ति में सहायक होना चाहिए।
9. वर्णन विद्यार्थियों की आवश्यकताओं, रुचियों और योग्यताओं के अनुरूप होना चाहिए।
10. वर्णन उचित गति से किया जाना चाहिए। इसमें न तो अनावश्यक जल्दबाजी होनी चाहिए और न बहुत धीमे होना चाहिए।
11. वर्णन करते समय, जिन वस्तुओं, व्यक्तियों, स्थानों अथवा घटनाओं के बारे में अध्यापक द्वारा वर्णन किया जा रहा है उनके बारे में अध्यापक के मस्तिष्क में स्पष्ट चित्र होना चाहिए।
12. अगर अध्यापक किसी कारण से वर्णन करने में असमर्थता महसूस करे तो उसे कुछ समय पश्चात् अथवा दूसरे दिन सावधानीपूर्वक दोबारा वर्णन कर देना चाहिए।
13. वर्णन कभी भी केवल वर्णन के लिए नहीं होना चाहिए और न किसी प्रकार का मनोरंजन करना इसका एकमात्र उद्देश्य होना चाहिए। सभी प्रकार से इसका उद्देश्य सदैव यही होना चाहिए कि इसके द्वारा जिस वस्तु, स्थान या घटना का वर्णन किया जा रहा हो उसका संपूर्ण चित्र विद्यार्थियों की आँखों में उतर सके।
14. वर्णन देते समय तथा उसके अंत में प्रश्नोत्तर व्यूह रचना का प्रयोग भी होना चाहिए। इससे बालकों को शिक्षण प्रक्रिया में जागरूक रखने तथा शिक्षण कार्य के उचित मूल्यांकन में सहायता मिलती है।

दृष्टांत अथवा उदाहरण व्यूह रचना (Illustration or Example Strategy)

अर्थ (Meaning)—शिक्षण व्यूह रचना के रूप में दृष्टांत अथवा उदाहरण वह व्यूह रचना है जिसमें विषयवस्तु को रोचक और सरल ढंग से प्रस्तुत करने के लिए एक अध्यापक अपने विद्यार्थियों के सामने रोचक दृष्टांत अथवा उदाहरण प्रस्तुत करता है। इस प्रकार के उदाहरण देने में मौखिक एवं स्थूल दोनों प्रकार की सामग्री का प्रयोग किया जा सकता है। इसीलिए उदाहरण को प्रायः मौखिक एवं स्थूल दो वर्गों में बांटा जाता है। पढ़ाते समय एक

अध्यापक जब किसी तथ्य को समझाने के लिए उसका शाब्दिक चित्र प्रस्तुत करता है, किसी चीज से उसकी तुलना करता है, पर्यायवाची शब्दों का प्रयोग करता है, रूपक, उपमा आदि या विभिन्न व्यूह रचनाओं व उद्धरणों का प्रयोग करता है तो उस अवस्था में वह मौखिक उदाहरण ही दे रहा होता है परंतु जब अध्यापक अपने शिक्षण में विषयवस्तु को स्पष्ट करने के लिए अशाब्दिक अथवा ठोस वस्तुओं जैसे यथार्थ पदार्थ, नमूने, चार्ट, चित्र, ग्राफ, मॉडल, मानचित्र इत्यादि प्रयोग कर रहा होता है तब उस समय यह कहा जाता है कि वह स्थूल उदाहरणों की सहायता ले रहा है। इस प्रकार से उदाहरण शिक्षण व्यूह रचना में दोनों प्रकार की ही सामग्री शाब्दिक और स्थूल का यथासमय प्रयोग किया जाता है।

महत्त्व एवं उपयोगिता (Importance and Use)

उदाहरणों की शैक्षिक उपयोगिता वास्तव में उनके इस गुण में निहित होती है कि उनके द्वारा सूक्ष्म से सूक्ष्म बातों और कठिन से कठिन विषयवस्तु को आसानी से छात्रों द्वारा ग्रहण किया जा सकता है। पाठ में विद्यार्थियों की रुचि जागृत करने व ध्यान आकर्षित करने तथा उन्हें पर्याप्त रूप से अभिप्रेरित करने में इन उदाहरणों का बड़ा हाथ रहता है। जिस विषयवस्तु को प्रस्तुत किया जाए उसका स्पष्ट मानसिक चित्र विद्यार्थियों के सामने रख कर, उसे अच्छी तरह समझ कर ग्रहण करने में उचित उदाहरण सभी तरह से सहायक सिद्ध होते हैं।

यही कारण है कि विद्यालय पाठ्यक्रम के लगभग सभी विषयों के शिक्षण में उदाहरण व्यूह रचना का उपयोग भलीभाँति किया जा सकता है। भाषा शिक्षण को ही लें तो इसमें व्याकरण संबंधी विषयवस्तु को पढ़ाने के लिए प्रायः आगमन–निगमन विधि का प्रयोग किया जाता है, जिसमें विद्यार्थियों के सामने उचित उदाहरण रखकर नियम निकलवाए जाते हैं और फिर इन नियमों को उदाहरणों की सहायता से उपयोग में लाना सिखाया जाता है। गद्य और पद्य शिक्षण में संबंधित विषयवस्तु को स्पष्ट करने के लिए अध्यापक द्वारा उदाहरण के रूप में समानार्थी, प्रतीकात्मक आदि शब्द, रूपक, उपमा आदि अलंकार, शब्द शैलियां, गुण, छंद, कहावत, मुहावरे, प्रासंगिक कथाओं इत्यादि का सहारा लिया जाता है। इसके अतिरिक्त समय–समय पर आवश्यकतानुसार स्थूल वस्तुओं एवं साधनों जैसे वास्तविक पदार्थ, चार्ट, चित्र, मानचित्र, नमूने, मॉडल आदि का प्रयोग भी पाठ को रोचक, सजीव एवं बोधगम्य बनाने हेतु किया जाता है। भाषा शिक्षण की भांति सामाजिक विज्ञान के विषयों जैसे इतिहास, भूगोल, नागरिकशास्त्र, राजनीतिशास्त्र एवं अर्थशास्त्र आदि में भी शाब्दिक एवं स्थूल दोनों ही प्रकार के उदाहरण बड़ी ही सार्थक भूमिका निभाते हैं। भौगोलिक तथ्य, विचार, सिद्धांत एवं धारणाएं आदि बातें मानचित्र, ग्राफ, चित्र, चार्ट, ग्लोब आदि के प्रयोग द्वारा अच्छी तरह पढ़ाई जा सकती हैं। इन्हें स्पष्ट करने के लिए उदाहरण भी बहुत सहायता कर सकते हैं जिनके द्वारा अच्छी तरह निष्कर्ष निकालने, तुलना करने तथा उचित संदर्भ में बातों को समझने में काफी सहायता मिलती है।

इतिहास जो एक प्रकार से व्यक्तियों, स्थानों तथा घटनाओं का क्रमबद्ध चित्रण होता है उसमें तो चित्र, चार्ट, मानचित्र तथा अन्य सहायक साधनों एवं शाब्दिक उदाहरणों के बिना काम ही नहीं चल सकता। विज्ञान और गणित का शिक्षण भी अपवाद नहीं है। इन विषयों से संबंधित विषय सामग्री को भलीभाँति प्रस्तुत करने में उदाहरण व्यूह रचना काफी सहायक सिद्ध होती है। विज्ञान का एक अध्यापक जब अपने विद्यार्थियों के सामने इस सामान्यीकृत तथ्य को रखता है कि "सभी वस्तुएं–ठोस, द्रव्य और गैस गर्म करने पर फैलती हैं और ठंड पाने पर सिकुड़ती हैं।" तो अपनी कक्षा में इस सामान्यीकृत तथ्य तक पहुँचने के लिए उसे प्रयोग करने के रूप में स्थूल उदाहरणों की ही सहायता लेनी पड़ती है। विभिन्न ठोस, द्रव्य तथा गैसीय पदार्थों को गर्म करके अथवा ठण्डा करके प्राप्त परिणामों के आधार पर निष्कर्ष निकलवाए जाते हैं और इस तरह प्रत्यक्ष स्थूल उदाहरणों के द्वारा संबंधित वैज्ञानिक तथ्य और नियम की जानकारी दी जाती है। वैज्ञानिक नियमों के दैनिक जीवन में प्रयोगों को भी उचित शाब्दिक उदाहरणों के द्वारा विद्यार्थियों को समझाया जाता है। गणित शिक्षण में भी हम संबंधित तथ्यों

और नियमों को स्पष्ट करने के लिए चार्ट, ग्राफ, मॉडल, स्लाइड्स तथा वास्तविक पदार्थ आदि की सहायता लेते ही रहते हैं।

दोष एवं सीमाएँ (Defects and Limitations)

शिक्षण व्यूह रचना के रूप में उदाहरण व्यूह रचना के निम्न दोष एवं कमियाँ पाई जाती हैं–

1. आवश्यकता से अधिक उदाहरणों का प्रयोग शिक्षण अधिगम प्रक्रिया में बाधक सिद्ध हो सकता है। इससे बालकों की जिज्ञासा और कुछ अपने आप सोचने और करने की बात समाप्त हो सकती है, साथ ही समय और शक्ति का भी काफी अपव्यय होता है।
2. उदाहरण व्यूह रचना का प्रयोग अध्यापक से पर्याप्त ज्ञान और कौशल की अपेक्षा करता है। विषयवस्तु पर पूर्ण अधिकार के अतिरिक्त उसे उदाहरणों को भलीभांति चयन करने, उन्हे उचित समय पर उचित रूप में प्रयोग में लाने आदि कार्यों में पूरी तरह से दक्ष होना चाहिए। इस प्रकार की योग्यताओं के अभाव में उदाहरण व्यूह रचना से अच्छे परिणामों की आशा नहीं की जा सकती।
3. उदाहरण व्यूह रचना का प्रयोग तभी अच्छी प्रकार संभव है जब इसके लिए आवश्यक उदाहरण सामग्री उचित समय पर उपलब्ध हो। कक्षा में विद्यार्थियों की संख्या सीमित होने एवं उचित मात्रा में प्रशिक्षित अध्यापकों की उपलब्धि के साथ–साथ उचित सहायक शिक्षण सामग्री के होने पर ही इसका प्रयोग ठीक प्रकार से किया जा सकता है। दुर्भाग्य से हमारे विद्यालयों में इस प्रकार के संसाधन उपलब्ध नहीं हैं और ऐसी परिस्थितियों में जहाँ विस्तृत पाठ्यक्रम को समाप्त करने की समस्या ही अध्यापकों को चिंतित किए रहती है वहाँ उदाहरण व्यूह रचना का प्रयोग तो और भी बाधाएँ पैदा कर सकता है।

उदाहरण व्यूह रचना के प्रभावपूर्ण उपयोग संबंधी सुझाव (Suggestions for Effective Use of Illustration Strategy)

1. अपने शिक्षण में उदाहरण व्यूह रचना का प्रयोग करने के लिए अध्यापक को आवश्यक तैयारियाँ पहले से ही कर लेनी चाहिएं। उसे सबसे पहले ये देखना चाहिए कि पाठ में वे कौन से स्थल व अवसर हैं जहाँ विभिन्न प्रकार के उदाहरणों–शाब्दिक और स्थूल की आवश्यकता पड़ सकती है। इसके पश्चात् उसे विद्यालय में उपलब्ध संसाधनों तथा अपनी स्वयं की योग्यता के संदर्भ में उपयोग में लाए जाने वाले उचित उदाहरणों की प्रयोगानुसार सूची बना लेनी चाहिए।
2. दिए हुए उदाहरण ऐसे होने चाहिए जो विद्यार्थियों को उनकी पूर्व योग्यता एवं अनुभवों के आधार पर आसानी से समझ में आ सकें।
3. जो कुछ भी पढ़ाया जाए उसी को ध्यान में रखकर उदाहरण देने चाहिएं और उनका प्रयोग उसी समय किया जाना चाहिए जबकि पाठ के शिक्षण में उनकी आवश्यकता हो।
4. उदाहरण चाहे शाब्दिक हो या सामग्री के रूप में हो, कभी भी केवल मात्र औपचारिकता निभाने या मनोरंजन करने की दृष्टि से प्रयुक्त नहीं होने चाहिए। इनका प्रयोग प्रत्येक अवस्था में केवल उसी समय किया जाना चाहिए जब वे विषयवस्तु को सरल, स्पष्ट, रुचिकर एवं बोधगम्य बनाने में सहायक हों।
5. अध्यापक को उदाहरणों के प्रयोग में उचित संतुलन बनाए रखना चाहिए। कभी–कभी तो अध्यापक इनकी बौछार सी कर देते हैं और कभी इनकी मात्रा में बहुत कमी हो जाती है। इस प्रकार की अव्यवस्था से

बचने का प्रयास किया जाना चाहिए। जहाँ जितनी आवश्यकता हो उसी के अनुरूप उदाहरण दिए जाने चाहिएं।

6. उदाहरण का प्रयोग शिक्षण में जहाँ और जब भी किया जाए सदैव विद्यार्थियों की योग्यता, आवश्यकता तथा रुचियों को ध्यान में रखकर किया जाना चाहिए। शिक्षण परिस्थिति में इसकी जरूरत है या नहीं इस बात का भी ध्यान रखा जाना चाहिए।
7. उदाहरण व्यूह रचना का भलीभाँति उपयोग करने के लिए एक अध्यापक को उचित रूप से अपने आपको इस कार्य में दक्ष बनाने के लिए प्रयत्न करना चाहिए। शाब्दिक उदाहरण देने के लिए उसके पास उचित भाषा, उचित संप्रेषण कला, शब्दकोष तथा उक्तियों इत्यादि का भंडार होना आवश्यक है। इसी प्रकार स्थूल उदाहरण देने के लिए उसे उपयुक्त स्थूल सामग्री के चयन तथा प्रयोग आदि में पर्याप्त रूप में दक्ष होने के प्रयत्न करने चाहिएं।
8. उदाहरण चाहे वह शब्द रूप में हो या वस्तु रूप में उनके द्वारा जिस वस्तु, स्थान, घटना, तथ्य, नियम आदि की जानकारी दी जाए उसे देने में वे पूरी तरह सक्षम होने चाहिएं।
9. जिन उदाहरणों का प्रयोग अध्यापक द्वारा अपने शिक्षण में किया जा रहा हो वे भलीभाँति छात्रों को समझ में आ जाए। इसलिए जहाँ आवश्यकता है छात्रों को पहले से तैयार कर देना भी ठीक रहता है। इन उदाहरणों से लाभ उठाने से संबंधित पूर्व प्रशिक्षण या आधारभूत बातें जिन्हें उन्हें बताने की आवश्यकता हो बता देनी चाहिएं।
10. उदाहरण, विशेषतया शाब्दिक उदाहरणों का प्रयोग करते समय अध्यापक को भाषा की उचितता पर पूरा ध्यान देना चाहिए। जहाँ तक हो सके यह सरल, स्पष्ट तथा बच्चों की समझ में आने वाली होनी चाहिए। इसमें आवश्यकतानुसार नाटकीयता भी आनी चाहिए तथा हाव–भाव और अंग संचालन के रूप में की जाने वाली अभिव्यक्ति को भी स्थान दिया जाना चाहिए।
11. उदाहरणों के प्रयोग में अध्यापक को यह ध्यान रखना चाहिए कि सदैव एक जैसे उदाहरण न दिए जाएं। कभी शाब्दिक तो कभी स्थूल और इनमें भी आवश्यकतानुसार सभी प्रकार के उदाहरणों को बदल–बदल कर प्रयोग में लाना चाहिए ताकि एकरसता और अरुचि से बचा जा सके।
12. अपने विशेष शैक्षणिक मूल्य के साथ–साथ उदाहरणों को पर्याप्त रूप से आकर्षक, रुचिकर एवं सजीव होना चाहिए।
13. वस्तु रूप में जो भी उदाहरण कक्षा में विद्यार्थियों के सामने प्रस्तुत किए जाएं वे उन्हें ठीक प्रकार दिखाई दे सकें इसका प्रबंध उचित प्रकार से किया जाना चाहिए। चार्ट एवं चित्र ठीक प्रकार से लटकाए जाएं तथा यथार्थ वस्तुओं, नमूनों, मॉडलों या प्रदर्शित कार्य को ऐसी जगह पर करके दिखाया जाना चाहिए जहाँ से कक्षा के सभी बालक बिना किसी रुकावट के उन्हें देखकर पूरा–पूरा लाभ उठा सकें।
14. उदाहरणों के प्रयोग से विद्यार्थियों को कितना लाभ पहुँचा है इसके मूल्यांकन के लिए उदाहरणों के प्रयोग के बाद विद्यार्थियों से उचित प्रश्न पूछे जाने चाहिए। इससे विषयवस्तु के ग्रहण करने में तो बच्चों को सहायता मिलती ही है साथ में उदाहरणों के प्रयोग संबंधी कमियों को सुधारने में अध्यापक को भी सहायता मिलती है।

प्रश्नोत्तर व्यूह रचना (Question-Answer Strategy)

अर्थ (Meaning)—कोई भी शिक्षण ऐसा नहीं जिसके अंतर्गत प्रश्न नहीं पूछे जाते हों और इन प्रश्नों के उत्तर देने की आवश्यकता न समझी जाती हो। इस रूप में प्रश्न पूछने और उत्तर देने दोनों प्रक्रियाओं को एक दूसरे से अलग नहीं किया जा सकता है। प्रश्न और उत्तर दोनों साथ–साथ चलते हैं, यही कारण है कि हमने यहाँ प्रश्न पूछने और उत्तर प्राप्त करने दोनों को एक ही युक्ति मानकर 'प्रश्नोत्तर' व्यूह रचना नाम दिया है। अतः अपने इस रूप में प्रश्नोत्तर व्यूह रचना से हमारा अभिप्राय एक ऐसी शिक्षण व्यूह रचना से है जिसके द्वारा एक अध्यापक अपनी शिक्षण प्रक्रिया में पूछे हुए प्रश्न और दिए जाने वाले उत्तरों को भलीभाँति नियोजित एवं नियंत्रित कर सकता है। शिक्षण अधिगम प्रक्रिया में इस प्रकार के प्रश्न परिस्थिति अनुसार विद्यार्थी और अध्यापक दोनों के द्वारा ही पूछे जा सकते हैं और इस तरह दोनों को ही पूछे जाने वाले उत्तर देने के लिए तैयार रहना पड़ता है। एक अध्यापक को इस तरह इस व्यूह रचना का प्रयोग करने के लिए निम्न बातों में दक्ष होना जरूरी है–

(i) विद्यार्थियों से भलीभाँति प्रश्न पूछना, (ii) पूछे हुए प्रश्नों के विद्यार्थियों से उचित उत्तर प्राप्त करना, (iii) विद्यार्थियों को प्रश्न पूछने के लिए पर्याप्त रूप से प्रोत्साहित करना, और (iv) विद्यार्थियों द्वारा पूछे जाने वाले प्रश्नों के संतोषजनक उत्तर प्रदान करना।

महत्त्व एवं उपयोगिता (Use and Importance)

यह कहना कोई अतिशयोक्ति नहीं कि प्रश्नोत्तर व्यूह रचना के बिना शिक्षण संभव ही नहीं है। इसी दृष्टि से विद्यालय पाठ्यक्रम का कोई ऐसा विषय नहीं जिसके शिक्षण में इसका उपयोग न होता हो। किसी भी पाठ का शिक्षण क्यों न हो, अध्यापक को अपने कार्य में प्रश्नोत्तर व्यूह रचना से निम्न रूपों में सहायता मिलती है–

1. इस व्यूह रचना से छात्रों के पूर्वज्ञान, रुचि एवं योग्यता की जाँच करने में मदद मिलती है।
2. छात्रों को पढ़ने के लिए तैयार करने तथा उनकी रुचि और अभिप्रेरणाओं को शिक्षण अधिगम प्रक्रिया में बराबर बनाए रखने में सहायता मिलती है।
3. प्रश्नोत्तर व्यूह रचना की सहायता से विद्यार्थी और अध्यापक दोनों को ही शिक्षण अधिगम प्रक्रिया में बराबर सजग, चुस्त और सक्रिय बनाए रखने में मदद मिलती है।
4. विद्यार्थियों की कठिनाइयों, कमजोरियों, अधिगम क्षमताओं आदि की जानकारी इसके द्वारा भलीभाँति प्राप्त की जा सकती है।
5. सोचने, कारण जानने और अपनी कल्पना शक्ति का प्रयोग करने आदि के लिए पर्याप्त प्रोत्साहन और ऊर्जा अध्यापक और विद्यार्थी दोनों को ही प्रश्नोत्तर व्यूह रचना से प्राप्त होती है।
6. विद्यार्थियों में अपेक्षित दृष्टिकोण, रुचियों, आदतों और आदर्शों के निर्माण में भी प्रश्नोत्तर व्यूह रचना काफी सहायक सिद्ध होती है।
7. विद्यार्थियों में समस्या समाधान योग्यता और उचित अन्वेषणशीलता को बढ़ावा देने की दिशा में भी प्रश्नोत्तर व्यूह रचना उचित कार्य करती है।
8. कक्षा में रचनात्मक अनुशासन स्थापित करने और विद्यार्थी अध्यापक दोनों को परस्पर निकट लाने में भी यह व्यूह रचना सहायक सिद्ध होती है।
9. सीखे हुए ज्ञान एवं कौशल की पुनरावृत्ति के अवसर प्रदान कर विद्यार्थियों के मस्तिष्क में उसे अच्छी तरह से बैठाने में भी यह व्यूह रचना सहायक हो सकती है।

10. शिक्षण अधिगम प्रक्रिया के परिणामों का समय–समय पर मूल्यांकन करने में भी यह व्यूह रचना सहायता करती है।
11. विद्यार्थियों की सृजनात्मक योग्यताओं जैसे मौलिकता, कल्पनाशीलता अन्वेषणात्मकता एवं स्वयं अपने प्रयत्नों से आगे बढ़ने की क्षमता आदि को भी इस व्यूह रचना से काफी बढ़ावा मिलता है।

सीमाएँ एवं दोष (Limitations and Defects)

प्रश्नोत्तर व्यूह रचना में प्रायः निम्न दोष एवं कमियाँ देखने को मिलती हैं–

1. प्रश्नोत्तर व्यूह रचना अपनी सफलता के लिए बहुत कुछ अध्यापक की अपनी योग्यता, दक्षता और कार्य क्षमता पर निर्भर करती है। उसे प्रश्नों का निर्माण करने, पूछने तथा उनका उचित उत्तर प्रदान करने की कला में निपुण होना चाहिए साथ ही उसे अपने विद्यार्थियों को उचित समय पर उचित प्रश्न पूछने के लिए प्रोत्साहन देना भी आना चाहिए। इस प्रकार की कला में निपुणता प्राप्त करना कोई सहज बात नहीं। विद्यार्थी और अध्यापक दोनों को ही इस पर खरा उतरना होता है और उसमें आने वाली कोई भी कमी इस व्यूह रचना के प्रयोग में काफी बाधा लाती है।
2. कभी–कभी अति उत्साहवश अध्यापक विद्यार्थियों से अनावश्यक बहुत सारे प्रश्न पूछने लग जाते हैं और कभी कोई प्रश्न न पूछ कर अपने शिक्षण कार्य को बिल्कुल एकतरफा बना डालते हैं। प्रश्न पूछने में इस प्रकार का असंतुलन शिक्षण–अधिगम प्रक्रिया की सफलता में बाधक सिद्ध हो सकता है।
3. प्रश्नोत्तर व्यूह रचना वास्तव में एक कला है जिसमें प्रवीण अध्यापक जहाँ पर्याप्त सफलता अर्जित करता है तो दूसरी ओर अगर इसके प्रयोग में असावधानी बरती जाए तो यह काफी हानिकारक सिद्ध हो सकती है। प्रश्न पूछने और उनका उत्तर प्राप्त करने पर जोर देने से प्रायः विद्यार्थी सहम जाते हैं और वे धीरे–धीरे अध्यापक और विषय से दूर जाने लगते हैं।

प्रश्नोत्तर व्यूह रचना के प्रभावपूर्ण उपयोग संबंधी सुझाव (Suggestions for the Effective Use of the Question-Answer Strategy)

प्रश्नोत्तर व्यूह रचना के प्रभावपूर्ण उपयोग के लिए एक अध्यापक को निम्न बातों की ओर ध्यान देने का प्रयत्न करना चाहिए।

1. अपने पाठ को पढ़ाने के लिए अध्यापक को इस व्यूह रचना के प्रयोग की सभी आवश्यक तैयारी कर लेनी चाहिए। पाठ के विभिन्न सोपानों जैसे प्रस्तावना, प्रस्तुतीकरण, पुनरावृत्ति आदि में जो भी प्रश्न विद्यार्थियों से पूछे जाएंगे और जिस तरह से उनसे उत्तर प्राप्त किए जाएंगे, उसके बारे में पहले से ही सोच लेना चाहिए।
2. शिक्षण अधिगम प्रक्रिया में प्रश्नोत्तर व्यूह रचना का क्या स्थान है और पाठ को पढ़ाने में उससे क्या सहायता ली जा सकती है, यह बात शिक्षक को स्पष्ट होनी चाहिए।
3. पूछे जाने वाले प्रश्नों के उचित निर्माण की ओर अध्यापक द्वारा विशेष ध्यान दिया जाना चाहिए। उसके लिए अध्यापक को पूछे जाने वाले प्रश्नों के प्रयोजन और उनके औचित्य पर पूरी तरह से विचार करना चाहिए, तत्पश्चात् एक आदर्श प्रश्न की छः मुख्य विशेषताओं को ध्यान में रखकर प्रश्न निर्माण करना चाहिए। ये विशेषताएँ निम्न हैं–

(i) प्रश्नों के उद्देश्य और स्वरूप में स्पष्टता।
(ii) भाषा की सरलता और बोधगम्यता।
(iii) छात्रों को सोचने के लिए अभिप्रेरित करने की क्षमता।
(iv) विशिष्ट एवं निश्चित उत्तर प्राप्त करने की इनकी अपनी क्षमता।
(v) विद्यार्थियों की आयु, अनुभव और योग्यता से इनकी अपनी अनुकूलता।
(vi) प्रश्नों के अर्थ की निश्चितता एवं पूर्णता।

4. अध्यापक को प्रश्नोत्तर व्यूह रचना का प्रयोग करने के लिए तर्कपूर्ण ढंग से सोचने, शिक्षण प्रक्रिया में सदैव सजग रहने और अपने अंदर पर्याप्त आत्मविश्वास संजोने का प्रयत्न करने के साथ–साथ विषयवस्तु पर पूर्ण अधिकार प्राप्त करने का प्रयास भी करना चाहिए।
5. शिक्षण अधिगम परिस्थितियों में जिस प्रकार की आवश्यकता हो उसी के अनुरूप सार्थक और उपयुक्त प्रश्न पूछे जाने चाहिएं। अध्यापक द्वारा कभी भी प्रश्न केवल प्रश्न पूछने के लिए ही नहीं पूछे जाने चाहिएं। न ही ऐसे पूछने चाहिए जो निरर्थक और विषयवस्तु से बाहर हों जहाँ शिक्षण प्रक्रिया में प्रश्नों की भरमार करना उचित नहीं है वहाँ आवश्यकता पड़ने पर भी उन्हें उपयोग में न लाना ठीक नहीं।
6. विद्यार्थियों से प्रश्न पूछते समय अध्यापक को वे सभी आवश्यक सावधानियाँ रखनी चाहिएं जिससे सही समय पर सही प्रश्न पूछे जा सकें। इस प्रकार की कुछ सावधानियाँ निम्न हो सकती हैं–

(i) अध्यापक को पूरी कक्षा को संबोधित करके प्रश्न पूछना चाहिए। इसके पश्चात् किसी भी विद्यार्थी का नाम लेकर उससे उस प्रश्न का उत्तर देने के लिए कहना चाहिए। ऐसा करने में बच्चों को उत्तर देने के लिए सोचने व विचार करने का पर्याप्त समय मिल जाता है।
(ii) जो भी प्रश्न पूछे जाएं वे काफी स्पष्ट, निश्चित और प्रयोजन पूर्ण होने चाहिएं। अस्पष्ट और उलझनपूर्ण प्रश्नों से सदैव बचा जाना चाहिए।
(iii) प्रश्नों की भाषा काफी सरल, स्पष्ट एवं संक्षिप्त एवं बच्चों की समझ में आने वाली होनी चाहिए।
(iv) प्रश्न कक्षा के सभी बच्चों से पूछे जाने चाहिएं। प्रायः अध्यापक कक्षा में आगे की पंक्ति में बैठे हुए अथवा कुछ चुने हुए या होशियार बच्चों से ही पूछते हैं, यह आदत ठीक नहीं।
(v) प्रश्नों का निर्माण विद्यार्थियों के कठिनाई के स्तर को ध्यान में रख कर किया जाना चाहिए। शुरुआत सरल प्रश्न पूछ कर ही की जानी चाहिए। प्रश्न पूछने में जहाँ कक्षा के कमजोर विद्यार्थियों पर उचित ध्यान दिया जाना चाहिए वहाँ होशियार एवं मेधावी बच्चों के लिए भी ऐसे चुनौतीपूर्ण प्रश्न होने चाहिएं जो उन्हें पर्याप्त चिंतन एवं मनन के अवसर प्रदान कर सकें।
(vi) अध्यापक को प्रश्न इतनी ऊँची आवाज में पूछना चाहिए कि कक्षा में सभी बच्चों को प्रश्न ठीक से सुनाई दे। इसके अतिरिक्त यह भी ध्यान में रखना चाहिए कि किसी भी प्रश्न की पुनरावृत्ति न हो।
(vii) अध्यापक को पहले से ही सोच समझ कर प्रश्नों की रचना कर लेनी चाहिए। प्रश्न पूछने के बाद बीच–बीच में उसकी भाषा को बदलना ठीक नहीं होता।
(viii) प्रश्न पूछते समय अध्यापक की मुखमुद्रा प्रफुल्लित एवं तनाव रहित होनी चाहिए तथा वाणी संयमित होनी चाहिए ताकि बच्चे बिना किसी भय के स्वाभाविक रूप से प्रश्नों के उत्तर दे सके। कक्षा का वातावरण जितना भय रहित और प्रोत्साहन देने वाला रहे उतना ही अच्छा रहता है।
(ix) जो भी प्रश्न कक्षा में पूछा जाए उनकी रचना एवं प्रश्न पूछने की शैली में विविधता होनी चाहिए।

(x) जो बच्चा कक्षा में ध्यान देता प्रतीत न हो उससे प्रश्न अवश्य पूछना चाहिए, इससे अनुशासन बनाए रखने, कक्षा में बच्चों का ध्यान आकर्षित करने तथा सभी विद्यार्थियों का सक्रिय सहयोग प्राप्त करने में सहायता मिलती है।

7. एक अध्यापक को परिस्थिति अनुसार सही प्रश्न पूछने के लिए अच्छे और बुरे प्रश्नों की उचित पहचान करना भी आना चाहिए। इस कार्य में निम्न बातों से उसे सहायता मिल सकती है–

(i) उसे अपने विद्यार्थियों से ऐसे सुझावात्मक प्रश्न नहीं पूछने चाहिए जैसे–क्या इस श्यामपट की आकृति आयताकार है ? क्या भारत का प्रथम स्वतंत्रता संग्राम 1857 में हुआ ? क्या पदार्थ गर्म करने पर फैल जाते हैं ? एक पंचवर्षीय योजना कितने वर्ष चलती है ? आदि ये सभी प्रश्न सुझावात्मक प्रश्नों की श्रेणी में आते हैं। स्पष्ट है कि इस प्रकार के प्रश्नों के द्वारा न तो विद्यार्थियों को कुछ सोचने की आवश्यकता होती है और न उनके अर्जित ज्ञान की ही परीक्षा ली जा सकती है।

(ii) कई बार अध्यापक विषयवस्तु को प्रस्तुत करने के तुरंत बाद ही उस पर प्रश्न पूछ बैठते हैं। ऐसे प्रश्नों को प्रतिध्वनि प्रश्न (Echo questions) कहा जाता है। उदाहरण के लिए एक अध्यापक पाठ को प्रस्तुत करते हुए जब यह कहता है कि "ताजमहल का निर्माण मुगल बादशाह शाहजहाँ ने कराया था" और इस कथन के बाद ही यह प्रश्न करता है कि "अच्छा बच्चो बताओ ताजमहल का निर्माण किसने कराया था ?" स्पष्ट है कि इस प्रकार के प्रश्नों से कोई भी प्रयोजन सिद्ध नहीं होता। क्योंकि अध्यापक द्वारा जो कुछ भी विषयवस्तु के रूप में कहा गया था, उसकी प्रतिध्वनि समाप्त भी नहीं होती कि उसके बारे में छात्रों से प्रश्न पूछ लिया जाता है। ऐसी अवस्था में न तो उन्हें प्रश्न का उत्तर देने के लिए कुछ सोचने की आवश्यकता होती है और न प्रस्तुत विषयवस्तु को अपनी स्मृति में धारण करने की।

(iii) उलझन पूर्ण, घुमावदार एवं अनावश्यक चक्कर में डालने वाले प्रश्न बच्चों से नहीं पूछे जाने चाहिए। ऐसे प्रश्न जैसे राजस्थान और मध्यप्रदेश राज्यों के उन मुख्य शहरों के नाम बताइए जहाँ होकर गंगा नदी बहती है ? अगर एक तौलिया धूप में सूखने में 10 मिनट लगते हैं तो 8 तौलियों को सूखने में कितना समय लगा ? इस प्रकार के प्रश्न विद्यार्थियों की मानसिक योग्यता की परीक्षा लेने में भले ही कुछ मदद कर दें परंतु उनसे किसी भी विषय विशेष के अधिगम परिणामों की परीक्षा नहीं ली जा सकती।

8. प्रश्न पूछने की कला में प्रवीण होने के साथ–साथ अध्यापक को उनका उचित उत्तर प्राप्त करने की कला में भी प्रवीण होना चाहिए। उसके इस कार्य में निम्न बातें सहायता कर सकती हैं–

(i) विद्यार्थियों के उत्तरों के प्रति अध्यापक को सकारात्मक रुख अपनाना चाहिए। उनके अशुद्ध उत्तरों के लिए उन्हें न तो हतोत्साहित करना चाहिए और न उनके प्रति अपशब्दों का प्रयोग करना चाहिए। विद्यार्थियों को उत्तर देने के लिए सभी प्रकार से प्रोत्साहित किया जाना चाहिए और उनके प्रति प्रेम एवं सहानुभूति का व्यवहार करना चाहिए। किसी भी अवस्था में किसी भी प्रकार का पक्षपात, अवहेलना या तिरस्कार ठीक नहीं रहता।

(ii) विद्यार्थियों को उत्तर देते समय कभी भी बीच में नहीं टोकना चाहिए। ऐसा करने से वे अपना संतुलन खो बैठते हैं तथा उनके चिंतन में भी बाधा पड़ती है।

(iii) जहाँ तक संभव हो विद्यार्थियों द्वारा दिए जाने वाले उत्तर लगभग पूर्ण लेकिन पूरी तरह सही होने चाहिएं। ऐसे उत्तर जिनसे प्रश्न पूछने का प्रयोजन सिद्ध नहीं होता, अध्यापक द्वारा कभी भी स्वीकार नहीं किए जाने चाहिए। अशुद्ध एवं अपूर्ण उत्तर देने की अवस्था में विद्यार्थियों को कभी

भी डांटना, मारना, ताड़ना या फटकारना नहीं चाहिए। जब एक विद्यार्थी से सही उत्तर न मिल सके तो अन्य किसी विद्यार्थी की सहायता से उचित उत्तर प्राप्त कर उसकी पुनरावृत्ति पहले वाले छात्र से करवानी चाहिए।

(iv) कक्षा में सभी विद्यार्थियों को उत्तर देने के लिए बराबर अवसर मिलने चाहिएं। इसके लिए सबसे अच्छा तरीका यह है कि अध्यापक अपने प्रश्न संपूर्ण कक्षा को संबोधित करे, सभी छात्रों को सोचने का कुछ समय दे, फिर जिन छात्रों को उत्तर आता हो उन्हें हाथ खड़े करने के लिए कहे और फिर इनमें से किसी एक का नाम लेकर उत्तर देने के लिए आदेश दे। परंतु इसका अर्थ यह नहीं है कि केवल हाथ उठाने वाले बच्चों से ही सदैव प्रश्न पूछे जाएं। हाँ इस बात का ध्यान अवश्य रखा जाए कि एक बार में एक ही बालक द्वारा उत्तर दिया जाए। विद्यार्थी उत्तर देते समय सीधा खड़ा हो तथा उसके बोलने की गति और आवाज ऐसी हो जो कक्षा के सभी छात्रों को ठीक प्रकार सुनाई दे।

(v) विद्यार्थियों द्वारा दिए जाने वाले सही उत्तरों के लिए उन्हें तुरंत ही प्रशंसा और प्रोत्साहन के रूप में उचित पुनर्बलन प्रदान किया जाना चाहिए परंतु ऐसा करने में अध्यापक को काफी सावधानी रखनी चाहिए। बार–बार बहुत अच्छा, सही, ठीक है, शाबाश, बहुत अच्छे लड़के हो इस प्रकार के शब्दों का प्रयोग करना ठीक नहीं। इस प्रकार के अनावश्यक प्रयोग से जहाँ इनका महत्त्व कम हो जाता है वहाँ दूसरी ओर ये काफी अशोभनीय भी लगते हैं।

(vi) कई बार बच्चे शरारतवश उल्टे–सीधे जवाब देते हैं। ऐसे उत्तरों को हर प्रकार से निरुत्साहित किया जाना चाहिए और बड़ी कुशलतापूर्वक प्रयत्न करना चाहिए कि ऐसे बच्चे अपनी गलती महसूस कर सकें।

(vii) जहाँ तक हो सके अधूरे और गलत उत्तरों को विद्यार्थियों से ही सही कराना चाहिए। उनके द्वारा सही उत्तर न मिलने पर ही यह कार्य अध्यापक द्वारा किया जाना चाहिए। इस प्रकार के सभी उत्तर अध्यापक को श्यामपट पर अवश्य लिखने चाहिए।

9. प्रश्न पूछने तथा उनका उचित उत्तर प्राप्त करने में दक्षता के अतिरिक्त एक अध्यापक को यह भी चाहिए कि वह विद्यार्थियों को स्वयं पूछने के लिए प्रोत्साहित करने तथा उनके द्वारा पूछे गये प्रश्नों के उचित उत्तर दे सकने की कला में भी पारंगत हो। इस कार्य हेतु उसे कुछ निम्न बातों की ओर ध्यान देने की आवश्यकता है–

(i) बच्चों में जिज्ञासा की मूल प्रवृत्ति होती है जिसे शांत करने के लिए वे प्रश्न पूछते ही रहते हैं। अध्यापक को उनकी इस प्रवृत्ति का भी लाभ उठाना चाहिए। इसके लिए उसे अपने शिक्षण में ऐसी परिस्थितियाँ पैदा करने के प्रयत्न करने चाहिए जिनसे बच्चे प्रश्न पूछने के लिए आगे आएं। इस प्रकार की परिस्थितियाँ कई बार तो स्वाभाविक रूप से ही आ खड़ी होती हैं कई बार अध्यापक को प्रयत्न करके इन्हें पैदा करने का प्रयास करना चाहिए कि जिनमें बच्चे ऐसा क्यों हुआ, कैसे हुआ, आगे क्या होगा, आदि बातों को जानने संबंधी प्रश्न पूछे।

(ii) कई बार कई बच्चे कक्षा में प्रश्न पूछने में झिझकते और डरते हैं, अध्यापक को चाहिए कि वह ऐसे बच्चों के साथ प्रेम और सहानुभूतिपूर्ण व्यवहार कर उन्हें प्रश्न पूछने के लिए प्रोत्साहित करें। हर प्रकार से अध्यापक को कक्षा में ऐसा भयमुक्त, स्वतंत्र तथा प्रोत्साहन युक्त वातावरण बनाने का प्रयत्न करना चाहिये जिसमें विद्यार्थी वर्ग अपनी शंकाओं के समाधान हेतु प्रश्न पूछने के लिए खुलकर सामने आ सके।

(iii) विद्यार्थियों द्वारा सही रूप में सही प्रश्न किस तरह पूछे जाएं इसके लिए उन्हें आवश्यक प्रशिक्षण देना भी ठीक रहता है। इस कार्य के लिए उन्हें निम्न बातें बता देनी चाहिएं।

(a) उन्हें एक–एक करके प्रश्न पूछने चाहिएं। जिसे प्रश्न पूछना हो वह अपना हाथ खड़ा करे और जब अध्यापक की अनुमति मिल जाए तब वह प्रश्न पूछे।

(b) जब कोई एक विद्यार्थी प्रश्न पूछ रहा हो, अथवा अध्यापक द्वारा या किसी बालक द्वारा कुछ कहा जा रहा हो तो उसे बीच में ही अनावश्यक रूप से अपना प्रश्न नहीं करना चाहिए।

(c) पूछे जाने वाले प्रश्न–पढ़ाए जाने वाले पाठ से संबंधित ही होने चाहिएं।

(d) प्रश्न कभी भी मात्र प्रश्न पूछने अथवा शैतानी नीयत से नहीं पूछने चाहिएं।

(iv) विद्यार्थियों द्वारा पूछे जाने वाले प्रश्नों के प्रति अध्यापक को सकारात्मक दृष्टिकोण अपनाना चाहिए। पर्याप्त धैर्य एवं संयम के साथ उन्हें ठीक प्रकार सुनना और समझना चाहिए तथा फिर बड़े ही शांत एवं स्पष्ट रूप से उनका उत्तर देना चाहिए। जिन प्रश्नों का उत्तर कक्षा के दूसरे बालकों से मिल सके उसे प्राप्त करने के लिए उसे पहले चेष्टा करनी चाहिए परंतु किसी के द्वारा भी उत्तर न दिए जाने पर उसे स्वयं ही उत्तर देकर विद्यार्थियों को संतुष्ट करना चाहिए।

(v) कक्षा में जब किसी छात्र के द्वारा कोई प्रश्न पूछा जाए तो अध्यापक को यह देखना चाहिए कि प्रश्न किस प्रकार का है अगर यह ऐसा प्रश्न है जिससे कक्षा के अधिकांश बच्चों की जरूरत पूरी होती है तो उसे उसका उत्तर कक्षा में ही दे देना चाहिए परन्तु अगर प्रश्न ऐसा है, जिससे केवल पूछने वाले बालक को ही फायदा पहुँच रहा हो तो उसका उत्तर उसे कक्षा की समाप्ति पर या कभी और समय व्यक्तिगत रूप से ही देना ठीक रहता है।

(vi) अगर प्रश्न पूछने वाले बालक की अध्यापक के उत्तर से संतुष्टि न हो तो ऐसी अवस्था में अध्यापक को अपना धैर्य नहीं खोना चाहिए बल्कि किसी और तरह से जैसे वर्णन करके, प्रयोग दिखाकर अथवा उदाहरण देकर उसकी संतुष्टि करने का पूरा प्रयत्न करना चाहिए।

(vii) कई बार ऐसी परिस्थिति आ जाती है कि विद्यार्थी द्वारा पूछे जाने वाले प्रश्न का अध्यापक से कोई उत्तर नहीं बन पड़ता ऐसी स्थिति में अध्यापक को अपना धैर्य नहीं खोना चाहिए और न अपने आपको अपमानित सा अनुभव कर विद्यार्थी से अप्रसन्न हो जाना चाहिए। अच्छा यही है कि इस अवस्था में विचलित न होकर वह साहस के साथ अपने बच्चों से यह कहे कि उसे अफसोस है कि वह इस प्रश्न का उत्तर इस समय नहीं दे सकता हाँ कल अवश्य ही उन्हें इस प्रश्न का उत्तर मिल जाएगा। हाँ परंतु ऐसा कहने की अध्यापक की आदत सी नहीं बन जानी चाहिए क्योंकि पर्याप्त तैयारी न करके आने तथा सदैव ऐसा बहाना बनाने से एक तो वह उपहास का पात्र बन जाता है और दूसरे हर अवस्था में अध्यापक को ऐसी स्थिति से अपने आपको बचाने का प्रयत्न करना चाहिए।

शिक्षण व्यूह रचना के रूप में अभ्यास कार्य (Drill Work as a Teaching Strategy)

अर्थ (Meaning)—शिक्षण व्यूह रचना के रूप में अभ्यास कार्य शिक्षण अधिगम प्रक्रिया में अध्यापक के द्वारा अपनाई गई एक बहुत ही महत्त्वपूर्ण धारणा सहायक व्यूह रचना (Fixing strategy) मानी जाती है। इसकी सहायता से एक अध्यापक द्वारा कक्षा में जो कुछ भी पढ़ाया जाता है उसे बच्चों के मस्तिष्क में अच्छी प्रकार बैठाया जा सकता है। एक पाठ को पढ़ाते समय इसका प्रयोग या तो सबसे बाद में होता है अथवा पाठ की हर

इकाई के समाप्त होने पर किया जाता है। इससे इकाई विशेष अथवा संपूर्ण पाठ्य सामग्री की भलीभाँति पुनरावृत्ति करने और अभ्यास करने का पूरा–पूरा अवसर छात्रों को मिलता है। अभ्यास कार्य चाहे किसी भी रूप में क्यों न कराया जाए, इसके कराने की शुरुआत अध्यापक द्वारा ही होती है, इसका सारा संबंध, व्यवस्था और निर्देशन अध्यापक को ही करना होता है परंतु अभ्यास संबंधी कार्य विद्यार्थियों को ही करना होता है। इससे जो भी ज्ञान एवं कौशल उन्हें प्रदान किया गया है उसे उनके मस्तिष्क में अच्छी प्रकार धारण कराने के उद्देश्य में सफलता मिलती है।

महत्त्व एवं उपयोगिता (Importance and Uses)

शिक्षण अधिगम प्रक्रिया में अभ्यास कार्य काफी महत्त्वपूर्ण स्थान रखता है। विषयवस्तु को ठीक प्रकार जानने एवं समझने, विभिन्न प्रकार की कुशलताओं को अर्जित करने तथा जो कुछ भी कक्षा में पढ़ाया गया है उसे भलीभाँति अपने मस्तिष्क में धारण करने एवं आगे की परिस्थितियों में उस प्राप्त ज्ञान का प्रयोग करने आदि में अभ्यास कार्य पूरी तरह सहायता करता है। यही कारण है कि इस व्यूह रचना का प्रयोग उन विषयों के शिक्षण में ज्यादा उपयोगी सिद्ध होता है जिनमें अभ्यास के लिए पर्याप्त सामग्री एवं अवसर मिलते हों। उदाहरण के लिए गणित एक ऐसा ही विषय है, जहाँ इस व्यूह रचना का प्रयोग करने के लिए पर्याप्त सामग्री और अवसर मौजूद हैं। गणित का एक अध्यापक इस व्यूह रचना की सहायता लेकर गणित संबंधी अनेक तथ्यों तथा नियमों को भलीभाँति अपने बच्चों को सिखाने में न केवल सफल सिद्ध होता है बल्कि गणित संबंधी विभिन्न कौशलों, जैसे गणना कौशल (Computational skill) समस्या समाधान, कौशल, सर्वेक्षण कौशल (Surveying skill), आरेखीय कौशल (Drawing skill) आदि का भलीभाँति अभ्यास करके, उन्हें सिखाने में भी सहायता करता है। भौतिक और जीवन विज्ञान से संबंधित विषयों में भी अभ्यास कार्य की काफी गुंजाइश रहती है। यहाँ उन्हें विभिन्न प्रकार की प्रयोगात्मक एवं गणनात्मक समस्याओं को हल करना होता है, तथ्यों एवं सिद्धांतों के विविध उपयोगों का कौशल अर्जित करना होता है तथा विभिन्न प्रकार के निरीक्षण और प्रयोगिक कार्यों को करते हुए उचित परिणाम निकालने में दक्ष होना पड़ता है। स्पष्ट है ये सभी कार्य बिना पर्याप्त अभ्यास के नहीं हो सकते। गणित और विज्ञान की तरह से सांख्यिकी (Statistics) और वाणिज्य (Commerce) जैसे विषय भी हैं जिनमें अभ्यास कार्य उसी प्रकार का स्थान रखता है। परंतु इन विशिष्ट विषयों के अतिरिक्त अन्य सामाजिक तथा भाषा संबंधी विषयों में भी अभ्यास कार्य के उचित उपयोग के काफी अवसर आते हैं। भूगोल शिक्षण में इसका प्रयोग मानचित्र एवं खाका चित्रों आदि को बनाने तथा मानचित्र और ग्लोब आदि का अच्छी तरह उपयोग करने की योग्यता विकसित करने के लिए भलीभाँति किया जा सकता है। इतिहास में राजनैतिक मानचित्रों को पढ़ने तथा बनाने की आवश्यकता होती है, तारीख, स्थान तथा घटनाओं की क्रमबद्ध जानकारी रखनी होती है, समय रेखा जिससे यह मालूम होता है कि कौन–सी घटना कब घटी आदि का निर्माण तथा व्याख्या करनी होती है। ऐसे इस प्रकार के सभी कार्यों में सिद्धहस्त बनने के लिए अभ्यास कार्य महत्त्वपूर्ण भूमिका निभाता है। भाषा शिक्षण के विशेषकर रचना शिक्षण संबंधी सभी प्रकार के पाठों में अभ्यास कार्य का काफी महत्त्व रहता है। शब्द भंडार में वृद्धि करने, सही उच्चारण सिखाने, सही लिखाई सिखाने, वाक्य रचना, पत्र, कहानी, निबंध आदि रचना कौशलों को अर्जित कराने में अभ्यास कार्य की महत्त्वपूर्ण भूमिका रहती है। इस तरह विभिन्न विषयों से संबंधित ज्ञान एवं कुशलताओं के भलीभाँति अर्जन में अभ्यास कार्य काफी सहायता करता है। अभ्यास को कौशल अर्जन की कुंजी कहते हैं और इस दृष्टि से जीवन में सफल होने के लिए जितने भी प्रकार की दक्षताएँ चाहिएं वे सभी अभ्यास कार्य से ही प्राप्त होती हैं। अभ्यास के द्वारा अर्जित अनुभव ही बालकों के मानसिक विकास में सहायक होकर उनमें आवश्यक समस्या समाधान योग्यता का विकास करते हैं तथा उन्हें अपने परिवेश को समझने का अवसर देकर उनमें आगे बढ़ने के लिए पर्याप्त आत्मविश्वास का सृजन करते हैं।

दोष एवं सीमाएँ (Defects and Limitations)

अभ्यास कार्य को शिक्षण व्यूह रचना के रूप में निम्न दोष एवं कमियों से युक्त माना जाता है।

1. अभ्यास कार्य एक ऐसी व्यूह रचना है जिसका प्रयोग अध्यापक द्वारा विषयवस्तु को प्रस्तुत कर लेने के पश्चात् ही इस उद्देश्य से किया जाता है कि जो कुछ पढ़ा दिया गया है उसे छात्रों के मस्तिष्क में अच्छी तरह बिठा दिया जाए। कुछ अध्यापक अपने अज्ञान वश अथवा कामचोरी की आदत के कारण बच्चों से उन तथ्यों तथा नियमों आदि का अभ्यास करने पर जोर देते रहते हैं जिन्हें उन्होंने अभी तक पढ़ाया ही नहीं है। इस प्रकार के अभ्यास कार्य से कोई लाभ नहीं होता बल्कि नुकसान ही होता है। विद्यार्थी अध्यापक और विषय दोनों से ही दूर भागने लगते हैं।
2. अभ्यास कार्य व्यूह रचना अपनी सफलता हेतु अध्यापक से बहुत कुछ आशा करती है। उसे विषयवस्तु पर पूर्ण अधिकार होने के साथ–साथ अभ्यास कार्य कराने की युक्ति में भी प्रवीणता हासिल होनी चाहिए। कई बार इस प्रकार के योग्य और प्रवीण अध्यापक नहीं मिलते जिनके अभाव में इस युक्ति से समुचित लाभ उठाना मुश्किल हो जाता है।
3. अभ्यास कार्य युक्ति के प्रयोग में यह खतरा रहता है कि कहीं पढ़ाई गई बातों के अभ्यास कराने के स्थान पर अध्यापक इसे शिक्षण अधिगम परिणामों के मूल्यांकन का साधन न बना बैठे।
4. अभ्यास कार्य का दुरुपयोग एक अन्य तरह से भी हो सकता है जबकि अध्यापक द्वारा इसे या तो बच्चों को सजा देने के रूप में अथवा स्वयं मस्ती मारने के लिए किया जाता है।
5. अभ्यास कार्य को अगर बच्चों की रुचि आवश्यकताओं तथा योग्यताओं को ध्यान में न रखकर उचित प्रकार से न कराया जाए तो यह बजाए फायदे के नुकसानदायक सिद्ध हो सकता है। छात्र ऐसे कार्य में कोई रुचि नहीं लेते और विवश करने पर विषय एवं अध्यापक दोनों से ही दूर चले जाते हैं।
6. अभ्यास कार्य अध्यापक से काफी सजगता एवं निगरानी चाहता है। कक्षा में अगर बालकों के कार्य का समुचित निरीक्षण नहीं किया जाए और उनकी गलतियों को पकड़ कर सुधारने का प्रयत्न नहीं किया जाए तो अभ्यास कार्य के परिणाम हानिकारक ही सिद्ध होते हैं क्योंकि इस अवस्था में बालकों द्वारा गलत तथ्यों एवं नियमों को सीखने, गलत आदतें पड़ने और गलत ज्ञान एवं कुशलताओं का अभ्यास करते रहने का खतरा बढ़ जाता है।
7. अभ्यास कार्य की सफलता इस बात पर निर्भर करती है कि अध्यापक द्वारा कक्षा के सभी बालकों के ऊपर व्यक्तिगत ध्यान दिया जाए। यह तभी हो सकता है जबकि कक्षाओं में बालकों की संख्या सीमित हो और अध्यापक के ऊपर विद्यालय में कम कार्यभार हो। व्यावहारिक रूप में यह संभव नहीं हो पाता और इसलिए अभ्यास कार्य को सुचारू रूप देना भी संभव नहीं हो पाया।
8. अभ्यास के लिए पर्याप्त समय की आवश्यकता होती है। एक अध्यापक को सीमित समय में काफी लंबे चौड़े पाठ्यक्रम को समाप्त करना होता है तथा समय के रूप में उसे निश्चित दिन तथा 30 या 35 मिनट की घंटी ही मिलती है। इतने सीमित समय में अपेक्षित अभ्यास कार्य करना मुश्किल ही होता है।

प्रभावपूर्ण अभ्यास कार्य संबंधी सुझाव (Suggestions for Conducting Effective Drill Work)

अभ्यास कार्य को प्रभावशाली ढंग से किए जाने हेतु एक अध्यापक को मुख्यतया निम्न बातों की ओर समुचित ध्यान देना चाहिए।

1. अध्यापक को सबसे पहले अपने विषय पर पूरा अधिकार करने तथा विषय को पढ़ाने से संबंधित आवश्यक विधियों एवं कौशलों में प्रवीणता अर्जित करने के प्रयत्न करने चाहिएं। पाठ को पढ़ाते समय उसे बड़ी सावधानी से बच्चों के सामने प्रस्तुत करना चाहिए तथा इसके उपरांत पढ़ाए गए तथ्यों एवं नियमों आदि का उचित अभ्यास करने की बात सोचनी चाहिए।
2. बच्चों से कक्षा में किस प्रकार का अभ्यास कार्य कराया जाएगा यह बात काफी सीमा तक कक्षा में आने के पहले ही अध्यापक द्वारा निश्चित कर लेनी चाहिए। इसका निर्धारण पढ़ायी जाने वाली विषयवस्तु की प्रकृति, विद्यार्थियों की रुचि तथा योग्यता, पढ़ाने के लिए मिलने वाले कुल समय तथा उपलब्ध शिक्षण अधिगम परिस्थितियों को ध्यान में रखकर ही किया जाना चाहिए।
3. अभ्यास कार्य भी एक साथ लंबे समय तक नहीं कराया जाना चाहिए क्योंकि इसका परिणाम विषय में अरुचि, थकाने तथा उबाने वाला होता है। अतः अभ्यास कार्य के समय को सदैव ही सीमा में रखा जाना चाहिए। ज्यादा देर तक कराने की अवस्था में उसे दो तीन भागों में जैसी आवश्यकता हो, उचित विश्राम और विराम की व्यवस्था करते हुए भलीभाँति बांट देना ठीक रहता है।
4. अभ्यास कार्य कराते समय 'परिवर्तन और विविधता' के सिद्धांत का अनुसरण करना लाभदायक सिद्ध होता है। इसे ध्यान में रखते हुए कभी भी एक जैसे रूप में अभ्यास कार्य बच्चों से नहीं कराया जाना चाहिए। इसे मौखिक, लिखित, क्रियात्मक, योजनात्मक आदि अपने विभिन्न रूपों में विविध प्रकार से बच्चों के सामने रखा जाना चाहिए।
5. अभ्यास कार्य कराने में 'व्यक्तिगत अंतर' के सिद्धांत को भी ध्यान में रखा जाना चाहिए। इसके लिए, दिए जाने वाले अभ्यास कार्य को कठिनाई स्तर के हिसाब से आयोजित किया जाना चाहिए तथा विद्यार्थियों को उनके अपनी योग्यता के हिसाब से अभ्यास कार्य करने के लिये दिया जाना चाहिए।
6. अध्यापक द्वारा अपनी कक्षा में पीरियड विशेष में जो बातें पढ़ाई जाएं, अभ्यास कार्य उन्हीं पर आधारित होना चाहिए। हर हालत में यह ध्यान रखा जाए कि अभ्यास कार्य पढ़ाई गई बातों को मस्तिष्क में अच्छी प्रकार धारण करने के लिए ही काम में लाया जाता है।
7. धारण व्यूह रचना के रूप में अभ्यास कार्य सीखे हुए ज्ञान और कौशलों को स्थायी बनाने में प्रयुक्त होता है इसलिए अध्यापक को कभी भी इसे शिक्षण अधिगम परिणामों के मूल्यांकन का साधन नहीं बनाना चाहिए।
8. अभ्यास कार्य कभी भी दंड के रूप में नहीं दिया जाना चाहिए। इसे बच्चों के द्वारा अपना ऐसा मित्र एवं हितैषी समझा जाना चाहिए जो उन्हें अच्छी प्रकार सीखने और समझने में भलीभाँति मदद करता है।
9. अभ्यास कार्य में सफलता अर्जित करने के लिए यह काफी जरूरी होता है कि विद्यार्थियों का लगातार सक्रिय सहयोग प्राप्त किया जा सके। अध्यापक को शुरु से ही इसके लिए अपेक्षित सावधानी एवं प्रयत्न करने चाहिएं।
10. रुचि को किसी भी कार्य की सफलता की कुंजी कहा जाता है। इसलिए अभ्यास कार्य कराते समय बच्चों का ध्यान और रुचि बराबर बनी रहे इस बात का भी ध्यान अध्यापक द्वारा रखा जाना चाहिए।
11. अभ्यास कार्य में सभी बच्चों के द्वारा भाग लिया जाए इस बात का भी ध्यान रखना जरूरी है। किसी उपकरण पर या अन्य तरीके से कौशलों का अभ्यास कराने में थोड़ा–थोड़ा समय ज्यादा बच्चों को देना अधिक लाभदायक होता है बजाए इसके कि थोड़े बच्चों को ज्यादा समय दिया जाए।

12. अभ्यास करते समय विद्यार्थी बिना सोचे समझे अंधानुकरण न करें इस बात का भी ध्यान रखा जाना चाहिए। कराए जाने वाले अभ्यास कार्य के द्वारा उन्हें सोचने, तर्क करने तथा अपनी समस्याओं का स्वयं हल ढूँढ़ने, सृजन करने आदि कार्यों के लिए पर्याप्त अवसर मिलने चाहिएं।
13. अभ्यास कार्य एक उपयोगी एवं उत्तरदायित्वपूर्ण कार्य होता है, इस दृष्टि से विद्यार्थी और अध्यापक दोनों को ही इसे गम्भीरता से लेना चाहिए और इसे करने के लिए आवश्यक आत्मानुशासन एवं सजगता बराबर बनाए रखने का प्रयत्न करना चाहिए।
14. अभ्यास कार्य पूरी तरह निश्चित एवं उद्देश्यपूर्ण होना चाहिए। इसे कभी भी विषय और अपने उद्देश्यों से इधर–उधर नहीं भटकना चाहिए ताकि कक्षा के समय और साधनों का अपव्यय न हो। इस दृष्टि से अभ्यास कार्य करते समय कक्षा में पूरी तरह से शांत और अध्ययनशील वातावरण होना चाहिए ताकि अभ्यास कार्य बिना किसी बाधा के अच्छी तरह चलता रहे।
15. अभ्यास कार्य का पर्याप्त रूप से निरीक्षण किया जाना चाहिए। अध्यापक को यह ध्यान रखना चाहिए कि विद्यार्थी कार्य में गलती न करे। उनकी गलतियों का तत्काल ही पता लगाना चाहिए और उन्हें भली–भाँति सुधारने का पूरा प्रयत्न भी किया जाना चाहिए।
16. अभ्यास कार्य में विद्यार्थियों द्वारा की गई प्रगति की समीक्षा एवं मूल्यांकन समय–समय पर करते रहना चाहिए।

शिक्षण व्यूह रचना के रूप में गृहकार्य (Home Work as a Teaching Strategy)

अर्थ (Meaning)—गृहकार्य जैसा कि नाम से विदित होता है ऐसा कार्य है जिसे विद्यार्थियों द्वारा अपने आप अपने घरों में किया जाता है। इस कार्य का उद्देश्य होता है–

(i) विद्यालय में जो कुछ पढ़ाया गया है उसमें रह जाने वाली कमियों को पूरा करना।

(ii) विद्यालय में ज्ञान तथा कौशल को अच्छी तरह मस्तिष्क में धारण करना।

(iii) स्वाध्याय के लिए तथा अपने प्रयत्नों से स्वयं ज्ञान प्राप्त करने के लिए अवसर प्रदान करना।

(iv) बच्चों को शिक्षा प्रदान करने के प्रयत्नों में उनके माता–पिता तथा अभिभावकों का सक्रिय सहयोग प्राप्त करना।

(v) घर में मिलनें वाले बच्चों के समय का सदुपयोग कराना, तथा

(vi) विद्यालय में पढ़ाए जाने वाले अगले पाठों के लिए बालकों को पहले से ही तैयार करना, आदि–आदि।

इस प्रकार से शिक्षण व्यूह रचना में प्रयुक्त गृहकार्य वह शिक्षण व्यूह रचना है जिसका स्वरूप काफी व्यापक है और जिसके द्वारा विद्यालय में होने वाली गतिविधियों का दायरा बच्चे के घर आंगन तक बढ़ाने का प्रयास इस उद्देश्य एवं विश्वास के साथ किया जाता है कि बालक ने जो कुछ विद्यालय में सीखा है घर में उसे यथोचित पोषण और बढ़ावा मिलेगा।

उपयोगिता एवं महत्त्व (Uses and Importance)

शिक्षण व्यूह रचना के रूप में गृहकार्य का उपयोग विद्यालय पाठ्यक्रम के सभी विषयों और गतिविधियों को अच्छी तरह पोषण प्रदान करने के लिए किया जा सकता है। विद्यालय में संपन्न सभी प्रकार के सैद्धांतिक एवं क्रियात्मक

ज्ञान को स्थायी एवं प्रभावपूर्ण बनाने में गृहकार्य की महत्त्वपूर्ण भूमिका रहती है। मुख्य रूप से कुछ निम्न लाभ गृहकार्य के द्वारा अवश्य उठाए जा सकते हैं।

1. कक्षा में पढ़ाए जा रहे प्रकरणों से संबंधी गृहकार्य विद्यार्थियों को पहले से ही उचित रूप से तैयारी करने का अवसर प्रदान करता है इससे उन्हें कक्षा में पढ़ाए जा रहे पाठों को अच्छी तरह समझने में सहायता मिलती है।
2. जो कुछ कक्षा में पढ़ाया गया है विद्यार्थियों के समझने में कहीं न कहीं कोई कमी तो रह ही जाती है, दिए जाने वाले गृहकार्य को भलीभाँति करने से उनकी ये कमियाँ समाप्त हो जाती हैं।
3. गृहकार्य अगर भली प्रकार नियोजित करके दिया जाए तो इससे अध्यापक और विद्यार्थी दोनों को ही लंबे चौड़े पाठ्यक्रम को साल में उपलब्ध सीमित समय में अच्छी तरह समाप्त कर सकने में सहायता मिलती है।
4. गृहकार्य के द्वारा विद्यार्थी को काफी समय अच्छी तरह से अभ्यास करने के लिए मिल जाता है फलस्वरूप सीखे हुए ज्ञान एवं कौशलों को मस्तिष्क में बिठाने का कार्य गृहकार्य द्वारा भलीभाँति हो सकता है।
5. गृहकार्य के द्वारा स्वतंत्र रूप से कार्य करने तथा स्वाध्याय आदि के समुचित अवसर विद्यार्थियों को मिल जाते हैं।
6. विद्यार्थियों की रचनात्मक एवं सृजनात्मक योग्यताओं के विकास के लिए भी गृहकार्य समुचित अवसर प्रदान कर सकता है क्योंकि प्रदत्त गृहकार्य द्वारा उन्हें अपने आप सोचने समझने, विचारने, कल्पना करने, समस्या हल करने, निर्माण करने, योजना बनाकर अपने प्रयत्नों से कुछ नया सृजन करने, सीखे हुए ज्ञान एवं कौशलों का उपयोग करने आदि के बहुमूल्य अवसर मिलते हैं।
7. गृहकार्य अगर ठीक अनुपात में दिया जाता रहे तो इसकी सहायता से बालकों के घर में मिलने वाले अतिरिक्त समय का अच्छी तरह सदुपयोग हो सकता है।
8. गृहकार्य के माध्यम से माता–पिता तथा अभिभावकों को अपने बालकों की शैक्षणिक प्रगति की जानकारी मिलती रहती है तथा साथ ही उन्हें उनकी पढ़ाई लिखाई में सक्रिय योगदान देने के अवसर भी मिलते रहते हैं।

दोष एवं सीमाएँ (Defect and Limitations)

शिक्षण व्यूह रचना के रूप में गृहकार्य में निम्न दोष तथा कठिनाइयां देखने को मिल सकती हैं।

1. गृहकार्य का काम से जी चुराने वाले निकम्मे अध्यापकों द्वारा काफी दुरुपयोग किया जा सकता है। वे बहुत से प्रकरणों को बिना पढ़ाए हुए उनसे संबंधित बातों को गृहकार्य के रूप में बच्चों को स्वयं करने या पढ़ने के लिए दे सकते हैं और इस तरह अपनी जिम्मेदारियों से बचने का प्रयास कर सकते हैं।
2. गृहकार्य से विद्यार्थियों के ऊपर काफी अतिरिक्त दबाव पड़ता है। घर में मिलने वाले जिस समय को वे अपनी मर्जी से खेलकूद व अन्य रुचिकर क्रियाओं में बिताना चाहते हैं उसे उन्हें मजबूर होकर गृहकार्य में बलिदान करना पड़ता है। देखा जाए तो यह उनके साथ एक तरह से काफी अन्याय है क्योंकि इससे उनके सर्वांगीण विकास, विशेषकर शारीरिक व सामाजिक, में काफी बाधा पहुँचती है।
3. गृहकार्य को तो समाप्त करना ही है, इस भय या चिंता के कारण अनावश्यक रूप से बहुत सारी गलत आदतें जैसे झूठ बोलना, व्यर्थ के बहाने बनाना, कक्षा में अनुपस्थित रहना, स्कूल से भाग जाना, नकल करना आदि उनके गले मढ़ जाती है।

4. गृहकार्य व्यूह रचना के प्रयोग में एक बड़ा खतरा यह भी रहता है कि विभिन्न विषय अध्यापकों द्वारा अपनी मर्जी से कभी बहुत ज्यादा तो कभी बहुत कम कार्य विद्यार्थियों को करने के लिए दे दिया जाता है। परिणामस्वरूप कई बार तो विद्यार्थियों के पास इतना अधिक काम हो जाता है कि किसी भी तरह उसे कर पाना संभव नहीं हो पाता।
5. अधिक उत्साहवश या पढ़ाने संबंधी अपनी मेहनत बचाने अथवा कुछ अवस्थाओं में विद्यार्थियों को ट्यूशन के लिए मजबूर करने के अभिप्राय से अध्यापक विद्यार्थियों को उनकी अपनी योग्यताओं और क्षमताओं से अधिक गृहकार्य दे देते हैं। परिणाम यह होता है कि या तो माँ–बाप सारे समय घर पर बच्चों का गृहकार्य कराने में लगे रहते हैं या फिर अपने बच्चों को ट्यूशन पर भेज कर आर्थिक समस्याओं से जूझते रहते हैं।
6. अध्यापकों द्वारा जिस रूप में गृहकार्य दिया जाता है उससे कोई विशेष प्रयोजन सिद्ध नहीं होता है। उन्हें एक जैसा कार्य पाठ्य–पुस्तकों से करने के लिए कह दिया जाता है। ऐसा करने में जहाँ बच्चों में निहित व्यक्तिगत विभिन्नता के सिद्धांत को ताक पर रख दिया जाता है वहां दूसरी ओर बाजार में उपलब्ध कुंजियों या दूसरे होशियार बच्चों की कापियों से नकल करने का रास्ता भी उनके लिए खोल दिया जाता है।
7. गृहकार्य की सफलता में एक और गंभीर अड़चन अध्यापकों की इस असमर्थता और कमी को लेकर है कि उनके पास गृहकार्य देने का तो समय होता है परंतु बच्चों द्वारा किए हुए गृहकार्य को देखने तथा उसके आधार पर बच्चों को मार्गदर्शन करने के लिए उनके पास कोई समय नहीं होता। अगर इस तरह गृहकार्य को देखा ही नहीं जाए तो इसका परिणाम यह होता है कि बच्चे या तो गृहकार्य करते ही नहीं हैं या करते भी हैं तो जो कुछ उनकी कमियाँ या गलतियाँ होती हैं उसी को बार–बार दोहराते रहते हैं।
8. गृहकार्य के दिए जाने में एक खतरा यह भी है कि कुछ अध्यापकों द्वारा इसे अपने विद्यार्थियों को सजा देने का एक साधन बना लिया जाता है।

गृहकार्य व्यूह रचना को प्रभावपूर्ण बनाने हेतु सुझाव (Suggestions for Making Home Work Strategy Effective)

ऊपर जिन दोष एवं सीमाओं की चर्चा की गई है वे उनके लिए किसी भी तरह स्वयं गृहकार्य को उत्तरदायी नहीं ठहराया जा सकता। वास्तव में ये दोष उसके हैं भी नहीं। इनके लिए तो दोषी वे अध्यापक, छात्र, माता–पिता और व्यवस्था है जिसके कारण गृहकार्य जैसी उपयोगी व्यूह रचना को व्यर्थ ही में दोषी बनना पड़ता है। गृहकार्य से समुचित फायदा उठाया जाए इस कार्य हेतु कुछ निम्न बातों पर ध्यान देने की आवश्यकता होती है।

1. गृहकार्य विद्यालय में पढ़ाई जाने वाली विषय सामग्री तथा किए जाने वाले कार्यों से ही संबंधित होना चाहिए। जो बातें अभी पढ़ाई नहीं गई हैं उनके ऊपर गृहकार्य नहीं दिया जाना चाहिए।
2. जो भी गृहकार्य दिया जाए उसे अच्छी तरह सोच समझकर दिया जाना चाहिए। दिए जाने वाले गृहकार्य द्वारा तक तरफ तो पढ़ाए गए पाठ की आवश्यकताएं पूरी होनी चाहिए तो दूसरी ओर वह बालकों की रुचि, आवश्यकता और योग्यताओं के अनुरूप भी होना चाहिए। कठिनाई स्तर को ध्यान में रखते हुए इसका वर्गीकरण भी कर लेना चाहिए तथा फिर कमजोर, औसत और होशियार बालकों को उसी हिसाब से उन्हें करने को दिया जाना चाहिए। इससे एक ओर तो उन्हें उनकी योग्यतानुसार कार्य करने को मिल

जाता है तो दूसरी ओर अपने से अधिक होशियार बालकों की नोटबुक से नकल करने का अवसर कम मिलता है।

3. गृहकार्य कभी यह समझकर नहीं दिया जाना चाहिए कि और कुछ नहीं तो बच्चे इससे घर में व्यस्त हो जाएंगे। गृहकार्य देने के कुछ निश्चित प्रयोजन तथा उद्देश्य होने चाहिएं। इसके द्वारा पढ़ाई हुई बातों का अभ्यास करने तथा उन्हें अच्छी तरह धारण करने का कार्य किया जाना चाहिए तथा स्वाध्याय एवं स्वतंत्र रूप से कार्य करने के समुचित अवसर भी प्रदान किए जाने चाहिएं।
4. कई बार अध्यापक जब किसी विद्यार्थी से किसी कारण नाराज होता है तो वह उसे ढेर सारा गृहकार्य सजा के रूप में दे देता है। यह प्रवृत्ति ठीक नहीं है, इससे गृहकार्य का प्रयोजन तो सिद्ध होता ही नहीं है दूसरे छात्र के ऊपर भी गलत प्रभाव पड़ता है।
5. गृहकार्य का उचित मात्रा में दिया जाना भी आवश्यक है ताकि अधिक कार्यभार से उन पर अनावश्यक दबाव न पड़े और वे घर में मिलने वाले कुछ समय का अपनी मर्जी से उपयोग कर सकें।
6. गृहकार्य काफी रुचिकर एवं आकर्षक होना चाहिए ताकि बच्चे इसे करने के लिए अभिप्रेरित रहें। साथ में उन्हें यह भी महसूस करना चाहिए कि गृहकार्य करना उनकी अपनी शैक्षिक प्रगति के लिए अति आवश्यक है।
7. गृहकार्य देने में विद्यालय के अध्यापकों का उचित तालमेल होना चाहिए। अच्छा तो यह है कि विभिन्न कक्षाओं के लिए गृहकार्य देने संबंधी एक निश्चित टाइम टेबल हो जिससे उसे पढ़ाने वाले विभिन्न विषयों के अध्यापक अपने निर्धारित दिनों में ही गृहकार्य दें। ऐसा करने से किसी दिन भी गृहकार्य का अतिरिक्त बोझ बच्चों पर नहीं पड़ सकता।
8. गृहकार्य अच्छी तरह सोच समझ कर नियोजित ढंग से दिया जाना चाहिए। इसे जल्दबाजी में बिना सोचे समझे देना ठीक नहीं रहता। इस प्रकार के गृहकार्य जैसे 'अपनी पाठ्यपुस्तक में से कुछ प्रश्न हल करके लाना', 'जो कुछ तुम्हें आज कक्षा में पढ़ाया गया है उसे अपनी पाठ्यपुस्तक से पढ़ना', 'आज जो तुमने पढ़ा है उसे याद करके लाना, मैं तुमसे कल सुनूंगा' आदि, को दिए जाने से कोई फायदा नहीं होता।
9. गृहकार्य संबंधी समस्याओं तथा कार्य को 'सरल से कठिन', 'स्थूल से सूक्ष्म', 'ज्ञात से अज्ञात' आदि शिक्षण सूत्रों को ध्यान में रखकर उचित क्रम में व्यवस्थित कर देना चाहिए।
10. गृहकार्य करने की चिंता तथा न करने पर अध्यापक से मिलने वाली सजा का भय बच्चों को इतना अधिक न सताए कि इससे उनकी शिक्षा और स्वास्थ्य पर प्रतिकूल प्रभाव पड़े। इसलिए अध्यापक को छात्रों से गृहकार्य करने पर आवश्यक जोर तो देना चाहिए परंतु अनावश्यक सख्ती और डराना धमकाना ठीक नहीं। विद्यार्थी किन कारणों से गृहकार्य नहीं कर पा रहा है उसकी तह में जाकर ही उसे उचित कार्यवाही करनी चाहिए।
11. सदैव एक जैसा गृहकार्य देते रहना ठीक नहीं रहता। अच्छाई इसी में है कि अध्यापक गृहकार्य देने में कुछ विविधता बरते। अच्छे परिणामों की दृष्टि से वह समयानुसार गृहकार्य के निम्न वर्णित रूपों में से किसी एक–दो का चुनाव कर सकता है।
    (i) पढ़ाई जाने वाली विषयवस्तु को याद करने के लिए कहना,
    (ii) कुछ चुने हुये प्रश्नों, निबंधात्मक, वस्तुगत तथा लघु उत्तर का उत्तर लिखने के लिए कहना,
    (iii) लाभदायक और रुचिपूर्ण कार्यों (Hobbies) में लगने के लिए कहना,
    (iv) किन्हीं प्रोजेक्टों को पूरा करने में लगाना,

(v) उपयुक्त चित्र, मॉडल या स्लाइड बनाने के लिए कहना,
(vi) कक्षा में किए गए प्रयोगात्मक कार्य की पुनरावृत्ति कराना तथा
(vii) पढ़ाए गए तथ्य एवं नियमों को उपयोग में लाने के लिए कहना आदि।

12. गृहकार्य प्रभावी तभी सिद्ध हो सकता है जबकि इसकी अध्यापक द्वारा समय पर उचित जांच की जाती रहे। इसके लिए अध्यापक को विशेष रूप से यह प्रयत्न करना चाहिए कि प्रत्येक विद्यार्थी के गृहकार्य की समय पर उचित जांच होती रहे उनकी कमजोरियों का उचित निदान कर उन्हें आवश्यक परामर्श भी मिलता रहे तथा उन्हें अपनी प्रगति के मार्ग पर आगे बढ़ने के लिए आवश्यक प्रोत्साहन भी दिया जाता रहे।

समीक्षा या पुनः अवलोकन व्यूह रचना (Review Strategy)

अर्थ एवं परिभाषा (Meaning and Definition)—समीक्षा या पुनः अवलोकन का शब्दकोशीय अर्थ है पुनः आवृत्ति (Revision) या आलोचनात्मक अध्ययन (Critical study)। इस अर्थ में समीक्षा या पुनः अवलोकन व्यूह रचना से अभिप्रायः उस व्यूह रचना से है जिसके अंतर्गत विद्यार्थियों को कक्षा में विषयवस्तु या कार्य अनुभवों के रूप में दिए जाने वाले अधिगम अनुभवों की पुनरावृत्ति, समीक्षा या आलोचनात्मक अध्ययन करने का प्रयत्न किया जाता है।

वास्तव में देखा जाए तो किसी भी प्रकरण विशेष का शिक्षण या अधिगम अनुभवों को प्रदान करने सम्बन्धी कार्य विषयवस्तु को विद्यार्थियों के सामने प्रस्तुत करने मात्र से ही समाप्त नहीं हो जाता। शिक्षक को हर हालत में यह पता लगाना भी जरूरी है कि जो कुछ उसके द्वारा पढ़ाया गया है वह विद्यार्थियों द्वारा कितना कुछ ग्रहण किया गया है। अगर दिए जाने वाले ज्ञान तथा कौशलों को वे उपयुक्त ढंग से ग्रहण नहीं कर पाए हैं तो उसके लिए किसी न किसी प्रकार का अनुगमन कार्य (Follow up work) तो होना ही चाहिए जिससे ज्ञान और कौशलों की उपलब्धि को अपेक्षाकृत स्थायी और उपयोग में लाने लायक बनाए रखा जा सके। इस उद्देश्य की पूर्ति हेतु ही अध्यापक द्वारा अधिगम को स्थायित्व प्रदान करने वाली युक्तियों (Fixing devices) तथा व्यूह रचनाओं जैसे प्रश्न पूछना (Questioning) पुनरावृत्ति या पुनः अवलोकन करना (Review) अथवा अभ्यास कार्य (Drill work) कराना आदि का प्रयोग अपने शिक्षण के दौरान किया जाता है। फलस्वरूप समीक्षा या पुनः अवलोकन व्यूह रचना को अब हम निम्न शब्दों में परिभाषित करने का प्रयत्न कर सकते हैं।

समीक्षा या पुनः अवलोकन व्यूह रचना अधिगम को स्थायित्व प्रदान करने वाली वह व्यूह रचना है जिसमें पढ़ाए गए पाठ के महत्त्वपूर्ण अंशों की पुनरावृत्ति, पुनः अवलोकन तथा समीक्षात्मक अध्ययन द्वारा एक शिक्षक वांछित अधिगम अनुभवों को विद्यार्थियों की स्मृति में संजोने तथा उन्हें व्यावहारिक रूप से प्रयोग में लाने में समर्थ बनाने का प्रयत्न करता है।

समीक्षा या पुनः अवलोकन व्यूह रचना को कैसे काम में लाया जाए ? (How to Make Use of Review Strategy)

1. व्याख्यान विधि से पढ़ाते हुए जब एक अध्यापक अपने प्रकरण विशेष से संबंधित विषय सामग्री को विवरण, वर्णनात्मक और व्याख्या शैली का उपयोग करते हुए भलीभाँति प्रस्तुत कर लेता है तब इकाई या संपूर्ण पाठ की समाप्ति के पश्चात् उसे एक बार फिर पाठ के महत्त्वपूर्ण अंशों, निहित विचारों और मुख्य बिंदुओं को संक्षिप्त परंतु स्पष्ट रूप से विद्यार्थियों के सामने परंतु प्रस्तुत करना चाहिए। इस कार्य में मौखिक

प्रस्तुति के साथ–साथ वह श्यामपट लेखन तथा दृश्य–श्रव्य सामग्री–चार्ट, स्लाइड, टेपरिकॉर्डर, वीडियो आदि की सहायता ले सकता है। इस प्रकार की पुनरावृत्ति और पुनः अवलोकन, व्याख्यान विधि द्वारा प्रस्तुत किए पाठांशों को अच्छी तरह समझकर स्थायी ज्ञान की प्राप्ति में काफी सहायक सिद्ध हो सकता है।

2. अगर शिक्षक द्वारा व्याख्यान युक्त प्रदर्शन विधि (Lecture-cum-demonstration method) का प्रयोग किया जा रहा है तो जो प्रक्रिया, तथ्य तथा सिद्धांत प्रदर्शन क्रियाओं से स्पष्ट किया जा चुका है उसके बारे में प्रश्न पूछे जा सकते हैं, प्रदर्शन संबंधी महत्त्वपूर्ण बातों को पुनः बालकों के सामने दोहराया जा सकता है प्रदर्शन से प्राप्त परिणामों की समीक्षा की जा सकती है। कौशल पाठ में कौशल अर्जन संबंधी विभिन्न सोपानों की पुनरावृत्ति और पुनः अवलोकन संबंधी अवसर विद्यार्थियों को दिए जा सकते हैं ताकि विद्यार्थी और अच्छी तरह से स्पष्ट रूप से कौशल अर्जन संबंधी बातों को अपने मस्तिष्क में धारण कर सकें।
3. अधिन्यास विधि का प्रयोग करते हुए अध्यापक को पहले यह चाहिए कि वह जिस विषय या प्रकरण विशेष को अधिन्यास के लिए चुन रहा है उससे संबंधित विषय सामग्री, साहित्य तथा अनुभवों की समीक्षा तथा पुनः अवलोकन संबंधी कार्य हेतु विद्यार्थियों को प्रशिक्षित कर आवश्यक दिशा निर्देश दे दे। ऐसा करते हुए वह विद्यार्थियों को पहले से ही बता सकता है कि वह कक्षा में किस पाठ–प्रकरण या अधिगम अनुभव विशेष का शिक्षण करने जा रहा है, उसकी आवश्यक पूर्व तैयारी अब यहाँ अधिन्यास के रूप में बालकों को दी जा सकती है। उनको बताया जा सकता है कि इससे संबंधित ज्ञान और सूचनाएँ उन्हें किन–किन पुस्तकों, संदर्भ ग्रंथों तथा सूचना स्रोतों से प्राप्त होंगी। विद्यार्थियों द्वारा अब इन ग्रंथों तथा सूचना स्रोतों से सूचना तथा ज्ञान ग्रहण करने हेतु उनका समीक्षात्मक या पुनः अवलोकन संबंधी अध्ययन (Review study) किया जा सकता है ताकि कक्षा में पढ़ाए जा रहे आगामी पाठ या अधिगम अनुभवों को ग्रहण करने संबंधी आवश्यक आधार भूमि प्राप्त हो सके।
4. जो बात ऊपर कही गई है उसकी पुनरावृत्ति पाठ की समाप्ति के बाद की जाने वाली उन क्रियाओं में भी की जा सकती है जिनकी सहायता से शिक्षण के द्वारा दिए जाने वाले ज्ञान और कौशलों को विद्यार्थियों की स्मृति में तथा व्यवहार प्रक्रिया में और अधिक स्थायित्व प्रदान करने के लिए किया जाता है। यहाँ अब विद्यार्थियों से कहा जा सकता है कि वे बताएँ कि आज उन्होंने क्या सीखा। अपनी अनुक्रिया वे मौखिक, लिखित या क्रियात्मक रूप से व्यक्त कर सकते हैं। उन्होंने कक्षा के नोट्स जो लेक्चर सुनते–सुनते अथवा प्रदर्शन आदि के दौरान बनाए हैं, उनकी पुनरावृत्ति और समीक्षा करने के लिए भी कहा जा सकता है। इसके अतिरिक्त उन्हें कुछ पुस्तकों, संदर्भ–ग्रन्थों तथा सूचना स्रोतों का पुनरावलोकन तथा समीक्षात्मक अध्ययन करके प्राप्त अधिगम अनुभवों को और अधिक स्पष्ट, व्यापक और व्यावहारिक बनाने के लिए भी कहा जा सकता है।

गुण एवं उपयोगिता (Merits and Advantages)

1. समीक्षा या पुनः अवलोकन व्यूह रचना के उपयोग से शिक्षक को अपने द्वारा पढ़ाए गए पाठ की मुख्य बातों, विचारों तथा बिंदुओं को पुनः अच्छी तरह प्रकाश में लाकर निर्धारित शिक्षण–अधिगम उद्देश्यों की प्राप्ति में पर्याप्त सहायता मिलती है।
2. जो कुछ कक्षा में पढ़ा दिया गया है उस ज्ञान एवं कौशल को विद्यार्थियों के मस्तिष्क में ठीक तरह बिठाने और उसका आगे उपयोग करने में उन्हें सक्षम बनाने में यह व्यूह रचना काफी मदद कर सकती है।

3. संबंधित साहित्य एवं सूचना सामग्री का पाठ शिक्षण से पूर्व ही पुनः अवलोकन या समीक्षात्मक अध्ययन कर लेने से विद्यार्थियों को कक्षा शिक्षण संबंधी बातों को अच्छी तरह समझने और स्थायी रूप से ग्रहण करने में सुविधा हो जाती है।
4. विषय या प्रकरण विशेष से संबंधित किसी अधिन्यास को अच्छी तरह समाप्त करने संबंधी विशेष योग्यता विकसित करने में भी इस व्यूह रचना का उपयोग काफी सहायक सिद्ध होता है।
5. जो कुछ कक्षा में पढ़ा दिया जाता है उसका अन्य विषयों के अध्ययन तथा भविष्य में जीवन क्रियाओं में उपयोग कर सकने की क्षमता विकसित करने में भी यह व्यूह रचना काफी सहायक सिद्ध हो सकती है।

दोष एवं सीमाएँ (Demerits and Limitations)

1. उचित समीक्षा या पुनः अवलोकन करना आसान नहीं है। इसे करने के लिए पर्याप्त उत्साह तथा धैर्य के साथ–साथ उपयुक्त योग्यता एवं दक्षता भी चाहिए जिसके अभाव में इस व्यूह रचना के प्रयोग में सफलता नहीं मिल सकती।
2. पढ़ाए जाने वाले पाठ की महत्त्वपूर्ण बातों की पुनरावृत्ति या समीक्षा करने में शिक्षक को समय और परिश्रम दोनों की दृष्टि से काफी अतिरिक्त मेहनत करनी होती है। अधिकतर अध्यापक पाठ्यसामग्री को जैसे–तैसे प्रस्तुत करके अपनी जान छुड़ाने में ही लगे रहते हैं तथा पुनरावृत्ति और समीक्षा करने में न तो उनकी कोई रुचि होती है और न अपेक्षित दक्षता। इस दृष्टि से इस व्यूह रचना के प्रयोग में व्यावहारिक अड़चन आ जाती है।
3. पाठ्यक्रम लंबा तथा कार्य दिवसों एवं घंटों की सीमितता अध्यापकों को पढ़ाए जाने वाले पाठों या दिए जाने वाले अधिगम अनुभवों की पुनरावृत्ति, पुनः अवलोकन या समीक्षा करने के कार्य में दीवार बनकर खड़ी हो जाती है और पाठ्यक्रम समय पर समाप्त करने की जल्दी में शिक्षकों द्वारा कई बार चाहते हुए भी इस व्यूह रचना का प्रयोग नहीं कर सकते।
4. पाठ की पूर्व तैयारी या पाठ पढ़ने के पश्चात प्राप्त अधिगम अनुभवों को स्थायी बनाने की जो बात इस व्यूह रचना के लिए कही जाती है, अधिकांश विद्यार्थी न तो इस कार्य हेतु प्रशिक्षण के अभाव में इतने योग्य और सक्षम होते हैं और न ही उनमें इसके लिए कोई रुचि और उत्साह ही दिखाई देता है।

निष्कर्ष (Conclusion)—ऊपर जिस प्रकार के दोषों और सीमाओं की चर्चा की गई है उनके आधार पर हमें पुनरावलोकन या समीक्षा व्यूह रचना के प्रयोग हेतु हतोत्साहित होने की आवश्यकता नहीं है। दोष और कमियाँ ऐसी नहीं जिनका निवारण न हो सके और फिर यह जानकर कि इस व्यूह रचना के उपयोग से शिक्षण–अधिगम उद्देश्यों की पूर्ति संबंधी प्रचुर लाभों की प्राप्ति हो सकती है, हमें इसके प्रयोग हेतु और भी गंभीर प्रयत्न करने चाहिए। किसी भी नए ज्ञान और कौशल को पर्याप्त अभ्यास, पुनरावृत्ति और उसके समीक्षात्मक, आलोचनात्मक तथा गंभीर अध्ययन से ही प्राप्त किया जा सकता है और इस कार्य हेतु जितनी अधिक उपयोगी पुनः अवलोकन या समीक्षा व्यूह रचना सिद्ध हो सकती है, उतनी कोई और व्यूह रचना या शिक्षण प्रणाली नहीं।

अधिन्यास या दत्त कार्य व्यूह रचना (Assignment Strategy)

अर्थ एवं परिभाषा (Meaning and Definition)—अधिन्यास या दत्त कार्य का शब्दकोशीय अर्थ कार्य का सौंपा जाना या जिम्मेदारियों का बँटवारा करना है। इस अर्थ में अधिन्यास या दत्त कार्य व्यूह रचना से तात्पर्य ऐसी व्यूह

रचना से है जिसमें निर्धारित शिक्षण–अधिगम उद्देश्यों की प्राप्ति की दृष्टि से विद्यार्थियों को वैयक्तिक या लघु समूहों के आधार पर कुछ विशेष प्रकार के कार्य उत्तरदायित्व उनके पाठ्यक्रम या शिक्षण–अधिगम से संबंधित बातों का सैद्धांतिक या क्रियात्मक और व्यावहारात्मक ज्ञान एक निश्चित सीमा के भीतर प्राप्त करने हेतु सौंपे जाते हैं।

अधिन्यास या दत्त कार्य व्यूह रचना कैसे काम में लाई जाए ? (Procedure for Adopting Assignment Strategy)

अध्यापक द्वारा इस व्यूह रचना के प्रयोग हेतु निम्न प्रकार आगे बढ़ा जा सकता है–

(i) वर्ष–भर की पाठ्य–सामग्री को पढ़ाई के लिए वर्ष के अंदर मिलने वाले समय का अनुमान लगाकर उचित प्रकार से ऐसे छोटे–छोटे भागों में बाँट लिया जाता है, जिन्हें बालक एक निश्चित समय में पूरा करने में समर्थ हों। इन बाँटे हुए भागों में से प्रत्येक भाग को दत्त कार्य या अधिन्यास (Assignment) के नाम से पुकारा जाता है। यह बँटवारा साप्ताहिक, पाक्षिक अथवा मासिक किसी भी निश्चित अवधि के दृष्टिकोण से किया जा सकता है तथा इन्हें क्रमशः साप्ताहिक, पाक्षिक अथवा मासिक अधिन्यास के नाम से जाना जा सकता है।

(ii) विद्यार्थियों को अपना कार्य नियत समय के अंदर ही पूरा करना होता है। जब तक विद्यार्थी अपना एक अधिन्यास ठीक तरह से पूरा नहीं कर लेते, उन्हें दूसरे सप्ताह, पक्ष अथवा महीने के लिए निश्चित अधिन्यास नहीं दिया जाता। जो विद्यार्थी अवधि से पहले ही अपना कार्य समाप्त कर लेते हैं, उन्हें दूसरे अधिन्यास पर कार्य करने की पूर्ण स्वतंत्रता होती है।

(iii) विद्यार्थियों को अधिन्यास लिख कर दिए जाते हैं, क्या–क्या सावधानी बरतनी हैं, किस–किस तरह के सामान और उपकरणों की आवश्यकता पड़ेगी–कहने का तात्पर्य है कि उन्हें क्या–क्या करना है और कैसे करना है, इससे संबंधित सभी आवश्यक निर्देश और सुझाव अच्छी तरह लिखकर दे दिए जाते हैं।

(iv) प्रत्येक अधिन्यास दो भागों में बँटा हुआ होता है–पहला भाग तैयारी (Preparation) से संबंधित होता है जिसमें विद्यार्थियों को बताई गई पुस्तकों के पृष्ठों को अच्छी तरह पढ़कर, पूछे गए प्रश्नों के उत्तर लिखने होते हैं जिससे वे किसी प्रकरण के सैद्धांतिक रूप से अच्छी तरह परिचित हो जाएँ।

इसके पश्चात अध्यापक के निर्देशन में तैयार अधिन्यासों के संदर्भ में कक्षा में उचित परिचर्चा और विचार विमर्श का आयोजन किया जाता है इसके आधार पर विद्यार्थियों को उचित अधिगम अनुभव अर्जित करने में पर्याप्त सहायता की जाती है।

(v) जिन सैद्धांतिक बातों को क्रियात्मक एवं व्यावहारात्मक रूप से प्रयोग में लाने या समझने हेतु प्रयोग एवं क्रियात्मक कार्य करने की जिस रूप में जरूरत हो उसको ध्यान में रखते हुए अब विद्यार्थियों को पुनः ऐसे अधिन्यास सौंपे जाते हैं जिनमें वे वांछित क्रियात्मक, प्रयोगात्मक व व्यावहारिक अनुप्रयोग संबंधी कार्य कर सकें। इसके संपादन हेतु अध्यापक द्वारा विद्यार्थियों को सभी उपयुक्त सुझाव एवं दिशा निर्देश दे दिए जाते हैं।

(vi) विद्यार्थियों को आवश्यकता पड़ने पर अध्यापक से उचित परामर्श लेने और व्यक्तिगत रूप से अपनी कठिनाइयों को हल करवाने की पूर्ण सुविधा होती है तथा सभी प्रकार के आवश्यक साज–सामान युक्त प्रयोगशाला तथा पुस्तकालय की भी उन्हें सुविधा दी जाती है।

(vii) विद्यार्थियों को पहले तैयारी वाले प्रथम भाग (Preparation part) का कार्य पूरा करना होता है। जो विद्यार्थी यह कार्य पूरा नहीं करते, उन्हें अधिन्यास के दूसरे भाग जिसमें क्रियात्मक, प्रयोगात्मक या व्यावहारिक अनुप्रयोग संबंधी कार्य करना होता है, पर कार्य करने की अनुमति नहीं दी जाती है।

(viii) इस प्रणाली में स्कूल में विषय विशेष के शिक्षण के समय को मोटे तौर पर दो भागों में बाँट लिया जाता है। एक भाग में बालक सामूहिक रूप से पढ़ते हैं, वाद–विवाद करते हैं तथा इसमें अध्यापक कुछ आवश्यक प्रयोगों का प्रदर्शन भी करता है। दूसरे भाग में बालक अपने अधिन्यास से संबंधित कार्य को प्रयोगशाला, कार्यशाला अथवा अध्ययन कक्ष में अपने आप करने का प्रयत्न करता है। उसे कार्य करने की पूर्ण स्वतंत्रता दी जाती है।

(ix) अध्यापक द्वारा विद्यार्थियों की प्रगति से परिचित होने के लिए कार्य की प्रगति से संबंधित लेखा–जोखा (Record) रखा जाता है, जिससे कि बच्चों के कार्य का समय–समय पर मूल्यांकन किया जा सके। इसके अतिरिक्त यह लेखा–जोखा विद्यार्थियों को स्वयं भी अपनी प्रगति के बारे में सब कुछ बतलाता रहता है।

दत्त कार्य या अधिन्यास व्यूह रचना के गुण (Merits of Assignment Strategy)

1. **व्यक्तिगत अंतर को उचित मान्यता**—यह व्यूह रचना छात्रों के व्यक्तिगत अंतर को ध्यान में रखकर पढ़ाई करने के लिए ही बनाई गई है। इसमें बालकों को व्यक्तिगत रुचि और योग्यता के अनुसार कार्य करने का पूर्ण अवसर दिया जा सकता है। मंद बुद्धि वाले विद्यार्थी को तीव्र बुद्धि वाले विद्यार्थियों के साथ दौड़ नहीं लगानी पड़ती और न तीव्र बुद्धि वाले विद्यार्थियों को मंद बुद्धि वाले बालकों के साथ लटकते रहना पड़ता है। सभी बालक अपनी गति से आगे बढ़ने का प्रयत्न करते हैं। कोई किसी के कार्य में बाधक नहीं होता। जो बच्चा अपना कार्य जल्दी कर लेता है, उसे आगे के अधिन्यास पर कार्य करने की छूट होती है। जो पीछे रह जाते हैं, उनके कार्य में भी किसी के आगे बढ़ जाने में कोई बाधा नहीं पहुँचती।

2. **कई उपयोगी आदतों का विकास**—इस व्यूह रचना के उपयोग से बच्चों में कई अच्छी आदतें आ जाती हैं।

   (क) **उत्तरदायित्व की भावना**—अपने अधिन्यास को उन्हें निश्चित अवधि में ही पूरा करना होता है, इससे उनमें उत्तरदायित्व की भावना आती है।

   (ख) **स्वाध्याय, स्वावलंबन एवं आत्मनिर्भरता**—अपना कार्य उन्हें अपने स्वयं के परिश्रम से ही पूरा करना होता है। इसके लिए उन्हें बहुत–सी पुस्तकों का अध्ययन करना होता है। स्वयं निरीक्षण तथा परीक्षण करने होते हैं। इससे उनमें स्वाध्याय की आदत का विकास होता है। पुस्तकें पढ़ने के प्रति उनकी रुचि बढ़ती है। स्वयं करके सीखने की अच्छी आदत उनमें विकसित होती है और कम–से–कम बाहरी सहायता लेकर अपना कार्य स्वयं करते रहने से उनमें आत्मविश्वास, स्वावलंबन आदि गुण जन्म लेते हैं।

   (ग) **आत्मविश्वास की भावना**—अपने द्वारा किए प्रयत्नों से ही अपना–अपना कार्य ठीक प्रकार से समाप्त करने से उनमें अपनी योग्यता और सामर्थ्य के प्रति विश्वास पैदा होता है। वे प्रत्येक कार्य पूर्ण आत्मविश्वास से करने लगते हैं।

3. **स्वतंत्र वातावरण**—इस प्रणाली में विद्यार्थियों को अपने—अपने ढंग से कार्य करने की पूर्ण स्वतंत्रता होती है। समय की कोई विशेष पाबंदी नहीं होती। उनका जब तक दिल करता है, काम करते हैं, जब दिल भर जाता है, काम बंद कर देते हैं। वे इच्छानुसार प्रयोगशाला और पुस्तकालय में अथवा बाहर जाकर अध्ययन कर सकते हैं। उन्हें आपस में अथवा अध्यापक से प्रश्न पूछने, अपनी शंका का समाधान करने एवं अपने कार्य में उचित सहायता एवं परामर्श लेने की पूर्ण स्वतंत्रता होती है। इस तरह के स्वतंत्र वातावरण में वे पूरी तरह मन लगाकर अच्छी तरह अपना—अपना कार्य करते रहते हैं।

4. **अच्छे गुरु-शिष्य संबंध**—इस व्यूह रचना में अध्यापक को विद्यार्थियों को अधिन्यास (Assignment) देने के अतिरिक्त समय—समय पर व्यक्तिगत रूप से उनके कार्य की देखभाल करनी होती है, उन्हें आवश्यकतानुसार उचित समय पर उचित परामर्श एवं सहायता देनी होती है। क्योंकि अध्यापकों को एक अच्छे पथ—प्रदर्शक और सहयोगी के रूप में कार्य करना होता है और विद्यार्थी को भी अपने कार्य में उचित गति से आगे बढ़ते रहने के लिए अध्यापक से सलाह और सहायता की आवश्यकता पड़ती ही रहती है इस तरह से दोनों ही एक—दूसरे के निकट आते हैं और उनके संबंध मधुर बन जाते हैं।

5. **प्रगति का लेखा रखने संबंधी लाभ**—इस व्यूह रचना में प्रगति—पत्र एवं चार्टों की सहायता से विद्यार्थियों की प्रगति का लेखा—जोखा रखा जाता है। इससे प्रत्येक विद्यार्थी की प्रगति का ठीक—ठीक चित्र अध्यापक की आँखों के सामने रहता है। कौन—सा विद्यार्थी किस गति से कार्य कर रहा है, किसने अपना अधिन्यास पूरा किया है, किसने नहीं, कौन जी चुराता है और कौन पूरे मन और परिश्रम से कार्य करता है, इत्यादि—इत्यादि। विद्यार्थियों को भी अपनी प्रगति के बारे में समय—समय पर सूचना मिलती रहती है। उन्हें अपना कार्य समय पर समाप्त करने का ध्यान रहता है तथा एक कार्य समाप्त कर दूसरा हाथ में लेने की प्रेरणा मिलती रहती है। इसके अतिरिक्त प्रगति का ठीक—ठीक ज्ञान होने से विद्यार्थियों का उचित वर्गीकरण करने और उन्हें उचित समय पर आगे की कक्षाओं में चढ़ाने में भी बहुत सुविधा हो जाती है।

6. **अनुशासन की समस्या का अंत**—इस व्यूह रचना में विद्यार्थियों को केवल आवश्यक निर्देश ही दिए जाते हैं। जो कुछ करना होता है, अपनी सभी शक्तियों का पूरी तरह से उपयोग करते हुए निश्चित अवधि के भीतर अपने आप ही करना होता है। अतः बच्चे अपना उत्तरदायित्व समझकर पूर्ण आत्मविश्वास के साथ कार्य को पूर्ण करने में जुटे रहते हैं। दूसरे, इस विधि में उन्हें पूरी तरह स्वतंत्र वातावरण में कार्य करने का अवसर मिलता है, उन पर समय की कोई पाबंदी नहीं होती। वे यह नहीं समझते कि उनसे कार्य कराया जा रहा है और उन्हें इसे अपनी इच्छा के विरुद्ध करना पड़ रहा है इस तरह अपनी इच्छानुकूल कार्य के होने तथा उत्तरदायित्व की भावना आने से अनुशासनहीनता की समस्या समाप्त हो जाती है।

7. **अनुसंधानात्मक तथा रचनात्मक शक्तियों का विकास**—इस विधि में स्वयं करके सीखने और अपने प्रयत्नों द्वारा उचित छानबीन करके ज्ञान प्राप्त करने पर जोर दिया जाता है। विद्यार्थियों की जिज्ञासा, संग्रह, अन्वेषणात्मक एवं रचनात्मक प्रवृत्तियों को पोषण मिलता है। इस तरह से विद्यार्थियों को अपनी—अपनी मानसिक शक्तियों का ठीक—ठीक उपयोग करते हुए अपनी अनुसंधानात्मक और रचनात्मक शक्तियों का विकास करने हेतु उचित अवसर प्राप्त होते रहते हैं।

8. **क्रियात्मक कार्य को उचित महत्त्व**—यह विधि 'करो और सीखो' (Learning by doing) के सिद्धांत पर आधारित है। इसके द्वारा बच्चों को अपने—आप कार्य करने का पूरा—पूरा अवसर मिलता है, जिससे उनकी मनोवैज्ञानिक आवश्यकताओं की भी पूर्ति हो जाती है।

दत्त कार्य या अधिन्यास व्यूह रचना के दोष और सीमाएँ
(Defects and Limitations of Assignment Strategy)

1. **सभी विद्यार्थियों के लिए उपयुक्त नहीं**—इस व्यूह रचना का ठीक—ठीक प्रयोग तभी हो सकता है, जबकि प्रत्येक बच्चा अपने उत्तरदायित्व को समझकर अपने—आप बिना किसी आलस्य के नियमित रूप से अपना कार्य करता रहे, परंतु इस तरह के विद्यार्थी कम ही होते हैं। अधिकतर बच्चे या तो आज का काम कल पर छोड़ देने के आदी होते हैं अथवा काम से दूर भागना चाहते हैं। आज हमारे विद्यालयों में बहुत कम विद्यार्थी ही ऐसे होते हैं, जो अपने प्रयत्नों से बिना औपचारिक पढ़ाई के द्वारा ज्ञान प्राप्त करने में समर्थ हो सकें। उन्हें पूरी स्वतंत्रता देने का अर्थ है, उनकी प्रगति के मार्ग में बाधा खड़ी कर देना। अतः विद्यार्थियों को औपचारिक रूप से पढ़ाना और पहले स्वयं बताना आवश्यक ही हो जाता है। हाँ, कभी—कभी अभ्यास कार्य तथा गृह कार्य के रूप में अधिन्यास दिए जा सकते हैं।
2. **नकल करने की आशंका**—पूरी तरह से कार्य करने में स्वतंत्रता देने से जहाँ हम यह आशा करते हैं कि विद्यार्थी स्वयं अपने प्रयत्नों द्वारा ज्ञान प्राप्त करेंगे, वहाँ इसके स्थान पर उनके दूसरों द्वारा अपने कार्य कराने और दूसरों के किए हुए कार्य की नकल करने की आशंका ही बनी रहती है। कमजोर, कामचोर अथवा चालाक विद्यार्थी परिश्रमी और योग्य विद्यार्थियों से अनुचित सहायता लेते रहते हैं अथवा उनके कार्य की नकल करते रहते हैं। इस तरह इस व्यूह रचना का वास्तविक उद्देश्य ही समाप्त हो जाता है।
3. **अध्यापक पर अधिक बोझ**—इस व्यूह रचना द्वारा पढ़ाने में अध्यापक को बहुत कार्य करना पड़ता है। ठीक प्रकार से अधिन्यास तैयार करना, विद्यार्थियों के कार्य का व्यक्तिगत रूप से निरीक्षण करते रहना, उन्हें व्यक्तिगत रूप से उचित निर्देशन, परामर्श एवं सहायता देना आदि के लिए विषय के विस्तृत अध्ययन, कार्यकुशलता कठिन परिश्रम तथा पूर्ण रुचि एवं उत्साह की आवश्यकता होती है। इस तरह यह प्रणाली अध्यापक से बहुत आशा रखती है जिसके लिए वर्तमान परिस्थितियों में कार्यभार से दबे हुए अध्यापक न तो समय ही निकाल सकते हैं और न वे इतना कुछ कर सकने में समर्थ हो सकते हैं।
4. **खर्चीली**—इस व्यूह रचना को प्रयोग में तभी लाया जा सकता है जबकि स्कूल में पूरे साज—सामान से युक्त एक अच्छी प्रयोगशाला कार्यशाला और पुस्तकालय हो। इन साधनों को जुटा पाना कोई खेल नहीं है। इनके लिए बहुत अधिक खर्च करना पड़ता है। अपने स्कूलों में यह सब कुछ कर लेना अभी दूर का स्वप्न ही है।
5. **वर्तमान परिस्थितियों में अनुपयुक्त**—वर्तमान शिक्षा—प्रणाली और प्राप्त साधनों को देखते हुए इस व्यूह रचना के प्रयोग में कुछ व्यावहारिक अड़चनें आती हैं—

(i) इस पर आधारित पाठ्यपुस्तकें उपलब्ध नहीं हैं।
(ii) अनुभवी एवं कार्यकुशल अध्यापकों का, (जो इसे ठीक प्रकार से काम में ला सकें) भी अभाव है।
(iii) कक्षाओं में विद्यार्थियों की संख्या अधिक होने से उन पर व्यक्तिगत ध्यान देना संभव नहीं हो सकता।
(iv) पाठ्यक्रम कुछ अधिक लंबे होते हैं जिन्हें इस व्यूह रचना द्वारा पढ़ाकर समाप्त करना कठिन होता है।
(v) वर्तमान परीक्षा प्रणाली में इस व्यूह रचना द्वारा की गई पढ़ाई को कोई स्थान प्राप्त नहीं है।

उपर्युक्त कुछ कमियों एवं दोषों के होते हुए भी अधिन्यास व्यूह रचना में कुछ ऐसी विशेषताएँ हैं जो इस प्रयोग को बहुत ही उपयुक्त ठहराती हैं। अच्छा तो यही है कि व्यक्तिगत रूप से कार्य करने अथवा सामूहिक पढ़ाई करने के बीच का मार्ग ही अपना लिया जाए। आजकल की परिस्थितियों में तथा बढ़ती हुई संख्या को देखकर सामूहिक पढ़ाई ही अधिक अनुकूल है। इसलिए उसे तो अपनाना ही चाहिए, परंतु साथ–साथ व्यक्तिगत रूप से कार्य करने के अवसर भी अवश्य दिए जाने चाहिए। अधिक अधिन्यास न दिए जाएँ पर कुछ थोड़े–बहुत अधिन्यास पढ़ाए गए अंशों के अभ्यास और पुनरावृत्ति के लिए अवश्य दे देने चाहिए जिससे बच्चों को अपनी रचनात्मक और अन्वेषणात्मक शक्तियों के प्रदर्शन का उचित अवसर मिल सके। जहाँ तक विद्यार्थियों के काम न करने का और नकल करने का प्रश्न है, कुछ अधिक सावधानी रखने से इसे नियंत्रित किया जा सकता है।

ट्यूटोरियल व्यूह रचना (Tutorial Strategy)

अर्थ एवं परिभाषा (Meaning and Definition)—ट्यूटोरियल व्यूह रचना शिक्षण की वह व्यूह रचना है जिसके अंतर्गत किसी एक विद्यार्थी या विद्यार्थियों के एक लघु समूह को किसी एक ट्यूटर (शिक्षक) द्वारा व्यक्तिगत और वैयक्तिक स्तर पर अनुदेशन या शिक्षण प्रदान करने का प्रयत्न किया जाता है। शिक्षण व्यूह रचना के रूप में इस व्यूह रचना का प्रयोग पाठ्यक्रम के सभी विषयों तथा विषयवस्तु के शिक्षण तथा व्यक्तित्व के सभी पक्षों का समुचित विकास करने हेतु भलीभाँति किया जा सकता है। यह व्यूह रचना सभी प्रकार के अधिगमकर्त्ताओं (Learners), चाहे वे किसी भी आयु, ग्रेड या योग्यता और मानसिक स्तर के क्यों न हों, के अनुकूल सिद्ध हो सकती है। निजी स्तर को अगर फिलहाल छोड़ दें तो विद्यालय परिस्थितियों में ट्यूटोरियल व्यूह रचना परंपरागत कक्षा शिक्षण के एक सहायक साधन के रूप में प्रायः निम्न उद्देश्यों की पूर्ति हेतु अच्छी तरह काम में लाई जा सकती है।

(i) कक्षा शिक्षण व्यवस्था में जो विद्यार्थी अधिगम अर्जन में कठिनााई अनुभव कर रहे हैं या किसी रूप में पीछे रह गए हैं उनके लिए उपयुक्त उपचारात्मक (Remedial) या पूरक (Supplementary) अनुदेशन की व्यवस्था करना।

(ii) अधिगम प्रक्रिया में सक्रिय साझीदारी निभाने तथा समयानुसार तत्काल प्रतिपुष्टि (Feedback) प्राप्त करने हेतु विद्यार्थियों को अधिक से अधिक अच्छे और सुनियोजित अवसर प्रदान करने में सहायक बनना।

(iii) शैक्षिक प्रयासों द्वारा अच्छे से अच्छे अधिगम परिणामों की प्राप्ति हेतु विद्यार्थियों पर आवश्यक व्यक्तिगत एवं वैयक्तिक स्तर पर उचित ध्यान देने में सहायक बनना।

(iv) शिक्षण मशीन, कंप्यूटर तथा योग्य विद्यार्थियों के ट्यूटर के रूप में कार्य करने की स्थिति में कक्षा अध्यापक को शिक्षण उत्तरदायित्वों के निर्वाह के संदर्भ में उचित सहायता एवं राहत प्रदान करना।

ट्यूटोरियल व्यूह रचना के विभिन्न प्रकार एवं शैलियाँ (Various Modes and Styles of Tutorial Strategy)

ट्यूटोरियल व्यूह रचना को शिक्षण–अधिगम परिस्थितियों, प्रयोजन तथा ट्यूटर की अपनी प्रकृति और उसके द्वारा निभाए जाने वाले उत्तरदायित्वों को ध्यान में रखते हुए कुछ निम्न प्रकारों एवं शैलियों के रूप में अपनाया जा सकता है।

(i) कक्षा अध्यापक या विषय विशेष के अध्यापक द्वारा स्वेच्छा से ट्यूटर के रूप में अतिरिक्त उत्तरदायित्व संभालने की जिम्मेदारी ली जा सकती है। इस व्यवस्था में जो विद्यार्थी अधिगम कठिनाइयों का अनुभव

कर रहे हैं या पढ़ाई में किसी वजह से पिछड़ गए हैं उन्हें व्यक्तिगत या सामूहिक रूप से अनुदेशन या शिक्षण प्रदान करने का कार्य खाली पीरियड़ों, टाइमटेबल के अलावा अतिरिक्त समय या छुट्टी के दिनों में जैसा भी परस्पर तथा विद्यालय अधिकारियों के सहयोग से तय किया जा सके, किया जा सकता है।

(ii) विद्यालय स्वयं आगे बढ़कर ट्यूटोरियल कक्षाओं के आयोजन की व्यवस्था कर सकता है। धीमी गति से सीखने वाले बालक, पिछड़े बालक तथा शारीरिक रूप से अपंग बालक जो भी किसी वजह से सामान्य कक्षा–कक्ष के अधिगम कार्यों में कठिनाई अनुभव कर रहे हैं और जिन्हें कुछ अतिरिक्त या अलग शिक्षण चाहिए ऐसे सभी बालकों के लिए ट्यूटोरियल व्यूह रचना को काम में लाते हुए अलग या अतिरिक्त शिक्षण व्यवस्था की जा सकती है। यही काम उन सभी विद्यार्थियों के साथ भी किया जाना चाहिए जिन्हें मेधावी, प्रतिभाशील तथा सृजनशील समझा जाता है। ट्यूटोरियल व्यवस्था के द्वारा उनकी प्रतिभा तथा सृजनशीलता को भी पल्लवित एवं पोषित करने के उचित अवसर प्रदान किए जा सकते हैं।

(iii) ट्यूटोरियल व्यूह रचना के प्रयोग में अध्यापक, कक्षा के प्रतिभाशाली और होशियार विद्यार्थियों से भी आवश्यक सहयोग प्राप्त कर सकता है। वह उन्हें ट्यूटर की भूमिका निभाने के लिए आगे ला सकता है। ये विद्यार्थी ट्यूटर (Tutor) अपने साथियों की अधिगम संबंधी कमियों को पूरा करने में भलीभाँति सक्रिय भूमिका निभा सकते हैं तथा उन्हें अपनी तरह ही विषय विशेष संबंधी स्वामित्व अधिगम स्तर (Mastery learning level) तक पहुँचाने में उनकी पर्याप्त मदद कर सकते हैं। विभिन्न प्रयोगों और परीक्षणों को सफलतापूर्वक करने, आवश्यक कौशलों को सीखने तथा कार्य अनुभव संबंधी विशेष क्रियाओं के संपादन में अपने साथियों की आवश्यक सहायता करने में छात्र ट्यूटरों द्वारा किया गया परिश्रम काफी अच्छे परिणाम ला सकता है।

(iv) ऐसे जरूरतमंद विद्यार्थी (a) जो किन्हीं कारणों से पढ़ाई में पिछड़ गए और अब साथी विद्यार्थियों के साथ कदम से कदम मिलाकर चलने की इच्छा रखते हैं और (b) जो अच्छे डिवीजन या विशेष उपलब्धि चाहते हैं अथवा किन्हीं उच्च शैक्षिक और व्यावहारिक पाठ्यक्रम में प्रवेश चाहते हैं–प्राइवेट ट्यूटरिंग (Private tutoring), जिसे आमतौर पर कोचिंग (Coaching) का नाम दिया जाता है, की सहायता ले सकते हैं। इस प्रकार की ट्यूटरिंग विद्यालयों में आम शिक्षकों अथवा व्यावसायिक ट्यूटरों के द्वारा उनके घर अथवा कोचिंग संस्थानों में दी जाती है। इसे अगर ट्यूटर विशेष चाहे और विद्यार्थियों में अधिक फीस देने की गुंजाइश हो तो इच्छुक विद्यार्थीगण अपने निवास स्थानों पर भी प्राप्त कर सकते हैं। इस प्रकार से ऐसी ट्यूटरिंग सेवा पूरी तरह से निजी और व्यक्तिगत होती है। इससे किसी एक विद्यार्थी अथवा विद्यार्थियों के समूह विशेष को व्यक्तिगत तथा सामूहिक दोनों प्रकार से अनुदेशन प्रदान किया जा सकता है। विद्यालयों के नियमित अध्यापकों द्वारा किए गए इस प्रकार ट्यूटोरियल कार्य की प्रायः यह कहकर आलोचना की जाती है कि इससे अध्यापकों का लालच बढ़ जाता है, वे विद्यालय में न पढ़ाकर विद्यार्थियों को ट्यूशन पर आने हेतु अकारण ही मजबूर करते रहते हैं।

(v) ट्यूटोरियल व्यूह रचना द्वारा शिक्षण कार्य स्व–अधिगम या स्व–अनुदेशन प्रारूपों में भी अभिक्रमित अधिगम पैकेज (Programmed learning packages), शिक्षण मशीन तथा कंप्यूटर सह–अनुदेशन की सहायता लेकर भलीभाँति आयोजित किया जा सकता है। आज के समय में जितनी अच्छी तरह से एक अच्छे ट्यूटर की भूमिका कंप्यूटरों द्वारा निभाई जा सकती है वैसी किसी अन्य मानवीय तथा भौतिक संसाधन द्वारा संभव नहीं है। अनगिनत अधिगम कक्षाओं को उनकी अपनी कठिनाइयों, रुचियों, आवश्यकताओं तथा क्षमताओं के मुताबिक उनकी मर्जी के मुताबिक समय और गति से बेहतर स्व–शिक्षा बिना किसी विशेष प्रयास (मात्र माउस क्लिक करने) के प्रदान कराना इन्हीं के द्वारा संभव है।

ट्यूटोरियल व्यूह रचना को कैसे उपयोग में लाया जाए ?
(Procedure for Adopting Tutorial Strategy)

ट्यूटोरियल व्यूह रचना के प्रयोग हेतु एक शिक्षक द्वारा निम्न प्रकार आगे बढ़ा जा सकता है–

1. **विद्यार्थी के साथ उचित सौहार्द स्थापित करना (To establish rapport with the learner)**—ट्यूटोरियल व्यूह रचना हेतु शिक्षक और शिक्षार्थी में आवश्यक सौहार्द स्थापित करने की आवश्यकता पड़ती है। अतः एक अच्छे ट्यूटर की भूमिका निभाने हेतु शिक्षक को ट्यूटरिंग लेने वाले विद्यार्थी या विद्यार्थी समूह को पहले भलीभाँति जानने और समझने का प्रयत्न करना चाहिए। इसके पश्चात् उसे उनका विश्वास जीतने का प्रयत्न करना चाहिए ताकि वे खुलकर अपनी जिज्ञासा और कठिनाइयों को शिक्षक के सामने रखकर उचित मार्गदर्शन प्राप्त कर सकें तथा ट्यूटरिंग से भलीभाँति लाभान्वित होने के लिए शिक्षण–अधिगम प्रक्रिया में सक्रिय भागीदारी निभा सकें।
2. **विद्यार्थियों की योग्यताओं, रुचियों तथा क्षमताओं की जानकारी (Knowing about the abilities, interests and potential of the students)**—अध्यापक को उचित परीक्षणों एवं तकनीकों की सहायता से विद्यार्थियों की रुचियों, आवश्यकताओं, योग्यताओं एवं क्षमताओं की सही जानकारी प्राप्त करने का प्रयत्न करना चाहिए। उसे आवश्यक निदानात्मक परीक्षाओं (Diagnostic testing) का प्रयोग करके किसी भी अधिगम क्षेत्र विशेष में विद्यार्थियों के ज्ञान एवं कौशल अर्जन संबंधी अधिगम कठिनाइयों, कमजोरियों तथा उपलब्धियों के स्तर की समुचित जानकारी लेकर ही अपनी ट्यूटोरियल गतिविधियों के नियोजन और कार्यान्वयन की दिशा में आगे बढ़ना चाहिए।
3. **उपचारात्मक या पूरक अनुदेशन प्रदान करना (Providing remedial or supplementary instructions)**—जो कुछ भी जानकारी निदानात्मक परीक्षणों तथा रुचि एवं योग्यता परीक्षणों के द्वारा विद्यार्थियों के बारे में ज्ञात होती है उसे आधार बनाकर अब उनके लिए उपचारात्मक तथा पूरक अनुदेशन प्रदान करने हेतु सभी संभव प्रयत्न किये जाते हैं। ये प्रयत्न पूरी तरह से वैयक्तिक एवं व्यक्तिगत तौर पर किए जाते हैं। यहाँ यह पूरा ध्यान रखा जाता है कि प्रत्येक विद्यार्थी को उसकी अधिगम कठिनाइयों के निवारण करने तथा अपनी योग्यताओं और क्षमताओं के हिसाब से समुचित ढंग से प्रगति करने हेतु पर्याप्त व्यक्तिगत ध्यान, देखभाल और अवसर प्राप्त हों।
4. **वैयक्तिक और व्यक्तिगत अनुदेशन प्राप्त करना (Providing individualized and personalized instructions)**—ट्यूटोरियल व्यूह रचना के प्रयोग में सभी अवस्थाओं में विद्यार्थियों को वैयक्तिक और व्यक्तिगत स्तर पर अनुदेशन देने का प्रयत्न किया जाता है। विद्यार्थियों को प्रोत्साहित किया जाता है कि वे अपनी कठिनाइयों के निवारण हेतु जिस तरह के प्रश्न पूछना चाहें, पूछ सकते हैं और फिर उनकी रुचियों, योग्यताओं और क्षमताओं को दृष्टि में रखते हुए उन्हें उचित मार्गदर्शन प्रदान किया जाता है। साथी विद्यार्थियों की उचित मदद करने हेतु मानीटर विद्यार्थियों को भी ट्यूटर के रूप में प्रयोग करने का प्रयत्न किया जाता है। अभिक्रमित अधिगम पैकेजों, शिक्षण मशीन तथा कंप्यूटर सह–अनुदेशन जैसे स्व–शिक्षण तरीकों का भी इस प्रकार के अनुदेशन प्रदान करने में समुचित सहायता ली जा सकती है।
5. **उचित मूल्यांकन एवं प्रतिपुष्टि (Appropriate evaluation and feedback)**—ट्यूटोरियल व्यूह रचना का प्रयोग समय–समय पर वांछित मूल्यांकन तथा इसके आधार पर विद्यार्थियों को अधिगम पथ पर अच्छी तरह आगे बढ़ने हेतु तत्काल प्रतिपुष्टि प्रदान करते रहने की माँग करता है। इसलिए ट्यूटर से यह अपेक्षा की जाती है कि वह प्रश्नोत्तर विधि, इकाई परीक्षणों एवं शिक्षण अधिगम प्रक्रिया के उपरांत लिए गए उपलब्धि परीक्षणों के आधार पर समय–समय पर विद्यार्थियों की अधिगम प्रगति का मूल्यांकन करता रहे

और फिर इन मूल्यांकन परिणामों का तत्काल प्रतिपुष्टि प्रदान करने तथा वांछित शैक्षिक प्रगति की ओर ले जाने में उपयोग करता रहे।

ट्यूटोरियल व्यूह रचना के गुण (Merits of Tutorial Strategy)

ट्यूटोरियल व्यूह रचना को निम्न गुणों एवं उपयोगिता से युक्त माना जा सकता है–

1. ट्यूटोरियल व्यूह रचना में विद्यार्थी अध्यापक संबंधों की निकटता और आपसी सौहार्द का वातावरण बना रहने के कारण प्रभावपूर्ण अनुदेशन की संभावनाएँ अधिक रहती हैं।
2. ट्यूटरिंग प्राप्त कर रहे विद्यार्थियों पर सामान्य कक्षा शिक्षण की तुलना में अधिक व्यक्तिगत ध्यान दिया जा सकता है और परिणामस्वरूप उनकी उचित देखरेख, मार्गदर्शन तथा सहायता करने की बातें इस व्यूह रचना शिक्षण में ज्यादा संभव हो सकती है।
3. इसके माध्यम से वैयक्तिक और व्यक्तिगत स्तर पर अनुदेशन प्रदान करना अधिक संभव होता है।
4. ट्यूटोरियल व्यूह रचना में निदानात्मक और उपचारात्मक शिक्षण काफी उपयुक्त ढंग से प्रदान किया जा सकता है।
5. इस व्यूह रचना में विद्यार्थियों को अपने विचारों को अध्यापक के सामने बिना किसी संकोच के प्रकट करने का पूरा–पूरा अवसर मिलता है। वे अपनी अधिगम कठिनाइयों, समस्याओं तथा उम्मीदों को अध्यापक के सामने ठीक प्रकार रखकर अध्यापक से तत्काल ही उचित समाधान, परामर्श और सहायता प्राप्त कर सकते हैं।
6. ट्यूटोरियल व्यूह रचना की प्रमुख विशेषता और अच्छाई उसके द्वारा प्रदत्त प्रतिपुष्टि व्यवस्था (Feedback mechanism) में है। यहाँ शिक्षक और शिक्षार्थी के मध्य उचित अंतःक्रिया होने के पूरे अवसर होते हैं। जो कुछ भी विद्यार्थी द्वारा पूछा जाता है अध्यापक द्वारा उसका तुरंत ही उत्तर मिलता है और विद्यार्थियों द्वारा की गई प्रत्येक अनुक्रिया और जवाब को अध्यापक द्वारा तत्काल ही वांछित पुनर्बलन (Reinforcement) प्रदान किया जाता है। विद्यार्थी को अपने अधिगम परिणामों की प्रगति के बारे में निरंतर जानकारी मिलती रहती है जिससे उसके अधिगम प्रयत्नों को लगातार उचित पुनर्बलन प्राप्त होता रहता है और उसके कदम आगे के अधिगम मार्ग पर बढ़ते रहते हैं।
7. जहाँ एक ओर यह व्यूह रचना धीमी गति से पढ़ने वाले, शैक्षणिक दृष्टि से पिछड़े हुए और अधिगम कठिनाइयों के शिकार विद्यार्थियों को समुचित उपचारात्मक (Remedial) तथा पूरक (Supplementary) अनुदेशन प्रदान करने में सर्वोत्तम व्यूह रचना सिद्ध हो सकती है वहीं दूसरी ओर प्रतिभाशाली तथा सृजनशील विद्यार्थियों की प्रतिभा और सृजनशीलता को ठीक ढंग से पोषित और पल्लवित करने हेतु उचित अधिगम अनुभवों तथा परिस्थितियों को प्रदान करने का कार्य भी इस व्यूह रचना द्वारा भलीभाँति संभव होता है।

दोष एवं सीमाएँ (Demerits and Limitations)

ट्यूटोरियल व्यूह रचना में प्रायः निम्न दोष और सीमाओं की उपस्थिति मानी जाती है।

1. ट्यूटर के रूप में सफल होने के लिए एक अध्यापक को बहुत अधिक सहनशील, व्यवहारकुशल, सहृदय, स्नेही, जनतांत्रिक तथा अपने विषय और उसकी उचित प्रस्तुति में अपेक्षित रूप से पारंगत होना जरूरी होता है ताकि वह ट्यूटरिंग प्राप्त कर रहे बच्चों का विश्वास जीतने और उनके साथ आत्मीयता बनाकर

उन्हें सभी तरह का वांछित मार्गदर्शन प्रदान कर सके। दिल को दिल से जोड़ने वाली इन अपेक्षित ट्यूटोरियल योग्यताओं के अभाव में अध्यापक की इस व्यूह रचना के प्रयोग में वांछित सफलता प्रायः संदिग्ध ही रहती है।

2. इस व्यूह रचना में शिक्षकों से यह आशा की जाती है कि वे प्रत्येक विद्यार्थी पर व्यक्तिगत रूप से ध्यान दें, उनकी समस्याओं को समझें तथा उनका वैयक्तिक और व्यक्तिगत ढंग से उचित मार्गदर्शन तथा सहायता प्रदान करें। उपलब्ध शैक्षिक परिस्थितियों में यह कार्य आसान नहीं है। कक्षाओं में विद्यार्थियों की बढ़ती भीड़, लंबा–चौड़ा पाठ्यक्रम तथा उसको पूरा करने के लिए सीमित और घटते हुए दिन, पाठ्यक्रम को समय पर समाप्त करने की विवशता, शिक्षण के अतिरिक्त शिक्षक पर लादी गई अन्य जिम्मेदारियाँ शिक्षक के लिए न तो उपयुक्त वातावरण और अवसरों का ही निर्माण कर पाती है और न ही इतना समय और शक्ति ही शेष रहने देती है जिनसे इस प्रकार के व्यक्तिगत और वैयक्तिक ध्यान देने की बात भी वह सोच सके।
3. विद्यालय की समय सारिणी (Time table), शिक्षण–अधिगम परिस्थितियाँ तथा प्रशासन व्यवस्था जैसी कि आमतौर पर हमारे विद्यालयों में पाई जाती है, कक्षा शिक्षण में ट्यूटोरियल व्यूह रचना के बिल्कुल भी अनुकूल नहीं है।
4. यह सोचना कि ट्यूटोरियल व्यूह रचना के प्रयोग में होशियार विद्यार्थियों को ट्यूटरों की भूमिका सौंपकर व्यक्तिगत और वैयक्तिगत अनुदेशन में उचित सहायता प्राप्त हो जाएगी, पूरी तरह ठीक नहीं है। एक तो विद्यार्थी ही अपने साथी विद्यार्थियों के शिक्षक जैसी भूमिका को स्वीकार नहीं कर पाते, दूसरे ट्यूटर बने ये विद्यार्थी अपनी पढ़ाई में होशियार होते हुए भी दूसरों को ठीक से आवश्यक शिक्षण दे भी पायेंगे इस बात में भी पूरा संदेह बना रहता है। इस तरह विषय अध्यापक द्वारा वर्तमान विद्यालय व्यवस्था में व्यक्तिगत ध्यान और वैयक्तिक अनुदेशन हेतु विद्यार्थी ट्यूटरों की सहायता लेने की बात भी खटाई में पड़ सकती है।
5. जहाँ तक ट्यूटोरियल व्यूह रचना में व्यक्तिगत और वैयक्तिक अनुदेशन प्राप्त कराने हेतु स्व–अनुदेशन सामग्री और साधन जैसे अभिक्रमित अधिगम पैकेज, शिक्षण मशीन तथा कंप्यूटर सह–अनुदेशन आदि के प्रयोग की बात सोची जाती है वह बात भी कठिनाइयों तथा अड़चनों से अछूती नहीं है। इन साधनों की पहले तो हमारी कक्षा परिस्थितियों में उपलब्धि ही संभव नहीं हो पाती और अगर हो भी पाती है तो इन्हें काम में लाने वाले उपयुक्त विषय अध्यापकों की कमी पूरी तरह आड़े आ जाती है।
6. ट्यूटोरियल शिक्षण प्रक्रिया का अगर लालचवश दुरुपयोग किया जाए तो इससे कक्षा या विषय अध्यापकों को ट्यूशन करके अधिक से अधिक धन कमाने की आदत पड़ सकती है और वे परिणामस्वरूप अपने कक्षा शिक्षण उत्तरदायित्वों की अवहेलना कर बालकों के भविष्य को अंधकारमय बनाने के लिए दोषी ठहराए जा सकते हैं।

सुझाव (Suggestions)

जो भी दोष या सीमाएँ ऊपर बताई गई हैं उनके आधार पर यह नहीं सोच लिया जाना चाहिए कि विद्यालयों को हमारी वर्तमान परिस्थितियों में ट्यूटोरियल व्यूह रचना का प्रयोग व्यावहारिक दृष्टि से संभव नहीं है। यहाँ बहुत कुछ शिक्षक की अपनी इच्छा शक्ति पर निर्भर है। वैसे भी देखा जाए तो जहाँ तक व्यक्तिगत और वैयक्तिक अनुदेशन प्रदान करने का प्रश्न है, ट्यूटोरियल व्यूह रचना से उपयुक्त और कोई व्यूह रचना हो ही नहीं सकती। इसके प्रयोग से विद्यार्थियों की अधिगम कठिनाइयों तथा कमजोरियों का समय से ही पता लग जाने से उचित

उपचारात्मक तथा सुधारात्मक कदम जल्दी ही समयानुसार उठा पाना अधिक संभव हो पाता है। यही बात प्रतिभाशाली तथा सृजनशील बालकों पर भी लागू होती है। ट्यूटोरियल प्रणाली में बालकों की प्रतिभा तथा सृजनशीलता की पहचान तथा फिर इनका पल्लवन और पोषण सामान्य कक्षा शिक्षण की तुलना में कहीं अधिक सशक्त और सफल सिद्ध हो सकता है। दूसरे यह बात कि उपलब्ध कक्षा परिस्थितियाँ इसके प्रयोग में बाधा खड़ी कर सकती हैं, कोई बहुत महत्त्व नहीं रखती, क्योंकि असल में तो जो भी व्यूह रचना अपनानी होती है उसे शिक्षक ही तो क्रियान्वित करता है। अगर उसका पूरा मन तथा दृढ़ निश्चय है तो फिर वह अपना कुछ अतिरिक्त समय या शक्ति लगाने में पीछे नहीं हटेगा और फलस्वरूप व्यक्तिगत ध्यान देने या वैयक्तिक रूप से जरूरतमंद बालक को उसकी जरूरत है वैसी ही देखरेख तथा शिक्षण परामर्श प्रदान करने में उसे कोई कठिनाई नहीं होगी। खाली पीरियडों, छुट्टी के बाद या जैसे भी कोई समय या अवसर कक्षा, कार्यशाला और प्रयोगशाला में मिले उसे अतिरिक्त ध्यान देकर ट्यूटर की भूमिका निभाने का प्रयत्न करते रहना चाहिए। इस तरह बिल्कुल स्वतंत्र अनुदेशन तकनीक के रूप में न सही अन्य शिक्षण व्यूह रचनाओं तथा विधियों के साथ मिलाकर अध्यापक अगर चाहे तो वह भलीभाँति ट्यूटोरियल प्रणाली को अपने शिक्षण कार्यक्रम का एक अभिन्न अंग बना सकता है।

मस्तिष्क उद्वेलन व्यूह रचना (Brain Storming Strategy)

अर्थ (Meaning)—मस्तिष्क उद्वेलन का शब्दकोशीय अर्थ होता है मस्तिष्क को उद्वेलित करना, उसमें उथल–पुथल मचाना यानी विचारों की ऐसी आंधी लाना जिसमें किसी वस्तु, व्यक्ति, प्रक्रिया या संप्रत्यय के बारे में अनगिनत विचार तथा सोच एक साथ अनायास ही उनकी अच्छाई–बुराई, औचित्य–अनौचित्य की परवाह किए बिना मस्तिष्क पटल पर उभर जाएँ। व्यूह रचना के रूप में इसे प्रतिष्ठित करने का श्रेय ए०एफ० ऑसबोर्न (A.F. Osborn) को जाता है जिसने अपनी रचना एप्लाइड इमेजीनेशन (Applied imagination) के द्वारा 1963 में इसे सबके सामने रखा। ऑसबोर्न के अनुसार इस व्यूह रचना का उपयोग किसी परिस्थिति विशेष या समस्या समाधान के संदर्भ में समूह के सदस्यों के विचार जानने हेतु इस प्रकार किया जाता है कि उन्हें बिना रोक–टोक के जो भी विचार या समाधान उनके मस्तिष्क में उस समय मँडरा रहे हों उन्हें व्यक्त करने की पूरी स्वतंत्रता तथा इच्छित अवसर प्रदान किए जाएँ। यह व्यूह रचना विशेष रूप से उच्च संज्ञानात्मक योग्यताओं (Higher cognitive abilities) के विकास तथा चिंतन स्तर के अधिगम, सृजनशील चेष्टाओं तथा कार्यों और समस्या समाधान अधिगम अर्जन के एक प्रभावपूर्ण सहायक के रूप में अधिक उपयोगी सिद्ध होती है। इसके अतिरिक्त भावात्मक क्षेत्र से संबंधित अधिगम अर्जन में भी इसका काफी महत्त्वपूर्ण योगदान रहता है।

मस्तिष्क उद्वेलन व्यूह रचना को कैसे काम में लाया जाए ? (How to Make Use of Brain Storming Strategy?)

मस्तिष्क उद्वेलन व्यूह रचना को उपयोग में लाने हेतु निम्न प्रकार आगे बढ़ा जा सकता है–

1. शुरुआत विद्यार्थियों का एक छोटा (10–15 विद्यार्थियों) समूह बनाकर की जा सकती है। इस समूह के आगे कोई एक विशेष समस्या जैसे 'छात्र–अनुशासन हीनता', 'भारत में बेरोजगारी की समस्या', 'बढ़ता हुआ प्रदूषण', 'आतंकवाद से कैसे निपटा जाए' आदि विचार मंथन हेतु प्रस्तुत की जा सकती है।
2. समूह नेता की हैसियत से अध्यापक द्वारा अब समूह के सभी सदस्यों से बारी–बारी प्रस्तुत समस्या के समाधान के संदर्भ में अपने–अपने विचार जितनी तेजी से तथा जितने रूपों में देना चाहें देने के लिए कहा जाता है। एक–एक विद्यार्थी खड़े होकर जितने भी संभव तरीके तथा हल समस्या समाधान के रूप में

सुझाना चाहें सुझा सकता है। जब वह बोल रहा है तो बीच में किसी और को बोलने की अनुमति नहीं दी जाती और न उसके बीच में टोका–टाकी ही की जाती है चाहे उसके विचार किसी को कितने भी असंगत या बेतुके क्यों न लगें। उन्हें यहाँ एक तरह से इस रूप में अभिप्रेरित करने की चेष्टा की जाती है कि वे समस्या के समाधान हेतु एक से दूसरे, दूसरे से तीसरे–इस प्रकार के विभिन्न समाधानों की एक वैचारिक क्रांति–सी ला दें। ऐसा करने हेतु उन्हें निम्न प्रकार की हिदायतें पहले से ही दे दी जाती हैं–

– जो समस्या आपके सामने है उसके समाधान हेतु आप जितने प्रकार के समाधान प्रस्तुत करना चाहें, कर सकते हैं।

– जितने भी प्रकार और संभावित हल आपके मस्तिष्क में घूम रहे हों उन्हें सबके सामने बिना झिझक और कुछ ज्यादा सोचे–समझे प्रस्तुत कर दे। अपने सुझाव दो, चाहे वह कितने ही बेतुके, विचित्र परंपरावादी या परंपरा से हटकर प्रतीत होते हों। हाँ अपनी बारी आने पर तुरंत ही शीघ्रतापूर्वक अपनी बात संक्षेप में कह दो, घुमा–फिराकर समय बरबाद न करो।

– दूसरों के विचारों की अनावश्यक आलोचना न करे और न ही उन्हें अस्वीकार करने जैसी बात कहो। हाँ अपनी ओर से आप जो भी संशोधन या विपरीत बात प्रस्तुत करना चाहें उसके लिए आप स्वतंत्र हैं।

– दोबारा जब आपका नंबर आए तब आप अपने पूर्व के दिए सुझावों से हटकर कुछ नया कहना चाहें तो उसके लिए भी आप पूरी तरह स्वतंत्र हैं।

3. इस प्रकार विद्यार्थियों को अच्छी तरह से प्रेरित और प्रोत्साहित कर जितने संभव हों उतने समाधान तथा जितने भी प्रकार के वे अपने विचार प्रस्तुत करना चाहें उतने विचार बिना किसी संकोच के प्रकट करने को कहा जाता है। समूह के सदस्य तथा समूह के नेता द्वारा इस प्रकार के प्रस्तुत समाधानों और अनुक्रियाओं को किस तरह ग्रहण किया जाए और किस प्रकार की अपनी प्रतिक्रियाएँ व्यक्त की जाएँ, इस कार्य हेतु निम्नलिखित बातों को ध्यान में रखा जाना चाहिए।

– सभी प्रस्तुत विचारों तथा समाधानों का स्वागत किया जाना चाहिए। मस्तिष्क उद्वेलन सत्र (Brain storming session) में किसी भी प्रकार की आलोचना के लिए कोई स्थान नहीं होता।

– जैसे भी विचार और समाधान प्रस्तुत किए जाएँ वे सभी बहुत संयम और शांतिपूर्ण ढंग से सुने और समझे जाने चाहिए और उन पर कोई भी टीका–टिप्पणी नहीं होनी चाहिए।

– यह बात आवश्यक नहीं कि हर सदस्य द्वारा कही गई कोई बात, विचार या सुझाव पूरी तरह नयापन लिए या दूसरों से सर्वथा अलग हो। कोई सदस्य पहले कही गई किसी बात, विचार या सुझाव का अनुमोदन कर सकता है या उसमें थोड़ा–बहुत संशोधन करके उसका अपनी ओर से प्रस्तुतीकरण कर सकता है।

– जो भी विचार और समाधान प्रस्तुत किए जाएँ और जिस प्रकार के संशोधन होते रहें उन सभी को अच्छी तरह नोट करते रहना चाहिए। अच्छा हो अगर इन्हें श्यामपट पर लिखते रहा जाए या किसी तरह स्क्रीन पर प्रदर्शित करके सभी के सामने रखा जाता रहे।

4. मस्तिष्क उद्वेलन सत्र (Brain storming session) की समाप्ति के उपरांत सभी प्राप्त विचारों–सुझावों तथा हलों को खुली परिचर्चा के लिए समूह के सामने रख दिया जाता है। परिचर्चा के उपरांत अध्यापक के नेतृत्व में जो भी सर्वमान्य हल या सुझाव समूह द्वारा अनुमोदित किया जाता है उसे ही प्रस्तुत समस्या के हल या समाधान के रूप में सबके द्वारा स्वीकार कर लिया जाता है।

मस्तिष्क उद्वेलन व्यूह रचना के लाभ एवं गुण (Merits and Advantages of Brain Storming Strategy)

मस्तिष्क उद्वेलन व्यूह रचना निम्न दृष्टि से अच्छी मानी जाती है–

1. अध्यापकों को सभी सूचनाएँ स्वयं प्रस्तुत करने तथा समस्याओं का हल स्वयं ही बताते रहने की जल्दी रहती है। इस प्रकार के रटे–रटाए ज्ञान की प्रस्तुति करते रहने संबंधी दोष का इस व्यूह रचना में स्वतः ही निराकरण हो जाता है। विद्यार्थी शिक्षण–अधिगम प्रक्रिया में सक्रिय भाग लेकर स्वयं अपने प्रयत्नों से समस्या समाधान करने का प्रयत्न करते हैं, रटे–रटाए विचारों तथा हल को अध्यापक द्वारा यहाँ उन पर थोपा नहीं जाता।
2. इस व्यूह रचना में विद्यार्थियों को सोचने, विचारने, विश्लेषण और संश्लेषण करने तथा निष्कर्ष पर पहुँचने की क्षमता को विकसित करने का भलीभाँति अवसर मिलता है जिसके फलस्वरूप उनमें इस प्रकार की उच्च संज्ञानात्मक क्षमताओं के विकास का मार्ग प्रशस्त करने में यह व्यूह रचना काफी सहयोगी सिद्ध हो सकती है।
3. इस व्यूह रचना का सबसे बड़ा लाभ विद्यार्थियों को सृजनात्मक और रचनात्मक क्षमताओं के उचित निदान, पल्लवन और पोषण को लेकर है। यहाँ शिक्षण–अधिगम का आयोजन स्मृति और बोध स्तर के स्थान पर चिंतन स्तर (Reflective level) पर संपन्न होता है तथा विद्यार्थियों को अपने विचार तथा समाधान काफी खुलकर बिना किसी संकोच के प्रकट करने का अवसर दिया जाता है। परिणामस्वरूप विचारों की विविधता, नवीनता, मौलिकता, रचनात्मकता तथा समस्या समाधान योग्यता आदि सृजन और रचनात्मक प्रक्रिया को विकसित करने संबंधी गुणों एवं आदतों को विकसित करने की बात जितनी इस व्यूह रचना के द्वारा की जा सकती है उतनी किसी और व्यूह रचना द्वारा नहीं।
4. इस व्यूह रचना में विद्यार्थी एक समूह के रूप में इकट्ठे विचार–विमर्श करते हैं। फलस्वरूप सहकारिता, समूहभाव तथा सामाजिक गुणों के समुचित विकास हेतु उपयुक्त अवसर प्रदान करने की यहाँ पूरी संभावना रहती है।

दोष एवं सीमाएँ (Demerits and Limitations)

मस्तिष्क उद्वेलन व्यूह रचना निम्न प्रकार के दोषों और न्यूनताओं से ग्रस्त मानी जाती है।

1. समस्या का समाधान खोजने हेतु समूह के सभी सदस्य एक जैसी रुचि रखते हों और तत्परता दिखाएँ ऐसी बात होना संभव नहीं है। फलस्वरूप इस व्यूह रचना से अपेक्षित लाभ उठाने में संदेह रहता है।
2. समस्या समाधान हेतु आवश्यक मानसिक स्तर, ज्ञान एवं कौशलों की उपस्थिति को लेकर समूह के सदस्यों में पर्याप्त विषमताएँ देखने को मिल सकती हैं और इसके रहते हुए सामूहिक रूप में शिक्षण–अधिगम उद्देश्यों की प्राप्ति में बाधाएँ आ सकती हैं।
3. ऐसा भी हो सकता है कि समूह के सदस्य अपने–अपने विचार तथा समस्या समाधान प्रस्तुत करने हेतु आगे ही न आएँ। इस अवस्था में इस व्यूह रचना को उपयोग में लाने में काफी असुविधा हो सकती है।
4. मस्तिष्क उद्वेलन व्यूह रचना का उपयोग करते हुए ऐसा भी हो सकता है कि समूह किसी उचित निष्कर्ष पर पहुँचने में सक्षम सिद्ध न हो। समूह चर्चा के दौरान, सदस्य विचारों में मतभेदों को लेकर एक–दूसरे से उलझ जाएं तथा कोई आम राय नहीं बन सके। ऐसी बात मस्तिष्क उद्वेलन सत्र तथा इस सत्र की समाप्ति के बाद चलने वाले समूह चर्चा सत्र दोनों में ही घट सकती है।

5. संज्ञानात्मक तथा भावात्मक उद्देश्यों की प्राप्ति हेतु उचित अवसर प्राप्त न होने की संभावना भी इस व्यूह रचना में अच्छी तरह उभर कर सामने आ सकती है और ऐसा होने पर व्यूह रचना के आयोजन में शामिल सभी सदस्यों के समय और शक्ति का अकारण ही अपव्यय होता है।

स्वाधीन अध्ययन व्यूह रचना (Independent Study Strategy)

अर्थ एवं परिभाषा (Meaning and Definition)—अपने नामकरण में प्रयुक्त शब्दावली के आधार पर स्वाधीन अध्ययन का अर्थ है ऐसा अध्ययन जिसकी बागडोर अध्ययन करने वाले के हाथ में होती है। दूसरे शब्दों में, इससे तात्पर्य व्यक्ति विशेष द्वारा किए जाने वाले ऐसे अध्ययन से है जिसे वह स्वयं अपने प्रयासों के बिना किसी दूसरे के सहारे या सहायता लिए अकेले ही संपन्न करता है। यह एक प्रकार से ऐसे अधिगम प्रयत्न या कार्य होते हैं जिन्हें व्यक्ति पूरी आजादी से अपने आप ही करता रहता है। इस तरह परिभाषा के रूप में स्वाधीन अध्ययन से विद्यार्थियों में अपने बलबूते पर वांछित ज्ञान, कौशल, रुचियों अभिवृत्तियों आदि को ग्रहण करने संबंधी उचित आदतों के विकास में समुचित सहायता मिलती है। इस दृष्टि से स्वाधीन *अध्ययन व्यूह रचना (Independent study strategy) से तात्पर्य ऐसी शिक्षण व्यूह रचना से है जिसमें विद्यार्थियों को स्वेच्छा से अपने निजी प्रयासों के आधार पर बिना किसी दूसरे की सहायता लिए अध्ययन करने अथवा अधिगम अनुभव अर्जित करने के ऐसे उचित अवसर मिल सकें कि जिनके माध्यम से उन्हें वांछित अधिगम उद्देश्यों की प्राप्ति ठीक प्रकार संभव हो सके।*

स्वाधीन अध्ययन व्यूह रचना का महत्त्व (Significance of Independent Study Stragegy)

अगर बालकों में स्वयं अपने अध्ययन तथा मनन द्वारा स्वेच्छित प्रयासों के बलबूते अधिगम अर्जन करते रहने की आदत विकसित हो जाए तो इससे किसी भी स्तर के अधिगम उद्देश्यों की प्राप्ति का मार्ग काफी सुगम हो सकता है। अधिगम चाहे उसका रूप किसी भी स्तर पर कैसा भी क्यों न हो उसका उद्देश्य प्राप्त अनुभवों, प्रशिक्षण तथा अभ्यास द्वारा अधिगमकर्ता के व्यवहार में वांछित परिवर्तन लाना ही होता है। अब अगर एक अधिगमकर्ता (Learner) स्वेच्छा से अधिगम प्रयत्नों में रत रहे जैसे वह प्रत्यक्ष या अप्रत्यक्ष रूप से किसी प्रकार के अनुभव ग्रहण करे, सीखे हुए ज्ञान या कौशल की पुनरावृत्ति या अभ्यास करे, प्रयोगशाला में प्रयोग एवं परीक्षण करे, अथवा किसी पुस्तकालय के एकांत स्थान में विषय सामग्री के अध्ययन एवं मनन में लगा रहे, तो इन अवस्थाओं में निश्चित रूप से अधिगम परिणामों की दृष्टि से प्रभावशाली परिणामों की प्राप्ति की आशा की जा सकती है। विकास हेतु प्रयत्न करने वाला व्यक्ति और जिसका विकास होना है वह भी वह स्वयं ही है तो फिर उसके व्यक्तिगत प्रयासों के निरर्थक सिद्ध होने का कोई प्रश्न ही नहीं उठेगा। इस प्रकार स्वाधीन अध्ययन व्यूह रचना का प्रयोग विद्यार्थियों को स्वेच्छा एवं स्वतंत्रतापूर्वक (अध्यापक की कोई विशेष सहायता या निर्देशन के बिना) अपने स्वयं के प्रयासों द्वारा निर्धारित अधिगम उद्देश्यों की प्राप्ति में भरपूर सहयोग देने का कर्त्तव्य निभा सकता है।

स्वाधीन अध्ययन व्यूह रचना का प्रयोग कैसे किया जाए (How to Make Use of Independent Study Strategy)

स्वाधीन अध्ययन व्यूह रचना के उपयोग हेतु एक शिक्षक द्वारा निम्न रूप में आगे बढ़ा जा सकता है–

तैयारी की अवस्था (Stage of Preparation)—इस प्रारंभिक अवस्था में अध्यापक को अपने विद्यार्थियों की स्वाधीन अध्ययन व्यूह रचना को अपनाने के प्रति वांछित रुचि तथा अभिवृत्ति पैदा करनी होती है। इस कार्य हेतु वह अग्रांकित युक्तियों (Tactics) की सहायता ले सकता है–

1. **कक्षा शिक्षण के बारे में पूर्व सूचना** (Prior information about classroom teaching)—शिक्षक के द्वारा आगे कक्षा में किस प्रकरण (Topic) को पढ़ाया जाना है या किस प्रकार के अधिगम अनुभव विद्यार्थियों को अर्जित कराने हैं, इससे संबंधित कुछ जानकारी पहले से ही दे देनी चाहिए। इस जानकारी के अंतर्गत वह पढ़ाए जाने वाले प्रकरण से संबंधित मुख्य बिंदुओं तथा मोटी–मोटी बातों का उन्हें पूर्वाभास करा सकता है तथा आवश्यक संदर्भ ग्रन्थों, सूचना स्रोतों तथा सहायक पुस्तकों की सूची प्रदान कर सकता है। विद्यार्थियों से कहा जा सकता है कि कक्षा में पढ़ाए जाने वाले इस प्रकरण के बारे में वे अपने स्वाध्याय (Self study) के आधार पर आवश्यक जानकारी तथा तथ्यों को संग्रह करने का अवश्य ही प्रयत्न करें। जो विद्यार्थी इस प्रकार के स्वाध्याय तथा स्वतंत्र अध्ययन के प्रयासों के प्रति रुचि दिखाएं उन्हें उचित मार्गदर्शन प्रदान किया जाना चाहिए।

2. **स्वाधीन या स्वतंत्र अध्ययन हेतु पर्याप्त संसाधनों का प्रावधान** (Provision of adequate resources for carrying out independent study)—विद्यार्थी बिना किसी बाधा के स्वतंत्र या स्वाधीन अध्ययन प्रयासों में रत रह सकें, इस कार्य हेतु उपयुक्त वातावरण एवं संसाधनों को उपलब्ध कराने की पूरी चेष्टा की जानी चाहिए। अच्छी तरह से पूर्ण एवं सुसज्जित पुस्तकालय, सुचारू रूप से संचालित प्रयोगशालाएँ, कार्यशालाएँ तथा सूचना केंद्र आदि की समुचित व्यवस्था विद्यार्थियों को अपनी ओर आकर्षित करने, स्वाध्याय तथा स्वतंत्र अध्ययन के प्रति यथेष्ट रुचि, अपेक्षित दृष्टिकोण तथा वांछित आदतें विकसित करने में महत्त्वपूर्ण भूमिका निभा सकती हैं।

3. **अधिन्यास विधि का अनुसरण** (Making use of assignment method)—विद्यार्थियों को स्वाध्याय तथा स्वाधीन अध्ययन के प्रति आकर्षित कर उसमें रत रहने की आवश्यकता बनाए रखने में अधिन्यास विधि का प्रयोग काफी महत्त्वपूर्ण सिद्ध हो सकता है। यही बात गृहकार्य दिए जाने को लेकर है। विद्यार्थियों के गृहकार्य को लेकर अध्ययन संबंधी दी जाने वाली जिम्मेदारियाँ उन्हें स्वाध्याय तथा स्वाधीन अध्ययन के मार्ग पर चलने को अभिप्रेरित अथवा मजबूर कर सकती हैं, बशर्ते कि वह इस प्रकार से दिया जाए कि विद्यार्थी इसे गाइड, नोटस या अपने साथी विद्यार्थियों की नोटबुकों से नकल न कर सके।

4. **उचित शिक्षण विधियों का प्रयोग** (Adopting proper methods of teaching)—स्वाध्याय तथा स्वाधीन अध्ययन संबंधी आदतें डालने हेतु इसे बढ़ावा देने में सहायक उचित प्रगतिशील विधियों जैसे अनुसंधान विधि, समस्या समाधान विधि, प्रयोगशाला, गोष्ठी विधि आदि का भी महत्त्वपूर्ण योगदान रहता है। रटे–रटाए ज्ञान की पुनरावृत्ति करते रहने पर जोर देने से स्वाध्याय तथा स्वाधीन अध्ययन संबंधी आदत के विकास का मार्ग पूरी तरह अवरुद्ध हो जाता है, अतः अध्यापक द्वारा अपने शिक्षण में उन विधियों के प्रयोग को प्राथमिकता देनी चाहिए जो उन्हें अपने स्वयं के प्रयासों द्वारा अधिगम अर्जन में सहायक सिद्ध हो सकें।

5. **स्वयं का उदाहरण प्रस्तुत करना** (Providing the self example)—प्रवचनों से कहीं कुछ ज्यादा अपने आपको एक आदर्श या उदाहरण के रूप में प्रस्तुत करना सदैव ही अधिक प्रभावशाली सिद्ध होता है। अतः एक अध्यापक को अपने विद्यार्थियों में स्वाध्याय या स्वतंत्र अध्ययन की आदत विकसित करने हेतु पहले स्वयं अपने में इसे विकसित करने के प्रयत्न करने चाहिए तथा फिर इसको उदाहरण के रूप में प्रस्तुत करके विद्यार्थियों से इसके अनुकरण की अपेक्षित आशा करनी चाहिए। विद्यार्थी जब अपने अध्यापकों को पुस्तकालय, प्रयोगशाला, कार्यशाला तथा सूचना केंद्रों में स्व अध्ययन में रत देखते हैं तथा इस अध्ययन के परिणामों को अपने अध्यापकों के ज्ञान, कौशल और व्यवहार के रूप में आमने–सामने पाते हैं तो वे अनायास ही स्व–अध्ययन के प्रति उत्साही तथा जागरूक हो उठते हैं।

क्रियान्वयन की अवस्था (Stage of Action)

स्वाध्याय तथा स्वाधीन अध्ययन के प्रति उत्पन्न आवश्यक आकर्षण, रुचि, अभिवृत्ति तथा वांछित आदतें अब विद्यार्थियों को अपेक्षित अधिगम उद्देश्यों की प्राप्ति हेतु स्वयं अपने प्रयासों से अधिगम–अर्जन की ओर अग्रसर होने में उचित भूमिका निभा सकती हैं। इस द्वितीय चरण में अब विद्यार्थियों को स्वतंत्र रूप से प्रयोगशाला में प्रयोग एवं परीक्षण करते हुए कार्यशाला में विभिन्न कार्यात्मक क्रियाओं को संपादित करते हुए, पुस्तकालय में पुस्तकों एवं आवश्यक सूचना स्रोतों में अध्ययनरत होते हुए, दिए गए अधिन्यासों को पूरा करते हुए तथा विभिन्न प्रोजेक्ट संबंधी गतिविधियों में अपने निजी प्रयासों से आगे बढ़ते हुए देखा जा सकता है। क्रियान्वयन की इस द्वितीय अवस्था में इस तरह विद्यार्थियों को वास्तविक रूप में अपने निजी एवं स्वतंत्र प्रयासों द्वारा अधिगम अर्जन के मार्ग पर आगे बढ़ता हुआ देखा जा सकता है। परंतु इसका यह अर्थ नहीं कि शिक्षक को यहाँ अब किसी प्रकार की जिम्मेदारी की जरूरत नहीं है। उसे हर प्रकार से पूरी तरह ऐसा सचेत और क्रियाशील बने रहना पड़ता है कि जहाँ भी जिस विद्यार्थी को अपने स्वाध्याय या स्वतंत्र अध्ययन हेतु उसके परामर्श एवं निर्देशन की आवश्यकता हो उसके द्वारा भलीभाँति प्रदान किया जाए।

मूल्यांकन की अवस्था (Stage of Evaluation)

व्यूह रचना के इस अंतिम चरण में विद्यार्थियों द्वारा संपन्न स्वाध्याय तथा स्वतंत्र अध्ययन के परिणामों का निर्धारित शिक्षण–अधिगम उद्देश्यों के संदर्भ में वस्तुगत मूल्यांकन करने का प्रयत्न किया जाता है। इस कार्य हेतु विभिन्न प्रकार के परीक्षण तथा मूल्यांकन तकनीकों का प्रयोग किया जा सकता है। इस प्रकार के मूल्यांकन परिणामों का उपयोग फिर आगे विद्यार्थियों की अधिगम संबंधी कठिनाइयों के निदान तथा निवारण में अच्छी तरह किया जा सकता है।

संवेदनशीलता या सूक्ष्मग्राहिता प्रशिक्षण व्यूह रचना (Sensitivity Training Strategy)

अर्थ एवं परिभाषा (Meaning and Definition)—संवेदनशीलता या सूक्ष्मग्राहिता का शब्दकोशीय अर्थ है व्यक्ति की वह स्थिति जिसमें वह संवेदनशील हो तथा उसमें सूक्ष्म विचारों एवं भावनाओं को ग्रहण करने की क्षमता हो। जो व्यक्ति संवेदनशील होते हैं उन्हें दूसरों का ख्याल रहता है तथा उनमें उनके प्रति भावनात्मक लगाव होता है। इसके अतिरिक्त उनमें अपनी संवेदन शक्ति की वाहक इंद्रियों आँख, नाक, कान, त्वचा तथा जीभ के उपयोग को लेकर भी काफी विकसित क्षमताएँ एवं योग्यताएँ पाई जाती हैं। इस तरह से जहाँ एक ओर वे अपने व्यक्तित्व के संवेगात्मक पक्ष और उसकी अभिव्यक्ति में बहुत अधिक कोमल और संवेदनशील पाए जाते हैं वहीं दूसरी ओर इंद्रिय जनित अनुभूति और क्षमता के संदर्भ में वे काफी सशक्त दिखाई पड़ते हैं। इस तरह अपने चारों ओर की दुनिया को ठीक तरह से समझने, उसमें समायोजित होने तथा उस पर भलीभाँति अपनी पकड़ कायम रखने में उनकी यह सूक्ष्मग्राहिता (Sensitiveness) उन्हें बहुत मदद करती रहती है। उनके ये गुण और विशेषताएँ उन्हें एक अच्छा अधिगमकर्ता (Learner) बनाने और एक ऐसे अच्छे मानव के रूप में विकसित होने (जिसका अपने चारों ओर की निर्जीव तथा सजीव पदार्थों से भरी दुनिया से भावनात्मक रिश्ता हो) में काफी सहायक सिद्ध हो सकते हैं। प्रकृति ने इस प्रकार की कुछ न कुछ संवेदनशीलता और सूक्ष्मग्राहिता बालक को वरदान स्वरूप जन्म से ही दे रखी है। आगे बात इसे संभालने तथा परिष्कृत करके उपयोगी बनाने और समुचित विकास करने की होती है। इसके लिए ही समुचित देखभाल और उचित शिक्षा–दीक्षा चाहिए। विद्यालय परिस्थितियों में अध्यापकों के ऊपर यह जिम्मेदारी आ जाती है कि वे इस कार्य हेतु आगे बढ़ें तथा बालकों की संवेदनशीलता और सूक्ष्मग्राहिता के

उचित विकास एवं समुचित उपयोग हेतु उन्हें उपयोगी एवं सार्थक प्रशिक्षण, जिसे संवेदनशीलता या सूक्ष्मग्राहिता प्रशिक्षण (Sensitivity training) कहा जाता है, प्रदान करें।

उपरोक्त विवेचन के आधार पर अब हम संवेदनशीलता या सूक्ष्मग्राहिता प्रशिक्षण व्यूह रचना को एक ऐसी शिक्षण व्यूह रचना के रूप में समझ सकते हैं जिसका उद्देश्य विद्यार्थियों की संवेदनशीलता या सूक्ष्मग्राहिता (ऐसी क्षमता और योग्यता जो उन्हें अपनी संवेदनात्मक इंद्रियों के उचित उपयोग में तथा सजीव और निर्जीवों से युक्त अपने चारों ओर की दुनिया के प्रति चेतना और भावनात्मक रिश्ता कायम करने में मदद करे) के अच्छी तरह पल्लवन और पोषण हेतु उचित प्रशिक्षण प्रदान करना होता है।

संवेदनशीलता या सूक्ष्मग्राहिता प्रशिक्षण व्यूह रचना को कैसे काम में लाया जाए? (Procedure for the Employment of Sensitivity Training Strategy)

अपने जिन विविध रूपों तथा प्रक्रियाओं के द्वारा इस व्यूह रचना का शिक्षण हेतु जैसे भी उपयोग किया जा सकता है उसका संक्षिप्त परिचय निम्न विवरण द्वारा प्राप्त हो सकता है–

1. इंद्रियों को ज्ञान का द्वार कहा जाता है। इसलिए बालकों को इंद्रियों के प्रशिक्षण (Sensory Training) का कार्य काफी छोटी आयु से ही प्रारंभ कर देना चाहिए। बालकों को विभिन्न प्रकार के इंद्रियजनित अनुभव (Sensory experiences) देने के प्रयत्न किये जाने चाहिए। नर्सरी कक्षाओं में इस प्रकार की शिक्षा और प्रशिक्षण देने के प्रावधानों के पीछे यही बात कार्य करती है। यहाँ विशेष प्रकार की शिक्षण और प्रशिक्षण सामग्री, उदाहरण तथा क्रियाओं द्वारा बालकों की संवेदनग्राही इंद्रियों को इस प्रकार प्रशिक्षित करने का प्रयत्न किया जाता है कि वे इंद्रियजनित अनुभवों को ग्रहण करने में पर्याप्त रूप से संवेदनशील और सूक्ष्मग्राही बन सकें।
2. विद्यालय के बाद के वर्षों में भी अध्यापकों को बालकों की संवेदनशीलता और सूक्ष्मग्राहिता के विकास और समुचित उपयोग के संदर्भ में काफी जागरूक तथा सक्रिय रहना चाहिए ताकि वे इसका उपयोग विद्यालय पाठ्यक्रम से संबंधित विभिन्न प्रकार के अधिगम अर्जन में भलीभाँति करने में सक्षम रहें। विज्ञान या सामाजिक अध्ययन के एक शिक्षक द्वारा उन्हें प्रकृति अध्ययन (Nature study) हेतु बाहर सैर के लिए ले जाया जा सकता है। यहाँ विद्यार्थियों को प्रकृति के आंगन में सुरक्षित विभिन्न दृश्यों, घटनाक्रमों तथा सजीव व निर्जीव वस्तुओं के विभिन्न क्रियाकलापों को देखकर, सुनकर, सूँघकर, चखकर तथा स्पर्श करके विभिन्न प्रकार के अधिगम अनुभव प्रत्यक्ष रूप से अर्जित करने का सुअवसर प्राप्त हो सकता है। इन अनुभवों की पुनः विभिन्न कार्य परिस्थितियों, वास्तविक जीवन में चल रहे घटनाक्रमों, प्रयोगशाला में किए जाने वाले प्रयोग एवं परीक्षणों आदि के माध्यम से पुनरावृत्ति की जा सकती है अथवा चार्ट, चित्र, मॉडल, प्रोजेक्टिव सहायक सामग्री, चलचित्र, वीडियो तथा आडियो रिकॉर्डिंग के माध्यम से पुनः देखने सुनने के द्वारा इनकी याद ताजा की जा सकती है। इस प्रकार से विद्यार्थियों को उनकी सूक्ष्मग्राहिता या संवेदनशीलता को भलीभाँति विकसित करने में उचित मदद की जा सकती है ताकि वे अपनी संवेदनात्मक योग्यताओं का उपयोग वांछित अधिगम अनुभवों के अर्जन में ठीक तरह से कर सकें।
3. अपने चारों ओर जो कुछ भी घटित हो रहा है उसके प्रति उचित रूप से संवेदनशील होने में विद्यार्थियों की पूरी–पूरी सहायता की जानी चाहिए। इस कार्य हेतु उन्हें भ्रमण, पर्यटन तथा ऐसे कुछ स्थानों के दर्शनार्थ ले जाया जा सकता है जहाँ उन्हें अध्यापक के नेतृत्व तथा पथ–प्रदर्शन में सुनियोजित अधिगम अनुभवों की प्राप्ति संभव हो सके। इस प्रकार के स्थान, प्राकृतिक दृश्य, ऐतिहासिक स्थल, औद्यागिक संस्थान, भौगोलिक जानकारी की जगह, राजनैतिक मंच, आवास बस्तियाँ, चिकित्सा संस्थान, सामाजिक

प्रतिष्ठान आदि के रूप में कुछ भी हो सकते हैं। इन स्थानों पर जाने से विद्यार्थियों को जो भी प्रत्यक्ष अनुभव प्राप्त होते हैं उनसे संबंधित संवेदनशीलता तथा सूक्ष्मग्राहिता को भ्रमण के बाद की जाने वाली उपयोगी चर्चा या विचार गोष्ठी के द्वारा और भी अधिक पुष्टता प्रदान करने की कोशिश की जानी चाहिए। यह कोशिश होनी चाहिए कि व्यक्तिगत तथा सामाजिक जीवन से जुड़ी हुई ज्वलंत समस्याओं तथा महत्त्वपूर्ण पहलुओं के प्रति विद्यार्थी वर्ग में पूरी चेतना और अपेक्षित संवेदनशीलता ठीक ढंग से बनी रहे। हमारे चारों ओर इस प्रकार की बातों की कोई कमी नहीं है। अतः उदाहरण के रूप में हम बहुत–सी समस्याओं और पहलुओं का यहाँ नाम ले सकते हैं जिनके प्रति विद्यार्थियों का संवेदनशील होना काफी आवश्यक है। प्रदूषण, नशीले पदार्थों से उत्पन्न बुराइयों तथा एड्स एवं अन्य जानलेवा बीमारियों की उचित जानकारी, पोलियो के दुष्प्रभाव तथा रोकथाम, ऊर्जा के स्रोत तथा संसाधनों का उचित उपयोग एवं संरक्षण, सामाजिक बुराइयाँ तथा उनका उन्मूलन, बच्चों, महिलाओं तथा अन्य कमजोर वर्ग का उत्पीड़न आदि इस प्रकार की आवश्यक बाते हैं जिनके प्रति विद्यार्थियों में उचित संवेदनशीलता अवश्य ही विकसित की जानी चाहिए। जब तक इस प्रकार की समस्याओं और व्यक्तिगत तथा सामाजिक जीवन को अत्यधिक प्रभावित करने वाली बातों के प्रति प्रारंभ में ही बालकों में पर्याप्त संवेदनशीलता विकसित नहीं होगी तब तक व्यक्तिगत और सामाजिक जीवन में वह मधुरता और अवरोधहीनता नहीं आ पाएगी जो इस जीवन को ठीक तरह से जीने के लिए हम सभी को चाहिए।

इस प्रकार विभिन्न स्थानों की सैर और भ्रमण द्वारा प्रत्यक्ष रूप से ग्रहण किए गए अनुभवों के आधार पर संवेदनशीलता विकसित करने में पर्याप्त मदद मिल सकती है। इसके अतिरिक्त और भी अन्य ऐसे उपाय हैं जिनकी सहायता से संवेदनशीलता या सूक्ष्मग्राहिता के उचित विकास में पर्याप्त सहायता मिल सकती है। ऐसे कुछ उपाय निम्न हो सकते हैं–

(i) सजीव एवं निर्जीव पदार्थों, व्यक्तियों तथा सामाजिक संगठनों से निर्मित अपने चारों ओर की दुनिया के प्रति अपेक्षित चेतना तथा संवेदनशीलता विकसित करने में सूचना, संपर्क तथा मनोरंजन के लिए प्रयुक्त संसाधनों का भी पर्याप्त सहयोग मिल सकता है। पत्र पत्रिकाएं, समाचारपत्र, रेडियो तथा दूरदर्शन के प्रसारण, वीडियो फिल्म, पुस्तकालय में उपलब्ध रचनाएँ एवं साहित्य तथा कंप्यूटर में संग्रहीत तथा संचरित सूचना एवं ज्ञान भंडार आदि सभी संसाधनों के द्वारा ऐसी भूमिका अच्छी तरह निभाई जा सकती है। इन संसाधनों के संसर्ग से उपलब्ध संवेदनशीलता को आगे और अधिक विकसित एवं पुष्ट करने के लिए अध्यापक के नेतृत्व में छोटे–मोटे समूहों में पारस्परिक चर्चा या गोष्ठियों, वाद–विवाद एवं भाषण प्रतियोगिताओं, सेमीनार तथा कार्यशालाओं, साहित्यिक एवं सांस्कृतिक कार्यक्रमों आदि के आयोजन से पर्याप्त सहायता मिल सकती है।

(ii) विद्यार्थियों में संवेदनशीलता तथा सूक्ष्मग्राहिता विकसित करने हेतु अध्यापक को स्वयं अपने आपको विद्यार्थियों के सामने एक मॉडल के रूप में प्रस्तुत करने की चेष्टा करनी चाहिए। इस कार्य हेतु उसके द्वारा सामाजिक, सांस्कृतिक राजनैतिक, भौगोलिक, ऐतिहासिक, वैज्ञानिक, नैतिक, भौतिक, चिकित्सा और पर्यावरण से जुड़े हुए अन्य बहुत–से पहलुओं और समस्याओं के प्रति आवश्यक चेतना, सजगता तथा संवेदनशीलता का परिचय दिया जाना चाहिए। कक्षा शिक्षण, पाठांतर क्रियाओं तथा प्रयोगात्मक एवं कार्य अनुभवों के आयोजन संबंधी गतिविधियों को उन्हें अपनी कार्यशैली में इस तरह ढालना चाहिए कि साथ–साथ विद्यार्थियों की संवेदनशीलता तथा सूक्ष्मग्राहिता संबंधी वांछित प्रशिक्षण भी प्राप्त होता रहे।

(iii) निजी संपर्क, व्यक्तिगत एवं शैक्षिक पथ प्रदर्शन तथा नियोजित परामर्श सेवाओं की सहायता लेते हुए अध्यापक को अपने विद्यार्थियों में संवेदनशीलता विकसित करने के सभी आवश्यक प्रयास करने चाहिएं।

छोटे–छोटे तथा बड़े समूहों के अंतर्गत ऐसी विचार–गोष्ठियाँ, सेमीनार तथा कार्यशालाओं का आयोजन किया जा सकता है जिनमें व्यक्तियों, घटनाओं, समस्याओं, कार्य पद्धतियों तथा अपने चारों ओर व्याप्त सामाजिक, भौतिक तथा सांस्कृतिक वातावरण से संबंधित महत्त्वपूर्ण पहलुओं तथा समस्याओं को चर्चा तथा संवेदनशीलता संबंधी उचित प्रशिक्षण देने का विषय बनाया जा सकता है। इस कार्य हेतु वह बहु–माध्यम तकनीकों (Multimedia technology) का भी प्रयोग कर सकता है। वांछित संवेदनशीलता के विकास हेतु विशेषज्ञ तथा ऐसे आदर्श व्यक्तियों को भी विद्यालय में आमंत्रित किया जा सकता है जिनसे विद्यार्थियों को आवश्यक प्रेरणा उपलब्ध हो सके। इस प्रकार से विशेष नियोजन प्रयासों द्वारा आयोजित संवेदनशीलता या सूक्ष्मग्राहिता प्रशिक्षण द्वारा विद्यार्थियों में जिस प्रकार के व्यवहार परिवर्तनों की आशा की जा सकती है उनमें से कुछ का निम्न प्रकार उल्लेख किया जा सकता है।

– विद्यार्थियों में समूह विशेष तथा अपने आसपास के वातावरण में उपस्थित व्यक्तियों की भावनाओं, विचारों, मान्यताओं, अपेक्षाओं तथा अभिवृत्तियों के प्रति आवश्यक संवेदनशीलता विकसित हो सकेगी।
– वे अपने स्वयं के व्यवहार तथा उसके द्वारा दूसरों पर पड़ने वाले व्यवहार के प्रति संवेदनशील बन सकेंगे।
– दूसरे उनके कार्यों तथा व्यवहार के प्रति किस प्रकार का दृष्टिकोण रखते हैं इस प्रकार की चेतना और संवेदनशीलता उनमें अच्छी तरह विकसित हो सकेगी।
– दूसरों की भावनाओं और संवेगों को ठीक प्रकार से जानने और समझने की योग्यता उनमें विकसित हो सकेगी और अपनी इस क्षमता का उपयोग वे उनके साथ अपनी ठीक प्रकार पटरी बिठाने हेतु कर सकेंगे।
– समूह विशेष, समाज तथा संसार के व्यक्तियों से ही नहीं बल्कि पशु–पक्षी तथा प्राकृतिक संतुलन में सहायक सभी सजीव एवं निर्जीव पदार्थों के प्रति पर्याप्त चेतना तथा भावात्मक लगाव विकसित होने में सहायता मिलेगी।

संवेदनशीलता या सूक्ष्मग्राहिता प्रशिक्षण व्यूह रचना के लाभ एवं गुण (Merits and Advantages of Sensitivity Training Strategy)

यह व्यूह रचना निम्न गुणों एवं विशेषताओं से युक्त मानी जाती है–

1. अपेक्षित शिक्षण–अधिगम उद्देश्यों की समुचित उपलब्धि हेतु विद्यार्थियों की संवेदनशीलता से संबंधित योग्यताओं और क्षमताओं के विकास के लिए ज्ञानेन्द्रियों (Sense organs) को प्रशिक्षित करने की जिम्मेदारी इस व्यूह रचना द्वारा अच्छी तरह निभाई जा सकती है।
2. विद्यार्थियों को उनके प्राकृतिक, भौतिक, सामाजिक, सांस्कृतिक वातावरण तथा स्वास्थ्य, राजनैतिक व्यवस्था एवं अन्य व्यक्तिगत एवं सामाजिक रुचि तथा क्षेत्रों से संबंधित महत्त्वपूर्ण पहलुओं तथा समस्याओं से परिचित कराने में इससे यथेष्ट मदद मिल सकती है।
3. इससे विद्यार्थियों में अपने स्वयं के हित तथा कल्याण के साथ दूसरों की भलाई और कल्याण के बारे में भी सोचने तथा समझने की बात दिमाग में आती है। वे जो कुछ भी प्रकृति में दिखाई देता है उसके प्रति यथेष्ट रूप से जागरूक तथा संवेदनशील बनते हैं तथा मानव मात्र ही नहीं बल्कि अपने चारों ओर व्याप्त जड़ और चेतन सभी से उनका भावात्मक लगाव हो जाता है।

दोष एवं न्यूनताएँ (Demerits and Limitations)

संवेदनशीलता या सूक्ष्मग्राहिता प्रशिक्षण व्यूह रचना को प्रायः उसके अपने निम्न दोषों और न्यूनताओं के कारण आलोचना का शिकार होना पड़ता है।

1. ऐसे कुशल एवं कर्त्तव्यनिष्ठ शिक्षकों का जो इस व्यूह रचना को ढंग से प्रयोग में ला सकें प्रायः अभाव ही रहता है जिसके फलस्वरूप इसे प्रयोग में लाना सदैव संभव नहीं हो पाता।
2. विशेष रूप से प्रशिक्षित शिक्षकों के अभाव में इस व्यूह रचना के क्रियान्वयन का भार विषय तथा कक्षा अध्यापकों के कंधों पर डाल दिया जाता है। अपने उत्तरदायित्वों से पहले ही अधिक लदे हुए शिक्षकों को इस प्रकार का अतिरिक्त उत्तरदायित्व सौंपना न तो न्यायसंगत लगता है और न इससे अपेक्षित परिणामों की ही प्राप्ति हो सकती है।
3. वर्तमान परिस्थितियों में हमारे विद्यालयों में जो भी संसाधन उपलब्ध हैं तथा जैसे भी हालात हैं उन्हें इस प्रकार की व्यूह रचना के उपयोग हेतु कदापि उपयुक्त नहीं माना जा सकता।
4. इस प्रकार की व्यूह रचना के उपयोग द्वारा परीक्षाओं में वांछित सफलता प्राप्त करने हेतु जो कुछ भी चाहिए उसकी प्राप्ति नहीं हो पाती। फलस्वरूप शिक्षक तथा विद्यार्थी दोनों ही इस प्रकार की व्यूह रचना के प्रति कोई उत्साह या रुचि का प्रदर्शन नहीं कर पाते।

सुझाव (Suggestions)

दोषों और न्यूनताओं को लेकर ऊपर जो कुछ भी कहा गया है वह अपने आप में उतना सही और गंभीर नहीं जितना ऊपर से दिखाई पड़ता है। अगर शिक्षक के मन में इसे प्रयोग में लाने के प्रति सही भावना और निष्ठा हो तथा विद्यार्थियों में इसके प्रति पर्याप्त रुचि, उत्साह तथा अभिप्रेरणा विकसित कर दी जाए तो इसे प्रयोग में लाने में कोई भी विशेष बाधा या कठिनाइयाँ नहीं आ सकती। संवेदनशीलता या सूक्ष्मग्राहिता अपने आप में बहुत ही विशिष्ट स्थान रखती है। जब तक किसी बात के लिए आप सचेत, जागरूक तथा संवेदनशील नहीं बनेंगे तब तक उसे सीखने, जानने, उपयोग में लाने आदि बातें कहां से पैदा होंगी। अधिगमों के अर्जन तथा शिक्षण–अधिगम प्रक्रिया के क्रियान्वयन का कार्य बालकों की संवेदनशीलता तथा सूक्ष्मग्राहिता संबंधी क्षमता के सहारे ही भलीभाँति पूरा किया जा सकता है। अतः सच्चे मन से विद्यालयों में ऐसे सभी समुचित प्रयास किए जाने चाहिए जिनसे बालकों में पाठ्य तथा पाठ्यान्तर क्रियाओं के माध्यम से संवेदनशीलता या सूक्ष्मग्राहिता संबंधी प्रशिक्षण देने के समुचित अवसर उपलब्ध होते रहें।

सार-संक्षेप (Summary)

1. शिक्षण व्यूह रचनाओं से तात्पर्य ऐसी व्यूह रचनाओं या रणनीतियों से है जिनके उपयोग द्वारा शिक्षकों को अपने शिक्षण या अनुदेशन उद्देश्यों की पूर्ति में उचित सहायता मिलती है। कोई भी इस प्रकार की व्यूह रचना शिक्षक द्वारा अपनायी गई ऐसी सामान्यीकृत और अनुभवजन्य योजना एवं कार्यपद्धति का प्रतिनिधित्व करती है जिसके द्वारा किसी शिक्षण कार्य या पाठ विशेष को पढ़ाने में यथोचित सहायता मिलती है।

2. शिक्षण विधियाँ अपने सीमित रूप में विषय विशेष को पढ़ाने अथवा उसका प्रस्तुतीकरण करने से संबंधित रहने के कारण शिक्षण व्यूह रचनाओं से उपयोग क्षेत्र और संरचना दोनों ही की दृष्टि से काफी सीमित मानी जाती है परंतु अगर इनका प्रयोग निर्धारित शिक्षण/अनुदेशनात्मक उद्देश्यों की प्राप्ति में भलीभाँति सहायक बनने के उद्देश्य से किया जाए तो फिर विधियों और व्यूह रचनाओं में कोई विशेष अंतर नहीं रह जाता।
3. शिक्षण युक्तियाँ, शिक्षण विधियों तथा व्यूह रचनाओं दोनों से ही उपयोग, क्षेत्र और संरचना की दृष्टि से सीमित और लघु सिद्ध होती हैं। ये अपने व्यवहारिक रूप में शिक्षक व्यवहार के उन लघु अंशों तथा गतिविधियों का प्रतिनिधित्व करती हैं जिन्हें शिक्षक द्वारा किसी विशेष शिक्षण व्यूह रचना के आयोजन और प्रयोग हेतु काम में लाया जाता है।
4. शिक्षण प्रविधियों से तात्पर्य उन विशिष्ट कार्य योजनाओं, तरकीबों तथा साधनों से है जिन्हें एक शिक्षक द्वारा अपने शिक्षण को अधिक प्रभावपूर्ण एवं उपयोगी बनाने हेतु समयानुसार प्रयोग में लाया जाता रहता है। शिक्षण व्यूह रचनाओं की तुलना में शिक्षण प्रविधि पद भी शिक्षण विधियों और शिक्षण युक्तियों की भाँति क्षेत्र, संरचना और उपयोग की दृष्टि से काफी सीमित और लघु है। व्यापक दृष्टि से सोचा जाए तो शिक्षण व्यूह रचनायें पद में ऊपर से एक जैसे दिखाई देने वाले विभिन्न पद जैसे शिक्षण विधियाँ, शिक्षण युक्तियाँ तथा शिक्षण प्रविधियाँ आदि पद ऐसे ही समा जाते हैं जैसे किसी विशाल जलाशय में विभिन्न प्रकार के जलस्रोत, नदी, नहर, चश्मे, सोते आदि समा जाते हैं और अपने जल स्वरूप की समानता की दृष्टि से उपयोगकर्त्ताओं को एक जैसे संसाधन यानी जलपूर्ति का साधन के रूप में ही नजर आते हैं। यही कारण है कि व्यावहारात्मकता में बहुधा इन पदों को समानार्थी रूप में प्रयुक्त होता भी देखा जा सकता है।
5. व्याख्यान व्यूह रचना में अध्यापक किसी विषय विशेष के एक अंश या शिक्षण पाठ को विद्यार्थियों के एक समूह के सामने अपने भाषण या व्याख्यान (विचारों के शाब्दिक प्रेषण) के माध्यम से इस प्रकार प्रस्तुत करने का प्रयत्न करता है ताकि विद्यार्थियों के ज्ञानात्मक एवं भावात्मक व्यवहार से संबंधित विशिष्ट शिक्षण अधिगम उद्देश्यों की उपलब्धि ठीक प्रकार की जा सके। व्याख्यान व्यूह रचना कक्षा शिक्षण की परंपरागत शैली के रूप में कई तरह से शिक्षक के लिए उपयोगी सिद्ध हो सकती है। जो बड़ा दोष या कमी इसमें नजर आती है वह यही है कि इसके माध्यम से शिक्षण को मात्र स्मृति स्तर (या थोड़ा बहुत बोध स्तर पर भी) आयोजित किया जा सकता है। विद्यार्थियों में अधिक समझ–बूझ और चिंतन योग्यताओं के विकास में इससे सहायता नहीं मिल पाती।
6. प्रदर्शन व्यूह रचना में एक अध्यापक जब जहाँ जरूरत पड़ती है अपनी शिक्षण संबंधी बातों के स्पष्टीकरण हेतु प्रयोगों एवं परीक्षण का सहारा लेता है अथवा किन्हीं क्रियाओं तथा तथ्यों को स्पष्ट करने हेतु उनका दृश्यात्मक प्रदर्शन करता है। इस दृश्यात्मक प्रदर्शन के माध्यम से विद्यार्थी एक ओर तो विभिन्न प्रकार के पाठ्यक्रम संबंधी तथ्यों एवं सिद्धांतों का अच्छी तरह बोध करने में सफलता अर्जित करते हैं तो दूसरी ओर वे क्रियात्मक अनुभव ग्रहण कर इन्हें व्यावहारिक रूप में प्रयोग करने में भी समर्थ बनते हैं।
7. अनुसंधान अथवा ह्यूरिस्टिक व्यूह रचना को अपनाने का उद्देश्य विद्यार्थियों में समस्या समाधान या अनुसंधानात्मक दृष्टिकोण विकसित करना है। कक्षा में बालक निष्क्रिय श्रोता तथा मूकदर्शक न बनकर ज्ञान ग्रहण करने हेतु स्वयं आगे आएं तथा अपने स्वयं के प्रयत्नों से ही विषय संबंधी तथ्यों को जानने, समझने तथा खोजने की पहल करें। इस प्रकार की सक्रिय साझीदारी के अवसर विद्यार्थियों को प्रदान करना ही इस व्यूह रचना का प्रमुख उद्देश्य है।

8. प्रोजेक्ट व्यूह रचना में अध्यापक द्वारा किसी उपयुक्त प्रोजेक्ट को शिक्षण–अधिगम का केंद्र बिंदु बनाया जाता है। विद्यार्थी उस प्रोजेक्ट पर कार्य करते हुए जब–जब जिस जिस प्रकार के ज्ञान की आवश्यकता प्रोजेक्ट संबंधी गतिविधियों के संपादन हेतु पड़ती है, उसे नितांत स्वाभाविक एवं अप्रासंगिक ढंग से अध्यापक के नेतृत्व में ग्रहण करते रहते हैं। इस तरह यह व्यूह रचना पाठ्यक्रम संबंधी तथ्यों के ज्ञान को व्यावहारिक रूप में प्रयुक्त करने का प्रशिक्षण देने में काफी मूल्यवान सिद्ध हो सकती है। परंतु दूसरी ओर विषयों का क्रमबद्ध एवं तार्किक ढंग से औपचारिक शिक्षण देने में इससे उतनी सफलता नहीं मिल सकती।

9. स्पष्टीकरण व्यूह रचना का उद्देश्य विषय सामग्री में निहित विचार एवं भावों को छात्रों के स्तर को ध्यान में रखते हुए बिल्कुल स्पष्ट, सरल एवं रोचक रूप में प्रस्तुत करना होता है। विषय संबंधी तथ्यों, नियमों और घटनाओं को पूर्णतया स्पष्ट, सरल एवं बोधगम्य बनाने हेतु जिस अन्य व्यूह रचना को साथ–साथ ही प्रयोग में लाने की आवश्यकता पड़ सकती है वह है व्याख्या व्यूह रचना। व्याख्या व्यूह रचना के माध्यम से अध्यापक विषयवस्तु को कुछ और अधिक खोल कर सरल और अधिक स्पष्ट रूप में विद्यार्थियों के सामने रख सकता है।

10. विवरण व्यूह रचना को काम में लाने का महत्त्व और उद्देश्य उसकी इस सामर्थ्य में है कि उसकी सहायता से व्यक्तियों, वस्तुओं और घटनाओं का क्रमबद्ध एवं सुव्यवस्थित मौखिक चित्र विद्यार्थियों के सामने बड़े ही रोचक ढंग से रखा जा सकता है। ऐसे विवरण में बालक ऐसे खो जाते हैं कि जैसे वे उन घटनाओं या बातों को प्रत्यक्ष रूप से सुन या देख रहे हों। वर्णन व्यूह रचना, विवरण से कुछ आगे की मंजिल है यह व्यूह रचना बालकों को मौखिक और लिखित दोनों प्रकार की अभिव्यक्ति के अवसर प्रदान करती है। इसमें विवरण की अपेक्षा किसी व्यक्ति, वस्तु अथवा घटना के बारे में अधिक विस्तार से बताया जाता है। विषयवस्तु के स्पष्टीकरण में दृष्टांत अथवा उदाहरण व्यूह रचना का प्रयोग हितकर सिद्ध हो सकता है। इस व्यूह रचना को अपनाने में एक अध्यापक अपनी विषयवस्तु को रोचक और सरल ढंग से प्रस्तुत करने हेतु अपने विद्यार्थियों के सामने रोचक दृष्टांत अथवा उदाहरण प्रस्तुत करता है। ये उदाहरण मौखिक रूप से भी दिए जा सकते हैं और स्थूल सामग्री के उपयोग द्वारा भी।

11. प्रश्नोत्तर व्यूह रचना में एक अध्यापक अपने पाठ शिक्षण के दौरान इस प्रकार के प्रश्न पूछता है अथवा विद्यार्थियों द्वारा पूछे गये प्रश्नों और दिए जाने वाले उत्तरों को इस तरह नियंत्रित करता है कि इसके द्वारा विषयवस्तु के प्रस्तुतीकरण, बोध तथा मूल्यांकन में उचित एवं वांछनीय सहयोग प्राप्त होता रहे। प्रश्नोत्तर व्यूह रचना के उपयोग के साथ–साथ एक अध्यापक अपने द्वारा पढ़ाई गई बातों को अच्छी तरह बोधगम्य बनाने और उन्हें बालकों द्वारा अच्छी तरह अपने मस्तिष्क में बिठाने हेतु कुछ जिन अन्य महत्त्वपूर्ण व्यूह रचनाओं को भी काम में लाता हुआ देखा जा सकता है वे हैं अभ्यास कार्य, गृह कार्य, समीक्षा या पुनः अवलोकन तथा अधिन्यास या दत्त कार्य संबंधी व्यूह रचनाएं।

12. व्यक्तिगत और वैयक्तिक स्तर पर अनुदेशन या शिक्षण प्रदान करने हेतु जहाँ एक अध्यापक द्वारा ट्यूटोरियल व्यूह रचना का उपयोग किया जा सकता है वहीं उच्च संज्ञानात्मक योग्यताओं के विकास, चिंतन स्तर के अधिगम तथा सृजनशीलता के विकास एवं प्रशिक्षण हेतु मस्तिष्क उद्वेलन व्यूह रचना का प्रयोग काफी लाभप्रद सिद्ध हो सकता है।

13. स्वाधीन अध्ययन व्यूह रचना का उपयोग अपने नाम के अनुरूप ही विद्यार्थियों को स्वयं अपने अध्ययन संबंधी प्रयत्नों के ज्ञान एवं अनुभव ग्रहण करने में वांछित मदद कर सकता है। जबकि संवेदनशीलता या सूक्ष्मग्राहिता प्रशिक्षण संबंधी व्यूह रचना के उपयोग से एक अध्यापक अपने विद्यार्थियों की संवेदनशीलता

या सूक्ष्मग्राहिता (ऐसी क्षमता और योग्यता जो उन्हें उनकी संवेदनात्मक इंद्रियों के उचित उपयोग में तथा सजीव एवं निर्जीवों से युक्त अपने चारों ओर की दुनिया के प्रति चेतना और भावनात्मक रिश्ता कायम करने में मदद करे) के विकास हेतु वांछित प्रशिक्षण प्रदान करने में सफल सिद्ध हो सकता है।

संदर्भित एवं विशेष अध्ययन ग्रंथ
(References and Suggested Readings)

Armstrong, H.E., quoted in Brock, W.H., *H. E. Armstrong and the Teaching of Science 1880–1930*, London: Cambridge University Press, 1973.

Ballard, H.G. (1936), quoted by Sharma, R.C., *Modern Science Teaching*, Delhi: Dhanpat Rai & Sons, 1992

Bining, Arthur C., and Bining, David H., *Teaching the Social Studies in Secondary Schools*, New York: McGraw-Hill, 3rd ed., 1952.

Frieberg, H.J. and Driscoli, Amy, *Universal Teaching Strategies*, Boston: Allyan and Bacon, 1992.

Joyce, Bruce and Weil, Marsha, *Models of Teaching*, Englewood Cliffs, New Jersey: Prentice Hall Inc., 1980.

Kilpatrick, W.H., *The Project Method*, New York: Teachers college, Columbia University Bulletin, 3rd ed. (tenth series), 1921.

Osborn, A.F., *Applied Imagination: Principles and Procedures of Creative Problem Solving*, (3rd ed.), New York: Charles Scribers' Sons, 1963.

Stevenson, J.A., *The Project Method of Teaching*, New York: McGraw-Hill, 1922.

Stones, Edgar and Morris, Sidney, *Teaching Practice: Problems and Perspectives*, London: Methuen & Co., 1972.

Woods, Paul J., *The Psychology: Major Training and Employment Strategies*, Washington: American Psychological Association, 1979.

अध्ययन के लिए प्रश्न
(Study Questions)

1. शिक्षण व्यूह रचना से आप क्या समझते हैं ? इसके अर्थ पर विस्तार से प्रकाश डालें।
2. शिक्षण व्यूह रचना क्या है ? शिक्षण–विधियों तथा शिक्षण–युक्तियों से यह किस प्रकार भिन्न है ?
3. शिक्षण व्यूह रचना पद को परिभाषित कीजिए और इसकी विशिष्ट विशेषताओं का वर्णन कीजिए।
4. शिक्षण व्यूह रचना के संप्रत्यय को स्पष्ट कीजिए। विधियों, तकनीकों एवं युक्तियों से यह किस प्रकार भिन्न है ?
5. शिक्षण व्यूह रचना पद को परिभाषित कीजिए। शिक्षण–अधिगम प्रक्रिया के लिए प्रयुक्त विभिन्न शिक्षण व्यूह रचनाओं के नाम बताइए। इनमें से किसी एक की विस्तार में चर्चा कीजिए।

6. अधिनायकवादी तथा जनतांत्रिक शिक्षण व्यूह रचनाओं में निहित अंतर को इन दोनों वर्गों में शामिल व्यूह रचनाओं का उल्लेख करते हुए स्पष्ट कीजिए।
7. शिक्षण व्यूह रचना पद की परिभाषा दें। शिक्षण व्यूह रचनाओं को कैसे वर्गीकृत किया गया है ? उदाहरणों सहित स्पष्ट करें।
8. व्याख्यान व्यूह रचना क्या है ? शिक्षण व्यूह रचना के रूप में इसके गुण एवं सीमाओं का उल्लेख कीजिए।
9. सामूहिक परिचर्चा व्यूह रचना क्या होती है ? शिक्षण व्यूह रचना के रूप में इसके गुण–दोषों एवं सीमाओं का उल्लेख करते हुए इसे भलीभाँति उपयोग में लाने हेतु सुझाव दीजिए।
10. स्पष्टीकरण व्यूह रचना क्या होती है ? इसके महत्त्व पर प्रकाश डालते हुए इसे भलीभाँति उपयोग में लाने संबंधी सुझावों की चर्चा कीजिए।
11. व्याख्या व्यूह रचना से क्या अभिप्राय है ? इसके महत्त्व पर प्रकाश डालते हुए इसे अच्छी तरह उपयोग में लाने संबंधी सुझावों की चर्चा कीजिए।
12. विवरण व्यूह रचना क्या होती है ? इसकी उपयोगिता एवं सीमाओं की चर्चा करते हुए इसके प्रभावपूर्ण उपयोग संबंधी सुझावों का उल्लेख कीजिए।
13. शिक्षण व्यूह रचना के रूप में वर्णन का अर्थ स्पष्ट कीजिए तथा बताइए कि यह विवरण और व्याख्या से किस प्रकार भिन्न है ?
14. वर्णन व्यूह रचना से क्या अभिप्राय है ? शिक्षण अधिगम प्रक्रिया में इसके उपयोग एवं सीमाओं का उल्लेख कीजिए तथा इसके प्रभावपूर्ण प्रयोग के लिए सुझाव दीजिए।
15. शिक्षण व्यूह रचना के रूप में दृष्टांत या उदाहरण से क्या अभिप्राय है ? शिक्षण प्रक्रिया में इसके महत्त्व की चर्चा करते हुए अधिक महत्त्वपूर्ण बनाने हेतु व्यावहारिक सुझाव दीजिए।
16. दृष्टांत या उदाहरण से आप क्या समझते हैं ? शिक्षण अधिगम प्रक्रिया में प्रयुक्त विभिन्न प्रकार के उदाहरणों की उनकी शैक्षिक उपयोगिता के संदर्भ में चर्चा कीजिए।
17. प्रत्येक अध्यापक द्वारा एक कला के रूप में अर्जित की जाने वाली प्रश्नोत्तर व्यूह रचना का विस्तारपूर्वक वर्णन कीजिए।
18. प्रश्नोत्तर व्यूह रचना से क्या अभिप्राय है ? इस युक्ति को प्रभावशाली ढंग से काम में लाने के लिए सभी संभावित सुझाव प्रस्तुत कीजिए।
19. एक अच्छे प्रश्न में मूल रूप से क्या विशेषताएँ होती हैं ? एक अध्यापक को प्रश्न पूछने का सही ढंग अपनाने के लिए किन बातों का ध्यान रखना चाहिए ? उदाहरण सहित वर्णन करो।
20. "विद्यार्थियों के उत्तरों से प्रभावपूर्ण ढंग से निपटना एक अध्यापक के लिए काफी महत्त्व रखता है।" उत्तरों से भलीभाँति निपटने के लिए उपयुक्त सुझाव देते हुए इस कथन की व्याख्या कीजिए।
21. शिक्षण व्यूह रचना के रूप में प्रदर्शन का उसकी महत्ता तथा प्रभावी उपयोग संबंधी सुझावों की चर्चा करते हुए विस्तार से वर्णन कीजिए।
22. धारणा व्यूह रचना के रूप में अभ्यास कार्य के महत्त्व की चर्चा कीजिए। इसे अधिक प्रभावशाली कैसे बनाया जा सकता है ?

23. धारणा व्यूह रचना से आप क्या समझते हैं ? शिक्षण अधिगम प्रक्रिया में सहायक सिद्ध होने के संदर्भ में किसी एक धारणा व्यूह रचना का वर्णन कीजिए।

24. शिक्षण व्यूह रचना के रूप में गृहकार्य का क्या महत्त्व है ? इसे अधिक प्रभावशाली बनाने हेतु व्यावहारिक सुझाव दीजिए।

25. शिक्षण व्यूह रचना के रूप में प्रदर्शन की विस्तार में चर्चा कीजिए। इसके गुण–दोष तथा सीमाओं का उल्लेख कीजिए तथा इसके प्रभावपूर्ण उपयोग हेतु सुझाव भी दीजिए।

26. अनुसंधान अथवा ह्यूरिस्टिक व्यूह रचना क्या होती है ? इसे कक्षा शिक्षण में कैसे काम में लाया जाता है ? इस व्यूह रचना के प्रयोग से संबंधित विभिन्न सोपानों की चर्चा कीजिए।

27. अनुसंधान अथवा ह्यूरिस्टिक शिक्षण व्यूह रचना क्या है ? इसके गुण–दोषों तथा सीमाओं का उल्लेख कीजिए और इसके प्रभावी उपयोग हेतु आवश्यक सुझाव भी दीजिए।

28. ट्यूटोरियल व्यूह रचना क्या होती है ? इसके विभिन्न प्रकार एवं शैलियों का वर्णन कीजिए तथा इसके क्रियान्वयन प्रक्रिया की भी विस्तार से चर्चा कीजिए।

29. मस्तिष्क उद्वेलन व्यूह रचना क्या होती है ? इसे प्रयोग में लाने की प्रक्रिया को इसके गुण दोषों सहित विवेचना कीजिए।

30. स्वतंत्र या स्वाधीन अध्ययन शिक्षण व्यूह रचना क्या है ? इसकी क्या महत्ता है ? इसे प्रयोग में लाने की प्रक्रिया का विस्तार से वर्णन कीजिए।

31. संवेदनशीलता या सूक्ष्मग्राहिता प्रशिक्षण क्या है ? शिक्षण व्यूह रचना के रूप में इसकी उपयोग प्रक्रिया का विस्तार से वर्णन कीजिए।

11

संप्रेषण एवं शिक्षण-अधिगम
(Communication and Teaching-Learning)

अध्याय रूपरेखा (Chapter Outline)

संप्रेषण क्या है ?
(What is Communication ?)

संप्रेषण शब्द ''प्रेषण'' और ''प्रेषित करना'' जैसी क्रियाओं को अपने में संजोए हुए हैं जिनका अर्थ होता है किसी वस्तु या विचार को एक जगह से दूसरी जगह भेजना। अपने द्वारा भेजे जाने वाले पत्र इत्यादि के लिए प्रायः हम ''प्रेषित करना'' जैसी क्रिया का प्रयोग करते ही रहते हैं। टेलीफोन तार द्वारा संदेश प्रेषित करना ऐसे वाक्यों को भी हम प्रयोग में लाते रहते हैं। इस संदर्भ में प्रेषण तथा प्रेषित करना विचार या सूचना इत्यादि का एक तरफा या एक पक्षीय हस्तांतरण (One sided transaction) ही होता है क्योंकि इसमें विचार, सूचना या संदेश किसी स्रोत (Source) से सूचना प्राप्त करने वाले व्यक्ति (Receiving person) तक पहुंचाने की ही बात होती है। संप्रेषण इसकी तुलना में कुछ अधिक व्यापक संप्रत्यय है यहाँ विचार सूचना या संदेश भेजने का कार्य एक पक्षीय न होकर द्वि या बहुपक्षीय बन जाता है। संप्रेषण में प्रेषण क्रिया, स्रोत (Source) तथा प्राप्त कर्त्ता (Receiver) के बीच समान रूप से वितरित होती है तथा दोनों ही इसकी सफलता हेतु समान रूप से उत्तरदायी होते हैं। यहाँ विचारों तथा

भावों का एक तरफा हस्तांतरण (Transfer) न होकर पारस्परिक रूप से आदान–प्रदान होता है। इस तरह संप्रेषण की प्रक्रिया एक सहयोगात्मक प्रक्रिया है जिसमें दो या दो से अधिक व्यक्तियों को अपने विचारों तथा भावों के आदान–प्रदान करने का पूरा–पूरा अवसर मिलता है।

अपने विचारों तथा भावों के आदान–प्रदान के लिए हम शाब्दिक (Verbal) तथा अशाब्दिक (Non-verbal) दोनों प्रकारों के संकेतों का प्रयोग करते हैं। शाब्दिक संकेतों के विकसित रूप में हम किसी न किसी ऐसी भाषा (Language) का प्रयोग करते हैं जिसे प्राप्तकर्त्ता द्वारा भलीभाँति समझा जा सके। अतः **अन्तर्वैयक्तिक संबंधों के संदर्भ में संप्रेषण को एक ऐसी प्रक्रिया के रूप में परिभाषित किया जा सकता है जिसमें भाषा या अशाब्दिक संकेतों के माध्यम से समाज में रहने वाले दो या दो से अधिक व्यक्तियों को अपनी भावनाओं तथा विचारों का आदान–प्रदान करने में आवश्यक सहायता उपलब्ध हो सके।**

संप्रेषण की प्रक्रिया (Process of Communication)

जैसा कि बताया जा चुका है कि संप्रेषण की प्रक्रिया एक पक्षीय न होकर द्वि–पक्षीय या बहु–पक्षीय होती है तथा दूसरे के विचारों तथा भावों के प्रभाव पूर्ण आदान–प्रदान के लिए प्रेषण स्रोत तथा प्राप्तिकर्त्ता दोनों की ही समान रूप से प्रभावी भूमिका रहती है। इस प्रकार के आदान–प्रदान का जो रूप होता है उससे संबंधित तत्वों तथा उनकी भूमिका को निम्न प्रकार समझा जा सकता है।

1. **संप्रेषण स्रोत (Source of Communication or Communicator)**—विचारों तथा भावों के आदान–प्रदान की शुरूआत जिस स्रोत या व्यक्ति द्वारा की जाती है संप्रेषण प्रक्रिया का उसे ही प्रारंभिक बिंदु माना जाता है। जब तक अपने विचारों या भावों को कोई व्यक्ति किसी के साथ विनिमय या प्रेषित करने को तैयार नहीं होता तब तक संप्रेषण प्रक्रिया की शुरूआत नहीं हो सकती। इस तरह संप्रेषण प्रक्रिया में संप्रेषण स्रोत से तात्पर्य उस व्यक्ति तथा समूह विशेष से होता है जो अपनी भावनाओं तथा विचारों को किसी दूसरे व्यक्ति या व्यक्ति समूहों तक पहुँचाना चाहता है।
2. **संप्रेषण सामग्री (Contents of Communication)**—संप्रेषणकर्त्ता या स्रोत के द्वारा जो कुछ भी अपने विचारों, भावों तथा अनुभवों आदि के रूप में किसी और को प्रेषित किया जाता है उसे ही संप्रेषण सामग्री कहा जाता है। यह सामग्री जितने अच्छे रूप में स्रोत द्वारा संजोयी जा सकती है वह वैसा ही प्रभाव प्राप्तकर्त्ता के ऊपर छोड़ती है। प्राप्तकर्त्ता का संप्रेषण प्रक्रिया में सहयोग तथा इस सहयोग के लिए आवश्यक अभिप्रेरणा, संप्रेषण सामग्री की गुणवत्ता (Quality) पर बहुत कुछ निर्भर करती है।
3. **संप्रेषण माध्यम (Mean or Media of Communication)**—अपनी भावनाओं तथा विचारों को दूसरों तक पहुँचाने के लिए, तथा दूसरों की भावनाओं और विचारों को ग्रहण कर उनके प्रति अपनी अनुक्रिया व्यक्त करने के लिए स्रोत तथा प्राप्तकर्त्ता द्वारा जिन माध्यमों का सहारा लिया जाता है उन्हें संप्रेषण माध्यम का नाम दिया जाता है। ये माध्यम शाब्दिक तथा अशाब्दिक (Verbal and Non-verbal) दोनों में से किसी रूप में भी हो सकते हैं। भाषा का प्रयोग कर मौखिक या लिखित रूप में अपनी बात कही जा सकती है या फिर अशाब्दिक संकेतों जैसे शारीरिक भाषा (Body language), हाव–भाव (Gestures), संकेत भाषा (Symbolic language), आदि के द्वारा संप्रेषण किया जा सकता है।

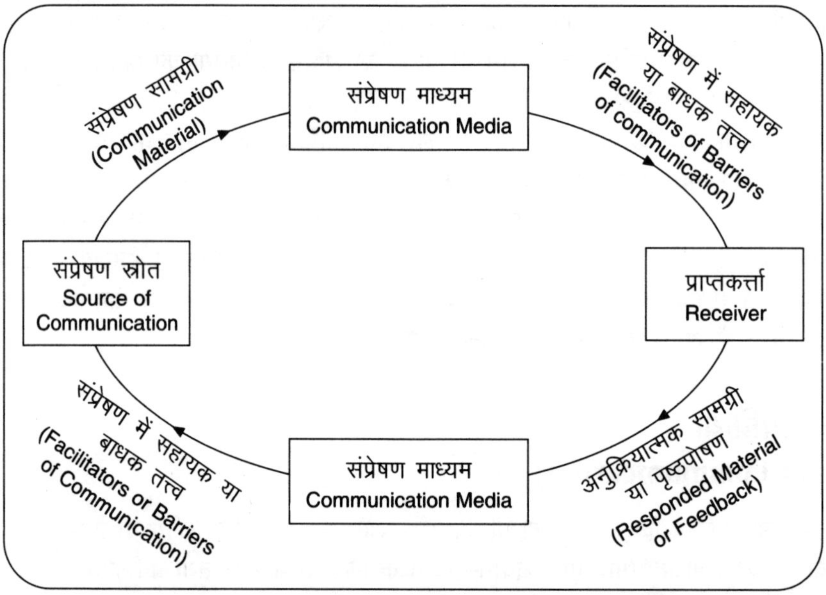

चित्र 11.1 संप्रेषण की प्रक्रिया (The Process of Communication)।

संप्रेषण माध्यम चाहे शाब्दिक प्रयोग में लाया जाए अथवा अशाब्दिक दोनों में संकेतन (Coding) तथा विसंकेतन (Decoding) प्रक्रियाओं का अनिवार्य रूप से प्रयोग होता है। भाषा के मौखिक या लिखित रूप में जब हम शब्दों का प्रयोग करते हैं तो यहाँ स्रोत के रूप में पहले हम संकेतन का उपयोग ही करते हैं। हमें दूध चाहिए तो अपने इस विचार या भाव को हम यह कहकर किसी दुकानदार से व्यक्त करेंगे। अपनी चाहत को हमने ''दूध दो'' इस प्रकार के भाषा संकेतन से व्यक्त किया। अब अगर दुकानदार हमारी यह बात समझना चाहता है तो उसे इस संकेतन (Coding) का विसंकेतन (Decoding) करके ही समझना पड़ेगा। अगर वह हमारी भाषा 'हिंदी' नहीं जानता तो उसे इसका विसंकेतन करके हमारे द्वारा किए गए संप्रेषण को समझने तथा उसके प्रति अनुकूल अनुक्रिया करने में परेशानी होगी। अतः संप्रेषण का माध्यम वही उपयुक्त रहता है जिसका संकेतन तथा विसंकेतन, संप्रेषण से जुड़े हुए व्यक्तियों द्वारा भलीभाँति हो सके।

4. **प्राप्तकर्त्ता (Receiver of the Communication)**—स्रोत द्वारा प्रेषित संदेश, विचार तथा भावों को जिस व्यक्ति विशेष या समूह द्वारा ग्रहण किया जाता है उसे प्राप्तिकर्त्ता (Receiver) का नाम दिया जाता है। संप्रेषण प्रक्रिया में प्राप्तकर्त्ता की भूमिका उतना ही महत्व रखती है जितनी की स्रोत या संप्रेषणकर्त्ता की। अगर प्राप्तिकर्त्ता किसी प्रेषित संदेश, विचार, भाव, अनुभवों या अनुभूतियों को ग्रहण करने का इच्छुक नहीं है अथवा उसमें ग्रहण करने की पर्याप्त क्षमता या योग्यता नहीं है तो संप्रेषणकर्त्ता तथा संप्रेषित सामग्री की गुणवत्ता (Quality) उन्हीं तक रह जाती है उसका लाभ संप्रेषण प्रक्रिया को नहीं मिल पाता। अतः प्राप्तकर्त्ता का संप्रेषण हेतु पूर्ण सक्षम, क्रियाशील तथा अभिप्रेरित रहना अत्यंत आवश्यक है।

5. **अनुक्रियात्मक सामग्री या पृष्ठपोषण (Response Material or Feedback)**—जो कुछ भी स्रोत द्वारा संप्रेषण माध्यम की सहायता से प्रेषित किया जा रहा है उसे प्राप्तकर्त्ता द्वारा ग्रहण कर किस रूप से समझा गया था फिर उनके प्रति उसकी क्या अनुक्रिया (Response) रही इसी की अभिव्यक्ति को

अनुक्रियात्मक सामग्री या पृष्ठपोषण (Response material or feedback) का नाम दिया जाता है। इसी सामग्री या पृष्ठपोषण को अब उचित संप्रेषण माध्यम की सहायता से स्रोत तक पहुँचाने की भूमिका प्राप्तकर्त्ता द्वारा निभाई जाती है और इसी की प्रभावशीलता पर स्रोत और प्राप्तकर्त्ता के बीच संप्रेषण चालू रहना निर्भर करता है।

6. **संप्रेषण में सहायक या बाधक तत्त्व (Facilitator or Barriers of Communication)**—संप्रेषण प्रक्रिया की सफलता या असफलता में संप्रेषण में सहायक या बाधक तत्त्वों की भी काफी महत्त्वपूर्ण भूमिका रहती है। संप्रेषित सूचना या विचार सामग्री को स्रोत से प्राप्तकर्त्ता तक पहुँचाने में संप्रेषण माध्यमों की भूमिका को भी ये तत्त्व घटाते बढ़ाते रहते हैं।

एक तरह से ये तत्त्व उन मध्यस्थ चरों (Intervening variables) के रूप में होते हैं जो स्रोत तथा प्राप्तकर्त्ता के मध्य में होने वाले आदान–प्रदान को अपनी–अपनी प्रकृति और स्वभाव के अनुसार प्रभावित करते रहते हैं। वातावरणजन्य अनुकूल तथा प्रतिकूल परिस्थितियाँ जैसे शांत या शोरगुल वाला वातावरण, प्रदूषण युक्त या प्रदूषण रहित वातावरण, अभिप्रेरणा युक्त या अभिप्रेरणा परिस्थितियाँ, भाषा या संकेतात्मक अभिव्यक्ति की गुणवत्ता आदि। अपनी–अपनी तरह से इस प्रकार के सहायक या बाधक तत्त्व स्रोत तथा प्राप्तकर्त्ता के रूप में भूमिकाएं निभाने वाले व्यक्ति या समूहों को अपने–अपने ढंग से प्रभावित करते रहते हैं और फलस्वरूप संप्रेषण के स्तर को अच्छा या बुरा बनाने में इनकी सदैव ही महत्त्वपूर्ण भूमिका रहती है।

संप्रेषण सिद्धांत (Principles of Communication)

संप्रेषण सभी प्रकार से एक द्वि–पक्षीय प्रक्रिया (Two way process) है। संप्रेषण प्रक्रिया प्रभावशील हो इस कार्य हेतु कुछ सिद्धांतों का अनुसरण करना लाभप्रद रहता है। ऐसे कुछ प्रमुख सिद्धांतों का उल्लेख हम आगे करना चाहेंगे।

1. **तत्परता एवं अभिप्रेरणा का सिद्धांत (Principle of Readiness and Motivation)**—संप्रेषणकर्त्ता (Communicator) और संप्रेषण को ग्रहण करने वाले व्यक्ति (Receiver) का संपूर्ण संप्रेषण प्रक्रिया के दौरान सजग, तत्पर एवं अभिप्रेरित रहना काफी आवश्यक होता है। दोनों में से अगर कोई एक भी पूरी तरह तत्पर एवं अभिप्रेरित नहीं है तो संप्रेषण धारा के प्रवाह पर प्रतिकूल असर अवश्य ही पड़ेगा तथा संप्रेषण के अभीष्ट परिणाम नहीं निकल सकेंगे।
2. **सक्षमता एवं योग्यता का सिद्धांत (Principle of Competency and Worth)**—संप्रेषणकर्त्ता में वह आवश्यक योग्यता एवं क्षमता अवश्य होनी चाहिए जिसकी उसे संप्रेषण के लिए आवश्यकता है। उदाहरण के लिए अगर कोई अध्यापक विषय या प्रकरण संबंधी आवश्यक योग्यता और उस पर अपना अधिकार नहीं रखता तो वह कक्षा संप्रेषण में उचित भूमिका नहीं निभा सकता। यही बात ग्राहक (Receiver) के रूप में संप्रेषण में लाभ उठाने वाले विद्यार्थी पर भी लागू होती है। जो कुछ संप्रेषित किया जा रहा है उससे पूरा लाभ वह तभी उठा सकता है जबकि उसमें संप्रेषण के ग्रहण करने के संबंधित आवश्यक योग्यताएं तथा कुशलताएं मौजूद हों। संप्रेषण कला में कुशल होना जहाँ अध्यापकों के लिए आवश्यक है वहाँ उसके ग्रहण करने तथा उचित अंतःक्रिया करने से संबंधित आवश्यक क्षमताएं एवं योग्यताओं का विद्यार्थियों में भी पाया जाना काफी आवश्यक है।
3. **भागीदारी एवं अन्तःक्रिया का सिद्धांत (Principle of Sharing and Interaction)**—संप्रेषण द्वि–पक्षीय प्रक्रिया होने के नाते संप्रेषणकर्त्ता और ग्राहक दोनों के बीच एक अच्छी भागीदारी और सजीव अन्तःक्रिया

चाहता है। कक्षा संप्रेषण में अगर अध्यापक और विद्यार्थियों के बीच उचित अन्तःक्रिया होती रहे तो दोनों ओर से एक अच्छी भागीदारी बनी रहती है। जितनी अच्छी भागीदारी संप्रेषण प्रक्रिया में दोनों पक्षों की ओर से रहेगी उतनी ही प्रभावशीलता संप्रेषण को प्राप्त होगी। इसीलिए संप्रेषण प्रक्रिया में दोनों पक्षों–संप्रेषणकर्त्ता और ग्राहक के बीच आवश्यक भागीदारी एवं अन्तःक्रिया का होना काफी आवश्यक है।

4. **संप्रेषण सामग्री की उचितता का सिद्धांत (Principle of Suitability of the Communication Contests)**—संप्रेषण के रूप में जो कुछ भी संप्रेषणकर्त्ता द्वारा संप्रेषित किया जा रहा है उस संप्रेषित सामग्री की उपयुक्तता पर भी ध्यान दिया जाना आवश्यक है। अध्यापक योग्य भी है और उसमें संप्रेषण के लिये आवश्यक कौशल भी है परंतु अगर जो संप्रेषित किया जा रहा है उस सामग्री या शिक्षण अधिगम अनुभवों में ही आवश्यक जान नहीं है तो संप्रेषण का उद्देश्य ही समाप्त हो जाएगा। अतः जो कुछ भी संप्रेषित किया जा रहा है उसकी उचितता की ओर ध्यान संप्रेषणकर्त्ता की ओर से अवश्य ही दिया जाना चाहिए। यह संप्रेषित सामग्री पूरी तरह ऐसी होनी चाहिए जो संप्रेषण उद्देश्यों, उपलब्ध संप्रेषण परिस्थितियों तथा माध्यम से मेल खाती हो और दूसरी ओर ग्राहक यानी विद्यार्थियों के स्तर, योग्यताओं, क्षमताओं तथा संप्रेषण कौशलों को ध्यान में रखकर चलती हो। इस तरह संप्रेषण सामग्री जितनी अधिक उपयुक्त होगी उतनी ही सफलता संप्रेषण में मिल सकेगी।

5. **संप्रेषण माध्यम की उचितता का सिद्धांत (Principle of Appropriateness of the Communication Media or Channel)**—संप्रेषणकर्त्ता और ग्राहक के बीच संप्रेषण की कड़ी को जोड़ने वाला कोई न कोई संप्रेषण माध्यम ही होता है। दो ध्रुवों (Poles) के बीच विद्युत् धारा को प्रवाहित करने हेतु जो कार्य विद्युत् धारा को प्रवाहित करने में समर्थ किसी विद्युत तार द्वारा किया जाता है वही भूमिका संप्रेषण को संप्रेषणकर्त्ता तथा ग्राहक के बीच संप्रेषित करने में संप्रेषण माध्यम (Communication media) द्वारा निभाई जाती है। संप्रेषण माध्यम जितना अधिक उपयुक्त और सशक्त होगा संप्रेषण धारा का प्रवाह उतना ही अच्छा बना रहेगा परंतु जहाँ इसमें किसी भी प्रकार का अवरोध या अनुपयुक्तता आ जाएगी, संप्रेषण की प्रभावशीलता गिरती चली जाएगी। अतः कक्षा संप्रेषण में एक अध्यापक को शाब्दिक (Verbal) तथा अशाब्दिक (Non-verbal) दोनों तरह के माध्यमों का यथानुकूल प्रयोग करने का प्रयत्न करना चाहिए और इसी तरह दृश्य, श्रव्य एवं अन्य संवेदनात्मक अनुभूतियों से जुड़े हुए साधनों एवं माध्यमों का भी प्रयोग इस तरह करना चाहिए कि संप्रेषण प्रक्रिया में निरंतरता, सजीवता एवं प्रभावपूर्णता बराबर बनी रहे।

6. **उचित पृष्ठपोषण का सिद्धांत (Principle of Appropriate Feedback)**—संप्रेषण की प्रभावशीलता इस बात पर भी निर्भर करती है कि संप्रेषणकर्त्ता को संप्रेषण के बारे में ग्राहक से उचित पृष्ठपोषण (Feedback) प्राप्त होता रहे। कहानी सुनाने वाले को सुनने वाले से शाब्दिक या अशाब्दिक रूप में जब तक भलीभाँति पृष्ठपोषण (Feedback) प्राप्त होता रहता है तभी तक उसकी रूचि और उत्साह कहानी सुनाने में रहता है, जैसे ही सुनने वाले की अरूचि और अनिच्छा का उसे आभास होता है संप्रेषण का प्रवाह मंद अथवा बिल्कुल बंद ही हो जाता है। यही बात कक्षा संप्रेषण को लेकर है, अध्यापक की सजगता और संप्रेषण संबंधी उत्साह विद्यार्थी की संप्रेषण में भागीदारी और रूचि को लेकर ही होती है। वह उत्सुक होता है कि उसे यह पता लग जाए कि उसके संप्रेषण में कितनी रूचि विद्यार्थी ले रहे हैं और उसका कितना लाभ उन तक पहुँच रहा है। विद्यार्थियों द्वारा प्राप्त इस प्रकार का पृष्ठपोषण उसे अपनी संप्रेषण प्रक्रिया में उचित सुधार लाने की आवश्यकता भी अनुभव कराता रहता है। इस तरह संप्रेषण की प्रभावशीलता में उचित पृष्ठपोषण का भी काफी सक्रिय सहयोग रहता है।

7. **संप्रेषण में सहायक और बाधक तत्त्वों का सिद्धांत (Principle of Facilitators and Barriers of Communication)**—संप्रेषण स्रोत (Source of communication) एवं ग्राहक (Receiver) के बीच में बहुत सारे ऐसे तत्त्व और परिस्थितियाँ कार्य करती रहती हैं जिनका कार्य किसी न किसी रूप में संप्रेषण प्रक्रिया में सहायक अथवा बाधक की भूमिका निभाने से जुड़ जाता है। सहायक के रूप में जहाँ ये तत्त्व और परिस्थितियाँ अध्यापक और विद्यार्थी की अपनी–अपनी तरह से संप्रेषण को इधर से उधर प्रवाहित करने में सहायता करती रहती हैं, वहीं शोरगुल, प्रकाश की कमी तथा सुनने और देखने में आने वाली कमियों के रूप में व्याप्त बाधक तत्त्वों की उपस्थिति संप्रेषण में बाधा बनकर खड़ी हो जाती है। संप्रेषण में जितनी भी अधिक बहुलता तथा कमी सहायक और बाधक तत्त्वों या परिस्थितियों की रहेगी संप्रेषण उतना ही अधिक प्रवाहशील और प्रभावपूर्ण बना रहेगा। विपरीत परिस्थितियों में विपरीत परिणाम ही प्राप्त होंगे, अतः कक्षा संप्रेषण में बाधक तत्त्वों और परिस्थितियों पर उचित नियंत्रण के उपाय अवश्य ही किए जाने चाहिए तथा उन सभी बातों को बढ़ावा दिया जाना चाहिए जो संप्रेषण में सहायक सिद्ध होती हैं।

संप्रेषण के प्रकार (Types of Communication)

अपने विविध रूपों में घटित संप्रेषणों को कुछ निश्चित प्रकारों में बाँट कर समझा जा सकता है। इस विभाजन के लिए हम मोटे तौर पर दो आधार (A) संप्रेषण माध्यम तथा (B) संप्रेषण परिस्थितियों का लेकर चल सकते हैं।

A. संप्रेषण माध्यम की दृष्टि से संप्रेषणों के प्रकार (Types of Communication in Terms of Communication Media)

स्रोत तथा प्राप्तकर्त्ता के बीच विचार तथा भावनाओं आदि के आदान–प्रदान की प्रकृति और स्वभाव पर संप्रेषण माध्यम का गहरा प्रभाव पड़ता है। इसलिए संप्रेषण माध्यमों को ध्यान में रखते हुए हम इनके बीच होने वाले संप्रेषण को (a) शाब्दिक एवं अशाब्दिक तथा (b) स्वाभाविक एवं यांत्रिक में वर्गीकृत कर सकते हैं।

1. **शाब्दिक एवं अशाब्दिक संप्रेषण (Verbal and Non-verbal Communication)**—कक्षा के कमरों में अध्यापक और विद्यार्थियों के बीच जो संप्रेषण होता है उसका प्रारूप अधिकतर शाब्दिक एवं अशाब्दिक संप्रेषण ही होता है। जिस संप्रेषण में स्रोत तथा प्राप्तकर्त्ता विचारों तथा भावों के आदान–प्रदान में भाषा के मौखिक या लिखित रूपों का प्रयोग करें उसे शाब्दिक संप्रेषण कहा जाता है। इसके विपरीत भाषा का प्रयोग न करके अशाब्दिक संकेतों द्वारा संपन्न संप्रेषण को अशाब्दिक संप्रेषण का नाम दिया जाता है। शाब्दिक संप्रेषण में उसी भाषा का स्रोत तथा प्राप्तकर्त्ता दोनों के द्वारा प्रयोग किया जाता है जिसे वे भलीभाँति समझते हों तथा उसके संकेतन (Coding) एवं विसंकेतन (Decoding) में उन्हें कठिनाई न हो। इस दृष्टि से दोनों को सर्वमान्य (Common) एवं सर्वव्यापी (Universal) भाषा का प्रयोग करना आवश्यक नहीं वे ऐसी अपनी भाषा का प्रयोग भी कर सकते हैं जिन्हें केवल वे ही जानते हों।

   अशाब्दिक संप्रेषण का प्रयोग भी, चाहे हम भाषा संप्रेषण में कितने भी कुशल क्यों न हों, हम प्रत्यक्ष और अप्रत्यक्ष रूप से करते ही रहते हैं, किन्हीं अवस्थाओं में तो हमारे सामने अशाब्दिक संप्रेषण के तरीकों का प्रयोग करने के अलावा कोई चारा ही नहीं रहता। एक दूसरे की भाषा न जानने, भाषा के बोलने, पढ़ने, लिखने आदि में कठिनाई होने, गूंगे बहरे होने आदि बातें ऐसी परिस्थितियों के ही उदाहरण हैं। कई बार अशाब्दिक संप्रेषण का प्रयोग हम इसलिए भी करते हैं कि इसके द्वारा संप्रेषण को और भी

अधिक प्रभावशाली बनाया जा सकता है। अशाब्दिक संप्रेषण के भी कई रूप तथा प्रकार हो सकते हैं जैसे मुख मुद्रा (Facial expression), आँखों की भाषा (Language of eyes), शारीरिक भाषा (Body language), वाणी या ध्वनि संकेत (Sound symbols), संकेतात्मक कूट भाषा (Symbolic code language) आदि।

मुख मुद्रा (Facial Expression)—मुख की आकृति तथा मुद्राओं की अपनी ही एक भाषा होती है जिसका अवलोकन कर हम एक दूसरे के भावों तथा विचारों को अच्छी तरह जान और समझ सकते हैं। किसी की संवेगात्मक अवस्था (Emotional condition) तथा व्यवहार के स्वरूप को जानने में ये मुख मुद्रायें हमारी बहुत सहायता करती हैं और फलस्वरूप इनसे संप्रेषण को अधिक प्रभावपूर्ण बनाकर अंत वैयक्तिक संबंधों की डोरी को और भी मजबूत बनाया जा सकता है। मुख मुद्राओं द्वारा जो संप्रेषण होता है उसकी प्रकृति काफी कुछ सामान्य तथा सर्वव्यापी ही होती है। संसार के किसी भी देश–प्रदेश में चले जाएं सभी लोग हँसने, रोने, क्रोध करने, घृणा करने, चिंता या विषादयुक्त होने, विस्मय या आश्चर्यचकित होने, प्यार या स्नेह जताने आदि विभिन्न भावात्मक अनुभूतियों के संप्रेषण के लिए एक जैसी मुख मुद्राएं ही बनाते देखे जा सकते हैं। इस तरह चेहरे की आकृतियों या मुख मुद्राओं द्वारा संप्रेषण करने की गिनती अशाब्दिक संप्रेषण के एक मुख्य प्रकार के रूप में भलीभाँति की जा सकती है।

आँखों की भाषा (Language of the Eyes)—अशाब्दिक संप्रेषण का दूसरा महत्त्वपूर्ण प्रकार आँखों के माध्यम से किए जाने वाला संप्रेषण है। आँखें अपनी भाषा में बहुत कुछ कह जाती हैं। विविध विचार, भाव तथा व्यवहारगत बातें आँखों की विभिन्न प्रकार की गतियों तथा संचालन द्वारा आसानी से संप्रेषित होती रहती हैं। आँखों संबंधी विभिन्न मुहावरे जिन्हें हम अपनी भाषा में प्रयोग करते हैं आँखों की भाषा के संप्रेषण महत्त्व को हमारे सामने स्पष्ट कर सकते हैं। आँखें चुराना, आँखें गीली या नम करना, आँखों से आग बरसना, आँखें बिछाना, आँखों की पलकें गिराकर उठाना, आँखों का नाचना आदि इसी प्रकार के मुहावरे हैं जो आँखों की भाषा द्वारा किए जाने वाले विभिन्न प्रकार के संप्रेषण कार्यों की ओर ही संकेत करते हैं। आँखों की भाषा जहाँ प्यार जताती है, हर्ष और उल्लास प्रकट करती है, कृतज्ञता यापन करती है, स्वागत करती है वहाँ दूसरी ओर अलग ढंग से की गई आँखों की गतिविधियाँ, क्रोध, घृणा, वैमनस्य, लालच, तृष्णा, कायरता, लंपटता, तिरस्कार, शत्रुता आदि भावों को भी संप्रेषित करने का भी कार्य करती है। आँखों के मौन निमंत्रण से दो व्यक्ति गहरी दोस्ती में बँध जाते हैं, तो दूसरी ओर एक दूसरे के विरोधी बनाने का कार्य भी आँखों की भाषा द्वारा संपन्न हो सकता है। वार्तालाप के दौरान स्वीकृति या अस्वीकृति प्रदान करना, अभिप्रेरणा प्रदान करना या निरुत्साहित करना ये सभी कार्य आँखों की भाषा द्वारा भलीभाँति किए जा सकते हैं। इस तरह आँखों के संचालन और संपर्क द्वारा संप्रेषण संबंधी कार्य भलीभाँति संपादित किया जा सकता है।

शारीरिक भाषा (Body Language)—आपने शास्त्रीय नृत्य करते हुए व्यक्तियों को अवश्य ही देखा होगा। किस–किस ढंग से अंग संचालन कर अपने विचारों, भावों तथा पौराणिक कथाओं के संदेश को वे संप्रेषित करते हैं इससे भी आप परिचित होंगे। ऐसा सब कुछ वे शारीरिक भाषा के माध्यम से ही करते हैं। विभिन्न प्रकार के हाव–भाव (Gestures), अंग प्रत्ययों का संचालन तथा शारीरिक गतियाँ (Physical movements) इसी शारीरिक भाषा के विभिन्न रूप होते हैं। स्टेज पर अभिनय करते हुए कलाकार भी इसी भाषा का प्रयोग करते हुए अपने विचारों तथा भावों की अभिव्यक्ति करते हैं। सामान्य जिंदगी में भी हम सभी संप्रेषण के लिए इस तरह की अशाब्दिक अभिव्यक्ति को काम में लाते रहते हैं। जब कोई व्यक्ति दाँत भींचता है, मुट्ठी कड़ी करता है तब उसकी यह शारीरिक भाषा हमें यह समझाती है कि वह व्यक्ति क्रोधित अवस्था में हैं। डरने की अवस्था में इसी तरह कोई व्यक्ति अपने भावों का

संप्रेषण टाँगों के लड़खड़ाने, थर–थर काँपने तथा शरीर के रोंगटे खड़े करने के माध्यम से करता दिखाई दे सकता है। जब कोई युवती मुँह में अपनी धोती या चुन्नी का पल्लू या छोर दबाती है या चेहरा ढकने का प्रयत्न करती है तो हम समझ जाते हैं कि वह शर्मा रही है। इसी तरह जब कोई हमारे पैरों में हाथ लगाता है, हमारे सामने आगे की ओर झुकता है तो उसकी यह शारीरिक भाषा उसके द्वारा हमें सम्मान देने तथा स्वागत करने की बात कहता है परंतु जब कोई हमसे बच कर निकलने या देखकर भी अनदेखा करके चलने की गतिविधियाँ करता है तो हम समझ जाते हैं कि वह हमसे बातचीत या मिलने का इच्छुक नहीं है। इस तरह शारीरिक भाषा अशाब्दिक संप्रेषण के लिए एक प्रमुख साधन के रूप में हमारे काम आती रहती है।

वाणी या ध्वनि संकेत (Sound Symbols)—विभिन्न प्रकार के वाणी या ध्वनि संकेत भी ऐसे अशाब्दिक माध्यम का प्रतिनिधित्व करते हैं जिसके द्वारा संप्रेषण कार्य में काफी सहायता मिल सकती है। इस प्रकार के संकेतों के उदाहरण के रूप में हम स्वीकृति या सहमति सूचक हूँ–हूँ की ध्वनि को ले सकते हैं। अपनी बात कहने या कहानी सुनने वाले व्यक्ति को इस प्रकार की ध्वनि को सुनते रहने से यह आभास होता रहता है कि सुनने वाला उसकी कही हुई बातों में रुचि ले रहा तथा वह उसके विचारों से सहमति जता रहा है। इसके विपरीत उहुं की ध्वनि जब नकारात्मक रूप से सिर या गर्दन हिलाने के साथ जोड़ कर प्रस्तुत की जाती है तो यह अप्रसन्नता या असहमति की सूचक बन जाती है। इसी तरह कुछ विशेष ध्वनि संकेतों से विभिन्न प्रकार के संवेगात्मक व्यवहार तथा भावात्मक अनुभूतियों को संप्रेषित करने का उचित प्रयत्न किया जा सकता है। जैसे सीटी बजाना, गुनगुनाना आदि से प्रसन्न तथा आनंदित होने की स्थिति का पता चलता है उसी तरह हुंकारने की ध्वनि से व्यक्ति की उत्तेजित या क्रोधित अवस्था तथा सुबकाई लेने की ध्वनि से रोने या दुखी होने की स्थिति का ज्ञान हो सकता है।

संकेतात्मक कूट भाषा (Symbolic Code Language)—अशाब्दिक संप्रेषण में संकेतात्मक कूट भाषा भी अपना प्रमुख स्थान रखती है। इस प्रकार की भाषा सर्वमान्य, सर्वव्यापी तथा बहुचर्चित या प्रचलित नहीं होती बल्कि यह वह संकेतात्मक तथा प्रतीकात्मक भाषा होती है जिसमें बिना शब्दों का प्रयोग किए मात्र शारीरिक तथा ध्वनि संकेतों के जरिए अपनी बात दूसरे तक पहुँचाने का प्रयत्न किया जाता है और जिसे स्रोत (Source) तथा प्राप्तकर्त्ता (Receiver) के अतिरिक्त और कोई नहीं जानता। इसलिए इसे अशाब्दिक गुप्त या कूट भाषा का नाम दिया जाता है। पौराणिक विचारधारा तथा जनश्रुति के आधार पर यह कहा जाता है कि रावण की बहिन सूर्पणखा की उपस्थिति में गुप्त वार्तालाप हेतु राम और लक्ष्मण ने इसी प्रकार की सांकेतिक कूटभाषा का प्रयोग किया था। ''अँगुलिन अक्षर चुटकिन मातरा, राम करें लक्ष्मण से बातरा।'' यह उक्ति उनके बीच वार्तालाप हेतु अपनाई गई कूटभाषा की ओर ही संकेत करती है और यह बताती है कि किस प्रकार उन्होंने वर्णमाला के अक्षरों की अभिव्यक्ति हेतु अँगुलियों का तथा उनमें मात्रा लगाने हेतु चुटकी बजाने की ध्वनि का प्रयोग किया। महाभारत की कथा में कृष्ण ने भी ऐसी ही संकेतात्मक अशाब्दिक भाषा का प्रयोग करके भीम को अपनी राय भलीभाँति संप्रेषित कर दी थी अगर उसे जरासंध को मौत के घाट उतारना है तो उसे उसी तरह जरासंध की जाँघों को चीरना पड़ेगा जैसा कि उन्होंने एक घास के तिनके या नरम टहनी के भाग को उसे दूर से चीरता हुआ दिखाया है। इस प्रकार की कोई भी अशाब्दिक सांकेतिक भाषा का निर्माण तथा प्रयोग संप्रेषण में रत व्यक्तियों या व्यक्ति समूहों द्वारा किया जा सकता है।

2. **स्वाभाविक एवं यांत्रिक संप्रेषण (Natural and Mechanical Communication)**—ऐसा संप्रेषण जिसमें दो या दो से अधिक व्यक्ति का समूह बिना किसी कृत्रिम साधन या उपकरण की सहायता लिए हुए स्वाभाविक रूप से विचारों तथा भावों का आदान–प्रदान करते हैं, प्राकृतिक या स्वाभाविक संप्रेषण कहलाता है।

इसके विपरीत जब संप्रेषण के स्रोत, प्राप्तकर्त्ता या माध्यम में से कोई एक या अधिक अपने स्वाभाविक रूप में न रहकर यांत्रिक बन जाते हैं तो उस अवस्था में उनके द्वारा संपन्न संप्रेषण यांत्रिक या मशीनी संप्रेषण कहलाता है। बेतार (Wireless), टेलीफोन, टेलीप्रिन्टर, पेजिंग, आडियो, वीडियो रिकॉर्डिंग, उपग्रह तथा टेलीविजन संचालित संप्रेषण इसी श्रेणी में आता है।

B. संप्रेषण परिस्थितियों की दृष्टि से संप्रेषण प्रकार (Types of Communication in Terms of Communication Situation)

संप्रेषण के समय संप्रेषण में रत व्यक्तियों की संस्था तथा उपलब्ध परिस्थितियों की दृष्टि से संप्रेषण के निम्न रूप तथा प्रकार हो सकते हैं।

(i) द्विवैयक्तिक संप्रेषण (One to One Communication)—इस प्रकार का संप्रेषण दो व्यक्तियों के बीच होता है। हम लोग एक दूसरे से आम जिंदगी में जो भी अनौपचारिक तथा कभी–कभी जो औपचारिक संप्रेषण मित्र, संबंधी, प्रेमी, पार्टनर अथवा दो अपरिचितों के रूप में करते रहते हैं वह सब इसी प्रकार का संप्रेषण होता है।

(ii) लघु समूह संप्रेषण (Small Group Communication)—इस प्रकार का संप्रेषण एक छोटे समूह (जिसमें दो से अधिक व्यक्ति शामिल हों) के सदस्यों के बीच संपन्न होता है। जैसे परिवार के व्यक्तियों के बीच, कक्षा में विद्यार्थियों के बीच तथा मंदिर, मस्जिद, गुरुद्वारों में जाने वाले व्यक्तियों के बीच, बस या रेलगाड़ी में सफर करते हुए यात्रियों के बीच। व्यक्तियों के अलावा समूहों के बीच भी पारस्परिक संप्रेषण हो सकता है जैसे एक परिवार का अपने पड़ोसी या मुहल्ले में अन्य सदस्यों के साथ होने वाला संप्रेषण।

(iii) दीर्घ समूह या सार्वजनिक संप्रेषण (Large Group or Public Communication)—इस प्रकार के संप्रेषण में बहुत सारे व्यक्ति या उनके समूह शामिल होते हैं। इस प्रकार के संप्रेषण का रूप अधिकतर औपचारिक (Formal) ही होता है। प्रार्थना सभा तथा पाठांतर क्रियाओं में आयोजन के लिए जो संप्रेषण विद्यालय प्रांगण या हॉल में होता है उसे सार्वजनिक संप्रेषण का नाम दिया जा सकता है। किसी व्यक्ति का नागरिक अभिनंदन करने, नेताओं द्वारा जन सभा को संबोधित करने, गाँव की चौपाल पर मंत्रणा करने, मंदिर या अन्य धार्मिक स्थानों पर प्रवचन या कार्यक्रमों के आयोजन के समय जो संप्रेषण व्यक्तियों तथा समूहों के मध्य चलता है उसे दीर्घ समूह या सार्वजनिक संप्रेषण का नाम दिया जा सकता है। द्वि–वैयक्तिक तथा लघु समूह संप्रेषणों की तुलना में इस प्रकार के संप्रेषण में पूर्व नियोजन, संगठन तथा व्यवस्था पर अधिक बल दिया गया है।

(iv) संगठन या संस्थागत संप्रेषण (Organisation or Institutional Communication)—ऐसा संप्रेषण जो विभिन्न संगठनों तथा संस्थाओं जैसे औद्योगिक संस्थान, चिकित्सालय, शिक्षा संस्थान, पुलिस, सेना तथा अन्य सरकारी दफ्तरों एवं विभागों, आदि में होता रहता है। वह इस श्रेणी के अंतर्गत आता है। इस प्रकार का संप्रेषण बहुत अधिक नियोजित, संरचित तथा व्यवस्थित होता है और इसलिए इसमें पूरी तरह औपचारिकता का ही वातावरण रहता है।

(v) जन-संप्रेषण (Mass Communication)—इस प्रकार के संप्रेषण का क्षेत्र बहुत अधिक व्यापक होता है। रेडियो, टेलीविजन, वीडियो, फिल्म, सिनेमा, समाचारपत्र, पत्रिकाएं, विज्ञापन, पुस्तकें तथा साहित्य आदि जनसंपर्क तथा संचार साधनों का प्रयोग इस प्रकार के संप्रेषण माध्यमों के रूप में किया जाता है। यह एक प्रकार से अप्रत्यक्ष संप्रेषण है जिसमें स्रोत तथा प्राप्तकर्त्ता के बीच कोई प्रत्यक्ष संपर्क तो नहीं होता परंतु किसी भी व्यक्ति या संगठन को अपने विचार तथा भावों को ज्यादा से ज्यादा व्यक्तियों को एक ही समय में एक जैसे रूप में पहुँचाने के लिए इससे बढ़िया और तरीका भी नहीं हो सकता। जहाँ तक

उनके द्वारा इस संप्रेषण से लाभान्वित होने या उसके प्रभाव स्वरूप अनुक्रिया व्यक्त करने का प्रश्न है यह कई ढंग से हो सकता है वे लिखकर अपनी अनुक्रियाएं, विचारों तथा भावों का संप्रेषण उन संगठनों, व्यक्तियों तथा संस्थाओं को भेज सकते हैं जिनके द्वारा जनसंपर्क या संचार साधनों से संप्रेषण कार्यक्रम प्रसारित किए गए हैं अथवा वे अपने व्यवहार क्रियाओं के द्वारा भी इस संप्रेषण से उन पर पड़ने वाले प्रभावों को व्यक्त कर सकते हैं।

संप्रेषण की प्रभावशीलता (Effectiveness of Communication)

संप्रेषण की प्रभावशीलता से तात्पर्य उसके द्वारा होने वाले लाभों से हैं जिन्हें प्राप्त करने हेतु उसे संपन्न किया जाता है। हम अपने विचार तथा भाव दूसरों तक किस सीमा तक प्रेषित कर सकते हैं। हममें आपसी विचार विनिमय तथा भावनाओं का आदान–प्रदान किस सीमा तक सफल हो पाया है और इसके फलस्वरूप अंतर्वैयक्तिक संबंधों की स्थापना तथा सामाजिक विकास के कार्य में कितनी सहायता मिली है इस प्रकार के मापदंडों की सहायता से ही किए जाने वाले संप्रेषण की प्रभावशीलता का अनुमान लगाया जा सकता है। संप्रेषण की प्रभावशीलता में वृद्धि करने हेतु हमें इस बात पर अच्छी तरह ध्यान देना होगा कि संप्रेषण प्रक्रिया से जुड़े हुए वे तत्त्व तथा कारक कौन–कौन से हैं जिन पर ध्यान देकर किसी भी संप्रेषण की प्रभावशीलता में बढ़ोत्तरी की जा सकती है। जैसा कि संप्रेषण प्रक्रिया का वर्णन करते हुए हम देख चुके हैं कि संप्रेषण माध्यम तथा संप्रेषण में सहायक या बाधक परिस्थितियों आदि का ही मुख्य तत्त्वों के रूप में समावेश पाया जाता है। अतः इन्हीं तत्त्वों के स्वरूप तथा संगठन की प्रभावशीलता ही संप्रेषण की संपूर्ण प्रक्रिया की प्रभावशीलता को घटा बढ़ा सकती है। यह ऐसा किस प्रकार कर सकते हैं यह बात आगे के विवरण द्वारा भलीभाँति स्पष्ट हो सकती है।

संप्रेषण स्रोत (Source of Communication)—संप्रेषण स्रोत जितना सशक्त तथा प्रभावशाली होगा संप्रेषण प्रक्रिया उतनी ही प्रभावकारी बन जाएगी। अध्यापकों के लिए अच्छा संप्रेषणकर्त्ता होना आवश्यक है परंतु सभी अध्यापक उतने अच्छे संप्रेषक नहीं होते। जो होते हैं उनकी कक्षाओं के विद्यार्थी उनकी बात ध्यान से सुनते हैं, विषयों को पढ़ने में रुचि लेते हैं तथा संप्रेषण प्रक्रिया में बराबर के भागीदार बनते हैं। इसके विपरीत जो अध्यापक अपने विचारों, भावों तथा अनुभवों को प्रभावशाली रूप से प्रस्तुत नहीं कर पाते, उनसे उनके विद्यार्थी ठीक प्रकार लाभान्वित नहीं हो पाते तथा उनकी कक्षाओं में शिक्षण–अधिगम का कार्य एक तरफा (One sided) ही रहता है। यही बात नेताओं, वकील, लेखकों, मूर्तिकारों तथा उन सभी व्यक्तियों पर भी लागू होती है जो किसी न किसी समय अपने भाषणों, दलीलों, तथा रचनात्मक कार्यों द्वारा अपनी बात दूसरों से कहना चाहते हैं। संप्रेषण स्रोत के रूप में उनकी सशक्तता तथा प्रभावशीलता ही उन्हें अपने उद्देश्यों की प्राप्ति में सहायक बनाती है। उनकी संप्रेषण स्रोत के रूप में प्रसिद्धि या उनका अपना व्यक्तित्व संप्रेषण प्रक्रिया के लिए एक विशेष आकर्षण तथा प्रभावकारिता का कार्य करता है। यही कारण है कि विज्ञापन जगत में विज्ञापनों के जरिए अपनी राय या बात जन समूह तक पहुँचाने के लिये सशक्त संप्रेषण स्रोतों, फिल्म अभिनेताओं या अभिनेत्रियों, प्रसिद्ध खिलाड़ियों तथा आकर्षक चेहरे और रूप लावण्य की मदद ली जाती है।

संप्रेषण सामग्री (Communication Material)—संप्रेषण की प्रभावशीलता संप्रेषण सामग्री की प्रभावशीलता पर बहुत कुछ निर्भर करती है। आपके पास कहने को कुछ विशेष प्रभावशील नहीं है तो संप्रेषण प्रक्रिया में फिर आकर्षण ही कैसे उत्पन्न हो सकेगा। कोई आपकी बात सुनने को कैसे इच्छुक होगा और अगर एक बार हो भी गया तो यह संप्रेषण क्रिया इच्छित समय तक चलती कैसे रहेगी। आपने देखा होगा कि कोई भी अध्यापक,

भाषणकर्त्ता या संगोष्ठी नियोजक अपने भाषण कार्यक्रम में अपने द्वारा प्रस्तुत सामग्री या कार्यक्रमों के द्वारा इतनी जान डाल देता है कि स्रोत तथा प्राप्तकर्त्ता दोनों ही संप्रेषण प्रक्रिया में पूरी रुचि लेकर बराबर के भागीदार बन जाते हैं। बीच–बीच में उदाहरण, चुटकले तथा हास परिहास का पुट देते हुए, अपनी विषयवस्तु में सरलता, नवीनता तथा मौलिकता का समावेश करते हुए उचित तर्क–वितर्क देते हुए तथा प्राप्तकर्त्ताओं से संवेगात्मक नाता जोड़ते हुए जो भी संप्रेषण सामग्री संप्रेषित की जाएगी उसका प्रभाव संप्रेषण प्रक्रिया पर निःसंदेह ही अनुकूल पड़ेगा। इसके विपरीत जिस संप्रेषण सामग्री के द्वारा आप अपने विचार या भाव दूसरों के आगे रखना चाहते हो वह अगर ऐसी है कि उसे समझने में कठिनाई आती है, रुचि नहीं पैदा कर सकती, लोगों को कोई नवीनता या अपने लिए उपयोगिता उसमें नजर नहीं आती तो एक अच्छा संप्रेषणकर्त्ता भी अपना प्रभाव खो सकता है। अतः संप्रेषण क्रिया को सफल बनाने के लिए हमें आदान–प्रदान करने वाली संप्रेषण सामग्री की प्रभावशीलता पर अवश्य ही ध्यान देना चाहिए। इसलिए अक्सर यही कहा जाता है कि चाहे कम बोलो या कम लिखो परन्तु सदैव ऐसा बोलो या लिखो जो उचित, सार्थक एवं प्रभावपूर्ण हो।

संप्रेषण माध्यम (Communication Media)—स्रोत तथा प्राप्तकर्त्ता के बीच विचारों या भावों का आदान–प्रदान करने में जो सेतु यानी पुल का कार्य करता है वह संप्रेषण माध्यम ही है। जाहिर है कि जितना यह सेतु या पुल सशक्त तथा प्रभावशाली होगा, विचार तथा भावों का आदान–प्रदान भी उतना ही सशक्त तथा प्रभावपूर्ण बन जाएगा। चाहे हम माध्यम के रूप में भाषा का प्रयोग करें अथवा अशाब्दिक वस्तुओं, कार्यों तथा संकेतों का, प्रत्येक अवस्था में इनकी पूर्णता, यथार्थता, औचित्यता तथा सत्यता पर हमें विशेष ध्यान देना चाहिए। हम जो भी कहना या करना चाहें उसकी अभिव्यक्ति हमारे द्वारा अपनाए गए संप्रेषण माध्यम के द्वारा इस तरह होनी चाहिए कि संप्रेषण में शामिल प्राप्तकर्त्ता हमारे द्वारा अभिव्यक्त विचारों या भावों को उसी रूप तथा अर्थों में ग्रहण कर सकें जैसा कि हम चाहते हैं। कभी भी भूलकर संप्रेषण में ऐसे संप्रेषण माध्यमों, भाषा या संकेतों का प्रयोग नहीं करना चाहिए जिन्हें हम अच्छी तरह नहीं जानते हों अथवा प्राप्तकर्त्ता उनमें पारंगत न हो। इस प्रकार सदैव संप्रेषण माध्यम के ठीक और प्रभावशाली बने रहने पर पूरी संप्रेषण प्रक्रिया में अवश्य ही ध्यान रखा जाना चाहिए।

प्राप्तकर्त्ता (Receiver of the Communication)—स्रोत (Source) जहाँ संप्रेषण की प्रारंभिक कड़ी है वहाँ उसके अंतिम छोर को प्राप्तकर्त्ता द्वारा अच्छी तरह संभालने का उत्तरदायित्व निभाया जाता है। स्रोत भी ठीक है, संप्रेषण सामग्री तथा माध्यम भी अपनी जगह ठीक तथा प्रभावपूर्ण है परंतु अगर प्राप्तकर्त्ता संप्रेषण में रुचि नहीं रखता अथवा वह इतना योग्य और सक्षम नहीं है कि संप्रेषण कार्य में ठीक प्रकार भागीदारी निभा सके तो संप्रेषण की प्रभावशीलता पर प्रश्न चिन्ह ही लगा रहेगा। एक अच्छा प्राप्तकर्त्ता कमजोर संप्रेषण से भी पूरा लाभ उठाकर उसकी क्रियाशीलता को बराबर बनाए रख संप्रेषण स्रोत को अभिप्रेरित रख सकता है तथा अंतर्वैयक्तिक संबंधों को प्रगाढ़ तथा मधुर बनाने में काफी प्रभावशाली भूमिका निभा सकता है। इस दृष्टि से प्राप्तकर्त्ता में जो गुण या विशेषताएं होनी चाहिए उनका निम्न प्रकार उल्लेख किया जा सकता है।

- दूसरों की बात ध्यान और शाँति से सुनने का धैर्य और क्षमता हो।
- संप्रेषण माध्यम– भाषा तथा अशाब्दिक संकेतों इत्यादि को अच्छी तरह समझने और उसके द्वारा अपनी अभिव्यक्ति करने की उपयुक्त क्षमता एवं योग्यता हो।
- दूसरों के विचारों तथा भावों का पर्याप्त सम्मान करते हुये अपने भाव तथा विचारों को सही और संतुलित ढंग से व्यक्त करने की क्षमता और कुशलता हो।
- संप्रेषित विषय सामग्री को ठीक प्रकार से समझने और उस पर अपनी अनुक्रिया व्यक्त करने के लिए आवश्यक शब्दावली, तथा सामग्री का भंडार तथा योग्यता पास में हो।
- संप्रेषण में रोचकता एवं क्रियाशीलता बनाए रखने की क्षमता एवं व्यक्तित्व विशेषताएं हों।

संप्रेषण में बाधक तत्त्व (Barriers in Communication)

संप्रेषण की प्रभावशीलता में संप्रेषण परिस्थितियों तथा वातावरण का भी बहुत महत्त्वपूर्ण हाथ होता है। पढ़ते–पढ़ाते जब बिजली चली जाती है तथा गर्मी के मौसम में पंखे बंद हो जाने पर जो हालात बदल जाते हैं उस समय संप्रेषण प्रक्रिया को प्रभावपूर्ण तरीके से चालू रखने में आने वाली परेशानी से आप भलीभाँति परिचित होंगे। इस तरह शांत और सहयोगी वातावरण की अपेक्षा कोलाहलपूर्ण तथा असहयोगी वातावरण में संप्रेषण कार्य की प्रभावशीलता को बनाए रखना बहुत कठिन हो जाता है। इस प्रकार से बहुत सी ऐसी परिस्थितियों तथा तत्त्वों की गिनती की जा सकती है जो संप्रेषण में सहायक अथवा बाधक सिद्ध होते हैं। संप्रेषण को प्रभावशील बनाने हेतु हमें इन परिस्थितियों के निर्माण तथा इनमें निहित बाधक तत्त्वों से बचने के यथा संभव प्रयत्न करने चाहिए। परिस्थितियाँ अगर किन्हीं अर्थों में विशेष सहायक चाहे न भी हों उन्हें बाधक तो होना ही नहीं चाहिए और इसी दृष्टि से हमारा पूरा ध्यान (जहाँ तक संप्रेषण की प्रभावशीलता का संबंध है) इन तत्त्वों तथा परिस्थितियों की पहचान कर उन्हें दूर करने की ओर ही होना चाहिए। आगे के पृष्ठों में हम संप्रेषण में बाधक ऐसे ही तत्त्वों के ऊपर विचार करेंगे।

संप्रेषण में बाधक तत्त्व (Barriers in Communication)—स्रोत और प्राप्तकर्त्ता के मध्य चलने वाले संप्रेषण में प्रतिकूल परिस्थितियों, अनुपयुक्त वातावरण तथा बाधा डालने वाली बातों के कारण ऐसी परिस्थितियाँ उत्पन्न हो जाती हैं जिनके परिणामस्वरूप संप्रेषण अपनी प्रभावशीलता खो बैठता है और धीरे–धीरे उसकी संपूर्ण लड़ी ही टूट जाती है। इस प्रकार की परिस्थिति अंतर्वैयक्तिक संबंधों में भी कई बार काफी कटुता ला देती है। आइए देखा जाए कि वे तत्त्व तथा प्रतिकूल परिस्थितियाँ क्या हैं जिनसे संप्रेषण में बाधा पहुँचती है। संक्षेप में इनका निम्न प्रकार उल्लेख किया जा सकता है।

1. **रुचि का अभाव (Lack of Interest)**—स्रोत तथा प्राप्तकर्त्ता ये दोनों ही संप्रेषण के मुख्य आधार हैं। अगर किसी कारणवश इन दोनों में से किसी एक की भी रुचि तथा इच्छा संप्रेषण प्रक्रिया में नहीं होती तो संप्रेषण की लड़ी अप्रभावी होकर टूट जाती है।
2. **संप्रेषण सामग्री की कमियाँ (Deficiency in Communication Material)**—संप्रेषण सामग्री अगर प्राप्तकर्त्ता की रुचि तथा आवश्यकताओं के अनुकूल नहीं है अथवा वह उसकी योग्यताओं तथा क्षमताओं के अनुकूल नहीं है तो संप्रेषण का प्रवाह रुक सकता है। संप्रेषण सामग्री प्राप्तकर्त्ता को संप्रेषण के लिए आकर्षित कर उसे उसमें भागीदार बनाती है परंतु अगर वह प्राप्तकर्त्ता के अनुकूल नहीं है तो स्रोत द्वारा प्रयास करने पर भी संप्रेषण की कड़ियों को जोड़े रखना कठिन हो जाता है। इसके अतिरिक्त संप्रेषण सामग्री से संबंधित ऐसी और भी बातें हैं तो संप्रेषण में काफी बाधक सिद्ध हो सकती हैं जैसे–
   - जो कुछ संप्रेषण किया जा रहा है वह ऐसा हो सकता है कि जिसके कई अर्थ निकाले जा सकें। ऐसी अवस्था में प्राप्तकर्त्ता अनिश्चय की स्थिति में रहता है अथवा वह गलत अर्थ ग्रहण कर गलत अनुक्रिया करता है जिसके परिणामस्वरूप संप्रेषण लड़ी टूट जाती है।
   - संप्रेषण सामग्री व्यवस्थित नहीं होती तथा विचारों में तारतम्य नहीं होता। कई बार विरोधी बातें या विचार प्रेषित कर दिए जाते हैं जिससे प्राप्तकर्त्ता को उचित अनुक्रिया कर संप्रेषण को बनाए रखने में कठिनाई होती है।
3. **संप्रेषण माध्यम की कमियाँ (Deficiency in Communication Media)**—स्रोत तथा प्राप्तकर्त्ता के बीच संप्रेषण चालू रखने के लिए संप्रेषण माध्यम सेतु का कार्य करता है अगर सेतु कमजोर तथा अक्षम है तो आदान–प्रदान रूपी यातायात कैसे चल पाएगा। अतः संप्रेषण माध्यम की कमियाँ संप्रेषण में काफी

अधिक बाधक सिद्ध हो सकती है। जिस भाषा में आप बोल रहे हैं, जिन संकेतों का आप प्रयोग कर रहे हैं अगर प्राप्तकर्त्ता को उनकी समझ नहीं है तो फिर संप्रेषण कार्य शुरु ही कैसे हो पाएगा। इसी तरह प्राप्तकर्त्ता समझ तो गया परंतु उसमें इतनी भाषात्मक या संकेतात्मक योग्यता नहीं है कि वह अपने विचार आप तक पहुँचा सके तो भी संप्रेषण का क्रम बिखर जाएगा। संप्रेषण सामग्री तथा संप्रेषण माध्यम की कमियाँ कई बार अकेले–अकेले या मिलकर बहुत प्रतिकूल प्रभाव भी डाल सकती हैं और इसलिए संप्रेषण में जो कुछ कहा, सुना, सोचा या करा जा रहा है वह उस ढंग से नहीं होता जैसा कि संप्रेषणकर्त्ता–संप्रेषित करना चाहता है। संप्रेषित बात के अनेक अर्थ लगाए जा सकते हैं तथा अच्छी तरह अर्थ न समझने से बात बिगड़ सकती है।

4. **प्राप्तकर्त्ता संबंधी कमियाँ (Deficiency on the Part of the Receiver)**—संप्रेषण में कई बार प्राप्तकर्त्ता और उससे संबंधित कमियाँ ही आड़े आ जाती हैं। इसमें उसकी पर्याप्त रुचि का अभाव, उचित योग्यता व क्षमता का अभाव, संप्रेषण माध्यम संबंधी कमियाँ आदि तो हो ही सकती हैं, इसके अतिरिक्त संप्रेषण के समय वह जिस शारीरिक और मानसिक स्थिति से गुजर रहा है उसका भी प्रभाव संप्रेषण में बाधा बनकर खड़ा हो सकता है। अगर उसका शारीरिक या मानसिक स्वास्थ्य ठीक नहीं है तथा वह अपने आपको वर्तमान परिस्थिति में ठीक तरह समायोजित अनुभव नहीं कर रहा है तो इस प्रकार की प्रतिकूल परिस्थितियाँ उसे संप्रेषण से दूर ले जा सकती हैं। जो कुछ प्रेषित किया जा रहा है वह उसे विकृत रूप में ग्रहण कर सकता है। उसका मानसिक दृष्टिकोण, स्वभावगत विशेषताएं तथा वर्तमान मूड़ या चल रहा घटनाचक्र उसे संप्रेषित बातों का गलत या कोई अन्य अर्थ लगवाकर संप्रेषण चक्र से दूर ले जा सकता है।

5. **वातावरण जन्य कमियाँ (Deficiency Concerning Prevailing Environment)**—जिस वातावरण और परिस्थितियों में संप्रेषण की प्रक्रिया चल रही है उसका अनुकूल न होकर बाधक सिद्ध होना भी संप्रेषण में प्रभावहीनता तथा बिखराव ला सकता है। वातावरणजन्य इस प्रकार के कुछ संप्रेषण में बाधा डालने वाले तत्त्व निम्न हो सकते हैं।

   - मौसम की प्रतिकूलता जैसे बहुत अधिक गर्मी, वर्षा, ठंड, आँधी, तूफान आदि।
   - सुविधाओं का अभाव जैसे प्रकाश, वायु, पानी, बिजली, बैठने या खड़े होने संबंधी उचित स्थान का अभाव।
   - शोरगुल एवं संप्रेषित सामग्री को ग्रहण करने के लिये आवश्यक ध्यान देने में बाधा डालने वाले अन्य तत्त्व जैसे एक ही साथ कई संदेशों का प्रसारण तथा एक ही साथ कई बातों पर ध्यान देने को मजबूर करने वाली वातावरण जन्य परिस्थितियाँ आदि।
   - संप्रेषण में भाग लेने वाले अन्य साथियों का असहयोग अथवा प्रतिस्पर्धा पूर्ण व्यवहार।
   - आवश्यक उत्साह, अभिप्रेरणा तथा प्रोत्साहन का अभाव।

संप्रेषण के विभिन्न माध्यम (Different Media of Communication)

यह एक जाना पहचाना तथ्य है कि जो अध्यापक संप्रेषण कला में कुशल होते हैं उन्हीं की पहचान प्रभावशाली अध्यापकों के रूप में होती है। परंतु उनकी इस सफलता के पीछे उन विद्यार्थियों का भी हाथ होता है जो ग्राहक के रूप में उनकी संप्रेषण क्षमता से पूरा–पूरा लाभ उठाने की योग्यता और इच्छा रखते हैं। अध्यापक और विद्यार्थी

दोनों की इस सफलता के पीछे एक बात और जो अधिक आवश्यक है वह है संप्रेषण माध्यम की उपयुक्तता। संप्रेषण माध्यम के जरिए ही संप्रेषण का अस्तित्व निर्भर होता है। जितनी उपयुक्तता तथा सशक्तता संप्रेषण माध्यम में होगी, संप्रेषण की प्रक्रिया और परिणाम उसी मात्रा में अच्छे होंगे।

इसी अध्याय में हम पहले ही संप्रेषण में प्रयुक्त संप्रेषण माध्यमों की भूमिका की चर्चा कर चुके हैं तथा साथ में यह भी बता चुके हैं कि संप्रेषण माध्यमों को शाब्दिक (Verbal) तथा अशाब्दिक (Non-verbal) दो विभिन्न वर्गों में अच्छी तरह विभाजित करके समझा तथा प्रयोग में लाया जा सकता है। इस तरह जहाँ तक संप्रेषण में प्रयुक्त विभिन्न माध्यमों का प्रश्न है उनको सामान्य रूप से दो बड़े वर्गों–शाब्दिक (Verbal) तथा अशाब्दिक (Non-verbal) में अच्छी तरह विभाजित किया जा सकता है। परंतु संप्रेषण माध्यमों को उनके प्रयोग और उपयोगिता को लेकर एक ओर अलग प्रकार से भी विभाजित करने की चेष्टा की जा सकती है। इस प्रकार के विभाजन का निम्न रूप हो सकता है।

1. **श्रव्य माध्यम (Audio Media)**—कक्षा संप्रेषण में संप्रेषण की पूरी प्रक्रिया श्रव्य माध्यम के जरिए ही चलती रह सकती है। अध्यापक अपनी वाक कला के जरिए अपनी बातें शाब्दिक रूप में भाषण विधि का प्रयोग करके संप्रेषित करते रहते हैं और विद्यार्थी सुनकर संप्रेषित बातों को ग्रहण करने का प्रयत्न करते रहते हैं। संप्रेषणकर्त्ता और ग्राहक दोनों ही इस अवस्था में श्रव्य माध्यम (जिसकी सहायता से सुनाकर तथा सुनकर संप्रेषण प्रक्रिया संपन्न हो सके) की सहायता से संप्रेषण प्रक्रिया को चालू रखते हैं। रेडियो, टेप रिकॉर्डर इत्यादि श्रव्य संसाधनों से संपन्न संप्रेषण भी इसी श्रेणी में आता है।
2. **दृश्य माध्यम (Visual Media)**—कक्षा संप्रेषण में ऐसा भी संभव है कि जब संप्रेषण प्रक्रिया के लिए एक मात्र दृश्य माध्यमों (Visual medium) को काम में लाया जाता रहे। अध्यापक के द्वारा श्यामपट पर लिखा जाए, चित्र आकृति एवं ग्राफ बनाया जाए, मॉडल दिखाया जाए, प्रयोग आदि का प्रदर्शन किया जाए इसके जरिए भी ऐसा बहुत कुछ प्रेषित किया जा सकता है जिसके माध्यम से विद्यार्थी, संप्रेषित सूचनाओं तथा ज्ञान को ग्रहण कर सकें। विद्यार्थी किसी भी संप्रेषित सामग्री को पढ़कर तथा देखकर अपनी दृश्य इंद्रिय (आँखों) का प्रयोग करके कक्षा संप्रेषण प्रक्रिया में अपनी भागीदारी निभा सकते हैं। इस तरह चार्ट, चित्र, मानचित्र, ग्राफ आदि चित्रात्मक सामग्री, मॉडल नमूने प्रयोग आदि के रूप में दिखाई जाने वाली दृश्य सामग्री तथा फिल्म, समाचारपत्र, पत्रिकाओं तथा पुस्तकों के रूप में उपलब्ध सामग्री संप्रेषण प्रक्रिया में दृश्य माध्यम के रूप में काम में लाई जा सकती है।
3. **दृश्य-श्रव्य माध्यम (Audio-visual Media)**—केवल श्रव्य तथा केवल दृश्य माध्यमों के जरिए भी संप्रेषण प्रक्रिया संपन्न हो सकती है परंतु संप्रेषण की प्रभावशीलता दोनों माध्यमों के उचित समन्वय के द्वारा काफी बढ़ सकती है इस बात की सच्चाई से भी मुँह नहीं मोड़ा जा सकता। कक्षा संप्रेषण में भी बहुधा ऐसा ही होता रहता है जबकि अध्यापक और विद्यार्थी श्रव्य तथा दृश्य दोनों ही माध्यमों का प्रयोग करके संप्रेषण क्रिया में रत रहते हैं। जब एक अध्यापक श्यामपट पर लिख रहा होता है तथा चित्रात्मक सामग्री का प्रयोग कर रहा होता है या प्रयोग और परीक्षणों का प्रदर्शन कर रहा होता है तो साथ में वह अपने संप्रेषण की प्रभावशीलता हेतु व्याख्या करने, वर्णन करने तथा स्पष्ट करने संबंधी कौशलों का भी प्रयोग करते हुए देखा जा सकता है। इसी रूप में केवल रेडियो, टेपरिकॉर्डर या फिल्म आदि श्रव्य या दृश्य साधनों का प्रयोग करते हुए संप्रेषण करने से टेलीविज़न, वीडियो आदि दृश्य–श्रव्य साधनों से संप्रेषण करना अधिक उपयुक्त सिद्ध हो सकता है।
4. **बहु-इंद्रिय माध्यम (Multi-sensory Medium)**—ज्ञान–इंद्रियाँ संप्रेषण का अमूल्य साधन हैं। जितनी अधिक इंद्रियों के सहयोग से संप्रेषण क्रिया चालू रहेगी उतना ही सफलता संप्रेषण के परिणामस्वरूप

संप्रेषणकर्त्ता तथा ग्राहक को प्राप्त होती रहेगी। कक्षा संप्रेषण में भी अगर अध्यापक तथा विद्यार्थी द्वारा अधिक से अधिक ज्ञानेंद्रियों (आँख, नाक, कान, जीभ और त्वचा) का उपयोग करते हुए संप्रेषण प्रक्रिया चालू रखी जाए तो अधिक प्रभावशाली परिणाम सामने आ सकते हैं।

5. **जन संपर्क माध्यम (Mass Media)**—जब संप्रेषण प्रक्रिया में बहुत अधिक व्यक्तियों को शामिल करने का प्रश्न हो तो जनसंपर्क माध्यम जैसे रेडियो, टेलीविज़न, सिनेमा, फिल्म, मुद्रित सामग्री, पुस्तक, पत्र पत्रिकाएं तथा इंटरनेट और वेबसाइट पर आधारित अति आधुनिक माध्यमों की सहायता लेना आवश्यक सा हो जाता है। पत्राचार पाठ्यक्रम के ज़रिए जो शिक्षण अधिगम प्रक्रिया बहुत से शिक्षण संस्थानों तथा विश्वविद्यालयों द्वारा संपन्न की जाती है उसमें इस प्रकार के जनसंपर्क माध्यमों की बहुत ही महत्त्वपूर्ण भूमिका देखने को मिल सकती है।
6. **बहु-माध्यम (Multi Media)**—किसी भी संप्रेषण प्रक्रिया में जब विविध साधनों एवं माध्यमों का प्रयोग इस तरह व्यवस्थित एवं सुनियोजित ढंग से किया जाए कि उनके इस प्रकार के उपयोग द्वारा संप्रेषण को अधिक से अधिक प्रभावी बनाया जा सके तब यह माना जा सकता है कि उस संप्रेषण में बहु–माध्यम उपागम (Multi Media Approach) का प्रयोग किया जा सकता है बहुत से मुक्त विश्वविद्यालयों (Open Universities) जैसे इन्दिरा गाँधी मुक्त विश्वविद्यालय (IGNOU) द्वारा आजकल अपने सुदूर स्थित विद्यार्थियों के साथ उचित संप्रेषण के लिये बहु–माध्यम उपागम का प्रयोग भलीभाँति किया जा रहा है। विदेशों में बहुत से ऐसे पाठ्यक्रम चलाए जा रहे हैं जिनमें उन्नत किस्म के इलेक्ट्रॉनिक तथा कंप्यूटर जनित संप्रेषण को लेकर बहु–माध्यम का उपयोग आन–लाइन एजूकेशन (On-line Education) देने के लिये सुविधापूर्वक किया जा रहा है।

सार-संक्षेप (Summary)

1. संप्रेषण से तात्पर्य एक ऐसी सामाजिक प्रक्रिया से है जिसमें दो या दो से अधिक व्यक्ति शाब्दिक या अशाब्दिक संकेतों के माध्यम से पारस्परिक रूप से अपनी भावनाओं तथा विचारों के आदान–प्रदान में संलग्न रहते हैं।
2. संप्रेषण की प्रक्रिया को यथावत प्रभावपूर्ण रूप से चालू रखने में जिन तत्त्वों का आवश्यक योगदान निहित रहता है वे हैं (i) संप्रेषण स्रोत, (ii) संप्रेषण सामग्री, (iii) संप्रेषण माध्यम, (iv) संप्रेषण सामग्री को संप्रेषण माध्यम से ग्रहण करने वाला प्राप्तकर्त्ता व्यक्ति या समूह, (v) प्राप्तकर्त्ता द्वारा ग्रहण किए गए संप्रेषण के प्रति की जाने वाली अनुक्रियाएं तथा (v) संप्रेषण में सहायक या बाधक तत्त्व।
3. संप्रेषण प्रक्रिया को प्रभावशाली बनाने हेतु जिन सिद्धांतों का अनुसरण किया जाता है उन्हें ही संप्रेषण सिद्धांतों के नाम से जाना जाता है। ऐसे सिद्धांतों के रूप में जिनका प्रमुख रूप से उल्लेख किया जा सकता है वे हैं – (i) तत्परता एवं अभिप्रेरणा का सिद्धांत, (ii) सक्षमता एवं योग्यता का सिद्धांत, (iii) भागीदारी एवं अन्तःक्रिया का सिद्धांत, (iv) संप्रेक्षण सामग्री की उपयुक्तता का सिद्धांत, (v) संप्रेषण माध्यम की उपयुक्तता का सिद्धांत, (vi) उचित पृष्ठपोषण का सिद्धांत तथा (vii) संप्रेषण में सहायक और बाधक तत्त्वों पर उचित नियंत्रण रखने का सिद्धांत।
4. संप्रेषण कई प्रकार का हो सकता है। संप्रेषण में प्रयुक्त माध्यमों की दृष्टि से जहाँ इसे हम (i) शाब्दिक एवं अशाब्दिक संप्रेषण और (ii) स्वाभाविक एवं यांत्रिक संप्रेषण में वर्गीकृत कर सकते हैं वहीं संप्रेषण में

रत व्यक्तियों तथा संप्रेषण के समय विद्यमान संप्रेषण परिस्थितियों के परिप्रेक्ष्य में संप्रेषण को (i) द्वि–वैयक्तिक संप्रेषण (ii) लघु समूह संप्रेषण (iii) दीर्घ समूह या सार्वजनिक संप्रेषण (iv) संगठन या संस्थागत संप्रेषण तथा (v) जन संप्रेषण में विभक्त किया जा सकता है।

5. संप्रेषण क्रिया अपने आप में कितनी सफल एवं प्रभावोत्वादक सिद्ध होगी यह इस बात पर निर्भर करता है कि संप्रेषण प्रक्रिया में साझीदारी निभाने वाले तत्त्वों या परिस्थितियों की किस प्रकार की प्रभावशाली या नकारात्मक भूमिका निभाई जाए। इस दृष्टि से संप्रेषण की प्रभावशीलता पर जिन तत्त्वों या परिस्थितियों की भूमिका का प्रभाव पड़ता है वे हैं – संप्रेषण स्रोत, संप्रेषण सामग्री, संप्रेषण माध्यम, प्राप्तकर्त्ता तथा संप्रेषण में सहायक या बाधक तत्त्व।
6. संप्रेषण प्रक्रिया को अधिक से अधिक सक्षम और प्रभावपूर्ण बनाए रखने के लिए एक बात जो निश्चित रूप से सदैव ध्यान रखी जानी चाहिए वह यह है कि हमें संप्रेषण में सहायक तथा बाधक तत्त्वों के ऊपर उचित नियंत्रण रखने का प्रयत्न करना चाहिए। दूसरे शब्दों में संप्रेषण प्रक्रिया और परिस्थितियों को इस तरह अपने अनुकूल बनाने के प्रयत्न होने चाहिए कि उनसे संप्रेषण प्रक्रिया के बहाव में गतिरोध न आए। इसके लिए संप्रेषण में बाधा डालने वाले जिन तत्त्वों या परिस्थितियों विशेष रूप से बचने का प्रयत्न किया जाना चाहिए वे हैं (i) रुचि का अभाव (ii) संप्रेषण सामग्री के निहित दोष तथा कमियाँ (iii) संप्रेषण माध्यम में निहित दोष तथा कमियाँ (iv) संप्रेषण के समय उपलब्ध वातावरण और परिस्थितियों में निहित दोष तथा कमियाँ।
7. संप्रेषण हेतु संप्रेषण प्रक्रिया में परिस्थिति और सहज उपलब्धता की दृष्टि से कई प्रकार के माध्यमों को उपयोग किया जा सकता है। मोटे तौर पर इन्हें हम शाब्दिक तथा अशाब्दिक संप्रेषण माध्यमों के रूप में जानते हैं। परंतु इंद्रिय जनित अनुभवों एवं संप्रेक्षण के रूप में हम इन्हें एक और तरह से विभिन्न श्रेणियों में वर्गीकृत कर सकते हैं जैसे श्रव्य माध्यम, दृश्य माध्यम, दृश्य–श्रव्य माध्यम, बहु–इंद्रिय माध्यम तथा बहु–माध्यम आदि।

संदर्भित एवं विशेष अध्ययन ग्रंथ (References and Suggested Readings)

Buch, M.B. and M.R. Sanathanan, *Communication in Classroom*, CASE, M.S. University, Baroda, 1970.

Dale, Edgar, *Audio-Visual Methods in Teaching,* 2nd ed., New York: Holt, 1961.

Taroi, Sheela, *Communication in Schools*, New Delhi: Regency Publications, 1994.

अध्ययन के लिए प्रश्न (Study Questions)

1. संप्रेषण क्या होता है ? इसकी प्रक्रिया को विस्तार से समझाइए।
2. संप्रेषण के अर्थ एवं प्रकृति को समझाते हुए संप्रेषण प्रक्रिया में निहित विभिन्न अवयवों की भूमिका की चर्चा कीजिए।

3. संप्रेषण का अर्थ बताइए तथा संक्षेप में स्पष्ट कीजिए कि विभिन्न परिस्थितियों में किस–किस प्रकार के संप्रेषणों को काम में लाया जाता है।
4. शाब्दिक तथा अशाब्दिक संप्रेषण क्या होता है ? उदाहरण सहित वर्णन कीजिए।
5. संप्रेषण की प्रभावशीलता से क्या तात्पर्य है ? इसमें कैसे बढ़ोतरी हो सकती है ? वर्णन कीजिए।
6. संप्रेषण में आने वाले विभिन्न अवरोधक या बाधाओं की चर्चा कीजिए।
7. संप्रेषण क्या होता है ? एक अच्छे संप्रेषण से संबंधित विभिन्न सिद्धांतों का वर्णन कीजिए।

12

शिक्षण-अधिगम का प्रबंधन
(Management of Teaching-Learning)

अध्याय रूपरेखा (Chapter Outline)

शिक्षण–अधिगम प्रबंधन पद का अर्थ
(Meaning of the Term Management of Teaching-Learning)

"शिक्षण–अधिगम प्रबंधन" पद का अर्थ समझने हेतु हमें पहले प्रबंधन क्या है यह जानना आवश्यक है। सरल शब्दों में प्रबंधन (Management) से तात्पर्य उपलब्ध संसाधनों के ऐसे समुचित प्रयोग से है जिसके द्वारा सर्वोत्तम परिणामों की प्राप्ति की जा सके। दूसरे शब्दों में उपलब्ध मानवीय और भौतिक संसाधनों को क्रियाशील कर इस तरह उपयोग में लाना कि उनसे वांछित विशिष्ट उद्देश्यों की प्राप्ति कुशलतम एवं प्रभावी ढंग से संपन्न की जा सके, उचित प्रबंधन की देन मानी जा सकती है। इन अर्थों में प्रबंधन को एक ऐसी कला और विज्ञान का दर्जा दिया जा सकता है जिसके माध्यम से वांछित उद्देश्यों की अच्छी तरह और प्रभावपूर्ण ढंग से सहज उपलब्धि होती रहे। प्रणाली उपागम (System approach) की भाषा में प्रबंधन से तात्पर्य ऐसी कार्य व्यवस्था से है जिसके माध्यम

से अदा (Input) और प्रक्रिया (Process) को इस तरह नियंत्रित और सुव्यवस्थित किया जा सके कि उसके परिणाम स्वरूप अच्छे से अच्छे परिणामों (Products) की प्राप्ति संभव हो सके। कुछ और अधिक विश्लेषण किया जाए तो प्रबंधन शब्द ऐसी व्यवस्था शैली का प्रतिनिधित्व करता है जिसके द्वारा मानवीय एवं भौतिक संसाधनों के नियोजन (Planning), संगठन (Organisation), अग्रसरण (Leading) तथा नियंत्रण (Controlling) संबंधी सभी क्रियाओं को इस तरह व्यवस्थित किया जा सके कि उनके माध्यम से वांछित उद्देश्यों की उपलब्धि सर्वोत्तम प्रभावी ढंग से संभव हो सके।

प्रबंधन शब्द का इस तरह अर्थ जानने के बाद अब हमें शिक्षण–अधिगम प्रबंधन (Management of teaching-learning) पद को समझने और परिभाषित करने में पर्याप्त सुविधा हो सकती है। शिक्षण–अधिगम प्रबंधन का शाब्दिक अर्थ शिक्षण–अधिगम प्रक्रिया का प्रबंधन करना होता है। शिक्षण द्वारा एक शिक्षक को शिक्षण प्रक्रिया संपन्न करनी होती है तो अधिगम द्वारा अधिगमकर्त्ता यानी विद्यार्थी को अधिगम यानी सीखने की प्रक्रिया संपन्न करनी होती है। शिक्षण–अधिगम प्रक्रिया में इस तरह जहाँ विद्यार्थी एक आश्रित चर (Dependent variable) की भूमिका निभाता है वहीं शिक्षक को एक स्वतंत्र चर (Independent variable) के रूप में क्रियान्वित होते हुए जाना जाता है। शिक्षक और विद्यार्थी के बीच शिक्षण–अधिगम परिस्थितियाँ तथा संसाधन मध्यस्थ चरों (Intervening variables) की भूमिका निभाते हैं। शिक्षण–अधिगम दोनों ही एक उद्देश्य की पूर्ति हेतु कार्यरत रहते हैं और वह है विद्यार्थी को अपने व्यवहार में परिवर्तन करने हेतु सहायता प्रदान करते हुए वांछित अनुदेशनात्मक उद्देश्यों की प्राप्ति। इस प्रकार शिक्षण–अधिगम के प्रबंधन में शिक्षण–अधिगम में निहित सभी चरों (Variables) आश्रित, स्वतंत्र तथा मध्यस्थ के ऐसे प्रबन्धन तथा व्यवस्थापन की आवश्यकता होती है कि जिससे वांछित शिक्षण–अधिगम उद्देश्यों की सर्वोत्तम ढंग से प्राप्ति संभव हो सके। शिक्षण–अधिगम में जो भी चर (Variables) कार्यरत रहते हैं तथा जिस प्रकार के मानवीय और भौतिक संसाधनों का उपयोग होता है उन सभी को भलीभाँति नियोजित, संगठित, अग्रसरित तथा नियंत्रित करके वांछित शिक्षण–अधिगम उद्देश्यों की अधिक से अधिक पूर्णता और प्रभावशीलता प्राप्त करते हुए उपलब्धि कर ली जाए, एक अच्छे शिक्षण–अधिगम प्रबंधन का यही लक्ष्य रहता है।

अगर उपरोक्त सभी बातों पर ठीक तरह से गौर किया जाए तो शिक्षण–अधिगम प्रबंधन पद को परिभाषित करने में निम्न शब्दावली का प्रयोग करना अधिक उपयुक्त रहेगा।

"शिक्षण–अधिगम प्रबंधन से तात्पर्य उस प्रक्रिया से है जिसके माध्यम से शिक्षण–अधिगम कार्य से जुड़े हुए उन सभी चरों तथा उपलब्ध संसाधनों को इस तरह नियोजित, संगठित, अग्रसरित तथा नियंत्रित किया जा सके कि परिणामस्वरूप वांछित शिक्षण–अधिगम उद्देश्यों की कुशलतम एवं प्रभावी ढंग से अच्छी तरह प्राप्ति संभव हो सके।"

(Management of teaching-learning is the process of planning, organising, leading and controlling the efforts of the variables involved and the resources available in the process of teaching-learning in such a way as to result in the achievement of stipulated teaching-learning objectives with the maximum possible efficiency and effectiveness)

उपरोक्त परिभाषा के आधार पर हमें शिक्षण–अधिगम प्रबंधन के अर्थ और उसकी प्रकृति के बारे में निम्न तथ्यों से परिचित होने में मदद मिल सकती है।

– शिक्षण–अधिगम प्रबंधन को एक प्रक्रिया के रूप में ही समझा जाना चाहिए, उसके परिणाम के रूप में नहीं।

– प्रबंधन की यह प्रक्रिया शिक्षण–अधिगम क्रियाओं के नियोजन, संगठन, अग्रसरण तथा नियंत्रण से संबंधित चार क्रमिक सोपानों के अंतर्गत संपन्न की जाती है।

– इसके माध्यम से उपलब्ध मानवीय और भौतिकी संसाधनों के अच्छी तरह क्रियाशील होने और उपयोगी सिद्ध होने में मदद मिलती है।
– इसकी सहायता से शिक्षण–अधिगम में निहित विभिन्न चरों शिक्षक, विद्यार्थी, शिक्षण–अधिगम परिस्थितियों, विधियों तथा तकनीकों, शिक्षण साधनों आदि को अच्छी तरह संगठित, नियंत्रित और क्रियान्वित करके अपेक्षित सफलता अर्जित की जा सकती है।
– शिक्षण–अधिगम प्रबंधन की सहायता से शिक्षण–अधिगम प्रणाली की अदा (Input) और प्रक्रिया (Process) के उचित प्रबंधन से सर्वोत्तम प्रदा (Output) प्राप्त करने में पर्याप्त सुविधा रहती है।
– इस प्रकार का प्रबंधन सभी दृष्टि से शिक्षण–अधिगम उद्देश्यों को उनके अपेक्षित एवं अधिक से अधिक प्रभावी ढंग से प्राप्त करने में भरसक योगदान देता है।

शिक्षण–अधिगम प्रबंधन में प्रयुक्त सोपान या अवस्थाएं (Stages or Steps in the Management of Teaching Learning)

शिक्षण–अधिगम प्रबंधन की प्रक्रिया एक शिक्षक द्वारा शिक्षक और अनुदेशक के रूप में अपने कर्त्तव्यों के भलीभाँति निर्वाह हेतु काम में लाई जाती है। अपने इन रूपों में उसे एक सफल प्रबंधक के रूप में ही इस तरह कार्य करना होता है कि सभी विद्यार्थियों को साथ लेकर आगे बढ़ते हुए और उपलब्ध संसाधनों एवं परिस्थितियों का भरसक उपयोग करते हुए वांछित शिक्षण–अधिगम उद्देश्यों की अच्छे से अच्छे ढंग से प्राप्ति हो जाए। अपने इस उद्देश्य की पूर्ति में कभी उसे अधिनायकवादी नेतृत्व अपनाना पड़ता है तो कभी जनतंत्रात्मक ढंग। तरीका चाहे कोई भी हो उसे हर हालत में अपने विद्यार्थियों के साथ पूर्ण रूप से कार्यरत रहना पड़ता है, क्योंकि शिक्षण–अधिगम प्रक्रिया के प्रबंधन और सफलता की सारी जिम्मेदारी उसी के कंधों पर होती है। शिक्षण–अधिगम प्रक्रिया के प्रबंधन से जुड़े हुए ये सभी कार्य, जैसा कि डेविस (1971) ने अपनी पुस्तक अधिगम के प्रबंधन (Management of learning) में चर्चा की है, नियोजन, संगठन, अग्रसरण तथा नियंत्रण इन चार क्रमिक सोपानों या अवस्थाओं के माध्यम से संपन्न किए जा सकते हैं।

शिक्षण–अधिगम प्रबंधन में निहित ये चारों सोपान या अवस्थाएँ अपने आप में पूरी तरह अन्तःसंबंधित (Interrelated) और अन्तःनिर्भर (Interdependent) होती हैं। इनके इस पारस्परिक संबंध को निम्न चित्र द्वारा भलीभाँति प्रदर्शित किया जा सकता है।

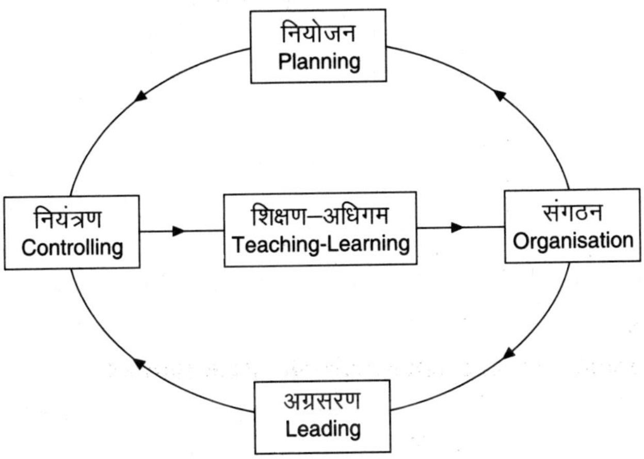

चित्र 12.1 शिक्षण–अधिगम प्रक्रिया प्रबंधन के सोपानों में पारस्परिक संबंध।

उपरोक्त चित्र यह प्रदर्शित करता है कि शिक्षण–अधिगम प्रक्रिया प्रबंधन से हुड़े हुए चारों सोपान या अवस्थाएँ किस तरह एक–दूसरे से संबंधित और पारस्परिक रूप से निर्भर होती हैं। नियोजन इस प्रक्रिया का प्रथम चरण या सोपान है। यहाँ जो कुछ भी तय कर लिया जाता है उसी की परिणति संगठनात्मक और अग्रसरण चरणों में होती है। संगठनात्मक और अग्रसरण चरणों में जो कुछ भी किया जाता है उसको नियोजित तरह से भलीभाँति संपन्न करने की चाबी नियंत्रण स्तर से जुड़ी हुई क्रियाओं में होती है। नियंत्रण स्तर संबंधी मूल्यांकन कार्य ही हमें यह बताता है कि शिक्षण–अधिगम प्रक्रिया के संगठन या अग्रसरण में कहाँ क्या कमी रह गई तथा इसके लिए नियोजन से जुड़ी हुई बातें कितनी उत्तरदायी हैं। इस तरह का पृष्ठपोषण (Feedback) हमें नियोजन, संगठन तथा अग्रसरण चरणों में संपादित क्रियाओं में यथेष्ट सुधार लाने में मदद करता है तथा इनमें जितना भी अपेक्षित सुधार लाया गया है उतनी ही सुविधा हमें नियंत्रण चरण की गतिविधियों को क्रियान्वित करने में होती है और फलस्वरूप उतनी ही सफलता हमें शिक्षण–अधिगम उद्देश्यों की प्राप्ति में मिलती है। इस तरह शिक्षण–अधिगम प्रक्रिया प्रबंधन में प्रयुक्त ये चारों सोपान या चरण अपने आप में एक–दूसरे से बहुत जुड़े हुए होते हैं। एक चरण दूसरे चरण पर जाने का मार्ग प्रशस्त करता है और एक चरण पर की जाने वाली क्रियाओं का दूसरे चरणों पर की जाने वाली क्रियाओं पर पूरा प्रभाव पड़ता है। इस प्रकार संक्षेप में यह भलीभाँति समझा जा सकता है कि शिक्षण–अधिगम प्रबंधन में शामिल चारों सोपान – नियोजन, संगठन, अग्रसरण तथा नियंत्रण पारस्परिक रूप में बहुत अधिक संबंधित तथा निर्भर होते हैं। शिक्षक को अपने प्रबंधन संबंधी जिम्मेदारी को निभाने हेतु सभी चार सोपानों पर आयोजित व्यवहार क्रियाओं पर पूरा–पूरा ध्यान रखना होता है। कोई कम महत्त्वपूर्ण हो यह बात यहाँ पैदा नहीं होती तथा इस दृष्टि से एक शिक्षक को सभी सोपानों से संबंधित प्रबन्धन कार्यों में पूरी तरह कुशल एवं दक्ष होने का प्रयत्न करना चाहिए। वह ऐसा कैसे कर सकता है, इस बात की जानकारी प्राप्त करने हेतु हम आगे इसी अध्याय में इसकी विस्तृत विवेचना करेंगे।

शिक्षण अधिगम प्रबंधन की आवश्यकता एवं महत्त्व (Need and Significance of the Managing of Teaching-Learning)

शिक्षण–अधिगम प्रबंधन की आवश्यकता एवं महत्त्व को प्रकाश में लाने हेतु निम्न तथ्य सामने रखे जा सकते है–

1. शिक्षण–अधिगम प्रबंधन के माध्यम से शिक्षण–अधिगम संबंधी उद्देश्यों को स्पष्ट रूप से निश्चित करने तथा व्यवहारजन्य शब्दावली में व्यक्त करके अच्छी तरह समझने में सहायता मिलती है। परिणामस्वरूप छात्र और अध्यापक दोनों ही इन उद्देश्यों से भलीभाँति परिचित होकर सीमित समय और उपलब्ध साधनों के संदर्भ में इनकी उचित प्राप्ति हेतु यथेष्ट रूप से सजग हो जाते हैं।
2. शिक्षण–अधिगम प्रबंधन के द्वारा छात्र और अध्यापक दोनों को ही उपलब्ध मानवीय और भौतिक संसाधनों से परिचित होने और उनका शिक्षण–अधिगम उद्देश्यों की पूर्ति हेतु ठीक तरह क्रियान्वयन और उपयोग करने में पूरी–पूरी सहायता मिल सकती है। यह सब कुछ इसलिए संभव होता है क्योंकि शिक्षण–अधिगम का प्रबंधन–
   - अधिगमकर्त्ताओं (Learners) की आवश्यकताओं और विशेषताओं से परिचित होने और उन्हें अधिगम पथ पर आगे बढ़ाने में सहायक होता है।
   - शिक्षण–अधिगम प्रक्रिया में तालमेल बिठाने और आवश्यक अन्तःक्रिया कराने में सहायक होता है।
   - अधिगम अनुभवों तथा पाठ्यसामग्री के उचित चयन, संगठन तथा प्रस्तुतीकरण में सहायक होता है।

- शिक्षण–अधिगम कार्य से जुड़े हुए सभी मानवीय संसाधनों के प्रयासों में पर्याप्त सुधार एवं तालमेल बिठाने का प्रयत्न करता है।
- उत्तम शिक्षण–अधिगम हेतु सभी उपलब्ध भौतिक संसाधनों तथा शिक्षण–अधिगम परिस्थितियों के उचित नियोजन, संगठन तथा नियंत्रण में मदद करता है।
- निर्धारित शिक्षण–अधिगम उद्देश्यों, अधिगम सामग्री तथा उपलब्ध शिक्षण–अधिगम परिस्थितियों के संदर्भ में उचित शिक्षण–अधिगम विधियों, तकनीक, व्यूह रचनाओं, युक्तियों तथा शिक्षण–सामग्री के चयन और उपयोग में सहायता करता है।
- शिक्षण–अधिगम संबंधी सुविधाओं तथा संसाधनों के विकास और उपयोग से संबंधित अधिकारियों तथा समुदाय का सहयोग प्राप्त करने में सहायता करता है।

3. शिक्षण–अधिगम का प्रबंधन निर्धारित शिक्षण–अधिगम उद्देश्यों की प्राप्ति हेतु एक ऐसा उचित वातावरण बनाने में मदद करता है जिससे मानवीय और भौतिक संसाधनों का बिना किसी आंतरिक संघर्ष और टकराव के अधिक से अधिक योगदान संभव हो सके। उद्देश्यों की प्राप्ति में बाधक सभी तत्त्वों को रास्ते से हटाना या बेअसर कर देना भी इस प्रबंधन के कार्य क्षेत्र में आता है।
4. शिक्षण–अधिगम का प्रबंधन उपलब्ध मानवीय और भौतिक संसाधनों के प्रयासों में आवश्यक मितव्ययिता (Economy) लाने में यथेष्ट सहयोग देता है। यह अपव्यय (Wastage) पर अंकुश लगाता है। अध्यापक को पढ़ाने तथा विद्यार्थियों को पढ़ने में खर्च की जाने वाली शक्ति तथा समय में पर्याप्त मितव्ययिता लाना इस प्रकार के प्रबंधन द्वारा ही संभव है।
5. शिक्षण–अधिगम का प्रबंधन शिक्षण–अधिगम प्रक्रिया में कई कारणों से उत्पन्न अनिश्चितता, संदेह, भ्रम तथा गलतफहमियों को समाप्त कर निश्चित और विश्वासपूर्ण वातावरण निर्मित करने में सहायक होता है।
6. शिक्षण–अधिगम प्रबंधन संपूर्ण शिक्षण–अधिगम प्रणाली को उसके अदा, प्रक्रम और प्रदा समष्टिजों (Parameters) सहित पूर्ण क्रियान्वित एवं उन्नत बनाने में मदद करता है।
7. शिक्षण–अधिगम का प्रबंधन शिक्षकों को उनके शिक्षक व्यवहार तथा शिक्षण कौशलों में पर्याप्त सुधार लाने के अवसर देकर बेहतर शिक्षक बनने में पर्याप्त मदद करता है।
8. शिक्षण–अधिगम का प्रबंधन शिक्षक और विद्यार्थियों दोनों के ही आत्मविश्वास में वृद्धि कर उन्हें उनकी योग्यताओं, क्षमताओं, परिश्रम और समय के सही सदुपयोग करने के पर्याप्त अवसर प्रदान करता है।
9. शिक्षण–अधिगम का प्रबंधन शिक्षण की प्रबंध क्षमता स्तर को ध्यान में रखते हुए किसी एक परिस्थिति में होने वाले शिक्षण–अधिगम के क्या परिणाम रहेंगे इस बारे में उचित भविष्यवाणी कर सकता है।
10. शिक्षण–अधिगम के उचित प्रबंधन द्वारा वांछित शैक्षिक लक्ष्यों और अनुदेशनात्मक उद्देश्यों की प्राप्ति काफी सहज और निश्चित हो जाती है।

इस तरह सारांश रूप में शिक्षण–अधिगम का प्रबंधन शिक्षण–अधिगम प्रक्रिया और उसके परिणामों की प्रभावपूर्णता तथा यथेष्टता में भरसक योगदान देता है। सभी संसाधनों में अच्छा तालमेल बिठाकर इच्छित उद्देश्यों की प्राप्ति के लक्ष्य को बिना किसी आंतरिक विस्फोट या संघर्ष के प्राप्त कर लेना एक अच्छे प्रबंधन की विशेषता माना जाता है। अतः सभी परिस्थितियों के शिक्षण–अधिगम प्रक्रिया के अच्छे परिणाम प्राप्त करने के लिए उसका ऊपर बताए गए क्रमिक चार सोपानों नियोजन, संगठन (Organisation), अग्रसरण (Leading) तथा नियंत्रण (Controlling) के तहत आवश्यक प्रबंधन (Management) अवश्य ही किया जाना चाहिए।

प्रस्तुत अध्याय में अब हम एक–एक करके इन चारों सोपानों से संबंधित प्रबंधन कार्यों और बातों पर पूरी तरह प्रकाश डालना चाहेंगे ताकि शिक्षकों को अपने शिक्षण और विद्यार्थियों को अपने अधिगम उत्तरदायित्वों को ठीक तरह निभाने में पूरा मार्गदर्शन प्राप्त हो सके।

शिक्षण–अधिगम का नियोजन (Planning Teaching-Learning)

अपनी निजी या व्यावसायिक जिंदगी में हम अक्सर किसी कार्य को करने तथा उससे वांछित लाभ उठाने हेतु आवश्यक नियोजन करते ही रहते हैं। वास्तव में देखा जाए तो सभी परिस्थितियों में नियोजन के माध्यम से ही हम अपने लक्ष्यों या उद्देश्यों का निर्धारण और उन्हें प्राप्त करने संबंधी मार्ग या उपायों के बारे में कोई फैसला लेते हैं। इस तरह शिक्षण–अधिगम के प्रबंधन की दृष्टि से ***नियोजन से तात्पर्य प्रबंधन प्रक्रिया की उस प्रारंभिक सीढ़ी या सोपान से है जिसके अंतर्गत शिक्षण-अधिगम उद्देश्यों के भली-भाँति निर्धारण और उनकी समुचित उपलब्धि के बारे में पूर्व कार्य योजना बनाने का प्रयत्न किया जाता है।***

(Planning thus may be considered as the first and initial stage or basic process that help us in the establishment of teaching-learning objective and determine or decide what to be done for their proper attainment.)

नियोजन में प्रयुक्त आवश्यक सोपान (Basic Steps Involved in Planning)

1. लक्ष्य अथवा उद्देश्यों का निर्धारण (Establishment of goals or objectives)
2. उपलब्ध परिस्थितियों की जानकारी
   (Knowledge about the present available situations)
3. उद्देश्यों की प्राप्ति के संदर्भ में सहायक और बाधक तत्त्वों की जानकारी
   (Identifying the helpful factors and barriers in the attainment of goals)
4. उद्देश्यों की प्राप्ति हेतु कार्य योजना का निर्माण
   (Developing a plan or set of actions for the attainment of goals)

इन उपरोक्त चारों बातों के परिप्रेक्ष्य में अब यह सोचा जाना चाहिए कि शिक्षण–अधिगम नियोजन के अंतर्गत अध्यापक द्वारा किसी प्रकार की क्रियाओं को संपन्न किया जाए ताकि शिक्षण–अधिगम के उचित प्रबंधन की मंजिल ठीक प्रकार तय की जा सके।

अगर नियोजन संबधी इन चार सोपानों पर नजर डाली जाए तो यह समझने में देर नहीं लगेगी कि नियोजन कार्य उद्देश्यों के निर्धारण को लेकर प्रारंभ होता है। वास्तव में उद्देश्यों के निर्धारण की किसी भी कार्य योजना के नियोजन हेतु बहुत अधिक आवश्यकता होती है। अगर यह जानकारी न हो कि कहाँ जाना है तो उसके बारे में कार्य योजना ही कैसे बन सकती है। क्या चाहिए यह जानने के पश्चात् ही उसे प्राप्त करने संबंधी नियोजन कार्य किया जा सकता है ? अतः उद्देश्यों का निर्धारण और उनकी पूरी निश्चितता एवं जानकारी नियोजन की दिशा में उठाया गया पहला कदम माना जाना चाहिए। उसके पश्चात् जिन हालातों या परिस्थितियों में शिक्षण–अधिगम उद्देश्यों की प्राप्ति करनी है उनसे अवगत होने की बारी आती है। विद्यार्थी विशेष में या अध्यापक में अधिगम अर्जन और शिक्षण को लेकर क्या योग्यताएँ और क्षमताएँ हैं तथा क्या कमियाँ और कमजोरियाँ हैं ? शिक्षण–अधिगम हेतु

क्या संसाधन उपलब्ध हैं अथवा उपलब्ध कराए जा सकते हैं ? शिक्षण–अधिगम उद्देश्यों की प्राप्ति में क्या बाधाएँ हैं और इन बाधाओं को दूर करने हेतु क्या उपाय किए जा सकते हैं ? इस प्रकार से शिक्षण–अधिगम उद्देश्यों को निश्चित करके उन्हें प्राप्त करने की दिशा में जो बातें अच्छी तरह सहायक हों उनको बढ़ावा देने तथा जो बाधक हों उन्हें समाप्त करने की बातों को नियोजन में प्राथमिकता दी जानी चाहिए तथा फिर उन सभी विधियों, व्यूह रचनाओं, तकनीकों तथा सामग्री के उपयोग की बातें नियोजन का आधार बननी चाहिए जिनकी मदद से निर्धारित उद्देश्यों की सहज और प्रभावपूर्ण उपलब्धि संभव हो सके।

अगर नियोजन संबंधी उपरोक्त चारों मुख्य बातों या पहलुओं को नियोजन का आधार बनाया जाए तो शिक्षक द्वारा शिक्षण–अधिगम प्रबंधन के भलीभाँति नियोजन के लिए की जाने वाली क्रियाओं को सामान्य तौर पर निम्न दो श्रेणियों में बाँटा जा सकता है–

(I) शिक्षण–अधिगम या अनुदेशनात्मक उद्देश्यों का निर्धारण
(Formulation of Teaching-Learning or Instructional Objectives)

(II) उद्देश्यों की प्राप्ति हेतु कार्य विश्लेषण
(Task Analysis for the Purpose of Attaining Objectives)

(I) शिक्षण–अधिगम या अनुदेशनात्मक उद्देश्यों का निर्धारण (Formulation of Teaching-Learning or Instructional Objectives)

शिक्षण–अधिगम प्रक्रिया के माध्यम से किस प्रकार की उपलब्धि होगी इस बात का निश्चित शब्दों में निर्धारण करना नियोजन का पहला कार्य होता है। दूसरे शब्दों में, नियोजन की शुरुआत शिक्षण–अधिगम या अनुदेशनात्मक उद्देश्यों के स्पष्ट निर्धारण से की जानी चाहिए। इन उद्देश्यों का सीधा संबंध विद्यार्थी के व्यवहार में अपेक्षित परिवर्तन लाने से होता है जो उसके व्यवहार के सभी पक्षों–ज्ञानात्मक, क्रियात्मक एवं भावात्मक स्तर में अंतर लाते हैं। अतः किस प्रकार के अनुदेशनात्मक उद्देश्यों की प्राप्ति कक्षा–कक्ष में किए गए शिक्षण–अधिगम प्रयत्नों के द्वारा संभव है इसका वर्गीकरण व्यवहार के तीनों पक्षों के अंतर्गत ही करने के प्रयत्न किए जाते हैं।

इन उद्देश्यों का वर्गीकरण करने की दिशा में अनेक विद्वानों के द्वारा विभिन्न प्रयास किए गए हैं, परन्तु बी०एस० ब्लूम और उनके सहयोगियों (Bloom et al., 1956) के द्वारा किया गया प्रयास प्रशंसनीय है। ब्लूम 'महाविद्यालयों व विश्वविद्यालय परीक्षकों की एक अमेरिकन समिति' के द्वारा प्रस्तुत की गई 'शैक्षिक उद्देश्यों का वर्गीकरण' (Taxonomy of Educational Objectives) नामक रचना के संपादक थे।

'टेक्सोनोमी' (Taxonomy) का अर्थ वर्गीकरण करने की एक प्रणाली है। जिस प्रकार डेवी (Dewey) ने पुस्तकालय की विभिन्न पुस्तकों एवं ग्रंथों के अलग–अलग वर्गीकरण के लिए 'दशमलव प्रणाली' (Decimal system) प्रस्तुत की।

ब्लूम एवं अन्य विद्वानों ने उद्देश्यों के वर्गीकरण करने में इसी प्रकार की कार्य–कुशलता का परिचय देकर शैक्षिक उद्देश्यों को बहुत ही सहज एवं स्पष्ट बना दिया है।

उद्देश्यों के वर्गीकरण से संबंधित इन सभी वर्गीकरण प्रणालियों (Taxonomies) का विस्तार में वर्णन "शिक्षण या अनुदेशनातमक उद्देश्यों का निर्माण" नामक नवें अध्याय में हम पहले ही कर चुके हैं। साथ ही इस बात की भी पूरी चर्चा कर चुके हैं कि विभिन्न उपागमों जैसे मिलर उपागम, मेगर उपागम तथा आर०सी०ई०एम० उपागम का प्रयोग करके इन शिक्षण या अनुदेशनात्मक उद्देश्यों को व्यवहारजन्य सटीक एवं स्पष्ट भाषा में किस तरह लिखा जाता है। पाठकों से अनुरोध है कि वे इन सभी बातों को जानने हेतु अध्याय 9 में वर्णित पाठ्यसामग्री का अध्ययन करें।

(II) उद्देश्यों की प्राप्ति हेतु कार्य विश्लेषण (Task Analysis for the Purpose of Attaining Objectives)

निर्धारित शिक्षण–अधिगम उद्देश्यों की प्राप्ति हेतु शिक्षण–अधिगम प्रक्रिया का भलीभाँति नियोजन करना जरूरी है। इस कार्य हेतु शिक्षक द्वारा क्या कुछ किया जाना चाहिए इसका उचित विश्लेषण भी आवश्यक है। इसी को शैक्षिक तकनीकी की भाषा में कार्य विश्लेषण (Task analysis) करना कहा जाता है। गेगने के अनुसार, ***"कार्यों को उनके सरलतम अवयवों में विभक्त करने की प्रक्रिया को कार्य विश्लेषण कहा जाता है।"*** (The process of breaking tasks down into their simpler components is called task analysis.—Gagne, 1977).

कार्य विश्लेषण प्रक्रिया में शिक्षण कार्य को अनुदेशनात्मक उद्देश्यों की प्राप्ति हेतु सामान्यतया निम्न उपकार्यों (Subtasks) में विभक्त करने की चेष्टा की जाती है।

1. **विद्यार्थियों के प्रविष्टि और अंतिम व्यवहार के संदर्भ में उपलब्धि-न्यूनताओं का ज्ञान** (Identifying the performance deficiency in relation to the entry and terminal behaviours)—निश्चित उद्देश्यों की प्राप्ति हेतु दिए जाने वाले अनुदेशन के परिणामस्वरूप जिस प्रकार के व्यवहार प्रदर्शन की विद्यार्थियों से अपेक्षा की जाती है उसे अंतिम व्यवहार (Terminal behaviour) की संज्ञा दी जाती है। अनुदेशन प्रारंभ करने से पहले जिस प्रकार की विषय विशेष संबंधी योग्यताएँ, क्षमताएँ और पूर्व अनुभव विद्यार्थी के पास होते हैं उनसे युक्त अधिगम व्यवहार को विद्यार्थी का प्रारंभिक व्यवहार (Entry behaviour) कहा जाता है। अनुदेशन प्रारंभ करने से पूर्व विद्यार्थी के इस प्रकार के व्यवहार की जाँच कर लेने से विद्यार्थी के प्रारंभिक स्तर की भलीभाँति पहचान हो सकती है। इस जाँच से हमें यह भलीभाँति ज्ञान हो जाता है कि विषय विशेष के ज्ञान तथा कौशल आदि को लेकर विद्यार्थी का क्या स्तर है ? अब निर्धारित उद्देश्यों की प्राप्ति को लेकर हम जिस ज्ञान तथा कौशल आदि से युक्त अंतिम व्यवहार को अपने अनुदेशन के माध्यम से विद्यार्थी से अपेक्षा करते हैं उस मंजिल तक विद्यार्थी को पहुँचाने का कार्य ही शिक्षण कार्य (Task of the teaching) माना जाता है। प्रारंभिक व्यवहार के रूप में विद्यार्थी के पास जो कुछ है और अंतिम व्यवहार के रूप में जो कुछ उससे अपेक्षित है इन दोनों के बीच के अंतर को ही उपलब्धि न्यूनता (Performance deficiency) का नाम दिया जाता है। अंतिम व्यवहार तथा प्रारंभिक व्यवहार के बीच रहने वाली इस खाई को पाटना ही किसी भी शिक्षण–अधिगम प्रक्रिया या शिक्षण कार्य का प्रमुख उद्देश्य होता है। अतः यह अंतर कितना है, इसकी भलीभाँति जानकारी प्राप्त करना कार्य विश्लेषण (Task analysis) का पहला प्रमुख चरण होता है।

2. **विद्यार्थियों को दिए जाने वाले अधिगम अनुभवों का निर्धारण** (Identifying learning experiences to be given to the learners)—विद्यार्थियों को उनके प्रविष्टि व्यवहार से अपेक्षित अंतिम व्यवहार तक पहुँचाने हेतु अधिगम अनुभव ही वांछित सेतु (Bridge) का कार्य करते हैं। इस कार्य हेतु अध्यापक को आवश्यक पाठ्य तथा पाठ्य सहगामी अधिगम अनुभवों का चयन बहुत ही सावधानी से करना चाहिए। इस अधिगम अनुभवों से संबंधित सामग्री का चयन, विद्यार्थियों के प्रविष्टि व्यवहार, अंतिम इच्छित व्यवहार, शिक्षकों की योग्यता और कार्यक्षमता, उपलब्ध शिक्षण–अधिगम संसाधन तथा परिस्थितियों आदि को ध्यान में रखते हुए ठीक तरह सोच–विचार कर किया जाना चाहिए। इस प्रकार की चयनित पाठ्य या शिक्षण–अधिगम सामग्री (Content) का फिर ठीक प्रकार विश्लेषण (Analysis) किया जाना चाहिए। इसी को विषय या अधिगम अनुभव संबंधी सामग्री का विश्लेषण (Content analysis) करना कहा जाता है। एक शिक्षक के लिए निर्धारित शिक्षण–अधिगम उद्देश्यों की पूर्ति में सहायक उपलब्ध

पाठ्य सामग्री या अधिगम अनुभवों का इस तरह विश्लेषण करना बहुत ही आवश्यक होता है। परिभाषा की दृष्टि से पाठ्य वस्तु विश्लेषण (Contest analysis) से अभिप्राय, जैसा कि आई०के० डेवीज का कथन है, ***पढ़ाई जाने वाली पाठ्य इकाई या प्रकरण का उसके अवयवों अथवा तत्त्वों में विश्लेषण अर्थात् विभाजन कर उन्हें तार्किक क्रम में व्यवस्थित करना ही पाठ्यवस्तु विश्लेषण कहलाता है।*** (The analysis of topic or content unit to be taught into its constituents or elements and arrange them in a logical sequence is called content analysis.—Davies, 1971).

अगर इस परिभाषा की ओर ध्यान देकर आगे बढ़ा जाए तो विषयवस्तु या पाठ्यसामग्री (Content) के विश्लेषण हेतु हमें निम्न प्रक्रिया अपनानी होगी–

(i) प्रकरण या अधिगम अनुभव सामग्री को उसके उप भागों या उप–इकाइयों (Sub-units) में विभक्त करना होगा।

(ii) प्रकरण के प्रत्येक उप–भाग (Sub-topics) तथा उनके अवयवों (Constituents) या तत्त्वों (Elements) में विभाजित करना होगा।

(iii) फिर इसके बाद इन उप–प्रकरण (Sub-topics) तथा उनके अवयवों आदि को समुचित तार्किक क्रम (Logic sequence) में व्यवस्थित करना होगा।

इस तरह से पाठ्य सामग्री या विषयवस्तु विश्लेषण (Content analysis) कार्य जिस रूप में क्रियान्वित किया जाएगा उसकी रूपरेखा निम्न चित्रानुसार अच्छी तरह समझी जा सकती है। (देखें चित्र 12.2).

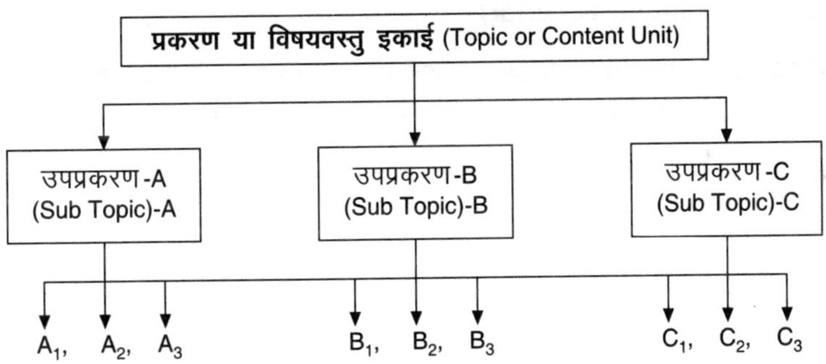

(यहाँ A_1, A_2, A_3 से अभिप्राय उप प्रकरण A के अवयव या तत्त्वों से है)

चित्र 12.2 विषयवस्तु विश्लेषण योजना का प्रवाह चित्र (Flow Chart)।

उपरोक्त विषयवस्तु विश्लेषण योजना को कैसे क्रियान्वित किया जा सकता है यह स्पष्ट करने के लिए हम नीचे एक उदाहरण प्रस्तुत कर रहे हैं। इसके लिए हम सैकेन्डरी कक्षाओं के भौतिक विज्ञान पाठ्यक्रम के एक प्रकरण "पदार्थ और उसके प्रकार" (Matter and its kinds) को विषयवस्तु विश्लेषण (Content analysis) हेतु चुन रहे हैं। चित्र रूप में इस विश्लेषण को चित्र 12.3 द्वारा प्रदर्शित किया जा रहा है।

अपने शिक्षण के भलीभाँति नियोजन हेतु अगर ध्यान से विचार किया जाए तो एक शिक्षक को निर्धारित–अधिगम उद्देश्यों की प्राप्ति हेतु काम में लाई जाने वाली विषयवस्तु या पाठ्य सामग्री (Content material) के चुनाव (Selection), उसके उचित विश्लेषण (Analysis) तथा संगठन (Organisation or synthesis) पर पूरा–पूरा ध्यान देना चाहिए। यह कैसे किया जाए, इसी के ऊपर हम आगे विचार करना चाहेंगे।

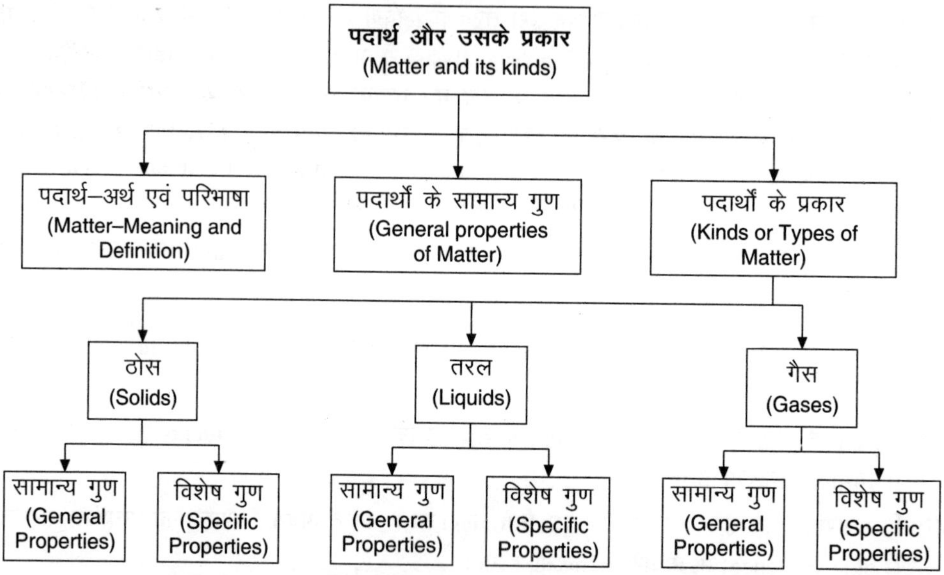

चित्र 12.3 "पदार्थ और उसके प्रकार" प्रकरण का पाठ्यवस्तु विश्लेषण।

(I) विषयवस्तु का चयन (Selection of the Content Material)

सबसे पहले हम विषयवस्तु, पाठ्यसामग्री या अधिगम अनुभवों के उपयुक्त चयन की बात को ही लेकर चलते हैं। इस चयन हेतु शिक्षक द्वारा कुछ निम्न बातों पर ध्यान देना लाभप्रद रहता है–

(1) विद्यार्थियों की आयु, मानसिक स्तर, रुचियाँ, पूर्व ज्ञान तथा उपलब्धि स्तर की जानकारी।

(2) विद्यार्थियों की कक्षा के स्तर के अनुसार प्रकरण विशेष के लिए निर्धारित शिक्षण–अधिगम उद्देश्यों की प्रकृति।

(3) प्रकरण विशेष को पढ़ाने हेतु उपलब्ध भौतिक संसाधनों तथा परिस्थितिजन्य सुविधाओं की प्रकृति।

(4) निर्धारित पाठ्यक्रम, परीक्षा तथा मूल्यांकन की माँग के अनुसार प्रकरण विशेष में क्या कुछ पढ़ाया जाना है, विषय विस्तार की क्या सीमा तथा संभावनाएँ हैं, इस पर ठीक तरह से विचार करना।

(5) निर्धारित शिक्षण–अधिगम उद्देश्यों की प्राप्ति के संदर्भ में चयनित पाठ्यवस्तु या सामग्री की सार्थकता और उपादेयता।

(6) विषय के अन्य प्रकरणों, पाठ्यक्रम के अन्य विषयों, विद्यार्थियो के जीवन अनुभवों तथा दिन–प्रतिदिन की व्यावहारिक आवश्यकताओं से जुड़ने की अधिक से अधिक संभावनाएँ।

(7) चयनित पाठ्यसामग्री का भलीभाँति शिक्षण करने हेतु शिक्षक की अपनी योग्यता, कुशलता और इच्छा शक्ति।

(II) विषयवस्तु का विश्लेषण (Analysis of the Content Material)

प्रकरण विशेष की पाठ्यसामग्री का चयन करने के पश्चात उसके विधिवत विश्लेषण हेतु अब शिक्षक द्वारा निम्न बातों पर ध्यान देना उपयुक्त रहता है।

(i) विषय के प्रकरण (Topic) या इकाई (Unit) विशेष को विभिन्न सार्थक उप प्रकरणों या उप इकाइयों (Sub topics or Sub units) में विभाजित कर लेना चाहिए।

(ii) फिर आगे इन उप प्रकरणों तथा उप इकाइयों का उनके अपने अवयवों (Constituents) तथा तत्त्वों (Elements) में समुचित विभाजन किया जाना चाहिए।

(iii) प्रत्येक उप प्रकरण या उप इकाइयों के विभाजित सभी अवयव या तत्त्व पूरी तरह से सार्थक और उद्देश्यपूर्ण होने चाहिए ताकि इनके शिक्षण–अधिगम द्वारा निर्धारित शिक्षण–अधिगम उद्देश्यों की प्राप्ति का मार्ग ठीक तरह तय किया जा सके।

(iv) उप प्रकरणों के सभी अवयवों और तत्त्वों के शिक्षण–अधिगम द्वारा जिस प्रकार के व्यवहार परिवर्तनों की विद्यार्थियों से आशा की जाती है उन सभी का समुचित मूल्यांकन करने का ध्यान भी रखा जाना चाहिए। अवयवों और तत्त्वों के रूप में उपस्थित पाठ्य सामग्री ऐसी होनी चाहिए कि उसका प्रश्नोत्तर, क्रियात्मक या अन्य किसी विधि से मूल्यांकन होता रहे ताकि यह पता चल सके कि उप प्रकरणों में समाहित विषय वस्तु, निर्धारित उद्देश्यों की प्राप्ति हेतु सार्थक और सक्षम है या नहीं।

(III) चयनित और विश्लेषित विषयवस्तु का संगठन (Organisation of the Selected and Analysed Content Material)

चयनित और विश्लेषित विषयवस्तु का फिर इस तरह संगठन और आयोजन किया जाता है कि जिससे संपूर्ण पाठ्य सामग्री में सार्थक तारतम्य बना रहे और विद्यार्थियों को उसका अध्ययन तथा मनन रोचक और अर्थपूर्ण प्रतीत हो। इस कार्य हेतु कुछ निम्न बातों पर ध्यान देना उपयुक्त रहता है–

(i) उप प्रकरणों तथा उप इकाइयों के अवयवों अथवा तत्त्वों में समाहित विषय सामग्री के संगठन और आयोजन में महत्त्वपूर्ण शिक्षण सूत्रों जैसे "सरल से कठिन की ओर" "स्थूल से सूक्ष्म की ओर", "ज्ञात से अज्ञात की ओर", "अंश से पूर्ण की ओर" आदि का पालन किया जाना चाहिए।

(ii) समवाय के सिद्धांत (Principle of Correlation) का भी अनुसरण किया जाना चाहिए। इस सिद्धांत पर चलकर विभाजित पाठ्य सामग्री के विभिन्न उप प्रकरणों या अवयवों को इस तरह संगठित और संबंधित किया जाना चाहिए कि उसका अन्य प्रकरणों, पाठ्यक्रम के अन्य विषयों, विद्यार्थियों के पूर्व ज्ञान, उनके जीवन अनुभवों तथा शिक्षण–अधिगम की आगामी आवश्यकताओं के साथ तानाबाना बुना जा सके।

(iii) आयोजन एवं संगठन में तार्किक क्रम (Logical sequence) तथा मनोवैज्ञानिक औचित्य (Psychological validity) दोनों का ही समुचित ध्यान रखा जाना चाहिए। तार्किक क्रम में आयोजन से विषयवस्तु की प्रवाहिकता, सरसता और सार्थकता बनी रहती है। जो कुछ अब पढ़ाया जा रहा है उसका पहले पढ़ाई हुई बातों तथा भविष्य में पढ़ाई जाने वाली बातों से ठीक तरह संपर्क सधा रहता है तो मनोवैज्ञानिक औचित्यता पर परखा हुआ संगठन तथा आयोजन बालकों की रुचि, आवश्यकता, मानसिक स्तर आदि से जुड़कर बालोपयोगी और बालकेंद्रित बनकर शिक्षण–अधिगम की प्रक्रिया को अधिक सार्थक और प्रयोजनपूर्ण बना देता है। इस तरह प्रयत्न यही होना चाहिए कि हम मनोवैज्ञानिक पक्ष को ध्यान में रखते हुए अधिक से अधिक तार्किक क्रम में प्रकरण विशेष में निहित पाठ्य सामग्री का ठीक तरह संगठन और आयोजन कर सकें।

(IV) अधिगम अनुभवों या विषयवस्तु के शिक्षण-अधिगम हेतु उपयुक्त विधियों एवं तकनीकों का निर्धारण (Identifying the Appropriate Methods and Techniques for Providing Learning Experiences)

विद्यार्थियों को क्या पढ़ाया जाना है अथवा किस तरह के अधिगम अनुभव प्रदान किए जाने हैं, यह तय करने के बाद यह निश्चित किया जाता है कि इन्हें प्रदान करने हेतु किस प्रकार की शिक्षण विधियों, व्यूह रचनाओं या तकनीकों का उपयोग किया जाए। यह निर्धारण करने हेतु जिन विभिन्न कारकों, परिस्थितियों या बातों को ध्यान में रखा जाना चाहिए उनमें से प्रमुख हैं–

विद्यार्थियों की प्रकृति और विशेषताएँ, पाठ्यसामग्री या अधिगम अनुभवों की प्रकृति, शिक्षण–अधिगम के उद्देश्य, उपलब्ध शिक्षण–अधिगम परिस्थितियाँ तथा वातावरण, शिक्षण–अधिगम हेतु उपलब्ध संसाधन एवं शिक्षण–अधिगम सामग्री, उपलब्ध समय, शिक्षक का अपना ज्ञान, कौशल, रुचि तथा इच्छा शक्ति आदि।

(V) उचित शिक्षण-अधिगम परिस्थितियों तथा वातावरण का नियोजन (Planning for the Appropriate Teaching–Learning Situations and Environment)

प्रभावपूर्ण शिक्षण–अधिगम हेतु उचित शिक्षण–अधिगम परिस्थितियों तथा वातावरण की आवश्यकता होती है। इस दृष्टि से शिक्षण–अधिगम उद्देश्यों की प्रभावी उपलब्धि के लिए शिक्षक को उचित शिक्षण–अधिगम परिस्थितियों तथा वातावरण के ठीक प्रकार आयोजन के लिए सोच–समझकर अच्छी तरह नियोजन करना होगा। उसे एक तरफ तो उन सभी परिस्थितियों, कारकों या तत्त्वों से मुक्ति पानी होगी या उनके प्रभाव को निर्मूल करना होगा जो किसी–न–किसी तरह से शिक्षण–अधिगम प्रक्रिया और उसके परिणामों के मार्ग अवरोधक बनते हैं तो दूसरी ओर ऐसी परिस्थितियाँ, वातावरण तथा कारकों की सहायता लेनी होगी जो शिक्षण–अधिगम उद्देश्यों की पूर्ति में अधिक से अधिक सहायक सिद्ध हो सकते हैं।

उपरोक्त विवरण द्वारा हमने कार्य विश्लेषण (Task analysis) संबंधी जो बातें शिक्षण–अधिगम के नियोजन के बारे में कही हैं उन्हें चित्रमय रूप में चित्र 12.4 के अनुसार देखा जा सकता है।

शिक्षण-अधिगम का संगठन (Organisation of Teaching-Learning)

शिक्षण-अधिगम संगठन का अर्थ (Meaning of the Term "Organisation of Teaching-Learning")

शिक्षण–अधिगम प्रबंधन प्रक्रिया में नियोजन (Planning) के बाद शिक्षण–अधिगम संगठन अवस्था की बारी आती है। इस तरह जो कुछ भी पहली अवस्था नियोजन में नियोजित कर दिया जाता है उसी को संगठित एवं व्यवस्थित करने की बात इस दूसरी अवस्था या सोपान में की जाती है। एक प्रकार से वास्तव में शिक्षण–अधिगम संगठन नाम से प्रसिद्ध शिक्षण–अधिगम प्रबंधन प्रक्रिया का वह द्वितीय चरण या क्रियान्वयन और प्रयोगात्मक अवस्था है जिसमें नियोजित की गई सभी बातों के क्रियान्वयन का ही प्रयत्न किया जाता है। दूसरे शब्दों में, इस अवस्था में शिक्षण–अधिगम से जुड़े हुए सभी उपलब्ध संसाधनों का शिक्षण–अधिगम उद्देश्यों की समुचित उपलब्धि हेतु अच्छी तरह प्रयोग करने का प्रयत्न किया जाता है। शिक्षण–अधिगम के संगठन को अपने इस रूप में हम निम्न प्रकार परिभाषित कर सकते हैं।

शिक्षण-अधिगम का संगठन, शिक्षण-अधिगम प्रबंधन प्रक्रिया की नियोजन के बाद आने वाली वह अवस्था या सोपान है जिसमें उपलब्ध शिक्षण-अधिगम संसाधनों को संगठित, व्यवस्थित एवं क्रियान्वित करने के ऐसे

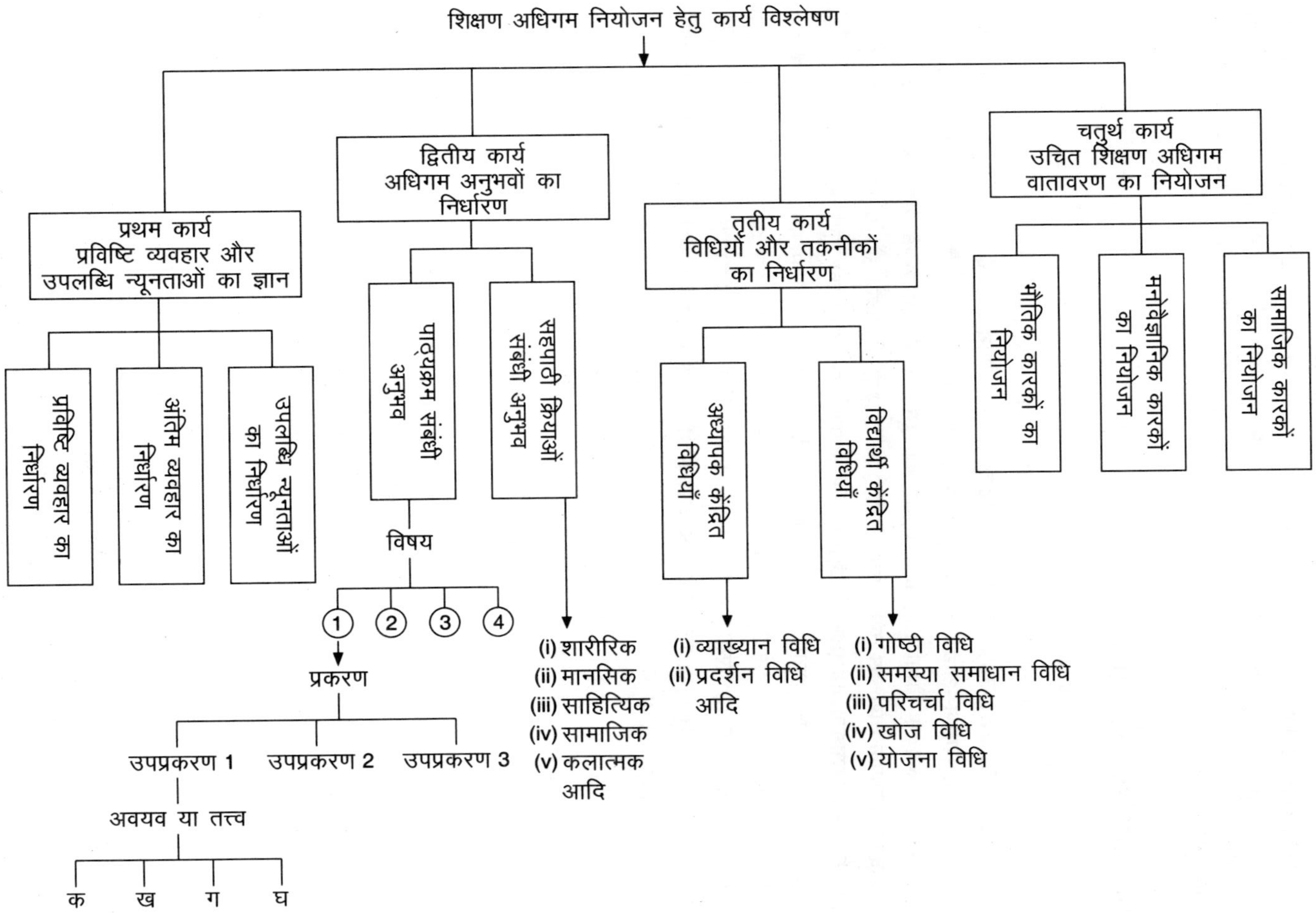

चित्र 12.4 उद्देश्य प्राप्ति हेतु कार्य विश्लेषण (Task analysis for attaining objectives)।

प्रयत्न किए जाते हैं कि उनके द्वारा निर्धारित शिक्षण-अधिगम उद्देश्यों की अधिक से अधिक अच्छी तरह प्रभावपूर्ण उपलब्धि हो सके।

(Organising teaching-learning is the step next to planning in the management of teaching-learning process where attempts are made to arrange, relate and organise all the available teaching-learning resources for the realization of the stated teaching-learning objectives in the most effective, efficient and economic way possible).

संगठनात्मक कार्य (Organisational Task)

शिक्षण–अधिगम के संगठन और व्यवस्थापन हेतु जैसा कि उपरोक्त परिभाषा से संकेत मिलता है, एक अध्यापक को उपलब्ध शिक्षण–अधिगम संसाधनों का ही निर्धारित उद्देश्यों की सर्वोत्तम ढंग से प्राप्ति हेतु पर्याप्त संगठन एवं व्यवस्थापन करना होता है। प्रश्न उठता है कि एक शिक्षक को इस कार्य हेतु किस प्रकार के संसाधन उपलब्ध हो सकते हैं। सामान्यतया शिक्षण–अधिगम के लिए उपलब्ध इन साधनों को मानवीय और भौतिक (Human and material) संसाधनों के रूप में विभाजित किया जाता है। इन्हीं दोनों प्रकार के संसाधनों के संगठन और व्यवस्थापन का कार्य अध्यापक द्वारा इस तरह किया जाता है कि उद्देश्यों की सहज और प्रभावपूर्ण उपलब्धि हो जाए।

जहाँ तक मानवीय संसाधनों का प्रश्न है शिक्षक और विद्यार्थी इन दोनों को ही शिक्षण–अधिगम प्रक्रिया के सफल क्रियान्वयन हेतु दो मुख्य मानवीय संसाधन माना जाता है। इस प्रक्रिया में मानवीय संसाधनों के रूप में यूँ तो अन्य लोगों जैसे शिक्षा अधिकारियों, विद्यालय प्रबंधकर्त्ताओं, माता–पिता और अभिभावकों तथा समुदाय के सदस्यों का भी योगदान रहता है, परंतु वास्तविक संगठनात्मक जिम्मेदारी अध्यापक को ही निभानी होती है। मानवीय संसाधनों के संगठन से जुड़ी हुई अध्यापक द्वारा निभाई जाने वाली उत्तरदायित्वपूर्ण चेष्टाओं को निम्न रूप में लिपिबद्ध किया जा सकता है।

- प्रशासनिक अधिकारियों जैसे संस्था के प्राचार्य, जिला शिक्षा अधिकारी और विद्यालय की प्रबंध समिति के पदाधिकारियों का सहयोग प्राप्त करना।
- माता–पिता, अभिभावक वर्ग तथा समुदाय विशेष का सहयोग प्राप्त करना।
- शिक्षण–अधिगम प्रक्रिया में विद्यार्थियों का सहयोग प्राप्त करना।
- स्वयं अपने आपको विषयवस्तु पर स्वामित्व स्थापित कर तथा उचित विधियों एवं तकनीकों के प्रयोग में कुशल बनाकर आवश्यक रूप से सक्षम एवं प्रभावशील बनाना।

मानवीय संसाधनों के अतिरिक्त किसी भी शिक्षण–अधिगम परिस्थिति में उपलब्ध भौतिक संसाधनों का शिक्षण–अधिगम प्रक्रिया के उचित संगठन तथा अपेक्षित परिणामों को प्राप्त करने की दृष्टि से कुछ कम महत्त्व नहीं होता। इस दृष्टि से अध्यापक को सदैव ही इन संसाधनों के उचित संगठन, व्यवस्थापन और उपयोग की ओर विशेष ध्यान देना चाहिए। इस प्रकार के संगठनात्मक कार्य में निम्न बातें शामिल हो सकती हैं।

- कक्षा में विद्यार्थियों की संख्या को इस तरह सीमित एवं व्यवस्थित करना कि एक अध्यापक द्वारा सैद्धांतिक (Theoretical) एवं व्यावहारिक (Practical) ज्ञान प्रदान करने में पूरी तरह सुविधा रहे।
- कक्षा–कक्ष में सभी प्रकार की भौतिक सुविधाओं – प्रकाश, वायु, बैठने का प्रबंध आदि की उचित व्यवस्था।
- उचित शिक्षण साधन और संप्रेक्षण व्यूह रचनाओं (Communication strategies) के चयन और उपयोग की व्यवस्था।
- पुस्तकालय, प्रयोगशाला, संग्रहालय आदि संसाधनों के उचित संगठन और उपयोग की समुचित व्यवस्था।

इस प्रकार से हम देखते हैं कि एक शिक्षक को उपलब्ध मानवीय और भौतिक संसाधनों के संगठन, आयोजन तथा उनके उचित उपयोग के संदर्भ में काफी बड़ी जिम्मेदारियाँ निभानी होती हैं। यह कोई सरल कार्य नहीं है। शिक्षण–अधिगम में वांछित परिणामों की प्राप्ति के लिए इन संसाधनों की सही व्यवस्था और उचित उपयोग होना ही चाहिए और इस कार्य में जितनी तत्परता, लगन और परिश्रम करना पड़े अध्यापक द्वारा यह सब कुछ किया ही जाना चाहिए। क्योंकि आप एक शिक्षक की जिम्मेदारी निभाने हेतु अपने प्रशिक्षण काल में अपने आपको तैयार कर रहे हो, अतः आपको इन सभी बातों का पूरा ज्ञान और प्रशिक्षण मिलना चाहिए जो विद्यालयों की शिक्षण–अधिगम परिस्थितियों में उपलब्ध मानवीय और भौतिक संसाधनों के उचित संगठन, व्यवस्थापन एवं उपयोग से संबंधित हों। इसी आवश्यकता को देखते हुए हम यहाँ आगे इस प्रकार के कुछ संगठनात्मक तथा व्यवस्थात्मक कार्यों की विस्तृत रूप से चर्चा करना चाहेंगे जो एक शिक्षक को निर्धारित शिक्षण–अधिगम उद्देश्यों की प्राप्ति में अधिक–से–अधिक सहायक सिद्ध हो सकें। व्यावहारिक उपयोगिता की दृष्टि से हम यहाँ ऐसे तीन संगठनात्मक उत्तरदायित्वों की चर्चा कर रहे हैं जिनकी चाबी पूरी तरह से अध्यापकों के ही हाथ में होती है। ये तीनों उत्तरदायित्व निम्न प्रकार के हो सकते हैं।

(I) समुचित शिक्षण व्यूह रचनाओं और युक्तियों का चयन
(Selection of appropriate teaching strategies and tactics)

(II) उचित शिक्षण साधनों का चयन एवं प्रयोग
(Selection and use of proper teaching aids)

(III) उचित संप्रेषण व्यूह रचनाओं का चयन एवं उपयोग
(Selection and use of appropriate communication strategy)

आइए अब इन तीनों प्रकार के संगठनात्मक उत्तरदायित्वों की एक–एक करके चर्चा की जाए।

(I) समुचित शिक्षण व्यूह रचनाओं और युक्तियों का चयन (Selection of Appropriate Teaching Strategies and Tactics)

एक अध्यापक को निर्धारित शिक्षण–अधिगम उद्देश्यों की प्राप्ति हेतु किसी भी शिक्षण–अधिगम परिस्थिति के संदर्भ में किसी एक शिक्षण व्यूह रचना अथवा कई व्यूह रचनाओं को आवश्यकतानुसार प्रयोग में लाना पड़ता है। किसी भी विशेष व्यूह रचना की सफलता का श्रेय उसे क्रियान्वित करने के लिए आवश्यक शिक्षण युक्तियों के उचित चयन और उपयोग पर निर्भर करता है। प्रश्न उठता है कि इस तरह की इतनी आवश्यक ये शिक्षण युक्तियाँ क्या होती हैं ? परिभाषा के रूप में ***शिक्षण युक्तियों से अभिप्राय शिक्षक की उन शाब्दिक या अशाब्दिक व्यवहार क्रियाओं से होता है जिन्हें वह किसी विशेष शिक्षण व्यूह रचना को भलीभाँति प्रयोग में लाने हेतु काम में लाता रहता है।*** दूसरे शब्दों में, किसी भी शिक्षण व्यूह रचना के उपयोग और सफलता के पीछे कुछ शिक्षण युक्तियों का ही हाथ होता है। जितनी ठीक शिक्षण युक्तियाँ होंगी उतनी ही सफलता से उससे जुड़ी हुई शिक्षण व्यूह रचना को क्रियान्वित किया जा सकेगा। यह इसलिए होता है क्योंकि शिक्षण युक्तियाँ शिक्षण व्यवहार की वे आधारभूत इकाइयाँ या अवयव (The components or basic unit of teaching behaviour) होते हैं जिनके माध्यम से शिक्षक, शिक्षार्थी और विषयवस्तु में पारस्परिक अंतःक्रिया होती रहती है।

इस प्रकार से निर्धारित शिक्षण–अधिगम उद्देश्यों की प्राप्ति हेतु एक शिक्षक को सर्वप्रथम कोई–न–कोई एक विशेष शिक्षण व्यूह रचना (Teaching strategy) या शिक्षण व्यूह रचनाओं के किसी एक प्रक्रिया रूप का चयन इस

आधार पर करना होता है कि वह दी हुई शिक्षण–अधिगम परिस्थिति में अधिक–से–अधिक उपयोगी सिद्ध हो और इसके पश्चात इस चयनित शिक्षण व्यूह रचना के भलीभाँति क्रियान्वयन के लिए किन्हीं उपयुक्त शिक्षण युक्तियों का चयन और उपयोग करने का प्रयास करना पड़ता है।

जहाँ तक शिक्षण व्यूह रचनाओं (Teaching strategy) के चयन का प्रश्न है विभिन्न शिक्षण–अधिगम परिस्थितियों में विषय या प्रकरण विशेष से संबंधित शिक्षण–अधिगम उद्देश्यों को प्राप्त कराने हेतु विभिन्न विशेष व्यूह रचनाएँ उपलब्ध हैं। इस दिशा में हम विशेष तौर पर व्याख्यान (Lecture), प्रदर्शन (Demonstration), समस्या समाधान (Problem solving), समूह चर्चा (Group discussion), प्रश्नोत्तर (Question-answer), योजना (Project), अभ्यास कार्य (Drill work), वर्णन करना (Explanation), भूमिका निर्वाह (Role playing), मस्तिष्क उद्वेलन (Brain storming) आदि युक्तियों का नाम ले सकते हैं। (हम इसी पाठ्यपुस्तक के दसवें अध्याय में ऐसी कुछ व्यूह रचनाओं की विस्तार से चर्चा कर चुके हैं)। अध्यापक अपने विषय, प्रकरण, पाठ्यवस्तु तथा उपलब्ध शिक्षण–अधिगम परिस्थितियों तथा संसाधनों के हिसाब से इनमें से किसी एक अथवा कुछ व्यूह रचनाओं के मिश्रित रूप को निर्धारित शिक्षण–अधिगम उद्देश्यों की प्रभावपूर्ण प्राप्ति हेतु अपना सकते हैं।

किसी विशेष शिक्षण व्यूह रचना का इस तरह चुनाव कर लेने के पश्चात् अब इस बात पर ध्यान देना होता है कि चयनित व्यूह रचना के भलीभाँति क्रियान्वयन (Proper implementation) हेतु समुचित शिक्षण युक्तियों का चयन और उपयोग किया जाए। शाब्दिक और अशाब्दिक शिक्षण क्रियाओं और व्यवहार के रूप में उपलब्ध इन शिक्षण युक्तियों का चयन इस प्रकार किया जाता है कि उनके माध्यम से शिक्षक, शिक्षार्थी और विषयवस्तु के बीच ऐसी स्वस्थ त्रिआयामी अंतःक्रिया चलती रहे कि जिसके परिणामस्वरूप एक उचित शिक्षण–अधिगम संरचना (Appropriate teaching-learning structure) का निर्माण संभव होकर निर्धारित शिक्षण–अधिगम उद्देश्यों की प्राप्ति प्रभावपूर्ण ढंग से संपन्न हो सके। शिक्षण युक्तियों का ऐसा चयन और उपयोग कैसे किया जा सकता है। इसी बात को ध्यान में रखकर हम एक शिक्षण व्यूह रचना के रूप में प्रदर्शन व्यूह रचना (Demonstration strategy) को लेकर चलते हैं। इस व्यूह रचना के अंतर्गत एक शिक्षक को अपने पढ़ाए जाने वाले पाठ या विषयवस्तु से संबंधित वस्तुओं, उपकरणों, क्रियाओं, घटनाओं तथा प्रक्रियाओं आदि को विभिन्न प्रकार के प्रयोग परीक्षण या स्थूल प्रदर्शन के द्वारा कक्षा में विद्यार्थियों के सामने वास्तविक रूप में क्रियात्मक व्यवहार द्वारा प्रदर्शित करना होता है। इस व्यूह रचना के सफलतम क्रियान्वयन हेतु अब एक अध्यापक द्वारा कुछ निम्न शिक्षण युक्तियों (Teaching tactics) का चयन और उपयोग लाभप्रद सिद्ध हो सकता है।

- प्रदर्शन के दौरान प्रदर्शित क्रियात्मक व्यवहार या अवधारणाओं के भलीभाँति स्पष्टीकरण हेतु उचित सैद्धांतिक ज्ञान का पहले से ही या साथ–साथ दिया जाना।
- प्रदर्शनात्मक कार्य में प्रयुक्त सामग्री, उपकरण और उनकी प्रयोगात्मक व्यवस्था से विद्यार्थियों को अवगत कराना।
- इस बात की पूरी व्यवस्था करना कि कक्षा के सभी विद्यार्थियों को प्रदर्शन से जुड़ी हुई सभी बातों का ठीक से अवलोकन करने के अवसर प्राप्त हों।
- प्रदर्शन कार्य में विद्यार्थियों का आवश्यक सक्रिय सहयोग प्राप्त करना।
- एक जादूगर या मदारी की तरह विद्यार्थियों का ध्यान अपने प्रदर्शन कार्यों में बनाए रखना
- प्रदर्शन के प्रयोजन को अर्थपूर्ण और सार युक्त बनाने हेतु व्याख्यान, वर्णन, स्पष्टीकरण और उदाहरण देना आदि बातों का सहारा लेना।

– प्रदर्शन के दौरान हो रही प्रक्रियाओं और उनके परिणामों को अच्छी तरह प्रकाश में लाने के लिए श्यामपट या अन्य किसी ग्राफिक साधन (Graphic aid) का प्रयोग करना।
– विद्यार्थियों को प्रदर्शन के आधार पर उचित निष्कर्ष निकालने या सामान्यीकरण करने हेतु प्रोत्साहित करना।

इस प्रकार से किसी एक विशेष शिक्षण व्यूह रचना के सफल क्रियान्वयन के लिए किसी एक विशेष शिक्षण–अधिगम परिस्थिति में एक शिक्षक द्वारा अनेक उपयुक्त शिक्षण युक्तियों को काम में लाया जा सकता है।

इस अवस्था में यहाँ अब यह प्रश्न अवश्य ही उठ सकता है कि वे ऐसी कौन–सी बातें, परिस्थितियाँ या कारक हैं जिनको ध्यान में रखकर ही प्रायः किसी एक शिक्षण व्यूह रचना और युक्तियों का चुनाव किया जाता है। इस प्रकार की शिक्षण–अधिगम परिस्थितियों तथा कारकों का सामान्यतया निम्न रूप हो सकता है।

– विद्यार्थियों के व्यवहार में परिवर्तन व्यवहार के किस पक्ष–ज्ञानात्मक, क्रियात्मक और भावात्मक में लाए जाने हैं ?
– किस प्रकार के विशेष शिक्षण–अधिगम उद्देश्यों जैसे ज्ञानात्मक, बोधात्मक, प्रयोगात्मक, कौशलात्मक, रुचि, अभिवृत्ति और प्रशंसात्मक आदि की प्राप्ति करनी है।
– विषय, प्रकरण या पाठ्यवस्तु विशेष की प्रकृति।
– अधिगमकर्त्ताओं या विद्यार्थियों की प्रकृति।
– व्यूह रचना या युक्ति विशेष को उपयोग में लाने से संबंधित शिक्षक की समझ और अपेक्षित कुशलता।
– व्यूह रचना और युक्तियों के प्रयोग के संदर्भ में शिक्षण सामग्री, साधन, उपकरण, शिक्षण–अधिगम वातावरण और संसाधनों की उपलब्धि।
– अधिगम परिस्थितियों या अधिगम स्तर की प्रकृति जैसे सांकेतिक अधिगम (Signal learning), शृंखला अधिगम (Chain learning), विभेदीकरण अधिगम (Discrimination learning), या प्रनियम अधिगम (Rule learning).
– अधिगम का स्वरूप जैसे उद्दीपन–अनुक्रिया (S-R) या अनुक्रिया–उद्दीपन (R-S) अनुबंधन, अनुकरणीय या अवलोकनात्मक (Imitational or observational) या संज्ञानात्मक (Cognitive) आदि।
– शिक्षण–अधिगम प्रक्रिया में निहित शिक्षण–अधिगम की प्रकृति जैसे विद्यार्थी केंद्रित, शिक्षक केंद्रित पारस्परिक अंतःक्रियात्मक (Interactive), वैयक्तिक (Individual) या सामूहिक (Group) आदि।

विभिन्न प्रकार की शिक्षण व्यूह रचनाओं तथा शिक्षण युक्तियों में से शिक्षक अपनी परिस्थितियों के अनुसार चाहे किसी भी विशेष व्यूह रचना और युक्तियों का चयन तथा उपयोग करे परन्तु हर हालत में उसका लक्ष्य यही होना चाहिए कि उपलब्ध शिक्षण–अधिगम परिस्थितियों के संदर्भ में निर्धारित शिक्षण–अधिगम उद्देश्यों की पूर्ति में पर्याप्त सरलता, सहजता तथा पूर्णता रहे। किसी भी अवस्था में ऐसी किसी व्यूह रचना या युक्ति का चयन नहीं किया जाना चाहिए जिसके उपयोग हेतु न तो उसमें स्वयं ही क्षमता और कार्य कुशलता हो और न वे उपलब्ध शिक्षण–अधिगम परिस्थितियों तथा संसाधनों से मेल खाती हों। इस दृष्टि से इनका चुनाव करते समय कुछ निम्न अतिरिक्त बातों पर भी अध्यापक द्वारा अवश्य ही ध्यान दिया जाना चाहिए।

– किसी भी अवस्था में शिक्षण–अधिगम प्रक्रिया के दौरान विद्यार्थियों की आवश्यकताओं और रुचियों की उपेक्षा नहीं की जानी चाहिए।

– नवीनता, विविधता और परिवर्तन के सिद्धांत का भी आवश्यकतानुसार अवश्य ही अनुसरण किया जाना चाहिए। किसी एक प्रकार की व्यूह रचना, तकनीक तथा युक्तियों का प्रयोग न करके इनमें विविधता और नवीनता लाते रहने से शिक्षण–अधिगम प्रक्रिया में रुचि और ध्यान का समावेश होता रहता है और फलस्वरूप शिक्षण और अधिगम दोनों में ही अच्छे परिणामों की संभावना बढ़ जाती है। इस दृष्टि से विविध प्रकार की व्यूह रचनाओं तथा युक्तियों का सम्मिलित प्रयास सदैव ही लाभदायक सिद्ध होता है। इसीलिए कक्षा में प्रदर्शन व्यूह रचना का प्रयोग करते हुए अध्यापक को विद्यार्थियों को अपने स्वयं के निरीक्षण, परीक्षण तथा प्रयोगों द्वारा सीखने के समान अवसर प्रदान करते रहना चाहिए। व्याख्यान तथा वर्णनात्मक व्यूह रचनाएँ अपनाते हुए बालकों को अनुसंधानात्मक प्रश्न पूछने और समस्या समाधान क्रियाओं में लगे रहने को प्रोत्साहित करते रहना चाहिए। इसी तरह शिक्षण–अधिगम कार्यक्रमों में अधिकाधिक विविधता को स्थान देते हुए शिक्षक को मौखिक, लिखित तथा क्रियात्मक कार्यों के लिए पूरा–पूरा अवसर देना चाहिए और इसी तरह वैयक्तिक अध्ययन, सामूहिक प्रयास, प्रोजेक्ट कार्य और प्रासंगिक अधिगम के अवसरों की बात कक्षा–कक्ष शिक्षण–अधिगम के साथ–साथ चलती रहनी चाहिए। इस प्रकार की विविधता, नवीनता और परिवर्तन से ही व्यूह रचनाओं तथा युक्तियों का प्रयोग प्रभावकारी परिणाम लाने में सफल सिद्ध हो सकता है।

शिक्षण युक्तियों के चयन हेतु अधिगम संरचना को आधार बनाना (Learning Structure Criteria for the Selection of Teaching Tactics)

किसी भी शिक्षण–अधिगम परिस्थिति में निर्धारित शिक्षण–अधिगम उद्देश्यों की प्राप्ति हेतु आवश्यक व्यूह रचनाओं तथा युक्तियों के चयन और प्रयोग के बारे में ऊपर जो बातें बताई गई हैं उनके अतिरिक्त शिक्षण व्यूह रचनाओं तथा युक्तियों के चयन एवं उपयोग हेतु और क्या आधार हो सकता है। इस बारे में शिक्षाशास्त्रियों तथा अनुसंधानकर्ताओं द्वारा कई गंभीर प्रयास किए गए हैं। इन प्रयासों में प्रसिद्ध विद्वान आई०के० डेवीज (Davies, 1970) का प्रयास काफी सराहनीय है। उनके अनुसार उपयुक्त शिक्षण व्यूह रचनाओं तथा युक्तियों के चयन हेतु किसी भी शिक्षण–अधिगम परिस्थिति में उपलब्ध अधिगम संरचना (Learning structure) एक ठोस आधार का कार्य कर सकती है। उन्होंने प्रसिद्ध शिक्षाशास्त्री रोबर्ट गेगने (Robert Gagne) द्वारा सुझाए गए आठ प्रकार के अधिगमों को ध्यान में रखते हुए शिक्षकों को उनके शिक्षण के संगठन हेतु पाँच प्रकार की अधिगम संरचनाओं (Learning structure) को शिक्षण व्यूह रचनाओं तथा युक्तियों के चुनाव का आधार बनाने की सिफारिश की है।

डेवीज द्वारा वर्णित इन अधिगम संरचनाओं को उनके अपने विकास क्रम में निम्न प्रकार लिखा जा सकता है।

1. सांकेतिक अधिगम संरचना (Signal Learning Structure)
2. श्रृंखला अधिगम संरचना (Chain Learning Structure)
3. बहु–विभेदीकरण अधिगम संरचना (Multiple Discrimination Learning Structure)
4. संप्रत्यय अधिगम संरचना (Concept Learning Structure)
5. प्रनियम अधिगम संरचना (Principle Learning Structure)

डेवीज के अनुसार एक शिक्षक को किसी एक विशेष शिक्षण–अधिगम परिस्थिति में विद्यमान एक विशेष प्रकार की अधिगम संरचना को ध्यान में रखते हुए ही अपने शिक्षण उद्देश्यों की पूर्ति हेतु किन्हीं विशेष शिक्षण व्यूह रचनाओं या युक्तियों का चयन एवं उपयोग करना चाहिए। उदाहरणार्थ अगर किसी परिस्थिति में अधिगम की

संरचना सांकेतिक अधिगम की माँग करती है तब उसे उन्हीं शिक्षण युक्तियों का चयन और उपयोग करना चाहिए जो विद्यार्थियों को सांकेतिक अधिगम संरचना के अनुरूप ही अधिगम अर्जन में अधिक से अधिक मदद कर सके। यही बात अन्य अधिगम संरचनाओं पर भी समान रूप से लागू होती है। अतः जिस तरह की शिक्षण–अधिगम परिस्थितियाँ और उनके अनुरूप अधिगम संरचना का स्वरूप हो उसी स्तर की शिक्षण युक्तियों का चुनाव और उपयोग शिक्षण–अधिगम उद्देश्यों की पूर्ति हेतु किया जाना चाहिए।

विभिन्न अधिगम संरचनाओं के हिसाब से किस तरह की शिक्षण युक्तियों का चयन एवं उपयोग किया जाना ठीक रहता है, इस बात को निम्न तालिका 12.1 द्वारा अच्छी तरह जाना जा सकता है।

तालिका 12.1 अधिगम संरचनाएँ तथा शिक्षण युक्तियाँ
(Learning Structures and Teaching Tactics)

अधिगम संरचना (Learning structure)	*अधिगम संरचना की प्रकृति (Nature of the learning structure)*	*अपनाई जाने वाली शिक्षण युक्तियाँ (Teaching tactics to be adopted)*
सांकेतिक अधिगम (Signal Learning)	इस प्रकार की अधिगम संरचना में हम किसी संकेत (Signal) या उद्दीपन के प्रति एक तरह की सामान्य अनुक्रिया करने के द्वारा सीखते हैं जैसे लाल बत्ती पर रुक जाना और हरी बत्ती होने पर अपना वाहन आगे बढ़ाना।	(i) विद्यार्थियों से किसी विशेष उद्दीपन के प्रति अनुक्रिया करने को कहना। (ii) गलत अनुक्रियाओं की अनदेखी करना तथा सही अनुक्रियाओं को पुनर्बलित करना। (iii) सही अनुक्रियाओं का स्वामित्व स्तर (Mastery level) तक अभ्यास कराना।
शृंखला अधिगम (Chain Learning)	इस अधिगम संरचना में दो या दो से अधिक उद्दीपन–अनुक्रिया (S.R.) संयोजन मिलकर एक शृंखला का निर्माण करते हैं। जैसे किसी कौशल का अधिगम, किसी कविता को कंठस्थ करना आदि।	(i) विद्यार्थियों के सामने शृंखला को उपस्थित करना। (ii) उन्हें आगे की ओर अग्रसर होने तथा पीछे की ओर खिसकने वाली शृंखला का ज्ञान कराना। (iii) शृंखला का अभ्यास करने का अवसर देना।
बहु-विभेदीकरण अधिगम (Multiple Discrimination Learning)	इस स्तर पर अधिगमकर्ता विभिन्न प्रकार के उद्दीपनों के प्रति अलग–अलग तरह से अनुक्रियाएँ व्यक्त करना सीख जाता है। जैसे सब्जियों और फलों में भेद करना और दिए हुए फलों में सेब कौन–सा है, यह बता सकना।	(i) उद्दीपनों में समानता और असमानता की पहचान कर सकने योग्य बनाना (ii) समानता और असमानता के आधार पर वस्तुओं को श्रेणियों या वर्गों में बाँटना। (iii) एक वर्ग या श्रेणी में शामिल वस्तुओं को दूसरे वर्ग या श्रेणियों की वस्तुओं से पृथक करना।

(क्रमशः)

(क्रमशः)

अधिगम संरचना (Learning structure)	*अधिगम संरचना की प्रकृति (Nature of the learning structure)*	*अपनाई जाने वाली शिक्षण युक्तियाँ (Teaching tactics to be adopted)*
संप्रत्यय अधिगम (Concept Learning)	इस स्तर पर आकर अधिगमकर्ता किसी एक वर्ग या श्रेणी के उद्दीपनों के प्रति एक जैसी अनुक्रिया व्यक्त करना सीख जाता है। जैसे किसी एक प्रकार के फलों को सेब कहकर पुकारना।	(i) समानता के आधार पर किसी एक वर्ग के उद्दीपनों को उसी वर्ग के रूप में पहचानना। (ii) उन्हें किसी एक सामान्य नाम से संबोधित करना। (iii) इसी नाम के अन्य उदाहरण देना। (iv) जिन्हें यह नाम नहीं दिया जा सकता है उनके उदाहरण देना।
प्रनियम अधिगम (Principle Learning)	इस स्तर पर अधिगमकर्ता किन्हीं दो या दो से अधिक संप्रत्ययों को शृंखलाबद्ध करके नियम निर्माण या निष्कर्ष निकालना सीख जाता है। जैसे अगर कोई भूखा है तो उसे खाने के लिए भोजन चाहिए या पदार्थ गर्मी पाने पर फैलते हैं, इत्यादि।	(i) शृंखलाबद्ध अनुक्रियाओं के उदाहरण प्रस्तुत करना। (ii) विद्यार्थियों को सामान्यीकरण कर निष्कर्ष निकालने या नियमों की रचना करने में सहायता करना। (iii) निर्मित नियमों को प्रयोग में लाकर देखने का अभ्यास कराना।

इस प्रकार से उपरोक्त तालिका का अनुसरण करते हुए एक शिक्षक अपने शिक्षण–अधिगम उद्देश्यों की पूर्ति हेतु किसी शिक्षण–अधिगम परिस्थिति में उपलब्ध एक विशेष अधिगम संरचना को ध्यान में रखते हुए विशेष प्रकार की शिक्षण युक्तियों का चुनाव और उपयोग करके अपने काम में अपेक्षित सफलता अर्जित कर सकता है।

(II) उचित शिक्षण साधनों का चयन एवं प्रयोग (Selection and Use of Proper Teaching Aids)

शिक्षण साधनों से अभिप्राय (Meaning of Teaching Aids)

एक अध्यापक की यह स्वाभाविक इच्छा होती है कि उसका शिक्षण अधिक से अधिक प्रभावशाली हो। जो कुछ भी उसके द्वारा पढ़ाया जाए उसे उसके विद्यार्थियों द्वारा ठीक तरह से सुना जा सके, स्पष्ट रूप से समझा जा सके और वह अच्छी तरह से उनके मन और मस्तिष्क पर प्रभाव डाल सके। दूसरे शब्दों में, एक सफल शिक्षण हेतु सफल संप्रेषण की आवश्यकता होती है और उसकी परिणति अपेक्षित उद्देश्यों की प्राप्ति में ही मानी जाती है। इन दोनों प्रयोजनों – प्रभावपूर्ण संप्रेषण तथा अपेक्षित उद्देश्यों की प्राप्ति के लिए एक अध्यापक विभिन्न प्रकार के साधनों एवं सामग्री जैसे चार्ट, मानचित्र, मॉडल, स्थूल पदार्थ, फिल्म, टेप्स, प्रोजेक्टर, रेडियो, टेलीविजन और इसी तरह के अन्य संसाधनों का प्रयोग अपनी सुविधानुसार करता रहता है। इस प्रकार की सभी सामग्री, उपकरण और संसाधन जो किसी अध्यापक को अपने विद्यार्थियों के साथ उचित संप्रेषण तथा कक्षा–कक्ष में अच्छी तरह

अंतःक्रिया करते हुए निर्धारित शिक्षण उद्देश्यों की प्रभावपूर्ण उपलब्धि में भलीभाँति सहायता करते हैं। शिक्षण तकनीकी की भाषा में उन्हें शिक्षण साधन (Teaching aids) का नाम दिया जाता है।

इन साधनों को दृश्य–श्रव्य साधन का भी नाम दिया जाता है। इस तरह के नामकरण के पीछे इन साधनों की वह विशेषताएँ छिपी हैं जिनकी वजह से हमारी देखने–सुनने संबंधी ज्ञानेंद्रियों के उपयोग की बात शिक्षण तथा अधिगम से जुड़ जाती हैं। देखने और सुनने संबंधी इंद्रियों के समयानुकूल उपयोग से ये साधन शिक्षण–अधिगम अनुभवों को बहुत ही रोचक, सार्थक और प्रभावपूर्ण बनाकर शिक्षण–अधिगम उद्देश्यों की पूर्ति में बहुत ही अच्छे ढंग से सहयोग प्रदान करने की काफी प्रभावशाली भूमिका निभाते हैं। यही कारण है कि हम दृश्य–श्रव्य या शिक्षण साधनों को परिभाषित करते हुए उनके बारे में यह अच्छी तरह कह सकते हैं कि ऐसे सभी शिक्षण या अनुदेशनात्मक सामग्री और साधन जिनके द्वारा दृश्य–श्रव्य ज्ञानेंद्रियों का उपयोग करते हुए शिक्षण–अधिगम की प्रक्रिया इस तरह संपन्न हो सके कि निर्धारित शिक्षण–अधिगम उद्देश्यों की उपलब्धि में शिक्षक और शिक्षार्थी दोनों को ही उचित सहयोग प्राप्त होता रहे, शिक्षण साधन या दृश्य–श्रव्य साधन कहे जा सकते हैं।

शिक्षण साधनों का वर्गीकरण (Classification of Teaching Aids)

शिक्षण सामग्री तथा साधनों को सुविधा तथा प्रयोग की दृष्टि से हम कई तरह से वर्गीकृत कर सकते हैं। इन्हें वर्गीकृत करने के विभिन्न दृष्टिकोणों को हम यहाँ आगे प्रस्तुत कर रहे हैं।

(a) **परंपरागत दृष्टिकोण (Traditional Approach)**—बहुत समय से चले आ रहे इस दृष्टिकोण के आधार पर हम शिक्षण साधनों को प्रायः निम्न चार वर्गों में बाँट कर समझते चले आ रहे हैं।

1. **श्रव्य साधन** (Audio aids)—इस वर्ग में वे शिक्षण साधन आते हैं जिनके द्वारा सुनकर ज्ञान प्राप्त किया जा सकता है अर्थात् जिनमें अधिगमकर्ता को अधिगम हेतु अपनी श्रवणेंद्रियों – कान का उपयोग करना होता है। इस प्रकार के साधनों में हम फोनोग्राफ रिकॉर्ड, रेडियो प्रसारण तथा मेग्नेटिक टेपरिकॉर्डिंग आदि का उदाहरण रूप में नाम ले सकते हैं।

2. **दृश्य साधन** (Visual aids)—इस वर्ग में उन साधनों का उल्लेख किया जाता है जिनके द्वारा देखकर ज्ञान प्राप्त किया जा सकता है अर्थात् जिनमें अधिगमकर्ता को अधिगम हेतु अपनी दृश्य–इंद्रिय यानी चक्षुओं का सहारा लेना होता है। दृश्य साधनों को और अच्छी तरह समझने और व्यवहार में लाने की दृष्टि से आगे दो उपवर्गों – प्रक्षेपी साधनों (Projective aids) तथा अप्रक्षेपी साधनों (Non-projective aids) में बाँटा जा सकता है।

   प्रक्षेपी या प्रोजेक्टिव साधनों के उदाहरण के रूप में हम मूक चलचित्र (Silent motion picture) फिल्म स्ट्रिप, एपीडाइस्कोप, मैजिक लैंटर्न, माइक्रोप्रोजेक्संस तथा ओपेक और ओवरहेड प्रोजेक्टर्स द्वारा क्रियान्वित प्रोजेक्संस को ले सकते हैं जबकि अप्रक्षेपी या नोन–प्रोजेक्टिव साधनों के उदाहरण के रूप में हम चॉक बोर्ड, फेल्ट बोर्ड, बुलेटिन बोर्ड, फोटोग्राफ, पोस्टर, मानचित्र (Maps), चार्ट, ग्लोब, मॉडल, नमूने (Specimens) तथा मुद्रित सामग्री (Printing material) का नाम ले सकते हैं।

3. **दृश्य-श्रव्य साधन** (Audio-visual aids)—इस वर्ग में वे शिक्षण साधन आते हैं जिनके द्वारा देखकर तथा सुनकर दोनों ही तरहों से ज्ञान प्राप्त किया जाता है अर्थात् जिनमें अधिगमकर्ता को अधिगम हेतु अपनी श्रवणेंद्रियों तथा दृश्य–इंद्रिय (कान तथा आँख) दोनों का ही प्रयोग करना होता है। इस प्रकार के साधनों के उदाहरण के रूप में टेलीविजन, बोलते चलचित्र (Sound motion pictures),

स्लाइड के प्रदर्शन के साथ आडियो रिकॉर्डिंग की भी व्यवस्था, रेडियो विजन, वीडियो प्रदर्शन के साथ आडियो रिकॉर्डिंग, कंप्यूटर सहाय अनुदेशन (Computer assisted instruction) आदि का नाम लिया जा सकता है।

4. **क्रियात्मक साधन** (Activity aids)—इस वर्ग में वे साधन आते हैं जिनसे न केवल देखकर तथा सुनकर बल्कि उनके द्वारा कुछ करके भी सीखा जाता है। इस प्रकार के सजीव क्रियात्मक साधनों में अभिनयीकरण (Dramatization), भूमिका निर्वाह (Role playing), प्रयोगशाला तथा कार्यशाला में प्रयोगात्मक तथा क्रियात्मक कार्य करना, भ्रमण अथवा पर्यटन में प्रत्यक्ष अनुभवों द्वारा ज्ञान प्राप्त करना आदि का नाम लिया जाता है।

(b) **तकनीकी दृष्टिकोण (Technological Approach)**—इस दृष्टिकोण का अनुगमन करते हुए शिक्षण साधनों को निम्न तीन वर्गों में विभाजित किया जा सकता है।

1. सरल हार्डवेयर (Simple hardwares) – जैसे मैजिक लैंटर्न, एपीडाइस्कोप, स्लाइड प्रोजेक्टर, फिल्म स्ट्रिप प्रोजेक्टर तथा ओवरहेड प्रोजेक्टर आदि।
2. हार्डवेयर (Hardwares) – जैसे रेडियो, टेलीविजन, टेलीलेक्चर, रिकॉर्ड प्लेयर, टेपरिकॉर्डर, चलचित्र (Motion pictures), शिक्षण मशीन तथा कंप्यूटर्स।
3. सॉफ्टवेयर (Softwares) जैसे स्लाइड और फिल्म स्ट्रिप्स, चित्र और मुद्रित सामग्री, चार्ट, मानचित्र, डाइग्राम, कार्टून तथा पोस्टर आदि ग्राफिक साधन तथा मॉडल और नमूने आदि त्रिआयामी (Three dimensional) साधन।

शिक्षण साधनों के चयन हेतु मार्गदर्शन सिद्धांत (Guiding Principles for the Use of Teaching Aids)

1. **विद्यार्थी केंद्रितता का सिद्धांत** (The principle of learner or pupil centredness)—हार्डवेयर तथा सॉफ्टवेयर शिक्षण साधनों का उपयोग विद्यार्थी के अधिगम कार्य में अधिक से अधिक सहायता पहुँचाने के उद्देश्य से भी किया जाता है। यह सहायता तभी अच्छी तरह से दी जा सकती है जबकि हार्डवेयर तथा सॉफ्टवेयर के रूप में उपयोग की जाने वाली शिक्षण सामग्री विद्यार्थियों की रुचि, योग्यता, आयु तथा कक्षा का स्तर और परिस्थिति विशेष में उनके द्वारा इस प्रकार की सामग्री और साधन की आवश्यकता अनुभव करने से संबंधित हो। वे उसका भलीभाँति उपयोग कर उससे वांछित सहायता प्राप्त कर सकें तथा जिसके प्रयोग और समझने में उन्हें कोई कठिनाई न हो। इस तरह हार्डवेयर और सॉफ्टवेयर शिक्षण साधनों के चयन में, कि वे विद्यार्थियों की दृष्टि से कितने उपयुक्त रहेंगे, इस बात का सदैव ध्यान रखा जाना चाहिए।
2. **उद्देश्य पूर्ति का सिद्धांत** (The principle of realization of objectives)—हार्डवेयर तथा सॉफ्टवेयर शिक्षण साधनों के चयन में इस बात का पूरा–पूरा ध्यान रखा जाना चाहिए कि उनके द्वारा निर्धारित शिक्षण–अधिगम उद्देश्यों की पूर्ति में अधिक–से–अधिक सहयोग मिल सके। विषय शिक्षण से संबंधित किस प्रकार के उद्देश्यों–ज्ञानात्मक, बोधात्मक, कौशलात्मक, प्रयोगात्मक तथा रुचि, अभिवृत्ति आदि के विकास को अनुदेशन विशेष के द्वारा प्राप्त किया जाना है इस बात को ध्यान में रखकर ही उपयुक्त हार्डवेयर तथा सॉफ्टवेयर शिक्षण साधनों का चुनाव किया जाना चाहिए।

3. **रुचि और अभिप्रेरणा का सिद्धांत** (The principle of interest and motivation)—रुचि और अभिप्रेरणा किसी भी शिक्षण–अधिगम कार्य के केंद्रीय तत्त्व माने जाते हैं और इसलिए हार्डवेयर तथा सॉफ्टवेयर शिक्षण साधनों का एक बड़ा उत्तरदायित्व इस प्रकार के शिक्षण–अधिगम वातावरण का निर्माण करते रहना है जिसमें विद्यार्थियों की स्वाभाविक रुचि, जिज्ञासा, सीखने का उत्साह तथा अभिप्रेरणा लगातार बनी रहे। इस दृष्टि से इस प्रकार की हार्डवेयर तथा सॉफ्टवेयर शिक्षण सामग्री का चयन किया जाना चाहिए जो उपरोक्त वर्णित कार्यों में अधिक–से–अधिक सहयोग दे सके।
4. **विषयवस्तु तथा अधिगम अनुभवों के अनुकूल होने का सिद्धांत** (The principle of suitability of subject matter and learning experiences)—हार्डवेयर तथा सॉफ्टवेयर के रूप में प्रयोग किए जाने वाले शिक्षण साधनों का मुख्य उत्तरदायित्व प्रस्तुत विषय सामग्री तथा अधिगम अनुभवों को विद्यार्थियों तक ठीक प्रकार से पहुँचाना है। इस संप्रेषण प्रक्रिया (Communication process) में विभिन्न प्रकार के शिक्षण साधनों की सहायता ली जा सकती है, परंतु यह देखा गया है कि कोई अमुक प्रकार की हार्डवेयर तथा सॉफ्टवेयर सामग्री किसी विशेष प्रकृति की विषयवस्तु को विशेष शिक्षण–अधिगम परिस्थितियों में ठीक प्रकार विद्यार्थियों तक पहुँचाने में अधिक सहयोगी सिद्ध हो सकती है। इसी उपयुक्तता का ध्यान हार्डवेयर तथा सॉफ्टवेयर शिक्षण साधनों के चयन में अध्यापक द्वारा रखा जाना चाहिए। उदाहरण के तौर पर अगर विषयवस्तु या अधिगम सामग्री का प्रयोग करना अच्छा रहता है जिनमें इस प्रकार की क्रियाओं या कुशलताओं को भलीभाँति प्रदर्शित किया जा सके। अगर किसी भूभाग में किसी विशेष जगह से परिचित कराना है तो भौगोलिक मानचित्र या ग्लोब का उपयोग चार्ट चित्र तथा आरेखों की अपेक्षा अधिक लाभप्रद रहता है। किसी घटना, प्रक्रिया आदि के सतत विवरण के लिए फिल्मों के रूप में इनका प्रदर्शन करना उपयोगी सिद्ध हो सकता है। इस तरह से हार्डवेयर तथा सॉफ्टवेयर शिक्षण सामग्री का चयन करते समय उनकी विषयवस्तु तथा अधिगम अनुभवों के संदर्भ में उपयुक्तता की बात को सदैव ही ध्यान में रखा जाना चाहिए।
5. **संसाधनों के प्राप्त होने का सिद्धांत** (The principle of availability of resources)—हार्डवेयर तथा सॉफ्टवेयर उपकरणों एवं शिक्षण सामग्री का चयन इस आधार पर भी किया जाना चाहिए कि उन्हें ठीक तरह से प्रयोग में लाने के लिए आवश्यक भौतिक और मानवीय संसाधन तथा परिस्थितियाँ उपलब्ध हों। इस प्रकार की आवश्यकताएँ निम्न प्रकार की भी हो सकती हैं–
   (i) सामग्री और साधन इस प्रकार के होने चाहिएं जिनके खरीद, रख–रखाव तथा मरम्मत आदि के व्यय का वहन विद्यालय के द्वारा ठीक प्रकार कर लिया जाए।
   (ii) विद्यालय में उपलब्ध स्थान, कक्षा के कमरों का आकार, बैठने, प्रकाश और वायु की व्यवस्था विद्यार्थियों की संख्या आदि सभी बातों पर विचार करके ही शिक्षण सामग्री तथा उपकरणो का चयन किया जाना चाहिए।
   (iii) जो कुछ भी अतिरिक्त सुविधाएँ किसी उपकरण या सामग्री विशेष को प्रयोग में लाने के लिए आवश्यक हों वे किसी शिक्षण–अधिगम परिस्थिति में प्राप्त हो सकेंगी या नहीं, इस बात को भी चयन का आधार बनाया जाना चाहिए।
   (iv) शिक्षण सामग्री के प्रभावपूर्ण प्रयोग के लिए जिस प्रकार की उसकी प्रकृति है उसको ध्यान में रखते हुए विशेष रूप से कुशल तथा अनुभवी शिक्षकों की आवश्यकता पड़ती है। यदि मानवीय संसाधनों के रूप में ऐसी सुविधाएँ उपलब्ध न हों तो उस विशेष सामग्री या उपकरण का चयन नहीं किया जाना चाहिए।

शिक्षण साधनों के प्रयोग हेतु मार्गदर्शक सिद्धांत (Guiding Principles for the Use of Teaching Aids)

हार्डवेयर तथा सॉफ्टवेयर के रूप में उपयुक्त शिक्षण सामग्री तथा उपकरणों के चयन के पश्चात इस बात की आवश्यकता होती है कि उनको उचित एवं प्रभावपूर्ण ढंग से प्रयोग करने के बारे में कुशलता अर्जित की जाए। इस कार्य हेतु निम्न सिद्धांतों का अनुसरण करना लाभप्रद सिद्ध हो सकता है।

1. **तैयारी का सिद्धांत** (The principle of preparation)—यह सिद्धांत अध्यापक तथा छात्रों से यह अपेक्षा रखता है कि वे दृश्य–श्रव्य सहायक साधन के उचित प्रयोग के लिए पहले से तैयार रहें या तैयारी करें। इस उद्देश्य के लिए आगे दी गई बातों को ध्यान में रखना चाहिए–

   (i) अध्यापक को सहायक साधन की प्रकृति का पूर्ण ज्ञान होना चाहिए और निर्धारित उद्देश्यों की प्राप्ति के लिए उसे किस प्रकार में लाया जाए, यह जानकारी भी होनी चाहिए।

   (ii) जिस सहायक साधन का प्रयोग करना हो, उससे संबंधित सामग्री का पूरा निरीक्षण अध्यापक को कर लेना चाहिए। उस सहायक साधन के प्रयोग के लिए उसे आवश्यक आदेश पुस्तक, अध्यापक पथ–प्रदर्शिका (Teacher's guide), सूचना विज्ञप्ति आदि देख लेना चाहिए। किसी भी स्थिति में सहायक साधन से अध्यापक अनजान नहीं होना चाहिए बल्कि पहले से ही उसे उसकी प्रक्रियाओं तथा परिणामों का पूर्ण ज्ञान होना चाहिए।

   (iii) छात्रों को इस बात के लिए सहायता दी जानी चाहिए कि उस सामग्री के लिए जो उनके सामने प्रस्तुत की जा रही है, पहले से ही पूर्व–ज्ञान, अनुकूल मनोवृत्ति तथा रुचियों के रूप में सही पृष्ठभूमि बना सकें।

   (iv) छात्रों को दृश्य–श्रव्य सहायक साधनों से संबंधित शिक्षण–अधिगम क्रियाओं में उनके सम्मिलित होने के उद्देश्यों का पूरा ज्ञान होना चाहिए।

   (v) छात्रों का उचित मार्गदर्शन किया जाना भी आवश्यक है ताकि वे अपने प्रत्यक्षीकरण द्वारा सहायक साधनों का पूर्ण लाभ उठा सकें।

2. **भौतिक नियंत्रण का सिद्धांत** (The principle of physical control)—इस सिद्धांत के अंतर्गत अध्यापक द्वारा दृश्य–श्रव्य सहायक सामग्री के प्रयोग से संबंधित भौतिक सुविधाओं का प्रबंध करना या आवश्यक ब्यौरा प्राप्त करना आदि आ जाते हैं ताकि उस सामग्री तथा आवश्यक वस्तुओं को सुरक्षित करने में सहायता मिल सके, समय की बचत हो तथा अधिगम की अधिक से अधिक उचित परिस्थितियाँ पैदा की जा सकें।

3. **उपयुक्त प्रस्तुतीकरण का सिद्धांत** (The principle of proper presentation)—इस सिद्धांत के अनुरूप अध्यापक द्वारा सहायक सामग्री के उपयुक्त प्रस्तुतीकरण की अपेक्षा की जाती है। इसके लिए निम्नलिखित बातों का ध्यान देना चाहिए–

   (i) वास्तविक प्रस्तुतीकरण से पहले अध्यापकों को सहायक सामग्री के प्रयोग की सावधानी से योजना बना लेनी चाहिए और उसके प्रयोग को पहले से समझ लेना चाहिए।

   (ii) प्रस्तुतीकरण की सफलता को निश्चित बनाने के लिए उन्हें प्रदर्शन करने में उचित रूप से सहायक विधियाँ सीख लेनी चाहिए।

   (iii) सहायक सामग्री का प्रयोग इस प्रकार किया जाना चाहिए ताकि उसके द्वारा विशिष्ट शैक्षिक उद्देश्य की प्राप्ति हो सके।

(iv) दृश्य–श्रव्य सामग्री को ठीक ढंग से संभाल कर रखने पर पूरा ध्यान दिया जाना चाहिए।

(v) सहायक साधन इस प्रकार प्रयुक्त किए जाएँ या उनका प्रदर्शन किया जाए कि छात्रों को उनसे अधिक–से–अधिक लाभ मिल सके।

4. **क्रिया का सिद्धांत** (The principle of action) – यह सिद्धांत अध्यापकों से इस बात की अपेक्षा करता है कि वे छात्रों को उपयुक्त ढंग से दृश्य–श्रव्य अनुभव स्थितियों के प्रति अपनी प्रतिक्रिया व्यक्त करने में सहायता करें। इस सिद्धांत की अनुपालना करते हुए फलस्वरूप अध्यापकों को शिक्षण–अधिगम के दौरान प्रयुक्त दृश्य–श्रव्य उद्दीपनों के प्रति सक्रिय अनुक्रिया करने और इन अनुभवों के द्वारा ज्ञानार्जन करने में विद्यार्थियों की सहायता की जानी चाहिए।

5. **मूल्यांकन का सिद्धांत** (The principle of appraisal) – यह सिद्धांत इस आवश्यकता की पुष्टि करता है कि पूर्व निश्चित उद्देश्यों की प्राप्ति के परिप्रेक्ष्य में दृश्य–श्रव्य सामग्री तथा उसकी सहायक विधियों का निरंतर मूल्यांकन होना चाहिए। ऐसा मूल्यांकन पाठ शुरु करने से पहले लिखे गए प्रश्नों पर विचार करने से हो सकता है। इसी प्रकार लिखित परीक्षा या प्रश्नों के माध्यम से भी उद्देश्यों की प्राप्ति का मूल्यांकन किया जा सकता है।

C. उचित संप्रेषण व्यूह रचना का चयन एवं उपयोग (Selection and Use of Proper Communication Strategy)

संप्रेषण क्या है ? इसके अर्थ एवं प्रकृति के बारे में हम पिछले अध्याय में विस्तार से चर्चा कर चुके हैं।

कक्षा–कक्ष संप्रेक्षण व्यूह रचनाएँ (Classroom Communication Strategies)

अधिकतर हमारे यहाँ के विद्यालयों की कक्षाओं – सैद्धांतिक तथा प्रयोगात्मक – में 20 से लेकर 50–60 विद्यार्थियों की उपस्थिति होती है। यहाँ जो भी अध्ययन–अध्यापन हेतु संप्रेषण के लिए व्यूह रचनाएँ अपनाई जाती हैं उन्हें मुख्य रूप से दो वर्गों–शाब्दिक (Verbal) तथा अशाब्दिक (Non-verbal) में बाँटकर समझा जा सकता है।

शाब्दिक तथा अशाब्दिक संप्रेषण की प्रकृति और कार्यप्रणाली की हम विस्तार से पिछले अध्याय में चर्चा कर चुके हैं। इस शाब्दिक तथा अशाब्दिक कक्षा–कक्ष संप्रेषण का अगर आगे बारीकी से अवलोकन किया जाए तो हमें कक्षा–कक्ष संप्रेषण में निम्न प्रकार की संप्रेषण पद्धतियों या व्यूह रचनाओं की उपस्थिति दिखाई पड़ सकती है।

(i) कहने और सुनने संबंधी व्यूह रचना (Speaking and listening strategy)—जिसमें अध्यापक और विद्यार्थियों द्वारा मौखिक रूप में भाषा का प्रयोग किया जाता है।

(ii) लिखने और पढ़ने संबंधी व्यूह रचना (Writing and reading strategy)—जिसमें अध्यापक और विद्यार्थियों द्वारा लिखित रूप में भाषा का प्रयोग किया जाता है।

(iii) भाषा के लिखित और मौखिक रूप को साथ–साथ प्रयोग करने से संबंधित व्यूह रचना (Oral and written language strategy).

(iv) भाषाहीन संप्रेषण व्यूह रचना जिसमें मुख मुद्रा, आँखों की भाषा, शारीरिक भाषा, ध्वनि संकेत या संकेतात्मक कूट भाषा का प्रयोग किया जाता है।

ऊपर संप्रेषण व्यूह रचनाओं के जिस वर्गीकरण की हमने चर्चा की है वह पूर्णतया इस बात पर आधारित है कि संप्रेषण मुख्य रूप से दो प्रकार का अर्थात् शाब्दिक तथा अशाब्दिक होता है। संप्रेषण व्यूह रचनाओं का वर्गीकरण एक और ढंग से भी किया जा सकता है जो इस बात पर आधारित हो सकता है कि संप्रेषण के लिए किस प्रकार के इंद्रियजनित माध्यम (Media) श्रव्य, दृश्य आदि का प्रयोग किया जाए। इस आधार पर संप्रेषण व्यूह रचनाओं को कुछ निम्न प्रकार से वर्गीकृत किये जाने का प्रयत्न किया जा सकता है।

1. श्रव्य संप्रेषण व्यूह रचना (Audio Communication Strategy)
2. दृश्य संप्रेषण व्यूह रचना (Visual Communication Strategy)
3. दृश्य–श्रव्य संप्रेक्षण व्यूह रचना (Audio-visual Communication Strategy)
4. बहु–इंद्रिय संप्रेषण व्यूह रचना (Multi-sensory Communication Strategy)
5. जनसंपर्क संप्रेषण व्यूह रचना (Mass Communication Strategy)
6. बहु–माध्यम संप्रेषण व्यूह रचना (Multi-media Communication Strategy)

इस प्रकार से एक शिक्षक को अपने शिक्षण का संगठन करने के दौरान जब यह निर्णय लेना होता है कि किस प्रकार की संप्रेषण व्यूह रचना का चयन और उपयोग किया जाए तब उसे सभी उपलब्ध व्यूह रचनाओं का विश्लेषण करके यह तय करना होता है कि कौन–सी एक विशेष संप्रेषण व्यूह रचना अथवा कुछ व्यूह रचनाओं का एक मिश्रित रूप उसे (i) उपलब्ध शिक्षण परिस्थितियों में ज्यादा लाभदायक सिद्ध हो सकता है तथा (ii) किसके द्वारा निर्धारित शिक्षण–अधिगम उद्देश्यों को प्रभावपूर्ण ढंग से उपलब्धि संभव है। इन्हीं बातों पर विचार करके वह परिणामस्वरूप शाब्दिक–अशाब्दिक, संप्रेषण व्यूह रचना का चुनाव करता है। इसी तरह वह दृश्य, श्रव्य, बहु–इंद्रिय (Multi-sensory) या बहु–माध्यमीय (Multi-media) संप्रेषण व्यूह रचनाओं में से भी (जिनका वर्णन विस्तार में हम इसी अध्याय में पहले कर चुके हैं) किसी एक या उनके मिश्रित रूप का चयन और उपयोग अपने शिक्षण हेतु कर सकता है।

(III) उचित संप्रेषण व्यूहरचनाओं का चयन एवं प्रयोग (Selection and Use of Appropriate Communication Strategy)

कक्षा–कक्ष की सामान्य शिक्षण–अधिगम परिस्थितियों के अतिरिक्त ऐसी परिस्थितियाँ या अवसर भी आ सकते हैं जबकि एक शिक्षक की किसी परिस्थिति विशेष में अनुदेशन संबंधी जटिल प्रनियमों तथा प्रक्रियाओं से निपटने हेतु विशेष प्रकार की संप्रेषण व्यूह रचनाओं को अपनाने की आवश्यकता पड़ जाए। इस अवस्था में सहायक कुछ मुख्य व्यूह रचनाओं की चर्चा आगे की जा रही है।

1. **अविरल गद्य संप्रेषण व्यूह रचना (Continuous Prose Communication Strategy)**—इस प्रकार की व्यूह रचना में कठिन और जटिल संप्रत्ययों को समझने तथा पेचीदा प्रक्रियाओं से अवगत होने के लिए शिक्षक मौखिक या लिखित रूप में अविरल गद्य के रूप में विस्तृत अनुदेशन या दिशा निर्देश विद्यार्थियों को प्रदान करता है। यहाँ किसी एक संप्रत्यय, प्रनियम या प्रक्रिया को भलीभाँति समझकर प्रयोग में लाने के योग्य बनने हेतु विद्यार्थी को क्या करना है, कैसे आगे बढ़ना है यह सब कुछ भाषा के रूप में (जिसे वह ठीक तरह से समझ सके) विद्यार्थी को संप्रेषित किया जाता है और इस संप्रेक्षण का स्वरूप अविच्छिन्न तथा अविरल (Discontinous) रहता है अतः ऐसी अपनाई गई व्यूह रचना को अविरल गद्य संप्रेषण व्यूह रचना का नाम दिया जाता है। इस व्यूह रचना की सफलता का श्रेय शाब्दिक संप्रेषण हेतु अपनाई जाने वाली गद्य शैली की प्रकृति और संरचना को जाता है। अगर वाक्यों की रचना सरल हो, वे आकार में छोटे

हों और विद्यार्थियों की दृष्टि से पूरी तरह बोधगम्य हों तथा इस प्रकार के शाब्दिक संप्रेषण के साथ–साथ संप्रत्ययों और प्रक्रियाओं के उचित स्पष्टीकरण के लिए वृत्तांत तथा दृष्टांत की भी सहायता ली जाती रहे तो यह गद्य संप्रेषण व्यूह रचना, संप्रेषण के उद्देश्य को ठीक तरह से प्राप्त करने में अधिकाधिक प्रभावपूर्ण सिद्ध हो सकती है।

2. **ऐल्गोरिथम संप्रेषण व्यूह रचना (Algorithm Communication Strategy)**—एल्गोरिथम (Algorithm) को एक ऐसी व्यूह रचना के रूप में परिभाषित किया जा सकता है जिसमें समस्या के सही हल हेतु सभी संभावित विकल्पों के प्रयोग पर बल दिया जाता हो। एल्गोरिथम से वास्तव में तात्पर्य कुछ ऐसी विशेष प्रनियम प्रक्रिया (Set of rules) से है जिसके उपयोग से हल अवश्य ही निकलता है, क्योंकि इसमें नियमित रूप से एक विशेष क्रम में सभी विकल्पों या संभावनाओं के परिणामों की तलाश के लिए प्रयत्न किया जाता है। इस व्यूह रचना का प्रयोग समस्याओं को हल करने तथा जटिल प्रनियमों या प्रक्रियाओं का बोध कराने से संबंधित अनुदेशन कार्यों में भलीभाँति किया जा सकता है। इस व्यूह रचना को कैसे काम में लाया जा सकता है यह स्पष्ट करने के लिए नीचे हम एक समस्या और उसके हल को उदाहरण के रूप में प्रस्तुत कर रहे हैं।

   समस्या (Problem)—UBC एक अक्षर समूह (Anagram) है। इस अक्षर समूह के तीनों अक्षरों, U, B तथा C को काम में लाते हुए किसी एक सार्थक शब्द की रचना कीजिए।

   हल (Solution)—इस समस्या के समाधान संबंधी अनुदेशन हेतु अध्यापक एल्गोरिथम संप्रेषण व्यूह रचना का सहारा लेता हुआ विद्यार्थियों को अनुप्रेरित करेगा कि वे तीनों अक्षरों, U, B तथा C को क्रमशः विभिन्न स्थितियों जैसे CBU, BUC, BCU, UCB आदि में रखते हुए सार्थक शब्द CUB को खोज निकालने में समर्थ हों।

3. **अनुसंधानात्मक संप्रेषण व्यूह रचना (Heuristics Communication Strategy)**—एल्गोरिथ्म्स (Algorithms) की तुलना में अनुसंधानात्मक संप्रेषण व्यूह रचना एक ऐसी संप्रेषण व्यूह रचना है जो समस्या समाधान या जटिल प्रनियमों तथा प्रक्रियाओं के बोध हेतु अनुदेशन प्राप्त करने के लिए समय और परिश्रम की दृष्टि से काफी अधिक मितव्ययी सिद्ध होती है। इसे उपयोग में लाने में काफी सुविधा रहती है और कोई अतिरिक्त साधनों की भी इसमें जरूरत नहीं पड़ती।

   एक व्यूह रचना के रूप में अनुसंधानात्मक व्यूह रचना कुछ ऐसी व्यूह रचनाओं का प्रतिनिधित्व करती है जिनमें किसी समस्या के समाधान या जटिल संप्रत्यय के बोध हेतु अनुदेशन देने के लिए कुछ निश्चित सूत्रों (Rules of thumb) या पहले से ही ज्ञात आसान तरीकों और मौखिक हल प्रक्रियाओं (Mental short cuts) का प्रयोग करके समस्या का हल ढूँढ़ने या संप्रत्यय को अधिक बोधगम्य बनाने का प्रयत्न किया जाता है। प्रायः इस कार्य हेतु कुछ निम्न प्रकार की अनुसंधानात्मक व्यूह रचनाओं को काम में लाने का अधिक प्रचलन है।

   (i) उप–लक्ष्य विश्लेषण व्यूह रचना (Sub-goal analysis strategy)
   (ii) साधन–साध्य विश्लेषण व्यूह रचना (Means-end analysis strategy)
   (iii) पीछे हटते हुए कार्य करने वाली व्यूह रचना (Working backward strategy)
   (iv) तुल्यता का उपयोग करने वाली व्यूह रचना (Using an analogy strategy)

   (i) **उप–लक्ष्य विश्लेषण व्यूह रचना (Sub-goal analysis strategy)** में किसी जटिल संप्रत्यय और प्रक्रिया अथवा समस्या समाधान के तरीके या मार्ग को आसानी से समझ में आने वाले तथ्यों, विषय सामग्री या उपलक्ष्यों में विभाजित करने का प्रयत्न किया जाता है। दूसरे शब्दों में, इस व्यूह रचना

के द्वारा एक शिक्षक अपने विद्यार्थियों की उचित सहायता हेतु उनके द्वारा किए गए कार्य को छोटे–छोटे सरल और निश्चित सोपानों या उप–लक्ष्यों में बाँटकर उसकी जटिलता को कम करने तथा कार्य को अधिक बोधगम्य तथा आसान बनाने का प्रयत्न करता है। यह इसी तरह की बात है कि किसी लंबी दुर्गम और कठिन यात्रा पथ को अच्छी तरह तय करने के लिए उसे आसानी से तय होने वाली कम दूरियों में बारी–बारी से तय किया जाए न कि एक ही बार में तय करने की बात सोचकर अनावश्यक थकान और निराशा को निमंत्रण दिया जाए।

(ii) **साधन–साध्य विश्लेषण व्यूह रचना (Means-end analysis strategy)** में एक शिक्षक अपने विद्यार्थियों को जटिल संप्रत्यय और प्रक्रिया को समझने या समस्या विशेष का समाधान ढूँढ़ने हेतु दिए हुए संप्रत्यय या समस्या विशेष के ज्ञात साधनों, तरीकों तथा उपलब्ध संसाधनों के संदर्भ में अच्छी तरह विश्लेषण करने हेतु अभिप्रेरित करता है। उन्हें क्या कुछ ज्ञात है और क्या ज्ञात करना है, उन्हें क्या कुछ उपलब्ध है और किस तरह की उपलब्धि का उनको लक्ष्य प्रदान किया गया है इसी बात का ठीक विश्लेषण कर ज्ञात अथवा अज्ञात लक्ष्य और वर्तमान उपलब्धि के बीच में अंतर का सही अनुमान लगाने की बात ही विद्यार्थियों द्वारा पहले की जानी चाहिए और फिर द्वितीय चरण में अपने अधिगम या कार्य प्रयत्नों द्वारा इस अंतर की खाई को पाटने का कार्य पूरी लगन से किया जाना चाहिए ताकि अभीष्ट शिक्षण–अधिगम उद्देश्यों की ठीक तरह प्राप्ति की जा सके।

(iii) **पीछे हटते हुए कार्य करने वाली व्यूह रचना (Working backward strategy)** में अध्यापक अपने विद्यार्थियों को दी हुई समस्या के समाधान या कठिन संप्रत्यय और प्रक्रिया के बोध हेतु जो कुछ करना है तथा समझना है उससे प्रारंभ करके पीछे हटते हुए वहाँ ले जाने की प्रयत्न करता है जहाँ उसे समस्या हल करने से संबंधित बातों का कुछ पूर्व ज्ञान हो या संप्रत्यय के बोध हेतु उसके पास अपने विगत अनुभवों के द्वारा कुछ पूर्वाधार हो। इस तरह से यहाँ इस व्यूह रचना में अज्ञात से ज्ञात (Unknown to known) की ओर बढ़ना होता है या दूसरे शब्दों में सिद्ध करना है इससे प्रारंभ करके जो कुछ सिद्ध है या दिया हुआ है वहाँ तक पहुँचने या लौटने की प्रक्रिया को अंजाम देने का प्रयत्न किया जाता है।

(iv) **तुल्यता का उपयोग करने वाली व्यूह रचना (Using analogy strategy)** में एक शिक्षक अपने विद्यार्थियों को प्रस्तुत समस्या का समाधान ढूँढ़ने या कठिन संप्रत्यय और प्रक्रिया को समझने हेतु सहायता प्रदान करने के लिए उन्हें इस बारे में जो कुछ भी अपने पहले अनुभवों या अधिगम द्वारा अर्जित किया है उसकी अब जो कुछ उन्हें समस्या समाधान या संप्रत्यय बोध हेतु चाहिए उससे भलीभाँति तुलना करने के लिए प्रेरित करता है। विद्यार्थी इस तरह की तुलना से यह विश्लेषण करने का प्रयत्न करते हैं कि पिछले अनुगव, ज्ञान और कौशल में से (चाहे वे इसी विषय से संबंधित हों या अन्य विषयों तथा अनौपचारिक अनुभवों से) किस सीमा तक उनका प्रयोग वर्तमान समस्या या संप्रत्यय के हल, बोध और अधिगम हेतु उनके लिए कितना सहायक सिद्ध हो सकता है। इसी तुल्यता के सहारे उन्हें अधिगम अर्जन में सहायता करके अभीष्ट उद्देश्यों की प्राप्ति का रास्ता खोजा जाता है।

4. **निर्णय तालिका संप्रेषण व्यूह रचना (Decision table communication strategy)**—इस व्यूह रचना का उपयोग कठिन और जटिल संप्रत्ययों तथा प्रक्रियाओं को अच्छी तरह समझने और समस्या समाधान करने से संबंधित अनुदेशन में भलीभाँति किया जा सकता है। इसका प्रयोग वहाँ और भी उपयुक्त रहता है जहाँ

शिक्षण कार्य और विषयवस्तु की प्रकृति निदानात्मक (Diagnostic) हो और उसका क्रमिक सीढ़ी दर सीढ़ी आयोजन किया जा सकता हो। इस व्यूह रचना के उपयोग हेतु निम्न प्रकार आगे बढ़ना ठीक रहता है–

(i) विषयवस्तु या शिक्षण कार्य को सर्वप्रथम उसकी कुछ सार्थक इकाइयों तथा सोपानों में विभक्त किया जाना चाहिए।

(ii) इकाइयों तथा सोपानों में विभक्त विषय सामग्री को अच्छी तरह श्रृंखलाबद्ध कर एक–एक विद्यार्थी के सामने सरल से कठिन सूत्र का उपयोग करते हुए इस तरह रखा जाना चाहिए कि विद्यार्थी के द्वारा सीखने में कम–से–कम त्रुटियाँ करने की संभावना हो।

(iii) जब किसी विद्यार्थी के सामने विषयवस्तु की कोई एक उप–इकाई (Sub-unit) अधिगम के लिए प्रस्तुत कर उसके प्रति अनुक्रिया व्यक्त करने को कहा जाए और उस समय अगर उसकी अनुक्रिया सही हो तो उसे उचित पुनर्बलन प्रदान कर आगे की उप–इकाई या अधिगम कार्य पर जाने की अनुमति दे देनी चाहिए। परंतु अगर उसकी अनुक्रियाएँ त्रुटिपूर्ण हैं तो उसकी त्रुटिपूर्ण अनुक्रियाओं के माध्यम से उसकी अधिगम कठिनाइयों का भलीभाँति निदान करके तथा उनके निवारण के उचित उपाय करके ही उसे आगे की उप–इकाइयों पर जाने की अनुमति मिलनी चाहिए।

(iv) इस व्यूह रचना में विषयवस्तु (Content material) को अधिगमकर्ता के सामने या तो तथ्यों से युक्त सूचना सामग्री के रूप में रखा जाता है अथवा ऐसी समस्याओं के रूप में प्रस्तुत किया जाता है जो अपने आप में पूरी तरह स्पष्ट हों और जिन्हें कार्य–कारण (Cause and effect) संबंध के रूप में ठीक तरह समझा जा सकता हो। वह प्रारूप जिसके तहत किसी संप्रत्यय की विषय सामग्री या किसी समस्या विशेष के समाधान संबंधी सोपानों को विद्यार्थी के सामने प्रस्तुत किया जाता है उसे इस प्रकार की व्यूह रचना में निर्णय तालिका (Decision table) के नाम से जाना जाता है। इसे यह नाम इसलिए प्रदान किया गया है क्योंकि इसकी सहायता से विद्यार्थी को किसी निर्णय पर पहुँचकर अनुक्रिया करने में बराबर सहायता मिलती है।

(v) निर्णय तालिका का उपयोग करते हुए एक विद्यार्थी को अनुक्रिया करने की पूरी स्वतंत्रता रहती है। उसके द्वारा जो भी सही अनुक्रियाएँ की जाती हैं उन्हें पुनर्वलित करके उसे आगे के अधिगम पथ पर जाने की अनुमति मिलती रहती है और गलत अनुक्रियाएँ करने पर अधिगम कठिनाइयों के निदान तथा उपचार के प्रयत्न किए जाते हैं। इस प्रकार से लिए जाने वाले सभी निर्णयों को निर्णय तालिका संप्रेषण व्यूह रचना के माध्यम से विद्यार्थियों को समय पर ठीक प्रकार संप्रेषित किया जाता रहता है ताकि अधिगम–पथ पर सभी विद्यार्थी अपनी–अपनी आवश्यकतानुसार उचित मार्गदर्शन प्राप्त करके अपनी–अपनी गति से आगे बढ़ते रहें।

(vi) इस प्रकार की संप्रेक्षण व्यूह रचना का उपयोग प्रायः जिन परिस्थितियों में अधिक उपयोगी सिद्ध होता है उनमें से कुछ निम्न हैं–

   (a) स्व–अधिगम हेतु प्रयुक्त अभिक्रमित अनुदेशन (Programmed instructions)

   (b) ऐसी विषयवस्तु का शिक्षण जो पूरी तरह संरचित (Structured) हो और जिसे सार्थक इकाइयों में विभक्त करके श्रृंखलाबद्ध आयोजित किया जा सके।

   (c) शिक्षण मशीन द्वारा प्रदत्त अनुदेशन

   (d) कंप्यूटर की सहायता से दिया जाने वाला अनुदेशन।

इस प्रकार से उपरोक्त वर्णित चारों प्रमुख व्यूह रचनाएँ एक अध्यापक को कठिन और जटिल संप्रत्ययों के अनुदेशन, क्रियात्मक कार्यों से संबंधित प्रक्रियाओं को समझाने तथा समस्याओं का समाधान करने संबंधी कुशलता का विकास करने में एक उचित संप्रेषण व्यूह रचना के रूप में पूरी–पूरी सहायता कर सकती है। वह इन चारों संप्रेषण व्यूह रचनाओं में से किसी एक या उनके मिश्रित रूप का चुनाव तथा उपयोग उपलब्ध शिक्षण–अधिगम परिस्थितियों, विद्यार्थियों, उपलब्ध संसाधनों तथा शिक्षण सामग्री, विषय विशेष और प्रकरण आदि की प्रकृति और विशेषताओं के आधार पर अपनी सुविधा और सामर्थ्य के अनुसार कर सकता है और इस तरह किसी परिस्थिति में निर्धारित शिक्षण–अधिगम उद्देश्यों की प्राप्ति में वांछित सफलता प्राप्त करने में संप्रेषण व्यूह रचनाओं का उसे अपेक्षित सहयोग प्राप्त हो सकता है।

शिक्षण-अधिगम का अग्रसरण (Leading Teaching-Learning)

शिक्षण-अधिगम के अग्रसरण का अर्थ एवं परिभाषा (Meaning and Definition of Leading Teaching-Learning)—शिक्षण–अधिगम का अग्रसरण, शिक्षण–अधिगम प्रबंधन का तीसरा चरण है। यह प्रबंध प्रक्रिया में तीसरे क्रम पर यानी नियोजन तथा संगठन के बाद आता है। इस तरह प्रथम और द्वितीय चरणों में जो कुछ भी नियोजित तथा संगठित (Planned and organised) किया जाता है उस दिशा में विद्यार्थियों को अग्रसरित करने का उत्तरदायित्व इसी चरण में इस तरह निभाने का प्रयत्न किया जाता है कि विद्यार्थियों द्वारा अपेक्षित शिक्षण–अधिगम उद्देश्यों की अच्छे से अच्छे रूप में उपलब्धि हो सके। इस तरह परिभाषा के रूप में *शिक्षण–अधिगम के अग्रसरण का अर्थ है शिक्षण–अधिगम के प्रबंधन का वह स्तर, अवस्था या चरण जिसमें अध्यापकों द्वारा अपने विद्यार्थियों को शिक्षण–अधिगम प्रक्रिया में वांछित युक्तियों एवं तकनीकों जैसे अभिप्रेरणा, प्रोत्साहन, पथ प्रदर्शन आदि द्वारा इस तरह आगे बढ़ाते रहने की जिम्मेदारी निभाई जाती है कि परिणामस्वरूप उन्हें निर्धारित शिक्षण–अधिगम उद्देश्यों की अच्छे से अच्छे ढंग से उपलब्धि हो सके।*

अग्रसरण हेतु क्या किया जाए ? (What to do for Leading ?)—निर्धारित शिक्षण–अधिगम उद्देश्यों की प्राप्ति की दिशा में शिक्षण–अधिगम प्रक्रिया ठीक तरह आगे बढ़ती रहे इस कार्य हेतु छात्रों का उचित अग्रसरण या मार्गदर्शन बहुत आवश्यक होता है। अध्यापक के ऊपर ही इस तरह के अग्रसरण या मार्गदर्शन की विशेष जिम्मेदारी होती है। उसे इस जिम्मेदारी को निभाने में उन सभी कार्यों तथा गतिविधियों की तलाश रहती है जिनसे शिक्षण–अधिगम की प्रक्रिया उचित रूप से सही दिशा में आगे बढ़ती रहे। इसके लिए प्रायः निम्न कार्यों तथा गतिविधियों को अपनाना एक शिक्षक के लिए उचित ठहराया जा सकता है–

1. **विद्यार्थियों को अधिगम हेतु अभिप्रेरित करना (Motivating Students to Learn)**—शिक्षण–अधिगम प्रक्रिया के कंद बिंदु तो हर हालत में विद्यार्थी ही होते हैं। सीखना उन्हीं को होता है तथा अपने व्यवहार में अपेक्षित परिवर्तन लाकर शिक्षण–अधिगम उद्देश्यों की प्राप्ति की बात भी उन्हीं के ऊपर टिकी होती है। अतः शिक्षण–अधिगम के प्रबंधन में शिक्षण नियोजन तथा आयोजन की प्रक्रियाओं के बाद यही मुख्य बात सामने आती है कि अब विद्यार्थियों को शिक्षण–अधिगम मार्ग पर किस तरह आगे बढ़ाया जाए यानी उनका किस रूप में मार्गदर्शन किया जाए ताकि शिक्षण–अधिगम उद्देश्यों की सर्वोत्तम ढंग से प्राप्ति संभव हो सके। यहाँ शुरुआत उन्हें इस कार्य हेतु अभिप्रेरित करने से ही की जानी चाहिए क्योंकि अगर वे सीखने के लिए तत्पर या अभिप्रेरित ही नहीं होंगे तो शिक्षण–अधिगम प्रक्रिया आगे कैसे बढ़ेगी? अध्यापक द्वारा विद्यार्थियों को अधिगम हेतु अभिप्रेरित करने में सामान्यतया निम्न बातें उचित कारगर सिद्ध हो सकती हैं–

— बहुत ही स्पष्ट एवं सटीक शब्दों में विद्यार्थियों को निर्धारित शिक्षण–अधिगम उद्देश्यों के बारे में बता देना चाहिए। लक्ष्य की निश्चितता और प्रयोजन का बोध उन्हें सीखने हेतु अभिप्रेरित करने और ऐसा बने रहने में मदद करेगा।

— जो भी अधिगम उन्हें प्रदान किए जाएं वे उनके पूर्व अनुभवों पर आधारित होने चाहिए। नवीन ज्ञान को पूर्व अर्जित ज्ञान से जोड़े रखने में साहचर्य और सहसंबंध के सिद्धांतों का ठीक तरह अनुकरण किया जाना चाहिए।

— विद्यार्थियों को जो भी अधिगम अनुभव दिए जाएं उनका उनकी आवश्यकताओं, रुचियों तथा अभिप्रेरकों (motions) से उचित संबंध होना चाहिए।

— विद्यार्थियों की उनकी अपनी प्रकृति तथा योग्यता स्तर को ध्यान में रखते हुए, उनके महत्त्वाकांक्षा तथा उपलब्धि अभिप्रेरणा (Achievement motivation) स्तरों को निश्चित करने में सहायता की जानी चाहिए क्योंकि जैसी उनकी महत्त्वाकांक्षा और उपलब्धि अभिप्रेरणा होती है उनकी सीखने की चाह और प्रयत्न भी उसी स्तर के होते हैं। योग्यता से बहुत कम आँकना या योग्यता से बहुत अधिक चाह रखना दोनों ही निराशा को जन्म दे सकते हैं। अतः उचित रूप से अभिप्रेरित रखने में हमें विद्यार्थियों की महत्त्वाकांक्षा तथा उपलब्धि अभिप्रेरणा स्तर की औचित्यता का सदैव ही ध्यान रखना चाहिए।

— अधिगम पथ पर आगे बढ़ते रहने के लिए लगातार अभिप्रेरित रहने में यह बात बहुत ही लाभदायक सिद्ध होती है कि सभी को यह पता चलता रहे कि उनकी सीखने संबंधी प्रगति किस रूप में हो रही है ? अतः विद्यार्थियों को उनके अधिगम परिणामों से आवश्यकतानुसार परिचित कराने की बात अध्यापक को सदैव याद रखनी चाहिए।

— विद्यार्थियों को अभिप्रेरित करने हेतु प्रशंसा और ताड़ना, पुरस्कार एवं दण्ड, प्रतिस्पर्धा एवं सहयोग का संतुलित एवं समुचित उपयोग बहुत लाभकारी सिद्ध होता है अतः अध्यापकों को इन्हें काम में लाने का उचित तरीका सीख लेना चाहिए।

— मैंने इसे सीख लिया है, यह काम मेरे द्वारा किया गया है इसे मैंने बनाया है। इस प्रकार के कथनों से विद्यार्थी का अहं झलकता है। अतः अगर बालकों की अधिगम क्रियाओं को उसके अहं से जोड़ दिया जाए तो उन्हें अभिप्रेरित करने का सरल मार्ग मिल सकता है, इस बात का भी ध्यान अध्यापकों द्वारा रखा जाना चाहिए।

— रुचि, ध्यान और अभिप्रेरणा का बहुत ही नजदीकी रिश्ता होता है। बच्चे जिस कार्य में रुचि लेते हैं उसके अधिगम में ध्यान भी देते हैं और उसे सीखने तथा करने के प्रति अभिप्रेरित भी रहते हैं। अतः अध्यापक को शिक्षण–अधिगम के प्रति बालकों को अभिप्रेरित करने के लिए उन सभी तकनीकों तथा युक्तियों का प्रयोग अवश्य करना चाहिए जिनसे बालकों की रुचि और ध्यान को शिक्षण अधिगम प्रक्रिया में बनाए रखा जा सके।

2. **उचित प्रोत्साहन एवं मार्गदर्शन प्रदान करना (Providing due Encouragement and Guidance)**— विद्यार्थियों को शिक्षण–अधिगम प्रक्रिया में अग्रसरित करने या उनका पथप्रदर्शन करने की बात यहाँ तक सीमित नहीं होती कि उन्हें विषयवस्तु संबंधी तथ्य एवं सिद्धांतों से अवगत करा दिया जाए। वास्तव में तो ऐसी पहल विद्यार्थियों द्वारा ही होनी चाहिए कि उन्हें क्या कुछ सीखना और जानना है ? जब भी अगर कोई विद्यार्थी ऐसी पहल करता है, जिज्ञासावश कोई प्रश्न पूछता है, या किसी चीज को सीखना चाहता है, तो उसे अवश्य ही प्रोत्साहित किया जाना चाहिए। परंतु इसका यह अर्थ नहीं कि अधिगम पथ पर उसे

बिल्कुल ही उसके अपने प्रयत्नों पर ही छोड़ देना चाहिए तथा उसे कुछ भी कैसे भी करे या सीखे इसकी बेलगाम आजादी दे देनी चाहिए। ऐसा करना कदापि ठीक नहीं। पहल करना, उसकी इस पहल पर उन्हें प्रोत्साहित करते रहना यहाँ तक तो बात ठीक है परंतु आगे अधिगम पथ पर उचित अग्रसरण के लिए उन्हें ठीक प्रकार से समयानुसार मार्गदर्शन मिलना ही चाहिए और उनके कार्य और अधिगम प्रगति का लगातार पर्यवेक्षण और मूल्यांकन होते रहना चाहिए ताकि उनका अधिगम पथ पर अग्रसरण उन्हें निश्चित शिक्षण अधिगम उद्देश्यों की पूर्ति में पूरी तरह सहायक बन सके। ऐसा सब कुछ करने के लिए अध्यापक द्वारा निम्न बातों पर ध्यान देना ठीक रहता है–

—विषय संबंधी सारी जानकारी और ज्ञान अध्यापक द्वारा ही दिए जाने की भूल कभी भी नहीं करनी चाहिए। बालकों को स्वयं चिंतन करने, मनन करने, ज्ञान की स्वयं खोज करने तथा आवश्यक जानकारी स्वयं एकत्रित करने की उचित स्वतंत्रता अवश्य दी जानी चाहिए।

—विद्यार्थी जब स्वयं के प्रयत्नों से सीखने में रत हो तब अध्यापक को उनके उचित पर्यवेक्षण के प्रति पूरी तरह सचेत एवं जागरूक रहना चाहिए। वे व्यर्थ ही अपना समय न गवायें इस बात का पूरा ध्यान अध्यापक द्वारा अवश्य ही रखा जाना चाहिए।

—इस बात का सदैव ध्यान रखा जाना चाहिए कि विद्यार्थियों को उचित समय पर उचित मात्रा में वांछित मार्गदर्शन प्राप्त होता रहे। मार्गदर्शन की बहुलता और प्रचुरता जहाँ बालकों को अधिगम अग्रसरण में पंगु बना सकती है वहीं उन्हें इसका नितांत अभाव निराशा, चिंता तथा कुसमायोजन से ग्रस्त कर सकता है।

—विद्यार्थियों के उचित समय पर उचित प्रसार से प्रशंसा और प्रोत्साहन प्राप्त होता रहे इसके लिए पुनर्वलन (Reinforcement) प्रदान करने संबंधी प्रनियमों तथा विधान का जितनी अच्छी तरह से अनुपालन किया जाए उतना अच्छा रहता है ताकि विद्यार्थियों को अधिगम पथ पर उठाए गए उनके सही कदमों हेतु उचित प्रेरणा और प्रोत्साहन प्राप्त होता रहे।

—शिक्षण–अधिगम परिस्थितियों की आवश्यकतानुसार शिक्षक को अपने विद्यार्थियों के लिए व्यक्तिगत अथवा सामूहिक दोनों रूपों में निर्देशित मार्गदर्शन प्रदान करने का कार्य करते रहना चाहिए। इस मार्गदर्शन में इस बात का सदैव ही ध्यान रखा जाना चाहिए कि यह मार्गदर्शन विद्यार्थियों के सकारात्मक सोच तथा व्यवहार का ही पोषण करे, उन्हें निष्क्रिय तथा अध्यापक आश्रित न बना डाले। इसलिए जो भी बातें उन्हें अधिगम पथ पर आगे बढ़ने में किंचित भी बाधक बनें उन्हें बड़ी ही कुशलता से इस प्रसार के मार्गदर्शन द्वारा दूर किए जाते रहना चाहिए।

3. **उचित शिक्षण विधियों एवं व्यूह रचनाओं का उपयोग (Using Appropriate Methods and Strategies of Teaching)**—विद्यार्थियों को अधिगम पथ पर ठीक तरह से अग्रसरित करने एवं मार्गदर्शन प्रदान करने में विषय विशेष तथा प्रकरण विशेष के शिक्षण अधिगम हेतु अपनायी गई विधियों एवं व्यूह रचनाओं का बहुत ही उल्लेखनीय योगदान रहता है। प्रत्येक विषय के शिक्षण अधिगम हेतु अनेक उपयुक्त विधियाँ तथा व्यूह रचनाएं उपलब्ध हैं, आवश्यकता इस बात की है कि उनके चयन में तथा उनके प्रयोग में आवश्यक सावधानी बरती जाए। इस कार्य हेतु अध्यापकों द्वारा कुछ निम्न बातों को आधार बनाकर ही आगे बढ़ना उपयुक्त रहता है–

– विद्यार्थियों की प्रकृति

– निर्धारित शिक्षण अधिगम उद्देश्यों की प्रकृति

– विद्यार्थियों को प्रदान किए जाने वाले अधिगम अनुभवों की प्रकृति
– उपलब्ध शिक्षण–अधिगम वातावरण और परिस्थितियों की प्रकृति
– किसी विधि और व्यूह रचना विशेष को उपयोग में लाने हेतु उपलब्ध सहायक सामग्री और संसाधनों की प्रकृति
– अध्यापक की स्वयं की अपनी योग्यताएं तथा क्षमताएं।

4. **विद्यार्थियों का सक्रिय सहयोग प्राप्त करना (Seeking Active Involvement of the Student)**—विद्यार्थियों को अगर उपयुक्त रूप से अधिगम पथ पर अग्रसरित करना है तो इसके लिये उनकी शिक्षण–अधिगम प्रक्रिया में सक्रिय भागीदारी सुनिश्चित करना काफी जरूरी हो जाता है। इस उद्देश्य की पूर्ति हेतु कुछ निम्न बातों पर ध्यान देना उपयुक्त सिद्ध हो सकता है–

– विद्यार्थियों को विषय विशेष से संबंधित जिस ज्ञान एवं कौशल आदि का अर्जन करने को अग्रसरित किया जा रहा है उनके द्वारा इस प्रकार के अर्जन का अच्छी तरह मूल्य एवं प्रयोजन समझ में आना बहुत आवश्यक है। क्योंकि जब तक विद्यार्थी उसे अपने लिए फायदे की बात नहीं मानेंगे तब तक वे अधिगम पथ पर आगे बढ़ने में पहल और तत्परता नहीं दिखा सकते।

– विद्यार्थियों को कभी भी शिक्षण–अधिगम प्रक्रिया में एक मूक दर्शक और निष्क्रिय श्रोता बनाए नहीं रखा जाना चाहिए। उन्हें सदैव ही अपनी जिज्ञासा की संतुष्टि करने, सीखने और समझने में सहायक प्रश्न पूछने, क्रियाएं करने तथा अपनी शंकाओं एवं सुविधाओं के निवारण हेतु सभी संभव उचित अवसर प्रदान किए जाते रहने चाहिए।

– शिक्षण–अधिगम प्रक्रिया को सजीव, रोचक तथा उद्देश्यपूर्ण बनाने हेतु विद्यार्थी और अध्यापक तथा स्वयं विद्यार्थियों के बीच भी आवश्यक अन्तःक्रिया तथा तालमेल बने रहना चाहिए। विद्यार्थियों को यह बात अपनी समझ में लानी चाहिए कि कक्षा अध्यापन में जो कुछ हो रहा है वह सब उनके अपने फायदे के लिए ही है। उन्हें ही इसके माध्यम से अपने व्यवहार में ऐसे अपेक्षित परिवर्तन लाने हैं कि कक्षा शिक्षण के उद्देश्यों की ठीक तरह से प्राप्ति होती रहे। इस प्रकार की समझ विकसित करते हुए विद्यार्थियों में शिक्षण अधिगम प्रक्रिया में सक्रिय साझीदारी निभाने को अधिक से अधिक प्रोत्साहित किए जाते रहना चाहिए।

– विद्यार्थियों की शिक्षण–अधिगम प्रक्रिया में सक्रिय साझीदारी की सुनिश्चितता के लिए उन्हें उनकी जिम्मेदारियों का बोध कराना तथा उन पर उचित जिम्मेदारी डालना काफी लाभदायक सिद्ध हो सकता है। अतः विद्यार्थियों को सामान्यतया प्रयोगशाला कार्य, पुस्तकालय सेवाओं, संग्रहालय तथा प्रदर्शनियों के आयोजन, भ्रमण का आयोजन, प्रोजेक्टों का संचालन, पाठ्यसहगामी क्रियाओं का आयोजन, क्राफ्ट वर्क तथा अन्य सामाजिक रूप से उपयोगी उत्पादक क्रियाओं के संचालन आदि की जिम्मेदारी उनकी रुचि तथा योग्यतानुसार सौंपते रहना चाहिए ताकि शिक्षण–अधिगम प्रक्रिया और अन्य व्यवहार उन्नयन क्रियाकलापों से वे भली–भाँति जुड़े रहकर अपना सक्रिय योगदान दे सकें।

5. **विद्यार्थियों की प्रगति पर नजर रखना (Monitoring the Progress of the Learners)**—विद्यार्थियों को अधिगम पथ पर अग्रसरित करते रहने के लिए आवश्यक है कि वे जिस प्रकार से अपने इस रास्ते पर आगे बढ़ रहे हैं उनकी इस प्रगति पर उचित प्रकार से नजर रखी जाए। ऐसा संभव है कि वे अपनी राह से भटक जाए परंतु अगर अध्यापक अपेक्षित रूप से सजग तथा चौकस रहेगा तो वह अपने विद्यार्थियों को सही दिशा में सही प्रकार से आगे बढ़ते रहने के लिए आवश्यक मार्गदर्शन देता रहेगा। विद्यार्थी

अधिगम मार्ग पर ठीक तरह से आगे बढ़ रहे हैं, इसकी जानकारी उसे उनके व्यवहार क्रियाओं तथा अधिगम उपलब्धि का मूल्यांकन करते रहने से भलीभाँति हो सकती है। विद्यार्थी किस तरह के प्रश्न कक्षा में पूछ रहे हैं किस प्रकार के उत्तर दे रहे हैं, अभ्यास कार्य कैसे किया जा रहा है, गृह कार्य किस तरह कर रहे हैं, कक्षा टेस्टों में या सत्र परीक्षाओं में उनकी उपलब्धि किस स्तर की है, आदि बातों की समय–समय पर जानकारी के आधार पर विद्यार्थियों की प्रगति पर ठीक तरह नजर रखने से उन्हें शिक्षण उद्देश्यों की प्राप्ति में अग्रसर रहने में आसानी रहती है।

6. **विद्यार्थियों को उनकी प्रगति से अवगत कराते रहना (Acquainting the Students with their Progress)**—विद्यार्थियों को ठीक तरह अधिगम पथ पर आगे बढ़ाते रहने में यह बात भी बहुत अधिक लाभदायक सिद्ध होती है कि उन्हें उनकी प्रगति से अच्छी तरह अवगत कराते रहा जाए। विद्यार्थी अधिगम में इसीलिए जुटे रहते हैं कि उनके सामने अधिगम उद्देश्यों की प्राप्ति का प्रयोजन रहता है। जो कुछ भी वे सीख रहे हैं उनसे उन्हें उन उद्देश्यों को पाने में किस सीमा तक सहायता मिल रही है यानी उनकी सीखने की दिशा और इससे संबंधित उपलब्धियाँ उन्हें उद्देश्य प्राप्ति की ओर किस रूप में ले जा रही हैं ? अगर इसका उचित ज्ञान उन्हें होता है तो फिर उन्हें अपने अधिगम मार्ग पर ठीक तरह आगे बढ़ते रहने के लिए उचित मार्गदर्शन प्रेरणा और प्रोत्साहन स्वतः ही प्राप्त होता रहेगा। अगर सीखने की दिशा में उनको पर्याप्त उपलब्धियाँ नहीं हो रही हैं तो इस बात का ज्ञान उन्हें अपने अंदर झाँकने, अपने किए गये अधिगम प्रयत्नों के स्वरूप को बदलने तथा कमजोरियों को दूर करने के लिए बाध्य करेगा और इस तरह वे अपने अधिगम व्यवहार को परिमार्जित करते हुए अधिगम का सही मार्ग और दिशा पकड़ने की कोशिश करेंगे। इस तरह अपनी प्रगति से लगातार अवगत रहने से उन्हें अधिगम पथ पर ठीक तरह आगे बढ़ने में आवश्यक सहयोग मिलता रहेगा।

शिक्षण–अधिगम का नियंत्रण (Controlling Teaching-Learning)

शिक्षण अधिगम नियंत्रण प्रबंधन की चौथी और अंतिम अवस्था या मंजिल है। इस स्तर और अवस्था की पूर्ववर्णित तीनों स्तरों या अवस्थाओं की तुलना में काफी अधिक महत्ता और व्यापकता शिक्षण–अधिगम के प्रबंधन में मानी जाती है क्योंकि शिक्षण–अधिगम पर पूरी तरह काबू रखने की असली चाबी उसके भलीभाँति नियंत्रण में ही निहित रहती है। बात भी ठीक है कोई भी व्यवस्था या प्रणाली अपने आप में कितनी भी अच्छी क्यों न हो, अधिक उपयोगी और क्षमताशील तभी सिद्ध हो सकती है जबकि उसकी कार्यप्रणाली शुरु से लेकर अंत तक भली–भाँति नियंत्रित रहे। शिक्षण–अधिगम प्रणाली के बारे में भी यही बात पूरी तरह लागू होती है कि जितना उचित नियंत्रण शिक्षण अधिगम व्यवस्था या प्रणाली को सुचारू रूप से चलाए रखने में किया जा सकेगा परिणाम उतने ही अच्छे प्राप्त होंगे। इस प्रकार से नियंत्रण को संपूर्ण शिक्षण–अधिगम प्रक्रिया (नियोजन से लेकर उसके पूर्ण क्रियान्वयन तक) की सफलता की कुंजी और उसका मापक माना जाना चाहिए। इसी संदर्भ में शिक्षण अधिगम नियंत्रण को परिभाषित करते हुए प्रसिद्ध शिक्षाशास्त्री आई०के० डेविस (I.K. Davies) लिखते हैं–

"अध्यापकीय शिक्षण में नियंत्रण से तात्पर्य शिक्षक द्वारा किए जाने वाले उस कार्य से है जिसके माध्यम से वह यह जानने की कोशिश करता है कि शिक्षण नियोजन कितनी अच्छी तरह से क्रियान्वित हुआ है, शिक्षण संगठन कितना अच्छा है, शिक्षण अग्रसरण कितनी सही दिशा में हो रहा है और शिक्षण प्रक्रिया से संबंधी इन सभी कार्यों के संपादन से निर्धारित उद्देश्यों की प्राप्ति में कितनी सफलता मिल रही है।"

(In Teaching, controlling is the work a teacher does to determine whether his plans are being carried out effectively, organisation is sound, leading is in right direction and that how far these functions are successful in realising the set objectives)—Davies, 1971).

डेविस द्वारा दी गई उपरोक्त परिभाषा शिक्षण अधिगम प्रक्रिया के नियंत्रण की आवश्यकता, महत्त्व और प्रयोजन को बहुत ही व्यवस्थित ढंग से हमारे सामने लाने का प्रयत्न करती है।

1. सबसे पहले तो यह परिभाषा यह बताती है कि नियंत्रण जिन निम्न तीन कार्यों के सफल संपादन हेतु बहुत आवश्यक हैं, वे हैं–
   - शिक्षण का नियोजन
   - शिक्षण गतिविधियों का संगठन
   - शिक्षण अधिगम गतिविधियों का अग्रसरण तथा मार्गदर्शन
2. इसके पश्चात यह परिभाषा शिक्षण अधिगम के नियंत्रण संबंधी इन दो प्रश्नों का भी उत्तर देती है कि शिक्षण–अधिगम पर उचित नियंत्रण हेतु क्या किया जाए तथा एक अध्यापक को यह कैसे पता चलेगा कि शिक्षण–अधिगम पर उचित नियंत्रण स्थापित कर नियोजन, संगठन और अग्रसरण कार्यों का संपादन ठीक प्रकार हो रहा है या नहीं। इस संबंध में जो विचार उपरोक्त परिभाषा द्वारा हमारे सामने लाए जाते हैं उन्हें निम्न प्रकार व्यक्त किया जा सकता है–

डेवीज द्वारा प्रदत्त यह परिभाषा पूरी तरह स्पष्ट करती है कि किसी शिक्षण–अधिगम प्रक्रिया का प्रयोजन निर्धारित शिक्षण–अधिगम उद्देश्यों की उपलब्धि करना है। यह प्रयोजन किस सीमा तक फलीभूत हुआ इसका मापन, परीक्षण और मूल्यांकन ही उस कसौटी का निर्धारण कर सकता है जिसके माध्यम से शिक्षण–अधिगम प्रक्रिया की सफलता या असफलता के बारे में जानकारी मिले तथा यह भी पता लग सके कि नियोजन, संगठन तथा अग्रसरण संबंधी कार्यों में लगायी गई शक्ति, संयम और संसाधनों का कितना और कैसा लाभ मिला? इस तरह से देखा जाए तो संपूर्ण शिक्षण अधिगम प्रक्रिया के सुचारू रूप से चलते रहने की असली चाबी इस प्रक्रिया के परिणामों के मापन तथा मूल्यांकन में निहित है। निर्धारित उद्देश्यों को ध्यान में रखते हुए जो कुछ पाने का लक्ष्य शिक्षण–अधिगम प्रक्रिया में रखा जाता है तथा उसकी प्राप्ति कितनी कुछ सीमा तक हो पाती है, इसका मापन एवं मूल्यांकन ही हमें शिक्षण–अधिगम प्रबंधन के सभी सोपानों में संपन्न क्रियाकलापों के अच्छी तरह संपन्न होने या न होने के बारे में जानकारी दे सकता है। दूसरे शब्दों में कहा जाए तो कोई भी एक अनुदेशनात्मक प्रणाली या शिक्षण–अधिगम व्यवस्था अपने आप में कितनी सफल और प्रभावशाली है यह इस बात पर निर्भर करता है कि वह निर्धारित अनुदेशनात्मक या शिक्षण–अधिगम उद्देश्यों की प्राप्ति में किस सीमा तक सफल और प्रभावपूर्ण रहती है और उसकी सीमा का अंकन शिक्षण–अधिगम परिणामों (जिनकी व्याख्या व्यवहार परिवर्तनों के रूप में की जाती है) के उचित मापन एवं मूल्यांकन से ही हो सकता है। इस प्रकार से निष्कर्ष रूप में यह परिभाषा इस बात पर जोर देती हुई प्रतीत होती है कि अगर किसी शिक्षण–अधिगम या अनुदेशन प्रणाली को सफल एवं प्रभावपूर्ण बनाना है तो उसकी अदा (Input) और प्रक्रिया (Process) तत्त्वों पर उचित नियंत्रण रखना ही होगा ताकि वांछित प्रदा (Output) की प्राप्ति निर्धारित उद्देश्यों की उपलब्धि के रूप में प्राप्त हो सके। प्रदा यानी शिक्षण–अधिगम प्रक्रिया के परिणामों का मापन, परीक्षण एवं मूल्यांकन अब अगर अच्छी तरह से संभव हो सके तो हमें यह जानने में देर नहीं लगेगी कि अदा (Input) और प्रक्रिया (Process) में क्या कुछ सुधार वांछित है। इस तरह शिक्षण–अधिगम परिणामों के मापन, परीक्षण एवं मूल्यांकन व्यवस्था को ही संपूर्ण शिक्षण–अधिगम प्रक्रिया के नियंत्रण का महान मंत्र कहा जा सकता है।

इस दृष्टि से अब आगे यह सोचना आवश्यक हो जाता है कि शिक्षण अधिगम परिणामों (Teaching learning outcomes) के मापन, परीक्षण एवं मूल्यांकन का कार्य किस तरह भलीभाँति संपादित किया जाए ताकि यह शिक्षण–अधिगम प्रक्रिया के उचित नियंत्रण हेतु एक प्रभावी साधन सिद्ध हो सके।

शिक्षण अधिगम परिणामों का मापन, परीक्षण एवं मूल्यांकन (Measurement, Testing and Evaluation of the Teaching Learning Outcomes)

शिक्षण–अधिगम प्रक्रिया और व्यवस्था के नियंत्रण साधन के रूप में हमें प्रायः उपरोक्त तीन पदों मापन, परीक्षण एवं मूल्यांकन का यथास्थान उपयोग करते रहना पड़ता है। इस दृष्टि से हमें इन तीनों के अर्थ एवं इनमें निहित अंतर की स्पष्ट पहचान काफी आवश्यक है। नीचे की पंक्तियों में हम इसी बात पर ध्यान दे रहे हैं–

मापन क्या है ? (What is measurement ?)

किसी वस्तु या व्यक्ति के गुण एवं विशेषताओं के बारे में निरीक्षण अथवा मापतोल के माध्यम से जो भी निष्कर्ष निकाले जाएं उनकी संख्यात्मक अभिव्यक्ति (Quantitative expression) ही गुण एवं विशेषताओं का मापन कहे जाते हैं। इस तरह मापन व्यक्ति अथवा वस्तु का नहीं होता बल्कि उसके निहित गुण एवं विशेषताओं का होता है। इस दृष्टि से शिक्षण–अधिगम प्रक्रिया के परिणामस्वरूप विद्यार्थी के व्यवहार में होने वाले परिवर्तनों को जब उनके संख्यात्मक स्वरूप में अभिकलन किया जाता है तो इसे ही शिक्षण अधिगम परिणामों का मापन कहा जाता है। अमुक विद्यार्थी के गणित में 100 में से 70 प्राप्तांक (Scores) हैं अथवा उसकी 165 से०मी० ऊँचाई तथा 40 किलोग्राम वजन है। इस प्रकार की मापन शब्दावली का प्रयोग हम क्रमशः उस विद्यार्थी की गणित संबंधी शैक्षिक उपलब्धि तथा शारीरिक स्वास्थ्य तथा संरचना संबंधी विशेषताओं की संख्यात्मक अभिव्यक्ति ही कर रहे होते हैं। मापन में इस तरह हम देखते हैं कि यहाँ कुछ मापन संबंधी निश्चित इकाइयों का तथा गणित एवं सांख्यिकी संबंधी नियमों तथा प्रक्रियाओं का उपयोग किया जाता है और इसी वजह से मापन में यथार्थता एवं विश्वसनीयता का बोलबाला रहता है। परंतु मापन की सबसे बड़ी विवशता यही है कि इसका प्रयोग क्षेत्र काफी सीमित है। शिक्षण–अधिगम के परिणामों से अवगत होने में जहाँ तक ज्ञान एवं कुछ कौशलगत व्यवहार परिवर्तनों का प्रश्न है मापन से काम चल जाता है परंतु सभी प्रकार के ज्ञानात्मक, क्रियात्मक एवं भावात्मक व्यवहार क्षेत्रों से संबंधित परिवर्तनों के परिणामों को अभिव्यक्त करने में मापन की असमर्थता स्पष्ट रूप से सामने आ जाती है। इसी दृष्टि से हमें परीक्षण और मूल्यांकन की ओर आगे कदम बढ़ाने होते हैं।

परीक्षण तथा परीक्षायें क्या हैं ? (What are Tests and Examination ?)

परीक्षण–कुछ समय पढ़ाने या तरह–तरह के अधिगम अनुभव प्रदान करने के बाद अगर अध्यापक यह जानना चाहे कि छात्र/छात्रों द्वारा इसे किस रूप में ग्रहण किया गया है तो यह पता लगाने के लिए वह बालकों द्वारा ग्रहण किए गए ज्ञान एवं कुशलता की जाँच कर सकता है। पाठ को पढ़ाने से पहले अगर वह यह पता लगाना चाहे कि बालक में उस पाठ को पढ़ने हेतु आवश्यक पूर्वज्ञान तथा कौशल है तो भी उसे इस बात की जाँच करने के लिए किसी न किसी प्रकार के परीक्षण कार्यक्रम (Test programme) की ही मदद लेनी होगी। मौखिक तथा लिखित प्रश्न पूछकर तथा उनके उत्तरों के आधार पर वह इस प्रकार की जाँच कर सकता है। कुशलताओं की जाँच हेतु बालकों को क्रियात्मक या प्रयोगात्मक कार्य करने के अवसर देकर उनमें निहित कौशलों के स्तर से परिचित हो सकता है। इस तरह आए दिन शिक्षण–अधिगम प्रक्रिया के दौरान अध्यापकों द्वारा बालकों के ज्ञान एवं कौशल आदि के अधिग्रहण की जाँच के लिए जो व्यवस्था अपनायी जाती है उसे सामान्य भाषा में परीक्षणों

(Tests) की संज्ञा दी जाती है। दैनिक परीक्षण, साप्ताहिक परीक्षण तथा मासिक परीक्षण (Daily tests, weekly tests and monthly tests) आदि इनके विभिन्न रूप हो सकते हैं। कक्षा में कराया जाने वाला अभ्यास कार्य (Daily work) तथा घर पर दिए जाने वाले कार्य (Home work and assignment) और सामूहिक कार्य तथा प्रोजेक्टों के रूप में इस प्रकार के परीक्षण (Test) लिए जा सकते हैं। अधिकतर इस प्रकार के परीक्षणों के रूप में किया जाने वाला कार्य विशेष रूप से औपचारिक तथा संरचित (Formal and structured) नहीं होता। जिस प्रकार की परिस्थिति होती है अथवा जिस रूप में भी ज्ञान एवं कुशलताओं की उपलब्धि तथा उपस्थिति की जाँच करनी होती है उसी रूप में प्रश्न पूछने तथा क्रियात्मक कार्य करने के अवसर बालकों को प्रदान कर दिए जाते हैं और फिर उसका मूल्यांकन कर परीक्षण के उद्देश्यों को प्राप्त कर लिया जाता है। परीक्षण इस तरह सीमित साधनों द्वारा सीमित समय में सीमित उपलब्धियों की जाँच करने के साधन के रूप में हमारे सामने आते हैं। बालक के जिस ज्ञान एवं कुशलताओं की उपलब्धि की ये जाँच करते रहते हैं उससे उनके व्यवहार में आने वाले संपूर्ण परिवर्तनों की जाँच के कार्य में भी सहायता मिलती रहती है। परीक्षणों के द्वारा अब जाँच का कार्य केवल ज्ञान एवं कुशलताओं तक ही सीमित नहीं रहा। मनोवैज्ञानिक परीक्षण जैसे रुचि प्रश्नावली, अभिरुचि परीक्षण, अभिवृत्ति मापन, बुद्धि परीक्षण, व्यक्तित्व परीक्षण आदि से व्यवहार में होने वाले उच्च परिवर्तनों की जाँच भी समयानुसार की जा सकती है और इसी तरह परीक्षणों (Tests) का प्रयोग, शिक्षण अधिगम प्रक्रिया तथा उसके परिणामों के मूल्यांकन में काफी सहयोग प्रदान कर सकता हैं।

परीक्षा (Examination)—बालकों के द्वारा अर्जित ज्ञान एवं कुशलताओं की जाँच के लिए परंपरागत रूप से हम परीक्षा शब्द का प्रयोग करते आए हैं। इसके लिए मौखिक, लिखित तथा प्रयोगात्मक परीक्षाओं का प्रयोग काफी समय से चलता आ रहा है। परीक्षाओं के परिणामों का उपयोग हम कई रूपों में करते आ रहे हैं जैसे–

– किसी कक्षा या कोर्स विशेष में प्रवेश देने के लिए
– किसी एक श्रेणी से आगे की श्रेणी या कक्षा में चढ़ाने के लिए
– किसी एक स्तर (Stage) जैसे प्राथमिक, माध्यमिक, उच्च माध्यमिक, स्नातक, स्नातकोत्तर आदि के उत्तीर्ण करने को प्रदर्शित करने के लिए सर्टिफिकेट तथा डिग्रियाँ देने हेतु
– किसी नौकरी के हेतु अपेक्षित योग्यता की जाँच के लिए।

इन परीक्षा परिणामों को जब हम किसी विद्यालय विशेष में आंतरिक कक्षा–उन्नति या मूल्यांकन हेतु प्रयोग में लाते हैं तो हम उसे आंतरिक परीक्षाओं के नाम दे देते हैं। परंतु जब ये परीक्षायें विद्यालय स्तर पर आयोजित न होकर क्षेत्रीय, प्रांतीय या अखिल भारतीय स्तर पर अयोजित की जाती हैं और उनके द्वारा किसी विशेष स्तर के पाठ्यक्रम यानी प्राथमिक, माध्यमिक, उच्च माध्यमिक, स्नातक, स्नातकोत्तर आदि के पास–फेल या डिवीजन का निर्णय किया जाता है तो उन्हें बाह्य परीक्षाओं का नाम दिया जाता है। इस दृष्टि से जो बालक सातवीं से आठवीं में या नवीं से दसवीं कक्षा में चढ़ाया जाता है और उसके लिए विद्यालय स्तर पर ही परीक्षा का आयोजन किया जाता है तो ऐसी परीक्षा को आंतरिक परीक्षा का नाम दिया जाता है जबकि आठवीं–दसवीं या बारहवीं के बाद ली जाने वाली परीक्षाओं को जो अधिकतर प्रांत या केंद्र में स्थापित बोर्ड या परिषदों के तत्त्वावधान में उनके अधिकार क्षेत्र में स्थापित सभी विद्यालयों के विद्यार्थियों के लिए आयोजित की जाती हैं, बाह्य परीक्षा का नाम दिया जाता है। नौकरियों में चयन के लिए जो परीक्षाएं स्थानीय, प्रांतीय, क्षेत्रीय तथा राष्ट्रीय स्तर पर आयोजित की जाती हैं वे भी बाह्य परीक्षाओं के अंतर्गत ही शामिल की जाती हैं।

परीक्षाएं चाहे आंतरिक हों या बाह्य उनको अधिकतर तीन बहु प्रचलित तरीकों–मौखिक, लिखित और क्रियात्मक या प्रयोगात्मक के जरिए ही लिया जाता है। आगे आने वाले पृष्ठों में इसका यथास्थान विस्तृत रूप में वर्णन किया जाएगा।

मूल्यांकन क्या है ? (What is Evaluation ?)

जब भी हम कोई कार्य करना प्रारंभ करते हैं तो उसके पीछे कोई प्रयोजन या उद्देश्य छुपा रहता है। कुछ देर कार्य करने के पश्चात् हमें यह जानने की उत्सुकता रहती है कि हम जो प्रयत्न कर रहे हैं वे ठीक दिशा में हो रहे हैं अथवा नहीं और उनसे हमें अपनी उद्देश्य प्राप्ति में किस तरह सहयोग मिल रहा है। इस तरह से उद्देश्यों की प्राप्ति की दिशा में प्रयत्नों की सार्थकता का पता लगाना ही एक प्रकार से उनका मूल्यांकन कहलाता है। दूसरे शब्दों में हम जो प्रयत्न कर रहे हैं वे किस सीमा तक मूल्यवान हैं, इस बात का पता लगाना ही उनका मूल्यांकन करना कहलाता है। इस प्रकार के मूल्यांकन से हमें अपनी लगन, शक्ति और सामर्थ्य तथा तदानुसार उद्देश्य पूर्ति हेतु किए प्रयत्न आदि सभी का मूल्य आँकने का अवसर मिलता है।

यही बात शिक्षण–अधिगम प्रक्रिया हेतु किए जाने वाले प्रयत्नों पर भी लागू होती है। कक्षा तथा कक्षा के बाहर अन्य गतिविधियों द्वारा जो कुछ भी पढ़ा तथा पढ़ाया जाता है वह किस सीमा तक निर्धारित उद्देश्यों की प्राप्ति में कितना सहायक है इस बात का पता लगाना ही उसका मूल्यांकन करना कहा जाएगा। अतः मूल्यांकन के द्वारा निश्चित शिक्षण–अधिगम उद्देश्यों के संदर्भ में हमें यह जानने में पर्याप्त सहायता मिल सकती है कि–

- अधिगम अनुभवों (Learning experiences) का चयन अर्थात् पाठ्यक्रम कितना उपयुक्त है।
- इन अधिगम अनुभवों को प्रदान करने की विधियाँ, तकनीक तथा शिक्षण–अधिगम परिस्थितियाँ कहाँ तक उपयुक्त हैं।
- अधिगम अनुभवों को प्रदान करने में शिक्षक की भूमिका को कितना सार्थक कहा जा सकता है ?
- अधिगम अनुभवों को ग्रहण करने में विद्यार्थी की भूमिका को कितना सार्थक कहा जा सकता है ?
- अधिगम अनुभवों के माध्यम से निश्चित उद्देश्यों की प्राप्ति किस सीमा तक हो पाई है ?

इस तरह मूल्यांकन की प्रक्रिया और उसके परिणाम एक ऐसे साधन के रूप में हमारे सामने आते हैं जिससे हमें शिक्षण–अधिगम प्रक्रिया से जुड़े हुए सभी तत्त्वों तथा निहित सभी प्रकार के प्रयत्नों का मूल्य आंकने का अवसर प्राप्त होता है। इस प्रकार से मूल्यांकन की अगर कोई परिभाषा देने का प्रयत्न किया जाए तो उसकी शब्दावली कुछ निम्न प्रकार की हो सकती है–

"मूल्यांकन शिक्षा प्रक्रिया का वह अंग या एक ऐसा साधन है जिसके द्वारा इस बात का पता लगाया जाता है कि एक निश्चित समय में शिक्षण–अधिगम के लिए निर्धारित उद्देश्यों की प्राप्ति में किस सीमा तक सफलता मिल पाई, इन उद्देश्यों की प्राप्ति हेतु अधिगम अनुभवों का चयन और उन्हें प्रदान या ग्रहण किए जाने वाली विधियों तथा तकनीकों की कितनी सार्थकता रही, विद्यार्थियों के अनुभव तथा योग्यता में कितनी वृद्धि हुई ? उनके व्यवहार में कितना अपेक्षित परिवर्तन आया तथा शिक्षक और शिक्षण अधिगम परिस्थितियों ने इस दिशा में कहाँ तक सहयोग दिया ?"

इस प्रकार देखा जाए तो मूल्यांकन का अर्थ एवं क्षेत्र काफी व्यापक है क्योंकि इसमें शिक्षण–अधिगम प्रक्रिया से जुड़े हुए सभी पक्षों तथा बातों का इस तरह मूल्य आंकने का प्रयत्न किया जाता है जिससे सभी पक्ष सशक्त होकर उभरें, उनमें निहित कमजोरियाँ सामने आएं ताकि उनका उचित समाधान कर शिक्षण–अधिगम को इतना प्रभावी बनाया जा सके कि छात्र कल्याण हेतु निर्धारित शिक्षण–अधिगम उद्देश्यों की प्राप्ति सहज, स्थायी एवं प्रभावपूर्ण ढंग से संपन्न हो सके।

इस अर्थ में मूल्यांकन का संप्रत्यय, शिक्षा के क्षेत्र में प्रयुक्त पहले संप्रत्ययों, परीक्षण (Testing) तथा परीक्षा (Examination) आदि से काफी व्यापक अर्थयुक्त नजर आता है। प्रसिद्ध शिक्षा शास्त्रियों द्वारा दी गई कुछ परिभाषाओं से इस धारणा की ओर भी बल मिल सकता है–

(1) रेमर्स गेज एवं रूमेल (Remmers, Gage and Rummel 1960: 6)–**"मूल्यांकन केवल मात्र परीक्षण कार्यक्रम नहीं है। मूल्यांकन हेतु परीक्षण काम में लाए जाते हैं परंतु ये परीक्षण उन विभिन्न तकनीकों (जैसे निरीक्षण, चेक लिस्ट, प्रश्नावली, साक्षात्कार आदि) में से एक है जो एक सम्पूर्ण मूल्यांकन हेतु काम में लाई जाती है।"**

(Evaluation is not just a testing programme. Tests are but one of many different techniques, such as observation, check lists, questionnaires, interviews etc. that may contribute to the total evaluation programme.)

(2) राइटस्टोन (Wrightstone 1956: 8) –**"मूल्यांकन सापेक्षिक रूप से एक तकनीकी शब्द है, जो परंपरागत परीक्षणों और परीक्षा की तुलना में एक से अधिक व्यापक मापन संप्रत्यय के रूप में प्रयुक्त किया जाने लगा है–इसमें व्यक्तित्व संबंधी मुख्य परिवर्तनों तथा शैक्षिक कार्यक्रम से जुड़े हुए मुख्य उद्देश्यों पर रुचियों, आदर्शों, सोचने के तरीकों, काम करने की आदतों तथा व्यक्तिगत एवं सामाजिक अनुकूलन क्षमता को भी शामिल किया जाता है।"**

(Evaluation is relatively new technical term introduced to designate a more comprehensive concept of measurement that is applied in conventional tests and examination...the emphasis...is upon broad personality changes and major objectives of educational programme. These include not only subject matter achievement but also attitudes, interests, ideals, way of thinking, work habits and personal and social adaptability.)

(3) टोरगेरसन एवं एडम्स (Torgerson and Adams, 1955: 5) – **मूल्यांकन से अभिप्रायः है किसी प्रक्रिया या वस्तु का मूल्य आँकना। इसलिये शैक्षिक मूल्यांकन से तात्पर्य किसी ऐसे निर्णय लेने से है जिससे यह पता चले कि कोई शिक्षण–प्रक्रिया या अधिगम अनुभव किस सीमा तक सार्थक रहा।**

(To evaluate is to ascertain the value of a process or a thing. Thus educational evaluation is the passing of judgement on the degree of worthwhileness of a teaching process or learning experience.)

(4) कार्टर वी. गुड (Carter V. Good, 1959: 209) – **मूल्यांकन वह प्रक्रिया है जिसमें किसी जाँच स्तर को आधार बनाकर किसी वस्तु का मूल्य या कीमत निर्धारित करने या आँकने की बात की जाती है।**

(Evaluation is the process of ascertaining or judging the value or amount of something by the use of a standard of appraisal.)

(5) क्विलन एवं हैना (Quillen and Hanna, 1961) –**"मूल्यांकन वह प्रक्रिया है जिसमें विद्यालय द्वारा बालकों में होने वाले व्यवहार परिवर्तनों के संबंध में सूचना एकत्रित की जाती है और उनकी व्याख्या की जाती है।"**

(Evaluation is the process of gathering and interpreting evidences on change in the behaviour of the students as they progress through school.)

(6) भारतीय शिक्षा आयोग (Indian Education Commission, 1966) – **अब यह माना जाता है कि मूल्यांकन एक सतत् प्रक्रिया है, संपूर्ण शिक्षा प्रणाली का यह एक अभिन्न अंग है और निश्चित रूप से इसका संबंध शैक्षिक उद्देश्यों से है। विद्यार्थी की पढ़ने की आदतों, अध्यापक के पढ़ाने की विधियों पर यह बहुत गहरा असर डालता है और इस तरह न केवल शैक्षिक उपलब्धियों के मापन में सहायक होता है, बल्कि उनमें बढ़ोतरी भी करता है।**

(It is now agree that evaluation in a continuous process, forms an integral part of the total system of education and is ultimately related to educational objectives. It exercises a great influence on the pupils' study habits and the teacher's method of instruction and thus helps not only to measure educational objectives but also improves it.)

उपरोक्त परिभाषाएं स्पष्ट तौर पर यह इंगित करती हैं कि मूल्यांकन शिक्षण–अधिगम क्षेत्र में प्रयुक्त परंपरागत परीक्षण तथा परीक्षा (Test and examination) जैसे संप्रत्ययों से कहीं अधिक व्यापक तथा अर्थपूर्ण संप्रत्यय है। इसका संबंध संपूर्ण शिक्षण–अधिगम प्रक्रिया तथा उससे जुड़े सभी तत्त्वों से है ताकि इस प्रक्रिया को वांछित उद्देश्यों की प्राप्ति हेतु सर्वोत्तम ढंग से काम में लाया जा सके। अपने व्यापक और प्रयोजनपूर्ण अर्थ में मूल्यांकन को एक ऐसी सतत प्रक्रिया के रूप में जाना जा सकता है जिसके माध्यम से विद्यार्थी से ऐसी सभी सूचनाएं या जानकारी इकट्टी करने का प्रयत्न किया जाता है जो शिक्षण–अधिगम प्रक्रिया से संबंधित विभिन्न बातों जैसे पाठ्यक्रम, विधियों एवं तकनीकें, उद्देश्य, अध्यापक और विद्यार्थीगण के प्रयत्नों को स्वीकार करने, उनमें पर्याप्त सुधार लाने अथवा उनका उचित मूल्यांकन करने में पर्याप्त रूप से सहायक सिद्ध होती है।

अब चूँकि संपूर्ण शिक्षण–अधिगम व्यवस्था का उद्देश्य बालक के व्यक्तित्व का सर्वांगीण विकास करना तथा उसके संपूर्ण व्यवहार में अपेक्षित परिवर्तन लाना होता है अतः मूल्यांकन का एकमात्र संक्षिप्त उद्देश्य यह व्यवस्थित करना ही होता है कि किस प्रकार शिक्षण–अधिगम प्रक्रिया को ऐसा सशक्त और प्रभावपूर्ण बनाया जाए ताकि बालकों में जिन परिवर्तनों की हम अपेक्षा करते हैं उनके संपन्न होने में कोई बाधा न आए। बालकों के व्यवहार में आने वाले इन परिवर्तनों का कार्यक्षेत्र व्यापक होता है। ज्ञान और कुशलताओं को ग्रहण करने के अतिरिक्त बालक के भावात्मक व्यवहार अभिवृत्तियों, रुचियों, आदतों आदि में भी वांछित परिवर्तन लाना जरूरी होता है। अतः मूल्यांकन हेतु हमें ऐसी प्रणाली या तकनीकें चाहिएं जिनसे न केवल ज्ञान और कुशलताओं से संबंधित उपलब्धियों का मूल्यांकन हो बल्कि उनसे भावात्मक पक्ष से जुड़े हुए व्यवहारगत परिवर्तनों को ठीक ढंग से मापा जा सके। दूसरे एक बात यह भी है कि व्यवहार के सभी पक्षों – ज्ञानात्मक, क्रियात्मक एवं भावात्मक में होने वाले ये परिवर्तन किसी एक विशेष समय या स्थान की परिधि में सीमित नहीं रहते बल्कि इनकी प्रक्रिया अनवरत रूप से चलती ही रहती है। अतः इनके मापन की प्रक्रिया में सततता एवं निरंतरता बनी रहना काफी जरूरी है। मापन, परीक्षण तथा परीक्षा जैसे संप्रत्ययों से ये दोनों भूमिकायें निभाने का कार्य– (i) व्यवहार के सभी पक्षों में होने वाले परिवर्तनों की जाँच तथा (ii) जाँच कार्य में सततता एवं निरंतरता लाना – संभव नहीं हो सकता अतः मूल्यांकन को सभी दृष्टि से मापन, परीक्षण और परीक्षा जैसे परंपरागत संप्रत्ययों से अधिक व्यापक और सार्थक माना ही जाना चाहिए।

मापन, परीक्षण, परीक्षा तथा मूल्यांकन में निहित अंतर

(Distinction Among the Terms Measurement, Tests, Examination and Evaluation)

अभी तक हमने जिस रूप में मापन, परीक्षण, परीक्षा तशा मूल्यांकन शब्दों का ऊपर की पंक्तियों में उल्लेख किया है उससे यह समझने में कोई कठिनाई नहीं होनी चाहिए कि शिक्षण अधिगम प्रक्रिया से जुड़े हुए ये सभी शब्द अपने अर्थ और प्रयोजनों से लेकर काफी अंतर रखते हैं। परीक्षण, परीक्षा तथा मूल्यांकन तीनों में इस बात को लेकर समानता भी है कि इन्हें विद्यार्थियों की योग्यताओं और उपलब्धियों के मापन हेतु प्रयोग में लाया जाता है परंतु जहाँ परीक्षण और परीक्षा का संप्रत्यय काफी संकुचित और सीमित है वहाँ मूल्यांकन शब्द का प्रयोग काफी विस्तृत अर्थ और व्यापक क्षेत्र में किया जाता है। यही बात मापन और मूल्यांकन के लिए भी है। मापन शब्द जहाँ गुणों एवं विशेषताओं की संख्यात्मक अभिव्यक्ति है वहीं मूल्यांकन में संख्यात्मक तथा गुणात्मक (Quantitative as well as qualitative) दोनों प्रकार की अभिव्यक्तियाँ शामिल होती हैं। संक्षेप में मूल्यांकन संप्रत्यय की इस विस्तृतता और व्यापकता को निम्न प्रकार लिपिबद्ध किया जा सकता है–

– मूल्यांकन में शिक्षण अधिगम प्रक्रिया से संबंधित सभी तत्वों तथा प्रक्रियाओं द्वारा निभाई जाने वाली सभी प्रकार की भूमिकाओं का मूल्य आँका जाता है। इस तरह इसका क्षेत्र काफी व्यापक है। परीक्षा तथा परीक्षणों की भाँति इसमें केवल विद्यार्थियों की शैक्षिक उपलब्धि (ज्ञान तथा कुशलताओं के अर्जन के रूप में) के मापन की व्यवस्था नहीं होती बल्कि उसके व्यवहार में आने वाले सभी प्रकार के परिवर्तनों के मापन एवं व्याख्या की व्यवस्था होती है।

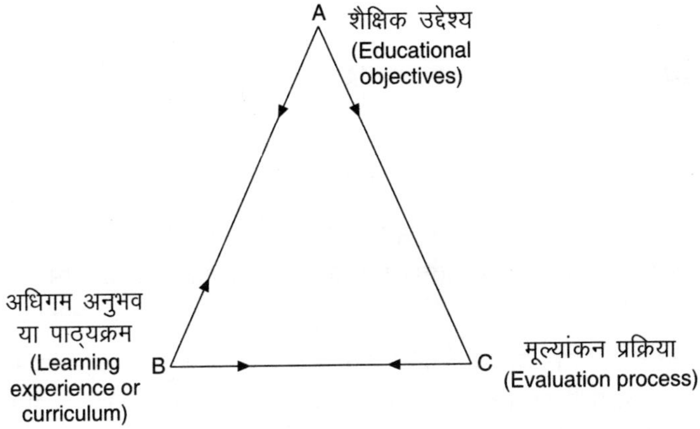

चित्र 12.5 मूल्यांकन का शिक्षा प्रक्रिया में स्थान।

– मूल्यांकन एक निरंतर चलने वाली (Continuous) प्रक्रिया है जिसके माध्यम से विद्यार्थी के व्यवहार में होने वाले सतत परिवर्तनों की जाँच होती रहती है।

– मूल्यांकन शिक्षण अधिगम प्रक्रिया तथा संपूर्ण शिक्षा प्रणाली का एक अभिन्न अंग (Integral component) है। इसकी इस अभिन्नता को उपरोक्त चित्रात्मक प्रस्तुति द्वारा (चित्र 12.5) द्वारा भली–भाँति समझा जा सकता है।

उपरोक्त चित्रात्मक प्रस्तुति निम्न बातों की ओर संकेत करती है–

(i) मूल्यांकन के द्वारा निर्धारित शैक्षिक उद्देश्यों की प्राप्ति किस सीमा तक हो रही है इसका पता चलता है और मूल्यांकन के परिणामों की व्याख्या से उद्देश्यों को नए सिरे से निश्चित करने का कार्य किया जा सकता है।

(ii) प्रदान किए जाने वाले अधिगम अनुभवों की सार्थकता अथवा निरर्थकता का अनुमान भलीभाँति लगाया जा सकता है।

इस संबंध में इन अनुभवों को प्रदान करने वाले तत्वों–अध्यापक, शिक्षण विधियों, अधिगम, विधियों, शिक्षण अधिगम वातावरण तथा परिस्थितियों की उपयुक्तता या निरर्थकता की जाँच का कार्य भी मूल्यांकन के परिणामों के आधार पर भलीभाँति हो सकता है।

(iii) मूल्यांकन प्रक्रिया में प्रयुक्त प्रविधियों तथा तकनीकों की चयन और कार्य पद्धति भी इस बात पर निर्भर करती है कि शिक्षण अधिगम प्रक्रिया हेतु क्या उद्देश्य निर्धारित किए गए और किस प्रकार के अधिगम अनुभवों, शिक्षण–अधिगमों, विधियों, तकनीकों तथा परिस्थितियों का चुनाव इन उद्देश्यों की पूर्ति हेतु विभिन्न शिक्षण अधिगम तत्वों या प्रक्रियाओं की भूमिका का सर्वेक्षण, जाँच तथा उससे निष्कर्षित बातों

की व्याख्या करके शिक्षण–अधिगम प्रक्रिया के नियोजन तथा संचालन में निरंतर प्रगति लाना ही मूल्यांकन का यथेष्ट उद्देश्य माना जाता है।

– मूल्यांकन की प्रक्रिया अपने सर्वांग रूप में परीक्षा और परीक्षणों की तरह शैक्षिक उपलब्धि के मापन में ही सहायक नहीं होती बल्कि यह शैक्षिक व्यवस्था के सभी प्रकार के अदा (Input) और प्रक्रिया (Process) पक्षों का सर्वोत्तम प्रदा (Output) के संदर्भ में मूल्यांकन करती हुई संपूर्ण शिक्षा–प्रणाली के सुधार एवं प्रगति में सहायक होती है।

मूल्यांकन का उद्देश्य, महत्त्व एवं उपयोगिता (Aims, Importance and Utility of Evaluation)

मूल्यांकन शिक्षण प्रक्रिया का अभिन्न अंग होने तथा व्यापक रूप में बालक में होने वाले व्यवहार परिवर्तनों की जाँच करने का साधन होने के नाते शिक्षा के क्षेत्र में निम्न प्रकार से उपयोगी एवं महत्त्वपूर्ण सिद्ध हो सकता है–

1. शिक्षण तथा शिक्षण–अधिगम प्रक्रिया के लिए निश्चित और निर्धारित उद्देश्यों की सार्थकता या निरर्थकता का पता लगाकर उनमें अपेक्षित परिवर्तन लाने का कार्य मूल्यांकन के परिणामों के आधार पर ही किया जाता है।
2. शिक्षण तथा शिक्षण–अधिगम प्रक्रिया में किस प्रकार के अधिगम अनुभवों या पाठ्यक्रम विशेष का समावेश किया जा रहा है। उसकी सार्थकता एवं निरर्थकता के बारे में निर्णय लेकर उसमें अपेक्षित सुधार लाने का कार्य भी मूल्यांकन परीक्षाओं के आधार पर ही किया जाता है।
3. मूल्यांकन के परिणाम तथा प्रक्रिया पाठ्य–पुस्तकों के चयन, निर्माण तथा उनमें सुधार के लिए आवश्यक भूमिका तैयार करते हैं।
4. शिक्षण अधिगम प्रक्रिया में विद्यार्थियों को निरंतर सक्रिय रखकर आवश्यक प्रोत्साहन और अभिप्रेरणा देने का कार्य मूल्यांकन की सही भूमिका द्वारा ही संपन्न हो सकता है।
5. अध्यापकों को उनके अध्यापन संबंधी क्रियाओं के उचित संपादन में मूल्यांकन प्रक्रिया द्वारा उचित पृष्ठ पोषण या प्रतिपुष्टि (Feedback) प्रदान करने का कार्य अच्छी तरह किया जा सकता है।
6. विद्यार्थियों द्वारा अच्छी तरह अधिगम अनुभव अर्जित किये जायें। इस कार्य हेतु उचित प्रतिपुष्टि (Feedback and reinforcement) प्रदान करने में भी मूल्यांकन प्रक्रिया तथा उसके परिणाम विशेष सहयोग प्रदान करते हैं।
7. मूल्यांकन के द्वारा माँ–बाप तथा अभिभावकों को भी अपने बालकों की शैक्षिक प्रगति तथा विकास के बारे में निरंतर सही–सही जानकारी मिलती रहती है।
8. अध्यापकों के कार्य तथा उत्तरदायित्वों के मूल्यांकन में भी मूल्यांकन के परिणाम काफी सहायक हो सकते हैं।
9. शिक्षण–अधिगम प्रक्रिया में प्रयुक्त, शिक्षण–अधिगम विधियों, तकनीक तथा शिक्षण अधिगम वातावरण और परिस्थितियों के नियोजन तथा संचालन व्यवस्था की समीक्षा कर उनमें सुधार लाने के कार्य में भी मूल्यांकन परिणामों से काफी सहायता मिल सकती है।
10. छात्रों के प्रगति और विकास का मापन एवं जाँच के परिणामों की उचित व्याख्या से उसका वर्गीकरण करने जैसे सामान्य, सामान्य के नीचे तथा सामान्य से ऊपर मेधावी तथा प्रतिभावान के रूप में व्याख्या करने में भी मूल्यांकन प्रक्रिया काफी सहायक सिद्ध हो सकती है।

11. बालकों के व्यक्तित्व का विकास किस सीमा तक तथा किन–किन व्यक्तित्व पक्षों – शारीरिक, मानसिक, सामाजिक, संवेगात्मक तथा नैतिक आदि में किस रूप में हो रहा है? इसकी सही जानकारी प्रदान करने में मूल्यांकन प्रक्रिया सहयोग प्रदान कर सकती है।
12. बालकों के व्यवहार में अपेक्षित परिवर्तन किस रूप में हो रहे हैं। ज्ञानात्मक, क्रियात्मक व भावात्मक पक्षों में अपेक्षित व्यवहार परिवर्तनों की क्या स्थिति है इसका अनुमान लगाकर जाँची हुई कमी को पूरा करने का कार्य अच्छी तरह से किया जा सकता है।
13. मूल्यांकन के परिणामों द्वारा बालक की योग्यता, रुचियों, अभिरुचियों, आदर्शों, अभिवृत्तियों, आदतों आदि का सही पता लग जाता है और इसलिए उन्हें शैक्षिक, व्यावसायिक एवं व्यक्तिगत रूप से निर्देशन एवं परामर्श देने के कार्य में सुविधा हो जाती है।
14. मूल्यांकन के परिणाम और उनकी उचित व्याख्या के माध्यम से छात्रों का किन्हीं विशेष पाठ्यक्रमों तथा आगे की कक्षाओं में पढ़ने के लिए चुनाव करने में सहायता मिलती है। नौकरियों में चयन तथा पदोन्नति हेतु भी इन्हें अच्छी तरह काम में लाया जा सकता है।
15. मूल्यांकन के परिणाम इस प्रकार की सभी सूचनाएं देने में पर्याप्त रूप से सक्षम होते हैं कि शिक्षक–अधिगम प्रक्रिया में होने वाली असफलता के लिए किसको विशेष रूप से कितना उत्तरदायी (Accountable) ठहराया जाए ? छात्र कितने दोषी हैं, अध्यापक कितना अथवा शिक्षण उद्देश्यों, विधियों एवं परिस्थितियों की सार्थकता एवं निरर्थकता का क्या रूप है ? इन सभी बातों का स्पष्ट अनुमान मूल्यांकन द्वारा अच्छी तरह लगाया जा सकता है और परिणामस्वरूप उनकी भूमिका में पर्याप्त सुधार करने की बात अच्छी तरह संपन्न की जा सकती है।

एक आदर्श मूल्यांकन के गुण तथा विशेषताएँ (Criteria of a Good or Ideal Evaluation)

मूल्यांकन शिक्षा का एक बहुत ही महत्त्वपूर्ण और आवश्यक अंग है। परंतु जिस अर्थ में इसे प्रयोग में लाया जाता है, वही तभी पूरा हो सकता है जबकि इसमें निम्न बातों का ध्यान रखा जाए–

1. **विषयानुकूलता अथवा वैधता** (Validity)—अच्छा मूल्यांकन वही माना जाता है जो विषय के अनुकूल हो अर्थात् उसके द्वारा वही मापा जाए जिसे मापने के लिए उसे प्रयोग में लाया गया हो (It should measure what it seeks to measure)। उदाहरण के लिए गणित के मूल्यांकन को तभी ठीक कहेंगे जबकि उसके द्वारा हम गणित संबंधी योग्यता को ही मापें और इससे भाषा की योग्यता, स्वच्छता एवं सामान्य बुद्धि को नहीं।
2. **विश्वसनीयता** (Realiability)—रिट्जलैंड के मतानुसार, "विश्वसनीयता से तात्पर्य उस श्रद्धा से है, जो एक परीक्षा में स्थापित की जा सकती है।"

   (Realiability refers to the faith that may be placed into a test.)

   किसी पर विश्वास उसके व्यवहार में यथार्थता और एकरूपता (Accuracy and consistency of behaviour) के कारण ही होता है। अगर एक घड़ी ठीक समय देती है तो कई बार उसकी जाँच करने पर उस पर अनायास ही विश्वास जम जाता है। इसी प्रकार अगर किसी परीक्षा में विद्यार्थी की योग्यता का यथार्थ रूप से मूल्यांकन करने से उसमें कोई अंतर नहीं आता तो उसे हम विश्वसनीय कहेंगे। अगर एक बार परीक्षा देने में परीक्षक किसी भी विद्यार्थी को 100 में से 60 अंक देकर उच्च स्तर का घोषित

करे तथा दूसरी बार वही परीक्षक उसी परीक्षार्थी को 100 में से 40–45 अंक देकर सामान्य स्तर का घोषित करवाए तो ऐसी परीक्षा कभी भी विश्वसनीय नहीं हो सकती।

3. **वस्तुनिष्ठा** (Objectivity)—इसका अर्थ यह है कि किसी भी प्रश्न का उत्तर देते समय विद्यार्थी और जाँचते समय परीक्षकगण अपनी–अपनी रुचियों, भावनाओं तथा जानकारी को ही महत्व देते हुए अगर अपने उत्तर को अपने रंग में न रंग सके तो वह मूल्यांकन वस्तुनिष्ठ कहलाता है। अगर किसी परीक्षा में विद्यार्थी की अपनी रुचि, भावनाओं तथा व्यक्तिगत दृष्टिकोण का प्रतिबिंब उत्तर देने में न पड़े और अध्यापक का व्यक्तिगत पक्षपात, उसकी मानसिक अवस्था, रुचि और भावनाओं का प्रभाव विद्यार्थियों के अंकों पर न पड़े तो वह मूल्यांकन वस्तुनिष्ठ कहलाता है। किसी भी परीक्षा की वस्तुनिष्ठता उसके प्रश्नों को देखकर आसानी से पहचानी जा सकती है। अगर प्रश्नों का उत्तर संक्षिप्त और प्रत्येक परिस्थिति में एक–सा ही हो और उस पर व्यक्तिगत दृष्टिकोण, पसंद नापसंद तथा भावनाओं का कोई प्रभाव न पड़े तो वह परीक्षा वस्तुनिष्ठ कही जा सकती है।

4. **समुचितवरण या व्यापकता** (Comprehensiveness)—मूल्यांकन का उद्देश्य पिछली पढ़ाई संबंधी सभी बातों के बारे में यह पता लगाना होता है कि विद्यार्थी उनको ठीक प्रकार से समझ पाए हैं अथवा नहीं तथा उनमें कितनी योग्यता और ज्ञान की वृद्धि हुई है। अतः मूल्यांकन ऐसा होना चाहिए कि इस दिशा में वह अधिक–से–अधिक जाँच कर सके, उसमें सभी प्रकरणों, प्रकरणों के सभी अंशों तथा अन्य उपयोगी ज्ञान की उचित जाँच की क्षमता हो। ऐसा न हो कि कुछ प्रकरणों में से प्रश्न पूछ लिए जाएँ और कुछ बिल्कुल अछूते ही रह जाएँ। फिर एक प्रकरण में से एक प्रश्न चुन लेने से प्रकरण के सभी अंशों को उचित प्रतिनिधित्व कैसे मिल सकता है ? अगर जाँच करनी ही है तो प्रत्येक पढ़ाए हुए अंश को उचित स्थान मिलना ही चाहिए। समुचितवरण तभी हो सकता है जबकि मूल्यांकन में प्रश्नों की संख्या अधिक हो तथा प्रश्न इस प्रकार के हों कि वे पढ़ाए हुए ज्ञान के सभी क्षेत्रों का उचित प्रतिनिधित्व कर सकें।

5. **निदानात्मकता** (Diagnosticity)—एक अच्छे मूल्यांकन में निदानात्मकता का गुण भी होना चाहिए। जिस तरह किसी भी रोगी के रोग का उचित निदान उसके उपचार के लिए आवश्यक है, इसी प्रकार विद्यार्थियों की कमियों, कठिनाइयों तथा रुचियों इत्यादि का उचित ज्ञान भी आवश्यक है जिससे उनकी रुकावटों को दूर किया जा सके। अच्छा मूल्यांकन वही कहा जा सकता है, जो इस दिशा में उचित सहयोग दे।

6. **व्यावहारिकता** (Practicability)—मूल्यांकन के व्यावहारिक होने का अर्थ उसकी निम्न विशेषताओं में है–

   (a) **बनाने में आसानी** (Ease in Preparation)—मूल्यांकन का साधन (प्रश्न–पत्र और अन्य सामग्री) अधिक खर्चीला न हो तथा उसे तैयार करने में अधिक परिश्रम तथा समय नहीं लगता हो।

   (b) **परीक्षा लेने में आसानी** (Ease in Administration)—जब विद्यार्थियों की जाँच की जाए तो उनकी बिना किसी प्रबंधात्मक (Administrative) तथा अनुशासन संबंधी समस्या के, ठीक जाँच की जा सके। छात्र आपस में नकल तथा पूछताछ द्वारा अनुचित लाभ उठाने में समर्थ न हो सकें।

   (c) **अंक लगाने में आसानी** (Ease in Scoring)—परीक्षक को विद्यार्थियों के अंक लगाने में आसानी हो। अधिक लंबे–लंबे प्रश्नों को ठीक प्रकार से पढ़ने और समझने के बाद सभी विद्यार्थियों के उत्तर का तुलनात्मक अध्ययन करते हुए अंक देना अध्यापक के लिए बड़ा सिरदर्द बन जाता है। इसलिए मूल्यांकन ऐसा होना चाहिए जिसमें अध्यापक को उचित और न्यायपूर्ण अंक लगाने में आसानी हो।

मूल्यांकन की तकनीक एवं प्रविधियाँ (Techniques and Devices of Evaluation)

मूल्यांकन की तकनीक एवं प्रविधियों से अभिप्रायः उन साधनों तथा तरीकों से है जिनकी सहायता से शिक्षण–अधिगम के परिणामस्वरूप विद्यार्थी के व्यवहार के सभी पक्षों (ज्ञानात्मक, क्रियात्मक एवं भावात्मक) में आने वाले परिवर्तनों का उचित मूल्यांकन किया जाता है। चूँकि व्यवहारगत परिवर्तन मूलतः दो प्रकार के – परिमाणात्मक (Quantitative) तथा गुणात्मक (Qualitatitive) होते हैं अतः मूल्यांकन की तकनीक एवं प्रविधियों को भी सामान्यतया दो भागों – परिमाणात्मक एवं गुणात्मक में बाँट कर आगे बढ़ा जा सकता है।

परिमाणात्मक तकनीक एवं प्रविधियाँ (Quantitative Technique and Devices)

मूल्यांकन की इन तकनीक एवं प्रविधियों के सहारे बालकों के व्यवहार में आने वाले परिमाणात्मक परिवर्तनों (Quantiative changes) का मापन एवं व्याख्या की जाती है। परंपरागत परीक्षण (Testing) और परीक्षा (Examination) से जुड़ी हुई सभी विधाएं, तकनीक तथा प्रविधियाँ इस कार्य हेतु प्रयुक्त की जा सकती हैं। इसके द्वारा प्रमुख रूप से बालक के ज्ञान एवं कौशल अर्जन संबंधी उपलब्धियों का ही मूल्यांकन होता है तथा इस कार्य हेतु निम्न प्रकार के परीक्षणों तथा परिणामों का सहारा लिया जाता है।

(i) समय समय पर लिए जाने वाले परीक्षण (Periodical tests) जैसे पाठ को प्रारंभ करने से पूर्व लिए जाने वाले परीक्षण, पाठ के मध्य तथा समाप्ति के बाद लिए जाने वाले परीक्षण, इकाई की समाप्ति के बाद लिए जाने वाले परीक्षण, साप्ताहिक, पाक्षिक या मासिक परीक्षण आदि (Weekly, Fortnightly and monthly tests)।

(ii) विभिन्न प्रकार की आंतरिक एवं बाह्य परीक्षायें (Internal and external examinations)।

उपरोक्त प्रकार के परीक्षण तथा परीक्षाओं को प्रायः उनके निम्न रूपों तथा प्रारूपों में आयोजित किया जाता है–

1. मौखिक परीक्षण तथा परीक्षाएँ (Oral tests and examinations)
2. क्रियात्मक एवं प्रयोगात्मक परीक्षण तथा परीक्षाएं (Practical tests and examinations)
3. लिखित परीक्षण तथा परीक्षाएं (Written tests and examinations) जिनके निबन्धात्मक (Essay type), लघु उत्तर रूप (Short answer type) तथा वस्तुनिष्ठ प्रकार (Objective type) इस प्रकार के तीन रूप प्रायः देखने को मिलते हैं।

गुणात्मक तकनीक एवं प्रविधियाँ (Qualitative Techniques and Devices)

बालक के व्यवहार में होने वाले गुणात्मक परिवर्तनों (Qualitative changes) जैसे रुचि, अभिरुचि, अभिवृत्तियों, आदतें एवं व्यक्तित्व गुणों से संबंधित परिवर्तनों के मापन एवं व्याख्या हेतु इन तकनीक एवं प्रविधियों का प्रयोग किया जाता है। इस प्रकार की तकनीक एवं प्रविधियों में उल्लेखनीय निम्न हैं–

– निरीक्षण तथा अवलोकन विधि (Observation method or technique)

– प्रश्नावली (Questionnaire) तथा परिसूची (Inventory)

– साक्षात्कार (Interview)

– परिस्थिति परीक्षण (Situational tests)
– चेक लिस्ट (Check list)
– अभिवृत्ति मापनी (Attitude scale)
– रेटिंग स्केल (Rating scale)
– व्यक्तित्व गुणों के मापन हेतु प्रयोग में लाई जाने वाली प्रक्षेपी तकनीक (Projective technique) जैसे रोर्शा स्याही धब्बा परीक्षण (Ink blot test), प्रासंगिक अंतर्बोध परीक्षण (TAT), बाल अंतर्बोध परीक्षण (CAT), वाक्य पूर्ति परीक्षण, चित्र पूर्ति परीक्षण आदि।
– छात्र डायरियाँ (Pupil's diaries)
– छात्रों द्वारा स्वयं निर्मित उपकरण, वस्तुएं तथा सृजनात्मक कार्य (Improvised apparatus and other creative as well as productive work of the students)
– संचित अभिलेख पत्र (Cumulative record card)

मूल्यांकन की उपरोक्त वर्णित परिमाणात्मक एवं गुणात्मक तकनीक एवं प्रविधियों में से अब हम कुछ का निम्न शीर्षकों के अंतर्गत विस्तृत वर्णन करना चाहेंगे–

A. समय समय पर लिये जाने वाले परीक्षण (Periodical test)
B. बाह्य परीक्षाएं (External examinations)

A. समय–समय पर लिए जाने वाले परीक्षण (Periodical Tests)—परीक्षण जैसा कि पहले ही उल्लेख किया जा चुका है, मूल्यांकन के लिए प्रयुक्त विभिन्न तकनीकों एवं प्रविधियों के एक प्रमुख वर्ग का प्रतिनिधित्व करते हैं। इन्हें परिमाणात्मक एवं गुणात्मक दोनों प्रकार के व्यवहार परिवर्तनों की जाँच के लिए काम में लाया जा सकता है। इनका एक विशेष गुण यह है कि इन्हें अध्यापक सुविधानुसार समय–समय पर विद्यार्थियों के मूल्यांकन हेतु प्रयोग में ला सकते हैं यथा–

(i) विद्यार्थियों के पूर्व ज्ञान का स्तर क्या है ? उनका प्रारंभिक व्यवहार (Initial behaviour) स्तर क्या है ? यह जानने के लिए उनके ज्ञान, कौशल, रुचि, अभिरुचि, अभिवृत्ति आदि के परीक्षण हेतु विभिन्न प्रकार के परीक्षण किए जा सकते हैं। इनका मौखिक, लिखित तथा प्रयोगात्मक कोई भी रूप हो सकता है। सरल रूप में अपने पाठ को प्रस्तावित करने के लिए जब अध्यापक द्वारा पूर्व ज्ञान की जाँच के लिए कुछ मौखिक प्रश्न पूछे जाते हैं तो इस प्रकार के प्रश्न पूछने का ढंग परीक्षण कार्यक्रम (Testing program) के अंतर्गत ही आता है।

(ii) कुछ समय तक पाठ्यवस्तु को पढ़ाने यानी अधिगम अनुभव प्रदान करने के पश्चात् अध्यापक को यह जानने की उत्सुकता रहती है कि बालकों द्वारा उसे कितना और किस रूप में समझा या ग्रहण किया गया है। यही बात कुशलताओं के अर्जन, अभिवृत्तियों के पोषण तथा रुचि, रुझान और आदतों आदि में लाए जाने वाले परिवर्तनों के लिए भी है। एक समय विशेष के अंतर्गत इस प्रकार के परिवर्तन बालक में किस रूप में हुए हैं यह जानने के लिए अध्यापक समय–समय पर कुछ विशेष प्रकार के परीक्षण कार्यक्रम की व्यवस्था कर सकता है। जैसे पढ़ाई जाने वाली विषय सामग्री को आधार बनाकर मौखिक प्रश्न पूछना, लिखित रूप में प्रश्नों के उत्तर देने को कहना, प्रायोगिक तथा क्रियात्मक कार्य करने के

अवसर प्रदान करना, उनकी रुचि, रुझान, अभिवृत्ति आदि के मापन के लिए परीक्षण सामग्री प्रदान करना आदि।

(iii) पाठ की समाप्ति के बाद अध्यापक एक बार फिर जो कुछ अधिगम अनुभव बालकों के द्वारा अर्जित किए जा सकते हैं उनको आधार बनाकर बालकों की जाँच हेतु आवश्यक परीक्षण कार्यक्रम की व्यवस्था कर सकता है। इस दृष्टि से वह फिर मौखिक, लिखित तथा क्रियात्मक इन तीनों रूपों में उनका परीक्षण ले सकता है। सबसे सरल रूप में वह उनको पढ़ाई जाने वाली विषयवस्तु को आधार बनाकर मौखिक प्रश्न पूछ सकता है, अभ्यास कार्य के रूप में कुछ प्रश्न या समस्याओं को हल करवा सकता है। गृहकार्य के रूप में कुछ प्रश्न या समस्याओं को घर से हल करके लाने के लिए कह सकता है। प्रोजेक्ट कार्य के रूप में किन्हीं कार्यों को करने के लिए कह सकता है, किन्हीं वस्तुओं या उपकरणों के निर्माण के लिए कह सकता है, अथवा सीखे हुए काम एवं कौशल के उपयोग हेतु कुछ प्रयोग एवं परीक्षण करने को कह सकता है। इस तरह के विभिन्न परीक्षण कार्यक्रमों को अपनाकर वह यह जाँचने का प्रयास कर सकता है कि उनके द्वारा अपने शिक्षण के दौरान जो ज्ञान, कौशल तथा भावात्मक क्षेत्र में व्यवहार परिवर्तन की चेष्टाएं की गई थीं वे किस सीमा तक सफल हो पायी हैं ?

(iv) पाठ के प्रारंभ, मध्य तथा समाप्ति के दौरान किए जाने वाले उन परीक्षणों के अतिरिक्त अध्यापक द्वारा समय–समय पर अन्य कई प्रकार के परीक्षण कार्यक्रमों का आयोजन मूल्यांकन हेतु किया जा सकता है। किसी इकाई की समाप्ति के बाद इकाई परीक्षण (Unit test) सप्ताहांत के शिक्षण अधिगम के उपरांत साप्ताहिक परीक्षण (Weekly test), 15 दिन के पश्चात पाक्षिक परीक्षण और एक माह के बाद मासिक परीक्षण (Monthly tests) का आयोजन करना इसी प्रकार के परीक्षण कार्यक्रमों की आगामी श्रृंखला में आता है।

(v) विभिन्न प्रकार के परीक्षण कार्यक्रम (Test program) केवल ज्ञान एवं कुशलताओं के अर्जन की जाँच हेतु ही प्रयोग में नहीं लाए जाते बल्कि भावात्मक व्यवहार क्षेत्र में आने वाले गुणात्मक परिवर्तनों की जाँच हेतु भी इन्हें अच्छी तरह प्रयोग में लाया जा सकता है। इसके अतिरिक्त ज्ञानात्मक एवं क्रियात्मक व्यवहार परिवर्तन के क्षेत्र में भी इनके द्वारा परिमाणात्मक और गुणात्मक दोनों प्रकार के मूल्यांकन का कार्य भी अच्छी तरह किया जा सकता है। उदाहरण के लिए बुद्धि परीक्षणों (Intelligence tests) के द्वारा बुद्धि लब्धांक (I.Q.) के रूप में जहाँ परिमाणात्मक मापन के अवसर मिलते हैं वहाँ बुद्धि के तत्त्व और कारकों के रूप में गुणात्मक मूल्यांकन भी संभव हो पाता है। किस की बुद्धि किस प्रकार की है उसमें किस प्रकार की विलक्षणता या विशेषताएँ हैं इसकी व्याख्या बुद्धि परीक्षणों के परिणामों के आधार पर की जा सकती है। भावात्मक व्यवहार क्षेत्र के गुणात्मक परिवर्तनों के मूल्यांकन के लिए जिन परीक्षण विधाओं या तकनीकों का प्रयोग सामान्यतया किया जाता है उनमें प्रमुख रूप से रुचि प्रश्नावली, अभिरुचि परीक्षण, अभिवृत्ति मापनी, चेक लिस्ट, रेटिंग स्केल आदि का नाम लिया जा सकता है।

(vi) परीक्षण कार्यक्रमों (Testing programmes) में एक अन्य महत्त्वपूर्ण उल्लेखनीय नाम निदानात्मक परीक्षणों (Diagnostic test) का है। इन परीक्षणों के सहारे छात्रों की व्यक्तिगत एवं सामूहिक कमजोरियों एवं कठिनाइयों का पता लगाने की कोशिश की जाती है। कोई एक बालक किसी विशेष प्रकार की गलती क्यों करता है, शब्द का गलत उच्चारण क्यों करता है, मात्रा या अन्य रचना संबंधी अशुद्धि क्यों करता है, किसी प्रयोगकार्य में किसी एक कार्य में असफलता का प्रदर्शन क्यों करता है आदि। इन सभी बातों की जाँच के लिए उपयुक्त निदानात्मक परीक्षणों का सही समय पर प्रयोग करते रहने से बालकों की कठिनाइयों तथा कमजोरियों से भलीभाँति परिचित हुआ जा सकता है और फिर उसी के अनुरूप उपचारात्मक शिक्षण (Remedial teaching) की व्यवस्था की जा सकती है।

B. बाह्य परीक्षाएं क्या हैं ? (Meaning of the Term External Examination)—बाह्य या बाहरी परीक्षाएं उन परीक्षाओं को कहा जाता है–

(i) जिन्हें किन्हीं बाहरी एजेंसियों तथा संगठनों के द्वारा संचालित किया जाता है अर्थात् इन परीक्षाओं को वे अध्यापक जो परीक्षा देने वाले विद्यार्थियों को पढ़ाते हैं अथवा वे विद्यालय जिनमें ये पढ़ते हैं उनके द्वारा संचालित नहीं किया जाता। अपने विद्यालय से बाहर के लोगों तथा बाहरी साधनों के द्वारा संचालित होने के कारण इन पर आंतरिक नियंत्रण न होकर बाह्य नियंत्रण होता है और इसी अर्थ में इन्हें बाह्य परीक्षाएं कहा जाता है।

(ii) इन परीक्षाओं का संचालन किसी एक विद्यालय के बालकों की शैक्षिक उपलब्धि का मूल्यांकन करने के लिए नहीं किया जाता बल्कि परीक्षा लेने वाली एजेंसी या संगठन के कार्यक्रम में शामिल विभिन्न विद्यालयों के बालकों की सामूहिक परीक्षा हेतु इनका उपयोग किया जाता है। उदाहरण के लिए हरियाणा में आठवीं, दसवीं तथा बारहवीं कक्षा के विद्यार्थियों के लिए वर्ष के अंत में बोर्ड ऑफ स्कूल एजुकेशन (Board of school education) द्वारा जो परीक्षाएं ली जाती हैं वे सभी बाह्य परीक्षाएं कहलाती हैं। इनके द्वारा हरियाणा के विद्यालयों में पढ़ने वाले इन कक्षाओं के विद्यार्थियों का इस बाह्य एजेंसी द्वारा सामूहिक तौर पर मूल्यांकन किया जाता है और उस मूल्यांकन के परिणाम के आधार पर बालकों को उत्तीर्ण, अनुत्तीर्ण घोषित किया जाता है तथा प्राप्तांकों के आधार पर श्रेणियाँ प्रथम, द्वितीय तथा तृतीय (I, II & III divisions) प्रदान की जाती हैं। मेरिट पोजीशन दी जाती है। इन प्राप्तांकों का उल्लेख करते हुए सर्टीफिकेट तथा मार्कशीट आदि प्रदान किए जाते हैं। इस प्रकार के शिक्षा बोर्ड सभी प्रांतों में तथा केंद्रीय स्तर पर बने हुए हैं जिनके द्वारा प्रांतीय तथा केंद्रीय स्तर पर विद्यालय छात्रों हेतु बाह्य परीक्षाओं का आयोजन किया जाता है। आगे चल कर यही बात महाविद्यालीय तथा विश्वविद्यालीय शिक्षा पर भी लागू होती है। इस स्तर पर यह कार्य विश्वविद्यालयों द्वारा किया जाता है। विभिन्न महाविद्यालयों (Colleges) में पढ़ने वाले छात्रों की शैक्षिक उपलब्धि का मूल्यांकन करने हेतु विश्वविद्यालयों के परीक्षा नियंत्रण विभाग द्वारा बाह्य परीक्षाओं का आयोजन किया जाता है और उसके आधार पर उत्तीर्ण, अनुत्तीर्ण तथा डिवीजनों के वितरण का कार्य किया जाता है और डिग्रियाँ प्रदान की जाती हैं।

(iii) सर्टीफिकेट, डिग्री या डिप्लोमा प्रदान करने के अतिरिक्त बाह्य परीक्षाओं का प्रयोग आजकल किसी आगे की कक्षा अथवा व्यावसायिक एवं रुचि पाठ्यक्रमों में प्रवेश देने के लिए भी काफी किया जा रहा है। पहले इनका प्रयोग केवल इंजीनियरिंग, डाक्टरी, मैनेजमेंट आदि से संबंधित व्यावसायिक कोर्सों में प्रवेश देने हेतु ही किया जाता था परंतु आजकल सभी प्रकार की उच्चतर कक्षाओं – किसी भी पोस्टग्रेजुएशन कोर्स (Post graduation course) के प्रवेश हेतु चयन के लिए भी किया जाता है। क्षेत्रीय, प्रांतीय और अखिल भारतीय स्तर पर इन परीक्षाओं के आयोजन द्वारा विद्यार्थियों की उन योग्यताओं तथा शैक्षिक उपलब्धि के मूल्यांकन का प्रयत्न किया जाता है जिन्हें किन्हीं नौकरी विशेषों के लिए महत्त्व दिया जाता हो। क्लर्कों, अफसरों तथा अन्य कर्मचारियों के चयन में इस प्रकार की बाह्य परीक्षाएं बहुत समय से अपनी भूमिका निभा रही हैं।

(iv) यद्यपि बाह्य परीक्षाएं न तो उन अध्यापकों द्वारा ली जाती हैं जो पूरे वर्ष विद्यार्थियों को ज्ञान, कौशल तथा अन्य अधिगम अनुभव प्रदान करते हैं और न उन विद्यालयों का जहाँ बालक इस प्रकार के शैक्षिक अनुभव ग्रहण करते हैं इनके संचालन और संगठन पर नियंत्रण ही होता है परंतु फिर भी अध्यापक और विद्यालय की कोई ऐसी क्रिया या कार्य नहीं जिसका उद्देश्य बाह्य परीक्षाओं के लिए बालकों को तैयार

करना नहीं होता। वास्तव में देखा जाए तो सारे साल जो कुछ भी हमारे विद्यालयों तथा महाविद्यालयों में होता है उसका लक्ष्य ये बाह्य परीक्षाएं ही होती हैं। अध्यापक वही पढ़ाते हैं जिससे उनके विद्यार्थियों को बाह्य परीक्षाओं में अधिक से अधिक सफलता मिले, विद्यार्थी वहीं पढ़ते हैं तथा पढ़ना चाहते हैं जिससे वे बाह्य परीक्षाओं का अच्छी तरह सामना कर सकें। संस्थाओं में वैसा ही वातावरण बनाया जाता है जिनसे बाह्य परीक्षाओं के लिए विद्यार्थियों को अच्छे से अच्छे रूप में तैयार किया जाता रहे। इस तरह बाह्य परीक्षाएं अपने सभी रूपों में विद्यार्थी अध्यापक और शिक्षा संस्थाओं के सामने वे लक्ष्य तथा एकमात्र उद्देश्यों को निर्धारित करती हैं जिनकी पूर्ति हेतु उन सभी के द्वारा अच्छे से अच्छे प्रयास किए जाएँ।

बाह्य परीक्षाओं के रूप तथा तकनीकें (Forms and Techniques of External Examinations)

ज्ञान एवं कुशलताओं के अर्जन और उपलब्धि की परीक्षा करने हेतु बाह्य परीक्षाओं के प्रायः तीन मुख्य रूप–मौखिक, क्रियात्मक या प्रयोगात्मक तथा लिखित (Oral, practical and written) देखने को मिलते हैं। इनमें अधिक बल लिखित परीक्षाओं पर ही रहता है, मौखिक तथा प्रयोगात्मक परीक्षाओं को विषय तथा परिस्थिति के अनुसार ही लिखित परीक्षाओं के परिणामों को और अधिक बल प्रदान करने के लिए ही काम में लाया जाता है। आइये देखें परीक्षाओं के ये तीनों रूप अथवा तकनीकें अपने आप में क्या हैं और इनसे किस प्रकार विद्यार्थियों के मूल्यांकन कार्य में सहायता मिलती है।

मौखिक परीक्षाएं (Oral Examinations)

इस प्रकार की परीक्षाओं का रूप लिखित न होकर मौखिक होता है। मौखिक रूप में प्रश्न पूछकर मौखिक रूप में उत्तर लेना, विचार विमर्श करना तथा किसी एक प्रसंग या प्रकरण पर परीक्षार्थियों के मध्य वार्तालाप, वाद–विवाद या पैनल वार्ता आदि का आयोजन कराना इस प्रकार की मौखिक परीक्षा के ही विभिन्न रूप कहे जा सकते हैं। इस प्रकार की मौखिक परीक्षाओं द्वारा विद्यार्थियों की योग्यता, बुद्धि और शैक्षिक उपलब्धियों से संबंधित बहुत सी बातों की आवश्यक जानकारी प्राप्त हो सकती है यथा–

(i) बालकों की अभिव्यक्ति शक्ति एवं योग्यता की जाँच हो सकती है विशेषकर मौखिक रूप से वे अपने आपको किस तरह अभिव्यक्त करते हैं, उनमें कितनी पाठ्य तथा वाचन संबंधी योग्यता है, उनका उच्चारण कितना शुद्ध है अथवा अशुद्ध, वे अपने विचारों तथा भावों को कितनी अच्छी तरह से मौखिक रूप में व्यक्त कर सकते हैं तथा समझ सकते हैं, आदि–आदि।

(ii) मौखिक परीक्षाएं लिखित तथा प्रयोगात्मक परीक्षाओं के परिणामों की ओर अधिक बल प्रदान करने हेतु भी प्रयोग में लाई जाती हैं। प्रयोगात्मक परीक्षाओं (Practical examinations) के साथ मौखिक परीक्षाओं का भी लिया जाना एक आम बात है। विज्ञान, भूगोल, मनोविज्ञान आदि विषयों में यह कार्य छोटी कक्षाओं से ही शुरु हो जाता है तथा एम०ए०, एम०फिल आदि कक्षाओं तक चलता ही रहता है। हिंदी, अंग्रेजी तथा अन्य भाषाओं से संबंधित डिप्लोमा, डिग्री तथा स्नातकोत्तर कक्षाओं (Post graduation classes) में लिखित परीक्षाओं के साथ–साथ मौखिक परीक्षाओं (Viva-voce) में से गुजारे बिना काम ही नहीं चल सकता। इस तरह मौखिक परीक्षाओं को विभिन्न विषयों के ज्ञान तथा कुशलता की परीक्षा हेतु लिखित तथा प्रयोगात्मक परीक्षाओं की पूरक परीक्षाओं के रूप में काम में लाया जाता है।

(iii) मौखिक परीक्षाओं के द्वारा बालकों द्वारा अर्जित ज्ञान, कौशल आदि से संबंधित आवश्यक जानकारी की जाँच के अतिरिक्त उनके भावात्मक व्यवहार क्षेत्र से संबंधित बहुत सी बातों की भी अनायास ही जानकारी उपलब्ध हो सकती है। साक्षात्कारों (Interviews) का आयोजन इसी दिशा में काफी उपयोगी

सिद्ध होता है। बालकों की रुचि, अभिरुचि, अभिवृत्तियों, आदतों तथा व्यक्तित्व के विभिन्न गुणों से संबंधित बहुत सी बातों की जानकारी हमें साक्षात्कारों में मौखिक रूप से पूछे गए प्रश्नों के उत्तरों तथा उत्तर देते समय की गई चेष्टाओं आदि से भलीभाँति प्राप्त हो सकती है। इस दृष्टि से साक्षात्कार के रूप में मौखिक परीक्षाओं का प्रयोग चयन तथा पदोन्नति (Selection and promotion) दोनों में ही काफी लाभदायक सिद्ध हो सकता है।

मौखिक परीक्षाएं कैसे ली जाएं ? (How to Conduct Oral Examinations ?)

मौखिक परीक्षाओं से समुचित लाभ उठाने हेतु निम्न बातों पर ध्यान देना काफी उपयोगी सिद्ध हो सकता है–

- मौखिक परीक्षा किस उद्देश्य से ली जा रही है इसकी पूरी जानकारी परीक्षक को होनी चाहिए। जिस प्रकार के ज्ञान, कौशल तथा भावात्मक व्यवहार के क्षेत्र से संबंधी बातों की जाँच की जानी है, पूछे जाने वाले प्रश्न उन्हीं से संबंधित होने चाहिएं।
- प्रश्न सरल भाषा में सीधी तरह से पूछे जाने चाहिएं। उनमें किसी तरह की अस्पष्टता तथा घुमाव–फिराव नहीं होना चाहिए। बालक वही समझे जिसका उत्तर उनसे प्राप्त करने की चेष्टा की जा रही है।
- परीक्षक को पूछे जाने वाले प्रश्नों की एक वृहत सूची, आदर्श उत्तरों सहित बना लेनी चाहिए तथा उसे भलीभाँति अपने मस्तिष्क मे रखना चाहिए ताकि यथास्थान परिस्थिति अनुसार वह बालकों से प्रश्न पूछ सके। प्रश्नों को सरल से कठिन की ओर चलते हुए ही पूछना चाहिए तथा बालकों की योग्यता और स्तर के अनुरूप ही उनसे प्रश्न पूछने चाहिएं।
- मौखिक परीक्षा कार्य बालक को निरुत्साहित करने के लिए नहीं होता। यह तो उसे जो आता है उसकी जानकारी लेने हेतु ही संपन्न किया जाता है। अतः इसे कभी भी ऐसे वातावरण में नहीं लिया जाना चाहिए जिसमें बालक अपने आपको डरा हुआ समझे अथवा किसी भी तरह से उसका आत्मविश्वास डगमगाने लगे और वह इस वातावरण से अपनी अभिव्यक्ति ठीक ढंग से न कर पाए। सहज और स्वाभाविक वातावरण में बालक का मन जीतकर ही उसकी योग्यताओं की मौखिक परीक्षा ली जा सकती है, इस बात को परीक्षक द्वारा सदैव ही ध्यान में रखा जाना चाहिए।
- अगर मौखिक परीक्षा को लिखित तथा प्रायोगिक कार्य का पूरक तथा समर्थक बनाना है तो यह ध्यान रखा जाना चाहिए कि जो बातें लिखित तथा प्रयोगिक कार्यों द्वारा पूछे जाने से रह गई हैं उन्हीं बातों की सूचना एकत्रित करने के लिए ही मौखिक परीक्षा में प्रश्न पूछे जाने चाहिएं।
- मौखिक परीक्षाओं को लिखित तथा प्रायोगिक परीक्षाओं की तरह ही बालकों के पास–फेल, डिवीजन तथा सर्टीफिकेशन का पूरा आधार बनाया जाना चाहिए।
- मौखिक परीक्षा में बालकों की एक–एक करके ही परीक्षा लेना उपयुक्त रहता है। ऐसा प्रबंध किया जाना चाहिए कि बालकों की यह परीक्षा एकांत में ही हो सके। दूसरे परीक्षार्थी उनसे पूछे जाने वाले प्रश्नों तथा उत्तर आदि को नहीं सुन सकें। कोशिश यह की जानी चाहिए कि जिन बालकों की परीक्षा ली जाती रहे उन्हें अन्य बालकों, जिनकी परीक्षा ली जानी है, से मिलने का अवसर न मिल पाए। हाँ अगर यह संभव न हो तो बालकों से भिन्न–भिन्न प्रकार के मौखिक प्रश्न या बातें पूछनी चाहिएं ताकि आगे परीक्षा देने वाले बालक आपस में बातें कर इसका नाजायज फायदा न उठा सकें।

प्रयोगात्मक परीक्षाएं (Practical Examinations)

इन परीक्षाओं में बालकों के द्वारा किए जाने वाले क्रियात्मक एवं प्रयोगात्मक कार्य के आधार पर उनकी इस क्षेत्र से संबन्धित उपलब्धियों तथा व्यवहारगत गुणों की जाँच की जाती है। विभिन्न कुशलताओं के अर्जन का मूल्यांकन

करने का एकमात्र सही साधन प्रयोगात्मक परीक्षाएं ही हैं। इसी तरह बालक की सृजनात्मक तथा रचनात्मक क्षमताओं, रुचियों तथा अभिवृत्तियों का मूल्यांकन भी उनके द्वारा निर्मित वस्तुओं तथा किए जाने वाले कार्य के आधार पर ही अच्छी तरह से हो सकता है। यही कारण है कि प्रयोगात्मक परीक्षाओं का प्रयोग सामान्यतया निम्न प्रकार की मूल्यांकन परीस्थितियों में अधिकांश रूप से किया जाता है–

(i) विज्ञान विषयों जैसे रसायन शास्त्र, भौतिक शास्त्र, जीव विज्ञान, वनस्पति विज्ञान, औषधि विज्ञान, भू–विज्ञान, गृह विज्ञान, कृषि विज्ञान, कंप्यूटर विज्ञान आदि में इस प्रकार की परीक्षाएं अनिवार्य रूप से आयोजित की जाती हैं। विद्यार्थी सैद्धांतिक ज्ञान के साथ–साथ प्रयोगशालाओं में प्रयोग करते हुए व्यावहारात्मक तथा प्रयोगात्मक ज्ञान एवं कुशलताओं का भी अर्जन करते हैं उनके द्वारा अर्जित इस ज्ञान एवं कौशल की परीक्षा लेने हेतु ही संबंधित प्रयोगात्मक परीक्षाओं का आयोजन किया जाता है।

(ii) कला संकाय (Faculty of art) में कई विषय ऐसे हैं जिनमें प्रयोगात्मक परीक्षाओं को आयोजित किया जाता है। भूगोल, मनोविज्ञान, ललित कला (Fine arts), संगीत, नृत्य आदि ऐसे ही विषय हैं जिनमें प्रयोगात्मक परीक्षाओं के महत्त्व को नकारा नहीं जा सकता।

(iii) वाणिज्य (Commerce) में भी सैद्धांतिक ज्ञान के अतिरिक्त प्रयोगात्मक कार्य का विशेष महत्त्व है। टाइपिंग, शार्टहैंड, हिसाब–किताब रखना (Accounts keeping) आदि के लिए प्रयोगात्मक परीक्षाओं का आयोजन वाणिज्य विषयों के अंतर्गत भी किया जाना आवश्यक सा ही है।

(iv) विद्यालय में हस्तकला और उद्योग से संबंधित विषयों को एक प्रमुख तथा अनिवार्य स्थान दिया जाता है। कार्य–अनुभव (Work experience) तथा समाज उपयोगी उत्पादक कार्यों (Socially useful productive work or SUPW) के नाम से पाठ्यक्रम में इनका प्रायः उल्लेख किया जाता है। ऐसे कार्यों तथा क्रियाओं में बालकों की उपलब्धि तथा व्यवहार परिवर्तनों का क्रियात्मक तथा प्रयोगात्मक कार्य के आधार पर ही ठीक प्रकार मूल्यांकन किया जा सकता है।

इस प्रकार से प्रयोगात्मक परीक्षाओं का प्रयोग विभिन्न विषयों तथा क्रियाओं से संबंधित ज्ञान, कौशल, रुचि, अभिवृत्ति और सृजनात्मक तथा रचनात्मक योग्यताओं के मापन एवं व्याख्या में शिक्षा के सभी स्तरों, विद्यालय, महाविद्यालय तथा विश्वविद्यालय पर आवश्यकतानुसार किया जाता रहता है। इन परीक्षाओं के परिणामों को जब संबंधित लिखित तथा मौखिक परीक्षाओं के साथ जोड़ लिया जाता है तो मूल्यांकन के कार्य में और भी विश्वसनीयता (Reliability), वैधता (Validity) एवं वस्तुगतता (Objectivity) आ जाती है। वस्तुस्थिति ऐसी ही है अधिकतर तीनों प्रकार की ही परीक्षाएं लिखित, मौखिक तथा प्रयोगात्मक लेने का प्रयत्न किया जाता है। प्रयोगात्मक के साथ मौखिक परीक्षा का तो अभिन्न संबंध नजर आता है। जो कुछ भी प्रयोगात्मक कार्य बालकों से परीक्षा के दौरान कराया जाता है उससे संबंधित मौखिक प्रश्नों का पूछा जाना जरूरी सी ही बात है। इस मौखिक परीक्षा में परीक्षक और भी इधर–उधर या आगे–पीछे जा सकता है। वह सत्र के दौरान किए गए सभी प्रायोगिक कार्यों को आधार बनाकर मौखिक परीक्षा ले सकता है। बालकों द्वारा निर्मित वस्तुओं के रूप में जो कुछ भी प्रदर्शित किया जाता है परीक्षक उनके निर्माण तथा उपयोग से संबंधित विभिन्न प्रश्न पूछकर बालकों के ज्ञान, कौशल तथा व्यवहारगत गुणों की परीक्षा ले सकता है।

प्रयोगात्मक परीक्षा कैसे ली जाए ? (How to Conduct Practical Examination?)

प्रयोगात्मक परीक्षाओं से समुचित लाभ उठाने के लिए कुछ निम्न बातों पर ध्यान देना काफी लाभदायक सिद्ध हो सकता है।

- प्रयोगात्मक परीक्षा किस उद्देश्य से ली जा रही है इसका ज्ञान परीक्षक तथा परीक्षार्थी को होना चाहिए।
- जो प्रयोगात्मक तथा क्रियात्मक कार्य बालकों के पाठ्यक्रम में हो उसी को आधार बनाकर प्रयोगात्मक परीक्षा ली जानी चाहिए। मौसम तथा परिस्थितियों के हिसाब से किस प्रकार का प्रयोगात्मक कार्य बालकों द्वारा किया जा सकता है इसका भी ध्यान परीक्षकों द्वारा रखा जाना चाहिए।
- प्रयोग तथा क्रियात्मक कार्य करने के लिए विद्यालय या बालकों के पास समुचित सामग्री एवं उपकरणों का सही हालत में होना अत्यन्त अनिवार्य है। संबंधित सावधानी बरतने की सभी आवश्यक हिदायतें एवं चेतावनी पहले ही परीक्षा नियंत्रण एजेंसी जैसे बोर्ड या विश्वविद्यालय द्वारा सभी संस्थाओं के मुखियाओं, अध्यापकों एवं परीक्षकों को भेज देनी चाहिए। विद्यार्थियों को भी स्पष्ट रूप से यह पता होना चाहिए कि प्रयोगात्मक परीक्षा हेतु उन्हें अपनी तरफ से किस प्रकार की सामग्री तथा उपकरणों को जुटाना या संबंधित तैयारी करना आवश्यक है।
- परीक्षा भय मुक्त वातावरण में इस तरह आयोजित की जानी चाहिए कि बालकों को प्रयोगात्मक तथा क्रियात्मक कौशलों की अभिव्यक्ति के समुचित अवसर उपलब्ध हो सकें।
- प्रयोग और परीक्षण करते समय या कोई हस्त–कार्य करते हुए विद्यार्थी असावधानीवश किसी दुर्घटना का शिकार न हो जाए, इस बात का पूरा ध्यान रखा जाना चाहिए। परिस्थितिवश होने वाली दुर्घटनाओं के लिए प्राथमिक चिकित्सा आदि का पूरा प्रबंध होना चाहिए।
- बालकों की प्रयोग संबंधी कुशलताओं या कलात्मक क्षमताओं के सही मूल्यांकन हेतु परीक्षकों को एक अच्छा निरीक्षणकर्ता तथा पारखी होना भी अति आवश्यक है। इस संबंध में उन्हें अपने को भलीभाँति प्रशिक्षित तथा अनुभवी बना लेना चाहिए ताकि बालकों का निष्पक्ष रूप से सही–सही मूल्यांकन किया जा सके।
- प्रयोगात्मक कार्य करते समय बालकों को पूर्ण शांति तथा एकाग्रचितता का वातावरण मिलना चाहिए। छात्र एक दूसरे के कार्य में कोई बाधा न डालें और न वे किसी तरह से किसी गलत या अनुचित साधनों, नकल तथा पूछताछ आदि का प्रयोग कर सकें इस बात की ओर पूरी सतर्कता बरती जानी चाहिए।
- प्रयोगात्मक परीक्षाओं के परिणामों के साथ मौखिक तथा लिखित परीक्षा के परिणामों का भी सही और संतुलित प्रयोग किया जाना चाहिए। इस प्रकार के समन्वय द्वारा ही बालकों की उपलब्धि तथा व्यवहार परिवर्तन का भलीभाँति मूल्यांकन किया जा सकता है।

लिखित परीक्षाएं (Written Examinations)

बाह्य परीक्षाओं से संबंधित अधिकांश कार्य लिखित परीक्षाओं के माध्यम से ही संपन्न होता है। इस प्रकार की परीक्षाओं में लिखित सामग्री पेपर, पेंसिल, पैन, इंक आदि का प्रयोग किया जाता है। विद्यार्थियों से पूछे जाने वाले प्रश्न लिखित रूप में एक परीक्षा प्रश्न–पत्र (Questions paper) के माध्यम से पूछे जाते हैं तथा विद्यार्थियों से अपेक्षा की जाती है कि वे एक निश्चित अवधि में पूछे जाने वाले प्रश्नों के उत्तर लिखित रूप में उन्हें दी जाने वाली उत्तर–पुस्तिका के माध्यम से दें। अधिकतर इस प्रकार की बाह्य परीक्षाएं सामूहिक तौर पर ही आयोजित की जाती हैं। परीक्षा में बैठने वाले सभी विद्यार्थियों को सामूहिक तौर पर प्रश्न–पत्र वितरित किए जाते हैं। जो विद्यार्थी एक केंद्र पर परीक्षा देते हैं उनकी बैठने की ऐसी व्यवस्था की जाती है कि वे शांति से व्यक्तिगत रूप में पूछे जाने वाले प्रश्नों के उत्तर अपनी–अपनी उत्तर–पुस्तिकाओं में लिख सकें। विद्यार्थी किसी प्रकार की अनुशासनहीनता में लिप्त न हों तथा उन्हें परीक्षा संबंधी निर्देश ठीक प्रकार प्राप्त होते रहें। इसके लिए परीक्षा प्रबंधकों तथा निरीक्षकों का भी उचित प्रबंध किया जाता है। निश्चित अवधि के पश्चात् उत्तर पुस्तिकाएं विद्यार्थियों

से एकत्रित कर ली जाती हैं और फिर इनका विभिन्न परीक्षकों द्वारा मूल्यांकन कराया जाता है। परीक्षकों द्वारा जो भी अंक या ग्रेड प्रदान किए जाते हैं उन्हीं को फिर इन बालकों की उन्नति (Promotion) या चयन (Selection) आदि का आधार बनाया जाता है।

उपरोक्त वर्णित लिखित परीक्षाओं में जिन प्रश्नों की प्रश्न–पत्रों में रचना की जाती है उनके सामान्यतया तीन रूप देखने को मिलते हैं और इसी आधार पर लिखित परीक्षाओं के तीन प्रकार माने जाते हैं–

1. निबंधात्मक परीक्षाएं (Essay Type Examinations)
2. लघु उत्तरात्मक परीक्षाएं (Short Answer Type Examinations)
3. वस्तुनिष्ठ या वस्तुगत परीक्षाएं (Objective Type Examinations)

आइए अब इस प्रकार की परीक्षाओं या प्रश्न शैलियों का एक–एक करके विस्तृत परिचय प्राप्त किया जाए।

निबंधात्मक परीक्षाएं (Essay Type Examinations)

इस प्रकार की परीक्षाएं लिखित परीक्षाओं के पुराने और परंपरागत रूप को प्रदर्शित करती हैं। इस प्रकार की परीक्षाओं के प्रश्न–पत्रों में प्रश्नों की रचना इस प्रकार से की जाती है कि छात्र उनके उत्तर विस्तृत रूप से इस प्रकार लिख सकें जैसे कि वे कोई निबंध लिख रहे हों। निबंध में किसी एक विषय या प्रकरण से संबंधित काफी अनियंत्रित तथा स्वतंत्र सामग्री रह सकती है जो जैसा चाहे अपना उत्तर दे सकता है, इसी आधार पर इन्हें निबंधात्मक शैली की परीक्षाएं कहा जाता है। प्रश्नों के उत्तर में पूर्ण स्वच्छंदता, विस्तृतता तथा गहनता होने के कारण इनमें विविधताओं का होना स्वाभाविक हो जाता है और इस प्रकार की उत्तरों संबंधी विविधताओं का मूल्यांकन करके बालकों की उपलब्धियों की तुलना करने का कार्य परीक्षकों द्वारा किया जाता है। इस प्रकार के मूल्यांकन कार्य में कई दृष्टियों से काफी कमी रह जाती है और इसी कारण निबंधात्मक परीक्षाओं तथा निबंधात्मक शैली के प्रश्न पत्रों की काफी आलोचना की जाती रही है। अगर इसी अध्याय में पूर्व वर्णित "आदर्श मूल्यांकन की विशेषताओं" की कसौटी पर इन्हें परखने का प्रयत्न किया जाए तो हमें इनके निम्न दोषों का पता सहज ही लग जाएगा जैसे–

1. निबंधात्मक परीक्षाओं और उनके परिणामों में पूरी तरह से अविश्वसनीयता (Unrealiability) का अवगुण पाया जाता है। विश्वसनीयता तभी होती है जबकि परीक्षा के परिणामों में एकरूपता (Consistency) बनी रहे। परंतु इन परीक्षाओं में ऐसा नहीं होता एक ही निबंधात्मक प्रश्न पत्र को एक ही बालक द्वारा भिन्न–भिन्न समय या परिस्थितयों में हल किया जाए तो उसके उत्तरों और प्राप्तांकों में काफी अंतर देखने को मिल जाएगा। इसी प्रकार अगर एक विद्यार्थी की उत्तर पुस्तिका को अलग–अलग परीक्षकों अथवा एक ही परीक्षक से भिन्न–भिन्न परिस्थितियों में मूल्यांकन कराया जाए तो प्राप्तांकों में काफी अंतर देखने को मिल जाता है। इस प्रकार से किया हुआ मापन और मापन का साधन जिसमें कोई अपने माप से कभी बहुत कम या बहुत अधिक घोषित कर दिया जाए, विश्वसनीय कैसे ठहराया जा सकता है?
2. निबंधात्मक परीक्षाएं और उनके परिणाम वैध या यथार्थ (Valid) नहीं होते। वैध से अर्थ व्यवहार या कार्य की यथार्थता से होता है। जिस उद्देश्य से परीक्षा ली जा रही हो अथवा प्रश्न पूछा जा रहा हो उस उद्देश्य को अगर कोई परीक्षा पूरी करती है तो उसे वैध माना जाता है। निबंधात्मक परीक्षाओं में देखा यह जाता है कि प्रश्न पत्र तो इतिहास या भूगोल का है परंतु उसमें ऐसी भाषा का प्रयोग किया जाता है कि ऐसा लगता है कि परीक्षा इतिहास के ज्ञान की न ली जाकर भाषा–(हिंदी या अंग्रेजी) की ली जा रही है क्योंकि बालक की समझ में प्रश्न ही नहीं आता फिर वह विषय के ज्ञान की जाँच कैसे करवायेगा ? इस

तरह निबंधात्मक परीक्षाओं में विषयानुकूलता की कमी के कारण उन्हें यथार्थ तथा वैध नहीं ठहराया जा सकता।

3. निबंधात्मक परीक्षाओं में तीसरी बड़ी कमी वस्तुनिष्ठता या वस्तुगतता (Objectivity) के अभाव को लेकर है इनमें हर दृष्टि से आत्मगतता (Subjectivity) का बोलबाला रहता है। "मुगल साम्राज्य के पतन के लिए कौन जिम्मेदार था और क्यों, विस्तार से लिखिए।" इसी निबंधात्मक शैली के प्रश्न पर अगर विचार किया जाए तो इसमें परीक्षा देने वाले और परीक्षक दोनों के लिए वस्तुगत (Objective) दृष्टि बनाए रखना असंभव ही हो जाता है। अकबर, जहाँगीर, औरंगजेब तथा बाद में किसी भी मुगल शासक को इसके लिए उत्तरदायी ठहराने की बात विद्यार्थियों द्वारा अपने–अपने मतानुसार सोची जा सकती है। अब परीक्षक कहाँ तक किस प्रकार के उत्तर को अपनी दृष्टि से उचित समझकर किसको कितने अंक प्रदान करता है यह उसकी अपनी रुचि, योग्यता तथा अन्य बहुत–सी बातों पर निर्भर करता है। यही कारण है कि सभी परीक्षक एक ही उत्तर पर एक जैसे अंक प्रदान नहीं कर सकते।
4. निबंधात्मक परीक्षाओं तथा प्रश्नों में बालकों की कठिनाइयों तथा कमजोरियों को ठीक ढंग से पकड़ कर निदान करने की क्षमता (Diagnoticity) का भी अभाव पाया जाता है और इसी कारण इनके परिणाम उपचारात्मक या सुधारात्मक शिक्षा (Remedial education) के लिए प्रयोग में नहीं लाए जा सकते।
5. निबंधात्मक परीक्षा तथा प्रश्न पत्रों की संख्या काफी सीमित होती है। एक प्रश्न–पत्र में कुल 9–10 प्रश्न पूछे जाते हैं और उनमें से भी छात्रों को 4 या 5 प्रश्न करने को कहा जाता है। इन 4–5 प्रश्नों के द्वारा वर्ष में पढ़ाए गए संपूर्ण पाठ्यवस्तु के ज्ञान तथा कुशलताओं आदि की जाँच करना कठिन ही नहीं असंभव भी है। यह तो तभी हो सकता है जबकि प्रश्न–पत्र इतना बड़ा हो और उसमें सभी पाठों, इकाइयों तथा अधिगम अनुभवों को आधार बनाते हुए ज्यादा से ज्यादा प्रश्न पूछने की गुंजाइश हो। यह कार्य निबंधात्मक परीक्षाओं के द्वारा न होने के कारण यही कहा जाता है कि उनमें समुचित व्यापकता (Comprehensiveness) नहीं पाई जाती और इसकी पूर्ति वस्तुनिष्ठ शैली के प्रश्नों (Objective type questions) के द्वारा ही संभव है।
6. निबंधात्मक परीक्षाओं में उत्तर पुस्तिकाओं के मूल्यांकन का कार्य भी परीक्षकों के लिए बड़ी टेढ़ी खीर सिद्ध होता है। लंबे–लंबे उत्तरों को अच्छी तरह पढ़कर और उत्तरों की गुणवत्ता (Quality) को अच्छी तरह परखकर सही–सही अंक प्रदान करना कोई सरल बात नहीं। यह तय करना कि इस प्रकार के उत्तर में 10 या 20 में से कितने अंक दिए जाएं, ताकि सभी बालकों का न्याय संगत मूल्यांकन किया जा सके अर्थात् किसी को भी कम या अधिक अंक न मिलें। इस तरह की न्याय संगत तराजू का इस्तेमाल परीक्षक द्वारा कर पाना मुश्किल ही है।

निबंधात्मक परीक्षाओं के इस प्रकार के दोषों को देखते हुए अब प्रश्न- पत्रों में दूसरी शैली के प्रश्नों–लघु उत्तरात्मक तथा वस्तुनिष्ठ का प्रचलन काफी बढ़ रहा है। परंतु साथ ही निबंधात्मक परीक्षाओं तथा प्रश्नों को भी बिल्कुल त्यागा नहीं जा रहा है। इसका कारण यह है कि दोषों के साथ इनमें अपनी कुछ विशेषताएं भी हैं जिनसे मूल्यांकन के कार्य में विशेष सहायता मिलती है यथा–

(i) निबंधात्मक प्रश्न–पत्रों की रचना का कार्य बहुत ही सरल है।

(ii) इस प्रकार की परीक्षाओं को लेने में काफी सुविधा रहती है। एक बार प्रश्न–पत्र बाँट कर निरीक्षण का कार्य काफी सरल रहता है। अतः प्रशासनिक (Administrative) दृष्टिकोण से निबंधात्मक परीक्षाएं ठीक मानी जाती हैं।

(iii) निबंधात्मक प्रश्नों की सहायता से बालक द्वारा अर्जित विषय संबंधी ज्ञान एवं कुशलताओं आदि की विस्तृत एवं गहन रूप में जाँच हो सकती है। उत्तर विस्तृत होते हैं जिनसे पता चलता है कि बालक को विषय की कितनी समझ है, कितनी गहराई में जाकर उसका अध्ययन किया है तथा किस ढंग से वह अपने विचारों को अच्छी प्रकार अभिव्यक्त कर रहा है। चिंतन, मनन, विचारशीलता, कल्पना, तर्क, वितर्क, निर्णयक्षमता, आलोचना तथा समालोचना योग्यता आदि का जितना परिचय निबंध ात्मक परीक्षाओं के द्वारा मिल सकता है उतना लघु उत्तरात्मक तथा वस्तुनिष्ठ परीक्षाओं के माध यम से नहीं। इसके अतिरिक्त इस प्रकार की परीक्षाएं बालकों की अभिव्यक्ति, अभिव्यंजना, सृजनशीलता तथा रचनात्मकता के प्रकाशन में अत्यधिक सहयोगी सिद्ध होती है और यही कारण है कि विषय चाहे कोई भी क्यों न हो उससे संबंधित ज्ञान एवं कुशलताओं की उपलब्धि की जाँच लिखित रूप में करने के लिए निबंधात्मक प्रश्नों की अनिवार्यता को कभी नजरअंदाज नहीं किया जा सकता।

हाँ एक बात अवश्य है निबंधात्मक परीक्षाओं के ये उपरोक्त गुण एवं विशेषताएं उनके पाए जाने वाले दोषों के आगे बौने से नजर आते हैं और इसी कारण निबंधात्मक परीक्षाओं के स्थान पर दूसरे लघु उत्तरात्मक एवं वस्तुनिष्ठ परीक्षाओं को काम में लाने की बात जोर–शोर से सामने आ रही है। आगे के पृष्ठों में हम इन परीक्षाओं या इस प्रकार की शैली के प्रश्नों के ऊपर विचार करेंगे।

लघु उत्तरात्मक परीक्षाएं (Short Answer Type Examinations)

इस प्रकार की परीक्षाओं में ऐसे प्रश्न पूछे जाते हैं जिनके उत्तर निबंधात्मक परीक्षाओं की तुलना में काफी लघु यानी छोटे होते हैं। उत्तर कितने छोटे लिखे जाएं इसके लिए प्रश्न में ही निर्देश दे दिए जाते हैं जैसे ध्यान रहे आपका उत्तर 100–150 शब्दों में या 15–20 पंक्तियों से अधिक न हो। सकारात्मक शब्दावली में जैसे–"निम्न प्रश्नों के संक्षिप्त में उत्तर दीजिए।" इस प्रकार का निर्देश दिया जाना उचित रहता है। इस प्रकार के प्रश्न सभी विषयों से संबंधित उपलब्धि की जाँच हेतु प्रयोग में लाए जा सकते हैं। नमूने के तौर पर निम्न प्रश्नों को देखिए जिनके उत्तर 100–150 शब्दों में देने का निर्देश दिया गया है–

(i) मैथिली शरण गुप्त की रचना–शैली के बारे में अपने विचार प्रकट कीजिए।
(ii) अकबर द्वारा चलाए गए दीन इलाही मत पर अपने विचार प्रकट कीजिए।
(iii) सूर्य ग्रहण कैसे और क्यों होता है ?
(iv) बुद्धि को परिभाषित कीजिए।
(v) अनुशासन में पुरस्कार एवं दण्ड की भूमिका का उल्लेख कीजिए।
(vi) सूक्ष्म शिक्षण (Micro teaching) का अर्थ स्पष्ट कीजिए।

स्पष्ट है कि इस प्रकार के प्रश्नों द्वारा छात्रों से तर्क सम्मत, सटीक एवं संक्षिप्त उत्तरों की अपेक्षा की जाती है। उनके उत्तर निबंधात्मक प्रश्नों के उत्तरों की तरह, अनियंत्रित एवं स्वच्छंद नहीं होते बल्कि काफी सीमाबद्ध एवं लक्ष्य बद्ध होते हैं। दूसरी ओर वस्तुनिष्ठ परीक्षाओं में जो दोष पाए जाते हैं जैसे निर्माण में कठिनाई, ज्ञान की विस्तृत तथा गहन जाँच करने में असमर्थता आदि उसका इस प्रकार की परीक्षाओं में निर्मूलन कर दिया जाता है। निबंधात्मक परीक्षाओं की तुलना में इन परीक्षाओं में अधिक विश्वसनीयता, वैधता तथा वस्तुनिष्ठता पाई जाती है। निदानात्मकता की दृष्टि से भी ये निबंधात्मक परीक्षाओं से काफी सही सिद्ध होती है और इनमें काफी सीमा तक व्यापकता या समुचितवरणता (Comprehensiveness) का गुण भी पाया जाता है।

इस प्रकार अगर लघु उत्तरात्मक परीक्षाओं का औचित्य निबंधात्मक और वस्तुनिष्ठ परीक्षाओं के संदर्भ में परखा जाए तो इनका स्थान बीच में ही पड़ेगा। दूसरे शब्दों में उपयोगिता और समर्थता की दृष्टि से जहाँ हम इन्हें निबंधात्मक से कुछ अधिक और वस्तुनिष्ठ परीक्षाओं से कुछ कम आँकने का साहस कर सकते हैं तो कुछ बातों में हम इस निष्कर्ष पर भी पहुँच सकते हैं कि लघु उत्तरात्मक परीक्षाओं से अन्य दोनों की तुलना में कहीं अधिक अच्छा, विश्वसनीय और व्यावहारिक मूल्यांकन किया जा सकता है अतः इस दृष्टि से इन्हें मूल्यांकन का एक प्रमुख अंग अवश्य ही बनाया जाना चाहिए।

वस्तुनिष्ठ परीक्षाएं (Objective Type Examinations)

निबंधात्मक परीक्षाओं या प्रश्नों के दोषों को दूर करने की दृष्टि से जो विकल्प सोचे गए हैं उनमें से पहले विकल्प लघु उत्तरात्मक परीक्षाओं (Short answer type) की चर्चा हम कर चुके हैं, वस्तुनिष्ठ परीक्षाएं इस संबंध में कुछ और अच्छा विकल्प प्रस्तुत करने का प्रयत्न करती हैं। इस प्रकार की परीक्षाओं में जो प्रश्न–पत्र बनाया जाता है उसका आकार तथा लंबाई निबंधात्मक परीक्षा या लघु–उत्तरात्मक परीक्षाओं के लिए बनाए गए प्रश्न–पत्र से काफी अधिक होती है। प्रश्नों की रचना इस प्रकार की जाती है कि उनके द्वारा बहुत ही सीमित शब्दों जैसे 'हाँ या ना', रिक्त स्थान पूर्ति या किसी एक दो शब्दों, अक्षरों या क्रम संख्या आदि के लिखने से ही अपेक्षित उत्तर दिया जा सके। अब क्योंकि प्रश्न बहुत छोटे–छोटे होते हैं और उनके उत्तर देने में कुछ भी अधिक लिखना नहीं पड़ता अतः निबंधात्मक या लघु उत्तरात्मक परीक्षाओं के लिए निर्धारित उतने ही समय में उनके बहुत अधिक प्रश्नों के उत्तर दे पाना विद्यार्थियों के लिए अच्छी तरह से संभव हो जाता है। इस प्रकार समुचितवरण और व्यापकता (Comprehensiveness) जितनी इस प्रकार की परीक्षाओं में हो सकती है उतनी किसी और में नहीं। प्रश्न का उत्तर एक जैसा ही हो सकता है और इस प्रकार की उत्तरों की निश्चितता इन्हें पूरी तरह से विश्वसनीय, वैध तथा वस्तुनिष्ठ बनाने में पूरी तरह सहयोग करती है। आत्मगतता (Subjectivity) की गुंजाइश न तो परीक्षार्थी की तरफ से हो सकती है और न परीक्षक की अपनी रुचि, पसंद, न पसंद तथा मूड आदि का मूल्यांकन पर कोई असर पड़ता है। इनकी इतनी अधिक वस्तुनिष्ठता होने के कारण ही इन्हें वस्तुनिष्ठ परीक्षाओं के नाम से संबोधित किया जाता है और सब प्रकार से ये अपने नाम को भी सही चरितार्थ करने का प्रयत्न करती है। जिस बालक ने 100 प्रश्न सही किए हैं उसे अंकों की उपलब्धि उनके द्वारा अवश्य ही होगी चाहे उसकी उत्तर पत्रिका को कितने ही परीक्षकों द्वारा किसी भी तरह क्यों न जँचवा लिया जाए। इस प्रकार की वस्तुनिष्ठता की आशा वस्तुनिष्ठ परीक्षाओं में ही संभव है, निबंधात्मक तथा लघु उत्तरात्मकों में नहीं। विविधता की दृष्टि से भी इनमें कई तरह की प्रश्न शैलियों को अपना कर विद्यार्थियों के मानसिक विकास, सूझ–बूझ तथा ज्ञान और कौशल संबंधी उपलब्धियों के मूल्यांकन में काफी सहायता मिल सकती है। कुछ निम्न प्रकार की प्रश्न शैलियों का प्रमुख रूप से उपयोग इन परीक्षाओं में देखने को मिल सकता है।

(1) सत्य-असत्य का निर्णय (True-False Type) जैसे–

प्रश्न–नीचे लिखे वाक्यों में जो ठीक हों उनके आगे 'हाँ' और जो गलत हों उनके आगे 'नहीं' लिख कर उत्तर दीजिए।

(i) सूर्य पश्चिम में उदय होता है। ( )

(ii) दिन–रात पृथ्वी की वार्षिक गति के कारण होते हैं। ( )

(iii) पानी को छानने से उसकी सारी अशुद्धियाँ दूर हो जाती हैं। ( )

(2) रिक्त स्थानों की पूर्ति (Completion Type) जैसे–

(i) त्रिभुज के तीनों कोणों का योग ——— समकोण के बराबर होता है।

(ii) वृत्त की परिधि अपने व्यास से———— गुणा बड़ी होती है।

(iii) वायुमंडल का दाब मापने वाले यंत्र को————कहते हैं।

(3) बहु विकल्प जाँच (Multiple Choice Type) जैसे–

प्रश्न–निम्न प्रश्नों में प्रत्येक प्रश्न के आगे दिए गए कई उत्तरों में से सही उत्तर का चुनाव करके दाहिनी ओर खाली स्थान में उस उत्तर का क्रमांक भर दो–

(i) रामायण के रचयिता थे–
(a) सूरदास (b) कबीर (c) तुलसीदास (d) बाल्मीकि (e) इनमें से कोई नहीं ( )

(ii) तापक्रम नापने के लिए प्रयोग में लाए जाने वाले यंत्र का नाम है–
(a) बैरोमीटर (b) थर्मामीटर (c) लेक्टोमीटर (d) हाइड्रोमीटर ( )

(4) युगलीकरण जाँच (Matching Type) जैसे–

नीचे प्रथम भाग में कुछ साहित्यकारों के नाम हैं और दूसरे भाग में कुछ रचनाओं के। जिस साहित्यकार की जो रचना हो उसके क्रम को उनके सामने कोष्ठक में लिख दीजिये–

साहित्यकार	*रचना*	
जायसी	(a) राम की शक्ति पूजा	( )
जयशंकर प्रसाद	(b) साकेत	( )
मैथिलीशरण गुप्त	(c) कामायनी	( )
निराला	(d) यामा	( )
	(e) पदमावत	( )

(5) साधारण प्रत्यास्मरण रूप (Simple Recall Type) जैसे–

(i) वृत का क्षेत्रफल निकालने का क्या सूत्र है ?

(ii) $(a + b) (a - b)$ किसके बराबर होता है ?

(iii) पौधे रात्रि के समय कौन–सी गैस बाहर निकालते हैं ?

(iv) संज्ञा या सर्वनाम की विशेषता बताने वाले शब्दों को क्या कहते हैं ?

(6) वर्गीकरण जाँच (Classification Test Type) जैसे–

नीचे दिए गए प्रत्येक समूह में उस शब्द को रेखांकित कीजिए जो उस समूह से संबंधित नहीं हैं–

(a) प्रेम, प्यार, स्नेह, ममता, दया

(b) सूर, तुलसी, मीरा, प्रसाद, कबीर

(c) रामचरित मानस, तुलसी, सूर सागर, साकेत, पंचवटी

(d) त्रिभुज, चतुर्भुज, आयत, वृत्त, कोण

(7) अनुपात पूरक प्रश्न (Analogy Type) जैसे–

प्रश्न–नीचे दिए गए पहले शब्द, संख्या या चित्र का दूसरे से वही संबंध है जो तीसरे का चौथे से। प्रश्न चिन्ह (?) के स्थान के लिए, शुद्ध उत्तर को दाहिनी ओर प्रश्न संख्या के सामने लिख दो।

(a) कोण : ∠ : : त्रिभुज : ? (a) ....

(b) वह : सर्वनाम : : राम : ? (b) ....

(c) आयत : ल० × चौ० : : वर्ग : (c) ....

(d) सूरदास : ? : : तुलसीदास–राम चरित मानस (d) ....

उपरोक्त शैलियों को अपनाकर जो प्रश्न पत्र तैयार किया जाता है उनके द्वारा वस्तुनिष्ठ परीक्षाएं अपने मूल्यांकन उद्देश्यों को पूरा करने में काफी हद तक उपयोगी सिद्ध होती हैं। परंतु यह पूरी तरह दोषमुक्त हों यह बात भी नहीं। इनके प्रमुख दोषों को लेकर इनकी निम्न शब्दों में आलोचना की जाती है।

– वस्तुनिष्ठ परीक्षाओं के द्वारा बालकों को अपनी भावनाओं को ठीक प्रकार व्यक्त करने तथा विचारों को सुव्यवस्थित एवं सुसंगठित करने का अवसर नहीं मिलता। अतः अभिव्यक्ति शक्ति, रचनात्मक एवं सृजनात्मक योग्यता, आलोचना एवं समालोचना करने की समर्थता आदि का उचित मूल्यांकन इन परीक्षाओं द्वारा ठीक प्रकार संभव नहीं है।

– इस परीक्षा प्रणाली में निदानात्मकता का भी अभाव है। इनसे अध्यापक न तो अपने अध्यापन की त्रुटियों का पता लगा पाता है और न विद्यार्थियों की कठिनाइयों का ही निदान हो पाता है।

– इन परीक्षाओं के लिए प्रश्न पत्र का निर्माण कार्य कोई सहज बात नहीं है। अधिक समय, श्रम और योग्यता के अतिरिक्त प्रश्न–पत्रों को छपवाने आदि में काफी खर्चे की आवश्यकता पड़ती है।

– विश्वसनीयता तथा वैधता में भी इन परीक्षाओं में धीरे–धीरे उस समय काफी कमी आने लगती है जब परीक्षार्थियों को तुक्का या अनुमान से (Guess work) ही उत्तर देने की आदत पड़ जाती है।

– इन परीक्षाओं के लेते समय भी काफी प्रशासनिक दिक्कतें खड़ी हो जाती हैं। विद्यार्थियों को केवल 'हाँ' या 'न' तथा 'सही', गलत का चिन्ह लगाने से पूरे अंक प्राप्त हो जाते हैं और यह बात लालचवश उन्हें नकल अथवा अन्य अनैतिक साधनों का प्रयोग करने को बेहद उकसाती रहती है। 'बोलना तथा इशारों से उत्तरों का आपस में आदान–प्रदान करना परीक्षार्थियों के लिए आम बात हो जाती है जिस के कारण निरीक्षकगण बहुत ही दुविधा में पड़ जाते हैं।

इस प्रकार अगर ध्यानपूर्वक विचार किया जाए तो लिखित परीक्षाओं के तीनों रूपों, निबंधात्मक, लघु उत्तरात्मक तथा वस्तुनिष्ठ में अपनी बहुत सी अच्छाइयाँ भी हैं तो कई त्यागने योग्य बुराइयाँ और दोष भी इनमें विद्यमान हैं। इनमें निहित अच्छाइयों को बढ़ावा देकर अगर बुराइयों को निर्मूल करने की बात ठान ली जाए और परीक्षा प्रश्न–पत्रों में इनके गुणों के अनुपात को ध्यान में रखकर इन तीनों को ही उचित स्थान देने का प्रयत्न किया जाए तो मूल्यांकन को अधिक प्रयोजनपूर्ण बनाने में पर्याप्त सहायता मिल सकती है। हो भी ऐसा ही रहा है। आज किसी भी बोर्ड द्वारा संचालित माध्यमिक तथा उच्च माध्यमिक स्तर की परीक्षा के प्रश्न पत्र को देख लीजिए उसमें वस्तुनिष्ठ, लघु उत्तरात्मक तथा निबंधात्मक तीनों प्रकार के प्रश्नों को इस ढंग से स्थान देने की कोशिश की जाती है कि उनके द्वारा उनमें निहित दोषों में कमी करते हुए मूल्यांकन कार्य सुचारू रूप से किया जा सके।

मूल्यांकन या परीक्षा प्रणाली में सुधार कार्यक्रम
(Improvement in the Examination or Evaluation System)

परंपरागत प्रणाली में इस तरह जो भी सुधार कार्यक्रम चलाए जा रहे हैं उनके द्वारा प्रमुख रूप से निम्न बातों पर ध्यान दिया जा रहा है–

1. मूल्यांकन कार्यक्रम तय करने से पहले उन शिक्षण तथा अधिगम उद्देश्यों को स्पष्ट रूप से तय करने या ध्यान में रखने की बात सोची जाती है जिनके बारे में मूल्यांकन द्वारा यह जाँच की जाती है कि उनकी पूर्ति किस रूप में तथा किस सीमा तक हुई ?
2. किस पाठ्यक्रम तथा अधिगम अनुभवों को विद्यार्थियों द्वारा ग्रहण कराया गया है, मूल्यांकन की प्रक्रिया और सामग्री उसी हिसाब से तैयार की जाती है।
3. विद्यार्थी के व्यवहार में होने वाले सभी प्रकार के परिवर्तनों की जाँच करने हेतु उसके द्वारा प्राप्त ज्ञान, कुशलताओं, रुचि, अभिरुचि, अभिवृत्ति, आदतें तथा व्यक्तित्व संबंधी अन्य गुणों के विकास आदि से संबंधित सभी बातों की जाँच और व्याख्या करने का प्रयत्न किया जाता है। अतः इस कार्य हेतु आज मूल्यांकन के साधनों और प्रविधियों का क्षेत्र भी काफी व्यापक और विस्तृत हो गया है। मौखिक, प्रयोगात्मक तथा लिखित परीक्षाओं के साथ–साथ विभिन्न प्रकार के परीक्षणों जैसे परिस्थिति परीक्षण, बुद्धि, रुचि, अभिरुचि, अभिवृत्ति तथा व्यक्तित्व परीक्षणों की सहायता लेना इसी परिवर्तन का प्रभाव है।
4. व्यक्तित्व के सर्वांगीण विकास हेतु ही शिक्षा प्रदान की जाती है। शिक्षण अधिगम प्रक्रिया इस कार्य में किस तरह सहयोग कर रही है इसके मूल्यांकन हेतु बालक की सब प्रकार की उपलब्धियों, व्यवहार परिवर्तन तथा विकास का उचित मूल्यांकन करना ही आज के मूल्यांकन का उद्देश्य होता है। अतः उपलब्धि परीक्षणों के साथ–साथ मूल्यांकन की इस प्रकार व्यवस्था की जाती है कि उसके द्वारा विद्यार्थी के विकास के सभी पक्षों–शारीरिक, मानसिक, सामाजिक, संवेगात्मक, सौंदर्यात्मक तथा नैतिक में होने वाले विकास का विश्वसनीय एवं वस्तुगत मूल्यांकन किया जा सके।
5. मूल्यांकन प्रक्रिया में मौखिक, लिखित तथा प्रयोगात्मक परीक्षण और परीक्षाओं को इस प्रकार स्थान देने का प्रयत्न किया जाता है कि विषयगत विशेषताओं तथा परिस्थितिगत बातों को ध्यान में रखते हुये ठीक प्रकार मूल्यांकन किया जा सके।
6. लिखित परीक्षा के लिए प्रश्न पत्र तैयार करने की प्रक्रिया में भी काफी सुधार हुए हैं। निबंधात्मक, लघु उत्तरात्मक तथा वस्तुनिष्ठ सभी प्रकार की प्रश्न शैलियों को विषय तथा उद्देश्यगत लक्ष्यों को ध्यान में रखकर उचित प्रतिनिधित्व देने का प्रचलन जड़ पकड़ चुका है।
7. विषयानुकूलता, विश्वसनीयता, वस्तुनिष्ठता आदि के उचित संरक्षण हेतु परीक्षा प्रश्न–पत्रों परीक्षण तथा साधनों को प्रयोग तथा अनुभव द्वारा परख करके प्रमाणीकृत (Standardised) करने के प्रयत्न किए जाने लगे हैं।
8. निबंधात्मक प्रश्नों की रचना और मूल्यांकन कार्य में सुधार लाने के लिए अब इन प्रश्नों की बनावट पर प्रश्न–पत्र बनाने वालों द्वारा अधिक ध्यान दिया जाने लगा है। प्रश्न प्रयोजनपूर्ण, स्पष्ट, तथा सपाट हों, भाषा और बुद्धि के जाल में भरमाने वाली नहीं। इस बात पर ध्यान देने के अलावा उन्हें इस तरह टुकड़ों में बाँट कर पूछे जाने पर जोर दिया जाता है ताकि हर संबंधित भाग के अंक अलग–अलग निश्चित किए

जा सकें और फिर उन्हीं के हिसाब से उत्तरों का मूल्यांकन किया जा सके। इसी प्रकार लघु उत्तरात्मक प्रश्नों में उत्तर कितने शब्द या पंक्तियों में हों तथा उनमें बालक द्वारा किस प्रकार की योग्यता का प्रदर्शन किया जाए इसका उल्लेख करने से उनकी मूल्यांकन क्षमता में वृद्धि करने का प्रयास किया जा रहा है। वस्तुनिष्ठ प्रश्नों में भी उनकी विशेष कमी, अनुमान या तुक्केबाजी पर नियंत्रण लगाने के लिए उन्हें ऐसा न करने के लिए चेतावनी देना तथा उचित कार्यवाही जैसे गलत उत्तरों के लिए प्राप्तांकों में से नंबर काट लेना आदि उपाय काम में लाए जा रहे हैं।

9. उत्तर पुस्तिकाएं जाँचने वालों को उचित निर्देश देना भी मूल्यांकन सुधार कार्यक्रम में काफी सहयोगी सिद्ध हो रहा है। इससे मूल्यांकन में विश्वसनीयता, वैधता तथा वस्तुगतता को अधिक बढ़ावा मिला है।
10. आने वाले समय में परीक्षापद्धति में जिन उच्च सुधार कार्यक्रमों को लागू करने की बातें जोर–शोर से कही जा रही हैं उनमें से प्रमुख निम्न हैं–
    - परीक्षा देते समय बालकों को पुस्तक तथा अन्य सदंर्भित सामग्री का प्रयोग करने की छूट दे दी जाए और प्रश्न–पत्र तथा मूल्यांकन प्रक्रिया में भी इस बात को ध्यान में रखते हुये अपेक्षित सुधार कर लिए जाएं।
    - परीक्षकों तथा विद्यार्थियों की सुविधा हेतु हर विषय पर प्रश्न बैंकों (Questions banks) की व्यवस्था की जाए।
    - परीक्षा परिणामों की अंकों के आधार पर व्याख्या न करके ग्रेड प्रणाली (Grade system) अपनाई जाए तथा अंक देने के स्थान पर A, B, C, D, E आदि ग्रेड प्रदान किए जाएं।
    - बाह्य परीक्षाओं को वर्गीकरण, चयन तथा कक्षा–उन्नति का एक मात्र साधन बनाने के बजाए उन्हें आंतरिक परीक्षा तथा मूल्यांकन (Internal examination and internal assessment) के साथ एकीकृत (Integrate) करके प्रयोग में लाया जाए।

मूल्यांकन पद्धति में अपेक्षित सुधार लाने हेतु ये सभी उपरोक्त विचार अपने आप में काफी वजनदार हैं और इन्हें अमल में लाने के सभी संभव प्रयत्न किए जाने चाहिएं। इन सभी पर यहाँ और अधिक विस्तार से चर्चा करना संभव नहीं है। फिर भी इन अंतिम तीन सुझावों को क्रियान्वित करने की दृष्टि से इनके ऊपर अवश्य ही चर्चा करना चाहेंगे।

प्रश्न बैंक (Question Bank)

प्रश्न बैंक जैसा कि नाम से ही स्पष्ट हो सकता है इस प्रकार के बैंक या कोषागार हैं जहाँ विभिन्न विषयों के मूल्यांकन संबंधी विविध प्रश्नों का अमूल्य संग्रह होता है। इस प्रकार के प्रश्नों का संग्रह हमें उचित मुद्रित तथा सजिल्द रूप में अपने विद्यार्थियों का मूल्यांकन करने हेतु प्राप्त हो सकता है। कंप्यूटर सॉफ्टवेयर रूप में भी यह उपलब्ध रह सकता है। शिक्षक ही नहीं स्वयं विद्यार्थी भी इन्हें स्व–मूल्यांकन हेतु उपयोग कर सकते हैं। प्रश्न पत्र बनाने वालों के लिए इस प्रकार के बैंक बहुत ही सहयोगी सिद्ध हो सकते हैं। प्रश्न बैंकों में उपलब्ध ये प्रश्न गुणवत्ता की दृष्टि से बहुत श्रेष्ठ होते हैं क्योंकि इनकी रचना विषय के अच्छे जानकार, अनुभवी तथा शिक्षा विशेषज्ञों की देखरेख में इस तरह की जाती है कि विभिन्न कक्षाओं के विषय विशेष के शिक्षण अधिगम संबंधी उद्देश्यों की पूर्ति यानी विद्यार्थियों के व्यवहार में होने वाले सभी प्रकार के ज्ञानात्मक, क्रियात्मक एवं भावात्मक परिवर्तनों की जाँच भलीभाँति हो जाए। इस प्रकार के प्रश्न बैंक से होने वाले मूल्यांकन संबंधी लाभों को हम संक्षेप में व्यक्त कर सकते हैं।

– अध्यापक को विद्यार्थियों के निदानात्मक कार्य (Diagnostic task) में सहायता पहुँचा सकते हैं।
– अध्यापक को अपने पाठ पढ़ाने के दौरान प्रस्तावना, प्रस्तुतीकरण तथा समापन स्तरों पर प्रयोग में लाने हेतु उचित प्रश्नों की प्राप्ति हो सकती है।
– इन प्रश्नों की सहायता से अध्यापक को कक्षा में अभ्यास कार्य (Drill work) एवं पुनरावृत्ति कार्य (Recapitulation work) तथा गृह कार्य (Home work) को देने में बड़ी सुविधा हो सकती है। सभी तरह के प्रश्नों की उपलब्धि होने से व्यक्तिगत अंतरों को ध्यान में रखते हुए सभी विद्यार्थियों की योग्यता के अनुरूप प्रश्न प्राप्त हो सकते हैं।
– प्रश्न बैंकों में उपलब्ध प्रश्न अध्यापक और संबंधित प्रशासकों को अनुदेशन कार्यक्रमों, पाठ्यक्रम तथा अनुदेशन प्रविधियों में समुचित सुधार लाने को प्रेरित कर सकते हैं।
– व्यवहार के सभी स्तरों और अनुक्षेत्रों को ध्यान में रखते हुए अपेक्षित अनुदेशनात्मक उद्देश्यों के निर्माण में इनसे पर्याप्त सहायता मिल सकती है।
– दिए हुए उत्तरों एवं हल संकेतों के माध्यम से विद्यार्थियों के उत्तरों की जाँच करने तथा अंक प्रदान करने में आसानी हो सकती है।
– परीक्षकों तथा परीक्षाओं को उचित दिशा निर्देश देने में सहायता मिल सकती है।
– शिक्षण अधिगम को उसके तीनों स्तरों स्मृति, बोध तथा चिंतन पर आयोजन करने हेतु आवश्यक प्रेरणा तथा सहायता मिल सकती है।
– विद्यार्थियों को विषय विशेष या प्रकरण विशेष में क्या पढ़ना है तथा किस प्रकार के अधिगम उद्देश्य अपने सामने रखने हैं इसका निर्धारण कर उन्हें शिक्षण अधिगम प्रक्रिया में बराबर प्रोत्साहित रहने तथा स्वाध्याय एवं स्वयं के प्रयत्नों द्वारा सीखने में प्रश्न बैंकों से उचित सहायता मिल सकती है।

इस तरह हम देखते हैं कि प्रश्न बैंकों से प्राप्त प्रश्न शिक्षक, छात्र तथा शिक्षण अधिगम से जुड़े हुए सभी व्यक्तियों को उनके अपने–अपने उत्तरदायित्व ठीक तरह से निभाने में यथेष्ट सहयोगी सिद्ध हो सकते हैं। इसकी सबसे बड़ी उपयोगिता उनकी इस विशेषता से छुपी रहती है कि जहाँ तक विषय संबंधी ज्ञान की जाँच तथा संपूर्ण व्यवहारगत मूल्यांकन का प्रश्न है इनके उपयुक्त प्रामाणिक, विश्वसनीय तथा यथार्थ संसाधन शिक्षक और शिक्षार्थियों को इतनी अधिक आसानी से उपलब्ध नहीं हो पाता। बाजार में आसानी से उपलब्ध होने के साथ–साथ इन्हें वे एन०सी०ई०आर०टी०, एस०सी०ई०आर०टी०, विश्वविद्यालय अनुदान आयोग, राज्य पुस्तकालय, सार्वजनिक परीक्षाओं से जुड़े हुए संस्थान, महाविद्यालय तथा विश्वविद्यालय की पुस्तकालय सेवाओं द्वारा प्राप्त कर सकते हैं अथवा सूचना एवं विस्तार सेवाओं द्वारा अपने कंप्यूटरों पर लोड कर सकते हैं।

ग्रेडिंग प्रणाली (Grading System)

परंपरागत प्रणाली में शैक्षिक उपलब्धि के मापन हेतु अंक पद्धति का सहारा लिया जाता है। किसी भी विषय का जब प्रश्न पत्र बनाया जाता है तो उसमें पूर्णांक दिए जाते हैं तथा प्रत्येक प्रश्न के आगे भी अंक दिए होते हैं। परीक्षक इन अंकों को ध्यान में रखते हुए ही उत्तर पुस्तिकाओं की जाँच करके विद्यार्थियों को अंक प्रदान करते जाते हैं और इन अंकों के आधार पर ही उन्हें पास–फेल घोषित किया जाता है तथा डिवीजन प्रथम, द्वितीय, तृतीय आदि दिए जाते हैं। इस प्रकार की अंक प्रणाली के कई कारणों से आलोचना का शिकार बने रहने के कारण आज इसके स्थान पर ग्रेडिंग प्रणाली (Grading system) यानी अंकों के स्थान पर अक्षर ग्रेड जैसे O, A,

B, C, D आदि देने का चलन प्रारंभ हुआ है। इसे परंपरागत अंक प्रणाली की तुलना में निम्न कारणों से बेहतर माना जाता है।

(i) परीक्षकों के लिए निर्धारित अंकों में से किसी प्रश्न विशेष या परीक्षार्थी विशेष को बिल्कुल ठीक–ठीक अंक प्रदान करने में काफी असुविधा होती थी। इतना संयत, वस्तुगत और वैध मापन संभव नहीं था। ग्रेडिंग देना, अंक प्रदान करने से ज्यादा सुविधाजनक तथा आसान है। ग्रेडिंग में श्रेणीगत विभाजनों की संख्या काफी कम अधिक से अधिक पाँच तक ही सीमित रहती है जबकि परम्परागत अंक प्रणाली में प्रतिशत प्रणाली पर आधारित होने के कारण इस प्रकार की विभाजन श्रेणियाँ 100 तक पहुँच सकती थी।

(ii) अंक लगाने में आत्मनिष्ठा (Subjectivity) का आना नितांत स्वाभाविक है। सभी परीक्षकों का अपना एक स्तर है और परख दृष्टि है उस आधार पर एक ही पुस्तिका का मूल्यांकन करते समय विभिन्न परीक्षकों के अंकों में बहुत अधिक अंतर देखने को मिलता है ग्रेड प्रणाली में इस प्रकार की वस्तुगतता तथा अविश्वसनीयता पर काफी कुछ अंकुश लगने की संभावना रहती है।

(iii) परंपरागत अंक प्रणाली में परिणाम के तौर पर परीक्षार्थी को पास फेल घोषित कर मात्र दो वर्गों में विभाजित करने या प्रथम, द्वितीय, तृतीय डिवीजन देकर तीन वर्गों में ही विभाजित करने का प्रयत्न किया जाता था। ग्रेडिंग प्रणाली में परीक्षार्थियों को अधिक अक्षर श्रेणियों O, A, B, C, D में विभाजित करने का प्रावधान है। दूसरे 59 अंक वाले को द्वितीय डिवीजन तथा उसके मात्र एक अधिक अंक पाने पर दूसरे को प्रथम डिवीजन देना, या इसी तरह 32 की जगह 33 अंक मिलने से ही विद्यार्थी का फेल से पास हो जाना। ऐसी कुछ विसंगतियाँ और असमंजसताएं विद्यमान थीं जिनका अंक पद्धति के पास कोई इलाज नहीं था। ग्रेडिंग प्रणाली में श्रेणी विभाजन की विस्तृतता प्रदान करके इन दोषों को दूर करने का प्रयत्न किया गया है।

(iv) किसी एक कक्षा के विभिन्न प्रश्न–पत्रों के पूर्णांकों में विभिन्नता हो सकती है परंतु पास–फेल घोषित करने या डिवीजन देने में ऐसे सभी प्राप्तांकों को जोड़कर कुल अंक बना लिए जाते हैं। सांख्यिकी या गणितीय विशुद्धता की दृष्टि में ऐसा करना उचित नहीं है। योग तो समान आधार विस्तार या श्रेणी वाली चीजों का ही हो सकता है 2 गायों तथा 3 भैंसों को मिलाकर 5 का योग न तो गायों के लिये लागू हो सकता है और न भैंसों के लिए। परंतु 25 पूर्णांक वाले चित्रकला के प्राप्तांकों को 50 पूर्णांक वाले अंग्रेजी भाषा के प्राप्तांकों में डिवीजन तथा पास फेल घोषित करने के लिए किया जाता रहा है। ग्रेडिंग प्रणाली में इस प्रकार की विसंगतता तथा दोषों को काफी हद तक दूर किया जा सकता है।

(v) ग्रेडिंग प्रणाली परीक्षार्थियों की उपलब्धि स्तर की सापेक्षिक तुलना करने में अंक प्रणाली से कहीं ज्यादा तर्क सम्मत, यथार्थ, तथा विश्वसनीय नजर आती है। O, A, B, C, D के रूप में ग्रेड पाने वाले विद्यार्थियों को एक दूसरे से अच्छी तरह अलग करके देखा जा सकता है जबकि परंपरागत प्रणाली में 30 और 40 अंकों वाले या 59 तथा 60 अंकों वाले बालकों में इस प्रकार की विभिन्नता तथा भेद कर पाना मुश्किल हो जाता था।

ग्रेडिंग विधियाँ (Methods of Grading)

ग्रेडिंग पद्धति में विद्यार्थियों को उनकी उपलब्धि तथा निष्पादन (Performance) के आधार पर प्रायः 5 श्रेणियों में विभाजित करके अक्षर ग्रेड प्रदान किए जाते हैं। इसके लिए दो प्रकार के अक्षर ग्रेड प्रचलित हैं। एक में इन अक्षर श्रेणियों के नाम हैं A, B, C, D और E तथा दूसरे में हैं O, A, B, C तथा D अक्षर समूह इनमें से कोई भी चुना जाए परंतु ये क्रमशः जिस प्रभावी उपलब्धि और निष्पादन स्तर का प्रतिनिधित्व करते हैं वह है उत्कृष्ट (Out standing), बहुत अच्छा (Very good), अच्छा (Good), कमजोर (Poor) तथा बहुत कमजोर (Very poor)। इस प्रकार की पाँच अक्षरगत श्रेणियों में विद्यार्थियों की उपलब्धि या निष्पादन को बाँटने हेतु प्रायः दो प्रकार की विधियाँ निरपेक्ष ग्रेडिंग विधि (Absolute grading method) तथा सापेक्ष ग्रेडिंग विधि (Relative grading method) का सहारा लिया जाता है। आइए इन विधियों से परिचित हुआ जाए।

निरपेक्ष ग्रेडिंग विधि (Absolute Grading Method)

इस प्रकार की ग्रेडिंग विधि से अक्षर ग्रेड देने हेतु पहले ही यह तय कर लिया जाता है कि किस स्तर की उपलब्धि या निष्पादन को कौन–सा अक्षर ग्रेड दिया जाएगा। इसका निर्धारण दो प्रकार से हो सकता है।

(i) यह तय कर लिया जाए कि कौन से अक्षर ग्रेड कितने प्रतिशत अंक सीमाओं के दायरे युक्त उपलब्धि पर प्रदान किए जाएंगे। इस विधि का अनुसरण करते हुए हम निम्न प्रकार ग्रेडिंग कर सकते हैं।

ग्रेड *(Grade)*	*प्राप्तांक प्रतिशत* *(Scores percentage)*
O	80% और उससे अधिक
A	70–79%
B	60–79%
C	50–59%
D	50 प्रतिशत से कम

(ii) निरपेक्ष ग्रेडिंग विधि में ग्रेडिंग के लिए अपनायी जाने वाली दूसरी तकनीक मानदंड या कसौटी–संदर्भित ग्रेडिंग (Criterion referenced grading) कहलाती है। इसमें परीक्षा लेने से पूर्व ही यह निर्णय ले लिया जाता है कि परीक्षण के कठिनाई स्तर (Difficulty level) को ध्यान में रखते हुए किस प्रकार की उपलब्धि या निष्पादन स्तर को कौन–सा अक्षर ग्रेड दिया जाएगा।

ग्रेड	*निष्पादन स्तर (पूर्व निर्धारित उद्देश्यों के संदर्भ में)*
O	उत्कृष्ट (Outstanding)
A	औसत से अधिक या बहुत अच्छा (Very Good)
B	औसत से अच्छा (Good)
C	औसत से बहुत कम या कमजोर (Poor)
D	औसत से बहुत कम या बहुत कमजोर (Very Poor)

सापेक्ष ग्रेडिंग विधि (Relative Grading Method)

इस विधि में किसी एक विद्यार्थी को उसकी दूसरे विद्यार्थियों के उपलब्धि स्तर से तुलना करते हुए कक्षा या समूह विशेष में उसकी जो सापेक्षिक स्थिति (Rank position) बनती है उसके संदर्भ में अक्षर ग्रेड प्रदान करने का प्रयत्न किया जाता है। अपने सामान्य क्रियान्वयन में यह विधि ग्रेड प्रदान करने हेतु सामान्य वक्र वितरण (Normal curve distribution) पद्धति का अनुसरण करती है। इस पद्धति के मूल में यह मान्यता रहती है कि सामान्यतया विद्यार्थियों का निष्पादन या उपलब्धि वितरण सामान्य वक्र प्रारूप के हिसाब से ही चलता है। इस दृष्टि से ग्रेडिंग का निम्न प्रारूप हमारे सामने आता है।

ग्रेड	*विद्यार्थियों का प्रतिशत जिन्हें ग्रेड प्रदान किया जाना है*
O	कक्षा या समूह के शीर्ष 7 प्रतिशत
A	कक्षा या समूह के शीर्ष और मध्य में स्थित 24 प्रतिशत
B	कक्षा या समूह के मध्य 38 प्रतिशत
C	कक्षा या समूह के सबसे नीचे तथा मध्य में स्थित 24 प्रतिशत
D	कक्षा या समूह में सबसे नीचे स्थित 7 प्रतिशत

शीर्ष के 7% तथा आगे के 24% और बीच के 38% का निर्णय कक्षा या समूह विशेष के कुल विद्यार्थियों द्वारा अर्जित प्राप्तांकों के आधार पर किया जाता है। इसके लिए प्राप्तांकों को आरोही या अवरोही क्रम में व्यवस्थित कर लिया जाता है और शीर्ष के 7 प्रतिशत को O ग्रेड, आगे के 24 प्रतिशत को A ग्रेड तथा बीच के 38 प्रतिशत को B ग्रेड तथा फिर उनसे नीचे वाले 24 प्रतिशत को C तथा सबसे नीचे के 7 प्रतिशत को D ग्रेड प्रदान कर दिया जाता है।

आंतरिक परीक्षाएं या आंतरिक मूल्यांकन (Internal Examination or Internal Assessment)

आंतरिक परीक्षाओं तथा मूल्यांकन से अभिप्राय ऐसी परीक्षाओं, मापन तथा जाँच कार्यों से है, जिन्हें विद्यालय तथा पढ़ाने वाले अध्यापकों द्वारा स्वयं ही संपन्न किया जाता है। किसी बाहरी एजेंसी जैसे बोर्ड, विश्वविद्यालय आदि के द्वारा इन परीक्षाओं या मूल्यांकन कार्य का संचालन नहीं होता। यह एक प्रकार के निजी तौर पर परंतु संगठित एवं व्यवस्थित रूप से चलाए जाने वाला ऐसा मूल्यांकन कार्यक्रम है जिसे सत्र के दौरान कभी भी इच्छानुसार आयोजित किया जाता रहता है। विद्यालय में अध्यापन कार्य कर रहे अध्यापक गण, कार्यशाला तथा प्रयोगशाला में कार्य कर रहे डिमोंसट्रेटर्स, कर्मचारी गण तथा प्रधानाध्यापक द्वारा योजनाबद्ध तरीके से ऐसी परीक्षाओं तथा मूल्यांकन का क्रियान्वयन किया जा सकता है। बाह्य परीक्षाओं के द्वारा जहाँ किसी विशेष स्तर यानी आठवीं, दसवीं तथा बारहवीं कक्षाओं के बाद ही उपलब्धि मूल्यांकन की व्यवस्था हो सकती है वहाँ आंतरिक परीक्षाएं सतत एवं सर्वांग मूल्यांकन का कार्य विद्यालय के सीमित साधनों के अंतर्गत ही सफलतापूर्वक संपन्न कर सकती है। जो कुछ भी विद्यार्थी कक्षाओं में पढ़ते हैं, जिस तरह के क्रियात्मक अनुभव वे प्रयोगशाला तथा कार्यशालाओं में ग्रहण करते हैं, जिस रूप में भी उनके ज्ञानात्मक, क्रियात्मक एवं भावात्मक व्यवहार में विद्यालय की विभिन्न औपचारिक एवं अनौपचारिक शिक्षण–अधिगम क्रियाओं द्वारा परिवर्तन आते हैं उस सबका उपयुक्त समय पर निरंतर मूल्यांकन होते रहना आंतरिक परीक्षाओं तथा आंतरिक मूल्यांकन व्यवस्था द्वारा ही संभव है। इस दृष्टि से आंतरिक मूल्यांकन की उपादेयता को सभी शिक्षण–शास्त्रियों तथा शिक्षण आयोगों द्वारा मुक्त कंठ से स्वीकार किया जाता रहा है और यह सिफारिश की जाती रही है कि आंतरिक परीक्षाओं तथा आंतरिक मूल्यांकन कार्यक्रम को विद्यार्थी की प्रगति के मूल्यांकन का एक अभिन्न अंग बनाया जाना चाहिए। जो भी प्राप्तांक उसे बाह्य परीक्षाओं के आधार पर मिलते हैं उनमें आंतरिक मूल्यांकन के परिणामों को किसी न किसी अनुपात में अवश्य ही शामिल किया जाना चाहिए ताकि मूल्यांकन प्रक्रिया को अधिक सतत, क्रियाशील, वैध तथा व्यावहारिक बनाने में मदद मिल सके।

वैसे भी बाह्य परीक्षक तथा बाह्य साधनों की अपेक्षा आंतरिक परीक्षकों तथा साधनों की मूल्यांकन प्रक्रिया में अधिक सार्थक भूमिका होना एक स्वाभाविक सी ही बात है। एक अध्यापक जो विद्यार्थी को कोई एक विषय का ज्ञान दे रहा होता है कौशलों के अर्जन में अपेक्षित सहायता प्रदान कर रहा होता है अथवा किसी भी तरह उसके

व्यवहार परिमार्जन और व्यक्तित्व विकास कार्य में सहायता पहुँचा रहा होता है वही अच्छी तरह से जान सकता है कि उसके द्वारा किए जाने वाले प्रयत्न कितने सफल हो रहे हैं। उसके द्वारा किया गया मूल्यांकन ही विद्यार्थी को तथा उसे स्वयं को सही रास्ते पर लगा सकता है और यह जितना ही शीघ्रता तथा निरंतर रूप से संपन्न होता रहेगा उसी में सभी की भलाई है। बाह्य परीक्षाएं जो काफी लंबे अंतराल के बाद बाहरी व्यक्तियों तथा एजेंसियों द्वारा ली जाती है कभी भी इस प्रकार के सतत एवं समय–समय पर चेताने वाले तथा प्रतिपुष्टि प्रदान करने वाले मूल्यांकन कार्यक्रम में सहयोगी नहीं हो सकती। निदानात्मकता का गुण आंतरिक परीक्षाओं तथा मूल्यांकन में कूट–कूट कर भरा होता है। बालक की कठिनाइयों तथा अपने शिक्षण में निहित दोषों की पहिचान अध्यापक को समय–समय पर आयोजित आंतरिक परीक्षाओं तथा मूल्यांकन कार्यक्रमों के द्वारा ही हो सकती है और फिर वह आवश्यकतानुसार सुधारात्मक शिक्षण कार्यक्रमों को अपना सकता है। बालक को तथा उनके माता–पिता को भी बालकों की प्रगति से निरंतर परिचय प्राप्त होता रहता है। कल्पना कीजिए ऐसी स्थिति की जिसमें आठवीं के बाद या दसवीं के बाद बालक को अचानक ही फेल या अनुतीर्ण घोषित कर दिया जाए ऐसी स्थिति में यह कैसे मालूम पड़ेगा कि उसके साथ ऐसा क्यों हुआ ? कितना अच्छा होता कि उसे अपनी कमजोरियों या लापरवाही की सूचना तथा योग्यता और मानसिक स्तर का परिचय समय पर ही मिल जाता तो फिर उसके द्वारा सावधान होकर आगे परिश्रम किया जा सकता था। यह कार्य आंतरिक परीक्षा तथा आंतरिक मूल्यांकन द्वारा संपन्न सतत मूल्यांकन कार्य से ही संभव हो सकता था और इस दृष्टि से आंतरिक परीक्षाएं तथा आंतरिक मूल्यांकन कार्य का महत्त्व बालक के शैक्षणिक कार्यक्रम तथा प्रगति की लगातार ऐसी उचित व्यवस्था एवं चौकसी करने में है ताकि शिक्षण–अधिगम प्रक्रिया को सही मार्ग एवं दिशा प्राप्त होती रहे और अध्यापक और विद्यार्थी दोनों को ही समय–समय पर उचित प्रतिपुष्टि, सूचना एवं अभिप्रेरणा मिलती रहे।

आंतरिक परीक्षा तथा मूल्यांकन कार्य का स्वरूप
(The Form and Types of Internal Examinations and Evaluation Work)

इस प्रकार की परीक्षाओं तथा मूल्यांकन कार्य में सामान्यतया निम्न परीक्षाओं, परीक्षणों तथा मूल्यांकन कार्यक्रमों में शामिल किया जा सकता है।

1. विद्यालय में संगठित एवं नियोजित रूप में संपन्न त्रैमासिक, अर्ध वार्षिक एवं वार्षिक परीक्षाएं।
2. अध्यापक द्वारा कक्षा में लिए जाने वाले दैनिक, साप्ताहिक तथा मासिक उपलब्धि परीक्षण।
3. कक्षा में पूछे जाने वाले प्रश्न और विद्यार्थियों द्वारा दिए जाने वाले उत्तर, कक्षा कार्य, अभ्यास कार्य (Drill work) एवं गृह कार्य में बालकों का दिन–प्रति–दिन का उपलब्धि रिकॉर्ड।
4. मौखिक कार्य तथा प्रयोगात्मक कार्य का रिकॉर्ड।
5. विद्यार्थी द्वारा रचनात्मक एवं सृजनात्मक योग्यताओं के प्रदर्शन का रिकॉर्ड।
6. कक्षा के शिक्षण अधिगम कार्य में बालक के स्तर का मूल्यांकन, उसके द्वारा सक्रिय रहकर अधिगम करना, वाद–विवाद तथा विचार–विमर्श में भूमिका निभाना तथा अन्य प्रकार से अपनी जागरूकता तथा योग्यता का परिचय देना, (निरीक्षण, अवलोकन तथा रेटिंग स्केल का प्रयोग करके ऐसा मूल्यांकन किया जा सकता है।)
7. विद्यार्थी द्वारा पुस्तकालय में स्वाध्याय करने, प्रयोगशाला तथा कार्यशालाओं में कार्य करने आदि से संबंधित बातों तथा उपलब्धि में मूल्यांकन का रिकॉर्ड।

8. पाठांतर क्रियाओं, साहित्यिक, खेलकूद, सांस्कृतिक, सामाजिक तथा अन्य रचनात्मक क्रियाओं में उसके योगदान एवं उपलब्धि का मूल्यांकन।
9. भावात्मक व्यवहार क्षेत्र तथा व्यक्तित्व गुणों का उपयुक्त प्रविधियों तथा साधनों के द्वारा किया गया मूल्यांकन रिकॉर्ड।

आंतरिक परीक्षाओं के परिणामों को विद्यार्थी की कक्षा–उन्नति (Class promotion) यानी अगली कक्षा में चढ़ाने के लिए प्रमुख रूप से प्रयोग में लाया जाता है साथ ही कम अंक लाने वाले या फेल होने वाले बालकों के लिये ये परीक्षाएं एक तरह गंभीर चेतावनी या गलती सुधारने, कमजोरी दूर करने आदि के साधन के रूप में काम करती दिखाई देती हैं। फिर भी इन परीक्षाओं को बाह्य परीक्षाओं की तुलना में कम विश्वसनीय, कम वैध तथा कम प्रामाणिक माना जाता है। सामान्यतौर पर इनके बारे में यही आशंका रहती है कि मूल्यांकन कार्य को अच्छी तरह निभाने में समर्थ होते हुए भी इनका अध्यापकों तथा विद्यालयों द्वारा स्वार्थवश गलत इस्तेमाल किया जा सकता है। कई बार होता भी ऐसा ही है। अपने आपको बढ़िया शिक्षक तथा विद्यालय को बढ़िया विद्यालय सिद्ध करने का स्वार्थ आंतरिक परीक्षाओं में सभी को अच्छे अंक देने के लिए उकसाता रहता है। मेरिट पोजीशन ज्यादा लाने या अपना परीक्षा परिणाम दूसरों से बेहतर बनाने के लिए आंतरिक मूल्यांकन के नंबरों को आवश्यकता से अधिक बढ़ा कर पेश किया जाता है। कई बार बालकों से अनावश्यक शत्रुता या भेदभाव निभाकर उनके मूल्यांकन तथा प्राप्तांकों को कम करके दिखाया जाता है। ट्यूशन की होड़ ने इस बीमारी को और भी बढा दिया है। कागजी कार्यवाही के आधार पर सभी प्रकार के शैक्षणिक और व्यक्तित्व उन्नयन कार्यक्रमों में अंक विद्यार्थियों को बिना कुछ किए या कराए प्रदान कर दिए जाते हैं और इस तरह से आंतरिक परीक्षाओं और मूल्यांकन के अनुचित प्रयोग ने शिक्षण संस्थाओं को अपने उद्देश्यों से दूर करने में कोई कसर नहीं उठा रखी है। परंतु इस प्रकार की बातों से यह परिणाम नहीं निकाला जाना चाहिए कि आंतरिक परीक्षाएं तथा आंतरिक मूल्यांकन को तिलांजली दे देनी चाहिए। जो भी बुराइयां हैं वह इस प्रकार के मूल्यांकन में नहीं बल्कि उसे बुरी तरह प्रयोग में लाने और इसके लिए उचित व्यवस्था न करने में है। बुरे और अच्छे व्यक्ति तथा अराजकता एवं अव्यवस्था हर जगह मिल सकती है। आवश्यकता उन पर उचित नियंत्रण स्थापित करने और उचित मार्ग निर्देशन की है। विद्यालयों में अगर नियोजित ढंग से प्रयत्न किए जाएं, आंतरिक मूल्यांकन की ठीक योजना बनाई जाए, उसके क्रियान्वयन के लिए सभी को मन से पूरी निष्ठा और ईमानदारी के साथ तैयार किया जाए, उचित प्रशिक्षण तथा सलाह मशविरा करते हुए मूल्यांकन परिणामों की जाँच की जाती रहे तथा मूल्यांकन तकनीक और साधनों का उपयुक्त रूप से प्रयोग किया जाए तथा बाह्य परीक्षाओं के परीक्षणों के साथ इन्हें ठीक अनुपात में मिलाकर डिवीजन तथा ग्रेड दिए जाएं तो आंतरिक परीक्षणों तथा मूल्यांकन के द्वारा मूल्यांकन कार्य में सजीव, उपयोगी तथा सार्थक भूमिका अवश्य ही निभाई जाती रहेगी।

सार-संक्षेप
(Summary)

1. शिक्षण–अधिगम के प्रबंधन से तात्पर्य एक ऐसी प्रक्रिया से है जिसके माध्यम से हमें शिक्षण–अधिगम कार्य से जुड़ी हुई सभी क्रियाओं तथा उपलब्ध संसाधनों को भलीभाँति नियोजित, संगठित, अग्रसरित तथा नियंत्रित कर निर्धारित शिक्षण–अधिगम उद्देश्यों की प्रभावपूर्ण प्राप्ति में पर्याप्त सहायता मिलती है।

2. शिक्षण–अधिगम प्रबंधन की प्रक्रिया जिन चार चरणों या अवस्थाओं में संपन्न की जाती हैं वे हैं– शिक्षण–अधिगम का नियोजन, शिक्षण–अधिगम का संगठन, शिक्षण–अधिगम का अग्रसरण तथा शिक्षण–अधिगम का नियंत्रण। शिक्षण–अधिगम प्रबंधन में निहित ये चारों अवस्थाएं अपने आप में पूरी तरह अंतः संबंधित तथा अन्तः निर्भर होती हैं एक की सफलता और प्रभावपूर्णता दूसरी अवस्था के लिए उतनी ही मात्रा में प्रभावपूर्ण और उत्प्रेरक सिद्ध होती है।
3. शिक्षण–अधिगम का प्रबंधन शिक्षण अधिगम प्रक्रिया और उसके परिणामों की प्रभावपूर्णता तथा यथेष्टता में भरसक योगदान देता है। जितना अच्छा तालमेल इस प्रबंधन से संबंधित चारों सोपानों या अवस्थाओं में होता है, शिक्षण–अधिगम के प्रबंधन को निर्धारित उद्देश्यों की प्राप्ति की दिशा में उतना ही अच्छा माना जाता है। इस दृष्टि से एक प्रबंधन कर्त्ता को इन सभी सोपानों या अवस्थाओं पर संपन्न किए जाने वाले कार्यों तथा प्रबंधन संबंधी बातों पर समुचित ध्यान रखकर ही आगे बढ़ने के प्रयत्न करने चाहिएं।
4. शिक्षण–अधिगम के नियोजन संबंध सोपान में प्रबंधन कर्त्ता द्वारा शिक्षण–अधिगम उद्देश्यों के भलीभाँति निर्धारण तथा उनकी उचित प्राप्ति हेतु पूर्व–कार्य योजना बनाने का कार्य किया जाता है। उद्देश्यों के निर्धारण करने हेतु यह निर्णय किया जाता है कि किसी विशेष शिक्षण–अधिगम कार्य के संपादन द्वारा विद्यार्थियों के ज्ञानात्मक, क्रियात्मक तथा भावात्मक व्यवहार पक्षों में किस तरह के वांछित परिवर्तन लाए जा सकते हैं। इन संभावित व्यवहार परिवर्तनों को स्पष्ट एवं व्यवहारजन्य शब्दावली में लिखने का प्रयत्न ही विभिन्न उपागमों जैसे मिलर उपागम, मेगर उपागम तथा आर०सी०ई०एम० उपागमों का प्रयोग करते हुये यहाँ किया जाता है। नियोजन अवस्था से संबंधित दूसरे कार्य (यानी जो उद्देश्य निर्धारित किए गए हैं उनकी प्राप्ति हेतु पूर्व–कार्य योजना बनाने) के संपादन हेतु शिक्षण कार्य का विश्लेषण (Analysis of teaching task) किया जाता है। इस कार्य विश्लेषण प्रक्रिया में सामान्यतया शिक्षण कार्य को निर्धारित अनुदेशनात्मक उद्देश्यों की प्राप्ति के परिप्रेक्ष्य में जिन चार उपकार्यों (Sub-tasks) में बाँटा जाता है वे हैं (i) विद्यार्थियों के प्रविष्टि और अंतिम व्यवहार के बीच विद्यमान निष्पत्ति अंतर की जानकारी (ii) दिए जाने वाले अधिगम अनुभवों का निर्धारण (iii) अधिगम अनुभवों के शिक्षण–अधिगम हेतु उपयुक्त विधियों एवं तकनीकों का निर्धारण तथा (iv) उचित शिक्षण–अधिगम परिस्थितियों तथा वातावरण का नियोजन।
5. शिक्षण–अधिगम के संगठन संबंधी सोपान या अवस्था में प्रबंधनकर्त्ता द्वारा उपलब्ध शिक्षण–अधिगम संसाधनों को संगठित एवं व्यवस्थित कर सुचारू रूप से काम में लाने के ऐसे प्रयत्न किए जाते हैं कि जिसके परिणामस्वरूप निर्धारित शिक्षण–अधिगम उद्देश्यों की प्राप्ति बहुत ही प्रभावपूर्ण ढंग से हो सके। मानवीय संसाधनों में जहाँ शिक्षण–अधिगम प्रक्रिया में मुख्य बात शिक्षक और विद्यार्थी दोनों के ही द्वारा निभाए जाने वाले उत्तरदायित्वों के भलीभाँति निर्वहन को लेकर होती है वहीं उपलब्ध भौतिक संसाधनों के उचित संगठन का महत्त्व भी इच्छित परिणामों की प्राप्ति के संदर्भ में कुछ कम नहीं आंका जा सकता। अतः प्रबंधन कर्त्ता को दोनों ही प्रकार के संसाधनों – मानवीय तथा भौतिक के उचित संगठन, व्यवस्थापन और उपयोग की ओर पूरा–पूरा ध्यान देना चाहिए। पहले तो इस कार्य हेतु शिक्षक और अन्य सहयोगी स्टाफ की उपयुक्त नियुक्ति, कार्यभार, वेतन तथा अन्य कार्य परिस्थितियों पर समुचित ध्यान देना चाहिए और फिर उपलब्ध भौतिक संसाधनों जैसे भौतिक सुविधाओं, विद्यार्थियों की कक्षा में संख्या, शिक्षण सामग्री, पुस्तकालय, प्रयोगशाला, संग्रहालय आदि आवश्यक संसाधनों के उचित संगठन पर ध्यान दिया जाना चाहिए। इसके बाद अध्यापक को स्वयं भी अपनी ओर से संगठनात्मक उत्तरदायित्व निभाने के लिए आगे आना चाहिए। शिक्षण–अधिगम प्रक्रिया का संगठन अच्छी तरह हो सके इसके लिए उसे जिन तीन

उत्तरदायित्वों को विशेष रूप से निभाने के लिए आगे आना चाहिए वे हैं (i) समुचित शिक्षण व्यूह–रचनाओं और युक्तियों का चयन (ii) उचित शिक्षण साधनों का चयन एवं उपयोग तथा (iii) उचित संप्रेषण व्यूह रचनाओं का चयन एवं उपयोग।

6. शिक्षण–अधिगम के अग्रसरण सम्बन्धी सोपान या अवस्था में प्रबन्धनकर्त्ता द्वारा विद्यार्थियों को अधिगम पथ पर अग्रसर या आरूढ़ रहने के लिए वांछित युक्तियों एवं तकनीकों का प्रयोग कर उचित अभिप्रेरणा, प्रोत्साहन तथा पथ–प्रदर्शन प्रदान करने के प्रयत्न किए जाते हैं। इस कार्य हेतु जिन गतिविधियों को प्रमुख रूप से अपनाया जा सकता है वे हैं (i) विद्यार्थियों को अधिगम हेतु अभिप्रेरित करना (ii) उन्हें उचित प्रोत्साहन तथा मार्गदर्शन प्रदान करना (iii) उचित शिक्षण विधियों एवं व्यूह रचनाओं को काम में लाना (iv) विद्यार्थियों का सक्रिय सहयोग प्राप्त करना (v) विद्यार्थियों की प्रगति पर नजर रखना तथा (vi) विद्यार्थियों को उनकी प्रगति से अवगत कराते रहना।

7. शिक्षण–अधिगम के नियंत्रण संबंधी सोपान में प्रबंधनकर्त्ता द्वारा संपूर्ण शिक्षण–अधिगम प्रक्रिया के नियंत्रण हेतु शिक्षण–अधिगम प्रक्रिया द्वारा प्राप्त परिणामों की समय–समय पर जाँच, मापन तथा मूल्यांकन करने का प्रयत्न किया जाता है। इस प्रकार के कार्यों के संपादन द्वारा यह पता लगाने का प्रयास किया जाता है कि नियोजन अवस्था के निर्धारित शिक्षण–अधिगम उद्देश्यों की प्राप्ति संगठन तथा अग्रसरण सम्बन्धी सोपानों पर आयोजित क्रियाओं द्वारा किस रूप में कहाँ तक संभव हो पाई है। विद्यार्थियों के ज्ञानात्मक, क्रियात्मक तथा भावात्मक व्यवहार पक्ष में किस प्रकार के परिवर्तन हो पाए हैं आदि–आदि। इन सबकी जाँच तथा मूल्यांकन हेतु इस सोपान के अंतर्गत विभिन्न प्रकार की जाँच, मापन तथा मूल्यांकन तकनीकों को प्रयोग में लाने का कार्य किया जाता है। इन तकनीकों एवं प्रविधियों में मुख्य रूप से जिनका उल्लेख किया जा सकता है वे हैं अध्यापक द्वारा समय–समय पर लिए जाने वाले परीक्षण (Periodic tests) बाह्य परीक्षाएं–मौखिक, लिखित (निबंधात्मक, लघु उत्तरात्मक तथा वस्तुनिष्ठ), आंतरिक परीक्षाएं या आंतरिक मूल्यांकन तथा गुणात्मक तकनीक एवं प्रविधियाँ (जिनसे बालकों में होने वाले गुणात्मक परिवर्तनों जैसे रुचि, अभिरुचि, अभिवृत्तियों, आदतों एवं व्यक्तित्व गुणों से संबंधित परिवर्तनों के मापन एवं मूल्यांकन का कार्य किया जा सकता है। इस नियंत्रण सोपान के अंतर्गत किए जाने वाले कार्यों के परिणामों के आधार पर शिक्षण अधिगम प्रक्रिया की शेष तीन सोपानों – नियोजन, संगठन तथा अग्रसरण पर आयोजित क्रियाओं में सुधार लाने की बात सोची जाती है और फिर उसे यथानुकूल अंजाम देकर पुनः जाँचने या मूल्यांकन के कार्य को संपादित किया जाता है। इस तरह की चक्र प्रक्रिया अपनाते रहने से शिक्षण–अधिगम कार्य और व्यवस्था में अपेक्षित सुधार एवं प्रगति लाने का कार्य अच्छी तरह संपन्न किया जा सकता है।

संदर्भित एवं विशेष अध्ययन ग्रंथ
(References and Suggested Readings)

Ahmans, J.S. and M.D. Glock, *Evaluating Pupil Growth*, Boston: Allyn & Bacon, 1959.

Bhargava , Mahesh, *Modern Psychological testing and Measurement* (7th ed.), Agra: Harprasad Bhargava, 1987.

Davies, I.K., *The Management of Learning*, London: McGraw-Hill, 1971.

Gagne, R., *The Conditions of Learning*, 3rd ed., New York: Holt, 1977.

Good, C.V., *Dictionary of Education*, New York: McGraw-Hill, 1959.

Gronlund, N.E. and R.L. Linn, *Measurement and Evaluation in Teaching*, 6th ed., New York: Macmillan, 1990.

Indian Education Commission, (1964–66), New Delhi: Ministry of Education, Govt. of India, 1966.

Kubiszyn, Tom and Garry D. Borich, *Educational Testing and Measurement: Classroom application and Practice* (8th ed.), New York: John Wiley, 2006.

Kellaghan, T. and D.L. Stufflebeam, (Ed.), *International Handbook of Educational Evaluation*, Dodrecht, Boston: Klubby Academic Publishers, 2003.

Phillips, Ray Cook, *Evaluation in Education*, Columbus, Ohio: C.E. Merrill Publishing Co., 1968.

Phophan, W. James (Ed.), *Evaluation in Education: Current Applications*, Berkeley, Calif: Mc Cutchan Pub. Corp., 1974.

Quillen, I.J. and Lavone, Hanna, *Education for Social Competence*, Chicago: Scott, Foresman, 1961.

Remmers, H.H., N.L. Gage, and J.F. Rummel, *A Practical Introduction to Measurement and Evaluation*, NewYork: Harper & Row, 1960.

Stufflebeam, D.L., et al., *Educational Evaluation and Decision Making*, Bloomington: Phi Delta Kappa, 1971.

Torgerson, T.L. and G.S. Adams, *Measurement and Evaluation*, New York: John Wiley & Sons, 1955.

Stone, J.W. Wright, J. Hustman, and G. Robbins, *Evaluation in Modern Education*, New York: American Book Company, 1956.

Wolf, Richard M., *Evaluation in Education: Foundation of Competency Assessment and Program Review*, 3rd ed., New York: Praeger Publishers, 1990.

अध्ययन के लिए प्रश्न (Study Questions)

1. शिक्षण–अधिगम के प्रबंधन से आप क्या समझते हैं ? शिक्षा में इस प्रकार का प्रबंधन क्यों आवश्यक है ? चर्चा कीजिए।
2. शिक्षण–अधिगम का प्रबंधन क्या है ? इसकी आवश्यकता और शिक्षण–अधिगम प्रबंधन प्रक्रिया से जुड़े हुए विभिन्न सोपानों की चर्चा कीजिए।
3. आई०के० डेवीज द्वारा प्रतिपादित शिक्षण–अधिगम प्रबंधन के विभिन्न सोपानों का संक्षेप में वर्णन कीजिए।
4. शिक्षण–अधिगम प्रबंधन की आवश्यकता और महत्त्व की विस्तार से चर्चा कीजिए।
5. शिक्षण के नियोजन (Planning) से क्या अभिप्राय है ? शिक्षण–अधिगम के प्रबंधन में इसकी आवश्यकता की चर्चा कीजिए।
6. शिक्षण–नियोजन क्या है ? शिक्षण–नियोजन में प्रयुक्त विभिन्न सोपानों की चर्चा कीजिए।

7. उद्देश्यों का निर्माण, शिक्षण नियोजन का एक महत्त्वपूर्ण पहलू है। शिक्षण–अधिगम उद्देश्यों के निर्माण संबंधी प्रक्रिया का संक्षेप में उल्लेख कीजिए।
8. कार्य विश्लेषण (Task analysis) पद को परिभाषित कीजिए। निर्धारित शिक्षण–अधिगम उद्देश्यों की प्राप्ति हेतु विभिन्न क्रियाओं के नियोजन हेतु इसे कैसे संपन्न किया जाता है ?
9. शिक्षण–अधिगम प्रबंधन के प्रारंभिक सोपान शिक्षण नियोजन के रूप में किए जाने वाले कार्यों का वर्णन कीजिए।
10. शैक्षिक उद्देश्यों की टैक्सोनोमी से क्या अभिप्राय है ? कुछ प्रसिद्ध टैक्सोनोमियों का वर्णन करो।
11. ब्लूम और उसके सहयोगियों द्वारा प्रस्तुत ज्ञानात्मक व भावात्मक पक्ष के शैक्षिक या अनुदेशनात्मक उद्देश्यों की टैक्सोनोमियों का वर्णन करो।
12. उद्देश्यों को व्यावहारिक शब्दावली में लिखने से क्या तात्पर्य है ? इसकी क्या आवश्यकता है ? उद्देश्यों को इस प्रकार लिखने के कौन–कौन से मुख्य उपागम हैं ? संक्षेप में चर्चा करें।
13. शिक्षण–अधिगम के संगठन से क्या अभिप्राय है ? शिक्षण–अधिगम प्रबंधन में इसकी आवश्यकता एवं महत्त्व पर प्रकाश डालिए।
14. शिक्षण–अधिगम के प्रबंधन में मानवीय और भौतिक संसाधनों के संगठन संबंधी विभिन्न संगठनात्मक कार्यों का वर्णन कीजिए।
15. शिक्षण–अधिगम के प्रबंधक के नाते बताइये कि आप विभिन्न मानवीय और भौतिक संसाधनों के भलीभाँति संगठन हेतु क्या–क्या करना चाहेंगे ?
16. शिक्षण व्यूह रचनाओं तथा युक्तियों के समुचित चयन के लिए आप क्या प्रक्रिया अपनायेंगे ? विस्तार से बताइए।
17. शिक्षण युक्तियों के चयन हेतु काम में लाए जाने वाले मानदण्ड के रूप में अधिगम संरचना की विस्तार में चर्चा कीजिए।
18. शिक्षण साधन क्या है ? उनके विभिन्न प्रकारों का उल्लेख करें तथा शिक्षण–अधिगम प्रक्रिया में उनके महत्त्व एवं उपयोगिता पर प्रकाश डालें।
19. शिक्षण साधनों के उचित चयन एवं उपयोग हेतु काम में लाए जाने वाले विभिन्न मार्गदर्शक सिद्धांतों का वर्णन कीजिए।
20. संप्रेषण क्या है ? कक्षा संप्रेषण व्यूह रचनाएँ क्या हैं ? इसकी विस्तार से चर्चा कीजिए।
21. जटिल नियम एवं प्रक्रियाओं के अनुदेशन हेतु काम में लाई जाने वाली संप्रेषण व्यूह रचनाओं का विस्तार से उल्लेख कीजिए।
22. शिक्षण–अधिगम के अग्रसरण या मार्गदर्शन (Leading teaching-learning) से क्या अभिप्राय है ? शिक्षण अधिगम प्रबंध के महत्त्वपूर्ण सोपान के रूप में इसके निहित क्रियाकलापों का संक्षेप में वर्णन कीजिए।
23. शिक्षण–अधिगम के प्रबंधन में शिक्षण–अधिगम के अग्रसरण की आवश्यकता और महत्त्व की चर्चा करें।
24. एक प्रबंधक या प्रशासक के नाते बताइए कि शिक्षण–अधिगम के अग्रसरण हेतु आप किस प्रकार के प्रयत्न करना चाहेंगे ? विस्तार से प्रकाश डालिए।

25. निम्न पर टिप्पणी लिखिए–

(a) शिक्षण–अधिगम के अग्रसरण या मार्गदर्शन की आवश्यकता एवं महत्त्व

(b) शिक्षण–अधिगम के अग्रसरण में सहायक गतिविधियाँ या क्रियाकलाप

26. शिक्षण अधिगम के नियंत्रण (Controlling) से आप क्या समझते हैं ? शिक्षण–अधिगम के प्रबंधन में इसके महत्त्व की चर्चा कीजिए।

27. 'शिक्षण–अधिगम नियंत्रण' पद को परिभाषित करते हुए बताइये कि शिक्षण अधिगम प्रक्रिया पर उचित नियंत्रण कायम करने के लिए आप क्या करना चाहेंगे ?

28. शिक्षण–अधिगम पर उचित नियंत्रण स्थापित करने के संदर्भ में शिक्षण–अधिगम परिणामों के मापन एवं मूल्यांकन प्रक्रिया पर संक्षेप में प्रकाश डालिए।

29. मूल्यांकन क्या है ? शिक्षण–अधिगम प्रक्रिया पर नियंत्रण स्थापित करने के संदर्भ में इसके उद्देश्य, कार्यों एवं उपयोगिता की चर्चा कीजिए।

30. मूल्यांकन के लिए प्रयुक्त विभिन्न तकनीकों एवं प्रविधियों की संक्षेप में चर्चा कीजिए।

31. मूल्यांकन में सुधार हेतु विभिन्न उपायों तथा सुझावों की चर्चा कीजिए।

32. निम्न पर टिप्पणी लिखिए–

(a) प्रश्न बैंक (Question bank)

(b) ग्रेडिंग प्रणाली (Grading system)

(c) आंतरिक परीक्षाएं या मूल्यांकन (Internal examinations or evaluation)

13

शिक्षक व्यवहार का परिमार्जन एवं अंतःक्रिया विश्लेषण
(Modification of Teacher Behaviour and Interaction Analysis)

Systematic observation represents a useful means of identifying, classifying, studying and measuring specific variables as they interact within the instructional-learning situation.

—Ober, Richard L.

अध्याय रूपरेखा (Chapter Outline)

- शिक्षण या शिक्षक व्यवहार का अर्थ (Meaning of the Term Teaching or Teacher Behaviour)
- शिक्षण या शिक्षक व्यवहार के परिमार्जन से अभिप्राय (Meaning of the Term Modification of Teaching or Teacher Behaviour)
- शिक्षण या शिक्षक व्यवहार के परिमार्जन की तकनीकें (Techniques for the Modification of Teaching or Teacher Behaviour)
- अंतःक्रिया विश्लेषण (Interaction Analysis)
- विनिमयात्मक विश्लेषण (Transaction Analysis)
- सार-संक्षेप (Summary)
- संदर्भित एवं विशेष अध्ययन ग्रंथ (References and Suggested Readings)
- अध्ययन के लिए प्रश्न (Study Questions)

शिक्षण या शिक्षक व्यवहार का अर्थ (Meaning of the Term Teaching or Teacher Behaviour)

सरल शब्दों में शिक्षक द्वारा अपने शिक्षण के दौरान जिस प्रकार के व्यवहार को अपनाया तथा उसका प्रदर्शन किया जाता है उसे ही शिक्षण व्यवहार की संज्ञा दी जाती है। वास्तव में देखा जाए तो कक्षा कक्ष में एक अध्यापक द्वारा जिस प्रकार का शाब्दिक और अशाब्दिक व्यवहार अपने विद्यार्थियों के साथ अंतःक्रिया करने में किया जाता है, विद्यार्थियों के व्यवहार में परिवर्तन लाने की दृष्टि से उसकी सदैव ही बहुत महत्त्वपूर्ण भूमिका रहती है। ऐसा व्यवहार करते समय अध्यापक विद्यार्थियों से विभिन्न प्रकार के प्रश्न पूछता है, विषय सामग्री से संबंधित बातों का

वर्णन, विश्लेषण तथा व्याख्या करता है, क्रियाओं का प्रदर्शन करता है, उदाहरण देता है एवं विद्यार्थियों के उत्तर तथा उनके द्वारा दिए जाने वाले कार्य के प्रति अपनी अनुक्रियाएं व्यक्त करता है, आदि–आदि। अध्यापक की इन व्यवहार चेष्टाओं की या तो शाब्दिक रूप में अभिव्यक्ति होती है अथवा अशाब्दिक, जैसे भाव भंगिमा, अंग संचालन, श्यामपट लेखन, चित्रात्मक अभिव्यक्ति, क्रिया या प्रयोग प्रदर्शन, मौन–विराम या प्रशंसात्मक और निरुत्साहित करने वाली मुख मुद्रा तथा संकेतों का प्रयोग आदि। कक्षा कक्ष में घटित शिक्षण या अनुदेशन के उद्देश्यों की प्राप्ति को वांछित दिशा और दशा प्रदान करने में इस प्रकार के शाब्दिक और अशाब्दिक शिक्षण या शिक्षक व्यवहार का इस तरह बहुत ही महत्त्वपूर्ण स्थान रहता है।

इस संदर्भ में विचार करके देखा जाए तो शिक्षण या शिक्षक व्यवहार को जैसा कि डी.जी. रयांस का भी मत है, निम्न शब्दों में परिभाषित किया जा सकता है।

"शिक्षक या शिक्षण व्यवहार से तात्पर्य व्यक्तियों के उस व्यवहार या क्रियाओं से है जिसके संपादन की उनसे एक शिक्षक के रूप में अपेक्षा की जाती है, विशेषतया उन क्रिया–कलापों की जिनका संबंध दूसरों के अधिगम को निर्देशित या मार्गदर्शन प्रदान करना होता है।"

(The term teaching or teacaher behaviour may be defined as the behaviour or activities of a persons as they go about doing whatever is required of teachers, particularly those activities which are concerned with the guidance or direction of the learning of others.—Ryans, 1969).

प्रश्न उठता है कि क्या किसी एक शिक्षण–अधिगम परिस्थिति में सभी शिक्षकों का व्यवहार एक जैसा ही होता है ? क्या एक ही अध्यापक अपने कक्षा शिक्षण के सीमित कालांश में परिस्थिति या आवश्यकतानुसार अलग–अलग प्रकार के शिक्षक/शिक्षण व्यवहार प्रदर्शित करने की क्षमता से युक्त होता है अथवा नहीं ? इस प्रकार के प्रश्नों का मस्तिष्क में उभरना शिक्षकों के शिक्षण या शिक्षक व्यवहार की अवधारणा से परिचित होने के लिए नितांत स्वाभाविक ही है। प्रसिद्ध शिक्षा शास्त्री और लेखक मकनेरजेंसी तथा कार्नर ने इस पर अपनी प्रतिक्रिया व्यक्त करते हुए स्पष्ट किया है कि शिक्षक या शिक्षण व्यवहार सभी शिक्षकों का या किसी एक शिक्षक का सभी शिक्षण परिस्थितियों में कभी भी एक जैसा नहीं होता। इस तथ्य में निहित कारणों की व्याख्या करते हुए वे लिखते हैं–

"शिक्षक या शिक्षण व्यवहार शिक्षक विशेष की विशेषताओं, उपलब्ध शिक्षण–अधिगम वातावरण तथा वे कार्य जिन्हें एक शिक्षक के रूप में किसी समय विशेष में वह संपादित कर रहा होता है, इन तीनों बातों के ऊपर ही टिका होता है।"

(Teaching or teacher behaviour may be regarded as a function of the characteristics of the teacher, his environment and the task in which the teacher engages. —Mc. Nergency and Carner, 1981).

इस बात से यह पूर्ण तरह से स्पष्ट हो जाता है कि कोई शिक्षक किसी शिक्षण अधिगम परिस्थिति विशेष में जिस प्रकार के व्यवहार का प्रदर्शन करता है वह उसकी अपनी व्यक्तिगत विशेषताओं, शिक्षण अधिगम परिस्थितियों तथा शिक्षण कार्य में उसे प्राप्त कुशलताओं तथा स्वामित्व आदि पर बहुत कुछ निर्भर करता है। शिक्षक वैसा ही व्यवहार करता है जैसा कि वह स्वयं अपने आप में होता है, या जिस तरह की परिस्थितियों की वह किसी समय विशेष पर सामना कर रहा होता है परंतु उसके इस व्यवहार का बालकों की शिक्षण–अधिगम उपलब्धि और व्यवहार परिमार्जन की प्रक्रिया पर बहुत ही अनुकूल तथा प्रतिकूल प्रभाव पड़ता है और इस दृष्टि से शिक्षण या शिक्षक व्यवहार के स्तर का सदैव ही उपयुक्त होना नितांत आवश्यक है। इसकी उपयुक्तता बनाए रखते हुए इस तरह से यह भी आवश्यक हो जाता है कि शिक्षण या शिक्षक व्यवहार में पर्याप्त सुधार लाने या

उसका यथोचित परिमार्जन करने पर भी ध्यान दिया जाता रहे ताकि व्यवहार की उपयुक्तता विद्यार्थियों के हित साधन में अपेक्षित रूप से सहायक बनी रहे।

शिक्षण या शिक्षक व्यवहार के परिमार्जन से अभिप्राय (Meaning of the Term Modification of Teaching or Teacher Behaviour)

शिक्षण या शिक्षक व्यवहार के परिमार्जन से तात्पर्य इस प्रकार के प्रयत्नों तथा प्रक्रिया विशेष से है जिसके माध्यम से शिक्षण या शिक्षक व्यवहार में इस तरह का सुधार या परिवर्तन लाने की चेष्टा की जाती है जिसके फलस्वरूप एक शिक्षक को अपने शिक्षण दायित्वों का सफलतापूर्वक निर्वाह करते हुए एक प्रभावशाली शिक्षक बनने में पूरी–पूरी सहायता की जा सके। व्यवहार में परिवर्तन लाने की इस प्रक्रिया का एक नियोजित एवं सतत प्रयास के रूप में चलते रहना आवश्यक होता है। अध्यापन व्यवसाय में आने से पहले ही शिक्षक प्रशिक्षण पाठ्यक्रम के अंतर्गत ऐसे सभी प्रयासों से अध्यापकों को गुजरना पड़ता है ताकि उनमें उपयुक्त शिक्षण या शिक्षक व्यवहारों का समावेश हो सके। व्यवहार परिवर्तन की यह प्रक्रिया उस समय भी चलती रहती है जब अध्यापन व्यवसाय में एक अध्यापक प्रवेश करता है और तब तक चलती रहती है जब तक वह इस व्यवसाय में कार्यरत रहता है अथवा विद्यार्थियों के पथप्रदर्शन या शिक्षण कार्य से किसी न किसी रूप में जुड़ा रहता है। अपने शिक्षक प्रशिक्षण काल के दौरान आपको अपने शिक्षण या शिक्षक व्यवहार में यथेष्ट परिमार्जन करने की नितांत आवश्यकता है ताकि आप इस समय शिक्षण अभ्यास के दौरान तथा आगे आने वाले समय में अध्यापक बनकर एक प्रभावशाली अध्यापक की भूमिका ठीक प्रकार निभा सकें। व्यवहार परिवर्तन संबंधी यह कार्य इतना आसान नहीं जितना ऊपर से दिखाई देता है। इसके लिए हमें पहले शिक्षण या शिक्षक व्यवहार के रूप में जो कुछ भी इस समय आपके पास है उसका आकलन करना होगा। तकनीकी भाषा में इस शिक्षण या शिक्षक व्यवहार के संदर्भ में आपकी प्रविष्टि या प्रारंभिक व्यवहार (Entry behaviour) कहा जाएगा। माध्यमिक कक्षाओं के शिक्षण के संदर्भ में आपसे जिस प्रकार से उपयुक्त शिक्षक या शिक्षण व्यवहार की अपेक्षा की जाती है उसे अंतिम व्यवहार (Terminal behaviour) कहा जाएगा। प्रारंभिक व्यवहार से इस अपेक्षित अंतिम व्यवहार की अवस्था में आपको पहुँचाना ही अब शिक्षण या शिक्षक व्यवहार परिमार्जन हेतु किया जाने वाले प्रयासों का लक्ष्य रहेगा। इस रूप में इस तरह शिक्षण या शिक्षक व्यवहार परिमार्जन से तात्पर्य शिक्षक प्रशिक्षण कार्यक्रमों के माध्यम से किए जाने वाले उन प्रयत्नों या प्रक्रिया से होगा जिनके फलस्वरूप आपके प्रविष्टि या प्रारंभिक शिक्षक व्यवहार स्तर को अपेक्षित अंतिम शिक्षक व्यवहार स्तर पर लाने की चेष्टा की जा सके।

शिक्षण या शिक्षक व्यवहार के परिमार्जन की तकनीकें (Techniques for Modification of Teaching Teacher Behaviour)

अगर ध्यान से देखा जाए तो सेवा पूर्व और सेवाकालीन दोनों ही प्रकार के शिक्षक प्रशिक्षण कार्यक्रमों का एकमात्र उद्देश्य ही यह रहता है कि शिक्षकों के शिक्षण या शिक्षक व्यवहार में ऐसा उचित परिमार्जन होता रहे ताकि शिक्षकों को एक प्रभावी शिक्षक की उचित भूमिका निभाने में पूरी–पूरी सहायता मिल सके। फिर भी अध्यापक शिक्षा, शिक्षा तकनीकी तथा शिक्षण शास्त्र में होने वाले अनुसंधानों ने कुछ इस प्रकार के नवाचारों तथा तकनीकों को हमारे सामने ला खड़ा किया है जिन्हें अपनाकर शिक्षकों के शिक्षण या शिक्षक व्यवहार को अपेक्षित रूप से परिमार्जित किया जा सकता है। इन नवाचारों तथा तकनीकों में से जिन कुछ अधिक महत्त्वपूर्ण शिक्षण या शिक्षक व्यवहार तकनीकों का यहाँ इस पाठ्य पुस्तक में हम वर्णन करना चाहेंगे वे निम्न हैं।

1. अन्तःक्रिया विश्लेषण (Interaction analysis) एवं शिक्षण या शिक्षक व्यवहार का परिमार्जन
2. विनिमयात्मक विश्लेषण (Transactional analysis) द्वारा शिक्षण या शिक्षक व्यवहार का परिमार्जन
3. क्रियात्मक अनुसंधान (Action research) द्वारा शिक्षण या शिक्षक व्यवहार का परिमार्जन
4. सूक्ष्म शिक्षण (Micro teaching) द्वारा शिक्षण या शिक्षक व्यवहार का परिमार्जन
5. भूमिका निर्वाह (Role playing) तथा क्रीडन (Gaming) द्वारा शिक्षण या शिक्षक व्यवहार का परिमार्जन
6. शिक्षक मूल्यांकन (Teacher evaluation) द्वारा शिक्षण या शिक्षक व्यवहार का परिमार्जन

इस कार्य हेतु अभी फिलहाल प्रस्तुत अध्याय में हम अंतःक्रिया विश्लेषण तथा विनिमयात्मक विश्लेषण तकनीकों की ही चर्चा करना चाहेंगे। शेष सभी तकनीकों की जानकारी एक–एक करके पुस्तक के आगामी अध्यायों में दी जाएगी।

अन्तःक्रिया विश्लेषण (Interaction Analysis)

एक अध्यापक की क्षमता और कार्य कुशलता का अनुमान उसके शिक्षण की प्रभावपूर्णता के संदर्भ में लगाया जा सकता है और उसका शिक्षण कितना प्रभावपूर्ण है, इसका वस्तुनिष्ठ मूल्यांकन उस के कक्षा व्यवहार अथवा विद्यार्थियों के साथ होने वाली अन्तःक्रिया के माध्यम से किया जा सकता है। इस प्रकार से अध्यापक कक्षा व्यवहार अथवा कक्षा अन्तःक्रिया के असुव्यवस्थित और वस्तुनिष्ठ विश्लेषण द्वारा कक्षा में शिक्षण और अधिगम के रूप में जो कुछ भी होता है, उसका विश्वसनीय मूल्यांकन करने में सहायता मिलती है। कक्षा–व्यवहार और कक्षा अन्तःक्रिया का इस प्रकार का विश्लेषण ही अन्तःक्रिया विश्लेषण के नाम से जाना जाता है।

इस प्रकार अंतःक्रिया विश्लेषण से अभिप्राय उस तकनीक से है जिसके अंतर्गत कक्षा–कक्ष में घटने वाली घटनाओं का वस्तुनिष्ठ और व्यवस्थित निरीक्षण करने की व्यवस्था होती है और जिसे अध्यापक के कक्षा व्यवहार और कक्षा–कक्ष में चल रही अंतःक्रिया प्रक्रिया (Interaction process) का समुचित अध्ययन करने के लिए प्रयोग में लाया जाता है। इसके द्वारा एक अध्यापक को अपने शिक्षण को अधिक प्रभावशाली और उद्देश्यपूर्ण बनाने हेतु अपने व्यवहार में वांछित परिवर्तन लाने और अपने विद्यार्थियों के साथ होने वाली अंतःक्रिया में आवश्यक सुधार करने के कार्य में पूरी–पूरी सहायता मिलती है।

एक अंतःक्रिया विश्लेषण प्रणाली में आवश्यक रूप से एनकोडिंग (Encoding) और डिकोडिंग (Decoding)— दो प्रकार की प्रक्रियाओं का समावेश होता है।

एनकोडिंग के द्वारा कक्षा घटनाओं का सार्थक ढंग से अभिलेखन करने (Recording) में सहायता मिलती है जबकि डिकोडिंग के द्वारा अभिलिखित सूचनाओं को व्यवस्थित कर अच्छी तरह प्रदर्शित करने और फिर परिणामों का विश्लेषण करने का कार्य किया जाता है ताकि शिक्षक व्यवहार और कक्षा अंतःक्रिया के प्रारूप का समुचित अध्ययन और विश्लेषण किया जा सके।

अंतःक्रिया विश्लेषण (Interaction analysis) इस प्रकार से एक ऐसे प्रमाणित निरीक्षण साधन और विश्लेषण तकनीक के रूप में कार्य करता है जिसके द्वारा शिक्षक व्यवहार और कक्षा अंतःक्रिया के प्रारूप का समुचित निरीक्षण और विश्लेषण किया जा सके।

विभिन्न अनुसंधानों के परिणामस्वरूप आज शिक्षक–व्यवहार विश्लेषण और कक्षा अंतःक्रिया विश्लेषण के लिए कोई 100 से भी अधिक प्रणालियाँ प्रचलित हैं। रिचार्ड एल. ओबर और उसके सहयोगियों (Richard, L. Ober et at., 1970) ने इन प्रणालियों की सुविधा की दृष्टि से दो वर्गों में विभाजित करने का प्रयत्न किया है। ये वर्ग हैं—संकेत प्रणालियाँ (Sign system) और श्रेणी प्रणालियाँ (Category system)।

संकेत प्रणालियों में शिक्षक व्यवहारों की सूची होती है। इस सूची में जो–जो व्यवहार किसी एक परिस्थितियाँ में किए जाने वाले शिक्षण में घटित होते हैं, उनके आगे निरीक्षण कर्त्ता को केवल एक बार किसी प्रकार का चिन्ह लगाना होता है यहाँ उसे इस बात की चिंता नहीं करनी होती कि किसी एक व्यवहार की कितनी बार पुनरावृत्ति हुई।

श्रेणी प्रणालियों में शिक्षक व्यवहारों को पहले विभिन्न व्यवहार इकाइयों (Units) में विभक्त किया जाता है और फिर प्रत्येक व्यवहार इकाई को श्रेणियों में वर्गीकृत किया जाता है। तत्पश्चात् इन श्रेणियों की सूची बना ली जाती है। निरीक्षणकर्त्ता को यह देखना होता है कि एक नियमित अवधि के अंतर्गत (उदाहरण के लिए हर तीन सेकेंड) घटित होने वाला शिक्षक व्यवहार किस व्यवहार श्रेणी में आता है। वह उस श्रेणी संख्या व्यवहार को अभिलिखित (Record) कर देता है तथा श्रेणी संख्या को भी नोट करता जाता है। इस प्रणाली में शिक्षण के दौरान शिक्षक व्यवहार की जितनी बार आवृत्ति हो, उसका अभिलेखन संभव होता है जबकि संकेत प्रणाली में उसका केवल एक ही बार अभिलेखन किया जाता है। विभिन्न शिक्षक व्यवहार किस क्रम में घटित होते हैं, इसका लेखा–जोखा भी यहाँ रखा जा सकता है। फ्लेंडर्स अंतःक्रिया विश्लेषण प्रणाली (Flanders' system of interaction analysis) श्रेणी प्रणाली का एक अच्छा उदाहरण प्रस्तुत करती है। आगे हम इसी के बारे में चर्चा करना चाहेंगे।

फ्लेंडर्स अंतःक्रिया विश्लेषण प्रणाली (Flanders' System of Interaction Analysis)

अन्तःक्रिया विश्लेषण की इस प्रणाली का विकास 1959 में मिनीसोटा विश्वविद्यालय के अंतर्गत काम करने वाले प्रोफेसर नेड. ए. फ्लेंडर्स (Ned. A. Flanders) द्वारा शिक्षक प्रशिक्षण की एक तकनीक के रूप में किया गया था। मूल रूप से यह एक श्रेणी प्रणाली (Category system) है जिस के अन्तर्गत कक्षा में अपने विद्यार्थियों के साथ अंतःक्रिया करते हुए अध्यापक के सभी संभव शाब्दिक व्यवहारों को वर्गीकृत करने का प्रयत्न किया जाता है।

इस प्रणाली में शाब्दिक व्यवहारों की कुल 10 श्रेणियाँ होती हैं जिन्हें तीन मुख्य खण्डों (Main sections) में समाविष्ट किया जा सकता है ये खंड हैं–

(a) शिक्षक वार्ता (Teacher talk)

(b) छात्र–वार्ता (Student talk) और

(c) मौन या अस्तव्यस्तता (Silence or confusion)

शिक्षक वार्ता से संबंधित प्रथम मुख्य खंड के अंतर्गत सात श्रेणियाँ होती हैं। इनमें से पहली चार श्रेणियों का संबंध अप्रत्यक्ष प्रभाव (Indirect influence) से होता है जबकि पिछली तीन श्रेणियों का प्रत्यक्ष प्रभाव (Direct influence) से है। अप्रत्यक्ष प्रभाव की श्रेणियों के अंतर्गत शिक्षक के वे सभी शाब्दिक व्यवहार आते हैं जो विद्यार्थियों को अनुक्रिया करने के आधिकाधिक अवसर प्रदान करने अथवा उनकी कार्य स्वतंत्रता को अधिकाधिक बढ़ाने में सहायक होते हैं। इसके विपरीत प्रत्यक्ष प्रभाव की श्रेणियों के अंतर्गत शिक्षक के उन शाब्दिक व्यवहारों का समावेश होता है जिनके द्वारा विद्यार्थियों को काम करने की स्वतंत्रता पर अंकुश लगाया जाता है अथवा उस में अधिक से अधिक कमी करने का प्रयत्न किया जाता है।

छात्र वार्ता से संबंधित द्वितीय मुख्य खंड के अंतर्गत दो श्रेणियाँ होती हैं। तृतीय खंड में मौन या अस्तव्यस्तता नामक एक श्रेणी होती है।

इस प्रणाली से संबंधित उपरोक्त सभी खंडों और श्रेणियों को उनमें निहित घटक व्यवहारों (Component behaviours) सहित संक्षिप्त रूप में नीचे प्रस्तुत किया जा रहा है।

फ्लेंडर्स अंतःक्रिया विश्लेषण श्रेणियाँ (Flanders' Interaction Analysis Categories)

A. शिक्षक वार्ता (Teacher Talk)

(a) अप्रत्यक्ष प्रभाव (Indirect Influence)

1. **भावनाओं को स्वीकार करना (Accepts feelings)**—छात्रों की भावनाओं (नकारात्मक या स्वीकारात्मक) को स्वीकार करने से संबंधित व्यवहार इस श्रेणी में आते हैं।
2. **प्रशंसा या प्रोत्साहन देना (Praises or encourages)**—इस श्रेणी में वे शिक्षक व्यवहार आते हैं जिनके द्वारा छात्रों के कार्य की प्रशंसा की जाती है अथवा उन्हें प्रोत्साहन दिया जाता है।
3. **छात्रों के विचारों को स्वीकारना या उनका प्रयोग करना (Accepts or uses ideas of students)**—इस श्रेणी में शिक्षक का वह व्यवहार आता है जिसके द्वारा वह छात्रों के विचारों को स्वीकार करता है, उन्हें विकसित करता है, दुहराता है या उनको दूसरी शब्दावली में व्यक्त करता है।
4. **प्रश्न पूछना (Asks questions)**—इस व्यवहार के अंतर्गत अध्यापक द्वारा छात्रों से विषयवस्तु से संबंधित प्रश्न पूछे जाते हैं।

(b) प्रत्यक्ष प्रभाव (Direct influence)

5. **व्याख्यान देना (Lecturing)**
6. **निर्देश देना (Giving directions)**
7. **आलोचना करना या अधिकार जताना (Criticising or justifying authority)**—विद्यार्थियों को ताड़ना देना, उनके बुरे व्यवहार अथवा त्रुटिपूर्ण कार्य की आलोचना करना तथा कोई एक अमुक कार्य, शिक्षक के द्वारा क्यों किया जा रहा है यह समझाना, आदि शिक्षक व्यवहार इस श्रेणी के अंतर्गत आते हैं।

B. छात्र वार्ता (Pupil talk)

(a) अनुक्रिया (Response)

8. **छात्र–अनुक्रिया (Pupil talk-response)**—ऐसी वार्ता जिसमें छात्र, शिक्षक के प्रश्नों या व्यवहारों के फलस्वरूप अपनी अनुक्रिया व्यक्त करते हैं।

(b) छात्र–स्वोपक्रम या पहल करना (Initiation)

9. **छात्र–स्वोपक्रम या पहल करना (Pupil talk initiation)**—ऐसा व्यवहार जिसमें छात्र स्वेच्छा से बोलते हैं अथवा जिसे छात्र स्वयं प्रारंभ करते हैं।

(c) मौन या अस्तव्यस्तता (Silence or confusion)

10. **मौन या अस्तव्यस्तता**—ऐसा समय जब कक्षा में मौन वातावरण (चुप्पी या खामोशी) या स्तब्धता व्याप्त हो अथवा ऐसी अराजकता या अस्त व्यस्तता का वातावरण हो जिसमें क्या चल रहा है, यह निरीक्षक की समझ में न आ सके, ऐसा व्यवहार इस श्रेणी में आता है।

फ्लेंडर्स की अंतःक्रिया विश्लेषण तकनीक को कैसे प्रयुक्त किया जाए? (How to Use Flanders' Interaction Analysis ?)

इस तकनीक के प्रयोग में निम्नलिखित तीन मुख्य सोपानों का समावेश होता है।

1. कक्षा में घटित घटनाओं का निरीक्षण एवं अभिलेखन
   (Observation or Recording of Classroom Events)
2. अंतःक्रिया मैट्रिक्स की रचना
   (Construction of Interaction Matrix)
3. अंतःमैट्रिक्स की व्याख्या
   (Interpretation of Interaction Matrix)

आइए अब इन सोपानों में निहित कार्यों का वर्णन किया जाए।

कक्षा में घटित घटनाओं का निरीक्षण एवं अभिलेखन (Observation or Recording of Classroom Events)

इस कार्य के लिए निरीक्षणकर्त्ता को निम्न बातों का ध्यान रखना चाहिए—

1. सबसे पहले निरीक्षणकर्त्ता को एक ऐसे स्थान का चुनाव करना चाहिए जहाँ बैठ कर वह संपूर्ण कक्षा गतिविधियों को अच्छी तरह देख सुन कर अपना निरीक्षण कार्य इस प्रकार कर सके कि उसकी उपस्थिति से इन गतिविधियों के स्वाभाविक रूप से चलने में कोई बाधा न पड़े।
2. निरीक्षणकर्त्ता को अभिलेखन (Recording) कला में प्रवीणता अर्जित करने का भी प्रयत्न करना चाहिए। इस कार्य को अंतःक्रिया विश्लेषण की भाषा में एनकोडिंग (Encoding) की संज्ञा दी जाती है। उचित एनकोडिंग के लिए निरीक्षणकर्त्ता से निम्न बातें अपेक्षित हैं—
   (i) विभिन्न श्रेणियों में समाविष्ट व्यवहारों का उसे पूरा ज्ञान होना चाहिए ताकि वह एक दम यह निर्णय ले सके कि एक निश्चित अवधि में प्रदर्शित व्यवहार किस श्रेणी में आता है और इस श्रेणी का क्रमांक क्या है।
   (ii) निश्चित अवधि (मात्रा प्रति तीन सेकेंड) के भीतर घटित व्यवहार की श्रेणी के क्रमांक (Code number) को व्यवहार घटित होने के तुरंत बाद ही आलेख पत्र (Data sheet) पर अंकित करते जाना चाहिए। उदाहरण के लिए अगर निरीक्षणकर्त्ता यह पाता है कि अध्यापक ने इस दौरान विद्यार्थी की प्रशंसा की है तो उसे आलेख पत्र पर 2 अंकित करना चाहिए, अध्यापक के द्वारा व्याख्यान देने पर 5, प्रश्न पूछने पर 4 और प्रशंसा करने वाले व्यवहार की फिर आवृत्ति होने पर पुनः 2 अंकित करना चाहिए।
   (iii) एनकोडिंग की क्रिया बहुत शीघ्रता से संपन्न की जाती है। एक मिनट में 2 और 25 निरीक्षणों का अंकन निरीक्षणकर्त्ता को अपना आलेखन पत्र में करना होता है। इस सीमित छोटी सी अवधि में घटित व्यवहार का निरीक्षण करना और उसके श्रेणी क्रमांक के बारे में निर्णय लेकर उसे अंकित करना अध्यापक से यह अपेक्षा करता है कि वह एक प्रकार से एक स्वचालित यंत्र (Automatic device) की तरह कार्य करने में अपने आपको प्रशिक्षित कर ले।

(iv) निरीक्षणकर्त्ता को यह भी ध्यान रखना चाहिए कि इन श्रेणी क्रमांकों (Code number) का अंकन एक ही कॉलम में एक के बाद एक के क्रम में जिस तरह व्यवहार घटित हो रहे हैं, वैसे ही करने का प्रयत्न किया जाए। इस प्रकार अंकन करने से अंत में उसे इन कोड संख्याओं की ऊपर से लेकर नीचे तक, एक ही कॉलम में अंकित सूची प्राप्त होगी जिसे देखकर वह भलीभाँति यह निर्णय ले सकता है कि घटनाएं या व्यवहार किस क्रम में घटित हो रहे हैं।

(v) श्रेणी क्रमांकों को अंकित करने के अतिरिक्त एक निरीक्षण कर्त्ता को असामान्य और विशेष कक्षा घटनाओं तथा व्यवहारों के घटित होने से संबंधित सूक्ष्म और संक्षिप्त नोट या संकेत भी नोट करते जाना चाहिएं ताकि इनके वर्णन और मूल्यांकन आदि में पर्याप्त सहायता मिल सके।

कुछ आधारभूत नियम (Certain Ground Rules)

व्यवहारों की भलीभाँति निरीक्षण करके श्रेणी अंकन करने की जिस एनकोडिंग (Encoding) प्रक्रिया की चर्चा यहाँ पीछे की गई है, वह काफी जटिल और कठिन कार्य है। इसमें सफल संचालन के लिए एक निरीक्षणकर्त्ता को पर्याप्त रूप से प्रशिक्षित होना पड़ता है। अनुभवों के आधार पर कुछ ऐसे सामान्य आधारभूत नियमों की स्थापना हुई है जो इस कार्य में उसकी काफी सहायता कर सकते हैं। यह नियम निम्न हैं—

नियम (Rule) 1. जब यह निश्चित करने में कठिनाई का अनुभव हो कि कौन सा व्यवहार निश्चित रूप से किस श्रेणी के अंतर्गत आना चाहिए तो उस व्यवहार या घटना को 5 वीं श्रेणी से अधिक दूर की श्रेणियों में अंकित किया जाना चाहिए। उदाहरण के लिए 3 या 4 के बीच में चुनाव करने में 3 तथा 8 और 9 के बीच चुनाव करने में 9 का चुनाव किया जाना चाहिए।

नियम (Rule) 2. यदि एक शिक्षक का व्यवहार अपने मूल रूप में निरंतर प्रत्यक्ष अथवा अप्रत्यक्ष चल रहा हो तो उसके विपरीत श्रेणी में अंकन तभी करना चाहिए जब निरीक्षणकर्त्ता को यह पूरी तरह विश्वास हो जाए कि शिक्षक के व्यवहार में इस प्रकार का परिवर्तन आया है।

नियम (Rule) 3. निरीक्षणकर्त्ता को अपने निरीक्षण में अपने पूर्वाग्रहों (Biases) अथवा शिक्षक की इच्छाओं को स्थान नहीं देना चाहिए।

नियम (Rule) 4. यदि तीन सेकेन्ड की अवधि में एक से एक अधिक श्रेणियों के व्यवहार घटित होते हैं तब उन सभी श्रेणियों के क्रमांकों (Code numbers) का अंकन किया जाना चाहिए। ऐसी स्थिति भी आ सकती है कि इस तीन सेकेन्ड की अवधि में कोई व्यवहार परिवर्तन न हो तो फिर पहले से चले आ रहे व्यवहार से संबंधित श्रेणी क्रमांक को ही अंकित कर देना चाहिए।

नियम (Rule) 5. अगर मौन (Silence) तीन सेकेंड से अधिक समय तक रहता है तो व्यवहार श्रेणी क्रमांक 1 अंकित किया जाना चाहिए।

नियम (Rule) 6. शिक्षक द्वारा किया गया ऐसा हास–परिहास जिससे छात्र की भावनाओं को ठेस पहुँचती है, उस के लिए श्रेणी क्रमांक 7 अंकित किया जाता है।

नियम (Rule) 7. अगर किसी एक छात्र द्वारा किसी संकीर्ण (Narrow) प्रश्न का संभावित उत्तर दिया जाता है तो उसे श्रेणी 8 में अंकित किया जाता है।

इसके अतिरिक्त श्रेणी क्रमांक 8 का अंकन उस समय किया जाता है जब किसी एक प्रश्न का उत्तर सामूहिक रूप में कई विद्यार्थियों द्वारा दिया जाता है।

अंतःक्रिया मैट्रिक्स की रचना (Construction of Interaction Matrix)

अभिलेखन (Recording) या एनकोडिंग (Encoding) का कार्य करने के बाद निरीक्षणकर्त्ता को प्राप्त श्रेणी क्रमांकों (Code numbers) के द्वारा एक अंतःक्रिया मैट्रिक्स की रचना का कार्य करना होता है। इस मैट्रिक्स तालिका में दस पंक्तियाँ (Rows) तथा दस स्तंभ (Columns) होते हैं। आलेख पत्र (Record sheet) के सभी श्रेणी क्रमांकों (Category numbers) को मैट्रिक्स में अंकित (Tabulate) किया जाता है। प्रत्येक श्रेणी क्रमांक को क्रमिक युग्म (Sequence pairs) के रूप में अंकित किया जाता है। इस रूप में इसे दो बार युग्म बनाने के काम में लाया जाता है। एक बार तो अपने से पहले क्रमांक (Number) के साथ और दूसरी बार अपने से बाद के क्रमांक के साथ। इस कार्य को संभव बनाने के लिए मैट्रिक्स बनाने के पूर्व आलेख पत्र के प्रारंभ और अंत दोनों में ही श्रेणी 10 अंकित कर ली जाती है ताकि प्रारंभ और अंत के युग्म (Pairs) बनाए जा सकें। मैट्रिक्स की पंक्तियाँ (Rows), युग्म (Pairs) के पहले क्रमांक को दर्शाती हैं। जबकि स्तंभ (Columns) उसके दूसरे क्रमांक को।

अब हम मैट्रिक्स बनाने की इस प्रक्रिया को एक उदाहरण द्वारा स्पष्ट करने का प्रयास करेंगे।

माना एक निरीक्षक ने आलेख पत्र पर श्रेणी क्रमांक 5, 4, 3, 1, 6, 2, 6, 1, 8, 2 का अंकन किया है। इस आलेखन (Record) क्रम के पहले और बाद में 10 अंकित करके यदि युग्म बनाने का प्रयत्न किया जाए तो उसका रूप कुछ निम्न प्रकार का होगा—

तालिका 13.1 श्रेणी क्रमांकों के लगातार युग्म बनाना (Pairing of the Series)

निरीक्षण श्रेणी क्रम (Original series)	*युग्म बनाने के लिए श्रेणीक्रम (Series for pairing)*	*युग्म (Pairs)*
	10	10
		I pair
5	5	5
		II pair
4	4	4
		III pair
3	3	3
		IV pair
10	10	10
		V pair
6	6	6
		VI pair
2	2	2
		VII pair
6	6	6
		VIII pair
1	1	1
		IX pair
8	8	8
		X pair
2	2	2
		XI pair
	10	10

इस प्रकार बने हुये युग्मों (Pairs) को मैट्रिक्स में निम्न प्रकार से अंकित किया जाएगा।

तालिका 13.2 अंतःक्रिया मैट्रिक्स तालिका (Interaction Matrix Table)

Category	1	2	3	4	5	6	7	8	9	10	*Total*
1								/			1
2						/				/	2
3										/	1
4			/								1
5				/							1
6	/		/								2
7											0
8		/									1
9											0
10					/	/					2
Total	1	1	2	1	1	2	0	1	0	2	11

मैट्रिक्स तालिका के अंकन की व्याख्या (Explanation about Entries in the Matrix Table)

प्रथम क्रम युग्म (Sequence pair) 10, 5 के लिए दसवीं पंक्ति (Row) तथा पांचवें स्तंभ (Column) को मिलाने वाले कोष्ठ (Cell) में आवृत्ति अंकित की गई है। दूसरे युग्म (5, 4) को पांचवीं पंक्ति तथा चौथे स्तंभ को मिलाने वाले कोष्ठ (Cell) में टैली (Tally) किया गया है। इसी प्रकार के युग्मों की आवृत्तियाँ अंकित की गई हैं।

मैट्रिक्स की रचना ठीक हुई या नहीं, इसकी जाँच करने के लिए यह पता करना होगा कि पंक्तियों और स्तंभों की आवृत्तियों के अलग–अलग योग का कुल योग दोनों से गणना करने पर एक ही हो। आवृत्तियों का यह कुल योग श्रेणी क्रमांकों की कुल संख्या (दोनों 10 अतिरिक्त सहित) से 1 कम होगा। इस उदाहरण में यहाँ कुल 12 श्रेणी क्रमांक हैं। अतः आवृत्तियों का योग 12 – 1 = 11 होना चाहिए जो यहां है। अतः मैट्रिक्स की रचना ठीक है।

अंतःक्रिया मैट्रिक्स की व्याख्या (Interpretation of Interaction Matrix)

इस कार्य को डिकोडिंग (Decoding) भी कहा जाता है। इसके द्वारा अंतःक्रिया मैट्रिक्स की व्याख्या करके शिक्षक व्यवहार तथा कक्षा अंतःक्रिया का विश्लेषण करने का प्रयत्न किया जाता है। इस विश्लेषण के दो पक्ष हो सकते हैं–संख्यात्मक या परिमाणात्मक (Quantitative) और गुणात्मक (Qualitative)। इस दृष्टि से मैट्रिक्स की व्याख्या भी दो रूपों–संख्यात्मक और गुणात्मक के माध्यम से हो सकती है। आइए ऐसा करने का प्रयत्न किया जाए।

शिक्षण व्यवहार का परिमाणात्मक विश्लेषण (Quantitative Analysis of Teacher Behaviour)

इस प्रकार के विश्लेषण हेतु निम्न चार विधियाँ प्रयोग में लाई जा सकती हैं—

1. अंतःक्रिया श्रेणी विधि (Method of Interaction Categories)
2. अंतःक्रिया क्षेत्र विधि (Method of Areas of Interaction)
3. व्यवहार–अनुपात विधि (Method of Behaviour Ratios)
4. अंतःक्रिया चर विधि (Method of Interaction Variables)

आइये अब इन विधियों पर विचार किया जाए।

अंतःक्रिया–श्रेणी विधि (Method of Interaction Categories)

कक्षा–अंतःक्रिया के निरीक्षण से प्राप्त अंतःक्रिया मैट्रिक्स की व्याख्या करके उसका समुचित अर्थ निकालने की यह सब से सरल विधि है। अंतःक्रिया मैट्रिक्स में दिखाए गए विभिन्न श्रेणियों के आवृत्ति योग तथा कुल योग को ध्यान में रखते हुए यहाँ प्रत्येक श्रेणी के आवृत्ति योग का प्रतिशत मूल्य ज्ञात करने का प्रयत्न किया जाता है। एक अध्यापक ने एक विशेष श्रेणी व्यवहार का अन्य श्रेणी व्यवहारों की तुलना में कितना कम या अधिक प्रयोग अपने शिक्षण में किया, यह जानने का प्रयत्न इस विश्लेषण में किया जाता है। उदाहरण के लिए अगर मैट्रिक्स तालिका 13.3 में प्रथम श्रेणी (Category–1) को लें तो इस का आवृत्ति का योग 1 है अथवा इस श्रेणी व्यवहार की शिक्षण के दौरान एक बार ही आवृत्ति हुई है। व्यवहार आवृत्तियों का कुल योग 11 है। अतः अपेक्षित प्रतिशत $\frac{1}{11}\times 100 = 9.09$ (लगभग) होगा। इसी तरह द्वितीय श्रेणी के लिए यह प्रतिशत $\frac{2}{11}\times 100 = 18.18$ होगा। इन सभी प्रतिशतों को तालिकाबद्ध करने से उचित निष्कर्ष निकालने में काफी सहायता मिल सकती है।

तालिका 13.3 व्याख्या के लिए श्रेणियों का आवृत्ति का प्रतिशत
(Percentage of the Categories Frequency for Interpretation)

स्तंभ (Columns)	1st	2nd	3rd	4th	5th	6th	7th	8th	9th	10th	कुल
प्रतिशत (Percentage)	9.09	18.18	9.09	9.09	9.09	18.18	0	9.09	0	18.18	99.99

अंतःक्रिया क्षेत्र विधि (Method of Areas of Interaction)

अंतःक्रिया मैट्रिक्स की उचित व्याख्या अथवा अर्थापन के लिए मैट्रिक्स का विभिन्न क्षेत्रों (Area) में विभाजित कर विश्लेषण करने का प्रयत्न किया जाता है। प्रायः इस कार्य के लिए इनकोडिंग (Encoding) प्रक्रिया से प्राप्त अंतःक्रिया मैट्रिक्स को फ्लेंडर्स के अनुसार (Flanders, 1963) 10 क्षेत्रों में विभाजित किया जा सकता है सुविधा के लिए इनका नाम A, B, C, D, E, F, G, H, I और J रखकर हम इन क्षेत्रों का नीचे वर्णन करना चाहेंगे।

क्षेत्र (Area) A: यह क्षेत्र शिक्षक वार्ता के अप्रत्यक्ष प्रभाव को दर्शाता है। अप्रत्यक्ष प्रभाव कक्षा में छात्रों के सहभाग (Participation) की स्वतंत्रता का विस्तार करते हैं जबकि प्रत्यक्ष प्रभाव इस स्वतंत्रता को सीमित या कम करते हैं। क्षेत्र A का संबंध 1 से लेकर 4 तक के श्रेणी व्यवहारों से होता है। इसलिए इसकी गणना करने के लिए

1, 2, 3 और 4 श्रेणियों से संबंधित स्तंभों (Columns) के आवृत्ति योगों की सहायता ली जाती है। इन चारों का योगफल ज्ञात करके कुल आवृत्तियों अर्थात् मैट्रिक्स योग के संदर्भ में प्रतिशत ज्ञात किया जाता है।

क्षेत्र (Area) B: यह शिक्षक वार्ता के प्रत्यक्ष प्रभाव को दर्शाता है। गणना के लिए 5, 6 और 7 श्रेणियों से संबंधित स्तंभों के आवृत्ति योगों का योगफल निकाल कर मैट्रिक्स योग के संदर्भ में प्रतिशत ज्ञात किया जाता है। उदाहरण के लिए 13.3 तालिका को लें तो यह योग (1+2) = 3 बैठता है। इस तरह शिक्षक वार्ता के प्रत्यक्ष प्रभाव का प्रतिशत संपूर्ण व्यवहार (अंतःक्रिया के दौरान) की तुलना में $\frac{3}{11} \times 100 = 27.27$ होगा।

क्षेत्र (Area) C: यह क्षेत्र छात्रवार्ता का प्रतिनिधित्व करता है। इसकी गणना 8 और 9 श्रेणियों के प्रतिशत का योग करने के द्वारा होती है।

क्षेत्र (Area) D: यह क्षेत्र मौन अथवा अस्तव्यस्तता श्रेणी का प्रतिनिधित्व करता है। इसकी गणना के लिए श्रेणी 10 के आवृत्तियों के योग को जो मैट्रिक्स तालिका में नीचे दिया जाता है, लेकर उसका मैट्रिक्स योग के संदर्भ में प्रतिशत मान ज्ञात किया जाता है। उदाहरण के लिए मैट्रिक्स तालिका 13.3 में यह $\frac{2}{11} \times 100 = 18.18$ होगा।

क्षेत्र (Area) E: यह क्षेत्र 1, 2 और 3 श्रेणियों से संबंधित 9 कोष्ठों (Cells) से संबंधित है। भावनात्मक स्तर पर एक अध्यापक के अपने विद्यार्थियों के प्रति किए जाने वाले व्यवहार का यह क्षेत्र परिचय देता है। इस की परिमाणात्मक गणना के लिए विभिन्न 9 सैलों [(1, 1), (1, 2), (1, 3), (2, 1), (2, 2), (2, 3), (3, 1), (3, 2) और (3, 3)] में लिखी गई आवृत्तियों का मैट्रिक्स योग के संदर्भ में प्रतिशत मान ज्ञात किया जाता है। प्रस्तुत 13.3 मैट्रिक्स में इस क्षेत्र का यह मान शून्य है।

क्षेत्र (Area) F: यह क्षेत्र 6 और 7 श्रेणियों से संबंधित 4 कोष्ठों (Cells) का प्रतिनिधित्व करता है। एक अध्यापक को अपने विद्यार्थियों को निर्देश देने और आलोचना आदि करने में कई समस्याओं का सामना करना पड़ता है। यह क्षेत्र अध्यापक के इसी प्रकार के व्यवहार की सफलता और असफलता की व्याख्या अपनी आवृत्तियों के परिमाण के आधार पर करने का प्रयत्न करता है। इसकी गणना विशिष्ट 4 कोष्ठों (Cell), (6, 6), (6, 7), (7, 6) और (7, 7) में अंकित आवृत्तियों का मैट्रिक्स योग के संदर्भ में प्रतिशत ज्ञात करके की जाती है।

क्षेत्र (Area) G: यह क्षेत्र मैट्रिक्स के (8, 1), (8, 2), (8, 3), (9, 1), (9, 2) और (9, 3) कोष्ठों (Cell) का प्रतिनिधित्व करता है। छात्र वार्ता के समाप्त होने के बाद अप्रत्यक्ष प्रभाव के रूप में शिक्षक द्वारा की जाने वाली अनुक्रियाओं को यह क्षेत्र प्रदर्शित करता है। इन 6 कोष्ठों की आवृत्तियों का मैट्रिक्स योग के संदर्भ में प्रतिशत मान ज्ञात करके इसकी गणना की जाती है।

क्षेत्र (Area) H: इस क्षेत्र के अंतर्गत (8, 6), (8, 7), (9, 6) और (9, 7) कोष्ठों से संबंधित मैट्रिक्स भाग आता है। छात्र वार्ता की समाप्ति पर प्रत्यय प्रभावों के रूप में शिक्षक द्वारा की जाने वाली अनुक्रियाओं को यह क्षेत्र प्रदर्शित करता है। इन 4 सैलों की आवृत्तियों का मैट्रिक्स योग के संदर्भ में प्रतिशत मान ज्ञात करके इसकी गणना की जाती है।

क्षेत्र (Area) I: इस क्षेत्र के अंतर्गत मैट्रिक्स के (4, 8), (4, 9), (5, 8) और (5, 9) चार कोष्ठों (Cells) का भाग आता है। छात्र सहभाग (Pupil's participation) को जन्म देने वाले शिक्षक व्यवहार का यह प्रतिनिधित्व करता है। इन चार सैलों की आवृत्तियों का प्रतिशत मान निकाल कर इसकी गणना की जाती है। (4, 8) और (4, 9) सैलों का अगर प्रतिशत मान अलग ज्ञात कर लिया जाए तो इसका अधिक होना अध्यापक के द्वारा प्रयोग में लाए जाने वाले उसके प्रश्न पूछने के व्यवहार की उस अच्छाई को प्रकट करता है जिस से विद्यार्थी को वार्ता के लिए प्रोत्साहित किया जाता है।

क्षेत्र (Area) J: छात्र वार्ता से संबंधित स्वोपक्रम (Initiation) या अनुक्रिया (Response) अथवा एक के बाद दूसरे इसी प्रकार के व्यवहारों का प्रतिनिधित्व इस क्षेत्र द्वारा किया जाता है। मैट्रिक्स में (8, 8), (8, 9), (9, 8) और (9, 9) कोष्ठों (Cells) के रूप में इसे प्रदर्शित किया जाता है तथा इन्हीं की आवृत्तियों के प्रतिशत के रूप में इसकी गणना की जाती है।

10 क्षेत्रों के इस उपरोक्त विवरण के अलावा कुछ निम्नलिखित बातें भी क्षेत्र संबंधी व्याख्या के लिए उपयोगी सिद्ध हो सकती हैं।

(i) अगर $\frac{G}{H}$ और $\frac{A}{B}$ अनुपातों में काफी अंतर हो तो इसे लचीले शिक्षक प्रभाव (Flexible teacher influence) के रूप में समझा जाना चाहिए।

(ii) क्षेत्र G के साथ क्षेत्र E और क्षेत्र H के साथ क्षेत्र F का अध्ययन करने से यह परिणाम निकालने में सहायता मिल सकती है कि छात्र वार्ता के बाद कितनी देर तक प्रत्यक्ष अथवा अप्रत्यक्ष प्रभाव कायम रखा गया।

(iii) अगर C क्षेत्र में आवृत्ति सामान्य से अधिक हो और J क्षेत्र में ऐसा न हो तो इससे अध्यापक द्वारा उत्प्रेरित करने के परिणामस्वरूप विद्यार्थी द्वारा दिए गए छोटे उत्तरों की ओर संकेत मिलता है।

व्यवहार–अनुपात विधि (Method Based on Behaviour Ratios)

अंतःक्रिया में घटित विभिन्न व्यवहारों के पारस्परिक तुलना के संदर्भ में यह अनुपात निकाले जाते हैं। अंतःक्रिया मैट्रिक्स के कोष्ठों (Cells) में जो आवृत्तियां होती हैं वे शिक्षक व्यवहार श्रेणियों की आवृत्तियों की सूचक होती हैं। इन्हीं आवृत्तियों से प्रतिशत अनुपात ज्ञात किए जाते हैं। शिक्षक का व्यवहार शिक्षण के दौरान कैसा रहा है इसका विश्लेषण करने में यह अनुपात बहुत सहायक सिद्ध होते हैं। ऐसे 15 व्यवहार अनुपातों की चर्चा नीचे की जा रही है–

1. **शिक्षक–वार्ता अनुपात (Teacher Talk Ratio—TTR):** कक्षा शिक्षण में शिक्षक वार्ता का कितनी सीमा तक अपेक्षाकृत योगदान रहा अथवा शिक्षक का अंतःक्रिया में कितना वर्चस्व रहा, इसकी पहचान के संदर्भ में शिक्षक कथन अथवा शिक्षक वार्ता अनुपात को ज्ञात करने के लिए निम्न सूत्र का प्रयोग किया जाता है–

$$\text{TTR} = \frac{(1+2+3+4+5+6+7)}{\text{N}} \times 100$$

इस सूत्र से यही संकेत मिलता है कि शिक्षक–वार्ता अनुपात ज्ञात करने के लिए प्रथम सात श्रेणियों की आवृत्तियों के योग में मैट्रिक्स की कुल आवृत्तियों के योग का भाग देकर 100 से गुणा किया जाना चाहिए।

2. **अप्रत्यक्ष शिक्षक–वार्ता अनुपात (Indirect Teacher Talk Ratio—ITTR):** छात्रों को कक्षा–सहभाग (Participation) के लिए प्रोत्साहित करने वाले शिक्षक व्यवहारों को अप्रत्यक्ष शिक्षा–वार्ता में रखा जाता है। इन व्यवहारों का संपूर्ण शिक्षक व्यवहारों के संदर्भ में क्या प्रतिशत अनुपात रहा है, इसकी सूचना अप्रत्यक्ष वार्ता अनुपात से मिलती है। इसकी गणना निम्नलिखित सूत्र द्वारा की जाती है–

$$\text{ITTR} = \frac{(1+2+3+4)}{\text{N}} \times 100$$

3. **प्रत्यक्ष शिक्षक वार्ता अनुपात (Direct Teacher Talk Ratio—DTTR):** कक्षा में छात्र सहयोग में बाधा डालने वाले या निरुत्साहित करने वाले शिक्षक व्यवहार की सापेक्ष स्थिति का बोध कराने के लिए इस अनुपात का प्रयोग किया जाता है। इसकी गणना अग्रांकित सूत्र द्वारा की जा सकती है–

$$DTTR = \left(\frac{5+6+7}{N}\right) \times 100$$

4. **छात्र–वार्ता अनुपात (Pupil Talk Ratio—PTR):** शिक्षक द्वारा पूछे गए प्रश्नों का उत्तर देना तथा अपने विचारों एवं भावनाओं की स्वयं आगे आकर अभिव्यक्ति करना छात्र–वार्ता के अंतर्गत आता है। मैट्रिक्स में अंकित 8 और 9 श्रेणियों की आवृत्तियां छात्र–वार्ता से अपना संबंध रखती हैं। अतः इस अनुपात की गणना करने के लिए निम्न सूत्र का प्रयोग किया जाता है–

$$PTR = \frac{(8+9)}{N} \times 100$$

5. **मौन या अस्तव्यस्तता अनुपात (Silence or Confusion Ratio—SCR):** यह अनुपात कक्षा शिक्षण में व्याप्त मौन या अस्तव्यस्तता के वातावरण की ओर संकेत करता है। इसकी गणना निम्न सूत्र द्वारा की जाती है–

$$SCR = \frac{(10) \times 100}{N}$$ यहां (10) का अर्थ 10वीं श्रेणी की आवृत्ति से है।

6. **अप्रत्यक्ष–प्रत्यक्ष व्यवहार अनुपात (Indirect to Direct Ratio—IDR):** शिक्षक के अप्रत्यक्ष व्यवहारों एवं प्रत्यक्ष व्यवहारों की तुलना इस अनुपात द्वारा की जा सकती है। इसकी गणना के लिये सूत्र है–

$$IDR = \frac{(1+2+3+4)}{(5+6+7)} \times 100$$

अर्थात् 1 से लेकर 4 श्रेणियों की आवृत्तियों के योग को श्रेणी 5 से 7 की आवृत्तियों के योग से भाग देकर 100 से गुणा करने पर अप्रत्यक्ष–प्रत्यक्ष व्यवहार अनुपात–ज्ञात किया जा सकता है।

7. **छात्र–स्वोपक्रम अनुपात (Pupil-initiation Ratio—PIR):** छात्रों में रचनात्मक और सृजनात्मक के उचित विकास के लिए छात्र स्वोपक्रम व्यवहार क्रियाओं का बहुत महत्त्व है। कक्षा अंतःक्रिया में शिक्षक का व्यवहार छात्र–वार्ता के इस पहलू को कितना आगे ला रहा है। इसका निर्धारण छात्र स्वोपक्रम अनुपात की गणना द्वारा किया जा सकता है। इस का सूत्र निम्न है–

$$PIR = \frac{(9) \times 100}{(8+9)}$$

$$\text{अर्थात् छात्र–स्वोपक्रम अनुपात} = \frac{\text{श्रेणी 9 की आवृत्तियाँ} \times 100}{\text{श्रेणी 8 और 9 की आवृत्तियाँ}}$$

8. **शिक्षक–अनुक्रिया अनुपात (Teacher-response Ratio—TRR):** शिक्षक अनुक्रिया अनुपात निकालने के लिए शिक्षक–वार्ता श्रेणी के 1, 2 और 3 श्रेणियों की आवृत्तियों के योग को श्रेणी 1, 2, 3, 6 और 7 की आवृत्तियों के योग से भाग देकर 100 से गुणा किया जाता है।

सूत्र रूप में

$$TRR = \frac{(1+2+3) \times 100}{(1+2+3+6+7)}$$

अतः यह अनुपात एक प्रकार से शिक्षक–वार्ता से संबंधित व्यवहारों के बीच ही होता है। श्रेणी 1, 2 और 3 के व्यवहार ऐसे अनुक्रिया व्यवहार हैं जिनसे छात्र की भावनाओं को स्वीकारने, उन्हें प्रोत्साहित करने आदि के लिए प्रयोग में लाया जाता है। इनके साथ 6 और 7 श्रेणी व्यवहारों को मिलाकर अध्यापक का कुल अनुक्रिया व्यवहार बनता है। कुल अनुक्रिया व्यवहार में से कितना कुछ प्रतिशत व्यवहार विद्यार्थियों को आगे लाने के लिए कार्य करता है, इसी का अनुमान शिक्षक अनुक्रिया अनुपात में लगाया जाता है।

9. **शिक्षक प्रश्न अनुपात (Teacher Question Ratio—TQR):** कक्षा में विषयवस्तु शिक्षण से संबंधित शिक्षक व्यवहारों की दो श्रेणियां हैं 4 और 5। इन में से प्रश्न पूछ कर छात्रों से उत्तर प्राप्त करने की श्रेणी 4 है। इस प्रश्न–व्यवहार का अनुपात ज्ञात करने के लिए निम्न सूत्र प्रयुक्त होता है–

$$\text{TQR} = \frac{(4) \times 100}{(4+5)}$$

यहाँ (4) का अर्थ चौथी श्रेणी का आवृत्ति और (4 + 5) का अर्थ चौथी और पाँचवीं श्रेणी की आवृत्तियों के योग से हैं।

10. **विषयवस्तु क्रॉस अनुपात (Content-Cross Ratio—CCR):** संपूर्ण कक्षा शिक्षण अंतःक्रिया में अध्यापक द्वारा विषयवस्तु पर कितना बल दिया गया, इसका अनुमान लगाने के लिए इस अनुपात का प्रयोग किया जाता है। इसका सूत्र निम्न हैं–

$$\text{CCR} = \frac{(4+5)}{\text{N}} \times 100$$

11. **स्थिर अवस्था अनुपात (Steady State Ratio—SSR):** यह अनुपात तीन सेकेंड से अधिक समय तक शिक्षक और छात्र वार्ता के एक ही स्थिति (श्रेणी) में बने रहने की प्रवृत्ति का सूचक है। इस का सूत्र निम्न है–

$$\text{SSR} = \frac{\text{स्थिर अवस्था के कोष्ठों (Cells) की आवृत्तियाँ} \times 100}{\text{कुल आवृत्तियाँ (N)}}$$

मैट्रिक्स में स्थिर अवस्था के कोष्ठों (Cell) के नाम ये हैं–

(1, 1), (2, 2), (3, 3), (4, 4), (5, 5), (6, 6), (7, 7), (8, 8), (9, 9) और (10, 10)।

12. **छात्र स्थिर अवस्था अनुपात (Pupil Steady State Ratio—PSSR):** छात्र–वार्ता संबंधी व्यवहार की वह प्रवृत्ति जिस में छात्र वार्ता तीन सेकेंड से अधिक समय तक एक ही श्रेणी में बनी रहती है, इस अनुपात द्वारा व्यक्त होती है। इसका सूत्र निम्न है–

$$\text{PSSR} = \frac{(8, 8) + (9, 9)}{(8+9)} \times 100$$

यहाँ (8, 8) और (9, 9) से तात्पर्य इस कोष्ठों (Cells) की आवृत्तियों से है जबकि (8 + 9) आठवीं और नौंवी श्रेणियों की आवृत्तियों के योग को प्रकट करता है।

13. **तात्कालिक शिक्षक अनुक्रिया अनुपात (Instantaneous Teacher Response Ratio—TRR–89):** यह अनुपात शिक्षक की उस प्रवृत्ति का द्योतक है जिस में वह छात्र–कथन के तुरंत बाद उसके विचारों एवं भावनाओं की प्रशंसा करता है। इसका सूत्र अग्रांकित है–

$$TRR-89 = \frac{(8,1)+(8,2)+(8,3)+(9,1)+(9,2)+(9,3)}{(8,1)+(8,2)+(8,3)+(8,6)+(8,7)+(9,1)+(9,2)+(9,3)+(9,6)+(9,7)} \times 100$$

जबकि (8, 1) और (8, 2) इत्यादि तात्पर्य इन कोष्ठों (Cells) की आवृत्तियों से है।

14. **तात्कालिक शिक्षण प्रश्न अनुपात (Instantaneous Teacher Question Ratio—TQR–89):** यह अनुपात शिक्षक की उस प्रवृत्ति का द्योतक है जिस में वह छात्र–कथन के तुरंत बाद प्रश्न पूछता है। इसका सूत्र निम्न है–

$$TQR-89 = \frac{(8,4)+(9,4)}{(8,5)+(8,5)+(9,4)+(9,5)} \times 100$$

15. **विषम-चक्र अनुपात (Vicious Circle Ratio—VCR):** कक्षा अंतःक्रिया में ऐसी परिस्थितियाँ आती हैं कि जब विद्यार्थी ठीक प्रकार उत्तर नहीं देते उस समय अध्यापक द्वारा उन्हें लताड़ने, फटकारने और अपने अधिकारों को जताने की आवश्यकता पड़ती है। संपूर्ण कक्षा शिक्षण व्यवहार में इसका क्या अनुपात रहा, यह ज्ञात करने के लिए निम्न सूत्र का प्रयोग किया जाता है–

$$VCR = \frac{(6,6)+(6,7)+(7,6)+(7,7)}{N} \times 100$$

व्यवहार-अनुपातों की व्याख्या (अर्थ निकालना) (Interpretation of Behaviour Ratios)

व्यवहार अनुपातों के मान (Values) अपने आप में अर्थहीन होते हैं। इनकी उचित व्याख्या सामान्य अपेक्षिताओं संबंधी मानदण्डों (Norms) के संदर्भ में ही की जा सकती है जिससे यह कहा जा सके कि किसी शिक्षक का व्यवहार सामान्य शिक्षक मानदण्ड (Norm) से कितना कम, अधिक या बराबर था। फ्लेंडर्स ने इस कार्य हेतु विभिन्न कक्षाओं के शिक्षण के संबंध में मानदण्डों का निर्धारण किया है। ये मानदण्ड अपने देश की कक्षाओं में खरे नहीं उतरते। अतः यहाँ की परिस्थितियों में होने वाले कक्षा शिक्षण के आधार पर भी व्यवहार मानदण्डों का निर्माण हुआ है। उदाहरण के लिए कक्षा आठ के शिक्षण के संदर्भ में विकसित किए गए इन दोनों प्रकार के मानदण्डों (Norms) को हम आगे 13.4 तालिका में प्रस्तुत कर रहे हैं।

तालिका 13.4 व्यवहार अनुपात–मानदण्ड (Behaviour Ratio Norms)

क्रमांक S.No.	*व्यवहार अनुपात (Behaviours Ratio)*	*सूत्र (Symbol)*	*फ्लेंडर्स द्वारा विकसित (Developed by Flanders)*	*भारतीय परिस्थितियों में विकसित (Developed in Indian Conditions)*
1.	शिक्षक–वार्ता अनुपात	TTR	70	67
2.	छात्र–वार्ता अनुपात	PTR	19	21
3.	मौन/अस्तव्यस्तता	SCR	11	12

(क्रमशः)

(क्रमशः)

क्रमांक S.No.	व्यवहार अनुपात (Behaviours Ratio)	सूत्र (Symbol)	फ्लेंडर्स द्वारा विकसित (Developed by Flanders)	भारतीय परिस्थितियों में विकसित (Developed in Indian Conditions)
4.	शिक्षक अनुक्रिया अनुपात	TRR	35	26
5.	शिक्षक प्रश्न अनुपात	TQR	20	19
6.	छात्र–स्वोपक्रम अनुपात	PIR	15	12
7.	स्थिर–अवस्था अनुपात	SSR	52	46
8.	छात्र–स्थिर अवस्था अनुपात	PSSR	26	37
9.	विषयवस्तु–क्रॉस अनुपात	CCR	68	72
10.	तात्कालिक शिक्षक–अनुक्रिया अनुपात	TRR-89	67	48
11.	तात्कालिक शिक्षक–प्रश्न अनुपात	TQR-89	39	42

जिन अध्यापकों की कक्षा–अंतःक्रिया में क्रमांक 2, 4, 5, 8 और 11 पर अंकित व्यवहार–अनुपातों (Behaviour Ratio) का मान तालिका 13.4 में दिए गए सामान्य मानदण्डों (Norms) से अधिक होता है, वे प्रभावशाली और कुशल अध्यापक माने जाते हैं। इसके विपरीत 1, 3, 7, 9 और 10 क्रमांकों से संबंधित व्यवहार अनुपातों का मान अधिक होने वाले अध्यापकों को अप्रभावकारी एवं अकुशल अध्यापक माना जाता है।

अंतःक्रिया–चर विधि (The Method of Interaction Variables)

शिक्षक व्यवहार और कक्षा–अतःक्रिया के विश्लेषण के लिए अतःक्रिया चरों का भी प्रयोग किया जा सकता है। व्यवहार–अनुपातों की तुलना में ये चर अधिक अच्छी तरह से कक्षा गत संप्रेषणों (Classroom communication) की तह में जा सकते हैं। इन अंतःक्रिया चरों में से 10 चरों से संबंधित व्याख्या (Interpretation) प्रक्रिया को संक्षिप्त रूप से नीचे की तालिका में प्रकट किया जा रहा है।

तालिका 13.5 अंतःक्रिया चर और उनके सूत्र (Interaction Variables with their Formulae)

क्र.सं. S.No.	चर (Variable)	चर का अर्थ (Meaning of the Variable)	गणना–सूत्र (Formulae for Computation)
1.	अप्रत्यक्षता (Indirectness)	शिक्षण अप्रत्यक्ष व्यवहार का सूचक	$i/i + d \dfrac{1+2+3}{1+2+3+6+7} \times 100$
2.	स्वीकारना स्थिरता (Sustained acceptance)	शिक्षक द्वारा छात्रों के विचारों एवं भावों को स्वीकार करने का सूचक	(3, 3) कोष्ठ $\dfrac{(3, 3) \times 100}{3}$

(क्रमशः)

3.	अप्रत्यक्ष प्रभाव (Influence)	अप्रत्यक्ष शिक्षण–वार्ता व्यवहार का सूचक	स्तंभ 1, 2, 3, 4 = $\frac{1+2+3+4}{N} \times 100$
4.	प्रश्न (Questions)	शिक्षक की प्रश्न पूछने की प्रवृत्ति का द्योतक	स्तंभ 4 = $\frac{4 \times 100}{N}$
5.	शिक्षक वार्ता (Teacher Talk)	शिक्षक–वार्ता व्यवहार का सूचक	एक से सात स्तंभ $\frac{1+2+3+4+5+6+7}{N} \times 100$
6.	प्रतिबंधता (Restrictiveness)	कक्षा–संप्रेषण के दौरान अध्यापक की प्रभुत्ववाद प्रवृत्ति का सूचक	6 और 7 स्तंभ $= \frac{6+7}{N} \times 100$
7.	प्रतिबंधित प्रतिपुष्टि (Restrictive feedback)	छात्र–वार्ता की समाप्ति के बाद शिक्षक द्वारा निर्देश देने, आलोचना करने या अधिकार	जताने की प्रवृत्ति का द्योतक (8, 6), (8, 7), (9, 6), (9, 7) कोशिकाएँ (Cells) = $\frac{(8,6)+(8,7)+(9,6)+(9,7)}{6+7} \times 100$
8.	नकारात्मक प्रभुता या अधिकार का प्रदर्शन (Negative authority)	कक्षा–अनुशासन से संबंधित समस्याओं को नकारात्मक दृष्टिकोण से निपटाने वाले शिक्षक व्यवहार का सूचक	(6, 7) + (7, 6) कोशिकाएँ (Cells) = $\frac{(6,7)+(7,6)}{6+7} \times 100$
9.	प्रशंसा (Praise)	प्रशंसा या प्रोत्साहन देने वाले शिक्षक व्यवहार का सूचक	स्तंभ 2 = $\frac{2 \times 100}{N}$
10.	लचीलापन (Flexibility)	लचीले शिक्षक व्यवहार का सूचक	उच्च i/d – निम्न i/d = उच्च $\frac{1+2+3}{5+6+7}$ – निम्न $\frac{1+2+3}{5+6+7}$

शिक्षक व्यवहार का गुणात्मक विश्लेषण (Qualitative Analysis of Teacher Behaviour)

शिक्षक व्यवहार के गुणात्मक विश्लेषण हेतु निम्नलिखित विधियाँ काम में लाई जा सकती हैं–

1. घड़ी क्रमानुसार प्रवाह रेखाचित्र विधि
   (Method of Clock-wise Flow Diagrams)
2. बॉक्स–प्रवाह रेखाचित्र विधि
   (Method of Box-flow Diagrams)
3. अंतःक्रिया प्रतिमान विधि
   (Method of Interaction Models)

1. घड़ी क्रमानुसार प्रवाह रेखाचित्र विधि (Method of Clock-wise Flow Diagrams): कक्षा अंतःक्रिया की गतिविधियों का क्रमबद्ध दृश्यात्मक वर्णन प्रस्तुत करने की दृष्टि से इस प्रवाह रेखाचित्र (Flow diagram) का बहुत महत्त्व है। शिक्षक के शाब्दिक व्यवहार (Verbal behaviour) को इस चित्रात्मक रूप में प्रस्तुत करके समझने में अधिक आसानी होती है। अंतःक्रिया निरीक्षण मैट्रिक्स से इस प्रवाह रेखाचित्र को बनाने की प्रक्रिया का निम्न रूप होता है–

(i) सबसे पहले दस पंक्तियों और दस स्तंभों से युक्त एक खाली (Blank) मैट्रिक्स की रचना की जाती है।

(ii) मैट्रिक्स के कोष्ठों (Cells) में अधिकतम आवृत्ति किस कोष्ठ में हैं, उसका पता लगा कर उस कोष्ठ (Cell) को प्रारंभिक बिंदु (Starting point) माना जाता है क्योंकि अधिकतम आवृत्ति ही सबसे अधिक बार घटने वाली घटना की ओर संकेत करती है। इस कोष्ठ (Cell) में अंकित आवृत्ति को एक छोटे से वृत्त में बंद कर दिया जाता है और उसमें प्रारंभ (Start) शब्द लिख दिया जाता है।

(iii) प्रारंभ बिंदु वाले कोष्ठ (Cell) से अब घड़ी चक्र की दिशा (Clock-wise direction) वाली पंक्ति में चलकर अधिकतम आवृत्ति वाले कोष्ठ (Cell) का पता लगाना होता है और आवृत्ति को छोटे वृत्त के अंदर सीमाबद्ध करना होता है।

(iv) प्रारंभ बिंदु वाले कोष्ठ और इस नए कोष्ठ (Cell) को एक वक्र तीर (Looping arrow) के द्वारा मिला दिया जाता है।

(v) तीसरे बिंदु के लिए बिंदु वाले स्तंभ (Column) में अधिकतम आवृत्ति वाले कोष्ठ (Cell) की तलाश घड़ी चक्र की दिशा (यानी दूसरे बिंदु से ऊपर की ओर) में ही की जाती है। इसकी आवृत्ति को अंकित करके उसे छोटे वृत्त के अंदर सीमाबद्ध कर दिया जाता है। इस तीसरे बिंदु को वक्र–तीर द्वारा दूसरे बिंदु से मिला दिया जाता है।

(vi) तीसरे बिंदु वाले स्तंभ (Column) से दाहिनी ओर वाली पंक्ति (Row) में अधिकतम आवृत्ति वाले कोष्ठ (Cell) की तलाश करनी होती है। इस कोष्ठ में आवृत्ति को अंकित करके उसे एक छोटे वृत्त द्वारा सीमाबद्ध कर दिया जाता है। तीसरे और चौथे बिंदु को एक वक्र–तीर द्वारा मिला दिया जाता है।

(vii) घड़ी के चक्रानुसार दिशा में घूम–घूम कर अधिकतम आवृत्ति वाले कोष्ठों (Cells) की तलाश करके आगे के बिंदुओं को भी इसी प्रकार तलाश करते जाते हैं तथा अपने से पिछले वक्र तीर द्वारा

मिलाते हैं। इस प्रकार से एक घड़ी चक्रानुसार प्रवाह रेखा चित्र का निर्माण निरीक्षण मैट्रिक्स के आधार पर किया जा सकता है।

2. **बाक्स-प्रवाह, रेखाचित्र विधि (Method of Box Flow Diagrams):** घड़ी क्रमानुसार प्रवाह रेखाचित्रों के स्थान पर फ्लेंडर्स ने बाक्स जैसी आकृतियों वाले प्रवाह रेखा चित्रों के निर्माण का सुझाव दिया जिन की सहायता से एक शिक्षक के शब्दिक व्यवहार की प्रकृति और उस की संरचना के बारे में भलीभाँति ज्ञान प्राप्त किया जा सकता है। दूसरे इनकी कार्य प्रणाली और विश्लेषण प्रक्रिया भी अपेक्षाकृत सरल और सुविधाजनक होती है। इस में छात्र और शिक्षक की क्रिया को पृथक–पृथक रूप में दिखाया जा सकता है। संप्रेषण प्रारूपों को दृष्टि में रखते हुए उसी अनुपात में बाक्स की तरह की आकृतियों का यहाँ निर्माण किया जाता है। इनकी निर्माण संबंधी कुछ मुख्य बातें निम्न हैं–

   (i) ऐसे स्थिर अवस्था युग्मों (Steady state pairs) जिन का संबंध शिक्षक–वार्ता और छात्र–वार्ता से होता है, उन्हें पृथक–पृथक बाक्स द्वारा दिखाया जाना चाहिए।

   (ii) स्थिर अवस्था युग्म बॉक्सों का आकार, उनकी आवृत्तियों (Cell frequencies) के अनुपात में होना चाहिए।

   (iii) मैट्रिक्स के अंतर्गत पूर्ववर्ती तथा अनुगामी आवृत्तियों का अच्छी तरह निरीक्षण करके ही बॉक्सों को वक्र–तीर द्वारा जोड़ा जाना चाहिए।

   (iv) जोड़ने वाले वक्र–तीरों की मोटाई भी कोष्ठ (Cell) की आवृत्तियों के अनुपात में होनी चाहिए।

   (v) किसी कोष्ठ (Cell) की अंतःपरिवर्तित घटनाओं के द्वारा बॉक्सों (Boxes) को जोड़ा जाता है।

   (vi) तीर की दिशा घटनाओं के घटित होने के क्रम के हिसाब से होती है। पूर्ववर्ती से अनुगामी क्रियाओं की दृष्टि से ऐसा किया जाता है।

3. **अंतःक्रिया प्रतिमान विधि (Method of Interaction Models):** अति विशिष्ट शिक्षण व्यवहारों (Critical teaching behaviours) के विश्लेषण के लिए फ्लेंडर्स ने सात अंतःक्रिया प्रतिमान विकसित किए हैं। एक विशिष्ट शिक्षण व्यवहार की परिभाषा देते हुए फ्लेंडर्स कहता है कि यह शिक्षण कार्यों का वह प्रारूप है जो–

   (a) किन्हीं शैक्षिक परिणामों से तार्किक रूप में संबंधित होता है।

   (b) मापी जा सकने वाली संभावना (Measurable probability) से युक्त किसी निश्चित क्रम का यह अनुसरण करता है।

   (c) पूर्व अनुसंधान के द्वारा प्रतिपुष्ट शिक्षक प्रभाव के सिद्धांतों के परिप्रेक्ष्य में प्रामाणिक माना जाता है।

फ्लेंडर्स के सात अंतःक्रिया प्रतिमानों में पहले तीन का संबंध शिक्षक स्वोपक्रम (Teacher initiation) से है। अतः इनके द्वारा शिक्षक को अधिक क्रियाशील भूमिका निभाने का अवसर मिलता है। शेष चार प्रतिमानों में छात्र स्वोपक्रम (Pupil initiation) पर बल दिया जाता है। अतः इनसे विद्यार्थियों के सहभाग (Participation) की अधिक संभावना रहती है। इन सातों प्रतिमानों को संक्षिप्त रूप में तालिका 13.6 में प्रस्तुत किया जा रहा है–

तालिका 13.6 अंतःक्रिया प्रतिमान

प्रतिमान *(Models)*	*अतिविशिष्ट शिक्षण व्यवहार* *(Critical Teaching Behaviour)*
A. शिक्षण स्वोपक्रम (Teacher Initiation)	
1. गहन निर्देशन में पाठ्यवस्तु पर अधिक बल (High content emphasis under close teacher direction)	इसमें शिक्षक पाठ्यवस्तु पर बोलता अधिक रहता है और फिर ऐसे प्रश्न पूछता है जिनका छात्रों द्वारा संक्षिप्त रूप से उत्तर दिया जा सके।
2. शिक्षक निर्देशित त्वरित अभ्यास (Teacher directed quick drill)	इसमें शिक्षक द्वारा छोटे–छोटे प्रश्न पूछ कर छोटे–छोटे उत्तर प्राप्त कर अभ्यास कराया जाता है।
3. व्याख्यान प्रदर्शन से युक्त अभ्यास (Drill combined with lecture demonstration)	इसमें व्याख्यान, प्रदर्शन और अभ्यास तीनों विधियों का समन्वय करते हुए शिक्षण किया जाता है।
B. छात्र स्वोपक्रम (Student Initiation)	
4. उचित स्पष्टीकरण के साथ शिक्षण–निर्देश (Teacher gives directions with some clarification)	छात्र आगे बढ़ कर कुछ पूछता है। अध्यापक स्पष्टीकरण देता है। छात्रों को स्वोपक्रम के लिए प्रोत्साहित करने के लिए भी अध्यापक आवश्यक स्पष्टीकरण या निर्देश देता है।
5. स्वतंत्र छात्र चिंतन को उद्दीप्त करना (Stimulating independent student thought)	शिक्षक प्रश्न पूछता है और इस तरह विषय को प्रस्तुत करता है कि छात्रों में आगे स्वतंत्र चिंतन को विकसित किया जा सके।
6. छात्रों की भावनाओं की ओर ध्यान देना (Attending to students feelings)	छात्रों द्वारा स्वोपक्रम (Initiation) करने पर उनको प्रोत्साहित करना आगे आने के लिए उन्हें प्रेरित करना तथा उनकी भावनाओं को स्वीकार करना आदि शिक्षण व्यवहार इसके अंतर्गत आते हैं।
7. शिक्षक का भावनात्मक पक्ष से बौद्धिक पक्ष की ओर संक्रमण (Teacher transition affective to an intellectual emphasis)	इस प्रतिमान में शिक्षक विद्यार्थियों को कक्षा संप्रेषण के दौरान भावात्मक पक्ष से बौद्धिक पक्ष की ओर ले जाने का प्रयत्न करता है ताकि वे उचित रूप से बौद्धिक चिंतन और क्रियाएँ कर विषय का ज्ञान प्राप्त कर सकें।

फ्लेंडर्स अंतःक्रिया विश्लेषण प्रणाली के गुण एवं विशेषताएँ (Advantages of Flanders' Interaction Analysis System)

इस प्रणाली की विशेषताएँ तथा गुण अधोलिखित हैं—

1. शिक्षक के शाब्दिक व्यवहार और कक्षा अंतःक्रिया का निरीक्षण और विश्लेषण करने की यह विश्वसनीय और वस्तुनिष्ठ तकनीक है।

2. इसके द्वारा शिक्षक व्यवहार के प्रारूप (Pattern) और प्रवाह (Flow) के निर्धारण में सहायता मिलती है।
3. जो कुछ भी अपने वास्तविक रूप में कक्षा में घटित होता है उसका विश्लेषण कर उसे ठीक प्रकार समझने में इससे सहायता मिलती है।
4. इस प्रणाली के प्रयोग से परंपरागत शिक्षण के क्षेत्र में सर्वथा अपरिचित अनेक नए शिक्षण व्यवहारों का ज्ञान और अभ्यास छात्राध्यापकों या प्रशिक्षणरत अध्यापकों को कराया जा सकता है।
5. प्रतिपुष्टि की एक सबल तकनीक के रूप में यह किसी शिक्षक को शिक्षण के वांछित प्रारूप को अपनाने और अपने शिक्षण व्यवहार में पर्याप्त संशोधन लाने में सहायता करती है।
6. सूक्ष्म शिक्षण (Micro teaching), अनुरूपित शिक्षण (Simulated teaching) तथा टोली शिक्षण (Team teaching) आदि नवीन प्रशिक्षण तकनीकों में यह प्रणाली एक सहायक एवं पूरक तकनीक के रूप में अपनी भूमिका निभाती है।
7. शिक्षण, शिक्षक व्यवहार और शिक्षक प्रशिक्षण से संबंधित क्षेत्रों में शोध कार्य करने के लिए इस तकनीक का प्रयोग किया जा सकता है।
8. इस तकनीक की सहायता से शिक्षण व्यवहार के सिद्धांतों का प्रतिपादन किया जा सकता है।

फ्लेंडर्स अंतःक्रिया विश्लेषण प्रणाली की सीमाएँ (Limitations of Flanders' Interaction Analysis)

फ्लेंडर्स की अंतःक्रिया विश्लेषण प्रणाली में पाए जाने वाले दोष और उसके प्रयोग संबंधी सीमाओं को निम्न रूप में प्रकट किया जा सकता है—

1. इस प्रणाली में शिक्षक के केवल शाब्दिक व्यवहारों (Verbal behaviours) का ही निरीक्षण और विश्लेषण किया जाता है। अतः शिक्षक व्यवहार के संपूर्ण रूप में वर्णन और विश्लेषण करने में यह प्रणाली असमर्थ सिद्ध होती है।
2. यह प्रणाली विषयवस्तु की दृष्टि से एकदम स्वतंत्र है, इसलिए इसमें किसी विशेष विषय के शिक्षण से संबंधित आवश्यक व्यवहारों या सोपानों की चर्चा नहीं होती। फलस्वरूप शिक्षण व्यवहारों को निरीक्षण कर्त्ता द्वारा मनचाहे ढंग से वर्गीकृत करना पड़ता है।
3. समस्त कक्षागत क्रियाओं और व्यवहारों को 10 श्रेणियों में (बिना किसी उपयुक्त आधार के) विभाजित करना ठीक नहीं है। बहुत–सी क्रियाएँ या शिक्षक व्यवहार ऐसे भी हो सकते हैं जो इन श्रेणियों में समाविष्ट नहीं किए जा सकते।
4. 10 श्रेणियों में से 7 श्रेणियाँ शिक्षक वार्ता से संबंधित हैं और मात्र 2 श्रेणियाँ छात्र वार्ता से। इस प्रकार से शिक्षक तथा छात्र की अंतःक्रिया में इस प्रणाली में पर्याप्त असंतुलन रहता है।
5. इस प्रणाली में कक्षा अंतःक्रिया की संपूर्णता या समग्रता का अभाव है क्योंकि यहां शिक्षक छात्र अंतःक्रिया को तो स्थान दिया गया है परंतु छात्र अंतःक्रिया को नहीं।
6. टैली लगाना (Tallying), मैट्रिक्स का निर्माण और मैट्रिक्स की परिमाणात्मक और गुणात्मक व्याख्या सभी कार्य ऐसे हैं जिन के द्वारा निरीक्षण और विश्लेषण के लिए बहुत ही प्रशिक्षित, विश्वसनीय और कुशल निरीक्षकों और विशेषज्ञों की आवश्यकता होती है। इनके अभाव में इस प्रणाली से किसी लाभ की अपेक्षा नहीं की जा सकती है।

7. यह प्रणाली समय, शक्ति और धन–सभी दृष्टियों से अधिक खर्चीली सिद्ध होती है।
8. अच्छे और बुरे शिक्षक व्यवहारों के रूप में कोई स्पष्ट निर्णय इस प्रणाली के निरीक्षण और विश्लेषण द्वारा नहीं मिलता।
9. अनेक शिक्षण क्रियाओं जैसे विज्ञान में किसी प्रयोग का प्रदर्शन करना, भाषा शिक्षण में आदर्श वाचन, सामाजिक विज्ञान में चार्ट और मानचित्रों का अध्ययन आदि के वर्गीकरण पर इस प्रणाली में कोई ध्यान नहीं दिया गया है।
10. मौन और अस्तव्यस्तता (विभ्रान्ति) को यहाँ पर एक ही श्रेणी प्रदान की गई है। मौन (चुप्पी) का अस्तव्यस्तता या अराजकता (विभ्रान्ति) के साथ कोई तालमेल नहीं है। इन्हें अलग–अलग श्रेणियों में रखा जाना चाहिए। दूसरे, इस प्रणाली में मौन को प्रयोजन हीन और प्रयोजन पूर्ण के रूप में वर्गीकृत नहीं किया गया है तो कि एक बड़ी भूल है।
11. इस प्रणाली में शिक्षक और छात्रों की क्रियाओं का अंकन होता है परंतु उनकी प्रतिक्रियाओं के अंकन की यहाँ कोई व्यवस्था नहीं है।
12. इस प्रणाली में प्रश्न पूछने से संबंधित चौथी श्रेणी में प्रश्नों के प्रकार या रूपों के बारे में कुछ नहीं कहा गया है। प्रश्न कई प्रकार के होते हैं और कई रूपों में पूछे जाते हैं। इस तरह का आगे कोई वर्गीकरण इस श्रेणी में न होने से प्रश्न पूछने संबंधी शिक्षक व्यवहार का उचित निरीक्षण एवं विश्लेषण नहीं हो पाता।

अन्य वैकल्पिक अंतःविश्लेषण प्रणालियाँ (Alternative Interaction Analysis System)

जैसी की ऊपर चर्चा की जा चुकी है फ्लेंडर्स अंतःक्रिया विश्लेषण प्रणाली में अनेक दोष तथा इसके प्रयोग में कई कठिनाइयाँ पाई जाती हैं। इन सभी दोषों और कठिनाइयों के निवारण हेतु अनुसंधान कार्यों के परिणामस्वरूप कुछ अन्य प्रणालियों जैसे पारस्परिक श्रेणी प्रणाली (Reciprocal category system—RCS), समतुल्य वार्ता श्रेणी प्रणाली (Equivalent talk category system—ETCS) आदि का विकास हुआ है। हमारे देश में भी इस ओर प्रयत्न हुए हैं और क्षेत्रीय शिक्षण महाविद्यालय, अजमेर द्वारा एक विशिष्ट प्रणाली को जन्म मिला है जिसे क्षेत्रीय महाविद्यालय, अजमेर प्रणाली (Regional College of Education, Ajmer System—RCEAS) के नाम से जाना जाता है। इन सभी वैकल्पिक प्रणालियों की आवश्यक जानकारी अब हम एक एक करके देना चाहेंगे।

पारस्परिक श्रेणी प्रणाली (Reciprocal Category System RCS)

पारस्परिक श्रेणी प्रणाली को अंतःक्रिया विश्लेषण तकनीक के रूप में विकसित करने का श्रेय 1967 में फ्लोरिडा विश्वविद्यालय में कार्यरत प्रसिद्ध शिक्षा शास्त्री रिचर्ड ओबर (Richard Ober) को जाता है।

पारस्परिक श्रेणी प्रणाली के नाम से प्रसिद्ध अंतःक्रिया विश्लेषण की यह तकनीक फ्लेंडर्स की दस श्रेणी युक्त अन्तःक्रिया विश्लेषण तकनीक का ही एक परिवर्तित और परिमार्जित रूप है। इसमें फ्लेंडर्स की तकनीक की तरह ही कक्षा कक्ष में शिक्षक और विद्यार्थियों के बीच चल रही अंतःक्रिया से संबंधित क्षेत्रों के ही शाब्दिक व्यवहारों का विश्लेषण करने का प्रयत्न किया जाता है। शिक्षक और शिक्षार्थी के व्यवहार का विश्लेषण करने हेतु इस तरह इसमें भी फ्लेंडर्स की तकनीक की तरह 10 व्यवहार श्रेणियों को अपनाकर ही विश्लेषण किया जाता है। परंतु पारस्परिक श्रेणी प्रणाली में प्रयुक्त 10 श्रेणियां फ्लेंडर्स की अंतःक्रिया विश्लेषण प्रणाली में कुछ अलग किस्म की होती हैं और इनके द्वारा व्यवहार विश्लेषण का ढंग भी अलग होता है। आइए इसके बारे में कुछ जानकारी ली जाए।

पारस्परिक श्रेणी प्रणाली, अदल–बदल युक्त एक विशेष पारस्परिक संबंध के सिद्धांत (Principle of reciprocity) पर आधारित है। इस सिद्धांत के अनुसार किसी भी प्रक्रिया या घटना के सापेक्ष में कोई न कोई ऐसी प्रक्रिया या घटना अवश्य होती है जिनमें आपस में ऐसा संबंध अवश्य देखने को मिलता है कि उनकी आपस में अदला-बदली की जा सके। इसी बात को आधार बनाकर पारस्परिक श्रेणी प्रणाली में यह मानकर चला जाता है कि शिक्षक वार्ता (Teacher talk) के सापेक्ष में पारस्परिक रूप से संबंधित अदला–बदली किए जाने वाले विद्यार्थी व्यवहार या विद्यार्थी वार्ता (Student talk) की उपस्थिति अवश्य ही लागू होनी चाहिए। यही बात विद्यार्थी व्यवहार या विद्यार्थी वार्ता पर भी इसी में लागू होती है। इस मूलभूत अवधारणा को अपनाते हुए पारस्परिक श्रेणी प्रणाली में शाब्दिक व्यवहार के विश्लेषण हेतु 9 श्रेणियों का इस तरह प्रावधान किया गया है कि जिनसे विद्यार्थी वार्ता या शिक्षक वार्ता से संबंधित कक्षा कक्ष अंतःक्रिया व्यवहार का पारस्परिक अदला–बदली की व्यवस्था (Reciprocity) के अनुसार विश्लेषण किया जा सके। इन 9 श्रेणियों के अतिरिक्त दसवीं श्रेणी के रूप में मौन या अस्तव्यस्तता (Silence or confusion) को भी अंतःक्रिया विश्लेषण हेतु इस रूप में स्थान दिया गया है कि शिक्षक और विद्यार्थी दोनों के व्यवहार विश्लेषण में इसे बराबर का स्थान प्राप्त है। इस तरह पारस्परिक श्रेणी प्रणाली में इस तरह की व्यवस्था की जाती है कि दस श्रेणियों में बांटकर अध्यापक और छात्रों के कक्षाकक्ष अंतःक्रिया व्यवहार का उचित विश्लेषण किया जा सके।

व्यवहार को श्रेणियों में विभाजित कर अंतःक्रिया विश्लेषण के दौरान उन्हें व्यवहार श्रेणियां कैसे प्रदान की जा सकती हैं। इस बात को निम्न तालिका द्वारा समझने का प्रयत्न किया जा सकता है।

तालिका 13.7 पारस्परिक श्रेणी प्रणाली (Reciprocal Category System)

शिक्षण वार्ता के लिए प्राप्त श्रेणी संख्या	*शाब्दिक व्यवहार का विवरण*	*विद्यार्थी वार्ता के लिए प्राप्त श्रेणी संख्या*
1.	**वातावरण को सहज और स्वाभाविक (Warm and informal) बनाता है।** (i) खुला व्यवहार करता है और/या पारिस्थितिक तनाव को दूर करता है। (ii) दूसरे के व्यवहार, कार्य, विचार, तरीके या योगदान की सराहना करता है। (iii) ऐसे मजाक (जो दूसरों की कीमत पर न किए जाएं) करता है जिनसे तनाव से मुक्ति मिले। (iv) मित्रवत दूसरे के द्वारा व्यक्त भाव चेष्टाओं को स्पष्टीकरण देता है और उन्हें स्वीकृति प्रदान करता है।	11
2.	**स्वीकृति देता है (Accepts)** दूसरे के कार्य, व्यवहार, टिप्पणी या योगदान को अपेक्षित पुनर्बलन प्रदान करने हेतु स्वीकार करता है।	12

(क्रमशः)

(क्रमशः)

शिक्षण वार्ता के लिए प्राप्त श्रेणी संख्या	शाब्दिक व्यवहार का विवरण	विद्यार्थी वार्ता के लिए प्राप्त श्रेणी संख्या
3.	**दूसरे के योगदान में वृद्धि करता है (Amplifies the contribution of another)** (i) दूसरे की कही बात के स्पष्टीकरण हेतु प्रश्न पूछता है, (ii) उसे आधार बनाकर अपनी बात कहता है, (iii) कार्य व्यवहार को आगे ले जाता है, (iv) की गई टिप्पणी, व्यक्त विचार तथा योगदान में आगे वृद्धि करता है।	13
4.	**प्रकाशित करता है (Elicits)** इस इरादे से कि दूसरा उत्तर दे (अनुक्रिया व्यक्त करे) (i) प्रश्न पूछता है, (ii) विषयवस्तु, विषय विशेष तथा अपनाए जाने वाली प्रक्रिया के बारे में जानकारी चाहता है।	14
5.	**अनुक्रिया व्यक्त करता है (Responds)** (i) दूसरे के द्वारा मांगी गई जानकारी प्रदान करता है, (ii) उसके प्रश्न का उत्तर देता है, (iii) अपने द्वारा पूछे गए प्रश्न या मांगी हुई जानकारी का स्वयं उत्तर देता है।	15
6.	**पहल करता है (Initiates)** (i) स्वयं पहल करके तथ्यों, सूचनाओं तथा विचारों (जो विषय सामग्री या प्रक्रिया से संबंधित हों) को प्रस्तुत करता है। (ii) अपने स्वयं के विचारों को अभिव्यक्त करता है (iii) व्याख्यान देता है (इसमें ऐसे प्रश्न भी शामिल हैं जिनके उत्तर व्याख्यानकर्त्ता नहीं चाहता)।	16
7.	**निर्देशित करता है (Directs)** दूसरे के द्वारा अनुपालना किए जाने की दृष्टि से निर्देशन देता है, अनुदेशन या आज्ञा प्रसारित करता है और/या प्रदत्त कार्य (Assignments) सौंपता है।	17

(क्रमशः)

8.	**सही करता है (Corrects)** दूसरे को यह बताता है कि उसके द्वारा दिया गया उत्तर या किए जाना वाला व्यवहार सही है या गलत।	18
9.	**स्थिरता लाता है** –वातावरण को औपचारिकता प्रदान करता है ("Cools" — formalizes the climate) (i) उचित न लगने वाले व्यवहार को सही करने हेतु कथनों का प्रयोग करता है। (ii) किसी न किसी रूप में कोई तनाव की उपस्थिति उत्पन्न करता है (जैसे अधिकार जताता है, दूसरे के विचार या निर्णय को ठुकराता है, उसकी आलोचना करता है)।	19
10.	**मौन या अस्तव्यस्तता (Silence or confusion)** विराम लेता है, कुछ देर चुप्पी रहती है, ऐसी परिस्थिति रहती है कि जिनमें किसके द्वारा क्या कहा जा रहा है इसका निर्णय निरीक्षण कर्त्ता द्वारा नहीं लिया जा सकता।	20

पारस्परिक श्रेणी प्रणाली के गुण एवं लाभ (Merits and Advantages of RCS System)

1. पारस्परिक अदली–बदली युक्त श्रेणियां (Reciprocal categories) प्रदान करके इस प्रणाली में विद्यार्थी वार्ता और अध्यापक वार्ता दोनों पर ही समान बल देने का प्रयास किया गया है।
2. इस प्रणाली में यह संभव बनाने का प्रयत्न किया गया है कि कक्षा कक्ष की शाब्दिक व्यवहार अंतःक्रिया का विशेष रूप में कक्षा कक्ष के सामाजिक संवेगात्मक वातावरण के सापेक्ष में निरीक्षण किया जा सके।
3. व्यवस्थित अनुदेशनों के माध्यम से शिक्षक को व्यूह रचनाओं के नियोजन में मदद मिलती है।
4. इसमें शिक्षक निर्मित निरीक्षण प्रणालियों के विकास को बढ़ावा मिलता है।
5. सकारात्मक तथा नकारात्मक पुनर्बलनों के अतिरिक्त शिक्षा तथा विद्यार्थियों के उन्मुक्त, खुले तथा सहृदय (Warming) व्यवहार या शांत, उत्तेजना शून्य उदासीन तथा ठंडे (Cooling) व्यवहार की निरीक्षण करने में भी यह प्रणाली उचित रूप से सहायक सिद्ध होती है।
6. शिक्षकों के पूर्व सेवा कालीन तथा सेवा कालीन दोनों प्रकार के प्रशिक्षण कार्यक्रमों में यह प्रभावपूर्ण ढंग से प्रयुक्त हो सकती है।
7. अपने व्यवस्थित एवं वस्तुनिष्ठ पृष्ठपोषण (Feedback) की सहायता से यह प्रणाली सार्थक कक्षा कक्ष अंतःक्रिया और शिक्षक प्रभावशीलता में यथोचित वृद्धि लाने में यथेष्ट रूप से सहायता कर सकती है।

8. अध्यापक शिक्षा, शिक्षक व्यवहार, कक्षा कक्ष वातावरण और उसका प्रबंध, शिक्षण विधियों तथा प्रविधियों, विद्यार्थी शिक्षण आदि क्षेत्रों में अनुसंधान कार्य हेतु एक अच्छे अनुसंधान उपकरण के रूप में इसका प्रयोग किया जा सकता है।
9. पारस्परिक श्रेणी की एक बड़ी विशेषता इस बात में निहित है कि इसके प्रयोग द्वारा शिक्षक व्यवहार का निरीक्षण करने में आवश्यक गोपनीयता बनाए रखना अच्छी तरह संभव है। शिक्षक के द्वारा स्वयं ही कक्षा कक्ष की अंतःक्रिया संबंधी पूरी गतिविधि को किसी भी आडियो टेप या वीडियो टेप पर रिकॉर्ड किया जा सकता है और फिर स्वयं ही पारस्परिक श्रेणी प्रणाली का व्यवहार श्रेणियों में इसका विभाजन कर वांछित विश्लेषण या मूल्यांकन किया जा सकता है। इस प्रकार से वह दूसरों के द्वारा उसका निरीक्षण करने में होने वाले तनाव और दबाव से अपने आपको मुक्त रखकर अपने व्यवहार के परिमार्जन में प्रयत्नशील रह सकता है।

पारस्परिक श्रेणी प्रणाली के दोष और सीमायें (Demerits and Limitations of Reciprocal Category System)

1. यह प्रणाली कक्षा कक्ष अंतःक्रिया या शिक्षण व्यवहार को उसके अपने पूरे रूप में प्रकाश में नहीं लाती। बहुत से महत्त्वपूर्ण व्यवहारों जैसे शाब्दिक सूचनाओं (Verbal information) तथा प्रतिक्रियात्मक व्यवहार (Reacting behaviour) की गुणवत्ता की इसमें सर्वथा उपेक्षा ही की जाती है।
2. अधिगम के सामाजिक–संवेगात्मक पक्ष पर ही इसका ध्यान अधिक से अधिक केन्द्रित रहने से कक्षा कक्ष के बौद्धिक क्रियाकलापों तथा अधिगम के ज्ञानात्मक पक्ष की प्रायः इस प्रणाली में अवहेलना की जाती रहती है।
3. इस प्रणाली में शिक्षण के प्रबंध संबंधी कौशलों (Managerial skills) के निरीक्षण और परिमार्जन का कोई उचित प्रावधान नहीं है।
4. शिक्षण या शिक्षक व्यवहार अच्छा है या बुरा है। इस तरह का कोई उचित एवं सार्थक मूल्यांकन निर्णय लेना इस प्रणाली द्वारा संभव नहीं है।

समतुल्य वार्ता श्रेणी प्रणाली (Equivalent Talk Category System—ETC)

फ्लेंडर्स की अंतःक्रिया विश्लेषण प्रणाली में अपेक्षित सुधार लाने का जो कुछ प्रयास पारस्परिक श्रेणी प्रणाली में किया गया है उससे कुछ आगे का प्रयास समतुल्य वार्ता श्रेणी प्रणाली में किया जाता है। इस कार्य हेतु यहाँ कक्षा कक्ष अंतःक्रिया को पाररपरिक श्रेणी प्रणाली की भाँति पारस्परिक श्रेणियों मे न बॉटकर समतुल्य श्रेणियों (equivalent categories) में बाँटा जाता है। इस प्रणाली का मुख्य आकर्षण कक्षा कक्ष शाब्दिक अंतःक्रिया को श्रेणियों में विभाजित करना तथा शाब्दिक क्रियाओं तथा उनके प्रति किए जाने वाले व्यवहारों की गुणवत्ता पर विशेष जोर देना है। इस प्रणाली को विकसित करने का श्रेय अरनेस्ट एल. बेंटले तथा एडिथ मिलर (Earnest L. Bentley and Edith Miller) द्वारा अटलांटा में वर्ष 1970 में किए गए प्रयासों को जाता है। यह प्रणाली अपने आप में क्या है इसका संक्षिप्त चित्रण तालिका 13.8 में प्रदत्त विवरण के आधार पर भलीभाँति हो सकता है।

तालिका 13.8 समतुल्य वार्ता श्रेणी प्रणाली (Equivalent Talk Category System)

शिक्षण कोड	घटित शाब्दिक व्यवहारों का विवरण	विद्यार्थी कोड
1	**सूचना प्रस्तुतीकरण (Presenting Information)** अप्रार्थनीय सूचनाएं (ऐसी सूचना या ज्ञान प्रदान करना जिसका आग्रह विद्यार्थियों की ओर से नहीं हुआ हो) जैसे व्याख्यान, पाठ के बारे में स्पष्टीकरण, प्रदर्शन, वर्णन, महत्वपूर्ण टिप्पणियों, बिना उत्तर की अपेक्षा किए हुए प्रश्न पूछना।	11
2	**प्रश्न पूछना–सीमित चिंतन (Questioning—Restricted Thinking)** बंधे हुए सीमित चिंतन युक्त उत्तरों की अपेक्षा पूछे गए प्रश्न जैसे तथ्यात्मक ज्ञान या साधारण प्रत्यास्मरण, एक स्वीकृत अथवा पूर्व–निर्धारित सही उत्तर, पहले सीखे गए या आसानी से प्रस्तुत किए जाने वाले तथ्य, संज्ञानात्मक निम्नतर स्तर।	12
3	**प्रश्न पूछना–विस्तृत चिंतन (Questioning—Expanded Thinking)** विस्तृत चिन्तन युक्त उत्तरों की अपेक्षा से पूछे गए प्रश्न जैसे सामान्यीकरणों का निर्माण, नियम या प्रक्रियाओं के उपयोग से निर्मित हल, संज्ञानात्मक उच्च स्तरीय उत्तर।	13
4	**अनुक्रिया करना–सीमित चिंतन (Responding—Restricted Thinking)** सीमित या बंधे हुए चिंतन युक्त अनुक्रियाएं जैसे तथ्यात्मक ज्ञान, एक स्वीकृत या पूर्व निर्धारित सही उत्तर पहले सीखे गए या आसानी से प्रस्तुत किए जाने वाले तथ्य, संज्ञानात्मक निम्न स्तर।	14
5	**अनुक्रिया करना–विस्तृत क्रिया (Responding—Expanded Thinking)** विस्तृत चिंतन युक्त अनुक्रियाएं जैसे उन्मुक्त या खुली अनुक्रियाएं प्रनियम, अवधारणा तथा सामान्यीकरणों का निर्माण, नियम या प्रक्रियाओं के उपयोग से निर्मित हल, संज्ञानात्मक उच्च स्तरीय उत्तर।	15
6	**प्रतिक्रिया व्यक्त करना–वर्तमान संभागिता स्तर को बनाए रख कर (Reacting—Maintain Level of Participation)** वर्तमान चिंतन स्तर को बनाए रखने संबंधी शाब्दिक व्यवहार– जैसे चिंतन को चालू रखने के लिए कहना, समान या निचले संज्ञानात्मक स्तर पर विचारों का संक्षिप्तीकरण, स्पष्टीकरण या विस्तारीकरण।	16

(क्रमशः)

(क्रमशः)

शिक्षण कोड	घटित शाब्दिक व्यवहारों का विवरण	विद्यार्थी कोड
7	**प्रतिक्रिया व्यक्त करना–बढ़े हुए संभागिता स्तर पर (Reacting—Extended Level of Participation)** ऐसा शाब्दिक व्यवहार जो वर्तमान चिंतन स्तर में बढ़ोत्तरी करता हो जैसे अधिक सूचना या ज्ञान प्रदान करने के लिए कहना, अधिक चिन्तन युक्त प्रदत्तों (Data), प्रनियमों का सृजन या विचारों पर फिर नए सिरे से ध्यान देना, संज्ञानात्मक संभागिता के स्तर में वृद्धि करते हुए दूसरों के द्वारा दिए गए उत्तर/सूचना सामग्री का उपयोग।	17
8	**प्रतिक्रिया व्यक्त करना–संभागिता स्तर की समाप्ति के संदर्भ में (Reacting—Terminate Level of Participation)** टिप्पणी करने या दखलंदाजी जैसे शाब्दिक व्यवहार से वर्तमान विषय या विचारजन्य अनुक्रियाओं को समाप्ति का रास्ता दिखाना, यह प्रकट करना या सूचित करना कि विचार श्रृंखला की समाप्ति हो गई है, नए विषय या प्रकरण पर आ जाना, नवीन अधिगम को पुराने से जोड़ने हेतु समवायी या संबंधित क्रियाएं करना या जो हो चुका हो उसे सारांश रूप में प्रस्तुत करना।	18
9	**संरचना करना–अधिगम क्रियाएं (Structuring-Learning Activities)** अधिगम क्रियाओं के संगठन या आयोजन हेतु कथन, निर्देश, आदेश तथा प्रदत्त कार्य (Assignments)	19
10	**संरचना करना–विराम या मौन** नियोजित क्रमबद्धता को बनाए रखने हेतु कुछ समय के लिए शाब्दिक व्यवहार पर विराम या स्तब्धता।	20

समतुल्य वार्ता श्रेणी प्रणाली की उपयोगिता (Advantages of Equivalent Talk Categories System)

समतुल्य वार्ता श्रेणी प्रणाली निम्न बातों को लेकर काफी उपयोगी सिद्ध हो सकती है।

1. वास्तविक कक्षा कक्ष अंतःक्रिया का भलीभाँति निरीक्षण कर उसका विवरण देने हेतु यह प्रणाली काफी संगठित आधार और संरचना प्रस्तुत करती है।
2. शिक्षक व्यवहार के मूल्यांकन तथा परिमार्जन हेतु यह बहुमूल्य प्रदत्त (Data) या सूचना सामग्री उपलब्ध कराने में सहायक है।
3. यह चिंतन स्तर के शिक्षण को एक महत्त्वपूर्ण शैक्षिक गतिविधि मानती है। इसीलिए यह चिंतन कौशलों के विकास तथा अध्यापक और विद्यार्थी वर्ग के चिंतन स्तर को उन्नत बनाने में विशेष रूप से सहयोगी सिद्ध हो सकती है।

4. अनुदेशनात्मक कौशलों (विशेषकर शिक्षण व्यूह रचनाओं, संभागिता तथा विषयवस्तु प्रस्तुतीकरण की गुणवत्ता से संबंधित) के विकास एवं सुधार हेतु यह अपेक्षित वस्तुनिष्ठ पृष्ठपोषण प्रदान करती है।
5. विद्यालय में सभी विषयों के कक्षा शिक्षण में सुधार हेतु इसे काम में लाया जा सकता है।
6. इसको प्रयोग में लाना भी अपेक्षाकृत आसान है। थोड़े से ही प्रशिक्षण से सभी विषयों के कक्षा शिक्षक इसको प्रयोग में लाना सीख सकते हैं।

समतुल्य वार्ता श्रेणी के प्रयोग की सीमायें (Limitations in the Use of Equivalent Talk Categories System)

समतुल्य वार्ता श्रेणी के उपयोग से संबंधित सीमाओं को निम्न रूप में लिपिबद्ध किया जा सकता है।

1. शिक्षक व्यवहार के मूल्यांकन के बारे में न तो इस प्रणाली में कोई विशेष मानदंड या स्तर तय किया हुआ है और न किसका शिक्षक व्यवहार कैसा है ऐसा कोई अंतिम फैसला लेने की बात करती है।
2. यह केवल संज्ञानात्मक शाब्दिक (Cognitive verbal) व्यवहार के विश्लेषण तक ही सीमित है। इस तरह इसमें मात्र अशाब्दिक व्यवहार की ही उपेक्षा नहीं होती बल्कि कक्षा कक्ष की सामाजिक–संवेदनात्मक अंतःक्रिया के ऊपर भी इसमें कोई ध्यान नहीं दिया जाता।
3. प्रबंधात्मक कौशलों (Managerial skills) के सुधार हेतु इस प्रणाली में कोई प्रावधान नहीं है।

क्षेत्रीय शिक्षा महाविद्यालय अजमेर प्रणाली (Regional College of Education Ajmer System—RCEAS)

इस प्रणाली को क्षेत्रीय शिक्षा महाविद्यालय अजमेर द्वारा इस उद्देश्य को लेकर विकसित किया गया है कि इसके द्वारा भारतीय परिस्थितियों के संदर्भ में फ्लेंडर्स दस श्रेणीय अंतःक्रिया प्रणाली को अधिक विश्वसनीय तथा परिस्थिति सापेक्ष बनाया जा सके। इस प्रणाली की मुख्य विशेषताओं की संक्षेप में निम्न प्रकार चर्चा की जा सकती है।

1. इसमें कुल 10 श्रेणियाँ हैं जिनमें से तीन को दो–दो भागों में बाँटकर यह निश्चित किया गया है कि इससे कक्षा कक्ष अंतःक्रिया का काफी व्यापक विश्लेषण एवं वर्णन किया जा सके।
2. यह एक ऐसे विशेष प्रकार के कक्षा कक्ष व्यवहार की सार्थकता पर भी जोर देती है जिसकी एक दक्ष निरीक्षक द्वारा कक्षा विशेष के स्तर तथा कक्षा कक्ष व्यवहार की वांछनीयता के संदर्भ में समीक्षा की जाए।
3. प्रश्न पूछने संबंधी श्रेणी को दो भागों में विभक्त कर यह केंद्रित तथा विकेंद्रित (Convergent and divergent) दोनों प्रकार के प्रश्नों के लिए अलग अलग प्रावधान रखने का प्रयत्न करती है।
4. इसमें फ्लेंडर्स प्रणाली की मौन या स्तब्धता नामक श्रेणी को भी प्रयोजनपूर्ण तथा प्रयोजन हीन दो श्रेणियों में बाँटने का उचित प्रावधान किया गया है।
5. शिक्षकों में प्रबंध कौशलों के विकास हेतु उचित अवसर प्रदान करने का इसमें प्रावधान किया गया है।
6. कक्षा शिक्षण में प्रदर्शन संबंधी क्रियाकलापों (Demonstration activities) को उचित महत्त्व प्रदान करने हेतु इसमे एक पूरी श्रेणी इसके निरीक्षण और वर्णन हेतु अलग से रखी गई है।
7. इसके द्वारा अभिप्रेरणात्मक मूल्यों की प्राप्ति को भी ध्यान में रखा गया है।
8. फ्लेंडर्स प्रणाली की तुलना में भारतीय परिस्थितियों में इस प्रणाली का उपयोग अधिक सक्षम सिद्ध हो सकता है।

यह प्रणाली अपने आप में क्या है, इसका बहुत कुछ चित्रण तालिका 13.9 द्वारा हो सकता है।

तालिका 13.9 क्षेत्रीय शिक्षा महाविद्यालय, अजमेर अंतःक्रिया विश्लेषण प्रणाली
(Regional College of Education, Ajmer System of Interaction Analysis)

श्रेणी का नाम *(Name of the Class)*	*श्रेणी क्रमांक* *(Class S.No.)*	*शाब्दिक व्यवहार* *(Verbal Behaviour)*
शिक्षक वार्ता—अप्रत्यक्ष प्रभाव (Teacher Talk—Indirect Influence)	1	छात्र क्रियाओं से सहमति व्यक्त करना (Approves Pupil Action)
अनुक्रिया (Response)	2	छात्र विचारों का उपयोग (Utilizes Pupil Ideas)
शिक्षक वार्ता—अप्रत्यक्ष प्रभाव (Teacher Talk—Indirect Influence)	3 (a)	निश्चित उत्तर वाले प्रश्न पूछना (Asks Close-end Questions)
स्वोपक्रम (Initiation)	3 (b)	खुले उत्तर और विस्तृत चिंतन वाले प्रश्न पूछना (Asks Open-end Questions)
शिक्षक वार्ता—प्रत्यक्ष प्रभाव (Teacher Talk—Direct Influence)	4	प्रदर्शन क्रियाएँ (Demonstrating Activities)
स्वोपक्रम (Initiation)	5	व्याख्यान देना (Lecturing)
	6	प्रबन्ध संबंधी क्रियाएँ (Managerial Activities)
	7	अतिरिक्त सार्थक और निरर्थक क्रियाएँ (Extra Relevant and Irrelevant Activities)
	7 (a)	पाठ्यगामी क्रियाएँ (Curricular Activities)
	7 (b)	अपाठ्यगामी क्रियाएँ (Non-curricular Activities)
छात्र—वार्ता—अनुक्रिया (Pupil Talk—Response)	8	छात्र अनुक्रिया (Student Responses)
छात्र—वार्ता—स्वोपक्रम (Pupil Talk Initiation)	9	छात्र स्वोपक्रम (Student Initiation)
मौन (Silence)	10 (a)	प्रयोजन पूर्ण मौन (Purposive Silence)
	10 (b)	प्रयोजनहीन मौन अथवा अस्तव्यस्तता (Non-purposive Silence/Confusion)

नोट– श्रेणी क्रमांक (Class or Category No.) किसी पैमाने (Scale) के द्योतक नहीं हैं। ये किसी विशेष प्रकार के संप्रेषणात्मक घटनाक्रम/कक्षागत संप्रेषण व्यवहार के सूचक हैं। निरीक्षण के दौरान इन्हें अंकित करना कक्षागत अंतःक्रिया से संबंधित शाब्दिक व्यवहार के स्वरूप का वर्णन करना मात्र ही है। इस व्यवहार का किसी पैमाने पर मापन करना नहीं।

क्षेत्रीय शिक्षा महाविद्यालय अजमेर अंतःक्रिया विश्लेषण प्रणाली की सीमाएँ (Limitations of RCEA System)

क्षेत्रीय शिक्षा महाविद्यालय अजमेर अंतःक्रिया विश्लेषण प्रणाली, वशिष्ठ (1982) के अनुसार अपने उपयोग को लेकर कुछ निम्न सीमाओं से बंधी हुई हैं।

1. सभी प्रकार के कक्षा कक्ष संप्रेषण को श्रेणीबद्ध करके विश्लेषण करने की बात काफी कठिन है। इसी दृष्टि से यह प्रणाली भी कुछ आंशिक संप्रेषण व्यवहार का ही विश्लेषण कर पाती है सबका नहीं।
2. इस प्रणाली के अंतर्गत अशाब्दिक व्यवहार के विश्लेषण का कोई प्रावधान नहीं है।
3. कक्षा गत संप्रेषण व्यवहार का ठीक प्रकार निरीक्षण करना और फिर प्राप्त प्रदत्तों (सूचना सामग्री) की सहायता से सार्थक निष्कर्ष निकालना काफी टेढ़ी खीर है इसके लिए विशेष रूप से प्रशिक्षित निरीक्षणकर्त्ताओं/विशेषज्ञों की जरूरत पड़ती है। इसके अभाव में उचित परिणामों की आशा नहीं की जा सकती।
4. जिन्हें विषय विशेष की विषयवस्तु का अच्छा ज्ञान हो केवल ऐसे निरीक्षणकर्त्ताओं द्वारा ही इस प्रणाली में निरीक्षण कार्य संपन्न किया जा सकता है।
5. इस प्रणाली में सारा ध्यान शिक्षक व्यवहार के परिमार्जन पर होता है। परिणामस्वरूप कक्षागत संप्रेषण में शिक्षक के प्रत्यक्ष/अप्रत्यक्ष व्यवहार पर ही अधिक ध्यान केंद्रित किया जाता है जबकि विद्यार्थी वार्ता/व्यवहार की लगभग उपेक्षा सी ही रहती है।
6. इस प्रणाली की उपयोगिता को भी अभी पूरी तरह परखा नहीं गया है। अतः विभिन्न कक्षा संप्रेषण परिस्थितियों से संबंधित व्यवहार का विश्लेषण कर पाने में यह कितनी उपयोगी है और अनुसंधानात्मक उपकरण की भाँति शिक्षा क्षेत्र में इसका किस सीमा तक प्रयोग हो सकता है इस संबंध में निश्चित रूप से कुछ नहीं कहा जा सकता।

निष्कर्ष (Conclusion)

इस अध्याय में अभी तक हमने पहले यह जानने की कोशिश की है कि शिक्षक व्यवहार तथा कक्षा कक्ष अंतःक्रिया विश्लेषण क्या होता है। इसके बाद यह बताने का प्रयत्न किया गया है कि शिक्षक के शाब्दिक व्यवहार तथा कक्षा कक्ष अंतःक्रिया के निरीक्षण तथा विश्लेषण हेतु किस किस प्रकार की तकनीकें/प्रणालियाँ काम में लाई जा सकती हैं। परंतु ध्यान रहे यहाँ हमारा विश्लेषण कार्य मात्र शाब्दिक व्यवहार के विश्लेषण तक ही सीमित रहा है। कक्षा कक्ष संप्रेषण तथा अंतःक्रिया में और शिक्षक व्यवहार के रूप में जो भी अशाब्दिक व्यवहार घटित होता है उसकी भी किसी भी तरह अवहेलना नहीं की जा सकती उसका भी शाब्दिक व्यवहार की भाँति ही पर्याप्त महत्त्व होता है। कक्षा कक्ष अंतःक्रिया से संबंधित इस अशाब्दिक व्यवहार का विश्लेषण भी अवश्य ही होना चाहिए और इस कार्य से संबंधित अंतःक्रिया विश्लेषण प्रणालियों की जानकारी भी इस दृष्टि से अध्यापकों को होनी ही चाहिए। तभी अंतःक्रिया विश्लेषण तकनीक के द्वारा शिक्षक व्यवहार में परिमार्जन तथा कक्षा कक्ष अंतःक्रिया को ठीक प्रकार संचालित करने के कार्य में वांछित सफलता प्राप्त की जा सकती है। इस दृष्टि से आगे के पृष्ठों में हम एक ऐसी अंतःक्रिया विश्लेषण प्रणाली की चर्चा करने जा रहे हैं जिसके माध्यम से शाब्दिक तथा अशाब्दिक दोनों प्रकार की

व्यवहार क्रियाओं को शामिल करते हुए अंतःक्रिया विश्लेषण संबंधी कार्य ठीक प्रकार निष्पादित किया जा सकता है।

विनिमयात्मक विश्लेषण (Transactional Analysis)

विनिमयात्मक विश्लेषण क्या है ? (What is Transactional Analysis ?)

सरल शब्दों में कक्षा शिक्षण के संदर्भ में विनिमयात्मक विश्लेशण से तात्पर्य किसी समय विशेष पर अध्यापक और विद्यार्थियों के बीच चल रही अंतःक्रिया में प्रयुक्त व्यवहार के लेन–देन का विश्लेषण करने से होता है। तकनीकी शब्दावली में विनिमय (Transaction) से हमारा तात्पर्य दो या दो से अधिक व्यक्तियों के बीच विचारों, भावनाओं या अभिवृत्तियों के विनिमय या आदान–प्रदान से होता है। आगे इसी भाषा में विनिमयात्मक विश्लेषण से हमारा संबंध स्वतः ही एक ऐसी प्रक्रिया या तंत्र प्रणाली से जुड़ जाता है जिसका उपयोग, विचारों, भावनाओं या अभिवृत्तियों के इस विनिमय या आदान प्रदान का विश्लेषण कर यह पता लगाने के लिए किया जाता है कि किसी भी परिस्थिति विशेष में इस प्रकार का विनिमय या आदान–प्रदान कितना प्रभावी या अप्रभावी रहा।

व्यावहारिक मनोविज्ञान की भाषा में व्यवहार के इस विनिमय या आदान–प्रदान में विनिमयात्मक उद्दीपन (Transactional Stimulus) यानी TS तथा विनिमयात्मक अनुक्रिया (Transactional Response) यानी TR की उपस्थिति रहती है। विनिमयात्मक उद्दीपन से यहाँ हमारा तात्पर्य एक ऐसे विशेष प्रकार की व्यवहार क्रिया से है जिसे किसी एक व्यक्ति द्वारा दूसरों के साथ अंतःक्रिया करने के दौरान व्यक्त किया जाता है। विनिमयात्मक अनुक्रिया इसी विनिमयात्मक उद्दीपन के प्रत्युत्तर में अंतःक्रिया में शामिल किसी एक व्यक्ति या व्यक्तियों की अनुक्रिया का प्रतिनिधित्व करती है। इस तरह विनिमयात्मक उद्दीपन और विनिमयात्मक अनुक्रिया (TR) की पुनरावृत्ति करते हुए विनिमयात्मक प्रक्रिया चलती रहती है और विनिमयात्मक विश्लेषण का उद्देश्य विनिमयात्मक प्रक्रिया में शामिल विनिमयात्मक उद्दीपन (TS) तथा विनिमयात्मक अनुक्रियाओं (TR) की प्रभावशीलता तथा समर्थता की ही थाह पाना होता है।

विनिमयात्मक विश्लेषण का सैद्धान्तिक प्रारूप (Theoretical Framework of Transactional Analysis)

दो या दो से अधिक व्यक्तियों के बीच चल रही व्यवहार क्रियाओं के आदान–प्रदान या विनिमय का विश्लेषण करने वाली तकनीक के रूप में विनिमयात्मक विश्लेषण को सर्वप्रथम हमारे सामने लाने का श्रेण प्रसिद्ध मनोविश्लेषक डा० इरिक बर्ने (Eric Berne, 1967, 1968, 1977) को जाता है। डा० बर्ने ने इस तकनीक के प्रतिपादन हेतु जिन अवधारणाओं का सहारा लिया है, उनका विवरण संक्षिप्त रूप में निम्न प्रकार लिपिबद्ध किया जा सकता है।

1. सभी व्यक्तियों में सभी आयु अवस्थाओं में तीन प्राकर की व्यवहारगत विशेषताएं पाई जाती हैं जिन्हें अभिभावक (Parent-P) वयस्क (Adult-A) तथा बालक (Child-C) के नाम से जाना जा सकता है। डा० बर्ने ने इन्हें 'अहं अवस्थाएं' (Ego States) कहा है।

2. व्यक्ति अपनी इन तीनों अहं अवस्थाओं में विभिन्न प्रकार की विशेष व्यवहार क्रियाओं (शाब्दिक–अशाब्दिक) को व्यक्त करता हुआ पाया जाता है।
3. अभिभावक अहं अवस्था (Parent Ego State–'P') – व्यक्ति की वह अवस्था है जिसमें वह उसी प्रकार का व्यवहार करता हुआ पाया जाता है जैसा कि उसने अपने बचपन में अपने माता–पिता या अन्य गुरुजनों को करता हुआ देखा था अथवा उनके द्वारा उसे ऐसी शिक्षा मिली थी। इस अवस्था के व्यवहार को आगे चलकर फिर दो भागों में विभाजित किया जा सकता है–
   (i) **पोषक अभिभावक (Nurturing Parent—NP)**—इस व्यवहार का संबंध उस व्यवहार के अनुकरण से होता है जो माँ के व्यवहार में पाया जाता है। परिणामस्वरूप जब अध्यापक अपने विद्यार्थियों को परामर्श देना, मार्गदर्शन प्रदान करना, प्रशिक्षित करना, सांत्वना देना, सुरक्षा करना, उनके खानपान एवं स्वास्थ्य की चिंता करना आदि व्यवहारगत विशेषताओं का प्रदर्शन करता है तब उसकी इस अवस्था को "पोषक अभिभावक अहं अवस्था" (Nurturing Parent ego state) कहा जाता है।
   (ii) **समीक्षक या नियंत्रक अभिभावक (Critical Controlling Parent—CP)**—इस व्यवहार का सम्बन्ध, उस व्यवहार के अनुकरण से होता है जो प्रायः एक पिता के व्यवहार में पाया जाता है। इस दृष्टि से अध्यापक अपने विद्यार्थियों की आलोचना करता है, उनको ताड़ता है, दंड देता है, उत्तरदायी ठहराना, उनको नियम पालन करने के लिए कहना, उन पर पाबंदी लगाना आदि व्यवहार क्रियाओं को करता हुआ पाया जाता है तब उसकी इस अवस्था को समीक्षक या नियंत्रण अभिभावक अहं अवस्था (Critical or Control Parent—CP) का नाम दिया जाता है।
4. **वयस्क अहं अवस्था (Adult Ego State—A)**—व्यक्ति विशेष की उस व्यवहारगत अवस्था का प्रतिनिधित्व करती हैं जिसमें वह एक परिपक्व एवं अनुभवी वयस्क की तरह अपने पूर्व अनुभवों तथा प्राप्त ज्ञान का उपयोग करता हुआ परिस्थिति विशेष की वास्तविकता के संदर्भ में ही अपने विचार, दृष्टिकोण तथा भावनाओं की अभिव्यक्ति करता हुआ पाया जाता है। इस दृष्टि से जब एक अध्यापक को कक्षा में उचित अनुचित में विभेद करना, वस्तुओं और प्रक्रियाओं का सही एवं वस्तुनिष्ठ ढंग से निरीक्षण और परीक्षण करना, उचित तर्क देना, तथ्यों का विश्लेषण करना, तर्क एवं प्रमाण के आधार पर अपनी बात कहना, उचित मूल्यांकन करना जैसे शाब्दिक एवं अशाब्दिक व्यवहार प्रदर्शित करते हुए पाया जाता है तो उसको इस व्यवहारजन्य अवस्था को वयस्क अहं अवस्था का नाम दिया जाता है।
5. **बालक अहं अवस्था (Child Ego State—C)**—व्यक्ति विशेष की उस व्यवहारजन्य अवस्था का प्रतिनिधित्व करती है जिसमें व्यक्ति को उसी प्रकार की व्यवहारजन्य क्रियाएं करते हुए पाया जाता है जिसे प्रायः सभी बचपन में करते हैं। इस अवस्था को आगे जाकर फिर दो निम्न भागों में बाँटा जा सकता है–
   (i) **मुक्त बालक अहं अवस्था (Free Child Ego State—FC)**—इस अवस्था में विद्यमान व्यक्ति विशेष द्वारा बाल्यावस्था के उस व्यवहार का प्रदर्शन किया जाता है जिसमें एक बालक बिना किसी बंधन के पूरी आजादी से अपने स्वाभाविक, जन्मजात और बेरोकटोक व्यवहार का प्रदर्शन करता है जैसे – उन्मुक्त रूप से हंसना, जिज्ञासा प्रदर्शित करना, लापरवाही दिखाना, वस्तुओं का संग्रह करना, डरना व झिझक व्यक्त करना, नियम न मानना, जिद्द करना, हवाई किले बनाना, अपनी दुनिया में मस्त रहना, मजाक उड़ाना आदि।

(ii) **अनुकूलित बालक अहं अवस्था (Adaptive Child Ego State—AC)**—इस अवस्था में व्यक्ति विशेष द्वारा बाल्यावस्था के उस व्यवहार का प्रदर्शन किया जाता है जिसमें किसी बालक को अपने वातावरण के साथ अनुकूलन या समायोजन करने से संबंधित व्यवहार का प्रदर्शन करते हुए पाया जाता है। इस दृष्टि से जब व्यक्ति विशेष को निर्धारित नियमों की अनुपालना करने, बड़ों की आज्ञा मानने, आक्रामक रूख अपनाने, विद्रोही प्रकृति प्रदर्शित करने, किसी परिस्थिति विशेष को अपने अनुकूल ढालने, अपने व्यवहार में शर्मिंदगी महसूस होने, लज्जित होने, अपराध भाव से ग्रस्त होने, चिंतामग्न रहने, उद्विग्न रहने आदि व्यवहार क्रियाओं को प्रदर्शित करते हुए पाया जाता है तो उसकी इस व्यवहारजन्य अवस्था को अनुकूलित बालक अहं अवस्था का नाम दिया जाता है।

उपरोक्त वर्णित पाँचों व्यवहारगत अहं अवस्थाओं को चित्र 13.1 में प्रदत्त विवरण के रूप में भलीभाँति प्रदर्शित किया जा सकता है।

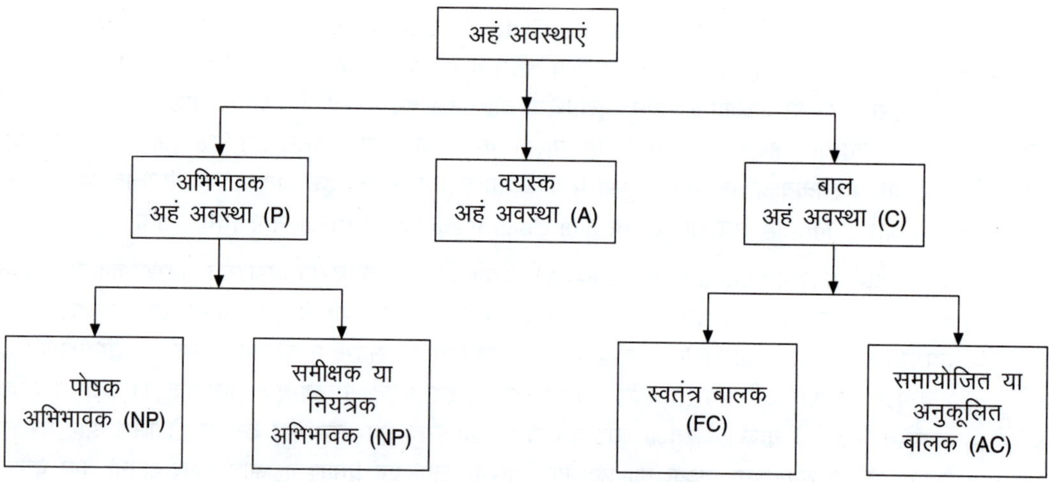

चित्र 13.1 व्यवहार विनिमय के समय एक व्यक्ति की अहं अवस्थाएँ।
(The ego states of an individual during transaction)

इस प्रकार जैसा कि इरिक बर्ने का विचार है अंतःक्रिया करते समय सभी व्यक्ति अपने विचार भाव तथा अभिवृत्तियों के विनिमय के दौरान उपरोक्त पांच अहं अवस्थाओं में से गुजरते हुए पाए जाते हैं। जिस तरह की परिस्थितियां उनके सामने आती हैं, जिस प्रकार की आवश्यकताओं की पूर्ति उन्हें करनी होती है, जिस तरह की जिम्मेदारियां उन्हें निभानी होती हैं, उसी के अनुरूप वे एक अहं व्यवहारजन्य अवस्था से दूसरी अहं व्यवहारजन्य अवस्था को अपनाते हुए पाए जाते हैं या दूसरे शब्दों में कभी एक तो कभी दूसरी अहं अवस्था से संबंधित व्यवहार क्रियाओं की अधिकता और आधिपत्य उनके व्यवहार में दिखलाई पड़ता है। इससे यह स्पष्ट आभास हो जाता है कि उनका व्यवहार किस रूप में और कितना एक अनुभवी परिपक्व वयस्क व्यक्ति की तरह है या उस पर अभिभावकों के व्यवहार तथा उनकी शिक्षा का प्रभाव है अथवा वे बालकों जैसे अंकुश रहित अथवा आज्ञा रहित व्यवहार की छाया उस पर पड़ रही है। इसी का निरीक्षण और विश्लेषण कर परिस्थिति विशेष के संदर्भ में उनके व्यवहार की वांछनीयता और अवांछनीयता का निर्णय ले लिया जाता है और फिर उसके यथेष्ट

परिमार्जन की व्यवस्था की जाती है। प्रश्न उठता है कि इस प्रकार की कौन–सी व्यवहार चेष्टाएं या व्यवहार क्रियाएँ होती हैं जिनका उनके उसी रूप में अवलोकन या निरीक्षण कर यह विश्लेषण किया जा सकता है कि कोई व्यक्ति विशेष यानी अध्यापक शिक्षण अधिगम की एक विशेष परिस्थिति में विद्यार्थियों के साथ अंतःक्रिया करते हुए किस व्यवहारजन्य अहं अवस्था से गुजर रहा है। इन्हें ही तकनीकी भाषा में अहं अवस्था के सूचक (Indicators of ego behaviour) कहा जाता है। आइए इनके बारे में अब कुछ आवश्यक परिचय प्राप्त किया जाए।

अहं अवस्था के सूचक (Ego States Indicators)—अपने विद्यार्थियों के साथ अपने विचारों, भावनाओं तथा अभिवृत्तियों का आदान–प्रदान या विनिमय करते हुए एक अध्यापक जिन व्यवहारजन्य अहं अवस्थाओं से गुजर रहा होता है उसका पता उसके शाब्दिक व्यवहार तथा अशाब्दिक व्यवहार (आवाज, मुख मुद्रा, भाव भंगिमा, अंग संचालन इत्यादि) के निरीक्षण से अच्छी तरह चल सकता है। इन शाब्दिक एवं अशाब्दिक व्यवहार चेष्टाओं या क्रियाओं को ही व्यवहारजन्य अहं अवस्थाओं का सूचक कहा जाता है।

यह भी एक सुखद और उत्साहवर्धक संयोग ही है कि कोई भी व्यक्ति विशेष दूसरों से अंतःक्रिया करते समय किसी समय विशेष पर जिस विशेष अहं अवस्था से गुजर रहा होता है इसका पता उसके द्वारा किए जाने वाले शाब्दिक एवं अशाब्दिक व्यवहार से भलीभाँति लग सकता है। एक व्यक्ति जो कुछ भी कहता है और जिस प्रकार जिस रूप में कहता है, उससे उसकी व्यवहारजन्य अहं अवस्था का पता भलीभाँति हो सकता है तथा फिर उसके उचित विश्लेषण द्वारा उसके व्यवहार की वांछनीयता (औचित्य) तथा अवांछनीयता (अनौचित्य) के बारे में फैसला लेकर उसके अपेक्षित परिमार्जन करने की बात सोची जा सकती है।

उदाहरण के लिए कक्षा कक्ष में विद्यार्थियों के साथ विचार विनिमय के लिए प्रयुक्त निम्न शब्दों पर विचार कीजिये–

"क्या तुमने दी हुई समस्या को हल कर लिया है ?"

अध्यापक द्वारा विद्यार्थी विशेष को यह कहने में जिस प्रकार के लहजे, आवाज की मधुरता, कठोरता, ऊँचाई–निचाई, मुख मुद्रा, भाव–भंगिमा, अंग संचालन आदि का उपयोग किया है, उसके अवलोकन या निरीक्षण के माध्यम से यह अच्छी तरह पता चल सकता है कि अध्यापक इस समय अपने विद्यार्थियों के साथ विचार, भाव तथा अभिवृत्ति संबंधी विनिमय करते हुए किस व्यवहारजन्य अहं अवस्था से गुजर रहा है। यह जानने के बाद कि अध्यापक किस अहं अवस्था से गुजर रहा है यह विश्लेषण भी किया जा सकता है कि अध्यापक द्वारा कहे गए कथन का इस समय विशेष आशय क्या है, वह किस प्रकार का विनिमय या संप्रेषण अपने विद्यार्थी के साथ करना चाहता है।

परिणामस्वरूप उपरोक्त कथन "क्या तुमने दी हुई समस्या को हल कर लिया है ?"

(i) शिक्षक की वयस्क अहं अवस्था (A) का सूचक हो सकता है जिसके विनिमय द्वारा अध्यापक विद्यार्थी से यह जानकर कि प्रदत्त कार्य (Assigned task) पूरा हो गया है वह उसे आगे कोई और समस्या हल करने के लिए देना चाहता है (ii) दूसरी ओर यह उसकी पोषक अभिभावक अहं अवस्था (Nurturing Parent Ego State—NP) का सूचक भी हो सकता है जिसके माध्यम से वह विद्यार्थी से यह जानना चाहता है कि क्या उसे इस समस्या को हल करने हेतु कोई मदद चाहिए। (iii) इसके अतिरिक्त यह उसके नियंत्रक अभिभावक अहं अवस्था (Controlling Parent Ego State —CP) का भी सूचक हो सकता है जिसके माध्यम से वह विद्यार्थी को नियंत्रित एवं अनुशासित करने हेतु यह कहना चाहता है कि उसने अभी तक इस समस्या को हल क्यों नहीं किया है।

डा० इरिन बर्ने ने अहं अवस्था के सूचकों के रूप में उन शाब्दिक एवं अशाब्दिक व्यवहार क्रियाओं की सूची प्रस्तुत करने का प्रयत्न किया है जिनके निरीक्षण और विश्लेषण के माध्यम से विनिमय के दौरान यह जाना जाता है कि व्यक्ति विनिमय के दौरान अपने व्यवहार से संबंधित किस अहं अवस्था से गुजर रहा है। यह सूची तालिका 13.10 में प्रदर्शित की गयी है।

तालिका 13.10 अहं अवस्थाओं के सूचक (Ego States Indicators)

अहं अवस्था (Ego State)	*शब्द (Words)*	*आवाज (Voice)*	*भाव–भंगिमा (Gestures)*	*अभिवृत्ति या दृष्टिकोण (Attitude)*
पोषक अभिभावक (Nurturing Parent-NP)	अच्छा, बढ़िया, वाह, मैं, आपकी मदद करूं, चिंता मत करो, मैं तुम्हें प्यार करता हूँ।	कोमल, मधुर, स्नेहयुक्त, प्रशंसात्मक, लगावपूर्ण।	बाहं फैलाना, स्वीकार करने वाली मुद्रा, विनम्र परवाह करने वाली	समझने वाला, चिंता या परवाह करने वाला
नियंत्रक या समीक्षक अभिभावक (Controlling or Critical Parent (CP)	कभी नहीं होना चाहिए, मूर्ख, बेवकूफ क्या मजाक है ?	सशक्त, कठोर, समीक्षात्मक, नियंत्रणपूर्ण, अधिकारपूर्ण, धमकीयुक्त	अंगुली दिखाना, क्रोधपूर्ण, भयभीत, दूरी रखना	निर्णयात्मक, नैतिकतायुक्त
वयस्क (Adult-A)	कब, कैसे, क्यों, कहाँ, क्या, कोई अन्य विकल्प	सामान्य, शांत, आत्मविश्वास–युक्त, असंवेगात्मक	सीधा खड़ा होना, आँखें मिलाना, औपचारिकता, स्पष्ट बात कहना	खुला हुआ और मूल्यांकनात्मक
मुक्त बालक (Free child-(FC)	बड़ा मजा आ गया, चाहता हूं, बहुत सुंदर, श्रेष्ठ, हाय	मुक्त उत्तेजित, स्फूर्तियुक्त, जोशीली	बंधनहीन, खुली आँखें, अस्थिरता खेल में रहना	जिज्ञासापूर्ण, परिवर्तनशील
अनुकूलित बालक (Adaptive Child-AC)	नहीं, चाहता हूं, मैं ठीक नहीं हूं, आशा करता हूं, अफसोस करता हूं, मानता हूं, आपके साथ हूं।	प्रतिरोधक, क्षमायुक्त, विरोध करनेवाली, बात मानने वाली	अविचलित, कहीं खोई हुई सी विचारमग्न, विजयी, अनुगमनात्मक	लज्जाशील, अनुसरणात्मक

विनिमयात्मक विश्लेषण प्रक्रिया (Transaction Analysis Procedure)—शिक्षक व्यवहार के परिमार्जन के संदर्भ में विनिमयात्मक विश्लेषण प्रक्रिया को अपनाने हेतु निम्न चरणों में आगे बढ़ना उपयुक्त रहता है।

1. सबसे पहले कक्षा में विद्यार्थियों के साथ अंतःक्रिया करते समय अध्यापक के शाब्दिक तथा अशाब्दिक व्यवहार का (उसके द्वारा कहे हुए शब्दों, की गई टिप्पणियों, आवाज के लहजे, स्वर में उतार–चढ़ाव, कहने के तरीके, मुख मुद्रा, भाव भंगिमा अंग संचालन आदि) ठीक प्रकार निरीक्षण किया जाना चाहिए।
2. निरीक्षित व्यवहार का विश्लेषण कर यह पता लगाया जाना चाहिए कि शिक्षक किसी शिक्षण अधिगम परिस्थिति विशेष में विद्यार्थियों के साथ अंतःक्रिया या विचार विनिमय करता हुआ किस व्यवहारजन्य अहं अवस्था (Ego state) से गुजर रहा है।
3. व्यवहारजन्य प्रत्येक अहं अवस्था के विचारों, भावों तथा शिक्षक व्यवहार की प्रभावशीलता को लेकर फायदे और नुकसान दोनों ही हो सकते हैं। अतः यह जानने की चेष्टा अवश्य की जानी चाहिए कि परिस्थिति विशेष में अध्यापक जिस अहं अवस्था से गुजर रहा है उसके अनुकूल तथा प्रतिकूल, अच्छे तथा खराब किस प्रकार के प्रभाव शिक्षण अधिगम प्रक्रिया या बालकों में अपेक्षित व्यवहार परिवर्तन लाने के संदर्भ में पड़ सकते हैं। डा० इरिक बर्ने ने इस संबंध में जो निष्कर्ष निकाले है, उन्हें तालिका 13.11 के आधार पर भलीभाँति समझा जा सकता है।
4. कक्षा कक्ष अंतःक्रिया के दौरान विचार विनिमय करते समय अध्यापक किस प्रकार की अहं अवस्था से गुजर रहा होता है उसके फलस्वरूप जिस तरह के सकारात्मक एवं नकारात्मक प्रभाव उसके व्यवहार में आते हैं, उन्हें ध्यान में रखते हुए अब ऐसे उपाय किए जाने चाहिएं जिनसे नकारात्मक प्रभावों से अधिक से अधिक दूर रहकर शिक्षण अधिगम परिस्थिति की आवश्यकता के अनुसार अध्यापक के व्यवहार को इस प्रकार परिमार्जित किया जा सके जिससे निर्धारित शिक्षण अधिगम उद्देश्यों की सर्वोत्तम ढंग से प्राप्ति होने में यथासंभव सहायता मिल सके।

तालिका 13.11 व्यवहार विनिमय के दौरान अहं अवस्थाओं के सकारात्मक एवं नकारात्मक प्रभाव
(Implications of Ego States during Transaction)

अहं अवस्था (Ego State)	*सकारात्मक प्रभाव (Advantages)*	*नकारात्मक प्रभाव (Disadvantages)*
पोषक अभिभावक (Nurturing Parent-NP)	उत्साहवर्धन करता है, उचित प्रशिक्षण देता है, उचित विकास में सहायक है, चिंता और परेशानी के समय सहायता एवं सांत्वना देता है।	अत्यधिक सहृदय, ढीला तथा विद्यार्थियों के साथ घुलमिल जाता है, छात्र अध्यापक की परवाह नहीं करते, उससे प्यार करते हैं परंतु आदर नहीं, इससे अनुशासनहीनता बढ़ती है और काम में ढील आ जाती है।
समीक्षक या नियंत्रक अभिभावक (Critical or controlling Parent-CP)	नियमों की अनुपालना कराने तथा अनुशासन बनाए रखने में सहायक है, विद्यार्थियों द्वारा की गई गलती और अनुचित व्यवहार पर रोक, उचित कक्षा नियंत्रण, विद्यार्थियों के हितचिंतन हेतु उचित निर्देश तथा सही निर्णय लेने में सक्षम।	बच्चों को भीरू एवं डरपोक बना देना विद्यार्थियों को स्वाभाविक रुचियों, जिज्ञासाओं, इच्छाओं पर अनावश्यक अंकुश लगाना, उनकी स्वतंत्र चिंतन एवं सृजनात्मकता को दबाना, उन्हें यंत्रवत् निष्क्रिय श्रोता बन कर कार्य करने को मजबूर करना।

(क्रमशः)

(क्रमशः)

अहं अवस्था (Ego State)	सकारात्मक प्रभाव (Advantages)	नकारात्मक प्रभाव (Disadvantages)
वयस्क (Adult-A)	बच्चों में तार्किक चिंतन, विश्लेषण, मूल्यांकन तथा बोध क्षमताओं के विकास में सहायक है। नियोजन, समस्या समाधान तथा अर्जित ज्ञान का उपयोग करने में विद्यार्थियों का अपेक्षित मार्गदर्शन करने में सक्षम है।	वयस्क अहं अवस्था की गहनता से युक्त अध्यापक विद्यार्थियों से मशीनवत् व्यवहार करता हुआ पाया जाता है। उसे उनकी इच्छाओं और भावनाओं की कोई कद्र नहीं होती। उसे केवल अच्छे शिक्षण अधिगम परिणामों की चिंता रहती है।
मुक्त बालक (Freechild-FC)	हाजिर जवाबी और हास–परिहास की सहायता से कक्षा के वातावरण में सजीवता लाना, स्वअधिगम एवं सहभागिता हेतु विद्यार्थियों को प्रोत्साहित करना, नवीन परिवर्तनों का स्वागत करना, नई चुनौतियों का सामना करना तथा चिंता और दवाबयुक्त परिस्थितियों में अनुकूलन क्षमता दिखाना।	चिंतन और कल्पनाशीलता में यथार्थ से परे होना, गलत होते हुए भी अपनी बात पर डटे रहना, अत्यंत स्पष्टवादी, व्यावहारिकता से रहित, सामाजिक तथा संवेगात्मक रूप से अपरिपक्वता युक्त व्यवहार करना।
अनुकूलित बालक (Adaptive child-AC)	व्यावहारिकता अनुशासनप्रियता तथा विश्वसनीयता का परिचय देना, अधिकारियों के आदेशों एवं परामर्श की अनुपालना करना।	अधिकारियों के प्रति असंतोष एवं विरोध की भावना रखकर उनके आदेशों की अवहेलना करना, अपनी आक्रामक प्रवृत्ति से स्वयं अथवा दूसरों को परेशानी में डालना।

सार-संक्षेप
(Summary)

1. शिक्षक या शिक्षण व्यवहार से तात्पर्य शिक्षक के उस व्यवहार से है जिसका प्रदर्शन उसके द्वारा कक्षा में अपने विद्यार्थियों के साथ शिक्षण कार्य करते हुए किया जाता है। जिस रूप में एक शिक्षक शिक्षण के दौरान व्यवहार करते हुए पाया जाता है वह उसके व्यक्तित्व विशेष तथा परिस्थिति विशेष जिसमें वह यह व्यवहार कर रहा होता है, उसी पर अधिकतर निर्भर करता है।
2. शिक्षक या शिक्षण व्यवहार के परिमार्जन का उद्देश्य शिक्षक या शिक्षण व्यवहार के वर्तमान स्वरूप में इस प्रकार परिवर्तन या सुधार लाना होता है कि जिसके परिणामस्वरूप शिक्षक विशेष को अपनी शिक्षक और शिक्षण संबंधी उत्तरदायित्वों के भलीभाँति निर्वहन में पूरी–पूरी सफलता प्राप्त हो सके। इस प्रकार के परिवर्तन एवं सुधार लाने में कई तरह की तकनीक एवं प्रविधियों का प्रयोग किया जा सकता है। प्रमुख रूप से इस संदर्भ में अंतःक्रिया विश्लेषण तथा विनिमयात्मक विश्लेषण का नाम लिया जा सकता है।
3. अंतःक्रिया विश्लेषण तकनीक में कक्षा शिक्षण के दौरान प्रदर्शित शिक्षक के कक्षा कक्ष व्यवहार और कक्षा कक्ष अंतःक्रिया संबंधी सभी गतिविधियों का वस्तुगत और क्रमबद्ध ढंग से निरीक्षण करने के प्रयास किए

जाते हैं। इस प्रकार के निरीक्षण के परिणामों के माध्यम से फिर शिक्षक विशेष को आवश्यक प्रतिपुष्टि प्रदान की जाती है ताकि उसके व्यवहार और विद्यार्थियों के साथ उसके द्वारा की जाने वाली अन्तःक्रिया में वांछित परिमार्जन एवं सुधार लाने का कार्य किया जा सके।

4. अंतःक्रिया विश्लेषण के क्षेत्र में किए जाने वाले अनुसंधानों के फलस्वरूप आज अंतःक्रिया विश्लेषण हेतु हमारे पास 100 से भी अधिक अंतःक्रिया विश्लेषण तकनीकें उपलब्ध हैं। किसी शिक्षण अधिगम परिस्थिति विशेष में कक्षा शिक्षण के दौरान प्रदर्शित शिक्षक व्यवहार तथा कक्षा कक्ष अंतःक्रिया का उचित विश्लेषण करने हेतु जिस तकनीक का प्रयोग बहुधा किया जाता है उसे हम फ्लेंडर्स की अंतःक्रिया विश्लेषण तकनीक के नाम से जानते हैं। इसका प्रतिपादन प्रसिद्ध शिक्षा शास्त्री नैड ए० फ्लेंडर्स द्वारा 1959 में किया गया था। कक्षा कक्ष शिक्षण में अध्यापक जैसा भी व्यवहार कर रहा होता है और कक्षा कक्ष में व्यवहार संबंधी जैसी भी अंतःक्रिया चल रही होती है उन सभी प्रकार के संभावित व्यवहार को फ्लेंडर्स द्वारा तीन मुख्य खंडों शिक्षक वार्ता, विद्यार्थी वार्ता तथा मौन या अस्तव्यस्तता के तहत कुल 10 श्रेणियों में विभाजित करने का प्रयत्न किया गया है। फ्लेंडर्स की अंतःक्रिया विश्लेषण तकनीक का उपयोग करते समय क्रमशः जिन सोपानों पर चलकर आगे बढ़ना होता है वे हैं (i) कक्षा कक्ष में चल रही गतिविधियों का वस्तुगत निरीक्षण तथा लेखा जोखा (ii) अंतःक्रिया मैट्रिक्स की रचना तथा (iii) अंतःक्रिया मैट्रिक्स का विधिवत विश्लेषण। शिक्षक व्यवहार और कक्षा कक्ष अंतःक्रिया विश्लेषण की एक अच्छी तकनीक होने के बावजूद फ्लेंडर्स की तकनीक में काफी दोष एवं कमियाँ गिनाई जाती हैं। इसकी कमियों को दूर करने हेतु कुछ अन्य अंतःक्रिया विश्लेषण तकनीकों जैसे पारस्परिक श्रेणी प्रणाली, समतुल्य वार्ता प्रणाली तथा क्षेत्रीय शिक्षा महाविद्यालय अजमेर प्रणाली आदि को प्रकाश में लाया गया है।

5. रिचर्ड ओवर द्वारा प्रतिपादित पारस्परिक श्रेणी प्रणाली पारस्परिकता के सिद्धांत पर आधारित है। इसके अनुसार किसी भी प्रक्रिया या घटना विशेष के लिए उसका कोई न कोई विलोम या पारस्परिक प्रतिरूप अवश्य होता है। इस दृष्टि से कक्षा शिक्षण में प्रत्येक शिक्षक व्यवहार के लिए परस्पर संबंधित विद्यार्थी व्यवहार की उपस्थिति अवश्य होती है। इसलिए इस प्रणाली में शाब्दिक व्यवहार के विश्लेषण हेतु जो 9 श्रेणियाँ दी गई हैं उन्हें पारस्परिक रूप से शिक्षक वार्ता तथा विद्यार्थी वार्ता दोनों के ही निरीक्षण तथा विश्लेषण हेतु काम में लाया जा सकता है। 9 श्रेणियों के अतिरिक्त इस प्रणाली में एक सामान्य श्रेणी भी दी गई है जिसके अंतर्गत मौन या अस्तव्यस्तता संबंधी शाब्दिक व्यवहार और अंतःक्रिया को रखा जाता है। इस प्रकार से इस प्रणाली में दी गई 10 श्रेणियों को पारस्परिक रूप में शिक्षक तथा विद्यार्थी दोनों के ही व्यवहार के निरीक्षण और विश्लेषण हेतु काम में लाया जा सकता है।

6. अरनेस्ट एल० बेन्टली तथा ऐडिथ मिलर द्वारा 1970 में प्रतिपादित समतुल्य वार्ता प्रणाली पारस्परिक श्रेणी प्रणाली की तरह कक्षा कक्ष अंतःक्रिया को पारस्परिक श्रेणियों में विभक्त न करके समतुल्य श्रेणियों में विभक्त करती है। इसका मुख्य आकर्षण इस बात में निहित है कि यहाँ कक्षा कक्ष शाब्दिक अंतःक्रिया को कुछ विशिष्ट शाब्दिक श्रेणियों जैसे सूचना का प्रस्तुतीकरण, प्रश्न पूछना, अनुक्रिया करना, प्रतिक्रिया व्यक्त करना तथा संरचना करना आदि में विभक्त कर शाब्दिक क्रियाओं तथा प्रतिक्रियाजन्य व्यवहारों की गुणवत्ता आंकने पर विशेष जोर दिया जाता है।

7. क्षेत्रीय शिक्षा महाविद्यालय अजमेर प्रणाली एक ऐसे प्रयास का प्रतिनिधित्व करती है जिसमें फ्लेंडर्स के दस श्रेणीय प्रणाली को कुछ अधिक विश्वसनीय, व्यापक तथा भारतीय परिस्थितियों में प्रयुक्त करने योग्य बनाने का प्रयत्न किया गया है। इसमें दस श्रेणियाँ हैं जिनमें से तीन श्रेणियों को पुनः दो उपश्रेणियों में विभक्त कर कक्षा कक्ष अंतःक्रिया का कुछ अधिक व्यापक विश्लेषण और व्याख्या करने का प्रयत्न किया गया है।

8. डॉ० इरिक बर्ने द्वारा विकसित विनिमय विश्लेषण, अंतःक्रिया विश्लेषण के लिए उपलब्ध अन्य प्रणालियों की अपेक्षा इस बात में काफी दम रखता है कि इसके द्वारा शिक्षक व्यवहार के दोनों पक्षों–शाब्दिक तथा अशाब्दिक को ध्यान में रखा जाता है। व्यवहारात्मक मनोविज्ञान की भाषा में विनिमयात्मक व्यवहार में विनिमयात्मक उद्दीपन (किसी दूसरे व्यक्ति के साथ अंतःक्रिया करते समय व्यक्ति विशेष के द्वारा प्रदर्शित व्यवहार) तथा विनिमयात्मक अनुक्रिया (इस अंतःक्रिया में दूसरे व्यक्ति द्वारा की जाने वाली अनुक्रिया) की उपस्थिति रहती है। अंतःक्रिया करने वाले व्यक्तियों के बीच विनिमयात्मक उद्दीपन तथा अंतःक्रिया किस स्तर की है इसी का निरीक्षण और विश्लेषण, विनिमय विश्लेषण तकनीक में किया जाता है। डॉ० बर्ने के अनुसार अध्यापक और विद्यार्थी दोनों ही किसी एक कक्षा कक्ष अंतःक्रिया परिस्थिति में अपने शाब्दिक तथा अशाब्दिक व्यवहार की अभिव्यक्ति द्वारा अपने विचारों, भावनाओं तथा अभिवृत्तियों के विनिमय हेतु पाँच विशिष्ट अहं जन्य अवस्थाओं से गुजरते दिखाई देते हैं। इस प्रकार के शाब्दिक और अशाब्दिक व्यवहार का उचित निरीक्षण तथा विश्लेषण हमें यह सूचित करता है कि अध्यापक तथा छात्र विशेष कक्षा कक्ष अंतःक्रिया के दौरान किस प्रकार की अहं जन्य अवस्था से गुजर रहा है। आगे इसी का विश्लेषण कर यह निर्धारण किया जाता है कि प्रदर्शित व्यवहार किस स्तर का है तथा वह किस प्रकार के सुधार तथा परिमार्जन की माँग करता है। इस प्रकार के विश्लेषण के आधार पर ही फिर परिमार्जन एवं सुधार संबंधी अपेक्षित कदम उठाए जाते हैं।

संदर्भित एवं विशेष अध्ययन ग्रंथ (References and Suggested Readings)

Amido, Edmund J. and J.B. Hough, *Interaction Analysis: Theory, Research and Application,* Reading Massachusetts, Cal. Addison Wesley, 1967.

Amido, Edmund J. and Elizabeth Hunter, *Improving Teaching: The Analysis of Classroom Verbal Interaction,* New York: Holt, Rinehart and Winston, 1967.

Barnes, Graham (Ed.), *Transactional Analysis after Eric Berne: Teachings and Practices of Three TA Schools,* New York: Harper's College Press, 1977.

Bentley, Earnest L. and Edith Miller, "Equivalent talk categories" in R.L. Ober, E.L. Bentley and E. Miller (Eds.), *Systematic Observation of Teaching*, New Jersey: Prentice Hall, 1971.

Berne, Eric., *Beyond Games and Scripts: Selections from His Major Writings*, Claude M. Steiner and Carmen Kerr (Eds.), New York: Ballantine Books, 1979.

________, *The Happy Valley*, New York, Grove Press, 1968.

________, *Intuition and Ego States: The Origins of Transactional Analysis:* a series of papers, Paul McCormick (Ed.), San Francisco: Harper & Row, 1977.

________, *Games People Play: the Psychology of Human Relationships*, New York: Grove Press, 1967.

Flanders, Ned. A., *Analysing Teacher Behavior*, California: Addison Wesley, 1972.

________, *Interaction Analysis in the Classroom—A Manual for the Observers*, Ann Arbor, Michigan: University of Michigan, 1960 (Lithographed).

Flanders, Ned A., *Interaction in the Classroom: A Manual for Observers*, Ann Arbor, Mich.: School of Education, University of Michigan, 1966.

Jorgensen, Henry Irvin and Elizabeth Watkins, *Eric Berne, Master Gamesman: A Transaction Biography*, New York: Grove Press, 1984.

McAvoy, Thomas J., *Interaction Analysis: Principles and Applications*, Research Triangle Park, NC: Instrument Society of America, 1983.

McNergency, Robert F. and Card A., Carner, *Teacher Development*, New York: Macmillan, 1981.

Meininger, Jut, *Success through Transactional Analysis.* New York: Grosset & Dunlap, 1973.

Ober, Richard L., et al., *Systematic Observation of Teaching*, New Jersey: Prentice Hall, 1971.

Ryans, D.G., *Characteristics of Teachers: A Research Study*, New Delhi: Sterling Publishers, 1969.

Summerton, Oswald, *Transactional Analysis: An Introduction to Basic Concepts*, New Delhi: Manohar Publications, 1979.

Vashistha, K.K., *Interaction Analysis: Theory and Research,* Ajmer: Regional College of Education, Extension Services Department, 1982.

अध्ययन के लिए प्रश्न
(Study Questions)

1. शिक्षण या शिक्षक व्यवहार से आप क्या समझते हैं ? शिक्षण या शिक्षक व्यवहार के परिमार्जन हेतु कौन–कौन–सी तकनीकें काम में लाई जा सकती हैं ? किसी एक तकनीक का विस्तार से वर्णन करो।
2. 'शिक्षक व्यवहार' पद की परिभाषा दीजिए। इसके मापन की उपयोगिता पर भी प्रकाश डालिए।
3. अंतःक्रिया विश्लेषण से क्या अभिप्राय है ? इस प्रकार के विश्लेषण से क्या लाभ है ? विस्तार सहित वर्णन कीजिए।
4. अंतःक्रिया विश्लेषण की संकेत और श्रेणी प्रणालियों में क्या अंतर है ? स्पष्ट कीजिए।
5. फ्लेंडर्स अंतःक्रिया विश्लेषण तकनीक क्या है ? इसकी दस श्रेणियों का संक्षिप्त रूप में वर्णन कीजिए।
6. फ्लेंडर्स अंतःक्रिया विश्लेषण प्रणाली में कक्षा अंतःक्रिया से संबंधित घटनाओं में निरीक्षण एवं अभिलेखन (Coding) प्रक्रिया का विस्तार सहित वर्णन कीजिए।
7. फ्लेंडर्स अंतःक्रिया विश्लेषण प्रणाली में निरीक्षित अभिलेखन (Record) की सहायता से अंतःक्रिया मैट्रिक्स (Interaction matrix) की रचना कैसे की जाती है ? उदाहरण सहित समझाइए।
8. फ्लेंडर्स अंतःक्रिया विश्लेषण प्रणाली में अंतःक्रिया मैट्रिक्स की व्याख्या करके शिक्षक व्यवहार का कैसे मूल्यांकन किया जाता है ? वर्णन करें।
9. फ्लेंडर्स की दस श्रेणी प्रणाली के गुण एवं सीमाओं की चर्चा कीजिए।
10. पारस्परिक श्रेणी प्रणाली का एक अंतःक्रिया विश्लेषण प्रणाली के रूप में वर्णन करते हुए यह स्पष्ट कीजिए कि इसे शिक्षक व्यवहार के परिमार्जन हेतु कैसे काम में लाया जा सकता है।

11. समतुल्य वार्ता प्रणाली की एक अंतःक्रिया विश्लेषण प्रणाली या तकनीक के रूप में चर्चा करते हुए बताइए कि इसे शिक्षक व्यवहार के परिमार्जन हेतु कैसे काम में लाया जा सकता है।
12. पारस्परिक श्रेणी प्रणाली तथा समतुल्य प्रणाली के गुण–दोषों की विवेचना कीजिए।
13. क्षेत्रीय शिक्षा महाविद्यालय अजमेर द्वारा विकसित अंतःक्रिया विश्लेषण प्रणाली की संक्षेप में चर्चा कीजिए तथा इसके गुण–दोषों का भी उल्लेख कीजिए।
14. विनिमयात्मक विश्लेषण (Transactional analysis) क्या होता है ? इस तकनीक को शिक्षण व्यवहार परिमार्जन हेतु कैसे काम में लाया जा सकता है ? स्पष्ट करें।
15. विनिमयात्मक विश्लेषण के सैद्धांतिक प्रारूप की विस्तार से चर्चा कीजिए। शिक्षण या शिक्षण व्यवहार के विश्लेषण में इसे कैसे काम में लाया जाता है ? वर्णन करें।

14

क्रियात्मक अनुसंधान
(Action Research)

The secret of our cultural development has been research, pushing back the areas of ignorance by discovering new truths, which in turn lead to better ways of doing things and better products.

—**John W. Best**

अध्याय रूपरेखा (Chapter Outline)

- क्रियात्मक अनुसंधान की अवधारणा (Concept of Action Research)
- क्रियात्मक अनुसंधान अन्य अनुसंधानों से कैसे अलग हैं ?
  (How does Action Research Differ from Other Researches ?)
- क्रियात्मक अनुसंधान का महत्त्व (Importance of Action Research)
- क्रियात्मक अनुसंधान की कार्यप्रणाली (Procedure and Methodology of Action Research)
- सार-संक्षेप (Summary)
- संदर्भित एवं विशेष अध्ययन ग्रंथ (References and Suggested Readings)
- अध्ययन के लिए प्रश्न (Study Questions)

क्रियात्मक अनुसंधान की अवधारणा (Concept of Action Research)

मनुष्य बहुत लंबे समय से प्राकृतिक शक्तियों के साथ संघर्ष करने में लगा हुआ है तथा इस भूमि पर अच्छे से अच्छे ढंग से सुरक्षित कैसे रहा जा सकता है इसके लिए साधनों की उसकी तलाश जारी है। दूसरे शब्दों में अपने अपने जीवन–यापन के ढंग से सुधार लाने के लिए वह निरंतर प्रयोगों और अनुसंधानों में जुटा है। विकास की प्रत्येक अवस्था में अनुसंधान उसके लिए एक उपयोगी अस्त्र सिद्ध हुआ है और इसने उसे शीघ्रतापूर्वक प्रगति करने और इच्छित सफलता प्राप्त करने में पग–पग पर सहायता की है। इस तरह देखा जाए तो सामान्यता अनुसंधान और अन्वेषणों का इतिहास पुराना है परंतु अगर हम शिक्षा के क्षेत्र में संगठित अनुसंधान कार्यों की ओर दृष्टिपात करें तो हमें पता चल सकता है कि अन्य क्षेत्रों की अपेक्षा शिक्षा के क्षेत्र में अनुसंधानों की आवश्यकता को अधिक गहराई से अनुभव नहीं किया जाता रहा है। लेकिन अब शिक्षा के उद्देश्य और शिक्षण प्रक्रिया के ढांचे

में पहले से काफ़ी परिवर्तन आने तथा आगे भी आवश्यक परिवर्तन लाने के लिए प्रयत्न करने के कारण इस आवश्यकता को गंभीरता से अनुभव किया जा रहा है। ऐसी दशा में हम अध्यापकों से शिक्षा के क्षेत्र में होने वाले अनुसंधान कार्य में महत्त्वपूर्ण योगदान देने की आशा की जाती है।

परंतु इस प्रकार का योगदान देना कोई मामूली बात नहीं है। वस्तुतः अनुसंधान करना और किसी नवीन विचार वस्तु या सिद्धांत का अन्वेषण करना बहुत ही कठिन कार्य है। इस तरह से विद्यालय की वर्तमान परिस्थितियों और कार्य प्रणाली को देखते हुए अध्यापकों से किसी बहुत ही जटिल और सूक्ष्म अनुसंधानात्मक कार्यों की आशा नहीं की जा सकती। अतः यथार्थवादी दृष्टिकोण से यह अधिक व्यवहारिक और वांछनीय है कि अध्यापकों और प्रधान अध्यापकों को वैज्ञानिक दृष्टिकोण अपनाते हुए कुछ ऐसी उचित तकनीक और कार्यक्रमों के अन्वेषण के बारे में प्रयत्न करने चाहिए जिनसे उन्हें अपनी कक्षा या विद्यालय की दिन–प्रतिदिन की समस्याओं को हल करने में सहायता मिल सके। शिक्षा के क्षेत्र में क्रियात्मक अनुसंधान इस दिशा में किया जाने वाला एक गंभीर प्रयास है।

क्रियात्मक अनुसंधान, अनुसंधान के क्षेत्र में अपेक्षाकृत एक नया दृष्टिकोण और ढंग है। जहाँ पहले यह सोचा जाता था कि शिक्षा के क्षेत्र में अनुसंधान करना केवल अच्छी तरह से प्रशिक्षित अनुसंधान विशेषज्ञों का कार्य है वहाँ क्रियात्मक अनुसंधान व्यवहारिक क्षेत्र में उतरे हुए कार्यकर्त्ताओं जैसे विद्यालय अध्यापक एवं प्रशासक आदि को उनके स्वयं के कार्यों और विद्यालय कार्य प्रणाली में सुधार लाने के लिए पूरी तरह से प्रोत्साहित करता है। क्रियात्मक अनुसंधान की अवधारणा को और स्पष्ट करने के लिए आगे हम निम्न प्रकार से आगे बढ़ना चाहेंगे।

1. क्रियात्मक अनुसंधान की परिभाषाओं पर विचार करके
2. शिक्षा के क्षेत्र में प्रचलित अन्य प्रकार के अनुसंधानों से इसकी तुलना करके।

अब हम पहले प्रसिद्ध विद्वानों द्वारा दी गई परिभाषाओं पर विचार करेंगे।

1. एस.एम. कोरे (S.M. Corey)—"क्रियात्मक अनुसंधान के द्वारा एक व्यक्ति अपने प्रयोजन को सिद्ध करने में अधिक अच्छी तरह से समर्थ बन सकता है। एक अध्यापक अपने अध्यापन में सुधार लाने के लिए क्रियात्मक अनुसंधान में लगता है। एक विद्यालय प्रशासक अपने प्रशासकीय व्यवहार में सुधार लाने के लिए अनुसंधान कार्य करता है।"

(Action research is the research a person conducts in order to enable him to achieve his purpose more effectively. A teacher conducts action research to improve his own teaching. A school administrator conducts action research to improve his administrative behaviour) — Corey, 1962, p.17.

2. गुड (Good)—क्रियात्मक अनुसंधान, शिक्षकों, निरीक्षकों और प्रशासकों द्वारा अपने निर्णयों और कार्यों के ढंग में निखार लाने के लिए किए जाने वाला अनुसंधान है।

(Action research is research used by teachers, supervisors and administrators to improve the quality of their decisions and actions.) — Good, 1959, p. 474.

3. जे. डब्ल्यू. बैस्ट (J.W. Best)—"क्रियात्मक अनुसंधान किसी सिद्धांत के विकास की अपेक्षा तात्कालिक उपयोग पर केंद्रित रहता है। इसमें वर्तमान स्थानीय परिस्थितियों से संबंधित वास्तविक समस्याओं पर ही बल दिया जाता है।"

(Action research is focussed on the immediate application, not on the development of theory. It has placed its emphasis on a real problem—here and now in a local setting.) — Best, 1963, p. 10.

4. मोले (Mouley)—"मौके पर किए जाने वाले ऐसे अनुसंधान को, जिसका उद्देश्य तात्कालिक समस्या का समाधान होता है शिक्षा में साधारणतया क्रिया अनुसंधान के नाम से जाना जाता है।"

(On the spot research aimed at the solution of an immediate problem is generally known in education as action research.) — Mouley, 1964, p. 406.

इस प्रक्रिया से क्रियात्मक अनुसंधान का उद्देश्य अध्यापकों और प्रशासकों की तात्कालिक समस्याओं का समाधान है। यह उन्हें अधिक अच्छे निर्णय लेने और अपने–अपने उत्तरदायित्वों को अधिक अच्छी तरह निभाने में पूरी–पूरी मदद करता है। अतः यह कहना अतिशयोक्ति नहीं है कि क्रियात्मक अनुसंधान व्यवहारिक कार्यकर्त्ता अध्यापक या प्रशासक का अनुसंधान है जो उसके लिए होता है तथा उसके द्वारा पूरा किया जाता है। (Action research is the research of the practitioner, by the practitioner and for the practitioner.)

क्रियात्मक अनुसंधान अन्य अनुसंधानों से कैसे अलग है ? (How does Action Research Differ from other Researches ?)

(a) आधारभूत अनुसंधान एवं क्रियात्मक अनुसंधान (Fundamental Research and Action Research)— आधारभूत अनुसंधान को विशुद्ध अनुसंधान कहा जा सकता है। इसका उद्देश्य महत्त्वपूर्ण निष्कर्ष और नियमों की खोज कर मान्य सिद्धांतों का निर्माण करना है। अपनी खोजों को प्रयोग में देखने अथवा उनका उपयोग करने से इसका कोई प्रयोजन नहीं है। इस प्रकार के अनुसधान ने पीएच०डी० की डिग्रियाँ लेने वाले विद्यार्थियों तथा कुछ थोड़े से अध्यापकों को ही, जो इस प्रकार के अनुसंधान परिणामों को केवल प्रयोग में ला कर देखते रहे हैं, प्रभावित किया है।

दूसरी ओर क्रियात्मक, अनुसंधान में यद्यपि आधारभूत अनुसंधान की ही तरह वैज्ञानिक विधि का प्रयोग किया जाता है और दोनों अनुसंधान का उद्देश्य किसी नवीन तथ्य का उद्घाटन ही होता है परंतु फिर भी क्रियात्मक अनुसंधानों आधारभूत अनुसंधान से बहुत भिन्न है। क्रियात्मक अनुसंधान में सिद्धान्तों के निर्माण की अपेक्षा तात्कालिक समस्याओं के समाधान पर अधिक बल दिया जाता है। अतः अध्यापकों, निरीक्षणकर्त्ताओं तथा प्रशासकों के सामने अपना–अपना कार्य रहते हुए जो समस्याएं आती हैं उनका निराकरण ही क्रियात्मक अनुसंधान का एकमात्र उद्देश्य है। यह स्थानीय समस्याओं के तत्काल वहीं मौके पर हल करने में सहायक होती है। इसके निष्कर्ष अथवा समस्या संबंधी हल सार्वभौमिक नहीं होते। उनसे केवल स्थानीय समस्याओं का हल ढूंढा जाता है। इस प्रकार के अनुसंधान की आवश्यकता स्वयं अध्यापकों और प्रशासकों के द्वारा अनुभव की जाती हैं। अपने कार्य में कोई भी समस्या उत्पन्न होने पर अथवा अपनी कार्य पद्धति से असंतुष्ट होने और उसमें कुछ सुधार लाने की बलवती प्रेरणा उन्हें इस प्रकार का अनुसंधानात्मक कार्य हाथ में लेने को प्रेरित करती है और वे इस कार्य को अपने स्वयं के प्रयत्नों द्वारा पूरा करने का प्रयास करते हैं। इसके अतिरिक्त क्रियात्मक अनुसंधान न तो आधारभूत अनुसंधान की भाँति इतनी अधिक जटिल ही है और न इसमें उसकी तरह लंबा और कठिन संघर्ष करना पड़ता है। कुछ थोड़े से समुचित प्रयास से ही एक सामान्य अध्यापक इसे ठीक प्रकार पूरा कर सकता है। इस दृष्टि से क्रियात्मक अनुसंधान को आधारभूत अनुसंधान की तुलना में बहुत अधिक सार्थक, व्यवहारिक और प्रभावपूर्ण माना जा सकता है।

(b) प्रयोगात्मक अनुसंधान और क्रियात्मक अनुसंधान (Experimental Research and Action Research)— विद्यालयों में प्रयोगात्मक अनुसंधान प्रायः प्रयोगात्मक परियोजनाओं (Experimental project) के रूप में संपन्न होता है। प्रयोगात्मक परियोजनाओं तथा क्रियात्मक अनुसंधान दोनों का एक ही लक्ष्य होता है और वह है शिक्षा संबंधी व्यवहारिक क्रिया कलापों में सुधार लाना परंतु दोनों इस उद्देश्य को कैसे पूरा करते हैं, इसमें पर्याप्त अंतर पाया जाता है।

प्रयोगात्मक अनुसंधान में अनुसंधानकर्त्ता को अच्छी तरह से नियंत्रित परिस्थितियों में कार्य करना होता है और यह देखना तथा विश्लेषण करना होता है कि इस प्रकार की परिस्थितियों में आगे क्या होगा या क्या हो सकता है। अनुसंधान करने के लिए जो विधि अथवा कार्य पद्धति पहले तय कर ली जाती है उसे परिवर्तित करने की इस प्रकार के अनुसंधान में कोई गुंजाइश नहीं है। लेकिन क्रियात्मक अनुसंधान में हमें परिस्थितियों को नियंत्रित करने के लिए न तो किसी प्रकार की कृत्रिम परिस्थितियां पैदा करने की आवश्यकता होती है और न विद्यालय तथा कक्षा के नियमित क्रियाकलापों में कोई परिवर्तन लाना आवश्यक होता है। इसके अतिरिक्त क्रियात्मक अनुसंधान का ढंग प्रयोगात्मक अनुसंधान की अपेक्षा बहुत अधिक लचीला और सुगम होता है। इसमें आवश्यकतानुसार परिस्थितियों को ध्यान में रखते हुए अनुकूल परिवर्तन लाए जा सकते हैं। एक तरह से बात बनती न देख दूसरा रास्ता अपनाया जा सकता है। यह देखते हुए क्रियात्मक अनुसंधान कार्य अपेक्षाकृत ऐसा सरल, लचीला और व्यावहारिक अनुसंधान कार्य है जिसे आजकल की परिस्थितियों में थोड़ा सा प्रयत्न करने पर साधारण से साधारण अध्यापकों द्वारा भी अच्छी तरह किया जा सकता है।

क्रियात्मक अनुसंधान का महत्त्व (Importance of Action Research)

शिक्षा क्षेत्र में क्रियात्मक अनुसंधान के महत्त्व को संक्षिप्त रूप में निम्न प्रकार रखा जा सकता है—

1. क्रियात्मक अनुसंधान इस भ्रम को दूर करने में कि अनुसंधान करना बहुत ही योग्य और प्रशिक्षित व्यक्तियों का कार्य है, बहुत सहायक सिद्ध हुआ है। शिक्षा जगत में अध्यापकों और प्रशासकों के चारों ओर अनेक समस्याएं हैं। उनको उचित रूप में जान कर उनके हल करने के लिए प्रयत्न करने की आवश्यकता का अनुभव कराने में क्रियात्मक अनुसंधान बहुत कुछ सहायता कर सकता है और इस तरह उन्हें अनुसंधान कार्य में रुचि लेने वाला बना सकता है और उनके दृष्टिकोण को वैज्ञानिक एवं वस्तुगत बनाने में भी मदद कर सकता है। इसके द्वारा उन्हें अपनी समस्याओं के समाधान के लिए वैज्ञानिक ढंग अपनाने का प्रशिक्षण भी मिल सकता है।
2. शिक्षा के क्षेत्र में पीएच०डी० की डिग्री लेने वाले तथा अनुसंधान को व्यवसाय रूप में अपनाने वाले शोधकर्त्ताओं द्वारा जो भी शोध कार्य होता है उसे न तो अच्छी तरह व्यावहारिक कार्यकर्त्ताओं, अध्यापकों तथा प्रशासकों द्वारा समझा ही जा सकता है और न उससे उन्हें अवगत कराने अथवा प्रयोग में लाने की चेष्टा ही की जाती है। इस रूप में राष्ट्रीय समय, धन और शक्ति का बहुत अधिक अपव्यय होता है। वास्तविक बात तो यह है कि जिसकी समस्याएं हैं उसी को उनका व्यावहारिक हल ढूंढने के लिए कहा जाना चाहिए। क्रियात्मक अनुसंधान यह करने की चेष्टा करता है। जो भी समस्याएं अपना कार्य करते हुए अध्यापकों और प्रशासकों के सामने आती हैं, वे उनका क्रियात्मक, अनुसंधान द्वारा स्थानीय आवश्यकताओं और परिस्थितियों को देखते हुए कोई उपयुक्त हल खोजने का प्रयत्न करते हैं और फिर उस हल को व्यवहार में लाकर यह देखने का भी प्रयास करते हैं कि इससे उनकी समस्या हल हो सकी है या नहीं। अतः इस प्रकार के अनुसंधान द्वारा अपने विचारों और अनुभवों को परख कर उनकी सत्यता जांचने का भी पूरा—पूरा अवसर मिलता है।
3. क्रियात्मक अनुसंधान के द्वारा बिना किसी अतिरिक्त व्यय के शिक्षण प्रक्रिया में आवश्यक सुधार लाए जा सकते हैं जिस से स्थानीय परिस्थितियों में अध्यापक और प्रशासकों को अपना उत्तरदायित्व निभाने में

पूरी–पूरी सहायता मिल सकती है। इसके द्वारा दिन–प्रतिदिन उत्पन्न होने वाली अध्ययन–अध्यापन और प्रशासन संबंधी समस्याओं के निराकरण में अमूल्य सहायता मिल सकती है। इस प्रकार के अनुसंधानात्मक कार्य को करने में कम कठिनाइयां उत्पन्न होती हैं। न तो इसके लिए कोई विशेष प्रबंध करने होते हैं और न कृत्रिम परिस्थितियां उत्पन्न करती होती हैं। यहां तक कि जिस प्रकार कक्षाएं चल रही हैं अथवा विद्यालय का नियमित टाइम टेबल चल रहा है, उसमें भी कोई परिवर्तन करने की आवश्यकता नहीं पड़ती।

4. क्रियात्मक अनुसंधान एक ऐसा सहयोगपूर्ण कार्य है जिसमें अध्यापकगण, प्रशासकगण, विद्यार्थीगण, निरीक्षकगण और माता–पिता सभी को प्रशासनात्मक और प्रशिक्षण प्रक्रिया के व्यावहारिक सुधार लाने के लिए कंधे से कंधा मिला कर चलना होता है। क्रियात्मक अनुसंधान द्वारा तैयार इस प्रकार के सहयोगपूर्ण वातावरण से शिक्षा–जगत से संबंधित सभी व्यक्तियों में परस्पर सहयोग, प्रेम और विश्वास की भावना पैदा करने में काफी सहायता मिल सकती है।

5. वर्तमान विद्यालयों की कार्य–पद्धति इतनी अधिक यांत्रिक और रूढ़िबद्ध हो गई है कि अध्यापक कोई प्रगतिशील और साहसिक कदम उठाने में संकोच और भय का अनुभव करते हैं। क्रियात्मक अनुसंधान की सहायता से इस प्रकार के संकोच और तनावपूर्ण स्थिति को समाप्त किया जा सकता है। इसके अतिरिक्त इससे विद्यालय कार्यक्रम में लचीलापन लाया जा सकता है और प्रगतिशील तथा अनुसंधानात्मक दृष्टिकोण उत्पन्न किया जा सकता है, इस तरह उपयुक्त वातावरण उत्पन्न कर अध्यापक और प्रशासक दोनों को ही अनुसंधान प्रेमी बनाने से शिक्षा–जगत की दिन–प्रतिदिन की उलझन पूर्ण समस्याओं के निराकरण में बहुत अधिक सफलता मिल सकती है और परिणामस्वरूप राष्ट्रीय समय, शक्ति और धन के दुरुपयोग और अंधाधुंध व्यय को रोका जा सकता है।

क्रियात्मक अनुसंधान की कार्यप्रणाली (Procedure and Methodology of Action Research)

क्रियात्मक अनुसंधान प्रणाली में कई अवस्थाओं या सोपानों से गुज़रना पड़ता है। प्रमुख रूप से उल्लेखनीय सोपानों की चर्चा की जा रही है।

सोपान 1. समस्या की पहचान और उसका विशेषीकरण (Identification and specification of the problem)—क्रियात्मक अनुसंधान में सब से पहला सोपान समस्या को ठीक रूप से जानकर और पहचान कर उस समस्या से संबंधित स्पष्ट चित्र अपने मस्तिष्क में अंकित करना है। इस सोपान के अंतर्गत अनुसंधानकर्त्ता अपने क्रियाकलापों को ठीक ढंग से चलाने के लिए किसी विशेष समस्या के निराकरण की बहुत अधिक आवश्यकता समझता है। इस विशेष समस्या को क्रियात्मक अनुसंधान द्वारा अपने साधनों और परिस्थितियों को देखते हुए वह ठीक प्रकार से उपयुक्त समय में पूरा कर सकता है या नहीं, इस बात को वह गंभीरतापूर्वक सोचता है। इसके पश्चात् वह समस्या को उचित रूप में परिभाषित (Define) करता है, तथा उससे संबंधित सभी पक्षों पर गहराई से सोचता है और फिर उसका सीमांकन (Delimitation) करता है। अंत में समस्या को इतना स्पष्ट रूप दे दिया जाता है और इतना व्यवहारिक बना लिया जाता है कि उसके हल के बारे में निश्चित रूप से सोचना काफ़ी सुगम हो जाता है। उदाहरण के लिए एक गणित अध्यापक को कक्षा में अभ्यास कार्य (Drill work) कराते समय पर पता चल सकता है कि कक्षा के कुछ विद्यार्थी अभ्यास के लिए दी गई समस्याओं को हल करने में असमर्थ हैं हालांकि उन्हें (i) इन समस्याओं से संबंधित प्रकरण (Topic) कक्षा में पहले ही पढ़ा दिया गया

है, (ii) अभ्यास का अवसर देने की दृष्टि से इन समस्याओं को पहले ही गृहकार्य के लिए भी दिया जा चुका है तथा (iii) अध्यापक द्वारा यह पाया गया है गृह कार्य की पुस्तिकाओं में इन विद्यार्थियों द्वारा इन समस्याओं को ठीक प्रकार हल किया गया है।

इन परिस्थितियों में समस्या एक नए रूप में सामने आती है। कक्षा में दी हुई समस्याओं को विद्यार्थी हल नहीं कर पाते जबकि इन्हीं समस्याओं को वे गृह कार्य पुस्तिकाओं में सही हल करके दिखा चुके हैं। समस्या की गहराई में जाने के लिए वह उनसे समस्या के हल से संबंधित आवश्यक पूछताछ करता है और शीघ्र ही उसे पता चल जाता है कि इन विद्यार्थियों में इन समस्याओं के समाधान संबंधी आवश्यक ज्ञान और कौशल का अभाव है। निष्कर्ष रूप में उसे यह अनुमान लगाने में देर नहीं लगती कि इन विद्यार्थियों ने गृह कार्य करते समय समस्याओं के हल की सहायक पुस्तकों अथवा कुंजियों आदि में से नकल कर ली होगी। इस तरह समस्या की तह में जाकर उसे पहचान कर उसका स्पष्ट चित्र और नामांकन निम्न शब्दों में किया जा सकता है।

"नवम कक्षा के कुछ विद्यार्थी गृह कार्य के रूप में दी जाने वाली समस्याओं के हल को सहायक पुस्तकों तथा कुंजियों से नकल करते हैं।"

सोपान–2. समस्या के संभावित कारणों की सूची बनाना (Listing the probable causes of the problem)—क्रियात्मक अनुसंधान में दूसरा महत्त्वपूर्ण सोपान समस्या से संबंधित सभी संभावित कारणों का अनुमान लगाकर अथवा ढूंढ़ कर उनकी सूची अपने सामने रखना है। इस कार्य के लिए अध्यापक अन्य साथी अध्यापकों, प्रधानाध्यापक तथा अन्य विशेषज्ञों के साथ विचार विनिमय कर सकता है। जहाँ तक संभव हो सके सभी पक्षों और दृष्टिकोणों से अच्छी तरह विचारकर सभी संभावित कारणों को उचित बनाने का प्रयत्न किया जाता है। प्रस्तुत उदाहरण में वर्णित समस्या के संबंध में इस दृष्टि से निम्न सूची बनाई जा सकती है।

(i) समस्याएं पाठ्यपुस्तकों में से ही दी जाती हैं, इन समस्याओं के हल छपी हुई कुंजियों तथा अन्य सहायक पुस्तकों में से मिल जाते हैं।

(ii) विद्यार्थियों को सजा मिलने का डर होता है।

(iii) विद्यार्थी समस्याओं को स्वयं हल नहीं करना चाहते, वे परिश्रम से जी चुराते हैं।

(iv) विद्यार्थियों के अंदर समझने, सोचने और समस्या समाधान संबंधी आवश्यक शक्तियों और योग्यताओं का अभाव है।

(v) अध्यापक द्वारा दिए जाने वाले गृह कार्य का अच्छी तरह निरीक्षण नहीं किया जाता।

सोपान–3. संभावित कारणों का विश्लेषण और क्रियात्मक परिकल्पना का निर्माण (Analysis of probable causes and formulation of action hypothesis)—संभावित कारणों की सूची में से अपनी परिस्थितियों को देखते हुए जो सबसे अधिक उपयुक्त दिखाई देते हैं उनका चयन कर लिया जाता है। ये ही क्रियात्मक परिकल्पना के निर्माण में आधार भूमि का कार्य करते हैं। समस्या की प्रकृति और परिश्शितिगों की दृष्टि से एक या अधिक परिकल्पनाओं का निर्माण किया जा सकता है। यहाँ प्रस्तुत उदाहरण में इस कार्य हेतु निम्न परिकल्पना बनाई जा सकती है।

उदाहरण 1. "अगर अध्यापक द्वारा स्वयं समस्याओं की रचना की जाए और इन समस्याओं के उत्तर कुंजी अथवा सहायक पुस्तकों में प्राप्त न हो सकें तो विद्यार्थियों की समस्याओं के हल कुंजी अथवा सहायक पुस्तकों में से नकल करने की आदत समाप्त की जा सकती है।

सोपान–4. क्रियात्मक कार्यक्रम (Action programme)—इस सोपान के अंतर्गत परिकल्पना के परीक्षण के लिये रूपरेखा अथवा कार्यक्रम तैयार किया जाता है। इस रूपरेखा के आधार पर फिर इसे क्रियान्वित करने का

प्रयत्न किया जाता है तथा परिकल्पना परीक्षण संबंधी आवश्यक साक्षियों तथा परिणामों को एकत्रित कर लिया जाता है। यह सब कैसे होता है इसकी झलक निम्न प्रारूप द्वारा मिल सकती है।

किये जाने वाला कार्य *(Action to be taken)*	*कार्य करने का ढंग और साधन* *(Procedure and tools used)*
(1) विद्यार्थियों द्वारा प्रयोग की जाने वाली सहायक पुस्तकों तथा कुंजियों के नमूने एकत्रित करना (समय : चार दिन)	विद्यार्थियों द्वारा प्रयोग में लाई जा सकने वाली सभी सहायक पुस्तकों तथा कुंजियों को एकत्रित करने का प्रयत्न किया जाएगा। इसके लिए व्यक्तिगत रूप से बाजार का सर्वेक्षण भी किया जाएगा तथा छात्रों से अपनी सहायक पुस्तकें या कुंजियां कक्षा में लाने को कहा जाएगा और इस प्रकार इनके नमूने एकत्रित कर लिये जाएंगे।
(2) कक्षा में पढ़ाए जाने वाले एक प्रकरण पर अध्यापक द्वारा अच्छी तरह क्रमबद्ध समस्याओं का निर्माण। (समय : एक सप्ताह)	विद्यालय के पुस्तकालय में उपलब्ध सामग्री और पुस्तकों की सहायता ली जाएगी और इसके अतिरिक्त अध्यापक स्वयं भी अपने अनुभव और मौलिक चिंतन के आधार पर समस्याओं का निर्माण करेंगे।
(3) स्वयं निर्मित समस्याओं को छात्रों के बुद्धि स्तर और समझ को देखते हुए हल करने के लिए देना। (समय : कक्षा की निर्धारित घंटी)	समस्याओं को कठिनाई स्तर के अनुसार रखा जाएगा और उन्हें तीन चार वर्गों में विभक्त करके, सामान्य, अतिसामान्य, पिछड़े अथवा मंदबुद्धि बालकों के समूहों को अलग अलग करने दिया जाएगा। इन समूहों को ये समस्याएं चार्टों में से देखकर नोट करने के लिये कहा जाएगा।
(4) विद्यार्थियों की उत्तर पुस्तिकाओं का उचित निरीक्षण। (समय : दो दिन)	अध्यापक विद्यार्थियों की उत्तर पुस्तिकाओं को घर या किसी खाली घंटी में ठीक प्रकार देखेगा।
(5) कक्षा में परीक्षा लेना। (समय : कक्षा की नियमित घंटी)	अध्यापक इन समस्याओं को फिर परीक्षा रूप में करने को देगा और छात्रों का भलीभाँति निरीक्षण करता रहेगा।

सोपान 5. क्रियात्मक कार्य का मूल्यांकन (Evaluation of the action programme)—ऊपर जो कार्यक्रम का प्रारूप दिया गया है उसको आधार बनाते हुए अध्यापक विभिन्न प्रकरणों से संबंधित समस्याओं की रचना करेगा और फिर उनके आभास के लिए ऊपर कार्यक्रम में दिए हुए सोपानों का पालन करता हुआ उपर्युक्त विवरण एकत्रित करता रहेगा। इसके पश्चात् प्रस्तुत सोपान में अध्यापक यह जानने की चेष्टा करेगा कि विद्यार्थियों ने नकल करने की आदत छोड़ दी है या नहीं। इस बात का पता लगाने के लिए उन्हें गृहकार्य के लिए कुछ समस्याएं तो पाठ्य पुस्तकों में से दी जाएंगी और कुछ अध्यापक द्वारा निर्मित होंगी। विद्यार्थियों की उत्तर पुस्तिकाओं के उचित निरीक्षण द्वारा निश्चित परिणाम निकाल कर क्रियात्मक परिकल्पना को सत्य सिद्ध किया

जाएगा अथवा उसे त्याग दिया जाएगा। त्यागने की दशा में दूसरी परिकल्पना का निर्माण कर उसके क्रियान्वन और सत्य सिद्ध करने के प्रयास किए जाएंगे।

सोपान 6. अनुगमन और अनुसंधान के परिणामों से दूसरों को अवगत कराना (Follow up and communicating the finding to others)—प्राप्त परिणामों अथवा निष्कर्षों को अध्यापक स्वयं अपने अध्यापक कार्य तथा समस्याओं के निराकरण हेतु प्रयोग में लाएगा और इस तरह से अपने कार्य करने के ढंग में सुधार लाना चाहेगा। दूसरे लोग इस खोज कार्य से लाभान्वित हो सकें इसके लिए इसे पत्र–पत्रिकाओं में प्रकाशित भी कराया जा सकता है अथवा गोष्ठियों और शिविरों के माध्यम से इनकी जानकारी दूसरों को दी जा सकती है। यह जानकारी दूसरों तक प्रेषित करने से पहले अध्यापक स्वयं इसकी वैधता और शुद्धता की बार–बार इन्हें प्रयोग में लाकर उचित जाँच करने का प्रयत्न करेगा।

उदाहरण 2. इस उदाहरण से संबंधित समस्या का संबंध उन छात्राध्यापकों के शिक्षक व्यवहार (Teacher behaviour) का परिमार्जन करना है जो विज्ञान के पाठों को पढ़ाने में प्रदर्शन (Demonstration) तकनीक की सहायता नहीं लेते।

सोपान 1. समस्या की पहचान और उसका विशेषीकरण (Identification and specification of the problem)—छात्राध्यापकों के प्रशिक्षण अभ्यास (Practice teaching) के दौरान यह देखा गया है और शिक्षक प्रशिक्षकों/निरीक्षकों कक्षा अध्यापकों/प्रधानाध्यापक से भी यह विदित हुआ है कि दसवीं कक्षा को पढ़ाने वाले कुछ छात्राध्यापक विज्ञान के तथ्यों को पढ़ाने हेतु प्रदर्शन तकनीक की सहायता नहीं लेते। अच्छी तरह सोच विचार कर अंत में समस्या का निम्न शब्दों में स्पष्टीकरण और चित्रण किया जाता है।

"दसवीं कक्षा के विद्यार्थियों को विज्ञान पढ़ाने के संदर्भ में कुछ छात्राध्यापकों में प्रदर्शन तकनीक के उपयोग की आदत का न पाया जाना है।"

सोपान 2. समस्या के संभावित कारणों की सूची बनाना (Listing the probable causes of the problem)—समस्या से संबंधित सभी संभावित कारणों की खोज करने के लिए साथी शिक्षक प्रशिक्षकों, शिक्षा विशारदों, विषय विशेषज्ञों, अभ्यास विद्यालय के विज्ञान अध्यापकों, प्रयोगशाला सहायकों तथा प्रधानाध्यापक के साथ विचार विमर्श किया जाएगा। शिक्षक प्रशिक्षक इन सभी विचारों तथा स्वयं अपने प्रयत्नों के द्वारा समस्या के संभावित कारणों की खोज करके निम्न प्रकार सूचीबद्ध कर सकेगा।

(i) विद्यालय में कोई प्रयोगशाला नहीं है।

(ii) प्रयोगशाला में आवश्यक उपकरणों एवं सामग्री का अभाव है।

(iii) छात्राध्यापकों को विद्यालय के प्रयोगशाला कर्मचारियों का सहयोग नहीं मिल पाता।

(iv) छात्राध्यापकों में प्रदर्शन कौशल का अभाव है।

(v) छात्राध्यापकों का पथप्रदर्शन नहीं किया गया है और न शिक्षक प्रशिक्षकों, द्वारा उन्हें प्रदर्शन पाठों के दौरान विज्ञान में प्रदर्शन तकनीक के प्रयोग का प्रदर्शन करके दिखाता है।

(vi) छात्राध्यापकों द्वारा अध्यापन कार्य को गंभीरता से नहीं लिया जाता और शिक्षण अभ्यास के पाठों को विद्यालय कक्षाओं में रुचिपूर्वक नहीं पढ़ाया जाता।

(vii) छात्राध्यापकों को छात्रों से प्रदर्शन कार्य के लिए यथेष्ट सहयोग नहीं मिल पाता और उन्हें प्रदर्शन करते समय छात्रों की ओर से अनुशासनहीनता का भी भय रहता है।

(viii) छात्राध्यापकों के शिक्षण अभ्यास पाठों का समुचित निरीक्षण नहीं किया जाता और न उन्हें प्रदर्शन तकनीक का उपयोग करने पर ठीक प्रकार पुनर्वलन प्राप्त होता है।

सोपान 3. संभावित कारणों का विश्लेषण और क्रियात्मक परिकल्पनाओं का निर्माण (Analysis of the probable causes and formulation of action hypotheses)—संभावित कारणों का विश्लेषण किया जाएगा और वर्तमान परिस्थितियों में जिन कारणों को अति उपयुक्त समझा जाएगा उनको आधार बनाकर निम्न दो क्रियात्मक परिकल्पनाओं का निर्माण किया जाएगा।

क्रियात्मक परिकल्पना नं० 1. ''अगर शिक्षक प्रशिक्षक द्वारा प्रदर्शन विधि का सैद्धांतिक ज्ञान दिया जाए और क्रियात्मक रूप से इसे विज्ञान प्रदर्शन पाठों के दौरान काम में लाया जाए तो इसके द्वारा छात्राध्यापकों में विज्ञान पाठों में प्रदर्शन तकनीक के प्रयोग के लिए आवश्यक ज्ञान, कौशल रुचि एवं अभिवृत्ति विकसित हो सकती है।''

क्रियात्मक परिकल्पना नं० 2. ''अगर छात्राध्यापकों को शिक्षण अभ्यास के दौरान संबंधित विद्यालय के विज्ञान अध्यापकों तथा प्रयोगशाला कर्मचारियों से यथेष्ट सहयोग मिल सके तो वे विज्ञान पाठों को पढ़ाने हेतु प्रदर्शन तकनीक का प्रयोग कर सकेंगे।''

सोपान 4. क्रियात्मक कार्यक्रम (Action programme)—उपरोक्त दोनों परिकल्पनाओं के परीक्षण हेतु जो कार्यक्रम क्रियान्वित किया जाएगा उसका प्रारूप निम्न रूप ले सकता है।

किया जाने वाला कार्य (Action to be taken)	*कार्य करने का ढंग और साधन (Procedure and tool used)*
1. विज्ञान शिक्षण में प्रदर्शन विधि के प्रयोग का सैद्धांतिक ज्ञान कराना। (समय : नियमित कक्षा की घंटी के तीन दिन)	प्रदर्शन विधि क्या है, विज्ञान शिक्षण में इसकी क्या उपयोगिता है, इसे कैसे प्रयोग में लाया जाता है, इन बातों से संबंधित सैद्धांतिक ज्ञान कक्षा की नियमित घंटियों में व्याख्यान, चर्चा तथा गोष्ठी विधियों द्वारा कराया जाएगा।
2. प्रदर्शन विधि के प्रयोग से संबंधित ज्ञान के संबर्द्धन हेतु अधिन्यास (Assignment) देना अथवा स्वाध्याय के लिए प्रेरित करना। (समय : तीन दिन)	छात्राध्यापकों को अपनी पाठ्य–पुस्तकों तथा पुस्तकालय में उपलब्ध अन्य पुस्तकों एवं पाठ्यसामग्री के अध्ययन के द्वारा प्रदर्शन विधि के प्रयोग से संबंधित आवश्यक ज्ञान ग्रहण कराने का प्रयत्न किया जाएगा। इस दिशा में अधिन्यासों की सहायता से स्वाध्याय तथा पुस्तकालय अध्ययन को और आगे बढ़ाने का प्रयत्न किया जाएगा।
3. विज्ञान पाठों के पढ़ाने हेतु प्रदर्शन तकनीक के प्रयोग का प्रदर्शन करना। (समय : एक सप्ताह)	शिक्षक प्रशिक्षक द्वारा विज्ञान शिक्षण की विभिन्न शाखाओं से संबंधित उचित प्रकरणों को प्रदर्शन विधि के द्वारा पढ़ाकर दिखाया जाएगा। इस शिक्षण कार्य को अनुरूपित (Simulated) और वास्तविक दोनों शिक्षण परिस्थितियों में संपन्न किया जाएगा।
4. छात्राध्यापक द्वारा अभ्यास शिक्षण (Practice teaching) के लिए विद्यालयों में जाने से पूर्व प्रदर्शन कौशल का उचित अभ्यास। (समय : दो सप्ताह)	चर्चा पाठों (Discussion lesson) के माध्यम से छात्राध्यापकों को अनुरूपित शिक्षण परिस्थितियों या विद्यालय छात्रों के सामने विज्ञान पाठों को प्रदर्शन विधि से पढ़ाने का पूरा–पूरा अवसर दिया जाएगा। साथी छात्राध्यापकों तथा शिक्षण प्रशिक्षक द्वारा अपने निरीक्षण कार्य से उन्हें प्रदर्शन कौशल सुधारने हेतु यथेष्ट प्रतिपुष्टि प्रदान की जाएगी।

द्वितीय क्रियात्मक परिकल्पना के क्रियान्वयन के लिए कार्यक्रम (Action Programme for the Action Hypothesis No. 2)

किये जाने वाला कार्य (Action to be taken)	*कार्य करने का ढंग और साधन (Procedure and tools used)*
1. शिक्षण अभ्यास से संबंधित विद्यालय की प्रयोगशाला के उपकरण, साज समान तथा प्रयोग सुविधाओं का सर्वेक्षण। (समय : तीन दिन)	शिक्षक प्रशिक्षक द्वारा कुछ उत्साहित छात्राध्यापकों की सहायता से शिक्षण अभ्यास से संबंधित विद्यालय की प्रयोगशाला का इन्चार्ज विज्ञान अध्यापक तथा कर्मचारियों के सहयोग से प्रदर्शन विधि के प्रयोग से संदर्भ में सर्वेक्षण किया जाएगा।
2. विज्ञान अध्यापक और प्रयोगशाला कर्मचारियों के साथ आवश्यक सौहार्द और तालमेल स्थापित करना। (समय : तीन दिन)	शिक्षक प्रशिक्षक द्वारा अपने महाविद्यालय के प्राचार्य को साथ लेकर शिक्षण अभ्यास से संबंधित विद्यालय के प्राचार्य, विज्ञान अध्यापक तथा प्रयोगशाला कर्मचारियों के साथ स्नेह संबंध और उचित तालमेल बनाने का प्रयत्न किया जाएगा ताकि छात्राध्यापकों द्वारा प्रदर्शन कौशल के अभ्यास के लिए उन्हें आवश्यक सहयोग मिलता रहे। छात्राध्यापकों से भी इस दिशा में आवश्यक सौहार्द और तालमेल बिठाकर सहयोग प्राप्त करने के लिए कहा जाएगा।
3. विज्ञान पाठों को पढ़ाने के लिए प्रदर्शन तकनीक के प्रयोग से संबंधित आवश्यक उपकरणों तथा प्रयोग सामग्री आदि की सूची बनाना। (समय : एक सप्ताह)	छात्राध्यापकों द्वारा पढ़ाए जाने वाले विज्ञान पाठों में प्रदर्शन तकनीक के प्रयोग की आवश्यकताओं को ध्यान में रखते हुए प्रयोग उपकरणों तथा सामग्री आदि की सूची बनाने का प्रयत्न किया जाएगा।
4. व्यय हो जाने वाली सामग्री को खरीदने तथा खराब या टूट–फूट जाने वाले वैज्ञानिक उपकरणों की स्थानापूर्ति करने की व्यवस्था। (समय : शिक्षण अभ्यास सत्र)	शिक्षक प्रशिक्षक शिक्षण अभ्यास के दौरान छात्राध्यापकों द्वारा किए जाने वाले प्रदर्शन कार्य में प्रयोगशाला सामग्री के व्यय तथा उपकरणों की टूट–फूट आदि के बारे में आवश्यक रिपोर्ट छात्राध्यापकों तथा प्रयोगशाला अध्यापक और कर्मचारियों से लेता रहेगा। तत्पश्चात् महाविद्यालय अधिकारियों एवं छात्राध्यापकों के सहयोग से उपकरणों की स्थानापूर्ति एवं खर्च हुई सामग्री की खरीद के बारे में आवश्यक उपाय किए जाएंगे।
5. विज्ञान अध्यापक तथा प्रयोगशाला स्टाफ का शिक्षण अभ्यास कार्य के निरीक्षण और मूल्यांकन में सहयोग लेना। (समय : शिक्षण अभ्यास सत्र)	विज्ञान अध्यापक और प्रयोगशाला कर्मचारियों को विज्ञान छात्राध्यापकों द्वारा किए जाने वाले शिक्षण अभ्यास का निरीक्षण एवं निर्देशन करने में पर्याप्त सहयोग लिया जाएगा। मूल्यांकन प्रक्रिया में उनकी राय को यथेष्ट महत्त्व देकर उनकी छात्राध्यापकों के उचित प्रशिक्षण के प्रति रुचि बढ़ाने का प्रयत्न किया जाएगा।

सोपान 5. क्रियात्मक कार्यक्रम का मूल्यांकन (Evaluation of the action programme)—संबंधित विषय अध्यापकों तथा शिक्षक प्रशिक्षक द्वारा किए जाने वाले निरीक्षक कार्य एवं कक्षा के छात्रों तथा प्रधानाध्यापक की रिपोर्ट के आधार पर यह जानने का पूरा–पूरा ध्यान किया जाएगा कि शिक्षण अभ्यास सत्र के दौरान छात्राध्यापकों द्वारा विज्ञान पाठों को पढ़ाने के प्रदर्शन तकनीक का कितना और किस तरह से प्रयोग में लाया गया है। इस बात का दैनिक विवरण अनुवर्ती कार्य (Follow up action) के लिए यथेष्ट प्रतिपुष्टि (Feedback) प्रदान करने में आगे सहायता कर सकता है।

सोपान 6. अनुगमन और अनुसंधान के परिणामों से दूसरों को अवगत कराना (Follow up and communicating the findings to others)—क्रियात्मक कार्यक्रम के उचित मूल्यांकन के उपरांत अनुसंधान संबंधी परिणामों और निष्कर्षों शिक्षक प्रशिक्षक अपने छात्राध्यापकों द्वारा विज्ञान शिक्षण में प्रदर्शन तकनीक का प्रयोग करने से संबंधित शिक्षक व्यवहार कर यथेष्ट परिमार्जन करने के कार्य में उपयोग करने की चेष्टा करेगा। स्वयं इनका उपयोग कर संतुष्ट होने के पश्चात् वह इनसे अपने शिक्षण महाविद्यालय तथा अन्य शिक्षण महाविद्यालयों में कार्यरत शिक्षक प्रशिक्षकों को भी अवगत कराने की चेष्टा करेगा।

सार-संक्षेप (Summary)

1. क्रियात्मक अनुसंधान, अनुसंधान की दुनिया में अपेक्षाकृत एक नए दृष्टिकोण और सोच का प्रतिपादन करता है। यह एक ऐसा अनुसंधान कार्य है जिसका उद्देश्य अध्यापकों और प्रशासकों की तात्कालिक व्यावहारिक समस्याओं का समाधान करना होता है और जिसे उन्हीं के द्वारा उपलब्ध कार्य परिस्थितियों में संपन्न किया जाता है। इस दृष्टि से क्रियात्मक अनुसंधान को कार्यरत अध्यापकों या प्रशासकों द्वारा हाथ में लिए जाने वाले ऐसे अनुसंधान कार्य के रूप में परिभाषित किया जा सकता है जो उनकी स्वयं की आवश्यकताओं की पूर्ति हेतु स्वयं उनके द्वारा ही पूरा किया जाए।
2. क्रियात्मक अनुसंधान अन्य सभी बहुप्रचलित अनुसंधान प्रारूपों जैसे आधारभूत अनुसंधान तथा प्रयोगात्मक अनुसंधान आदि से काफी कुछ भिन्नता रखता है। आधारभूत अनुसंधान ऐसा विशुद्ध अनुसंधान है जिसका उद्देश्य निष्कर्ष और नियमों के द्वारा सर्वमान्य सिद्धांतों की खोज या निर्माण करना है। जो यह अनुसंधान करते हैं उन्हें इसके परिणामों का व्यावहारिक उपयोग करने से कोई प्रयोजन नहीं होता जबकि क्रियात्मक अनुसंधान में कार्यरत अनुसंधानकर्त्ता स्वयं अपने प्रयोग तथा उपयोग के लिए ही अनुसंधान कार्यों में रत रहते हैं। इन्हें थोड़े समुचित प्रयास से ही एक सामान्य अध्यापक या प्रशासक ठीक प्रकार क्रियान्वित कर सकता है जबकि आधारभूत अनुसंधान में ऐसा संभव नहीं है। प्रयोगात्मक अनुसंधान में भी अनुसंधानकर्त्ता को परिस्थितियों को नियंत्रित कर बड़ी ही कुशलता से अपने प्रयोग एवं परीक्षणों के द्वारा उचित निष्कर्ष निकालने होते हैं। अतः इस प्रकार के अनुसंधान का रास्ता भी काफी पेचीदा होता है जिसे क्रियान्वित करना सामान्य विद्यालय परिस्थितियों में किसी आम अध्यापक या प्रशासक के लिए सरल नहीं है।
3. क्रियात्मक अनुसंधान शिक्षा के क्षेत्र में अपने निम्न कारणों से काफी महत्त्वपूर्ण एवं उपयोगी सिद्ध हो सकता है–
   (i) इसे आम अध्यापकों तथा प्रशासकों द्वारा अपनी स्थानीय समस्याओं के निराकरण के लिए हाथ में लिया जा सकता है।

(ii) इस अनुसंधान कार्य को पूरा करने में कोई विशेष साधनों या अनुसंधानात्मक प्रणाली की जरूरत नहीं पड़ती। थोड़े से प्रयास से सीमित साधनों में ही बिना किसी अतिरिक्त व्यय से इसे पूरा किया जा सकता है।

(iii) इस प्रकार का अनुसंधान विद्यालीय स्थानीय समस्याओं के निराकरण के लिए होता है। अतः छात्रों, अध्यापकों, प्रशासकों तथा अभिभावकों के बीच सहयोगपूर्ण वातावरण बनाने में इसका काफी योगदान रहता है।

(iv) आम अध्यापकों तथा प्रशासकों को अपनी समस्याओं का हल स्वयं तलाश करने में सहायता कर यह उनमें अनुसंधानात्मक कार्यों में लगे रहने, अनुसंधान के प्रति अनावश्यक भय को निकालने तथा विद्यालय की प्रगति के प्रति आशावादी होने और अपने ही प्रयत्नों से सही मार्ग तलाश करने जैसी बातों में भरसक मदद करता है।

4. क्रियात्मक अनुसंधान प्रणाली को सही ढंग से अपनाने हेतु जिन सोपानों का अनुसरण करना होता है वे हैं – (i) समस्या की पहचान और उसका विशिष्टीकरण (ii) समस्या के सभी संभावित कारणों की सूची बनाना (iii) संभावित कारणों का विश्लेषण और क्रियात्मक परिकल्पनाओं का निर्माण (iv) परिकल्पनाओं के परीक्षण हेतु क्रियात्मक कार्यक्रम (v) क्रियात्मक कार्य का मूल्यांकन तथा (vi) अनुसंधान के परिणामों का स्वयं उपयोग करना तथा दूसरों को भी अपने अनुसंधान परिणामों से परिचित कराना।

संदर्भित एवं विशेष अध्ययन ग्रंथ (References and Suggested Readings)

Best, John W., *Research in Education*, New Jersey: Prentice-Hall, 1963, p. 10.

Buckingham, B.R., *Reserach for Teachers*, New York: Silver, Burdette and Company, 1926.

Corey, Stephen M., *Action Research to Improve School Practices*, New York: Bureau of Publications, Teachers College, Columbia University, 1953.

Corey, S.M., *Research in Education* (Bulletin), New Delhi: NCERT, 1962, p. 17.

Good, C.V., *Dictionary of Education*, New York: McGraw-Hill, 1959, p. 464.

Mouly, George J., *The Science of Educational Research* (Indian ed.), New Delhi: Eurasia Publishing House, 1964, p. 406.

अध्ययन के लिए प्रश्न (Study Questions)

1. क्रियात्मक अनुसंधान क्या है ? शिक्षा के क्षेत्र में इस प्रकार के अनुसंधान की आवश्यकता को उचित ठहराइए।

2. क्रियात्मक अनुसंधान को परिभाषित करते हुए इसके संप्रत्यय को पूरी तरह स्पष्ट कीजिए।

3. क्रियात्मक अनुसंधान से आप क्या समझते हैं ? आधारभूत या विशुद्ध अनुसंधान (Fundamental research) से यह किस प्रकार भिन्न है।

4. क्रियात्मक अनुसंधान प्रयोगात्मक अनुसंधान (Experimental research) से किस प्रकार भिन्न है ?

5. क्रियात्मक अनुसंधान संबंधी विभिन्न सोपानों (Steps) का उदाहरण सहित वर्णन कीजिए।

6. कोई एक उदाहरण देकर स्पष्ट कीजिए कि आप किसी शैक्षिक समस्या के समाधान हेतु क्रियात्मक अनुसंधान किस प्रकार करेंगे ?

7. "क्रियात्मक अनुसंधान व्यावहारिक कार्यकर्त्ता द्वारा किया गया ऐसा अनुसंधान है जो इसके द्वारा स्वयं उसके लिए ही किया जाता है।" प्रस्तुत कथन के संदर्भ में क्रियात्मक अनुसंधान के स्वरूप एवं क्षेत्र पर प्रकाश डालिए।

8. कोई एक उचित कक्षा समस्या लेकर बताइए कि इसे क्रियात्मक अनुसंधान द्वारा कैसे हल किया जा सकता है ?

9. निम्न समस्याओं के निराकरण हेतु विस्तृत क्रियात्मक अनुसंधान योजना तैयार कीजिए।

(a) अंग्रेजी की लिखाई अथवा उच्चारण को सुधारना।

(b) छठी कक्षा के कुछ विद्यार्थियों में पाई जाने वाली चोरी की आदत को खत्म करना।

(c) विद्यार्थियों में ज्यामितीय आकृतियाँ बनाने में पाई जाने वाली कमज़ोरी को दूर करना।

(d) सामान्य विज्ञान के विद्यार्थियों में प्रयोगात्मक कार्य के प्रति रुचि उत्पन्न करना।

(e) नवम श्रेणी के कुछ विद्यार्थियों में विद्यालय से भाग जाने की प्रवृत्ति को खत्म करना।

(f) छात्राध्यापकों या विद्यालय अध्यापकों द्वारा कक्षा में पढ़ाते समय दृश्य–श्रव्य सहायक साधनों के उपयोग को बढ़ावा देना।

(g) छात्राध्यापकों अथवा सेवारत अध्यापकों द्वारा विज्ञान शिक्षण हेतु प्रदर्शन तकनीक का प्रयोग न करने की आदत को सुधारना।

15

सूक्ष्म शिक्षण
(Micro-Teaching)

Learning to teach successfully is like learning to drive a car or learning of any other complicated performance. Likewise a teacher should practice and develop various skills and operations involved in the task of teaching.

—D.L. Cook

अध्याय रूपरेखा (Chapter Outline)

विषय प्रवेश
(Introduction)

शिक्षक प्रशिक्षण महाविद्यालयों के अंतर्गत चलने वाले अध्यापक प्रशिक्षण कार्यक्रमों का अगर ठीक तरह से मूल्यांकन किया जाए तो यह अनुभव करने में कोई दिक्कत नहीं होगी कि इस प्रशिक्षण में अगर कोई दोष या कमी सबसे ज्यादा खटकती है तो वह शिक्षण कला के क्रियात्मक अभ्यास (Practice teaching) को लेकर ही है। इसका नियोजन, क्रियान्वन और मूल्यांकन तीनों ही स्तरों का कार्य काफी निराशाजनक है। शिक्षण कार्य से संबंधित विभिन्न कौशलों (Teaching skills) से परिचय और उनका विकास किए बिना ही प्रशिक्षणार्थियों को

विभिन्न विद्यालयों में वास्तविक कक्षा–शिक्षण के लिए भेजना उतना ही अविवेकपूर्ण कार्य है, जितना किसी तैराक को बिना तैराकी सिखाये छलांग लगवा देना। शैक्षिक तकनीकी द्वारा इन कमियों और दोषों को दूर करने के लिए कुछ नवाचारों (Innovations) को विकसित किया है। सूक्ष्म शिक्षण इसमें से एक का प्रतिनिधित्व करता है। इस अध्याय में हम इसके अर्थ एवं प्रक्रिया से परिचित होने का प्रयास करेंगे।

सूक्ष्म शिक्षण—अर्थ एवं परिभाषाएं (Micro-Teaching—Meaning and Definitions)

1. डी.डब्ल्यू. एलन (D.W. Allen, 1966)—सूक्ष्म–शिक्षण से तात्पर्य शिक्षण क्रिया के उस सरलीकृत लघुरूप से है जिसे थोड़े विद्यार्थियों वाली कक्षा के सामने अल्प समय में संपन्न किया जाता है।

"Micro-teaching is a scaled down teaching encounter in class size and time."

2. एलन एवं ईव (Allen and Eve, 1968)—सूक्ष्म शिक्षण को ऐसी नियंत्रित अभ्यास प्रणाली के रूप में परिभाषित किया जा सकता है जिसके द्वारा विशिष्ट शिक्षण व्यवहारों पर ध्यान देकर नियंत्रित परिस्थितियों में शिक्षण अभ्यास किया जा सकता है।

"Micro-teaching is defined as a system of controlled practice that makes it possible to concentrate on specific teaching behaviour and do practice teaching under controlled conditions."

3. आर.एन. बुश (R.N. Bush, 1968)—सूक्ष्म–शिक्षण अध्यापक शिक्षा की एक तकनीक है जो अध्यापकों को स्पष्ट रूप में परिभाषित शिक्षण कौशलों का, वास्तविक विद्यार्थियों के एक छोटे से समूह में 5 से 10 मिनट शिक्षा प्रदान करने के लिए सावधानीपूर्वक तैयार किए पाठों में प्रयोग करने के लिए अपनाई जाती है और जो प्रायः परिणामों को वीडियो टेप के माध्यम से देखने का अवसर भी देती है।

"Micro teaching is a teacher education technique which allows teachers to apply clearly defined teaching skills to carefully prepared lessons in a planned series of five to ten minutes encounters with a small group of real students, often with an opportunity to observe the result on video tape."

4. मक एलीज़ एवं अन्विन (Mc Allese and Unwin, 1970)—शिक्षक प्रशिक्षार्थी द्वारा सरलीकृत वातावरण में किए गए शिक्षण व्यवहारों को तत्काल प्रतिपुष्टि प्रदान करने के लिए क्लोज़ सर्किट टेलीविज़न के प्रयोग को प्रायः सूक्ष्म–शिक्षण कहा जाता है।

"The term micro-teaching is most often applied to the use of closed circuit television to give immediate feedback of a trainee teacher's performance in a simplified environment."

5. क्लिफ्ट एवं उसके सहयोगी (Clift, et al., 1976)—सूक्ष्म शिक्षण अध्यापक प्रशिक्षण की विधि है जिसमें शिक्षण अभ्यास को छोटे आकार की कक्षा में अल्प समय तक सीमित कर शिक्षण परिस्थिति को एक सरलतम और अधिक नियंत्रित रूप प्रदान किया जाता है।

"Micro-teaching is a teaching training procedure which reduces the teaching situation to a simpler and more controlled encounter achieved by limiting the practice teaching to specific skill and reducing time and class size."

6. बी.के. पासी एवं एम.एस. ललिता (B.K. Passi and M.S. Lalita, 1976)—सूक्ष्म शिक्षण वह प्रशिक्षण तकनीक है जिससे छात्राध्यापकों से यह अपेक्षा की जाती है कि उनके द्वारा किसी एक संप्रत्यय को थोड़े से विद्यार्थियों को अल्प समय में विशिष्ट कौशलों का प्रयोग करके पढ़ाया जाए।

"Micro-teaching is a training technique which requires student teachers to teach a single concept using specified teaching skill to a small number of pupils in a short duration of time."

7. एल.सी. सिंह (L.C. Singh, 1977)—सूक्ष्म शिक्षण, शिक्षण का वह सरलीकृत लघु रूप है जिसमें किसी अध्यापक द्वारा किन्हीं पांच विद्यार्थियों के समूह को 5 से 20 मिनट तक की अल्प अवधि में पाठ्यक्रम की एक छोटी इकाई का शिक्षण प्रदान किया जाता है। इस प्रकार की परिस्थिति, किसी अनुभवी अथवा अनुभवहीन अध्यापक को नवीन शिक्षण कौशलों का अर्जन करने और पूर्व–अर्जित कौशलों में सुधार लाने के लिए उपयोगी अवसर प्रदान करती है।

"Micro-teaching is a 'scaled down teaching encounter' in which a teacher teaches a small unit to a group of 5 pupils for a small period of 5 to 20 minutes. Such a situation offers a helpful setting for an experienced or inexperienced teacher to acquire new teaching skills and to refine old ones."

8. एन.के. जंगीरा एवं अजीत सिंह (N.K. Jangira and Ajit Singh, 1982)—सूक्ष्म शिक्षण एक छात्राध्यापक के लिए प्रशिक्षण का वह प्रारूप है जिस में सामान्य कक्षा–शिक्षण की जटिलताओं को निम्न उपायों द्वारा कम करने का प्रयास किया जाता है–

—एक समय में एक ही शिक्षण कौशल का अभ्यास करना।

—पाठ्यवस्तु को किसी एक संप्रत्यय तक ही सीमित रखना।

—कक्षा में विद्यार्थियों की संख्या को घटाकर 5 और 10 के बीच रखना।

—पाठ के कालांश को 5 और 10 मिनट के बीच सीमित करना।

"Micro teaching is a training setting for the student teacher where complexities of the normal classroom teaching are reduced by—

Practising one component skill at a time,
limiting the content to a single concept,
reducing the size to 5–10 pupils, and
reducing the duration of the lesson to 5–10 minutes."

निष्कर्ष (Conclusions)—उपरोक्त परिभाषाओं के आधार पर सूक्ष्म शिक्षण की विशेषताओं और प्रकृति के बारे में कुछ निम्न निष्कर्ष निकाले जा सकते हैं–

1. सूक्ष्म शिक्षण को अध्यापक प्रशिक्षण और विशेषतया शिक्षण कला के अभ्यास क्षेत्र में अपेक्षाकृत एक नवीन प्रयोग अथवा नवाचार (Innovation) के रूप में देखा जाना चाहिए।
2. यह अध्यापकों को शिक्षण कौशलों का अभ्यास कराने हेतु अपनाई गई एक प्रशिक्षण तकनीक (Training technique) है, अतः इसे किसी भी अवस्था में शिक्षण तकनीक (Teaching technique) नहीं समझा जाना चाहिए।
3. यह शिक्षण का अति लघु और सरलीकृत रूप है जिसमें वास्तविक शिक्षण की जटिलताओं को कम करने के हर संभव प्रयत्न किए जाते हैं।
4. सूक्ष्म–शिक्षण पाठ की समाप्ति के तुरंत बाद ही एक अध्यापक को उसका शिक्षण कैसा रहा, इस बात की जानकारी मिल जाती है। उस प्रकार की जानकारी पर्याप्त प्रतिपुष्टि प्रदान करने में काफी सहायक होती है।
5. शिक्षण कार्य में अनेक अति विशिष्ट कौशलों (Very specific teaching skills) का समावेश होता है। परंपरागत शिक्षण प्रशिक्षण द्वारा इन कौशलों में प्रवीण होना संभव नहीं है। सूक्ष्म–शिक्षण ही एक ऐसी तकनीक है जो इन कौशलों में पारंगत होने का अवसर देती है।

6. सूक्ष्म शिक्षण एक बहुत ही वैयक्तिक प्रशिक्षण तकनीक है जिसमें एक समय में एक ही व्यक्ति को बहुत ही नियंत्रित परिस्थितियों में किसी एक कौशल का अभ्यास करने का अवसर मिलता है।

सूक्ष्म शिक्षण की उपरोक्त विशेषताओं के संदर्भ में इसकी परिभाषा अब निम्न रूप में की जा सकती है।

"सूक्ष्म शिक्षण से अभिप्राय एक ऐसी विशिष्ट प्रशिक्षण तकनीक से है जिसके द्वारा कक्षा आकार, समय और विषय–सामग्री को अल्प मात्रा में सीमित कर अनुभवहीन अथवा अनुभवी अध्यापकों को कुछ विशिष्ट शिक्षण कौशलों के अभ्यास का समुचित अवसर देकर उनकी शिक्षण–कला में निखार लाने का प्रयास किया जाता है।"

सूक्ष्म शिक्षण प्रक्रिया का भारतीय प्रतिमान (An Indian Model of Micro-Teaching Process)

क्लिफ्ट एवं उसके सहयोगियों (1976) के अनुसार सूक्ष्म–शिक्षण प्रक्रिया निम्न तीन अवस्थाओं में संपन्न होती है–

1. सूक्ष्म शिक्षण पूर्वावस्था या ज्ञानार्जन अवस्था (Pre-active phase or Knowledge acquisition phase)
2. सूक्ष्म शिक्षण अवस्था या कौशल–अर्जन अवस्था (Interactive-phase or Skill acquisition phase)
3. सूक्ष्म शिक्षण उत्तरावस्था या कौशल–उपयोग अवस्था (Post-active phase or Transfer phase)

इन तीनों अवस्थाओं में संपन्न कार्यों की जानकारी चित्र 15.1 द्वारा ली जा सकती है।

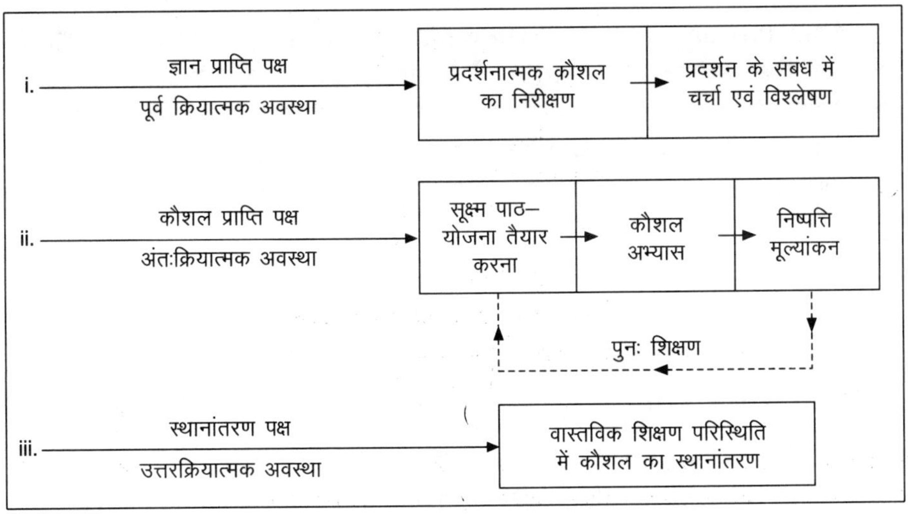

चित्र 15.1 सूक्ष्म शिक्षण की अवस्थाएं (Phases)।

उपरोक्त अवस्थाओं और उनसे संबंधित कार्यों के आधार पर यदि अच्छी तरह सोचा जाए तो सूक्ष्म शिक्षण अभ्यास पाठों के लिए अपनाई जाने वाली कार्य–पद्धति में अपने देश की परिस्थितियों के संदर्भ में निम्न सोपानों का समावेश होना चाहिए।

1. **सूक्ष्म शिक्षण के बारे में सैद्धांतिक ज्ञान देना (Orientation about Micro-Teaching)**—प्रारंभ में छात्राध्यापक को सूक्ष्म शिक्षण संबंधी आवश्यक सैद्धांतिक जानकारी की दृष्टि से अग्रांकित बातें बताई जानी चाहिएं–

(i) सूक्ष्म शिक्षण का अर्थ एवं संप्रत्यय।
(ii) सूक्ष्म शिक्षण का महत्त्व अथवा उपयोग।
(iii) सूक्ष्म शिक्षण की कार्य पद्धति।
(iv) सूक्ष्म शिक्षण तकनीक को अपनाए जाने के लिए आवश्यक परिस्थितियाँ एवं साधन।

2. **शिक्षण कौशलों की चर्चा (Discussion of Teaching Skills)**—इस सोपान के अंतर्गत निम्न बातों का ज्ञान कराया जाना चाहिए–

(i) शिक्षण का शिक्षण कौशल घटकों (Component teaching skills) के रूप में विश्लेषण।
(ii) शिक्षण कार्य में इन शिक्षण कौशलों के उपयोग अथवा महत्त्व के विषय में चर्चा।
(iii) शिक्षण कौशलों के अंतर्गत शामिल अध्यापक व्यवहार संबंधी घटकों (Component teaching behaviour) की चर्चा।

3. **किसी विशिष्ट कौशल का चयन (Selection of a Particular Teaching Skill)**—सूक्ष्म शिक्षण में किसी एक समय में एक ही शिक्षण कौशल का अभ्यास कराया जाना है। इसलिए छात्राध्यापकों को अभ्यास हेतु किसी एक कौशल का चुनाव करने के लिए प्रेरित किया जाता है। उन्हें इस कौशल का अभ्यास करने के लिए आवश्यक जानकारी एवं सामग्री भी प्रदान की जाती है। इस प्रकार की जानकारी प्राप्त करने के लिए राष्ट्रीय शैक्षिक अनुसंधान एवं प्रशिक्षण परिषद् (NCERT) से पर्याप्त सामग्री मिल सकती है।

4. **आदर्श पाठ (Presentation of a Model Demonstration Lesson)**—इस सोपान के अंतर्गत प्रशिक्षणार्थियों के सामने शिक्षण–कौशल का अभ्यास कराने से संबंधित एक आदर्श पाठ प्रस्तुत किया जाता है। इस आदर्श पाठ के माध्यम से छात्राध्यापकों से यह आशा की जाती है कि वे शिक्षण कौशल से संबंधित आवश्यक क्रियाओं और शिक्षक व्यवहार का अच्छी तरह अनुकरण कर लें। उपलब्ध साधन, परिस्थितियों और अभ्यास कराए जाने वाले शिक्षण–कौशल को ध्यान में रखते हुए एक आदर्श पाठ को विभिन्न विधियों द्वारा प्रस्तुत किया जा सकता है, जैसे–

(i) सूक्ष्म–शिक्षण के आदर्श पाठ की विस्तृत लिखित योजना छात्राध्यापकों को दी जा सकती है।
(ii) उसे विडियो टेप पर रिकॉर्ड करके फिल्म रूप में दिखाया जा सकता है।
(iii) उसे टेप रिकॉर्डर पर टेप करके छात्राध्यापकों को सुनाया जा सकता है।
(iv) किसी विशेषज्ञ अथवा शिक्षक प्रशिक्षक के द्वारा वास्तविक रूप में इस पाठ को पढ़ा कर दिखाया जा सकता है।

5. **आदर्श पाठ निरीक्षण एवं समालोचना (Observation and Criticism of the Model Lesson)**—आदर्श पाठ जिस रूप में भी विद्यार्थियों द्वारा देखा, सुना अथवा पढ़ा जाता है, उसका उनके द्वारा सावधानी से विश्लेषण किया जाता है। इस कार्य के लिए उन्हें आदर्श पाठ देने से पहले ही यह बता दिया जाता है, कि उन्हें क्या–क्या नोट करना है। पर्यवेक्षण करने से संबंधित निरीक्षण अनुसूची अथवा प्रपत्र (Observation schedule) भी उन्हें पहले ही वितरित कर दिए जाते हैं और इन प्रपत्रों की समुचित प्रयोग विधि भी उन्हें समझा दी जाती है। इस प्रकार का पर्यवेक्षण जहाँ एक ओर छात्राध्यापकों को आवश्यक शिक्षण कौशल अर्जित करने में सहायता करता है वहाँ दूसरी ओर आदर्श पाठ प्रस्तुत करने वाले व्यक्ति को भी इस से आवश्यक प्रतिपुष्टि (Feedback) मिल सकती है।

6. **सूक्ष्म पाठ–योजना तैयार करना (Preparation of Micro Lesson Plan)**—इस सोपान के अंतर्गत छात्राध्यापकों से यह आशा की जाती है कि वे संबंधित शिक्षण कौशल का अभ्यास करने के लिए किसी उचित उपविषय का चुनाव करके एक आदर्श पाठ–योजना तैयार करें। इस कार्य के लिए वे अपने–अपने प्राध्यापकों से परामर्श कर सकते हैं और शिक्षण प्रशिक्षण पर उपलब्ध सामग्री और पुस्तकों का अध्ययन भी कर सकते हैं।
7. **सूक्ष्म–शिक्षण संबंधी उचित परिस्थितियों का आयोजन (Creation of Micro-Teaching Setting)**—इस सोपान के अंतर्गत एक शिक्षण कौशल का अभ्यास करने हेतु आवश्यक सुविधाएं जुटाने एवं उचित परिस्थितियों के निर्माण करने का प्रबंध किया जाता है। राष्ट्रीय शैक्षिक अनुसंधान एवं प्रशिक्षण परिषद् (NCERT) ने भारतीय परिवेश के संदर्भ में निम्न प्रारूप सुझाया है–
   (i) छात्रों की संख्या– 5 से 10 तक
   (ii) छात्र– वास्तविक या सहपाठी छात्राध्यापक।
   (iii) पर्यवेक्षणकर्त्ता– शिक्षक प्रशिक्षक या सहपाठी छात्राध्यापक।
   (iv) सूक्ष्म पाठ की अवधि– 6 मिनट।
   (v) सूक्ष्म–शिक्षण चक्र (Micro-teaching cycle) की अवधि = 36 मिनट। इस अवधि का विभाजन इस प्रकार से है–

शिक्षण सत्र (Teaching Session):	6 मिनट
प्रतिपुष्टि सत्र (Feedback Session):	6 मिनट
पुनर्योजना सत्र (Re-plan Session):	12 मिनट
पुनःअध्यापन सत्र (Reteach Session):	6 मिनट
पुनःप्रतिपुष्टि सत्र (Refeedback Session):	6 मिनट
कुल समय	**36 मिनट**

8. **शिक्षण अभ्यास–शिक्षण सत्र (Practice of the Skill-Teach Session)**—इस सोपान के अंतर्गत छात्राध्यापक 5 से लेकर 10 विद्यार्थियों अथवा सहपाठी छात्राध्यापकों की कक्षा में अपने तैयार सूक्ष्म पाठ को 6 मिनट पढ़ाता है। पर्यवेक्षण का कार्य शिक्षक प्रशिक्षक और सहपाठी छात्राध्यापकों दोनों के द्वारा निर्धारित निरीक्षण प्रपत्र (Observation schedule) के माध्यम से किया जाता है। कुछ परिस्थितियों में इस कार्य के लिए वीडियो टेप अथवा ऑडियो टेप की सहायता भी ली जा सकती है।
9. **प्रतिपुष्टि प्रदान करना (Providing Feedback)**—सूक्ष्म शिक्षण की सबसे अधिक उपयोगिता उसके इस गुण में है कि इस के द्वारा एक अध्यापक को अपने पढ़ाए हुए पाठ के विषय में तत्काल प्रतिपुष्टि प्राप्त हो सकती है। किसी शिक्षण कौशल से संबंधित शिक्षण व्यवहार घटकों (Component teaching behaviour) का प्रयोग उसके द्वारा किस रूप में किया गया है, इस का ज्ञान होने पर इन व्यवहारों का उपयुक्त परिमार्जन एवं संशोधन किया जा सकता है। अपने देश की परिस्थितियों में इस प्रकार की प्रतिपुष्टि प्रायः शिक्षक प्रशिक्षक और सहपाठी छात्राध्यापकों से जो एक पर्यवेक्षक के रूप में कार्य करते हैं, मिलती है। अगर संभव हो सके तो वीडियो टेप, ऑडियो टेप और क्लोज़ सर्किट टेलीविज़न आदि की भी सहायता इस कार्य हेतु ली जा सकती है।

10. पुनः पाठ योजना बनाना (Replanning—Replan Session)—विभिन्न स्रोतों से प्राप्त प्रतिपुष्टि के आधार पर छात्राध्यापक अपने सूक्ष्म शिक्षण पाठ की पुनः योजना बनाता है। इस कार्य के लिए उसे 12 मिनट का समय मिलता है। इस सत्र को पुनः योजना सत्र (Replan session) कहा जाता है।

11. पुनः अध्यापन (Reteaching/Reteach Session)—6 मिनट के इस सत्र में पुनर्निर्मित पाठ योजना के आधार पर पुनर्व्यवस्थित शिक्षण परिस्थितियों में छात्राध्यापक अपने सूक्ष्म शिक्षण पाठ को एक बार फिर पढ़ाता है। इस सत्र को पुनः शिक्षण सत्र (Reteach session) का नाम दिया जाता है।

12. पुनः प्रतिपुष्टि प्रदान करना (Providing Refeedback/Refeedback Session)—पुनः पढ़ाए गए पाठ का शिक्षक प्रशिक्षक और सहयोगी छात्राध्यापकों द्वारा एक बार फिर पर्यवेक्षण किया जाता है और परिणामस्वरूप उसके द्वारा आवश्यक प्रतिपुष्टि प्रदान की जाती है। यह सत्र 6 मिनट का होता है।

13. सूक्ष्म शिक्षण चक्र की पुनरावृत्ति (Repetition of the Micro Teaching Cycle)—किसी शिक्षण कौशल का अभ्यास करने के लिए प्रयुक्त सूक्ष्म शिक्षण चक्र में योजना से लेकर पढ़ाने, प्रतिपुष्टि प्रदान करने, पुनः योजना बनाने, पुनः शिक्षण करने और पुनः प्रतिपुष्टि प्रदान करने आदि से संबंधित विभिन्न कार्यों का समावेश होता है। इनके आपसी संबंध को निम्न चित्र द्वारा समझा जा सकता है।

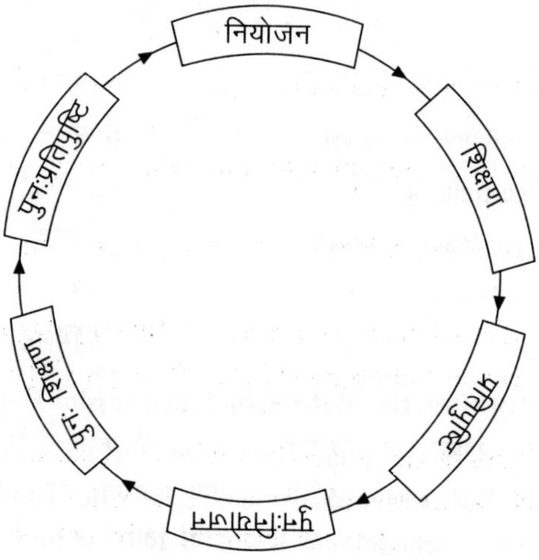

चित्र 15.2 सूक्ष्म शिक्षण चक्र।

एक छात्राध्यापक किसी विशेष शिक्षण–कौशल के लिए प्रयुक्त एक सूक्ष्म शिक्षण चक्र की तब तक पुनरावृत्ति करता रहता है जब तक कि वह उस कौशल में पूर्णतया पारंगत न हो जाए।

14. शिक्षण कौशलों का एकीकरण (Integration of Teaching Skills)—यह सोपान उन सभी शिक्षण कौशलों को एकीकृत या समन्वित करने (Integration) से संबंधित है जिन्हें पृथक्–पृथक् रूप में सूक्ष्म शिक्षण अभ्यास द्वारा छात्राध्यापक अर्जित करते हैं। शिक्षण कौशलों को इस प्रकार एकीकृत करना काफी आवश्यक होता है क्योंकि वास्तविक शिक्षण में कभी भी शिक्षण कौशलों का पृथक्–पृथक् उपयोग नहीं किया जाता। एकीकृत रूप में ही इनका उपयोग होता है। इस कार्य की चर्चा इसी अध्याय में आगे की जाएगी।

भारतीय परिवेश में सूक्ष्म शिक्षण की विशेषताएं एवं उपयोगिताएं (Merits and Advantages of Micro-teaching in Indian Context)

किसी भी शिक्षक प्रशिक्षण कार्यक्रम में सूक्ष्म शिक्षण अपना बहुत ही महत्त्वपूर्ण स्थान रखता है। भारतीय परिवेश में इसकी विशेषताओं, गुण एवं उपयोग के विषय में निम्न बातें कही जा सकती हैं–

1. प्रचलित शिक्षक प्रशिक्षण प्रणाली में एक शिक्षण महा–विद्यालय को अपने छात्राध्यापकीय शिक्षण–अभ्यास हेतु विभिन्न विद्यालयों के अनुग्रह पर आश्रित रहना पड़ता है। यहाँ उसे पढ़ाने के लिए विद्यार्थियों का न मिलना, उचित पढ़ाने के स्थान, साधन और विद्यालय के अध्यापकों से पर्याप्त सहयोग को लेकर विविध समस्याओं का सामना करना पड़ता है। सूक्ष्म शिक्षण प्रविधि शिक्षण प्रशिक्षण महाविद्यालयों की इस समस्या का समाधान प्रस्तुत करती है क्योंकि इसमें वास्तविक विद्यार्थियों के स्थान पर सहपाठी छात्राध्यापकों से ही काम चलाया जा सकता है और शिक्षण अभ्यास कार्य शिक्षण महाविद्यालयों में ही संपन्न हो सकता है।
2. सूक्ष्म शिक्षण प्रविधि शिक्षण के विश्लेषणात्मक स्वरूप से संबंधित है। इसके शिक्षण के जटिल कार्य को कुछ विशिष्ट शिक्षण व्यवहारों से निर्मित विभिन्न शिक्षण कौशलों में विभाजित कर दिया जाता है। जिन का पृथक्–पृथक् रूप से अभ्यास करना अपेक्षाकृत अधिक आसान होता है। शिक्षण अपने आप में क्या है, यह सब कुछ जानने में सूक्ष्म शिक्षण संप्रत्यय मदद करता है।
3. सूक्ष्म शिक्षण द्वारा सामान्य कक्षा शिक्षण की जटिलताओं को बहुत कुछ सीमा तक कम किया जा सकता है। यह एक प्रकार से शिक्षण कला का अभ्यास करने के लिए अपनाया गया शिक्षण प्रक्रिया का एक बहुत ही सरलीकृत और लघु रूप है क्योंकि इसमें कक्षा का आकार, शिक्षण अवधि आदि को कम करके विषयवस्तु के किसी एक उप–इकाई के माध्यम से केवल एक विशेष शिक्षण कौशल का अभ्यास कराया जाता है।
4. सूक्ष्म शिक्षण में एक समय पर केवल एक ही शिक्षण कौशल का अभ्यास कराया जाता है जबकि परंपरागत शिक्षण में सभी शिक्षण–कौशलों का प्रशिक्षण एक साथ मिलता है। भिन्न–भिन्न रूप में अलग–अलग शिक्षण कौशलों का अभ्यास करने में उनमें अच्छी तरह दक्षता अर्जित की जा सकती है।
5. विशिष्ट निरीक्षण प्रपत्रों (Observation schedules) के माध्यम से सूक्ष्म शिक्षण प्रक्रिया का व्यवस्थित एवं वस्तुनिष्ठ निरीक्षण करने का अवसर मिलता है।
6. एक छात्र चिकित्सक (Medical student) को एक रोगी व्यक्ति के शरीर की चीर–फाड़ करने की स्वीकृति तब तक नहीं दी जाती जब तक कि वह चिकित्सा प्रयोगशाला में चीर–फाड़ संबंधी प्रशिक्षण लेकर पर्याप्त कौशल अर्जित न कर ले। सूक्ष्म शिक्षण तकनीकी ठीक इसी रूप में शिक्षण की एक ऐसी प्रयोगशाला तकनीक का प्रतिनिधित्व करती है जिसके द्वारा छात्राध्यापक को वास्तविक कक्षा में विद्यार्थियों को पढ़ाने से पूर्व आवश्यक शिक्षण कौशलों का उचित रूप से प्रशिक्षण दिया जाता है।
7. शिक्षण कौशलों में प्रवीणता अर्जित करने की दृष्टि से सूक्ष्म शिक्षण काफी मितव्ययी तकनीक है, इसमें छात्राध्यापकों व विद्यार्थियों–दोनों के ही समय और शक्ति की बचत होती है। 5 से लेकर 10 विद्यार्थियों की छोटी से कक्षा को अनुशासन में रखते हुए शिक्षा प्रदान करना एक छात्राध्यापक के लिए बहुत ही सुविधाजनक होता है। परंपरागत प्रशिक्षण में बड़ी–बड़ी कक्षाओं को काफी लंबे समय तक पढ़ाना और नियंत्रित करना अनुभवहीन छात्राध्यापकों के लिए काफी कठिन होता है, दूसरी ओर इन अनुभवहीन

छात्राध्यापकों द्वारा विद्यालय के विद्यार्थियों के समय का भी काफी अपव्यय हो सकता है। सूक्ष्म शिक्षण द्वारा इस प्रकार के अपव्यय को रोका जा सकता है।

8. परंपरागत शिक्षण प्रशिक्षण कार्यक्रम या अभ्यास में एक छात्राध्यापक को प्रतिपुष्टि काफी समय बाद मिलती है और वह भी काफी अस्पष्ट जैसे अपना श्यामपट कार्य सुधारिए, विद्यार्थियों से सहयोग प्राप्त कीजिए आदि। इसके विपरीत सूक्ष्म शिक्षण प्रविधि में एक छात्राध्यापक को अपने सूक्ष्म पाठ की समाप्ति के तुरंत बाद ही बहुत ही व्यवस्थित और स्पष्ट रूप में वस्तुनिष्ठ प्रतिपुष्टि प्राप्त हो जाती है।
9. सूक्ष्म शिक्षण द्वारा अध्यापन प्रशिक्षण प्रदान करने में सभी छात्राध्यापकों की व्यक्तिगत विभिन्नताओं का पूरा–पूरा ध्यान रखा जा सकता है क्योंकि यहाँ एक समय में एक ही छात्राध्यापक को शिक्षण कौशल का अभ्यास करने का अवसर दिया जाता है और वह अपनी स्वयं की गति एवं योग्यता से इस कौशल का अर्जन करने में स्वतंत्र होता है।
10. परंपरागत शिक्षण प्रशिक्षण कार्यक्रम के विपरीत सूक्ष्म शिक्षण में अध्यापक व्यवहार के पर्याप्त परिमार्जन और शिक्षण–अधिगम प्रक्रिया से संबंधित अंतःक्रियाओं में आवश्यक सुधार लाने पर पूरा–पूरा ध्यान दिया जाता है।

निष्कर्ष (Conclusion)—निष्कर्ष रूप में यह कहा जा सकता है कि सूक्ष्म शिक्षण निश्चित रूप में शिक्षण कला में दक्षता प्राप्त करने की एक सुव्यवस्थित, प्रभावपूर्ण और नियंत्रित तकनीक है। परंतु इसमें कुछ कमियाँ भी हैं जिसकी वजह से इसे आलोचना का शिकार होना पड़ता है। यह शिक्षण को टुकड़ों–टुकड़ों में प्रस्तुत करती है। एक छात्राध्यापक के अलग–अलग शिक्षण कौशलों का प्रयोग करने में ही तो वह पारंगत बना सकती है परंतु उन सभी का वास्तविक शिक्षण परिस्थितियों में एकीकरण रूप से प्रयोग कर पाने में वे प्रायः असफल सिद्ध होते हैं। सूक्ष्म शिक्षण की इस कमी को शिक्षण कौशलों के समन्वय करने के सिद्धांत अथवा लघु–शिक्षण (Mini-teaching) आदि उपायों द्वारा दूर किया जा सकता है। कुछ इस प्रकार की समस्याएं जैसे वास्तविक विद्यार्थियों का उपलब्ध न होना अथवा पर्यवेक्षण हेतु पर्याप्त संख्या में शिक्षकों का अभाव आदि का समाधान सहपाठी छात्राध्यापकों को विद्यार्थी अथवा पर्यवेक्षकों के रूप में उपयोग करने से हो सकता है।

शिक्षण में निहित कौशलों की पहचान (Identification of Teaching Skills)

शिक्षण के विश्लेषणात्मक स्वरूप (Analytical concept of teaching) के अनुसार, जिसका विशद् वर्णन इस पुस्तक के पाँचवें अध्याय में किया गया है, शिक्षण अनेक विशिष्ट शिक्षण कौशलों से युक्त एक जटिल कार्य है। प्रत्येक शिक्षण कौशल में उसकी अपनी प्रकृति के अनुरूप अनुदेशनात्मक उद्देश्यों की प्राप्ति से संबंधित विभिन्न शिक्षण व्यवहार घटकों (Component teaching behaviours) का समावेश होता है। इन शिक्षण व्यवहारों का यथेष्ट परिमार्जन करना ही सूक्ष्म शिक्षण अभ्यास प्रक्रिया का प्रमुख उद्देश्य है। इस अभ्यास के परिणामस्वरूप एक छात्राध्यापक विभिन्न शिक्षण कौशलों में प्रवीणता अर्जित कर एक सफल अध्यापक बन सकता है।

शिक्षण कार्य से संबंधित विभिन्न शिक्षण कौशलों का पता लगाने के लिए अनुसंधानकर्त्ताओं एवं शिक्षाविदों ने काफी प्रयत्न किए हैं। जिन शिक्षण कौशलों की खोज की गई है। उनके नामों और संबंधित शिक्षण व्यवहारों में काफी असमानता देखने को मिलती है। ऐलन और रॉयन (Allen and Ryan, 1969) ने 14 शिक्षण कौशलों के नाम गिनाए हैं जबकि बोर्ग एवं उसके सहयोगियों (Borg et al., 1970) ने यह संख्या 18 तक पहुंचा दी है। भारतवर्ष में भी इस दिशा में प्रयास हुए हैं। बड़ोदा विश्वविद्यालय के उच्च शिक्षा केंद्र (CASE) में किए गए

अनुसंधान कार्यों के आधार पर पासी (Passi, 1976) ने शिक्षण कौशलों की संख्या 21 निर्धारित की है जबकि जंगीरा और उसके सहयोगियों (Jangira et al., 1979) ने 20 कौशल बतलाए हैं। बतलाए गए कौशल, यही होंगे, यह ज़रूरी नहीं है। किसी सूक्ष्म शिक्षण परिस्थिति में इसकी संख्या घट बढ़ सकती है। एक अध्यापन पाठ के विभिन्न स्तरों पर आवश्यक इन शिक्षण कौशलों की सूची आगे प्रस्तुत की जा रही है।

तालिका 15.1 पाठ के विभिन्न स्तरों से संबंधित विभिन्न शिक्षण कौशल
(Component Teaching Skills Associated with Different Stages of a Lesson)

पाठ स्तर अथवा अवस्था (Stage of a lesson)	*शिक्षण कौशल घटक (Component teaching skills)*
I. नियोजन स्तर (Planning Stage)	1. अनुदेशनात्मक उद्देश्य लिखना (Writing instructional objectives) 2. विषयवस्तु का चयन करना (Selecting the content) 3. विषयवस्तु का संगठन (Organising the content) 4. दृश्य–श्रव्य सहायक सामग्री का चयन (Selection of the audio-visual aid material)
II. प्रस्तावना स्तर (Introductory Stage)	5. उचित परिस्थितियाँ पैदा करना या विन्यास प्रेरण (Creating set for introducing the lesson or set induction) 6. पाठ को प्रस्तावित करना (Introducing the lesson)
III. प्रस्तुतीकरण स्तर (Presentation Stage)	**(a) प्रश्न कौशल (Questioning skills)** 7. कक्षा में पूछे जाने वाले प्रश्नों का निर्माण (Structuring class-room questions) 8. प्रश्नों की प्रवाहशीलता (Fluency in questioning) 9. खोजपूर्ण प्रश्न (Probing questions) 10. प्रश्नों का पूछा जाना और उनका कक्षा में वितरण (Questions—delivery and distribution) 11. उच्च स्तरीय प्रश्नों का प्रयोग (Use of higher order questions) 12. विकेंद्रीय प्रश्न (Divergent questions) 13. अनुक्रिया प्रबंध (Response management) **(b) प्रस्तुतीकरण कौशल (Presentation skills)** 14. पाठ गति (Pacing of the lesson) 15. व्याख्यान देना (Lecturing) 16. व्याख्या करना (Explaining) 17. वार्तालाप करना (Discussing) 18. प्रदर्शन करना (Demonstrating) 19. उदाहरणों द्वारा दृष्टांत देना (Illustrating with examples)

(क्रमशः)

(क्रमशः)

पाठ स्तर अथवा अवस्था (Stage of a lesson)	शिक्षण कौशल घटक (Component teaching skills)
	(c) सहायक साधन-प्रयोग कौशल (Aid-using skills)
	20. सहायक सामग्री का प्रयोग (Using teaching aids)
	21. श्यामपट का प्रयोग (Using blackboard)
	22. उद्दीपन परिवर्तन (Stimulus variation)
	23. मौन तथा अशाब्दिक संकेत (Pausing or silence and non-verbal cues)
	24. पुनर्बलन (Reinforcement)
	(d) प्रबंधात्मक कौशल (Managerial skills)
	25. छात्र संभागिता संवर्धन (Promoting pupil participation)
	26. ध्यान युक्त छात्र–व्यवहारों का अभिज्ञान (Recognising attending pupil's behaviours)
	27. कक्षा कक्ष प्रबंध (Classroom management)
IV. पाठ-समापन स्तर (Closing Stage)	28. पाठ समापन (Achieving closure)
	29. नियोजित पुनरावृत्ति (Planned repetition)
	30. गृहकार्य देना (Giving assignments)
	31. विद्यार्थियों की प्रगति का मूल्यांकन करना (Evaluating the pupil's progress)
	32. विद्यार्थियों की अधिगम कठिनाइयों का निदान एवं उपचार (Diagnosing pupil's learning difficulties and taking remedial measures)

शिक्षण कौशलों का एकीकरण अथवा समन्वय (Integrating of Teaching Skills)

एकीकरण की आवश्यकता (The Need of Integration)

सूक्ष्म शिक्षण का सैद्धांतिक आधार शिक्षण का विश्लेषणात्मक स्वरूप है। इसके अनुसार शिक्षण कार्य को पहले बहुत से छोटे–छोटे विशिष्ट शिक्षण कौशलों में विभाजित किया जाता है और फिर इन शिक्षण कौशलों को भी अति सूक्ष्म शिक्षण व्यवहारों (Teaching behaviours) में बांट दिया जाता है। इन सूक्ष्म शिक्षण व्यवहारों के उचित अर्जन से ही विशिष्ट बना जा सकता है। सैद्धांतिक रूप में यह बात जितनी उचित जान पड़ती है, व्यावहारिक रूप में उतनी खरी नहीं उतरती। वास्तविक कक्षा शिक्षण में इन शिक्षण कौशलों का अथवा शिक्षण व्यवहारों का

प्रयोग अलग–अलग रूप में नहीं होता बल्कि जिस प्रकार की शिक्षण और अधिगम परिस्थिति होती है, उसके अनुकूल बड़े ही स्वाभाविक और समन्वित ढंग से इन सभी शिक्षण कौशलों का उपयोग किया जाता है। इस दृष्टि से यह आवश्यक हो जाता है कि अलग–अलग रूप में अर्जित किए हुए विभिन्न शिक्षण कौशलों को समन्वित अथवा एकीकृत करके एक पूर्ण शिक्षण कला के रूप में प्रयोग कराने का अभ्यास कराया जाए। शिक्षण कौशलों को एकीकृत करने की प्रक्रिया द्वारा ही यह कार्य संभव हो सकता है।

अर्थ एवं परिभाषा (Meaning and Definition)

कौशलों को एकीकृत करने से अभिप्राय यह नहीं है कि अध्यापक द्वारा किसी एक शिक्षण परिस्थिति में सभी पूर्व अर्जित शिक्षण कौशलों को किसी न किसी रूप में अवश्य ही प्रयोग में लाया जाए। वास्तविक कक्षा शिक्षण में अध्यापक के लिए मुख्य आवश्यकता इस बात की है कि वह अपने शिक्षण काल के दौरान, अनुदेशनात्मक उद्देश्यों तथा अपनी योग्यता और कार्यक्षमता के अनुरुप यह निर्णय ले सके कि उसे विभिन्न शिक्षण परिस्थितियों में कौन से शिक्षण कौशल का किस प्रकार प्रयोग करना है। इस तरह से *शिक्षण कौशलों के एकीकरण से अभिप्राय विभिन्न अर्जित शिक्षण कौशलों के चयन, संगठन और प्रयोग संबंधी उस प्रक्रिया से है जिसके माध्यम से शिक्षण कला का एक समन्वित और प्रभावशाली प्रारूप तैयार हो सके और उसके द्वारा किसी शिक्षण–अधिगम परिस्थिति में निर्धारित अनुदेशानात्मक उद्देश्यों की प्राप्ति अच्छे से अच्छे ढंग से की जा सके।*

उद्देश्य (Objectives)

शिक्षण कौशलों को एकीकृत करने का प्रशिक्षण देने में निम्न दो मुख्य उद्देश्यों को सामने रखा जाता है–

1. सूक्ष्म शिक्षण परिस्थितियों में किए गए शिक्षण कौशल अभ्यास को वास्तविक शिक्षण परिस्थितियों में स्थानांतरण (Transfer) करने में सहायता प्रदान करना।
2. किसी एक शिक्षण परिस्थिति और अनुदेशनात्मक उद्देश्यों के संदर्भ में विभिन्न शिक्षण कौशलों को एकीकृत करने के विषय में निर्णय लेने का अभ्यास।

शिक्षण कौशलों का एकीकृत करने का प्रशिक्षण (Training in the Integration of Skills)

शिक्षण कौशलों का एकीकरण करने में भलीभाँति समर्थ बनाने के लिए छात्राध्यापकों को प्रशिक्षण देने हेतु निम्न दो विधियाँ अपनाई जाती हैं–

1. आंशिक एकीकरण विधि (Method of integration of parts)
2. समग्र एकीकरण विधि (Method of integration as a whole)

1. **आंशिक एकीकरण विधि (Integration in parts)**—इस विधि में सूक्ष्म शिक्षण अभ्यासों द्वारा अर्जित सभी शिक्षण कौशलों को इकट्ठा एक ही बार में एकीकृत करने का प्रशिक्षण नहीं दिया जाता बल्कि यह कार्य क्रमशः आंशिक रूपों में किया जाता है।

   मान लिया कि छात्राध्यापक ने अपने प्रशिक्षण काल में सूक्ष्म अध्ययन तकनीक द्वारा 12 शिक्षण कौशलों में अलग–अलग रूप से दक्षता अर्जित की है और इन सभी कौशलों को एकीकृत करके प्रयोग में लाने का प्रशिक्षण प्रदान करना है तो इसके लिए पहले चरण में किन्हीं तीन या चार शिक्षण कौशलों को एकीकृत करने का प्रशिक्षण दिया जा सकता है। सामान्यतया सूक्ष्म शिक्षण में जिस एक शिक्षण कौशल

का अभ्यास करना होता है उसी से संबंधित पाठ–योजना बनाई जाती है और कौशल का अभ्यास सूक्ष्म शिक्षण के सभी सोपानों से गुज़रते हुए (सूक्ष्म शिक्षण चक्र के अंतर्गत) निर्धारित 36 मिनट के समय में किया जाता है। अब अगर तीन या चार शिक्षण कौशलों को एक साथ लेना है तो इन सभी कौशलों के प्रयोग का अवसर देने वाली कुछ बड़ी पाठ योजना बनानी होगी। शिक्षण, प्रतिपुष्टि, पुनर्योजना निर्माण, पुनर्शिक्षण और पुनःप्रतिपुष्टि आदि सभी सूक्ष्म शिक्षण चक्र सोपानों से उसी तरह गुजरना होगा परंतु निर्धारित समय की मात्रा उतनी ही गुनी अधिक हो जाएगी जितने कौशलों को एकीकृत करने का प्रयास हम एक साथ करना चाहेंगे। साथ ही इस चक्र की पुनरावृत्ति तब तक होगी जब तक सूक्ष्म शिक्षण कौशलों को एकीकृत कर शिक्षण कार्य के प्रयोग करने की कला में दक्षता प्राप्त न हो जाए।

द्वितीय चरण में पहले चरण में लिए गए तीन या चार शिक्षण कौशलों के अलावा किन्हीं अन्य तीन या चार शिक्षण कौशलों को एकीकृत करके प्रयोग में लाने का प्रशिक्षण प्रदान किया जाता है और इस तरह आंशिक रूप में धीरे–धीरे सभी अर्जित शिक्षण कौशलों को एकीकृत करके प्रयोग में लाने का अभ्यास कराया जा सकता है।

2. **समग्र एकीकरण विधि (Integration as a whole)**—इस विधि में जितने शिक्षण कौशलों का पूर्वार्जन सूक्ष्म शिक्षण तकनीक के द्वारा किया गया है उन सभी को एक साथ ही समग्र रूप में एकीकृत करने का प्रशिक्षण प्रदान किया जाता है।

   माना एक अध्यापक ने 12 शिक्षण कौशलों का अलग–अलग अभ्यास किया है और उनमें अलग–अलग रूप से दक्षता अर्जित की है। इन सभी कौशलों को समग्र रूप में एक साथ ही प्रयोग में लाने का प्रशिक्षण प्रदान करने के लिए ऐसी उपयुक्त शिक्षण पाठ–योजना निर्मित करनी होगी जिसमें सभी शिक्षण कौशलों को प्रयोग में लाने का अवसर प्राप्त हो सके। सूक्ष्म शिक्षण चक्र के सभी सोपानों में से गुज़रते हुए इस प्रकार से शिक्षण अभ्यास कराया जाएगा कि छात्राध्यापक सभी अर्जित शिक्षण कौशलों का अपने शिक्षण कार्य में प्रयोग कर सकें और इस प्रकार के अभ्यास संबंधित सूक्ष्म शिक्षण चक्र की तब तक पुनरावृत्ति की जाती रहेगी जब तक छात्राध्यापक यथेष्ट प्रवीणता अर्जित न कर लें।

संक्षेप में इस विधि द्वारा शिक्षण कौशल एकीकरण में दक्षता प्राप्त करने के लिए एक छात्राध्यापक को निम्न बातों को ध्यान में रख कर आगे बढ़ना होता है—

1. अभ्यास के लिए प्रयोग में लाई जाने वाली विषयवस्तु का समुचित ज्ञान।
2. अनुदेशनात्मक उद्देश्यों के बारे में स्पष्ट ज्ञान।
3. उपलब्ध शिक्षण–अधिगम परिस्थितियों और साधनों की जानकारी।
4. अर्जित विभिन्न शिक्षण कौशलों का प्रयोग करने के अवसरों का पूर्वानुमान।
5. किन शिक्षण कौशलों का प्रयोग कब और कहाँ करना है, इस विषय में निर्णय लेते हुए उचित पाठ योजना तैयार करना और उसकी सहायता से उपयुक्त शिक्षण अभ्यास करना।
6. इस शिक्षण अभ्यास कार्य को सूक्ष्म शिक्षण चक्र का उपयोग करते हुए तब तक पुनरावृत्ति करते रहना जब तक कि सभी पूर्व अर्जित शिक्षण कौशलों का समन्वय और एकीकरण करने में दक्षता प्राप्त ना हो जाए।

इस प्रकार, यदि देखा जाए तो जहाँ सूक्ष्म शिक्षण कौशलों का अलग–अलग रूप से पर्याप्त प्रशिक्षण प्रदान करने की तकनीक है और वास्तविक कक्षा शिक्षण इन सभी अर्जित शिक्षण कौशलों का स्वाभाविक रूप से प्रयोग में लाने और अभ्यास करने की, वहाँ शिक्षण कौशलों का एकीकरण करने से संबंधित प्रशिक्षण इन दोनों के बीच

संबंध स्थापित करने हेतु एक सेतु (Bridge) का कार्य करता है। वास्तव में सूक्ष्म शिक्षण और अभ्यास का लाभ तभी उठाया जा सकता है जबकि सभी अर्जित शिक्षण कौशलों को भलीभाँति एकीकृत अथवा समन्वित कर वास्तविक कक्षा शिक्षण में स्वाभाविक ढंग से उपयोग में लाने के कार्य में प्रवीणता अर्जित की जा सके।

सूक्ष्म शिक्षण द्वारा शिक्षण कौशलों का अभ्यास (Practising Teaching Skills Through Micro-Teaching)

जैसा कि आप इस अध्याय में अब तक पढ़ चुके हैं सूक्ष्म शिक्षण का प्रयोजन उन सभी विशिष्ट शिक्षण कौशलों का विकास करना है जिनकी एक शिक्षक को अपनी शिक्षण कला को निखारने हेतु बराबर आवश्यकता रहती है। इन्हें उचित रूप में विकसित करने हेतु पर्याप्त अभ्यास की आवश्यकता होती है। सूक्ष्म शिक्षण प्रक्रिया जिसकी विस्तृत जानकारी पहले इसी अध्याय में दी जा चुकी है उसके आधार पर प्रशिक्षण कार्यक्रम का विधिवत् आयोजन कर तथा विभिन्न शिक्षण कौशलों से संबंधित सूक्ष्म शिक्षण पाठ योजनाएं तैयार कर उचित अभ्यास कराने से इस दिशा में वांछित सफलता प्राप्त की जा सकती है। आगे हम कुछ महत्त्वपूर्ण शिक्षण कौशलों और उनमें निहित विशिष्ट शिक्षण व्यवहारों की चर्चा करते हुए उनसे संबंधित सूक्ष्म शिक्षण अभ्यास कार्य की विस्तृत जानकारी लेने का प्रयत्न करेंगे।

A. व्याख्या कौशल (Skill of Explaining)

कौशल का अर्थ (Meaning of Skill)

शिक्षण अधिगम प्रक्रिया में बहुत से तथ्य, संप्रत्यय, नियम अथवा सिद्धांत ऐसे होते हैं जिन्हें अच्छी तरह स्पष्ट करना और बोधगम्य बनाने हेतु उनकी व्याख्या (Explain) करना आवश्यक हो जाता है। इस दृष्टि से व्याख्या कौशल का अर्जन एक अध्यापक के लिए काफी ज़रूरी है। व्याख्या करने से तात्पर्य विषयवस्तु पर आधारित उन कथनों से है जो आपस में पूरी तरह संबंधित, क्रमबद्ध और सार्थक होते हैं। **इस तरह व्याख्या कौशल को एक ऐसी तकनीक अथवा युक्ति के रूप में समझा जा सकता है जिसके द्वारा किसी संप्रत्यय, विचार या प्रनियम को अच्छी तरह बोधगम्य बनाने के लिए परस्पर संबंधित, क्रमबद्ध और सार्थक कथनों की भलीभाँति सहायता ली जा सके।**

कौशल के भाग (Parts of the Skill)

इस कौशल के प्रयोग में सभी प्रकार की मौखिक अभिव्यक्ति का ही सहारा लेना होता है और इसके मुख्य रूप से दो भाग होते हैं—

(i) विद्यार्थियों की आयु, परिपक्वता, पूर्व ज्ञान और पढ़ायी जाने वाली विषयवस्तु या संप्रत्यय के अनुरूप उचित कथनों का चयन।

(ii) चयन किए हुए कथनों को एक–दूसरे से संबंधित करना और फिर उन्हें संप्रत्यय और विषय विशेष को ठीक प्रकार समझाने के लिए कुशलतापूर्वक प्रयोग में लाना। जहाँ तक व्याख्या कौशल में प्रयुक्त कथनों की प्रकृति का प्रश्न है, ये प्रायः तीन प्रकार के हो सकते हैं—

   (a) **वर्णनात्मक कथन (Descriptive Statements)**—यह कथन दिए हुए संप्रत्यय या प्रनियम का वर्णन करने के काम आते हैं।

(b) **अर्थात्मक कथन (Interpretive Statements)**—इन कथनों की सहायता से किसी संप्रत्यय या प्रनियम का अर्थ समझने में सहायता मिलती है।

(c) **कारण बताने वाले कथन (Reasons Giving Statements)**—इन के द्वारा किसी संप्रत्यय, घटना और नियम के बारे में क्यों, कैसे और क्या जैसे प्रश्नों के उत्तर प्राप्त करने में आसानी होती है।

कौशल घटक (Components of the Skill)

किसी संप्रत्यय या विचार विशेष की व्याख्या करने से संबंधित कौशल में वांछित और अवांछित दोनों प्रकार के शिक्षण व्यवहारों का समावेश होता है। अतः इस कौशल का अभ्यास कराने में इस बात का ध्यान रखा जाता है कि वांछित व्यवहारों की आवृत्ति अधिक से अधिक हो और अवांछित व्यवहारों को घटाते–घटाते बिल्कुल ही समाप्त करने का प्रयास किया जाए। इन सभी वांछित और अवांछित व्यवहारों को नीचे एक तालिका में प्रदर्शित किया जा रहा है।

व्याख्या कौशल घटक (Components of Skill of Explaining)

वांछित व्यवहार (Desirable behaviours)	*अवांछित व्यवहार (Undesirable behaviours)*
1. उपयुक्त प्रारंभिक और निष्कर्ष कथनों का प्रयोग।	1. निरर्थक कथनों का प्रयोग।
2. व्याख्या सेतुओं का प्रयोग।	2. कथनों में निरंतरता या तारतम्य का अभाव।
3. आवश्यक बिंदुओं पर ध्यान देना।	3. प्रवाहिकता का अभाव।
4. बोध–परीक्षण।	4. अनुपयुक्त शब्दावली और अस्पष्ट शब्दों अथवा मुहावरों का प्रयोग।

आइये अब इन सभी व्यवहार घटकों का अर्थ समझा जाए।

वांछित व्यवहार (Desirable Behaviours)

1. **उपयुक्त प्रारंभिक और निष्कर्ष कथनों का प्रयोग (Using Appropriate Beginning and Concluding Statements)**—प्रारंभिक कथनों के द्वारा प्रारंभ में ही यह घोषणा की जाती है कि अध्यापक को किस विचार या संप्रत्यय विशेष की व्याख्या करनी है। इस घोषणा से विद्यार्थी व्याख्या को सुनने और समझने के लिए मानसिक रूप से तैयार हो जाते हैं। दूसरी ओर निष्कर्ष कथनों का प्रयोग व्याख्या के तुरंत बाद संपूर्ण व्याख्या को सार रूप में प्रस्तुत करने के लिए किया जाता है।

2. **व्याख्या सेतुओं का प्रयोग (Using Explaining Links)**—किसी संप्रत्यय और नियम आदि की व्याख्या करने के लिए काम में लाए जाने वाले विभिन्न कथनों में निरंतरता या तारतम्य बनाए रखने हेतु इन शब्द सेतुओं का प्रयोग किया जाता है। इन शब्द सेतुओं (Links) के कुछ उदाहरण नीचे दिए जा रहे हैं।
अतः, इसलिए, जैसा कि, परिणामस्वरूप, फलस्वरूप, क्योंकि, ताकि, इसके बजाय, अपेक्षाकृत, दूसरी ओर, ऐसा इसलिए है कि, जबकि, अर्थात् आदि।

3. **आवश्यक बिंदुओं पर ध्यान देना (Covering Essential Points)**—किसी संप्रत्यय अथवा प्रनियम को समझने से संबंधित व्याख्या अपने आप में अधिक से अधिक पूर्ण होनी चाहिए। जो भी मुख्य और आवश्यक बातें संप्रत्यय या प्रनियम को भलीभाँति स्पष्ट करके अधिक से अधिक बोधगम्य बना सकें, उनकी ओर पूरा–पूरा ध्यान दिया जाना चाहिए।
4. **बोध-परीक्षण (Testing Pupil's Understanding)**—जिस उद्देश्य से लेकर व्याख्या की जाए वह ठीक प्रकार से पूरा हुआ है या नहीं, उचित बोधात्मक प्रश्नों की सहायता से इसका पता लगाया जाना चाहिए।

अवांछित व्यवहार (Undesirable Behaviour)

1. **निरर्थक कथनों का प्रयोग (Using Irrelevant Statement)**—ऐसे कथनों का प्रयोग, जिन के द्वारा संबंधित संप्रत्यय अथवा प्रनियम की व्याख्या करने में कोई सहायता नहीं मिलती, इस श्रेणी में आता है। ये कथन अस्पष्टता एवं अव्यवस्था उत्पन्न कर विद्यार्थियों को लक्ष्य से दूर ले जाते हैं।
2. **कथनों में निरंतरता या तारतम्य का अभाव (Lacking Continuity in Statements)**—इस प्रकार के व्यवहार में किसी संप्रत्यय अथवा प्रनियम की व्याख्या हेतु प्रयोग में लाए जाने वाले कथनों में निरंतरता या तारतम्य का अभाव पाया जाता है। इन कथनों को जोड़ने के लिए जो वाक्य अथवा शब्द होते हैं या तो उन्हें नदारद पाया जाता है अथवा कथनों में पारस्परिक संबद्धता और क्रम–संबंधी अभाव नज़र आता है।
3. **प्रवाहिकता का अभाव (Lacking Fluency)**—जितने कथन किसी संप्रत्यय अथवा सिद्धांत की व्याख्या करने के लिए प्रयोग में लाए जाएं उनमें बिना किसी रुकावट के एक स्वाभाविक गति और प्रवाह देखने को मिलना चाहिए। इसका अभाव होने पर शिक्षक व्यवहार में निम्न बातें देखने को मिलती हैं–
   (i) वह स्पष्ट रूप से नहीं बोल पाता।
   (ii) अपूर्ण अथवा अधूरे वाक्य बोलता है।
   (iii) वाक्य और कथन को पूरा न कर बीच में ही उसे नए सिरे से बोलने और सुधारने का प्रयत्न करता है।
   (iv) अस्थिर विचारों और अनुपयुक्त शब्दों एवं प्रश्नों का प्रयोग करता है।
4. **अनुपयुक्त शब्दावली, अस्पष्ट शब्दों और मुहावरों का प्रयोग (Using Inappropriate Vocabulary, Vague Words and Phrases)**—इस प्रकार के अवांछित अध्यापक व्यवहार में निम्न बातें शामिल हो सकती हैं–
   (i) विद्यार्थियों के लिए सर्वथा अपरिचित अथवा उनके स्तर से अधिक कठिन शब्दावली का प्रयोग।
   (ii) ऐसे अस्पष्ट और निरर्थक शब्दों का प्रयोग करना जिनसे व्याख्या कार्य में बाधा पहुंचे जैसे मतलब यह है कि, अर्थात्, मसलन, हालांकि, वास्तव में, संभवतया, बिल्कुल, समझे कि नहीं, यह जानते ही हो, आदि।
   (iii) गलत और बिना मौके के अनुपयुक्त मुहावरों का प्रयोग करना।

तालिका 15.2 व्याख्या कौशल संबंधी निरीक्षण अनुसूची एवं रेटिंग स्केल
(Observation Schedule Cum Rating Scale for the Skill of Explaining)

छात्राध्यापक का नाम :
विषय : उपविषय :
कक्षा : सत्र : शिक्षण/पुनः शिक्षण
दिनांक :

टैलियां और विशेष निरीक्षण (Tallies and specific observation)	*व्यवहार घटक (Component of behaviour)*	*रेटिंग स्केल: गुणात्मक मूल्यांकन (Qualitative evaluation)*					
	वांछित व्यवहार (Desirable behaviour)	*अत्यधिक निराशाजनक–सर्वोत्तम (Extremely weak-excellent)*					
हां/नहीं	1. उपयुक्त प्रारंभिक कथनों का प्रयोग	1	2	3	4	5	6
हां/नहीं	2. उपयुक्त निष्कर्ष कथनों का प्रयोग	1	2	3	4	5	6
टैलियां लगाना	3. व्याख्या सेतुओं (Links) का प्रयोग	1	2	3	4	5	6
हां/नहीं	4. आवश्यक बिंदुओं पर ध्यान देना	1	2	3	4	5	6
हां/नहीं	5. बोध–परीक्षण	1	2	3	4	5	6
	अवांछित व्यवहार (Undesirable behaviour)	*बिलकुल नहीं–अत्यधिक*					
टैलियां लगाना	1. निरर्थक कथनों का प्रयोग	1	2	3	4	5	6
टैलियां लगाना	2. कथनों में निरंतरता या तारतम्य का अभाव	1	2	3	4	5	6
हां/नहीं	3. प्रवाहिकता का अभाव	1	2	3	4	5	6
टैलियां लगाना	4. अनुपयुक्त शब्दावली का प्रयोग	1	2	3	4	5	6
टैलियां लगाना	5. निरर्थक एवं अस्पष्ट शब्दों का प्रयोग	1	2	3	4	5	6
टैलियां लगाना	6. अनुपयुक्त एवं बिना अवसर मुहावरों का प्रयोग	1	2	3	4	5	6

पर्यवेक्षक के हस्ताक्षर

व्याख्या कौशल के अभ्यास के लिए आदर्श सूक्ष्म पाठ योजना
(Micro-Teaching Plan or Practising Skill of Explaining)

छात्राध्यापक का नाम : दिनांक :
विषय : भूगोल उपविषय : ब्रह्मांड में आकाश गंगाएँ (Galaxies in the Universe)
कक्षा : नवम् अवधि : 6 मिनट

अध्यापक—विद्यार्थियो कल हमने ब्रह्मांड के बारे में पढ़ा था। वास्तव में यह कल्पना करना बड़ा कठिन है कि ब्रह्मांड कितना विशाल है और इसकी कुछ सीमा है भी या नहीं। हमारा सौरमंडल, ये लाखों–करोड़ों तारे और आकाशगंगाएँ सभी इसी ब्रह्मांड के अंग हैं। आज हम तुम्हें इन आकाशगंगाओं के बारे में ही कुछ बताएंगे।

एक आकाशगंगा में असंख्य तारे होते हैं जिनके इर्द–गिर्द धूल और हाइड्रोजन का बादल–सा छाया रहता है। हमारा सौरमंडल जिसमें हमारी पृथ्वी, सूर्य और बाह्य उपग्रहों का परिवार आता है, एक छोटा–सा दूधिया मार्ग (Milky Way) के नाम से प्रसिद्ध, आकाशगंगा का सदस्य है। इस आकाशगंगा में हमारे सौरमंडल (Solar System) जैसे अनगिनत सौरमंडल हैं।

बहुत समय तक खगोलशास्त्री इस दूधिया मार्ग को ही आकाशगंगा का पर्याय मानते रहे। परंतु उन्हें शीघ्र ही यह ज्ञात हो गया कि हमारे ब्रह्मांड में दूधिया मार्ग से भी बहुत विशाल लाखों आकाशगंगाएँ विद्यमान हैं। इनमें से एक अति प्रसिद्ध आकाशगंगा जिसका नाम 'एन्ड्रामीडा आकाशगंगा' (Andrameda Galaxy) है, को तो हम यूँ ही अपनी आँखों से देख सकते हैं। यह हमसे बीस लाख प्रकाश वर्ष की दूरी पर है। इस विशाल दूरी का अनुमान तुम अच्छी तरह लगा सकते हो अगर तुम्हें याद हो कि सूर्य से पृथ्वी तक प्रकाश पहुँचने में 8.50 मिनट का समय लगता है।

इस प्रकार हम समझ सकते हैं कि ब्रह्मांड में एक नहीं, असंख्य गंगाएँ विद्यमान हैं जिनमें से प्रत्येक में हमारे सौरमंडल जैसे लाखों करोड़ों सौरमंडल और असंख्य तारे हैं।

अच्छा अब मैं तुमसे कुछ प्रश्न पूछूँगा, तुम्हें सोच–समझकर ठीक उत्तर देना है।

अध्यापक द्वारा पूछे जाने वाले प्रश्न (Questions put by the teacher)	*विद्यार्थियों के उत्तर (Pupil's Answers)*
1. आकाश गंगा क्या है ?	यह धूल, हाइड्रोजन और अपने सूर्य जैसे असंख्य तारों का एक समूह है।
2. दूधिया मार्ग नामक आकाशगंगा के बारे में कुछ बताओ।	यह वह आकाशगंगा है जिसमें हमारा सौर यानी हमारा सूर्य, पृथ्वी और समस्त ग्रह परिवार शामिल है।
3. ठीक। क्या तुम उस प्रसिद्ध आकाशगंगा के बारे में जानते हो जिसे यूँ ही नंगी आंखों से देखा जा सकता है ?	हाँ, इसका नाम एन्ड्रामीडा है। यह हमसे 20 लाख प्रकाशवर्ष दूर है।

उद्दीपक परिवर्तन कौशल (Skill of Stimulus Variation)

अर्थ (Meaning of the Skill)—सामान्यतया एक शिक्षक अपने विद्यार्थियों से कोई अपेक्षित अनुक्रिया (Response) की प्राप्ति के लिए किसी विशेष उद्दीपन (Stimulus) का प्रयोग करता है। प्रश्न पूछना, श्यामपट की ओर इशारा करना, चित्र या वस्तु दिखाना आदि इसी प्रकार के उद्दीपक हैं जिन की सहायता से वह विद्यार्थियों का ध्यान अपनी ओर तथा विषयवस्तु की ओर आकर्षित तथा केंद्रित करने का प्रयास करता है। उसका यह प्रयास उस मदारी के समान होता है जो कई प्रकार के साधन अपना कर दर्शक–वर्ग को अपनी ओर आकर्षित करता है और फिर उनके ध्यान तथा रुचि को अपने कार्यों में बनाए रखता है। उसके इन सब कार्यों में एक बात देखने को मिलती है कि न तो वह ध्यान आकर्षित करने या रुचि बनाने वाले किसी साधन या करतब को काफी लंबे समय तक दिखाने का प्रयास करता है और न वह हर समय एक जैसे करतब दिखाता है। अपने साधनों या करतबों में आवश्यकतानुसार परिवर्तन लाने में ही उसकी सफलता निहित होती है। ठीक यही बात शिक्षक और

उसके शिक्षण पर भी लागू होती है। किसी एक उद्दीपक को लंबे समय तक उपयोग करने अथवा उसकी पुनरावृत्ति करते रहने से उसकी प्रभावशीलता समाप्त हो जाती है। अरुचि होने अथवा ध्यान हटने का भी वह कारण बन सकता है। इस अवस्था में उद्दीपकों के प्रयोग में परिवर्तन लाना अध्यापक के लिए उपयोगी सिद्ध होता है। इस तरह से **उद्दीपक परिवर्तन कौशल से अभिप्राय उस शिक्षण तकनीक अथवा कौशल से है जिसके द्वारा एक अध्यापक अपने विद्यार्थियों का ध्यान कक्षा गतिविधियों की ओर आकर्षित एवं केंद्रित करने हेतु उपयोग में लाए जाने वाले विभिन्न उद्दीपकों के प्रयोग में अपेक्षित परिवर्तन लाने में अधिक से अधिक सफल हो सकता है।**

कौशल घटक (Component of the Skill)

उद्दीपक परिवर्तन कौशल में शिक्षण व्यवहार संबंधी निम्न घटकों का समावेश होता है–

(1) संचलन, (2) हाव–भाव, (3) वाक–संरूप परिवर्तन, (4) केंद्रण, (5) अंतःक्रिया शैली परिवर्तन, (6) मौन विराम, (7) मौखिक–दृश्य बदलाव, (8) विद्यार्थियों का क्रियात्मक सहयोग।

आइये अब इन घटकों का अर्थ समझा जाए।

1. **संचलन (Movement)**—गतिशील वस्तुएं स्थिर वस्तुओं की अपेक्षा ज्यादा अच्छी तरह से ध्यान आकर्षित करती हैं। इस स्थिति में कक्षा में पढ़ाते समय एक अध्यापक को कभी भी एक ही जगह, एक ही स्थिति में रहकर नहीं पढ़ाना चाहिए। उसे आवश्यकतानुसार हिलडुल कर, इधर–उधर चलकर हाथ–पैर हिलाकर, खड़े होने की स्थिति में परिवर्तन लाकर अपने शारीरिक संचलन (Physical movements) में पर्याप्त विविधता लाने का प्रयत्न करना चाहिए। परंतु यहाँ इस बात का ध्यान अवश्य रखा जाना चाहिए कि अनावश्यक इधर–उधर घूमने, हिलने–डुलने और बहुत अधिक संचलन से बजाय लाभ के हानि की अधिक संभावना होती है। अध्यापक की ऐसी गतिविधियाँ हास्य अथवा ध्यान भंग करने का कारण बन सकती हैं। अतः एक अध्यापक को उपयुक्त संचलन व्यवहार में पर्याप्त कुशलता अर्जित करने का प्रयत्न करना चाहिए।
2. **हाव–भाव (Gestures)**—अपने शिक्षण में अध्यापक जो बात अपने विद्यार्थियों से मौखिक रूप में कहना चाहता है, उसमें उसके हाव–भाव और मुद्रा का काफी सहयोग रहता है। यह अशाब्दिक और संकेतमयी भाषा वह सब कुछ कह जाती है, जिसे और तरह से संप्रेषित करना उतना संभव नहीं होता। बहुत बड़ा, बहुत छोटा, गोल, चपटा आदि वह सब बताने के लिए एक अध्यापक हाथों के संकेत से बहुत अच्छी अभिव्यक्ति कर सकता है। संचालन, मुख मुद्रा, हाथ–पैरों तथा अन्य अंगों द्वारा किए गए संकेत एवं इशारे आदि सभी इस श्रेणी में आते हैं। इनके द्वारा छात्रों के ध्यान को कक्षा शिक्षण में आकर्षित एवं केंद्रित करने का कार्य अच्छी तरह से किया जा सकता है।
3. **वाक–संरूप परिवर्तन (Change in Voice)**—इस कौशल घटक का संबंध उस शिक्षण व्यवहार से है जिसके अंतर्गत एक शिक्षक अपनी आवाज़ में चढ़ाव–उतार लाने, उसकी गति को कम या अधिक करने और अपने बोलने या उच्चारण के ढंग में विशेष परिवर्तन लाने से संबंधित क्रियाएँ करता है। वाक–कला में लाए ऐसे परिवर्तन विद्यार्थियों का ध्यान–कक्षा कार्य की ओर आकर्षित एवं केंद्रित करने में महत्त्वपूर्ण भूमिका निभाते हैं।

4. **केन्द्रण (Focusing)**—इस घटक का संबंध व्यवहार संबंधी उन क्रियाओं से है जिनके द्वारा विद्यार्थियों का ध्यान वस्तु, शब्द, विचार, संप्रत्यय या प्रनियम आदि किसी विशेष बिंदु पर केंद्रित करने में सहायता मिलती है। इस प्रकार की व्यवहार क्रियाएँ निम्नलिखित हो सकती हैं–

   (a) मौखिक कथनों का प्रयोग जैसे–इस मानचित्र में यहाँ देखिए, श्यामपट पर लिखे वाक्य में इस शब्द पर विचार कीजिए आदि।

   (b) हाव–भाव (Gestures) का प्रयोग।

   (c) मौखिक कथन और हाव–भाव दोनों का प्रयोग।

5. **अन्तःक्रिया शैली परिवर्तन (Change in Interaction Styles)**—कक्षा में चल रही संप्रेषण प्रक्रिया (Communication process), अंतःक्रिया (Interaction) कहलाती है। इस अंतःक्रिया के मुख्यतया तीन रूप अथवा शैलियाँ देखने को मिलती हैं–

   (i) **अध्यापक–विद्यार्थी अंतःक्रिया (Pupil-teacher Interaction)**—इस में अध्यापक और किसी एक विद्यार्थी के बीच संप्रेषण चलता है।

   (ii) **अध्यापक–कक्षा अंतःक्रिया (Teacher-class Interaction)**—इस में किसी एक विद्यार्थी के स्थान पर संपूर्ण कक्षा के साथ अध्यापक का संप्रेषण चलता है।

   (iii) **विद्यार्थी–विद्यार्थी अंतःक्रिया (Pupil-Pupil Interaction)**—इस में संप्रेषण क्रिया विद्यार्थियों के बीच ही चलती है। यहाँ अध्यापक का कार्य तो ऐसी परिस्थितियाँ पैदा करना और इस क्रिया पर उचित नियंत्रण रखना होता है।

   एक ही प्रकार की कक्षा अंतःक्रिया शिक्षण अधिगम को नीरस और प्रभावहीन बना सकती है। अतः एक अध्यापक को विभिन्न प्रकार की अंतःक्रिया शैली के प्रयोग द्वारा विविधता लाने की कला में पर्याप्त कुशलता अर्जित करने का प्रयत्न करना चाहिए।

6. **मौन-विराम (Pausing)**—पढाते–पढ़ाते अगर कोई अध्यापक अचानक ही थोड़ी देर के लिए मौन धारण कर ले और इस प्रकार उसके शिक्षण में कुछ देर के लिए विराम आ जाए तो इस क्रिया को मौन–विराम की संज्ञा दी जाती है। ध्यान आकर्षित एवं केंद्रित करने की यह एक उपयोगी तकनीक है। यह एक ऐसी ही बात है कि कमरे में टिक–टिक करती हुई दीवार घड़ी अगर एकदम चुप हो जाए तो हमारा ध्यान बरबस उसकी ओर आकर्षित हो जाता है। इस दृष्टि से एक अध्यापक को मौन–विराम युक्ति का कक्षा–शिक्षण में ध्यान आकर्षित एवं केंद्रित करने हेतु प्रयोग में लाने का अभ्यास करना चाहिए। साधारणतया इस दिशा में दो या तीन सेकेण्ड का अल्प मौन ही अधिक प्रभावशाली रहता है।

7. **मौखिक–दृश्य बदलाव (Aural-visual Switching)**—अपने कक्षा शिक्षण में प्रायः या तो अध्यापक मौखिक रूप से अपनी बात कहता है अथवा इसके लिए दृश्य–साधनों का प्रयोग करता है। इन दोनों में किसी एक ही माध्यम का लगातार प्रयोग पाठ को नीरस एवं प्रभावहीन बना सकता है। अतः एक अध्यापक को अभिव्यक्ति के इन माध्यमों में यथानुकूल परिवर्तन लाते रहना चाहिए। इन परिवर्तनों के अग्रांकित तीन रूप हो सकते हैं–

(i) मौखिक से दृश्य (From aural to visual)

(ii) दृश्य से मौखिक (From visual to aural)

(iii) मौखिक और दृश्य दोनों माध्यमों का एक साथ प्रयोग (Use of both aural and visual)।

8. विद्यार्थियों का क्रियात्मक सहयोग (Physical Involvement of the Students)—कक्षा शिक्षण में विद्यार्थी कई तरह से अपना क्रियात्मक सहयोग प्रदान करते हैं। उनको श्याम पट्ट पर कुछ लिखने अथवा समझने के लिए बुलाया जाता है, प्रयोगों एवं परीक्षणों में उनकी सहायता ली जाती है, दृश्य–श्रव्य सामग्री और साधनों के प्रयोग में भी वे आवश्यक मदद पहुंचाते हैं और किसी शिक्षण संप्रत्यय या विचार से संबंधित अभिनय/रसानुभूति अथवा क्रिया–पाठों में अपना सहयोग प्रदान करते हैं आदि। इस प्रकार के विभिन्न क्रियात्मक सहयोगों में यथेष्ट विविधता एवं परिवर्तन लाने से एक अध्यापक को शिक्षण वस्तु पर विद्यार्थियों का ध्यान आकर्षित एवं केंद्रित करने में पर्याप्त सहायता मिल सकती है। अतः शिक्षण कौशल के इस घटक का भी पूरा अभ्यास किया जाना चाहिए।

तालिका 15.3 उद्दीपक परिवर्तन कौशल संबंधी निरीक्षण अनुसूची एवं रेटिंग स्केल
(Observation Schedule cum Rating Scale for the Skill of Stimulus Variation)

उद्दीपक परिवर्तन कौशल के अभ्यास हेतु सूक्ष्म शिक्षण पाठों के पर्यवेक्षण एवं मूल्यांकन के लिए रेटिंग स्केल युक्त निरीक्षण अनुसूची का निम्न प्रारूप काम में लाया जा सकता है—

अध्यापक का नाम :

कक्षा : उपविषय :

सत्र : शिक्षण/पुनः शिक्षण :

टैलियाँ (Tallies)	*व्यवहार घटक (Component behaviour)*	*रेटिंग (व्यवहार घटकों के संदर्भ में गुणात्मक मूल्यांकन) अत्यधिक निराशाजनक ....सर्वोत्तम*						
अलग–अलग व्यवहार घटकों की आवृत्ति के संदर्भ में टैलियाँ लगाना	1. संचलन	0	1	2	3	4	5	6
	2. हाव–भाव	0	1	2	3	4	5	6
	3. वाक–संरूप परिवर्तन	0	1	2	3	4	5	6
	4. केंद्रण	0	1	2	3	4	5	6
	5. अंतःक्रिया शैली परिवर्तन	0	1	2	3	4	5	6
	6. मौन–विराम	0	1	2	3	4	5	6
	7. मौखिक–दृश्य बदलाव	0	1	2	3	4	5	6
	8. विद्यार्थियों का क्रियात्मक सहयोग	0	1	2	3	4	5	6

पर्यवेक्षक के हस्ताक्षर

उद्दीपक परिवर्तन कौशल के अभ्यास के लिए आदर्श सूक्ष्म पाठ योजना
(Sample Micro Lesson Plan for the Practice of the Skill of Stimulus Variation)

छात्राध्यापक का नाम : दिनांक :
विषय : गणित उपविषय : चौपड़ की सड़कों का क्षेत्रफल
कक्षा : सातवीं अवधि : 10 मिनट

अध्यापक क्रियाएं (Teacher's activities)	*छात्र क्रियाएं (Pupil's activities)*
1. विद्यार्थियों, तुम आयत और वर्ग की आकृतियों से परिचित हो और इनका क्षेत्रफल भी निकालना जानते हो। (अध्यापक द्वारा अब चौपड़ की सड़कों को दिखाता हुआ एक चार्ट दिखाया जायेगा)।	छात्र ध्यान से सुनेंगे। छात्र चार्ट की ओर ध्यान से देखेंगे।

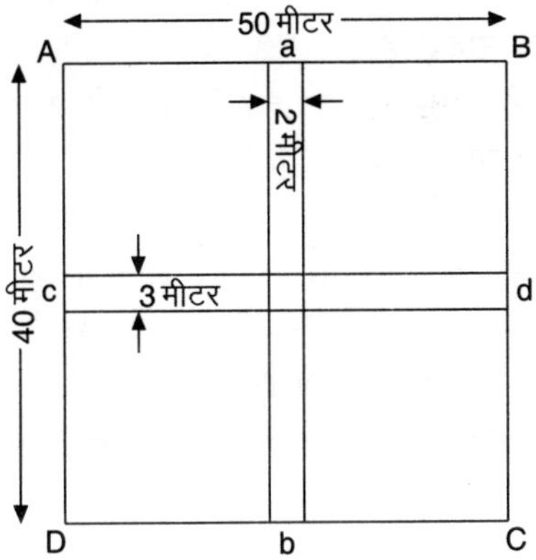

चित्र 15.3

अध्यापक क्रियाएं (Teacher's activities)	*छात्र क्रियाएं (Pupil's activities)*
2. अच्छा बताइये, यह चार्ट क्या प्रदर्शित करता है।	यह एक आयत है जिसमें एक दूसरे को काटती हुई दो सड़कें बनी हुई हैं।
3. यह सही है, पर मैं इन आकृतियों का ज़रा और विवरण दूंगा। अच्छा बताओ, क्या तुमने कभी इस प्रकार की आकृति किसी बाग या मैदान में बनी देखी है। ....(मौन–विराम) वहाँ एक दूसरे को काटते हुए (हाथ से संकेत करता हुआ) रास्ते या सड़कें बनी हुई होती हैं। (चार्ट की ओर आता हुआ)	विद्यार्थी ध्यान से सुनते एवं देखते हैं।
4. क्या तुम ऐसे रास्तों या सड़कों का क्षेत्रफल निकाल सकते हो ?	कोई उत्तर नहीं देता।

(क्रमशः)

(क्रमशः)

अध्यापक क्रियाएं (Teacher's activities)	छात्र क्रियाएं (Pupil's activities)
5. आओ देखें यह कैसे निकाला जाता है। सतीश क्या तुम 'ab' मार्ग का क्षेत्रफल निकाल सकते हो ?	हां ! यह एक आयताकार आकृति है। इसका क्षेत्रफल 80 वर्ग मीटर है।
6. अच्छा राकेश, अब तुम 'cd' मार्ग का क्षेत्रफल बताओ।	यह 150 वर्ग मीटर है।
7. अच्छा, अब इन दोनों मार्गों 'ab' और 'cd' का क्षेत्रफल कौन बताएगा ?	80 वर्ग मीटर और 150 वर्ग मीटर दोनों के योग करने से यह प्राप्त हो जाएगा।
8. (आवाज़ में परिवर्तन लाते हुए) नहीं, इस में कुछ गलती रह गई है। क्या तुम इस के बारे में फिर सोच सकते हो ?	छात्र कोई उत्तर नहीं देते।
9. आओ इस गलती को ढूंढे (चौपड़ की सड़कों वाला एक मॉडल प्रस्तुत करता है।) यह चौपड़ की सड़कों को दिखाने वाला एक मॉडल है। इन सड़कों पर सजावट के लिए लाल बजरी बिछानी है। अच्छा कमला, तुम आओ और इस की सड़क 'ab' पर बजरी बिछाओ।	कमला द्वारा 'ab' सड़क पर बजरी बिछाई जाती है।
10. (सारी कक्षा से) कमला के द्वारा कितने स्थान पर बजरी बिछाई गई है।	80 वर्ग मीटर स्थान पर।
11. अच्छा, बिमला अब तुम आओ और 'cd' सड़क पर बजरी बिछाओ।	बिमला 'cd' सड़क पर बजरी बिछाती है।
12. तुम देख रहे हो कि यह भाग (इशारा करते हुए) काफी ऊंचा उठ गया है। (हाथ से संकेत करके लेबल बताता है।)	बीच का भाग बहुत ऊंचा उठा हुआ दिखाई देता है जिसे बच्चे बड़े ध्यानपूर्वक देखते हैं।
क्या यह बजरी बिछाने का सही तरीका है ?	नहीं श्रीमान जी, इससे तो रास्ते पर चलने में रुकावट आएगी। यहाँ अतिरिक्त बजरी बिछा दी गई है।
13. सुदेश, क्या तुम उस जगह का क्षेत्रफल बता सकते हो जहां अतिरिक्त बजरी बिछाई गई है।	हां, यह 6 वर्ग मीटर है।
14. बच्चो, अब तुम्हें एक नयी बात पता चलेगी। इस के लिए तुम यह सोचो कि इन दोनों सड़कों का क्षेत्रफल इस तरह कैसे निकाला जा सकता है कि इस में उस स्थान का क्षेत्रफल न आए जहां अतिरिक्त बजरी बिछती है।	ऐसा करने के लिए पहले हम दोनों सड़कों का क्षेत्रफल अलग–अलग निकालेंगे फिर उनका योग करेंगे और इसमें से अतिरिक्त बजरी वाले स्थान का क्षेत्रफल घटा देंगे।
15. गीता, क्या तुम इसी बात को किसी सूत्र के रूप में कह सकती हो ?	चौपड़ की सड़कों का क्षेत्रफल = एक सड़क का क्षेत्रफल + दूसरी सड़क का क्षेत्रफल – बीच के भाग का क्षेत्रफल

पुनर्बलन कौशल (Skill of Reinforcement)

कौशल का अर्थ (Meaning of the Skill)

पुनर्बलन संप्रत्यय मनोविज्ञान से अपना संबंध रखता है। यह एक प्रकार की ऐसी युक्ति अथवा तकनीक है जो अधिगम एवं व्यवहार प्रक्रिया को प्रभावित करने की दिशा में महत्त्वपूर्ण भूमिका निभाती है।

पुनर्बलन के प्रकार (Kinds of Reinforcement)

पुनर्बलन दो प्रकार का होता है–

(i) **सकारात्मक पुनर्बलन (Positive Reinforcement)**—इस प्रकार के पुनर्बलन का शैक्षिक उद्देश्य विद्यार्थियों के वांछित व्यवहारों अथवा उपयुक्त अनुक्रियाओं/उत्तरों को पर्याप्त प्रोत्साहन अथवा सुखद अनुभूति (Proper encouragement or pleasant experiences) प्रदान कर सबल बनाना और स्थायी रूप प्रदान करना है।

(ii) **नकारात्मक पुनर्बलन (Negative Reinforcement)**—इस प्रकार के पुनर्बलन का उद्देश्य विद्यार्थियों के अवांछित व्यवहारों अथवा अनुपयुक्त अनुक्रिया/उत्तरों को निरुत्साहित कर अथवा दुःखद अनुभूति (Discouraging and providing unpleasant experiences) प्रदान कर उनकी पुनरावृत्ति न करने अथवा उनमें अपेक्षित सुधार लाने में सहायता करना है।

मनोवैज्ञानिक और शैक्षणिक–दोनों ही दृष्टियों से नकारात्मक पुनर्बलन की अपेक्षा सकारात्मक पुनर्बलन का प्रयोग जितना लाभदायक होता है उसका गलत उपयोग उतना ही हानिकारक सिद्ध हो सकता है। अतः एक अध्यापक के लिए एक उपयुक्त पुनर्बलन तकनीक का उचित प्रकार से प्रयोग करना सीखना बहुत ही आवश्यक है। पुनर्बलन कौशल का अर्जन इस दिशा में उसकी बहुत सहायता कर सकता है।

पुनर्बलन कौशल की परिभाषा (Definition)

पुनर्बलन कौशल से अभिप्राय ऐसी शिक्षण तकनीक अथवा कौशल से है जिसके द्वारा एक अध्यापक को अपने विद्यार्थियों के व्यवहार में वांछित परिवर्तन लाने हेतु पुनर्बलकों के उचित चुनाव और उनके प्रभावपूर्ण उपयोग में पूरी–पूरी सहायता मिलती है।

कौशल घटक (Components of the Skill)

पुनर्बलन कौशल में निम्न वांछित एवं अवांछित शिक्षण व्यवहार घटकों का समावेश होता है–

वांछित व्यवहार (Desirable behaviour)	*अवांछित व्यवहार (Undesirable behaviour)*
1. सकारात्मक शाब्दिक पुनर्बलकों का प्रयोग	नकारात्मक शाब्दिक पुनर्बलकों का प्रयोग
2. सकारात्मक अशाब्दिक पुनर्बलकों का प्रयोग	नकारात्मक अशाब्दिक पुनर्बलकों का प्रयोग
3. अतिरिक्त शाब्दिक पुनर्बलकों का प्रयोग	पुनर्बलन का गलत अथवा दोषपूर्ण प्रयोग

आइए अब इन व्यवहार घटकों का अर्थ समझा जाए।

वांछित व्यवहार (Desirable Behaviour)

1. **सकारात्मक शाब्दिक पुनर्बलकों का प्रयोग** (Use of Positive Verbal Reinforcers)— इस घटक के अंतर्गत शिक्षक के वे सभी शाब्दिक अथवा मौखिक व्यवहार आते हैं जो सकारात्मक पुनर्बलन में सहायक हों अर्थात् जिनके द्वारा एक विद्यार्थी को ठीक उत्तर देने अथवा सही अनुक्रियाएँ करने के लिए प्रोत्साहन और बल मिले। इन्हें सुविधा की दृष्टि से निम्नलिखित श्रेणियों में बाँटा जा सकता है–
   (i) प्रशंसात्मक शब्दों जैसे अच्छा, बहुत अच्छा, ठीक, बहुत ठीक, शाबाश, बहुत बढ़िया, अति उत्तम, बिल्कुल सही आदि का प्रयोग।
   (ii) विद्यार्थियों के विचारों और सही भावों को स्वीकार करने वाले कथनों जैसे तुम ठीक कर रहे हो, बस इसे थोड़ा और स्पष्ट करो आदि का प्रयोग।
   (iii) विद्यार्थी के उत्तर को दोहराना, दूसरे शब्दों में सामने रखना अथवा इसका सार प्रस्तुत करना।

2. **सकारात्मक अशाब्दिक पुनर्बलकों का प्रयोग** (Use of Positive Non-verbal Reinforcers)—इस घटक के अंतर्गत शिक्षक के वे सभी अशाब्दिक (Non-verbal) व्यवहार आते हैं जो सकारात्मक पुनर्बलन में सहायक हों। इन्हें निम्न दो श्रेणियों में बाँटा जा सकता है।
   (i) विद्यार्थियों के उत्तर को श्यामपट पर लिखना।
   (ii) विद्यार्थियों के उत्तर से सहमति या उन पर प्रसन्नता व्यक्त करने वाले उचित अशाब्दिक संकेतों (Non-verbal cues) अथवा हाव भावों (Gestures) का प्रयोग करना जैसे मुस्कराना, ताली बजाना, थपथपाना, सहमति सूचक सिर हिलाना, चलकर विद्यार्थी के पास जाना, आँखों और मुख–मुद्रा के द्वारा सहमति या प्रसन्नता व्यक्त करना आदि।

3. **अतिरिक्त शाब्दिक पुनर्बलकों का प्रयोग** (Use of Extra Verbal Reinforcers)—इस घटक में सकारात्मक पुनर्बलन प्रदान करने वाले ऐसे शिक्षण व्यवहार आते हैं जिन्हें न तो शाब्दिक ही कहा जा सकता है और न अशाब्दिक ही। हूं–हूं, अह–अह, ओह आदि ऐसे ही व्यवहार हैं।

अवांछित व्यवहार (Undesirable Behaviour)

1. **नकारात्मक शाब्दिक पुनर्बलकों का प्रयोग** (Use of Negative Verbal Reinforcers)—इस घटक के अंतर्गत शिक्षक के वे सभी शाब्दिक या मौखिक व्यवहार आते हैं जिनसे नकारात्मक पुनर्बलन की प्राप्ति होती है अर्थात् जो विद्यार्थियों के शिक्षण प्रक्रिया में भाग लेने और सही उत्तर देने की संभावना को घटाते हैं। इस प्रकार के पुनर्बलकों को निम्न श्रेणियों में विभाजित किया जा सकता है–
   (i) निरुत्साहित करने वाले शब्दों जैसे 'नहीं', 'गलत', 'बेवकूफ', 'गधा', 'रुको' आदि का प्रयोग।
   (ii) निरुत्साहित करने वाले वाक्यों जैसे मुझे यह बिल्कुल पसंद नहीं, तुम तो गोबर गणेश हो, तुम्हारे बाप–दादों ने भी यह किया है, यह बिल्कुल गलत है आदि।
   (iii) निरुत्साहित करने वाले शाब्दिक संकेतों, जैसे–उँ हूँ आदि का नकारात्मक स्वीकृति या नाराजगी में प्रयोग।

2. **नकारात्मक अशाब्दिक पुनर्बलकों का प्रयोग** (Use of the Negative Non-verbal Reinforcers)—इस घटक के अंतर्गत शिक्षक के वे सभी अशाब्दिक व्यवहार आते हैं, जिनसे नकारात्मक पुनर्बलन की प्राप्ति होती है। नाराजगी से छात्र की ओर देखना, नकारात्मक सिर हिलाना, तेज–तेज चलना, गुस्से की मुख–मुद्रा बनाना आदि।

3. **पुनर्बलक का गलत या दोषपूर्ण प्रयोग** (Inappropriate or Wrong use of Reinforcers)—पुनर्बलकों के उचित और सही उपयोग द्वारा ही शिक्षण–अधिगम प्रक्रिया में उपयुक्त परिणामों की प्राप्ति हो सकती है। गलत और दोषपूर्ण उपयोग से परिणाम उतने ही उल्टे निकलते हैं। इस दृष्टि से अध्यापक को ऐसा अभ्यास करना चाहिए कि उसके द्वारा कुछ निम्न प्रकार की अवांछित व्यवहार क्रियाओं की आवृत्ति न हो–

(i) आवश्यकता न होने पर भी पुनर्बलकों का प्रयोग करना।

(ii) आवश्यकता होने पर पुनर्बलकों का प्रयोग नहीं करना।

(iii) जरूरत से बहुत ज्यादा अथवा कम अनुपात में पुनर्बलकों का प्रयोग करना।

(iv) उत्तर देने वाले कुछ होशियार बालकों को ही पुनर्बलन (प्रोत्साहन) प्रदान करना।

इन उपरोक्त वांछित और अवांछित शिक्षण व्यवहारों के संदर्भ में यह समझा जाना चाहिए कि अच्छे परिणामों के लिए एक अध्यापक को वांछित व्यवहारों का पोषण करना होता है और अवांछित व्यवहारों का त्याग। इस दृष्टि से पुनर्बलन कौशल के विकास में यही उद्देश्य सामने रखना चाहिए और वांछित व्यवहारों को बढ़ाने तथा अवांछित व्यवहारों को घटाने के लिए उपयुक्त पुनर्बलन प्रदान करने का पर्याप्त अभ्यास कराया जाना चाहिए।

तालिका 15.4 पुनर्बलन कौशल संबंधी निरीक्षण अनुसूची एवं रेटिंग स्केल
(Observation Schedule cum Rating Scale for the Skill of Reinforcement)

पुनर्बलन कौशल के विकास हेतु सूक्ष्म शिक्षण पाठों का पर्यवेक्षण एवं मूल्यांकन करने के लिए रेटिंग स्केल युक्त निरीक्षण अनुसूची का निम्न प्रारूप प्रयोग में लाया जा सकता है–

छात्राध्यापक का नाम...................... दिनांक ....

विषय .... उपविषय ....

सत्र : शिक्षण/पुनः शिक्षण

टैलियाँ (Tallies)	*व्यवहार घटक (Component behaviour)*	*रेटिंग (व्यवहार घटकों के संदर्भ में गुणात्मक मूल्यांकन) (Rating—Qualitative evaluation of behaviour)*						
	A. वांछित व्यवहार (Desirable behaviour)	*अत्यधिक निराशाजनक–सर्वोत्तम*						
अलग–अलग, व्यवहार घटकों की आवृत्ति के संदर्भ में टैलियाँ लगाना।	1. प्रशंसात्मक शब्दों का प्रयोग	0	1	2	3	4	5	6
	2. विद्यार्थियों की भावनाओं को स्वीकार करने वाले कथनों का प्रयोग	0	1	2	3	4	5	6
	3. विद्यार्थियों के उत्तर की पुनरावृत्ति करना, उन्हें दूसरे रूप में कहना या उनका सार देना।	0	1	2	3	4	5	6

(क्रमशः)

(क्रमशः)

	4. उत्तर श्यामपट पर लिखना	0	1	2	3	4	5	6
	5. हाव–भाव और अन्य अशाब्दिक संकेतों का प्रयोग।	0	1	2	3	4	5	6
	6. अतिरिक्त शाब्दिक पुनर्बलकों का प्रयोग	0	1	2	3	4	5	6
	B. अवांछित व्यवहार (Undesirable behaviour)	*रेटिंग (Rating) बिल्कुल नहीं–अत्यधिक*						
टैलियाँ लगाना	1. निरुत्साहित करने वाले शब्दों का प्रयोग	0	1	2	3	4	5	6
	2. निरुत्साहित करने वाले अशाब्दिक संकेतों और बोलने के अंदाज का प्रयोग	0	1	2	3	4	5	6
	3. निरुत्साहित करने वाले वाक्यों का प्रयोग	0	1	2	3	4	5	6
	4. नकारात्मक अशाब्दिक पुनर्बलकों का प्रयोग	0	1	2	3	4	5	6
	5. पुनर्बलकों का गलत अथवा दोषपूर्ण प्रयोग।	0	1	2	3	4	5	6

पर्यवेक्षक के हस्ताक्षर

पुनर्बलन कौशल के अभ्यास के लिए आदर्श सूक्ष्म पाठ-योजना
(Model Micro Lesson Plan for the Skill of Reinforcement)

छात्राध्यापक का नाम........................	कक्षा–नवम
विषय........................ भूगोल	उपविषय–समुद्रीय पवनें
दिनांक.....................	अवधि–8 मिनट

अध्यापक क्रियाएँ (Teacher's activities)	*छात्र क्रियाएँ (Pupil's activities)*
1. कल हमने स्थलीय पवनों के बारे में पढ़ा था। क्या तुम इसकी परिभाषा बताओगे ? (जिस समय विद्यार्थी उत्तर दे रहा होगा अध्यापक सहमति से सिर हिलाता है और उसके उत्तर को श्यामपट पर लिखता है।)	छात्र–1. स्थलीय पवनें वे पवनें होती हैं जो स्थल से समुद्र की ओर चलती हैं।

(क्रमशः)

(क्रमशः)

2. अच्छा, क्या तुम इस परिभाषा के आधार पर समुद्रीय पवनों की परिभाषा दे सकते हो ? (अध्यापक उत्तर देने वाले छात्र) के समीप जाता है, उसके उत्तर को श्यामपट पर लिखता है। उत्तर के बाद तुरंत ही 'बहुत अच्छा' कहता है और उसकी पीठ को थपथपाता है।	छात्र–2. समुद्रीय पवनें वे पवनें होती हैं, जो समुद्र से स्थल की ओर चलती हैं।
3. अच्छा, अब इन दोनों परिभाषाओं को देखो। इन दोनों प्रकार की पवनों के बारे में तुम क्या निष्कर्ष निकाल सकते हो? गीता, यह तुम बताओ। (अध्यापक मुस्कराता है और गीता के उत्तर के साथ–साथ सहमति में सिर हिलाता जाता है, उत्तर के बाद "तुम ने ठीक समझा" यह कहता है ?)	गीता–ये दोनों प्रकार की पवनें प्रकृति में एक–दूसरे के एकदम प्रतिकूल हैं।
4. अच्छा, अब हमें यह जानना चाहिए कि समुद्रीय पवनें कैसे चलती हैं। तुमने यह तो पढ़ा ही है कि पवनें सदैव अधिक दबाव वाले स्थान से कम दबाव वाले स्थान की ओर चला करती हैं।	विद्यार्थी ध्यान से सुनते हैं।
यह नियम समुद्रीय पवनों के चलने पर कैसे लागू हो सकता है ?	छात्र–3. स्थल पर वायु का दबाव समुद्र के दबाव से कम होना चाहिए।
5. हाँ, और आगे कहो–(विद्यार्थी के समीप पहुँचता है) शाबाश, तुम ठीक सोच रहे हो।	विद्यार्थी कोई उत्तर आगे नहीं देता।
6. कोई बात नहीं। अच्छा तुम बैठ जाओ, मैं तुम से कोई और प्रश्न पूछूंगा। हाँ राम, तुम बताओ समुद्रीय पवनों के चलने का क्या समय होता है ? (राम के उत्तर देते समय उस पर दृष्टि जमाता है और उत्तर के तुरंत बाद "बिल्कुल ठीक" शब्द का प्रयोग करता है।)	राम–यह दिन के समय चलती हैं।
7. स्थल और समुद्र के ऊपर की वायु दिन के समय कैसी होती है? राधा, यह तुम बताओ (प्रशंसात्मक दृष्टि से राधा का उत्तर सुनता है।)	दिन के समय स्थल के ऊपर की वायु समुद्र के ऊपर की वायु की अपेक्षा गर्म होती है।
8. बहुत अच्छा, आगे यह बताओ कि ऐसा क्यों होता है ?	क्योंकि सूर्य की गर्मी से भूमि और रेत कण आदि पानी की अपेक्षा जल्दी गर्म हो जाते हैं।

(क्रमशः)

(क्रमशः)

9. शाबाश, अब यह बताओ स्थल के ऊपर की वायु के अधिक गर्म होने से आगे क्या प्रभाव पड़ता है?	स्थल के ऊपर वायु गर्म होकर ऊपर उठ जाती है और इससे वहाँ वायु का दबाव समुद्र की अपेक्षा कम हो जाता है।
10. (अध्यापक बीच में अह–अह की ध्वनि करता है और रमेश को आगे बोलने को प्रोत्साहित करता है।)	रमेश–दबाव बराबर बनाए रखने के लिए अधिक दबाव वाले स्थान (समुद्र) से कम दबाव वाले स्थान स्थल की ओर पवनें चलना शुरु हो जाती हैं।

दृष्टांत कौशल (Skill of Illustrating with Examples)

कौशल का अर्थ (Meaning of the Skill)

अपने शिक्षण के दौरान अध्यापक के सामने कई बार ऐसी परिस्थितियाँ आती हैं कि अच्छे से अच्छे ढंग से वर्णन और व्याख्या करने से वह किसी सिद्धांत, प्रनियम, संप्रत्यय या अमूर्त विचार अपने छात्रों को स्पष्ट नहीं कर पाता। ऐसी स्थिति का सामना करने के लिए वह निम्न प्रकार आगे बढ़ सकता है–

(i) वह एक उदाहरण से अपना कार्य प्रारंभ कर सकता है और उसे किसी अमूर्त विचार अथवा संप्रत्यय को स्पष्ट करने के लिए दृष्टांत रूप में प्रयोग कर सकता है।

(ii) इसके पश्चात् कुछ अन्य उदाहरणों को दृष्टांत रूप में काम में लाया जा सकता है।

(iii) इन उदाहरणों की सहायता से विचार या संप्रत्यय संबंधी कुछ विशेष नियमों और सिद्धांतों की रचना हेतु छात्रों को आवश्यक सहायता दी जा सकती है।

(iv) सामान्यीकृत नियम अथवा सिद्धांत से संबंधित कुछ अन्य उदाहरण देने के लिए छात्रों से कहा जा सकता है ताकि यह पता चल सके कि उन्होंने सिद्धांत अथवा नियम को पूरी तरह समझ लिया है या नहीं।

जिस प्रक्रिया की चर्चा ऊपर की पंक्तियों में की गई है उस का संबंध दृष्टांत कौशल के प्रयोग से है। उदाहरणों से तात्पर्य उन परिस्थितियों अथवा वस्तुओं से होता है जिनके द्वारा किसी विचार संप्रत्यय अथवा प्रनियम के अस्तित्व का अथवा उसके प्रयोग का प्रमाण मिलता है।

उदाहरणों की सहायता से दृष्टांत देने का कार्य निम्न रूपों में संपन्न हो सकता है–

(i) शाब्दिक या मौखिक रूप जैसे तुलना करना, घटना या कहानी सुनाना।

(ii) अशाब्दिक रूप जैसे वस्तुएँ, मॉडल, चित्र, चार्ट, रेखाचित्र, मानचित्र, नमूने, प्रयोग आदि का प्रदर्शन करना।

उदाहरणों के भलीभाँति प्रयोग के लिए यह आवश्यक है कि एक अध्यापक इस कार्य को एक कौशल के रूप में अर्जित करे। उदाहरण संबंधी इस दृष्टांत कौशल की परिभाषा निम्न प्रकार दी जा सकती है–

"दृष्टांत कौशल" किसी अमूर्त विचार, संप्रत्यय अथवा प्रनियम को समझाने और उसका उपयोग करने के लिए एक अध्यापक द्वारा अपनाई गई वह कला अथवा तकनीक है जिसके द्वारा उसे समुचित उदाहरणों के चयन करने,

उनके दृष्टांत रूप में प्रयोग करने और उनके द्वारा अपने विद्यार्थियों को वांछित निष्कर्ष और सामान्यीकरण तक पहुँचाने में पूरी–पूरी सहायता मिलती है।

कौशल घटक (Components of the Skill)

दृष्टांत कौशल से संबंधित मुख्य व्यवहार घटक (Component Behaviours) निम्न हैं–

1. सार्थक उदाहरणों का निर्माण (Formulating Relevant Examples)
2. सरल उदाहरणों का निर्माण (Formulating Simple Examples)
3. रोचक उदाहरणों का निर्माण (Formulating Interesting Examples)
4. उदाहरण देने के लिए उचित माध्यम का प्रयोग (Using Appropriate Media for Examples)
5. आगमन–निगमन–उपागम का प्रयोग (Making use of Inductive Deductive Approach)

आइए अब इन व्यवहार घटकों का ठीक से अर्थ समझा जाए।

1. **सार्थक उदाहरणों का निर्माण** (Formulating Relevant Examples)—किसी उदाहरण को सार्थक तभी समझा जा सकता है जबकि वह पढ़ाए जा रहे संप्रत्यय या प्रनियम के लिए एक अच्छा दृष्टांत सिद्ध हो सके और उसकी सहायता से उस संप्रत्यय या प्रनियम को ठीक प्रकार समझा जा सके।
2. **सरल उदाहरणों का निर्माण** (Formulating Simple Examples)—सरल उदाहरणों से तात्पर्य उन उदाहरणों से है जो विद्यार्थी के पूर्व ज्ञान पर आधारित होते हैं और उनके परिपक्वन स्तर (Level of maturity) से मेल खाते हैं। एक अध्यापक द्वारा प्रस्तुत उदाहरण इस प्रकार के हैं या नहीं, इस का अनुमान निम्न बातों से लगाया जा सकता है–
   (i) शिक्षण क्रिया में विद्यार्थियों के भाग लेने का क्या स्तर है ?
   (ii) उदाहरणों के प्रस्तुत करने और उन्हें प्रयोग में लाने हेतु अध्यापक द्वारा पूछे गए प्रश्नों के जो उत्तर विद्यार्थी दे रहे हैं वे कितने सही और सार्थक हैं ?
3. **रोचक उदाहरणों का निर्माण** (Formulating Interesting Examples)—एक उदाहरण को रोचक तभी कहा जा सकता है जबकि वह किसी विचार, संप्रत्यय या प्रनियम को ठीक प्रकार समझने के लिए विद्याथियों की रुचि, ज्ञान और जिज्ञासा को आकर्षित कर उसे बराबर बनाए रखने में सहायता कर सके। विद्यार्थियों के लिए किस प्रकार के उदाहरण रोचक हों यह उनकी आयु, परिपक्वता और पूर्व अनुभवों पर निर्भर करता है। कोई अध्यापक अपने शिक्षण कार्य में रोचक उदाहरण का प्रयोग कर रहा है या नहीं, इसका अनुमान विद्यार्थियों द्वारा प्रदर्शित व्यवहार और कक्षा के समय वातावरण और अनुशासन आदि से लगाया जा सकता है।
4. **उदाहरणों के लिए उचित माध्यम का प्रयोग** (Using Appropriate Media for Examples)—उदाहरणों को शाब्दिक अथवा अशाब्दिक, दोनों प्रकार के विभिन्न माध्यमों जैसे कहानी, चुटकले, मुहावरे और नमूने, मॉडल, मानचित्र तथा प्रयोग–प्रदर्शन आदि के रूप में विद्यार्थियों के सामने प्रस्तुत किया जा सकता है। अच्छे परिणामों के लिए यह आवश्यक होता है कि एक विशेष उदाहरण को उसी के अनुरूप उचित माध्यम में प्रस्तुत किया जाए। यह चुनाव करने के लिए निम्न बातों की ओर ध्यान देकर चलना होता है–
   (i) पढ़ाए जाने वाले विषय अथवा उपविषय की प्रकृति।
   (ii) विद्यार्थियों की आयु, परिपक्वन और विकास का स्तर।
   (iii) विद्यार्थियों द्वारा अर्जित पूर्व अनुभव।

5. आगमन–निगमन उपागम का प्रयोग (Making Use of Inductive-deductive Approach)—दृष्टांत कौशल के उपयोग को दो मुख्य भागों में बाँटा जा सकता है–

(i) किसी संप्रत्यय को समझाना अथवा किसी प्रनियम और सिद्धांत आदि की स्थापना करना।

(ii) प्रनियम की स्थापना और सिद्धांत को प्रयोग में लाना इन दोनों में से पहले कार्य के लिए जहाँ आगमन विधि का प्रयोग उपयुक्त रहता है वहाँ दूसरे के लिए निगमन विधि ठीक रहती है। इस तरह से पूरे कार्य को करने के लिए आगमन और निगमन दोनों विधियों अथवा उपागमों का प्रयोग करना होता है। इस दृष्टि से दृष्टांत कौशल का उचित विकास करने के लिए एक अध्यापक को आगमन और निगमन–दोनों उपागमों के समन्वित रूप का प्रयोग करने का पूरा–पूरा अभ्यास करना चाहिए।

तालिका 15.5 दृष्टांत कौशल से संबंधित निरीक्षण अनुसूची एवं रेटिंग स्केल
(Observation Schedule cum Rating Scale for the Skill for Illustrating with Examples)

दृष्टांत कौशल के विकास से संबंधित सूक्ष्म शिक्षण अभ्यास पाठों का उचित पर्यवेक्षण एवं मूल्यांकन हेतु रेटिंग स्केल युक्त निरीक्षण अनुसूची का निम्न प्रारूप काम में लाया जा सकता है–

छात्राध्यापक का नाम :

विषय : उपविषय :

कक्षा : सत्र : शिक्षण/पुनः शिक्षण

दिनांक :

टैलियाँ (Tallies)	*व्यवहार घटक (Component behaviour)*	*रेटिंग (व्यवहार घटकों के संदर्भ में गुणात्मक मूल्यांकन) (Rating—Qualitative evaluation of behaviour)*						
प्रत्येक व्यवहार घटक की आवृत्ति के संदर्भ में टैलियां लगाना		*अत्यधिक निराशाजनक–सर्वोत्तम*						
	उदाहरणों की सार्थकता	0	1	2	3	4	5	6
	उदाहरणों की सरलता	0	1	2	3	4	5	6
	उदाहरणों की रोचकता	0	1	2	3	4	5	6
	माध्यमों की उपयुक्तता	0	1	2	3	4	5	6
	विधि अथवा उपागम की उपयुक्तता	0	1	2	3	4	5	6

पर्यवेक्षक :

दृष्टांत कौशल के विकास के लिए एक आदर्श सूक्ष्म पाठ योजना
(Model Micro Lesson Plan for the Skill of Illustration with Examples)

छात्राध्यापक का नाम.................. दिनांक................

कक्षा.......................... अवधि : 8 मिनट

विषय–भौतिक विज्ञान उपविषय–पदार्थ और उसके गुण

अध्यापक क्रियाएँ (Teacher's activities)	छात्र क्रियाएँ (Pupils' activities)
1. विद्यार्थियों, तुम्हें पदार्थों के बारे में कल कुछ पढ़ाया था। क्या तुम उनके कुछ उदाहरण दे सकते हो ?	पानी, वायु, पत्थर, लोहा, सोना, नमक, चीनी ये सभी पदार्थ हैं।
2. अध्यापक विद्यार्थियों द्वारा दिए हुए उदाहरणों को श्यामपट पर लिखता है। बहुत अच्छा, देखो, तुम यह भी जानते हो कि पदार्थों को ठोस, तरल और गैस–इन तीन रूपों में बाँटा जा सकता है। क्या तुम इन सभी रूपों का एक–एक उदाहरण दे सकते हो ?	हाँ, क्यों नहीं ? लोहा ठोस है। पानी तरल या द्रव है और वायु गैसीय पदार्थ है।
3. (साधारण तराजू दिखाते हुए) देखिए विद्यार्थियों, जैसा कि तुम जानते हो यह एक तराजू है जो तौलने के काम आती है। आइए इसकी सहायता से इस लोहे की कील का भार ज्ञात किया जाए। (तोलते हुए) बताइए इसका कितना भार है।	यह भार 20 ग्राम है।
4. आइए, अब बीकर के पानी का भार भी ज्ञात कीजिए।	विद्यार्थी कोई उत्तर नहीं देते।
5. इसके लिए पहले हमें एक खाली बर्तन का भार ज्ञात करना होगा। फिर उसमें बीकर के पानी को डाल देंगे और पानी से भरे बर्तन का पुनः भार ज्ञात करेंगे। तुम देख रहे हो कि खाली बर्तन का भार 250 ग्राम था। पानी सहित इसका भार 400 ग्राम हो गया। क्या अब तुम यह बता सकते हो कि पानी का भार कितना है ?	पानी का भार 150 ग्राम है।
6. द्रव्य या तरल पदार्थों के इस प्रकार तोलने या भार ज्ञात करने के कुछ उदाहरण दीजिए।	दुकानदार इस तरह घी, तेल आदि तोल कर उनका भार ज्ञात करते हैं।
7. ठीक ! आइए अब वायु का भार भी ज्ञात किया जाए। बताइए यह कैसे ज्ञात किया जाएगा।	छात्र कोई उत्तर नहीं देते।
8. अध्यापक एक खाली ब्लैडर लेता है उसको तोलता है, उसमें पंप से हवा भरता है और फिर उसे तोलता है। इन दोनों भारों के परिणामों को भी श्यामपट पर लिखता है। अब बताइए ब्लैडर में जो वायु भरी थी उसका भार क्या है ?	यह 2 ग्राम है।

(क्रमशः)

(क्रमशः)

अध्यापक क्रियाएँ (Teacher's activities)	छात्र क्रियाएँ (Pupils' activities)
9. तुमने लोहे की कील, पानी, वायु सबको तोल कर देखा। इससे तुम क्या निष्कर्ष निकाल सकते हो ?	सभी में कुछ न कुछ भार है।
10. अच्छा, इससे सभी पदार्थों के किस सामान्य गुण का पता चलता है ?	सभी पदार्थों में भार होता है।
11. हाँ, तुम ठीक कहते हो सभी पदार्थों में भार होता है। अब ऐसा कीजिए उन सभी पदार्थों जिनको तुम जानते हो और जो भार रखते हैं, उनकी एक सूची बनाओ।	विद्यार्थी ऐसे सभी पदार्थों की सूची बनाने का प्रयत्न करते हैं।

मानचित्र पठन कौशल (Map Reading Skill)

विद्यालय पाठ्यक्रम के कई विषयों के शिक्षण में मानचित्र का विशेष महत्त्व होता है। इतिहास, भूगोल, अर्थशास्त्र एवं राजनीतिशास्त्र के अध्यापन में विषय के स्पष्टीकरण के लिए मानचित्र शिक्षक का बायाँ हाथ होता है। विभिन्न देशों की वास्तविक स्थिति, भौतिक विशेषताएँ, प्राकृतिक संसाधन, जलवायु संबंधी बातें, आर्थिक उत्पादन, जनसंख्या वितरण, राजनीतिक आँकड़े, विभिन्न शासकों द्वारा शासित राज्य की सीमाओं, पर्वतों, नदियों, पठारों, शहरों आदि की स्थिति समझाने में मानचित्र का महत्त्वपूर्ण योगदान रहता है। मानचित्र का प्रयोग विषय विशेष के तथ्यों को सरल एवं सुबोध बना देता है।

मानचित्र के प्रकार (Kind of Maps)

स्कूल पाठ्यक्रम के आधार पर हम निम्न प्रकार के मानचित्रों का प्रयोग करते हैं–

(i) **ऐतिहासिक मानचित्र** (Historical Maps)—ऐतिहासिक मानचित्र किसी देश के शासकों के राज्य विस्तार एवं सीमाओं को प्रदर्शित करते हैं जैसे सम्राट अशोक के राज्य की सीमा को दर्शाता हुआ मानचित्र आदि।

(ii) **राजनीतिक मानचित्र** (Political Maps)—इन मानचित्रों में विश्व के विभिन्न देश किसी देश के विभिन्न राज्य, किसी राज्य के विभिन्न जिलों आदि से संबंधित राजनीतिक विभाजन को प्रदर्शित करते हैं। जैसे भारत के विभिन्न राज्यों का मानचित्र, हरियाणा के विभिन्न जिलों को प्रदर्शित करता मानचित्र।

(iii) **सामाजिक मानचित्र** (Social Maps)—इन मानचित्रों में विभिन्न देशों अथवा राज्यों की जनसंख्या, भाषा एवं साक्षरता दर आदि को प्रदर्शित किया जाता है।

(iv) **आर्थिक मानचित्र** (Economic Maps)—आर्थिक मानचित्रों में विभिन्न फसलों का वितरण, सड़कें, रेल, हवाई मार्ग, व्यापार, उद्योग आदि को प्रदर्शित किया जाता है।

(v) **भौगोलिक मानचित्र** (Geographical Maps)—इन मानचित्रों में देश की जलवायु, प्राकृतिक विभाजन, पर्वत, नदियाँ, वर्षा, मिट्टी, वन, पठार, शहर आदि को प्रदर्शित किया जाता है।

विषय विशेष का शिक्षण करते समय मानचित्र का प्रयोग शिक्षण को रोचक, सरल एवं प्रभावशाली बना देता है। अतः एक कुशल अध्यापक के लिए यह जरूरी है कि उसे सही ढंग से मानचित्र का प्रयोग करना आता हो। अध्यापक के हाथ में तो मानचित्र एक शक्तिशाली अस्त्र के समान है जिसकी सहायता से ऐतिहासिक, भौगोलिक तथ्यों तथा अर्थशास्त्रीय तथ्यों का ज्ञान सरलता से कराया जा सकता है। अध्यापक का शिक्षण तभी प्रभावशाली एवं रुचिकर हो सकेगा जब उसमें विषय के ज्ञान के साथ मानचित्र का प्रयोग एवं अध्ययन करने की पूर्ण योग्यता हो। मानचित्र में तरह–तरह की रेखाओं, चिह्नों, आकृतियों, रंगों तथा अनेक प्रकार के संकेतों का प्रयोग करके विभिन्न स्थितियों को दर्शाया जाता है अतः मानचित्र ठीक से समझने के लिए छात्रों को इन संकेतों का ज्ञान कराया जाना चाहिए। मानचित्र को प्रयोग में लाने से संबंधित कुशलताओं में जितनी प्रवीणता एक अध्यापक में होगी वह उतनी ही अच्छी तरह से अपने विषय की शिक्षण अधिगम प्रक्रिया को संचालित करके विषय के शिक्षण अधिगम के उद्देश्यों की प्राप्ति में सफलता अर्जित कर सकेगा। मानचित्र को प्रयोग में लाना अर्थात् उसके पठन से अपेक्षित लाभ अर्जित करना इस तरह एक अध्यापक के लिए काफी आवश्यक शिक्षण कौशल होता है। उसे यह ज्ञान होना चाहिए कि अमुक मानचित्र किस विशेष प्रयोजन को सिद्ध करता है जैसे ऐतिहासिक तथ्यों को दर्शाना, ऐतिहासिक स्थानों तथा सीमा विस्तार पर प्रकाश डालना, भौगोलिक संपदा तथा संसाधनों की जानकारी प्रस्तुत करना, आर्थिक सर्वेक्षण के आँकड़े दर्शाना, कच्चे माल के उत्पादन क्षेत्रों तथा औद्योगिक प्रगति की जानकारी देना, भौगोलिक दूरियों तथा प्राकृतिक भूगोल से संबंधित तथ्यों पर प्रकाश डालना आदि। इन जानकारियों को मानचित्र विशेष में कुछ विशेष संकेतों, आकृतियों, रंगों, रेखाओं आदि के द्वारा अभिव्यक्त किया जाता है। जब तक इस प्रकार की जानकारी या अपेक्षित कुशलता अध्यापक में विकसित नहीं होगी वह प्रदर्शित मानचित्र से पूरा–पूरा शैक्षिक लाभ नहीं उठा पाएगा। इस प्रकार से इन सभी बातों को ध्यान में रखते हुए *मानचित्र पठन कौशल से अभिप्राय ऐसी शिक्षण तकनीक अथवा कौशल से है जिसके द्वारा एक अध्यापक से किसी भी मानचित्र विशेष में प्रदर्शित तकनीकी तथा शैक्षिक जानकारी को ठीक तरह समझकर उसका विषय–विशेष के शिक्षण–अधिगम हेतु भलीभाँति शैक्षिक उपयोग करने में आसानी होती है।*

मानचित्र पठन कौशल के घटक (Components of Map Reading Skill)

मानचित्र पठन कौशल के निम्नलिखित घटक हैं–

1. **परिचयात्मक कथन का प्रयोग** (Use of Introductory Statement)—मानचित्र की तरफ छात्रों का ध्यान आकर्षित करने तथा मानचित्र के प्रयोग का उद्देश्य बताने के लिए अध्यापक को परिचयात्मक कथन का प्रयोग करना चाहिए। ऐसे कथनों के प्रयोग से छात्र मानचित्र का अध्ययन करने के लिए मानसिक रूप से तैयार हो जाते हैं। जैसे भारतवर्ष में पाई जाने वाली मिट्टी के बारे में पढ़ाते समय अध्यापक निम्न परिचयात्मक कथन का प्रयोग कर छात्रों का ध्यान मानचित्र की तरफ आकर्षित कर सकता है : "आओ बच्चो ! अब हम भारत के मानचित्र में देखते हैं कि किस स्थान पर किस प्रकार की मिट्टी पाई जाती है।"

2. **मानचित्र की भाषा का उचित बोध एवं प्रयोग** (Proper Understanding and Application of Map Language)—भाषा विचारों की अभिव्यक्ति का माध्यम होती है। अतः मानचित्र की भाषा से तात्पर्य है वे संकेत, चिह्न, आकृतियाँ या रंग जिनके द्वारा मानचित्र में किसी भी प्रकार की राजनीतिक, ऐतिहासिक, भौगोलिक या आर्थिक स्थिति को दर्शाया गया है। एक शिक्षक को मानचित्र की इस भाषा का सही–सही ज्ञान होना चाहिए तथा मानचित्र प्रयोग करते समय उसका ठीक–ठीक विश्लेषण करना चाहिए। मानचित्र की भाषा को हम निम्न उपवर्गों या उपघटकों में विभाजित कर सकते हैं–

(i) **रेखाओं का ज्ञान एवं प्रयोग** (Knowledge and Use of Lines)—मानचित्र में विभिन्न प्रकार की स्थितियों को प्रदर्शित करने के लिए कई बार रेखाओं का प्रयोग किया जाता है। अध्यापक को मानचित्र से संबंधित विषय का स्पष्टीकरण करते समय यह देख लेना चाहिए कि किस प्रकार की रेखा किस स्थिति को प्रदर्शित कर रही है। उदाहरण के लिए नीचे चित्र में इन रेखाओं के विभिन्न प्रयोग को दिखाया गया है–

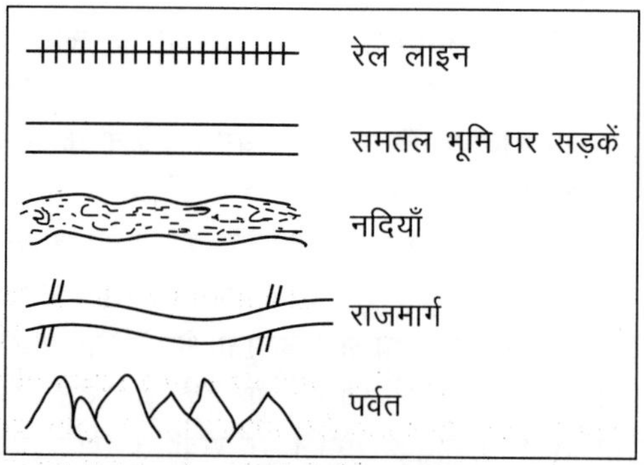

चित्र 15.4 मानचित्र में प्रदर्शित रेखाएँ।

(ii) **आकृति का ज्ञान एवं प्रयोग** (Knowledge and use of Figures)—मानचित्र में विभिन्न आकृतियों के द्वारा भी भिन्न–भिन्न प्रकार की स्थिति को प्रदर्शित किया जाता है। जैसे भारत के मानचित्र में पर्वत, नदियाँ, वन, पठार, रेलमार्ग, सड़क मार्ग आदि को प्रदर्शित करने के लिए निम्न प्रकार की आकृतियों का प्रयोग किया जाता है। अध्यापक को इसका पूर्ण ज्ञान होना चाहिए कि कौन–सी आकृति किस चीज का बोध करा रही है, जैसा कि निम्न चित्र में दर्शाया गया है–

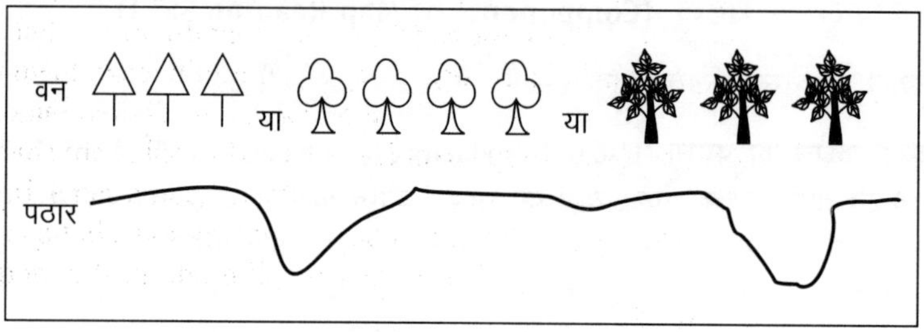

चित्र 15.5 मानचित्र में प्रदर्शित आकृतियाँ।

(iii) **चिह्नों का ज्ञान एवं प्रयोग** (Knowledge and Use of Symbols)—मानचित्र में विभिन्न प्रकार की उपज, उद्योग, जनसंख्या, वर्षा, मिट्टी आदि का क्षेत्र दिखाने के लिए भिन्न–भिन्न प्रकार के चिह्नों का प्रयोग किया जाता है। इन चिह्नों की सहायता से हम किसी स्थान पर कितने उद्योग हैं या जनसंख्या है या अन्य किसी प्रकार की विषयवस्तु का ज्ञान प्राप्त कर सकते हैं। ये चिह्न किसी भी प्रकार के हो सकते हैं, जैसे–

... Δ □ + : : ×

उदाहरण के लिए यदि हम भारत में 'मृदा' (मिट्टी) का वितरण' पढ़ा रहे हों तो उसके लिए मानचित्र में भारत के भूभाग में मृदा का वितरण दिखाने के लिए निम्न चिह्नों का प्रयोग कर सकते हैं–

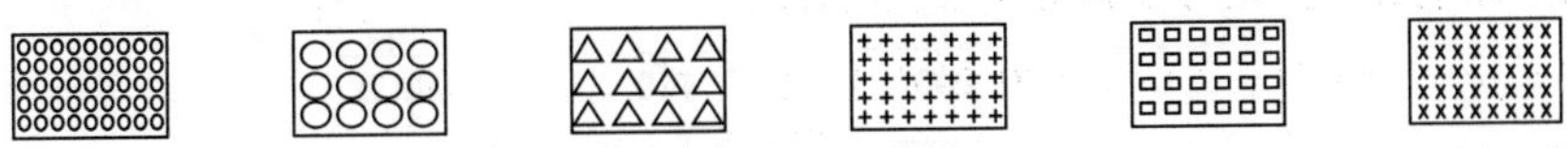

जलोढ़ मिट्टी | काली मिट्टी | लाल मिट्टी | लेट्राइट मिट्टी | पर्वतीय मिट्टी | मरुस्थलीय मिट्टी

चित्र 15.6 मानचित्र में चिह्नों का प्रयोग।

मानचित्र में दिखाए गए इन चिह्नों को पहले ही स्पष्ट कर देना चाहिए। इससे मानचित्र पठन में सुविधा हो जाती है।

(iv) रंगों का ज्ञान (Knowledge of Colours)—भिन्न–भिन्न मानचित्रों में हमें भिन्न–भिन्न रंग देखने को मिलते हैं। किसी भाग में कोई एक रंग है तो दूसरे भाग में कोई अन्य रंग। मानचित्र का पठन करते समय शिक्षक को इन रंगों का ध्यान रखना चाहिए। उसे पहले ही यह जानकारी ले लेनी चाहिए कि कौन–सा रंग किस घटना, विशेषता, स्थिति या आँकड़े को प्रदर्शित कर रहा है। कौन–सा रंग मानचित्र के किस क्षेत्र या सीमा को दर्शा रहा है, इन सबकी जानकारी होने से मानचित्र का पठन कर विषयवस्तु को स्पष्ट करने में सहायता मिलती है। जैसे मानचित्र में "भारत की प्राकृतिक वनस्पति" को प्रदर्शित करने के लिए हम निम्न प्रकार की रंग योजना का प्रयोग कर सकते हैं–

गहरा हरा	–	उष्ण कटिबंधीय वर्षा वन / सदाहरित वन
हल्का हरा	–	उष्ण कटिबंधीय पर्णपाती वन / मानसूनी वन
गहरा भूरा	–	कँटीले वन / झाड़ियाँ
हल्का भूरा	–	ज्वारीय वन
भूरा–हरा	–	पर्वतीय वन

3. पैमाने का ज्ञान एवं उचित प्रयोग (Knowledge and Use of Scale)—किसी भी देश के आकार की तुलना में मानचित्र का आकार अत्यंत सूक्ष्म होता है। अतः मानचित्र बनाते समय हम उस स्थान की दूरी और मानचित्र की दूरी के आपसी संबंध का निर्णय ले लेते हैं। स्थान की दूरी और मानचित्र दूरी में संबंध स्थापित करने को ही पैमाना (Scale) कहा जाता है। पैमाना एक ऐसा साधन है जिसकी सहायता से हम संपूर्ण पृथ्वी या उसके किसी एक भाग को अपनी सुविधा के अनुसार वैज्ञानिक ढंग से छोटा कर सकते हैं। स्थान दूरी और मानचित्र दूरी के बीच अनुपात ही पैमाना है। उदाहरण के लिए मानचित्र में किन्हीं दो स्थानों के बीच दूरी 1 सेंटीमीटर है और पृथ्वी पर उन्हीं दो स्थानों के बीच दूरी 100 कि.मी. है तो मानचित्र का पैमाना होगा (1 सें.मी. = 100 कि.मी.) 100 मानचित्र दूरी सें.मी. या इंच द्वारा तथा पृथ्वी दूरी कि.मी. या मील के द्वारा व्यक्त की जाती है। इस प्रकार पैमाने के द्वारा किसी स्थान का मानचित्र बनाने में सहायता मिलती है।

मानचित्र का अध्ययन करते समय अध्यापक को इस पैमाने के बारे में पहले से ज्ञान प्राप्त कर लेना चाहिए और देख लेना चाहिए कि मानचित्र में किस पैमाने का प्रयोग किया गया है जिससे कक्षा में मानचित्र का पठन करते समय छात्रों को सही दूरी आदि का ज्ञान कराया जा सके। मानचित्र में अग्रांकित ढंग से संकेत दिया जाता है–

पैमाना ग्राफ
(Scale Graph)

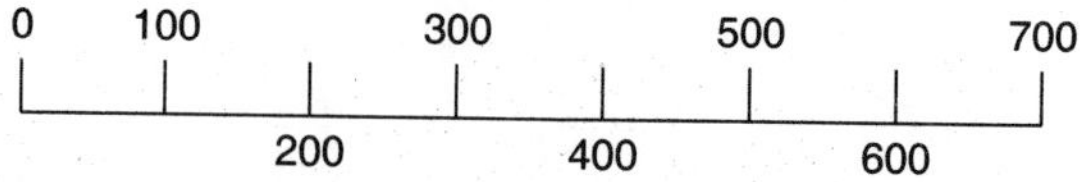

पैमाना = 1 सें.मी. = 100 कि.मी.

4. **दिशाओं का ज्ञान एवं प्रयोग** (Knowledge and Use of Direction)—मानचित्र का अध्ययन करते समय दिशाओं का भी ध्यान रखना जरूरी है। मानचित्र में ऊपर की ओर उत्तर दिशा तथा नीचे की ओर दक्षिण दिशा प्रदर्शित की जाती है। जो पृथ्वी के उत्तरी ध्रुव तथा दक्षिणी ध्रुव के अनुसार पूर्व निर्धारित है। मानचित्र में किसी भी क्षेत्र की स्थिति इन दिशाओं के अनुरूप दर्शाई जाती है। जैसे किसी क्षेत्र की उत्तरी दिशा मानचित्र की उत्तरी दिशा के अनुरूप रखी जाती है। अध्यापक को चाहिए कि मानचित्र पठन से पूर्व वह इन दिशाओं का ज्ञान प्राप्त करें और फिर उसी के अनुसार मानचित्र का वर्णन करें। जैसे भारतवर्ष के उत्तर में हिमालय पर्वत है तो दक्षिण में हिंद महासागर, पूर्व में बंगाल की खाड़ी तो पश्चिम में अरब महासागर। इसके लिए तीरों के द्वारा निम्न दिशा चित्र का प्रयोग भी किया जाता है।

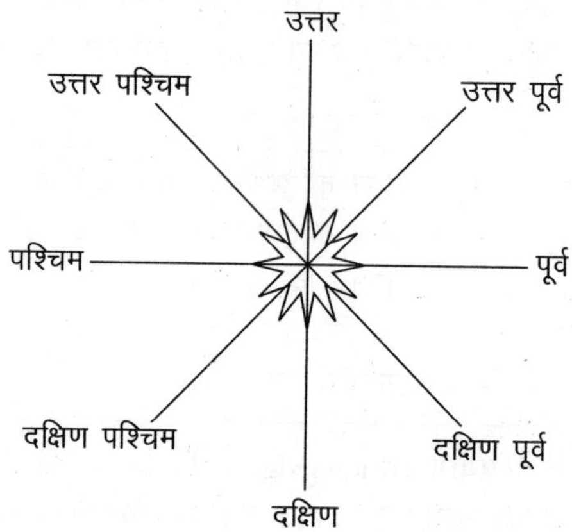

चित्र 15.7 दिशाओं का ज्ञान।

5. **अक्षांश व देशांतर रेखाओं का सही ज्ञान व प्रयोग** (Correct Knowledge and Use of Latitude & Longitude)—मानचित्र में विश्व के किसी भी देश की सही–सही स्थिति, तापमान, जलवायु आदि की जानकारी प्राप्त करने में अक्षांश व देशांतर रेखाएँ महत्त्वपूर्ण भूमिका निभाती हैं। उत्तरी ध्रुव को दक्षिणी ध्रुव से मिलाने वाली रेखाएँ देशांतर रेखाएँ कहलाती हैं तथा पूर्व से पश्चिम की ओर पृथ्वी के वृत्त को घेरने वाली रेखा अक्षांश रेखा कहलाती हैं। हमारा देश भारत 0° देशांतर रेखा के पूर्व में है तथा 0° अक्षांश रेखा के उत्तर में है। 23.5° उत्तर अक्षांश रेखा (कर्क रेखा) भारत के ठीक मध्य से गुजरती है। जलवायु, वायुदाब, वर्षा, तापमान आदि के अध्ययन में इन रेखाओं के ज्ञान से सहायता मिलती है। अतः मानचित्र पठन के लिए अध्यापक को इन रेखाओं की स्थिति आदि की पूर्ण जानकारी होनी चाहिए तथा इनका प्रयोग करना आना चाहिए।

6. **विद्यार्थियों की सक्रिय भागीदारी** (Active Participation of Students)—मानचित्र पठन कौशल का अगला घटक है छात्र सहभागिता। मानचित्र का अध्ययन करते समय शिक्षक को बीच–बीच में छात्रों का सक्रिय सहयोग लेना चाहिए। उन्हें मानचित्र के निकट बुलाकर उसमें दर्शाए गए विभिन्न स्थानों, क्षेत्रों आदि को दिखाने के लिए कहना चाहिए। जैसे आकर बताओ कि गंगा नदी कहाँ से निकल रही है, काली मिट्टी किस क्षेत्र में पाई जाती है या भूरे रंग से क्या दर्शाया गया है या 100 सें०मी० से अधिक वर्षा कहाँ दिखाई गई है या मानचित्र में कर्क रेखा दिखाओ या अशोक के साम्राज्य की सीमा दिखाओ या हरियाणा के मानचित्र में विभिन्न जिलों की सीमाएँ बताओ आदि। इससे छात्र सक्रिय होते हैं और मानचित्र प्रयोग में उनकी रुचि बढ़ती है।
7. **निष्कर्षात्मक कथन का प्रयोग** (Use of Concluding Statement)—मानचित्र का प्रयोग करने के उपरांत शिक्षक को निष्कर्ष कथन का प्रयोग करना चाहिए कि उसने मानचित्र के द्वारा किन–किन बातों को स्पष्ट किया है। इससे पाठ की दोहराई हो जाती है और साथ में यह भी जान जाते हैं कि मानचित्र में उन्हें क्या–क्या दिखाया गया है।

इन सभी घटकों के ज्ञान और प्रयोग से एक शिक्षक मानचित्र पठन कौशल में निपुणता अर्जित कर सकता है।

तालिका 15.6 मानचित्र पठन कौशल से संबंधित निरीक्षण अनुसूची एवं रेटिंग स्केल

छात्राध्यापक का अनुक्रमांक : .... दिनांक : ....

छात्र निरीक्षक का नाम : .... कक्षा : ....

विषय : .... पाठ की अवधि : ....

उपविषय : .... सत्र : ....

टैलियाँ/विशेष (Tallies) निरीक्षण कार्य	*व्यवहार घटक (Component behaviour)*	*रेटिंग स्केल व्यवहार घटकों के संदर्भ में गुणात्मक मूल्यांकन (Rating—Qualitative evaluation of behaviour)*						
		अत्यधिक असंतोषजनक–सर्वोत्तम						
अलग–अलग	1. परिचयात्मक कथन का प्रयोग	0	1	2	3	4	5	6
व्यवहार घटकों	2. मानचित्र की भाषा का उचित	0	1	2	3	4	5	6
की आवृत्ति के	बोध एवं प्रयोग	0	1	2	3	4	5	6
संदर्भ में टैलियाँ	(i) रेखाओं का ज्ञान एवं प्रयोग	0	1	2	3	4	5	6
लगाना अथवा	(ii) आकृति का ज्ञान एवं प्रयोग	0	1	2	3	4	5	6
हाँ/नहीं	(iii) चिह्नों का ज्ञान एवं प्रयोग	0	1	2	3	4	5	6
लिखना	(iv) रंगों का ज्ञान एवं प्रयोग	0	1	2	3	4	5	6
	3. पैमाने का ज्ञान एवं प्रयोग	0	1	2	3	4	5	6
	4. दिशाओं का ज्ञान एवं प्रयोग	0	1	2	3	4	5	6

(क्रमशः)

(क्रमशः)

टैलियाँ/विशेष (Tallies) निरीक्षण कार्य	व्यवहार घटक (Component behaviour)	रेटिंग स्केल व्यवहार घटकों के संदर्भ में गुणात्मक मूल्यांकन (Rating—Qualitative evaluation of behaviour)						
	5. अक्षांश व देशांतर रेखाओं का	0	1	2	3	4	5	6
	सही ज्ञान एवं प्रयोग	0	1	2	3	4	5	6
	6. विद्यार्थी की सक्रिय भागीदारी	0	1	2	3	4	5	6
	7. निष्कर्षात्मक कथन का प्रयोग	0	1	2	3	4	5	6

पर्यवेक्षक के हस्ताक्षर

मानचित्र पठन कौशल के अभ्यास के लिए आदर्श सूक्ष्म पाठ-योजना
(Model Micro Lesson Plan for the Skill of Map Reading)

छात्राध्यापक का नाम.......................... दिनांक : ....

विषय : भूगोल कक्षा : नवम

प्रकरण : मृदा एवं इसका वितरण पाठ की अवधि : 6 मिनट

सत्र : शिक्षण

छात्राध्यापक क्रियाएँ	छात्र क्रियाएँ
बच्चो ! विभिन्न प्राकृतिक संसाधनों की तरह मिट्टी या मृदा भी मानव एवं अन्य प्राणियों के लिए प्रकृति का अमूल्य उपहार है। यह सभी प्रकार की वनस्पति के विकास का आधार है और परोक्ष रूप से इसी के माध्यम से सभी को भोजन की प्राप्ति होती है। आज हम भारत के विभिन्न क्षेत्रों में पाई जाने वाली इसी मिट्टी अर्थात् मृदा के बारे में पढ़ेंगे।	छात्र ध्यानपूर्वक सुनते हैं।
(भारतवर्ष के मानचित्र की तरफ संकेत करते हुए) बच्चो, हमारे देश में छह प्रकार की मृदा पाई जाती है।	छात्र मानचित्र की तरफ ध्यान से देखते हैं और अध्यापक के कथन को सुनते हैं।
1. जलोढ़ मिट्टी या मृदा—भारत के उत्तरी भाग में नदियों का जाल बिछा होने के कारण जलोढ़ मृदा का विकास हुआ है।	छात्र ध्यान से सुनते हैं।
पश्चिम में पंजाब से लेकर पूर्व में पं० बंगाल तक और सुदूर पूर्व में असम घाटी तक अत्यधिक उपजाऊ जलोढ़ मृदा की एक मोटी परत बिछी हुई है।	

(क्रमशः)

(क्रमशः)

– बच्चो, मानचित्र में देखकर बताओ, भारत का उत्तरी भाग कहाँ है ?

एक छात्र आकर मानचित्र में उत्तरी भाग बताता है।

– दक्षिणी भाग किस तरफ है ?

दूसरा छात्र दक्षिणी भाग दिखाता है।

– पश्चिम में पंजाब तथा पूर्व में असम घाटी कहाँ है ?

अन्य छात्र पश्चिम तथा पूर्वी भाग दिखाते हैं।

– शाबाश, मानचित्र में ▥ इन खड़ी रेखाओं के द्वारा जलोढ़ मृदा का वितरण दिखाया गया है। (मानचित्र में दिखाता है।)

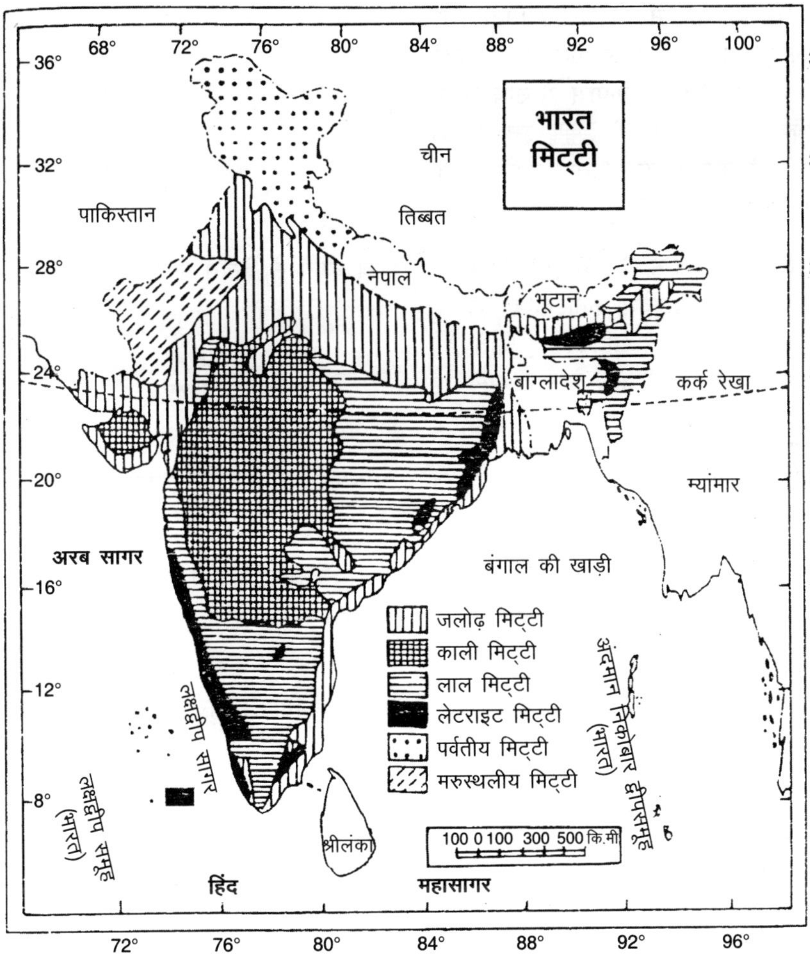

चित्र 15.8 भारत में मिट्टी का वितरण।

(क्रमशः)

(क्रमशः)

– उत्तरी भाग के अलावा तटीय क्षेत्रों, दक्षिण में नदी घाटियों, राजस्थान में उत्तर से दक्षिण की ओर पूर्वी क्षेत्र में जलोढ़ मृदा पाई जाती है। यह मृदा विश्व में सर्वाधिक उपजाऊ मृदा मानी जाती है।	छात्र ध्यान से देखते व सुनते हैं।
2. काली मिट्टी–(मानचित्र में स्थिति दर्शाते हुए) मालवा के पठार में विंध्य क्षेत्र और दक्कन के पठार के उत्तरी भाग में काली मिट्टी विस्तृत रूप से पाई जाती है। यह मिट्टी जलोढ़ मिट्टी की तरह उपजाऊ होती है। इसमें जल को सोखने की क्षमता अधिक होती है। कपास के उत्पादन में यह लाभकारी है। मानचित्र में 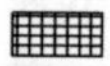 इन रेखाओं के द्वारा काली मिट्टी का विस्तार दर्शाया गया है। (मानचित्र में दिखाता है।)	छात्र ध्यान से देखते व सुनते हैं।
3. लाल मिट्टी–(मानचित्र में दिखाते हुए) मध्यप्रदेश, छत्तीसगढ़, झारखंड, आंध्रप्रदेश, कर्नाटक, तमिलनाडु आदि क्षेत्रों में लाल मिट्टी अधिक पाई जाती है। बच्चो देखिए, काली मिट्टी क्षेत्र के चारों ओर यह मिट्टी बिछी हुई है।	छात्र ध्यान से देखते व सुनते हैं।
– बच्चो बताओ, लाल मिट्टी का विस्तार मानचित्र में किन रेखाओं के द्वारा दर्शाया गया है।	छात्र–लाल मिट्टी का विस्तार 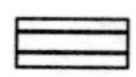 रेखाओं के द्वारा दर्शाया गया है।
4. लेटराइट मिट्टी–बच्चो, मानचित्र में देखकर बताओ कि लेटराइट मिट्टी का विस्तार किस रंग से दर्शाया गया है ?	छात्र–लेटराइट मिट्टी का विस्तार काले रंग से दर्शाया गया है।
– ठीक, बताओ यह मिट्टी भारत के लगभग कितने भाग में फैली है ?	छात्र–यह मिट्टी भारत में बहुत कम क्षेत्र में फैली है।
– शाबाश, यह मिट्टी अधिक उपजाऊ नहीं है क्योंकि इसमें जल भीतरी क्षेत्र तक रिस जाता है अतः पेड़–पौधों की जड़ें इसमें गहराई में पानी तक नहीं पहुँच पाती हैं।	

(क्रमशः)

(क्रमशः)

5. पर्वतीय मिट्‌टी—(संकेतक से मानचित्र में दिखाते हुए) हिमालय, नीलगिरि, विंध्याचल आदि पर्वतीय क्षेत्रों में यह मिट्टी पाई जाती है। वर्षा जल और नदियों के कारण इन क्षेत्रों में मिट्‌टी का अपरदन होने से मृदा जल के साथ बहकर मैदानों में निक्षेपित होती रहती है अतः यहाँ मृदा की परत पतली होती है।	बच्चे मानचित्र की ओर देखते हैं और ध्यान से सुनते हैं।
– बच्चो बताओ, मानचित्र में पर्वतीय मिट्‌टी को किस चिह्न से दर्शाया गया है ?	छात्र—मानचित्र में पर्वतीय मिट्‌टी बिंदु चिह्नों द्वारा दिखाई गई है।
6. मरुस्थलीय मृदा—रेगिस्तान या मरुस्थलीय क्षेत्रों में यह मिट्‌टी पाई जाती है। इसमें जल का अभाव होता है। यह पूर्णतया शुष्क होती है। बच्चो,	
– मानचित्र में बताओ इस मृदा का विस्तार कहाँ है ?	छात्र आकर दिखाता है ?
– इस मिट्टी को किस रेखा से दर्शाया गया है?	छात्र—मरुस्थलीय मिट्‌टी को तिरछी रेखा से दिखाया गया है।
बच्चो, इस प्रकार हमने जाना कि हमारे देश में अनेक प्रकार की मृदा पाई जाती है। इसलिए हमारे देश में कृषि व वनों का इतना विकास हुआ है। कृषि प्रधान भारत में मृदा का विशेष महत्त्व है। अतः वृक्षारोपण आदि के द्वारा मृदा को जल, पवन आदि के द्वारा अपरदन से बचाना चाहिए।	बच्चे ध्यान से सुनते हैं।

प्रश्न कौशल (Skill of Questioning)

अर्थ एवं परिभाषा (Meaning and Definition): प्रश्न पूछना एक कला है जो प्राचीनकाल से ही शिक्षा प्रदान करने हेतु प्रयोग में लाई जा रही है। जिस समय मुद्रण कला का आविष्कार नहीं हुआ था तब गुरुजन अपने शिष्यों को प्रश्नों के पूछने के माध्यम से ही शिक्षा दिया करते थे। आज के समय में जबकि शिक्षा के क्षेत्र में इतने आधुनिक वैज्ञानिक और तकनीकी उपकरणों का प्रयोग होने लगा है प्रश्न पूछने की कला का महत्त्व कम नहीं हुआ है बल्कि कक्षा अंतःक्रिया की दृष्टि से और भी ज्यादा बढ़ गया है। कक्षा में विद्यार्थियों के पूर्व ज्ञान की जानकारी, विद्यार्थियों के ज्ञान एवं अवबोध का स्तर, उनकी विषय के प्रति रुचि, प्राप्त ज्ञान का स्तर, शिक्षण विधि ा की सफलता तथा अपने अध्यापन कार्य की प्रभावशीलता आदि सभी बातों की जानकारी अध्यापक को प्रश्नों के द्वारा ही भलीभाँति प्राप्त हो सकती है।

वास्तव में प्रश्न कौशल अध्यापक के लिए एक ऐसा उत्तम साधन है जिसके द्वारा अध्यापक तथा छात्र में उचित अंतःक्रिया होती है और छात्रों को पढ़ने के लिए एवं कक्षा में ध्यान केंद्रित करने के लिए प्रेरित किया जा सकता है। इस प्रकार से शिक्षण की संपूर्ण प्रक्रिया प्रश्न पूछने की कला से संबंधित है। बोसिंग (Bossing) महोदय का कहना है–"प्रश्न करने की कला का महत्त्व स्वीकारे बिना कोई भी शिक्षण विधि सफलतापूर्वक लागू नहीं की जा सकती है।"

अतः एक शिक्षक को अन्य कौशलों की तरह प्रश्न पूछने के कौशल में पारंगत होना आवश्यक है। शिक्षण प्रशिक्षण से इस कौशल को शीघ्रतापूर्वक तथा आसानी से सीखा जा सकता है। उपरोक्त वर्णन के आधार पर अगर आगे सोचा जाए तो प्रश्न कौशल की परिभाषा निम्न शब्दों में दिया जाना ठीक रहेगा।

कक्षा में छात्रों का ध्यान शिक्षण बिंदुओं पर केंद्रित रखने के लिए, छात्रों को सक्रिय बनाए रखने के लिए, उनके ज्ञान तथा अभिरुचि का परीक्षण करने के लिए उनकी विचाराभिव्यक्ति शक्ति, स्मृति एवं कल्पनाशीलता को प्रेरित करने के लिए तथा शिक्षण के दौरान सीखी गई पाठ्यवस्तु का मूल्यांकन करने के लिए शिक्षक द्वारा–"सार्थक, संक्षिप्त, स्पष्ट विशिष्ट व्याकरण की दृष्टि से शुद्ध प्रश्नों का कक्षा में समुचित रूप से प्रस्तुतीकरण ही प्रश्न कौशल कहा जाता है।"

प्रश्न कौशल के घटक (Elements or Components of Questioning Skill)

प्रश्न कौशल के अर्थ को यदि ध्यान से देखा जाए तो उससे इसके घटकों का ज्ञान हो जाता है। इसमें हमें प्रश्न कौशल के दो पहलू दृष्टिगोचर होते हैं पहला है प्रश्नों का निर्माण और दूसरा है प्रश्नों का कक्षा में प्रस्तुतीकरण। अतः प्रश्न कौशल के घटकों को हम दो वर्गों में विभाजित कर सकते हैं। आगे हम इनका वर्णन कर रहे हैं।

(क) **प्रश्न निर्माण**–प्रश्नों का निर्माण करते समय हमें यह ध्यान रखना चाहिए कि कक्षा के सभी विद्यार्थी प्रश्नों को आसानी से समझ जाएँ। प्रश्नों के निर्माण से संबंधित निम्न तत्त्वों को ध्यान में रखना चाहिए।

(i) **सार्थकता एवं प्रासंगिकता (Relevancy)**—प्रश्न पाठ्यवस्तु से संबंधित होने चाहिएं। शिक्षक को ऐसे प्रश्न पूछने चाहिएं जो पढ़ाई गई पाठ्यवस्तु से संबंधित हों। अप्रासंगिक तथ्यों वाले प्रश्नों से छात्र भ्रमित हो जाते हैं और प्रश्न का उत्तर नहीं दे पाते हैं।

(ii) **स्पष्टता (Clarity)**—प्रश्न स्पष्ट भाषा में पूछना चाहिए। भाषा के माध्यम से ही हम अपनी बात बच्चों के सामने रखते हैं। यदि उसमें स्पष्टता नहीं होगी तो वे नहीं समझ पायेंगे कि शिक्षक उनसे क्या पूछ रहा है ?

(iii) **संक्षिप्तता (Precise or consciences)**—प्रश्न छोटे होने चाहिए। उनमें अनावश्यक शब्दों का प्रयोग नहीं होना चाहिए। अच्छा प्रश्न वही है जिसमें नपे–तुले शब्दों का प्रयोग करते हुए छात्र को सोचने तथा उत्तर देने के लिए प्रेरित किया जाए। जैसे "क्या आप बता सकते हैं, रामचरित मानस की रचना किसने की थी ?" इस प्रकार के शब्दों के प्रयोग से प्रश्न अनावश्यक रूप से लंबा हो जाता है तथा छात्रों का समय भी नष्ट होता है। इस प्रश्न को शुद्ध और संक्षिप्त रूप में इस प्रकार पूछा जा सकता है– "रामचरित मानस की रचना किसने की थी?" इसके साथ यह भी ध्यान रखा जाए कि संक्षिप्तता के लिए प्रश्न इतना छोटा भी न कर दिया जाए कि छात्र प्रश्न को ही न समझ सकें। जैसे "राम क्या है।" इसमें यह स्पष्ट नहीं कि क्या बताना है। प्रश्न का सही रूप है– "व्याकरण की दृष्टि से राम शब्द क्या है ?" अतः प्रश्न संक्षिप्त होने के साथ स्पष्ट भी होना चाहिए।

(iv) **विशिष्टता (Specificity)**—विशिष्टता से अभिप्राय है प्रश्न का विशेष विषयवस्तु से संबंध। एक प्रश्न में एक ही बात पूछी जानी चाहिए। यदि एक प्रश्न में एक से अधिक बातें पूछी जाएंगी तो छात्र परेशानी में पड़ जाएंगे और ठीक प्रकार से उत्तर नहीं दे पाएंगे। विशिष्टता के लिए एक और बात का ध्यान रखना चाहिए कि प्रश्न ऐसा हो जिसका एक निश्चित उत्तर हो। अनेक उत्तर वाले प्रश्नों का उत्तर देने में छात्र गड़बड़ा जाएंगे और सही उत्तर नहीं दे पाएंगे। जैसे 1. "मनुष्य को जीवन के लिए किन–किन चीजों की आवश्यकता होती है और कैसे ?" इस बात को पूछने के लिए प्रश्न इस प्रकार बनाना चाहिए "मनुष्य को जीवित रहने के लिए किन–किन चीजों की आवश्यकता होती है ? (भोजन, जल, वायु आदि) 2. इन आवश्यकताओं की पूर्ति करने के लिए क्या चाहिए ?"

(v) **व्याकरणिक शुद्धता (Grammatical Correctness)**—प्रश्नों का निर्माण करते समय यह ध्यान रखना चाहिए कि प्रश्न की भाषा व्याकरण की दृष्टि से शुद्ध हो। यदि प्रश्न की भाषा गलत होगी तो छात्र प्रश्न को नहीं समझ पाएंगे और भ्रमित हो जाएंगे। ऐसा होने पर छात्र या तो उत्तर नहीं दे पाएंगे या उत्तर सोचने में एड़ी–चोटी का जोर लगाएंगे जिससे समय व्यर्थ नष्ट होगा। इससे प्रश्नों की प्रवाहिकता पर भी बुरा प्रभाव पड़ता है। जैसे आप कहाँ पढ़ते हो ? इस प्रश्न को ठीक भाषा में इस प्रकार कहा जा सकता है–"आप किस विद्यालय में पढ़ते हैं ?"

प्रश्न निर्माण करते समय काल, कारक, वचन, लिंग आदि का ध्यान भी रखना चाहिए। जैसे–"सम्राट अशोक का जन्म कहाँ हुआ है ?" यह प्रश्न काल की दृष्टि से ठीक नहीं। इस प्रश्न के लिए भूतकाल का प्रयोग करना चाहिए, जैसे "सम्राट अशोक का जन्म कहाँ हुआ था ?"

(ख) **प्रश्नों का प्रस्तुतीकरण (Presentation of Questions in the Class)**—कक्षा में बच्चों से प्रश्न पूछे जाते हैं। प्रश्न पूछने की प्रक्रिया यदि ठीक होगी तो बच्चे प्रश्न को आसानी से समझ जाते हैं और उसका उत्तर शीघ्र ही दे देते हैं। प्रश्न पूछने की उचित प्रक्रिया की दृष्टि से निम्न तत्त्वों को ध्यान में रखना चाहिए।

(i) **अध्यापक का स्वर (Voice of the Teacher)**—प्रश्न पूछते समय अध्यापक की आवाज इतनी ऊँची होनी चाहिए कि कक्षा के सभी बच्चों को प्रश्न का प्रत्येक शब्द साफ–साफ सुनाई दे। प्रश्न के भाव को स्पष्ट करने के लिए भी अपने स्वर को ऊँचा–नीचा करना चाहिए।

(ii) **प्रश्न पूछने की गति (Speed and Pause in Asking Questions)**—प्रश्न पूछते समय अध्यापक को यह ध्यान रखना चाहिए कि उत्तर देने में छात्र को कुछ क्षण सोचने के लिए चाहिएं क्योंकि बच्चों की सोचने की गति अध्यापक की गति से धीमी होती है। अतः एक प्रश्न पूछने के बाद कुछ क्षण बच्चों को सोचने के लिए देने के उद्देश्य से अध्यापक को पूरी कक्षा में इधर–उधर देखना चाहिए फिर छात्रों से उत्तर बताने का आदेश देना चाहिए। जैसे–

अध्यापक–सूरदास जी की प्रमुख रचना का नाम बताओ।

(कुछ क्षण इधर–उधर देखकर गीता की ओर इशारा करता है)

गीता–सूरदास जी की प्रमुख रचना सूरसागर है।

अध्यापक–ठीक। सूरसागर की रचना सूरदास जी ने किस भाषा में की ?

(पुनः पूरी कक्षा पर दृष्टिपात करते हुए मधु की ओर इशारा करके)

(iii) प्रश्नों का वितरण (Distribution of Questions)—प्रश्न पूरी कक्षा को संबोधित करके पूछना चाहिए। किसी एक बच्चे को संबोधित करके नहीं। कक्षा के सभी विद्यार्थियों को यह लगना चाहिए कि प्रश्न उन सभी से पूछा जा रहा है। पूछने के बाद कभी उत्तर नहीं देने के इच्छुक छात्र से तो कभी अनिच्छुक छात्र से उत्तर देने के लिए कहना चाहिए। सभी छात्रों को यह महसूस होना चाहिए कि उनमें से किसी से भी उत्तर देने के लिए कहा जा सकता है। इससे छात्रों का ध्यान बराबर कक्षा में विषय की तरफ बना रहता है।

(iv) अध्यापक व्यवहार (Teacher Behaviour)—प्रश्न पूछते समय अध्यापक का व्यवहार एक दम स्वाभाविक होना चाहिए। उसकी वाणी शांत, संयत तथा मधुर होनी चाहिए। अध्यापक को न तो प्रश्न दोहराना चाहिए और न ही छात्रों के द्वारा दिए गए उत्तरों को दोहराना चाहिए। इससे समय नष्ट होता है और छात्रों में एक बार में प्रश्न न सुनने की आदत–सी पड़ जाती है। हाँ, यदि जरूरत महसूस हो तो छात्रों को पुनर्बलन देने के लिए ही उत्तर को दोहराना चाहिए।

बच्चों के मानसिक स्तर का ध्यान रखते हुए रोचक तथा नवीनता लिए हुए प्रश्न पूछे जाने चाहिएं। एक बात का और ध्यान रखना चाहिए कि 'हाँ' या 'ना' में उत्तर देने वाले प्रश्न ही नहीं पूछे जाएँ। जैसे "क्या तुलसीदास जी उच्चकोटि के कवि थे ?" इस प्रकार के प्रश्नों में बच्चे उत्तर का अंदाजा लगाकर हाँ या नहीं कह देते हैं। सोचने का प्रयास नहीं करते हैं। यह प्रश्न इस प्रकार से पूछा जा सकता है–"तुलसीदास जी को उच्चकोटि का कवि क्यों माना जाता है?" इस प्रश्न का उत्तर देने के लिए छात्रों को सोचना पड़ेगा तथा उदाहरण देकर उत्तर स्पष्ट करना होगा।

इस प्रकार से यह स्पष्ट है कि प्रभावशाली शिक्षण के लिए अध्यापक में प्रश्न कौशल का होना आवश्यक है और इसे अभ्यास द्वारा अर्जित किया जा सकता है।

प्रश्न कौशल का अभ्यास करने के लिए आगे एक सूक्ष्म पाठ योजना बनाकर दिखाई जा रही है। छात्राध्यापक इसी प्रकार से अन्य प्रकरणों पर भी पाठयोजना का निर्माण कर सकते हैं।

प्रश्न कौशल के अभ्यास के लिए सूक्ष्म पाठ योजना

छात्राध्यापिका का अनुक्रमांक/नाम : | कक्षा छठी
विषय : हिंदी (व्याकरण) | अवधि : 6 मि.
उपविषय : सर्वनाम | दिनांक :
शिक्षणसत्र : शिक्षण

अध्यापक क्रियाएँ	*छात्र क्रियाएँ*
– बच्चो ! संज्ञा की परिभाषा बताओ।	बच्चे उत्तर देते हैं– किसी व्यक्ति, वस्तु या स्थान का बोध कराने वाले शब्दों को संज्ञा कहते हैं।
– रमा– संज्ञा के कुछ उदाहरण दो।	राम, पुस्तक, आगरा, रोहतक आदि।
– गीता– ये शब्द संज्ञा क्यों हैं ?	क्योंकि ये शब्द व्यक्ति, वस्तु और स्थान का बोध करा रहे हैं।

(*क्रमशः*)

(क्रमशः)

– एक चार्ट पर लिखे हुए तीन वाक्य बच्चों को दिखाकर पूछती है कि इनमें बच्चों को क्या त्रुटि नजर आ रही हैः	
मोहन छठी कक्षा में पढ़ता है। मोहन आज अस्वस्थ है। मोहन की माँ मोहन को डॉक्टर के पास ले गई है।	इन वाक्यों में मोहन शब्द बार–बार आया है। इससे ये वाक्य अटपटे लगते हैं और इनका सौंदर्य नष्ट हो रहा है।
– पूरी कक्षा से – इन वाक्यों को प्रभावशाली बनाने के लिए इनमें क्या परिवर्तन करना चाहिए ?	दूसरे वाक्य में मोहन के स्थान पर 'वह' तथा तीसरे वाक्य में मोहन के स्थान पर उसकी तथा उसको या उसे शब्द आना चाहिए।
– 'मोहन' शब्द व्याकरण की दृष्टि से क्या है ?	'संज्ञा'
– जो शब्द संज्ञा की पुनरुक्ति को दूर करने के लिए उनके स्थान पर प्रयुक्त किए जाते हैं, उन्हें क्या कहते हैं ?	'सर्वनाम'
– सर्वनाम शब्दों के प्रयोग से क्या लाभ होता है ? मीना तुम बताओ।	(मीना हाथ उठाती है) और बताती है–सर्वनाम शब्द वाक्यों में होने वाली संज्ञा की पुनरुक्ति को दूर करके उसकी सुंदरता बढ़ाते हैं।
– सर्वनाम के कुछ उदाहरण दो।	वह, उसका, उसे, तुम, मैं, हम आदि।
– संज्ञा और सर्वनाम में क्या अंतर है?	संज्ञा शब्द व्यक्ति, वस्तु और स्थान का बोध कराते हैं जबकि सर्वनाम शब्द संज्ञा के स्थान पर प्रयुक्त किए जाते हैं।
– बच्चो ! सर्वनाम शब्दों का प्रयोग संबोधन में नहीं होता है क्योंकि किसी को पुकारते समय हम उसका नाम या उपनाम लेकर ही पुकारते हैं। सर्वनाम द्वारा कभी किसी को नहीं पुकारा जाता है।	ध्यान से सुनते हैं।
– यदि तुम्हें अपने मित्र राम को बुलाना हो तो तुम कैसे पुकारोगे ?	राम ! सुनो या मित्र ! इधर आओ।

तालिका 15.7 प्रश्न कौशल से संबंधित निरीक्षण अनुसूची एवं निर्धारण मापनी
(Observation Schedule cum Rating Scale for Questioning Skill)

छात्राध्यापक का अनुक्रमांक :	कक्षा :
विषय : हिंदी (व्याकरण)	अवधि :
उपविषय : (सर्वनाम)	दिनांक :
शिक्षण कौशल : (प्रश्न कौशल)	निरीक्षक/पर्यवेक्षक :

कौशल के घटक (Components of the skill)	*(Tallies)*	*निर्धारण मापनी (Rating scale)*
प्रश्न निर्माण (Structure of the question		
(i) प्रासंगिकता/सार्थकता (Relevancy)		0 1 2 3 4 5 6
(ii) संक्षिप्तता (Brevity)		0 1 2 3 4 5 6
(iii) स्पष्टता (Clarity)		0 1 2 3 4 5 6
(iv) विशिष्टता (Specificity)		0 1 2 3 4 5 6
(v) व्याकरणिक शुद्धता (Grammatic correctness)		0 1 2 3 4 5 6
प्रश्नों का प्रस्तुतीकरण (Presentation of questions)		
(i) आवाज (Voice)		0 1 2 3 4 5 6
(ii) गति एवं विराम (Speed & pause)		0 1 2 3 4 5 6
(iii) प्रश्नों का वितरण (Distribution of questions)		0 1 2 3 4 5 6
(क) पूरी कक्षा को (To whole class)		0 1 2 3 4 5 6
(ख) उत्तर के लिए इच्छुक छात्रों को (Willing students)		0 1 2 3 4 5 6
(ग) उत्तर के लिए अनिच्छुक विद्यार्थियों को (Non-willing students)		0 1 2 3 4 5 6

टिप्पणी (यदि कोई हो)

पर्यवेक्षक के हस्ताक्षर :

नोट : निर्धारण मापनी पर मापन अंक निम्न प्रदर्शन करते हैं :

0. न्यूनतम सफलता
1. बहुत कम सफलता
2. कम सफलता
3. औसत सफलता
4. औसत से कुछ अधिक सफलता
5. अधिक सफलता
6. अधिकतम सफलता

पाठ प्रस्तावना कौशल (Skill of Introducing the Lesson)

कौशल का अर्थ (Meaning of the Skill): पाठ प्रस्तावना कौशल से अभिप्राय अध्यापक द्वारा शाब्दिक अथवा अशाब्दिक (Verbal and non-verbal) व्यवहारों तथा सहायक सामग्री और प्रविधियों के प्रयोग संबंधी इस प्रकार

की दक्षता अर्जित करने से है जिसके द्वारा विद्यार्थियों के साथ मानसिक और भावात्मक तारतम्य स्थापित करते हुए उन्हें प्रस्तुत पाठ को पढ़ने की आवश्यकता अच्छी तरह अनुभव करा दी जाए।

कौशल घटक (Components of the Skill)

इस कौशल अर्जन द्वारा एक छात्राध्यापक से निम्न प्रकार के अंतिम व्यवहारों (Terminal behaviours) की अपेक्षा की जाती है।

(i) पाठ प्रस्तावना के लिए वह अपने विद्यार्थियों के पूर्व ज्ञान और अनुभवों का उपयोग करता है।

(ii) पाठ को प्रस्तावित करने के लिए उचित प्रविधियों (Devices) एवं तकनीकों का प्रयोग करता है।

(iii) प्रस्तावना के सभी मुख्य भागों में तारतम्य बनाए रख सकता है।

(iv) पाठ प्रस्तावना के लिए शाब्दिक अथवा अशाब्दिक – उचित सार्थक क्रियाएँ करता है।

इस दृष्टि से पाठ प्रस्तावना कौशल के अंतर्गत निम्न चार व्यवहार घटकों (Components behaviours) का समावेश होता है।

1. पूर्व अनुभवों का उपयोग (Utilisation of previous experiences)
2. समुचित प्रविधियों का प्रयोग (Use of appropriate devices/techniques)
3. तारतम्य बनाए रखना (Maintenance of continuity)
4. शाब्दिक अथवा अशाब्दिक व्यवहार की सार्थकता (Relevancy of Verbal or non-verbal behaviour)

आइये अब इन घटकों के बारे में विस्तार से सोचा जाए।

1. **पूर्व अनुभवों का उपयोग (Utilisation of previous experiences)**—एक ज्ञान का दीप दूसरे को प्रज्वलित करता है। पूर्व अनुभव नए अनुभवों को ग्रहण करने में सहायता कर सकते हैं। इस दृष्टि से किसी भी पाठ को ठीक तरह से प्रस्तावित करने के लिए विद्यार्थियों द्वारा अर्जित पूर्व ज्ञान और अनुभवों के समुचित उपयोग की आवश्यकता पड़ती है। एक अध्यापक को इस कार्य में दक्षता प्राप्त करने में चेष्टा करनी चाहिए। मुख्य रूप से इस कार्य में उसे निम्न बातों को ध्यान में रखना होता है–

   (i) पिछली कक्षाओं अथवा वर्तमान कक्षा में पिछले दिनों में विद्यार्थियों ने विषय विशेष अथवा अन्य विषयों में क्या कुछ ज्ञान और अनुभव अर्जित किए हैं ?

   (ii) विद्यार्थियों को अपने भौतिक व सामाजिक परिवेश संबंधी बातों की कितनी जानकारी है?

   (iii) विद्यार्थियों के पूर्व ज्ञान का पता लगाने के लिए क्या कुछ विधियों और तकनीकों का प्रयोग किया जा सकता है ?

   (iv) नवीन ज्ञान और पूर्व ज्ञान के बीच में संबंध स्थापित करने की क्या तकनीकें हैं ?

   (v) पूर्व ज्ञान और अनुभवों को प्रस्तावना के लिए प्रयोग में लाने के लिए उचित परिस्थितियाँ कैसे पैदा की जाती हैं ?

2. **उचित प्रविधियों एवं तकनीकों का उपयोग (Use of appropriate devices/techniques)**—एक अध्यापक को अपने पाठ को सफलतापूर्वक प्रस्तावित करने के लिए उचित प्रविधियों एवं तकनीकों का ज्ञान होना काफी जरूरी है। इस संबंध में प्रायः निम्न प्रविधियाँ एवं तकनीकें काम में लाई जाती हैं–

   (i) प्रश्न पूछना।

   (ii) कहानी सुनाना।

(iii) कविता का कोई अंश सुनाना।
(iv) वर्णन और व्याख्या करना।
(v) दृश्य–श्रव्य सहायक सामग्री का प्रयोग करना।
(vi) प्रयोग और प्रदर्शन आदि की सहायता लेना।
(vii) अभिनय करना।
(viii) किसी स्थान को देखने या भ्रमण का आयोजन।
(ix) दृष्टांत और उदाहरणों का प्रयोग करना आदि।

3. **तारतम्य बनाए रखना (Maintenance of continuity)**—प्रस्तावना के संबंध में जो कुछ किया जाए उसमें निरंतरता और तारतम्यता बनाए रखना बहुत आवश्यक होता है। पूछे जाने वाले प्रश्न एक दूसरे से संबंधित होने चाहिए जो उत्तर विद्यार्थियों से प्राप्त हों उनको ध्यान में रखते हुए अगले प्रश्न पूछे जाने चाहिएं। इसी तरह अन्य सभी क्रियाओं में भी पूरा तालमेल होना चाहिए। प्रारंभ से लेकर अंत तक पाठ प्रस्तावना के सभी अंग और क्रियाएं एक दूसरे से अच्छी तरह जुड़े होने चाहिए। कोई एक कार्य, चाहे वह विद्यार्थी द्वारा किया जाए अथवा अध्यापक द्वारा, पहले पर आधारित हो और अगले की आधार भूमि बने, इस ओर पूरा ध्यान दिया जाना चाहिए।

4. **शाब्दिक एवं अशाब्दिक व्यवहार की सार्थकता (Relevancy of verbal or non-verbal behaviour)**—पाठ की प्रस्तावना करते समय अध्यापक को अपनी शाब्दिक और अशाब्दिक व्यवहार क्रियाओं की सार्थकता पर पूरा ध्यान देना चाहिए। एक समय में अध्यापक द्वारा जो कुछ कहा जाए, पूछा जाए, प्रदर्शित किया जाए अथवा दृष्टांत या अभिनय रूप में विद्यार्थियों के सामने रखा जाए, उसके द्वारा प्रस्तावना संबंधी निम्न कार्यों में सहायता मिलनी चाहिए।

(i) पूर्व ज्ञान की परीक्षा करना।
(ii) पूर्व ज्ञान या अनुभवों का उपयोग करना।
(iii) विद्यार्थियों के साथ ज्ञानात्मक और भावात्मक स्तर पर तारतम्य स्थापित करना।
(iv) विद्यार्थियों को पाठ पढ़ने की आवश्यकता अनुभव कराना।
(v) उद्देश्य घोषणा करना।

उचित प्रतिपुष्टि प्रदान करने हेतु छात्राध्यापक द्वारा दिए गए सूक्ष्म शिक्षण प्रशिक्षण पाठ का पर्यवेक्षक और सहपाठी छात्राध्यापकों द्वारा पर्यवेक्षण किया जाता है। यह पर्यवेक्षण अधिक से अधिक वस्तुनिष्ठ (Objective), वैध (Valid) और विश्वसनीय (Reliable) बन सके इसके लिए सभी पर्यवेक्षकों को निर्धारित अनुसूची या प्रपत्र (Schedule) दे दिए जाते हैं और उन्हें निरीक्षण तथा रेटिंग करने की प्रक्रिया से पूरी तरह अवगत करा दिया जाता है।

पाठ प्रस्तावना कौशल हेतु उपयोग में लाई जाने वाली रेटिंग स्केल युक्त निरीक्षण अनुसूची में परिचयात्मक विवरण (Identification data) के अतिरिक्त तीन कॉलम (Column) होते हैं। बीच में कॉलम के कौशल घटकों के रूप में वांछित और अवांछित शिक्षण व्यवहारों (Desirable and undesirable component behaviours) का उल्लेख होता है, इन व्यवहारों को शिक्षक के द्वारा शिक्षण के दौरान कितनी बार आवृत्ति हुई इसका हिसाब रखने के लिए पहले कॉलम में टैलियां (Tallies) लगाई जाती हैं, तीसरे कॉलम में प्रदर्शित व्यवहार के गुणात्मक मूल्यांकन के लिए प्रत्येक व्यवहार घटक (Component behaviour) के आगे सात बिंदु वाली रेटिंग स्केल (Seven point rating scale) दी जाती है।

तालिका 15.8 पाठ प्रस्तावना कौशल के लिए निरीक्षण अनुसूची एवं रेटिंग स्केल का प्रारूप
(Proforma of Observation Schedule cum Rating Scale for Skill of Introducing the Lesson)

छात्राध्यापक का नाम : दिनांक :
कक्षा : उपविषय :
सत्र : शिक्षण/पुनः शिक्षण अवधि :

टैलियां (Tallies)	*व्यवहार घटक (Component behaviours)*	*रेटिंग स्केल (Rating scale)*
	A. वांछित व्यवहार (Desirable Behaviour)	*निकृष्ट....सर्वोत्तम (Extremely Poor) - (excellent)*
	1. पूर्व अनुभवों का उपयोग	0 1 2 3 4 5 6
	2. समुचित प्रविधियों का प्रयोग	0 1 2 3 4 5 6
	3. पाठ प्रस्तावना संबंधी समग्र प्रभाव	0 1 2 3 4 5 6
टैलियां (Tallies)	*B. अवांछित व्यवहार (Undesirable behaviours)*	*रेटिंग (Rating)*
	1. तारतम्य का अभाव	0 1 2 3 4 5 6
	2. निरर्थक शाब्दिक अथवा अशाब्दिक व्यवहार	0 1 2 3 4 5 6

पर्यवेक्षक के हस्ताक्षर

पाठ प्रस्तावना कौशल के विकास के लिए आदर्श पाठ योजना
(Model Micro Lesson Plan for the Skill of Introducing the Lesson)

छात्राध्यापक का नाम : दिनांक :
विषय : गणित उपविषय : बेलनाकार आकृति का क्षेत्रफल
कक्षा : आठवीं अवधि : ....मिनट

अध्यापक क्रियाएं (Teacher's activities)	*विद्यार्थी क्रियाएं (Pupil's activities)*
(मोटे गत्ते का सिलेंडर दिखाते हुए)	

चित्र 15.9 डालडा टिन।

(क्रमशः)

(क्रमशः)

अध्यापक क्रियाएं (Teacher's activities)	विद्यार्थी क्रियाएं (Pupil's activities)
1. अगर इस गत्ते की आकृति के ऊपर और नीचे की तलियों को अलग कर दिया जाए तो कुल कितने भाग तुम्हारे सामने होंगे ?	कुल तीन भाग हो जाएंगे।
2. 'x' और 'y' भागों की किस प्रकार की आकृति है।	ये वृत्ताकार हैं।
3. 'x' और 'y' भागों को हटा देने तथा शेष भाग को फैलाने से किस तरह की आकृति प्राप्त होगी।	एक आयताकार आकृति प्राप्त होगी।
4. ज्यामिति में इस प्रकार की आकृतियों (गत्ते की जो तुम्हें दिखाई गई हैं) को बेलनाकार आकृत्तियां कहते हैं। क्या तुम ऐसी आकार की अन्य वस्तुओं का नाम बता सकते हो ?	बंद सिरों वाले पाइप, तारकोल ड्रम, टेलकम पाउडर का डिब्बा, डालडा टिन आदि।
5. (एक वृत्त की आकृति दिखाते हुए) अच्छा रमेश, बताओ चार्ट में किस प्रकार की आकृति दिखाई गई है।	यह वृत्त है।
6. (अलग टिन दिखाते हुए) इस टिन के कौन से भाग वृत्ताकार हैं ?	इस टिन के ऊपर और नीचे के तल वृत्ताकार हैं।
7. (वृत्त और डालडा टिन दोनों की आकृत्तियां दिखाते हुए) इन दोनों आकृतियों में क्या अंतर है ?	वृत्त की आकृति द्विआयामी (Two dimensional) है जबकि टिन की आकृत्ति त्रिआयामी (Three dimensional) है।
8. क्या हम डालडा टिन जैसी आकृतियों का क्षेत्रफल निकाल सकते हैं ?	हां, इसके लिए हमें नीचे और ऊपर के तलों का क्षेत्रफल निकालना होगा।
9. ठीक है, परंतु नीचे और ऊपर के तलों को जोड़ने वाला भाग तो इसमें शामिल नहीं हुआ।	विद्यार्थियों के लिए यहाँ पर समस्यात्मक स्थिति उत्पन्न होगी और विद्यार्थियों में आगे जानने की उत्सुकता जागेगी जैसाकि उनके हाव-भाव से प्रकट होगा।

उद्देश्य घोषणा (Announcement of the topic)—अच्छा विद्यार्थियों, आज हम बेलनाकार आकृतियों का क्षेत्रफल निकालना सीखेंगे।

पाठ प्रस्तावना कौशल की एक अन्य सूक्ष्म पाठ योजना
(Another Model Micro Lesson Plan for the Skill of Introducing a Lesson)

विषय : इतिहास उपविषय : मुगल साम्राज्य का पतन और औरंगजेब
कक्षा : नवम्

अध्यापक क्रियाएं (Teacher's activities)	*विद्यार्थी क्रियाएं (Pupil's activities)*
1. मुगल वंश का संस्थापक कौन था ?	बाबर मुगल वंश का संस्थापक था।
2. बाबर के बाद गद्दी पर कौन बैठा ?	बाबर के बाद हुमायूँ गद्दी पर बैठा।
3. अकबर कौन था ?	अकबर हुमायूँ का बेटा था। मुगल बादशाहों में वह सबसे अधिक सफल और महान् शासक था।
4. जहाँगीर कौन था ?	यह अकबर का बेटा था। अकबर के बाद वह गद्दी पर बैठा।
5. जहाँगीर को आज तक किस बात के लिए अधिक याद किया जाता है?	अपनी न्यायप्रियता के कारण।
6. ताजमहल किस मुगल–शासक ने बनवाया ?	ताजमहल शाहजहाँ द्वारा बनवाया गया। यह जहाँगीर का बेटा था और उसके बाद गद्दी पर बैठा। उसे शानदार इमारतें बनाने का बहुत शौक था।
7. हां, बच्चों, शाहजहाँ अपने नाम 'जहान का शाह' अर्थात् दुनिया के शासक के अनुरूप ही एक अच्छा शासक था। उसने बड़ी कुशलता से अपने पिता और पितामह की तरह ही मुगल वंश का नाम रोशन किया। अच्छा बताओ, शाहजहाँ के बाद गद्दी पर कौन बैठा ?	शाहजहाँ के बाद गद्दी पर औरंगजेब बैठा।
8. औरंगजेब को मुगल साम्राज्य के पतन के लिए उत्तरदायी ठहराया जाता है। आपकी इस संबंध में क्या राय है ?	विद्यार्थियों की ओर से यहाँ कोई उत्तर नहीं मिलेगा, परंतु उनके हाव–भाव और क्रियाओं से यह पता चलेगा कि वह जानना चाहते हैं कि औरंगजेब को उत्तरदायी क्यों ठहराया जाता है।

उद्देश्य घोषणा (Announcement of the topic)—अच्छा बच्चो, आज हम यह जानकारी लेने का प्रयत्न करेंगे कि औरंगजेब का शासन और उसकी नीतियां मुगल साम्राज्य के पतन के लिए किस प्रकार जिम्मेदार थीं।

श्यामपट प्रयोग कौशल (Skill of Using Blackboard)

कक्षा शिक्षण अधिगम प्रक्रिया में शिक्षण सहायक साधन के रूप में श्यामपट का महत्त्वपूर्ण स्थान है। इसे अध्यापक का दाहिना हाथ कहा जाता है। विद्यालय पाठ्यक्रम के सभी विषयों एवं उपविषयों के शिक्षण अधिगम में शिक्षण सहायक साधनों के रूप में जिन चीजों की सहायता ली जाती है, उनमें से श्यामपट सबसे उचित, सरल, आसानी से उपलब्ध एवं सभी के द्वारा प्रयोग में लाया जाने वाला साधन है। इसलिए एक अध्यापक को श्यामपट का प्रभावपूर्ण ढंग से प्रयोग करने के लिए उचित कौशल एवं कला का यथासंभव अर्जन करना चाहिए तथा एक योग्य एवं प्रभावशाली अध्यापक बनने के लिए श्यामपट पर लेखन कार्य में वह पारंगत होना चाहिए।

परिभाषा (Definition)

"श्यामपट प्रयोग को एक ऐसे कौशल या तकनीक के रूप में परिभाषित किया जा सकता है जो पूर्व निर्धारित शिक्षण अधिगम उद्देश्यों को पूरी तरह प्राप्त करने के लिए शिक्षण अधिगम प्रक्रिया को यथासंभव प्रभावपूर्ण बनाने हेतु श्यामपट का उचित प्रयोग करने में अध्यापक की सहायता करता है।"

(The skill of using blackboard may be defined as a skill or technique that helps a teacher to use blackboard in the teaching–learning process as effectively as possible for the proper realization of the stipulated teaching–learning objectives)

श्यामपट प्रयोग कौशल के घटक (Components of the Blackboard Use Skill)

श्यामपट प्रयोग कौशल के निम्न व्यवहार घटक हैं–

1. हस्तलेख की स्पष्टता (Legibility of the hand-writing)
2. श्यामपट कार्य में स्वच्छता (Neatness of the blackboard work)
3. श्यामपट कार्य की सार्थकता (Relevancy of the blackboard work)

अब हम इन व्यवहार घटकों का अर्थ समझते हैं–

1. **हस्तलेख की स्पष्टता (Legibility of hand-writing)**—शिक्षण अधिगम प्रक्रिया में अध्यापक किसी भी विषय या उपविषय से संबंधित अवधारणा, अर्थ विशेषताएँ आदि बातों को स्पष्ट करते समय, उससे संबंधित बातों को पूर्णता के साथ या सार रूप में श्यामपट पर लिखता है। इसके लिए वह श्यामपट पर जो कुछ भी लिखे, उसका प्रत्येक शब्द, शब्दों के प्रत्येक वर्ण साफ–साफ दिखाई पड़ने चाहिए जिससे कि छात्र लिखी हुई बात को ठीक प्रकार से पढ़कर उसका अर्थ या अभिप्राय समझ सकें और अपनी अभ्यास पुस्तिकाओं में भी नोट कर सकें। इसके लिए निम्न बातों को ध्यान में रखना चाहिए–
   (i) वाक्य के शब्दों में और शब्द के वर्णों में नियमानुसार दूरी होनी चाहिए।
   (ii) वर्णों का एक समान आकार होना चाहिए, तथा
   (iii) वाक्य सीधी लाइन में लिखे हुए हों।
   (iv) शब्द एवं वाक्य इस प्रकार लिखे हों कि कक्षा में अंतिम पंक्ति में बैठे हुए बच्चों को भी दिखाई दें।
2. **श्यामपट कार्य में स्वच्छता (Neatness of the blackboard work)**—इस व्यवहार घटक से तात्पर्य है कि श्यामपट पर जो भी लिखा जाए वह साफ सुथरा हो एवं उसमें कलात्मक सुंदरता भी नजर आए। लिखित सामग्री को बार बार काटना, बिगाड़ना, वर्णों के ऊपर दोबारा चॉक घुमाना (Overwriting) और

बहुत ज्यादा घिचपिच सी नहीं होनी चाहिए। क्योंकि कटिंग के ऊपर लिखना आदि से लिखित सामग्री साफ–साफ समझ में नहीं आती है और बच्चों के ऊपर भी अच्छा प्रभाव नहीं पड़ता है तथा अध्यापक बच्चों के सम्मुख सुंदर लेख का उदाहरण भी प्रस्तुत नहीं कर पाता है। यदि कोई आकृति बनाई जाए तो वह उचित अनुपात में हो।

3. **श्यामपट कार्य की सार्थकता (Relevancy of blackboard work)**—इस व्यवहार घटक का तात्पर्य अध्यापक द्वारा श्यामपट पर किए जाने वाले उस कार्य से है जिसका प्रस्तुतीकरण उसके द्वारा अपना पाठ पढ़ाने के दौरान किया जाता है। किसी भी पाठ को पढ़ाते समय पाठ की प्रगति के साथ–साथ ही उससे संबंधित तथ्यों को स्पष्ट करने के लिए ही अध्यापक श्यामपट लेखन कार्य की सहायता लिया करता है इसलिए श्यामपट पर लिखी हुई बातों का सीधा सम्बन्ध पाठ की प्रगति और उस समय पढ़ाई गई बातों से होना चाहिए। किसी भी अवस्था में ऐसा नहीं होना चाहिए कि एक समय पर पढ़ाया तो कुछ जा रहा हो और श्यामपट लेखन कुछ और चल रहा हो। जितनी सार्थकता श्यामपट लेखन कार्य और पाठ प्रस्तुतीकरण संबंधी तथ्यों एवं धारणाओं के बीच रहेगी उतनी ही अच्छी तरह से श्यामपट लेखन संबंधी कौशल का प्रत्यक्ष लाभ अध्यापक को अपने पाठ शिक्षण में हो सकेगा। इस प्रकार के सार्थक श्यामपट लेखन और उसके भलीभाँति प्रस्तुतीकरण के माध्यम से अध्यापक को अपनी पाठ्य सामग्री संबंधी बातों की उचित व्याख्या, स्पष्टीकरण तथा वर्णन करने, उचित दृष्टांत देने, विद्यार्थियों से प्रश्न पूछने, उनके उत्तरों का उचित प्रबंधन करने, समुचित अभ्यास, पुनरावृत्ति तथा गृहकार्य देने में भलीभाँति सहयोग प्राप्त हो सकता है। इस तरह अपने पाठ शिक्षण के द्वारा किसी अमुक समय पर शिक्षक जिस प्रकार की शिक्षण क्रियाओं का संपादन कर रहा हो या शिक्षण–अधिगम प्रक्रिया जिस रूप में चल रही हो, उससे संबंधित विशेष आवश्यकताओं को पूरा करने के लिए ही श्यामपट कार्य, श्यामपट पर किया जाना चाहिए। एक समय पर श्यामपट पर वही लिखा नजर आना चाहिए जिसकी जरूरत शिक्षण अधिगम प्रक्रिया में उस समय विशेष पर अध्यापक तथा विद्यार्थियों द्वारा अनुभव की जा रही हो। आवश्यकता पूरी होने पर लिखी हुई सामग्री को मिटाते जाना चाहिए। अनावश्यक रूप से यूं ही लिखी हुई सामग्री, शिक्षण अधिगम कार्य में काफी ध्यान भंजक हो सकती है, इस बात को अध्यापक द्वारा सदैव ध्यान में रखा जाना चाहिए।

तालिका 15.9 श्यामपट लेखन कौशल की निरीक्षण परिसूची एवं रेटिंग स्केल प्रारूप
(Proforma for Observation Schedule cum Rating Scale for the Blackboard Writing Skill)

छात्राध्यापक का नाम : दिनांक :
कक्षा : उपविषय :
सत्र : शिक्षण/पुनःशिक्षण समयावधि :
निरीक्षक :

टैली *(Tallies)*	*व्यवहार घटक (वांछित)* *Component Behaviour (Desirable)*	*निर्धारण मापनी* *अत्यधिक बुरा...सर्वोत्तम* *(Very poor ... excellent)*
	1. हस्तलेख की स्पष्टता	0 1 2 3 4 5 6
	2. हस्तलेख की स्वच्छता	0 1 2 3 4 5 6
	3. श्यामपट कार्य की सार्थकता	0 1 2 3 4 5 6

(क्रमशः)

(क्रमशः)

टैली (Tallies)	व्यवहार घटक (अवांछित) Component Behaviour (Undesirable)	निर्धारण मापनी प्रायः सदैव...कभी नहीं (Very often ... Not at all)
	1. हस्तलेख की स्पष्टता में कमी	0 1 2 3 4 5 6
	2. हस्तलेख की स्वच्छता में कमी	0 1 2 3 4 5 6
	3. श्यामपट कार्य की निरर्थकता	0 1 2 3 4 5 6

टिप्पणी यदि कोई हो :

पर्यवेक्षक के हस्ताक्षर

इस प्रकार से स्पष्ट है कि प्रभावशाली शिक्षण के लिए अध्यापक को श्यामपट प्रयोग कौशल में पारंगत होना अनिवार्य है। अब इस कौशल के अभ्यास के लिए हम किसी भी विषय के उपविषय या विषयवस्तु को लेकर, इस अध्याय में अन्य सूक्ष्म शिक्षण कौशलों की चर्चा करते हुए जो पाठ योजनाएं बनाकर दिखाई गई हैं, उनके आधार पर सूक्ष्म पाठ योजना का निर्माण कर सकते हैं।

सार-संक्षेप (Summary)

1. सूक्ष्म शिक्षण से अभिप्राय एक ऐसी उचित नवीन प्रशिक्षण तकनीक से है जिसके द्वारा कक्षा कक्ष आकार, समय और विषय सामग्री को अल्प मात्रा में सीमित करके अनुभवहीन अथवा अनुभवी अध्यापकों को कुछ विशिष्ट शिक्षण कौशलों के अभ्यास का समुचित अवसर देकर उनकी शिक्षण कला में निखार लाने का प्रयास किया जाता है।
2. हमारे शिक्षण महाविद्यालयों में शिक्षण कौशलों के अभ्यास हेतु सूक्ष्म शिक्षण तकनीक को प्रयोग में लाने के लिए जो कार्यपद्धति अपनायी जाती है उसमें क्रमबद्ध रूप से जिन सोपानों का अनुसरण किया जाता है वे हैं (i) सूक्ष्म शिक्षण के बारे में सैद्धांतिक ज्ञान देना (ii) शिक्षण कौशलों के बारे में चर्चा (iii) किसी विशिष्ट कौशल का चयन (iv) आदर्श पाठ (v) आदर्श पाठ निरीक्षण एवं समालोचना (vi) सूक्ष्म पाठ योजना तैयार करना (vii) सूक्ष्म शिक्षण संबंधी उचित परिस्थितियों का आयोजन (viii) शिक्षण अभ्यास–शिक्षण सत्र (ix) प्रतिपुष्टि प्रदान करना (x) पुनः पाठयोजना बनाना (xi) पुनः अध्यापन (xii) पुनः प्रतिपुष्टि प्रदान करना (xiii) सूक्ष्म शिक्षण चक्र की पुनरावृत्ति (xiv) शिक्षण कौशलों का समन्वय।
3. हमारे देश में प्रचलित अध्यापक शिक्षा कार्यक्रम के संदर्भ में सूक्ष्म शिक्षण तकनीक का उपयोग जिन बातों को लेकर काफी उपयोगी एवं सार्थक सिद्ध हो सकता है वे हैं (i) शिक्षण कौशलों के अभ्यास हेतु शिक्षा अभ्यास हेतु लिए जाने वाले विद्यालयों तथा विद्यार्थियों पर निर्भर न रहना (ii) एक समय पर एक शिक्षण कौशल के अभ्यास के उचित अवसर प्रदान करना (iii) सामान्य कक्षा शिक्षण की जटिलताओं में कमी लाना (iv) शिक्षण के सुव्यवस्थित निरीक्षण हेतु उचित अवसर प्रदान कर प्रशिक्षणार्थियों की शिक्षण कला को विकसित करने हेतु उन्हें तुरंत ही आवश्यक प्रतिपुष्टि प्रदान करना (v) प्रशिक्षणार्थियों को शिक्षण कौशलों में निखार लाने हेतु प्रयोगशाला जैसी नियंत्रित परिस्थितियाँ प्रदान करना।

4. अपने शिक्षण के दौरान एक अध्यापक अपने शिक्षण को प्रभावी बनाने हेतु जिन विविध प्रकार की अनुदेशनात्मक तकनीकों तथा प्रविधियों का प्रयोग करता है उन्हें ही एक प्रकार से शिक्षण कौशलों का नाम दिया जाता है। विद्यालय पाठ्यक्रम के विभिन्न विषयों के शिक्षण के संदर्भ में अध्यापकों द्वारा परिस्थिति अनुसार विभिन्न प्रकार के शिक्षण कौशलों का उपयोग अपने कक्षा शिक्षण हेतु किया जाता है। इनमें से जिन महत्त्वपूर्ण शिक्षण कौशलों को सामान्यतया अधिकांश रूप में काम में लाया जाता है वे हैं पाठ प्रस्तावना कौशल, व्याख्या कौशल, दृष्टांत कौशल, उद्दीपक परिवर्तन कौशल, पुनर्बलन कौशल, प्रश्न कौशल मानचित्र पठन कौशल तथा श्यामपट कौशल।

5. पाठ प्रस्तावना कौशल से अभिप्राय उस शिक्षण कौशल से है जिसके उपयोग से एक अध्यापक को अपने पढ़ाए जाने वाले पाठ को भलीभाँति इस तरह प्रस्तावित करने में मदद मिलती है कि विद्यार्थी उस पाठ के अध्ययन की आवश्यकता और महत्त्व से परिचित होते हुए उसे पढ़ने के प्रति पूरी तरह अभिप्रेरित दिखाई दे। इस कौशल के विकास हेतु जिन महत्त्वपूर्ण कौशल घटकों से संबंधित व्यवहारों के परिमार्जन की बात सामने रखी जाती है वे हैं (i) विद्यार्थियों के पूर्व अनुभवों का सहारा लेना (ii) प्रस्तावना हेतु उचित तकनीक एवं प्रविधियों को काम में लाना (iii) प्रस्तुत किए जाने वाले विचारों एवं सामग्री में तारतम्यता रखना और (iv) प्रस्तावना हेतु प्रयोग में लाए लाने वाले शाब्दिक एवं अशाब्दिक व्यवहार की सार्थकता।

6. व्याख्या कौशल से अभिप्राय उस शिक्षण कौशल से है जिसकी सहायता से एक अध्यापक किसी प्रस्तुत किए जाने वाले विचार, संप्रत्यय या प्रनियम को अच्छी तरह समझाने हेतु परस्पर संबंधित, क्रमबद्ध एवं सार्थक कथनों का प्रयोग करता हुआ दिखाई देता है। इस कौशल का अभ्यास कराने में इस बात का ध्यान रखा जाता है कि कौशल घटकों से संबंधित वांछित व्यवहार जैसे उपयुक्त प्रारंभिक और निष्कर्ष कथनों तथा व्याख्या सेतुओं का प्रयोग किया जाए, पाठ्य सामग्री से संबंधित बिंदुओं पर पूरा ध्यान दिया जाए तथा व्याख्या से बात स्पष्ट हुई है या नहीं इसके लिए बोध परीक्षण कराया जाए। दूसरी ओर इस बात की भी सावधानी रखी जाती है कि अवांछित व्यवहारों जैसे निरर्थक कथनों का प्रयोग, कथनों में निरंतरता या तारतम्य का अभाव, प्रवाहिकता का अभाव तथा अनुपयुक्त शब्दावली, अस्पष्ट शब्दों और मुहावरों के प्रयोग से बचा जाए।

7. दृष्टांत कौशल का अपने शिक्षण हेतु प्रयोग करते समय एक अध्यापक उचित प्रकार के उदाहरणों का चयन कर उन्हें दृष्टांत रूप में इस तरह अपने विद्यार्थियों के सामने प्रस्तुत करता है कि उन्हें उनके द्वारा प्रस्तुत विषय को अच्छी तरह समझने और उसे काम में लाने में पूरी सहायता मिल सके। इस कौशल से संबंधित घटकों में जिस प्रकार की व्यवहार क्रियाओं की उपयुक्तता पर ध्यान दिया जाता है वे हैं (i) उदाहरणों की सार्थकता (ii) उदाहरणों की सरलता (iii) उदाहरणों की रोचकता (iv) उदाहरण हेतु प्रयोग किए जाने वाले माध्यमों की उपयुक्तता तथा (v) प्रयुक्त विधि अथवा उपागम की उपयुक्तता।

8. पुनर्बलन कौशल का प्रयोग करते समय एक अध्यापक को अपने शिक्षण के दौरान पुनर्बलकों के उचित चुनाव एवं उपयोग पर अपेक्षित रूप से ध्यान देना आवश्यक होता है ताकि इनके माध्यम से विद्यार्थियों की शिक्षण अधिगम प्रक्रिया में रुचि एवं तत्परता पूरी तरह बनायी रखी जा सके। इस कौशल के व्यवहार घटकों में वांछित तथा अवांछित दोनों ही प्रकार की व्यवहार क्रियाओं का समावेश होता है। अतः एक अध्यापक को यह ध्यान देना होता है कि वांछित व्यवहारों जैसे शाब्दिक, अशाब्दिक तथा अतिरिक्त शाब्दिक पुनर्बलकों के सकारात्मक प्रयोग को अपनाया जाए तथा नकारात्मक शाब्दिक और अशाब्दिक पुनर्बलकों का प्रयोग करने तथा सकारात्मक पुनर्बलकों के गलत और दोषपूर्ण प्रयोग से बचा जाए।

9. उद्दीपन परिवर्तन कौशल में वे सभी व्यवहार क्रियाएं शामिल होती हैं जिनके द्वारा एक अध्यापक उपयोग में लाए जाने वाले विभिन्न उद्दीपकों के प्रयोग में अपेक्षित परिवर्तन लाकर अपने विद्यार्थियों का ध्यान कक्षा गतिविधियों की ओर आकर्षित एवं केंद्रित करने में सफल होता है। इन व्यवहार क्रियायों में प्रमुख हैं संचलन, हाव–भाव, वाक–संरूप परिवर्तन, केंद्रण, अंतःक्रिया शैली परिवर्तन, मौन–विराम, मौखिक–दृश्य बदलाव तथा विद्यार्थियों का क्रियात्मक सहयोग।

10. प्रश्न कौशल एक अध्यापक को अपने शिक्षण कार्य में इस प्रकार की कुशलता एवं प्रवीणता प्रदान करता है कि वह कक्षा शिक्षण के दौरान अपने विद्यार्थियों से उचित प्रकार से उचित प्रश्न पूछकर अपने शिक्षण कार्य को इच्छित दिशा और दशा प्रदान करता रहे। इस कौशल में मुख्य रूप से दो प्रकार के व्यवहार घटकों का समावेश रहता है– प्रश्नों का निर्माण तथा प्रश्नों का पूछा जाना। इन घटकों से संबंधित व्यवहार क्रियाओं में जिनकी मुख्य रूप से चर्चा की जा सकती है वे हैं निर्मित प्रश्नों में सार्थकता, स्पष्टता, संक्षिप्तता, विशिष्टीकरण तथा व्याकरण की दृष्टि से शुद्धता की उपस्थिति तथा प्रश्नों के पूछते समय अध्यापक की आवाज, प्रश्न पूछने की गति, प्रश्न पूछने के बाद उत्तर के लिए कुछ समय दिया जाना, तथा प्रश्नों का विद्यार्थियों के बीच समुचित बंटवारा आदि बातों को लेकर समुचितता तथा उपयुक्तता की उपस्थिति। प्रश्न कौशल का अभ्यास करते समय इन सभी व्यवहार क्रियाओं की उपयुक्त पुनरावृत्ति पर ही अपेक्षित ध्यान दिया जाना चाहिए।

11. मानचित्र पठन कौशल की सहायता से एक अध्यापक को किसी भी दिए गए ऐतिहासिक, भौगोलिक प्राकृतिक या राजनैतिक मानचित्र का समुचित रूप से अपने शिक्षण कार्यों में उपयोग में लाने में पूरी–पूरी सहायता मिलती है। इस कौशल के व्यवहार घटकों में जिन क्रियाओं को मुख्य रूप से शामिल किया जाता है वे हैं (i) उचित प्रारंभिक कथनों का प्रयोग (ii) मानचित्र की भाषा की सही समझ तथा उपयोग (iii) मानचित्र में प्रयुक्त स्केलों की जानकारी और उनका उपयोग (iv) दिशाओं की सही जानकारी और उपयोग (v) अक्षांश एवं देशांतर रेखाओं का सही ज्ञान एवं उपयोग (vi) विद्यार्थियों का सक्रिय सहयोग और (vii) निष्कर्षीय कथनों का प्रयोग। इस कौशल का उपयुक्त अभ्यास करने हेतु शिक्षक प्रशिक्षणार्थियों से इन घटक व्यवहारों को उपयुक्त रूप से दोहराते रहने की बात पूरी तरह ध्यान में रखनी चाहिए।

12. श्यामपट कौशल के समुचित अर्जन से एक अध्यापक को श्यामपट को अपने कक्षा शिक्षण में एक उपयोगी साधन के रूप में प्रयोग करने में काफ़ी सुविधा रहती है। इस कौशल की सूक्ष्म शिक्षण पाठों द्वारा अभ्यास कराने में यह ध्यान रखा जाना चाहिये कि वांछित व्यवहारों जैसे हस्तलेख की स्पष्टता और स्वच्छता तथा श्यामपट कार्य की सार्थकता को बढ़ावा दिया जाए तथा इसके विपरीत अर्थ वाले व्यवहारों जैसे हस्तलेख की अस्पष्टता और अस्वच्छता एवं श्यामपट कार्य की निरर्थकता को पूरी तरह निरुत्साहित किया जाए।

संदर्भित एवं विशेष अध्ययन ग्रंथ
(References and Suggested Readings)

Allen, D.W. (Ed.), *Microteaching: A Description,* California: Standford University (Mimeo), 1966.

Allen, D.W. and A.W. Eve, "Micro-teaching", *Theory into Practice*, Vol. 70, pp. 181–85, 1968.

Allen, D.W. and K.A. Ryan, *Microteaching*, Reading Massachusetts, California: Addison Wesley, 1969.

Borg, W.R. et al., *The Mini Course: A Microteaching Approach to Teacher Education*, London: Collier Macmillan, 1970.

Bossing, N.L., *Progressive Method of Teaching in Secondary Schools*, Boston: Houghton Mifflin, 1942.

Brown, George A., *Microteaching: A Programme of Teaching Skills*, London: Methuen, 1975.

Bush, R.N., "Microteaching–Controlled practice in the training to teachers", In *Communication*, pp. 201–207, July, 1968.

Clift, J.C. et al., "Structure of the Skill acquisition phase of a Microteaching programme", *British Journal of Educational Psychology*, 46(2), 1976.

Gregory, Thomas B., *Encounters with Teaching: A Microteaching Manual*, Englewood Cliffs, N.J.: Prentice Hall, 1972.

Jangira, N.K. and Azit Singh, *Core Teaching Skills: The Microteaching Approach*, New Delhi: NCERT, 1982.

McAlease, W.R. and D. Unwin, *Microteaching: A Bibliography*, Education Center, Coleraine, North Ireland: New University, Ulster, 1970.

Olivero, Lames L., *Microteaching: Medium for Improving Instruction,* Columbus, Ohio: C.E. Merrill, 1970.

Passi B.K. and M.S. Lalita, "Microteaching: Skill-based Approach" in B.K. Passi (Ed.), *Becoming Better Teacher: Microteaching Approach*, Ahmedabad: Sahitya Mudranalaya, 1976.

Singh, L.C., *Microteaching: An Innovation in Teacher Education* (Mimeo), New Delhi: NCERT, 1977.

अध्ययन के लिए प्रश्न (Study Questions)

1. सूक्ष्म शिक्षण से क्या अभिप्राय है ? इसकी प्रकृति और विशेषताओं का उल्लेख कीजिए।
2. भारतीय परिवेश के परिप्रेक्ष्य में सूक्ष्म शिक्षण की एक उपयुक्त परिभाषा दीजिए। इस परिभाषा के संदर्भ में सूक्ष्म शिक्षण के अर्थ एवं प्रकृति पर प्रकाश डालिए।
3. विभिन्न सोपानों और उनमें निहित क्रियाओं का उल्लेख करते हुए सूक्ष्म शिक्षण की सामान्य प्रक्रिया की चर्चा करें।
4. शिक्षण कौशलों के एकीकरण से आप क्या समझते हैं ? इसकी आवश्यकता को स्पष्ट करें।
5. "वर्तमान भारतीय परिस्थितियों में छात्राध्यापकों के प्रशिक्षण के लिए सूक्ष्म शिक्षण एक सर्वोत्तम एवं उचित प्रशिक्षण पद्धति है।" परंपरागत प्रशिक्षण कार्यक्रम के स्थान पर सूक्ष्म शिक्षण की उपयोगिता के संदर्भ में उपरोक्त कथन की वैधता की चर्चा करें।
6. "शिक्षण कौशलों की पहचान" पद से आप क्या समझते हैं ? पाठ के प्रस्तुतीकरण की अवस्था में प्रयुक्त होने वाले चार कौशलों के बारे में बताइए।
7. शिक्षण कौशलों के एकीकरण से क्या अभिप्राय है ? एक छात्राध्यापक को इस कार्य हेतु कैसे प्रशिक्षण दिया जा सकता है ?

8. "सूक्ष्म शिक्षण वास्तविक शिक्षण परिस्थितियों का सरलीकृत और लघुरूप है।" इस कथन की समीक्षा करते हुए सूक्ष्म शिक्षण की प्रकृति एवं विशेषताओं पर प्रकाश डालिए।
9. निम्न कौशलों के शिक्षण अभ्यास का मूल्यांकन करने तथा प्रतिपुष्टि प्रदान करने के लिए निरीक्षण/निर्धारण मापनी प्रपत्र बनाइए–
   (i) प्रश्न कौशल
   (ii) व्याख्या कौशल
   (iii) पाठ प्रस्तावना कौशल
   (iv) पुनर्बलन कौशल
   (v) दृष्टांत कौशल
   (vi) उद्दीपन परिवर्तन कौशल
   (vii) श्यामपट लेखन कौशल
10. उद्दीपन परिवर्तन कौशल से तुम क्या समझते हो ? एक सूक्ष्म पाठ योजना के द्वारा इस कौशल से संबंधित शिक्षण व्यवहारों के उचित अभ्यास पर प्रकाश डालिए।
11. व्याख्या कौशल से आप क्या समझते हैं ? इसके आवश्यक घटक क्या हैं ? उपयुक्त सूक्ष्म पाठ योजना के माध्यम से इस कौशल के अभ्यास के बारे में चर्चा कीजिए।
12. प्रश्न कौशल का उसके विभिन्न घटकों सहित विस्तार से वर्णन कीजिए। इस कौशल का सूक्ष्म शिक्षण अभ्यास प्रक्रिया द्वारा किस प्रकार अभ्यास किया जा सकता है ? उदाहरण सहित समझाइए।
13. पाठ प्रस्तावना कौशल का अर्थ, परिभाषा और व्यवहार घटकों का वर्णन कीजिए। इस कौशल का अभ्यास करने के लिए एक सूक्ष्म पाठ योजना तैयार करें।
14. श्यामपट लेख कौशल को परिभाषित करें। इसके व्यवहार घटकों का वर्णन करते हुए, इस कौशल के विकास का मूल्यांकन करने तथा प्रतिपुष्टि प्रदान करने के लिए एक निरीक्षण/निर्धारण मापनी प्रपत्र तैयार कीजिए।
15. छात्राध्यापक द्वारा निम्न में से किसी एक कौशल का अभ्यास करने के लिए एक आदर्श सूक्ष्म पाठ योजना तैयार करें–
   (i) व्याख्या कौशल
   (ii) प्रश्न कौशल
   (iii) पाठ प्रस्तावना कौशल
   (iv) उद्दीपन परिवर्तन कौशल
   (v) श्यामपट लेखन कौशल
   (vi) पुनर्बलन कौशल
   (vii) दृष्टांत कौशल
16. पुनर्बलन कौशल से आप क्या समझते हैं ? इसके आवश्यक घटक क्या हैं ? उपयुक्त सूक्ष्म पाठ योजना के माध्यम से इस कौशल के अभ्यास के बारे में चर्चा कीजिए।
17. दृष्टांत कौशल क्या है ? इसके व्यवहार घटकों का वर्णन करते हुए इस कौशल के विकास हेतु एक उपयुक्त सूक्ष्म पाठ योजना तैयार कीजिए।
18. "सूक्ष्म शिक्षण" क्या है ? शिक्षण प्रशिक्षण कार्यक्रम के लिए इसकी उपादेयता एवं सीमाओं की विवेचना कीजिए।

16

भूमिका निर्वाह एवं क्रीड़न
(Role Playing and Gaming)

अध्याय रूपरेखा (Chapter Outline)

- विषय प्रवेश (Introduction)
- भूमिका निर्वाह (Role Playing)
- क्रीड़न (Gaming)
- क्रीड़ा क्रियाओं के प्रकार
  (Types of Gaming Activities)
- सार-संक्षेप (Summary)
- संदर्भित एवं विशेष अध्ययन ग्रंथ
  (References and Suggested Readings)
- अध्ययन के लिए प्रश्न (Study Questions)

विषय प्रवेश
(Introduction)

भूमिका निर्वाह एवं क्रीड़न जैसी व्यूह रचनाएँ और तकनीक किसी भी अच्छी तरह नियोजित शिक्षण–अधिगम प्रक्रिया में अपेक्षित उद्देश्यों की पूर्ति में भरपूर सहयोग दे सकती हैं। इनका सबसे बड़ा फायदा यह है कि इनके द्वारा व्यक्तिगत अथवा सामूहिक रूप में अधिगमकर्त्ताओं को ऐसे स्व–अनुभव (Self-experiences) ग्रहण करने का अवसर मिलता है जिनसे उनमें ज्ञान एवं कौशलों को नजदीक से जानने और व्यावहारिक परिस्थितियों में उपयोग करने की आवश्यक योग्यता और क्षमता पैदा होती है। वे जो कुछ भी सीखते हैं अपने स्वयं की भागीदारी तथा सक्रिय सहयोग से सीखते हैं और सीखने की प्रक्रिया उन्हें अपने जीवन की क्रियाओं से अलग नहीं दीखती। खेल–खेल में शिक्षा प्राप्त करने की जो बात शिक्षा मनीषियों द्वारा बार–बार दोहराई जाती है उसका वास्तविक चित्रण इन दोनों तकनीकों – भूमिका निर्वाह तथा क्रीड़न द्वारा भलीभाँति संपन्न हो सकता है। प्रस्तुत अध्याय में हम इन्हीं दोनों के बारे में विस्तार से जानना चाहेंगे।

भूमिका निर्वाह (Role Playing)

अर्थ एवं उद्देश्य (Meaning and Objectives)

भूमिका निर्वाह जैसा कि नाम से ही विदित होता है कि इस प्रक्रिया में किसी भी व्यक्ति या अधिगमकर्त्ता को कोई भूमिका निभानी होती है यानी उसे अपने आप को उस पात्र अथवा घटना विशेष का अंग बनाना होता है। इस तरह बनावटी तौर पर अपने आपको उस पात्र का दर्जा देकर जो कुछ उस पात्र से उस घटना विशेष में अपेक्षा की जाती है उस तरह का व्यवहार या क्रियाएँ करने का अभिनय या नाटक किया जाता है। आपने खेल–खेल में बालकों को इस तरह से नाटक और भूमिका निर्वाह करते जरूर देखा होगा। एक बालक दाढ़ी मूंछ लगाकर बैठ जाता है और एक बालिका रसोईघर के खेल के बर्तनों में खाना तैयार कर तथा परोसकर जब उसके सामने रखने का अभिनय करती हुई दिखाई देती है तब हम यह अनायास ही जान जाते हैं कि वे यहाँ अपने मम्मी–पापा का अभिनय करते हुए अपनी–अपनी भूमिका उन्हीं के रूप में अपने को स्थापित करके निभा रहे हैं। अपनी इस तरह की अभिनय क्रियाओं तथा भूमिका निर्वाह के माध्यम से वे एक तरह से अपने आपको भविष्य में निभाई जाने वाली व्यवहार क्रियाओं तथा भूमिकाओं के लिए ही तैयार कर रहे होते हैं। अपने इस भूमिका निर्वाह में वे उन सभी संवेगों, संवेदनाओं तथा अनुभवों की अनुभूति कर रहे होते हैं जो उन्हें वास्तविक जिंदगी में व्यवहार करते हुए हो सकती हैं अथवा जो पात्रों को जिनकी वे भूमिका कर रहे हैं अतीत में हुई होंगी।

जहाँ तक कक्षा अध्ययन–अध्यापन का प्रश्न है तो यहाँ हम भूमिका निर्वाह (Role playing) को एक ऐसी शिक्षण–अधिगम तकनीक या व्यूह रचना (Technique or Strategy) के रूप में जान सकते हैं जिसमें कक्षा के कुछ या सभी विद्यार्थियों द्वारा अध्यापक की देख–रेख में किसी एक विशेष घटना या परिस्थिति का नाटकीकरण करके अपनी–अपनी भूमिकाएँ इस प्रकार निभाई जाती हैं कि उनके माध्यम से अपेक्षित शैक्षणिक लाभ अर्जित किए जा सकें। उदाहरण के लिए अगर बालकों को संसद या विधानसभा की कार्य प्रणाली से परिचित कराना हो तो यहाँ संसद या विधानसभा में सामान्य रूप से चलने वाली कार्यप्रणाली का नाटकीकरण किया जा सकता है। इसके लिए कक्षा के ही विद्यार्थी विभिन्न पात्रों तथा दर्शकों की भूमिका निभा सकते हैं। कोई किसी क्षेत्र से एम०पी० बनकर संसद का प्रतिनिधित्व कर सकता है तो कोई संसदीय मंत्री, उपमंत्री, राज्यमंत्री, स्पीकर, डिप्टी स्पीकर तथा मार्शल आदि की भूमिका निभाने का कार्य कर सकता है और इस तरह संसद की कार्यवाही की वैसी ही नकल हो सकती है जिसकी शिक्षा बालकों को दी जाती है। इसी तरह अगर किसी दूसरी परिस्थिति में बालकों को यह अनुभव कराना हो कि घर में अगर लड़के–लड़कियों के लालन–पालन में पक्षपात किया जाए और किसी बच्चे को अधिक लाड़–प्यार तथा उसकी जरूरत से अधिक हिफाजत की जाए, सुविधाएं आदि दी जाएँ तो उसके क्या बुरे परिणाम निकल सकते हैं। इस तरह की पारिवारिक परिस्थितियों को भी अभिनय के माध्यम से बालकों के सामने लाया जा सकता है। यहाँ अब बालक विभिन्न परिवार के सदस्यों, माँ–बाप, पड़ोसियों, मित्रों, भाई–बहनों आदि की भूमिकाएं निभाकर उचित अनुभव और ज्ञान ग्रहण कर सकते हैं। इस तरह भूमिका निर्वाह तकनीक बालकों को वास्तविक जैसे अनुभव प्रदान करने की एक ऐसी सफल तकनीक सिद्ध हो सकती है जिसमें बालक अपने आपको सीखने की प्रक्रिया में पूरी तरह घुला मिलाकर अपने अनुभवों से ही तथ्यों और परिणामों से भलीभाँति परिचित हो सकें। कक्षा–कक्ष में प्रयुक्त भूमिका निर्वाह तकनीक को साइकोड्रामा (Psychodrama) तकनीक, जो मनोरोगों का इलाज करने के लिए काम में लायी जाती है, से सर्वथा अलग ही समझा जाना चाहिए। साइकोड्रामा में रोगी को उसकी उस पुरानी अवस्था में ले जाया जाता है यहाँ मनोवैज्ञानिक आघात लगने से उसकी मनोस्थिति पर असर पड़ा था। उसको अपनी पुरानी स्थिति में पहुँचाकर वैसा ही अनुभव प्रदान करने की

कोशिश की जाती है। यहाँ अब वह अपने स्वयं की पूर्व–भूमिका निभाता है और इस तरह अपनी मनोग्रंथियों, सुप्त भावनाओं तथा विकारों से मुक्ति पाने की कोशिश करता है। कक्षा–कक्ष में जो भूमिका निभाई जाती है उससे विद्यार्थी को उसके तनाव या मनोविकारों से छुट्टी दिलाने का कार्य नहीं किया जाता बल्कि यहाँ उसको उन अनुभवों से गुजारा जाता है जो उसे पात्र विशेष के रूप में अभिनय करके या दर्शक के रूप में देख–सुनकर होते हैं और इस तरह से उसे शैक्षणिक लाभ उठाने में सहायक सिद्ध होते हैं। यही विशेष बात कक्षा–कक्ष भूमिका निर्वाह को अन्य सामाजिक जीवन में स्वाभाविक रूप से संपन्न भूमिका निर्वाह से अलग करती है। बच्चों के खेल का जो उदाहरण हमने पहले दिया था उसी को लेकर चला जाए तो जो बच्चे माता–पिता की भूमिका खेल–खेल में निभा रहे थे उनका बहुत कुछ उद्देश्य अपनी बाल लीलायें कर उनसे मनोरंजन प्राप्त करना तथा मेल–जोल बढ़ाने तक ही सीमित रहता है। इसके विपरीत कक्षा–कक्ष में वे जब माता–पिता, भाई–बहिनों, परिवार के अन्य सदस्यों, पड़ोसियों तथा मित्रों की भूमिका निभा रहे होते हैं तो यहाँ उनकी इस भूमिका निर्वाह का उद्देश्य उन्हें वास्तविक जीवन के वह अनुभव कराना होता है जिनके माध्यम से अपेक्षित व्यवहार परिवर्तन कर शैक्षणिक लाभ उठाए जा सकें। इस तरह कक्षा शिक्षण में भूमिका निर्वाह का उद्देश्य बालकों को अभिनय तथा भूमिका निर्वाह के बहाने शैक्षणिक उद्देश्यों की प्राप्ति ही अधिक होता है। मनोरंजन तथा सामाजिकता संबंधी उद्देश्य की प्राप्ति तो सहज ढंग से भूमिका निर्वाह और अभिनय की अपनी स्वाभाविकता के कारण स्वतः ही हो जाती है।

कक्षा शिक्षण में भूमिका निर्वाह तकनीक द्वारा अगर अभीष्ट शैक्षिक लक्ष्य की प्राप्ति करानी हो तो इस कार्य हेतु कुछ निम्न बातों को ध्यान में रखना लाभप्रद होता है।

(i) परिस्थिति विशेष में जिस प्रकार का अभिनय करना है और जिस तरह की भूमिका निभानी हैं उनसे संबंधित सभी आवश्यक बातें और उनके द्वारा निभाई जाने वाली भूमिका के बारे में विद्यार्थियों को ठीक प्रकार से बता दिया जाना चाहिए।

(ii) जो भी अभिनय करना है जिस प्रकार की भूमिका निभाई जाती है उसका स्तर काफी अच्छा रहे इस बात का पूरा ध्यान रखा जाना चाहिए। वास्तविक जीवन से जितनी अधिक निकटता अभिनय तथा भूमिका निर्वाह की रहेगी यानी अभिनय न लगकर जितना वास्तविक वह लगेगा उतना ही उपयुक्त रहेगा।

(iii) कक्षा के सभी विद्यार्थियों को किसी न किसी रूप में अभिनयकर्त्ता या दर्शकों की भूमिका निभाने के अवसर प्रदान किए जाने चाहिएं।

भूमिका निर्वाह में प्रयुक्त सोपान (Phases or Steps Involved in Role-playing)

किसी भी कक्षा शिक्षण परिस्थिति में जायसी एवं वील (Joyce and Weil, 1980) के अनुसार भूमिका निर्वाह तकनीक के उपयोग हेतु निम्न 9 चरणों या सोपानों का अनुसरण करना ठीक रहता है।

1. **तैयारी की अवस्था (Warming up Stage)**—भूमिका निर्वाह तकनीक को उपयोग में लाने हेतु सबसे पहली बात ऐसी परिस्थितियों तथा वातावरण का निर्माण करना होता है जिनके माध्यम से किसी विशेष परिस्थिति या घटना के अभिनयीकरण (Dramatisation) की आवश्यकता का अनुभव हो सके।
2. **भूमिका निभाने वाले पात्रों का चयन (Selection of the Role Players)**—इस सोपान के अंतर्गत परिस्थिति विशेष में जिस प्रकार की भूमिकाएं विभिन्न पात्रों द्वारा निभाई जाती हैं उनका अपनी योग्यताओं और उपयुक्तता की दृष्टि से चुनाव करने का प्रयत्न किया जाता है।

3. **अभिनयीकरण हेतु आवश्यक साज सज्जा (Setting of the Stage for Role-playing)**—अभिनय हेतु पात्रों का चुनाव करने के बाद जहाँ जिस रूप में नाटकीकरण की क्रिया संपन्न हो उन परिस्थितियों तथा वातावरण को उसी के अनुकूल बनाने का प्रयत्न करना चाहिए। जिस तरह की साज सज्जा तथा भौतिक परिस्थितियों की नाटक को वास्तविकता के निकट लाने की आवश्यकता हो उसी तरह के प्रबंध करने की कोशिश की जानी चाहिए।
4. **दर्शकों की तैयारी (Preparation of the Observers)**—भूमिका निर्वाह तकनीक अपनी सफलता हेतु कक्षा के सभी विद्यार्थियों का पूरा सहयोग चाहती है क्योंकि इसके प्रयोग का उद्देश्य ही कक्षा के सभी विद्यार्थियों को आवश्यक शैक्षिक लाभ प्रदान करना होता है। अतः जो बालक भूमिका निभाने के लिए पात्र रूप में चुने जाते हैं उनकी तैयारी के साथ अन्य बालकों को भी दर्शकों की भूमिका निभाकर भूमिका निर्वाह तकनीक से लाभ उठाने के लिए पहले से ही अच्छी तरह तैयार करना आवश्यक होता है।
5. **अभिनयीकरण प्रक्रिया को संपन्न करना (Enacting the Story, Roles and Situation)**—इस सोपान का संबंध नाटक मंचन या अभिनयीकरण प्रक्रिया की वास्तविक प्रस्तुति से है। यहाँ सभी पात्र अपनी–अपनी भूमिका निभाते हुए किसी घटना या परिस्थिति विशेष का नाटकीकरण करते हुए उसे सफल बनाने में जुटे रहते हैं।
6. **परिचर्चा एवं मूल्यांकन (Discussion and Evaluation)**—इस सोपान के अंतर्गत कक्षा के सभी विद्यार्थी और अध्यापक मिलकर यह चर्चा करते हैं कि नाटकीकरण कैसा रहा, किसने किस प्रकार की भूमिकाएं निबाहीं तथा क्या कमी और अच्छाइयाँ रहीं आदि–आदि।
7. **पुनः अभिनय करना (Enacting Again)**—परिचर्चा एवं मूल्यांकन सोपान के अंतर्गत जो भी बातें सामने आईं तथा उनके आधार पर जो भी निर्णय लिए गए उन्हें ध्यान में रखते हुए अब भूमिका निर्वाह करने वाले पात्रों को अपनी–अपनी भूमिकाओं को सुधारते हुए पुनः अभिनय करने का अवसर दिया जाता है।
8. **पुनः परिचर्चा तथा मूल्यांकन करना (Re-discussion and Evaluation)**—पुनः अभिनयीकरण के संदर्भ में यहाँ फिर एक बार सब मिलकर चर्चा करते हैं कि भूमिका निर्वाह तकनीक जिस उद्देश्य से काम में लायी जा रही थी वह कितनी सफल रही तथा सभी ने अपनी भूमिकाएं किस तरह निभाईं आदि–आदि।
9. **सामान्यीकरण करना या निष्कर्ष निकालना (Deriving Generalisation)**—भूमिका निर्वाह तकनीक के उपयोग के बाद जो शैक्षिक लाभ अर्जित किए जाते हैं उनसे संबंधित निष्कर्ष निकालने तथा उनका भविष्य में सदुपयोग करने की बात इस सोपान में की जाती है।

जॉयसी एवं वील (Joyce and Weil) द्वारा इस तरह भूमिका निर्वाह तकनीक द्वारा वांछित शैक्षिक उद्देश्यों की प्राप्ति हेतु उपरोक्त नौ सोपानों के अनुसरण का परामर्श दिया गया है। परंतु सभी परिस्थितियों में अध्यापकों द्वारा इन सभी सोपानों को भूमिका निर्वाह तकनीक अपनाने हेतु अवश्य ही प्रयोग में लाया जाए ऐसी कोई विवशता नहीं है। परिस्थिति विशेष के अनुसार कोई भी अध्यापक इनमें अपेक्षित सुधार लाकर इन्हें उपयोग में ला सकता है। फिर भी अगर इन नौ सोपानों का ही अनुसरण करने का प्रयत्न किया जाए तो भूमिका निर्वाह तकनीक के उपयोग को कक्षा शिक्षण परिस्थितियों में सामाजिक अध्ययन विषय के शिक्षण हेतु अपनायी जाने वाली तकनीक के रूप में प्रयुक्त निम्न उदाहरण द्वारा अच्छी तरह समझा जा सकता है।

1. **तैयारी की अवस्था (Warming up Stage)**—इस प्रारंभिक अवस्था में सामाजिक अध्ययन विषय की कक्षा के विद्यार्थियों के सामने यह समस्याजन्य स्थिति आ सकती है कि वे यह जानने की जिज्ञासा दिखाएं कि एक लोकतंत्रीय व्यवस्था में चुनाव कैसे संपन्न होते हैं। उन्हें इस बात से भलीभाँति परिचित कराने के लिए अध्यापक उन्हें इस बात के लिए प्रेरित कर सकता है कि चुनाव प्रक्रिया का सही ज्ञान

इसे प्रत्यक्ष रूप में स्वयं अनुभव करने से ही हो सकता है और इसके लिए भूमिका निर्वाह हेतु अब एक विषय चुन लिया जाता है और वह है "कक्षा प्रतिनिधि का चुनाव"।

2. **भूमिका निभाने वाले पात्रों का चयन (Selection of the Role Players)**—कक्षा प्रतिनिधि के लिए चुनाव लड़ने वाले दो–तीन विद्यार्थी हो सकते हैं, इसलिए कक्षा के दो–तीन विद्यार्थियों को चुनाव प्रत्याशियों (Candidates) की भूमिका सौंपी जा सकती है। चुनाव प्रक्रिया में भागीदारी और आयोजन हेतु जिस–जिस प्रकार के पात्रों जैसे मुख्य चुनाव अधिकारी, सहायक चुनाव अधिकारी, पोलिंग ऑफीसर तथा मतदाता सूची देखने और पोलिंग स्याही लगाने वाले तथा अन्य सहायकों की जरूरत पड़ती है उसी हिसाब से कक्षा के विद्यार्थियों को ये भूमिकाएं निभाने के लिए कहा जा सकता है। शेष विद्यार्थी वोट डालने की भूमिका से जोड़े जा सकते हैं।

3. **अभिनयीकरण हेतु आवश्यक साज–सज्जा (Setting of the Stage for Role Playing)**—चुनाव प्रक्रिया का स्वरूप बिल्कुल वैसा ही हो जैसा कि लोकतांत्रिक प्रणाली में रहता है इसका ध्यान रखते हुए यहाँ ऐसी ही परिस्थितियाँ बनानी पड़ती हैं और ऐसे ही भौतिक साधन और साज सामान जुटाने पड़ते हैं जो एक वास्तविक चुनाव प्रक्रिया में होने चाहिए। अतः फर्नीचर, कमरे, स्थान, बैलेट बॉक्स तथा अन्य सभी बातों की यथा स्थान व्यवस्था करने का कार्य इसी तृतीय सोपान में किया जाएगा।

4. **दर्शकों की तैयारी (Preparation of the Observers)**—वैसे तो कक्षा के सभी विद्यार्थी किसी न किसी प्रकार की भूमिका इस चुनाव में निभाएंगे ही परंतु उन्हें अपनी भूमिका निभाने के अतिरिक्त सारी चुनाव प्रक्रिया से परिचित होने के लिए एक सजग दर्शक की भूमिका निभाने के लिए भी तैयार किया जाएगा। अपनी–अपनी भूमिका निभाते हुए क्या कुछ हो रहा है यह सब जानने और समझने के लिए उन्हें आवश्यक रूप से निर्देशन दिए जाएंगे।

5. **अभिनयीकरण प्रक्रिया को संपन्न करना (Enacting the Story, Roles and Situations)**—इस अवस्था में सभी विद्यार्थियों से अपनी–अपनी भूमिका निर्वाह करते हुए चुनाव की प्रक्रिया में रत होने को कहा जाएगा। कक्षा प्रतिनिधि के चुनाव संबंधी बातें यथावत् संपन्न कराके प्रतिनिधि कौन चुना यह घोषित कर दिया जाएगा।

6. **परिचर्चा एवं मूल्यांकन (Discussion and Evaluation)**—चुनाव प्रक्रिया का अभिनयीकरण करने के बाद कक्षा के सभी विद्यार्थी अध्यापक के निर्देशन में आवश्यक विचार विमर्श तथा परिचर्चा में भाग लेंगे। यहाँ अब इस बात पर टीका टिप्पणी होगी कि अभिनयीकरण का स्तर कैसा रहा, किस–किस ने किस तरह की भूमिका कैसे निभाई, क्या कुछ कमियाँ रह गईं, कौन सी बातें बिल्कुल ठीक रहीं आदि–आदि। इन सब बातों के आधार पर चुनाव प्रक्रिया के अभिनयीकरण का समुचित मूल्यांकन कर उसमें अपेक्षित सुधार हेतु सुझाव स्वीकार किए जाएंगे।

7. **पुनः अभिनयीकरण (Enacting Again)**—चुनाव प्रक्रिया में जो भी कमियाँ तथा दोष पाए गए थे तथा तैयारियों में जो भी कमियाँ रह गई थीं उन सब बातों पर परिचर्चा के दौरान जो भी समीक्षात्मक मूल्यांकन किया गया था और आगे सुधार हेतु जो बातें सोची गई थीं उनका अनुमान करते हुए चुनाव प्रक्रिया का पुनः अभिनयीकरण किया जाएगा।

8. **पुनः परिचर्चा एवं मूल्यांकन (Re-discussion and Evaluation)**—पुनः अभिनयीकरण के पश्चात् एक बार फिर सभी विद्यार्थी अध्याापक के मार्ग दर्शन में चुनाव प्रक्रिया के अभिनयीकरण के मूल्यांकन हेतु परिचर्चा तथा विचार विमर्श में भाग लेंगे। अब जब इस बात पर जोर दिया जाएगा कि सभी के अभिनयीकरण द्वारा क्या अनुभव किया गया और क्या जाना गया कि लोकतंत्रीय व्यवस्था में चुनाव

प्रक्रिया कैसे संपन्न होती हैं। सभी को अपनी–अपनी तरह से चुनाव कैसे होते हैं इस विषय पर लिखकर रिपोर्ट देने को कहा जाएगा।

9. **सामान्यीकरण करना या निष्कर्ष निकालना (Deriving Generalization)**—इस अंतिम सोपान में अब बालकों को सामान्य रूप से यह जानने और समझने में मदद की जाएगी कि जिस तरह कक्षा प्रतिनिधि का चुनाव आपने किया है वैसे ही लोकतंत्र में अन्य संस्थाओं तथा संगठनों के लिए जैसे पंचायत, विधान सभा तथा संसद के प्रतिनिधियों के चयन के लिए चुनाव प्रक्रिया संपन्न कराई जाती है।

उपरोक्त भूमिका निर्वाह संबंधी उदाहरण में आपने यह अनुभव किया होगा कि कक्षा शिक्षण संबंधी परिस्थितियों में भूमिका निर्वाह करते हुए ऐसे प्रकरण तथा समस्याजनक प्रसंग आ सकते हैं जिनमें भूमिका निर्वाह की प्रक्रिया हेतु सभी नौ सोपानों की जरूरत नहीं पड़े। विशेषकर पुनः अभिनयीकरण (Re-enacting) तथा पुनः परिचर्चा एवं मूल्यांकन (Re-discussion and evaluation) की बात कभी–कभी बहुत खटक सकती है। ऐसी ही बात जॉयस एवं वील द्वारा दी गई नामावली को लेकर है। हमारी परिस्थितियों में हमें सोपानों के ये नाम कुछ अटपटे से लग सकते हैं। अतः इनमें आवश्यक सुधार करने में कोई परेशानी नहीं होनी चाहिए। हमारे विचार में भूमिका निर्वाह संबंधी तकनीक के सोपानों का निम्न प्रकार संक्षेपीकरण किया जा सकता है।

1. भूमिका निर्वाह हेतु परिस्थिति या विषय का चयन
   (Selecting the situation or topic for role playing)
2. आवश्यक साज सज्जा एवं भूमिकाएं सौंपना
   (Setting the stage and assigning the roles)
3. अभिनयीकरण हेतु पूर्व तैयारी एवं अभ्यास
   (Preparing and planning for the role playing)
4. अभिनयीकरण करना (Execution of the role playing)
5. परिचर्चा एवं मूल्यांकन (Discussion and evaluation)
6. सामान्यीकरण (Generalization)

भूमिका निर्वाह तकनीक का प्रयोग प्रशिक्षण हेतु (जैसे शिक्षा महाविद्यालयों में विद्यार्थियों को शिक्षक के रूप में प्रशिक्षित करने आदि के लिए) भी अच्छी तरह किया जा सकता है। यहाँ प्रशिक्षणार्थियों को अनुरूपित परिस्थितियों (Simulated conditions) में अध्यापक, विद्यार्थी और पर्यवेक्षकों की भूमिकाएं निभाने के लिए कहा जा सकता है और इस प्रकार के अनुभवों द्वारा उनमें आवश्यक शिक्षण कौशल तथा शिक्षक व्यवहार विकसित करने के प्रयत्न किए जा सकते हैं।

भूमिका निर्वाह तकनीक के गुण दोष (Merits and Demerits of Role Playing)

भूमिका निर्वाह तकनीक निम्न बातों में उपयोगी एवं लाभप्रद सिद्ध होती हैं।

1. भूमिका निर्वाह में विद्यार्थियों को किसी भी परिस्थिति या समस्या को बहुत अधिक निकट से जानने और समझने का पूरा अवसर मिलता है। यहाँ वे अपने व्यक्तिगत अनुभवों द्वारा घटना या स्थिति की गहनता और तीव्रता को अच्छी तरह महसूस कर सकते हैं जैसे क्या होता है जब किसी परिवार के व्यक्ति द्वारा पक्षपातपूर्ण व्यवहार किया जाता है आदि–आदि।

2. इसके द्वारा किसी भी विषयवस्तु या प्रक्रिया को अच्छी तरह जानने के प्रति आवश्यक अभिप्रेरणा, रुचि तथा उत्साह पैदा किया जा सकता है।
3. अपनी–अपनी भूमिका निभाते हुए बालकों को वास्तविक जीवन जैसे यथार्थ अनुभव इस तकनीक द्वारा प्रदान किए जा सकते हैं। आगामी जीवन हेतु उचित योग्यताएं तथा क्षमताएं विकसित करने का इस तरह अच्छा अवसर मिल सकता है।
4. संप्रेषण कौशलों (शाब्दिक तथा अशाब्दिक दोनों) को विकसित होने का भी भूमिका निर्वाह में पर्याप्त अवसर मिलता है। एक तरह से बालकों को जो भूमिका निर्वाह में अपने आपको विभिन्न रूपों से अभिव्यक्त करने के अवसर मिलते हैं इससे वे सभी प्रकार से वाक्‌चातुर्य एवं व्यवहार कुशल बन जाते हैं।
5. भूमिका निर्वाह द्वारा उन्हें सामूहिक रूप से मिलजुलकर कार्य करने, दूसरों की भावनाओं तथा विचारों का आदर करने तथा सामाजिकता के अन्य अच्छे गुणों को आत्मसात करने का अवसर मिलता है।
6. भूमिका निर्वाह में प्रायः लक्ष्य किसी न किसी परिस्थिति का ठीक ढंग से सामना करने, किसी समस्या को जानने और तथ्यों को ठीक तरह से समझने का होता है। इन बातों से बालकों को समस्या समाधान योग्यता में बढ़ोत्तरी करने के उपयोगी अवसर प्राप्त हो सकते हैं।
7. कक्षा शिक्षण में लगभग सभी विषयों में ऐसे अवसर तथा प्रकरण आते हैं जिन्हें उन्हें उनके अपने रूप में देखने और अनुभव करने से ही सही ज्ञान प्राप्त हो सकता है। भूमिका निर्वाह द्वारा इस प्रकार के प्रकरणों की शिक्षा भलीभाँति दी जा सकती है।

अपने उपरोक्त गुणों और विशेषताओं के बावजूद भूमिका निर्वाह तकनीक में कुछ निम्न प्रकार के दोष और कमियाँ भी नजर आ सकती हैं।

1. विद्यार्थी प्रायः उस परिस्थिति या समस्यामूलक स्थिति की तह में नहीं जा पाते जिसे भूमिका निर्वाह का केंद्र बिंदु बनाया जाता है। इसके अभाव में वे अपनी भूमिकाओं को न तो ठीक तरह से समझ पाते हैं और न उन्हें अच्छी तरह निभा पाते हैं।
2. भूमिका निर्वाह तकनीक से तभी अच्छी तरह फायदा हो सकता है जबकि अभिनय करने वाले पात्र तथा दर्शक अभिनय के विषय, कहानी, परिस्थिति तथा घटनाओं से पूरी तरह सहमत हों और उन पर विश्वास करते हों। किसी भी भूमिका को तभी निभाया जा सकता है जबकि पात्र उसी भूमिका में अपने आपको आत्मसात कर लें। यह समझ लें कि अब वह कौटिल्य हैं अथवा चन्द्रगुप्त है तभी वह उस भूमिका के साथ न्याय कर सकते हैं। परंतु देखा जाता है कि बालक अपनी भूमिकाओं के साथ न्याय नहीं कर पाते उन्हें अभिनय मात्र अभिनय, नाटक या खेल ही नजर आता है उसकी गहनता, तीव्रता तथा मधुरता को वे अपने आप में नहीं उतार पाते। ऐसे कृत्रिम तथा ऊपरी निर्वाह से भूमिका निर्वाह तकनीक द्वारा जो लाभ हो सकते हैं वे प्रायः नहीं उठाए जाते।
3. जैसी भूमिका है उसके निभाने हेतु उपयुक्त पात्रों का न मिलना भी भूमिका निर्वाह के महत्त्व को कम कर देता है।
4. आखिरी और महत्त्वपूर्ण कमी और समस्या इस बात को लेकर पैदा होती है कि भूमिका निर्वाह तकनीक को अच्छी तरह समझने उस पर विश्वास करने और उसे काम में लाने वाले योग्य एवं प्रशिक्षित

अध्यापकों की कमी रहती है। फिर भूमिका निर्वाह तकनीक को व्यवहार में लाने की सारी जिम्मेदारी भी एक तरह से शिक्षकों के ऊपर ही आ पड़ती है। परिस्थिति पैदा कर भूमिका निर्वाह के लिए उचित विषय या घटनाक्रम के चुनाव से लेकर उसके सभी प्रकार के नियोजन, प्रबंधन तथा शैक्षणिक लाभ उठाने की सारी जिम्मेदारी अध्यापक के कंधों पर ही आ पड़ती है। ऐसे में अगर भूमिका निर्वाह तकनीक को अच्छी तरह काम में लाने वाले अध्यापक मौजूद न हो तो इसे उपयोग में लाने की बात खटाई में पड़ सकती है।

परंतु यदि ध्यान से विचार किया जाए तो भूमिका निर्वाह द्वारा उन्हें सामाजिक रूप से मिलजुल कर कार्य करने, दूसरों की भानवाओं तथा विचारों का आदर करने तथा सामाजिकता के अन्य अच्छे गुणों को आत्मसात करने की प्रेरणा दी जाती है। अतः समूह भाव तथा सामाजिकता के गुणों के प्रशिक्षण में इस तकनीक से काफी सहयोग मिल सकता है।

क्रीड़न (Gaming)

क्रीड़न शब्द की उत्पत्ति क्रीड़ा से हुई है। इसका शाब्दिक अर्थ होता है क्रीड़ा करना। क्रीड़ा शब्द का जिक्र हमारे हिंदी एवं संस्कृत साहित्य में बहुधा आता है। महाभारत में पांडवों और कौरवों ने मिलकर द्यूत क्रीड़ा का आयोजन किया था यानी दोनों ने पासे फेंककर जुए (Gambling) का खेल खेला था। इसी तरह राजा महाराजाओं द्वारा जल क्रीड़ा (Water games) की बात भी कही जाती रही है। इस तरह क्रीड़ा शब्द को विभिन्न प्रकार के खेलों के लिए प्रयुक्त किया जाता रहा है। आंग्लभाषा में हम क्रीड़ा के लिए गेम (Game) तथा क्रीड़ा के लिए गेमिंग (Gaming) शब्द का इस्तेमाल करते हैं। ध्यान रहे यहाँ हम प्ले (Play) का प्रयोग नहीं करते। इस तरह प्ले और गेम (Play and game) ये दोनों शब्द विभिन्न अर्थों में ही प्रयुक्त किए जाते हैं। इसलिए इस अध्याय में हमें यहाँ जान बूझकर अंग्रेजी के गेमिंग शब्द के लिए खेल (Play) के स्थान पर क्रीड़न (क्रीड़ा करना) के उपयोग का प्रयत्न कर रहे हैं ताकि गेमिंग (Gaming) यानी क्रीड़न को एक शैक्षिक व्यूह रचना, विद्या या तकनीक के रूप में खेल या खेल क्रियाओं (Play and play way activities) से अलग करके जाना और समझा जा सके। प्रश्न उठता है कि यह क्रीड़न (Gaming) अपने वास्तविक रूप में किस प्रकार की तकनीक या व्यूह रचना है जिससे विभिन्न प्रकार के शैक्षिक लाभ उठाए जा सकते हैं ? आगे के पृष्ठों में हम यही जानने का प्रयत्न करेंगे।

परिभाषा और अर्थ (Definition and Meaning)

शिक्षण या अनुदेशन तकनीक या व्यूह रचना (Strategy) के संदर्भ में क्रीड़न यानी गेमिंग को ऐसी विशेष रूप से संरचित और संगठित व्यूह रचना के रूप में जाना और समझा जा सकता है जिसके द्वारा पारस्परिक तथा आधुनिक खेलकूद क्रियाओं और क्रीड़ाओं को, अच्छी तरह नियोजित एवं संगठित करके अपेक्षित शैक्षिक उद्देश्यों की पूर्ति हेतु प्रयोग में लाया जा सके।

अपने बहु–प्रचलित अर्थ में खेल कूद और क्रीड़ा को जैसा कि नेसबिट (Nesbitt) का मत है कुछ ऐसी व्यवहार क्रियाओं के रूप में समझा तथा जाना जाता है "जो मनोरंजक हों और जिन्हें नियमों की अनुपालना करते हुए विशिष्ट उद्देश्यों की प्राप्ति हेतु प्रतिस्पर्धात्मक स्तर पर संपन्न किया जा सकता हो।" (Something enjoyable involving competition for specified, objectives and observing rules—Nesbitt, 1968, p. 5)

इस परिभाषा के संदर्भ में क्रीड़न यानी गेमिंग से जुड़े व्यवहार में निम्न विशेषताएँ अवश्य ही परिलक्षित होनी चाहिएँ।

(i) खिलाड़ियों की एक थोड़ी और निश्चित संख्या।
(ii) खिलाड़ियों द्वारा प्राप्त किया जाने वाला कोई एक उभयनिष्ठ (Common) सामूहिक लक्ष्य।
(iii) क्रीड़ा करने (Gaming) हेतु बनाए गए नियम।

यद्यपि सभी क्रीड़ा क्रियाओं (Games) में उपरोक्त तीनों तत्त्व पाए जाते हैं परंतु उनकी प्रकृति और परिणामों में काफी कुछ अंतर देखने को मिल सकते हैं। जैसे किसी में खिलाड़ियों की निश्चित संख्या कम होती है तो किसी में अधिक, किसी में शारीरिक क्षमता और शक्तियों की ज्यादा जरूरत होती है तो किसी में मानसिक सजगता और कौशलों का बोलबाला रहता है, कोई अधिक प्रतिस्पर्धात्मक तथा चुनौतीपूर्ण होते हैं तो कोई कम, किसी में जीतने के लिए परिश्रम अधिक करना पड़ता है तो किसी में प्रारब्ध (Luck) का बोलबाला रहता है आदि–आदि। इन सब विभिन्नताओं के होते हुए भी एक बात जो सभी क्रीड़ा क्रियाओं (Games) में समान रूप में विद्यमान रहती है वह यह है कि इन सभी में तनाव रहित, स्वाभाविक तथा प्रतिस्पर्धात्मक मूल्यांकन परिस्थितियों में बहुमूल्य अधिगम अनुभव प्रदान करने की अपार क्षमता होती है।

क्रीड़ा क्रियाओं के प्रकार (Types of Gaming Activities)

क्रीड़ा क्रियाएँ (Gaming activities) अनुरूपित (Stimulated) तथा वास्तविक (Non-stimulated) दोनों ही परिस्थितियों में अच्छी तरह संपन्न हो सकती हैं। अनुरूपित यानी कृत्रिम रूप से संरचित परिस्थितियों में विद्यार्थी वास्तविक जैसी लगने वाली परिस्थितियों में क्रीड़ा का अभिनय करते हैं और इस तरह वे वही अनुभव प्राप्त करने की चेष्टा करते हैं जो उनको वास्तविक परिस्थितियों में ऐसा सब कुछ करने से प्राप्त हो सकता था। स्वाभाविक ढंग से खेली जाने वाली खेल क्रीड़ाओं से भी आवश्यक शैक्षिक लाभ उठाए जा सकते हैं। इस प्रकार के बहुत से खेल और क्रीड़ा क्रियाएँ मौजूद हैं जिनके द्वारा विभिन्न विषयों से संबंधित शिक्षण–अधिगम अनुभव प्रभावपूर्ण ढंग से अर्जित किए जा सकते हैं। इन क्रियाओं में शाब्दिक तथा अशाब्दिक दोनों ही प्रकार की खेल और क्रीड़ा सामग्री इस्तेमाल में लाई जा सकती है। उदाहरण के लिए ऐसी सामग्री जिसमें शाब्दिक व्यवहार (Verbal behaviour) को क्रीड़ा करने में प्रयोग में लाया जाए कुछ निम्न प्रकार की हो सकती हैं।

(i) प्रश्न मंच (Quiz) प्रतियोगिता
(ii) पहेली प्रतियोगिता
(iii) मौखिक समस्या समाधान प्रतियोगिता
(iv) किसी वस्तु विचार या प्रक्रिया के बारे में सृजनात्मक चिंतन करने संबंधी प्रतियोगिता।

अशाब्दिक व्यवहार (Non-verbal behaviour) को क्रीड़ा हेतु प्रयोग में लाने संबंधी बातें निम्न हो सकती हैं।

(i) किसी भी उचित दी हुई सामग्री के द्वारा अपेक्षित पैटर्न, नमूने तथा मॉडल आदि का निर्माण करना।
(ii) किसी चित्र अथवा डिजाइन को पूरा करना या उसका नव निर्माण करना।
(iii) किसी दी हुई सामग्री से अपेक्षित अथवा अपनी इच्छित वस्तु का निर्माण करना।
(iv) ब्लॉक (Blocks) या टुकड़ों (Pieces) को जोड़कर दिए गए पैटर्नों, चित्रों तथा डिजाइनों की तरह के चित्र या वस्तुएँ बनाना।
(v) दिए हुए अक्षरों (Alphabets) की मदद से अधिक से अधिक शब्दों या वाक्यों की रचना करना।

उपरोक्त प्रकार की सभी खेल तथा क्रीड़ा क्रियाएँ अपनी–अपनी प्रकृति के हिसाब से व्यक्तिगत अथवा सामूहिक दोनों रूपों में ही इस प्रकार संगठित एवं आयोजित की जा सकती हैं कि उनके द्वारा मनोरंजन और सामाजिक संपर्क के साथ–साथ अधिक से अधिक शैक्षणिक लाभों की उपलब्धि हो सके। व्यक्तिगत क्रीड़ा क्रियाओं से सामूहिक क्रीड़ाओं को ही वैसे अधिक प्रोत्साहन देने की चेष्टा करनी चाहिए क्योंकि इनके द्वारा बालकों को मिलजुल कर आगे बढ़ने तथा सामूहिक हित चिंतन की जनतंत्रात्मक विचारधारा को ग्रहण करने का अच्छा अवसर प्राप्त होता है।

वैज्ञानिक एवं तकनीकी प्रगति के आधुनिक युग में कंप्यूटरों ने अपनी विशेष शैक्षिक क्रीड़न सामग्री (Instructional gaming software) द्वारा एक विशेष क्रांति ला दी है। जो काम अध्यापकों या निदेशकों की देखरेख में संपन्न होता था उन सभी क्रीड़न क्रियाओं को विद्यार्थियों द्वारा संपन्न कराने का उत्तरदायित्व कंप्यूटरों ने ले लिया है। यहाँ विद्यार्थी स्वयं अपनी इच्छा से कंप्यूटर सॉफ्टवेयरों के रूप में प्राप्त क्रीड़न सामग्री का उपयोग कर विभिन्न प्रकार की खेल क्रीड़ाओं में रत रह सकते हैं। कंप्यूटर उनसे प्रश्न पूछता है वे उत्तर देते हैं और फिर उनके उत्तर के सही या गलत होने की बात भी कंप्यूटर ही बताता है। इस तरह वे प्रश्न मंच प्रतियोगिता, पहेली, समस्या समाधान प्रतियोगिता आदि में इनके द्वारा अपनी भागीदारी निभा सकते हैं। जिस प्रकार की शाब्दिक और अशाब्दिक खेल क्रीड़ाओं की हमने पहले चर्चा की थी उन सबका संचालन और प्रबंधन कंप्यूटर कर सकता है और विद्यार्थी उनमें भाग लेकर आवश्यक शैक्षणिक अनुभव अर्जित कर सकता है।

आज कंप्यूटर द्वारा प्रदत्त शैक्षणिक क्रीड़ा सामग्री (Educational games software) सभी प्रकार की पाठ्य तथा सह–पाठ्य क्रियाओं में शिक्षण हेतु भलीभाँति उपलब्ध हैं। भाषा, गणित, सामाजिक विज्ञान, भौतिक और जैविक विज्ञान, कला और उद्योग किसी भी विषय को ले लीजिए इनके औपचारिक तथा अनौपचारिक शिक्षण हेतु नर्सरी से लेकर उच्च स्तर तक सभी प्रकार के ऐसे सॉफ्टवेयर उपलब्ध हो सकते हैं, जिनके द्वारा खेल–खेल में विद्यार्थियों को उचित अधिगम अनुभव प्रदान किए जा सके। इसके अतिरिक्त ऐसी सभी क्रीड़न सामग्री (Gaming software) भी उपलब्ध हैं जिनके द्वारा विद्यार्थियों को अनुरूपित परिस्थितियों में विशेष प्रकार से प्रशिक्षण संबंधी अनुभव प्रदान किए जा सकें। आप भीतर एक खान में फँस गए हैं वहाँ हानिकारक गैस भर गई है या जमीन धंस गई है आप किस तरह इस विपदा का मुकाबला करेंगे। इस तरह की बहुत ही समस्यात्मक परिस्थितियाँ कंप्यूटर द्वारा विद्यार्थियों के सामने रखी जाती हैं और फिर इनके माध्यम से उनमें विभिन्न प्रकार के चिंतन कौशलों, समस्या समाधान योग्यताओं और क्षमताओं को विकसित करने का कार्य कंप्यूटर क्रीड़ाओं (Computer games) द्वारा किया जा सकता है।

कंप्यूटर क्रीड़ाओं (Computer games) के द्वारा किस रूप में विविध प्रकार के शिक्षण अधिगम अनुभव अर्जित किए जा सकते हैं इसकी एक झाँकी देने हेतु अब हम एक बहुचर्चित कंप्यूटर गेम "सेलिंग शिप्स गेम" (Sailing ships game) का उदाहरण प्रस्तुत करना चाहेंगे।

इस गेम का संबंध महासागरों में जलयानों की सहायता से खतरों से बचते हुए सावधानीपूर्वक विश्व भ्रमण करने से हैं। इसमें खिलाड़ी को दिए हुए 6 बंदरगाहों (Ports) लंदन, रियो डि जेनीरो, चिली, सिडनी, कैपटाउन तथा शंघाई में से, जहाँ से यात्रा प्रारंभ करनी है तथा जहाँ समाप्त करनी है, ऐसे दो बंदरगाह चुनने होते हैं। कंप्यूटर स्क्रीन बराबर यह दिखाता रहता है कि जलयान किस समय विश्व के किस स्थान पर स्थित है। अक्षांश और देशान्तर रेखाओं तथा दिशा मापी के माध्यम से जलयान की वास्तविक स्थिति और दिशा का ज्ञान भी यहाँ होता रहता है। जैसे ही खिलाड़ी द्वारा अपनी यात्रा के प्रारंभिक बंदरगाह का नाम कंप्यूटर से टाइप किया जाता है वैसे ही उस बंदरगाह से संबंधित सभी प्रकार की भौगोलिक जानकारी कंप्यूटर स्क्रीन पर आ जाती है। अब कंप्यूटर खिलाड़ी से पूछता है कि वर्ष के किस माह तथा माह के किस दिन में उसे अपनी यात्रा शुरु करनी है।

खिलाड़ी को अब अपनी यात्रा विभिन्न बंदरगाहों से गुजरते हुए इस प्रकार तय करनी होती है कि वह मौसम और रास्ते की सभी बाधाओं का सामना करते हुए कम से कम समय में अपने गंतव्य बंदरगाह पर पहुँच जाए। यात्रा शुरु करने के समय के हिसाब से ही मौसम तथा अन्य बाधाएँ नए–नए रूप में आती हैं और इन्हीं से अपने आपको चतुराई से बचाना ही इस खेल की मुख्य बात होती है।

इस कंप्यूटर गेम के द्वारा विद्यार्थी को काफी बहुमूल्य शैक्षिक अनुभवों की प्राप्ति हो सकती है। संक्षेप में ये अनुभव निम्न बातों से संबंधित हो सकते हैं।

(i) जलयानों से भ्रमण संबंधी बातें।

(ii) दिशाओं का सही ज्ञान।

(iii) अक्षांश तथा देशान्तर रेखाओं से किसी भी स्थान की सही भौगोलिक स्थिति का ज्ञान।

(iv) विश्व मानचित्र या ग्लोब को प्रयोग में लाने का अभ्यास।

(v) विभिन्न महासागरों के नाम, विशेषताओं तथा आकार–प्रकार का ज्ञान।

(vi) विभिन्न महासागरों पर स्थित विभिन्न बंदरगाहों की जानकारी।

(vii) मौसम में उतार–चढ़ाव के कारणों जैसे ठंडे पानी और गर्म पानी की धाराएँ, ज्वारभाटा, चक्रवात, ग्लेशियर, मानसूनी हवाएँ तथा ऐसी सभी बातों का ज्ञान जो मौसम को प्रभावित कर जलयात्रा को सुगम या दुर्गम बनाती हैं।

(viii) विद्यार्थियों में सोचने समझने की शक्ति और समस्या समाधान योग्यताओं का विकास आदि।

भूगोल और सामाजिक अध्ययन के अनुभवों से संबंधित उपरोक्त कंप्यूटर गेम के अतिरिक्त अन्य विद्यालीय विषयों जैसे विज्ञान, गणित, भाषा आदि से संबंधित ऐसे उपयुक्त कंप्यूटर गेम्स भी उपलब्ध हैं जिनके द्वारा इन विषयों से संबंधित अधिगम अनुभवों के अर्जन में बहुत सहायता मिल सकती है। विज्ञान से संबंधित कंप्यूटर गेम्स विद्यार्थियों को विज्ञान के तथ्यों, सिद्धांतों के सैद्धांतिक ज्ञान प्रदान कराने के साथ–साथ इनके व्यावहारिक उपयोगों से संबंधित कौशल विकसित करने में भी पर्याप्त सहायता करते हैं। विज्ञान के कुछ विशेष कौशलों जैसे प्रयोगशाला कौशल (Laboratory skill), अनुसंधानात्मक कौशल (Heuristic and investigating skill) इत्यादि महत्त्वपूर्ण कौशलों के विकास में भी इनका महत्त्वपूर्ण योगदान रहता है। इसी प्रकार गणित से संबंधित कंप्यूटर गेम्स के द्वारा बालकों में गणित के तथ्यों तथा सिद्धांतों की जानकारी के अलावा इनके उपयोग से संबंधित विभिन्न कौशलों के विकास में काफी मदद मिल सकती है। विशेषकर गणित की समस्याओं के हल से संबंधित योग्यताओं के विकास में ये गेम्स काफी लाभदायक सिद्ध हो सकते हैं। भाषा संबंधी कंप्यूटर गेम बालकों में भाषा संबंधी ज्ञान, समझ तथा कौशलों के विकास में बहुमूल्य योगदान दे सकते हैं। सुनने, समझने, बोलने, पढ़ने तथा लिखने संबंधी विभिन्न संप्रेषण कौशलों के विकास में इस प्रकार के गेम बहुत ही लाभप्रद सिद्ध हो सकते हैं।

गेमिंग या क्रीड़न की शैक्षिक उपयोगिता (Educational Advantages of Gaming)

जिस प्रकार की खेल और क्रीड़ात्मक क्रियाओं (Gaming) का हमने अभी तक जिक्र किया है उनसे प्रायः निम्न प्रकार के शैक्षिक लाभों के अर्जन की आशा की जा सकती है।

1. खेल और क्रीड़ात्मक क्रियाएँ (Gaming activities) अपने आप में बहुत ही रोचक, मनोरंजक तथा आनंदप्रद होती हैं अतः शिक्षण–अधिगम प्रक्रिया में विद्यार्थियों की रुचि एवं ध्यान को बराबर–बराबर रखकर उन्हें सीखने के प्रति अभिप्रेरित बनाए रखने में इनका कोई मुकाबला नहीं है।

2. अगर पाठ्य पुस्तक, व्याख्यान तथा अन्य ऐसी ही परंपरागत विधियों की उपयोगिता का गेमिंग के साथ मुकाबला किया जाए तो हम यह पाएँगे कि गेमिंग के माध्यम से परंपरागत विधियों की तुलना में बालकों को विषयवस्तु संबंधी ज्ञान को ग्रहण करने और उसे अपनी स्मृति में लंबे समय तक बनाए रखने और सीखी हुई बातों को उपयोग में लाने में बहुत ज्यादा सहायता मिलती है।
3. खेल और क्रीड़ात्मक क्रियाओं (Gaming activities) में विद्यार्थियों को बिल्कुल सजग, तत्पर तथा क्रियाशील रहकर अनुक्रियाएँ करनी होती हैं। इस तरह यहाँ उनकी शिक्षण–अधिगम प्रक्रिया में बहुत ही सक्रिय भूमिका रहती है। वे निष्क्रिय श्रोता एवं मूक दर्शक बनकर नहीं रह सकते। फलस्वरूप उनमें स्वयं अपने प्रयत्नों द्वारा सीखने, नयी–नयी बातों को जानने और अनुसंधान करने की प्रवृत्तियों और उचित कौशलों का उचित विकास होने में मदद मिलती है।
4. खेल और क्रीड़ात्मक क्रियाएँ (Gaming activities) अपने आप में स्व–अनुशासित तथा स्व–नियंत्रित होती हैं। अगर खेल को चालू रखना है तो नियमों का पालन करना ही पड़ेगा। इसी तरह खेल के परिणाम में इस बात का फैसला तो होकर ही रहेगा कि किसकी जीत हुई तथा किसकी हार। यही हार–जीत खिलाड़ियों को अपने प्रयासों का मूल्यांकन करने में अपने आप ही मदद कर देगी और वे अच्छी तरह जान लेंगे कि सफलता के पीछे ठीक तरह से किए जाने वाले संगठित प्रयासों का कितना महत्त्व है।
5. खेल और क्रीड़ात्मक क्रियाएँ (Gaming activities) चाहे अपने स्वाभाविक रूप में संपन्न हों या अनुरूपित परिस्थितियों (Stimulated situation) में, विद्यार्थियों को ऐसे उचित अभ्यास अवसर अवश्य ही उपलब्ध कराने की क्षमता रखती हैं, जिनसे उन्हें अपने आगामी जीवन को अच्छी तरह जीने और विभिन्न प्रकार की समस्याओं का ठीक तरह से सामना करने में पर्याप्त मदद मिल सके। अनुरूपित परिस्थितियों में खेले जाने वाले गेम तो उन्हें इस तरह के प्रशिक्षण और शैक्षिक अनुभव प्रदान करने की भी क्षमता रखते हैं जिन्हें वास्तविक जीवन में उनके उसी रूप में सीखना लगभग असंभव ही होता है।

इस तरह से निष्कर्ष रूप में अगर सोचा जाए तो खेल और क्रीड़ात्मक क्रियाओं (Gaming activities) को विद्यालय की सभी प्रकार की पाठ्य सहगामी क्रियाओं से संबंधित उपयोगी एवं आवश्यक अनुभवों को भलीभाँति ग्रहण करने का एक उपयोगी साधन बनाया जा सकता है। अपनी सुखद, आकर्षक, मनोरंजक तथा रोचक प्रकृति, स्वभाव एवं प्रक्रिया से ये क्रियाएँ सभी प्रकार के विद्यार्थियों को बहुत ही बहुमूल्य एवं स्थायी अधिगम अनुभव प्रदान कर अपेक्षित व्यवहार परिमार्जन एवं व्यक्तित्व निर्माण की क्षमता रखती हैं। अतः जहाँ तक हो सके किसी भी शिक्षण–अधिगम व्यवस्था में इन्हें नियोजित ढंग से अपनाने के गंभीर प्रयत्न अवश्य ही किए जाने चाहिएं।

सार-संक्षेप (Summary)

1. भूमिका निर्वाह को कक्षा शिक्षण के संदर्भ में ऐसी तकनीक के रूप में जाना जा सकता है जिसमें कक्षा के विद्यार्थियों द्वारा अध्यापक की देखरेख में किसी एक विशेष घटना या परिस्थिति का नाटकीकरण करके अपनी अपनी भूमिकाएं इस प्रकार निभाई जाती हैं कि उनके माध्यम से अपेक्षित शैक्षणिक उद्देश्यों की प्राप्ति की जा सके। उदाहरण के लिए अगर विद्यार्थियों को संसद की कार्यप्रणाली से परिचित कराना

हो तो कक्षा के विद्यार्थियों द्वारा अध्यापक की देखरेख में संसद की कार्यप्रणाली का नाटकीकरण भलीभाँति किया जा सकता है और इस तरह उन विद्यार्थियों को भूमिका निर्वाह तकनीक के माध्यम से संसद की कार्यप्रणाली से संबंधित वास्तविक अनुभव प्राप्त करने का उत्तम अवसर प्रदान किया जा सकता है।

2. भूमिका निर्वाह तकनीक का कक्षा शिक्षण हेतु प्रयोग करने में जिन आवश्यक सोपानों या चरणों का अनुकरण करना हमारी कक्षा–कक्ष परिस्थितियों में उपयुक्त सिद्ध हो सकता है वे हैं (i) भूमिका निर्वाह हेतु परिस्थिति या विषय का चयन (ii) आवश्यक साज सज्जा एवं भूमिकाएं सौंपना (iii) अभिनयीकरण हेतु पूर्व तैयारी एवं अभ्यास (iv) अभिनयीकरण करना (v) परिचर्चा एवं मूल्यांकन एवं (vi) सामान्यीकरण।

3. भूमिका निर्वाह तकनीक अपने जिन गुणों एवं विशेषताओं की दृष्टि से उपयोगी एवं सार्थक समझी जाती है वे हैं (i) व्यक्तिगत अनुभवों द्वारा सीखने के उपयुक्त अवसर मिलना (ii) संप्रेषण कौशलों का विकास (iii) सामाजिकता विकसित करने के अवसर मिलना (iv) समस्या समाधान योग्यता का विकास (v) सीखने के प्रति आवश्यक उत्साह, रुचि एवं अभिप्रेरणा उत्पन्न करने के अवसर मिलना (vi) विद्यालय शिक्षण को वास्तविक जीवन की घटनाओं एवं परिस्थितियों से जोड़ने में सहायता करना तथा (vii) आगामी जीवन हेतु आवश्यक योग्यताएं तथा क्षमताएं विकसित करने में सहायता करना।

4. भूमिका निर्वाह तकनीक को कक्षा शिक्षण हेतु अपनाए जाने में कुछ अड़चनें और दोष भी सामने आ सकते हैं वे हैं (i) विद्यार्थियों द्वारा अभिनयीकरण या भूमिका निर्वाह को महज एक अभिनयीकरण या मनोरंजन का विषय समझ लेना। (ii) भूमिका निभाने वालों का अपने पात्रों की भूमिका से आत्मसात न कर पाना। (iii) भूमिका के अनुसार भूमिका निभाने वाले पात्र न मिल पाना। (iv) भूमिका तकनीक को कक्षा शिक्षण हेतु उपयोग कर सकने वाले योग्य अध्यापकों का अभाव तथा (v) उपलब्ध कक्षा शिक्षण परिस्थितियों में भूमिका निर्वाह तकनीक के उपयोग हेतु उपयुक्त वातावरण का अभाव।

5. गेमिंग या क्रीड़न को विशुद्ध शारीरिक तथा मनोरंजनात्मक खेल या खेल क्रियाओं से भिन्न एक ऐसी शैक्षिक तकनीक के रूप में समझा जा सकता है जिसके द्वारा पारस्परिक तथा आधुनिक खेल कूद क्रियाओं या क्रीड़ाओं को इस तरह भलीभाँति आयोजित किया जा सके कि उनके माध्यम से अपेक्षित शैक्षिक उद्देश्यों की पूर्ति ठीक प्रकार हो सके।

6. गेमिंग या क्रीड़न क्रियाएं व्यक्तिगत अथवा सामूहिक दोनों रूपों में वास्तविक तथा अनुरूपित दोनों ही परिस्थितियों में आयोजित की जा सकती है और इनमें शाब्दिक तथा अशाब्दिक दोनों ही प्रकार की खेल और क्रीड़ा सामग्री इस्तेमाल में लाई जा सकती है। जहाँ प्रश्नमंच प्रतियोगिता, पहेली प्रतियोगिता, मौखिक समस्या समाधान प्रतियोगिता तथा सृजनात्मक चिंतन करने संबंधी प्रतियोगिताएं शाब्दिक व्यवहार से संबंधित क्रीड़ा क्रियाएं कहलाती हैं वहीं दी हुई सामग्री से अपेक्षित या इच्छित पैटर्न, नमूने, मॉडल या वस्तुओं का निर्माण, किसी अधूरे चित्र अथवा डिजाइन को पूरा करना अथवा उसका नव निर्माण आदि क्रियाओं को अशाब्दिक व्यवहार से संबंधित क्रीड़न क्रियाएं कहा जा सकता है।

7. कंप्यूटरों द्वारा प्रदत्त शैक्षणिक क्रीड़ा सामग्री तथा सॉफ्टवेयरों ने आज गेमिंग या क्रीड़न तकनीक को शैक्षणिक उद्देश्यों की पूर्ति के लिए काम में लाने का रास्ता बहुत आसान कर दिया है। आज सभी विषयों के नर्सरी से लेकर उच्च स्तर के शिक्षण अधिगम कार्य हेतु सॉफ्टवेयर उपलब्ध हैं जिनसे खेल–खेल में ही विद्यार्थियों को उचित अधिगम अनुभव प्रदान किए जा सकते हैं। इसके अतिरिक्त कंप्यूटर द्वारा प्रदत्त क्रीड़न सामग्री अनुरूपित परिस्थितियों में ऐसे शैक्षणिक और प्रशिक्षण संबंधी अनुभव प्रदान करने की भी

क्षमता रखती है जिन्हें वास्तविक कक्षा कक्ष या प्रशिक्षण परिस्थितियों में भलीभाँति प्रदान नहीं किया जा सकता।

8. परंपरात्मक शिक्षण विधियों एवं तकनीकों की तुलना में गेमिंग या क्रीड़न तकनीक जिन बातों को लेकर काफी महत्त्वपूर्ण और उपयोगी सिद्ध हो सकती है वे हैं (i) शिक्षण–अधिगम प्रक्रिया में रुचि एवं ध्यान बराबर बनाए रखना (ii) ज्ञान ग्रहण करने और उसे उपयोग में लाने हेतु विशेष सहायक सिद्ध होना (iii) विद्यार्थियों को शिक्षण अधिगम प्रक्रिया में सक्रिय साझीदार बनाए रखना (iv) आगामी जीवन को अच्छी तरह जीने और समस्याओं का ठीक तरह सामना करने में प्रशिक्षित करना (v) स्व–अनुशासन तथा स्व–नियंत्रण का पाठ पढ़ाना तथा (vi) कार्य संपादन में खेल भावना तथा आवश्यक आत्मविश्वास पैदा करने में सहायक सिद्ध होना।

संदर्भित एवं विशेष अध्ययन ग्रंथ
(References and Suggested Readings)

Berne, Eric, *Beyond Games and Scripts*, New York: Grove Press, 1976.

Berne, Eric., *Games People Play: The Psychology of Human Relationships*, New York: Grove Press, 1967.

De Carlo Julia E. and Constant A. Madon (Eds.), *Innovations in Education for the Seventies: Selected Readings*, New York, Behavioral Publications, 1973.

Frieberg, H.J. and Driscoli Amy, *Universal Teaching Strategies*, Boston: Allyn and Bacon, 1992.

Golubchick, Leonard H. and Barry Persky (Eds.), *Innovations in Education*, Dubuque, Iowa: Kendall/Hunt Pub. Co., 1975.

Joyce, Bruce and Weil Marsha, *Models of Teaching*, Engelwood Cliffs, New Jersey: Prentice Hall, 1980.

Nesbitt, William A., "Simulation games for the social studies classroom", New Dimensions I No.1, *In A Program to Incorporate High Order Thinking Skills into Teaching and Learning*, Robinson, I.S. (Ed.), Fort Landerdate, FL: Nova University, USA, 1987.

अध्ययन के लिए प्रश्न
(Study Questions)

1. भूमिका निर्वाह क्या होता है ? किसी एक शिक्षण–अधिगम परिस्थिति में इसे एक प्रभावी तकनीक के रूप में कैसे काम में लाया जा सकता है ? उदाहरण सहित बताइए।
2. शिक्षण–अधिगम की एक व्यूह रचना या तकनीक के रूप में भूमिका निर्वाह के गुण दोषों की चर्चा कीजिए।
3. शिक्षण–अधिगम हेतु भूमिका निर्वाह तकनीक को उपयोग में लाने संबंधी आवश्यक सोपानों का उदाहरण सहित वर्णन करो।

4. शिक्षण–अधिगम हेतु प्रयोग में लायी जाने वाली भूमिका निर्वाह नामक व्यूह रचना या तकनीक क्या होती है ? इसकी शैक्षिक उपयोगिता पर भी प्रकाश डालिए।
5. अध्यापक प्रशिक्षण हेतु काम में लाने हेतु अनुरूपित तकनीक की भूमिका निर्वाह के संदर्भ में चर्चा कीजिए।
6. भूमिका निर्वाह तकनीक अनुरूपित परिस्थितियों में किस तरह काम में लाई जाती है। शिक्षक प्रशिक्षण के संदर्भ में इसकी प्रक्रिया पर प्रकाश डालिए।
7. क्रीड़न यानी गेमिंग क्या होता है ? शिक्षण–अधिगम व्यूह रचना की तकनीक के रूप में इसके महत्त्व एवं उपयोगिता पर प्रकाश डालिए।
8. क्रीड़न यानी गेमिंग क्या है ? विद्यार्थियों के शैक्षणिक कार्यों में इस तकनीक को किस प्रकार प्रभावी ढंग से प्रयोग में लाया जा सकता है ?
9. बालकों के विकास हेतु क्रीड़न यानी गेमिंग की एक शैक्षिक विधा या व्यूह रचना के रूप में चर्चा कीजिए।
10. गेमिंग यानी क्रीड़न क्या है ? विद्यार्थियों को मूल्यवान शैक्षिक अनुभव प्रदान करने में कंप्यूटर गेम किस तरह उपयोगी सिद्ध हो सकते हैं ? उदाहरण सहित बताइए।

17

शिक्षक मूल्यांकन
(Teacher Evaluation)

अध्याय रूपरेखा (Chapter Outline)

- विषय प्रवेश (Introduction)
- शिक्षक मूल्यांकन—अर्थ एवं परिभाषा (Teacher Evaluation—Meaning and Definition)
- शिक्षक मूल्यांकन के लिए प्रयुक्त मानदंड (Criteria Employed for Teacher Evaluation)
- शिक्षक मूल्यांकन की विधियाँ और तकनीक (The Methods and Techniques Used for Teacher Evaluation)
- शिक्षकों के मूल्यांकन में विद्यार्थियों की भूमिका (Role of Students in the Evaluation of Teachers)
- विद्यार्थी अपने शिक्षकों का मूल्यांकन कैसे कर सकते हैं ? (How can Students Evaluate their Teachers ?)
- विद्यार्थियों द्वारा शिक्षकों का मूल्यांकन किए जाने के गुण—दोष (Merits and Demerits of Students' Evaluation of Teachers)
- सार-संक्षेप (Summary)
- संदर्भित एवं विशेष अध्ययन ग्रंथ (References and Suggested Readings)
- अध्ययन के लिए प्रश्न (Study Questions)

विषय प्रवेश
(Introduction)

इस सच्चाई से कोई इंकार नहीं कर सकता कि शिक्षा की किसी भी योजना के क्रियान्वयन में शिक्षकों की ही निर्णायक भूमिका रहती है। अगर किसी भी देश के भाग्य के निर्माण में उसके बालकों को दी जाने वाली शिक्षा का हाथ माना जाता है तो इस भाग्य का निर्माता और कोई नहीं बल्कि उस देश के शिक्षक ही होते हैं। बच्चों को सामाजिक प्राणी के रूप में रहना सिखाने तथा अच्छे नागरिक के रूप में अपना, अपने देश और सारी मानवता का कल्याण करने में योगदान देने की बात शिक्षकों के प्रयासों का ही प्रतिफल होती है। परंतु शिक्षकों के ये प्रयास

तभी ठीक तरह से अपने उचित परिणामों पर पहुँच पाते है जबकि इन प्रयासों में लगे शिक्षकों में अभीष्ट क्षमता और प्रभावशीलता हो। कुशल और प्रभावशील शिक्षक अपनी योग्यताओं, क्षमताओं तथा गुणों के कारण जहाँ विद्यार्थियों के व्यक्तित्व का सर्वांगीण विकास करने की दिशा में वरदान सिद्ध हो सकते हैं वहीं अक्षम और अयोग्य अध्यापक विद्यार्थियों के भविष्य को पलीता लगाने में कोई कसर नहीं छोड़ते। प्रश्न उठता है कि इन अच्छे और बुरे, सक्षम और अक्षम, अध्यापकों की पहचान तथा उनका मूल्यांकन कैसे हो ताकि विद्यार्थियों के भविष्य को अंधकारमय होने से बचाया जा सके और साथ ही ऐसा करने वाले शिक्षकों को भी कोई सही रास्ता दिखाने और उनकी योग्यताओं, क्षमताओं और प्रभावशीलता में आवश्यक बढ़ोत्तरी करने के संभावित उपाय खोजे जा सकें। इसी संदर्भ में प्रस्तुत अध्याय में शिक्षकों के मूल्यांकन संबंधी पहलुओं पर हम विचार करना चाहेंगे।

शिक्षक मूल्यांकन—अर्थ एवं परिभाषा (Teacher Evaluation—Meaning and Definition)

शिक्षक मूल्यांकन पद जैसा कि इसके नामकरण से आभास होता है कि एक ऐसे मूल्यांकन की ओर हमारा ध्यान आकृष्ट करना चाहता है जिससे यह पता लगे कि शिक्षक विशेष द्वारा शिक्षक के रूप में किस स्तर की भूमिका निभाई जा रही है यानी शिक्षक के रूप में उसके द्वारा अपने कर्त्तव्य और उत्तरदायित्व किस सीमा तक अच्छे या बुरे, सक्षम या अक्षम ढंग से निभाए जा रहे हैं। जब हम विद्यार्थियों का मूल्यांकन इस पद का प्रयोग करते हैं तब हमारा उद्देश्य शिक्षण–अधिगम प्रक्रिया के माध्यम से विद्यार्थियों में आए अपेक्षित व्यवहार में आए परिवर्तनों की जाँच करना ही होता है। इसी प्रकार जब हम शिक्षक मूल्यांकन की बात करते हैं तब हमारा तात्पर्य यही होता है कि हम इस बात की जाँच करें कि शिक्षक के रूप में जो उत्तरदायित्व एक शिक्षक को निभाने थे वे उसके द्वारा किस सीमा तक तथा किस रूप में निभाए गए हैं अर्थात् वह अपने विद्यार्थियों के सर्वांगीण विकास हेतु उनके व्यवहार में अपेक्षित परिवर्तन लाने में किस सीमा तक सफल हो पाया है। अतः निष्कर्ष रूप में शिक्षक मूल्यांकन की परिभाषा देते हुए अब यह कहा जा सकता है कि *शिक्षक मूल्यांकन से तात्पर्य एक ऐसी प्रक्रिया और उसके फलस्वरूप प्राप्त होने वाले ऐसे परिणामों से है जिनके माध्यम से हमें एक शिक्षक के शिक्षक व्यवहार, योग्यताओं और क्षमताओं (जिनकी जाँच विद्यार्थियों के व्यक्तित्व विकास तथा अपेक्षित व्यवहार परिवर्तन के रूप में भलीभाँति की जा सकती है।) का मूल्यांकन करते हुए उसकी एक शिक्षक के रूप में सफलता तथा प्रभावशीलता को परखने में यथेष्ट सहायता मिलती है।*

शिक्षक मूल्यांकन के लिए प्रयुक्त मानदंड (Criteria Employed for Teacher Evaluation)

प्रश्न उठता है कि शिक्षकों के मूल्यांकन हेतु क्या मापन प्रणाली अपनाई जाए तथा किस प्रकार के मानदंडों का निर्धारण किया जाए? दूसरे शब्दों में शिक्षकों के व्यवहार, उनके द्वारा किए जाने वाले शिक्षण तथा निभाई जाने वाली जिम्मेदारियों में क्या कुछ ऐसा देखा जाए जिसके आधार पर उन्हें प्रभावी या अप्रभावी, सक्षम या अक्षम शिक्षकों का दर्जा दिया जा सकना संभव हो सके। इसका निर्णय वस्तुतः इसी बात को आधार बनाकर लिया जा सकता है कि शिक्षक मूल्यांकन से हमारा क्या अभिप्राय है। ऊपर की पंक्तियों में हमने शिक्षक मूल्यांकन की जो परिभाषा निष्कर्ष रूप में अपने सामने रखी है निस्संदेह वह यहाँ हमारी भलीभाँति मदद कर सकती है। इस परिभाषा में यह स्पष्ट संकेत दिया गया है कि शिक्षक मूल्यांकन का अर्थ है कि शिक्षक प्रभावशीलता (Teacher effectiveness) की जाँच और यह जाँच जिन बातों के समुचित निरीक्षण द्वारा भलीभाँति संभव है वे हैं–

(a) शिक्षक जैसा व्यवहार, योग्यताएँ एवं गुण (पूर्व सूचनात्मक चर – Presage Variables)

(b) शिक्षक कार्य में नैपुण्यता का प्रदर्शन (प्रक्रियात्मक चर – Process Variables)

(c) विद्यार्थियों के वृद्धि और विकास के संदर्भ में उपलब्धियों का लेखा–जोखा (परिणामात्मक चर – Product Variables)

इस संदर्भ में एनसाइक्लोपीडिया आफ एजूकेशन (Encyclopaedia of Education 1971, pp. 1482–84), में उपरोक्त पूर्व सूचनात्मक, प्रक्रियात्मक तथा परिणामात्मक चरों (Presage, Process and Product Variables) को ध्यान में रखते हुए शिक्षक मूल्यांकन के मानदंडों (शिक्षक प्रभावशीलता के मापकों) को निम्न प्रकार वर्गीकृत किया गया है।

(a) परिणामात्मक मानदंड (Product Criteria)

(b) प्रक्रियात्मक मानदंड (Process Criteria)

(c) पूर्व सूचनात्मक मानदंड (Presage Criteria)

आइए अब इन मानदंडों के बारे में कुछ जानकारी ली जाए।

परिणामात्मक मानदंड (Product Criteria)

इस मानदंड के अनुसार शिक्षकों का उनकी प्रभावशीलता (Effectiveness) के संदर्भ में मूल्यांकन शिक्षकों द्वारा विद्यार्थियों के लिए जो कुछ किया जाता है उससे प्राप्त परिणामों के आधार पर किया जाता है। विद्यार्थियों की उपलब्धि ही यहाँ शिक्षकों का परिणाम बनकर सामने आती है। उनके व्यवहार में क्या कुछ परिवर्तन हुए तथा उनके व्यक्तित्व के विकास में शिक्षक का क्या योगदान रहा इस बात का मूल्यांकन ही शिक्षक की शिक्षक के रूप में उसकी प्रभावशीलता को प्रकट करने का माध्यम बन जाता है। दूसरे शब्दों में शिक्षण–अधिगम उद्देश्यों की प्राप्ति शिक्षक द्वारा किस सीमा तक संपन्न हो सकी है इसकी जाँच को ही शिक्षक के मूल्यांकन का आधार बनाने का प्रस्तुत मानदंड में प्रयत्न किया जाता है।

प्रक्रियात्मक मानदंड (Process Criteria)

यहाँ अंतिम परिणामों (End results) की अपेक्षा शिक्षक द्वारा विद्यार्थियों के कल्याण हेतु किए जाने वाले प्रयत्नों तथा प्रक्रियाओं (Process) के स्तर को शिक्षक प्रभावशीलता (Teacher effectiveness) की जाँच का साधन बनाया जाता है। यह मानदंड इस धारणा पर आधारित है कि साध्य (Ends) की अपेक्षा साधन (Means) कहीं अधिक महत्त्वपूर्ण होते हैं।

अत. शिक्षण–अधिगम प्रक्रिया का अंतिम परिणाम क्या रहता है यह जानने की बजाए यह पता लगाना ज्यादा जरूरी है कि यह प्रक्रिया कैसी चली, किस प्रकार की परिस्थितियाँ बनी रहीं, कक्षा शिक्षण के दौरान किस प्रकार की अंतःक्रियाएँ (Interactions) हुई तथा शिक्षक द्वारा किस प्रकार के शिक्षक व्यवहार तथा शिक्षण क्षमताओं तथा कौशलों (Teaching competencies and skills) का प्रदर्शन हुआ आदि–आदि।

अतः इस प्रकार की प्रक्रिया संबंधी बातों की जाँच को ही शिक्षक मूल्यांकन का आधार इस दूसरे प्रकार के मानदंड में बनाने का प्रयत्न किया जाता है।

पूर्व सूचनात्मक मानदंड (Presage Criteria)

इस तीसरे प्रकार के शिक्षक प्रभावशीलता मानदंड में न तो शिक्षकों को उनके द्वारा किए जाने वाले प्रयासों तथा प्रक्रियाओं (Process) के आधार पर परखा जाता है और न उनके प्रयत्नों के फलस्वरूप जो परिणाम (Products)

प्राप्त होते हैं उन्हीं को उसकी प्रभावशीलता का मानदंड बनाने का प्रयत्न किया जाता है। बल्कि प्रयत्नों तथा परिणामों को अंजाम देने वाले शिक्षक की प्रकृति, उसके स्वभाव तथा व्यक्तित्व संबंधी गुणों और विशेषताओं को ही उसकी प्रभावशीलता का पूर्व सूचक या भविष्यकर्त्ता मानकर शिक्षक प्रभावशीलता की जाँच का साधन बना लिया जाता है। साध्य और साधन को अंजाम देने वाला शिक्षक अपने आप में कैसा है, इस बात की जाँच ही इस तरह यहाँ शिक्षक प्रभावशीलता का मानदंड बन जाती है। इस तरह इस मानदंड के अनुसार शिक्षक की अपनी विशेषताएँ या गुण जैसे विषय पर अधिकार, उसकी शैक्षिक एवं व्यावसायिक योग्यताएँ, व्यावसायिक अनुभव, व्यक्तित्व एवं व्यवहार संबंधी गुण, शिक्षण के प्रति अभिवृत्ति तथा अभिरुचि, उसका व्यक्तिगत एवं व्यावसायिक समायोजन स्तर, शिक्षण एवं शिक्षण व्यवसाय संबंधी कौशल, शिक्षण व्यवसाय से संतुष्टि का स्तर, उपलब्धि अभिप्रेरणा तथा नवाचारों (Innovations) को जानने और उपयोग करने की इच्छा और क्षमता आदि ऐसी बहुत सी बातें हो सकती हैं जिनके आधार पर शिक्षक प्रभावशीलता का अनुमान काफी अच्छी तरह से लगाया जा सकता है।

शिक्षक मूल्यांकन की विधियाँ और तकनीक (The Methods and Techniques Used for Teacher Evaluation)

ऊपर शिक्षक मूल्यांकन हेतु जो तीन प्रकार के मानदंडों (Criteria) की बात की है अब हम उन्हें यहाँ शिक्षक मूल्यांकन हेतु विभिन्न प्रकार की विधियों और तकनीकों के चयन के लिए भलीभाँति काम में लाने का प्रयत्न कर सकते हैं। इस कार्य हेतु ये तीनों प्रकार के परिणामात्मक, प्रक्रियात्मक तथा पूर्व सूचनात्मक मानदंड (Product, process and presage criteria) अपनी अपनी विशिष्ट विशेषताएँ तथा सीमाएँ रखते हैं। अतः किसी एक प्रकार के मानदंड पर आश्रित न रहकर सभी को एकीकृत रूप में (Integrated form) प्रयोग में लाना ज्यादा अच्छा रहता है। यही किया भी जाना चाहिए। कौन शिक्षक शिक्षक के रूप में कितना सक्षम है या अक्षम, कितना प्रभावी है या कितना अप्रभावी इसकी जाँच हेतु वह अपने आप में कैसा है (Presage criteria), किस प्रकार के प्रयत्न शिक्षक के रूप में उसके द्वारा किए जा रहे हैं, (Process criteria) तथा किस प्रकार के परिणाम मिल रहे हैं (Product criteria), इन सभी बातों को शिक्षक प्रभावशीलता की जाँच प्रक्रिया का अभिन्न अंग बनाया जाना चाहिए। इसी बात को ध्यान में रखते हुए हम यहाँ उन सभी विधियों तथा तकनीकों की सूची प्रस्तुत कर रहे हैं जिन्हें शिक्षक प्रभावशीलता के मूल्यांकन हेतु काम में लाया जा सकता है।

1. शिक्षकों द्वारा पढ़ाए जाने वाले विद्यार्थियों की शैक्षिक उपलब्धि परीक्षाओं (Academic achievement examination) के परिणाम। मासिक, त्रैमासिक, अर्धवार्षिक, वार्षिक परीक्षाओं में विद्यार्थियों के किस प्रकार के परीक्षा परिणाम रहे, बोर्ड या अन्य प्रतियोगी, परीक्षाओं में विद्यार्थियों की किस प्रकार की उपलब्धियाँ रहीं इस बात को शिक्षक प्रभावशीलता की कसौटी बनाया जा सकता है।
2. शिक्षक विशेष के मार्गदर्शन तथा प्रशिक्षण के फलस्वरूप विद्यार्थियों की खेलकूद, सांस्कृतिक, सामाजिक, साहित्यिक, कलात्मक, रचनात्मक तथा अन्वेषणात्मक गतिविधियों में किस प्रकार का योगदान रहा इस बात को शिक्षक मूल्यांकन का आधार बनाया जा सकता है।
3. शिक्षक विशेष के प्रयत्नों के परिणामस्वरूप विद्यार्थियों के व्यक्तित्व में किस प्रकार की वृद्धि और विकास दिखायी दिए तथा व्यवहार में किस प्रकार के अपेक्षित परिवर्तन आए (इसकी जाँच हेतु विशिष्ट शैक्षिक और मनोवैज्ञानिक परीक्षणों का उपयोग किया जा सकता है)। उनकी रुचियों, अभिवृत्तियों तथा जीवन दर्शन में आए परिवर्तनों के संदर्भ में शिक्षकों की प्रभावशीलता परखी जा सकती है।

4. शिक्षकों के समायोजन स्तर (Adjustment level) की जाँच। यहाँ उनके व्यक्तिगत तथा व्यावसायिक (Personal and professional) दोनों प्रकार के समायोजन स्तर की जाँच के प्रयत्न किए जा सकते हैं। इस कार्य हेतु कुछ उपयुक्त जाँच सामग्री जैसे नेशनल साइकोलोजीकल कॉरपोरेशन आगरा द्वारा प्रकाशित "मंगल–अध्यापक समायोजन परिसूची" (Mangal's teacher adjustment inventory) की सहायता ली जा सकती है।
5. मानकीकृत परीक्षणों (Standardized tests) तथा शिक्षक प्रभावशीलता स्केलों (Teacher effectiveness scales) का शिक्षक प्रभावशीलता के मापन हेतु प्रयोग। उम्मे कुलसुम, बंगलोर (Umme, Kulsum, Bangalore) तथा बल्लभ विद्यानगर गुजरात के प्रमोद कुमार तथा डी.एन. मुथा द्वारा विकसित शिक्षक प्रभावशीलता स्केल का नाम यहाँ उदाहरण के तौर पर लिया जा सकता है।
6. शिक्षकों की कार्यक्षमता, शिक्षक व्यवहार तथा व्यक्तित्व गुणों के मापन हेतु उचित रूप से निर्मित रेटिंग स्केलों का भी प्रयोग किया जा सकता है। इस प्रकार की अपनी रेटिंग शिक्षक स्वयं कर सकते हैं और इसमें अन्य साथी अध्यापकों, संस्था के प्राचार्य, निरीक्षण अधिकारियों तथा विद्यार्थियों की भी सहायता ली जा सकती है।
7. शिक्षक प्रभावशीलता के परिणामात्मक, प्रक्रियात्मक और पूर्व सूचनात्मक चरों (Product, Process and Presage Variables) से संबंधित सूचनाएँ एकत्रित करने के लिए प्रश्नावली (Questionnaires) तथा परिसूचियाँ (Inventories) की भी सहायता ली जा सकती है। इनमें निहित प्रश्नों के उत्तर स्वयं शिक्षकों से, उनके साथियों से, प्रशासनिक अधिकारियों से, निरीक्षकों (Supervisors) से, तथा विद्यार्थियों से प्राप्त किए जा सकते हैं।
8. स्व–मूल्यांकन हेतु ऐसा प्रोफार्मा (Proforma) भी शिक्षकों से भरवाया जा सकता है जिसके माध्यम से उनकी शिक्षक प्रभावशीलता का मापन किया जा सके।
9. निरीक्षण दल (Inspection teams) द्वारा समय–समय पर तथा दिन–प्रतिदिन किए जाने वाले निरीक्षण या पर्यवेक्षण रिकार्ड का विश्लेषण।
10. शिक्षकों के शिक्षक व्यवहार, शिक्षण, व्यक्तित्व गुणों आदि के संबंध में विद्यार्थियों द्वारा व्यक्त की गई धारणाएँ, पसंद तथा ना पसंद इत्यादि का विश्लेषण।
11. उचित परीक्षण एवं तकनीकों जैसे ललिता एवं बी.के. पासी (इंदौर) द्वारा निर्मित शिक्षण अभिक्षमता स्केल (Teacher compentency scale) का शिक्षकों की शिक्षण क्षमता के मापन हेतु प्रयोग।
12. शिक्षकों के कक्षा शिक्षण व्यवहार के उचित निरीक्षण एवं विश्लेषण हेतु विशिष्ट विश्लेषण तकनीकों जैसे फ्लेंडर्स अंत:क्रिया विश्लेषण प्रणाली (Flanders' interaction analysis system) तथा विनिमयात्मक विश्लेषण (Transaction analysis) तकनीक का प्रयोग।
13. अनुसंधानों के परिणामस्वरूप निष्कर्षित ऐसी सूचियों का प्रयोग जिनमें अच्छे या बुरे, सक्षम या अक्षम और प्रभावी तथा अप्रभावी अध्यापकों में अंतर करने से संबंधित व्यक्तित्व गुणों और व्यवहार क्रियाओं का उल्लेख किया जाता है।

शिक्षकों के मूल्यांकन में विद्यार्थियों की भूमिका (Role of Students in the Evaluation of Teachers)

अभी हमने ऊपर की पंक्तियों में शिक्षक मूल्यांकन के लिए प्रयुक्त विधियों एवं तकनीकों में विद्यार्थियों द्वारा अपने अध्यापकों का मूल्यांकन करने की चर्चा की है। प्रश्न उठता है कि हमें शिक्षकों के मूल्यांकन में विद्यार्थियों को

शामिल करने की क्या आवश्यकता है ? आखिर विद्यार्थियों द्वारा अपने शिक्षकों के मूल्यांकन में ऐसी क्या महत्त्वपूर्ण भूमिका निभाई जा सकती है ? आइए इस प्रकार के प्रश्नों पर कुछ विचार किया जाए।

एक बात तो पूरी तरह स्पष्ट है कि शिक्षण–अधिगम प्रक्रिया में मानवीय एवं भौतिकी संसाधनों (Men and material resources) के रूप में जो कुछ भी मौजूद रहता है वह पूरी तरह से विद्यार्थियों के हित चिंतन यानी उनके व्यक्तित्व का सर्वांगीण विकास करने तथा उनके व्यवहार में अपेक्षित परिवर्तन लाने हेतु ही होता है। शिक्षकों की गिनती भी इन्हीं संसाधनों में होती है। उनके सभी प्रयास जो निर्धारित शिक्षण अधिगम उद्देश्यों की प्राप्ति की ओर उन्मुख रहते हैं, विद्यार्थियों के हित चिंतन के लिए होते हैं। दूसरी ओर यह बात भी साफ है कि व्यक्ति विशेष चाहे वह कोई भी क्यों न हो आखिर यह अच्छी तरह जान ही लेता है कि कौन उसका कितना हितैषी है। अपने कल्याणकर्त्ता, हितैषी तथा भला चाहने वाले का मूल्यांकन भला उसके सिवाय और कौन अच्छी तरह से कर सकता है ? यह बात विद्यार्थियों के लिए भी उतनी ही सच है। सही अर्थों में अध्यापकों की अच्छाई–बुराई, प्रभावशीलता तथा अप्रभावशीलता के सर्वोत्तम निर्णायक विद्यार्थी ही हो सकते हैं। विद्यार्थियों द्वारा ऐसी सभी जानकारी प्रश्नावली, रेटिंग स्केल, परिसूची, अभिक्षमता स्केल, अभिवृत्ति स्केल, साक्षात्कार आदि के प्रयोग से हमें प्राप्त हो सकती है जिनके आधार पर शिक्षकों का सर्वांगीण मूल्यांकन संभव हो सके। अध्यापक विशेष का अपने विषय पर कितना अधिकार है, दूसरे विषयों तथा सामान्य ज्ञान संबंधी उसकी कितनी जानकारी है, विषय विशेष या शिक्षक व्यवसाय के प्रति उसकी कितनी रुचि तथा किस प्रकार का दृष्टिकोण है, शिक्षण में वह कितनी रुचि तथा उत्साह का प्रदर्शन करता है, कैसा पढ़ाता है किस प्रकार की विधियों एवं तकनीकों का उपयोग करता है, उसका शिक्षक के रूप में विद्यार्थियों के साथ किस प्रकार का व्यवहार है, उनके साथ वह कैसे पेश आता है तथा वे उसे किस प्रकार के व्यक्तित्व गुणों से विभूषित समझते हैं; वह कितनी ईमानदारी और लगन से उनके व्यक्तित्व का विकास करने और अपेक्षित व्यवहार परिवर्तन करने के प्रयासों में लगा रहता है आदि–आदि बातों की विद्यार्थियों से मिली जानकारी शिक्षक के सही मूल्यांकन में भरपूर योगदान दे सकती है। इस तरह देखा जाए तो शिक्षक मूल्यांकन प्रक्रिया में विद्यार्थियों की सहायता लेना काफी उपयोगी और महत्त्वपूर्ण सिद्ध हो सकता है और फलस्वरूप विद्यार्थियों द्वारा अपने शिक्षकों के मूल्यांकन में सहयोग देने की कार्यवाही को सहर्ष स्वीकार किया जाना चाहिए।

विद्यार्थी अपने शिक्षकों का मूल्यांकन कैसे कर सकते हैं ? (How Can Students Evaluate their Teachers?)

हर शिक्षक अपने व्यवहार, व्यक्तित्व गुणों, पढ़ाने के तरीकों तथा विषय विशेष संबंधी अपने अधिकार तथा विद्यार्थियों के साथ होने वाली अपने अंतःक्रियाओं तथा अंतःसम्बन्धों के माध्यम से विद्यार्थियों के ऊपर अपनी एक विशेष छाप या प्रभाव छोड़ता है जिसके द्वारा विद्यार्थी उसे अपना हितैषी तथा अच्छे या बुरे शिक्षक के रूप में मूल्यांकन करने में उचित भूमिका निभा सकते हैं। अतः शिक्षकों के मूल्यांकन हेतु विद्यार्थियों के विचारों को जानने की यथासंभव कोशिश की जानी चाहिए। उनके इन विचारों को जानने हेतु निम्न साधन तथा तकनीकों का प्रयोग करना ठीक सिद्ध हो सकता है।

(i) प्रश्नावली (Questionnaires)—प्रश्नावली में दिए गए प्रश्नों का उत्तर देने से विद्यार्थी अपने शिक्षकों के मूल्यांकन हेतु उपयुक्त सूचनाएँ प्रदान कर सकते हैं।

(ii) रेटिंग स्केल (Rating Scales)—शिक्षकों के व्यक्तित्व गुणों व्यवहार तथा शिक्षक प्रभावशीलता से संबंधित अन्य बातों के मानदंड बनाकर विद्यार्थी यहाँ शिक्षकों का 5 या 7 पोइन्ट स्केल पर मूल्यांकन कर सकते हैं।

(iii) साक्षात्कार (Interview)—साक्षात्कार के माध्यम से विद्यार्थियों को सामने बिठाकर व्यक्तिगत रूप से अलग–अलग उनकी शिक्षक विशेष के रूप में राय या विचार जानने के प्रयत्न किए जाते हैं। ऐसे प्रश्नों के उत्तर भी प्राप्त किए जाते हैं जिनसे शिक्षक की प्रभावशीलता का मूल्यांकन हो सके तथा उन्हें मुक्त रूप से अपने विचार व्यक्त करने की भी छूट दी जाती है।

(iv) अप्रत्यक्ष विधियाँ (Indirect Ways)—उपरोक्त प्रत्यक्ष ढंगों से विद्यार्थियों के विचार जानने के अतिरिक्त कुछ अप्रत्यक्ष तरीके भी इस बारे में अपनाना ठीक रहता है। जैसे विद्यार्थियों से कुछ ऐसे विषयों पर अपने विचार व्यक्त करने को कहा जाए जैसे "अध्यापक जिसे तुम सबसे अधिक पसंद करते हो", "तुम्हारे आदर्श अध्यापक में क्या कुछ अच्छा है", "अपने अध्यापकों के बारे में आपके विचार", "अपने अध्यापकों की अविस्मरणीय बातें", "आपको कौन से अध्यापक की कौन–सी बातें ठीक नहीं लगती" आदि–आदि।

विद्यार्थियों द्वारा शिक्षकों का मूल्यांकन किए जाने के गुण–दोष (Merits and Demerits of Student's Evaluation of Teachers)

शिक्षकों का मूल्यांकन उनके अपने विद्यार्थियों द्वारा कराया जाना ठीक है या नहीं यह एक विवादास्पद चर्चा का विषय है। इसके पक्ष या विपक्ष में बहुत सारी बातें कही जा सकती हैं संक्षेप में विद्यार्थियों द्वारा मूल्यांकन किए जाने संबंधी इन गुण–दोषों को निम्न रूप में व्यक्त किया जा सकता है।

गुण (Merits)

1. विद्यार्थी अपने अध्यापकों के गुण–दोषों, क्षमताओं तथा अक्षमताओं, प्रभावशीलता तथा अप्रभावशीलता के सबसे सही पारखी हो सकते हैं। अतः उनके द्वारा किया जाने वाला मूल्यांकन सभी दृष्टि से उत्तम ही रहता है।
2. शिक्षकों द्वारा विद्यार्थियों के हित चिंतन हेतु जो भी प्रयत्न किए जाते हैं उनसे पूरी तरह फायदा उठाने वाला विद्यार्थी वर्ग ही होता है। उनको किस तरह के फायदे शिक्षक वर्ग द्वारा प्राप्त हो रहे हैं इनका अनुमान उनसे अधिक और कौन लगा सकता है। इस तरह कौन शिक्षक इस दृष्टि से प्रभावशील है और कौन नहीं इस बात का पता भी विद्यार्थियों के शिक्षक मूल्यांकन से ही अच्छी तरह चल सकता है।
3. विद्यार्थियों के द्वारा किया जाने वाला शिक्षक मूल्यांकन शिक्षकों को ऐसी आवश्यक प्रतिपुष्टि (Feedback) प्रदान कर सकता है जिसके माध्यम से वे विद्यार्थियों के साथ अपनी अंतःक्रिया, पढ़ाने के तरीकों, शिक्षक व्यवहार तथा शिक्षण कौशलों में आवश्यक सुधार लाकर अपेक्षित शिक्षण–अधिगम उद्देश्यों की प्राप्ति ठीक ढंग से कर सकें।
4. विद्यार्थियों द्वारा उनका निरंतर मूल्यांकन हो रहा है इस बात का आभास अध्यापकों को अपने कर्त्तव्य और लक्ष्यों से विचलित न होने में काफी सहायक सिद्ध होता है। फलस्वरूप वे विषय तथा कक्षा पाठों की विशेष रूप से तैयारी करने, पढ़ाने में उचित विधियों एवं तकनीकों एवं उपयोग करने, विद्यार्थियों के साथ उचित व्यवहार करने, उनसे अपनी अंतःक्रिया में बढ़ावा देने तथा अपने व्यक्तित्व संबंधी गुणों एवं विशेषताओं पर ध्यान देने जैसी अध्यापक प्रभावशीलता संबंधी बातों को अपने व्यवहार और क्रियाकलापों में आत्मसात करने का प्रयत्न करते रहते हैं।
5. अपने शिक्षकों का मूल्यांकन करने का उत्तरदायित्व विद्यार्थियों को शिक्षण–अधिगम प्रक्रिया तथा शिक्षक–विद्यार्थी अंतःक्रियाओं के दौरान अधिक सक्रिय, जागरूक और उत्तरदायित्व पूर्ण व्यवहार करने

को प्रेरित करता है और फलस्वरूप वे संपूर्ण शिक्षण–अधिगम प्रक्रिया में बराबर के हिस्सेदार बनकर अपना छात्र कर्त्तव्य ठीक प्रकार से निभाने का प्रयत्न करते हैं।

दोष (Demerits)

1. अपने शिक्षकों का मूल्यांकन करते समय विद्यार्थियों के द्वारा अधिकतर व्यक्तिगत पसंद या नापसंद के आधार पर पक्षपात पूर्ण रवैया अपना लिया जाता है। दूसरे उनमें अभी उस परिपक्वता की कमी भी साफ दिखाई पड़ती है जिससे वे वस्तुनिष्ठ निरीक्षण और विश्लेषण के द्वारा शिक्षकों का सही मूल्यांकन करने में कामयाब हो सके।
2. शिक्षकों का मूल्यांकन हमारे हाथ में है इस बात का आभास उन्हें दिशाहीन तथा दिग्भ्रमित बना सकता है। वे शिक्षकों को धमकाना तथा डराना शुरू कर देते हैं कि अगर उन्होंने उनकी स्वतंत्रता में बाधा डाली तो वे उनका नेगेटिव मूल्यांकन कर उनका कैरियर खराब कर देंगे। कुछ तो उन्हें परीक्षाओं में नकल करने में सहायता करने के लिए भी विवश करते दिखाई देते हैं। इस तरह मूल्यांकन के अधिकार का न पढ़ने वाले तथा निकम्मे छात्रों द्वारा प्रायः दुरुपयोग ही होता रहता है।
3. शिक्षकों को अपने शिक्षक उत्तरदायित्व ठीक प्रकार निभाने हेतु अपने विद्यार्थियों के साथ आत्मीयता रखते हुए भी उनसे एक उचित सम्मानजनक दूरी (Respectable desired distance) बनाए रखनी आवश्यक होती है। तभी वे अपने आपको विद्यार्थियों के सामने एक अनुकरणीय आदर्श (Role model) के रूप में प्रस्तुत करने में सक्षम हो सकते हैं। छात्रों को शिक्षक मूल्यांकन का अधिकार मिल जाने पर इस प्रकार की दूरी को बनाए रखना तथा शिक्षक सम्मान की रक्षा कर पाना काफी कठिन हो जाता है।
4. छात्रों के शिक्षक मूल्यांकन अवसरों का न केवल छात्रों द्वारा ही दुरुपयोग किया जा सकता है परंतु स्वयं शिक्षक, विद्यालय के अधिकारियों, माता–पिता तथा समुदाय के सदस्यों द्वारा भी छात्रों के माध्यम से इसका बेहद दुरुपयोग करने की संभावना बढ़ जाती है। किसी भी अध्यापक से अपनी रंजिश निकालनी हो या उसका कैरियर चौपट करना हो तो छात्रों को उकसा कर उसके विरुद्ध कैसी भी मूल्यांकन रिपोर्ट बनवाई जा सकती है। एक दूसरे से हिसाब किताब चुकता करने का सिलसिला जहाँ एक बार शुरु हो जाता है तो फिर थमने का नाम नहीं लेता और इस तरह विद्यालय का वातावरण विषाक्त होते देर नहीं लगती।
5. छात्रों के द्वारा उनका मूल्यांकन हो रहा है यह बात अध्यापकों में बेवजह की असमंजसता, झिझक और डर पैदा कर देती है। वे अपने व्यवहार को शिक्षक जैसा व्यवहार रख पाने तथा शिक्षण में स्वाभाविकता बनाए रखने में कठिनाई अनुभव करने लगते हैं। विद्यार्थियों के व्यवहार में अपेक्षित परिवर्तन लाने के प्रयासों के स्थान पर अब उनका सारा ध्यान उन्हें खुश रखने में लग जाता है ताकि विद्यार्थियों के हाथों उन्हें अच्छे ग्रेड तथा रिमार्क मिलते रहें। इस तरह का वातावरण शिक्षण–अधिगम प्रक्रिया की वास्तविक सफलता में अनावश्यक बाधाएँ खड़ी कर देता है।

निष्कर्ष (Conclusion)

विद्यार्थियों द्वारा अपने शिक्षकों का मूल्यांकन किया जाना चाहिए या नहीं यह बात जैसा कि ऊपर की पंक्तियों में चर्चा की गई है पक्ष और विपक्ष संबंधी अनेक दलीलों से भरी पड़ी है। विद्यार्थियों के बारे में पूरी तरह यह आशंका जताई जाती है कि वे अभी उतने परिपक्व नहीं कि अपने शिक्षकों के गुण–दोषों, क्षमताओं और अक्षमताओं

की सही परख कर सकें। अपने स्वार्थ, अज्ञान तथा हठधर्मी के कारण वे गलत को सही तथा सही को गलत बता सकते हैं तथा शिक्षकों की अवमानना तथा उन्हें किसी न किसी रूप में ब्लैकमेल करने की कुचेष्टाएँ भी कर सकते हैं। इसी तरह का डर शिक्षकों को इस योजना को लागू करने के बारे में व्यक्त किया जाता है। उनका कहना है कि ये तो बंदरों के हाथ में नंगी तलवार दिए जाने जैसी बात होगी जिससे उनका अहित तो होगा ही, साथ ही शिक्षकों की गर्दन भी सूली पर टँगी रहेगी। परंतु यह तस्वीर का एक पहलू है और वह भी तस्वीर को अपनी तरह से देखने की बात है। इस तरह की आलोचना और डर कोई ज्यादा वजन नहीं रखते। हम यह क्यों भूल जाते हैं कि शिक्षकों की लापरवाही, उनके कुसमायोजन, अक्षमताओं तथा अप्रभावशीलता के दुष्परिणाम जिसे झेलने होते हैं वे और कोई नहीं बल्कि बेचारे विद्यार्थी ही होते हैं। एक अच्छा अध्यापक जहाँ ऊँचाई के शिखर पर ले जा सकता है वहीं कुछ अक्षम तथा कुसमायोजित (Maladjusted) अध्यापक उन्हें कहीं का भी नहीं छोड़ते। अतः जिनकी अच्छाइयों और बुराइयों के ऊपर उनका सारा भविष्य ही टिका रहता है उन्हें उनकी इन अच्छाइयों तथा बुराइयों का मूल्यांकन करने का हक मिलना ही चाहिए। रही पक्षपात और आत्मनिष्ठा (Subjectivity) की बात। ये तो अधिकांश मूल्यांकन प्रणालियों में स्वाभाविक रूप से थोड़ी बहुत बनी ही रहती हैं। क्या अध्यापकों के द्वारा विद्यार्थियों के मूल्यांकन में यह विद्यमान नहीं रहती ? फिर विद्यार्थियों द्वारा मूल्यांकन किए जाने पर ही आपत्ति क्यों ? वस्तुतः देखा जाए तो डर उन्हीं शिक्षकों को होता है जिनमें कुछ अपनी कमियाँ होती हैं या जो अपने कार्य और व्यवहार को पारदर्शी (Transparent) नहीं बनाना चाहते। विद्यार्थी कैसे भी क्यों न हों (कुछ परिस्थितियों में अपवाद हो सकते हैं) एक अच्छे शिक्षक की अच्छाइयों की मुक्त कंठ से ही स्वीकार करते हैं। उनकी कसौटी पर खरे उतरने वाले शिक्षक वास्तव में ही शिक्षक कहलाने के अधिकारी होते हैं। अतः व्यर्थ के डर को त्यागकर शिक्षकों को खुले दिल से विद्यार्थियों द्वारा अपने मूल्यांकन किए जाने की बात को स्वीकार करने के लिए आगे आना चाहिए। हाँ इस काम को जितना वस्तुगत (Objective) यथार्थ (Valid) और विश्वसनीय (Reliable) बनाया जा सके उसमें उचित परीक्षणों, तकनीकों, स्केलों, सूचनाओं तथा साधनों के द्वारा विद्यार्थियों की सहायता की जानी चाहिए ताकि उनके द्वारा व्यक्त विचारों से अध्यापकों को अपने आपको सही रास्ते पर चलते रहने के लिए उपयुक्त प्रतिपुष्टि (Feedback) मिलती रहे। हाँ एक बात अवश्य है कि शिक्षक मूल्यांकन के कार्य में विद्यार्थियों द्वारा किए जाने वाले मूल्यांकन को एक मात्र मूल्यांकन तकनीक के रूप में कभी भी स्वीकार नहीं किया जाना चाहिए। इस मूल्यांकन की पुष्टि, अन्य मूल्यांकन प्रणालियों, तकनीकों तथा स्रोतों के आधार पर अवश्य ही की जानी चाहिए ताकि शिक्षकों की अच्छाई–बुराई, क्षमता–अक्षमता और प्रभावशीलता या अप्रभावशीलता का सही–सही मूल्यांकन प्राप्त हो सके।

सार-संक्षेप
(Summary)

1. शिक्षक मूल्यांकन से तात्पर्य ऐसे मूल्यांकन कार्य से है जिससे प्राप्त परिणामों के आधार पर हम यह जान सकें कि एक शिक्षक के रूप में वह कहाँ तक सक्षम और प्रभावशील है, यानी उसके द्वारा शिक्षक के लिए निर्धारित कर्त्तव्यों और उत्तरदायित्वों को किस सीमा तक किस रूप में निवर्हन हो रहा है। दूसरे शब्दों में शिक्षक प्रभावशीलता की जाँच करने के कार्य को ही शिक्षक मूल्यांकन करना कहा जा सकता है।
2. शिक्षक प्रभावशीलता के मापकों या शिक्षक मूल्यांकन के मानदंडों को जिन तीन वर्गों में बाँटकर अच्छी तरह जाना और समझा जा सकता है वे हैं–

   (i) पूर्व सूचनात्मक मानदंड (Presage criteria) यानी यह जानना कि एक शिक्षक अपने आप में कैसा है ?

(ii) प्रक्रियात्मक मानदंड (Process criteria) यानी एक शिक्षक विशेष शिक्षक के रूप में किस प्रकार के प्रयत्नों में लगा हुआ है ?

(iii) परिणामात्मक मानदंड (Product criteria) यानी शिक्षक विशेष द्वारा किए गए प्रयत्नों के किस प्रकार के परिणाम मिल रहे हैं ?

3. शिक्षक मूल्यांकन की विधियाँ और तकनीक शिक्षक प्रभावशीलता के उपरोक्त तीनों मापकों पर ही आधारित हैं। उचित एवं सार्थक मूल्यांकन हेतु हमें इन सभी मापदंडों को ही शिक्षक मूल्यांकन का आधार बनाना चाहिए। इस दृष्टि से जो विधियां तथा तकनीकें शिक्षक मूल्यांकन हेतु काम में लाई जा सकती हैं वे हैं (i) विद्यार्थियों की उपलब्धियों का मूल्यांकन (ii) विद्यार्थियों के व्यवहार एवं व्यक्तित्व संबंधी परिवर्तनों एवं विकास का मूल्यांकन (iii) शिक्षकों के समायोजन स्तर की जाँच (iv) मानक शिक्षक प्रभावशीलता तथा शिक्षण अभिक्षमता स्केलों का प्रयोग (v) शिक्षक प्रभावशीलता के बारे में साथी अध्यापकों, प्रशासकों, निरीक्षकों, विद्यार्थियों तथा स्वयं उनसे सूचना ग्रहण करने हेतु रेटिंग स्केल तथा प्रश्नावलियों का उपयोग (vi) समय–समय पर तथा दिन–प्रतिदिन किए जाने वाले निरीक्षण या पर्यवेक्षण रिकॉर्ड का विश्लेषण (vii) कक्षा शिक्षण व्यवहार की जाँच हेतु अंतःक्रिया विश्लेषण तथा विनिमयात्मक विश्लेषण तकनीकों का प्रयोग तथा (viii) विद्यार्थियों द्वारा किया जाने वाला शिक्षक मूल्यांकन।

4. शिक्षकों के मूल्यांकन में विद्यार्थी बहुत ही महत्त्वपूर्ण भूमिका निभा सकते हैं। अतः शिक्षक विशेष की शिक्षक प्रभावशीलता तथा शिक्षण अभिक्षमता के बारे में विद्यार्थियों के क्या विचार हैं यह जानने के प्रयत्न भी उचित रूप से अवश्य किए जाने चाहिए। शिक्षकों के बारे में विद्यार्थियों के विचार जानने हेतु प्रत्यक्ष विधि जैसे प्रश्नावली, रेटिंग स्केल तथा साक्षात्कार आदि की सहायता ले सकते हैं। अप्रत्यक्ष तरीकों का प्रयोग करने पर हम विद्यार्थियों के सामने कुछ ऐसे विषयों (जैसे अपने अध्यापकों के बारे में आपके विचार, अध्यापक तुम्हें जो सबसे अधिक पसंद है और क्यों आदि) पर विचार व्यक्त करने को कहा जा सकता है।

5. विद्यार्थियों द्वारा शिक्षकों का मूल्यांकन कराया जाए या नहीं। इस बात को लेकर काफी मतभेद नजर आते हैं। जो इसके विरोध में हैं वे मुख्य रूप से इस बात पर जोर देते हैं कि एक तो विद्यार्थी उतने परिपक्व नहीं होते कि वे अपने शिक्षकों के गुण–दोषों, क्षमता और अक्षमता की सही परख कर सकें तथा दूसरे वे अपने हठधर्मी और स्वार्थपरता के कारण शिक्षकों की अवमानना तथा उन्हें किसी न किसी रूप से ब्लैकमेल करने की कुचेष्टा भी कर सकते हैं। परंतु इसके विपरीत दूसरी ओर सोचा जाए तो यह डर और आशंका कोई ज्यादा वजन नहीं रखती। शिक्षकों के शिक्षण तथा शिक्षक संबंधी सभी प्रकार के आचरणों का प्रयोजन विद्यार्थियों के हितचिंतन के लिए ही होता है। इस दृष्टि से विद्यार्थी यह जानने में पूरी तरह सक्षम है कि किस शिक्षक द्वारा उनका कितना मार्गदर्शन और कल्याण हो रहा है। शिक्षकों को अपने कार्य और व्यवहार को पारदर्शी बनाने हेतु आगे आना चाहिए चाहे फिर इसका मूल्यांकन उनके विद्यार्थियों के द्वारा ही क्यों न किया जाए। हाँ एक बात अवश्य ही ध्यान में रखी जानी चाहिए कि विद्यार्थी मूल्यांकन या किसी एक प्रकार के मूल्यांकन को एक मात्र तकनीक न बनाए जाकर शिक्षक विशेष का कई विधियों तथा स्रोतों द्वारा सही वस्तुगत मूल्यांकन किया जाते रहना चाहिए ताकि आवश्यक प्रतिपुष्टि प्रदान कर उसकी शिक्षक प्रभावशीलता में यथासंभव वृद्धि की जा सके।

संदर्भित एवं विशेष अध्ययन ग्रंथ
(References and Suggested Readings)

Deighton, Lee C., *Encyclopedia of Education*, vol. 9, New York, Macmillan Co. 1971.

Kulsum, Umme, *Teacher Effectiveness Rating Scale*, Janakpuri, New Delhi: Psycho-Educational Testing Center, 2000.

Kumar, Promod and D.N. Mutha, *Teacher Effectiveness Rating Scale*, Sardar Patel University, Vallabh Vidyanagar, 1990.

Mangal, S.K., *Mangal's Teacher Adjustment Inventory (MTAS)*, Long and Short Version, Agra: National Psychological Corporation, 1996, 2005.

McNergency, Robert F. and Card A. Carner, *Teacher Development*, New York: Macmillan, 1981.

Passi, B.K. and M.S. Lalitha, *General Teaching Competency Scale*, Agra: National Psychological Corporation, 1994.

Ober, Richard L. et. al., *Systematic Observation of Teaching*, New Jersey: Prentice Hall, 1971.

Ryans, D.G., *Characteristics of Teachers: A Research Study*, New Delhi: Sterling Publishers, 1969.

अध्ययन के लिए प्रश्न
(Study Questions)

1. शिक्षक मूल्यांकन से क्या अभिप्राय है ? शिक्षक मूल्यांकन हेतु प्रयोग में लाए जाने वाले विभिन्न मानदंडों (Criteria) की विस्तार से चर्चा कीजिए।
2. शिक्षक मूल्यांकन क्या है? शिक्षक मूल्यांकन में प्रयुक्त विभिन्न विधियों एवं तकनीकों का वर्णन कीजिए।
3. शिक्षकों का मूल्यांकन किया जाना क्यों आवश्यक है ? इस प्रकार के मूल्यांकन में विद्यार्थियों के द्वारा निभाई जाने वाली भूमिका की चर्चा कीजिए।
4. शिक्षक मूल्यांकन से आप क्या समझते हैं ? विद्यार्थियों द्वारा अपने शिक्षकों का मूल्यांकन कैसे किया जा सकता है ? इस प्रकार के मूल्यांकन के गुण–दोषों की चर्चा कीजिए।
5. शिक्षक मूल्यांकन क्या होता है ? क्या आप विद्यार्थियों द्वारा शिक्षकों के मूल्यांकन किए जाने के पक्ष में हैं ? इस प्रकार के मूल्यांकन में निहित गुण–दोषों के आधार पर उत्तर दीजिए।

18

प्रणाली उपागम
(System Approach)

अध्याय रूपरेखा (Chapter Outline)

- विषय प्रवेश (Introduction)
- 'प्रणाली' पद से अभिप्राय (Meaning of the Term 'System')
- प्रणाली के समष्टिज (Parameters of a System)
- प्रणाली उपागम (System Approach)
- शिक्षा में प्रणाली उपागम (System Approach in Education)
- अनुदेशनात्मक प्रणाली (Instructional System)
- सार–संक्षेप (Summary)
- संदर्भित एवं विशिष्ट अध्ययन ग्रंथ (References and Suggested Readings)
- अध्ययन के लिए प्रश्न (Study Questions)

विषय प्रवेश
(Introduction)

प्रणाली उपागम शैक्षिक तकनीकी के क्षेत्र में एक नवीनतम संप्रत्यय अथवा अवधारणा का प्रतिनिधित्व करता है। इसे शिक्षा और उससे जुड़े हुए सभी प्रकार के कार्यों (जिनमें अनुदेशन भी शामिल है) के उचित प्रबंधन तथा नियंत्रण द्वारा शैक्षिक गतिविधियों तथा उनके परिणामों को समुन्नत बनाने हेतु भलीभाँति काम में लाया जा सकता है। ऐतिहासिक दृष्टि से प्रणाली उपागम संप्रत्यय को मानव और मशीनी प्रणालियों की जटिलता को समझने हेतु द्वितीय विश्व युद्ध के दौरान किए जाने वाले अनुसंधानों तथा प्रयासों की देन कहा जा सकता है। इन अनुसंधानों के परिणामों की सैन्य जगत में सफलता के आधार पर इन्हें उद्योग और प्रबंधन की दुनिया में भी प्रयुक्त किया जाने लगा। बाद के वर्षों में इन्हें शिक्षा जगत में उपयोग में लाने के प्रयत्न शुरु हुए और यह पाया गया कि शिक्षा की प्रक्रिया और उसके परिणामों का उचित प्रबंधन व नियंत्रण कर उसे अधिक से अधिक बेहतर बनाने में प्रणाली उपागम काफी प्रभावशाली सिद्ध हो सकता है। अपने उपयोग को लेकर प्रणाली उपागम इस बात पर बहुत कुछ निर्भर करता है कि एक प्रयोगकर्त्ता को प्रणाली उपागम की प्रकृति और कार्यप्रणाली का अच्छी तरह से ज्ञान हो। प्रस्तुत अध्याय में हम संक्षेप में यही सब जानकारी लेने का प्रयत्न करेंगे।

'प्रणाली' पद से अभिप्राय (Meaning of the Term 'System')

प्रणाली पद का आशय भलीभाँति समझने हेतु यहाँ कुछ जानी मानी परिभाषाओं को पहले उद्‌धृत करना चाहिए।

1. आर.एल. एकोफ—कोई भी प्रणाली अंतर्संबंधित तथा अंतर्निभर तत्त्वों या घटकों के संयुक्त स्वरूप का प्रतिनिधित्व करती है।

(A system is the set of interrelated and interdependent elements.—Acoff, 1971).

2. क्रोफोर्ड रोब—प्रणाली से अभिप्राय तत्त्वों या घटकों के व्यवस्थित संगठन से है जिसका संचालन अपूर्व ढंग से होता रहता है।

(System is a systematic organisation of the elements that operates in an unique way.—Robb, 1973).

3. ए.के. जलालुद्दीन—एक प्रणाली को एक गतिशील, जटिल एवं एकीकृत समग्र रूप में परिभाषित किया जा सकता है जिसमें अंतर्संबंधित तथा अंतर्निभर तत्त्वों या घटकों के स्व–नियमित प्रारूप के एक ऐसे उचित संगठन के दर्शन हों जिससे पूर्व निर्धारित एवं विशिष्टीकृत उद्देश्यों की उपलब्धि ठीक प्रकार हो सके।

(A system may be defined as a dynamic, complex, integrated whole consisting of self-regulating pattern of interrelated and interdependent elements organised to achieve the pre-determined and specified objectives.—Jalaluddin, 1981).

उपरोक्त परिभाषाओं का अगर उचित विश्लेषण किया जाए तो हमें प्रणाली पद का समुचित अर्थ समझने हेतु उसमें निहित कुछ निम्न विशेषताओं की जानकारी मिल सकती है।

1. प्रणाली पद का प्रयोग आजकल जीवन के विभिन्न क्षेत्रों जिनमें शिक्षा और अनुदेशन भी शामिल हैं, भलीभाँति होता हुआ देखा जा सकता है।
2. कोई भी प्रणाली अपने आप में काफी गतिशील और एकीकृत समग्र के रूप में जानी जाती है। इसे उसमें निहित तत्त्वों या घटकों के मात्र योग के रूप में नहीं देखा जा सकता।
3. कोई भी प्रणाली अपने में निहित विभिन्न अंतर्संबंधित तथा अंतर्निभर तत्त्वों या घटकों के जटिल परन्तु काफी व्यवस्थित संगठन का प्रतिनिधित्व करती है।
4. किसी भी प्रणाली में उसके सभी भागों तथा घटकों की अपनी–अपनी विशेष भूमिका रहती है। प्रणाली में इस भूमिका का उनकी अंतर्संबंधता तथा प्रणाली द्वारा लक्षित प्रयोजनों की प्राप्ति के संदर्भ में भलीभाँति उल्लेख किया जाता है।
5. कोई भी प्रणाली अपने समग्र रूप में ही अच्छी तरह क्रियाशील रहती है और इसी रूप में उससे अधिक अच्छे परिणामों की प्राप्ति की आशा की जा सकती है। उसकी उपप्रणालियां अलग–अलग भागों/घटकों या उनके सम्मिलित प्रभावों की तुलना में उसके समग्र रूप से क्रियाशील होने के परिणाम सदैव ही अधिक प्रभावपूर्ण और बेहतर होते हैं।
6. कोई भी प्रणाली अपने आप में एक स्वशासित, स्वनियंत्रित तथा स्वनियमित संरचना होती है।
7. कोई भी प्रणाली निश्चित रूप से किन्हीं विशेष निर्धारित उद्देश्यों की उपलब्धि हेतु ही कार्यरत रहती है।

इस प्रकार से परिभाषा के रूप में *प्रणाली से अभिप्राय परस्पर संबंधित एवं परस्पर निर्भर अवयवों अथवा उपप्रणालियों की उस स्वचालित और स्वनियंत्रित संरचना से है जो अपने समग्र रूप में कार्य करती हुई अपने पूर्व निर्धारित उद्देश्यों अथवा लक्ष्यों को अच्छे से अच्छे ढंग से प्राप्त करने की दिशा में प्रयत्नशील रहे।*

प्रणालियों के रूप अथवा प्रकार (Types of Systems)

प्रणालियों को मुख्यतया दो रूपों में विभाजित किया जा सकता है–

(i) प्राकृतिक प्रणालियाँ (Natural Systems)

(ii) मानव–निर्मित प्रणालियाँ (Man-made Systems)

प्राकृतिक प्रणालियाँ जैसे सौर मंडल, मानव शरीर प्रणाली आदि प्राकृतिक अथवा जैविक प्रक्रिया का परिणाम होती है। इनकी कार्यप्रणाली पर प्रकृति एवं जैविक प्रक्रियाओं का ही नियंत्रण होता है। न तो मानव इनका सृजक है और न ही इन पर आंशिक अथवा पूर्ण नियंत्रण उसके वश की बात है। अतः इन प्रणालियों की कार्यक्षमताओं के बारे में न तो कोई निश्चित भविष्यवाणी ही की जा सकती है और न इसका स्पष्ट रूप से मूल्यांकन ही संभव है।

मानव निर्मित प्रणालियाँ (अथवा मानव मशीन प्रणालियाँ) जैसे दूरसंचार प्रणाली, दूरदर्शन प्रणाली, उपग्रह संचार प्रणाली, ताप नियंत्रण प्रणाली, शिक्षा–प्रणाली आदि प्रणालियाँ मानव परिश्रम का परिणाम होती हैं। इन्हें विशेष रूप से किसी विशेष प्रयोजन हेतु मानव द्वारा ही बनाया और प्रयोग में लाया जाया जाता है। इनके ऊपर नियंत्रण करना मानव की पहुँच के भीतर ही होता है और इसलिए इनकी कार्यप्रणाली और उसके परिणामों के बारे में भविष्यवाणी करना और उसका मूल्यांकन करना अच्छी तरह संभव हो सकता है।

प्रणाली के समष्टिज (Parameters of a System)

किसी भी प्रणाली का वर्णन इन चार मूलभूत समष्टिजों (Basic parameters) के द्वारा किया जा सकता है–

(i) अदा (Input)

(ii) प्रक्रम अथवा प्रक्रिया (Process)

(iii) प्रदा (Output) और

(iv) पर्यावरणीय संदर्भ (Environmental context)

अदा से तात्पर्य उन सभी (वस्तुओं तथा मानव स्रोत) से है जिसे किसी प्रणाली में डालकर या समाविष्ट कर प्रणाली को प्रारंभ किया जा सकता है।

प्रक्रम या प्रक्रिया वह सब कुछ है जो एक प्रणाली के अंतर्गत संपन्न होता है।

प्रदा वह सब कुछ है जो एक प्रणाली के द्वारा उत्पादित होता है।

पर्यावरणीय संदर्भ से अभिप्राय भौतिक और सामाजिक परिवेश संबंधी उन परिस्थितियों, तत्त्वों और सीमाओं से है जिनके अंतर्गत एक प्रणाली कार्य करती है।

किसी प्रणाली के इन चारों मूलभूत समष्टिजों को चित्र 18.1 में दर्शाया गया है–

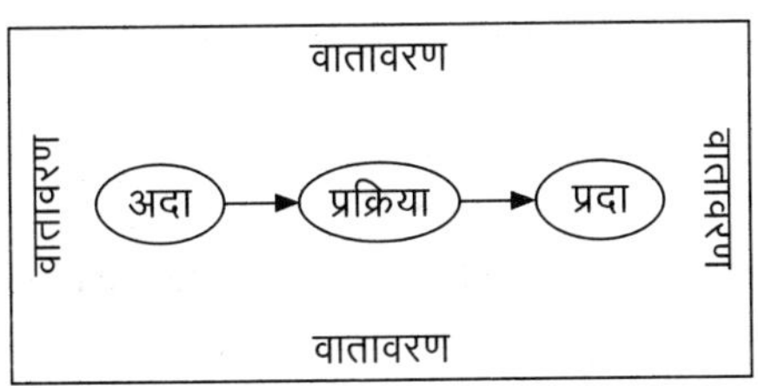

चित्र 18.1 प्रणाली के समष्टिज।

उदाहरण (Example)—हरियाणा राज्य के सोनीपत नगर में स्थित एटलस साइकिल फैक्टरी मानव–मशीन प्रणाली का उदाहरण प्रस्तुत करती है। इसका लक्ष्य साइकिलों का उत्पादन है। साइकिल उत्पादन के लिए आवश्यक सभी प्रकार का कच्चा माल, मशीनें, उपकरण और फैक्टरी में काम करने वाले सभी इस प्रणाली में अदा (Inputs) की भूमिका निभाते हैं। उपलब्ध कच्चे माल की उत्पादन सामग्री में परिवर्तन करने के लिए फैक्टरी में जो कुछ भी किया जाता है उसे प्रक्रिया या प्रक्रम (Process) का नाम दिया जा सकता है और साइकिल तथा उसके कल–पुर्जों इत्यादि का उत्पादन प्रदा (Output) कहलाता है। यह फैक्टरी निस्संदेह एक निश्चित सामाजिक और भौतिक परिवेश में कार्य करती है और इस परिवेश में निहित विभिन्न तत्त्व अथवा परिस्थितियाँ इसकी कार्यप्रणाली को प्रभावित एवं नियंत्रित करते हैं।

प्रणाली उपागम (System Approach)

प्रणाली उपागम को प्रणाली संप्रत्यय और इसके मूलभूत समष्टिजों (Basic parameters) पर आधारित एक ऐसी तकनीक के रूप में समझा जा सकता है जिसे प्रणाली के पूर्व–निर्धारित उद्देश्यों को कुशलता, बुद्धिमत्तता और मितव्ययी ढंग से प्राप्त करने के लिए प्रयुक्त किसी एक प्रणाली को अच्छी तरह समझने, उसके बारे में निश्चित भविष्यवाणी करने और उसे ठीक तरह नियंत्रित करने के काम में लाया जा सके।

इस उपागम में किसी समस्या को उसके समग्र रूप में देखा और समझा जाता है और उसके हल के लिए निम्न बातों को ध्यान में रखते हुए यथोचित प्रयत्न किए जाते हैं–

(i) पूर्व–निर्धारित उद्देश्य और

(ii) विशेष पर्यावरणीय परिस्थितियों और सीमाओं के अंतर्गत कार्य कर रही एक समग्र प्रणाली अथवा उसकी उपप्रणालियों/अवयवों की भूमिका।

इस प्रकार प्रणाली उपागम किसी प्रणाली के संगठन, उत्पादन और उसकी प्रक्रिया पर उचित नियंत्रण रखने पर जोर देता है और इस कार्य में पूरी–पूरी सहायता भी करता है। प्रणाली उपागम की इस भूमिका को अगर हमें उसमें निहित मूलभूत समष्टिजों (Basic parameters) के रूप में व्याख्या करना चाहें तो यह कहा जा सकता है कि प्रणाली उपागम का उद्देश्य अपने समष्टिजों अदा, प्रक्रम, प्रदा और पर्यावरणीय सीमाओं के बीच इस प्रकार आवश्यक संतुलन बनाए रखना है जिससे प्रणाली के उद्देश्यों को अत्यंत प्रभावपूर्ण ढंग से प्राप्त किया जा सके। परिणामस्वरूप अगर कोई प्रणाली अपने पूर्व–निर्धारित लक्ष्यों को प्रभावपूर्ण ढंग से प्राप्त करने में सफल हो जाती है तो उसे आगे उपयोग में लाना जारी रहता है और अगर यह ऐसा नहीं कर पाती तो उसके अंगों–उपांगों, समष्टिजों एवं कार्यप्रणाली आदि में यथानुकूल परिवर्तन एवं परिमार्जन करने का प्रयत्न किया जाता है।

प्रणाली–उपागम के पद (Steps in System Approach)

प्रणाली उपागम के अंतर्गत निम्नलिखित तीन मुख्य पदों का समावेश होता है–

1. प्रणाली विश्लेषण (System Analysis)
2. प्रणाली प्रारूप एवं विकास (System Design and Development)
3. प्रणाली संचालन एवं मूल्यांकन (System Operation and Evaluation)

आइए, अब इन पदों का अर्थ समझा जाए।

1. **प्रणाली विश्लेषण (System Analysis)**—इस पद के अंतर्गत प्रणाली का विस्तार से सूक्ष्म विश्लेषण किया जाता है। प्रणाली के अंतर्गत कितने तत्त्व, अवयव अथवा उप–प्रणालियां शामिल हैं और ये किस प्रकार व्यवस्थित हैं ? प्रणाली के ये सभी तत्त्व और अंग किस रूप में अलग–अलग अपनी भूमिका निभा रहे हैं और किस तरह परस्पर संबंध और निर्भरता बनाए रखते हुए अपना समग्र प्रभाव छोड़ रहे हैं ? प्रणाली के विभिन्न समष्टिज (Parameters) – अदा, प्रक्रम, प्रदा और पर्यावरणीय संदर्भ प्रणाली के पूर्व–निर्धारित उद्देश्यों की प्राप्ति हेतु अपना तालमेल और संतुलन किस रूप में बना रहे हैं ? इस प्रकार के आवश्यक प्रश्नों का उत्तर प्राप्त करना प्रणाली विश्लेषण का उद्देश्य होता है। इस तरह एक प्रणाली के प्रारूप एवं कार्य प्रणाली के बारे में उसके पूर्व–विश्लेषण करने से प्रणाली निर्माण को निम्न कार्यों में आवश्यक सहायता मिल सकती है–

   (i) यह निर्धारित करना कि प्रणाली किन उद्देश्यों की पूर्ति के लिए कार्य करेगी। उदाहरण के लिए अगर प्रणाली अनुदेशनात्मक प्रणाली है और इसमें चल रही अनुदेशनात्मक प्रक्रिया के द्वारा छात्र के व्यवहार में परिवर्तन लाना है इस प्रणाली के द्वारा हमें पता चलेगा कि छात्र का प्रविष्टि व्यवहार क्या है और फिर उसके इस व्यवहार को क्या अंतिम रूप देना है। इस अंतर को प्राप्त करना ही प्रणाली का उद्देश्य कहा जाएगा।

   (ii) पूर्व निर्धारित उद्देश्यों की प्राप्ति के लिए प्रणाली को कुशलतापूर्वक व्यवस्थित करने एवं संचालित करने के बारे में सोचना प्रणाली विश्लेषण का दूसरा महत्त्वपूर्ण कार्यक्षेत्र है। प्रणाली के हर तत्त्व अवयव अथवा उप–प्रणाली का विभिन्न उद्देश्यों की प्राप्ति में अलग–अलग क्या योगदान रहेगा ? यह प्रणाली उपलब्ध परिवेश और परिस्थितियों में किस तरह अपने उद्देश्यों को प्राप्त करने के लिए ठीक प्रकार कार्य करती रह सकती है ? इसका अच्छी तरह विश्लेषण कर मानवीय और भौतिक–सभी स्रोतों और सुविधाओं का अधिकाधिक उपयोग करने हेतु प्रणाली की पूर्ण कार्य–विधि का पूर्ण निर्धारण और विश्लेषण प्रणाली विश्लेषण द्वारा ही संभव हो सकता है।

   इस तरह प्रणाली–विश्लेषण नाम के इस पद पर एक प्रणाली निर्माता को निम्न बातों का वर्णन करना होता है–

   (i) प्रणाली किन उद्देश्यों अथवा समस्याओं को लेकर आगे बढ़ रही है।

   (ii) प्रणाली के लिए उपलब्ध साधन (मानवीय और भौतिक) क्या हैं ?

   (iii) प्रणाली, उप–प्रणालियों और वातावरण के संदर्भ में चलने वाली परस्पर अंतर्क्रियाओं का क्या स्वरूप है ?

   (iv) प्रणाली के प्रारूप एवं कार्य–प्रणाली में उद्देश्य प्राप्ति के संदर्भ में किन–किन बाधाओं का सामना करना पड़ सकता है, इसका पूर्वानुमान एवं वर्णन करना आदि।

2. **प्रणाली प्रारूप एवं विकास (System design and Development)**—प्रणाली विश्लेषण एक प्रणाली निर्माता को प्रणाली का प्रारूप (Design) अच्छे से अच्छे ढंग से तैयार करने में पूरी–पूरी सहायता करता है। प्रणाली विश्लेषण में जहाँ प्रणाली से संबंधित हर पक्ष का विश्लेषण करने का प्रयत्न किया जाता है वहाँ इस दूसरे पद में उस विश्लेषण का लाभ उठाते हुए संश्लेषण प्रक्रिया को अपनाया जाता है तथा प्रणाली की संरचना संबंधी सभी आवश्यक पक्षों पर ध्यान देकर उसका सर्वोत्तम रूप में विकास किया जाता है। इस पर पद प्रणाली निर्माता की मुख्य गतिविधियाँ अग्रांकित हैं–

(i) प्रणाली के उद्देश्यों का स्पष्ट निर्धारण।

(ii) उचित युक्तियों, व्यूह रचनाओं, उपागमों एवं विधियों का चयन।

(iii) अदा, प्रक्रम, प्रदा और पर्यावरणीय सीमाओं को ध्यान में रखते हुए प्रणाली को अच्छी तरह व्यवस्थित करने के लिए उपयुक्त प्रयत्न करना।

इन सब बातों और गतिविधियों के संदर्भ में इस तरह प्रणाली विशेषज्ञ इसका ऐसा प्रारूप तैयार करने का प्रयत्न करता है जिसके द्वारा मानवीय और भौतिक साधनों एवं परिस्थितियों का अधिकाधिक उपयोग करते हुए प्रणाली के निर्धारित उद्देश्यों को अच्छे से अच्छे रूप में प्राप्त किया जा सके।

3. **प्रणाली संचालन एवं मूल्यांकन (System operation and Evaluation)**—इस पद का संबंध प्रणाली को क्रियान्वित रूप में काम में लाने से होता है। वास्तविक रूप में एक प्रणाली के अंतर्गत जो कुछ भी कार्य प्रणाली के उद्देश्यों की पूर्ति के लिए होता है, उसका संचालन इस अवस्था से संबंधित है। इस पद का दूसरा कार्य मूल्यांकन को लेकर है। प्रणाली के द्वारा पूर्व–निर्धारित लक्ष्यों अथवा उद्देश्यों की पूर्ति किस सीमा तक हुई, उसके संचालन एवं व्यवस्था को लेकर क्या–क्या कठिनाइयाँ सामने आईं, मानवीय युक्तियां, तकनीक एवं विधियां आदि किस सीमा तक सफल रहीं, इन सब बातों पर उचित निर्णय लेकर पर्याप्त प्रतिपुष्टि प्रदान करना और प्रणाली के प्रारूप एवं उसकी कार्य प्रणाली में आवश्यक परिवर्तन और परिमार्जन लाना ही इस मूल्यांकन का प्रमुख उद्देश्य होता है। अगर कोई प्रणाली अपने उद्देश्यों अथवा अपेक्षाओं को पूरा करने में भलीभाँति सक्षम सिद्ध होती है तब तो उसे उसी रूप में आगे बनाए रखा जाता है अन्यथा उसमें आवश्यक संशोधन एवं परिवर्तन लाने की बात सोची जाती है। एक बार फिर संशोधित और परिवर्तित रूप को काम में लाया जाता है और फिर इसके मूल्यांकन के आधार पर उसमें आगे सुधार किए जाते हैं अथवा उसके स्थान पर किसी नयी प्रणाली को लाने की बात सोची जाती है। प्रणाली में संशोधन एवं परिवर्तन लाने की दिशा में एक प्रणाली–विशेषज्ञ निम्न रूपों में आगे बढ़ने का प्रयास कर सकता है–

(i) वह अदा के रूप में प्रयुक्त विभिन्न मानवीय और भौतिक साधनों के स्वरूपों और उनके उपयोग के बारे में परिवर्तन और सुधार लाने की ओर ध्यान दे सकता है।

(ii) प्रणाली के विभिन्न तत्त्वों, उपांगों एवं उप–प्रणालियों की भूमिका और उनके बीच परस्पर सामंजस्य बनाए रखने की ओर अधिक ध्यान देने का प्रयत्न कर सकता है।

(iii) पर्यावरण संबंधी परिस्थितियों और सीमाओं के उचित नियंत्रण एवं उनके अपेक्षित उपयोग तथा सुधार की ओर ध्यान दे सकता है।

इस प्रकार से एक प्रणाली की संरचना और उसका प्रारूप प्रणाली के उद्देश्यों एवं लक्ष्यों को ध्यान में रखकर तैयार किया जाता है। प्रणाली से जुड़े हुए सभी व्यक्ति इस प्रणाली में प्रयुक्त सामग्री साधन और उपकरणों को अधिकाधिक अच्छी तरह से प्रयोग में लाने के लिए इस तरह कार्य करते हैं कि प्रणाली के उद्देश्यों को अधिकाधिक सफल ढंग से प्राप्त किया जा सके। प्रणाली के विभिन्न तत्त्व एवं उप–प्रणालियां पूरी तरह एकजुट होकर अपनी–अपनी भूमिका का निर्वाह करने का प्रयत्न करती हैं। उद्देश्यों की प्राप्ति के संदर्भ में अपेक्षित मूल्यांकन प्रक्रिया से समय–समय पर इस प्रणाली को आवश्यक प्रतिपुष्टि (Feedback) मिलती रहती है। परिणामस्वरूप उसके प्रारूप एवं कार्य प्रणाली में परिवर्तन एवं सुधार लाया जाता है। सुधार लाने का यह कार्य तब तक चलता रहता है जब तक कि प्रणाली विशेषज्ञ को यह विश्वास न हो जाए कि प्रणाली के प्रारूप एवं उसकी कार्य पद्धति इस स्तर पर पहुँच गई है कि अब उसके द्वारा अपेक्षित प्रणाली उद्देश्यों को सर्वोत्तम ढंग से (कम से कम समय

में कम से कम शक्ति लगाकर अधिक से अधिक अच्छे रूप में अधिक से अधिक फायदा उठाना) प्राप्त किया जा सकता है।

शिक्षा प्रणाली (Education System)

शिक्षा की प्रणाली एक मानव निर्मित प्रणाली है। इसे समाज रूपी प्रणाली की कोई एक उप–प्रणाली या समाज में कार्यरत अपने आप में पूर्ण एक अलग प्रणाली के रूप में जाना जा सकता है। चित्रात्मक प्रस्तुति के रूप में इसे निम्नानुसार प्रदर्शित किया जा सकता है।

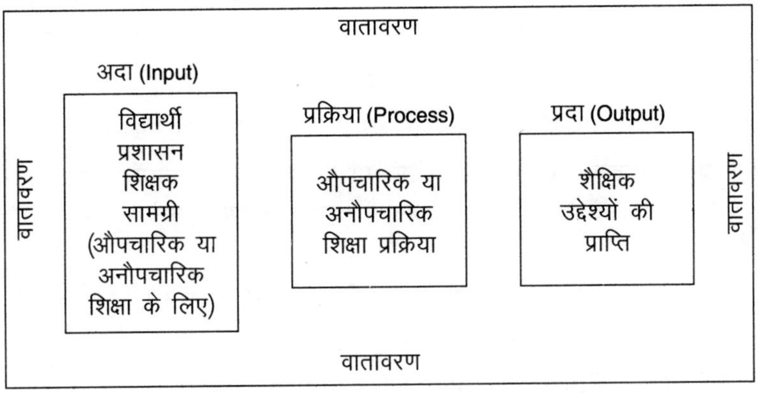

चित्र 18.2 शिक्षा प्रणाली की संरचना (Structure of Education System)।

इसी क्रम में आगे बढ़ते हुए विद्यालय प्रणाली (एक शिक्षा संस्थान के द्वारा संचालित औपचारिक शिक्षण की प्रणाली) को शिक्षा तंत्र या प्रणाली की एक उप–प्रणाली के रूप में भी मान्यता दी जा सकती है और इसे अपने आप में एक स्वतंत्र और पूर्ण प्रणाली का भी दर्जा दिया जा सकता है। अनुदेशनात्मक प्रणाली (जिसका प्रयोजन विद्यार्थियों का संज्ञानात्मक विकास हो) तथा अन्य सह–अनुदेशनात्मक प्रणालियों को अब विद्यालय प्रणाली की उप–प्रणालियों के रूप में स्वीकार कर आगे बढ़ा जा सकता है। इसके साथ–साथ अपने दूसरे रूपों में ये सभी उप–प्रणालियाँ–अनुदेशनात्मक तथा सह–अनुदेशनात्मक अपनी–अपनी तरह से अपने आप में पूर्ण स्वतंत्र प्रणालियों के रूप में भी कार्यरत रह सकती हैं।

शिक्षा में प्रणाली उपागम (System Approach in Education)

जैसा कि पहले कहा जा चुका है, प्रणाली उपागम एक ऐसे पूर्व नियोजित तकनीक या वैचारिक प्रक्रिया का प्रतिनिधित्व करता है जिसके माध्यम से किसी भी तंत्र या प्रणाली को इस तरह भलीभाँति नियोजित, नियंत्रित तथा क्रियान्वित किया जा सकता है कि उसके द्वारा प्रणाली को काम में लाने से संबंधित निर्धारित उद्देश्यों की सर्वोत्तम उपलब्धि संभव हो सके। इसका उपयोग निःसंदेह ही शिक्षा की प्रणाली को उसके मूल समष्टिजों को वैज्ञानिक ढंग से कार्यरत कराकर प्रतिपुष्टि और संतुलन के प्रनियमों का अनुपालन करते हुए स्व–चालित प्रभावोत्पादक प्रणाली के रूप में प्रतिष्ठित कराने की क्षमता रखता है। अपनी इसी क्षमता के फलस्वरूप शिक्षा जगत् में प्रणाली उपागम का उपयोग शिक्षा की प्रक्रिया और परिणामों के नियोजन, प्रबंधन और नियंत्रण से संबंधित विविध शिक्षा

समस्याओं के निराकरण में समुचित सहायता कर सकता है। प्रणाली उपागम के शिक्षा जगत् में उपयोग का संक्षेप में निम्न प्रकार उल्लेख किया जा सकता है।

1. अनुदेशनात्मक प्रणाली के प्रभावपूर्ण उन्नयन में इससे समुचित सहायता मिल सकती है।
2. विद्यालय प्रशासन तथा प्रबंध में पर्याप्त कार्यकुशलता लाकर यह विद्यालय में क्रियाकलापों के उचित संगठन, प्रबंधन तथा संपादन में पर्याप्त मदद कर सकती है।
3. शिक्षा की प्रक्रिया से जुड़े हुए तमाम मानवीय एवं भौतिक संसाधनों के सर्वोत्तम प्रभावी उपयोग में इससे काफी मदद मिल सकती है।
4. सुव्यवस्थित एवं प्रभावी संस्थागत, राज्य स्तरीय तथा राष्ट्रीय स्तरीय शैक्षिक नियोजन (चाहे वह विशिष्ट कक्षा शिक्षण उद्देश्यों अथवा दीर्घकालीन शिक्षण उद्देश्यों या लक्ष्यों की प्राप्ति हेतु किया जाए) के उचित संपादन में भी इससे उचित सहयोग प्राप्त हो सकता है।
5. परीक्षा तथा मूल्यांकन प्रणाली के उन्नयन में इससे पर्याप्त सहायता मिल सकती है।
6. क्रियात्मक एवं भावात्मक व्यवहार में वांछित परिवर्तन लाने में सहायक सह–पाठ्य क्रियाओं तथा अन्य उचित शैक्षिक गतिविधियों के आयोजन में पर्याप्त निपुणता लाने में इससे पर्याप्त सहयोग मिल सकता है।
7. विद्यालय की निर्देशन और परामर्श सेवाओं के उचित संगठन, प्रबन्धन एवं नियंत्रण में भी इससे पर्याप्त सहयोग मिल सकता है।
8. प्रशिक्षण तथा विकास कार्यक्रमों के सुधार एवं उन्नयन में भी इससे पर्याप्त सहयोग मिल सकता है। उदाहरण के लिए प्रणाली उपागम का उपयोग अध्यापकीय प्रशिक्षण कार्यक्रमों (सेवारत तथा सेवापूर्व) को प्रभावी तथा उपयोगी बनाने में पूरी–पूरी सहायता कर सकता है।
9. निरौपचारिक (Non-formal) तथा प्रौढ़ शिक्षा प्रणालियों के नियोजन, प्रबंधन तथा नियंत्रण में इससे समुचित सहायता मिल सकती है।
10. इसके अतिरिक्त यह कहना भी पूरी तरह न्याययुक्त है कि शिक्षा के सभी अंगों, कार्य क्षेत्रों तथा गतिविधियों की गुणवत्ता में सुधार तथा प्रगति लाने में प्रणाली उपागम का उपयोग सभी तरह से काफी उपयोगी एवं प्रभावी सिद्ध हो सकता है।

शिक्षा क्षेत्र में प्रणाली उपागम के प्रयोग संबंधी सोपान (Steps Involved in System Approach to Education)

शिक्षा क्षेत्र में प्रणाली उपागम का प्रयोग कर शिक्षा जगत की विविध समस्याओं के समाधान हेतु जो कार्यप्रणाली अपनायी जा सकती है उसमें सामान्यतया निम्न सोपानों पर चलना श्रेयस्कर सिद्ध हो सकता है।

1. समस्या विशेष की पहचान या जानकारी
2. उद्देश्यों का निर्धारण
3. उद्देश्यों की पूर्ति हेतु हाथ में लिए जाने वाले कार्य का विश्लेषण (Task analysis)
4. **प्रणाली विश्लेषण** – निर्धारित उद्देश्यों के परिप्रेक्ष्य में प्रणाली के प्रदा तथा उपलब्ध वातावरण, संसाधनजन्य परिस्थितियों का विश्लेषण।

5. **प्रणाली प्रारूप एवं विकास** – वैकल्पिक व्यूह रचना/रणनीति अपनाने हेतु किसी विशेष प्रणाली के प्रारूप को अपनाना अथवा उपलब्ध प्रारूप में कोई सुधार लाकर उसका उपयोग करना (अदा, प्रक्रिया तथा वातावरणजन्य परिस्थितियों का उचित नियोजन एवं उन्नयन)।
6. वर्तमान परिस्थितियों में किसी उचित हल का चयन/खोज।
7. वर्तमान परिस्थितियों में चयनित समाधान को उपयोग में लाना।
8. निर्धारित उद्देश्यों के संदर्भ में जो कुछ भी शैक्षिक प्रयत्न किए गए हैं उनकी निष्पत्ति का मूल्यांकन।
9. वांछित सुधार एवं उन्नयन हेतु मूल्यांकन के परिणामों का यथेष्ट प्रतिपुष्टि एवं पुनर्बलन प्रदान करने हेतु उपयोग करना।

अनुदेशनात्मक प्रणाली (Instructional System)

अनुदेशनात्मक प्रणाली प्रक्रिया को शिक्षा–प्रणाली की एक उप–प्रणाली के रूप में समझा और प्रयोग में लाया जा सकता है। शिक्षण प्रक्रिया में इसके महत्त्व एवं उपयोगिता को ध्यान में रखते हुए जब हम इसके आयोजन एवं कार्य–प्रणाली की विविधता एवं मूल्य पर नजर डालते हैं तो यह आवश्यक हो जाता है कि इसे एक समय एवं पूर्ण प्रणाली के रूप में निर्मित एवं व्यवस्थित करके ही इसके उचित विकास पर ध्यान दिया जाए। एक समय एवं पूर्ण प्रणाली के रूप में अनुदेशनात्मक प्रणाली से यहाँ हमारा अभिप्राय अनुदेशनात्मक उद्देश्यों की प्राप्ति हेतु अपनाई गई उस प्रणाली से है जिसके अंतर्गत कुछ विशिष्ट परस्पर निर्भर एवं परस्पर अन्तःक्रिया करने वाले तत्त्वों का समावेश होता है और ये सभी तत्त्व बड़े ही सुव्यवस्थित एवं नियंत्रित ढंग से अनुदेशनात्मक उद्देश्यों की प्राप्ति के लिए कार्यरत रहते हैं। इस प्रणाली में समाविष्ट मुख्य समष्टिज (Parameters) निम्न हैं–

1. **अदा (Inputs)**—अनुदेशनात्मक प्रणाली में अदा के रूप में निम्न तत्त्व अथवा चरों को काम में लाया जाता है।
   (i) विद्यार्थी,
   (ii) अध्यापक,
   (iii) पाठ्यवस्तु अथवा अनुदेशनात्मक सामग्री (Curriculum Content or Instructional Material)
2. **प्रक्रम (Process)**—इसके अंतर्गत उन अनुदेशनात्मक विधियों, व्यूह रचनाओं (Strategies) और उपागमों (Approaches) का समावेश होता है जिनको अपनाकर शिक्षण अधिगम प्रक्रियाएं संपन्न होती हैं और अनुदेशनात्मक उद्देश्यों की प्राप्ति का रास्ता खुलता है।
3. **प्रदा (Outcomes)**—अनुदेशनात्मक प्रणाली को इस तरह नियोजित, व्यवस्थित एवं नियंत्रित किया जाता है कि अदा और प्रक्रम समष्टिजों (Parameters) का उचित तालमेल बिठाते हुए उपलब्ध साधनों, परिवेश एवं परिस्थितियों के संदर्भ में अनुदेशनात्मक उद्देश्यों की प्राप्ति ठीक ढंग से हो जानी चाहिए। इस तरह एक सफल और आदर्श अनुदेशनात्मक प्रणाली की प्रदा परिणामों और उत्पादन की दृष्टि से वही होनी चाहिए जो उसके उद्देश्यों के रूप में पहले ही निर्धारित कर दी गई है। परंतु वास्तविक स्थिति में जब हम मूल्यांकन करते हैं तो पता चलता है कि ऐसी आदर्श स्थिति यदा–कदा ही देखने को मिलती है। इस स्थिति में अधिक से अधिक नजदीक आने के उपाय करने हेतु ही प्रणाली की संरचना और

कार्य प्रणाली इत्यादि में अपेक्षित सुधार एवं परिवर्तन लाए जाते हैं और इसी तरह प्रदा के रूप में प्रणाली के प्रतिफल या परिणामों को अच्छे से अच्छे रूप में प्राप्त करने का प्रयत्न किया जाता है।

4. **पर्यावरणीय संदर्भ (Environmental Context)**—अनुदेशनात्मक प्रणाली का यह समष्टिज (Parameter) परिवेश संबंधी उन परिस्थितियों तथा सीमाओं का वर्णन करता है जिसके अंतर्गत अनुदेशनात्मक प्रणाली कार्य करती है। विद्यार्थी और अध्यापक संबंध, प्राचार्य अध्यापक संबंध, विद्यालय की व्यवस्था, प्रबंध और अनुशासन, विद्यालय में उपलब्ध भौतिक, वातावरण और परिस्थितियाँ, विद्यालय और समाज के पारस्परिक संबंध, प्रशासनिक ढांचे का विद्यालय पर प्रभाव, खेल–कूद तथा अन्य पाठांतर क्रियाएं, पुस्तकालय, वाचनालय और अन्य सुविधाओं की व्यवस्था और इनसे संबंधित परिवेश आदि इसी पर्यावरणीय संदर्भ के अंतर्गत आते हैं जिसके अंतर्गत अनुदेशनात्मक प्रणाली कार्य करती है। इस प्रणाली की सफलता और असफलता में इस प्रकार की वातावरणजन्य परिस्थितियाँ, सुविधाएं तथा सीमाएं बहुत ही महत्त्वपूर्ण भूमिका निभाती हैं।

इन समष्टिजों के पारस्परिक संबंध को चित्र 18.3 द्वारा भलीभांति समझा जा सकता है।

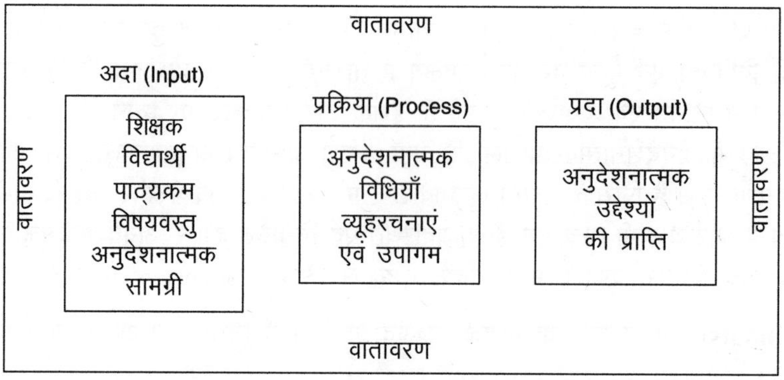

चित्र 18.3 अनुदेशनात्मक प्रणाली की संरचना।

अनुदेशनात्मक प्रणाली में प्रणाली उपागम का उपयोग (System Approach to Instructional System)

प्रणाली उपागम की अनुदेशनात्मक प्रणाली को ठीक प्रकार समझने, व्यवस्थित एवं नियंत्रित करने और इसके प्रारूप (Design) और कार्य प्रणाली में इस प्रकार के संशोधन और परिवर्तन लाने के लिए उपयोग में लाया जाता है ताकि अनुदेशनात्मक उद्देश्यों को अधिक से अधिक प्रभावपूर्ण ढंग से प्राप्त किया जा सके। इसके माध्यम से अनुदेशन के नियोजन, क्रियान्वयन और प्रतिफल से संबंधित सभी प्रकार की समस्याओं को अच्छे से अच्छे ढंग से हल करने में सहायता मिलती है।

अनुदेशनात्मक प्रणाली में प्रणाली उपागम के प्रयोग संबंधी विभिन्न सोपान अथवा अवस्थाएं (Phases or Steps Involved in the System Approach to Instructional System)

रोब (Robb, 1973) ने अनुदेशनात्मक प्रणाली का विश्लेषण करने के पश्चात् अनुदेशनात्मक प्रणाली में प्रणाली उपागम के प्रयोग को लेकर तीन अवस्थाओं की चर्चा की है–नियोजन अवस्था, क्रियान्वयन अवस्था और मूल्यांकन

अवस्था। जलालुद्दीन (Jalaluddin, 1981) ने इन अवस्थाओं या सोपानों की संख्या छः बताई है। हम इन छः अवस्थाओं या सोपानों को कुछ संशोधित रूप में नीचे प्रस्तुत कर रहे हैं–

1. **उद्देश्यों का निर्धारण (Formulation of Objectives)**—इस सोपान के अंतर्गत अनुदेशनात्मक उद्देश्यों का निर्धारण किया जाता है और इनकी स्पष्ट व्यवहारपरक शब्दावली में व्याख्या की जाती है।
2. **विद्यार्थियों के प्रविष्टि व्यवहार का पूर्वानुमान (Pre-assessment of Student Entering Behaviour)**—इस सोपान के अंतर्गत विद्यार्थियों के प्रविष्टि व्यवहार का उचित परीक्षणों के माध्यम से पूर्वानुमान लगाया जाता है।
3. **प्रणाली का प्रारूप विकसित करना (Designing and Developing the Instructional System)**—प्रणाली के उद्देश्य और विद्यार्थियों के प्रविष्टि व्यवहार को ध्यान में रखते हुए प्रणाली का प्रारूप विकसित करने के प्रयत्न किए जाते हैं। अदा (Inputs) के रूप में क्या कुछ अपेक्षित है और प्रक्रिया (Process) के लिए क्या कुछ साधन एवं अनुदेशनात्मक तकनीकों एवं व्यूह रचनाओं की आवश्यकता होगी ? इस सबका नियोजन और आयोजन इस अवस्था के अंतर्गत किया जाता है। मुख्य रूप से निम्न बातों पर ध्यान देना इस अवस्था में काफी आवश्यक होता है–
   (i) अनुदेशन से संबंधित कार्यों का विश्लेषण।
   (ii) उपयुक्त विधियों, व्यूह–रचनाओं का निर्माण अथवा चुनाव।
   (iii) उपयुक्त साधन, माध्यमों और सामग्री (अनुदेशनात्मक) का चुनाव।
   (iv) उपयुक्त विषयवस्तु अथवा अधिगम अनुभवों का चयन और आयोजन।
   (v) अनुदेशनात्मक प्रणाली से संबंधित तत्त्वों, उपप्रणालियों और व्यक्तियों के कार्य और उत्तरदायित्वों का स्पष्ट विभाजन।
4. **क्रियान्वयन और वास्तविक कार्य अवस्था (Operation or Implementation Phase)**—अनुदेशनात्मक प्रणाली का यह वास्तविक क्रिया पक्ष है। इस अवस्था में किए गए कार्य से ही अनुदेशनात्मक उद्देश्यों की वास्तविक रूप में प्राप्ति होती है। इस अवस्था की सफलता इस बात पर निर्भर करती है कि प्रणाली में समाहित सभी तत्त्व और अदा के रूप में कार्य कर रहे सभी मानवीय और भौतिक स्रोत परस्पर संबंधित, आश्रित और परस्पर अंतर्क्रिया करते हुए प्रणाली के उद्देश्यों की प्राप्ति में एकजुट होकर काम करें।
5. **परिणामों अथवा प्रतिफल का मूल्यांकन (Evaluation of the Outcomes)**—इस सोपान के अंतर्गत उचित मूल्यांकन तकनीकों के माध्यम से विद्यार्थियों की उपलब्धि का, पूर्व निर्धारित अनुदेशनात्मक उद्देश्यों के संदर्भ का मूल्यांकन करने का प्रयत्न किया जाता है।
6. **प्रणाली उन्नयन (Improvement of the System)**—मूल्यांकन से प्राप्त प्रदत्त परिणामों के द्वारा उचित प्रतिपुष्टि मिलती है जिसके माध्यम से प्रणाली के प्रारूप और उसकी कार्य–प्रणाली में उचित परिवर्तन एवं संशोधन लाया जाता है ताकि प्रणाली को निर्धारित अनुदेशनात्मक उद्देश्यों के परिप्रेक्ष्य में अधिक विकसित और उन्नत किया जा सके। प्रस्तुत सोपान प्रणाली के इसी सुधार एवं विकास से अपना संबंध रखता है।

इस प्रकार प्रणाली उपागम को शिक्षा–प्रणाली और उसकी अनुदेशनात्मक, विद्यालय आदि उप–प्रणालियों में निहित तत्त्वों और मूलभूत समष्टिजों (Basic parameters) को भलीभाँति समझने, उनको व्यवस्थित एवं नियंत्रित करने और उनकी कार्यप्रणाली में निर्धारित उद्देश्यों के संदर्भ में अपेक्षित परिवर्तन लाने के लिए प्रयुक्त किया जाता

है। शिक्षा जगत से संबंधित विभिन्न समस्याओं के समाधान हेतु भी इसे सफलतापूर्वक काम में लाया जा सकता है। शिक्षा के क्षेत्र में प्रणाली उपागम एक ऐसे नवीनतम उपागम अथवा तकनीक का प्रतिनिधित्व करता है जिसकी सहायता से उपलब्ध मानवीय और भौतिक स्रोतों तथा साधनों को अच्छी तरह से प्रयोग किया जा सकता है कि हमें कम से कम शक्ति लगाकर कम से कम समय में अच्छे से अच्छे परिणामों की उपलब्धि संभव हो सके।

प्रणाली उपागम के रूप में उपलब्ध तकनीक किसी भी तंत्र या प्रणाली को उसमें निहित अदा, प्रक्रिया, पर्यावरणीय परिस्थितियों के संदर्भ में उपलब्ध प्रदा एवं परिणामों का मूल्यांकन कर तथा फिर इस मूल्यांकन का प्रतिपुष्टि के रूप में प्रयोग कर प्रणाली विशेष को समुचित दिशा और दशा प्रदान करने में बहुमूल्य सहयोग प्रदान कर सकती है। जो कुछ भी पृष्ठपोषण (Feedback) प्रणाली उपागम के माध्यम से परिणामों या प्रदा के रूप में मिलता है और उनसे वांछित अनुदेशनात्मक या शिक्षण उद्देश्यों की प्राप्ति में जितनी सहायता मिलती है इस सबका बेहतर प्रयोग करते हुए अध्यापकगण अपने शिक्षण के नियोजन, क्रियान्वयन एवं प्रबंधन कार्यों में पर्याप्त सुधार एवं प्रगति ला सकते हैं। प्राचार्य तथा संस्था के मुखिया को भी प्रणाली उपागम से प्राप्त सतत पृष्ठपोषण द्वारा अपनी संस्थागत योजनाओं, पर्यवेक्षण प्रशासन तथा प्रबंधन में वांछित सुधार और प्रगति करने में पर्याप्त सहायता मिल सकती है। इस तरह प्रणाली उपागम का प्रयोग शिक्षा क्षेत्र से जुड़े हुए सभी व्यक्तियों को अच्छी तरह से अपनी कार्यप्रणालियों या शिक्षा तंत्र से जुड़ी हुई संरचनाओं/प्रणालियों में यथेष्ट सुधार एवं प्रगति लाने के कार्य में भरसक सहयोग प्रदान कर सकता है।

अपनी इतनी सारी अच्छाइयों की उपस्थिति के बावजूद प्रणाली उपागम ने शिक्षा जगत में अभी अपनी पकड़ मजबूत नहीं की है। जबकि प्रबंधन और व्यावसायिक दुनिया में इसके लाभों का दोहन अच्छी तरह शुरु हो चुका है। शिक्षा जगत में इसकी उपेक्षा के मूल में सबसे बड़ा कारण तो नयी चीज को अपनाने के प्रति स्वाभाविक भय और विरोध के रूप में है जिसका प्रदर्शन आमतौर पर हनारे शिक्षकों तथा प्रशासकों द्वारा किया जाता है। दूसरा कारण उनकी प्रणाली उपागम के उपयोग ज्ञान एवं कौशल आदि से अनभिज्ञता भी हो सकती है और यही एक बात है जिसका इलाज कर उन्हें प्रणाली उपागम से अधिकाधिक लाभ उठाने की दिशा में प्रेरित किया जा सकता है। अगर पूर्व सेवा तथा सेवाकालीन प्रशिक्षण व्यवस्था में प्रणाली उपागम को जानने, समझने तथा प्रयोग में लाने के उपयुक्त अवसर शिक्षकों को प्रदान किए जाएं तो फिर इससे अपेक्षित लाभ अर्जित करने में हमारा शिक्षा जगत पीछे नहीं रहेगा।

सार-संक्षेप
(Summary)

1. 'प्रणाली' पद से तात्पर्य एक ऐसी स्वचालित एवं स्व–नियंत्रित संरचना या कार्य व्यवस्था से होता है जिसके सभी अंग अथवा अवयव अंतर्संबंधित तथा अंतर्निभर रहते हुए समूचे रूप में इस प्रकार कार्यरत रहते हैं कि पूर्व निर्धारित उद्देश्यों की प्राप्ति बेहतर ढंग से होती रहे।
2. प्रणालियों को मुख्यतया दो प्रकारों – प्राकृतिक प्रणाली (जैसे सौर्य मंडल तथा मानव शरीर संस्थान) और मानव निर्मित प्रणाली (जैसे दूरसंचार प्रणाली, शिक्षा प्रणाली, अनुदेशन प्रणाली) आदि में विभाजित किया जा सकता है। प्राकृतिक प्रणालियों की अपेक्षा मानव निर्मित प्रणालियों पर नियंत्रण करना अधिक सहज होता है।
3. किसी भी प्रणाली की संरचना और कार्यप्रणाली के बारे में जानकारी उसमें निहित अवयवों/भागों या अंगों के आधार पर भलीभाँति प्राप्त हो सकती है। तकनीकी भाषा में इन्हें इस प्रणाली के समष्टिज

(Parameters) कहा जाता है। किसी भी प्रणाली के मूलरूप से चार समष्टिज – अदा, प्रक्रिया, प्रदा तथा पर्यावरणीय संदर्भ या परिस्थितियाँ होते हैं। प्रणाली को चालू करने के लिए जो कच्चा माल पहले डाला जाता है वह अदा है। प्रणाली के भीतर कच्चे माल को तैयार माल में बदलने के लिए जो क्रियाएं होती हैं वह प्रक्रिया है। तैयार माल जो बाहर आता है वह प्रदा है तथा कच्चे माल को तैयार माल में परिवर्तित करने के दौरान जो भौतिक तथा सामाजिक परिवेश या वातावरण उपलब्ध होता है उसे पर्यावरणजन्य संदर्भ या परिस्थितियाँ कहा जाता है।

4. प्रणाली उपागम का उद्देश्य अपने समष्टिजों, अदा, प्रक्रिया, प्रदा और पर्यावरणीय सीमाओं के बीच इस प्रकार का तालमेल बनाए रखना है जिससे प्रणाली के उद्देश्यों को अत्यन्त प्रभावपूर्ण ढंग से प्राप्त किया जा सके। अपने इस उद्देश्य की प्राप्ति हेतु प्रणाली उपागम के अंतर्गत जिन तीन मुख्य सोपानों का अनुसरण किया जाता है वे हैं– (i) प्रणाली का भलीभाँति विस्तारपूर्वक सूक्ष्म विश्लेषण करना (ii) प्रणाली प्रारूप को निर्मित एवं विकसित करने के प्रयत्न करना यानी यह तय करना कि निर्धारित उद्देश्यों को किस तरह कार्य करके प्राप्त किया जा सकता है तथा (iii) प्रणाली–संचालन एवं मूल्यांकन अर्थात् प्रणाली विशेष को कार्यरत रख यह देखना कि वह निर्धारित उद्देश्यों की प्राप्ति में कितनी सक्षम है। इस मूल्यांकन के परिणामों को ध्यान में रख प्रणाली में अपेक्षित सुधार लाकर फिर उसे क्रियान्वित कर उद्देश्यों की प्रभावपूर्ण प्राप्ति करते रहना आदि सभी बातें इस तरह प्रणाली उपागम द्वारा पूरी की जाती है।

5. शिक्षा प्रणाली, अनुदेशनात्मक प्रणाली, विद्यालय प्रणाली यें सभी प्रणालियाँ पूरी तरह से एक संपूर्ण प्रणाली के रूप में कार्यरत रह सकती हैं अथवा समाज में विद्यमान एक बड़ी और संपूर्ण प्रणाली की उप–प्रणालियों के रूप में अपने–अपने विशिष्ट उद्देश्यों की पूर्ति हेतु कार्यरत रह सकती हैं। इन सभी प्रणालियों तथा उप–प्रणालियों में एक बात जो सबमें सांझे तौर पर विद्यमान रहती है वह यह है कि सबमें समष्टिजों के रूप में अदा, प्रक्रिया या प्रक्रम, प्रदा तथा प्रणालियों एवं उप–प्रणालियों के उचित नियोजन तथा इन प्रणालियों हेतु विशेष सोपानों या चरणों का अनुसरण किया जाता है।

6. अगर हम अनुदेशनात्मक प्रणाली में प्रणाली उपागम का उपयोग करके एक उपयुक्त अनुदेशनात्मक प्रारूप के विकास तथा उसके प्रयोग के बारे में बात करना चाहें तो यह कार्य जिन प्रमुख चरणों में संपन्न किया जा सकता है, वे हैं– (i) अनुदेशनात्मक उद्देश्यों का निर्धारण (ii) विद्यार्थियों के प्रविष्टि व्यवहार का पूर्वानुमान (iii) प्रणाली के प्रारूप (Design) का विकास (iv) प्रारूप का क्रियान्वयन और वास्तविक कार्य अवस्था (v) परिणामों अथवा प्रतिफल का मूल्यांकन (vi) प्रदत्त परिणामों के आधार पर उचित प्रतिपुष्टि प्रदान करके प्रणाली के कार्य में समुचित सुधार तथा प्रगति लाना।

7. प्रणाली उपागम का उपयोग शिक्षा जगत में कार्यरत सभी विविध प्रणालियों तथा उप–प्रणालियों जैसे शिक्षा प्रणाली, अनुदेशन प्रणाली आदि में पर्याप्त सुधार लाकर उन्हें भलीभाँति कार्यरत रख उनमें निहित उद्देश्यों की प्रभावपूर्ण प्राप्ति का रास्ता सुझाता है। शिक्षा जगत की विभिन्न समस्याओं के समाधान में भी इसका उपयोग बहुत मूल्यवान सिद्ध होता है। इसकी सफलता का राज इस बात में निहित है कि यह कम से कम साधनों, शक्ति तथा समय (Input) पर उचित नियंत्रण एवं प्रबंधन स्थापित करती हुई उपलब्ध पर्यावरणीय परिस्थितियों की सीमाओं में कार्यरत रहकर, अपने परिणामों और प्रतिफल से उचित पृष्ठपोषण प्राप्त कर अपनी कार्यव्यवस्था में सुधार लाती हुई बेहतर से बेहतर परिणामों की प्राप्ति के लिए संघर्षरत रहती है।

संदर्भित एवं विशेष अध्ययन ग्रंथ
(References and Suggested Readings)

Ackoff, R.L., "Toward a system concept", *Management Science*, vol. 17, no. 11, 1971.

De Carlo, Julia E. and Constant A. Madon (Eds.), *Innovations in Education for the Seventies: Selected Readings*, New York: Behavioural Publications, 1973.

Golubchick, Leonard H. and Barry Persky (Eds.), *Innovations in Education*, Dubuque, Iowa: Kendall/Hunt Pub., 1975.

Jalaluddin, A.K., "Systems approach", in *Training Courses in Educational Technology and its Application in the Preparation of Audio-visual Material*, New Delhi: Department of Teaching Aids, NCERT, 1981.

Kulkarni, S.S., "Teaching-Learnig Process: A Systems Analysis" in C.K. Basu (Ed.), *Programmed Instruction in Industries, Defense, Health and Education*, New Delhi: Indian Association for Programmed Instruction, 1969.

Robb, Crawford, *Notes on the System Approach to Management*, Henley: Administrative Staff College, April, 1973.

अध्ययन के लिए प्रश्न
(Study Questions)

1. 'प्रणाली' पद से क्या आशय है ? इसकी मुख्य विशेषताओं का उल्लेख कीजिए।
2. प्रणाली पद को परिभाषित करते हुए प्रणाली के मुख्य प्रकारों तथा समष्टिजों का वर्णन कीजिए।
3. प्रणाली उपागम क्या है ? प्रणाली उपागम में निहित विभिन्न सोपानों का संक्षेप में वर्णन कीजिए।
4. 'शिक्षा प्रणाली', 'विद्यालय प्रणाली' तथा 'अनुदेशनात्मक प्रणाली' आदि सभी पदों के अर्थ एवं विशेषताओं को स्पष्ट कीजिए।
5. प्रणाली उपागम का शिक्षा में कैसे प्रयोग किया जा सकता है ? इस प्रकार के प्रयोग हेतु आवश्यक सभी सोपानों के संदर्भ में चर्चा कीजिए।
6. प्रणाली उपागम के उपयोग से अनुदेशन कार्य में सुधार और प्रगति लाने का कार्य कैसे किया जा सकता है ? विस्तार से इस उपयोग में निहित सभी सोपानों की चर्चा करते हुए उत्तर दीजिए।
7. "प्रणाली उपागम का शिक्षा और अनुदेशन के क्षेत्र में अपने उपयोग को लेकर हमारे यहाँ आशाप्रद वर्तमान और उज्ज्वल भविष्य है।" इस कथन के संदर्भ में प्रणाली उपागम की उपादेयता की चर्चा कीजिए।
8. प्रणाली उपागम का अनुदेशनात्मक प्रारूप (Instructional design) विकसित करने हेतु कैसे उपयोग किया जा सकता है ? विस्तार से बताएं।

19

अभिक्रमित अधिगम
(Programmed Learning)

Programmed learning is a term sometimes used synonymously to refer to the broader concept of auto-instructional method.

—D.L. Cook

अध्याय रूपरेखा (Chapter Outline)

विषय प्रवेश
(Introduction)

अभिक्रमित अधिगम अथवा अभिक्रमित अनुदेशन (Programmed instruction) शिक्षण अधिगम प्रक्रिया के क्षेत्र में एक प्रभावशाली नवाचार (Innovation) और प्रयोग का प्रतिनिधित्व करता है। एक पूर्णरूप से सुव्यवस्थित और

वैयक्तिक (Individualized) अनुदेशनात्मक प्रविधि के रूप में यह न केवल प्रभावपूर्ण कक्षा शिक्षण के लिए काफी लोकप्रिय सिद्ध हुआ है बल्कि इससे स्वाध्याय, स्व–शिक्षण और पत्राचार पद्धति से भली भाँति पढ़ना और पढ़ाना भी बहुत सहज और सरल हो गया है। शिक्षण मशीन और कंप्यूटरों के प्रयोग को भी इसी नवाचार से बल मिला है। अनुदेशन और शिक्षण के क्षेत्रों में अपने इन उपयोगों के अतिरिक्त अभिक्रमित अधिगम व्यवहार परिवर्तन के व्यावहारिक क्षेत्रों में भी अपनी महत्त्वपूर्ण भूमिका निभा सकता है। प्रतिपुष्टि की अपनी मनोवैज्ञानिक तकनीक के माध्यम से यह शिक्षक प्रशिक्षण कार्यक्रमों द्वारा शिक्षक व्यवहार में अपेक्षित परिवर्तन लाकर उनकी शिक्षण कुशलता में पर्याप्त वृद्धि कर सकता है। अपने इन बहु–आयामी उपयोगों के कारण आज इसे किसी भी शिक्षक प्रशिक्षण कार्यक्रम का महत्त्वपूर्ण अंग माना जाने लगा है। इस अध्याय में हम इसके बारे में आवश्यक जानकारी प्राप्त करने का प्रयास करेंगे।

उद्‌गम एवं संक्षिप्त इतिहास (Origin and Brief History)

अभिक्रमित अधिगम अथवा अनुदेशन का उद्‌गम स्रोत अधिगम का मनोविज्ञान है। ई.एल. थोर्नडाइक (E.L. Thorndike, 1874–1949) के बहुचर्चित ''प्रभाव के नियम'' (Law of Effect) का इस उद्‌गम में महत्त्वपूर्ण स्थान रहा है। इस नियम के अनुसार अधिगमकर्त्ता अपने उसी व्यवहार अथवा अनुक्रियाओं की बार–बार पुनरावृत्ति करना चाहता है जिनकी परिणति सुखद एवं संतोषजनक हो। अतः ऐसी अवस्था में स्थायी रूप में सीखने (अधिगम) की संभावना अधिक होती है। इसके विपरीत दुःखद एवं असंतोषजनक व्यवहारों की पुनरावृत्ति और उन को सीखने की संभावना काफी कम होती है। इस प्रकार जिन व्यवहारों के द्वारा बालक को संतोष और आनंद की प्राप्ति होती है उन्हीं की पुनरावृत्ति करते रहने से बालक को ज्ञान मार्ग पर आगे चलाया जा सकता है। पुनर्बलन सिद्धांत इन्हीं विचारों पर आधारित है। प्रोत्साहन और परिणाम का तत्काल ज्ञान आदि इसी प्रकार के संतोष और आनंद प्राप्त करने वाले पुनर्बलक हैं जिनके द्वारा बालक को अधिगम प्रक्रिया में रत रखा जा सकता है और उसके अधिगम को प्रभावपूर्ण एवं स्थायी बनाया जा सकता है। पुनर्बलन संबंधी यह विचार ही अभिक्रमित अनुदेशन की उत्पत्ति के आदि स्रोत माने जा सकते हैं।

अभिक्रमित अनुदेशन के विकास संबंधी इतिहास में दूसरा नाम सिडनी एल. प्रेसी (Sydney L. Pressey, 1927) का आता है जिसने शिक्षण–मशीन जैसे व्यावहारिक उपकरण का आविष्कार किया। इस उपकरण में बहु–विकल्पीय प्रश्नों (Multiple choice items) का प्रयोग इस प्रकार होता था कि छात्रों के सामने इन प्रश्नों को क्रमबद्ध रूप में प्रस्तुत किया जाता था। किसी भी प्रश्न में केवल एक विकल्प ठीक होता था, अतः उस विकल्प के उत्तर रूप में बताने से ही दूसरा प्रश्न प्राप्त होता था। जो सही उत्तर देते जाते थे वे इस उपकरण के द्वारा आगे के प्रश्न प्राप्त करते जाते थे और जो नहीं दे पाते थे, वे वहीं तब तक रुके रहते थे जब तक कि वे सही उत्तर देकर आगे के प्रश्न पर न बढ़ जाएं। यद्यपि प्रेसी का यह उपकरण किन्हीं परिस्थितियों के कारण उस समय लोकप्रिय नहीं हो सका परंतु यह मानने में कोई कठिनाई नहीं होनी चाहिए कि अभिक्रमित अनुदेशन की प्रक्रिया को आगे चलकर इससे बहुत ही सबल पृष्ठभूमि प्राप्त हुई होगी।

अभिक्रमित अनुदेशन के इतिहास में अगला उल्लेखनीय नाम हारवर्ड विश्वविद्यालय के प्रोफेसर और प्रसिद्ध मनोवैज्ञानिक बी.एफ. स्किनर का है। इन्होंने 1953–54 में अधिगम के क्षेत्र में क्रिया–प्रसूत–अनुबंधन (Operant conditioning) नामक सिद्धांत को सामने रखा। क्रिया–प्रसूत–अनुबंधन में अधिगमकर्त्ता के अधिगम व्यवहार को तत्काल पुनर्बलन (Immediate reinforcement) प्रदान करके पुष्ट एवं सबल बनाने का प्रयत्न किया जाता है और

इसकी पुनरावृत्ति की संभावना में अधिकाधिक वृद्धि की जाती है। प्रयोगशाला में पशु–पक्षियों पर किए गए अपने प्रयोगों के आधार पर स्किनर ने जिन अधिगम सिद्धांतों को प्रतिपादित किया, उन्हीं के आधार पर आगे चलकर शिक्षण–अधिगम के एक ऐसे प्रतिमान या मॉडल को उसके द्वारा विकसित किया गया जिसे आज हम स्किनरीय अथवा रेखीय अभिक्रमित अनुदेशन मॉडल (Skinnarian or linear model programmed instruction) के नाम से जानते हैं।

नार्मन ए. क्राउडर (Norman A. Crowder) ने प्रेसी और स्किनर के विचारों से प्रभावित होकर इस क्षेत्र में आगे कार्य करना शुरू किया और 1955 में अभिक्रमित अनुदेशन संबंधी एक अन्य प्रतिमान (Model) को हमारे सामने रखा जिसे शाखात्मक अभिक्रम (Branching programming) के नाम से जाना जाता है।

आगे के वर्षों में अभिक्रमित अनुदेशन में काफी अनुसंधान एवं प्रायोगिक कार्य हुए और फलस्वरूप उत्साहजनक परिणाम सामने आए। इनमें से कुछ महत्त्वपूर्ण सफलताओं की चर्चा नीचे की जा रही है–

1. 1960 के आस–पास **रॉबर्ट मेगर (Robert Mager)** और उसके सहयोगियों ने अभिक्रमित अनुदेशन की एक नवीन प्रणाली को जन्म दिया जिसे "अधिगमकर्त्ता नियंत्रित अनुदेशन" (Learner controlled instruction) की संज्ञा दी जाती है। इस प्रणाली में शिक्षक के स्थान पर शिक्षार्थी की भूमिका प्रधान होती है। शिक्षक उस समय तक निष्क्रिय एवं मौन रहता है जब तक कि छात्र स्वयं उससे पूछने एवं अनुक्रिया कराने के लिए आगे न आए।
2. 1962 में **टी.एफ. गिलबर्ट (T.F. Gilbert)** ने एक और नवीन अभिक्रमित प्रणाली का प्रतिपादन किया जिसे हम मेथिटिक्स (Mathetics) के नाम से जानते हैं।
3. 1965 में **ई.जेड. रॉथकाप (E.Z. Rothkop)** ने अभिक्रमित अनुदेशन के क्षेत्र में एक नए पद (Term) मैथमेजेनिक्स (Mathemagenics) का प्रयोग किया। यह पद अधिगम को जन्म देने वाली प्रक्रिया का प्रतिनिधित्व करता है। इस व्यवहार प्रक्रिया को आधार बनाते हुए उन्होंने एक और नवीन अभिक्रमित अनुदेशन प्रणाली को प्रतिपादित किया जिसे 'मैथमेजेनिक्स' के नाम से जाना जाता है।
4. **लारेन्स स्टोलुरो (Lawrence Stalurow)** ने 1965 में कंप्यूटर सह–अनुदेशन (Computer assisted instruction) संबंधी अपने विचारों द्वारा अभिक्रमित अनुदेशन के क्षेत्र में एक क्रांति सी ला दी। उन्होंने एक ऐसी विकसित शिक्षण तकनीकी को सामने रखा जिसमें शिक्षण कार्य कंप्यूटर की सहायता से होता है। कंप्यूटर पर आधारित अनुदेशन में कंप्यूटर को एक सब कुछ जानने वाले 'विद्युत मस्तिष्क' (An all knowing teaching brain) के रूप में काम में लाया जाता है। यहाँ छात्र बिना किसी अध्यापक की सहायता के सीधे ही विषयवस्तु के साथ अपनी अंतर्क्रियाएं कर वैयक्तिक विभिन्नताओं के अनुरूप अपना शिक्षण जारी रख सकते हैं।

इस प्रकार से हम देखते हैं कि मनोविज्ञान के अधिगम सिद्धांतों से निकली अभिक्रमित अनुदेशन नामक वैयक्तिक स्व–शिक्षण पद्धति (Individualized self instruction technique) अधिक से अधिक तकनीकी और यांत्रिक होती जा रही है। अभिक्रमित अनुदेशन पर आधारित अनुदेशन सामग्री (Instructional material) का आज वीडियो टेप, ऑडियो टेप, शिक्षण मशीन और कंप्यूटर आदि में प्रयोग बढ़ता जा रहा है। आज की शैक्षिक तकनीकी अभिक्रमित अनुदेशन को एक महत्त्वपूर्ण साधन और शिक्षा पद्धति के रूप में अपना कर उसे अपने शिक्षा तकनीकी संबंधी कार्यों में प्रमुख स्थान दे रही है।

अभिक्रमित अधिगम या अनुदेशन–अर्थ एवं विशेषताएं (Programmed Learning or Instruction—Meaning and Characteristics)

अभिक्रमित अधिगम या अनुदेशन के संप्रत्यय एवं उसकी विशेषताओं को समझने के लिए हम कुछ परिभाषाओं पर विचार करना चाहेंगे। जो निम्न प्रकार की हैं–

1. स्मिथ एवं मूरे (Smith and Moore)—अभिक्रमित अनुदेशन किसी अधिगम सामग्री को क्रमिक पदों की श्रृंखला में व्यवस्थित करने वाली एक प्रक्रिया है और प्रायः इसके द्वारा किसी विद्यार्थी को उसकी परिचित पृष्ठभूमि से संप्रत्ययों, प्रनियमों और बोध के एक जटिल और नवीन स्तर पर लाया जाता है।

"Programmed instruction is the process of arranging the material to be learned into a series of sequential steps, usually it moves the student' from a familiar background into a complex and new set of concepts, principles and understanding."—(Smith and Moore, 1962)

2. एस्पिच एवं विलियम्स (Espich and Williams)—अभिक्रमित अनुदेशन से अभिप्राय अनुभवों की उस नियोजित श्रृंखला से है जो उद्दीपक अनुक्रिया संबंध के संदर्भ में प्रभावशाली माने जाने वाली दक्षता की ओर अग्रसर करती है।

"Programmed instruction is a planned sequence of experiences, leading to proficiency, in terms of stimulus response relationship that have proven to be effective."—(Espich and Williams, 1967)

3. लीथ (Leith)—अभिक्रम, अनुदेशन सामग्री के छोटे–छोटे पदों अथवा फ्रेमों (Frames) की एक श्रृंखला है। इन पदों में से अधिकांश में अनुक्रिया के लिए किसी वाक्य में निहित खाली स्थान को भरना होता है। अपेक्षित अनुक्रियाएँ ही की गई हैं, यह विश्वास दिलाने के लिए किसी संकेत प्रणाली का प्रयोग किया जाता है और प्रत्येक अनुक्रिया की पुष्टि परिणामों के तत्काल ज्ञान के आधार पर भी की जाती है। इस प्रकार की श्रृंखला वैयक्तिक स्व–अनुदेशन के रूप में स्वयं अपनी गति से आगे बढ़ने का अवसर भी देती है।

"Programme is a sequence of small steps of instructional material (called frames) most of which requires a response to be made by completing a blank space in a sentence. To ensure that expected responses are given, a system of cueing is applied, and each response is verified by the provision of immediate knowledge of results. Such a sequence is intended to be worked at the learner's own pace as individualised self-instruction."—(Leith, 1966)

4. सूसन मार्कले (Susan Markle)—अभिक्रमित अनुदेशन पुनः प्रस्तुत की जा सकने वाली क्रियाओं की श्रृंखला को संचरित करने की एक विधि है जिसकी सहायता से व्यक्तिगत रूप से प्रत्येक विद्यार्थी के व्यवहार में मापनीय और विश्वसनीय परिवर्तन लाया जा सके।

"Programmed instruction is a method of designing a reproducible sequence of instructional events to produce a measurable and consistent effect on the behaviours of each and every acceptable student."

—(Susan Markle, 1969)

5. गुलाटी एवं गुलाटी (Gulati and Gulati)—अभिक्रमित अनुदेशन वैयक्तिक अनुदेशन प्रदान करने के लिए ऐसी विधि के रूप में प्रसिद्ध है जिसमें विद्यार्थी सक्रिय रहता है और स्वयं अपनी गति से आगे बढ़ता है। उसे परिणामों का ज्ञान तत्काल ही प्रदान किया जाता है। अध्यापक सशरीर उपस्थित नहीं रहता। अधिक्रम निर्माण कर्त्ता को अभिक्रमित सामग्री का विकास करते हुए व्यवहार संबंधी नियमों का पालन करना होता है और अपनी तकनीक अथवा व्यूह रचना की उपयुक्तता की छात्र–आयाम के संदर्भ में जांच करनी होती है।

"Programmed learning as popularly understood is a method of giving individualized instruction in which the student is active and proceeds at his own pace and is provided with immediate knowledge of results. The teacher is not physically present. The programmer, while developing programmed material has to follow the law of behaviour and validate his strategy in terms of student learning."

—(Gulati and Gulati, 1976)

6. एन.एस. मावी (N.S. Mavi)—अभिक्रमित अनुदेशन प्राणवान अनुदेशनात्मक प्रक्रिया को स्व–अधिगम अथवा स्व–अनुदेशन में परिवर्तित करने की वह तकनीक है जिसमें विषयवस्तु को छोटी–छोटी श्रृंखलाओं में विभाजित किया जाता है, अधिगमकर्त्ता को इन्हें पढ़कर सही अथवा गलत कैसी भी अनुक्रिया करनी होती है, अपनी गलत अनुक्रियाओं को उसे ठीक करना होता है अथवा सही अनुक्रियाओं को प्रतिपुष्टि देनी होती है और इस तरह किसी सूक्ष्म श्रृंखला से संबंधित संप्रत्यय में पारंगत होने का प्रयास करना पड़ता है।

"Programmed instruction is a technique of converting the live instructional process into self learning or auto-instructional readable material in the form of micro-sequences (the segments of subject matter) which the learners are required to read, make some right or wrong responses, correct wrong responses or confirm the right response and attain the complete mastery of the concepts explained in micro-sequences."—(Mavi, 1984)

उपरोक्त परिभाषाओं के आधार पर अभिक्रमित अनुदेशन के अर्थ और प्रकृति के संबंध में निम्न परिणाम निकाले जा सकते हैं–

1. अभिक्रमित अनुदेशन अथवा अधिगम वैयक्तिक रूप से शिक्षण प्रदान करने की एक तकनीक है। यह अनुदेशन अथवा शिक्षण विभिन्न स्रोतों अथवा साधनों जैसे अभिक्रमित पाठ्य–पुस्तक, शिक्षण मशीन, कंप्यूटर आदि के द्वारा (शिक्षक की अनुपस्थिति अथवा उपस्थिति) दिया जा सकता है।
2. इस प्रकार के अनुदेशन में अनुदेशनात्मक सामग्री को पहले तार्किक क्रम में व्यवस्थित किया जाता है और फिर इसे छोटे–छोटे उचित पदों में विभक्त कर दिया जाता है। इन पदों को फ्रेम (Frames) कह कर पुकारा जाता है।
3. अनुदेशनात्मक या शिक्षण सामग्री की किसी एक विशेष इकाई से संबंधित विभिन्न पदों (Frames) को व्यवस्थित एवं श्रृंखलाबद्ध करने के लिए विद्यार्थियों के प्रविष्टि (Entry) और अंतिम (Terminal) व्यवहार को ध्यान में रखना होता है।
4. वास्तविक अनुदेशन या शिक्षण कार्य विषयवस्तु के सूक्ष्म पद या फ्रेम को अधिगमकर्त्ता के सामने प्रस्तुत करने से प्रारंभ होता है। विषयवस्तु की दृष्टि से यह फ्रेम अपने में पूर्ण और सार्थक होता है। अधिगम कर्त्ता से यह अपेक्षा की जाती है कि वह इसे अधिक अच्छी तरह सुने अथवा पढ़े और उसके प्रति अपनी अनुक्रिया व्यक्त करे।
5. अभिक्रमित अनुदेशनात्मक प्रणाली में पुनर्बलन के सिद्धांतों के आधार पर तत्काल प्रतिपुष्टि प्रदान करने की उपयुक्त व्यवस्था होती है। अधिगमकर्त्ता द्वारा जैसे ही किसी एक फ्रेम के प्रति अनुक्रिया व्यक्त की जाती है। उसे उसके गलत या सही होने के बारे में बता दिया जाता है। अनुक्रिया सही है, इसका ज्ञान होने पर उसकी अनुक्रिया को पुनर्बलन मिल जाता है। अगर यह सही नहीं है तो वह प्राप्त ज्ञान के आधार पर अपनी गलती को ठीक कर सकता है और इस तरह पुनर्बलन प्राप्त कर आगे बढ़ सकता है।
6. इस अनुदेशन में विद्यार्थी को बराबर सक्रिय रहना पड़ता है। वास्तव में विद्यार्थी और प्रस्तुत विषय सामग्री के बीच होने वाली पारस्परिक अंतर्क्रिया पर ही यहाँ अधिक बल दिया जाता है।
7. अभिक्रमित अनुदेशन में किसी भी अधिगमकर्त्ता को स्वयं अपनी गति से (अपनी योग्यता और सामर्थ्य के अनुकूल) सीखने का पूरा–पूरा अवसर मिलता है।

8. इस अनुदेशन में अधिगमकर्त्ता को बराबर बाह्य अनुक्रिया (Overt response) करनी होती है। इस प्रकार की अनुक्रियाओं का भलीभाँति निरीक्षण और मापन किया जा सकता है तथा इन्हें नियंत्रित करने में भी सुविधा होती है।
9. इसके अंतर्गत अनुदेशन प्रक्रिया का उपयुक्त सतत (Continuous) मूल्यांकन किया जा सकता है और इस तरह विद्यार्थियों के उपलब्धि स्तर और अभिक्रमित सामग्री आदि में पर्याप्त सुधार लाने में यथेष्ट सहायता मिल सकती है।

अभिक्रमित अनुदेशन की उपरोक्त विशेषताओं और प्रकृति को ध्यान में रखते हुए हम अभिक्रमित अनुदेशन के अर्थ को निम्न प्रकार से व्यक्त कर सकते हैं।

अभिक्रमित अनुदेशन सुव्यवस्थित रूप से नियोजित, तार्किक रूप में प्रमाणित और प्रभावपूर्ण ढंग से नियंत्रित वैयक्तिक शिक्षण अथवा अनुदेशन की वह तकनीक अथवा विधि है जिसमें अधिगम के सक्रिय अनुबंधन और पुनर्बलन संबंधी सिद्धांतों को ध्यान में रख कर पढ़ाई जाने वाली वस्तु को छोटे–छोटे पदों या फ्रेमों (Frames) में इस प्रकार श्रृंखलाबद्ध किया जाता है कि एक अधिगमकर्त्ता को स्वयं अपनी गति से सीखने और आगे बढ़ने का उपयुक्त अवसर मिल सके।

अभिक्रमित अधिगम या अनुदेशन के मूलभूत सिद्धांत (Fundamental Principles of Programmed Learning or Instruction)

अभिक्रमित अनुदेशन के क्षेत्र में होने वाले अनुसंधानों के फलस्वरूप अभिक्रमित अनुदेशन में अच्छे से अच्छे परिणामों की प्राप्ति हेतु कुछ आवश्यक सिद्धांतों का अवतरण हुआ है। इन मूलभूत सिद्धांतों का विवरण नीचे दिया जा रहा है।

1. **लघु-पद सिद्धांत (Principle of small steps)**—यह सिद्धांत इस मूल अधिगम–धारणा पर आधारित है कि कोई सीखने वाला और भी अच्छी तरह सीख सकता है यदि उसके सामने सीखने वाली विषयवस्तु को छोटे–छोटे उपयुक्त टुकड़ों में बांट कर प्रस्तुत किया जाए। इस दृष्टि से इस सिद्धांत का पालन करते हुए अभिक्रमित अनुदेशन संबंधी विषयवस्तु को भलीभाँति विश्लेषित कर छोटे–छोटे परंतु सार्थक टुकड़ों में विभाजित कर दिया जाता है। प्रत्येक टुकड़े को अभिक्रम पद या फ्रेम (Frame) का नाम दिया जाता है और इन्हें एक–एक करके अपेक्षित अनुक्रिया के लिए अधिगमकर्त्ता के सामने प्रस्तुत किया जाता है।
2. **सक्रिय–अनुक्रिया सिद्धांत (Principle of active responding)**—यह सिद्धांत इस मूल धारणा पर आधारित है कि एक सीखने वाला सीखने की प्रक्रिया में सक्रिय रह कर अधिक अच्छी तरह सीख सकता है। अभिक्रमित, अनुदेशन में कोई सीखने वाला (अधिगमकर्त्ता) तभी सक्रिय रह सकता है जबकि वह विषयवस्तु के प्रत्येक पद या फ्रेम के प्रति सतत रूप से अपनी बाह्य अनुक्रिया (overt response) व्यक्त करता है। इस दृष्टि से एक अच्छे अभिक्रमित अनुदेशन में अधिगमकर्त्ता को अधिगम प्रक्रिया में पूर्ण सक्रिय रहने के लिए बाध्य किया जाना चाहिए। अभिक्रमित सामग्री को उचित पदों में इस प्रकार व्यवस्थित किया जाना चाहिए कि अधिगमकर्त्ता को सरल से कठिन और ज्ञात से अज्ञात की ओर चलना पड़े और इस तरह एक फ्रेम से दूसरे फ्रेम पर जाने में उसे कोई कठिनाई न हो। हर पद अपने आप में पूर्ण और सार्थक हो तथा अधिगमकर्त्ता को सतत अनुक्रिया के लिए व्यस्त रहना पड़े और एक पद के बाद दूसरे को सीखने की उत्कंठा और क्रियाशीलता उसमें बराबर बनी रहे।

3. **तत्काल प्रतिपुष्टि सिद्धांत (Principle of immediate reinforcement)**—पुनर्बलन संबंधी मनोवैज्ञानिक संप्रत्यय इस सिद्धांत का आधार है। कोई सीखने वाला उस समय बहुत अच्छी तरह सीख सकता है जब वह अपनी अनुक्रियाओं के परिणाम से तुरंत ही परिचित हो जाता है और उसे इस तरह की तत्काल प्रतिपुष्टि सीखने की दिशा में अच्छी तरह अभिप्रेरित करती है। इसलिए एक अच्छे अभिक्रम में तत्काल प्रतिपुष्टि करने की आवश्यकता पर अवश्य ही ध्यान दिया जाना चाहिए।
4. **स्व–गति सिद्धांत (Principle of self-pacing)**—अभिक्रमित अनुदेशन वैयक्तिक रूप में शिक्षण या अनुदेशन प्राप्त करने की तकनीक है। यह इस मूल धारणा पर आश्रित है कि अधिगम उसी अवस्था में अधिक प्रभावपूर्ण ढंग से संपन्न होता है जबकि अधिगमकर्त्ता को उसकी अपनी गति से सीखने और आगे बढ़ने का अवसर मिले। इस दृष्टि से एक अच्छे अभिक्रम में अधिगमकर्त्ता की इस आवश्यकता को ध्यान में रखने का प्रयत्न किया जाता है। अभिक्रमित सामग्री वैयक्तिक विभिन्नताओं को ध्यान में रखकर व्यवस्थित की जाती है और एक अधिगमकर्त्ता अपनी स्वयं की योग्यताओं और सीखने की अपनी गति के अनुसार विषयवस्तु के एक पद (फ्रेम) से दूसरे पद (फ्रेम) तक जाने में पूर्ण स्वतंत्र होता है।
5. **छात्र–परीक्षण सिद्धांत (Principle of student testing)**—अधिगम संबंधी अच्छे परिणामों की प्राप्ति के लिए यह आवश्यक है कि अधिगम प्रक्रिया का सतत मूल्यांकन होता रहे। प्रस्तुत सिद्धांत इसी आवश्यकता की ओर संकेत करता है। अभिक्रमित अनुदेशन में यह आवश्यक होता है कि छात्र विषयवस्तु के पदों (Frames) के प्रति अपनी बाह्य अनुक्रिया (Overt response) व्यक्त करे। इस लिखित, क्रियात्मक और मौखिक अभिव्यक्ति का अच्छी तरह निरीक्षण और मूल्यांकन करने की भी उचित व्यवस्था इस अनुदेशन में की जाती है। इस निरीक्षण और मूल्यांकन के परिणामों का उचित लेखा–जोखा (Record) भी यहाँ रखने का प्रयत्न किया जाता है। प्रायः अधिगमकर्त्ता की अनुक्रियाओं का रिकार्ड उसके द्वारा दिए जाने वाले उत्तरों से जो उत्तर पत्र (Response sheet) पर अंकित रहते हैं अथवा टेप पर उपस्थित रहते हैं, उनके द्वारा स्वतः ही रख लिया जाता है। इस प्रकार सतत एवं उपयुक्त मूल्यांकन करने की आवश्यकता को अभिक्रमित अनुदेशन में अवश्य ही स्थान दिया जाता है।

अभिक्रमित शैलियाँ (Styles of Programming)

अभिक्रमित अनुदेशन में अनुदेशनात्मक सामग्री अथवा विषयवस्तु को उचित रूप में अधिगमकर्त्ता के सम्मुख रखने का कार्य जिस माध्यम से संपन्न होता है, उसे अभिक्रम निर्माण (Programming) की संज्ञा दी जाती है। शोध कर्त्ताओं और अनुभवी अध्यापकों एवं प्रयोगकर्त्ताओं के प्रयासों के फलस्वरूप आज अभिक्रम निर्माण के लिए कई उपयोगी शैलियों का जन्म हो चुका है। इनमें से कुछ मुख्य शैलियों से जुड़े हुए अभिक्रमों के नाम इस प्रकार से हैं–

1. रेखीय अथवा बाह्य शैली पर आधारित अभिक्रम
   (Linear or Extrinsic programming)
2. शाखात्मक अथवा आंतरिक शैली पर आधारित अभिक्रम
   (Branching or Intrinsic programming)
3. मैथेटिक्स शैली पर आधारित अभिक्रम
   (Mathetics programming)

4. नियम–उदाहरण शैली पर आधारित अभिक्रम
   (Ruleg system programming)
5. कंप्यूटर सह–अनुदेशन शैली पर आधारित अभिक्रम
   (Computer assisted programming)
6. अधिगमकर्त्ता नियंत्रित शैली पर आधारित अभिक्रम
   (Learner controlled programming)

पहली तीन शैलियों (रेखीय, शाखात्मक और मैथेटिक्स) को ही अभिक्रम निर्माण की आधारभूत शैलियों के रूप में मान्यता दी जा सकती है।

नियम–उदाहरण प्रणाली शिक्षण की आगमन और निगमन विधियों को प्रयोग में लाने का प्रयत्न करती है। यहाँ एक पूर्ण उदाहरण को उद्दीपन (Stimulus) के रूप में प्रस्तुत किया जाता है और उनसे संबंधित अपूर्ण नियम तथा अपूर्ण उदाहरण अनुक्रिया के लिए अवसर प्रदान करते हैं। इस तरह नियम को इस अभिक्रमित शैली में पहले पद में प्रस्तुत किया जाता है और इसके बाद दूसरे पदों में उदाहरण देकर नियम को स्पष्ट करने का प्रयास किया जाता है। नियम–उदाहरण पर आश्रित होने के कारण इस प्रणाली को नियम–उदाहरण (Rule-example) प्रणाली कहा जाता है। अंग्रेजी भाषा के Rule और Example शब्दों को RUL और EG सांकेतिक भाषा में लिखा जा सकता है और दोनों के संयुक्त रूप को RULEG के नाम से संबोधित कर इस प्रणाली को RULEG प्रणाली के नाम से भी जाना जाता है। यद्यपि अभिक्रम निर्माण की यह शैली अपने अलग रूप में जानी जाती है परंतु वास्तव में इसकी आधार–भूमि रेखीय अथवा शाखात्मक शैलियां ही हैं।

कंप्यूटर सह–अनुदेशन (Computer Assisted Instruction) और अधिगम–कर्त्ता नियंत्रित अनुदेशन (Learner Controlled Instruction) के नाम से प्रसिद्ध अन्य दो शैलियां वास्तव में अनुदेशन प्रदान करने की शैलियां अथवा तकनीक ही ज्यादा मानी जा सकती है, अभिक्रम निर्माण की नहीं। कंप्यूटर तथा अधिगमकर्त्ता नियंत्रित अनुदेशन में जिस अभिक्रमित सामग्री का उपयोग किया जाता है, उसके निर्माण के लिए जिन मूलभूत शैलियों को काम में लाया जाता है वे रेखीय, शाखात्मक और मैथेटिक्स शैलियां ही हैं। आगे की पंक्तियों में हम इन्हीं तीन शैलियों से संबंधित अभिक्रम निर्माण (Programming) की चर्चा करेंगे।

रेखीय अथवा बाह्य शैली पर आधारित अभिक्रम (Linear or Extrinsic Programming)

बी.एफ. स्किनर (B.F. Skinner, 1955) को रेखीय शैली के प्रतिपादक के रूप में जाना जाता है। इसलिए इस शैली को स्किनर शैली भी कहा जाता है। यह स्किनर द्वारा प्रतिपादित क्रिया प्रसूत अनुबंधन सिद्धांत पर आधारित है और यह मान कर चलती है कि अगर अधिगमकर्त्ता की हर वांछित अनुक्रिया को उचित पुनर्बलन प्रदान करने का प्रयत्न किया जाए तो इस प्रकार धीरे–धीरे आगे बढ़ते हुए अधिगमकर्त्ता को इच्छित अंतिम व्यवहार (Desired Terminal Behaviour) तक पहुंचाया जा सकता है।

परिणामस्वरूप एक रेखीय अभिक्रम में अनुदेशन सामग्री अथवा विषयवस्तु को छोटे–छोटे विभिन्न सार्थक पदों या फ्रेमों (Frames) में श्रृंखलाबद्ध कर दिया जाता है। इन पदों को व्यवस्थित क्रम में एक–एक करके अधिगमकर्त्ता के सामने रखा जाता है। अधिगमकर्त्ता से यह अपेक्षा की जाती है कि वह सक्रिय रूप से इन पदों (Frames) के प्रति अपनी बाह्य अनुक्रिया (Overt response) व्यक्त करे। अधिगमकर्त्ता जैसे ही किसी पद या फ्रेम के प्रति अपनी अनुक्रिया व्यक्त करता है (दूसरे शब्दों में विषयवस्तु पर आधारित प्रश्न का उत्तर देता है) वैसे ही

उसे अपनी अनुक्रिया (उत्तर) सही होने की सूचना मिल जाती है। इससे उसके व्यवहार को प्रोत्साहन अथवा पुनर्बलन मिलता है और वह अभिप्रेरित होकर दूसरे पद की विषयवस्तु को सीखने का प्रयास करता है। इस प्रकार एक पद से दूसरे पद और दूसरे से तीसरे पर पहुँचता हुआ अधिगमकर्त्ता विषयवस्तु के सभी अभिक्रमित पदों संबंधी अधिगम अनुभवों को ग्रहण करने में समर्थ बन जाता है और इस तरह प्रविष्टि व्यवहार (Entry behaviour) से अपनी अधिगम यात्रा प्रारंभ करते हुए वह इच्छित अंतिम व्यवहार (Terminal behaviour) तक पहुँच जाता है। विभिन्न पदों या फ्रेमों के माध्यम से संपन्न इस अधिगम यात्रा को चित्रमय रूप में चित्र 19.1 द्वारा प्रदर्शित किया जा सकता है।

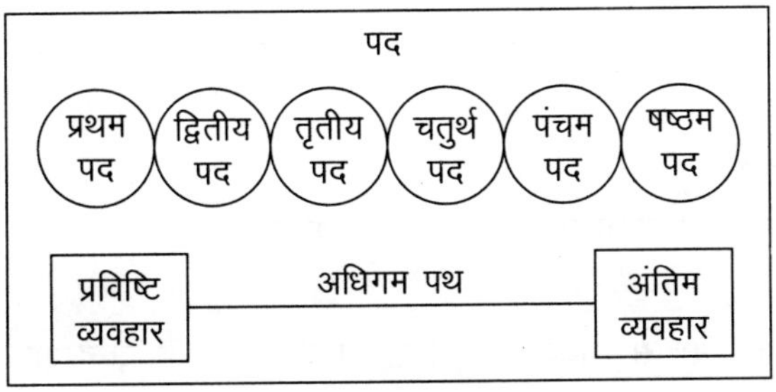

चित्र 19.1 रेखीय अभिक्रम में पदों (Frames) की व्यवस्था।

जैसा कि चित्र 19.1 से प्रकट होता है कि एक अभिक्रमित अधिगम में विषयवस्तु संबंधी पदों (Frames) का क्रम (या श्रृंखला) और अधिगम का मार्ग पूरी तरह से व्यवस्थित, स्पष्ट एवं नियंत्रित होता है। अभिक्रमित अनुदेशन में प्रयुक्त इस अधिगम के स्पष्ट, क्रमबद्ध एवं परस्पर संबंधित तथा परस्पर निर्भर होने के कारण चित्र रूप में इसकी अभिव्यक्ति एक सरल रेखा द्वारा की जाती है और इसी कारण इसे रेखीय अभिक्रम की संज्ञा दी जाती है। वांछित व्यवहार की प्राप्ति के लिए सभी अधिगमकर्त्ताओं को पूर्व निश्चित क्रम में व्यवस्थित अभिक्रम के सभी पदों से गुजरना इस प्रकार के अभिक्रम की मुख्य विशेषता है। इस अभिक्रमित प्रणाली का नियंत्रण अभिक्रम निर्माणकर्त्ता के हाथ में होता है और इस नियंत्रण के बाह्य रूप को ध्यान में रखते हुए इस प्रकार के अधिगम को बाह्य अभिक्रम (Extrinsic programming) भी कहा जाता है।

रेखीय अभिक्रम (Linear programming) में पुनर्बलन एवं प्रतिपुष्टि के सिद्धांतों के उचित पालन के लिए आवश्यक है कि अधिगमकर्त्ता द्वारा प्रत्येक प्रस्तुत पद (Frame) के संदर्भ में सदैव सही अनुक्रियाएं ही की जाएं (अर्थात् पदों से संबंधित प्रश्नों के उसके उत्तर गलत न हों)। त्रुटि दर (Error rate) को नियंत्रित कर कम से कम करने के लिए यह आवश्यक है कि विषयवस्तु को इस प्रकार के छोटे–छोटे सुसंबंधित पदों (Frames) में इस प्रकार व्यवस्थित करके प्रस्तुत किया जाए कि अधिगमकर्त्ता को उन्हें समझ कर ठीक अनुक्रिया करने (उत्तर देने) में कोई कठिनाई न हो और वह इस प्रकार संपूर्ण अधिगम मार्ग को बिना कोई त्रुटि किए पार करे और परिणामस्वरूप उसे सदैव सकारात्मक पुनर्बलन (Positive reinforcement) की प्राप्ति ही होती रहे। अगर कोई अधिगमकर्त्ता किसी पद (Frames) के प्रति अनुक्रिया करने में गलती करे (उत्तर गलत दे) तो उससे यह अपेक्षा की जाए कि वह या तो उस पद से संबंधित विषय सामग्री का पुनः अध्ययन करके अपनी अनुक्रिया व्यक्त करे अथवा उसे सही अनुक्रिया (उत्तर) से अवगत करा दिया जाए ताकि वह अपनी गलती सुधार कर सही अनुक्रिया कर सके। परिस्थिति कैसी भी क्यों न हो, यहाँ इस बात का ध्यान अवश्य रखा जाता है कि किसी भी अधिगमकर्त्ता को तब तक दूसरे पद (Frame) संबंधी वस्तु प्रस्तुत न की जाए जब तक कि वह पिछले पद या फ्रेम से संबंधित विषयवस्तु को सीख कर ठीक अनुक्रियाएं (उत्तर) व्यक्त करने योग्य न हो जाए।

रेखीय अभिक्रम का उदाहरण

संप्रत्यय (Concept)—कोण और उनके प्रकार (Angles and their types)

1. सरल रेखा को – चिन्ह द्वारा प्रदर्शित करते हैं जबकि कोण को ∠ द्वारा .... करते हैं।

उत्तर—प्रदर्शित

2. कोण कई प्रकार के होते हैं जैसे न्यून कोण, समकोण, अधिक कोण, सरल कोण आदि। न्यून कोण की तरह अधिक .... और सरल .... भी कोण के उदाहरण हैं।

उत्तर—कोण, कोण

3. जिन कोणों का मान 90° से कम होता है वे न्यूनकोण कहलाते हैं। 50° के कोण को .... कोण कहा जाता है।

उत्तर—न्यून

4. जिन कोणों का मान 90° होता है वे सम .... कहलाते हैं।

उत्तर—कोण

5. जिन कोणों का मान 90° से अधिक और 180° से कम होता है, उन्हें अधिक .... कहते हैं।

उत्तर—कोण

6. 180° का कोण सरल .... कहलाता है।

उत्तर—कोण

7. 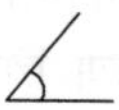 = न्यूनकोण, 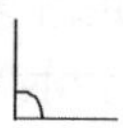 = समकोण

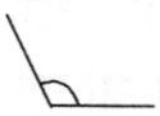 = अधिक कोण,  = सरल कोण

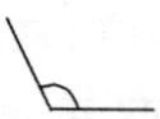 यह .... कोण का चिन्ह है।

उत्तर—अधिक

8. 120° के कोण को .... कहा जाएगा जबकि 30° का कोण .... कहलाएगा।

उत्तर—अधिक कोण, न्यून कोण।

9. सरल कोण .... का होता है जबकि समकोण में .... होते हैं।

उत्तर—180°, 90°

रेखीय अभिक्रम की विशेषताएँ (Characteristics of Linear Programming)

संक्षेप में रेखीय अभिक्रम की विशेषताओं को निम्न रूप में प्रस्तुत किया जा सकता है—

1. रेखीय अभिक्रम में अधिगम का मार्ग एक सरल रेखा की तरह पूरी तरह स्पष्ट, क्रमबद्ध एवं सुव्यवस्थित होता है।
2. इस अभिक्रम में अधिगम सामग्री को बहुत ही छोटे–छोटे पदों (Frames) में श्रृंखलाबद्ध रूप में प्रस्तुत किया जाता है।

3. विषयवस्तु या अधिगम सामग्री को श्रृंखलाबद्ध छोटे–छोटे पदों में प्रस्तुत करने से अधिगमकर्त्ता द्वारा की जाने वाली अनुक्रिया की त्रुटि दर में कमी होने की संभावना बहुत बढ़ जाती है।
4. इस अभिक्रम से अधिगमकर्त्ता को उसकी प्रत्येक अनुक्रिया पर पुनर्बलन प्रदान किया जा सकता है क्योंकि जैसे ही वह अपनी अनुक्रिया किसी एक पद के प्रति व्यक्त करता है वैसे ही उसे अपनी अनुक्रिया का परिणाम (उत्तर के सही या गलत होने की सूचना) प्राप्त हो जाती है।
5. रेखीय अभिक्रम में अनुदेशन की प्रक्रिया अभिक्रमिक (Programmer) द्वारा नियंत्रित रहती है। वह जैसा अभिक्रम बनाता है सभी अधिगमकर्त्ताओं को उसके बनाए हुए अभिक्रम में निर्धारित मार्ग का अनुसरण करना होता है।
6. इस अभिक्रम में अधिगमकर्त्ता को प्रत्येक प्रश्न के उत्तर स्वयं अपनी योग्यता से देने होते हैं।
7. अधिगमकर्त्ता को प्रत्येक पद (Frame) के प्रति अनुक्रिया करनी होती है और ऐसा करने में लगातार सजग रहना पड़ता है।
8. रेखीय अभिक्रम में इस प्रकार की उपयुक्त व्यवस्था की जाती है कि अधिगमकर्त्ता द्वारा की जाने वाली अनुक्रियाओं को तुरंत ही पुनर्बलन प्रदान किया जा सके।
9. रेखीय अभिक्रम में प्रत्येक अधिगमकर्त्ता को अपनी योग्यता के आधार पर अथवा जिस गति से वह सीखने के मार्ग पर आगे बढ़ना चाहता है उसके अनुरूप आगे बढ़ने की पूर्ण स्वतंत्रता रहती है।
10. इस प्रकार के अभिक्रम में दिए हुए पद या फ्रेम में कुछ ऐसे अतिरिक्त संकेत भी पाए जाते हैं जिनसे अधिगमकर्त्ता को सही अनुक्रिया (उत्तर) देने में सहायता मिलती है और इस तरह त्रुटि दर को और कम करने का प्रयत्न किया जाता है।
11. इस अभिक्रम में इस प्रकार की व्यवस्था की जाती है कि सही अनुक्रियाओं (उत्तरों) को छुपा या ढक दिया जाता है ताकि प्रवंचन (Cheating) और बेईमानी पर आवश्यक अंकुश लगाया जा सके।
12. रेखीय अभिक्रम में चूंकि पद बहुत छोटे–छोटे होते हैं और अधिगमकर्त्ता को तब तक दूसरे पद (Frame) पर नहीं जाने दिया जाता जब तक वह इस पद में पारंगत न हो जाए। इसलिए इस अभिक्रम शैली में अधिगमकर्त्ता अन्य शैलियों की अपेक्षा धीमी गति से ही अधिगम मार्ग पर बढ़ सकता है, परंतु यहां वह जो कुछ भी अर्जित करता है वह अपेक्षाकृत अधिक स्थायी होता है।

सीमाएं और दोष
(Limitations and Drawbacks)

1. रेखीय अभिक्रम में निम्न कारणों की वजह से अधिगम कार्य काफी नीरस और उबाने वाला बन जाता है। जैसे–
   (i) विषयवस्तु बहुत ही छोटे अंशों में विभक्त कर दी जाती है।
   (ii) अनुक्रिया करने पर आवश्यकता से अधिक नियंत्रण होता है। इसमें पर्याप्त यांत्रिकता सी आ जाती है। अभिक्रमक और शिक्षक जैसा चाहता है, वैसी ही अनुक्रिया करने के लिए अधिगमकर्त्ता को बाध्य होना पड़ता है। इस तरह से अधिगम की स्वाभाविक स्वतंत्रता यहाँ नष्ट सी हो जाती है।
   (iii) अधिगम प्रक्रिया की गति बहुत कम होती है।

2. इस प्रकार की अभिक्रम शैली का उपयोग केवल उन विषयों अथवा उपविषयों से संबंधित सामग्री तक ही सीमित रहता है जिन्हें रैखिक रूप में समुचित ढंग से क्रमबद्ध किया जा सके।
3. अधिगमकर्त्ता को अनुक्रिया करने की स्वतंत्रता तथा पर्याप्त रूप से सोचने, विचारने और अपनी मौलिकता प्रदर्शन करने का अवसर न मिलने से, सृजनात्मक, निर्णयात्मक और चिंतन स्तर के उच्च शिक्षण के लिए यह प्रणाली अधिक उपयुक्त नहीं मानी जा सकती।
4. यह अभिक्रम अनुक्रियाओं अथवा उत्तरों में विभेदीकरण (Differentiation) का अवसर प्रदान नहीं करता। अतः छात्रों में विभेदीकरण योग्यता विकसित करने में इसे अयोग्य पाया जाता है।
5. एक ही प्रकार के पदों (विषयवस्तु) को सभी विद्यार्थियों को सीखना होता है। अतः यह कहना कि यह अभिक्रम वैयक्तिक विभिन्नताओं के नियम का पालन करता है, कोई विशेष उपयुक्त नहीं जान पड़ता।
6. इस अभिक्रम के बहुत से प्रारूपों (Designs) में अधिगमकर्त्ता को सही उत्तर देने के लिए कई बार पर्याप्त संकेत मिल जाते हैं अथवा उसे अटकलबाजी के लिए अवसर मिल जाता है। इस प्रकार से उसे अनुमान से उत्तर देने की आदत सी डालने में इस अभिक्रम को दोषी ठहराया जा सकता है।
7. इस अभिक्रम में पदों की व्यवस्था और उनका संगठन यह मांग करता है कि विद्यार्थी के प्रविष्ट व्यवहार अथवा पूर्व ज्ञान का समुचित और सही ज्ञान हो परंतु व्यावहारिक रूप में यह सब करना काफी कठिन कार्य सिद्ध होता है।

शाखात्मक अथवा आंतरिक अभिक्रम (Branching or Intrinsic Programming)

शाखात्मक अभिक्रम के विकास का श्रेय अमेरिकन मनोवैज्ञानिक नोर्मन ए. क्राउडर (Norman A. Crowder, 1954) को है। क्राउडर के अपने शब्दों में **शाखात्मक या आंतरिक अभिक्रम विद्यार्थियों की आवश्यकताओं के अनुरूप ढला हुआ वह अभिक्रम है जिसमें किसी बाह्य उपकरण जैसे कंप्यूटर आदि की आवश्यकता नहीं होती।** रेखीय अभिक्रम की तुलना में जिसमें अधिगमकर्त्ता को कोई स्वतंत्रता (अभिक्रम में परिवर्तन लाने इत्यादि) न दे कर सारी बागडोर अभिक्रमक (Programmer) और अध्यापक के हाथ में होती है, शाखात्मक अभिक्रम अधिक स्वतंत्रता प्रदान करता है। यहाँ नियंत्रण बाह्य न होकर आंतरिक होता है। एक अधिगमकर्त्ता को निर्णय लेने का अवसर दिया जाता है ताकि वह अनुदेशन या शिक्षण को अपनी आवश्यकताओं के अनुरूप ढाल सके, अर्थात् स्वयं अधिगम चुन सके। शाखात्मक अभिक्रम निर्माण में मुख्यतया एक अभिक्रमक को निम्नांकित मूल धारणाओं का ध्यान रख कर चलना होता है—

(i) अधिगम में अच्छे परिणामों के लिए यह आवश्यक है कि जो विषयवस्तु सीखनी है उसे उसके समग्र रूप में अथवा अपेक्षाकृत बड़े अंशों तथा इकाइयों में अधिगमकर्त्ता के सामने प्रस्तुत किया जाए।

(ii) अधिगम क्रिया के परिणाम तभी अच्छे निकलते हैं जब विद्यार्थियों को परंपरागत ट्यूटोरियल (Tutorial) विधि अपनाकर अधिगम अनुभव प्रदान किए जाते हैं।

(iii) नवीन सामग्री अगर विद्यार्थियों के सामने रखी जाए तो वे अपेक्षाकृत अधिक सीखते हैं और इसी अवस्था में मूलभूत अधिगम (Basic learning) के संपन्न होने की संभावना अधिक होती है।

(iv) यह मान्यता कि गलत अनुक्रियाएं (उत्तर) छात्रों के सीखने में अवश्य ही बाधा डालती हैं, ठीक नहीं है। एक अधिगम प्रक्रिया में गलत अनुक्रियाओं (विद्यार्थियों द्वारा उत्तर देने में त्रुटि होना) का होना स्वाभाविक बात है। आवश्यकता इस बात की है इन त्रुटियों का पता लगाकर और उन्हें दूर कर छात्र का अधिगम मार्ग पर आगे बढ़ना जारी रखा जाए।

(v) अधिगम की अधिक प्रभावशीलता के लिए यह आवश्यक है कि अधिगमकर्त्ता को उसकी अपनी आवश्यकताओं और वैयक्तिक विभिन्नताओं के अनुसार अधिगम अवसर प्रदान किए जाएं तथा उसे अधिगम संबंधी निर्णय लेने की पर्याप्त स्वतंत्रता देकर अपना अधिगम मार्ग स्वयं चुनने को प्रेरित किया जाए।

(vi) अगर अधिगम प्रक्रिया में इस बात का ध्यान रखा जाए कि निदानात्मक और उपचारात्मक दोनों प्रकार के अनुदेशन को अधिगम के साथ समन्वित करके आगे बढ़ना है तो अच्छे अधिगम परिणामों की आशा की जा सकती है। दूसरे शब्दों में अधिगम के साथ निदान और निदान के पश्चात् उपचारात्मक अनुदेशन देना अधिगम की प्रभावशीलता को बढ़ाता है।

(vii) बहुविकल्पीय प्रश्नों (Multiple choice items) के द्वारा विकल्पहीन प्रश्नों (Forced choice or single response items) की अपेक्षा सीखने में अधिक सहायता मिलती है और अधिगम प्रक्रिया अधिक सुगमता से संपन्न होती है।

इन उपरोक्त मान्यताओं के आधार पर शाखात्मक अभिक्रम प्रणाली के स्वरूप को संक्षिप्त रूप में निम्न प्रकार से व्यक्त किया जा सकता है–

1. अनुदेशन या शिक्षण सामग्री को ऐसे खंडों या इकाइयों (Units) में विभक्त करना जिनमें उनकी समग्रता अथवा सार्थकता स्पष्ट रूप से उभर कर सामने आए। इन इकाइयों में विषयवस्तु का अधिक अंश रहता है जिसकी मात्रा एक या दो पैराग्राफ (Paragraph) से लेकर पूरे पृष्ठ तक जा सकती है। इस प्रकार रेखीय अभिक्रम की तुलना में इन अभिक्रम पदों (Frames) का आकार बड़ा होता है।
2. पद या फ्रेम को प्रस्तुत करने के बाद छात्र को उसे ध्यानपूर्वक पढ़ने या सुनने के लिए कहा जाता है। इसके पश्चात् उसके सम्मुख विषयवस्तु से संबंधित बहु–विकल्पीय प्रश्न रखे जाते हैं। दिए हुए विकल्पों में से विद्यार्थी को सही विकल्प (उत्तर) का चुनाव करना होता है।
3. अगर छात्र ने सही विकल्प का चुनाव किया है तो उसे अधिगम संबंधी अगला पद (Frame) प्रदान किया जाता है अन्यथा उसे अतिरिक्त जानकारी प्राप्त करने हेतु एक या एक से अधिक शाखाओं (Branches) अर्थात् अन्य पदों (Frames) का अध्ययन करने के लिए कहा जाता है। इनके आधार पर वह अपनी त्रुटियों को समझ सकता है और सही जानकारी प्राप्त कर इनको सुधार सकता है।
4. इसके पश्चात् छात्र को पुनः पूर्व अधिगम मार्ग पर वापिस लाया जाता है और उसे आगे के अधिगम अनुभवों पर आधारित एक नया पद (Frame) प्रदान किया जाता है। छात्र इसका अध्ययन करता है और फिर उससे बहुविकल्पीय प्रश्न पूछे जाते हैं। वह विकल्प सही होने पर आगे के पद पर चला जाता है और गलत होने पर फिर उसे गलती सुधारने और अतिरिक्त जानकारी देने वाली शाखाओं (पद या पदों) में से गुज़रना पड़ता है और अपना उपचार कर वापिस अपने पूर्व निर्धारित मार्ग पर आना होता है।

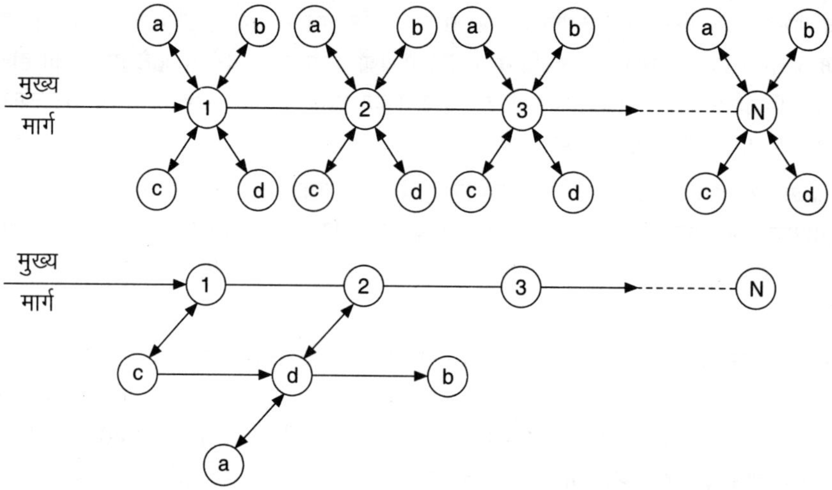

चित्र 19.2 शाखात्मक अभिक्रम के अंतर्गत मुख्य मार्ग और शाखाएं।

5. उपरोक्त अधिगम चक्र की तब तक पुनरावृत्ति होती रहती है जब तक कि छात्र संपूर्ण अधिगम सामग्री पर आधारित विभिन्न पदों की विषयवस्तु की अच्छी तरह जानकारी प्राप्त न कर ले। इस समस्त प्रक्रिया में उसे व्यक्तिगत स्तर पर ही अधिगम प्राप्त होता है और वह अपनी गति से ही कुछ सीखता और आगे बढ़ता है।

शाखात्मक अभिक्रम का उदाहरण

प्रथम पद **विषयवस्तु** **अभिक्रम पृष्ठ 1**

 = न्यून कोण;

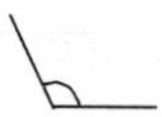 = अधिक कोण;

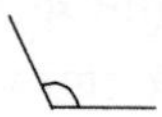 = यह एक

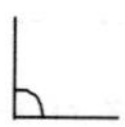 = सम कोण;

 = सरल कोण

(a) सरल कोण है

(b) न्यून कोण है।

(c) अधिक कोण है।

(d) सम कोण है।

उत्तर–

(a) .... पृष्ठ 5 देखिए।

(b) .... पृष्ठ 3 देखिए।

(c) .... पृष्ठ 6 देखिए।

(d) .... पृष्ठ 2 देखिए।

यदि विद्यार्थी (a) विकल्प का चयन करता है तो उसे अभिक्रम पृष्ठ 5 देखना होगा। अभिक्रम पृष्ठ 5

आप का उत्तर सही नहीं है। सही उत्तर के लिए पुनः पृष्ठ 1 पर दी जाने वाली सामग्री को ध्यानपूर्वक पढ़ें। सरल कोण क्या होता है, इसकी अधिक जानकारी के लिए पृष्ठ 16 पर दी गई सामग्री ध्यानपूर्वक पढ़ें।

दी गई सामग्री का पुनः अध्ययन करने के बाद विद्यार्थी अगर विकल्प रूप में (c) का चयन करता है तो उत्तर हेतु उसे पृष्ठ 6 पर जाना होगा।

द्वितीय पद पृष्ठ 6 आप का उत्तर सही है। 90° से अधिक परंतु 180° से कम मूल्य वाले सभी कोण अधिक कोण कहलाते हैं। 130° का कोण

(a) सम कोण कहलाएगा। — देखिए पृष्ठ 2
(b) अधिक कोण कहलाएगा। — देखिए पृष्ठ 7
(c) न्यून कोण कहलाएगा। — देखिए पृष्ठ 3
(d) सरल कोण कहलाएगा। — देखिए पृष्ठ 16

अभिक्रम पृष्ठ 16

विद्यार्थी द्वारा (d) विकल्प का चयन करने पर उसे पृष्ठ 16 पर जाना होगा। उसे यहाँ बताया जायेगा कि उसका उत्तर सही नहीं है।

सरल कोण 180° का होता है। अगर किसी बिंदु 0° के कोण से प्रारंभ करते हुए 180° तक घूमा जाए तो एक सीधी रेखा प्राप्त होती है। इसी कारण 180° कोण को सरल कोण का नाम दिया जाता है। इसका मान निम्न कोणों में से किसी कोण का पूरा दुगुना होता है।

(a) न्यून कोण — देखिए पृष्ठ 3
(b) सम कोण — देखिए पृष्ठ 2
(c) अधिक कोण — देखिए पृष्ठ 7
(d) पुनर्युक्त (Reflex) कोण — देखिए पृष्ठ 14

शाखात्मक अभिक्रम के गुण एवं विशेषताएं (Merits and Characteristics of Branching Programming)

शाखात्मक अभिक्रम के गुणों एवं विशेषताओं को संक्षेप में निम्न प्रकार व्यक्त किया जा सकता है–

1. शाखात्मक अभिक्रम परंपरागत ट्यूटोरियल (Tutorial) विधि पर आधारित है। इस अभिक्रम पद्धति में ट्यूटर अथवा शिक्षक सशरीर उपस्थित नहीं होता परंतु फिर भी ट्यूटर प्रणाली में होने वाले लाभों को एक उपयुक्त अभिक्रम के माध्यम से अच्छी तरह उठाया जा सकता है। ट्यूटर की तरह यहाँ भी छात्रों की कठिनाइयों एवं त्रुटियों का पता लगाने तथा उनका उचित निदान एवं उपचार करने का कार्य किया जाता है। उनकी योग्यता एवं सीखने की गति के अनुसार उन्हें विषयवस्तु से संबंधित पद (Frames) प्रदान किए जाते हैं।
2. रेखीय अभिक्रम की तुलना में इस अभिक्रम के पदों (Frames) का आकार बड़ा होता है और उनमें अधिक विषयवस्तु का समावेश होता है। अभिक्रमक (Programmer) को इसलिए यहाँ अपनी एक विशेष शैली अपनाकर संबंधित विषय सामग्री को अपने विचारों और अनुभवों के आधार पर अधिक से अधिक रोचक और उपयोगी ढंग से प्रस्तुत करने का अवसर मिलता है।
3. शाखात्मक अभिक्रम में अधिगमकर्त्ता की रुचि अभिक्रम में बराबर बनी रहती है। विषयवस्तु को अपेक्षाकृत बड़े पदों में प्रस्तुत करने से एक तो वह अधिक सार्थक और समग्र रूप में प्रस्तुत की जा सकती है। दूसरे, वह अधिक रोचक और सुपाठ्य भी होती है। अधिगमकर्त्ता को ऐसी विषयवस्तु का पढ़ना अच्छा लगता है। बहुविकल्प वाले प्रश्नों के माध्यम से यहाँ अनुक्रिया करने में अधिक चुनौती और स्वतंत्रता उसे मिलती है। हर छात्र अपनी गति से अधिगम पथ पर अग्रसर होता है। इस तरह यह अभिक्रम छात्रों की रुचि और उनकी क्रियाशीलता को बनाए रखने में अधिक सहायक होता है।

4. रेखीय अभिक्रम की तुलना में यहाँ गलतियों को अधिगम प्रक्रिया में बाधक नहीं माना जाता है। यह प्रणाली यह मान कर चलती है कि अधिगमकर्त्ता अपनी त्रुटिपूर्ण अनुक्रियाओं के माध्यम से भी सीखता है। इसलिए इसी अभिक्रम में छात्रों द्वारा की गई त्रुटियों के निराकरण की दशा में विवेकयुक्त उपयोग करने की चेष्टा की जाती है। अधिगमकर्त्ता को स्वयं ही अपनी त्रुटि का निदान करना होता है तथा सही जानकारी ज्ञात कर सही अनुक्रियाएं करना सीखना पड़ता है।
5. इस प्रकार के अभिक्रम द्वारा तैयार की गई अभिक्रमित सामग्री (Programmed material) पुस्तकों तथा शिक्षण मशीनों–दोनों में ही प्रयुक्त हो सकती है।
6. इस प्रकार का अभिक्रम विभेदीकरण योग्यता (Ability to discriminate) को विकसित करने में अधिक उपयोगी सिद्ध होता है। सृजनात्मकता (Creativity) और समस्या समाधान योग्यता (Problem solving ability) के विकास के लिए यहाँ उपयुक्त अवसर मिलते हैं।
7. तथ्यों, परिभाषाओं और आधारभूत कौशलों से परे, अपेक्षाकृत ऊंचे स्तर की बातों तथा विषय के अधिगम में यह प्रणाली अधिक उपयुक्त रहती है। अतः जहाँ अधिक वर्णन और व्याख्या की आवश्यकता हो और जहाँ किसी पेचीदी समस्या को सुलझाना हो, ऐसी स्थिति में लंबे–लंबे पदों और शाखाओं द्वारा विकल्पीय समाधान प्रस्तुत कर यह अभिक्रम अधिगमकर्त्ता को उपयुक्त अधिगम प्राप्त कराने में काफी सहायक सिद्ध होता है।

सीमाएं और दोष
(Limitations and Drawbacks)

शाखात्मक अभिक्रम की सीमाओं और दोषों को संक्षेप में निम्न प्रकार व्यक्त किया जा सकता है–

1. इस अभिक्रम में प्रयुक्त बहुविकल्पीय प्रश्नों के द्वारा विषयवस्तु को अच्छी तरह समझे बिना ही अटकलबाजी करने या अनुमान के सहारे उत्तर देने की आदत को प्रोत्साहन मिल सकता है।
2. ऐसे बहुविकल्पीय प्रश्नों का निर्माण जो पद में निहित संपूर्ण विशद् सामग्री के लिए उपयुक्त सिद्ध हो सकें, काफी कठिन कार्य होता है।
3. एक शाखात्मक अभिक्रम में प्रयत्न किया जाता है कि उसके द्वारा प्रत्येक अधिगमकर्त्ता को उसकी उपयोगिता और अधिगम गति से अधिगम ग्रहण करने का अवसर दिया जाए। सैद्धांतिक रूप में ये बातें यहां जितनी ठीक जंचती है इसे व्यावहारिक रूप देना उतना ही कठिन होता है। सभी प्रकार के अधिगमकर्त्ताओं को कैसी–कैसी शाखाओं की कितनी आवश्यकता पड़ेगी, इसका पूर्वानुमान लगाना सरल नहीं है और फिर किसी भी अवस्था में अनेक या अनन्त शाखाओं की व्यवस्था भी तो की नहीं जा सकती।
4. इस प्रकार का अभिक्रम काफी खर्चीला सिद्ध होता है। किसी भी विषयवस्तु को प्रस्तुत करने के लिए लंबे–लंबे पदों का प्रयोग करना होता है और फिर इन पदों की स्पष्टता और संभावित त्रुटियों का अनुमान लगाकर विभिन्न शाखात्मक पदों की रचना करनी होती है। इस प्रकार के विस्तृत कार्यक्रम को मुद्रित पुस्तकों (Printed books) अथवा दृश्य, श्रव्य सहायक सामग्री, फिल्म एवं टेप आदि के माध्यम से प्रस्तुत करने तथा बार–बार वांछित संशोधन एवं परिवर्तन लाने में कठिनाई भी होती है और यह सौदा महंगा भी बहुत पड़ता है।

रेखीय और शाखात्मक अभिक्रमों की तुलना (Comparison of Linear and Branching Programming)

रेखीय और शाखात्मक अभिक्रम के स्वरूप और इनकी प्रकृति में निहित अंतर को तालिका 19.1 द्वारा स्पष्ट किया जा सकता है–

तालिका 19.1 रेखीय और शाखात्मक अभिक्रमों की तुलना
(Comparison of Linear and Branching Programming)

क्रम सं.	*तुलना के लिए प्रयुक्त तत्त्व अथवा संप्रत्यय (Concept or element under comparison)*	*रेखीय अभिक्रम (Linear programming)*	*शाखात्मक अभिक्रम (Branching programming)*
1.	प्रतिपादक	बी.एफ. स्किनर	एन.ए. क्राउडर
2.	पृष्ठभूमि संप्रत्यय	क्रिया प्रसूत अनुबंधन	मिश्रित (Eclectic)
3.	पद–आकार	लघु, 15 से लेकर 25 शब्द	विस्तृत, एक और दो पैराग्राफ से लेकर एक पृष्ठ तक
4.	पदों की संख्या	अधिक	कम
5.	प्रस्तुतीकरण		
	(a) पुस्तकीय प्रारूप	सामान्य पुस्तक जिसमें पुस्तकों के पृष्ठ सामान्य क्रम में ही होते हैं।	प्रकीर्ण पुस्तक (Scrambled book) जिसमें पढ़ने में एक के बाद एक पृष्ठों को नहीं पढ़ा जाता।
	(b) शिक्षण मशीन	सरल, कम खर्चीला	जटिल, अधिक खर्चीला।
6.	अनुक्रिया प्रकार	पुनः स्मरण, संरचनात्मक	बहुविकल्प, चयनात्मक
7.	अनुक्रिया नियंत्रण	अभिक्रमक द्वारा नियंत्रित	अधिगमकर्त्ता द्वारा नियंत्रित
8.	पुनर्बलन	सही अनुक्रिया का ज्ञान	अंततः सही अनुक्रिया करना
9.	त्रुटि–उपचार	त्रुटियों के लिए किसी उपचार का सुझाव नहीं दिया जाता।	अंततः सही अनुक्रिया करना, त्रुटियों के बाद उपचारात्मक अनुदेशन मिलता है।
10.	त्रुटि दर	5% से कम	सामान्यतया 20%

(क्रमशः)

(क्रमशः)

क्रम सं.	तुलना के लिए प्रयुक्त तत्त्व अथवा संप्रत्यय (Concept or element under comparison)	रेखीय अभिक्रम (Linear programming)	शाखात्मक अभिक्रम (Branching programming)
11.	उपयोग एवं उपयुक्तता	(i) निम्न कक्षाएं	(i) उच्च कक्षाएं
		(ii) ज्ञान और बोध उद्देश्य	(ii) उच्च स्तरीय उद्देश्य
		(iii) सामान्य और कम बुद्धिमान छात्र	(iii) प्रतिभाशाली एवं सृजनशील छात्र
		(iv) पत्राचार शिक्षा	(iv) पत्राचार शिक्षा में उपचारात्मक अनुदेशन
		(v) संप्रत्यय निर्माण के लिए अधिक उपयोगी	(v) संप्रत्ययों की तुलना के लिए अधिक उपयोगी
		(vi) तथ्यों, परिभाषाओं और आधारभूत कौशलों के शिक्षण में अधिक प्रयुक्त	(vi) तथ्यों, परिभाषाओं और आधारभूत कौशलों से परे विस्तृत वस्तु एवं उच्चस्तरीय ज्ञान बोध और कौशलों के लिए अधिक उपयोगी।
		(vii) कम खर्च	(vii) अधिक खर्च

मैथेटिक्स अभिक्रम (Mathetics Programming)

इस अभिक्रम शैली के प्रतिपादक थॉमस एफ. गिलबर्ट (Thomas F. Gillbert) हैं। गिलबर्ट ने मैथेटिक्स संप्रत्यय को परिभाषित करते हुए लिखा है–''मैथेटिक्स से अभिप्राय जटिल व्यवहार समूह के विश्लेषण एवं पुनर्निर्माण हेतु पुनर्बलन के सिद्धांतों के उस सुव्यवस्थित प्रयोग से है जो विषयवस्तु में नैपुण्य का प्रतिनिधित्व करती है।''

"Mathetics is defined as a systematic application of reinforcement theory for the analysis and construction of complex repertories which represent the mastery of subject matter."

—(Thomas F. Gilbert, 1962)

मैथेटिक्स अभिक्रम की शैली यद्यपि काफी जटिल है और अपेक्षाकृत अधिक तकनीकी दक्षता मांगती है, फिर भी कठिन कौशलों का अर्जन करने, वांछित अंतिम व्यवहार की प्राप्ति करने और विषयवस्तु पर पूर्ण अधिकार एवं उसमें पारंगत होने आदि कार्यों में यह काफी उपयोगी सिद्ध हो सकती है। इस अभिक्रम की मुख्य विशेषताओं और संबंधित कार्य प्रणाली को संक्षिप्त रूप में आगे व्यक्त किया जा रहा है–

1. एक मैथेटिक्स अभिक्रम का कार्य भलीभाँति सोच विचार कर बनाए गए किसी अनुदेशनात्मक प्रारूप की तरह ही अधिगम शिक्षण सामग्री के विस्तृत विश्लेषण से प्रारंभ होता है।
2. इस अधिगम में अधिगम की इकाई, पद (Frame) न होकर अभ्यास (Exercise) या समस्या होती है। इस अभ्यास के आकार या विस्तार पर कोई अंकुश नहीं लगाया जाता। विषयवस्तु को कितने बड़े या छोटे अंश में बांटना उपयुक्त रहेगा, यह न सोच कर इस बात पर ध्यान दिया जाता है कि अधिगमकर्त्ता के स्तर के अनुरूप किस प्रकार का अभ्यास या समस्या एक परिस्थिति में ठीक रहेगी ताकि वह अपेक्षित निपुणता अर्जित कर सके।
3. किसी अभ्यास या समस्या को हल करना ही अपने आप में अधिगमकर्त्ता को पर्याप्त पुनर्बलन प्रदान कर सकता है। कार्य सिद्ध (Accomplishment of the task) की इसी तकनीक को यहां पुनर्बलन के रूप में प्रयोग में लाने का प्रयत्न किया जाता है ताकि परिणाम की जानकारी (Knowledge of the result) को प्राप्त किया जा सके।
4. यह अभिक्रम अवरोही श्रृंखलन (Backward or Retrogressive chaining) के सिद्धांत का उपयोग करता है। श्रृंखला (Chain) से तात्पर्य की जाने वाली अनुक्रियाओं के (दिए जाने वाले उत्तरों) एक निश्चित क्रम से हैं जैसे भाग करने से संबंधित पद, किसी बोतल को खोलना या बंद करना अथवा जूते के फीते बांधना या खोलना आदि। जहाँ एक श्रृंखला अधिगम (Chain learning) में नैपुण्य पद (Mastery step) को अंतिम पद के रूप में मान्यता दी जाती है वहाँ अवरोही श्रृंखलन (Backward chaining) में यह प्रथम पद (First step) के रूप में प्रयुक्त होता है।
5. अवरोही श्रृंखलन के अंतर्गत तीन मूलभूत सोपानों (Steps) का समावेश होता है। ये हैं—प्रदर्शन (Demonstration), अनुबंधन या संकेत देना (Prompting) और उन्मुक्ति (Releasing)। इन सोपानों पर आधारित अवरोही श्रृंखलन की प्रक्रिया को संक्षेप में निम्न प्रकार व्यक्त किया जा सकता है—
   (i) नैपुण्य पद को पहले प्रस्तुत करने की दृष्टि से इस शैली में सबसे पहला कार्य इस पद की तलाश करना होता है। प्रायः यह पद कार्य की श्रृंखला के अंतिम पद के रूप में ही होता है।
   (ii) इसके पश्चात् अभिक्रमक (Programmer) अधिगमकर्त्ता के सामने नैपुण्य पद की ओर ले जाने वाले सभी पदों को रखता है और उसे नैपुण्य पद से संबंधित अनुक्रिया करने के लिए अनुबोधन प्रदान करता है।
   (iii) इसके बाद नैपुण्य पद से ठीक पहले के पद तक ले जाने वाले पदों को अधिगमकर्त्ता के सामने रखा जाता है। इस पद के प्रति अनुक्रिया कार्य को अनुबोधन प्रदान किया जाता है और फिर अधिगमकर्त्ता को नैपुण्य पद का अभ्यास करने के लिए उन्मुक्त (Release) कर दिया जाता है।
   (iv) इसके पश्चात् अधिगमकर्त्ता के सामने नैपुण्य पद से ठीक पहले के पद (Sub-mastery step) से भी एक पद पहले (The step immediately preceding the last sub-mastery step) तक ले जाने वाले पदों को प्रस्तुत किया जाता है।
   (v) अभिक्रमक इसी तरह आगे चलता जाता है। पहले पद के प्रति अधिगमकर्त्ता को सबसे अंत में अनुक्रिया करनी होती है और इस तरह वह सभी पदों के प्रति अनुक्रियाएं करना सीख कर प्रस्तुत व्यवहार में अपेक्षित नैपुण्य अर्जित कर लेता है।

उपरोक्त कार्यप्रणाली को निम्न चित्रात्मक तालिका में वर्णित प्रस्तुतीकरण से और अच्छी तरह समझा जा सकता है।

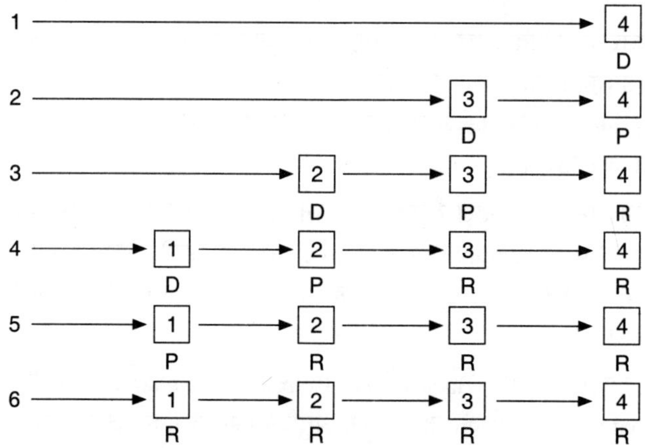

चित्र 19.3 मैथेटिक्स अभिक्रम की पद व्यवस्था।

तालिका 19.2 मैथेटिक्स अभिक्रम में पद व्यवस्था

पद (Steps)	*प्रदर्शन (Demonstration)*	*अनुबोधन (Prompting)*	*उन्मुक्ति क्रिया (Release)*
1.	सभी पद	—	—
2.	प्रथम तीन पद	चौथा पद	—
3.	प्रथम दो पद	तीसरा पद	चौथा पद
4.	प्रथम पद	दूसरा पद	तीसरा एवं चौथा पद
5.	—	प्रथम पद	दूसरे से लेकर चौथा पद
6.	—	—	सभी पद

आइए अब मैथेटिक्स अभिक्रम को एक उदाहरण द्वारा समझा जाए।

मैथेटिक्स अभिक्रम शैली का उदाहरण—

निम्न उदाहरण द्वारा इस अभिक्रम प्रणाली को और भी अच्छी तरह समझा जा सकता है।

उदाहरण—सबसे पहले कुछ आवश्यक निर्देश दिए जाएंगे।

उदाहरण **अभिक्रम पृष्ठ 1**

1. अंक 3 से समाप्त होने वाली दो अंकों की संख्या का वर्ग ज्ञात करने के लिए—

(i) संख्या को उसके प्रथम अंक से गुणा कीजिए और इस गुणनफल में दोनों अंकों के गुणनफल को जोड़ दीजिए।

(ii) इस परिणाम के दाहिनी ओर 9 का अंक लिख दीजिए।

किसी अनुक्रिया की आवश्यकता नहीं है।

2. 43 का वर्ग ज्ञात करने के लिए— **अभिक्रम पृष्ठ 2**

(i) संख्या (43) को उसके प्रथम अंक (4) से गुणा कीजिए और गुणनफल में दोनों अंकों (4 और 3) के गुणनफल को जोड़िए।

(ii) परिणाम (184) के दाहिनी ओर 9 का अंक लिखिए।

(iii) 43 का वर्ग 1849 है।

किसी अनुक्रिया की आवश्यकता नहीं है।

3. 23 का वर्ग ज्ञात करने के लिए— **अभिक्रम पृष्ठ 3**

(i) संख्या (23) को उसके प्रथम अंक (2) से गुणा कीजिए और गुणनफल में दोनों अंकों (2 तथा 3) के गुणनफल को जोड़िए। 52

(ii) परिणाम के दाहिनी ओर 9 का अंक लिखिए। 529

(iii) 23 का वर्ग है—

(iii)
$23 \times 2 = 46$
$2 \times 3 = 6$
$46 + 6 = 52$
23 का वर्ग 529 है।

4. 33 का वर्ग ज्ञात करने के लिए— **अभिक्रम पृष्ठ 4**

(i) संख्या को उसके प्रथम अंक से गुणा कीजिए और गुणनफल में दोनों अंकों के गुणनफल को जोड़िए।

(ii) परिणाम के दाहिनी ओर 9 का अंक लिखिए।

(iii) 33 का वर्ग 189 है।

5. 63 का वर्ग ज्ञात कीजिए। **अभिक्रम पृष्ठ 5**

(i) गुणा कीजिए .... को .... से और गुणनफल में .... को जोड़िए।

(ii) .... के .... और .... लिखिए।

(iii) 63 का वर्ग .... है।

अनुक्रियाएं

(i) संख्या (63) को उसके प्रथम अंक (6) से गुणा कीजिए और गुणनफल में दोनों अंकों (6 और 3) के गुणनफल को जोड़िए।

(ii) 396 के दाहिनी ओर 9 लिखिए।

(iii) 63 का वर्ग 3969 है।

6. इसका वर्ग बताइए— **अभिक्रम पृष्ठ 6**

(i) 73 ? ....

(ii) 53 ? ....

अनुक्रिया

(i) 5329

(ii) 2809

अवरोही अभिक्रम की सीमाएं और दोष
(Limitations and Drawbacks of Mathetics Programming)

1. इस प्रकार के अभिक्रम का निर्माण काफी जटिल है तथा इसके लिए पर्याप्त दक्षता की आवश्यकता है। अतः बिना उचित प्रशिक्षण लिए हुए और पर्याप्त कुशलता विकसित किए हुए एक सामान्य अभिक्रमिक अथवा अधिगमकर्त्ता का इस दिशा में सफलता प्राप्त करना असंभव ही है।
2. सभी विषयों से संबंधित विषयवस्तु को सीखने और सभी प्रकार के अनुदेशनात्मक उद्देश्यों को प्राप्त करने के लिए इस अभिक्रम का उपयोग नहीं किया जा सकता। स्थूल सामग्री या विषयवस्तु का ज्ञान कराने और मनोशारीरिक (Psychomotor) कौशलों के शिक्षण अथवा प्रशिक्षण के लिए ही यह उपयुक्त ठहरता है।
3. वैयक्तिक विभिन्नताओं के अनुरूप अधिगम अनुभव प्रदान करने या अनुदेशन देने का इस अभिक्रम में कोई ध्यान नहीं रखा जाता। यहाँ सभी छात्रों को एक ही तरीके से सीखना होता है। परिणास्वरूप नैपुण्य पद (Mastery step) अथवा अंतिम व्यवहार से प्रारंभ कर अधिगम मार्ग पर आगे बढ़ना धीमी गति से सीखने वालों अथवा सामान्य या कम बुद्धि वाले छात्रों के लिए चुनौती न बनकर निराशापद ही अधिक सिद्ध होता है।

अभिक्रमित अनुदेशन या अधिगम सामग्री का निर्माण
(Development of the Programmed Instruction or Learning Material)

अभिक्रमित पाठ्यपुस्तक अथवा कंप्यूटर सह–अनुदेशन (Computer assisted instruction) में प्रयुक्त अभिक्रमित सामग्री का निर्माण कार्य निम्न मुख्य अवस्थाओं (Phases) में संपन्न होता है–

1. तैयारी की अवस्था (Preparatory phase)
2. विकासात्मक अवस्था (Developmental phase)
3. मूल्यांकन अवस्था (Evaluative phase)

A. तैयारी की अवस्था (Preparatory Phase)—तैयारी की अवस्था अभिक्रम के आयोजन (Preparation of the programme) से अपना संबंध रखती है। इस अवस्था का अभिक्रम निर्माण में बहुत ही महत्त्वपूर्ण स्थान है। यह एक प्रकार से कार्य की शुरूआत है और शुरूआत जितनी अच्छी होती है कार्य की सफलता की संभावना उतनी ही बढ़ जाती है। यही कारण है कि अभिक्रम निर्माण की इस अवस्था से संबंधित कार्यों के संपादन के लिए संपूर्ण समय का लगभग एक चौथाई भाग खर्च हो जाता है। संक्षेप में इन कार्यों का ब्योरा निम्न प्रकार है–

1. **विषयवस्तु अथवा इकाई का चयन (Selection of the Topic or Unit to be Programmed)**—अधिगम आयोजन की शुरूआत विषयवस्तु, जिसके ऊपर अभिक्रम तैयार किया जाता है, उसी के विवेकपूर्ण चयन के साथ शुरू होती है। प्रकरण या विषयवस्तु के रूप में क्या चयन किया जाए और क्या नहीं इस दिशा में सोचने के लिए निम्न प्रश्नों का उत्तर प्राप्त करना अच्छा रहता है।
   (i) क्या इस प्रकरण पर पहले से ही किसी अभिक्रम का निर्माण तो नहीं हो चुका है ?
   (ii) क्या इसे शिक्षण की अन्य उपलब्ध विधियों से इतनी अच्छी तरह से नहीं पढ़ाया जा सकता ?
   (iii) क्या इसे परंपरागत विधियों से पढ़ने–पढ़ाने में शिक्षक और विद्यार्थी दोनों को ही कठिनाई का अनुभव होता है ?

(iv) क्या इसके ऊपर किसी ऐसे सरल, तर्कसम्मत और क्रमबद्ध अभिक्रम का आयोजन किया जा सकता है जो विद्यार्थियों की दृष्टि से भी रोचक, उपयोगी और उपयुक्त सिद्ध हो सके ?

(v) क्या यह विद्यार्थियों के लिए नियत पाठ्यक्रम के अनुसार है और इसे सीखना या जानना उन्हें अति आवश्यक है ?

(vi) क्या यह अध्यापक के अपने विषय विशेष या नैपुण्य क्षेत्र (Area of specialisation) से संबंधित है ?

(vii) क्या इसके द्वारा विद्यार्थी और अध्यापक दोनों के कार्य भार को हल्का करने में सहायता मिल सकती है ?

(viii) क्या इसके ऊपर स्पष्ट अधिगम उद्देश्यों का व्यवहारजन्य भाषा में निर्माण किया जाना संभव है ?

(ix) क्या इसके ऊपर अभिक्रम अधिगम के परिणामस्वरूप आए हुए व्यवहार गत परिवर्तनों की उचित जांच के लिए मानदंड परीक्षण का ठीक प्रकार निर्माण किया जा सकता है ?

(x) क्या समय, शक्ति और धन के व्यय की दृष्टि से इसके ऊपर बनाए गए अभिक्रम को ठीक ठहराया जा सकता है ?

2. **अधिगमकर्त्ता के विषय में धारणा लेखन (Writing Assumptions about Learners)**—अधिगमकर्त्ता के लिए ही अभिक्रम का निर्माण किया जाता है अतः अधिगमकर्त्ता अपने आप में क्या है, उसकी पहचान करने और इसे संक्षिप्त रूप में लेखनीबद्ध करके ही अभिक्रम आयोजन को आगे बढ़ाया जा सकता है। अतः अधिगमकर्त्ता को भलीभांति जानकर और उसके विषय में स्पष्ट धारणा बनाकर आगे बढ़ना ही अभिक्रम आयोजन में ठीक रहता है। इसलिए अधिगमकर्त्ता की आयु, लिंग आर्थिक, सामाजिक एवं सांस्कृतिक पृष्ठभूमि, शैक्षणिक उपलब्धि, वृद्धि, रुचि, अभिरुचि, पूर्व ज्ञान का स्तर, आदि का स्पष्ट उल्लेख एक अभिक्रम में अवश्य किया जाना चाहिए। इस कार्य के लिए अभिक्रमक द्वारा अपने अनुभव, निरीक्षण तथा सर्वेक्षण कार्य, संचयी प्रपत्र (Cumulative records) तथा अन्य विभिन्न प्रकार की परीक्षण सामग्री जैसे बुद्धि परीक्षण, उपलब्धि एवं निदानात्मक परीक्षण, रुचि प्रश्नावली, अभिरुचि परीक्षण आदि की सहायता लेकर आगे बढ़ा जा सकता है।

3. **व्यवहारपरक भाषा में उद्देश्य लेखन (Writing Objectives in Behavioural Terms)**—अधिगमकर्त्ता की योग्यता और क्षमताओं के स्तर के बारे में धारणा बनाने के पश्चात् अभिक्रमक को यह सोचना आवश्यक हो जाता है कि वह किन–किन अनुदेशनात्मक उद्देश्यों की प्राप्ति को अपने अभिक्रम का लक्ष्य बना सकता है। अच्छे परिणाम के लिए इन अनुदेशनात्मक उद्देश्यों को स्पष्ट व्यवहारपरक शब्दावली में व्यक्त करना भी आवश्यक हो जाता है। दूसरे शब्दों में अभिक्रमक द्वारा यह पूरी तरह स्पष्ट कर दिया जाना चाहिए कि वह अपने अभिक्रम द्वारा कितनी मात्रा में किस–किस प्रकार के व्यवहार परिवर्तनों की अधिगमकर्त्ताओं से अपेक्षा करता है। इस प्रकार से अनुदेशनात्मक उद्देश्य लेखन एक प्रकार से अनुदेश ग्रहण करने के पश्चात् प्राप्त अंतिम व्यवहार (Terminal behaviour) की व्याख्या करना ही होता है।

   अनुदेशनात्मक उद्देश्यों को निश्चित कर व्यवहारपरक शब्दावली में किस प्रकार स्पष्ट किया जाता है इसकी पूरी जानकारी के लिए अनुदेशनात्मक उद्देश्यों के निर्माण से संबंधित किसी अच्छी पाठ्यपुस्तक का अध्ययन किया जाना चाहिए। फिर भी सुविधा की दृष्टि से कुछ मुख्य बातों की संक्षेप में यहाँ चर्चा की जा रही है।

(i) अभिक्रमक को सर्वप्रथम ज्ञानात्मक, भावात्मक और क्रियात्मक इन तीनों व्यवहार क्षेत्रों से उस व्यवहार क्षेत्र का चयन करना चाहिए जिसमें विद्यार्थियों से अपने अभिक्रम द्वारा वह व्यवहार परिवर्तन की अपेक्षा करता है।

(ii) तत्पश्चात् उसे उद्देश्यों को व्यवहारपरक शब्दावली में लिखने के लिए मेगर, मिलर या आर.सी.ई.एम. (RCEM) आदि उपागमों में से किसी एक उपागम का चयन कर लेना चाहिए। जहाँ मेगर उपागम को ज्ञानात्मक और भावात्मक उद्देश्यों तथा मिलर उपागम को क्रियात्मक उद्देश्यों के लेखन में प्रयुक्त किया जा सकता है। वहाँ आर.सी.ई.एम. उपागम का प्रयोग समस्त व्यवहार क्षेत्रों से संबंधित उद्देश्यों को लिखने के लिए किया जाता है। दोनों ही उपागमों में उद्देश्यों को व्यवहारपरक शब्दावली में लिखने के लिए निश्चित कार्यपरक क्रियाओं (Action verbs) का उपयोग किया जाता है जबकि आर.सी.ई.एम. उपागम में इन क्रियाओं के स्थान पर सत्रह मानसिक प्रक्रियाओं अथवा मानसिक योग्यताओं की सहायता ली जाती है।

(iii) व्यवहार के किसी क्षेत्र विशेष से संबंधित उद्देश्यों को लिखने के लिए उपागम में दी गई कार्यपरक क्रियाओं (Action verbs) या मानसिक प्रक्रियाओं में से पढ़ाई जाने वाली विषयवस्तु या प्रकरण को ध्यान में रखते हुए उचित कार्यपरक क्रियाओं या मानसिक प्रक्रियाओं का चयन कर लिया जाता है। चयन की गई इन मानसिक प्रक्रियाओं अथवा कार्यपरक क्रियाओं (Action verbs) को अब उद्देश्यों की व्यवहारपरक शब्दावली में व्यक्त करने के लिए पाठ्य सामग्री से समन्वित कर किस प्रकार उपयोग में लाया जाए यह बात निम्न उदाहरणों द्वारा अच्छी समझी जा सकती है।

मेगर उपागम (Mager's Approach)

"त्रिभुज का क्षेत्रफल" नामक अभिक्रम का अध्ययन करने के पश्चात् विद्यार्थी—

(i) त्रिभुज के क्षेत्रफल निकालने से संबंधित सूत्र का प्रत्यास्मरण (Recall) या पुनः उत्पादन (Reproduce) कर सकते हैं।

(ज्ञानात्मक उद्देश्य)

(ii) त्रिभुज के क्षेत्रफल संबंधी सूत्र की व्याख्या (Explain) या उसका प्रतिपादन (Formulate) कर सकते हैं।

(बोधात्मक उद्देश्य)

(iii) किसी दिए हुए त्रिभुज का क्षेत्रफल निकाल सकते हैं।

(प्रयोगात्मक उद्देश्य)

आर.सी.ई.एम. उपागम (RCEM Approach)

त्रिभुज का क्षेत्रफल नामक अभिक्रम का अध्ययन करने के पश्चात् विद्यार्थी

(i) त्रिभुज के क्षेत्रफल निकालने संबंधी सूत्र का प्रत्यास्मरण करने की योग्यता रखते हैं।

(ज्ञानात्मक उद्देश्य)

(ii) आयत के क्षेत्रफल तथा त्रिभुज के क्षेत्रफलों में भेद करने की योग्यता रखते हैं।

(बोधात्मक उद्देश्य)

(iii) दिए हुए आधार और ऊंचाई की सहायता से किसी त्रिभुज के क्षेत्रफल की गणना संबंधी निष्कर्ष निकालने की योग्यता रखते हैं।

(प्रयोगात्मक)

4. **विद्यार्थियों के प्रविष्टि व्यवहार का लेखन (Writing the Entry Behaviour of the Learners)**— अभिक्रम का अध्ययन प्रारंभ करते समय विद्यार्थी का उसकी योग्यता, रुचि, अभिरुचि, अभिवृत्ति, कौशल, पूर्व अनुभव और कार्यक्षमता के संदर्भ में जिस प्रकार का भी व्यवहार होता है उसे उसके प्रविष्टि व्यवहार (Entry behaviour) की संज्ञा दी जाती है। इस व्यवहार को भी अनुदेशन उद्देश्य के रूप में निश्चित अंत्य व्यवहार (Terminal behaviour) की भांति व्यवहारपरक स्पष्ट शब्दावली में व्यक्त करना आवश्यक होता है। इस व्यवहार का स्पष्ट ज्ञान और लेखन अभिक्रमक को स्पष्ट रूप से यह बता देता है कि छात्रों को उनके प्रविष्टि व्यवहार से अन्य व्यवहार तक चलाने में अपने अभिक्रम के माध्यम से कितना कुछ प्रयास करना होगा। इस अपेक्षित प्रविष्टि व्यवहार को व्यवहारपरक शब्दावली में किस प्रकार लिखा जाता है इसे निम्न प्रारूप द्वारा समझा जा सकता है।

   प्रस्तुत अभिक्रम का अध्ययन करने से पूर्व विद्यार्थी—अच्छी तरह/संतोषजनक ढंग से/मामूली रूप से—परिस्थितियों में पढ़ने/लिखने/परिभाषित करने/निरीक्षण करने/गणना करने की योग्यता रखता है।

5. **विषयवस्तु की विशिष्टि रूपरेखा का निर्माण (Developing Specific Outlines of Content)**—अभिक्रम में प्रयुक्त पाठ्यक्रम संबंधी विषयवस्तु का निर्धारण अधिगमकर्त्ता संबंधी मूलभूत धारणाएं, उसके प्रविष्टि व्यवहार, अंत्य व्यवहार के रूप में निर्धारित अनुदेशन उद्देश्य और विद्यालय शिक्षा बोर्ड अथवा विश्वविद्यालय द्वारा निर्धारित पाठ्यक्रम आदि के आधार पर किया जाता है। अभिक्रम निर्माण की तैयारी संबंधी इस प्रारंभिक अवस्था में एक अभिक्रम से संबंधित विषयवस्तु की विशिष्ट रूपरेखा का निर्माण अवश्य ही कर लेना चाहिए। इस कार्य हेतु वह निम्न स्रोतों का सहारा ले सकता है।

   (i) संबंधित विषयवस्तु या अध्ययन क्षेत्र के संदर्भ में उसका अपना निजी अनुभव, अध्ययन, और निरीक्षण कार्य।
   (ii) निर्धारित पाठ्यक्रम का विश्लेषण।
   (iii) संबंधित पाठ्यपुस्तकों, हस्त पुस्तिकाओं, कार्य पुस्तिकाओं, मेनुअल्स, शिक्षक निर्देश पुस्तिकाओं, संदर्भ ग्रंथों और वास्तविकता अनुभव संबंधी प्राकृतिक स्रोतों का अध्ययन और विश्लेषण।
   (iv) अनुभवी अध्यापकों तथा विषय विशेषज्ञों की राय और आवश्यक सहायता।

   उपरोक्त स्रोतों से संबंधित विषयवस्तु की सूची बना लेने के पश्चात् अभिक्रमक द्वारा उसे क्रमबद्ध रूप में व्यवस्थित करने के बारे में सोचा जाता है। ऐसा करने में तार्किक (Logical) एवं मनोवैज्ञानिक (Psychological) दोनों ही दृष्टियों को सामने रखकर चलना अच्छा रहता है। जहाँ तार्किक क्रमबद्धता विषय के तर्कयुक्त क्रमिक विकास की ओर ध्यान देती है। वहाँ मनोवैज्ञानिक दृष्टिकोण अधिगमकर्त्ता की रुचि, योग्यता तथा मूल प्रवृत्तियों को लेकर आगे बढ़ना पसंद करता है। एक अभिक्रमक को विषयवस्तु का आयोजन कर उसकी रूपरेखा का निर्माण इस ढंग से करना चाहिए कि वह अधिगमकर्त्ताओं की मनोवैज्ञानिक आवश्यकताओं को संतुष्टि प्रदान करता हुआ विषयवस्तु के तार्किक तारतम्य (Logical order) को अच्छी तरह जीवित रख सके।

6. **मानदंड परीक्षण का निर्माण (Preparing a Criterion Test)**—अभिक्रम आयोजन के इस चरण में अभिक्रमक को एक ऐसे परीक्षण का निर्माण करना होता है जिसके द्वारा अभिक्रम अध्ययन की समाप्ति पर अधिगमकर्त्ता की परीक्षा लेकर यह पता लगाया जा सकता है कि वांछित अनुदेशन उद्देश्यों की प्राप्ति में संबंधित अभिक्रम किस सीमा तक सफल रहा है। इस प्रकार के परीक्षण को मानदंड संदर्भित परीक्षण (Criterion referenced test) कहा जाता है। ये परीक्षण परंपरागत उपलब्धि परीक्षण जिन्हें न्यादर्श संदर्भित परीक्षण (Norm referenced test) भी कहा जाता है, उनसे सर्वथा भिन्न होते हैं। जबकि उपलब्धि

परीक्षणों के निर्माण का उद्देश्य छात्रों की उपलब्धि की पारस्परिक तुलना कर उन्हें विशेष श्रेणियां, प्रथम, द्वितीय अथवा ग्रेडेशन आदि प्रदान करना होता है, मानदंड संदर्भित परीक्षणों का उद्देश्य इसके स्थान पर यह जांचना होता है कि पूर्व निर्धारित अनुदेशनों के संदर्भ में एक अभिक्रम का अध्ययन करने के पश्चात्, अधिगमकर्त्ता के अंतिम व्यवहार की क्या स्थिति है। सामान्य रूप से एक मानदंड संदर्भित परीक्षण का निर्माण करते समय अभिक्रमक को निम्न बातों का ध्यान रखना आवश्यक होता है।

(i) परीक्षण पदों (Test items) का चयन व्यवहारपरक शब्दावली में व्यक्त अनुदेशनात्मक उद्देश्यों की प्राप्ति के मूल्यांकन के संदर्भ में ही किया जाना चाहिए।

(ii) प्रत्येक अनुदेशनात्मक उद्देश्य के मूल्यांकन के लिए कम से कम दो या तीन परीक्षण पदों की रचना की जानी चाहिए।

(iii) परीक्षण पदों में प्रश्नों के निर्माण के लिए जहाँ तक हो सके वस्तुनिष्ठ (Objective) प्रश्नों का प्रयोग किया जाना ठीक रहता है अतः अभिक्रमक को इनके निर्माण से संबंधी आवश्यक प्रवीणता अर्जित कर लेनी चाहिए।

(iv) प्रत्येक परीक्षण पद का पद विश्लेषण (Items analysis) भी आवश्यक होता है। इस विश्लेषण के दौरान अभिक्रमक को यह देखना चाहिए कि पदों में भाषा रचना एवं विषयवस्तु से संबंधित कोई त्रुटि या अस्पष्टता न हो तथा उनमें पर्याप्त रूप में आंतरिक विश्वसनीयता (Internal consistency) तथा विभेदीकरण क्षमता (Discriminating power) पाई जाए। इस प्रकार का पद विश्लेषण कमजोर तथा अनावश्यक परीक्षण पदों को निकालने और पुनरावृत्ति की रोकथाम करने में काफी सहायक सिद्ध होता है।

(v) परीक्षण पद और उनसे जुड़ी हुई निर्देशन शब्दावली इस योग्य होनी चाहिए कि उसके द्वारा अंतिम व्यवहार (Terminal behaviour) के प्रदर्शन हेतु उपयुक्त परिस्थितियां तथा अवसर प्रदान किए जा सकें।

(vi) अभिक्रमक द्वारा अपने मानदंड परीक्षण की विश्वसनीयता (Reliability) और वैधता (Validity) स्थापित करने के भी सभी प्रयत्न किए जाने चाहिए। विश्वसनीयता जहाँ किसी परीक्षण के परिणामों में विश्वास पैदा करने का कार्य करती है वहाँ वैधता यह बताती है कि परीक्षण के परिणाम कहाँ तक सही (Accurate) हैं। विश्वसनीयता की परख, परीक्षण–पुनः परीक्षण (Test-retest) विधि से की जाती है। इसके लिए संबंधित परीक्षण से दुबारा उन्हीं विद्यार्थियों की परीक्षा ली जाती है और जिस सीमा तक इन दोनों परीक्षण, पुनः परीक्षण के परिणामों में समानता पाई जाती है उस सीमा तक परीक्षण को विश्वसनीय माना जाता है। वैधता के लिए (i) पद विश्लेषण (Item analysis) की तकनीक का प्रयोग करके यह देखा जा सकता है कि जिस उद्देश्य के मापन के लिए किसी पद को प्रयोग में लाया जा रहा है वह उससे पूरा हो रहा है या नहीं और दूसरे (ii) परीक्षण के परिणामों की किसी बाह्य कसौटी (Criteria) जैसे किसी उपलब्ध वैध परीक्षण के परिणामों से तुलना कर परीक्षण की वैधता के बारे में निर्णय लिया जा सकता है।

B. विकासात्मक अवस्था (Development Phase)—अभिक्रम लेखन या अभिक्रम निर्माण की इस दूसरी अवस्था में अभिक्रम लेखन (Writing of the programme) का वास्तविक कार्य संपन्न होता है। अभिक्रम आयोजन नामक पहली तैयारी की अवस्था में जो कुछ भी तैयारी का नियोजन संबंधी कार्य किया जाता है उस सबका बहुत कुछ लाभ अभिक्रम लेखन की इस अवस्था में उठाया जाता है। छात्रों के पूर्वज्ञान, कौशल आदि से संबंधित मूल धारणाएं तथा उनका प्रविष्टि व्यवहार जहाँ यह बताता है कि अभिक्रम लेखन रूपी यात्रा की शुरूआत कहाँ से करनी है वहाँ अनुदेशन उद्देश्यों के रूप में निर्धारित अंतिम व्यवहार उसके गंतव्य की ओर संकेत करता है तथा

विषयवस्तु का चयन और उसकी विशिष्ट रूपरेखा इस यात्रा का दिशा बोध कराती हुई अभिक्रम लेखन में आगे पैर बढ़ाने का निमंत्रण देती हुई दिखाई देती है।

अभिक्रम लेखन का कार्य पाठ्यपुस्तक लेखन के कार्य से सर्वथा कुछ अलग ही प्रकार का होता है। यहाँ एक अभिक्रमक को अभिक्रमित अधिगम के नियमों को ध्यान में रखकर आगे बढ़ना होता है। उसे संपूर्ण अभिक्रमित पाठ्य–सामग्री को छोटे–छोटे सार्थक पदों (Frames) में विभक्त करना होता है और फिर इन पदों को श्रृंखलाबद्ध तरीके से व्यवस्थित करके इस तरह एक–एक करके अधिगमकर्त्ता के सामने रखना होता है कि उसके द्वारा की गई अनुक्रियाओं में कम से कम त्रुटियां हों, उसे अपनी प्रत्येक अनुक्रिया पर परिणाम के तत्काल ज्ञान के रूप में पुनर्बलन प्राप्त होता रहे और वह इस प्रकार एक पद से दूसरे पद पर आगे बढ़ता हुआ अपनी अधिगम यात्रा को भली भांति पूरा कर सके। क्रियात्मक रूप से देखा जाए तो अभिक्रम लेखन का कार्य जिन तीन चरणों में संपन्न होता है वे निम्न हैं–

(i) पद लेखन (Designing or Writing of the Frames)

(ii) पद अनुक्रमण (Sequencing of the Frames)

(iii) अभिक्रम संपादन (Editing of the Programme)

पद लेखन—अभिक्रम में प्रयुक्त विषयवस्तु की छोटी से छोटी परंतु अपने आप में पूर्ण एक मूलभूत इकाई, जो एक ही बार में अधिगमकर्त्ता के सामने रखी जा सके, पद कहलाती है। आकार की दृष्टि से पद इतना छोटा हो सकता है कि उसमें मात्र चंद शब्द ही हों और इतना बड़ा भी कि वह एक या दो पृष्ठों में आ पाए (जैसा कि शाखात्मक अभिक्रम के पदों में होता है।) प्रत्येक पद के तीन मुख्य अंग होते हैं–(i) उद्दीपक (Stimulus) जिसके द्वारा नवीन ज्ञान या सूचना अधिगमकर्त्ता के सामने रखी जाती है, (ii) अनुक्रिया (Response) जिसके माध्यम से अधिगमकर्त्ता अधिगम संबंधी अनुक्रिया व्यक्त करता है और (iii) पुनर्बलन (Reinforcement) जिसके द्वारा सही अनुक्रिया क्या है, उत्तर के रूप में यह जानकारी दी जाती है।

पद और उसके तीन अंगों को निम्न उदाहरण द्वारा अच्छी तरह समझा जा सकता है।

किसी विशेष स्थान, व्यक्ति या वस्तु के नाम को व्यक्तिवाचक संज्ञा कहा जाता है। आगरा से एक विशेष स्थान का बोध होता है। आगरा एक .... है।

(व्यक्तिवाचक संज्ञा)

अभिक्रमक के लिए उपयुक्त पदों का निर्माण एक चुनौतीपूर्ण कार्य है। एक अभिक्रमक को इसके लिए न केवल उपयुक्त विषयवस्तु को एक उचित तार्किक क्रम में प्रस्तुत करना होता है बल्कि यह भी देखना होता है कि प्रत्येक पद पर अधिगमकर्त्ता इस प्रकार अनुक्रिया व्यक्त कर सके कि अनुक्रिया त्रुटि दर कम से कम हो तथा वह एक पद से दूसरे पद पर शीघ्रता एवं सुगमता से आगे बढ़ता जाए। इस कार्य हेतु उसे समयानुसार कई तरह की विशेष युक्तियों जैसे उपक्रामण (Priming) और अनुबोधन (Prompting) आदि का भी प्रयोग करना होता है।

उपक्रामण (Priming)—उपक्रामण युक्ति में उपक्रामकों (Primes) का प्रयोग किया जाता है। इनकी सहायता से अधिगमकर्त्ता के मस्तिष्क में सूचना या ज्ञान को इस तरह भरकर उन्हें अनुक्रिया व्यक्त करने में सक्रिय बनाया जाता है जैसा कि एक हैंड पंप में जो पानी नहीं दे रहा है उसमें ऊपर से पानी डालकर उसे चालू कर पानी प्राप्त किया जाता है।

इस युक्ति के प्रयोग को निम्न उदाहरणों द्वारा समझा जा सकता है–

(i) किसी विशेष स्थान, व्यक्ति या वस्तु के नाम को व्यक्तिवाचक संज्ञा कहा जाता है। आगरा से एक विशेष स्थान का बोध होता है। आगरा व्यक्तिवाचक संज्ञा है। देहली भी एक विशेष स्थान का बोध कराता है। देहली .... है। (व्यक्तिवाचक संज्ञा)

(ii) जो कोण 90° से अधिक होते हैं, अधिक कोण कहलाते हैं। अधिक कोण 90° से .... होते हैं। (अधिक)

अनुबोधन (Prompting)—अनुबोधन युक्ति में अनुबोधकों (Prompts) का प्रयोग किया जाता है। इनके माध्यम से अधिगमकर्त्ताओं को प्रस्तुत पद से कुछ ऐसे अतिरिक्त सहायक उद्दीपन (Additional helping stimulus) मिल जाते हैं जिनसे उसे सही अनुक्रिया करने में काफी सहायता मिलती है।

पद निर्माण में अनुबोधकों के प्रयोग को निम्न उदाहरणों द्वारा समझा जा सकता है।

(i) किसी विशेष स्थान, व्यक्ति या वस्तु के नाम को व्यक्तिवाचक संज्ञा कहा जाता है। आगरा से किसी विशेष स्थान का बोध होता है। आगरा एक व्यक्ति .... संज्ञा है। (वाचक)

(ii) त्रिभुज के तीनों कोणों का योग दो समकोण के बराबर होता है। समकोण त्रिभुज में एक कोण एक समकोण के बराबर होता है। समकोण त्रिभुज के शेष दो कोणों का योग .... समकोण के बराबर होता है। (एक)

पद अनुक्रमण (Sequencing of the Frames)—पद निर्माण संबंधी यह सोपान विभिन्न पदों को तार्किक एवं मनोवैज्ञानिक दृष्टि से ऐसे उचित क्रम में व्यवस्थित करने के कार्य से अपना संबंध रखता है जिसके द्वारा अधिगमकर्त्ता को सुगमतापूर्वक उसके प्रविष्टि व्यवहार से अंतिम व्यवहार की मंजिल तक पहुंचाया जा सके। इस कार्य के लिए प्रायः निम्न तीन विधियां अपनाई जाती हैं–

(i) मैट्रिक्स विधि (Matrix Method)
(ii) रुलेग या नियम–उदाहरण विधि (Ruleg Method)
(iii) एगरुल या उदाहरण–नियम विधि (Egrule Method)

मैट्रिक्स विधि में एक मैट्रिक्स की रचना की जाती है। इसलिए मैट्रिक्स के एक अक्ष पर अधिगम सामग्री के रूप में सभी महत्त्वपूर्ण संप्रत्ययों, उपसंप्रत्ययों तथा अधिगम इकाई और बिंदुओं को रखने का प्रयत्न किया जाता है तो दूसरे अक्ष पर अनुदेशनात्मक उद्देश्यों की प्राप्ति में सहयोग देने वाले पदों को। इस तरह जो कुछ भी अधिगम सामग्री के रूप में अधिगमकर्त्ता के सामने रखा जाता था और जिन पदों के माध्यम से यह काम होना था वे सभी मैट्रिक्स के दोनों अक्षों पर आ जाते हैं और इस तरह मैट्रिक्स द्वारा यह अनुमान लगाने में ज़रा भी विलंब नहीं होता कि पदों की क्रमिक व्यवस्था से विषयवस्तु का प्रस्तुतीकरण ठीक प्रकार हो रहा है या नहीं तथा सभी अधिगम बिंदु प्रस्तुत पदों में शामिल हो गए हैं या नहीं।

नियम–उदाहरण विधि, जिसे अंग्रेज़ी में रुलेग (Ruleg = Rule + Example) का नाम दिया जाता है, से पदों को अनुक्रमित करने में निगमन प्रणाली (Deductive reasoning) का उपयोग किया जाता है। यहाँ नियम या सिद्धांतों से संबंधित पद पहले रखे जाते हैं, तत्पश्चात् उदाहरण संबंधी पद रखे जाते हैं जिनसे इन नियमों और सिद्धांतों के प्रयोग को अच्छी तरह समझा जा सके।

उदाहरण–नियम विधि, जिसे अंग्रेज़ी में एगरुल (Egrule = Example + Rule) कहा जाता है, से पदों को अनुक्रमित करने में आगमन प्रणाली (Inductive reasoning) का प्रयोग किया जाता है। यहाँ प्रयोग और उदाहरणों से संबंधित पद पहले रखे जाते हैं और फिर इन्हें आधार बनाते हुए ऐसे पद रखे जाते हैं जिनके सहारे किसी नियम या सिद्धांत का सामान्यीकरण करने में सहायता मिल सके।

अभिक्रम का संपादन (Editing of the Programme)—पदों को लिखने तथा उन्हें क्रमबद्ध व्यवस्थित करने के बाद जो प्रथम आलेख तैयार होता है उसे अब संपादन प्रक्रिया में से गुजारा जाता है। इस प्रक्रिया के क्रमानुसार अगांकित तीन चरण होते हैं–

(i) तकनीकी परिशुद्धि संपादन (Technical Accuracy Editing)

(ii) अभिक्रम शैली संपादन (Programme Style Editing)

(iii) रचना संपादन (Composition Editing)

तकनीकी परिशुद्धि संपादन में अभिक्रम का पुनरीक्षण एवं संपादन इस ढंग से किया जाता है कि उसमें प्रस्तुत की गई विषय सामग्री तथा निर्देशन संकेत आदि में तकनीकी दृष्टि से कोई कमी तो नहीं रह गई है। इस कार्य में विषय विशेषज्ञों तथा सहायक साधन और शिक्षण विधियों के प्रयोग में कुशल व्यक्तियों की सहायता ली जा सकती है।

अभिक्रम शैली संपादन में इस बात का ध्यान रखा जाता है कि अभिक्रम लेखन के कार्य में पदों की रचना और उनकी क्रम व्यवस्था तथा अभिक्रम की शैली आदि के दृष्टिकोण से किसी प्रकार की कमी तथा तकनीकी अशुद्धि तो नहीं रह गई है। इस कार्य में अभिक्रमक द्वारा अभिक्रम निर्माण के क्षेत्र में सिद्धहस्त व्यक्तियों की सहायता ली जा सकती है।

रचना संपादन में अभिक्रम की संपूर्ण सामग्री का भाषा संबंधी असंगतिओं एवं त्रुटियों को दूर करने हेतु पुनरीक्षण किया जाता है। रचना और व्याकरण संबंधी त्रुटियों के अलावा क्रम संख्या, रिक्त स्थानों की लंबाई, दृष्टांतों एवं उदाहरणों का प्रयोग एवं स्थान, अनुक्रिया या उत्तरों के उचित स्थान तथा संबंधित निर्देशों की भाषा और उनके स्थान आदि की उचित जांच की जाती है। इस कार्य में अभिक्रमक द्वारा आवश्यकता पड़ने पर किसी भाषा विशेषज्ञ की सहायता भी ली जा सकती है।

C. मूल्यांकन अवस्था (Evaluate Phase)—अभिक्रम निर्माण की इस अंतिम अवस्था का संबंध संपादित पदों के रूप में अनुक्रमित अभिक्रमित सामग्री के परीक्षण (Try-out) और मूल्यांकन (Evaluation) से होता है। इन परीक्षणों और मूल्यांकन के माध्यम से अभिक्रमक को निर्मित अभिक्रम की क्षमता एवं प्रभाव पूर्णता की जांच करने का पूरा–पूरा अवसर मिलता है। इस जांच प्रक्रिया के फलस्वरूप वह अपने अभिक्रम में यथानुकूल परिवर्तन एवं संशोधन करने का प्रयास करता है और इस तरह अभिक्रम को और अधिक सक्षम एवं प्रभावपूर्ण बनाने में मूल्यांकन अवस्था संबंधी परीक्षण की जांच प्रक्रिया काफी मूल्यवान सिद्ध हो सकती है। इस अवस्था से संबंधित कार्यों को निम्न प्रकार श्रेणीबद्ध किया जा सकता है।

1. व्यक्तिगत परीक्षण (Individual Try-out)
2. लघु समूह परीक्षण (Small group Try-out)
3. क्षेत्र परीक्षण (Field Try-out)
4. मूल्यांकन (Evaluation)

व्यक्तिगत परीक्षण (Individual Try-out)—जिस प्रकार के अधिगमकर्त्ताओं के लिए अभिक्रम बनाया जाता है उनके प्रतिनिधि के रूप में चार–पांच अधिगमकर्त्ताओं के ऊपर व्यक्तिगत तौर पर यह परीक्षण किया जाता है। इसके लिए संपादित अभिक्रम सामग्री के पद कार्डों पर लिखकर एक–एक करके उनके सम्मुख रखे जाते हैं और उनको अपनी अनुक्रियाएं (उत्तर) अलग कागज पर लिखने के लिए कहा जाता है। विद्यार्थी अपनी अनुक्रियाओं को कार्ड के पीछे लिखी गई सही अनुक्रियाओं से मिला सकते हैं। साथ ही उन्हें यह भी स्पष्ट कर दिया जाता है कि इस समय उनकी परीक्षा नहीं ली जा रही है बल्कि वे एक तरह से अभिक्रम को सुधारने में सहायता कर रहे हैं। इसलिए पदों की भाषा, उनके आकार तथा क्रम, पदों में प्रयुक्त उपक्रामकों (Primes) एवं अनुबोधकों (Prompts) तथा प्रस्तुत विषयवस्तु की यथार्थता तथा कठिनाई एवं सुझावों के आधार पर अभिक्रमक अपने अभिक्रम में यथानुकूल संशोधन एवं परिमार्जन करने का प्रयत्न करता है।

लघु समूह परीक्षण (Small Group Try-out)—व्यक्तिगत परीक्षण से प्राप्त परिणामों एवं सुझावों के आधार पर परिमार्जित अभिक्रम का परीक्षण अब 5 से लेकर 10 विद्यार्थियों के एक लघु समूह पर किया जाता है। परीक्षण करने से पहले इन विद्यार्थियों के ज्ञान और अधिगम स्तर की एक पूर्व–परीक्षण (Pre-test) के द्वारा जांच कर ली जाती है। तत्पश्चात् इन्हें परिमार्जित अभिक्रम की एक–एक प्रति दे दी जाती है तथा सौहार्दपूर्ण संबंध स्थापित करते हुए अनौपचारिक वातावरण में उनसे अभिक्रम सामग्री के प्रति अपनी अनुक्रिया व्यक्त करने के लिए कहा जाता है। वे अभिक्रम संबंधी अपनी कठिनाइयों तथा सुझावों को एक अलग कागज पर नोट करते जाते हैं तथा अभिक्रमक भी उनके हाव–भाव, व्यवहार तथा अनुक्रियाएं व्यक्त करने में लगाए गए समय आदि को नोट करता जाता है। अभिक्रम की समाप्ति के बाद विद्यार्थियों का उत्तर–परीक्षण (Post-test) भी लिया जाता है। उत्तर–परीक्षण और पूर्व–परीक्षण के प्राप्तांकों के अंतर से छात्रों के ज्ञान और अधिगम स्तर में कितनी वृद्धि हुई इसकी जानकारी मिलने के साथ अभिक्रम की सफलता की परख भी हो जाती है। इस तरह लघु समूह परीक्षण से प्राप्त परिणाम और सुझाव आदि अभिक्रमक को अपने अभिक्रम में आगे आवश्यक सुधार एवं परिमार्जन करने में यथेष्ट सहयोग प्रदान करते हैं।

क्षेत्र परीक्षण (Field Try-out)—लघु समूह के परीक्षण के आधार पर संशोधित एवं परिमार्जित अभिक्रम का अब अपने अंतिम दौर में कृत्रिम परिस्थितियों के स्थान पर शिक्षण–अधिगम की वास्तविक दुनिया में परीक्षण किया जाता है। यह कार्य अभिक्रमक के स्थान पर एक सामान्य कक्षा अध्यापक के द्वारा संपन्न होता है। अब तक के प्रयत्नों द्वारा परिमार्जित अभिक्रम को कक्षा अध्यापक अपने कक्षा के विद्यार्थियों के सामने रखता है तथा लघु समूह परीक्षण में बताई गई विधि के अनुसार ही पूर्व–परीक्षण तथा उत्तर–परीक्षण के प्राप्तांकों के आधार पर अभिक्रम की सफलता की परख करता है। वास्तविक कक्षा परिस्थितियों में अभिक्रम के माध्यम से शिक्षण–अधिगम कराने में जो भी कठिनाइयां या कमी छात्रों या उत्पादकों द्वारा अनुभव की जाती है उन सभी संबंधित सूचनाओं को इकट्ठा करने का कार्य अभिक्रमक द्वारा किया जाता है। आगे की मूल्यांकन प्रक्रिया को संपन्न करने तथा अभिक्रम को उन्नत बनाने और उसकी वैधता और प्रामाणिकता का निर्धारण करने में क्षेत्र–परीक्षण के ये परिणाम काफी सहायता करते हैं जिसका अनुमान आगामी वर्णन द्वारा लगाया जा सकता है।

मूल्यांकन (Evaluation)—क्षेत्र परीक्षण से प्राप्त परिणामों तथा प्रदत्तों (Data) को अभिक्रम के मूल्यांकन हेतु काम में लाया जाता है। इस मूल्यांकन का उद्देश्य अभिक्रम की वैधता (Validity) की जांच कर उसकी गुणवत्ता में वृद्धि करना तथा उसे शिक्षण–अधिगम के क्षेत्र में प्रयुक्त करने के लिए एक मान्य आधार प्रदान करना है। इस वैधता और प्रमाणिकता को स्थापित करने के लिए अभिक्रमक द्वारा आंतरिक और बाह्य दोनों ही मानदंडों (Internal and external criteria) पर क्षेत्र परीक्षण से प्राप्त परिणामों और प्रदत्तों को परखा जाता है। आगे के पृष्ठों में हम इन दोनों प्रकार के मापदंडों पर आधारित मूल्यांकन प्रक्रिया की संक्षिप्त रूप में चर्चा करना चाहेंगे।

आंतरिक मानदंड पर आधारित मूल्यांकन (Evaluation Measures Based on Internal Criterion)—इस प्रकार के मूल्यांकन में क्षेत्र परीक्षण (Field-testing) से प्राप्त प्रदत्तों (Data) के माध्यम से निम्न तीन विशेष मापों की गणना की जाती है।

(i) त्रुटि दर (Error Rate)

(ii) अभिक्रम घनत्व (Programme Density)

(iii) अनुक्रम प्रगणन (Sequence Progression)

प्रस्तुत पुस्तक में हम यहाँ पहले दो से ही परिचित होना चाहेंगे।

त्रुटि दर निर्धारण (Determination of Error Rate)—अधिगमकर्त्ता के द्वारा अभिक्रम पदों पर की गई अनुक्रियाओं के आधार पर त्रुटि दर का निर्धारण किया जाता है। अगर किसी भी पद पर अधिगमकर्त्ता द्वारा सही अनुक्रिया नहीं की जाती तो उसे एक त्रुटि माना जाता है। इस प्रकार विभिन्न पदों पर की जाने वाली ऐसी त्रुटियों का योग ज्ञात कर लिया जाता है और वह बात क्षेत्र परीक्षण में शामिल सभी अधिगमकर्त्ताओं के साथ दोहराई जाती है। इस प्रकार से प्रत्येक पद और प्रत्येक अधिगमकर्त्ताओं से संबंधित त्रुटियों को दो प्रकार के त्रुटि दरों—(i) संपूर्ण अभिक्रम या किसी अभिक्रम इकाई विशेष का त्रुटि दर तथा (ii) किसी एक पद का त्रुटि दर–ज्ञात करने के काम में लाया जाता है। ये त्रुटि दर सदैव प्रतिशत में व्यक्त किए जाते हैं और इन्हें ज्ञात करने के लिए निम्न सूत्रों का प्रयोग किया जाता है।

$$\text{अभिक्रम त्रुटि दर (Programme Error Rate)} = \frac{\text{त्रुटियों का संपूर्ण योग} \times 100}{\text{पदों की संख्या} \times \text{छात्रों की संख्या}}$$

$$\text{पद त्रुटि दर (Frame Error Rate)} = \frac{\text{पद विशेष पर त्रुटियों का संपूर्ण योग}}{\text{छात्रों की संख्या}}$$

त्रुटि दरों के माध्यम से अभिक्रम का मूल्यांकन करने में अभिक्रमक द्वारा आवश्यक सावधानी बरतने की आवश्यकता होती है। त्रुटि दर के कम होने से सदैव यह नहीं कहा जा सकता है कि अधिक्रम पूरी तरह ठीक है क्योंकि त्रुटि दर में यह कमी अभिक्रम के अधिक आसान होने और अभिक्रम पदों के निर्माण में अत्यधिक उपक्रामक और अनुबोधकों के प्रयोग का परिणाम हो सकती है। हाँ, त्रुटियों की उपस्थिति और विशेषकर त्रुटि दर की अधिकता इस बात की ओर अवश्य ही संकेत कर देती है कि अभिक्रम में ज़रूर कोई न कोई कमी रह गई है जिसे सुधारने से कुछ न कुछ प्रयत्न अवश्य किए जाने चाहिए।

अभिक्रम घनत्व का निर्धारण (Determination of Programme Density)—अभिक्रम घनत्व के द्वारा एक अभिक्रमक को अपने अभिक्रम के कठिनाई स्तर (Difficulty level) को जानकर अभिक्रम का मूल्यांकन करने में सहायता मिलती है। अभिक्रम घनत्व का मापन टाइप टोकन अनुपात (Type token ratio) के रूप में किया जाता है। इस अनुपात को निकालने में निम्न सूत्र का प्रयोग होता है।

$$\text{टाइप टोकन अनुपात (TTR)} = \frac{\text{अभिक्रम में वांछित विभिन्न अनुक्रियाओं की संख्या}}{\text{कुल अनुक्रियाओं की संख्या}}$$

उदाहरण के रूप में अगर किसी अभिक्रम में अधिगमकर्त्ता को कुल 7 बार अनुक्रिया करने की आवश्यकता पड़े और इन अनुक्रियाओं को 3 विभिन्न तरीकों से करना हो तो अभिक्रम के घनत्व का निर्धारण निम्न प्रकार होगा।

$$\text{टाईप टोकन अनुपात} = \frac{30}{70} = .428$$

टाइप टोकन अनुपात के रूप में निकाले गए उपरोक्त मूल्य की अभिक्रम मूल्यांकन के संदर्भ में व्याख्या करने के लिए इस बात का ध्यान रखा जाना चाहिए कि इस अनुपात का मूल्य 0 और 1 के बीच में ही हो सकता है। इस दृष्टि से किसी अभिक्रम का टाइप टोकन अनुपात अगर 1 निकले तो उस अवस्था में अभिक्रम घनत्व अधिक से अधिक माना जाएगा और परिणामस्वरूप अधिगमकर्त्ता से यह अपेक्षा की जाएगी कि वह अधिक्रम के प्रत्येक पद के लिए हर बार नए प्रकार से अनुक्रिया व्यक्त करे और इस तरह का अभिक्रम सबसे कठिन माना जाएगा।

दूसरी ओर अगर अधिगमकर्त्ता को प्रत्येक पद के लिए एक जैसी अनुक्रिया करनी हो तो उस अवस्था में अधिक्रम घनत्व सबसे कम माना जाएगा और अभिक्रम को सरलतम ठहराया जाएगा। इस प्रकार टाइप टोकन अनुपात के रूप में अभिक्रम घनत्व का निर्धारण अभिक्रम में टाइप टोकन अनुपात का मूल्य .25 और .33 के बीच में रहता है और इस दृष्टि से एक अभिक्रमक द्वारा ऐसे अभिक्रम के निर्माण का प्रयत्न किया जाना चाहिए जिसमें टाइप टोकन अनुपात का मूल्य .25 और .33 के बीच में रहे।

बाह्य मानदंड पर आधारित अभिक्रम मूल्यांकन (Evaluation Measures Based on the External Criteria)—बाह्य मानदंडों का संबंध अधिगमकर्त्ताओं द्वारा अभिक्रम के फलस्वरूप होने वाली अधिगम उपलब्धि से होता है। एक अभिक्रम द्वारा छात्रों के अधिगम स्तर को जितना ऊंचा उठाया जा सकता है उसे उतना ही ठीक माना जाता है। इस रूप में बाह्य मानदंडों को आधार बनाकर अभिक्रम का मूल्यांकन करने के लिए प्रायः तीन प्रकार के मापन लिए जाते हैं।

(i) मानदंड परीक्षण के द्वारा उपलब्धि–स्तर का अंकन (Assessment of achievement level on a criterion test)

(ii) अधिगमकर्त्ता की अभिवृत्ति का मापन (Assessment of learner's attitude)

अभिक्रमक के द्वारा मानदंड परीक्षण (Criterion test) का निर्माण, अभिक्रम आयोजन (Preparation of the programme) अवस्था में ही कर दिया जाता है। इस परीक्षण की सहायता से अधिगमकर्त्ता के व्यवहार में उसके प्रविष्टि व्यवहार से लेकर अन्त्य व्यवहार तक कितनी कुछ प्रगति हुई इसका अनुमान लगाकर एक अभिक्रम का मूल्यांकन किया जा सकता है।

उपलब्धि–अनुपात (Gain ratio) का निर्धारण भी अभिक्रम मूल्यांकन में काफी सहायता पहुंचा सकता है। एक अधिगमकर्त्ता के सीखने की जितनी संभावना हो उसमें से जितना वह सीख पाए उसे ही उसका उपलब्धि अनुपात कहा जाता है। इसके निर्धारण के लिए सामान्यतया निम्न सूत्र का प्रयोग किया जाता है।

$$\textbf{अनुपात उपलब्धि} = \frac{\text{उत्तर–परीक्षण और पूर्व–परीक्षण प्राप्तांकों के अंतर का औसत}}{\text{उत्तर–परीक्षण पूर्णांक और पूर्व–परीक्षण प्राप्तांकों के अंतर का औसत}}$$

$$\textbf{Gain Ratio} = \frac{\text{Mean of (Post-test Scores — Pre-test Scores)}}{\text{Mean of (Full Marks of Post-test — Pre-test Scores)}}$$

अधिगमकर्त्ता की अभिक्रम के प्रति अभिवृत्ति के मापन से भी अभिक्रम का ठीक प्रकार मूल्यांकन किया जा सकता है। इसके लिए अभिक्रमक को एक अभिवृत्ति मापनी (Scale) का निर्माण करना होता है। सामान्यतया इस दिशा में एक तीन बिंदुओं वाली मापनी (Scale) से ठीक काम चल जाता है। इसके अंतर्गत अधिगमकर्त्ता को अपनी अभिवृत्ति व्यक्त करने के लिए संबंधित कथनों के प्रति हां, ना या अनिश्चयात्मक (Yes, no or?) अनुक्रियाएं करनी होती हैं। अभिक्रम से संबंधित बातों जैसे विषयवस्तु, अभिक्रम शैली, पदों की रचना, उनकी क्रमबद्धता, अभिक्रम का कठिनाई स्तर, अभिक्रम में प्रयुक्त निर्देशन कथन, उदाहरण आदि के बारे में अधिगमकर्त्ता की क्या राय है तथा इस प्रकार अभिक्रम के प्रति वे किस प्रकार की अभिवृत्ति प्रकट करते हैं इसकी जानकारी अभिक्रम मूल्यांकन में काफी मूल्यवान सिद्ध हो सकती है। मूल्यांकन में अधिक वस्तुनिष्ठता लाने के लिए अभिक्रमक प्राप्त प्रदत्तों के आधार पर अभिवृत्ति गुणांक (Attitude coefficient) की गणना भी निम्न सूत्र के आधार पर कर सकता है।

$$\text{अभिवृत्ति गुणांक (Attitude coefficient)} = \frac{f_{yes} - f_{no}}{f_{yes} + f? + f_{no}}$$

जबकि f_{yes} = 'हां' अनुक्रियाओं की कुल बारंबारता

f_{no} = 'ना' अनुक्रियाओं की कुल बारंबारता

f ? = 'अनिश्चितपूर्ण' अनुक्रियाओं की कुल बारंबारता

अभिक्रमित अधिगम या अनुदेशन के लाभ एवं उपयोगिता (Advantage and Application of Programmed Learning or Instruction)

विद्यार्थियों, अध्यापकों और शिक्षा–प्रशासकों के लिए अभिक्रमित अनुदेशन अनेक दृष्टियों से उपयोगी और लाभप्रद सिद्ध हो सकता है। इन लाभों और उपयोगों का वर्णन संक्षेप में नीचे किया जा रहा है–

1. अनुदेशनात्मक प्रक्रिया के वैयक्तीकरण (Individualization) में अभिक्रमित अनुदेशन सहायता करता है। स्व–गति (Self-pacing) के सिद्धांत पर आधारित होने के कारण इस प्रकार का अनुदेशन प्रत्येक अधिगमकर्त्ता को उसकी अपनी योग्यता और सीखने की गति से सीखने और आगे बढ़ने का अवसर देता है।
2. अभिक्रमित अनुदेशन स्व–अधिगम और स्व–शिक्षण से संबंधित मशीनी उपकरणों जैसे शिक्षण मशीन और कंप्यूटर आदि को उनमें प्रयुक्त अभिक्रमित सामग्री (Programmed material) प्रदान करती है। इन तकनीकी माध्यमों का प्रयोग शिक्षा के क्षेत्र में निम्न प्रकार से उपयोगी सिद्ध होता है।
   (i) विद्यार्थी स्वयं शिक्षा या अनुदेशन प्राप्त कर सकते हैं।
   (ii) व्यक्तिगत ध्यान देने की समस्या का हल निकल सकता है।
   (iii) अनुभवी और प्रशिक्षित प्रभावशाली अध्यापकों की कमी की समस्या सुलझ सकती है।
   (iv) जन–शिक्षा (Mass-education) और स्वशिक्षा (Self-education) से संबंधित तकनीकों में क्रांतिकारी परिवर्तन लाने और उन्हें विकसित करने में सहायता मिलती है।
3. अभिक्रमित अनुदेशन की सहायता से शिक्षक को अपनी घिसी–पिटी और बोझिल कक्षा शिक्षण दिनचर्या से मुक्ति मिल सकती है। जब वह कम शक्ति लगाकर अधिक विद्यार्थियों का हित चिंतन कर सकता है और उनके व्यक्तित्व संबंधी अन्य पक्षों के विकास हेतु क्रियाशील हो सकता है।
4. अभिक्रमित अनुदेशन से कक्षा के सामाजिक वातावरण और कक्षा शिक्षण की अनुदेशनात्मक और शिक्षण परिस्थितियों के उचित निर्माण में भी सहायता मिलती है। अनुशासन की समस्या को हल करने और प्रभावपूर्ण कक्षा–प्रबंध संबंधी कार्यों में भी इस के द्वारा उपयोगी सहायता मिलती है।
5. अपनी कुछ निम्न विशेषताओं के कारण अभिक्रमित अनुदेशन एक प्रभावपूर्ण शिक्षण तकनीक के रूप में अध्यापक और विद्यार्थी दोनों को ही उचित सहायता प्रदान करता है–
   (i) विषयवस्तु का उचित विश्लेषण कर उसे उपयुक्त अंशों या पदों (Frames) में विभाजित किया जाता है और फिर उसे सुव्यवस्थित एवं सुसंबंधित श्रृंखला के रूप में छात्रों के सामने रखा जाता है।
   (ii) अनुदेशनात्मक उद्देश्यों को ठीक प्रकार निर्धारित किया जाता है।
   (iii) पुनर्बलन और प्रतिपुष्टि ठीक प्रकार से प्रदान की जाती है।
   (iv) विद्यार्थी को स्वाध्याय और स्व–शिक्षण का पूरा अवसर मिलता है और उसे आगे बढ़ कर ही स्वयं ही अधिगम ग्रहण करने की आदत पड़ती है।

(v) अधिगमकर्त्ता शुरू से लेकर अंत तक अधिगम प्रक्रिया में पूर्णतया सक्रिय और सजग रहता है। उसकी रुचि, अवधान और अभिप्रेरणा को शिक्षण कार्य में बराबर बनाए रखने में एक अच्छा कार्यक्रम (Programme) बहुत सहायक सिद्ध होता है।

(vi) अधिगमकर्त्ता को अधिगम क्षेत्र में किए जा रहे अपने प्रयासों का उचित मूल्यांकन करते रहने में सहायता मिलती है।

6. पाठ्यक्रम के उचित निर्माण तथा पाठ्यवस्तु के ठीक प्रकार नियोजन एवं व्यवस्थापन के कार्य में अभिक्रम निर्माण प्रक्रिया से काफी सहायता मिल सकती है। विशिष्ट बालकों के लिए पाठ्यक्रम संबंधी उचित सुधार लाने और उनके शिक्षण को उनकी आवश्यकता के अनुरूप ढालने में यहाँ काफी सहायता मिल सकती है।

7. अभिक्रमित अनुदेशन को प्रभावपूर्ण मार्गदर्शन (Guidance) और उपचारात्मक शिक्षण (Remedial teaching) हेतु अच्छी तरह काम में लाया जा सकता है।

8. अभिक्रमित अनुदेशन छात्रों में रचनात्मक चिंतन, सृजनात्मक क्षमता और तर्क शक्ति, विचार शक्ति, विभेदीकरण योग्यता, तत्काल उत्तर देने की योग्यता, निर्णय क्षमता आदि विभिन्न योग्यताओं और क्षमताओं के उचित विकास में काफी सहायक सिद्ध होता है।

9. अनुसंधान के आधार पर यह कहा जा सकता है कि अभिक्रमित अनुदेशन पाठ्यक्रम के बहुत क्षेत्रों और अनेक जटिल व्यवहार तथा कौशलों के अर्जन में अभूतपूर्व सहयोग देता है। उदाहरण के लिए भाषा और गणित में अभ्यास कार्य कराने और अन्य क्षेत्रों में नाम और तथ्यों के स्मरण, संप्रत्यय निर्माण तथा सामान्य सिद्धांतों के अधिगम के लिए और मनोशारीरिक कौशलों (Psychomotor skills) के समुचित अर्जन के लिए यह काफी उपयोगी एवं प्रभावशाली सिद्ध हो सकता है।

इस प्रकार से हम देखते हैं कि अभिक्रमित अनुदेशन शिक्षा के सभी क्षेत्रों और गतिविधियों में अमूल्य सहयोग प्रदान करने की क्षमता रखता है। इसके संबंध में व्याप्त भय जैसे इसके प्रयोग से कक्षा अध्यापक बेकार हो जायेगा और मशीनीकरण की बुराइयां शिक्षा के पावन मंदिर में प्रवेश कर जाएंगी, काफी अतिशयोक्तिपूर्ण एवं भ्रामक हैं। शिक्षा और शिक्षक के लिए अभिक्रमित अनुदेशन तो एक सहायक की भांति है। शिक्षा जगत से जुड़े हुए सभी व्यक्तियों–विद्यार्थी, अध्यापक और शिक्षा–प्रशासकों को अपने–अपने उत्तरदायित्वों को ठीक प्रकार पूरा करने में वह भरपूर सहायता करता है और परिणामस्वरूप कम शक्ति लगाकर कम समय में अधिक से अधिक प्रभावपूर्ण ढंग से विशिष्ट अनुदेशनात्मक उद्देश्यों तथा व्यापक शैक्षिक लक्ष्यों की प्राप्ति का रास्ता सहज ही खुल जाता है।

स्व-अधिगम अभिक्रमित मॉड्यूल (Self-Learning Programmed Module)

मॉड्यूल क्या है ? (What is a Module ?)

शिक्षा तथा अनुदेशन का वैयक्तीकरण करना आज समय की पुकार है। शिक्षा में हो रहे अनुसंधानों ने भलीभाँति सिद्ध कर दिया है कि व्यक्तिगत रूप से बच्चों की व्यक्तिगत विशेषताओं को ध्यान में रखकर उन्हें अनुदेशन देना सबसे अच्छा रहता है क्योंकि हर बच्चा अपनी योग्यताओं और क्षमताओं के अनुसार अपनी स्वयं की गति से ही अधिगम ग्रहण कर सकता है। जैसा कि हमने प्रस्तुत अध्याय में पढ़ा है अभिक्रमित अनुदेशन एक ऐसी ही तकनीक

है जिसके द्वारा विद्यार्थी को अपनी गति से स्वयं सीखने के लिए अभिक्रमित सामग्री के रूप में एक उत्तम शिक्षण सामग्री प्राप्त हो सकती है। इस सामग्री को स्व–अधिगम या स्व–अनुदेशन सामग्री का नाम दिया जाता है। किसी कक्षा के लिए इस प्रकार की स्व–अनुदेशन सामग्री का नियोजन करते समय उस कक्षा से संबंधित विषय के पाठ्यक्रम को उचित रूप से कुछ सार्थक इकाइयों में विभक्त करने का प्रयत्न किया जाता है। इन्हीं को तकनीकी भाषा में मॉड्यूलर इकाई अथवा मॉड्यूल का नाम दिया जाता है।

परिभाषा की दृष्टि से देखा जाए तो "एक मॉड्यूल को उन सभी अधिगम क्रियाओं का समुच्चय (Set) कहा जा सकता है जो एक विद्यार्थी को किसी एक उद्देश्य या कुछ निश्चित उद्देश्यों को प्राप्त करने में सहायता पहुँचाती हैं।"

("A module is a set of learning activities intended to facilitate the student's achievement of an objective or set of objectives."—Arendset, 1971).

इस प्रकार मॉड्यूल को किसी पाठ्यक्रम अथवा अनुदेशन कार्यक्रम का एक छोटा हिस्सा (Sub-part) या तकनीकी भाषा में उप–प्रणाली (Sub-system) कहा जा सकता है। हिस्सा या उप–प्रणाली (चाहे उसका आकार कितना भी बड़ा या छोटा क्यों न हो) होते हुए भी मॉड्यूल विद्यार्थी को अपेक्षित अधिगम अनुभव या स्वः अनुदेशन सामग्री प्रदान करने में काफी पूर्ण एवं सार्थक सिद्ध होता है।

एक स्व–अनुदेशन अभिक्रमित मॉड्यूल (Self-instruction Programmed Module) में मुख्य रूप से निम्न बातें शामिल होती हैं–

(i) मॉड्यूल इकाई के लिए निर्धारित अनुदेशन उद्देश्य।
(ii) इस इकाई में निहित विषयवस्तु अथवा अधिगम अनुभवों की रूपरेखा।
(iii) विषयवस्तु का अभिक्रमित शैली में प्रस्तुतीकरण।
(iv) मूल्यांकन प्रणाली।

उपरोक्त चारों तथ्यों का समावेश करने के अतिरिक्त एक मॉड्यूल की रचना में अनुदेशन पीरियड की लम्बाई (Length of the period) और कक्षा के आकार (Size of the class) का भी ध्यान रखा जाता है।

पीरियड की लम्बाई को मॉड्यूल रचना का आधार बनाने के लिए यह देखा जाना चाहिए कि मॉड्यूल इस प्रकार के हों कि वे समय की उस बड़ी से बड़ी इकाई में पूरे होते हैं जिससे अनुदेशन के लिए वांछित पीरियड की लंबाई को पूरा–पूरा विभाजित किया जा सके। उदाहरण के लिए अगर पीरियड की लम्बाई, 30, 45 और 60 मिनट हो तो ऐसी बड़ी से बड़ी संख्या ढूँढ़नी होगी जो 30, 45 तथा 60 को पूरा–पूरा विभाजित कर सके। 15 ऐसी संख्या है अतः इस हिसाब से ऐसे मॉड्यूल बनाने होंगे जो 15–15 मिनट में पूरे होते हों। दूसरी ओर अगर कक्षा के आकार का मॉड्यूल रचना का आधार बनाने की कोशिश की जाए तो यह देखना पड़ता है कि मॉड्यूल द्वारा कम से कम कितने बालकों की अच्छी तरह आवश्यकता पूर्ति हो सकती है। उदाहरण के लिए अगर कक्षा में 20, 40 और 60 विद्यार्थी हों तो कम से कम 20 विद्यार्थियों की आवश्यकता पूर्ति करने वाला मॉड्यूल बनाना उपयुक्त रहता है। इस तरह साधारण तौर पर पाठ्यवस्तु को मॉड्यूल (भागों या इकाइयों) में विभक्त करने के लिए कुछ निम्न बातों पर ध्यान देने की आवश्यकता है–

(i) पढ़ाए जाने वाली विषय की प्रकृति।
(ii) शिक्षण और अधिगम से संबंधित उपलब्ध परिस्थितियां और वातावरण।
(iii) अधिगमकर्त्ताओं की प्रकृति।
(iv) संपूर्ण पाठ्यक्रम अथवा कक्षा अनुदेशन कार्य की लंबाई।
(v) सत्र में पढ़ाई हेतु उपलब्ध समय और कक्षा के पीरियड की लंबाई।

इन सभी बातों और अभिक्रमित अनुदेशन निर्माण की आवश्यकताओं को ध्यान में रखकर बनाए जाने वाले एक स्व–अधिगम अभिक्रमित मॉड्यूल का क्या प्रारूप होता है और उसे कैसे बनाया जाता है यह निम्न उदाहरण द्वारा (जो रसायनशास्त्र के एक पाठ के अनुदेशन के लिए बनाया गया है) अच्छी तरह समझा जा सकता है।

विषय – रसायन विज्ञान कक्षा – सातवीं

मॉड्यूल – तत्त्व, यौगिक एवं मिश्रण

इस स्व–अधिगम सामग्री का उद्देश्य आपको रसायनशास्त्र विषय से संबंधित आपकी कक्षा के पाठ्यक्रम में शामिल प्रकरण "तत्त्व, यौगिक और मिश्रण" – के बारे में अपेक्षित ज्ञान एवं कुशलताओं के ग्रहण करने में मदद करना है। अब आप नीचे दिए अनुदेशनात्मक उद्देश्यों को पढ़िए, इनकी सहायता से आप यह जानेंगे कि प्रस्तुत अधिगम सामग्री का भलीभाँति अध्ययन करने के पश्चात् क्या शैक्षणिक लाभ होगा ?

अनुदेशनात्मक उद्देश्य (Instructional Objectives)

प्रस्तुत मॉड्यूल की सामग्री का अध्ययन करने के पश्चात् विद्यार्थी के व्यवहार में निम्न अपेक्षित परिवर्तन दिखाई देंगे।

(i) वह तत्त्व, यौगिक और मिश्रण की परिभाषा देता है।

(ii) यौगिक और मिश्रण में भेद करता है।

(iii) तत्त्व, यौगिक और मिश्रण संबंधी उदाहरण देता है।

(iv) दिए हुए पदार्थ में से तत्त्व, यौगिक और मिश्रण की पहचान करता है।

(v) किसी पदार्थ का नाम लिए जाने पर वह तत्त्व, यौगिक अथवा मिश्रण है इस प्रकार बताने में समर्थ होता है।

(vi) तत्त्व और यौगिक एवं यौगिक और मिश्रण के बीच अंतर को स्पष्ट करता है।

उपरोक्त उद्देश्यों की प्राप्ति के लिए प्रस्तुत अधिगम सामग्री को कुछ विशिष्ट अधिगम इकाइयों में विभक्त करने की चेष्टा की गई है। आपको परामर्श दिया जाता है कि आप प्रस्तुत विषय सामग्री और सम्बन्धित अनुदेशनों को ध्यान से पढ़कर यौगिक और मिश्रण के बारे में अध्ययन करने का प्रयत्न करें।

1. हम अपने चारों ओर बहुत सी वस्तुएं देखते हैं जैसे पत्थर, लकड़ी, लोहा, पानी, वायु इत्यादि। ये सभी वस्तुएं स्थान घेरती हैं, उनमें भार होता है और उन्हें पदार्थ कहा जाता है। इसलिए कोई भी वस्तु जो स्थान घेरती है और जिसमें भार होता है, उसे ———— कहा जाता है।

अनुक्रिया–पदार्थ

2. पदार्थ तीन रूपों में मिलते हैं–ठोस, द्रव और गैस। ———— के विभाजन का एक तरीका और भी है, उन्हें तत्त्व, यौगिक और मिश्रण इन तीनों वर्गों में बाँटा जा सकता है।

अनुक्रिया–पदार्थों

3. तत्त्व पदार्थों के सरलतम रूप हैं। लोहा, सोना, चाँदी, पारा, ऑक्सीजन आदि सभी तत्त्व हैं। अगर एक लोहे के टुकड़े को हम विभाजित करते जाएं तो हमें———— के अतिरिक्त कुछ नहीं मिलता। इससे मालूम पड़ता है कि लोहा केवल ———— से बना होता है किसी और चीज से नहीं।

अनुक्रिया–लोहे, लोहे

4. अब आप यही परीक्षण एक पत्थर के टुकड़े के साथ उसके छोटे–छोटे भाग करते जाएँ। आपने क्या परिणाम निकाला ? क्या पत्थर को तत्त्व कहा जा सकता है ? हाँ पत्थर भी लोहे की तरह एक——————————है।

अनुक्रिया–तत्त्व

आपने जो अब तक निरीक्षण किया है उसके आधार पर तत्त्व को परिभाषित करने का प्रयत्न करो। अब आप यह कह सकने में समर्थ हो सकते हो कि "तत्त्व——————का वह रूप है जो केवल एक ही पदार्थ से बना हुआ होता है। हम किसी भी ढंग से उसे विभाजित करते जाएं हमें उसके अतिरिक्त कोई और तरह की चीज प्राप्त नहीं होती।"

अनुक्रिया–पदार्थ

5. आइए अब यौगिकों के बारे में जाना जाए। पानी, कार्बन डाई–आक्साइड, सोडियम नाइट्रेट, कैल्शियम कार्बोनेट आदि सभी———के उदाहरण हैं।

अनुक्रिया–यौगिकों

6. अगर हम पानी को विद्युत विश्लेषण (Electrolysis) द्वारा विश्लेषित करें तो हमें उसके अवयवों के रूप में हाइड्रोजन और ऑक्सीजन प्राप्त होते हैं। इसी प्रकार हम अन्य —————— के अवयवों को भी किसी एक या अन्य विधि से अलग कर सकते हैं।

अनुक्रिया–यौगिकों

7. यौगिकों के अवयवों में एक निश्चित अनुपात पाया जाता है।

उदाहरण के लिए यौगिकों के रूप में पानी में हाईड्रोजन तथा———————दोनों अवयव 2 और 1 के अनुपात में पाए जाते हैं। यही बात कार्बन डाई–आक्साइड में है। इसमें —————और ऑक्सीजन दोनों तत्त्व 1 और 2 के अनुपात में पाए जाते हैं।

अनुक्रिया–ऑक्सीजन, कार्बन

8. इतना कुछ समझ लेने के बाद आप अब यौगिक की परिभाषा दे सकते हो। यौगिक ———————— का वह रूप है जिसमें दो या दो से अधिक तत्त्व किसी निश्चित ——— में मिले होते हैं और जिन्हें विभाजित करने में कुछ विशेष तरीकों जैसे रासायनिक अभिक्रियाओं ————————आदि की आवश्यकता पड़ती है।

अनुक्रिया–पदार्थ, अनुपात, विद्युत विश्लेषण

9. अब आप अपने आपको मिश्रण शब्द का अर्थ समझने के लिए तैयार कर सकते हो। इसके लिए एक छोटा–सा प्रयोग करके देखो। कुछ लौह चूर्ण लो और उसमें कुछ मात्रा चीनी को मिला दो। अब सोचो कि आपको किस प्रकार का पदार्थ प्राप्त हो गया है। जो पदार्थ प्राप्त हुआ है उसे ———————— कहते हैं।

अनुक्रिया–मिश्रण

10. प्राप्त पदार्थ जिसे——————कहा जाता है उसमें कुछ निम्न प्रकार के गुण देखने को मिलते हैं–

अनुक्रिया–मिश्रण

(i) मिश्रण में तत्त्व अथवा यौगिकों के रूप में विद्यमान अवयव अपने स्वाभाविक गुणों को नहीं त्यागते। क्या आप मिश्रण के इस गुण की सत्यता की परीक्षा लेना चाहते हो ? आप अवश्य ऐसा कर सकते

हो। प्रस्तुत मिश्रण जो आपके पास है इसमें दो अवयवों के रूप में एक लोहा है जो तत्त्व है तथा दूसरा चीनी है जो——————है। इन्होंने मिलकर एक नया पदार्थ बनाकर भी अपने स्वाभाविक गुणों को नहीं त्यागा है। क्योंकि जब आप चुम्बक को इस मिश्रण के पास लाते हो तो वह —————— के कणों को आकर्षित कर लेता है। इस तरह से जब मिश्रण को पानी में घोलते हो तो लोहे के कण नीचे रह जाते हैं और ——————पानी में घुल जाती है।

अनुक्रिया—यौगिक, लोहे, चीनी

(ii) मिश्रण के अवयवों को साधारण भौतिक तरीकों जैसे निथारने, छानने, वाष्पन या चुम्बकीयकरण से अलग किया जा सकता है। लोह तत्त्व तथा नमक —————को अलग करने के लिए हम जिन भौतिक तरीकों का प्रयोग कर सकते हैं उनके नाम हैं छानना तथा ———

अनुक्रिया—यौगिक, चुम्बकीकरण

(iii) मिश्रण के अवयवों में——————की तरह कोई निश्चित अनुपात नहीं पाया जाता। आप लोह चूर्ण में चीनी या नमक को किसी भी——————में मिला दें। मिलाने से जो भी पदार्थ प्राप्त होगा वह——————ही होगा।

अनुक्रिया—यौगिकों, अनुपात, मिश्रण

11. जो कुछ आपने अब तक मिश्रण के बारे में जाना है उसके आधार पर आपको मिश्रण को निम्न प्रकार परिभाषित करने में कोई कठिनाई नहीं होनी चाहिए—

मिश्रण—————— का वह रूप है जिसका निर्माण दो या दो से अधिक तत्त्वों अथवा——————को किसी भी——————में मिलाए जाने से हो जाता हो, जिसमें मिलाये जाने वाले अवयवों के मूल सुरक्षित रहते हों तथा इन अवयवों को सरल————— विधियों से अलग किया जा सकता है।

अनुक्रिया—पदार्थ, यौगिकों, अनुपात, भौतिक

12. यौगिक और मिश्रणों के बारे में इतना कुछ जानने के बाद क्या आप इनमें निहित अंतर को स्पष्ट करने में समर्थ हो ? आप अवश्य ही ऐसा कर सकते हो। आइए इस अंतर को निम्न गुणों के आधार पर स्पष्ट करके देखा जाए—

(i) मिश्रण के अवयवों में उनके मूल गुण विद्यमान रहते हैं जबकि यौगिकों में जैसे जल में न तो ऑक्सीजन के गुण विद्यमान होते हैं और न दूसरे अवयव—————के।

अनुक्रिया—हाइड्रोजन

(ii) मिश्रण के अवयवों को अलग करने का कार्य इतना आसान है कि इसे सरल ——— विधियों से भी किया जा सकता है जबकि यौगिक के अवयव इतनी आसानी से अलग नहीं किए जा सकते। उनके लिए विशेष विधियों जैसे रासायनिक क्रियाओं———— आदि की सहायता ली जाती है।

अनुक्रिया—भौतिक, विद्युत—विश्लेषण

(iii) मिश्रण प्राप्त करने के लिए हम तत्त्वों और यौगिकों को किसी भी तरह किसी भी अनुपात में मिला सकते हैं। जबकि—————को प्राप्त करने के लिए उनमें निहित तत्त्वों को किन्हीं विशेष विधियों की सहायता लेकर एक निश्चित——————में मिलाना होता है।

अनुक्रिया—यौगिकों, अनुपात

मूल्यांकन (Evaluation)

अब आपने अपने विषय के एक महत्त्वपूर्ण प्रकरण पर आधारित अध्ययन सामग्री का अध्ययन कर लिया है। आइए देखें आपने अपने आप जो कुछ भी अध्ययन किया है उससे आपने क्या सीखा है। इस कार्य हेतु आपको सलाह दी जाती है कि आप नीचे दिये हुए प्रश्नों के उत्तर दें। ध्यान रखें कि आपके उत्तर सटीक और संक्षिप्त होने चाहिएं–

1. परिभाषा दो– (a) पदार्थ– ....
   (b) तत्त्व– ....
   (c) यौगिक– ....
   (d) मिश्रण– ....
2. उदाहरण दो– (a) पदार्थ– ....
   (b) तत्त्व– ....
   (c) यौगिक– ....
   (d) मिश्रण– ....
3. नीचे दिये गये पदार्थों के आगे E, C और M लिखकर यह बताओ कौन सा पदार्थ तत्त्व, यौगिक अथवा मिश्रण है–

लोहा	( )	चाँदी	( )
सोडियम	( )	आइसक्रीम	( )
वायु	( )	सोना	( )
चीनी	( )	पोटैशियम नाइट्रेट	( )

4. नीचे यौगिक और मिश्रण में अंतर बताने के लिए कुछ कथन दिए हुए हैं इनमें से जो भी सही हो उसके आगे 'हाँ' तथा जो गलत हों उसके आगे 'न' लिखकर उत्तर दीजिए–
   (i) यौगिक में अवयवों का अनुपात निश्चित होता है जबकि मिश्रण के अवयवों का नहीं।
   (ii) यौगिक के अवयव साधारण भौतिक विधियों द्वारा अलग किए जा सकते हैं मिश्रण के नहीं।
   (iii) मिश्रण के अवयवों में मूल गुण विद्यमान रहते हैं जबकि यौगिकों के अवयवों में नहीं।

सार-संक्षेप (Summary)

1. अभिक्रमित अनुदेशन या अधिगम शिक्षण अधिगम प्रक्रिया में एक ऐसे प्रभावपूर्ण अनुदेशन का प्रतिनिधित्व करता है जिसमें अभिक्रमित अधिगम या अनुदेशन के मूलभूत पाँच सिद्धांतों का अनुसरण करके पढ़ाई जाने वाली विषयवस्तु को छोटे–छोटे ऐसे सुव्यवस्थित पदों में इस प्रकार शृंखलाबद्ध करके प्रस्तुत किया जाता है कि अधिगमकर्त्ता को स्वयं अपनी गति से सीखने और आगे बढ़ने का उपयुक्त अवसर मिल सके।

2. अभिक्रमित अनुदेशन या अधिगम तकनीक का शिक्षण–अधिगम क्षेत्र में उपयोग करने हेतु जिन पाँच मूलभूत सिद्धांतों का अनुसरण कर आगे बढ़ा जाता है वे हैं (i) लघु पद सिद्धांत (ii) सक्रिय अनुक्रिया सिद्धांत (iii) तत्काल प्रतिपुष्टि सिद्धांत (iv) स्वगति सिद्धांत (v) छात्र परीक्षण सिद्धांत।

3. अभिक्रमित अनुदेशन में अनुदेशनात्मक सामग्री अथवा विषयवस्तु को जिस रूप में अधिगमकर्त्ता के सामने रखा जाता है उसे अभिक्रम निर्माण की संज्ञा दी जाती है तथा इस निर्माण कार्य को संपन्न करने वाले व्यक्ति को अभिक्रमक कहा जाता है। अपने निर्माण कार्य हेतु अभिक्रमक जिस कार्य पद्धति का प्रयोग करता है उसे अभिक्रम शैली कहा जाता है। इन शैलियों में जिनका मुख्य रूप से अभिक्रमकों द्वारा प्रयोग किया जाता है वे हैं रेखीय तथा शाखात्मक शैलियाँ। इन शैलियों द्वारा निर्मित अभिक्रम को रेखीय तथा शाखात्मक शैलियों पर आधारित अभिक्रम कहा जाता है।

4. बी.एफ. स्किनर को रेखीय शैली अभिक्रम के प्रतिपादक के रूप में जाना जाता है। इस प्रकार के अभिक्रम में अनुदेशन सामग्री अथवा विषयवस्तु को छोटे–छोटे सार्थक पदों या फ्रेमों में शृंखलाबद्ध करके व्यवस्थित क्रम में एक–एक करके अधिगमकर्त्ता के सामने रखा जाता है और उससे यह अपेक्षा की जाती है कि वह सक्रिय रूप से जल्दी ही इन पदों के प्रति अपनी बाह्य अनुक्रिया व्यक्त करे। जैसे ही वह यह करता है उसे अपनी अनुक्रिया के सही होने की सूचना मिल जाती है और फिर परिणामस्वरूप उत्साहित होकर वह आगे की पद की विषयवस्तु को सीखने का प्रयास करता है। प्रयत्न यही किया जाता है कि विषयवस्तु को ऐसे अभिक्रमित किया जाए कि अधिगमकर्त्ता द्वारा अनुक्रिया करने में कम से कम त्रुटि की संभावना हो और उसे सदैव सकारात्मक पुनर्बलन प्राप्त होता रहे। इस प्रकार के अभिक्रम में अधिगम मार्ग के एक सरल रेखा की तरह स्पष्ट, क्रमबद्ध एवं परस्पर सम्बन्धित होने के कारण ही इसे रेखीय अभिक्रम की संज्ञा दी जाती है। इस मार्ग पर अपनी गति से आगे बढ़ते हुए जब भी कोई अधिगमकर्त्ता किसी पद के प्रति गलत अनुक्रिया करता है तो उसे तब तक आगे के पद पर जाने नहीं दिया जाता जब तक कि वह पहले पद की बातों को अच्छी तरह पुनः अध्ययन कर सही अनुक्रिया व्यक्त करने में सक्षम न हो जाए।

5. शाखात्मक अभिक्रम के प्रतिपादक के रूप में नार्मन क्राउडर का नाम लिया जाता है। इस अभिक्रम में रेखीय अभिक्रम की तुलना में कुछ अधिक बड़े आकार के पदों या फ्रेमों के रूप में अधिगम सामग्री अधिगमकर्त्ता के माध्यम से अपनी अनुक्रिया व्यक्त करने को कहा जाता है। अगर उसके द्वारा सही उत्तर दिया जाता है तो उसे आगे के पद की विषय सामग्री अध्ययन के लिए दे दी जाती है अन्यथा उसे अपेक्षित जानकारी प्राप्त करने हेतु एक या एक से अधिक शाखाओं अर्थात् अन्य पदों में निहित विषय सामग्री का अध्ययन करने के लिए कहा जाता है। यह जानकारी प्राप्त करने के बाद उसे फिर अधिगम मार्ग पर वापिस लाकर नया पद प्रदान कर बहु विकल्पीय प्रश्नों के माध्यम से स्व–अधिगम मार्ग पर आगे बढ़ते रहने का अवसर दिया जाता रहता है।

6. किसी भी अभिक्रमित अनुदेशन या अधिगम सामग्री का निर्माण कार्य जिन मुख्य तीन अवस्थाओं में पूरा किया जाता है वे हैं तैयारी की अवस्था, विकासात्मक अवस्था तथा मूल्यांकन अवस्था। तैयारी की अवस्था में मुख्य रूप से जो कार्य किए जाते हैं वे हैं (i) विषयवस्तु अथवा इकाई का चयन (ii) अधिगमकर्त्ता के विषय में धारणा लेखन (iii) व्यवहारपरक भाषा में उद्देश्य लेखन (iv) विद्यार्थियों के प्रविष्टि व्यवहार का लेखन (v) विषयवस्तु की विशिष्ट रूपरेखा का निर्माण तथा (vi) मानदंड परीक्षण का निर्माण। विकासात्मक अवस्था क्रियान्वयन की अवस्था है इसी में वास्तविक रूप में अभिक्रम का कार्य जिन तीन चरणों में पूरा किया जाता है वे हैं (i) पद लेखन (ii) पद अनुक्रमण तथा (iii) अभिक्रम संपादन। तीसरी अवस्था

मूल्यांकन में निर्मित अभिक्रमित सामग्री के परीक्षण और मूल्यांकन से संबंधित कार्य संपादित किए जाते हैं। मुख्य रूप से इन कार्यों में हम जिनका उल्लेख कर सकते हैं वे हैं (i) व्यक्तिगत परीक्षण, (ii) लघु समूह परीक्षण (iii) क्षेत्र परीक्षण तथा (iv) मूल्यांकन।

7. अध्यापकों द्वारा विषय विशेष के स्व–अधिगम या स्व–अनुदेशन हेतु विद्यार्थियों के हितार्थ अभिक्रमित स्व–अधिगम माड्यूल का निर्माण किया जा सकता है। इस संबंध में एक अभिक्रमित माड्यूल को विषय विशेष की विषयवस्तु से संबंधित एक ऐसी सार्थक इकाई के रूप में समझा जा सकता है जिसके अध्ययन के परिणामस्वरूप विद्यार्थियों को स्वगति से अध्ययन मार्ग पर चलते हुए उस इकाई से सम्बन्धित अनुदेशनात्मक या अधिगम उद्देश्यों की सार्थक ढंग से उपलब्धि संभव हो सके। इस प्रकार के माड्यूलों के निर्माण हेतु जो गतिविधियाँ अपनाई जाती हैं उन्हें मुख्य रूप से जिन तीन चरणों में पूरा किया जाता है वे हैं (i) अनुदेशनात्मक उद्देश्यों का निर्धारण और उनकी व्यवहारजन्य शब्दावली में अभिव्यक्ति (ii) उचित अभिक्रम शैली को अपनाते हुए अभिक्रमित सामग्री के पदों का लेखन तथा (iii) मूल्यांकन हेतु उचित प्रश्नों का निर्माण।

संदर्भित एवं विशेष अध्ययन ग्रंथ (References and Suggested Readings)

Arendset, R.L. et al., "Handbook for the development of instructional modules" in *Competency based Teacher Education Programs*, Synacause, New York: The Center for Study of Teaching, 1971.

Crowder, Norman A., "Automatic tutoring by means of intrinsic programming" in E.H. Galanter (Ed.), *Automatic Teaching: The State of Art,* New York: Wiley, 1954.

Espich, J.E. and B. William, *Developing Programmed Instructional Materials*, London: Pitsman, 1967.

Green, Edward J., *The Learning Process and Programmed Instruction*, New York: Holt, Rinehart and Winston, 1962.

Gulati, R. and Gulati, K., *Programmed Learning,* Chandigarh: Mohindra Capital Publishers, 1976.

Jacobs, P.I. et al., *A Guide to Evaluating Self-Instructional Programmes*, New York: Holt, Rinehart and Winston, 1966.

Leith, G.O.M. et al., *A Hand Book of Programmed Learning,* Birmingham: University of Birmingham, 1966.

Lumsdaine, A.A. and Robert Glaser (Eds.), *Teaching Machines and Programmed Learning: A Source Book*, Washington: Dept. of Audio-Visual Instruction, National Education Association, 1960.

Lysaught, Jerome P. and Clarence M. Williams, *A Guide to Programmed Instruction*, New York: Wiley, 1963.

Margulies, Stuart, *Applied Programmed Instruction*, New York: John Wiley, 1963.

Markle, S.M., *Good Frames and Bad: A Grammar of Frame Writing*, New York, John Wiley & Sons, 1869.

Mavi, N.S., *Programmed Learning: An Empirical Approach*, Kurukshetra: Vishal Publications, 1984.

Skinner, B.F., *Technology of Teaching*, New York: Appelton Century Crofts, 1955.

Smith, W.J. and W.J. Moore, *Programmed Learning*, New York: Von Nostrand, 1962.

Taber, Julian I., Robert Glaser, and Halmurth H. Schefer, *Learning and Programmed Instruction*, Reading Mass: Addision Wesley, 1965.

Talyzina, Nina Fedorovna, *The Psychology of Learning: Theories of Learning and Programmed Instruction,* Moscow: Progress Publishers, 1981.

अध्ययन के लिए प्रश्न (Study Questions)

1. अभिक्रमित अधिगम आंदोलन के विकास संबंधी इतिहास का संक्षेप में वर्णन कीजिए।
2. अभिक्रमित अनुदेशन से क्या अभिप्राय है ? इसके आधारभूत सिद्धांतों का उल्लेख कीजिए।
3. अभिक्रमित अनुदेशन की परिभाषा दीजिए, और उसकी प्रकृति एवं विशेषताओं पर प्रकाश डालिए।
4. अभिक्रमित अनुदेशन से संबंधित कौन–कौन सी मुख्य शैलियां अधिक प्रचलित हैं। इनमें किसी एक शैली पर आधारित अभिक्रम की विस्तृत रूप से चर्चा कीजिए।
5. रेखीय अभिक्रम क्या है ? इसे रेखीय अथवा बाह्य अभिक्रम क्यों कहा जाता है ? इसकी कार्य प्रणाली का वर्णन कीजिए।
6. शाखात्मक अभिक्रम की मूलभूत धारणाओं और कार्यप्रणाली का वर्णन कीजिए।
7. रेखीय अभिक्रम के गुण एवं विशेषताओं का उल्लेख कीजिए और इसकी सीमाओं और दोषों पर भी प्रकाश डालिए।
8. 'मैथेटिक्स अभिक्रम' से आप क्या समझते हैं ? इसकी विशेषताओं और कार्यप्रणाली का उदाहरण सहित वर्णन कीजिए।
9. रेखीय और शाखात्मक अभिक्रम की तुलना कीजिए। उच्च स्तरीय अधिगम के लिए इन दोनों में किसे आप उचित ठहराएंगे और क्यों ?
10. शाखात्मक अभिक्रम की विशेषताओं का उल्लेख कीजिए और इसकी सीमाओं एवं दोषों पर भी प्रकाश डालिए।
11. अभिक्रमित अनुदेशन सामग्री के निर्माण संबंधी विभिन्न अवस्थाओं और उनमें निहित कार्यों का संक्षेप में उल्लेख कीजिए।
12. अभिक्रमित अनुदेशन के महत्त्व एवं उपयोगिता की विस्तार से चर्चा कीजिए।
13. अभिक्रमित अनुदेशन सामग्री को विकसित करने से संबंधित अवस्थाएं कौन–कौन सी होती हैं उनमें किसी एक अवस्था से संबंधित कार्यों का विस्तार में उल्लेख कीजिए।
14. स्व–अधिगम अभिक्रमित मॉड्यूल (Self learning programmed module) क्या है ? विद्यालय स्तर की माध्यमिक कक्षाओं हेतु किसी एक प्रकरण पर इस प्रकार के मॉड्यूल को विकसित किए जाने की प्रक्रिया का उदाहरण सहित वर्णन कीजिए।

20

विद्यार्थी नियंत्रित अनुदेशन
(Learner Controlled Instruction)

अध्याय रूपरेखा (Chapter Outline)

विषय प्रवेश
(Introduction)

विद्यार्थियों में अधिगम ग्रहण करने की दृष्टि से बहुत अधिक विभिन्नताएं देखने को मिलती हैं। इस प्रकार की मनोवैज्ञानिक विचारधारा को विश्व के लगभग सभी शिक्षाशास्त्रियों ने पूरी मान्यता प्रदान की है। इसी के परिणामस्वरूप अनुदेशन के क्षेत्र में वैयक्तीकरण (Individualization) संबंधी प्रवृत्तियों एवं प्रयत्नों को प्रोत्साहन मिला है। अनुदेशन के वैयक्तीकरण से यहाँ हमारा अभिप्राय प्रत्येक बालक को उसकी अपनी आवश्यकताओं और योग्यताओं के अनुरूप अनुदेशन प्रदान करने से है अथवा दूसरे शब्दों में जिस प्रकार अधिगम अनुभव कोई एक विद्यार्थी ग्रहण करना चाहता है उसके लिए उसी प्रकार के अनुदेशन की व्यवस्था की जानी चाहिए। सभी विद्यार्थियों को उनकी अपनी आवश्यकताओं तथा योग्यताओं के अनुरूप व्यक्तिगत रूप से उचित अनुदेशन की व्यवस्था करने हेतु शिक्षा शास्त्रियों ने काफी अनुसंधान कार्य किए हैं जिनके परिणामस्वरूप अनुदेशन संबंधी कई नवीन प्रारूपों का उदभव हुआ है। उनमें से कुछ उल्लेखनीय हैं जिन्हें अगले पृष्ठ पर दर्शाया गया है।

1. अभिक्रमित अनुदेशन (Programmed Instruction)
2. विद्यार्थी नियंत्रित अनुदेशन (Learner Controlled Instruction)
3. अनुदेशन की वैयक्तिक प्रणाली (Personalized System of Instruction)
4. कंप्यूटर सह–अनुदेशन (Computer Assisted Instruction)

उपरोक्त नवाचारों में से हम पहले प्रकार के व्यक्तिगत अनुदेशन प्रारूप, अभिक्रमित अनुदेशन का पिछले 19वें अध्याय में अध्ययन कर चुके हैं। इस अध्याय में हम दूसरे व्यक्तिगत अनुदेशन प्रारूप, विद्यार्थी नियंत्रित अनुदेशन के बारे में जानने का प्रयत्न करेंगे। शेष अन्य नवाचारों का क्रमशः आगे के अध्यायों में अध्ययन किया जायेगा।

आवश्यकता एवं उद्गम (Need and Origin)

अभिक्रमित अनुदेशन के बारे में हम यह जान चुके हैं कि इसका लक्ष्य अनुदेशन प्रक्रिया का वैयक्तीकरण करना है। यहाँ एक अभिक्रमक (Programmer) अनुदेशन हेतु इस प्रकार के अभिक्रम का निर्माण करता है जिसके द्वारा किन्हीं विशिष्ट प्रकार के अधिगमकर्त्ताओं की अधिगम संबंधी आवश्यकताओं की पूर्ति हो सके। सिद्धांत रूप में तो यह कह दिया जाता है परंतु जब अधिगमकर्त्ताओं द्वारा इसे व्यवहार रूप में लाकर अधिगम ग्रहण करने की कोशिश की जाती है तो कहानी कुछ दूसरी ही होती है। जो भी उन्हें चाहिए तथा जिसकी उन्हें आवश्यकता होती है ऐसे अधिगम अनुभव ग्रहण करने संबंधी सामग्री उन्हें नहीं मिल पाती। ऐसी स्थिति में इस प्रकार के अभिक्रम या अधिगम सामग्री की आवश्यकता है जो विद्यार्थियों की तत्कालीन जरूरतों को पूरा करने की क्षमता रखती हो। जहाँ तक अभिक्रमित सामग्री की बात है यहाँ तो विद्यार्थियों को वही अध्ययन करना होगा जिसे अभिक्रमक द्वारा नियोजित कर दिया गया है और फिर एक बार विद्यार्थियों को परंपरागत शिक्षण की तरह ही दूसरों के द्वारा तय किए गए अधिगम पथ पर चलने को मजबूर होना पड़ेगा। अगर व्यक्तिगत अनुदेशन सिद्धांत वास्तविक रूप में लागू करना है तो प्रत्येक विद्यार्थी को उसकी अपनी योग्यताओं, रुचियों और आवश्यकताओं के अनुरूप अधिगम मार्ग स्वयं चुनने का अवसर मिलना ही चाहिए। यही वह आवश्यकता थी जिसने रोबर्ट मेगर और उसके साथियों को मजबूर किया कि वे प्रयत्न कर किसी ऐसे अनुदेशन प्रारूप का आविष्कार करें जो परंपरा की लीक से हटकर अधिगम मार्ग या अधिगम अनुभवों को चुनने और नियोजित करने का अधिकार अधिगमकर्त्ता को ही दे अध्यापक या अभिक्रमिक को नहीं। इस कार्य हेतु उन्होंने विभिन्न अनुसंधानात्मक परीक्षणों के आधार पर अनुदेशन के एक नवीन प्रारूप को जन्म दिया तथा उसकी व्यावहारिकता एवं उपयोगिता की परख हेतु तुलनात्मक अध्ययन एवं परीक्षण भी किए। ऐसे दो अध्ययनों की चर्चा नीचे की जा रही है।

1. उनके द्वारा किए गए एक अध्ययन का विषय यह जानना था कि क्या अभिक्रमक द्वारा निर्धारित अधिगम अनुभवों तथा अधिगम पथ और अधिगमकर्त्ता द्वारा निर्धारित अधिगम अनुभवों तथा अधिगम पथ में कोई अंतर होता है या नहीं। इस अध्ययन हेतु छः विद्यार्थियों तथा एक अनुदेशक को रखा गया। विद्यार्थियों को इलेक्ट्रोनिक्स विषय पर अध्ययन करना था। उन्हें अपना अधिगम पथ चुनने की पूरी स्वतंत्रता दी गई। वे अपने अनुदेशक (अध्यापक) से कोई भी प्रश्न पूछ सकते थे तथा उससे अपनी इच्छानुसार कोई भी सूचना या सहायता प्राप्त कर सकते थे। अनुदेशक को शिक्षण अधिगम प्रक्रिया में सारे समय विद्यार्थियों के साथ ही रहना था परंतु यह तय करना कि क्या पढ़ना है और कैसे पढ़ना है छात्रों को अपनी ही तरह से व्यक्तिगत रूप से करना था। अनुदेशक अपनी कोई बात उन पर लादने के लिए स्वतंत्र नहीं था। उसे केवल मात्र एक सहायक या अधिगम स्रोत की भूमिका निभानी थी, निर्देशक या

उपदेशक की नहीं। जो कुछ विद्यार्थियों के द्वारा किया गया, जो प्रश्न पूछे गए तथा जिस अधिगम मार्ग का अपनी–अपनी तरह अनुसरण किया गया उस सभी का पूरा ब्योरा रखने का प्रयत्न इस अध्ययन में किया गया ताकि उचित परिणाम निकाले जा सकें।

2. मेगर ने मेकन के साथ 1961 में एक औद्योगिक प्रशिक्षण संस्थान के इंजीनियरिंग स्नातकों के साथ एक और अध्ययन किया जिसमें अधिगमकर्त्ताओं के सामने निश्चित अधिगम उद्देश्य रखकर उन्हें अपना अधिगम पथ स्वयं चुनकर आगे बढ़ने के लिए कहा गया। वे चाहे जिस तरह अनुदेशन प्राप्त कर सकते थे और जिस तरह भी चाहें अपने उद्देश्यों की प्राप्ति के लिए प्रयत्न कर सकते थे। इस तरह अनुदेशन प्रक्रिया पर सभी प्रकार से व्यक्तिगत रूप से नियंत्रण रखा गया। अनुसंधानकर्त्ताओं ने इस प्रकार के अनुदेशन प्राप्ति के परिणामों की परंपरागत अनुदेशन से प्राप्त परिणामों की तुलना की और पाया कि उनके द्वारा प्रतिपादित विद्यार्थी नियंत्रित अनुदेशन प्रारूप द्वारा परंपरागत अध्यापक नियंत्रित अनुदेशन की तुलना में 65% समय की बचत होती है।

इस प्रकार दोनों उपरोक्त अनुसंधानात्मक अध्ययनों के आधार पर मेगर और उसके साथियों ने निम्न निष्कर्ष सामने रखे–

– अधिगमकर्त्ता की उन चीजों के सीखने में अधिक रुचि पाई जाती है जिन्हें सीखने के लिये स्वयं उसके द्वारा निर्णय लिया गया हो।
– अधिगमकर्त्ता या विद्यार्थी अपने आप में क्या है। यह वह स्वयं ही अच्छी तरह बता सकता है। अतः उसके प्रारंभिक व्यवहार की जानकारी के लिए उससे जानकारी प्राप्त करने को पर्याप्त महत्त्व दिया जाना चाहिए।
– शिक्षक द्वारा नियत अधिगम पथ से विद्यार्थी द्वारा नियत अधिगम पथ अवश्य ही अलग होता है। क्योंकि जो शिक्षक सोचते हैं वे उसे अपने कठिनाई और योग्यता स्तर को ध्यान में रखकर सोचते हैं। अतः उनके द्वारा तय किया हुआ अधिगम पथ विद्यार्थियों पर खरा नहीं उतरता। उदाहरण के तौर पर प्रारंभिक चरण में विद्यार्थी सैद्धांतिक बातों में कोई रुचि नहीं दिखाते जबकि अध्यापक सैद्धांतिक पृष्ठभूमि को पहले सामने रखना चाहते हैं। इसी तरह वे किसी वस्तु की संरचना को पहले नहीं सीखना चाहते बल्कि उसकी कार्य प्रणाली से पहले परिचित होना चाहते हैं कि वह वस्तु हमारे किस तरह किस रूप में काम आती है। यही कारण है कि वे टेलीविजन के बारे में पढ़ाने के समय यह पहले जानना चाहते हैं कि यह कैसे चलता है और फिर उसके बाद उसे कौन चलाता है उसमें क्या–क्या होता है आदि बातों की जानकारी लेना चाहते हैं।
– विद्यार्थियों को अपने अनुदेशन से संबंधित उद्देश्यों को निर्धारित करने की पूरी स्वतंत्रता होनी चाहिए क्योंकि अपनी क्षमताओं तथा रुचियों के आधार पर यह वे ही निश्चित कर सकते हैं कि उन्होंने अधिगम द्वारा क्या प्राप्त करना है।
– अनुदेशन प्रक्रिया को अगर शिक्षक के नियंत्रण में रखने की अपेक्षा स्वयं अधिगमकर्त्ता के हाथ में सौंप दिया जाए तो इससे अधिगम ग्रहण करने के कार्य में विद्यार्थी और अध्यापक दोनों के ही समय में काफी बचत हो सकती है।

इस प्रकार मेगर और उसके साथियों ने औद्योगिक प्रशिक्षण के संदर्भ में व्यक्तिगत अनुदेशन के लिए जिस नवीन प्रारूप की खोज के लिए अनुसंधान कार्य किया था उसी के परिणामस्वरूप शिक्षा जगत को विद्यार्थी नियंत्रित अनुदेशन प्रारूप के रूप में एक नवीन अनुदेशन प्रणाली की प्राप्ति संभव हो सकी। उन्होंने इस नवीन

व्यक्तिगत अनुदेशन प्रणाली को पहले इलेक्ट्रोनिक्स नामक उपविषय को सीखने के लिए प्रायोगिक रूप में इस्तेमाल करके देखा और फिर इसे अन्य विषयों से संबंधित प्रकरणों के व्यक्तिगत अनुदेशन के लिए प्रयोग में लाने का परामर्श दिया।

अर्थ, प्रकृति और परिभाषा (Meaning, Nature and Definition)

विद्यार्थी नियंत्रित अनुदेशन जैसा कि नाम से ही पता लग जाता है एक ऐसा अनुदेशन है जिसका नियंत्रण विद्यार्थी के अपने हाथ में रहता है। परंपरागत शिक्षण में जहाँ यह नियंत्रण अध्यापक के हाथ में रहता है और टोली शिक्षण में टोली के सदस्यों के द्वारा अनुदेशन प्रक्रियायों को नियंत्रित किया जाता है वहाँ इस दृष्टि से विद्यार्थी नियंत्रित अनुदेशन इन दोनों से ही बिल्कुल अलग प्रकार का होता है। यहाँ जो कुछ पढ़ना होता है उसके क्रम का निर्धारण स्वयं विद्यार्थी द्वारा ही किया जाता है। परंपरागत अनुदेशन या अभिक्रमित अनुदेशन की तरह शिक्षक या अभिक्रमक द्वारा नहीं। एक तरह से विद्यार्थी नियंत्रित अनुदेशन, "तुम्हें यही पढ़ना है जो पहले से ही निर्धारित कर दिया गया है" इस प्रकार के कठोर बंधनों के विरुद्ध खुली बगावत है। इसमें अध्यापक का कठोर अनुशासन या नियंत्रण नहीं चलता बल्कि प्रत्येक अधिगमकर्त्ता को स्वयं अपना अधिगम पथ चुनकर आगे बढ़कर स्वयं अनुदेशन प्राप्त करने के लिए कहा जाता है। विद्यार्थी नियंत्रित अनुदेशन जिस मूल बात को आधार बनाकर आगे बढ़ता है वह यही है कि कोई सीखने वाला तभी अच्छी तरह सीख सकता है जबकि वही सिखाया जाए जो वह चाहता हो और जो उसकी रुचियों, आवश्यकताओं तथा क्षमताओं के अनुरूप हो। सीखने संबंधी क्रम को तय करने में उसी की राय ली जाती हो और कैसे सीखना है इसका निर्धारण भी उसी के हाथ में हो। सीखने की गति और सीखने को प्रभावित करने वाले अन्य कारकों पर भी उसका उचित नियंत्रण हो ऐसा होने पर ही अच्छी तरह सीखा जा सकता है और ऐसा अनुदेशन ही सही अर्थों में विद्यार्थी अनुदेशन कहा जा सकता है। यहाँ अध्यापकों की भूमिका निर्देशक, प्रवचक या उपदेशक की न होकर एक अच्छे सहायक या परामर्शदाता की होती है। विद्यार्थी जिस समय जो प्रश्न पूछना चाहे, जो सहायता लेना चाहे उसे देना ही उनका कर्त्तव्य होता है अपनी ओर से ज्ञान या उपदेश की कोई बात लादना या आदेश देना उनका कार्य नहीं होता। इस प्रकार के अनुदेशन में उन्हें मात्र संसाधन या स्रोत (Resource media) की भूमिका ही निभानी होती है जिसका इच्छित उपयोग करना विद्यार्थियों के हाथ में ही होता है। विद्यार्थियों को अधिगम पथ चुनकर स्वयं यह तय करना होता है कि वे क्या प्रश्न पूछें तथा किस प्रकार की सीखने संबंधी क्रियायें करें। अध्यापक को उनके प्रश्नों के उत्तर देने होते हैं तथा जो वह सहायता चाहें उन्हें समयानुसार देनी होती है। नियंत्रण विद्यार्थियों के हाथ में होता है कि वह किस रूप में अधिगम पथ पर आगे बढ़ें ताकि निश्चित अधिगम उद्देश्यों की प्राप्ति की जा सके।

इस प्रकार ध्यान से देखा जाए तो विद्यार्थी नियंत्रित अनुदेशन में विद्यार्थी द्वारा पहल करने, प्रश्न पूछने और अध्यापक द्वारा पहले से कोई भी कदम न उठाने बल्कि जो शिष्य पूछता है या चाहता है उसी के अनुसार अनुक्रिया करने की जो बात है वह अनुदेशन के लिए प्रसिद्ध हमारी गुरु–शिष्य संवाद शैली या योरोपियन सुकरात शैली से बिल्कुल विपरीत नजर आती है। विद्यार्थी नियंत्रित अनुदेशन में मुख्य भूमिका विद्यार्थी की ही होती है। ज्ञान की प्यास उसी को होती है अध्यापक को तो उसकी यह प्यास बुझाने में सहायता भर ही करनी होती है। इसी प्रकार की ज्ञान पिपासा अर्जुन को थी, उसी के मन में कई तरह की आशंकाएं थीं मस्तिष्क में ढेर सारे प्रश्न थे जिन्हें वह पूछता गया और श्रीकृष्ण ने उसके प्रश्नों के उत्तर देने तथा ज्ञान प्राप्ति में उसकी सहायता करने का उत्तरदायित्व उसी रूप में उठाया जो कि विद्यार्थी नियंत्रित अनुदेशन में एक शिक्षक द्वारा उठाया जाना चाहिए। अतः गीता में प्रस्तुत शिष्य गुरु संवाद शैली विद्यार्थी नियंत्रित अनुदेशन का एक अच्छा उदाहरण प्रस्तुत

करती है। इसमें अनुदेशन प्रक्रिया का सारा नियंत्रण शिष्य अर्जुन के हाथ में ही रहता है। अधिगम पथ का चुनाव भी उसी के द्वारा किया जाता है और उसका नियंत्रण भी वह उसी तरह करता है ताकि जो जानना चाहता है उसे पूरी तरह जानकर अभीष्ट संतुष्टि प्राप्त कर सके।

इस प्रकार ऊपर की पंक्तियों में जो कुछ भी विचार मंथन किया गया है उसके आधार पर विद्यार्थी नियंत्रित अनुदेशन को परिभाषित करने का प्रयत्न किया जाए तो यह परिभाषा कुछ निम्न शब्दों में दी जा सकती है–

विद्यार्थी नियंत्रित अनुदेशन व्यक्तिगत अनुदेशन की एक ऐसी प्रणाली या प्रारूप है जिसमें अनुदेशन के प्रारंभिक चरण यानी अनुदेशनात्मक उद्देश्यों को निर्धारित करने से लेकर उनके भलीभाँति प्राप्ति होने तक संपूर्ण अधिगम तथा अनुदेशन प्रक्रिया पर विद्यार्थी का इस प्रकार पूर्ण नियंत्रण रहता है कि शिक्षक की भूमिका मात्र एक अच्छे सहायक या मार्गदर्शक के रूप में सिमट कर रह जाती है।

विद्यार्थी नियंत्रित अनुदेशन की प्रक्रिया और सोपान (The Procedure and Steps for Learner Controlled Instruction)

विद्यार्थी नियंत्रित अनुदेशन जैसा कि हम पहले ही कह चुके हैं एक पूर्ण रूप से विद्यार्थी द्वारा नियंत्रित एवं शासित व्यक्तिगत अनुदेशन है। इस अनुदेशन की प्रक्रिया निम्न सोपानों के अंतर्गत समझी जा सकती है।

1. **विद्यार्थी के प्रारंभिक व्यवहार के बारे में निर्णय लेना** (Decision about the initial behaviour of the learner)—क्योंकि विद्यार्थी से अधिक स्वयं अपने बारे में कौन जान सकता है, इसीलिए विद्यार्थी नियंत्रित अनुदेशन में उसी को यह अवसर दिया जाता है कि वह अपने बारे में स्वयं बताए कि योग्यता एवं पूर्वज्ञान की दृष्टि से उसका प्रारंभिक स्तर क्या है ? विद्यार्थी द्वारा अपने प्रारंभिक व्यवहार के बारे में इस तरह का निर्णय लेना विद्यार्थी नियंत्रित अनुदेशन का पहला सोपान माना जाता है।
2. **उद्देश्य निर्धारण हेतु निर्णय लेना** (Decision about the setting of objectives)—इस सोपान के अंतर्गत यह निर्णय किया जाता है कि अनुदेशनात्मक उद्देश्य किस प्रकार निश्चित किए जाएं। क्योंकि अनुदेशन पूरी तरह से विद्यार्थी के नियंत्रण में ही होता है। अतः अनुदेशनात्मक उद्देश्य के रूप में उसे कितना कुछ सीखना है, इसका निर्णय भी स्वयं विद्यार्थी पर छोड़ दिया जाता है। हाँ, अनुदेशनात्मक उद्देश्यों को निश्चित व्यावहारिक शब्दावली में व्यक्त करने के लिए अवश्य ही अध्यापक द्वारा आवश्यक सहायता देने का यहाँ प्रयत्न किया जाता है।
3. **अधिगम अनुभवों का चयन और उनकी क्रमबद्धता** (Selection and sequencing of the learning experiences)—विद्यार्थी नियंत्रित अनुदेशन में अधिगम अनुभव एवं अधिगम पथ उस तरह से निश्चित एवं पूर्व निर्धारित नहीं होता है जैसा कि परंपरागत शिक्षण में पाया जाता है। परंपरागत शिक्षण और अभिक्रमित अनुदेशन में अधिगम अनुभव और अधिगम पथ पूर्व निर्धारित पाठ्यक्रम, पूर्व संरचित अभिक्रम तथा अनुदेशनात्मक कार्यक्रम आदि के रूप में विद्यार्थी को पहले से ही तैयार मिलता है। उसे उसी के अनुसार अनुदेशन प्राप्त करना होता है परंतु इसके विपरीत विद्यार्थी नियंत्रित अनुदेशन में विद्यार्थी को निश्चित उद्देश्यों की प्राप्ति हेतु स्वयं ही अधिगम अनुभवों का चयन करना पड़ता है और अधिगम पथ को निश्चित करना होता है। इस कार्य हेतु उसे अध्यापक से कोई भी प्रश्न पूछने की, किसी प्रकार का कोई क्रियात्मक कार्य अथवा प्रयोग करने की और अध्यापक अथवा किसी भी अन्य उपलब्ध स्रोत या संसाधन से किसी भी प्रकार की कोई सूचना या सहायता प्राप्त करने की पूरी स्वतंत्रता होती है। इस तरह से इस सोपान में एक विद्यार्थी अपनी आवश्यकता, रुचि और योग्यता के अनुसार निश्चित उद्देश्यों की प्राप्ति के लिए स्वयं ही अधिगम अनुभवों का चयन करके अपने अधिगम मार्ग का निर्माण करता है।

4. **अनुदेशनात्मक प्रक्रिया का मूल्यांकन** (Evaluation of the Instructional process)—विद्यार्थी नियंत्रित अनुदेशन में यद्यपि सारी प्रक्रिया का नियंत्रण विद्यार्थी के हाथ में ही होता है फिर भी अनुदेशन कार्य की सफलता का उत्तरदायित्व विद्यार्थी और अध्यापक दोनों के ही सम्मिलित प्रयास पर निर्भर करता है। अध्यापक यद्यपि इस प्रकार के अनुदेशन में मुख्य भूमिका नहीं निभाता परंतु वह समस्त अनुदेशात्मक प्रक्रिया के दौरान पूरी तरह उपस्थित, सजग एवं क्रियाशील रहता है ताकि जिस समय और जिस रूप में विद्यार्थी उसकी सहायता चाहता है वह उसे दी जा सके। अध्यापक ही विद्यार्थियों को प्रेरित करता है कि वे स्व–अनुदेशन में संलग्न होते हुए यह देखते रहें कि जो अनुदेशन वे प्राप्त कर रहे हैं उससे निर्धारित उद्देश्यों की प्राप्ति में कितनी सहायता मिल रही है। अभ्यास कार्य, प्रोजेक्ट और अन्य प्रयोगात्मक कार्यों के निरीक्षण और सहायता का भी उत्तरदायित्व अध्यापक ही निभाता है। इन कार्यों के दौरान भी विद्यार्थी किस प्रकार अधिगम पथ पर बढ़ रहे हैं इसका मूल्यांकन होता रहता है। इसके अतिरिक्त समय–समय पर आयोजित परीक्षाओं, परीक्षणों तथा अन्य मूल्यांकन प्रविधियों के बारे में यह पता लगाने का प्रयत्न भी करते रहना अच्छा रहता है कि अधिगम उद्देश्यों की प्राप्ति की दिशा में वे किस रूप में आगे बढ़ रहे हैं। विद्यार्थियों द्वारा अनुदेशनात्मक प्रक्रिया की इस प्रकार समीक्षा एवं मूल्यांकन करने रहना ही विद्यार्थी नियंत्रित अनुदेशन का अंतिम सोपान माना जाता है।

विद्यार्थी नियंत्रित अनुदेशन की उपयोगिता (Advantages of Learner Controlled Instruction)

विद्यार्थी नियंत्रित अनुदेशन निम्न रूपों में उपयोगी एवं लाभदायक ठहराया जा सकता है।

1. **उत्तम व्यक्तिगत अनुदेशन प्राप्त करने में सहायक** (Helpful in providing better individualized instruction)—विद्यार्थी नियंत्रित अनुदेशन में प्रत्येक विद्यार्थी को अपनी रुचि, आवश्यकताओं और क्षमताओं के अनुकूल अपने–अपने ढंग से अनुदेशन प्राप्त करने का पूरा अवसर मिलता है। जो जिसको चाहिए वैसा अनुदेशन हर विद्यार्थी यहाँ प्राप्त कर सकता है क्योंकि अनुदेशन प्रक्रिया पर विद्यार्थियों का ही नियंत्रण होता है अध्यापक का नहीं। विद्यार्थी इच्छित प्रश्न पूछने के लिए यहाँ स्वतंत्र होते हैं। उन्हें क्या पढ़ना है और किस क्रम में इसे पढ़ना है ऐसी स्वतंत्रता भी उन्हें प्राप्त होती है तथा साथ ही अनुदेशन के लिए क्या प्रक्रिया अपनानी है इस पर भी उनका ही नियंत्रण होता है। अधिगम के लिए किए जाने वाले प्रयत्न और गति भी उन्हीं की इच्छा पर निर्भर करती है। अतः सभी तरह से इस प्रकार का अनुदेशन व्यक्तिगत अनुदेशन प्रदान करने का एक अच्छा तरीका सिद्ध होता है।
2. **प्रारंभिक व्यवहार के उचित निदान में सहायक** (Helping in proper identification of the initial behaviour)—विद्यार्थी नियंत्रित अनुदेशन प्रारूप इस धारणा को लेकर चलता है कि विद्यार्थी ही अपने बारे में सबसे अच्छी और विश्वसनीय जानकारी देकर यह निदान कराने में सक्षम है कि उसका प्रारंभिक व्यवहार (Initial behaviour) क्या है। इस दृष्टि से इस अनुदेशन में विद्यार्थी की योग्यताओं, पूर्व अनुभवों तथा क्षमता का सही मूल्यांकन कर उसके प्रारंभिक व्यवहार का ठीक निर्धारण जितना अच्छी तरह संभव हो पाता है उतना परंपरागत अनुदेशन में नहीं।
3. **सार्थक उद्देश्यों के निर्माण में सहायक** (Helpful in setting the meaningful objectives)—विद्यार्थी नियंत्रित अनुदेशन प्रारंभिक व्यवहार (Initial behaviour) के उचित निदान में सहायक तो होता है साथ ही अंतिम व्यवहार (Terminal behaviour) तय करने में भी यह उचित सहायता पहुँचाता है। एक

अधिगमकर्त्ता जिसे अपनी क्षमताओं का पूर्ण ज्ञान है वह अच्छी तरह निर्णय ले सकता है कि उसे क्या, कितनी सीमा तक सीखना है। अतः विद्यार्थी नियंत्रित अनुदेशन विद्यार्थी को अपने अनुदेशन से संबंधित अनुदेशनात्मक उद्देश्यों को अच्छी तरह तय करने में महत्त्वपूर्ण भूमिका निभा सकता है।

4. **अधिगमकर्त्ता को अपने अधिगम पथ के निर्धारण में सहायक** (Helpful in providing opportunity to develop own sequence of learning)—परंपरागत शिक्षण हो चाहे अभिक्रमित अनुदेशन सभी में अधिगम अनुभवों का चयन, उनका क्रम; व्यवस्थापन तथा इन अनुभवों को कैसे ग्रहण किया जाए ये सभी बातें शिक्षक अथवा अभिक्रमक द्वारा ही तय की जाती हैं। विद्यार्थी को इस तय किए हुए अधिगम मार्ग पर चलना ही पड़ता है फिर चाहे वह उसकी रुचि और क्षमता के अनुकूल हो या नहीं। विद्यार्थी नियंत्रित अनुदेशन में अधिगमकर्त्ता को इस प्रकार की मजबूरी का सामना नहीं करना पड़ता यहाँ उसे क्या पढ़ना है तथा कैसे पढ़ना है यह तय करने की पूरी स्वतंत्रता रहती है। इस प्रकार अपनी इच्छा और योग्यताओं के अनुरूप उचित अधिगम पथ के चयन और अनुसरण कराने में विद्यार्थी नियंत्रित अनुदेशन काफी उपयोगी सिद्ध होता है।

5. **उचित रुचि एवं अभिप्रेरणा बनाए रखने में सहायक** (Helpful in maintaining proper interest and motivation)—इस प्रकार के अनुदेशन में सारी बागडोर अधिगमकर्त्ता के ही हाथ में होती है। वह जो चाहता है उसी प्रकार के अधिगम अनुभव उसे मिलते हैं। अधिगम प्रक्रिया को वह जिस तरह चलाना चाहे चला सकता है। उसके मन में जो प्रश्न हैं, शंकायें हैं, उनका निवारण तत्काल ही हो जाता है। जिस तरह की रुचिकर एवं प्रयोगात्मक क्रियायें वह अधिगम हेतु करना चाहता है इसके लिए उसे पूरी स्वतंत्रता मिलती है। उस पर कुछ भी थोपा नहीं जाता बल्कि इसके विपरीत वह ज्ञान एवं कौशल प्राप्ति के लिये जिस तरह भी अध्यापक की सहायता चाहे उसे मिलती रहती है। इस तरह जो कुछ भी अनुदेशन प्रक्रिया में होता है उसी की इच्छा, आवश्यकता, योग्यता और क्षमताओं के अनुकल ही होता है। इस प्रकार के प्रोत्साहन एवं क्रिया युक्त स्वतंत्र वातावरण में विद्यार्थी को सीखने के प्रति रुचि एवं अभिरुचि प्रारंभ से अंत तक बनी रहना स्वाभाविक ही है।

6. **विद्यार्थी और अध्यापक में मधुर संबंध स्थापित करने में सहायक** (Helpful in the establishment of harmonious relationship between teacher and taught)—परंपरागत शिक्षण में विद्यार्थी अध्यापक से काफी दूर–दूर रहते हैं। अध्यापक का इतना कठोर नियंत्रण होता है कि विद्यार्थी डर के कारण कोई भी प्रश्न कक्षा में नहीं पूछ पाते और न अधिगम प्रक्रिया में वे कोई पहल करने की बात सोच पाते हैं। इसके विपरीत विद्यार्थी नियंत्रित अनुदेशन प्रक्रिया में विद्यार्थी को पूर्ण स्वतंत्रता मिलती है कि वह अध्यापक से प्रश्न पूछ सके तथा अधिगम अनुभवों को अपने मुताबिक आयोजित कर आगे बढ़ सके। परंतु इस प्रकार अधिगम पथ का निर्माण कर स्वयं अनुदेशन प्राप्त करने का कार्य अध्यापक के सक्रिय सहयोग बिना संभव नहीं है और यही कारण है कि विद्यार्थियों को भी अध्यापक से मधुर संबंध बनाने की आवश्यकता रहती ही है। सैद्धांतिक ज्ञान की बौछार करने की बजाय यहाँ क्रियात्मक एवं रचनात्मक क्रियाओं की बहुतायत होती है जिसके फलस्वरूप विद्यार्थी और अध्यापक दोनों के बीच मधुर संबंध स्थापित होने के अवसर कुछ अधिक ही मिलते हैं।

7. **कक्षा की अनेक समस्याओं के हल में सहायक** (Helpful in solving various classroom problems)—विद्यार्थी नियंत्रित अनुदेशन विद्यार्थी को व्यक्तिगत रूप से अपनी इच्छानुसार अध्ययन करने का पूर्ण अवसर देता है। विद्यार्थी ही यहाँ अनुदेशन प्रक्रिया का नियंत्रणकर्त्ता होता है। यह उसका व्यक्तिगत उत्तरदायित्व होता है कि वह अधिगम पथ चुनकर वांछित अनुदेशात्मक उद्देश्यों की प्राप्ति के लिए प्रयत्न

करे। दूसरे अनुदेशन भी उसकी रुचि और योग्यता के अनुरूप ही होता है और उसकी शंकाओं तथा जिज्ञासाओं का समाधान भी उसे तुरंत ही मिल जाता है। ऐसी अवस्था में अधिगम में उसकी रुचि और क्रियाशीलता बराबर बनी ही रहती है और ऐसी परिस्थिति में परंपरागत कक्षा शिक्षण में जिस प्रकार की अनुशासनहीनता की समस्या खड़ी होती है वैसा कुछ इस प्रकार के अनुदेशन में नहीं होता। यही कारण है कि विद्यार्थी नियंत्रित अनुदेशन में विद्यार्थी स्वः अनुशासन की भावना में बंधे हुए अनुदेशन प्रक्रिया में संलग्न रहते हैं और अध्यापक के लिए कक्षा नियंत्रण एक सिरदर्द नहीं बनता। इसी प्रकार अध्यापक को कक्षा अध्यापन की अन्य समस्याओं जैसे अभ्यास कार्य करना, गृहकार्य देना तथा उसकी जाँच करने में समय लगाना, आदि उलझन भरे कार्यों से इस प्रकार के अनुदेशन में काफी राहत मिल जाती है क्योंकि अध्ययन और अनुदेशन प्राप्त करने का पूरा उत्तरदायित्व विद्यार्थी के नियंत्रण में ही होता है।

8. **अच्छी आदतों के विकास में सहायक** (Helpful in the inculcation of good habits)—विद्यार्थी नियंत्रित अनुदेशन में अनुदेशनात्मक कार्य का नियंत्रण विद्यार्थी के हाथ में होने से उसके ऊपर अतिरिक्त जिम्मेदारी आ जाती है। अध्यापक द्वारा निरंकुश शासक की तरह व्यवहार न कर मित्रवत रूप से सहयोग करने के कारण बालक के अंदर जो अनावश्यक भय, हिचकिचाहट संकोच आदि घर कर लिया करते हैं, उनका यहाँ नामोनिशान भी नहीं होता बल्कि उनमें अच्छी आदतों जैसे आत्मविश्वास, आत्मनिर्भरता, स्वाध्याय, मेहनत करने की लगन, समस्या समाधान, योग्यता, मौलिकता, रचनात्मकता एवं सृजनशीलता आदि का समावेश होने लगता है।

9. **समय एवं परिश्रम की बचत में सहायक** (Helpful in saving time and energy)—विद्यार्थी नियंत्रित अनुदेशन विद्यार्थी केंद्रित होता है। इसमें विद्यार्थी की रुचि और अभिरुचि निरंतर बनी रहती है। जो कुछ पढ़ना होता है और जिस क्रम में पढ़ना होता है इसका निर्धारण स्वयं विद्यार्थियों को ही करना होता है। अतः विद्यार्थियों को अभिप्रेरित करने तथा अधिगम अनुभवों के निर्धारण तथा विधियों के चुनाव को लेकर जो समय बर्बाद होता है उसकी यहाँ काफी बचत हो जाती है। विद्यार्थियों के सामने जो उद्देश्य होते हैं वे उनकी अपनी सीमाओं में ही होते हैं तथा उन्हें पूरा करने संबंधी उत्तरदायित्व भी उन्हीं का होता है। अध्यापक के सामने भी लक्ष्य स्पष्ट होता है, उसे विद्यार्थी को स्व–अनुदेशन में सहायता करनी होती है। अतः इस प्रकार के वातावरण में जो अनुदेशन कार्य संपन्न होता है उसके परंपरागत शिक्षण में समय और शक्ति कम खर्च होती है।

10. **उपयोगी एवं क्रियात्मक अधिगम अनुभवों को ग्रहण करने में सहायक** (Helpful in gaining useful and practical learning experiences)—इस अनुदेशन में विद्यार्थी वही अध्ययन करता है जिसमें उसकी स्वाभाविक रूप में रुचि हो। अनुसंधानात्मक अध्ययनों से ये अच्छी तरह स्पष्ट हो चुका है कि विद्यार्थी वर्ग स्वाभाविक तौर पर प्रयोगात्मक एवं क्रियात्मक कार्यों में अधिक रुचि दिखाता है। सैद्धांतिक बातों की जानकारी वह बाद में करना चाहता है और इसी तरह उनकी रुचि स्थूल वस्तुओं के प्रति होती है। सूक्ष्म विषयों एवं सिद्धांतों की ओर वे बाद में जाते हैं। अब क्योंकि विद्यार्थी नियंत्रित अनुदेशन में अधिगम अनुभवों का चयन और अधिगम पथ का निर्माण विद्यार्थियों के हाथों में होता है, अतः यह स्वाभाविक ही है कि इस प्रकार के अनुदेशन द्वारा उन्हें उपयोगी एवं क्रियात्मक अधिगम अनुभवों की प्राप्ति के अधिक अवसर मिलेंगे और होता भी ऐसा ही है।

विद्यार्थी नियंत्रित अनुदेशन की सीमाएं (Limitations of Learner Controlled Instruction)

विद्यार्थी नियंत्रित अनुदेशन जैसा कि हम वर्णन कर चुके हैं व्यक्तिगत अनुदेशन प्रदान करने की दृष्टि से काफी उपयोगी सिद्ध हो सकता है। अपने इन गुणों के साथ ही इसके उपयोग में व्यावहारिक रूप से कुछ अड़चनें आती हैं। उसकी इन सीमाओं का निम्न प्रकार उल्लेख किया जा सकता है।

1. **वैयक्तिक रूप में विद्यार्थियों की आवश्यकतापूर्ति में कठिनाई** (Difficulty in catering the needs of the individual learners)—सिद्धांत रूप में यह कहना बहुत आसान है कि विद्यार्थी नियंत्रित अनुदेशन में प्रत्येक विद्यार्थी को अपनी आवश्यकतानुसार अधिगम अनुभव चुनने तथा अधिगम पथ पर अग्रसर होने का पूरा–पूरा अवसर मिलता है परंतु व्यावहारिक रूप में इसकी प्राप्ति काफी कठिन होती है। होना तो यही चाहिए कि प्रत्येक विद्यार्थी को शिष्य–गुरु संवाद शैली पर चलते हुए अध्यापक से प्रश्न पूछने की पूरी स्वतंत्रता हो। परंतु अगर ऐसी स्वतंत्रता सभी विद्यार्थियों को हो और उनमें निहित व्यक्तिगत अंतरों का अनुमान लगाया जाए तो क्या यह व्यावहारिक रूप में संभव है कि एक अध्यापक सभी विद्यार्थियों की इस प्रकार की आवश्यकता की पूर्ति कर सके। इसके अतिरिक्त सभी विद्यार्थियों को अपनी–अपनी तरह से अपना–अपना अधिगम पथ तय करने के लिए अलग–अलग तरह की सुविधाओं और सामग्री की आवश्यकता पड़ सकती है। इस प्रकार के साधन जुटाने वर्तमान परिस्थितियों में संभव नहीं है और इसके अभाव में विद्यार्थी नियंत्रित अनुदेशन को सफलतापूर्वक प्रयोग में भी नहीं लाया जा सकता।

2. **विद्यार्थियों की भूमिका को लेकर कठिनाई** (Difficulty on account of the role of the students)—विद्यार्थी नियंत्रित अनुदेशन में अनुदेशन प्रक्रिया का सारा नियंत्रण विद्यार्थियों को ही सौंप दिया जाता है। वे एक तरह से ऐसे सर्वेसर्वा बन जाते हैं कि यह निर्णय लें कि क्या पढ़ना है और क्या नहीं। किस समय पढ़ना है। कैसे प्रश्न अध्यापक से पूछने हैं तथा किस कार्य में उसकी सहायता लेनी है किसमें नहीं इन सब बातों में केवल उन्हीं की चलती है। अध्यापक की उपस्थिति और उसका अनुदेशन प्रक्रिया में भाग लेना विद्यार्थियों की मांग पर निर्भर करता है। इस तरह की बिना लगाम की स्वतंत्रता विद्यार्थियों को उनके अपने अधिगम पथ से विचलित कर सकती है। कितना भी गंभीर रूप से उन्हें स्व–अनुदेशन ग्रहण करने का उत्तरदायित्व क्यों न सौंपा जाए आखिर बालक, बालक ही होते हैं। उनसे सदैव यह अपेक्षा नहीं की जा सकती है कि वे उचित रूप से अपने आपको समझकर ठीक अधिगम पथ पकड़कर गंतव्य तक पहुँच जाएंगे। वे गलत राह पकड़ सकते हैं, निरर्थक प्रश्नों में तथा बेकार की क्रियाओं में उलझ कर अपने समय तथा साधनों की बर्बादी कर सकते हैं और अगर ऐसा होता है तो फिर इस प्रकार के अनुदेशन से वांछित परिणामों की आशा कैसे की जा सकती है।

3. **शिक्षकों से संबंधित कठिनाइयाँ** (Limitations on the part of teachers)—विद्यार्थी नियंत्रित अनुदेशन में शिक्षक को जो उत्तरदायित्व एवं भूमिका निभानी होती है वह कोई सरल बात नहीं है। अनुदेशन का नियंत्रण विद्यार्थियों के हाथ में होता है। उन्हें विद्यार्थियों के द्वारा नियंत्रित अनुदेशन व्यवस्था में कार्य करने को मजबूर होना पड़ता है। इस प्रकार का अनुभव उनके लिए बिल्कुल नया ही होता है कि उनकी इच्छा से अनुदेशन न होकर विद्यार्थियों की इच्छा से हो और उन्हें विद्यार्थियों की मर्जी के अनुसार चलना पड़े। जो प्रश्न विद्यार्थी पूछें उनके तत्काल ही उचित उत्तर देने हों तथा उनकी अन्य तरह से रखी गई विभिन्न प्रकार की सहायता संबंधी मांगों की पूर्ति भी करनी पड़े। इस प्रकार के विद्यार्थी नियंत्रित वातावरण में विद्यार्थियों की तरह–तरह की मांगों को पूरा करना एक अध्यापक के लिए काफी कठिन

कार्य है। इसे तो कोई शिक्षण मशीन या कंप्यूटर ही पूरा कर सकता है। इस प्रकार की परिस्थितियों में जबकि शिक्षक को अपनी भूमिका ठीक प्रकार निभाने में कठिनाई पड़ती हो, विद्यार्थी नियंत्रित अनुदेशन की सफलता की कामना नहीं की जा सकती।

4. **वर्तमान शैक्षिक परिस्थितियों में अनुपयुक्त** (Not-practicable in the present educational set-up)—विद्यार्थी नियंत्रित अनुदेशन के लिए एक विशेष प्रकार की शिक्षण–अधिगम परिस्थितियों तथा संसाधनों की आवश्यकता होती है जिनकी उपलब्धि हमारी वर्तमान शैक्षिक परिस्थितियों में नहीं हो सकती। उदाहरण के लिए इस अनुदेशन के लिए पूर्व निर्धारित अधिगम अनुभवों अथवा निश्चित पाठ्यक्रम, नियोजित अभिक्रमित सामग्री आदि की आवश्यकता नहीं पड़ती। इस दृष्टि से यह अनुदेशन यह अपेक्षा करता है कि विद्यार्थी तथा अध्यापकों के लिए किसी भी प्रकार का कोई पूर्वनिर्धारित पाठ्यक्रम नहीं होना चाहिए। बच्चे जैसा चाहें वैसा ही अपने हिसाब से तय करें कि उन्हें किस रूप में प्रश्न पूछने हैं तथा अन्य क्रियाएं करनी हैं। इन सब बातों के लिए यह आवश्यक है कि इस प्रकार से शैक्षिक परिस्थितियों का आयोजन किया जाए कि सभी विद्यार्थियों को उनकी आवश्यकतानुसार उपयोग करने के लिए संभव अध्ययन सामग्री, उपकरण एवं संसाधन उपलब्ध हो सकें। इस प्रकार के व्यक्तिगत शिक्षण हेतु मानवीय एवं भौतिक साधन तथा परिस्थितियाँ जुटा पाना वर्तमान परिस्थितियों में संभव नहीं है। अतः विद्यार्थी नियंत्रित अनुदेशन को व्यावहारिक रूप में अपने विद्यालयों की कक्षाओं में उपयोग कर सकना कठिन ही है। इसके अतिरिक्त अध्यापक नियंत्रित अनुदेशन व्यवस्था के स्थान पर विद्यार्थी नियंत्रित व्यवस्था का वातावरण बना पाना मुश्किल है। अध्यापकों के दृष्टिकोण में इस प्रकार का अपेक्षित परिवर्तन लाने में भी कठिनाई आयेगी ही। मूल्यांकन और परीक्षा प्रणाली के वर्तमान ढाँचे में भी इस प्रकार की अनुदेशन व्यवस्था ठीक नहीं बैठेगी। इन सब कारणों से इस अनुदेशन के प्रयोग में काफी व्यावहारिक कठिनाइयों का सामना करना पड़ सकता है।

इस प्रकार देखा जाए तो विद्यार्थी नियंत्रित अनुदेशन को हमारे विद्यालयों की कक्षाओं में प्रयोग करने में काफी अड़चनें एवं बाधाएं आ सकती हैं। परंतु इन सबके बारे में यह निष्कर्ष निकालना भी कठिन नहीं होगा कि जो बाधाएं या कठिनाइयाँ इस अनुदेशन के प्रयोग में आती हैं उसमें इस अनुदेशन प्रारूप की स्वयं की कोई कमी या दोष नहीं है। इस बारे में कोई भी संदेह नहीं कि केवल यही एक ऐसा अनुदेशन प्रारूप है जिसके द्वारा वैयक्तिक स्व–अनुदेशन ठीक ढंग से प्राप्त किया जा सकता है। फिर अनुदेशन के क्षेत्र में यह एक नवीन अनुसंधान एवं विचार प्रक्रिया का प्रतिनिधित्व करता है इसलिए स्वाभाविक ही है कि इसको अपनाने में कठिनाइयाँ तो आयेंगी ही और इसका अध्यापकों तथा शिक्षा अधिकारियों द्वारा विरोध भी होगा ही, जैसा कि प्रत्येक नवीन खोज तथा नवाचार के साथ होता आया है। यह भी ठीक है कि वर्तमान उपलब्ध शैक्षिक परिस्थितियों में इसे उपयोग में ला सकना भी मुश्किल होगा क्योंकि वे परिस्थितियाँ परंपरागत शिक्षण को अपनाने के लिए ही चल रही हैं। परंतु क्या ये परिस्थितियाँ बदली नहीं जा सकतीं, क्या अध्यापक और अन्य अधिकारियों के दृष्टिकोण में यथानुकूल परिवर्तन नहीं लाया जा सकता ? अवश्य लाया जा सकता है, तो फिर किसी नवीन विचार को प्रयोग में लाकर देखा भी जाना चाहिए तभी उसके गुण दोष की सही परख हो सकेगी। अनुदेशन को तो विद्यार्थी केंद्रित होना ही चाहिए और जिस तरह भी विद्यार्थी आगे अधिगम पथ पर चलना चाहता है उसे उसकी स्वतंत्रता मिलनी ही चाहिए। स्व–शिक्षा और स्व–अनुदेशन ही उसे ठीक ज्ञान और कौशलों की प्राप्ति करा सकता है तथा उसकी रुचियों और दृष्टिकोण में अनुकूल परिवर्तन ला सकता है। अतः अगर हमें वैयक्तिक स्व–अनुदेशन प्रदान करने की बात व्यावहारिक रूप में प्रयोग में लानी है तो विद्यार्थी नियंत्रित अनुदेशन प्रारूप को किसी न किसी रूप में अपनी शिक्षा व्यवस्था में स्थान देना ही होगा।

सार-संक्षेप (Summary)

1. अनुदेशन के वैयक्तीकरण की दिशा में अभिक्रमित अनुदेशन प्रारूप की व्यवस्था जहाँ पहला कदम था वहीं विद्यार्थी नियंत्रित अनुदेशन को इसी दिशा में दूसरा कदम माना जाता है। ऐतिहासिक दृष्टि से देखा जाए तो विद्यार्थी नियंत्रित अनुदेशन प्रणाली के जनक के रूप में राबर्ट मेगर और उसके साथियों के द्वारा 1961 में औद्योगिक प्रशिक्षण के संदर्भ में किए गए वे अनुसंधान थे जिनमें इन्होंने यह सिद्ध करने की चेष्टा की शिक्षक द्वारा नियत अधिगम पथ से विद्यार्थी द्वारा नियत अधिगम पथ अवश्य ही अलग होता है इसलिए अगर अनुदेशन प्रक्रिया को अभिक्रमित अनुदेशन या परंपरागत अनुदेशन प्रणाली की तरह अध्यापक या अभिक्रमक के हाथ में रखने की अपेक्षा स्वयं अधिगमकर्त्ता के नियंत्रण में ही रखने की चेष्टा की जाए तो वैयक्तिक अनुदेशन को उसका यथार्थ रूप ठीक ढंग से प्रदान किया जा सकता है।
2. परिभाषा की दृष्टि से विद्यार्थी नियंत्रित अनुदेशन वैयक्तिक अनुदेशन की एक ऐसी प्रणाली या प्रारूप का प्रतिनिधित्व करता है कि जिसमें प्रारंभ से लेकर अंत तक संपूर्ण अधिगम तथा अनुदेशन प्रक्रिया के नियोजन तथा क्रियान्वयन पर विद्यार्थी विशेष का पूर्ण नियंत्रण रहता है और अध्यापक की भूमिका इस प्रकार के अनुदेशन में मात्र एक सहायक तथा मार्गदर्शक के रूप में ही बनी रहती है।
3. विद्यार्थी नियंत्रित अनुदेशन प्रारूप का अनुसरण करने में मुख्यतया जिन चार सोपानों या चरणों का अनुसरण किया जाता है वे हैं – (i) विद्यार्थियों के प्रारंभिक व्यवहार के बारे में निर्णय लेना (ii) उद्देश्य निर्धारण हेतु निर्णय लेना (iii) अधिगम अनुभवों का चयन और उनकी क्रमबद्धता तथा (iv) अनुदेशनात्मक प्रक्रिया का मूल्यांकन।
4. विद्यार्थी नियंत्रित अनुदेशन जिन विशेषताओं और गुणों को लेकर महत्त्वपूर्ण एवं उपयोगी ठहराया जाता है उनमें से प्रमुख रूप से हम जिनकी अधिक चर्चा कर सकते हैं वे हैं (i) सबसे उपयुक्त वैयक्तिक अनुदेशन प्रदान करना (ii) प्रारंभिक व्यवहार का उचित निदान (iii) सार्थक उद्देश्यों के निर्माण में सहायक (iv) अधिगमकर्त्ता को अधिगम पथ चुनने में सहायक (v) उचित रुचि एवं अभिप्रेरणा बनाए रखने में सहायक (vi) विद्यार्थी और अध्यापक के मध्य मधुर संबंध स्थापित करने में सहायक (vii) कक्षा–शिक्षण की विभिन्न समस्याओं के समाधान में सहायक (viii) वांछित आदतों के विकास में सहायक (ix) समय एवं परिश्रम की बचत में सहायक तथा (x) उपयोगी एवं क्रियात्मक अधिगम अनुभवों को ग्रहण करने में सहायक।
5. विद्यार्थी नियंत्रित अनुदेशन को प्रयुक्त करने में जो कठिनाइयाँ तथा दोष सामने आते हैं इनमें प्रमुख रूप से उल्लेखनीय हैं (i) वैयक्तिक दृष्टि से विद्यार्थियों की आवश्यकता पूर्ति में कठिनाई (ii) अनुदेशन में विद्यार्थियों की भूमिका को लेकर कठिनाई (iii) शिक्षकों को इस अनुदेशन में अपनी भूमिका निभाने संबंधी कठिनाई तथा (iv) वर्तमान शैक्षिक परिस्थितियों में इस प्रणाली के उपयोग संबंधी उपयुक्त वातावरण का न होना।

संदर्भित एवं विशेष अध्ययन ग्रंथ (References and Suggested Readings)

De Carlo Julia E. and Constant A. Madon (Eds.), *Innovations in Education for the Seventies: selected readings*, New York: Behavioral Publications, 1973.

Golubchick, Leonard H. and Barry Persky (Eds.), *Innovations in Education, Publication Information* Dubuque, Iowa: Kendall/Hunt Pub., 1975.

Packiam, S., *Curriculun Innovations and Educational Technology*, New Delhi: Doaba House, 1986.

Wydra, Frank T., *Learner Controlled Instruction*, Englewood Cliffs, N.J.: Educational Technology Publications, 1980.

अध्ययन के लिए प्रश्न (Study Questions)

1. विद्यार्थी नियंत्रित अनुदेशन क्या है ? इसकी आवश्यकता एवं उद्गम पर प्रकाश डालिए।
2. विद्यार्थी नियंत्रित अनुदेशन से क्या अभिप्राय है ? परंपरागत अनुदेशन से यह किस प्रकार भिन्न है ? पूरी तरह स्पष्ट कीजिए।
3. अर्थ एवं प्रकृति पर प्रकाश डालते हुए विद्यार्थी नियंत्रित अनुदेशन को परिभाषित कीजिए।
4. विद्यार्थी नियंत्रित अनुदेशन की उपयोगिता और सीमाओं का उल्लेख कीजिए।
5. विद्यार्थी नियंत्रित अनुदेशन से आप क्या समझते हैं ? इस प्रकार के अनुदेशन से संबंधित प्रक्रिया और सोपानों की चर्चा कीजिए।
6. निम्न पर संक्षिप्त टिप्पणी लिखिए–

   (i) विद्यार्थी नियंत्रित अनुदेशन (ii) विद्यार्थी नियंत्रित अनुदेशन की आवश्यकता एवं उद्गम (ii) विद्यार्थी नियंत्रित अनुदेशन की उपयोगिता (iv) विद्यार्थी नियंत्रित अनुदेशन के प्रयोग संबंधी कठिनाइयाँ।

21

व्यक्तिगत अनुदेशन प्रणाली
(Personalized System of Instruction—PSI)

अध्याय रूपरेखा (Chapter Outline)

उद्गम एवं विकास (Origin and Growth)

व्यक्तिगत अनुदेशन प्रणाली को प्रकाश में लाने का श्रेय प्रोफेसर फ्रेड एस. केलर (Fred S. Keller) को जाता है। जिन्होंने जे.जी. शेरमन (J.G. Sherman) जैसे सहयोगियों के साथ मिलकर मार्च 1963 में इस नई अनुदेशन प्रणाली को जन्म देने का निर्णय लिया और इसे कोलम्बिया विश्वविद्यालय में मनोविज्ञान विषय में शुरु किए गए एक नए कार्यक्रम के अनुदेशन प्रयोग में लाने की पहल की। प्रोफेसर केलर के सम्मान में ही व्यक्तिगत अनुदेशन प्रणाली को केलर प्लान (Kellar Plan) का भी नाम दे दिया जाता है।

आज हम अगर इसके उद्गम के स्रोतों की तलाश करें तो हमें यह जानकारी उपलब्ध हो सकती है कि व्यक्तिगत अनुदेशन प्रणाली के प्रतिपादक 1950 में हारवर्ड विश्वविद्यालय के प्रोफेसर बी.एफ. स्किनर द्वारा विकसित अभिक्रमित अनुदेशन (Programmed instruction) नाम से प्रसिद्ध तत्कालीन अनुदेशन प्रणाली से काफी अधिक प्रभावित थे। वे व्यक्तिगत अनुदेशन में प्रयुक्त इस प्रणाली के स्वरूप तथा कार्यक्षेत्र में कुछ विस्तार कर उसे एक ऐसा रूप देना चाहते थे कि उसे उच्चतर कक्षाओं तथा उच्च कोटि के अधिगम हेतु भलीभाँति प्रयोग में लाया जा सके। दूसरे शब्दों में एक अधिक उन्नत किस्म की वैयक्तिक अनुदेशन प्रणाली की उन्हें तलाश थी और इसके लिए वह ऐसी प्रणाली चाहते थे जो निम्न विशेषताओं से युक्त हो।

(i) प्रचलित अभिक्रमित अनुदेशन प्रणाली की तुलना में इसमें अधिगमकर्त्ता के सामने विषय सामग्री कुछ अधिक बड़े पदों (Frames) में प्रस्तुत की जा सके।

(ii) शिक्षण अधिगम परिस्थितियों को देखते हुए यह अधिक लचीलापन और अनुकूलन क्षमता का प्रदर्शन कर सके।

(iii) शिक्षण अधिगम प्रक्रिया में इसके माध्यम से अधिक अपनापन तथा सामाजिकता लाई जा सके।

(iv) शिक्षक की भूमिका को केवल सूचना प्रदान करने वाले स्रोत के रूप में न समझा जाए बल्कि सभी विद्यार्थियों की अधिगम प्रक्रियाओं के प्रबंधक तथा सुविधा प्रदानकर्त्ता (Manager and facilitator) के रूप में जाना जाए।

इन सब आवश्यकताओं को ध्यान में रखकर केलर और उसके सहयोगी विभिन्न प्रकार के प्रयोगों तथा अनुसंधान कार्य में रत हो गये और परिणामस्वरूप व्यक्तिगत अनुदेशन प्रणाली नामक एक नवीन अनुदेशन प्रणाली को उन्हीं के प्रयत्नों से जन्म मिला।

अर्थ एवं परिभाषा (Meaning and Definition)

व्यक्तिगत अनुदेशन प्रणाली जैसा कि इसके नाम से विदित होता है एक ऐसी अनुदेशन प्रणाली के रूप में जानी जा सकती है जिसमें विशुद्ध व्यक्तिगत या वैयक्तिक दृष्टिकोण को ध्यान में रखते हुए अनुदेशन का नियोजन तथा क्रियान्वयन किया जाता हो। इस प्रणाली में जो व्यक्ति अनुदेशन ग्रहण करता है उसी की केंद्रीय भूमिका रहती है। शिक्षण अधिगम प्रक्रिया में जो कुछ होता है उसमें उसी का बोलबाला रहता है। किसी भी विद्यार्थी या अधिगमकर्त्ता विशेष की आवश्यकताओं, रुचियों तथा योग्यताओं के परिप्रेक्ष्य में ही उनके अनुदेशन का नियोजन और क्रियान्वयन किया जाता है। व्यक्तिगत अनुदेशन प्रणाली की इस अवधारणा से और अच्छी तरह परिचित होने के लिए यहां हम इस संबंध में कुछ विद्वानों द्वारा दी गई परिभाषाओं को उद्धृत करना चाहेंगे।

ग्रीन – "व्यक्तिगत अनुदेशन प्रणाली को यह नाम इसलिए दिया गया है क्योंकि इसमें सभी विद्यार्थियों को किसी दूसरे व्यक्ति द्वारा व्यक्तिगत स्तर पर आमने–सामने होकर अनुदेशन प्रदान किया जाता है चाहे कक्षा विद्यार्थियों की संख्या 100 ही क्यों न हो। यह जैसा कि अधिकांश महाविद्यालयों के कोर्सों की जरूरत होती है, विद्यार्थियों को विषय संबंधी ज्ञान तथा कौशलों के समुचित अर्जन में विशेष रूप से उपयोगी सिद्ध होती है। इस प्रणाली को उपयोग में लाने वाला अध्यापक अपने विद्यार्थियों से विषय सामग्री का अच्छी तरह अधिगम करने की अपेक्षा करता है और उनमें स्पर्धा को बढ़ावा न देते हुए उनको उनके काम के हिसाब से अधिक से अधिक अच्छे ग्रेड देने को तैयार रहता है। इस लक्ष्य की पूर्ति मानव संसाधन, स्थान और उपकरणों की सामान्य सीमा के अंतर्गत की जा सके इस उत्तरदायित्व को भी वह सहर्ष स्वीकार करता है।"

"The personalised system of instruction (PSI) gets its name from the fact that each student is served as an individual by another person, face to face and one to one, inspite of the fact that the class may number 100 students. It is suitable for course for which the student is expected to acquire a well defined body of knowledge or skill—the majority of college course. The PSI teacher expects almost all of his students to learn his material well and is prepared to award high grades to those who do, regardless of their relative standing in the class. He accepts the responsibility to meeting this goal within the normal limits of manpower, space and equipment."—Green, 1974.

नेपर – "व्यक्तिगत अनुदेशन प्रणाली मूल रूप से स्वगति से आगे बढ़ने वाले ऐसे स्वामित्व अधिगम का प्रतिनिधित्व करती है जिसमें सभी विद्यार्थी विशेष रूप से संरचित पाठ्यक्रम इकाइयों पर स्वतंत्र रूप से कार्य करते हैं। प्रत्येक इकाई हेतु उद्देश्य निर्धारित रहते हैं तथा क्या पढ़ना है और किस प्रकार की समस्याएं हल करनी हैं इसके लिए उचित निर्देश प्रदान किए जाते हैं। जब कोई विद्यार्थी यह अनुभव करता है कि उसने विषय वस्तु पर स्वामित्व अर्जित कर लिया है तो फिर इसे इकाई से संबंधित इकाई परीक्षण से गुजरना पड़ता है। इस परीक्षण में पास हो जाने पर ही उसे आगे की इकाई पर कार्य करने दिया जाता है। इन इकाई परीक्षणों के अंकन का कार्य प्रोक्टर या विद्यार्थी पर्यवेक्षक के द्वारा तत्काल ही किया जाता रहता है।"

"Personalised system of instruction is, basically, a self paced mastery learning in which the students work independently on the specifically designed curriculum units. Every unit is provided with the objectives and the instructions regarding assignment and the related problems. When a student feels that he has got mastery over the subject matter he may undergo brief test on that unit. It is essential for a student to get through this unit test for being allowed to work on the next unit. Scoring of these unit test is carried out promptly by the proctor, a student obserever."—Naper, 1980.

इन दोनों परिभाषाओं का मनन करने के पश्चात् व्यक्तिगत अनुदेशन प्रणाली की प्रकृति और विशेषताओं के संबंध में निम्न निष्कर्ष निकाले जा सकते हैं।

1. व्यक्तिगत अनुदेशन प्रणाली में विद्यार्थी विशेष को उसकी आवश्यकताओं, योग्यताओं और रुचियों को ध्यान में रखते हुए व्यक्तिगत रूप से अनुदेशन प्राप्त कराया जाता है।
2. इसमें सभी अधिगमकर्त्ताओं को अपने–अपने ढंग से अपनी–अपनी गति से अधिगम ग्रहण करने की पूरी स्वतंत्रता रहती है।
3. इसमें विषय सामग्री को अच्छी तरह अपेक्षाकृत कुछ बड़ी इकाइयों में विभक्त किया जाता है तथा प्रत्येक विद्यार्थी को इनसे संबंधित अनुदेशन प्राप्त करने के लिए उचित निर्देशन तथा सहायक सामग्री आदि की पूरी व्यवस्था की जाती है। सभी विद्यार्थी अच्छी तरह प्रशिक्षित एवं योग्य प्रोक्टरों यानी विद्यार्थी पर्यवेक्षकों की निगरानी तथा निर्देशन में अपना कार्य करते रहते हैं।
4. सभी विद्यार्थियों को विषय सामग्री के अधिगम में पूर्ण स्वामित्व अर्जित करना होता है परंतु कभी एक विद्यार्थी की उपलब्धि या निष्पत्ति की दूसरे से तुलना नहीं की जाती। जब एक विद्यार्थी किसी एक इकाई की विषयवस्तु के अधिगम में स्वामित्व अर्जित कर लेता है तो उसे इकाई परीक्षण देना होता है और उसमें उत्तीर्ण होने के बाद ही उसे दूसरी इकाई पर कार्य करने की अनुमति मिलती है। परंतु ऐसा करने में उसे अपने साथी विद्यार्थियों का इंतजार नहीं करना पड़ता।
5. इस प्रणाली से अनुदेशन ग्रहण करने में सारी जिम्मेदारी एक तरह से विद्यार्थी पर ही रहती है इसलिए विद्यार्थी में इस प्रकार की जिम्मेदारी उठाने से संबंधित परिपक्वता (Maturity) का आना इस प्रणाली की सफलता हेतु काफी जरूरी होता है। यही कारण है कि विद्यालय स्तर की अपेक्षा महाविद्यालय स्तर के शिक्षण अधिगम हेतु इसे काम में लाना ज्यादा ठीक रहता है।

6. व्यक्तिगत अनुदेशन प्रणाली सामान्य कक्षा व्यवस्था या संसाधनों के अंतर्गत ही काम में लाई जा सकती है। अधिक पर्यवेक्षकों या निर्देशकों की मांग (जो कि व्यक्तिगत रूप से अलग–अलग रूप में अनुदेशन तथा पर्यवेक्षण हेतु आवश्यक होती है) योग्य विद्यार्थियों को प्रशिक्षित कर उन्हें इस प्रकार का उत्तरदायित्व सौंप देने से पूरी की जा सकती है। इस प्रकार के प्रोक्टर उन्हें ही बनाया जाता है जो विषय विशेष में स्वामित्व अर्जित कर चुके होते हैं।

इस प्रकार निष्कर्ष रूप में अब यह कहा जा सकता है कि *व्यक्तिगत अनुदेशन प्रणाली से तात्पर्य अनुदेशन की उस प्रणाली से है जिसके अंतर्गत किसी एक अध्यापक द्वारा कुछ योग्य, सक्षम एवं प्रशिक्षित विद्यार्थियों (जिन्हें प्रोक्टर कहा जाता है) के सहयोग से सभी विद्यार्थियों को व्यक्तिगत तौर पर इस प्रकार का वैयक्तिक अनुदेशन प्रदान किया जा सके जिसके माध्यम से वे सभी अपनी–अपनी अधिगम गति से आगे बढ़ते हुए विषय सामग्री के अधिगम में ठीक प्रकार स्वामित्व अर्जित करने में सफल हो सकें।*

व्यक्तिगत अनुदेशन प्रणाली के उद्देश्य (Objectives of Personalized System of Instruction)

व्यक्तिगत अनुदेशन प्रणाली के उद्देश्यों को संक्षेप में निम्न प्रकार लिपिबद्ध किया जा सकता है।

1. शिक्षक और विद्यार्थियों के बीच अच्छे व्यक्तिगत एवं सामाजिक संबंधों की स्थापना करने में सहायता करना।
2. अलग–अलग आमने–सामने होकर सभी विद्यार्थियों पर व्यक्तिगत रूप से भलीभांति ध्यान देना।
3. स्वगति से आगे बढ़ते हुए सभी विद्यार्थियों को विषयवस्तु के अधिगम में स्वामित्व अर्जित करने में सहायता करना।
4. विद्यार्थियों को अधिकाधिक तथा तत्काल प्रतिपुष्टि उपलब्ध कराने का प्रबंध करना।
5. मात्र व्याख्यान विधि पर आश्रित रहने के बजाय विद्यार्थियों को सूचना प्राप्ति हेतु बहु–माध्यम उपागम (Multimedia approach) की उपलब्धि का प्रबंध करना।
6. शिक्षक की भूमिका को मात्र सूचना प्रदान करने वाले व्यक्ति से विद्यार्थियों के अधिगम के प्रबंधकर्त्ता तथा सुविधा प्रदानकर्त्ता के रूप में बदलना।
7. शिक्षक को अनुदेशन कार्यक्रम तथा कार्यप्रणाली में सार्थक संशोधन करने हेतु उचित पृष्ठपोषण प्रदान करना।

व्यक्तिगत अनुदेशन प्रणाली के आधारभूत तत्त्व तथा विशेषताएं (Fundamental Elements and Characteristics of PSI)

केलर प्लान या व्यक्तिगत अनुदेशन प्रणाली को उसके निम्न आधारभूत तत्त्वों तथा विशेषताओं से युक्त पाया जाता है।

1. **व्यक्तिगतता या वैयक्तिकता की उपस्थिति (Presence of personal element)**—व्यक्तिगत अनुदेशन प्रणाली में अनुदेशन को अधिक से अधिक वैयक्तिकता तथा व्यक्तिगतता प्रदान करने की कोशिश की जाती है। एक–एक विद्यार्थी को एक–एक अनुदेशक (प्रोक्टरों की मदद से यह अच्छी तरह संभव हो

जाता है) के निर्देशन तथा पर्यवेक्षण में अनुदेशन उपलब्ध कराना इस अनुदेशन प्रणाली ही में संभव है। दूसरी परंपरागत अनुदेशन प्रणालियों की तुलना में इस तरह इस प्रणाली में शिक्षक और विद्यार्थियों के बीच पारस्परिक व्यक्तिगत तथा सामाजिक संबंधों को अच्छी तरह स्थापित करने में पूरा–पूरा ध्यान दिया जाता है।

2. **स्वामित्व अधिगम (Mastery learning)**—चाहे किसी भी विद्यार्थी का निष्पत्ति स्तर कक्षा में कैसा भी क्यों न हो यहां यह पूरा ध्यान रखा जाता है कि सभी विद्यार्थी दूसरों से स्पर्धा करते हुए विषय विशेष के अधिगम में स्वामित्व अर्जित करें। किसी एक इकाई पर स्वामित्व अर्जित होने पर ही विद्यार्थी को दूसरी इकाई पर कार्य करने की अनुमति दी जाती है।

3. **स्वगति से आगे बढ़ना (Self pacing)**—यह प्रणाली सभी विद्यार्थियों को अपनी–अपनी योग्यता, रुचि, सामर्थ्य तथा पूर्व अर्जित अधिगमों के आधार पर अपनी–अपनी गति से प्रस्तुत विषय सामग्री पर स्वामित्व अर्जित करने के सिद्धांत का अनुसरण करती है। जो ऐसा कर लेता है वह आगे की इकाइयों की विषय सामग्री के अधिगम पथ पर आगे बढ़ जाता है। किसी को भी अधिगम हेतु अपने दूसरे साथियों का इंतजार नहीं करना पड़ता।

4. **लिखित कार्य पर आवश्यक बल (Necessary emphasis on written work)**—व्यक्तिगत अनुदेशन प्रणाली में परंपरागत अनुदेशन प्रणालियों की तुलना में लिखित कार्य पर बहुत बल दिया जाता है। विद्यार्थियों के सामने जो भी विषयवस्तु अधिगम हेतु रखी जाती है वह लिखित रूप में ही होती है। उन्हें आवश्यक निर्देश भी लिखित रूप में दिए जाते हैं। अध्ययन सामग्री तथा स्व–अध्ययन निर्देशिका भी उन्हें लिखित रूप में ही उपलब्ध रहती हैं। उन्हें अपने स्वामित्व अधिगम अर्जन के परीक्षण हेतु इकाई परीक्षण भी लिखित रूप में उपलब्ध होते हैं। जिनके उत्तर भी उन्हें लिखित रूप में ही देने होते हैं। इस तरह इस प्रणाली में मौखिक की अपेक्षा लिखित कार्य पर ही सब तरह से ज्यादा से ज्यादा जोर दिया जाता है।

5. **व्याख्यान या मौखिक संप्रेषण का कम से कम प्रयोग (Limiting the use of lecture or oral communication)**—व्यक्तिगत अनुदेशन प्रणाली में ऐसे सभी प्रयत्न किए जाते हैं कि व्याख्यान या मौखिक संप्रेषण का उपयोग तभी किया जाए जबकि इसके द्वारा अध्यापक को एक सफल अनुदेशन, पथप्रदर्शन तथा अभिप्रेरणा प्रदान करने वाले स्रोत की भूमिका निभाने का अवसर मिले मात्र सूचना प्रदान करने का नहीं। इसके अतिरिक्त यहां बहु–माध्यम उपागम का अधिक से अधिक उपयोग करने को प्रोत्साहित किया जाता है और परिणामस्वरूप विद्यार्थियों को विभिन्न प्रकार के सूचना या ज्ञान स्रोतों – दृश्य, श्रव्य सामग्री तथा उपकरणों का प्रयोग करने की सुविधा इस प्रणाली में मिलती है और उनकी मौखिक स्रोतों पर आश्रितता समाप्त सी ही हो जाती है।

6. **उचित पुनर्बलन का प्रावधान (Provision of appropriate reinforcement)**—व्यक्तिगत अनुदेशन प्रणाली में सभी विद्यार्थियों को उनके अधिगम अर्जन में अधिक से अधिक और तत्काल पुनर्बलन प्रदान करने की भरपूर चेष्टा की जाती है। जैसे ही कोई विद्यार्थी किसी इकाई विशेष में स्वामित्व अधिगम अर्जित करता है और इकाई परीक्षण से गुजरता है तो इस परीक्षण का अंकन तुरंत ही छात्र पर्यवेक्षकों (Proctors) के द्वारा कर दिया जाता है और इस प्रकार की तत्काल प्रतिपुष्टि से उसे अपने अधिगम पथ पर आगे बढ़ने हेतु पर्याप्त पुनबर्लन प्राप्त होता रहता है।

7. **प्रोक्टरों या छात्र पर्यवेक्षकों का उपयोग (Use of proctors)**—व्यक्तिगत अनुदेशन प्रणाली की सबसे बड़ी विशेषता व्यक्तिगत ध्यान देने, विद्यार्थियों के अधिगम कार्य का पर्यवेक्षण करने, परीक्षण लेने, सही

समय पर आवश्यक परामर्श एवं निर्देशन देने के लिए सभी समय, सभी विद्यार्थियों के समक्ष अलग–अलग रूप से उपस्थित रहने वाले छात्र पर्यवेक्षकों (Proctors) में निहित रहती है। जो विद्यार्थी किसी विषय विशेष पर अच्छी तरह स्वामित्व अर्जित कर लेते हैं ऐसे योग्य, तथा सामर्थ्यवान विद्यार्थियों को अपेक्षित प्रशिक्षण देकर छात्र पर्यवेक्षक या मार्गदर्शक की भूमिका निभाने के लिए तैयार करना इस प्रणाली की बहुत ही विशिष्ट विशेषता है। इसके उपयोग से ही वैयक्तिक अनुदेशन प्रणाली को अपने उद्देश्य की पूर्ति में पूरी–पूरी सफलता मिलती है।

8. **अपव्यय एवं अवरोधन की समस्या हल करना (Reducing the problem of wastage and stagnation)**— व्यक्तिगत अनुदेशन प्रणाली के पीछे यह अवधारणा कार्य करती है कि अनुदेशन के माध्यम से सभी छात्रों की निष्पत्ति तथा उपलब्धि को स्वामित्व स्तर तक पहुंचाया जाए चाहे इसके लिए व्यक्तिगत स्तर पर कितना ही समय तथा शक्ति अधिगमकर्त्ता को लगानी पड़े और इस तरह आंशिक ज्ञान प्राप्त करते रहने अथवा असफल हो जाने पर दुबारा उसी कक्षा में पढ़ाई करने तथा बार–बार परीक्षा देते रहने में एक परम्परागत अनुदेशन प्रणाली में समय, साधनों और शक्ति का व्यर्थ में ही जो अपव्यय और अवरोधन होता है उससे बचा जा सके। व्यक्तिगत अनुदेशन प्रणाली में यह सब कुछ संभव हो जाता है क्योंकि यहां किसी भी विद्यार्थी को अपने प्रयासों से स्वामित्व स्तर तक पहुंचने के बाद आगे अपनी गति से अधिगम करने का अवसर बराबर मिलता रहता है। उसे किसी अपने साथी की सफलता तथा असफलता के परिणामस्वरूप व्यर्थ में ही इंतजार करने में अपना समय बर्बाद नहीं करना पड़ता और न असफल हो जाने पर पूरे साल की बर्बादी का शिकार होना पड़ता है। इस तरह अनावश्यक अपव्यय एवं अवरोधन की समस्या से मुक्ति दिलाने में व्यक्तिगत अनुदेशन प्रणाली का काफी महत्त्वपूर्ण सहयोग रहता है।

9. **अध्यापक की भूमिका (Role of the teacher)**—व्यक्तिगत अनुदेशन प्रणाली परंपरागत अनुदेशन तकनीकों की तुलना में अध्यापक से बिल्कुल एक नई भूमिका की अपेक्षा करती है। यहां अध्यापक मात्र उपदेशक, प्रवक्ता या सूचना प्रेषक नहीं रह सकता और न उसकी भूमिका समूह शिक्षक की होती है। यहाँ उसे व्यक्तिगत तौर पर सभी विद्यार्थियों की वैयक्तिकता का ध्यान रखकर अलग–अलग रूप में अनुदेशन व्यवस्था करनी होती है। उसे विद्यार्थियों को वे सभी शिक्षण अधिगम परिस्थितियां, साधन तथा सुविधाएं प्रदान करनी होती हैं जो उनमें वैयक्तिक रूप से अपनी गति से विषयवस्तु पर स्वामित्व स्थापित करने में मदद करें। अतः अध्यापक को यहां काफी कुछ हटकर एक सफल निर्देशक, मार्गदर्शक, प्रबंधकर्त्ता तथा सुविधा प्रदानकर्त्ता (Facilitator) की भूमिकाएं निभानी पड़ती हैं तथा विद्यार्थियों से व्यक्तिगत एवं सामाजिक रूप में सहयोग करके, उनको अभिप्रेरित करते हुए अपने अपने ढंग से अधिगम पथ पर चलते रहने में पूरा–पूरा साथ निभाना पड़ता है। इस तरह व्यक्तिगत अनुदेशन प्रणाली में शिक्षक की भूमिका और उसके उत्तरदायित्वों का क्षेत्र दोनों ही काफी बदले और महत्त्वपूर्ण नजर आते हैं।

व्यक्तिगत अनुदेशन प्रणाली की कार्यप्रणाली (Mechanism of Personalized System of Instruction)

प्रश्न उठता है कि कक्षा शिक्षण परिस्थितियों में व्यक्तिगत अनुदेशन प्रणाली को कैसे काम में लाया जाता है ? इस कार्य हेतु सामान्यतया निम्न प्रकार आगे बढ़ना ठीक रहता है।

1. सबसे पहले विषय विशेष के सिलेबस में दी गई विषयवस्तु या प्रकरणों को उचित इकाइयों में विभक्त कर लेना चाहिए। अभिक्रमित अनुदेशन के पदों या फ्रेमों (Frames) से इन इकाइयों का आकार और क्षेत्र कुछ अधिक व्यापक रहे। इस बात की ओर पूरा ध्यान देना चाहिए।

2. इकाई विशेष के अधिगम से संबंधित उद्देश्यों को अब पूरी तरह निश्चित रूप में व्यावहारिक शब्दावली में व्यक्त कर विद्यार्थियों के सामने रखा जाना चाहिए। उन्हें अधिगम अर्जन सहायता प्रदान करने हेतु जो भी शिक्षण अधिगम परिस्थितियों, अध्ययन सामग्री, सहायक सामग्री एवं उपकरण, अध्ययन निर्देशिका आदि चाहिए उनका प्रबन्ध भी इस चरण में किया जाना चाहिए। संक्षेप में जो कुछ विद्यार्थियों को करना है और कैसे करना है इसकी रूपरेखा उनके सामने लिखित सामग्री तथा निर्देशों द्वारा स्पष्ट रूप में रखी जानी चाहिए।
3. सभी विद्यार्थियों को अब इकाई विशेष की अध्ययन सामग्री प्रदान कर अधिगम पथ पर आगे बढ़ने के लिए कहा जाना चाहिए। अध्ययन मार्गदर्शिका (Study guides) यहां अब उनकी उचित रूप में सहायता कर सकती है। विद्यार्थियों को पूरी स्वतंत्रता होती है कि अपनी योग्यता, क्षमता, रुचि, और अधिगम गति से अपनी–अपनी तरह से अध्ययन कार्य में लगे रहें। वे इकाई से सम्बन्धित अधिगम कार्य विद्यालय, प्रयोगशाला, कार्यशाला, पुस्तकालय अथवा अपने घर पर कहीं भी जारी रख सकते हैं। उन्हें अपने अध्ययन और क्रियाकलापों के माध्यम से इकाई की विषयवस्तु से संबंधित जो प्रश्न या समस्याएं हल करने के लिए दी जाती हैं उनको लिखित रूप में उनके अच्छी तरह उत्तर देते रहने पड़ते हैं ताकि विषयवस्तु से संबंधित ज्ञान, कौशल और उनके उपयोगों से वे पूरी तरह परिचित होते रहें। आवश्यकता पड़ने पर उन्हें अपने अध्यापक तथा साथी प्रोक्टरों से सहायता या मार्गदर्शन प्राप्त करते रहने की पूरी स्वतंत्रता रहती है।
4. सभी विद्यार्थियों को अपनी–अपनी अधिगम गति से अधिगम पथ पर स्वयं आगे बढ़ते रहना होता है। इकाई के रूप में जो विषयवस्तु उनके सामने रखी जाती है। उसके अधिगम में उन्हें स्वामित्व स्तर (जिसे अधिगम प्रक्रिया प्रारम्भ करने से पहले ही अध्यापक और विद्यार्थी दोनों मिलकर तय कर लेते हैं) पर पहुंचना होता है। जब भी कोई विद्यार्थी यह अनुभव करता है कि उसने स्वामित्व अर्जित कर लिया है तब वह अध्यापक या प्रोक्टर से प्रार्थना करता है कि उसका मूल्यांकन कर लिया जाए। इकाई परीक्षण से अब उसकी परीक्षा ली जाती है और अगर वह इस परीक्षण से स्वामित्व स्तर पर पहुंचने वाले के रूप में सफल घोषित कर दिया जाता है तो आगे की इकाई अधिगम हेतु मिल जाती है। असफल रहने पर उसे पुनः उसी इकाई का अध्ययन कर स्वामित्व स्तर अर्जित करने के लिए कह दिया जाता है।
5. जो विद्यार्थी पूरे कोर्स की अध्ययन इकाइयों में स्वामित्व स्तर अर्जित कर लेते हैं, उन्हें प्रोक्टर के रूप में अध्यापक की सहायता करने के लिए विशेष रूप से प्रशिक्षण प्रदान करने के प्रयत्न किए जाते हैं। इन प्रोक्टरों का यह उत्तरदायित्व होता है कि वे अपने साथी छात्रों को इकाई विशेषों से संबंधित विषय सामग्री के अधिगम अर्जन में स्वामित्व स्तर तक पहुँचने में पूरी–पूरी मदद करें। इन प्रोक्टरों की सहायता से सभी विद्यार्थियों को अलग–अलग आमने सामने व्यक्तिगत रूप में अवलोकन करने, निर्देशित करने, समय–समय पर आवश्यक सहायता पहुंचाने, इकाई परीक्षणों द्वारा परीक्षा लेने, उनकी सफलता असफलता से परिचित कराने, जल्दी–जल्दी तत्काल प्रतिपुष्टि प्रदान करने, अधिगम में उनकी रुचि तथा अभिप्रेरणा बनाए रखने आदि सभी कार्य (जिनकी व्यक्तिगत रूप से जिम्मेदारी अध्यापक की होती है) बहुत ही अच्छी तरह से सम्पन्न किए जा सकते हैं। इसलिए प्रोक्टरों के चयन और उनके उचित प्रशिक्षण पर व्यक्तिगत अनुदेशन प्रणाली की सफलता काफी सीमा तक निर्भर रहती है।
7. जब एक विद्यार्थी कोर्स की सभी इकाइयों से संबंधित विषयवस्तु के अधिगम में स्वामित्व स्तर अर्जित कर लेता है (अर्थात् सभी परीक्षणों में उत्तीर्ण घोषित कर दिया जाता है) तब उसे अंत में एक ऐसी परीक्षा

भी देनी होती है जिससे पूरे कोर्स की विषयवस्तु से संबंधित स्वामित्व स्तर के अर्जन का समूचा मूल्यांकन किया जा सकता है। इसी के परिणामों के आधार पर उसे ग्रेड प्रदान करने के प्रयत्न किए जाते हैं। ग्रेड प्रदान करने के इस कार्य की दूसरे विद्यार्थियों को मिलने वाले ग्रेडों या उनकी उपलब्धियों तथा निष्पत्तियों से कोई संबंध नहीं होता। इस तरह इस प्रणाली में सापेक्षित (Relative) मूल्यांकन नहीं किया जाता और न ग्रेड या उपलब्धि आदि के लिए विद्यार्थियों में किसी प्रकार की प्रतिस्पर्धा या होड़ को किसी रूप में बढ़ावा दिया जाता है। इस प्रणाली में लिए गए परीक्षण परिणामों या ग्रेडिंग का उद्देश्य बालकों को स्वयं अपने अधिगम स्तर में उत्तरोत्तर वृद्धि करते रहना ही होता है।

व्यक्तिगत अनुदेशन प्रणाली की उपयोगिता एवं प्रभावशीलता (Advantages and Effectiveness of PSI)

व्यक्तिगत अनुदेशन प्रणाली की कक्षा शिक्षण परिस्थितियों में उपयोगिता और प्रभावशीलता की जाँच हेतु विविध प्रकार के प्रयोग एवं अनुसंधान कार्य हुए हैं जिनके आधार पर हम इस प्रणाली की उपयोगिता एवं प्रभावशीलता को निम्न प्रकार अभिव्यक्त कर सकते हैं।

1. इस प्रणाली के उपयोग द्वारा विद्यार्थियों को स्वगति (Pace) से अधिगम पथ पर आगे बढ़ाने में सहायता मिलती है।
2. पूर्व निर्धारित निष्पत्ति और स्वामित्व अधिगम स्तर पर सभी विद्यार्थियों को पहुंचाने के कार्य में यह प्रणाली विशेष रूप से सहयोगी सिद्ध होती है।
3. परंपरागत अनुदेशन प्रणालियों या शिक्षण विधियों जैसे व्याख्यान तथा प्रदर्शन आदि की तुलना में यह प्रणाली अनुदेशन कार्य में काफी प्रभावशाली सिद्ध होती है।
4. व्यक्तिगत अनुदेशन प्रणाली वैसे तो सभी विषयों के शिक्षण में उपयोगी रहती है परन्तु विशेष रूप से उस विषय वस्तु के शिक्षण में यह बहुत अधिक प्रभावशाली सिद्ध हो सकती है जिसमें विद्यार्थियों से बहुविध चिंतन (Divergent thinking) की अपेक्षा एकविध चिंतन (Convergent thinking) की आशा की जाती है। इसी तरह छोटी कक्षाओं के शिक्षण की तुलना में यह बड़ी कक्षाओं या महाविद्यालयों में शिक्षण प्रदान करने में अच्छी तरह काम आ सकती है।
5. व्यक्तिगत अनुदेशन प्रणाली विद्यार्थियों को अर्जित अधिगम की धारण क्षमता (Retention) और उसे उपयोग में लाने संबंधी दक्षता का प्रदर्शन करने में उपयोगी सिद्ध हो सकती है। यहां छात्र जो भी सीखते हैं वे स्वयं के प्रयत्नों से सीखते हैं इसलिए उनका यह अधिगम अर्जन बोध और चिंतन स्तर पर ही सम्पन्न होता है मात्र स्मृति स्तर पर नहीं। यही कारण है कि इस प्रणाली से किया हुआ अधिगम न तो जल्दी विस्मृति के गर्भ में जाता है और न ही विद्यार्थियों के लिए अनुपयोगी और निरर्थक बनता है।
6. व्यक्तिगत अनुदेशन प्रणाली विद्यार्थियों में अच्छी अध्ययन आदतों को विकसित करने में सहयोगी सिद्ध होती है। सभी विद्यार्थियों को स्वयं अपने प्रयत्नों से ही स्वामित्व स्तर अर्जित करना होता है। इसलिए पारस्परिक प्रतिस्पर्धा की अनुपस्थिति रहने के बावजूद भी वे अपने अध्ययन के प्रति काफी सचेत, जागरूक एवं अनुशासित रहते हैं।
7. यह प्रणाली छात्रों में अधिगम और शिक्षा के प्रति सकारात्मक दृष्टिकोण विकसित करने में भी काफी उपयोगी सिद्ध होती है। विद्यार्थी अधिगम पथ पर आगे बढ़ते हुए उचित प्रतिपुष्टि एवं पुनर्बलन प्राप्त

करता रहता है। साथ ही उसकी निष्पत्ति एवं उपलब्धि की किसी भी अवस्था में अन्य विद्यार्थियों से तुलना नहीं की जाती। उसे अपनी गति से आगे बढ़ते हुए कितना भी समय लगाकर स्वामित्व स्तर पर पहुंचना होता है। उसे कभी भी अपनी असफलता के लिए बुरा भला नहीं कहा जाता बल्कि यहां उसे अपने साथी छात्र, प्रोक्टर और अध्यापक से उचित सहायता और मार्गदर्शन प्राप्त होता रहता है। परिणामस्वरूप उसे कभी भी निराशा या भग्नाशा (Frustration) का शिकार नहीं होना पड़ता।

8. व्यक्तिगत अनुदेशन प्रणाली से शिक्षण अधिगम प्रक्रिया में विद्यार्थियों और शिक्षकों के बीच अच्छे व्यक्तिगत एवं सामाजिक संबंध बनाने में पर्याप्त सहायता मिलती है। सभी विद्यार्थियों को यहां निजी तौर पर व्यक्तिगत रूप में उनकी वैयक्तिकता को ध्यान में रखकर प्रत्यक्ष रूप में आमने सामने रहकर उनके अध्यापक या प्रोक्टरों से मार्गदर्शन और सहायता तथा आवश्यक पुनर्बलन प्राप्त होता रहता है। इसीलिए इस प्रणाली में शिक्षक और शिक्षार्थियों के बीच परंपरागत विधियों की अपेक्षा पारस्परिक सौहार्द स्थापित होने की अधिक संभावना रहती है।
9. जो विद्यार्थी पूरी पाठ्य इकाइयों पर स्वामित्व अर्जित करने का लक्ष्य प्राप्त कर लेते हैं। उनके प्रोक्टर के रूप में चुने जाने की संभावना बढ़ती जाती है। यह बात सभी विद्यार्थियों को उचित रूप से अभिप्रेरित करती रहती है। साथ ही अनुदेशन प्रक्रिया में इन छात्र प्रोक्टरों का उपयोग करना बहुत ही ज्यादा प्रभावशाली सिद्ध होता है। इन्हीं की उपस्थिति से व्यक्तिगत अनुदेशन प्रणाली में व्यक्तिगत रूप से शिक्षण प्रदान करते हुए स्वामित्व स्तर अर्जित कराना संभव हो जाता है। अपनी इस अनूठी विशेषता के कारण ही यह प्रणाली अन्य अनुदेशन प्रणाली या विधियों की तुलना में बहुत अधिक प्रभावशाली मानी जाती है।

व्यक्तिगत अनुदेशन प्रणाली को प्रयुक्त करने संबंधी समस्याएं और बाधाएं (Difficulties and Problems in the Adoption of PSI)

व्यक्तिगत अनुदेशन प्रणाली यद्यपि विकसित देशों की कक्षा शिक्षण परिस्थितियों में काफी उपयोगी सिद्ध हो रही है परंतु अपने देश की कक्षा शिक्षण परिस्थितियों में इसके प्रयोग में निम्न प्रकार की समस्याओं एवं बाधाओं का सामना करना पड़ सकता है–

1. हमारे अध्यापक इस नई अनुदेशन प्रणाली की प्रक्रिया से परिचित नहीं हैं, बहुतों ने तो इसका नाम भी नहीं सुना है। अधिकांश विश्वविद्यालयों के शिक्षक प्रशिक्षण पाठ्यक्रमों में इसको शामिल नहीं किया गया है इसलिए अध्यापकों को इसके बारे में अपेक्षित ज्ञान नहीं है।
2. जो अध्यापक अपने अध्यापन व्यवसाय में नए–नए आए हैं और जिन्होंने अपने शिक्षक प्रशिक्षण पाठ्यक्रम में इसका प्रशिक्षण प्राप्त किया है उन्हें इसे एक अनुदेशन प्रणाली के रूप में अपनाने में अपने उन पुराने अध्यापक साथियों के प्रतिरोध का सामना करना पड़ता है जो इससे अनजान होने के कारण इसे अपनाने में अनावश्यक भय या संकोच का अनुभव करते हैं। वास्तव में देखा जाए तो नवाचारों को अपनाने संबंधी उनका भय या संकोच ही सबसे अधिक समस्या खड़ी करने वाला सिद्ध होता है।
3. हमारे विद्यालयों में इस प्रणाली की उपयोगिता, प्रभाव एवं सामर्थ्य का किसी रूप में अच्छी तरह मूल्यांकन नहीं किया गया है। जब तक यह पता न लग जाए कि हमारे यहां की शिक्षण परिस्थितियों में यह कितनी उपयोगी या प्रभावशाली सिद्ध हो सकती है तब तक इसके प्रति प्रकट किए जाने वाले विरोध और डर को दूर नहीं किया जा सकता।

4. व्यक्तिगत अनुदेशन प्रणाली को अपनी कक्षा कक्ष परिस्थितियों एवं उपलब्ध संसाधनों के परिप्रेक्ष्य में बहुत सारी व्यावहारिक समस्याओं का सामना करना पड़ सकता है। इस प्रकार की कुछ समस्याएं एवं अड़चनें निम्न प्रकार की हो सकती हैं–
   - हमारी कक्षाओं में काफी भीड़–भाड़ रहती है। कक्षा में छात्रों की अधिक संख्या होने से उन्हें व्यक्तिगत रूप से उस प्रकार का ध्यान और सहायता प्रदान नहीं की जा सकती है जैसा कि इस प्रणाली में अपेक्षा रहती है।
   - इसके प्रयोग हेतु जिस प्रकार की उपयुक्त शिक्षण सामग्री, अध्ययन मार्गदर्शिका, इकाई परीक्षण आदि की जरूरत होती है उनकी समुचित उपलब्धि के अभाव में इसे ठीक प्रकार काम में लाना संभव नहीं हो पाता है।
   - शिक्षकों के ऊपर पहले से ही जरूरत से अधिक शिक्षण भार रहता है। अतः उन्हें इस प्रणाली के लिए अपेक्षित व्यक्तिगत ध्यान देने और व्यक्तिगत स्तर पर छात्रों की सहायता करने का समय नहीं मिल पाता है।
   - यह प्रणाली बहुमाध्य साधनों तथा उपकरणों जैसे आडियो टेप, वीडियो फिल्म, चित्रात्मक शिक्षण अधिगम साधन, पुस्तकालय, प्रयोगशाला, कार्यशाला आदि की मांग करती है। आर्थिक कठिनाइयों से घिरे रहने के कारण इन सभी का जुटाया जाना हमारे विद्यालयों में संभव नहीं हो पाता और फलस्वरूप इस प्रणाली के प्रयोग में अड़चनें खड़ी हो जाती हैं।
   - इस प्रणाली के उपयोग के लिए बड़े–बड़े कक्षा–कक्षों, हॉल कमरों तथा अधिक स्थान की जरूरत पड़ती है ताकि विद्यार्थियों को अलग–अलग रूप में व्यक्तिगत अनुदेशन प्राप्त करने की सुविधाएं प्रदान की जा सकें। इसी तरह व्यक्तिगत अध्ययन एवं क्रियाकलापों हेतु विद्यार्थियों को अधिक संसाधनों एवं उपकरणों आदि की भी जरूरत पड़ती है जिसे धनाभाव के कारण पूरा करना संभव नहीं हो पाता।
5. व्यक्तिगत अनुदेशन प्रणाली की सफलता बहुत कुछ छात्र निरीक्षकों या प्रोक्टरों द्वारा प्रदत्त सेवाओं पर निर्भर करती है। जिनकी कार्यक्षमता, विश्वसनीयता और कार्यनिष्ठा सदैव संदिग्ध ही रहती है। एक तो वे स्वयं छात्र ही होते हैं जिनकी सत्ता या निर्देशन को उनके साथी स्वीकार नहीं कर पाते। दूसरे वे स्वयं भी इसे अपनी शक्ति और समय का अपव्यय समझ कर अपने उत्तरदायित्वों से न्याय नहीं कर पाते। वे यही सोचते रहते हैं कि दूसरे को स्वामित्व स्तर तक पहुंचाने में मैं क्यों परेशान रहूं। इस तरह की नकारात्मक सोच के रहते हुए प्रोक्टरों से कुछ अधिक आशा करना व्यर्थ ही होता है और इसी के फलस्वरूप इस प्रणाली को ठीक तरह अपनाने में भी दिक्कत आती है।
6. सबसे अंतिम परंतु सबसे बड़ी परेशानी इस प्रणाली के उपयोग करने में इस बात को लेकर है कि यहां सभी विद्यार्थियों से उनके अधिगम प्रयत्नों को लेकर बहुत अधिक आशा की जाती है। सब कुछ उन्हें अपने प्रयत्नों से ही करना होता है। यद्यपि उन्हें अधिगम पथ पर आगे बढ़ाने के लिए सभी सुविधाएं जुटाई जाती हैं परंतु आगे बढ़ने की पूरी जिम्मेदारी उन्हीं के कन्धों पर होती है। ऐसे उन्मुक्त वातावरण में उनके अधिगम पथ से विचलित होने की संभावना बहुत अधिक बढ़ जाती है। वे अपने स्वतंत्रता का नाजायज फायदा उठाकर अपने समय और शक्ति की बरबादी कर सकते हैं। दूसरे इस प्रणाली में अन्य विद्यार्थियों के साथ उनकी उपलब्धि अथवा निष्पत्ति के संबंध में पारस्परिक तुलना नहीं की जाती है। इस प्रकार की प्रतिस्पर्धा की अनुपस्थिति में उनमें काफी सुस्ती और ढील आ जाती है और वे एक–एक इकाई से संबंधित विषयवस्तु के स्वामित्व में बहुत अधिक समय गंवा देते हैं।

इस प्रकार से हम देखते हैं कि व्यक्तिगत अनुदेशन प्रणाली को एक शिक्षण या अनुदेशन प्रणाली के रूप में अपनाने में काफी बाधाओं और समस्याओं का सामना करना पड़ सकता है। परंतु यदि ध्यान से देखा जाए तो इनमें से बहुत सी बाधाएं और अड़चनें केवल मात्र इस बात को लेकर है कि प्रत्येक नवाचार का उसकी प्रारंभिक अवस्था में अवश्य ही विरोध होता है या उसके उपयोग संबंधी कठिनाइयों को बढ़ा–चढ़ा कर पेश किया जाता है। यही बात इस प्रणाली को अपने देश की कक्षा परिस्थितियों में लागू करने को लेकर है। यह बात तो निर्विवाद रूप से सत्य है कि वास्तविक वैयक्तिक अनुदेशन प्रदान कर विद्यार्थियों को किसी विषय विशेष में स्वामित्व अर्जित करने में जितनी सहायता इस प्रणाली से मिल सकती है वह किसी अन्य प्रणाली से नहीं। यह उपलब्धि कोई कम नहीं है और इसकी प्राप्ति हेतु अगर शिक्षकों को कुछ अधिक परिश्रम करना पड़े तो उन्हें अपने विद्यार्थियों के उज्ज्वल भविष्य हेतु इसे दिल से स्वीकार कर आगे बढ़ने के प्रयत्न करने चाहिए।

सार-संक्षेप (Summary)

1. व्यक्तिगत अनुदेशन प्रणाली (Personalized System of Instruction) के जन्मदाता के रूप में अमेरिकन प्रोफेसर फ्रेड एस. केलर का नाम लिया जाता है। उन्होंने प्रसिद्ध मनोवैज्ञानिक बी.एफ. स्किनर द्वारा प्रतिपादित अभिक्रमित अनुदेशन प्रणाली की तुलना में कुछ अधिक प्रभावशाली और सक्षम वैयक्तिक अनुदेशन प्रदान करने हेतु 1963 में अपने कुछ साथियों के साथ मिलकर एक नई वैयक्तिक अनुदेशन प्रणाली को व्यक्तिगत अनुदेशन प्रणाली के नाम से सबके सामने रखा। अपने प्रतिपादक के सम्मान में यह प्रणाली केलर प्रणाली भी कहलाती है।
2. व्यक्तिगत अनुदेशन प्रणाली एक ऐसे व्यक्तिगत अनुदेशन प्रदान करने की तकनीक है जिसका उद्देश्य अध्यापक को कुछ योग्य एवं प्रशिक्षित विद्यार्थियों (जिन्हें प्रोक्टर कहते हैं) के सहयोग से कक्षा के सभी विद्यार्थियों को व्यक्तिगत रूप से अपनी–अपनी अधिगम गति से आगे बढ़ाते हुए विषय सामग्री के अधिगम अर्जन में स्वामित्व ग्रहण करने में सहायता प्रदान करना है।
3. व्यक्तिगत अनुदेशन प्रणाली के आधारभूत तत्त्वों एवं विशेषताओं के रूप में जिन बातों का विशेष रूप से उल्लेख किया जा सकता है वे हैं– (i) अनुदेशन को अधिक से अधिक वैयक्तिकता या व्यक्तिगतता प्रदान करना (ii) स्व–गति से आगे बढ़ना (iii) स्वामित्व अधिगम पर बल दिया जाना (iv) मौखिक कार्य की अपेक्षा लिखित कार्य पर बल दिया जाना (v) व्याख्यान या मौखिक संप्रेषण का कम से कम उपयोग करना (vi) उचित पुनर्बलन का प्रावधान (vii) प्रोक्टरों या छात्र पर्यवेक्षकों का उपयोग करना (viii) अपव्यय एवं अवरोधन की समस्या से मुक्ति दिलाने में सहायक तथा (ix) शिक्षक की भूमिका एक अच्छे निर्देशक, मार्गदर्शक व प्रबंधकर्त्ता तथा सुविधा प्रदान करने वाले के रूप में परिवर्तित होना।
4. व्यक्तिगत अनुदेशन प्रणाली को काम में लाने हेतु जिस क्रम से आगे बढ़ना होता है वह है– (i) विषय विशेष की सामग्री का उचित इकाइयों में विभाजन (ii) इकाई विशेष के उद्देश्यों का व्यावहारिक शब्दावली में लेखन (iii) व्यक्तिगत अनुदेशन संबंधी सभी परिस्थितियों तथा सहायक सामग्री आदि का पूर्व नियोजन एवं प्रबंधन (iv) व्यक्तिगत रूप से अध्ययन करने में विद्यार्थियों को जो स्वामित्व अधिगम करना है उसका स्तर तय करना। (v) स्व–अधिगम में स्व–गति के अनुरूप सभी विद्यार्थियों को अध्ययनरत करना। (vi) इकाई परीक्षण से इकाई विशेष के अध्ययन में स्वामित्व अर्जित करने की जाँच करना। (vii) पूरे कोर्स की अध्ययन इकाइयों में स्वामित्व अर्जित करने पर प्रोक्टरों के रूप में मान्यता और फिर छात्रों का स्वामित्व अर्जित कराने हेतु सहयोग लेना।

5. व्यक्तिगत अनुदेशन प्रणाली की उपयोगिता एवं प्रभावशीलता के संदर्भ में उसकी जिन विशेषताओं का विशेष उल्लेख किया जा सकता है वे हैं– (i) स्व–गति से अधिगम पथ पर आगे बढ़ना (ii) पूर्व निर्धारित स्वामित्व अधिगम स्तर पर सभी विद्यार्थियों को पहुंचाने में सहायक (iii) स्मृति स्तर की अपेक्षा बोध तथा चिंतन स्तर पर अधिगम अर्जन में सहायक (iv) उचित अध्ययन आदतों तथा अधिगम के प्रति सकारात्मक दृष्टिकोण बनाने में सहायक (v) शिक्षक और शिक्षार्थियों के बीच अधिक तालमेल और सौहार्द बनाने में सहायक (vi) व्यक्तिगत ध्यान देने हेतु प्रोक्टरों का उपयोग तथा प्रोक्टर बनने के लिए विद्यार्थियों को निर्धारित विषय सामग्री पर स्वामित्व अर्जित करने की अभिप्रेरणा।

6. व्यक्तिगत अनुदेशन प्रणाली को कक्षा शिक्षण में उपयोग करने के मार्ग में कुछ बाधाएं तथा अड़चनें भी नजर आती हैं। इनमें से प्रमुख रूप से जिनका उल्लेख किया जा सकता है वे हैं– (i) अध्यापक वर्ग की इस नई अनुदेशन प्रणाली के प्रति अज्ञानता (ii) किसी नवाचार को अपनाने संबंधी भय या संकोच (iii) इस प्रणाली की उपयोगिता और प्रभावशीलता के बारे में किए जाने वाले अनुसंधान कार्यों का अभाव (iv) वर्तमान कक्षा–कक्ष परिस्थितियों में इसे अपनाने के संदर्भ में आने वाली व्यावहारिक समस्याएं जैसे कक्षाओं में भीड़–भाड़, शिक्षकों के ऊपर जरूरत से अधिक शिक्षण भार, इस प्रणाली को प्रयुक्त करने के लिए आवश्यक बहुमाध्य साधनों, उपकरणों तथा संसाधनों का अभाव आदि। (v) प्रोक्टरों के द्वारा व्यक्तिगत अनुदेशन कार्य में अपेक्षित सहायता ठीक प्रकार न मिलना तथा (vi) विद्यार्थियों से स्व–गति से आगे बढ़कर स्वामित्व स्तर तक अधिगम अर्जन करने संबंधी अव्यावहारिकता और कठिनाई।

संदर्भित एवं विशेष अध्ययन ग्रंथ
(References and Suggested Readings)

De Carlo Julia E. and Constant A. Madon (Eds.), *Innovations in Education for the Seventies: Selected Readings*, New York, Behavioral Publications, 1973.

Green, B.A. Jr , *The Personalized System of Instruction*, American Association for Higher Education, Washington, DC, 1974.

Golubchick, Leonard H. and Barry Persky (Eds.), Innovations in *Education, Dubuque, Iowa*: Kendall/Hunt Pub., 1975.

Keller, Fred S., *The Keller Plan handbook: Essays on a Personalized System of Instruction*, Menlo Park, Calif: W.A. Benjamin, 1974.

Keller, Fred S., Good bye, Teacher, *Journal of Applied Behavior Analysis*, Vol. 1, pp. 79–89, 1968

Naper, (1980), Quoted by S.K. Mangal, *Fundamentals of Educational Technology*, Ludhiana: Tandon Publications, 1994.

Ruskin, Robert S., *The Personalized System of Instruction: An Educational Alternative*, Washington, DC: American Association for Higher Education, 1974.

Ruskin, Robert S. (Ed.), *An Evaluative Review of the Personalized System of Instruction*, Washington DC: Center for the Personalized System of Instruction, 1976.

Sherman, J.G. and Robert S. Ruskin, *The Personalized System of Instruction*, Englewood Cliffs, N.J.: Educational Technology Publications, 1978.

अध्ययन के लिए प्रश्न
(Study Questions)

1. व्यक्तिगत अनुदेशन प्रणाली (Personalized System of Instruction) से आप क्या समझते हैं ? इसके उद्भव एवं विकास पर प्रकाश डालिए।
2. व्यक्तिगत अनुदेशन प्रणाली क्या है ? अनुदेशन विधि के रूप में इसके आधारभूत तत्त्वों तथा मुख्य विशेषताओं का वर्णन करो।
3. व्यक्तिगत अनुदेशन प्रणाली को परिभाषित करते हुए इसके प्रयोग संबंधी प्रक्रिया की विस्तार से चर्चा कीजिए।
4. अनुदेशन विधि के रूप में व्यक्तिगत अनुदेशन प्रणाली के गुण–दोषों की समीक्षा कीजिए।
5. व्यक्तिगत अनुदेशन प्रणाली को हमारी कक्षा शिक्षण परिस्थितियों में प्रयुक्त करने में क्या बाधाएं तथा अड़चनें हैं ? विस्तार से वर्णन करें।

22

कंप्यूटर सहाय एवं कंप्यूटर प्रबंधित अनुदेशन
(Computer Assisted and Computer Managed Instructions)

अध्याय रूपरेखा (Chapter Outline)

विषय प्रवेश
(Introduction)

आज के दिन कंप्यूटरों को विज्ञान और तकनीकी द्वारा मानव जाति को दिया जाने वाला सबसे अमूल्य उपहार कहा जा सकता है। इसने हमारे जीवन के सभी क्षेत्रों में एक अद्भुत सा चमत्कार ला दिया है। आज हमारे जीवन की कोई भी क्रिया कंप्यूटरों के उपयोग से अछूती नहीं रही है। शिक्षा के क्षेत्र में भी इनका प्रयोग वास्तविक शिक्षण कार्यों के अतिरिक्त शिक्षा के और अन्य सभी क्रियाकलापों के उचित व्यवस्थापन और प्रबंधन हेतु जोर शोर से किया जा रहा है। 1986 में नई शिक्षा नीति के लागू किए जाने के पश्चात हमारे देश में शिक्षण–अधिगम क्रियाओं के संचालन में कंप्यूटरों के प्रयोग का प्रचलन विधिवत आरंभ हो चुका है। कंप्यूटरों की सहायता से चलने वाले इस शिक्षण–अधिगम या अनुदेशन कार्य को ही कंप्यूटर सहाय या कंप्यूटर निर्देशित अनुदेशन (Computer assisted or directed instruction) का नाम दिया जाता है। थोड़ा आगे बढ़कर जब कंप्यूटरों को कक्षा–कक्ष अनुदेशन के अतिरिक्त शिक्षा और अनुदेशन संबंधी अन्य क्रियाकलापों के प्रबंधन की भी जिम्मेदारी सौंप दी जाती है, तब इसे कंप्यूटर प्रबंधित अनुदेशन (Computer managed instruction) की संज्ञा दे दी जाती है। प्रस्तुत अध्याय में हम इन दोनों प्रकारों की अवधारणाओं के बारे में बारी–बारी से विस्तार में जानना चाहेंगे।

कंप्यूटर सहाय अनुदेशन (Computer Assisted Instruction—C.A.I.)

अर्थ एवं परिभाषा (Meaning and Definition)

कंप्यूटर सहाय अनुदेशन जैसा कि नाम से ही विदित होता है एक ऐसे अनुदेशन की ओर संकेत करता है जिसे कंप्यूटर मशीनरी की मदद से संपादित किया जाता है। अनुदेशन प्रक्रिया को स्वःअनुदेशित तथा वैयक्तिक (Self-directed and individualized) बनाने में इस प्रकार के अनुदेशन को शिक्षण मशीन द्वारा संचालित अनुदेशन से एक कदम आगे तथा अभिक्रमित पाठ्यपुस्तकों (Programmed textbooks) द्वारा प्रदत्त अनुदेशन से दो कदम आगे का नवाचार (Innovation) माना जा सकता है। इस बात की पुष्टि करते हुए हिलगार्ड एवं बाउर लिखते हैं—कंप्यूटर सहाय अनुदेशन का क्षेत्र अब इतना विस्तृत हो गया है कि अब इन्हें मात्र स्किनर द्वारा प्रतिपादित अभिक्रमित अधिगम अथवा शिक्षण मशीन के अनुप्रयोगों के रूप में नहीं समझा जा सकता। (Computer assisted instruction has now taken so many dimensions that it can no longer be considered as simple derivative of the teaching machine or the kind of programmed learning that Skinner introduced—Hilgard and Bower, 1977).

उपरोक्त कथन यह स्पष्ट संकेत दे रहा है कि कंप्यूटर सहाय अनुदेशन एक ऐसे आधुनिकतम नवाचार को हमारे सामने लाता है जिसे मात्र शिक्षण मशीन द्वारा प्रस्तुत अभिक्रमित अनुदेशन सामग्री के समकक्ष नहीं ठहराया जा सकता। इसका क्षेत्र, आयाम और अनुदेशन तकनीकें बहुत कुछ मामलों में बहुत अधिक व्यापक और विस्तृत हैं। अतः कंप्यूटर सहाय अनुदेशन को मात्र एक ऐसे अनुदेशन के रूप में, जिसे कंप्यूटरों (शिक्षण मशीन से कुछ अधिक प्रगतिशील मशीनों) की सहायता से अभिक्रमित अधिगम सामग्री के प्रस्तुतीकरण हेतु काम में लाया जाता है, परिभाषित नहीं किया जा सकता।

इस संदर्भ में अब आगे कंप्यूटर सहाय अनुदेशन की एक अन्य परिभाषा जो भट्ट एवं शर्मा द्वारा प्रदान की गई है, की चर्चा करना उपयुक्त रहेगा। इसके अनुसार कंप्यूटर सहाय अनुदेशन को शैक्षिक उद्देश्यों की प्राप्ति की दिशा में विद्यार्थी एवं कंप्यूटर नियंत्रित प्रस्तुतीकरण तथा अनुक्रिया रिकॉर्डिंग उपकरण के मध्य चलने वाली अंतःक्रिया के रूप में समझा जा सकता है। (C.A.I. is defined as an interaction between a student, a Computer Controlled display and a response entry device for the purpose of achieving educational outcomes—Bhatt & Sharma, 1992.)

उपरोक्त परिभाषा कुछ निम्न तथ्यों को हमारे सामने लाने का प्रयत्न कर रही है।

- कंप्यूटर सहाय अनुदेशन में किसी एक विद्यार्थी तथा कंप्यूटर के बीच उसी प्रकार की अंतःक्रिया चलती है जैसी कि एक ट्यूटोरियल प्रणाली (Tutorial system) में शिक्षक और शिक्षार्थी के बीच चलती है।
- कंप्यूटर द्वारा विद्यार्थियों को व्यक्तिगत रूप से अनुदेशन सामग्री को प्रस्तुत करना पूरी तरह संभव है।
- जैसे ही अनुदेशन सामग्री कंप्यूटर के मॉनीटर पर प्रस्तुत की जाती है विद्यार्थी उससे फायदा उठाकर उसके प्रति वांछित अनुक्रियाएँ व्यक्त करता है। इन अनुक्रियाओं को कंप्यूटर द्वारा भलीभाँति ग्रहण करके, विद्यार्थी को आगे क्या करना है, इस तरह के अनुदेशन प्रदान किए जाते हैं।
- कंप्यूटर और विद्यार्थी के बीच चलने वाली अंतःक्रिया निर्धारित अनुदेशन उद्देश्यों की प्राप्ति में सहायक बनती है।

इस तरह उपरोक्त परिभाषा में जहाँ कंप्यूटर सहाय अनुदेशन में लगभग सभी व्यावहारिक पक्षों को स्पष्ट करने की चेष्टा की गई है वहाँ इसमें प्रदत्त अनुदेशन की प्रकृति और विशेषताओं को सामने न ला सकने वाली कमी स्पष्ट रूप से खलती है। अतः अगर इस कमी का निवारण कर लिया जाए तो संशोधित रूप में कंप्यूटर सहाय अनुदेशन को निम्न शब्दावली में परिभाषित किया जा सकता है।

कंप्यूटर सहाय अनुदेशन से अभिप्राय ऐसी अनुदेशन तकनीक या विधि से है जिसके अंतर्गत विद्यार्थी तथा कंप्यूटर संयंत्र (जिसमें सॉफ्टवेयर के रूप में वांछित अनुदेशनात्मक सामग्री रहती है) के बीच एक ऐसी प्रयोजनपूर्ण अंतःक्रिया चलती रहती है जिसके फलस्वरूप विद्यार्थी विशेष को अपनी क्षमताओं तथा अधिगम गति का अनुसरण करते हुए वांछित अनुदेशनात्मक उद्देश्यों की प्राप्ति में समुचित सहायता प्राप्त होती रहती है।

(Computer assisted instruction may be defined as a technique or method of instruction in which there is a purposeful interaction between a learner and computer device having useful instructional material as software for helping the individual learner to achieve the desired instructional objectives with his own pace and abilities at his command.)

कंप्यूटर सहाय अनुदेशन की मूल मान्यताएँ (Basic Assumptions of Computer Assisted Instruction)

वैयक्तिक स्व–अनुदेशन के निमित्त बना कंप्यूटर सहाय अनुदेशन कुछ निम्न आधारभूत मान्यताओं पर टिका हुआ है।

1. **एक ही समय पर अनेक विद्यार्थियों को एक साथ अनुदेशन प्रदान करना (Instruction for a number of learners at a time)**—कंप्यूटर सहाय अनुदेशन हजारों तथा लाखों विद्याथियों को एक ही समय में वैयक्तिक स्व–अनुदेशन प्राप्त करने की सामर्थ्य रखता है। जो कुछ भी किसी विद्यार्थी को अपनी रुचि के क्षेत्र या विषय विशेष के प्रकरण की जानकारी हेतु चाहिए वह उसे कंप्यूटर सहाय अनुदेशन के माध्यम से अनायास ही प्राप्त होता रहता है। दूसरे इस तरह से उसे जो अभिक्रमित अधिगम सामग्री व्यक्तिगत रूप में कंप्यूटर की सहायता से प्राप्त होती है वह प्रायः सर्वोत्तम स्तर की ही होती है। इस तरह से कंप्यूटर सहाय अनुदेशन की पहली प्रमुख मूल मान्यता यह है कि वैयक्तिक स्व अनुदेशन एक ही समय पर अनेक अधिगमकर्त्ताओं (Learners) को बहुत आसानी से प्राप्त होता रहना चाहिए।
2. **विद्यार्थियों की निष्पत्ति का स्वतः ही रिकॉर्डिंग होते रहना (Automatic recording of the learner's performance)**—अनुदेशनात्मक सामग्री को प्रस्तुत किए जाने पर एक विद्यार्थी किस प्रकार की अनुक्रियाएँ व्यक्त करता है ? अधिगम परिणामों की दृष्टि से विद्यार्थी विशेष का कैसा निष्पत्ति स्तर है ? इस सब बातों की कंप्यूटर सहाय अनुदेशन के अंतर्गत स्वतः ही रिकॉर्डिंग होती रहती है। इस प्रकार की रिकॉर्डिंग के माध्यम से विद्यार्थी को स्व–अनुदेशन हेतु आगे क्या चाहिए इस प्रकार नियोजन संबंधी बातें विद्यार्थी को अधिगम पथ पर आगे बढ़ाने के लिए कंप्यूटर सह अनुदेशन कार्यक्रम में लगातार मिलती रहती हैं। इस तरह से विद्यार्थियों की निष्पत्ति का उत्तरोत्तर स्वचालित रिकॉर्डिंग (Automatic recording) के माध्यम से लेखा–जोखा रखा जाना कंप्यूटर सहाय अनुदेशन की दूसरी बड़ी मूल मान्यता है।
3. **विधियों एवं तकनीकों के प्रयोग में विविधता (Variety in the use of methods and techniques)**—कंप्यूटर सहाय अनुदेशन के अंतर्गत यह मूल धारणा कार्य करती है कि सभी विद्यार्थी एक जैसी विधि या तकनीक के माध्यम से शिक्षा ग्रहण नहीं कर पाते और सभी विषय तथा प्रकरणों के अनुदेशन हेतु

एक जैसी विधि या तकनीक नहीं अपनायी जा सकती। अतः यह अनुदेशन यह मानकर चलता है कि किसी विषय या प्रकरण के अनुदेशन हेतु विभिन्न प्रकार की तकनीकें या विधियाँ अपनाई जानी चाहिएं ताकि विद्यार्थी अपने वैयक्तिकता तथा अनुदेशन सामग्री के अनुरूप अपने–अपने हिसाब से किसी एक विधि या तकनीक का चयन करके अधिगम पथ पर उचित रूप से आगे बढ़ते रहें।

कंप्यूटर सहाय अनुदेशन की तीन विभिन्न टैक्नोलॉजी (The Three Technologies of C.A.I.)

कंप्यूटर अनुदेशन के क्रियान्वयन हेतु तीन प्रकार की विभिन्न टैक्नोलॉजी प्रयुक्त होती हैं जिन्हें हार्डवेयर (Hardware) सॉफ्टवेयर (Software) तथा कोर्सवेयर (Courseware) के नाम से जाना जाता है।

कंप्यूटर अपने मशीनी रूप से हार्डवेयर टैक्नोलॉजी का उपयोग करता है। मशीन की तरह इसके विभिन्न कलपुर्जे तथा काम करने वाले विभिन्न भाग या अवयव होते हैं। हम अपनी आवश्यकताओं के अनुरूप ही कंप्यूटर मशीनरी खरीदते हैं। कंप्यूटर के इन हार्डवेयर अवयवों जैसे सी॰पी॰यू॰, कीबोर्ड, माउस, स्क्रीन, मॉडम, स्पीकर, स्कैनर आदि की विस्तार से जानकारी आपको आगे इसी पुस्तक के 31वें अध्याय में दी जाएगी तथा साथ ही यह भी बताया जाएगा कि कंप्यूटर की मशीनरी कैसे कार्य करती है। इससे आपको यह भी ज्ञान हो सकेगा कि अन्य मशीनों की तरह कंप्यूटरों को उन्हें संभालने तथा कोई खराबी आने पर सुधारने के लिए हार्डवेयर टैक्नोलॉजी तथा टेक्नीशियन की जरूरत पड़ती रहती है। इस प्रकार कंप्यूटरों में उनका मशीनी रूप में संचालन तथा देखभाल इन दोनों कार्यों हेतु हार्डवेयर टैक्नोलॉजी का प्रयोग आवश्यक होता है।

विद्यार्थियों को किसी भी प्रकार का अनुदेशन देने में कंप्यूटर का मशीनी रूप तब तक कुछ नहीं कर सकता जब तक कि मशीन को संचालित करने में समर्थ सॉफ्टवेयर का उसमें इस्तेमाल न हो। सॉफ्टवेयर एक तरह से ऐसे प्रोग्राम होते हैं जो एक ओर तो कंप्यूटर मशीन को संचालित करने हेतु मशीनी भाषा में कंप्यूटर को आदेश देते हैं तो दूसरी ओर कोर्सवेयर टैक्नोलॉजी द्वारा बनाए गए अनुदेशन कार्यक्रमों को विद्यार्थियों के सामने प्रस्तुत करने की क्षमता रखते हैं। इन दोनों प्रकार के सॉफ्टवेयरों को सिस्टम सॉफ्टवेयर तथा एप्लीकेशन सॉफ्टवेयर की संज्ञा दी जाती है। कोई भी कंप्यूटर मशीन इस तरह सॉफ्टवेयर टैक्नोलॉजी के बिना न तो क्रियाशील (Operative) ही हो सकती है और न उससे कोई उपयोगी कार्य अनुदेशन आदि ही कराया जा सकता है।

कंप्यूटरों में प्रयुक्त तीसरे प्रकार की टैक्नोलॉजी कोर्सवेयर टैक्नोलॉजी (Courseware technology) का कंप्यूटर सहाय अनुदेशन से लाभ उठाने वाले विद्यार्थियों से कोई सीधा संबंध नहीं होता। इस प्रकार की टैक्नोलॉजी की सेवाओं की जरूरत सॉफ्टवेयर प्रोग्राम तैयार करने वाले प्रोग्रामर्स को होती है। क्योंकि ये प्रोग्रामर्स ही ऐसे प्रोग्राम तैयार करते हैं जिनसे वांछित अभिक्रमित अनुदेशन (Programmed instructions) विद्यार्थियों को प्राप्त होते रहते हैं। माना एक नवीं कक्षा का विद्यार्थी रसायन शास्त्र के तत्त्व, यौगिक और मिश्रण (Elements, compounds and mixtures) उपविषय पर स्व–अनुदेशन प्राप्त करना चाहता है। इस तरह की अनुदेशन सेवाएँ उपलब्ध कराने हेतु हार्डवेयर के रूप में एक कंप्यूटर मशीन को सॉफ्टवेयर टैक्नोलॉजी की सेवाएँ लेनी होंगी। जो सॉफ्टवेयर प्रोग्राम मशीन को चलाने तथा अनुदेशन प्राप्त कराने हेतु कंप्यूटर मशीन में डाले जाएंगे उन्हें सॉफ्टवेयर प्रोग्रामर्स द्वारा बनाया जाएगा।

परंतु यहाँ अनुदेशन विशेष पर सॉफ्टवेयर का निर्माण करने हेतु सॉफ्टवेयर प्रोग्रामर्स को कोर्सवेयर टैक्नोलॉजिस्ट की जरूरत पड़ेगी। कोर्सवेयर टैक्नोलॉजिस्ट्स के रूप में जो भी एक विशेषज्ञ तथा विशेषज्ञों की टीम यहाँ सॉफ्टवेयर प्रोग्रामर्स की सहायता करेगी उसे निम्न क्षेत्रों में आवश्यक निपुणता हासिल होनी चाहिए।

(i) विषय विशेष पर स्वामित्व (Mastery over the Subject)

(ii) विषय विशेष के शिक्षण में विशेषज्ञ होना (Expert in its teaching)

(iii) अनुदेशनात्मक टैक्नोलॉजी में पारंगत होना (Expert in Instructional technology)

(iv) अनुदेशनात्मक सामग्री के निर्माण एवं प्रयोग में प्रवीण होना (Skilled in the development and use of Instructional material)

इस तरह की निपुणताओं से युक्त कोर्सवेयर टैक्नोलॉजिस्ट जो भी अनुदेशन सामग्री तथा अनुदेशन विधियों एवं तकनीकों से युक्त कोर्सवेयर सामग्री तैयार करेगा, सॉफ्टवेयर टैक्नोलॉजिस्ट द्वारा उसे कंप्यूटर मशीन (हार्डवेयर) में प्रयुक्त करने हेतु आवश्यक सॉफ्टवेयर प्रोग्रामों में बदल दिया जाएगा।

इस प्रकार से उपरोक्त तीनों प्रकार, हार्डवेयर, सॉफ्टवेयर तथा कोर्सवेयर टेक्नोलॉजी और इनसे संबंधित टैक्नोलॉजिस्ट्स सभी के तालमेल से कंप्यूटर सहाय अनुदेशन हेतु ऐसी आवश्यक अनुदेशनात्मक सामग्री का निर्माण संभव होता है जिसे वैयक्तिक स्व–अनुदेशन हेतु ठीक तरह से काम में लाया जा सके।

कंप्यूटर सहाय अनुदेशन के विभिन्न प्रकार या रूप (Types or Modes of Computer Assisted Instruction)

जिस तरह की परिस्थितियाँ होती हैं, जैसा प्रयोजन सिद्ध करना होता है और जैसा वैयक्तिक स्व–अनुदेशन अधिगमकर्त्ता को प्राप्त करना होता है, इन बातों के परिप्रेक्ष्य में कंप्यूटर सहाय अनुदेशन के विविध प्रकार एवं रूप देखने को मिल सकते हैं। इनके कुछ प्रमुख प्रकारों या रूपों की चर्चा हम नीचे कर रहे हैं।

1. **सूचनात्मक कंप्यूटर सहाय अनुदेशन (Informational computer assisted instruction)**—इस प्रकार का कंप्यूटर सहाय अनुदेशन विद्यार्थी को वांछित सूचनाएँ प्रदान करने में सहायक सिद्ध होता है। यहाँ कंप्यूटर एक अच्छे पूछताछ अधिकारी (Enquiry officer) की भूमिका बड़े ही प्रभावशाली ढंग से निभाता है। जो कुछ उससे पूछा जाता है अपनी संग्रहीत सूचना सामग्री की मदद से वह वांछित सूचना पूछने वाले को तुरंत ही प्रदान करने की चेष्टा करता है। वैसे तो इस प्रकार के अनुदेशन का एकमात्र उद्देश्य संप्रत्यय निर्माण और कौशल अर्जन हेतु आवश्यक सूचनाएँ ही प्रदान करना होता है परंतु पूछताछ प्रक्रिया और खोजपूर्ण दृष्टिकोण का अनुसरण होने के कारण इस प्रकार का अनुदेशन विद्यार्थी को अधिगम अर्जन में पर्याप्त आत्मनिर्भर बनाकर स्व–अधिगम के नए–नए रास्ते ढूँढ़ने में यथेष्ट मदद कर सकता है।

2. **ड्रिल तथा अभ्यास कार्यक्रमों से संबंधित अनुदेशन (Instruction providing drill and practice programmes)**—इस प्रकार के अनुदेशन कार्यक्रम में विद्यार्थियों को पहले से ही अर्जित अधिगम अनुभवों को स्थायी एवं व्यवहार में लाने योग्य बनाने हेतु आवश्यक ड्रिल तथा अभ्यास करने संबंधी अवसर प्रदान किए जाते हैं। विभिन्न प्रकार के कौशलों के समुचित अर्जन में इस प्रकार के अभ्यास कार्यक्रमों का काफी महत्त्वपूर्ण योगदान रहता है। उदाहरण के लिए अगर विद्यार्थियों को गुणा करने संबंधी गणितीय कौशल का अभ्यास कराना हो तो कंप्यूटर के स्क्रीन पर एक विद्यार्थी को निम्न प्रकार की समस्या देखने को मिलेगी।

$$7 \times 8 = \text{------------}$$

विद्यार्थी से आशा की जाएगी कि वह की–बोर्ड (Key board) की संबंधित कुंजियों को दबाकर इस समस्या के प्रति अपनी अनुक्रिया व्यक्त करे। अगर वह गलत उत्तर देता है तो कंप्यूटर स्क्रीन पर तुरंत ही WRONG (गलत) लिखा हुआ दिखाई देगा। परंतु अगर उसका उत्तर सही है तो उसे एक और ऐसी

अन्य समस्या अभ्यास कार्य के लिए मिल जाएगी। इस तरह विद्यार्थी को अनेक समस्याएं अभ्यास कार्य हेतु प्राप्त होती रहेंगी और सही–गलत का निर्णय तुरंत ही कंप्यूटर द्वारा प्रदान करते रहने से विद्यार्थी की तत्काल प्रतिपुष्टि बहुत शीघ्र मिलती रहेगी। कंप्यूटर जवाब देने में कोई देर नहीं करता और न उसे अपने से संग्रहित अभ्यास समस्यायों के प्रस्तुतीकरण में देर लगती है। उसमें गजब की चुस्ती, फुर्ती तथा असीमित संयम होता है। वह विद्यार्थी के उत्तर की बहुत देर तक प्रतीक्षा कर सकता है और जब वह चाहे तभी अभ्यास समस्याओं को उसके सामने प्रस्तुत करके उसके अभ्यास कार्य को उसी की गति तथा निहित योग्यता के अनुसार चलाने में समर्थ हो सकता है। कंप्यूटरों की स्मरणशक्ति भी काफी तीव्र होती है अतः वे कभी भी एक समस्या की दुबारा पुनरावृत्ति नहीं करते तथा जो गलती विद्यार्थी करते हैं उन्हें करने की अनुमति नहीं देते। इसी कारण कंप्यूटर सहाय अनुदेशन को ड्रिल तथा अभ्यास कार्य हेतु अक्सर ही प्रयोग में लाया जाता रहता है।

3. **ट्यूटोरियल प्रकार का कंप्यूटर सहाय अनुदेशन (Tutorial type computer assisted instruction)**— इस प्रकार के कंप्यूटर सहाय अनुदेशन में कंप्यूटरों के द्वारा ट्यूटरों की भूमिका निभाते हुए वास्तविक शिक्षण कार्य किया जाता है। ट्यूटरों की भाँति ही वे विद्यार्थियों से व्यक्तिगत रूप से संवाद तथा अंतःक्रिया स्थापित करते हुए शिक्षण अधिगम उद्देश्यों की प्राप्ति में पूरा योगदान देते हैं। विभिन्न विषयों से संबंधित इकाइयों तथा प्रकरणों पर ट्यूटोरियल प्रणाली पर आधारित काफी सॉफ्टवेयर प्रोग्राम आज उपलब्ध हैं। इन प्रोग्रामों के द्वारा पहले तो विद्यालय पाठ्यक्रम से संबंधित विभिन्न विषयों जैसे न्यूटन के गति के नियम, चंद्रग्रहण तथा सूर्यग्रहण, मौसम और उनके प्रभाव, कर्त्तव्य और अधिकार पर संवाद प्रणाली तथा अन्य उचित तकनीकों की सहायता लेते हुए विषय सामग्री प्रस्तुत की जाती है तथा फिर पढ़ाए हुए पाठ की उचित पुनरावृत्ति तथा अभ्यास का कार्य कराया जाता है। विद्यार्थियों के द्वारा क्या ग्रहण किया गया इसकी जाँच की जाती है तथा उनकी कठिनाइयों का निवारण करके उन्हें अपनी गति से अधिगम पथ पर आगे बढ़ते रहने के लिए प्रेरित किया जाता है। जब कोई विद्यार्थी किसी एक इकाई या पाठ्यांश पर स्वामित्व स्थापित कर लेता है तो फिर उसे दूसरी इकाई या पाठ्यांश पर ले जाया जाता है। असफलता मिलने पर तुरंत ही उपचारात्मक अनुदेशन प्रदान करने का प्रावधान भी इस प्रकार के अनुदेशन में विद्यार्थियों को उचित रूप से उपलब्ध रहता है।

4. **शैक्षिक गेम्स के रूप में उपलब्ध अनुदेशन (Educational games type instruction)**—इस प्रकार के कंप्यूटर सहाय अनुदेशन में विद्यार्थियों को विविध प्रकार के सुनियोजित कंप्यूटर गेम्स खेलने का अवसर दिया जाता है। इन गेम्स की प्रकृति और प्रयोजन पूरी तरह शैक्षिक हो यानी इनके द्वारा निर्धारित शिक्षण–अधिगम उद्देश्यों की प्राप्ति अवश्य हो, ऐसा कोई बंधन नहीं। सामान्यतया इस प्रकार के गेम्स का उद्देश्य विद्यार्थियों में अपने पर्यावरण तथा अध्ययन क्षेत्रों के प्रति जिज्ञासा तथा कौतुहल के भाव पैदा करना होता है तथा उन्हें कुछ जानने–समझने हेतु कुछ बौद्धिक चुनौतियाँ उनके सामने रखना होता है ताकि उनका शिक्षण–अधिगम के प्रति एक स्वाभाविक रुझान विकसित हो सके। कई बार इस प्रकार के गेम्स का उपयोग विद्यार्थियों को शिक्षण–अधिगम प्रक्रिया के दौरान कुछ अतिरिक्त अभिप्रेरणा, प्रोत्साहन तथा पुनर्बलन प्रदान करने या पढ़े हुए पाठों की समीक्षा, पुनः अवलोकन तथा मूल्यांकन आदि करने के लिए भी किया जाता हैं

5. **अनुरूपित प्रकार का अनुदेशन (Simulation type instruction)**—इस प्रकार के कंप्यूटर सहाय अनुदेशन में विद्यार्थियों को वांछित प्रशिक्षण अवसर प्रदान करने के लिए अनुरूपण प्रविधि (Simulation device) की सहायता ली जाती है। उचित रूप से तैयार किए गए सॉफ्टवेयर प्रोग्रामों की मदद से विद्यार्थियों को समस्याओं से जूझने हेतु वास्तविक और चुनौतीपूर्ण परिस्थितियाँ प्रदान की जाती हैं। इस

प्रकार की अनुरूपित परिस्थितियों (Stimulated situations) में कहीं वे लड़ाई के मैदान में अपने आपको हाथ में राइफल लिए हुए दुश्मनों से घिरा पाते हैं तो कहीं उनको बियाबान जंगली जीव जंतुओं से घिरे हुए जंगल में एक शिकारी की भूमिका निभानी होती है, या एक गोताखोर के रूप में समुद्री दुनिया की सैर करनी होती है, पायलट बनकर अपने विमान को सुरक्षित उड़ाना होता है, या प्रयोगशाला में तरह–तरह के रसायनों को मिलाकर विभिन्न परीक्षण करने होते हैं अथवा किसी खेल विशेष का अनुरूपित परिस्थितियों में अभ्यास करना होता है आदि–आदि। अनुरूपित प्रकार का ऐसा अनुदेशन विद्यार्थियों के लिए विभिन्न प्रकार के प्रशिक्षण अनुभव प्राप्त कराने का एक बहुमूल्य साधन है जहाँ कम खर्चे तथा सीमित साधनों में बिना जोखिम उठाए हुए बहुत कुछ सीखा जा सकता है।

6. **समस्या समाधान प्रकार का अनुदेशन (Problem solving type instruction)**—इस प्रकार के कंप्यूटर सहाय अनुदेशन में कंप्यूटर स्वयं किसी समस्या का समाधान नहीं बताते बल्कि विद्यार्थी की समस्या समाधान प्रयत्नों में रत रहने के अवसर प्रदान करके उन्हीं से प्रस्तुत समस्याओं का समाधान चाहते हैं। यहाँ इस कार्य हेतु ऐसे सॉफ्टवेयर प्रोग्रामों का उपयोग किया जाता है जिनसे विद्यार्थियों की समस्या समाधान हेतु आवश्यक सोपानों को व्यवस्थित रूप से अनुसरण करते हुए समस्याओं से निपटने के लिए आवश्यक चिंतन–मनन, विश्लेषण–व्यवस्थापन, सामान्यीकरण आदि प्रक्रियाओं से गुजरना पड़े। इस प्रकार के एक सॉफ्टवेयर के उदाहरण के रूप में हम लोगो (Logo) का नाम ले सकते हैं जो समस्या समाधान प्रक्रिया के उचित अनुदेशन हेतु भलीभाँति काम में लाया जा सकता है। यह जीन पियाज़े के बौद्धिक विकास सिद्धांतों से अनुप्रेरित अधिगम सिद्धांतों पर आधारित है। प्रगति के इस तूफानी दौर में आज हमें ऐसे विविध प्रकार के सॉफ्टवेयर उपलब्ध हैं जिनके उपयोग से विद्यार्थियों में आवश्यक चिंतन, कौशलों तथा समस्या समाधान योग्यताओं का समुचित विकास करने में यथेष्ट सहायता मिल सकती है।

7. **क्रियात्मक कार्यों के संपादन से संबंधित अनुदेशन (Practical work oriented instruction)**—इस प्रकार के कंप्यूटर सहाय अनुदेशन में ऐसे सॉफ्टवेयर प्रोग्रामों का उपयोग किया जाता है कि जिनसे विद्यार्थियों को विभिन्न प्रकार के प्रयोगशाला एवं कार्यशाला संबंधी परीक्षणों, प्रयोगों तथा क्रियात्मक कार्यों के संपादन संबंधी जीवंत अनुभव कंप्यूटर स्क्रीन पर देखने अथवा करने को मिल जाएँ। इस तरह विद्यार्थी को जो अनुभव आगे प्रयोगशाला, कक्षा के कमरे तथा कार्यशाला में प्राप्त करने होते हैं उनकी विधिवत पूर्व जानकारी इस प्रकार के अनुदेशन से प्राप्त हो जाती है और फिर उन्हें इस प्रकार के अधिगमों के अर्जन में विद्यालय में कोई विशेष दिक्कत नहीं आती।

8. **अधिगम से जुड़ी हुई विभिन्न बातों का प्रबंधन संबंधी अनुदेशन (Learning affairs managing type instruction)**—इस प्रकार के कंप्यूटर सहाय अनुदेशन सॉफ्टवेयर प्रोग्राम विद्यार्थियों द्वारा की जाने वाली विविध अधिगम क्रियाओं के समुचित प्रबंधन में महत्त्वपूर्ण भूमिका निभाते हैं जैसे विद्यार्थी शिक्षण–अधिगम प्रक्रिया के फलस्वरूप जो कुछ भी सीखते हैं उसका उचित मूल्यांकन करके उनकी उपलब्धियों, कठिनाइयों तथा कमजोरियों का सही निदान करने में सहायता करते हैं और उसके आधार पर जिस विद्यार्थी को जिस प्रकार के उपचारात्मक अनुदेशन की आवश्यकता होती है उसका निर्धारण करते हैं। वे यह भी बताते हैं कि अमुक विद्यार्थी को किस प्रकार का अनुदेशन किस ढंग से दिया जाना ठीक रहेगा। विद्यार्थियों को दिए जाने वाले अधिन्यासों में सहायता करते हैं, अधिन्यासों की जाँच करते हैं तथा गलतियों का निवारण करते हैं। विद्यार्थियों की प्रगति रिपोर्ट तैयार करते हैं। अध्यापकों को शिक्षण तथा अनुदेशन हेतु मार्गदर्शन प्रदान करते हैं। माता–पिता तथा अभिभावकों से विद्यार्थियों के कल्याण हेतु उचित सहयोग प्राप्त करने में सहायता करते हैं। विद्यालय में पुस्तकालय तथा सूचना केंद्र को व्यवस्थित तथा आधुनिक बनाने में सहायता करते हैं। विद्यार्थियों की पाठांतर क्रियाओं के उचित

आयोजन में मदद करते हैं। ऐसे विषय जिनमें आँकड़े या गणना संबंधी कार्य काफी पेचीदा होता है जैसे गणित, भौतिक शास्त्र, सांख्यिकी आदि उसमें कंप्यूटरों द्वारा जो सेवा प्रदान की जाती है उसका कोई मुकाबला नहीं। एक छोटा सा कंप्यूटर बड़ी–बड़ी गणक मशीनों के काम को चुटकी मात्र में कर देता है। यही बात अपंग बालकों की शिक्षा को लेकर है। जहाँ सभी साधन हार मान लेते हैं वहाँ कंप्यूटर सहाय अनुदेशन के माध्यम से गूँगे, बहरे तथा मानसिक मंदन से ग्रस्त बालकों को सुगमता से बहुत कुछ सिखाया–पढ़ाया जाना अच्छी तरह संभव हो जाता है। इस प्रकार से कंप्यूटर सहाय अनुदेशन न केवल शिक्षण अधिगम प्रक्रिया से संबंधित मामलों के उचित प्रबंधन में पूरी तरह सहयोगी सिद्ध होता है बल्कि शिक्षा जगत के सभी क्षेत्रों और आयामों के प्रबंधन में इसकी उल्लेखनीय भूमिका रहती है।

कंप्यूटर प्रबंधित अनुदेशन (Computer Managed Instruction—C.M.I.)

अर्थ एवं परिभाषा (Meaning and Definition)

सरल शब्दावली में कंप्यूटर प्रबंधित अनुदेशन का अर्थ होता है कंप्यूटर टैक्नोलॉजी की मदद से प्रबंधित अनुदेशन। एक तरह ये यह अनुदेशन के क्षेत्र में कंप्यूटरों के अनुप्रयोग और उनके द्वारा प्रदत्त सेवा का प्रतिफल ही है। परंतु अगर तकनीकी दृष्टिकोण से देखा जाए तो कंप्यूटर प्रबंधित अनुदेशन (Computer Managed Instructions—CMI) से अभिप्राय इस प्रकार के अनुदेशनात्मक कंप्यूटर प्रोग्रामों से है जिन्हें शिक्षा शास्त्रियों तथा अनुदेशकों द्वारा निर्धारित अनुदेशनात्मक उद्देश्यों की प्रभावपूर्ण उपलब्धि हेतु अनुदेशन संबंधित आँकड़ों के व्यवस्थापन तथा प्रबंधन के लिए काम में लाया जाता है।

(Computer Managed Instructions — CMI may be defined as a category of computer programmes that may be used by educators and instructors to organise and manage data related to instruction for attaining the stipulated instructional objectives in a most effective way.)

कंप्यूटरों के द्वारा अनुदेशन प्रबंधन कैसे होता है ? (How Instructions are Managed by Computers ?)

जैसा कि कंप्यूटर प्रबंधित अनुदेशन की परिभाषा से ही बताया जा चुका है कंप्यूटर कुछ विशेष प्रकार के बनाए हुए सॉफ्टवेयर प्रोग्रामों के माध्यम से अनुदेशन संबंधी बातों के उचित प्रबंधन का कार्य बखूबी निभा सकते हैं। उनके द्वारा किए जाने वाले विभिन्न प्रकार के इन प्रबंधन कार्यों को निम्न प्रकार लिपिबद्ध किया जा सकता है।

1. **विद्यार्थियों के प्रविष्टि व्यवहार का पता लगाना (Diagnosis of entry behaviour of the learners)**—कंप्यूटर प्रोग्रामों की मदद से विद्यार्थियों के प्रविष्टि व्यवहार के बारे में बहुत कुछ मालूम किया जा सकता है। किसी विषय विशेष या कौशल क्षेत्र में उनके पूर्व ज्ञान तथा अनुभव का क्या स्तर है ? उनकी रुचियाँ, अभिवृत्तियाँ तथा अभिरुचियों की कैसी प्रकृति है ? उनमें किसी विशेष अनुदेशनात्मक कोर्स तथा अनुदेशनात्मक उद्देश्यों को प्राप्त करने हेतु किस प्रकार की योग्यताएँ तथा क्षमताएँ हैं आदि–आदि।
2. **अनुदेशनात्मक उद्देश्यों का निर्धारण (Setting of instructional objectives)**—इस प्रकार के कंप्यूटर सॉफ्टवेयर्स उपलब्ध हैं जिनके द्वारा प्रविष्टि व्यवहार संबंधी निदानात्मक परीक्षण (Diagnostic testing)

के परिणामों तथा विद्यार्थियों की प्रकृति, विशेषताओं और व्यक्तित्व गुणों संबंधी सूचना सामग्री का स्कूल, कॉलिज तथा अन्य शिक्षा स्तरों से जुड़ी एक विशेष प्रकार की अनुदेशन व्यवस्था के संदर्भ में ठीक तरह विश्लेषण किया जा सकता है। इस प्रकार के विश्लेषण के माध्यम से किसी भी शिक्षा स्तर पर किसी विशेष कोर्स या अनुदेशन कार्य के लक्ष्य तथा शैक्षिक एवं अनुदेशनात्मक उद्देश्यों के निर्धारण में समुचित सहायता मिल सकती है।

3. **वैयक्तिक अनुदेशन के प्रायोजना प्रारूप तैयार करना (Generating individualized instructional plans)**—विद्यार्थियों की वैयक्तिकता, आवश्यकताओं, रुचियों, प्रकृति तथा व्यक्तिगत विशेषताओं को ध्यान में रखते हुए कंप्यूटर प्रोग्रामों द्वारा वैयक्तिक अनुदेशन प्रदान करने हेतु ऐसी योजना तथा प्रारूप तैयार किए जा सकते हैं जिनके माध्यम से अनगिनत अधिगमकर्त्ता एक ही समय में अपनी–अपनी गति से अपनी–अपनी रुचि और योग्यता के आधार पर वैयक्तिक अनुदेशन प्राप्त कर सकें। अच्छी तरह निर्मित सॉफ्टवेयर पैकेज, वेबसाइट तथा ऑन लाइन कांफ्रेंसिंग ;व्दसपदम बवदमितमदबपदहद्ध तथा नेटवर्किंग के माध्यम से एक ऐसा विशाल सूचना तथा ज्ञान भंडार आज हमें अच्छी तरह उपलब्ध हैं। इस भंडार का उपयोग करते हुए सॉफ्टवेयर प्रोग्रामों की मदद से ऐसी अनुदेशन सामग्री अच्छी तरह निर्मित की जा सकती है जिसे कंप्यूटर हार्डवेयर द्वारा वैयक्तिक अनुदेशन हेतु उपलब्ध कराया जा सके। इस प्रकार की सामग्री का उपयोग अभिक्रमित अनुदेशन, मल्टीमीडिया, स्व–अनुदेशन या समूह अनुदेशन तथा यहाँ तक कि स्लाइड और टेप प्रस्तुतीकरण में भी भलीभाँति किया जा सकता है। इस प्रकार की अनुदेशन सामग्री को अधिकतर ट्यूटोरियल, ड्रिल एवं प्रेक्टिस, अनुरूपण तथा गेमिंग प्रारूपों में तैयार किया जाता है और इसीलिए अनुदेशनात्मक प्रयोजन हेतु काम में लाने के लिए इस प्रकार की सामग्री परंपरागत अनुदेशन सामग्री से बहुत अधिक उपयोगी सिद्ध होती है।

4. **अनुदेशनात्मक सामग्री का पाठ्यक्रम इकाइयों में उपलब्ध होना (Availability of instructional material into curriculum units)**—अनुदेशन के उचित संगठन एवं प्रबंधन हेतु जो भी अनुदेशन स्रोत या संसाधन विद्यार्थियों को उपलब्ध हो सकते हैं उनका विवरण कंप्यूटरों के सूचना भंडार (Data bank) में उपलब्ध रहना चाहिए। उपलब्ध संसाधन सामग्री उचित सार्थक एवं क्रमबद्ध इकाइयों में विभक्त रहनी चाहिए और प्रत्येक इकाई के पूर्व निर्धारित विशिष्ट उद्देश्य होने चाहिएं। इन उद्देश्यों की पूर्ति हेतु विद्यार्थियों द्वारा क्या कुछ किया जाना है इसके बारे में स्पष्ट निर्देश रहने चाहिएं। उदाहरण के लिए किसी विशेष अनुदेशनात्मक सामग्री के स्व–अध्ययन हेतु यह कहा जा सकता है कि इसे ठीक तरह से समझने हेतु ये पुस्तकें या संदर्भ ग्रंथ अवश्य पढ़ें, इस प्रकार के कौशलों का अभ्यास करें इन प्रश्नों के उत्तर ढूँढे, इस प्रकार के परीक्षण तथा प्रयोग करके देखें, सामूहिक अनुदेशन प्राप्त करें स्लाइड या फिल्म देखें, आदि–आदि। अनुदेशनात्मक इकाई से स्व–अध्ययन करने के बाद विद्यार्थियों से किन्हीं विशेष प्रकार के अधिन्यास (Assignments), गृह कार्य (Home work) प्रोजेक्ट पर काम करने तथा विशेष रूप से निर्मित टेस्ट पेपरों द्वारा स्वयं ही टेस्ट देने को भी कहा जा सकता है। विद्यार्थियों द्वारा इस प्रकार किए जाने वाले काम या टेस्ट परिणामों के आधार पर अब आगे विद्यार्थियों को अगली अनुदेशनात्मक इकाई पर कार्य करने को कहा जा सकता है। कुछ कमजोरी दिखाई देने पर उपचारात्मक अनुदेशन की भी व्यवस्था की जा सकती है।

5. **प्रगति पर नजर रखना (Monitoring of progress)**—कंप्यूटर प्रबंधित अनुदेशन, अनुदेशन प्रक्रिया से काम उठाने वाले सभी विद्यार्थियों की प्रगति पर पूरी तरह निगरानी रखने में काफी सार्थक भूमिका निभाता है। जो कुछ विद्यार्थियों ने किया है, कर रहे हैं तथा आगे उन्होंने क्या कुछ करना है इस बात

का पूरा लेखा–जोखा कंप्यूटरों की मदद से अच्छी तरह व्यवस्थित किया जा सकता है। चाहे कितने भी विद्यार्थी एक साथ, किसी भी प्रकार का अनुदेशन प्राप्त करें उनकी प्रगति संबंधी सभी बातों का पूरा नियंत्रण कंप्यूटर प्रबंधित अनुदेशन में अच्छी तरह संभव होता है। कौन विद्यार्थी कहाँ कठिनाई अनुभव कर रहा है, किसकी अधिगम गति कैसी है, किसको किस तरह की सहायता या मार्गदर्शन चाहिए, इन सभी बातों की पकड़ इस प्रकार के अनुदेशन में पूरी तरह संभव है और यही कारण है कि कंप्यूटर प्रबंधित अनुदेशन सभी विद्यार्थियों को उनकी अपनी योग्यता, वैयक्तिकता और अधिगम गति से निरंतर आगे बढ़ने में पूरी तरह से सहयोग करता रहता है।

6. **उपचारात्मक अनुदेशन प्रदान करना (Providing remedial instruction)**—जरूरतमंद अधिगमकर्त्ताओं को अपनी अधिगम कठिनाइयों के निवारण हेतु जिस प्रकार का उपचारात्मक अनुदेशन या मार्गदर्शन चाहिए उसे उचित कंप्यूटर सॉफ्टवेयर प्रोग्रामों के द्वारा भलीभाँति दिया जा सकता है। जिस तरह की अधिगम कठिनाइयाँ प्रकाश में आई हैं और उनके पीछे काम कर रहे संभावित कारणों का पता चला है उसको ध्यान में रखते हुए इन सॉफ्टवेयर प्रोग्रामों द्वारा सर्वोत्तम उपचारात्मक अनुदेशन की व्यवस्था की जा सकती है। उदाहरण के लिए अगर कोई विद्यार्थी किसी प्रकरण या इकाई विशेष के अधिगम में कठिनाई इसलिए अनुभव कर रहा है कि उसे प्रकरण विशेष का अच्छी तरह अध्ययन करने के लिए चाहिए। परंतु अगर उसकी यह कठिनाई उस विषय विशेष या प्रकरण विशेष के प्रति उपयुक्त रुचि न होने के कारण है अर्थात् अगर वह अधिगम के प्रति ठीक प्रकार से अभिप्रेरित नहीं है तो इस अवस्था में कंप्यूटर प्रबंधित अनुदेशन उसे इस समस्या से निपटने में सहायता करना चाहेगा। यहाँ अब उसे यह सुझाव दिया जा सकता है कि वह एक बार अधिगम लक्ष्यों या उद्देश्यों की पुनः समीक्षा करे और देखे कि उनकी पूर्ति उसके लिए कितनी आवश्यक है और इसी संदर्भ में यह निर्णय ले कि प्रस्तुत प्रकरण या पाठ विशेष का अध्ययन उसके लिए कितना महत्त्वपूर्ण है।

7. **सूचना सामग्री तथा रिकॉर्ड का सही प्रबंधन (Appropriate management of information and record keeping)**—सूचना सामग्री तथा रिकॉर्ड के उचित प्रबंधन में कंप्यूटर अनुदेशन प्रोग्रामों द्वारा बड़ी ही सशक्त भूमिका निभाई जा सकती है। सभी प्रकार की वांछित सूचनाएँ कंप्यूटरों में ठीक तरह एकत्रित, संग्रहित एवं वर्गीकृत करके आवश्यकतानुसार जब जी चाहे तभी सभी के द्वारा उपयोग में लाई जा सकती है। अतः सूचना सामग्री और सभी तरह के रिकॉर्ड्स को भलीभाँति सुरक्षित रखकर काम में लाने की जितनी अच्छी प्रबंधन व्यवस्था कंप्यूटरों द्वारा संभव है उतनी किसी और अनुदेशन प्रणाली में नहीं। शिक्षक और शिद्यार्थी सभी अपने–अपने ढंग से इस सूचना भंडार तथा रिकॉर्ड प्रबंधन से समुचित लाभ उठा सकते हैं। विद्यार्थियों का पूरा लेखा–जोखा इस प्रकार के रिकॉर्ड प्रबंधन द्वारा अच्छी तरह प्राप्त हो सकता है। उनका पिछला शैक्षिक इतिहास कैसा है ? उनका पारिवारिक, सामाजिक तथा सांस्कृतिक परिवेश कैसा है ? उनकी रुचियाँ अभिरुचियाँ, अभिवृत्तियाँ तथा अन्य व्यवहारजन्य तथा व्यक्तिगत विशेषताएँ किस प्रकार की हैं। इस तरह भूत, वर्तमान तथा भविष्य के बारे में उनकी आकांक्षाओं एवं योजनाओं का स्पष्ट चित्र इस प्रकार की रिकॉर्ड व्यवस्था से आसानी से प्राप्त हो जाता है जिसके आधार पर आगे उनके अनुदेशन तथा मार्गदर्शन कार्यक्रमों की रूपरेखा तैयार की जा सकती है। उनकी शैक्षिक तथा सर्वांगीण विकास संबंधी प्रगति को ठीक प्रकार से नियंत्रित एवं निर्देशित करने में भी प्रगति पत्रों (Progress reports) के रूप में व्यवस्थित रिकॉर्ड प्रबंधन काफी महत्त्वपूर्ण भूमिका निभाता है। माता–पिता, विद्यालय, शिक्षकों, शिक्षा अधिकारियों तथा शिक्षार्थियों के बीच आवश्यक तालमेल बनाए रखने में भी इस प्रकार की सूचना तथा रिकॉर्ड कीपिंग व्यवस्था बहुत ही सक्रिय एवं सशक्त भूमिका निभाती है। इस तरह कंप्यूटर प्रबंधित अनुदेशन द्वारा सूचना सामग्री तथा आवश्यक

रिकॉर्ड आदि के उचित प्रबंधन द्वारा विद्यालय की शैक्षिक और अनुदेशन व्यवस्था को व्यवस्थित एवं प्रभावशील रूप देने में काफी महत्त्वपूर्ण भूमिका निभाई जा सकती है।

8. **परीक्षण और मूल्यांकन कार्यक्रमों की व्यवस्था (Organisation of testing and evaluation programs)**—कंप्यूटर प्रबंधित अनुदेशन में विशेष प्रकार के सॉफ्टवेयर प्रोग्रामों द्वारा कक्षा अनुदेशन तथा विद्यार्थियों के सर्वांगीण विकास के लिए चलाए जा रहे विविध कार्यक्रमों के परिणामों का मूल्यांकन करने का कार्य भी सुचारू रूप से संपन्न किया जा सकता है। वास्तव में देखा जाए तो परीक्षण और मूल्यांकन के क्षेत्र में उनके द्वारा किए जाने वाले इस योगदान का क्षेत्र काफी विस्तृत है। विद्यार्थियों के प्रविष्टि व्यवहार (Entry behaviour) की जाँच से ही इसकी शुरुआत हो जाती है इसके आधार पर ही विद्यार्थी विशेष को किसी शैक्षिक या व्यावसायिक कोर्स में प्रवेश की इजाजत मिलती है। प्रवेश के पश्चात अध्ययन–अध्यापन की प्रक्रिया के दौरान उनके परीक्षणों तथा मूल्यांकन का सिलसिला तेजी से चालू हो जाता है। दैनिक, साप्ताहिक, पाक्षिक, मासिक, त्रैमासिक, अर्धवार्षिक तथा वार्षिक परीक्षाओं तथा परीक्षणों के रूप में उनकी प्रगति का लगातार मूल्यांकन होता ही रहता है। इस प्रकार की पूर्णतया वस्तुनिष्ठ, यथार्थ और विश्वसनीय मूल्यांकन सेवाएँ प्रदान करने में उचित रूप से निर्मित कंप्यूटर सॉफ्टवेयर काफी महत्त्वपूर्ण भूमिका निभाते हैं। पढ़ाए जाने वाले पाठ्यक्रम में से प्रत्येक इकाई, प्रकरण विशेष तथा उसके ज्ञानात्मक, बोधात्मक, कौशलात्मक, रुचि तथा दृष्टिकोणात्मक उद्देश्यों को ध्यान में रखकर उचित प्रश्नों का चुनाव करते हुए एक पूरी तरह से संतुलित तथा त्रुटिहीन प्रश्न पत्र का निर्माण इस प्रकार के सॉफ्टवेयरों के लिए बड़ी ही आसान बात है। यहाँ इनके द्वारा बनाया गया प्रश्न पत्र लीक हो जाएगा ऐसी कोई भी संभावना नहीं रहती। जितने भी सेट प्रश्न पत्र के चाहिए उन्हें भी तैयार करना कंप्यूटरों के लिए कोई दिक्कत वाली बात नहीं। फिर सबसे बड़ी सुविधा परीक्षा पुस्तिकाओं के अंकन (Scoring), रिजल्ट तैयार करने तथा उसे घोषित करने के संदर्भ में कंप्यूटर प्रोग्रामों द्वारा हमें अच्छी तरह मिल जाती है। मेरिट लिस्ट का बनाया जाना अब कोई कष्ट की बात नहीं। कंप्यूटर संबंधित अनुदेशन प्रोग्रामों द्वारा सभी प्रकार की ऐसी परीक्षण, मूल्यांकन तथा उसके परिणामों को प्रयोग में लाने की व्यवस्था का प्रबंध आज बहुत ही सरल हो गया है।

9. **सभी प्रकार की रिपोर्ट तैयार करना (Generating all types of reports)**—कंप्यूटर प्रबंधित अनुदेशन में निहित सॉफ्टवेयर्स सभी प्रकार के अनुदेशन कार्यक्रमों की प्रक्रिया और उसके परिणामों से संबंधित विभिन्न प्रकार की रिपोर्टों के निर्माण और प्रस्तुतीकरण में भलीभाँति सहयोगी सिद्ध होते हैं। अगर आपको विद्यार्थी के प्रविष्टि व्यवहार (Entry behaviour) से संबंधित रिपोर्ट चाहिए तो यह आसानी से कंप्यूटर की हार्ड डिस्क या संबंधित फाइल में प्राप्त हो जाएगी। आप जैसी जरूरत हो तुरंत ही इस रिपोर्ट की प्रिंट कापी निकालकर विद्यार्थी विशेष के लिए कोई भी वैयक्तिक अनुदेशन कार्यक्रम तैयार कर सकते हैं। किस प्रकार के अनुदेशनात्मक संसाधन, अनुदेशनात्मक सामग्री, दृश्य–श्रव्य साधन, उपलब्ध हैं, पाठ्यक्रम को किस तरह इकाई या प्रकरणों के रूप में विभाजन किया गया है, अनुदेशनात्मक उद्देश्यों का किस तरह निर्धारण किया गया है, विद्यार्थियों की उद्देश्यों की प्राप्ति के संदर्भ में किस तरह की प्रगति है इस तरह की अनेक बातों से संबंधित सभी प्रकार की सूचनाएँ तथा रिपोर्ट कंप्यूटर प्रोग्रामों के द्वारा हमें आसानी से उपलब्ध हो जाती हैं। इसी तरह सभी प्रकार के परीक्षणों, परीक्षाओं तथा मूल्यांकन तकनीकों की रिपोर्ट चाहे वह किसी एक विद्यार्थी की हो या पूरी कक्षा तथा बड़े से बड़े समूह की, कंप्यूटरों द्वारा आसानी से तैयार कर इच्छानुसार उपयोग में लाई जा सकती है। इसे कंप्यूटर सेवाओं द्वारा ही माँ–बाप के पास भेजा जा सकता है तथा उनकी सहायता आगे विद्यार्थियों की उचित प्रगति हेतु भलीभाँति प्राप्त की जा सकती है। इस प्रकार की मूल्यांकन और प्रगति रिपोर्टों का विद्यार्थियों

की अधिगम कठिनाइयों के निदान तथा निवारण में भी अच्छी तरह उपयोग किया जा सकता है तथा उनकी रुचियों, सृजनात्मक क्षमताओं तथा प्रतिभाओं को भी पोषित करने में इन्हें काम में लाया जा सकता है।

इस प्रकार से कंप्यूटर प्रबंधित अनुदेशन से जुड़े हुए सॉफ्टवेयर और उनसे प्रदत्त सेवाओं का उपयोग कक्षा अनुदेशन की प्रक्रिया और परिणामों के उचित संगठन, व्यवस्थापन तथा प्रबंधन हेतु अच्छी तरह से किया जा सकता है। आगे बढ़कर देखा जाए तो कंप्यूटर प्रबंधित अनुदेशन के उपयोग क्षेत्र को कक्षा कक्ष के अनुदेशन तथा विद्यालय में पढ़ने वाले विद्यार्थियों तक ही सीमित नहीं किया जा सकता। स्व–अधिगम चाहे किसी भी प्रकार का हो और किसी भी प्रकार के अधिगमकर्त्ता द्वारा तैयार किया जाए सभी को इस प्रकार के स्व–अनुदेशन के सुव्यवस्थित एवं सु–प्रबंधित अवसर प्रदान करना कंप्यूटर प्रबंधित अनुदेशन व्यवस्था के कार्य क्षेत्र में आता है। इसलिए कंप्यूटर प्रबंधित अनुदेशन का कार्यक्रम, प्रौढ़ शिक्षा, जन शिक्षा (Mass education) कार्यक्रमों, विस्तार सेवाओं (Extension services) तथा विशिष्ट शिक्षा संबंधी प्रावधानों (जिसमें प्रतिभाशील, सृजनात्मक, शारीरिक और मानसिक रूप से अपंग, सामाजिक और सांस्कृतिक रूप से पिछड़े तथा वंचित बालकों की शिक्षा संबंधी कार्यक्रम शामिल होते हैं) को भी अपने अंदर समाहित करने की चेष्टा करता है। इस तरह निष्कर्ष रूप में यह कहने में कोई अतिशयोक्ति नहीं कि कंप्यूटर प्रबंधित अनुदेशन की सेवाएँ और कार्यक्षेत्र आज इतना विशाल और व्यापक बन चुका है कि शिक्षा प्रणाली का कोई भी क्षेत्र या दायरा ऐसा नहीं जिससे संबंधित शिक्षण–अधिगम या अनुदेशनात्मक जिम्मेदारियाँ इसके द्वारा नहीं निभाई जाती हों।

शिक्षा में कंप्यूटरों की भूमिका (Role of Computers in Education)

जैसा कि ऊपर बताया जा चुका है आज के समय में शैक्षिक प्रक्रिया के सभी आयामों में कंप्यूटरों द्वारा बढ़–चढ़ कर अपना योगदान दिया जा सकता है। सभी प्रकार की शिक्षा और शैक्षिक गतिविधियाँ चाहे वे किसी भी प्रकार के अधिगमकर्त्ता से संबंधित क्यों न हों कंप्यूटरों की बहु–आयामी सेवाओं द्वारा भलीभाँति निर्देशित, नियोजित एवं प्रबंधित हो रही हैं। आज कंप्यूटर एक अच्छे ट्यूटर, अनुदेशक, पथ प्रदर्शक, पर्यवेक्षक तथा प्रबंधकर्त्ता के रूप में शिक्षा की सभी प्रक्रियाओं (Processes) तथा उत्पादों (Products) से जुड़ी हुई बहु–आयामी गतिविधियों के संचालन की बागडोर बखूबी संभाले हुए हैं। उनकी इस बहुमुखी भूमिका को संक्षेप में निम्न प्रकार लिपिबद्ध किया जा सकता है।

1. **पूछताछ अधिकारी अथवा मार्गदर्शक की भूमिका निभाना (Playing the role of an enquiry officer or guidance bureau)**—कंप्यूटरों में बहुत सारी सूचनाएँ तथा ज्ञान को विभिन्न स्रोतों से इकट्ठा करके संग्रहित करके रखने की अपार क्षमता होती है और इतनी अधिक चुस्ती–फुर्ती तथा क्रियाशीलता होती है कि जैसे ही किसी सूचना या ज्ञान विशेष को प्राप्त करने हेतु उनसे कहा जाए वे तुरंत ही उस पूछताछ का सर्वोत्तम जवाब प्रस्तुत कर देते हैं। बिना थके हुए और किसी भी प्रकार की अनावश्यक प्रतिक्रिया जताते हुए वे एक साथ कई तरह की जिज्ञासाओं को शांत कर देते हैं। उनसे पूछने में न तो विद्यार्थियों को कोई झिझक होती है और न कोई डर तथा परेशानी। जब जी चाहे, कितनी भी बार, कितनी देर तक उनसे पूछताछ तथा सलाह मशवरा किया जा सकता है तो फिर बताइए उनसे बढ़िया पूछताछ अधिकारी, निर्देशक, शुभचिंतक और मार्गदर्शक भला और कौन सिद्ध हो सकता है।

2. **उचित ड्रिल एवं अभ्यास कार्य करने में मदद करना (To help in providing sufficient drill and practice work)**—विद्यालय पाठ्यक्रम के बहुत से विषय ऐसे हैं जिनके शिक्षण–अधिगम के दौरान पढ़ाई गई या सीखी गई बातों को अच्छी तरह दिमाग में बिठाने या उनका व्यावहारात्मक एवं क्रियात्मक उपयोग करने के लिए पुनरावृति, ड्रिल तथा अभ्यास कार्य आदि की काफी मात्रा में जरूरत होती है। कंप्यूटर इस दिशा में भरपूर योगदान दे सकते हैं। पहल करने हेतु किसी कंप्यूटर द्वारा अपने स्क्रीन पर कोई अभ्यास संबंधी समस्या प्रस्तुत की जा सकती है। विद्यार्थी विशेष द्वारा उसका उत्तर की–बोर्ड (Key-board) पर टाइप करके प्रदान किया जा सकता है। अगर उत्तर सही नहीं है तो कंप्यूटर स्क्रीन पर तुरंत ही WRONG लिखा हुआ आ जाएगा। उत्तर सही होने की अवस्था में कंप्यूटर द्वारा अभ्यास कार्य हेतु अगली समस्या प्रस्तुत कर दी जाएगी। कंप्यूटर एक दिमागी मशीन होने के कारण बहुत ही आनन–फानन में सारे कार्य करता रहता है। विद्यार्थी को अपनी किसी भी बात के लिए किसी तरह की प्रतीक्षा करने का मौका कंप्यूटर नहीं देता। जैसे ही विद्यार्थी उत्तर देता है, उसकी प्रतिपुष्टि (Feedback) तुरंत ही हो जाती है तथा आगे का अभ्यास कार्य बड़े ही व्यवस्थित ढंग से उसे तुरंत ही प्राप्त होता रहता है। जब जी चाहे तब विद्यार्थी अपनी इच्छानुसार कितनी भी देर तक किसी भी गति से अपना अभ्यास कार्य कर सकते हैं। कोई कठिनाई आती है तो तुरंत ही उन्हें आवश्यक सुझाव, मार्गदर्शन तथा उपचारात्मक अनुदेशन देने का कार्य भी कंप्यूटरों द्वारा वहीं का वहीं प्रदान कर दिया जाता है। इस तरह पुनरावृत्ति और अभ्यास कार्य जितनी अच्छी तरह से, चाहे वह किसी भी प्रकार के विषय या कौशल क्षेत्र से संबंधित क्यों न हो, कंप्यूटरों की सहायता से संपन्न किया जा सकता है उतना किसी और संसाधन द्वारा नहीं।

3. **एक अच्छे ट्यूटर की भूमिका निभाना (Playing the role of a good tutor)**—कंप्यूटरों द्वारा एक समय में बहुत सारे विद्यार्थियों को व्यक्तिगत या सामूहिक रूप से ट्यूटोरियल सेवाएँ प्रदान की जा सकती हैं। इन सेवाओं को प्रदान करते हुए कंप्यूटर एक आदर्श कक्षा अध्यापक, विषय विशेषज्ञ, कुशल डिमोंस्ट्रेटर तथा सजग पर्यवेक्षक की भूमिकाएँ आमने–सामने निभाता हुआ विद्यार्थियों की विभिन्न प्रकार के अधिगम अनुभव अर्जित करने में पूरी–पूरी सहायता कर सकता है। एक अच्छे ट्यूटर की भाँति वह प्रत्येक विद्यार्थी से पूरा तालमेल बनाते हुए उचित अंतःक्रिया तथा पारस्परिक संवाद श्रृंखला में पूरी तरह क्रियाशील रहता है। विद्यार्थियों को आवश्यक ज्ञान, सूचना तथा अनुभव प्रदान करता है, उनके प्रश्नों के उत्तर देता है, स्वयं प्रश्न पूछता है तथा विद्यार्थियों द्वारा दिए गए उत्तरों की प्रतिपुष्टि करता है, उनकी कठिनाइयों का निदान करता है, कठिनाइयों के निवारण हेतु उचित मार्गदर्शन तथा उपचारात्मक अनुदेशन देता है, गृहकार्य तथा अधिन्यास (Assignments) देता है। अभ्यास कार्य कराता है। दिए हुए गृहकार्य, अधिन्यास और अभ्यास कार्य की जाँच करता है। समय–समय पर विद्यार्थियों की प्रगति का मूल्यांकन करता है और इस तरह एक अच्छे ट्यूटर द्वारा जो भी किया जाना चाहिए वह सब कुछ बिना थके और अनावश्यक प्रतिक्रिया जाहिर करते हुए कंप्यूटरों द्वारा अनगिनत विद्यार्थियों के लिए एक ही समय में किया जा सकता है।

4. **विद्यार्थियों की समस्या समाधान योग्यता और सृजनशीलता के विकास में सहयोग देना (Helping in the development of problem solving ability and creativity among the learners)**—कंप्यूटरों पर ऐसे बहुत से सॉफ्टवेयर प्रोग्राम आज अच्छी तरह से उपलब्ध हैं जिनसे विद्यार्थियों की समस्या समाधान योग्यता तथा सृजनात्मक क्षमता का उचित ढंग से विकास किया जा सके। इन प्रोग्रामों की मदद से उन्हें चुनौतीपूर्ण समस्याओं का सामना कर उनसे भलीभाँति निपटने की कला आती है। समस्या समाधान हेतु आवश्यक प्रशिक्षण तथा अभ्यास कार्य के अवसर प्राप्त होते हैं। सृजनात्मक तथा रचनात्मक

चिंतन को बढ़ावा मिलता है और उनमें कुछ नया बनाने या करने की चाह उत्पन्न होती है जो आगे जाकर सृजनकर्त्ता, अन्वेषणकर्त्ता तथा निर्माणकर्त्ता के रूप में प्रतिष्ठित करने में सहायक सिद्ध हो सकती है।

5. **अनुरूपण तथा क्रीड़न की सुविधाएँ प्रदान करना (Making provision for simulation and gaming)**—कृत्रिम परिस्थितियाँ तथा अनुकरणात्मक अवसर प्रदान करके वांछित कौशलों एवं नैपुण्यता के अर्जन हेतु अनुरूपण (Stimulation) तथा क्रीड़न (Gaming) तकनीकों का उपयोग बहुत ही प्रभावशाली सिद्ध होता है। कंप्यूटरों में प्रयोग किए जाने वाले विशेष सॉफ्टवेयर प्रोग्रामों द्वारा इन दोनों तकनीकों का आवश्यक प्रशिक्षण हेतु उपयोग किया जाना भलीभाँति संभव हो सकता है। फलस्वरूप विशेष रूप से निर्मित सॉफ्टवेयरों के माध्यम से विद्यार्थी यह प्रशिक्षण प्राप्त कर सकते हैं कि आग लगने, या खनन (Mining) दुर्घटना के शिकार होने पर किस तरह अपनी या दूसरों की जान बचाई जा सकती है, दुश्मनों से लड़ाई के मैदान में कैसे निपटा जाता है, एक विमान को कैसे उड़ाया जाता है अथवा कोई सर्जरी ऑपरेशन कैसे किया जाता है आदि–आदि विभिन्न प्रकार के क्रियात्मक अनुभव बिना किसी अनावश्यक खतरे में फँसे हुए बड़े ही सुविधाजनक तथा व्यवस्थित ढंग से इन अनुरूपण तथा क्रीड़न तकनीकों के माध्यम से कंप्यूटर अनुदेशन द्वारा प्राप्त हो जाते हैं।

6. **प्रयोगशाला और अन्य क्रियात्मक कार्यों के संपादन हेतु उचित अनुभव प्रदान करना (Supplementing laboratory and other practical work)**—विद्यार्थियों को प्रायः अपनी कक्षाओं, प्रयोगशाला तथा कार्यशालाओं में किए जाने वाले प्रयोगात्मक एवं क्रियात्मक कार्यों को सुचारु रूप से संपादित करने हेतु आवश्यक निर्देशन, परामर्श, प्रदर्शन, पर्यवेक्षण तथा मूल्यांकन की जरूरत पड़ती है। इस प्रकार की सभी सेवाएँ कंप्यूटरों द्वारा भलीभाँति विद्यार्थियों को जैसे भी जिस समय वह चाहे उन्हें प्रदान की जा सकती हैं। उदाहरण के लिए उचित सॉफ्टवेयर्स की मदद से विज्ञान तथा अन्य प्रयोगात्मक विषयों के परीक्षण तथा प्रयोग, प्रदर्शन (Demonstration) के रूप में विद्यार्थियों को कंप्यूटर स्क्रीन पर देखने–सुनने को मिल सकते हैं। इन्हें भलीभाँति देखने–सुनने से विद्यार्थियों में इन्हें प्रयोगशाला तथा कार्यशालाओं में स्वयं करने हेतु आवश्यक प्रशिक्षण प्राप्त हो जाता है। इसके अतिरिक्त विद्यार्थियों द्वारा जो भी प्रयोग, परीक्षण तथा क्रियात्मक कार्य प्रयोगशाला तथा कार्यशालाओं में किए जाते हैं उनसे संबंधित निष्कर्ष निकालने तथा उनकी सत्यता को परखने में भी कंप्यूटरों द्वारा प्रदत्त सेवाएँ उचित भूमिका निभाती हैं तथा प्रयोग एवं परीक्षण संबंधी कार्य करने में जो कठिनाइयाँ आती हैं उनके निवारण में भी उनको भलीभाँति सहयोग प्रदान करती हैं।

7. **उचित स्व–अधिगम हेतु उच्च कोटि की सुविधाएँ प्रदान करना (Providing best opportunities for appropriate self-learning)**—कंप्यूटरों में गजब की प्रतिभा तथा क्षमता होती है कि वे अपने सॉफ्टवेयरों के माध्यम से एक ही समय में असीमित अधिगमकर्त्ताओं को उनकी इच्छानुसार पूरी तरह वैयक्तिक स्व–अधिगम के सर्वोत्तम अवसर उपलब्ध कर सकें। इस प्रकार के स्व–अधिगम में कंप्यूटर और विद्यार्थी दोनों के बीच सक्रिय अंतःक्रिया का पूरा प्रावधान रहता है। कंप्यूटर की सहायता से अनुदेशन प्राप्त करने वाला कोई भी विद्यार्थी निष्क्रिय श्रोता, मूक दर्शक तथा क्रियाशून्य अधिगमकर्त्ता नहीं रह सकता जैसा कि प्रायः परंपरागत शिक्षण में व्याख्यान सुनने तथा प्रदर्शन देखने के दौरान होता रहता है। दूसरे यहाँ अधिगम अर्जन की गति और समय का निर्धारण विद्यार्थी की अपनी रुचि, क्षमताओं तथा मर्जी के मुताबिक होता है। फलस्वरूप न तो किसी प्रतिभाशाली बालक को औसत या मंद गति से सीखने वाले बालकों को अपने साथ लेकर चलने के लिए प्रतीक्षा करनी पड़ती है और न किसी औसत

या मंदगति से सीखने वाले बालक को होशियार तथा प्रतिभावान बालकों के कारण सामूहिक कक्षा शिक्षण के दौरान अनावश्यक परेशानी तथा असुविधा का सामना करना पड़ता है। कंप्यूटर आधारित अभिक्रमित अनुदेशन, रेखिक (Linear) तथा शाखात्मक (Branching) दोनों रूपों में ही उपलब्ध रहता है। अतः इसके द्वारा सभी प्रकार के अधिगमकर्त्ताओं को अपनी वैयक्तिकता के अनुकूल स्व–अनुदेशन हेतु सर्वोत्तम अवसरों की उपलब्धि होती रहती है। इसके अतिरिक्त आज जिस प्रकार की उन्नत सेवाएँ कंप्यूटरों द्वारा प्रदान किए जाने वाले सूचना भंडार तथा व्यवस्थित अनुदेशनात्मक कार्यक्रमों से प्राप्त हैं उनके द्वारा सभी प्रकार के उचित स्व–अनुदेशन अवसर विद्यार्थियों को हर समय उनकी वैयक्तिक आवश्यकताओं के अनुसार बराबर मिलते रहने की संभावनाएँ सभी तरह से बढ़ गई हैं। ऐसी सेवाओं के उदाहरण के रूप में हम ऑन लाइन डिक्शनरीज, डिजीटल एनसाइक्लोपीडिया, मेनुअल, हैंड बुक्स, इंटरनेट मेलिंग, ऑन लाइन एजुकेशन एवं कांफ्रेंसिंग, डिजिटल संसाधनों से युक्त पुस्तकालयों, इलैक्ट्रोनिक्स बुक्स तथा जनरल तथा शैक्षिक कार्यक्रमों एवं ज्ञान से जुड़ी हुई वेव साइटों का उल्लेख कर सकते हैं।

8. **भाषात्मक कौशलों के उचित विकास में सहायक (Helping in the proper development of language skills)**—कंप्यूटर अपने उचित सॉफ्टवेयरों के माध्यम से भाषात्मक कौशलों के उचित विकास में विद्यार्थियों की पूरी–पूरी सहायता कर सकते हैं। मौखिक और लिखित सभी प्रकार के भाषागत संप्रेषण कौशलों का विकास इन सॉफ्टवेयरों की मदद से अच्छी तरह संभव है। छोटी कक्षाओं से ही बालकों को इन कौशलों का प्रशिक्षण देने हेतु इस प्रकार की सुविधाएँ कंप्यूटर प्रदान कर सकता है। विद्यार्थी लिखने–पढ़ने–बोलने तथा सुनने संबंधी इन चार भाषायी कौशलों को ठीक तरह विकसित करने की अमूल्य सुविधाएँ कंप्यूटर प्रोग्रामों के द्वारा अच्छी तरह प्राप्त कर सकते हैं। बड़ी कक्षाओं में पहुँचने पर शुद्ध भाषा के मौखिक एवं लिखित प्रयोग हेतु कंप्यूटर विद्यार्थियों को उचित प्रशिक्षण प्रदान कर सकते हैं। उदाहरण के लिए माना आप माइक्रोसॉफ्ट वर्ड (Microsoft Word) का प्रयोग करके कुछ लिखाई का काम कर रहे हैं तो यहाँ इस सॉफ्टवेयर में मौजूद स्पेलिंग चैक तथा ग्रामर चैक जैसी सुविधाएँ लेखन अशुद्धियों के निवारण के साथ–साथ आपके भाषागत लेखन को यथेष्ट रूप से उन्नत तथा विकसित करने में भरपूर सहयोग देने का कार्य करेंगी।

9. **पुस्तकों के बढ़ते हुए बोझ को कम करने में सहायक (Helping in dispensing with the problem of carrying book-load)**—कंप्यूटरों का एक विशेष योगदान अधिक–से–अधिक पुस्तकों को क्रय करने तथा उनको प्रयोग में लाने की आवश्यकता को घटाने या बिल्कुल समाप्त करने को लेकर है। कंप्यूटर अपने आप में एक विशालतम पुस्तकालय सूचना संग्रहालय तथा बृहद ज्ञान–कोश को समेटे रहते हैं। जो कुछ भी ज्ञान या सूचना सामग्री चाहिए माउस के क्लिक मात्र से ही उपलब्ध फाइलों, वेबसाइट, इंटरनेट नेट वर्किंग तथा ऑन लाइन सर्विसेज के माध्यम से विद्यार्थियों को आसानी से उपलब्ध हो जाती है। इलैक्ट्रॉनिक पुस्तकों के पदार्पण ने तो पुस्तकों के मुद्रण और क्रय–विक्रय को अनावश्यक सा ही कर दिया है। इस तरह कंप्यूटर्स के उपयोग द्वारा विद्यार्थियों और अध्यापकों की पुस्तकों पर आश्रितता काफी कम होती जा रही है और फलस्वरूप विद्यार्थियों के कंधों पर लटकते बस्तों के बोझ से भी राहत पाने के अच्छे आसार नजर आने लगे हैं।

10. **अनुदेशन हेतु उपयोगी शिक्षण साधन प्रदान करने में सहायक (Helping in providing useful teaching aids for instruction)**—कंप्यूटरों का एक अति विशिष्ट उपयोग उनके द्वारा विषय विशेष तथा प्रकरण विशेष के शिक्षण–अधिगम हेतु उचित शिक्षण साधन तथा सामग्री उपलब्ध कराने को लेकर

है। कंप्यूटरों की मल्टीमीडिया सेवाएँ अपने आप में स्वयं ही बहुमूल्य शिक्षण साधन हैं। इनके द्वारा हमें लिखित सामग्री (Texts) के साथ–साथ चित्रात्मक सामग्री (Graphics) तथा अच्छी तरह समझने हेतु ध्वनि प्रसारण भी प्राप्त होता रहता है। माइक्रोसॉफ्ट ऑफिस के पावर पोइंट सॉफ्टवेयर प्रोग्राम, पेंट प्रोग्राम, संग्रहीत चित्र तथा ग्राफिक्स, स्कैंड डोक्यूमेंट्स (Scanned documents) आदि की सहायता से हम वांछित अनुदेशन हेतु आवश्यक शिक्षण सामग्री का निर्माण और प्रस्तुतीकरण कर सकते हैं।

11. **शिक्षण अधिगम तथा विद्यालय प्रबंधन से संबंधित विभिन्न गतिविधियों के संपादन में सहायक (Helpful in the various areas and issues related to teaching-learning and school management)**— कंप्यूटर विशिष्ट और सामान्य रूप से शिक्षण–अधिगम प्रक्रिया और शिक्षा जगत से जुड़ी हुई विभिन्न गतिविधियों के उचित संपादन में अपनी भूमिका ठीक तरह से निभाने की पूरी क्षमता रखते हैं। इस प्रकार की कुछ गतिविधियाँ निम्न प्रकार की हो सकती हैं।

- सभी विद्यार्थियों को अधिगम गतिविधियों पर उचित नियंत्रण रखने में कंप्यूटर प्रभावी भूमिका निभा सकते हैं। अधिगम अनुभव प्रदान करने से लेकर इन अनुभवों को ठीक तरह ग्रहण कराने की जिम्मेदारी ये भलीभाँति निभा सकते हैं। कौन किस रूप में अधिगम अनुभव अर्जित कर रहा है। किसकी किस प्रकार की अधिगम कठिनाइयाँ हैं तथा किसे किस तरह का उपचारात्मक अनुदेशन चाहिए ? किसे किस प्रकार की शैक्षणिक उपलब्धि हो रही है इस बात का सही–सही मूल्यांकन करते रहने के कारण कंप्यूटरों द्वारा शिक्षण–अधिगम प्रक्रिया पर उचित नियंत्रण स्थापित करने में पर्याप्त सुविधा रहती है।
- कंप्यूटरों के द्वारा सुव्यवस्थित अभ्यास कार्य कराया जाना, गृहकार्य तथा अधिन्यास (Assignments) देना तथा उनकी समय पर ठीक प्रकार से चैकिंग करके विद्यार्थियों को आवश्यक निर्देशन देना परामर्श सेवाएँ प्रदान करना अच्छी तरह संभव होता है।
- स्व–अध्ययन, समूह–अध्ययन, पर्यवेक्षित अध्ययन तथा पुस्तकालय अध्ययन एवं प्रोजेक्टों पर कार्य करना जैसी शैक्षिक गतिविधियों को कंप्यूटरों के उपयोग से पूरी–पूरी मदद मिलती है।
- विद्यालय पाठ्यक्रम के सभी विषयों से संबंधित गणना (Computational) तथा समस्या समाधान कार्यों को ठीक प्रकार संपादित करने में कंप्यूटर्स विद्यार्थियों को पूरी–पूरी मदद करते हैं।
- शिक्षा के सभी क्षेत्रों तथा आयामों से संबंधित उच्च कोटि के अनुसंधान कार्य में कंप्यूटर अपनी सूचना भण्डारण, गणना तथा विश्लेषण क्षमताओं के आधार पर बहुमूल्य सहायता करते हैं।
- शिक्षा के क्षेत्र में विशिष्ट बालकों की शिक्षा तथा समायोजन को सुगम और प्रभावशाली बनाने में कंप्यूटर प्रदत्त सेवाओं का बहुमूल्य योगदान रहता है। इनकी सहायता से गूँगे, बहरे, मानसिक रूप से पिछड़े हुए, शारीरिक रूप से अपंग, समस्यात्मक और अपराधी बालकों तथा अभाव और वंचन से युक्त बालकों को उचित शिक्षा अवसरों तथा समायोजन विकल्पों के नए रास्ते खोलने में पर्याप्त सुविधा रहती है।
- विद्यालय संगठन तथा प्रबंधन से जुड़ी बहुत सी बातों जैसे टाइम टेबल का निर्माण, पाठांतर क्रियाओं का आयोजन, अनुशासन बनाए रखना, विद्यालय नियमों की अनुपालना, आवश्यक रजिस्टर तथा आलेखों (Records) का रखा जाना, सूचना, निदेशन तथा परामर्श सेवाओं की व्यवस्था, आय–व्यय का हिसाब, विद्यालय का वार्षिक बजट, वेतन भुगतान आदि विभिन्न कार्यों के सही और प्रभावपूर्ण संपादन में इनके प्रयोग से अमूल्य सहायता मिलती है।

शिक्षा में कंप्यूटर अनुप्रयोग की सीमाएं (Limitations of Computer Application in Education)

शिक्षा में कंप्यूटरों के उपयोग को लेकर सभी बातें उनके पक्ष में हों ऐसी बात नहीं है। उनके उपयोग में जो कठिनाइयाँ आती हैं उनको लेकर उनकी कुछ अपनी सीमाएँ तथा दोष भी इनमें पाए जाते हैं जिनकी यहाँ संक्षेप में चर्चा की जा रही है।

1. शैक्षिक लाभों की तुलना में कक्षा शिक्षण में इनका उपयोग काफी महंगा और खर्चीला सिद्ध होता है।
2. विद्यार्थियों विशेषकर छोटे बालकों द्वारा इनके प्रयोग के दौरान उन्हें विद्युत करंट लगने इत्यादि का खतरा बना रहता है। दूसरे उनके द्वारा कंप्यूटर मशीन तथा अन्य सहायक उपकरणों के क्षतिग्रस्त होने की भी संभावना रहती है।
3. उचित शैक्षिक सॉफ्टवेयर जो अनुदेशन या अधिगम परिस्थिति विशेष की अपेक्षाओं को पूरा कर सकें, आसानी से उपलब्ध नहीं हो पाते।
4. कंप्यूटर मशीनरी अगर खराब हो जाती है तो उसे ठीक करने की सुविधा विद्यालयों में नहीं मिल पाती क्योंकि अध्यापकों, छात्रों तथा सहकर्मी कर्मचारी इत्यादि को कंप्यूटर हार्डवेयर की मरम्मत आदि की इस प्रकार की जानकारी नहीं होती। विशेषज्ञों से मरम्मत करवाना महँगा भी पड़ता है और असुविधाजनक भी।
5. कंप्यूटरों की सहायता से जो अनुदेशन प्रदान किया जाता है वह मूल रूप से विद्यार्थी नियंत्रित अनुदेशन ही होता है। विद्यार्थी को स्वयं ही अपनी मर्जी से अधिगम हेतु आगे बढ़ना होता है। इस प्रकार की बिना लगाम वाली आजादी विद्यार्थियों को अधिगम ग्रहण करने के प्रति लापरवाह, अनुशासनहीन बनाकर उनके बहुमूल्य समय को बर्बाद करने वाली सिद्ध हो सकती है।
6. लंबे समय तक कंप्यूटर मशीन और उपकरणों के साथ अनुदेशन ग्रहण करने का कार्य उबाऊ और थकावट वाला सिद्ध हो सकता है। क्योंकि विद्यार्थियों की मशीनी वातावरण से ही अंतःक्रिया होती रहती है। कोई अन्य विविधता नहीं मिलती।
7. कंप्यूटरों के साथ अंतःक्रिया करते हुए विद्यार्थियों को आवश्यक शारीरिक, मानसिक तथा भावात्मक व्यवहार चेष्टाएँ करने के वांछित अवसर नहीं मिलते। केवल उनके हाथ (की–बोर्ड तथा माउस पर काम करने हेतु) तथा आँखों (स्क्रीन पर देखने हेतु) द्वारा ही सब कुछ होता रहता है।
8. अधिक देर तक कंप्यूटर पर कार्य करते–करते उनके शारीरिक स्वास्थ्य पर भी प्रतिकूल असर पड़ता है। रीढ़ की हड्डी, गर्दन तथा आँखों पर इस प्रकार के प्रतिकूल प्रभाव के लक्षण जल्दी ही दिखने लगते हैं।
9. जिस तरह की शिक्षण–अधिगम परिस्थितियाँ, सुविधाएँ तथा संसाधन हमें अपने विद्यालयों में देखने को मिलते हैं उनके चलते कंप्यूटर सहाय अनुदेशन की व्यवस्था करना आसान नहीं है।
10. कंप्यूटर सहाय अनुदेशन में परंपरागत कक्षा शिक्षण की भाँति अध्यापक–विद्यार्थी अंतःक्रिया तथा विद्यार्थी–विद्यार्थी अंतःक्रिया का कोई स्थान नहीं है। अतः ऐसी अंतःक्रियाओं से स्वाभाविक रूप से जो फायदा होता है उससे विद्यार्थी वंचित रह जाते हैं।

11. कंप्यूटरों पर निर्भरता विद्यार्थियों को पुस्तकों, अन्य मुद्रित सामग्री तथा हस्त लिखित दस्तावेजों से बहुत अधिक दूर कर देती है। उनकी भाषा को लिखने–पढ़ने तथा बोलने समझने संबंधी आदत एक तरह से समाप्त ही हो जाती है। इसका सीधा प्रभाव बालकों के भाषा कौशलों के विकास पर पड़ता है तथा वे भाषायी प्रवीणता के क्षेत्र में पीछे रह जाते हैं।
12. कंप्यूटरों की सहायता से जो परीक्षण तथा मूल्यांकन कार्य किया जाता है उसमें निबंध, टिप्पणियों, सारांश तथा संक्षिप्तीकरण, कहानी, नाटक, अन्य प्रकार की भावाभिव्यक्ति तथा विस्तारीकरण के मूल्यांकन का कोई प्रावधान नहीं होता। यही बात कलाकृतियों, सृजनात्मक तथा रचनात्मक उत्पादन के मूल्यांकन को लेकर होती है। लिखित परीक्षाओं में भी निबंधात्मक तथा लघु उत्तरात्मक उत्तरों के मूल्यांकन की व्यवस्था यहाँ नहीं होती मात्र वस्तुनिष्ठ प्रश्नों तथा बहुत ही संक्षिप्त सूचना हाँ, ना पर कंप्यूटर प्रणाली की आश्रितता मूल्यांकन कार्य को काफी सीमित सा कर देती है।
13. एक ओर सबसे बड़ी कमी तथा दोष जो कंप्यूटरों द्वारा निर्देशित अनुदेशन व्यवस्था में दिखाई पड़ता है वह यह है कि कंप्यूटरों के द्वारा परंपरागत शिक्षण की तरह भावात्मक स्तर पर शिक्षण–अधिगम गतिविधियों का संचालन संभव नहीं है। कंप्यूटर मशीनरी से प्रदत्त अनुदेशन मशीनी ही होता है उसमें मानवीय संबंधों की गरमाहट, स्वाभाविकता तथा मधुरता दिखने को नहीं मिल सकती। दिलों से दिलों को छूते हुए पारस्परिक अंतःक्रिया करने के अवसर कंप्यूटरों द्वारा प्रदत्त अनुदेशन में नहीं मिल सकते। अतः अध्यापकों का स्वाभाविक स्नेह, लगाव, प्यार, सहानुभूति, संवेदना, निदेशन और मार्गदर्शन जैसा कि परंपरागत शिक्षण प्रणाली में उपलब्ध होता है उसका कंप्यूटर अनुदेशन व्यवस्था में कोई स्थान नहीं होता। अतः मानवीय अंतःसंबंधों, अनुकरण तथा व्यक्तित्व संबंधी पहिचान तथा छाप से जो कुछ भी व्यवहार परिवर्तन विद्यार्थियों का होता है उसका कंप्यूटर अनुदेशन में सर्वथा अभाव पाया जाता है। यही कारण है कि कंप्यूटर सहाय या निर्देशित अनुदेशन कभी भी कक्षा अनुदेशन का विकल्प नहीं बन सकता और न कंप्यूटरों द्वारा शिक्षकों का स्थान लेने की बात ही सोची जा सकती है। अतः इस प्रकार का भय कि शिक्षा का कंप्यूटरीकरण शिक्षकों को कहीं का भी नहीं छोड़ेगा, निराधार है। कंप्यूटर चाहे उनमें कितनी भी क्षमता और कार्यकुशलता क्यों न हो शिक्षक का स्थान नहीं ले सकते। इन्हें शिक्षक का दायां हाथ तथा आज्ञाकारी अनुचर तो बनाया जा सकता है शिक्षक के रूप में पूरी तरह प्रतिष्ठित नहीं किया जा सकता।

सार-संक्षेप (Summary)

1. कंप्यूटर सहाय या सह–अनुदेशन से अभिप्राय एक ऐसे अनुदेशन से है जिसके अंतर्गत कंप्यूटर की कार्यप्रणाली तथा विद्यार्थी विशेष के बीच अनुदेशन के दौरान एक ऐसी प्रयोजनपूर्ण अंतःक्रिया चलती रहती है जिसके माध्यम से विद्यार्थी को अपनी क्षमताओं तथा अधिगम गति का अनुसरण करते हुए निर्धारित अनुदेशनात्मक उद्देश्यों की प्राप्ति में यथेष्ट सहयोग मिलता रहता है।
2. कंप्यूटर सहाय अनुदेशन जिन आधारभूत मान्यताओं पर टिका होता है वे हैं (i) एक ही समय पर अनेक विद्यार्थियों को एक साथ अनुदेशन प्रदान करना (ii) विद्यार्थियों की निष्पत्ति का अपने आप रिकॉर्डिंग होते रहना तथा (iii) विधियों एवं तकनीकों के प्रयोग में विविधता।

3. कंप्यूटर सहाय अनुदेशन के क्रियान्वयन हेतु जिन तीन प्रकार की विभिन्न तकनीकियों (Technologies) को काम में लाया जाता है वे हैं—हार्डवेयर, सॉफ्टवेयर तथा कोर्सवेयर टेक्नॉलोजी। कंप्यूटरों का मशीनी रूप में संचालन तथा देखभाल ये दोनों कार्य हार्डवेयर टेक्नॉलोजी के अंतर्गत आते हैं। कंप्यूटर मशीनों का संचालन और उनसे कोई काम लेना ये दोनों ही बात सॉफ्टवेयर टेक्नॉलोजी के द्वारा ही हो पाती हैं। कोर्सवेयर टेक्नॉलोजी की जरूरत सॉफ्टवेयर प्रोग्राम तैयार करने वाले प्रोग्रामरों को होती है। इस टेक्नोलोजी का उपयोग करके वे ऐसे प्रोग्राम तैयार करते हैं जिन्हें कंप्यूटर मशीन द्वारा चलाकर वांछित अनुदेशन सामग्री विद्यार्थियों को प्राप्त होती रहती हैं।
4. अधिगमकर्त्ता को कंप्यूटर सहाय–अनुदेशन से जिस प्रकार का वैयक्तिक स्व–अनुदेशन करना होता है ऐसे प्रयोजन को ध्यान में रखते हुए कंप्यूटर सहाय–अनुदेशन के विभिन्न रूप या प्रकार देखने को मिल सकते हैं जैसे सूचनात्मक कंप्यूटर सहाय अनुदेशन, ड्रिल तथा अभ्यास सहाय अनुदेशन, ट्यूटोरियल प्रकार का कंप्यूटर सहाय अनुदेशन, शैक्षिक गेम्स अनुदेशन, अनुरूपित प्रकार का अनुदेशन, समस्या समाधान प्रकार का अनुदेशन, क्रियात्मक कार्यों के संपादन में सहायक अनुदेशन तथा अधिगम प्रबंधन अनुदेशन आदि।
5. कंप्यूटर प्रबंधित अनुदेशन से तात्पर्य ऐसी प्रबंध संबंधी व्यवस्था से है जिसमें कंप्यूटरों द्वारा कुछ विशेष प्रकार के सॉफ्टवेयर प्रोग्रामों का सहारा लेकर अनुदेशन संबंधी सभी आवश्यक बातों के उचित प्रबंध का कार्य बखूबी निभाया जाता है। जैसे (i) विद्यार्थियों के प्रविष्टि व्यवहार का पता लगाना (ii) अनुदेशनात्मक उद्देश्यों का निर्माण (iii) वैयक्तिक अनुदेशन के प्रायोजना प्रारूप तैयार करना (iv) अनुदेशनात्मक सामग्री को पाठ्य इकाइयों में उपलब्ध करवाना, (v) विद्यार्थियों की प्रगति पर नजर रखना, (vi) उपचारात्मक अनुदेशन प्रदान करना (vii) सूचना सामग्री तथा रिकॉर्ड का प्रबंध करना (viii) परीक्षण और मूल्यांकन कार्यक्रमों की व्यवस्था (ix) सभी प्रकार की संबंधित रिपोर्टों को तैयार करना।
6. शिक्षा के क्षेत्र में कंप्यूटर विविध प्रकार की ऐसी अमूल्य भूमिका निभा सकते हैं जिसके माध्यम से शिक्षा जगत संबंधी विविध प्रकार की गतिविधियों का अच्छी तरह संपादन हो सकता है। जैसे (i) पूछताछ अधिकारी अथवा मार्गदर्शक का कार्य करना (ii) ड्रिल एवं अभ्यास कार्यों के आयोजन में मदद करना (iii) एक अच्छा ट्यूटर सिद्ध होना (iv) विद्यार्थियों की समस्या समाधान योग्यता और सृजनशीलता के विकास में सहयोग देना (v) अनुरूपन तथा क्रीडन की सुविधाएं प्रदान करना (vi) प्रयोगशाला और अन्य क्रियात्मक कार्यों के संपादन में सहयोग करना (vii) स्व–अधिगम हेतु सुविधाएं प्रदान करना (viii) भाषात्मक कौशलों के विकास में सहयोगी सिद्ध होना (ix) पुस्तकों के बढ़ते बोझ को कम करना (x) अनुदेशन हेतु उपयोगी शिक्षण साधन प्रदान करना (xi) शिक्षण अधिगम तथा विद्यालय प्रबंधन से संबंधित विविध गतिविधियों के संपादन में सहयोग करना आदि।
7. शिक्षा में कंप्यूटरों का उपयोग निस्संदेह काफी लाभदायक है। परंतु इसी उपयोग की अपनी कुछ सीमाएं तथा दोष भी हैं। कठिनाइयाँ तो इनके खरीद और देखभाल संबंधी खर्चे, तथा इनके प्रयोग में अच्छी तरह कुशलता न प्राप्त करने को लेकर है तो दोष इनके द्वारा शिक्षण का मशीनीकरण करने को लेकर है। इनसे व्यक्तिगत शिक्षण के अवसर तो मिलते हैं परंतु विद्यार्थियों के सर्वांगीण विकास हेतु मानवीय संबंधों का प्रत्यक्ष लाभ जो परंपरागत शिक्षा प्रणाली में मिलता है वह प्राप्त नहीं हो पाता। अतः परंपरागत और कंप्यूटर सहाय दोनों ही प्रकार के अनुदेशन को समन्वित ढंग से उपयोग में लाने की चेष्टा की जानी चाहिए।

संदर्भित एवं विशेष अध्ययन ग्रंथ (References and Suggested Readings)

Adams, Pamela W., *Computer Applications for Teachers*, Charlotte, NC: CPI Training Solutions, 1999.

Atkinson, R.C., "Computerized instruction and the learning process", *American Psychologist,* vol. 12, pp. 225–239, 1968.

Bhatt, B.D. and S.R. Sharma, *Educational Technology*, Delhi: Kanishka Publishing House, 1992.

Ellis, Allan B., *The Use and Misuse of Computers in Education*, New York: McGraw-Hill, 1974.

Golubchick, Leonard H. and Barry Persky (Eds.), *Innovations in Education*, Dubuque, Iowa: Kendall/Hunt Pub. 1975.

Hilgard, R.R. and G.H. Bower, *Theories of Learning*, New Delhi: Prentice-Hall of India, 1977.

De Carlo Julia E. and Constant A. Madon (Eds.), *Innovations in Education for the Seventies: Selected Readings,* New York: Behavioral Publications, 1973.

Koch, Warren J., *The Use of Computers in Education in Secondary Schools*, Washington, D.C.: National Association of Secondary School Principals, 1972.

Locard, James, *Computers for Twenty-First Century Educators* (6th ed.) Boston: Pearson, 2004.

Merrill, Paul F. et al., *Computers in Education*, Englewood Cliffs, N.J.: Prentice-Hall, 1986.

Mandell, Collen J., *Computers in Education Today*, St. Paul: West Pub., 1989.

Peter Coburn et al., *Practical Guide to Computers in Education* (2nd ed.), Reading, Mass.: Addison-Wesley, 1985.

Willis, Jerry, *Computers, Teaching and Learning: An Introduction to Computers in Education*, Beaverton, or.: Dilithium Press, 1983.

अध्ययन के लिए प्रश्न (Study Questions)

1. कंप्यूटर सहाय अनुदेशन क्या है ? इसकी आवश्यकता और उद्‌गम के बारे में अपने विचार प्रकट कीजिए।
2. कंप्यूटर सहाय अनुदेशन पद को परिभाषित करते हुए अनुदेशनात्मक प्रविधि के रूप में इसके उपयोग पर प्रकाश डालिए।
3. कंप्यूटर सहाय अनुदेशन से आप क्या समझते हैं ? अनुदेशन की एक विधि के रूप में प्रयोग किए जाने हेतु इसकी अपनी मूल मान्यताओं तथा आवश्यकताओं की चर्चा कीजिए।
4. कंप्यूटर सहाय अनुदेशन क्या होता है ? इस अनुदेशन से जुड़ी हुई तीनों प्रकार की टैक्नोलॉजियों की चर्चा कीजिए।
5. कंप्यूटर सहाय अनुदेशन के विभिन्न प्रकारों तथा प्रारूपों की विस्तार से चर्चा कीजिए।

6. "कंप्यूटर सहाय अनुदेशन का शिक्षा के क्षेत्र में बड़े ही विस्तृत पैमाने पर उपयोग किया जा सकता है।" इस कथन पर टिप्पणी करते हुए कंप्यूटर सहाय अनुदेशन के विभिन्न प्रकारों पर प्रकाश डालिए।
7. कंप्यूटर प्रबंधित अनुदेशन क्या है ? कंप्यूटरों के द्वारा अनुदेशनों का प्रबंधन कैसे किया जाता है ? विस्तार से बताइए।
8. शिक्षा में कंप्यूटरों की भूमिका की विस्तार में चर्चा कीजिए।
9. अनुदेशनात्मक प्रयोजन हेतु काम में लाने के संदर्भ में कंप्यूटरों के दोषों एवं कमियों की चर्चा कीजिए।

23
प्रशिक्षण मनोविज्ञान
(Training Psychology)

अध्याय रूपरेखा (Chapter Outline)

- विषय प्रवेश (Introduction)
- प्रशिक्षण मनोविज्ञान से अभिप्राय (Meaning of the Term Training Psychology)
- मूल मान्यताएं (Basic Assumptions)
- मूलभूत प्रनियम (Basic Principles)
- शिक्षा में प्रशिक्षण मनोविज्ञान की उपादेयता (Utility of Training Psychology in Education)
- अनुदेशनात्मक प्रारूपों के विकास हेतु प्रशिक्षण मनोविज्ञान का उपयोग (Use of Training Psychology for Developing a Instructional Designs)
- सार-संक्षेप (Summary)
- संदर्भित एवं विशेष अध्ययन ग्रंथ (References and Suggested Readings)
- अध्ययन के लिए प्रश्न (Study Questions)

विषय प्रवेश
(Introduction)

शिक्षा तकनीकी का मुख्य प्रयोजन शिक्षण–अधिगम की प्रक्रिया और उसके परिणामों में अपेक्षित सुधार लाना है ताकि वांछित शिक्षण अधिगम उद्देश्यों की पूर्ति प्रभावी ढंग से होती रहे। अपने इस प्रयोजन को पूरा करने के लिए यह अनुदेशनात्मक तकनीकी, अनुदेशनात्मक मनोविज्ञान, शिक्षण तकनीकी तथा शिक्षा मनोविज्ञान, शिक्षण अधिगम के मनोविज्ञान आदि क्षेत्रों में होने वाले विभिन्न अनुसंधानों तथा प्रयोगों के परिणामों को अपने हितार्थ उपयोग में लाती रहती है। सूक्ष्म–शिक्षण, अनुरूपित शिक्षण या भूमिका निर्वाह, प्रणाली उपागम, विद्यार्थी नियंत्रित अनुदेशन, व्यक्तिगत अनुदेशन प्रणाली, अंतःक्रिया विश्लेषण तकनीक आदि जिनकी चर्चा हम पिछले अध्यायों में कर चुके हैं कुछ ऐसे ही नवाचार हैं जिनके प्रयोग से शिक्षण–अधिगम की प्रक्रिया और परिणामों को वांछित दिशा और दशा प्रदान करने का कार्य प्रभावशाली ढंग से किया जा सकता है। इसी तरह के कुछ नवाचारों के रूप में प्रशिक्षण मनोविज्ञान, साइबरनैटिक्स तथा टोली या दल शिक्षण का भी नाम लिया जा सकता है। इनमें से एक नवाचार

प्रशिक्षण मनोविज्ञान की चर्चा हम प्रस्तुत अध्याय में करना चाहेंगे। शेष दो साइबरनेटिक्स तथा टोली शिक्षण की चर्चा आगे अन्यत्र अध्यायों में की जाएगी।

प्रशिक्षण मनोविज्ञान से अभिप्राय (Meaning of the Term Training Psychology)

प्रशिक्षण मनोविज्ञान, व्यवहारात्मक मनोविज्ञान (Applied psychology) की वह शाखा है जिसे मुख्य रूप से प्राणी विशेष को किसी न किसी प्रकार का वांछित प्रशिक्षण प्रदान करने हेतु काम में लाया जाता है। प्रशिक्षण जैसा कि हम जानते हैं, किसी भी कार्य को अधिक से अधिक प्रभावपूर्ण और कुशलता से संपादित करने के लिए दिया जाता है। इस तरह काम करने के ढंग में अधिक से अधिक सुधार लाने की ही बात उससे संबंधित प्रशिक्षण कार्यक्रम में सदैव सबके द्वारा सोची जाती है। प्रशिक्षण मनोविज्ञान इस संदर्भ में वह सब आवश्यक आधार, ज्ञान, कौशल, रुचि, अभिरुचि, दृष्टिकोण, अभ्यास परिस्थितियां तथा मनोवैज्ञानिक एवं कार्यात्मक सहायता प्रदान करने की चेष्टा करता है जिसके माध्यम से प्रशिक्षणकर्ता को किन्हीं कार्य विशेषों को करने तथा अधिगम संबंधी बातों को सीखने एवं प्रयोग में लाने हेतु आवश्यक महारथ हासिल हो जाए।

शिक्षा के क्षेत्र में प्रशिक्षण मनोविज्ञान द्वारा शिक्षण एवं अनुदेशन प्रदान करने हेतु उचित अनुदेशनात्मक प्रारूपों का निर्माण एवं क्रियान्वयन कराने में काफी सशक्त भूमिका निभाई जा सकती है। सामान्यतया अनुदेशनात्मक प्रारूपों से हमारा तात्पर्य, जैसा कि पहले कहा जा चुका है, ऐसी सुनियोजित संरचित एवं सुव्यवस्थित कार्य योजनाओं जिसका अनुसरण कर एक अध्यापक अपने अनुदेशनात्मक कार्यप्रणाली में पर्याप्त सुधार लाकर निर्धारित अनुदेशनात्मक उद्देश्यों की प्राप्ति कराने में अपने विद्यार्थियों की भरसक सहायता कर सकता है। इस दृष्टि से प्रशिक्षण मनोविज्ञान द्वारा विद्यार्थियों तथा शिक्षण–अधिगम परिस्थितियों की जरूरतों को ध्यान में रखते हुए क्रमबद्ध सोपानों से युक्त एक ऐसे व्यवस्थित अनुदेशनात्मक प्रारूप को सामने लाने का प्रयत्न किया जाना चाहिए जिसका अनुसरण कर विद्यार्थियों को वांछित अनुदेशनात्मक उद्देश्यों की प्राप्ति का मार्ग सहज और अधिक उपलब्धि पूर्ण बन जाए। होता भी यही है कि प्रशिक्षण मनोविज्ञान द्वारा अनुदेशनात्मक प्रारूपों का नियोजन और विकास इसी उद्देश्य की पूर्ति हेतु किया जाता है।

जहाँ तक प्रशिक्षण मनोविज्ञान की ऐतिहासिकता की बात है इसके आविर्भाव को सैन्य प्रशिक्षण से जोड़कर देखा जाता है। सैन्य प्रशिक्षण में सैनिकों को काफी दुरुह तथा कठिन प्रशिक्षण कार्यक्रम से गुजरना होता है ताकि वे अपने सैन्य कार्यों का उत्तरदायित्व ठीक प्रकार वहन करने में पूरी तरह सक्षम बन सकें। उनको प्रशिक्षण देते समय वे सभी कार्य जो उन्हें सैनिक बनकर करने पड़ सकते हैं, उनकी गहन समीक्षा की जाती है। इसे कार्य विश्लेषण (Task analysis) की संज्ञा दी जाती है। इसके अंतर्गत प्रत्येक संभावित कार्य को पहले उनके विभिन्न अवयवों तथा भागों में बांटने का प्रयत्न किया जाता है। उनके प्रशिक्षण कार्यक्रम में अब सभी संभावित कार्यों को उनके अवयवों तथा भागों के संदर्भ में पूरी तरह क्रमबद्ध एवं सुव्यवस्थित करने का प्रयत्न किया जाता है। इस प्रकार के व्यवस्थापन में मनोवैज्ञानिक तथा तार्किक दोनों क्रमों का ही बड़ी बुद्धिमत्तापूर्वक ऐसे अनुसरण किया जाता है कि प्रशिक्षण कार्यक्रम में इस प्रकार का व्यवस्थापन उचित रूप से सहयोगी सिद्ध हो। इन विभिन्न कार्य अवयवों के संदर्भ में प्रशिक्षण देकर उन्हें पारंगत बनाने हेतु अब इस प्रकार के अनुदेशनात्मक प्रारूपों की रचना करने का प्रयत्न किया जाता है कि जिनके माध्यम से उचित अनुदेशनात्मक विधियों, अनुदेशनात्मक सामग्री और साधनों तथा शिक्षण अधिगम परिस्थितियों का भलीभाँति आयोजन किया जा सके।

कार्य से संबंधित प्रारंभिक क्रियाओं को सफलतापूर्वक संपादित करना उन्हें उस कार्य से संबंधित अन्य बाद की क्रियाओं को सफलतापूर्वक संपादित करने का एक अच्छा साधन बने, ऐसा ही प्रयत्न प्रशिक्षण मनोविज्ञान द्वारा

संरचित अनुदेशनात्मक प्रारूप द्वारा किया जाता है। एक कार्य या उसके अंश के संपादन में मिलने वाली सफलता दूसरे कार्यों तथा संबंधित क्रियाकलापों के भलीभाँति संपादन हेतु एक अच्छे प्रेरक तत्त्व सकारात्मक पुनर्बलन तथा वांछित पृष्ठपोषण के रूप में कार्य करती हुई नजर आती है और फलस्वरूप सैन्य क्षेत्र से संबंधित दायित्वों को निभाने हेतु जो भी कार्य तथा क्रियाएं सैनिकों के प्रशिक्षण हेतु चुनी जाती हैं, उनसे संबंधित आवश्यक प्रशिक्षण मनोविज्ञान प्रशिक्षण के सिद्धांत और तकनीकों के माध्यम से भलीभांति प्रदान किया जा सकता है।

सैन्य प्रशिक्षण में मिलने वाली इस प्रकार की सफलता ने ही प्रशिक्षण मनोविज्ञान के सिद्धांतों तथा तकनीक का उपयोग अन्य क्षेत्रों जैसे प्रबंधन तथा शिक्षा के क्षेत्र में करने का मार्ग प्रशस्त किया है। फलस्वरूप आज विद्यार्थियों को अधिगम अनुभव एवं प्रशिक्षण प्रदान करने हेतु आवश्यक अनुदेशनात्मक प्रारूपों की संरचना कर अनुदेशनात्मक उद्देश्यों की प्राप्ति का चलन जोर पकड़ गया है। प्रशिक्षण मनोविज्ञान का इस तरह उपयोग कैसे किया जा सकता है, यह समझने हेतु पहले हम इससे संबंधित मूलभूत मान्यताओं (Assumptions) तथा प्रनियमों की चर्चा करना चाहेंगे।

मूल मान्यताएं (Basic Assumption)

अधिगमकर्त्ता या प्रशिक्षणार्थियों को अपने अधिगम या प्रशिक्षण में वांछित सफलता प्राप्त करने की दृष्टि से समुचित अनुदेशनात्मक प्रारूपों के विकास हेतु प्रशिक्षण मनोविज्ञान जिन मूलभूत धारणाओं को आधार बनाकर चलता है, उन्हें संक्षेप में निम्न प्रकार लिपिबद्ध किया जा सकता है–

1. शिक्षण अधिगम प्रक्रिया में जहाँ शिक्षण एक स्वतंत्र चर के रूप में कार्य करता है वहीं अधिगम को आश्रित चर के रूप में मान्यता दी जाती है।
2. अधिगम सिद्धांत (Learning theories) अधिगम या प्रशिक्षण परिणामों को अच्छा बनाने हेतु प्रयोग मे नहीं लाए जा सकते। अतः इस कार्य हेतु अधिगम सिद्धांतों की सहायता लेने की बजाय शिक्षण सिद्धांतों (Teaching theories) पर ही बल दिया जाना चाहिए।
3. अधिगम कार्यों के संपादन में अधिगमकर्त्ता को वांछित सफलता तभी मिल सकती है जब उसे इस संबंध में दिए जाने वाले शिक्षण या प्रशिक्षण कार्यों का ठीक प्रकार नियोजन और कार्यान्वयन किया जाए।
4. अधिगम या प्रशिक्षण कार्य हेतु एक उचित अनुदेशनात्मक प्रारूप का निर्माण करने हेतु इस कार्य का उचित विश्लेषण करना आवश्यक है। कार्य विश्लेषण (Task analysis) से यह पता चलता है कि इस कार्य के संपादन में वांछित सफलता और प्रवीणता प्राप्त करने हेतु किस प्रकार की शिक्षण अधिगम परिस्थितियों या शिक्षण तकनीकों की आवश्यकता होगी।

मूलभूत प्रनियम (Basic Principles)

प्रशिक्षण मनोविज्ञान द्वारा निर्धारित अनुदेशनात्मक या प्रशिक्षण उद्देश्यों की पूर्ति हेतु जिन अनुदेशनात्मक प्रारूपों का विकास किया जाता है उनका मूलाधार तथा केंद्र बिंदु अधिगम या प्रशिक्षण कार्य का समुचित विश्लेषण (Task analysis) ही होता है। इस तरह प्रशिक्षण मनोविज्ञान के ऐसे उपयोग हेतु जिन मूलभूत प्रनियमों को ध्यान में

रखा जाता है, वे कार्य विश्लेषण की गुणवत्ता से ही जुड़े रहते हैं। संक्षेप में इन्हें निम्न प्रकार व्यक्त किया जा सकता है–

1. **संपूर्ण कार्य का विश्लेषण करने संबंधी प्रनियम (Principle of analysing the whole task)**—किसी कार्य विशेष के अधिगम या प्रशिक्षण में उचित सफलता प्राप्त करने हेतु उस कार्य या संबंधित अधिगम व्यवहार का उसके विभिन्न तत्त्वों, अंशों या अवयवों में उचित विश्लेषण किया जाना चाहिए।
2. **कार्यांशों के संपादन हेतु प्रशिक्षण देने का प्रनियम (Principle of providing training with task elements)**—कार्य विशेष के विश्लेषण द्वारा जो छोटे–छोटे टुकड़े या उपभाग किए जाते हैं उनमें से प्रत्येक टुकड़े या कार्यांश के संपादन में प्रवीणता हासिल करने के लिए उचित अधिगम युक्तियों (Tactics) तथा व्यूह रचनाओं (Strategies) को प्रयोग में लाया जाना चाहिए। समुचित शिक्षण विधियों, प्रविधियों, साधन तथा शिक्षण अधिगम परिस्थितियों पर उचित नियंत्रण आदि बातें भी इसी प्रनियम के अंतर्गत शामिल मानी जानी चाहिए।
3. **कार्यांशों की क्रमबद्धता का प्रनियम (Principle of seqencing the task elements)**—विश्लेषित सभी कार्यांशों (Analysed task elements) को भलीभाँति क्रमबद्ध किया जाना चाहिए। इस कार्य के लिए उनका मनोवैज्ञानिक तथा तार्किक क्रम दोनों ही रूपों में व्यवस्थीकरण किया जा सकता है। हां ध्यान यह अवश्य रखा जाना चाहिए कि प्रारंभिक अंशों के संपादन से एक ऐसी क्रमबद्ध लड़ी बनती चली जाए कि एक के बाद दूसरे अंशों के संपादन में आखिर तक वांछित प्रवीणता अर्जित करने में पूरी–पूरी मदद मिल सके।
4. **स्व–पुरस्कृत तथा स्व–पुनर्बलन का प्रनियम (Principle of self rewarding and reinforcement)**—एक कार्यांश के संपादन में मिलने वाली सफलता या अर्जित अधिगम और कौशल का दूसरे कार्यांशों के संपादन संबंधी अधिगम और कौशल का अर्जन करने में अच्छी तरह सकारात्मक स्थानांतरण (Positive transfer) करने के प्रयत्न किए जाने चाहिए और इस तरह जब एक कार्यांश के संपादन में आवश्यक अधिगम या प्रवीणता का अर्जन हो जाए तो इससे आगे की क्रमबद्ध शृंखला में आयोजित कार्यांशों के अर्जन और प्रशिक्षण हेतु आवश्यक उत्साह तथा पुनर्बलन मिलता रहना चाहिए।
5. **स्वगति से अधिगम अर्जन करने का प्रनियम (Principle of learning with own pace)**—प्रशिक्षण मनोविज्ञान की अधिगम और प्रशिक्षण प्रणाली इस बात पर जोर देती है कि किया जाने वाला अधिगम या लिया जाने वाला प्रशिक्षण अधिगमकर्त्ता केंद्रित बन उसकी अपनी गति से आगे बढ़े। जिस तरह की उसकी रुचि, आवश्यकताएं तथा क्षमताएं हों उसी के अनुरूप वह अधिगम या प्रशिक्षण पथ पर आगे बढ़ता जाए।

शिक्षा में प्रशिक्षण मनोविज्ञान की उपादेयता (Utility of Training Psychology in Education)

प्रशिक्षण मनोविज्ञान नाम से प्रसिद्ध नवाचार शिक्षा संबंधी सभी प्रकार के शिक्षण और प्रशिक्षण क्षेत्रों में अपनी अद्वितीय सेवाएं प्रदान करने की क्षमता रखता है। विभिन्न प्रकार के अनुदेशनात्मक प्रारूपों तथा प्रशिक्षण कार्यक्रमों के नियोजन एवं संगठन में प्रशिक्षण मनोविज्ञान द्वारा बड़ी ही सार्थक भूमिका निभाई जा सकती है। इसके अतिरिक्त शिक्षण और प्रशिक्षण संबंधी समस्याओं के व्यावहारिक निराकरण हेतु भी इसकी अमूल्य सहायता

ली जा सकती है। शिक्षा के विविध क्षेत्रों तथा संबंधित पहलुओं में प्रशिक्षण मनोविज्ञान के इस सहयोग का संक्षेप में निम्न प्रकार उल्लेख किया जा सकता है।

1. **अध्यापक शिक्षा हेतु विशिष्ट प्रतिमान प्रदान करना (Providing specific models of teacher education)**—प्रशिक्षण मनोविज्ञान अपने नाम के अनुरूप उचित शिक्षण एवं प्रशिक्षण व्यवस्था को नियोजित एवं प्रबंधित करने का मनोविज्ञान है। फलस्वरूप यह हमारे सामने सेवाकालीन तथा सेवापूर्व शिक्षक प्रशिक्षण कार्यक्रमों में नियोजन तथा आयोजन की समुचित व्यवस्था रखने में पर्याप्त रूप से सहायक सिद्ध हो सकता है। अपनी मूलभूत धारणाओं तथा प्रनियमों की मदद से यह हमें शिक्षण/प्रशिक्षण कार्य का विश्लेषण करने तथा इन विश्लेषित क्रियाकलापों के उचित संपादन हेतु विशिष्ट शिक्षण कौशलों तथा शिक्षक व्यवहारों को अपनाने संबंधी सुझाव देने में यथेष्ट सहायता कर सकता है। इस प्रकार की सहायता आगे चलकर हमें शिक्षक प्रशिक्षण हेतु उपलब्ध संसाधनों तथा पर्यावरण परिस्थितियों के अनुरूप उचित प्रशिक्षण कार्यक्रमों की व्यवस्था करने में काफी प्रभावी सिद्ध हो सकती है। अध्यापक शिक्षा हेतु इस प्रकार के उचित कार्यक्रमों से संबंधित प्रतिमानों के सुझाए जाने की अपनी सामर्थ्य के कारण ही प्रशिक्षण मनोविज्ञान आज हमें निम्न अपेक्षाओं को पूरा करने में पर्याप्त सहायता कर सकता है।
   - प्रशिक्षण कार्यक्रमों का ऐसा नियोजन तथा आयोजन जिससे प्रशिक्षणार्थी अध्यापकों की अंतर्निहित योग्यताओं तथा सामर्थ्य का समुचित विकास हो सके।
   - वांछित कक्षा कक्ष अंतःक्रिया तथा संप्रेषण हेतु आवश्यक शिक्षण कौशलों तथा शिक्षक व्यवहार का विकास।
   - शिक्षकों द्वारा किए जाने वाले शिक्षण तथा शिक्षक प्रयासों के परिणामों में अपेक्षित सुधार तथा प्रगति।
2. **शिक्षा संबंधी समस्याओं के समाधान में सहायक (Helping in solving the problems concerning education)**—प्रशिक्षण मनोविज्ञान शिक्षा और विशेषकर शिक्षण तथा प्रशिक्षण क्षेत्रों से संबंधित अनेक विविध प्रकार की समस्याओं से निपटने में भी काफी सहायक सिद्ध हो सकता है। उदाहरणार्थ यहां इस संदर्भ में हमारे द्वारा निम्न का उल्लेख किया जा सकता है।
   - अधिगमकर्त्ताओं हेतु व्यक्तिगत रूप से उनके लाभार्थ वैयक्तिक और उपचारात्मक अनुदेशनात्मक कार्यक्रमों/प्रारूपों को संरचना और उपयोग में सहायता प्रदान करना।
   - अधिगमकर्त्ताओं को व्यक्तिगत अथवा सामूहिक रूप में उनकी अपनी प्रकृति तथा परिस्थितियों को ध्यान में रखते हुए उचित पाठ्यक्रम तथा अधिगम अनुभवों की व्यवस्था करने में वांछित सहयोग प्रदान करना।
   - शिक्षण अधिगम कार्यक्रम तथा गतिविधियों के अनुरूप उनकी आवश्यकता तथा प्रकृति को ध्यान में रखते हुए उपयुक्त विधियों, प्रविधियों, व्यूह रचनाओं तथा शिक्षण अधिगम संसाधनों तथा वातावरणजन्य परिस्थितियों के चयन तथा उपयोग हेतु आवश्यक मार्गदर्शन प्रदान करना।
3. **उचित अनुदेशनात्मक प्रारूपों के निर्माण में सहायक (Helping in the development of appropriate instructional designs)**—प्रशिक्षण मनोविज्ञान का उपयोग ऐसे उचित अनुदेशनात्मक प्रारूपों के विकास हेतु भी भलीभाँति किया जा सकता है जिनके प्रयोग से कक्षाकक्ष अनुदेशन कार्य को सर्वोत्तम दिशा और दशा प्रदान की जा सके। इस कार्य हेतु प्रशिक्षण मनोविज्ञान की मान्यताओं तथा प्रनियमों का प्रयोग पहले तो उस अनुदेशन कार्य का भलीभांति विश्लेषण करने हेतु किया जाता है और फिर निर्धारित

अनुदेशनात्मक उद्देश्यों की प्राप्ति के संदर्भ में उन विश्लेषित कार्य गतिविधियों के उचित संपादन हेतु उपयुक्त विधियां, तकनीक तथा रणनीति अपनाने के लिए सार्थक सुझाव दिए जाते हैं। यह सब कुछ नियोजित ढंग से कैसे किया जाता है इसकी विस्तार से आगे चर्चा की जा रही है।

अनुदेशनात्मक प्रारूपों के विकास हेतु प्रशिक्षण मनोविज्ञान का उपयोग (Use of Training Psychology for Developing Instuctional Designs)

प्रशिक्षण मनोविज्ञान की सहायता से अनुदेशन और प्रशिक्षण हेतु उपयोगी अनुदेशनात्मक प्रारूपों की संरचना की जा सकती है। इस प्रकार के अनुदेशनात्मक प्रारूपों के निर्माण और क्रियान्वयन से संबंधित कार्यकलापों को क्रमशः नियोजन, कार्यान्वयन तथा मूल्यांकन इन तीन चरणों में विभाजित कर निम्न प्रकार अच्छी तरह समझा जा सकता है–

1. **नियोजन चरण (Planning stage)**—एक प्रशिक्षण प्रारूप के विकास संबंधी इस प्रारंभिक चरण में ऐसे कार्यकलापों को स्थान दिया जाना उचित रहता है जिनसे (i) प्रशिक्षण कार्यक्रम के परिणामों तथा उद्देश्यों को निश्चित किए जाने में सहायता मिले तथा (ii) इन निर्धारित उद्देश्यों या प्रशिक्षण परिणामों की प्राप्ति हेतु साधन तथा सामग्री के चयन और आयोजन में मदद मिले।
2. **क्रियान्वयन चरण (Implementation stage)**—इस अवस्था में इस प्रकार के कार्यकलापों को स्थान मिलना चाहिए जिनसे नियोजन चरण पर चयनित सामग्री तथा साधनों द्वारा निर्धारित अधिगम या प्रशिक्षण उद्देश्यों की प्राप्ति में भरसक सहयोग मिल सके।
3. **मूल्यांकन चरण (Evaluation stage)**—इस स्तर पर ऐसी क्रियाओं तथा कार्यकलापों को स्थान मिलना चाहिए जिनसे प्रशिक्षण कार्यक्रम की प्रगति तथा योगदान का निर्धारित प्रशिक्षण उद्देश्यों की प्राप्ति के संदर्भ में उचित मूल्यांकन किया जा सके।

जिस प्रकार की संभावित गतिविधियों और कार्यकलापों के संपादन की विभिन्न चरणों में चर्चा की गई है उन्हें देखकर लगता है कि इनका कार्यक्षेत्र किसी एक विशेष चरण तक ही सीमित नहीं है। ऐसा इसलिए है कि व्यावहारिक तौर पर क्रियाकलापों तथा गतिविधियों का ऐसा विशुद्ध विभाजन संभव नहीं है। हां एक बात अवश्य उभरकर सामने आ सकती है कि इन सभी गतिविधियों तथा कार्यकलापों का उद्देश्य ऐसे प्रशिक्षण प्रारूप का विकास करना है जिसके माध्यम से एक उत्तम प्रशिक्षण कार्यक्रम की व्यवस्था को अंजाम दिया जा सके। इस दृष्टि से जो भी क्रियाकलाप तथा गतिविधियां उपरोक्त तीन चरणों में संपन्न की जा सकती हैं उनमें मुख्य रूप से निम्न की ठीक प्रकार से पहचान की जा सकती है–

(i) संक्षिप्त एवं स्पष्ट शब्दावली में अधिगम या प्रशिक्षण उद्देश्यों का कथन।

(ii) अधिगम या प्रशिक्षण कार्य का उचित कार्यांशों तथा अवयवों में विश्लेषण।

(iii) कार्य संपादन की दृष्टि से सभी विश्लेषित कार्यांशों का श्रृंखलाबद्ध व्यवस्थीकरण।

(iv) प्रत्येक कार्यांश के संपादन हेतु उचित अधिगम या प्रशिक्षण प्रविधि या व्यूह रचना का चयन।

(v) एक कार्यांश के अधिगम या प्रशिक्षण का दूसरे कार्यांशों के अधिगम या प्रशिक्षण हेतु ऐसा सकारात्मक स्थानांतरण जिससे एक कार्यांश के संपादन संबंधी प्रवीणता के माध्यम से आगे दूसरे सभी कार्यांशों के संपादन में पूरी समर्थता हासिल होती जाए और इस तरह अंत में पूरे कार्य को करने संबंधी प्रवीणता प्रशिक्षार्थी अर्जित कर ले।

(vi) निर्धारित अधिगम या प्रशिक्षण उद्देश्यों के संदर्भ में प्रशिक्षणार्थी की प्रगति का मूल्यांकन।

(vii) मूल्यांकन परिणामों का पृष्ठपोषण के रूप में प्रशिक्षणार्थी को प्रगति की राह पर अग्रसर करने अथवा अधिगम या प्रशिक्षण प्रारूप के यथानुकूल परिमार्जन करने में उपयोग करना।

सार-संक्षेप (Summary)

1. प्रशिक्षण मनोविज्ञान व्यवहारात्मक मनोविज्ञान की उस शाखा का प्रतिनिधित्व करता है जिसके माध्यम से मनोविज्ञान के तथ्यों, नियमों तथा कार्यपद्धतियों का प्रयोग कर शिक्षण या प्रशिक्षण कार्यक्रमों को सहज एवं प्रभावशाली बनाने हेतु उपयुक्त शिक्षण तथा प्रशिक्षण प्रारूपों का नियोजन, आयोजन एवं प्रबंधन हो सके।

2. प्रशिक्षण मनोविज्ञान का उद्‌भव एवं विकास सैन्य प्रशिक्षण हेतु इसके प्रारंभिक उपयोग से जुड़ा हुआ है। सैन्य प्रशिक्षण में मिलने वाली सफलता ने ही प्रशिक्षण मनोविज्ञान के सिद्धांतों तथा तकनीक का उपयोग अन्य क्षेत्रों जैसे प्रबंधन तथा शिक्षा जगत में करने का मार्ग प्रशस्त किया है।

3. प्रशिक्षण मनोविज्ञान शिक्षा संबंधी विभिन्न समस्याओं के निराकरण तथा गतिविधियों के संपादन में उचित सहायता प्रदान करने हेतु अपनी कुछ मूल मान्यताओं तथा मूलभूत प्रनियमों को प्रयोग में लाता है। उसकी यह पूरी मान्यता है कि शिक्षण कार्य में सफलता उसके उचित नियोजन, आयोजन तथा प्रबंधन में निहित होती है। इस कार्य हेतु उस कार्य का उचित विश्लेषण करने, विश्लेषित क्रियाओं के संपादन हेतु प्रशिक्षण देने, उन क्रियाओं को ठीक तरह क्रमबद्ध करके संपादन करने तथा आवश्यक रूप से स्व–गति से आगे बढ़ाने हेतु उचित पुनर्बलन तथा प्रतिपुष्टि प्रदान किए जाने संबंधी प्रनियमों का पालन किया जाना चाहिए।

4. प्रशिक्षण मनोविज्ञान शिक्षा के विविध क्षेत्रों तथा पहलुओं से संबंधित समस्याओं तथा कार्यों के सफल संपादन में भरसक सहायता प्रदान कर सकता है। विशेष रूप से इसके द्वारा अध्यापक शिक्षा एवं प्रशिक्षण हेतु उचित कार्यक्रमों के रूप में उपयुक्त प्रतिमान प्रस्तुत करने, शिक्षा संबंधी विविध समस्याओं के समाधान सुझाने तथा उचित अनुदेशनात्मक प्रारूपों के निर्माण एवं उन्हें प्रयोग में लाने संबंधी उत्तरदायित्व भलीभाँति निभाए जा सकते हैं।

5. अनुदेशनात्मक प्रारूपों (Designs) के विकास हेतु शिक्षण मनोविज्ञान की मान्यताओं, प्रनियमों तथा कार्यपद्धति का भलीभाँति उपयोग किया जा सकता है। इस कार्य हेतु जिन चरणों या सोपानों का मुख्य रूप से अनुसरण करने की बात कही जाती है वे हैं– नियोजन चरण, क्रियान्वयन चरण तथा मूल्यांकन चरण। इन सभी चरणों पर आगे बढ़ते हुए क्रमशः जो कार्य संपादित किए जाते हैं वे हैं (i) अनुदेशन कार्य की विभिन्न कार्यांशों के रूप में विश्लेषण, (ii) इन विश्लेषित कार्यांशों का श्रृंखलाबद्ध व्यवस्थीकरण, (iii) इनके संपादन हेतु उचित कार्यविधियों तथा व्यूह रचनाओं का चयन तथा प्रयोग, (iv) समय–समय पर प्रगति कार्य का मूल्यांकन, (v) इस मूल्यांकन के आधार पर उचित पुनबर्लन एवं पृष्ठपोषण की व्यवस्था तथा फिर (vi) उसके आधार पर अनुदेशन कार्य में पर्याप्त सुधार लाते हुए निर्धारित अनुदेशनात्मक उद्देश्यों की प्राप्ति हेतु प्रयत्नरत रहना। इन सभी बातों का भलीभाँति नियोजन और क्रियान्वयन ही एक अच्छे अनुदेशनात्मक प्रारूप की रूपरेखा में आता है।

संदर्भित एवं विशेष अध्ययन ग्रंथ
(References and Suggested Readings)

Golubchick, Leonard H. and Barry Persky (Eds.), *Innovations in Education*, Dubuque, Iowa: Kendall/Hunt Pub., 1975.

De Carlo Julia E. and Constant A. Madon (Eds.), *Innovations in Education for the Seventies: Selected Readings*, New York: Behavioral Publications, 1973.

Skinner, B.F., *Technology of Teaching*, New York: Appelton Century Crofts, 1968.

Unwin, D., *Media and Methods: Instructional Technology in Higher Education*, New York: McGraw-Hill, 1969.

अध्ययन के लिए प्रश्न
(Study Questions)

1. प्रशिक्षण मनोविज्ञान क्या है ? शिक्षा के क्षेत्र में यह कैसे उपयोगी सिद्ध हो सकता है ? वर्णन कीजिए।
2. प्रशिक्षण मनोविज्ञान की मूलभूत मान्यताओं तथा प्रनियमों का संक्षेप में वर्णन कीजिए।
3. प्रशिक्षण मनोविज्ञान से आप क्या समझते हैं ? अनुदेशनात्मक एवं प्रशिक्षण प्रारूपों (Designs) के विकास हेतु इसका उपयोग कैसे किया जा सकता है ? स्पष्ट कीजिए।
4. प्रशिक्षण मनोविज्ञान अनुदेशन तथा प्रशिक्षण कार्यक्रमों के भलीभाँति नियोजन तथा आयोजन में किस प्रकार प्रभावी सिद्ध हो सकता है ? वर्णन कीजिए।

24
संप्रेषण नियंत्रण विज्ञान
(Cybernetics)

अध्याय रूपरेखा (Chapter Outline)

- विषय प्रवेश (Introduction)
- अर्थ एवं परिभाषा (Meaning and Definition)
- सिद्धांत एवं प्रक्रिया (Theory and Mechanism)
- अनुदेशनात्मक प्रक्रिया में साइबरनेटिक्स का उपयोग (Use of Cybernetics in the Instructional Process)
- साइबरनेटिक्स का शिक्षा के क्षेत्र में उपयोग एवं लाभ (Application and Advantages of Cybernetics in Education)
- सार-संक्षेप (Summary)
- संदर्भित एवं विशेष अध्ययन ग्रंथ (References and Suggested Readings)
- अध्ययन के लिए प्रश्न (Study Questions)

विषय प्रवेश (Introduction)

शिक्षा तकनीकी का मुख्य उद्देश्य शिक्षण–अधिगम की प्रक्रिया और उसके परिणामों में सुधार लाना है। अपने इस उद्देश्यों की पूर्ति के लिए यह अनुदेशनात्मक तकनीकी, अनुदेशनात्मक मनोविज्ञान और शिक्षण–अधिगम मनोविज्ञान के क्षेत्र में हो रहे अनुसंधान तथा नवाचारों का उपयोग करने का प्रयत्न करती है। शिक्षण युक्तियां, अभिक्रमित अधिगम, विद्यार्थी नियंत्रण अनुदेशन, कंप्यूटर सह–अनुदेशन आदि जिनकी चर्चा हम पिछले अध्यायों में कर चुके हैं सब इसी तरह की तकनीक एवं उपाय हैं जिनका उपयोग शिक्षण–अधिगम प्रक्रिया को ठीक प्रकार नियंत्रित कर अच्छा अध्यापन और प्रभावशील अधिगम प्राप्त करने हेतु किया जाता है। इसी कड़ी का एक बिंदु संप्रेषण नियंत्रण विज्ञान भी है जो अनुदेशन के क्षेत्र में होने वाले एक नवीन अनुसंधान और नवाचार का प्रतिनिधित्व करता है और जिसका परिणाम अनुदेशनात्मक प्रक्रिया को नियंत्रित कर इसे अधिक प्रभावशाली बनाना होता है। इसी नवाचार की चर्चा हम प्रस्तुत अध्याय में करना चाहेंगे।

अर्थ एवं परिभाषा
(Meaning and Definition)

साइबरनेटिक्स (Cybernetics) पद की उत्पत्ति एक ग्रीक शब्द कुबेरनेटीज (Kubernetes), जिसका आंग्ल भाषा में अनुवाद स्टीअर्समैन (Steersman) होता है, से हुई है। स्टीअर्समैन का हिन्दी में अर्थ होता है नाविक या मल्लाह। नाविक या मल्लाह का कार्य किसी जहाज या नौका को ठीक ढंग से ठीक दिशा में ले जाने का होता है। इस कार्य को सफलतापूर्वक वह तभी कर सकता है जबकि उसका जहाज या नाव प्रवाहित होने की प्रक्रिया पर पूर्ण नियंत्रण हो। जब उसे यह संकेत अथवा पृष्ठपोषण (Feedback) प्राप्त होता है कि नाव या जहाज इधर–उधर जा रहा है वह सचेत होकर उसके ऊपर उचित नियंत्रण पाने का प्रयत्न करता है और उसको फिर उचित मार्ग पर ले जाता है। इस प्रकार ठीक समय पर संप्रेषण (Communication) तथा पृष्ठपोषण (Feedback) प्राप्त होने के फलस्वरूप नाविक अपने जहाज या नाव की गति और दिशा में अपेक्षित सुधार लाकर उसकी कार्यप्रणाली पर उचित नियंत्रण स्थापित कर उसे पूरी तरह नियमित करने में सफल हो जाता है।

इसी रूप में आगे सोचा जाए तो शिक्षक की भूमिका भी एक नाविक की तरह है उसे भी शिक्षण–अधिगम प्रक्रिया की वैतरणी से विद्यार्थी को इस पार से उस पार ले जाना होता है। विद्यार्थी उद्देश्यों की प्राप्ति को लेकर जिस गंतव्य स्थान पक पहुंचना चाहता है उसे अधिगम पथ पर चलाकर गंतव्य तक पहुंचाने का कार्य अध्यापक का ही है। विद्यार्थी को मंजिल तक पहुंचाने के लिए यह आवश्यक है कि जिस अनुदेशनात्मक प्रणाली की वह इस कार्य में सहायता लेगा उसकी प्रक्रिया एवं कार्यप्रणाली पर उसका पूर्ण नियंत्रण हो। इस प्रणाली या व्यवस्था पर चलते हुए अगर अध्यापक को यह जानकारी या पृष्ठपोषण मिले कि वांछित उद्देश्यों की प्राप्ति की दिशा में प्रणाली (System) ठीक प्रकार कार्य कर रही है तो उसे अधिक उत्साह से उसी तरह काम करते रहना चाहिए। हां अगर यह संकेत या पृष्ठपोषण मिले कि प्रणाली ठीक प्रकार कार्य नहीं कर रही है तो उसे तुरंत यह समझ लेना चाहिए कि कहीं न कहीं खराबी जरूर है। तब उसे प्राप्त संकेत या पृष्ठपोषण के संदर्भ में इसमें पर्याप्त सुधार लाने या उस पर और उचित नियंत्रण स्थापित करने के प्रयत्न करने चाहिएं जैसे शिक्षण विधियों में परिवर्तन, अधिगम अनुभवों में सुधार अथवा विद्यार्थियों से अंतःक्रिया करने के ढंग में सुधार आदि और इस प्रकार के परिवर्तन कर फिर से अनुदेशन प्रणाली पर उचित नियंत्रण स्थापित कर उसे ठीक दिशा और गति प्रदान करने की कोशिश उसके द्वारा की जानी चाहिए।

यही वह तरीका है जिसके फलस्वरूप किसी भी प्रणाली या व्यवस्था में उचित संप्रेषण एवं पृष्ठपोषण के आधार पर अपेक्षित सुधार लाने और उस पर उचित नियंत्रण स्थापित करने का कार्य अच्छी तरह संपन्न किया जाता है ताकि वह प्रणाली अबाध रूप से उत्तम से उत्तम कार्य करने में निरंतर जुटी रह सके। इस प्रकार के तरीके से किसी प्रणाली पर जो नियंत्रण स्थापित किया जाता है उसका स्वरूप बाह्य (Extrinsic) होता है। बाहरी रूप से किए जाने वाला नियंत्रण, चाहे कितना अच्छा क्यों न हो सदैव प्रभावशाली होगा, यह आवश्यक नहीं। क्योंकि नियंत्रण करना संप्रेषण तथा पृष्ठपोषण पर निर्भर करता है और संप्रेषण तथा पृष्ठपोषण प्राप्त करने तथा फिर उसके मुताबिक अनुक्रिया कर प्रणाली में सुधार करने के कार्य में समय लग सकता है परंतु अगर किसी भी तरह प्रणाली या व्यवस्था इस प्रकार की हो जाए कि उसमें नियंत्रण बाह्य न होकर आंतरिक ही हो जाए दूसरे शब्दों में वह स्वःनियंत्रित (Auto-controlled) तथा स्वचालित (Self-regulatory) हो जाए तो फिर संप्रेषण या पृष्ठपोषण प्राप्त करने और तदनुसार नियंत्रण स्थापित करके इन दोनों क्रियाओं के बीच समय अंतराल नहीं रहेगा। इस प्रकार की प्रणाली सही अर्थों में बाह्य नियंत्रित प्रणाली से श्रेष्ठ होगी ही क्योंकि यह अपने आप में स्वयं सुधार करने और अपनी कार्य प्रणाली पर आवश्यकतानुसार नियंत्रण स्थापित करने में काफी सक्षम रहेगी। हमारी शारीरिक प्रणाली (Body system) इसी प्रकार की स्व–चालित एवं स्व–नियंत्रित प्रणालियों का एक अच्छा उदाहरण प्रस्तुत करती है।

आइए देखें हमारी शारीरिक प्रणालियां (Body system) इस प्रकार का उदाहरण कैसे हैं। परिवेश में व्याप्त विभिन्न प्रकार के उद्दीपनों को पहचानने तथा उनके प्रति उपयुक्त अनुक्रिया करने हेतु हमारा शरीर स्व–चालित एवं स्व–नियंत्रित मशीनी प्रणाली की तरह ही कार्य करता है। जब हमें सुगंध का आभास होता है तो हमारे नथुने स्वतः ही फूल जाते हैं और हम अधिक से अधिक गंध को अपने अंदर भरना चाहते हैं। दुर्गंध का आभास होने की स्थिति में हमारी शारीरिक प्रणाली विपरीत ढंग से कार्य करती है हम नाक बंद करके या स्वतः ही सांस रोककर गंध को अपने पास आने से रोकने के कार्य में जुट जाते हैं। होमियोस्टेसिस (Homeostasis) प्रक्रिया के माध्यम से भी हमारी शारीरिक प्रणाली की विशेषताओं का पता चलता है कि वह कितनी संतुलित, स्व–चालित एवं स्व–नियंत्रित है। उदाहरण के लिए जब हमारे शरीर में रक्त शर्करा स्तर (Blood suger level) गिरता है तब हमारे शरीर के अंग जैसे पेट और ग्रंथियों तथा संदेश वाहिनी नाड़ियों द्वारा इस बात की सूचना तथा पृष्ठपोषण मस्तिष्क को तुरंत ही प्राप्त हो जाता है और स्व–चालित मशीन की भांति हमारा शरीर कार्य करना प्रारंभ कर देता है। परिणामस्वरूप हमें भूख का आभास होता है और जैसे ही हमारे शरीर को भोजन प्राप्त होता है रक्त शर्करा का स्तर पुनः अपनी पूर्व स्थिति में पहुंच जाता है और इस तरह शरीर प्रणाली प्रक्रिया में आवश्यक संतुलन बना रहता है। इसी प्रकार की संतुलन प्रक्रिया की पुनरावृत्ति हम तब देखते हैं जब गर्मी के कारण हमें बड़ी बेचैनी मालूम होती है, हमारा शरीर बेहाल सा हो जाता है। उसी समय शरीर प्रणाली एक स्वतः–चालित एवं स्वत–नियंत्रित अच्छी मशीन की तरह कार्य करती हुई इस प्रकार की स्थिति से निपटने का रास्ता ढूँढ़ लेती है। हमें पसीना आता है शरीर के तापक्रम में हमें गिरावट सी अनुभव होती है, शरीर कुछ ठंडक सी अनुभव करता है और हमारी बेचैनी कुछ शांत होती है।

इस प्रकार हमारा शरीर स्वःचालित एवं स्व–नियंत्रित एक अच्छी पृष्ठपोषित प्रणाली का उदाहरण प्रस्तुत करता है। भौतिक उपकरणों के रूप में वाशिंग मशीन, हीटर, प्रेस, रेफ्रीजेरेटर, रिकार्डर तथा प्लेयर आदि सभी जो स्व–चालित (Automatic) होते हैं इसी प्रकार की प्रणाली के उदाहरण कहे जा सकते हैं। साइबरनेटिक्स एक उन्नत टेक्नोलोजी के रूप में पशु, मानव तथा मशीनों में उपलब्ध इसी प्रकार की स्व–चालित एवं स्व–नियंत्रित प्रणालियों को विकसित करने हेतु काम में लाई जाती है।

परिभाषा के रूप में *साइबरनेटिक्स को एक ऐसे संप्रेषण एवं नियंत्रण विज्ञान (Science of communication and control) की संज्ञा दी जा सकती है जिसका उद्देश्य ऐसी स्व–चालित एवं स्व–नियंत्रित पृष्ठपोषित प्रणाली को विकसित करना होता है जैसा कि प्राकृतिक रूप में प्रायः पशु, मानव और स्व–चालित मशीनी उपकरणों में देखने को मिलती है।*

सिद्धांत एवं प्रक्रिया (Theory and Mechanism)

साइबरनेटिक्स को जैसा कि अभी बताया जा चुका है संप्रेषण एवं नियंत्रण विज्ञान के रूप में परिभाषित किया जाता है। शिक्षा एवं अनुदेशनात्मक प्रणाली को एक उचित स्व–चालित एवं स्व–नियंत्रित प्रणाली में परिवर्तित करने के लिए इस विज्ञान की सहायता ली जा सकती है। इस संदर्भ में साइबरनेटिक्स से संबंधित सिद्धांतों एवं प्रक्रिया की निम्न बिंदुओं के तहत चर्चा की जा सकती है।

1. किसी भी प्रणाली (System) के मुख्यतया तीन भाग अथवा उप–प्रणालियाँ (Subsystems) होती हैं जिन्हें अदा (Input), प्रक्रिया (Process) तथा प्रदा (Output) के नाम से जाना जाता है। प्रणाली को चालू करने के लिए जिस प्रकार के मानवीय एवं भौतिक संसाधनों की जरूरत पड़ती है उसे अदा कहा जाता है। प्रक्रिया उपप्रणाली, अदा की अपने वांछित रूप में परिवर्तित करने का उत्तरदायित्व निभाती है तथा प्रदा

उपप्रणाली के द्वारा, प्रक्रिया उपप्रणाली के द्वारा निभाए इस उत्तरदायित्व के परिणाम को सामने लाने का कार्य किया जाता है।

2. प्रणालियों को सामान्यतया दो भागों में विभक्त किया जा सकता है– (i) मुक्त परिपथ प्रणाली (Open loop system) और (ii) बंद परिपथ प्रणाली (Closed loop system)। मुक्त परिपथ प्रणाली, स्व–सुधारात्मक तथा स्वचालित प्रणाली (Self corrective automatic system) नहीं होती क्योंकि इसमें अपनी कार्य प्रक्रिया तथा उसके परिणामों के बारे में संप्रेषण (Communicate) करते रहने तथा आवश्यक पृष्ठपोषण (Feedback) प्रदान करने की क्षमता नहीं होती। इस दृष्टि से साइबरनेटिक प्रणाली की गिनती एक बंद परिपथ प्रणाली में होती है।

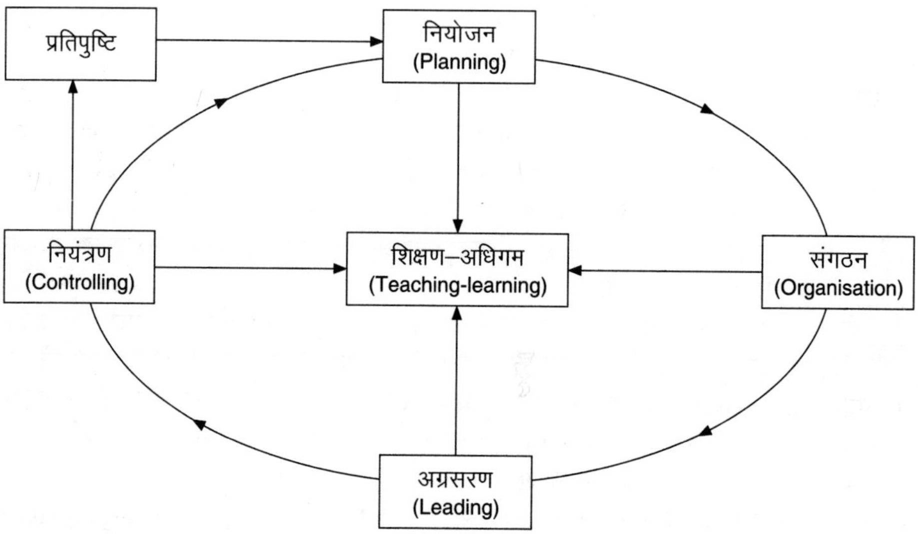

चित्र 24.1 साइबरनेटिक्स की बंद पाश प्रणाली (The closed loop system of cybernetics)।

एक बंद परिपथ प्रणाली में, जैसा कि ऊपर के चित्र 24.1 से समझा जा सकता है प्रणाली का परिणाम या उत्पादन (Output) प्रभावी ढंग से प्रणाली की अदा उपप्रणाली में वापिस लौट आता है ताकि भविष्य में परिणाम या उत्पादन पर नियंत्रण कर उसे पहले से अच्छा बनाया जा सके। परिणामों के बारे में प्रणाली को अवगत कराते रहना अच्छे संप्रेषण की निशानी है इसी के माध्यम से प्रणाली को उचित पृष्ठपोषण मिलता रहता है। इस संप्रेषण और पृष्ठपोषण के माध्यम से प्रणाली को स्व–सुधार (Self correction) तथा स्व–नियंत्रण (Auto control) के कार्यों में इस प्रकार सहायता मिलती रहती है कि प्रणाली में अपेक्षित सुधार कर उसे अधिक विकसित करना संभव हो पाता है। इस प्रकार का प्रभावपूर्ण, गतिशील एवं तत्काल पृष्ठपोषण एवं संप्रेषण जो केवल बंद परिपथ प्रणाली में ही संभव है किसी भी साइबरनेटिक प्रारूप का सबसे सशक्त पहलू माना जाता है।

3. साइबरनेटिक प्रणाली की पृष्ठपोषण प्रक्रिया जैसा कि स्मिथ एवं स्मिथ (1966) का मत है मुख्य रूप से निम्न रूपों में प्रणाली को फायदा पहुंचाती है।

- किसी लक्ष्य को प्राप्त करने के लिए प्रणाली को किस तरह कार्य करना चाहिए इससे संबंधित क्रियाओं का निर्णय लेना।

- निर्णय ली हुई क्रियाओं के आधार पर जो भी प्रयत्न किए गए उनकी, जो अच्छे से अच्छे प्रयत्न किए जा सकते थे उनसे तुलना कर उद्देश्यों की पूर्ति के मार्ग में आने वाली कमियों एवं दोषों का पता लगाना।
- इन निदान किए गए दोषों तथा कमियों से प्राप्त संकेतों के आधार पर प्रणाली को सुधारने तथा विकसित करने का प्रयत्न करना।

इस प्रकार किसी भी प्रणाली के उद्देश्यों की प्राप्ति को ध्यान में रखते हुए भलीभांति चालू रखने तथा उसमें आवश्यक सुधार लाकर उसे अधिक प्रभावशाली बनाने में पृष्ठपोषण प्रक्रिया अपनी उचित संप्रेषण कला का उपयोग करती हुई काफी लाभदायक सिद्ध होती है।

अनुदेशनात्मक प्रक्रिया में साइबरनेटिक्स का उपयोग (Use of Cybernectics in the Instructional Process)

साइबरनेटिक्स के सिद्धांत और कार्यप्रणाली जिनकी चर्चा हमने अभी–अभी की है हमारी अनुदेशनात्मक प्रक्रिया और प्रणाली को एक स्व–चालित, स्व–नियंत्रित, स्व–सुधारात्मक तथा स्व–अनुदेशनात्मक प्रणाली बनाने में उचित सहायता कर सकते हैं।

आइए देखें ऐसा किस प्रकार हो सकता है।

परंपरागत दृष्टिकोण से सामान्यतया अनुदेशन में एक प्रणाली के रूप में तीन उप–प्रणालियों अदा, प्रक्रिया और प्रदा को शामिल किया जाता है।

- अदा उपप्रणाली में अधिगम अनुभव (जो निर्धारित पाठ्यक्रम के अनुसार चयन किए जाते हैं), विद्यार्थी उनकी आवश्यकताएं तथा प्रारंभिक व्यवहार, अनुदेशनात्मक उद्देश्य, अध्यापक, अनुदेशनात्मक विधियाँ तथा तकनीक, सहायक सामग्री तथा अन्य भौतिक संसाधन, शिक्षण, अधिगम वातावरण आदि तत्त्वों को शामिल किया जाता है।
- प्रक्रिया उप–प्रणाली में अदा उपप्रणाली में निहित सभी प्रकार के मानवीय और भौतिक संसाधनों का उचित उपयोग करते हुए वास्तविक अनुदेशनात्मक कार्य संपन्न किया जाता है।
- प्रदा उप–प्रणाली अनुदेशनात्मक प्रक्रिया परिणामों (Output) को सामने लाने का कार्य करती है। ये परिणाम विद्यार्थियों की अनुक्रियाओं, ज्ञान और कौशलों की उपलब्धि, दृष्टिकोण और रुचियों में आए परिवर्तनों आदि के रूप में सामने आते हैं। इन परिणामों की सहायता से ही निर्धारित अनुदेशनात्मक उद्देश्यों की प्राप्ति के संदर्भ में अनुदेशनात्मक प्रणाली की प्रभावशीलता का पता चलता है।

परंपरागत अनुदेशन प्रणाली को एक साइबरनेटिक प्रणाली में परिवर्तित करने की दिशा में पृष्ठपोषण प्रक्रिया द्वारा आवश्यक भूमिका निभाई जा सकती है। इस प्रकार का आवश्यक स्व–पृष्ठपोषण तभी प्रदान किया जा सकता है जब प्रक्रिया उप–प्रणाली के प्रयत्नों के फलस्वरूप प्रदा उप–प्रणाली में निहित शिक्षण अधिगम प्रणाली (Outputs) की जानकारी और उसके आधार पर मिलने वाले पृष्ठपोषण को पुनः अदा उप–प्रणाली द्वारा काम में लाया जा सके। इस जानकारी (संप्रेक्षण) तथा पृष्ठपोषण के आधार पर यह तय किया जा सकता है कि अदा उप–प्रणाली में शामिल तत्त्वों की गुणवत्ता (Quality) में क्या कमी रह गई है अथवा प्रक्रिया उप–प्रणाली में सब कुछ ठीक ठाक चल रहा है या नहीं इस जानकारी तथा पृष्ठपोषण के आधार पर सुधार लाने का कार्य, प्रणाली में यंत्रवत अपने आप ही चलना प्रारंभ हो जाता है तथा धीरे–धीरे प्रणाली स्व–चालित एवं स्व–नियंत्रित प्रणाली

का रूप धारण कर लेती है। कारण स्पष्ट है कि जैसे ही प्रदा उप–प्रणाली से प्राप्त जानकारी तथा पृष्ठपोषण अदा उप–प्रणाली में वापस पहुंचता है तथा आवश्यक सुधार के साथ अदा और प्रक्रिया उपप्रणाली अपना कार्य और अच्छी तरह करना प्रारंभ करती है। प्रदा उप–प्रणाली में परिणाम उतने ही अच्छे आने लगते हैं और जैसे ही अच्छे उन्नत परिणामों की जानकारी और पृष्ठपोषण अदा उपप्रणाली में फिर वापिस आता है तो यह उचित अभिप्रेरणा और प्रोत्साहन का कार्य करता है जिसके परिणामस्वरूप प्रणाली को और अच्छा तथा और अधिक विकसित करने में सहायता मिलती है।

साइबरनेटिक अनुदेशनात्मक प्रणाली का एक उदाहरण (An Example of the Cybernetic Instructional System)

विकसित देशों में शिक्षाशास्त्रियों ने अनेक साइबरनेटिक अनुदेशनात्मक प्रणालियों को प्रतिपादित किया है। इनमें एक अनुदेशनात्मक प्रणाली जिसे केलर प्लान के नाम से जाना जाता है उदाहरण के रूप में आगे प्रस्तुत की जा रही है।

केलरप्लान (The Keller Plan)—इसे फ्रेड केलर तथा जे.जी. शेरमन (Fred Keller and J.G. Sherman) द्वारा विकसित किया गया है। इसमें अधिगम सामग्री को विभिन्न इकाइयों में विभक्त कर दिया जाता है। प्रत्येक इकाई अपने आप में काफी पूर्ण एवं सार्थक होती है जिसे सप्ताह के भीतर पूरा किया जाता है। इकाई में निहित अधिगम सामग्री निम्न प्रकार की होती है।

(i) अध्यापक द्वारा तैयार अध्ययन सामग्री (ii) अध्ययन में सहायक एक दिग्दर्शिका (Guide) जिसके साथ अधिगम उद्देश्यों को प्राप्त करने संबंधी कार्य योजना दी हुई होती है और (iii) मूल्यांकन के लिए प्रयुक्त सामग्री चार सेटों में जिनमें से प्रत्येक सेट कठिनाई स्तर और परीक्षण की दृष्टि से एक जैसा होता है।

अनुदेशन प्रक्रिया के दौरान विद्यार्थी दी हुई अधिगम सामग्री (जो पूरी तरह अभिक्रमित एवं संरचित होती है) का अध्ययन अपनी–अपनी गति से करने का प्रयत्न करते हैं। यह अध्ययन करने से पहले वे अनुदेशनात्मक उद्देश्यों के बारे में परिचित होने का प्रयत्न करते हैं। स्वतंत्र रूप से अध्ययन करने के लिए वे अध्ययन में सहायक मार्गदर्शिका (Guide) की भी सहायता ले सकते हैं। इस गाइड से उन्हें स्व–अनुदेशन में सहायक विभिन्न क्रियाओं को करने हेतु मौलिक पाठ्यपुस्तकों, पत्र–पत्रिकाओं में प्रकाशित लेख तथा अन्य स्रोतों का पता चलता है। इस प्रकार एक इकाई से संबंधित पाठ्यसामग्री का अध्ययन करने के पश्चात् उनको मूल्यांकन प्रक्रिया में से गुजरना होता है। उन्होंने जब अध्ययन समाप्त कर लिया होता है तो उनकी मांग पर उन्हें चार सेटों में से कोई भी एक सेट (जो भी हाथ में आ जाए) मूल्यांकन हेतु प्रदान किया जाता है। उनके उत्तरों की जांच के परिणामों से अध्यापक उन्हें अवगत करा देता है। परिणामों की जानकारी संप्रेषण तथा पृष्ठपोषण प्रदान करने का कार्य करती है जिससे वे अपने अध्ययन करने के ढंग और अदा तथा प्रक्रिया से संबंधित अन्य बातों में अपेक्षित सुधार लाने का प्रयत्न इस उद्देश्य के साथ करते हैं कि अधिगम उद्देश्यों की दिशा में उन्हें अधिक से अधिक सफलता मिले। केलर प्लान में सामान्य औपचारिकताओं जैसे टाइमटेबल, कक्षा का नियमित अध्ययन तथा हाजिरी आदि की जरूरत नहीं होती। यह विद्यार्थियों को स्व–अनुदेशन प्राप्त करने, अनुदेशन प्रक्रिया पर उचित नियंत्रण स्थापित करने और संप्रेषण तथा पृष्ठपोषण के माध्यम से अनुदेशन प्रक्रिया में आवश्यक सुधार करने के कार्य में पर्याप्त सहायता करता है। केलर प्लान व्यक्तिगत रूप से संपन्न होने वाली ऐसी स्व–अनुदेशन प्रणाली का प्रतिनिधित्व करता है जिसमें स्व–चालित, स्व–नियंत्रित, स्व–सुधारात्मक आदि सभी ऐसे गुण शामिल होते हैं जो इसको एक साइबरनेटिक प्रणाली का दर्जा दिला सकते हैं।

साइबरनेटिक्स का शिक्षा के क्षेत्र में उपयोग एवं लाभ (Applications and Advantages of Cybernetics in Education)

साइबरनेटिक को संप्रेषण एवं नियंत्रण विज्ञान के रूप में परिभाषित किया जाता है। इस विज्ञान के सिद्धांत एवं प्रक्रिया का शिक्षा के क्षेत्र में अच्छी तरह उपयोग किया जा सकता है। इस प्रकार के उपयोग द्वारा अर्जित लाभों की चर्चा निम्न प्रकार की जा सकती है।

1. शिक्षण और अनुदेशनात्मक प्रक्रिया को साइबरनेटिक प्रणाली की पृष्ठपोषण प्रक्रिया की सहायता से स्व–चालित एवं स्व–अनुदेशित बनाने का कार्य भलीभाँति संपन्न किया जा सकता है।

   अगर किसी भी तरह अनुदेशनात्मक प्रणाली की अदा उपप्रणाली में प्रदा उप–प्रणाली से प्राप्त पृष्ठपोषण तथा संप्रेषण के निरंतर प्रवाह की व्यवस्था कर दी जाए तो इससे अनुदेशनात्मक प्रणाली में अपेक्षित सुधार लाने तथा विद्यार्थियों को स्व–अनुदेशन के मार्ग पर चलने के लिए आवश्यक पुनर्बलन प्राप्त हो जाता है। किसी भी अनुदेशन को स्व–अनुदेशन तथा स्व–चालित प्रणाली में परिवर्तित करने की ऐसी अमूल्य देन साइबरनेटिक से ही प्राप्त हो सकती है।

2. किसी भी शिक्षण–अधिगम प्रक्रिया में अभिप्रेरणा को उसका केंद्रीय तत्व माना जाता है। साइबरनेटिक प्रारूप के उपयोग से विद्यार्थियों को अभिप्रेरित करने की समस्या स्वतः ही हल हो जाती है। विद्यार्थियों को निरंतर उचित पृष्ठपोषण (अपने अधिगम परिणामों के संप्रेषण के रूप में) मिलता रहता है जिससे उन्हें आगे अच्छी तरह अध्ययन करने के लिए उचित अभिप्रेरणा और प्रोत्साहन मिलता रहता है।

3. साइबरनेटिक सिद्धांतों के उपयोग से अनुदेशनात्मक प्रणाली पर उचित नियंत्रण स्थापित करने में सहायता मिलती है। फलस्वरूप शिक्षकों को अपनी शिक्षण प्रक्रिया तथा विद्यार्थियों को अपनी अधिगम प्रक्रिया पर वांछित नियंत्रण बनाए रख कर शिक्षण–अधिगम उद्देश्यों को ठीक प्रकार से प्राप्त करने में सहायता मिलती है।

4. साइबरनेटिक का उपयोग उपचारात्मक (Remedial) अनुदशेनात्मक कार्यों हेतु अच्छी तरह किया जा सकता है। साइबरनेटिक संप्रेषण तथा पृष्ठपोषण का विज्ञान होने के कारण यह निदान करने में काफी समर्थ होता है कि अनुदेशन प्रणाली में कोई कमी या खराबी किस रूप की है। इस कमी या खराबी का ठीक तरह पता लगाने से इसमें सुधार तथा उपचार की काफी गुंजाइश रहती है और इसके लिए उचित रूप से योजनाबद्ध तरीके से काम किया जा सकता है। जो उपचारात्मक कदम उठाए गए हैं उनमें कहां तक सफलता मिली है इसका अनुमान भी प्रणाली के पुनः कार्य करने तथा परिणामों के आधार पर मिलने वाले पृष्ठपोषण से अच्छी तरह लगाया जा सकता है और इस तरह उपचारात्मक एवं सुधारात्मक उपायों को और बेहतर बनाने का दौर जारी रखा जा सकता है।

5. एक स्व–चालित पृष्ठपोषित प्रणाली के रूप में साइबरनेटिक का शिक्षण–अधिगम प्रक्रिया में उपयोग शिक्षक और विद्यार्थी दोनों को ही उनके अपने कार्यों में उचित सहायता प्रदान करने तथा उनकी शिक्षण तथा अधिगम कला को निखारने में उचित सहायता कर सकता है। स्वयं अपने प्रयत्नों द्वारा अपनी व्यावसायिक उन्नति करने में जहां यह शिक्षकों के लिए लाभकारी है वहां स्व–अनुदेशन के प्रयत्नों में सफलता दिलाने में यह विद्यार्थी की पर्याप्त मदद करता है। उदाहरण के लिए एक समय माना एक अध्यापक अपनी कक्षा में किसी विषय को पढ़ा रहा है। उसे यह जानकारी अथवा पृष्ठपोषण प्राप्त होता है कि विद्यार्थी रुचि नहीं ले रहे क्योंकि वे कुछ और पढ़ना चाहते हैं अथवा किसी अन्य तरीके से पढ़ना चाहते हैं। जो कुछ उसे इस तरह पृष्ठपोषण प्राप्त होगा स्वाभाविक है कि वह उसी तरह अपने शिक्षण

की पाठ्यवस्तु या विधियों में परिवर्तन लाने की कोशिश करेगा। इस प्रकार जिस–जिस प्रकार का जिस रूप में उसे अपने विद्यार्थियों के द्वारा अथवा उनके अधिगम परिणामों द्वारा पृष्ठपोषण मिलता रहेगा तथा जो संप्रेषण उनसे उसका चलता रहेगा उसके आधार पर समय–समय पर वह अपनी शिक्षण कला में अपेक्षित परिवर्तन लाता रहेगा और फलस्वरूप उसकी शिक्षण कला में निखार आता चला जाएगा। ठीक इसी रूप में विद्यार्थियों को अपने अधिगम–परिणामों के आधार पर जो पृष्ठपोषण मिलता रहेगा और अध्यापकों से उनका जो संप्रेषण चलता रहेगा उससे उन्हें अपने अधिगम प्रयत्नों में सुधार लाकर स्व–विकास (Self-improvement) के कार्य में सहायता मिलती रहेगी।

6. साइबरनेटिक संप्रेषण और नियंत्रण के लिए प्रयुक्त अच्छी प्रणाली होने के नाते प्रशिक्षण टेक्नोलोजी के रूप में भी उचित भूमिका निभा सकता है क्योंकि प्रशिक्षण प्रदान करने में इन दोनों बातों की ही प्रमुख रूप से आवश्यकता पड़ती है। अध्यापक प्रशिक्षण को ही लीजिए अगर कोई प्रशिक्षण प्रदान करने संबंधी अनुदेशनात्मक प्रणाली इसके लिए विकसित की जानी है तो इसमें साइबरनेटिक विज्ञान के सिद्धांत एवं कार्य प्रणाली का प्रयोग काफी लाभदायक सिद्ध हो सकता है। भावी अध्यापक उचित संप्रेषण और पृष्ठपोषण के माध्यम से अपनी अध्यापन कला संबंधी कमजोरियों तथा अच्छाइयों का निदान कर अपने आप में अपेक्षित सुधार ला सकते हैं और इस तरह उन्हें अध्यापन कला को विकसित करने का अवसर मिल सकता है।

   इसी संदर्भ में साइबरनेटिक विज्ञान को अध्यापक प्रशिक्षण हेतु काम में लाने के लिए कुछ नवीन प्रणालियां, तकनीक आदि विकसित करने के लिए काफी गंभीर प्रयत्न किए जा सकते हैं। सूक्ष्म शिक्षण, अनुरूपित शिक्षण तथा अंतःक्रिया विश्लेषण आदि कुछ इस प्रकार के प्रयत्नों की चर्चा हम पिछले अध्यायों में पहले ही कर चुके हैं जिनका उपयोग अध्यापक व्यवहार तथा अध्यापन कला के स्वतः परिमार्जन में भलीभांति किया जा सकता है इन सभी में प्रत्यक्ष और परोक्ष रूप से साइबरनेटिक विज्ञान का ही उपयोग होता है।

7. साइबरनेटिक अनुदेशनात्मक प्रणाली की सहायता से अनुदेशन के वैयक्तीकरण में उचित लाभ प्राप्त हो सकता है। इस प्रकार के अनुदेशन में प्रत्येक विद्यार्थी अपनी गति से अपना अधिगम मार्ग तय कर सकता है। गतिवान तथा निरंतर प्राप्त होने वाले पृष्ठपोषण और संप्रेषण के माध्यम से उन्हें अपने आप को निरंतर सुधारने का अवसर मिलता रहता है। वैयक्तिक रूप से स्व–अनुदेशन प्राप्त कराने की दिशा में साइबरनेटिक सिद्धांतों का प्रयोग करके उपयोगी स्व–अनुदेशनात्मक सामग्री का अभिक्रमित पाठ्यपुस्तकों तथा वीडियो और ऑडियो टेप आदि तैयार करने में भी अच्छा उपयोग हो सकता है और इसे पत्राचार पाठ्यक्रम तथा दूर शिक्षा (Distance education) का विस्तार करने के लिए भी अच्छी तरह काम में लाया जा सकता है।

सार-संक्षेप (Summary)

1. साइबरनेटिक को एक ऐसे संप्रेषण एवं नियंत्रण विज्ञान की संज्ञा दी जा सकती है जिसके माध्यम से शिक्षा एवं अनुदेशनात्मक प्रणाली को एक ऐसी उचित स्व–चालित एवं स्व–नियंत्रित पृष्ठपोषित प्रणाली में परिवर्तित किया जा सके जैसा कि स्वाभाविक रूप में प्रायः पशु, मानव और स्व–चालित मशीनी उपकरणों, रेफ्रिजरेटर, वाशिंग मशीन, वाटर हीटर आदि में देखने को मिलती है।

2. साइबरनेटिक प्रणाली की गिनती एक ऐसी बंद परिपथ प्रणाली में होती है जिसमें प्रणाली का परिणाम या उत्पाद (Output) बड़े ही अच्छे ढंग से प्रणाली की अदा (Input) उपप्रणाली मे वापिस लौट आता है ताकि भविष्य में परिणाम या उत्पाद पर नियंत्रण कर उसे पहले से अच्छा बनाया जा सके। परिणामों के बारे में प्रणाली को अवगत कराने रहना अच्छे संप्रेषण की निशानी है। इसी के माध्यम से प्रणाली को उचित पृष्ठपोषण मिलता रहता है। इस संप्रेषण और पृष्ठपोषण के माध्यम से प्रणाली को स्वतः सुधार तथा स्वतः नियंत्रण के कार्यों में इस प्रकार सहायता मिलती रहती है कि प्रणाली में अपेक्षित सुधार लाकर उसे अधिक से अधिक उन्नत बनाना संभव हो सके। इस प्रकार का प्रभावपूर्ण, गतिशील एवं तत्काल पृष्ठपोषण एवं संप्रेषण बंद परिपथ प्रणाली युक्त साइबरनेटिक प्रारूप का सबसे सशक्त पहलू माना जाता है।

3. एक साइबरनेटिक प्रणाली प्रक्रिया उपप्रणाली के प्रयत्नों के फलस्वरूप प्रदा उपप्रणाली में निहित शिक्षण अधिगम परिणामों की जानकारी और उसके आधार पर मिलने वाले पृष्ठपोषण को पुनः अदा उपप्रणाली में काम में लाने की वजह से साइबरनेटिक के सिद्धांत और कार्यप्रणाली का उपयोग परंपरागत अनुदेशन प्रणाली को एक स्वचालित, स्वनियंत्रित, स्वसुधारात्मक तथा स्वअनुदेशनात्मक प्रणाली बनाने में बहुत सहायक सिद्ध हो सकता है। ऐसी साइबरनेटिक अनुदेशनात्मक प्रणालियों के एक अच्छे उदाहरण के रूप में हम केलर तथा शेरमन द्वारा विकसित केलर प्लान का नाम ले सकते हैं।

4. साइबरनेटिक यानी संप्रेषण एवं नियंत्रण विज्ञान के सिद्धांत एवं प्रक्रिया की शिक्षा के क्षेत्र में उपयोग करने से हमें विविध लाभों की प्राप्ति हो सकती है। इनमें से उल्लेखनीय हैं– (i) शिक्षण और अनुदेशन प्रक्रिया को एक स्व–चालित एवं स्व–अनुदेशित प्रक्रिया बनाने में सहायक (ii) विद्यार्थियों को अधिगम हेतु उचित अभिप्रेरणा एवं प्रोत्साहन देने में सहायक (iii) अनुदेशनात्मक प्रक्रिया पर उचित नियंत्रण रखने में सहायक (iv) अनुदेशन प्रक्रिया में उपचारात्मक एवं सुधारात्मक उपायों को बेहतर बनाने में सहायक (v) शिक्षक को अपने शिक्षण तथा विद्यार्थियों को अपने अधिगम पथ पर ठीक प्रकार प्रगति कराते रहने में सहायक (vi) अध्यापकों के प्रशिक्षण हेतु एक अच्छी प्रशिक्षण तकनीकी सिद्ध होना तथा (vii) अनुदेशन के वैयक्तीकरण, स्व–अनुदेशनात्मक सामग्री के निर्माण तथा दूरवर्ती शिक्षा विस्तार में सहायक।

संदर्भित एवं विशेष अध्ययन ग्रंथ
(References and Suggested Readings)

Barry, Clemson, Cybernetics: A New Management Tool, Tunbridge Wells, Kent: Abacus Press, 1984.

Golubchick, Leonard H. and Barry Persky (Eds.), *Innovations in Education*, Dubuque, Iowa: Kendall/Hunt Pub., 1975.

De Carlo Julia E. and Constant A. Madon (Eds.), *Innovations in Education for the Seventies*: Selected Readings, New York: Behavioral Publications, 1973.

Keller, Fred S. *PSI, The Keller Plan Handbook: Essays on a Personalized System of Instruction*, Menlo Park, Calif.: W. A. Benjamin, 1974.

Smith, K.U. and M.P. Smith, Cybernetics Principles of Learning and Instructional Design, New York: Holt, Rinehart and Winston, 1966.

Sherman J.G. and Ruskin Robert S., *The Personalized System of Instruction*, Englewood Cliffs, NJ: Educational Technology Publications, 1978.

Young, John F., *Cybernetics*, London, Iliffe; New York: American Elsevier Pub. Co., 1969.

अध्ययन के लिए प्रश्न (Study Questions)

1. साइबरनेटिक से क्या अभिप्राय है ? इसके सिद्धांत और प्रक्रिया का विस्तार से वर्णन करो।
2. साइबरनेटिक की मुख्य विशेषताओं और प्रकृति पर प्रकाश डालते हुए इसे परिभाषित कीजिए।
3. साइबरनेटिक क्या है ? इसे अनुदेशन प्रक्रिया में कैसे काम में लाया जा सकता है ? स्पष्ट कीजिए।
4. साइबरनेटिक अनुदेशनात्मक प्रणाली से आप क्या समझते हो ? इसकी विशेषताओं पर प्रकाश डालिए और इस प्रकार की प्रणाली का कोई एक उदाहरण प्रस्तुत कीजिए।
5. केलर प्लान क्या है ? इसे साइबरनेटिक अनुदेशनात्मक प्रणाली की तरह कैसे प्रयोग में लाया जा सकता है ? संक्षेप में वर्णन कीजिए।
6. साइबरनेटिक से आप क्या समझते हैं ? शिक्षा के क्षेत्र में इसके उपयोग तथा लाभों का वर्णन कीजिए।
7. निम्न पर संक्षिप्त टिप्पणी लिखिए–

   (i) साइबरनेटिक (ii) साइबरनेटिक की प्रक्रिया या कार्यप्रणाली (iii) साइबरनेटिक अनुदेशनात्मक प्रणाली के रूप में केलर प्लान (iv) साइबरनेटिक का शिक्षा के क्षेत्र में उपयोग।

25

शिक्षण प्रतिमान
(Models of Teaching)

Schools, faculties and individual teachers create life in school by models of teaching they choose and create.

—Bruce, Joyce

अध्याय रूपरेखा (Chapter Outline)

- प्रतिमान का अर्थ (Meaning of the Term Model)
- शिक्षण प्रतिमानों का अर्थ (Meaning of the Term Models of Teaching)
- शिक्षण प्रतिमानों की विशेषताएं (Characteristics of Models of Teaching)
- शिक्षण प्रतिमान के आधारभूत तत्व (Fundamental Elements of Models of Teaching)
- शिक्षण प्रतिमानों के प्रकार (Types of Models of Teaching)
- कुछ शिक्षण प्रतिमानों का विवरण (Description of a Few Models of Teaching)
- सार-संक्षेप (Summary)
- संदर्भित एवं विशेष अध्ययन ग्रंथ (References and Suggested Readings)
- अध्ययन के लिए प्रश्न (Study Questions)

प्रतिमान का अर्थ
(Meaning of the Term Model)

प्रतिमान शब्द आंग्ल–भाषा के बहु प्रचलित शब्द मॉडल (Model) का हिंदी रूपांतर है। मॉडल शब्द को हम दिन–प्रतिदिन की ज़िंदगी में कई तरह से प्रयोग में लाते हैं। ताजमहल के किसी मॉडल को ध्यान से देखने पर वह हमें छोटे आकार का होता हुआ भी वास्तविक ताजमहल जैसा ही प्रतीत होता है। इस तरह वस्तुओं का यह रूप जो नकल होता हुआ भी वास्तविकता का आभास कराने का प्रयत्न करता है, मॉडल या प्रतिमान के नाम से जाना जाता है। कक्षा में पढ़ाते समय इस प्रकार के प्रतिमान (Model) एक प्रभावशाली सहायक साधन के रूप में प्रयुक्त हो सकते हैं।

मॉडल या प्रतिमान का दूसरा प्रयोग किसी आदर्श (Ideal) को सामने लाने के लिए किया जाता है कोई भी व्यक्ति इस आदर्श का अनुकरण क़र व्यवहार और चरित्र संबंधी अच्छी या बुरी बातों को ग्रहण करने का प्रयत्न

करता है। इस अर्थ में कोई भी अध्यापक, नेता अथवा अभिनेता किसी बालक के लिए एक ऐसा मॉडल या प्रतिमान सिद्ध हो सकता है कि वह उसके व्यक्तित्व के हर पहलू को अपने अंदर आत्मसात करने का प्रयत्न करने लगे।

तीसरे अर्थ में मॉडल या प्रतिमान की आवश्यकता चित्रकार, शिल्पकार, मूर्तिकार, भवन निर्माण कर्त्ता और अभियंता (Engineers) आदि को अपने शौक अथवा व्यवसाय की ज़रूरतों को पूरा करने के लिए पड़ती है। किसी छवि को मूर्त रूप देने, किसी नदी पर कोई बाँध बाँधने, किसी स्थान पर कोई इमारत या कल–कारखाना खड़ा करने आदि सभी कार्यों में कर्त्ता के सामने नक्शा, चित्र, मानस बिंब आदि के रूप में कोई न कोई मॉडल या प्रतिमान होता है जिसके सहारे यह अपने सृजन या निर्माण कार्य को साकार करता है।

शिक्षण प्रतिमानों का अर्थ (Meaning of the Term Models of Teaching)

मॉडल या प्रतिमान शब्द के विभिन्न अर्थों से परिचित होने के बाद शिक्षण–प्रतिमान का अर्थ ग्रहण करने में काफी सुविधा हो सकती है। विभिन्न विद्वानों ने इसको अपने–अपने तरीके से अर्थ प्रदान करने की कोशिश की है। आइए इन पर विचार किया जाए।

1. जॉयसी एवं वील (Joyce and Weil)—शिक्षण प्रतिमानों से अभिप्राय अनुदेशनात्मक प्रारूपों से है। ये उन विशेष वातावरणजन्य परिस्थितियों का निर्माण करने वाली प्रक्रियाओं के विषय में बताते हैं जिनके वशीभूत एक विद्यार्थी ऐसी अंतःक्रिया करता है जिससे उसके व्यवहार में विशिष्ट परिवर्तन हो सके।

"Teaching models are just instructional designs. They describe the process of specifying and producing particular environmental situations which cause the student to interact in such a way that specific change occurs in his behaviour." (1972, p. 2)

2. जॉयसी एवं वील (Joyce and Weil)—शिक्षण प्रतिमान वह नमूना अथवा योजना है जिसे किसी पाठ्यक्रम अथवा कोर्स का निर्माण करने, अनुदेशनात्मक सामग्री का चयन करने और किसी अध्यापक की क्रियाओं के मार्गदर्शन हेतु काम में लाया जा सकता है।

"Teaching model is a pattern or plan, which can be used to shape a curriculum or course, to select instructional materials and to guide a teacher's actions." (1972, p. 3)

3. वील एवं जॉयसी (Weil and Joyce)—शिक्षण प्रतिमान से तात्पर्य शैक्षणिक क्रियाओं और पर्यावरण को नियोजित करने वाले मार्गदर्शन से है। इसके द्वारा कुछ विशेष लक्ष्यों की प्राप्ति के लिए शिक्षण और अधिगम के तरीके निश्चित किए जाते हैं।

"A model of teaching consists of guidelines for designing educational activities and environments. It specifies ways of teaching and learning that are intended to achieve certain kinds of goals." (1978, p. 2)

4. पाल डी. ईगन एवं उसके सहयोगी (Paul de Eggen et al.)—शिक्षण प्रतिमानों से अभिप्राय विशिष्ट अनुदेशनात्मक लक्ष्यों की प्राप्ति के लिए निर्मित उपचारात्मक शिक्षण व्यूह रचनाओं से है।

"Models are prescriptive teaching strategies designed to accomplish particular instructional goals." (1979, p. 12)

5. एन. के. जंगीरा एवं अजीत सिंह (N.K. Jangira and Ajit Singh)—शिक्षण प्रतिमान क्रमबद्ध और परस्पर संबंधित ऐसे अवयवों का समुच्चय है जिसके द्वारा विशिष्ट लक्ष्यों की प्राप्ति हेतु मार्गदर्शन मिलता है। इससे पर्यावरणजन्य सुविधाओं और अनुदेशनात्मक क्रियाओं की योजना बनाने, इन क्रियाओं को क्रियान्वित करने और निश्चित उद्देश्यों को प्राप्त करने में सहायता मिलती है।

"A model of teaching is a set of inter-related components arranged in a sequence which provides guidelines to realise goal. It helps in designing instructional activities and environmental facilities, carrying out of these activities and realization of the stipulated objectives." (1983, p. 10)

परिभाषाओं का विश्लेषण (Analysis of the Definitions)

आइए अब उपरोक्त परिभाषाओं का विश्लेषण करके शिक्षण प्रतिमान के अर्थ से परिचित हुआ जाए।

पहली परिभाषा—प्रतिमानों को अनुदेशनात्मक प्रारूप (Designs) मानती है। शिक्षण प्रक्रिया में ये प्रारूप निम्न संदर्भों में सहायक सिद्ध हो सकते हैं—

(i) शिक्षण प्रतिमान इस प्रकार के तरीके और तकनीक सुझाते हैं जिनसे शिक्षण प्रक्रिया के समापन हेतु उचित शैक्षणिक वातावरण का निर्माण किया जा सके।

(ii) इनसे शिक्षण के दौरान अध्यापक—विद्यार्थी अन्तःक्रिया को ठीक प्रकार आयोजित करने में सहायता मिलती है।

(iii) इनके द्वारा विद्यार्थियों के व्यवहार में अपेक्षित परिवर्तन लाने संबंधी शिक्षण के मुख्य लक्ष्य को पूरा करने में सहायता मिलती है।

दूसरी परिभाषा—प्रतिमानों को कुछ ऐसी पूर्व निर्मित योजनाओं अथवा नमूनों के रूप में मानती है जिनके द्वारा शिक्षण प्रक्रिया के सफल संयोजन में निम्न प्रकार सहायता मिलती है—

(i) विभिन्न स्तरों या श्रेणियों में क्या—क्या पढ़ाया जाए अथवा किस प्रकार के अधिगम अनुभव (Learning experiences) प्रदान किए जाएं, यह निर्णय लिया जा सकता है।

(ii) इन अनुभवों को प्रदान करने के लिए उपयुक्त शिक्षण अथवा अनुदेशन सामग्री का चयन किया जा सकता है।

(iii) एक अध्यापक को निश्चित शिक्षण उद्देश्यों की प्राप्ति के लिए उचित शिक्षण विधियों, तकनीक, व्यूह—रचना और युक्तियों का प्रयोग करने और शैक्षणिक वातावरण तथा साधनों का सर्वोत्तम ढंग से उपयोग करने के विषय में उचित मार्गदर्शन प्रदान किया जा सकता है।

तीसरी परिभाषा—प्रतिमानों को शिक्षण प्रक्रिया से जुड़े हुए कुछ निम्न प्रकार के कार्यों को करने हेतु एक अच्छे मार्गदर्शक के रूप में मानकर चलती है—

(i) उचित शिक्षण क्रियाओं का नियोजन।

(ii) उचित शैक्षणिक वातावरण का आयोजन।

(iii) सीखने—सिखाने से संबंधित उचित साधनों और तरीकों का निर्धारण।

(iv) निर्धारित शिक्षण उद्देश्यों अथवा लक्ष्यों की प्राप्ति के लिए सभी शिक्षण साधनों एवं स्रोतों का भरसक उपयोग करना।

चौथी परिभाषा—प्रतिमानों को कुछ ऐसी विशेष शिक्षण व्यूह रचनाओं के रूप में देखती है जिनके द्वारा निश्चित उद्देश्यों को प्राप्त करने में पूरी—पूरी सहायता मिलती है। ये व्यूह रचनाएं (Strategies) स्वाभाविक रूप से उपचारात्मक होती है जो कि विद्यार्थी की कमियों को पूरा करके उन्हें प्रगति के पथ पर अग्रसर करती है। विद्यार्थी के विषय में यह जानकारी निदानात्मक उपायों से प्राप्त की जाती है और फिर उसके व्यवहार में क्या

कुछ परिवर्तन अपेक्षित हैं इसका निर्धारण कर शिक्षण–व्यूह रचनाओं या विधियों के विषय में निर्णय लिया जाता है। एक शिक्षक का शिक्षण प्रक्रिया के तीनों स्तरों–योजना निर्माण, क्रियान्वयन और मूल्यांकन–के संपादन में क्या कुछ उत्तरदायित्व होता है, इसके विषय में भी प्रतिमानों के द्वारा स्पष्ट होता है।

पांचवीं परिभाषा–प्रतिमानों को उचित मार्गदर्शन हेतु सुनियोजित एवं पूर्व–निर्धारित सुझावों एवं कार्य–शैलियों का रूप मानती है जिनके द्वारा शैक्षणिक परिस्थितियों पर उचित नियंत्रण रखा जा सकता है और शिक्षण क्रियाओं के उचित संचालन द्वारा निर्धारित शिक्षण उद्देश्यों की सफलतापूर्वक प्राप्ति की जा सकती है।

प्रतिमान संबंधी परिभाषाओं के उपरोक्त विश्लेषण से यह परिणाम निकाला जा सकता है कि किसी प्रतिमान अथवा मॉडल से अभिप्राय कुछ इस प्रकार की योजना, नमूने, तकनीक, व्यूह रचना, युक्ति अथवा मार्गदर्शन से है जिसके द्वारा निर्धारित शैक्षणिक उद्देश्यों की प्राप्ति में अधिक से अधिक सहयोग प्राप्त होता है। सामान्य शिक्षण तकनीक और युक्तियों से इन्हें मुख्य रूप से इस बात में अलग ठहराया जा सकता है कि इनके द्वारा सामान्य शिक्षण उद्देश्यों के स्थान पर निश्चित पूर्व विशिष्ट उद्देश्यों की प्राप्ति को अपना लक्ष्य बनाया जाता है। ईगन और उसके सहयोगियों (Iggen et al.) के अनुसार प्रतिमान एक शिक्षक को अपने शिक्षण कार्य में उसी प्रकार सहयोग देते हैं जिस प्रकार कि एक अभियंता को अपने किसी प्रोजेक्ट पर कार्य करने के लिए कोई पूर्व निर्मित मॉडल, नक्शा, ब्ल्यूप्रिंट या कार्य योजना सहायता प्रदान करती है। अगर इन सभी उपरोक्त विचारों को ध्यान में रखा जाए तो प्रतिमान पद निम्न रूप से परिभाषित किया जा सकता है–

शिक्षण प्रतिमान (Teaching Model) से तात्पर्य उस ब्ल्यूप्रिंट (Blue Print) अथवा कार्य योजना से है जिसके द्वारा एक शिक्षक को निश्चित उद्देश्यों के प्राप्ति हेतु अपने कार्य संपादन के लिए आवश्यक निर्देशन और मार्गदर्शन प्राप्त होता रहता है।

शिक्षण प्रतिमानों की विशेषताएं (Characteristics of Models of Teaching)

ऊपर जो कुछ भी शिक्षण प्रतिमानों के अर्थ और उन्हें परिभाषित करने के बारे में कहा गया है इससे हमें शिक्षण प्रतिमानों की निम्न विशेषताओं की जानकारी भी मिल सकती है।

1. शिक्षण प्रतिमान वे सांचे (Pattern) या योजना (Plans) हैं जिन्हें शिक्षण–अधिगम प्रक्रिया के सफल क्रियान्वयन हेतु अग्रिम रूप से तैयार किया जाता है।
2. इन्हें सामान्य शिक्षण तकनीकों तथा व्यूह रचनाओं (Strategies) से अलग करके ही समझा जाना चाहिए क्योंकि इन्हें सामान्य के स्थान पर विशेष उद्देश्यों या लक्ष्यों की प्राप्ति हेतु निर्मित किया जाता है।
3. शिक्षण क्रियाओं तथा शिक्षण–अधिगम परिस्थितियों के नियंत्रण का उल्लेख करते हुए ये हमें अग्रिम रूप से ऐसा विशिष्ट मार्गदर्शन तथा कार्य योजना (Blue print) प्रदान करने का प्रयत्न करते हैं जिनसे विशिष्ट उद्देश्यों की ठीक तरह उपलब्धि हो सके।
4. किसी विशेष शिक्षण–अधिगम परिस्थिति में प्रदत्त विशिष्ट अनुदेशन हेतु शिक्षण प्रतिमानों के द्वारा हमें विशिष्ट अनुदेशनात्मक प्रारूप (Instructional designs) प्राप्त हो सकते हैं।
5. शिक्षण प्रतिमानों से एक ऐसे उचित शिक्षण–अधिगम वातावरण के निर्माण में सहयोग मिलता है जिससे शिक्षण–अधिगम उद्देश्यों की प्राप्ति हेतु प्रभावी शिक्षण किया जा सके।

6. किसी एक विशेष शिक्षण–अधिगम परिस्थिति में विद्यार्थियों से किस प्रकार की अधिगम क्षमता के अर्जन की आशा की जाए इस प्रकार के मानदंड के निर्धारण में शिक्षण प्रतिमानों से आवश्यक सहायता मिल सकती है।
7. विद्यार्थियों के व्यवहार में वांछित परिवर्तन लाने हेतु शिक्षण प्रतिमान हमें बताते हैं कि हमें क्रमिक रूप से कैसे आगे बढ़ना चाहिए तथा किस प्रकार के व्यवस्थित एवं संगठित प्रयास करने चाहिए।
8. शिक्षण प्रतिमान पहले तो हमें व्यवहारजन्य शब्दावली (Behavioural terms) में शिक्षण–अधिगम परिणामों (Teaching-learning outcomes) की व्याख्या प्रदान करते हैं और फिर इन परिणामों की उचित रूप से प्राप्ति हेतु क्रमबद्ध प्रक्रिया का उल्लेख करते हैं।
9. शिक्षण प्रतिमान एक शिक्षक को उसके कर्त्तव्य निर्वाह में उसी तरह की मदद करते हैं जैसी कि एक इंजीनियर को किसी पुल या मकान के निर्माण में पहले से ही तैयार पुल या मकान निर्माण के नक्शे या कार्ययोजना (Blue prints) से मदद मिलती है।
10. शिक्षण प्रतिमान एक शिक्षक और शिक्षार्थी दोनों के ही समय, शक्ति और परिश्रम मे मितव्ययिता (Economy) लाने की कोशिश करते हैं। इसके अतिरिक्त शिक्षण–अधिगम के अन्य संसाधनों को भी ये काफी प्रभावी और मितव्ययी ढंग से उपयोग करने में मदद करते हैं।
11. शिक्षण प्रतिमान किसी भी शिक्षण–अधिगम परिस्थिति में मुख्य रूप से जिन तीन प्रमुख प्रकार की क्रियाओं के संपादन में मदद करते हैं, वे हैं–
    (i) अनुदेशनात्मक उद्देश्यों का निर्माण एवं विशिष्टीकरण
    (ii) अनुदेशनात्मक सामग्री का निर्माण एवं चयन
    (iii) निर्धारित अनुदेशनात्मक उद्देश्यों की प्राप्ति हेतु शिक्षण–अधिगम क्रियाओं का निर्धारण

शिक्षण प्रतिमान के इन प्रमुख कार्यों (Functions) को नीचे दिए हुए चित्र 25.1 के आधार पर अच्छी तरह समझा जा सकता है।

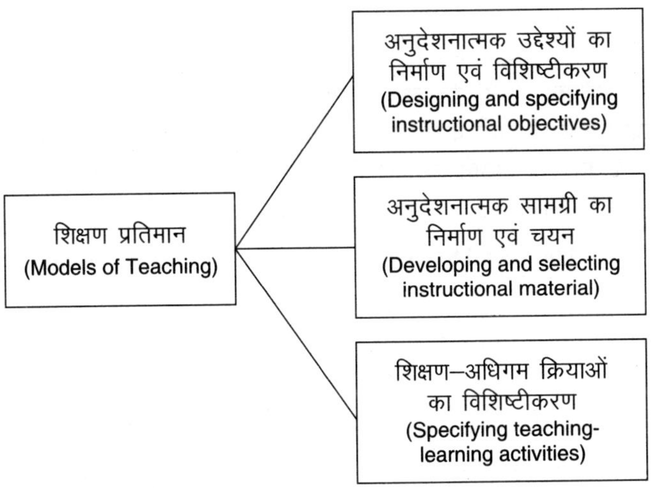

चित्र 25.1 शिक्षण प्रतिमान कार्य (Functions of teaching models)।

शिक्षण प्रतिमान के आधारभूत तत्त्व (Fundamental Elements of a Models of Teaching)

एक शिक्षण प्रतिमान किन्हीं विशिष्ट उद्देश्यों की पूर्ति हेतु शिक्षण कार्य के क्रियान्वयन के लिए कुछ बहुमूल्य मार्गदर्शन तथा कार्ययोजना प्रस्तुत करने का प्रयत्न करता है। अगर कोई शिक्षक किसी प्रतिमान का अपने शिक्षण में प्रयोग करना चाहे तो यह आवश्यक हो जाता है वह उसके सैद्धांतिक तथा व्यावहारात्मक पहलुओं से भलीभांति अवगत हो। उसे किसी प्रतिमान के बारे में ऐसा आवश्यक बोध कराने में प्रतिमान की संरचना, कार्य प्रणाली तथा उपयोग से जुड़े हुए उन आधारभूत तत्त्वों का बहुत ही विशेष स्थान होता है जिनके माध्यम से प्रायः एक प्रतिमान का अच्छी तरह परिचय दिया जा सकता है। प्रतिमान के ये आधारभूत तत्त्व क्या होते हैं, निम्न विवरण द्वारा इसकी उचित जानकारी मिल सकती है–

1. **केंद्र बिंदु (Focus)**—प्रतिमान का केंद्र बिंदु अपने नाम के अनुरूप ही प्रतिमान में अपनी केंद्रीय भूमिका निभाता है। प्रतिमान का वास्तविक प्रयोजन क्या है ? अधिगम कर्त्ता और अधिगम वातावरण के संदर्भ में किस प्रकार के शिक्षण उद्देश्यों की पूर्ति प्रतिमान के प्रयोग द्वारा की जानी है, इस बात को स्पष्ट करना ही केंद्र बिंदु का लक्ष्य होता है।
2. **संरचना (Syntax)**—संरचना या प्रतिमान क्रियान्वयन के विभिन्न सोपान या अवस्थाएं (Phases) प्रतिमान के उस आधारभूत तत्व का प्रतिनिधित्व करते हैं जिससे प्रतिमान के प्रयोग संबंधी प्रक्रिया का स्पष्टीकरण किया जाता है। प्रत्येक प्रतिमान में उसकी संरचना के रूप में यह बताने का प्रयत्न किया जाता है कि प्रतिमान के उपयोग हेतु किन क्रमबद्ध अवस्थाओं या सोपानों का अनुसरण किया जाएगा और इन अवस्थाओं में किस किस प्रकार की क्रियाएं संपन्न होंगी। इस तरह संरचना (Syntax) का ज्ञान एक अध्यापक को उस प्रतिमान के ठीक तरह उपयोग में लाने से संबंधित महत्त्वपूर्ण क्रमबद्ध क्रियाओं से परिचित कराकर यह बताता है कि उसे किस तरह आगे बढ़ना चाहिए, शुरुआत किस तरह करनी चाहिए और अंत किस तरह।
3. **प्रतिक्रिया प्रनियम (Principles of Reactions)**—प्रतिमान का यह तत्व अध्यापक को यह बताता है कि प्रतिमान का प्रयोग करते समय विद्यार्थियों के द्वारा की जाने वाली विभिन्न क्रियाओं के प्रति किस तरह की अनुक्रियाएं या प्रतिक्रियाएं व्यक्त करनी हैं। वील एवं जायसी (Weils & Joyce, 1978, p. 6) के अनुसार प्रत्येक प्रतिमान अपने प्रतिक्रिया प्रनियमों के माध्यम से अध्यापक को उन विशिष्ट नियमों तथा व्यवहार में प्रयोग में लाई जाने वाली उन आवश्यक हिदायतों से परिचित कराता है जिनसे विद्यार्थियों के साथ अपेक्षित तालमेल बिठाने तथा जो कुछ भी वे करते हैं उसके प्रति वांछित अनुक्रियाएं करने में उचित मदद मिलती है।
4. **सामाजिक प्रणाली (The Social System)**—प्रतिमान के इस चौथे तत्व से निम्न प्रकार का विवरण प्राप्त होता है।

   (a) अध्यापक और विद्यार्थी के बीच किस प्रकार की अंतःक्रिया (Interaction) चलेगी और किस प्रकार के संबंध रहेंगे।

   (b) प्रतिमान के प्रयोग के दौरान किस प्रकार की व्यवस्था बनाई रखी जाएगी तथा किस प्रकार के छात्र व्यवहारों को पुनर्बलित (Reinforce) किया जाएगा।

   उपरोक्त दोनों बातों को लेकर प्रतिमानों में काफी विभिन्नताएं देखने को मिल सकती हैं। किन्हीं प्रतिमानों में शिक्षक ही सभी गतिविधियों का केंद्र बिंदु होता है, किन्हीं में गतिविधियां शिक्षक और

विद्यार्थियों के बीच बराबर रूप में बंटी होती हैं तो कुछ में कुछ या सारे विद्यार्थी ही केंद्रीय भूमिका निभाते हैं। अध्यापक द्वारा किस प्रकार का नेतृत्व (अधिनायकवादी या जनतंत्रात्मक) किया जाएगा, किस प्रकार की पारस्परिक अंतःक्रिया विद्यार्थियों और अध्यापक के बीच चलेगी यह बात सभी प्रतिमानों में उनकी अपनी प्रकृति और शिक्षा प्रयोजन को लेकर अलग–अलग होती है और यही विभिन्नता विद्यार्थियों के जिन व्यवहारों को बढ़ावा दिया जाना होता है उसको लेकर भी सभी प्रतिमानों में अलग–अलग तरह से मिलती है। ऐसी सभी विशिष्टताओं का वर्णन ही सामाजिक प्रणाली तत्व के अंतर्गत किया जाता है।

5. **अवलंब प्रणाली (The Support System)**—प्रतिमान के इस तत्व में इस बात का उल्लेख होता है कि एक अध्यापक को अपनी सामान्य क्षमताओं, कौशलों तथा सामान्य रूप से कक्षा–कक्ष में जो भी साधन उपलब्ध होते हैं उनके अतिरिक्त किसी शिक्षण प्रतिमान विशेष का प्रयोग करने हेतु और क्या कुछ चाहिए। यह विशेष सहायता कुछ विशेष शिक्षण सामग्री जैसे स्लाइड, फिल्म, स्व–अनुदेशन सामग्री, मॉडल, ग्राफिक्स, किसी स्थान विशेष की सैर, लचीला टाइमटेबल, शिक्षण–अधिगम परिस्थितियों का किसी विशेष रूप में आयोजन, अध्यापकों से विशेष प्रकार की शिक्षण कुशलताओं तथा शिक्षक व्यवहार की अपेक्षा आदि के रूप में हो सकती है। इस तरह प्रतिमान की अवलंब प्रणाली शिक्षण हेतु एक उचित वातावरण तथा सुविधाओं की सृष्टि कर प्रतिमान की सफलता का मार्ग प्रशस्त करती है।
6. **प्रतिमान का उपयोग (Application Context)**—प्रतिमान का यह आखिरी तत्व प्रतिमान को शिक्षण हेतु कहां और किस रूप में प्रयोग किया जा सकता है, इस पर प्रकाश डालता है। कुछ प्रतिमान लघु पाठों (Short lessons) के शिक्षण हेतु अधिक उपयोगी सिद्ध होते हैं तो कुछ बड़े पाठों या छोटे–बड़े दोनों तरह के पाठों के शिक्षण में उपयोग में लाए जा सकते हैं। उद्देश्यों की प्राप्ति को लेकर भी प्रतिमानों में काफी विभिन्नताएं पाई जाती हैं, जैसे कुछ ज्ञानात्मक उद्देश्यों की प्राप्ति पर ज्यादा जोर देते हैं तो कुछ के द्वारा क्रियात्मक या भावात्मक उद्देश्यों की प्राप्ति अच्छी तरह की जाती है। फलस्वरूप किसी के द्वारा किसी विषय या प्रकरण विशेषों का शिक्षण अच्छी तरह किया जा सकता है जबकि दूसरे विषयों या अधिगम अनुभवों का अर्जन किन्हीं और प्रतिमानों द्वारा अच्छी तरह संभव होता है। अतः इस अंतिम तत्व के माध्यम से हमें यह जानकारी मिलती है कि कोई शिक्षण प्रतिमान किस रूप में उपयोगी सिद्ध हो सकता है।

शिक्षण प्रतिमानों के प्रकार (Types of Models of Teaching)

जैसा कि कहा जा चुका है कि अपनी प्रकृति, कार्यप्रणाली तथा उद्देश्यों की प्राप्ति को लेकर शिक्षण प्रतिमानों में बहुत अधिक विभिन्नताएं पाई जाती हैं। अपनी–अपनी विशिष्टताओं के होते हुए भी इन शिक्षण प्रतिमानों को किस तरह कुछ विशेष वर्गों या प्रकारों में बांटा जाए, इस उद्देश्य की पूर्ति के लिए विभिन्न विद्वानों द्वारा अपने–अपने ढंग से प्रयास किए जाते रहते हैं। इनमें से प्रसिद्ध शिक्षाशास्त्री मार्सा वील एवं ब्रूस जॉयसी (Marsha Weil and Bruce Joyce) द्वारा किया गया प्रयास काफी उल्लेखनीय है। इन्होंने प्रतिमानों द्वारा विशिष्ट शैक्षिक उद्देश्यों तथा इनकी रचना एवं कार्यप्रणाली की समरूपता के आधार पर इन्हें निम्न चार वर्गों या प्रकारों में बांटने का प्रयास किया है।

A. इनफोर्मेशन प्रौसेसिंग या सूचना पर कार्यवाही करने से संबंधित प्रतिमान (Information Processing Models)

इनफोर्मेशन प्रौसेसिंग पद को परिभाषित करते हुए जॉयसी एवं वील (1972, p. 9) ने लिखा है *"इनफोर्मेशन प्रौसेसिंग से तात्पर्य व्यक्तियों द्वारा काम में लाए गए उन सभी तरीकों या कार्य प्रणालियों से है जिनके माध्यम से वे अपने परिवेश से प्राप्त उद्दीपनों को ग्रहण करते हैं, प्राप्त सूचनाओं को व्यवस्थित करते हैं तथा समस्याओं से अवगत होते हैं, अवधारणाओं का निर्माण करते हैं तथा समस्याओं का समाधान खोजते हैं तथा शाब्दिक प्रतीकों को काम में लाते हैं।"*

इन अर्थों में इनफोर्मेशन प्रौसेसिंग प्रतिमानों का उपयोग सामाजिक या संवेगात्मक विकास करने की अपेक्षा व्यक्तियों के मानसिक या बौद्धिक विकास हेतु अच्छी तरह किया जा सकता है। परंतु कुछ न कुछ अंशों में इन प्रतिमानों के द्वारा सामाजिक तथा संवेगात्मक विकास का कार्य भी किया जाता है। इस वर्ग में शामिल कुछ मुख्य प्रतिमानों के रूप में निम्न नाम लिए जा सकते हैं।

1. हिल्दी ताबा द्वारा प्रतिपादित आगमन चिंतन प्रतिमान (Inductive Thinking Model)
2. सचमैन द्वारा प्रतिपादित पूछताछ प्रशिक्षण प्रतिमान (Inquiry Training Model)
3. ब्रूनर द्वारा प्रतिपादित संप्रत्यय उपलब्धि प्रतिमान (Concept Attainment Model)
4. जीन पियाजे का विकास प्रतिमान (Development Model)
5. डेविड आसुबैल का प्रगतिशील संगठन कर्त्ता प्रतिमान (Advance Organizer Model)

B. सामाजिक अंतःक्रिया प्रतिमान

इस वर्ग में शामिल प्रतिमानों का उद्देश्य व्यवहार के भावात्मक अनुक्षेत्र (Affective Domain) से संबंधित सामाजिक लक्ष्यों की पूर्ति करना है। परिणामस्वरूप जैसा कि वील एवं जॉयसी (1978, p. 3) का मानना है, *"सामाजिक अंतःक्रिया प्रतिमान व्यक्तियों की अपनी योग्यता में वृद्धि कर जनतांत्रिक प्रक्रियाओं के विकास तथा समाज की प्रगति में योगदान देने को प्राथमिकता देते हैं।"* सामाजिक मेल–जोल, अंतःक्रिया को बढ़ावा देकर समाज की प्रगति में सहायक इस प्रकार के प्रतिमानों में से विशेष रूप से उल्लेखनीय प्रतिमानों के रूप में निम्न नाम लिए जा सकते हैं।

1. विलियम ग्लेजर का कक्षा सभा प्रतिमान (Classroom Meeting Model)
2. बेन्जामिन कौक्स तथा वाइरन मेसिअल्स का सामाजिक पूछताछ प्रतिमान (Social Inquiry Model)
3. बेथल, मायने द्वारा प्रतिपादित प्रयोगशाला विधि प्रतिमान (Laboratory Method Model)
4. फैन्नी शैफ्टल एवं जार्ज शैफ्टल का भूमिका निर्वाह प्रतिमान (Role Playing Model)
5. हरबर्ट, थेलन तथा जोन डेवी द्वारा प्रतिपादित समूह अन्वेषण प्रतिमान (Group Investigation Model)

C. व्यक्तिगत विकास प्रतिमान (Personal Development Model)

इस वर्ग के प्रतिमानों का भी उद्देश्य भावात्मक व्यवहार क्षेत्र के अनुदेशनात्मक उद्देश्य की प्राप्ति होता है। ये प्रतिमान उन प्रक्रियाओं पर बल देते हैं जिनसे व्यक्तियों को अपने पर्यावरण में अपनी उत्पादन क्षमता बढ़ाने तथा अपनी विलक्षण वैयक्तिकता का विकास कर अपने व्यक्तिगत लक्ष्यों को प्राप्त करने में उचित सहायता मिल सकती हो। साथ ही ये व्यक्ति के भावनात्मक जीवन से जुड़ने का भी प्रयत्न करते हैं और इस तरह अंततः व्यक्ति का एक पूर्ण व्यक्ति के रूप में विकास करने में पर्याप्त सहयोग करते हैं। इस वर्ग में शामिल कुछ प्रमुख प्रतिमानों के रूप में निम्न का उल्लेख किया जा सकता है।

1. कार्ल रोगर्स द्वारा प्रतिपादित अनिर्देशित प्रतिमान (Non-directive Model)
2. फ्रिट्ज पर्ल्स का जागरूकता प्रशिक्षण प्रतिमान (Awareness Training Model)
3. विलियम गॉर्डन का संरचनात्मक प्रतिमान (Synectics Model)
4. डेविड हंट का प्रत्यय प्रणाली प्रतिमान (Conceptual System Model)

D. व्यवहार परिमार्जन प्रतिमान (Behaviour Modification Model)

इस वर्ग में शामिल प्रतिमानों का संबंध व्यवहार परिमार्जन सिद्धांतों एवं तकनीकों से है। इनके द्वारा पुनर्बलकों (Reinforcers) के उचित प्रबंधन द्वारा अधिगम कार्यों के क्रमिक व्यवस्थापन तथा व्यवहार निरूपण (Sequencing learning tasks and shaping behaviour) हेतु प्रभावी प्रणालियों को विकसित करने का प्रयत्न किया जाता है। इस तरह सक्रिय अनुबंधन (Operant conditioning) के अधिगम सिद्धांतों को ही इस वर्ग के प्रतिमानों का प्रतिपादक माना जा सकता है। इस वर्ग के प्रमुख प्रतिमानों के रूप में हम कुछ निम्न प्रतिमानों का उल्लेख कर सकते हैं।

1. कंटिनजैंसी मैनेजमैंट मॉडल (Contingency Management Model) या सक्रिय अनुबंधन प्रतिमान (Operant Conditioning Model)
2. प्रशिक्षण प्रतिमान (Training Model)
3. तनाव कम करने से संबंधित प्रतिमान (Stress Reduction Model)
4. डिसैंसिटाइजेशन प्रतिमान (Desensitization Model)

कुछ शिक्षण प्रतिमानों का विवरण (Description of a Few Models of Teaching)

शिक्षा और मनोविज्ञान के क्षेत्र में होने वाले विभिन्न अनुसंधानों के परिणामस्वरूप आज विभिन्न प्रकार के शिक्षण प्रतिमानों का चलन शिक्षण प्रक्रिया में प्रारंभ हो गया है। एक अध्यापक आवश्यकतानुसार इनमें से किसी एक उचित प्रतिमान का प्रयोग अपने शिक्षण उद्देश्यों की पूर्ति हेतु कर सकता है। इस पाठ्यपुस्तक में प्रतिमानों के वर्गीकरण में दिए गए सभी उपरोक्त प्रतिमानों का वर्णन करना संभव नहीं है। अतः यहां हम आगे के पृष्ठों में कुछ अधिक प्रचलित प्रतिमानों की ही चर्चा करना चाहेंगे।

ग्लेज़र का बुनियादी प्रतिमान (Glaser's Basic Teaching Model)

बुनियादी शिक्षण प्रतिमान के प्रतिपादक रोबर्ट ग्लेज़र (Glaser, 1962) नामक शिक्षाविद् हैं। इस प्रतिमान को बुनियादी प्रतिमान इसलिए कहा जाता है क्योंकि एक तो इसकी रचना में कुछ बुनियादी मनोवैज्ञानिक सिद्धांतों का उपयोग किया गया है और दूसरे, यह ऐसे प्रतिमान का प्रतिनिधित्व करता है जिनके द्वारा शिक्षण की जटिल प्रक्रिया को चार बुनियादी घटकों में विभाजित करके बहुत ही सरल और उपयुक्त रूप में प्रस्तुत किया जा सकता है। शिक्षण प्रक्रिया के ये चार बुनियादी घटक निम्न हैं—

A. अनुदेशनात्मक उद्देश्य (Instructional Objectives)
B. प्रविष्टि अथवा प्रारंभिक व्यवहार (Entering Behaviour)
C. अनुदेशनात्मक प्रक्रिया (Instructional Procedures)
D. निष्पादन मूल्यांकन (Performance Assessment)

शिक्षण प्रक्रिया के इन घटकों के पारस्परिक संबंधों को निम्न प्रकार दर्शाया जा सकता है—

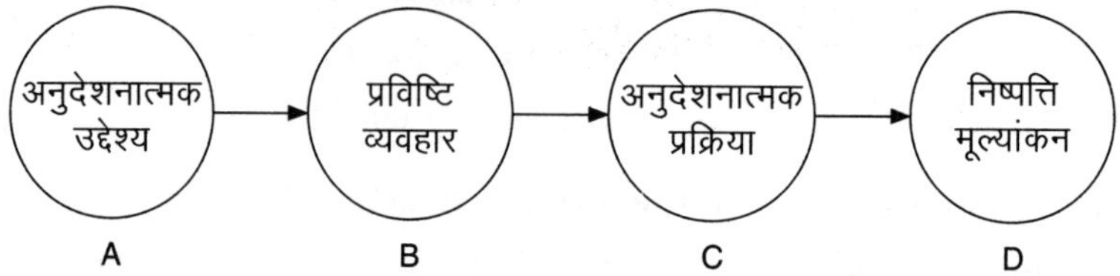

चित्र 25.2 ग्लेज़र के बुनियादी शिक्षण प्रतिमान के अनुसार शिक्षण प्रक्रिया के घटक।

आइए अब इन उपरोक्त घटकों पर विचार किया जाए।

A. अनुदेशनात्मक उद्देश्य (Instructional Objectives)—शिक्षण प्रक्रिया का यह घटक केंद्रीय भूमिका निभाता है। किसी भी काम को करने से पूर्व यह तय किया जाना आवश्यक है कि वह क्यों किया जाना चाहिए। शिक्षण प्रक्रिया के विषय में भी यह बात उतनी ही सही है। शिक्षा का एक मात्र लक्ष्य बालक के व्यवहार में परिवर्तन लाना है। किसी एक स्तर अथवा परिस्थिति में किसी बालक में कोई आयोजित शिक्षण प्रक्रिया किस प्रकार के परिवर्तन लाएगी, इसका पूर्व निर्धारण शिक्षण प्रक्रिया की सफलता के लिए अति आवश्यक है। इन अपेक्षित परिवर्तनों को समुचित व्याख्या करना ही अनुदेशनात्मक उद्देश्य नामक घटक का प्रयोजन होता है।

B. प्रविष्टि अथवा प्रारंभिक व्यवहार (Entering Behaviour)—शिक्षण प्रक्रिया का यह दूसरा घटक विद्यार्थियों के उस व्यवहार को प्रकाश में लाता है जो शिक्षण प्रारंभ करने से पहले एक विद्यार्थी के मूल रूप में उपस्थित होता है। इस व्यवहार को प्रविष्टि अथवा प्रारंभिक व्यवहार कहकर पुकारा जाता है। ज्ञानात्मक, क्रियात्मक और भावात्मक व्यवहार के इन तीनों पक्षों के संदर्भ में विद्यार्थी का जो कुछ भी स्तर होता है, उसका मूल्यांकन करके उसके बारे में यह निर्णय लिया जाता है कि विद्यार्थी में कितनी और किस प्रकार की योग्यताएं, क्षमताएं और व्यवहारजन्य अन्य विशेषताएं इस समय उपस्थित हैं। इस प्रकार से शिक्षण प्रारंभ करने से पहले जो कुछ भी विद्यार्थी अपने आप में होता है उसकी निश्चित जानकारी ही उसकी प्रविष्टि व्यवहार कहलाता है। इसी व्यवहार से उसको शिक्षण प्रक्रिया के सहारे अनुदेशनात्मक उद्देश्यों में निहित अंतिम व्यवहार (Terminal behaviour) तक पहुंचाने की चेष्टा की जाती है।

बुनियादी शिक्षण प्रतिमान में यद्यपि प्रविष्टि व्यवहार को दूसरे चरण पर रखा गया है परंतु वास्तविक तौर पर अनुदेशनात्मक उद्देश्यों के निर्माण में भी इस व्यवहार की अपेक्षित जानकारी होनी आवश्यक है। विद्यार्थी से कितनी कुछ आशा कर हम उसी के व्यवहार का क्या अंतिम रूप देखना चाहते हैं, यह बहुत कुछ उसके प्रविष्टि व्यवहार पर निर्भर करता है।

C. अनुदेशनात्मक प्रक्रिया (Instructional Procedure)—जहां अनुदेशनात्मक उद्देश्यों द्वारा शिक्षण प्रक्रिया में सैद्धांतिक पक्ष को सामने लाया जाता है, वहाँ अनुदेशनात्मक प्रक्रिया द्वारा उसके क्रियात्मक पक्ष का प्रतिनिधित्व किया जाता है। इसके अंतर्गत विद्यार्थी के प्रविष्टि व्यवहार को ध्यान में रखते हुए ऐसी शिक्षण तकनीक–साधन, विधियां, प्रविधियों (Devices) और व्यूह रचनाओं (Strategies) आदि का चयन और उपयोग करना होता है जिनसे शिक्षक और विद्यार्थी के बीच आवश्यक अंतःक्रिया का आयोजन हो सके और उचित रूप से निर्धारित शिक्षण उद्देश्यों की प्राप्ति की जा सके।

D. निष्पादन मूल्यांकन (Performance Assessment)—शिक्षा प्रक्रिया के इस अंतिम चौथे घटक में तीसरे घटक अनुदेशनात्मक प्रक्रिया के परिणामों का पहले और दूसरे घटकों के संदर्भ में मूल्यांकन किया जाता है। मुख्य कार्य विद्यार्थी के प्रविष्टि व्यवहार और अंतिम व्यवहार के बीच की दूरी का मापन होता है और इसे विभिन्न प्रकार की मूल्यांकन तकनीकों जैसे अवलोकन, साक्षात्कार, रेटिंग स्केल, प्रश्नावली, मौखिक, लिखित एवं प्रयोगात्मक परीक्षा और प्रक्षेपी तकनीक (Projective techniques) आदि के द्वारा संपन्न किया जाता है। मूल्यांकन के ये परिणाम शिक्षण प्रक्रिया के अंतर्गत किए जाने वाले विभिन्न प्रयत्नों की गुणवत्ता की जांच करते हैं तथा अनुदेशनात्मक प्रक्रिया के प्रारूप को ज्यों की त्यों बनाए रखने, संशोधन करने अथवा उसे परिवर्तन करने की बात इन्हीं परिणामों के आधार पर ही सोची जाती है।

शिक्षण प्रक्रिया के ये चारों उपरोक्त बुनियादी घटक एक–दूसरे से बहुत अधिक सीमा तक घुले–मिले रहते हैं। एक घटक के क्रियाकलाप सभी दूसरों से प्रभावित होते हैं और बदले में सभी घटकों को प्रभावित करते हैं। एक शिक्षक जब अपने वास्तविक शिक्षण से जुड़ा हुआ होता है तो उसे इन सभी घटकों की पारस्परिक निर्भरता और एक–दूसरे पर पड़ने वाले प्रभाव को ध्यान में रखकर ही अपने शिक्षण कार्यों का आयोजन करना पड़ता है।

ग्लेज़र के प्रतिमान की आधारभूत तत्वों के रूप में व्याख्या (Description of Glaser's Model in Terms of Fundamental Elements)

ग्लेज़र के प्रतिमान की पूर्ववर्णित आधारभूत तत्वों के रूप में निम्न प्रकार व्याख्या की जा सकती है–

केंद्र-बिंदु (Focus)—मुख्य रूप से इस प्रतिमान का उद्देश्य शिक्षण–अधिगम में शामिल 4 प्रारंभिक घटकों के संबंध और उनके क्रिया–व्यापार को प्रकाश में लाना है।

संरचना (Syntax)—प्रतिमान को प्रयोग में लाने के संदर्भ में यहां शिक्षण–अधिगम से संबंधित अवस्थाओं और क्रियाओं का क्रमवार उल्लेख किया जाता है। पहले चरण में अनुदेशन उद्देश्यों को निश्चित किया जाता है। दूसरे चरण में प्रविष्टि व्यवहार के रूप में विद्यार्थियों के पूर्वज्ञान या योग्यता स्तर की जांच के प्रयत्न किए जाते हैं फिर तीसरे चरण में इस प्रविष्टि व्यवहार को आधार बनाते हुए अनुदेशन कार्य इस प्रकार आयोजित किया जाता है कि पूर्व निर्धारित अनुदेशन उद्देश्यों की प्राप्ति हो सके। इन उद्देश्यों की प्राप्ति कितनी सीमा तक हुई है इसका निर्धारण प्रतिमान के अंतिम चरण में किया जाता है।

प्रतिक्रिया प्रनियम (Reaction Principles)—इस प्रतिमान में प्रयुक्त मुख्य प्रतिक्रिया प्रनियम इस प्रकार से हैं।

1. **सक्रियता और निपुणता का प्रनियम**—इस प्रतिमान की सफलता के लिए अध्यापक को काफी सक्रिय एवं जागरूक रहकर निपुणतापूर्वक विद्यार्थियों का मार्गदर्शन करना अत्यावश्यक है, क्योंकि उसके ऊपर उद्देश्यों के निर्धारण और प्रविष्टि व्यवहार की जाँच से लेकर अनुदेशन कार्य के क्रियान्वन तथा अंतिम व्यवहार की समीक्षा से संबंधित सभी प्रकार का उत्तरदायित्व होता है।
2. **अन्तःनिर्भरता का प्रनियम**—प्रतिमान में वर्णित अनुदेशनात्मक, उद्देश्य, प्रविष्टि व्यवहार, अनुदेशनात्मक प्रक्रिया और निष्पादन मूल्यांकन आदि घटकों और क्रिया सोपानों में पर्याप्त अंतःसंबद्धता एवं निर्भरता पाई जाती है। अतः इस अंतःनिर्भरता को ध्यान में रखते हुए ही अध्यापक द्वारा विद्यार्थियों की अनुक्रियाओं के प्रति प्रतिक्रिया व्यक्त की जानी चाहिए।

3. **सुधार एवं अनुवर्त्ती कार्य का प्रनियम**—अनुदेशन प्रक्रिया शुरू करने से पहले विद्यार्थियों का जो प्रविष्टि व्यवहार था और जो अनुदेशनात्मक उद्देश्य निर्धारित किए गए थे, अनुदेशन की प्रक्रिया के फलस्वरूप उनकी एक निश्चित सीमा के अंदर प्राप्ति हो जानी चाहिए, अगर ऐसा नहीं हो पाता तो निश्चित ही समझा जाना चाहिए कि प्रतिमान के परिपालन में किसी न किसी चरण पर कोई न कोई त्रुटि अवश्य रह गई है। इस त्रुटि को सुधारने और अनुदेशनात्मक कार्य को उन्नत बनाने हेतु उपयुक्त कार्यक्रम तैयार करने के प्रयत्न अध्यापक द्वारा अवश्य किए जाने चाहिए।

सामाजिक प्रणाली (Social System)—यह प्रतिमान पूर्ण रूपेण संरचित (Structured) माना जाता है। इसमें शुरू से लेकर अंत तक सारी अनुदेशन प्रक्रिया पूरी तरह से अध्यापक द्वारा नियंत्रित होती है। अतः इसकी सफलता इस प्रतिमान को प्रयोग में लाने के लिए अपेक्षित अध्यापकीय योग्यता एवं कार्यक्षमता पर निर्भर करती है।

अवलंब प्रणाली (Support System)—यह प्रतिमान सफलता की दृष्टि से कुछ निम्न अतिरिक्त अवलंबों की माँग करता है।

(i) प्रतिमान के उपयोग के लिए आवश्यक दक्षता एवं प्रवीणता अर्जित करने हेतु अध्यापकों के लिए पूर्व सेवा तथा सेवारत प्रशिक्षण कार्यक्रमों की व्यवस्था।

(ii) उपयुक्त शिक्षण युक्तियों तथा अनुदेशनात्मक तकनीक के प्रयोग के लिए अपेक्षित परिस्थितियों तथा वातावरण का निर्माण।

(iii) विद्यार्थियों के प्रारंभिक और अंतिम व्यवहार की जांच के लिए उचित मूल्यांकन प्रविधियों का निर्माण।

प्रतिमान का उपयोग (Applicability of Model)—इस प्रतिमान का उपयोग सामान्य रूप से उन सभी शिक्षण–अधिगम परिस्थितियों में किया जा सकता है जिनमें शिक्षण–अधिगम संबंधी बहुत सारा उत्तरदायित्व शिक्षक के ऊपर डाला जा सकता हो तथा ज्ञान का प्रवाह प्रायः अध्यापक की ओर से ही चालू रह सकता हो तथा शैक्षिक प्रक्रिया पर अध्यापक का पूर्णरूपेण नियंत्रण रह सकता हो।

ब्रूनर का संप्रत्यय उपलब्धि प्रतिमान (Bruner's Concept Attainment Model)

यह प्रतिमान जेरम ब्रूनर एवं उसके सहयोगियों (Jerome Bruner et al., 1956) के चिंतन एवं अनुसंधानों का परिणाम है। उनके इस चिंतन और अनुसंधान की कुछ मुख्य बातें निम्न हैं–

1. हमारा परिवेश अत्यंत जटिल है एवं अनगिनत विविध वस्तुओं से भरा हुआ है। इस विविधता और पेचीदगी में हम केवल इसलिए अपने आपको समायोजित (Adjust) कर पा रहे हैं क्योंकि हम वस्तुओं को पहचानने, उनमें भेद करने, उनका वर्गीकरण करने और संबंधित संप्रत्ययों का निर्माण करने की क्षमता रखते हैं।
2. एक संप्रत्यय मुख्यतया तीन तत्त्वों से बना हुआ होता है–(i) उदाहरण (Examples), (ii) गुण (Attributes) और (iii) गुण–धर्म (Attribute values)। स्पष्टीकरण के लिए अगर 'सेब' के संप्रत्यय को लिया जाए तो यहाँ प्रत्येक फल अपने आप में एक उदाहरण का कार्य करेगा, परंतु जहां मौसमी और संतरे नकारात्मक उदाहरण माने जाएंगे वहां सेब और सेब जैसे फल सकारात्मक उदाहरण (Positive examples) होंगे। सेब का रंग उसके गुण तत्त्व (Attribute) को प्रकट करेगा और पीला अथवा लाल विशेषण सेब के रंग गुण (Colour attribute) के गुण धर्म (Attribute value) को प्रकट करेगा।
3. संप्रत्यय उपलब्धि (Concept attainment) का कार्य तभी होगा जब संबंधित संप्रत्यय इस प्रकार की उपलब्धि के लिए हमारे सामने होंगे। अतः संप्रत्यय निर्माण (Concept formation) की क्रिया का संप्रत्यय

उपलब्धि से पहले ही घटित होना आवश्यक है। संप्रत्यय निर्माण एक अन्वेषणात्मक कार्य का सूचक है। संप्रत्यय उपलब्धि में इस अन्वेषण से उपलब्ध संप्रत्ययों की अच्छी तरह उपलब्धि पर ध्यान दिया जाता है।

4. संप्रत्यय निर्माण और संप्रत्यय उपलब्धि की चिंतन प्रक्रियाओं (Thinking processes) में काफी अंतर पाया जाता है। परिणामस्वरूप दोनों के लिए विभिन्न शिक्षण व्यूह रचनाओं (Teaching strategies) अथवा प्रतिमानों की आवश्यकता होती है।

संप्रत्ययों के संबंध में उपरोक्त चिंतन और विचारधारा को ध्यान में रखते हुए संप्रत्यय उपलब्धि के लिए कई प्रकार के प्रतिमानों की रचना हुई है। वील एवं जॉयसी (Weil and Joyce, 1978) ने इस संदर्भ में निम्न तीन प्रारूपों का विशेष रूप से उल्लेख किया है–

(I) संप्रत्यय उपलब्धि का आग्रहण प्रतिमान (The Reception Model of Concept Attainment)

(II) संप्रत्यय उपलब्धि का चयन प्रतिमान (The Selection Model of Concept Attainment)

(III) असंगठित सामग्री प्रतिमान (The Model for Unorganised Material)

संप्रत्यय उपलब्धि से संबंधित इन सभी प्रतिमानों का समान सैद्धांतिक आधार होने के नाते इनकी संरचना और कार्य प्रणाली में काफी समानता है। अतः हम आगे के पृष्ठों में सभी की अपेक्षा केवल पहले प्रतिमान का ही विशद् विवेचन प्रस्तुत करना चाहेंगे।

(I) संप्रत्यय उपलब्धि का आग्रहण प्रतिमान (The Reception Model of Concept Attainment)

केंद्र बिंदु (Focus)—प्रस्तुत प्रतिमान का उद्देश्य विद्यार्थियों को किन्हीं विशेष संप्रत्ययों की उपलब्धि में सहायता प्रदान करना है। साथ–साथ यह प्रतिमान उन्हें संप्रत्ययीकरण प्रक्रिया (Process of conceptualization) से भी अवगत कराने का प्रयत्न करता है।

संरचना (Syntax)—इस प्रतिमान की क्रिया प्रणाली से संबंधित विभिन्न अवस्थाओं (Phases) और उनमें निहित क्रियाओं (Activities) को तालिका 25.1 द्वारा प्रदर्शित किया जा सकता है।

तालिका 25.1 आग्रह प्रतिमान की संरचना (Syntax of Reception Model)

प्रथम अवस्था (Phase one)	*आंकड़ों का प्रस्तुतीकरण और संप्रत्यय परिचय (Presentation of Data and Identification of the Concept)*
क्रियाएं (Activities)	(i) अध्यापक द्वारा पूर्व नियोजित क्रम के 'हां' अथवा 'ना' लेबल लगा कर विभिन्न उदाहरण प्रस्तुत करना। (ii) सकारात्मक और नकारात्मक उदाहरणों में गुणों की तुलना करना। (iii) परिकल्पनाओं (Hypothesis) का निर्माण और उनकी जांच। (iv) संप्रत्यय का नामकरण। (v) आवश्यक गुणों के संदर्भ में संप्रत्यय को परिभाषित करना।

(क्रमशः)

(क्रमशः)

द्वितीय अवस्था (Phase two)	(Testing attainment of the concept)
क्रियाएं (Activities)	(i) संप्रत्यय संबंधी बिना लेबल लगे हुए अन्य उदाहरणों के बारे में 'हां' और 'ना' कह कर भेद करना। (ii) स्वयं अपनी ओर से संप्रत्यय संबंधी उदाहरण प्रस्तुत करना।
तृतीय अवस्था (Phase three activities)	चिंतन व्यूह रचनाओं का विश्लेषण (Analysis of thinking strategies)
क्रियाएं (Activities)	(i) विचारों का वर्णन करना। (ii) परिकल्पना (Hypothesis) और गुणों (Attributes) का महत्त्व अथवा कार्य बताना। (iii) परिकल्पनाओं की संख्या और प्रकारों के विषय में बताना। (iv) व्यूह रचनाओं (Strategies) का मूल्यांकन करना।

प्रतिक्रिया प्रनियम (Principles of Reaction)

शिक्षण प्रक्रिया में विद्यार्थियों से सक्रिय सहयोग प्राप्त करने के लिए यह आवश्यक है कि विद्यार्थियों द्वारा की जाने वाली अनुक्रियाओं को अध्यापक द्वारा भली–भांति ग्रहण कर उन्हें प्रोत्साहित किया जाता रहे। प्रस्तुत प्रतिमान में इस संबंध में निम्न नियमों का पालन किया जाता है–

1. विद्यार्थियों द्वारा प्रस्तावित परिकल्पनाओं का अध्यापक द्वारा उचित सम्मान किया जाता है।
2. अध्यापक प्रस्तावित परिकल्पनाओं का उचित रिकॉर्ड रखता है।
3. अध्यापक विद्यार्थियों का ध्यान इस प्रकार मोड़ने का यथानुकूल प्रयास करता है कि वे अपने संप्रत्ययों और व्यूह रचनाओं (Strategies) का समुचित विश्लेषण कर सकें।
4. कोई भी एक युक्ति (Tactic) या व्यूह रचना सभी परिस्थितियों में सभी के लिए उपयुक्त नहीं होती। इस दृष्टि से अध्यापक को विभिन्न युक्तियों की उपादेयता के समुचित विश्लेषण के लिए विद्यार्थियों को प्रोत्साहित करना चाहिए।

सामाजिक प्रणाली (The Social System)

यद्यपि प्रतिमान की सामाजिक प्रणाली और अंतःक्रिया विद्यार्थी और अध्यापक दोनों के पारस्परिक सहयोग से ही संचालित होती है। परंतु फिर भी यह प्रतिमान शिक्षक को एक ऐसी स्थिति में देखना चाहता है जहाँ से वह सारी प्रक्रिया पर उचित नियंत्रण स्थापित कर सके। अध्यापक को भली–भांति सोच कर ऐसे सकारात्मक और नकारात्मक उदाहरण देने होते हैं जो किसी वस्तु या विचार के संप्रत्यय से संबंधित विशेष गुणों को स्पष्ट रूप से प्रकट कर सकें। साथ–साथ ही यह भी ध्यान रखना पड़ता है कि विद्यार्थी को सोचने–विचारने की पर्याप्त स्वतंत्रता मिल सके। वे स्वयं अपनी परिकल्पनाओं का निर्माण कर सकें और उपलब्ध आंकड़ों के आधार पर

उनकी सत्यता परख सके। इस संबंध में गलत परिकल्पनाओं को त्यागने और उनके स्थान पर सही परिकल्पनाओं को त्यागने और उनके स्थान पर सही परिकल्पनाओं का निर्माण कर उन्हें भली–भांति परखने संबंधी कार्यों में विद्यार्थी को अध्यापक का पूरा सहयोग प्राप्त होता है, परंतु किसी भी अवस्था में यहाँ अध्यापक को विद्यार्थियों को इस प्रकार की आदत नहीं डालनी चाहिए कि वह संप्रत्यय निर्माण अथवा उपलब्धि की विभिन्न अवस्थाओं में अध्यापक पर आवश्यकता से अधिक निर्भर हो जाएं बल्कि उन्हें यह अनुभव कराने का प्रयत्न करना चाहिए कि दिये हुए उदाहरणों (आंकड़ों) के सही विश्लेषण से ही संप्रत्यय के बारे में आवश्यक ज्ञान प्राप्त किया जा सकता है।

अवलंब प्रणाली (Support System)—संप्रत्यय उपलब्धि प्रतिमान के द्वारा शिक्षण हेतु कुछ निम्न वर्णित प्रकार की सामग्री के रूप में अतिरिक्त सहायता की आवश्यकता पड़ सकती है।

(i) संप्रत्यय की उपलब्धि हेतु सकारात्मक और नकारात्मक प्रकृति के कुछ विशेष उपयुक्त उदाहरण।

(ii) श्यामपट्ट या अन्य ऐसा साधन जिस पर विद्यार्थियों के उन उत्तरों को लिखा जा सके जिन्हें वह हां या ना लेबल से युक्त उदाहरणों, विशेषताओं अथवा गुणों को बताने के लिए देते हैं।

(iii) एक फ्लेनल बोर्ड जिसे किसी संप्रत्यय की परिभाषा अथवा उसका वर्णन करने से संबंधित विभिन्न अवस्थाओं में प्रयोग में लाया जा सकेगा।

प्रतिमान का प्रयोग (Application Context)—आगमन तर्क प्रणाली और क्रमबद्ध चिंतन पर आधारित यह प्रतिमान उदाहरणों की सहायता से संप्रत्यय शिक्षण का एक अनूठा और उपयोगी ढंग प्रस्तुत करता है। अनजान संप्रत्ययों से परिचित करने की अपने आप में यह सब से अच्छी विधि है जिसे पाठ्यक्रम के किसी भी विषय और क्षेत्र से संबंधित संप्रत्ययों के शिक्षण के लिए काम में लाया जा सकता है। ध्यान से सोचा जाए तो इस प्रतिमान का प्रयोग उन परिस्थितियों में ही अधिक उपयुक्त रहता है जहाँ उदाहरणों के आधार पर संप्रत्यय को जानने और समझने की चेष्टा की जाए। इस प्रतिमान से क्या पढ़ाना ठीक रहता है और क्या नहीं, इसका कुछ अनुमान निम्न निष्कर्ष से लगाया जा सकता है।

त्रिभुज, नियमित बहुभुज (Regular polygon), व्यक्तिवाचक संज्ञा (Proper noun), स्तनधारी प्राणी, जनतंत्र, आंतरिक संघर्ष जैसे संप्रत्ययों की शिक्षा देने के लिए इस प्रतिमान का प्रयोग अच्छी तरह से किया जा सकता है। परंतु जब किसी अनुदेशन की विषय–सामग्री में संप्रत्यय शिक्षण की बात ही शामिल न हो तो ऐसी अवस्था में संप्रत्यय उपलब्धि प्रतिमान को प्रयोग में नहीं लाया जा सकता। जैसे–

(i) सामान्यीकरण (Generalization), जैसे "ठोस वस्तुएं गर्मी देने पर पिघलती हैं" अथवा "सामान्यतः सभी व्यक्ति परिवर्तन का विरोध करते हैं" आदि के शिक्षण के लिए।

(ii) तथ्यों (Facts), जैसे "हाइड्रोजन आक्सीजन से हल्की होती है", "सिकंदर ने भारत पर 327 ई.पू. आक्रमण किया" आदि का ज्ञान प्राप्त करने के लिए।

(iii) समस्याओं या प्रश्नों जैसे "शिमला में चंडीगढ़ से अधिक ठंड क्यों पड़ती है", "सर्दियों में सांप मृतप्राय क्यों हो जाते हैं जबकि कुत्ते और बिल्ली ऐसे नहीं हो जाते" आदि से संबंधित कारण बताने अथवा उत्तर देने का शिक्षण।

आग्रहण प्रतिमान के उपयोग का दृष्टांत (Illustrating the Use of the Reception Model)

आइए अब इस प्रतिमान की प्रयोग विधि को व्यक्तिवाचक संज्ञा संबंधी संप्रत्यय के लिए आगे वर्णन किया गया है।

1. आरंभ में अध्यापक द्वारा संबंधित संप्रत्यय के कोई दो उदाहरण (एक सकारात्मक तथा दूसरा नकारात्मक) निम्न रूप में प्रस्तुत किए जाएंगे–

(i) दिल्ली	हां
(ii) साईकिल	नहीं

2. दिल्ली व्यक्तिवाचक संज्ञा का एक सकारात्मक उदाहरण प्रस्तुत करता है। विद्यार्थियों को कहा जाएगा कि वह सभी प्रकार के संभावित यह अनुमान लगाएं कि किसी संज्ञा को व्यक्तिवाचक संज्ञा बनने के लिए किन–किन विशेषताओं की आवश्यकता होती है।
3. विद्यार्थी इस संबंध में कुछ निम्न परिकल्पनाओं का निर्माण कर सकते हैं जिन्हें श्यामपट्ट पर लिख कर सबके सामने प्रस्तुत किया जाएगा–
   (a) एक देश की राजधानी।
   (b) एक करोड़ से अधिक जनसंख्या वाले शहर।
   (c) ढाई अक्षरों से बना किसी शहर का नाम।
   (d) किसी भी स्थान का नाम।
4. अब अध्यापक द्वारा प्रस्तुत संप्रत्यय से संबंधित एक अतिरिक्त उदाहरण (सकारात्मक अथवा नकारात्मक) निम्न रूप में प्रस्तुत किया जाएगा–

(iii) रोहतक	हां

5. विद्यार्थियों से कहा जाएगा कि वे प्रस्तुत नवीन उदाहरण को ध्यान में रखते हुए सभी अनुमानित परिकल्पनाओं की सत्यता परखने का प्रयत्न करें। निस्संदेह इसके आधार पर उनकी (a), (b) और (c) परिकल्पनाएं निर्मूल सिद्ध हो जाती हैं।
6. विद्यार्थी अब यहाँ चाहें तो और कोई नई परिकल्पना सामने रख सकते हैं, परंतु अगर वह पहले सुझाई गई (a), (b), (c), (d) परिकल्पनाओं में से निर्मूल सिद्ध करके शेष बची हुई परिकल्पना (d) की सत्यता को और आगे परखने के लिए सहमत हों तो उनके सामने एक उदाहरण निम्न रूप में प्रस्तुत किया जा सकता है :

(iv) घर	नहीं

7. इस उदाहरण के द्वारा परिकल्पना असत्य सिद्ध होती है विद्यार्थियों के सामने अब कुछ निम्नांकित उदाहरण रखे जाएंगे।

(v) तिलक नगर	हां
(vi) किला	नहीं
(vii) लाल किला	हां

8. उपरोक्त उदाहरणों का मनन करने के पश्चात् विद्यार्थी यह समझने में सक्षम हो जाएंगे कि व्यक्तिवाचक संज्ञा एक स्थान का नहीं बल्कि किसी विशेष स्थान का नाम है।
9. इस प्रकार से व्यक्तिवाचक संज्ञा के संप्रत्यय से संबंधित एक महत्त्वपूर्ण विशेषता को वह निम्न रूप से ग्रहण कर पाने में समर्थ होंगे–
   "किसी भी विशेष स्थान के नाम को व्यक्तिवाचक संज्ञा कहा जा सकता है।"

10. इसी प्रकार उपरोक्त प्रक्रिया को प्रयोग में लाते हुए विद्यार्थियों को व्यक्तिवाचक संज्ञा से संबंधित संप्रत्यय को अपने पूर्ण रूप में निम्न प्रकार समझने के लिए सहायता की जा सकती है–
"किसी विशेष स्थान, व्यक्ति या वस्तु के नाम को व्यक्तिवाचक संज्ञा कहा जाता है।"

(II) संप्रत्यय उपलब्धि का चयन प्रतिमान (The Selection Model of Concept Attainment)

आग्रहण प्रतिमान की भांति इसका उद्देश्य भी विद्यार्थियों को संप्रत्यय उपलब्धि में सहायता प्रदान करता है। इन दोनों प्रतिमानों की सैद्धांतिक पृष्ठभूमि भी एक ही है तथा कार्यप्रणाली भी बहुत कुछ मिलती जुलती है। परंतु फिर भी यह प्रतिमान आग्रहण प्रतिमान से कुछ अलग हट पर एक नए रूप में संप्रत्यय उपलब्धि कराने का प्रयास करता है। निम्न उदाहरण द्वारा इसकी संरचना और कार्यप्रणाली का अनुमान लगाया जा सकता है–

1. सबसे पहले अध्यापक सहायक साधन के रूप में कार्ड बोर्ड अथवा गत्ते की विभिन्न प्रकार की ज्यामिती आकृतियां (जैसे वृत्त, आयत, वर्ग, समानांतर चतुर्भुज, पंचभुज, षटभुज, अष्टभुज आदि) का संग्रह अथवा निर्माण करेगा।
2. अध्यापक कहेगा कि उसके मस्तिष्क में कोई श्रेणी (Category) अर्थात् कुछ विशेष वस्तुओं का एक ऐसा समूह है जिस के बारे में उन्हें अनुमान लगाना है। इस कार्य में सहायता हेतु दो निम्नलिखित उदाहरण प्रस्तुत किए जा रहे हैं–
   (i) छोटे आकार वाला हरे रंग का वर्ग — हां
   (ii) बड़े आकार वाला हरे रंग का वृत्त — नहीं
3. विद्यार्थियों द्वारा श्रेणी के नाम के संदर्भ में परिकल्पनाओं का निर्माण किया जा सकता है, जैसे–
   (a) हरा रंग
   (b) वर्गाकार आकृतियां
   (c) छोटा आकार
4. अब अध्यापक द्वारा एकत्रित की हुई सभी ज्यामिती आकृतियों को प्रस्तुत किया जाएगा तथा उनके आधार पर कल्पित परिकल्पनाओं को परखने के लिए कहा जाएगा। इस प्रक्रिया का तालिका 25.2 द्वारा अनुमान लगाया जा सकता है–

तालिका 25.2 चयन प्रतिमान में परिकल्पनाओं की जांच

क्रमांक	*विद्यार्थी क्रियाएं*	*अध्यापक क्रियाएं*	*निष्कर्ष*
1.	हरे रंग का एक बड़ा वर्ग	हां	कल्पित श्रेणी 'आकार' नहीं हो सकती।
2.	हरे रंग का एक छोटा आयत	हां	कल्पित श्रेणी 'वर्गाकार' नहीं हो सकती।
3.	पीला पंचभुज	नहीं	कल्पित श्रेणी 'हरा रंग' हो सकती है। (इसकी आगे जांच करनी होगी)
4.	काले रंग का एक बड़ा विषम कोण सम चतुर्भुज (Rhombus)	हां	कल्पित श्रेणी 'हरा रंग' नहीं हो सकती।

5. पहले से सोची गई सभी तीनों परिकल्पनाओं के निर्मूल सिद्ध हो जाने के कारण अब विद्यार्थियों को प्रेरित किया जाएगा कि वे कोई नई परिकल्पना का निर्माण करें। ऐसी परिकल्पना निम्न हो सकती है।

   (d) कल्पित श्रेणी चार भुजाओं वाली आकृतियां हैं।

   (Imagined category is four-sided figures)

6. इस नई परिकल्पना की जांच के लिए विद्यार्थियों से कोई उदाहरण सामने रख कर अध्यापक से उनके लिए 'हां' या 'ना' में उत्तर प्राप्त करके निम्न प्रकार आगे बढ़ना होगा।

क्रमांक	*विद्यार्थी क्रियाएं*	*अध्यापक क्रियाएं*	*निष्कर्ष*
1.	त्रिभुज	नहीं	श्रेणी 'तीन' भुजाओं वाली आकृतियां नहीं हो सकतीं।
2.	समानांतर चतुर्भुज	हां	श्रेणी 'चार' भुजाओं वाली आकृतियां हो सकती हैं।

7. इस परिकल्पना की पुष्टि पहले से प्राप्त निम्न सूचनाओं के आधार पर की जा सकती है–

   हरे रंग का बड़ा वर्ग — हां

   हरे रंग का छोटा आयत — हां

8. उपरोक्त जांच और सूचनाओं के आधार पर विद्यार्थी यह निष्कर्ष निकालने का प्रयत्न कर सकते हैं कि अध्यापक द्वारा सोची गई श्रेणी (Category) और कोई नहीं बल्कि चार भुजाओं वाली आकृतियां हैं।

9. यह जान लेने के बाद कि कक्षा के विद्यार्थियों ने प्रस्तुत संप्रत्यय की उपलब्धि कर ली है, अध्यापक अब निष्कर्ष रूप में निकली हुई श्रेणी (Category) या संप्रत्यय के विषय में बताएगा कि इसे चतुर्भुज (Quadrilateral) के नाम से जाना जाता है।

(III) असंगठित सामग्री प्रतिमान (Unorganised Material Model)

चयन प्रतिमान संबंधी उपरोक्त दृष्टांत (Illustration) की अगर आग्रहण प्रतिमान संबंधी पहले दिए हुए दृष्टांत से तुलना करके देखी जाए तो यह भलीभांति स्पष्ट हो सकता है कि चयन प्रतिमान द्वारा संप्रत्यय उपलब्धि के लिए प्रयोग किए जाने वाले शिक्षण में विद्यार्थी को अपेक्षाकृत अधिक स्वतंत्रता होती है। अध्यापक का नियंत्रण अपेक्षाकृत कम होता है और शिक्षण प्रक्रिया अध्यापक प्रधान न हो कर विद्यार्थी को भी बराबर का भागीदार बनाने का प्रयत्न करती है। शिक्षण में सब कुछ पहले से निश्चित नहीं होता बल्कि उसमें परिस्थिति के अनुसार परिवर्तन लाया जा सकता है। अगर इन्हीं विशेषताओं को आधार बना कर कुछ और आगे बढ़ा जाए तो हम संप्रत्यय उपलब्धि के प्रतिमान के रूप में एक ओर नए प्रतिमान असंगठित सामग्री प्रतिमान (The model unorganised material) को पाते हैं। यहाँ हम इसकी रचना और कार्यप्रणाली को एक दृष्टांत द्वारा समझने का प्रयास करेंगे।

असंगठित सामग्री प्रतिमान का दृष्टांत (Illustrating the Use of the Model of Unorganised Material)

इस दृष्टांत द्वारा हम "सब्जियां–जिनकी जड़ें खाई जाती हैं" (Vegetables with edible roots) नामक संप्रत्यय का ज्ञान प्राप्त करने की प्रक्रिया को स्पष्ट करने का प्रयास करेंगे।

1. सबसे पहले अध्यापक द्वारा संप्रत्यय संबंधी कोई दो उदाहरण 'हां' और 'ना' का लेबल लगा कर निम्न रूप में प्रस्तुत किए जाएंगे–

   (i) गाजर हां

   (ii) गेहूं नहीं

2. विद्यार्थी के द्वारा उपरोक्त उदाहरणों के आधार पर निम्न परिकल्पनाओं का निर्णय किया जा सकता है–

   (a) नारंगी रंग की संब्ज़ियां।

   (b) कच्ची खाई जाने वाली सब्ज़ियां

   (c) सब्ज़ियां जिनकी जड़ें खाई जाती हैं।

   (d) सब्ज़ियां जिनमें विटामिन 'ए' की प्रचुरता होती है।

3. विद्यार्थियों को इन उपरोक्त परिकल्पनाओं की परख करने के लिए अपनी ओर से कुछ उचित उदाहरण प्रस्तुत करने को कहा जाएगा। इस जांच प्रक्रिया का कुछ निम्न रूप हो सकता है–

क्रमांक	*विद्यार्थी क्रियाएं*	*अध्यापक क्रियाएं*	*निष्कर्ष*
1.	मूली	हां	(a) और (d) परिकल्पनाएं सत्य नहीं हैं।
2.	आलू	हां	परिकल्पना (b) सत्य नहीं है।

4. इस तरह अब केवल एक ही परिकल्पना (c) बचती है। इस परिकल्पना की सत्यता के लिए विद्यार्थियों को कुछ और उदाहरण तलाश करने को कहा जाएगा।

क्रमांक	*विद्यार्थी क्रियाएं*	*अध्यापक क्रियाएं*	*निष्कर्ष*
1.	प्याज़	हां	परिकल्पना (c) सत्य है।
2.	शलगम	हां	परिकल्पना (c) सत्य है।

5. इस तरह से संप्रत्यय संबंधी कुछ और सकारात्मक उदाहरण भी विद्यार्थी दे सकेंगे। इन सभी उदाहरणों की सहायता से प्रस्तुत संप्रत्यय के सभी गुणों (Attributes) और गुण–धर्म (Attribute value) की एक सूची बनाने को कहा जाएगा। इन सभी बातों की पुष्टि नकारात्मक उदाहरणों से तुलना करके की जाती रहेगी। अंत में इस तरह विद्यार्थी "सब्ज़ियां–जिनकी जड़ें खाई जाती हैं" नामक संप्रत्यय से भलीभांति परिचित हो सकेंगे।

किस परिस्थिति में कौन सा संप्रत्यय उपलब्ध प्रतिमान प्रयोग में लाया जाए ? (Which Concept Attainment Model should be Used in a Particular Situation ?)

आग्रहण, चयन और असंगठित सामग्री इन तीनों संप्रत्यय उपलब्धि प्रतिमानों में से किस प्रतिमान को कब और कौन सी शिक्षण परिस्थिति में प्रयोग में लाया जाए, यह बात संप्रत्यय विशेष की पेचीदगी और सीखने वाले के अनुभव और योग्यता स्तर पर निर्भर करती है।

विद्यार्थी यदि कुछ कम अनुभवी और अपरिपक्व हो तो चयन प्रतिमान का प्रयोग ठीक रहता है और अगर शिक्षार्थी का यह अनुभव स्तर और भी कम हो तो फिर चयन प्रतिमान के स्थान पर आग्रहण प्रतिमान उपयुक्त

रहता है। असंगठित सामग्री प्रतिमान का प्रयोग तभी किया जाता है जबकि यह निश्चित हो जाए कि शिक्षार्थी के पास समुचित अनुभव और परिपक्वता है। आग्रहण, चयन और असंगठित सामग्री प्रतिमानों में से जहां तक संप्रत्यय की जटिलता और पेचीदगी का प्रश्न है, इस संदर्भ में कठिन संप्रत्ययों के लिए आग्रहण प्रतिमान का प्रयोग ठीक रहता है क्योंकि यह अपेक्षाकृत अधिक संगठन और अध्यापक द्वारा ठीक प्रकार नियंत्रित होता है। इसी क्रम में अपेक्षाकृत कुछ सरल संप्रत्ययों के लिए क्रमशः चयन और असंगठित सामग्री प्रतिमानों का प्रयोग ठीक रहता है।

आसुबेल का अग्रिम संगठक प्रतिमान (The Advance Organizer Model of Ausubel)

अग्रिम संगठक प्रतिमान के नाम से प्रसिद्ध शिक्षण प्रतिमान डेविड आसुबेल नामक मनोवैज्ञानिक एवं शिक्षाशास्त्री की विचारधारा तथा प्रयत्नों का परिणाम है। इस प्रतिमान के सैद्धांतिक पक्ष तथा व्यवहारात्मक पहलू को उजागर करने वाले विचारों एवं मूल मान्यताओं को आसुबेल ने अपनी रचनाओं (Ausubel, 1963, 1968, 1977) द्वारा भलीभाँति स्पष्ट किया है। इनका विस्तार से पुनः विश्लेषण और विवेचन **ब्रूस जॉयसी** तथा **मार्शा वील** द्वारा अपनी पुस्तक **"शिक्षण प्रतिमान"** (Joyce & Weil, 2003) में किया गया है। नीचे की पंक्तियों में इन विचारों तथा मूल मान्यताओं को संक्षिप्त रूप में हम प्रस्तुत करना चाहेंगे–

1. आसुबेल के अनुसार किसी कोर्स या पाठ्यक्रम से संबंधित किसी भी प्रकार की अधिगम सामग्री का (चाहे वह कितनी भी कठिन और अमूर्त्त प्रकृति की हो) अधिगमकर्त्ता द्वारा बड़े ही प्रभावपूर्ण तरीके और कुशलतापूर्वक ढंग से अर्जन किया जा सकता है बशर्ते कि अध्यापक द्वारा अपने प्रस्तुत करने के तरीकों में पर्याप्त सुधार लाकर इस अधिगम सामग्री को ठीक प्रकार प्रस्तुत करने के वांछित प्रयत्न किए जाएं।
2. अध्यापक द्वारा अधिगम कराने पर विषय सामग्री को प्रस्तुत करने के बहु प्रचलित तरीकों जैसे व्याख्यान विधि तथा अन्य विवरणात्मक शिक्षण विधियों (Methods of expository teaching) की यह कहकर आलोचना की जाती है कि इनसे शिक्षण अधिगम प्रक्रिया नितांत एकतरफा ही हो जाती है। अध्यापक का कार्य सूचनाओं की बौछार करना तथा विद्यार्थियों का मूक दर्शक बनकर अपनी ओर से बिना कोई अनुक्रिया किए चुपचाप ग्रहण करते जाना ही बन जाता है।

   इस प्रकार का शिक्षण जिसमें विद्यार्थियों को प्रस्तुत अधिगम सामग्री को सुनकर या देखकर या पढ़कर ग्रहण करना होता है, उनके अधिगम अर्जन को नितांत निष्क्रिय, निरर्थक तथा रटन्त स्मृति पर आधारित होने वाला बना देता है। आसुबेल ने अध्यापक द्वारा विषय प्रस्तुतीकरण संबंधी इन नकारात्मक टिप्पणियों को एक सिरे से खारिज करते हुए कहा कि इन दोषों को पैदा करने के मूल में कमी विधियों में नहीं है बल्कि विधियों को ठीक तरह से प्रयुक्त करने में है। अगर विषयवस्तु के प्रस्तुतीकरण का ढंग सुधारा जाए तो शिक्षण अधिगम प्रक्रिया को अधिक से अधिक सजीव, सक्रिय तथा अर्थपूर्ण बनाया जा सकता है।
3. आसुबेल ने इस बात पर जोर दिया कि अध्यापक द्वारा विषयवस्तु का ऐसा उचित प्रस्तुतीकरण किया जाना चाहिए जिससे सार्थक शाब्दिक अधिगम अर्जन (Acquisition of meaningful verbal learning) की प्रक्रिया अच्छे से अच्छे ढंग से सम्पन्न हो सके। उसने आगे बताया कि यह तभी सम्भव है जबकि अध्यापक द्वारा पाठ्यक्रम, अधिगम तथा शिक्षण से जुड़ी हुई निम्न तीन समस्याओं से एक साथ ठीक प्रकार निपटने का कौशल दिखाया जाए। (Teacher must demonstrate required competency in dealing with the following three issues related with curriculum learning and teaching in simultaneously.—Joyce & Weil, 2003, p. 267.)

(i) ज्ञान (पाठ्यक्रम की वस्तु) का व्यवस्थीकरण कैसे होता है ?

(ii) नवीन सूचनाओं का प्रक्रियाकरण (अधिगम) हमारे मस्तिष्क द्वारा कैसे किया जाता है ?

(iii) पाठ्यक्रम और अधिगम से संबंधित उपरोक्त दोनों बातों को ध्यान में रखते हुए अध्यापकों द्वारा नई विषय सामग्री को विद्यार्थियों के समक्ष किस प्रकार के अनुदेशन द्वारा प्रस्तुत किया जा सकता है ?

4. आसुबेल की यह मान्यता है कि प्रत्येक अधिगमकर्त्ता के पास किसी भी एक अधिगम परिस्थिति में किसी भी विषयवस्तु का अधिगम करने हेतु अपनी एक अलग ही संज्ञानात्मक संरचना (Cognitive structure) होती है। कोई नवीन ज्ञान या सूचना वह तभी ग्रहण कर सकता है जबकि उसके पास मौजूद संज्ञानात्मक संरचना में इस नवीन ज्ञान को आत्मसात करने की वांछित सामर्थ्य हो। ऐसी सामर्थ्य होते हुए भी अगर शिक्षक द्वारा नवीन ज्ञान या विषय का प्रस्तुतीकरण इस प्रकार किया जाए कि अधिगमकर्त्ता की संज्ञानात्मक संरचना में उपलब्ध ज्ञान भंडार से नवीन ज्ञान का अच्छी तरह तालमेल न बनाया जा सके तो फिर नवीन ज्ञान या अधिगम की उपलब्धि में बाधा आ सकती है। इस दृष्टि से शिक्षक के लिए यह जरूरी हो जाता है कि वह अधिगम सामग्री या विषयवस्तु को ठीक प्रकार व्यवस्थित करते हुए इस प्रकार प्रस्तुत करे कि पहले ग्रहण किए गए ज्ञान के साथ प्रस्तुत नवीन ज्ञान का अच्छी तरह तालमेल बिठाने हेतु आवश्यक संपर्क सूत्र या वैचारिक आधारभूमि प्रदान की जा सके। (Teacher should try to sequence the material to be learned and present it in such a way that educational anchors are provided.—Joyce & Weil, 2003, p. 270.)

पुराने और नए ज्ञान के समन्वय हेतु आवश्यक वैचारिक आधार या संपर्क सूत्र प्रदान किए जाने के संदर्भ में आसुबेल ने अग्रिम संगठक के रूप में कुछ आवश्यक सामान्य अधिगम सामग्री (जिसे पाठ शिक्षण से पहले प्रस्तुत किया जा सके) के प्रस्तुतीकरण पर बल दिया।

5. आसुबेल के अनुसार अग्रिम संगठक का प्रयोजन अधिगमकर्त्ता की मौजूदा संज्ञानात्मक संरचना में वृद्धि करना और उसे अपेक्षित मजबूती प्रदान करना है ताकि नये ज्ञान और सूचनाओं को भलीभाँति आत्मसात करने में पूरी–पूरी मदद मिल सके। उनके अनुसार अग्रिम संगठकों से तात्पर्य पढ़ाए जाने वाले विषय की प्रस्तावना हेतु काम में लायी जाने वाली ऐसी अधिगम सामग्री से है जिसे प्रकरण विशेष या सीखे जाने वाले कार्य के पहले प्रस्तुत किया जाता है। पूर्व प्रस्तुत इस अधिगम सामग्री का स्तर वास्तविक पाठ शिक्षण की अधिगम सामग्री से कुछ अधिक ऊंचा सामान्यीकृत तथा सूक्ष्म (Abstract) होता है। इसे इसलिए प्रदान किया जाता है कि विद्यार्थियों को कक्षा शिक्षण के द्वारा प्रदत्त नवीन अधिगम सामग्री की प्रकृति और उपादेयता का मोटा–मोटा सामान्य ज्ञान हो जाए, जो कुछ उन्हें पाठ में पढ़ाया जाएगा, वह उन्हें बिल्कुल अपरिचित न लगे, उन्हें यह निश्चित हो जाए कि कक्षा में प्रस्तुत की जाने वाली अधिगम सामग्री में उन्हें किन–किन बातों पर विशेष ध्यान देना है, पुराने पहले ज्ञान से (जो उनके पास है) यह नवीन ज्ञान किन बातों में समान या असमान है तथा इन दोनों ज्ञानों में समन्वय कर वे क्या कुछ नई बात सीख या समझ सकते हैं। इस तरह अग्रिम संगठकों के प्रयोग से न केवल विद्यार्थियों को नवीन ज्ञान को जैसे उन्हें अध्यापक द्वारा प्रस्तुत किया जाता है, उसी रूप में ग्रहण करने में मदद मिलती है बल्कि वे उसके साथ अपने मौजूदा संज्ञानात्मक संरचना की मदद से पर्याप्त सोच–विचार, मंथन तथा विचार प्रक्रियाकरण कर सकते हैं और इस रूप में अग्रिम संगठकों का प्रयोग शिक्षण अधिगम प्रक्रिया को सजीव एवं सार्थक बनाने तथा विद्यार्थियों द्वारा सार्थक ज्ञान की प्राप्ति में अच्छी तरह सहायक सिद्ध हो सकता है।

6. आसुबेल के अनुसार अग्रिम संगठन अपने आप में एक ऐसी महत्त्वपूर्ण विषय या अधिगम सामग्री को संजोए हुए होते हैं जिसका प्रस्तुतीकरण वास्तविक पाठ शिक्षण से पहले करना अध्यापक के लिए काफी आवश्यक होता है। इनका संबंध कक्षा में पढ़ाई जाने वाली या प्रस्तुत की जाने वाली विषयवस्तु के व्यापक संप्रत्ययों, सामान्यीकरण, प्रनियम, सिद्धांतों तथा उपयोगों से होता है। अगर इनके बारे में आवश्यक आधार अग्रिम संगठनों के प्रस्तुतीकरण द्वारा पाठ शिक्षण से पहले ही दे दिया जाए तो विद्यार्थियों को कक्षा शिक्षण के दौरान प्रस्तुत की जाने वाली अधिगम सामग्री को अच्छी तरह अर्थपूर्ण ढंग से ग्रहण करने में पूरी मदद मिल सकती है। इस तरह अग्रिम संगठकों (Advance organizers) का उद्देश्य कक्षा शिक्षण के दौरान प्रस्तुत की जाने वाली अधिगम सामग्री के ठीक प्रकार शिक्षण तथा अधिगम में अध्यापक और विद्यार्थियों की मदद करना होता है।
7. अग्रिम संगठक जैसा कि आसुबेल की मान्यता है, दो प्रकार के हो सकते हैं जिन्हें विवरणात्मक या व्याख्यात्मक (Expository) तथा तुलनात्मक अग्रिम संगठकों का नाम दिया जा सकता है। विवरणात्मक या व्याख्यात्मक संगठकों द्वारा अग्रिम रूप से प्रस्तुत की जाने वाली विषय सामग्री विवरणात्मक या व्याख्यात्मक प्रकृति की होती है।

   पाठ शिक्षण के दौरान प्रस्तुत की जाने वाली बिल्कुल नयी तथा अपरिचित अधिगम सामग्री को ठीक प्रकार समझने तथा सार्थक ढंग से ग्रहण करने में इस प्रकार की अग्रिम संगठक सामग्री काफी महत्त्वपूर्ण सिद्ध हो सकती है। उदाहरण के लिए अगर अपने पाठ शिक्षण में एक अध्यापक को सामाजिक विज्ञान विषय में भारतीय संविधान की मुख्य विशेषताओं से विद्यार्थियों को परिचित कराना है तो उसे अग्रिम संगठकों के रूप में पाठ शिक्षण से पहले अपने विद्यार्थियों को प्रभुसत्ता, समाजवाद, जनतंत्र, गणतंत्र, धर्मनिरपेक्षता, स्वतंत्रता, समानता, समता, भाईचारा आदि उन सभी संप्रत्ययों के बारे में आवश्यक पृष्ठभूमि या जानकारी मोटे–मोटे तौर पर अवश्य ही देनी होगी ताकि बाद में कक्षा शिक्षण के दौरान जब इन बातों से संबंधित अधिगम सामग्री को शाब्दिक रूप में अध्यापक के द्वारा प्रस्तुत किया जाए तो उन्हें विषय सामग्री की अर्थपूर्ण उपलब्धि में बाधा नहीं आए।

   दूसरे प्रकार के अग्रिम संगठकों, तुलनात्मक की विषयवस्तु की प्रकृति अपने नाम के अनुसार तुलनात्मक होती है और इन्हें किसी परिचित अधिगम सामग्री के प्रस्तुतीकरण से पहले शिक्षक द्वारा विद्यार्थियों के सामने रखा जाता है। इनका प्रयोजन दो प्रकार की सूचनाओं तथा ज्ञान के बीच आवश्यक अंतर को पहचान कर उन्हें अलग–अलग ढंग से अपनी ज्ञानात्मक संरचना में व्यवस्थित करना होता है। इस तरह से तुलनात्मक अग्रिम संगठकों का मुख्य कार्य, जैसा कि **जॉयसी एवं वील** (2003, p. 272) का मत है, पूर्व धारण किए हुए तथा नए ग्रहण किए जाने वाली अवधारणाओं के बीच पर्याप्त विभेदीकरण करना है ताकि इनमें पाई जाने वाली समानताओं की वजह से इन्हें सार्थक रूप से ग्रहण करने में कोई कठिनाई न हो। तुलनात्मक अग्रिम संगठकों के प्रस्तुतीकरण के रूप में यहां अब हम इस प्रकार के तुलनात्मक कथन, उदाहरण तथा दृष्टांत विद्यार्थियों के सामने प्रस्तुत कर सकते हैं जिनसे उन्हें जनतंत्र तथा अधिनायकवाद, स्वतंत्रता तथा परतंत्रता, धर्मनिरपेक्षता तथा धर्मआरूढ़ता, समाजवाद तथा व्यक्तिवाद आदि अवधारणाओं में पर्याप्त अन्तर समझकर भारतीय संविधान की विशेषताओं को सार्थक ढंग से ग्रहण करने में पर्याप्त मदद मिल सके।
8. **मेयर** (1979) ने **आसुबेल** के अग्रिम संगठकों की अवधारणा के बारे में अपने विचार प्रकट करते हुए लिखा है कि सभी प्रकार के अग्रिम संगठकों (चाहे वे व्याख्यात्मक प्रकृति के हों या तुलनात्मक प्रकृति के) में, जिनके द्वारा अधिगमकर्त्ता को सार्थक शाब्दिक अधिगम में सहायता मिलती है, निम्न प्रकार की विशेषताएं देखने को मिल सकती हैं–

(i) इनमें शाब्दिक या दृश्यात्मक सूचना सामग्री की अल्प मात्रा में उपस्थिति।

(ii) पढ़ाई जाने वाली विषय सामग्री से पहले ही इनका प्रस्तुतीकरण।

(iii) जो कुछ पढ़ाया जाने वाला है उससे संबंधित किसी भी प्रकार की सामग्री को ज्यों की त्यों इनमें न लिया जाना।

(iv) पढ़ाई जाने वाली सामग्री के अवयवों में तार्किक संबंध स्थापित करने का साधन सिद्ध होना, और

(v) अधिगमकर्त्ता को सूचना प्रक्रियाकरण तथा ज्ञान को अपने मस्तिष्क में धारण करने में मदद करना।

9. मूल रूप में अपने अग्रिम संगठन प्रतिमान को प्रयोग में लाने के संदर्भ में एक शिक्षक से उसकी शिक्षण प्रक्रिया के अधिगम संगठन हेतु निम्न प्रकार की व्यवहार क्रियाओं की अपेक्षा करता है–

(i) शिक्षक द्वारा अपने पाठ से संबंधित अधिगम सामग्री का प्रस्तुतीकरण करने से पहले अग्रिम संगठकों (विवरणात्मक या तुलनात्मक) के प्रस्तुतीकरण के रूप में आवश्यक संप्रत्ययों, पदों, परिभाषाओं, उदाहरणों, दृष्टांतों तथा अन्य तुलनात्मक और विवरणात्मक कथनों द्वारा अपने द्वारा प्रस्तुत की जाने वाली अधिगम सामग्री के सार्थक अधिगम हेतु एक ठोस आधार तैयार करना चाहिए।

(ii) अपने पाठ से संबंधित अधिगम सामग्री की कक्षा शिक्षण के दौरान प्रस्तुत करने में उसे इस सामग्री के उचित संगठन पर पहले ही (अग्रिम रूप में) ठीक प्रकार सोच विचार कर लेना चाहिए। विषय सामग्री का यह संगठन मनोवैज्ञानिक तथा तार्किक दोनों ही नियमों (Psychological as well as logical principles) को ध्यान में रखकर इस प्रकार किया जाना चाहिए कि इसमें बालक के पास वर्तमान में मौजूद संज्ञानात्मक संरचना (विषय संबंधी पूर्व ज्ञान) अध्यापक द्वारा पाठशिक्षण से पहले अग्रिम संगठक के रूप में दिया हुआ ज्ञान तथा नवीन ज्ञान की प्रकृति और विषय विशेष की दृष्टि से उसमें निहित तार्किक क्रमबद्धता, सभी का उचित तालमेल बना रहे। आसुबेल के अनुसार ऐसे संगठित प्रस्तुतीकरण में प्रस्तुत की जाने वाली विषय सामग्री के वे भाग और विचार जो अपने आप में काफी सामान्य होते हैं पहले प्रस्तुत किए जाने चाहिए तथा फिर उनसे संबंधित विशिष्टीकरण और सूक्ष्म विचारों को बाद में प्रस्तुत किया जाना चाहिए।

(iii) पाठ शिक्षण के दौरान अपनाए जाने वाले प्रस्तुतीकरण के तरीकों में अपेक्षित सुधार लाने हेतु अध्यापक द्वारा इन पर भी अग्रिम रूप से ठीक प्रकार सोच विचार कर लेना चाहिए। उपयुक्त तरीकों से अधिगम सामग्री के प्रस्तुतीकरण के दौरान इस दृष्टि से यह अपेक्षा की जानी चाहिए कि–

(a) पूर्व अर्जित अधिगम अनुभवों या उपलब्ध सूचनाओं से पाठ प्रस्तुतीकरण के दौरान दी जाने वाली सूचनाओं या अधिगम अनुभवों का अपेक्षित तालमेल पैदा किया जा सके।

(b) जो ज्ञान या सूचना विद्यार्थियों को प्रस्तुतीकरण के दौरान दी जाए वे उनके प्रति उचित अनुक्रिया करते हुए उनके सक्रिय प्रक्रियाकरण (Information processing) तथा सार्थक उपलब्धि की ओर अग्रसर हो सकें।

10. आसुबेल की यह धारणा थी कि कोई व्यक्ति तभी ठीक प्रकार से सीख सकता है जब उसके सामने नवीन ज्ञान या सूचनाओं को उचित रूप से संगठित कर, कोडिंग व्यवस्था (Coding system) को अपनाते हुए प्रस्तुत किया जाए। किसी भी विषय के सामान्य संप्रत्ययों तथा सामान्यीकृत तथ्यों या निष्कर्षों को, जो ऐसी कोडिंग व्यवस्था में सर्वोच्च स्थान पाते हैं, उसने इस प्रकार के विशाल रूप में देखे जाने की बात

की जिसमें उस विषय से संबंधित अन्य संप्रत्यय, तथ्य तथा विचार स्वतः ही सन्निहित रहते हैं। इसी आधार पर आसुबेल ने यह विश्वास व्यक्त किया कि अधिगम अर्जन में आगमनात्मक प्रणाली का अनुसरण उपयुक्त रहता है। फलस्वरूप सबसे पहले विद्यार्थी को सामान्य सम्प्रत्ययों या सामान्यीकृत विचारों का ज्ञान कराया जाना चाहिए और फिर उनमें निहित विशिष्ट अवधारणाओं, तथ्यों तथा विचारों का। यही कारण था कि उसने अग्रिम संगठकों के रूप में अधिगमकर्त्ता के सामने अग्रिम रूप में (पाठ शिक्षण से पहले) पढ़ाई जाने वाली अधिगम सामग्री से संबंधित सामान्य संप्रत्यय, सामान्यीकृत विचार आदि के प्रस्तुतीकरण पर बल दिया।

11. आसुबेल ने स्पष्ट किया कि सभी विषयों की विषयवस्तु के संगठन में कठिनाई स्तर की दृष्टि से सरल से लेकर जटिल तक चलती हुई एक विशेष तार्किक क्रमबद्धता के दर्शन हो सकते हैं जो उनके इस संगठन को एक पिरामिड का आकार दे सकता है। एक अध्यापक को अपने कक्षा शिक्षण में किसी विषय की विषय वस्तु का प्रस्तुतीकरण करने हेतु विभिन्न विषयों से संबंधित उनके अपने इस पिरामिडीय आकार के क्रमबद्ध संगठन या व्यवस्थीकरण पर अवश्य ही ध्यान देना चाहिए। जितना अधिक प्रारंभिक परिचय विद्यार्थियों को विषय विशेष की विषयवस्तु के समग्र स्वरूप तथा उसके अधिगम की उनके लिए उपयोगिता, अग्रिम संगठन द्वारा प्रस्तुत विषय सामग्री से होगा उतने ही अच्छे ढंग से वे पाठ शिक्षण के द्वारा प्रस्तुत अधिगम सामग्री को सार्थक रूप में ग्रहण कर सकेंगे।

अग्रिम संगठक प्रतिमान की उसके आधारभूत तत्त्वों के संदर्भ में व्याख्या (Description of Advance Organizer Model in Terms of Basic Elements)

एक प्रतिमान के आधारभूत तत्त्वों के संदर्भ में अग्रिम संगठक प्रतिमान की व्याख्या निम्न प्रकार की जा सकती है–

केंद्र-बिंदु या उद्देश्य (Focus)—अग्रिम संगठक प्रतिमान का उद्देश्य एक अध्यापक को उसके अपने निम्न कार्यों के उचित संपादन में सहायता पहुंचाना होता है–

(i) विषयवस्तु के प्रस्तुतीकरण हेतु प्रयोग में लाई जाने वाली विधियों जैसे व्याख्यान तथा अन्य विवरणात्मक या व्याख्यात्मक विधियों में सुधार लाना।

(ii) काफी बड़ी सूचना या अधिगम सामग्री को प्रभावी एवं सार्थक ढंग से संगठित एवं प्रेषित करने में सहायता करना।

(iii) दिये जाने वाले ज्ञान एवं विषयवस्तु को ठीक प्रकार ग्रहण करने और उसका प्रक्रियाकरण कर सार्थक ढंग से अर्जन कर अपनी पूर्व संरचनात्मक संरचना को अधिक सुदृढ़ बनाने में विद्यार्थियों की सहायता करना।

संरचना (Syntax)—इस प्रतिमान को प्रयोग में लाने से संबंधित कार्य व्यापार को निम्न तीन चरणों में विभाजित कर समझा जा सकता है।

प्रथम चरण—अग्रिम संगठक या व्यवस्थापक का प्रस्तुतीकरण (Presentation of Advance Organizer)

वास्तविक कक्षा शिक्षण या पाठ प्रस्तुतीकरण से पहले जो तैयारी अध्यापक द्वारा की जानी चाहिए, इस चरण का संबंध उसी तैयारी से है। सामान्यतया इसके अंतर्गत निम्न प्रकार की गतिविधियों का समावेश होता है।

1. **पाठ उद्देश्यों का स्पष्टीकरण** (Classifying the Aims of the Lesson)—पाठ को पढ़ने से क्या प्रयोजन सिद्ध हो सकते हैं इस प्रकार के लक्ष्य एवं उद्देश्यों का ज्ञान कराने का प्रयत्न ही सर्वप्रथम यहां किया जाता है। लक्ष्य एवं उद्देश्यों की स्पष्टता अध्यापक और विद्यार्थी दोनों को ही अपने–अपने कार्यों के सफल संपादन में उचित सहायता पहुंचा सकती है।
2. **अग्रिम संगठक का प्रस्तुतीकरण** (Presentation of the Advance Organizer)—पाठ उद्देश्यों से अवगत कराने के बाद शिक्षक द्वारा अग्रिम संगठक के रूप में कुछ आवश्यक विषयवस्तु (विवरणात्मक या तुलनात्मक) विद्यार्थियों के सामने प्रस्तुत की जाती है। इस कार्य हेतु सामान्यतया निम्न बातों को ध्यान में रखकर आगे बढ़ा जाना चाहिए–
   (i) संगठक के लिए विषयवस्तु या अधिगम सामग्री का चयन करते हुए यह ध्यान रखना चाहिए कि इसमें जो विचार या सामग्री रखी जाए वह बाद में पाठ शिक्षण के दौरान प्रस्तुत की जाने वाली विषय सामग्री का प्रतिरूप न हो। इसका स्तर उससे कुछ अधिक सामान्यीकृत तथा मुक्त चिंतन का होना चाहिए जिससे विद्यार्थियों को पाठ शिक्षण के प्रति आकर्षित करने तथा कक्षा शिक्षण के दौरान प्रस्तुत की जाने वाली अधिगम सामग्री का सार्थक ढंग से अर्जन करने में सहायता मिले।
   (ii) संगठन के प्रस्तुतीकरण का अर्थ उसमें निहित विषयवस्तु या अधिगम सामग्री का ठीक तरह शिक्षण करना होता है। इसके लिए अध्यापक को (i) पाठ की विषय सामग्री से संबंधित सभी सामान्य संप्रत्ययों, प्रनियमों तथा सामान्यीकृत विचारों को पूर्ण व्यवस्थित ढंग से विद्यार्थियों के सामने रखना चाहिए। (ii) इनके उचित स्पष्टीकरण हेतु उदाहरणों, दृष्टांतों तथा विद्यार्थियों के पूर्व ज्ञान का उपयोग किया जाना चाहिए। (iii) अच्छे परिणामों की दृष्टि से इस प्रकार के प्रस्तुतीकरण और स्पष्टीकरण की विभिन्न रूपों या परिस्थितियों के संदर्भ में पुनरावृत्ति की जानी चाहिए।
3. **पाठ शिक्षण से संबंधित विद्यार्थियों के पूर्व ज्ञान से परिचित होना** (Prompting Awareness of the Learner's Relevant Knowledge)—पाठ शिक्षण के दौरान शिक्षक द्वारा अधिगम सामग्री का प्रस्तुतीकरण करने से पहले उसे यह भी ज्ञात करने का प्रयत्न करना चाहिए कि इस अध्ययन या सूचना सामग्री को ठीक प्रकार से ग्रहण करने हेतु उसकी संज्ञानात्मक संरचना (Cognitive structure) का स्तर तथा स्वरूप क्या है अर्थात् उसके पास पूर्व ज्ञान तथा अनुभवों के रूप में अपेक्षित अधिगम क्षमता किस प्रकार की है।

द्वितीय चरण–अधिगम कार्य या सामग्री का प्रस्तुतीकरण (Presentation of the Learning Task or Material)

अध्यापक द्वारा प्रदत्त पाठ शिक्षण या अनुदेशन की यह पूर्ण क्रियान्वयन अवस्था (Executive stage of the lesson teaching) है। इसी में अध्यापक द्वारा अधिगम कार्य या सामग्री का प्रस्तुतीकरण किया जाता है। सामान्यतया इस प्रस्तुतीकरण में अध्यापक द्वारा निम्न बातों का ध्यान रखना उपयुक्त रहता है।

(i) इस प्रकार के प्रस्तुतीकरण में अधिगम कार्य या सामग्री के प्रस्तुतीकरण का तरीका नितांत औपचारिक होता है। अतः इसे पूरी तरह नियोजित, संरचित एवं व्यवस्थित रूप में ही दिया जाना चाहिए। इस प्रकार के प्रस्तुतीकरण में व्याख्यात्मक तथा विवरणात्मक विधियों जैसे व्याख्यान विधि, गोष्ठी या चर्चा विधि, प्रदर्शनी विधि, चार्ट, चित्र, ट्रांसपेरेन्सी, फिल्म, लिखित सामग्री आदि को दिखाकर अथवा पढ़ाकर, अधिगम सामग्री विद्यार्थियों के सामने प्रस्तुत की जा सकती है।

(ii) जो कुछ भी अधिगम सामग्री या कार्य के रूप में विद्यार्थियों के सामने प्रस्तुत किया जाए उसे इस ढंग से प्रस्तुत किया जाना चाहिए कि नवीन ज्ञान या सूचनाओं को विद्यार्थियों के पास मौजूद संज्ञानात्मक संरचना (जो पूर्व ज्ञान तथा अग्रिम संगठक के द्वारा अर्जित अधिगम अनुभवों के द्वारा बनी होती है) के माध्यम से सार्थक रूप में उपलब्ध किया जा सके।

(iii) प्रस्तुतीकरण करते हुए इस बात का भी ध्यान रखा जाना चाहिए कि अधिगम सामग्री के संगठन और व्यवस्थीकरण का वास्तविक स्वरूप विद्यार्थियों के सामने उजागर हो जाए, ताकि वे स्वयं ही अधिगम पथ पर आगे बढ़ने की दिशा का अनुमान लगा सकें। प्रस्तुत विषय सामग्री में निहित क्रमबद्धता को देख सकें तथा उन्हें यह भी आभास हो जाए कि विषयवस्तु का यह संगठित रूप अग्रिम संगठन की विषयवस्तु से किस तरह आलोकित है।

(During the presentation care is to be taken that "Organization of the learning material needs to be made explicit to the students so that they have an overall sense of direction and can see the logical order of the material and how the organisation relates to the advance organizer."—Joyce & Weil, 2003, p. 275)

तृतीय चरण—संज्ञानात्मक संगठन को मजबूती प्रदान करना (Strengthening Cognitive Organization)

यह पाठ शिक्षण की अनुवर्ती अवस्था (Followup stage) है जिसमें द्वितीय चरण पर संपन्न हो रही गतिविधियों को वांछित स्थायित्व प्राप्त कराने का कार्य किया जाता है। **जॉयसी एवं वील** के शब्दों में तृतीय चरण पर उठाए गए कदमों का उद्देश्य नवीन अधिगम सामग्री को विद्यार्थियों के पास वर्तमान में मौजूद संज्ञानात्मक संरचना से जोड़कर उनके संज्ञानात्मक संगठन की शक्ति में अपेक्षित वृद्धि करना है।

("The purpose of this phase there is to anchor the new learning material in the student's existing cognitive structure – that is to strengthen the student's cognitive organization."—Joyce & Weel, 2003, p. 275)

तालिका 25.3 अग्रिम संगठक प्रतिमान की संरचना का सारांशित स्वरूप
(A summarized view of the syntex of the advance organizer model)

प्रथम चरण : अग्रिम संगठन का प्रस्तुतीकरण (Presentation of Advance Organizer)—किए जाने वाले कार्य–

1. पाठ उद्देश्यों का स्पष्टीकरण
2. अग्रिम संगठक का प्रस्तुतीकरण
3. पाठ शिक्षण से संबंधित विद्यार्थियों के पूर्व ज्ञान से परिचित होना।

द्वितीय चरण : अधिगम कार्य या सामग्री का प्रस्तुतीकरण (Presentation of Learning Task or Material)—किए जाने वाले कार्य–

1. अधिगम सामग्री का औपचारिक प्रस्तुतीकरण
2. इस प्रस्तुतीकरण हेतु उचित तरीके अपनाना
3. अधिगम सामग्री के संगठित और क्रमबद्ध व्यवस्थित स्वरूप को विद्यार्थियों के सामने उजागर करना।

(क्रमशः)

तृतीय चरण : संज्ञानात्मक संगठन को मजबूती प्रदान करना (Strengthening of Cognitive Organization)—
किये जाने वाले कार्य–

1. पारस्परिक तालमेल (Integrative reconcilation) को बढ़ावा देना
2. सक्रिय ग्राही अधिगम (Active reception learning)
3. विषयवस्तु के प्रति समीक्षात्मक दृष्टिकोण (Critical approach) विकसित करना
4. स्पष्टीकरण (Clarification)

इस कार्य हेतु इस चरण में सामान्यतया निम्न कार्यों का संपादन किया जाता है।

1. **पारस्परिक तालमेल को बढ़ावा देना (Promoting Integrative Reconcilation)**—नवीन ज्ञान को तभी अच्छी तरह आत्मसात किया जा सकता है जबकि इसको पूर्व ज्ञान एवं अनुभवों से युक्त संज्ञानात्मक संरचना में अच्छी तरह घुलने–मिलने का पूरा मौका दिया जाए। इस कार्य हेतु अध्यापक द्वारा निम्न प्रकार के प्रयत्न कारगर सिद्ध हो सकते हैं–
   – वह प्रस्तुत सामग्री में निहित विचारों से विद्यार्थियों को पुनः परिचित करा सकता है।
   – वह विद्यार्थियों से नवीन अधिगम सामग्री से संबंधित मुख्य–मुख्य बातों को संक्षेप में बताने के लिए कह सकता है।
   – वह संक्षेप में परिभाषाओं को पुनः प्रस्तुत कर सकता है।
   – वह उनसे अधिगम सामग्री में निहित विविध विचारों में विभेदीकरण करने के लिए कह सकता है।
   – वह विद्यार्थियों से पूछ सकता है कि अधिगम संगठक में प्रस्तुत संप्रत्यय तथा सामान्यीकृत विचारों की पुष्टि पाठ शिक्षण के दौरान उन्हें प्रस्तुत की गई अधिगम सामग्री द्वारा हो रही है या नहीं।
2. **सक्रिय ग्राही अधिगम को बढ़ावा देना (Promoting Active Reception Learning)**—अग्रिम संगठक प्रतिमान का उद्देश्य विद्यार्थी को निष्क्रिय श्रोता तथा मूक दर्शक बनाए रखना नहीं बल्कि अधिगम सामग्री को इस तरह प्रस्तुत करना होता है कि विद्यार्थी इसके प्रति वांछित अनुक्रिया करते हुए अधिगम अर्जन में सक्रिय भागीदार बनें। इस कार्य हेतु यह शिक्षक से निम्न प्रकार की गतिविधियों की अपेक्षा करता है–
   – वह विद्यार्थियों से पूछ सकता है कि नई सूचना या अधिगम सामग्री, संगठक की प्रस्तुत सामग्री से किस रूप में संबंधित है।
   – वह विद्यार्थियों से प्रस्तुत की गई अधिगम सामग्री को अधिक स्पष्टीकरण हेतु अतिरिक्त उदाहरण एवं दृष्टांत देने के लिए कह सकता है।
   – वह उनसे प्रस्तुत अधिगम सामग्री को अपने शब्दों में सारांशित करने के लिए कह सकता है।
   – वह उनसे प्रस्तुत अधिगम सामग्री को अन्य विविध नजरियों से जांचने के लिए कह सकता है।
3. **विषयवस्तु के प्रति समीक्षात्मक दृष्टिकोण विकसित करना (Eliciting Critical Approach to Subject)**—विद्यार्थियों को सार्थक ज्ञान की उपलब्धि कराने के लिए यह आवश्यक है कि उनका प्रस्तुत की गई विषय सामग्री के प्रति उचित समीक्षात्मक दृष्टिकोण विकसित किया जाए। इस उद्देश्य की प्राप्ति हेतु शिक्षक से निम्न प्रकार की व्यवहार क्रियाओं की अपेक्षा की जा सकती है–

– वह विद्यार्थियों से अधिगम सामग्री में निहित मान्यताओं (Assumption) तथा निष्कर्षों (Inferences) की पुनः संरचना या संगठन (Reorganisation) हेतु कह सकता है।
– वह उनसे इन मान्यताओं तथा निष्कर्षों को चुनौती देने के लिए कह सकता है।
– उनके द्वारा इनमें मौजूद विसंगतियों को चिह्नित करने पर वह इनके निराकरण के प्रयत्न कर सकता है।

4. **स्पष्टीकरण (Clarification)**—नवीन ज्ञान या विचारों का पूर्व अर्जित अधिगम या विचारों के साथ अच्छी तरह तादात्मीकरण तभी संभव है जबकि इस प्रकार के नवीन ज्ञान या विचारों का उन्हें उनके उचित स्पष्टीकरण द्वारा अच्छी तरह आभास हो जाए। अपरिचित नवीन ज्ञान को परिचित तभी बनाया जा सकता है जबकि उसका आवश्यक परिचय, स्पष्ट रूप से उसकी सार्थकता तथा प्रयोजनपूर्णता को स्पष्ट करते हुए दिया जाए। इस तरह जो कुछ भी अधिगम सामग्री के रूप में अध्यापक द्वारा अपने प्रस्तुतीकरण में कहा या दिखाया जाए उसे उचित विधि, तकनीक तथा शिक्षण सामग्री का प्रयोग कर इसे पूरी तरह से स्पष्ट कर देना चाहिए जिससे वह अपरिचित न रहकर पूरी तरह विद्यार्थियों की संज्ञानात्मक संरचना का अंग बन जाए।

इस प्रकार से अपने प्रतिमान के संरचना घटक में घटित उपरोक्त कार्यकलापों का उल्लेख करके डेविड आसुबेल ने, (जैसा कि जॉयसी एवं वील —(2003, p. 276) का मत है,) न केवल हमें प्रस्तुतीकरण में सुधार लाने बल्कि इसकी सहायता से विद्यार्थियों के सीखने की योग्यता में वृद्धि करने हेतु एक अच्छी विधि प्रदान की है। जैसे–जैसे हम सक्रिय रहने, विचारों को संगठित करने, अपनी पूर्व सूचना भंडार से नवीन का तादात्मीकरण करने तथा और स्वयं ही संगठकों की सृष्टि करने (अर्थात् पढ़ते या देखते समय आगमनात्मक क्रियाओं को संपादित करने) की शिक्षा देते हैं, वैसे–वैसे उन्हें हमारे प्रस्तुतीकरण से अधिक से अधिक लाभान्वित होने की संभावना बढ़ती जाती है।

सामाजिक प्रणाली (Social System)

अग्रिम संगठक प्रतिमान की सामाजिक अवस्था पूरी तरह संरचित–अध्यापक केंद्रित तथा प्रभुत्ववादी है। यहां विद्यार्थियों का अधिगम पथ पर अग्रसर करने के लिए पहल अध्यापक को ही करनी होती है। उसे ही प्रस्तुतीकरण से संबंधित अधिगम सामग्री को पूरी तरह क्रमबद्ध एवं संगठित रूप में विद्यार्थियों के समक्ष इस प्रकार प्रस्तुत करना होता है कि इसका तालमेल पूर्व प्रस्तुत अग्रिम संगठक सामग्री तथा विद्यार्थियों की वर्तमान में मौजूद संज्ञानात्मक संरचना से बना रहे। नवीन ज्ञान को पूर्व संचित ज्ञान से अलग करके समझने और फिर इसे अपने ज्ञानात्मक भंडार का अंग बनाने में जहां अध्यापक अपनी प्रस्तुतीकरण विधियों से पहल करता हुआ पाया जाता है वहीं इस अवस्था में विद्यार्थियों से नवीन ज्ञान के प्रति अपेक्षित अनुक्रिया करते हुए पाया जा सकता है और यहीं से प्रतिमान की सामाजिक व्यवस्था में अंतःक्रिया का दौर शुरु हो जाता है। परिणामस्वरूप विद्यार्थी नई विषय सामग्री को अच्छी तरह समझने और उससे लाभान्वित होने के लिए आवश्यक प्रश्न पूछने, तथा उसके प्रति समीक्षात्मक दृष्टिकोण अपनाते हुए देखे जा सकते हैं।

प्रतिक्रिया प्रनियम (Principles of Reactions)

अग्रिम संगठक प्रतिमान विद्यार्थियों के मौन, अशाब्दिक तथा शाब्दिक प्रतिक्रियाओं के प्रति (अध्यापक द्वारा वर्णनात्मक या व्याख्यात्मक शिक्षण के दौरान) अध्यापक को पूर्ण सजग तथा सक्रिय रखकर कुछ विशेष प्रकार की प्रतिक्रियाएं–विद्यार्थियों की निम्न प्रकार की अनुक्रियाओं के प्रति करने की बात कहता है।

(i) नवीन अधिगम सामग्री से परिचित होने, उसमें निहित अर्थ एवं प्रकृति तथा उसके प्रयोजन को जानने की इच्छा।

(ii) अपने पूर्व ज्ञान से इसे अलग करके देखने तथा अपनी मौजूदा संज्ञानात्मक संरचना में इसे आत्मसात करने की आवश्यकता।

(iii) नवीन ज्ञान या अधिगम को विद्यार्थियों द्वारा आगे किए जाने वाले अधिगम तथा आगामी जीवन में प्रयोग में लाने में सक्षम बनाने की आवश्यकता।

(iv) विद्यार्थियों में ज्ञानार्जन हेतु सूचना प्रक्रियाकरण योग्यता तथा समीक्षात्मक दृष्टिकोण विकसित करने की आवश्यकता।

अवलंब प्रणाली (Support System)

अग्रिम संगठक प्रतिमान अपने प्रयोग में वांछित सफलता प्राप्त करने हेतु निम्न प्रकार की सहायता चाहता है–

(i) तार्किक एवं मनोवैज्ञानिक सिद्धांतों पर आधारित सुव्यवस्थित अधिगम सामग्री।

(ii) प्रस्तुत की जाने वाली अधिगम सामग्री के संदर्भ में उपयुक्त अग्रिम संगठक का विकास।

(iii) विकसित अग्रिम संगठक और प्रस्तुत की जाने वाली अधिगम सामग्री के बीच उचित सामंजस्य स्थापित करना।

(iv) वर्णनात्मक या व्याख्यात्मक शिक्षण के द्वारा सार्थक अधिगम अर्जन में विद्यार्थियों की सहायता करने हेतु शिक्षकों में अपेक्षित प्रवीणता तथा प्रस्तुतीकरण कौशल का विकास।

प्रतिमान का उपयोग (Application Context)

अग्रिम संगठक प्रतिमान का उपयोग विद्यालय तथा अन्य उच्च शिक्षा संस्थानों से संबंधित सभी पाठ्यक्रमों की विषयवस्तु के शिक्षण हेतु अध्यापकों द्वारा संबंधित विषय वस्तु का अच्छी तरह प्रस्तुतीकरण कर भली–भाँति किया जा सकता है। सीमित समय में पाठ्यक्रम से संबंधित ढेर सारे ज्ञान तथा सूचनाओं को बड़े ही अर्थपूर्ण ढंग के साथ ही विद्यार्थियों के एक बड़े समूह में प्रदान करने का कार्य प्रस्तुतीकरण संबंधी वर्णनात्मक या व्याख्यात्मक विधियों के द्वारा संपन्न करना इस प्रतिमान की अनुपालना से अच्छी तरह हो सकता है। इस प्रतिमान की बहुमुखी उपयोगिता को **जॉयसी एवं वील** (2003, pp. 276–77) के मतानुसार निम्न प्रकार लिपिबद्ध किया जा सकता है–

(i) किसी भी विषय के पाठ्यक्रम संबंधी संपूर्ण विषयवस्तु को ठीक प्रकार उसकी प्रकृति एवं प्रयोजन को ध्यान में रखते हुए बहुत ही सार्थक शिक्षण इकाइयों में विभक्त करने तथा फिर इकाइयों में निहित अधिगम सामग्री का क्रमबद्ध व्यवस्थीकरण कर भलीभांति प्रस्तुतीकरण करने में इस प्रतिमान का अच्छा उपयोग किया जा सकता है।

(ii) इस प्रतिमान का उपयोग आधारभूत महत्त्वपूर्ण सूचना सामग्री या विचारों को (जिन्हें अग्रिम संगठक के द्वारा पाठ पढ़ाने से पहले ही अध्यापक द्वारा प्रदान कर दिया जाता है) पाठ की विषय सामग्री के साथ अच्छी तरह समन्वित कर विद्यार्थियों को नवीन ज्ञान तथा तथ्यों का अर्जन करने हेतु भलीभांति किया जा सकता है।

(iii) यह प्रतिमान शिक्षक और शिक्षार्थी दोनों को ही उनके अपने शिक्षण तथा अधिगम उत्तरदायित्वों के निभाने में भलीभांति सहायक सिद्ध हो सकता है। शिक्षकों में जहां इसके उपयोग में व्याख्यात्मक और विवरणात्मक विधियों के द्वारा विषयवस्तु के उचित प्रस्तुतीकरण में महारथ हासिल होती है वहीं विद्यार्थी भी सार्थक अधिगम अर्जित करने की कला इसके उपयोग से सीख सकते हैं।

(iv) इस प्रतिमान के उपयोग से विद्यार्थियों में समीक्षात्मक चिंतन करने तथा ज्ञान को क्रमबद्ध ढंग से ग्रहण करने संबंधी कुशलताओं के विकास का अवसर मिलता है।

(v) इस प्रतिमान के प्रयोग के समय जो विषय सामग्री निगमनात्मक विधि से सीधे ही विद्यार्थी को प्रदान की जाती है फिर इसी के आधार पर इस बात का मूल्यांकन किया जा सकता है कि प्रस्तुत की गई अधिगम सामग्री को वे कितने सार्थक ढंग से आत्मसात कर पाए हैं।

(vi) इस प्रतिमान का उपयोग इस धारणा की पुष्टि करता है कि व्याख्यान, पठन, वाचन, प्रदर्शन, विचार विमर्श या गोष्ठी विधियों का प्रयोग करने में अगर विषयवस्तु के उचित प्रस्तुतीकरण पर समुचित ध्यान दिया जाए तो सार्थक अधिगम अर्जन की दिशा में अच्छी सफलता प्राप्त की जा सकती है। इसके उपयोग से विद्यार्थियों में इस प्रकार की विधियों से सार्थक अधिगम ग्रहण करने संबंधी योग्यताओं का विकास हो सकता है। विषयवस्तु को भलीभांति ग्रहण करने की योग्यताओं के विकास के साथ–साथ उनमें पूछताछ तथा जांच पड़ताल प्रक्रिया के प्रति रुचि तथा अच्छी तरह समीक्षात्मक चिंतन करने के कौशल का विकास करने में यह प्रतिमान भलीभांति सहायक हो सकता है।

पूछताछ प्रशिक्षण प्रतिमान (Inquiry Training Model)

विद्यार्थियों में वैज्ञानिक ढंग से पूछताछ या पृच्छा कौशल का विकास करने के लिए **रिचर्ड सचमैन** (Richard Suchman) द्वारा इस प्रतिमान का विकास किया गया है। पूछताछ प्रतिमान के संबंध में श्री सचमैन (Mr. Suchman) अपने कुछ विशिष्ट विचार रखते थे। इन्हीं विचारों को इस प्रतिमान का दर्शन (Philosophy) कहा जा सकता है। इन विचारों को संक्षेप में नीचे दिया जा रहा है–

(i) ज्ञान शाश्वत नहीं बल्कि परिवर्तनशील है। किसी समय कोई वैज्ञानिक किसी सिद्धांत का प्रतिपादन करता है परंतु कुछ समय बाद वही सिद्धांत असत्य या अर्थहीन सिद्ध हो सकता है और उसके स्थान पर कोई नया सिद्धांत आ सकता है।

(ii) किसी प्रश्न का कोई एक उत्तर नहीं होता। किसी बात को कहने के अलग–अलग ढंग हो सकते हैं और किसी समस्या का सही हल निकालने के कई तरीके।

(iii) स्वाभाविक तौर पर किसी पहेली को सुलझाने अथवा समस्या से निपटने के लिए हम सभी पृच्छा या पूछताछ प्रक्रिया की सहायता लिया करते हैं।

(iv) किसी भी व्यक्ति को पूछताछ प्रक्रिया (Inquiry process) से अवगत कराया जा सकता है और परिणामस्वरूप वह अपने सोच–विचार करने के तरीकों और युक्तियों का ठीक प्रकार विश्लेषण करना सीख सकता है।

(v) किसी भी चीज को खोजने और उसे ठीक प्रकार से समझने के लिए जितने तरीके और युक्तियों का किसी व्यक्ति को पहले ज्ञान है, उनके अतिरिक्त उसे और भी उपयुक्त नवीन विधियों और युक्तियों का ज्ञान कराया जा सकता है।

(vi) पूछताछ प्रक्रिया में पारस्परिक सहयोग का काफी योगदान रहता है और इस तरह सहयोगियों की सहायता और विचारों द्वारा ज्ञान के कलेवर में वृद्धि की जा सकती है।

पूछताछ प्रशिक्षण प्रतिमान में निहित तत्त्वों का वर्णन (Description of the Elements of Inquiry Training Model)

केंद्र-बिंदु (Focus)—विद्यार्थी प्रकृति से जिज्ञासु होते हैं। अपनी जिज्ञासा की तृप्ति हेतु वे वस्तु और घटनाओं के बारे में प्रश्न पूछते हुए और खोज करते हुए बड़े ही स्वाभाविक ढंग से पूछताछ प्रक्रिया को अपनाते रहते हैं। पूछताछ प्रतिमान का उद्देश्य बच्चों को इस जिज्ञासा प्रेरित पूछताछ कौशल में उचित रूप से प्रशिक्षित करना है। जिस ढंग से वैज्ञानिक, अनुसंधानकर्त्ता और विद्वान विचारक कोई बात क्यों होती है, इसकी गहराई में जाकर विभिन्न सिद्धांतों, प्रनियमों या विचारों की सृष्टि करते हैं, उसी रूप में इस प्रतिमान में बालक विभिन्न आंकड़ों को एकत्रित कर उनके द्वारा कुछ कल्पित परिकल्पनाओं की जांच कर यह निष्कर्ष निकालने का प्रयत्न करते हैं कि किसी अमुक घटना या बात के मूल में वास्तविक कारण क्या है।

संरचना (Syntax)—पूछताछ प्रशिक्षण प्रतिमान की कार्य प्रणाली से संबंधित पांच अवस्थाओं (Phases) और उनमें निहित विभिन्न क्रियाओं का रूप तालिका 25.4 द्वारा समझा जा सकता है–

तालिका 25.4 पूछताछ प्रशिक्षण प्रतिमान की संरचना

प्रथम अवस्था (Phase One)	समस्या का सामना करना (Encounter with the Problem)
क्रियाएं (Activities)	(i) पूछताछ करने के ढंग से परिचित कराना। (ii) घटना या समस्या का प्रस्तुतीकरण।
द्वितीय अवस्था (Phase Two)	पुष्टिकरण के लिए आंकड़ों का संग्रह (Data Gathering Process for Verification)
क्रियाएं (Activities)	(i) वस्तुओं और परिस्थितियों की प्रकृति की पुष्टि। (ii) समस्या या घटना के घटित होने की पुष्टि।
तृतीय अवस्था (Phase Three)	प्रयोगीकरण के लिए आंकड़ों का संग्रह (Data Gathering Process for Experimentation Act)
क्रियाएं (Activities)	(i) सार्थक चरों व तथ्यों को पृथक करना। (ii) कार्यकरण संबंधों के बारे में परिकल्पनाएँ बनाना और उनकी जांच करना
चतुर्थ अवस्था (Phase Four)	समाधान या कारण का प्रस्तुतीकरण (Formulating an Explanation)
क्रियाएं (Activities)	समस्या का हल क्या है अथवा घटना के पीछे क्या कारण है, इस बारे में निष्कर्ष प्रस्तुत करना।
पंचम अवस्था (Phase Five)	पूछताछ प्रक्रिया का विश्लेषण (Analysis of the Inquiry Process)
क्रियाएं (Activities)	पूछताछ के लिए अपनाई गई प्रक्रिया का विश्लेषण करना और उसमें अपेक्षित सुधार लाना।

प्रथम अवस्था : समस्या का सामना करना
(The First Phase : Encounter with the Problem)

इस अवस्था में अध्यापक विद्यार्थियों को पहले यह बताता है कि उन्हें किस प्रकार पूछताछ करनी है और उसके बाद उनके सामने किसी घटना या समस्या को प्रस्तुत करता है। जो समस्या या घटना विद्यार्थियों के सामने रखी जाए, वह ऐसी होनी चाहिए कि वह उनके लिए कुछ अनोखी–सी बात हो और जिसका समाधान कोई चुनौती बनकर आए। इस समस्या या घटना के द्वारा किसी विषय के ज्ञान अथवा शिक्षण में सहायता पहुँचे, यह आवश्यक नहीं। मूल बात यह है कि इसके द्वारा विद्यार्थियों को पृच्छा अथवा पूछताछ करने के सही तरीके का उचित प्रशिक्षण मिल जाना चाहिए। इस संदर्भ में टिप्पणी करते हुए वील एवं जॉयसी (Weil and Joyce) लिखते हैं–

"इस प्रतिमान में स्पष्ट रूप से पूछताछ प्रक्रिया से अवगत होने और उसमें पारंगत होने पर जोर दिया जाता है, समस्या विशेष की घटना सामग्री और उसके घटने की औचित्यता पर नहीं। प्रतिमान से यह अपेक्षा भी की जा सकती है कि वह ज्ञानार्जन और उसके उपयोग में यथेष्ट सहायता पहुंचाए, परंतु किसी भी अवस्था में अध्यापक के लिए आवश्यक नहीं कि उसके द्वारा प्रस्तुत विषय सामग्री सब प्रकार से सही हो और उससे निर्धारित पाठ्यक्रम पूरा किया जाए।"

"The emphasis in this model is clearly on becoming aware of and mastering the inquiry process, not on the content and explanation of any particular problem situation. Although the model should also be enormously appealing and effective as a model of acquiring and using information, the teacher cannot be too concerned with subject matter coverage or correctness." (Weil and Joyce, 1978, pp. 130–131)

पूछताछ के लिए क्या तरीका अपनाया जाए, इस संबंध में विद्यार्थियों को निम्न नियमों का पालन करने को कहा जा सकता है–

1. विद्यार्थियों द्वारा इस प्रकार के प्रश्न किए जाने चाहिए जिनका उत्तर केवल 'हाँ' या 'ना' में दिया जा सके।
2. विद्यार्थियों को सीधे ही यह नहीं पूछना चाहिए कि प्रस्तुत घटना के घटित होने का क्या कारण है अथवा समस्या का हल क्या है ?
3. अब किसी विद्यार्थी को प्रश्न पूछने के लिए आमंत्रित किया जाए तो उसे तब तक प्रश्न पूछते रहने के लिए पूरी स्वतंत्रता दी जाती है जब तक कि वह अपनी सभी परिकल्पनाओं (Hypotheses) की जांच के लिए पर्याप्त जानकारी इकट्टी न कर ले।
4. विद्यार्थियों को अपने सहयोगियों से सहयोग प्राप्त करने अथवा उनसे परामर्श करने की पूर्ण स्वतंत्रता रहती है।
5. कोई भी विद्यार्थी किसी भी समय अपने मस्तिष्क में आए हुए किसी भी स्पष्टीकरण या हल को उचित प्रश्नों के द्वारा जांच अथवा पुष्टि कर सकता है।
6. विद्यार्थियों को आवश्यकतानुसार संबंधित पुस्तकों का अध्ययन करने, सहायक सामग्री का उपयोग करने अथवा प्रयोग एवं परीक्षण आदि करने की पूर्ण स्वतंत्रता दी जाती है।

आंकड़ों का संग्रह (द्वितीय एवं तृतीय अवस्थाएं)
Data Gathering (Second and Third Phases)

दूसरी और तीसरी अवस्थाओं का सम्बन्ध पुष्टिकरण (Verification) और प्रयोगीकरण (Experimentation) हेतु विभिन्न प्रकार की सूचना और आंकड़ों के संग्रह से है। विद्यार्थियों द्वारा आंकड़ों के संग्रह का यह कार्य निम्न दो रूपों में होता है–

(i) विद्यार्थियों द्वारा ऐसे प्रश्न पूछे जाते हैं जिनका उत्तर अध्यापक द्वारा केवल 'हाँ' या 'ना' में दिया जाए।
(ii) समस्या या घटना जिन परिस्थितियों अथवा परिवेश में घटित होती हैं, उसके बारे में आवश्यक छानबीन, खोज और प्रयोग किए जाएं।

एकत्रित आंकड़ों या सूचनाओं के आधार पर पुष्टिकरण के लिए निम्न दो सोपानों से गुजरना पड़ता है–

1. **वस्तुओं और घटनाओं की वास्तविक प्रकृति की पुष्टि करना।** इस कार्य के लिए मुख्य रूप से निम्न तीन आधार लिए जाते हैं–
   (i) निहित वस्तुओं की गिनती और पहचान।
   (ii) किसी विशेष समय पर वस्तुओं और प्रणालियों की दशा (निश्चित परिस्थितियों में वस्तुओं द्वारा प्रदर्शित व्यवहार)।
   (iii) कार्य–व्यापार अथवा घटना की प्रकृति।
2. **घटना घटित होने की पुष्टि।** इस प्रकार पुष्टिकरण संबंधित द्वितीय अवस्था अध्यापक से यह अपेक्षा करती है कि उसे समस्या या घटना की पुष्टिकरण से संबंधित सभी पूछे जाने वाले प्रश्नों का आभास हो और वह विद्यार्थियों द्वारा पूछे जाने वाले प्रश्नों को इस प्रकार का मोड़ प्रदान कर सके जिससे पुष्टिकरण के कार्य में पर्याप्त सहायता मिल सके।

प्रयोगीकरण से संबंधित तीसरी अवस्था घटना के कारण अथवा समस्या के हल को लेकर जो कुछ भी खोज–कार्य अथवा प्रयोग और परीक्षण किए जा सकते हैं उनसे अपना प्रयोजन रखती है। इस अवस्था में सम्भावित हलों को लेकर विद्यार्थियों द्वारा कुछ परिकल्पनाओं का निर्माण और परीक्षण किया जाता है। यहां अध्यापक उचित मार्गदर्शन द्वारा यह प्रयत्न करता है कि विद्यार्थी गलत और निरर्थक परिकल्पनाओं को त्यागकर सही और उचित परिकल्पनाओं का चयन करे तथा अपने खोज कार्य में आगे कदम रखे।

चतुर्थ अवस्था (Phase Four)

इसमें विद्यार्थियों से यह आशा की जाती है कि वे–

(i) संग्रह किए हुए आंकड़ों के सार्थक परिणाम निकालने का प्रयत्न करें तथा
(ii) प्रस्तुत समस्या के समाधान अथवा घटना में निहित कारणों की सर्वोत्तम ढंग से व्याख्या करें।

पांचवीं अवस्था (Phase Fifth)

इसमें प्रतिमान के संपादन हेतु अपनाई गई संपूर्ण प्रक्रिया का अध्यापक और विद्यार्थी दोनों द्वारा सिंहावलोकन कर विश्लेषण करने का प्रयास किया जाता है। पूछे जाने वाले प्रश्न और दिए जाने वाले उत्तर किस प्रकार के थे और किस तरह पूछे गए। किस प्रकार की परिकल्पनाओं का निर्माण किया गया, उनकी सत्यता की परख कैसे हुई ?

पूछताछ करने के सही ढंग को विद्यार्थी द्वारा अपनाया गया या नहीं ? इस प्रकार की सभी बातों की चर्चा करके उनका मूल्यांकन करके अध्यापक को पूछताछ प्रक्रिया में यथेष्ट संशोधन और परिमार्जन करने में सहयोग मिलता है, वहाँ विद्यार्थियों को भी उचित समस्या समाधान योग्यता और अन्वेषण कला का विकास करने में सहायता मिलती है।

प्रक्रिया का सिद्धांत (Principles of Reaction)

पूछताछ प्रक्रिया के अंतर्गत विद्यार्थियों द्वारा संपादित क्रियाओं के प्रति अध्यापक की विशेष अनुक्रियाएं अथवा प्रतिक्रियाएं हो सकती हैं, उनका **वील एवं जॉयसी** (Weil and Joyce, 1978, p. 135) ने निम्न प्रकार संक्षिप्त वर्णन किया है–

1. यह निश्चित करना कि विद्यार्थियों द्वारा किस प्रकार के प्रश्न पूछे जाएं जिनका उत्तर केवल 'हां' या 'ना' में दिया जा सके।
2. विद्यार्थियों के जो प्रश्न उचित न हों उन्हें सुधारने के लिए कहा जाता है।
3. अप्रमाणित कथनों या बातों की ओर ध्यान दिलाया जाए जैसे "हमने अभी यह सिद्ध नहीं किया कि यह एक तरल पदार्थ है।"
4. पूछताछ प्रक्रिया की अपनी एक विशेष भाषा है। जहां तक हो सके इसी भाषा को प्रयोग में लाया जाए। उदाहरण के लिए विद्यार्थियों द्वारा पूछे गए प्रश्न परिकल्पना अथवा सिद्धांत कहे जाते हैं और उनकी सत्यता की जांच करने की प्रक्रिया को प्रयोगीकरण (Experimentation) का नाम दिया जाता है।
5. विद्यार्थियों द्वारा प्रतिपादित सिद्धांतों (परिकल्पनाओं) को न तो अध्यापक द्वारा स्वीकृति ही दी जानी चाहिए और न ही अस्वीकृति।
6. विद्यार्थियों से उनकी अपनी परिकल्पनाओं अथवा सिद्धांतों को स्पष्ट रूप से सामने रखने और उनके सामान्यीकरण के लिए कुछ और व्यापक आधार तलाश करने के लिए जोर डाला जाना चाहिए।
7. विद्यार्थियों के बीच पारस्परिक अंतःक्रिया को अधिक से अधिक प्रोत्साहित किया जाना चाहिए।

सामाजिक प्रणाली (The Social System)—पूछताछ प्रशिक्षण प्रतिमान, सामाजिक प्रणाली के नियंत्रण को बहुत अधिक महत्त्व देता है, परंतु फिर भी जहां तक विचारों के आदान–प्रदान का प्रश्न है, विद्यार्थी और अध्यापक दोनों ही इस प्रतिमान में बराबर की भूमिका निभाते हैं। अध्यापक को सभी स्थितियों में इस प्रकार की अनुक्रिया करनी होती है कि विद्यार्थियों को पूछताछ करने और इस दिशा में ठीक प्रकार आगे बढ़ते रहने के लिए अधिक से अधिक प्रोत्साहन मिलता रहे। प्रारंभ में इस प्रतिमान में सामाजिक भूमिका और नियंत्रण अपेक्षाकृत अधिक होता है, परन्तु धीरे–धीरे जैसे–जैसे विद्यार्थी पूछताछ करने के ढंग से परिचित होने लगते हैं, नियंत्रण कम होने लगता है और विद्यार्थियों को अधिक सक्रिय सहयोग के अवसर दिए जाते हैं। उन्हें सोचने विचारने की ओर इस तरह प्रेरित किया जाता है कि वे समस्या का समाधान करने और रहस्यों की खोज करने के वैज्ञानिक ढंग का प्रशिक्षण प्राप्त कर सकें। वास्तव में देखा जाए तो इस प्रतिमान की सफलता का श्रेय ही उस सहायतापूर्ण खुले वातावरण को दिया जा सकता है जो अध्यापक–विद्यार्थी और विद्यार्थी–विद्यार्थी के बीच चलने वाली पारस्परिक अंतःक्रिया के रूप में प्रस्फुटित होता रहता है।

अवलंब प्रणाली (The Support System)—इस प्रतिमान के प्रयोग हेतु अध्यापक को अतिरिक्त सहायता की आवश्यकता पड़ती है, जो अग्रांकित हैं–

(i) लिखित रूप में किसी समस्या या घटना का वर्णन करने वाली सामग्री।

(ii) पूछताछ करने के उचित तरीकों और युक्तियों के विषय में उचित प्रशिक्षण एवं विद्यार्थियों के बौद्धिक विकास एवं ज्ञान के स्तर की जानकारी।

(iii) समस्या समाधान में सहायक उपयुक्त साधन एवं स्रोत।

प्रतिमान का प्रयोग (Application Context)—मूल रूप में यह प्रतिमान विद्यार्थियों को क्रमबद्ध एवं नियोजित ढंग से पूछताछ करने के कौशल का प्रशिक्षण देने के लिए विकसित किया गया है। अतः स्पष्ट रूप से इसे एक प्रशिक्षण तकनीक (Training technique) के रूप में ही देखा जाना चाहिए, पढ़ने अथवा ज्ञान प्रदान करने की विधि के रूप में नहीं, परन्तु फिर भी यह प्रतिमान पाठ्यक्रम के विषय विशेषकर प्राकृतिक विज्ञानों (Natural sciences) में संबंधित ज्ञान के लिए महत्त्वपूर्ण साधन सिद्ध हो सकता है। पूछताछ करने के ढंग का प्रशिक्षण भी दिया जा सके और विषय विशेष का ज्ञान भी विद्यार्थी अर्जित कर सके, इसके लिए अध्यापक चाहे तो वह समस्या या घटना के चयन के लिए किसी भी विषय के किसी क्षेत्र प्रकरण (Topic) और विषय सामग्री को अपना आधार (केंद्र) बना सकता है।

पूछताछ प्रशिक्षण प्रतिमान के प्रयोग का दृष्टांत (Illustrating the Use of Enquiry Training Model)

समस्या और उसका प्रस्तुतीकरण (Encounter with the Problem)—प्रधानाध्यापक गुप्ता जी परिवार सहित गर्मियों की छुट्टियां बिताने गए हुए थे। वापस आने पर क्या देखते हैं कि उनका बगीचा बुरी तरह से उजड़ा हुआ है, पेड़–पौधे टूटे हुए हैं तथा बाड़ा भी क्षत–विक्षत है। परंतु दरवाजे का ताला वैसे का वैसा ही लगा हुआ है। उन्होंने ताला खोला और बैठक में प्रवेश किया। खिड़कियां बंद थीं। सभी साज–सामान पर धूल जमी हुई थी। एक तस्वीर जो छत से आधा मीटर नीचे कमरे की एक दीवार पर लगी हुई थी, नीचे गिर गई थी और उसका शीशा चूर–चूर होकर फर्श पर बिखर गया। गुप्ता जी तेजी से अलमारी की ओर मुड़े। वह खुली हुई थी लेकिन उसका सारा सामान सुरक्षित था। पूरा परिवार आश्चर्यचकित था। उनकी अनुपस्थिति में यहां क्या हुआ, यही सोचकर सब परेशान थे। आप वहां उपस्थित होते तो क्या ऐसी अवस्था में गुप्ता परिवार की परेशानी को दूर करने में सहायता कर सकते थे ? अगर हां तो कैसे ?

समस्या को मौखिक और लिखित दोनों रूपों में सभी विद्यार्थियों के सामने रखने के पश्चात् अध्यापक यह प्रयत्न करेगा कि विद्यार्थियों को पूछताछ करने के ढंग के बारे में प्रारंभिक आवश्यक जानकारी दे दी जाए।

संभावित कक्षा अंतःक्रिया की रूपरेखा (Details of the Classroom Interaction)

जैसे ही बच्चों के सामने यह समस्या रखी जाएगी कि गुप्ता जी के घर में यह सब कौन कर सकता है, बच्चे अपने उत्तर में बाहरी पालतू जानवरों, चोरी और आंधी–तूफान की बात कह सकते हैं। यहां अध्यापक का दायित्व बनता है कि वह विशिष्ट परिकल्पनाओं के निर्माण और उनकी जांच के लिए उपयुक्त सूचनाएं एवं आंकड़े इकट्ठे करने के लिए बालकों को उचित प्रश्न पूछने के लिए प्रेरित करें। इस कार्य के लिए संभावित कक्षा अंतःक्रिया कुछ निम्न रूप ले सकती है।

रमेश	क्या किसी बाहरी पशु के पैरों के निशान बगीचे में पाए गए ?
अध्यापक	नहीं।
रमेश	क्या बैठक के कमरे में कोई पालतू जानवर बंद रह गया था ?

अध्यापक	नहीं।
	यहां विद्यार्थी यह जान सकते हैं कि किसी पशु की उपस्थिति संबंधी उनकी परिकल्पना ठीक नहीं है।
महेश	क्या अलमारी के अलावा भी अन्य जगह रखी हुई सभी वस्तुएँ सुरक्षित थीं।
अध्यापक	हां।
महेश	घर से क्या कोई चीज गायब थी ?
अध्यापक	नहीं।
	(विद्यार्थी यह अनुमान लगा सकेंगे कि चोरी संबंधी उनकी परिकल्पना ठीक नहीं है।)
नरेश	क्या उस समय कोई तूफान आया था ?
अध्यापक	कहा नहीं जा सकता, तुम्हें इस बात की जाँच करनी होगी।
सुरेश	क्या खिड़कियां बंद थीं ?
अध्यापक	हाँ, यह तुम लोगों को पहले ही बता दिया गया है।
दिनेश	क्या घर में बहुत अधिक धूल और पत्तियां थीं ?
अध्यापक	हां।
दिनेश	गिरकर टूट जाने वाली तस्वीर जहां टंगी थी, क्या उसके सामने कोई रोशनदान था ?
अध्यापक	हां।
दिनेश	क्या रोशनदान बंद था ?
अध्यापक	नहीं।
दिनेश	फिर तो कारण मिल गया। तेज हवा का झोंका रोशनदान में से होकर आ गया होगा।
अध्यापक	ठीक। क्या इस कारण की आगे पुष्टि की जा सकती है ?
मिथिलेश	क्या चौकीदार अथवा पड़ोसियों ने इन छुट्टियों में किसी तूफान के आने के विषय में कुछ बताया था ?
अध्यापक	हां।
गणेश	स्थानीय समाचार पत्रों में कोई समाचार तूफान के बारे में अवश्य छपा होगा?
अध्यापक	हाँ, छपा था। लेकिन तुम इन सब बातों से किस नतीजे पर पहुंच सकते हो, साफ–साफ बताओ।
दिनेश	गर्मियों की छुट्टियों में कोई तूफान आया था। इस तूफान ने ही बगीचे को नष्ट किया। बैठक के कमरे की खिड़किगां बंद थीं, परंतु दीवार पर लटकी तस्वीर के आगे का रोशनदान खुला हुआ था। इसी से तूफान के झोंके अंदर आते रहे जिससे तस्वीर टूट कर चकनाचूर हो गई और कमरे तथा घर में धूल और पत्तियों का ढेर लग गया।

पूछताछ प्रशिक्षण प्रतिमान का दूसरा दृष्टांत (Another Illustration of the Inquiry Training Model)

समस्या और उसका प्रस्तुतीकरण (Encounter with the Problem)—यह घटना एक सदी पूर्व दक्षिण भारत के एक छोटे से गांव में घटित हुई थी। इस गांव के लोगों का मुख्य पेशा खेतीबाड़ी करना था। वे रूढ़िवादी और

पुराने विचारों के थे। गाँव में एक विद्यालय खुला। काफी उत्साह से उसका स्वागत हुआ और फलस्वरूप पढ़ने वाले बच्चों की संख्या में वृद्धि होती गई। लेकिन एक दिन अचानक गांव के अधिकांश माता–पिताओं ने अपने बच्चों को विद्यालय से हटा लिया। बात जिला शिक्षाधिकारी तक पहुंची। उसे काफी हैरानी हुई, परंतु वह इसका कोई कारण नहीं ढूंढ़ सका। क्या इस हालत में आप उसकी सहायता कर सकते थे ?

संभावित कक्षा–अंतःक्रिया की रूपरेखा (Outline of Possible Classroom Interaction)

सोहन	क्या गांव में कोई अकाल पड़ गया था या किसी प्रकार की कोई आर्थिक विपत्ति आई थी ?
अध्यापक	नहीं।
मोहन	क्या विद्यालय में सह–शिक्षा प्रारंभ की गई थी ?
अध्यापक	नहीं।
राधा	क्या किसी विद्यार्थी को शारीरिक अथवा आर्थिक दंड दिया गया था ?
अध्यापक	नहीं।
श्याम	क्या इलाके में खेतों में काम करने वाले मजदूरों इत्यादि की बहुत कमी हो गई थी ?
अध्यापक	नहीं।
गीता	मेरे विचार में फीस बढ़ा दी गई होगी।
अध्यापक	नहीं।
नीता	क्या इसके पीछे किसी अच्छे अध्यापक के स्थानांतरण की बात नहीं हो सकती ?
अध्यापक	नहीं।
मोहन	क्या यह एक सरकारी विद्यालय था ?
अध्यापक	हां।
मोहन	क्या बाद में किसी नीची जाति के विद्यार्थी को विद्यालय में प्रवेश दिया गया?
अध्यापक	हाँ।
मोहन	क्या इस घटना से पहले जितने विद्यार्थी इस विद्यालय में पढ़ रहे थे सभी ऊंची जाति के थे ?
अध्यापक	हां।
मोहन	तब तो कारण स्पष्ट है, पुराने विचारों के रूढ़िवादी लोगों से किसी नीची जाति के बालक का अपने बालकों के साथ शिक्षा प्राप्त सहन नहीं हो सका और विरोधस्वरूप उन्होंने अपने बच्चे विद्यालय से हटा लिए।

स्वामित्व अधिगम प्रतिमान (Mastery Learning Model)

स्वामित्व अधिगम का संप्रत्यय (Concept of Mastery Learning)—कक्षा में बालकों को जो कुछ भी पढ़ाया जाता है अगर उसके परिणामों पर यह विचार करके देखा जाए कि कक्षा में कितने विद्यार्थी ऐसे हैं जिन्हें कक्षा में जो कुछ भी पढ़ाया गया है वह सब उन्हें आता है और अगर वर्तमान स्थिति में जो कुछ भी हमारे विद्यालयों की स्थिति

है उसको ध्यान में रखकर हम इसका उत्तर जानना चाहें तो परिणाम नितांत निराशाजनक ही हाथ लगेंगे। कुछ ही विद्यार्थी ऐसे मिलेंगे जो कक्षा में हुई बातों के आधार पर लिए जाने वाले उपलब्धि परीक्षणों में अधिक अच्छे परिणामों का प्रदर्शन कर सकें। क्या यह समय और शक्ति का अपव्यय नहीं है ? क्या इससे जो अधिगम उद्देश्य हम निश्चित करते हैं उनकी प्राप्ति की आशा की जा सकती है? कदापि नहीं, शिक्षा में होने वाले इस प्रकार के अपव्यय (Wastage) और अवरोधन (Stagnation), – जो बालक के उपलब्धि स्तर पर खरा न उतरने के कारण बार–बार फेल होने पर होते रहते हैं – हमारी शिक्षा व्यवस्था को तो चौपट किए ही जा रहे हैं, साथ में यह व्यक्तिगत कुंठाओं तथा निराशाओं को जन्म देकर देश की प्रगति में बाधक बन रहे हैं। यह स्थिति समाप्त होनी ही चाहिए और इसकी समाप्ति का एक अच्छा उपाय और साधन स्वामित्व अधिगम प्रणाली को अपनाने में निहित है।

प्रश्न उठता है कि यह स्वामित्व अधिगम क्या है। स्वामित्व अधिगम का शाब्दिक अर्थ होता है अधिगम पर पूर्णरूप से अधिकार कर लेना या जितना अधिगम किया जाए उसका पूरी तरह स्वामी (Master) बन बैठना। जो कुछ भी पढ़ाया जाय वह संपूर्ण रूप से बालक की समझ में आ जाए, वह उसको अच्छी तरह धारण करके उपयोग में लेने के काबिल बन जाए या दूसरे शब्दों में जो अनुदेशन सामग्री (Instructional material) उसे जिन उद्देश्यों को पूरा करने के लिए दी गयी है वह उसे संपूर्ण रूप से प्राप्त करके निहित उद्देश्यों को पूरा कर सकने की स्थिति में पहुंच जाए। सामूहिक कक्षा शिक्षण में इस तरह बालकों को जो कुछ भी पढ़ाया जाता है उस सभी को, सभी बालक जितनी अच्छी से अच्छी तरह से संपूर्ण रूप से ग्रहण करके निश्चित अधिगम उद्देश्यों की प्राप्ति में सफलता का प्रदर्शन करते हैं उसी सीमा तक हम कह सकते हैं कि वे अधिगम पर स्वामित्व स्थापित करने में सफल हो गए हैं।

यह एक सामान्य रूप से सोचने की बात है कि अध्यापक के रूप में हम कक्षा में जो कुछ भी पढ़ाते हैं यही सोचकर पढ़ाते हैं कि सभी बालकों को यह सब कुछ अच्छी तरह समझ में आ जाएगा तथा वे उसके अधिकारी बन बैठेंगे। कोई अध्यापक नहीं चाहता कि उसकी पढ़ाई हुई बातों में से कुछ प्रतिशत बातें ही बालकों की समझ में आए या कुछ प्रतिशत विद्यार्थी ही उनसे पूरी तरह लाभान्वित हों। शत प्रतिशत अधिगम सामग्री बालकों के समझ में आनी चाहिए यही अभिलाषा सभी अध्यापकों की होती है। स्वामित्व अधिगम (Mastery learning) को उनके इसी स्वप्न तथा अभिलाषा को पूरा करने की एक व्यवहारात्मक तकनीक के रूप में समझा तथा जाना जा सकता है। कक्षा में शत–प्रतिशत बालकों द्वारा शत–प्रतिशत अधिगम सामग्री (Instructional material) को भलीभाँति ग्रहण कर लिया जाए, इस बात को लेकर मनोवैज्ञानिकों तथा शिक्षा विशेषज्ञों द्वारा जो अनुसंधान किए गए और उनके परिणामस्वरूप इस दिशा में सफलता प्राप्त करने हेतु जिस शिक्षण–अधिगम प्रारूप को जन्म दिया गया उसे ही आज हम स्वामित्व अधिगम प्रारूप या प्रणाली के नाम से जानते हैं। इस प्रारूप को जन्म देने में प्रमुख रूप से मॉरीसन (Morrison), ब्रूनर (Bruner), केरोल (Carroll) तथा ब्लूम (Bloom) की चर्चा की जा सकती है। ब्लूम ने 1971 में अपने अनुसंधानों द्वारा यह निष्कर्ष निकाला कि किन्हीं निश्चित अनुदेशनात्मक उद्देश्यों की प्राप्ति के लिए प्रदान की गई अनुदेशनात्मक सामग्री का लगभग 95 प्रतिशत बालकों द्वारा पूर्णरूप से स्वामित्व स्तर तक अच्छी प्रकार ग्रहण किया जा सकता है, बशर्ते कि,

(i) अनुदेशन का कार्य नियमित एवं नियोजित ढंग से किया जाए,
(ii) विद्यार्थियों की प्रगति का समय–समय पर मूल्यांकन किया जाए और जब जहां जैसी जरूरत हो उनको अधिगम कठिनाइयों का उचित निवारण होता रहे।
(iii) उन्हें अधिगम सामग्री पर स्वामित्व स्तर तक पूरा अधिकार स्थापित करने हेतु पर्याप्त समय दिया जाए।
(iv) स्वामित्व स्तर (Mastery level) को उचित रूप से निर्धारित एवं परिभाषित किया जाए।

स्पष्ट है कि ब्लूम द्वारा वर्णित इस प्रकार के शिक्षण अधिगम प्रारूप या उपागम में किसी अध्यापक द्वारा अपनी कक्षा विशेष के बालकों को स्वामित्व स्तर तक अधिगम कराने हेतु निम्न तीन बातों की ओर मुख्य रूप से ध्यान रखा जाता है–

– अधिगम सामग्री को उचित रूप में प्रस्तुत करना।

– अधिगम कठिनाइयों का निदान करके उचित प्रतिपुष्टि (Feedback) प्रदान करना।

– स्वामित्व स्तर तक पहुंचाने हेतु सभी संभावित उपाय करना।

ब्लूम द्वारा प्रतिपादित अधिगम संबंधी उपरोक्त विचारों का अगर ठीक प्रकार से मंथन किया जाए तो स्वामित्व अधिगम (Mastery learning) के संप्रत्यय की व्याख्या निम्न शब्दों में की जा सकती है–

"स्वामित्व अधिगम (Mastery learning) शिक्षण–अधिगम की वह प्रणाली (System), उपागम (Approach), प्रारूप (Pattern) या व्यूह रचना (Strategy) है जिसमें भलीभांति नियोजित अधिगम सामग्री को व्यक्तिगत रूप से किसी एक विद्यार्थी अथवा कक्षा के सभी विद्यार्थियों के सामने इस प्रकार प्रस्तुत किया जाता है तथा समय–समय पर उनका मूल्यांकन करके उन्हें इस प्रकार प्रतिपुष्टि प्रदान करते हुए अधिगम पथ पर आगे बढ़ाने के लिए इतना पर्याप्त समय और अवसर दिया जाता है कि वे उस अधिगम सामग्री के लिए पूर्व निर्धारित स्वामित्व स्तर तक व्यक्तिगत तथा सामूहिक रूप में पहुंच पाने में पूरी तरह सक्षम बन सकें।"

स्वामित्व अधिगम की कार्यप्रणाली (The Working System of Mastery Learning)

किसी अधिगम विशेष पर स्वामित्व स्थापित करने में विद्यार्थियों की सहायता करने हेतु किस प्रकार आगे बढ़ा जाए ? किस प्रकार की कार्यप्रणाली को अध्यापक द्वारा कक्षा शिक्षण में अपनाया जाए ताकि अनुदेशन में होने वाले अनावश्यक अपव्यय एवं अवरोधन पर पूर्णतया अंकुश लगाया जा सके। इस दिशा में उचित रूप से आगे बढ़ने हेतु जो क्रमबद्ध तथा नियोजित कदम उठाए जा सकते हैं उन्हें स्वामित्व अधिगम प्रतिमान (Mastery learning model) के नाम से प्रसिद्ध शिक्षण प्रतिमान (Model of teaching) के माध्यम से अच्छी तरह समझा जा सकता है। आगे के पृष्ठों में हम इस प्रतिमान के बारे में ही आवश्यक चर्चा करना चाहेंगे।

स्वामित्व अधिगम प्रतिमान (Mastery Learning Model)—स्वामित्व अधिगम प्रतिमान एक ऐसा शिक्षण प्रतिमान है जिसे कक्षा शिक्षण परिस्थितियों में किसी अधिगम विशेष पर विद्यार्थियों का स्वामित्व स्थापित कराने में सहायता पहुंचाने के लिए प्रयुक्त किया जा सकता है। जॉयसी एवं वील (Joyce and Weil, 1980) ने शिक्षण प्रतिमानों का वर्गीकरण करते हुए इसे व्यवहारजन्य प्रणालियों के परिवार (Behavioural system family) में स्थान दिया है। यद्यपि अब इस प्रतिमान को बी.एस. ब्लूम द्वारा प्रतिपादित विचारों की देन कहा जाता है परंतु ऐतिहासिक दृष्टि से इसके प्रारंभिक प्रतिपादकों में जॉन बी. कैरोल (John B. Carrol) का नाम लिया जाना चाहिए। कैरोल ने 1963 में विद्यालय अधिगम हेतु एक प्रतिमान (जिसे मॉडल ऑफ स्कूल लर्निंग (Model of school learning) के नाम से जाना जाता है।) को जन्म दिया था, उसी को आधार बनाते हुए ब्लूम ने स्वामित्व अधिगम प्रतिमान (Mastery learning model) को प्रतिपादित किया। यह प्रतिमान क्या है तथा इसे कक्षा अधिगम हेतु कैसे प्रयोग में लाया जाता है ? इसका वर्णन किसी प्रतिमान की व्याख्या हेतु प्रयुक्त आधारभूत तत्त्वों (Fundamental elements) के रूप में हम आगे करने जा रहे हैं।

स्वामित्व अधिगम प्रतिमान की आधारभूत तत्त्वों के रूप में व्याख्या (Description of Mastery Learning Model in Terms of Fundamental Elements)—स्वामित्व अधिगम प्रतिमान के स्वरूप और कार्यप्रणाली की प्रतिमान के आधारभूत तत्त्वों के रूप में निम्न प्रकार व्याख्या की जा सकती है–

केंद्र-बिंदु (Focus)—स्वामित्व अधिगम प्रतिमान की यह मान्यता है कि एक कक्षा के सभी विद्यार्थियों को स्वामित्व अधिगम के स्तर तक पहुंचाया जा सकता है बशर्ते कि इस कार्य के लिए पर्याप्त समय दिया जाए और विद्यार्थियों को उनकी आवश्यकताओं, रुचियों तथा योग्यताओं के अनुरूप उचित अनुदेशन तथा समयानुसार सहायता प्रदान की जाए। इसलिए स्वामित्व अधिगम प्रतिमान का उद्देश्य ब्लूम (Bloom, 1971) के अनुसार कक्षा के लगभग सभी विद्यार्थियों यानी कम से कम 95 प्रतिशत विद्यार्थियों को पर्याप्त समय और उचित सहायता प्रदान करके किसी अधिगम विशेष में स्वामित्व स्तर (Mastery level) तक पहुंचाने (स्वामित्व अर्जित करने की पहचान ग्रेड A प्राप्त करने) में सहायता करना है।

संरचना (Syntax)—स्वामित्व अधिगम प्रतिमान अपने कार्य रूप में निम्न 6 सोपानों के अनुसरण की बात कहता है–

प्रथम सोपान—स्वामित्व हेतु पूर्व तैयारी या नियोजन (Planning for Mastery)

द्वितीय सोपान—स्वामित्व हेतु शिक्षण (Teaching for Mastery)

तृतीय सोपान—स्वामित्व के निदान हेतु निदानात्मक या निर्माणात्मक मूल्यांकन करना (Formative Evaluation for Diagnosing Mastery)

चतुर्थ सोपान—स्वामित्व स्तर तक पहुंचने संबंधी कमी को पूरा करना (Providing Differential Teaching for Mastery)

पंचम सोपान—स्वामित्व हेतु पुनः मूल्यांकन तथा उपचारात्मक कार्य (Re-evaluation and Remedial Work for Mastery)

छठा सोपान–आगे की इकाइयों का संकलनात्मक मूल्यांकन तथा स्वामित्व हेतु शिक्षण (Summative Evaluation and Mastery for Other Learning Units)

प्रथम सोपान–स्वामित्व हेतु पूर्व तैयारी का नियोजन (Planning for Mastery)

स्वामित्व अधिगम प्रणाली को अपनाने हेतु आवश्यक पूर्व तैयारी करना काफी आवश्यक होता है। मुख्य रूप से इस दिशा में निम्न कार्य किए जाने चाहिए–

1. अधिगम जो सामान्य रूप से कक्षाओं में होता है उससे स्वामित्व अधिगम किस प्रकार भिन्न है, यह बात अध्यापक तथा विद्यार्थियों को पूरी तरह स्पष्ट होनी चाहिए। जो कुछ भी विद्यार्थियों द्वारा पढ़ा जाए वह उन्हें लगभग संपूर्ण रूप से आना चाहिए तथा कक्षा के लगभग सभी विद्यार्थियों द्वारा ही इसके ऊपर इस प्रकार का स्वामित्व होना चाहिए। जब तक स्वामित्व अधिगम का अर्थ तथा उद्देश्य स्पष्ट नहीं होगा तब तक इस दिशा में सफलता नहीं अर्जित की जा सकती। अतः पहल इसी बात से होनी चाहिए।
2. स्वामित्व अधिगम प्रणाली में किस तरह आगे बढ़ना होता है इसका पूर्ण ज्ञान और अनुभव अध्यापकों को होना चाहिए तथा उन्हें फिर विद्यार्थियों को भी इसकी कार्यप्रणाली को स्पष्ट कर देना चाहिए।
3. विद्यार्थियों को स्पष्ट रूप से यह बताया जाना चाहिए कि जो अनुदेशन उन्हें प्रदान किया जाएगा उसमें उन्हें शत–प्रतिशत अधिगम अर्जित करना है। अधिगम के मूल्यांकन हेतु यहां कोई ग्रेड, डिवीजन, पास–फेल आदि का प्रावधान नहीं है, जो कुछ भी उन्हें सिखाया जाएगा उसके अधिगम उद्देश्य पहले ही निर्धारित कर लिए जाएंगे और उन उद्देश्यों की प्राप्ति ही कक्षा में होने वाले शिक्षण अधिगम का उद्देश्य रहेगा जिसकी प्राप्ति सभी बालकों की पूर्णरूप से करनी होगी।

4. जिस अधिगम के ऊपर स्वामित्व करने का कक्षा में प्रयत्न किया जाएगा उसका चयन बालकों के पूर्व ज्ञान, पाठ्यक्रम की मांग तथा इसके अधिगम एवं अनुदेशन के लिए प्राप्त संसाधनों के परिप्रेक्ष्य में उचित ढंग से किया जाएगा।
5. स्वामित्व के स्तर (Level of mastery) पर भी पूरी तरह से पहले ही विचार किया जाना चाहिए। अधिगम अनुदेशन सामग्री की कितनी प्रतिशत मात्रा को कक्षा के कितने प्रतिशत विद्यार्थियों द्वारा ग्रहण किया जाना स्वामित्व स्थापित कहना कहलाएगा, इस तरह का पूर्व निश्चय किया जाना अति आवश्यक है। ब्लूम ने 95% अधिगम सामग्री को 95% विद्यार्थियों द्वारा अर्जित कराना एक अच्छे स्वामित्व अधिगम उपागम का आदर्श स्तर माना है।
6. स्वामित्व अधिगम के अर्जन संबंधी उपाय तथा उसका मूल्यांकन तभी संभव है जबकि इसके लिए संबंधित अधिगम या अनुदेशन उद्देश्यों को स्पष्ट व्यवहारजन्य शब्दावली में पहले से ही निश्चित कर लिया जाए। अतः स्वामित्व अधिगम अर्जन के व्यवहारात्मक उद्देश्यों की स्पष्टता तथा निश्चितता पर भी इस पूर्व तैयारी की अवस्था में अपेक्षित ध्यान दिया जाना चाहिए।
7. स्वामित्व अधिगम के पथ पर आगे बढ़ने के लिए जो आवश्यक अनुदेशन सामग्री, अनुदेशन विधियां, सामग्री, उपकरण तथा शिक्षण अधिगम परिस्थितियां चाहिए, उन सबकी पूर्व व्यवस्था पहले से ही कर लेनी चाहिए।
8. निदानात्मक या निर्माणात्मक मूल्यांकन (Formative evaluation) तथा संकलनात्मक मूल्यांकन (Summative evaluation) किस प्रकार किया जाएगा इससे संबंधित आवश्यक जानकारी और प्रशिक्षण भी अध्यापक को अर्जित कर लेना चाहिए।

द्वितीय सोपान—स्वामित्व अधिगम हेतु शिक्षण (Teaching for Mastery)

स्वामित्व अधिगम या अनुदेशन प्राप्त करने हेतु निम्न प्रकार आगे बढ़ना ठीक रहता है—

1. सबसे पहले यह पता लगाया जाना चाहिए कि स्वामित्व अधिगम के जो उद्देश्य निर्धारित किए गए हैं तथा इन उद्देश्यों की प्राप्ति हेतु विद्यार्थियों को जो अनुदेशन या अधिगम प्रदान किए जाते हैं उनसे संबंधित पूर्व ज्ञान या अपेक्षाएं उनमें विद्यमान हैं या नहीं। अगर कोई कमी है तो पहले इसे ही दूर किया जाना चाहिए।
2. अधिगम या अनुदेशन सामग्री का चुनाव काफी सोच समझकर किया जाना चाहिए। इसका स्तर बालकों की रुचि तथा योग्यताओं के परिप्रेक्ष्य में ही होना चाहिए।
3. अनुदेशन तथा अधिगम सामग्री को उचित एवं सार्थक छोटी—छोटी इकाइयों (Meaningful small units) में विभक्त कर देना चाहिए तथा फिर एक—एक इकाई को कक्षा अनुदेशन का आधार बनाया जाना चाहिए।
4. अनुदेशन प्रदान करने हेतु अच्छी से अच्छी विधि, तकनीकों तथा व्यूह रचनाओं का चयन किया जाना चाहिए। चयन के इस कार्य में विद्यार्थियों की रुचि, क्रियाशीलता, उनके योग्यता स्तर, विषयवस्तु की प्रकृति तथा उपलब्ध संसाधनों एवं शिक्षण अधिगम परिस्थितियों का ध्यान रखा जाना चाहिए। हर हालत में यह लक्ष्य होना चाहिए कि विषय सामग्री या अधिगम अनुभवों को अच्छे से अच्छे ढंग से विद्यार्थियों को प्रदान किया जाए ताकि अनुदेशन प्रदान करने तथा अधिगम अर्जन के कार्य में अधिक से अधिक प्रभावशीलता आ सके।

5. विषयवस्तु की क्रमबद्धता के आधार पर शुरुआत अधिगम सामग्री की प्रथम इकाई से होनी चाहिए तथा इसी पर पूर्ण स्वामित्व स्थापित करने के लक्ष्य को लेकर इसके प्रभावपूर्ण अनुदेशन तथा अधिगम पर पूरा ध्यान दिया जाना चाहिए।

तृतीय सोपान–स्वामित्व के निदान हेतु निर्माणात्मक मूल्यांकन करना (Formative Evaluation for Diagnosing Mastery)

द्वितीय सोपान के अंतर्गत जो अनुदेशन प्रदान किया गया था और उसके परिणामस्वरूप प्रथम इकाई विषय सामग्री से संबंधित जो भी अधिगम अनुभव विद्यार्थियों द्वारा अर्जित किए जाएं उनका मूल्यांकन इस तरह किया जाता है जिससे यह पता चले कि–

– प्रथम इकाई से संबंधित आयोजित अधिगम पर किस स्तर का स्वामित्व स्थापित हो चुका है ?

– निर्धारित स्वामित्व स्तर (Mastery level) तक विद्यार्थियों को पहुंचने में कितनी कमी रह गई है ?

– कौन–कौन से विद्यार्थी स्वामित्व स्तर पर पहुंच चुके हैं ? जो पहुँच गए हैं उन्हें M से विभूषित कर अपेक्षित अधिगम इकाई का स्वामी (Master of the learning unit) घोषित कर दिया जाता है। शेष के स्तर को उनके मूल्यांकन परिणामों के आधार पर वर्गीकृत करके निश्चित श्रेणी या नाम प्रदान किए जा सकते हैं।

– जो विद्यार्थी स्वामित्व स्तर तक नहीं पहुंच पाए हैं उनका ऐसा न कर पाने के कारण क्या हैं ? उनके अधिगम मार्ग में कैसी कठिनाइयां हैं ? इन कठिनाइयों तथा कमजोरियों का उचित निदान, विश्लेषण और वर्गीकरण करना इसी तरह के मूल्यांकन द्वारा संभव हो सकता है।

चतुर्थ सोपान–स्वामित्व स्तर तक पहुंचने संबंधी कमी को पूरा करना (Differential Teaching)

निदानात्मक तथा निर्माणात्मक मूल्यांकन द्वारा यह बात सामने ला दी जाती है कि जो विद्यार्थी स्वामित्व स्तर तक नहीं पहुंच पाये हैं उनके अधिगम मार्ग में कैसी कठिनाइयां आ रही हैं। सभी बालकों को अपेक्षित स्वामित्व स्तर तक पहुंचाने हेतु जो उपाय काम में लाए जा सकते हैं वे निम्न हैं–

1. **मानीटर पद्धति का प्रयोग**—जो विद्यार्थी अधिगम इकाई से संबंधित सामग्री के अनुदेशन उद्देश्यों को प्राप्त करने के संदर्भ में स्वामित्व स्तर पर पहुंच गए हैं उन्हें मास्टर मानकर मानीटर नियुक्त कर दिया जाता है। ये मानीटर अन्य बालकों को स्वामित्व स्तर तक पहुँचाने में बहुत ही महत्त्वपूर्ण भूमिका निभा सकते हैं। बालकों को स्वामित्व स्तर तक पहुंचाने में जो अंतर रह गया है उसी अन्तर या कमी को ध्यान में रखकर कक्षा के बालकों के समूह बनाए जा सकते हैं। एक समूह में 4–5 विद्यार्थियों को उनके उपलब्धि एवं अधिगम स्तर के हिसाब से रखा जाता है तथा उनका चार्ज एक स्वामित्व स्तर पर पहुंचे हुये मानीटर विद्यार्थी को सौंप दिया जाता है। मानीटर बने ये होशियार विद्यार्थी समूहों में बंटे अपने साथी विद्यार्थियों को उचित अनुदेशन, परामर्श, निर्देशन, पर्यवेक्षण, अनुकरणात्मक मॉडल संबंधी सेवाएं प्रदान करके वांछित स्वामित्व स्तर तक पहुँचाने में बहुमूल्य सहायता कर सकते हैं।

   मानीटर बने ये विद्यार्थी व्यक्तिगत रूप से सहायता प्रदान करने में एक अच्छे ट्यूटर की भी कुशल भूमिका निभा सकते हैं। जो स्वामित्व स्तर पर पहले पहुंच जाता है उसे ही मास्टर मानकर दूसरे साथियों की सहायता हेतु प्रेरित कर दिया जाता है और इस प्रकार साथी होनहार बालकों द्वारा कम होशियार

बालकों को स्वामित्व स्तर तक पहुंचाने का बहुमूल्य सहयोग पूर्ण अनुदेशन तथा ट्यूटोरियल कार्य तब तक चलता रह सकता है जब तक कि कक्षा के लगभग सभी विद्यार्थी निश्चित स्वामित्व स्तर तक नहीं पहुंच पाते।

2. **अध्यापकों द्वारा सहायता करना**—मानीटरों के अलावा अध्यापकों द्वारा स्वयं भी सभी तरह से ऐसे प्रयास किए जाते हैं जिनसे निश्चित स्वामित्व अधिगम स्तर की प्राप्ति सभी बालकों की संभव हो सके। ऐसे कुछ उल्लेखनीय प्रयासों का निम्न रूप हो सकता है–

   – सामूहिक अधिगम इकाइयों के निवारण हेतु उपयुक्त अनुदेशन की पुनरावृत्ति की जा सकती है।

   – किन्हीं दक्षता या कुशलता विशेष संबंधी क्रियाओं, प्रयोगों तथा प्रदर्शनों को और अच्छी तरह से कक्षा में प्रस्तुत किया जा सकता है।

   – उपयुक्त अन्य विधियों, तकनीकों तथा व्यूह रचनाओं का उपयोग करके संबंधित अधिगम कठिनाइयों के निवारण का प्रयत्न किया जा सकता है।

   – उपयुक्त अभ्यास कार्य कराया जा सकता है तथा उसका व्यक्तिगत रूप से निरीक्षण किया जा सकता है।

   – विद्यार्थियों की व्यक्तिगत कठिनाइयों को व्यक्तिगत रूप से अलग से समय देकर निवारण करने के प्रयत्न किए जा सकते हैं।

   – विद्यार्थियों को उनकी कठिनाइयों के निवारण हेतु उपयुक्त परामर्श तथा निदेशन प्रदान किया जा सकता है। उन्हें संदर्भ सुझाए जा सकते हैं, स्थान बताए जा सकते हैं तथा स्वयं अनुभव या स्वाध्याय करने के ऐसे तरीके बताए जा सकते हैं जिससे वे अधिगम मार्ग की बाधाओं को दूर करके अपेक्षित स्वामित्व अर्जित कर सके।

   – विद्यार्थियों को सामूहिक या व्यक्तिगत रूप से भलीभांति प्रोत्साहित तथा अभिप्रेरित करने के प्रयत्न किए जा सकते हैं। समय–समय पर उन्हें इस प्रकार प्रतिपुष्टि प्रदान की जा सकती है ताकि उन्हें अधिगम पथ पर बढ़ते रहने में कोई कठिनाई न आए।

3. **छोटे–छोटे स्वाध्याय समूह बनाना** (Formation of Small Study Groups)—कक्षा के बालकों को छोटे–छोटे समूहों में विभक्त किया जा सकता है। स्वाभाविक रूप से अपने आप ही इसमें सभी प्रकार की योग्यता उपलब्धि, रुचि तथा अभिरुचि स्तर के बालक शामिल होते हैं। कुछ बालकों को कोई बात अच्छी तरह आती है तो कोई बालक किसी वस्तु विशेष या क्रिया विशेष को दूसरों की अपेक्षा अधिक अच्छी तरह क्रियान्वित करने में विशेष रूप से माहिर होते हैं। ऐसे समूहों में इस तरह बालक एक–दूसरे को जो वो दूसरों से अच्छा जानते हैं, उसे पढ़ाने या उसका प्रदर्शन करके दूसरों के अनुकरण कराने में अधिक अच्छी भूमिका निभा सकते हैं। प्राथमिक कक्षा स्तर पर इस प्रकार के छोटे–छोटे समूहों में हिलमिल कर किया जाने वाला स्वाध्याय तथा अभ्यास काफी सफल सिद्ध हो सकता है।

4. **विद्यार्थी के माता–पिता या परिवार के सदस्यों की सहायता लेना** (Taking Help from Parents or Members of the Family)—विद्यार्थियों को अपेक्षित स्वामित्व स्तर तक पहुंचने में जो कठिनाइयां आ रही हैं उनके निवारण में ट्यूटर की भूमिका माता–पिता तथा परिवार के अन्य सदस्यों द्वारा भी निभाई जा सकती है। ऐसा करने में उनकी उचित सहायता लेने हेतु पहले उन्हें निदानात्मक तथा निर्माणात्मक मूल्यांकन के परिणामों द्वारा ज्ञात बातों को अच्छी तरह बताना होता है। बालक की किस प्रकार के अधिगम में किस तरह की कमजोरी है, यह कमजोरी क्यों है ? इसके निवारण में माता–पिता तथा

परिवार के सदस्यों की कई प्रकार से सहायता ली जा सकती है। जैसे (i) वे इस बात को सुनिश्चित करें कि बालक को पढ़ने लिखने तथा अन्य व्यवहारात्मक और अभ्यासात्मक अनुभव प्राप्त करने हेतु घर में आवश्यक सुविधाएं, परिस्थितियाँ तथा प्रोत्साहन मिले, (ii) विद्यालय में उनकी उपस्थिति को नियमित बनाया जाए, (iii) पढ़ाई तथा उपकरण सम्बन्धी उनकी आवश्यकताओं की पूर्ति ठीक प्रकार होती रहे, (iv) उनकी शारीरिक तथा मनोवैज्ञानिक आवश्यकताताओं की पूर्ति वांछित स्तर तक होती रहे, (v) जितनी योग्यता और अनुभव उनके पास या परिवार के किसी सदस्य बड़े भाई, बहिन, चाचा–चाची, दादा–दादी आदि के पास हों उसके अनुरूप (आवश्यकता पड़ने पर उचित प्रशिक्षण या अभ्यास करने पर) वे बालकों को ठीक पढ़ने लिखने में एक ट्यूटर की भाँति सहायता करने का प्रयत्न करें।

5. **विद्यार्थियों को स्वाध्याय तथा अभ्यास के पर्याप्त अवसर देना** (Providing Sufficient Time for Self-study and Practice)—विद्यार्थियों में व्यक्तिगत अंतरों का पाया जाना स्वाभाविक ही है। कोई जल्दी ही स्वामित्व स्तर पर पहुँच जाता है किसी को ऐसा करने में काफी समय लग सकता है। लक्ष्य यही होता है कि सभी विद्यार्थी अधिक से अधिक संख्या में अधिक अधिगम सामग्री के ऊपर स्वामित्व स्थापित कर सकें। इस दिशा में अब अपेक्षित अनुकूल परिणाम तभी प्राप्त हो सकते हैं जबकि पर्याप्त धैर्य, प्रोत्साहन युक्त एवं प्रेरणादायक शिक्षण अधिगम वातावरण बनाए रखा जाए। जो कठिनाई अनुभव कर रहे हैं, अधिगम में दूसरों से पीछे रह गए हैं उन्हें निरुत्साहित नहीं किया जाना चाहिए बल्कि बड़े ही धैर्य से उनके आत्मविश्वास को सुदृढ़ बनाते हुए उन्हें अपनी अधिगम कठिनाइयों पर काबू पाने में मदद करनी चाहिए। जितना उन्हें सामान्य रूप से समय चाहिए वह समय उन्हें अपने स्वाध्याय, मनन, चिन्तन परीक्षण तथा अभ्यास के लिए अवश्य ही दिया जाना चाहिए। अनावश्यक जल्दबाजी करने या उनके सामने होशियार बालकों के उदाहरण देने के परिणाम उल्टे ही पड़ते हैं। अतः स्वामित्व अधिगम पर उन्हें पहुंचाने हेतु धैर्य एवं संयम का प्रयोग करते हुए पर्याप्त मात्रा में स्वाध्याय, प्रशिक्षण तथा अभ्यास हेतु इच्छित समय उन्हें अवश्य ही प्रदान किया जाना चाहिए।

पंचम सोपान–स्वामित्व हेतु पुनः मूल्यांकन तथा उपचारात्मक कार्य (Re-evaluation and Remedial Work for Mastery)

चतुर्थ सोपान के अंतर्गत उठाए गए कदमों के प्रभाव का फिर से निदानात्मक या निर्माणात्मक परीक्षण के द्वारा मूल्यांकन किया जाता है। यह परीक्षण, तृतीय सोपान के लिए किए गए निर्माणात्मक परीक्षण की ही एक समानांतर प्रति होती है। इसके आधार पर यह निष्कर्ष निकालने में मदद मिलती है कि चौथे सोपान में स्वामित्व अधिगम स्तर तक पहुंचने संबंधी कठिनाइयों के निवारण हेतु जो विभिन्न उपाय किए गए थे उनके द्वारा वांछित सफलता मिल पायी या नहीं। अब भी अगर कोई कमी रह गई है तो वह किन विद्यार्थियों में है तथा उनकी कमियों या कठिनाइयों की प्रकृति तथा स्तर क्या है। यह सब जानने के बाद एक बार फिर उन सभी उपायों को लघु समूहों या व्यक्तिगत रूप में उन सभी बालकों द्वारा उसी मात्रा में दोहराया जाता है जिनके द्वारा उन्हें तब तक अनुदेशित तथा प्रेरित नहीं किया जाता रहे जब तक कि वे इच्छित स्वामित्व अधिगम स्तर तक न पहुंच जाएं।

छठा सोपान–संकलनात्मक मूल्यांकन तथा स्वामित्व हेतु आगे की अधिगम इकाइयां देना (Summative Evaluation and Mastery for Further Learning Units)

पांच उपरोक्त वर्णित सोपानों का अनुसरण करके किसी अधिगम सामग्री की प्रथम इकाई के अधिगम अर्जन में स्वामित्व स्थापित करने के प्रयत्न अब आगे की इकाइयों से संबंधित अधिगम अर्जन में स्वामित्व पाने हेतु दोहराए

जा सकते हैं और इस तरह कक्षा के लगभग सभी विद्यार्थियों को निश्चित अधिगम सामग्री का अधिगम उद्देश्यों की प्राप्ति संबंधी स्वामित्व स्तर तक पहुँचाने में सहायता की जा सकती है। स्वामित्व स्तर तक पहुँचने का कार्य कक्षा के सभी विद्यार्थियों द्वारा किस सीमा तक पूरा हुआ है तथा अब इसके आधार पर उन्हें आगे विषयवस्तु संबंधी इकाई अधिगम हेतु सौंपी जानी चाहिए, दूसरी कक्षा में पदोन्नति उनकी की जानी चाहिए या नहीं, इस प्रकार के निर्णय लेने हेतु एक संकलनात्मक परीक्षा ली जा सकती है। इसका एक लाभ यह भी हो सकता है कि किसी अधिगम विशेष पर होने वाले स्वामित्व से बालकों के ज्ञानात्मक, क्रियात्मक तथा भावात्मक व्यवहार क्षेत्र में क्या कुछ परिवर्तन आए हैं उनका पता भी अच्छी तरह से लग सकता है और इस तरह शिक्षण अधिगम के प्रयत्नों के मूल्यांकन का आधार भी इस प्रकार का संकलनात्मक मूल्यांकन अच्छी तरह बन सकता है।

इस तरह से अगर उपरोक्त सभी सोपानों का विधिवत योजनाबद्ध तरीके से अनुकरण किया जाता रहे तो किसी भी विषय की संबंधित सामग्री या अधिगम अनुभवों में स्वामित्व अर्जित करने में कक्षा के विद्यार्थियों की अधिक से अधिक सहायता की जा सकती है।

प्रतिक्रिया प्रनियम (Principles of Reaction)—स्वामित्व अधिगम प्रतिमान का मूल उद्देश्य पढ़ाई गई सामग्री पर स्वामित्व स्थापित करने में विद्यार्थियों की सहायता करना होता है। सीखने की गति का यहाँ इतना महत्त्व नहीं है जितना कि इस बात का कि सीखने पर स्वामित्व प्राप्त किया जाए। इसलिये यहाँ प्रतिक्रिया संबंधी पहला नियम यही होता है कि विद्यार्थियों की सीखने की गति को पुनर्बलित न करके उनके स्वामित्व स्थापित करने के प्रयासों को ही प्रोत्साहित तथा पुनर्बलित किया जाए। कौन स्वामित्व स्तर तक पहुँचने में कितना पास है और कितना दूर, इसका निदान करना प्रतिक्रिया प्रनियमों की श्रेणी में दूसरे क्रम पर आता है। इसका अनुसरण कर अध्यापक विद्यार्थियों को व्यक्तिगत रूप से एवं सामूहिक रूप से वह सभी संभव सहायता पहुँचाने का प्रयास करता है जिससे उनको स्वामित्व स्तर तक पहुँचाने संबंधी वर्तमान खाई को पाटा जा सके। स्वामित्व स्तर पर पहुँचाने में पर्याप्त समय का दिया जाना प्रतिक्रिया प्रनियम का अगला रूप हो सकता है। इस नियम का पालन करते हुए अध्यापक विद्यार्थियों को यह हिदायत देने में पीछे नहीं रहता कि अधिगम में पर्याप्त निपुणता (पूर्ण और स्वामित्व स्तर तक की) अर्जित करना अधिक महत्त्वपूर्ण है, न कि जल्दी–जल्दी अधिगम प्रक्रिया या किसी कौशल प्रशिक्षण कार्य को बिना निपुणता अर्जित किए पूरा कर लेना। पूर्ण निपुणता और अधिगम स्वामित्व अर्जित करना ही उद्देश्य होना चाहिए चाहे उसमें कितना भी समय और शक्ति लगे। स्वामित्व, स्वामित्व ही होता है चाहे उसे जल्दी अर्जित किया जाए या देर से और इस दृष्टि से देरी से स्वामित्व अर्जित करने वालों को किसी भी दृष्टि से जल्दी स्वामित्व अर्जित करने वालों से निम्न स्तर का नहीं माना जा सकता।

सामाजिक प्रणाली (The Social System)—कक्षा शिक्षण परिस्थितियों में स्वामित्व अधिगम प्रतिमान शिक्षण अधिगम क्रियाओं के संपादन हेतु अध्यापक को कुछ अधिक महत्त्व देकर अधिक सक्रिय, मुखर तथा नियंत्रणकर्त्ता के रूप में देखने की कामना करता है। यहाँ शिक्षक से शिक्षण–अधिगम के नियोजन से लेकर उसके क्रियान्वयन तथा मूल्यांकन सम्बन्धी सारे उत्तरदायित्वों को वहन करने की आशा की जाती है। उसे पाठ्य सामग्री का भलीभाँति विश्लेषण (Analysis) करना होता है, अनुदेशनात्मक उद्देश्यों का विशिष्टीकरण (Specification) करना होता है, अनुदेशन ठीक से देना होता है ताकि निश्चित उद्देश्यों की प्राप्ति सभी विद्यार्थियों को ठीक प्रकार हो जाए, निर्माणात्मक तथा संकलनात्मक मूल्यांकन हेतु जाँच पत्र बनाने होते हैं, विद्यार्थियों की कठिनाइयों का निदान करना होता है और फिर योग्यताओं, रुचियों तथा आवश्यकताओं का ध्यान रखते हुए विद्यार्थियों को इस प्रकार का उपचारात्मक शिक्षण या परामर्श देना होता है कि वे अपनी अधिगम कठिनाइयों का निवारण करते हुए स्वामित्व स्तर तक पहुँचने में सफल हो सकें। इन सभी कार्यों का संपादन एक शिक्षक के लिए तभी संभव है जबकि उसके विद्यार्थियों के साथ सहयोगपूर्ण नजदीकी संबंध हों। वह अपने विद्यार्थियों को ठीक प्रकार समझ सकें तथा

विद्यार्थी उस पर पर्याप्त श्रद्धा और विश्वास कर सकें। शिक्षक को विद्यार्थियों को आत्मीयतापूर्ण व्यवहार कर यह समझाना होता है कि जो कुछ सिखाया जा रहा है, वह शत–प्रतिशत क्यों सीखा जाना चाहिए, यानी स्वामित्व अधिगम क्या होता है, उसका अर्जन क्यों जरूरी है आदि–आदि। इसके बाद उसे जो परीक्षण–निर्माणात्मक एवं संकलन उन्हें देने होते हैं उनके महत्त्व तथा विधि के बारे में भी ज्ञान देना जरूरी होता है। उनकी अधिगम कठिनाइयों के सही निदान हेतु भी परस्पर तालमेल होना (शिक्षक और अध्यापक के बीच) भी आवश्यक होता है। अध्यापक और विद्यार्थी दोनों को ही पर्याप्त धैर्य का परिचय देकर जितना भी समय स्वामित्व में लगे उतना लगाना भी आवश्यक हो जाता है। स्वामित्व अधिगम प्रतिमान एक सहयोगपूर्ण प्रणाली है जिसमें न केवल अध्यापक और विद्यार्थियों के बीच तालमेल, आपसी सहयोग तथा विश्वास की जरूरत होती है परंतु यह सब कुछ विद्यार्थियों के बीच भी होना आवश्यक होता है। जो विद्यार्थी पहले स्वामित्व ग्रहण कर मास्टर (Master) बन जाते हैं उन्हें एक अच्छे ट्यूटर के रूप में अपने साथी विद्यार्थियों की स्वामित्व स्तर तक पहुँचने में मदद करनी होती है और इस तरह दीप से दीप जले की भावना को लिए हुए स्वामित्व अधिगम की सामाजिक प्रणाली बहुत ही सहयोगपूर्ण, धैर्ययुक्त तथा सभी को साथ लेकर चलने वाली होती है ताकि कक्षा के सभी छात्र स्वामित्व स्तर को प्राप्त कर सकें।

अवलंब प्रणाली (Support System)—स्वामित्व अधिगम प्रतिमान के उपयोग हेतु सामान्य कक्षा परिस्थितियों में उपलब्ध सुविधाओं के अतिरिक्त कुछ और संसाधनों तथा नियोजनों की जरूरत होती है। ऐसी कुछ प्रमुख जरूरतें निम्न हो सकती हैं–

कक्षा शिक्षण परिस्थितियों में स्वामित्व अधिगम प्रतिमान का प्रभावी ढंग से उपयोग करने हेतु दक्ष एवं प्रवीण अध्यापकों की आवश्यकता होती है।

निर्माणात्मक और संकलनात्मक (Formative and summative) मूल्यांकन के लिए परीक्षण सामग्री के चयन तथा प्रश्नों को बनाने हेतु उचित पाठ्यपुस्तकों, सहायक पुस्तकों, प्रश्न बैंक तथा अतिरिक्त अध्ययन सामग्री की आवश्यकता पड़ती है।

सभी विद्यार्थियों को स्वामित्व अधिगम के स्तर पर पहुँचाना कोई आसान बात नहीं है। इसके लिए उच्च्व स्तर का उचित अनुदेशन चाहिए और इसे देने के लिए उचित शिक्षण विधियाँ तथा अनुदेशन सामग्री चाहिए। अतः स्वामित्व अधिगम प्रतिमान में यह अतिरिक्त माँग रहती है कि अनुदेशन सामग्री अच्छे से अच्छे स्तर की हो और साथ ही इसे प्रदान करने के लिए साधन, शैक्षिक खेल तथा ऐसे सभी साधनों की जरूरत होती है, जो हर प्रकार के विद्यार्थी को अधिगम की ओर आकर्षित करके, उसे स्वामित्व अधिगम की ओर ले जा सकें। अतः उपयुक्त संसाधनों और परिस्थितियों की माँग इस प्रतिमान की एक जरूरी माँग होती है जिसे बेहतर परिणामों के लिए अवश्य पूरा किया जाना चाहिए।

समय का बंधन इस प्रतिमान में नहीं स्वीकारा जाता। अतः चाहे नियमित टाइम टेबल में हो या अतिरिक्त समय दिया जाए, पर्याप्त समय प्रदान करने की माँग और अपेक्षा यह प्रतिमान विद्यार्थी और अध्यापक दोनों से ही करता है।

पाठ्यक्रम में शामिल अधिगम अनुभवों को प्रदान करने के बारे में भी यह प्रतिमान अधिक लचीलेपन की मांग करता है, चाहे उसमें कितना भी समय या परिश्रम लगे और उसके लिए नियत समय रेखा में या परिस्थितियों में कैसा भी परिवर्तन क्यों न करना पड़े।

प्रतिमान का प्रयोग (Application Context)—स्वामित्व अधिगम प्रतिमान का प्रयोग संज्ञानात्मक (Cognitive) दृष्टि से लाभप्रद होने के साथ–साथ भावनात्मक (Affective) अनुभूतियों के उचित विकास में भी उचित भूमिका निभाने की क्षमता रखता है। इस संबंध में संक्षेप में आगे बातें कही जा सकती हैं–

ब्लॉक (Block, 1971) द्वारा वर्णित अध्ययन रिपोर्टों के अनुसार स्वामित्व अधिगम प्रतिमान के प्रयोग से कक्षा के 80 प्रतिशत विद्यार्थियों को स्वामित्व अधिगम के मान्य स्तर तक पहुँचाया जा सकता है जबकि इसकी तुलना में स्वामित्व अधिगम प्रतिमान का प्रयोग न करके सामान्य कक्षा शिक्षण परिस्थितियों में पढ़ाए जाने पर केवल 20 प्रतिशत विद्यार्थी ही स्वामित्व स्तर (Mastery level) तक पहुँच पाते हैं।

स्वामित्व अधिगम प्रतिमान को यूं तो पाठ्यक्रम के सभी विषयों तथा अध्ययन क्षेत्रों से संबंधित ज्ञान और कौशलों पर स्वामित्व स्थापित करने हेतु प्रयोग में लाया जा सकता है परंतु फिर भी कुछ ऐसे विषयों और अध्ययन क्षेत्रों के शिक्षण में इससे कुछ ज्यादा मदद मिलती है, जिनकी विषय सामग्री अधिक, संरचित, सुनियोजित, व्यवस्थित और क्रमबद्ध होती है। फलस्वरूप गणित, विज्ञान, संगीत, कॉमर्स, सांख्यिकी, इतिहास, भूगोल, भाषा, मैनेजमैंट इत्यादि विषयों के अध्ययन क्षेत्रों में स्वामित्व अधिगम प्रतिमान के प्रयोग के अच्छे अवसर और उनके अच्छे परिणाम देखने को मिलते हैं। जैसे ही कोई विद्यार्थी किसी अधिगम विशेष में स्वामित्व स्तर तक पहुँचता है, स्वामी या मास्टर (Master) बन जाने से उसमें आगे की पढ़ाई हेतु एक विशेष उत्साह, रुचि, लगन तथा जोश का स्वतः ही सृजन हो जाता है। विषय और उसके अधिगम के प्रति उसमें सकारात्मक दृष्टिकोण पैदा हो जाता है। फलस्वरूप उसमें विषय की सही समझ भी विकसित हो जाती है, जिसका प्रमाण वह उसको अन्य विषयों को सीखने तथा जीवन में उसका विभिन्न तरह से उपयोग करने के माध्यम से देता रहता है। उसे किसी अधिगम विशेष या अधिगम क्षेत्र में पूर्ण निपुणता (Mastery) हासिल है इस प्रकार की अपने बारे में दूसरों की राय उसके आत्मविश्वास में उत्तरोत्तर वृद्धि करती जाती है और वह भावनात्मक दृष्टि से अध्ययन पथ पर आगे बढ़ने में काफी सबल होता जाता है।

जीन पियाजे का विकास प्रतिमान (Jean Piaget's Development Model)

संज्ञानात्मक विकास प्रतिमान स्विट्जरलैंड निवासी जीन पियाजे की उस विचारशैली का प्रतिफल है जिसमें उन्होंने बालकों में जन्म के बाद होने वाले संज्ञानात्मक तथा मानसिक विकास के एक निश्चित पैटर्न को अपने अध्ययन का विषय बनाया है। इसलिए इस प्रतिमान में निहित धारणाओं तथा कार्यप्रणाली को ठीक तरह से समझने के लिये पियाजे की संज्ञानात्मक विकास संबंधी मान्यताओं तथा निष्कर्षों पर ध्यान देना काफी उपयोगी सिद्ध हो सकता है। इन्हें संक्षिप्त रूप में नीचे दिया जा रहा है।

1. पियाजे की यह मान्यता है कि जीवन की किसी भी अवस्था में किसी व्यक्ति का संज्ञानात्मक विकास उसकी आनुवंशिकता तथा वातावरण दोनों की ही देन का प्रतिफल होता है। इस बात पर जोर देने के लिए पियाजे ने इस अवधारणा को सामने रखा कि मानव के अन्य शारीरिक अंगों की भाँति उसके मस्तिष्क के दो प्रमुख पक्ष हैं जिन्हें मस्तिष्क संरचना तथा उसकी कार्यप्रणाली के रूप में जाना सकता है। जन्म के समय प्रत्येक शिशु के पास कुछ ज्ञानात्मक संरचनाओं तथा उनकी कार्यप्रणालियों का तन्त्र मौजूद रहता है। इनकी उपस्थिति का आभास उसमें निहित कुछ उपयोगी जन्मजात प्रवृत्तियों तथा सहज क्रियाओं (Basic instincts and reflexes) जैसे चूसना, देखना, पहुँचना और पकड़ना आदि की विद्यमानता से भलीभाँति हो सकता है। इस तरह जीवन की प्रारंभिक अवस्था में एक शिशु की संज्ञानात्मक संरचना का अस्तित्व उसमें उपस्थित उन संज्ञानात्मक योग्यताओं तथा क्षमताओं (जिन्हें पियाजे द्वारा शीमाज Shemas का नाम दिया गया है) के रूप में विद्यमान रहता है जिनके माध्यम से वह कुछ सरल मानसिक या संज्ञानात्मक क्रियाकलापों जैसे चूसना, देखना, पहुँचना और पकड़ने आदि को भलीभाँति अंजाम दे सकता है। पियाजे के अनुसार कुछ गिने चुने शीमाज के रूप में विद्यमान शिशु की यह प्रारंभिक

संज्ञानात्मक संरचना विशुद्ध रूप से जैविकीय आनुवंशिक (Biologically inherited) ही होती है। परंतु जैसे–जैसे वह बड़ा होता जाता है भौतिक और सामाजिक वातावरणजन्य अनुभवों के फलस्वरूप उसमें अन्य शीमाज का भी विकास होता जाता है और उसकी संज्ञानात्मक संरचना का स्वरूप भी इस तरह निरन्तर परिवर्तित होता रहता है।

2. पियाजे के अनुसार इस तरह बालक के उत्तरोत्तर संज्ञानात्मक विकास की कुंजी उसके अपने वातावरण के साथ अंतःक्रिया कर उसमें अपने आपको ढालने में निहित रहती है। अपने आपको ढालने या अनुकूलन (Adaptation) करने का कार्य दो विभिन्न प्रक्रियाओं आत्मसातीकरण (Assimilation) तथा समायोजन (Accomodation) द्वारा संपन्न होता है। जहाँ पहले प्रकार की प्रक्रिया में पहले से विद्यमान शीमाज (संज्ञानात्मक संरचना में) नए अनुभवों को स्थान देने या समाहित करने का प्रयत्न किया जाता है। वहाँ दूसरे प्रकार की प्रक्रिया में विद्यमान शीमाज में इस तरह का बदलाव लाया जाता है यानी संज्ञानात्मक संरचना इस तरह परिवर्तित और परिमार्जित होती है कि उसमें नए अनुभवों को जगह दी जा सके। इस तरह नवीन विचारों और अनुभवों को ग्रहण करने में जहाँ आत्मसातीकरण प्रक्रिया अधिगमकर्त्ता से अपने विगत अनुभवों से लाभ उठाने की माँग करती है वहीं समायोजन (Accomodation) की प्रक्रिया उससे यह इच्छा रखती है कि वह नई बातों को सीखने के लिए अपने पूर्व संज्ञानात्मक ढाँचे में वांछित परिवर्तन लाए। इस तरह पियाजे के अनुसार हमारा मस्तिष्क नए ज्ञान एवं सूचना के प्रक्रियाकरण (Processing) के लिए दो प्रकार से आगे बढ़ता है पहले तो वह यह कोशिश करता है कि इस नवीन ज्ञान या सूचना का पहले से विद्यमान संज्ञानात्मक संरचना में आत्मसातीकरण या विलीनीकरण हो जाए और अगर ऐसा न हो सके तो संज्ञानात्मक संरचना में इस तरह से बदलाव लाया जाए कि नई सूचना या ज्ञान को उसमें स्थान दिया जा सके।

3. इस प्रकार बालक की संज्ञानात्मक संरचना और उसकी कार्यप्रणाली आत्मसातीकरण तथा समायोजन प्रक्रियाओं के माध्यम से लगातार परिवर्तन और विकास के पथ पर अग्रसर रहती है ताकि बालक और उसके वातावरण में पर्याप्त संतुलन (Equilibration) बनाए रखने में पूरी–पूरी मदद मिले। संज्ञानात्मक संरचना का यह उत्तरोत्तर विकास यद्धपि प्रत्येक बालक के अपने–अपने ढंग से चलता रहता है परन्तु फिर भी पियाजे के अनुसार बालकों का यह संज्ञानात्मक विकास सामान्यतया जिन विशेष अवस्थाओं या चरणों से गुजरता पाया जाता है उसे संक्षेप में तालिका 25.5 के द्वारा व्यक्त किया जा सकता है।

तालिका 25.5 पियाजे की संज्ञानात्मक विकास अवस्थायें (Piaget's Stages of Cognitive Development)

क्रमांक *S.No.*	*अवस्था* *Stage*	*संज्ञानात्मक विकास की प्रकृति* *(Nature of Cognitive Development)*
1.	इद्रिय जनित गामिक अवस्था (Sensory Motor State) (0–2 वर्ष)	(i) चिंतन इंद्रिय जनित एवं गमक खोज क्रियाओं पर आधारित होता है। (ii) बालक यह जान जाता है कि वह और उसके वातावरण में निहित वस्तुएं दो अलग–अलग चीजें हैं। (iii) वस्तुओं का स्थायी अस्तित्व (Object permanence) होता है इससे वे परिचित हो जाते हैं।

(क्रमशः)

(क्रमशः)

2.	पूर्व क्रियात्मक अवस्था (Pre-operational Stage) (2–7 वर्ष)	(i) उसकी विचार प्रक्रिया भाषा तथा प्रतीक युक्त हो जाती है। (ii) उसका चिंतन तर्क पर आधारित नहीं होता है। अतः इसे ट्रांसडक्टिव (Transductive) काल्पनिक और प्रेरणाजन्य (Inaginative and intuitive) नाम दिए जाते हैं।
3.	मूर्त्त क्रियात्मक अवस्था (Concrete Operational Stage) (7–11 वर्ष)	(i) बालक कुछ संज्ञानात्मक अवधारणाओं जैसे संख्या संरक्षण (Conservation) तथा विपरीतीकरण (Reversibility) आदि को ग्रहण कर लेता है। (ii) वह आगमन एवं निगमन विधियों का प्रयोग कर तर्क युक्त चिंतन करने लगता है परंतु अभी वह यह सब स्थूल वस्तुओं तथा घटनाओं के जरिए ही कर पाता है।
4.	औपचारिक क्रियात्मक अवस्था (Formal Operational Stage) (11–16 वर्ष)	(i) बालक अब अमूर्त्त चिंतन कर सकता है, उप–कल्पनाओं (Hypotheses) का परीक्षण कर सकता है और काल्पनिक अवास्तविक तथा सोची हुई मान्यताओं के सहारे आगे बढ़ कर उन्हें समस्या समाधान हेतु प्रयोग में ला सकता है। (ii) वैज्ञानिक चिंतन तथा समस्या समाधान योग्यता का अर्जन कर लेता है और इस तरह एक प्रकार से अपने संज्ञानात्मक विकास की ऊँचाइयों को छूने के प्रयत्न करने लगता है।

उपरोक्त संज्ञानात्मक य बोधात्मक विकास से संबंधित अवस्थाजन्य विशेषताओं को इंगित करके पियाजे ने इस प्रकार यह स्पष्ट करने का प्रयत्न किया है कि व्यक्तियों का संज्ञानात्मक या बोधात्मक विकास कुछ निश्चित संज्ञानात्मक विकास अवस्थाओं से होकर गुजरता है। इसलिए जब कभी भी हमें शिक्षा और शिक्षण–अधिगम प्रक्रिया के आयोजन हेतु किसी योजना पर कार्य करना पड़े तो इसके लिए हमें यह अवश्य सोचना चाहिए कि किस आयु तथा ग्रेड विशेष के विद्यार्थियों को संज्ञानात्मक या बौद्धिक विकास स्तर किस प्रकार का होगा। जिस तरह का मानसिक विकास स्तर बालक का होगा उसके अनुकूल ही शिक्षण प्रतिमान का उद्देश्य कहा जा सकता है। इस तरह जिस प्रतिमान की आगे हम चर्चा करने जा रहे हैं वह पूरी तरह से पियाजे द्वारा बालकों के संज्ञानात्मक विकास से जुड़ी हुई उसकी धारणाओं तथा विकास अवस्थाओं की विशेषताओं पर ही टिका हुआ है।

प्रतिमान का विवरण (Description of the Model)

केंद्र-बिंदु (Focus)—संज्ञानात्मक विकास प्रतिमान का उद्देश्य शिक्षण अधिगम वातावरण तथा गतिविधियों को इस तरह संगठित और संचालित करना है कि (i) विद्यार्थियों में अवस्थाजन्य संज्ञानात्मक योग्यताओं और क्षमताओं का विकास हो सके तथा (ii) उनके संज्ञानात्मक विकास स्तर की वांछित जाँच होती रहे।

मूल मान्यताएं (Basic Assumptions)—संज्ञानात्मक विकास प्रतिमान निम्न प्रमुख मूल मान्यताओं पर आधारित है।

(i) शिक्षण का अर्थ वांछित अनुदेशनात्मक उद्देश्यों के संदर्भ में बालकों में अवस्थाजन्य सार्थक चिंतन के विकास के लिए उपयुक्त वातावरण तैयार करना।

(ii) शिक्षण के द्वारा बालकों को सभी जिन तीन प्रकारों के ज्ञानार्जन में सहायता की जा सकती है वे हैं–(a) शारीरिक जैसे गेंद उछालना या क्रिकेट का बल्ला घुमाना (b) सामाजिक जैसे भाषा का ज्ञान तथा सामाजिक रीति रिवाजों का ज्ञान तथा (c) तार्किक और गणितीय जैसे संख्या प्रणाली तथा वर्गीकरण से संबंधित अवधारणा की समझ।

(iii) सामाजिक वातावरण के उचित संगठन तथा व्यवस्था से शिक्षण गतिविधियों का ठीक तरह संचालन किया जा सकता है।

संरचना (Syntax)

क्रियान्वयन हेतु संज्ञानात्मक विकास प्रतिमान की गतिविधियों को निम्न चरणों के तहत आयोजित किया जाता है।

प्रथम चरण : अवस्थाजन्य सार्थक कार्य परिस्थिति प्रदान करना (Confrontation with Stage Relevant Task)

प्रतिमान को उपयोग में लाने संबंधी इस प्रथम चरण में (आवश्यक सौहार्द स्थापित करने के बाद) विद्यार्थियों का ऐसी सार्थक कार्य परिस्थिति से सामना कराया जाता है जो अपने आप में कुछ उलझन भरी, चुनौतीपूर्ण तथा समस्यामूलक नजर आती हो तथा जिसके माध्यम से वे किसी समस्या समाधान, अन्वेषण तथा स्पष्टीकरण चाहने वाली क्रियाओं के संपादन में जुट जाएं। ऐसी सार्थक समस्यामूलक कार्य परिस्थिति के बारे में कुछ निम्न बातों का अवश्य ध्यान रखा जाना चाहिए।

(i) यह विद्यार्थियों के संज्ञानात्मक विकास स्तर के अनुकूल होनी चाहिए।

(ii) इसके द्वारा जहाँ पूर्व ज्ञान एवं अनुभवों के आधार पर आत्मसातीकरण (Assimilation) के अवसर मिलने चाहिए वहाँ यह इतनी नवीन और चुनौतीपूर्ण भी होनी चाहिए कि बालकों को अपने संज्ञानात्मक ज्ञान स्तर में कुछ नयापन लाने की आवश्यकता भी अनुभव हो।

द्वितीय चरण : पूछताछ या खोजबीन (Enquiry)

इस चरण में विद्यार्थियों से समस्याजनक स्थिति से निपटने हेतु अपने सुझाव, समाधान तथा अन्य अनुक्रिया व्यक्त करने के लिए कहा जाता है। जिस प्रकार की अनुक्रिया वे व्यक्त करते हैं उन्हीं के आधार पर उनके संज्ञानात्मक विकास स्तर की पहचान का काम किया जाता है। साथ ही इस प्रकार की अनुक्रियाओं को व्यक्त करने के माध्यम से उनके चिंतन, मनन, तार्किक तथा अन्य मानसिक शक्तियों के विकास का कार्य भी चलता रहता है। इस चरण में अध्यापक द्वारा संपादित कुछ आवश्यक गतिविधियों का स्वरूप अग्रांकित हो सकता है।

(i) विद्यार्थियों से अपेक्षित अनुक्रियाएं कराने हेतु अध्यापक द्वारा खोजपूर्ण प्रश्न (Probing questions) पूछे जा सकते हैं।

(ii) विद्यार्थी जो अनुक्रियाएं व्यक्त करें या उत्तर दें उनके बारे में यह पूछा जा सकता है कि वे अपने अनुक्रिया या उत्तर के औचित्य का स्पष्टीकरण दें। ऐसा वे क्यों समझते हैं, ऐसा ही क्यों होता है, आदि प्रश्नों के द्वारा उनके तार्किक चिंतन स्तर की थाह पाने के प्रयत्न किए जा सकते हैं और उनकी इस प्रकार की बौद्धिक शक्ति का विकास किया जा सकता है।

(iii) विद्यार्थियों की तार्किक शक्ति की और जांच करने हेतु उन्हें कुछ वैकल्पिक उत्तर, समाधान आदि सुझाए जा सकते हैं और फिर पूछा जा सकता है कि समस्यात्मक परिस्थिति का यह हल क्यों नहीं हो सकता।

तृतीय चरण : स्थानांतरण (Transfer)

प्रतिमान को काम में लाने संबंधी इस अंतिम चरण में यह जानने के प्रयत्न किए जाते हैं कि प्रस्तुत समस्यामूलक परिस्थिति से निपटने के फलस्वरूप उनमें जो चिंतन, तर्क एवं समस्या समाधान योग्यता का विकास हुआ है वह उसे इसी प्रकार की अन्य समस्याजनक परिस्थितियों से निपटने में कहां तक सहयोगी सिद्ध हो सकता है। इस कार्य हेतु अब निम्न प्रकार की गतिविधियों का आयोजन किया जा सकता है।

(i) विद्यार्थियों के सामने उसी प्रकार की अन्य समस्याजनक परिस्थिति रखी जा सकती है।

(ii) उन्हें इस परिस्थिति से निपटने के लिए उकसाया जा सकता है।

(iii) अध्यापक के द्वारा खोजपूर्ण प्रश्न पूछे जा सकते हैं, दिए जाने वाले उत्तर या समाधानों का औचित्यीकरण देने को कहा जा सकता है, अपनी तरफ से विकल्प प्रस्तुत कर उन पर सोचने विचारने के लिए कहा जा सकता है ताकि विद्यार्थियों को संज्ञानात्मक विकास की राह पर चलकर अपनी बौद्धिक शक्तियों को विकसित करने के अपेक्षित अवसर प्राप्त हो सकें।

सामाजिक प्रणाली (Social System)

इस प्रतिमान की सामाजिक प्रणाली या व्यवस्था काफी संरचनात्मक है। यह आंशिक रूप से संरचित होकर पूर्ण संरचित हो सकती है। इसकी खास बातें निम्न प्रकार हैं—

(i) अध्यापकों द्वारा ऐसी पहल की जा सकती है कि विद्यार्थियों को अपने संज्ञानात्मक विकास स्तर के अनुकूल बौद्धिक कार्य करने तथा समस्यामूलक परिस्थितियों का सामना करने के अवसर प्राप्त हो सकें।

(ii) अध्यापक को विद्यार्थियों को ऐसी स्वतंत्रता प्रदान की जाती है कि वे दी हुई परिस्थिति या सामग्री के साथ अपने ढंग से अनुक्रिया करते हुए उसमें निहित अवधारणा की थाह पा सके।

(iii) अध्यापक को विद्यार्थियों के द्वारा की जाने वाली पूछताछ प्रक्रिया समुचित जनतंत्रात्मक सामाजिक वातावरण में भलीभांति अभिप्रेरित तथा मार्गदर्शन प्रदान करने का प्रयत्न किया जाता है। इसे इस प्रकार दिशा प्रदान की जाती है कि विद्यार्थियों को तर्कयुक्त उचित निष्कर्ष निकालने और इन निष्कर्षों का उसी तरह के मानसिक कार्यों को संपादित करने में पूरी—पूरी मदद मिले।

प्रतिक्रिया प्रनियम (Principles of Reaction)

इस प्रतिमान से संबंधित मुख्य प्रतिक्रिया प्रनियम निम्न प्रकार हो सकते हैं–

(i) **उचित वातावरण के निर्माण का प्रनियम (Principle of creating appropriate environment)**—इस प्रतिमान का उपयोग करते हुए अध्यापक को ऐसा प्रेरणादायक और प्रोत्साहनजन्य सामाजिक वातावरण पैदा करना होता है कि इससे विद्यार्थी समस्यामूलक परिस्थिति से सामना होने पर उससे निपटने हेतु अपने आप ही आगे आने की पहल करे।

(ii) **संकेत प्रदान करने का प्रनियम (Principle of providing cues)**—वैसे तो विद्यार्थियों को अपनी बौद्धिक शक्तियों का उपयोग करते हुए ही समस्याजनक परिस्थिति का सामना करना चाहिए परंतु जहां आवश्यक हो वहां उनकी सोचने विचारने तथा तर्क करने संबंधी शक्तियों को अभिप्रेरित करने के लिए समुचित संकेत (Cues) भी प्रदान किए जा सकते हैं इस प्रकार के संकेत तथा सुझावों से विद्यार्थियों को समझने बूझने तथा बौद्धिक कार्यों को करने में पर्याप्त मदद मिलती है। परंतु ज्ञान प्राप्ति के बाद अगर उसका परीक्षण किया जा रहा है तो उस समय इस प्रकार के कोई संकेत या सुझाव विद्यार्थियों को नहीं दिए जाने चाहिए।

(iii) **खोजपूर्ण प्रश्न तथा उल्टे सुझाव देने का प्रनियम (Principle of probing questions and counter suggestions)**—यह प्रतिमान यह मांग करता है कि अध्यापक द्वारा विद्यार्थियों के तर्क और उसके औचित्य को सिद्ध करने संबंधी सामर्थ्य की प्रकृति और उसकी गहनता की थाह लेने हेतु खोजपूर्ण प्रश्नों का प्रयोग किया जाना चाहिए। उनके तर्क में कितनी जान है और वह कितना यथार्थ और विश्वसनीय है इसकी जाँच हेतु उनके द्वारा कुछ वैकल्पिक और उल्टे सुझाव भी दिए जा सकते हैं (जिनसे यह परख हो सके कि विद्यार्थी अपने दिए हुए उत्तरों या तर्क पर कितना टिक सकते हैं।)

(iv) **स्थानांतरण में सहायक होने का प्रनियम (Principle of helping in transfer)**—किसी एक समस्याजनक या चुनौतीपूर्ण परिस्थिति या समस्या का समाधान खोजने के फलस्वरूप विकसित तर्क एवं चिंतन को दूसरी इसी प्रकार की परिस्थितियों या समस्या का सामना करने में कैसे प्रयोग में लाया जा सकता है इस प्रकार की सीखने या प्रशिक्षण स्थानांतरण संबंधी योग्यता का विकास करने के भी प्रयत्न अध्यापक द्वारा किए जाने चाहिए।

अवलंब प्रणाली (Support System)

संज्ञानात्मक विकास प्रतिमान अपने क्रियान्वयन हेतु निम्न प्रकार की अवलंब प्रणाली की माँग करता है।

(i) ऐसे ज्ञानवान और प्रशिक्षित अध्यापक हों जो इस प्रतिमान को वांछित उद्देश्यों की प्राप्ति हेतु भलीभाँति काम में ला सकें।

(ii) एक उचित अभिप्रेरणात्मक, प्रोत्साहनवर्धक, सामाजिक एवं जनतंत्रात्मक वातावरण।

(iii) संसाधनों के रूप में प्रयुक्त ऐसे पदार्थ और सामग्री जो कि विभिन्न शिक्षण–अधिगम क्षेत्रों, विषयों तथा वास्तविक जीवन की घटनाओं से संबंधित बौद्धिक कार्यों, समस्यामूलक या चुनौतीपूर्ण परिस्थितियों को विद्यार्थियों के सामने उभरने में सहयोग करे।

(iv) खोजपूर्ण प्रश्नों तथा वैकल्पिक सार्थक सुझावों का एक अच्छा भंडार।

(v) पथ प्रदर्शक और सहयोगी के रूप में अध्यापक द्वारा समय–समय पर दी जाने वाली सहायता।

प्रतिमान का उपयोग (Application of the Model)

संज्ञानात्मक विकास प्रतिमान, जैसा कि इसके नाम से ही विदित होता है, ऐसी सभी स्थितियों में काम में लाया जाता है जहां पाठ्यक्रम क्षेत्रों और वास्तविक जिंदगी से जुड़ी हुई समस्यामूलक या चुनौतीपूर्ण परिस्थितियों को बालकों के चिन्तन और तर्कशक्ति के विकास हेतु उपयोग में लाया जा सकता है। वैयक्तिक और सामूहिक दोनों स्तरों पर ही किसी विशेष आयु के या कक्षा में पढ़ने वाले विद्यार्थियों के संज्ञानात्मक विकास स्तर की प्रकृति का पता लगाने में यह प्रतिमान काफी सहयोगी सिद्ध हो सकता है। इसका प्रयोग विद्यार्थियों को उनके संज्ञानात्मक विकास स्तर के अनुकूल अनुदेशनात्मक कार्यों को आयोजित करने हेतु भी किया जा सकता है। संज्ञानात्मक विकास में सहायक होने के साथ–साथ यह प्रतिमान बालकों के सामाजिक विकास में भी उचित योगदान देने में इसलिए सक्षम सिद्ध हो सकता है क्योंकि इसमें विद्यार्थियों को एक समूह सदस्य के रूप में सहयोग करते हुए किसी समस्यामूलक या चुनौतीपूर्ण परिस्थिति या समस्या का सामना करने के समुचित अवसर मिलते रहते हैं।

सामाजिक पृच्छा या पूछताछ प्रतिमान (Social Inquiry Model)

यह प्रतिमान प्रसिद्ध विद्वान बैंजामिन कोक्स तथा बाइरन मैसिअल्स (Benjamin Cox and Byron Massials) के प्रयत्नों का परिणाम है। यह प्रतिमान अपने प्रयोग हेतु सामाजिक पृच्छा या पूछताछ प्रक्रिया का उपभोग करते हुए सामाजिक समस्याओं से निपटने तथा सामाजिक अध्ययन/विज्ञानों की विषयवस्तु तथा प्रकरणों के शिक्षण में विशेष रूप से सहायक सिद्ध होता है।

प्रतिमान का विवरण (Description of the Model)

इस प्रतिमान की संरचना और कार्यप्रणाली को उसके निम्न तत्त्वों या अवयवों के तहत जाना और समझा जा सकता है।

केंद्र-बिंदु (Focus)—इस प्रतिमान का उद्देश्य बालकों को वांछित सामाजिक गुण और विशेषताओं को ग्रहण करने में मदद कर उनका समुचित सामाजिक विकास करना है। सामाजिक रुचि और नागरिक जीवन से जुड़ी हुई समस्याओं से निपटने या बातों को समझने में यह प्रतिमान पूछताछ प्रक्रिया का उपयोग करता हुआ विद्यार्थियों के लिए काफी हितकर सिद्ध होता है।

संरचना या कार्यप्रणाली (Syntax)

अपने क्रियान्वयन हेतु यह प्रतिमान चार अवस्थाओं या चरणों से गुजरता है।

प्रथम चरण : समस्या से अवगत होना (Orientation of the problem)—इस चरण में ऐसी परिस्थितियां या अवसर प्रदान किए जाते हैं कि विद्यार्थियों का सामना किसी सामाजिक रुचि और महत्त्व की समस्या से हो। इस समस्या के उचित स्पष्टीकरण तथा उससे अच्छी तरह अवगत होने के लिए इसको ठीक शब्दों में व्यक्त करने, परिभाषित करने तथा इसका उचित विश्लेषण करने के प्रयत्न किए जाते हैं ताकि इसकी प्रकृति, विशेषताओं तथा क्षेत्र की जानकारी मिल सके।

द्वितीय चरण : उचित परिकल्पना या परिकल्पनाओं की स्थापना (Setting up of an appropriate hypothesis or hypotheses)—समस्या से भलीभाँति अवगत होने के बाद अब इस चरण में उस पर गंभीरता से विचार विमर्श किया जाता है। विद्यार्थियों द्वारा उसके समाधान हेतु अपने–अपने सुझाव प्रस्तुत किए जाते हैं और

इनके आधार पर किसी एक उचित परिकल्पना या परिकल्पनाओं का चयन समस्या विशेष के समाधान हेतु किया जाता है।

तृतीय चरण : परिकल्पना की सत्यता की जाँच हेतु साक्ष्य या आँकड़े इकट्ठे करना (Collecting data or evidences for the verification of hypothesis)—इस चरण में विद्यार्थी वर्ग अपनी परिकल्पना/परिकल्पनाओं की सत्यता को परखने हेतु विभिन्न प्रकार के साक्ष्य, सूचनाओं तथा आँकड़ों का संग्रह करने का प्रयत्न करता है। कक्षा कक्ष परिस्थितियों तथा कक्षा के बाहर सामाजिक वातावरण तथा उपलब्ध संसाधनों से विद्यार्थी विशुद्ध शैक्षणिक पूछताछ एवं अन्वेषण प्रक्रिया का सहारा लेते हुए उपयुक्त साक्ष्य, सूचना तथा आँकड़ों का संग्रह करते रहते हैं।

चतुर्थ चरण : साक्ष्य/आँकड़ों का विश्लेषण तथा निष्कर्षीकरण (Analysis of data/evidences and drawing conclusions)—इस चरण में परिकल्पना/परिकल्पनाओं की सहायता जांचने हेतु सभी इकट्ठी की गई सूचनाओं, साक्ष्य तथा आँकड़ों का भलीभाँति विश्लेषण कर यह देखा जाता है कि उनके आधार पर कोई एक परिकल्पना या परिकल्पनाओं को समस्या समाधान हेतु स्वीकार्य किया जा सकता है अथवा नहीं। अगर आवश्यकता हो तो यहाँ फिर एक बार विद्यार्थियों को तार्किक चिन्तन एवं शैक्षणिक पूछताछ/अन्वेषण की प्रक्रिया को दोहराने के लिए कहा जा सकता है ताकि समस्या विशेष के समाधान हेतु सबसे बढ़िया हल तलाश किया जा सके। इस प्रकार से भलीभाँति निष्कर्षित समाधान को अब उस जैसी सभी समस्याओं के होने हेतु एक सामान्यीकृत निष्कर्ष या हल के रूप में स्वीकृति प्रदान की जाती है।

प्रतिक्रिया के प्रनियम (Principles of Reaction)

इस प्रतिमान से संबंधित प्रतिक्रिया प्रनियमों की प्रमुख रूप से निम्न प्रकार चर्चा की जाती है—

(i) **सामाजिक वातावरण प्रदान करने का प्रनियम (Principle of providing social environment)**—प्रतिमान को प्रयुक्त करते समय अध्यापक को यह ध्यान रखना होता है कि विद्यार्थियों को किसी सामाजिक जरूरत की समस्या के समाधान हेतु पारस्परिक विचार–विमर्श करने, अनुभव करने तथा समस्या का विश्लेषण कर उसका समाधान ढूँढ़ने हेतु उचित जनतंत्रात्मक सामाजिक वातावरण प्रदान किया जाए।

(ii) **सामाजिक पूछताछ या अन्वेषण हेतु अवसर प्रदान करने का प्रनियम (Principle of providing opportunity for social enquiry)**—इस प्रतिमान को काम में लाते समय अध्यापक को यह ध्यान रखना होता है कि विद्यार्थियों को समस्या विशेष के समाधान हेतु एक उचित सामाजिक वातावरण में पूछताछ या अन्वेषण हेतु वांछित अवसर उपलब्ध कराए जाएं। साथ ही अगर विद्यार्थी उससे इस सम्बन्ध में कुछ शैक्षणिक पूछताछ करते हैं तो वह उन्हें उचित उत्तर देने तथा उनकी परिकल्पनाओं की सत्यता की पुष्टि के लिए साक्ष्य जुटाने तथा आँकड़े एकत्रित करने हेतु आवश्यक संसाधनों से अवगत होने मे मदद करे।

(iii) **सही समाधान या निष्कर्ष पर पहुँचने में सहायता करने का प्रनियम (Principle of guiding them to arrive at the correct solution)**—विद्यार्थियों की समस्या विशेष के समाधान हेतु अपनी परिकल्पनाओं के चयन, उनकी पुष्टि हेतु विभिन्न साक्ष्य तथा आँकड़ों का संग्रह और उनका उचित विश्लेषण कर सही समाधान ढूँढ़ने में जहाँ पूरी–पूरी स्वतंत्रता प्रदान की जाती है वहीं अध्यापक को यह ध्यान रखना

चाहिए कि विद्यार्थी किसी अनुपयुक्त परिकल्पना को समस्या के समाधान हेतु निष्कर्षित न कर लें। उसे सावधानी से सबसे अधिक उपयुक्त और सार्थक हल को ही समस्या समाधान के रूप में सामान्यीकृत किए जाने में विद्यार्थियों की मदद करनी चाहिए।

सामाजिक प्रणाली (Social System)

इस प्रतिमान की सामाजिक प्रणाली अति संरचित और कठोर नहीं होती। यद्धपि जहाँ तक शुरुआत करने की बात है, अध्यापक द्वारा ही किसी समस्या विशेष से अवगत होने हेतु विद्यार्थियों को उचित अवसर प्रदान करने की पहल की जाती है। विद्यार्थियों द्वारा परिकल्पनाओं के निर्माण, परिकल्पनाओं की जाँच हेतु साक्ष्य या आँकड़ों के संग्रह तथा फिर उनका उचित विश्लेषण कर समस्या के हल के रूप में किसी निष्कर्ष पर पहुँचने आदि सभी कार्यों में भी अध्यापक की उचित देखरेख, परामर्श और सहायता का पूरा–पूरा हाथ रहता है। परंतु फिर भी इस सब कार्यों को विद्यार्थियों द्वार संपादित कराते हुए उसे इस बात का पूरा–पूरा ध्यान रखना होता है कि विद्यार्थियों पर अपने विचार तथा निर्णय लादे नहीं जाएं और न उन्हें प्रस्तुत समस्या के समाधान हेतु अपनी ओर से कोई समाधान स्वीकार करने के लिए मजबूर किया जाए। परिणामस्वरूप प्रतिमान की सामाजिक प्रणाली इस तरह संरचित की जाती है कि विद्यार्थियों को अपने स्वयं के अन्वेषण, पूछताछ तथा तार्किक चिंतन एवं मनन द्वारा प्रस्तुत समस्या ढूँढ़ने के वांछित अवसर प्राप्त होते रहें।

अवलंब प्रणाली (Support System)

यह प्रतिमान अपने प्रभावपूर्ण उपयोग हेतु निम्न प्रकार की अतिरिक्त सहायता की अपेक्षा करता है।

(i) सामाजिक पूछताछ या अन्वेषण प्रक्रिया की मदद लेते हुए समस्या विशेष का हल ढूँढ़ने में सक्षम एवं प्रशिक्षित अध्यापक वर्ग की सेवाएं।

(ii) सुसज्जित एवं सामर्थ्यवान पुस्तकालय सेवाएं, सूचना तथा संसाधन सामाजिक रुचि के विषयों में पारंगत विशेषज्ञों की सेवाएं जिनसे विद्यार्थियों को अपनी परिकल्पनाओं की सत्यता की जाँच हेतु वांछित सूचना और आँकड़ों के संग्रह में उचित सहायता मिल सके।

प्रतिमान का उपयोग (Application of the Model)

इस प्रतिमान को सामाजिक अध्ययन या सामाजिक विज्ञानों से संबंधित विभिन्न विषयों, उपविषयों, प्रकरणों तथा समस्याओं के शिक्षण हेतु भलीभाँति काम में लाया जा सकता है। विद्यार्थियों के भावात्मक व्यवहार के क्षेत्र में उपयुक्त परिवर्तन लाने हेतु भी (विशेषकर सामाजिक रुचि की बातों और समस्याओं से अवगत होने, सामाजिक गुण एवं विशेषताओं को ग्रहण करने तथा सामाजिक परिवेश में अपना उचित समायोजन करने संबंधी कार्य) इसे अच्छी तरह काम में लाया जा सकता है। सुनियोजित पूछताछ या अन्वेषण का ढंग अपनाने तथा अनुभव की जाने वाली समस्या का तर्कपूर्ण एवं क्रमबद्ध विश्लेषण कर सर्वोत्तम समाधान खोजने का उचित पद्धति का अनुसरण करते रहने के कारण यह प्रतिमान विद्यार्थियों की संज्ञानात्मक क्षमताओं तथा योग्यताओं के उचित विकास तथा शिक्षण–अधिगम प्रक्रिया को चिंतन स्तर (Reflective level) पर संगठित करने के कार्य में पूरी–पूरी सहायता कर सकता है।

प्रयोगशाला विधि प्रतिमान (Laboratory Method Model)

प्रयोगशाला विधि प्रतिमान को विकसित करने का श्रेय बेथेल एवं मेने (Bethel and Maine) को जाता है। नेशनल ट्रेनिंग लेवोरेटोरी (अमेरिका) में अपने अनुसंधान करते हुए उन्होंने इसे प्रकाश में लाया। वील एवं जॉयसी (1978, p. 6) ने अपने वर्गीकरण में इसे सामाजिक अंतःक्रिया प्रतिमानों की श्रेणी में रखा है।

प्रतिमान का विवरण (Description of the Model)

प्रयोगशाला विधि प्रतिमान की व्याख्या उसमें निहित प्रतिमान संबंधी तत्त्वों या अवयवों के संदर्भ में निम्न प्रकार से की जा सकती है।

केंद्रण (Focus)—प्रयोगशाला विधि प्रतिमान मुख्य रूप से निम्न उद्देश्यों या प्रयोजनों की पूर्ति हेतु कार्य करता है।

(i) विद्यार्थियों में वांछित समूह अंतःक्रिया एवं भागीदारी तथा सामाजिक विकास में सहायक अंतर वैयक्तिक तथा समूह कौशलों (Inter personal and group skills) के विकास में सहायता करना।

(ii) व्यक्तिगत जागरूकता तथा लचीलेपन (Personal awareness and flexibility) में सहायक ऐसे अंतःवैयक्तिक कौशलों (Intra-personal skills) का विद्यार्थियों में विकास करना जिनसे उन्हें उचित सामाजिक समायोजन में सहायता मिले।

कार्यप्रणाली (Syntex)

इस प्रतिमान में शिक्षण–अधिगम का आयोजन प्रयोगशाला परिस्थितियों की माँग करता है। प्रयोगशाला से तात्पर्य यहाँ विज्ञान तथा कार्य अनुभवों के अध्ययन और अध्ययन में प्रयुक्त प्रयोगशालाओं तथा कार्यशालाओं से नहीं है। प्रयोगशाला परिस्थितियों के जुटाने से तात्पर्य यहाँ इस प्रकार की कार्य परिस्थितियों तथा वातावरण के सृजन से है जहाँ विद्यार्थियों के उचित सामाजिक विकास तथा समायोजन हेतु वांछित अंतःवैयक्तिक तथा अंतरावैयक्तिक कौशलों का ठीक ढंग से विकास हो सके। इस दृष्टि से इस प्रतिमान की कार्यप्रणाली कुछ निम्न चरणों या सोपानों से गुजरती दिखाई दे सकती है।

प्रथम चरण : समूह कार्य के लिए अवसर प्रदान करना (Providing opportunity for group work)

इस चरण में विद्यार्थियों को किसी प्रकार के सामूहिक कार्य में जुटने के अवसर प्रदान किए जाते हैं। उन्हें किसी प्रकार का शैक्षणिक कार्य जैसे विद्यालय पाठ्यक्रम से संबंधित किसी विषय विशेष की एक इकाई अथवा प्रकरण पर कोई अधिन्यास (Assignment) पूरा करने के लिए कहा जा सकता है अथवा किसी प्रोजेक्ट अथवा कार्य अनुभव (Work experience) से संबंधित सामूहिक कार्य में उन्हें लगाया जा सकता है।

द्वितीय चरण : अंतर वैयक्तिक समूह कौशलों के विकास हेतु अवसर प्रदान करना (Providing opportunities for the development of inter personal group skills)

इस चरण में अब विद्यार्थी या तो स्वयं या अपने अध्यापक के मार्गदर्शन में समूह में कार्य करने हेतु अपनी–अपनी जिम्मेदारियाँ बाँट लेते हैं। समूह के कार्य करते हुये अब उन्हें अंतर वैयक्तिक कौशलों (Inter personal skills) के समुचित विकास हेतु एक आवश्यक जनतांत्रिक एवं सामाजिक वातावरण उपलब्ध कराया जाता है। फलस्वरूप इन कौशलों का अर्जन या तो वे यहाँ अपने व्यक्तिगत अनुभवों के आधार पर करते दिखाई देते हैं अथवा इस

दिशा में सही ढंग से आगे बढने के लिए साथी विद्यार्थियों का मॉडल रूप में विद्यमान होना तथा अध्यापक द्वारा सुनियोजित रूप से उनके प्रशिक्षण तथा अधिगम हेतु दिए जाने वाला मार्गदर्शन उन्हें सही राह दिखाता है।

तृतीय चरण : अंतरावैयक्तिक समूह कौशलों के विकास हेतु अवसर प्रदान करना (Providing opportunities for the development of intra personal group skills)

सामूहिक प्रोजेक्ट या दिए गए किसी समूह अधिन्यास (Group assignment) पर समूह में कार्य करते हुए विद्यार्थियों को व्यक्तिगत रूप से किसी न किसी कठिनाई या असुविधा का सामना करना पड़ सकता है। ऐसा कई कारणों से हो सकता है जैसे अपनी अच्छाइयों तथा कमजोरियों से अपरिचित रहना अथवा समूह की आवश्यकताओं के अनुरूप अपने आपको ढालने या परिस्थितिवश लचीलापन दिखाने के सामर्थ्य का अभाव आदि। यहाँ अब अध्यापक विद्यार्थियों को अपने आप से अवगत होने तथा समूह की आवश्यकताओं तथा आकांक्षाओं से अपनी पटरी बिठाने में सहायक उपयुक्त अंतरावैयक्तिक समूह कौशलों के विकास में यथासंभव सहायता कर सकता है।

प्रतिक्रिया प्रनियम (Principles of Reaction)

इस प्रतिमान का प्रयोग करते हुए एक अध्यापक को अपने विद्यार्थियों की कार्यक्षमता (वैयक्तिक तथा समूह के सदस्य के रूप में) उनकी योग्यताओं तथा क्षमताओं के संदर्भ में अवलोकन करते हुए काफी सजग रहना पड़ता है। उसे जैसी परिस्थिति हो उसी के अनुरूप किसी एक विशेष अनुदेशनात्मक कार्यक्रम के माध्यम से वैयक्तिक तथा सामाजिक उद्देश्यों की प्राप्ति हेतु विद्यार्थियों में अंतर तथा अंतःवैयक्तिक समूह कौशलों के विकास के रूप में वांछित अनुभवों एवं प्रशिक्षण की व्यवस्था करनी होती है।

सामाजिक प्रणाली (Social System)

इस प्रतिमान की सामाजिक प्रणाली में कई बातों को लेकर मुक्त तथा संरचित दोनों ही रूपों के दर्शन होते हैं। एक ओर तो यहाँ विद्यार्थियों को अपनी वैयक्तिक योग्यताओं तथा क्षमताओं के हिसाब से अपने समूह की सामूहिक गतिविधियों में अपना–अपना योगदान देने की छूट दी जाती है तो दूसरी ओर यहाँ समुचित अनुशासन एवं नियंत्रण बनाए रखने तथा विद्यार्थियों में वांछित अंतर वैयक्तिक तथा अन्तःवैयक्तिक समूह कौशलों के अर्जन हेतु अध्यापक द्वारा आवश्यक परामर्श और निर्देशन के प्रदान करने के प्रयत्न भी किए जाते रहते हैं।

अवलंब प्रणाली (Support System)

यह प्रतिमान अपने प्रयोग हेतु निम्न प्रकार की अतिरिक्त सहायता करता है।

(i) ऐसे योग्य एवं कुशल अध्यापकों की आवश्यकता जो विद्यार्थियों में अपेक्षित अंतर वैयक्तिक तथा अंतः वैयक्तिक कौशलों के विकास में माहिर हों।

(ii) उचित सामाजिक समायोजन हेतु विद्यार्थियों में वांछनीय सामाजिक कुशलताओं के विकास में सहायक उपयुक्त जनतांत्रिक सामाजिक कक्षाकक्ष वातावरण तथा अन्य स्वस्थ सामाजिक परिस्थितियों की उपस्थिति।

प्रतिमान का उपयोग (Application of the Model)

प्रयोगशाला विधि प्रतिमान ऐसे अधिगम अनुभवों को ग्रहण करने में विद्यार्थियों की काफी सहायता करता है जिनके ग्रहण करने में सामाजिक अंतःक्रिया तथा विद्यार्थियों में विद्यमान अंतर वैयक्तिक संबंधों की काफी महत्वपूर्ण भूमिका हो। इसके अतिरिक्त विद्यार्थियों के उचित सामाजिक विकास तथा सामाजिक समायोजन के लिए आवश्यक अंतर वैयक्तिक तथा अंतःवैयक्तिक समूह कौशलों के विकास में इस प्रतिमान का उपयोग यथेष्ट लाभकारी सिद्ध हो सकता है।

साइनेकटिक्स प्रतिमान (Synectics Model)

शिक्षण के साइनेकटिक्स प्रतिमान के प्रतिपादकों के रूप में विलियम जे.जे. गोर्डन तथा उसके सहयोगी (1961) का नाम लिया जाता है। प्रारंभ में इस प्रतिमान का उपयोग गार्डन द्वारा औद्योगिक प्रतिष्ठानों में सृजनात्मकता को बढ़ावा देने के लिए किया गया। इसके पश्चात् इसे उसने विद्यालय बालकों में सृजनात्मकता के पोषण हेतु प्रयोग में लाने का प्रयत्न किया। साइनेकटिक्स (Synectics) को एक शिक्षण और प्रशिक्षण प्रतिमान के रूप में प्रयोग में लाने हेतु गोर्डन ने सृजनात्मकता की प्रकृति, प्रक्रिया और विकास को लेकर कुछ मूलभूत मान्यताओं (Basic assumption) को हमारे सामने रखा। साइनेटिक्स प्रतिमान की संरचना और कार्यप्रणाली को ठीक तरह से समझने हेतु इन मान्यताओं के बारे में जानकारी प्राप्त करना काफी जरूरी है।

साइनेकटिक्स प्रतिमान की मूलभूत मान्यताएं (Basic Assumption of Synectics Model)

विलियम गोर्डन ने सृजनात्मकता की प्रकृति, प्रक्रिया और विकास के बारे में लीक से हटकर कुछ अपने अलग ही विचार व्यक्त किए हैं और उसके ये विचार ही साइनेकटिक्स प्रतिमान की मूल मान्यताओं के रूप में हमारे सामने आते हैं। संक्षेप में इन्हें निम्न प्रकार व्यक्त किया जा सकता है।

1. सृजनात्मकता कोई ऐसी अति विशिष्ट तथा अति सामान्य चीज नहीं जिसे आवश्यक रूप से किसी कलात्मक और संगीत की नायाब उपलब्धि से जोड़ा जाए या किसी क्षेत्र विशेष में होने वाले नवीन आविष्कार तथा खोज से इसका संबंध स्थापित किया जाए। सृजनात्मकता तो हमारी जिंदगी के हर पहलू तथा गतिविधि से जुड़ी रहती है। हम अपनी रोजमर्रा की जिंदगी तथा दिन प्रतिदिन के कार्यों में इसकी छाप और खुशबू भलीभाँति ढूँढ़ सकते हैं।
2. सृजनात्मक प्रक्रिया किसी भी दृष्टि से रहस्यमयी नहीं है। इसका भलीभाँति वर्णन और दिग्दर्शन संभव है। यह जन्मजात भी नहीं। शिक्षण और प्रशिक्षण के जरिए इसका बालकों में समुचित विकास किया जा सकता है।
3. जीवन के विविध क्षेत्रों तथा कार्यव्यापार में सृजनात्मकता की प्रक्रिया और उसके प्रतिफल के समान रूप में दर्शन किए जा सकते हैं। चाहे कला का क्षेत्र हो या विज्ञान का, व्यापार की बात हो या कृषि हस्तकला और कुटीर उद्योग की, सभी में सृजनात्मकता की बौद्धिक प्रक्रिया का रूप एक जैसा होता है। इस दृष्टि से विज्ञान के क्षेत्र में की जाने वाली खोजों तथा आविष्कारों के रूप में प्रतिष्ठित सृजनात्मकता से कलात्मक क्षेत्रों में दिखाई जाने वाली सृजनात्मकता की प्रकृति और उपादेयता किसी भी तरह से कम नहीं ठहराई जा सकती।

4. यह मानना कि सृजनात्मकता एक नितांत व्यक्तिगत अनुभव है निजी तौर पर ठीक नहीं। सृजनात्मकता चाहे किसी व्यक्ति विशेष द्वारा प्रकाश में लाई जाए अथवा इसे उसके द्वारा किसी समूह विशेष के सदस्य के रूप में औरों के साथ सामने लाया जाए, दोनों ही एक जैसी बातें हैं। चाहे व्यक्ति विशेष हो या समूह विशेष दोनों के द्वारा ही विचारों एवं उत्पादनों का सृजन एक जैसी प्रक्रिया और रूप में ही किया जाता है। इसलिए यह संभव है और एक दृष्टि से अच्छा भी है कि सृजनात्मकता के पोषण हेतु बालकों को समूहगत शिक्षण तथा प्रशिक्षण प्रदान किया जाए।
5. व्यक्तियों की वैयक्तिक रूप से तथा समूह विशेष की सामूहिक रूप से सृजनात्मक क्षमताओं का पल्लवन और पोषण सृजनात्मक प्रक्रिया के समुचित विश्लेषण तथा सृजनात्मकता के विकास के लिए अपनाई गई उचित तकनीकों तथा तरीकों द्वारा भलीभांति किया जा सकता है।
6. जब हम किसी समस्या का सामना करते हैं या हम से किसी कार्य को संपादित करने के लिए कहा जाता है तो हम सामान्य तौर पर समस्या समाधान या काम करने के पुराने ढर्रे पर ही चलने की कोशिश करते हैं। जब कभी इस तरह हमारा काम नहीं चलता तभी हमें एक रुचिकर तथा आनंददायक उपागम के रूप में साइनेकटिक्स को अपनाने की आवश्यकता पड़ती है ताकि हमें समस्या के नवीन समाधान या काम को करने के नवीन तथा मौलिक तरीके से अवगत होने का अवसर मिले।
7. सृजनात्मकता आवश्यक रूप से एक संवेगात्मक प्रक्रिया है, एक ऐसी प्रक्रिया जिसमें तर्कहीनता तथा संवेगात्मक प्रवाह का ऐसा सुमिश्रण होता है जिससे बौद्धात्मक प्रक्रिया को एक नया रूप दिया जा सके। इसलिए सृजनात्मकता के पोषण हेतु प्रशिक्षण देने के लिए हमें नितान्त बौद्धिकता के स्थान पर व्यवहार के संवेगात्मक पक्ष पर अधिक ध्यान देना चाहिए।
8. व्यक्ति विशेष तथा समूह विशेष दोनों ही संवेगात्मक तर्कहीनता (Emotional irrationality) को अच्छी तरह समझकर तथा उस पर विधिवत नियन्त्रण स्थापित कर अपनी–अपनी सृजनात्मकता में पर्याप्त वृद्धि कर सकते हैं।
9. मेटाफोरिक गतिविधियाँ (विशेषकर जिनमें सादृश्य (Analogy) तथा दबे संघर्ष (Compressed conflict) का प्रयोग होता हो) दिन प्रतिदिन के कार्यों में काल्पनिकता और अंतःदृष्टि को विकसित करने हेतु पर्याप्त आधार प्रदान करती हैं ताकि सृजनात्मकता को एक सजग प्रक्रिया तथा नियंत्रित गतिविधि के रूप में ग्रहण किया जा सके।

उपरोक्त मूलभूत विचारों तथा मान्यताओं को आधार बनाते हुए अब हमें साइनेकटिक्स प्रतिमान का उसके तत्त्वों या अवयवों के रूप में निम्न प्रकार वर्णन करने में पर्याप्त सहायता मिल सकती है।

केंद्रण (Focus)—साइनेकटिक्स शिक्षण प्रतिमान का उद्देश्य व्यक्ति और समूह विशेष की सृजनात्मकता का सभी पाठ्यक्रम क्षेत्रों (चाहे वह विज्ञान विषयों से संबंधित हो या कला से) के संदर्भ में विकसित करना है।

कार्य प्रणाली (Syntax)

साइनेकटिक्स प्रतिमान अपने क्रियान्वयन हेतु जिन दो प्रकार की व्यूह रचनाओं का प्रयोग करता है वे हैं (A) कुछ नवीन सृजन तथा (B) अनजान या अपरिचित को परिचित बनाना।

(A) पहली व्यूह रचना—कुछ नवीन सृजन का प्रयोग (Use of the First Strategy – Creating something new)

इस व्यूह रचना का उद्देश्य सादृश्य प्रविधि (Analogy device) का उपयोग करके विद्यार्थियों को परिचित वस्तुओं को अपरिचित तरीकों से अवलोकन कराना है। इस व्यूह रचना को उपयोग में लाने हेतु जॉयसी एवं वील (1977, p. 262) ने निम्नांकित छः सोपानों या चरणों के अनुसरण की बात कही है।

प्रथम चरण : वर्तमान परिस्थिति या हालात का विवरण (Description of the Present Situation or Condition)

इस चरण में विद्यार्थी वर्ग वर्तमान परिस्थिति, हालात या समस्या विशेष जिसे वह वर्तमान समय विशेष में अनुभव कर रहा है उसका ब्यौरा प्रस्तुत करता है।

द्वितीय चरण : प्रत्यक्ष या सीधा सादृश्य (Direct Analogy)

इस चरण में विद्यार्थियों से परिस्थिति या समस्या विशेष के संदर्भ में प्रत्यक्ष या सीधा सादृश्य प्रस्तुत करने के लिए कहा जाता है। सुझाए गए सादृश्यों में विद्यार्थियों से किसी एक का चयन करके उसका उचित ब्यौरा प्रस्तुत करने के लिए कहा जाता है।

प्रत्यक्ष सादृश्य से यहाँ हमारा तात्पर्य किन्हीं दो वस्तुओं या अवधारणाओं की सरल रूप से तुलना करने से होता है। किसी वास्तविक प्रकरण या समस्या परिस्थिति के संदर्भ में यहाँ विद्यार्थियों से उसी तरह के प्रकरण (Topic), अवधारणा या परिस्थिति विशेष (सभी तरह से उनमें पूरा सादृश्य एवं समरूपता हो यह आवश्यक नहीं) का उल्लेख करने को कहा जा सकता है। इन सादृश्यों में से अब एक विशेष सादृश्य का चयन करके उसकी आगे कुछ अधिक व्याख्या करने को कहा जा सकता है। उदाहरण के लिए मोटर साईकल का सादृश्य प्रस्तुत करने हेतु कोई विद्यार्थी यह कह सकता है कि यह एक खूंखार जंगली शेर या स्टील के घोड़े या उड़ती चील जैसी हो सकती है।

तृतीय चरण : वैयक्तिक सादृश्य (Personal Analogy)

इस चरण में विद्यार्थी स्वयं को उस सादृश्य के रूप में प्रस्तुत करने का प्रयत्न करते हैं जिसका चयन उनके द्वारा द्वितीय चरण में दिया गया है। उदाहरण के लिए मोटर साईकल की अवधारणा की व्याख्या हेतु विद्यार्थी स्वयं अपने आपको मोटर साईकल के रूप में रखते हुये खूंखार जंगली शेर की तरह दहाड़ते हुए या स्टील के घोड़े की तरह दौड़ लगाते हुए प्रस्तुत कर सकते हैं।

चतुर्थ चरण : दमित अंतःद्वन्द्व (Compressed Conflict)

इस चरण में विद्यार्थी, द्वितीय तथा तृतीय चरण में दी गई अपनी व्याख्याओं पर विचार करते हैं और उनके संदर्भ में उत्पन्न कई दमित अंतःद्वन्द्व का उल्लेख कर किसी एक का चयन करने का प्रयत्न करते हैं। मेटाफोर्मिक रूप में यहाँ दमित अंतःद्वन्द्व से हमारा तात्पर्य किसी वस्तु विशेष को किन्हीं दो शब्दों के माध्यम से इस प्रकार व्यक्त करना होता है कि उनके द्वारा दी गई व्याख्या अपने आप में काफी अंतःविरोधी तथा विपरीत प्रतीत हो। जैसे आपकी मोटर साईकल डरपोक तथा बहादुर कैसे है ? यह किस रूप में मुस्कराती या गुस्सा होती है ?

पंचम चरण : दमित अंतःद्वन्द्व पर आधारित प्रत्यक्ष या सीधा सादृश्य (Direct Analogy based on Compressed Conflict)

इस चरण में दमित अंतःद्वन्द्व के परिप्रेक्ष्य में विद्यार्थियों से अन्य प्रत्यक्ष सादृश्य प्रस्तुत करने और फिर उनमें से किसी एक उपयुक्त सादृश्य का चयन करने के लिए कहा जाता है।

छठा चरण : कार्य, परिस्थिति या समस्या विशेष का पुनः अवलोकन (Re-examination of the Original Task/Situation or Problem)

इस चरण में विद्यार्थियों द्वारा अनुभव की जाने वाली समस्या, हाथ में लिए जाने वाले कार्य या परिस्थिति विशेष जिससे निपटने के लिए इस प्रतिमान का प्रयोग किया गया था, उस पर पुनः आने तथा पंचम चरण में चयनित अंतिम सादृश्य और/अथवा सभी प्रकार के साइनेकटिक्स अनुभवों का उपयोग करके इच्छित सफलता अर्जित करने का प्रयत्न किया जाता है।

(B) द्वितीय व्यूह रचना (अनजान या अपरिचित को परिचित बनाना)

इसका उद्देश्य विद्यार्थियों को नितांत नवीन तथा कठिन विषय सामग्री को समझने तथा उसको आत्मसात करने में मदद करना है। इस कार्य हेतु इसमें निम्न 7 सोपानों/चरणों का अनुसरण किया जाता है।

प्रथम चरण : सारगर्भित प्रस्तुति (Substantial Input)

इस चरण में अध्यापक द्वारा किसी नवीन प्रकरण के संदर्भ में वांछित सूचना सामग्री मौखिक रूप में या एक सारगर्भित छांटे पैराग्राफ के रूप में प्रस्तुत की जाती है। उदाहरण के लिए अध्यापक द्वारा "हमारा मस्तिष्क और उसकी कार्यप्रणाली" नामक प्रकरण पर सारगर्भित सूचना सामग्री मौखिक या लिखित रूप में प्रस्तुत की जा सकती है।

द्वितीय चरण : प्रत्यक्ष या सीधा सादृश्य (Direct Analogy)

इस चरण में अध्यापक द्वारा कुछ प्रत्यक्ष या सीधे सादृश्य प्रस्तुत करने के प्रयत्न किए जाते हैं और फिर विद्यार्थियों से उनकी व्याख्या करने को कहा जाता है। उदाहरण के लिए वह अब यहाँ मानव मस्तिष्क के लिए सीधा या प्रत्यक्ष सादृश्य प्रदान करने हेतु टेलीफोन एक्सचेंज के कंट्रोल रूम का उल्लेख कर सकता है।

तृतीय चरण : व्यक्तिगत सादृश्य (Personal Analogy)

इस चरण में विद्यार्थियों से स्वयं अपने आपको एक सक्षम सादृश्य के रूप में प्रस्तुत करने को कहा जाता है। उदाहरण के लिए जनतंत्र की अवधारणा से परिचित होने हेतु विद्यार्थियों से कहा जा सकता है कि वे अपने शरीर की कार्यप्रणाली अथवा अपने घर, विद्यालय आदि की कार्यप्रणाली का अवलोकन कर यह पता लगाने की कोशिश करें कि यह किस रूप में जनतांत्रिक व्यवस्था का प्रतिनिधित्व करती है और किस रूप में नहीं।

चतुर्थ चरण : सादृश्यों की तुलना करना (Comparing Analogies)

इस चरण में विद्यार्थियों से नवीन विषय सामग्री तथा उसको समझने हेतु दिए जाने वाले प्रत्यक्ष या सीधे सादृश्य के बीच विद्यमान समानता को देखने तथा उसकी व्याख्या करने के लिए कहा जाता है। उदाहरण के लिए उनसे कहा जा सकता है कि वे मानव मस्तिष्क और टेलीफोन एक्सचेंज के कंट्रोल रूम की कार्यप्रणालियों में निहित समानताओं की पहचान करके उनका उल्लेख करें।

पंचम चरण : अंतर या विसंगतियों का वर्णन करना (Explaining Differences or Dissimilarities)

इस चरण में विद्यार्थियों से कहा जाता है कि वे अंतर तथा विसंगतियों का अवलोकन कर बताएं कि दिया हुआ सादृश्य किन बातों के लिए उपयुक्त नहीं बैठता। जैसे किन–किन बातों को लेकर मानव मस्तिष्क टेलीफोन एक्सचेंज के कंट्रोल रूम की संरचना और कार्यप्रणाली से भिन्न है ?

छठा चरण : खोज या अन्वेषण (Exploration)

इस चरण में विद्यार्थियों से कहा जाता है कि वे मौलिक प्रकरण या समस्या विशेष का अपने ढंग से पुनः अवलोकन करें। इस कार्य हेतु अब वे प्रदत्त प्रत्यक्ष और वैयक्तिक सादृश्यों को अपने सामने रख सकते हैं तथा साथ ही अपने स्वयं की विचार शक्ति, अवबोध तथा सामूहिक परिचर्चा के प्रतिफल का भी इस कार्य हेतु उपयोग कर सकते हैं।

सातवां चरण : सादृश्य सृजित करना (Generating Analysis)

इस अंतिम चरण में विद्यार्थियों से अपने प्रत्यक्ष या सीधे सादृश्य सृजित करने तथा उनके आधार पर विभिन्न समानताओं तथा भेदों का अध्ययन कर किसी भी नवीन या अपरिचित प्रकरण या अवधारणा के अर्थ एवं प्रकृति से भलीभाँति परिचित होने के लिए कहा जा सकता है।

उपरोक्त वर्णित दोनों ही व्यूह रचनाओं का उपयोग बालकों में सृजनात्मक विकास हेतु उपयुक्त अवसर प्रदान करने के लिए भलीभाँति किया जा सकता है। किसी एक शिक्षण या प्रशिक्षण परिस्थिति में कौन–सी एक व्यूह रचना का प्रयोग किया जाए यह इस बात पर निर्भर करता है कि हम बालकों की सहायता किसी नई बात का सृजन करने के लिए कर रहे हैं अथवा किसी अनजान या अपरिचित वस्तु से उनको परिचित कराने के लिए।

सामाजिक प्रणाली (Social System)

साइनेकटिक्स प्रतिमान की सामाजिक प्रणाली न तो अधिक और न कम संरचित प्रणाली मानी जा सकती है। यहाँ अध्यापक को ही इस प्रतिमान के प्रयोग हेतु पहल करनी होती है तथा विद्यार्थियों को उचित मार्गदर्शन प्रदान करने के लिए प्रयत्न करने पड़ते हैं। विद्यार्थियों की मानसिक क्रियाओं के बौद्धिकीकरण तथा साइनेकटिक्स गतिविधियों जैसे सादृश्य तथा दमित अंतःद्वन्द्वों के माध्यम से चिंतन और संप्रत्यय निर्माण तथा समस्या समाधान के नए ढंग सीखने में विद्यार्थियों की पूरी–पूरी मदद करनी होती है। परंतु दूसरी ओर यहाँ विद्यार्थियों को आवश्यकतानुसार ऐसी पूरी आजादी प्रदान की जाती है जिसके फलस्वरूप वे किसी नई बात की खोज करने, नई चीज का निर्माण या सृजन करने तथा अपरिचित और अनजान तथ्यों एवं अवधारणाओं से परिचित होने में कामयाब हो सकें। इस प्रतिमान का प्रयोग करते समय अध्यापक और विद्यार्थी दोनों ही पूरे तालमेल के साथ काम करते हुए नजर आते हैं तथा उपयुक्त मार्गदर्शन प्रदान करते हुए भी अध्यापक विद्यार्थियों को वह पूरे अवसर तथा सहयोग देता हुआ पाया जाता है जिससे विद्यार्थियों को पूर्वाग्रहों तथा तर्कहीनता जैसी बातों पर अंकुश लगाते हुए कुछ नया खोजने या नवसृजन करने में पूरी–पूरी सहायता मिले।

प्रतिक्रिया प्रनियम (Principles of Reaction)

साइनेकटिक्स प्रतिमान अपने सफल क्रियान्वयन हेतु अध्यापक से निम्न प्रकार की प्रतिक्रियाओं तथा अनुक्रियाओं की अपेक्षा रखता है।

(i) अध्यापक को प्रकरण या समस्या विशेष के संदर्भ में विद्यार्थियों के पूर्व अनुभव तथा अधिगम स्तर का उचित ज्ञान होना चाहिए।

(ii) अध्यापकों से यह अपेक्षा की जाती है कि वे विद्यार्थियों को पुराने ढंग से काम करने और पूर्वाग्रह से ग्रस्त होकर चिंतन एवं मनन करने जैसी बातों को त्यागने के लिए कहें तथा विद्यार्थियों को इस प्रकार अभिप्रेरित करें कि वे लीक से हटकर अपने सोचने विचारने तथा काम करने के तरीके अपनाएं, तर्कहीनता को अपना अस्त्र बनाते हुए नए की खोज करें तथा अनजान एवं अपरिचित से परिचित होने का प्रयत्न करें।

(iii) अध्यापकों को चाहिए कि वे विद्यार्थियों द्वारा की गई प्रतिक्रियाओं तथा अनुक्रियाओं को पूरा सम्मान एवं बढ़ावा दें चाहे उनमें उन्हें किसी भी प्रकार की तर्कहीनता, फूहड़पन, विचित्रता तथा अजनबीपन दिखाई देता हो। लीक से हटकर इस प्रकार की प्रतिक्रियाओं तथा अनुक्रियाओं से ही तो सृजनात्मकता तथा अन्वेषणात्मकता प्रस्फुटित हो सकेगी।

(iv) सृजनात्मकता अनुक्रियाओं तथा उत्पादन हेतु उपयुक्त मनोवैज्ञानिक वातावरण की उपस्थिति लाभप्रद होती है। संवेगात्मक लगाव सृजनात्मकता के उत्पादन और पोषण में सहायक होता है अतः अध्यापक को विद्यार्थियों को इस कार्य हेतु पर्याप्त प्रोत्साहन तथा प्रत्यक्ष और अप्रत्यक्ष रूप से उचित सहयोग प्रदान करने के प्रयत्न करने चाहिएं।

(v) अध्यापक को विद्यार्थियों को समस्या विशेष के हल हेतु नए ढंग से विचार करने तथा तरीके इस्तेमाल करने के लिए पर्याप्त समय और अवसर दिए जाने चाहिएं। किसी भी तरह अपनी तरफ से सुझाव या समाधान प्रस्तुत करने के प्रयत्न अध्यापक द्वारा नहीं किए जाने चाहिएं तथा विद्यार्थियों में स्वयं अपने प्रयत्नों द्वारा समाधान खोजने की बात उनके मन में बिठाई जानी चाहिए।

(vi) जहाँ तक हो सके विद्यार्थियों को आंतरिक रूप से अभिप्रेरित करने के प्रयत्न ही किए जाने चाहिएं ताकि वे सृजनात्मक अभिव्यक्ति के फलस्वरूप प्राप्त प्रसन्नता और आनंद का रसास्वादन करते हुए अपनी सृजनात्मक योग्यताओं और क्षमताओं के उत्तरोत्तर विकास पर आरूढ़ रह सके।

अवलंब प्रणाली (Support System)

साइनेकटिक्स प्रतिमान अपने क्रियान्वयन हेतु निम्न प्रकार की अतिरिक्त सहायता की अपेक्षा रखता है।

(i) इस प्रतिमान की कार्यप्रणाली और उपयोग में दक्ष, योग्य एवं कुशल अध्यापकों की सेवाएं।

(ii) विद्यार्थियों का एक ऐसा छोटा समूह जिसमें जनतांत्रिक समूह अधिगम परिस्थितियों में सहयोगपूर्ण ढंग से काम करते हुए सृजनात्मकता का विकास किया जा सके।

(iii) शिक्षक के द्वारा दिए जाने वाला ऐसा निर्देशन और परामर्श जिससे विद्यार्थियों को नई बातों की खोज करने, सृजन करने तथा अनजान और अपरिचित को परिचित बनाने में मदद मिले।

(iv) आवश्यक सुविधाओं एवं संसाधनों जैसे प्रयोगशाला, कार्यशाला, पुस्तकालय एवं वाचनालय, भ्रमण एवं पर्यटन, दृश्य–श्रव्य सहायक सामग्री, सूचना एवं संसाधन केंद्र आदि की उपलब्धि जिससे विद्यार्थियों को स्वयं के प्रयत्नों से खोजने, सृजन करने तथा अपनी सृजनात्मकता को अभिव्यक्त करने के समुचित अवसर प्राप्त हो सकें।

प्रतिमान का उपयोग (Application Context)

इस प्रतिमान का उपयोग विद्यालय पाठ्यक्रम से संबंधित सभी विषयों तथा अधिगम अनुभवों की शिक्षण–अधिगम परिस्थितियों में इस प्रकार किया जा सकता है कि विद्यार्थियों की वैयक्तिक तथा सामूहिक दोनों ही स्तरों पर अपनी सृजनात्मकता के विकास और अभिव्यक्ति के उचित अवसर प्राप्त होते रहें। उनके इस प्रकार के उपयोग को संक्षेप में निम्न प्रकार लिपिबद्ध किया जा सकता है।

1. इस प्रतिमान के क्रियान्वयन के दौरान आयोजित विभिन्न गतिविधियों के माध्यम से विद्यार्थियों को ऐसे अनुभव आपस में बाँटने का अवसर मिलता है जिनसे पारस्परिक समझ तथा समूह–भावना को बढ़ावा

मिले। इस प्रकार के सहयोगपूर्ण तथा एक ही उद्देश्य के पीछे जुटे रहने वाले प्रेरणादायक वातावरण से सभी विद्यार्थी (यहाँ तक कि सबसे दब्बू, शर्मीले तथा डरपोक भी) समस्या समाधान या नए सृजन की ओर अपना–अपना योगदान देते हुए स्पष्ट नजर आते हैं।

2. इस प्रतिमान का विद्यार्थियों को ऐसे उपयुक्त तथा विस्तृत वांछनीय अनुभव प्रदान करने के लिए उपयोग किया जा सकता है जिनसे उन्हें विद्यालय पाठ्यक्रम से संबंधित बहुत से अनजान, अज्ञात तथा अपरिचित तथ्यों या धारणाओं को जानने, समझने या उनकी अपने प्रयत्नों से खोज करने का सुअवसर प्राप्त हो सके। इस प्रतिमान को इस दृष्टि से विद्यालय पाठ्यक्रम की सभी बातों (चाहे उनका क्षेत्र विज्ञान हो या कला, सैद्धांतिक हो या प्रयोगात्मक, पाठ्यगामी हो या सह–पाठ्यगामी) को ठीक तरह जानने, समझने, ग्रहण करने तथा प्रयोग में लाने हेतु प्रयुक्त किया जा सकता है।

3. इस प्रतिमान को सभी आयु तथा क्षमता के विद्यार्थियों के लाभार्थ उपयोग में लाया जा सकता है। इस प्रतिमान के उपयोग से उपलब्ध उपयोगी अनुभवों तथा गतिविधियों के माध्यम से धीमी, मध्यम तथा तेज गति से सीखने वाले सभी प्रकार के अधिगमकर्त्ताओं को यथासंभव पूरा–पूरा लाभ पहुँचाया जा सकता है।

4. जहाँ तक सृजनात्मकता और सृजनात्मक अभिव्यक्ति को विकसित एवं पोषित करने का प्रश्न है, साइनेकटिक्स प्रतिमान इस संबंध में कई तरह से बहु उपयोगी सिद्ध हो सकता है। जैसा कि जॉयसी एवं वील (1977, p. 255) ने संकेत दिया है, इसकी इन उपयोगिताओं को संक्षेप में इस निम्न प्रकार लिपिबद्ध किया जा सकता है।

   – इस प्रतिमान में संपादित गतिविधियों के माध्यम से बालकों में सृजनात्मक लेखन कला को पल्लवित एवं पोषित करने के अवसर प्राप्त होते हैं।

   – इस प्रतिमान के उपयोग से बालकों को ऐसे तरीकों तथा तकनीकों की जानकारी और प्रशिक्षण मिलता है जिनके माध्यम से वे सामाजिक रुचि के विषयों तथा समस्याओं की तह में जा सकें तथा अपने भौतिक, सामाजिक तथा सांस्कृतिक परिवेश से जुड़ी घटनाओं, तथ्यों तथा वस्तुओं के बारे में नए सिरे से उचित जानकारी प्राप्त कर सकें।

   – विद्यार्थियों को लीक से परे हटाकर तथा समस्या पर नए ढंग से विचार कर उसके उचित समाधान ढूँढ़ने के अवसर प्रदान कर यह प्रतिमान विद्यार्थियों की समस्या समाधान योग्यता में वृद्धि करने में सहायक सिद्ध होता है।

   – इस प्रतिमान का उपयोग विद्यार्थियों को किसी उत्पाद (Product) विशेष के सृजन और निर्माण में विशेष सहयोगी सिद्ध होता है। यह उत्पाद वस्तु ही नहीं बल्कि नवीन विचार तथा परिस्थितियों का सृजन भी हो सकता है जैसे किसी सामाजिक मेल मिलाप या सम्मेलन हेतु कोई नया विचार या प्रस्ताव प्रस्तुत करना अथवा संप्रेषण हेतु कोई नई तरकीब सुझाना।

   – इस प्रतिमान से संबंधित व्यूह रचनाओं की मदद से विद्यार्थियों के द्वारा अर्जित अवधारणाओं को उनके व्यापक और विस्तृत रूप में देखने और समझने में सहायता मिल सकती है। ये अवधारणाएं सरलीकृत ही नहीं कठिन और गूढ़ भी हो सकती हैं जैसे जनतंत्र, संस्कृति, अर्थव्यवस्था, स्वतंत्रता, न्याय, भेदभाव, पक्षपात आदि।

अनुदेशनात्मक प्रभाव (Instructional Effects)

साइनेकटिक्स प्रतिमान अपने अनुदेशनात्मक मूल्यों को लेकर भी काफी प्रभावशाली सिद्ध हो सकता है। इस संबंध में संक्षेप रूप से निम्न बातें कही जा सकती हैं।

1. ज्ञान शक्ति नहीं है। महज ज्ञान की प्राप्ति या उपलब्धि से ज्ञान प्राप्त करने के ढंग को सीखना अधिक महत्त्वपूर्ण है। साइनेकटिक्स प्रतिमान ज्ञान प्राप्ति का मार्ग और तरीका अर्जित करने में सहयोगी सिद्ध होता है।
2. शिक्षण जैसा कि हम जानते हैं उसके तीन स्तरों (स्मृति, बोध तथा चिंतन) पर आयोजित किया जा सकता है। साइनेकटिक्स प्रतिमान से अर्जित अनुभव शिक्षक और शिक्षार्थी दोनों को ही शिक्षण–अधिगम प्रक्रिया के बोध तथा चिंतन स्तर पर आयोजित करने में मदद कर सकते हैं।
3. सीखने और सिखाने का सारा आनंद नए तथ्यों को जानने, नवीन बातों तथा विचारों की खोज करने तथा काम करने के नए ढंग तलाशने संबंधी शिक्षण–अधिगम अवसरों में छुपा हुआ है। साइनेकटिक्स प्रतिमान इसी दिशा में कार्य करता है और इसलिए अनुदेशन को रुचिकर तथा प्रयोजनपूर्ण बनाने में इसकी कोई सानी नहीं।
4. अंत में एक अति महत्त्वपूर्ण बात साइनेकटिक्स प्रतिमान के बारे में यह है कि यह न केवल सामान्य सृजनात्मकता का ही विकास और पोषण करने में सहायक सिद्ध होता है बल्कि पाठ्यक्रम के सभी विषयों के अध्ययन तथा क्रियाओं के संपादन संबंधी विशिष्ट सृजनात्मक योग्यताओं तथा क्षमताओं की वृद्धि में भी यह विशेष रूप से सहयोगी सिद्ध होता है।

सक्रिय अनुबंधन शिक्षण प्रतिमान (Operant Conditioning Teaching Model)

सक्रिय अनुबंधन शिक्षण प्रतिमान जॉयसी एवं वील के वर्गीकरण के अनुसार व्यवहार परिमार्जन परिवार (Behaviour modification family) से अपना संबंध रखता है। इस प्रतिमान का आधार स्रोत प्रसिद्ध मनोवैज्ञानिक बी.एफ. स्किनर द्वारा प्रतिपादित अधिगम का सक्रिय अनुबंधन सिद्धांत है। इस सिद्धांत के अनुसार किसी एक परिस्थिति में अधिगम कैसा होगा और कितना होगा यह अधिगमकर्त्ता द्वारा की जाने वाली अनुक्रियाओं के परिणामों तथा प्रतिफलों पर निर्भर करता है। अगर कोई अध्यापक अधिगम वातावरण को ठीक प्रकार संरचित कर अधिगमकर्त्ता द्वारा की गई अनुक्रियाओं के लिए सही समय और सही अंतराल पर सही मात्रा में पुनर्बलन प्रदान करता रहे तो निर्धारित शिक्षण अधिगम उद्देश्यों या वांछित व्यवहार निरूपण (Desired shaping of behaviour) का कार्य सरल और प्रभावपूर्ण बन सकता है। अब चूँकि इस प्रतिमान में मुख्य बात पुनबर्लन कंटिनजैंसी के भलीभाँति संगठन और प्रबंधन में निहित रहती है अतः इस प्रतिमान को कन्टिनजैंसी प्रबंधन प्रतिमान (Contingency management model) भी कह दिया जाता है। प्रतिमान में निहित सैद्धांतिक धारणाएं (Theoretical notion) बी.एफ. स्किनर द्वारा प्रतिपादित अधिगम सक्रिय अनुबंधन सिद्धांत, अधिगमकर्त्ता के अनुक्रिया व्यवहार (Respondent behaviour) की जगह उसके सक्रिय व्यवहार (Operant behaviour) के अनुबंधन (Conditioning) पर जोर देता है। यह बताता है कि अधिगमकर्त्ता द्वारा किया जाने वाला व्यवहार दो प्रकार का हो सकता है एक तो अनुक्रिया व्यवहार तथा दूसरा सक्रिय व्हार। अनुक्रिया व्यवहार किसी ज्ञात उद्दीपन (Known stimulus) के प्रति अनुक्रिया करने से घटित होता है जैसे खाना दिखाई देने पर लार आना, पिन चुभने पर हाथ को तुरंत खींचना, दुर्गंध का अनुभव होने पर नाक पर हाथ या रुमाल रखना आदि। सक्रिय व्यवहार के पीछे कोई ज्ञात उद्दीपन नहीं होते यह

यूँ ही घटित हो जाता है जैसे व्यक्ति विशेष द्वारा अपने हाथ या पाँव को यूँ ही इधर–उधर हिलाना, ऐसे ही सीटी बजाना, कुछ खाना, लिखना–पढ़ना तथा ऐसे ही चहल–कदमी करना आदि।

इस तरह सक्रिय व्यवहार में, जैसा कि स्किनर ने बताया, व्यवहार करने वाला व्यक्ति किसी न किसी रूप में कुछ न कुछ कर सक्रिय बनने की चेष्टा करता है। उसके इस प्रकार से कुछ करने के प्रति वातावरण द्वारा कोई न कोई अनुक्रिया होती है जो उसे सुखद और दुःखद अनुभूति प्रदान करती है। अगर अपने द्वारा किए जाने वाले कार्य के परिणाम में उसे सुखद अनुभूति होती है तो उस कार्य को पुनः उसके द्वारा किए जाने की संभवना बढ़ जाती है और यह अनुभूति अगर दुःखद होती है तो यह संभावना घट जाती है। इस प्रकार व्यक्ति विशेष को सक्रिय व्यवहार की पुनरावृत्ति और निरंतरता उस व्यवहार के परिणामस्वरूप मिलने वाले पुनर्बलन (Reinforcement) पर निर्भर करती है। अगर यह ठीक प्रकार मिलता रहता है तो व्यवहार चालू रहता है और नहीं मिलता तो इस व्यवहार का स्वाभाविक रूप से अंत हो जाता है।

इस प्रकार से स्किनर ने अपने सक्रिय अनुबंधन के सिद्धांत द्वारा यह बताने की चेष्टा की कि अगर विद्यार्थी को शिक्षण–अधिगम पथ पर ठीक तरह अग्रसर एवं प्रबंधित करना है तो सदैव यह ध्यान रखना होगा कि विद्यार्थी को वांछित अधिगम अनुभवों की प्राप्ति में सदैव सुखद अनुभवों की अनुभूति होती रहे। अगर हम बालक के व्यवहार का किसी एक रूप में निरूपण (Shaping) करना हो तो हमें पहले इस वांछित निरूपित व्यवहार का एक मानदंड निर्धारित करना होगा। अब जैसे ही बालक निर्धारित मानदंड के अनुरूप व्यवहार क्रियाएं करने की पहल करे अथवा उनके थोड़ा बहुत नजदीक दिखाई दे तो हमें उसके व्यवहार को उसी दिशा में आगे बढ़ाने के लिए तुरन्त ही उचित पुनबर्लन प्रदान करने की चेष्टा करनी चाहिए जैसे शाबाशी देना, कोई इच्छित वस्तु प्रदान करना, ग्रेड या अंक प्रदान करना आदि। परंतु अगर हम इस व्यवहार की पुनरावृत्ति नहीं चाहते तो हमें उसे कोई पुनर्बलन प्रदान न कर उसकी उपेक्षा करनी चाहिए ताकि बालक को उसकी पुनरावृत्ति करने में कोई संतोष, आनन्द या तृप्ति न मिले। जब रुचि ही नहीं रहेगी तो फिर इस व्यवहार का स्वाभाविक अंत अपने आप ही हो जाएगा।

स्किनर ने अपने सक्रिय अनुबंधन सिद्धांत की कुछ उपरोक्त धारणाओं तथा निष्कर्षों को ही सामने रखकर शिक्षण अधिगम हेतु एक ऐसे प्रतिमान की रचना की है जिसमें इच्छित व्यवहार के निरूपण हेतु बड़े ही सुव्यवस्थित ढंग से पुनर्बलनों का आयोजन किया जाता है। यह प्रतिमान अपनी संरचना और कार्यप्रणाली की दृष्टि से कैसा है इसकी चर्चा इसमें निहित निम्न तत्त्वों के आधार पर भलीभाँति की जा सकती है।

1. **केंद्रण (Focus)**—सक्रिय अनुबंधन शिक्षण प्रतिमान का उद्देश्य सक्रिय अनुबंधन के प्रनियमों की अनुपालना करते हुए विद्यार्थी विशेष के व्यवहार में वांछनीय परिवर्तन लाना है। इसके लिए यह शिक्षण–अधिगम वातावरण को इस प्रकार नियमित एवं नियंत्रित करने का प्रयत्न करता है कि विद्यार्थी विशेष को उचित पुनर्बलन प्रदान करते हुए उसके व्यवहार का वांछित निरूपण किया जा सके। इस दृष्टि से यह जहाँ व्यवहार में परिवर्तन लाकर उचित व्यक्तित्व विकास में सहायक सिद्ध हो सकता है वहीं विभिन्न विषयों के शिक्षण अधिगम उद्देश्यों की पूर्ति में भी इससे काफी सहायता मिल सकती है। अच्छी आदतें डालना और बुरी आदतों का परित्याग दोनों ही बातें सक्रिय अनुबंध शिक्षण प्रतिमान के जरिए भलीभाँति संपन्न हो सकती हैं।
2. **कार्य प्रणाली (Syntax)**—इस प्रतिमान की कार्यप्रणाली का निम्न 5 चरणों या सोपानों के तहत भलीभाँति वर्णन किया जा सकता है।

प्रथम चरण : अंतिम या लक्ष्य व्यवहार का विशिष्टीकरण (Specification of the Terminal or Target Behaviour)

इस चरण में व्यवहार का जो अभीष्ट स्वरूप विद्यार्थी विशेष में निरूपित (Shape) करना है उसे उचित रूप से परिभाषित तथा व्यवहारजन्य शब्दावली में व्यक्त करने के प्रयत्न किए जाते हैं। इसके अतिरिक्त

व्यवहार का मूल्यांकन करने हेतु जो प्रक्रिया, परीक्षण एवं तकनीकें प्रयोग में लानी होती हैं उन्हें विकसित करने का कार्य भी इसी चरण में पूरा कर लिया जाता है।

द्वितीय चरण : प्रारंभिक व्यवहार का निदान (Assessment of the Entry Behaviour)

सक्रिय अनुबंधन प्रतिमान को प्रयुक्त करने से पहले इस चरण में विद्यार्थी/विद्यार्थियों के प्रारंभिक व्यवहार स्तर की उचित निरीक्षण, परीक्षण तथा अन्य मूल्यांकन तकनीकों के जरिए भलीभाँति जाँच कर ली जाती है।

तृतीय चरण : व्यवहार निरूपण कार्यक्रम का निर्धारण (Formulation of Behaviour Shaping Programme)

इस चरण में इच्छित व्यवहार के निरूपण हेतु आवश्यक कार्यक्रम तैयार करने के प्रयत्न किए जाते हैं। इसके लिए पहले तो वर्तमान वातावरणजन्य परिस्थितियों तथा उपलब्ध संसाधनों की थाह लेने की कोशिश की जाती है और फिर इनके परिप्रेक्ष्य में पुनर्बलन किस प्रकार और किस रूप में दिया जाएगा इस बात का निर्णय लिया जाता है।

चतुर्थ चरण : नियोजित कार्यक्रम का क्रियान्वयन (Implementation of the Planned Programme)

जिस कार्यक्रम का निर्धारण तृतीय चरण में कर लिया जाता है उसी के क्रियान्वयन का कार्य इस चरण में किया जाता है। इस कार्य हेतु पहले तो यह प्रयत्न किया जाता है कि वातावरण जन्य परिस्थितियों तथा संसाधनों को इस तरह नियोजित एवं व्यवस्थित किया जाए कि वांछित व्यवहार परिमार्जन या निरूपण के कार्य में अभीष्ट सहायता मिल सके। विद्यार्थियों को भी यह स्पष्ट किया जाता है कि उनके व्यवहार में किस तरह के वांछित परिवर्तन लाए जा रहे हैं और यह क्यों आवश्यक है तथा इससे वे किस रूप में लाभान्वित होंगे। ऐसा स्पष्ट करना उनका हार्दिक सहयोग लेने हेतु अति आवश्यक होता है। प्रारंभिक दौर में उनके व्यवहार को एक इच्छित दिशा और दशा में ढालने के लिए कुछ औपचारिक संकेत, माडलिंग या व्यक्तिगत मार्गदर्शन आदि की सहायता भी दी जा सकती है। जैसे ही विद्यार्थी/विद्यार्थियों के कदम इच्छित अधिगम पथ या निरूपित व्यवहार की ओर बढ़ने लगें उन्हें तुरंत ही वह उचित पुनर्बलन प्रदान किया जाता रहना चाहिए जिसकी योजना तृतीय चरण में बनाई जा चुकी है।

पंचम चरण : कार्यक्रम का मूल्यांकन (Evaluation of the Programme)

इस चरण में यह जाँचने की चेष्टा की जाती है कि निर्धारित व्यवहार परिमार्जन या निरूपण हेतु जो प्रयत्न चतुर्थ चरण में किए गए अथवा जो कार्यक्रम इस कार्य हेतु तृतीय चरण में बनाया गया उसके आधार पर विद्यार्थी/विद्यार्थियों के व्यवहार में यथेष्ट परिमार्जन/निरूपण किस सीमा तक संभव हो पाया। इस कार्य हेतु उपयुक्त मूल्यांकन तकनीकों का प्रयोग किया जाता है और फिर मूल्यांकन परिणामों के आधार पर वातावरणजन्य परिस्थितियों, संसाधनों, व्यवहार परिमार्जन तकनीकों तथा पुनर्बलन के आयोजन आदि में अपेक्षित सुधार लाने की बात सोची जाती है ताकि फिर से व्यवहार परिमार्जन की प्रक्रिया को दुहरा कर अभीष्ट लक्ष्य की प्राप्ति की जा सके।

3. **सामाजिक प्रणाली (Social System)**—सक्रिय अनुबंधन शिक्षण प्रतिमान की सामाजिक प्रणाली पूरी तरह से संरचित एवं संगठित होती है। यहाँ जो भी कार्य किए जाते हैं तथा गतिविधियाँ संपन्न होती हैं उनकी कुंजी अध्यापक या उस व्यक्ति विशेष के हाथ में होती है जिसके ऊपर विद्यार्थी/विद्यार्थियों के व्यवहार में वांछित परिमार्जन लाने या निरूपण करने की जिम्मेदारी डाली गई हो। उसी के द्वारा विद्यार्थी

विशेष के प्रारंभिक व्यवहार स्तर की जाँच की जाती है व्यवहार परिमार्जन/निरूपण कार्यक्रम की योजना बनाना, उसे क्रियान्वित करना तथा फिर यह देखना कि उसके द्वारा कितनी सफलता मिली यह सब उत्तरदायित्व उसी का होता है। परंतु चूँकि वह विद्यार्थी ही है जिसके व्यवहार का परिमार्जन/निरूपण किया जाना है अतः उसका सहयोग प्राप्त करना भी काफी आवश्यक होता है। अतः जहाँ इस प्रतिमान को कार्य रूप में परिणत करने की बात आती है वहाँ इसकी सामाजिक प्रणाली सहकारी व्यवस्था (Cooperative set up) की माँग भी करती है और इसलिए इस प्रतिमान के क्रियान्वयन संबंधी बहुत सी बातें जैसे पुनर्बलन कैसा और किस रूप में दिया जाए, शिक्षण अधिगम की परिस्थितियों में क्या सुधार लाए जाएं इत्यादि को तय करने का कार्य शिक्षक और विद्यार्थियों के बीच पारस्परिक तालमेल के आधार पर ही करने के प्रयत्न किए जाते हैं।

4. **प्रतिक्रिया प्रनियम (Principles of Reaction)**—सक्रिय अनुबंधन की सैद्धांतिक अवधारणाओं से अभिप्रेरित होकर इस प्रतिमान ने अपने क्रियान्वयन हेतु कुछ निम्न प्रतिक्रिया प्रनियमों का समावेश किया हुआ है।

   (i) व्यवहार के निरीक्षण, अभिलेखन तथा मूल्यांकन में यथेष्ट सावधानी, यथार्थता तथा विश्वसनीयता बनाई रखी जानी चाहिए।

   (ii) पुनर्बलन कैसे और किस रूप में दिया जाए इस बात का अच्छी तरह निर्धारण और क्रियान्वयन किया जाना चाहिए।

   (iii) अवांछित तथा अनुचित व्यवहार की या तो उपेक्षा की जानी चाहिए और या फिर उसमें आवश्यकतानुसार सुधार लाने की चेष्टा की जानी चाहिए।

   (iv) उचित एवं वांछनीय व्यवहारों को ठीक प्रकार से पुनर्बलित किया जाना चाहिए।

5. **अवलंब प्रणाली (Support System)**—यह प्रतिमान अपने क्रियान्वयन हेतु निम्न प्रकार की अतिरिक्त सहायता की माँग करता है।

   (i) व्यवहार के निरीक्षण, अभिलेखन तथा मूल्यांकन हेतु वस्तुनिष्ठ, यथार्थ और विश्वसनीय तकनीकों की उपलब्धि।

   (ii) विद्यार्थियों के व्यवहार में अपेक्षित परिवर्तन लाने हेतु विद्यार्थियों का सहयोग तथा अभिभावकों का साथ।

   (iii) ऐसी भौतिक साधनों और सुविधाओं की उपलब्धि जिनसे पुनर्बलन प्रदान करने और शिक्षण अधिगम परिस्थितियों को बेहतर ढंग से आयोजित करने का कार्य किया जा सके।

6. **प्रतिमान का उपयोग (Application of the Model)**—सक्रिय अनुबंधन शिक्षण प्रतिमान निम्न दृष्टि से मूल्यवान सिद्ध हो सकता है।

   (i) इसे विभिन्न प्रकार की उपयोगी अनुदेशनात्मक सामग्री के विकास हेतु काम में लाया जा सकता है। विशेष रूप से व्यवहार के तीनों अनुक्षेत्रों–संज्ञानात्मक, क्रियात्मक तथा भावात्मक में वांछित परिवर्तन लाने हेतु उपयुक्त अभिक्रमित अनुदेशन के विकास हेतु यह काफी प्रभावशाली सिद्ध हो सकता है।

   (ii) व्यवहार के यथेष्ट परिमार्जन और निरूपण के कार्य में यह काफी सहायक सिद्ध हो सकता है। पूरी तरह संरचित एवं संगठित अधिगम सामग्री तथा सुनियोजित पुनर्बलन द्वारा यह प्रतिमान विभिन्न

प्रकार के वांछित व्यवहारों को ग्रहण करने तथा अवांछित व्यवहारों का परित्याग करने में काफी लाभदायक सिद्ध हो सकता है।

(iii) इसे एक ऐसी उत्तम प्रशिक्षण तकनीक के रूप में इस्तेमाल किया जा सकता है जिससे काफी मुश्किल कौशलों (इसमें शिक्षण कौशल तथा शिक्षक व्यवहार के परिमार्जन का कार्य भी शामिल है) के अर्जन का कार्य भलीभाँति किया जा सकता है।

(iv) शिक्षण–अधिगम वातावरण तथा कक्षा कक्ष अनुदेशन के प्रबंधन के कार्य को एक विशेष संरचना, प्रारूप तथा दिशा प्रदान करने में भी इसकी सहायता ली जा सकती है।

सार-संक्षेप
(Summary)

1. शिक्षण प्रतिमान शिक्षण के लिए प्रयुक्त ऐसे प्रतिमान, ब्ल्यू प्रिंट या कार्य योजना का प्रतिनिधित्व करते हैं जिनके प्रयोग से एक शिक्षक को अपने शिक्षण कार्य को ठीक तरह अंजाम देने में वैसी ही सहायता मिलती है जैसे कि एक इंजीनियर द्वारा तैयार ब्ल्यू प्रिंट या मॉडल से भवन या पुल निर्माण में कारीगरों को प्राप्त होती है। जैसे भिन्न–भिन्न कार्यों के उचित संपादन हेतु अलग–अलग विशेष नक्शों, मॉडलों तथा ब्ल्यू प्रिंट का उपयोग कारीगरों द्वारा किया जाता है वैसे ही शिक्षकों द्वारा अपने–अपने विषयों तथा अलग शिक्षण प्रतिमानों का उपयोग किया जाता है।
2. शिक्षण के क्षेत्र में प्रयोग किए जाने वाले प्रतिमानों को प्रसिद्ध शिक्षा शास्त्री ब्रूस जॉइसी तथा मार्शावील द्वारा जिन चार प्रमुख वर्गों में विभाजित किया गया है वे हैं (i) इनफोर्मेशन प्रोसेसिंग या सूचना पर कार्यवाही करने से संबंधित प्रतिमान (ii) सामाजिक अंतःक्रिया प्रतिमान (iii) व्यक्तिगत विकास प्रतिमान तथा (iv) व्यवहार परिमार्जन प्रतिमान।
3. किसी भी प्रतिमान की उसमें निहित कुछ आधारभूत तत्त्वों के रूप में अच्छी तरह व्याख्या की जा सकती है। उसकी ऐसी व्याख्या उस प्रतिमान को अच्छी तरह समझने और उसका व्यावहारिक रूप में प्रयोग करने में काफी मददगार सिद्ध होती है। एक प्रतिमान के इस प्रकार के आधारभूत तत्त्व हैं (i) केंद्र बिंदु (जिसका प्रयोजन प्रतिमान के उद्देश्य को प्रकट करना है) (ii) संरचना (जिसका प्रयोजन प्रतिमान की प्रयोग प्रक्रिया को बताना है) (iii) प्रतिक्रिया प्रनियम (वे नियम जिनसे विद्यार्थियों की अनुक्रियाओं की अन्तःक्रिया तथा भूमिकाएं कक्षा में देखने को मिलती हैं) (iv) सामाजिक प्रणाली (v) अवलंब प्रणाली (किस प्रकार की अतिरिक्त संसाधन व्यवस्था प्रतिमान में चाहिए) तथा (vi) प्रतिमान का उपयोग (कहाँ और किस रूप में प्रतिमान का उपयोग हो सकता है।
4. ग्लेजर के बुनियादी प्रतिमान में शिक्षण की जटिल प्रक्रिया का 4 बुनियादी घटकों – अनुदेशनात्मक उद्देश्य, प्रविष्टि व्यवहार, अनुदेशनात्मक प्रक्रिया तथा निष्पादन मूल्यांकन में विभाजन कर पूरा करने की बात कही जाती है।
5. ब्रूनर का संप्रत्यय उपलब्धि प्रतिमान अपने नामकरण को चरितार्थ करता हुआ विद्यार्थियों में संप्रत्यय निर्माण एवं उपलब्धि के कार्य में काफी उपयोगी सिद्ध होता है। वील एवं जॉयसी ने इस संदर्भ में जिन तीन प्रारूपों का विशेष रूप से उल्लेख किया है वे हैं – संप्रत्यय उपलब्धि का आग्रहण प्रतिमान, संप्रत्यय उपलब्धि का चयन प्रतिमान तथा असंगठित सामग्री प्रतिमान। कठिन संप्रत्ययों की उपलब्धि के संबंध में

जहाँ आग्रहण प्रतिमान ठीक रहता है वहीं कुछ अपेक्षाकृत सरल संप्रत्ययों की उपलब्धि हेतु अन्य दो को काम में लाया जा सकता है।

6. आसुबेल का अग्रिम संगठक प्रतिमान इस मान्यता पर कार्य करता है कि किसी भी विषय सामग्री का ठीक प्रकार प्रस्तुतीकरण तथा आग्रहण तभी अच्छी तरह हो सकता है जबकि उससे संबंधित पूर्वज्ञान तथा संज्ञानात्मक संरचना की उपस्थिति अधिगमकर्त्ता में हो। अग्रिम संगठक प्रतिमान इसी बात को ध्यान में रखता हुआ अध्यापक से यह आशा करता है कि वह विद्यार्थियों के सामने अग्रिम संगठनों के रूप में पढ़ाए जाने वाले विषय से संबंधित आवश्यक महत्त्वपूर्ण सूचना सामग्री या विचारों को इस प्रकार प्रस्तुत करेगा कि इससे पाठ विशेष की विषय सामग्री का अच्छी तरह समन्वय होकर विद्यार्थियों को नवीन ज्ञान तथा तथ्यों के अर्जन में आसानी हो।

7. रिचर्ड सर्चमैन द्वारा प्रतिपादित पूछताछ प्रशिक्षण प्रतिमान अपने नाम के अनुरूप ही एक ऐसा प्रतिमान है जो विद्यार्थियों को किसी प्रक्रिया या घटना विशेष के घटने संबंधी बातों या कारण को जानने हेतु आवश्यक पूछताछ या जाँच संबंधी वांछित प्रशिक्षण प्रदान करता है। बालकों के सामने यहाँ कोई ऐसी समस्या या घटना प्रस्तुत की जाती है जो उनके लिए अनोखी तथा चुनौतीपूर्ण सिद्ध हो। बालक इस समस्या के समाधान हेतु पूछताछ प्रणाली की सहायता लेते हुए आवश्यक आंकड़े/सूचनाएं एकत्रित करते हैं तथा फिर उसके आधार पर अपनी अनुमानित परिकल्पनाओं की सत्यता की पुष्टि करते हैं।

8. ब्लूम द्वारा प्रतिपादित स्वामित्व अधिगम प्रतिमान की यह मान्यता है कि एक कक्षा के सभी विद्यार्थियों को स्वामित्व अधिगम के स्तर (यानी जो कुछ पढ़ाया जाए उसे अच्छी तरह समझ कर वे उस पर अपना अधिकार स्थापित कर लें) तक पहुँचाया जा सकता है बशर्ते कि इस कार्य के लिए पर्याप्त समय दिया जाए और उचित अनुदेशन व्यवस्था कायम की जाए। इस कार्य हेतु स्वामित्व अधिगम में जिन छः सोपानों का अनुसरण कर आगे बढ़ा जाता है वे हैं (i) पूर्व तैयारी या नियोजन (ii) स्वामित्व हेतु शिक्षण (iii) स्वामित्व के निदान हेतु निदानात्मक या निर्माणात्मक मूल्यांकन करना (iv) स्वामित्व स्तर तक पहुँचने संबंधी कमी को पूरा करना (v) स्वामित्व हेतु पुनः मूल्यांकन तथा उपचारात्मक कार्य तथा (vi) आगे की इकाइयों का संकलनात्मक मूल्यांकन तथा स्वामित्व हेतु शिक्षण।

9. जीन पियाजे का संज्ञानात्मक विकास प्रतिमान अपने नाम के अनुरूप ही पाठ्यक्रम तथा वास्तविक जीवन से जुड़ी हुई उलझनपूर्ण परिस्थितियों तथा चुनौतीपूर्ण समस्याओं के माध्यम से विद्यार्थियों की संज्ञानात्मक क्षमताओं के समुचित प्रशिक्षण और विकास हेतु भलीभाँति काम में लाया जा सकता है। इसका उपयोग विद्यार्थियों के किसी आयु या कक्षा विशेष में पाए जाने वाले संज्ञानात्मक विकास स्तर की व्यक्तिगत तथा सामूहिक दोनों रूपों में जाँच करने के लिए भी किया जा सकता है।

10. बेंजामिन कोक्स एवं बाइस मैसिअल्स द्वारा प्रतिपादित सामाजिक पूछताछ प्रतिमान में शिक्षण–अधिगम हेतु सामाजिक पूछताछ पर अधिक बल दिया जाता है। विद्यार्थियों को विभिन्न सामाजिक मूल्यों और गुणों को आत्मसात कराते हुए उनको उनके सामाजिक विकास तथा समायोजन में सहायता पहुँचाना ही इस प्रतिमान का मुख्य उद्देश्य है। इस कार्य हेतु प्रतिमान की कार्यप्रणाली जिन चार अवस्थाओं से गुजरती है वे हैं (i) समस्या से अवगत होना (ii) किसी उचित संकल्पना/संकल्पनाओं का निर्माण (iii) संकल्पना की सत्यता हेतु साक्षियों या प्रदत्तों का संग्रह तथा (iv) साक्षियों या प्रदत्तों का विश्लेषण एवं निष्कर्ष निकालना।

11. बीथेल एवं माइने द्वारा प्रतिपादित प्रयोगशाला विधि प्रतिमान इस बात पर जोर देता है कि निर्धारित शिक्षण अधिगम उद्देश्यों की उपलब्धि समुचित सामाजिक वातावरण तथा सामाजिक अंतःक्रिया के संगठन

पर निर्भर करती है। इसके क्रियान्वयन में सामाजिक रूप से संगठित एवं नियंत्रित (प्रयोगशाला जैसी) परिस्थितियों के निर्माण का प्रयत्न कर जिन सोपानों पर चलना होता है वे हैं (i) समूह कार्य के अवसर प्रदान करना (ii) अंतःवैयक्तिक या समूह कौशलों के विकास हेतु समूह में कार्य करना तथा (iii) अंतरा वैयक्तिक कौशलों के विकास हेतु अवसर प्रदान करना।

12. गोर्डन द्वारा प्रतिपादित सक्रिय अनुबंधन प्रतिमान में स्किनर द्वारा प्रतिपादित अधिगम के सक्रिय अनुबंधन सिद्धांतों का अनुसरण कर विद्यार्थियों के व्यवहार का इच्छित दिशा और दशा में परिमार्जन और निरूपण करने के प्रयत्न किए जाते हैं। जिन पाँच सोपानों पर चलकर यह कार्य किया जाता है वे हैं (i) लक्ष्य या अंतिम व्यवहार का विशिष्टीकरण यानी उसकी स्थापना (ii) प्रारंभिक व्यवहार की जाँच (iii) व्यवहार निरूपण कार्यक्रम तय करना (iv) तय किए गए कार्यक्रम को लागू करना तथा (v) कार्यक्रम के परिणामों का मूल्यांकन।

संदर्भित एवं विशेष अध्ययन ग्रंथ
(References and Suggested Readings)

Anderson, Lorin W., *Perspectives on School Learning: Selected Writings of John B. Carroll*, Hillsdale, NJ: L. Erlbaum Associates, 1985.

Ausubel, David P., The Psychology of Meaningful Verbal Learning, New York: Grune and Stratton, 1963.

_________, *Educational Psychology: A Cognitive View*, New York: Holt Rinehart and Winston, 1968.

_________, "The facilitation of meaningful verbal learning in the classroom", *Educational Psychologist*, 1977, vol. 12, pp. 167–168.

_________, "In defense of advanced organizers: A reply to the critics", *Review of Educational Research*, 1978, vol. **48**, p. 251–257.

Bhattacarya, S.P., *Models of Teaching*, New Delhi: Regency Publications, 1994.

Block, James H. (Ed.), *Mastery Learning: Theory and Practice*, NewYork: Holt Rinehart and Winston, 1971.

Block, James H., *Mastery Learning in Classroom Instruction*, New York: Macmillan, 1975.

Bloom, B.S., "Mastery Learning" in J.H. Block (Ed.), *Mastery Learning: Theory and Practice*, New York: Holt Rinehart and Winston, 1971.

_________, *All Our Children Learning*, New York: McGraw-Hill, 1981.

Bruner, Jerome S., *Process of Education*, Cambridge: Harvard University Press, 1960.

_________, *Child's talk: Learning to Use Language*, New York: W.W. Norton, 1985.

Carroll, John B., "A model of school learning", *Teacher College Record*, vol. 64, pp. 723–733.

De Cecco, J.P. and Crowford, W.R., *The Psychology, Learning and Instruction*, New Delhi: Prentice-Hall of India, 1977.

Dell'Olio, Jeanine M., *Models of Teaching: Connecting Student Learning with Standards,* Thousand Oaks: Sage, 2007.

Eggen, Paul D. et al., *Strategy for Teacher: Information Processing Models in the Classroom*, Englewood Cliffs, New Jersey: Prentice-Hall, 1979.

Glaser, Robert, " Psychology of instructional technology" in R. Glaser, *Training, Research and Education,* Pittsburg: University of Pittsburg Press, 1962.

Gordon, William J.J., *Synectics: The Development of Creative Capacity*, New York: Collier Books, 1968.

Hilgard, R.R. and G.H. Bower, *Theories of Learning*, New Delhi: Prentice-Hall of India, 1977.

Jangira, N.K., N. Sabharwal, and K.B. Rath: *Draft Workshop on Teaching Models*, New Delhi: NCERT, 1983.

Joyce, Bruce and Weil Marsha, *Models of Teaching*, Englewood Cliffs, N.J.: Prentice-Hall, 1972.

_______, *Models of Teaching*, Englewood Cliffs, N.J.: Prentice-Hall, 1980.

_______, *Models of Teaching,* (3rd ed.), Englewood Cliffs, N.J: Prentice-Hall, 1997.

_______, Models of Teaching, (5th ed.), Englewood Cliffs, New Jersey: Prentice-Hall, 2003.

Joyce, Bruce , Weil Marsha and Emily Calhoun, *Models of Teaching*, (7th ed.), Boston: Allyn and Bacon, 2004.

Meyer, Merle E. and F. Herbert Hite, (Eds.) *The Application of Learning Principles to Classroom Instruction*, Bellingham: Western Washington State College, 1979.

Patterson, C.H., *Foundation for a Theory of Instruction and Educational Psychology*, New York: Harper and Row, 1977.

Singh, L.C. (Ed.), Multiple Models of Teaching for Educators, Delhi: Vikas Publishing House, 1995.

Skinner B.F., *Technology of Teaching*, New York: Appelton Century Crofts, 1968.

Weil Marsha,and Joyce, Bruce, *Information Processing Models of Teaching*, Englewood Cliffs, New Jersey: Prentice-Hall of India, 1978.

अध्ययन के लिए प्रश्न
(Study Questions)

1. शिक्षण प्रतिमान पद को परिभाषित कीजिए तथा शिक्षण कार्य में शिक्षण प्रतिमानों की उपादेयता की चर्चा कीजिए।
2. शिक्षण प्रतिमान पद से क्या अभिप्राय है ? शिक्षण प्रतिमान के मूलभूत तत्त्वों या अंगों का संक्षेप में उल्लेख कीजिए।
3. आधुनिक शिक्षण प्रतिमानों को समुचित ढंग से किस प्रकार वर्गीकृत किया जा सकता है ? इस वर्गीकरण में सम्मिलित कम से कम तीन शिक्षण प्रतिमानों की उपयोगिताओं की चर्चा कीजिए।
4. ग्लेजर के बुनियादी शिक्षण प्रतिमान की विस्तार से चर्चा कीजिए।
5. ब्रूनर के संत्प्रत्यय उपलब्धि प्रतिमान की विस्तार से चर्चा कीजिए।

6. संप्रत्यय उपलब्धि से क्या अभिप्राय है ? ब्रूनर द्वारा प्रदत्त आग्रहण प्रतिमान (Reception model) को आप संप्रत्यय शिक्षण हेतु कैसे काम में ला सकते हो ? उदाहरण सहित स्पष्ट कीजिए।
7. विभिन्न शिक्षण प्रतिमानों का वर्गीकरण जॉयसी एवं वील द्वारा किस प्रकार किया गया है ? वर्णन कीजिए।
8. पूछताछ या पृच्छा प्रशिक्षण से आप क्या समझते हैं ? आप अपने विद्यार्थियों को सुव्यवस्थित ढंग से पूछताछ करने का प्रशिक्षण किस प्रकार देंगे ? पूछताछ प्रशिक्षण प्रतिमान के संदर्भ में उदाहरण सहित उत्तर दीजिए।
9. सचमैन द्वारा प्रतिपादित पूछताछ प्रशिक्षण प्रतिमान का विस्तार से उल्लेख कीजिए।
10. जीन पियाजे का संज्ञानात्मक विकास प्रतिमान क्या है ? इसकी संरचना और कार्यप्रणाली पर प्रकाश डालिए।
11. कोक्स एवं वायरन द्वारा प्रतिपादित सामाजिक पूछताछ प्रतिमान क्या है ? आधारभूत तत्त्वों के रूप में इसका सविस्तार उल्लेख कीजिए।
12. प्रयोगशाला विधि प्रतिमान क्या है ? एक प्रतिमान के आधारभूत तत्त्वों के संदर्भ में इसकी व्याख्या कीजिए।
13. संप्रत्यय उपलब्धि का चयन प्रतिमान आग्रहण प्रतिमान से किस प्रकार भिन्न है ? इस प्रतिमान के उपयोग और कार्यप्रणाली का उदाहरण सहित वर्णन कीजिए।
14. संप्रत्यय उपलब्धि के असंगठित प्रतिमान को चयन तथा आग्रहण प्रतिमानों से अलग करते हुए इसके प्रयोग को उदाहरण सहित स्पष्ट कीजिए।
15. विलियम गोर्डन के साइनेकटिक्स (Synectics) प्रतिमान का सविस्तार वर्णन कीजिए।
16. साइनेकटिक्स प्रतिमान (Synectics model) को बालकों की सृजनात्मकता के विकास हेतु कैसे काम में लाया जाता है ? इस प्रतिमान की प्रकृति और कार्यपद्धति के संदर्भ में उत्तर दीजिए।
17. स्किनर द्वारा प्रतिपादित सक्रिय अनुबंधन प्रतिमान की एक प्रतिमान के आधारभूत तत्त्वों के संदर्भ में सविस्तार चर्चा कीजिए।

26

इकाई योजना एवं पाठ योजना
(Unit Planning and Lesson Planning)

अध्याय रूपरेखा (Chapter Outline)

विषय प्रवेश
(Introduction)

नियोजन अर्थात् योजना निर्माण किसी भी कार्य या योजना के सफलतापूर्वक क्रियान्वयन के लिए आवश्यक होता है। इससे उस कार्य के प्रयोजन तथा उद्देश्य को अच्छी तरह प्राप्त करने में ही सफलता नहीं मिलती, बल्कि कार्य में लग रहे मानवीय और जीव संसाधनों की शक्ति और समय का भी अपव्यय नहीं होता। यह बात शिक्षण अधिगम

प्रक्रिया पर भी पूरी तरह लागू होती है। वे अध्यापक जो अपने अध्यापन कार्य को नियोजित ढंग से करते हैं उनका अध्यापन भी प्रभावपूर्ण होता है। इस दृष्टि से किसी अध्यापक को भी अपने विद्यार्थियों के साथ पूरे सत्र में जो करना है उसकी योजना ठीक तरह से बना लेनी चाहिए। इस प्रकार के नियोजन हेतु उसके द्वारा निम्न प्रकार की योजनाओं के निर्माण कार्य हाथ में लिए जा सकते हैं।

(a) वार्षिक योजना (Yearly Planning)

(b) इकाई योजना (Unit Planning)

वार्षिक योजना (Yearly Planning)

जो कुछ भी एक कक्षा में अध्यापक द्वारा पूरे वर्ष यानी एक शैक्षिक सत्र में किया जाता है उसके शिक्षण अधिगम हेतु किया जाने वाला नियोजन ही वार्षिक योजना के नाम से जाना जाता है। इस प्रकार के नियोजन हेतु उसे मुख्यतया निम्नांकित बातों को ध्यान में रखकर चलना होता है।

(i) शिक्षण सत्र (Academic year) में शिक्षण अधिगम हेतु मिलने वाले कुल कार्य दिवस (Working days)।

(ii) पूरे साल में विषय विशेष के शिक्षण अधिगम हेतु मिलने वाला कुल पीरियड या समय।

(iii) विषय विशेष के शिक्षण अधिगम हेतु क्या कुछ किया जाना है उसका निम्न बातों के संदर्भ में विश्लेषण

- कक्षा विशेष के निर्धारित विषय विशेष का पाठ्यक्रम या पाठ्यचर्या
- कक्षा विशेष के लिए निर्धारित विषय विशेष के शिक्षण उद्देश्य
- कक्षा विशेष के इस निर्धारित पाठ्यक्रम में इकाई (Units) तथा प्रकरणों की संख्या
- इकाई तथा प्रकरण विशेष में विषयवस्तु की प्रकृति एवं विस्तार
- उद्देश्यों की पूर्ति तथा पाठ्यक्रम को समाप्त करने की दृष्टि से प्रदत्त अधिगम अनुभवों की प्रकृति एवं विस्तार

(iv) निर्धारित पाठ्यक्रम के दृष्टिगत शिक्षण अधिगम का आयोजन करने हेतु उपलब्ध संसाधन सामग्री एवं शिक्षण अधिगम परिस्थितियाँ।

इकाई योजना (Unit Planning)

संपूर्ण सत्र में क्या कुछ किया जाता है इसको ध्यान में रखते हुए बनाई गई वार्षिक योजना को अब आगे क्रियान्वयन हेतु मासिक, साप्ताहिक तथा दैनिक योजनाओं में विभक्त करने की चेष्टा की जाती है। इसके विभाजन का एक और भी तरीका है जिसमें हम सत्रीय कार्य को इकाइयों में विभक्त करने की चेष्टा करते हैं। इसे इकाई योजना का नाम दिया जाता है। यह क्या है आइए यह जानने का प्रयत्न किया जाए।

इकाई योजना क्या है ? (What is Unit Planning)

अपने सामान्य अर्थ में इकाई योजना से तात्पर्य एक ऐसे नियोजन यानी योजना निर्माण से है जिसमें पाठ्यक्रम से संबंधित सत्र में किए जाने वाले कार्य को एक अध्यापक द्वारा छोटी–छोटी परंतु सार्थक इकाइयों में बाँट लिया

जाता है। ये इकाइयाँ क्या होती हैं, आइए पहले यह जानने का प्रयत्न भी इकाई पद की कुछ जानी–मानी परिभाषाओं के अध्ययन द्वारा कर लिया जाए।

1. कार्टर वी० गुड (Carter V. Good)—इकाई से तात्पर्य किसी एक केंद्रीभूत समस्या या प्रयोजन के इर्द–गिर्द संगठित उन विभिन्न क्रियाकलापों, अनुभवों तथा अधिगम सामग्री से है जिसे शिक्षक के नेतृत्व में विद्यार्थियों के एक समूह विशेष के द्वारा प्रकाश में लाया जाता है।

("Unit may be described as an organisation of various activities, experiences and types of learning around a central problem or purpose, developed, co-operatively by a group of pupils under teacher leadership."—1959, p. 41.)

2. एच०सी० मौरिसन (H.C. Morrison)—विद्यार्थियों के प्रयोजन को सिद्ध करने के लिए इस प्रकार की एक इकाई विकसित, विस्तृत, श्रृंखलाबद्ध तथा एक–दूसरे से संबंधित अर्थपूर्ण क्रियाकलापों से समाविष्ट रहती है जिसके द्वारा विद्यार्थियों के व्यवहार में वांछित परिवर्तन लाने हेतु महत्त्वपूर्ण शैक्षिक अनुभव प्रदान किए जाते हैं।

("A unit consists at a comprehensive series of related meaningful activities so developed as to achieve pupil purposes, provide significant educational experiences and result in appropriate behavioural changes."—1961, p. 25.)

इन परिभाषाओं के विश्लेषण द्वारा निम्नांकित परिणाम निकाले जा सकते हैं–

- किसी केंद्रीभूत समस्या या प्रयोजन के इर्द–गिर्द ही इकाई की विषयवस्तु का ताना–बाना बुना जाता है।
- इकाई निर्माण कार्य में विद्यार्थियों द्वारा शिक्षक के साथ पूरा सहयोग किया जाता है।
- एक इकाई में इस प्रकार की अर्थयुक्त तथा अच्छी तरह आपस में संबंधित अपने आप में सभी तरह से पूर्ण ऐसी विषयवस्तु तथा अधिगम अनुभवों का समावेश होता है कि जिसके द्वारा वांछित शिक्षण–अधिगम उद्देश्यों की प्राप्ति ठीक तरह संभव हो सके।
- इकाई विशेष में जो विषयवस्तु होती है उसमें ऐसी निरंतरता तथा विस्तृतता पाई जाती है जिसके माध्यम से पाठ्यक्रम से संबंधित किसी विशेष ज्ञान क्षेत्र, प्रकरण या समस्या विशेष को अच्छी तरह जानने तथा समझने में उचित सहायता मिले।
- एक इकाई निर्धारित पाठ्यक्रम (Syllabus) की अपने आप में सभी तरह से पूर्ण उस भागांश (Sub-division) का प्रतिनिधित्व करती है जिसके माध्यम से बहुत ही उपयुक्त तथा सार्थक शैक्षिक अनुभव प्रदान किया जा सकता है।

इस प्रकार इकाई से अभिप्राय विषय विशेष के लिए निर्धारित पाठ्यचर्या यानी पाठ्यक्रम (Syllabus) के एक ऐसे अपने आप में पूर्ण सार्थक भागांश से होता है जो किसी एक समस्या या प्रयोजन से जुड़े रहकर विषय के शिक्षण अधिगम के लिए निर्धारित उद्देश्यों की पूर्ति में भलीभाँति सहायक सिद्ध हो सकता है।

इकाई की अवधारणा से इस तरह परिचित हो जाने के बाद अब हम इकाई योजना पद के अर्थ एवं प्रकृति से परिचित होने का प्रयत्न कर सकते हैं।

जैसा कि पहले ही कहा जा चुका है कि हम किसी कक्षा विशेष के लिए निर्धारित विषय विशेष के पाठ्यक्रम को एक सत्र में ठीक तरह पढ़ाने की दृष्टि से कुछ सार्थक एवं अपने आप में पूर्ण भागांशों (Sub-division) में जिन्हें इकाई कहा जाता है, विभक्त कर लेते हैं। अब इन इकाइयों में संग्रहीत विषयवस्तु तथा अधिगम अनुभवों का किस उचित रूप में शिक्षण अधिगम किया जाए ताकि वांछित शिक्षण–अधिगम उद्देश्यों की प्राप्ति अच्छे ढंग

से हो सके, इस हेतु किए जाने वाले नियोजन कार्य को इकाई योजना की संज्ञा दी जाती है। *इस प्रकार इकाई योजना से तात्पर्य एक ऐसी कार्य–प्रणाली या योजना से है जिसे किसी एक विशेष इकाई में निहित विषयवस्तु तथा अधिगम अनुभवों के शिक्षण अधिगम हेतु बनाया जाता है तथा जिसमें इस प्रकार के शिक्षण अधिगम के आयोजन के लिए उन सभी विधियों एवं तकनीकों की चर्चा की जाती है जिनसे इकाई से संबंधित शिक्षण अधिगम उद्देश्यों की पूर्ति भलीभाँति संभव हो सके।*

इकाइयों का निर्माण (Formation of Units)

विषय विशेष के शिक्षण हेतु इकाई योजना के निर्माण का कार्य पूरे सत्र में प्रदान किए जाने वाले अधिगम अनुभवों तथा विषयवस्तु को सार्थक एवं सभी तरह से पूर्ण उचित इकाइयों में विभक्त करने के पश्चात ही शुरु होता है। इन इकाइयों के निर्माण हेतु एक अध्यापक द्वारा कैसे पहल की जाए इस कार्य में कुछ निम्न बातें काफी सहायक सिद्ध हो सकती हैं।

1. निर्धारित पाठ्यचर्या यानी पाठ्यक्रम में जिस तरह का प्रकरण युक्त विभक्तीकरण किया गया है वह उसी के अनुरूप विभिन्न प्रकरणों (Topics) को विभिन्न इकाई (Unit) मानकर चल सकता है।
2. वह पाठ्यक्रम में शामिल एक जैसी प्रकृति तथा शिक्षण–अधिगम उद्देश्यों वाले प्रकरणों को इकट्ठा करके इकाइयों का निर्माण कर सकता है।
3. वह कुछ विशेष प्रयोजनों के संपादन के संदर्भ में पाठ्यक्रम की विषय सामग्री एवं प्रकरणों का विभाजन करके इकाइयों का निर्माण कर सकता है जैसे – जीवन केंद्रित इकाइयाँ, पर्यावरण केंद्रित इकाइयाँ, पशु–पक्षी तथा पेड़–पौधों से संबंधित या केंद्रित इकाइयाँ आदि।

उपरोक्त वर्णित प्रक्रियाओं का अनुसरण करते हुए उदाहरणार्थ हम विज्ञान शिक्षण हेतु कुछ निम्न इकाइयों का उल्लेख कर सकते हैं।

– हमारे आस–पास के पक्षीगण
– हमारे आस–पास के पेड़–पौधे
– हमारे आस–पास के कीड़े मकोड़े
– हमारा शरीर तथा उसकी कार्य प्रक्रिया
– हमारी शरीर प्रणाली
– पशु जगत और उसकी हमारे जीवन में महत्ता
– वन–संपदा और उसकी हमारे जीवन में महत्ता
– सूक्ष्मजीव और उनकी हमारे जीवन में महत्ता
– हमारा स्वास्थ्य एवं बीमारियाँ
– भोजन जो हम खाते हैं।
– प्रजनन
– पृथ्वी पर जीवन
– खाद्य उत्पादन एवं प्रबंधीकरण
– प्रदूषण और पारिस्थितिक संकट

इकाइयों के निर्माण संबंधी उपरोक्त वर्णित क्षेत्र विभाजन की ओर ध्यान देने के अतिरिक्त और जिन बातों का ध्यान अध्यापक के लिए किसी कक्षा विशेष के पाठ्यक्रम को उपयुक्त इकाइयों में विभाजित करने हेतु दिया जाना होता है, वे निम्न हैं–

- कुल कार्य दिवस तथा घंटे (कक्षा के पीरियड तथा अतिरिक्त समय) जो किसी कक्षा विशेष में अध्यापक विशेष को मिलने हैं।
- विशिष्ट प्रयोजन एवं उद्देश्यों की पूर्ति की दृष्टि से निर्मित की जाने वाली इकाइयों की पूर्णता एवं सार्थकता।
- विद्यार्थियों की आयु, रुचि, आवश्यकताओं तथा योग्यताओं के संदर्भ में इकाइयों की उपयुक्तता।
- शिक्षण अधिगम हेतु उपलब्ध शिक्षण अधिगम परिस्थितियों तथा संसाधनों के संदर्भ में इकाइयों की उपयुक्तता।
- शिक्षण के लिए उपलब्ध कुल समय तथा संसाधनों का ध्यान रखते हुए निर्धारित पाठ्यक्रम की विषयवस्तु तथा अधिगम अनुभवों का उचित विभाजन।
- कक्षा–विशेष के विषय विशेष के शिक्षण अधिगम उद्देश्यों की प्राप्ति के संदर्भ में इकाइयों की सार्थकता।
- इकाइयों में निहित विषयवस्तु तथा अधिगम अनुभवों का आपसी उचित सहसंबंध तथा समन्वय।
- निर्धारित पाठ्यक्रम पर निर्मित विभिन्न इकाइयों की विषयवस्तु तथा अधिगम अनुभवों में आवश्यक तारतम्यता तथा निरंतरता हेतु उचित सहसंबंध तथा समन्वय स्थापित करना।

इकाई योजना हेतु और आगे कैसे बढ़ा जाए ? (How to Proceed Further in Unit Planning ?)

निर्धारित पाठ्यक्रम की विषयवस्तु तथा अधिगम अनुभव को अपने आप में पूर्ण सार्थक खंडों यानी इकाई में विभाजित करने के बाद इकाई योजना के निर्माण के संदर्भ में आगे जो काम किया जाता है, उसकी रूपरेखा कुछ निम्न तरह से हो सकती है–

1. इकाई विशेष को आगे अब कुछ उचित उप–इकाइयों तथा भागों में बाँटा जाता है। बाँटी हुई इन उप–इकाइयों तथा भागों में विषयवस्तु तथा अधिगम अनुभवों की उतनी ही मात्रा होनी चाहिए जिसे 35 या 40 मिनट के पीरियड में अच्छी तरह पढ़ाया जा सके।
2. इकाई तथा उप–इकाइयों में विभक्त विषय सामग्री के शिक्षण अधिगम द्वारा किस प्रकार के शिक्षण अधिगम उद्देश्यों की उपलब्धि होगी इसे भी व्यवहारजन्य शब्दावली में व्यक्त किया जाना चाहिए ताकि यह अच्छी तरह से निश्चित किया जा सके कि इकाई या उप–इकाई विशेष के शिक्षण अधिगम के फलस्वरूप विद्यार्थियों के व्यवहार में किस प्रकार के परिवर्तनों की अपेक्षा की जाती है।
3. निर्धारित शिक्षण अधिगम उद्देश्यों की प्राप्ति को लेकर इकाई तथा उप–इकाई विशेष के शिक्षण अधिगम हेतु किस प्रकार की विधियाँ तथा तकनीकें अपनाई जाती हैं तथा किस प्रकार की शिक्षण अधिगम सामग्री और साधनों की सहायता ली जाती है इन सबके बारे में पहले से निर्णय ले लेना चाहिए।
4. इकाई तथा उप–इकाई विशेष की शिक्षण अधिगम प्रक्रिया में अध्यापक तथा विद्यार्थियों के बीच किस प्रकार की अंतःक्रिया होगी, उनके द्वारा अपनी–अपनी भूमिकाएं किस रूप में निभाई जाएँगी इस बारे में निर्णय लेना।

5. इकाई तथा उप–इकाई विशेष के शिक्षण अधिगम के मूल्यांकन हेतु भी उचित निर्णय पहले से ही ले लिया जाना चाहिए। इसके लिए यही उचित रहता है कि एक इकाई परीक्षण (Unit test) का निर्माण पहले से ही कर लिया जाए। यह इकाई परीक्षण कितनी अवधि का होगा और इसे कैसे लिया जाएगा इन सबके बारे में भी पहले से ही निर्णय ले लेना चाहिए।

उपरोक्त बातों को ध्यान में रखते हुए इकाई योजना के निर्माण का कार्य कैसे किया जाता है, इस बात को अब हम एक उदाहरण द्वारा स्पष्ट करने का प्रयत्न कर रहे हैं।

इकाई योजना का एक उदाहरण (An Example of Unit Planning)

1. विषय : विज्ञान
2. कक्षा : (VII)
3. इकाई का नाम : हमारे शरीर के विभिन्न संस्थान (Our body systems)
4. उप–इकाइयाँ (Sub-units)
   (i) शरीर के संस्थानों का अर्थ एवं अवधारणा
   (ii) पाचन संस्थान
   (iii) रक्त परिभ्रमण संस्थान
   (iv) श्वसन संस्थान
   (v) उत्सर्जन संस्थान
   (vi) स्नायु संस्थान

हमारे शरीर के विभिन्न संस्थान नामक इकाई की विषयवस्तु को उपरोक्त 6 उप–इकाइयों में विभक्त कर लेने के बाद (प्रत्येक उप–इकाई अपने आप में अर्थपूर्ण तथा पूरी है) इकाई योजना निर्माण हेतु आगे के सोपानों पर अग्रसर होने का काम किया जाएगा। इसके लिए पहले शिक्षण–अधिगम उद्देश्यों का निर्माण किया जाएगा तथा फिर सभी उप–इकाइयों के शिक्षण अधिगम हेतु, विधियों, प्रविधियों, शिक्षण सहायक सामग्री तथा शिक्षण–अधिगम गतिविधियों के बारे में विचार किया जाएगा, शिक्षण अधिगम परिणामों के मूल्यांकन तकनीकों तथा प्रविधियों के बारे में निर्णय लिया जाएगा तथा पुनरावृत्ति अभ्यास तथा ड्रिल कार्यों द्वारा जो कुछ पढ़ा पढ़ाया गया है उसे ठीक तरह मस्तिष्क में बिठाने और उसका उपयोग करने के बारे में विचार किया जाएगा।

इकाई योजना का महत्त्व एवं उपयोगिता (Importance and Advantages of Unit Planning)

अध्यापक के लिए इकाई योजना निम्न दृष्टि से महत्त्वपूर्ण हो सकती है–

1. इकाई योजना में शिक्षण हेतु संपूर्ण सत्र में जितना समय उपलब्ध हो सकता है उसे ध्यान में रखते हुए निर्धारित पाठ्यक्रम की विषय सामग्री को इस तरह उचित इकाइयों में विभक्त किया जाता है ताकि पाठ्यक्रम के शिक्षण अधिगम को उपलब्ध समय में ठीक तरह से पूरा किया जा सके। शिक्षकों को इस तरह अपना उत्तरदायित्व निभाने में इकाई योजना से बहुत सहायता मिलती है।
2. इकाई योजना के तहत निर्मित सभी पाठ्य इकाइयाँ अपने आप में काफी पूर्ण तथा सार्थक होती हैं। पाठ्यक्रम से संबंधित सभी प्रकार की पाठ्य वस्तु तथा अधिगम अनुभवों को इस तरह की पाठ्य इकाइयों

में बाँटकर शिक्षण प्रदान करना विद्यार्थियों के लिए शैक्षणिक तथा मनोवैज्ञानिक दोनों ही दृष्टि से बहुत ही लाभकारी सिद्ध होता है।

3. इकाई योजना में इकाई शिक्षण के उद्देश्यों को भलीभाँति निश्चित करने पर पूरा जोर दिया जाता है। इससे विद्यार्थी और अध्यापक दोनों को ही अपने उत्तरदायित्वों एवं लक्ष्यों का पूरी तरह स्पष्ट ज्ञान हो जाता है और परिणामस्वरूप इकाई के शिक्षण एवं अधिगम दोनों ही प्रकार के कार्यों में अभीष्ट सफलता की संभावनाएँ काफी बढ़ जाती हैं।
4. इकाई योजना में विभिन्न उप–इकाइयों के शिक्षण अधिगम हेतु विधियों, तकनीकों, व्यूह रचनाओं तथा शिक्षण सहायक सामग्री आदि के बारे में पहले ही अच्छी तरह से सोच विचार लिया जाता है। अध्यापक को इन सभी का पूर्व ज्ञान हो जाने से इनका समुचित उपयोग कर शिक्षण अधिगम उद्देश्यों की प्राप्ति में बहुत सहायता मिलती है।
5. इकाई योजना से शिक्षण अधिगम प्रक्रिया को ठीक प्रकार व्यवस्थित एवं संगठित करने में बहुत सहायता मिलती है। एक इकाई तथा उसकी उप–इकाइयों में निहित विषय सामग्री के शिक्षण अधिगम हेतु अध्यापक द्वारा किस प्रकार के कार्य तथा क्रियाकलापों का संपादन किया जाना है, इस बात का उसे पूरा ज्ञान रहता है और यही ज्ञान उसे एक अध्यापक के नाते अपने सभी उत्तरदायित्वों के निर्वाह हेतु मानसिक तथा व्यावसायिक रूप से पूरी तरह तैयार रखने में मदद करता है।
6. पढ़ाई जाने वाली विषयवस्तु का उचित एवं सार्थक इकाइयों एवं उप–इकाइयों में विभाजन तथा उनके शिक्षण अधिगम हेतु सभी आवश्यक क्रियाओं एवं संसाधनों का पूर्व नियोजन शिक्षण अधिगम प्रक्रिया को रोचक, प्रभावपूर्ण और सारयुक्त बनाने में कोई कसर नहीं छोड़ता। परिणामस्वरूप कक्षा में अनुशासनहीनता की समस्या से अध्यापक को जूझना नहीं पड़ता।
7. इकाई योजना में निर्धारित शिक्षण अधिगम उद्देश्यों के परिप्रेक्ष्य में एक इकाई परीक्षण के निर्माण का प्रावधान रहता है। इस परीक्षण की सहायता से इकाई के शिक्षण अधिगम परिणामों का मूल्यांकन करने में उचित सहायता मिलती है और इस तरह जो कुछ शिक्षण अधिगम होता है उसका सतत मूल्यांकन करते रहने में इकाई योजना काफी लाभप्रद सिद्ध हो सकती है।

नियोजन तो क्रियान्वयन की पहली सीढ़ी है और यह सदैव उसकी बेहतरी के लिए ही होती है। अगर निर्धारित पाठ्यक्रम की विषयवस्तु को अपने में पूर्ण तथा सार्थक इकाइयों में बाँटकर नियोजित ढंग से शिक्षण अधिगम की बात सोची जाए तो यह अपने आप में सदैव ही अच्छा रहता है। हाँ, इसमें दिक्कत तब आ सकती है जब इस योजना को ठीक तरह से न बनाया जाए या फिर इसके क्रियान्वयन में पर्याप्त रुचि और परिश्रम न किया जाए या फिर इस योजना की आँखें मूँदकर अक्षरशः अनुपालन को ही शिक्षण–अधिगम का उद्देश्य बना लिया जाए। अगर इन सब दोषों से शिक्षक वर्ग अपने को बचा सकें तो इकाई योजना का निर्माण और उसकी अनुपालना एक शिक्षक को अपने आप में वरदान ही सिद्ध होगी।

पाठ योजना क्या है ?
(What is Lesson Planning ?)

एक अध्यापक का कार्य विद्यालय में अपनी कक्षा के बच्चों को पढ़ाना है। उसे विद्यालय की विभिन्न कक्षाओं को एक या एक से अधिक विषय पढ़ाने होते हैं, उसे अपने इस कार्य में शिक्षण की तीन अवस्थाओं से गुजरना होता है—

1. शिक्षण से पूर्व अवस्था (Pre-active Phase)
2. शिक्षण अवस्था (Inter-active Phase)
3. शिक्षणोत्तर अवस्था (Post-active Phase)

पाठ योजना का संबंध शिक्षण की इस पूर्व अवस्था से है। वास्तविक कक्षा शिक्षण से पूर्व अध्यापक को पाठ अध्यापन से संबंधित विभिन्न क्रियाओं का नियोजन करना पड़ता है। पाठ योजना इसी कार्य से संबंधित है।

साधारण शब्दों में पाठ योजना का अर्थ "किसी विषय की, किसी इकाई विशेष से संबंधित दैनिक पाठ की योजना से है जिसके अनुसार एक अध्यापक को निश्चित अनुदेशनात्मक उद्देश्यों को प्राप्त करने के लिए विद्यालय के किसी विशेष कालांश में कार्य करना पड़ता है।" एक तरह से यह एक अध्यापक के द्वारा, कक्षा के कमरे में, अपने विद्यार्थियों के साथ व्यवहारिक रूप से तय की जाने वाली मात्रा की विस्तृत सैद्धांतिक रूपरेखा है। अध्यापक या तो मानसिक स्तर पर यह तैयारी कर लेता है या लिखित रूप में पाठ की योजना बना लेता है।

इस योजना में अध्यापक को निम्नलिखित आवश्यक तथ्यों को ध्यान में रखना पड़ता है–

(i) विषय के विस्तृत उद्देश्य या लक्ष्य निर्धारित करना,
(ii) विषय की वर्तमान इकाई से संबंधित कक्षा शिक्षण उद्देश्यों को निश्चित एवं परिभाषित करना,
(iii) निश्चित उद्देश्यों को प्राप्त करने के लिए पाठ की सार्थक विषयवस्तु का संगठन,
(iv) विषयवस्तु के प्रस्तुतीकरण की विधि, शिक्षण व्यूह रचना, कक्षा अंतःक्रिया एवं प्रबन्ध के बारे में निर्णय लेना,
(v) मूल्यांकन एवं प्रतिपुष्टि के लिए उचित व्यवस्था करना।

पाठ योजना इकाई योजना से किस प्रकार भिन्न है ? (How Lesson Planning is Different from Unit Planning ?)

पाठ योजना इकाई योजना से निम्नांकित बातों को लेकर अलग ठहराई जाती है–

1. इकाई योजना में पूरे सत्र में समाप्त किए जाने वाले विषय के पाठ्यक्रम (विषयवस्तु तथा अधिगम अनुभवों) को उचित इकाइयों में विभक्त करके भलीभाँति अनुदेशन के लिए नियोजन किया जाता है जबकि पाठ योजनाओं में रोजाना कक्षा में जो कुछ अध्यापक को पढ़ाना होता है उसके बारे में ही नियोजन किया जाता है।
2. इकाई योजना का क्षेत्र और विस्तार पाठ योजनाओं की तुलना में काफी अधिक व्यापक और विस्तृत होता है।
3. इकाई योजना का निर्माण कक्षा के पीरियड में संपन्न शिक्षण अधिगम के लिए भी किया जा सकता है और विभिन्न उप–इकाइयों के शिक्षण के रूप में इसकी अवधि कई दिनों तक बढ़ाई भी जा सकती है जबकि पाठ योजना के अंतर्गत जो नियोजन होता है उसके क्रियान्वयन की अवधि पूरी तरह से मात्र विषय के लिए निर्धारित कक्षा के एक पीरियड यानी 35 या 40 मिनट तक ही सीमित रहती है।
4. इकाई योजना में शिक्षण अधिगम या अनुदेशनात्मक उद्देश्य बनाते हुए पूरी इकाई (उसकी सारी उप–इकाइयों सहित) में निहित विषयवस्तु तथा अधिगम अनुभवों को ध्यान में रखा जाता है। इस तरह इकाई योजना में अनुदेशनात्मक उद्देश्यों का क्षेत्र और विस्तारपाठ योजना के लिए बनाए गए अनुदेशनात्मक उद्देश्यों से (जिन्हें मात्र 35 या 40 मिनट में ही पूरा करने की बात रहती है) कहीं अधिक विस्तृत होना स्वाभाविक सी ही बात होती है।

5. एक इकाई योजना, उसमें शामिल उप–इकाइयों के दृष्टिगत अनेक पाठ योजनाओं को जन्म देने वाली सिद्ध हो सकती है। कई बार ऐसा भी हो सकता है कि कोई उप–इकाई के शिक्षण अधिगम हेतु दो या उससे भी अधिक पाठ योजनाओं के निर्माण की जरूरत पड़ जाए।

अतः पाठ योजनाओं को सब तरह से इकाई योजनाओं से काफी कम विस्तार की तथा काफी कम शिक्षण अधिगम उद्देश्यों को कक्षा के काफी सीमित समय में पूरा किए जाने वाली पाठ योजनाओं के रूप में ही समझा जाना चाहिए।

पाठ योजना की आवश्यकता एवं महत्त्व (Need and Importance of Lesson Planning)

हर सफलता का रहस्य एक अच्छी योजना है। यह बात अध्यापक के शिक्षण कार्य की सफलता के लिए भी उतनी सही है। जो अध्यापक कक्षा में प्रवेश करने से पहले सावधानीपूर्वक अपने पाठ की तैयारी कर लेता है, वह निश्चित रूप से अपने शिक्षण लक्ष्यों के रूप में वांछित परिणामों को प्राप्त कर लेता है। संक्षेप में पाठ योजना निम्न रूपों में एक अध्यापक की सहायता कर सकती है–

1. किसी अध्यापक द्वारा, किसी कक्षा को, किसी विशेष दिन, विशेष कालांश में पढ़ाए जाने वाले विषय की किसी विशेष इकाई के कक्षा शिक्षण उद्देश्यों को स्पष्ट करके यह अध्यापक के कार्य क्षेत्र को सीमाबद्ध कर देती है और इसे इधर उधर भटकने से रोकती है।
2. पाठ योजना के पूर्व निर्धारित व भलीभाँति परिभाषित किए हुए उद्देश्य अध्यापक को विषयवस्तु के बुद्धिमत्तापूर्ण उचित चुनाव, संगठन, प्रस्तुतीकरण और मूल्यांकन में सहायता करते हैं। इस प्रकार पाठ योजना की सहायता से संपूर्ण शिक्षण प्रक्रिया सुनियोजित व सुव्यवस्थित हो जाती है।
3. अपने उचित संगठन, क्रमबद्धता एवं व्यवस्था के द्वारा पाठ योजना शिक्षण अधिगम प्रक्रिया को मितव्ययिता प्रदान करती है। यह अध्यापक तथा विद्यार्थी दोनों को सही रास्ते पर बनाए रखती है और इस प्रकार अध्यापक व विद्यार्थी दोनों की शक्ति व समय के संभावित अपव्यय पर पूर्ण नियंत्रण रखती है।
4. निम्न प्रकार के संबंधों के द्वारा समवाय व समन्वय के प्रनियम का प्रयोग करने में पाठ योजना अध्यापक की सहायता करती है–
   (i) विषय के नवीन ज्ञान को विद्यार्थी के पूर्व अर्जित ज्ञान से जोड़ कर,
   (ii) पाठ को दूसरे संबंधित विषयों के ज्ञान या विद्यार्थियों के सामाजिक व भौतिक वातावरण से जोड़ कर,
   (iii) सैद्धांतिक ज्ञान को उसके व्यावहारिक प्रयोग से जोड़ कर।
5. पाठ योजना कक्षा के मानसिक व भावात्मक वातावरण के बारे में अध्यापक को पहले से ही अनुभव कराने, कल्पना कराने व पूर्वानुमान कराने में सहायता करती है। यह कक्षा अंतःक्रियाओं, अध्यापक विद्यार्थी व्यवहार और कक्षा नियंत्रण क्रियाओं को ठीक प्रकार क्रियान्वित करने में अध्यापक की सहायता करती है।
6. कक्षा में प्रस्तुत किए जाने वाले पाठ की विषयवस्तु पर पूर्ण अधिकार प्राप्त कराने में पाठ योजना अध्यापक की सहायता करती है।

7. चुनी हुई विषयवस्तु के प्रस्तुतीकरण के लिए उचित शिक्षण व्यूह रचना का चुनाव करने और दृश्य–श्रव्य सामग्री के उचित प्रयोग के लिए पहले से ही योजना बनाने व तैयारी करने में अध्यापक की सहायता करती है।
8. शिक्षण उद्देश्यों की सफलतापूर्वक प्राप्ति के लिए पाठ योजना विद्यार्थियों का उचित सहयोग लेने में सहायता करती है। यह कक्षा में उठने वाली विभिन्न समस्याओं के समाधान के लिए अध्यापक को आवश्यक आधार प्रदान करती है।
9. शिक्षण अधिगम प्रक्रियाओं से संबंधित सभी कार्यों का उचित मूल्यांकन करने मे अध्यापक व विद्यार्थी दोनों को सहयोग प्रदान करती है।
10. पाठ की पुनरावृत्ति, अभ्यास, गृहकार्य आदि की उचित व्यवस्था के माध्यम से नवीन ज्ञान को स्थायित्व प्रदान करने में पाठ योजना विद्यार्थी व अध्यापक दोनों की सहायता करती है।
11. विद्यार्थियों की व्यक्तिगत विभिन्नताओं को ध्यान में रखते हुए, उनकी योग्यताओं और क्षमताओं के अनुसार कक्षा शिक्षण को उचित स्तरों में विभाजित करने में अध्यापक की सहायता करती है।
12. पाठ योजना सभी तरह से शैक्षिक उद्देश्यों को प्राप्त करने के लिए आवश्यक शिक्षण व्यवहारों और कौशलों का उपयोग करने में अध्यापक की सहायता करती है।
13. संपूर्ण रूप में, पाठ योजना सामान्यतः एक अध्यापक में निर्णय लेने की योग्यता और अध्यापकीय क्षमता बढ़ाने में सहायता करती है। उसमें शिक्षण कार्य के लिए पूर्ण आत्मविश्वास पैदा करके उसे एक सफल अध्यापक बनाती है।

इस प्रकार पाठ योजना शिक्षण अधिगम कार्य में काफी महत्त्वपूर्ण सिद्ध होती है। यही कारण है कि पाठ योजना को एक शिक्षक के शैक्षणिक जीवन का महत्त्वपूर्ण अंग समझा जाता है। यह अध्यापक के शिक्षण कार्य के हर कदम पर उसकी सहायता करती है और एक विश्वसनीय मित्र, पथ–प्रदर्शक और सेवक के रूप में उसकी सेवा करती है। परंतु इन सब बातों के लिए यह आवश्यक है कि पाठ योजना का निर्माण बहुत सावधानी के साथ किया जाए। इसे किसी भी अवस्था में इतना अपरिवर्तनशील और कठोर भी नहीं होना चाहिए कि परिस्थिति के अनुकूल अपनी शिक्षण अधिगम क्रियाओं में परिवर्तन लाने की अध्यापक की स्वतंत्रता ही समाप्त हो जाए। इसे परामर्शदात्री ही समझना चाहिए और इसका अंधानुकरण नहीं करना चाहिए। वांछित सफलता प्राप्ति के लिए यह आवश्यक है कि अध्यापक पाठ योजना द्वारा अपनी शैक्षणिक यात्रा को पूरा करने में समय और परिस्थिति के अनुसार विद्यार्थी के हितों को ध्यान में रखते हुए, आवश्यक परिवर्तन करता रहे। इस संदर्भ में श्री के०के० वर्मा (K.K. Verma, 1956) का निम्नलिखित कथन दृष्टव्य है–

"शैक्षणिक यात्रा में पटरी से उतरना खतरनाक और अंधाधुंध भागना विनाशकारी साबित हो सकता है। आपातकालीन आवश्यकताओं और समय की माँग को ध्यान में रखते हुए रुकना होगा और यात्रा की व्यवस्था में यथानुकूल परिवर्तन लाने की पूरी चेष्टा करना इस यात्रा की सफलता के लिए आवश्यक है।"

("Derailment may be disastrous and thorough running ruinous, Make-shifts and stop gaps as demanded by emergency and expediency are all to be devised.")

पाठ योजना निर्माण के सिद्धांत या प्रनियम (Principles of Developing Lesson Planning)

जैसा कि ऊपर कहा गया है पाठ योजना अध्यापक के अपने विद्यार्थियों के साथ तय की जाने वाली कक्षा कक्ष शिक्षण यात्रा में काफी महत्त्वपूर्ण सिद्ध होती है। इसके लिए एक अध्यापक को पाठ योजना के निर्माण में बहुत

अधिक सावधानी बरतने की आवश्यकता होती है। इस कार्य में पाठ योजना निर्माण संबंधी कुछ निम्न महत्त्वपूर्ण प्रनियमों या सिद्धांतों की अनुपालना काफी उपयोगी भूमिका निभा सकती हैं।

1. **उद्देश्यों की स्पष्टता और निश्चितता का सिद्धांत (Principle of clarity and definiteness of the objectives)**—किसी भी विषय के किसी प्रकरण पर पाठ योजना का निर्माण करते समय एक अध्यापक को उसके शिक्षण या अनुदेशन उद्देश्यों का पूरा ज्ञान होना चाहिए। एक तरह से पाठ योजना रूपी भवन के निर्माण की सभी बातें उद्देश्यों तथा इन उद्देश्यों से उपलब्ध वांछनीय परिवर्तनों रूपी नीव पर ही आधारित रहती है, इस तथ्य को शिक्षक द्वारा सदैव ध्यान में रखा जाना चाहिए।
2. **संसाधनों तथा अनुकूल परिस्थितियों की उपलब्धि का सिद्धांत (Principle of availability of resources and favourable conditions)**—पाठ योजना का निर्माण करते समय एक अध्यापक को यह भलीभाँति देख लेना चाहिए कि कक्षा में पाठ शिक्षण के दौरान किस प्रकार के शिक्षण साधन, सहायक सामग्री तथा अन्य संसाधन एवं परिस्थितियाँ किस रूप में उपलब्ध रहेंगी।
3. **प्रारंभिक व्यवहार से अवगत होने का सिद्धांत (Principle of the knowledge of entry behaviour)**—पूर्व अनुभवों तथा सीखे हुए ज्ञान पर ही नवीन ज्ञान को ग्रहण करने की नींव रखी जाती है। इसलिए जब किसी नवीन प्रकरण का शिक्षण होता है तो उसके लिए पूर्वज्ञान के रूप में कुछ आवश्यक जानकारी विद्यार्थियों के पास अवश्य होनी चाहिए। यह जानकारी कितनी और किस रूप में हो सकती है इसका अनुमान लगाकर ही एक अध्यापक आगे का ज्ञान देने की योजना बना सकता है।
4. **विद्यार्थियों को अभिप्रेरित करने का सिद्धांत (Principle of motivating the students)**—अभिप्रेरणा अधिगम की कुंजी है। अगर कोई अध्यापक अपने विद्यार्थियों को अपने पाठ शिक्षण के प्रति अभिप्रेरित करने में कामयाब हो जाता है तो फिर निर्धारित शिक्षण या अनुदेशनात्मक उद्देश्यों की प्राप्ति का मार्ग काफी सहज और सरल हो सकता है। इसलिए एक अध्यापक को अपनी परियोजना तैयार करते समय पाठ की भूमिका या प्रस्तावना इस तरह विकसित करनी चाहिए कि उसके माध्यम से विद्यार्थियों को प्रकरण विशेष के अधिगम हेतु भलीभाँति अभिप्रेरित किया जा सके।
5. **पाठ में रुचि बनाए रखने का सिद्धांत (Principle of maintaining interest in the lesson)**—पाठ की प्रस्तावना के माध्यम से जो रुचि पाठ में अध्यापक द्वारा जागृत की गई है अब उसे पूरे पाठ शिक्षण के दौरान बनाए रखने के प्रयत्न किए जाने चाहिए। इस दृष्टि से अध्यापक को अपनी पाठयोजना में उन सभी क्रियाओं और गतिविधियों का समावेश करने तथा अपने पाठ को इस प्रकार पढ़ाने के प्रति पूरी सावधानी रखनी चाहिए जिनसे पाठ शिक्षण को विद्यार्थियों की आवश्यकताओं, रुचियों तथा योग्यताओं के अनुरूप ढालकर शिक्षण–अधिगम कार्य में पर्याप्त रोचकता बनायी रखी जा सके।
6. **शिक्षण विधियों तथा तकनीकों की उपयुक्तता का सिद्धांत (Principle of appropriateness of teaching methods and techniques)**—पाठशिक्षण से निर्धारित शिक्षण अधिगम उद्देश्यों की अच्छी तरह प्राप्ति तभी भलीभाँति संभव है जब इस कार्य हेतु उपयुक्त शिक्षण विधियों तथा तकनीकों को काम में लाया जाए। एक अध्यापक को अपनी पाठयोजना का निर्माण करते समय इस दृष्टि से यह पूरा–पूरा ध्यान देना चाहिए कि विषय और प्रकरण के संदर्भ में उपलब्ध परिस्थितियों और संसाधनों को देखते हुए किस प्रकार की शिक्षण विधियों तथा तकनीकों का प्रयोग उत्तम रहेगा।
7. **विषयवस्तु तथा अन्य शिक्षण अधिगम सामग्री पर स्वामित्व का सिद्धांत (Principle of mastery over the subject matter and other teaching-learning material)**—एक अध्यापक जिसका पाठ शिक्षण से संबंधित विषयवस्तु तथा अन्य शिक्षण अधिगम सामग्री के ऊपर यथोचित अधिकार नहीं है वह कभी

भी अपने पाठ नियोजन तथा शिक्षण कार्य में सफल नहीं हो सकता। इस दृष्टि से एक अध्यापक को चाहिए कि विषय सामग्री एवं अधिगम अनुभवों पर पूरी तरह स्वामित्व स्थापित करके ही आगे बढ़े।

8. **विद्यार्थियों की सक्रिय भागीदारी का सिद्धांत (Principle of active participation of the students)**—शिक्षण की सफलता इस बात में निहित रहती है कि शिक्षण के दौरान विद्यार्थियों की सक्रिय भागीदारी शिक्षण–अधिगम प्रक्रिया में बनी रहे। इसलिए एक अध्यापक को अपने शिक्षण हेतु पाठ योजना तैयार करते हुए इस बात का ध्यान रखना चाहिए कि वह किस प्रकार किस रूप में अपने विद्यार्थियों की सक्रिय भागीदारी अपने पाठशिक्षण के दौरान प्राप्त करता रह सकता है।

9. **उचित पृष्ठपोषण तथा पुनर्बलन का सिद्धांत (Principle of providing appropriate feedback and reinforcement)**—सीखने वाला तभी अच्छी तरह सीख सकता है जबकि उसे सीखने के दौरान उचित समय पर उचित ढंग से उचित पृष्ठपोषण तथा पुनर्बलन की प्राप्ति होती रहे। एक अध्यापक को अपनी पाठयोजना के निर्माण के समय इस बात का सदैव ध्यान रखना चाहिए कि जब भी कोई विद्यार्थी उसके पढ़ाए गए पाठ में समुचित रुचि का प्रदर्शन कर सक्रिय रूप से अपनी भागीदारी निभाए, पूछे गए प्रश्नों का ठीक उत्तर दे तथा बताई गई क्रियाओं को ठीक तरह निभाने का प्रयत्न करे तो उसे तुरंत ही समुचित पुनर्बलन और आवश्यक पृष्ठपोषण प्रदान करने संबंधी बातों का समावेश अपनी पाठयोजना में अवश्य कर लेना चाहिए।

10. **उचित मूल्यांकन का सिद्धांत (Principle of appropriate evaluation)**—जो पाठ पढ़ाया जा रहा है उससे निर्धारित शिक्षण–अधिगम उद्देश्यों की पूर्ति किस सीमा तक हो रही है, विद्यार्थी कितना कुछ ग्रहण कर रहे हैं, उनके व्यवहार में किस प्रकार से वांछित परिवर्तन हो रहे हैं इन सब बातों की समय–समय पर जानकारी एक अध्यापक को अपने शिक्षण कार्य को ठीक तरह से चालू रखने के लिए अति आवश्यक होती है। इस कार्य हेतु वह अपने शिक्षण के दौरान विद्यार्थियों से प्रश्न पूछता है, उन्हें किन्हीं गतिविधियों में सहयोग करने को आमंत्रित करता है, पुनरावृत्ति प्रविधियों (Recapitulatory devices) की मदद लेता है, आदि–आदि। इस दृष्टि से एक शिक्षक के लिए यह आवश्यक हो जाता है कि वह पाठयोजना बनाते समय पाठशिक्षण के दौरान और बाद में प्रयुक्त सभी उपयुक्त मूल्यांकन तकनीकों को अपनी पाठ योजना में यथोचित स्थान देने का प्रयत्न करे।

11. **सीखे हुए ज्ञान अथवा अनुभवों को स्थायित्व प्रदान करने का सिद्धांत (Principle of adequate fixation of the learning)**—जो कुछ विद्यार्थियों को पढ़ाया या सिखाया जाए वह पूरी तरह से उनके मस्तिष्क में बैठ जाना चाहिए ताकि वह उसे ठीक तरह से स्मरण रख सके तथा उसका व्यवहारात्मक रूप से उपयोग कर सकें। इस दृष्टि से एक अध्यापक को अपनी पाठ योजना में विभिन्न प्रकार की स्थायित्व प्रविधियों (Fixing device) जैसे समीक्षा, पुनः अवलोकन, अभ्यास कार्य, गृहकार्य आदि को समुचित स्थान देने का पूरा प्रयत्न करना चाहिए।

12. **लचीलेपन का सिद्धांत (Principle of flexibility)**—अंत में जिस सिद्धांत विशेष के अनुकरण की बात अध्यापक द्वारा अपनी पाठ योजना निर्माण हेतु ध्यान में रखी जानी चाहिए वह है पाठ योजना में वांछित लचीलापन रखने की बात। पाठ योजना में इस प्रकार की पर्याप्त गुंजाइश रखनी चाहिए कि अध्यापक आवश्यकतानुसार विषयवस्तु तथा अधिगम अनुभवों में परिवर्तन करने, विधियों तथा तकनीक में बदलाव लाने तथा शिक्षण–अधिगम अनुभवों को अपने विद्यार्थियों के साथ बाँटने में वांछित लचीलापन लाने में पर्याप्त रूप से स्वतंत्र रहे।

प्रभावपूर्ण पाठ योजना की विशेषताएं या कसौटी (Characteristics and Criteria of an Effective Lesson Planning)

इस बात से किसी भी तरह इंकार नहीं किया जा सकता कि कक्षा कक्ष में अध्यापक द्वारा पढ़ाए जाने वाले पाठ की सफलता बहुत कुछ इस बात पर निर्भर करती है कि अध्यापक ने अपने पाठ शिक्षण हेतु किस तरह की पाठ योजना का निर्माण किया है। प्रश्न उठता है कि एक प्रभावपूर्ण अच्छी माने जाने वाली पाठ योजना किन गुणों या विशेषताओं से युक्त हो सकती है ? इस बात का जवाब अभी–अभी वर्णन किए गए उन महत्त्वपूर्ण सिद्धांतों के ऊपर ध्यान देने से दिया जा सकता है जिनकी अनुपालना एक अध्यापक के द्वारा अपनी पाठ योजना के विधिवत निर्माण हेतु की जाती रहती है। फलस्वरूप ऐसी कुछ विशेषताओं द्वारा युक्त मानदंड को हम संक्षेप में निम्न प्रकार व्यक्त कर सकते हैं।

1. एक अच्छी पाठ योजना का सदैव लिखित रूप में निर्माण किया जाता है। यह अपने निर्माणकर्त्ता (अध्यापक) के सिर्फ मन और मस्तिष्क में नहीं होती, उसे इसे आवश्यक रूप से लिखित दस्तावेज के रूप में प्रस्तुत करना होता है।
2. इसमें अनुदेशनात्मक उद्देश्यों का मात्र उल्लेख ही नहीं बल्कि उनको व्यवहारजन्य शब्दावली में व्यक्त करने का भी प्रयत्न किया जाता है।
3. इसमें पाठ शिक्षण के लिए प्रयुक्त सभी शिक्षण साधन तथा सहायक सामग्री का विधिवत उल्लेख किया जाता है।
4. विद्यार्थियों के प्रविष्टि व्यवहार (Entry behaviour) तथा अपेक्षित पूर्वज्ञान संबंधी संभावनाओं का भी इसमें उल्लेख होता है तथा इस व्यवहार की जाँच प्रक्रिया भी इसमें बताई जाती है।
5. इसमें यह अच्छी तरह बताया जाता है कि पाठ को प्रस्तावित करने के लिए क्या तरीका अपनाया जाएगा, किस प्रकार के प्रश्न पूछे जाएंगे अथवा क्रियाओं का आयोजन किया जाएगा। पाठ को पढ़ने की क्या आवश्यकता है इससे उनका कौन–सा विशेष प्रयोजन पूरा होने जा रहा है इस बात पर जोर देते हुए ही अध्यापक द्वारा पाठ को पढ़ने संबंधी उद्देश्य की घोषणा की जाती है।
6. उद्देश्य घोषणा (Announcement of the aim) के बाद एक अच्छी पाठ योजना में पाठ के प्रस्तुतीकरण हेतु उचित विषयवस्तु के चयन और फिर उसके सुव्यवस्थित गठन पर ध्यान देने का प्रयत्न किया जाता है।
7. विषयवस्तु तथा अधिगम अनुभवों के समुचित प्रस्तुतीकरण हेतु जो भी विधियाँ, प्रविधियाँ तथा तकनीक अपनानी होती है उनको प्रयुक्त करने के ढंग का समुचित विवरण अब इस पाठ योजना में दिया जाता है।
8. एक अच्छी प्रभावशाली पाठ योजना की यह विशेषता होती है कि उसमें अध्यापक और विद्यार्थी वर्ग के बीच चलने वाली अंतःक्रिया को पूरा–पूरा महत्त्व देने की कोशिश की जाती है। इसमें सब तरह से यह ध्यान रखा जाए कि शिक्षण–अधिगम प्रक्रिया में विद्यार्थियों की प्रभावशाली ढंग से पूरी–पूरी भागीदारी रहे।
9. एक अच्छी पाठ योजना में विद्यार्थियों की आयु, उनके मानसिक स्तर, पूर्वज्ञान तथा अनुभव, पाठशिक्षण की अवधि, पाठशिक्षण के दौरान उपलब्ध शिक्षण अधिगम परिस्थितियाँ तथा संसाधन आदि का पूरा–पूरा ध्यान रखा जाता है।
10. इसमें विशेष रूप से यह उल्लेख होता है कि जो कुछ विद्यार्थियों को पढ़ाया या सिखाया गया है उसे उनके मस्तिष्क में ठीक तरह बिठाने के लिए किस प्रकार की युक्तियों तथा तकनीकों (जैसे पुनःअवलोकन, पुनरावृत्ति, अभ्यासकार्य तथा गृहकार्य) का उपयोग किया जाएगा।

11. इसमें इस बात का भी उल्लेख होता है कि अध्यापक पाठ को प्रस्तुत करते समय महत्त्वपूर्ण बातों या गतिविधियों को प्रकाश में लाने हेतु किस प्रकार के साधन (जैसे श्यामपट सार, चित्रात्मक सामग्री, ग्राफिक्स, ट्रांसपेरेंसीज) का प्रयोग करेगा।
12. इसमें विद्यार्थियों के व्यक्तिगत भेदों का समुचित ध्यान रखा जाता है।
13. इसमें समवाय तथा एकीकरण के सिद्धांतों (Principles of correlation and integration) की अनुपालना पर पूरा–पूरा ध्यान दिया जाता है जिसका पता इसके द्वारा विषयवस्तु को ठीक तरह प्रस्तुत करने और सीखी हुई/पढ़ी हुई बातों को दूसरी बातों को सीखने–समझने में उपयोग में लाने तथा अपने रोजमर्रा की जिंदगी में इनका इस्तेमाल करने आदि बातों से भलीभाँति लगाया जा सकता है।
14. इस पाठ योजना में यह पूरी तरह ध्यान रखा जाता है कि अध्यापक विशेष को इसमें वर्णित बातों या कार्यक्रम में तबदीली लाकर परिस्थिति अनुसार अपना पाठ पढ़ाने की पर्याप्त स्वतंत्रता रहे।

पाठ योजना के विभिन्न उपागम (Various Approaches to Lesson Planning)

पाठ योजना का निर्माण करने और लिखने के लिए बहुत सी पद्धतियों और उपागम प्रयोग में लाए जाते हैं। प्रस्तुत अध्याय में हम उनमें से कुछ महत्त्वपूर्ण उपागमों का वर्णन कर रहे हैं–

1. हरबर्ट उपागम (Herbart Approach)
2. मौरीसन या इकाई उपागम (Morrison's or Unit Approach)
3. मूल्यांकन या ब्लूम उपागम (Evaluation or Bloom's Approach)
4. क्षेत्रीय शिक्षण महाविद्यालय मैसूर उपागम (RCEM Approach)
5. ग्लोवरियन उपागम (Gloverian Approach)

हरबर्ट उपागम (Herbartian Approach)

हरबर्ट के पाँच सोपानों के नाम से प्रसिद्ध यह उपागम (Herbartian five step approach) जे०एफ० हरबर्ट (1776–1841) और उसके अनुयायियों के विचारों का परिणाम है। ये पाँच सोपान निम्न हैं–

(i) तैयारी (Preparation) (ii) प्रस्तुतीकरण (Presentation), (iii) तुलना और संबंध (Comparison and association) (iv) सामान्यीकरण (Generalization) (v) प्रयोग (Application)।

1. **तैयारी या प्रस्तावना (Preparation or Introduction)**—इस सोपान के अंतर्गत नवीन ज्ञान की प्राप्ति के लिए विद्यार्थियों को भलीभाँति तैयार करने का प्रयत्न किया जाता है, जैसे–बीज बोने से पहले जमीन को तैयार किया जाता है उसी प्रकार से नवीन ज्ञान को स्वीकार करने के लिए विद्यार्थियों को भी उचित प्रकार से तैयार किया जाना चाहिए। यदि उन्हें एक बार मानसिक रूप से पाठ को पढ़ाने के लिए तैयार कर दिया जाए तो इससे शिक्षक का बहुत कुछ कार्य पूरा हो जाता है। यही कारण है कि हरबर्ट उपागम तैयारी के इस सोपान पर अत्यधिक बल देते हुए इसे पाठशिक्षण का ठोस आधार मानता है। इस पद को प्रस्तावना (Introduction) भी कहा जाता है। एक अध्यापक को अपने पाठ की प्रस्तावना हेतु निम्नलिखित बातों का ध्यान रखना पड़ता है–
   1. विद्यार्थियों का पूर्व ज्ञान।
   2. ध्यान आकर्षित करने व रुचि जागृत करने से संबंधित तत्व।
   3. पाठ के सामान्य व विशिष्ट उद्देश्य।

इस पद के प्रारूप में समयानुसार कुछ परिवर्तन आया है। इस दृष्टि से वर्तमान शिक्षक प्रशिक्षण कार्यक्रम में हरबर्ट उपागम का प्रयोग करते हुए प्रस्तावना संबंधी पद में निम्नलिखित क्रियाओं का समावेश होता है–

(i) परिचय संबंधी विवरण–छात्राध्यापक का नाम व अनुक्रमांक, तारीख, कक्षा, सेक्शन, विषय, उपविषय, छात्रों की औसत आयु व कालांश की अवधि आदि।
(ii) साधारण व विशिष्ट सहायक सामग्री।
(iii) पाठ संबंधी सामान्य व विशिष्ट उद्देश्य।
(iv) प्रस्तुत पाठ से संबंधित विद्यार्थियों का पूर्व ज्ञान।
(v) पूर्वज्ञान परीक्षण।
(vi) पाठ प्रस्तावना के लिए पूर्व ज्ञान का उपयोग।
(vii) प्रस्तुत पाठ को पढ़ने के लिए विद्यार्थियों को अभिप्रेरित करना।
(viii) स्पष्ट व संक्षिप्त शब्दों में पाठ उद्देश्य की घोषणा।

2. **प्रस्तुतीकरण (Presentation)**—इस द्वितीय सोपान में नवीन अधिगम सामग्री छात्रों के सम्मुख प्रस्तुत की जाती है और इस नवीन ज्ञान का अधिगम करने में उनकी सहायता की जाती है। इस संबंध में एक अध्यापक को निम्न बातों को ध्यान में रखना पड़ता है।

(i) किस प्रकार की कितनी अधिगम सामग्री प्रस्तुत की जाए ?
(ii) विद्यार्थियों को कितना कुछ अध्यापक द्वारा बताया जाए और कितना वे स्वयं अपने प्रयत्नों से सीखें।
(iii) अधिगम सामग्री को कितने खंड़ों व उपखंडों में विभाजित किया जाए ?
(iv) पाठ के किसी उपखंड या इकाई का अन्य इकाइयों एवं अन्य विषयों के साथ समवाय कब और कैसे किया जाए ?
(v) विद्यार्थियों का सहयोग प्राप्त करने और अधिगम सामग्री को प्रस्तुत करने के लिए किस प्रकार की विधियों, प्रविधियों, तकनीकों और व्यूह रचनाओं को प्रयोग में लाया जाए ?

3. **तुलना और संबंध (Comparison and Association)**—इस सोपान के अंतर्गत प्राप्त किए हुए नवीन ज्ञान को सबल एवं स्थायी बनाने का प्रयास किया जाता है। इसके मूल में यह धारणा कार्य करती है कि एक बालक के ज्ञान में तुलना व संबंध का प्रयोग करके पर्याप्त वृद्धि की जा सकती है। परिणाम स्वरूप अध्यापक अर्जित नवीन ज्ञान की पहले प्राप्त किए हुए ज्ञान से तुलना करने अथवा संबंध स्थापित करने की कोशिश करता है। वह नवीन और पुराने ज्ञान के पारस्परिक अंतर और समानता को ध्यान में रखते हुए उचित समन्वय स्थापित करने का प्रयास करता है और नए व पुराने ज्ञान के इस समन्वय से कुछ और नवीन ज्ञान व अनुभव की सृष्टि कराने का प्रयास भी करता है।

4. **सामान्यीकरण (Generalisation)**—इस सोपान के अंतर्गत एक छात्राध्यापक द्वारा जो कुछ भी पढ़ाया जाता है उसका विभिन्न दृष्टिकोणों से तुलनात्मक अध्ययन और संबंध स्थापित करके विद्यार्थियों द्वारा सामान्य नियम या निष्कर्षों पर पहुँचने की कोशिश की जाती है। इस प्रकार से किसी सिद्धांत, नियम या सूत्र की रचना की जाती है। जहाँ तक हो सके इस प्रकार के सामान्यीकरण का कार्य विद्यार्थियों पर ही छोड़ा जाना चाहिए और अध्यापक का कार्य उचित मार्गदर्शन तक ही सीमित रहना चाहिए।

प्रयोग (Application)—ज्ञानार्जन तब ही सार्थक माना जाता है जब कि उसका वास्तविक परिस्थितियों में उपयोग हो सके। इस बात को ध्यान में रखते हुए इस अंतिम सोपान में पाठशिक्षण के द्वारा सामान्यीकृत रूप में जिस ज्ञान की प्राप्ति होती है, उसका प्रयोग करने का प्रयत्न किया जाता है। जैसे किसी सूत्र की सहायता से किस प्रकार समस्याएं हल की जाती हैं, उससे संबंधित आवश्यक अभ्यास कार्य इस सोपान में कराया जाता है। इससे जहाँ एक ओर पाठाध्ययन द्वारा प्राप्त ज्ञान और कौशलों के अर्जन को स्थायी बनाने में सहायता मिलती है, वहाँ दूसरी ओर इस अर्जन को जीवन की वास्तविक परिस्थितियों में उपयोग करने का प्रशिक्षण भी मिलता है।

हरबर्ट उपागम पर आधारित आदर्श पाठ योजना (Model Lesson Plan Based on Herbartian Steps)

छात्राध्यापक का नाम :	दिनांक :
विषय : गणित	कक्षा : आठवीं
उपविषय : पाइथागोरस की प्रमेय पर आधारित समस्याएँ	अवधि : 40 मिनट
	छात्रों की औसत आयु : 14 वर्ष

सहायक सामग्री (Aid Material)

(i) साधारण कक्षा कक्ष की सामग्री जैसे श्यामपट, चॉक, झाड़न, संकेतक इत्यादि।
(ii) एक चार्ट तथा मॉडल जिसमें कमल के फूल संबंधी समस्या को चित्रित किया गया है।
(iii) दूसरा चार्ट जिसमें गली व सीढ़ी से संबंधित समस्या को दिखाया गया है।
(iv) तीसरा चार्ट जिसमें दो बाँसों से संबंधित समस्या को चित्रित किया गया है।

सामान्य उद्देश्य (General Aims)

(i) विद्यार्थियों की तर्कशक्ति, विचार शक्ति एवं कल्पना शक्ति का गणित की समस्याओं द्वारा विकास करना।
(ii) रेखागणित के अध्ययन के प्रति रुचि उत्पन्न करना तथा रेखागणित संबंधी नियमों से परिचित कराना।
(iii) छात्रों की रचनात्मक शक्ति को विकसित करने का अवसर प्रदान करना।
(iv) गणित के ज्ञान को व्यावहारिक जीवन में उपयोग कर सकने की सामर्थ्य उत्पन्न करना।

विशिष्ट उद्देश्य (Specific Aim)

पाइथागोरस के प्रमेय पर आधारित कुछ व्यावहारिक समस्याओं को हल करने के योग्य बनाना।

पूर्व ज्ञान (Previous Knowledge)

(i) विद्यार्थी समकोण त्रिभुज से भलीभाँति परिचित है।
(ii) वे ये जानते हैं कि समकोण त्रिभुज के कर्ण का वर्ग शेष दोनों भुजाओं के वर्गों के योग के समान होता है।

पूर्वज्ञान परीक्षा और प्रस्तावना (Testing Previous Knowledge and Introduction)

(i) (समकोण त्रिभुज की आकृति दिखलाते हुए) यह आकृति किस प्रकार के त्रिभुज की है ?

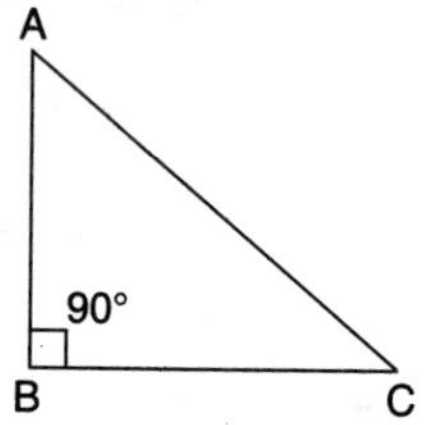

चित्र 26.1

(ii) विभिन्न भुजाओं की ओर बारी–बारी से संकेत करते हुए) इन्हें किस–किस नाम से जाना जाता है। (आधार, लंब और कर्ण)

(iii) समकोण त्रिभुज की इन भुजाओं में क्या संबंध होता है ?

(iv) भुजाओं में इस प्रकार के संबंध की खोज किसने की थी ? (पाइथागोरस ने)

पहली समस्या (First Problem)—छात्रों के सम्मुख निम्न समस्या प्रस्तुत की जाएगी–

"एक तालाब में कमल का फूल पानी से 10 से०मी० ऊँचा है। हवा के झोंके से वह पानी की सतह को 30 से०मी० की दूरी पर स्पर्श करता है। पानी में खड़ी कमल की डंडी की लंबाई ज्ञात करो।"

विद्यार्थियों से समस्या को हल करने के लिए कहा जाएगा।

उद्देश्य कथन (Statement of the Aim)—विद्यार्थियों को इस प्रश्न का उत्तर देने में असमर्थ पाकर छात्राध्यापक उद्देश्य की घोषणा करेगा कि आज पाइथागोरस की प्रमेय पर आधारित इस प्रकार की कुछ समस्याओं को हल करने की कोशिश करेंगे।

प्रस्तुतीकरण (Presentation)—समस्या को चार्ट या मॉडल के द्वारा सरल रूप में प्रस्तुत किया जाएगा और विश्लेषण हेतु निम्न प्रकार से आगे बढ़ा जाएगा।

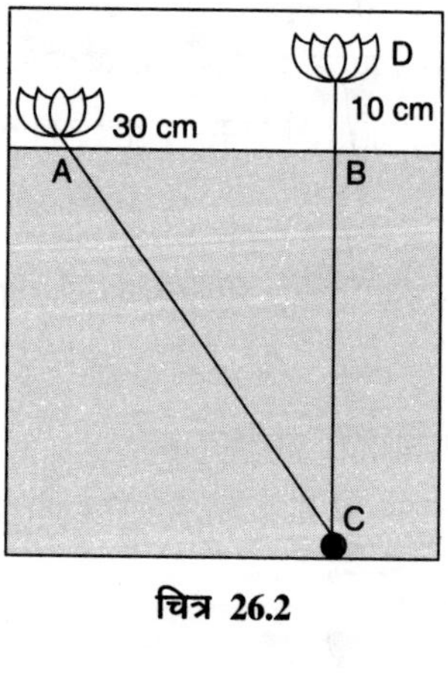

चित्र 26.2

प्रश्न (Questions)	संभावित उत्तर एवं श्यामपट कार्य (Expected Answers and B.B. Work)
1. इस समस्या में क्या ज्ञात करना है ?	पानी में खड़े कमल की डंडी की लंबाई।
2. इसमें क्या दिया हुआ है ?	एक तालाब में कमल का फूल पानी से 10 से.मी. ऊँचा है और वह हवा के झोंके से पानी की सतह को 30 से.मी. की दूरी पर स्पर्श करता है।
3. इस समस्या को कैसे हल करोगे ?	विद्यार्थी तत्काल ही इस प्रश्न का उत्तर नहीं दे सकेंगे। अतः विद्यार्थियों का ध्यान पुनः चार्ट अथवा मॉडल की ओर आकर्षित किया जाएगा।
4. चार्ट में कमल के फूल की डंडी की लंबाई किस रेखा द्वारा दिखाई गई है ?	CD रेखा द्वारा दिखाई गई है।
5. झुकने पर पानी को स्पर्श करने की दूरी किस रेखा द्वारा दिखाई गई है ?	AC द्वारा दिखाई गई है।
6. पानी में खड़ी कमल की डंडी की लंबाई किस रेखा द्वारा प्रदर्शित है ?	BC द्वारा प्रदर्शित है।
7. अब चित्र को देखकर पता लगाओ कि पानी में खड़ी कमल की डंडी की लंबाई कैसे निकाली जा सकती है ?	यह समकोण त्रिभुज है। हम पाइथागोरस साध्य का प्रयोग कर सकते हैं।
8. पाइथागोरस के साध्य द्वारा किसी त्रिभुज का लंब कब ज्ञात कर सकते हैं ?	जबकि आधार और कर्ण दिया हुआ है।

अब समस्या के हल के लिए बीजगणित की सहायता लेने को प्रेरित किया जाएगा।

9. पानी के अंदर कमल की डंडी की लंबाई क्या मानोगे।	इसे x से.मी. माना जाएगा।
10. कमल की डंडी की कुल लंबाई क्या होगी ?	कुल लंबाई x + 10 से.मी. होगी।
11. पाइथागोरस के प्रमेय का प्रयोग करते हुए x का मान कैसे ज्ञात करोगे ?	

अब विद्यार्थियों की सहायता से इसका आदर्श हल प्रस्तुत किया जाएगा।

$$(\text{कर्ण})^2 = (\text{आधार})^2 + (\text{लंब})^2$$

या $(x + 10)^2 = (30)^2 + (x)^2$

या $x^2 + 20x + 100 = 900 + x^2$

या $20x = 800$ या $x = 40$ सें.मी.।

12. पानी में खड़ी कमल की डंडी की लंबाई कितनी हुई?	लंबाई = 40 सें.मी.।

दूसरी समस्या (Second Problem)

एक सीढ़ी 10 मीटर लंबी है। सड़क की एक ओर की दीवार पर रखने से वह 8 मीटर ऊँचाई पर पहुँचती है। उलट कर दूसरी ओर की दीवार पर रखने से वह 6 मीटर ऊँचाई तक पहुँचती है। सड़क की चौड़ाई ज्ञात करो।

प्रश्न (Questions)	*संभावित उत्तर एवं श्यामपट कार्य (Expected Answers and B.B. Work)*
1. इस प्रश्न में क्या ज्ञात करना है ?	इस प्रश्न में सड़क की चौड़ाई निकालनी है।
2. इस प्रश्न में क्या दिया हुआ है ?	इस प्रश्न में दिया गया है कि सीढ़ी 10 मीटर लंबी है तथा दोनों ओर की दीवारों पर रखने से क्रमशः 8 मीटर तथा 6 मीटर तक पहुँचती है।
3. इस समस्या को कैसे हल करेंगे ?	विद्यार्थी तत्काल ही इस प्रश्न का उत्तर देने में असमर्थ होंगे। अतः अध्यापक पुनः विद्यार्थियों का ध्यान चार्ट की ओर आकर्षित करेगा।

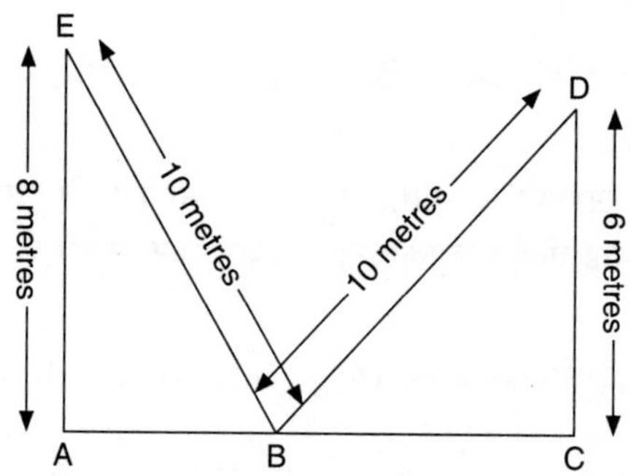

चित्र 26.3

4. चार्ट में सड़क की चौड़ाई किस रेखा द्वारा दिखाई गई है ?	सड़क की चौड़ाई AC रेखा द्वारा दिखाई गई है।
5. सड़क की कुल चौड़ाई निकालने के लिए किस–किस भाग की चौड़ाई ज्ञात करनी होगी ?	AB तथा BC की चौड़ाई निकालनी होगी।
6. पाइथागोरस के सिद्धांत द्वारा इन दोनों भागों की चौड़ाई कैसे ज्ञात करोगे ?	आदर्श हल : Δ ABE में $(AB)^2 = EB^2 - AE^2$ $(AB)^2 = (10)^2 - (8)^2$ $= 100 - 64 = 36$ $\therefore$ AB = 6 मीटर ΔBCD में, $(BD)^2 = (BC)^2 + (CD)^2$ or $(BC)^2 = (BD)^2 - (CD)^2$ $\therefore (BC)^2 = (10)^2 - (6)^2 = 100 - 36 = 64$ $\therefore$ BC = 8 मीटर
7. सड़क की कुल चौड़ाई क्या हुई ?	सड़क की कुल चौड़ाई = 6 + 8 मीटर = 14 मीटर

अभ्यासार्थ कार्य (Practical Work)

1. "एक रास्ते के दो किनारों पर दो बांस 10 मीटर और 18 मीटर ऊँचे सीधे खड़े हैं। यदि उनकी चोटियों में जो रस्सी बांधी गई है, उसकी नाप के अनुसार चोटियों की दूरी 17 मीटर हो तो रास्ते की चौड़ाई बताओ।"
2. दो खंभे (Poles) एक दूसरे से 24 मीटर की दूरी पर खड़े हैं। यदि छोटा खंभा 10 मीटर ऊँचा हो तो बड़ा खंभा कितना लंबा होगा, जबकि उनके ऊपरी सिरों की दूरी 25 मीटर हो ?
3. एक नहर के किनारे एक वृक्ष 25 मीटर ऊँचा है। इसके ऊपरी सिरे में 20 मीटर लंबी रस्सी का एक सिरा बाँध कर दूसरा सिरा नहर के दूसरे किनारे पर लगे 10 मीटर ऊँचे खंभे के ऊपरी सिरे पर गड़ी हुई कील में फँसा दिया है। नहर की चौड़ाई ज्ञात करो।

गृहकार्य (Home Work)—अपनी पाठ्य पुस्तक में से संबंधित प्रश्नावली के दस प्रश्न करके लाओ।

पाठ योजना के हरबर्ट उपागम के गुण–दोष (Evaluation of the Herbart Approach to Lesson Planning)

गुण (Merits)

1. हरबर्ट उपागम द्वारा प्रतिपादित विभिन्न सोपान शिक्षा को एक सुनियोजित सुव्यवस्थित तथा सुनियंत्रित क्रिया के रूप में सामने लाते हैं।
2. ये सोपान शिक्षण के मनोवैज्ञानिक सिद्धांतों पर आधारित हैं।
3. इस उपागम के द्वारा विद्यालय के सभी विषयों तथा उपविषयों की शिक्षा दी जा सकती है।
4. यह उपागम पाठ योजना निर्माण कार्य को विधिवत् और सरल बनाने का प्रयास करती है। इस प्रकार की बनी पाठ योजना का अनुकरण करते हुए अध्यापक को अपने शिक्षण लक्ष्यों को प्राप्त करने में सहायता मिलती है।

दोष (Demerits)

1. हरबर्ट उपागम का प्रयोग केवल ज्ञानात्मक उद्देश्यों की प्राप्ति तक सीमित रहता है। भावात्मक तथा क्रियात्मक उद्देश्यों की प्राप्ति के लिए यह अधिक उपयुक्त नहीं है।
2. इस उपागम में शिक्षण अथवा अधिगम उद्देश्यों को विशिष्ट उद्देश्यों के रूप में व्यवहारपरक शब्दावली में स्पष्ट रूप से नहीं लिखा जाता है।
3. यह उपागम केवल ज्ञानार्जन संबंधी पाठों के लिए उपयुक्त है, कौशल अर्जन एवं रसात्मक अनुभूति कराने वाले पाठों का शिक्षण इस उपागम से ठीक से नहीं हो सकता।
4. इस उपागम में शिक्षण पर अधिक बल दिया जाता है, अधिगम पर नहीं।
5. यह एक बहुत ही नियंत्रित विधि है, इसमें आरंभ से लेकर अंत तक सभी क्रियाएं अध्यापक के नियंत्रण में होती है। विद्यार्थियों की मौलिकता, सृजनात्मकता और स्वयं सीखने के अवसर कम प्राप्त होते हैं।
6. इस उपागम में अध्यापक को भी बहुत अधिक स्वतंत्रता प्राप्त नहीं होती है। उसे पूर्व निर्मित पाठ योजना के आधार पर ही अपने शिक्षण मार्ग पर चलना होता है। अतः शिक्षण कार्य बहुत ही यांत्रिक व अरुचिकर हो जाता है।

7. इस उपागम के द्वारा किया गया कक्षा शिक्षण सामान्य शिक्षार्थी के लिए ही उपयुक्त ठहरता है। इस प्रकार का शिक्षण सामान्य से कम योग्यता वाले व प्रतिभाशाली बालकों की विशेष सहायता नहीं करता।

इकाई या मौरीसन उपागम (Unit or Morrisson's Approach)

इस उपागम के प्रतिपादक शिकागो विश्वविद्यालय के प्रोफेसर एस०सी० मोरीसन (Morrison, 1871–1945) हैं। इसमें शिक्षण अधिगम क्रियाओं का नियोजन करने के लिए इकाई विधि पर बल दिया जाता है। इसी कारण इसे इकाई उपागम का नाम दिया गया है। इस उपागम का मुख्य उद्देश्य शिक्षण अधिगम प्रक्रिया के माध्यम से छात्रों को विषयवस्तु में दक्षता प्राप्त कराना है। इस उद्देश्य की पूर्ति के लिए इसमें विषयवस्तु को छोटी–छोटी परंतु सार्थक इकाइयों में विभक्त करने का सुझाव दिया जाता है। कोई भी एक इकाई पहले पढ़ाई हुई इकाइयों पर आधारित होती है और बाद में पढ़ाई जाने वाली इकाइयों का आधार बनती है। अध्यापक किसी एक इकाई से संबंधित संपूर्ण सामग्री को समग्र रूप में ही विद्यार्थियों के सम्मुख प्रस्तुत करता है। इस इकाई को समाप्त करने के लिए समय की कोई सीमा निर्धारित नहीं होती है। अध्यापक दूसरी इकाई को तभी शुरु करता है जब उसे यह विश्वास हो जाता है कि विद्यार्थियों द्वारा पहली इकाई से संबंधित संपूर्ण विषय सामग्री पूरी तरह अर्जित कर ली गई है और वे इस अर्जित ज्ञान कौशल का भलीभाँति सामान्यीकरण व उपयोग कर सकते हैं। इस प्रकार इकाई उपागम पाठ नियोजन के लिए एक महत्त्वपूर्ण और उपयोगी उपागम का प्रतिनिधित्व करता है।

संक्षेप में इकाई उपागम का अर्थ किसी केंद्रीय विचार के आधार पर किसी विषयवस्तु का इकाइयों अथवा उप–इकाइयों के रूप में इस प्रकार विभाजन करना है कि उसके शिक्षण द्वारा विद्यार्थियों को अपेक्षित ज्ञान व कौशल की प्राप्ति हो सके।

इस उपागम से संबंधित कुछ महत्त्वपूर्ण बातें (Some Important Points) निम्न हैं–

(i) कोई एक इकाई पाठ्यक्रम से संबंधित विषय सामग्री का अपने आप में पूर्ण और लघु रूप होती है।

(ii) किसी कक्षा के लिए निर्धारित विषय सामग्री को पहले अपेक्षाकृत कुछ बड़ी इकाइयों में विभाजित किया जाता है। जैसे विज्ञान शिक्षण में अरीढ़धारी जंतु (Invertebrate), भूगोल में सौर मण्डल, गणित में विभिन्न प्रकार की आकृतियों के क्षेत्रफल आदि को एक बड़ी इकाई समझा जा सकता है। फिर इन बड़ी इकाइयों की छोटी–छोटी परंतु उपयोगी एवं सार्थक शिक्षण इकाइयों व उपइकाइयों में विभक्त करने का प्रयास किया जाता है। जैसे–अरीढ़धारी जंतु बड़ी इकाई की सरीसृप, मत्स्यवर्ग आदि लघु इकाई है। "विभिन्न प्रकार की आकृतियों का क्षेत्रफल" बड़ी इकाई को चतुर्भुजाकार, त्रिभुजाकार, पंचभुजाकार आदि छोटी इकाइयों में बाँटा जा सकता है और इन छोटी इकाइयों जैसे चतुर्भुजाकार आकृति को आयत, वर्ग, समानांतर चतुर्भुज, सम चतुर्भुज आदि उपइकाइयों में विभाजित किया जाता है।

(iii) अध्यापक को अपने पाठ को इकाई और उपइकाइयों से संबंधित सभी संभव उद्देश्यों को स्पष्ट शब्दावली में लिखना होता है।

(iv) अध्यापक को यह भी पता होना चाहिए कि इकाई और उप–इकाइयों से संबंधित अनुदेशनात्मक उद्देश्यों की प्राप्ति के लिए उसे स्वयं किस प्रकार की क्रियाएं संपादित करनी हैं और अपने विद्यार्थियों से कौन सी क्रियाएं करवानी है। इन बातों का उल्लेख पाठ योजना में करना चाहिए।

(v) इकाइयों और उपकरणों के शिक्षण के लिए आवश्यक सभी प्रकार की शिक्षण अधिगम सामग्री और साधनों का उल्लेख भी अध्यापक द्वारा स्पष्ट रूप में किया जाना चाहिए।

(vi) इकाई के अध्यापन के पश्चात् उसका उचित मूल्यांकन करने हेतु अपनाई जाने वाली मूल्यांकन तकनीकों का उल्लेख भी अध्यापक द्वारा किया जाना चाहिए।

इकाई उपागम के सोपान (Steps Involved in Unit Approach)

(i) अन्वेषण (ii) प्रस्तुतीकरण (iii) आत्मीकरण (iv) व्यवस्थापन (iv) आवृत्ति।

1. **अन्वेषण (Exploration)**—यह सोपान हरबर्ट उपागम के प्रस्तावना और तैयारी संबंधी पद से मिलता जुलता है। इसमें एक अध्यापक को निम्न बातों का अन्वेषण करना होता है–
   (i) पाठ की इकाई से संबंधित पूर्व ज्ञान का अन्वेषण।
   (ii) विद्यार्थियों की रुचि, अभिरुचि और सामान्य योग्यताओं का अन्वेषण।
   (iii) उपलब्ध वातावरण और शिक्षण स्रोतों का अन्वेषण।
   (iv) इकाई के प्रस्तुतीकरण के लिए आवश्यक विधियों और प्रविधियों के बारे में अन्वेषण एवं निर्णय।
2. **प्रस्तुतीकरण (Presentation)**—आवश्यक अन्वेषण एवं विद्यार्थियों के साथ सौहार्द स्थापित करने के पश्चात् अध्यापक नई अधिगम सामग्री को संक्षेप में प्रस्तुत करता है। वह विषयवस्तु के विस्तार में नहीं जाता। विद्यार्थी प्रस्तुत विषयवस्तु को भलीभाँति समझ पाए हैं या नहीं, यह जानने के लिए अध्यापक उनकी परीक्षा लेता है। यदि आवश्यकता होती है तो प्रस्तुतीकरण की पुनरावृत्ति करता है और अगली इकाई से संबंधित विषयवस्तु को तब तक प्रस्तुत नहीं करता जब तक प्रस्तुत इकाई से संबंधित सामग्री को कक्षा के अधिकांश छात्र पूरी तरह से ग्रहण न कर चुके हों। इस सोपान के अंतर्गत अध्यापक छात्रों से अधिक सक्रिय रहता है और लगभग सभी क्रियाएं या तो उसके द्वारा संपादित की जाती हैं अथवा उन पर उसका नियंत्रण रहता है।
3. **आत्मीकरण (Assimilation)**—यह सोपान प्रस्तुतीकरण सोपान में प्राप्त किए गए ज्ञान को आत्मसात करने में विद्यार्थियों की सहायता करता है। इस अवस्था में विद्यार्थी विषयवस्तु का गहन अध्ययन करके उसे पूरी तरह समझने और पर्यवेक्षित अध्ययन करने का प्रयास करते हैं। अध्ययन का कार्य वैयक्तिक स्तर पर संपन्न किया जाता है। छात्र पुस्तकालय और प्रयोगशाला विशेषज्ञों आदि की सहायता लेते हैं और क्षेत्र भ्रमण के द्वारा ज्ञानार्जन करने का प्रयास करते हैं। इस प्रकार से विषयवस्तु का ग्रहण स्वाध्याय अथवा पर्यवेक्षित अध्ययन (Supervised study) किसी भी रूप में हो सकता है। प्रत्येक छात्र को निर्देशन पत्र (Guide sheet) दी जाती है जिस पर वह अपनी कठिनाइयों, शंकाओं और विचार आदि को नोट करता जाता है। इनका समाधान या तो विद्यार्थी स्वयं अपने प्रयत्नों द्वारा करता है अथवा अध्यापक घूम–घूम कर प्रत्येक छात्र की कठिनाई का समाधान करता जाता है। इस सोपान के अंतिम चरण में यह ज्ञात करने का प्रयत्न किया जाता है कि विद्यार्थियों ने दिए गए ज्ञान को पूरी तरह आत्मसात किया है या नहीं। अगर आत्मसात करने की दिशा में किसी विद्यार्थी में कुछ कमी रह जाती है तो उसे पुनः आत्मीकरण संबंधी क्रियाओं को दोहराने को कहा जाता है।
4. **व्यवस्थापन (Organisation)**—इस सोपान के अंतर्गत अध्यापक यह जानने का प्रयास करता है कि विद्यार्थी बिना पुस्तक या नोट्स की सहायता के इकाई से संबंधित विषयवस्तु को लिख कर भलीभाँति अभिव्यक्त करने में कितने समर्थ हो गए हैं। सीखे हुए ज्ञान को इस प्रकार लिखित रूप में प्रस्तुत करने को 'मोरीसन' ने व्यवस्थापन नाम दिया है। यह पद अधिक विस्तार वाले विषयों के लिए ही ज्यादा उपयोगी सिद्ध होता है क्योंकि इनमें पाठ की हर इकाई में काफी अधिक विषयवस्तु और तत्व होते हैं

जिनके उचित रूप में व्यवस्थापन की आवश्यकता पड़ती है और यह सब कार्य लिखित अभिव्यक्ति के माध्यम से ही अच्छी तरह संपन्न हो सकता है।

5. **आवृत्ति (Recitation)**—इकाई उपागम के इस अंतिम पद में विद्यार्थी इकाई से संबंधित अर्जित की गई सामग्री को शिक्षक या सहपाठियों के सम्मुख मौखिक रूप से प्रस्तुत करते हैं। यह कार्य परंपरागत मौखिक आवृत्ति के समान उतना यांत्रिक नहीं है जिसमें विद्यार्थी बिना समझे हुए केवल रट कर पहाड़ों या कविताओं आदि का सस्वर पाठ करते हैं बल्कि इसके द्वारा यह पता लगाया जाता है कि विद्यार्थी विषय को कितनी गहराई से समझ पाए हैं और उन्हें कितनी बुद्धिमत्तापूर्ण समझ है। यह आवश्यक नहीं कि इस सोपान के अंतर्गत किया गया कार्य मौखिक रूप से ही संपन्न हो। पाठ की इकाई से संबंधित विषय सामग्री पर विद्यार्थियों का पूर्ण अधिकार हो गया है, इस बात की अभिव्यक्ति के लिए वे श्यामपट, प्रयोगशाला व उसके उपकरण अथवा किसी भी प्रकार की लिखित अभिव्यक्ति की भी सहायता ले सकते हैं।

कुछ परिस्थितियों में ऐसा भी हो सकता है कि प्रस्तुतीकरण सोपान से अंतिम सोपान पर सीधे ही पहुँचा जाए। इस अवस्था में आत्मीकरण व व्यवस्थापन सोपान की आवश्यकता नहीं पड़ती है।

इन सब पदों का उपयोग करते हुए इकाई उपागम की पाठ योजना पर निर्माण किया जा सकता है। इस पाठ योजना के मुख्य–मुख्य भाग कुछ इस प्रकार हो सकते हैं–

(i) पाठ का शीर्षक
(ii) उद्देश्य
(iii) उद्देश्यों के संदर्भ में विकसित की जाने वाली अपेक्षित योग्यताएं
(iv) पूर्व ज्ञान एवं पूर्व ज्ञान परीक्षण
(v) विषयवस्तु का संगठन
(vi) शिक्षण प्रक्रिया
  (क) अध्यापक की क्रियाएँ, (ख) छात्रों की क्रियाएँ

मूल्यांकन

(क) पाठांतर्गत – बोध प्रश्न व वस्तु विश्लेषणात्मक प्रश्न
(ख) पाठोपरांत – आवृत्तात्मक प्रश्न, प्रयोगात्मक प्रश्न – निबंधात्मक, लघुउत्तरात्मक एवं वस्तुनिष्ठ प्रश्न।

इकाई उपागम के गुण–दोष (Merits and Demerits of Unit Approach)

गुण (Merits)

1. यह उपागम गेस्टाल्ट मनोविज्ञान पर आधारित है। इसमें अध्ययन क्रम की पाठ्यवस्तु को उचित बड़ी इकाइयों में विभक्त कर लिया जाता है फिर इन बड़ी इकाइयों को छोटी–छोटी इकाइयों और पुनः इन छोटी इकाइयों को उपइकाइयों में इस प्रकार विभक्त कर दिया जाता है कि वे अपने आप में सार्थक और पूर्ण हों।
2. पाठ्यवस्तु का इन छोटी–छोटी इकाइयों व उपइकाइयों में विभाजन करने में शिक्षण व अधिगम संबंधी क्रियाएं सरल व रोचक हो जाती हैं।

3. विषयवस्तु की सीमाबद्धता और इकाई संबंधी उद्देश्यों का स्पष्टीकरण शिक्षण अधिगम कार्य को अच्छी प्रकार से स्पष्ट व वस्तुनिष्ठ बना देता है।
4. इकाई उपागम की सहायता से किसी विशेष इकाई से संबंधित संपूर्ण सामग्री को विद्यार्थी अच्छी तरह आत्मसात कर सकते हैं क्योंकि सभी सोपान इस कार्य में सहायता करते हैं।
5. इस उपागम में शिक्षण व अधिगम स्मृति स्तर पर होता है। क्योंकि विद्यार्थी जो कुछ सीखते हैं पूरी तरह समझ कर सीखते हैं, यांत्रिक ढंग से केवल स्मृति के आधार पर नहीं।
6. इस उपागम से विद्यार्थियों में स्वाध्याय व स्वयं सीखने की आदत विकसित होती है।
7. यह उपागम मौखिक व लिखित दोनों प्रकार की अभिव्यक्ति को प्रोत्साहन देता है, परिणामस्वरूप छात्रों में अपने विचारों को अभिव्यक्त करने की योग्यता विकसित होती है।
8. इस उपागम में शिक्षण अधिगम क्रियाएं सामाजिक संदर्भ में संपन्न होती हैं। अतः छात्रों में उचित सामाजिक मूल्यों को विकसित करने में सहायता मिलती है।
9. इसमें विद्यार्थी व अध्यापक दोनों को शिक्षण अधिगम में क्रियात्मक रूप से भाग लेने का अवसर मिलता है। इससे शिक्षण अधिगम प्रक्रिया को पारस्परिक सहयोग से चलने वाली एक स्वस्थ अंतर्क्रिया का रूप मिलता है।
10. किसी इकाई संबंधी विषयवस्तु को पूरी तरह समझने व आत्मसात (Assimilate) करने के परिणामस्वरूप एक विद्यार्थी को अगली इकाई को सीखने के लिए पर्याप्त प्रोत्साहन व अभिप्रेरणा मिलती है। इस प्रकार वह एक इकाई से दूसरी इकाई की ओर यात्रा करता हुआ संपूर्ण शिक्षण सामग्री पर दक्षता प्राप्त कर सकता है।

दोष (Demerits)

1. विषयवस्तु का उचित इकाइयों में इस प्रकार का विभाजन कि प्रत्येक इकाई अपने आप में पूर्ण एवं सार्थक हो, ऐसा करने में प्रयोगात्मक रूप से असुविधा होती है।
2. इस उपागम के कई सोपान क्रिया और व्यवहार में एक दूसरे से काफी मिलते जुलते हैं। अतः इनमें आपस में अंतर न होने के कारण काफी अस्पष्टता रहती है।
3. सभी विद्यार्थियों के द्वारा हर इकाई पूरी तरह से आत्मसात करने में बहुत समय लगता है। मंद गति से सीखने वाले बच्चों के कारण सामान्य व प्रतिभाशाली बच्चों का काफी समय व्यर्थ चला जाता है।
4. शिक्षण की इस मंद गति के कारण पाठ्यक्रम ठीक समय पर पूरा करने में कठिनाई होती है।
5. इस उपागम में छात्रों की विषयवस्तु पर दक्षता की जाँच के लिए जो परीक्षा ली जाती है उसमें उत्तीर्ण होने वाले विद्यार्थियों को अगली इकाई का अधिगम कराने के लिए अनुमति दी जाती है और अनुत्तीर्ण विद्यार्थियों को पहली इकाई ही पुनः पढ़नी होती है। यह विचार व कार्य व्यावहारिक दृष्टि से अनुपयुक्त है।

मूल्यांकन उपागम या ब्लूम उपागम (Evaluation or Bloom's Approach)

पाठ योजना के निर्माण में ब्लूम उपागम एक महत्त्वपूर्ण स्थान रखता है। यह बी०एस० ब्लूम के विचारों का प्रतिफल है। ब्लूम के अनुसार शिक्षण एक ऐसी त्रिपदीय प्रक्रिया है जिसमें तीन तत्त्व होते हैं–शैक्षिक उद्देश्य (Educational objectives), अधिगम अनुभव (Learning experiences) और व्यवहार परिवर्तन का मूल्यांकन (Evaluation of behaviour changes)। इसे चित्रात्मक रूप से चित्र 26.4 में दिखाया गया है।

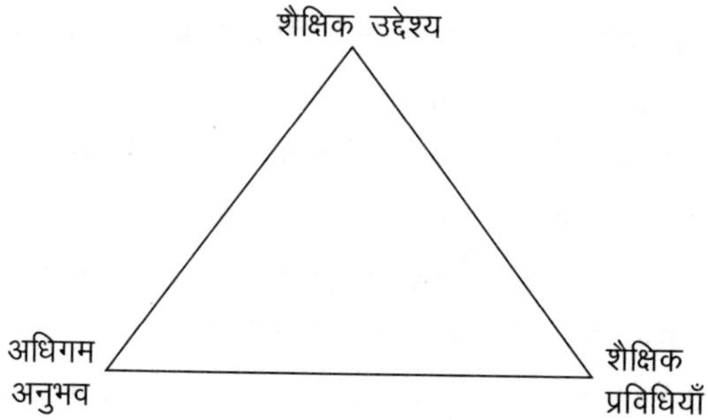

चित्र 26.4 शिक्षण–एक त्रिपदीय प्रक्रिया।

मूल्यांकन उपागम में इन्हीं तीन पदों या अवस्थाओं का समावेश होता है। जिनका वर्णन नीचे किया जा रहा है–

1. **शैक्षिक उद्देश्यों का निर्माण (Formulation of Educational Objectives)**—इस पद में विद्यार्थियों के प्रविष्ट व्यवहार (Entering behaviour), अपेक्षित व्यवहार परिवर्तन और प्रस्तुत किए जाने वाले अधिगम अनुभवों के आधार पर शैक्षणिक उद्देश्यों का चयन और निर्माण करना होता है, जैसा कि अध्याय नौ में वर्णन किया गया है।
2. **अधिगम अनुभव प्रदान करना (Providing Learning Experiences)**—इस पद में निर्धारित शैक्षिक उद्देश्यों की प्राप्ति के लिए उचित अधिगम वातावरण और अधिगम अनुभव प्रदान करने होते हैं। इस प्रक्रिया का नियोजन करते समय निम्नलिखित बातों का ध्यान रखना चाहिए–
   (i) उचित अधिगम सामग्री और अधिगम अनुभवों का चयन व उनका व्यवस्थित संगठन।
   (ii) शिक्षण अधिगम की उपयुक्त विधियों, प्रविधियों और व्यूह रचनाओं का चयन।
   (iii) अध्यापक एवं विद्यार्थियों की क्रियाओं एवं कक्षा कक्ष की अंतर्क्रियाओं का नियोजन।
   (iv) उपयुक्त सहायक सामग्री और स्रोतों का चुनाव।
3. **अधिगम परिणामों का मूल्यांकन (Evaluating the Learning Outcomes)**—यह सोपान या पद शिक्षण अधिगम प्रक्रिया के परिणामों के मूल्यांकन से संबंधित है। इस सोपान में शिक्षण अधिगम क्रियाओं के फलस्वरूप विद्यार्थियों में होने वाले व्यावहारिक परिवर्तनों को उपयुक्त मूल्यांकन तकनीकों द्वारा मापने का प्रयास किया जाता है। शिक्षण के ज्ञानात्मक (Cognitive), भावात्मक (Affective) और क्रियात्मक (Conative) तीनों उद्देश्यों की प्राप्ति के लिए विभिन्न प्रकार के अधिगम अनुभव और शिक्षण अधिगम व्यूह रचनाओं का प्रयोग किया जाता है। इन सबका ठीक–ठीक मूल्यांकन करने के लिए विभिन्न मूल्यांकन तकनीकों का प्रयोग किया जाता है। इसलिए इस महत्त्वपूर्ण पद में विद्यार्थियों के व्यवहार परिवर्तन को मापने के लिए उचित मापदण्डों का चुनाव और उनका उचित नियोजन करना चाहिए।

मूल्यांकन उपागम और पाठ योजना (Evaluation Approach and Lesson Planning)

ब्लूम के मूल्यांकन उपागम में पाठ योजना के लिए निम्नलिखित पदों का प्रयोग किया जाता है–

1. **विषयवस्तु या शिक्षण बिंदु (Content or Teaching Points)**—पाठ योजना के इस प्रथम पद में विषयवस्तु मुख्य शिक्षण बिंदु के रूप में लिखी जाती है।
2. **उद्देश्य और उनका विशिष्टीकरण (Objective and their Specifications)**—पाठ योजना के इस दूसरे पद या कॉलम (Column) में शैक्षिक या अनुदेशनात्मक उद्देश्यों को स्पष्ट और संक्षिप्त व्यवहारपरक शब्दावली में लिखा जाता है।
3. **अध्यापक क्रियाएं (Teacher's Activities)**—पाठ योजना के इस भाग या कॉलम (Column) में निर्धारित उद्देश्यों को प्राप्त करने के लिए अध्यापक द्वारा कक्षा में संपन्न की जाने वाली सभी क्रियाओं का उल्लेख किया जाता है।
4. **छात्र क्रियाएं (Students Activities)**—इस भाग में अध्यापक की क्रियाओं की अनुक्रिया स्वरूप, शिक्षण अधिगम उद्देश्यों को प्राप्त करने के लिए विद्यार्थियों द्वारा संपन्न की जाने वाली क्रियाओं का उल्लेख किया जाता है।
5. **शिक्षण साधन (Teaching Aids)**—इस पद में वांछित अधिगम अनुभव प्रदान करने के लिए प्रयोग में लाए जाने वाले शिक्षण साधनों का उल्लेख किया जाता है।
6. **मूल्यांकन (Evaluation)**—पाठ योजना के इस चरण में मूल्यांकन की उन तकनीकों और प्रविधियों का उल्लेख किया जाता है जिनका प्रयोग, शिक्षण–अधिगम क्रिया द्वारा निर्धारित लक्ष्यों की प्राप्ति किस सीमा तक हो पाई है, यह पता लगाने के लिए किया जाता है। इस प्रकार के मूल्यांकन के परिणामों के द्वारा ही शिक्षण अधिगम प्रक्रिया में वांछित सुधार लाने के लिए अध्यापक व विद्यार्थी दोनों को प्रतिपुष्टि (Feedback) प्रदान की जा सकती है।

ब्लूम उपागम के गुण दोष (Merits and Demerits of Bloom's Approach)

गुण (Merits)

1. यह उपागम मनोविज्ञान के प्रनियमों और शिक्षण अधिगम के सिद्धांतों पर आधारित है।
2. इस उपागम में शैक्षिक उद्देश्यों, अधिगम अनुभवों और व्यवहार परिवर्तन में निकट का संबंध स्थापित किया गया है।
3. इसके अंतर्गत शैक्षिक उद्देश्यों को व्यावहारिक शब्दावली में प्रस्तुत किया जाता है।
4. इसमें विद्यार्थी व अध्यापक की क्रियाओं को अलग–अलग स्पष्ट किया जाता है और निर्धारित शैक्षिक उद्देश्यों के संदर्भ में इन क्रियाओं को अच्छी तरह समन्वित करने का प्रयत्न किया जाता है।
5. शिक्षण बिंदुओं के माध्यम से विषयवस्तु और अधिगम अनुभवों को संक्षिप्त रूप में अच्छी प्रकार से प्रस्तुत किया जाता है।
6. निर्धारित उद्देश्यों की प्राप्ति के लिए अपनाई जाने वाली विशिष्ट विधियों, प्रविधियों, व्यूह रचनाओं और सहायक साधन आदि का स्पष्ट उल्लेख भी किया जाता है।
7. यह उपागम अपेक्षित व्यवहार परिवर्तनों के मूल्यांकन पर भी समुचित बल देता है।

दोष (Demerits)

1. ब्लूम उपागम में शैक्षिक उद्देश्यों को लिखने के लिए मानसिक प्रक्रियाओं अथवा मानसिक योग्यताओं का ध्यान नहीं रखा जाता।
2. इस उपागम द्वारा पाठ योजना का कार्य बहुत अधिक यांत्रिक हो जाता है। विद्यार्थी व अध्यापक की स्वाभाविक स्वतंत्रता छिन सकती है क्योंकि इसमें उनकी क्रियाओं को पहले से ही सीमाबद्ध कर दिया जाता है।
3. इसमें शिक्षण अधिगम क्रिया पर अध्यापक का नियंत्रण व योगदान विद्यार्थियों की अपेक्षा कुछ अधिक ही होता है। विद्यार्थियों को इकाई उपागम की तरह स्वाध्याय व स्वयं आगे बढ़ने के उतने अवसर नहीं मिलते हैं।
4. इस उपागम में उद्देश्यों, अधिगम अनुभवों और मूल्यांकन तकनीकों में जिस प्रकार के समन्वय की बात कही गई है, वह सैद्धांतिक रूप में तो ठीक लगती है परंतु उसे व्यवहारिक रूप देना कठिन हो जाता है।

आर.सी.ई.एम. उपागम (R.C.E.M. Approach)

पाठ योजना संबंधी यह उपागम क्षेत्रीय महाविद्यालय, मैसूर ने विकसित किया है। इसीलिए इस उपागम को क्षेत्रीय शिक्षा महाविद्यालय, मैसूर उपागम या संक्षेप में आर०सी०ई०एम० उपागम के नाम से जाना जाता है।

मुख्य विशेषताएं (Salient Features)

इस उपागम की मुख्य विशेषताएं निम्न हैं–

1. यह उपागम शिक्षा के क्षेत्र में प्रणाली उपागम (System approach) के उपयोग पर आधारित है।
2. इस उपागम में प्रणाली उपागम के तीनों पदों या तत्त्वों – अदा (Input), प्रक्रिया (Process) और प्रदा (Output) को प्रयोग में लाया जाता है। आर०सी०ई०एम० उपागम पर आधारित पाठ योजना में इन पदों को क्रमशः अग्रलिखित नाम दिए गए हैं–
   (i) अपेक्षित व्यवहार परिणाम (Expected Behaviour Outcomes or EBOS)
   (ii) संप्रेषण व्यूह रचना (Communication Strategies)
   (iii) वास्तविक अधिगम परिणाम (Real Learning Outcomes or RLOS)

   एक तरह से ये पद प्रचलित पाठ योजना के प्रस्तावना, प्रस्तुतीकरण और मूल्यांकन अवस्थाओं से मेल खाते हैं।
3. 'अदा' संबंधी पद के अंतर्गत प्रस्तुत पाठ के शैक्षिक उद्देश्यों का ठीक प्रकार निर्धारण एवं स्पष्टीकरण किया जाता है। इसके लिए विद्यार्थियों के प्रविष्टि व्यवहार (Entering behaviour) को भी ध्यान में रखा जाता है।
4. यह उपागम उद्देश्यों को लिखने के लिए ब्लूम के शैक्षिक उद्देश्यों के वर्गीकरण के स्थान पर उस प्रारूप का उपयोग करता है जिसे क्षेत्रीय शिक्षा महाविद्यालय मैसूर ने स्वयं तैयार किया है। इसमें उद्देश्यों की व्यवहारपरक शब्दावली में लिखने के लिए 17 मानसिक प्रक्रियाओं या योग्यताओं का उपयोग किया जाता है।

5. इस उपागम का 'प्रक्रिया' नामक दूसरा पद हरबर्ट उपागम के 'प्रस्तुतीकरण' पद या ब्लूम उपागम के 'अधिगम अनुभव' संबंधी पद से मेल खाता है। यह कक्षा की अंतर्क्रिया अथवा संप्रेषण प्रक्रिया का प्रतिनिधित्व करता है। यह पद निर्धारित उद्देश्यों की प्राप्ति और विषयवस्तु के प्रभावशाली प्रस्तुतीकरण के लिए विभिन्न अधिगम अनुभवों (अध्यापक छात्र क्रिया रूप में) शिक्षण विधियों और प्रविधियों, सहायक साधनों, अभिप्रेरणा तकनीकों एवं कक्षा अंतर्क्रिया आदि का उल्लेख करता है।
6. 'प्रदा' नामक तीसरे पद में इस उपागम द्वारा वास्तविक अधिगम परिणामों का मूल्यांकन करने का प्रयास किया जाता है। इसका संबंध पाठ की मूल्यांकन अवस्था से होता है।

इस प्रकार से आर०सी०ई०एम० उपागम पाठ योजना निर्माण की प्रचलित पद्धतियों में आवश्यक सुधार लाने की दिशा में एक उपयोगी प्रयास है। हरबर्ट उपागम, इकाई उपागम और ब्लूम उपागम इन तीनों की अपेक्षा यह भारतीय परिस्थितियों में अधिक उपयोगी सिद्ध हो सकता है क्योंकि इसके अंतर्गत शैक्षिक उद्देश्यों का निर्धारण मापी जा सकने वाली मानसिक प्रक्रियाओं और योग्यताओं के रूप में भलीभाँति किया जाता है और संप्रेषण एवं अंतर्क्रियाओं के माध्यम से शिक्षण अधिगम परिस्थितियों, व्यूह रचनाओं तथा सहायक सामग्री आदि का भलीभाँति मूल्यांकन करने का प्रयास भी इस उपागम के अंतर्गत किया जाता है।

ग्लोवरियन उपागम (Glover's Approach)

पाठ योजना निर्माण के इस उपागम के प्रतिपादक प्रसिद्ध विद्वान ए.एच.टी. ग्लोवर (A.H.T. Glover) हैं। उन्हीं के सम्मान में इसे उसी प्रकार ग्लोवरियन उपागम का संबोधन किया जाता है जैसा कि हरबर्ट द्वारा प्रतिपादित उपागम को हरबर्टियन उपागम कहा जाता है। बहुचर्चित हरबर्टियन उपागम से अपने आपको अलग करते हुए ग्लोवर ने हरबर्ट के पंचपदीय अध्यापक केंद्रित पाठयोजना प्रारूप के स्थान पर अपने चार पदीय पाठयोजना प्रारूप या उपागम को पाठयोजना निर्माण हेतु प्रस्तुत किया।

ग्लोवरियन उपागम या पद्धति में पाठयोजना निर्माण हेतु जिन चार पदों की चर्चा की गई है वे हैं–

1. प्रश्न पूछना (Questioning)
2. चर्चा या विचारगोष्ठी (Discussion)
3. अन्वेषण या खोजबीन (Investigation)
4. अभिव्यक्ति या विद्यार्थी क्रिया (Expression or Pupil activity)

इन चारों सोपानों या अवस्थाओं में जिस प्रकार की शिक्षण–अधिगम गतिविधियाँ संपन्न होती हैं उनका संक्षिप्त परिचय नीचे दिया जा रहा है।

1. **प्रश्न पूछना (Questioning)**—यह पाठ योजना की प्रारंभिक तथा प्रस्तावनाजन्य अवस्था है। यहाँ शुरुआत अध्यापक द्वारा पूर्व नियोजित प्रश्नों के पूछने से होती है। प्रायः ये प्रश्न विद्यार्थियों से कुछ निम्न प्रयोजनों की पूर्ति हेतु पूछे जाते हैं।
   (i) संबंधित प्रकरण के संदर्भ में विद्यार्थियों के पूर्व ज्ञान की जानकारी लेना।
   (ii) प्रकरण संबंधी नवीन ज्ञान को अर्जित करने हेतु उन्हें अभिप्रेरित करना।
   (iii) प्रकरण संबंधी बातों के अध्ययन में उनकी सक्रिय भागीदारी सुनिश्चित करना।

   विद्यार्थियों से प्रश्न पूछने के अतिरिक्त अध्यापक इस अवस्था में उन्हें अध्यापक से प्रश्न पूछने तथा भौतिक और सामाजिक वातावरण में विद्यमान बहुत सी बातों के प्रति जिज्ञासा प्रकट करने के लिए भी

अभिप्रेरित कर सकता है। जो कुछ पहले वे प्रस्तुत प्रकरण के बारे में जानते हैं अथवा पूर्व में उन्हें जो कुछ ज्ञान इस बारे में दिया गया है उसके यथेष्ठ स्पष्टीकरण हेतु भी अध्यापक से अपने प्रश्न पूछ सकते हैं। इस प्रकार के जिज्ञासा भरे प्रश्नों के उत्तर देते समय अध्यापक ऐसे अवसर तलाश कर सकता है जिनसे उसे प्रस्तुत प्रकरण को भलीभाँति प्रस्तावित करने में समुचित मदद मिल सके।

2. **चर्चा या विचारगोष्ठी (Discussion)**—यह पाठ की विकासात्मक अवस्था है। यहाँ अध्यापक द्वारा पढ़ाए जाने वाले प्रकरण (Topic) को एक चुनौती या समस्या विशेष के रूप में विद्यार्थियों के सामने रखने का प्रयत्न किया जाता है। इसके लिए वह इस प्रकरण से संबंधित मुख्य बिंदुओं को विद्यार्थियों के सामने रखता है। परंतु इनके बारे में सब कुछ बताने के स्थान पर वह विद्यार्थियों को इस तरह अभिप्रेरित करता है कि वे अपने प्रयासों से उसमें निहित बातों को जानें तथा समझें। इस कार्य हेतु विद्याथियों को इस तरह तैयार और अभिप्रेरित किया जाता है कि वे आपस में मंत्रणा करे, और खुलकर एक विचारगोष्ठी के रूप में इस पर चर्चा करें। इस तरह की चर्चा या विचारगोष्ठी के समुचित संपादन हेतु विद्यार्थियों को दो या तीन कार्यकारी समूहों में विभक्त कर लिया जाता है। प्रस्तुत प्रकरण के ऊपर अपने–अपने ढंग से मंत्रणा करने और खुलकर चर्चा करने के लिए प्रत्येक समूह स्वतंत्र होता है। उन्हें इस तरह के अवसर और अभिप्रेरणा अध्यापक द्वारा प्रदान की जाती है कि वे अपने अपने समूह में आयोजित चर्चा या विचारगोष्ठी के माध्यम से प्रकरण विशेष के ज्ञान और अवबोध हेतु किन्हीं निश्चित निष्कर्षों पर पहुँचे तथा फिर अपने इन निष्कर्षित विचारों को सबके लाभ के लिए सामान्य सभा सत्र (General Assembly Session) में रखें। इस सामान्य सभा सत्र में अब अध्यापक प्रकरण विशेष के ज्ञान और अवबोध हेतु सर्वमान्य तथ्यों तथा निष्कर्षों पर पहुँचने में विद्यार्थियों की यथासंभव मदद कर सकता है। यहाँ अब वह अपनी ओर से कुछ बातों को जोड़ने या हटाने की बात भी कर सकता है ताकि प्रकरण विशेष का विद्यार्थियों को उचित प्रकार से ज्ञान और अवबोध हो सके।

3. **अन्वेषण या खोजबीन (Investigation)**—चर्चा सत्र के दौरान जो भी निष्कर्ष निकाले जाते हैं तथा प्रकरण विशेष के ज्ञान अवबोध के बारे में जो भी निर्णायक विचार होते हैं उन्हें अब इस सोपान में परीक्षण तथा परख हेतु रखा जाता है। यह कार्य व्यक्तिगत तथा सामूहिक दोनों ही स्तरों पर किया जा सकता है और इसके लिए विद्यार्थी या तो स्वतंत्र रूप से अकेले–अकेले अध्ययन में रत रह सकते हैं अथवा समूह विशेषों में कार्यरत रह सकते हैं। वे प्रकरण विशेष के बारे में अपनी जानकारी और अवबोध में वृद्धि करने के लिए पुस्तकालय में अध्ययनरत रह सकते हैं अथवा अन्य सूचना संसाधन तथा ज्ञान स्रोतों की मदद ले सकते हैं। जो निर्णय तथा निष्कर्ष चर्चा या विचारगोष्ठी द्वारा पूर्वावस्था में लिए गए थे उनकी पुष्टि करने, उनमें यथोचित परिमार्जन करने या उनके बारे में और अधिक छानबीन करने हेतु अब वे यहाँ निरीक्षण, परीक्षण तथा प्रयोगों में से गुजर सकते हैं। चाहे यह सब व्यक्तिगत स्तर पर किया जाए अथवा समूह स्तर पर विद्यार्थियों को उचित समय पर उचित सहायता अथवा मार्गदर्शन प्रदान करने में अध्यापक यहाँ काफी कुछ सक्रिय एवं उत्साही रहता है।

4. **अभिव्यक्ति (Expression)**—पाठ शिक्षण की यह चौथी और अंतिम अवस्था है। इस अवस्था या सोपान में विद्यार्थियों ने चर्चा तथा अन्वेषण स्तर के सोपानों पर सैद्धांतिक तथा प्रयोगात्मक रूप से जो कुछ भी ज्ञान एवं कौशलों के रूप में अर्जित किया है उसी की जाँच और मूल्यांकन करने का कार्य किया जाता है। एक प्रकार से पाठ शिक्षण की प्रथम तीन अवस्थाओं की गतिविधियों के फलस्वरूप जो कुछ भी अर्जित किया है उसी की अभिव्यक्ति विभिन्न क्रियाकलापों के द्वारा इस चतुर्थ अवस्था या सोपान में होती है। इस अभिव्यक्ति हेतु जिस प्रकार की गतिविधियाँ इस सोपान में संपन्न होती हैं उनकी प्रकृति कुछ निम्न प्रकार की हो सकती है।

(i) सृजनात्मक लेखन द्वारा अपने आपको अभिव्यक्त करना।

(ii) कला एवं पेंटिंग के माध्यम से अपनी अभिव्यक्ति करना।

(iii) हैंडीक्राफ्ट जैसे लकड़ी का काम, चमड़े का काम, सूत और वस्त्र हस्त उद्योग, मोमबत्ती बनाना, पालिश तथा साबुन बनाना आदि कार्यों के जरिए अपने आपको अभिव्यक्त करना।

(iv) चार्ट, चित्र, मॉडल तथा अन्य स्वनिर्मित सामग्री एवं उपकरणों के निर्माण द्वारा अपनी अभिव्यक्ति करना।

(v) स्वयं के प्रयत्नों द्वारा समस्याओं का हल खोजना।

(vi) पाठ्यक्रम तथा दिन–प्रतिदिन की जिंदगी से संबंधित बहुत सी बातों तथा कार्यों के संपादन हेतु नए तरीके तथा साधन ढूँढ़ना।

(vii) अपनी आदतों, रुचियों तथा अभिवृत्तियों में होने वाले व्यवहारगत परिवर्तनों को प्रकाश में लाना।

(viii) प्रयोगशाला तथा कार्यशाला या कक्षा कक्ष में किए गए परीक्षण और कार्यात्मक गतिविधियों के माध्यम से अपनी सृजनात्मकता और अन्वेषण क्षमता की अभिव्यक्ति करना।

(ix) विभिन्न प्रकार की सहपाठ्य क्रियाओं (साहित्यिक, सामाजिक, सांस्कृतिक तथा शारीरिक) के माध्यम से अपनी योग्यताओं तथा क्षमताओं की अभिव्यक्ति करना।

(x) विभिन्न समूह क्रियाओं, सहकारी गतिविधियों तथा प्रोजेक्ट कार्यों के आयोजन तथा संचालन के माध्यम से अपनी योग्यता तथा अभिक्षमता की अभिव्यक्ति करना।

इस प्रकार से ग्लोवर द्वारा पाठ योजना निर्माण कार्य को मोटे तौर पर चार विभिन्न अवस्थाओं में बाँटकर नियोजित एवं आयोजित करने की बात कही गई है। एक बात जो इन सभी चार अवस्थाओं में किए जाने वाले कार्यों तथा कार्य परिस्थितियों को लेकर स्पष्ट रूप से सामने आ सकती है वह यही है कि ग्लोवर ने अपने उपागम द्वारा पाठ योजना तथा इस शिक्षण को अध्यापक केंद्रित बनाने की बजाय विद्यार्थी केंद्रित बनाने पर ही सब तरह से जोर दिया है। यहाँ हरबर्ट की पंचपदीय पद्धति की तरह अध्यापक के ऊपर ही ज्ञान और सूचना प्रदान करने की सारी जिम्मेदारी नहीं डाल दी है बल्कि चर्चा या विचारगोष्ठी अन्वेषण और अभिव्यक्ति सोपानों में की जाने वाली बहुआयामी गतिविधियों द्वारा बालकों को स्वयं आगे बढ़कर ज्ञान एवं कौशलों के अर्जन और फिर उनकी उपयुक्त अभिव्यक्ति (प्रयोग तथा उपयोग के अवसर) करने की बात कही गई है। इस दृष्टि से ग्लोवर द्वारा प्रतिपादित यह उपागम आधुनिक शिक्षा पद्धतियों तथा नवाचारों से हरबर्ट की पंचपदीय पद्धति की तुलना में काफी कुछ निकटता रखता हुआ प्रतीत हो सकता है।

पाठ योजना बनाने के लिए किस उपागम को उपयोग में लाया जाए ? (Which Approach is to be Adopted for Lesson Planning ?)

इस अध्याय में अब तक जितने उपागमों का वर्णन किया गया है, उन सबके अपने कुछ अलग–अलग गुण–दोष हैं। बुद्धिमानी इसी में है कि किसी एक शैक्षणिक परिस्थिति में निर्धारित उद्देश्यों को ध्यान में रखते हुए एक अच्छी पाठ योजना बनाने के लिए इन सभी उपागमों की अनुपयुक्त बातों अथवा दोषों को त्याग कर अच्छी बातों को ग्रहण कर लिया जाए। इस तरह से इन सभी उपागमों के समन्वित प्रारूप के माध्यम से एक व्यवहारिक पाठ योजना का निर्माण किया जा सकता है। वास्तव में देखा जाए तो सभी परिस्थितियों में सभी विषयों से संबंधित विषयवस्तु को पढ़ाने के लिए कोई एक उपागम कभी भी उपयुक्त सिद्ध नहीं हो सकता। एक अध्यापक को उपलब्ध परिस्थितियों और अपनी योग्यताओं के अनुरूप एक उचित पाठ योजना का निर्माण करना चाहिए।

अध्यापक प्रशिक्षण संस्थान इस दिशा में अपने अनुसंधानों के द्वारा बहुमूल्य सहयोग प्रदान कर सकते हैं। उन्हें स्थानीय परिस्थितियों को ध्यान में रखते हुए विभिन्न विषयों से संबंधित आदर्श पाठ योजनाएं तैयार करने का प्रयास करना चाहिए। नीचे एक ऐसे ही प्रयास का उल्लेख किया जा रहा है जिसमें विभिन्न उपागमों के समन्वित रूप (Electic approach) का प्रयोग गणित की एक पाठयोजना बनाने में किया गया है–

समन्वित विधि पर आधारित पाठ योजना (Lesson Plan Based on Eclectic Approach)

दिनांक :	श्रेणी : नवम्
विषय : गणित	समय : 40 मिनट
उपविषय : बेलन के संपूर्ण पृष्ठ का क्षेत्रफल ज्ञात करना।	विद्यार्थियों की औसत आयु : 15 वर्ष

शिक्षण बिंदु अथवा इकाइयाँ (Teaching Points or Units)–

(i) बेलन की परिभाषा देना।

(ii) बेलन के संपूर्ण पृष्ठ का क्षेत्रफल निकालने के लिए सूत्र ज्ञात करना।

(iii) सूत्र का प्रयोग करते हुए समस्याएं हल करना।

अनुदेशनात्मक उद्देश्य (वांछित व्यवहार परिवर्तन के संदर्भ में)
(Instructional Objectives in Reference to Desirable Behaviour Changes)

1. ज्ञानात्मक उद्देश्य (Knowledge Objective)

(i) विद्यार्थी बेलन का अर्थ जानते हैं और उसे परिभाषित कर सकते हैं।

(ii) विद्यार्थी बेलन के वक्र पृष्ठों और संपूर्ण पाठ का क्षेत्रफल निकालने से संबंधित सूत्रों की रचना कर सकते हैं तथा पुनः स्मरण कर सकते हैं।

2. प्रयोगात्मक उद्देश्य (Application Objectives)

(i) बेलन के वक्र और संपूर्ण पृष्ठों का क्षेत्रफल निकालने से संबंधित सूत्रों का प्रयोग कर क्षेत्रफल निकाल सकते हैं।

(ii) दी हुई आकृतियों में से बेलनाकार आकृतियों को पहचान सकते हैं।

(iii) कक्षा में दिखाई गई बेलनाकार आकृतियों के अतिरिक्त वे अलग से कुछ बेलनाकार आकृतियों के उदाहरण दे सकते हैं।

3. कौशलात्मक उद्देश्य (Skill Objectives)

(i) विद्यार्थी बिना किसी पैमाने की सहायता से बेलनाकार आकृतियाँ स्पष्ट और सुंदर ढंग से खींच सकते हैं।

(ii) विद्यार्थी बेलनाकार आकृतियों के संपूर्ण पृष्ठ का क्षेत्रफल निकालने से संबंधित समस्याओं को शीघ्रता एवं शुद्धता से हल कर सकते हैं।

पूर्वज्ञान (Previous Knowledge)

(i) विद्यार्थी आयताकार आकृतियों से परिचित हैं और वे उनका क्षेत्रफल निकालने की विधि और सूत्र जानते हैं।

(ii) विद्यार्थी वृत्त, उसके विभिन्न भागों और उसकी परिधि से परिचित है।

(iii) वे वृत्त की परिधि और उसका क्षेत्रफल निकालने से संबंधित सूत्रों को जानते हैं।

(iv) विद्यार्थी दो या तीन आयाम संबंधी (Dimensional) वृत्ताकार आकृतियों अथवा वस्तुओं के उदाहरण दे सकते हैं।

अनुदेशनात्मक सामग्री (Instructional Aids)

(i) टैलकम पाउडर का डिब्बा, डालडा का टिन आदि बेलनाकार वस्तुएं।

(ii) गत्ते की बनी हुई ऐसी बेलनाकार आकृति जिसके ऊपरी और तली के वृत्ताकार भागों को आसानी से अलग किया जा सकता हो।

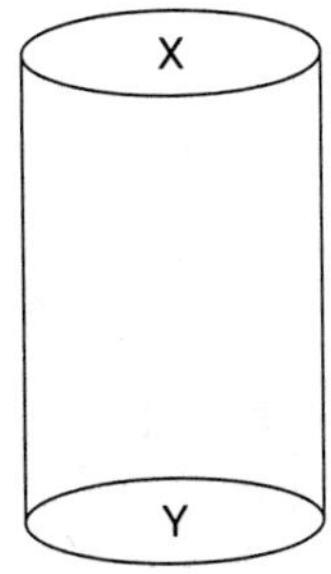

चित्र 26.5

पाठ का प्रस्तुतीकरण (Presentation of the Lesson)

शिक्षण बिंदु (Teaching Points)	*अध्यापक क्रियाएं (Teacher's Activities)*	*छात्र क्रियाएं (Pupil's Activities)*	*मूल्यांकन (Evaluation)*
	(गत्ते के सिलेंडर को दिखा कर निम्न प्रश्न पूछे जाएंगे)		
बेलन का अर्थ एवं परिभाषा	1. इस सिलेंडर के ऊपर और नीचे के तलों को अलग कर दिया जाएं तो इस सिलेंडर के कुल कितने भाग हो जाएंगे?	छात्र देखेंगे और प्रश्न का उत्तर देंगे 'कुल तीन भाग हो जाएंगे।'	
	2. ऊपर और नीचे के भागों की आकृति कैसी है ?	वृत्ताकार	
	(इन भागों को अलग करके बीच के बचे हुए भाग को खोलकर फैलाते हुए)	छात्र देखेंगे और उत्तर देंगे	
	3. अब यह किस प्रकार की आकृति है ?	'आयताकार'	

(क्रमशः)

(क्रमशः)

शिक्षण बिंदु (Teaching Points)	*अध्यापक क्रियाएं (Teacher's Activities)*	*छात्र क्रियाए (Pupil's Activities)*	*मूल्यांकन (Evaluation)*
	(कथन–"ज्यामिती में ऐसी आकृतियों को बेलन कहा जाता है।"	'ध्यान से सुनेंगे' छात्र परिभाषा बतायेंगे–	ज्यामिति की भाषा में बेलन की परिभाषा दो।
	4. बेलन की क्या परिभाषा हुई ? परिभाषा को सुनेगा और त्रुटि होने पर ठीक कराएगा।	गोलाकार ऊँचाई की एक ऐसी आयताकार आकृति जिसके दोनों सिरे गोलाकार (वृत्ताकार) हों, बेलन कहलाती है।	
बेलन के कुछ उदाहरण	5. बेलनाकार आकृतियों वाली कुछ वस्तुओं के नाम बताओ।	दोनों ओर बन्द पाइप, तारकोल का ड्रम, टेलकम पाउडर का डिब्बा आदि।	कुछ अन्य बेलनाकार वस्तुओं के उदाहरण दो।
बेलनाकार आकृति की रचना	6. अपनी नोटबुक में बिना पैमाने की सहायता से बेलनाकार आकृति बनाओ।	छात्र आकृति बनाएंगे– 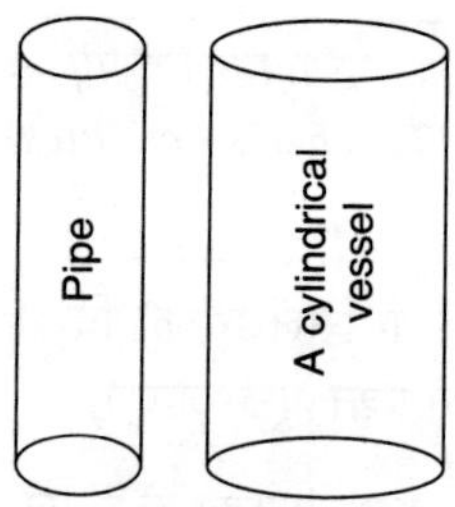 **चित्र 26.6**	किसी अन्य बेलनाकार वस्तु की आकृति खींचो।
	(श्यामपट पर वृत्त की आकृति खींचते हुए)	छात्र देखेंगे और उत्तर देंगे–	
	7. बताओ, यह किस प्रकार की आकृति है ? 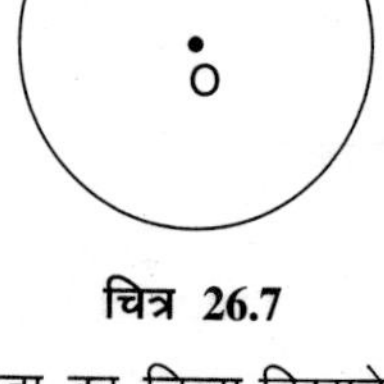 **चित्र 26.7**	वृत्त की आकृति है।	
	(डालडा का डिब्बा दिखाते हुए)	देखेंगे व उत्तर देंगे–	

(क्रमशः)

	8. इस डिब्बे के कौन–से भाग वृत्ताकार हैं ?	'ऊपर और नीचे के भाग वृत्ताकार हैं।

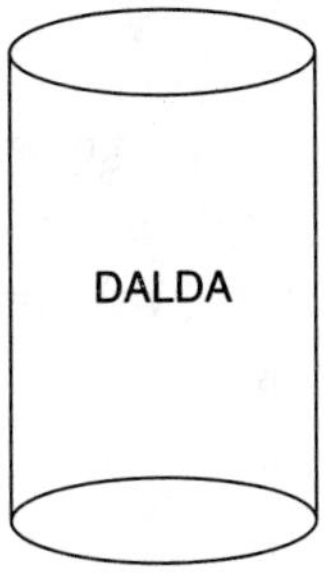

चित्र 26.8

	9. श्यामपट पर बनी वृत्त की आकृति और इस डिब्बे की आकृति में क्या अंतर है?	वृत्त की आकृति दो आयाम वाली है और डिब्बे की आकृति तीन आयाम वाली है।
	10. इस डिब्बे जैसी आकृतियों का क्षेत्रफल कैसे निकालते हैं ?	इसके लिए हमें ऊपर और नीचे के वृत्तों का क्षेत्रफल निकालना होगा।
	11. परंतु दोनों वक्राकार सिरों को जोड़ने वाले वक्र धरातल का क्या होगा?	यहाँ एक समस्या परिस्थिति उत्पन्न होगी और विद्यार्थी इस बारे में सीखने को उत्सुक दिखाई देंगे।
उद्देश्य कथन	अच्छा अब हम यह देखेंगे कि बेलनाकार आकृतियों का क्षेत्रफल कैसे निकाला जाता है।	
बेलन के संपूर्ण पृष्ठ का क्षेत्रफल निकालने का सूत्र	(चार्ट अथवा श्यामपट पर खिंची आकृति दिखाते हुए)	

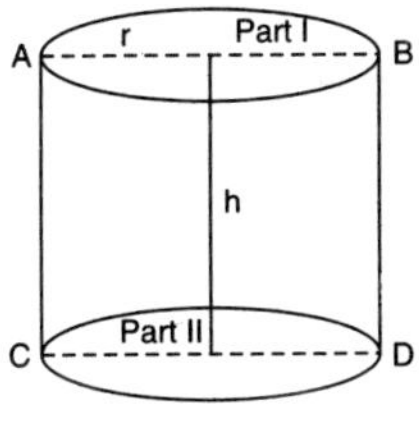

छात्र देखेंगे

चित्र 26.9

(क्रमशः)

(क्रमशः)

शिक्षण बिंदु (Teaching Points)	अध्यापक क्रियाएं (Teacher's Activities)	छात्र क्रियाएं (Pupil's Activities)	मूल्यांकन (Evaluation)
	12. इस प्रकार की आकृति का क्षेत्रफल निकालने हेतु किन–किन भागों का क्षेत्रफल निकालने की जरूरत होगी ?	छात्र उत्तर देते हुए कहेंगे कि ऊपर और नीचे के दोनों वृत्ताकार भागों और इससे जुड़े वक्र धरातल का।	
	13. भाग 1 का क्या क्षेत्रफल होगा ?	πr^2 होगा।	
	14. भाग 2 का क्या क्षेत्रफल होगा ?	यह भी πr^2 होगा।	
	15. वक्र धरातल AB, CD का क्षेत्रफल कैसे मालूम किया अध्यापक एक विद्यार्थी को बुलाकर गत्ते के बने हुए डिब्बे के मॉडल के ऊपर व नीचे के दोनों सिरों को अलग करने के लिए कहेगा और बाकी बचे हुए भाग को निम्न प्रकार फैलाने के लिए कहेगा।	यहाँ समस्यात्मक परिस्थिति आएगी। (एक छात्र अध्यापक के आदेशानुसार कार्य करेगा। शेष छात्र ध्यान से सुनेंगे तथा फैली हुई आकृति को PQRS के रूप में देखेंगे।	
	16. इस फैली हुई आकृति PQRS की लंबाई, चौड़ाई मापकर बताओ कि यह किस प्रकार की आकृति है ?	छात्र लंबाई, चौड़ाई मापेंगे और बताएंगे कि यह आयताकार आकृति है।	बेलन की आकृति के संपूर्ण पृष्ठ का क्षेत्रफल निकालने के लिए कौन–कौन से तीन भागों का क्षेत्रफल निकालना होता है ?
	17. इसकी लंबाई PQ या RS का भाग 1 और 2 की परिधियों के साथ क्या संबंध होगा ?	दोनों भाग की परिधियों का योग PQ अथवा RS के बराबर है।	

(क्रमशः)

	18. इसकी चौड़ाई PR या QS की तुलना दी हुई ऊँचाई h के साथ करो।	आयताकार आकृति PQRS की चौड़ाई के बराबर है।	
	19. अब बताओ कि आयताकार आकृति PQRS का क्षेत्रफल क्या होगा ?	यह $2\pi r \times h$ अथवा $2\pi rh$ होगा।	
	20. बेलन के संपूर्ण पृष्ठ का क्षेत्रफल क्या होगा ?	$\pi r^2 + \pi r^2 + 2\pi rh$ के बराबर होगा।	
आदर्श समस्या	21. इसका सूत्र क्या बनेगा? (आदर्श समस्या प्रस्तुत करते हुए)	बेलन के संपूर्ण पृष्ठ का क्षेत्रफल $= 2\pi r^2 + 2\pi rh$ $=2\pi r\ (r + h)$	बेलन के संपूर्ण पृष्ठ का क्षेत्रफल निकालने का क्या सूत्र है।
एक बेलनाकार तालाब का अर्धव्यास 4 मीटर और ऊँचाई 17 मीटर है। इसके संपूर्ण पृष्ठ का क्षेत्र–फल क्या होगा?	22. इस समस्या में क्या दिया हुआ है ?	अर्धव्यास = 4 मीटर ऊँचाई = 17 मीटर	
	23. क्या ज्ञात करना है?	संपूर्ण पृष्ठ का क्षेत्रफल $2\pi r\ (r + h)$ मालूम करना है।	
	24. हम यह कैसे ज्ञात कर सकते हैं ?	ज्ञात मूल्यों को सूत्र में स्थापित करने से हम यह ज्ञात कर सकते हैं।	
	25. स्थापित करके बताओ कि संपूर्ण पृष्ठ का क्षेत्रफल क्या होगा।	$2\pi.4(4 + 17)$ $= \frac{2 \times 22 \times 4 \times 21}{7}$ = 528 वर्ग मीटर	(i) अगर किसी बेलन के एक गोल सिरे का क्षेत्रफल 154 वर्ग से. मी. हो तो उसका अर्धव्यास कितना होगा।

(क्रमशः)

(क्रमशः)

शिक्षण बिंदु (Teaching Points)	अध्यापक क्रियाएं (Teacher's Activities)	छात्र क्रियाएं (Pupil's Activities)	मूल्यांकन (Evaluation)
अभ्यासात्मक समस्या (Exercise Problem)	26. इस समस्या में क्या दिया हुआ है ?	मीनार की ऊंचाई 31 मी. और चौड़ाई 8 मी.	
	27. क्या मालूम करना है ?	मीनार के संपूर्ण पृष्ठ का क्षेत्रफल।	
एक मीनार की ऊँचाई 31 मी. और चौड़ाई 8 मी. हो तो उसके संपूर्ण पृष्ठ का क्षेत्रफल बताओ।	28. यह हम कैसे मालूम कर सकते हैं ?	$2\pi r(r+h)$ सूत्र में दिए गए मूल्य स्थापित करके	(ii) अगर किसी बेलनाकारं आकृति के संपूर्ण पृष्ठ का क्षेत्रफल 528 वर्ग मी. हो और उसका अर्धव्यास 7 मी. हो तो उसकी ऊँचाई कितनी होगी ?
	29. इस समस्या में r और h का क्या मूल्य है ?	4 मीटर और 31 मीटर	
	30. क्षेत्रफल कितना होगा?	$2\pi.4(4+31)$ $=\dfrac{2\times 22\times 4\times 35}{7}$ = 880 वर्ग मीटर	

गृहकार्य (Home Assignment)

(i) अपने घर और आस–पास पाए जाने वाली 5 बेलनाकार वस्तुओं के नाम बताइए।

(ii) आज कक्षा में पढ़ाई गई समस्या में मीनार पर डिसटेम्पर कराने का खर्चा ज्ञात करो अगर इसकी दर 1.50 रुपये प्रति वर्ग मीटर हो।

दैनिक पाठ योजना में निर्मित पाठों के प्रकार (The Types of Lesson Planned through Daily Lesson Planning)

दैनिक पाठ योजनाएं बनाते समय अध्यापकों को कितने प्रकार के पाठों पर योजना कार्य करना पड़ता है, यह एक ऐसा प्रश्न है जो इस समय हमारी चर्चा का विषय बन सकता है। सभी पाठ एक से नहीं होते, किसी से एक तरह के प्रयोजनों की सिद्धि होती है तो किसी से दूसरों की। इस बात पर हम एक दूसरे दृष्टिकोण से भी विचार कर सकते हैं। पाठ्यक्रम के सभी विषय किसी न किसी रूप में शिक्षा के उद्देश्यों की पूर्ति हेतु ही प्रयत्न रत रहते हैं। शिक्षा शिक्षण और अधिगम का एकमात्र और सबसे महत्त्वपूर्ण प्रयोजन विद्यार्थी के व्यवहार में अपेक्षित परिवर्तन लाना ही होता है और ये परिवर्तन विद्यार्थी के व्यवहार में तीनों पक्षों – ज्ञानात्मक, क्रियात्मक तथा भावात्मक में आवश्यकतानुसार लाए जाते हैं ताकि उसके व्यक्तित्व का सर्वांगीण और सामांजस्यपूर्ण विकास हो सके। पाठ

शिक्षण की विषयवस्तु, अधिगम अनुभव तथा उन्हें प्रदान करने के तरीकों आदि का कलेवर अब इस संदर्भ में बदलता रहता है कि हमें किस समय या परिस्थिति विशेष में विद्यार्थी के किस व्यवहार अनुक्षेत्र (Behaviour domain) में परिवर्तन लाने के कार्य को अधिक या कम महत्त्व देना है। दूसरी बात विद्यालय पाठ्यक्रम में शामिल विषयों, अधिगम अनुभवों तथा क्रियाओं की है। इनमें से किसी के द्वारा एक व्यवहार अनुक्षेत्र में परिवर्तन लाने का काम अधिक प्रभावशाली ढंग से किया जा सकता है तो दूसरों द्वारा किन्हीं अन्य व्यवहार अनुक्षेत्र का। इस तरह से विषय विशेष या क्रिया विशेषों द्वारा अथवा किसी एक समय या परिस्थिति विशेष में जिस प्रकार के व्यवहार परिवर्तनों का काम प्रभावशाली ढंग से निभाया जा सकता है, उसी हिसाब से उनके द्वारा पूरे किए जाने वाले उद्देश्यों को उनमें प्राथमिकता देने की कोशिश की जाती है जैसे ज्ञानात्मक उद्देश्य (Cognitive objectives), क्रियात्मक उद्देश्य (Conative objectives) एवं भावात्मक उद्देश्य (Affective objective)। इस दृष्टि से अध्यापक द्वारा पढ़ाए जाने वाला कोई पाठ जहाँ ज्ञान प्रधान हो सकता है वहीं दूसरे पाठ क्रिया तथा भाव प्रधान भी हो सकते हैं। ज्ञानात्मक, क्रियात्मक एवं भावात्मक व्यवहार अनुक्षेत्रों में परिवर्तन लाने की अपनी–अपनी प्रमुख भूमिका के कारण अध्यापक द्वारा पढ़ाए जाने वाले पाठों को प्रायः जिन तीन वर्गों या प्रकारों में विभाजित करने का चलन है वह है (i) ज्ञानात्मक पाठ (Knowledge lesson) (ii) क्रियात्मक या कौशलात्मक पाठ (Skill lessons) तथा (iii) भावनात्मक या रसात्मक पाठ (Appreciation lesson)। इन तीनों प्रकार के पाठों की प्रकृति तथा उनके लिए पाठ योजनाओं के निर्माण संबंधी बातों की चर्चा अब हम आगे इस अध्याय में करना चाहेंगे।

ज्ञानात्मक पाठ (Knowledge Lessons)

ज्ञानात्मक पाठों से अभिप्राय एक शिक्षक द्वारा अपने पढ़ाए जाने वाले विषय विशेष के प्रकरणों को ऊपर बताए जाने वाली कुछ दैनिक पाठ योजनाओं से है जिनके माध्यम से वह अपने विद्यार्थियों के ज्ञानात्मक व्यवहार अनुक्षेत्र में परिवर्तन लाने की बात पर अधिक बल देता हुआ नजर आता है। फलस्वरूप इस प्रकार के पाठों द्वारा किसी विषय से संबंधित प्रकरण विशेष के तथ्यों, प्रनियमों तथा प्रक्रियाओं के ज्ञानार्जन तथा अवबोध में विशेष रूप से सहायता की जा सकती है। यद्यपि विद्यालय पाठ्यक्रम के सभी विषयों द्वारा किसी एक या अन्य क्षेत्रों से संबंधित ज्ञान प्रदान करने का उत्तरदायित्व भलीभाँति निभाया जाता है और इस तरह सभी किसी न किसी रूप में ज्ञानात्मक उद्देश्यों की पूर्ति में सहायक सिद्ध हो सकते हैं परंतु फिर भी विद्यालय पाठ्यक्रम के कुछ विषय जैसे– भाषा, इतिहास, भूगोल, राजनीति शास्त्र, अर्थशास्त्र, नागरिक शास्त्र आदि ऐसे विषयों में शामिल किए जा सकते हैं जिन्हें ललित कलाओं, काव्य, संगीत, शारीरिक शिक्षा तथा कार्य अनुभवों की तुलना में काफी कुछ ज्ञान प्रधान माना जाए।

विभिन्न प्रकार के ज्ञानात्मक पाठों जिनके द्वारा ज्ञानात्मक उद्देश्यों की प्राप्ति का मार्ग खुलता है यानी जो पाठ सूचना तथा ज्ञान ग्रहण करने में विद्यार्थियों की सहायता करते हैं उनकी पाठ योजना कैसे बनाई जाती है इस कार्य हेतु विभिन्न उपागमों, हरबर्ट पंचपदीय उपागम, ब्लूम उपागम, आर०सी०ई०एम० उपागम, ग्लोवरियन उपागम आदि की चर्चा हम पहले ही इस अध्याय में कर चुके हैं। यहाँ हम आगे अन्य दो प्रकार के शिक्षण पाठों– कौशलात्मक तथा प्रशंसात्मक पाठों की प्रकृति और उनके लिए निर्मित की जाने वाली पाठ योजनाओं के बारे में चर्चा करना चाहेंगे।

कौशलात्मक पाठ (Skill Lessons)

कौशलात्मक पाठों की गिनती उन पाठों में होती है जिनमें कौशलों के अर्जन पर यानी व्यवहार के क्रियात्मक अनुक्षेत्र में वांछित परिवर्तन लाने हेतु क्रियात्मक उद्देश्यों (Creative objectives) की उपलब्धि पर ज्ञान या भावनात्मक उद्देश्यों की तुलना में अधिक जोर दिया जाता है। अपनी प्रकृति और प्रयोजन को लेकर कौशल पद में काफी व्यापकता और विशालता छुपी हुई है। मानव व्यवहार के क्रियात्मक अनुक्षेत्र (Conative domain) में जो

भी परिवर्तन वांछित हैं तथा दिन–प्रतिदिन की जिंदगी को जीने के लिए जितनी भी शारीरिक क्रियाओं तथा गतिविधियों में पारंगत होना तथा शारीरिक योग्यताओं एवं क्षमताओं से युक्त होना आवश्यक है उन सभी का समावेश, कौशल संबंधी अवधारणा में किया जा सकता है। अतः अपने इस विस्तृत अर्थ में चलना, दौड़ना, कूदना, फाँदना, चढ़ना–उतरना, फेंकना, भार उठाना, पेंटिंग, सीना–पिरोना, गाना–बजाना, नृत्य करना, रेखाकृति चित्र एवं आरेख बनाना, गणना करना, सर्वेक्षण करना, डिजाइन बनाना, चार्ट एवं मॉडल बनाना, परीक्षण तथा प्रयोग करना, निरीक्षण करना, प्रयोगशाला समान एवं उपकरणों को काम में लाना, पढ़ना–लिखना, बोलना, सुनना, प्रश्न करना, उत्तर देना, चर्चा करना, वाद–विवाद करना आदि सभी कार्यों और क्रियाओं को कौशल पद के उदाहरण के रूप में जाना और समझा जा सकता है।

अगर कौशल पद से जुड़े हुए उपरोक्त कार्यों तथा गतिविधियों का विश्लेषण किया जाए तो हमें इस निष्कर्ष पर पहुँचने मे कोई कठिनाई नहीं होगी कि कौशल पाठ चाहे वे पाठ्यक्रम के किसी भी विषय विशेष या अधिगम अनुभव ग्रहण करने से संबंधित हों ज्ञानात्मक पाठों की तरह केवल सूचना एवं ज्ञान प्रदान करने में सक्षम होने की अपेक्षा विद्यार्थियों को कुछ न कुछ करके सीखने तथा इन क्रियाओं और गतिविधियों में पारंगत होने में मदद करते हैं। माध्यमिक स्तर के विद्यालय शिक्षण में जहाँ कौशलात्मक पाठों के निर्माण की ओर विशेष ध्यान दिया जाता है ऐसी कुछ परिस्थितियाँ उदाहरणार्थ निम्न प्रकार की हो सकती हैं।

(i) शारीरिक शिक्षा तथा खेलकूदों से संबंधित कौशलों (जैसे विभिन्न प्रकार के खेलकूदों में प्रवीणता हासिल करने में सहायक कौशल, जिमनास्टिक कसरतें, शारीरिक व्यायाम, ड्रिल आदि) का अर्जन।

(ii) भाषा तथा संप्रेषण कौशलों (जैसे लिखना, पढ़ना, बोलना, सुनना, रचना कार्य करना तथा सृजनात्मक अभिव्यक्ति करना) का अर्जन।

(iii) आवश्यक गणितीय कौशलों (जैसे गणन कौशल, सर्वेक्षण कौशल, ज्यामितीय आकृतियों का निर्माण और उनकी समझ, तालिका बनाना, चित्रात्मक प्रस्तुति करना आदि) का अर्जन।

(iv) सामाजिक विज्ञानों से संबंधित आवश्यक कौशलों (जैसे मानचित्र पठन, और निर्माण, सर्वेक्षण, अनुमान लगाना तथा योजना बनाना, बजट बनाना, भूमिका निर्वाह करना, अभिनय करना, ग्लोब को उपयोग में लाना, समय रेखा का निर्माण करना आदि) का अर्जन।

(v) विज्ञान विषयों के शिक्षण अधिगम में सहायक कौशलों (जैसे प्रयोगशाला कौशल, स्वनिर्मित उपकरणों के निर्माण संबंधी कौशल, प्रदर्शन कौशल, यंत्रों एवं उपकरणों को प्रयोग में लाने संबंधी कौशल, निरीक्षण, प्रयोग तथा परीक्षण संबंधी कौशल) का अर्जन।

(vi) विभिन्न कलात्मक एवं कार्य अनुभव संबंधी विषयों एवं गतिविधियों (जैसे संगीत, नृत्य तथा गृहविज्ञान से जुड़ी हुई गतिविधियों, आर्ट एवं पेंटिंग, कृषि और बागवानी, लकड़ी और बढ़ईगिरी का काम आदि) को भलीभाँति संपादित करने में सहायक कौशलों का अर्जन।

कौशलात्मक पाठ योजनाओं का निर्माण (Lesson Planning for the Skill Lessons)

कौशलात्मक पाठ योजनाओं का निर्माण जिन चार सोपानों के अंतर्गत संपन्न गतिविधियों के माध्यम से पूरा किया जाता है उनका ब्यौरा संक्षिप्त रूप में निम्न प्रकार किया जा सकता है।

1. **तैयारी (Preparation)**—इस सोपान के अंतर्गत संपन्न गतिविधियों को जिन दो चरणों में पूरा किया जाता है वे हैं (i) प्रस्तावना एवं अभिप्रेरण तथा (ii) उद्देश्य कथन।

(i) **प्रस्तावना एवं अभिप्रेरण (Introduction and Motivation)**—इस चरण में पाठ को प्रस्तावित करते हुए विद्यार्थियों को इस पाठ के पढ़ने के प्रति आकर्षित करने और पढ़े जाने वाले पाठ के माध्यम से वांछित कौशलों के अर्जन हेतु भलीभाँति अभिप्रेरित करने के प्रयत्न किए जाते हैं। इसके लिए निम्न बातों को ध्यान में रखकर चला जाता है–

– पूर्व अर्जित ज्ञान एवं कौशलों से प्रस्तुत पाठ का भलीभाँति समवाय।

– नवीन कौशल/कौशलों के अर्जन की आवश्यकता का अनुभव कराने हेतु कोई समस्या परिस्थिति उत्पन्न करना।

– नवीन कौशल/कौशलों के अर्जन के प्रति रुचि तथा समझ पैदा करने हेतु दृश्य श्रव्य सामग्री अथवा मल्टीमीडिया उपकरणों की सहायता लेना।

– विद्यार्थियों को नवीन कौशलों/कौशलों के अर्जन के प्रति आकर्षित करने हेतु इसके अर्जन से होने वाले लाभों या उपयोगिताओं से परिचित कराना।

– विद्यार्थियों को इस प्रकार के प्रत्यक्ष अनुभव कराने हेतु जिनसे उन्हें कौशल विशेष में अर्जन की आवश्यकता का अनुभव हो, विभिन्न दर्शनीय स्थानों या सामुदायिक स्थानों पर ले जाना।

(ii) **उद्देश्य कथन (Statement of the Aim)**—इस चरण में अध्यापक विद्यार्थियों को पढ़ाए जाने वाले पाठ के प्रयोजन और उद्देश्य को स्पष्ट रूप से सामने रखते हुए यह घोषणा करता है कि पाठ द्वारा उन्हें किस प्रकार के कौशल/कौशलों के अर्जन में सहायता की जा रही है और इसके अर्जन से उन्हें क्या फायदा हो सकता है।

2. **प्रस्तुतीकरण (Presentation)**—इस सोपान के अंतर्गत अध्यापक द्वारा कौशलात्मक पाठ की विषय वस्तु, अधिगम अनुभव तथा क्रियाकलापों के प्रस्तुतीकरण का कार्य किया जाता है। इसके लिए वह निम्न प्रकार आगे बढ़ सकता है।

(i) कौशल विशेष की प्रकृति और उसके अर्जन संबंधी प्रक्रिया पर सैद्धांतिक रूप से प्रकाश डालना।

(ii) कौशल विशेष के क्रियान्वयन संबंधी प्रक्रिया को स्पष्ट करने हेतु प्रदर्शन या आदर्श प्रस्तुति का आयोजन। इस कार्य को कई ढंग से किया जा सकता है जैसे–

– कौशल के प्रयोग की कला और तकनीक को प्रदर्शित करने हेतु अध्यापक विभिन्न दृश्य–श्रव्य साधनों जैसे चार्ट, चित्र, मॉडल, आरेख, स्लाइड तथा ट्रांसपेरेंसीज, चलचित्र, वीडियो फिल्म आदि की सहायता ले सकता है।

– वह इस कौशल के प्रभावशाली प्रदर्शन के लिए किसी अनुभवी एवं दक्ष अध्यापक या विशेषज्ञ की मदद ले सकता है।

– वह स्वयं इस कौशल के प्रदर्शन हेतु एक अच्छे मॉडल के रूप में कार्य कर सकता है।

– अध्यापक इस कार्य हेतु कुछ योग्य विद्यार्थियों को इस प्रकार तैयार कर सकता है कि वे पूरी कक्षा को अथवा उन्हें उपयुक्त समूहों में बाँटकर अलग–अलग कौशल के प्रयोग संबंधी आवश्यक प्रदर्शनात्मक कार्य कक्षा में कर सकें।

(iii) कौशल की प्रकृति और प्रक्रिया को सैद्धांतिक तथा व्यवहारात्मक रूप से समझने में जो कुछ भी अस्पष्टता तथा कमी रह जाए उससे संबंधित प्रश्न पूछने और आवश्यक सहायता माँगने के लिए अध्यापक द्वारा कहा जा सकता है।

(iv) विद्यार्थियों की सब तरह से इस प्रकार सहायता की जा सकती है कि वे कौशल के प्रयोग हेतु जिस ढंग से क्रमिक रूप से आगे बढ़ना है और उसका किस प्रकार भलीभाँति क्रियान्वयन करना है उससे संबंधित सभी बातों का यथेष्ट रूप से निष्कर्षीकरण तथा सामान्यीकरण कर लें तथा साथ ही यह भी जान लें कि इसके भलीभाँति संपादन हेतु किस प्रकार की सावधानियाँ रखी जानी चाहिएं।

3. **अभ्यास (Practice)**—इस सोपान में विद्यार्थियों से यह अपेक्षा की जाती है कि उन्होंने कौशल को काम में लाने हेतु जिस प्रकार का प्रदर्शन और प्रस्तुतीकरण अध्यापक या कौशल विशेषज्ञ से देखा है उसकी पुनरावृत्ति हेतु अपने प्रयत्न करें। यह कार्य विशुद्ध वैयक्तिक तौर पर किया जाता है क्योंकि किसी भी कौशल का अर्जन सदैव ही व्यक्तिगत मामला ही होता है। उदाहरण के लिए अगर कौशलात्मक पाठ मोमबत्ती निर्माण से अपना संबंध रखता है तो प्रत्येक विद्यार्थी से अलग–अलग यह अपेक्षा की जाती है कि वे अपने आपको मोमबत्ती बनाने की कला में निपुण बना लें। इसी कार्य हेतु उन्हें मोमबत्ती बनाने का प्रदर्शन जो द्वितीय सोपान के अंतर्गत दिया गया था उससे संबंधित सभी गतिविधियों को दोहराने का अभ्यास ही यहाँ इस तीसरे सोपान में कराया जाता है। हाँ इस बात की भी छूट देने में कोई बुराई नहीं है कि मोमबत्ती निर्माण से संबंधित कई गतिविधियों/कार्यों को वे मिल–जुलकर करें परंतु जो बात अति आवश्यक है कि वे व्यक्तिगत रूप से उन सभी गतिविधियों/कार्यप्रणाली पर अधिक अभ्यास द्वारा पूरी तरह से स्वामित्व अर्जित कर लें ताकि मोमबत्ती बनाने के कार्य में वांछित रूप से निपुण बन जाए। जब विद्यार्थी व्यक्तिगत या छोटे–छोटे समूहों में मोमबत्ती निर्माण में जुटे हों तो यहाँ अध्यापक से यह अपेक्षा की जाती है कि वह उनके कार्यों का निरीक्षण तथा उन्हें आवश्यकतानुसार परामर्श तथा सहायता प्रदान करने में पूरी चुस्ती तथा कर्त्तव्य परायणता दिखाए। जरूरत पड़ने पर विद्यार्थियों से किसी क्रिया विशेष को फिर से दोहराने के लिए कहे, उनके कार्य करने के ढंग में बदलाव लाने का परामर्श दे तथा अन्य और सभी प्रकार से उनकी ऐसी सहायता करने का प्रयत्न करे ताकि वे सभी व्यक्तिगत रूप से मोमबत्ती निर्माण में वांछित कुशलता अर्जित कर सकें। यही बात अन्य कौशलों के अर्जन के लिए भी सही है। एक कौशल को तभी अच्छी तरह अर्जित किया जा सकता है जबकि उसका व्यक्तिगत रूप से किसी अनुभवी शिक्षक या प्रशिक्षक के निर्देशन में भलीभाँति इस प्रकार उचित अभ्यास किया जाए कि विद्यार्थियों को इसके अभ्यास हेतु व्यक्तिगत रूप से उचित समय पर उचित रूप में परामर्श तथा सहायता मिलती रहे, उन्हें आगे बढ़ने हेतु यथेष्ट प्रोत्साहन, प्रतिपुष्टि तथा पुनर्बलन प्राप्त होता रहे, उनकी भूलों को सुधारने का कार्य जारी रहे तथा उनमें यह भावना सक्रिय रूप से कार्य करती रहे कि उन्हें कौशल के अर्जन में अधिक से अधिक प्रवीणता अर्जित करनी है। इसी तरह के सभी प्रयत्न और गतिविधियों का संपादन इस तृतीय सोपान के अंतर्गत किया जाता है।

4. **अनुप्रयोग (Application)**—इस अंतिम सोपान में विद्यार्थियों को ऐसे अवसर प्रदान किए जाते हैं कि जिनके माध्यम से वे सीखे हुये कौशल को उपयोग में लाने का कार्य कर सकें। उदाहरण के लिए अगर विद्यार्थियों द्वारा तीसरे सोपान के अंतर्गत किए गए अभ्यास के माध्यम से मोमबत्ती निर्माण में प्रवीणता अर्जित कर ली है तो यहाँ अब यह अपेक्षा की जाती है कि वे व्यक्तिगत रूप ये अब यहाँ प्रदर्शित करें कि वे अच्छी मोमबत्तियाँ बना सकते हैं। अच्छी तरह अभिप्रेरित करने हेतु उनसे यह कहा जा सकता है कि वे आगामी दीपावली पर्व हेतु अपने अपने घरों के लिए बढ़िया मोमबत्तियाँ बनाएं अथवा विद्यालय ऑफिस को सजाने हेतु कुछ भव्य मोमबत्तियों का निर्माण करें। इसी प्रकार अगर विद्यार्थियों ने लकड़ी का फर्नीचर बनाने में निपुणता अर्जित की है तो उनसे विद्यालय या उनके घरों के फर्नीचर की मरम्मत

करने या नवनिर्माण करने की बात कही जा सकती है। इस प्रकार इस सोपान के क्रियान्वयन के माध्यम से कौशल अर्जन के समुचित प्रयोजन अथवा उद्देश्य की प्राप्ति का मार्ग भलीभाँति खुल सकता है।

रसात्मक पाठ (Appreciation Lesson)

रसात्मक पाठों की गिनती उन शिक्षण पाठों में होती है जिनके माध्यम से विद्यार्थियों को सौन्दर्यात्मक अनुभूति, भावनात्मक अभिव्यक्ति तथा प्रशंसात्मक दृष्टिकोण को पल्लवित एवं पोषित करने में उनकी पूरी–पूरी सहायता की जाती है। इस तरह से इन पाठों के शिक्षण द्वारा ज्ञानात्मक या क्रियात्मक उद्देश्यों की जगह भावात्मक उद्देश्यों (व्यवहार के भावनात्मक क्षेत्र में अपेक्षित परिवर्तन लाने का कार्य) की पूर्ति का कार्य भलीभाँति संपन्न किया जाता है। इस प्रकार के उद्देश्यों की पूर्ति का कार्य महज ज्ञानात्मक तथा क्रियात्मक उद्देश्यों की प्राप्ति की तुलना में काफी कुछ महत्त्व रखता है। ज्ञान, कर्म तथा भाव इन तीनों का ही सामंजस्य जिंदगी को पूरी तरह जीने के लिए हमें चाहिए। भावनाओं की अनुभूति और प्रदर्शन व्यक्ति को व्यक्ति बनाता है और इसीलिए भावना शून्य व्यक्ति को निष्प्राण पत्थर की संज्ञा दी जाती है। जो व्यक्ति पर्याप्त संवेदनशील है जिसमें सौंदर्यपरक अनुभूति है जो वस्तुओं और विचारों में सत्यम् शिवम् तथा सुंदरम् को परखने तथा अनुभव करने की क्षमता रखता है ऐसा मानव ही सही मायनों में मानव जीवन की पूर्णता को समझ सकता है। इसलिए यह आवश्यक है कि विद्यालय शिक्षा की गतिविधियों के माध्यम से भावनात्मक उद्देश्यों की पूर्ति हेतु उचित प्रयत्न प्रारंभ से किए जाएं। कहने की आवश्यकता नहीं कि जहाँ ज्ञानात्मक उद्देश्यों की प्राप्ति हेतु ज्ञानात्मक पाठों तथा क्रियात्मक और कौशलात्मक उद्देश्यों की प्राप्ति हेतु हमें कौशलात्मक पाठों के शिक्षण तथा नियोजन की आवश्यकता होती है वहाँ भावनात्मक उद्देश्यों की प्राप्ति की दिशा में रसात्मक पाठों का शिक्षण और नियोजन बहुत महत्त्वपूर्ण सिद्ध हो सकता है और इसी दृष्टि से इन पाठों के नियोजन तथा शिक्षण को विद्यालय गतिविधियों का प्रमुख अंग अवश्य ही बनाया जाना चाहिए।

प्रश्न उठता है कि क्या विद्यालय के सभी विषय तथा अधिगम अनुभवों से यह अपेक्षा की जा सकती है कि उनको लेकर रसात्मक पाठों का निर्माण भलीभाँति किया जा सके। इसके उत्तर में जो बात एकदम सामने आती है वह यह है कि जिस विषय, प्रकरण, विषयवस्तु तथा अधिगम अनुभव के माध्यम से, सत्यम् शिवम् तथा सुंदरम् की अनुभूति होती हो वहाँ उसे अच्छी तरह जानने और समझने की बात स्वतः ही अनिवार्य रूप से हमारे सामने आ जाएगी और शायद ही विद्यालय पाठ्यक्रम का कोई विषय या अधिगम अनुभव हो जो सत्यम्, शिवम् तथा सुंदरम् के भावों से अनुप्रेरित तथा पोषित न हो। इस तरह भावनात्मक उद्देश्यों की प्राप्ति के अवसर हमें सभी विद्यालय विषयों तथा अधिगम अनुभवों में आवश्यकतानुसार तलाश करने पर अवश्य ही मिल सकते हैं। परंतु फिर भी अपनी विशिष्ट प्रकृति और प्रयोजन को लेकर विद्यालय पाठ्यक्रम के कुछ विषय, प्रकरण तथा अधिगम अनुभव ऐसे भी हैं जिनके शिक्षण में भावनात्मक उद्देश्यों की प्राप्ति की बात अपेक्षाकृत कुछ अधिक अधिकार से की जा सकती है या दूसरे शब्दों में यह कहिए कि उनके शिक्षण से पूरा–पूरा लाभ उठाने हेतु हमें रसात्मक पाठों के नियोजन तथा शिक्षण के लिये गंभीरता से प्रयत्न करने होते हैं। विद्यालय पाठ्यक्रम के ऐसे विषयों तथा अध्ययन क्षेत्रों के उदाहरण रूप में हम निम्न का उल्लेख कर सकते हैं।

(i) भाषा विषयों में गद्य एवं पद्य पाठों का शिक्षण।

(ii) विभिन्न विषयों जैसे गणित, विज्ञान, कला, संगीत, कंप्यूटर शिक्षा, सूचना तकनीकी, दर्शन, मनोविज्ञान, नीतिविज्ञान आदि में ऐसे पाठों का शिक्षण जिसमें ऐतिहासिक पृष्ठभूमि या विकास क्रम को दर्शाया गया हो।

(iii) सृजनशील कलाकार, अन्वेषक, गणितज्ञ, वैज्ञानिक, साहित्यकार, समाज सुधारक, धार्मिक नेताओं, संत तथा महापुरुषों की जीवनी तथा जीवन वृतांतों से संबद्ध पाठों का शिक्षण।

(iv) सृजनात्मक अभिव्यक्ति से जुड़े हुए विषय जैसे संगीत, ललित कला, पेंटिंग, नृत्य तथा अन्य भावात्मक एवं सृजनात्मक क्षेत्रों से संबंधित अधिगम अनुभवों का शिक्षण।

(v) प्रकृति की लीलाओं तथा प्राकृतिक परिवेश से जुड़े हुए विषयों जैसे भूगोल, कृषि और बागवानी, तथा अन्य प्राकृतिक विज्ञानों के तथ्यों, सिद्धांतों तथा उनके अनुप्रयोगों का शिक्षण।

रसात्मक पाठों पर पाठयोजना निर्माण (Development of Appreciation Lesson)

रसात्मक पाठों के निर्माण कार्य संबंधी गतिविधियाँ निम्न चार सोपानों के तहत संपन्न की जाती हैं।

1. तैयारी (Preparation)—इस सोपान की गतिविधियों को जिन दो चरणों में पूरा किया जाता है वे हैं–
(i) प्रस्तावना एवं अभिप्रेरण तथा (ii) उद्देश्य कथन।

(i) **प्रस्तावना एवं अभिप्रेरण**—प्रस्तावना एवं अभिप्रेरण चरण में यह प्रयत्न किया जाता है कि विद्यार्थियों को पाठ विशेष को पढ़ने की आवश्यकता भलीभाँति अनुभव हो और उनमें एक तरह से उस पाठ को पढ़ने के प्रति आवश्यक जिज्ञासा, कौतूहल तथा रुचि जागृत हो सके। इस कार्य हेतु एक अध्यापक से कुछ विशेष प्रयासों की अपेक्षा की जाती है जिसमें उचित तकनीकों को प्रयोग में लाने के साथ–साथ उसे पाठ पढ़ाने के लिए अपनी विशेष रूप से प्रारंभिक तैयारी करने की भी जरूरत होती है। ऐसी सभी प्रारंभिक तैयारी एवं प्रयासों से युक्त बातों को संक्षेप में निम्न प्रकार व्यक्त किया जा सकता है।

– पाठ पढ़ाने हेतु उसे अपने आपको पूरी तरह से तैयार कर लेना चाहिए। पाठ्य सामग्री तथा विषयवस्तु पर उसका इस तरह पूरा अधिकार होना चाहिए कि उसे उसमें निहित अर्थ तथा प्रयोजन पूरी तरह स्पष्ट रहें। दूसरे शब्दों में जो कुछ पढ़ाया जा रहा है उस पाठ्यवस्तु के प्रति अध्यापक में वह आवश्यक संवेदनशीलता, सूक्ष्मग्राहिता, सौंदर्य अनुभूति तथा प्रशंसात्मक दृष्टिकोण होना चाहिए जिसके प्रस्तुतीकरण के माध्यम से वह विद्यार्थियों में सौंदर्यात्मक अनुभूति तथा प्रशंसात्मक दृष्टिकोण विकसित करना चाहता है।

– उसे अपने विद्यार्थियों की उन मूलभूत क्षमताओं से परिचित होने का प्रयत्न करना चाहिए जिनके सहारे वह उनमें सौंदर्यात्मक अनुभूति, अभिव्यक्ति तथा प्रशंसात्मक या सराहनात्मक दृष्टिकोण विकसित करने की बात सोचता है।

– प्रस्तुत रसात्मक पाठ के अध्ययन में रुचि जागृत करने के लिए उसे अपने आपको कोई वांछनीय सृजनात्मक परिस्थिति उत्पन्न करने, उपलब्ध वातावरणजन्य परिस्थितियों से फायदा उठाने, मौखिक उदाहरण तथा दृश्य–श्रव्य सामग्री तथा उपकरणों को प्रयोग में लाने आदि के लिए आवश्यक रूप से तैयार कर लेना चाहिए।

– पाठ्यवस्तु में निहित उसके अर्थ एवं प्रयोजन को पूरी तरह विद्यार्थियों के सामने रखने हेतु उसके पास ऐसा सभी विस्तृत आधार पठन सामग्री तथा विचारों के रूप में होना चाहिए जिन्हें आवश्यकतानुसार विद्यार्थियों के सामने रखकर वह उनमें अपेक्षित सौंदर्यात्मक अनुभूति तथा प्रशंसात्मक दृष्टिकोण विकसित करने में समर्थ हो सके।

(ii) **उद्देश्य कथन (Statement of the Aim)**—इस चरण में अध्यापक द्वारा स्पष्ट शब्दों में अपने प्रशंसात्मक पाठ के उद्देश्य की घोषणा की जाती है जैसे आज हम सुभद्राकुमारी चौहान द्वारा रचित कविता 'झाँसी की रानी' का अध्ययन करेंगे अथवा "शाहजहाँ द्वारा बनवायी गई ऐतिहासिक इमारतों" के ऊपर एक निबंध की रचना करेंगे।

2. प्रस्तुतीकरण (Presentation)—इस सोपान में अध्यापक पाठ में निहित पाठ्यवस्तु या अधिगम अनुभवों को विद्यार्थियों के समक्ष प्रस्तुत करता है। इस कार्य हेतु वह निम्न प्रकार आगे बढ़ सकता है–

– वह गद्य एवं पद्य रचना की प्रस्तुति अपने आदर्शवाचन द्वारा इस प्रकार करता है कि लेखक या रचनाकार के भावों, उद्गारों तथा प्रयोजन का संप्रेषण विद्यार्थियों तक भलीभाँति हो सके।

– कलात्मक एवं सांस्कृतिक विरासत के कार्य के प्रस्तुतीकरण हेतु वह उसका प्रदर्शन श्यामपट लेखन, चित्रांकन, स्लाइड ट्रांसपेरेंसीज, स्लाइड तथा आडियो–वीडियो रिकॉर्डिंग या फिल्म दिखाने आदि के रूप में कर सकता है।

– रसात्मक पाठ की विषयवस्तु के प्रस्तुतीकरण तथा उसमें निहित सारगर्भित अर्थ एवं प्रयोजन को स्पष्ट करने हेतु वह मौखिक वर्णन, दृष्टांत तथा श्यामपट लेखन, ट्रांसपेरेंसीज तथा अन्य दृश्य–श्रव्य साधनों की मदद ले सकता है।

– वह विद्यार्थियों की सौंदर्यात्मक अनुभूति तथा प्रशंसात्मक दृष्टिकोण के विकास हेतु उन्हें संगीत रचनाओं की प्रस्तुति का रसास्वादन सीधे ही अथवा वाद्य यंत्रों के माध्यम से करने के लिए कह सकता है।

विषय, पाठ्यसामग्री तथा अधिगम अनुभवों की प्रकृति तथा प्रयोजन को ध्यान में रखकर एक अध्यापक द्वारा चाहे कोई भी तरीका इस्तेमाल में लाया जाए, परंतु उसे अपने रसात्मक पाठों की इस प्रस्तुति के लिये निम्न बातों का सदैव ध्यान रखना चाहिए।

(i) उसे सदैव ही बड़े प्रभावशाली ढंग से अपनी विषयवस्तु विद्यार्थियों के सामने रखनी चाहिए। साहित्यिक कृति हेतु जहाँ उसे इसके उचित पाठन एवं वाचन पर ध्यान देना चाहिए वहीं संगीत रचना की प्रस्तुति के लिए उसे उसके गायन अथवा वाद्य यंत्रों द्वारा उसकी उचित प्रस्तुति करने तथा आर्ट एवं पेंटिंग से जुड़ी पाठ्य सामग्री को चित्रांकन, पेंटिंग एवं ब्रुश के उपयोग द्वारा बालकों के सामने रखने के उचित प्रयास करने चाहिएं।

(ii) उसे अपने रसात्मक पाठ की सामग्री, अपने संपूर्ण रूप में ही विद्यार्थियों के सामने रखने का प्रयत्न करना चाहिए उसके टुकड़े–टुकड़े कर अंशों में नहीं। उसे इस मनोवैज्ञानिक सत्य का सदैव ध्यान रखना चाहिए कि पूर्ण अंश की अपेक्षा अधिक अर्थपूर्ण एवं सारयुक्त होता है। अतः उसके इस प्रकार के प्रस्तुतीकरण से भावों को संप्रेषण और रसास्वादन में अधिक सहायता मिलती है। इस बात को ध्यान में रखते हुए, कोई भी कविता, गद्य की कोई एक इकाई, कहानी चित्र तथा संगीत रचना अपने पूरे रूप में ही विद्यार्थियों के सामने प्रस्तुत करनी चाहिए, उसके अंशों या टुकड़ों में नहीं।

(iii) रसात्मक पाठों के लिए यह आवश्यक है कि उनके प्रस्तुतीकरण के समय कक्षा में बहुत ही शांत तथा अभिप्रेरणाजन्य वातवरण बना रहे। इसलिए अध्यापक को इस प्रकार के वातावरण को बनाए रखने हेतु सभी अपेक्षित भौतिक तथा सामाजिक–मनोवैज्ञानिक पहलुओं पर विशेष रूप से ध्यान देने का प्रयत्न करना चाहिए।

3. अनुभूति एवं रसास्वादन (Contemplation and Appreciation)—इस सोपान के तहत विद्यार्थियों को यह अवसर दिया जाता है कि द्वितीय सोपान में पाठ्यवस्तु तथा अनुभवों के रूप में जो कुछ उनके सामने

प्रस्तुत किया गया है, उस पर अच्छी तरह से मनन करे तथा उसमें निहित भावों, प्रयोजन तथा रसों की अनुभूति करने का प्रयत्न करें। प्रस्तुत ऐतिहासिक विवरण, कलात्मक तथा संगीतात्मक प्रदर्शन एवं साहित्यिक कृति के प्रस्तुतीकरण से उन्हें क्या सीख मिली ? इस प्रस्तुतीकरण में निहित आनंद एवं सौंदर्य का उन्होंने किस रूप में रसास्वादन किया ? इससे उन्हें किस प्रकार के भावों, विचारों तथा संवेगों की अनुभूति हुई ? इस प्रकार के प्रश्न और प्रसंग अब आगे की चर्चा के विषय बनाए जा सकते हैं। विद्यार्थी, अध्यापक विशेष के पथप्रदर्शन में इस तरह की लाभदायक चर्चा द्वारा प्रस्तुत पाठ्यवस्तु में निहित भावों, प्रयोजनों तथा संवेगों की अनुभूति करने में सक्षम बन सकते हैं। इसके अतिरिक्त अध्यापक स्वयं भी अपनी ओर से इस प्रकार के प्रयत्न कर सकता है कि विद्यार्थियों को सोपान दो पर प्रस्तुत की गई विषय सामग्री तथा अधिगम अनुभवों के माध्यम से अपनी सौंदर्यात्मक एवं रसानुभूति क्षमता एवं योग्यता के विकास में पूरी–पूरी मदद मिले।

4. **अभ्यास एवं अनुप्रयोग (Practice and Application)**—जो कुछ भी विद्यार्थियों के सामने दूसरे सोपान में प्रस्तुत किया जाता है और जिस रूप में उसको उनके द्वारा तृतीय सोपान के तहत ग्रहण किया जाता है उसी के समुचित अभ्यास एवं अनुप्रयोग की बात यहाँ इस चौथे सोपान में की जाती है। एक प्रकार से रसात्मक पाठ के लिए यह ऐसा सोपान है जिसमें सीखी या अर्जित की गई बातों को मस्तिष्क/हृदय में अच्छी तरह बिठाने या उन्हें प्रयोग में लाने का काम किया जाता है। फलस्वरूप यहाँ अब कोई विद्यार्थी रसात्मक पाठ की विषयवस्तु या अनुभवों की भलीभाँति अनुभूति तथा उपलब्धि करता हुआ जिस प्रकार की गतिविधियों में संलग्न होता हुआ पाया जा सकता है वे हैं (i) किसी कविता की रचना करना (ii) कोई कहानी या नाटक की रचना करना (iii) कोई निबंध लिखना या घटना विशेष का वर्णन करना (iv) कोई चित्र, दृश्य या पेंटिंग प्रस्तुत करना (v) भूमिका निर्वाह या अभिनय में कार्यरत होना (vi) कलात्मक और कार्य अनुभव क्रियाकलापों द्वारा अपनी सृजनात्मकता का परिचय देना (vii) प्रकृति अध्ययन में रत रहना (viii) वैज्ञानिक परीक्षण, अन्वेषण तथा नवाचारों में रत रहना।

इस चौथे सोपान पर की जाने वाली उपरोक्त गतिविधियों के संचालन हेतु अध्यापक द्वारा विद्यार्थियों को वह सभी सुविधाएं तथा अवसर प्रदान करने का प्रयत्न किया जाता है कि जिनके माध्यम से विद्यार्थियों में सौंदर्यात्मक अनुभूति, रसास्वादन तथा प्रशंसात्मक दृष्टिकोण विकसित करने में पूरी–पूरी मदद मिले। ऐसे सभी प्रयत्न करते हुए अध्यापक को यह बात सदैव ध्यान में रखना चाहिए कि बालकों को जो भी निर्देश, परामर्श एवं सहायता प्रदान की जाए वह पूरी तरह से जनतांत्रिक ढंग एवं सौहार्दपूर्ण वातावरण में ही संपन्न होना चाहिए। बालकों के भावात्मक व्यवहार अनुक्षेत्र में परिवर्तन लाने का कार्य काफी संवेदनशील और वैयक्तिक होता है। इसके लिए बालकों से व्यक्तिगत संपर्क और भावात्मक लगाव बनाना आवश्यक होता है। हृदय के तारों को झंकीकृत करने तथा आंतरिक अभिप्रेरणा से उन्हें अभिप्रेरित करके ही यहाँ अभीष्ट लक्ष्यों की प्राप्ति हो सकती है और तभी उनमें सौंदर्यबोध रसास्वादन तथा प्रशंसात्मक दृष्टिकोण जैसे व्यवहार परिवर्तनों की झलक दिखाई दे सकती है।

सार-संक्षेप
(Summary)

1. पाठयोजना से तात्पर्य उस योजना या सैद्धांतिक रूपरेखा से है जो किसी एक इकाई से संबंधित पाठ को किसी एक दिन के नियत कालांश में पढ़ाने हेतु इस उद्देश्य से तैयार की जाती है कि उससे निर्धारित अनुदेशनात्मक उद्देश्यों की भलीभाँति प्राप्ति संभव हो सके।

2. पाठयोजना द्वारा अध्यापक की कक्षा शिक्षण कार्य में सहायता करने के संदर्भ में जो बातें कही जा सकती हैं उनमें से प्रमुख हैं (i) कक्षा शिक्षण उद्देश्यों का स्पष्टीकरण (ii) विषयवस्तु का उचित चयन, संगठन, प्रस्तुतीकरण एवं मूल्यांकन (iii) शिक्षण अधिगम प्रक्रिया को सरस, सरल तथा मितव्ययी बनाने में सहायता (iv) आवश्यक एवं प्रभावशाली शिक्षण प्रनियमों तथा सूत्रों के उपयोग में सहायक (v) कक्षा अंतःक्रियाओं, अ ध्यापक विद्यार्थी व्यवहार और कक्षा नियंत्रण क्रियाओं के उचित संपादन में सहायक तथा (vi) पाठ के शिक्षण हेतु उचित आत्मविश्वास पैदा करने में सहायक।
3. पाठ योजना निर्माण के प्रनियमों के रूप में हम जिनका प्रमुख रूप से उल्लेख कर सकते हैं वे हैं उद्देश्यों की स्पष्टता और निश्चितता का सिद्धांत, संसाधनों तथा अनुकूल परिस्थितियों की उपलब्धता, प्रारंभिक व्यवहार से अवगत होना, विद्यार्थियों को अभिप्रेरित करना तथा रुचि बनाए रखना, शिक्षण विधियों तथा तकनीकों की उपयुक्तता, विषयवस्तु पर अधिकार, विद्यार्थियों की सक्रिय भागीदारी, उचित पृष्ठपोषण पुनर्बलन तथा उचित मूल्यांकन, अर्जित ज्ञान की स्थायित्वता तथा लचीलापन।
4. प्रभावपूर्ण पाठयोजना की विशेषताओं या कसौटी के रूप में जिन बातों का उल्लेख किया जा सकता है वे हैं उसका लिखित रूप में होना, उसमें अनुदेशनात्मक उद्देश्यों, शिक्षण सामग्री, प्रविष्टि व्यवहार की जाँच, पाठ की प्रस्तावना उद्देश्य कथन आदि का उल्लेख, विषयवस्तु तथा अधिगम अनुभवों का उचित प्रस्तुतीकरण, उन्हें ठीक प्रकार मस्तिष्क में बिठाने वाली तकनीकों का उल्लेख, विद्यार्थियों के साथ अंतःक्रिया और उनकी भागीदारी निभाने की बात, व्यक्तिगत भेदों, समवाय तथा एकीकरण के सिद्धांतों की अनुपालना तथा आवश्यकतानुसार लचीलापना लाने का प्रावधान।
5. पाठ योजना के निर्माण हेतु जिन महत्त्वपूर्ण उपागमों का उल्लेख किया जा सकता है वे हैं– हरबर्ट उपागम, मौरीसन या इकाई उपगाम, मूल्यांकन या ब्लूम उपागम, आर०सी०ई०एम उपागम तथा ग्लोबरियन उपागम।
6. हरबर्ट उपागम प्रसिद्ध शिक्षा शास्त्री जे०एफ० हरबर्ट और उसके अनुयायियों की देन है। इस उपागम में पाठ योजना के निर्माण और लेखन हेतु जिन पाँच सोपानों का अनुसरण किया जाता है वे हैं (i) तैयारी या प्रस्तावना (नवीन ज्ञान की प्राप्ति हेतु विद्यार्थियों को तैयार करना) (ii) प्रस्तुतीकरण (नवीन ज्ञान या अधिगम सामग्री को छात्रों के सामने प्रस्तुत करना) (iii) तुलना और संबंध (प्राप्त नवीन ज्ञान को सबल एवं स्थायी बनाना) (iv) सामान्यीकरण (प्राप्त अधिगम अनुभवों के आधार पर किसी सामान्य नियम या सिद्धांत) तथा (v) प्रयोग (सामान्यीकृत ज्ञान को उपयोगी बनाने हेतु उसका प्रयोग करने के प्रयत्न करना)।
7. इकाई या मौरीसन उपागम कें प्रतिपादक के रूप में शिकागो विश्वविद्यालय के प्रोफेसर एस०सी० मौरीसन का नाम लिया जाता है। इस उपागम के माध्यम से पाठ योजना का निर्माण करने हेतु एक शिक्षक को अपने विषय की विषयवस्तु को पहले तो अपेक्षाकृत कुछ बड़ी इकाइयों में विभक्त करना होता है और फिर इन बड़ी इकाइयों की दैनिक पाठ योजनाओं के निर्माण हेतु छोटी परंतु सार्थक इकाइयों तथा उप–इकाइयों में बाँटना होता है। अब एक इकाई अथवा उसकी कोई एक उप–इकाई के अनुदेशन हेतु उसके द्वारा जिन पाँच सोपानों का अनुसरण किया जाता है वे हैं (i) अन्वेषण (नवीन ज्ञान प्रदान करने हेतु आवश्यक तैयारी या प्रस्तावना) (ii) प्रस्तुतीकरण (नवीन अधिगम सामग्री को प्रस्तुत करना) (iii) आत्मीकरण (दिये जाने वाले नवीन ज्ञान को आत्मसात करने में सहायता करना) (iv) व्यवस्थापन (सीखे हुए ज्ञान को छात्रों द्वारा लिखित रूप में प्रस्तुत करना) तथा (v) आवृत्ति (अर्जित ज्ञान की छात्रों द्वारा मौखिक अभिव्यक्ति)।

8. मूल्यांकन उपागम या ब्लूम उपागम प्रसिद्ध शिक्षा प्रणाली बी०एस० ब्लूम के उन विचारों का प्रतिफल है जिसमें उन्होंने शिक्षण अधिगम प्रक्रिया के रूप में परिभाषित किया है। ये तत्त्व हैं शैक्षिक उद्देश्यों का निर्माण करना, फिर उनके आधार पर अधिगम अनुभव प्रदान करना तथा अंत में अधिगम परिणामों का मूल्यांकन करना। उन्होंने पाठ विशेष के शिक्षण–अधिगम हेतु पाठयोजना का निर्माण करने के शिक्षण अधिगम प्रक्रिया के इन तीन तत्त्वों को सामने रखा, वे हैं (i) विषयवस्तु या शिक्षण बिंदु (पढ़ायी जाने वाली विषयवस्तु का शिक्षण बिंदु के रूप में लिखना) (ii) उद्देश्य और उसका विशिष्टीकरण (अनुदेशनात्मक उद्देश्यों का स्पष्ट एवं संक्षिप्त व्यावहारिक शब्दावली में लेखन) (iii) अध्यापक क्रियाएं (अध्यापक द्वारा कक्षा शिक्षण के दौरान संपन्न सभी क्रियाएं) (iv) छात्र क्रियाएं (विद्यार्थियों द्वारा कक्षा अनुदेशन के दौरान संपन्न सभी क्रियाएं) (v) शिक्षण साधन (वांछित अधिगम अनुभव प्रदान करने संबंधी सभी शिक्षण साधनों का उल्लेख) तथा (vi) मूल्यांकन (अधिगम परिणामों की प्राप्ति के संदर्भ में सभी प्रयुक्त मूल्यांकन विधियों एवं तकनीकों का उल्लेख)।

9. आर०सी०ई०एम० उपागम क्षेत्रीय शिक्षा महाविद्यालय मैसूर द्वारा निर्मित किया गया है। शिक्षण या अनुदेशन प्रक्रिया में प्रणाली उपागम का उपयोग करते हुए इस उपागम में प्रणाली उपागम के तीनों आधारभूत तत्त्वों–अदा, प्रक्रिया और प्रदा को काम में लाने का प्रयत्न किया गया है। इन तीनों तत्त्वों को इस उपागम पर आधारित पाठ योजना में जिन तीन पदों के रूप में लिखा जाता है वे हैं (i) अपेक्षित व्यवहार परिणाम (इसमें विद्यार्थियों के पूर्व व्यवहार की जाँच तथा शैक्षिक उद्देश्यों के निर्धारण और इन्हें व्यवहारपरक शब्दावली में लिखने का कार्य किया जाता है। (ii) संप्रेषण व्यूह रचना (निर्धारित शिक्षण उद्देश्यों की प्राप्ति हेतु अध्यापक–छात्र क्रियाओं तथा शिक्षण अधिगम विधियों एवं साधनों का उल्लेख) तथा (iii) वास्तविक अधिगम परिणामों का मूल्यांकन (प्रदत्त अधिगम अनुभवों के संदर्भ में मूल्यांकन तकनीकों का उल्लेख)।

10. ए०एच०टी० ग्लोवर द्वारा प्रतिपादित ग्लोवरियन उपागम में पाठ योजना निर्माण हेतु जिन चार पदों का प्रयोग किया जाता है वे हैं प्रश्न पूछना, चर्चा या विचार गोष्ठी, अन्वेषण या खोजबीन तथा अभिव्यक्ति या विद्यार्थी क्रिया। शुरुआत अध्यापक द्वारा प्रश्न पूछने या विद्यार्थियों द्वारा अपनी जिज्ञासा तृप्ति के लिए प्रश्न पूछने से होती है। दूसरे सोपान में प्रस्तुत समस्या को लेकर चर्चा या विचार गोष्ठी का आयोजन होता है। तीसरे सोपान में चर्चा द्वारा निष्कर्षित विचारों को व्यक्तिगत या सामूहिक स्तर पर परखने के प्रयत्न किए जाते हैं और चौथे सोपान में पहले तीन सोपानों के कार्य के आधार पर जो उपलब्धि होती है उसके अनुप्रयोग एवं अभिव्यक्ति के अवसर दिए जाते हैं। इस उपागम की उपादेयता के बारे में सबसे अच्छी बात यह है कि यह हरबर्ट की पंचपद पद्धति की तुलना में काफी कुछ विद्यार्थी केंद्रित है अध्यापक तथा विषय केंद्रित नहीं।

11. पाठ योजना निर्माण से संबंधित सभी उपागम अपनी–अपनी तरह से विभिन्न गुण एवं दोषों से युक्त पाए जा सकते हैं। अतः एक उपयुक्त पाठ योजना के निर्माण हेतु इन सभी उपागमों की सारयुक्त अच्छी बातों को अपनाते हुए एक समन्वित प्रारूप (Eclectic approach) को काम में लाना काफी उपयोगी सिद्ध हो सकता है।

12. दैनिक पाठ योजना द्वारा निर्मित पाठ विषयवस्तु की शिक्षण की प्रकृति और उद्देश्यों को लेकर तीन प्रकार के हो सकते हैं–ज्ञानात्मक पाठ, कौशलात्मक पाठ तथा रसात्मक पाठ। ज्ञानात्मक पाठों की पाठ योजना निर्माण हेतु हम विभिन्न प्रकार के उपागमों जैसे हरबर्टियन उपागम, ब्लूम उपागम, इकाई उपागम, आर०सी०ई०एम० उपागम तथा ग्लोवरियन उपागम का उल्लेख कर सकते हैं। कौशलात्मक पाठ (जिनका

प्रमुख उद्देश्य विद्यार्थियों में विभिन्न प्रकार के कौशलों का विकास कर उनके क्रियात्मक व्यवहार में अपेक्षित परिवर्तन लाना होता है) के निर्माण का कार्य जिस चार सोपानों का अनुसरण कर पूरा किया जा सकता है वे हैं तैयारी, प्रस्तुतीकरण अभ्यास तथा अनुप्रयोग। पहले सोपान पर पाठ की प्रस्तावना तथा उद्देश्य कथन का कार्य किया जाता है। द्वितीय सोपान प्रस्तुतीकरण में अपने नाम के अनुरूप पाठ की विषयवस्तु या अनुभवों को प्रदान करने का कार्य होता है, तृतीय सोपान में अर्जित अनुभवों के अभ्यास की बात आती है तथा चौथे सोपान में इनको कौशल के रूप में उपयोग कराने का कार्य किया जाता है। रसात्मक पाठों का उद्देश्य विद्यार्थियों में अर्जित सौंदर्यात्मक अनुभूति तथा अभिव्यक्ति रसात्मक रसास्वादन तथा प्रशंसात्मक दृष्टिकोण की अभिवृद्धि करना है। ऐसे पाठों की पाठ योजना करने हेतु जिन चार सोपानों का अनुसरण होता है वे हैं, तैयारी, प्रस्तुतीकरण अनुभूति एवं रसास्वादन तथा अभ्यास एवं अनुप्रयोग। तैयारी तथा प्रस्तुतिकरण सोपानों की गतिविधियाँ पूर्व वर्णित कौशलात्मक पाठों की तरह ही होती हैं। तीसरे सोपान में जो कुछ प्रस्तुत किया जाता है उस विषयवस्तु तथा अनुभवों की अनुभूति एवं रसात्मक करने की बात आती है और चौथे सोपान में इस अनुभूति एवं रसास्वादन के आधार पर विद्यार्थियों की सौंदर्य बोध क्षमता तथा रसानुभूति योग्यता एवं प्रशंसात्मक दृष्टिकोण को विकसित करने का प्रयत्न किया जाता है।

संदर्भित एवं विशेष अध्ययन ग्रंथ (References and Suggested Readings)

Bloom, B.S., *All Our Children Learning*, New York: McGraw-Hill, 1981.

Butt, Graham, *Lesson Planning* (2nd ed.), London: Continuum International Publishing Group, 2006.

Good Carter V., *Dictionary of Education*, New York: McGraw-Hill, 1959.

Henak, Richard M., *Lesson Planning for Meaningful Variety in Teaching*, Washington: National Education Association, 1980.

Jalongo, Mary Renck, *Planning for Learning: Collaborative Approaches to Lesson Design and Review*, New York: Teachers College Press, Columbia University, 2007.

Jeffries, Derwinj, *Lesson Planning and Lesson Teaching*, Titusville: Home and School Press, 1966.

John, Peter D., *Lesson Planning for Teachers*, London/New York: Cassell Educational, 1993.

Morrison, H.C., *The Practice of Teaching in the Schools*, Chicago: University of Chicago Press, 1961.

Nerbovig, Marcella Hannah, *Unit Planning: A Model for Curriculum Development*, Worthwington, Ohio: C.A. Jones, Publishing Co., 1970.

Plains, White, *Lesson Planning (video recording)*, New York: Longman, 1992.

Quillen, I.J. and Lavone, Hanna, *Education for Social Competence*, Chicago: Scott, Foresman, 1961.

Richey, R.W., *Planning for Teaching*, New York: McGraw-Hill, 1952.

Serdyukov, Peter and Mark, Ryan, *Writing Effective Lesson Plans: The 5-Star Approach*, New York: Allyn & Bacon, 2007.

Skowron, Janice, *Powerful Lesson Planning: Every Teacher's Guide to Effective Instruction*, Thousand Oaks, California: Corwin Press, 2006.

Verma, K.K., *A First Course in Teacher Education: General Methods of Teaching*, Allahabad: The Indian Press Ltd., 1957.

अध्ययन के लिए प्रश्न (Study Questions)

1. वार्षिक योजना क्या है ? इसे कैसे निर्मित किया जाता है ?
2. इकाई योजना क्या है ? अपने विषय शिक्षण के संदर्भ में एक अध्यापक द्वारा इसका निर्माण कैसे किया जाता है ? उदाहरण सहित बताइए।
3. पाठ योजना या दैनिक पाठ योजना क्या है ? इकाई योजना से यह कैसे भिन्न है ? वर्णन कीजिए।
4. पाठ योजना से आपका क्या अभिप्राय है ? इसकी आवश्यकता एवं महत्त्व पर प्रकाश डालिए।
5. पाठ योजना क्या है ? पाठ योजना निर्माण से संबंधित प्रनियमों तथा सिद्धांतों की चर्चा कीजिए।
6. एक प्रभावपूर्ण पाठ योजना की मुख्य विशेषताओं या कसौटी पर प्रकाश डालिए।
7. वार्षिक योजना, इकाई योजना तथा दैनिक पाठ योजना पदों से आपका क्या अभिप्राय है ? उदाहरण सहित स्पष्ट कीजिए।
8. पाठ योजना निर्माण के कौन–कौन से विभिन्न उपागम हैं ? इनमें से किसी एक का विस्तार से उल्लेख कीजिए।
9. पाठ योजना निर्माण की हरबर्ट द्वारा प्रतिपादित प्रणाली की चर्चा करते हुए इसके गुण–दोषों की समीक्षा कीजिए।
10. हाई स्कूल पाठ्यक्रम से किसी एक प्रकरण पर हरबर्ट की पंचपदीय प्रणाली का उपयोग करते हुए एक आदर्श पाठ योजना प्रस्तुत कीजिए।
11. उचित उदाहरण द्वारा यह बताइए कि आर०सी०ई०एम० उपागम को पाठ योजना निर्माण हेतु कैसे काम में लाया जा सकता है।
12. पाठ योजना निर्माण के ग्लोबरियन उपागम की इसकी प्रक्रिया सहित चर्चा कीजिए।
13. कौशलात्मक पाठ क्या होते हैं ? इनकी पाठ योजना के निर्माण संबंधी सोपानों की चर्चा करते हुए इनकी उपयोगिता पर प्रकाश डालिए।
14. रसात्मक पाठ क्या होते हैं ? इनके शिक्षण हेतु पाठ योजना निर्मित करने संबंधी सोपानों पर प्रकाश डालते हुए इनकी उपयोगिता की चर्चा कीजिए।

27

टोली शिक्षण
(Team Teaching)

अध्याय रूपरेखा (Chapter Outline)

- विषय प्रवेश (Introduction)
- टोली शिक्षण का उद्‌भव और विकास (Origin and Growth of Team Teaching)
- अर्थ एवं परिभाषा (Meaning and Definition)
- टोली शिक्षण के उद्देश्य (Objectives of Team Teaching)
- टोली शिक्षण के निर्देशक सिद्धांत (Guiding Principles of Team Teaching)
- टोली शिक्षण के प्रकार (Types of Team Teaching)
- टोली शिक्षण का संगठन, कार्यविधि एवं सोपान (Organisation, Procedure and Steps for Team Teaching)
- टोली शिक्षण के लाभ (Advantages of Team Teaching)
- टोली शिक्षण के दोष एवं सीमाएं (Drawbacks and Limitations of Team Teaching)
- सार-संक्षेप (Summary)
- संदर्भित एवं विशेष अध्ययन ग्रंथ (References and Suggested Readings)
- अध्ययन के लिए प्रश्न (Study Questions)

विषय प्रवेश
(Introduction)

टोली शिक्षण या दल शिक्षण जैसा कि नाम से विदित होता है ऐसा शिक्षण है जिसे किसी अकेले एक अध्यापक द्वारा नहीं किया जाता बल्कि जिसे एक टोली या दल में शामिल सब व्यक्तियों द्वारा मिल जुलकर किया जाता है। टोली यानी समूह में एक से अधिक व्यक्तियों का होना आवश्यक होता है तभी उसे टोली का नाम दिया जा सकता है। इस दृष्टि से टोली शिक्षण, शिक्षण का वह रूप है जिसमें दो या दो से अधिक अध्यापक मिलकर इस प्रकार पढ़ाने का प्रयत्न करते हैं जिससे शिक्षण के निर्धारित उद्देश्यों को सुगमतापूर्वक ठीक प्रकार प्राप्त किया जा सके। पढ़ाने वाली इस टीम में सुविधानुसार अध्यापकों के अतिरिक्त अन्य उपयोगी व्यक्तियों जैसे लिपिक,

पुस्तकालय तथा प्रयोगशाला सहायक तथा किसी विषय विशेषज्ञ आदि को भी शामिल किया जा सकता है। पूरी टीम का हर अवस्था में उद्देश्य यही होता है कि मिलजुल कर सर्वोत्तम शिक्षण प्रदान किया जाए।

टोली शिक्षण का उद्‍भव और विकास (Origin and Growth of Team Teaching)

टोली शिक्षण की शुरुआत किस व्यक्ति और देश द्वारा की गई यह बात निश्चित रूप से कह पाना संभव नहीं है। हाँ यह अवश्य कहा जा सकता है कि 1950 तक इस प्रकार की धारणा अच्छी तरह प्रकाश में आ चुकी थी। ऐतिहासिक परिप्रेक्ष्य में यह बात काफी महत्त्वपूर्ण है कि अमेरिका के हावर्ड विश्वविद्यालय ने सर्वप्रथम एक योजना जिसे इंटरनशिप प्लान (Internship plan) का नाम दिया गया 1955 में लागू की। इस योजना के अंतर्गत पांच छात्र अध्यापकों को एक टीम के रूप में मिलकर एक अनुभवी एवं प्रशिक्षित अध्यापक के नेतृत्व में किसी एक कक्षा को पढ़ाना होता था। हावर्ड विश्वविद्यालय के पदचिन्हों पर चलते हुए एक दूसरी योजना जिसे लेजिंगटन योजना के नाम से जाना जाता है इसी देश के लेजिंगटन (Lexington) विश्वविद्यालय में (1957–64) की अवधि में लागू हुई। वहाँ से यह संप्रत्यय शिकागो विश्वविद्यालय पहुँचा। यहाँ फ्रांसिस चेज (Francis Chase) ने टीम शिक्षण के रूप में एक ऐसी शिक्षण व्यवस्था विकसित करने का प्रयत्न किया जिसमें सर्वोत्तम अध्यापकों का सर्वोत्तम ढंग से उपयोग किया जा सकता हो। अमेरिका में ही टीम शिक्षण के क्षेत्र में एक और प्रसिद्ध नाम जे. लियाड ट्रम्प (J. Leyod Trump) का है जो माध्यमिक विद्यालयों के स्टाफ का अच्छी तरह उपयोग कैसे हो इससे संबंधित अनुसंधान आयोग के डाइरेक्टर थे। अपने अनुसंधान प्रयत्नों के द्वारा इन्होंने टीम शिक्षण संप्रत्यय के विकास और क्रियान्वयन में महत्त्वपूर्ण योगदान दिया। यहाँ तक कि फिर यह संप्रत्यय इतना अधिक लोकप्रिय हो गया कि इसका प्रचलन मात्र अध्यापक प्रशिक्षण या छात्र छात्राओं को पढ़ाने हेतु ही नहीं बल्कि सैन्य प्रशिक्षण में भी किया जाने लगा।

अमेरिका से यह संप्रत्यय इंग्लैंड पहुंचा। 1965 तक इसने वहाँ के विद्यालयों और महाविद्यालयों में प्रवेश पा लिया था। 1970 के आखिरी चरण में इस क्षेत्र में एक ब्रिटिश शिक्षा शास्त्री जोसोफ लेकास्टर का नाम काफी प्रसिद्ध हुआ जिन्होंने टोली शिक्षण के एक रूप मोनीटोरियल प्रणाली (Monitorial system) को विकसित किया। इस प्रणाली में अपने विषय में पारंगत एक अध्यापक कक्षा के कुछ चुने हुए होशियार विद्यार्थियों को पहले अच्छी तरह संबंधित विषय को पढ़ाकर उचित प्रशिक्षण दे देता था और फिर इन प्रशिक्षित पढ़े हुए विद्यार्थियों को एक टीम के रूप में कक्षा के बाकी के बचे हुए विद्यार्थियों को पढ़ाने के काम में लाया जाता था।

इस प्रकार प्रगति करता हुआ टीम शिक्षण का यह संप्रत्यय सत्तर के दशक तक पश्चिमी दुनिया के लगभग सभी देशों में छा चुका था। हाँ, भारत तक की इसकी यात्रा काफी धीमी रही है। आज 21वीं सदी की सरगर्मी में भी शिक्षा के क्षेत्र में हमारे यहाँ इसकी सैद्धांतिक रूप में ही चर्चा हो रही है और इस रूप में भी बहुत ही कम शिक्षक प्रशिक्षण महाविद्यालय और विश्वविद्यालय हैं जिनमें पढ़ने वाले छात्र अध्यापकों को इसके बारे में ज्ञान हो।

अर्थ एवं परिभाषा (Meaning and Definition)

टोली शिक्षण पद को विभिन्न विद्वानों ने विभिन्न प्रकार से परिभाषित करने के प्रयत्न किए हैं। आइए इनमें से कुछ परिभाषाओं के विषय में विचार किया जाए।

1. सिंगर (1964)—टोली शिक्षण एक ऐसी व्यवस्था है जिसमें दो या दो से अधिक अध्यापक सहयोगपूर्ण ढंग से एक उचित और आपस में तय किए हुए शिक्षण कार्यक्रम के तहत एक निश्चित समय तक एक या एक से अधिक कक्षाओं के शिक्षण के संबंध में आवश्यक तैयारी, शिक्षण और मूल्यांकन कार्य इस दृष्टि से करते हैं कि टोली के सभी सदस्यों की विशिष्ट क्षमताओं का पूरा–पूरा लाभ उठाया जा सके।

("Team teaching may be defined as an arrangement whereby two or more teachers cooperatively plan, teach and evaluate one or more class groups in an appropriate and agreed upon teaching plan and in given length time so as to take advantage of specific competencies of the team members." Singer, 1960.)

2. कार्लो ऑलसन—टोली शिक्षण एक ऐसी अनुशासनात्मक स्थिति है जिसमें एक दूसरे के पूरक विभिन्न शिक्षण कौशलों में दक्ष दो या दो से अधिक अध्यापक किसी विशेष अनुदेशनात्मक कार्य को छात्रों के किसी एक समूह के लिए समय और विद्यार्थियों की संख्या में पर्याप्त लचीलापन रखते हुए सहयोगपूर्ण ढंग से योजना बनाकर पूरा करते हैं।

(Team teaching may be defined as "an instructional situation where two or more teachers possessing complimentary teaching skills cooperatively plan and implement the instruction for a single group of students using flexible scheduling and grouping technique to meet the particular instruction." Quoted by Chauhan, 1979, p. 114)

3. जे.टी. शेपलिन (1964)—टोली शिक्षण अध्यापकों और उन्हें सौंपे गए विद्यार्थियों को शामिल करने वाली वह अनुदेशन व्यवस्था है जिसमें दो या दो से अधिक अध्यापकों को विद्यार्थियों के किसी एक समूह को संपूर्ण अनुदेशन या उसके किसी विशेष भाग को मिलजुल कर प्रदान करने का उत्तरदायित्व सौंपा जाता है।

("Team teaching has been defined as a type of instructional organisation involving teaching personnel and the students assigned to them in which two or more teachers are given responsibility of working together, for all or a significant part of the instruction of the same group of students." Quoted by Chauhan, 1979, p. 168)

4. डेविड वारविक (1971)—टोली शिक्षण इस प्रकार की व्यवस्था है जिसमें कई अध्यापक अपने विद्यार्थियों की आवश्यकताओं तथा विद्यालय में उपलब्ध सुविधाओं के अनुरूप एक उचित कार्य योजना बनाने तथा उसे क्रियान्वित करने के लिए संसाधनों, रुचियों तथा दक्षताओं को इकट्ठा करने का निर्णय लेते हैं।

(Team teaching represents "a form of organisation in which individual teachers decide to resources, interests and expertise in order to devise and implement a scheme of work suitable to the needs of their students and the facilities of the institution." David Warwick, 1971).

5. एस. जी. कल्हान (1971)—टोली शिक्षण एक ऐसी शिक्षण–अधिगम प्रक्रिया है जिसमें दो या दो से अधिक शिक्षक आपस में सहयोग करते हुए विद्यार्थियों के एक समूह विशेष के शिक्षण हेतु एक कार्यक्रम तय करते हैं, उसे अपनाते हैं तथा फिर उससे प्राप्त परिणामों का मूल्यांकन करते हैं।

("Team teaching is that teaching learning process where two or more teachers cooperatively formulate a plan, carry it out, evaluate its effectiveness as it relates to a specific group of students." Quoted by Rao, 1991, p. 168.)

6. लाफॉसी एवं रिचर (1970)—टोली शिक्षण एक ऐसी संगठनात्मक युक्ति है जो विभिन्न व्यक्तियों को समान शैक्षिक उद्देश्यों की प्राप्ति हेतु कुछ सार्थक अनुदेशनात्मक क्रियाओं में एकजुट होकर प्रयास करने में समर्थ बनाती है। इस संप्रत्यय में यह विश्वास निहित है कि उद्देश्यों की सर्वोत्तम प्राप्ति बिखरे हुए व्यक्तिगत प्रयासों की तुलना में एकजुट होकर किए गए प्रयासों के द्वारा अच्छी तरह की जा सकती है।

("Team teaching is an organisational device which makes a number of individuals cooperatively engaged in some relevant instructional activities for achieving the common educational objectives. This concept carries the belief that objectives are best achieved through organised cooperative efforts in comparison to unrelated individual efforts."—La Fauci & Richer, 1970.)

7. हरिद्वार (1986)—टोली या समूह शिक्षण, शिक्षण संरचना का वह व्यवस्थित स्वरूप है जिसमें दो या दो से अधिक शिक्षक एक दूसरे को सहयोग देते हुए शिक्षार्थियों के समूह को किसी विषय विशेष का शिक्षण प्रदान करते हैं।

("Team teaching is that organised form of the teaching structure in which two or more teachers cooperatively teach a particular subject or topic to a group of students."—Haridwar, 1986, p. 67.)

उपरोक्त परिभाषाओं के विश्लेषण के आधार पर टोली शिक्षण की कुछ निम्न विशेषताओं का पता चल सकता है।

1. टोली शिक्षण कोई शिक्षण की विधि नहीं है बल्कि शिक्षण के संगठन या व्यवस्थापन की एक युक्ति है जिसके द्वारा कई लोगों द्वारा सहयोग पूर्ण ढंग से किए जाने वाले शिक्षण कार्य को योजनाबद्ध तरीके से क्रियान्वित करने का उत्तरदायित्व निभाया जाता है।
2. टोली शिक्षण एक ऐसी व्यवस्था या शिक्षण–अधिगम परिस्थिति का प्रतिनिधित्व करता है जिसमें दो या दो से अधिक शिक्षक अपेक्षित शिक्षण–अधिगम उद्देश्यों की प्राप्ति के लिए आपसी सहयोग का हाथ बढ़ाते हैं।
3. टोली शिक्षण, टोली के द्वारा किया जाता है। इस टोली के सदस्य केवल अध्यापक ही हों यह बात नहीं। अन्य काम के व्यक्ति जैसे प्रयोगशाला सहायक, पुस्तकालय सहायक, लिपिक, विषय विशेषज्ञ, अनुसंधान कर्त्ता आदि को भी शिक्षण कार्य में सहायता के लिए टीम में शामिल करना उपयुक्त रहता है।
4. टोली शिक्षण सहकारिता तथा सामूहिक उत्तरदायित्व के सिद्धांतों पर आधारित है।
5. टोली शिक्षण को सहकारिता–शिक्षण (Cooperative teaching) का नाम इसलिए दिया जाता है क्योंकि इसमें टोली के सभी सदस्य अपनी मर्जी से परस्पर सहयोग करते हुए शिक्षण करते हैं। कोई भी सदस्य अपने को एक दूसरे से श्रेष्ठ सिद्ध करने का प्रयत्न नहीं करता बल्कि समान उद्देश्यों की प्राप्ति के लिए एक दूसरे की कमी को पूरा करते हुए परस्पर सहयोग करके सामूहिक उत्तरदायित्व निभाने में ही रत रहता है।
6. टोली के रूप में सामूहिक उत्तरदायित्व निभाते हुए प्रत्येक शिक्षक तथा टीम का कोई भी सदस्य उसमें जिस प्रकार की योग्यता होती है उसके अनुरूप अधिक से अधिक अपना योगदान देने का प्रयत्न करता है।
7. किसी विषय तथा प्रकरण को पढ़ाते हुए टीम के सदस्यों के रूप में हर शिक्षक को यह मौका दिया जाता है कि वे अपनी रुचि और दक्षता विशेष को ध्यान में रखते हुए अधिक से अधिक अच्छी तरह अपना योगदान दें। वे वही पढ़ाएं जिसमें उनका सर्वोत्तम प्रदर्शन हो।
8. टीम शिक्षण के माध्यम से विद्यार्थियों को टीम में शामिल अध्यापकों तथा अन्य सदस्यों की विशेष योग्यता और दक्षता का सही समय पर पूरा–पूरा लाभ उठाने का अवसर मिलता है।
9. टीम शिक्षण में समय और समूह में विद्यार्थियों की संख्या आदि बातों में काफी लचीलापन का प्रावधान रहता है। जैसी शिक्षण परिस्थिति हो उसी के हिसाब से टोली के किसी सदस्य को कम या अधिक समय

शिक्षण के लिए प्रदान कर दिया जाता है तथा बालकों को भी बड़े, छोटे समूहों या व्यक्तिगत अध्ययन के लिए अलग–अलग कर दिया जाता है।

10. टीम शिक्षण में यह आवश्यक होता है कि टीम का प्रत्येक सदस्य शिक्षण प्रक्रिया को अधिक से अधिक सफल बनाने के उद्देश्य को लेकर अपनी पूरी शक्ति लगा दे।
11. टीम शिक्षण में सभी सदस्य मिलजुल कर शिक्षण करते हैं। एक के द्वारा किया गया कार्य सभी के सामने होता है अतः प्रत्येक सदस्य इस बात की पूरी सावधानी रखने का प्रयत्न करता है कि उसका कार्य बेहतर हो। परिणामस्वरूप अपने ज्ञान और दक्षता के बढ़ाने की लगन और अभिप्रेरणा टीम शिक्षण में आम कक्षा शिक्षण की तुलना में कुछ अधिक ही मिलती है।
12. टीम शिक्षण में हर सदस्य को पूरी सुविधा एवं स्वतंत्रता होती है कि वह अपनी रुचि और योग्यताओं के हिसाब से टोली शिक्षण में योगदान तथा भूमिका का चयन कर सके।
13. टीम शिक्षण के द्वारा उपलब्ध मानवीय एवं भौतिक संसाधनों का विद्यार्थी तथा विद्यालय के हित में सही समय पर भरपूर उपयोग करने में सहायता मिलती है।
14. टीम शिक्षण में सामूहिक उत्तरदायित्व निभाते हुए प्रत्येक अध्यापक छात्रों की रुचि तथा आवश्यकताओं का पूरा ध्यान रखता है।
15. विद्यार्थियों को पढ़ाने और आगे ले जाने का उत्तरदायित्व सभी का है किसी एक का नहीं इस बात का ध्यान टोली के प्रत्येक सदस्य द्वारा रखा जाता है।

उपरोक्त सभी विशेषताओं को अगर ध्यान में रखकर सोचा जाए तो टोली शिक्षण को शिक्षण अधिगम प्रक्रिया और उसके परिणामों में अपेक्षित सुधार लाने हेतु एक ऐसा नवाचार (Innovation) माना जा सकता है जिसमें अध्यापक और अन्य सहयोगी व्यक्ति एक टोली के रूप में मिलजुल कर विद्यार्थियों के किसी समूह को इस प्रकार शिक्षा देते हैं जिससे सभी उपलब्ध संसाधनों का उस समय विशेष परिस्थितियों के अनुसार सर्वोत्तम उपयोग हो सके।

टोली शिक्षण के उद्देश्य (Objectives of Team Teaching)

टोली शिक्षण प्रायः निम्न उद्देश्यों को ध्यान में रखकर किया जाता है।

1. उपलब्ध संसाधनों का सर्वोत्तम उपयोग करते हुए शिक्षण स्तर में सुधार करना।
2. शिक्षक वर्ग में सहयोग एवं सामूहिक उत्तरदायित्व की भावना विकसित करना।
3. शिक्षकों की रुचियों, योग्यताओं एवं क्षमताओं का अधिक से अधिक लाभ उठाना।
4. शिक्षण अधिगम प्रक्रिया के आयोजन में समय और विद्यार्थियों की संख्या में पर्याप्त लचीलापन लाकर उसे अधिक प्रभावशाली बनाना।
5. विशेष रूप से योग्य, अनुभवी तथा अपने विषय के पंडित कहे जाने वाले शिक्षकों की सेवाओं से अधिक विद्यार्थियों को लाभान्वित करना।
6. विद्यार्थियों और विद्यालय की आवश्यकताओं के अनुरूप शिक्षण की व्यवस्था करना और किन्हीं विशेष विषयों के प्रकरणों की शिक्षण संबंधी कठिनाइयों को दूर करना।
7. शिक्षण प्रक्रिया में होने वाली गलतियों, पाई जाने वाली कमियों तथा अपव्यय पर रोक लगाना।

टोली शिक्षण के निर्देशक सिद्धांत (Guiding Principles of Team Teaching)

टोली शिक्षण का आयोजन कुछ मूल सिद्धांतों को ध्यान में रखकर किया जाता है। ये निर्देशक सिद्धांत निम्न हैं–

1. **संसाधन जुटाने का सिद्धांत (Principle of pooling the resources)**—टोली शिक्षण में सर्वोत्तम शिक्षण प्रदान करने के लिए इस बात का ध्यान रखा जाता है कि शिक्षण हेतु अधिक से अधिक संसाधन जुटाए जाएं और इनका सर्वोत्तम उपयोग किया जाए।
2. **सामूहिक उत्तरदायित्व एवं सहयोग का सिद्धांत (Principle of joint responsibility and cooperation)**—टोली शिक्षण की यह मांग रहती है कि टोली का प्रत्येक सदस्य सामूहिक उत्तरदायित्व की भावना से प्रेरित होकर सहयोगपूर्ण ढंग से अपना योगदान दे।
3. **विद्यार्थियों की आवश्यकताओं की पूर्ति का सिद्धांत (Principle of attending the needs of the students)**—टोली शिक्षण की व्यवस्था और आयोजन इस बात को ध्यान में रखकर किया जाता है कि शिक्षण देते समय उपलब्ध साधनों का उपयोग इस तरह किया जाए कि विद्यार्थियों की रुचियों, योग्यताओं तथा आवश्यकताओं की अधिक से अधिक अच्छी तरह से पूर्ति हो सके।
4. **समय तथा विद्यार्थियों की संख्या में लचीलेपन का सिद्धांत (Principle of flexibility in terms of scheduling and grouping)**—टोली शिक्षण के सफल आयोजन के लिए यह आवश्यक होता है कि कक्षा में विद्यार्थियों की संख्या और शिक्षण अवधि को लेकर काफी लचीलापन रहे ताकि जैसी आवश्यकता हो उसके अनुरूप कक्षा में विद्यार्थियों की संख्या घटाई–बढ़ाई जा सके तथा जिस शिक्षण परिस्थिति में जिस बात पर कम या अधिक जोर देने की व्यवस्था हो उस विषय या क्रिया को कराने वाले अध्यापकों को कम या अधिक समय दिया जा सके।
5. **टोली के सदस्यों के उचित चयन का सिद्धांत (Principle of appropriate selection of the team members)**—टोली शिक्षण सामूहिक उत्तरदायित्व एवं सहयोग पर आधारित शिक्षण होता है। एक अयोग्य अथवा जिम्मेदारी को न समझने वाला सदस्य सारी टोली के शिक्षण को बेकार कर सकता है। अतः टोली में इस बात का विशेष ध्यान रखा जाता है कि टोली के सदस्यों का चुनाव उनकी विशेष रुचियों, योग्यताओं तथा दक्षताओं को ध्यान में रखते हुए भलीभाँति किया जाए।
6. **उत्तरदायित्व संबंधी स्वेच्छा तथा उचित विभाजन का सिद्धांत (Principle of willingness and appropriate distribution of duties)**—टोली शिक्षण की सफलता इस बात पर निर्भर करती है कि सामाजिक उत्तरदायित्व निभाने हेतु उनमें उत्तरदायित्व का विभाजन उचित प्रकार से हो। यह अच्छी तरह तभी हो सकता है जब टोली का प्रत्येक सदस्य अपनी योग्यता और शैक्षिक परिस्थिति की मांग को देखते हुए स्वेच्छा से उत्तरदायित्व वहन करने के लिए आगे आए।
7. **शिक्षण अधिगम के लिए उचित वातावरण का सिद्धांत (Principle of appropriate teaching learning environment)**—टोली शिक्षण को सफल बनाने हेतु शिक्षण अधिगम संबंधी वातावरण का समुचित होना भी आवश्यक होता है। अतः टोली के नेता तथा सदस्यों को पूरी तरह यह सुनिश्चित कर लेना चाहिए कि समुचित वातावरण संबंधी आवश्यक बात जैसे विद्यार्थियों की सीखने के लिए तत्परता, सदस्यों की शिक्षण कार्य हेतु तैयारी, शिक्षण साधनों तथा सहायक सामग्री की व्यवस्था, शांत और निर्विघ्न वातावरण आदि विद्यमान हैं या नहीं।

8. **समुचित पर्यवेक्षण एवं मूल्यांकन का सिद्धांत (Principle of appropriate supervision and evaluation)**—टोली शिक्षण संबंधी गतिविधियाँ समुचित देखभाल, पर्यवेक्षण एवं मूल्यांकन चाहती हैं। जो कुछ भी शिक्षण सदस्यों द्वारा किया जा रहा है, कैसे और किस रूप में किया जा रहा है, विद्यार्थी कितना लाभ उठा पा रहे हैं, उनके द्वारा अभ्यास, क्रियात्मक एवं गृहकार्य आदि किस प्रकार किए जा रहे हैं आदि सभी बातों के उचित पर्यवेक्षण और शिक्षण परिणामों के मूल्यांकन करते रहने से ही टोली शिक्षण को उचित दिशा मिलती रहती है।

टोली शिक्षण के प्रकार (Types of Team Teaching)

टोली शिक्षण विभिन्न रूपों में आयोजित किया जा सकता है। इस दृष्टि से इसके आयोजन के कुछ प्रकार निम्न हो सकते हैं।

1. **विभागीय टोली शिक्षण (Single Disciplinary Team Teaching)**—इस प्रकार के टोली शिक्षण में जो अध्यापक तथा अन्य सहयोगी लोग सदस्यों के रूप में शामिल किए जाते हैं वे एक ही विद्यालय तथा एक ही विभाग या विषय से संबंधित होते हैं। उदाहरण के लिए एक माध्यमिक या उच्चतर माध्यमिक विद्यालय में गणित पढ़ाने वाले अध्यापक एक टोली का निर्माण कर लें तथा फिर किसी भी एक विशेष कक्षा को सामूहिक रूप में पढ़ाने का प्रयत्न करें। अपनी–अपनी योग्यता, दक्षता और रुचि के हिसाब से उनमें कोई अंकगणित, कोई बीजगणित, रेखागणित, संबंधी बातों का शिक्षण दे तो कोई प्रयोगिक कार्य, अभ्यास कार्य आदि में हाथ बंटाएं। इस प्रकार का शिक्षण एक ही विषय तथा विभाग के अध्यापकों एवं व्यक्तियों द्वारा किए जाने के कारण विभागीय टोली शिक्षण कहलाता है।
2. **अंतः अनुशासन टोली शिक्षण (Interdisciplinary Team Teaching)**—इस प्रकार के टोली शिक्षण में टोली के सदस्यों के रूप में एक ही संस्था में काम कर रहे परंतु विभिन्न विभागों या विषयों से संबंधित अध्यापकों या व्यक्तियों को शामिल किया जाता है। इस प्रकार के शिक्षण में विभिन्न विषयों को पढ़ाने वाले अनुभवी एवं दक्ष अध्यापक टोली शिक्षण के दौरान अपने–अपने विषय संबंधी ज्ञान को अच्छी तरह छात्रों के सामने प्रस्तुत करने का प्रयत्न करते रहते हैं और इस तरह इस प्रकार का टोली शिक्षण अंतः अनुशासनात्मक (Interdisciplinary) विषयों या प्रकरणों के शिक्षण के लिए काफी उपयुक्त सिद्ध होता है। उदाहरण के लिए अगर किसी आधारभूत पाठ्यक्रम (Foundation course) जिसमें अर्थशास्त्र, भूगोल, नागरिक शास्त्र, इतिहास आदि से विषय सामग्री ली गई हो तो ऐसे पाठ्यक्रम के शिक्षण के लिए विद्यालय में कार्यरत इन विषयों के अध्यापकों की एक टोली बनाकर अपेक्षित शिक्षण कार्य किया जा सकता है।
3. **अंतः विद्यालय टोली शिक्षण (Interinstitutional Team Teaching)**—इस प्रकार के टोली शिक्षण में सदस्य शामिल किए जाते हैं उनका एक ही विद्यालय से संबंधित होना अनिवार्य नहीं है परंतु वे निश्चित रूप से एक ही विभाग या विषय से अवश्य संबंधित होने चाहिए। इस प्रकार टोली शिक्षण की यह व्यवस्था विभिन्न विद्यालयों या संस्थाओं में कार्यरत अध्यापकों के बीच सहयोग का हाथ बढ़ाने के लिए रास्ता बनाती है। किसी विद्यालय में कोई अध्यापक किसी विशेष योग्यता या कुशलता में दक्ष होता है तो दूसरे क्षेत्रों में अन्य विद्यालयों के अध्यापक आगे निकले होते हैं। इसी तरह किसी सैद्धांतिक एवं प्रयोगात्मक ज्ञान का विशेषज्ञ किसी महाविद्यालय, विश्वविद्यालय या अन्य किसी प्रतिष्ठान में काम करता

हुआ मिल सकता है। अगर इन सभी विषय पारंगत एवं विशेषज्ञों की एक शिक्षण टोली बना दी जाए तो विद्यार्थियों को विषय को जानने, समझने में बहुत सहायता मिल सकती है। इसी उद्देश्य को टोली शिक्षण के इस तृतीय रूप द्वारा पूरा किया जाता है जिसमें एक ही विषय को अच्छी तरह जानने वाले विभिन्न व्यक्तियों की चाहे वे किन्हीं संस्थाओं में कार्य कर रहे होते हैं एक टोली बनाकर शिक्षण कार्य किया जाता है।

टोली शिक्षण का संगठन, कार्यविधि एवं सोपान (Organisation, Procedure and Steps for Team Teaching)

टोली शिक्षण का संगठन करने हेतु टोली के सदस्य तथा उसका नेतृत्व करने वाले नेता की आवश्यकता होती है। टोली शिक्षण जिस रूप में कराया जाना है उसी के हिसाब से सदस्यों का चयन होता है। टोली का नायक इस प्रक्रिया में काफी महत्त्वपूर्ण भूमिका निभाता है। शिक्षण अधिगम परिस्थिति के अनुरूप ही वह यह निर्णय लेता है कि टोली शिक्षण का क्या रूप ठीक रहेगा तथा उसे अपनाने के लिए उसे अपेक्षित मानवीय एवं भौतिक संसाधन जुटाने के लिए क्या करना होगा आदि–आदि। अध्यापकों के अतिरिक्त उसे किस प्रकार के अन्य विशेषज्ञ एवं सहायकों की सेवा लेनी होगी और उन्हें टोली शिक्षण में किस समय किस प्रकार की भूमिका देनी होगी। इन सब बातों को सोचकर ही टोली का प्रत्येक सदस्य परस्पर सहयोग करते हुए अपना–अपना भरपूर योगदान देने का प्रयत्न करता है। सामान्यतया जो कार्यविधि इस हेतु अपनाई जाती है उसे तीन सोपानों या चरणों में विभक्त किया जा सकता है, वे हैं (A) टोली शिक्षण की योजना (B) योजना को क्रियान्वित करना तथा (C) टोली शिक्षण का मूल्यांकन। आइए टोली शिक्षण के इन सोपानों के अंतर्गत टोली शिक्षण की व्यवस्था और संगठन का अध्ययन किया जाए।

(A) टोली शिक्षण का नियोजन (Planning of Team Teaching)

इस प्रथम स्तर पर टोली शिक्षण के लिए योजना तैयार की जाती है जिसके लिए निम्न गतिविधियां प्रायः की जाती हैं।

1. पढ़ाए जाने वाले विषय तथा प्रकरण के बारे में निर्णय लेना।
2. उद्देश्यों का प्रतिपादन करना और इन्हें व्यावहारिक शब्दावली में लिखना।
3. विद्यार्थियों के प्रारंभिक व्यवहारों (Entry behaviour) से अवगत होना।
4. उपलब्ध मानवीय एवं भौतिक संसाधनों से अवगत होना।
5. टोली शिक्षण हेतु नायक सहित टोली के सदस्यों का चयन।
6. शिक्षण अवधि, शिक्षण समूह में विद्यार्थियों की संख्या, अनुदेशन स्तर, शिक्षण विधि एवं युक्तियों आदि के प्रयोग के संबंध में निर्णय लेना।
7. टोली के सदस्यों को उनकी रुचि, योग्यता एवं दक्षता के अनुरूप शिक्षण कार्य का विभाजन करना।
8. अधिगम परिणामों के मूल्यांकन हेतु अपनाए जाने वाले तरीकों के बारे में निर्णन लेना।

(B) योजना का क्रियान्वयन (Execution of the Planning)

इस द्वितीय स्तर पर प्रथम स्तर पर जो योजना बनाई जाती है उसे कार्य में परिणित करने के प्रयत्न किए जाते हैं। टीम के सदस्यों द्वारा जो शिक्षण कार्य किया जाता है उसे अपने वास्तविक क्रियात्मक रूप में करने का यही अवसर होता है। यह शिक्षण कार्य तीन सत्रों में संपन्न किया जाता है।

वृहत समूह या आम सभा सत्र (Large Group or General Assembly Session)—टोली शिक्षण में शिक्षण की शुरुआत विद्यार्थियों के पूरे बड़े समूह को लेकर होती है। बड़े समूह में अधिक विद्यार्थियों को टोली शिक्षण का लाभ पहुंचाया जा सकता है तथा प्रबंध और साधनों के व्यय की दृष्टि से इसमें फायदा रहता है। विद्यालय की एक कक्षा की सभी श्रेणियों (Sections) को इकट्ठा कर ऐसा बड़ा समूह प्राप्त किया जा सकता है। इस बड़े समूह को सबसे पहले टोली के नायक के नेतृत्व में सबसे अधिक योग्य और सक्षम अध्यापक द्वारा पढ़ाया जाता है। शेष सभी अध्यापक एवं सदस्य उसे शिक्षण के विभिन्न कार्यों में तरह–तरह से सहायता करते हैं। उदाहरण के लिए एक अध्यापक कक्षा में पढ़ाई जा रही विषयवस्तु में अपनी ओर से कुछ अतिरिक्त बातें जोड़ने का प्रयत्न कर सकता है, दूसरे सदस्य मानचित्र दिखाने, श्यामपट पर मुख्य बातें लिखते रहने, कोई उदाहरण देने, प्रयोग दिखाने और किसी अन्य ढंग से पढ़ाई जा रही बातों को अधिक रोचक बनाने तथा स्पष्ट करने का प्रयत्न कर सकते हैं। पर यह सब कुछ किया इस तरह जाता है कि शिक्षण की गति प्रवाह और उद्देश्यों की प्राप्ति में कोई बाधा न आए और विद्यार्थियों को टीम शिक्षण के द्वारा अधिक से अधिक लाभ पहुंचे। पढ़ाने वाला अध्यापक पढ़ाने के लिए पूरी तरह स्वतंत्र रहे और उसे अपने कार्य में सभी लोग आवश्यकतानुसार सहयोग देते रहें यही इस सत्र के शिक्षण का मूल सूत्र होता है। परिणामस्वरूप अनुशासन बनाए रखना, शिक्षण अधिगम परिस्थितियों पर नियंत्रण रखना, विद्यार्थियों द्वारा पूछे जाने वाले तरह–तरह के प्रश्नों और शंकाओं का समाधान करना आदि कार्यों में भी टोली के साथी अध्यापकों द्वारा यहाँ सक्रिय योगदान दिया जाता है और इस तरह एक काफी बड़े समूह को भी उचित शिक्षण प्रदान करने का कार्य इस सत्र में अच्छी तरह किया जा सकता है।

लघु समूह या विशिष्ट सभा सत्र (Small Group or Small Assembly Session)—आम सभा सत्र के बाद छात्रों के बड़े समूह को छोटी–छोटी टोलियों में विभाजित कर दिया जाता है। इन छोटे समूहों को अलग–अलग शिक्षकों को सौंप दिया जाता है। अपने–अपने समूहों में अध्यापकों द्वारा अब विशेष ध्यान देने का प्रयत्न किया जाता है। जो कुछ उन्होंने आम सभा सत्र के समय सब छात्रों के साथ सामूहिक रूप से पढ़ा या उस पर विशेष आवश्यक चर्चा इसी सत्र में की जाती है। समूह में यहाँ विद्यार्थी कम होते हैं अतः प्रश्न पूछने, शंका समाधान करने, पढ़ाई गई बातों की कमी को पूरा करने, प्रयोग करने, कठिनाइयों को सुलझाने आदि का अवसर यहाँ छात्रों को अधिक अच्छी तरह से प्राप्त हो जाता है तथा दूसरी ओर अध्यापकों को भी छोटे–छोटे समूहों में विद्यार्थियों की समस्याओं को हल करने तथा पहले पढ़ाई गई विषयवस्तु को और अधिक स्पष्ट करने का पूरा मौका मिलता है।

स्व–शिक्षण सत्र (Individual Study Session)—बड़े समूह तथा छोटे–छोटे समूहों में शिक्षण प्राप्त करने के पश्चात् विद्यार्थी इस योग्य बन जाते हैं कि वे व्यक्तिगत रूप से स्वयं अपने प्रयत्नों से शिक्षण कार्य में जुटे रह सकें, स्वाध्याय कर सकें, समस्याओं को हल कर सकें तथा प्रयोगात्मक एवं अन्य क्रियात्मक कार्यों को स्वतंत्र रूप से कर सकें। इस उद्देश्य में उनकी सहायता करने के लिए टोली शिक्षण के इस तीसरे सत्र में उन्हें व्यक्तिगत रूप से अध्ययन, मनन और कार्य करने की पूरी छूट दे दी जाती है। टोली के सदस्य उनके द्वारा किए जाने वाले स्वाध्याय एवं स्व–शिक्षण की देखरेख तथा उन्हें उचित परामर्श एवं निर्देशन देने की प्रति जिम्मेदारी आपस में बाँट लेते हैं तथा विद्यार्थी वर्ग अपनी आवश्यकतानुसार, अभ्यास कार्य करने, पुस्तकालय में जाकर स्वाध्याय करने, प्रयोगशाला में प्रायोगिक कार्य करने, रुचिकर कार्यों (Hobbies) में लगे रहने तथा पढ़े हुए ज्ञान एवं कौशलों का समुचित उपयोग करने आदि स्व–शिक्षण कार्यों में लगा रहता है।

(C) टोली शिक्षण का मूल्यांकन (Evaluation of Team Teaching)

इस तीसरे तथा अंतिम चरण में टीम शिक्षण के अंतर्गत की जाने वाली सभी गतिविधियों का मूल्यांकन किया जाता है। यह मूल्यांकन टीम शिक्षण की शैक्षिक उपयोगिता और उसे संपादित करने के दौरान होने वाली कठिनाइयों एवं कमजोरियों से परिचित कराने में काफी महत्त्वपूर्ण भूमिका निभाता है। मूल्यांकन करते समय जिन संदर्भों को आगे देखकर मूल्यांकन करना होता है वे हैं शिक्षण उद्देश्य, विद्यार्थियों का प्रारंभिक व्यवहार, टीम के सदस्यों द्वारा निभाए जाने वाले उत्तरदायित्व, संसाधनों की उपलब्धि और उनका उपयोग, टीम शिक्षण के दौरान आने वाली कठिनाइयां, विद्यार्थियों का अंतिम व्यवहार और शैक्षिक उपलब्धियां आदि। विद्यार्थियों की शैक्षणिक उपलब्धियों का मूल्यांकन करने के लिए सभी समुचित मूल्यांकन तकनीकों जैसे मौखिक, लिखित तथा प्रयोगात्मक परीक्षाएं, अभ्यास कार्य, गृहकार्य तथा सत्रीय कार्य आदि की जांच संबंधी रिपोर्ट, अध्यापकों की राय आदि को पूरा महत्त्व देने की कोशिश की जाती है और इस कार्य में जहाँ जैसी आवश्यकता होती है टोली के सभी सदस्य अच्छी तरह हाथ बंटाते हैं।

टोली शिक्षण के लाभ (Advantages of Team Teaching)

एक सामूहिक एवं व्यवस्थित शिक्षण प्रक्रिया के रूप में टोली शिक्षण की बहुमुखी उपयोगिता के संबंध में निम्न बातें कही जा सकती हैं।

1. **उपलब्ध प्रतिभाओं का सर्वोत्तम उपयोग (Best utilization of the available talents)**—टोली शिक्षण के द्वारा यह अच्छी तरह संभव हो सकता है कि योग्य, प्रतिभाशाली और अनुभवी अध्यापकों एवं विषय विशेषज्ञों की सेवाएं टोली के सदस्यों के रूप में सर्वोत्तम ढंग से प्राप्त की जाएं। जब जहां जिस प्रकार की प्रतिभा या अनुभव की आवश्यकता हो वहां उसी के उपयुक्त टोली सदस्य को आगे आकर शिक्षण कार्य करने को कहा जाए तथा सब अपनी रुचि और योग्यता के अनुरूप भरसक सहयोग करें। इस प्रकार टोली शिक्षण उपलब्ध प्रतिभाओं के सर्वोत्तम उपयोग की उत्तम शिक्षण व्यवस्था प्रस्तुत करता है।
2. **उपलब्ध-भौतिक संसाधनों का सर्वोत्तम उपयोग (Best utilization of the available material resources)**—टोली शिक्षण में सभी सदस्य एक दूसरे के साथ पूरा सहयोग करते हुए शिक्षण कार्य में अपनी–अपनी भूमिका निभाते हैं। परंपरागत शिक्षण में एक अध्यापक के लिए उपलब्ध संसाधनों का ठीक समय पर ठीक तरह उपयोग करना जहाँ अच्छी तरह संभव नहीं हो पाता वहां टीम शिक्षण में दूसरे सदस्यों से सहयोग मिलने के कारण एक अध्यापक इनका सर्वोत्तम उपयोग कर पाने में समर्थ होता है। जब वह अपनी विषयवस्तु को छात्रों के सामने प्रस्तुत कर रहा होता है तो दूसरे सदस्य अनुशासन बनाए रखने, विद्यार्थियों से प्रश्नों या कठिनाइयों को नोट करने, श्यामपट पर रेखाकृति बनाने या सारांश लिखने, चार्ट, चित्र, मानचित्र लटकाने, स्लाइड दिखाने, प्रोजेक्टर चलाने तथा सही समय पर अन्य स्थूल सहायक सामग्री का उपयोग कराने में उसकी पूरी–पूरी सहायता कर सकते हैं। फलस्वरूप उपलब्ध संसाधनों का जितना अधिकतम सही उपयोग टोली शिक्षण में हो सकता है उतना परंपरागत शिक्षण में नहीं।
3. **व्यावसायिक उन्नति के अवसर प्रदान करना (Providing opportunities for professional growth)**—टोली शिक्षण में शिक्षण का मुख्य उत्तरदायित्व अनुभवी, योग्य एवं प्रशिक्षित अध्यापकों के ऊपर होता है। टीम के कम अनुभवी अध्यापकों को उनका यह साथ काफी प्रेरणादायक और शिक्षात्मक सिद्ध होता है। उन्हें अपने विषय की बारीकियों तथा शिक्षण कौशलों तथा विधियों के उचित प्रयोग संबंधी बहुत सी बातों

को सीखने का यहाँ उचित अवसर मिलता है। दूसरी ओर टोली शिक्षण में अपनी भागीदारी निभाने हेतु सभी सदस्यों को अपने आपको पूरी तरह से तैयार करना होता है तथा सबके सामने अपनी योग्यता और प्रतिभा का प्रदर्शन करना होता है। फलस्वरूप सभी अध्यापकों को व्यावसायिक रूप से और आगे बढ़ते रहने की प्रेरणा टोली शिक्षण के अंतर्गत मिलती ही रहती है।

4. **विद्यार्थियों को सीखने के अच्छे अवसर प्रदान करना (Providing better learning opportunities to learners)**—परंपरागत शिक्षण की तुलना में टोली शिक्षण विद्यार्थियों को आगे बढ़ने और सीखने के अवसर अधिक अच्छी तरह से प्रदान करता है। सर्वोत्तम अध्यापकों का सर्वोत्तम लाभ इसी शिक्षण में संभव है और परिणामस्वरूप उन्हें पढ़ाया अच्छी तरह जाता है। प्रश्न पूछने के उन्हें पर्याप्त अवसर मिलते हैं, उनकी कठिनाइयों को दूर करने में अधिक से अधिक सहायता मिलती है और विचार विमर्श के माध्यम से अभिव्यक्ति की पूरी स्वतंत्रता मिलती है। उनके अभ्यास कार्य तथा गृहकार्य आदि की समय पर ठीक तरह से जांच होती रहती है और अधिगम प्रणाली का मूल्यांकन समय–समय पर ठीक तरह से होता रहता है। बड़े समूह में जहाँ उन्हें विषय के पूरे विस्तार में जाकर अध्ययन करने का तथा बहुत सारे विद्यार्थियों के बीच में रहकर सीखने का अवसर मिलता है वहां छोटे समूह तथा स्वशिक्षा सत्रों में वे अपनी कठिनाइयों को हल करने, विषय को और अच्छी तरह समझने, उसका अभ्यास करने, प्रयोग में लाने तथा स्वयं अपने प्रयत्नों द्वारा आगे बढ़ने के अवसर पाते हैं। इस तरह टोली शिक्षण विद्यार्थियों को अच्छी तरह शिक्षा प्राप्त कर आगे बढ़ने का समुचित अवसर प्रदान करता है।

5. **विशेषज्ञों से सीखने के अवसर प्रदान करना (Providing opportunities for interaction with experts)**—टीम शिक्षण में आवश्यकतानुसार विषय विशेषज्ञों की सेवाएं लेने का प्रावधान होता है। वैसे तो हर विद्यालय में अनुभव, शिक्षण कौशल तथा विषय की जानकारी के हिसाब से कोई न कोई अच्छा अध्यापक होता ही है जिसके शिक्षण से टीम के अन्य सदस्यों को सीखने का मौका मिल सकता है। विद्यालय के बाहर से जैसे किसी अन्य विद्यालय, महाविद्यालय, शिक्षक प्रशिक्षण संस्थान, विश्वविद्यालय, अन्य सरकारी या गैर–सरकारी प्रतिष्ठान, अनुसंधान केंद्र आदि में कार्यरत व्यक्तियों को जिन्हें विषय का अच्छा सैद्धांतिक या प्रयोगात्मक ज्ञान हो, टीम के सदस्य के रूप में शामिल किया जा सकता है और उस हालत में विद्यार्थी तथा अध्यापकों दोनों को ही इन विशेषज्ञों से सीखने के उचित अवसर प्राप्त हो सकते हैं।

6. **उचित मानवीय संबंध एवं सहयोगी दृष्टिकोण बनाने में सहायक (Helping in maintaining proper human relationships and cooperative attitude)**—टोली शिक्षण सहयोग और सामूहिक उत्तरदायित्व के सिद्धांत पर संचालित होता है। सफल संचालन के लिए यह आवश्यक होता है कि टोली के सभी सदस्य एक दूसरे के निकट आएं, एक दूसरे की रुचि, योग्यताओं और क्षमताओं से परिचित हों, आपस में मधुर संबंध स्थापित करें तथा सहयोगपूर्ण ढंग से कार्य करते हुए अपने उत्तरदायित्व निभाएं। इस प्रकार से उनमें स्थापित मधुर संबंध, सहयोग की भावना और टोली के प्रति निष्ठा, विद्यार्थियों को भी स्वतः ही इस प्रकार की अच्छी आदतों को अपने में विकसित करने की प्रेरणा देती है और इस प्रकार टोली शिक्षण शिक्षा के एक बड़े महत्त्वपूर्ण उद्देश्य 'बच्चों के सामाजिक विकास में सहायता करना', को अच्छी तरह पूरा करने की क्षमता रखता है।

7. **समय और शक्ति की बचत में सहायक (Proving economical in terms of time and labour)**—टोली शिक्षण में टोली के सभी सदस्य मिलजुल कर शिक्षण करते हैं। इसलिए किसी भी एक अध्यापक पर शिक्षण संबंधी पूरा बोझ नहीं पड़ता और शिक्षण कार्य संबंधी उसकी चिंता काफी कुछ सीमा तक

टोली के सदस्यों के बीच बंट जाती है। इस प्रकार का शिक्षण एक साथ विद्यार्थियों के काफी बड़े समूह को शिक्षण प्रदान करने में समर्थ होता है। कभी–कभी तो इस समूह में तीन सौ से अधिक विद्यार्थी शामिल होते हुए देखे गए हैं, जिन्हें एक ही अध्यापक उचित संप्रेषण साधनों तथा अपने सहयोगी टोली सदस्यों की सहायता से एक ही समय में एक साथ भलीभाँति पढ़ा पाने में समर्थ हो पाता है। इस प्रकार से टोली शिक्षण समय और शक्ति की दृष्टि से काफी मितव्ययी सिद्ध होता है।

8. **उपयुक्त लचीलापन प्रदान करने में सहायक (Providing proper flexibility)**—परंपरागत शिक्षण की तुलना में टोली शिक्षण किसी शिक्षण अधिगम परिस्थिति के लिए कम या अधिक समय देने और विद्यार्थियों की संख्या कम या ज्यादा करने जैसे कार्यों में अधिक लचीला सिद्ध होता है। परिणामस्वरूप विद्यार्थियों को किसी एक बड़े समूह, छोटे समूहों अथवा व्यक्तिगत स्तर पर शिक्षण प्रदान करने की सभी स्थितियों में टोली शिक्षण सफलतापूर्वक संपन्न किया जा सकता है। समय विभाग चक्र का अनुसरण करने की दृष्टि से भी टोली शिक्षण में काफी लचीलापन रहता है। जिस समय जैसी आवश्यकता होती है उसी के अनुरूप टोली के सदस्यों को कम या अधिक समय अपने शिक्षण कार्य हेतु प्रदान किया जा सकता है।
9. **उचित अनुशासन स्थापित करने में सहायक (Helping in maintaining proper discipline)**—टोली शिक्षण उचित रचनात्मक अनुशासन बनाए रखने में काफी सहायक सिद्ध होता है। अनुशासन बनाए रखने का उत्तरदायित्व यहां किसी एक अध्यापक का ही नहीं होता वरन् टोली के सभी सदस्यों का यह सामूहिक उत्तरदायित्व होता है कि वे किसी एक समय में शिक्षण कार्य कर रहे अध्यापक को अनुशासन स्थापित करने में पूरा सहयोग दें। दूसरी ओर टीम शिक्षण के द्वारा प्रदत्त शिक्षण इतना रुचिकर, सजीव और उपयोगी होता है कि विद्यार्थियों को ऊब कर अनुशासनहीनता फैलाने की बात दिमाग में ही नहीं आती। उनकी सभी समस्याएं एवं कठिनाइयां टीम के सदस्यों के पारस्परिक सहयोग से आसानी से हल होती चली जाती हैं और उन्हें शिक्षण गतिविधियों में सक्रिय भाग लेने, प्रश्न पूछने एवं अपनी शंकाओं का समाधान करने के पूरे अवसर प्राप्त होते हैं, इसीलिए टोली शिक्षण में परंपरागत शिक्षण की अपेक्षा अधिक अनुशासनात्मक शैक्षिक वातावरण देखने को मिलता है।
10. **उचित पर्यवेक्षण में सहायक होना (Helpful in proper supervision)**—कक्षा में विद्यार्थियों की शैक्षिक गतिविधियों का निरीक्षण और पर्यवेक्षण अध्यापक से व्यक्तिगत ध्यान की अपेक्षा करता है। विद्यार्थी कक्षा में कितना ध्यान दे रहे हैं, अध्यापक द्वारा बताई गई तथा श्यामपट पर लिखी गई बातों को सही रूप में नोट कर रहे हैं या नहीं, अभ्यास कार्य किस प्रकार कर रहे हैं, गृहकार्य कैसा करके लाए हैं, प्रयोगात्मक एवं अन्य क्रियात्मक कार्य किस रूप में चल रहा है आदि–आदि बातों के उचित पर्यवेक्षण को अकेला एक अध्यापक व्यक्तिगत रूप से ध्यान देकर कितना कुछ कर पाएगा यह सभी जानते हैं। टोली शिक्षण में यह उत्तरदायित्व केवल अकेले एक अध्यापक का नहीं होता बल्कि टोली के सभी सदस्यो का होता है। अतः टोली शिक्षण में विद्यार्थियों के शैक्षिक कार्यों की देख रेख तथा आवश्यक निर्देशन इत्यादि अच्छी तरह संपन्न हो सकता है।
11. **प्रभावपूर्ण प्रशिक्षण प्रदान करने में सहायक (Helpful in providing effective training)**—भावी अध्यापकों के उचित प्रशिक्षण में भी टोली शिक्षण की तकनीक काफी प्रभावशाली सिद्ध हो सकती है। सैद्धांतिक और क्रियात्मक ज्ञान अच्छी तरह प्रदान करने में शिक्षा महाविद्यालय में कार्यरत प्राध्यापकों तथा महाविद्यालय और विश्वविद्यालय में पढ़ा रहे दर्शनशास्त्र, मनोविज्ञान, सांख्यिकी, गणित, इतिहास, भूगोल, राजनीति शास्त्र, अर्थशास्त्र, भौतिकी, रसायन, जीव विज्ञान आदि विषय विशेषज्ञों एवं राज्य तथा

केंद्रीय शिक्षक प्रशिक्षण संस्थानों के विधि विशेषज्ञों की सहायता लेकर टोली शिक्षण की अच्छी व्यवस्था शिक्षा महाविद्यालयों में की जा सकती है।

प्रशिक्षणार्थियों को शिक्षण कौशलों का अभ्यास कराने हेतु प्रशिक्षण विद्यार्थियों की विद्यालयों के अनुभवी अध्यापकों के नेतृत्व में टोलियां बनाई ज़ा सकती हैं तथा फिर इन टोलियों को टोली शिक्षण के रूप में उचित शिक्षण अभ्यास कराया जा सकता है। कुछ प्रतिभाशाली छात्र–अध्यापकों को पहले अच्छी तरह प्रशिक्षण देकर दक्ष बनाया जा सकता है और फिर उनके नेतृत्व में टोलियां बनाकर अन्य छात्र–अध्यापकों को प्रशिक्षित किया जा सकता है। इस तरह टोली शिक्षण भावी अध्यापकों को प्रशिक्षित करने का कार्य अच्छी तरह निभा सकता है। इस प्रकार की प्रशिक्षण तकनीक का प्रयोग चिकित्सा महाविद्यालयों में काफी प्रचलित हैं जहां एक अनुभवी चिकित्सक (Doctor) के नेतृत्व में प्रशिक्षणार्थी विद्यार्थियों को टोलियों में विभक्त करके महाविद्यालय से संबंधित चिकित्सालयों (Hospitals) में आवश्यक प्रशिक्षण प्रदान करने की चेष्टा की जाती है।

टोली शिक्षण के दोष एवं सीमाएं (Drawbacks and Limitations of Team Teaching)

टोली शिक्षण में निम्न दोष एवं कमियाँ पाई जाती हैं–

1. **उत्तरदायित्व के विभाजन में कठिनाई (Difficulty in the distribution of the responsibilities)**— टोली शिक्षण मिलजुल कर किया जाने वाला शिक्षण है। इसमें टोली के सदस्यों को सामूहिक रूप से अपने–अपने उत्तरदायित्वों को निभाना होता है। इसके लिए शिक्षण को प्रारंभ करने से पहले ही सदस्यों में उत्तरदायित्वों का विभाजन कर दिया जाता है परंतु टोली नायक द्वारा इसे करने में काफी असुविधा का सामना करना पड़ता है। टोली शिक्षण का सिद्धांत तो यह अपेक्षा करता है कि सभी सदस्य अपनी–अपनी रुचि और योग्यता के अनुकूल स्वेच्छा से अपने–अपने उत्तरदायित्व निभाने के लिए आगे आएं परंतु व्यावहारिक रूप में यह नहीं होता। सदस्य आगे आने में हिचकिचाते हैं और जिम्मेदारियों से बचने की प्रवृत्ति उन पर हावी रहती है। ऐसी अवस्था में सदस्यों की योग्यता और क्षमता की ठीक पहचान कर उन्हें आगे आने को प्रेरित कर जिम्मेदारी सौंपना टोली नायक के लिए काफी कठिन कार्य बन जाता है।
2. **आपसी समझ एवं तालमेल बनाए रखने में कठिनाई (Difficulty in maintaining harmony and understanding)**—टोली शिक्षण की सफलता इस बात पर निर्भर करती है कि टोली के सदस्यों में आपसी समझ एवं तालमेल ठीक प्रकार बना रहे परंतु प्रायः ऐसा बना रहना संभव नहीं हो पाता। सामूहिक उत्तरदायित्व को निभाते हुए समान लक्ष्य की प्राप्ति में सभी सदस्य तभी एकजुट हो सकते हैं जबकि वे क्षुद्र स्वार्थपरता, व्यर्थ का अहंकार अथवा हीन भावना, काम से जी चुराने की प्रवृत्ति, ईर्ष्यागत द्वेष भावना आदि से ऊपर उठकर कार्य करने की ठान लें तथा टोली शिक्षण की सफलता के लिए आशान्वित होकर पूरी तत्परता से अपने आपको इसके लिए समर्पित कर दें। इस प्रकार की आस्था और समूह भावना से प्रेरित सदस्य मिल पाना कठिन होता है। अतः आपसी समझ एवं तालमेल के साथ टोली शिक्षण के कार्यों को संपन्न करना भी व्यावहारिक रूप में कठिन ही हो जाता है।
3. **अध्यापकों से बहुत अधिक आशा करना (Too much expectations from the teachers)**—टोली शिक्षण अपनी सफलता हेतु अध्यापकों से बहुत अधिक बातों की अपेक्षा करता है। उन्हें अपने विषय में पारंगत होना चाहिए। विषयवस्तु को पढ़ाने की विधियों, तकनीक तथा कौशलों में दक्ष होना चाहिए। बड़े

समूहों, छोटे समूहों तथा व्यक्तिगत स्तर पर किए जाने वाले सभी प्रकार के शिक्षण कार्यों को ठीक प्रकार करने की उनमें क्षमता होनी चाहिए। विचार विमर्श, अभ्यास कार्य, गृह कार्य, मूल्यांकन पर्यवेक्षण, प्रयोगात्मक एवं क्रियात्मक कार्य आदि सभी प्रकार के कार्यों को कराने में भी उन्हें सिद्धहस्त होना चाहिए। इसके अतिरिक्त टोली शिक्षण की प्रक्रिया, उसके प्रति सकारात्मक रुख तथा सहयोगपूर्ण ढंग से अपने उत्तरदायित्व निभाने संबंधी उचित भावना का भी उनमें होना अनिवार्य होता है। इस प्रकार के ढेर सारे गुणों से युक्त अध्यापकों का मिलना प्रायः कठिन ही होता है और उनके अभाव में टोली शिक्षण की सफलता संदिग्ध ही रहती है।

4. **विद्यार्थियों को नकार कर अध्यापकों को अनावश्यक महत्त्व देना (Undue importance of the teacher at the cost of learner)**—टोली शिक्षण में सब तरह से अध्यापकों का ही बोलबाला रहता है। योजना से लेकर क्रियान्वयन तथा मूल्यांकन स्तर पर की जाने वाली सभी शिक्षण क्रियाएं टोली के सदस्यों द्वारा ही संचालित होती हैं और इस तरह इस प्रकार के शिक्षण में शिक्षण अधिगम प्रक्रिया के मुख्य घटक विद्यार्थी को अनावश्यक रूप से काफी अवहेलना की जाती है जो कि उन्हें उचित शिक्षा प्रदान करने की दृष्टि से बिल्कुल ठीक नहीं है।

5. **विद्यालयों में भौतिक संसाधनों की कमी की समस्या (Difficulty regarding lack of material facilities in schools)**—टोली शिक्षण का सफल संचालन इस बात पर निर्भर करता है कि इस शिक्षण से संबंधित गतिविधियों के लिए आवश्यक स्थान, शिक्षण, अधिगम परिस्थिति तथा भौतिक संसाधन जैसे आमसभा हेतु एक बड़ा हाल कमरा, लघु समूह सत्र तथा स्वशिक्षण हेतु छोटे–छोटे कई कमरे, पुस्तकालय, प्रयोगशाला, कार्यशाला, शिक्षण सहायक सामग्री तथा उपकरण, संप्रेषण यंत्र आदि आवश्यक मात्रा में उपलब्ध हो। इस प्रकार के स्थान एवं भौतिक संसाधनों से संपन्न विद्यालयों की कमी ही नजर आती है और इस हालत में टोली शिक्षण का कार्य वहां नहीं हो सकता।

6. **वर्तमान शैक्षिक परिस्थितियों में अनुपयुक्त (Not suitable in the present educational set-up)**—टोली शिक्षण अपनी अपेक्षित सफलता हेतु विद्यालय की तत्कालीन शैक्षिक परिस्थितियों में कुछ आवश्यक सुधार एवं परिवर्तन की मांग करता है जैसे अध्यापकों के चयन और उनकी नियुक्ति, विद्यालय पाठ्यक्रम, विद्यालय प्रबंध, परीक्षा एवं मूल्यांकन आदि बातों में अपेक्षित सुधार लाना। सुधार लाने का यह कार्य न तो इतना सहज है और न संभव। फलस्वरूप टोली शिक्षण का विद्यालयों की वर्तमान परिस्थितियों को देखते हुए उपयोग में लाना भी कठिन ही है।

7. **अध्यापकों द्वारा स्वाभाविक तौर पर परिवर्तन का विरोध करना (Teachers resistance for any change)**—टोली शिक्षण का संप्रत्यय अपने देश के अध्यापकों के लिए नया ही है। लोगों का स्वभाव से ही किसी नवीन विचार या परिवर्तन से विरोध रहता है हमारा अध्यापक वर्ग भी इसका अपवाद नहीं है। उनका मोह और झुकाव परंपरागत शिक्षण के प्रति ही है। टोली शिक्षण जैसे नवाचार को अपनाने में वे काफी आंतरिक भय से ग्रस्त हैं तथा इसके लिए आवश्यक ज्ञान, दक्षता एवं सकारात्मक दृष्टिकोण से वे अपने आपको युक्त करने का प्रयत्न नहीं करते। ऐसी परिस्थिति में अध्यापकों के असहयोग के कारण टोली शिक्षण को प्रयोग में लाना कठिन ही है।

8. **आर्थिक दृष्टि से खर्चीला होना (Expensive in term of finances)**—टोली शिक्षण को अपनी गतिविधियों के सफल संचालन हेतु काफी सुविधाओं की आवश्यकता होती है। परंपरागत शिक्षण की तुलना में इसे अधिक स्थान चाहिए, अधिक कक्षाकक्ष चाहिएं, भौतिक उपकरण तथा साज समान चाहिएं, सुसज्जित प्रयोगशाला, पुस्तकालय, कार्यशाला तथा उनमें आवश्यक सामग्री एवं साधन चाहिएं। परंतु

अपने विद्यालयों की जैसी आर्थिक स्थिति है और जहाँ भौतिक संसाधनों और शिक्षण सामग्री के रूप में श्यामपट तक की भी व्यवस्था नहीं है और कक्षाओं में विभिन्न विषयों को पढ़ाने के लिए एक–एक अध्यापक भी उपलब्ध नहीं है वहाँ इतने निजी साधन जुटा पाना कि टीम शिक्षण ठीक प्रकार चल जाए नितांत असंभव ही है।

9. **शिक्षण योजना और उसके क्रियान्वयन संबंधी कठिनाइयां (Limitation in terms of planning and execution)**—टोली शिक्षण को अपनी सफलता के लिए उचित रूप में योजना तैयार करने और फिर उसका सही ढंग से क्रियान्वयन करने की आवश्यकता होती है। शिक्षण कार्यों के उपयुक्त योजना बनाना कोई सरल कार्य नहीं। टोली नायक में यह करने की कितनी योग्यता है और किस सीमा तक इसमें टोली के सदस्य सहायता करते हैं, इस बात पर ही अच्छी योजना बनाना निर्भर करता है। व्यावहारिक रूप में न तो इस प्रकार का उपयुक्त सहयोग ही नायक को मिल पाता है और न सदैव ही नायक का योजना बनाने से संबंधित कुशलता में दक्ष होना संभव होता है। योजना का क्रियान्वयन ही तभी अच्छी तरह संभव होता है जबकि टोली के सभी सदस्य अपने–अपने उत्तरदायित्वों को मिलाकर ठीक प्रकार निभाएं। परंतु व्यावहारिक तौर पर यह देखा गया है कि वे अपनी जिम्मेदारियों को ठीक प्रकार निभाने की बजाए आपस में एक दूसरे पर छींटाकशी करने और छोटी–छोटी बातों पर झगड़ा करने में ही उलझे रहते हैं। इस तरह उचित नियोजन एवं क्रियान्वयन के अभाव में टोली शिक्षण अपने निर्धारित उद्देश्यों की प्राप्ति में प्रायः असफल ही रहता है।

10. **जवाबदेही न होने संबंधी न्यूनता (Lack of accountability)**—परंपरागत शिक्षण में जब कोई एक अध्यापक किसी कक्षा विशेष को कोई विषय पढ़ाता है तो विद्यार्थी की प्रगति और उसके शिक्षण परिणामों के लिए वही अध्यापक जिम्मेदार होता है। परंतु यह बात टोली शिक्षण में नहीं हो पाती क्योंकि यहाँ एक अध्यापक नहीं बल्कि टोली के सभी सदस्यों द्वारा शिक्षण कार्य किया जाता है और इसी कारण जिम्मेदारी सभी के ऊपर आती है। नतीजा यह होता है कि टोली के सभी सदस्य काफी लापरवाह और उत्तरदायित्व रहित दृष्टिकोण अपना लेते हैं। शिक्षण कार्य की किसी भी असफलता के लिए कोई भी अपने आपको दोषी नहीं मानता बल्कि दोष दूसरों के ऊपर डाल कर व्यर्थ के झगड़ों में पड़ जाते हैं और एक तरह से आगे के लिए टोली शिक्षण को अपनाने का मार्ग ही अवरुद्ध कर लेते हैं।

इस प्रकार हम देखते हैं कि टोली शिक्षण के जितने लाभ या उपयोग गिनाए जा सकते हैं, उसमें लगभग उतने ही दोष भी हैं।

परंतु अगर ध्यान से इसके दोष और सीमाओं का अवलोकन किया जाए तो सच्चाई यही है कि इसमें जो दोष दिखाई देते हैं वे इस नवाचार के स्वयं के नहीं हैं। वे वर्तमान शिक्षण व्यवस्था की ही अपनी कमियाँ हैं अथवा हमारे देश के लोगों में काम के प्रति जो दृष्टिकोण बन गया है, यह उसी का परिणाम है। यह आम प्रवृत्ति है कि किसी भी नई चीज का विरोध किया जाता है। परंतु यह भी सच है कि नए विचार व अन्वेषण ही प्रगति का मार्ग खोलते हैं। अगर सुझाई गई कोई नयी तकनीक अथवा नवाचार शिक्षण कार्य को सुधारने में मदद कर सकता है तो फिर उसे अपनाने में बुराई ही क्या है ? टोली शिक्षण इसी प्रकार का एक नवाचार है जो प्रगति का मार्ग प्रशस्त करता है। हमें इसे भलीभाँति समझने का प्रयत्न करना चाहिए और फिर इसकी उपयोगिता और कार्यविधि समझ कर पूरी तत्परता से इसे सफल बनाने का प्रयत्न करना चाहिए। जब तक हम ऐसा नहीं करेंगे तब तक हमारा भय, इसे अपनाने में अड़चन डालता रहेगा। कार्य की शुरुआत शिक्षा महाविद्यालयों द्वारा की जा सकती है जहाँ भावी अध्यापकों को टोली प्रशिक्षण द्वारा प्रभावशाली शिक्षण प्रदान किया जा सकता है। ऐसा करने में एक ओर तो हम उन्हें अच्छी प्रकार प्रशिक्षित कर सकेंगे तो दूसरी ओर उन्हें टोली शिक्षण की प्रक्रिया से अवगत

होने और उसके प्रति सकारात्मक दृष्टिकोण बनाए रखने में सहायता मिलेगी। यही अध्यापक आगे चलकर विद्यार्थियों में टोली शिक्षण के कार्य को आगे ले जा सकेंगे। अपने देश की परिस्थितियों के अनुकूल बनाने के लिए यह बात अवश्य है कि टोली शिक्षण के संदर्भ में आवश्यक अनुसंधान कार्य होने चाहिए ताकि इसकी प्रक्रिया और आयोजन में अपेक्षित सुधार लाकर हमारे विद्यार्थियों और विद्यालयों के अनुरूप इसे बनाया जा सके।

सार-संक्षेप (Summary)

1. टोली शिक्षण, शिक्षण का एक ऐसा नवीन प्रारूप या व्यवस्था है जिसमें दो या दो से अधिक शिक्षक या शिक्षण के कार्य में सहयोग करने वाले व्यक्ति मिलजुल कर विद्यार्थियों के एक समूह विशेष को किसी विषय विशेष की शिक्षा इस प्रकार देने का प्रयत्न करते हैं कि सभी उपलब्ध संसाधनों का उस समय की परिस्थितियों की मांग के अनुसार सर्वोत्तम उपयोग हो सके।
2. टोली शिक्षण विद्यालय के शिक्षकों तथा शिक्षण कार्य में सहायक सभी उत्तरदायी व्यक्तियों से इस उद्देश्य की पूर्ति की आशा करता है कि वे मिलजुल कर इस प्रकार की शिक्षा व्यवस्था में संलग्न रहें जिससे विद्यालय में उपलब्ध मानवीय एवं भौतिक संसाधनों का सर्वोत्तम उपयोग करते हुए विद्यालय के शिक्षण स्तर में उत्तरोत्तर सुधार लाने में उनका यथेष्ट सहयोग प्राप्त हो सके।
3. टोली शिक्षण के आयोजन में जिन मूल सिद्धांतों के अनुसरण की बात प्रमुख रूप से की जाती है वे हैं (i) संसाधन जुटाने का सिद्धांत (ii) सामूहिक उत्तरदायित्व एवं सहयोग का सिद्धांत (iii) विद्यार्थियों की आवश्यकताओं की पूर्ति का सिद्धांत (iv) समय तथा विद्यार्थियों की संख्या में लचीलेपन का सिद्धांत (v) टोली के सदस्यों के उचित चयन का सिद्धांत (vi) उत्तरदायित्व संबंधी स्वेच्छा तथा उचित विभाजन का सिद्धांत (vii) शिक्षण–अधिगम हेतु उचित वातावरण का सिद्धांत तथा (viii) समुचित पर्यवेक्षण एवं मूल्यांकन का सिद्धांत।
4. टोली शिक्षण विभिन्न रूपों में आयोजित किया जा सकता है। मुख्य रूप से इसके तीन रूप जो ज्यादा प्रचलित हैं वे हैं — (i) विभागीय टोली शिक्षण यानी विषय तथा विभाग के अध्यापकों एवं व्यक्तियों द्वारा किया जाने वाला सामूहिक शिक्षण (ii) अंतः अनुशासन टोली शिक्षण यानी एक ही विद्यालय में कार्यरत सभी विषयों से संबंधित अध्यापकों या व्यक्तियों द्वारा किया जाने वाला सामूहिक शिक्षण तथा अंतःविद्यालय टोली शिक्षण यानी विभिन्न विद्यालयों में कार्यरत विषय विशेष के अध्यापकों या व्यक्तियों के द्वारा किया जाने वाला सामूहिक शिक्षण।
5. टोली शिक्षण हेतु जो कार्यविधि अपनाई जाती है उसे सामान्यतया जिन तीन सोपानों या चरणों में पूरा किया जा सकता है वे हैं (i) टोली शिक्षण का नियोजन (ii) योजना का क्रियान्वयन तथा (iii) टोली शिक्षण का मूल्यांकन। प्रथम चरण नियोजन में टोली शिक्षण हेतु आवश्यक योजना तथा रूपरेखा तैयार की जाती है। दूसरे चरण क्रियान्वयन में योजना संबंधी रूपरेखा को क्रियान्वित करने का प्रयत्न किया जाता है। इसमें टीम के सदस्यों द्वारा वास्तविक शिक्षण कार्य प्रायः प्रमुख रूप से क्रमशः जिन तीन सत्रों में पूरा किया जाता है वे हैं — बृहत समूह या आम सभा सत्र, लघु समूह या विशिष्ट सभा सत्र तथा स्वशिक्षण सत्र। तीसरे चरण मूल्यांकन में टीम शिक्षण की सभी गतिविधियों का मूल्यांकन किया जाता है और फिर उससे पृष्ठपोषण प्राप्त करके टोली शिक्षण की व्यवस्था के नियोजन तथा आयोजन में अपेक्षित सुधार लाने के प्रयत्न किए जाते रहते हैं।

6. टोली शिक्षण जिन बातों को लेकर विशेष रूप से उपयोगी सिद्ध हो सकता है वे हैं (i) उपलब्ध मानवीय एवं भौतिक संसाधनों का सर्वोत्तम उपयोग (ii) शिक्षकों को व्यावसायिक प्रगति के अवसर प्रदान करना (iii) समय और शक्ति की बचत तथा उचित अनुशासन स्थापित करने में सहायक (iv) विद्यार्थियों को विशेषज्ञों तथा सामूहिक प्रयास से उत्तम अधिगम अवसर प्रदान करना। (v) सहयोगपूर्ण दृष्टिकोण तथा सहकारी भावना बढ़ाने में सहायक (vi) उपयुक्त लचीलापन प्रदान करने में सहायक (vii) उचित पर्यवेक्षण हेतु परिस्थितियां तथा साधन प्रदान करना तथा (viii) प्रभावपूर्ण प्रशिक्षण प्रदान करने में सहायक होना।
7. टोली शिक्षण में जो दोष तथा कमियाँ पाई जाती हैं उनमें से प्रमुख रूप से जिनका उल्लेख किया जा सकता है वे हैं (i) उत्तरदायित्व के विभाजन में कठिनाई (ii) आपसी समझ तथा तालमेल बनाए रखने में कठिनाई (iii) अध्यापकों से बहुत अधिक आशा करना (iv) विद्यार्थियों को नकार कर अध्यापकों को अनावश्यक महत्त्व देना (v) विद्यालयों में भौतिक संसाधनों की कमी की समस्या (vi) वर्तमान शैक्षिक परिस्थितियों में अनुपयुक्त (vii) अध्यापकों का स्वाभाविक तौर पर परिवर्तन का विरोध करना (viii) आर्थिक दृष्टि से खर्चीला होना (ix) शिक्षण योजना और उसके क्रियान्वयन संबंधी दृष्टि से खर्चीला होना तथा जवाबदेही न होने संबंधी न्यूनता।

संदर्भित एवं विशेष अध्ययन ग्रंथ
(References and Suggested Readings)

Buckley, Francis J., *Team Teaching: What, Why and How?* Thousand Oaks, Cal.: Sage, 2000.

Beggs, David, W. (Ed.), *Team Teaching, Bold New Ventures*, Indiana: Unified College Press, 1964.

Callahan, S.G. (1971), *Successful Teaching in Secondary Schools*, Usha Rao in *Educational Technology*, Bombay: Himalaya Publishing House, 1977.

Carlo, Olson, quoted by S.S. Chauhan in *Innovations in Teaching-Learning Process*, New Delhi: Vikas Publishing House, 1979.

Chamberlin, Lesliej, *Team Teaching—Organisatin and Administration*, Columbus: C.E. Merrill Publishing, 1969.

Chase, Betty N., *Team up for Better Teaching*, Cincennati: Standard Publishers, 1977.

Glenda, Hanslovsky, *Why Team Teaching?* Columbus: C.E. Merrill, Publishing, 1969.

Golubchick, Leonard H. and Barry Persky (Eds.), *Innovations in Education*, Dubuque, Iowa: Kendall/Hunt Pub., 1975.

Haridwar, M., Team Teaching in *Shiksha Tachniki Visheshank*, vol. 2, *Sahitya Parichya*, March–May, 1986, pp. 62–70.

De Carlo Julia E. and Constant A. Madon (Eds.), *Innovations in Education for the Seventies: Selected Readings*, New York: Behavioral Publications, 1973.

La Fauci, H.M. and P.E. Richter, *Team Teaching at the College Level*, New York: Programme Press, 1970.

Polos, Nicholos C., *The Dynamics of Team Teaching*, Dobuque, Iowa: W.C. Brown, 1965.

Shaplin, Judson T. and Henry F. Olds Jr. (Eds) Team teaching, quoted by Usha Rao in *Educational Technology*, Bombay: Himalaya Publishing House, 1977.

Singer, I.R.A., J., "*What team teaching is*"? in *Team Teaching, Bold New Ventures*, Beggs, David, W. (Ed.), Indiana: Unified College Press, 1964.

Warwik, David, *Team Teaching*, London: University of London Press, 1971.

अध्ययन के लिए प्रश्न (Study Questions)

1. टोली शिक्षण क्या है ? इसके उद्भव एवं विकास पर प्रकाश डालिए।
2. टोली शिक्षण से आप क्या समझते हैं ? इसे परिभाषित कीजिए तथा इसकी मुख्य विशेषताओं पर प्रकाश डालिए।
3. टोली शिक्षण क्या है ? इसके मुख्य उद्देश्य तथा प्रयोजन क्या हैं ? विस्तार से वर्णन करो।
4. टोली शिक्षण के निर्देशक सिद्धांत क्या हैं ? इसके संगठन और प्रक्रिया का संक्षेप में वर्णन करो।
5. मुख्य सोपानों की चर्चा करते हुए टोली शिक्षण की संगठन प्रक्रिया पर विस्तार से प्रकाश डालिए।
6. टोली शिक्षण क्या है ? इसके मुख्य लाभों का वर्णन कीजिए।
7. टोली शिक्षण की इसके दोषों और सीमाओं के कारण आलोचना की जाती है। वे दोष और सीमाएं क्या हैं ? इस प्रकार की आलोचना से आप कहां तक सहमत हैं ? टिप्पणी कीजिए।
8. टोली शिक्षण से आप क्या समझते हैं ? हमारे विद्यालय में इसे कैसे आयोजित किया जा सकता है ? टोली शिक्षण का संगठन प्रक्रिया और व्यावहारिकता के संदर्भ में वर्णन कीजिए।

28

ऑडियो ट्यूटोरियल प्रणाली, भाषा प्रयोगशाला एवं टेलीकांफ्रेंसिंग

(Audio Tutorial System, Language Laboratory and Teleconferencing)

अध्याय रूपरेखा (Chapter Outline)

- ऑडियो ट्यूटोरियल प्रणाली (Audio Tutorial System)
- ऑडियो ट्यूटोरियल प्रणाली—उद्‌गम एवं विकास (Audio Tutorial System—Origin and Growth)
- ऑडियो ट्यूटोरियल प्रणाली पद की परिभाषा (Defining the Term Audio Tutorial System)
- ऑडियो ट्यूटोरियल उपागम के आवश्यक अवयव (Necessary Ingredients of Audio Tutorial Approach)
- ऑडियो ट्यूटोरियल प्रणाली के अध्ययन सत्र (Study Sessions in an Audio Tutorial System)
- ऑडियो ट्यूटोरियल प्रणाली की उपयोगिता एवं गुण (Advantages and Merits of Audio Tutorial System)
- ऑडियो ट्यूटोरियल प्रणाली के दोष एवं सीमाएँ (Demerits and Limitations of Audio Tutorial System)
- भाषा प्रयोगशाला (Language Laboratory)
- टेलीकांफ्रेंसिंग (Teleconfrencing)
- सार-संक्षेप (Summary)
- संदर्भित एवं विशेष अध्ययन ग्रंथ (References and Suggested Readings)
- अध्ययन के लिए प्रश्न (Study Questions)

ऑडियो ट्यूटोरियल प्रणाली (Audio Tutorial System)

ऑडियो ट्यूटोरियल प्रणाली, आज अपने जिस रूप में विद्यमान है, उसे पोस्टलीथवेट (Postlethwait) की विचारधारा का प्रतिफल कहा जा सकता है। उसके अनुसार अधिगम वह क्रिया है जिसे किसी व्यक्ति द्वारा संपादित किया जाता है। यह ऐसी कोई बात नहीं है जिसे किसी व्यक्ति के लिए किसी और द्वारा किया जा सकता हो। यहाँ यह कहने का तात्पर्य यही है जो व्यक्ति सीखना चाहता है वह तभी सीख सकता है जब सीखने

की इस क्रिया को वह स्वयं संपादित करे, अपने प्रयत्नों से सीखने से ही उसे सीखने में सफलता मिल सकती है। शिक्षक की भूमिका तो उसे वह सभी सुविधाएं तथा आवश्यक अधिगम परिस्थितियाँ प्रदान करने तक ही सीमित रहनी चाहिएं जिनकी आवश्यकता एक सीखने वाले को पड़ती है। प्रश्न उठता है कि शिक्षक के द्वारा इस प्रकार की अधिगम सुविधाएं देकर विद्यार्थी की सीखने में किस रूप में सहायता की जाए। पोस्टलीथवेट इस प्रकार की सहायता के लिए शिक्षण–अधिगम प्रक्रिया में ऑडियो ट्यूटोरियल प्रणाली अपनाने की बात कहता है। उसका विचार है कि अध्यापक को ट्यूटर (Tutor) की भूमिका निभानी चाहिए। अपनी इस भूमिका में ही वह विद्यार्थी विशेष को वांछित निर्देशन, अभिप्रेरणा, अधिगम विषयवस्तु तथा इस विषयवस्तु के अधिगम हेतु आवश्यक सहायता आदि प्रदान कर सकता है। जो सहायता ट्यूटर के रूप में अध्यापक किसी भी विद्यार्थी के अधिगम में करना चाहता है वह उसे ऑडियो टेप के माध्यम से भी विद्यार्थी को प्रेषित कर सकता है। इस तरह ट्यूटोरियल प्रक्रिया जो विद्यार्थी और अध्यापक दोनों के आमने सामने बैठकर प्रत्यक्ष रूप में किये जाने वाले संप्रेषण के माध्यम से पूरी होनी थी वह ट्यूटर द्वारा दिए जाने वाले निर्देशन, विषयवस्तु प्रस्तुतीकरण, पूछे जाने वाले प्रश्न आदि को आडियो टेप पर रिकॉर्ड कर उसे विद्यार्थी के सामने पुनः प्रस्तुत करने के माध्यम से भी संपन्न हो सकती है। इस रूप में जब ट्यूटोरियल प्रणाली को ऑडियो टेप के माध्यम से क्रियाशील रखने का प्रयत्न किया जाता है तब ऐसी ट्यूटोरियल प्रणाली ऑडियो ट्यूटोरियल प्रणाली के नाम से जानी जाती है।

ऑडियो ट्यूटोरियल प्रणाली–उद्गम एवं विकास (Audio Tutorial System—Origin and Growth)

ऑडियो ट्यूटोरियल प्रणाली नाम से प्रसिद्ध इस शिक्षण अधिगम प्रणाली का विकास पोस्टलीथवेट द्वारा 1961 में किया गया। उसने सबसे पहले इसका प्रयोग अपने जीव विज्ञान विषय के उन विद्यार्थियों जो किसी कारण से कक्षा की पढ़ाई में पिछड़ गए थे, दूसरे विद्यार्थियों के स्तर पर लाने हेतु किया था। इसके लिए उसने उनकी अधिगम कमियों को दूर करने संबंधी निर्देशों, विषयवस्तु, प्रश्न आदि को ऑडियों टेप पर टेप करके उन्हें इसके आधार पर अपनी न्यूनताओं को दूर करने का अवसर दिया था। इस कार्य हेतु ऑडियो टेपों का प्रयोग पूरक व्याख्यान (Supplementary lectures) के रूप में दिया गया यानी इन टेपों में वे बातें थीं जो अध्यापक द्वारा पढ़ाए गए विषयों की उन बातों को दोहराती थीं या उन बातों पर ज्यादा जोर देती थीं जिन्हें बालक पहले नहीं सीख पाए थे। परंतु शीघ्र ही टेपों की ट्यूटोरियल प्रणाली में प्रयुक्त इस प्रकार के टेपों की प्रकृति में सुधार लाने के प्रयत्न शुरु हो गए। अब मात्र अधिगम कमियों को पूरा करने के प्रयत्नों के बजाय ऑडियो टेपों में विविध प्रकार के अधिगम अनुभवों को प्रदान करने संबंधी बातों का समावेश किया जाने लगा। शुरु में तो इन टेपों के साथ केवल कुछ रेखा चित्रों (Diagrams) तथा फोटोग्राफ को शामिल किया जाता रहा परंतु शीघ्र ही पोस्टलीवेथ तथा उसके सहयोगियों ने यह जान लिया कि कुछ अन्य प्रकार की अधिगम सामग्री भी इसमें शामिल की जा सकती है और इस तरह सभी तरह की निरीक्षण एवं परीक्षण सामग्री तथा अधिगम अनुभव प्रदान करने में सहायक अन्य क्रियात्मक सामग्री जिसे ऑडियो में टेप किये गए कार्यक्रम में प्रदत्त निर्देशनों तथा मार्गदर्शन की सहायता से विद्यार्थियों द्वारा अपने अधिगम हेतु काम में लाया जा सके, ऑडियो ट्यूटोरियल प्रणाली की अधिगम सामग्री का हिस्सा बनने लग गई।

इस तरह पोस्टलीथवेट ने ऑडियो ट्यूटोरियल प्रोग्राम के रूप में एक ऐसी साप्ताहिक अधिगम किट (Weekly learning kit) तैयार कर ली जिसकी सहायता से विद्यार्थी पूरे सप्ताह कोर्स के किसी भी औपचारिक सत्र में शामिल हुए बिना ही अपने अपने स्थानों पर बैठे रहकर अपने अध्ययन में अच्छी तरह रत रह सकें। इस प्रोग्राम की प्रभावशीलता का मूल्यांकन करने हेतु एक अनुसंधानात्मक अध्ययन भी किया गया। इस कार्य हेतु पोस्टलीथवेट ने विद्यार्थियों को दो समूहों, प्रयोगात्मक (Experimental) तथा नियंत्रण (Control) समूहों में बांटा। नियंत्रण समूह को परंपरागत तरीकों से पढ़ाया गया जबकि प्रयोगात्मक समूह में शामिल विद्यार्थियों ने टेप प्रोग्राम

के माध्यम से अनुदेशन प्राप्त किया। प्रयोगात्मक समूह में शामिल विद्यार्थी सप्ताह में केवल एक बार ही चर्चा सत्रों (Discussion sessions) के दौरान अपने अनुदेशक (Instructor) से मिल सकते थे। कोर्स सत्र की समाप्ति पर दोनों समूहों–प्रयोगात्मक तथा नियंत्रण (Experimental and control group) में शामिल विद्यार्थियों की एक ही परीक्षण द्वारा परीक्षा ली गई। परिणामों में ज्ञात हुआ कि दोनों समूहों का उपलब्धि या निष्पत्ति स्तर लगभग एक जैसा ही है और इसी आधार पर अनुसंधान अध्ययन द्वारा इस निष्कर्ष पर पहुँचा गया कि ऑडियो टेप के प्रदत्त अनुदेशन प्रोग्राम के जरिए भी उतना ही प्रभावशाली अनुदेशन विद्यार्थियों को प्राप्त हो सकता है जितना कि परंपरागत अनुदेशन विधियों से प्रदान किया जाता है।

इस प्रकार के अनुसंधान परिणामों से उत्साहित होकर अब पोस्टलीथवेट अपनी शिक्षण–अधिगम प्रणाली को पूर्ण औपचारिकता के साथ कुछ बड़े पैमाने पर आयोजित किए जा सकने के प्रयत्नों में जुट गए। ऑडियो ट्यूटोरियल प्रणाली द्वारा अनुदेशन प्रदान कराने में जो औपचारिक प्रोग्राम बनना चाहिए, उसके क्या–क्या विभिन्न अवयव, आधारभूत सिद्धांत तथा अवधारणाएं होनी चाहिएं, किस तरह की अधिगम सामग्री विद्यार्थियों को दी जानी चाहिए, विद्यार्थियों को ऑडियो टेप की सहायता से किस प्रकार अधिगम करना चाहिए, इस दौरान किस प्रकार के शिक्षण–अधिगम पर अनुदेशन सत्रों का आयोजन विद्यार्थियों के लिए किया जाना चाहिए आदि बातों से संबंधित सभी औपचारिकताओं पर निर्णय लेने का काम इस तरह पोस्टलीथवेट एवं उसके सहयोगियों द्वारा किया गया। उनके इस प्रकार के प्रयत्नों के फलस्वरूप ही ऑडियो ट्यूटोरियल प्रणाली आज वैयक्तिक अनुदेशन की एक बहुत ही अच्छी प्रणाली के रूप में हमारे सामने कार्य कर रही है। इस प्रणाली में निहित मुख्य बातें तथा उसकी सत्र कार्य प्रणाली क्या है यह जानने से पहले आइए हम ऑडियो ट्यूटोरियल प्रणाली (Audio-tutorial system) पद को औपचारिक रूप से परिभाषित कर उसका सही अर्थ समझने का प्रयत्न करें।

ऑडियो ट्यूटोरियल प्रणाली पद की परिभाषा (Defining the Term Audio Tutorial System)

पोस्टलीथवेट द्वारा प्रतिपादित ऑडियो ट्यूटोरियल प्रणाली के स्वरूप, उसमें निहित विचारधारा तथा उसके उद्‌गम एवं विकास संबंधी प्रयत्नों को ध्यान में रखते हुए हम ऑडियो ट्यूटोरियल प्रणाली पद को निम्न शब्दों में परिभाषित करने का प्रयत्न कर सकते हैं।

ऑडियो ट्यूटोरियल प्रणाली से तात्पर्य एक ऐसी प्रणाली या शिक्षण अधिगम व्यूह रचना से है जिसमें ऑडियो टेपों के माध्यम से विद्यार्थियों के सामने इस प्रकार की अच्छी तरह नियोजित एवं संगठित अधिगम सामग्री तथा क्रियाकलापों का विवरण आदि (उन्हें काम में लाकर उचित अधिगम अनुभव अर्जित करने संबंधी निर्देशों सहित) प्रस्तुत किए जाते हैं जिन्हें वे एक निश्चित अवधि में अपनी रुचियों, आवश्यकताओं तथा योग्यता के हिसाब से अपनी स्वयं की अधिगम गति पर चलते हुए ग्रहण कर सकें। इस कार्य हेतु उन्हें अध्ययन केंद्रों में उपलब्ध अनुदेशकों की सेवाएं भी यदा–कदा उपलब्ध होती रहती हैं ताकि स्व–अनुदेशन के फलस्वरूप उन्हें अधिक से अधिक अच्छे अधिगम परिणामों की उपलब्धि संभव हो सके।

ऑडियो ट्यूटोरियल उपागम के आवश्यक अवयव (Necessary Ingradients of Audio Turorial Approach)

पोस्टलीथवेट के अनुसार ऑडियो ट्यूटोरियल उपागम को एक अनुदेशन प्रणाली के रूप में लाने से संबंधित उसके अंतर्निहित मूल अवयव एवं तत्त्व अधोलिखित हैं।

1. **दोहराना या आवृत्ति (Repetition)**—जो पहले पढ़ा दिया गया है उसके स्पष्टीकरण हेतु दोहराने का कार्य किया जा सकता है या किसी विषयवस्तु को इस तरह प्रस्तुत किया जा सकता है जिसे कई

तरह से प्रस्तुत करके या कई प्रकार से उससे संबंधित अधिगम अनुभवों की प्राप्ति कराई जा सकती है।

2. **एकाग्रता (Concentration)**—ऑडियो टेप पर प्रस्तुत अधिगम कार्यक्रम किसी एक प्रकरण, इकाई या विषय विशेष पर ही पूरी तरह केंद्रित रहता है। विद्यार्थियों से पूरी तरह एकाग्रचित्त होकर ऑडियो टेप को सुनने और निर्देशानुसार अपने अधिगम को आगे बढ़ाते रहने की यहाँ अपेक्षा की जाती है।
3. **साहचर्य (Association)**—ऑडियो टेप पर उपलब्ध अधिगम सामग्री पूरी तरह संरचित एवं परस्पर संबंधित रहती है इसमें, पूर्व ज्ञान से संबंध बनाने का प्रयत्न किया जाता है तथा इसका विद्यार्थियों के परिवेश तथा आवश्यकताओं से साहचर्य स्थापित करने का प्रयत्न भी किया जाता है।
4. **इकाइयों का प्रयोग (Use of Units)**—ऑडियो टेप पर उपलब्ध अधिगम सामग्री उचित एवं सार्थक इकाइयों में विभक्त रहती है और इन इकाइयों का चयन आयोजन तथा संगठन इस प्रकार किया जाता है कि इन्हें विद्यार्थियों की वैयक्तिक आवश्यकताओं के अनुरूप ढाला जा सके।
5. **उचित अनुभवों का प्रावधान (Provision of Appropriate Experiences)**—ऑडियो ट्यूटोरियल उपागम में यह प्रयत्न किया जाता है कि विद्यार्थियों को विषय विशेष के पाठ्यक्रम उद्देश्यों की अच्छी तरह उपलब्धि कराने हेतु उचित अधिगम अनुभवों की प्राप्ति कराई जाए।
6. **उपागम विविधता (Multiplicity of Approaches)**—अधिगम अनुभवों की प्रस्तुति में विविध तरीकों तथा उपागमों का इस तरह उपयोग किया जाता है कि वे विभिन्न प्रकार की रुचि, योग्यता और अधिगम क्षमता युक्त विद्यार्थियों की अधिगम अर्जन आवश्यकताओं को पूरा कर सकें।
7. **समन्वित अनुभव उपागम का उपयोग (The Use of an Integrated Experience Approach)**—ऑडियो टेप पर उपलब्ध अनुदेशन कार्यक्रम में यह पूरा ध्यान रखा जाता है कि जो भी अधिगम अनुभव प्रदान किए जाएं वे पूरी तरह समवायी और समन्वित रूप में ही दिए जाएं। जो भी क्रियाएं तथा ज्ञान प्रदान किया जाए उसका संबंध पिछले ज्ञान एवं की जाने वाली क्रियाओं से अच्छी तरह बना रहे और इस तरह विद्यार्थियों को आंशिक नहीं वरन् पूर्ण ज्ञान एवं सार्थक ज्ञान की ज्यादा से ज्यादा मात्रा में अच्छी तरह उपलब्धि होती रहे।

ऑडियो ट्यूटोरियल प्रणाली के अध्ययन सत्र (Study Sessions in an Audio Tutorial System)

ऑडियो ट्यूटोरियल प्रणाली की अनुदेशन प्रक्रिया में सामान्य रूप से जिन निम्न तीन अध्ययन सत्रों की समाविष्टि रहती है वे हैं–

1. स्वतंत्र अध्ययन सत्र (Independent Study Session – ISS)
2. आम सभा सत्र (General Assembly Session – GAS)
3. लघु सभा सत्र (Small Assembly Session – SAS)

आइए अब इन तीन सत्रों से संबंधित क्रियाकलापों का परिचय प्राप्त किया जाए।

स्वतंत्र अध्ययन सत्र (Independent Study Session – ISS)

इस सत्र में विद्यार्थी अपने अध्ययन केंद्रों (Study centres) में ऑडियो टेप पर प्रदत्त विषय विशेष की इकाइयों के अध्ययन संबंधी निर्देशों की अनुपालना करते हुए स्वतंत्र रूप से अपने–अपने अध्ययन में रत रहते हैं। इन अध्ययन

केंद्रों में प्रत्येक विद्यार्थी को उनके वैयक्तिक एवं स्वतंत्र अध्ययन हेतु अध्ययन बूथ (Booths) प्रदान किए जाते हैं। इन बूथों में विद्यार्थियों के लिए टेप रिकॉर्डर, स्लाइड प्रोजेक्टर, मूवी प्रोजेक्टर तथा उनके अध्ययन में सहायक अन्य सामग्री एवं उपकरण आदि उपलब्ध रहते हैं। उन्हें एक ऐसी मेज तथा रैक आदि की भी व्यवस्था की जाती है जिसमें वे पुस्तक, स्रोत सामग्री, पत्र पत्रिकाएं, संदर्भ ग्रंथ, शब्दकोष तथा अन्य सामग्री एवं उपकरणों को रख सकें तथा उनका उपयोग अध्ययन हेतु कर सकें।

जैसे ही कोई विद्यार्थी अपने अध्ययन केंद्र में प्रवेश करता है उसे अपने स्वतंत्र अध्ययन हेतु एक विशिष्ट बूथ प्रदान कर दिया जाता है। इस कार्य हेतु एक रिकॉर्ड कार्ड प्रयोग में लाया जाता है। प्रत्येक विद्यार्थी को समय की नियमितता हेतु एक कार्ड पर अपने आने और जाने का समय भी नोट करना होता है ताकि उसका विधिवत् रिकॉर्ड भी रखा जा सके। अपनी प्रविष्टि दर्ज कराने के पश्चात् विद्यार्थी को सप्ताह भर में अनुदेशन कार्य से संबंधित निश्चित व्यवहारगत उद्देश्यों का एक सैट पकड़ा दिया जाता है। इस प्रकार विद्यार्थी इन व्यवहारगत उद्देश्यों का अच्छी प्रकार मनन और ऑडियोटेप पर अनुदेशन प्रारंभ करने से संबंधित निर्देशों को सुनकर अपने स्वतंत्र अध्ययन सत्र की शुरुआत करता है। अनुदेशनों का अनुगमन करते हुए वह अध्ययन मार्गदर्शिका और उपलब्ध अध्ययन सामग्री को उपयोग में लाना शुरु कर देता है और इस तरह कोर्स से संबंधित किसी इकाई या पाठ विशेष के व्यवस्थित एवं सार्थक अध्ययन में जुट जाता है। जिस प्रकार की आवश्यकता होती है उसके अनुसार कोई प्रयोगात्मक या क्रियात्मक कार्यों के संपादन का भी वह प्रयत्न करता है जिनसे उसे अधिगम इकाई या प्रदत्त कार्य से संबंधित विविध अधिगम अनुभवों को अर्जित करने में आसानी रहे।

अपने स्वतंत्र अध्ययन के दौरान विद्यार्थियों को विभिन्न क्रियाकलापों का संपादन करते रहना पड़ता है जैसे–किसी शैक्षिक पत्रिका से संबंधित सामग्री का अध्ययन या उसका संकलन, संदर्भित ग्रंथों को काम में लाना, मानचित्र, एटलस, विश्वकोष आदि को प्रयोग में लाना, अपने अधिगम से सम्बन्धित किसी चलचित्र या वीडियोटेप का अपने बूथ पर या किसी केंद्रित स्थान (Central location) पर जाकर अवलोकन करना आदि। परंतु विद्यार्थियों को काफी समय प्रदत्त सामग्री का अध्ययन मार्गदर्शिका (Study guide) की सहायता से विधिवत अध्ययन और मनन करने में ही लगाना पड़ता है ताकि वे पूर्व निर्धारित अधिगम उद्देश्यों की उपलब्धि कर सकें। इन उद्देश्यों के अंतर्गत उनसे ये भी मांग की जा सकती है कि वे कुछ विशेष प्रकार के निरीक्षण और प्रयोगात्मक कार्यों को ही करें या किसी मान्यता प्राप्त पाठ्यपुस्तक में से कुछ विशेष समस्याओं को हल करें। स्वतंत्र अध्ययन इस प्रकार के सब कार्यों के संपादन में उसे अध्ययन केंद्र पर नियुक्त अनुदेशक की सेवाएं भी आवश्यकतानुसार उपलब्ध होती हैं और साथ में ही विश्राम करने, जलपान ग्रहण करने और अपने साथी विद्यार्थियों के साथ विचार विमर्श करने की सुविधाएं भी उपलब्ध रहती हैं।

आम सभा सत्र (General Assembly Session – GAS)

यह सत्र अध्ययन केंद्र से जुड़े हुए सभी विद्यार्थियों के लिए एक खुले दरबार की तरह होता है। सप्ताह के आखिर में ही इसका आयोजन होता है तथा सप्ताह में स्वतंत्र अध्ययन रूप में किए जाने वाले कार्यों से ही इसका सम्बन्ध रहता है। यहाँ विद्यार्थियों को अपने साप्ताहिक अध्ययन कार्य से संबंधित उपयोगी फिल्म देखने, कंप्यूटर प्रस्तुतीकरण का अवलोकन करने, विषय विशेषज्ञों के ऐसे व्याख्यान सुनने का अवसर मिलता है जिनसे उसने जो कुछ अध्ययन किया है उसको अधिक गहराई में जाने, उसका अच्छी तरह बोध या उपयोग करने तथा अपनी कमियों को दूर करने का उचित अवसर उपलब्ध हो सके। विद्यार्थी यहाँ अपने साथी विद्यार्थियों तथा विषय विशेषज्ञ/अनुभवी अध्यापकों से अपनी अध्ययन संबंधी समस्याओं, शंकाओं आदि को लेकर भी चर्चा कर सकते हैं। विषय विशेष पर सामूहिक चर्चा करने का अवसर भी यहाँ इस सत्र में विद्यार्थियों को प्राप्त हो सकता है। इसके अतिरिक्त इस सत्र को एक सामूहिक परीक्षा/परीक्षण लेने हेतु भी काम में लाया जा सकता है ताकि सप्ताह के दौरान व्यक्तिगत अध्ययन के समय उन्होंने जो भी अधिगम अनुभव अर्जित किए उनका समुचित मूल्यांकन किया

जा सके और उसके फलस्वरूप उन्हें आवश्यक प्रतिपुष्टि भी प्रदान की जा सके। इतनी सारी उपयोगी बातें संपन्न होते हुए भी इस सत्र में विद्यार्थियों की उपस्थिति ऐच्छिक ही रखी जाती है। जिन्हें आवश्यकता हो या जिनकी इच्छा हो वे ही अपनी स्वेच्छा से इस सत्र में भाग लेते हुए उपयोगी ज्ञानार्जन का अवसर प्राप्त करते हैं शेष को यहाँ आने के लिए मजबूर नहीं किया जाता।

लघु सभा सत्र (Small Assembly Session – SAS)

लघु सभा सत्रों से तात्पर्य सात–आठ विद्यार्थियों के उस लघु समूह से होता है जो आपस में एक दूसरे से विचार–विमर्श करने या कोर्स अनुदेशक से आवश्यक चर्चा करने हेतु अध्ययन केंद्र में किसी समय विशेष पर उपस्थित रहते हैं। प्रायः इस प्रकार के सत्रों के आयोजन की आवश्यकता स्वतंत्र अध्ययन सत्र में किए जाने वाले व्यक्तिगत स्वतंत्र अध्ययनों के दौरान आने वाली कठिनाइयों या कमियों को दूर करने के लिए अनुभव की जाती है। अध्ययन केंद्रों पर जो स्रोत सामग्री उपलब्ध होती है, उसे कोर्स अनुदेशक के निर्देशन में विद्यार्थी इन सत्रों में व्यक्तिगत और सामूहिक परामर्श के रूप में आसानी से प्राप्त कर लेते हैं। कोर्स अनुदेशक इन सत्रों में लघु समूह के रूप में स्वतंत्र अध्ययन सत्रों के दौरान अर्जित अधिगम अनुभवों के परिप्रेक्ष्य में बहुत ही सजीव और सक्रिय वार्तालाप और चर्चाओं का आयोजन करते हैं। विद्यार्थी अपने इन लघु समूहों में चुने हुए विषयों पर अपने विचार व्यक्त कर सकते हैं या फिर स्वतंत्र रूप से जो भी विषय सामग्री या अधिगम अनुभव सप्ताह के दौरान अर्जित किए गए हैं उनसे संबंधित प्रश्नों का, प्रश्नमंच आयोजन (Quiz competition) के तत्त्वावधान में व्यक्तिगत रूप से उत्तर दे सकते हैं। सप्ताह के भीतर जितनी भी विषय सामग्री उन्हें प्रदत्त अध्ययन सामग्री के रूप में ग्रहण करनी होती है उसके बोध और उपयोग से संबंधित प्रश्न ही इस प्रकार के प्रश्नमंच में समूह के सभी सदस्यों से पूछे जाते हैं और इस प्रकार उनकी उपलब्धि का उचित रूप से मूल्यांकन होने की संभावना इन सत्रों से अधिक रहती है। इन लघु सत्रों में प्रश्नमंचों का यह आयोजन इस मूलभूत धारणा पर निर्भर करता है कि कोई भी व्यक्ति किसी विषय विशेष का अधिगम अर्जन उसी अवस्था में बहुत अच्छी तरह से करता है जबकि उसे विषय सामग्री के अवबोध एवं प्रयोग पर आधारित प्रश्नों के उत्तर मौखिक रूप से सबके सामने देने के लिए अपने आपको तैयार करना पड़े अथवा उसे किसी विषय सामग्री को दूसरों के सामने प्रस्तुत करने या पढ़ाने के लिए तैयारी करनी पड़े। लघु सभा सत्र में इस तरह समूह में शामिल सभी विद्यार्थियों को व्याख्यान देने या मौखिक रूप से पूछे गए प्रश्नों के उत्तर देने के उपयोगी अवसर प्रदान करने के उपरांत 15 या 20 मिनट की अवधि में किए जाने वाले एक लघु लिखित परीक्षण का भी आयोजन इस सत्र में किया जा सकता है। इस प्रकार लघु सभा सत्र का आयोजन स्वतंत्र अध्ययन सत्रों में विद्यार्थियों के द्वारा अपने–अपने ढंग से स्वतंत्र अध्ययन करने में, जो भी कमियाँ रह जाती हैं उन्हें दूर करने में, अध्ययन की गई विषयवस्तु को मस्तिष्क में अच्छी तरह बैठाने तथा अपने अध्ययन परिणामों को और अधिक व्यापकता एवं उपयोगिता प्रदान करने हेतु किया जा सकता है।

इस प्रकार से उपरोक्त तीनों सत्रों के दौरान आयोजित क्रियाकलापों के द्वारा विद्यार्थियों के अनुदेशन को एक नवीन प्रणाली, जिसे ऑडियो ट्यूटोरियल प्रणाली का नाम दिया जाता है, के माध्यम से निर्धारित पाठ्यक्रम की इकाई विशेषों से संबंधित अपेक्षित अधिगम अनुभवों को अर्जित करने में पूरी–पूरी सहायता की जा सकती है।

ऑडियो ट्यूटोरियल प्रणाली की उपयोगिता एवं गुण (Advantages and Merits of Audio Tutorial System)

ऑडियो ट्यूटोरियल प्रणाली अनुदेशन हेतु कितनी अधिक उपयोगी एवं प्रभावशाली है इसका मूल्यांकन करने हेतु काफी अनुसंधान कार्य हुए हैं। उनके परिणामों के संदर्भ में हम इस प्रणाली की उपयोगिता एवं गुणों को संक्षेप में स्पष्ट कर सकते हैं–

1. ऑडियो ट्यूटोरियल प्रणाली व्याख्यान विधि द्वारा प्रदत्त परंपरागत कक्षा अनुदेशन से किसी भी रूप में कम प्रभावशाली सिद्ध नहीं होती। फिशर एवं मैकबिने (Fisher and Macwhinney 1976) ने अपने अनुसंधान परिणामों से यह निष्कर्ष निकाला है कि ऑडियो ट्यूटोरियल प्रणाली से पढ़ाए गए विद्यार्थियों की लिखित परीक्षा में उपलब्धि परंपरागत प्रणाली से पढ़ाए गए विद्यार्थियों की उपलब्धि से कभी भी कम नहीं होती बल्कि ज्यादा ही रहती है।
2. इसके माध्यम से विद्यार्थियों को स्वतंत्र रूप से अध्ययन करने और स्वगति से अधिगम पथ पर आगे बढ़ते रहने में काफी सुविधा रहती है।
3. दूरस्थ शिक्षा के प्रारूप में विद्यार्थी केंद्रित और वैयक्तिकता को ध्यान में रखते हुए बहुत से विद्यार्थियों को शिक्षा प्रदान करने में यह एक अच्छी प्रणाली सिद्ध होती है। जो कुछ अध्ययन करना होता है उससे संबंधित आवश्यक निर्देश विद्यार्थियों को ऑडियो टेप के माध्यम से मिल जाते हैं। इस प्रकार जो विद्यार्थी किसी कारण से नियमित कक्षाओं में नहीं पढ़ पाते हैं उनके लिए इस प्रणाली से अनुदेशन प्राप्त करना काफी उपयोगी रहता है।
4. इस प्रणाली से प्राप्त अनुदेशन सभी प्रकार के अधिगमकर्त्ताओं के लिए उपयुक्त रहता है। एक तरफ जहाँ यह सामान्य या सामान्य से कम योग्यता वाले विद्यार्थियों की आवश्यकताओं को भलीभाँति पूरा करता है तो दूसरी ओर होशियार बालकों को भी अपनी तेज गति से अधिगम अर्जित करने की सुविधाएं इसमें आसानी से प्राप्त होती रहती हैं।
5. आर्थिक दृष्टि से भी यह अनुदेशन प्रणाली परंपरागत कक्षा शिक्षण प्रणाली से, विद्यार्थियों तथा शिक्षा अधिकारियों को काफी उपयुक्त रहती है।

ऑडियो ट्यूटोरियल प्रणाली के दोष एवं सीमाएँ (Demerits and Limitations of Audio Tutorial System)

ऑडियो ट्यूटोरियल प्रणाली को निम्न दोषों एवं सीमाओं से युक्त पाया जाता है–

1. ऑडियो ट्यूटोरियल प्रणाली के द्वारा दिया गया अनुदेशन मात्र श्रवणेन्द्रिय पर ही आधारित होता है। शिक्षक की उपस्थिति और विद्यार्थियों के साथ उसको सजीव अंतःक्रिया के फलस्वरूप विद्यार्थियों के व्यक्तित्व के विकास और उनके व्यवहार में अपेक्षित परिवर्तन लाने की जो सार्थक भूमिका परम्परागत अनुदेशन प्रणालियों में अपनाई जाती है, उसका यहाँ सर्वथा अभाव ही रहता है।
2. इस प्रणाली में ऑडियो टेप पर उपलब्ध निर्देशों के माध्यम से विद्यार्थियों को स्वगति से अधिगम अर्जन करने की पूरी स्वतंत्रता रहती है। प्रायः इस प्रकार की स्वतंत्रता का उन विद्यार्थियों द्वारा दुरुपयोग ही किया जाता है जो अधिगम संबंधी अपने उत्तरदायित्वों को वहन करने तथा स्वतंत्र रूप से अध्ययन करने में अभ्यस्त नहीं होते हैं।
3. इस प्रणाली की वांछित सफलता हेतु सुनिश्चित एवं व्यवस्थित अध्ययन केंद्रों की आवश्यकता पड़ती है। साथ ही इनके कुशल संचालन हेतु और सभी विद्यार्थियों को उनके अधिगम हेतु व्यक्तिगत एवं सामूहिक रूप से उचित मार्गदर्शन प्रदान करने के लिए विशेष रूप से प्रशिक्षित एवं योग्य अनुदेशकों की जरूरत पड़ती है। इस प्रकार के साधन संपन्न अध्ययन केंद्रों तथा योग्य एवं उत्साही अनुदेशकों के अभाव में इस प्रणाली के द्वारा वांछित अनुदेशन प्राप्त करने में असफलता का ही सामना करना पड़ता है।
4. अपनी प्रारंभिक अवस्था में ऑडियों ट्यूटोरियल प्रणाली को चालू करने में काफी साज सामान एवं व्यवस्था की आवश्यकता पड़ती है। इसमें काफी धन का व्यय होता है। एक तरह से जितना पैसा इस

प्रणाली से अनुदेशन कार्य के शुरु करने में खर्च होता है उसकी भरपाई करने में काफी साल निकल जाते हैं। इस दृष्टि से हमारी तरह के विकासशील देशों में इस प्रणाली को अनुदेशन कार्य के लिए लाना आर्थिक दृष्टि से खर्चीला ही सिद्ध होता है।

उपरोक्त दोषों और कमियों को देखते हुए ऑडियो ट्यूटोरियल प्रणाली को सभी प्रकार के अधिगमकर्त्ताओं के लिए सभी प्रकार के अध्ययन कोर्सों हेतु प्रयोग में लाना उपयुक्त नहीं जान पड़ता। हाँ, सीमित मात्रा में इसका उपयोग उन विद्यार्थियों के लिए अवश्य ही किया जाना चाहिए जिन्हें नियमित कक्षाओं में अध्ययन करने की न तो ठीक से सुविधा ही प्राप्त हो सकती है और न वे ऐसा करने में अपने आपको सक्षम पाते हैं। इस दृष्टि से इस प्रणाली का उपयोग कुछ विशेष प्रकार के अधिगमकर्त्ताओं एवं कुछ विशेष प्रकार की अधिगम परिस्थितियों में काफी उपयोगी एवं उपयुक्त सिद्ध हो सकता है। इसलिए इसे नियमित कक्षाओं के एक अच्छे विकल्प के रूप में मान्यता देने के प्रयत्न अवश्य करने चाहिए।

भाषा प्रयोगशाला
(Language Laboratory)

भाषा विचार विनियम तथा आपसी संपर्क एवं संप्रेषण का एक अमूल्य साधन है। सामाजिक रूप से व्यक्ति आज जो कुछ भी है वह सब भाषा के प्रयोग द्वारा ही संभव हो सका है। यही कारण है कि भाषा के अधिगम और अर्जन पर सभी देशों के द्वारा बहुत ही छोटी अवस्था से काफी जोर दिया जाता है प्रयत्न यही रहते हैं कि बालक जैसी आवश्यकता हो उसके अनुसार एक या अनेक भाषाओं में प्रवीणता अर्जित करें। भाषा संबंधी उचित प्रवीणता अर्जित करना कोई मामूली बात नहीं। इसमें शिक्षक, शिक्षार्थी, माँ बाप तथा भाषा अर्जन में सहायक विभिन्न शिक्षण अधिगम स्रोतों की बड़ी ही महत्त्वपूर्ण भूमिका रहती है। इस प्रकार के स्रोतों में एक बड़ा ही महत्त्वपूर्ण शिक्षण अधिगम स्रोत तथा सहायक साधन भाषा प्रयोगशाला के रूप में शिक्षक और शिक्षार्थियों को उपलब्ध कराया जा सकता है। आगे की पंक्तियों में हम इसी संसाधन या स्रोत की कार्यप्रणाली और उपयोगिता की चर्चा करने जा रहे हैं।

भाषा के शिक्षण अधिगम हेतु हमें भाषा प्रयोगशाला क्यों चाहिए ?
(Why do We Need Language Laboratory for the Teaching-learning of language?)

विज्ञान और तकनीकी विषयों के अध्ययन और अध्यापन के लिए प्रयोगशाला शब्द नया नहीं है। हम भौतिक शास्त्र, रसायन शास्त्र, जीव विज्ञान, कंप्यूटर विज्ञान आदि के लिए अपने विद्यालयों में विभिन्न प्रयोगशालाओं की स्थापना करते ही हैं। परंतु जहाँ भाषा प्रयोगशाला की बात आती है ऐसी प्रयोगशाला विद्यालयों में नहीं दिखाई देती। यहाँ तक कि हमारे देश के शिक्षक प्रशिक्षक महाविद्यालयों में भी (जहाँ भाषा शिक्षकों के रूप में भावी शिक्षकों के प्रशिक्षण के लिए इनको अनिवार्य रूप से संचालित रहना चाहिए) इनके दर्शन यदा–कदा ही होते हैं। परंतु अब यहाँ प्रश्न उठता है कि भाषा को सीखने सिखाने हेतु आखिर हमें भाषा प्रयोगशाला क्यों चाहिए ?

यह बात हमें स्पष्ट रूप से समझ लेनी चाहिए कि विज्ञान और तकनीकी विषयों की भाँति भाषा भी एक कौशलात्मक (Skilled) विषय है। इसे सीखने सिखाने में चार विभिन्न कौशलों सुनना, बोलना, पढ़ना, लिखना आदि का विकास होता है।

अब जहाँ तक किसी भी कौशल के अर्जन और विकास की बात है इसके लिए उस कौशल विशेष को सीखने वाले के सामने विधिवत प्रदर्शन किया जाना चाहिए और फिर उसका सही अनुकरण तथा अभ्यास किया जाना चाहिए। सीखने वाला इन क्रियाओं को ठीक तरह से कर रहा है या नहीं इसके लिए उचित निरीक्षण, पुनर्बलन तथा मूल्यांकन की आवश्यकता पड़ती है तथा त्रुटि सुधार करके पुनः प्रायौगिक या कौशल क्रियाओं को संपादित

करने की बात आती है और इस तरह कौशलों का बड़े ही नियमित एवं व्यवस्थित कार्यशैलियों द्वारा वांछित दिशा में विकास करने हेतु बड़े ही गंभीर प्रयत्न करने होते हैं। स्पष्ट है कि इन सभी प्रयत्नों को सुचारू रूप से करने हेतु एक उपयुक्त वातावरण तथा साजो सामान की जरूरत पड़ती है और यह सभी व्यवस्था विधिवत रूप से गठित एक प्रयोगशाला के माध्यम से ही शिक्षक और विद्यार्थियों को प्राप्त हो सकती है। यही कारण है कि भाषा संबंधी विभिन्न कौशलों का विकास करने के लिए भी हमें प्रयोगशाला जैसी परिस्थितियाँ, वातावरण साधन तथा सुविधाएं चाहिएं और यह सभी कुछ भाषा की प्रयोगशालाओं में ही सुलभ है। अतः अब समय आ गया है कि हम वैज्ञानिक और तकनीकी युग की माँग को समझते हुए भाषा शिक्षण अधिगम हेतु अपने सभी विद्यालयों में भाषा की प्रयोगशाला के गठन और उसके उचित संचालन पर ध्यान दें।

भाषा प्रयोगशाला क्या है ? (What is a Language Laboratory ?)

भाषा प्रयोगशाला से तात्पर्य विद्यालय के किसी एक कमरे या कक्षा में (जिसे भाषा कक्ष या भाषा प्रयोगशाला का नाम दिया जा सकता है) इस प्रकार की प्रयोगशाला जैसी अधिगम एवं प्रशिक्षण परिस्थितियों एवं संसाधनों के आयोजन से है जिनके द्वारा भाषा या शिक्षक या अनुदेशक के उचित पर्यवेक्षण एवं मार्गदर्शन में हार्डवेयर एवं सॉफ्टवेयर तकनीकियों का उचित प्रयोग करते हुए किसी भी नई भाषा के अधिगम अर्जन हेतु स्व–अनुदेशन अथवा कक्षा अनुदेशन की समुचित व्यवस्था की जा सके।

भाषा प्रयोगशाला के प्रकार एवं उनकी कार्यप्रणाली (Types of Language Laboratory and their Functioning)

आज भाषा शिक्षण–अधिगम हेतु जिस प्रकार की प्रयोगशालाएं विद्यमान हैं उनके स्वरूप एवं कार्यप्रणाली में अंतर को देखते हुए उन्हें निम्न चार वर्गों या प्रकारों में बाँटकर समझा जा सकता है।

1.	प्रथम स्तर की प्रयोगशालाएं– (Level I)	A प्रकार या श्रव्य प्रणाली (A Type or Audio System)
2.	द्वितीय स्तर की प्रयोगशालाएं– (Level II)	AA प्रकार या श्रव्य सक्रिय प्रणाली (AA Type or Audio Active System)
3.	तृतीय स्तर की प्रयोगशालाएं– (Level III)	AAC प्रकार या श्रव्य सक्रिय तुलनात्मक प्रणाली (AAC Type or Audio Active Comparative System)
4.	चतुर्थ स्तर की प्रयोगशालाएं– (Level IV)	AACC प्रकार या श्रव्य सक्रिय तुलनात्मक नियंत्रित प्रणाली (AACC Type or Audio Active Comparative with Controls System)
5.	पंचम स्तर की प्रयोगशालाएं– (Level V)	AACI प्रकार या श्रव्य सक्रिय कंप्यूटर आधारित अंतःक्रिया प्रणाली (AACI Type or Audio Active Computer Based Interactive System)

आइए अब इन सभी पाँच प्रकारों की भाषा प्रयोगशालाओं के बारे में जानने का प्रयत्न किया जाए।

1. A प्रकार या श्रव्य प्रणाली नामक प्रथम स्तर की प्रयोगशालाओं में भाषा प्रयोगशालाओं का बहुत ही सरल एवं साधारण स्तर देखने को मिलता है। यहाँ हम भाषा अध्यापक/अनुदेशक को एक विशेष कोष्ठ (Console) या नियंत्रण केंद्र (Control centre) की सुविधा प्रदान करते हैं जिसमें सभी आवश्यक उपकरण, बैठने तथा कार्य करने संबंधी बातों की व्यवस्था की जाती है। मुख्य रूप से यहाँ टेप और कैसेट रिकॉर्डर तथा माइक्रोफोन की अच्छी व्यवस्था की जाती है। टेप और कैसेट रिकॉर्डर में उपलब्ध रिकॉर्ड की गई सामग्री तथा अनुदेशक/शिक्षक द्वारा मौखिक रूप से जारी निर्देश और अनुदेशन सामग्री को माइक्रोफोन के माध्यम से अपने बूथों (Booths) में बैठे विभिन्न विद्यार्थियों तक पहुँचाने का कार्य अब इस नियंत्रण केंद्र द्वारा करने का प्रयत्न किया जाता है। इस तरह मुख्य रूप से इस A प्रकार या श्रव्य प्रणाली प्रयोगशाला में अनुदेशन देने और ग्रहण करने से संबंधी दो प्रकार की स्थान संबंधी व्यवस्था देखने को मिलती है। अध्यापक/अनुदेशक कोष्ठ या नियंत्रण कक्ष से प्रसारित अनुदेशन सामग्री श्रव्य रूप में विद्यार्थियों को अपने–अपने बूथों में श्रवणेन्द्रिय दूरभाषों (Ear phones) की सहायता से प्राप्त होती रहती है और इस तरह भाषा शिक्षा/अनुदेशन के रूप में मौखिक रूप से जो भी उस तक प्रसारित किया जाता है वे उस श्रव्य सामग्री को अपनी श्रवणेंद्रियों द्वारा ग्रहण करते रहते हैं। परंतु इस रूप में अनुदेशन या भाषा शिक्षण प्रदान करने हेतु इस प्रकार की प्रयोगशालाओं द्वारा एकल माध्यम (Single media) उपागम का एकतरफा (One sided) प्रयोग ही किया जाता है। दूसरे शब्दों में मौखिक रूप से जो कुछ प्रसारित किया जाता है उसे कानों से सुनकर ज्ञान प्राप्त करने की एकतरफा क्रिया ही यहाँ संपन्न होती है छात्र सुनकर क्या प्रतिक्रियाएँ करते हैं या वे अपनी तरफ से क्या भाषा अधिगम हेतु प्रश्न आदि कर सकते हैं ऐसी व्यवस्था यहाँ संभव नहीं होती। अनुदेशक/शिक्षक द्वारा ही अपने मौखिक कथन से या रिकॉर्ड की गई अनुदेशन सामग्री को प्रसारित करके विद्यार्थियों को भाषा शिक्षण/अनुदेशन सामग्री प्रदान करने का कार्य किया जाता है, विद्यार्थी केवल सुनकर ही उचित अनुभव प्राप्त करने का अवसर पाते हैं उनकी बातें अध्यापक/अनुदेशक तक पहुँचाने की व्यवस्था यहाँ नहीं होती। अतः एकतरफा मौखिक प्रसारण की व्यवस्था ही इस प्रकार की प्रथम प्रकार की प्रयोगशाला में प्रदान कराई जा सकती है किसी तरह की और कोई भी अंतःक्रिया यहाँ संभव नहीं होती।

2. द्वितीय प्रकार की श्रव्य–सक्रिय प्रणाली युक्त प्रयोगशालाएं वे प्रयोगशालाएं होती हैं जिनमें पहले प्रकार की मात्र श्रव्य प्रणाली व्यवस्था के अतिरिक्त विद्यार्थियों को सक्रिय अनुक्रिया करने के अवसर भी साथ साथ प्रदान करने की सुविधाएं होती हैं। यहाँ विद्यार्थी जो कुछ उन्हें नियंत्रण कक्ष में बैठे अनुदेशक/शिक्षक द्वारा टेप रिकॉर्ड या माइक्रोफोन पर मौखिक संदेश के रूप में प्रदान किया जाता है उसे मात्र सुनते रहने के अतिरिक्त अपनी ओर से आवश्यक मौखिक अनुक्रियाएं करने संबंधी आवश्यक सुविधाएं भी प्राप्त करते हैं। विद्यार्थी जो चाहें अपने माइक्रोफोन सेवाओं द्वारा अध्यापक या अनुदेशक तक मौखिक रूप में प्रेषित कर सकते हैं, अपनी शंकाओं का निवारण कर सकते हैं तथा अपनी प्रतिक्रियाओं, अनुक्रियाओं या अभ्यास हेतु उचित प्रतिपुष्टि प्राप्त कर सकते हैं। इस तरह द्वितीय प्रकार की ये भाषा प्रयोगशालाएं अध्यापक–विद्यार्थियों के बीच होने वाले मौखिक संप्रेषण को द्वि–पक्षीय बना देने की सशक्त भूमिका निभा सकती हैं। इसलिए यहाँ प्रथम प्रकार की भाषा प्रयोगशालाओं की तुलना में भाषा शिक्षण–अधिगम हेतु अधिक उपयुक्त अवसर प्रदान करने का कार्य ठीक तरह से किया जा सकता है।

3. तृतीय प्रकार की श्रव्य–सक्रिय तुलनात्मक प्रणाली युक्त भाषा प्रयोगशालाएं प्रथम तथा द्वितीय प्रकार की प्रयोगशालाओं से अधिक उन्नत और साधन संपन्न प्रयोगशालाएं मानी जाती हैं। यहाँ प्रत्येक विद्यार्थी को

सुनने के लिए श्रवणेन्द्रिय दूरभाष (Ear phone) तथा बोलने के लिए माइक्रोफोन की व्यवस्था करने के अतिरिक्त दो तरफा/दो चैनल युक्त कैसेट या टेप रिकॉर्डर भी काम में लाने की सुविधा दी जाती है। अब वह जो कुछ अनुदेशन सामग्री उसे अपने कान में लगाए दूरभाष से प्राप्त होती है उसके प्रति अन्य तरह की अनुक्रियाएं भी कर सकता है। जैसे जो कुछ नियंत्रण कक्ष से अध्यापक/अनुदेशक द्वारा उस तक प्रसारित किया जाता है उसे अपने टेप या कैसेट रिकॉर्डर में रिकॉर्ड कर सकता है तथा उसका इच्छा तथा सुविधानुसार प्रयोग कर सकता है। अनुदेशन प्राप्त करते हुए जो भी अनुक्रियाएं चाहे मौखिक रूप से माइक्रोफोन के द्वारा उसी समय व्यक्त कर सकता है अथवा उन्हें अपने टेप/कैसेट रिकार्डर में रिकार्ड कर अध्यापक/अनुदेशक को उपलब्ध करा सकता है। अध्यापक/अनुदेशक को पिद्यार्थियों के साथ माइक्रोफोन तथा ईअरफोन के साथ सीधे ही संप्रेषण करने या कैसेट/टेप रिकॉर्डर में प्रदत्त रिकॉर्डिंग तथा पुनः प्रस्तुतीकरण सुविधाओं के जरिए इच्छानुसार कभी भी संप्रेषण करने की पूरी स्वतंत्रता रहती है।

तीसरे प्रकार की इन प्रयोगशालाओं में अनुदेशन या अधिगम सामग्री विद्यार्थियों को शिक्षक/अनुदेशक से सीधे ही उसके द्वारा माइक्रोफोन पर प्रसारित कराई जा सकती है या द्विमार्गीय/द्विचैनल कैसेट/टेपरिकॉर्डिंग व्यवस्था द्वारा उपलब्ध कराई जा सकती है। एक मार्ग अध्यापक जो कहता है तथा रिकॉर्डिंग सेवा द्वारा जो प्रसारित किया जाता है उसे ग्रहण करने के लिए होता है तो दूसरा मार्ग या चैनल विद्यार्थियों द्वारा अपने-अपने बूथों में स्थापित उपकरणों द्वारा जो कुछ प्रसारित किया जाता है उसे अध्यापक के नियंत्रण कक्ष में स्थापित उपकरणों द्वारा ग्रहण कराने के लिए होता है। टेप/कैसेट रिकॉर्डिंग द्वारा विद्यार्थी और अध्यापक दोनों को ही इच्छित रिकॉर्डिंग, पुनः प्रस्तुतीकरण, रिवाइन्ड, रीप्ले, रिकॉर्ड आदि की पूरी आजादी रहती है और इसीलिए भाषा शिक्षण और अधिगम हेतु जैसे भी प्रयास वे चाहें उन्हें संपादित करने की पूर्ण सुविधाएं यहाँ मौजूद रहती हैं। मुख्य बात यह होती है कि विद्यार्थी जो सुनें वे उन्हें मास्टर प्रोग्राम के रूप में अपने टेप रिकॉर्ड में रिकॉर्ड कर लें अथवा इसके लिए पहले से ही उपलब्ध रिकॉर्डेड कैसेट या टेप की सहायता लें तथा फिर अपनी अनुक्रियाओं या भाषा संबंधी अर्जित ज्ञान/समझ/कौशल की मास्टर प्रोग्राम से तुलना करके देखें कि उन्हें इच्छित दिशा में कितनी और कैसी सफलता मिली है। इस बात का तुलनात्मक अध्ययन/प्रयास चाहे बालक द्वारा कितने भी समय या क्रमों में किया जाए, बालक को वांछित भाषा अधिगम में पूरी-पूरी सहायता कर सकता है क्योंकि उसके पास आदर्श के रूप में मास्टर प्रोग्राम रहता है। वह उसे पुनः प्रस्तुत कर अपने प्रयासों से मिलान करके देखता रहता है।

4. चौथे प्रकार की श्रव्य-सक्रिय तुलनात्मक नियंत्रित प्रणालीयुक्त प्रयोगशालाएं तीसरे प्रकार की प्रयोगशालाओं से इसलिए अधिक उन्नत और उपयोगी मानी जाती हैं क्योंकि इनकी नियंत्रित प्रणाली उपरोक्त वर्णित तीनों प्रकार की प्रयोगशालाओं की तुलना में बहुत अधिक उन्नत और उपयोगी होती हैं।

   यही कारण है कि यहाँ समुचित नियंत्रण सुविधाओं द्वारा अध्यापक और विद्यार्थी दोनों के मध्य सभी प्रकार के अंतःसंप्रेषण और शिक्षण अधिगम अभ्यास एवं प्रतिपुष्टि संबंधी क्रियाओं के संपादन में पूरी-पूरी सहायता प्राप्त हो जाती है। परिणामस्वरूप एक अध्यापक/अनुदेशक अपने नियंत्रण कक्ष में बैठा हुआ विभिन्न प्रकार के नियंत्रण/स्विचों/बटनों द्वारा विभिन्न प्रकार की शिक्षण अधिगम क्रियाओं को मनचाहे ढंग से नियंत्रित कर सकता है। वह अपने-अपने बूथों में बैठे हुए सभी विद्यार्थियों की सभी प्रकार की गतिविधियों को नियंत्रित करके उन्हें बाध्य कर सकता है कि वे ध्यान से उसकी बातें या प्रसारित रिकॉर्डेड प्रोग्राम को सुनें वह उन्हें सामूहिक तथा व्यक्तिगत निर्देश दे सकता है, उनमें से किसी एक या

अन्य की प्रतिक्रियाओं/अनुक्रियाओं को रिकॉर्ड कर सकता है या प्रत्यक्ष रूप में सीधे ही उनसे संप्रेषण कर सकता है। किसी तरह के प्रश्न या परीक्षण सामूहिक रूप या व्यक्तिगत रूप से विद्यार्थियों के सामने रख सकता है और उनके उत्तर ग्रहण कर सकता है। विद्यार्थियों को सामूहिक या व्यक्तिगत मूल्यांकन प्रतिपुष्टि प्रदान करना तथा उन्हें उचित परामर्श और उपचारात्मक शिक्षण प्रदान करना इसी प्रकार की उचित संप्रेषण एवं नियंत्रित व्यवस्था द्वारा ही संभव है। दूसरी ओर विद्यार्थी भी इस प्रकार की प्रयोगशालाओं द्वारा प्रदत्त नियंत्रित सेवाओं से अच्छी तरह लाभान्वित हो सकते हैं। वे भी बीच में कोई भी प्रश्न पूछने, शंका समाधान करने तथा अभ्यास हेतु उचित अधिगम सामग्री तथा परामर्श प्राप्त करने के लिए अपने नियंत्रण स्विचों को प्रयोग कर सकते हैं। एक दूसरे से विचार विमर्श कर सकते हैं। जिस गति और जिस रूप में चाहें प्रसारित संदेश/संप्रेषण को रिकॉर्ड कर सकते हैं, इच्छानुसार उसकी पुनः प्रस्तुति कर सकते हैं, अपने अभ्यास एवं अधिगम अर्जन का मूल्यांकन कर सकते हैं तथा आवश्यक प्रतिपुष्टि एवं मार्गदर्शन प्राप्त कर सकते हैं। इस तरह इस प्रकार की समुचित नियंत्रण प्रणाली न केवल विद्यार्थियों को अपनी गति तथा सामर्थ्य से भाषा अधिगम में सहायक होती है बल्कि शिक्षकों को भी भाषा शिक्षण अधिगम के उद्देश्यों को ध्यान में रखते हुए प्रत्येक विद्यार्थी में सामूहिक या व्यक्तिगत रूप से भाषायी कौशलों का विकास कर वांछित भाषा अर्जन कराने के कार्य में भरपूर सहयोग देती है।

5. पाँचवें प्रकार की कंप्यूटर आधारित अंतःक्रियात्मक भाषा प्रयोगशालाएं आज के युग की अति उन्नत भाषा प्रयोगशालाओं का प्रतिनिधित्व करती हैं। इनमें शिक्षण अधिगम सामग्री सॉफ्टवेयर पैकेज तथा इंटरनेट सेवाओं द्वारा उपलब्ध होती है। परिणामस्वरूप सूचना सामग्री, अधिगम सामग्री तथा अनुदेशन सामग्री यहाँ आडियो कैसेट, आडियो सीडी, आडियो–वीडियो कैसेट, सीडी–रोम, मल्टीमीडिया, प्रोग्राम पैकेज आदि के रूप में उपलब्ध हो सकती है या ऑन लाइन सर्विसेज के रूप में इंटरनेट के जरिए मिल सकती है। ऑन लाइन सर्विसेज के भी दो रूप हो सकते हैं एक तो किसी निश्चित लोकल एरिया में उपलब्ध इंटरनेट सेवाओं लैन (LAN) के द्वारा या फिर पूरे विश्व में फैली हुई इंटरनेट सेवाओं (WWW) वर्ल्ड वाइड वेव सेवाओं (WWW) तथा ई–मेल द्वारा। इस प्रकार की कंप्यूटर सॉफ्टवेयर जन्य सेवाओं का पूरा लाभ उठाने हेतु पर्सनल कंप्यूटरों को पूर्ण संप्रेषण सुविधाओं से सुसज्जित कर अध्यापक तथा विद्यार्थियों के लिए प्रदत्त सभी बूथों में प्रदान किया जाता है। इस तरह लोकल एरिया नेटवर्क में इस प्रकार के शिक्षण–अधिगम कार्यक्रमों का प्रसारण विद्यार्थियों तथा अध्यापकों को अपने–अपने कंप्यूटरों पर उपलब्ध होता है जिनकी सहायता से उन्हें भाषा शिक्षण–अधिगम उद्देश्यों की प्राप्ति सहज हो सकती है। कैसेट तथा सीडी का प्रयोग विद्यार्थियों द्वारा अपने–अपने पर्सनल कंप्यूटरों में वांछित भाषायी कौशलों तथा ज्ञानार्जन हेतु सुविधानुसार किया जा सकता है। इस तरह टेलीफोन तथा इंटरनेट कनेक्शन की सुविधाओं का लाभ उठाकर विद्यार्थी तथा शिक्षक दोनों ही भाषा के शिक्षण अधिगम हेतु निर्धारित उद्देश्यों की प्राप्ति की दिशा में समुचित प्रयास कर सकते हैं। स्पेलिंग चैकर तथा ग्रामर चैकर जैसे सामान्य सॉफ्टवेयर पैकेजों से भी भाषा के विद्यार्थी बहुत कुछ लाभार्जन कर सकते हैं जबकि विशेष रूप से बनाए गए सॉफ्टवेयर तथा वेवसाइट सामग्री उन्हें कंप्यूटरों के द्वारा भाषार्जन में विविध प्रकार से उपयोगी सिद्ध हो सकती है। इन कंप्यूटर आधारित प्रयोगशालाओं द्वारा जितनी अच्छी तरह से सूचना सामग्री का प्रसारण, उनकी मनचाही उपलब्धि तथा अंतःक्रिया, प्रतिपुष्टि मूल्यांकन एवं मार्गदर्शन प्रदान करने का कार्य तथा शिक्षण अधिगम प्रक्रिया पर समुचित नियंत्रण रखने की व्यवस्था की जा सकती है उतनी पूर्व वर्णित किसी भी प्रकार की प्रयोगशालाओं द्वारा नहीं। ऑन लाइन सर्विसेज द्वारा प्रदत्त सुविधाओं ने तो आज भाषायी अधिगम शिक्षण हेतु शिक्षक और शिक्षार्थियों को बहुत ही उपयोगी सुविधाएं आज की भाषा

प्रयोगशालाओं में जुटा दी हैं जिनसे सामूहिक और व्यक्तिगत दोनों प्रकार के भाषायी शिक्षण अधिगम को बहुमूल्य सहयोग प्राप्त हो सकता है।

भाषा प्रयोगशालाओं को कैसे काम में लाया जाए ?
(How Can You Operate a language laboratory System ?)

विद्यालयों में भाषा प्रयोगशालाओं का उपयोग इस बात पर निर्भर करता है कि उनमें उपरोक्त वर्णित पाँच प्रकार की प्रयोगशालाओं में कौन–सी प्रयोगशाला कार्य कर रही है। जहाँ तक हमारे देश की परिस्थितियाँ हैं उनको देखते हुए दूसरे तथा तीसरे प्रकार की प्रयोगशालाएं ही अपने यहाँ के विद्यालयों में ठीक तरह स्थान पा सकती हैं। इस दृष्टि से आइए इन दोनों प्रकार की प्रयोगशालाओं को काम में लाने की बात पर विचार किया जाए।

द्वितीय स्तर की AA टाइप श्रव्य सक्रिय प्रयोगशाला को भाषा शिक्षण के हेतु प्रयोग में लाने के लिए शुरुआत भाषा अध्ययन/अनुदेशन संबंधी सामग्री के किसी टेप या कैसेट को काम में लाने से की जा सकती है। इसके लिए बाजार से खरीदे गए अथवा अध्यापक द्वारा निर्मित दोनों ही प्रकार के टेप या कैसेट काम में लाए जा सकते हैं। विशेषज्ञों द्वारा निर्मित टेप या कैसेट कुछ अवस्थाओं में अधिक उपयोगी सिद्ध हो सकते हैं परंतु विशेष जरूरतों की पूर्ति हेतु अध्यापक को ऐसे कैसेट स्वयं भी तैयार करने का प्रशिक्षण प्राप्त कर लेना चाहिए। इन टेप या कैसेट को अध्यापक द्वारा अपने नियंत्रित कक्ष में स्थापित केंद्रीय टेप रिकॉर्डर में डालकर प्रसारित अनुदेशन कार्यक्रम को विद्यार्थियों को अपने–अपने बूथों में बैठकर सुनने के अवसर प्रदान करने चाहिएं। प्रोग्राम, अध्यापक द्वारा उसके नियंत्रण कक्ष या कोष्ठ (Console) से विद्यार्थियों के बूथों (Booths) तक पहुँचता है जिसे वे अपने ईयर फोनों (Ear phones) की सहायता से सुनते हैं। वे जो भी अनुक्रिया करना चाहें उसे माइक्रोफोन की सहायता से अपने अध्यापक तक पहुँचा सकते हैं जिसे अध्यापक द्वारा व्यक्तिगत/सामूहिक रूप में सुना या नियंत्रित कक्ष में टेप/कैसेट रिकॉर्डर में रिकॉर्ड किया जा सकता है। इस तरह अपने–अपने स्थान पर बैठे हुए अध्यापक और विद्यार्थियों द्वारा नियत शिक्षण अधिगम सामग्री (जो कैसेट या टेपों के रूप में उपलब्ध रहती है) के माध्यम से भाषा शिक्षण अधिगम का कार्य चालू रह सकता है। विद्यार्थियों द्वारा जो भी अनुक्रियाएं की जाती हैं उनके आधार पर उन्हें आवश्यक उत्तर, शंका समाधान, प्रतिपुष्टि, उपचारात्मक शिक्षण आदि की व्यवस्था अध्यापक द्वारा संभव कराई जा सकती है।

जहाँ आडियो पैकेज के स्थान पर आडियो वीडियो पैकेज खरीदा जाए वहाँ की प्रयोगशालाओं में विद्यार्थियों को नियंत्रित कक्ष से प्रसारित कार्यक्रम से अपने–अपने बूथों में बैठकर देखने और सुनने दोनों प्रकार की सुविधाएं भी प्राप्त हो सकती हैं और फिर वे अपनी अनुक्रियाओं को माइक्रोफोन के जरिए अध्यापक तक पहुँचा सकते हैं।

तृतीय स्तर की श्रव्य सक्रिय तुलनात्मक प्रणाली युक्त भाषा प्रयोगशालाओं की कार्यशैली द्वितीय स्तर की प्रयोगशालाओं का ही कुछ अधिक विकसित रूप होता है। यहाँ माइक्रोफोन तथा ईअर फोन की सेवाओं के अतिरिक्त विद्यार्थियों के पास टेप रिकॉर्ड से रिकॉर्ड करने और पुनः प्रस्तुतीकरण करने की अतिरिक्त सुविधाएं होती हैं। अतः यहाँ विद्यार्थी अपने अपने बूथों में बैठे हुए नियंत्रण कक्ष से प्रसारित अधिगम पाठ को अपने टेप रिकॉर्डर के मास्टर ट्रेक (Master track) पर रिकॉर्ड कर लेते हैं। इसके बाद इसके प्रति उनककी जो भी अनुक्रियाएं होती हैं उन्हें टेप रिकॉर्डर के स्टूडेंट ट्रेक (Student track) पर रिकॉर्ड कर लेते हैं। इस तरह इन तृतीय स्तर की भाषा प्रयोगशालाओं में विद्यार्थियों को दो चैनल उपलब्ध होते हैं। एक चैनल पर नियंत्रण कक्ष से अनुदेशन प्रोग्राम तथा निर्देशन सामग्री आती रहती है जिसे विद्यार्थी अपने अपने ईअर फोनों पर सुनते रहते हैं तथा अपने टेप रिकार्डर पर मास्टर ट्रेक के चैनल इकट्ठे करते रहते हैं। दूसरे चैनल पर विद्यार्थियों द्वारा अनुक्रिया करने का प्रावधान होता है। विद्यार्थी अपनी अनुक्रियाओं को स्टूडेंट ट्रेक (Student track) पर रिकॉर्ड कराते हैं तथा इस दूसरे चैनल की सहायता से अपनी बात अध्यापक तक पहुँचाते रहते हैं। मास्टर ट्रेक पर

विद्यार्थी नियंत्रण कक्ष से प्राप्त अनुदेशन सामग्री को रिकॉर्ड कर सकते हैं उसे किसी भी तरह संशोधित या खत्म (Erase) करने की बात यहाँ उनके द्वारा नहीं की जा सकती। अपने स्टूडेंट ट्रेक पर जो भी बात वह रिकॉर्ड करना चाहें उसके संशोधन करने, उसे मिटाकर नए सिरे से अपनी रिकॉर्डिंग करने आदि सारी आजादी उनको प्राप्त होती है। मास्टर ट्रेक में रिकॉर्ड की गई अनुदेशन सामग्री को विद्यार्थी अपने अनुदेशन हेतु प्रयोग में लाने को स्वतंत्र होता है जैसे वह किसी भी शब्द का सही उच्चारण मास्टर ट्रेक की रिकॉर्डिंग के पुनः प्रस्तुतीकरण द्वारा कितनी भी बार सुन सकता है, उसके आधार पर वह अपने उच्चारण को स्टूडेंट ट्रेक पर रिकॉर्ड कर सकता है। तुलना करके जब वह देखता है कि उच्चारण मेल नहीं खा रहा है तब फिर वह स्टूडेंट ट्रेक पर अपने उच्चारण की पुनः रिकॉर्डिंग करता है ऐसा करने पर पहली अशुद्ध उच्चारण रिकॉर्डिंग स्वतः ही मिटती चली जाती है और उसके स्थान पर वर्तमान रिकॉर्डिंग आ जाती है। यह क्रिया तब तक चलती रहती है जब तक विद्यार्थी को यह निश्चित न हो जाए कि उसके उच्चारण की रिकॉर्डिंग मास्टर ट्रेक की रिकॉर्डिंग जैसी ही हो गई है। अध्यापक को अपने अभ्यास का प्रतिफल रिकॉर्डिंग रूम में सुनाकर वह उससे आवश्यक मूल्यांकन प्रतिपुष्टि और उपचारात्मक मार्गदर्शन भी प्राप्त करता रह सकता है। इस तरह विद्यार्थी व्यक्तिगत और सामूहिक दोनों रूपों में ही इस प्रकार की प्रयोगशालाओं का उपयोग भाषा संबंधी ज्ञान और कौशलों की उचित उपलब्धि हेतु कर सकते हैं।

भाषा प्रयोगशालाओं के लाभ एवं उपयोगिताएं (Uses and Applications of Language Laboratory)

किसी भी नयी भाषा के सीखने और समझने में भाषा प्रयोगशालाओं द्वारा निम्न प्रकार की सहायता पहुँचाई जा सकती है–

1. चारों भाषायी कौशलों – सुनने, बोलने, पढ़ने और लिखने के अर्जन में भाषा प्रयोगशाला बहुत ही सशक्त भूमिका निभा सकती है। पहले चरण में यह मौखिक अभिव्यक्ति–सुनने और बोलने में सहायक सिद्ध हो सकती है तथा दूसरे चरण में इसकी सहायता से पढ़ने और लिखने संबंधी कुशलताओं के अर्जन में पूरी सहायता मिल सकती है।
2. भाषा को उसके अपने ठीक देशज रूप में (अंग्रेजों द्वारा जैसे अंग्रेजी बोली जाती है या फ्रांसीसी और रूसी लोगों द्वारा फ्रेंच या रशियन भाषा) बोलने या समझने में भाषा प्रयोगशाला बहुत ही सक्रिय सहयोग प्रदान कर सकती है।
3. संप्रेषण संबंधी उपरोक्त भाषायी योग्यताओं को विकसित करने के अतिरिक्त भाषा प्रयोगशालाएं अनेक ऐसी रचनात्मक और सृजनात्मक योग्यताओं और कार्य क्षमताओं के विकास में भी सहायक सिद्ध हो सकती हैं जिनसे विद्यार्थियों को पाठ्यक्रम संबंधी विषयों के ज्ञानार्जन एवं उपयोग तथा अपने व्यक्तित्व के सर्वांगीण विकास हेतु उचित आधार पर पोषण प्राप्त हो सके। उदाहरण के लिए भाषा प्रयोगशाला की सहायता से संपादित कुछ रचनात्मक एवं सृजनात्मक कार्य निम्न प्रकार के हो सकते हैं–
   (i) विद्यार्थी किसी विषय के ऊपर अपने विचारों की अभिव्यक्ति को टेप पर रिकॉर्ड कर सकते हैं या किसी विषय या विचार का समीक्षात्मक विश्लेषण प्रस्तुत कर सकते हैं। इस प्रकार के विषय का चुनाव विद्यार्थी स्वयं कर सकते हैं। यहाँ यह अवश्य ध्यान रखा जाता है कि अभिव्यक्ति उनकी स्वयं की हो पहले से उपलब्ध अभिव्यक्ति का पुनः प्रस्तुतीकरण नहीं।
   (ii) विद्यार्थियों के सामने किसी एक कैलेंडर, मैगजीन या प्रकाशन में किसी स्थान, वस्तु, व्यक्ति, जीव विशेष, वनस्पति विशेष से संबंधित चित्रात्मक सामग्री प्रस्तुत की जा सकती है। सभी बालकों से

अपनी–अपनी तरह से उसके बारे में प्रदर्शित सामग्री के विवरण को टेप पर रिकॉर्ड करने को कहा जा सकता है। बालक एक दूसरे के टेप को सुन सकते हैं और इस तरह चित्रात्मक विवरण द्वारा उन्हें स्थान, प्रक्रिया, वस्तु या प्राणी विशेष की विभिन्न प्रकार की विशेषताओं के वास्तविक स्वरूप से परिचित होने में सहायता मिल सकती है।

(iii) विद्यार्थियों को टेप पर आवश्यक अनुदेशन प्रदान किए जा सकते हैं विद्यार्थी उन्हें भलीभाँति सुन–समझकर विभिन्न प्रकार की प्रयोगात्मक, सृजनात्मक तथा रचनात्मक क्रियाएं कर सकते हैं। उदाहरण के लिए किसी स्वयं निर्मित उपकरण का निर्माण, प्रयोगशाला में किसी प्रयोग प्रक्रिया का संपादन, गृहविज्ञान में गृह सज्जा या पाक विज्ञान संबंधी क्रियाओं का संपादन, हस्तकला से संबंधित सामग्री और वस्तुओं का निर्माण आदि।

(iv) विद्यार्थी किसी भी व्यक्तिगत, सामाजिक तथा शैक्षिक समस्या को टेप पर सुन सकते हैं तथा फिर अपनी दृष्टि से उसका समाधान टेप पर रिकॉर्ड कर सकते हैं। इस रिकॉर्डिंग को सबके सामने प्रस्तुत किया जा सकता है ताकि उचित तुलनात्मक एवं विश्लेषण प्रक्रिया द्वारा समस्या का सही समाधान तलाशने में विद्यार्थियों को उचित प्रशिक्षण मिल सके।

(v) किसी भी नक्शे में कोई एक स्थान चुना जा सकता है। विद्यार्थी उस तक पहुँचने के साधन, मार्ग आदि का विवरण अपनी–अपनी तरह से टेप पर रिकॉर्ड कर सकते हैं। सबके उत्तरों की उचित समीक्षा तथा विश्लेषण कर गंतव्य तक पहुँचने का सही मार्ग और साधनों की बात तय की जा सकती है।

(vi) विद्यार्थियों को एक पाठांश, काव्य संदेश, रचना आदि टेप के माध्यम से सुनाई जा सकती है या वीडियो के माध्यम से दिखाई जा सकती है और इसके पश्चात् उनसे उसका सार प्रस्तुत करने या उसके बोध हेतु उचित प्रश्नों के उत्तर देने के लिए कहा जा सकता है।

(vii) विद्यार्थियों को किसी चीज, शीर्षक या प्रारंभ के एक दो वाक्यों के आधार पर कहानी या घटना को उसके पूरे रूप में टेप पर रिकॉर्ड करने को कहा जा सकता है। यह भी हो सकता है कि विद्यार्थियों के एक छोटे समूह को इस कहानी या घटना को पूरा करने के लिए बारी–बारी से आमंत्रित किया जाए। एक विद्यार्थी जहाँ समाप्त करे दूसरा उससे आगे की घटनाक्रम की रिकॉर्डिंग कराए। इसके पश्चात् सभी के सामने बनी कहानी को आवश्यक परिमार्जन एवं सुधार हेतु रखा जा सकता है।

(viii) विद्यार्थियों के सामने कुछ अक्षर रखे जाएं और उनके द्वारा जितने संभावित सार्थक शब्दों का निर्माण संभव हो उसे रिकॉर्ड कराया जाए।

(ix) कुछ विद्यार्थियों द्वारा वर्ष के विभिन्न समय और स्थानों पर मौसम की भविष्यवाणी कर उसकी रिकॉर्डिंग प्रस्तुत की जाए। दूसरे विद्यार्थी उसे सुनें और उचित विश्लेषण द्वारा एक सर्वसम्मत भविष्यवाणी पर पहुँचने का प्रयत्न करें।

4. भाषा प्रयोगशाला की स्थापना और उसका विधिवत् उपयोग विद्यार्थियों तथा शिक्षकों दोनों के लिए अन्य कई प्रकार से मूल्यवान सिद्ध हो सकता है। यथा–

– भाषा कौशलों के उचित विकास हेतु अपेक्षित अभ्यास एवं पुनरावृत्ति कार्य करने के लिए सभी ऐसी आवश्यक सुविधाएं और अवसर भाषा प्रयोगशाला द्वारा आसानी से प्रदान किए जा सकते हैं जो प्रायः आम कक्षा में नहीं मिल पाते। विद्यार्थी अपनी गति और सामर्थ्य के अनुसार बिना किसी झिझक या घबराहट के दी हुई अधिगम सामग्री का श्रवण, मनन, बोध तथा उपयोग कर सकते हैं। टेप रिकॉर्डर

या वीडियो रिकॉर्डिंग उन्हें व्यक्तिगत तथा सामूहिक दोनों ही रूपों में ऐसा सब कुछ करने के बहुमूल्य बोध तथा अभिव्यक्ति अवसर प्रदान करती है।

– भाषा प्रयोगशाला विद्यार्थियों को अपनी आवाज को सुनने तथा उसकी रिकॉर्डिंग करने, भाषा संबंधी अपनी कुशलता की जाँच करने, अपनी संप्रेषण संबंधी अच्छाई–बुराइयों को जानने तथा भाषा अर्जन संबंधी अपने स्तर का लगातार मूल्यांकन करते रहने का अमूल्य अवसर प्रदान करती है। इस प्रकार के सुअवसरों द्वारा विद्यार्थियों को भाषा विशेष में आवश्यक प्रवीणता अर्जित करने में यथेष्ट सहयोग मिलता है।

– भाषा प्रयोगशालाएं विद्यार्थियों को व्यक्तिगत रूप से भाषा अर्जन में सर्वोत्तम उपलब्धि प्राप्त करने हेतु अच्छे से अच्छे अवसर प्रदान करती हैं। यही नहीं वे उन्हें अपने भाषायी ज्ञान और कौशलों का आगे अपनी रचनात्मक तथा सृजनात्मक शक्तियों के विकास में सहायता पहुँचाने में उचित भूमिका निभाती हैं।

– भाषा प्रयोगशाला में उपलब्ध शिक्षण अधिगम सामग्री और उपकरणों का प्रयोग एक अध्यापक द्वारा भाषा शिक्षण संबंधी अनुदेशन उद्देश्यों की प्राप्ति हेतु भलीभाँति किया जा सकता है।

– जहाँ तक विद्यार्थियों के लिए वैयक्तिक अनुदेशन प्रदान करने का प्रश्न है भाषा प्रयोगशाला का कोई विकल्प नहीं। सभी की रुचि और आवश्यकताओं के अनुकूल उन्हीं की अपनी गति से भाषागत अधिगम अनुभव अर्जित करने में भाषा प्रयोगशालाओं के क्रियाकलापों द्वारा बहुमूल्य लाभ प्राप्त हो सकते हैं। इनके द्वारा सभी प्रकार की योग्यताओं, क्षमताओं तथा विशेषताओं से युक्त बालकों को भाषार्जन में ठीक तरह आगे बढ़ाया जा सकता है तथा उन्हें उनकी आवश्यकता और रुचियों की दृष्टि से उपचारात्मक (Remedial) या संवर्धनात्मक (Enriched) शैक्षिक अनुभव उपलब्ध कराए जा सकते हैं।

– भाषा प्रयोगशालाएं अध्यापकों को अपने भाषा संबंधी शिक्षण को यथेष्ट रूप से परिमार्जित करने और उसकी गुणवत्ता बढ़ाने में पूरा–पूरा सहयोग देती हैं। इनसे अध्यापक को बहु माध्य (Multi media) तथा बहुइंद्रिय उपागमों को अपनाने तथा शिक्षण अधिगम को अधिक से अधिक क्रियात्मक, व्यवहारात्मक एवं रोचक बनाकर अपेक्षित भाषा शिक्षण उद्देश्यों को प्राप्त करने में भरपूर सहायता मिलती है।

इस प्रकार से देखा जाए तो भाषा प्रयोगशालाएं किसी भी नयी भाषा से संबंधित सभी प्रकार के आधारभूत कौशलों तथा ज्ञान के वांछित अर्जन हेतु यथेष्ट साधन एवं अवसर उपलब्ध कराने में शिक्षक और शिक्षार्थी दोनों की ही विविध प्रकार से बहुमूल्य सहायता करती हैं। इसलिए हमारा यह कर्त्तव्य हो जाता है कि शिक्षण प्रशिक्षण पाठ्यक्रम के माध्यम से भावी भाषा शिक्षकों को इस तरह के सैद्धांतिक तथा क्रियात्मक अनुभव प्रदान करें कि वे आगे जाकर अपने विद्यालयों में एक प्रभावी भाषा प्रयोगशाला की स्थापना और उसके सफल प्रबंधन पर उचित ध्यान दे सकें।

टेलीकांफ्रेंसिंग (Teleconferencing)

टेलीकांफ्रेंसिंग क्या है ? (What is Teleconferencing ?)

टेलीकांफ्रेंसिंग शब्द जिसे हिंदी में दूर संवाद प्रणाली का नाम दिया जा सकता है अपने शाब्दिक अर्थों में उस तंत्र, प्रणाली या प्रारूप के लिए प्रयुक्त होता है जिसके प्रतिभागी एक दूसरे से काफी दूर होते हुए भी आपस में

उचित संवाद या संभाषण कायम रखने में सफल रहते हैं। वैसे तो हम यह अच्छी तरह जानते हैं कि कांफ्रेंसिंग या पारस्परिक संवाद कायम रखने के लिए प्रतिभागियों का एक दूसरे के सामने बने रहना बहुत उत्तम रहता है ताकि पारस्परिक अंतःक्रिया एवं संप्रेषण भलीभाँति हो सके। परंतु बहुत बार आमने–सामने रहकर संवाद या संभाषण प्रक्रिया स्थापित कर पाना संभव नहीं हो पाता। विशेषकर जब प्रतिभागी एक दूसरे से बहुत अधिक दूर हों, उनका मिलन संभव न हो या इस प्रकार के मिलन में बहुत अधिक समय, पैसा तथा शक्ति के अपव्यय की बात आती हो। तब उस समय परंपरागत कांफ्रेंसिंग या आमने–सामने संवाद व्यवस्था कायम करने की बजाय टेलीकांफ्रेंसिंग (दूर संवाद प्रणाली) का ही सहारा लेना उपयुक्त रहता है। इस दृष्टि से *टेलीकांफ्रेंसिंग या दूर संवाद प्रणाली को हम एक ऐसी संवाद प्रणाली के रूप में परिभाषित कर सकते हैं जिसमें दो या दो से अधिक व्यक्ति किन्हीं दो या दो से अधिक स्थानों पर बैठे हुए किसी इलेक्ट्रोनिक माध्यम की सहायता से उसी प्रकार का सामूहिक संप्रेषण, संवाद संभाषण और अंतःक्रियाएं करने में सक्षम होते हैं जैसे कि वे एक दूसरे के आमने–सामने बैठकर परंपरागत संवाद या संभाषण प्रणाली में करते दिखाई देते हैं।*

इस तरह से टेलीकांफ्रेंसिंग के रूप में अति उन्नत इलेक्ट्रोनिक उपकरणों का उपयोग कर आज यह पूरी तरह संभव हो गया है कि हजारों लाखों किलोमीटर दूर बैठे हुए व्यक्ति उसी तरह संभाषण, वार्तालाप तथा संवादों में रत रह सकते हैं जैसे कि वे एक छत के नीचे बैठे किसी कांफ्रेंस हाल में आवश्यक अंतःसंप्रेषण और अंतःक्रियाएं कर रहे हों। जहाँ तक इस प्रकार की टेलीकांफ्रेंसिंग प्रणाली के ऐतिहासिक उद्गम का प्रश्न है तो इसका चलन अमेरिका में टेलीविजन (दूरभाष) तथा टेलीफोन पिक्चर फोन के जरिए 1960 में प्रारंभ हुआ। आज हार्डवेयर और सॉफ्टवेयर तकनीकियों के सहारे संप्रेषण एवं पारस्परिक अंतःक्रिया में जितनी क्रांति आई है उसके परिणामस्वरूप टेलीकांफ्रेंसिंग का स्वरूप और क्षेत्र भी बहुत अधिक विकसित हो गया है जिसके प्रमाण हमें अपनी रोजमर्रा की जिंदगी में अच्छी तरह देखने को मिल सकते हैं।

टेलीकांफ्रेंसिंग के प्रकार (Types of Teleconferencing)

वर्तमान समय में हमें टेलीकांफ्रेंसिंग के निम्न तीन रूप अधिक प्रचलित दिखाई देते हैं–

1. ऑडियो कांफ्रेंसिंग (Audio Conferencing)
2. वीडियो कांफ्रेंसिंग (Video Conferencing)
3. कंप्यूटर कांफ्रेंसिंग (Computer Conferencing)

ऑडियो कांफ्रेंसिंग – यह टेलीकांफ्रेंसिंग के सबसे सरल और बहु प्रचलित रूप का प्रतिनिधित्व करती है। इस कांफ्रेंस में भागीदार व्यक्तियों के बीच संवाद स्थापित करने हेतु टेलीफोन का उपयोग किया जाता है। यह एक तरह से दो व्यक्तियों के बीच संपन्न टेलीफोन सेवा का बढ़ा हुआ रूप है जिसमें आपसी बातचीत या संभाषण का दायरा दो से बढ़कर कई व्यक्तियों तक फैल जाता है।

वीडियो कांफ्रेंसिंग – इसमें ऑडियो कांफ्रेंसिंग से ज्यादा लाभ पहुँचता है क्योंकि यहाँ दूर बैठे हुए व्यक्ति आपसी संवाद स्थापित करते हुए न केवल एक दूसरे की आवाज सुनते हैं बल्कि एक दूसरे को टेलीविजन के पर्दे पर उसी तरह देख सकते हैं जैसे कि आमने–सामने बैठे हुए संभाषण कर रहे हों।

कंप्यूटर कांफ्रेंसिंग – यह टेलीकांफ्रेंसिंग के पूर्ववर्णित दोनों रूपों आडियो एवं वीडियो कांफ्रेंसिंग से बहुत अधिक उन्नत एवं प्रभावशाली प्रकार का प्रतिनिधित्व करती है। इस कांफ्रेंसिंग हेतु कंप्यूटर द्वारा प्रदत्त बहु–माध्यमी सेवाओं का उपयोग किया जाता है। यहाँ हम इंटरनेट सेवाओं द्वारा लिखित सामग्री, रेखाचित्रों (Graphics) आदि को कांफ्रेंसिंग में भाग लेने वाले व्यक्तियों को प्रेषित कर सकते हैं जिन्हें वे अपने कंप्यूटरों पर बैठे–बैठे ग्रहण

कर सकते हैं। इसके बाद वे अपनी क्रियाओं एवं प्रतिक्रियाओं को जहाँ से संप्रेषण सामग्री प्राप्त हुई थी उन्हें या अपने मनचाहे व्यक्तियों को इंटरनेट सेवाओं द्वारा प्रेषित कर कांफ्रेंस या संवाद प्रणाली में भाग लेने के इच्छुक सभी व्यक्तियों से पारस्परिक संवाद या संभाषण प्रक्रिया को चालू रखने में निरंतर सहयोग कर सकते हैं। इस प्रकार की भाषा या ग्राफिक जन्य सामग्री का आदान–प्रदान करने के अतिरिक्त वे श्रव्य एवं दृश्य प्रारूपों का प्रयोग भी आपसी संवाद तथा संभाषण हेतु कंप्यूटर की मल्टीमीडिया सेवाओं द्वारा कर सकते हैं। फलस्वरूप कांफ्रेंसिंग में भाग लेने के इच्छुक सभी प्रतिभागी अब एक दूसरे की आवाज भी कंप्यूटर के साउण्ड कार्ड स्पीकर्स तथा ईयर फोन की सहायता से सुन सकते हैं या वेब कैमरे की सहायता से एक दूसरे को संभाषण करते हुए देख भी सकते हैं। ऑन लाइन सेवाओं के द्वारा इस तरह कांफ्रेंस में भाग ले रहे सभी प्रतिभागी एक दूसरे को लिखित, मुद्रित तथा चित्रित संदेश ई–मेल एवं वार्तालाप (Chattering) सेवाओं द्वारा भेज सकते हैं, वार्तालाप करने वालों की मौखिक बातें आपस में सुन सकते हैं तथा उनकी क्रियाओं एवं प्रतिक्रियाओं को भी प्रत्यक्ष रूप से उसी तरह कंप्यूटर मानीटर पर देख सकते हैं जैसे कि वे प्रत्यक्ष रूप में संवाद या संभाषण हेतु आमने–सामने बैठे हों। इसके अतिरिक्त कंप्यूटर कांफ्रेंसिंग का एक बड़ा लाभ यह भी है कि इससे कांफ्रेंस में भाग लेने वाले व्यक्तियों को ऑन लाइन उपस्थिति भी अनिवार्य नहीं होती। माना जब कांफ्रेंस की कोई बात इंटरनेट सेवाओं द्वारा प्रसारित की जाए उस समय आप अपने कंप्यूटर पर नहीं बैठे हों, कहीं बाहर गए हुए हों तो भी आपके लिए संदेश/संवाद आपके ई–मेल बॉक्स में सुरक्षित रहेगा अथवा वेब पेज के रूप में कांफ्रेंस की वेबसाइट पर उपलब्ध रहेगा। आप इस सामग्री को अपनी सुविधानुसार कभी भी अपने कंप्यूटर की सहायता से ग्रहण कर सकते हैं तथा अपनी किसी कंप्यूटर फाइल में कापी कर उस पर अपना विशेष अध्ययन कर सकते हैं तथा फिर अपने उत्तर, टीकाटिप्पणी एवं प्रतिक्रियाओं को ई–मेल या अपने स्वयं की वेबसाइट के जरिए लाखों मील दूर बैठे हुए कांफ्रेंस प्रतिभागियों तथा अन्य इच्छुक व्यक्तियों को भेज सकते हैं।

इन तीनों प्रकार की आडियो, वीडियो तथा कंप्यूटर कांफ्रेंसिंग का प्रयोग आवश्यकतानुसार इस तरह किया जाता है कि परिस्थिति विशेष में उपलब्ध साधनों तथा कांफ्रेंसिंग उद्देश्यों को ध्यान में रखते हुए अच्छे से अच्छे परिणामों की प्राप्ति संभव हो सके। चूंकि टेलीकांफ्रेंसिंग को उसी अवस्था में काम में लाया जाता है जबकि आमने–सामने बैठकर परंपरागत कांफ्रेंसिंग या तो संभव न हो या हम समय, शक्ति और धन की बचत के लिए इसे प्राथमिकता देने की सोचें। परंतु टेलीकांफ्रेंसिंग का चाहे कोई भी प्रकार हम अपनाएं यह जरूरी है कि इस कांफ्रेंसिंग के उसी तरह के लाभ उठाए जा सकें जो प्रत्यक्ष रूप में आमने–सामने या संभाषण कायम करके उठाए जाते हैं।

इस दृष्टि से सोचा जाए तो आडियो, वीडियो एवं कंप्यूटर कांफ्रेंसिंग के किसी ऐसे मिले–जुले रूप का ही टेलीकांफ्रेंसिंग हेतु प्रयोग अच्छा रहता है जिससे परिस्थिति विशेष मे प्रत्यक्ष या आमने–सामने वाली संवाद/संभाषण प्रणाली के सभी लाभ अच्छी तरह उठाए जा सकें। इसके लिए हम उपरोक्त वर्णित पहले दोनों टेलीकांफ्रेंसिंग प्रकारों को उनके विभिन्न संयोगों के रूप में (जैसे विशुद्ध श्रव्य (Only audio) दृश्य (Video) तथा दृश्य–श्रव्य (Audio-Video) आदि) कंप्यूटर के साथ अथवा उससे अलग अपने अपने ढंग से प्रयुक्त कर सकते हैं।

इन सभी उपरोक्त संभावनाओं का यदि हम विश्लेषण करें तो हमें यह समझने में देर नहीं लगेगी कि टेलीफोन सेवाओं द्वारा स्थापित संवाद या संभाषण प्रणाली ही सबसे सरल, सुलभ तथा सस्ता टेलीकांफ्रेंसिंग प्रारूप है। इसमें हमें केवल मात्र टेलीफोन सेवाएं ही चाहिए जिनके माध्यम से सुदूर बैठे प्रतिभागी आपस में विचार विमर्श कर सकते हैं। इस प्रकार की प्राथमिक टेलीकांफ्रेंसिंग सेवाओं को और अधिक सफल बनाने हेतु निम्न प्रकार की दृश्य सामग्री तथा उपकरणों का प्रयोग उचित रहता है।

(i) प्रतिभागियों को टाइप की हुई सूचना सामग्री की इलेक्ट्रोनिक प्रतिलिपियाँ फैक्स (FAX) द्वारा भेजी जा सकती हैं।

(ii) इलेक्ट्रोनिक चाक बोर्ड का इस्तेमाल किया जा सकता है। बोर्ड पर इस तरह एक स्थान पर जो कुछ भी लिखा जाता है वह डिजीटल इनफोर्मेशन में बदलता रहता है जिसे सुदूर बैठे हुए प्रतिभागियों द्वारा अपने मानीटरों पर देखा जा सकता है।

(iii) वीडियो टैक्स्ट या टेलीटेक्स्ट (Teletext) प्रणाली का भी यहाँ इस्तेमाल किया जा सकता है।

इस प्रणाली में हम शाब्दिक तथा चित्रात्मक सामग्री (Text and graphics) को डिजीटल इनफोर्मेशन के रूप में प्रतिभागियों को उनके अपने टेलीविजन/मानीटर पर्दे पर देखने हेतु प्रसारित कर सकते हैं।

वीडियो कांफ्रेंसिंग में अगर कंप्यूटर तकनीकी का समावेश कर दिया जाए तो टेलीकांफ्रेंसिंग के उद्देश्यों की पूर्ति बहुत ही प्रभावशाली ढंग से हो सकती है। इस प्रकार के आयोजन के माध्यम से शिमला या दिल्ली के किसी कक्षाकक्ष में बैठे हुए विद्यार्थी बंगलौर या लंदन में बैठे हुए विद्यार्थी प्रतिभागियों के साथ गंभीर संवाद/संभाषण तथा वार्तालाप में रत रह सकते हैं। वे किसी प्रोजेक्टर पर चर्चा कर इलेक्ट्रोनिक रूप से उसे संशोधित कर सकते हैं। अपने प्रतिभागी साथियों को वीडियो इमेजों के रूप में अपने–आमने सामने बैठा हुआ उसी तरह अनुभव कर सकते हैं जैसे कि वे वास्तव में उस सुदूर कक्षा कक्ष या सम्मेलन कक्ष के ही भाग हों। वे एक दूसरे को अपने मानीटर पर्दे पर मुस्कराते हुए या संवाद करते हुए देखते जाते हैं तथा संवाद स्थापित करने के लिए जो कुछ कहना होता है उसे कंप्यूटर के की बोर्ड (Key Board) से टाइप करके चैट विंडो (Chat Window) के माध्यम से उन तक पहुँचाते भी रहते हैं। डाक्यूमेंट/वेब कैमरे को फोकस करते हुए या किसी भी प्रयोग की गतिविधियों को वेब कैमरे के फोकस में लाते हुए इलेक्ट्रोनिक सिगनलों के रूप में प्रतिभागियों को अपने मानीटर के पर्दे पर (कंप्यूटर तकनीकी की मदद से) देखने हेतु प्रसारित कर सकते हैं। इस तरह जो कुछ एक जगह हो रहा है उससे संबंधित सूचनाओं के आदान प्रदान में तथा आपसी विचार विमर्श से (एक दूसरे की आवाज सुनते हुए तथा एक दूसरे को देखते हुए) प्रतिभागी दूर–दूर बैठे हुए भी उसी तरह के सामीप्य का अनुभव कर सकते हैं जैसे वे एक छत के नीचे ही बैठे हों।

जिस तरह की कंप्यूटर जन्य वीडियो कांफ्रेंसिंग की ऊपर हमने चर्चा की है उसमें लोकल एरिया नेट वर्क (LAN) तथा वाइड एरिया नेटवर्क (WAN) दोनों प्रसारण प्रणालियों का ही सुविधानुसार उपयोग हो सकता है। इन प्रसारणों में एक विशिष्ट कंप्यूटर का रिफ्लेक्टर (Reflector) के रूप में इस तरह उपयोग किया जाता है कि वीडियो इमेजों को प्रतिभागी अपने–अपने मानीटर पर देख सकें। इस तरह का एक कंप्यूटर रिफ्लेक्टर अपने विशेष, निर्धारित क्षेत्र में स्थित विद्यालयों के विद्यार्थियों को टेलीकांफ्रेंसिंग के जरिए संभाषण/संवाद में अपनी भूमिका निभाने में अच्छी तरह सहायक सिद्ध हो सकता है। अगर आसपास के विद्यालय इस तरह की टेलीकांफ्रेंसिंग का आयोजन करना चाहें तो वे कुछ सीमित और निश्चित उद्देश्यों को लेकर आगे बढ़ सकते हैं। इस कार्य के लिए विद्यालयों के बीच निम्न प्रकार की गतिविधियाँ टेलीकांफ्रेंसिंग हेतु काम में लाई जा सकती हैं–

– सामाजिक विज्ञान के विद्यार्थी स्थानीय भौगोलिक जानकारी से संबंधित सूचनाएं तथा आंकड़े एकत्रित कर आपस में एक दूसरे से आदान–प्रदान कर सकते हैं तथा उनके बारे में उचित निष्कर्ष निकालने हेतु वांछित संभाषण या संवाद कायम रख सकते हैं।

– विज्ञान विषयों के विद्यार्थी स्थानीय वृक्षों तथा पेड़ पौधों की पत्तियाँ, तने, जड़ें इत्यादि इकट्ठी करके उनके मौसमानुसार बदलते रंग रूप, विशेषताओं एवं उपयोगिताओं के बारे में विभिन्न प्रकार की जानकारी तथा विश्लेषण आदि का आदान–प्रदान कर सकते हैं। वे आपस में मिलकर टेलीकांफ्रेंसिंग द्वारा स्थानीय रूप से उपलब्ध पानी और वायु की गुणवत्ता तथा प्रदूषण आदि का अध्ययन कर सकते हैं, बैक्टीरिया तथा

वनस्पति जगत संबंधी जानकारी का अध्ययन कर सकते हैं और साथ ही बैक्टीरिया तथा वनस्पति जगत संबंधी जानकारी हेतु माइक्रोस्पिक स्लाइड्स के अध्ययन का भी आदान–प्रदान कर सकते हैं।

– भाषा के विद्यार्थी भाषा संबंधी लेखन, रचना तथा रचना कार्यों एवं विचारों का आदान–प्रदान कर सकते हैं। वे अपने लिखे हुए लेख, निबंध, कविताएं, नाटक, संवाद, रचना, समीक्षा, समीक्षात्मक आलोचना आदि को आपसी संवाद/संभाषण का विषय बना सकते हैं।

– विद्यालयों के विभिन्न विषयों में विद्यार्थियों द्वारा कुछ विशेष प्रोजेक्टों का चयन किया जा सकता है तथा वे फिर मिलकर टेलीकांफ्रेंसिंग के जरिए इन प्रोजेक्टों को पूरा करने की जिम्मेदारी ले सकते हैं।

– किसी भी पाठ्य विषय की इकाई के अध्ययन के उपरांत उन्होंने क्या कुछ सीखा तथा प्राप्त किया इसको भी टेलीकांफ्रेंसिंग का आधार बनाया जा सकता है। विद्यार्थी इस बारे में सूचनाएं, ज्ञान तथा कौशलों का आदान–प्रदान कर सकते हैं तथा सीखी हुई बातों के व्यावहारिक उपयोग पर चर्चा कर सकते हैं।

वीडियो एवं कंप्यूटर कांफ्रेंसिंग के एक अति आधुनिक प्रारूप के रूप में वेब कांफ्रेंसिंग (Web conferencing) की यहाँ चर्चा करना हम जरूरी समझते हैं। वेब कांफ्रेंसिंग के भी कई विविध रूप हमें देखने को मिल सकते हैं। यथा–

(i) अपने बहुत ही साधारण रूप में वेब कांफ्रेंसिंग अपनी ऐसी क्षमता के रूप में हमारे सामने आती है जिसमें प्रतिभागी फोन पर एक दूसरे की आवाज सुनते हैं तथा वेब ब्राउजर (Web browser) द्वारा शब्द एवं चित्रात्मक सामग्री का अवलोकन भी कर सकते हैं। कांफ्रेन्स आयोजक के रूप में यहाँ अब कोई भी व्यक्ति इस तरह का नियंत्रण रख सकता है कि सभी प्रतिभागी एक सी बात सुनें या देखें। वह उन्हें केवल एक ही वेब पेज पर रोक रख सकता है। वेब पेज की विशिष्ट बातों पर ध्यान आकृष्ट करने के लिये वह ड्राईंग टूल्स (Drawing tools) का इस्तेमाल भी कर सकता है।

(ii) अपने कुछ अधिक उन्नत रूप में वेब कांफ्रेंसिंग, कांफ्रेंस आयोजक को यह मौका देती है कि वह प्रतिभागियों के वेब पेजों को भी प्रदर्शित/प्रसारित कर सके, श्वेत पट (White board) पर कुछ लिख तथा चित्रित कर सके तथा किसी सॉफ्टवेयर को इस तरह इस्तेमाल कर सके कि सभी प्रतिभागी उसे एक साथ अपने अपने कंप्यूटर मानीटरों पर देख सकें। जो कुछ भी प्रदर्शित किया जा रहा है उसमें कुछ संशोधन या सुधार करने के अवसर भी अब यहाँ प्रतिभागियों को दिए जा सकते हैं। यहाँ तक कि कांफ्रेंसिंग का पूरा का पूरा नियंत्रण भी किसी प्रतिभागी को सौंपा जा सकता है।

इस तरह वेब कांफ्रेंसिंग पूरी तरह से एक ऐसा वातावरण बनाने में सक्षम भूमिका निभाती है कि सभी प्रतिभागी ऐसा अनुभव करें कि वे सभी एक ही जगह एकत्रित होकर पारस्परिक संवाद या संभाषण में रत हैं। इसके अतिरिक्त इस प्रकार की टेलीकांफ्रेंसिंग का एक बड़ा लाभ यह भी होता है कि सभी के एक साथ एक ही जगह पर रहकर सम्मेलन या संवाद रत होने में जो अव्यवस्था या अनावश्यक कठिनाइयाँ आ सकती हैं उस पर अनायास ही यहाँ पूरी तरह अंकुश लग जाता है। इसके अतिरिक्त वेब पेजों के रूप में कांफ्रेंस के मुख्य विषय तथा उपविषयों पर बहुमूल्य जानकारी तथा चर्चा सामग्री सभी प्रतिभागियों को अपनी–अपनी जगह पर अनायास ही प्राप्त होती रहती है। कोई भी संस्था/विद्यालय अपनी वेबसाइट पर वेब पेज के रूप में किसी विशेष समस्या या चर्चित बिंदु को सामने रखकर इच्छित व्यक्तियों को इस पर चर्चा छेड़ने का न्यौता देकर कांफ्रेंस का श्रीगणेश कर सकता है। दुनिया के किसी भी कोने में बैठे हुए व्यक्ति अपनी रुचि अनुसार इस संवाद प्रक्रिया में अपने अपने कंप्यूटरों पर बैठे हुए या सामूहिक रूप से कंप्यूटर के पर्दे पर देखते हुए भाग लेने को स्वतंत्र होते हैं। इस तरह वेब कांफ्रेंसिंग हजारों लाखों प्रतिभागियों को एक साथ और एक ही समय में (अथवा उन्हें

अपनी सुविधानुसार तथा इच्छित समयानुसार प्रतिक्रिया व्यक्त करने में) संवाद/संभाषण कायम करने में पूरी तरह मदद करती है।

टेलीकांफ्रेंसिंग के शैक्षिक लाभ (Educational Advantages of Teleconferencing)

टेलीकांफ्रेंसिंग से होने वाले शैक्षिक लाभों को संक्षेप में निम्न प्रकार लिपिबद्ध किया जा संकता है–

1. इसके माध्यम से प्रतिभागी अपने–अपने स्थानों पर बैठे हुए कांफ्रेंस में भाग लेने का सुनहरा अवसर पाते हैं। इससे समय, शक्ति और धन की अपार बचत होती है क्योंकि प्रतिभागियों को कांफ्रेंस स्थल पर जाने आने की परेशानी नहीं उठानी पड़ती।
2. टेलीकांफ्रेंसिंग पारस्परिक विचार विनिमय, संवाद तथा संभाषण हेतु बहुमूल्य अवसर प्रदान करती है। किसी एक क्षेत्र में स्थित विद्यालय तथा संस्थाएं अपना एक नेटवर्क स्थापित कर बहुत ही बहुमूल्य ज्ञान, सूचनाएं तथा अनुभवों का आदान–प्रदान कर सकती हैं, किसी सांझे प्रोजेक्ट पर कार्य कर सकती हैं, सर्वेक्षण तथा अनुसंधानों में सहयोग दे सकती हैं तथा अपने पाठ्य विषयों तथा पाठांतर क्रियाओं के संपादन में सहयोग कर सकती है।
3. जिन व्यक्तियों की विषय को पूरी जानकारी है अथवा जो किन्हीं कौशल विशेष में पारंगत है उनसे संपर्क में रहकर तथा संवाद बनाए रखकर जो लाभ उठाए जा सकते हैं, उन सभी की प्राप्ति शिक्षक तथा छात्र दोनों को ही टेलीकाफ्रेंसिंग के माध्यम से सहज ही उचित रूप में हो सकती है।
4. परंपरागत कांफ्रेंस आयोजन में काफी कुछ समय अनावश्यक या आवश्यक सामाजिक औपचारिकताओं को निभाने में व्यतीत हो जाता है। चाय पान तथा खाने पीने की व्यवस्था ही अपने आप में बहुत समय ले लेती है। परिचय, स्वागत, धन्यवाद ज्ञापन आदि बातें भी कई बार अनावश्यक विस्तार ले जाती हैं। टेलीकांफ्रेंसिंग में इस प्रकार की सभी औपचारिकताओं और विशेषताओं से अनायास ही छुटकारा मिल जाता है। यहाँ सुदूर विराजमान प्रतिभागियों में जो भी संपर्क होता है वह समय विशेष के लिए एक विशेष उद्देश्य की पूर्ति हेतु ही किया जाता है।
5. टेलीकांफ्रेंसिंग, परंपरागत कांफ्रेंसिंग की तुलना में प्रतिभागियों को सभी ऐसे अवसर प्रदान करती है कि जिसमें वे बिना किसी भेदभाव अपने ऊँचे या नीचे स्तर का ख्याल किए हुए कुछ अधिक स्वतंत्रता से पारस्परिक संवाद/संभाषण में रत रह सकते हैं।
6. आडियो, वीडियो कांफ्रेंसिंग जब कंप्यूटर टेक्नोलोजी से अच्छी तरह जुड़ जाती है तो ऐसी टेली कांफ्रेंसिंग शिक्षक और शिक्षार्थी दोनों को ही अपनी–अपनी स्वाभाविक रुचियों, समय और साधनों की उपलब्धता तथा सीखने–सिखाने की गति के आधार पर स्व–अनुदेशन एवं स्व–प्रशिक्षण प्रदान करने की क्षमता रखती है। विशेष सॉफ्टवेयर पैकेज, कैसेट तथा सीडी, ई–मेल तथा वेब कांफ्रेंसिंग से प्रदत्त सुविधाओं का इस दिशा में विशेष योगदान रहता है।
7. टेलीकांफ्रेंसिंग ने विषय विशेषज्ञों, विद्यार्थी तथा अध्यापकों के बीच विचारों, ज्ञान तथा कौशलों के आदान प्रदान के लिए आज अमूल्य स्त्रोत खोल दिए हैं। वेवसाइट पर उपलब्ध ज्ञान भंडार तथा ऑन लाइन चैटिंग एवं वीडियो डिसप्ले ने व्यक्तियों के बीच समय और दूरी की सभी बाधाएं पूरी तरह से दूर कर दी हैं। आज हम जिस तरह का भी ज्ञान और कौशल चाहते हैं वह कंप्यूटर पर प्रदत्त टेलीकांफ्रेंसिंग के सहारे आसानी से और प्रभावशाली ढंग से हमें प्राप्त हो सकता है।

इस प्रकार से यह भलीभाँति समझा जा सकता है कि टेलीकांफ्रेंसिंग विषय विशेषज्ञ, छात्र तथा अध्यापकों के बीच ज्ञान एवं विचारों के विनिमय तथा संवाद व्यवस्था हेतु एक बहुत ही सशक्त साधन सिद्ध हो सकती है। परंतु फिर भी इसे वास्तविक कक्षा शिक्षण या परंपरागत कांफ्रेंसिंग का विकल्प बनाने की भूल नहीं करनी चाहिए क्योंकि यह वास्तविक कांफ्रेंसिंग का पूरक तो बन सकती है पर्याय नहीं।

सार-संक्षेप (Summary)

1. ऑडियो ट्यूटोरियल प्रणाली नाम से प्रसिद्ध शिक्षण–अधिगम प्रणाली का विकास पोस्टलीथवेट (Postlethwait) द्वारा 1961 में किया गया। उसने सबसे पहले इसका उपयोग विषय विशेष में रह जाने वाली अधिगम न्यूनताओं या कमियों को दूर करने हेतु किया था परंतु बाद में इस प्रणाली के उपयोग में ऐसे ऑडियो टेपों का भी प्रयोग किया जाने लगा जिनमें विविध प्रकार के अधिगम अनुग्रह प्रदान करने संबंधी ऐसी बातें टेप थीं जिनसे एक नियोजित ट्यूटोरियल प्रारूप में विद्यार्थी अपने–अपने स्थानों पर बैठे हुए अपने–अपने अध्ययन में अच्छी तरह रत रह सकें।
2. ऑडियो ट्यूटोरियल प्रणाली से तात्पर्य एक ऐसी शिक्षण–अधिगम प्रणाली से है जिसमें अध्ययन सामग्री एवं अधिगम अनुभव ऑडियो टेपों पर टेप रहते हैं तथा जिन्हें विद्यार्थियों द्वारा स्वयं अपनी गति से अध्ययन करने हेतु प्रयोग में लाया जाता है। टेपों पर टेप सामग्री उन्हें अप्रत्यक्ष रूप से ऐसा अनुभव कराती रहती है कि मानो वे किसी ट्यूटर के निर्देशन में अधिगम अनुभव ग्रहण कर रहे हों। विशेष आवश्यकता पड़ने पर वे अध्ययन केंद्रों में उपलब्ध अनुदेशकों (वास्तविक ट्यूटरों) से भी उचित मार्गदर्शन प्राप्त कर सकते हैं।
3. पोस्टलीथवेट के अनुसार ऑडियो ट्यूटोरियल प्रणाली की पहचान और विशेषता उसमें निहित कुछ आधारभूत अवयवों तथा अपेक्षाओं को लेकर है। ये हैं (i) आडियो टेप पर उपलब्ध अधिगम सामग्री का उचित एवं सार्थक इकाइयों के रूप में अपने अच्छे अध्ययन–अ ध्यापन रूप में उपस्थित रहना (ii) अधिगम अनुभवों के प्रस्तुतीकरण में प्रयुक्त तरीकों तथा उपागम में विविधता (iii) अधिगम सामग्री को पूरी तरह संरचित एवं परस्पर संबंधित रहना (iv) विद्यार्थियों से टेप सामग्री को एकाग्रचित्त होकर ध्यान से सुनने समझने की अपेक्षा (v) विषयवस्तु को इस तरह प्रस्तुत किया जाए कि उसके दोहराने या आवृत्ति की प्रक्रिया चलती रहे (vi) अधिगम अनुभवों के प्रदान करने में समवाय एवं समन्वित ज्ञान प्रदान करने के सिद्धांत की अनुपालना।
4. ऑडियो ट्यूटोरियल प्रणाली की अनुदेशन–प्रक्रिया तीन सत्रों में नियोजित रहती है। ये सत्र हैं (i) स्वतंत्र अध्ययन सत्र (विद्यार्थियों द्वारा सप्ताह के दौरान अपने–अपने अध्ययन स्थल या अध्ययन बूथ में बैठकर ऑडियो टेपों तथा अन्य आवश्यक सहायक सामग्री के प्रयोग द्वारा वैयक्तिक रूप से अधिगम अनुभव ग्रहण करना) (ii) आम सभा सत्र (अध्ययन केंद्र से जुड़े हुए सभी विद्यार्थियों को सप्ताह के आखिर में अपने अध्ययन में आने वाली कमियों को दूर करके तथा विषय का अच्छी तरह गहराई से बोध कराने का अवसर प्रदान करना) तथा (iii) लघु सभा सत्र (सात–आठ विद्यार्थियों का ऐसा लघु समूह जो पारस्परिक विचार–विमर्श करने या कोर्स अनुदेशक से आवश्यक चर्चा करने हेतु एक अध्ययन केंद्र में किसी समय विशेष पर उपस्थित रहे)।

5. ऑडियो ट्यूटोरियल प्रणाली अपने जिन गुणों एवं विशेष गुणों की वजह से उपयोगी मानी गयी है उनमें से प्रमुख हैं– (i) विद्यार्थियों को स्वगति से और स्वतंत्र रूप से अध्ययन करने की सुविधा प्रदान करना (ii) दूरस्थ शिक्षा से जुड़े हुए विद्यार्थियों को शिक्षा प्रदान करने की एक उपयुक्त प्रणाली (iii) सभी प्रकार की योग्यता और मानसिक स्तर के विद्यार्थियों को ट्यूटोरियल प्रारूप में स्व–अध्ययन सुविधा प्रदान करने में सहायक तथा (iv) सीमित साधनों तथा खर्चे में अधिक विद्यार्थियों को वैयक्तिक अनुदेशन की व्यवस्था करने में सहायक।

6. ऑडियो ट्यूटोरियल प्रणाली के दोष एवं सीमाओं के बारे में जो बातें कही जा सकती हैं उनमें से प्रमुख हैं– (i) अनुदेशन का मात्र श्रवणेन्द्रिय पर आधारित होना (ii) अधिगम अर्जन हेतु मिली स्वतंत्रता का विद्यार्थियों द्वारा दुरुपयोग (iii) साधन संपन्न अध्ययन केंद्रों तथा योग्य एवं उत्साही अनुदेशकों के अभाव में इस प्रणाली द्वारा वांछित अनुदेशन प्राप्ति में बाधा तथा (iv) प्रणाली को चालू करने में आवश्यक साजोसामान के लिए साधन और पैसा न होने से इसे प्रयोग में लाने में कठिनाई।

7. भाषा प्रयोगशाला से तात्पर्य विद्यालय में स्थित किसी कक्ष या स्थान विशेष पर प्रयोगशाला जैसी उन परिस्थितियों एवं संसाधनों के आयोजन से है जिनके द्वारा भाषा शिक्षक या अनुदेशक की देखरेख में किसी भी नई भाषा के स्व–अनुदेशन अथवा कक्षा–अनुदेशन की समुचित व्यवस्था की जा सके।

8. भाषा प्रयोगशालाओं को उनके स्वरूप एवं कार्यपद्धति की दृष्टि से सामान्यतया जिन चार मुख्य वर्गों या प्रकारों में बाँटकर समझा जा सकता है वे हैं (i) A प्रकार या श्रव्य प्रणाली (भाषा प्रयोगशाला जिनमें एकतरफा मौखिक प्रसारण से अनुदेशन सामग्री श्रवण रूप में विद्यार्थियों को अपने–अपने बूथों में प्राप्त होती रहती है) (ii) AA प्रकार या श्रव्य सक्रिय प्रणाली (विद्यार्थियों को सुनते रहने के अतिरिक्त अपनी ओर से आवश्यक मौखिक अनुक्रियाएं करने की सभी आवश्यक सुविधाएं प्राप्त होती हैं) (iii) AAC प्रकार या श्रव्य–सक्रिय तुलनात्मक प्रणाली (सुनने के लिए ईयर फोन तथा बोलने के लिए माइक्रोफोन की व्यवस्था के अतिरिक्त दोतरफा/दो चैनल युक्त कैसेट या टेप रिकॉर्डर उपयोग करने की सुविधा प्राप्त रहती है। जिनसे विद्यार्थी कैसेट या टेपरिकॉर्डर में रिकॉर्ड की गई भाषा से अपने स्वयं की उच्चारित भाषा का तुलनात्मक अध्ययन कर भाषा कौशलों का सही विकास कर सकते हैं) (iv) AACC प्रकार या श्रव्य सक्रिय तुलनात्मक नियंत्रित प्रणाली (पहले तीनों प्रकार की भाषा प्रयोगशालाओं द्वारा प्रदत्त सुविधाओं के अतिरिक्त ऐसी समुचित नियंत्रण प्रणाली प्रदान करना जिससे अंतःसंप्रेषण और शिक्षण–अधिगम अभ्यास एवं प्रतिपुष्टि संबंधी क्रियाओं के संपादन में पूरी–पूरी सफलता मिल सके) (v) कंप्यूटर आधारित अंतःक्रियात्मक भाषा प्रयोगशाला (अति उन्नत आधुनिक प्रयोगशालाएं जिनमें शिक्षण अधिगम सामग्री सॉफ्टवेयर पैकेज तथा इंटरनेट सेवाओं द्वारा उपलब्ध होती है)।

9. भाषा प्रयोगशालाओं की विद्यालयों में स्थापना की आवश्यकता के संदर्भ में भाषा प्रयोगशालाओं द्वारा प्रदत्त जिन विभिन्न लाभों एवं उपयोगिता का उल्लेख किया जा सकता है उनमें से प्रमुख हैं (i) भाषा संबंधी चारों कौशलों – सुनने, बोलने, पढ़ने और लिखने के अर्जन में पूरी–पूरी सहायता (ii) भाषा को अपने ठीक देशज रूप में बोलने और समझने में सहायता (iii) ऐसी रचनात्मक और सृजनात्मक योग्यताओं एवं कार्यक्षमताओं के विकास में सहायता जिनसे विद्यार्थियों को पाठ्यक्रम संबंधी अनुभवों के लाभार्जन एवं उपयोग तथा अपने व्यक्तित्व के सर्वांगीण विकास हेतु पर्याप्त सहायता मिल सके तथा (iv) विद्यार्थियों और शिक्षकों दोनों को ही भाषा के उचित अधिगम एवं शिक्षण हेतु पर्याप्त अवसर, साधन और अवसर प्रदान करना।

10. टेलीकांफ्रेंसिंग या दूर संवाद प्रणाली से तात्पर्य एक ऐसी संवाद प्रणाली से है जिसमें किसी इलेक्ट्रोनिक माध्यम की सहायता से दूर–दूर बैठे व्यक्ति उसी तरह पारस्परिक संभाषण, वार्तालाप तथा अंतःक्रियाओं में रत रह सकते हैं जैसे कि वे एक छत के नीचे बैठे किसी कक्ष में आवश्यक अंतःसंप्रेषण और अंतःक्रियाएं कर रहे हों।

11. टेलीकांफ्रेंसिंग प्रक्रिया के सामान्यतया जो तीन रूप हमें देखने को मिल सकते हैं वे हैं– (i) आडियो कांफ्रेसिंग (संवाद स्थापित करने में टेलीफोन का उपयोग) (ii) वीडियो कांफ्रेंसिंग (कांफ्रेंसिंग के कार्य में सुनने और देखने दोनों की सुविधा प्राप्त होना) तथा (iii) कंप्यूटर कांफ्रेंसिंग (कांफ्रेंसिंग हेतु कंप्यूटर द्वारा प्रदत्त बहु–माध्यमी सेवाओं का उपयोग।

12. टेलीकांफ्रेंसिंग द्वारा उपलब्ध शैक्षणिक लाभों में से जिनका प्रमुख रूप से उल्लेख किया जा सकता है वे हैं (i) सुदूर बैठे हुए व्यक्तियों के बीच संवाद और अंतःक्रिया स्थापित करने में पर्याप्त सुविधा प्रदान करना, (ii) कांफ्रेंसिंग कार्य में समय, धन और शक्ति की अपार बचत करना, (iii) विद्यालय तथा संस्थाओं में पारस्परिक सहयोगी विचार विनिमय, संवाद तथा संभाषण हेतु बहुमूल्य अवसर प्रदान करना, (iv) विषय विशेष के ज्ञाता और विद्वानों से संपर्क बनाए रखने के अवसर प्रदान करना, (v) परंपरागत कांफ्रेंसिंग की तुलना में ज्यादा सहज, सुलभ, स्वतंत्र एवं मितव्ययी वातावरण उपलब्ध कराना, (vi) स्व–अनुदेशन एवं स्व–प्रशिक्षण के अधिक अच्छे अवसर उपलब्ध कराना, (vii) समय और दूरी की सभी बाधाओं को दूर करके दुनिया भर के ज्ञान स्रोत और संप्रेषण का माध्यम शिक्षकों और विद्यार्थियों के लिए खोल देना तथा (viii) दूरस्थ शिक्षा के विस्तार तथा क्रियान्वयन में अच्छी तरह सहायता करना।

संदर्भित एवं विशेष अध्ययन ग्रंथ (References and Suggested Readings)

Adam, J.B. and A.L. Shawcross, *The Language Laboratory*, London: Pitman, 1963.

Bleazard., G.B., *Introducing Teleconferencing*, Manchester: NCC, 1985.

Julian, Dakin, *The Language Laboratory and Language Learning*, New York: Longman, 1979.

Kelleher, Kathleen, *Teleconferencing: Linking People Together Electronically*, Englewood Cliffs, N.J.: Prentice-Hall, 1985.

Olgren, Christine H. and Lorne H. Parker, *Teleconferencing Technology and Applications*, Dedham, MA: Artech House, 1983.

Parker, Lorne H., *Teleconferencing in Education*, Syracuse, NY: ERIC Clearinghouse on Information Resources, Syracuse University, School of Education, 1983.

Postlethwait, S.N., J. Novak and H.T. Murray, *The Audio-tutorial Approach to Learning, Through Independent Study and Integrated Experiences* (3rd ed.), Minneapolis: Burgess Pub., 1972.

Rao, K. Ramamohan and Srinivasan Ram, *Teleconferencing*, New York: Van Nostrand Reinhold, *c*1985.

Russell, James D., *The Audio-Tutorial System*, Englewood Cliffs, NJ: Educational Technology Publications, *c*1978.

Stack, Edward M., *The Language Laboratory and Modern Language Teaching*, (3rd ed.) New York: Oxford University Press, 1971.

Turner, Lohn Derfel, *Introduction to the Language Laboratory*, London: University of London Press, 1968.

अध्ययन के लिए प्रश्न (Study Questions)

1. ऑडियो ट्यूटोरियल प्रणाली क्या है ? इसके उद्‌भव एवं विकास पर प्रकाश डालिए।
2. ऑडियो ट्यूटोरियल प्रणाली पद को परिभाषित कीजिए। ऑडियो ट्यूटोरियल प्रणाली के आवश्यक अवयवों की संक्षेप में चर्चा कीजिए।
3. ऑडियो ट्यूटोरियल प्रणाली में प्रयुक्त विभिन्न शिक्षण सत्रों की विस्तार से चर्चा कीजिए।
4. ऑडियो ट्यूटोरियल प्रणाली क्या होती है ? इस प्रणाली के गुण दोषों की संक्षेप में समीक्षा कीजिए।
5. भाषा प्रयोगशाला से क्या आशय है ? हमें किसी भाषा को सीखने हेतु इस प्रकार की प्रयोगशाला की क्या आवश्यकता है ?
6. भाषा प्रयोगशाला क्या होती है ? भाषा प्रयोगशालाएँ कितने प्रकार की हो सकती हैं ? इन सभी प्रकार की भाषा प्रयोगशालाओं की कार्यप्रणाली की संक्षेप में चर्चा कीजिए।
7. भाषा प्रयोगशाला प्रणाली क्या है ? आप किसी भाषा प्रयोगशाला प्रणाली को कैसे काम में ला सकते हैं ? पूरी तरह से स्पष्ट कीजिए।
8. भाषा प्रयोगशाला पद से क्या आशय है ? एक भाषा प्रयोगशाला के प्रयोग एवं उपादेयता की विस्तार से चर्चा कीजिए।
9. टेलीकांफ्रेंसिंग क्या है ? इसके विभिन्न प्रकारों की विस्तार से चर्चा कीजिए।
10. अनुदेशनात्मक कार्यों हेतु कंप्यूटर कांफ्रेंसिंग प्रणाली की प्रक्रिया को अपनाने संबंधी बातों की विस्तार से चर्चा कीजिए।
11. टेलीकांफ्रेंसिंग पद से क्या आशय है ? इसके शैक्षणिक उपयोगिताओं की विस्तार से चर्चा कीजिए।

29

सहकारी अधिगम
(Cooperative Learning)

अध्याय रूपरेखा (Chapter Outline)

- सहकारी अधिगम क्या है ? (What is Cooperative Learning ?)
- सहकारी अधिगम पद की परिभाषा (Defining the Term Cooperative Learning)
- सहकारी अधिगम की मूलभूत धारणाएं तथा विशेषताएं (Basic Assumptions and Features of Cooperative Learning)
- सहकारी अधिगम की क्रिया प्रणाली (Cooperative Learning Procedure)
- सहकारी अधिगम के गुण एवं उपयोगिताएं (The Merits and Advantages of Cooperative Learning)
- सहकारी अधिगम को अपनाने में अड़चनें (Hinderance in the Path of Introducing Cooperative Learning)
- सार-संक्षेप (Summary)
- संदर्भित एवं विशेष अध्ययन ग्रंथ (References and Suggested Readings)
- अध्ययन के लिए प्रश्न (Study Questions)

सहकारी अधिगम क्या है ?
(What is Cooperative Learning ?)

सहकारी अधिगम से, जैसा कि नाम से ही विदित होता है, अभिप्राय एक ऐसी अधिगम प्रक्रिया या अधिगम व्यूह रचना से है जिसमें विद्यार्थियों को स्वयं ही एक समूह के अंतर्गत सहकारी पद्धति का अनुसरण करते हुए अधिगम अर्जन करना होता है। इस प्रणाली में विषय विशेष से संबंधित सिलेबस की किसी एक इकाई की विषयवस्तु का अधिगम करते हुए वे सभी प्राप्त सूचनाओं या अधिगम अनुभवों का आपस में आदान–प्रदान करते रहते हैं और इस तरह मिलजुल कर सहयोगपूर्ण वातावरण में उनके द्वारा विषय संबंधी ज्ञान एवं कौशलों के अर्जन का प्रयत्न किया जाता रहता है। परंपरागत कक्षा शिक्षण प्रणाली में जिस तरह अधिगम होता है उससे इस प्रकार का सहकारी अधिगम नितांत अलग ही नजर आता है। हमारी कक्षाओं में एक तो शिक्षण–अधिगम की संपूर्ण प्रक्रिया पूरी तरह विषय केंद्रित रहती है दूसरे इसमें सभी तरह से अध्यापक का ही बोलबाला रहता है।

यहाँ शिक्षक को ज्ञान का ऐसा भंडार माना जाता है जिसका एकमात्र उद्देश्य अपने विद्यार्थियों को चाहते न चाहते हुए अपने में बहने वाली ज्ञान गंगा में डुबकियां लगाना होता है। विद्यार्थियों द्वारा अपने प्रयत्नों से स्वयं भी कुछ किया जा सकता है या सीखा जा सकता है यह बात अध्यापकों के गले नहीं उतरती। वे यही सोचते हैं कि विद्यार्थियों को उन्हीं के द्वारा बताया और सिखाया जाना चाहिए। उन्हें क्या और यह किस प्रकार सीखना है इस प्रकार की पूरी योजनाएं बनाना तथा उस पर विद्यार्थियों को चलाना उन्हीं की जिम्मेदारी है। परंपरागत शिक्षण प्रणाली में अधिगम अर्जन हेतु अधिगम के जिस पथ का अनुसरण करने की विद्यार्थियों से अपेक्षा की जाती है वह पूरी तरह से वैयक्तिक उपलब्धियों को ही आगे बढ़ाने वाला होता है। इसमें सभी विद्यार्थियों से यह आशा की जाती है कि वे एक दूसरे से पारस्परिक प्रतिस्पर्धा करते हुए अधिक से अधिक अच्छे अंक, ग्रेड, डिवीजन, पास प्रतिशत प्राप्त करने का प्रयत्न करें। इस तरह प्रचलित कक्षा शिक्षण पद्धति प्रतिस्पर्धा और प्रतिद्वंद्विता की अंधी दौड़ को जन्म देती हैं जिसमें हर विद्यार्थी अपने साथियों से किसी भी तरह आगे निकलकर मैरिट पोजीशन प्राप्त करना चाहता है। इस परिस्थिति में विद्यार्थियों से यह आशा भी की जा सकती है कि वे अपने प्रयत्नों से प्राप्त सूचना, अधिगम अनुभव आदि का पारस्परिक आदान–प्रदान करते रहेंगे। अधिगम अर्जन में जहाँ प्रतिस्पर्धा और प्रतिद्वंद्विता का बोलबाला हो वहाँ सहकारिता तथा सहयोग की बात ही कहाँ उठ सकती है ? क्योंकि अंत में सबकी अपनी–अपनी उपलब्धि या निष्पत्ति का ही मूल्यांकन होता है और उसी के आधार पर उनकी आगे की कक्षाओं के प्रमोशन, तथा विशेष कोर्सों अथवा नौकरियों में प्रवेश आदि की बात भी बनती है। सामूहिक प्रयत्नों या सहकारिता का जब कोई मूल्य ही नहीं है तो फिर वे किस हालत में और क्यों आपस में मिलजुलकर सहकारी ढंग से अधिगम अर्जन करें। बात नितांत स्वाभाविक है और जो परिस्थिति है उसके लिए वर्तमान शिक्षा पद्धति तथा प्रचलित कक्षा शिक्षण प्रणाली ही जिम्मेदार है। इस स्थिति से बाहर आने में सहकारी अधिगम उपागम बहुत कुछ मदद कर सकता है। यहाँ वैयक्तिक और प्रतिस्पर्धात्मक अधिगम के स्थान पर सामूहिक और सहकारी ढंग से अधिगम उपार्जन की बात विद्यार्थियों के सामने रखी जा सकती है और शिक्षक तथा शिक्षार्थी दोनों की भूमिका और उत्तरदायित्वों में सार्थक एवं प्रयोजनपूर्ण ढंग से उचित बदलाव लाया जा सकता है। यह सब कुछ कैसे किया जा सकता है तथा इससे क्या लाभ होगा ? इन सब बातों का विवेचन ही यहाँ अब आगे की पंक्तियों में किया जाएगा।

सहकारी अधिगम पद की परिभाषा (Defining the term Cooperative Learning)

सहकारी अधिगम को एक ऐसी शिक्षण–अधिगम व्यूह रचना के रूप में परिभाषित किया जा सकता है जिसमें एक कक्षा के विद्यार्थी अपने आपको छोटे–छोटे विभिन्न समूहों (जिनमें से प्रत्येक में विभिन्न योग्यता स्तर के बहुत थोड़े विद्यार्थी शामिल होते हैं) में बाँटकर प्रतिस्पर्धा रहित अधिगम वातावरण में सहकारी ढंग से परस्पर मिलजुल कर विषय विशेष से संबंधित पाठ्य सामग्री के अधिगम अर्जन में प्रयत्नरत रहते हैं।

सहकारी अधिगम की मूलभूत धारणाएं तथा विशेषताएं (Basic Assumptions and Characteristics of Cooperative Learning)

सहकारी अधिगम उपागम से जुड़ी हुई मूलभूत धारणाओं तथा विशेषताओं को संक्षेप में निम्न प्रकार व्यक्त किया जा सकता है।

1. सहकारी अधिगम प्रणाली शिक्षण अधिगम को विषय एवं अध्यापक केंद्रित बनाने की अपेक्षा विद्यार्थी केंद्रित बनाने पर ही जोर देती है।
2. यह विद्यार्थियों से पहल करने और अपना अधिगम मार्ग स्वयं चुनने की अपेक्षा करती है, उन्हें शिक्षक द्वारा तय मार्ग पर चलने को मजबूर नहीं करती।
3. यह इस बात में विश्वास करती है कि विद्यार्थी तभी अच्छी तरह सीखते हैं जबकि उन्हें स्पर्धारहित, चिंतामुक्त, सहयोगी वातावरण में सीखने के स्वतंत्र और सहयोगपूर्ण अधिगम अवसरों की प्राप्ति होती रहे। जहाँ एक दूसरे से प्रतिस्पर्धा करते हुए आगे बढ़ने की या अपनी सम्मानजनक स्थिति की रक्षा करने की ही चिंता सताती रहे वहाँ अच्छी तरह अधिगम अर्जन नहीं हो सकता।
4. यह प्रणाली यह विश्वास करके चलती है कि शिक्षक को एक सहयोगी, मित्र तथा हितैषी मार्गदर्शक की भूमिका निभाते हुए विद्यार्थियों को इस प्रकार की अधिगम सुविधाएं देने का कार्य करना चाहिए, जिससे उन्हें पारस्परिक सहयोग करते हुए अधिगम अर्जन में मदद मिले। परंपरागत शिक्षा प्रणाली की तरह उसकी भूमिका मात्र एक भाषणकर्त्ता, विषय विशेषज्ञ या ज्ञान के सागर की तरह की नहीं होनी चाहिए जिसका कार्य विद्यार्थियों को मात्र विषय संबंधी सूचना या ज्ञान उड़ेलना ही होता है।
5. यह कक्षा शिक्षण अधिगम हेतु व्याख्यान तथा प्रदर्शन विधि की अपेक्षा विद्यार्थियों के बीच एक स्वस्थ एवं सार्थक अंतःक्रिया के द्वारा अधिगम अर्जन पर बल देने का समर्थन करती है।
6. इसका विश्वास है कि सही और वास्तविक अधिगम अपने पूर्ण रूप में तभी संभव है जबकि वह समूह के अंतर्गत सहयोगपूर्ण ढंग से मिलजुल कर अर्जित किया जाए। अकेले–अकेले व्यक्तिगत रूप से प्रतिस्पर्धा पर टिका हुआ अधिगम अर्जन कभी भी प्रभावपूर्ण एवं सार्थक सिद्ध नहीं हो सकता, क्योंकि इससे सामाजिकता की अपेक्षा घोर स्वार्थपूर्णता और वैयक्तिकता का ही पोषण होता है, जो कि उचित नहीं है।
7. व्यक्तिगत रूप से अलग–अलग किए जाने वाले व्यक्तिगत प्रयत्नों की अपेक्षा मिलजुल कर सहकारितापूर्ण ढंग से किए जाने वाले सामूहिक प्रयत्नों को अधिगम अर्जन की दृष्टि से यह पूरी तरह प्राथमिकता देना चाहती है।
8. यह विश्वास करती है कि विद्यार्थी सहयोगपूर्ण वातावरण में सहकारी पद्धति को अपनाकर अधिगम पथ पर अच्छी तरह आगे बढ़ सकते हैं क्योंकि वे स्वाभाविक रूप में अच्छे हमजोलियों तथा कक्षा साथियों के साथ यथेष्ठ निकटता, बराबरी और आत्मीयता का अनुभव कर विचारों, सूचनाओं तथा ज्ञान का अच्छी तरह आदान–प्रदान कर सकते हैं। एक दूसरे से लाभान्वित होते हुए इस तरह वे ऐसे वातावरण में कुछ ज्यादा ही सीख पाते हैं अपेक्षाकृत उस वातावरण के जिसमें अधिगम स्रोत (अध्यापक की तरह) बाह्य होता है, उनके बीच में से नहीं।
9. इसकी यह मान्यता है कि विद्यार्थियों की उपलब्धियों तथा निष्पत्तियों का मूल्यांकन उस रूप में ही ठीक तरह संभव है जबकि उनकी व्यक्तिगत उपलब्धियों तथा निष्पत्तियों के मूल्यांकन के स्थान पर पूरे समूह की उपलब्धियों तथा निष्पत्तियों का सामूहिक मूल्यांकन किया जाए क्योंकि ऐसा करने पर उन्हें परीक्षा या मूल्यांकन का भूत नहीं नजर आता और इसमें उन्हें अपने सम्मान की रक्षा करने या टीका टिप्पणी से भी मुक्ति मिल जाती है।
10. इसकी मान्यता है कि विद्यार्थी तभी अच्छी प्रकार सीखते हैं जबकि वे सीखने की प्रक्रिया से पूरी तरह से जुड़ कर एक दूसरे से सहयोग करते हुए अधिगम पथ पर आगे बढ़ें।

11. इसकी मान्यता है कि समूह उपलब्धियों का मूल्यांकन करने हेतु दो बातों पर समान रूप से ध्यान दिया जाना चाहिए–समूह के सामने अधिगम अर्जन हेतु क्या उद्देश्य थे और इन उद्देश्यों की पूर्ति में समूह में शामिल विद्यार्थियों द्वारा अपनी तरफ से क्या योगदान दिया गया।
12. इसकी यह मान्यता है कि शिक्षण अधिगम प्रक्रिया में विद्यार्थियों को मिलजुल कर सहकारी ढंग से काम करने का मौका दिया जाना चाहिए क्योंकि ऐसा करने से उन्हें भविष्य में एक सहयोगी एवं उत्तरदायी सामाजिक जीवन जीने के लिए उचित रूप से तैयार किया जा सकता है। जो विद्यार्थी अपने विद्यार्थी जीवन में एक दूसरे से सहयोग करके सीखने का प्रयत्न करते हैं वे वास्तविक जिंदगी में एक दूसरे के नजदीक आना और सहयोग करना भी सीख जाते हैं।

सहकारी अधिगम की क्रिया प्रणाली (Cooperative Learning Procedure)

परंपरागत कक्षाकक्ष शिक्षण के स्थान पर सहकारी अधिगम व्यवस्था को अपनाना कोई सरल कार्य नहीं है। किसी भी शिक्षक को ऐसा करते समय अपने साथी अध्यापकों, विद्यार्थियों, अधिकारियों तथा अभिभावकों से बहुत अधिक आलोचना एवं प्रतिरोध का सामना करना पड़ सकता है। इसके अतिरिक्त उपलब्ध परिस्थितियाँ और वर्तमान शिक्षा प्रणाली भी इस प्रकार के नवीन परंतु लाभदायक प्रयोग को हमारे विद्यालयों और महाविद्यालयों में अपनाने हेतु उपयुक्त नहीं है। परंतु यहाँ बहुत कुछ उस अध्यापक विशेष पर भी निर्भर करता है जो सहकारी शिक्षण की उपयोगिता पर पूरी तरह से विश्वास करता हो। अतः आवश्यकता इस बात की है कि शिक्षकों के द्वारा सहकारी अधिगम को शिक्षण अधिगम की एक उपयोगी व्यूह रचना के रूप में काम में लाने वाली कला और कौशलों का पूर्ण ज्ञान प्राप्त किया जाए। ऐसा होने के बाद ही वह अपने विद्यार्थियों, साथी अध्यापकों, अधिकारियों तथा अभिभावकों को इस प्रणाली की उपयोगिता से अच्छी तरह परिचित करा कर उनका समर्थन प्राप्त कर सकता है। यह सब करने के पश्चात् ही उसे सहकारी अधिगम को एक उपयुक्त शिक्षण अधिगम व्यूह रचना के रूप में काम में लाने संबंधी उपयुक्त तकनीकों और विधियों के बारे में सोचना चाहिए। वह परिस्थिति अनुसार इन विधियों और तकनीकों में कुछ परिवर्तन भी करता रह सकता है। परंतु सामान्यतया सहकारी अधिगम के लिए किस–किस तरह की विभिन्न प्रक्रियाओं या अधिगम मार्ग का अनुसरण किया जा सकता है उनका विवरण हम नीचे दे रहे हैं–

1. सबसे पहले विषयवस्तु के पाठ्यक्रम की किसी एक इकाई को कुछ सार्थक खण्डों या उपइकाइयों में विभक्त कर लेना चाहिए और कक्षा के सभी विद्यार्थियों को अलग–अलग समूहों में (एक समूह में 5 से लेकर 8 विद्यार्थी हो सकते हैं) विभक्त कर देना चाहिए। अब इन सभी टीमों या समूहों में पूर्व विभक्त उपइकाइयां सहकारी अधिगम हेतु वितरित कर देनी चाहिए। समूह में शामिल विद्यार्थी मिलजुल कर सहकारी ढंग से अपनी उपइकाई से संबंधित विषयवस्तु का ज्ञान, अवबोध और चिंतन–मनन हेतु विभिन्न प्रकार की सार्थक सूचनाएं एवं ज्ञान का संग्रह करने, विविध प्रकार के अधिगम अनुभवों का अर्जन करने, उपयोगी प्रयोगों और क्रियाओं का संपादन करने आदि में तत्पर रहते हैं। ऐसा करने में सदैव यह ध्यान रखा जाता है कि वे एक दूसरे के प्रयत्नों में बराबर तालमेल और सहयोग बनाए रखें। कुछ समय के बाद (यह अवधि पहले से ही तय कर ली जाती है) विभिन्न समूहों के सभी विद्यार्थी अपनी–अपनी उपइकाइयों में अर्जित अधिगम अनुभवों की एक साथ बैठकर चर्चा और समीक्षा करते हैं। एक प्रकार से वे यहाँ, जो कुछ उन्होंने उपइकाई विशेष में अधिगम अनुभवों के रूप में अर्जित किया है, उससे दूसरे समूह के सदस्यों को भलीभाँति परिचित कराते हैं। दूसरे शब्दों में एक समूह अपने द्वारा अर्जित अधिगम

अनुभवों का शिक्षण दूसरे अन्य समूहों के सम्मुख करता है। इस प्रकार पूरी इकाई से संबंधित विषयवस्तु का ज्ञान और बोध हो जाने के उपरांत पुनः अपने–अपने समूहों (Teams) में काम करने का एक बार फिर अवसर दिया जाता है ताकि वे आपस में पूर्ण सहयोग करते हुए पूरी इकाई का अधिक अच्छी गहराई और समझबूझ से अध्ययन कर सकें और फिर इसके आधार पर कक्षा के सभी विद्यार्थियों में इस प्रकार के अधिगम परिणामों का संप्रेषण और आदान–प्रदान हो जाए।

2. दूसरी प्रक्रिया में कक्षा के विद्यार्थियों से एक समूह प्रोजेक्ट पर कार्य करने के लिए कहा जा सकता है। यदि इस प्रोजेक्ट का चयन विद्यार्थियों की सहमति से किया जाए तो और भी अच्छा रहता है। इस प्रकार के समूह प्रोजेक्ट पर कार्य करने से विद्यार्थियों को सहयोगपूर्ण वातावरण में सहकारी अधिगम उपागम का प्रयोग करते हुए अधिगम अनुभव अर्जित करने और प्रोजेक्ट से संबंधित क्रियाओं को संपादित करने के बहुत उपयोगी अवसर उपलब्ध होते हैं। समूह के द्वारा जिस प्रोजेक्ट पर भी काम किया जाए अथवा किसी भी तरह का सामूहिक सर्वेक्षण और अनुसंधान कार्य किया जाए यह अच्छी तरह से संरचित और नियोजित होना चाहिए ताकि विद्यार्थियों में उच्चकोटि के चिंतन, विश्लेषण और मूल्यांकनात्मक कौशलों का विकास हो सके। इस प्रकार के कार्य द्वारा विद्यार्थियों को समूह के अंतर्गत मिलजुल कर काम करना सीखने हेतु विभिन्न प्रकार की प्रयोगात्मक, प्रदर्शनात्मक और क्रियात्मक योग्यताओं के विकास का भी समुचित अवसर दिया जाना चाहिए।

3. सहकारी अधिगम की इस तीसरी प्रकार की व्यवस्था में कक्षा के विद्यार्थियों को छोटे–छोटे समूहों में इस तरह बाँटा जाता है कि प्रत्येक समूह या टीम में विभिन्न योग्यताओं से युक्त 4 या 5 विद्यार्थी विद्यमान रहें। अब प्रत्येक टीम को जो पाठ या इकाई अध्यापक द्वारा पढ़ा दी गई होती है, उसी का पुनः अवलोकन, अधिगम, बोध, चिंतन या मनन आदि करने के लिए कहा जाता है। उद्देश्य यह होता है कि पाठ या इकाई विशेष के अधिगम में कक्षा के सभी विद्यार्थी स्वामित्व अधिगम स्तर पर पहुँच जाएं। इस लक्ष्य को सहकारी अधिगम उपागम अपनाकर प्राप्त करने का यहाँ प्रयत्न किया जाता है। अपनी–अपनी टीमों के सभी विद्यार्थी एक दूसरे के साथ पूरा सहयोग करते हैं, जो जिसको अच्छी तरह आता है, वह बात वह अपने अन्य साथियों को ठीक तरह समझाता है। किसी एक बात को अच्छी तरह जानने और समझने हेतु सब मिलजुल कर प्रयास करते हैं और इस तरह यह पूरी कोशिश की जाती है कि टीम में शामिल सभी विद्यार्थी अपेक्षित अधिगम अर्जन में स्वामित्व स्तर (Mastery level) प्राप्त कर लें। इस प्रकार के सहकारी प्रयत्नों के बाद कक्षा के सभी विद्यार्थियों की उनकी व्यक्तिगत उपलब्धि या निष्पत्ति के मूल्यांकन हेतु सामूहिक परीक्षा ली जा सकती है और फिर उसके परिणाम के आधार पर उनकी टीमों की ग्रेडिंग कर उन्हें यथोचित सम्मान/सर्टीफिकेट आदि प्रदान किए जा सकते हैं।

4. सहकारी अधिगम हेतु अपनायी गई इस चौथी कार्य प्रणाली में विषयवस्तु से संबंधित एक इकाई को कक्षा की 5 या 6 टीमों (प्रत्येक टीम में 5 या 6 विद्यार्थी विभिन्न योग्यता स्तरों के भी हो सकते हैं) में सहकारी अधिगम हेतु वितरित कर दिया जाता है। किसी भी एक टीम में हर एक विद्यार्थी को इकाई विशेष के किसी भाग या उपइकाई के अधिगम अर्जन के लिए उत्तरदायी बना दिया जाता है। इसी उप–इकाई के अधिगम अर्जन के लिए दूसरी सभी टीमों में कोई न कोई एक विद्यार्थी अवश्य ही उत्तरदायी होता है। इस प्रकार से कक्षा की विभिन्न टीमों के वे सभी विद्यार्थी जो किसी उपइकाई विशेष के अधिगम अर्जन के प्रति उत्तरदायी बनाए जाते हैं, उन्हें आपस में तालमेल रखकर पारस्परिक सहयोग करने की पूरी छूट रहती है और यही उनसे यहाँ अपेक्षा भी की जाती है। इस तरह टीम विशेष के सभी सदस्य अपनी–अपनी उप–इकाइयों से संबंधित विषयवस्तु का भलीभाँति ज्ञान, अवबोध और उससे संबंधित कौशलों एवं उपयोग क्षमता का विकास करने में अधिक से अधिक योग्यता और सामर्थ्य अर्जित करने

का प्रयत्न करते रहते हैं। एक निश्चित अवधि के बाद (जो पूर्व निर्धारित होती है) टीम के सदस्य एक साथ बैठकर अपनी–अपनी अधिगम उपलब्धियों से एक दूसरे को परिचित कराते हैं, (दूसरे शब्दों में उसका शिक्षण प्रदान करते हैं) आवश्यक विचार–विमर्श तथा चर्चाओं का आयोजन किया जाता है तथा आवश्यकता पड़ने पर शिक्षक का मार्गदर्शन भी इकाई विशेष के अधिगम के स्वामित्व अर्जित करने में प्राप्त किया जा सकता है। अगर इसमें कुछ कमी रह जाती है तो विद्यार्थी पुनः अपनी अपनी टीमों के सामूहिक सहकारी प्रयासों से उसे दूर करने का प्रयत्न करते रहते हैं।

सहकारी अधिगम के गुण एवं उपयोगिताएं (The Merits and Advantages of Cooperative Learning)

सहकारी अधिगम को एक शिक्षण अधिगम तकनीक या व्यूह रचना के रूप में अपनाना उसके अपने निम्न लाभों एवं उपयोगिता के संदर्भ में उचित ठहराया जाता है।

A. शैक्षिक लाभ (Academic Benefits)

1. इससे विद्यार्थियों को शिक्षण अधिगम प्रक्रिया में सक्रिय रूप से साझीदार बनाने में मदद मिलती है।
2. इस प्रणाली को अपनाने से विद्यार्थियों को उनके अधिगम के प्रति उत्तरदायी बनाया जा सकता है।
3. इससे शिक्षण अधिगम प्रक्रिया विषय अध्यापक केंद्रित न रहकर विद्यार्थी केंद्रित बन जाती है।
4. इससे विद्यार्थियों में उच्च स्तरीय चिंतन कौशलों, समीक्षात्मक चिंतन तथा मौखिक संप्रेषण कौशलों के विकास में सहायता मिलती है।
5. सहकारी ढंग से अधिगम ग्रहण करते हुए विद्यार्थियों को अपने साथी विद्यार्थियों के व्यवहार एवं कौशलों का निरीक्षण कर उनसे सीखने के अच्छे अवसर प्राप्त होते हैं परिणामस्वरूप प्रदर्शन, प्रयोग, व्यावहरात्मक तथा क्रियात्मक कौशलों का जितना अच्छा अर्जन विद्यार्थी इस प्रणाली के द्वारा कर पाते हैं उतना और किसी के द्वारा नहीं।
6. एक टीम में प्रायः विभिन्न योग्यताओं वाले बच्चों को रखा जाता है। इससे कमजोर बालक को होशियार बालकों से सीखकर आगे बढ़ने के अच्छे अवसर प्राप्त होते हैं।
7. जो कुछ टीम के सदस्य के रूप में एक बालक द्वारा सीखा जाता है वह अपने उपार्जित अधिगम अनुभवों को अन्य सदस्यों के सामने रखता है यानी उन्हें भी वह सब कुछ सिखाता है जो उसे आता है। इस तरह के आदान–प्रदान, चर्चा तथा पारस्परिक शिक्षण के द्वारा विद्यार्थियों को विषयवस्तु की बहुत अच्छी समझ तथा पकड़ हो जाती है।
8. एक तरफा अध्यापक केंद्रित व्याख्यान तथा प्रदर्शन विधि को ही अपनाए रहने की अपेक्षा द्विपक्षीय अंतःक्रिया पर आधारित विधि के रूप में एक अच्छा शिक्षण–अधिगम प्रदान करने में भी सहकारी अधिगम प्रणाली का अमूल्य योगदान है।
9. सहकारी अधिगम प्रणाली विद्यार्थियों को अधिगम हेतु एक ऐसा चिंतामुक्त, प्रतिस्पर्धा रहित, अभिप्रेरणात्मक वातावरण प्रदान करने में सक्षम रहती है जिसमें सभी विद्यार्थी पूरी तरह मन लगाकर, आवश्यक उत्साह और जोश के साथ अधिगम अर्जन में संलग्न रहें तथा उससे पूरे कक्षा के विद्यार्थियों को एक दूसरे के सहयोग से किसी एक विशेष अधिगम उपार्जन क्षेत्र में स्वामित्व स्तर पर पहुँचाया जा सके।

10. सहकारी अधिगम प्रणाली शिक्षार्थी और शिक्षक दोनों की परंपरागत भूमिकाओं में उचित तबदीली लाकर उपयुक्त शिक्षण अधिगम वातावरण के निर्माण में काफी सहयोगी सिद्ध होती है। यहाँ अब स्वयं अपने सामूहिक प्रयत्नों से वांछित अधिगम उपार्जन की जिम्मेवारी विद्यार्थियों पर डाली जाती है और अध्यापक की भूमिका उन्हें उचित सुविधाएं प्रदान कर उनकी इस कार्य में आवश्यक सहायता प्रदान करने तक ही सीमित हो जाती है।

11. सहकारी अधिगम प्रणाली में अध्यापक को ऐसा आवश्यक वातावरण सहज ही उपलब्ध हो जाता है जिसमें वह विद्यार्थियों के द्वारा किए जाने वाले अधिगम प्रयत्नों का उचित अवलोकन कर उन्हें आवश्यक प्रतिपुष्टि प्रदान करता रहे। ऐसा इसलिए संभव होता है कि अलग–अलग विद्यार्थियों के अलग–अलग कार्यों के अवलोकन करने की अपेक्षा सामूहिक प्रयत्नों का अवलोकन तथा मार्गदर्शन अधिक सुविधाजनक और व्यावहारिक होता है।

B. मनोवैज्ञानिक लाभ (Psychological Benefits)

1. विद्यार्थी सहयोगी एवं सहकारी वातावरण में अच्छी तरह सीखते हैं क्योंकि यहाँ उनको उपलब्धियों के परिप्रेक्ष्य में एक दूसरे से बाजी मारने या टीका टिप्पणियों का सामना करने की चिंता नहीं करनी पड़ती।
2. सहकारी अधिगम विद्यार्थियों को अपने साथी विद्यार्थियों से अपने अधिगम कार्य में सहायता लेने तथा उनके अनुभवों से शिक्षा ग्रहण करने एवं लाभान्वित होते रहने के लिए भलीभाँति प्रोत्साहित करती है। ऐसे सहयोगी एवं सहकारी वातावरण में उन्हें पूरी तरह ऐसी सभी प्रकार की मनोवैज्ञानिक सुरक्षा स्वतः ही प्राप्त होती रहती है जिसका परंपरागत प्रतिस्पर्धा युक्त शिक्षण अधिगम वातावरण में सर्वथा अभाव ही पाया जाता है।
3. परंपरागत कक्षा शिक्षण की तुलना में सहकारी अधिगम प्रणाली विद्यार्थियों के आत्म विश्वास और आत्म प्रतिष्ठता को बनाए रखकर उन्हें अधिगम हेतु बहुत ही सशक्त एवं सहयोगी वातवरण प्राप्त करने की क्षमता रखती है।
4. सहकारी अधिगम में विद्यार्थियों में जो समूह भावना पाई जाती है और उन्हें जो आपसी सहयोग मिलता है उसके परिणामस्वरूप नई चीजों के अधिगम या अपना मूल्यांकन/परीक्षण करने में जिस प्रकार की अनावश्यक भय और उसके बारे में अत्यधिक चिंता बालकों में पाई जाती है, उससे यहाँ लगभग पूरी मुक्ति सी मिल जाती है।
5. सहकारी अधिगम के माध्यम से विद्यार्थियों तथा शिक्षक–विद्यार्थी के मध्य एक स्वस्थ अंतःक्रिया बनाए रखने में मदद मिलती है। विद्यार्थियों में अपने साथियों तथा अध्यापक के प्रति एक सकारात्मक अभिवृत्ति विकसित करने में यह प्रणाली भलीभाँति सहायता करती है क्योंकि यहाँ विचार और कार्य दोनों की ही दृष्टि से सभी एक दूसरे को सहयोग देने और आगे बढ़ने में लगे रहते हैं।

C. सामाजिक लाभ (Social Benefit)

1. सहकारी अधिगम एक अच्छे समायोजित सामाजिक जीवन को जीने के लिए आवश्यक सामाजिक गुणों के विकास में भलीभाँति सहायक होता है।
2. सहयोग कैसे लिया तथा दिया जाता है इसके जितने अच्छे अभ्यास और आवश्यक प्रशिक्षण संबंधी अवसर इस प्रणाली में प्राप्त होते हैं वे किसी अन्य प्रणाली से युक्त अनुदेशन में नहीं।
3. इससे नेतृत्व कौशल के विकास में समुचित अवसर उपलब्ध होते हैं।

4. सहकारी अधिगम प्रणाली का अनुसरण कर अधिगम अनुभव अर्जित करते समय विद्यार्थियों को अपने सभी टीम मेंबरों के साथ मिलजुल कर पूर्ण सौहार्द एवं सहयोग की भावना लेकर अध्ययनरत रहना पड़ता है। अपने परिश्रम के परिणाम से दूसरों को लाभान्वित करना पड़ता है और उनको आवश्यकतानुसार अपने ट्यूटर के रूप में स्वीकार करना होता है चाहे वे किसी भी धर्म, जाति, वर्ण, रंग, सामाजिक, आर्थिक स्तर, भाषा या प्रांत के क्यों न हो। इस प्रकार की सहयोगी प्रवृत्ति एवं भावना का विकास उन्हें अपने आगामी सामाजिक जीवन में भलीभाँति समायोजन करने में भरपूर सहायता कर सकता है।

सहकारी अधिगम को अपनाने में अड़चनें (Hinderance in the Path of Introducing Cooperative Learning)

जैसा कि पहले कहा जा चुका है सहकारी अधिगम इस प्रकार की परिस्थितियां तथा व्यूह रचना प्रदान करता है जिसके माध्यम से वर्तमान कक्षा शिक्षण परिस्थितियों तथा शिक्षण अधिगम प्रणाली में उपयुक्त और वांछित सुधार लाया जा सके। सब कुछ भार शिक्षक के कंधों पर न रहे, विद्यार्थियों को भी अधिगम अर्जित करने में पर्याप्त रूप से उत्तरदायी बनाया जा सके। वे अपने आप स्वयं आगे बढ़कर छोटे–छोटे समूहों में सामूहिक उत्तरदायित्व की भावना से विषयवस्तु का उचित अधिगम ऐसे वातावरण में करें जिसमें प्रतिस्पर्धा और व्यक्तिगत स्वार्थ की भावना के स्थान पर सामूहिक उत्तरदायित्व, सहकारिता और पारस्परिक सौहार्द के विचारों से प्रेरित होकर अधिगम पथ पर सबको साथ लेकर चला जाए। सभी लोग एक दूसरे के स्वामित्व अधिगम अर्जित करने में मदद करें। अगर ऐसा संभव हो सके तो हमारे विद्यार्थियों को स्व–अधिगम की ओर साथ–साथ कदम बढ़ाने के लिए एक ऐसा उपयुक्त मार्ग और साधन प्राप्त हो सकता है जिनसे न केवल उन्हें अच्छी तरह अधिगम अर्जित करने के लिए वांछित वातावरण उपलब्ध होगा परंतु उन्हें जनतांत्रिक देश के एक जिम्मेदार तथा पूर्ण सामाजिक जीवन जीने के लिए भी तैयार किया जा सकेगा। अतः आवश्यकता इस बात की है कि इस प्रणाली को ठीक ढंग से विद्यालय और महाविद्यालय स्तर पर लागू किया जाए। परंतु बात इतनी सहज नहीं है, जितनी दिखती है। इसके संभावित प्रयोग में बहुत सी बातें आड़े आती हैं जिनकी वजह से सहकारी अधिगम को हमारे देश की शिक्षा पद्धति में स्थान दे पाने में कठिनाइयां आ रही हैं। इस प्रकार की ये कठिनाइयां अथवा अड़चनें क्या हैं, इनका विवरण हम संक्षेप में नीचे दे रहे हैं–

A. शिक्षकों द्वारा प्रतिरोध (Resistance on the Part of the Teachers)

स्वयं शिक्षक ही सहकारी शिक्षण का विरोध करते नजर आते हैं। उनके इस विरोध के पीछे कुछ निम्न बातें उभर कर आती हैं–

1. उन्होंने स्वयं अपने विद्यालय या महाविद्यालय स्तर पर सहकारी अधिगम प्रणाली से शिक्षा प्राप्त नहीं की है और इसलिए वे स्वयं इस प्रकार के नए प्रयोग के लिए तैयार नहीं हैं।
2. अपने अध्यापक प्रशिक्षण के दौरान उन्हें इस प्रणाली के बारे में कोई ज्ञान नहीं कराया गया है। इसके अतिरिक्त सेवा में रहते हुए भी उन्हें इस प्रकार का कोई प्रशिक्षण सेवारत कार्यक्रमों के द्वारा प्राप्त नहीं हुआ है। परिणामस्वरूप अधिकांश अध्यापकों को इस प्रणाली के बारे में कोई ज्ञान नहीं है।
3. अध्यापक इस बात से डरते हैं कि विद्यार्थियों को मिलजुल कर स्वयं अध्ययन करने की आजादी देकर वे अपना अधिकार और वर्चस्व खो देंगे। एक तरह से वे अपनी भूमिका सर्वेसर्वा की ही रखना चाहते हैं, मात्र सुविधा प्रदान करने वाले दर्शक की नहीं।

4. शिक्षकों में इतना आत्मविश्वास ही नहीं है कि वे शिक्षण अधिगम के क्षेत्र में किसी नई प्रणाली या नवाचार को प्रयोग में लाकर देखें। वे तो पूर्वाग्रह से ग्रस्त होकर किसी भी नई बात को लागू करने का विरोध ही करते हैं।
5. अध्यापक यह अनुभव करते हैं कि सहकारी अधिगम व्यवस्था में विद्यार्थियों को मिलजुल कर अध्ययन करने देने का मतलब है उन्हें समय और शक्ति के अपव्यय की आजादी देना। वे इस बात से भी डरते हैं कि इस बात से कक्षा और विद्यालय में अराजकता की स्थिति उत्पन्न हो सकती है और परिणामस्वरूप गंभीर अनुशासनहीनता की समस्या का उन्हें सामना करना पड़ सकता है। फिर जैसा कि स्वाभाविक है अधिकारियों और अभिभावकों के द्वारा उन्हें ही इसके लिए जिम्मेदार ठहराया जाएगा। अतः नई व्यवस्था लागू कर ऐसे पचड़े में ही क्यों पड़ा जाए।
6. वर्तमान शिक्षा प्रणाली अध्यापकों से यह मांग करती है कि वे निर्धारित अवधि और सत्र दिवसों में नियत पाठ्यक्रम को समाप्त करें। सहकारी अधिगम प्रणाली को लागू करने से इस लंबे चौड़े पाठ्यक्रम को समय पर समाप्त न कर सकने की संभावना से वे इसका विरोध करना चाहते हैं।
7. अध्यापक यह अनुभव करते हैं कि सहकारी अधिगम प्रणाली को लागू करने के लिए जिस प्रकार के शिक्षण–अधिगम साधन और पाठ्यक्रम सामग्री उन्हें चाहिए वह प्राप्त नहीं है। उन्हें स्वयं भी इस प्रकार के साधन और सामग्री जैसे– वर्कशीट, प्रोजेक्ट, विवरण तथा अन्य प्रकार की सहायक एवं आधारभूत सामग्री जो सहकारी अधिगम मे लिए चाहिए, उसका निर्माण करना नहीं आता है, न उनके पास इस प्रकार की सामग्री को खरीदने के लिए आर्थिक साधन उपलब्ध हैं। इस प्रणाली पर आधारित पाठ्य पुस्तक भी उपलब्ध नहीं है। इस परिस्थिति में अध्यापक इसे काम में लाने में हिचकिचाहट का अनुभव करते हैं।
8. सहकारी अधिगम प्रणाली के उपयोग हेतु बिल्कुल अलग तरह की ऐसी मूल्यांकन तकनीकों की जरूरत पड़ती है जिससे एक ओर तो सामूहिक प्रयत्नों का मूल्यांकन कर समूह विशेषों की ग्रेडिंग की जा सके, तो दूसरी ओर इस सामूहिक उपलब्धि में विद्यार्थियों का वैयक्तिक रूप से क्या योगदान रहा, इसका भी मूल्यांकन करना आवश्यक समझा जाता है। अध्यापकों को इस नए मूल्यांकन तरीके का ज्ञान नहीं है। इसलिए वे अपनी इस पूर्व धारणा के कारण कि अगर वैयक्तिक उत्तरदायित्वों का मूल्यांकन नहीं हुआ तो फिर बच्चे पढ़ना ही क्यों चाहेंगे इस प्रणाली के प्रयोग का विरोध करते हैं।

B. विद्यार्थियों द्वारा प्रतिरोध (Resistance on the Part of the Students)

सहकारी अधिगम प्रणाली को लागू करने का विरोध विद्यार्थियों द्वारा भी किया जाता है। उनके इस विरोध के पीछे कुछ निम्न बातें नजर आती हैं–

1. विद्यार्थी इस बात के अभ्यस्त हो चुके हैं कि शिक्षक द्वारा उन्हें सब कुछ बताया और पढ़ाया जाए। अपने प्रयत्नों द्वारा चाहे फिर वे सामूहिक ही क्यों न हों, विषय विशेष का अधिगम करने की बात उन्हें अपने आप एक अनावश्यक बोझ सी लगती है।
2. विद्यार्थी यह अनुभव करते हैं कि विषयों के शिक्षण अधिगम के लिए व्याख्यान विधि से अच्छी कोई विधि नहीं है। कुछ न करते हुए आराम से बैठ कर अध्यापक का भाषण सुनने से विषय से संबंधित सारे अधिगम अनुभव प्राप्त हो जाते हैं। इस प्रकार की सुविधाजनक स्थिति को त्याग कर वे किसी भी प्रकार की जिम्मेदारी अपने ऊपर नहीं लेना चाहते।
3. विद्यार्थी यह समझते हैं कि सहकारी अधिगम की बात वे ही अध्यापक करते हैं जो कक्षा शिक्षण के उपयुक्त नहीं हैं अतः वे इसमें की जाने वाली मेहनत से बचना चाहते हैं। उन्हें पढ़ाने के लिए शिक्षकों

को वेतन मिलता है तो फिर उन्हें मात्र दर्शक बनाकर सहकारी अधिगम के बहाने विद्यार्थियों पर स्वयं पढ़ने की जिम्मेदारी क्यों डाली जा रही है।

4. विद्यार्थियों को न तो ऐसा कोई पिछली कक्षाओं का पूर्व अनुभव है और न ही उन्हें कोई ऐसा प्रशिक्षण दिया गया है जिससे वे स्वयं के प्रयत्नों से मिलजुल कर अधिगम अनुभव कर सकें। उन्हें तो विषय सामग्री को रटकर की जाने वाली परीक्षाओं में अधिक अंक प्राप्त करने या अच्छा ग्रेड प्राप्त करने की होड़ सी लगी रहती है। ऐसे में जब उनसे सहकारी अधिगम को अपनाकर एक दूसरे के साथ अपने अधिगम प्रयत्नों का आदान–प्रदान करने की बात कही जाती है तो यह बात उनके गले नहीं उतरती। वे यही सोचते हैं कि दूसरों के लिए हम क्यों सीखें या जो हमें आता है वह दूसरों को क्यों बताएं।
5. सहकारी अधिगम की सफलता इस बात पर निर्भर करती है कि एक समूह या टीम में शामिल सभी विद्यार्थी अपनी–अपनी व्यक्तिगत जिम्मेदारियों का निर्वाह करते हुए अधिक से अधिक अधिगम अर्जन कर एक दूसरे को स्वामित्व अधिगम स्तर तक पहुँचाने में मदद करें। उन्हें यह शंका रहती है कि उनकी टीम के अन्य सदस्य इस मामले में अपनी जिम्मेदारी नहीं निभाएंगे और उन्हें स्वयं ही सारा बोझ उठाना पड़ेगा। और अगर ऐसा होना ही है तो फिर इस सहकारी अधिगम के चक्कर में पड़ने से क्या फायदा ?

C. अधिकारियों द्वारा प्रतिरोध (Resistance on the Part of the Authorities)

सहकारी अधिगम प्रणाली को लागू करने में अधिकारियों का रवैया भी आड़े आता है जिसके पीछे कुछ निम्न कारण हो सकते हैं–

1. उन्हें यह डर रहता है कि सहकारी अधिगम के बहाने अध्यापक अपने शिक्षण दायित्वों का निर्वाह ठीक प्रकार न कर मौज मस्ती करते रहेंगे।
2. अगर विद्यार्थियों की व्यक्तिगत उपलब्धियों और जवाबदेही का मूल्यांकन नहीं हुआ तो फिर शिक्षकों की प्रभावशीलता और जवाबदेही का मूल्यांकन कैसे हो सकेगा और यह मूल्यांकन न होने पर उनकी शिक्षकों पर एवं विद्यालयों पर पकड़ ही कहाँ रह जाएगी।
3. अधिकारी और प्रशासक वर्ग को सहकारी अधिगम प्रणाली की विचारधारा और कार्यप्रणाली का कोई वांछित ज्ञान नहीं होने से वे इसका अज्ञानतावश विरोध करते हैं।
4. उन्हें यह डर रहता है कि इस नवाचार को लागू करने हेतु अध्यापकों और विद्यालयों द्वारा विशेष सुविधाओं और साजो सामान की मांग की जाएगी और उसके लिए आवश्यक धन जुटाने में उन्हें परेशानी आ सकती है।

D. अभिभावकों द्वारा प्रतिरोध (Resistance on the Part of the Parents)

सहकारी अधिगम के विरोध में अभिभावक वर्ग भी खड़ा नजर आता है। इसके पीछे कुछ निम्न कारण हो सकते हैं–

1. अपने विद्यार्थी जीवन में उन्होंने कभी भी ऐसी विधि से अधिगम अर्जन नहीं किया और न कभी किसी के द्वारा उन्हें इस प्रणाली के बारे में कुछ बताया गया है।
2. अभिभावकों को डर लगता है कि इस प्रणाली को अपनाने से उनके बच्चों का व्यक्तिगत विकास रुक जाएगा और वे प्रतिस्पर्धा और एक दूसरे से आगे निकलने वाली दुनिया में व्यर्थ ही पीछे रह जाएंगे।
3. होशियार और प्रतिभाशाली विद्यार्थियों के अभिभावक यह सोचते हैं कि सहकारी अधिगम के बहाने उनके बालकों को ट्यूटर बनाकर उनका समय और शक्ति बर्बाद की जाती रहेगी या फिर अधिगम प्रयत्नों में उन्हें अधिक जोते रखा जाएगा।

4. अभिभावक यह भी अनुभव करते हैं कि सहकारी अधिगम तो एक बहाना है, शिक्षक पढ़ाना ही नहीं चाहते या फिर अपनी जिम्मेदारियों से बचना चाहते हैं। इसलिए नियमित कक्षाओं में रोज विद्यालय भेजने से क्या फायदा। यदि अपने आप पढ़ना है तो दूरवर्ती या पत्राचार शिक्षा या ऑन लाइन एजूकेशन से ही अपने बच्चों को पढ़ाना ठीक रहेगा।

इस प्रकार से एक शिक्षक को वर्तमान परिस्थितियों में सहकारी अधिगम प्रणाली को अपनाने में बहुत सारे प्रतिरोध और अड़चनों का सामना करना पड़ सकता है। परंतु अगर उपरोक्त वर्णित प्रतिरोधों तथा उनमें निहित कारणों का विश्लेषण किया जाए तो बहुत सी बातें निराधार और एकतरफा ही नजर आएंगी। इस प्रणाली में निहित विचारधारा और इसको लागू करने संबंधी कौशल की अनभिज्ञता ही मुख्य रूप से एक ऐसी बात हो सकती है जो इसे अपनाने में ज्यादा आड़े आ रही है। स्वाभाविक ही है कि इस अज्ञानता और अनभिज्ञता को दूर करने की जिम्मेदारी शिक्षक प्रशिक्षण पाठ्यक्रम तथा शिक्षण प्रशिक्षण संस्थाओं द्वारा ली जाए ताकि सेवा पूर्ण और सेवाकालीन प्रशिक्षण कार्यक्रमों के माध्यम से इस प्रणाली को लागू करने संबंधी आवश्यक सैद्धांतिक और व्यावहारात्मक आधार अध्यापकों को प्रदान किया जा सके। निस्संदेह जब तक अध्यापक इस प्रणाली को लागू करने में पूरी तरह सक्षम और पहल करने वाले सिद्ध नहीं होंगे तब तक इस प्रणाली से होने वाले लाभों से हमारा विद्यार्थी वर्ग वंचित ही रहेगा।

सार-संक्षेप (Summary)

1. सहकारी अधिगम से अभिप्राय एक ऐसी शिक्षण अधिगम प्रणाली से है जिसमें छोटे–छोटे विभिन्न समूहों में कार्यरत विद्यार्थी प्रतिस्पर्धा रहित अधिगम वातावरण में सहकारी ढंग से परस्पर मिलजुल कर किसी विषय विशेष से संबंधित अधिगम अर्जन में लगे रहते हैं।
2. सहकारी अधिगम उपागम जिन मूलभूत धारणाओं तथा विशेषताओं पर टिका हुआ है उनमें से प्रमुख हैं– (i) शिक्षण अधिगम प्रक्रिया को विद्यार्थी केंद्रित बनाने पर जोर (ii) व्यक्तिगत रूप से प्रतिस्पर्धा पर टिके अधिगम अर्जन की अपेक्षा समूहगत सहयोगी ढंग से किए गए अधिगम अर्जन पर अधिक विश्वास (iii) शिक्षक को एक सहयोगी, मित्र तथा मार्गदर्शक की भूमिका में देखना (iv) स्वस्थ एवं सार्थक अंतःक्रिया द्वारा सहयोगपूर्ण वातावरण में अधिगम अर्जन करना (v) व्यक्तिगत उपलब्धियों के मूल्यांकन के स्थान पर पूरे समूह की उपलब्धियों का सामूहिक मूल्यांकन कराया जाना तथा (vi) बालकों को परस्पर मिलजुल कर सीखने तथा सामाजिकता के गुण आत्मसात करने में सहयोगी सिद्ध होना।
3. सहकारी अधिगम विभिन्न रूपों में संपन्न कराया जा सकता है जैसे (i) अध्यापक द्वारा विषयवस्तु के पाठ्यक्रम की किसी एक इकाई को कुछ सार्थक खंडों या उप–इकाइयों में बाँटा जा सकता है। इसके बाद कक्षा के सभी विद्यार्थियों को अलग–अलग छोटे समूहों में बांट कर उन्हें यह पूर्व विभक्त उपइकाइयां सहकारी अधिगम वितरित कर दी जाती हैं। (ii) कक्षा के विद्यार्थियों से एक समूह प्रोजेक्ट पर कार्य करने के लिए कहा जा सकता है। (iii) कक्षा के विद्यार्थियों को छोटे–छोटे समूहों में बांटकर प्रत्येक समूह को जो पाठ या इकाई अध्यापक द्वारा पढ़ा दी गई होती है, उसी का पुनः अवलोकन, अधिगम बोध, चिंतन या मनन करने के लिए कहा जाता है। उद्देश्य यही होता है कि सहयोगी ढंग से कार्य करते हुए कक्षा के सभी विद्यार्थी उस पाठ या इकाई विशेष के अधिगम में स्वामित्व अर्जित कर सकें। (iv) विषयवस्तु से संबंधित एक इकाई को कक्षा की 5 या 6 टीमों में सहकारी अधिगम हेतु वितरित कर दिया जाता है। टीम

में शामिल विद्यार्थी अपने–अपने हिस्से में आई किसी उप इकाई से संबंधित अधिगम अर्जन के लिए उत्तरदायी होते हैं। इस तरह सभी टीमों में कोई–न–कोई किसी एक विशेष उप–इकाई के अधिगम अर्जन से विशेष रूप से जुड़े रहते हैं और फिर ऐसे सभी विद्यार्थियों को अपने लक्ष्य की प्राप्ति के लिए सहज ही सहयोगी बन जाना नितांत स्वाभाविक हो जाता है। सहकारी ढंग से इस तरह विभिन्न उप–इकाइयों के अधिगम अर्जन का मार्ग काफी सहज हो जाता है जिसका लाभ आगे चलकर सभी विद्यार्थियों को पूरी इकाई के अधिगम हेतु मिल सकता है।

4. सहकारी अधिगम को एक शिक्षण अधिगम प्रणाली या तकनीक के रूप में अपनाने से विविध प्रकार के शैक्षणिक, मनोवैज्ञानिक तथा सामाजिक लाभों की प्राप्ति हो सकती है। शैक्षणिक लाभों में हम शिक्षण अधिगम प्रक्रिया को विद्यार्थी केंद्रित बनाने, विद्यार्थियों को सक्रिय साझीदारी ग्रहण करने, साथी विद्यार्थियों के व्यवहार एवं कौशलों का निरीक्षण कर उनसे सीखने के उचित अवसर प्राप्त होने, अधिगम के लिए चिंतामुक्त, प्रतिस्पर्धारहित, अभिप्रेरणात्मक तथा सहकारी वातावरण उपलब्ध होने की विशेष रूप से चर्चा कर सकते हैं। मनोवैज्ञानिक लाभों में हम सहकारी अधिगम द्वारा प्रदत्त उस स्वस्थ एवं प्रेरणादायक सहयोगी एवं सहकारी वातावरण की चर्चा कर सकते हैं जिसके द्वारा विद्यार्थियों को अपने साथियों तथा अध्यापकों के प्रति एक सकारात्मक अभिवृत्ति विकसित करने का अवसर मिलता है। वे प्रतिस्पर्धा न कर परस्पर सहयोग करते हैं। सामाजिक लाभों में हम सहकारी अधिगम द्वारा प्रदत्त उन सभी बातों की चर्चा कर सकते हैं जिनसे बालकों को एक–दूसरे के निकट आने, सहयोग करने और मिलजुल कर आगे बढ़ने की प्रवृत्ति का पोषण करने में मदद मिलती है और वे सामाजिक जीवन को अच्छी तरह जीने के गुण अपने अंदर आत्मसात करते हैं।

5. सहकारी अधिगम को अपनाने में कई अड़चनें सामने आ सकती हैं। पहले तो शिक्षक वर्ग ही इस प्रकार से अधिगम को अपनाने में विरोध करते हुए नजर आ सकते हैं फिर इसके बाद विद्यार्थी वर्ग अधिकारियों तथा अभिभावकों के प्रतिरोध का सामना भी इसे अपनाने के रास्ते में बाधक सिद्ध हो सकता है। यह प्रतिरोध इस प्रणाली को ठीक तरह से न जानने और इसके प्रति व्याप्त अनावश्यक भय या शंकाओं को लेकर ही है। इसलिए यह जरूरी हो जाता है कि शिक्षक प्रशिक्षण पाठ्यक्रम तथा शिक्षक प्रशिक्षण संस्थानों पर यह जिम्मेदारी डाली जाए कि वे इस प्रकार की अधिगम प्रणाली को अपनाने में बाधक बन रही अज्ञानता और अनभिज्ञता को दूर करने हेतु उचित सेवा पूर्व तथा सेवाकालीन अध्यापक प्रशिक्षण कार्यक्रमों का आयोजन करें।

संदर्भित एवं विशेष अध्ययन ग्रंथ
(References and Suggested Readings)

Cohen, Elizabeth G., Celeste M. Brody and Mara Sapon-Shevin (Eds.), *Cooperative Learning: The Challenge for Teacher Education,* Albany: State University of New York Press, 2004.

Gillies, Robyn M., *Cooperative Learning, Integrating Theory and Practice*, Los Angeles: Sage Publications, 2007.

Golubchick, Leonard H. and Barry Persky (Eds.), *Innovations in Education*, Dubuque, Iowa: Kendall/Hunt Pub., 1975.

Jolliffe, Wendy, *Cooperative learning in the Classroom: Putting it into Practice*, Thousand Oaks, Calif.: Sage Publications, 2007.

De Carlo, Julia E. and Constant A. Madon (Eds.), *Innovations in Education for the Seventies: Selected Readings*, New York: Behavioral Publications, 1973.

McConnell, David, *Implementing Computer Supported Cooperative Learning*, (2nd ed.), London: Sterling, VA: Kogan Page, 2000.

अध्ययन के लिए प्रश्न (Study Questions)

1. सहकारी अधिगम (Cooperative Learning) क्या है ? इस पद की एक उपयुक्त परिभाषा दीजिए।
2. सहकारी अधिगम क्या है ? इस प्रणाली की आधारभूत धारणाओं तथा विशेषताओं का उल्लेख कीजिए।
3. हमारे विद्यालयों में सहकारी अधिगम व्यवस्था को कैसे लागू किया जा सकता है ? इसके लागू करने संबंधी विभिन्न कार्य प्रणालियों की संक्षेप में चर्चा कीजिए।
4. सहकारी अधिगम क्या है ? इसके गुण एवं उपयोगिताओं की चर्चा करते हुए बताइए कि इसको लागू करने में किस प्रकार की अड़चनें और प्रतिरोध सामने आ रहे हैं ?

30

सूचना एवं संप्रेषण तकनीकी
(Information and Communication Technology—ICT)

विषय प्रवेश
(Introduction)

आज हम एक ऐसे ज्ञान आधारित समाज तथा ज्ञानवान दुनिया में रह रहे हैं जहाँ ज्ञान व्यक्ति विशेष के लिए एक बड़ी ऊर्जा पूंजी तथा ताकत और राष्ट्र के लिए अपार संपदा है। यह भी सही है कि ज्ञान की तादात और प्रसार में काफी विस्फोट हो रहा है। सुरक्षा की तरह तेजी से बढ़ते हुए इस ज्ञान भंडार को आत्मसात करने के लिए आज हमें विकसित तकनीकी के ज्ञान एवं उपयोग की आवश्यकता है। हमें आज ज्ञान को ग्रहण करने की नहीं बल्कि ज्ञान प्राप्ति के ढंग को भी सीखने की जरूरत है। यह बात केवल सूचना एवं संप्रेषण तकनीकी की

सहायता से ही संभव है। प्रस्तुत अध्याय में हम सूचना एवं संप्रेषण तकनीकी की प्रकृति एवं उपादेयता के बारे में ही अध्ययन करना चाहेंगे।

सूचना एवं संप्रेषण तकनीकी का अर्थ (Meaning of Information and Communication Technology — ICT)

अनुभव अपने आप में एक महान अध्यापक है। इस उक्ति की सत्यता से मुंह नहीं मोड़ा जा सकता। सीखने वाले को यह अनुभव प्रत्यक्ष (Direct) और अप्रत्यक्ष (Indirect) दोनों ही तरीकों से हो सकता है। परंतु प्रत्यक्ष अनुभव या ज्ञान प्राप्ति का यह रास्ता कई बार बहुत कठिन होता है तो कई बार बिल्कुल असंभव (जैसे कि यह अनुभव करना कि जहरीले सांप के काटने से मौत हो जाती है।) यही कारण है कि हमें कई बार मजबूरी में तथा कभी सुविधाजनक होने के कारण अप्रत्यक्ष ढंग से अनुभव करने का रास्ता अपनाना पड़ता है। अप्रत्यक्ष ढंग से ज्ञान, अनुभव तथा जानकारी हम कई ढंग से ले सकते हैं जैसे किसी व्यक्ति से पूछकर, किताबों से या पत्र–पत्रिकाओं से पढ़कर, चित्र, फोटोग्राफ, तथा फिल्म देखकर या रेडियो, टेप आदि सुनकर। इन स्रोतों से प्राप्त सूचना के आधार पर ही हम किसी व्यक्ति, स्थान, वस्तु या विचार के बारे में जानने या समझने का प्रयत्न करते हैं और इस तरह अपने वातावरण से परिचित होकर अपने आपको समायोजित करने तथा जीवन को जीने की चेष्टा करते रहते हैं। सूचना के जितने भी स्रोतों का अभी हमने जिक्र किया है उन सभी से ठीक ढंग से सूचना प्राप्त करना, उन्हें अपनी स्मृति में या कहीं और ठीक तरह से सुरक्षित रखना और समय पर ठीक प्रकार उसका उपयोग करना ये सभी बातें सूचना प्राप्त करने वाले को निजी या सार्वजनिक हित में बहुत जरूरी होती हैं। सूचना प्राप्ति और उसको ठीक तरह से नियंत्रित एवं व्यवस्थित करने की इसी तकनीकी को ही सूचना तकनीकी कहा जाता है। परंतु सूचना की ऐसी प्राप्ति तथा उसका उपयोग तब तक अपने आप में अधूरा है जब तक इसमें संप्रेषण कला का समावेश न हो। संप्रेषण एक द्विपक्षीय प्रक्रिया है जिसकी सहायता से हम अपने विचारों मान्यताओं तथा जानकारी को दूसरों के साथ बाँटते हैं। सूचना स्रोत तथा सूचना ग्रहण करने वालों के बीच इस पारस्परिक आदान–प्रदान से सूचना उपलब्धि तथा उसके उपयोग संबंधी कार्य व्यापार में काफी सहायता मिलती रहती है जिसके परिणामस्वरूप ज्ञान भंडार में वृद्धि होती रहती है। इस प्रकार से सूचना और संप्रेषण दोनों की ही ज्ञान को ग्रहण करने तथा ज्ञान प्राप्ति के ढंग को जानने तथा समझने हेतु हमें जरूरत रहती है। यहाँ हमें अगर अब सूचना एवं संप्रेषण संबंधी अपने कार्य व्यापार में कुशलता एवं प्रवीणता चाहिए तो हमें सूचना एवं संप्रेषण विज्ञान जिसे सूचना एव्र संप्रेषण तकनीकी या संक्षेप में आई सी टी (ICT) कहा जाता है, की सहायता की जरूरत है। इस प्रकार से सूचना एवं संप्रेषण तकनीकी से अभिप्राय *''औजारों, उपकरणों तथा अनुप्रयोग आधार से युक्त एक ऐसी तकनीकी से है जो सूचना के संग्रहण, भंडारण पुनः प्रस्तुतीकरण, उपयोग, स्थानांतरण, संश्लेषण एवं विश्लेषण, आत्मसातीकरण आदि के विश्वसनीय एवं यथार्थ संपादन में सहायक सिद्ध होते हुए उपयोगकर्त्ता को अपना ज्ञानवर्द्धन करने तथा उसके संप्रेषण और उसके द्वारा अपनी निर्णय और समस्या समाधान योग्यता में वृद्धि करने में यथेष्ट सहायक सिद्ध होती है।''*

(Information and communication technology in that type of technology employed in the shape of tools, equipments and application support which helps in the collection, storage, retrieval, use, transmission, manupulation and dissemination of information as accurately and efficiently as possible for the purpose of enriching the knowledge and develop communication, decision making as well as problem solving ability of the user.)

सूचना एवं संप्रेषण तकनीकी का उद्‌भव एवं विकास (Origin and Growth of Information and Communication Technology)

संप्रेषण एवं सूचना संबंधी तथ्यों एवं आंकड़ों के संग्रह और उपयोग की कहानी उतनी ही पुरानी है जितनी कि हमारी सभ्यता और संस्कृति। जब कोई यांत्रिक साधन नहीं थे तब भी संप्रेषण सूचनाओं का एकत्रीकरण, संग्रह तथा स्थानांतरण होता था। मौखिक रूप में सूचनाएं इकट्ठी की जाती थी, मस्तिष्क में स्मृति रूप में इन्हें संजोया जाता था और मौखिक रूप से इनका हस्तांतरण और उपयोग किया जाता था। लेखन कला ने इस दिशा में पहला प्रयास किया और इस तरह कागज, स्याही तथा लेखनी का आविष्कार संप्रेषण एवं सूचना तकनीकी के क्षेत्र में पहला मील का पत्थर माना जा सकता है। इसके पश्चात् दूसरे उन्नत आविष्कार के रूप में वर्ष 1438 में जर्मनी के गुटेनवर्ग (Gutenberg) द्वारा छापेखाने मशीन के आविष्कार को माना जा सकता है। निःसंदेह मुद्रण साधनों (Print media) ने संप्रेषण एवं सूचना तकनीकी के विकास में अपूर्व योगदान दिया है। इस दिशा में आगे के कुछ विकसित प्रयास निम्न प्रकार गिनाए जा सकते हैं–

- 1849 में फ्रांस निवासी एल॰जी॰एम॰ डेगूरे तथा इंग्लैण्ड निवासी डब्ल्यू॰एच॰एफ॰ तालबोट द्वारा फोटोग्राफी का आविष्कार।
- 1900 में फ्रांस के प्रोफेसर एबी॰रेने॰ ग्राफीन द्वारा फोटोस्टेट तकनीक का आविष्कार।
- 1938 में अमेरिकन प्रोफेसर एफ॰ कार्लसन द्वारा जीरोग्राफी (Xerography) का आविष्कार।
- 1940 में इंग्लैण्ड निवासी जे॰बी॰ डेंसर तथा फ्रांस निवासी रेने डेग्रेन द्वारा जिससे किसी भी मुद्रित सामग्री की थोड़ी जगह में कापी की जा सकती है ऐसी माइक्रोग्राफी (Micrography) तकनीक का आविष्कार।
- 1960 में अमेरिका निवासी थियोडोर मेमन द्वारा प्रिंटिंग में प्रयुक्त लेसर तकनीक का आविष्कार।
- 20वीं शताब्दी में अतिआधुनिक उपकरणों मेगेनेटिक वीडियो कैमरा, वीडियो डिस्क एवं कंप्यूटरों का विकास।

उपरोक्त आविष्कारों के अतिरिक्त दूर संचार (Telecommunication) तकनीकी के विकास ने भी सूचना एवं संप्रेषण तकनीकी को अपने इस रूप में विकसित करने में अमूल्य सहयोग दिया है। कबूतरों के द्वारा संदेश प्रसारित करने के अपने स्तर से आज हम सेटेलाइट संचार (Satellite communication) सेवा तक पहुंच गए हैं। संचार एवं संप्रेषण क्षेत्र में होने वाले कुछ महत्त्वपूर्ण आविष्कारों की प्रगति की कहानी निम्न है।

- 1837 में अमेरिका निवासी एस॰पी॰बी॰ मोर्स द्वारा टेलीग्राफ का आविष्कार
- 1876 में अलेक्जेंडर ग्राहम बैल (स्काटलैंड निवासी) द्वारा टेलीफोन का आविष्कार
- 1895 में इटली निवासी जी॰ मारकोनी द्वारा रेडियो का आविष्कार
- 1925 में स्काटलैंड निवासी जे॰एल॰ बेयर्ड द्वारा टेलीविजन का आविष्कार
- संचार उपग्रहों का विकास (सोवियत रूस द्वारा पहला स्पूतनिक उपग्रह 4 अक्टूबर 1957 को अंतरिक्ष में स्थापित किया गया था)।
- बीसवीं शताब्दी में ही केबल और फैक्स तकनीक का आविष्कार।

सभी प्रकार की सूचना एवं संप्रेषण को भलीभांति एकत्रित, संग्रहीत, पुनः प्रस्तुतीकरण और हस्तांतरण करने में सहायक उपरोक्त आधुनिक साधनों एवं उपकरणों से प्रोत्साहित होकर संप्रेषण सूचना को वैज्ञानिक ढंग से नियोजित व्यवस्थित एवं नियंत्रित करने के गंभीर प्रयास 19वीं शताब्दी के उत्तरार्ध में अच्छी तरह शुरू हो गए

थे जिनका बहुत कुछ श्रेय अमेरिका को ही जाता है। यही 1950 में विश्व में पहली बार सूचना एवं संप्रेषण जगत में सूचना एवं संप्रेषण विज्ञान (Information and communication science) शब्द का प्रचलन प्रारंभ हुआ। इस समय इसे अमेरिकन तथा अन्य देशों के वैज्ञानिकों द्वारा विज्ञान संबंधी ज्ञान तथा जानकारी के पारस्परिक विनिमय के लिए काम में लाया जाता था। विज्ञान के क्षेत्र में जो भी तथ्य सिद्धांतों तथा अनुसंधान संबंधी सूचनाएं सब जगह से एकत्रित हो सकती थी उनको संग्रहीत और व्यवस्थित करके उपयोग में लाने की बात ही इस समय के सूचना एवं संप्रेषण विज्ञान की परिधि में आती थी। परंतु धीरे–धीरे सूचना एवं संप्रेषण विज्ञान के इस दायरे में वृद्धि होती गई और 1960 में इसे औद्योगिक क्षेत्र में भी प्रयोग में लाया जाने लगा। इसी समय कंप्यूटर तथा संचार उपग्रह सेवाओं का भी तेजी से विकास होने के साथ अब सूचना एवं संप्रेषण विज्ञान के उपयोग क्षेत्र का दायरा हमारे जीवन के लगभग सभी कार्यक्षेत्रों बैंकिंग, मैनेजमैंट, शिक्षा, चिकित्सा तथा स्वास्थ्य सेवाएं, सरकारी दफ्तरों, कानूनी सेवाएं, पुलिस एवं सेना तक फैल गया। आज हम देखते हैं कि शायद ही हमारी जिंदगी का कोई ऐसा पहलू हो जो सूचना एवं संप्रेषण विज्ञान (जिसे अब सूचना एवं संप्रेषण तकनीकी कहा जाने लगा है) के प्रभाव और उपयोग से अछूता रहा हो। फलस्वरूप आज हम इसका उपयोग अपने कक्षा शिक्षण, दूरवर्ती एवं ऑन लाइन एजूकेशन तथा अन्य सभी प्रकार के औपचारिक तथा अनौपचारिक शिक्षण–अधिगम में भली भाँति कर रहे हैं तथा नन्ही पीढ़ी को वर्तमान में तथा भविष्य में अपने कार्यों के उचित संपादन हेतु सूचना एवं संप्रेषण तकनीकी का प्रयोग करने हेतु वांछित ज्ञान एवं कौशल प्रदान कर रहे हैं।

परंपरागत एवं आधुनिक सूचना तथा संप्रेषण तकनीकियां (Traditional and Modern ICT's)

सूचना एवं संप्रेषण तकनीकियों का अस्तित्व जैसा कि अभी उल्लेख किया गया है काफी प्राचीनकाल से है। इस तरह इन तकनीकियों को प्राचीन अथवा परंपरागत और आधुनिक तकनीकियों में बांट कर समझा जा सकता है। इन दोनों प्रकार की तकनीकियों में जिस प्रकार के साधन, उपकरण तथा माध्यम एवं अनुप्रयोग सामग्री का उपयोग होता है उनका स्वरूप कुछ इस प्रकार का है।

1. **परंपरागत सूचना एवं संप्रेषण तकनीकियाँ** – इन तकनीकियों में निम्न प्रकार के साधन, उपकरण तथा सामग्री आदि का उपयोग होता हुआ देखा जा सकता है।

   –मुद्रित साधन जैसे पाठ्यपुस्तक संदर्भ ग्रंथ, अन्य साहित्य एवं पुस्तकें, पत्र–पत्रिकायें आदि विद्यालय और अन्य सार्वजनिक पुस्तकालयों से उपलब्ध पठन सामग्री।

   –मौखिक सूचनाएं एवं ज्ञान जिसे अध्यापकों, सहपाठियों, बड़ी कक्षाओं में पढ़ने वाले अन्य विद्यार्थियों, मित्रों, माता–पिता तथा परिजनों एवं समाज के अन्य सदस्यों के औपचारिक तथा अनौपचारिक रूप में प्राप्त किया जा सकता है।

   –चित्रात्मक सहायक साधन जैसे चित्र, चार्ट, मानचित्र, आरेख (Diagrams), पोस्टर तथा कार्टून आदि।

   –त्रिआयामी सहायक साधन जैसे नमूने, मॉडल, कठपुतलियाँ, मैकअप आदि।

   –दृश्य श्रव्य हार्डवेयर उपकरण जैसे रेडियो, टेलीविजन, स्लाइड प्रोजेक्टर, ओवरहैड प्रोजेक्टर, चलचित्र या सिनेमा, टेप रिकार्डर, आडियो–वीडियो रिकॉर्डिंग उपकरण तथा शिक्षण मशीन आदि।

2. **आधुनिक सूचना एवं संप्रेषण तकनीकियाँ** – आधुनिक सूचना एवं संप्रेषण तकनीकियाँ परंपरागत तकनीकियों की तरह एकांगी नहीं है। ये अपने आप में विभिन्न हार्डवेयर तथा सॉफ्टवेयर, मीडिया तथा संप्रेषण प्रणालियों का सम्मिश्रण हैं। इनमें से प्रमुख का निम्न प्रकार उल्लेख किया जा सकता है।

–डिजीटल वीडियो कैमरा

–मल्टीमीडिया पर्सनल कंप्यूटर (PC), लैपटॉप तथा नोट बुक

–एप्लीकेशन सॉफ्टवेयर जैसे वर्ड प्रोसेसिंग, स्प्रेड शीट, पावरपोइंट, सिमुलेशन तथा स्पीच रिकोग्नीशन।

–किसी बड़े समूह के साथ भलीभाँति संप्रेषित करने हेतु काम में लाए जाने वाला मल्टीमीडिया प्रोजेक्टर (एल.सी.डी. अथवा डी.एल.पी.)

–लोकल एरिया नेटवर्क (LAN), मैट्रोपोलियन एरिया नेटवर्क (MAN) तथा वाइड एरिया नेटवर्क (WAN)।

–वीडियो, साउंड कार्ड और वेब कैमरा या डिजीटल वीडियो कैमरा से लैस मल्टीमीडिया पीसी या लैपटॉप।

–कंप्यूटर डेटावेस तथा डेटा प्रोसेसिंग प्रक्रम जैसे सी डी रोम तथा डी.वी.डी.।

–डिजीटल लाइब्रेरियाँ।

–ई–मेल, इंटरनेट तथा वर्ल्ड वाइड वेबसाइट (WWW)।

–हाइपरमीडिया तथा हाइपरटैक्स्ट रिसोर्सेज।

–कंप्यूटर मीडियेट कांफ्रेंसिंग–वीडियो तथा ऑडियो कांफ्रेंसिंग।

–वीडियो टेक्स्ट, टेली टेक्स्ट, इंटर एक्टिव वीडियो टेक्स्ट, इंटर एक्टिव वीडियो टेक्स्ट (IVD) तथा इंटर एक्टिव रिमोट इन्स्ट्रक्शन (IRS)।

–वरचुअल क्लासरूम ई–लर्निंग, एम–लर्निंग तथा वरचुअल रिअलटी।

सूचना एवं संप्रेषण तकनीकी के लाभ एवं उपादेयता (Uses and Advantages of ICT)

सूचना एवं संप्रेषण तकनीकियाँ सूचना एवं संप्रेषण कार्य को वैसा ही आसान तथा प्रभावशाली बनाने में अपनी भूमिका निभा सकती हैं जैसी कि अन्य तकनीकियों द्वारा हमारे जीवन के अन्य कार्यकलापों के संपादन में निभाई जाती हैं। देखा जाए तो सूचना एवं संप्रेषण तकनीकियों ने हमारे जीवन के विविध क्षेत्रों जैसे उद्योग, व्यापार, बैंकिंग, कृषि, मैडीसन, ट्रांसपोर्ट, पोस्टल एवं टेलीकम्यूनिकेशन, सेवा प्रतिष्ठान तथा हमारे दिन प्रतिदिन के जिंदगी को प्रभावित करने वाली बहुत से बातों में एक अजीब सी क्रांति ला दी है। हमारे सोचने विचारने, बातचीत करने, एक दूसरे के साथ संपर्क और संप्रेषण करने सभी बातों में एकदम बदलाव ला दिया है। ऐसा कोई क्षेत्र या हमारे जीवन की कोई गतिविधि ऐसी नहीं जो इन तकनीकियों के प्रभाव से अछूती रही हो। शिक्षा का क्षेत्र कोई अपवाद नहीं है अतः यहाँ भी सूचना एवं संप्रेषण तकनीकी का उपयोग जोर–शोर से होने लगा है। इसके इस प्रकार के उपयोग की चर्चा दो विभिन्न शीर्षकों के अंतर्गत अलग–अलग ढंग से की जा सकती हैं नीचे हम यही करने जा रहे हैं।

A. शिक्षा से जुड़े हुए व्यक्तियों को इसका लाभ एवं उपयोगिता

इस दृष्टि से सूचना एवं संप्रेषण तकनीकी के लाभ एवं उपयोगिता का वर्णन निम्न प्रकार किया जा सकता है।

1. **विद्यार्थियों के लिए उपयोगी (Useful to the Students)**—सूचना एवं संप्रेषण तकनीकी के उपयोग से विद्यार्थियों को सूचना के स्रोतों से परिचित होने, उनके द्वारा सूचना इकट्ठी करने, उन्हें ठीक ढंग से संग्रहित करने, तथा व्यवस्थित कर भविष्य में आवश्यकतानुसार उपयोग में लाने का उचित अवसर और प्रशिक्षण मिलता है। जो कुछ भी उन्हें ज्ञान प्राप्ति, अपेक्षित व्यवहार परिवर्तन तथा व्यक्तित्व विकास के

लिए यथार्थ और विश्वसनीय सूचनाओं तथा संप्रेषण के रूप में चाहिए वह सब कुछ सूचना एवं संप्रेषण तकनीकी के सहयोग से उन्हें प्रभावी ढंग से प्राप्त हो सकता है। सूचना एवं संप्रेषण तकनीकी के द्वारा उन्हें मात्र सूचना या ज्ञान प्राप्ति का द्वार ही नहीं खुलता बल्कि समस्या समाधान योग्यता, निर्णय क्षमता आदि का भी प्रशिक्षण मिलता है।

2. **शिक्षकों के लिए उपयोगी (Useful to the Teachers)**—सूचना एवं संप्रेषण तकनीकी शिक्षकों को अपने शिक्षण दायित्वों को निभाने हेतु विभिन्न प्रकार से सहायता कर सकती है। उपयुक्त शिक्षण हेतु उन्हें विभिन्न प्रकार की सूचनाएं, ज्ञान तथा आंकड़े चाहिएं इन सबको ठीक प्रकार से दिलाने में सूचना एवं संप्रेषण तकनीकी बहुमूल्य सहयोग दे सकती है। विभिन्न प्रकार के सूचना स्रोतों से परिचित कराना, उनसे आवश्यक सूचनाएं प्राप्त करके अपने शिक्षण कार्य हेतु उपयोग में लाने के कार्य में सूचना एवं संप्रेषण तकनीकी उन्हें भलीभाँति सहायता कर सकती है। वे अपने विद्यार्थियों को भी ज्ञान और सूचना के उपलब्ध स्रोतों से परिचित कराकर अपना बहुत कुछ कार्यभार हल्का कर सकते हैं क्योंकि जिन बातों को उन्हें विद्यार्थियों को बार–बार बताना पड़ सकता है वे सभी बातें उन्हें बहुत ही व्यापक और गहन अर्थों में सूचना एवं संप्रेषण तकनीकी के सहारे आसानी से उपलब्ध हो सकती हैं। अभिक्रमित पाठ्य पुस्तकों, शिक्षण मशीन तथा कंप्यूटर निदेशित स्व अधिगम सामग्री यहाँ अध्यापकों को अपने शिक्षण कार्यों को बेहतर ढंग से पूरा कर बालकों को ज्यादा से ज्यादा फायदा करने के कार्य में आ सकती है।

3. **मार्गदर्शन प्रदान करने वालों के लिए उपयोगी (Useful to the Counsellers)**—निदेशन एवं परामर्श सेवाओं के संचालन में चाहे वह विद्यालय परिसर में चलें या अन्य संस्थाओं द्वारा समुदाय में चलाए जाएं, सूचना एवं संप्रेषण तकनीकी का सहयोग विभिन्न प्रकार से लाभप्रद सिद्ध हो सकता है। निदेशन एवं परामर्श सेवाओं के लिए तरह–तरह की सूचनाएं, जानकारी, आंकड़ों तथा संप्रेषण की लगातार जरूरत रहती है। व्यक्तिगत, व्यावसायिक या शैक्षणिक कैसा भी निदेशन और परामर्श दिया जाए परामर्शदाताओं को सूचनाओं और आंकड़ों के बारे में पूरी तरह जानकारी चाहिए जो सही और विश्वसनीय हो, जिसे आसानी से प्राप्त किया जाता रहे, तथा उसका उचित भंडारण कर समय पर प्रयोग में लाया जा सके। कहना न होगा ये सभी बातें, सूचना एवं संप्रेषण तकनीकी के सहयोग से ही अच्छी तरह संभव हैं।

4. **शैक्षिक नियोजन कर्त्ता और प्रशासकों के लिए उपयोगी (Useful for the Educational Planners and Administrations)**—शैक्षिक कार्यक्रमों के नियोजन और शैक्षिक गतिविधियों के ठीक प्रकार प्रबंधन हेतु भी सूचना एवं संप्रेषण तकनीकी का सहयोग विभिन्न प्रकार से मूल्यवान सिद्ध हो सकता है। विद्यालय का प्रशासन चलाना है तो आपको विद्यालय की सभी प्रकार की गतिविधियों तथा मानव और भौतिक संसाधनों के कार्य कलापों की भलीभाँति जानकारी तथा संबंधित आंकड़े उचित रूप से उपलब्ध होने ही चाहिए। सूचना एवं संप्रेषण तकनीकी का सहयोग यहाँ प्रशासकों के लिए वरदान सिद्ध हो सकता है। इसी तरह किसी भी तरह का नियोजन कार्य बिना उचित सूचनाओं, जानकारी आंकड़ों तथा संप्रेषण के बिल्कुल भी आगे नहीं बढ़ सकता। विद्यालय में चाहे परीक्षाएं करानी हो या विद्यार्थियों को किसी भी पाठ्यक्रम में प्रवेश देना हो, सभी के नियोजन हेतु उचित सूचना संप्रेषण एवं आंकड़े, सूचना एवं संप्रेषण तकनीकी की सहायता से भलीभाँति प्राप्त हो सकते हैं।

5. **शैक्षिक अनुसंधानकर्त्ताओं के लिए उपयोगी (Useful for the Education Researchers)**—जो भी शिक्षा के क्षेत्र में अनुसंधान करना चाहता है उसे विषय विशेष से संबंधित विभिन्न प्रकार की सूचनाएं तथा आवश्यक संप्रेषण आंकड़े चाहिएं। ये सूचनाएं, आंकड़े तथा संप्रेषण अनुसंधानकर्त्ताओं को यथार्थ एवं विश्वसनीय रूप से उनकी सुविधा के हिसाब से ठीक प्रकार प्राप्त होते रहने चाहिएं। किस प्रकार का

अनुसंधान कार्य हो चुका है तथा देश–विदेश में इस बारे में क्या कुछ हो रहा है यह जानकारी भी अनुसंधानकर्त्ताओं को चाहिए। कहना नहीं होगा कि इस प्रकार की जानकारी और सूचनाओं की उचित रूप में उपलब्धि उन्हें सूचना एवं संप्रेषण तकनीकी के सहयोग से ही भलीभाँति प्राप्त होती रह सकती है।

इस प्रकार से निष्कर्ष रूप में यह कहा जा सकता है कि सूचना एवं संप्रेषण तकनीकी से प्राप्त सुविधाओं से शिक्षा के प्रयास और परिणामों से जुड़े हुए सभी पक्षों को विविध रूपों में सहायता मिल सकती है। सूचना प्राप्ति ही सही अर्थों में ज्ञानार्जन की सीढ़ी है। इसी से आगे जाकर सभी प्रकार के अधिगम अर्जन में सहायता मिलती है। इस दृष्टि से सूचना एवं संप्रेषण तकनीकी द्वारा सूचना प्राप्ति को ठीक तरह नियमित करने का कार्य सभी प्रकार से शिक्षा के विभिन्न कार्यों में सहायक बनकर शैक्षिक उद्देश्यों की उचित प्राप्ति का मार्ग प्रशस्त कर सकता है।

B. शिक्षा तंत्र में व्यापक परिवर्तन लाने से संबंधित लाभ एवं उपादेयता (Uses and Advantages in Revolutionizing the System of Education)

सूचना एवं संप्रेषण तकनीकी का प्रयोग औपचारिक तथा अनौपचारिक शिक्षा तंत्र में व्यापक परिवर्तन लाने हेतु निम्न प्रकार की भूमिका निभा सकता है।

1. अपने उन्नत उपकरणों, तकनीक तथा साजो सामान के साथ यह टैक्नोलोजी वर्तमान शिक्षा तंत्र को आधुनिक ज्ञान आधारित समाज और ज्ञानवान दुनियाँ के साथ ढलने में पर्याप्त मदद कर सकती है।
2. परंपरागत धारणाओं तथा शिक्षण–अधिगम तकनीकों एवं विधियों में प्रगतिशील वांछनीय परिवर्तन लाने में यह निम्न प्रकार की भूमिका निभा सकती हैं।

   –अधिगम के ब्रोडकास्ट मॉडल (Broadcast model of learning) को (जिसमें अध्यापक अपने भाषण द्वारा विद्यार्थी को अधिगम अर्जित कराना चाहता है) इंटर एक्टिव मॉडल (Interactive model) (जिसमें छात्र तथा अध्यापक दोनों की पारस्परिक अंतःक्रिया विद्यार्थियों के अधिगम में सहायक होती है) में परिवर्तित करने के कार्य में सहायक होती है।

   –अध्यापक केंद्रित अनुदेशन को विद्यार्थी केंद्रित अनुदेशन में परिवर्तित करने की भूमिका इसके द्वारा अच्छी तरह निभाई जा सकती है। इस टैक्नोलोजी के उपयोग ने आज यह संभव कर दिया है कि विद्यार्थी अपनी इच्छित सूचनाएं तथा ज्ञान को स्वतः ही अपने ढंग से प्राप्त कर सके अतः उनके सामने अब ज्ञान भंडार के नए स्रोत खुल गए हैं और इस तरह शिक्षा और अनुदेशन ग्रहण करने की चाबी छात्रों के पास आ गई है और फलस्वरूप उसका स्वरूप विद्यार्थी केंद्रित होता जा रहा है।

   –इस टैक्नोलोजी ने अब शिक्षण की बजाय अधिगम को शिक्षण अधिगम प्रक्रिया का मुख्य केंद्र बिंदु बना दिया है। इससे अब शिक्षण अधिगम प्रक्रिया में शिक्षक और छात्रों के बीच बहुत ही सक्रिय एवं प्रयोजनपूर्ण अंतःक्रिया होने की संभावना हो गई है। विद्यार्थी विषय के बारे में आवश्यक प्रारंभिक ज्ञान इस टैक्नोलोजी की मदद से पहले ही प्राप्त कर सकते हैं। अतः वे कक्षा में अच्छी तरह विषय विशेष में गहराई तक पहुँचने हेतु शिक्षक से प्रश्न पूछने तथा आवश्यक विचार विमर्श में भाग लेने के लिए सदैव तत्पर रह सकते हैं। इसलिए कक्षा का वातावरण अब एक तरफा और अरुचिकर नहीं बन सकता और फलस्वरूप शिक्षण–अधिगम प्रक्रिया प्रभावपूर्ण ढंग से चलती रह सकती है।

   –इस टैक्नोलोजी के उपयोग ने शिक्षकों की भूमिका में भी व्यापक बदलाव ला दिया है। अब ये ज्ञान के स्रोत तथा उसके संप्रेषण की परंपरागत भूमिका न निभाकर विद्यार्थियों को स्वयं अपने प्रयत्नों द्वारा

ज्ञान प्राप्त करने के कार्य में एक सच्चे सहायक, पथप्रदर्शक तथा उन्हीं के साथ स्वयं सक्रिय रूप से विषय की जानकारी लेने वाले साथी की भूमिका निभाते हुए देखे जा सकते हैं।

—इस टैक्नोलोजी के प्रयोग ने अब विद्यार्थियों पर ही यह उत्तरदायित्व लाद दिया है कि वे स्वयं अपने प्रयत्नों से अधिगम पथ पर आगे बढ़ते हुए आवश्यक ज्ञानार्जन और उसका उचित विश्लेषण, संश्लेषण कर उसे उपयोग में लाने के कार्य में सार्थक एवं सक्रिय भूमिका निभाए, उसे अन्य साथियों के साथ बाँटे, आवश्यकतानुसार अध्यापक से विचार विमर्श करें तथा इस प्रकार अधिगम उद्देश्यों की प्राप्ति में लगातार संलग्न रहें।

—इस तकनीकी के उपयोग ने विद्यार्थियों को कोरे ज्ञानार्जन की जगह ज्ञान प्राप्ति का ढंग सीखने का मार्ग प्रशस्त करने में महत्त्वपूर्ण भूमिका निभाने का कार्य किया है। इसके उपयोग से विद्यार्थियों के सृजनात्मक एवं रचनात्मक चिंतन को बढ़ावा मिला है। वे स्वयं अपने द्वारा किए गए अधिगम का तर्कपूर्ण ढंग से मंथन और मूल्यांकन कर सकते हैं तथा फिर इसका उपयोग अपनी योग्यता और शक्तियों के समुचित विकास में स्वेच्छा से करते हुए इस ज्ञानवान दुनिया के साथ कदम से कदम मिलाकर चलने की क्षमता का प्रदर्शन भी कर सकते हैं।

3. सूचना एवं संप्रेषण तकनीकी के उपयोग ने आज अध्यापक शिक्षा एवं प्रशिक्षण के क्षेत्र में भी नयी क्रांति ला दी है। आज इस तकनीकी का उपयोग सेवाकालीन तथा सेवापूर्ण दोनों प्रकार की शिक्षण प्रशिक्षण गतिविधियों के उचित संचालन हेतु भलीभाँति किया जा सकता है। न केवल इनसे शिक्षकगण को अपनी प्रशिक्षण संबंधी पाठ्यक्रम की आवश्यकताओं को पूरा करने में उचित सहायता मिल सकती है बल्कि वे उन सभी ज्ञान एवं कौशलों से भी भलीभाँति परिचित हो सकते हैं जिनके सहारे वे सूचना एवं संप्रेषण तकनीकी के माध्यम से अपने विद्यार्थियों का अधिगम अनुभव ग्रहण करने के कार्य में उचित मार्गदर्शन कर उन्हें आज की आधुनिक दुनियाँ में अपनी प्रभावशाली भूमिका निभाने योग्य बना सकें।

इस प्रकार से सूचना एवं संप्रेषण तकनीकी का प्रयोग शिक्षा के क्षेत्र में काफी उपयोगी संभावनाओं से भरा पड़ा है। अतः यह आवश्यक है कि सभी तरफ से ऐसे गंभीर प्रयास किए जाएं कि इस तकनीकी के उपयोग से जितने फायदे अनुदेशन, शिक्षण–अधिगम और शिक्षा व्यवस्था को प्रभावशाली बनाने हेतु उठाए जा सके उन्हें उठाने में कोई भी कसर शिक्षा से जुड़े हुए व्यक्तियों द्वारा नहीं छोड़ी जाए। विद्यार्थियों, समाज तथा देश का हित इसी में छुपा हुआ है।

सूचना एवं संप्रेषण तकनीकी के उपयोग की सीमाएं (Limitations in the Use of ICT)

सूचना एवं संप्रेषण तकनीकी का अपने विद्यालयों में उपयोग करने के संदर्भ में उपयोगकर्त्ताओं को काफी कुछ मुश्किलों का सामना करना पड़ सकता है इसलिए इसके प्रयोग संबंधी सीमाओं तथा इसमें निहित दोषों की जानकारी होना भी जरूरी है। नीचे हम इसी की चर्चा कर रहे हैं।

1. सूचना एवं संप्रेषण तकनीकी के उपयोग संबंधी सुविधाएं हमारे विद्यालयों में अभी उपलब्ध नहीं हैं। बहुत से विद्यालय ऐसे हैं जिनके लिए संबंधित उपकरण तथा तकनीकी साजोसामान को न तो खरीदना ही संभव है और न उसकी मरम्मत तथा देखभाल कराना। ऐसी स्थिति में इस तकनीकी के प्रयोग की संभावना ऐसे विद्यालयों में नहीं हो सकती।

2. हमारे विद्यालयों के कार्य व्यापार से जुड़े हुए विद्यालय अधिकारियों, मुख्य अध्यापकों, अध्यापकों तथा अन्य विद्यालय कर्मियों को इस बात का ज्ञान ही नहीं है कि सूचना एवं संप्रेषण तकनीकी को प्रभावशाली ढंग से विद्यालय की नियमित दिनचर्या का अंग बनाकर पाठ्य तथा पाठ्य सहगामी दोनों प्रकार की क्रियाओं के संचालन में सक्रिय रूप से भागीदार बनाया जा सकता है। उनकी यह अनभिज्ञता सूचना एवं संप्रेषण तकनीकी के उपयोग में सबसे बड़ी बाधा बनी हुई है।
3. शिक्षकों को इस बात को लेकर गहरी आशंका है कि इस तकनीकी के प्रयोग से सब कुछ उनके हाथ से निकल सकता है। जब विद्यार्थियों को स्वयं ज्ञान प्राप्त करने का खजाना इस तकनीकी के प्रयोग से हाथ लग जाएगा तब फिर उनका क्या होगा। इस तरह की असहाय स्थिति से घिर जाने का भूत उनके सिर पर मंडराता रहता है और फिर वे स्वाभाविक रूप से इस तकनीकी के प्रयोग से जी चुराते हैं और उसका खुलकर विरोध करते हुए दिखाई देते हैं।
4. विद्यार्थी भी इसके उपयोग के लिए तैयार नहीं दिखाई देते। वह अपनी पुरानी भूमिका का त्याग नहीं करना चाहते जिसमें उन्हें पकी पकाई खीर खाने को मिल जाती है। अध्यापकों द्वारा ज्ञान की बौछार होती है उन्हें स्वयं अपने प्रयत्नों से ज्ञान प्राप्ति के चक्कर में नहीं पड़ना पड़ता। सूचना एवं संप्रेषण तकनीकी के उपयोग के चलन से तो अधिगम अनुभव अर्जित करने का सारा उत्तरदायित्व उन्हीं के कंधों पर आ जाएगा यह बात उन्हें अपने लिए हितकर नहीं दिखाई देती। फिर दूसरी बात यह भी है कि उन्हें इस तकनीकी के उपयोग संबंधी कोई उपयुक्त ज्ञान एवं प्रशिक्षण भी विद्यालय द्वारा नहीं प्रदान किया जाता। ऐसी स्थिति में उनके द्वारा इस तकनीकी का अपने अधिगम हेतु प्रयोग में लाने की बात खटाई में ही पड़ती जाती है।
5. एक मुख्य बाधा इस तकनीकी के हमारे विद्यालयों में उपयोग को लेकर यह भी है कि शिक्षक अपने पुराने तौर तरीकों तथा शिक्षण अधिगम पद्धतियों को नहीं त्यागना चाहते। वे प्रवचन, व्याख्यान तथा प्रदर्शन विधियों का ही प्रयोग करना चाहते हैं और इस तरह अपनी अध्यापक केंद्रित भूमिका को छोड़कर विद्यार्थी केंद्रित या परस्पर सहयोगी अंतःक्रिया प्रणाली को नहीं अपनाना चाहते। ऐसा करने में जहाँ उनकी रूढ़िवादिता, जड़ता तथा नए के प्रति भय जैसी बातें सामने आती हैं वहाँ सूचना एवं संप्रेषण तकनीकी के उपयोग संबंधी अनभिज्ञता भी उन्हें अपनी भूमिका बदलने से रोकती है।
6. सूचना एवं संप्रेषण तकनीकी के उपयोग के संदर्भ में शिक्षकों में जो अनावश्यक भय, आशंका तथा अनभिज्ञता नजर आती है उसके पीछे सबसे प्रमुख कारण है कि आज हमारे यहाँ सेवापूर्व या सेवाकालीन किसी भी प्रकार के शिक्षक प्रशिक्षण कार्यक्रम में सूचना एवं संप्रेषण तकनीकी को विद्यालय शिक्षा में प्रयुक्त करने हेतु शिक्षकों को तैयार नहीं किया जाता। शिक्षक प्रशिक्षण कार्यक्रम में जो कंप्यूटर साक्षरता नाम से कुछ गतिविधियां या पाठ्यक्रम अंशों को आजकल रखने की कोशिश की जा रही है वह भी एकांगी ही है। यह किसी भी तरह से सूचना एवं संप्रेषण तकनीकी (ICT) को विद्यालय पाठ्यक्रम या अन्य शैक्षणिक तथा पाठांतर गतिविधियों के संचालन हेतु अध्यापकों को समुचित रूप से तैयार करने की भूमिका नहीं निभाती। जब तक इस तरह के उचित प्रयत्न शिक्षक प्रशिक्षण कार्यक्रमों में नहीं किए जाते तथा अध्यापकों में (सेवापूर्व या सेवाकालीन अवस्था में) सूचना एवं संप्रेषण तकनीकी को विद्यालयी शिक्षा तथा अनुदेशन कार्यक्रमों में प्रयुक्त करने संबंधी उचित दृष्टिकोण रुचि, ज्ञान एवं कौशलों का विकास नहीं किया जाता, इस तकनीकी को विद्यालयों में उपयोग करने की बात आगे ही बढ़ती जाएगी।

7. उपलब्ध परिस्थितियाँ जिनमें अनुमोदित विद्यालय पाठ्यक्रम, परीक्षा एवं मूल्यांकन व्यवस्था, अनुदेशन सामग्री तथा अन्य संसाधन जो सामान्य रूप से विद्यालयों में दिखाई देते हैं सभी इस बात का संकेत देते हुए दिखाई देते हैं कि आज विद्यालयी परिस्थितियों में अभी सूचना और संप्रेषण तकनीकी के उपयोग के लिए आवश्यक आधारभूमि तैयार नहीं हो रही है।
8. अंत में जो बात सबसे ऊपर उभर कर सामने आती है वह यह है विद्यालय अधिकारीगण विद्यालय प्रशासन तथा राज्य सरकारें कोई भी सूचना एवं संप्रेषण तकनीकी के विद्यालयों में उपयोग को लेकर न तो आवश्यक रूप से उत्साही नजर आते हैं और न वे इस कार्य के लिए उचित वातावरण पैदा करने तथा संसाधनों का प्रबंध करने के लिए आगे आ रहे हैं। ऐसी स्थिति में विद्यालयों में इस तकनीकी के उपयोग का कार्य आगे नहीं बढ़ रहा है।

इस प्रकार से सूचना एवं संप्रेषण तकनीकी को विद्यालयी शिक्षा में उपयोग करने के कार्य में काफी मुश्किलें तथा अड़चनें आ रही हैं। इनमें से काफी बाधाएं हमारे नकारात्मक दृष्टिकोण तथा इस तकनीकी को उपयोग में लाने संबंधी अनभिज्ञता को लेकर ही हैं। परंतु अब समय आ गया है कि इस स्थिति से आवश्यक रूप से निपटा जाए। तकनीकी के उपयोग का विकास के साथ गहरा संबंध रहता है। शिक्षा का समुचित विकास आज की वैश्विक दुनियाँ की सबसे बड़ी जरूरत और राष्ट्र की सबसे बड़ी पूंजी है। इस बात को प्राथमिकता देते हुए आज सभी ओर से ऐसे उपयुक्त प्रयत्न किए जाने चाहिए कि सूचना एवं संप्रेषण तकनीकी को विद्यालय की गतिविधियों के संचालन में सक्रिय रूप से भागीदार बनाया जा सके।

सार-संक्षेप (Summary)

1. सूचना एवं संप्रेषण तकनीकी से अभिप्राय विभिन्न प्रकार के उपकरणों तथा उनके अनुप्रयोग से लैस एक ऐसी तकनीकी से है जो सूचना सामग्री के संग्रहण, भंडारण, पुनः प्रस्तुतीकरण, उपयोग, स्थानांतरण, संश्लेषण एवं विश्लेषण तथा आत्मसातीकरण आदि के संपादन में सहयोग करती हुई उपयोगकर्त्ताओं को अपना ज्ञानवर्धन करने तथा उसका उचित संप्रेषण करने और अपनी निर्णयक्षमता और समस्या समाधान योग्यता में वृद्धि करने में सहायक सिद्ध होती है।
2. सूचना एवं संप्रेषण तकनीकी के उद्भव एवं विकास की दिशा में लेखन और मुद्रण साधनों के विकास को प्रथम महत्त्वपूर्ण कदम माना जा सकता है। इसके पश्चात् इस कड़ी में अन्य आविष्कारों जैसे फोटोग्राफी, फोटोस्टेट तकनीक, जीरोक्स, माइकोग्राफी, लेसर तकनीक, मेगनेटिक वीडियो कैमरा, वीडियो डिस्क एवं कंप्यूटर तकनीकी का नंबर आता है। इसके अतिरिक्त दूरसंचार तकनीकों से संबंधित आविष्कारों और टेलीग्राफ, टेलीफोन, रेडियो, टेलीविजन, संचार उपग्रह तथा केबल और फैक्स तकनीक आदि ने सूचना एवं संप्रेषण तकनीकी को आज के अपने मुकाम पर पहुँचाने में महत्त्वपूर्ण भूमिका निभाई है। परंतु जहाँ तक संप्रेषण जगत में "सूचना एवं संप्रेषण विज्ञान" शब्द के चलन का प्रश्न है यह विश्व के इतिहास में पहली बार 1950 में अमेरिकन तथा अन्य देशों के वैज्ञानिकों द्वारा विज्ञान संबंधी जानकारी के पारस्परिक आदान–प्रदान के लिए प्रयुक्त किया गया। 1960 में इसे औद्योगिक जगत में स्थान मिला और फिर आज के आधुनिक दौर में कंप्यूटर तथा संचार सेवाओं का तेजी से विकास होने के साथ–साथ इसका उपयोग जीवन के सभी क्षेत्रों (जिसमें शिक्षा भी अच्छी तरह शामिल है) में भलीभाँति होने लगा है।

3. सूचना एवं संप्रेषण तकनीकों को परंपरागत तथा आधुनिक तकनीकों में बाँट कर अच्छी तरह समझा जा सकता है। परंपरागत सूचना एवं सम्प्रेषण तकनीकी में हम मुद्रित साधनों, मौखिक सूचनाएं एवं ज्ञान, तथा दृश्य–श्रव्य सहायक सामग्री एवं उपकरणों को शामिल कर सकते हैं। आधुनिक सूचना एवं संप्रेषण तकनीकी में उन्नत उपकरणों जैसे डिजीटल वीडियो कैमरा, मल्टीमीडिया, पर्सनल कंप्यूटर, एप्लीकेशन सॉफ्टवेयर तथा वर्ल्डवाइड वेबसाइट, वीडियो, आडियो तथा कंप्यूटर कांफ्रेंसिंग, वीडियो तथा टेली टेक्स्ट, वरचुअल क्लासरूम ई–लर्निंग, एम–लर्निंग तथा वरचुअल रिअलिटी इत्यादि को शामिल किया जा सकता है।
4. सूचना एवं संप्रेषण तकनीकी से शिक्षा क्षेत्र काफी अच्छी तरह से लाभान्वित हो रहा है। यह शिक्षा क्षेत्र से जुड़े हुए सभी व्यक्तियों, जैसे– विद्यार्थी वर्ग, शिक्षकगण, मार्गदर्शक एवं परामर्शदाता, शैक्षिक नियोजनकर्त्ता और प्रशासकों तथा शैक्षिक अनुसंधानकर्त्ताओं को अपने–अपने कार्यों के उचित संपादन में विशेष रूप से सहयोगी सिद्ध हो रही है। साथ ही प्रगति और वैश्वीकरण के इस नवीन दौर में शिक्षा तंत्र में व्यापक परिवर्तन लाने के संदर्भ में भी यह अपनी काफी अपेक्षित भूमिका निभा रही है।
5. अपने उपयोग की लंबी चौड़ी संभावनाओं के बावजूद सूचना एवं संप्रेषण तकनीकी की कुछ अपनी सीमाएं तथा कठिनाइयाँ भी हैं। जैसे इसके उपयोग हेतु उपयुक्त सुविधाएं, परिस्थितियाँ तथा साजोसामान का विद्यालयों में अभाव, विद्यालय अधिकारियों, अध्यापक तथा अन्य विद्यालय कर्मियों के इसके उपयोग के प्रति अनभिज्ञता तथा अज्ञान, शिक्षकों तथा विद्याथियों में इसके उपयोग हेतु व्याप्त आशंका तथा भय, शिक्षकों के पुराने तौर–तरीकों तथा शिक्षण–अधिगम पद्धतियों के प्रति आसक्ति एवं पूर्वाग्रह, सेवापूर्व सेवाकालीन किसी भी प्रशिक्षण कार्यक्रम में इसे उपयोग में लाने हेतु शिक्षकों को तैयार नहीं किया जाना, इस तकनीकी के विद्यालयों में उपयोग को लेकर किए जाने वाले समुचित प्रयत्नों का अभाव आदि।

संदर्भित एवं विशेष अध्ययन ग्रंथ (References and Suggested Readings)

Beena Shah and D. Venkateshwarlu, "Information technology and teachers", *University News*, September 4–10, 2002.

Bouwman, Harry, et al., *Information and Communication Technology in Organizations: Adoption, Implementation, Use and Effects*, Thousand Oaks, Calif.: Sage, 2005.

Choudhary, Girish, "Online education: Possibilities and challenges, *University News*, September 27–30, 2001.

Les Lloyd (Ed.), *Technology and Teaching*, Publication Information, Medford, NJ: Information Today, 1997.

Mohanasundaram, K. and D. Kumaran, "Web-based instruction: An innovative teaching strategy", *University News*, November 19–25, 2001.

Raymond, Frank B., Leon Ginsberg and Debra Gohagan (Ed.), *Information Technologies: Teaching to Use—Using to Teach*, Publication Information, New York: Haworth Press, 1998.

Somekh, Bridget, *Pedagogy and Learning with ICT: Researching the Art of Innovation*, New York: Routledge, 2007.

Srivastava, D.S. and Sarita Kumari, *Significance of Information and Communication Technology*, New Delhi: Shree Publishers and Distributors, 2004.

Srivastava, Anand P., "Information technology and higher education", *University News*, August 17–23, 1998.

अध्ययन के लिए प्रश्न (Study Questions)

1. सूचना एवं संप्रेषण तकनीकी से आप क्या समझते हैं ? इसकी अवधारणा को स्पष्ट कीजिए।
2. सूचना एवं संप्रेषण तकनीकियों के उद्‌भव एवं विकास का संक्षेप में उल्लेख कीजिए।
3. विद्यालयों में प्रयुक्त की जाने वाली प्रमुख परंपरागत तथा आधुनिक सूचना एवं संप्रेषण तकनीकियाँ कौन–कौन सी हैं ? उल्लेख करें।
4. सूचना एवं संप्रेषण तकनीकी क्या है ? हमारी विद्यालय व्यवस्था में इसके लाभ एवं उपादेयता की विस्तार से चर्चा कीजिए।

31

कंप्यूटर–कार्य प्रणाली एवं नेटवर्किंग
(Computers—Operation and Networking)

अध्याय रूपरेखा (Chapter Outline)

- विषय प्रवेश (Introduction)
- कंप्यूटर क्या हैं ? (What are Computers ?)
- कंप्यूटरों का वर्गीकरण (Classification of Computers)
- पर्सनल कंप्यूटर (पी.सी.) तथा उसके भाग (Personal Computers and its Components)
- कंप्यूटर मशीन कैसे कार्य करती है ? (How does a Computer Machine Operate ?)
- कंप्यूटर नेटवर्क क्या है ? (What is a Computer Network ?)
- नेटवर्क मॉडल्स (Network Models)
- कंप्यूटर नेटवर्क की आवश्यकता एवं महत्त्व (Need and Importance of Computer Network)
- लैन, मैन एवं वैन (LAN, MAN and WAN)
- इंटरनेट (Internet)
- ई–मेल, वर्ल्डवाइड वेब तथा ई–कॉमर्स (e-mail, WWW and E-commerce)
- कंप्यूटर वाइरस (Computer Virus)
- सार-संक्षेप (Summary)
- संदर्भित एवं विशेष अध्ययन ग्रंथ (References and Suggested Readings)
- अध्ययन के लिए प्रश्न (Study Questions)

विषय प्रवेश
(Introduction)

जैसा कि पहले कहा जा चुका है माइक्रो–इलेक्ट्रॉनिक उपकरणों के रूप में कंप्यूटरों के आविष्कार ने सूचना तकनीकी जगत में काफी क्रांति ला दी है। इन्होंने सूचनाओं के एकत्रीकरण, संग्रह, पुनः प्रस्तुतीकरण तथा आदान–प्रदान को बहुत ही सुगम एवं प्रभावपूर्ण बना दिया है। वास्तव में देखा जाए तो कंप्यूटरों के रूप में इन्हें प्रयोग में लाने वालों के हाथ में वह रामबाण औषधि या अचूक अस्त्र आ गया है जिसके माध्यम से सूचना तकनीकी

क्षेत्र से संबंधित सभी बातों का उचित हल निकल सकता है। जो कुछ भी फायदे हमें आज शिक्षा, उद्योग तथा व्यापार क्षेत्र में प्रचलित नेटवर्क, इंटरनेट, वेबसाइट आदि साधनों के रूप में प्राप्त हैं उनकी अपने इस रूप में प्राप्ति का श्रेय भी कंप्यूटर तकनीकी को ही जाता है। इस तरह विभिन्न रूपों में लाभप्रद कंप्यूटरों की अवधारणा, संरचना तथा कार्यप्रणाली से परिचित होना हमारे लिए काफी जरूरी हो जाता है। प्रस्तुत अध्याय में हम यही करने जा रहे हैं।

कंप्यूटर क्या है ?
(What are Computer ?)

शाब्दिक अर्थ में कंप्यूटर को ऐसे उपकरण या मशीन के रूप में माना जा सकता है जो लगभग बिना कोई गलती किए बहुत ही द्रुत (Faster) गति से कंप्यूटिंग यानी गणना करने में काम आ सके। परंतु जैसा कि हम आधुनिक कंप्यूटरों के बारे में जानते हैं इनका कार्य केवल गणना करने तक ही सीमित नहीं है। यह सभी प्रकार की सूचनाओं तथा आँकड़ों को भलीभाँति नियमित एवं नियंत्रित करने की क्षमता रखते हैं तथा हमारे जीवन से सम्बन्धित सभी क्षेत्रों में इनकी उपयोगिता है। इसलिए इन्हें मात्र "गणना मशीन" (Computing machine) के रूप में परिभाषित करना ठीक नहीं होगा। किसी दूसरे उपयुक्त रूप में परिभाषित करने के लिए हम कंप्यूटर को मनुष्य मात्र की एक ऐसी चिंतन या वैचारिक मशीन (Thinking machine) की संज्ञा दे सकते हैं जो अपने संचालन तथा उचित लाभ प्रदान करने हेतु कुछ सुनियोजित एवं सार्थक प्रोग्रामों (Software) का उपयोग करती है। इस दृष्टि से एक प्रोग्रामिंग की जा सकने वाली चिंतन मशीन के रूप में सभी कंप्यूटरों में निम्न दो विशेषताएं अवश्य ही देखने को मिलती हैं।

(i) पूर्व निर्धारित रूप में विशिष्ट अनुदेशनों (Specific instructions) के प्रति अनुक्रियाएं (Response) करना।

(ii) प्रोग्रामिंग के अनुसार जो अनुदेश दिए जाते हैं उनकी इस रूप में पालना करना जिससे संबंधित कार्यों को संपादित किया जा सके।

तकनीकी भाषा में सभी कंप्यूटरों में निश्चित रूप से दो अवयव (Components) होते हैं जिन्हें हार्डवेयर (Hardware) तथा सॉफ्टवेयर (Software) का नाम दिया जाता है। हार्डवेयर कंप्यूटर का मशीनी भाग होता है। कंप्यूटर का मशीन जैसा शरीर ही हार्डवेयर होता है। सॉफ्टवेयर कंप्यूटर का वह आवश्यक हिस्सा होता है जिसकी मदद से वह कार्य करता है तथा हमारी जरूरतों को पूरा करता है। इसमें वे सभी प्रोग्राम शामिल होते हैं जो कंप्यूटर मशीन को काम करने तथा हमारे उपयोग में लाने के काबिल बनाते हैं। इनकी चर्चा हम इसी पुस्तक में आगे करेंगे।

कंप्यूटरों का वर्गीकरण
(Classification of Computers)

आधुनिक कंप्यूटरों को जो इलेक्ट्रोनिक भी हैं और डिजीटल (Digital) भी, उनकी कार्यक्षमता, आकार तथा कीमतों को ध्यान में रखते हुए निम्न चार श्रेणियों में विभाजित किया जा सकता है।

माइक्रो–कंप्यूटर (Micro Computer)

मिनी–कंप्यूटर (Mini Computer)

मेनफ्रेम (Main Frame)

सुपर कंप्यूटर (Super Computer)

माइक्रो कंप्यूटर (Micro Computer)—इन्हें संक्षेप में मात्र माइक्रो कहकर भी संबोधित किया जाता है। ये छोटे आकार के तथा कम कीमत वाले कंप्यूटर होते हैं। इन्हें माइक्रो कंप्यूटर का नाम इसलिए दिया गया है क्योंकि इनमें माइक्रो प्रोसेसर (Micro processers) को काम में लाया जाता है। इन्हें एक बार में एक ही व्यक्ति द्वारा काम में लाया जा सकता है अतः उन्हें व्यक्तिगत या पर्सनल कंप्यूटर (Personal Computer) पी.सी. की संज्ञा भी दी जाती है। दूसरा कारण इन्हें पर्सनल कंप्यूटर कहने के पीछे यह है कि इन्हें किसी भी व्यक्ति द्वारा (बिना किसी विशेष प्रशिक्षण के) अपने निजी या पर्सनल उपयोग हेतु काम में लाया जा सकता है। अपनी कॉलेज प्रयोगशाला में आप जिस कंप्यूटर पर कार्य कर रहे हैं वह पर्सनल कंप्यूटर यानी पी.सी. ही है।

मिनी कंप्यूटर (Mini Computer)—मिनी कंप्यूटर, माइक्रो कंप्यूटर की तुलना में आकार में अधिक बड़े होते हैं, इनकी कीमत भी अधिक होती है और इनका कार्य भी उनसे ज्यादा बेहतर होता है। इनकी भंडारण क्षमता (Storage capacity) काफी ज्यादा होती है और ये अधिक तेजी से भी कार्य करते हैं। साधारणतया इन्हें इस प्रकार निर्मित किया जाता है कि इन्हें एक से अधिक उपयोगकर्त्ताओं द्वारा उपयोग में लाया जा सके। यही कारण है कि इन्हें लोकल एरिया नेटवर्क या लेन (Local Area Network or LAN) में सरवर (Server) के रूप में अच्छी तरह काम में लाया जा सकता है। एक मिनी कंप्यूटर इस तरह एक सर्वर के रूप में काम करते हुये 10 से लेकर 100 कंप्यूटरों पर कार्य कर रहे व्यक्तियों को अपनी सेवाएं प्रदान करने में सक्षम होता है।

मेन फ्रेम (Main Frame)—मेन फ्रेम कंप्यूटर, मिनी कंप्यूटरों से बहुत अधिक शक्तिशाली तथा तेज रफ्तार वाले (Powerful and faster) होते हैं। उनमें बहुत अधिक भंडारण क्षमता (Storage capacity) पाई जाती है और ये एक समय में हजारों की संख्या में कंप्यूटरों को एक सरवर के रूप में अपनी सेवाएं प्रदान कर सकते हैं। इनकी असली कीमत इनकी प्रोसेसिंग पॉवर (Processing power) को लेकर है जो इतनी अधिक होती है कि उसके द्वारा किसी भी संस्थान या प्रणाली के बहुत बड़े डेटा बेस सिस्टम (Data base system) को संभाला जा सके। हजारों कर्मचारियों तथा ग्राहकों के रिकॉर्ड को संभालना तथा ऑन लाइन सर्विस प्रदान करना आदि बातें इसी प्रकार के कंप्यूटरों के माध्यम से सफल हो सकती हैं। बहुत बड़ी तादाद में इस तरह एक उपयुक्त सर्वर के रूप में एक अच्छा माध्यम बनने की क्षमता के कारण इन्हें वाइड एरिया नेटवर्क यानी वेन (Wide Area Network or WAN) में अच्छी तरह कार्य में लाया जा सकता है।

सुपर कंप्यूटर (Super Computer)—कंप्यूटरों की काम करने की शक्ति, रफ्तार तथा कीमत आदि में जहाँ माइक्रो कंप्यूटरों को सबसे निचले छोर पर विराजमान पाया जाता है वहीं सुपर कंप्यूटर इस श्रृंखला के सबसे ऊँचे सिरे पर बैठे नजर आते हैं। अन्य कंप्यूटरों की तुलना में ये सबसे अधिक महंगे तो अवश्य होते हैं परंतु इनके रफ्तार की तथा काम करने की शक्ति की कोई सानी नहीं। बहुत अधिक महंगे होने के कारण इन्हें आम व्यक्ति या संस्था द्वारा प्रयोग में नहीं लाया जाता। कोई बहुत बड़ी सार्वजनिक संस्था या निजी कंपनी जो राष्ट्रीय या अंतर्राष्ट्रीय स्तर पर संगठित होती हैं तथा जिसका कार्यक्षेत्र भी काफी विशिष्ट होता है ऐसे कंप्यूटरों का प्रयोग करती हुई पाई जा सकती है। इन कंप्यूटरों की कार्यक्षमता बड़ी विलक्षण होती है। एक ही सेकेन्ड में करोड़ों तथा अरबों संगणनाएं (Computation) कर देना इनके लिए मामूली सी बात है। इनकी विश्वसनीयता तथा वैधता (Reliability and validity) भी गजब की होती है और यही कारण है कि इन्हें बहुत ही महत्त्वपूर्ण बायो–मेडीकल, अंतरिक्ष विज्ञान, मौसम नियंत्रण व सूचक, रक्षा विज्ञान जैसे पेचीदा कार्यों एवं उपकरणों को संचालित करने हेतु काम में लाया जाता है।

पर्सनल कंप्यूटर (पी.सी.) तथा उसके भाग (Personal Computer and its Components)

आप अपने पर्सनल कंप्यूटर (PC) को ध्यान से देखो ऊपर से मशीन जैसी इसकी शक्ल और अंग प्रत्यंग दिखाई देते हैं। कंप्यूटर का यह मशीनी भाग हार्डवेयर कहलाता है और जो कुछ इस मशीन को चलाने के लिए तथा इसका उपयोग करने के लिए इसमें डाला जाता है उसे सॉफ्टवेयर कहा जाता है। आइए पहले हम कंप्यूटर के मशीनी भाग हार्डवेयर के अवयवों के बारे में जानकारी लें। इसके लिए आज अपने दो प्रचलित रूपों में उपलब्ध कंप्यूटर हार्डवेयर की जानकारी नीचे के चित्र 31.1 तथा 31.2 की सहायता से ले सकते हैं।

चित्र 31.1 पर्सनल कंप्यूटर (सी.पी.यू तथा मॉनीटर दोनों जुड़े हुए)

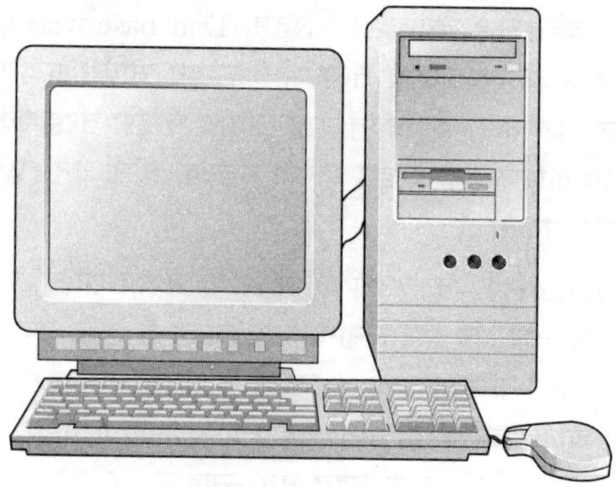

चित्र 31.2 पर्सनल कंप्यूटर (मोनीटर और सी.पी.यू. अलग रखे हुए)

जैसा कि चित्र 31.1 तथा 31.2 से स्पष्ट है कंप्यूटर हार्डवेयर को मुख्य रूप से अधोलिखित तीन यूनिटों में बाँटा जा सकता है।

1. इनपुट उपकरण यूनिट (Input Devices Unit)
2. आउटपुट उपकरण यूनिट (Output Devices Unit)
3. सेंट्रल प्रोसेसिंग यूनिट (Central Processing Unit or CPU)

आइए अब इन तीनों यूनिटों के बारे में आवश्यक जानकारी ली जाए।

इनपुट उपकरण यूनिट
(Input Devices Unit)

जिन मशीनी उपकरणों की सहायता से कंप्यूटर की स्मृति (Memory) में सूचनाएं (Data) और अनुदेशन (Instruction) डाले जाते हैं इनपुट उपकरण कहलाते हैं। इन उपकरणों में मुख्य रूप से की–बोर्ड (Key board), माउस (Mouse), स्केनर्स (Scanners), लाइट पैन (Light Pen) तथा डिजिटल कैमरा (Digital Camera) आदि के नाम लिए जा सकते हैं। आइए अब इन्हीं उपकरणों के बारे में कुछ जाना जाए।

कुंजीपटल या की–बोर्ड (Key-Board)—आपके पी.सी. (Personal Computer) का यह इनपुट उपकरण एक टाइप राइटर जैसा दिखाई देता है। कंप्यूटर में सूचनाएं (Data) भरने के लिए इसमें विभिन्न कुंजियाँ (Keys) होती हैं। इन कुंजियों (Keys) में से 101 कुंजियों (Keys) पर अक्षर (Letters), अंक (Numbers) और विभिन्न प्रकार के अन्य चिन्ह (Symbols) साधारण टाइपराइटर के कुंजीपटल की तरह ही अंकित रहते हैं। परंतु कंप्यूटर की–बोर्ड पर इन 101 कुंजियों (Keys) के अतिरिक्त भी कुछ अन्य प्रकार की कुंजियाँ (Keys) होती हैं जिनका विवरण निम्न प्रकार है।

(i) **कार्यकारी कुंजियाँ (Function Keys)**—ये संख्या में 12 होती हैं तथा इनकी स्थिति की–बोर्ड के बिल्कुल ऊपरी भाग में बाईं ओर होती है। इनके ऊपर F_1, F_2 से लेकर F_{12} तक नाम अंकित रहते हैं। इन्हें कुछ विशिष्ट कार्यों (जो उपयोग में लाए जाने वाले सॉफ्टवेयर पर निर्भर करते हैं) को संपादित करने के लिए काम में लाया जाता है।

(ii) **एक न्यूमैरिक की–पैड (A Numeric Key-pad)**—इसकी स्थिति कुंजीपटल (Key board) के दाईं ओर होती है। यह देखने और कार्य करने में बिल्कुल एक कैलकुलेटर (Calculator) की तरह होता है।

(iii) **विशेष कुंजियाँ (Special Keys)**—ये कुंजियाँ (Keys) कुछ विविध प्रकार में विशिष्ट कार्यों को संपादित करने जैसे कंप्यूटर स्क्रीन पर कर्सर की गतिविधियों को नियंत्रित करने के काम आती हैं। यहाँ आप यह जानने को उत्सुक होंगे कि यह कर्सर (Cursor) क्या होता है।

अपने पी.सी. (Personal computer) पर की–बोर्ड या माउस (Mouse) की सहायता से काम करते हुए आपने कंप्यूटर स्क्रीन (Monitor) पर इधर–उधर भागता हुआ एक चमकदार बिंदु (Finishing point) देखा होगा। यही कर्सर है। इसकी विभिन्न प्रकार की गतिविधियों हेतु की–बोर्ड पर विशेष प्रकार की कुंजियाँ (Keys) बनी होती हैं जिनका विवरण निम्न प्रकार है।

(a) चार दिशा निर्देशन कुंजियाँ (Four directional arrow keys) जिनका उपयोग कर्सर को एक बार में किसी सटे हुए स्थान पर ऊपर, नीचे, दाएं तथा बाएं सरकाने के लिए किया जाता है।

(b) होम (Home), ऐन्ड (End), पेज–अप (Page up) तथा पेज डाउन (Page down) अंकित कुंजियाँ (Keys) जिनका उपयोग कर्सर (Cursor) को तुरंत ही लंबी दूरी तय कराने के लिए किया जाता है। पेज अप (Page up) तथा पेज डाउन (Page down) कुंजियाँ एक पूरे नए पृष्ठ को सामने लाने अथवा पिछले पृष्ठ पर वापिस जाने के लिए काम में आती हैं। होम (Home) से हम किसी लाइन या टेक्स्ट (Text) के प्रारंभ में पहुँच जाते हैं तथा ऐण्ड (End) से उसके आखिर में।

(c) कर्सर की गतिविधियों से संबंधित कुंजियों के अलावा भी की–बोर्ड में कई अन्य विशेष कुंजियाँ होती हैं जिनका विवरण अग्रांकित है–

विशिष्ट कुंजियाँ (Special Keys)	किया जाने वाला कार्य (Function Performed)
Del	इसका प्रयोग मानीटर पर प्रदर्शित उस विषयवस्तु (Characters) को मिटाने के लिए किया जाता है जिस पर कर्सर (Cursor) उस समय स्थित हो।
Ins	कर्सर (Cursor) जहाँ इशारा करे वहाँ किसी विषयवस्तु (Characters) को शामिल करने के लिए इसका प्रयोग किया जाता है।
Esc	आंग्ल भाषा के ESCAPE का छोटा रूप होने के कारण इसका उपयोग किसी दी हुई कमांड या आदेश को निरस्त यानी कैंसिल (Cancel) करने के लिए किया जाता है।
Back space	कर्सर की स्थिति (Position of cursor) से बांई ओर जो विषयवस्तु होती है उसे मिटाने का कार्य इसके द्वारा किया जाता है।
Ctrl and Alt	इन्हें कंट्रोल–की तथा ऑलटरनेट–की (Control key and Alternate key) कहा जाता है। अपने अकेले रूप में इन्हें दबाने से कोई फायदा नहीं होता। हाँ कुछ अन्य कुंजियों (Keys) के साथ मिलाकर दबाने से इनसे बहुत ही विशिष्ट कार्य किए जा सकते हैं।
Enter	की–बोर्ड के उपयोग द्वारा किन्हीं सूचनाओं को अंदर दाखिल करने तथा आदेशों (Instruction) की अनुपालना करने में इसका उपयोग किया जाता है।
Caps Lock	कैपीटल लैटर्स (Capitalized alphabets) को की–बोर्ड के द्वारा अंकित करने में इसका उपयोग होता है।
Shift	इस कुंजी के Caps Lock के खुले या बंद होने की स्थिति में दो तरह के कार्य होते हैं। (i) जब Caps का Lock नहीं लगा हो – किसी भी Character (अक्षर) कुंजी के साथ मिलाकर Shift को दबाने से हम Capital Letters लिख सकते हैं। (ii) जब Caps का Lock लगा हो : जो कुछ (i) में किया गया है उसका उल्टा किया जा सकता है।

माउस (Mouse)—माउस एक ऐसा उपकरण है जिसे की–बोर्ड की जगह कंप्यूटर स्क्रीन पर कर्सर या पोइंटर (Cursor or pointer) की गतिविधियों को नियंत्रित करने के लिए काम में लाया जाता है। इसे माउस नाम इसलिए दिया गया है कि इसकी शक्ल एक पूंछ युक्त चूहे (Mouse with a tail) से मिलती है। चित्र संख्या 31.3 में इसकी शक्ल देखकर आप यह बात अच्छी तरह समझ सकते हैं। संयोजन तार (Connecting wire) यहाँ इसकी पूंछ का ही काम कर रहा है। जैसा कि चित्र में प्रदर्शित किया गया है इस उपकरण में बटन (जिनकी गिनती एक, दो या तीन तक हो सकती है) लगे होते हैं जो एक प्रकार से इसे क्रियान्वित होने में मदद करते हैं। किस बटन से क्या–क्या होगा यह कंप्यूटर में प्रयुक्त सॉफ्टवेयर प्रोग्राम तय करता है।

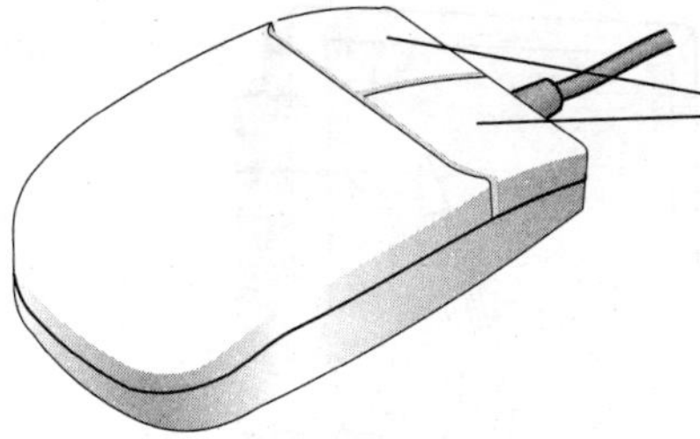

चित्र 31.3 दो बटन वाला मेकेनीकल माउस।

माउस को काम में लाते समय जैसे ही माउस को एक समतल धरातल (इसके लिए प्रायः माउस पैड का इस्तेमाल किया जाता है) पर इधर–उधर घुमाया जाता है कर्सर या पोइंटर भी कंप्यूटर स्क्रीन पर उसी हिसाब से अपनी गति करता है। जब कभी भी आप अपने कंप्यूटर के माउस का कोई एक बटन प्रायः बायाँ दबाएंगे यह या तो कर्सर (Cursor) को मॉनीटर (Computer screen) पर किसी एक जगह स्थापित करेगा अथवा मोनीटर पर प्रदर्शित किसी सूचना (Data) का चयन करेगा। माउस के पहले प्रकार के कार्य से आपको किसी ग्राफिक प्रोग्राम से फायदा उठाने में मदद मिलेगी क्योंकि यहाँ अब आप कर्सर या पोइंटर को एक पैन, पैंसिल तथा पेंटिंग ब्रुश के रूप में प्रयोग में ला सकते हैं। इसी तरह इसकी चयन संबंधी विशेषता (Selection characteristic) से आपको किसी भी इच्छित ऑप्सन (Option) को माउस के बटन को सहज दबाने मात्र से ही सेलेक्ट करने में मदद करती है और इसलिए कंप्यूटर के संचालन और उपयोग को उसमें प्रयुक्त सॉफ्टवेयर तथा माउस के बटन दबाने की प्रक्रिया से जाना जाता है।

आप अपनी कंप्यूटर प्रयोगशाला में पी.सी. पर कार्य करते हुए जिस प्रकार के माउस को काम में ला रहे होंगे वह अवश्य ही एक मेकेनीकल माउस (Mechanical mouse) होगा। मेकेनीकल माउस में जैसे ही माउस को माउस पैड के ऊपर इधर–उधर घुमाया जाता है माउस में स्थित एक बॉल के घूमने की दिशा माउस के इधर–उधर करने पर निर्भर करती है और बॉल का इस तरह घूमना कर्सर या पोइंटर की दिशा को माउस के भीतर स्विचों (Switches) की सहायता से उसी रूप में नियंत्रित करता रहता है।

मेकेनीकल माउस के अतिरिक्त एक दूसरे प्रकार के माउस में जिसे ऑप्टीकल माउस (Optical mouse) कहा जाता है, बॉल की बजाय लेसर किरणों (Laser beams) की सहायता से यह कार्य होता है। आप्टीकल माउस कार्य की गति और परिणामों की दृष्टि से मेकेनीकल माउस से अधिक अच्छा माना जाता है परंतु अधिक महंगे होने के कारण इसे आमतौर पर विशेषकर शिक्षण संस्थाओं की प्रयोगशाला आदि में प्रयोग में लाने का रिवाज नहीं है।

लाइटपैन (Light Pen)—हमारे लिखने के पैन (Writing pen) की तरह यह एक आगे से पैन–पैंसिल की तरह नुकीला और पैन तथा पैंसिल के आकार का ही इलेक्ट्रोनिक उपकरण होता है। देखिये चित्र 31.4 । पैन की तरह ही इसे कंप्यूटर स्क्रीन पर चित्र या अन्य ग्राफिक बनाने में तथा किसी भी ऑप्सन (Option) की ओर इंगित (Pointing) करके उसे सेलेक्ट (Select) करने में प्रयोग में लाया जा सकता है। लाइट पैन को इन रूपों में काम में लाए जाने से तुम यह अच्छी तरह अनुमान लगा सकते हो कि एक लाइट पैन के भी लगभग वे ही कार्य होते हैं जो कि एक माउस (Mouse) के। तकनीकी दृष्टि से एक लाइट पैन ऑप्सन को सेलेक्ट करने (Selecting the options) अथवा चित्र और ग्राफिक इत्यादि बनाने में एक लाइट सेंसीटिव डिटेक्टर (Light sensitive detector) का प्रयोग करते हुए पाया जाता है।

चित्र 31.4 एक लाइट पैन।

स्केनर (Scanner)—बहुत बार तुम ऐसी स्थिति में होते हो जबकि तुम्हारे पास कोई सूचना पुस्तकीय भाषा में लिखी या चित्र और आकृति के रूप में किसी पृष्ठ पर उपलब्ध होती है और तुम इसे अपनी कंप्यूटर डिस्क पर चाहते हो ताकि इसे कंप्यूटर की सहायता से अपने बनाए किसी विवरण या दस्तावेज (Document) में शामिल कर सको। यह तभी संभव है जब आप पृष्ठ पर उपलब्ध उस लिखित या चित्रित सामग्री का एक फोटोग्राफ लें, उसे उस रूप में परिवर्तित करें जिससे उसको कंप्यूटर डिस्क में ग्रहण करके सुरक्षित रखा जा सके फिर उसका कंप्यूटर से जुड़े हुए किसी प्रिंटर से प्रिंट लिया जा सके।

जो कुछ ऊपर करने के लिए कहा गया है वह सब कुछ एक स्केनर की सहायता से बहुत ही सुरक्षित और व्यवस्थित ढंग से संपन्न हो सकता है। इस प्रकार स्केनर को एक ऐसा इनपुट उपकरण समझा जा सकता है जो कागजों पर लिखी तथा चित्रित और मुद्रित सामग्री को पढ़ने और उसे एक उपयुक्त कोड भाषा (जिसे कंप्यूटर जानता हो) में परिवर्तित करने की प्रभावशाली भूमिका निभाता है।

अपनी कंप्यूटर प्रयोगशालाओं में आप अधिकतर दो प्रकार के स्केनरों का ही उपयोग करते हैं जिनमें से एक को फ्लैट बैड (Flat bed) तथा दूसरे को हैन्ड हैल्ड स्केनर (Hand held scanner) कह कर पुकारा जाता है। देखिये चित्र 31.5 तथा 31.6। हाथ में पकड़कर काम आने वाले (Hand held) स्केनर छोटे चित्रों, ग्राफिक तथा फोटोग्राफों के स्केन के लिए तो उपयुक्त होते हैं परंतु इन्हें पृष्ठ के आकार की पूरी लिखित या चित्रात्मक सामग्री के स्केन के लिए अच्छी तरह काम में नहीं लाया जा सकता। इस स्थिति में फ्लैट बैड स्केनर (Flat bed scanners) अधिक उपयुक्त सिद्ध होते हैं। किसी भी कागज या पूरी किताब के किसी पृष्ठ पर बनी किसी आकृति या मुद्रित और लिखित सामग्री का स्केन ये बिल्कुल एक फोटो कोपियर (Photocopier) की भाँति हमारे सामने रख देते हैं। इनका उपयोग भी बहुत आसान है। मूल स्रोत जैसे पुस्तक आदि से पेज अलग करने की जरूरत नहीं पड़ती, जो स्केन करना हो उसे फ्लेट बैड पर रखिए और आपका फ्लेट बेड स्केनर उसे स्केन करके कंप्यूटर में पहुँचा देगा जहाँ से आप जिस डौक्यूमैंट में भी जहाँ चाहे वहाँ उसे इच्छित स्थान दे सकते हैं या सीधा प्रिंटर द्वारा उसका प्रिंट निकाल सकते हैं।

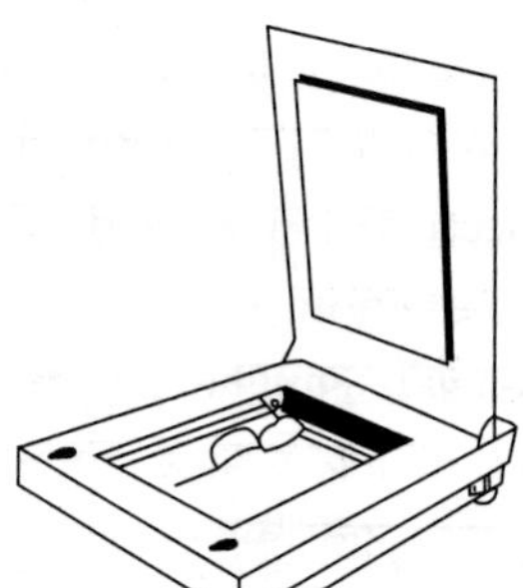

चित्र 31.5 एक फ्लैट बैड स्केनर (A flat bed scanner)

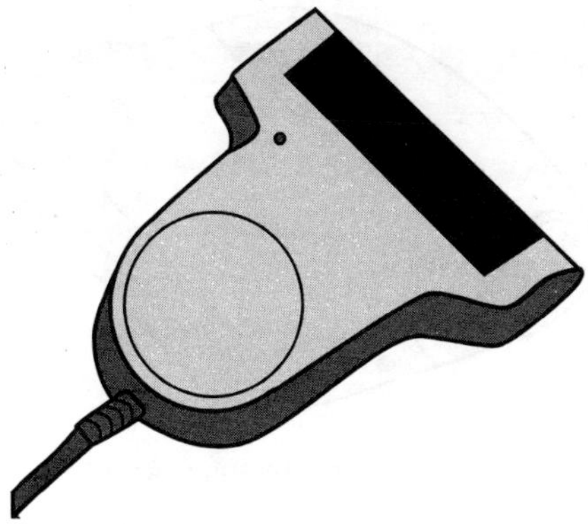

चित्र 31.6 एक हैन्ड हैल्ड स्केनर (A hand held scanner)

इनपुट उपकरणों (Input device) के रूप में स्केनर हमें निम्न रूप में उपयोगी सिद्ध हो सकते हैं।

– कंप्यूटर स्क्रीन पर फोटोग्राफ के पुनः प्रस्तुतीकरण (Reproduction of photographs) के लिए काम में लाए जा सकते हैं।
– लिखित और मुद्रित पाठ्यसामग्री तथा चित्रात्मक सामग्री के स्केनिंग हेतु इन्हें फोटोकोपीयर की तरह काम में लाया जा सकता है।
– पाठ्य सामग्री (Text) तथा चित्रात्मक (Graphic) फाइलों को एक दूसरे से संबंधित करने में काम आते हैं।
– इन्हें विभिन्न प्रकार के शैक्षणिक, ऑफीसियल तथा व्यापारिक कार्यों जैसे डैस्कटोप पब्लिशिंग (Desktop Publishing), कंप्यूटर में विभिन्न दस्तावेजों का भंडारीकरण (Storage of documents) तथा कक्षा शिक्षण, सेमीनार तथा प्रशिक्षण कार्यक्रमों में विभिन्न प्रकार की अनुदेशनात्मक तथा प्रदर्शनीय सामग्री के प्रदर्शन हेतु काम में लाया जा सकता है।

डिजिटल कैमरा (Digital Camera)—एक इनपुट उपकरण (Input device) के रूप में डिजिटल कैमरा (जैसा कि चित्र 31.7 में दिखाया गया है) कंप्यूटर में फोटोग्राफ इनपुट प्रदान करने के काम में लाया जा सकता है। इस कैमरे की सहायता से व्यक्ति, वस्तु या स्थानों के स्थिर चित्र (Still photographs) लिए जा सकते हैं। कैमरे में भंडारित इन फोटोग्राफों को डिजीटल इनपुट के रूप में कंप्यूटर में स्थानांतरित किया जा सकता है। कंप्यूटर इनका डिजीटल फाइल्स में भंडारण (Store) कर सकता है। हम इन फाइलों में से जब भी जैसी आवश्यकता हो कंप्यूटर सॉफ्टवेयर से उपलब्ध टूल्स (Tools) की मदद से इच्छित फोटोग्राफ अपने उपयोग के लिए प्राप्त कर सकते हैं। इन फोटोग्राफों को कंप्यूटर स्क्रीन पर जब चाहे देख सकते हैं तथा वीडियो कांफ्रेंसिंग (Video conferencing) या ई–मेल (e-mail) के जरिए सुदूर बैठे अपने सगे संबंधियों को भी इन्हें उनके कंप्यूटरों पर भेज सकते हैं। इस तरह अब आप अपने किसी साथी या संबंधी के किसी उत्सव या घूमने फिरने के दौरान लिए गए फोटोग्राफों को अपने कंप्यूटर पर ग्रहण कर उन्हें कंप्यूटर स्क्रीन पर भलीभाँति देख सकते हैं, उनका उचित फाइलों में भंडारण कर सकते हैं और साथ ही स्केनर और प्रिंटर की सहायता से उनके प्रिंट भी निकाल सकते हैं।

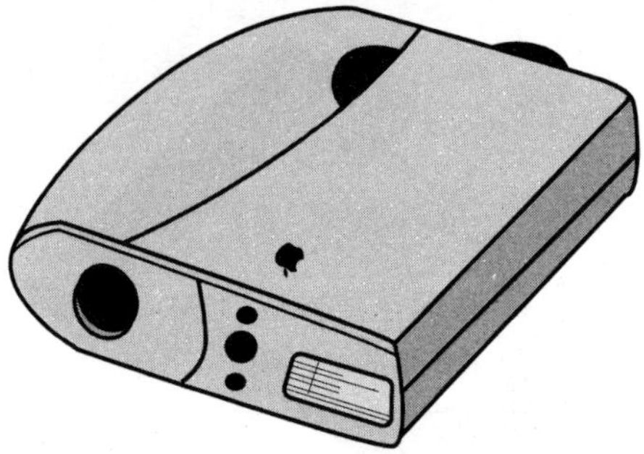

चित्र 31.7 एक डिजीटल कैमरा।

आउटपुट उपकरण (Output Devices)

कंप्यूटर द्वारा प्रदान की गई या उससे बाहर आने वाली कोई भी सूचना या परिणाम को आउटपुट (Output) के नाम से जाना जाता है। इस संदर्भ में आउटपुट उपकरणों से अभिप्राय उन उपकरणों (Devices) से है जो किसी कंप्यूटर से प्राप्त सूचनाओं या परिणामों को उपयोगकर्त्ता (Users) तक पहुँचाने का कार्य करते हैं। इन आउटपुट उपकरणों के उदाहरण के रूप में हम मोनीटर (Monitor), प्रिंटर (Printer), प्लोटर (Plotter) तथा लाउडस्पीकर (Loudspeaker) आदि का नाम ले सकते हैं। आइए अब इस प्रकार के कुछ अधिक प्रचलित आउटपुट उपकरणों के बारे में जानने का प्रयत्न किया जाए।

मॉनीटर (Monitor)—इसे विजुअल डिसप्ले यूनिट (Visual display unit or VDU) के नाम से भी जाना जाता है। बाहर आने वाली सूचना या परिणाम (कंप्यूटर के द्वारा प्रोसेज किए जाने के पश्चात) आपके पी.सी. (Personal computer) की विजुअल डिसप्ले यूनिट के स्क्रीन पर भलीभाँति देखने को मिल सकते हैं। क्योंकि कंप्यूटर द्वारा उपलब्ध–आउटपुट (Output) आपको स्क्रीन पर दिखाई देने वाली सामग्री के रूप में उसी तरह प्राप्त हो जाता है जैसे कि आप टेलीविजन के स्क्रीन पर इच्छित सूचनाएं तथा मनोरंजन कार्यक्रमों की प्राप्ति करते रहते हैं। इस संदर्भ में कंप्यूटर की विजुअल डिसप्ले यूनिट या मॉनीटर को संक्षेप में डिसप्ले स्क्रीन या मात्र स्क्रीन कहकर भी संबोधित किया जाता है। परंतु वास्तव में मॉनीटर से अभिप्राय संपूर्ण डिसप्ले यूनिट (जो कि देखने में एक बॉक्स जैसी लगती है) से होता है जबकि डिसप्ले से मात्र स्क्रीन (टेलीविजन के स्क्रीन की तरह) की ही अनुभूति होती है।

चित्र 31.8 मॉनीटर (विजुअल डिसप्ले यूनिट)।

मॉनीटर इस प्रकार एक दृष्टिगत प्रदर्शनीय उपकरण (Visual display device) के रूप में कंप्यूटर के प्रोसेसिंग यूनिट (Processing unit) से बाहर आ रही सूचनाओं या परिणामों को कंप्यूटर उपयोगकर्त्ताओं को स्क्रीन पर देखने मात्र से ही उन तक पहुँचाने में बहुमूल्य सेवा प्रदान करता है। इसके अतिरिक्त कंप्यूटर को कुंजीपटल (Keyboard) द्वारा जो भी इनपुट टाइपिंग के माध्यम से प्रदान किया जाता है उससे अवगत होने तथा साथ–साथ उसकी चैकिंग करने में भी मॉनीटर की सेवाएं अमूल्य सहयोग देती रहती हैं। कंप्यूटर के आउटपुट मॉनीटर पर लिखित सामग्री (Text) तथा चित्रात्मक सामग्री (Graphics) दोनों के रूप में ही रंगीन (Coloured) तथा श्याम–श्वेत (Black & White) रूप में प्राप्त हो सकता है। परंतु आजकल रंगीन रूप में ही इन्हें प्राप्त करने का चलन है और इस तरह रंगीन मॉनीटर ही आपको अपने पी.सी. में उपलब्ध हो रहा होगा। बाजार में आपको कंप्यूटर मॉनीटर की बहुत सारी विविधताएं (Varieties) देखने को मिलेंगी। आकार, रंग, रूप, कीमत और उपयोगिता आदि को लेकर इनमें काफी कुछ अंतर हो सकते हैं। अधिकतर पी.सी. प्रायः 14" या 16" के साइज के ही आपको अपनी प्रयोगशालाओं में मिलेंगे। आकार (Size) तथा डिसप्ले के रंग (Coloured or Black & White) के अतिरिक्त मॉनीटर की अच्छाई उसके रिजोल्यूशन (Resolution) के संदर्भ में ज्यादा आंकी जाती है। रिजोल्यूशन (Resolution) से अभिप्रायः पिक्सेल (Pixel) की कम या अधिक उपस्थिति से होता है। पिक्सेल एक प्रकार से विजुअल डिसप्ले (Visual display) के मापन की इकाई होती है जितने अधिक पिक्सेल होंगे उतनी ही अच्छी आकृतियाँ या डिसप्ले मॉनीटर पर देखने को मिलेगा। इसलिए जब भी आप अपने पी.सी. के लिए मॉनीटर का चुनाव करें उसकी रिजोल्यूशन के औचित्य पर आपको अवश्य ही ध्यान देना चाहिए।

प्रिंटर (Printer)—मॉनीटर की सहायता से, जैसा कि आप ऊपर पढ़ चुके हैं, कंप्यूटर के आउटपुट को अच्छी तरह देखा और पढ़ा जा सकता है। उदाहरण के लिए आप अगर अपने किसी मित्र के लिए कोई पत्र, कुंजी पटल की सहायता से टाइप कर रहे हैं तो आप परिणाम को कंप्यूटर के स्क्रीन (Monitor) पर भलीभांति देख सकते हो, पढ़ कर इच्छानुसार इसमें संशोधन भी कर सकते हो और इसे ई–मेल के द्वारा उसे उसके पते पर भेज भी सकते हो। परंतु अगर आप चाहो कि जो कुछ भी कंप्यूटर स्क्रीन पर दिखाई दे रहा है उसको लिखित दस्तावेज के रूप में स्थायी रूप में आप अपने पास रख सकें तो इसके लिए आपको एक अन्य आउटपुट उपकरण, जिसे प्रिंटर कहते हैं, की सहायता लेनी होगी। यह उपकरण जो दिखने में नीचे चित्र 31.9 जैसा लगता है आपके पी.सी. के साथ जुड़ा रहता है।

चित्र 31.9 एक इंकजैट प्रिंटर।

इस प्रकार से प्रिंटर से तात्पर्य कंप्यूटर से जुड़े हुए उस आउटपुट उपकरण से है जिसकी सहायता से कंप्यूटर के आउटपुट (प्रोसेसिंग उपरांत प्राप्त सूचना या परिणामों) की किसी पेपर या कभी–कभी ट्रांसपेरेंसीज

(Transparencies) और अन्य सामग्री पर लिखित या चित्रात्मक सामग्री (Text of graphics) के रूप में स्थायी रूप में प्राप्त किया जा सकता है। आपको बाजार में इन प्रिंटरों की बहुत अधिक किस्में (Varieties) देखने को मिलेंगी। आपको अपने पी.सी. के लिए किसी उपयुक्त प्रिंटर का चुनाव करने में जिन चार बातों को ध्यान में रखना होगा वे हैं– (i) प्रिंटर की प्रिंटिंग रफ्तार (Speed of printing) (ii) प्रिंटिंग का अच्छा होना (Quality of printing) (iii) प्रिंटर की कीमत (Price of the printer) (iv) इन्हें प्रयोग में लाने से संबंधित मितव्ययिता (Economy in their use)।

आजकल जिन तीन प्रकार के प्रिंटरों को पी.सी. (Personal computers) में अधिक काम में लाया जाता है उनके नाम हैं (i) डॉट मैट्रिक्स प्रिंटर (ii) इंकजैट प्रिंटर तथा (iii) लेजर प्रिंटर। आइए इन तीन प्रकारों के प्रिन्टरों की कुछ जानकारी प्राप्त की जाए।

डॉट मैट्रिक्स प्रिंटर
(Dot Matrix Printer)

डॉट मैट्रिक्स प्रिंटर एक इंक रिबन (Ink ribbon) पर अपने पिनों की चोट करते हुए हर एक करेक्टर (Character) को डॉट यानी बिंदुओं के रूप में प्रिंट करने का प्रयत्न करता है। किसी प्रिंटर के प्रिंट हैड में इन पिनों की संख्या 9 से 24 तक होती है। जितने अधिक पिन एक प्रिंटर के प्रिंट हैड (Print head) में होते हैं वह उतना ही अच्छा माना जाता है। डॉट मैट्रिक्स प्रिंटर बिना किसी अतिरिक्त हार्डवेयर की मदद लिए किसी भी भाषा या रूप में लिखित और चित्रात्मक सामग्री (Texts and graphics) का प्रिंट निकाल सकता है। यही नहीं रिबन को बदल–बदल कर हम किसी भी रंग के रंगीन प्रिंट ले सकते हैं। ये प्रिंटर कम खर्चीले भी सिद्ध होते हैं। परंतु फिर भी इंक जैट तथा लैसर प्रिंटरों की तुलना में इन्हें निम्न कारणवश कम पसंद किया जाता है।

– ये अधिक आवाज करने के रूप में बदनाम हैं।

– इनकी प्रिंटिंग की रफ्तार भी काफी कम है और इसीलिए इन्हें धीमी रफ्तार वाले प्रिंटर की संज्ञा दी जाती है।

– इंक जैट और लैसर प्रिंटरों की तुलना में इनका प्रिंट भी निम्न स्तर का होता है।

इंकजैट प्रिंटर (Ink-Jet Printers)

इंक जैट प्रिंटर वे प्रिंटर होते हैं जो पेपर पर करेक्टर्स (Characters) को पूरा का पूरा छापने हेतु इंक जैट्स (Jets) का प्रयोग करते हैं। इंक–जैट्स से यहाँ तात्पर्य उस प्रक्रिया या विशेषता से है जिसमें प्रिंटर किसी करेक्टर (Character) को अत्यधिक रफ्तार (एक सैकण्ड में लगभग 250) से प्रिंट करने में अपने बारीक नोजल (Tiny nozzles) की सहायता से इलैक्ट्रीकल फील्ड के माध्यम से आवश्यक इंक छिड़कने की सामर्थ्य रखते हैं। छिड़की हुई यह इंक तुरंत ही पेपर के द्वारा सोख ली जाती है और उस पर तुरंत ही जमती चली जाती है।

डॉट मैट्रिक्स तथा लैसर प्रिंटरों की तुलना में इंक जैट प्रिंटर अधिक लोकप्रिय है। इसके पीछे कुछ निम्न कारण हो सकते हैं।

– डॉट मैट्रिक्स प्रिंटरों की तरह ज्यादा शोरगुल नहीं करते।

– काम करने और परिणामों (Function and output) की दृष्टि से इन्हें अधिक विश्वसनीय माना जाता है।

– इनके द्वारा की गई प्रिंट का स्तर भी काफी अच्छा होता है।

– इनमें प्रयुक्त मकैनीकल कलपुर्जे भी छोटे–छोटे होते हैं और इसी कारण इन्हें पोर्टेबल प्रिंटर (Portable printers) का दर्जा दिया जा सकता है।
– पूरे रंगदार दस्तावेज (Fully coloured documents) छापने हेतु इन्हें काफी कम खर्चीला माना जाता है।
– रफ्तार, प्रिन्टिंग के स्तर तथा खर्चे की दृष्टि से इनकी गिनती डॉट मैट्रिक्स तथा लेजर प्रिंटरों के मध्य मानी जा सकती है।

लेजर प्रिंटर (Laser Printers)

लेजर प्रिंटरों में माइक्रो इलैक्ट्रोनिक्स (Micro electronics), लेजर किरण तकनीक (Laser beam technology) तथा फोटो कॉपी तकनीक (Photo copying technology) का संयुक्त रूप से उपयोग किया जाता है। परिणामस्वरूप एक लेजर प्रिंटर टोनर इंक (Toner ink) को मीडियम के रूप में प्रयुक्त करते हुए पेपर पर आकृतियां (Images) बनाने हेतु लेजर किरणों (Laser beams) का प्रयोग करता है। रफ्तार और प्रिंटर स्तर की दृष्टि से लेजर प्रिंटर, डॉट मैट्रिक्स तथा इंक जैट प्रिंटर दोनों से बढ़िया माने जाते हैं। लगभग असीमित किस्म के फोन्ट्स (Fonts) का प्रयोग करते हुए लेजर प्रिंटरों से किसी भी रंग या श्याम–श्वेत (Colour or Black & White) में लिखित और चित्रात्मक सामग्री (Text and graphics) का एक मिनट में 20 पेजों की रफ्तार से बढ़िया प्रिंट निकाले जा सकते हैं। बढ़िया किस्म की ज्यादा रफ्तार से प्रिंट निकालने के कारण इन प्रिंटरों को पब्लिकेशन व्यवसाय (पुस्तक पत्र पत्रिकाएं तथा चित्र आदि छापने) में अधिक लोकप्रियता प्राप्त है। परंतु अधिक खर्चीले सिद्ध होने के कारण इन्हें कंप्यूटर प्रयोगशाला तथा घरों में प्रयुक्त कंप्यूटरों में काम में नहीं लाया जाता।

प्लोटर्स (Plotters)

प्लोटर वह आउटपुट उपकरण (Output devices) हैं जिनकी सहायता से कागज पर विभिन्न प्रकार के उच्चकोटि के ग्राफिक (जैसे चार्ट, ग्राफ, टेबल, डाइग्राम, चित्र और अन्य प्रकार के कंप्यूटर डिजाइन आदि) प्राप्त किए जा सकते हैं। वास्तव में देखा जाए तो इनका प्रयोग प्रायः तभी किया जाता है जबकि प्रिंटर्स के द्वारा इस प्रकार के ग्राफिक प्राप्त करना मुश्किल हो जाए। कार्यप्रणाली और संरचना की दृष्टि से प्लौटर प्रिंटरों से इस बात में भिन्न नजर आते हैं कि इनमें लाइन खींचने अथवा रेखाकृति बनाने हेतु पेनों (Pens) का प्रयोग किया जाता है। इनके ये पेन इधर–उधर गति करती हुई इनकी बाजुओं से जुड़े होते हैं। परिणामस्वरूप प्लोटरों के द्वारा अविच्छिन्न रेखाकृति (Continuous lines) खींची जा सकती हैं जबकि प्रिंटरों के द्वारा इस प्रकार की रेखाकृतियों को डॉट के समूहों के रूप में अनुमानित करने का प्रयत्न किया जाता है।

प्लोटर प्रायः दो प्रकार की आकृतियों और स्टाइल में कंप्यूटर प्रयोगशालाओं में उपलब्ध होते हैं जिन्हें फ्लैट बेड प्लोटर (Flat bed plotter) तथा ड्रम प्लोटर (Drum plotter) के नाम से जाना जाता है। फ्लैट बेड प्लोटर में कागज को एक जगह स्थिर कर उसके ऊपर प्लोटर की बाजू में लगे पेनों को घुमाया जाता है। ड्रम प्लोटर में कागज को ड्रम के ऊपर लपेटा जाता है। यहाँ ड्रम घूमता है और पेन एक नियत मार्ग (Fixed rail) पर अपनी क्रिया करते हैं।

प्लोटरों के द्वारा प्राप्त परिणामों की गुणवत्ता (Quality) उनमें प्रयुक्त पेन तथा प्रिंटिंग के लिए काम में लायी जाने वाली इंक तथा पेपर के बढ़िया होने पर निर्भर करती है। प्रिंटरों की तरह प्लोटर्स भी आपके पी.सी. से समानांतर पोर्ट (Parallel ports) द्वारा संयोजित रहते हैं और संबंधित सॉफ्टवेयर का उपयोग करते हुए प्रिंट आदेश की प्रिंटरों की तरह ही अनुपालना करते हैं।

परंतु सामान्यतया जैसा कि आप अनुभव करेंगे प्लोटरों का उपयोग विद्यालयों की कंप्यूटर प्रयोगशालाओं में नहीं किया जाता। इसका कारण इनका प्रिंटरों की तुलना में बहुत अधिक खर्चीला सिद्ध होना ही है।

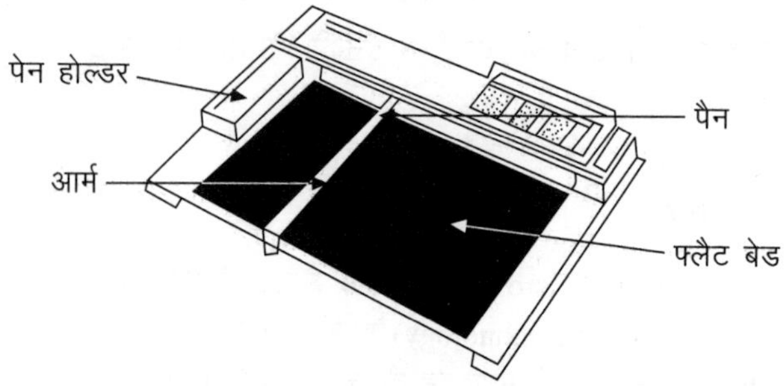

चित्र 31.10 एक फ्लैट बेड प्लोटर।

चित्र 31.11 एक ड्रम प्लोटर।

साउन्ड कार्ड एवं स्पीकर (Sound Cards and Speakers)

साउन्ड कार्ड एवं स्पीकर ऐसे आउटपुट उपकरण हैं जो उपयोगकर्त्ताओं को कंप्यूटर के आउटपुट को साउन्ड यानी ध्वनि के रूप में ग्रहण कराने में मदद करते हैं। इनका प्रयोग आज के सभी पर्सनल कंप्यूटरों में आम बात है। साउन्ड कार्ड (Sound card) प्रायः निम्न प्रकार से हमारी मदद करते हैं–

(i) इनसे कंप्यूटर के मदरबोर्ड (Mother board) से जुड़े हुए स्पीकरों के जरिए जब भी सॉफ्टवेयर प्रोग्रामों से आदेश प्राप्त होते हैं ध्वनि के रूप में आउटपुट प्राप्त हो सकता है।

(ii) ये कंप्यूटर से जुड़े हुए माइक्रोफोन के माध्यम से साउन्ड इनपुट को रिकार्ड करने का कार्य करते हैं।

(iii) डिस्क पर भंडारित (Stored) साउन्ड को प्रयोग में लाने का कार्य करते हैं।

अपने बहुमूल्य उपयोग के बलबूते पर साउन्ड कार्ड आज सभी CD-ROMS के लिए निश्चित तौर पर अति आवश्यक बन गये हैं। कंप्यूटर पर सभी तरह के संगीत और मनोरंजनात्मक प्रोग्रामों से लाभान्वित होने में इनका ही हाथ रहता है। आज के आधुनिक युग में दूर बैठे अपने मित्रों और संबंधियों से बातचीत करना, ऑन लाइन

कांफ्रेंसिंग तथा अन्य व्यावसायिक लाभ उठाना, (इस प्रकार की सभी बातें जिनमें कंप्यूटर नेटवर्क का लाभ उठाते हुये एक दूसरे की आवाजों का आदान–प्रदान संभव हो सकता है) ये सभी कार्य साउन्ड कार्ड तथा स्पीकर्स की मदद से ही पूरे होते हैं।

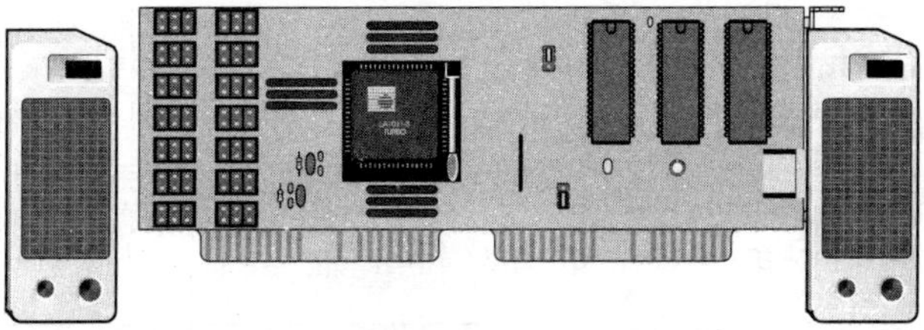

चित्र 31.12 साउन्ड कार्ड एवं स्पीकर्स।

सैंट्रल प्रोसेसिंग यूनिट (Central Processing Unit or CPU)

आपके कंप्यूटर का सैंट्रल प्रोसेसिंग यूनिट एक ऐसा सैंट्रल यानी केंद्रीय भाग है जो इनपुट उपकरणों तथा आउटपुट उपकरणों की यूनिटों के बीच में स्थित होता है। जब भी कोई सूचना या आँकड़े कंप्यूटर को इनपुट उपकरणों द्वारा प्रदान किए जाते हैं तो वह इन्हें ग्रहण करके इनके ऊपर आवश्यक कार्यवाही करने में जुट जाता है। इनपुट सूचना सामग्री को ग्रहण करने, उनका भंडारण करने तथा उन पर आवश्यक कार्यवाही करने की यह सभी प्रक्रियाएं कंप्यूटर के जिस महत्त्वपूर्ण केंद्रीय भाग द्वारा इस उद्देश्य से की जाती है कि उनके द्वारा वांछित आउटपुट प्राप्त किया जा सके, कंप्यूटर के उसी भाग को सैंट्रल प्रोसेसिंग यूनिट या सी.पी.यू. (CPU) द्वारा पुकारा जाता है। इस केंद्रीय यूनिट यानी सी.पी.यू. का जो हिस्सा वास्तविक प्रोसैसिंग (Processing) के कार्य में जुटा रहता है उसे माइक्रो प्रोसैसर (Micro processor) कहा जाता है। इस यूनिट का एक अन्य महत्त्वपूर्ण हिस्सा कंप्यूटर स्मृति (Computer memory) के नाम से जाना जाता है जिसमें सूचनाओं या आंकड़ों को स्मृति में धारण करने और उनका आवश्यकतानुसार पुनः प्रस्तुतीकरण का कार्य किया जाता है। आइए अब कंप्यूटर सी.पी.यू. के इन दो महत्त्वपूर्ण अवयवों (Components) के बारे में आवश्यक जानकारी प्राप्त की जाए।

माइक्रो प्रौसेसर (Micro Processor)—माइक्रो प्रौसेसर को कंप्यूटर का मुख्य ड्राइविंग इंजिन (Driving engine) कहा जा सकता है। बाजार में आपको विविध प्रकार के चिप्स (Chips) निर्मित माइक्रो प्रोसेसर उपलब्ध हो सकते हैं। आज के संदर्भ में इंटेल (Intel) द्वारा नवनिर्मित पेंटियम (Pentium) सबसे अधिक शक्तिशाली माइक्रो प्रोसेसर माना जाता है। कौन माइक्रो प्रोसेसर कितना सामर्थ्यवान है इसका दावा उसकी इस विशेषता को आधार बनाकर किया जाता है कि उसके द्वारा कितने बिट्स (Bits) को भेजा या ग्रहण किया जा सकता है और कितने को आंतरिक रूप से प्रोसेस (Process) किया जा सकता है। अब प्रश्न उठता है कि यह बिट (Bit) क्या है ? जैसा कि हम जानते हैं कि कंप्यूटरों में द्विमान पद्धति (Binary system) का प्रयोग होता है जिसमें 1 को ऑन तथा 0 (जीरो) को ऑफ के लिए काम में लाते हैं। इसमें से प्रत्येक द्विमान अंक (Binary digit) 0 (जीरो) या 1 को बिट (Bit) कहा जाता है और 8 बिट्स के संग्रह (Collection of 8 bits) को एक बाइट (Byte) के नाम से जाना जाता है। बाइट (Byte) एक प्रकार से कंप्यूटर स्मृति (Computer memory) की मूलभूत इकाई (Basic unit) होती है जिसे कंप्यूटर के अन्य महत्त्वपूर्ण भाग स्मृति (Memory) द्वारा भी प्रयोग में लाया जाता है।

आजकल के आधुनिक पर्सनल कंप्यूटरों में अच्छे परिणामों की प्राप्ति की दृष्टि से अधिक बिट्स वाले शक्तिशाली माइक्रो प्रोसेसरों का प्रयोग किया जाता है। परंतु आपकी कंप्यूटर प्रयोगशाला में आपको न ज्यादा

अधिक और न कम शक्ति के 32 या 64 बिट्स के प्रोसेसर अधिक देखने को मिलेंगे। एक 32 बिट्स के प्रौसेसर में 32 बिट् डेटा पाथ (Data path) होता है इसका अर्थ है कि यह एक समय में 32 बिट्स (32 bits) डेटा यानी सूचनाओं के प्रेषण और प्रोसेसिंग (Sending receiving and processing) का कार्य अच्छी तरह कर सकता है।

संरचना की दृष्टि से सी.पी.यू. के माइक्रो प्रौसेसर में निम्न तीन विभागों की उपस्थिति पाई जाती है।

(i) **अंकगणितीय तर्क विभाग (Arithmetic Logic Section)**—इस विभाग द्वारा अंकगणित एवं तर्क संबंधी अनुदेशनों की अनुपालना का कार्य किया जाता है।

(ii) **नियन्त्रण विभाग (Control Section)**—इस विभाग द्वारा अंकगणितीय तर्क विभाग द्वारा संचालित प्रक्रिया पर समुचित नियंत्रण रखने का कार्य किया जाता है।

(iii) **रजिस्टर्स (Registers)**—इस विभाग द्वारा अंकगणितीय तर्क विभाग की जरूरत को पूरा करने के लिए सूचनाओं तथा आंकड़ों को उसकी स्मृति में बनाए रखने का कार्य किया जाता है।

जहाँ तक क्रियान्वयन का प्रश्न है सी.पी.यू. के उपरोक्त तीनों विभाग एक इकाई के रूप में ही इस प्रकार कार्य करते हैं कि जो कुछ इनपुट के रूप में प्राप्त हो उसे ठीक प्रकार प्रौसेस करके आउटपुट उपकरणों के माध्यम से उपयोगकर्त्ताओं के पास पहुंचा दे।

स्मृति–भंडारण एवं पुनरुद्धरण उपकरण (Memory-Storage and Retrieval Devices)

स्मृति (Memory) कंप्यूटर का वह भाग है जिसके द्वारा सूचनाओं एवं अनुदेशों के भंडारण एवं पुनरुद्धरण (Storage and retrieval of data and instructions) का कार्य किया जाता है। कंप्यूटर में इस कार्य हेतु दो प्रकार की स्मृतियाँ – आंतरिक स्मृति (Internal memory) तथा बाह्य स्मृति (External memory) पायी जाती है।

आंतरिक स्मृति (Internal Memory)—एक पी.सी. की आंतरिक स्मृति (Internal memory) उसके मदरबोर्ड (Motherboard) में चिप्स (Chips) के रूप में पायी जाती है। इसे आंतरिक भंडारण (Internal storage), प्राथमिक भंडारण (Primary storage) अथवा मुख्य स्मृति (Main memory) भी कह कर पुकारा जाता है। आपके पी.सी. द्वारा जिन दो प्रकार की आंतरिक स्मृतियों (Internal memories) का उपयोग किया जाता है वे हैं–

(i) रैम (RAM) या रैंडम एसैस मैमरी (Random Assess Memory)

(ii) रोम (ROM) या रीड ओनली मैमरी (Read Only Memory)

रैम (RAM) वह स्मृति (Memory) है जिसका उपयोग कंप्यूटर द्वारा प्रोग्रामों और सूचनाओं (जिन्हें संभालने और उन पर आवश्यक क्रियाएं करने का कार्य कंप्यूटर कर रहा होता है) को अपनी स्मृति में धारण करने के लिए किया जाता है। इसे रैंडम एसैस मैमरी (Random Assess Memory) नाम इसलिए दिया जाता है कि किसी भी सूचना या अनुदेश को अस्थायी रूप से इस प्रकार के स्मृति भंडारण में कहीं भी किसी प्रकार से भंडारित किया जा सकता है। कंप्यूटर के हार्ड डिस्क (Hard disk) में जहाँ इनका कहीं भी भंडारण होता है वहां से इसकी पुनः प्राप्ति (Retrieval) भी काफी आसान होती है। जब इच्छा हो इस प्रकार के भंडारित दस्तावेजों (Stored documents) की कंप्यूटर की रैम स्मृति में से प्राप्त करके उन पर आगे का कार्य या उनका इच्छित उपयोग किया जा सकता है। इस प्रकार की स्मृति (Memory) को पठन/लेखन स्मृति (Read/Write memory) भी कहा जाता है क्योंकि रैम (RAM) में भंडारित सूचनाओं या आंकड़ों को इच्छानुसार पढ़ा जा सकता है तथा आवश्यकतानुसार इनमें संशोधन (लेखन) का कार्य भी किया जा सकता है। परंतु इस प्रकार की स्मृति में बहुत बड़ी कमी इस बात को लेकर पाई जाती है कि जैसे ही किसी कारणवश कंप्यूटर मशीन बीच में ही बंद हो जाती है तो रैम (RAM)

में भंडारित सभी प्रकार की सूचना एवं आंकड़े विस्मृति के गर्भ में चले जाते हैं और उनकी उपयोगकर्त्ता को पुनः कभी भी प्राप्ति नहीं हो सकती।

कंप्यूटर के मदरबोर्ड (Mother board) पर पाई जाने वाली दूसरे प्रकार की आंतरिक स्मृति (Internal memory) रोम (ROM or Read only memory) के नाम से जानी जाती है। रोम चिप्स का निर्माण करते समय, कंप्यूटर के संचालन से संबंधित आवश्यक अनुदेश (Instructions) उसमें स्थायी रूप से भंडारित कर दिए जाते हैं। रोम चिप्स पर स्थायी रूप से भंडारित ये बातें केवल पढ़ी जा सकती हैं उनके ऊपर आगे कुछ लिखने या संशोधन करने की कोई प्रक्रिया नहीं हो सकती। इस प्रकार से रोम (ROM) में स्थायी रूप से रिकार्ड की गई अनुदेशनात्मक सामग्री (Instructional material) ही होती है जिसका कंप्यूटर मशीन के काम करते रहने से स्थायी संबंध होता है। रोम (ROM) की स्मृति में संजोयी यह अनुदेशनात्मक सामग्री कभी भी रैम (RAM) की तरह कंप्यूटर के अचानक बंद हो जाने से कंप्यूटर की स्मृति से गायब नहीं हो जाती।

बाह्य स्मृति—सैकेंडरी भंडारण उपकरण (External Memory—Secondary Storage Devices)

आपके पी.सी. में आंतरिक भंडारण (Internal Storage) हेतु एक सीमित मात्रा में ही जगह होती है। अगर आपको कुछ अधिक भंडारण करना है तो इस कार्य हेतु अतिरिक्त बाह्य भंडारण उपकरणों (External storge devices) की जरूरत पड़ती है। आपने यह भी देख लिया है कि जैसे ही बिजली गुल हो जाती है और आपका कंप्यूटर अचानक बंद हो जाता है तो कुछ भी आंतरिक स्मृति (Internal memory) में होता है वह सब कुछ समाप्त हो जाता है। यह एक अति गंभीर समस्या है आपको इस हालत में कुछ ऐसा अवश्य चाहिए जिससे स्थायी रूप से भंडारण करने में सुविधा हो जाए। बाह्य स्मृति के जरिए जिसे सैकेंडरी भंडारण उपकरणों (Secondary storage devices) से उपलब्ध किया जा सकता है, इन बातों का उपयुक्त हल निकल सकता है। सूचना सामग्री का स्थायी भंडारण (Permanent storage of data) तथा भंडारण क्षमता में वृद्धि ये दोनों बातें ही सैकेंडरी भंडारण उपकरणों के द्वारा उचित रूप से संभव हो जाती हैं। आप अपने पी.सी. के साथ जिन सामान्य सैकेंडरी भंडारण उपकरणों को कार्य में ला रहे होंगे वे कुछ इस प्रकार के होंगे।

फ्लोपी डिस्क (Floppy disk), हार्ड डिस्क (Hard disk) सी.डी. रोम्स (CD ROMS), मेग्नेटो आप्टीकल डिस्क (Magneto Optical Disk or MO) पैन ड्राइव आदि।

आइए अब इन भंडारण उपकरणों (Storage devices) के बारे में कुछ जानकारी प्राप्त की जाए।

फ्लोपी डिस्क (Flopy Disk)—फ्लोपी डिस्क जिन्हें सामान्यतया फ्लोपीज (Floppies) कहा जाता है, छोटे आकार की मुलायम एवं लचीली मैग्नेटिक डिस्क होती हैं। इन्हें सुविधानुसार एक जगह से दूसरी जगह ले जाया जा सकता है। जब जैसी जरूरत हो उन्हें आप अपने कंप्यूटर की डिस्क ड्राइव (Disk Drive) में लगा सकते हो या निकाल सकते हो। अपने इस गुण के कारण इन्हें एक कंप्यूटर से दूसरे कंप्यूटर में सूचनाओं (Data) के स्थानांतरण हेतु अच्छी तरह काम में लाया जा सकता है। अपने कंप्यूटर फाइलों में उपलब्ध सूचना सामग्री तथा प्रोग्राम आदि का बैक अप (Back up) के रूप में स्थायी कापी रखने में फ्लोपियां (Floppies) काफी मदद करती हैं। एक पी.सी. में प्रयुक्त फ्लोपियां सामान्यता दो आकारों 5¾ इंच तथा 3½ इंच में उपलब्ध हो सकती हैं। परंतु आजकल 5¾ इंच की फ्लोपियों का अधिक प्रचलन नहीं है। इसलिए आप अपने कंप्यूटर प्रयोगशाला में जिन फ्लोपियों को काम में ला रहे हों वे 3½ इंच आकर की ही होंगी। इस प्रकार की एक फ्लोपी को आगे चित्र 31.13 में दिखाया जा रहा है।

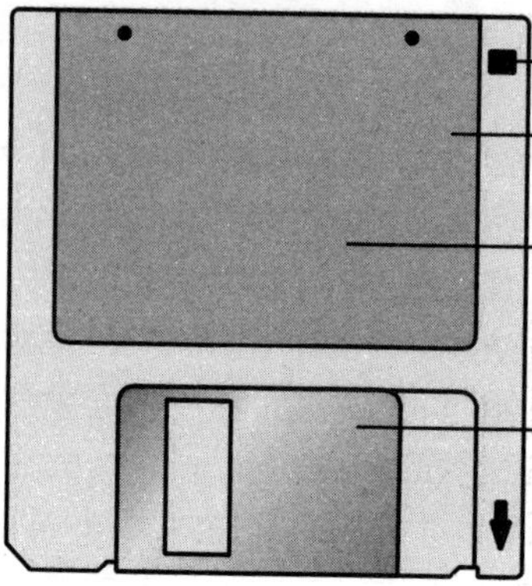

चित्र 31.13 एक 3½ इंच आकार की फ्लोपी डिस्क या फ्लोपी।

उपरोक्त चित्र में प्रदर्शित एक फ्लोपी, मैग्नेटिक ऑक्साइड से आच्छादित (Coated with magnetic oxide) लचीले प्लास्टिक से बनी होती है। यह वृत्ताकार (Circular) होती है तथा इनके केंद्र में एक छेद होता है। सुरक्षा के प्रयोजन से इन्हें एक वर्गाकार प्लास्टिक जॉकेट या कवर में रखा जाता है। जॉकेट (Jocket) में एक हैडस्लोट (Head slot) होता है जिससे फ्लोपी के कुछ हिस्से को पढ़ाई–लिखाई (Reading/Writing) हेतु बाहर निकाले रखने में मदद मिलती है। जब कोई सूचना फ्लोपी पर अंकित की जाती हो या उसमें अंकित सूचनाएं पढ़ी जानी हों तो यह कार्य फ्लोपी की इस खुली जगह (Spacing) पर फ्लोपी ड्राइव (Floppy drive) के हैड के संसर्ग (Contact) में आने से ही संपन्न होता है।

इस तरह फ्लोपी पर सूचनाओं को संग्रहीत करने या संग्रहित सूचनाओं को ग्रहण करने (Reading or writing data) हेतु एक विशेष उपकरण फ्लोपी ड्राइव (Floppy drive) का प्रयोग किया जाता है। हार्ड डिस्क (Hard disk) के संदर्भ में यह कार्य हार्ड डिस्क ड्राइव (Hard disk drive) के द्वारा किया जाता है। इस तरह यह पूरी तरह स्पष्ट हो जाना चाहिए कि फ्लोपी या हार्ड डिस्क पर लिखने पढ़ने का कार्य कंप्यूटर के माइक्रो प्रोसेसर (Micro processor) द्वारा संपन्न नहीं होता बल्कि उनके अपने डिस्क ड्राइवों (Disk drives) द्वारा किया जाता है। हाँ यह बात अवश्य है कि ये फ्लोपी या डिस्क ड्राइव आपके पी.सी. की सैंट्रल प्रोसेसिंग यूनिट यानी सी.पी.यू. में ही स्थित होते हैं।

किसी फ्लोपी के दोनों तरफ या एक तरफ सूचनाओं (Data) के भंडारण (Storage of data) का कार्य किया जा सकता है। आजकल अधिकतर पी.सी. दोनों तरफ संग्रहीत फ्लोपियों (Floppies) का ही प्रयोग करते हैं। इस तरह की 3½ इंच आकार की एक फ्लोपी 720 के.बी. (KB) या 1.44 एम.बी. (MB) डेटा के भंडारण की क्षमता रखती है।

हमने अभी 1.44 एम.बी. का उल्लेख किया है इसका क्या अर्थ है ? निश्चित ही हमने इसे एक फ्लोपी की सूचना भंडारण क्षमता (Data storage capacity) के लिए उपयोग किया है। इस संदर्भ में हम इसे सूचना भंडारण क्षमता के मापन का कोई पैमाना (Scale) मान कर चल सकते हैं। है भी कुछ ऐसी ही बात। आइए देखें यह किस प्रकार के पैमाने से जुड़ी है।

कंप्यूटर की भाषा में किसी भी कंप्यूटर की स्मृति (Memory) की भंडारण क्षमता (Storage capacity) को मापने में बाइट्स (Bytes) को काम में लाया जाता है। भंडारण क्षमता को मापने की यह एक ऐसी ही मूलभूत छोटी इकाई (Basic small unit) है जैसे कि ग्राम (Gram) के रूप कोई इकाई भार (Weight) मापन के लिए प्रयोग में लाई जाती है। एक बाइट (Byte) द्वारा एक करेक्टर (Character) का भंडारण किया जा सकता है। एक करेक्टर (Character) का अर्थ होता है कोई एक अंक (Digit), अक्षर (Alphabet) या कोई चिन्ह (Sign or Symbol)। इस

अर्थ में EDUCATION शब्द के भंडारण के लिए 9 बाइटों (Bytes) की आवश्यकता पड़ेगी। भंडारण क्षमता के मापन की इन सीढ़ियों पर ऊपर चढ़ने के लिये हमें क्रमशः किलोबाइट (KB), मेगाबाइट (MB), गीगाबाइट (Gigabyte or GB), टैराबाइट (Terabyte or TB) आदि की जरूरत पड़ती है। इन मापन इकाइयों को इनके सापेक्षिक मानों (Relative values) में निम्न प्रकार से समझा जा सकता है।

1 के.बी. (KB) = 1024 बाइट्स (Bytes) या करेक्टर (Character)

1 एम.बी. (MB) = 1024 के.बी. (KB)

1 जी.बी. (GB) = 1024 एम.बी. (MB)

1 टी.बी. (TB) = 1024 जी.बी. (GB)

हार्ड डिस्क (Hard Disk)

हार्ड डिस्क जैसा कि नाम से ही विदित होता है कि एक कठोर और अलचीली डिस्क (Hard and inflexible disk) होती है। फ्लोपियों (Floppies) में प्रयुक्त प्लास्टिक की बजाय इसके निर्माण में एल्यूमिनियम (Aluminium) का इस्तेमाल किया जाता है। इसका स्थान कंप्यूटर की सैंट्रल प्रोसेसिंग यूनिट (CPU) के अंदर ही होता है और जिसे स्थायी तौर पर एक सील युक्त (Sealed) तथा विषाणु मुक्त (Contamination free) डिब्बे में बंद करके रखा जाता है। हार्ड डिस्क की धारण क्षमता (Storage capacity) तथा कार्यगति, फ्लोपियों (Floppies) से काफी अधिक होती है। एक 3½ इंच व्यास की हार्ड डिस्क 500 एम.बी. डेटा की धारणा क्षमता (Storage capacity) रखती है। इसके अतिरिक्त फ्लोपियों की तुलना में हार्ड डिस्क को काफी विश्वसनीय (Reliable) एवं सुरक्षित भंडारण उपकरण माना जाता है। गर्मी, आद्रता या गीलापन तथा धूल धाल से इसके क्षतिग्रस्त हो जाने की संभावना फ्लोपियों की तुलना में काफी कम आंकी जाती है।

ऑप्टीकल डिस्क (Optical Disks)

ऊपर वर्णन की गई फ्लोपी डिस्क (फ्लोपी) तथा हार्ड डिस्क मैग्नेटिक डिस्क कहलाती है। मैग्नेटिक डिस्क की तुलना में एक ऑप्टीकल डिस्क में सूचनाओं (Data) को पढ़ने—लिखने (Reading/Writing) के लिए लेजर किरणों (Laser beams) का इस्तेमाल किया जाता है। इसके अतिरिक्त एक आप्टीकल डिस्क में मैग्नेटिक डिस्क की तुलना में काफी अधिक धारण क्षमता (Storage capacity) यहाँ तक कि 6 जी.बी. (Six billion bytes) और उससे भी अधिक पाई जाती है।

चित्र 31.14 एक ऑप्टीकल डिस्क।

कुछ प्रमुख ऑप्टीकल डिस्कों की चर्चा हम आवश्यक जानकारी हेतु यहाँ नीचे कर रहे हैं।

सी.डी. रोम (CD ROM)—आंग्ल भाषा का CD-ROM इसी भाषा के Compact Disk Read Only Memory का संक्षिप्त एवं सरल रूप है। यह एक प्रकार की ऐसी ऑप्टीकल डिस्क है जिसके द्वारा सूचनाओं की काफी तादाद को (लगभग 1 जी.बी. यानी 700 फ्लोपियों की धारण क्षमता के बराबर) अच्छी तरह भंडारित किया जा सकता है। परंतु सी.डी. रोम (CD ROM) में भंडारित सूचना सामग्री को मात्र पढ़ा ही जा सकता है उस पर कुछ लिखा या उसका कोई संशोधन नहीं किया जा सकता। सी.डी. रोम के उत्पादकों द्वारा सी.डी. रोम पर लिखने या रिकॉर्ड करने के लिए अत्यधिक तीव्र लेजर किरणों (High intensity laser beams) का प्रयोग किया जाता है। एक बार रिकॉर्ड किए जाने पर डेटा लगभग स्थायी रूप से ही उपस्थित रहता है। इसे मिटाया या इसमें कोई संशोधन उपयोगकर्त्ता द्वारा आसानी से नहीं किया जा सकता। हाँ सुविधानुसार आप जब चाहें इस पर रिकॉर्ड किए गए डेटा को एक इनपुट उपकरण के जिसे सी.डी. रोम ड्राइव (CD ROM Drive) कहा जाता है, माध्यम से अच्छी तरह पढ़ा जा सकता है। इस प्रकार के पढ़ने में सहायक बनने हेतु इसे सी.डी. रोम ड्राइव में कम तीव्रता की लेजर किरणों (Low intensity laser beams) का प्रयोग किया जाता है। ये सी.डी. रोम ड्राइव कंप्यूटर मशीन के भीतर भी हो सकते हैं और बाहर अलग से जुड़े हुए भी। आंतरिक होने की अवस्था में ये कंप्यूटर के सी.पी.यू. में ही प्रदान किए जाते हैं। इस प्रकार के एक ड्राइव को नीचे चित्र 31.15 में देखा जा सकता है।

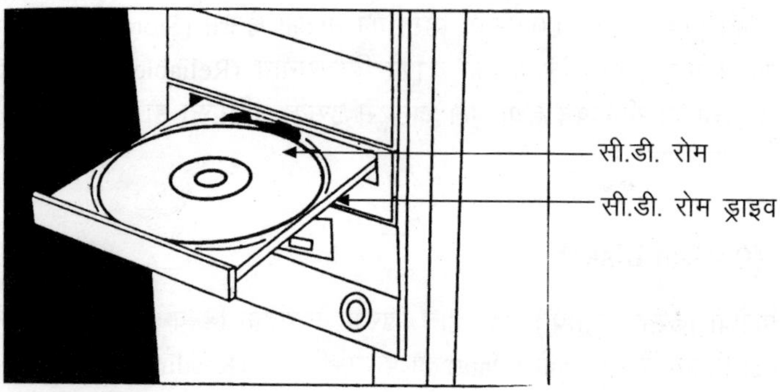

चित्र 31.15 एक आंतरिक सी.डी. रोम ड्राइव (CD ROM Drive)

सी.डी.-आर.डबल्यू (CD-RW)—आंग्लभाषा का CD-RW इसी भाषा के Compact Disk-Read and Write का संक्षिप्त एवं सरल रूप है। यह सी.डी. रोम से इस बात में भिन्न है कि यहाँ आप डेटा को फ्लोपी या हार्डडिस्क की तरह पढ़ और लिख सकते हो, हाँ यह करने के लिए आपको एक विशेष ड्राइव जिसे सी.डी.–आर.डबल्यू. (CD-RW) ड्राइव कहा जाता है की जरूरत पड़ेगी।

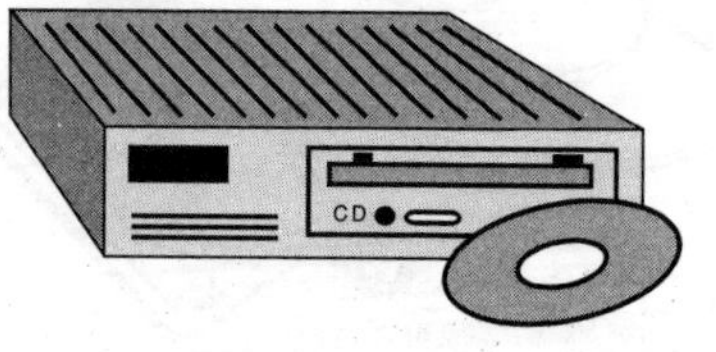

चित्र 31.16 एक सी.डी.–आर.डबल्यू. ड्राइव (CD-RW Drive)

मैग्नेटो-ऑप्टीकल डिस्क (Magneto-optical disks or MO disks)—ये नवीन और आधुनिक प्रकार की डिस्कें, मैग्नेटिक तथा ऑप्टीकल दोनों प्रकार की डिस्क तकनीकियों को काम में लाती हैं। इसलिए हम एम.ओ. डिस्कों से मैग्नेटिक तथा ऑप्टीकल दोनों प्रकार की डिस्कों का फायदा उठा सकते हैं। इसी कारण वे (i) गर्मी, धूल और नमी से काफी सुरक्षित रहती हैं, (ii) उन पर विद्यमान डेटा को पढ़ा तथा लिखा जा सकता है, (iii) ये फ्लोपियों की तरह एक जगह से दूसरी जगह ले जायी जा सकती हैं, (iv) इनकी भंडारण क्षमता आप्टीकल डिस्कों की तरह ही होती है इसलिए ये 2 जी.बी. (GB) तक और दोनों तरफ से 4 जी.बी. तक डेटा को स्मृति में धारण कर सकती हैं, (v) इन पर पहले से लिखे हुये डेटा पर दुबारा नया डेटा लिखा जा सकता है। यहाँ तक कि किसी डिस्क पर हम लाखों बार यह दुबारा लिखने का काम अच्छी तरह कर सकते हैं।

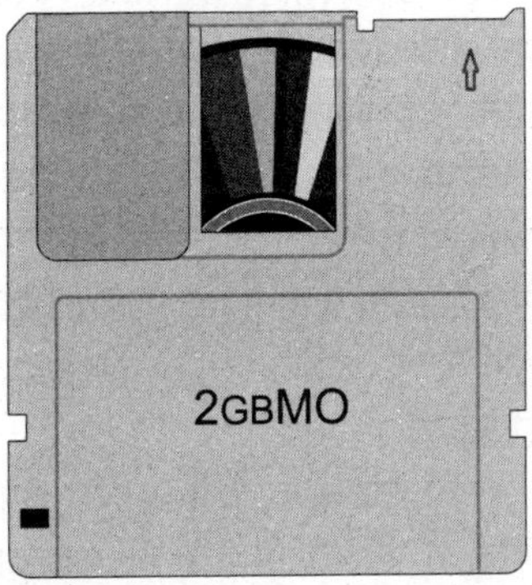

चित्र 31.17 एक मैग्नेटो आप्टीकल डिस्क।

पैनड्राइव्स (Pen Drives)—आधुनिक स्मृति (भंडारण एवं पुनरुद्धरण) उपकरणों में पैनड्राइव का काफी महत्त्वूपर्ण स्थान है। काफी सहज एवं द्रुत गति से इसकी सहायता से ऑडियो, वीडियो तथा डेटा फाइलों के स्मृति भंडारण (Storage) का कार्य किया जा सकता है तथा साथ ही एक कंप्यूटर की हार्ड ड्राइव से दूसरे कंप्यूटर की हार्ड ड्राइव में इन फाइलों को स्थानांतरण करने के कार्य को भी बखूबी अंजाम दिया जा सकता है। पैन ड्राइव की सबसे बड़ी विशेषता इनके लघु आकार (लिखने का पैन जैसा) को लेकर है और इसी वजह से इन्हें पेन ड्राइव्स का नाम दिया गया है। इन्हें अपने आकार के लघु तथा वजन में हल्का होने के कारण आसानी से किसी छोटी जगह (जैसे पॉकेट) में ले जाया जा सकता है।

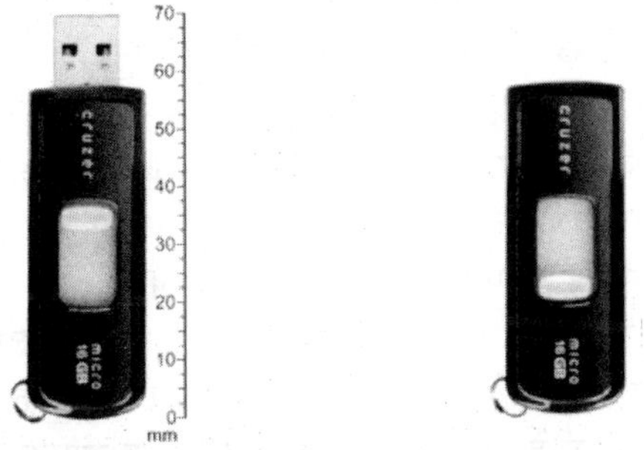

(a) उपयोग हेतु तैयार (Ready to use)

(b) उपयोग के बाद बंद अवस्था में (Closed after use)

चित्र 31.18 एक 16 GB पैन ड्राइव।

फ्लापी डिस्क (1-4 इंच या 2.5–10 से.मी.) की तुलना में पैन ड्राइव्स काफी छोटे होते हैं तथा इनका वजन भी लगभग 20 ग्राम के बराबर होता है। इन्हें अपने कार्य संपादन हेतु किसी भी बैटरी इत्यादि की जरूरत नहीं पड़ती, इनमें कोई गतिशील पुर्जा नहीं होता और स्मृति भंडारण के रूप में इनकी स्मृति भंडारण क्षमता 32 MB से लेकर 64 GB तक हो सकती है।

संरचना की दृष्टि से एक पैन ड्राइव को एक ऐसे लघु मुद्रित सरकित बोर्ड (Small printed circuit board) के रूप में समझा जा सकता है जिसे किसी ऐसे प्लास्टिक, धातु या रबड़ के खोल (Case) में इस प्रकार सुरक्षित रखा जाए ताकि उस पर किसी, धूल, आघात इत्यादि का दुष्प्रभाव न पड़े और उसे आसानी से किसी पॉकेट की जेब में अथवा चाबी के गुच्छे में रखकर सुविधानुसार प्रयोग में लाया जा सके।

पैन ड्राइव्स अन्य पोर्टेबल स्मृति भंडारण उपकरणों जैसे फ्लॉपी डिस्क तथा ऑप्टीकल डिस्क ड्राइव इत्यादि से काफी कुछ अर्थों में बहुत सुविधानुसार और उपयोगी समझे जा सकते हैं। फ्लॉपी डिस्क की तुलना में इनका आकार काफी ठीक होता है, काफी द्रुतगति से ये अपना कार्य करते हैं, ज्यादा भंडारण क्षमता रखते हैं, तथा इनमें कोई गतिशील पुर्जा न होने के कारण ज्यादा भरोसे वाले सिद्ध हो सकते हैं। आजकल के नये कंप्यूटर तथा लेपटॉपों में जो यू.एस.बी. पोर्ट (USB Ports) दे रखे होते हैं उनकी मांग को ये फ्लॉपी डिस्क की तुलना में ज्यादा पूरा करने की क्षमता रखते हैं। ऑप्टीकल डिस्क ड्राइवों की तुलना में पैन ड्राइव्स को काम में लाना काफी सुविधाजनक रहता है। थोड़ी जगह से अधिक से अधिक स्मृति का भंडारण और वह भी आनन–फानन में बिना किसी परेशानी के करना इनके द्वारा ही संभव हो पाया है।

पैन ड्राइव्स को उपयोग में लाना काफी सरल कार्य है। जैसे आप किसी खाली सीडी (Blank CD) को कंप्यूटर अथवा लैपटॉप के यू.एस.बी. पोर्ट में डालते हैं वैसे ही पैन ड्राइव को जोड़ने हेतु भी उपयुक्त पोर्ट आधुनिक कंप्यूटर और लैपटॉप में उपलब्ध रहते हैं। आपको पैन ड्राइव में दिए गए यू.एस.बी. कनेक्टर (USB Connector) के सिरे को कंप्यूटर या लैपटॉप में स्थित यू.एस.बी. पोर्ट में डालना होता है। जैसे ही आप इसे इस तरह जोड़ेंगे पैन ड्राइव स्वतः ही क्रियाशील हो जाता है। अब आप आसानी से कमांड देकर अपने कंप्यूटर या लैपटॉप में संग्रहित फाइलों और उनमें निहित सूचना सामग्री को पैन ड्राइव की स्मृति में भंडारित कर सकते हैं और फिर उन्हें इच्छानुसार किसी अन्य कंप्यूटर और लैपटॉप के हार्ड ड्राइव में स्थानांतरित करने, प्रिंट निकालने या इंटरनेट पर फाइलें/सामग्री भेजने जैसे कार्य सुगमता और शीघ्रता से संपादित कर सकते हैं।

कंप्यूटर मशीन कैसे कार्य करती है ?
(How does a Computer Machine Operate ?)

हमने अभी ऊपर के पृष्ठों में कंप्यूटर के विभिन्न भागों के रूप में इनपुट तथा आउटपुट उपकरणों एवं सैंट्रल प्रोसेसिंग यूनिट (सी.पी.यू.) की चर्चा की है। एक प्रकार से ये सभी कंप्यूटर मशीन (Computer hardware) के ही भाग हैं। कंप्यूटर मशीन अपने इन विभिन्न भागों तथा अवयवों (Components) सहित अपने आप में केवल मात्र एक मशीन ही होती है। कोई भी मशीन अपने आप नहीं चलती और इसी रूप में कंप्यूटर मशीन यानी कंप्यूटर हार्डवेयर के संचालन हेतु भी कंप्यूटर सॉफ्टवेयर (Computer softwares) की जरूरत पड़ती है। कंप्यूटर सॉफ्टवेयर और कुछ नहीं बल्कि एक ऐसा प्रोग्राम (कंप्यूटर की अपनी भाषा में समझे जाने वाले आवश्यक आदेश और अनुदेशन) होता है जिसे कंप्यूटर के विभिन्न भागों द्वारा संपादित कार्यों के निर्देशन, नियंत्रण और समन्वय के लिए काम में लाया जाता है। इस कार्य हेतु कंप्यूटरों द्वारा दो प्रकार के सॉफ्टवेयरों–एप्लीकेशन (Application) तथा सिस्टम (System) सॉफ्टवेयर का प्रयोग किया जाता है। आइए इन दोनों प्रकार के सॉफ्टवेयर की कुछ जानकारी प्राप्त की जाए।

अनुप्रयोग या एप्लीकेशन सॉफ्टवेयर (Application Software)

अनुप्रयोग या एप्लीकेशन सॉफ्टवेयर (Application software) से तात्पर्य प्रोग्रामर के द्वारा उपयोगकर्त्ताओं (Users) के लिए तैयार किए गए उन प्रोग्रामों (Programmes) से है जिनकी सहायता से कंप्यूटर मशीन या हार्डवेयर से वांछित सामान्य या विशेष प्रकार के लाभ अर्जित किए जा सकें। दूसरे शब्दों में एप्लीकेशन सॉफ्टवेयर कंप्यूटर मशीन के एप्लीकेशन या उपयोग को संभव बनाता है। यह उपयोग इतना सहज और सुगम हो सकता है जितना कि महज कोई पत्र लिखना या कुछ संख्याओं का जोड़ करना और इतना कठिन और पेचीदा भी हो सकता है जितना कि चंद्रमा पर पृथ्वी से की जाने वाली अंतरिक्ष यात्रा का नियोजन। बाजार में सभी तरह के विभिन्न सामान्य और विशेष उपयोग वाले सॉफ्टवेयर उपलब्ध रहते हैं। आप अपनी इच्छानुसार उन्हें खरीदकर अपने उपयोग में ला सकते हैं। सामान्य उपयोग वाले सॉफ्टवेयर के रूप में आपका परिचय निम्न प्रकार के सॉफ्टवेयरों से हो सकता है।

(i) **वर्ड प्रोसेसर (Word Processor)**—जिसका उपयोग लिखित दस्तावेजों (Documents) को तैयार करने, उनका आवश्यक संपादन (Edit) करने तथा मुद्रण करने (Printing) के लिए किया जा सकता है।

(ii) **स्प्रेडशीट (Spread Sheets)**—जैसे माइक्रोसॉफ्ट का एक्सेल (Microsoft's Excel) प्रोग्राम जिसे संख्याओं के साथ विभिन्न प्रकार की संक्रियाएं करने, गणना कार्य करने तथा सरल चार्ट एवं ग्राफ आदि बनाने के लिए काम में लाया जा सकता है।

(iii) **ग्राफिक प्रस्तुतीकरण (Presentation Graphics)**—जैसे माइक्रोसॉफ्ट का पावर पोइंट (Micro soft power point) जिसे ग्राफिक यानी चित्रात्मक सामग्री बनाने, विभिन्न प्रकार के फोंटस (Fonts) यानी अक्षरों के आकार में लिखित सामग्री को जगह–जगह जोड़ने, स्लाइडों को तैयार करने आदि कार्यों में प्रयुक्त किया जा सकता है।

(iv) **डेटाबेस मैनेजमैन्ट सिस्टम (Database Management System)**—जैसे माइक्रोसॉफ्ट का एसैस (Microsoft's access) जिसे विभिन्न प्रकार की सूचना सामग्री (Data) को भंडारित करने तथा भंडारण (Database) को नवीनतम बनाए रखने और उससे आवश्यक सूचनाएं प्राप्त करने के काम में लाया जा सकता है।

दूसरी ओर जहाँ विशेष कार्यों के लिए प्रयुक्त सॉफ्टवेयर का प्रश्न है उसके लिए आप विशिष्ट कार्यों के संपादन में सहायक विशेष प्रकार के सॉफ्टवेयर खरीद सकते हैं अथवा उसको विशेष रूप से प्रोग्रामों के माध्यम से निर्मित करा सकते हैं। उदाहरण के लिए अगर कोई संस्था चाहे तो वह अपनी परीक्षाओं में उत्तरपुस्तिकाओं के अंकन के लिए तथा अंकन के पश्चात परिणामों को सूचीबद्ध कर अंक तालिका तथा मेरिट लिस्ट आदि बनाने हेतु जैसी आवश्यकता हो उस प्रकार का सॉफ्टवेयर किसी प्रोग्रामर से बनवा कर अपने उद्देश्यों की प्राप्ति कर सकती है।

प्रणाली या सिस्टम सॉफ्टवेयर (Systems Software)

प्रणाली या सिस्टम सॉफ्टवेयर से तात्पर्य कंप्यूटर मशीन आधारित उन प्रोग्रामों से है जिन्हें आमतौर पर कंप्यूटर हार्डवेयर के साथ कंप्यूटर निर्माताओं द्वारा प्रदान किया जाता है। इन्हें कंप्यूटर सिस्टम के उचित और आसान संचालन हेतु कंप्यूटर मशीन में संस्थापित (Install) किया जाता है। इस प्रकार सिस्टम सॉफ्टवेयर से अभिप्राय

उन सभी प्रोग्रामों से है जो किसी कंप्यूटर के सिस्टम के उचित संचालन हेतु अत्यंत आवश्यक होते हैं। सामान्यतया इस प्रकार सिस्टम सॉफ्टवेयरों में निम्न तीन प्रकार के सॉफ्टवेयरों का समावेश होता है।

(i) कंपाइलर (Compiler), (ii) यूटीलिटी (Utility) तथा (iii) ऑपरेटिंग सिस्टम (Operating system)।

(i) कंपाइलर सॉफ्टवेयर (Compiler Software)—इस प्रकार के सॉफ्टवेयर का उपयोग विभिन्न प्रकार की कंप्यूटरीय भाषाओं जैसे FORTRAN, PASCAL, COBOL, BASIC आदि को इलैक्ट्रीकल सिगनल युक्त ऐसी मशीनी भाषा में परिवर्तित करना होता है जिसे कंप्यूटर मशीन द्वारा अच्छी तरह समझा जा सके।

(ii) यूटीलिटी सॉफ्टवेयर (Utility Software)—इस प्रकार के सॉफ्टवेयर को एक कंप्यूटर सिस्टम के संचालन, प्रबंध तथा उपयोग में सहायक के रूप में सेवाएं प्रदान करने हेतु काम में लाया जाता है। इस प्रकार के यूटीलिटी सॉफ्टवेयरों के उदाहरण के रूप में हम बैकअप एवं रेस्टोर (Back up and restore), सोर्ट एण्ड मर्ज यूटीलिटी (Sort and merge utility), कैलकुलेटर यूटीलिटी (Calculator utility) स्क्रीन सेवर्स (Screen savers) आदि का उल्लेख कर सकते हैं।

(iii) ऑपरेटिंग सिस्टम (Operating Systems)—जैसा कि नाम से ही विदित हो सकता है एक कंप्यूटर को बहुत अधिक प्रभावपूर्ण तथा आसान तरीके से संचालित करने में ऑपरेटिंग सिस्टम नामक सॉफ्टवेयरों का ही महत्त्वपूर्ण हाथ रहता है। चाहे डेटा स्टोरेज मैनेजमेंट (Data storage management) की बात हो या उपकरण मैनेजमेन्ट (Device management) की इस प्रकार के सभी महत्त्वपूर्ण कंप्यूटर द्वारा निष्पादित कार्य ऑपरेटिंग सिस्टम सॉफ्टवेयरों के माध्यम से ही संपन्न होते हैं। इस तरह ऑपरेटिंग सिस्टम सॉफ्टवेयरों की मदद से आपकी कंप्यूटर मशीन जिन कार्यों को करने में समर्थ हो जाती है उनके कुछ उदाहरण इस प्रकार के हो सकते हैं।

(i) कुंजीपटल (Keyboard) द्वारा प्रदत्त इनपुट को पहचानना।
(ii) डिस्पले स्क्रीन या मोनीटर पर आउटपुट को दिखाना।
(iii) डिस्क या फ्लापी आदि पर फाइल तथा डाइरेक्टरीज इत्यादि का हिसाब–किताब करना।
(iv) प्रिंटर, स्केनर, डिस्क ड्राइव इत्यादि बाह्य उपकरणों को नियंत्रित करना।

अपनी प्रयोगशाला के पर्सनल कंप्यूटरों पर आप जिन ऑपरेटिंग सिस्टम्स (Operating systems) को काम में ला रहे होंगे उनमें से कुछ प्रमुख नाम इस प्रकार के ही होंगे जैसे यूनिक्स (UNIX), एम.एस. डौस (MS-DOS), एम.एस. विन्डो (MS-WINDOW 95/98/2000, 2005, 2007) आदि। इन्हें प्रयोग में लाते लाते आप एक बात अवश्य ही जान गए होंगे कि जब भी आप अपने पी.सी. से कोई भी काम लेना चाहें आपको पहले यह सुनिश्चित तो करना ही होगा कि पी.सी. को क्रियाशील (Operate) करने के लिए आपने कोई न कोई ऑपरेटिंग सिस्टम सॉफ्टवेयर पहले से लोड (Load) कर रखा है या नहीं और अब उसे क्रियाशील (Active) बना रखा है या नहीं। इसका अभिप्राय यह है कि एक आपरेटिंग सिस्टम सॉफ्टवेयर का एक यूजर इंटरफेस (User interface) के रूप में आपके और आपके पी.सी. के हार्डवेयर के बीच में आवश्यक संपर्क सूत्र बने रहना अत्यन्त आवश्यक है। आप अपने कंप्यूटर की मशीन से तभी इच्छित लाभ उठा पाएंगे जब आप उसे क्रियाशील (Operate) करने में समर्थ होंगे और यह कार्य बिना किसी उचित ऑपरेटिंग सिस्टम सॉफ्टवेयर की यूजर इंटरफेस के रूप में सेवा लिए बिना संभव नहीं हो पाता। आगे की पंक्तियों में हम यूजर इंटरफेस नाम से प्रसिद्ध इस महत्त्वपूर्ण संपर्क सूत्र (Vital link) की अवधारणा से ही परिचित होने का प्रयत्न करेंगे।

ग्राफीकल यूजर इंटरफेस (Graphical User Interface or GUI)

उपयोगकर्त्ता के रूप में हमें जब भी किसी ऑपरेटिंग सिस्टम से काम लेना होता है तब हम उसे कोई उपयुक्त आदेश कुछ इनपुट उपकरणों जैसे कुंजीपटल (Keyboard) तथा माउस के द्वारा प्रदान करने का प्रयत्न करते हैं। दिए हुए आदेशों को ग्रहण करने तथा उनकी अनुपालना का कार्य ऑपरेटिंग सिस्टम के जिस अवयव द्वारा किया जाता है उसे कमांड प्रौसेसर (Command processor) यूजर इंटरफेस (User interface) के नाम से जाना जाता है। इस तरह यूजर इन्टरफेस (User interface) से अभिप्राय कंप्यूटर के ऑपरेटिंग सिस्टम के उस अवयव या हिस्से से है जो उपयोगकर्त्ता और कंप्यूटर हार्डवेयर के बीच मध्यस्थ की भूमिका निभाता हुआ कंप्यूटर हार्डवेयर यानी मशीन को चलाने (Operate) के लिए दिए गए वांछित आदेशों को ग्रहण करने तथा अनुपालना कराने के कार्यों को संपन्न करता है।

उपयोगकर्त्ता और कंप्यूटर हार्डवेयर के बीच वांछित अंतःक्रिया हेतु अलग–अलग ऑपरेटिंग सिस्टमों (Operating systems) द्वारा अलग–अलग प्रकार के यूजर इंटरफेस (User interface) का उपयोग किया जाता है। उदाहरण के लिए एम.एस. डोस (MS-DOS) ऑपरेटिंग सिस्टम में हम एक ग्राफिक विहीन (Non-graphical) पठन सामग्री आधारित यूनिट इंटरफेस (Text based user interface) का प्रयोग करते हैं। परिणामस्वरूप एम.एस. डोस (MS-DOS) ऑपरेटिंग सिस्टम में फाइल कापी कराने के लिए COPY तथा फाइलों के नाम बदलने के लिए RENAME कमांड दी जाती है। एम.एस. डोस ऑपरेटिंग सिस्टम की तुलना में एम.एस. विंडो ऑपरेटिंग सिस्टम (MS-WINDOW operating system) हमें यह सुविधा प्रदान करता है कि हम कंप्यूटर की स्क्रीन पर दिखाई देने वाले ग्राफिकल ऑबजेक्ट पर माउस द्वारा पोइंटर से पोइंट करने या क्लिक करने से ही वांछित आदेश प्रदान कर सकें। चित्रात्मक सामग्री यानी ग्राफीकल ऑबजेक्ट (Graphical objects) के माध्यम से कंप्यूटर हार्डवेयर को कार्य कराने हेतु आवश्यक आदेश प्रदान करने की अपनी इस विशिष्टता के कारण ही इस प्रकार के यूजर इन्टरफेस को ग्राफीकल यूजर इंटरफेस (Graphical user interface) या जी.यू.आई. (GUI) नाम दिया जाता है।

एम.एस. विंडो ऑपरेटिंग सिस्टम के द्वारा प्रयोग में लाया जा रहा यह ग्राफीकल यूजर इंटरफेस (GUI) एम.एस. डोस (MS-DOS) द्वारा प्रयोग में लाए जाने वाले पुराने इंटरफेस की तुलना में निम्न दृष्टि से अधिक उपयोगी सिद्ध हो सकता है।

– कंप्यूटर स्क्रीन पर दिखाई देने वाली विभिन्न आकृतियों की ओर माउस या लाइट पेन के माध्यम से इशारा करने मात्र से ही इच्छित कमांड दी जा सकती है।
– COPY, RENAME इत्यादि के रूप में दी जाने वाली विभिन्न कमांडों की भाषा को याद रखने की जरूरत नहीं रहती।
– उपयोगकर्त्ता जब जैसे उसकी इच्छा हो कुंजीपटल (Keyboard), माउस या लाइटपेन आदि को प्रयोग में लाने के लिये स्वतंत्र रहता है।
– ग्राफीकल यूजर इंटरफेस के प्रयोग से एक समय में एक से अधिक कंप्यूटर उपयोगों (Computer applications) से फायदा उठाना संभव हो गया है। आप कई विंडो एक साथ खोल सकते हैं तथा कई कार्य साथ–साथ कर सकते हैं यह बात इस प्रकार के इंटरफेस द्वारा ही संभव हो पायी है।

कंप्यूटर नेटवर्क क्या है ? (What is a Computer Network)

कंप्यूटर नेटवर्क से तात्पर्य एक ऐसी व्यवस्था से है जिसमें दो या दो से अधिक कंप्यूटरों को इस तरह जोड़ा जाता है कि वे किसी संचार माध्यम जिसे सूचना संप्रेषण चैनल (Data communication channel) कहा जाता है, के

सहारे एक दूसरे से परस्पर संप्रेषण (Communication) कर सकें। दो विभिन्न स्थानों पर स्थित कंप्यूटरों को जोड़ने के लिए जिन सूचना संप्रेषण चैनलों (Data communication channels) का प्रयोग किया जाता है उनमें से प्रमुख रूप से केबल (Cable), टेलीफोन लाइन, माइक्रोवेव्स (Microwaves) तथा उपग्रह साधनों (Satellite links) का नाम लिया जा सकता है। एक ही विद्यालय, ऑफिस या बिल्डिंग के लिए जहाँ हम केबलों का उपयोग कर सकते हैं वहाँ सुदूर स्थानों के लिए (जहाँ केबल फेल हो जाते हैं) टेलीफोन लाइन तथा माइक्रोवेव्स का उपयोग किया जा सकता है। परंतु समुद्र और पहाड़ों को लांघते हुए अति दूर के स्थानों में संपर्क साधने हेतु उपग्रह संचार प्रणाली (Sattelite links) की सहायता लेना आवश्यक हो जाता है।

नेटवर्क मॉडल्स
(Network Models)

नेटवर्क तकनीक में विभिन्न कंप्यूटरों को एक दूसरे से कैसे संबंधित किया जाए इसके लिए कई प्रकार की व्यवस्थाएं (Configurations) या मॉडल (Model) संभव हैं। इस प्रकार की कुछ अधिक प्रचलित व्यवस्थाओं या मॉडलों को निम्न नामों से जाना जाता है।

(i) स्टार नेटवर्क (Star Network)
(ii) बस नेटवर्क (Bus Network)
(iii) रिंग नेटवर्क (Ring Network)
(iv) पूर्ण संयोजित नेटवर्क (Completely Connected Network)

आइए इन विभिन्न प्रकार के नेटवर्क मॉडलों की कुछ जानकारी प्राप्त की जाए।

स्टार नेटवर्क (Star Network)—इस प्रकार की नेटवर्क व्यवस्था में जैसा कि चित्र 31.19 में दिखाया गया है। मध्य में एक केंद्रीय कंप्यूटर होता है जिसे मेजवान कंप्यूटर (Host computer) या सरवर (Server) कहा जाता है। यह कंप्यूटर नेटवर्क में शामिल अन्य कई–कई कंप्यूटरों C_1, C_2, C_3 आदि से जुड़ा रहता है। इनमें से कोई भी कंप्यूटर सीधे एक दूसरे से सूचनाओं को आदान–प्रदान नहीं करते बल्कि मेजवान कंप्यूटर द्वारा ही अपना सभी प्रकार का संप्रेषण करने का प्रयत्न करते हैं।

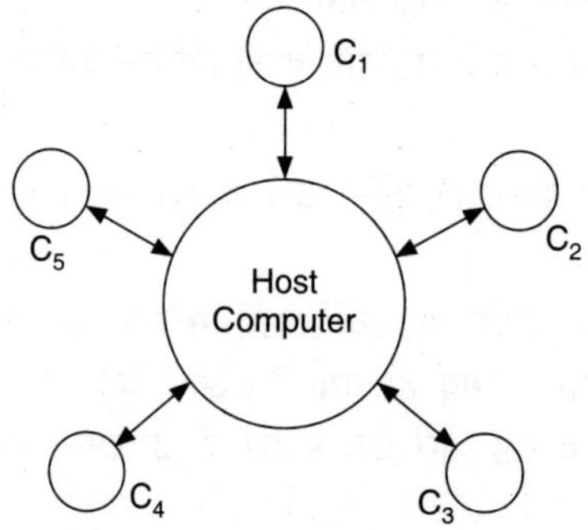

चित्र 31.19 स्टार नेटवर्क (Star Network)

इस प्रकार का नेटवर्क मॉडल उन संस्थाओं कार्यालयों तथा संगठनों के लिए अधिक उपयोगी सिद्ध हो सकता हैं जिन्हें एक जगह एकत्रित सूचना भंडार (Pooled database) तथा महंगे उपकरणों जैसे लेजर प्रिंटर (Laser printer) आदि को सांझे तौर पर प्रयोग में लाना होता है।

बस नेटवर्क (Bus Network)

इस प्रकार के नेटवर्क में (जैसा कि चित्र 31.20 में दिखाया गया है) नेटवर्क में शामिल प्रत्येक कंप्यूटर एक सांझे संप्रेषण केबल या बस (यहाँ बस का अर्थ किसी इलैक्ट्रोनिक मार्ग से होता है) से संयोजित रहता है।

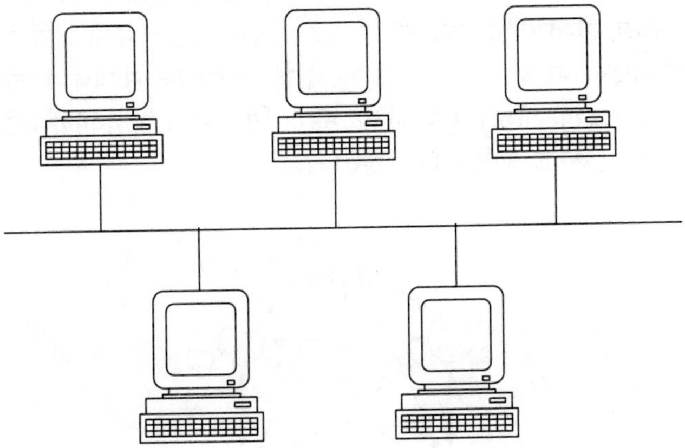

चित्र 31.20 बस नेटवर्क (Bus Network)

इस प्रकार की नेटवर्क व्यवस्था में नेटवर्क में शामिल सभी कंप्यूटर आपस में भलीभाँति संप्रेषण कर सकते हैं। इस प्रकार के नेटवर्क मॉडल को अधिकतर लोकल एरिया नेटवर्क या लैन (Local Area Network or LAN) में प्रयुक्त किया जाता है।

रिंग नेटवर्क (Ring Network)

इस प्रकार के नेटवर्क में (जैसा कि चित्र 31.21 में दिखाया गया है) नेटवर्क में शामिल सभी कंप्यूटर एक दूसरे से रिंग (Ring) जैसा गोल घेरा बनाए हुए जुड़े रहते हैं। इन कंप्यूटरों को एक दूसरे से संप्रेषण करने हेतु किसी मध्यस्थ केबल मेजबान कंप्यूटर की जरूरत नहीं पड़ती।

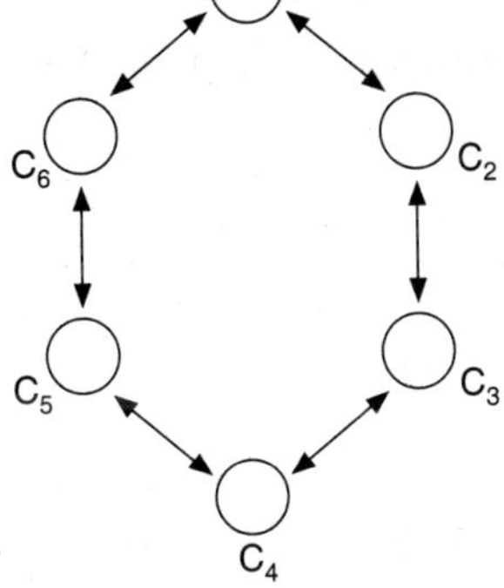

चित्र 31.21 रिंग नेटवर्क (Ring Network)

पूर्ण संयोजित नेटवर्क (Completely Connected Network)

इस प्रकार के नेटवर्क में (जैसा कि चित्र 31.22 में दिखाया गया है) नेटवर्क में शामिल प्रत्येक कंप्यूटर दूसरे अन्य कंप्यूटरों से पूरी तरह अंतःसंबंधित (Interconnected) रहता है और इस प्रकार से सभी कंप्यूटरों में पूरी तरह पारस्परिक संप्रेषण की संभावना रहती है। इस प्रकार की व्यवस्था में किसी दो या दो से अधिक कंप्यूटरों के संप्रेषण का स्तर काफी अच्छा, विश्वसनीय, तेज और स्वतंत्र (Independent) माना जाता है। किसी भी एक लाइन में खराबी आने से दूसरी लाइनों पर कार्य कर रहे कंप्यूटरों के पारस्परिक संप्रेषण में कोई गतिरोध उत्पन्न नहीं होता। परन्तु इस प्रकार का नेटवर्क मॉडल कुछ अधिक महंगा सिद्ध होता है, क्योंकि सभी कंप्यूटरों में अंतःसंबंध बनाने के लिए अधिक लाइनों (केबल आदि) की जरूरत पड़ती है।

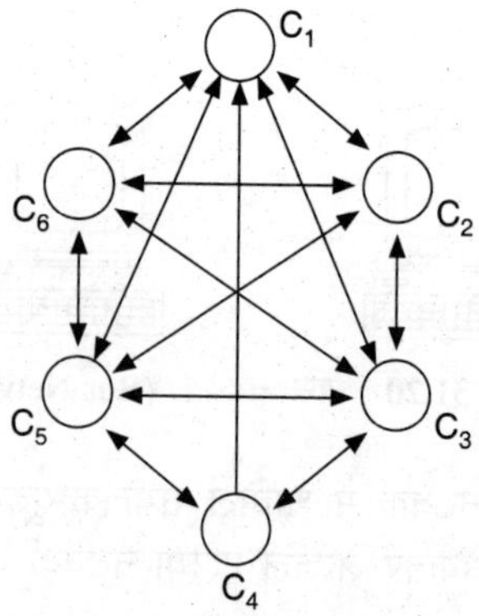

चित्र 31.22 पूर्ण संयोजित नेटवर्क (Completely Connected Network)

उपरोक्त चारों प्रकार के नेटवर्क मॉडलों में से किसी एक या मिले जुले रूप का किसी संस्था, संगठन या नेटवर्क सिस्टम द्वारा अपनी जरूरतों या उपलब्ध संसाधनों तथा परिस्थितियों के हिसाब से स्थानीय क्षेत्र (Local area) और कुछ सुदूरगत क्षेत्र में अपना नेटवर्क जाल बिछाकर उपयोगकर्त्ताओं को आवश्यक सूचनाएं प्रदान करने हेतु काम में लाया जा सकता है।

कंप्यूटर नेटवर्क की आवश्यकता एवं महत्त्व (Need and Importance of Computer Network)

प्रश्न उठता है कि हमें कंप्यूटरों के बीच संप्रेषण की आवश्यकता क्यों पड़ती है ? कंप्यूटरों को एक विशेष मॉडल या व्यवस्था के तहत क्यों जोड़ा जाता है ? इन प्रश्नों का उत्तर इसी बात में निहित है कि हमें किसी अमुक नेटवर्क द्वारा किस प्रकार की सुविधाएं चाहिएं या किस प्रकार की सेवाएं उपयोगकर्त्ताओं को प्रदान करनी हैं। आइए इस प्रकार की कुछ बातों पर विचार किया जाए।

1. **सूचना या आंकड़ों का आदान–प्रदान (Sharing of Information or Data)**—नेटवर्क से किसी नेटवर्क मॉडल के तहत जुड़े हुए विभिन्न कंप्यूटरों के बीच सूचनाओं या आंकड़ों के पारस्परिक आदान–प्रदान में पूरी सहायता मिलती है। उदाहरण के लिए अगर कोई सूचना किसी महाविद्यालय के एकाउंटेंट के कंप्यूटर की किसी फाइल में मौजूद है तो कंप्यूटर नेटवर्क द्वारा इसे महाविद्यालय के बर्सर (Bursar)

तथा प्रिंसीपल के कंप्यूटरों पर उपलब्ध कराया जा सकता है। इसी तरह किसी भी संस्थान के विभिन्न विभागों तथा दफ्तरों के बीच सूचना या आंकड़ों के आदान प्रदान हेतु नेटवर्क तकनीकी का समुचित उपयोग किया जा सकता है।

2. **संसाधनों का मिलजुल कर उपयोग करना (Sharing of Resources)**—नेटवर्क के द्वारा किसी भी सांझे कीमती उपकरण या संसाधनों का आपस में मिलजुल कर सभी के द्वारा उचित उपयोग किया जा सकता है। उदाहरण के लिए अगर कोई ऐसे कीमती उपकरण हैं जैसे लेजर प्रिंटर, सी.डी. रोम रिकॉर्डर (CD-ROM Recorder), मॉडेम (Modem), स्कैनर (Scanner) आदि जिन्हें सभी महाविद्यालय के दफ्तरों और विभागों के कंप्यूटरों के लिए उपलब्ध कराना संभव नहीं है उस अवस्था में उनकी सेवाओं से लाभ उठाने के लिए नेटवर्क तकनीकी काफी उपयोगी सिद्ध हो सकती है।

3. **केंद्रीय सूचना भंडार से लाभ उठाना (Access to Centralized Data Bases)**—बहुत सारे व्यापारिक एवं उद्योग संस्थान जो ऑन लाइन बिजनेस (On line business) करते हैं अपने कंप्यूटरों पर सभी प्रकार की आवश्यक सूचनाएं या आंकड़े रखते हैं इस प्रकार से उनके सूचना भंडार (Data bases) से सभी उपयुक्त जानकारी उपलब्ध कराने में नेटवर्क तकनीकी काफी मदद कर सकती है। इसी प्रकार विभिन्न पुस्तकालयों, शैक्षिक तथा अनुसंधान संस्थानों, विश्वविद्यालयों तथा अन्य संस्थाओं द्वारा अपने–अपने कंप्यूटरों पर विविध प्रकार की सूचना सामग्री तथा आंकड़ों को संग्रहित करके (वेब साइट तथा अन्य रूप में) अपने कंप्यूटरों पर रखा जाता है। नेटवर्क तकनीकी द्वारा हमें इस प्रकार के सूचना आंकड़ों से लाभ उठाने में पूरी मदद मिलती है।

4. **संप्रेषण सुविधाएं प्रदान करना (Providing Distance Communication Link)**—नेटवर्क तकनीकी ने दूरियों को समाप्त कर सूचनाओं के संप्रेषण का कार्य बहुत आसान कर दिया है। ई–मेल तथा विभिन्न प्रकार की अन्य ऑन लाइन सर्विसेज आदि नेटवर्क तकनीकी द्वारा आज दुनिया के किसी कोने में बैठे व्यक्तियों से आप सुविधानुसार उचित संप्रेषण कर सकते हैं।

इस प्रकार हम देखते हैं कि नेटवर्क तकनीकी में सूचनाओं या आंकड़ों के परस्पर आदान–प्रदान, संसाधनों का मिलजुल कर उपयोग, किसी भी प्रकार के सूचना भंडार तक आसानी से पहुंचने और दुनिया के एक छोर से दूसरे छोर तक संप्रेषण करने जैसे कार्यों को बहुत ही आसान और सुविधाजनक बना दिया है। फलस्वरूप आप अपने कंप्यूटर पर बैठे–बैठे आज आसानी से किसी भी रेल या हवाई यात्रा हेतु अपना आरक्षण करा सकते हैं, किसी भी दुकान या व्यापारिक संस्थान को उचित आदेश देकर चीजों को खरीद सकते हो और किसी भी वेबसाइट (Website) पर स्थित सूचनाओं तथा आंकड़ों की जानकारी प्राप्त कर सकते हो।

लैन (LAN), मैन (MAN) एवं वैन (WAN)

कंप्यूटर नेटवर्क में प्रयुक्त लैन, मैन एवं वैन शब्दावली नेटवर्क में शामिल क्षेत्र (Area) और दूरी (Distance) के छोटे या बड़े होने की ओर संकेत करती हैं। आइए इनके बारे में कुछ आवश्यक जानकारी लेने का प्रयत्न किया जाए।

लैन (LAN)—आंग्ल भाषा का शब्द LAN इसी भाषा के Local Area Network का संक्षिप्त रूप है। जब किसी नेटवर्क में भौगोलिक दृष्टि से समीप और अपेक्षाकृत छोटे क्षेत्र में स्थित दो या दो से अधिक कंप्यूटरों को जोड़ने का प्रयत्न किया जाता है तब इस प्रकार की नेटवर्क प्रणाली को लोकल एरिया नेटवर्क या लैन कहकर पुकारा जाता है। इस प्रकार की नेटवर्क व्यवस्था किसी सीमित और लघु क्षेत्र जैसे किसी कार्यालय के भवन

विद्यालय या यूनिवर्सिटी परिसर में स्थित कंप्यूटरों के बीच सूचनाओं या आंकड़ों के आदान–प्रदान में अच्छी तरह उपयोगी सिद्ध हो सकती है। इस प्रकार के स्थानीय नेटवर्क के लिए किसी भी उचित नेटवर्क मॉडल जैसे स्टार, बस, रिंग या पूर्ण संयोजित नेटवर्क मॉडल की आवश्यकता और परिस्थिति विशेष को ध्यान में रखकर उचित सहायता ली जा सकती है। इस बात को यहाँ अच्छी तरह स्पष्ट करने के लिए हम नीचे एक उदाहरण प्रस्तुत करने जा रहे हैं जिसमें लैन (LAN) के लिए बस नेटवर्क मॉडल का उपयोग किया गया है।

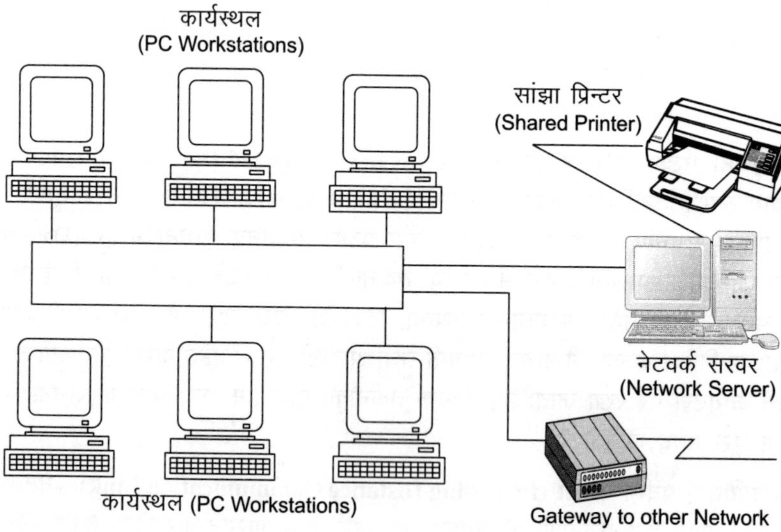

चित्र 31.23 लोकल एरिया नेटवर्क या लैन (Local Area Network or LAN)

आप अगर चित्र 31.22 को ध्यान से देखें तो पाएंगे कि एक लोकल एरिया नेटवर्क की संस्थापना हेतु हमें सामान्य तौर पर निम्न प्रकार के हार्डवेयर (Hardwares) की जरूरत पड़ती है।

(i) एक शक्तिशाली मेजबान कंप्यूटर जिसे नेटवर्क सरवर (Server) कहा जाता है।

(ii) कार्यस्थल (Workstation) यानी एक विशेष छोटे क्षेत्र में कार्य कर रहे अनेक (कुछ कम शक्तिशाली ग्राहक (Client) कंप्यूटर।

(iii) संचारण चैनल (Communication channels) जो विशेष केबलों के रूप में कंप्यूटर मशीनों तथा अन्य उपकरणों को जोड़ने के लिए प्रयुक्त होते हैं।

(iv) सांझे उपकरण (Common devices) जैसे प्रिन्टर, स्केनर मॉडम, हार्डडिस्क ड्राइव, सी.डी. रोम, रिकॉर्डर इत्यादि जिनकी सेवाएं सर्वर कंप्यूटर द्वारा ग्राहक (Client) कंप्यूटरों को उपलब्ध कराती हैं।

लैन में शामिल कंप्यूटरों पर कार्य करते हुए सभी व्यक्तियों की सूचना भंडार तथा सांझे उपकरणों पर आसानी से पहुंच हो जाती है अतः यहाँ आवश्यक सुरक्षा और गोपनीयता की जरूरत सामने आ जाती है। साथ ही सूचनाओं के ग्रहण करने को आदान–प्रदान और संप्रेषण में यथासंभव यथार्थता (Validity) तथा शीघ्रता की आवश्यकता होती है। ये सभी बातें लोकर एरिया नेटवर्क में शामिल हार्डवेयर उपकरण, तथा कुछ समुचित लैन सॉफ्टवेयरों जिन्हें लैन ऑपरेटिंग सिस्टम (LAN operating system) कहा जाता है, के माध्यम से ही संभव हो

पाती है। इन ऑपरेटिंग सिस्टमों के रूप में ईथरनेट (Ethernet), नोबेल नेटवेयर (Novel Netware), आई.बी.एम. पी.सी. लैन (IBM PC LAN) आदि के नाम लिए जा सकते हैं। इनमें से किसी भी सॉफ्टवेयर का प्रयोग सुविधा और परिस्थितियों के अनुसार सरवर (Server) तथा ग्राहक (Client) कंप्यूटरों को अपनी—अपनी भूमिका निभाने हेतु किया जा सकता है।

मैन (MAN)—आंग्ल भाषा का MAN शब्द इसी भाषा के Metropolitan Area Network का संक्षिप्त रूप है। क्षेत्र और दूरी के कम या ज्यादा होने की दृष्टि से यह लैन (LAN) तथा वैन (WAN) के बीच में पड़ता है। जैसा कि लैन (LAN) के बारे में हमने अभी—अभी यह जाना है कि इसके द्वारा एक सीमित एवं लघु क्षेत्र जैसे एक हॉल, बिल्डिंग, साथ—साथ स्थित कई बिल्डिंग या बस्ती (Locality) में कुछ विशेष केबल लाइनों द्वारा विभिन्न कंप्यूटरों को एक दूसरे से जोड़ा जा सकता है। इस तरह लैन (LAN) में नेटवर्क के लिए विशेष पाबंदी रहती है। एक सीमित दूरी एवं छोटे क्षेत्र में ही यह व्यवस्था संभव है। अगर हमें अधिक बड़े क्षेत्र तथा ज्यादा दूरी में नेटवर्क व्यवस्था करनी है तो हमें निश्चित रूप से कुछ अलग नेटवर्क प्रणालियों जैसे मैट्रोपोलीटन एरिया नेटवर्क (MAN) या वाइड एरिया नेटवर्क (WAN) का उपयोग करना पड़ेगा। वाइड एरिया नेटवर्क प्रणाली जहाँ नेटवर्क के लिए सभी तरह की स्थान और दूरी संबंधी सीमाओं को पार करके पूरी स्वतंत्रता प्रदान करती है वहीं मैट्रोपोलीटन नेटवर्क प्रणाली (MAN), लैन (LAN) की भाँति किसी एक सीमा पर जाकर स्थान और दूरी का बंधन लगाती हुई प्रतीत होती है। इस तरह अपने मैट्रोपोलीटन (Metropolitan) शब्द को सार्थक बनाती हुई मैट्रोपोलीटन एरिया नेटवर्क प्रणाली उस नेटवर्क प्रणाली के रूप में जानी जा सकती है जिसे किसी मैट्रोपोलीटन शहर (जैसे देहली, मुम्बई इत्यादि) के विभिन्न स्थानों पर स्थित कंप्यूटरों को नेटवर्क के माध्यम से जोड़ने के लिए काम में लाया जाता है। परंतु मैन (MAN) के इस प्रकार के शाब्दिक अर्थ से यह भ्रम नहीं होना चाहिए कि इसे केवल मैट्रोपोलीटन यानी बहुत बड़े शहरों में नेटवर्क व्यवस्था स्थापित करने के लिए ही काम में लाया जाता है। मैट्रोपोलीटन शब्द को यहाँ शाब्दिक अर्थ में न लिया जाकर संकेतात्मक (Symbolic) अर्थों में ग्रहण किया जाने की चेष्टा की जानी चाहिये और निष्कर्ष रूप में अब यह समझा जाना चाहिए कि जब हम नेट वर्क लैन (LAN) द्वारा नियत दूरी और क्षेत्र की सीमितता को लांघकर एक कदम आगे बढ़कर केबल और टेलीफोन लाइनों को प्रयोग में लाकर कुछ अधिक बड़े क्षेत्र या लंबी दूरी (वैन की तरह असीमित क्षेत्र और दूरी नहीं) में विभिन्न कंप्यूटरों को जोड़ने का प्रयत्न करें तो इस प्रकार से प्रयुक्त नेटवर्क प्रणाली को मैन (MAN) की संज्ञा दी जाती है।

वैन (WAN)—आंग्ल भाषा का WAN शब्द इसी भाषा के Wide Area Network का संक्षिप्त रूप है। लैन (LAN) और मैन (MAN) की तुलना में इस प्रकार की नेटवर्क प्रणाली अपेक्षाकृत बड़े भौगोलिक क्षेत्र और ज्यादा दूर में फैली होती है। अगर किसी बहुत बड़े शहर, प्रांत, देश या विश्व के विभिन्न भागों में स्थित विभिन्न कंप्यूटरों के बीच कोई नेटवर्क व्यवस्था करनी हो तो आपको अवश्य ही वैन (WAN) की सहायता लेनी होगी। इस तरह वैन (WAN) नेटवर्क प्रणाली को काम में लाते हुए आप अपने पी.सी. को दुनिया के किसी कोने में स्थित कंप्यूटर से जोड़कर आवश्यक सूचना तथा आंकड़ों का आदान—प्रदान एवं संप्रेषण संबंधी लाभ उठाने में काम में ला सकते हैं।

लैन (LAN) की तुलना में (जहाँ नेटवर्क में प्रयुक्त विभिन्न कंप्यूटरों को जोड़ने के लिए केबलों (Cables) का उपयोग किया जाता है,) वैन (WAN) नेटवर्क प्रणाली में टेलीफोन लाइनों, माइक्रोवेव्स (Microwaves) तथा उपग्रह संचारण (Sattelite links) का प्रयोग किया जाता है। आज के संदर्भ में इंटरनेट (Internet) को विश्व का सबसे बड़ा वैन (WAN) नेटवर्क कहा जा सकता है। इसकी चर्चा हम आगे के पृष्ठों में जल्दी ही करेंगे।

वाइड एरिया नेटवर्क (WAN) का रूप ऐसा खुला एवं वाणिज्यात्मक (Commercial) भी हो सकता है जिससे जो चाहे फायदा उठा ले और ऐसा भी हो सकता है कि जिसे निजी कंपनियों तथा संस्थानों द्वारा अपने आंतरिक उपयोग के लिए काम में लाया जाए।

लैन (LAN) की तुलना में वैन (WAN) की संस्थापना तथा उसकी सेवाओं से लाभ उठाने में काफी ज्यादा खर्चे की जरूरत पड़ती है। ज्यादा बड़े क्षेत्र और लंबी दूरियों में बिछे रहने के कारण वैन नेटवर्क प्रणाली में सूचनाओं के आदान प्रदान और संप्रेक्षण में अधिक त्रुटियों की संभावना रहती है। दूसरे आंतरिक सूचनाओं के संचारण की गति (Speed of transformation) भी यहाँ धीमी होती है। परंतु जहाँ तक दूरी और क्षेत्र की सीमाओं को लांघकर नेटवर्क का जाल बिछाकर एक समय में एक साथ अधिक से अधिक उपभोक्ताओं (Users) को एक दूसरे से जोड़ने और लाभान्वित करने का प्रश्न है, वैन (WAN) का कोई मुकाबला नहीं किया जा सकता। फिर वैन नेटवर्क से किसी पी.सी. को जोड़ने में भी तो कोई विशेष प्रयास नहीं करना पड़ता। आप अगर यह करना चाहें तो आपको इस कार्य हेतु बस कुछ निम्न बातों को जुटाने हेतु पहल करनी होगी–

(i) एक टेलीफोन कनेक्शन की सुविधा

(ii) एक मोडेम (Modem)

(iii) वैन (WAN) का उपयोगकर्त्ता (User) बनने हेतु एक एकाउंट (जिसे यूजर एकाउंट कहा जाता है) खोलना

(iv) संप्रेषण सॉफ्टवेयर पैकेज (Communiction Software Package)

आइए आगे के पृष्ठों में देखें कि वैन (WAN) द्वारा आप क्या कुछ प्राप्त कर सकते हैं।

इंटरनेट
(Internet)

इंटरनेट को इंटरनेट सिस्टम (Internet system) शब्द के संक्षिप्त रूप में प्रयुक्त किया जाता है। परंतु जैसी कि हमने पहले चर्चा की है कि इंटरनेट को आज दुनिया में उपलब्ध सबसे बड़े वाइड एरिया नेटवर्क (WAN) के रूप में जाना और समझा जा सकता है। इसी संदर्भ में इंटरनेट शब्द को परिभाषित करते हुए आगे यह कहा जा सकता है कि इन्टरनेट दुनिया की ऐसी सबसे बड़ी अंतः नेटवर्क प्रणाली (Inter network system) या नेटवर्कों (Networks) का नेटवर्क है जो दुनिया के हर कोने में स्थित उपयोगकर्त्ताओं (Users) को सूचनाओं के आदान–प्रदान और संप्रेषण हेतु सबसे अधिक तेज रफ्तार, आसान और कम खर्च वाला साधन प्रस्तुत करता है।

अपने इस तरह के परिभाषित रूप में इंटरनेट (जिसे संक्षेप में नेट कहा जाता है) को व्यक्तियों, सूचनाओं तथा कंप्यूटरों से युक्त एक ऐसी वृहद् (Vast) विश्व स्तरीय प्रणाली के रूप में जाना और समझा जा सकता है जिसके द्वारा एक समय में दुनिया के किसी कोने में बैठे हुए उपयोगकर्त्ताओं के बीच सूचनाओं का संप्रेषण और आदान–प्रदान ठीक प्रकार से संभव हो सके।

इंटरनेट का यह अद्वितीय खेल दो प्रकार के कंप्यूटर सॉफ्टवेयरों–सर्वर (Server) तथा ग्राहक (Clients) के द्वारा खेला जाता है। सर्वरों (Servers) को संक्षेप में ऐसे प्रोग्रामों के रूप में समझा जाना चाहिए जो संसाधन (Resources) प्रदान करते हैं और ग्राहक (Client) वे प्रोग्राम होते हैं जो हमें इन संसाधनों की उपलब्धि कराने में सहायक होते हैं।

उपरोक्त दोनों प्रकार के प्रोग्रामों के अतिरिक्त इंटरनेट के इस वाइड एरिया नेटवर्क में लाखों कंप्यूटरों, बहुत अधिक तादाद में तारों, केबलों, टेलीफोन लाइनों, सैटेलाइट लिंक आदि की जरूरत पड़ती है। इतने सारे उपकरण एवं संयोजन सामग्री के उपयोग का केवल मात्र यही लक्ष्य रहता है कि सरवर (Server) और ग्राहक (Clients) कंप्यूटरों में आपसी बातचीत अच्छी तरह संभव हो सके। दूसरे शब्दों में इंटरनेट को इस तरह निर्मित एवं नियोजित किया जाता है कि जिससे क्लाइंट प्रोग्राम (Client programme) जिसे आप अपने पी.सी. में काम में लाते हो, सर्वर प्रोग्राम (Server programme) जो संसाधन (Resources) प्रदान करता है, से बातचीत कर सके। इस तरह आपके दृष्टिकोण से इंटरनेट को प्रयोग में लाने का अर्थ है आपके पी.सी. पर चल रहे क्लाइंट प्रोग्रामों (Client programmes) को उपयोग में लाना। जितनी अच्छी तरह से आप इन प्रोग्रामों को काम में लाओगे उतनी ही अच्छी तरह से आप इंटरनेट की सेवाओं से लाभान्वित हो सकेंगे। शीघ्र ही हम इंटरनेट द्वारा प्रदत्त इन सेवाओं की चर्चा इस अध्याय में करेंगे। परंतु फिलहाल हम इंटरनेट पर कैसे कार्य किया जाए इससे संबंधित मूल आवश्यकताओं को समझना चाहेंगे।

इंटरनेट से कैसे जुड़ा जाए (Internet Access)

इस अवस्था में अब आप अपने पी.सी. को इंटरनेट से जोड़ने के लिए आतुर हो रहे होंगे ताकि इंटरनेट की विभिन्न सेवाओं जैसे ई—मेल (e-mail) वर्ल्ड वाइड वैब (WWW) फाइल ट्रांसफर आदि से आप पूरा—पूरा लाभ उठा सकें सामान्यतया इस कार्य के लिए आपको निम्न बातों का प्रबंध करना होगा।

1. एक टेलीफोन कनेक्शन।
2. कंप्यूटर मशीन के भीतर या बाह्य रूप से जुड़ा हुआ एक विशेष उपकरण जिसे मोडेम (Modem) कहा जाता है।
3. एक कंप्यूटर (आपके पी.सी. जैसा जिसमें आपको यह ध्यान देना है कि इसमें मोडेम भीतर है या बाहरी रूप से जोड़ना होगा)।
4. किसी इंटरनेट सेवा प्रदान करने वाले संस्थान जैसे भारत संचार निगम लिमिटेड (BSNL), मंत्रा ऑन लाइन (Mantra on line), सत्यम (Satyam), एच.सी.एल. (HCL) आदि से सेवाएं लेने हेतु एक खाता (An account)।
5. उचित सॉफ्टवेयर या क्लाईंट प्रोग्राम (Client programme) अलग—अलग इंटरनेट सेवाओं के लिए अलग—अलग प्रोग्राम काम में लाने होते हैं। उदाहरण के लिये ई—मेल के लिए आपको एक मेल क्लाईंट प्रोग्राम जैसे माइक्रोसॉफ्ट इंटरनेट मेल (Microsoft Internet mail) की जरूरत पड़ेगी और (Web) वेब पर अपनी कुछ खोज करने के लिए वेब क्लाईंट प्रोग्राम जैसे इंटरनेट एक्सप्लोरर (Internet Explorer-MS) की जरूरत पड़ेगी।

इंटरनेट प्रोटोकोल (Internet Protocol)

इंटरनेट (नेटवर्कों का नेटवर्क) अपने क्रियान्वयन (Operation) के लिए अनेक कंप्यूटर मशीनों (Hardware) का उपयोग करता है। इन कंप्यूटरों की मशीनें सरवर (Server) या ग्राहक (Client) के रूप में कार्य करती हुई विशेष प्रकार के सॉफ्टवेयर सरवर या क्लाईंट प्रोग्रामों (Server or client programmes) को अपने पारस्परिक सूचनाओं के आदान—प्रदान हेतु काम में लाती हैं। विभिन्न प्रकार की मशीनें जो भी इस प्रकार के आदान—प्रदान में भाग लेती हैं वे तभी ऐसा कर सकती हैं जबकि दूसरे की भाषा को अच्छी तरह समझ सकें। दूसरे शब्दों में एक मशीन

द्वारा प्रयोग में लाया जा रहा सॉफ्टवेयर दूसरे के समझ में अवश्य आना चाहिए। ये तभी हो सकता है जब कि प्रत्येक मशीन द्वारा उपयोग में लाए जाने वाले सॉफ्टवेयर द्वारा किन्हीं निश्चित नियमों की अनुपालना की जाए। इंटरनेट शृंखला में शामिल विभिन्न कंप्यूटर मशीनों द्वारा काम में लाए जाने वाले सॉफ्टवेयर जिन निश्चित नियमों या सिद्धांतों की अनुपालना करते हैं उन्हें ही इंटरनेट प्रोटोकोल (Internet protocol) की संज्ञा दी जाती है। परन्तु यहाँ हम अभी इस अध्याय में आगे केवल दो सर्वाधिक प्रचलित प्रोटोकोलों–फाइल ट्रांसफर प्रोटोकोल (File transfer protocol) तथा हाइपर टैक्स्ट ट्रांसफर प्रोटोकोल (Hyper text transfer protocol) की ही चर्चा करना चाहेंगे।

फाइल ट्रांसफर प्रोटोकोल या एफ.टी.पी. (File Transfer Protocol or F.T.P.)

फाइल ट्रांसफर प्रोटोकोल, जिसे संक्षेप में एफ.टी.पी. (F.T.P.) कहा जाता है, एक ऐसा प्रोटोकोल अर्थात् नियमावली (Set of rules) होती है जो नेटवर्क में शामिल विभिन्न कंप्यूटरों के बीच फाइलों के स्थानांतरण (Transfer of files) हेतु काम में लाई जाती हैं। दूसरे शब्दों में यह वह प्रोटोकोल या नियमावली (Set of rules) होती है जिसकी उन सभी कंप्यूटरों की मशीनों (Hardwares) में प्रयुक्त फाइल ट्रांसफर प्रोग्रामों यानी सॉफ्टवेयरों द्वारा अनुपालना की जाती है जो अपनी विशिष्ट फाइलों में पाए जाने वाली विभिन्न सूचनाओं या आँकड़ों को एक दूसरे से आपस में बाँटते रहते हैं।

फाइल ट्रांसफर प्रक्रिया (File transfer mechanism) के माध्यम से किसी फाइल को (न कि किसी सूचना या आदेश को) एक कंप्यूटर से दूसरे कंप्यूटर में स्थानांतरित किया जाता है। कंप्यूटरों के बीच फाइलों को भेजने (Sending) और ग्रहण करने (Receiving) के लिए दो विभिन्न पदों (Terms) अपलोडिंग (Uploading) और डाउनलोडिंग (Downloading) का प्रयोग किया जाता है। अगर आप अपने पी.सी. से किसी फाइल को किसी दूसरे व्यक्ति के पी.सी. में भेजना चाहते हो आपको इस कार्य के लिए एक विशेष फाइल ट्रांसफर प्रोग्राम (जिसके द्वारा एक विशेष फाइल ट्रांसफर प्रोटोकोल की अनुपालना की जाती है) की फाइल को भेजने या अपलोड (Upload) करने की जरूरत पड़ेगी। लेकिन अगर आप किसी फाइल को प्राप्त करना चाहते हो तो आपको एक अन्य विशिष्ट फाइल ट्रांसफर प्रोग्राम जिसे एफ.टी.पी. क्लाइंट प्रोग्राम (FTP Client Programme) कहा जाता है नेट पर उपलब्ध फाइल को डाउनलोड (Download) करने के लिए प्रयोग में लाना होगा।

वास्तव में फाइल ट्रांसफर प्रोटोकोल द्वारा क्लाइंट/सरवर (Client/Server) सिद्धांत या नियम की अनुपालना की जाती है। यहाँ एफ.टी.पी. सरवर (FTP Servers) वे कंप्यूटर होते हैं जिनमें उपयोगकर्त्ताओं (Clients or Users) के लिए कुछ फाइलें अपलोडेड (Uploaded) होती हैं। इस दृष्टि से अगर आप नेट पर उपलब्ध इन फाइलों को ग्रहण करना चाहें तो इन्हें अपने कंप्यूटर पर डाउनलोड (Download) करके प्राप्त कर सकते हैं।

एफ.टी.पी. (FTP) को प्रयोग में लाना काफी आसान है। बहुत बार तो ऐसा करने के लिए आपको न तो किसी विशेष एकाउंट (Special account) की जरूरत पड़ती है और न किसी पासवर्ड (Password) की। किसी एफ.टी.पी. (FTP) साइट के पासवर्ड मांगने पर आप अपना ई–मेल पता इस कार्य के लिए प्रयोग कर सकते हैं। आप मात्र एक गेस्ट (Guest) या किसी भी अपरिचित प्रयोगकर्त्ता के रूप में साइन (Sign) करके किसी भी होस्ट साइट (Hot site) द्वारा नेट पर उपलब्ध फाइलों को डाउनलोड (Download) करके मनचाही सूचनाएँ तथा ज्ञान भंडार प्राप्त कर सकते हैं। इस प्रकार से आप बिना कोई अतिरिक्त खर्च किए हुए इंटरनेट पर प्राप्त सुविधाओं के माध्यम से विविध प्रकार की ऐसी फाइलों को डाउनलोड (Download) कर सकते हैं जिनसे–

(i) फौंट्स, गेम्स, क्लिप आदि के रूप में फ्री सॉफ्टवेयर उपलब्ध हो जाए।

(ii) ऐसा सॉफ्टवेयर उपलब्ध हो जाए जिसे ट्राइअल पीरियड के दौरान मुफ्त प्रयोग में लाया जा सके।

(iii) रिसर्च पेपर तथा लेखों के रूप में दस्तावेज (Documents) उपलब्ध हो जाएं।
(iv) सॉफ्टवेयरों को उनके वर्तमान स्तर तक अपग्रेड (Upgrade) किया जा सके।
(v) संस्थाओं या संस्थानों से संबंधित सूचनाएं, नियम, प्रार्थना पत्र, विज्ञापन आदि को घर बैठे प्राप्त किया जा सके।

लेकिन इस तरह इंटरनेट पर मुफ्त फाइलों की डाउनलोडिंग हर समय संभव नहीं होती। एफ.टी.पी. साइटें (FTP Sites) आपसे आपके आई डी या एकाउंट नं० की मांग कर सकती हैं और इस मांग की पूर्ति पर ही आपको फाइलों के डाउनलोड (Download) की अनुमति दे सकती हैं।

हाइपरटेक्स्ट ट्रांसफर प्रोटोकोल (Hypertext Transfer Protocol — HTP)

हाइपरटेक्सट ट्रांसफर प्रोटोकोल को संक्षेप में एच.टी.टी.पी. (HTTP) के नाम से भी जाना जाता है। एच.टी.टी.पी. (HTTP) की परिभाषा के रूप में एक ऐसे प्रोटोकोल या नियमावली (Set of rules) के रूप में जाना जा सकता है जिसकी अनुपालना के जरिए दो या अधिक कंप्यूटरों के बीच हाइपरटेक्सट (Hypertext) का स्थानांतरण (Transfer) संभव हो सके। हाइपरटेक्स्ट पद (term) यहाँ उस विशेष रूप से कोडेड टेक्स्ट (Specially coded text) के लिए प्रयुक्त होता है जिसे हाइपरटेक्सट मार्कअप लैंगुएज या एच.टी.एम.एल. (Hyper Text Markup Language or HTML) नाम से प्रसिद्ध एक शक्तिशाली साधन (Powerful tool) अथवा मानक प्रणाली (Standard system) के रूप में जाना जाता है। एच.टी.एम.एल. (HTML) कोडों का उपयोग (बेसिक टेक्स्ट के अतिरिक्त) कुछ ऐसे लिंक (Links) प्रदान करने के लिए भी किया जा सकता है जिनके सहारे उन अतिरिक्त सूचना स्रोतों तक भी पहुंचा जा सके जिन्हें आप हाइपरटेक्स्ट लिंकों के सहारे प्राप्त करना चाहते हो।

एच.टी.टी.पी. (HTTP) के माध्यम से वर्ल्ड वाइड वेब (WWW) जिसे एक तरह से सूचनाओं का महासागर कहा जा सकता है, से लाभ उठाना बहुत आसान तथा विधियुक्त हो जाता है। एच.टी.टी.पी. (HTTP) के जरिए ही एक वेब पेज (Web Page) का आपके पी.सी. पर स्थानांतरण होता है। वेबसाइटों (Websites) पर सूचना सामग्री हाइपरटेक्स्ट (Hypertext) के रूप में उपलब्ध होती है तथा इसमें अक्सर कोई न कोई हाइपरटेक्स्ट लिंकों (Hypertext links) की उपस्थिति भी रहती है। ये लिंक ग्राफिक या टेक्स्ट किसी भी रूप में मौजूद रह सकते हैं। जब आप इन लिंकों पर माउस के द्वारा क्लिक करते हैं तब आप अतिरिक्त सूचना प्रदान करने वाले स्रोतों या अपने इच्छित विषय की सामग्री पर तुरंत ही पहुंच जाते हैं।

एच.टी.टी.पी कैसे कार्य करता है ? (How does HTTP Work ?)

वेब पर उपलब्ध सूचनाओं या ज्ञान प्राप्ति हेतु काम में लाए जाने वाला एच.टी.टी.पी. (HTTP) नामक शक्तिशाली साधन क्लाईंट/सरवर (Client/Server) सिद्धांत का अनुगमन करता है। इसी कारण एच.टी.टी.पी. को अक्सर क्लाईंट सरवर आधारित इंटरनेट प्रोटोकोल या नियमावली (Client-server based Internet protocol or Set of rules) के रूप में जाना जाता है। आपका पी.सी. यहाँ एक क्लाईंट यानी ग्राहक के रूप में एक सरवर (Server) कंप्यूटर (जिसके पास सूचना भंडार होता है) से संपर्क करता है। आपके पी.सी. का क्लाईंट प्रोग्राम (Client programme) किसी विशेष क्षेत्र से संबंधित सूचना प्राप्ति के लिए सरवर से कनेक्शन करने हेतु एच.टी.टी.पी. का प्रयोग करता है। इसी तरह सरवर कंप्यूटर का सरवर प्रोग्राम (Server programme) आपकी रुचि के सूचना स्रोतों से अवगत होकर वांछित सूचना आप तक पहुँचाने के लिए एच.टी.टी.पी. का प्रयोग करता है। देखिए चित्र 31.24

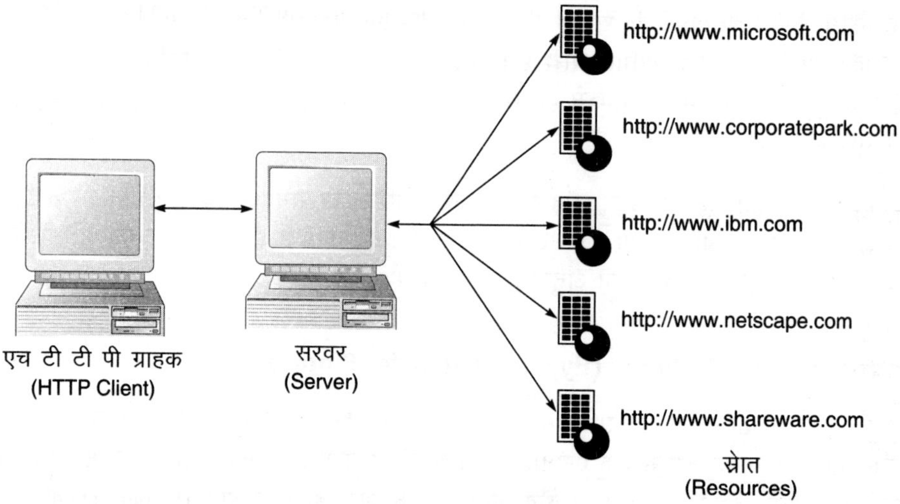

चित्र 31.24 एच.टी.टी.पी. (HTTP)

अगर वांछित स्रोत से आप कुछ अधिक गहरी या अधिक जानकारी प्राप्त करना चाहते हैं तो आपको अपने पी.सी. के माउस का बटन दबाकर किसी हाइपरटेक्स्ट लिंक (Hypertext link) को सेलेक्ट (Select) करना होगा। ये हाइपरटेक्स्ट लिंक किसी भी टेक्सट मैटीरियल (पठन सामग्री) में या तो रेखांकित नीले रंग में अथवा सूचीक्रम (Index) में प्रदान किए गए होते हैं। हाइपरटेक्स्ट लिंक से सूचना प्राप्त कराने हेतु एच.टी.टी.पी. (Hypertext) निम्न दो प्रकार की भूमिकाएं निभाकर आपकी सहायता करता है।

– जब आप किसी हाइपरटेक्स्ट लिंक (Hypertext link) का चयन (Selection) करते हैं तब आपके पी.सी. का क्लाईंट प्रोग्राम (Client programme) सरवर (Server) से संपर्क स्थापित करने, स्रोत की पहचान करने (Identity the resources) तथा सर्वर से उचित अनुक्रिया कराने हेतु अनुरोध करने के लिए एच.टी.टी.पी. (HTTP) का उपयोग करता है।

– सरवर कंप्यूटर भी क्लाईंट प्रोग्राम के अनुरोध को स्वीकार कर वांछित अनुक्रिया करने हेतु एच.टी.टी.पी. (HTTP) का उपयोग करता है।

इन्टरनेट साधन और सेवाएं (Internet Tools and Services)

व्यक्तियों के बीच सूचनाओं (आंकड़े, ग्राफिक्स, ध्वनि, सॉफ्टवेयर तथा टेक्सट या पाठ्य सामग्री आदि) के आदान–प्रदान हेतु इंटरनेट विविध प्रकार के साधन और सेवाओं जैसे ई–मेल (E-Mail) वर्ल्ड वाइड वेब (World Wide Web) तथा ई–कॉमर्स (E-Commerce) का उपयोग करता है। हम इनमें से कुछ प्रमुख इंटरनेट साधन एवं सेवाओं की आगे के पृष्ठों में चर्चा करना चाहेंगे।

इलैक्ट्रोनिक मेल (E-Mail)

पुराने प्रचलित तरीकों में आप अपने पत्र या अन्य दस्तावेज अपने दोस्तों, रिश्तेदारों या परिचितों को डाक (Post), कोरियर (Courier) या विशेष निजी संदेशवाहकों (Personal messangers) के द्वारा भेजते हैं। आप अच्छी तरह

जानते हैं कि देश और देश के बाहर सुदूर और दुर्गम स्थानों में इस तरह के पत्र या दस्तावेजों को भेजना तथा मिलना कठिन, खर्चीला और असुरक्षित सिद्ध हो सकता है। इस समस्या का उचित समाधान अब इंटरनेट द्वारा प्रदत्त इलेक्ट्रोनिक मेल (E-Mail) सेवा से अच्छी तरह संभव है।

इस तरह इलेक्ट्रोनिक मेल से अभिप्राय इंटरनेट पर उपलब्ध उस साधन या सेवा से है जिसका उपयोग दुनिया के किन्हीं कोनों में बैठे हुए व्यक्तियों के बीच संदेश और दस्तावेजों के आदान–प्रदान हेतु किया जाता है। अगर किसी कारण से कोई व्यक्ति उसको भेजी जाने वाली सूचना, निर्देश या दस्तावेज को किसी विशेष समय या दिनों में ग्रहण करने में समर्थ नहीं हो पाता तो उसको प्रेषित यह संदेश या दस्तावेज उसके पी.सी. के मेल बॉक्स में सुरक्षित मिल जाता है और वह उसे अपनी सुविधानुसार कभी भी पढ़ कर उसका जवाब भेज सकता है।

इलेक्ट्रोनिक मेल में, जिसे संक्षेप में ई–मेल (E-Mail) कहा जाता है, कोई भी संदेश उसी रूप में विभिन्न मित्रों, परिचितों या रिश्तेदारों को उनके अपने पतों पर भेजा जा सकता है जिस प्रकार आप किसी शादी या जन्मदिन का निमंत्रण पत्र भेजते हो। अंतर केवल संदेश भेजने के तरीके को लेकर है। ई–मेल में संदेश किसी व्यक्ति द्वारा नहीं पहुंचाया जाता बल्कि इंटरनेट के नेटवर्क पर इलेक्ट्रोनिक संदेश के रूप में एक कंप्यूटर से दूसरे कंप्यूटर पर यात्रा करते हुए अपने गंतव्य पते पर उपलब्ध कराया जाता है। नेटवर्क की विश्वसनीय सेवाओं के जरिए आज इलेक्ट्रोनिक मेल (E-Mail) ने दुनिया के विभिन्न कोनों में बैठे हुए व्यक्तियों के बीच दिन या रात किसी भी समय मात्र स्थानीय टेलीफोन कॉल के खर्चे में संदेशों का आदान–प्रदान काफी सुलभ बना दिया है। प्रगति के नवीनतम चरण में अब इंटरनेट टेलीफोनी (Internet telephony) की सुविधाएं भी हमें मिलने लगी हैं।

परिणामस्वरूप हम इस तरह से संदेशों का आसानी से आदान–प्रदान कर सकते हैं जैसे कि टेलीफोन पर करते हैं। चैटिंग (Chatting) के नाम से प्रसिद्ध संप्रेषण प्रक्रिया में हम जिस व्यक्ति से संप्रेषण करना चाहते हैं उसके लिए अपने पी.सी. के कुंजीपटल (Keyboard) के जरिए संदेश टाइप करते जाते हैं, हमारा यह संदेश उन व्यक्ति के पी.सी. द्वारा ग्रहण किया जाकर पी.सी. स्क्रीन पर आता रहता है और वह प्रत्युत्तर में अपना संदेश हमें भेजता रहता है और इस तरह बातचीत करते रहते हैं जैसे पास में बैठकर लिखित रूप में एक दूसरे से कुछ कह रहे हों और दूसरा भी हमारा संदेश पढ़कर लिखित रूप में हमें उत्तर दे रहा हो। इससे भी आगे जाकर आज यह भी पूरी तरह संभव हो गया है कि हर चैटिंग (Chatting) के दौरान ठीक उसी तरह एक दूसरे की आवाज भी सुन सकें और एक दूसरे को देख भी सकें जैसे एक ही जगह पास पास बैठकर संप्रेषण कर रहे हों। इंटरनेट पर इस प्रकार की सुविधाओं के पीछे ई–मेल तथा वर्ल्ड वाइड वेब **WWW**) द्वारा प्रदत्त सेवाओं के मिलेजुले ऐसे प्रयासों का हाथ रहता है जिन्हें कंप्यूटर हार्डवेयर पर कुछ अतिरिक्त इनपुट तथा आउटपुट उपकरणों एवं समुचित सॉफ्टवेयर पैकेज के जरिए उपयोगकर्त्ताओं को उपलब्ध कराया जाता है।

ई–मेल के द्वारा संप्रेषण करने वाले व्यक्तियों के लिए यह आवश्यक हो जाता है कि वे एक दूसरे के पतों से वैसे ही परिचित हों जैसे कि डाक द्वारा संप्रेषण करने हेतु वे डाक पतों (Postal addresses) से परिचित रहते हैं। ई–मेल द्वारा संप्रेषण के लिए प्रयुक्त इन पतों को यहाँ ई–मेल पते (E-Mail addresses) कहा जाता है। यह जानने के लिए कि किसी ई–मेल पते का स्वरूप कैसा होता है हम एक निम्न काल्पनिक ई–मेल पते की सहायता लेना चाहेंगे।

Karan@Hotmail.com

ई–मेल पते को बाईं से दाईं ओर चलते हुए पढ़ा जाता है। अतः हम उपरोक्त ई–मेल पते को निम्न रूप में पढ़ेंगे। करण एट दी रेट ऑफ होटमेल डॉट कॉम जबकि यहाँ

(i) करण उपयोगकर्त्ता के नाम का सूचक है।

(ii) होटमेल उस संगठन या संस्थान का नाम है जो अपने सर्वर (Server) द्वारा ई–मेल सेवाएं उपलब्ध करा रहा है।

(iii) कॉम से इस बात का संकेत मिल रहा है कि होटमेल एक व्यापारिक संस्थान (Commercial organisation) है।

कई बार ई–मेल के पते के रूप में निम्न प्रकार की शब्दावली भी देखने को मिल सकती है।

DK@Vsnl.net

इस प्रकार के पते में जहाँ DK प्रयोगकर्त्ता के नाम का सूचक होता है वहीं Vsnl.net उस Vsnl नेटवर्क साइट को प्रकट करता है जो हमारे इंटरनेट कनेक्शन एकाउंट को मैनेज (Manage) करके हमें ई–मेल हेतु अपने सर्वर की सेवाएं उपलब्ध कराती है।

वर्ल्ड वाइड वेब
(World Wide Web — WWW)

वर्ल्ड वाइड वेब (World Wide Web) को संक्षेप में WWW या वेब (Web) कह कर पुकारा जाता है। आज के समय एक ही समय में असीमित उपयोगकर्त्ताओं की विश्व स्तर पर इंटरनेट की बहुमूल्य उच्च स्तरीय सेवाएं प्रदान करने में वेब का काफी महत्त्वपूर्ण स्थान है। तकनीकी दृष्टि से वेब (Web) सर्वरों (Servers) के रूप में स्रोतों को उपलब्ध कराने वाली एक काफी बड़ी प्रणाली है जो दुनिया के हर कोने में बैठे हुए सभी उपयोगकर्त्ताओं को नेट पर सभी तरह की सूचनाएं और ज्ञान प्रदान करने की पूरी क्षमता रखती है। ये सूचनाएं और ज्ञान पाठ्य सामग्री (Text), ग्राफिक, आवाज और विभिन्न प्रकार के आंकड़ों के रूप में हो सकते हैं।

वेब पर उपलब्ध इस प्रकार की ढेर सारी सूचनाएं, सामग्री और आंकड़े व्यक्ति विशेष या संस्थाओं द्वारा अपनी–अपनी रुचि और प्रयोजनों हेतु वेब पेज (Web pages) के रूप में रखे जाते हैं। उपयोगकर्त्ता नेट पर वेब पेजों में उपलब्ध जिस सूचना सामग्री में रुचि रखते हों वे उसे अपने पी.सी. पर एक क्लाईंट प्रोग्राम (Client programme) जिसे वेब ब्राउजर (Web browser) कहते हैं, के द्वारा अपनी सुविधानुसार ग्रहण कर सकते हैं।

आइए अब कुछ महत्त्वपूर्ण पदों जैसे वेबसाइट, वेब पेज, वेब ब्राउजर आदि जिनका उल्लेख ऊपर की पंक्तियों में किया गया है की जानकारी लेने का प्रयत्न किया जाए ताकि वर्ल्ड वाइड वेब का ठीक परिचय प्राप्त हो सके।

विज्ञापन और आत्म परिचय के इस आधुनिक युग में अपने और अपने संसाधनों, कृतियों, ज्ञान भंडार तथा निर्मित सामग्री से अवगत कराने का सबसे अच्छा तरीका अपनी वेब साइट की संस्थापना करना है। यद्यपि इस तरह की वेबसाइट की स्थापना करना काफी खर्चीला सिद्ध होता है परंतु फिर भी व्यक्ति विशेषों, संस्थाओं और संगठनों द्वारा इसे किसी न किसी सामान्य या विशेष प्रयोजनों जैसे व्यावसायिक, औद्योगिक, सामाजिक, शैक्षणिक तथा मनोरंजनात्मक उद्देश्यों की पूर्ति हेतु नेट पर स्थापित करने का प्रयत्न किया जाता रहता है।

अपने स्वयं की वेब साइट की संस्थापना हेतु व्यक्ति विशेष या संस्था द्वारा पहले यह निर्णय लिया जाता है कि किस प्रकार की सूचना सामग्री को वेब पेजों (Web pages) के रूप में वेब साइट पर दिखाया जाए। वेब पेज से यहाँ तात्पर्य सूचना की उस एकमात्र इकाई (जिसे प्रायः दस्तावेज या डौक्यूमेंट कहा जाता है) होता है जो एक समय में देखने हेतु वर्ल्ड वाइड वेब पर उपलब्ध रहती है। इस तरह वेब साइट के अंतर्गत सूचना सामग्री को वेब पेजों में भंडारित और प्रदर्शित किया जाता है। यहाँ यह स्पष्ट हो जाना चाहिए कि पेज शब्द यहाँ पुस्तक के पेज यानी पृष्ठ के रूप में प्रयुक्त नहीं होता बल्कि वेबसाइट पर उपलब्ध सूचना सामग्री के एक विशेष प्रारूप के नाम को प्रकट करता है। इसलिए एक वेब पेज पुस्तक के एक से अधिक पेजों के बराबर भी हो सकता है और इतना छोटा भी हो सकता है कि वह एक पृष्ठ का मात्र एक छोटा सा भाग हो।

आपका शिक्षा महाविद्यालय इस प्रकार अपनी स्वयं की वेबसाइट की स्थापना कर अपने भौतिकीय और मानवीय संसाधनों, कार्यप्रणाली, प्रवेश पद्धति, शिक्षक प्रशिक्षण के रूप में उपलब्ध विशेष सुविधाओं और अच्छाइयों,

सत्र में चलने वाली गतिविधियों, पिछली उपलब्धियों, वर्तमान नियोजन तथा भविष्य की योजनाओं के बारे में सभी प्रकार की महत्त्वपूर्ण जानकारी, सूचना सामग्री तथा आंकड़ों को वेब पेजों के रूप में नेट पर प्रदर्शित कर सकता है। इसी तरह कोई भी संस्था और संगठन जिसका स्वरूप औद्योगिक, व्यापारिक, व्यावसायिक, शैक्षणिक, सामाजिक चाहे जैसा भी हो वह अपने उपभोगकर्त्ताओं को अपनी वेब साइट के माध्यम से विभिन्न प्रकार की ऑन लाइन सेवाएं उपलब्ध करा सकता है। वेब पेजों में उपलब्ध विभिन्न प्रकार की सूचना सामग्री तथा आंकड़ों को अपनी रुचि, आवश्यकता और सुविधानुसार उपभोगकर्त्ताओं, ग्राहकों या सदस्यों द्वारा डाउनलोड (Download) किया जा सकता है। दूर शिक्षा (Distance education) से जुड़ी हुई संस्थाओं तथा विश्वविद्यालयों द्वारा अपनी वेब साइटों के द्वारा अपने अध्ययन कोर्सों को चलाने हेतु दुनिया भर में फैले अपने विद्यार्थियों से संपर्क बनाए रखते हुये ऑन लाइन शिक्षा प्रदान करने में काफी सुविधा रहती है।

वेबसाइट की स्थापना और उपयोगकर्त्ताओं तथा ग्राहकों (Users/Clients) को स्रोत तथा सूचना सामग्री से अवगत कराने के कार्य में सरवर कंप्यूटरों (Servers) की भूमिका काफी महत्त्वपूर्ण रहती है। सरवरों के द्वारा एच.टी.टी.पी. (HTTP) का अनुगमन करते हुए सरवर प्रोग्राम (Server programmes) को काम में लाया जाता है। यहाँ जो भी सूचना सामग्री जिसे वेबसाइट पर प्रदर्शित करना है पहले डौक्यूमेंट्स (Documents) या वेब पेजों के रूप में नियोजित की जाती है और फिर उसे क्रमबद्ध रूप से संगठित एवं प्रदर्शित किया जाता है। इन वेब पेजों में ग्राफिक तथा अन्य मल्टी मीडिया तत्त्वों से युक्त हाइपरटेक्सट (Hypertext) सामग्री होती है जिसे एच.टी.एम.एल. (Hyper Text Mark up Language) की सहायता से निर्मित किया जाता है। एच.टी.एम.एल. का प्रयोग हाइपरलिंक (Hyperlink), यानी वेब पेजों के विशेष रूप से कोडेड भागों के निर्माण में यथेष्ट सहयोग प्रदान करता है। इनसे अन्य वांछित सूचना स्रोतों तक पहुंचने में उचित मदद मिलती है। इस तरह से किसी एक वेब पेज में मात्र उसमें अंकित सूचना सामग्री ही नहीं होती बल्कि उसी वेब साइट के अन्य पेजों तथा अन्य वेबसाइटों में इच्छित पेजों पर जाने हेतु आवश्यक लिंक (Link) भी दिए होते हैं। जैसे ही आप किसी वेब पेज को डाउनलोड करके पढ़ते हो और आपको किसी दूसरे पेज पर अंकित सूचना सामग्री को जरूरत है तो आप एक पेज से दूसरे पेज या एक स्रोत से दूसरे स्रोत पर जाने हेतु उपलब्ध हाइपरलिंक का उपयोग कर सकते हैं।

इस तरह के हाइपर लिंक, वेब पेजों में मौजूद हाइपरटेक्सट द्वारा भलीभाँति प्रदान किए जाते हैं ताकि एक पेज से दूसरे पेज तथा एक स्रोत से दूसरे स्रोत पर सुविधानुसार छलांग लगाई जा सके। इस तरह वेब (WWW) का मुख्य प्रयोजन वेब पेजों के रूप में नेट पर उपलब्ध हाइपरटेक्सट सामग्री का प्रदर्शन और उसको उपयोगकर्त्ताओं द्वारा डाउनलोड करके उपयोग में लाने से है।

वेब पर उपलब्ध सूचना सामग्री को कैसे प्राप्त किया जाए ? (How to Access Information through WWW ?)

वेब पर सूचना स्रोत तथा सामग्री वेव पेजों के रूप में उपलब्ध रहती है। आपको इसकी प्राप्ति हेतु वेब ब्राउजर (Web browser) की सहायता लेते हुए संबंधित सरवर या वेब साइट से आवश्यक अनुरोध करना पड़ता है।

वेब ब्राउजर (Web browser) आपका एक क्लाईंट या ग्राहक के रूप में निम्न रूप से उपयोगी सिद्ध हो सकता है।

(i) यह किसी वेब सरवर (Web server) से संपर्क स्थापित करता है और आपका किसी सूचना सामग्री या स्रोत हेतु किए जाने वाला अनुरोध उस तक पहुंचा देता है।

(ii) अनुरोध स्वरूप प्राप्त सूचना को ग्रहण करता है और इसे आपके पी.सी. पर प्रदर्शित करता है।

कुछ अधिक प्रसिद्ध ब्राउजरों के उदाहरणों के रूप में जिन्हें आप अक्सर काम में लायेंगे, नेटस्केप नेवीगेटर (Netscape nevigator) तथा माइक्रोसॉफ्ट इंटरनेट एक्सप्लोरर (Microsoft Internet explorer) आदि के नाम लिए जा सकते हैं।

इस प्रकार से वेब पर उपलब्ध सूचना सामग्री या स्रोतों तक पहुंचने हेतु आप किसी भी उचित वेब ब्राउजर जैसे माइक्रोसॉफ्ट इंटरनेट एक्सप्लोरर का उपयोग कर सकते हैं। ब्राउजर की मदद से आप व्यक्ति विशेष या संस्थाओं द्वारा इंटरनेट पर स्थापित विभिन्न वेब समूहों का निरीक्षण करते हैं तथा इच्छित सूचना सामग्री या स्रोतों की तलाश करते हैं। इसी प्रक्रिया को नेट तकनीकी में इंटरनेट ब्राउजिंग (Internet browsing) या नेट सर्फिंग (Net surfing) कहा जाता है।

देखा जाए तो वास्तविक अर्थों में सर्फिंग (Surfing) से तात्पर्य एक साधनहीन ब्राउजिंग (Browsing without tools) प्रक्रिया से है। यहाँ आप किसी एक वेब पेज से अपना कार्य शुरु करते हैं और फिर उसमें उपलब्ध लिंकों (Links) का उपयोग करते हुए एक पेज से दूसरे पेज तथा एक स्रोत से दूसरे स्रोत तक की यात्रा तय करते रहते हैं। आपकी कोशिश यही रहती है कि किस प्रकार बुद्धिमानीपूर्वक लिंकों का ऐसा उपयोग किया जाता रहे कि कम समय में उचित स्रोत पर पहुंचकर वांछित सूचना अच्छी तरह प्राप्त कर ली जाए।

पर अब वेब तकनीकी में होने वाली प्रगति के परिणामस्वरूप इस खोज कार्य के लिए कुछ नए साधनों जैसे सर्च इंजिन (Search engines) का प्रयोग करना भी काफी हितकारी सिद्ध होता है। आज इस प्रकार के काफी सर्च इंजिन वेब पर उपलब्ध हैं। सर्च इंजिन के एक उदाहरण के रूप में हम yahoo ! (http//www.yahoo.com) या (google) का नाम ले सकते हैं। सर्च इंजिन के रूप में यह एक ऐसे सूचना भंडार का कार्य करता है जिसमें विभिन्न प्रकार के सूचना भंडार को अपने में समेटे लाखों स्रोतों की संदर्भ सूची रहती है और साथ–साथ अपने स्वयं का भी विस्तृत ज्ञान तथा सूचना भंडार उपयोगकर्त्ताओं के लिए खुला रखता है।

इंटरफेस (Interface) के रूप में कार्य करते हुए यह सर्च इंजिन सर्वप्रथम आपको स्क्रीन पर एक ऐसा स्थान उपलब्ध कराता है जिसमें आप कुंजीपटल (Keyboard) की सहायता से अपना सूचना विशेष से संबंधित अनुरोध टाइप करते हैं। उदाहरण के लिए आप अपना यह अनुरोध "Brainstorming" या "Emotional intelligene" के रूप में टाइप करते हैं और इस तरह सर्च इंजिन को यह बताते हैं कि आप ब्रेनस्टोर्मिंग या इमोशनल इंटैलीजैंस विषयों पर जानकारी तथा ज्ञान प्राप्त रखने के इच्छुक हैं। सर्च इंजिन अपने स्वयं के सूचना भंडार द्वारा जब आपको उन सभी विभिन्न वेबसाइट तथा स्रोतों की सूची प्रदान कर देगा जहाँ आप अपनी इच्छित जानकारी की तलाश कर सकते हैं या फिर स्वयं ही ऐसे लेख तथा सूचना सामग्री को आपके सामने प्रस्तुत कर देगा जिनके माध्यम से आप आवश्यक जानकारी एकत्रित कर सकते हो। आप जिस वेबसाइट या स्रोत पर जाना चाहेंगे वहीं उचित हाइपरटेक्सट लिंकों के द्वारा यह आपको अधिक से अधिक ज्ञान और सूक्ष्म जानकारी हेतु इस सर्च इंजिन द्वारा आपको मदद देता रहेगा।

ई-कॉमर्स (E-Commerce)

ई–कॉमर्स (E-Commerce), इलेक्ट्रोनिक कॉमर्स (Electronic commerce) का संक्षिप्त रूप है जिसे इंटरनेट द्वारा उद्योग, व्यापार तथा वाणिज्य के क्षेत्रों में प्रदान की गई सेवाओं तथा सुविधाओं के लिए प्रयोग में लाया जाता है। संचार और संप्रेषण के क्षेत्र में जो स्थान ई–मेल (E-mail) को प्राप्त है वही स्थान वाणिज्य और व्यापार के क्षेत्र में ई–कॉमर्स को है और फलस्वरूप ई–कॉमर्स ने भी वाणिज्य और व्यापार को आज चमत्कारिक ढंग से प्रभावित करने में कोई कसर नहीं छोड़ी है। आइए ई–कॉमर्स द्वारा प्रदत्त कुछ प्रमुख सेवाओं और सुविधाओं पर एक नजर डाली जाए।

1. ई—कॉमर्स के रूप में आमंत्रित इंटरनेट सेवाओं ने व्यापारिक संस्थानों तथा वाणिज्य प्रतिष्ठानों को अपनी वस्तुओं तथा सेवाओं के बारे में वांछित जानकारी देने तथा विज्ञापन की सुविधाएं प्रदान करने का आवश्यक कार्य किया है। आज वे नेट पर अपने सभी ग्राहकों से अच्छी तरह जुड़कर उनके साथ आवश्यक संप्रेषण कर सकते हैं और उन्हें अपने द्वारा प्रदान सुविधाओं तथा व्यापार एवं वाणिज्य शर्तों से अवगत करा सकते हैं।
2. ई—कॉमर्स के द्वारा आज सभी प्रकार का क्रय—विक्रय इलेक्ट्रोनिक्स साधनों के द्वारा अच्छी तरह संभव है। आप किसी भी व्यापारिक संस्थान की वेब साइट पर जाकर उसके द्वारा विक्रित सामान की खरीद के लिए अपना चुनाव कर सकते हैं, आर्डर दे सकते हैं, भुगतान कर सकते हैं और अपनी इच्छित वस्तु को घर बैठे क्रय करने का आनंद उठा सकते हैं।
3. सभी प्रकार का रुपए पैसे का लेन—देन भी आज ई—कॉमर्स की सहायता से बहुत आसान तथा सुरक्षित हो गया है। उदाहरण के लिए यहाँ हम निम्न बातों को लेकर आगे बढ़ सकते हैं।
   - छोटे बड़े सभी व्यापारिक प्रतिष्ठान जैसे डिपार्टमेंटल स्टोर्स तथा दुकानों ग्राहक सेवा संस्थान जैसे होटल, रेलवे, बैंक और बीमा कंपनियां आदि ई—कॉमर्स की सुविधाओं का पूरा लाभ उठा रहे हैं। आप स्टोर से सामान खरीदिए, आपके सामान का कितनी जल्दी बिल बनता है, भुगतान होता है यह बात आप अच्छी तरह जानते हैं। इसी तरह ग्राहक सुविधाओं को भी कितनी अच्छी तरह से ई—कॉमर्स द्वारा बैंक, बीमा कंपनियाँ आदि आप तक पहुंचाती है यह भी आपको अच्छी तरह मालूम है।
   - ए.टी.पी. (Automatic Transaction Process) तथा ए.टी.एम. (Automatic Teller Machines) और स्मार्ट कार्ड (Smart Cards) जैसे आधुनिक ई—कॉमर्स सुविधाओं ने कॉमर्सियल तथा पर्सनल बैंकिंग को आज कितना आसान, सुखद और सुरक्षित कर दिया है यह किसी से छुपा नहीं है। आज ई—कार्मस की तकनीकों ने इलेक्ट्रोनिक्स फंड्स (Electronics funds) के ट्रांसफर के रूप में हमें एक अमूल्य निधि प्रदान कर दी है। ए.टी.पी. के माध्यम से आप अपने पी.सी. पर बैठे हुए अपने बैंक को आवश्यक हिदायतें दे कर रुपया निकालने या जमा करने, चैक या ड्राफ्ट की सुविधाएं प्राप्त करने आदि कार्य आसानी से कर सकते हैं। यही नहीं ए.टी.एम. के माध्यम से आप स्वयं निश्चित कंप्यूटर टर्मिनल पर जाकर अपने ए.टी.एम. कार्ड द्वारा स्वयं ही इलेक्ट्रोनिक्स फंड्स ट्रांसफर की सुविधा उठा सकते हैं और यही नहीं अपनी खरीदी हुई चीजों के बिलों का भुगतान भी अपने ए.टी.एम. कार्ड के माध्यम से कर सकते हैं। स्मार्ट कार्ड इलेक्ट्रोनिक फंड्स ट्रांसफर के क्षेत्र में ई—कॉमर्स द्वारा प्रदान एक अमूल्य उपहार है। स्मार्ट कार्ड के रूप में उपयोगकर्त्ता के पास इलेक्ट्रोनिक मनी (Electronic money) होती है जिससे वे नकदी या चैक बुक की तरह न केवल आवश्यक भुगतान ही कर सकते हैं बल्कि इन्हें यह बहुत ही सुरक्षित और सुविधाजनक रहता है।

कंप्यूटर वाइरस (Computer Virus)

आप वाइरस (Virus) शब्द से अवश्य परिचित होंगे। किसी न किसी प्रकार का वाइरस यानी जीवाणु जब आपके शरीर में हवा, पानी या किसी जीव के काटने से पहुंच जाता है तो यह आपके शरीर के विभिन्न अवयवों तथा उनकी प्रक्रियाओं को कई तरह से प्रभावित कर आपको रोगी और अक्षम बना देता है। यह सब कुछ बातें जैविक वाइरसों (Biological viruses) को लेकर है। इसलिए जब कभी कंप्यूटर वाइरस की बात सामने आती है तो स्वाभाविक रूप से ऐसा भ्रम हो जाने का प्रश्न उठ खड़ा होता है कि क्या कंप्यूटर वाइरस भी कोई इस प्रकार

का जीवाणु है जो कंप्यूटर मशीन के भीतर घुसकर उसके भागों और प्रक्रिया को नकारात्मक रूप से प्रभावित कर उसको क्षतिग्रस्त कर देता है। कंप्यूटर वाइरस के लिए यह बात सही नहीं है। तो फिर सही क्या है यह जानने का प्रयत्न किया जाए।

कंप्यूटर वाइरस क्या है ? (What is a Computer Virus ?)

कंप्यूटर वाइरस कोई जीवाणु न होकर एक सॉफ्टवेयर प्रोग्राम या कोड (Software programme or Code) होता है जिसे इस तरह लिखा या तैयार किया जाता है कि उसकी अपने आप ही कंप्यूटर फाइलों में कापियाँ बन जाएं। अब कभी इस तरह की कापी की गई फाइल यानी संक्रमित फाइल (Infected file) प्रयोग में लाई जाती हैं तब इसकी स्वतः कापी करने की प्रक्रिया अपने आप ही चालू हो जाती है और परिणामस्वरूप कंप्यूटर के भंडारण विभाग (Storage media) जैसे हार्ड डिस्क, फ्लोपीज (Hard disks and floppies) आदि में संग्रहित सूचनाएं (Data) तथा अन्य प्रोग्राम कंप्यूटर की स्मृति से गायब हो जाते हैं।

कंप्यूटर वाइरस किस तरह नुकसान पहुँचाता है और फैलता है ? (How does a Computer Virus Harm and Spread ?)

सामान्यतया एक कंप्यूटर वाइरस अपने आपको कंप्यूटर मशीन या भंडारण उपकरणों में उपस्थित अन्य प्रोग्रामों से जोड़कर उनका एक आवश्यक हिस्सा बन जाता है। अब जैसा कि पहले कहा जा चुका है कि वाइरस भी एक कंप्यूटर प्रोग्राम होता है जिसे इस तरह लिखा या तैयार किया जाता है कि यह कंप्यूटर की स्मृति (Memory) में अपने आप ही लोड (Load) हो जाता है और फिर स्वतः ही क्रियाशील (Automatically executed) हो जाता है। क्रियाशील होकर कंप्यूटर पर चलने वाले सभी प्रोग्रामों में वाइरस अनुदेशनों (Virus instructions) को कॉपी (Copy) कर देता है। कंप्यूटर की भाषा में इसी प्रक्रिया को कंप्यूटर सिस्टम या फाइलों को संक्रमित (Infecting) करना कहा जाता है। यह संक्रमण (Infection) अब दूसरे कंप्यूटरों में फ्लोपी डिस्क, स्मृति भंडारण उपकरण (Memory storage devices), कंप्यूटर नेटवर्क, ई–मेल, इंटरनेट और अन्य ऑन लाइन फैलता रहता है। इनमें से कुछ वाइरस तो नुकसानदायक नहीं होते क्योंकि वे कंप्यूटर सिस्टम को क्षतिग्रस्त किए बिना कंप्यूटर स्क्रीन पर मात्र कोई जोक (Jokes) और संदेश प्रसारित करते रहते हैं। परंतु अधिकतर वाइरस इस परिस्थिति में होते हैं कि कुछ मिनटों में ही पूरे के पूरे कंप्यूटर सिस्टम को (सारी की सारी फाइलें, प्रोग्राम आदि क्षतिग्रस्त करके) ठप कर दें।

एक बात और विशेष रूप से ध्यान देने की यहाँ आती है कि एक कंप्यूटर से दूसरे कंप्यूटर में वाइरसों का संचरण केवल मात्र उपकरणों को सांझे रूप में काम में लाने (Shared devices) जैसे फ्लोपी, डिस्क आदि को एक कंप्यूटर से दूसरे कंप्यूटर में प्रयोग में लाने से ही नहीं होता बल्कि इंटरनेट के माध्यम से जैसे ई–मेल को खोलने या वेब साइट पर उपलब्ध किसी सूचना सामग्री को डाउनलोड करने से भी इसकी पूरी–पूरी संभावना रहती है।

वाइरसों के प्रकार (Types of Viruses)

A. वाइरस के द्वारा होने वाली क्षति के आधार पर वर्गीकरण (Classification of Viruses based on their Threat)

1. **बिनाइन (Benign) – यानी कुछ कम नुकसान करने वाले वाइरस**—इस प्रकार के वाइरस वास्तविक रूप में कोई नुकसान कंप्यूटर सिस्टम को नहीं पहुंचाते। इनसे कंप्यूटर सिस्टम की कार्यक्षमता तथा

गति कुछ कम या धीमी पड़ सकती है। किसी निश्चित समय या तारीख को नियमित रूप से एक जैसा संदेश या संगीत की ध्वनि इनसे प्रसारित हो सकती है।

2. **मैलिगनैंट (Malignant) – यानी अधिक क्षति पहुंचाने वाले वाइरस**—इस प्रकार के वाइरस बहुत अधिक नुकसान पहुंचाने वाले सिद्ध होते हैं। सभी फाइलों तथा प्रोग्रामों को क्षतिग्रस्त कर पूरे कंप्यूटर सिस्टम को ठप करने की क्षमता इनमें होती है।

B. कंप्यूटर एसोसिएट के रूप में वाइरसों का वर्गीकरण (Classification of Viruses based on Computer Associates)

1. **फाइल संक्रामक (File Infectors)**—इस प्रकार के वाइरस .com तथा .exe फाइलों के साथ अपने आपको जोड़ने या उन फाइलों का स्थान लेने का प्रयत्न करते हैं। जब आप इस प्रकार के संक्रमित प्रोग्राम को चलाते हो तो वाइरस कोड पहले अपना प्रभाव दिखाता है और अपने आपको लोड (Load) करने के बाद संक्रमित प्रोग्राम को लोड करके कंप्यूटर में मौजूद सभी फाइलों को क्षतिग्रस्त करता रहता है।
2. **बूट सैक्टर वाइरस (Boot Sector Viruses)**—बूट सैक्टर में डिस्क के फौरमेटिंग (Formating), वहां भंडारित सूचना भंडार तथा बूट प्रोग्राम आदि के बारे में आवश्यक जानकारी रहती है। बूट सैक्टर वाइरस बूट सैक्टर में अपने कोड को स्थापित कर देता है और परिणामस्वरूप जब भी मशीन द्वारा बूट सैक्टर को क्रियाशील किया जाता है वाइरस कोड अपने आप क्रियान्वित होकर नुकसान पहुंचाने का कार्य शुरु कर देता है। कंप्यूटर ड्राइव में डिस्क या फ्लोपी आदि को संक्रमित कर यह वाइरस एक कंप्यूटर से दूसरे कंप्यूटर में फैलता रहता है।
3. **मल्टी पारटाईट वाइरस (Multi-partite Viruses)**—इस प्रकार के वाइरस फाइल तथा बूट सैक्टर संक्रामकों के मिश्रित रूप होते हैं और इसलिए इनके द्वारा फाइलों तथा बूट सैक्टर दोनों को संक्रामित (Infect) किया जाता है।
4. **मैक्रो वाइरस (Macro-Viruses)**—इस प्रकार के वाइरसों में वर्ड बेसिक (Word basic) या किसी अन्य मैक्रो भाषा (Macro language) में अनुदेशन (Instruction) दिए होते हैं और ये दस्तावेजों (Documents) या टेम्पलेटों (Templates) में अपना निवास स्थान बनाए रहते हैं। ये इन दस्तावेजों (Documents) में अपने मैक्रोज (Macros) को इस तरह जोड़ लेते हैं कि जब कोई एप्लीकेशन प्रोग्राम किसी फाइल से लोड (Load) करता है तो वह जिन अनुदेशनों या आदेशों की पहले अनुपालना करता है वह वाइरस ही होता है।

कंप्यूटर वाइरसों की उत्पत्ति का इतिहास (Evolution of the Computer Viruses)

कंप्यूटर वाइरस बिल्कुल नए नहीं हैं, ये हमारे बीच 1980 के दशक से ही विराजमान हैं। 1983 में पैनस्लवेनिया विश्वविद्यालय के डा. फ्रेडरिक कोहेन (Frederick Cohen) ने एक ऐसे कंप्यूटर कोड की रचना की जो अपने जैसे कोड को स्वयं ही जन्म दे सकता था। उसने इसको वाइरस (Virus) का नाम दिया। परंतु शायद उसका यह आविष्कार उसकी प्रयोगशाला तक ही सीमित रह गया। यही कारण है कि आज दुनिया के सबसे पहले कंप्यूटर वाइरस आविष्कारकों में दो पाकिस्तानी भाइयों – बसीद तथा फारूक आल्वी का नाम लिया जाता है जो लाहौर में एक छोटी सी सॉफ्टवेयर कंपनी चलाते थे। इन्होंने 1985 में ब्रेन (Brain) नामक वाइरस को पहचाना। उस दिन से लेकर आज तक नए–नए वाइरसों को जन्म मिलता रहा है जिसका कुछ संक्षिप्त विवरण निम्न रूप में दिया जा सकता है।

अपने प्रारंभिक दिनों में एक कंप्यूटर से दूसरे कंप्यूटर में वाइरस तभी फैलते थे जब उनके द्वारा किसी संक्रमित फ्लोपी या डिस्क आदि को प्रयोग में लाया जाता था परंतु जल्दी ही आज के युग में इन वाइरसों का प्रादुर्भाव हुआ जो इंटरनेट के जरिए फैलते हैं। अपने पुराने युग के वाइरसों के मुकाबले में ये अधिक शक्तिशाली, जटिल और बहुत अधिक जल्दी असीमित नुकसान पहुंचाने वाले सिद्ध हो रहे हैं। उपयोगकर्त्ता को मालूम ही नहीं पड़ता कि किस तरह से वाइरस का आक्रमण उसके कंप्यूटर पर हो गया है। जैसे ही आप कोई अपरिचित ई–मेल खोलते हैं या वेब साइट के किसी सूचना सामग्री को डाउनलोड करते हैं आपको कानों कान खबर नहीं होती कि आपका कंप्यूटर वाइरस का शिकार हो गया है और जितनी देर में आपको यह बात पता चलती है वाइरस आपकी सभी फाइलों, प्रोग्राम तथा सारी कंप्यूटर मशीन को ठप्प कर देता है। इंटरनेट पर जन्म लेकर आग की तरह फैलने वाले इन नवीन शक्तिशाली वाइरसों को वॉर्म (Worm) कहकर पुकारा जाता है।

जिस गति से इंटरनेट की सेवाओं में वृद्धि हुई है उतनी ही आसानी से वाइरस और वॉर्म प्रोग्राम बनाने वालों को इनसे लोगों को ज्यादा नुकसान पहुंचाने की दिशा में प्रगति हुई है। आज वाइरस फैलाना बहुत आसान हो गया है। किसी भी वाइरस को वाइरस फैलाने वाले व्यक्ति द्वारा ईजाद करके ई–मेल में जोड़ कर नेट पर छोड़ दिया जाता है और जब तक दूसरे प्रतिरोध के लिए किसी एंटी वाइरस प्रोग्राम का आविष्कार हो यह मुक्त इंटरनेट सेवाओं के द्वारा मनचाही बर्बादी कर सकता है। जब तक कोई एंटीवाइरस प्रोग्राम किसी वाइरस को मारने के लिए बनता है तब तक कोई नया वाइरस उत्पन्न हो जाता है और फिर आज वाइरस प्रोग्रामों का बनाना भी तो बहुत आसान हो चला है क्योंकि वाइरस प्रोग्रामों के निर्माण कार्य में आने वाले टूल किट (Tool kits) वेब पर आसानी से उपलब्ध होने लगे हैं।

यही कारण है कि आज वाइरस और वॉर्म (Viruses and worms) की संख्या तथा उनके प्रसार में आश्चर्यजनक रूप से दिन दूनी रात चौगुनी प्रगति हो रही है। 1986 तक जहाँ वाइरस के नाम पर केवल मात्र एक ही वाइरस की गिनती होती थी वहाँ आज वर्ष प्रतिवर्ष इनकी संख्या में गजब की बढ़ोत्तरी होकर ये कंप्यूटर जगत के लिए सबसे बड़े सिरदर्द सिद्ध हो रहे हैं। हाल की एक नवीनतम अनुसंधानात्मक गणना के अनुसार आज विश्व में 50,000 से भी अधिक खतरनाक कंप्यूटर वाइरस विद्यमान हैं। हर महीने 1500 से भी अधिक नए वाइरस पैदा हो रहे हैं और इस तरह मुश्किल से ही कोई दिन ऐसा गुजरता है जिसमें एक नया वाइरस दुनिया के किसी कोने से नेट पर विराजमान नहीं हो जाता हो। औसतन लगभग 6 या 7 नए वाइरस तो इस तरह प्रतिदिन दुनिया में जन्म ले ही लेते हैं।

इन हजारों तथा लाखों की संख्या में उपस्थित वाइरसों में से शीर्ष के 10 वाइरस तथा वॉर्म के रूप में जिन नामों की चर्चा होती है वे ये हैं–

कोड रेड (Cod red), सर काम (Sir com), आइ लव यू (I love you), मैलिसा (Melissa), चेर्नोबाई (Chernoby), अन्ना (Anna), कोर्नीकोवा (Kornikova), हाईब्रिस (Hybris), रैमेन (Ramen), लाइन (Lion) और होमपेज (Home page)।

वाइरस की बुराई से कैसे निपटा जाए ? (How to Face the Evil of Viruses ?)

आप अपने कंप्यूटर में संग्रहित सूचना भंडार आंकड़ों, प्रोग्राम तथा कंप्यूटर मशीन को नुकसान से बचाने हेतु निम्न प्रकार के निरोधात्मक (Preventive) और उपचारात्मक (Curative) उपाय अपना सकते हैं।

वाइरसों से निपटने हेतु निरोधात्मक उपाय (Preventive Measures Against Viruses)

इलाज से बचाव सदैव ही अच्छा माना जाता है। इसी सिद्धांत का अनुसरण करते हुए कंप्यूटर वाइरसों के खतरे का सामना करने हेतु निम्न बातों को ध्यान में रखना लाभदायक सिद्ध हो सकता है।

1. शरीर की बीमारियों की तरह ही कंप्यूटर वाइरसों से बचने हेतु उनका शिकार होने से पहले ही उपाय करना अच्छा रहता है। अतः सभी कंप्यूटरों चाहे वह पी.सी. हो या डेस्क टॉप (Desk top) एंटी वाइरस सॉफ्टवेयर युक्त अवश्य होने चाहिएं। शुरुआत करने के लिए आप भी कोई नवीनतम एंटीवाइरस सॉफ्टवेयर किसी विश्वसनीय स्रोत जैसे नॉरटन (Norton), वेबशील्ड (Web shield), वाइरस स्केन नेट शील्ड तथा मैकेफी (McAfee) आदि से खरीद कर अपने पी.सी. में लगा सकते हो। ध्यान रहे कि आप इसे नियमित रूप से नवीनतम (Update) बनाते रहेंगे।
2. जिस प्रकार कमजोर शरीर पर जीवाणु जल्दी हावी होकर उसे बीमार कर डालते हैं उसी प्रकार उस कंप्यूटर मशीन पर जो वाइरसों से सुरक्षित नहीं रखी जाती, वाइरस जल्दी प्रभाव डालते हैं। रोगों के संक्रमण से बचने के लिए जैसे शरीर में टीके लगाना ठीक रहता है वैसे ही कंप्यूटर मशीन को भी कुछ विशेष प्रकार के टीके लगने चाहिएं। यह टीके कंप्यूटर पर कार्य शुरु करने से पहले या कम से कम दूसरे कंप्यूटर की फ्लापी डिस्क या प्रोग्राम को अपने कंप्यूटर पर चलाने से पहले लगा दिए जाएं तो बेहतर रहेगा। कंप्यूटर के ये टीके एंटी वाइरस प्रोग्राम को पहले ही चला देने से लगाए जा सकते हैं। बेहतर यही होगा कि जैसे ही आप अपने पी.सी. को खोलें, कोई भी नवीनतम एंटी वाइरस प्रोग्राम स्वयं ही चलने लग जाए।
3. किसी दूसरे कंप्यूटर पर प्रयोग में लाई गई फ्लोपी या अन्य स्मृति भंडारण उपकरण (Memory storage device) को उन्हें काम में लाने से पहले एंटीवाइरस सॉफ्टवेयर प्रोग्राम से स्कैन (Scan) करने की आदत डाल लेना अच्छा रहता है। इस तरह आपका कंप्यूटर अनावश्यक संक्रमण (Infection) से बच सकता है।
4. अगर आपके महाविद्यालय में नेटवर्क प्रणाली है तो सूचना तकनीकी के सपोर्ट विभाग (IT Support cell) के सभी फ्लोपी ड्राइव (केवल एक या दो को छोड़कर) नकारा (Disabled) कर दिए जाने चाहिएं ताकि पारस्परिक संक्रमण को रोका जा सके। अगर कोई फ्लोपी किसी दूसरे संस्थान में भेजी जाए तो इसे वाइरस के आक्रमण से बचाने हेतु राइट प्रोटेक्टेड (Write protected) बना दिया जाना चाहिए।
5. इंटरनेट सेवाओं के उपयोग में पूरी सावधानी बरती जानी चाहिए। सबसे अच्छी बात यह है कि कभी भी किसी ई–मेल अटैचमैंट (e-mail attachment) को जो आपको किसी अपरिचित ने भिजवाया है, न खोला जाए। यह इसलिए है कि वाइरस वह प्रोग्राम होता है जो प्रायः अटैचमैंट के रूप में ई–मेल में आता है। अतः ई–मेल को तो पढ़ा जा सकता है परंतु उसके साथ जुड़े हुए प्रोग्राम फाइल (Attachment) को खोलना वाइरस को निमंत्रण दे सकता है।
6. आपको अपने पी.सी. में संग्रहित सभी महत्त्वपूर्ण सूचना भंडार तथा आंकड़ों का पूरा बैक अप (Back up) रखने का प्रयत्न करना चाहिए और इस बैक अप से नियमित रूप से नवीनतम या अपडेट (Update) करते रहना चाहिए। सिस्टम सॉफ्टवेयर तथा अन्य एक्जीक्यूटिव फाइलों (Executive files) का ओरीजिनल (Originals) से ही बैक अप (Back up) किया जाना सुरक्षित रहता है।
7. नेट पर सर्फिंग (Surfing) करते समय भी पूरी सावधानी रखी जानी चाहिए। यह सही है कि हमें कोई ज्यादा भयभीत होने की जरूरत नहीं है क्योंकि वाइरस यूं ही नेट पर बिखरे नहीं रहते बल्कि किसी न किसी एक्जीक्यूटेवल प्रोग्राम से अटैच (Attached to the executable program) रहते हैं। अतः नेट पर मात्र सर्फिंग करने से आपका कंप्यूटर वाइरस का शिकार नहीं होता परंतु अगर आप किसी वाइरस से संक्रमित प्रोग्राम को माउस से क्लिक करते हैं और उसे डाउनलोड करते हैं तो इससे आपका कंप्यूटर

भी वाइरस का शिकार हो सकता है। अतः नेट से किसी भी प्रोग्राम या डौक्यूमेंट (Document) से डाउनलोड करने से पहले उसे एंटीवाइरस प्रोग्राम का उपयोग करते हुये भलीभांति स्कैन (Scan) कर लेना चाहिए।

वाइरस से निपटने हेतु उपचारात्मक उपाय (Curative Measures Against Viruses)

इतने सारे बचाव के उपायों को काम में लाते हुए भी कई बार किसी न किसी कारणवश आपका पी.सी. कंप्यूटर वाइरस का शिकार हो ही जाता है। उस दशा में उसे ठीक प्रकार के इलाज की आवश्यकता होती है। इस कार्य हेतु कुछ निम्न उपाय कारगर सिद्ध हो सकते हैं।

1. इस दशा में सबसे पहले इस बात का जल्दी से जल्दी पता लगना ठीक रहता है कि आपके पी.सी. पर वाइरस ने हमला कर दिया है। इस बात का पता आपको अपने पी.सी. के मोनीटर पर कुछ विचित्र प्रकार के संदेशों को पढ़कर लग सकता है। उदाहरण के लिए प्रसिद्ध वाइरस मैलिसा के द्वारा (Melissa) जो एम.एस.वर्ड डौक्यूमेंट (M.S. Word Documents) को प्रभावित करता है आपके पी.सी. पर आक्रमण करते ही कंप्यूटर स्क्रीन पर निम्न प्रकार का संदेश प्रदर्शित किया जा सकता है :

   "Here is a document you asked for...........don't show anyone else."

   इसी प्रकार से कोड रैड (Code red) के नाम से विख्यात वॉर्म (Worm), जिसका जन्म अगस्त 2001 में हुआ है निम्न प्रकार का संदेश देता हुआ पाया जा सकता है

   "Welcome to http//www.worm.com! Hacked by chinese !"

   इस प्रकार के विचित्र संदेशों के अलावा और भी कुछ विचित्र या परिवर्तित बातें देखने को मिल सकती हैं। जैसे प्रोग्रामों के आकार में विचित्र सा परिवर्तन हो जाना, कंप्यूटर की स्मृति (Memory) में कमी या खाली स्थान न मिलना, किसी भी डिस्क या ड्राइव का स्वतः ही ज्यादा देर तक चलते रहना आदि–आदि। अगर इस प्रकार के वाइरस आचरणसूचक लक्षणों (Symptoms) की अनदेखी कर दी जाए तो फिर वाइरस को क्रियाशील होकर फैलने तथा तांडव लीला करने का पूरा मौका मिल जाता है। अतः लक्षण देखकर वाइरस को तुरंत समाप्त करने के उपाय किए ही जाने चाहिएं।

2. वाइरस का आक्रमण हुआ है यह मालूम पड़ते ही कंप्यूटर मशीन बंद कर देनी चाहिए और किसी सॉफ्टवेयर इंजीनियर को तुरंत ही मदद के लिए बुलाया जाना चाहिए। वह अब वाइरस का आक्रमण कैसे और किसके द्वारा हुआ है इस बात की पूरी छानबीन करके इलाज संबंधी उचित उपाय कर सकता है। यह कार्य हमारे द्वारा ठीक तरह से संभव नहीं है क्योंकि हम तो अधिक से अधिक पहले से लोडेड एंटीवाइरस सॉफ्टवेयर प्रोग्राम की ही मदद ले सकते हैं परंतु इससे शायद हम कोई ठीक निर्णय नहीं ले पाएं और देर हो जाने से वाइरस फैल कर ज्यादा नुकसान कर दे इससे बेहतर यही है कि एक अनुभवी और योग्य सॉफ्टवेयर इंजीनियर की सेवाओं से लाभ उठाया जाए। यही वह व्यक्ति है जो किसी न किसी उपयुक्त एंटीवाइरस सॉफ्टवेयर प्रोग्राम की सहायता से वाइरस से आपके पी.सी. को कम से कम क्षतिग्रस्त होने के उपाय काम में लाते हुए उसे आगे के कार्यों हेतु वाइरस मुक्त बना सकता है।

3. सॉफ्टवेयर इंजीनियर तथा अन्य विशेषज्ञों की सहायता लेते हुए यह पूर्ण रूप से निश्चित कर लिया जाना चाहिए कि वाइरस से पूरी तरह मुक्ति मिल गई है। अगर थोड़ी बहुत भी कमी रह जाती है तो वाइरस कुछ समय के लिए शांत रहकर फिर से क्रियाशील बनकर एक बड़ा खतरा बन सकता है। अतः इलाज ठीक हो गया है इसकी पूरी तसल्ली कर लेनी चाहिए।

सार-संक्षेप (Summary)

1. कंप्यूटरों को आज एक ऐसी चिंतन या वैचारिक मशीन के रूप में जाना जा सकता है जिनमें जीवन के विविध क्षेत्रों से संबंधित अनेक कार्यों के सफलतापूर्वक संपादन हेतु विभिन्न प्रकार के सुनियोजित एवं सार्थक प्रोग्रामों (Software) का उपयोग किया जाता है। इस तरह तकनीकी तौर पर कंप्यूटरों में निश्चित रूप से दो अवयव होते हैं एक हार्डवेयर यानी कंप्यूटर का मशीनी भाग तथा सॉफ्टवेयर जिसकी मदद से कंप्यूटर का मशीनी भाग क्रियाशील होकर हमारी जरूरतों को पूरा करता है।
2. आधुनिक कंप्यूटरों को उनकी कार्यक्षमता, आकार तथा कीमतों को ध्यान में रखते हुए चार श्रेणियों में बाँटा जा सकता है वे हैं— माइक्रो कंप्यूटर, मिनी कंप्यूटर, मेनफ्रेम तथा सुपर कंप्यूटर। आपके द्वारा घर, विद्यालय या कॉलेज में जिस प्रकार के कंप्यूटरों या लेपटॉप का उपयोग किया जाता है उन्हें पर्सनल कंप्यूटर की संज्ञा दी जाती है और उनकी गिनती माइक्रो कंप्यूटरों में ही होती है।
3. आपके पर्सनल कंप्यूटर के मशीनरी भाग यानी हार्डवेयर अवयव को उसकी संरचना की दृष्टि से मोटे तौर पर तीन यूनिटों— इनपुट उपकरण यूनिट, आउटपुट उपकरण यूनिट तथा सेंट्रल प्रोसेसिंग यूनिट में बाँटा जा सकता है। (i) इनपुट उपकरण यूनिट में वे सभी मशीनी उपकरण शामिल होते हैं जिनकी मदद से सूचनाओं तथा अनुदेशों को कंप्यूटरों की स्मृति (Memory) में डालने का काम किया जाता है। की बोर्ड, माउस, स्केनर्स, लाइटपेन तथा डिजीटल कैमरा आदि सभी इनपुट उपकरणों की श्रेणी में आते हैं। (ii) आउटपुट उपकरण यूनिट में वे सभी उपकरण शामिल होते हैं जो कंप्यूटर से उपलब्ध प्रक्रिया परिणामों या सेवाओं का लाभ उपयोगकर्त्ताओं तक पहुँचाने का कार्य करते हैं। मानीटर, प्रिंटर, प्लोटर तथा स्पीकर्स आदि सभी उपकरण आउटपुट उपकरणों की श्रेणी में आते हैं। (iii) सेंट्रल प्रोसेसिंग यूनिट (CPU) कंप्यूटर का वह क्रियाशील भाग है जिसके माध्यम से इनपुट को आउटपुट में बदलने का कार्य किया जाता है। इस सेंट्रल यूनिट का जो हिस्सा वास्तविक प्रोसेसिंग (Processing) के कार्य में जुटा रहता है उसे माइक्रो प्रोसेसर तथा जो हिस्सा सूचनाओं या प्रदत्तों को स्मृति में धारण करने और उनका आवश्यकतानुसार पुनः प्रस्तुतीकरण के कार्य में जुटा रहता है उसे कंप्यूटर स्मृति का नाम दिया जाता है। कंप्यूटर में दो प्रकार की स्मृतियाँ पाई जाती हैं— (i) आंतरिक स्मृति जो कंप्यूटर के मदरबोर्ड में चिप्स के रूप में पाई जाती हैं तथा रैम या रैंडम एसैस मेमोरी और रोम यानी रीड ओनली मेमोरी के रूप में हम जिनका प्रयोग करते हैं तथा (ii) दूसरी बाह्य स्मृति—सैकेंडरी भंडारण उपकरणों जैसे फ्लॉपी डिस्क, हार्ड डिस्क, सीडी रोम्स, मैग्नेटो ऑप्टीकल डिस्क तथा पैन ड्राइव के रूप में हमारे द्वारा प्रयोग में लाई जाती हैं। इस प्रकार के ये सभी सेकंडरी भंडारण उपकरण हमें आंतरिक भंडारण से अतिरिक्त बाह्य भंडारण करने और भंडारित सामग्री को सुरक्षित रूप से स्थानांतरण करने, उपयोग में लाने आदि कार्य में समुचित सहायता करते हैं।
4. कंप्यूटर मशीन को संचालित करने के लिए दो प्रकार के सॉफ्टवेयर काम में लाए जाते हैं— अनुप्रयोग या एप्लीकेशन सॉफ्टवेयर तथा प्रणाली या सिस्टम सॉफ्टवेयर। एप्लीकेशन सॉफ्टवेयर कंप्यूटर मशीन के एप्लीकेशन या उपयोग को संभव बनाने का कार्य करते हैं। माइक्रोसॉफ्ट वर्ड, स्प्रेड शीट, पावर पाइंट, डेटाबेस मैनेजमेंट सिस्टम आदि एप्लीकेशन सॉफ्टवेयर के ही उदाहरण हैं जिनकी सहायता से हमें कंप्यूटर मशीन का अपनी सुविधाओं हेतु प्रयोग करना संभव हो पाता है। प्रणाली या सिस्टम सॉफ्टवेयर से अभिप्राय उन सभी प्रोग्रामों से होता है जो किसी भी कंप्यूटर के सिस्टम के उचित संचालन हेतु अत्यंत

आवश्यक होते हैं। सामान्यतया इस प्रकार के सिस्टम सॉफ्टवेयरों में जिन तीन प्रकार के सॉफ्टवेयरों को शामिल किया जाता है वे हैं (i) कंपाइलर सॉफ्टवेयर (कंप्यूटरीय भाषाओं जैसे बेसिक, पेस्कल, फोर्ट्रेन आदि को मशीनी भाषा में बदलने हेतु) (ii) यूटीलिटी सॉफ्टवेयर जैसे स्क्रीन सेवर्स, बैक अप एवं रेस्टोर, कैलकुलेटर यूटीलिटी आदि सॉफ्टवेयर तथा (iii) ऑपरेटिंग सिस्टम सॉफ्टवेयर जैसे एम.एस. विंडो, एम. एस. डॉस, यूनिक्स आदि (जिनका उपयोग कंप्यूटर को क्रियाशील बनाने के लिए अति आवश्यक होता है।)

5. कंप्यूटर नेटवर्क से तात्पर्य एक ऐसी व्यवस्था से होता है जिसके दो या दो से अधिक कंप्यूटरों को किसी संचार माध्यम (केबल, टेलीफोन लाइन, माइक्रोवेव तथा संचार उपग्रह आदि) की सहायता से इस तरह जोड़ा जाता है कि वे परस्पर संप्रेषण कर सकें। विभिन्न कंप्यूटरों में इस प्रकार का पारस्परिक संप्रेषण स्थापित करने हेतु जिस प्रकार की व्यवस्थाओं को अपनाया जाता है उन्हें नेटवर्क मॉडल कहा जाता है। सामान्यतया इस प्रकार की नेटवर्किंग हेतु जो रूप देखने को मिलते हैं वे हैं (i) स्टार नेटवर्क (ii) बस नेटवर्क (iii) रिंग नेटवर्क तथा (iv) पूर्ण संयोजित नेटवर्क।

6. कंप्यूटर नेटवर्किंग यानी कंप्यूटरों के बीच आपसी संप्रेषण की आवश्यकता जिन बातों के लिए हमें विशेष रूप से होती है वे हैं (i) सूचनाओं या आंकड़ों का आदान–प्रदान (ii) संसाधनों का मिलजुल कर उपयोग करना (iii) केंद्रीय सूचना भंडार से लाभ उठाना तथा (iv) विभिन्न प्रकार की संप्रेषण सुविधाएं उपलब्ध कराना।

7. कंप्यूटर नेटवर्क में प्रयुक्त लैन (LAN), मैन (MAN) एवं वैन (WAN) शब्दावली नेटवर्क में शामिल क्षेत्र और दूरी के छोटे बड़े होने का संकेत देती है। लैन का अर्थ है लोकल एरिया नेटवर्क। इस नेटवर्क का क्षेत्र और दूरी काफी सीमित होती है जैसे किसी कार्यालय या विद्यालय परिसर में स्थित कंप्यूटरों के बीच संप्रेषण स्थापित करना। मैन नेटवर्क दूसरी और क्षेत्र की दृष्टि से जहाँ लैन से बड़ा है वहीं वैन ये यह बहुत छोटा होता है। जब हम लैन द्वारा लोकल एरिया नेटवर्क की परिधि को लांघकर केबल और टेलीफोन लाइनों को प्रयोग में लाकर कुछ अधिक बड़े क्षेत्र या लंबी दूरी में विभिन्न कंप्यूटरों को जोड़ने का प्रयत्न करते हैं तो इस प्रकार की नेटवर्किंग प्रणाली मैन कहलाती है। वैन का अर्थ होता है वाइड एरिया नेटवर्क और इसलिए अपने नाम के अनुरूप यह नेटवर्क प्रणाली काफी बड़े भौगोलिक क्षेत्र और दूरी में फैली होती है। इस प्रणाली में माइक्रोवेवस तथा उपग्रह संचरण प्रणाली का उपयोग किए जाने के कारण अब इस प्रकार को नेटवर्किंग ने क्षेत्र और दूरी की सभी सीमाएं लांघकर यह सुलभ कर दिया है कि आप दुनिया के किसी कोने में स्थित कंप्यूटर सेवाआं से अपने पी.सी. को जोड़कर लाभान्वित हो सकें।

8. इंटरनेट तथा वर्ल्ड वाइड वेब (WWW) जैसी सुविधाएं प्रदान करने में वैन नेटवर्किंग प्रणाली बहुत ही महत्त्वपूर्ण भूमिका निभा रही है। इंटरनेट को आज दुनिया में उपलब्ध ऐसे सबसे बड़े वाइड एरिया नेटवर्क के रूप में जाना और समझा जा सकता है जो दुनिया के हर कोने में स्थित उपयोगकर्त्ताओं को सूचनाओं के आदान–प्रदान और संप्रेषण हेतु सबसे अधिक तेज रफ्तार, आसान और कम खर्चीला साधन प्रस्तुत करने की क्षमता रखता है। आज इंटरनेट सेवाओं के माध्यम से आप इलेक्ट्रोनिक मेल (ई मेल) भेजकर पूरी दुनिया में संदेशों और दस्तावेजों का आदान–प्रदान पलक झपकते ही कर सकते हैं। चैटिंग के नाम से प्रसिद्ध संप्रेषण प्रक्रिया में हम दुनिया के किसी कोने में अपने पी.सी. पर बैठे हुए किसी भी व्यक्ति से इस तरह बातचीत करते रह सकते हैं जैसे निकट बैठकर लिखित रूप में एक दूसरे से संभाषण कर रहे हों। यही नहीं एक दूसरे की आवाज सुनने और देखने का भी प्रावधान मॉडेम तथा कैमरे के इस्तेमाल के जरिए अब पूरी तरह संभव हो गया है जिससे ऑडियो एवं वीडियो कांफ्रेंसिंग का पूरा लाभ इंटरनेट सेवाओं द्वारा अच्छी तरह उठाया जा सकता है।

9. वर्ल्डवाइड वेब इंटरनेट सेवाओं का उपयोग कर अपने वेब पेजों पर उपलब्ध सभी प्रकार की सूचना सामग्री को असीमित उपयोगकर्त्ताओं तक पहुँचाने का अमूल्य साधन है। ये सूचनाएं और ज्ञान, पाठ्य सामग्री, ग्राफिक, आवाज और विभिन्न प्रकार के आँकड़ों के रूप में विश्व के किसी भी कोने में अपने अपने कंप्यूटरों पर बैठे हुए किसी भी व्यक्ति को किसी समय प्राप्त हो सकती है और इस तरह ज्ञान और सूचनाओं के आदान–प्रदान का अमूल्य खजाना आज हम सभी को इंटरनेट तथा वर्ल्ड वाइड वेब सुविधाओं का ही परिणाम है।

10. कंप्यूटर के प्रयोग क्षेत्र में उपयोगकर्त्ताओं को जिस समस्या विशेष से परेशानी का शिकार होने का खतरा अक्सर मंडराता रहता है वह है कंप्यूटर का वाइरस ग्रस्त हो जाना। कंप्यूटर वाइरस से अभिप्राय किसी एक ऐसे सॉफ्टवेयर प्रोग्राम या कोड से होता है जिसे इस तरह लिखा या तैयार किया जाता है कि उसकी अपने आप ही कंप्यूटर फाइलों में कापियाँ बन जाएं। जब कभी प्रयोगकर्त्ता द्वारा ऐसी संक्रमित फाइल काम में लाई जाती हैं तब वह कंप्यूटर में भंडारित फाइल सामग्री को संक्रमित कर कंप्यूटर की स्मृति से गायब कर देती है। यह संक्रमण, रोगाणु के संक्रमण की तरह ही तेजी से फैलता है। एक कंप्यूटर से दूसरे कंप्यूटर में वाइरसों का संचरण केवल मात्र उपकरणों को सांझे रूप में काम में लाने जैसे फ्लोपी, सीडी आदि को एक कंप्यूटर से दूसरे कंप्यूटर में प्रयोग करने से ही नहीं होता बल्कि इंटरनेट भी इसका काफी बड़ा स्रोत है और अक्सर यही एक बड़ा प्रारंभिक स्रोत सिद्ध होता है। वाइरसों से निपटने के लिए निरोधात्मक और उपचारात्मक दोनों ही काम किए जाने चाहिए। हमें अपने कंप्यूटरों में एंटी वाइरस प्रोग्राम लोड रखने चाहिए तथा समय–समय पर इन्हें अपडेट भी करते रहना चाहिए। जब भी कभी कोई सीडी, फ्लोपी या बाह्य भंडारण उपकरण को अपने कंप्यूटर में लोड किया जाए तो काम में लाने से पहले उसे एंटीवाइरस की डोज जरूर देनी चाहिए। खतरे की घंटी मिलते ही इसे अपने कंप्यूटर से हटा देना चाहिए। कभी भी ऐसी ई–मेल तथा वेबसाइट से संबंधित प्रोग्राम या फाइल को डाउनलोड नहीं करना चाहिए जो पूरी तरह अपरिचित हो। वाइरस के आक्रमण का पता लगते ही कंप्यूटर मशीन बंद कर देनी चाहिए और किसी सॉफ्टवेयर इंजीनियर तथा कंप्यूटर विशेषज्ञ की सेवा की वाइरस से मुक्ति हेतु सहायता लेनी चाहिए।

संदर्भित एवं विशेष अध्ययन ग्रंथ
(References and Suggested Readings)

Besag, Frank P., *Computer Literacy for Teachers*, Beverly Hills: Sage Publications, 1984.

Fitting, Marjorie Anne and Roy Dubisch, *Computer Literacy*, Pacific Grove, CA: Midwest Publications, 1984.

Gill, N.S., *Essentials of Computer and Network Technology*, Delhi, Khanna Book Publishing Co., 2000.

Kershner, Helene G., *Computer Literacy*, (2nd ed.), Lexington, Mass: D.C. Heath, 1992.

Koch, Warren J., The Use of Computers in Education in Secondary Schools, Washington: National Association of Secondary School Principals, 1972.

Maffei, Anthony C., *Classroom Computers: A Practical Guide for Effective Teaching*, New York: Human Sciences Press, 1986.

Parsons, June Jamrich and Dan Oja, *Practical Computer Literacy*, Boston: Course Technology, 2005.

Peter, Coburn, et al., *Practical Guide to Computers in Education*, (2nd ed.), Reading, Mass: Addison-Wesley, 1985.

अध्ययन के लिए प्रश्न (Study Questions)

1. कंप्यूटर क्या होते हैं ? शिक्षण और अधिगम प्रक्रिया में इनके द्वारा किस प्रकार की भूमिका निभाई जा सकती है ?
2. कंप्यूटर क्या है ? इन्हें सामान्यतया किस रूप में वर्गीकृत किया जा सकता है ?
3. अपने पर्सनल कंप्यूटर (पी.सी.) के विभिन्न भागों या अवयवों की संक्षेप में चर्चा कीजिए।
4. इनपुट उपकरण क्या है ? विभिन्न प्रकार के इनपुट उपकरणों का विस्तार में वर्णन कीजिए।
5. आउटपुट उपकरण क्या हैं ? विभिन्न प्रमुख आउटपुट उपकरणों की विस्तार से चर्चा कीजिए।
6. आपके पर्सनल कंप्यूटर (पी.सी.) की सेंट्रल प्रौसेसिंग यूनिट (सी.पी.यू.) क्या होती है ? इसके दो प्रमुख भागों – माइक्रो प्रौसेसर तथा स्मृति (Memory) का संक्षेप में वर्णन करो।
7. एक कंप्यूटर की आंतरिक और बाह्य स्मृतियों (Memory) से आप क्या समझते हैं ? संक्षेप में वर्णन करो।
8. फ्लोपियाँ क्या होती हैं ? आपके पर्सनल कंप्यूटर (पी.सी.) के स्मृति भंडारण उपकरण (Memory Storage Device) के रूप में ये किस प्रकार की भूमिका निभाती हैं ?
9. आपके पर्सनल कंप्यूटर (पी.सी.) के स्मृति भंडारण उपकरण के रूप में हार्डडिस्क तथा पैनड्राइव ऑप्टीकल डिस्क के महत्त्व और भूमिका की चर्चा कीजिए।
10. एक कंप्यूटर मशीन किस तरह क्रियाशील (Operate) होती है ? संक्षेप में वर्णन करें।
11. सॉफ्टवेयर क्या है ? अनुप्रयोग या एप्लीकेशन तथा प्रणाली या सिस्टम सॉफ्टवेयर की भूमिका का वर्णन करें।
12. ऑपरेटिंग सिस्टम क्या है ? कंप्यूटर मशीन के संचालन में इनके महत्त्व और भूमिका का वर्णन करें।
13. ग्राफीकल यूजर इंटरफेस क्या है ? ऑपरेटिंग सिस्टम के रूप में इसकी भूमिका और महत्त्व की चर्चा कीजिए।
14. कंप्यूटर नेटवर्क क्या होता है ? संक्षेप में विभिन्न नेटवर्क मॉडलों की चर्चा कीजिए।
15. लैन (LAN), मैन (MAN), और वैन (WAN) क्या है ? नेटवर्क प्रणाली के रूप में इनके अर्थ एवं महत्त्व का वर्णन कीजिए।
16. इंटरनेट क्या है ? आप अपने पी.सी. पर इंटरनेट पर कैसे कार्य कर सकते हो ? संक्षेप में वर्णन कीजिए।
17. इंटरनेट प्रोटोकोल क्या होते हैं ? इंटरनेट सेवाओं के उचित आयोजन में फाइल ट्रांसफर प्रोटोकोल (FTP) तथा हाइपरटेक्सट ट्रांसफर प्रोटोकोल (HTTP) की भूमिका की चर्चा कीजिए।
18. संक्षेप में फाइल ट्रांसफर प्रोटोकोल (FTP) तथा हाइपर टेक्सट ट्रांसफर प्रोटोकोल (HTTP) की चर्चा कीजिए।

19. ई–मेल क्या है ? आप अपने पी.सी. पर ई–मेल सुविधा का कैसे उपभोग कर सकते हैं?

20. वर्ल्ड वाइड वेब (WWW) क्या है ? इंटरनेट से यह कैसे भिन्न है ?

21. ब्राउजर क्या है, और यह किस तरह कार्य करता है ?

22. हाइपरटेक्सट लिंक (Hypertext link) क्या होते हैं ? इन्हें कहां काम में लाया जाता है ?

23. एच.टी.टी.पी. (HTTP) क्या है ? यह कैसे कार्य करता है ?

24. एफ.टी.पी. (FTP) क्या है और यह कैसे कार्य करता है ?

25. वेबसाइट क्या है ? आप अपने पी.सी. पर किसी वेबसाइट को किस तरह अपने काम लाते हो?

26. ई–कामर्स क्या है ? इसके महत्त्व और उपयोगों का वर्णन करो।

27. कंप्यूटर वाइरस क्या है ? इससे निपटने के लिए किस प्रकार के निरोधात्मक तथा उपचारात्मक कदम उठाये जाने चाहिएं ?

32

शैक्षिक तकनीकी के संसाधन केंद्र
(Resource Centres of Educational Technology)

अध्याय रूपरेखा (Chapter Outline)

- विषय प्रवेश (Introduction)
- संसाधन केंद्रों से अभिप्राय (Meaning of the Term Resource Centres)
- संसाधन केंद्रों के उद्देश्य (Objectives of Resource Centres)
- संसाधन केंद्रों के कार्य (Functions of Resource Centres)
- संसाधन केंद्रों का संगठन (Organization of Resource Centres)
- कुछ महत्त्वपूर्ण संसाधन केंद्र (A Few Important Resource Centres)
- सार-संक्षेप (Summary)
- संदर्भित एवं विशेष अध्ययन ग्रंथ (References and Suggested Readings)
- अध्ययन के लिए प्रश्न (Study Questions)

विषय प्रवेश
(Introduction)

शैक्षिक तकनीकी अपने सभी रूपों में शिक्षा की प्रक्रिया और परिणामों को बेहतर बनाने हेतु आवश्यक ज्ञान एवं कौशल जुटाने का प्रयत्न करती हुई दिखाई दे सकती है। एक अध्यापक को अपने अध्यापन हेतु तथा विद्यार्थियों को अपने अधिगम हेतु एक शिक्षण–अधिगम परिस्थिति में निर्धारित शिक्षण–अधिगम उद्देश्यो की प्राप्ति के लिए अपेक्षित रूप से जो कुछ चाहिए उससे संबंधित आवश्यक सैद्धांतिक पृष्ठभूमि प्रदान करने तथा क्रियात्मक कौशलों के अर्जन को सुगम बनाने में शैक्षिक तकनीकी की काफी महत्त्वपूर्ण भूमिका रहती है। शिक्षकों तथा विद्यार्थियों को अपनी–अपनी भूमिकाओं को बेहतर ढंग से निभाने हेतु शैक्षिक तकनीकी के जिस सैद्धांतिक और व्यावहारात्मक ज्ञान एवं कौशल की आवश्यकता होती है उसे सुचारु रूप से प्रभावशाली ढंग से प्रदान करना उतना सहज नहीं जितना ऊपर से दिखाई पड़ता है। यह तभी संभव है जबकि उन्हें इस प्रकार के ज्ञान एवं कौशल संबंधी अनुभवों को प्रदान करने में सक्षम संसाधनों (मानवीय एवं भौतिक) की अच्छे से अच्छे ढंग से उपलब्धि होती रहे। किसी भी विद्यालयों में इस प्रकार के सभी सर्वोत्तम संसाधनों की उपस्थिति संभव नहीं है। इस दृष्टि से यह आवश्यक

हो जाता है कि स्थानीय, क्षेत्रीय तथा जिले, प्रांत या राष्ट्रीय स्तर पर ऐसे कुछ महत्त्वपूर्ण संसाधन केंद्रों की स्थापना एवं उपलब्धि की बात अच्छी तरह सोची जाए, जहाँ से हमारे विद्यालयों को शिक्षा और शिक्षण–अधिगम की प्रक्रिया और परिणामों को बेहतर बनाने हेतु जो कुछ भी शैक्षिक तकनीकों (सैद्धांतिक एवं प्रयोगात्मक) के रूप में आवश्यक रूप से चाहिए वह सभी कुछ उन्हें अपने प्रयत्नों के परिणामस्वरूप सहज ढंग से प्राप्त हो सके। सौभाग्यवश आज उनके लिए यह अच्छी तरह संभव है क्योंकि राष्ट्रीय, प्रांतीय तथा जिले स्तर पर शैक्षिक, तकनीकी के विकास और उपयोग के सपने को साकार बनाने वाले संस्थान आज हमारे देश में भली भाँति कार्य करने लगे हैं। ऐसे ही संस्थानों के प्रतिनिधि के रूप में हम प्रस्तुत अध्याय में आगे जिनकी चर्चा करेंगे, वे हैं शैक्षिक तकनीकी केंद्रीय संस्थान (CIET), राज्यों तथा केंद्रीय शासित प्रदेशों में स्थापित शैक्षिक तकनीकी प्रकोष्ठ (ET Cells) तथा जिले स्तर पर स्थापित शिक्षा एवं प्रशिक्षण जिला संस्थान (DIETS)। परंतु इनकी चर्चा करने से पहले यह आवश्यक हो जाता है कि हम यह जानें कि संसाधन केंद्र अपने आप में क्या होते हैं।

संसाधन केंद्रों से अभिप्राय
(Meaning of the Term Resource Centres)

जैसा कि नाम से ही विदित होता है, सामान्य रूप से संसाधन केंद्रों से अभिप्राय ऐसे केंद्रों या स्थान विशेषों से है जहाँ किसी एक विशेष कार्य या कार्यों में सहायक संसाधनों (मानवीय तथा भौतिक) की उपलब्धि संभव रहती है। दूसरे शब्दों में इन स्थानों पर पायी जाने वाली सुविधाओं से किसी भी व्यक्ति विशेष को अपने उत्तरदायित्वों को पूरा करने या अपने प्रयोजनों की सिद्धि में पूरी–पूरी सहायता मिलती है। इसी दिशा में और आगे बढ़ा जाए तो शैक्षिक तकनीकी के क्षेत्र में उपलब्ध शैक्षिक तकनीकी संसाधनों से अभिप्राय ऐसे केंद्रों या स्थान विशेषों से लगाया जा सकता है जहाँ शैक्षिक तकनीकी से संबंधित सभी आवश्यक ज्ञान एवं कौशल प्रदान करने, उससे संबंधित रुचि तथा दृष्टिकोण विकसित करने और शैक्षिक तकनीकी द्वारा शिक्षा तथा शिक्षण–अधिगम प्रक्रिया को अधिक से अधिक बेहतर बनाने हेतु वे सभी आवश्यक संसाधन (मानवीय तथा भौतिक) उपलब्ध रहते हैं जिनके माध्यम से शिक्षा तथा शिक्षण–अधिगम प्रक्रिया से जुड़े हुए सभी व्यक्तियों को अपने–अपने उद्देश्यों की प्राप्ति में यथा संभव सहायता मिलती रहती है।

संसाधन केंद्रों के उद्देश्य
(Objectives of Resource Centres)

शैक्षिक तकनीकी के क्षेत्र में कार्यरत संसाधन केंद्रों से प्रायः निम्न प्रयोजनों की पूर्ति की आशा की जा सकती है–

1. शैक्षिक तकनीकी के उपयोग के संदर्भ में शिक्षा और विशेषकर शिक्षण–अधिगम प्रक्रिया को बेहतर बनाने में सहायक सभी प्रकार के आवश्यक उपलब्ध संसाधनों (मानवीय एवं भौतिक) को एक जगह संग्रहित करना, उनका निर्माण और विकास करना, उनकी सुव्यवस्था एवं रख–रखाव पर ध्यान देना तथा उन्हें सेवा हेतु इच्छित व्यक्तियों को उपलब्ध कराना आदि।
2. विद्यार्थियों और शिक्षकों के लाभार्थ शैक्षिक तकनीकी का ज्ञान एवं कौशल प्रदान करने हेतु विभिन्न प्रकार की क्रियाओं, कार्यक्रमों, विचार–गोष्ठियों तथा कार्यशालाओं आदि का स्वयं आयोजन करना तथा दूसरों को ऐसे आयोजन हेतु आवश्यक सहायता प्रदान करना।

3. विद्यार्थियों और शिक्षकों के लाभार्थ ऐसे प्रशिक्षण तथा रिफ्रेशर कोर्सों का आयोजन करना या दूसरों को इनके आयोजन में सहायता करना जिनके माध्यम से शिक्षा की प्रक्रिया और परिणामों में अपेक्षित सुधार लाने हेतु शैक्षिक तकनीकी के ज्ञान, कौशल तथा उपयोग संबंधी कुशलताओं को विकसित करने में मदद मिले।
4. शैक्षिक तकनीकी के सिद्धांतों तथा व्यावहारिक अनुप्रयोगों के विकास तथा उपयोग में सहायक क्रियात्मक एवं मौलिक अनुसंधानों हेतु संसाधन एवं अवसर प्रदान करना।
5. शिक्षा के उद्देश्यों की पूर्ति हेतु शैक्षिक तकनीकी को एक सशक्त साधन के रूप में विकसित और प्रयोग में लाने के लिए विद्यार्थियों, अध्यापकों तथा अन्य सभी संबंधित पक्षों को उपयुक्त प्रेरणा तथा अवसर प्रदान करना।
6. शैक्षिक तकनीकी के विकास एवं उपयोग के संदर्भ में सभी प्रकार के ज्ञान एवं सूचनाओं की सर्वोत्तम ढंग से उपलब्धि कराने में सहायता करना।
7. शैक्षिक तकनीकी के विकास एवं उपयोग हेतु एक अच्छे समन्वयक कर्त्ता (Coordinating agency) की भूमिका निभाना जिससे एक ओर तो सभी प्रकार के संसाधन केंद्रों (स्थानीय, जिले, प्रांत तथा राष्ट्रीय) में तालमेल बना रहे तो दूसरी ओर इन सभी का संपर्क उपभोगकर्त्ताओं (अध्यापक, विद्यार्थियों तथा अन्य संबंधित व्यक्तियों) से बना रहे।
8. शैक्षिक तकनीकी विकास एवं उपयोग के संदर्भ में उन सभी व्यक्तियों को सभी प्रकार की परामर्श और निर्देशन सेवाएं उपलब्ध कराना जिन्हें इनकी आवश्यकता है।
9. शिक्षा के लाभ विद्यालय के बाहर जनमानस तथा समुदाय तक पहुँचे इस दृष्टि से शैक्षिक तकनीकी के व्यावहारिक उपयोग संबंधी सेवाओं का विस्तार करना।

संसाधन केंद्रों के कार्य (Functions of Resource Centres)

संसाधन केंद्रों के उपरोक्त वर्णित उद्देश्यों से यह अपेक्षा की जाती है कि उनमें सभी प्रकार के आवश्यक संसाधनों (मानवीय तथा भौतिक) की सभी समय प्रचुर मात्रा में उपलब्धि बनी रहे। इस अपेक्षा पर वे तभी खरे उतर सकते हैं जबकि उनके द्वारा इसकी पूर्ति हेतु निम्न क्रियाओं के संपादन पर उचित ध्यान रखा जाए–

– विद्यालय स्तर पर विभिन्न प्रकार की अनुदेशन क्रियाओं के संपादन में सहायक विविध प्रकार की दृश्य–श्रव्य सहायक सामग्री तथा सॉफ्टवेयरों का निर्माण एवं विकास करना।

– स्थानीय, क्षेत्रीय, प्रांतीय तथा राष्ट्रीय स्तर पर संगठित संसाधन केंद्रों या अन्य स्रोतों से अनुदेशन में सहायक सामग्री एवं उपकरणों को (जो चाहे अनुदान या सेवा के रूप में बिना कुछ व्यय किए हुए प्राप्त हों अथवा जिन्हें क्रय किया जाए) अपने यहाँ उपलब्ध कराना।

– शैक्षिक तकनीकी के विकास एवं उपयोग में सहायक सभी प्रकार की आवश्यक सूचनाओं एवं ज्ञान तथा कौशलों से संबंधी जानकारी की विभिन्न स्रोतों से प्राप्त कर अपने उपभोगकर्त्ताओं के लाभार्थ संग्रहित करना।

– शैक्षिक तकनीकी के विकास और उसे शिक्षा तथा शिक्षण–अधिगम प्रणाली के लाभार्थ उपयोग में लाने के संदर्भ में उपलब्ध नवीनतम जानकारी तथा खोजों से परिचित रहना और उसका लाभ अपने उपभोगकर्त्ताओं को पहुँचाने के प्रति जागरूक रहना।

– शिक्षण–अधिगम को बेहतर बनाने में सहायक शिक्षण–अधिगम सामग्री तथा सिद्धांतों के विकास हेतु प्रयत्नरत रहने के लिए शिक्षकों तथा विद्यार्थियों को पर्याप्त अवसर और प्रोत्साहन प्रदान करना।
– उन सभी व्यक्तियों के लिए सेवाकालीन तथा सेवापूर्ण प्रशिक्षण की व्यवस्था करना जिनके ऊपर संसाधन केंद्रों को संगठित करने तथा इनके द्वारा आवश्यक सेवाएं उपलब्ध कराने की जिम्मेदारी डाली गई है।

संसाधनों के द्वारा आवश्यक सेवाएं उपलब्ध कराना (Providing Needed Services through the Resources)

अपने यहाँ उपलब्ध संसाधनों के माध्यम से संसाधन केंद्रों द्वारा निम्न प्रकार की सेवाएं प्रदान करने की अपेक्षा की जाती है–

– शैक्षिक तकनीकी के विकास एवं उपयोग के संदर्भ में सभी प्रकार की आवश्यक सूचनाएं तथा जानकारी उपलब्ध कराने हेतु एक सक्षम पूछताछ केंद्र के रूप में कार्य करना।
– शैक्षिक तकनीकी से संबंधित ज्ञान एवं कौशलों को उपयोग में लाने हेतु आवश्यक परामर्श एवं निर्देशन सेवाओं की व्यवस्था करना।
– शैक्षिक तकनीकी की सैद्धांतिक जानकारी तथा व्यावहारिक अनुप्रयोग हेतु आवश्यक शिक्षण–अधिगम अनुभवों तथा प्रशिक्षण कार्यक्रम की व्यवस्था करना। जैसे हार्डवेयर तथा सॉफ्टवेयर सामग्री एवं उपकरणों के उपयोग, कंप्यूटर सह–अनुदेशन तथा अन्य विशिष्ट शिक्षण–अधिगम व्यूह रचनाओं के प्रयोग और उपग्रह आधारित शैक्षणिक कार्यक्रमों आदि के बारे में जानकारी और प्रशिक्षण प्रदान करना।
– शैक्षिक तकनीकी को शैक्षिक उद्देश्यों की पूर्ति हेतु काम में लाने के लिए उपयोगकर्त्ताओं को आवश्यक अभिप्रेरणा और प्रोत्साहन प्रदान करने हेतु विभिन्न उपाय करना। जैसे प्रदर्शनियों का आयोजन शैक्षिक तकनीकी के प्रयोग के पक्ष में उचित प्रचार, विद्यार्थियों तथा अध्यापकों को शैक्षिक तकनीकी का उपयोग करने हेतु उपयुक्त अवसर और प्रोत्साहन प्रदान करना आदि।
– शैक्षिक तकनीकी के उपयोग क्षेत्र को विद्यालयों की चारदीवारी से बाहर समुदाय तथा जनमानस तक फैलाने हेतु सेवा विस्तार कार्यक्रमों को अपनाना।
– वास्तविक परिस्थितियों में अध्यापक, विद्यार्थियों तथा शिक्षा क्षेत्र से जुडे हुए अन्य व्यक्तियों को (औपचारिक तथा अनौपचारिक दोनों ही क्षेत्रों में) जो भी समस्याएं आ रही हैं उनके निराकरण हेतु उचित सहायता करना।

समन्वय और संपर्क सूत्र के रूप में कार्य करना (Working as a Liason and Coordinating Agency)

जैसा कि पहले कहा जा चुका है, शैक्षिक तकनीकी के संसाधन केंद्रों के रूप में हमारे सामने स्थानीय, जिले, प्रांत तथा राष्ट्रीय स्तर पर संगठित विभिन्न प्रकार के संसाधन केंद्र विराजमान हैं। कार्यक्षेत्र और गतिविधियों में विभिन्नता होते हुए भी इन सबका लक्ष्य एक ही है और ये तभी अपने लक्ष्य की पूर्ति कर सकते हैं जबकि उनमें उचित समन्वय बना रहे और वे इसके लिए उचित संपर्क सूत्रों से जुड़े रहकर शिक्षा की प्रक्रिया और परिणामों को बेहतर बनाने के कार्य में जुटे रहें। अपने इस प्रयोजन की पूर्ति हेतु संसाधन केंद्रों से निम्न प्रकार के कार्यों एवं गतिविधियों को संपादित करने की अपेक्षा की जा सकती है–

– दूसरे अन्य संसाधन केंद्रों से संपर्क बनाए रखना तथा इस संपर्क के परिणामस्वरूप प्राप्त लाभों का उचित प्रतिफल अपने तत्कालीन उपभोक्ताओं/उपयोगकर्त्ताओं को पहुँचाना।

– राष्ट्रीय, प्रांतीय तथा जिले स्तर पर बनी शिक्षा योजनाओं तथा शैक्षिक तकनीकी के ज्ञान एवं कौशलों के उपयोग संबंधी सेवाओं के क्रियान्वयन में एक उचित कड़ी या संपर्क सूत्र के रूप में कार्य करना।

– अपने उपभोक्ताओं या उपयोगकर्त्ताओं (Users) तथा संसाधनों (मानवीय तथा भौतिकी) के बीच एक उपयुक्त संपर्क सूत्र के रूप में कार्य करना। जैसे–विभिन्न क्षेत्रों से संबंधित विशेषज्ञों, अनुसंधानकर्त्ताओं, लाइब्रेरी तथा सूचना केंद्रों, स्थानीय निकायों, राज्य और केंद्र सरकार के कार्यालयों, शैक्षिक तकनीकी के उपयोग और शिक्षण सामग्री के विकास तथा उपयोग से जुड़ी हुई संस्थाओं या उनके द्वारा प्रतिपादित योजनाओं से जुड़कर उनका लाभ विद्यार्थियों, अध्यापकों, समुदाय तथा जनमानस को पहुँचाने में एक उपयोगी कड़ी के रूप में कार्य करना।

संसाधन केंद्रों का संगठन (Organisation of Resource Centres)

किसी भी विद्यालय की शैक्षिक गतिविधियों के सफल संचालन में शैक्षिक तकनीकी के विकास एवं उपयोग की वर्तमान परिप्रेक्ष्य में एक बहुत ही महत्त्वपूर्ण भूमिका रहती है। फलस्वरूप शैक्षिक तकनीकी संसाधन केंद्रों की स्थापना और उनके उचित संगठन को आज प्रत्येक विद्यालय की एक अनिवार्य आवश्यकता के रूप में देखा जाना चाहिए। इस प्रकार के संसाधन केंद्रों की स्थापना तथा संगठन हेतु प्रायः निम्न बातों पर ध्यान देकर चलना उपयुक्त रहता है–

1. संसाधन केंद्र की स्थापना विद्यालय में ऐसे केंद्रीय स्थान पर होनी चाहिए जहाँ से सभी कक्षाओं की अनुदेशन गतिविधियों के संचालन तथा उपभोक्ताओं को लाभान्वित रहने में पर्याप्त सुविधा हो।
2. जो भी स्थान तथा कमरे इत्यादि केंद्र की गतिविधियों के लिए चुने एवं निर्मित किए जाएं वे काफी खुले हुए, हवा और प्रकाश युक्त होने चाहिएं तथा उनमें उपयोगिता की दृष्टि से उचित फर्नीचर एवं स्थान इत्यादि होना चाहिए। जो भी शिक्षण साधन एवं उपकरण इत्यादि संसाधन केंद्र में उपलब्ध हों, उनके रख–रखाव, प्रदर्शन तथा उपयोग हेतु उचित स्थान एवं क्रियान्वयन तत्व संसाधन केंद्र में अवश्य ही होना चाहिए। ऐसा भी प्रावधान होना चाहिए कि आवश्यक शिक्षण सामग्री का उत्पादन तथा विकास और शिक्षण उपकरणों की मरम्मत एवं देखभाल का कार्य भी सुचारु रूप से चलता रहे।
3. किसी भी संसाधन केंद्र की सफलता के पीछे उसके संचालन एवं संगठन से जुड़े हुए व्यक्तियों की योग्यता, कार्यकुशलता तथा निष्ठा का बहुत बड़ा हाथ रहता है। अतः यह प्रयत्न किया जाना चाहिए कि संसाधन केंद्रों में उपयुक्त व्यक्तियों की नियुक्ति हो और उन्हें उचित प्रशिक्षण की सुविधाएं उपलब्ध होती रहें। जिस अध्यापक विशेष को इस केंद्र का इन्चार्ज बनाया जाए उसे शैक्षिक तकनीकी के विकास एवं उपयोग प्रक्रिया का उचित रूप से सैद्धांतिक ज्ञान तथा प्रयोगात्मक समझ हो। संसाधन केंद्र के स्टाफ को नियमित रूप से शैक्षिक तकनीकी के विकास एवं उपयोग से संबंधित सेमीनार, कार्यशालाओं तथा अन्य प्रशिक्षण शिविरों में भाग लेने के लिए भी प्रोत्साहित किया जाता रहना चाहिए।
4. विद्यालय में संसाधन केंद्र की स्थापना एवं संचालन हेतु एक उचित राशि के बजट का भी प्रावधान किया जाना चाहिए। जिन स्रोतों से कोई अनुदान या वित्तीय सहायता प्राप्त हो सकती हो, उनको भी ध्यान में रखा जाना चाहिए। राशि जुटाने से भी अधिक ध्यान उसके व्यय के लिए नियोजन करने में दिया जाना चाहिए। अनावश्यक व्यय से बचकर उन बातों पर ही ज्यादा ध्यान देना चाहिए जिनसे स्थानीय तौर पर

विद्यार्थियों तथा शिक्षकों को संसाधन केंद्र के संसाधनों का प्रत्यक्ष लाभ अधिक से अधिक मात्रा में पहुँचता रहे।

5. जो भी संसाधन (भौतिकी तथा मानवीय) संसाधन केंद्र में उपलब्ध हो तथा जैसी भी शैक्षिक एवं अनुदेशन संबंधी आवश्यकताएं विद्यालय विशेष की हों, उनमें पर्याप्त तालमेल बिठाते हुए संसाधन केंद्र की गतिविधियों एवं कार्यों के संपादन हेतु उचित नियोजन अच्छी तरह सोच समझकर कर लेना चाहिए ताकि संसाधन केंद्र के संचालन को उचित दिशा एवं दशा प्रदान की जा सके। कार्यों के क्रियान्वयन हेतु उनका वर्गीकरण करना ठीक रहता है। विद्यार्थियों की कुछ कमेटियाँ (अध्यापक विशेष के नेतृत्व में) बनाई जा सकती है और प्रत्येक कमेटी को एक वर्ग विशेष के अंतर्गत आने वाले कार्यों के संपादन का उत्तरदायित्व सौंपा जा सकता है। संक्षेप में इस प्रकार के कार्य विभाजन का स्वरूप कुछ निम्न प्रकार का हो सकता है–

   – भौतिकी संसाधनों का एकत्रीकरण तथा विकास।
   – उपलब्ध भौतिकी संसाधनों का रख–रखाव तथा उनके द्वारा प्रदत्त सेवाएं।
   – संसाधनों के विकास एवं उपयोग हेतु प्रशिक्षण एवं कार्यकुशलता विकसित करने का प्रावधान।
   – शैक्षिक तकनीकी के विकास एवं उपयोग संबंधी विभिन्न सूचना सामग्री, ज्ञान तथा कौशलात्मक अनुभवों की उपलब्धि, उनका संग्रह तथा उपयोगकर्त्ता (विद्यार्थी तथा शिक्षकों) को उसकी सहज उपलब्धि।
   – शैक्षिक तकनीकी के विकास एवं उपयोग संबंधी मार्गदर्शन एवं निर्देशन सेवाओं की व्यवस्था।
   – विद्यालय में उपलब्ध विभिन्न प्रकार के संसाधनों (मानवीय तथा भौतिकी) की उपलब्धि को पर्याप्त तालमेल बिठाते हुए उपयोगकर्त्ताओं को सुलभ बनाना और इसी प्रकार विद्यालय के बाहर स्थित संसाधन केंद्रों से पर्याप्त समन्वय करते हुए उनकी सुविधाओं से भी लाभान्वित कराना।
   – सेवा विस्तार कार्यक्रमों से समुदाय तथा व्यक्ति विशेषों को शैक्षिक तकनीकी संसाधनों का लाभ पहुँचाने का प्रयत्न करना तथा साथ ही समुदाय के निकट आकर उसका सहयोग अपने संसाधन केंद्र के विकास हेतु लेने के प्रयत्न करना।
   – संसाधन केंद्र द्वारा प्रदत्त सेवाओं के बारे में विद्यार्थी, शिक्षकों तथा समुदाय के व्यक्तियों को अवगत कराना तथा उन्हें उनके उचित उपभोग हेतु अवसर एवं प्रोत्साहन प्रदान करना।

   उपरोक्त प्रकार के कार्य विभाजन से विद्यार्थियों और अध्यापकों को उचित रूप में संसाधन केंद्र से जोड़े रखने, उनका क्रियात्मक सहयोग प्राप्त करने तथा केंद्र की गतिविधियों के उचित संचालन में विशेष रूप से मदद मिलती है। इस प्रकार कार्य और गतिविधियों के विभाजन के बाद में विद्यालय विशेष को संसाधन केंद्र को कुछ उपयुक्त विभागों में भी वर्गीकृत कर संगठित एवं नियोजित करने में पर्याप्त सहायता मिल सकती है। इस प्रकार के विभाग निम्न हो सकते हैं–

   (i) प्रशिक्षण विभाग, (ii) संपर्क एवं समन्वय विभाग, (iii) निर्देशन एवं परामर्श विभाग, (iv) शिक्षण साधन एकत्रीकरण, उत्पादन एवं विकास विभाग, (v) सूचना, संग्रहीकरण तथा प्रसारण विभाग, (vi) अध्ययन एवं शोध विभाग, (vii) सेवा विस्तार विभाग, (viii) शैक्षिक तकनीकी सेवाओं का प्रचार एवं प्रोत्साहन विभाग आदि।

6. संसाधन केंद्रों के उचित नियोजन, संचालन तथा प्रबंधन हेतु विज्ञान, तकनीकी तथा प्रबंधन के क्षेत्र में हो रहे नवीनतम परिवर्तनों तथा तकनीकों का प्रयोग किया जाना चाहिए। उदाहरण के लिए कंप्यूटरों द्वारा प्रदत्त उनकी अमूल्य सेवाओं का (आवश्यक सॉफ्टवेयर तथा इंटरनेट नेट वर्किंग प्रणाली सहित)

पूरी तरह से सभी प्रकार के आवश्यक ज्ञान तथा सूचना सामग्री के संग्रह एवं उसकी संसाधन केंद्र में उपभोक्ताओं के लिए सहज उपलब्धि के रूप में अवश्य ही उपयोग किया जाना चाहिए। इसी तरह संसाधन केंद्रों की अन्य गतिविधियों जैसे बजट बनाना, हिसाब किताब रखना, संसाधन केंद्र की गतिविधियों का लेखा जोखा रखना, संसाधन केंद्रों के द्वारा संपादित पूछताछ प्रक्रिया और सूचना उपलब्धि को सहज बनाना, प्रशिक्षण, अभ्यास तथा उपलब्धियों के मूल्यांकन में सहयोग देना, सेवा विस्तार कार्यक्रमों का आयोजन करना, दूसरे संसाधन केंद्रों से संपर्क और समन्वय बनाए रखने में सहायता करना आदि ऐसे अनेक कार्य हैं जिनमें कंप्यूटर प्रबंधित व्यवस्था बहुत ही अच्छे परिणाम ला सकती हैं। इसी तरह से बंद परिपथ दूरदर्शन (Closed circuit television) ऑडियो एवं वीडियो रिकॉर्डिंग की सेवाओं का उपयोग भी संसाधन केंद्रों की गतिविधियों को एक नयी स्फूर्ति और दिशा प्रदान करने में अच्छी तरह किया जा सकता है।

7. अंतिम लेकिन काफी महत्त्वपूर्ण बात ध्यान देने की यह है कि किसी भी अवस्था में विद्यालय स्थित संसाधन केंद्र, क्षेत्रीय, प्रांतीय तथा केंद्रीय स्तर पर कार्य कर रहे संसाधन क्षेत्रों से अलग–थलग न पड़ जाए। बेहतरी इसी में है कि अपने–अपने स्तर पर कार्य कर रहे इन सभी संसाधन केंद्रों की सेवाओं का आपस में आवश्यक सौहार्द और तालमेल बना रहे। केंद्र, प्रांत तथा क्षेत्रीय स्तर पर जो भी शैक्षिक अनुदेशन और शिक्षण सामग्री का विकास किया जाए तथा ऑडियो और वीडियो प्रसारण में जो भी प्रबंध किया जाए, उन सबका लाभ सभी विद्यार्थियों तथा अध्यापकों को देश के सभी भागों में समान रूप से मिलता रहे। यह संभावना तभी फलीभूत हो सकती है जबकि विभिन्न संसाधन केंद्रों द्वारा किए जाने वाले कार्यों में पारस्परिक रूप से पूरा तालमेल तथा समन्वय स्थापित किया जाए। इस दृष्टि से यह आवश्यक हो जाता है कि विद्यालय विशेष के संसाधन केंद्र में कार्यरत सभी अधिकारियों तथा उससे जुड़े हुए सभी शिक्षकों एवं विद्यार्थियों को स्थानीय, क्षेत्रीय, जिले, प्रांत तथा केंद्रीय स्तर पर कार्य कर रहे प्रमुख संसाधन केंद्रों जैसे अध्यापक शिक्षा महाविद्यालय, जिला शिक्षा एवं प्रशिक्षण केंद्र (DIETS), राज्य स्तर पर कार्यरत शैक्षिक तकनीकी संस्थानों तथा शैक्षिक तकनीकी प्रकोष्ठ (ET Cells) तथा केंद्रीय स्तर पर एनसीईआरटी के अधीन कार्यरत शैक्षिक तकनीकी केंद्र (CIET) आदि के संगठन और क्रियाकलापों के बारे में आवश्यक जानकारी हो। इसी परिप्रेक्ष्य में आगे हम जिले, प्रांत तथा केंद्रीय स्तर पर कार्य कर रहे कुछ ऐसे ही महत्त्वपूर्ण संसाधन केंद्रों के संगठन तथा गतिविधियों के बारे में चर्चा करना चाहेंगे।

कुछ महत्त्वपूर्ण संसाधन केंद्र (A Few Important Resource Centres)

आधुनिक विज्ञान एवं तकनीकी तथा मनोविज्ञान एवं शिक्षण विज्ञान (Pedagogy) में होने वाली नई खोजों तथा अध्ययन परिणामों ने विश्व क्षितिज पर इस धारणा को बल दिया कि शिक्षा की प्रक्रिया और परिणामों को उचित दिशा प्रदान करने में शैक्षिक तकनीकी के विकास और उपयोग पर समुचित ध्यान दिया जाना चाहिए। जैसा कि स्वाभाविक है विकसित देशों ने अपने विकसित संसाधनों तथा विकसित सोच की वजह से ऐसा करने में समुचित पहल की, दूसरे राष्ट्रों जिसमें अपना देश भारत भी शामिल है इसका कुछ देरी से अनुगमन किया। अनुगमन की इस कड़ी में भारत सरकार के शिक्षा मंत्रालय द्वारा 1972–73 में इस कार्य हेतु एक कार्यकारी योजना 'शैक्षिक तकनीकी प्रोजेक्ट' नाम के रूप में प्रारंभ किया। राज्य तथा केंद्रीय सरकार दोनों ने ही इस प्रोजेक्ट के क्रियान्वयन का उत्तरदायित्व संभाला जिसके लिए उन्हें कुछ महत्त्वपूर्ण संस्थाओं एवं संगठनों जैसे **यूएनडीपी, यूनेस्को, एनसीईआरटी, एससीईआरटी** तथा **फिल्म शिक्षण संस्थान** पूना आदि के सहयोग का भी आश्वासन मिला। परिणामस्वरूप 1972 में एनसीईआरटी (NCERT) के तत्वाधान में राष्ट्रीय स्तर पर देश का पहला शैक्षिक

तकनीकी संसाधन केंद्र, जिसे आज केंद्रीय शैक्षिक तकनीकी संस्थान (CIET) कहा जाता है, स्थापित हुआ। प्रांतीय स्तर पर इसका अनुगमन विभिन्न राज्य तथा केंद्रीय शासित प्रदेशों की सरकारों द्वारा शैक्षिक तकनीकी प्रकोष्ठों (Educational technology cells) की स्थापना के रूप में किया गया। इन प्रकोष्ठों की स्थापना राज्य स्तर पर कार्य कर रहे संस्थानों जैसे एससीईआरटी (SCERT), एसआईईटी (SIETs) तथा जिला स्तर पर कार्य कर रहे संस्थानों जैसे जिला शिक्षा एवं प्रशिक्षण संस्थानों (DIETs) में की गई। केंद्र, राज्य तथा जिले स्तर पर स्थापित ये संस्थान किस प्रकार का कार्य कर रहे हैं इसी की संक्षिप्त जानकारी हम आगे के पृष्ठों में लेना चाहेंगे।

केंद्रीय शैक्षिक तकनीकी या प्रौद्योगिकी संस्थान (Central Institute of Educational Technology—CIET)

केंद्रीय स्तर पर कार्यरत केंद्रीय शैक्षिक तकनीकी संस्थान (CIET) पूरे देश के लिए एक प्रमुख एवं अति महत्त्वपूर्ण शैक्षिक तकनीकी संसाधन केंद्र के रूप में कार्य करता है। इसका प्रशासन एवं संचालन विद्यालय शिक्षा की गुणवत्ता को बनाए रखने में सहायक एक अति महत्त्वपूर्ण केंद्रीय संस्थान राष्ट्रीय शैक्षिक, अनुसंधान एवं प्रशिक्षण परिषद (NCERT) के हाथ में है। ऐतिहासिक दृष्टि से देखा जाए तो केंद्रीय शैक्षिक तकनीकी संस्थान (CIET) अपने इस वर्तमान रूप तथा नामावली में वर्ष 1984 में तब प्रकाश में आया जब एनसीईआरटी में उस समय कार्यरत दो अलग–अलग विभागों–शिक्षण साधन विभाग तथा शैक्षिक तकनीकी केंद्र को इकट्ठा करके उसे केंद्रीय तकनीकी संस्थान का संबोधन प्रदान कर दिया गया और इसके कार्यक्षेत्र को भी समुचित रूप से व्यापक बनाकर अच्छी तरह परिभाषित कर दिया गया। तब से आज तक यह सही अर्थों में अपने उद्देश्यों की प्राप्ति में पूरी तत्परता से जुटा हुआ है।

केंद्रीय शैक्षिक तकनीकी संस्थान का संगठन (Organisation of Central Institute of Educational Technology—CIET)

केंद्रीय शैक्षिक तकनीकी संस्थान, एनसीईआरटी दिल्ली के ही प्रमुख अंग के रूप में हमारे सामने आता है। एनसीईआरटी की ही चारदीवारी में जिस अलग विशाल भवन में इसकी कार्य प्रक्रिया का संचालन होता है, उसे चाचा नेहरू भवन, सीआईईटी की संज्ञा दी जाती है। इसके संचालन का उत्तरदायित्व सह निदेशक (Joint director) पद पर आसीन एनसीईआरटी के एक उच्च पदाधिकारी पर होता है। संस्थान की गतिविधियों के उचित संचालन हेतु इसके संगठनात्मक ढाँचे को कुछ निम्न विभागों तथा प्रभागों में वर्गीकृत किया गया है–

1. शैक्षिक तकनीकी–नियोजन तथा सिस्टम्स डिजाइन विभाग।
2. तकनीकी नियोजन तथा रख–रखाव विभाग।
3. अन्य रेडियो प्रभाग।
4. फिल्म एवं फोटो प्रभाग।
5. ग्राफिक्स प्रदर्शनी एवं मुद्रण विभाग।
6. शैक्षिक तकनीकी विकास एवं प्रशिक्षण विभाग।
7. सूचना तथा अनुलेख विभाग।
8. दूरदर्शन प्रभाग।
9. शोध, मूल्यांकन एवं समन्वय विभाग।
10. दूरस्थ शिक्षा विभाग।
11. विशिष्ट परियोजना प्रभाग।

केंद्रीय शैक्षिक तकनीकी के संस्थान के कार्य (Role and Function of Central Institute of Educational Technology)

केंद्रीय शैक्षिक तकनीकी संस्थान केंद्रीय स्तर पर उन सभी कार्यों और गतिविधियों के संचालन का उत्तरदायित्व वहन करता है जिसके द्वारा शैक्षिक तकनीकी के विकास और उपयोग को देश की शिक्षा नीतियों, शिक्षा प्रणालियों तथा उद्देश्यों की प्राप्ति का एक सशक्त साधन बनाने के बेहतर प्रयत्न किए जा सकें।

संक्षेप में इसके द्वारा निभाए जाने वाले उत्तरदायित्वों/किए जाने वाले कार्यों तथा उनसे सम्बन्धित गतिविधियों को निम्न रूप में समझा जा सकता है–

तालिका 32.1 केंद्रीय शैक्षिक तकनीकी संस्थान के कार्य एवं गतिविधियाँ

कार्य (Function)	*संबंधित गतिविधियाँ (Role Activities)*
1. वैकल्पिक प्रणालियों का विकास	शिक्षा समस्याओं के निराकरण हेतु उचित वैकल्पिक शिक्षण तकनीकों तथा प्रणालियों का विकास करना।
2. प्रारंभिक ज्ञान प्रदान करना (Orientation)	शैक्षिक नियोजकों, प्रशासकों एवं शिक्षकों (अध्यापक प्रशिक्षकों सहित) को शैक्षिक तकनीकी की अवधारणा, विकास तथा उपयोग से भलीभाँति परिचित कराना।
3. प्रशिक्षण (Training)	शैक्षिक तकनीकी के विकास और उपयोग के संदर्भ में विभिन्न प्रकार के प्रशिक्षण कार्यक्रमों को आयोजित करना जैसे ऑडियो–वीडियो शिक्षण सामग्री का उत्पादन और उपयोग तथा हार्डवेयर उपकरणों के संचालन तथा रख–रखाव के संबंध में प्रशिक्षण प्रदान करना।
4. उत्पादन (Production)	शैक्षिक तकनीकी साधन और सामग्री जैसे ऑडियो–वीडियो अधिगम एवं शिक्षण सामग्री जिसे रेडियो और टीवी पर प्रसारित किया जा सके, उसका उत्पादन तथा विकास करना।
5. अनुसंधान (Research)	शिक्षण प्रणालियों, तकनीकों, विधियों, शिक्षण–अधिगम सामग्री की गुणवत्ता आदि के बारे में अनुसंधान करना ताकि शैक्षिक तकनीकी को बेहतर ढंग से शिक्षा जगत के कार्यों हेतु काम में लाया जा सके।
6. सेवा विस्तार कार्यक्रम (Extension)	शैक्षिक फिल्मों तथा ऑडियो–वीडियो सामग्री का रेडियो तथा दूरदर्शन कार्यक्रमों द्वारा प्रसारण करने हेतु सेवाएं प्रदान करना तथा शैक्षिक तकनीकी के विकास तथा उपयोग से विद्यार्थियों, शिक्षकों तथा जन समुदाग को परिचित करा।ने हेतु सेवा विस्तार कार्यक्रमों का आयोजन करना।
7. परामर्श सेवा (Consultancy)	शैक्षिक तकनीकी के विकास एवं उपयोग के संदर्भ में (औपचारिक तथा निरौपचारिक दोनों ही प्रणालियों में) उपयुक्त परामर्श सेवा संबंधी गतिविधियों में संलग्न रहना।
8. समन्वय कार्य (Coordination)	शैक्षिक तकनीकी के विकास एवं उपयोग के संदर्भ में सभी संबंधित संगठनों एवं संस्थानों जैसे मानव संसाधन विकास मंत्रालय, राज्य शिक्षा मंत्रालयों, संयुक्त राष्ट्र संघ की संस्थाओं तथा विभिन्न स्तरों पर कार्य कर रहे शैक्षिक संसाधन केंद्रों के बीच एक उपयुक्त कड़ी और समन्वयक का कार्य करना।

अपने उपरोक्त कार्यों तथा गतिविधियों के संपादन हेतु केंद्रीय शैक्षिक तकनीकी संस्थान द्वारा जनतांत्रिक परंपराओं का अनुसरण करते हुए एक सलाहकार परिषद् (Advisory board) का गठन किया हुआ है। वर्ष के सभी प्रमुख कार्यक्रमों तथा गतिविधियों के नियोजन तथा उनके क्रियान्वयन हेतु मार्गदर्शन तथा बजट का प्रावधान रखने का कार्य इसी परिषद की देखरेख में होता है।

अगर पिछले वर्षों की गतिविधियों तथा उपलब्धियों का आंकलन किया जाए तो यह जानने में कठिनाई नहीं होगी कि केंद्रीय शैक्षिक तकनीकी संस्थान द्वारा संपादित गतिविधियों में प्रमुख रूप से जिन क्षेत्रों पर बल दिया जाता है, वे हैं विभिन्न दृश्य–श्रव्य साधनों का उत्पादन एवं उपयोग, प्रशिक्षण एवं सलाह सेवा, अनुसंधान एवं परीक्षण तथा सेवा विस्तार कार्यक्रम आदि। आगे हम संक्षेप में इन्हीं के बारे में कुछ चर्चा करना चाहेंगे–

1. **ऑडियो एवं वीडियो कार्यक्रमों का निर्माण (Production of Audio and Video Programmes)**—केंद्रीय शैक्षिक तकनीकी संस्थान का एक प्रमुख कार्य तथा उत्तरदायित्व शैक्षिक ऑडियो एवं वीडियो कार्यक्रमों का निर्माण है। इन्हें विषय विशेषज्ञों, फैकल्टी सदस्यों तथा अनुभवी अध्यापकों के मार्गदर्शन में उचित रूप से तैयार किया जाता है और इनकी रेडियो तथा दूरदर्शन पर प्रसारण करने से पहले बहुत ही बारीकी से समीक्षा, क्षेत्र परीक्षण तथा वांछित अनुकूलन एवं संशोधन संबंधी कार्य किया जाता है। अधिकतर यह कार्यक्रम हिंदी में ही होते हैं परंतु इनमें से कुछ अंग्रेजी भाषा में भी उपलब्ध होते हैं। इन्हें प्राइमरी, सैकेंड्री, हायर सैकेंड्री के विद्यार्थियों तथा शिक्षकों के लाभार्थ तैयार किया जाता है। इनका संबंध अधिकतर विद्यालय पाठ्यक्रम का संबर्द्धन (Enrichment) करने, विद्यार्थियों को विषय विशेष के प्रति जिज्ञासु बनाने, उनमें अन्वेषणशीलता तथा सृजनात्मकता को पोषित करने तथा सौंदर्यात्मक सजगता विकसित करने आदि से होता है।

2. **प्रशिक्षण एवं परामर्श सेवा (Training and Consultancy)**—प्रशिक्षण एवं परामर्श सेवा प्रदान करने के अपने प्रयोजन की पूर्ति हेतु केंद्रीय शैक्षिक तकनीकी संस्थान द्वारा सामान्यतया निम्न गतिविधियों को संपन्न किया जाता है–

   – ऑडियो एवं वीडियो स्टूडियो, मल्टीमीडिया ग्राफिक्स तथा एनीमेशन सुविधाओं की व्यवस्था करना।
   – हार्डवेयर उपकरणों की मरम्मत तथा नवीन उपकरणों के संचालन से संबंधित प्रशिक्षण की (तकनीकी व्यक्तियों के लिए तथा जो इन्हें प्रयोग में लाते हैं) व्यवस्था करना।
   – उत्पादन एवं विकास प्रक्रिया से जुड़े हुए व्यक्तियों जैसे कैमरामैन, वीडियो तथा ऑडियो संपादक तथा उत्पादनकर्त्ताओं को प्रशिक्षण देना।
   – स्क्रिप्ट तैयार करने, अनुसंधान तथा मूल्यांकन कार्यों को अंजाम देने वाले व्यक्तियों को प्रशिक्षण देना।
   – मल्टीमीडिया डिजाइन, ग्राफिक्स तथा एनीमेशन और वेब अनुप्रयोगों को अंजाम देने वाले व्यक्तियों को प्रशिक्षण प्रदान करना।
   – परंपरागत प्रशिक्षण कार्यक्रम जो उपयोगकर्त्ताओं (विद्यार्थियों और शिक्षकों) के हितार्थ आयोजित किए जाते हैं, उनका समय–समय पर आयोजन करना।

3. **शैक्षिक दूरदर्शन कार्यक्रमों का प्रसारण (Transmission of ETC Programmes)**—केंद्रीय शैक्षिक तकनीकी संस्थान (CIET) द्वारा अब तक लगभग 2000 शैक्षिक कार्यक्रमों का सृजन किया जा चुका है जिन्हें दूरदर्शन द्वारा शैक्षिक लाभ हेतु प्रसारित किया जा सके। करीब 100 नए प्रोग्राम इस सूची में हर वर्ष शामिल होते जाते हैं और इस तरह सीआईईटी के पास इस कार्य के लिए प्रचुर भंडार होने की बात अच्छी तरह कही जा सकती है। ऐतिहासिक दृष्टि से देखा जाए तो 1982–83 में पहली बार इस संस्थान

द्वारा राष्ट्रीय चैनल DD-1 पर शैक्षिक कार्यक्रमों का प्रसारण आरंभ किया गया था। इसके तहत प्राथमिक विद्यालय के विद्यार्थियों को 45 मिनट की अवधि के कार्यक्रम हिंदी में प्रसारित किए गए। अब वर्तमान में प्रसारण की अवधि तथा गुणवत्ता दोनों में ही काफी बढ़ोत्तरी हो गयी है। 26 जनवरी 2000 से इस दिशा में एक नए युग की शुरुआत तब हुई जब 'ज्ञान दर्शन' नाम से एक अलग शैक्षणिक चैनल भारत की जनता को प्राप्त हो गया तथा विद्यालय शिक्षा हेतु सभी प्रकार के आवश्यक प्रोग्रामों के प्रसारण के लिये सीआईईटी को एक प्रमुख नोडल एजेंसी घोषित कर दिया गया। परिणामस्वरूप अब इसके पास इस चैनल पर जून 2000 से 3 घंटे और 45 मिनट अवधि के दूरदर्शन प्रसारण के लिए प्रोग्रामों को प्रदान करने का उत्तरदायित्व है। अपने इस कार्य हेतु जहाँ इसके द्वारा विद्यालीय शिक्षा से जुड़े हुए स्व–निर्मित कार्यक्रमों का प्रसारण किया जाता है वहीं इसके द्वारा दूसरे अन्य संस्थानों जैसे नेशनल ओपन स्कूल तथा राज्य शैक्षिक तकनीकी संस्थानों (SIETs) द्वारा निर्मित कार्यक्रमों के प्रसारण का भी इसी अवधि में समायोजन एवं प्रबंधन करने का उत्तरदायित्व भी निभाया जाता है।

केंद्रीय शैक्षिक तकनीकी संस्थान द्वारा प्रसारित शैक्षिक दूरदर्शन कार्यक्रमों के प्रसारण का कार्यक्रम नीचे तालिका 32.2 में दिया जा रहा है।

तालिका 32.2 राष्ट्रीय तथा ज्ञानदर्शन चैनलों (दूरदर्शन) पर प्रसारित सीआईईटी के कार्यक्रम

शिक्षकों के लिए तरंग कार्यक्रम	5.45 से 6 बजे	सप्ताह के सातों दिन	दूरदर्शन के नेशनल नेटवर्क तथा केबल टीवी के ज्ञानदर्शन चैनल पर उपलब्ध
विद्यालयों (प्राइमरी तथा सैकेंड्री) के लिए तरंग कार्यक्रम	10 बजे से 11 बजे दिन में	सप्ताह के पाँच दिन (सोमवार से शुक्रवार)	दूरदर्शन के नेशनल नेटवर्क पर उपलब्ध
प्राइमरी तथा सैकेंड्री विद्यालय के सभी विद्यार्थियों तथा शिक्षकों हेतु तरंग कार्यक्रम	10 बजे से 11 बजे (दिन में) पुनः प्रसारण 5 से 6 बजे, 6.30 बजे से 7 बजे, 7.30 बजे से 8 बजे (प्रत्येक रविवार शाम को)	सप्ताह के पाँच दिन (सोमवार से शुक्रवार)	केबल टीवी के ज्ञानदर्शन चैनल पर उपलब्ध

4. **शैक्षिक रेडियो कार्यक्रमों का प्रसारण (Broadcast of Educational Radio Programmes)**—अपने प्रादुर्भाव के समय से ही केंद्रीय शैक्षिक तकनीकी संस्थान (CIET) अपने उपयोगकर्त्ता समूहों के लिए शैक्षिक श्रव्य रेडियो कार्यक्रमों का निर्माण कर रहा है। इस समय तक लगभग 2000 श्रव्य कार्यक्रमों का विकास इस संस्थान द्वारा हो चुका है। इन कार्यक्रमों को प्रसारण तथा अप्रसारण दोनों ही रूपों में आयोजित किया जा सकता है। आकाशवाणी तथा एनसीईआरटी के मध्य 1995 में किए गए एक समझौते के अनुसार केंद्रीय शैक्षिक तकनीकी संस्थान (CIET) ने 10 मिनट की अवधि के लिए अपने यहाँ विकसित श्रव्य कार्यक्रमों का प्रसारण करना प्रारंभ किया। इस प्रारंभिक चरण में इन कार्यक्रमों को हिंदी

भाषा में 10 विभिन्न रेडियो स्टेशनों (इलाहाबाद, भोपाल, दिल्ली, इंदौर, जयपुर, जोधपुर, लखनऊ, पटना, रोहतक तथा शिमला) से प्रसारित किया गया। बाद में संचार उपग्रह सेवा के माध्यम से यह प्रसारण 195 रेडियो स्टेशनों से होने लगा। 1995 में आकाशवाणी से हुए समझौते की अवधि को एनसीइआरटी द्वारा समय–समय पर बढ़ाया जाता रहा है। ज्ञानवाणी (Gyan Vani) नामक शैक्षिक रेडियो चैनल की उपलब्धि से सीआईईटी के रेडियो कार्यक्रम प्रसारण को और भी अधिक बढ़ावा मिला है। ज्ञानवाणी शैक्षिक चैनल द्वारा प्रसारण सबसे पहले इलाहाबाद रेडियो स्टेशन से 7 नवम्बर 2001 को किया गया। इसी दिन बैंगलोर रेडियो स्टेशन से भी ऐसा प्रसारण किया गया। ज्ञानवाणी चैनल एक ऐसा मुक्त श्रव्य चैनल है जिससे किसी एक रेडियो स्टेशन द्वारा प्रसारित कार्यक्रम 50 किलोमीटर की परिधि में अच्छी तरह सुने जा सकते हैं। इस चैनल के औपचारिक तथा अनौपचारिक दोनों ही शिक्षा प्रणालियों के प्रयोजनों को पूरा करने हेतु उपयोगी शैक्षिक कार्यक्रम तथा सूचना एवं ज्ञान सामग्री का प्रसारण विद्यार्थियों, शिक्षकों तथा देश के अन्य विशाल जन समुदाय को किया जाता है। इन प्रसारणों का मूल उद्देश्य शिक्षा को जन समुदाय के आंगन तक ले जाना है।

केंद्रीय शैक्षिक तकनीकी संस्थान (CIET) द्वारा विकसित शैक्षिक श्रव्य कार्यक्रम नियमित रूप से ज्ञानवाणी चैनल के माध्यम से देश के विभिन्न रेडियो स्टेशनों द्वारा प्रसारित किए जाते हैं। इनका प्रसारण समय और अवधि पूर्व निर्धारित होती है। उदाहरण के लिए आगे यहाँ इलाहाबाद, भोपाल तथा लखनऊ रेडियो स्टेशनों के प्रसारण समयों का उल्लेख किया जा रहा है।

तालिका 32.3 इलाहाबाद, भोपाल तथा लखनऊ रेडियो स्टेशनों द्वारा प्रसारित सीआईईटी कार्यक्रम

एफएम स्टेशन	*प्रसारित कार्यक्रम*	*प्रसारण समय*
इलाहाबाद (107.4 MHz)	(i) राग रस बरसे	6.10–6.25 सुबह (प्रतिदिन)
भोपाल (105 MHz)	(i) राग रस बरसे (ii) उमंग	6.45–7.00 सुबह तथा 4.45–5.00 सायं (प्रतिदिन) 10.30–10.45 सुबह तथा 8.30–8.45 सायं (प्रतिदिन)
लखनऊ (105.6 MHz)	(i) कथा जगत एवं रंगोली	9.00–9.30 सुबह तथा 5.03–5.30 सायं (प्रतिदिन)

देश के विभिन्न रेडियो स्टेशनों द्वारा शैक्षिक प्रसारण कार्यक्रमों की जानकारी ईएमपीसी– इगनू (EMPC-IGNOU) द्वारा प्रकाशित ज्ञानवाणी कार्यक्रम से ली जा सकती है।

5. **अनुसंधान एवं मूल्यांकन गतिविधियाँ (Research and Evaluation Activities)**—केंद्रीय शैक्षिक तकनीकी संस्थान के द्वारा शैक्षिक तकनीकी के विकास एवं उपयोग को एक अच्छी दिशा और दशा प्रदान करने हेतु सतत रूप से विविध अनुसंधानात्मक एवं मूल्यांकन कार्यों के नियोजन तथा क्रियान्वयन गतिविधियों से गुजरना होता है। इसकी कुछ झलक इस संस्थान में 2001–02 से लेकर 2006–07 तक की अवधि में किए जाने वाले कुछ अग्रांकित अनुसंधानात्मक एवं समीक्षात्मक शोध एवं अध्ययन गतिविधियों से मिल सकती है–

(i) उच्च प्राथमिक विद्यालय के बालकों तथा शिक्षकों की शैक्षिक मीडिया कार्यक्रमों की आवश्यकताओं का मूल्यांकन करने हेतु एक अध्ययन।

(ii) श्रवण दोषों से ग्रस्त बालकों पर कंप्यूटर सह–अधिगम (CAL) के प्रभाव का अध्ययन।

(iii) 12वीं कक्षा के गणित विषय के पाठ्यक्रम पर आधारित शैक्षिक दूरदर्शन कार्यक्रमों का क्षेत्र परीक्षण (Field testing)।

(iv) छठी कक्षा के विद्यार्थियों को मापन संप्रत्यय का ज्ञान कराने हेतु अंतःक्रियात्मक वीडियो कार्यक्रमों (Interactive video programmes) की प्रभावशीलता का अध्ययन।

(v) विभिन्न क्षेत्रों में संपादित कंप्यूटर सह–अधिगम का सूक्ष्म विश्लेषण।

(vi) शैक्षिक मीडिया की प्रभावशीलता के अंतर्गत संपन्न मीडिया अनुसंधान अध्ययनों की समीक्षा।

(vii) प्राथमिक स्तर पर शैक्षिक दूरदर्शन प्रसारण सेवा 'तरंग' की प्रभावशीलता का मूल्यांकन।

(viii) 'रस रंग बरसे' नामक रेडियो प्रसारण कार्यक्रमों की प्रभावशीलता का विश्लेषण।

(ix) दूरदर्शन शैक्षिक कार्यक्रमों के दर्शकों की अनुक्रियाओं का (उनके पत्रों के आधार पर) विश्लेषण।

(x) आदिवासी क्षेत्रों के विद्यालयों की शैक्षिक मीडिया आवश्यकताओं की जानकारी हेतु एक अध्ययन।

(xi) भारत सरकार की शैक्षिक तकनीकी योजना की प्रभावशीलता के मूल्यांकन हेतु एक अध्ययन।

(xii) यौन शिक्षा पर आधारित शैक्षिक दूरदर्शन कार्यक्रमों की एक श्रृंखला का विकास।

(xiii) जीवन के विभिन्न क्षेत्रों में प्रसिद्ध महान हस्तियों के बारे में जानने हेतु शैक्षिक दूरदर्शन तथा रेडियो कार्यक्रमों का विकास।

(xiv) विभिन्न पाठ्य क्षेत्रों तथा राष्ट्रीय पाठ्यक्रम प्रारूप 2005 (NCF-2005) के क्रियान्वयन हेतु ऑडियो–वीडियो स्क्रिप्ट्स का विकास।

(xv) ज्ञान दर्शन दूरदर्शन चैनल पर विद्यालय शिक्षा कार्यक्रमों के प्रसारण से जुड़े हुए व्यक्तियों के स्तर पर प्रत्यक्षीकरण (Status and perception) का अध्ययन।

(xvi) विद्यार्थियों से अंतःक्रिया करने तथा शैक्षिक विषय सामग्री को प्रस्तुत करने हेतु मोबाइल उपकरणों के प्रयोग का परीक्षणात्मक अध्ययन।

6. **संस्थान द्वारा प्रदत्त पुस्तकालय सुविधाएं (Library Services of the Institute)**—केंद्रीय शैक्षिक तकनीकी संस्थान पुस्तकालय सुविधाओं के माध्यम से बहुत ही उपयोगी शैक्षिक तकनीकी ज्ञान एवं सूचनाओं का भंडार अपने उपयोगकर्त्ताओं के लिए प्रस्तुत करता है। मीडिया संसाधनों के रूप में इसके तीन अलग–अलग पुस्तकालय हैं, जहाँ ऑडियो, वीडियो तथा 16 mm फिल्म्स के रूप में वर्गीकृत शिक्षण–अधिगम सामग्री का संकलन है। यह सामग्री सभी शिक्षण विषयों तथा शिक्षा के विविध क्षेत्रों से अपना संबंध रखती है। उदाहरण के लिए हम यहाँ कुछ का उल्लेख कर रहे हैं–

(i) विज्ञान के प्रयोग, (ii) भारतीय स्वतंत्रता संग्राम इतिहास, (iii) चीजें कैसे बनती हैं ? (iv) स्वास्थ्य और बीमारियाँ, (v) हिंदी अक्षर ज्ञान, (vi) चीजें कहाँ से आती हैं ? (viii) सस्ती कीमत में तैयार शिक्षण साधन।

इस प्रकार की शिक्षण–अधिगम दृश्य–श्रव्य सामग्री के अतिरिक्त विभिन्न प्रकार की पुस्तकों, पत्र–पत्रिकाओं, जनरल्स, शोध सामग्री तथा शोध ग्रंथों, कंप्यूटर सॉफ्टवेयर सामग्री आदि के अध्ययन और उपयोग की सुविधाएं भी यहाँ अच्छी तरह प्राप्त हैं।

7. **एडुसैट कार्यक्रम के क्रियान्वयन में सहायता करना (Providing Help for the Implementation of EDUSAT Programme)**—सेटेलाइट की मदद से शिक्षण अधिगम से संबंधित उपयोगी शैक्षिक कार्यक्रमों से विद्यार्थियों और शिक्षकों को वैसे ही लाभान्वित करना जैसा कि वे कक्षा शिक्षण परिस्थितियों में वास्तविक शिक्षण–अधिगम परिस्थितियों में होते हैं। इस प्रकार की संकल्पना को साकार करने के लिए एडुसैट (EDUSAT) कार्यक्रम का नियोजन किया गया है। विद्यालीय शिक्षा के परिप्रेक्ष्य में इसके क्रियान्वयन का उत्तरदायित्व तथा इसके लिए उचित नेतृत्व प्रदान करने की जिम्मेदारी केंद्रीय शैक्षिक संस्थान द्वारा उठायी जा रही है। इसके लिए यह संस्थान भारतीय अंतरिक्ष अनुसंधान संगठन (ISRO) के अहमदाबाद स्थित अंतरिक्ष अनुप्रयोग केंद्र (Space application centre—SAC) से सहयोग कर रहा है। इसके तहत अपने यहाँ निर्मित एवं विकसित शिक्षण–अधिगम सामग्री तथा तकनीकों का लाभ उठाते हुए केंद्रीय शैक्षिक तकनीकी संस्थान में ऐसी कक्षा शिक्षण परिस्थितियाँ बनायी जाएंगी, जिनके द्वारा वास्तविक शिक्षण अधिगम कार्य की अहमदाबाद स्थित स्पेश एप्लीकेशन सेंटर के माध्यम से (सैटेलाइट सेवाओं का उपयोग करते हुए) उन सभी स्कूलों की कक्षाओं में बैठे हुए विद्यार्थियों के दूरदर्शन तथा कंप्यूटर स्क्रीनों पर भेजा जा सके जिन्हें इस प्रकार के प्रसारण को ग्रहण करने के लिए केंद्रीय शैक्षिक तकनीकी संस्थान द्वारा अपना ग्राहक बनाया गया है। परीक्षण के तौर पर पहले चरण में इस कार्य के लिए देश के विभिन्न भागों में स्थित 50 विद्यालयों को चुना गया है।

कक्षा शिक्षण परिस्थितियों में विराजमान विद्यार्थी यहाँ अपनी कक्षाओं में बैठे हुए केंद्रीय शैक्षिक तकनीकी संस्थान में चल रही शिक्षण–अधिगम प्रक्रिया को न केवल मात्र देख और सुन सकेंगे बल्कि वे वैसी ही अंतःक्रिया (प्रश्न पूछना, अपने किए हुए कार्य को दिखाना) कर सकेंगे जिसकी संभावना वास्तविक शिक्षण अधिगम परिस्थितियों आदि में होती है। ऐसी इंटरएक्टिव कांफ्रेंसिंग की सुविधा एडुसेट कार्यक्रम के जरिए विद्यार्थियों तथा शिक्षकों को प्रदान करने का कार्य ही सीआईईटी द्वारा किया जा रहा है। इस कार्य के संपादन हेतु सीआईईटी दिल्ली के पास प्रसारण हेतु 624 kbps की तथा ग्रहण करने हेतु 624 kbps बैंडविड्थ की सुविधा प्राप्त है। विद्यालय के कक्षा–कक्षों तथा सीआईईटी दिल्ली के तीन वीडियो कांफ्रेंसिंग के रूप में जो भी संप्रेषण होगा वह स्पेश एप्लीकेस सेंटर अहमदाबाद में लगे हुए मीडिया एक्सचेंज सर्वर के माध्यम से ही होगा और इस संप्रेषण के जरिए विद्यालय के विद्यार्थियों तथा शिक्षकों को केंद्रीय शैक्षिक तकनीकी संस्थान के तत्त्वाधान में प्रदान किये जा रहे शिक्षण–अधिगम अनुभवों को वैसे ही ग्रहण करने का अवसर प्राप्त होगा जैसा कि वास्तविक शिक्षण–अधिगम परिस्थितियों में कुशल एवं अनुभवी शिक्षकों तथा विशेषज्ञों की उपस्थिति में होता है।

इस प्रकार से केंद्रीय शैक्षिक तकनीकी संस्थान द्वारा ऐसे बहुत से कार्यों तथा गतिविधियों को अंजाम दिया जा रहा है जिनके द्वारा शैक्षिक तकनीकी के विकास और उपयोग को सामान्य रूप से सभी के लिए तथा विशेष रूप से विद्यालय शिक्षा से जुड़े हुए विद्यार्थियों तथा अध्यापकों के लिए बहुत ही सार्थक तथा उपयोगी बनाया जा सके। शैक्षिक तकनीकी के क्षेत्र में नेतृत्व प्रदान करने तथा उसका सैद्धांतिक तथा व्यावहारिक रूप से विकास करके उसका लाभ औपचारिक तथा निरोपचारिक शिक्षा से जुड़े हुए व्यक्तियों तक पहुँचाने का जो गुरुत्तर कार्य इस संस्थान द्वारा किया जा रहा है वह सचमुच में ही प्रशंसनीय है। राज्य स्तर, जिले तथा स्थानीय स्तरों पर कार्य करने वाले शैक्षिक तकनीकी संसाधन केंद्रों को इससे उचित प्रेरणा और मार्गदर्शन प्राप्त करने के प्रयत्न अवश्य ही करने चाहिएं।

शैक्षिक तकनीकी प्रकोष्ठ (Educational Technology Cells)

ऐतिहासिक दृष्टि से देखा जाए तो शैक्षिक तकनीकी प्रकोष्ठों को उस केंद्र पोषित शैक्षिक तकनीकी योजना (जिसे इनसैट फॉर एजूकेशन नाम दिया गया था) का प्रतिफल कहा जा सकता है जिसे भारत सरकार के शिक्षा मंत्रालय ने इनसैट द्वारा प्रसारित दूरदर्शन कार्यक्रमों को बढ़ावा देने के लिए चलाया था। अब क्योंकि शिक्षा राज्य का विषय है और विद्यालय शिक्षा के संचालन और प्रसार का उत्तरदायित्व भारतीय संविधान के अनुसार राज्यों को ही वहन करना होता है, इस दृष्टि से यह सोचा गया कि इस योजना के क्रियान्वयन की जिम्मेदारी संबंधित राज्यों को ही उठानी चाहिए। परिणामस्वरूप जहाँ केंद्रीय स्तर पर शैक्षिक तकनीकी के विकास और उपयोग को नेतृत्व प्रदान करने के लिए विद्यालय शिक्षा के केंद्रीय संस्थान एनसीईआरटी में शैक्षिक तकनीकी विभाग को जन्म दिया गया वहीं राज्यों में इस कार्य हेतु राज्य शैक्षिक अनुसंधान एवं प्रशिक्षण परिषदों (SCERTs) तथा राज्य शिक्षा संस्थानों (SIEs) में शैक्षिक तकनीकी विभागों या प्रकोष्ठों की स्थापना हुई।

इस प्रकार से आज भी जैसा कि हम देखते हैं हमारे देश में अधिकांश शैक्षिक तकनीकी प्रकोष्ठ संबंधित राज्य या केंद्र शासित प्रदेश में गठित एससीईआरटी या एसआईई के एक प्रभाग के रूप में कार्य कर रहे हैं। इसमें अपवाद वे ही राज्य तथा केंद्र शासित प्रदेश हैं जिनमें या तो एससीईआरटी अथवा एसआईई का गठन नहीं हुआ है अथवा जिनमें शैक्षिक तकनीकी के कार्य को संभालने हेतु राज्य स्तर पर एक अलग संस्थान (जिसे राज्य शैक्षिक संस्थान—SIET कहा जाता है) कार्य कर रहा है।

राज्य स्तर पर कार्य करने वाले ये राज्य शैक्षिक तकनीकी संस्थान (State Institute of Educational Technology) शैक्षिक तकनीकी के विकास और उपयोग को बढ़ावा देने के लिए वैसे ही काम करते नजर आते हैं जैसा कि केंद्रीय स्तर पर केंद्रीय शैक्षिक तकनीकी संस्थान द्वारा किए जाते हैं। देश के केवल सात प्रांतों में ही इनकी स्थापना अभी तक हो सकी है। ये जहाँ कार्यरत हैं वे स्थान हैं– (i) पुणे (महाराष्ट्र), (ii) पटना (बिहार), (iii) भुवनेश्वर (उड़ीसा), (iv) लखनऊ (उत्तर प्रदेश), (v) हैदराबाद (आंध्र प्रदेश), (vi) अहमदाबाद (गुजरात) तथा (vii) त्रिवनंतपुरम (केरल)। इन सात में से छः (केरल को छोड़कर) की स्थापना 1984 तथा 1985 में हो गई थी। सातवें की स्थापना केरल में एक लंबे अंतराल के बाद 1998 में हुई। ये सभी सातों संस्थान पूरी तरह भारत सरकार के मानव संसाधन विकास मंत्रालय से प्रस्तावित, वित्त पोषित एवं मार्ग निर्देशित हैं। प्रयोगिक तौर पर देश के चुने हुए भागों में इनकी स्थापना का उद्देश्य यही है कि किसी भी तरह शैक्षिक तकनीकी के विकास और उपयोग को शिक्षा (औपचारिक तथा अनौपचारिक दोनों ही) की प्रक्रिया और परिणामों को बेहतर बनाने के लिए अच्छे से अच्छे ढंग से काम में लाया जा सके। इस दृष्टि से इनमें शैक्षिक तकनीकी के विकास और उपयोग में सहयोगी, योग्य और अनुभवी स्टाफ रखा जाता है तथा इनकी कार्यप्रणाली को जनतंत्रात्मक ढाँचा प्रदान करने हेतु इनमें एक कार्यकारी समिति का भी गठन, शिक्षा मंत्रालय के एक उच्च पदाधिकारी की चेयरमैनशिप में किया जाता है।

इस प्रकार से जहाँ सात राज्यों में शैक्षिक तकनीकी प्रकोष्ठों की स्थापना और संचालन का उत्तरदायित्व उनके राज्य शैक्षिक तकनीकी संस्थानों (SIETs) द्वारा निभाया जाता है वहीं दूसरे राज्यों/केंद्र शासित प्रदेशों में इनका संचालन उनमें स्थित एससीईआरटी या एसआईई द्वारा होता है। वर्तमान में देश के 24 राज्यों में राज्य शिक्षा अनुसंधान एवं प्रशिक्षण परिषदें (SCERTs) कार्य कर रही हैं तथा 5 अन्य राज्यों/केंद्र शासित प्रदेशों (अरुणाचल प्रदेश, गोआ, जम्मू एवं कश्मीर, सिक्किम, अंडमान एवं नीकोबार द्वीप समूह तथा चंडीगढ़) में राज्य शिक्षा संस्थान (SIEs) काम कर रहे हैं। बिहार, उत्तर प्रदेश तथा मध्य प्रदेश में कार्यरत एससीईआरटी नवगठित प्रांतों—झारखण्ड, उत्तराखंड तथा छत्तीसगढ़ का काम चला रहे हैं। चार केंद्र शासित प्रदेशों—पांडुचेरी, दमन और दीप, दादर एवं नागर हवेली तथा लक्षद्वीप में न तो कोई एससीईआरटी है और न एसआईईटी। शैक्षिक तकनीकी

प्रकोष्ठों की स्थापना और संचालन का उत्तरदायित्व यहाँ शिक्षा विभागों की एकेडेमिक शाखा या राज्य प्रशिक्षण केंद्रों (जिन्हें अधिकतर डाइट्स (DIETs) में परिवर्तित कर दिया गया है) द्वारा निभाया जाता है।

शैक्षिक तकनीकी प्रकोष्ठों के उद्देश्य (Objectives of Educational Technology Cells)

सामान्यतया राज्यों/केंद्र शासित प्रदेशों में कार्यरत शैक्षिक तकनीकी प्रकोष्ठों में निम्न प्रयोजनों की पूर्ति की आशा की जाती है–

- राज्य/केंद्र शासित प्रदेश के शिक्षा विभाग को शिक्षा (औपचारिक तथा अनौपचारिक) संबंधी सभी नीतियों तथा महत्त्वपूर्ण कार्यक्रमों के उचित क्रियान्वयन हेतु शैक्षिक तकनीकी के विकास और उपयोग को एक सशक्त माध्यम बनाने हेतु आवश्यक सहायता एवं परामर्श प्रदान करना।
- उपरोक्त उद्देश्यों/प्रयोजनों की उपलब्धि हेतु उचित खर्चे में आवश्यक सामग्री/संसाधनों का उत्पादन या विकास करना तथा उन सभी कार्यों एवं गतिविधियों का संपादन करना जिनमें वांछित उद्देश्यों की पूर्ति में सहायता मिले।

शैक्षिक तकनीकी प्रकोष्ठों के कार्य एवं गतिविधियाँ (Activities and Functions of Educational Technology Cells)

शैक्षिक तकनीकी प्रकोष्ठों द्वारा सामान्यतया निम्न प्रकार के कार्यों एवं गतिविधियों के संपादन की अपेक्षा की जाती है–

1. राज्य के जिलों तथा क्षेत्र विशेषों की शैक्षिक आवश्यकताओं का विश्लेषण।
2. अप्रसारित तथा प्रसारण योग्य सभी प्रकार के शैक्षिक ऑडियो एवं वीडियो कार्यक्रमों का उत्पादन या विकास।
3. शिक्षण अधिगम सहायक सामग्री तथा अन्य आवश्यक सॉफ्टवेयर सामग्री का उत्पादन/विकास तथा उसके उपयोग हेतु अपनी सेवाएं प्रदान करना।
4. शैक्षिक तकनीकों के विकास एवं उपयोग को साकार करने हेतु निम्न प्रशिक्षण तथा प्रारंभिक जानकारी प्रदान करने वाले कार्यक्रमों का आयोजन–
   - शैक्षिक मीडिया कार्यक्रमों के उत्पादन तथा उपयोग में कार्यरत तकनीकी कर्मियों तथा अन्य कार्यकर्त्ताओं हेतु प्रशिक्षण कार्यक्रमों का आयोजन।
   - अपने कक्षा शिक्षण को प्रभावशाली बनाने हेतु शैक्षिक तकनीकों के साधनों तथा सामग्री को अच्छी तरह उपयोग में लाने के लिए शिक्षकों को उपयुक्त प्रशिक्षण तथा प्रारंभिक जानकारी देने वाले कार्यक्रमों/कोर्सों की व्यवस्था करना।
   - जनमानस को प्रशिक्षित करने/प्रारंभिक जानकारी प्रदान करने हेतु ऐसे कार्यक्रमों का आयोजन करना जिनसे वे रेडियो तथा वीडियो प्रसारण कार्यक्रमों का पूरा–पूरा लाभ उठा सके।
5. केंद्रीय शैक्षिक तकनीकी संस्थान या राज्य शैक्षिक तकनीकी प्रकोष्ठों द्वारा विकसित कार्यक्रम/उत्पादित सहायक सामग्री की क्षमता एवं उपयोगिता का मूल्यांकन करने हेतु अनुसंधानात्मक कार्यों में संलग्न रहना।
6. केंद्र, राज्य, जिले तथा स्थानीय स्तर पर कार्य कर रहे शैक्षिक तकनीकी संसाधन केंद्र या शैक्षिक तकनीकी प्रकोष्ठों की गतिविधियों में पर्याप्त तालमेल तथा समन्वय के प्रयत्न करना।

7. शैक्षिक सामग्री और मीडिया कार्यक्रमों के उत्पादन एवं उपयोग के संदर्भ में नवाचारों तथा उत्कृष्ठता को बढ़ावा देना तथा इस कार्य में बाहरी दुनिया में कार्यरत उत्पादकों तथा उपभोक्ताओं का पूरा सहयोग प्राप्त करना।
8. शैक्षिक तकनीकी कार्यक्रमों की सफलता हेतु उपयोगकर्त्ता/उपभोक्ता केंद्रित अवधारणा तथा उपायों का विकास।
9. ऐसी सभी सुविधाओं के विकास और उनकी प्राप्ति पर ध्यान देना जो शैक्षिक तकनीकी प्रकोष्ठ में कार्यरत और बाहर इससे जुड़े हुए सभी व्यक्तियों–विद्यार्थियों, अध्यापकों, अभिभावकों तथा अन्य को शैक्षिक तकनीकी के विकास और उपयोगिताओं की संभावनाओं को यथार्थ में बदलने में सहायता करें। मुख्य रूप से इनमें हम जिनकी गिनती कर सकते हैं, वे हैं शैक्षिक रेडियो, शैक्षिक दूरदर्शन, कंप्यूटर सह अनुदेशन, ऑडियो/वीडियो कैसेट्स, सेटेलाइट संप्रेषण, मल्टीमीडिया, लोकल एरिया नेटवर्क, क्लोज्ड सर्किट टेलीविजन तथा इंटरनेट एवं वेबसाइट पर उपलब्ध सुविधाएं।
10. उन सभी व्यक्तियों को पर्याप्त मार्गदर्शन, सलाह तथा सहायता प्रदान करना जो किसी भी प्रकार से औपचारिक तथा अनौपचारिक दोनों ही प्रकार की शिक्षा प्रणालियों की प्रक्रियाओं तथा परिणामों में सुधार लाने हेतु शैक्षिक तकनीकी के विकास और उपयोग से जुड़े हुए हों।

जिला शिक्षा एवं प्रशिक्षण संस्थान
(District Institute of Education and Training—DIETs)

केंद्रीय तथा राज्य स्तरों पर जो स्थान राष्ट्रीय शैक्षिक अनुसंधान एवं प्रशिक्षण परिषद् (NCERT) तथा विभिन्न राज्यों में स्थापित राज्य शैक्षिक अनुसंधान एवं प्रशिक्षण परिषदों (SCERTs) का है वही स्थान अपने अवरोही क्रम में जिला स्तर पर कार्यरत जिला शिक्षा एवं प्रशिक्षण संस्थानों (DIETs) का है। शिक्षा तथा प्रशिक्षण संस्थानों के इस अवरोही क्रम की झांकी निम्न संगठनात्मक स्वरूप से भलीभाँति प्राप्त हो सकती है। (देखिये प्रवाह चित्र 32.1)

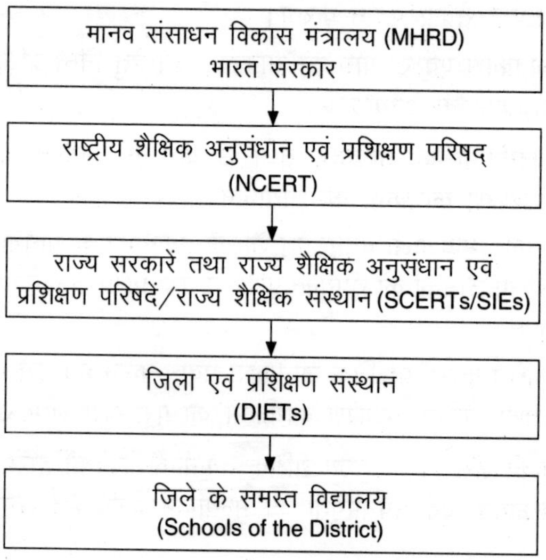

प्रवाह चित्र 32.1 शिक्षा और प्रशिक्षण संस्थाओं में जिला शिक्षा एवं प्रशिक्षण संस्थान का स्थान।

ऐतिहासिक दृष्टि से देखा जाए तो जिला शिक्षा एवं प्रशिक्षण संस्थानों (DIETs) की स्थापना की शुरुआत तब हुई जब राष्ट्रीय शिक्षा नीति—1986 की सिफारिशों के फलस्वरूप भारत सरकार द्वारा अपनी एक विशेष कार्यकारी योजना के तहत सभी स्तरों पर अध्यापक शिक्षा की उचित संरचना एवं संगठन हेतु जिला स्तर पर ऐसे संस्थानों का फैसला लिया। पहले चरण में प्रायोगिक तौर पर फरवरी–मार्च 1988 में कुछ जिला शिक्षा एवं प्रशिक्षण संस्थानों को मंजूरी दी गई। धीरे–धीरे इनकी संख्या में बढ़ोत्तरी की जाती रही और फलस्वरूप आज लगभग 500 जिला शिक्षा एवं प्रशिक्षण संस्थान (DIETs) देश के विभिन्न जिलों में अपना कार्य करते हुए नजर आ सकते हैं। अपनी गतिविधियों के उचित संचालन हेतु इन्होंने अपने आपको कुछ विशिष्ट शाखाओं तथा विभागों में बाँट रखा है। सामान्यतयः इन संस्थानों के लिये प्रशासन तथा प्रबंधीकरण की दृष्टि से जितनी शाखाओं/विभागों में वर्गीकृत किया जाना मानव संसाधन विकास मंत्रालय के विद्यालय शिक्षा विभाग से अनुमोदित है उनकी संख्या 7 है परंतु व्यावहारिक दृष्टि से इसमें कुछ परिवर्तन संस्थान विशेष की अपने संसाधनों तथा परिस्थितियों के अनुसार किए जा सकते हैं। अनुमोदित सात शाखाओं/विभागों को यहाँ प्रवाह चित्र 32.2 में देखा जा सकता है।

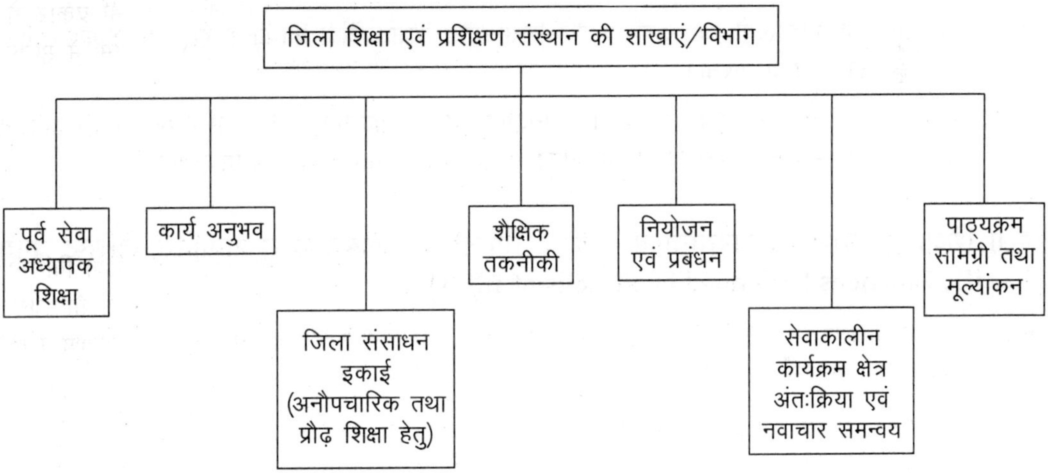

प्रवाह चित्र 32.2 जिला शिक्षा एवं प्रशिक्षण संस्थान (DIETS) की शाखाएं/विभाग।

जिला शिक्षा एवं प्रशिक्षण संस्थानों (DIETS) के सामान्य कार्य (General Functions of District Institutes of Education and Training)

भारत सरकार के मानव संसाधन विकास मंत्रालय द्वारा जिला शिक्षा एवं प्रशिक्षण संस्थानों के लिए जिन सामान्य कार्यों/गतिविधियों का निर्धारण किया हुआ है, वे निम्न हैं–

1. निम्न वर्ग समूहों को प्रशिक्षण तथा आवश्यक प्रारंभिक ज्ञान प्रदान करना–
   - (i) प्राथमिक विद्यालय शिक्षक गण (सेवापूर्व तथा सेवाकालीन दोनों)
   - (ii) मुख्याध्यापक, विद्यालय कैम्पस के मुखिया तथा ब्लॉक स्तर तक के शिक्षा अधिकारी गण।
   - (iii) अनौपचारिक तथा प्रौढ़ शिक्षा से जुड़े हुए अनुदेशक तथा पर्यवेक्षक गण (प्रारंभिक तथा सतत शिक्षा दोनों ही)।

(iv) ग्राम शिक्षा समिति तथा जिला शिक्षा समिति के सदस्यगण, समुदाय के नेतागण तथा ऐसा युवा वर्ग जो शिक्षा क्षेत्र में स्वेच्छा से अपनी सेवाएं देना चाहता है।

(v) ऐसे सभी योग्य व्यक्ति/प्रशिक्षक (डाइट में कार्यरत स्टाफ के अतिरिक्त) जो उपरोक्त वर्ग समूहों के प्रशिक्षण/प्रारंभिक ज्ञान उपलब्धि कार्यक्रमों से जुड़े हैं।

2. जिले के प्राथमिक एवं प्रौढ़ शिक्षा तंत्र को संसाधनों के माध्यम से तथा शैक्षिक रूप से आवश्यक सहायता पहुँचाना। इसे निम्न प्रकार से वर्णित किया जा सकता है–

   (i) विस्तार सेवा गतिविधियों तथा वास्तविक कार्यक्षेत्र में उपयुक्त सेवाएं प्रदान करना।

   (ii) अध्यापकों तथा अनुदेशकों हेतु एक संसाधन तथा अधिगम केंद्र के रूप में अपनी सेवाएं प्रस्तुत करना।

   (iii) स्थानीय परिस्थितियों के अनुकूल उचित शिक्षण साधन, सहायक सामग्री, मूल्यांकन तकनीकें विकसित करना।

   (iv) प्राथमिक विद्यालयों तथा अनौपचारिक शिक्षा/प्रौढ़ शिक्षा संबंधी कार्यक्रमों हेतु एक मूल्यांकन केंद्र के रूप में कार्य करना।

3. जिला स्तर पर प्राथमिक एवं प्रौढ़ शिक्षा के निर्धारित उद्देश्यों की प्राप्ति के संदर्भ में आने वाली विशिष्ट समस्याओं के निराकरण हेतु क्रियात्मक अनुसंधान एवं प्रयोगीकरण को अंजाम देना।

जिला शिक्षा एवं प्रशिक्षण संस्थानों के शैक्षिक तकनीकी प्रकोष्ठों द्वारा संपादित विशिष्ट कार्य (Specific Functions Performed by ET-Cells of DIETs)

जिला शिक्षा एवं प्रशिक्षण संस्थानों के शैक्षिक तकनीकी प्रकोष्ठों द्वारा सामान्यतः निम्न प्रकार के विशिष्ट कार्यों तथा गतिविधियों के संपादन की अपेक्षा की जाती है–

1. संस्थान में कार्यरत तथा अन्य बाह्य अनुभवी व्यक्तियों के माध्यम से प्राथमिक शिक्षा तथा प्राथमिक अध्यापक शिक्षा से संबंधित विविध विषयों/क्षेत्रों के लिए उपयुक्त सरल प्रभावशाली एवं कम कीमत में तैयार शिक्षण सहायक साधनों (जैसे–चार्ट, रेखाचित्र, आरेख, मॉडल, फोटोग्राफ, स्लाइड, ऑडियोटेप, नाट्य रचना, अभिनयगीत आदि) का विकास करना।
2. संस्थान में कार्यरत जिला संसाधन केंद्र (अनौपचारिक तथा प्रौढ़ शिक्षा हेतु) को (1) में वर्णित सभी प्रकार के शिक्षण–सहायक साधनों को कम कीमत में तैयार करने के कार्य में सहायता करना तथा इसके अतिरिक्त इस केंद्र के निम्न साधनों को कार्यकारी हालत में बनाए रखने में मदद करना–

   – संस्थान के सभी दृश्य–श्रव्य उपकरण

   – कंप्यूटर प्रयोगशाला

   – कम लागत से निर्मित उत्तम शिक्षण सहायक सामग्री के प्रदर्शन हेतु स्थान का प्रावधान

   – शैक्षिक ऑडियो एवं वीडियो कैसेट की लाइब्रेरी

   – प्रोजेक्टर्स
3. स्लाइड्स, कैसेट तथा फिल्मों को कैसेट प्लेयर तथा फिल्म प्रोजेक्टर पर प्रस्तुत करने हेतु विद्यालय तथा अन्य संस्थानों को उधार देना तथा अपने यहाँ उन्हें यह सब कुछ देखने का भी प्रबंध करना।

4. जिले के प्राथमिक स्कूलों के विद्यार्थियों, अनौपचारिक तथा प्रौढ़ शिक्षा से जुड़े हुए अधिगमकर्त्ताओं, शिक्षकों तथा अनुदेशनकर्त्ताओं हेतु उचित शैक्षिक रेडियो प्रसारण का प्रबंध करने हेतु निकट के रेडियो स्टेशन से संपर्क स्थापित करना।
5. शैक्षिक तकनीकी के क्षेत्र से संबंधित उपयुक्त सेवाकालीन कार्यक्रमों का शिक्षकों के लिए आयोजन करना। विशेषकर ऐसे कार्यक्रमों का जिनमें निम्न बातों पर जोर दिया जाए–
   – रेडियो तथा दूरदर्शन प्रसारण, कैसेट तथा शिक्षण सहायक सामग्री का प्रभावशाली उपयोग।
   – कार्यशालाओं का आयोजन कर सरल, प्रभावपूर्ण तथा कम लागत से निर्मित शिक्षण सहायक सामग्री का उत्पादन।
6. संस्था की सभी अन्य गतिविधियों तथा कार्यक्रमों के संचालन में विकसित शैक्षिक तकनीकी का उपयोग। इस प्रकार के कार्यक्रम और गतिविधियों में उदाहरणार्थ शिक्षकों के लिए सेवापूर्व तथा सेवाकालीन कार्यक्रमों, निरौपचारिक तथा प्रौढ़ शिक्षा से जुड़े शिक्षकों, अनुदेशनकर्त्ताओं तथा कार्यकर्त्ताओं के प्रशिक्षण कार्यक्रम क्षेत्र विशेष में वास्तविक रूप से क्रियान्वित गतिविधियाँ (विस्तार सेवा में प्रदान करने सहित), शिक्षण सहायक सामग्री का विकास तथा क्रियात्मक अनुसंधान आदि को शामिल किया जा सकता है।

सार-संक्षेप
(Summary)

1. शैक्षिक तकनीकी संसाधन केंद्रों से अभिप्राय ऐसे केंद्रों या स्थान विशेषों से होता है जहाँ शैक्षिक तकनीकी के ज्ञान एवं उपयोग से संबंधित सभी आवश्यक मानवीय तथा भौतिक संसाधनों की उपलब्धि रहती है और इनका लाभ शिक्षा और शिक्षण से जुड़े हुए सभी व्यक्तियों से अपने–अपने प्रयोजनों की पूर्ति हेतु उनकी आवश्यकतानुसार प्राप्त होने की सुविधा भी रहती है।
2. शैक्षिक तकनीकी के क्षेत्र में कार्यरत एक संसाधन केंद्र से जिस प्रकार के प्रयोजनों की पूर्ति हो सकती है वे हैं (i) विभिन्न प्रकार के मानवीय एवं भौतिक संसाधनों को एक जगह संग्रहित करना, उनका निर्माण और विकास करना, उनकी व्यवस्था और रखरखाव पर ध्यान देना तथा उन्हें सेवा हेतु इच्छित व्यक्तियों को उपलब्ध कराना (ii) विभिन्न प्रकार की शैक्षिक गतिविधियों, कार्यक्रमों, सेमीनार तथा कार्यशालाओं के संचालन और आयोजन में सहायता प्रदान करना (iii) प्रशिक्षण और रिफ्रेशर कोर्सों के संचालन और आयोजन में मदद करना (iv) क्रियात्मक एवं मौलिक अनुसंधानों हेतु संसाधनों का अवसर प्रदान करना, (v) शैक्षिक तकनीकी के विकास और उपयोग हेतु उपयुक्त अभिप्रेरणा तथा अवसर प्रदान करना (vi) शैक्षिक तकनीकी के विकास और उपयोग हेतु मार्गदर्शन और परामर्श केंद्र की भूमिका निभाना तथा (vii) स्थानीय, जिले, प्रांत तथा राष्ट्रीय स्तर पर कार्य कर रहे शैक्षिक तकनीकी संसाधन केंद्रों में आपसी संपर्क हेतु एक समन्वयकर्त्ता की भूमिका निभाते हुए उनसे उचित फायदा उठाना।
3. एक शैक्षिक तकनीकी संसाधन केंद्र से अपने उद्देश्यों की पूर्ति हेतु जिन प्रमुख एवं उपयोगी गतिविधियों के निर्वहन की अपेक्षा की जाती है वे हैं (i) आवश्यक मानवीय एवं भौतिक संसाधनों का उचित संग्रह एवं विकास (ii) अपने संसाधनों द्वारा अध्यापक और विद्यार्थियों को उनकी आवश्यकतानुसार सहायता करना तथा (iii) स्थानीय, प्रादेशिक, प्रांतीय तथा राष्ट्रीय स्तर पर कार्यरत संसाधन केंद्रों के बीच एक समन्वय और संपर्क सूत्र के रूप में कार्य करना।

4. विद्यालय अधिकारियों द्वारा अपने–अपने विद्यालयों में शैक्षिक तकनीकी संसाधन केंद्रों की स्थापना पर समुचित ध्यान देने की आवश्यकता है। इन केंद्रों की उचित स्थापना और संगठन हेतु उन्हें मुख्य रूप से जिन बातों का विशेष ध्यान रखना चाहिए वे हैं : (i) सभी की सुविधा हेतु इन केंद्रों का विद्यालय प्रांगण के किसी केंद्रीय स्थान पर स्थित होना (ii) स्थान, प्रकाश, वायु, फर्नीचर तथा आवश्यक सामग्री एवं उपकरणों की उपलब्धि के संदर्भ में इसकी उपयुक्तता (iii) संसाधन केंद्र को सुचारू रूप से कार्यरत रखने के लिए योग्य एवं प्रशिक्षित व्यक्तियों की उपस्थिति (iv) संसाधन केंद्र की स्थापना एवं संचालन हेतु उचित बजट राशि का प्रावधान (v) केंद्र की गतिविधियों के संपादन हेतु उचित प्रकार से योजना बनाकर कार्य करना (vi) केंद्र की गतिविधियों के उचित नियोजन एवं संपादन हेतु शैक्षिक तकनीकी तथा प्रबंधन संबंधी नवाचारों को उचित स्थान देना (vii) विद्यालय से बाहर स्थानीय, प्रादेशिक, प्रांतीय तथा राष्ट्रीय स्तर पर कार्यरत शैक्षिक तकनीकी संसाधन केंद्रों के संपर्क में रहकर उनकी सेवाओं से लाभान्वित होते रहने का प्रयत्न करना।

5. राष्ट्रीय स्तर पर हमारे देश में शैक्षिक तकनीकी अनुसंधान केंद्र राजधानी देहली में केंद्रीय शैक्षिक तकनीकी संस्थान (CIET) के रूप में कार्य कर रहा है। इसका प्रशासन एवं संचालन राष्ट्रीय शैक्षिक अनुसंधान एवं प्रशिक्षण परिषद् (NCERT) के हाथों में है। इस संस्थान द्वारा शैक्षिक तकनीकी के प्रभावपूर्ण उपयोग हेतु सभी प्रकार के प्रबंधन कार्य इस तरह संपादित किए जाते हैं कि उनके माध्यम से राष्ट्रीय स्तर पर विद्यालय शिक्षण की गुणवत्ता हेतु उचित मार्गदर्शन और सहायता प्रदान की जा सके। प्रमुख रूप से इस संदर्भ में जिन कार्यों की चर्चा की जा सकती है वे हैं (i) शिक्षण समस्याओं के निराकरण हेतु वैकल्पिक पद्धतियों का विकास (ii) शैक्षिक तकनीकी के संदर्भ में उचित एवं आवश्यक प्रारंभिक ज्ञान प्राप्त करना (iii) प्रशिक्षण कार्यक्रमों का आयोजन (iv) ऑडियो एवं वीडियो कार्यक्रमों का उत्पादन (v) शैक्षिक रेडियो एवं दूरदर्शन कार्यक्रमों का प्रसारण (vi) अनुसंधान कार्यों में रत रहना (vii) सेवा विस्तार कार्यक्रमों तथा परामर्श सेवाओं का आयोजन तथा (viii) विभिन्न स्तरों पर कार्य कर रहे शैक्षिक संसाधन केंद्रों के बीच एक अच्छी कड़ी और समन्वयक का कार्य करना।

6. राज्य स्तर पर शैक्षिक तकनीकी संसाधन केंद्रों के रूप में हम शैक्षिक तकनीकी प्रकोष्ठों को कार्यरत देख सकते हैं। अधिकतर ये प्रकोष्ठ या वो संबंधित राज्य या केंद्र शासित प्रदेश में गठित एस.सी.ई.आर.टी या एस.आई.ई. के एक प्रभाग के रूप में कार्य कर रहे हैं अथवा स्वतंत्र रूप से एक अलग संस्थान – राज्य शैक्षिक तकनीकी संस्थान (SIET) के रूप में कार्यरत है। हमारे देश में ऐसे स्वतंत्र राज्य शैक्षिक तकनीकी संस्थानों की संख्या अभी तक सात है जो महाराष्ट्र, बिहार, उड़ीसा, उत्तर प्रदेश, आंध्रप्रदेश, गुजरात तथा केरल प्रांतों में वैसा ही कार्य कर रहे हैं जैसा कि केंद्रीय स्तर पर केंद्रीय शैक्षिक तकनीकी संस्थान द्वारा किया जा रहा है।

7. जिले स्तर पर शैक्षिक तकनीकी संसाधन केंद्रों की स्थापना और संचालन का उत्तरदायित्व जिला शिक्षा एवं प्रशिक्षण संस्थानों (DIETs) का है। इन संस्थानों द्वारा मुख्य रूप से जो उत्तरदायित्व निभाए जाते हैं वे हैं (i) प्राथमिक, अनौपचारिक और प्रौढ़ शिक्षा के सफल आयोजन हेतु इनसे जुड़े हुए व्यक्तियों को शैक्षिक तकनीकी के उपयोग के संदर्भ में आवश्यक प्रारंभिक ज्ञान एवं प्रशिक्षण प्रदान करना (ii) जिले स्तर पर कार्यरत प्राथमिक, अनौपचारिक तथा प्रौढ़ शिक्षा तंत्र को आवश्यक शैक्षणिक तथा संसाधन सहायता प्रदान करना तथा (iii) प्राथमिक, औपचारिक तथा प्रौढ़ शिक्षा व्यवस्था के प्रयोजनों की पूर्ति के संदर्भ में इनसे संबंधित समस्याओं के निराकरण हेतु आवश्यक क्रियात्मक अनुसंधान, परीक्षण तथा प्रयोगों में स्वयं कार्यरत रहना तथा अन्य को प्रोत्साहित करना।

संदर्भित एवं विशेष अध्ययन ग्रंथ
(References and Suggested Readings)

Golubchick, Leonard H. and Barry Persky (Eds.), *Innovations in Education*, Dubuque, Iowa: Kendall/Hunt Pub., 1975.

De Carlo Julia E. and Constant A. Madon (Eds.), *Innovations in Education for the Seventies: Selected Readings*, New York, Behavioral Publications, 1973.

http//www.ciet.nic.in/Central Institute of Educational Technology, NCERT, New Delhi.

http//ncert.nic.in/sites/Annual report pdf, chapter 20, NCERT, Annual Report 2005–2006 and 2006–2007.

http//diksha.nic.in/htm State Institute of Educational Technology, Lucknow, Uttar Pradesh.

अध्ययन के लिए प्रश्न
(Study Questions)

1. शैक्षिक तकनीकी के संसाधन केंद्र से आप क्या समझते हैं ? इन केंद्रों के प्रमुख उद्देश्यों तथा इनके द्वारा संपादित कार्यों एवं गतिविधियों का संक्षेप में वर्णन कीजिए।
2. शैक्षिक तकनीकी संसाधन केंद्र क्या है ? इसका भलीभाँति संगठन कैसे किया जा सकता है ? वर्णन कीजिए।
3. शैक्षिक तकनीकी का संसाधन केंद्र क्या है ? शिक्षण तथा अधिगम कार्यों में इसकी भूमिका की चर्चा कीजिए।
4. शैक्षिक तकनीकी के संसाधन केंद्र के रूप में निम्न में से किसी एक संस्था की भूमिका, कार्य तथा संगठन पर प्रकाश डालिए–

   (a) केंद्रीय शैक्षिक तकनीकी संस्थान (CIET)

   (b) राज्य शैक्षिक तकनीकी प्रकोष्ठ (State ET-Cells)

   (c) जिला शिक्षा एवं प्रशिक्षण संस्थान (DIETs)

33

अवास्तविक कक्षा कक्ष तथा ई-लर्निंग
(Virtual Classrooms and e-learning)

अध्याय रूपरेखा (Chapter Outline)

विषय प्रवेश
(Introduction)

कंप्यूटरों की अपनी अद्‌भुत कार्यक्षमता तथा इलेक्ट्रोनिक्स एवं संप्रेक्षण तकनीकी में होने वाली आश्चर्यजनक प्रगति ने आज हमें ऐसी शक्तियाँ, योग्यताएं तथा क्षमताएं प्रदान कर दी हैं कि हम इस दुनिया में ऐसा सब कुछ

कर सकने का दम भरने लगे हैं जिनकी हम कुछ दिन पहले कल्पना भी नहीं कर सकते थे। शिक्षण और अधिगम का क्षेत्र भी जो कुछ दिन पहले कक्षा शिक्षण के सीमित दायरे में ही बंधा हुआ था, आज तकनीकी प्रगति से पूरी तरह अनुप्रेरित एवं प्रभावित है। कंप्यूटर तथा उससे जन्मी नेट वर्किंग तथा वेब तकनीकी ने, जिसकी चर्चा इस पुस्तक के 31वें अध्याय में की गई है, शिक्षण अधिगम की दुनिया में क्रांति से ला दी है। शिक्षकों द्वारा दिए जाने वाले अनुदेशन तथा पाठ्यपुस्तकों और अन्य मुद्रित सामग्री की विषय सामग्री पर ही आश्रित रहने की अपेक्षा आज का विद्यार्थी कंप्यूटर के संग्रह भंडारण में स्थित विषय सामग्री तथा नेट प्रणाली से उपलब्ध विस्तृत ज्ञान भंडार को केवल अपने ज्ञान एवं सूचना हेतु ही काम में नहीं लाता बल्कि उसे इनके माध्यम से ही ऐसी सभी अंतःक्रिया संबंधी सुविधाएं भी प्राप्त होती हैं जैसी कि वह वास्तविक कक्षा कक्ष शिक्षण के दौरान प्राप्त कर सकता है। इसलिए यह कहने में अब कोई अतिशयोक्ति नहीं है कि आज की शिक्षा का भविष्य और कल की कक्षा अनुदेशन व्यवस्था बहुत कुछ सीमा तक ई–लर्निंग तथा अवास्तविक कक्षा कक्षों की अवधारणा और कार्यपद्धति पर ही निर्भर होने जा रही है। प्रस्तुत अध्याय में हम शिक्षा क्षेत्र में तेजी से उभरते हुए इन दोनों नई अवधारणाओं के ऊपर ही प्रकाश डालना चाहेंगे। इस कार्य हेतु पहल ई–लर्निंग द्वारा की जा रही है।

ई–लर्निंग या इलेक्ट्रॉनिक अधिगम क्या है ? (What is e-learning ?)

ई–लर्निंग, इलेक्ट्रॉनिक लर्निंग पद का संक्षिप्तीकरण है। इलेक्ट्रॉनिक लर्निंग या अधिगम पद का सरल शाब्दिक अर्थ है, ऐसी लर्निंग या अधिगम जिसे किसी एक या अधिक इलेक्ट्रॉनिक उपकरणों, माध्यमों अथवा संसाधनों की सहायता लेकर संपादित किया जाता है। ई–लर्निंग पद का यह काफी विस्तृत अर्थ है। अपने इस अर्थ में ऐसी किसी भी प्रकार की लर्निंग या अधिगम जिसे किसी भी एक या अन्य इलेक्ट्रॉनिक माध्यम और उपकरण जैसे माइक्रोफोन और श्रवण यंत्रों अथवा आडियो–वीडियो टेप्स की सहायता से संपादित किया जाता है, ई–लर्निंग की संज्ञा दी जा सकती है। परंतु अपने व्यवहारात्मक रूप में ई–लर्निंग को इतने अधिक व्यापक अर्थ में प्रयुक्त नहीं किया जाता बल्कि इसके प्रयोग क्षेत्र को आधुनिक शिक्षण–अधिगम तकनीकी (जिसमें कंप्यूटर, नेटवर्किंग तथा मल्टी मीडिया टेक्नॉलोजी का सहयोग रहता है) के उपयोग तक ही सीमित रखा जाता है।

अपने इस रूप में ई–लर्निंग में सभी प्रकार के आधुनिक इलेक्ट्रॉनिक सूचना एवं संप्रेषण माध्यम एवं साधनों (जैसे सीडी रोम, डी.वी.डी., टेलीकांफ्रेंसिंग या चैटिंग, इंटरनेट तथा वेब सुविधाओं, ऑन लाइन लर्निंग, वेब साइट पर उपलब्ध पाठ्यपुस्तक, सहायक पुस्तक तथा संदर्भ सामग्री, वीडियो गेम पद्धति पर आधारित अनुरूपण सुविधाएं, पूरी तरह नियोजित एवं संरचित ई–लर्निंग पाठ्यक्रमों तथा वेब ब्लोग्स आदि) का सहयोग लेकर उपयोगी शिक्षण एवं अधिगम कार्य संपन्न किया जा सकता है। अपने इस व्यवहारात्मक एवं प्रयोगात्मक रूप में इस तरह ई–लर्निंग को एक ऐसी इलेक्ट्रॉनिक जन्य लर्निंग या अधिगम का दर्जा दिया जा सकता है जिसका संपादन आधुनिक अधिगम तकनीकी जिसमें मुख्य रूप से कंप्यूटर और उनके द्वारा सुलभ नेटवर्किंग तथा वेब टेक्नॉलोजी और मल्टीमीडिया शामिल है का उपयोग करके किया जाता है।

यहाँ अब एक प्रश्न खड़ा हो सकता है कि क्या रिकॉर्ड किए गए ऑडियो तथा वीडियो टेप्स, सीडी और डीवीडी से प्राप्त अधिगम सुविधाओं को भी ई–लर्निंग की श्रेणी में रखा जा सकता है या नहीं। इस प्रश्न का उत्तर ई–लर्निंग की उस ठोस अवधारणा में निहित है जिस रूप में इसका प्रयोग व्यावहारिक तौर आए दिन हमारे द्वारा किया जा रहा है। इस तरह के व्यावहारिक प्रयोग के रूप में हम ई–मेल, ई–बैंकिंग, ई–बुकिंग तथा ई–कॉमर्स आदि शब्दावली का प्रयोग अपने जीवन के विविध क्षेत्रों में कर रहे हैं। अगर यह सोचा जाए कि इन सभी शब्दावलियों में उनकी प्रकृति और उपयोग को लेकर क्या कुछ समानताएं हैं तो हमें निम्न बातें निष्कर्ष रूप में प्राप्त हो सकती हैं।

– सभी के लिए हमारे पास कंप्यूटर तथा लेपटॉप हार्डवेयर तथा सॉफ्टवेयर सामग्री तथा उसको चलाने हेतु आवश्यक ज्ञान एवं कुशलताएं होनी चाहिएं।

– इंटरनेट तथा वेब टेक्नॉलोजी द्वारा प्रदत्त सुविधाओं से लाभ उठाने की अपेक्षित कुशलता होनी चाहिए।

इस प्रकार की ई–लर्निंग युक्त अधिगम सुविधाओं के संदर्भ में ही रोजेनवर्ग (2001) ने ई–लर्निंग पद को अपने शब्दों में परिभाषित करते हुए लिखा है–

"ई–लर्निंग से तात्पर्य इंटरनेट तकनीकियों के ऐसे उपयोग से है जिनसे विविध प्रकार के ऐसे रास्ते खुलें जिनके द्वारा ज्ञान और कार्यक्षमताओं में वृद्धि की जा सके"।

("e-learning refers to the use of Internet technologies to deliver a broad array of solution that enhance knowledge and performance").

इस प्रकार अगर ई–लर्निंग पद को हमारी दिन प्रतिदिन की जिंदगी में उसके उपयोग को लेकर कुछ व्यापक अर्थों में समझने का प्रयत्न किया जाए तो हम यह भलीभाँति कह सकते हैं कि ई–लर्निंग एक ऐसी आधुनिक तकनीक अथवा सूचना एवं संप्रेषण तकनीकी का एक ऐसा रूप है जिसके अंतर्गत कंप्यूटर द्वारा प्रदत्त इंटरनेट तथा वेब तकनीकी सेवाओं का उपयोग विद्यार्थियों को उसी तरह ऑन लाइन अधिगम अनुभव प्रदान करने के लिए किया जाता है जैसा कि हमारी आम जिंदगी में इन सेवाओं का उपयोग हमें ई–मेल, ई–बैंकिंग, ई–बुकिंग तथा ई–कॉमर्स के रूप में देखने को मिलता है।

ई–लर्निंग की प्रकृति एवं विशेषताएं (Nature and Characteristics of e-learning)

ऊपर जो कुछ भी चर्चा ई–लर्निंग के बारे में की गई है और उसका जो वर्तमान स्वरूप हमें देखने को मिल रहा है, उसके आधार पर हम इसकी प्रकृति एवं विशेषताओं के बारे में निम्न निष्कर्ष निकाल सकते हैं।

1. ई–लर्निंग या इलेक्ट्रॉनिक अधिगम पद का संबंध इस प्रकार के अधिगम से है जिसके संपादन में कंप्यूटर सेवाओं की अनिवार्य रूप से आवश्यकता पड़ती है।
2. ई–लर्निंग शब्दावली का प्रयोग कंप्यूटर विज्ञान की इंटरनेट तथा वेब तकनीकी पर आधारित ऑन लाइन लर्निंग तक ही सीमित रखा जाना चाहिए।
3. कंप्यूटर आधारित अधिगम या कंप्यूटर सहाय अनुदेशन की तुलना में ई–लर्निंग की अवधारणा कुछ अधिक व्यापक मानी जानी चाहिए।
4. ई–लर्निंग की अवधारणा कुछ अन्य समरूप पदावलियों जैसे ऑन लाइन लर्निंग तथा ऑन लाइन एजूकेशन से कुछ अधिक व्यापक मानी जानी चाहिए क्योंकि इन दोनों का संबंध पूरी तरह से केवल मात्र वेब आधारित लर्निंग या अधिगम से है जबकि ई–लर्निंग में इस कार्य से कुछ आगे बढ़कर अनुवर्ती कार्य तथा अध्यापक और विद्यार्थियों के बीच आवश्यक संप्रेषण एवं अंतःक्रिया बनाए रखने पर ध्यान दिया जाता है।
5. ई–लर्निंग या अधिगम को दृश्य–श्रव्य अधिगम, दूरवर्ती शिक्षा या दूरवर्ती अधिगम का पर्याय नहीं माना जाना चाहिए। यह सही है कि आज के दिन दृश्य श्रव्य तथा बहुमाध्य तकनीकी तथा दूरवर्ती शिक्षा संबंधी कार्यक्रम कंप्यूटर द्वारा सुलभ इंटरनेट तथा वेब सेवाओं पर बहुत कुछ निर्भर है परंतु इससे इन्हें ई–लर्निंग का पर्याय न मानकर ई–लर्निंग में सहायक परिस्थितियों या ई–लर्निंग प्रणाली की उपप्रणालियों के रूप में ही मान्यता दी जानी चाहिए।

यह भी पूरी तरह स्पष्ट रहना चाहिए कि ई–लर्निंग पदावली का प्रयोग सभी प्रकार से ऐसी लर्निंग या अधिगम के लिए किया जाना चाहिए जिसे वेब आधारित अनुदेशन या इंटरनेट आधारित संप्रेषण जैसे ई–मेल, ऑडियो एवं वीडियो कांफ्रेंसिंग, मेल लिस्ट, लाइव चैट्स तथा टेलीफोन सेवाओं द्वारा संपादित किया जाता है। इस दृष्टि से किसी भी प्रकार की इंटरनेट तथा वेब तकनीकी विहीन लर्निंग या अधिगम को ई–लर्निंग के रूप में नहीं देखा जाना चाहिए। इस संदर्भ में अपना स्पष्ट मत व्यक्त करते हुए सन्थीश कुमार एवं सागी जोह्न लिखते हैं–

"यद्यपि कंप्यूटर का उपयोग अनुदेशन तथा अधिगम हेतु किया जाता है फिर भी जिस अधिगम में वेब तकनीकी का उपयोग नहीं होता उसे ई–लर्निंग का दर्जा नहीं दिया जा सकता। सभी प्रकार के कंप्यूटर आधारित अनुदेशन जैसे कंप्यूटर–सहाय अनुदेशन, कंप्यूटर प्रबंधित अनुदेशन, समन्वित अधिगम प्रणाली, मल्टीमीडिया, इंटर एक्टिव वीडियो, वरच्युअल रियीलिटी, आर्टीफिसियल इंटैलीजैंस आदि जिन्हें इंटरनेट द्वारा प्रदान नहीं किया जाता परंतु अधिगम और अनुदेशन हेतु प्रयोग में लाया जाता है, किसी भी प्रकार से ई–लर्निंग में शामिल नहीं किए जा सकते। परंतु इन सभी को अगर इंटरनेट की सेवाओं का उपयोग कर अनुदेशन एवं अधिगम हेतु प्रयुक्त किया जाए तो फिर ये ई–लर्निंग का रूप ले सकते हैं।"

("Though computer is used for instruction and learning, the non-web technology does not come under e-learning. The entire computer based instruction like computer-assisted instruction, computer managed instruction, integrated learning system, multimedia, interaction video, virtual reality, artificial intelligence etc. which are not delivered through the Internet but are still used for learning and instruction cannot be included in e-learning. However, these techniques when delivered via Internet for instruction and learning, they become e-learning."—Kumar & Sagy, 2008, p. 8)

ई-लर्निंग के बारे में आधुनिकतम अवधारणा (Analysis about the Existing Concept of e-learning)

अब तक यह बात अच्छी तरह से स्पष्ट हो जाती है कि ई–लर्निंग की अवधारणा और प्रक्रिया का संबंध कंप्यूटर तथा लेपटॉप द्वारा इंटरनेट और वेब टेक्नॉलोजी के माध्यम से अभिगमकर्त्ताओं को अधिगम अनुभव प्राप्त करने से है। परंतु अभी तक कुछ बातों में अस्पष्टता या शंका बनी रह सकती है जैसे– अपने अधिगम हेतु कई बार अधिगमकर्त्ताओं द्वारा सीडी और डीवीडी का उपयोग किया जाता है जिनमें रिकॉर्ड की गई अधिगम सामग्री होती है और जिसे सीडी या डीवीडी प्लेयर्स अथवा कंप्यूटर की सहायता से चलाकर अधिगम के काम में लाया जाता है। क्या इसे ई–लर्निंग में शामिल किया जाना चाहिए अथवा नहीं ? आजकल मोबाईल लर्निंग (जिसे संक्षिप्त में एम–लर्निंग कहा जाता है) का भी चलन है। इस तरह का अधिगम चलते चलते भी हो सकता है। अब अधिगमकर्त्ता अगर गाड़ी चला रहा है, अथवा जोगिंग या किसी अन्य कार्य में व्यस्त है फिर भी वह रिकॉर्ड की गई अधिगम सामग्री, सूचना तथा व्याख्यान को सुनने तथा इंटरनेट और वेब अध्ययन सामग्री का उपयोग करने में सक्षम हो सकता है। इस तरह की लर्निंग में मोबाइल फोन, पीडीए (पाम डिवाइस असिस्टेंट) तथा एमपी 3 प्लेयर्स (जैसे आई पॉड एवं पॉड कास्टिंग) का प्रयोग किया जाता है। परिणामस्वरूप आज हम इस मोबाइल सर्विसेज की अति आधुनिक तकनीक का उपयोग ई–बैंकिंग, ई–कॉमर्स तथा ई–लर्निंग में उसी तरह कर सकते हैं जैसे कि कंप्यूटरों द्वारा सुलभ इंटरनेट तथा वेब टेक्नॉलोजी द्वारा करते हैं। अब प्रश्न उठता है कि क्या इस प्रकार की एम–लर्निंग (m-learning) को भी ई–लर्निंग में शामिल किया जाना चाहिए या नहीं ?

इन दोनों उपरोक्त प्रश्नों के संबंध में यह बात अच्छी तरह कही जा सकती है कि सीडी तथा डीवीडी युक्त रिकॉर्ड की गई अध्ययन सामग्री का उपयोग जहाँ ई–लर्निंग तकनीक के प्रादुर्भाव से संबंधित प्रथम अवस्था की

ओर संकेत करता है तो मोबाइल लर्निंग तकनीक का उपयोग उसके आगे की अवस्था का। इस प्रकार से एक अगर ई–लर्निंग का विगत या भूत है तो दूसरा उसका भविष्य। नौलेज कोशेंट एजूकेशन (Knowledge Quotient Education) के डाइरेक्टर भूमा कृष्णन (2007) ने ई–लर्निंग की ऐतिहासिक विवेचना करते हुए जो निष्कर्ष सामने रखे हैं उनके अनुसार ई–लर्निंग का विकास जिन चार प्रमुख अवस्थाओं में से गुजरा है वे हैं (i) मल्टीमीडिया काल (1984–1993), (ii) वेब–प्रारंभिक काल (1994–1999), (iii) वेब तकनीक का नया दौर (2000–2005) तथा (iv) वर्तमान समय में उपलब्ध मोबाइल लर्निंग।

इस तरह से संक्रमण कालों से गुजरती हुई ई–लर्निंग में अगर हमें आज के समय ई–लर्निंग के उपयोग के कई प्रारूप नजर आ जाएं तो इसमें आश्चर्य ही क्या है। इस तरह आज की परिस्थितियों का लेखा जोखा किया जाए तो उपयोगकर्त्ताओं को ई–लर्निंग के निम्न प्रारूपों का उपयोग करते हुए देख सकते हैं।

– सीडी और डीवीडी में निहित रिकॉर्ड की गई अधिगम सामग्री को कंप्यूटरों की इंटरनेट और वेब टेक्नॉलोजी को काम में लाते हुए प्रयोग में लाना अथवा इस टेक्नॉलोजी के बिना भी स्वतंत्र रूप से केवल कंप्यूटर हार्डवेयर की सहायता से अध्ययन हेतु प्रयुक्त करना।

– कंप्यूटर या लैपटॉप के माध्यम से इंटरनेट और वेब तकनीकी सेवाओं का पूरा–पूरा फायदा उठाना।

– आधुनिकतम मोबाइल लर्निंग टेक्नॉलोजी का वेब टीवी, सेल फोन, पेजर्स, पर्सनल डिजीटल असिस्टेंट, पाम तथा आई पॉड ((Palm and i pods) आदि के रूप में उपयोग करना।

इस प्रकार से आज ई–लर्निंग का जो नवीनतम चलन हमें दिखाई दे रहा है उसके संदर्भ में हम ई–लर्निंग को ऐसी लर्निंग या अधिगम की संज्ञा दे सकते हैं जिसे विकसित मल्टीमीडिया एवं मोबाइल उपकरणों तथा इंटरनेट एवं वेब तकनीकी दोनों प्रकार की सुविधाओं द्वारा कंप्यूटर, लेपटोप एवं मोबाइल उपकरणों के माध्यम से अधिगमकर्त्ताओं को भलीभाँति सुलभ कराया जा रहा है।

ई-लर्निंग के विभिन्न प्रारूप एवं शैलियाँ (Modes and Styles of e-learning)

जैसा कि हम यह अच्छी तरह जान चुके हैं कि किसी अधिगम या लर्निंग को तभी ई–लर्निंग का दर्जा दिया जा सकता है जबकि उसमें प्रदत्त अधिगम सामग्री का अनुदेशन को किसी आधुनिक विकसित इलेक्ट्रोनिक माध्यम या उपकरण जैसे कंप्यूटर, मल्टीमीडिया तथा मोबाइल का उपयोग करते हुए अधिगमकर्त्ताओं को प्रदान किया जाए। इस शर्त की अनुपालना करते हुए ई–लर्निंग में जो विविध प्रारूप एवं शैलियाँ आज हमें दिखाई दे रही हैं उन्हें मुख्य रूप से निम्न प्रकार सामने रखा जा सकता है।

1. **अवलंब अधिगम (Support Learning)**—ई–लर्निंग अपनी इस भूमिका में कक्षा में चल रही शिक्षण–अधिगम गतिविधियों को सहारा देकर आगे बढ़ाने का कार्य कर रही होती है। इस प्रकार के ई–लर्निंग प्रारूप का उपयोग शिक्षक और विद्यार्थीगण दोनों ही अपने अपने शिक्षण और ई–लर्निंग कार्यों को बेहतर बनाने हेतु कर सकते हैं। उदाहरणार्थ वे मल्टीमीडया, इंटरनेट तथा वेब टेक्नॉलोजी का उपयोग कक्षा शिक्षण के दौरान शिक्षण और अधिगम दोनों ही कार्यों में अपेक्षित सफलता प्राप्त करने हेतु कर सकते हैं।
2. **मिश्रित अधिगम (Blended Learning)**—ई–लर्निंग के इस प्रारूप में परंपरागत तथा सूचना एवं संप्रेषण तकनीकी पर आधारित दोनों ही प्रकार की तकनीकियों के मिश्रित रूप का प्रयोग किया जाता है। इस प्रारूप को अपनाने में कार्यक्रम और गतिविधियों को इस प्रकार नियोजित और क्रियान्वित किया जाता

है कि परंपरागत कक्षा शिक्षण तथा ई–लर्निंग आधारित अनुदेशन दोनों को उचित प्रतिनिधित्व देकर दोनों के ही लाभ शिक्षण अधिगम हेतु भलीभाँति उठाए जा सकें।

3. **पूर्णरूपेण ई–लर्निंग या अधिगम (Complete e-learning)**—इस प्रकार के ई–लर्निंग प्रारूप में परंपरागत कक्षा शिक्षण का स्थान पूरी तरह से अवास्तविक कक्षा कक्ष शिक्षण द्वारा ले लिया जाता है। इस प्रकार के अधिगम प्रारूप में परंपरागत विद्यालय शिक्षा की तरह कक्षा कक्षों, विद्यालय तथा उनमें मिलने वाले सजीव पारस्परिक अंतःक्रिया युक्त शिक्षण अधिगम वातावरण का कोई अस्तित्व नहीं होता। विद्यार्थियों के सामने पूरी तरह संरचित एवं निर्मित ई–लर्निंग कोर्स तथा अधिगम सामग्री होती है जिन्हें वे स्वतंत्र रूप से अपनी–अपनी अधिगम गति से ग्रहण करने का प्रयत्न करते हैं। उनकी बहुत सारी अधिगम गतिविधियाँ 'ऑन लाइन' ही संपन्न होती हैं परंतु वे अपनी आवश्यकतानुसार उन सीडी रोम तथा डीवीडी की भी सहायता ले सकते हैं जिनमें वांछित अधिगम सामग्री उचित सूचनाओं या अधिगम पैकेज के रूप में संग्रहीत की गई हो। इस प्रकार की ई–लर्निंग मुख्य रूप से दो निम्न संप्रेषण शैलियों का उपयोग करती हुई पाई जाती है।

   (i) **एसेंक्रोनस संप्रेषण शैली (Asynchronous Communication Style)**—इस संप्रेषण प्रणाली में अधिगम कोर्स संबंधी सूचनाएं तथा अधिगम अनुभव अधिगमकर्त्ता को ई–मेल द्वारा प्रेषित की जाती है अथवा ये उसे वेब पेज, वेब लोग या ब्लोग्स, विकीज और रिकॉर्ड किए गए सीडी रोम एवं डीवीडी के रूप में उपलब्ध रहती हैं। इस तरह इस प्रकार के संप्रेषण हेतु अध्यापक तथा विद्यार्थियों की समय विशेष में एक साथ उपस्थिति आवश्यक नहीं होती। अध्ययन सामग्री पहले से ही मौजूद रहती है। इसे विद्यार्थियों द्वारा अपनी इच्छानुसार किसी भी समय अपनी स्वगति से अध्ययन करने हेतु काम में लाया जा सकता है। वे दिए गए अधिन्यास को अपनी तरह से पूरा करके ई–मेल द्वारा अध्यापक को प्रेषित कर सकते हैं और अध्यापक फिर अपनी सुविधानुसार उनके बारे में उचित प्रतिपुष्टि प्रदान कर आगे की अध्ययन सामग्री पर बढ़ने के लिए विद्यार्थी विशेष से कह सकता है। इस तरह की संप्रेषण शैली के प्रत्यक्ष रूप से आमने–सामने होने वाली अंतःक्रिया जो वास्तविक कक्षा शिक्षण में अध्यापक और विद्यार्थियों के बीच होती है, उसका नितांत अभाव रहता है। सीडी रोम तथा डीवीडी के रूप में संकलित अध्ययन सामग्री पर आधारित ई–लर्निंग में तो उस अप्रत्यक्ष अंतःक्रिया का भी अभाव रहता है जो इंटरनेट द्वारा अध्यापक और विद्यार्थियों के बीच अपनी सुविधानुसार अलग–अलग समय में संप्रेषण करते हुए पाई जाती है।

   (ii) **सेंक्रोनस संप्रेषण शैली (Synchronous Communication Style)**—इस संप्रेषण शैली में शिक्षण अधिगम हेतु आवश्यक सीधा शिक्षक–शिक्षार्थी संप्रेषण इंटरनेट पर ऑन लाइन चैटिंग तथा ऑडियो–वीडियो कांफ्रेंसिंग के रूप में होता रहता है। इस कार्य हेतु शिक्षक और शिक्षार्थी दोनों को ही शिक्षण–अधिगम प्रक्रिया के संपादन हेतु आवश्यक संप्रेषण करने के लिए एक समय विशेष में एक साथ इंटरनेट पर उपस्थित रहना होता है। परिणामस्वरूप इस प्रकार का संप्रेषण एक अध्यापक के लिये अपने विद्यार्थियों के साथ किसी भी प्रकार की आवश्यक सूचना, अधिगम सामग्री इत्यादि की भलीभाँति भागीदारी करने के अमूल्य अवसर प्रदान करता है। विद्यार्थी जहाँ कोई शंका हो उसके निवारण हेतु तुरंत ही अपना प्रश्न पूछ सकते हैं और अध्यापक द्वारा आवश्यक प्रतिपुष्टि प्राप्त कर सकते हैं। अध्यापक अपने विद्यार्थियों की अधिगम प्रगति के बारे में भी पूरी तरह अवगत रहने के लिए प्रश्न और अधिन्यास की सहायता लेकर विद्यार्थियों से उनके उत्तर ऑन लाइन तुरंत ही देने की अपेक्षा कर सकते हैं। इस तरह इस प्रकार के संप्रेषण में परंपरागत कक्षा शिक्षण की भाँति प्रत्यक्ष अंतःक्रिया करने के यथोचित प्रयत्न किए जाते हैं। आमने–सामने चल रही वास्तविक

कक्षा शिक्षण जैसी अंतःक्रिया न कर पा सकने के बावजूद इंटरनेट सेवाओं की मदद से किया जाने वाला सेंक्रोनस संप्रेषण काफी सीमा तक विद्यार्थी विशेष और अध्यापक को अप्रत्यक्ष रूप से एक साथ एक दूसरे के आमने–सामने लाकर शिक्षण अधिगम गतिविधियों में संलग्न रखने का बेहतर प्रयास करता है।

इस तरह की ई–लर्निंग द्वारा अपने विभिन्न प्रारूपों और शैलियों के माध्यम से परंपरागत कक्षा शिक्षण में सहायक बनने, भागीदारी करने तथा उसका विकल्प प्रस्तुत करने संबंधी कई प्रकार की भूमिकाएं निभाई जा सकती हैं। इस प्रकार की भूमिकाएं निभाते हुये ई–लर्निंग अपने मूल स्वरूप तथा प्रकृति को सदैव इस तरह बनाए रखना चाहती है कि विद्यार्थियों को आवश्यक अधिगम सामग्री तथा अनुभव विकसित अधिगम तथा संप्रेषण तकनीकियों का उपयोग करते हुए मल्टीमीडिया, इंटरनेट, वेब टेक्नॉलोजी तथा मोबाइल लर्निंग के माध्यम से प्रदान किए जाएं। इस कार्य हेतु उचित संप्रेषण के लिये ई–लर्निंग फिर किसी उचित संप्रेषण शैली सेंक्रोनस (एक समय पर एक साथ संप्रेषणकर्त्ता तथा ग्राही का उपस्थित रहना) या एसेंक्रोनस (संप्रेषणकर्त्ता तथा ग्रहणकर्त्ताओं को अलग–अलग समय संप्रेषण की छूट) का समय और परिस्थिति अनुसार चयन करने की छूट दे देती है।

हमारी शिक्षा संस्थाओं में ई–लर्निंग के आयोजन और प्रोत्साहन हेतु क्या किया जाए ? (How to Promote and Arrange for e-learning in Our Educational Institutions ?)

ई–लर्निंग सभी प्रकार के सैद्धांतिक तथा क्रियात्मक शैक्षणिक कार्यों (चाहे वे व्यक्तिगत स्तर पर संपन्न हों या सामूहिक स्तर पर आयोजित किए जाएं) के संपादन में उचित सहायता प्रदान करने की क्षमता रखती है। विद्यालय पाठ्यक्रम के सभी विषयों के लिए यह वांछित सूचनाओं या ज्ञान प्राप्ति का एक अच्छा भंडार तो सिद्ध होती है साथ ही कक्षा अनुदेशन से संबंधित सभी बातों के प्रबंधन तथा बालकों के व्यक्तिगत विकास में भी इससे अमूल्य सहयोग प्राप्त हो सकता है। आज के इस वैश्विक युग में हम अपने अस्तित्व को तभी सुरक्षित रख सकते हैं जब हम समय और तकनीकी प्रगति के साथ चलने का प्रयत्न करें। आज का युग ई–लर्निंग तथा एम–लर्निंग का है। निश्चित रूप से अब यह आवश्यक हो जाता है कि हम अपने विद्यार्थियों को इससे लाभान्वित होने में समर्थ बनाए। यह तभी हो सकता है जब हम अपनी शिक्षा संस्थाओं में इसके आयोजन और प्रोत्साहन हेतु सही ढंग से प्रयास करें। हमारे इस प्रयास के लिए कुछ निम्न बातों को लेकर आगे बढ़ना हितकारी सिद्ध हो सकता है।

1. इस संबंध में पहल करने हेतु सबसे आवश्यक और महत्त्वपूर्ण बात यह है कि सभी प्रकार से यह प्रयास किए जाएं कि ई–लर्निंग के प्रति एक सकारात्मक दृष्टिकोण और माहौल बन सके। यह धारणा कि ई–लर्निंग पद्धति या तकनीक से किया गया शिक्षण–अधिगम परंपरागत कक्षा कक्षा शिक्षण–अधिगम की तुलना में कुछ कम स्तर या निम्न कोटि का होता है सभी के मन और मस्तिष्क से निकलनी चाहिए। ई–लर्निंग के लाभ एवं उपयोगिता से विद्यार्थियों को ठीक प्रकार अवगत कराया जाना चाहिए तथा उन्हें इसके उपयोग के प्रति भलीभाँति सकारात्मक दृष्टिकोण विकसित करने के प्रयत्न किए जाने चाहिएं।
2. सार्थक ढंग से ऐसे प्रयत्न किए जाने चाहिएं कि विद्यार्थी, अध्यापक तथा सहायक स्टाफ सभी को ठीक प्रकार का आवश्यक ज्ञान एवं प्रशिक्षण प्रदान किया जाए ताकि वे ई–लर्निंग में सहायक मशीनरी, उपकरण तथा टेक्नॉलोजी–कंप्यूटर, इंटरनेट तथा वेब सेवाओं, मल्टीमीडिया, मोबाइल टेक्नॉलोजी आदि का भलीभाँति उपयोग करना सीख जाएं।

3. विद्यार्थियों और अध्यापक गण को ई–लर्निंग में सहायक मशीनी उपकरणों को काम में लाने में समर्थ बनाने के साथ साथ उन्हें ई–लर्निंग से होने वाले फायदों तथा उपयोगों से भी भलीभाँति अवगत कराया जाना चाहिए। इस दिशा में निम्न प्रकार आगे बढ़ा जा सकता है।

   (i) उन्हें यह मार्गदर्शन प्रदान किया जाना चाहिए कि इंटरनेट सेवाओं के माध्यम से उनके कोर्स से संबंधित किस प्रकार की अधिगम सामग्री कैसे और कहाँ से प्राप्त हो सकती है तथा सामान्य ज्ञान, व्यक्तिगत विकास, सृजनात्मक विकास तथा विशेष रुचियों और अभिवृत्तियों के पोषण में इंटरनेट सेवाओं से किस प्रकार की सहायता मिल सकती है।

   (ii) उन्हें उन विशेष वेब साइटों से अवगत कराया जाना चाहिए जिनसे अध्ययन एवं अनुदेशन हेतु आवश्यक संदर्भ सामग्री तथा संसाधनों की प्राप्ति हो सकती है। जैसे सभी भाषाओं के शब्दकोष, व्याकरण एवं वर्तनी को ठीक करने संबंधी साधन, मानचित्र, ग्लोब और एटलस, एनसाइक्लोपीडिया तथा इतिहास, भूगोल, विज्ञान और सांस्कृतिक उद्‌भव एवं विकास से संबंधित उल्लेखनीय मानवीय प्रयासों की जानकारी आदि।

   (iii) अध्यापकों तथा सहायक स्टाफ को उन सभी वेब साइटों की जानकारी प्रदान करना जिनसे शिक्षण–अधिगम गतिविधियों तथा परिस्थितियों के प्रबंधन में उचित मदद मिलती है जैसे ऐसी साइट जहाँ ऑन लाइन तथा लिखित परीक्षण हेतु सॉफ्टवेयर सामग्री उपलब्ध रहती है, परीक्षण देकर अंक लगाना, ग्रेडिंग करना आदि जानकारी रहती है, कक्षा कक्ष शिक्षण में पुनरावृत्ति कार्य तथा अभ्यास कार्य कराने, गृहकार्य देने आदि से संबंधित प्रश्न बैंक की उपस्थिति रहती है, निदानात्मक एवं उपचारात्मक कार्य कराने की व्यवस्था रहती है, कक्षा शिक्षण में आने वाली अनुशासन तथा व्यवहारजन्य समस्याओं के निराकरण संबंधी जानकारी एवं परामर्श की व्यवस्था रहती है तथा अध्यापक वर्ग को अपने विषय के शिक्षण हेतु उपयुक्त दैनिक परियोजनाओं तथा इकाई योजनाओं के निर्माण संबंधी मार्गदर्शन सुलभ रहता है।

4. विद्यार्थियों तथा अध्यापकगण के लाभार्थ इस बात के लिए पूरे प्रयत्न किए जाने चाहिएं कि उन्हें विद्यालय में ई–लर्निंग से पूरा–पूरा फायदा उठाने हेतु कंप्यूटर लैब तथा इंटरनेट सुविधाओं की बेहतर व्यवस्था की जाए। इसके अतिरिक्त विद्यालय को अपनी वेब साइट स्थापित करने का प्रयत्न भी करना चाहिए ताकि अध्यापक और विद्यार्थियों को ई–लर्निंग प्रारूप में शिक्षण–अधिगम प्रक्रिया से संबंधित आवश्यक अनुभवों की ठीक ढंग से प्राप्ति हो सके। इस दिशा में आगे बढ़ने हेतु या तो विद्यालय द्वारा ऐसे ऑन लाइन कोर्सों और अधिगम कार्यक्रमों का सृजन किया जा सकता है जो परंपरागत कक्षा अनुदेशन का स्थान ले सकें अथवा अपनी वेब साइट पर ऐसी सामग्री रखनी चाहिए जिसके माध्यम से नियमित कक्षा कक्ष अनुदेशन और अन्य शैक्षिक गतिविधियों को आवश्यक आलंबन/सहायता प्राप्त हो सके। इनमें से किसी भी प्रकार का प्रयोजन सिद्ध किया जाना हो, विद्यालय की वेबसाइट के विकास एवं उपयोग के संदर्भ में कुछ निम्न बातों पर ध्यान देना काफी हितकर सिद्ध हो सकता है।

   – वेबसाइट द्वारा जिस प्रकार की ऑन लाइन लर्निंग संबंधी गतिविधियाँ चलती हैं उनके बारे में यह ध्यान रखना जरूरी है कि वे विद्यार्थियों की आयु, मानसिक तथा कौशल स्तर, निर्धारित अधिगम उद्देश्यों, स्थानीय आवश्यकताओं तथा उपलब्ध संसाधनों के अनुरूप हों।

   – वेबसाइट के वेब पेजों पर सूचना तथा अधिगम सामग्री को रखने में पूरी सावधानी बरती जानी चाहिए। आसानी से विद्यार्थियों की इस पर पहुँच हो और उन्हें मल्टीमीडिया संबंधी रोचक प्रस्तुतीकरण का लाभ भी मिल सके, ऐसा ही प्रयत्न किया जाना चाहिए। अधिक प्रचलित इंटरफेस तथा वेब ब्राउजर

जैसे माइक्रोसॉफ्ट विंडो, इंटरनेट एक्सप्लोरर आदि का ही प्रयोग किया जाना चाहिए ताकि विद्यार्थियों को कोई नयी टेक्नॉलोजी सीखने के लिए बाध्य न होना पड़े।

– वेबसाइट में इस प्रकार का प्रावधान रखा जाना चाहिए कि विद्यार्थियों को आपस में तथा अध्यापकों के साथ अंतःक्रिया करने के समुचित अवसर प्राप्त हो सकें। अगर वेब साइट अभी निर्माणाधीन हैं या समुचित अंतःक्रिया हेतु पूरी तरह विकसित नहीं है तो उसमें ऐसे प्रश्नों तथा अनुरूपित सामग्री या क्रियाओं का समावेश होना चाहिए जो विद्यार्थियों को स्वतः अपनी ओर से आवश्यक अनुक्रिया या स्व अध्ययन के अवसर प्रदान कर सकें।

– वेबसाइट द्वारा प्रदत्त सेवाओं का दायरा विद्यालय तक ही सीमित न रखकर विद्यार्थियों के घर तक बढ़ाया जाना चाहिए। फलस्वरूप इस वेबसाइट पर पाठ्यक्रम से संबंधित अधिगम सामग्री, दैनिक और साप्ताहिक गृहकार्य, प्रोजेक्ट कार्य तथा अन्य गतिविधियों की सूचना जिनके संपादन की अपेक्षा विद्यार्थियों से कक्षा के बाहर या उनके घर पर की जा सकती है, रखी जा सकती है। विद्यार्थी अपना कार्य अपनी तरह से अपने–अपने घरों में पूरा कर सकते हैं और आवश्यकतानुसार अपने अध्यापकों तथा साथी विद्यार्थियों से इस बारे में मंत्रणा भी कर सकते हैं तथा आवश्यकतानुसार ऐसी उचित प्रतिपुष्टि भी प्राप्त कर सकते हैं जिनसे उन्हें घर बैठे हुए भी अधिगम पथ पर आगे बढ़ने में उचित सहायता मिलती रहे।

– वेबसाइट को इस प्रकार समृद्ध बनाया जाना चाहिए कि उसमें ई–मेल, चैटिंग तथा ऑडियो–वीडियो कांफ्रेंसिंग युक्त आवश्यक इंटरनेट सुविधाओं की प्राप्ति विद्यार्थी और अध्यापक वर्ग के बीच आवश्यक संप्रेषण बनाए रखने हेतु अच्छी तरह होती रहे।

– विद्यालय तथा विद्यालय कक्षा कक्षों की वेब साइट तथा प्रदत्त इंटरनेट सेवाओं को इस योग्य बनाया जाना चाहिए कि उनके माध्यम से अभिभावकगण तथा समुदाय को विद्यालय के साथ आवश्यक संपर्क बनाए रखने में पूरी–पूरी सहायता मिले।

– विद्यालय तथा विद्यालय की कक्षाओं के वेबसाइट इतने सक्षम होनी चाहिए कि वह क्षेत्र, प्रदेश, राष्ट्र और पूरे विश्व के लिए एक खुली खिड़की सिद्ध हो जिससे विद्यालय की शैक्षिक गतिविधियों की आवश्यक जानकारी सभी को प्राप्त हो सके। इसके द्वारा दूसरे विद्यालयों में शिक्षा प्राप्त कर रहे विद्यार्थियों तथा कार्यरत अध्यापकों से संपर्क साधने तथा अधिगम और शिक्षण अनुभवों को आपस में बाँटने के कार्य में भी पूरी–पूरी सहायता की जानी चाहिए।

5. आखिर में एक महत्त्वपूर्ण बात यह भी ध्यान में रखी जानी चाहिए कि अध्यापक और विद्यार्थियों को ई–लर्निंग सुविधाओं से पूरा–पूरा लाभ उठाने हेतु आवश्यक तकनीकी परामर्श सेवाएं ऑन लाइन ही आसानी से उपलब्ध हों ताकि ई–लर्निंग से होने वाले शैक्षिक लाभों का फायदा उठाने में उन्हें अनावश्यक परेशानी उठाने तथा निराशावश ई–लर्निंग के प्रति अरुचि या नकारात्मक दृष्टिकोण विकसित होने से बचाया जा सके।

ई–लर्निंग की उपयोगिता (Advantage of e-learning)

ई–लर्निंग वैयक्तिक तथा सामूहिक दोनों स्तरों पर अधिगमकर्त्ताओं के लिए काफी उपयोगी सिद्ध हो सकती है। संक्षेप में उसकी इस उपादेयता का उल्लेख अग्रांकित है।

1. जिन अधिगमकर्त्ताओं के पास परंपरागत कक्षा शिक्षण से लाभ उठाने हेतु न तो समय होता है और न साधन ही उन्हें ई–लर्निंग के माध्यम से यह सब कुछ आसानी से प्राप्त हो सकता है। अपने व्यवसाय या किसी अन्य कार्य में रत रहते हुये भी ई–लर्निंग के माध्यम से कोई भी अपनी किसी भी प्रकार के अध्ययन संबंधी रुचि और इच्छा की पूर्ति करने में सफल हो सकता है। यहाँ न कोई दूरी आड़े आती है और न कोई और प्रकार की समस्या या बाधा। जिन्हें अध्ययन करने की चाह है वे किसी भी समय अपनी सुविधानुसार ई–लर्निंग द्वारा प्राप्त अनुदेशन और अधिगम सामग्री से समुचित लाभ उठा सकते हैं।
2. ई–लर्निंग अधिगमकर्त्ताओं को उनकी अपनी जरूरतों, मानसिक स्तर, दक्षता, स्थानीय आवश्यकताओं तथा उपलब्ध संसाधनों के अनुरूप उचित शिक्षा, अनुदेशन तथा अधिगम अनुभव प्रदान करने का सामर्थ्य रखती है।
3. ई–लर्निंग की एक बड़ी विशेषता उसके इस गुण में भी निहित रहती है कि इसके द्वारा उसी प्रकार की बेहतर अध्ययन सामग्री विद्यार्थियों को प्रदान की जा सकती है जैसी कि परंपरागत कक्षा शिक्षण में संलग्न विद्यार्थियों को प्राप्त होती है। कई बार तो इस मामले में यह और भी बेहतर साबित होती है क्योंकि दुनिया की सबसे बेहतर अध्ययन सामग्री, ज्ञान भंडार और ज्ञानार्जन के अवसर जितनी अच्छी तरह से अनगिनत अधिगमकर्त्ताओं को एक साथ ई–लर्निंग के माध्यम से प्राप्त हो सकते हैं उतने किसी भी सुसंगठित एवं औपचारिक शिक्षा प्रणाली तथा कक्षा अनुदेशन से प्राप्त नहीं हो सकते।
4. परंपरागत कक्षा शिक्षण की तुलना में ई–लर्निंग इस दृष्टि से भी श्रेष्ठ सिद्ध होती है कि इसके माध्यम से सभी अधिगमकर्त्ताओं को समान अधिगम एवं प्रशिक्षण अवसर प्राप्त हो सकते हैं चाहे वे किसी भी स्थान, प्रदेश, संस्कृति, प्रांत तथा देश से अपना संबंध रखते हों और उनके अधिगम ग्रहण करने का तरीका चाहे जो भी हो।
5. देश और दुनिया के किसी कोने में बैठे हुए अनगिनत अधिगमकर्त्ताओं को ई–लर्निंग उच्चकोटि का अनुदेशन तथा अधिगम अनुभव प्रदान करने की क्षमता रखती है और इस कार्य हेतु किसी भी प्रकार के अभाव जैसे प्रशिक्षित और अनुभवी अध्यापकों का उपयुक्त संख्या में उपस्थित न रहना, विद्यार्थियों के कक्षा शिक्षण हेतु विद्यालयों की तथा संसाधनों की कमी जिसका सामना परंपरागत कक्षा शिक्षण में हमें अधिकतर देखने को मिलता है, का यह कभी शिकार ही नहीं होती।
6. ई–लर्निंग का एक और मुख्य आकर्षण तथा विशेषता उसके लचीलेपन को लेकर है। यह किसी भी प्रकार के माध्यम (सीडी, डीवीडी, कंप्यूटर तथा मोबाइल फोन) पाठ्यवस्तु (मॉड्यूल या छोटे–छोटे पदों में संग्रहीत विषयवस्तु) तथा ग्रहण करने के तरीके (जिस समय अध्यापक द्वारा दी जा रही हो अथवा सुविधानुसार कभी भी) द्वारा विद्यार्थी को उचित रूप से उपलब्ध हो सकती है।
7. ई–लर्निंग का उपयोग विद्यार्थियों की रुचि और अभिप्रेरणा को उनके अधिगम में अच्छी तरह बनाए रखने में काफी उपयोगी सिद्ध हो सकता है क्योंकि ई–लर्निंग उनके अधिगम अनुभव प्राप्त करने के अवसरों में पर्याप्त विभिन्नता ला सकती है और फलस्वरूप यहाँ कभी वे मल्टीमीडिया तथा कभी इंटरनेट, वेब टेक्नॉलोजी तथा मोबाइल टेक्नॉलोजी से अधिगम सामग्री को शाब्दिक तथा अशाब्दिक रूप में ग्रहण करने का प्रयत्न करते रहते हैं।
8. ई–लर्निंग अपने विविध प्रारूपों तथा प्रदान करने के विभिन्न तरीकों को लेकर अध्यापक और विद्यार्थियों के बीच ऑन लाइन, ऑफ लाइन तथा प्रत्यक्ष अंतःक्रिया संपन्न करने की क्षमता रखती है और इस दृष्टि से परंपरागत कक्षा शिक्षण का उचित विकल्प प्रस्तुत करने में इसकी कोई सानी नहीं है।

9. ई–लर्निंग अपनी ऑडियो–वीडियो रिकॉर्डिंग टेक्नॉलोनी के उपयोग को लेकर विद्यार्थियों के सामने ऐसे अवसर उपस्थित करती है कि वे अपनी किसी भी रिकॉर्ड की गई अधिगम सामग्री की अपनी इच्छानुसार कितनी भी बार पुनरावृत्ति करें, किसी भी अंश पर अपनी इच्छानुसार रुकें या न रूकें। इस प्रकार स्वेच्छा से और स्वगति से अनुदेशन और अधिगम प्रदान करने संबंधी क्षमता ई–लर्निंग को विद्यार्थियों के लिए काफी रुचिकर तथा उपयोगी बना सकती है।
10. ई–लर्निंग में विद्यार्थियों द्वारा किए गए अधिगम की उपयुक्त जाँच और मूल्यांकन करने के उपयुक्त अवसर प्रदान करने का समुचित प्रावधान रहता है। यह जाँच स्वयं अधिगमकर्त्ता द्वारा भी की जा सकती है और अध्यापकों तथा साथी विद्यार्थियों द्वारा भी। इस कार्य हेतु वेब पर उपलब्ध अधिगम सामग्री के साथ ही परीक्षण और मूल्यांकन सामग्री दी हुई होती है अथवा इसे इंटरनेट और मोबाइल फोन टेक्नॉलोजी के द्वारा भी प्राप्त किया जा सकता है। समय पर उचित पृष्ठपोषण प्राप्त होते रहना भी ई–लर्निंग में इस तरह अच्छी तरह संभव है और यह बात उन्हें समुचित निदानात्मक तथा उपचारात्मक शिक्षण प्रदान करने में भी काफी सहायक सिद्ध हो सकती है।
11. गेमिंग तकनीक तथा अनुरुपित शिक्षण के अपने विशेष प्रारूपों के माध्यम से ई–लर्निंग शिक्षण अधिगम प्रक्रिया को एक ऐसा जीवंत रूप प्रदान करने की क्षमता रखती है जिसकी झलक हमें प्रायः परंपरागत कक्षा शिक्षण में 'खेल खेल में शिक्षा' करके सीखना तथा व्यवहार में लाकर सीखना आदि शिक्षण सूत्रों को अपनाने में प्राप्त होती है।

ई-लर्निंग के दोष एवं सीमाएं (Disadvantages and Limitations of e-learning)

अपनी विविध विशेषताओं, क्षमताओं तथा उपादेयताओं के बावजूद ई–लर्निंग को अपनी जिन कमियों एवं सीमाओं की वजह से आलोचना का शिकार होना पड़ता है उनका संक्षेप में निम्न प्रकार उल्लेख किया जा सकता है।

1. ई–लर्निंग में विद्यार्थियों से यह अपेक्षा की जाती है कि वे मल्टीमीडिया कंप्यूटर, इंटरनेट तथा वेब टेक्नॉलोजी को उपयोग में लाने की दृष्टि से काफी कुशल हों। अपेक्षित कुशलता के अभाव में ई–लर्निंग द्वारा विद्यार्थियों को वांछित लाभों की प्राप्ति नहीं हो सकती।
2. ई–लर्निंग के लिए यह आवश्यक है कि उसके सभी अधिगमकर्त्ताओं को कंप्यूटर, लेपटॉप, मल्टीमीडिया, इंटरनेट तथा वेब सुविधाओं आदि की इच्छानुसार उपयोग में लाने की सुविधा उन्हें उनके अधिगम स्थानों (विद्यालय तथा घरों) पर प्राप्त हो। इस प्रकार की सुविधाओं का वैयक्तिक तौर पर ही नहीं बल्कि विद्यालय स्तर पर भी अभाव रहने के कारण ई–लर्निंग को प्रयोग में लाने की कठिनाइयाँ ही नजर आती हैं।
3. हमारे अधिकतर विद्यालयों में न तो पर्याप्त रूप में ऐसे साधन ही हैं और न ऐसा करने के लिए वे उचित रूप से तैयार ही हैं जिनसे ई–लर्निंग के माध्यम से उपयुक्त अनुदेशन तथा अधिगम की व्यवस्था की जा सके। कुछ पब्लिक स्कूलों तथा समाज के प्रतिष्ठित वर्ग के व्यक्तियों की संतानों के लिए बने विद्यालयों को छोड़कर देश के अधिकांश विद्यालयों में आधुनिक कंप्यूटर तथा सूचना एवं संप्रेषण टेक्नॉलोजी से युक्त साधनों की उपलब्धि की कल्पना भी नहीं की जा सकती। ऐसी अवस्था में वर्तमान विद्यालय व्यवस्था में ई–लर्निंग के प्रतिष्ठित होने के बारे में सोचा ही कैसे जा सकता है।

4. ई–लर्निंग से अवगत होने और उसके उपयोग हेतु आवश्यक कुशलताएं अर्जित करने हेतु शिक्षक प्रशिक्षण कार्यक्रमों (चाहे वे पूर्व सेवाकालीन हों या सेवाकालीन) में कोई उचित प्रावधान नहीं है। फलस्वरूप शिक्षक वर्ग में ई–लर्निंग को प्रयुक्त करने का न तो सामर्थ्य ही दिखाई देता है और न उसको काम में लाने के लिए आवश्यक उत्साह तथा रुचि ही। ऐसी अवस्था में ई–लर्निंग को विद्यालय व्यवस्था में भला किस प्रकार उचित स्थान प्राप्त हो सकता है।
5. एक सबसे बड़ी कमी जो ई–लर्निंग को अपनाने में अधिगमकर्त्ताओं को खटकती है वह यह है कि उन्हें परंपरागत कक्षा शिक्षण की तरह यहाँ मेलजोल के अवसर नहीं प्राप्त होते। उन्हें न तो साथी विद्यार्थियों का साथ मिलता है और न अपने अध्यापकों का सामीप्य तथा उनसे आमने–सामने होकर वार्तालाप तथा अंतःक्रिया करने के अवसर। गरमाहट, मानवीय तथा सामाजिक संबंधों और संपर्कों की जो सुगबुगाहट परंपरागत कक्षा शिक्षण और विद्यालय व्यवस्था में होती है उसका ई–लर्निंग में नितांत अभाव रहता है और इस तरह अधिगमकर्त्ता प्रायः अलग–थलग से पड़ जाते हैं और उनमे आवश्यक सामाजिक गुणों और विशेषताओं का विकास नहीं हो पाता। इसके साथ ही जिस प्रकार का मार्गदर्शन, पृष्ठपोषण, निदानात्मक तथा उपचारात्मक शिक्षण परंपरागत कक्षा व्यवस्था में संभव हो सकता है वैसी बातें ई–लर्निंग में नहीं मिल सकती। पाठांतर क्रियाओं, सामाजिक प्रतिभागिता और समाज तथा समुदाय के साथ अंतःक्रिया करने के अवसर प्राप्त न हो सकने के कारण ई–लर्निंग विद्यार्थियों के उचित व्यक्तिगत विकास में भी अपेक्षित सहयोग प्राप्त नहीं कर सकती।
6. विद्यार्थियों, अध्यापकों, माता–पिता तथा समाज के अन्य व्यक्तियों एवं वर्गों ने ई–लर्निंग के प्रति जो नकारात्मक दृष्टिकोण तथा उपेक्षित रवैया अपनाया हुआ है वह भी ई–लर्निंग को विद्यालय व्यवस्था में अपनाए जाने के परंपरागत कक्षा शिक्षण का विकल्प बनने में एक बड़ी बाधा तथा चुनौती का कार्य कर रहा है। ई–लर्निंग को परंपरागत कक्षा शिक्षण या नियमित एवं औपचारिक शिक्षा व्यवस्था की तुलना में निम्न कोटि का अधिगम तथा शिक्षा व्यवस्था का दर्जा दिया जाता है और इसे हारे हुए जुआरियों का आखिरी दाव कहकर केवल उन्हीं के लिए ग्रहण करने की वस्तु समझा जाता है जो किसी तरह औपचारिक कक्षा शिक्षण से लाभ नहीं उठा सकते। इस प्रकार के नकारात्मक तथा उपेक्षित दृष्टिकोण ने ई–लर्निंग के प्रसार और आयोजन के रास्ते में काफी बड़ी रूकावटें पैदा कर दी हैं। कम खर्चे में बेहतर अधिगम व्यवस्था तभी बन सकती है जबकि इसे उपयोग में लाने वालों की संख्या अधिक हो। इसके अभाव में बेहतर अध्ययन सामग्री और उसको प्रदान और ग्रहण करने वाले साधनों का बेहतर आयोजन नहीं किया जा सकता और फलस्वरूप ई–लर्निंग का स्वप्न वर्तमान विद्यालय शिक्षा–व्यवस्था में भलीभाँति फलीभूत नहीं हो सकता।

इस प्रकार हम देखते हैं कि ई–लर्निंग को विद्यालय शिक्षा तथा कक्षा अनुदेशन हेतु काम में लाने के रास्ते में काफी बाधाएं तथा अड़चनें हैं। परंतु देखा जाए तो यह बात सभी नवाचारों पर लागू होती हैं। किसी नई प्रथा को चलाने तथा नयी चीज को काम में लाने में झिझक तथा शंकाएं तो होती हैं और काम में लाने वाले द्वारा उसका विरोध भी किया जाता है। इस दृष्टि से हमें ई–लर्निंग के भविष्य के बारे में शंकालु तथा हतोत्साहित नहीं होना चाहिए। आज के इस बदलते हुए वैश्विक संदर्भ में हम तकनीकी प्रगति से दूर नहीं भाग सकते। शिक्षा और अनुदेशन में जो क्रांति कंप्यूटर सूचना तथा संप्रेषण तकनीकियों के द्वारा लाई गई है उसकी उपयोगिता असंदिग्ध है और इसे अच्छी तरह काम में लाने के प्रयत्नों में कोई ढील नहीं होनी चाहिए।

आज जब हम शिक्षा का सार्वभौमिकीकरण कर सबके लिए शिक्षा का नारा बुलंद करते हैं तथा सभी को शिक्षा के समान अवसरों की बात करते हैं तो इस बात में भी पूरी सच्चाई है कि इसके लिये ई–लर्निंग जैसा सशक्त

माध्यम चाहिए जो नियमित कक्षा शिक्षण और परंपरागत विद्यालीय व्यवस्था का उचित विकल्प बन सके। भारत जैसे विकासशील देशों के लिए तो इस प्रकार की वैकल्पिक व्यवस्था की नितांत आवश्यकता है। परंतु अधिक समझदारी इस बात में है कि हमें दोनों प्रकार की व्यवस्थाओं परंपरागत तथा ई–लर्निंग आधारित शिक्षा को साथ–साथ एक दूसरे का सहयोगी बनाकर काम में लाने के प्रयत्न करें ताकि दोनों व्यवस्थाओं की अच्छाइयों से पूरा–पूरा फायदा उठाया जा सके।

अवास्तविक कक्षा कक्षीय व्यवस्था (The System of Virtual Classrooms)

अभी तक जैसा कि प्रस्तुत अध्याय में बताया गया है, ई–लर्निंग समय और स्थान गत दूरियों तथा परिधियों से मुक्त और मल्टीमीडिया, इंटरनेट, ई–मेल, वेब साइटें, मोबाइल फोन तथा आई पोड जैसे विकसित तकनीकी साधनों द्वारा संचालित एक ऐसी सामर्थ्यवान अधिगम प्रणाली का प्रतिनिधित्व करता है जिसके द्वारा परंपरागत कक्षा अनुदेशन तथा विद्यालय व्यवस्था का विकल्प बनने का जोरदार दावा पेश किया जाता है। प्रश्न उठता है कि क्या ई–लर्निंग व्यवस्था परंपरागत शिक्षा और अनुदेशन व्यवस्था की आंशिक या पूर्णरूपेण विकल्प बनने की सामर्थ्य रखती है या नहीं। ऊपर से देखने में उत्तर हाँ हो सकता है परंतु वास्तविकता यह नहीं है। ई–लर्निंग व्यवस्था वास्तविक कक्षा अनुदेशन व्यवस्था का पूर्णरूपेण विकल्प नहीं बन सकती क्योंकि इसमें उन वास्तविक अनुभवों का नितान्त अभाव रहता है जो औपचारिक शिक्षण–अधिगम के दौरान कक्षा कक्ष शाब्दिक और अशाब्दिक संप्रेक्षण तथा जीवंत अंतःक्रियाओं के माध्यम से शिक्षण–अधिगम हेतु प्राप्त हो सकते हैं। इस अभाव की पूर्ति काफी हद तक एक और नवाचार तथा शिक्षा व्यवस्था द्वारा पूरी की जा सकती है जिसे अवास्तविक कक्षा–कक्षीय व्यवस्था का नाम दिया जाता है। आइए देखें यह व्यवस्था क्या है और हमें किस तरह उपयोगी सिद्ध हो सकती है।

अवास्तविक कक्षा कक्ष क्या हैं ? (What are Virtual Classrooms ?)

अवास्तविक कक्षा कक्ष की अवधारणा पर अपनी टिप्पणी करते हुए अमेरिका के न्यूजर्सी तकनीकी संस्थान में कार्यरत प्रोफेसर मुर्रे ट्यूरोफ़ (Murray Turoff, 2007) लिखते हैं "अवास्तविक कक्षा कक्ष एक ऐसा वेब आधारित माध्यम या शिक्षण–अधिगम वातावरण है जो गंतव्य स्थान पर जाए बिना ही आपको वहाँ चल रही प्रशिक्षण संबंधी गतिविधियों में भागीदारी निभाने में सक्षम बनाता है। आप व्याख्यान सुनते हो, प्रयोगशाला संबंधी कार्यों में हिस्सा लेते हो, प्रश्न पूछते हो तथा ठीक वैसे ही बदले में पृष्ठपोषण प्राप्त करते हो जैसा कि मानो आप परंपरागत कक्षा कक्ष में बैठकर अनुदेशन ग्रहण कर रहे हो। अंतर केवल यह होता है यहाँ आप अपनी सुनिधानुसार उस जगह डेस्कटोप पर विराजमान होकर यह सब कुछ करते हैं जहां आपको इंटरनेट तथा फोन कनेक्शन की सुपिधाएँ प्राप्त हों। इससे आपके प्रशिक्षण स्थल तक जाने संबंधी समय और पैसे जैसे सभी बातों की पर्याप्त बचत होती है।

(Virtual classroom is a web-based environment that allows you to participate in live training events without the need to travel. You listen to lectures, participate in lab exercises, ask questions, and receive feedback just as you would do in a conventional classroom - except you do it from the convenience of your desk top, or anywhere you have an Internet and phone connection. It saves the hassle, expense, and travel time to a training site.)

इस प्रकार जैसा कि ऊपर स्पष्ट किया गया है कि अवास्तविक कक्षा कक्षों से तात्पर्य उनके नाम के अनुरूप ही ऐसे कक्षा कक्षों से है जो वास्तविक कक्षा शिक्षण के प्रतिरूपों के रूप में हमारे सामने आते हैं। व्यावहारिकता

में ये वे साइबर कक्षा कक्ष (Cyber classrooms) होते हैं जहाँ अध्यापक और विद्यार्थी एक साथ उपस्थित रहकर पारस्परिक अंतःक्रिया में रत रहते हैं। इस प्रकार इन कक्षा कक्षों का सदैव यही प्रयत्न रहता है कि इनके द्वारा परंपरागत कक्षा शिक्षण जैसा प्लेटफार्म ही अध्यापक तथा विद्यार्थियों को शिक्षण अधिगम हेतु प्रदान किया जाए। अतः परिभाषा के रूप में *अवास्तविक कक्षा–कक्ष से अभिप्राय ऐसे कक्षा कक्षों से है जिनमें आधुनिक कंप्यूटर तथा संप्रेषण टेक्नॉलोजी युक्त संसाधनों जैसे इंटरनेट, ई–मेल, ऑनलाइन चैटिंग, वर्ल्डवाइड वेब, सीडी रोम, डीवीडी, टेलीकांफ्रेंसिंग तथा वीडियो ऑन कांफ्रेंसिंग इत्यादि का प्रयोग करके नियमित कक्षाओं की परंपरागत शैक्षिक, मूल्यांकन तथा प्रशासनिक गतिविधियों का आंशिक या पूर्ण रूप से स्थान लेने का प्रयत्न किया जाता है।*

अवास्तविक कक्षा कक्षों की कार्य शैली (Modus Operandi of the Virtual Classrooms)

अवास्तविक कक्षा कक्ष विभिन्न प्रकार के स्कूल पाठ्यक्रमों तथा कक्षा कक्ष गतिविधियों को स्वयं विद्यार्थियों को उनके अपने घरों तथा कार्यक्षेत्रों तक पहुँचाने का कार्य करते हैं। इनकी कार्यशैली से संबंधित मुख्य बातों को निम्न प्रकार उल्लेख किया जा सकता है–

1. अपनी कार्यपद्धति का श्रीगणेश करते हुए एक अवास्तविक कक्षा कक्ष व्यवस्था में विषय विशेषज्ञों या अनुभवी अध्यापकों को विद्यालय पाठ्यक्रम के किसी एक प्रकरण पर अनुदेशन सामग्री प्रस्तुत करने के लिए कहा जा सकता है। इनका प्रसारण सेटीलाइट आधारित टेलीकांफ्रेंसिंग द्वारा (जैसा कि एन.सी.ई. आर.टी. के शैक्षिक तकनीकी प्रभाग में एडूसैट कार्यक्रम द्वारा हो रहा है) संपन्न हो सकता है।
2. दूसरा तरीका यह हो सकता है कि विशेषज्ञों तथा अनुभवी अध्यापकों द्वारा विकसित अध्ययन सामग्री या वास्तविक कक्षा कक्ष या कैंपस की वेबसाइट पर डाल दी जाए और विद्यार्थियों को संबंधित सामग्री अपने अध्ययन हेतु डाउनलोड करने दिया जाए। इस कार्य हेतु सभी रजिस्टर्ड विद्यार्थियों को अलग–अलग गुप्त पासवर्ड दिए जा सकते हैं।
3. अपने तीसरे प्रारूप में अवास्तविक कक्षा कक्ष व्यवस्था के द्वारा कोर्स सामग्री तथा उससे संबंधित अनुदेशनात्मक निर्देश सीडी रोम या डीवीडी के रूप में विद्यार्थियों को वितरित की जा सकती है। विद्यार्थी अपनी सुविधानुसार इसे अपने कंप्यूटर या लेपटोप का उपयोग कर अपने अध्ययन हेतु प्रयोग में ला सकते हैं। इस तरह अध्ययन सामग्री चाहे सीडी रोम या डीवीडी में संकलित करने दी जाए अथवा इसे पूर्ववर्णित इंटरनेट फाइलों और वेब पेजों के रूप में विद्यार्थियों के सामने रखा जाए, विद्यार्थियों को अध्ययन सामग्री के साथ संदर्भ सामग्री, अवलंब सामग्री (Support material) तथा पूरक सामग्री (प्रायः पूछे जाने वाले प्रश्नों के रूप में) अवश्य ही प्रदान की जाती है ताकि विद्यार्थियों का स्व–अधिगम कार्य सुचारू रूप से चलता रहे।
4. अवास्तविक कक्षा कक्ष व्यवस्था द्वारा ऐसे प्रबंध करने का प्रयत्न किया जाता है कि विद्यार्थी विशेष को अपने अध्यापकों तथा साथी विद्यार्थियों के साथ संपर्क स्थापित कर उचित अंतःक्रिया करने के समुचित अवसर प्राप्त हो सकें। उपलब्ध संसाधनों के हिसाब से इस कार्य हेतु कई विकल्प प्रस्तुत किए जा सकते हैं जैसे ऑन लाइन चैटिंग, ई–मेल, ऑडियो एवं वीडियो कांफ्रेंसिंग, मोबाइल फोन सुविधाएं आदि। अध्यापकों द्वारा इस प्रकार के संपर्क और अंतःक्रिया का उपयोग शिक्षण–अधिगम प्रक्रिया में विद्यार्थियों की सक्रिय भागीदारी बनाने हेतु किया जा सकता है। वे विद्यार्थियों से प्रश्न पूछकर उनके ज्ञान एवं बोध की जाँच कर सकते हैं, उनका समय–समय पर मूल्यांकन कर सकते हैं, उनकी शंकाओं का समाधान कर सकते हैं तथा उनकी अतिरिक्त ज्ञान संबंधी जिज्ञासा की संतृप्ति कर सकते हैं।

5. अवास्तविक कक्षा कक्ष व्यवस्था द्वारा ऐसा कुछ अपना अलग से एक व्यवस्थित प्रबंध किया जा सकता है कि विद्यार्थियों के अधिगम को पुनबर्लित करने, आवश्यक अभ्यास कराने, पुनरावृत्ति कराने तथा प्रोजेक्ट कार्य, अधिन्यास और गृहकार्य देने आदि जैसी आवश्यक गतिविधियों का संचालन और प्रबंधन भी अच्छी तरह होता रहे। इस कार्य हेतु आवश्यक सामग्री तथा संदेश वेब साइट पर समयानुसार डाले जा सकते हैं और विद्यार्थियों से कहा जा सकता है कि वे आवश्यक कार्यवाही कर उन्हें ई–मेल तथा ई–फाइलों के रूप में अध्यापकों तक निश्चित समय के अंतर्गत पहुँचाने का कार्य करते रहें ताकि अध्यापकों द्वारा उनकी जाँच कर आवश्यक प्रतिपुष्टि प्रदान करने का कार्य सुचारू रूप से चलता रहे।
6. अवास्तविक कक्षा कक्ष व्यवस्था में सम्मिलित सभी रजिस्टर्ड विद्यार्थियों की अन्य प्रशासनिक तथा प्रबंधीय आवश्यकताओं की पूर्ति करने की भी यथोचित व्यवस्था रहती है। जैसे विद्यार्थियों को 'ऑन लाइन' प्रवेश देकर उनका रजिस्ट्रेशन करना, उपलब्ध पाठ्यक्रमों तथा अनुदेशनात्मक कार्यक्रमों से अवगत कराना, विद्यार्थियों को किस प्रकार की तकनीकी और माध्यमों का प्रयोग करके अनुदेशन प्रदान किया जाएगा इस बात की जानकारी, ट्यूटोरियल सुविधाओं हेतु ऑन लाइन प्रावधान के बारे में बताना, विद्यार्थियों की शैक्षिक प्रगति की जाँच, मूल्यांकन, अभ्यास, प्रतिपुष्टि, निदान तथा उपचारात्मक उपायों के बारे में बताना, विद्यार्थियों की उनकी निष्पत्तियों के आधार पर ग्रेडिंग करना तथा उन्हें सर्टीफिकेट एवं डिग्रियाँ प्रदान करना और यहाँ तक उनका दीक्षांत समारोह जैसी गतिविधियों का भी 'ऑन लाइन' आयोजन करना आदि–आदि।

अवास्तविक कक्षा क़क्ष व्यवस्था की उपादेयता (Advantages of the Virtual Classroom System)

अवास्तविक कक्षा कक्ष प्रणाली अपने उपयोगकर्त्ताओं को दुहरा लाभ पहुँचाने का सामर्थ्य रखती है। इससे एक ओर तो जहाँ भी जिस समय उन्हें अध्ययन करना हो ऐसा प्रबंध करने तथा दूसरी ओर परंपरागत कक्षा प्रणाली की तरह आमने–सामने होकर अध्यापकों से अंतःक्रिया कर अनुदेशन प्राप्त करने जैसी सुविधा प्रदान करने का कार्य अच्छी तरह किया जा सकता है। अपनी इस विशेषता और सामर्थ्य के फलस्वरूप अवास्तविक कक्षा कक्ष प्रणाली विद्यार्थियों के लिए निम्न प्रकार से बहुउपयोगी सिद्ध हो सकती है।

1. यह विद्यार्थियों को अपेक्षित अधिगम अनुभव प्रदान करने के कार्य में बेहद लचीली सिद्ध हो सकती है। वे अपनी–अपनी जगहों पर बैठे हुए या कार्य करते हुए अपनी सुविधानुसार किसी भी समय अपनी स्वगति से अध्ययन कार्य में रत रह सकते हैं।
2. परंपरागत अनुदेशन व्यवस्था की तरह यहाँ विद्यार्थियों को एक निश्चित समय तथा स्थान पर स्वयं उपस्थित रहकर अध्ययन नहीं करना होता अतः यह प्रणाली विद्यार्थियों को यह छूट देती है कि वे अपने अपने व्यवसायों या कार्यों में रत रहते हुए साथ–साथ अपना अध्ययन कार्य भी चला सकें।
3. अनुदेशन तथा अधिगम अनुभव ग्रहण करने संबंधी सुविधाएं इस प्रणाली में हर समय सप्ताह के सातों दिन और 24 घंटे विद्यार्थियों को उपलब्ध रहती है। इस प्रकार की सुविधा परंपरागत, नियमित कक्षा अनुदेशन में किसी भी तरह उपलब्ध नहीं हो सकती। विद्यार्थी जब इच्छा हो तभी किसी समय अपने अनुदेशन में रत रह सकते हैं। इस प्रकार की अनोखी छूट ही इस व्यवस्था को एक अद्वितीय अध्ययन प्रणाली बनाने की पूरी सामर्थ्य रखती है।

4. इस प्रणाली में यह अच्छी तरह संभव है कि अच्छे विषय विशेषज्ञों तथा अनुभवी अध्यापकों की सेवाओं का लाभ विद्यार्थियों को भलीभाँति प्रदान कराया जा सके। जहाँ परंपरागत कक्षा शिक्षण में सामान्य कक्षा शिक्षकों का भी अभाव बना रहता है वहाँ इस प्रकार का अनूठा लाभ इस प्रकार की व्यवस्था द्वारा ही संभव है। इस प्रणाली में प्रायः सर्वश्रेष्ठ और अनुभवी अध्यापक वर्ग या विषय विशेषज्ञों को अच्छा पारिश्रमिक देकर पूर्णकालिक सेवा पर न रखकर समय विशेष पर उनकी सेवाएं लेने का कार्य किया जाता है। सभी प्रकार के शिक्षण पाठ्यक्रमों, विषयों तथा क्षेत्र विशेषों के लिए इस प्रकार वांछित फैकल्टी का प्रावधान यहाँ किया जा सकता है जबकि परंपरागत विद्यालय व्यवस्था या कक्षा अनुदेशन कार्य में यह करना न तो संभव है और न आर्थिक दृष्टि से लाभदायक। इस प्रकार सभी प्रकार के शिक्षण कोर्सों के लिए सर्वोत्तम मानवीय संसाधनों का प्रबंध करने में भी अवास्तविक कक्षा अनुदेशन व्यवस्था परंपरागत कक्षा व्यवस्था की तुलना में काफी अच्छी मानी जा सकती है।
5. इस प्रणाली में शिक्षण अधिगम के कार्य में विविध प्रकार की नवीन तकनीकी सामग्री और माध्यमों का प्रयोग होता है जैसे सीडी रोम, डीवीडी, इंटरनेट, ऑन लाइन चैटिंग, मोबाइल एवं टेलीफोन संप्रेषण, वर्ल्ड वाइड वेब, ऑडियो एवं वीडियो कांफ्रेंसिंग इत्यादि। इस प्रकार के बहुगामी संसाधनों के प्रयोग से शिक्षण अधिगम कार्य विद्यार्थियों तथा शिक्षकों के लिए अति रुचिकर तथा प्रेरणादायक बन जाता है।
6. अवास्तविक कक्षा कक्ष व्यवस्था में विद्यार्थियों को अपने अध्यापकों तथा साथियों से किसी भी प्रकार की आलोचना, प्रताड़ना तथा मजाक उड़ाने का भय नहीं होता। किसी भी प्रकार की असफलता भी उन्हें बहुत अधिक विचलित नहीं करती क्योंकि उन्हें अपने अधिगम प्रयासों द्वारा अपनी मंजिल पाने की पूरी आशा बनी रहती है।
7. अवास्तविक कक्षा कक्ष व्यवस्था विद्यार्थियों के लिए अपने कई अन्य ऑन लाइन फीचर्स की वजह से भी काफी लाभदायक सिद्ध हो सकती है। उन्हें इससे प्रवेश लेने, रजिस्ट्रेशन कराने, कोर्स और शैक्षणिक गतिविधियों से परिचित होने, अधिन्यास तथा प्रोजेक्ट प्राप्त करने, परीक्षण और मूल्यांकन में से गुजरने, अपनी उपलब्धियों के संबंध में परिणामों से अवगत होने, सर्टीफिकेट तथा ग्रेडिंग प्राप्त करने, अध्यापकों से आवश्यक सलाह एवं मार्गदर्शन ग्रहण करने, पब्लिक परीक्षाओं, मेरिट स्कीम, व्यावसायिक एवं उच्चतर कोर्सों में दाखिला लेने आदि से संबंधित आवश्यक सूचनाएं आसानी से घर बैठे ही ऑन लाइन प्राप्त हो जाती हैं।
8. इस व्यवस्था में अध्यापकों तथा प्रशासनिक अधिकारीगण की मूल्यवान समय और शक्ति की (जो परंपरागत कक्षा शिक्षण व्यवस्था में दिन प्रतिदिन के प्रशासकीय तथा प्रबंध कार्यों में यूं ही खर्च हो जाती है) काफी बचत हो जाती है। कक्षा में अनुशासन बनाए रखना, टाइमटेबल निर्माण तथा उसको भलीभाँति लागू करना, अध्यापकों तथा विद्यार्थियों की उपस्थिति, नियमितता, समय की पाबंदी आदि पर ध्यान रखना, विद्यार्थियों के लिए पाठ्य सहगामी क्रियाओं का प्रबंध करना, विद्यार्थियों तथा अध्यापकों के आपसी मनमुटाव तथा लड़ाई झगड़ों तथा व्यवहार संबंधी समस्याओं से निपटना आदि समस्याओं का अवास्तविक कक्षा कक्ष व्यवस्था में कोई अस्तित्व नहीं होता।

अवास्तविक कक्षा कक्ष व्यवस्था की कमियाँ एवं सीमाएं (Drawbacks and Limitations of the Virtual Classroom System)

किसी भी वस्तु या प्रक्रिया का अपने सही वास्तविक रूप में उपस्थित रहकर क्रियाशील न होना ही अपने आप में उसकी कमी तथा सीमाओं की ओर इशारा करने में काफी रहता है। यही बात अवास्तविक कक्षा कक्ष व्यवस्था

में दिखाई देने वाली खामियों तथा कमियों के लिए भी यथेष्ट रूप से लागू होती है। संक्षेप में इस व्यवस्था में पायी जाने वाली कमियों तथा सीमाओं को निम्न प्रकार लिपिबद्ध किया जा सकता है।

1. यह सही है कि व्यवस्था विद्यार्थियों के अपने अध्ययन के संदर्भ में काफी लचीली सिद्ध होती है। वे अपनी आवश्यकतानुसार किसी भी समय और स्थान विशेष में स्वगति से अध्ययनरत रह सकते हैं और इसके लिये किसी भी प्रकार की संप्रेषण शैली तथा माध्यम (जिनके विकल्प इस व्यवस्था में उपलब्ध रहते हैं) का चयन कर सकते हैं। परंतु यही लचीलापन विद्यार्थियों को गुमराह भी कर सकता है और वे इससे नाजायज फायदा उठाने की कोशिश भी कर सकते हैं। उम्र का तकाजा और अनुभव की कमी उन्हें अपनी जिम्मेदारियों का अहसास कराने में अक्षम सिद्ध हो सकती है और वे अपनी शक्ति और समय को निरुद्देश्यीय कार्यों में खर्च कर सकते हैं।
2. प्रायः यह देखा जाता है कि अवास्तविक कक्षा कक्ष व्यवस्था के संगठन और प्रबंधन में अधिगम सामग्री और विद्यार्थियों को उसे प्रदान करने के तरीकों की गुणवत्ता में काफी असंदिग्धता रहती है। इस कार्य हेतु जो फैकल्टी नियुक्त की जाती है वह अपने कर्त्तव्यों के निर्वाह में समुचित रूप से सक्षम नहीं पाई जाती। इस तरह के हालातों में विद्यार्थी वर्ग पर काफी बुरी बीतती है और यही बात अवास्तविक कक्षा कक्ष व्यवस्था के लिए काफी बदनामी और बुराई का कारण बन जाती है।
3. यह सोचा जाता है कि अवास्तविक कक्षा कक्ष व्यवस्था के माध्यम से विद्यार्थियों को प्रत्यक्ष कक्षा शिक्षण जैसे अनुभव और कक्षा अंतःक्रिया के अवसर सुलभ कराए जा सकेंगे। परंतु यह बात अधिकतर स्वप्न ही बनकर रह जाती है। अवास्तविक कभी भी सही रूप में वास्तविक नहीं बन सकता। ऐसी कोई भी अवास्तविक कक्षा कक्ष व्यवस्था नहीं हो सकती है जिसमें वास्तविक कक्षा शिक्षण के जीवंत अनुभव, अंतःक्रिया तथा संबंधों की गूढ़ता, सामाजिकता तथा अंतरंगता पाई जाए। मानवीय संबंधों की जो गरमाहट तथा सामाजिक–संवेगात्मक वातावरण का जो प्रभाव वास्तविक कक्षा शिक्षण में दिखाई देता है ऐसी कोई बात अवास्तविक कक्षा कक्ष व्यवस्था में मिल पाना दुष्प्रायः ही होता है। इन हालातों में विद्यार्थियों के व्यक्तिगत विकास को समुचित दिशा मिल पाना मुश्किल ही रहता है।
4. विद्यालय शिक्षा का प्रमुख उद्देश्य विद्यार्थियों के व्यक्तित्व का सर्वांगीण विकास है। परंपरागत कक्षा शिक्षण और विद्यालय व्यवस्था में इस कार्य हेतु काफी उपयोगी प्रयास किए जाते हैं जैसे पाठांतर क्रियाओं का आयोजन, विद्यार्थियों के लिए कल्याणकारी क्रियाओं का संपादन, सामुदायिक गतिविधियों का संचालन, अभिभावकों तथा समुदाय के सदस्यों के साथ मेल मिलाप और सहयोग इत्यादि। ऐसी क्रियाओं का अवास्तविक कक्षा कक्ष व्यवस्था में पूरी तरह अभाव ही रहता है और इसके आभाव में हम इस व्यवस्था द्वारा विद्यार्थियों को वह सब कुछ नहीं दे पाते जिनके माध्यम से उसके शारीरिक, सामाजिक, संवेगात्मक तथा नैतिक विकास को उचित आधार तथा दिशा प्राप्त हो और उनके व्यक्तित्व का सर्वांगीण विकास हो सके।

ऊपर जो भी बातें कही गई हैं उनसे स्पष्ट आभास हो सकता है कि अवास्तविक कक्षा कक्ष व्यवस्था में काफी खामियाँ तथा कमियाँ हैं जिनकी वजह से इसे वर्तमान विद्यालय या कक्षा शिक्षण व्यवस्था का अंग बनाना या उसकी जगह इसे लागू करना संभव नहीं है। परंतु इस बात से भी इंकार नहीं किया जा सकता कि इस व्यवस्था में इतना सामर्थ्य है कि वह सबके लिए शिक्षा तथा सबके लिए बिना भेदभाव के एक जैसी तथा बेहतर शिक्षा जैसे सुनहरे स्वप्नों को साकार कर देश की प्रगति में पूरा–पूरा योगदान दे सकती है। समय और दूरी के बंधनों से मुक्त अपनी आवश्यकतानुसार अपनी गति से अध्ययन अवसरों का उपयोग करना इसी व्यवस्था के अंतर्गत संभव हो सकता है। जितने विभिन्न प्रकार के बहुआयामी कोर्सों का अध्ययन इस व्यवस्था के द्वारा विद्यार्थियों को सुलभ

हो सकता है वैसा परंपरागत विद्यालय और कक्षा अनुदेशन प्रणाली में उसके आने वाले खर्चों और संसाधनों की सीमितता की वजह से संभव नहीं है। इन हालातों में अवास्तविक कक्षा कक्ष व्यवस्था, परंपरागत कक्षा कक्ष व्यवस्था को अच्छा अवलंब तथा कुछ हालातों में एक अच्छा विकल्प दे सकती है। उसकी इन बेहतर संभावनाओं के संदर्भ में इसलिये इसे खुले दिल से स्वीकार कर आगे बढ़ाने के सही प्रयत्न अवश्य किए जाने चाहिएं।

सार-संक्षेप
(Summary)

1. ई–लर्निंग इलेक्ट्रोनिक लर्निंग पद का लघुरूप है। ई–मेल, ई–बैंकिंग, ई–बुकिंग तथा ई–कॉमर्स जैसे प्रचलित पदों एवं संप्रत्ययों की भाँति इसे भी आधुनिक कंप्यूटर तथा सूचना एवं संप्रेषण तकनीकियों से जन्मी ऐसे नवाचार तथा नई पद्धति के रूप में जाना जा सकता है जिनसे विद्यार्थियों को अपने स्थान पर ही अपनी सुविधानुसार अध्ययन सामग्री एवं अनुदेशन प्राप्त करते रहने के अमूल्य अवसर प्राप्त होते रहते हैं। ऐसे अवसर उसे कंप्यूटर जन्य इंटरनेट तथा वेब टेक्नॉलोजी से ही प्राप्त नहीं होते। इस कार्य में मल्टीमीडिया और मोबाइल टेक्नॉलोजी भी अच्छा योगदान दे सकती है। इस तरह अपने व्यावहारिक अर्थों में ई–लर्निंग पदावली का प्रयोग उस लर्निंग या अधिगम के लिए होता है जिसे विद्यार्थियों द्वारा मल्टीमीडिया सुविधाओं तथा इंटरनेट और वेब टेक्नॉलोजी के उपयोग द्वारा कंप्यूटर, लेपटोप एवं मोबाइल फोन सर्विसेज के माध्यम से प्रदान या ग्रहण किया जाता है।
2. ई–लर्निंग का कार्य अपने विविध रूपों में संपन्न हो सकता है। इसके लिए मुख्य रूप से जो प्रारूप तथा शैलियाँ अपनाई जाती हैं वे हैं (i) अवलंब अधिगम (कक्षा की शिक्षण अधिगम गतिविधियों को सहारा देने की भूमिका निभाना) (ii) मिश्रित अधिगम (परंपरागत तथा आधुनिक सूचना एवं संप्रेषण तकनीकियों पर आधारित दोनों प्रकार की अधिगम व्यवस्थाओं का मिला जुला रूप) तथा (iii) पूर्णरूपेण ई–लर्निंग व्यवस्था जिसके अंतर्गत परंपरागत कक्षा अनुदेशन के स्थान पर ई–लर्निंग व्यवस्था लागू करने की बात की जाती है।
3. हमारे विद्यालयों में ई–लर्निंग व्यवस्था के आयोजन और प्रोत्साहन हेतु जो उचित प्रयास किए जाने चाहिएं उनमें से उल्लेखनीय हैं (i) ई–लर्निंग की प्रक्रिया और फायदों के बारे में उचित सकारात्मक दृष्टिकोण तथा माहौल उत्पन्न करना (ii) मल्टीमीडिया उपकरणों, कंप्यूटर, इंटरनेट तथा वेब टेक्नॉलोजी के समुचित उपयोग हेतु अध्यापकों तथा सहायक स्टाफ को उचित जानकारी तथा प्रशिक्षण प्राप्त करना (ii) ई–लर्निंग से होने वाले लाभों एवं उपादेयता से अध्यापकों एवं विद्यार्थियों को भलीभाँति अवगत कराना (iv) इंटरनेट एवं वेब सुविधाएं उपलब्ध कराना तथा विद्यालय की वेबसाइट के संचालन की व्यवस्था करना (v) विद्यार्थियों तथा अध्यापकों को प्रशिक्षण देने तथा ऑन लाइन सहायता प्रदान करने हेतु प्रशिक्षित तकनीकी स्टाफ की व्यवस्था करना।
4. विद्यार्थियों के लिए ई–लर्निंग व्यवस्था विविध प्रकार से लाभदायक सिद्ध हो सकती है। इस संदर्भ में मुख्य रूप से जिनका उल्लेख किया जा सकता है वे हैं (i) स्थान, दूरी और अधिगम गति संबंधी सभी बाधाओं से परे हटकर वैयक्तिक स्तर पर बेहतर अधिगम अनुभवों को ग्रहण करने के अवसर प्रदान करना (ii) अधिक से अधिक अधिगमकर्त्ताओं को एक साथ एक जैसे अधिगम अनुभव परंपरागत कक्षा अनुदेशन के स्तरानुकूल ही प्रदान करना (iii) विभिन्न प्रदेश, प्रांतों, देशों में अधिगम ग्रहण कर रहे विद्यार्थियों के बीच संपर्क तथा सहयोग बढ़ाने में सहायक सिद्ध होना (iv) मानवीय और भौतिक संसाधनों की सीमितता

को नजरअंदाज करते हुए बेहतर स्तर के अनुदेशन और अधिगम में सहायक बनना (v) अधिगम प्रदान करने और ग्रहण करने के प्रारूपों तथा माध्यमों में विविधता और लचीलापन लाना (vi) विद्यार्थियों की अधिगम के प्रति रुचि और अभिप्रेरणा बढ़ाने में सहायक सिद्ध होना तथा (vii) अधिगम परिणामों का ठीक तरह से समयानुसार मूल्यांकन करने और उचित प्रतिपुष्टि प्रदान करने के समुचित अवसर प्रदान करना।

5. ई–लर्निंग का अपने जिन दोषों, कमियों तथा सीमाओं को लेकर आलोचना की जाती है उनमें से प्रमुख हैं (i) मल्टीमीडिया, इंटरनेट तथा वेब टेक्नॉलोजी को ई–लर्निंग हेतु उपयोगकर्त्ताओं द्वारा समुचित रूप से उपयोग करने में कठिनाइयाँ (ii) अध्यापकों तथा विद्यालय अधिकारियों द्वारा ई–लर्निंग के प्रति अनिच्छा और इसे प्रयोग में लाने संबंधी व्यावहारिक कठिनाइयाँ (iii) अध्यापकों को ई–लर्निंग के बारे में ज्ञान तथा प्रशिक्षण देने का पूर्वसेवाकालीन तथा सेवाकालीन किसी भी स्तर पर उचित प्रावधान न किया जाना (iv) आमने–सामने सीधे संपर्क और अंतःक्रिया करने के अवसर न मिलने से विद्यार्थियों द्वारा अकेलापन महसूस करना (v) सभी का हर तरह से ई–लर्निंग व्यवस्था द्वारा प्राप्त अधिगम और प्रशिक्षण को नियमित कक्षा शिक्षण की तुलना में निम्न कोटि का समझना।

6. अवास्तविक कक्षा कक्षों से तात्पर्य ऐसे कक्षा कक्षों से है जिनमें आधुनिक कंप्यूटर तथा संप्रेक्षण तकनीकी जन्य संसाधनों जैसे इंटरनेट, ई–मेल, ऑन लाइन चैटिंग, वर्ल्ड वाइड वेब, सीडी रोम तथा डीवीडी, मोबाइल आदि का प्रयोग करके नियमित कक्षाओं की परंपरागत शैक्षिक, मूल्यांकन तथा प्रशासनिक गतिविधियों का आंशिक या पूरी तरह से स्थान लेने का प्रयत्न किया जाता है।

7. अवास्तवतिक कक्षा कक्ष व्यवस्था विद्यार्थियों के दरवाजों तक वांछित अनुदेशन और अधिगम अनुभवों को उनकी आवश्यकतानुसार पहुँचाने हेतु कई तरह के प्रारूपों और साधनों का उपयोग करती हुई पाई जाती है जैसे (i) विषय विशेषज्ञ और अनुभवी अध्यापकों द्वारा अधिगम अनुभवों तथा निर्देशों का रेडियो तथा टेलीविजन शैक्षिक कार्यक्रमों के रूप में प्रसारण (ii) अच्छी तरह विकसित अध्ययन सामग्री को वेब पेजों के रूप में वेबसाइट पर डालना (iii) स्व–अध्ययन हेतु विद्यार्थियों को अध्ययन सामगी सीडी रोम तथा डीवीडी के रूप में वितरित करना (iv) वांछित अध्यापक–विद्यार्थी शिक्षा अधिगम अंतःक्रिया हेतु ऑन लाइन चैटिंग, ई–मेल और ऑडियो–वीडियो कांफ्रेंसिंग की व्यवस्था करना (v) इंटरनेट और वेब सुविधाओं के माध्यम से विद्यार्थियों को अभ्यास कार्य, गृहकार्य, प्रोजेक्ट कार्य, निदानात्मक तथा उपचारात्मक कार्य की व्यवस्था करना।

8. अवास्तविक कक्षा कक्ष व्यवस्था की अपनी जिन विशेषताओं और उपादेयताओं के संदर्भ में प्रशंसा की जाती है वे हैं (i) समय, स्थान और अधिगम गति के संबंध में पूरा लचीलापन (ii) किसी भी व्यवसाय या कार्यों में रत रहते हुए भी अध्ययन चालू रखने की छूट (iii) सप्ताह के सातों दिनों तथा 24 घंटे अपनी सुविधानुसार अनुदेशन और अधिगम अनुभव प्राप्त करने की छूट (iv) विद्यालय पाठ्यक्रम के किसी भी विषय तथा प्रकरण के शिक्षण अधिगम हेतु अधिक कुशल, अनुभवी एवं प्रशिक्षित फैकल्टी की सेवाएं मिलने का प्रावधान (v) विद्यार्थियों को नियमित कक्षा शिक्षण जैसी सुविधाएं तथा आनंद प्रदान कराने का सामर्थ्य (vi) अध्यापकों तथा साथी अध्यापकों द्वारा आलोचना करने, झिड़कने तथा मजाक उड़ाने संबंधी भय की अनुपस्थिति (vii) विद्यार्थियों की प्रशासनिक तथा मूल्यांकन संबंधी विविध समस्याओं के ऑन लाइन हल में सहायक (viii) विद्यालय के प्रशासनिक तथा शैक्षिक कार्यक्रमों को कम खर्चे में सर्वोत्तम ढंग से संपादित करने में सहायक।

9. अवास्तविक कक्षा कक्ष व्यवस्था को अपनी जिन कमियों तथा दोषों के कारण आलोचना का शिकार होना पड़ता है उनमें से प्रमुख हैं (i) इस व्यवस्था में लचीलेपन और उससे मिलने वाली स्वतंत्रता का विद्यार्थियों

द्वारा दुरुपयोग (ii) इस व्यवस्था में पाठ्यसामग्री तथा उसे विद्यार्थियों तक पहुँचाने संबंधी तरीकों का दोषपूर्ण तथा घटिया स्तर के होने की संभावना (iii) नियमित कक्षा शिक्षण जैसे प्रत्यक्ष आमने–सामने संपर्क तथा अंतःक्रिया न प्रदान कर सकने की विवशता तथा (iv) विद्यार्थियों के व्यक्तित्व का सर्वांगीण विकास न कर सकने संबंधी इसकी अक्षमता।

संदर्भित एवं विशेष अध्ययन ग्रंथ (References and Suggested Readings)

Bates, Tiny, National Strategy for e-Learning in Post Secondary Education and Training, Paris: UNESCO, 2001.

Golubchick, Leonard H. and Barry Persky (Eds.), *Innovations in Education*, Dubuque, Iowa: Kendall/Hunt Pub., 1975.

De Carlo Julia E. and Constant A. Madon (Eds.), *Innovations in Education for the Seventies: Selected Readings*, New York: Behavioral Publications, 1973.

Krishnan, Bhooma, "Click to Learn", *The Times of India,* Delhi ed., 10 December, 2007.

Kumar, Santheesh, J. and John Sagy, E-learning Possibilities in Education, *Edutracks*, April, 2008, vol. 7, No. 8. p. 8, 13.

Rosenberg, Marc Jeffy, *E-learning*, New York: McGraw-Hill, 2001.

Stephenson, John, *Teaching & Learning Online*, London: Kogan Page.

Turoff Murray, *Designing a Virtual Classroom,* Department of Computer and Information Science, New York NJ: New Jersey Institute of Technology, retrieved from murray@eies.njit.edu.

Venkataiah, S., *Education via Internet*, New Delhi: Anmol Publications, 2004.

अध्ययन के लिए प्रश्न (Study Questions)

1. ई-लर्निंग क्या है ? इसकी प्रकृति एवं विशेषताओं पर प्रकाश डालिए।
2. ई-लर्निंग पद को परिभाषित करते हुए इसकी नवीनतम अवधारणा का ब्यौरा दीजिए।
3. ई-लर्निंग के संपादन हेतु प्रयोग में लाए जाने वाले विभिन्न प्रारूपों तथा तरीकों पर प्रकाश डालिए।
4. ई-लर्निंग क्या है ? इस अधिगम या अनुदेशन व्यवस्था के विद्यालयों में आयोजन तथा प्रोत्साहन हेतु क्या कुछ किया जा सकता है ? वर्णन करें।
5. ई–लर्निंग प्रणाली के गुण दोषों की विवेचना कीजिए।
6. अवास्तविक कक्षा कक्षा क्या है ? इनकी विशेषताओं और प्रकृति पर प्रकाश डालिए।
7. अवास्तविक कक्षा कक्षों की अवधारणा तथा कार्य पद्धति पर विस्तार से प्रकाश डालिए।
8. अवास्तविक कक्षा कक्षों की अधिगम तथा अनुदेशन व्यवस्था के गुण–दोषों की विवेचना कीजिए।

34

दूरवर्ती शिक्षा
(Distance Education)

अध्याय रूपरेखा (Chapter Outline)

- विषय प्रवेश (Introduction)
- दूरवर्ती शिक्षा क्या है ? (What is Distance Education ?)
- दूरवर्ती शिक्षा के उद्देश्य एवं कार्य (Purposes and Functions Served by Distance Education)
- दूरवर्ती शिक्षा के सिद्धांत (Theories of Distance Education)
- भारत में दूरवर्ती शिक्षा—ऐतिहासिक पृष्ठभूमि तथा वर्तमान स्थिति (Distance Education in India—Historical Perspective and Present Scenario)
- दूरवर्ती शिक्षा कार्यक्रम का आयोजन और प्रबंधन (Organisation and Management of Distance Education Program)
- सार-संक्षेप (Summary)
- संदर्भित एवं विशेष अध्ययन ग्रंथ (References and Suggested Readings)
- अध्ययन के लिए प्रश्न (Study Questions)

विषय प्रवेश
(Introduction)

जैसा कि पिछले अध्याय में चर्चा की जा चुकी है कि शिक्षा और अनुदेशन को, ई–लर्निंग तथा अवास्तविक कक्षा कक्ष व्यवस्था जैसे नवाचार, अधिगमकर्त्ताओं के घरों तक पहुँचाने और उन्हें उनकी आवश्यकतानुसार स्वगति से अधिगम और अनुदेशन ग्रहण कराने में अपूर्व भूमिका निभा सकते हैं। दूरदराज स्थानों पर बैठे हुए या अपने–अपने रोजगारों या कार्यों में लगे हुए अधिगम के इच्छुक अध्ययनकर्त्ताओं को इस प्रकार की दूरवर्ती शिक्षा और अनुदेशन की व्यवस्था करने में आधुनिक विकसित टेक्नोलोजी अब इतनी कामयाब होती दिखाई दे रही है कि इसने परंपरागत कक्षा शिक्षण तथा नियमित विद्यालय शिक्षा का एक बेहतर विकल्प बनने का दावा अच्छी तरह पेश कर दिया है। फलस्वरूप आए दिन हमारे विश्वविद्यालयों तथा विद्यालय शिक्षा बोर्डों द्वारा दूरवर्ती शिक्षा संबंधी नए–नए पाठ्यक्रम, तथा कार्यक्रम प्रस्तुत किए जा रहे हैं, मुक्त विश्वविद्यालयों की संख्या बढ़ रही है तथा दूरवर्ती शिक्षा ग्रहण करने वाले विद्यार्थियों की संख्या में अपार वृद्धि हो रही है। इन सभी बातों ने आज यह आवश्यक

बना दिया है कि शिक्षा और अनुदेशन से जुड़े हुए अध्यापक वर्ग को चाहे पूर्व सेवाकालीन या सेवाकालीन प्रशिक्षण के दौरान दूरवर्ती शिक्षा की प्रकृति, क्षेत्र, कार्यशैली और उपयोगिता से भलीभाँति परिचित करा दिया जाए ताकि वे इसका उपयोग अपनी व्यावसायिक अभिवृद्धि और विद्यार्थियों के हितचिंतन हेतु भलीभाँति करने में समर्थ बन सके। प्रस्तुत अध्याय में दूरवर्ती शिक्षा संबंधी कुछ ऐसी ही आवश्यक बातों की चर्चा यहाँ हम करने जा रहे हैं।

दूरवर्ती शिक्षा क्या है ?
(What is Distance Education ?)

दूरवर्ती शिक्षा को अपने कई नामों से जाना जाता रहा है। जैसे पत्राचार शिक्षा, स्व–अध्ययन या स्व–आधीन अध्ययन, पोस्टल ट्यूशन, ओपन लर्निंग या मुक्त अधिगम, मुक्त विद्यालय तथा विश्वविद्यालय पाठ्यक्रम, ऑन लाइन लर्निंग तथा दूरवर्ती अधिगम या अनुदेशन आदि। परंतु अगर शाब्दिक तौर से दूरवर्ती शिक्षा का सरल अर्थ ग्रहण करने का प्रयत्न किया जाए तो हम इसे एक ऐसी शिक्षा का दर्जा दे सकते हैं जिसे दूर बैठे दिया तथा ग्रहण किया जाता हो। यह दूरी जो शिक्षा देने वाले और ग्रहण करने वाले के बीच में दूरवर्ती शिक्षा में एक महत्त्वपूर्ण भूमिका निभाती है उसकी विभिन्न शिक्षण अधिगम परिस्थितियों में अपनी–अपनी तरह से अलग–अलग व्याख्या हो सकती है। इस समय में अपने विचार व्यक्त करते हुए हेन्सन, एन्डरसन तथा सिमोन्सन जैसे विद्वानों ने लिखा है कि "दूरी शब्द अपने विविध अर्थ रखता है– दूरवर्ती शिक्षा पद का प्रयोग उन सभी विविध प्रकार के कार्यक्रमों के लिए किया जाता है जिनसे विविध प्रकार के अधिगमकर्त्ताओं को विविध प्रकार के माध्यमों का प्रयोग करके सेवाएं प्रदान की जाती हैं।"

("The word 'distance' has multiple meanings—the term distance education has been applied to a tremendous variety of programs serving numerous audience via a wide variety of media"—Hanson, Anderson and Semonson, 1970, p. 1).

दूरी तथा दूरवर्ती शिक्षा के इन विविध अर्थों ने इस प्रकार से शिक्षा के नामकरण को नहीं बल्कि उसकी प्रकृति, कार्यक्षेत्र एवं उपयोग को भी समय–समय पर प्रभावित किया है जैसा कि विभिन्न विद्वानों द्वारा समय–समय पर दी गई परिभाषाओं के माध्यम से हम भलीभाँति जान सकते हैं। ऐसी कुछ परिभाषाओं को उदाहरण के तौर पर नीचे प्रस्तुत किया जा रहा है।

1. डोहमेन—दूरवर्ती शिक्षा स्व–अध्ययन का ऐसा सुव्यवस्थित एवं संगठित प्रारूप है जिसमें विद्यार्थियों को परामर्श प्रदान करने, अधिगम सामग्री प्रस्तुत करने तथा उनकी प्रगति की समुचित देखभाल करने का कार्य शिक्षकों की एक टीम के द्वारा पूरी कर्त्तव्यनिष्ठा से संपन्न किया जाता है। यह सब दूर–दूर बैठे हुए भी उन साधनों के द्वारा संभव हो जाता है जो लंबी दूरी तक ऐसा करने की क्षमता रखते हैं। दूरवर्ती शिक्षा का विलोम या उल्टा, प्रत्यक्ष शिक्षा या आमने–सामने दी जाने वाली शिक्षा होता है जिसके अंतर्गत विद्यार्थियों तथा प्रवक्ताओं के बीच सीधा संपर्क आवश्यक होता है।

("Distance education is a systematically organized form of self-study in which student counselling, the presentation of learning material and the securing and supervising of student's success is carried out by a team of teachers, each of whom has responsibilities. It is made possible at a distance by means of media which can cover long distances. The opposite of distance education is direct education or 'face to face education' a type of education that takes place on the direct contact between lecturers and students".—Dohmen, 1967, p. 9).

2. पीटर्स—दूरवर्ती शिक्षा/शिक्षण से अभिप्राय ज्ञान, कौशल तथा अभिवृत्तियों को विकसित करने की उस विधि से है जिसे कार्य के उचित विभाजन तथा प्रबंधन सिद्धांतों और टेक्नीकल मीडिया के समुचित उपयोग द्वारा (विशेषकर जिससे उच्च कोटि की शिक्षण सामग्री विकसित हो सके) इस प्रकार अंजाम दिया जाता है कि अधिक से अधिक विद्यार्थियों को एक ही समय जहाँ वे रहते हों अनुदेशन प्रदान करना संभव हो सके। यह एक ऐसा प्रारूप है जिसमें शिक्षण–अधिगम का औद्योगिकीकरण होता है।

("Distance teaching/education is a method of imparting knowledge, skills and attitudes which is rationalized by the application of division of labour and organizational principles as well as by the extensive use of technical media, especially for the purpose of reproducing high quality teaching material which makes it possible to instruct great number of students at the same time wherever they live. It is an industrialized form of teaching and learning".—Peters, 1973, p. 206.)

3. मूरे—दूरवर्ती शिक्षा को ऐसी अनुदेशन विधियों का परिवार कहा जा सकता है जिनमें सभी शिक्षण व्यवहार (वह भी जो परंपरागत कक्षा शिक्षण व्यवस्था में विद्यार्थियों के सामने संपन्न होते हैं) अधिगम व्यवहारों की अनुपस्थिति में संपन्न किए जाते हैं और परिणामस्वरूप इनमें शिक्षक और विद्यार्थियों के बीच संप्रेक्षण हेतु प्रिंट, इलेक्ट्रॉनिक, मैकेनिकल और ऐसी ही अन्य प्रविधियों का प्रयोग करना आवश्यक होता है।

("Distance education may be defined as the family of instructional methods in which the teaching behaviours are executed apart from the learning behaviours, including those that in a contiguous situation would be performed in the learner's presence, so that communication between the teacher and the learner might be facilitated by print, electronic, mechanical or other devices."—Moore, 1977, p. 8.)

4. गैरीसन एवं शेले—दूरवर्ती शिक्षा में शिक्षक और विद्यार्थियों के बीच अधिकतर शैक्षिक संप्रेषण दूर बैठे हुए ही होता है। शिक्षा प्रक्रिया को सुचारू रूप से चलाने हेतु इसमें द्विपक्षीय संप्रेषण अध्यापक और विद्यार्थियों के बीच होना अनिवार्य होता है जिसे टेक्नोलोजी के माध्यम से संपन्न किया जाता है।

("Distance education implies that the majority of educational communication between (among) teacher and student(s) occurs non-contiguously. It must involve two-way communication between (among) teacher and student(s) for the purpose of facilitating and supporting the education process. It uses technology to mediate the necessary two-way communication."—Garrison and Shale, 1987, p. 11.)

5. पेराटॉन—दूरवर्ती शिक्षा वह शिक्षा प्रक्रिया है जिसमें बहुत सारा उल्लेखनीय शिक्षण कार्य उनके द्वारा किया जाता है जो अधिगमकर्त्ता से समय और दूरी की दृष्टि से कहीं और होते हैं।

("Distance education is an education process in which a significant proportion of the teaching is conducted by someone removed in space and/or time from the learner."—Perraton, 1988, p. 34.)

6. हॉमबर्ग—दूरवर्ती शिक्षा पद में सभी स्तरों के अध्यापन संबंधी वे सभी प्रारूप शामिल रहते हैं जिनमें व्याख्यान कक्षों में बैठे हुए विद्यार्थियों को अपने साथ बैठे हुए या विद्यालय कैंपस में मौजूद ट्यूटरों से तुरंत ही लगातार पर्यवेक्षण तो प्राप्त नहीं होता परंतु किसी ट्यूटोरियल संस्था के नियोजन, परामर्श तथा ट्यूशन का लाभ उन्हें अवश्य ही प्राप्त होता रहता है।

("The term distance education covers the various forms of study at all levels which are not under continuous immediate supervision of tutors present with their students in lecture rooms or on the same premises,but which, nevertheless, benefit from the planning, guidance and tuition of a tutorial organisation."—Holmberg, 1989, p. 9.)

7. बार्कर एवं सहयोगी—टेलीकम्यूनिकेशन आधारित दूरवर्ती शिक्षा उपागम पत्राचार अध्ययन से काफी आगे की बात है। इसमें अनुदेशक तथा विद्यार्थी दोनों एक साथ एक समय विशेष में शिक्षण–अधिगम अनुभवों से

गुजरते हैं। जब एक श्रव्य अथवा दृश्य (या दोनों) संप्रेषण सूत्र का उपयोग किया जाता है तो शिक्षक और शिक्षार्थी के बीच समय विशेष पर सीधा संपर्क स्थापित हो जाता है और परिणामस्वरूप विद्यार्थियों को अपनी पूछताछ और टिप्पणियों का तत्काल ही जवाब मिलता रहता है। परंपरागत कक्षा कक्ष शिक्षण की तरह यहाँ विद्यार्थी वक्ता से उसी समय स्पष्टीकरण प्राप्त कर सकते हैं।

("Telecommunications based distance education approaches are an extension beyond the limits of correspondence study. The teaching learning experiences for both instructor and student(s) occurs simultaneously—it is contiguous in time. When an audio and/or video communication link is employed, the opportunity for live teacher-student exchange in real time is possible, thereby permitting immediate classroom setting, students can seek on the spot clarification from the speaker."—Barker et. al., 1989, p. 25.)

8. मूरे—दूरवर्ती शिक्षा से अभिप्राय उन सभी प्रबंधों से है जिनके द्वारा अनुदेशक या अनुदेशकों के द्वारा अलग समय या स्थानों पर स्थित नियोजित अधिगम में रत व्यक्तियों को प्रिंट या इलेक्ट्रोनिक कम्यूनीकेशन माध्यम से अनुदेशन प्रदान किया जाता है।

("Distance education is all arrangements for providing instruction through print or electronic communication media to person engaged in planned learning in a place or time different from that of the instructor or instructors."—Moore, 1990, p. xv.)

9. पोर्टवे एवं लेन—दूरवर्ती शिक्षा पद से अभिप्राय उन शिक्षण–अधिगम परिस्थितियों से है जिनमें अनुदेशक तथा विद्यार्थी भौगोलिक रूप से अलग–अलग होते हैं और फलस्वरूप उन्हें अनुदेशनात्मक संप्रेषण हेतु मुद्रित सामग्री तथा इलेक्ट्रोनिक उपकरणों पर निर्भर रहना पड़ता है। दूरवर्ती शिक्षा में दूरवर्ती शिक्षण (प्रक्रिया के अनुदेशक की भूमिका) तथा दूरवर्ती अधिगम (प्रक्रिया में विद्यार्थी की भूमिका) दोनों ही शामिल होते हैं।

("The term distance education refers to teaching and learning situations in which the instructor and the learners are geographically separated and therefore, rely on electronic devices and print materials for instructional delivery. Distance education includes distance teaching—the instructor's role in the process and distance learning—the student's role in the person."—Portway and Lane, 1994, p. 295.)

10. मूरे एवं कीअर्सले—दूरवर्ती शिक्षा एक नियोजित अधिगम है जिसे, प्रायः जहाँ शिक्षण होता है उस स्थान पर सम्पन्न नहीं किया जाता और परिणामस्वरूप इसके कोर्स संरचना हेतु विशेष तकनीकों, जैसे विशेष अनुदेशन तकनीकें, इलेक्ट्रॉनिक तथा अन्य टेक्नोलोजी आधारित विशेष संप्रेषण विधियों तथा विशेष प्रकार के प्रशासकीय तथा संगठन संबंधी प्रबंधों की आवश्यकता पड़ती है।

("Distance education is planned learning that normally occurs in a different place from teaching and as a result it requires special techniques of course design, special instructional techniques, special methods of communication by electronic and other technology, as well as special organizational and administrative arrangements."—Moore and Kearsley, 1996, p. 2.)

11. साबा—दूरवर्ती शिक्षा ने विगत दो शताब्दियों में पत्राचार पाठ्यक्रमों से शैक्षिक रेडियो, एक तथा दो पक्षीय टेलीकांफ्रेंसिंग, शैक्षिक, दूरदर्शन, वीडियो कांफ्रेंसिंग से चलकर कंप्यूटर सहाय या वेब आधारित अंतः क्रियात्मक अधिगम अवसरों को उपलब्ध कराने तक का सफर तय किया है।

("Distance learning has evolved over the past two centuries from correspondence courses to educational radio, one and two way tele-conferencing, educational television, video conferencing to computer assisted/Web-based interactive learning opportunities."—Saba, 1999.)

12. कोफमेन एवं वेटकिन्स—दूरवर्ती अधिगम का उद्देश्य व्यक्तियों को उनकी सुविधानुसार स्थान और समय पर उपयोगी अधिगम अवसर प्रदान करना है।

("Distance learning is intended to offer useful learning opportunities to people at a time and location that is convenient to them."—Kaufman & Watkins, 2000, p. 61.)

13. मेहरोत्रा, होलिस्टर एवं मक गेहे—दूरवर्ती शिक्षा से अभिप्राय "अनुदेशन हेतु प्रयोग में लाए जाने वाले एक औपचारिक उपागम से है जिसमें अधिकांश अनुदेशन क्रियाएं तब संपन्न होती हैं जब शिक्षा देने वाले और अधिगमकर्त्ता एक दूसरे के पास उपस्थित नहीं होते।"

("Any formal approach to instruction in which the majority of the instruction occurs while educators and learners are not in each other's physical presence."—Mehrotra, Hillister and McGahey, 2001, p. 1.)

14. पिक्कीयानो (2001)—दूरवर्ती शिक्षा अपने क्रियान्वयन हेतु जिन तीन प्रचलित एवं प्रसिद्ध माध्यमों का उपयोग करती है वे हैं (a) टेलीविजन प्रसारण (b) द्विपक्षीय वीडियो कांफ्रेंसिंग तथा (c) दूरगामी अधिगम नेट प्रणाली (बहु–उद्देश्यीय वेब आधारित अनुदेशन प्रणाली जिन्हें किसी भी समय विद्यार्थियों द्वारा काम में लाया जा सकता है।)

("Distance education uses three current and popular forms of media : (a) broad cast television (b) two-way video conferencing and (c) a synchronous learning networks (multi-modal, wave broad delivery of instruction that can be reviewed by the students at any time."— In Birbaum, 2001, p. 4.)

15. पीटर्स (2003)—दूरवर्ती शिक्षा को शिक्षण अधिगम की एक जटिल, हिआर्कीकल, अरेखिक, गत्यात्मक, स्व–संगठित तथा उद्देश्यपूर्ण तंत्र के रूप में परिभाषित किया जा सकता है।

("Distance education can be defined as a complex hierarchical, non-linear, dynamic, self-organised and purposeful system of learning and teaching."—In Saba, 2003, p. 12.)

16. साबा—प्रणाली उपागम के अनुसार दूरवर्ती शिक्षा के दूसरे अन्य प्रकार के शिक्षा प्रारूप उसकी उप–प्रणालियों के रूप में शामिल किए जा सकते हैं। इसमें आमने–सामने प्रत्यक्ष रूप से दी जाने वाली परंपरागत शिक्षा भी शामिल है। ...जबकि विद्यालयों ने अपनी परंपरा के अनुसार शिक्षा को एक ही ढर्रे पर चलाते हुए मनुष्यों को फैक्टरी जैसे कार्यों को आदतन करने के योग्य बनाने का कार्य किया है, दूरवर्ती शिक्षा इससे अलग व्यक्तिगत भेदों को ध्यान में रखते हुए अनुदेशन को यथासंभव सबके अनुकूल बनाने का कार्य करती है।

("The system approach allows distance education to subsume other form of education, including what is generally known as face-to-face or traditional educational... . While schools traditionally try to standardize education to make people of performing routine jobs, the challenge of distance education is to respond to individual differences and make instructions as diversified as possible."—Saba, 2003, p. 17.)

उपरोक्त परिभाषाओं का अगर ध्यानपूर्वक मनन और विश्लेषण किया जाए तो हमें दूरवर्ती शिक्षा की अवधारणा के क्रमिक विकास के साथ–साथ इसकी प्रकृति और विशेषताओं के बारे में निम्न प्रकार की जानकारी प्राप्त हो सकती है।

1. दूरवर्ती शिक्षा इच्छुक अधिगमकर्त्ताओं को समय, दूरी और स्थान संबंधी सभी अवरोधों से मुक्त स्व–अध्ययन अवसर और साधन प्रदान करने का कार्य करती है।
2. शिक्षण अधिगम का यह औद्योगिकीकृत प्रारूप है जिसमें औद्योगिक प्रबंधन की भाँति ही काम के बँटवारे तथा कम लागत पर अधिक फायदा उठाने की बात सोची जाती है।
3. इसके परंपरागत तथा आधुनिक दोनों ही तरह के माध्यम और टेक्नोलोजियों का उपयोग अध्यापक और विद्यार्थी के बीच पारस्परिक अंतःक्रिया तथा संप्रेषण हेतु किया जाता है।

4. दूरवर्ती शिक्षा में दूरवर्ती शिक्षण और दूरवर्ती अधिगम दोनों ही अच्छी तरह शामिल रहते हैं।
5. दूरवर्ती शिक्षा अधिगमकर्त्ताओं को विविध प्रकार की स्वतंत्रता तथा ढील देने का सामर्थ्य रखती है। वे किसी भी जगह, समय, अधिगम गति, अध्ययन सामग्री, अध्ययन माध्यम आदि का चुनाव अपनी सुविधानुसार कर सकते हैं।
6. दूरवर्ती शिक्षा अपने नियोजन तथा क्रियान्वयन हेतु प्रणाली उपागम का सही अर्थों में प्रयोग करती हुई नजर आती है। अदा और प्रक्रिया अवयवों पर उचित नियंत्रण स्थापित कर ये वांछित शिक्षण–अधिगम उद्देश्यों की प्रभावपूर्ण उपलब्धि पर तो जोर देती हैं साथ ही कम व्यय से अधिक अच्छे नतीजे हासिल करने में भी यह भलीभाँति कामयाब होती है।

अपनी इन उपरोक्त विशेषताओं के आधार पर दूरवर्ती शिक्षा को एक ऐसी शिक्षा प्रणाली का दर्जा दिया जा सकता है जिसमें अधिगमकर्त्ताओं को स्व–अध्ययन पर वांछित अनुदेशन करने के लिए अपनी सुविधानुसार स्थान, समय, अधिगम गति, माध्यम तथा पाठ्यक्रम आदि चुनने की पूरी स्वतंत्रता होती है तथा जिसमें शिक्षण स्रोत तथा अधिगमकर्त्ता के बीच वांछित संप्रेषण एवं अंतःक्रिया बनाए रखने के लिए परंपरागत तथा आधुनिक दोनों ही प्रकार की सूचना एवं संप्रेषण तकनीकियों का प्रयोग परिस्थिति अनुसार किया जाता है।

दूरवर्ती शिक्षा के उद्देश्य एवं कार्य (Purposes and Functions Served by Distance Education)

अपने में निहित विशिष्ट विशेषताओं के फलस्वरूप दूरवर्ती शिक्षा अपने अस्तित्व को भलीभाँति स्वीकार कराती हुई अधिगमकर्त्ताओं के लिए निम्न प्रकार से हितकर एवं उपयोगी सिद्ध हो सकती है।

1. दूरवर्ती शिक्षा उन सभी अधिगमकर्त्ताओं की शैक्षिक तथा व्यवहारात्मक आवश्यकताओं को पूरा करने में अच्छी तरह सहायक सिद्ध हो सकती है जिनके लिए इस प्रकार की शिक्षा से जुड़े रहने के अतिरिक्त और कोई चारा ही नहीं है। ऐसा उनके साथ निम्न परिस्थितियों वश हो सकता है।
   - उनके पास–पड़ोस या स्थान विशेष पर जहाँ वह रहते हैं, शिक्षा ग्रहण करने हेतु कोई विद्यालय न होना।
   - उच्च या उच्चतर शिक्षा ग्रहण करने हेतु उपलब्ध संस्थानों का पास में सुविधानुसार उपलब्ध न होना।
   - कोई व्यवसाय या नौकरी करने की वजह से मजबूरीवश नियमित कक्षा या संस्थाओं में शिक्षा न प्राप्त कर सकना।
   - अपने घरेलू कार्य तथा जिम्मेदारियाँ निभाने में फँसे रहने के कारण (जैसे गृहणियाँ, प्रौढ़ व्यक्ति, पुजारी, पादरी, सामाजिक कार्यकर्त्ता, किसान तथा चरवाहे आदि) नियमित कक्षाओं या विद्यालयों में शिक्षा ग्रहण नहीं कर सकना।
   - अपनी गरीबी और सामाजिक पिछड़ेपन की वजह से नियमित विद्यालयों तथा व्यावसायिक कोर्सों से संबंधित पाठ्यक्रमों का खर्च वहन करने में अक्षम होना।
   - अपनी शारीरिक, मानसिक, संवेगात्मक तथा सामाजिक पिछड़ेपन या अपंगता के कारण नियमित कक्षा शिक्षण व्यवस्था से लाभ उठाने में असमर्थता।
   - पिछली कक्षाओं में निराशाजनक परीक्षा परिणाम, प्रवेश परीक्षा में कम अंक आने तथा किसी विशेष अध्ययन कोर्स में कम सीटें होने के कारण प्रवेश न पाने की मजबूरी।

2. दूरवर्ती शिक्षा या मुक्त अधिगम प्रणाली हमारे जैसे विकासशील जनतंत्र के लिए एक अच्छी कल्याणकारी शिक्षा योजना सिद्ध हो सकती है। सभी के लिए शिक्षा तथा सभी को एक जैसी बेहतर शिक्षा प्रदान करने, स्वप्न को साकार करने में दूरवर्ती शिक्षा काफी प्रमुख भूमिका निभा सकती है।
3. दूरवर्ती शिक्षा तथा मुक्त अधिगम प्रणाली विद्यालयों, उच्च शिक्षा तथा व्यावसायिक संस्थानों में बदली हुई भीड़ की सामयिक समस्या का भी अच्छा हल ढूँढ़ने में सिद्ध हो सकती है।
4. नियमित विद्यालयी शिक्षा से कम खर्चीली होने के कारण यह अधिक विद्यार्थियों को अपनी ओर आकर्षित कर सकती है। विद्यार्थियों की संख्या में होने वाली यह वृद्धि इसकी गुणवत्ता को बढ़ाने तथा इस पर होने वाले खर्चे को घटाने में आगे और भी कारगर सिद्ध हो सकती है।
5. जनशिक्षा, प्रौढ़ शिक्षा, सतत शिक्षा, जनसंख्या शिक्षा, स्वास्थ्य एवं आरोग्य शिक्षा, यौन शिक्षा आदि सामाजिक तथा राष्ट्रीय कार्यक्रमों के संचालन में दूरवर्ती शिक्षा काफी महत्त्वपूर्ण भूमिका निभा सकती है।
6. दूरवर्ती शिक्षा तथा मुक्त अधिगम प्रणाली विद्यार्थियों में कई अच्छी आदतों तथा गुणों के विकास में काफी सहायता कर सकती है जैसे स्व–अध्ययन, स्वतंत्र रूप से समस्या समाधान करने की योग्यता, समय और संसाधनों का उचित प्रबंधन आदि।
7. यह विविध प्रकार के अधिगमकर्त्ताओं की रुचियों, आवश्यकताओं तथा स्वभाव के अनुकूल सिद्ध हो सकती है क्योंकि इस जैसा लचीलापन परंपरागत शिक्षण अधिगम व्यवस्था में कभी भी संभव नहीं हो सकता। इसके द्वारा जिस प्रकार की स्वतंत्रता तथा ढील विद्यार्थियों को दी जा सकती है वह समय, स्थान, दूरी, अध्ययन गति, माध्यम, उपलब्धता, पाठ्यक्रम आदि विविध बातों के सुविधानुसार चयन को लेकर हो सकता है।
8. आज की दूरवर्ती शिक्षा और मुक्त अधिगम प्रणाली, ई–लर्निंग तथा अवास्तविक कक्षा कक्ष व्यवस्था पर बहुत कुछ निर्भर रहने के कारण विद्यार्थियों को सभी ऐसे अवसर प्रदान करने में सहायक सिद्ध होती हैं जिनसे अतिविकसित कंप्यूटरजन्य सूचना एवं संप्रेषण तकनीकियों को अपने आप स्वतंत्र रूप से सूचना एवं ज्ञान ग्रहण करने में प्रयुक्त करने की उनकी योग्यता एवं क्षमता का उचित विकास संभव हो सके।
9. दूरवर्ती शिक्षा और मुक्त अधिगम प्रणाली न केवल आज की वैश्विक आवश्यकताओं जैसे शिक्षा का मानवीयकरण, सार्वभौमिकीकरण तथा वैश्वीकरण की पूर्ति में उचित सहायक सिद्ध हो सकती है बल्कि इससे वर्तमान में जो हो रहा है उससे भलीभाँति परिचित होने तथा उससे अपनी पटरी बिठाने में भी व्यक्ति विशेष को उपयुक्त सहायता मिल सकती है।

दूरवर्ती शिक्षा के सिद्धांत (Theories of Distance Education)

किसी भी प्रणाली से जुड़े हुए सिद्धांत उस प्रणाली को अच्छी तरह जानने समझने और व्यावहारिक रूप में प्रयोग में लाने हेतु उचित अंतःदृष्टि, आधार तथा पथप्रदर्शन प्रदान करने का कार्य करते हैं। यह बात दूरवर्ती शिक्षा पर भी भलीभाँति लागू होती है। इस क्षेत्र में भी समय–समय पर अनंसुधानकर्त्ताओं तथा मनीषियों द्वारा विभिन्न सिद्धांतों का प्रतिपादन कर उस समय विशेष के दूरवर्ती शिक्षा कार्यक्रमों के आयोजन को मार्गदर्शन प्रदान करने का प्रयत्न किया है। इस प्रकार से जितने सिद्धांतों का प्रतिपादन दूरवर्ती शिक्षा हेतु अभी तक किया गया है उन्हें अच्छी तरह जानने और प्रयोग में लाने की दृष्टि से जैसा कि केगन (1996) तथा सावा (2003) जैसे विद्वानों का विचार है, मुख्यतया जिन तीन वर्गों में रखा जा सकता है वे हैं (A) स्वायत्तता और स्वाधीनता प्रदान करने वाले

सिद्धांत (B) औद्योगिकीकरण संबंधी सिद्धांत तथा (C) अंतःक्रिया तथा संप्रेषण सिद्धांत। आइए अब इन उपरोक्त वर्गीय सिद्धांतों का कुछ आवश्यक परिचय प्राप्त करने का प्रयत्न किया जाए।

स्वायत्तता और स्वाधीनता प्रदान करने वाले सिद्धांत (Theories of Autonomy and Independence)

इस वर्ग के दूरवर्ती शिक्षा संबंधी सिद्धांतों द्वारा दूरवर्ती शिक्षा का कोई कार्यक्रम बनाने में अधिगमकर्त्ता को ही पूरी तरह शिक्षण अधिगम प्रक्रिया का केंद्रबिंदु बनाकर आगे बढ़ा जाता है। प्रसिद्ध विद्वानों बोर्जी होमबर्ग (Barje Holmberg), चार्ल्स वेंडीमेयर (Charles Wedemeyor), रुफ डेलिंग (Rudf Delling) तथा माइकल जी मूरे (Michael G. Moore) द्वारा प्रतिपादित सिद्धांत इसी वर्ग में आते हैं। इन सिद्धांतों की प्रकृति और प्रक्रिया पर टिप्पणी करते हुए साबा ने लिखा है– इन सिद्धांतों में "दूरवर्ती शिक्षा की एक सबसे प्रमुख विशेषता अधिगमकर्त्ता को केंद्रबिंदु मानना है। यह बात अच्छी तरह ध्यान में रखनी चाहिए कि इनकी यही बात ही इन्हें अन्य प्रकार के सिद्धांतों से एक अलग दर्जा प्रदान करती है। (Saba, 2003, p. 4)

इन सिद्धांतों की प्रकृति और प्रक्रिया के बारे में अच्छी तरह ज्ञान प्राप्त करने के लिए अब हम इस वर्ग में सम्मिलित कुछ महत्त्वपूर्ण सिद्धांतों का अवलोकन करना चाहेंगे।

चार्ल्स वेडीमेयर का स्वाधीन अध्ययन सिद्धांत (Charles Wedemeyor's Theory of Independent Study)

वेडीमेयर (1981) ने अपने इस सिद्धांत को प्रतिपादित करते हुए यह बात सामने रखी कि दूरवर्ती शिक्षा की मूल प्रकृति परंपरागत कक्षा शिक्षण से बिल्कुल मेल नहीं खाती। यह शिक्षा विद्यार्थियों को पूर्ण स्वतंत्रता तथा स्वायत्तता प्रदान करने के पक्ष में है। परिणामस्वरूप वेडीमेयर ने किसी भी दूरवर्ती शिक्षा कार्यक्रम में निम्न 4 बातों को आवश्यक रूप से शामिल रहने की बात कही–

- विद्यार्थी और अध्यापक दोनों अलग–अलग रहते हैं।
- शिक्षण और अधिगम की गतिविधियाँ प्रायः लिखित रूप में या अन्य माध्यम के द्वारा संपन्न की जाती हैं।
- शिक्षण का वैयक्तीकरण किया जाता है।
- अधिगम को अधिगमकर्त्ता की प्रगति के संदर्भ में सुविधाजनक बनाने हेतु उसे यह स्वतंत्रता प्रदान की जाती है कि वह कभी भी इसे शुरु करे और कभी भी खत्म।

माइकल जी मूरे का स्वायत्त तथा स्वतंत्र अध्ययन सिद्धांत (Michael G. Moore's Theory of Autonomy and Independent Study)

माइकल मूरे द्वारा प्रतिपादित इस सिद्धांत की चर्चा करते हुए हैन्सेन तथा उसके साथियों (1977) ने टिप्पणी करते हुए लिखा है कि मूरे ने अपने सिद्धांत के प्रतिपादन में दूरवर्ती शिक्षा के किसी भी कार्यक्रम में मुख्य रूप से जिन दो महत्त्वपूर्ण चरों की भूमिका पर जोर दिया है वे हैं – अधिगमकर्त्ता की स्वायत्तता तथा अध्यापक और अधिगमकर्त्ता की बीच की दूरी (जिसे मूरे ने विनिमयात्मक दूरी की संज्ञा दी है।)

इन दो केंद्रीय तत्त्वों को आधार बनाते हुए मूरे ने दूरवर्ती शिक्षा कार्यक्रम को जो एक विशेष रूप देने का प्रयत्न किया उसके मूल में मूरे के सिद्धांत द्वारा प्रतिपादित निम्न विचारों का काफी योगदान रहा है।

1. दूरवर्ती शिक्षा कार्यक्रमों को मुख्य रूप से दो प्रकारों में विभाजित किया जा सकता है (i) विद्यार्थी निर्धारित या स्वायत्तीय तथा (ii) शिक्षक निर्धारित या अस्वायत्तीय। एक अच्छे दूरवर्ती शिक्षा कार्यक्रम की

विशेषता उसके विद्यार्थी निर्धारित स्वायत्तीय बने रहने में ही निहित है। कोई दूरवर्ती शिक्षा कार्यक्रम किस सीमा तक स्वायत्तता प्रदान कर रहा है इसके लिए मूरे द्वारा प्रतिपादित सिद्धांत में निम्न तीन शर्तों की चर्चा की गई है।

– शिक्षक और विद्यार्थी किसके हाथ में उद्देश्यों के निर्धारण संबंधी बागडोर है ?

– शिक्षक और विद्यार्थी किसके द्वारा यह तय किया जाना है कि अध्ययन के लिए विधियाँ क्या होंगी ?

– शिक्षक और विद्यार्थी दोनों में से किसको मूल्यांकन के बारे में निर्णय लेने का अंतिम अधिकार है ?

2. विनिमयात्मक दूरी से तात्पर्य शिक्षक और शिक्षार्थी के बीच पाई जाने वाली शैक्षणिक दूरी से होता है। भौगोलिक दूरी से नहीं। क्योंकि अगर विद्यार्थी और शिक्षक एक ही कमरे में बैठे हों और विद्यार्थी न तो अधिगम में कोई रुचि ले रहे हों और न उनका शिक्षक के साथ कोई सार्थक संप्रेषण या अंतःक्रिया हो रही हो तो ऐसे में सामीप्य–दूरी से भी अधिक नकारात्मक प्रभाव वाला सिद्ध हो सकता है। जैसे–जैसे जिस मात्रा में किसी भी शिक्षण अधिगम कार्यक्रम में विद्यार्थियों के ऊपर यह जिम्मेदारी डाली जाती है कि वे शिक्षक के साथ सार्थक वार्तालाप तथा आवश्यक अंतःक्रियाओं में बने रहें वैसे–वैसे उनके बीच की दूरी कम होती जाती है फिर चाहे वे एक दूसरे से कितनी भी दूरी पर बैठे हों। अतः दूरवर्ती शिक्षा में ऐसी ही व्यवस्था और कार्यक्रम बनाने पर जोर दिया जाना चाहिए जिनसे विनिमयात्मक दूरी को यथासंभव कम किया जा सके।

3. इस तरह अध्यापकों द्वारा दूरवर्ती शिक्षा के कार्यक्रम के क्रियान्यवन हेतु जो आवश्यक ढाँचा तैयार किया जाता है और विद्यार्थियों से इस बारे में जिस प्रकार की अनुक्रियाओं की अपेक्षा की जाती है यही बात दोनों के बीच बनने वाली विनिमयात्मक दूरी की मात्रा को निर्धारित करती है। सामान्य रूप से शुरुआत में विद्यार्थियों को अधिक संरचित तथा संगठित अध्ययन सामग्री तथा अधिगम परिस्थितियों की आवश्यकता पड़ती है परंतु जैसे–जैसे उनके ज्ञान, कौशल तथा अनुभवों में वृद्धि होती है वे संप्रेषण चाहते हैं और परिणामस्वरूप उनके और अध्यापकों के बीच दूरी कम होती जाती है चाहे फिर वे भौगोलिक दृष्टि से कितने भी दूर क्यों न हों। अध्यापकों और विद्यार्थियों के बीच संप्रेषण विनिमय का स्तर जिन अन्य बातों पर भी निर्भर करता है वे हैं विद्यार्थियों की शैक्षिक पृष्ठभूमि, विषय संबंधी उनका पूर्व ज्ञान, अधिगम के प्रति उनका झुकाव तथा अभिप्रेरणा, विषय सामग्री की प्रकृति तथा पाठ्यक्रम संबंधी गहराई एवं विस्तृतता आदि। जैसे–जैसे विनिमयात्मक दूरी से संबंधित इन बातों में अंतर आता जाता है वैसे–वैसे विनिमयात्मक दूरी की प्रकृति और उससे पड़ने वाले प्रभावों में भी बदलाव आता रहता है। इस तरह किसी समय और परिस्थिति विशेष में विनिमयात्मक दूरी का क्या स्वरूप होगा यह बहुत हद तक इस बात पर निर्भर करता है कि उस समय और स्थिति विशेष में विद्यार्थी किस प्रकार के अधिगम अर्जन की आवश्यकता अनुभव करते हैं और अध्यापक अनुदेशन या शिक्षण हेतु क्या करना चाहते हैं।

4. जब विद्यार्थी और शिक्षक गण भौगोलिक दृष्टि से अलग–अलग बैठे हुए होते हैं तो उनके बीच संप्रेषण को सुलभ बनाने हेतु टेक्नोलोजी को आगे आना होता है। परंतु रेडियो, टेलीविजन, कंप्यूटर नेटवर्क, मुद्रित सामग्री इनमें से किसी का उपयोग विनिमयात्मक दूरी की गुणवत्ता को प्रभावित करने में उतनी महत्त्वपूर्ण भूमिका नहीं निभाता जितना कि अध्यापक और विद्यार्थियों दोनों का इस दिशा में योगदान। निश्चित रूप से वे दोनों ही उनके बीच की विनिमयात्मक दूरी के निर्णायक हैं चाहे वे ऐसा करते हुए हजारों मील दूर बैठे हों अथवा कक्षा कक्ष में एक दूसरे का सामना कर रहे हों।

इस प्रकार से जैसा कि हेन्सन एवं उसके सहयोगियों (Hanson et al., 1997) का मत है मूरे द्वारा प्रतिपादित दूरवर्ती शिक्षा सिद्धांत में मूरे ने अपने विशिष्ट कथनीय दो कारकों (अधिकमगर्त्ता की स्वायत्तता तथा विनिमयात्मक

दूरी) को दूरवर्ती शिक्षा कार्यक्रम का केंद्रबिंदु बनाकर यह स्पष्ट करने का प्रयत्न किया है कि इसके अंतर्गत द्विपक्षीय संप्रेषण तथा अधिगमकर्त्ता की आवश्यकतानुसार अनुक्रिया करने का स्तर किस प्रकार अच्छे से अच्छा बनाया जाए।

औद्योगिकीकरण सिद्धांत (Theories of Industrialization)

इस वर्ग में शामिल सिद्धांत दूरवर्ती शिक्षा के आयोजन हेतु औद्योगिकीकरण मॉडल अपनाने की सिफारिश करते हैं। प्रसिद्ध विद्वान ओटो पीटर्स (Otto Peters) डेसमॅन्ड कीगन (Desmond Kegan), रेन्डी गैरीसन (Randy Garrison) तथा जोहन एन्डरसन (John Anderson) द्वारा प्रतिपादित सिद्धांत इसी वर्ग में आते हैं।

जैसा कि केगन (1996) तथा साबा (2003) का मानना है कि औद्योगिकीकरण के ढाँचे और प्रतिमान के अनुरूप संरचना तथा प्रक्रिया संबंधी बातों का आयोजन तथा उनसे शिक्षण–अधिगम प्रक्रिया पर पड़ने वाले प्रभाव ही इस प्रकार के सिद्धांतों का मुख्य आकर्षण है। इस प्रकार के सिद्धांतों के स्पष्टीकरण हेतु हम अब यहाँ ओटो पीटर्स के सिद्धांत को उदाहरणार्थ प्रस्तुत करने जा रहे हैं।

ओटो पीटर्स का औद्योगिकीकरण सिद्धांत (Otto Peter's Theory of Industrialization)

इस सिद्धांत के अनुसार दूरवर्ती शिक्षा जनमानस के शिक्षण अधिगम हेतु बनी एक औद्योगिकीकृत विधि है। इस सिद्धांत के अनुसार ओटो पीटर्स ने दूरवर्ती शिक्षा के आयोजन और परिणामों की वस्तुओं के औद्योगिक उत्पादन के साथ तुलना करने की कोशिश की है। अपने विचारों के प्रस्तुतीकरण हेतु ओटो पीटर्स ने अपने सिद्धांत में एक विशेष शब्दावली का प्रयोग किया है जिससे परिचित होने का प्रयत्न हम यहाँ पहले करना चाहेंगे। (i) औचित्यीकरण (Rationalization) – औचित्यीकरण से तात्पर्य उन विधियों या उपायों से है जिसके द्वारा अदा संबंधी (Output) बातों जैसे शक्ति, धन और समय को अपेक्षित रूप में घटाने का प्रयत्न किया जाता है। (ii) परिश्रम का विभाजन (Division of labour) – इसमें उत्तरदायित्वों तथा किए जाने वाले कार्यों को उनके सरलीकृत उपकार्यों में विभाजित किया जाता है। (iii) यांत्रिकीकरण (Mechanization) – इस अवधारणा के अनुसार उपकरणों के अभाव में दूरवर्ती शिक्षा की कल्पना नहीं की जा सकती। (iv) एसेंबली लाइन (Assembly line) – इसका संदेश है कि कार्यकर्त्ता या मजदूर वर्ग प्रायः ज्यों का त्यों रहता है, वस्तुएं जिन पर वे कार्य करते हैं आती–जाती रहती हैं। (v) अधिक मात्रा में उत्पादन (Mass production) – इसका संदेश है कि बहुत से अधिगमकर्त्ताओं की आवश्यकताओं को पूरा करने हेतु बड़ी तादाद में अनुदेशनात्मक सामग्री का उत्पादन (vi) तैयारी संबंधी कार्य (Preparatory work) – इससे तात्पर्य कार्य को करने हेतु पहले से ही उसके संगठन एवं क्रियान्वयन पर उचित नियंत्रण करने संबंधी तैयारी से है। (vii) औपचारिकीकरण (Formalization) – इससे तात्पर्य उत्पादन प्रक्रिय संबंधी बातों के ऊपर औपचारिक रूप से ठोस निर्णय लेने से है। (viii) मानकीकरण (Standardization) – वस्तुओं के उत्पादन या निर्माण के लिए किसी एक ढंग को ही स्वीकृति देकर उन्हें अधिक उपयोगी और समर्थ बनाना ताकि वे उत्पादन में सस्ती और उपयोग में अधिक काम वाली साबित हों। (ix) उत्तरदायित्वों में परिवर्तन (Change of Function) – इससे तात्पर्य है कि उत्पादन प्रक्रिया से जुड़े कर्मचारियों के उत्तरदायित्वों या कार्यों में बदलाव लाते रहना चाहिये जैसे दूरवर्ती शिक्षा से जुड़े अनुभवी अध्यापकों को कंसल्टैंट बनाए जाना। (x) वस्तुगतीकरण (Objectification) – कर्मचारियों द्वारा किए गए कार्यों का मूल्यांकन करने में आत्मगतता (Subjectivity) को घटाते जाना यानी दूरवर्ती शिक्षा के संदर्भ में अधिकांश शिक्षण गतिविधियों को अधिक से अधिक वस्तुगत बनाना। (xi) एकाग्रता एवं केंद्रितता (Concentration and Centralization) – यह अवधारणा इस विश्वास पर बल देती है कि विद्यार्थियों की क्षेत्रीय जनसंख्या की आवश्यकता पूर्ति हेतु बहुत छोटे–छोटे दूरवर्ती संस्थानों की स्थापना

करने की बजाए पूरे देश की विद्यार्थी जनसंख्या के लिए कम परंतु बड़े संस्थानों की स्थापना और संचालन हेतु अधिक मितव्ययी सिद्ध होता है।

इस तरह ओटो पीटर्स द्वारा प्रतिपादित सिद्धांत ने औद्योगिक इकाई के संगठन और क्रियान्वयन की भाँति ही दूरवर्ती शिक्षा के कार्यक्रमों के गठन और संचालन की बात हमारे सामने रखी। अदा के रूप में काम में आने वाली कच्ची सामग्री, मानवीय संसाधन, भौतिक परिस्थितियाँ तथा कच्चे माल को तैयार माल में परिवर्तित करने वाली टेक्नोलोजी जितनी अच्छी होगी और अदा को प्रदा में बदलने के लिए प्रक्रिया को जितने सही ढंग से जिम्मेदारियों का बँटवारा करके चलाया जाएगा, प्रदा के रूप में परिणाम उतने ही अच्छे होंगे। एक बार बढ़िया माल का उत्पादन होने पर उसी की पुनरावृत्ति करते हुए बड़ी मात्रा में उत्पादन किया जाता रहेगा ताकि कम लागत में अच्छा माल तैयार होता रहे तथा ज्यादा से ज्यादा उपभोक्ताओं को आकर्षित कर संतुष्ट रखा जा सके। समय–समय पर माल की गुणवत्ता की जाँच होगी तथा उपभोक्ता की संतुष्टि के हिसाब से उसमें परिवर्तन लाया जाता रहेगा। यही सब कुछ औद्योगिक जगत में होता है और यही बातें अगर दूरवर्ती शिक्षा के गठन और संचालन में डाल दी जाए तो दूरवर्ती शिक्षा भी कम खर्चीली और अधिक गुणवत्ता वाली बन परंपरागत शिक्षा व्यवस्था से अपने उपयोग में काफी आगे निकल सकती है।

अपनी अनूठी विशेषताओं के कारण ओटो पीटर्स तथा अन्य विद्वानों द्वारा प्रतिपादित औद्योगिकीकरण संबंधी दूरवर्ती शिक्षा सिद्धांत काफी लंबे समय तक दूरवर्ती शिक्षा के संगठन और संचालन को प्रभावित करते रहे हैं। इस तथ्य पर अपनी टिप्पणी प्रस्तुत करते हुए साबा (2003) ने लिखा है कि "औद्योगिकीकरण काफी वर्षों तक दूरवर्ती शिक्षा का एक अभिन्न अंग रहा है, औद्योगिकीकरण संबंधी कुछ बातों के बिना दूरवर्ती शिक्षा की कल्पना कठिन ही है।"

अंतःक्रिया तथा संप्रेषण सिद्धांत (Theories of Interaction and Communication)

ये सिद्धांत दूरवर्ती कार्यक्रमों के संगठन एवं संचालन में अंतःक्रिया तथा संप्रेषण प्रक्रियाओं की भूमिकाओं और महत्त्व को प्रकाश में लाने का कार्य करते हैं। बोर्जे होमबर्ग (Borje Holmberg), जोहन ए॰ बाथ (John A. Baath), केल्विन सी॰ स्मिथ (Kelvin C. Smith), डेविड स्टीबार्ट (Devis Stewart) तथा जोहन एस॰ डेनियल (John S. Daniel) नामक विद्वानों द्वारा प्रतिपादित सिद्धांत इसी वर्ग में आते हैं। इन सिद्धांतों की मूलभूत प्रकृति पर टिप्पणी करते हुए केगन (1996) ने लिखा है कि इस वर्ग में शामिल सिद्धांत "दूरवर्ती शिक्षा के प्रमुख कारकों या तत्त्वों के रूप में अंतःक्रिया और संप्रेषण संबंधी सभी बातों पर प्रकाश डालते हैं।"

अंतःक्रिया तथा संप्रेषण संबंधी ये सिद्धांत क्या कुछ प्रतिपादित करते हैं इस बात के स्पष्टीकरण हेतु उदाहरणार्थ हम यहाँ अब बोर्जे होमबर्ग द्वारा प्रतिपादित सिद्धांत की चर्चा करना चाहेंगे।

होमबर्ग का अंतःक्रिया तथा संप्रेषण सिद्धांत (Holmberg's Theory of Interaction and Communication)

होमबर्ग ने अपने इस सिद्धांत के प्रतिपादन में जिन दो मूलभूत धारणाओं को आधार बनाया है वे हैं (i) शिक्षण और अधिगम में लगे व्यक्तियों के बीच प्रभावपूर्ण संप्रेषण और अंतःक्रिया ही शिक्षण का मुख्य आधार है तथा (ii) विषयवस्तु का प्रस्तुतीकरण अनुरूपित अंतःक्रिया तथा संप्रेषण हेतु ठोस आधार प्रदान करता है।

अपनी इन दो मूलभूत धारणाओं के बलबूते पर आगे बढ़ते हुए होमबर्ग ने इच्छुक अधिगमकर्त्ताओं के अनुदेशन हेतु दूरवर्ती शिक्षा की एक योजना को अंजाम दिया। अपनी इस संरचना में दूरवर्ती शिक्षा के स्वरूप पर प्रकाश डालते हुए हॉमबर्ग (1966, p. 123) ने लिखा है–

"दूरवर्ती शिक्षा विद्यार्थियों को अभिप्रेरित करने में सहायक होगी, उनके अधिगम को आनंदप्रद बनाएगी तथा अध्ययन को अधिगमकर्त्ताओं की आवश्यकताओं के अनुकूल बनाएगी। साथ ही इसके द्वारा अधिगमकर्त्ता और दूरवर्ती शिक्षा संस्थान के ट्यूटरों, परामर्शदाताओं आदि के बीच तालमेल रखने, अधिगमकर्त्ताओं की कोर्स सामग्री तक पहुँच बनाने, उन्हें आवश्यक अधिगम गतिविधियों, या चर्चाओं में संलग्न रखने और शिक्षण तथा अधिगम गतिविधियों के बीच वास्तविक तथा अनुरुपित संप्रेषण कायम करने के सभी प्रयत्न किए जाएंगे।"

इस मार्ग पर आगे बढ़ते हुए होमबर्ग ने इस संबंध में अपने और कुछ अतिरिक्त विचारों को सबके सामने लाने के लिए 1995 में एक नए दूरवर्ती शिक्षा सिद्धांत को प्रतिपादित किया। अपने इस सिद्धांत के जरिए उसने दूरवर्ती शिक्षा के संगठन और संचालन हेतु जिन मूलभूत धारणाओं और विचारों की अनुपालना पर जोर देने की वकालत की, उनका क्रमिक रूप से निम्न प्रकार उल्लेख किया जा सकता है।

– अधिगमकर्त्ता की शिक्षण–अधिगम प्रक्रिया में केंद्र बिंदु के रूप में प्रतिष्ठा।
– विद्यार्थियों को अधिगम हेतु पर्याप्त स्वतंत्रता तथा स्वाधीनता प्रदान करना।
– अधिगम अनुभवों को समान रूप से अपनी इच्छानुसार ग्रहण करने की आजादी।
– पारस्परिक संप्रेषण सुविधा तथा गहन अध्ययन हेतु अधिगमकर्त्ताओं को उचित सुविधाएं प्रदान करना।
– व्यक्तिगत संबंध बनाए रखने का प्रावधान।
– विद्यार्थियों और अनुदेशन के बीच पर्याप्त तालमेल तथा आपसी सौहार्द की उपस्थिति।
– अध्ययन और अध्यापन को रुचिकर तथा आनंदप्रद बनाए रखने का प्रावधान।
– अवधारणा युक्त अधिगम तथा समस्या समाधान जैसी उपयोगी अधिगम क्रियाओं को प्रोत्साहित करने का प्रावधान।

निष्कर्ष रूप से अगर दूरवर्ती शिक्षा से संबंधित तीनों वर्गों में सम्मिलित सभी सिद्धांतों की प्रकृति और उनकी दूरवर्ती शिक्षा के नियोजन संगठन तथा संचालन हेतु दिए जाने वाले मार्गदर्शन पर भलीभाँति विचार करने का प्रयत्न किया जाए तो हमें समझने में देर नहीं लगेगी कि इन सभी सिद्धांतों ने अपने–अपने समय में परिस्थिति अनुसार समकालीन दूरवर्ती शिक्षा के कार्यक्रमों को दिशा और दशा प्रदान करने में काफी उपयोगी भूमिकाएं निभाई हैं। परंतु आज की दूरवर्ती शिक्षा के संगठन तथा संचालन के संदर्भ में अगर उनकी उपादेयता की समीक्षा की जाए तो हम यह अच्छी तरह अनुमान लगा सकते हैं कि दूरवर्ती शिक्षा संबंधी किसी भी एक सिद्धांत की अनुपालना से आज की दूरवर्ती शिक्षा को सही दृष्टि तथा स्वरूप की प्राप्ति नहीं हो सकती। परिणामस्वरूप जो एक सर्वसम्मत धारणा इस विषय में उभर कर सामने आ रही है वह यह है कि किसी भी एक या कुछ विशेष सिद्धांतों पर ही निर्भर रहने की बजाय प्रयत्न यह होना चाहिए कि अब तक प्रतिपादित सभी दूरवर्ती शिक्षा सिद्धांतों की अच्छाइयों को ग्रहण करके एक ऐसा समय, साधन और परिस्थिति परिप्रेक्ष्य समन्वय मार्ग ढूँढ़ लिया जाये जिस पर चलकर हम अपनी आवश्यकतानुसार अपने दूरवर्ती शिक्षा कार्यक्रम को भलीभाँति नियोजित संगठित एवं संचालित करने का कार्य बेहतर ढंग से कर सकें। निःसंदेह हमें ऐसा मार्ग अपनाने में लचीलेपन की व्यवस्था रखनी होगी क्योंकि कोई भी मार्ग सभी तरह से सभी के लिए सभी परिस्थितियों में उपयुक्त नहीं हो सकता। अतः दूरवर्ती शिक्षा सिद्धांतों से सारयुक्त बातें ग्रहण करने में हमें इस बात का सदैव ध्यान रखना चाहिए कि इनकी अनुपालना से हमारे द्वारा ऐसा दूरवर्ती शिक्षा कार्यक्रम तय किया जाना चाहिए जिससे हमें हमारी आंचलिक, प्रादेशिक, राष्ट्रीय तथा वैश्विक आवश्यकताओं की पूर्ति में भरसक सहयोग मिले। इस संबंध में अपना मत प्रकट करते हुए प्रसिद्ध विद्वान साबा (2003, p. 17) ने लिखा है–

"दूरवर्ती शिक्षा को शिक्षा प्रदान करने का जरिया बनाने हेतु दूरवर्ती सिद्धांतों को शिक्षा के सभी स्वरूपों तथा सर्वांगीणता को ध्यान में रखकर ही उसके नियोजन तथा क्रियान्वयन के बारे में अपनी राय देने का प्रयत्न करना चाहिए ताकि अपने आपको इस संबंध में उसी परिस्थिति तक ही सीमित नहीं रखना चाहिए जिसमें शिक्षक और विद्यार्थी समय और स्थान की दृष्टि से अलग अलग रहते हैं। परंपरागत विद्यालय शिक्षण में सभी से एक ही तरह की शिक्षा प्रदान करके फैक्ट्रियों जैसा ज्यादा तादाद में एक जैसा माल तैयार करने की बात सामने रखी जाती थी परंतु आज के संदर्भ में दूरवर्ती शिक्षा के सामने यह चुनौती है कि वह व्यक्तिगत अंतरों को ध्यान में रखे तथा अनुदेशन में संभव हो सके जितनी विभिन्नताएं लाएं। इस दिशा में सफलता प्राप्त करने हेतु दूरवर्ती शिक्षा को प्रणाली उपागम का सहारा लेकर शिक्षा के अन्य उपलब्ध प्रारूपों (जिनमें परंपरागत कक्षा शिक्षण व्यवस्था भी शामिल हो सकती है) को अपनी उपप्रणालियों के रूप में मान्यता प्रदान करने की चेष्टा करनी चाहिए।"

इस तरह साबा ने जो अपने विचार व्यक्त किए हैं वे सभी तरह से दूरवर्ती शिक्षा और मुक्त अधिगम प्रणाली के उस बृहत रूप का हमें आभास कराते हैं जिनकी इस वैश्विक युग की चहुँमुखी प्रगति की माँगों के परिप्रेक्ष्य में हमें नितांत आवश्यकता है। निस्संदेह आगे आने वाला युग ई–लर्निंग, अवास्तविक कक्षा कक्ष और मुक्त अधिगम व्यवस्था का ऐसा युग होगा जिसमें दूरवर्ती शिक्षा कार्यक्रमों तथा व्यवस्था का सभी तरह बोलबाला रहेगा।

भारत में दूरवर्ती शिक्षा–ऐतिहासिक पृष्ठभूमि तथा वर्तमान स्थिति (Distance Education in India—Historical Perspectives and Present Scenario)

अपनी प्रारंभिक अवस्था में विश्व में सभी जगह दूरवर्ती शिक्षा पत्राचार पाठ्यक्रम, पोस्टल ट्यूशन या कोचिंग के रूप में ही विद्यमान थी। हमारे देश में भी दूरवर्ती शिक्षा की शुरुआत के बारे में यही बात सत्य है। स्वतंत्रता से पूर्व हमारे देश में दूरवर्ती शिक्षा जनसाधारण के लिए सुलभ नहीं थी। जैसा कि चिब (Chib, 1977) ने अपने अध्ययन के द्वारा दावा किया है दूरवर्ती शिक्षा केवल उच्च वर्ग तक ही छुटपुट शैक्षिक गतिविधियों के रूप में सीमित थी जिन्हें कुछ व्यावसायिक संस्थानों जैसे इंटरनेशनल कोरेसपोंडेस स्कूल (ICS) तथा ब्रिटिश इंस्टीट्यूट (BIET) द्वारा संचालित किया जाता था। स्वतंत्रता प्राप्ति के पश्चात् दूरवर्ती शिक्षा के क्षेत्र में जो पहल की गई, उसका उल्लेख संक्षेप में निम्न प्रकार किया जा सकता है।

1. 1947 में अपनी स्वतंत्रता पाने के पश्चात् भी हमारे देश में लगभग दो दशकों तक दूरवर्ती शिक्षा के प्रचार एवं प्रसार के संबंध में कोई भी पहल किसी भी ठोस कार्य तथा योजना के रूप में करने का प्रयत्न नहीं किया गया। 1960 के दशक के प्रारंभ में पहली बार देश के योजना आयोग ने इस संबंध में अपने सुझाव रखते हुए कहा कि उच्चतर शिक्षा की बढ़ती हुई माँग को देखते हुए अब समय आ गया है कि हम पत्राचार पाठ्यक्रम को उच्चतर शिक्षा के पूरक रूप में (Supplementary form) देखने का प्रयत्न करें। इसी संदर्भ में आगे चलकर केंद्रीय शिक्षा सलाहकार परिषद् (CABE) ने अपनी जनवरी 1961 की एक मीटिंग में एक प्रस्ताव पास करते हुए सिफारिश की कि इन पत्राचार पाठ्यक्रमों की देश में शुरुआत करने से पहले इन पाठ्यक्रमों की अच्छाई–बुराई को समझने हेतु एक विशिष्ट समिति का गठन किया जाये। इस सिफारिश पर अमल करते हुए शिक्षा मंत्रालय ने विश्वविद्यालय आयोग के तत्कालीन चेयरमैन डा॰ डी॰एस॰ कोठारी के नेतृत्व में एक समिति का गठन किया। इस समिति ने यह सिफारिश की कि प्रयोग के तौर पर दिल्ली विश्वविद्यालय में पत्राचार शैक्षिक पाठ्यक्रम शुरु किए जाएं। केंद्र सरकार ने समिति की यह सिफारिश स्वीकार कर ली और फिर आवश्यक आदेश तथा अनुदान के जरिए दिल्ली विश्वविद्यालय को देश में पहली बार विश्वविद्यालय स्तर पर पत्राचार शैक्षिक पाठ्यक्रमों की शुरुआत

करने का गौरव प्राप्त हुआ और इस कार्य हेतु विश्वविद्यालय के कैंपस में पत्राचार पाठ्यक्रम एवं सतत शिक्षा विभाग की स्थापना हुई।

2. उच्चतर शिक्षा और विश्वविद्यालय स्तर की शिक्षा में दूरवर्ती शिक्षा कार्यक्रमों की पत्राचार पाठ्यक्रम के रूप में शुरुआत जहाँ 1962 में दिल्ली विश्वविद्यालय के हाथों संपन्न हुई वहीं हमारे देश में विद्यालय स्तर पर इस प्रकार की शुरुआत करने का श्रेय बोर्ड आफ सेकंडरी एजूकेशन के 1964 में आयोजित सम्मेलन की उस सिफारिश को जाता है जिसके तहत राज्यों की माध्यमिक शिक्षा परिषदों को यह सुझाव दिया गया कि वे प्राइवेट विद्यार्थियों के शैक्षिक स्तर को सुधारने हेतु अपने राज्यों में पत्राचार पाठ्यक्रमों की शुरुआत करे। परिणामस्वरूप विद्यालय स्तर पर पहला पत्राचार पाठ्यक्रम मध्यप्रदेश की विद्यालय शिक्षा परिषद् द्वारा इंटरमीडियेट के विद्यार्थियों हेतु 1965 में चलाया गया। बाद में राजस्थान, उड़ीसा और उत्तरप्रदेश में भी इस प्रकार के विद्यालय स्तर के पत्राचार पाठ्यक्रमों (प्राइवेट विद्यार्थियों हेतु) की शुरुआत की गई। 1979 में केंद्रीय माध्यमिक शिक्षा परिषद् (CBSE) ने माध्यमिक स्तर पर एक मुक्त विद्यालय (Open School) की स्थापना की जिनसे उन विद्यार्थियों की शैक्षिक आवश्यकताओं को पूरा करने की बात ध्यान में रखी गई जो किसी कारणवश नियमित विद्यालयों में अध्ययन नहीं कर सकते।

3. मुक्त विद्यालयों की स्थापना से संबंधित योजना को प्राथमिक तौर पर पहले 1978 से लेकर 1989 तक केंद्रीय विद्यालय सलाहकार परिषद् (CABE) के तत्त्वावधान में चालू रखा गया था। बाद में नवम्बर 1989 में इसका उत्तरदायित्व मानव संसाधन विकास मंत्रालय, भारत सरकार द्वारा स्थापित एक स्वायत्तीय संगठन नेशनल ओपन स्कूल (NOS) को सौंप दिया गया। जुलाई 2002 में इस संगठन का नाम बदलकर राष्ट्रीय मुक्त विद्यालय संस्थान (National Institute of Open Schooling or NIOS) कर दिया गया। अपनी संस्थापना के बाद से ही यह संस्थान दूरवर्ती शिक्षा के रूप में विविध प्रकार के जीवनोपयोगी पाठ्यक्रम, परीक्षा लेने तथा सर्टिफिकेट प्रदान करने, प्रशिक्षण तथा सेवा विस्तार कार्यक्रमों के आयोजन आदि से संबंधित विविध प्रकार की गतिविधियों में संलग्न है। अपने इस विविध पाठ्यक्रमों तथा कार्यक्रमों के हेतु इसने राष्ट्रीय और विविध क्षेत्रीय भाषाओं में स्व–अनुदेशन सामग्री को विकसित करने का कार्य किया है। इसके अतिरिक्त इस संस्थान (NIOS) ने हमारे देश में मुक्त विद्यालयों की स्थापना को प्रोत्साहित (जिनकी संख्या आज विश्व में सबसे ज्यादा है) करने का प्रशंसनीय कार्य किया है। परिणामस्वरूप आज लगभग हमारे सभी राज्यों तथा केंद्र शासित प्रदेशों में बड़ी तादाद में ऐसे मुक्त विद्यालय चल रहे हैं जो या तो राष्ट्रीय मुक्त विद्यालय संस्थान (NIOS) के सहयोग तथा अनुदान से चलाए जा रहे हों अथवा उन्हें स्वतंत्र रूप से राज्य सरकारों की देखरेख में चलाया जा रहा है। राष्ट्रीय मुक्त विद्यालय संस्था (NIOS) इस समय अपने 20 लाख विद्यार्थियों के पंजीकरण को लेकर विश्व के सबसे बड़े मुक्त विद्यालय संगठन की भूमिका निभा रहा है। इस दिशा में एक और प्रशंसनीय प्रयास भारत सरकार द्वारा 1997 में नेशनल कंजोरटियम ऑफ ओपन स्कूलिंग (National Consortium of Open Schooling or NCOS) की स्थापना को लेकर किया गया है। यह संस्थान राष्ट्रीय मुक्त विद्यालय प्रणाली से संबंधित गतिविधियों में तालमेल बिठाने का कार्य करता है। एन०सी०ओ०एस० (NCOS) पूरे देश के मुक्त विद्यालय तंत्र (Open Schooling System) को उचित सहायता, परामर्श और नेतृत्व प्रदान करने का कार्य करता है। फिलहाल वह इस कार्य हेतु राष्ट्रीय मुक्त विद्यालय संस्थान (NIOS) को एक सचिवालय (Secretariate) की तरह भी उपयोग में ला रहा है।

4. विश्वविद्यालय स्तर के दूरवर्ती शिक्षा कार्यक्रमों की शुरुआत जैसा कि हम पहले कह चुके हैं, 1962 में दिल्ली विश्वविद्यालय द्वारा पत्राचार तथा सतत शिक्षा विभाग स्थापित करने से हुई थी। इस कड़ी में आगे की प्रगति का बिगुल शिक्षा अयोग 1964–66 तथा विश्वविद्यालय अनुदान आयोग द्वारा गठित विशेष

समिति की उस सिफारिश पर प्रारंभ हुआ जिसमें विश्वविद्यालयों को पत्राचार पाठ्यक्रमों तथा सतत शिक्षा से संबंधित विभागों की अधिक से अधिक संख्या में अपने अपने कैंपसों में स्थापित करने की बात पर जोर दिया गया था। विश्वविद्यालय आयोग ने इस कार्य हेतु विश्वविद्यालयों को उचित अनुदान देकर प्रोत्साहित करने का प्रयत्न किया और फलस्वरूप 1972 तक देश के विभिन्न विश्वविद्यालयों में पत्राचार तथा सतत शिक्षा विभागों में पहल करते हुए पंजाब विश्वविद्यालय तथा राजस्थान विश्वविद्यालय जयपुर ने 1968 में, मैसूर विश्वविद्यालय तथा मेरठ विश्वविद्यालयों ने 1969 में, मदुरई कामराज विश्वविद्यालय, हिमाचल प्रदेश विश्वविद्यालय, पंजाब विश्वविद्यालय पटियाला, बंबई विश्वविद्यालय तथा पंजाब कृषि विश्वविद्यालय ने 1971 में, श्री वेंकटेश्वर विश्वविद्यालय आंध्र प्रदेश विश्वविद्यालय तथा सेंट्रल इंस्टीट्यूट ऑफ इंगलिश एण्ड फोरन लैंगेबज ने 1972 में अपने–अपने कैंपसों में इस प्रकार के विभागों की स्थापना की।

5. अपने शुरुआती दौर में विश्वविद्यालय अनुदान आयोग ने पहले से ही स्थापित परंपरागत विश्वविद्यालयों को यह उत्तरदायित्व सौंपा था कि वे पत्राचार तथा सतत शिक्षा को बढ़ावा देने के लिए अपने यहाँ इससे संबंधित विभागों या निदेशालयों की स्थापना करें। परन्तु धीरे–धीरे यह बात सोची जाने लगी कि उच्चतर या विश्वविद्यालीय शिक्षा के क्षेत्र में भी विद्यालय स्तर की शिक्षा की तरह अधिगम हेतु एक मुक्त प्रणाली (Open System of Learning) होनी चाहिए। इस सोच के परिणामस्वरूप हमारे देश में मुक्त विश्वविद्यालयों की स्थापना का चलन जोर शोर से प्रारंभ हुआ और फलस्वरूप 2005 के अंत तक हमारे देश में तीन इस प्रकार के मुक्त विश्वविद्यालय प्रकाश में आ गए जिन्हें हम डा० अम्बेडकर मुक्त विश्वविद्यालय, आंध्रप्रदेश, यशवंत राव चव्हाण महाराष्ट्र मुक्त विश्वविद्यालय, महाराष्ट्र, कोटा विश्वविद्यालय कोटा, राजस्थान के नाम से जानते हैं। इन तीन मुक्त विश्वविद्यालयों के अतिरिक्त परंपरागत विश्वविद्यालयों में स्थापित 36 पत्राचार एवं सतत शिक्षा से संबंधित विभाग और निदेशालय भी साथ साथ कार्यरत रहे और उन्हें भी विश्वविद्यालय अनुदान आयोग से अनुदान के रूप में प्रोत्साहित किया जाता रहा।

6. अब आगे एक बात जो मुख्य रूप से उभर कर सामने आई वह यह थी कि उच्चतर तथा विश्वविद्यालयी शिक्षा के क्षेत्र में मुक्त विश्वविद्यालयों के प्रादुर्भाव के चलन ने पत्राचार शिक्षा पद को एक नया नाम दिया और अब उसे दूरवर्ती शिक्षा (Distance Education) कहा जाने लगा। इस नयी पदावली का प्रयोग करते हुये विश्वविद्यालय आयोग ने दूरवर्ती शिक्षा के प्रसार और उन्नयन हेतु आवश्यक दिशा निर्देश विश्वविद्यालयों को प्रेषित करते हुये लिखा–

   "दूरवर्ती शिक्षा यद्धपि अनुदेशनात्मक सामग्री को अधिगमकर्त्ताओं तक पहुँचाने पर ही विशेष रूप से केंद्रित रहती है परंतु इसे अन्य बातों के सहारे तथा समर्थन की भी नितांत आवश्यकता है जैसे व्यक्तिगत संपर्क कार्यक्रम, विद्यार्थी अनुक्रियाएं, पुस्तकालय सुविधाएं, अध्ययन केंद्र, आकाशवाणी कार्यक्रम तथा दृश्य–श्रव्य सहायक साधन आदि। एक अच्छी तरह से सुनियोजित दूरवर्ती शिक्षा कार्यक्रम उतना ही प्रभावपूर्ण तथा सार्थक हो सकता है जितना कि किसी महाविद्यालय या विश्वविद्यालय के विभाग में दैनिक रूप से संचालित नियमित कक्षा शिक्षण। अतः इस दिशा में ऐसा सब कुछ करने के सभी संभव प्रयत्न किए जाने चाहिएं।"

7. इस तरह 1980 के दशक की दूरवर्ती शिक्षा मुक्त विश्वविद्यालयों की स्थापना के चलन के साथ ही 1990 के दशक में मुक्त अधिगम प्रणाली (Open Learning System) में परिवर्तित हो गई। इन परिवर्तनों के दौरान विश्वविद्यालयी स्तर की पत्राचार शिक्षा को मुक्त शिक्षा का नया रूप देने में भारतीय सतत शिक्षा

परिषद् (Indian Association for Continuing Education) ने काफी महत्त्वपूर्ण भूमिका निभाई। परंतु फिर भी जिस बात का अभाव इस कार्य हेतु उस समय खटक रहा था वह यह था कि राष्ट्रीय स्तर पर विश्वविद्यालीय पत्राचार शिक्षा को संयोजित प्रोत्साहन तथा अवलंबन प्रदान करने वाली कोई ऐसी संस्था या संगठन नहीं था जैसा कि विद्यालय स्तर की शिक्षा के समन्वयन हेतु राष्ट्रीय मुक्त विद्यालय संस्थान (NIOS) के रूप में केंद्र में कार्यरत था। राष्ट्रीय स्तर पर ऐसी किसी संस्था या संगठन की स्थापना की जरूरत को सामने लाते हुए 1974 में पार्थसारथी समिति ने अपनी रिपोर्ट भारत सरकार के समक्ष रखते हुए अपने विचार निम्न प्रकार व्यक्त किए–

"इस प्रकार की परिस्थिति में जबकि एक ओर उच्चतर शिक्षा प्राप्त करने के इच्छुक विद्यार्थियों की संख्या आसमान छू रही है और दूसरी ओर हमारे पास उपलब्ध संसाधनों (मानवीय और आर्थिक) का अभाव है। उच्चतर शिक्षा की इस बदली हुई मांग की पूर्ति और साथ ही इसकी गुणवत्ता को कायम रखने की बात तभी बन सकती है जब हम मुक्त विश्वविद्यालय प्रणाली को अपना कर उच्चतर शिक्षा को विद्यार्थियों के लिये अंशकालीन या स्वेच्छापूर्वक किसी भी समय ग्रहण की जाने वाली शिक्षा के रूप में परिवर्तित कर दें। समिति इसलिए यह सिफारिश करती है कि भारत सरकार को जितनी जल्दी संभव हो संसद के एक एक्ट के तहत राष्ट्रीय मुक्त विश्वविद्यालय की स्थापना करनी चाहिए।"

परंतु इस रिपोर्ट पर कार्यवाही करने में भारत सरकार आवश्यक तत्परता नहीं दिखा सकी और फलस्वरूप 10 वर्ष के लंबे अंतराल के बाद ही 1985 में यह संभव हो सका कि संसद में पारित इग्नू एक्ट–1985 के तहत राष्ट्रीय मुक्त विश्वविद्यालय के रूप में इंदिरा गाँधी ओपन यूनिवर्सिटी की स्थापना को हरी झण्डी दिखाई गई।

8. इस तरह जैसा कि आज के दिनों में हमें भलीभाँति दिखाई दे सकता है हमारे देश में दूरवर्ती शिक्षण संस्थान (महाविद्यालयों तथा विश्वविद्यालयों में स्थापित) अपने निम्न तीन रूपों में कार्य कर रहे हैं।
   (i) परंपरागत विश्वविद्यालयों में स्थापित दूरवर्ती शिक्षा या पत्राचार निदेशालय/विभाग।
   (ii) स्थानीय आवश्यकताओं के अनुसार अपनी दूरवर्ती शिक्षा के कार्यक्रमों को तय करने के मामले में पर्याप्त स्वायत्तता का उपभोग करते हुए राज्य मुक्त विश्वविद्यालय (State Open Universities)। वर्तमान में इस प्रकार के 9 विश्वविद्यालय जिन राज्यों में चल रहे हैं वे हैं आंध्रप्रदेश, राजस्थान, महाराष्ट्र, बिहार, मध्यप्रदेश, गुजरात, पश्चिमी बंगाल, उत्तर प्रदेश एवं कर्नाटक।
   (iii) इंदिरा गाँधी राष्ट्रीय मुक्त विश्वविद्यालय (IGNOU) जिसके ऊपर दोहरा उत्तरदायित्व है एक तो यह स्वयं में शिक्षण विश्वविद्यालय है और दूसरे पूरे देश की उच्चतर तथा विश्वविद्यालयी दूरवर्ती शिक्षा के लिए अपेक्षित मानक तय करने और आवश्यक रूप से एक समन्वयकर्त्ता की भूमिका निभाने का उत्तरदायित्व भी इसी के कंधों पर है।
9. भारत सरकार ने भी अब दूरवर्ती शिक्षा और मुक्त अधिगम प्रणाली की आवश्यकता और महत्त्व को अच्छी तरह स्वीकार कर लिया है परिणामस्वरूप उसने दिशा निर्देश जारी कर राज्य सरकारों को यह आगाह किया है कि वे अपने–अपने राज्यों में विद्यार्थियों और आम नागरिकों की बढ़ती हुई शिक्षा और प्रशिक्षण संबंधी जरूरतों को पूरा करने हेतु अनिवार्य रूप से कम से कम एक मुक्त विश्वविद्यालय तथा मुक्त विद्यालय संस्थान की स्थापना अवश्य करें। इस तरह जैसा कि पान्डा (2000) ने भारत सरकार की नीतियों पर अपनी टिप्पणी करते हुए लिखा है कि "सबको शिक्षा के लाभ समान रूप से सब जगह उपलब्ध हों इस तरह की भावना और इसके लिए दूरवर्ती शिक्षा को प्रोत्साहित करना ही भारत सरकार ने अपना ध्येय बनाया है। इसका प्रमाण गत पंचवर्षीय योजना में निहित इस बात से निकलता है कि

इसमें यह लक्ष्य रखा गया था कि वर्ष 2007 तक उच्च शिक्षा प्राप्त करने वाले कुल विद्यार्थियों में से दूरवर्ती शिक्षा के विद्यार्थी 40% तक हो जाएंगे।"

इस संबंध में जहाँ तक आज तक की प्रगति का प्रश्न है आज हमारे देश में एक राष्ट्रीय मुक्त विश्वविद्यालय, 11 राज्य मुक्त विश्वविद्यालय तथा 106 नियमित एवं दूरदर्शन शिक्षा दोनों ही प्रकार की सुविधाएं देने वाले संस्थान कार्य कर रहे हैं।

इस प्रकार हम देखते हैं कि हमारे देश में दूरवर्ती शिक्षा और मुक्त अधिगम व्यवस्था ने प्रगति की काफी लंबी छलांग लगाई है। प्रारंभ डाक तथा पत्राचार शिक्षा पाठ्यक्रमों से हुआ था जो उन विद्यार्थियों को शिक्षा प्रदान करने का दूसरा बेहतर या बहुतों के लिए केवल मात्र एक ही सहारा था जो किसी कारणवश नियमित विद्यालयों या उच्च संस्थानों में शिक्षा ग्रहण नहीं कर सकते थे। परंतु आज का युग जैसा कि हम देखते हैं दूरवर्ती शिक्षा और मुक्त अधिगम का ही युग हो चला है। विश्व के प्रगतिशील देशों में तो इसने नियमित शिक्षा के कार्यक्रमों को काफी पीछे छोड़ दिया है। भारत में भी ऐसा ही हो रहा है। आज दूरवर्ती शिक्षा तथा मुक्त अधिगम प्रणाली से ग्रहण की गई शिक्षा का महत्त्व पूरी तरह से समझा जा रहा है और इसके द्वारा प्रदान की गई शिक्षा का कद भी ऊँचा होने लगा है। धीरे–धीरे इस प्रकार की व्यवस्था से लाभ उठाना हारे हुए जुआरियों के लिए आखिरी दाव लगाने की तरह नहीं समझा जाता परंतु एक ऐसी उत्तम, सुविधाजनक तथा वैयक्तिकताओं को ध्यान में रखने वाली बेहतर शिक्षण अधिगम व्यवस्था से समझा जाता है जो किसी भी दृष्टि से नियमित कक्षा शिक्षण की तुलना में दोयम दर्जे की नहीं है।

दूरवर्ती शिक्षा कार्यक्रम का आयोजन एवं प्रबंधन (Organisation and Management of Distance Education Program)

दूरवर्ती शिक्षा अपने संगठन एवं प्रबंधन को लेकर एक चुनौती के रूप में हमारे सामने आती है क्योंकि इसके क्रियान्वयन में उन सभी का भविष्य निर्भर करता है जो किसी न किसी कारण से या तो नियमित कक्षा/संस्थागत अनुदेशन से लाभ नहीं उठा सकते अथवा दूरवर्ती शिक्षा के द्वारा प्रदत्त कार्यक्रम या प्रदत्त सुविधाओं को वे बेहतर समझकर इस प्रकार की अनुदेशन प्रक्रिया से जुड़ना चाहते हैं। अतः अगर किसी संस्था विशेष को दूरवर्ती शिक्षा के किसी कोर्स/पाठ्यक्रम/कार्यक्रम का संचालन करना है तो उसके आयोजकों को दूरवर्ती शिक्षा कार्यक्रमों के संगठन और प्रबंधन से संबंधित आधारभूत बातों का ठीक तरह ज्ञान एवं अनुभव होना चाहिए। इस प्रकार की बुनियादी बातों का संक्षेप में निम्न प्रकार उल्लेख किया जा सकता है।

1. **अधिगमकर्त्ताओं के बारे में पूर्व धारणा एवं ज्ञान (Pre-assumptions and Knowledge About the Learners)**—दूरवर्ती शिक्षा कार्यक्रम के आयोजन एवं प्रबंधन के लिए उत्तरदायी व्यक्तियों से यह अपेक्षा की जाती है कि वे इस बारे में अपनी तरफ से पूर्ण निश्चित होंगे कि इस प्रकार के कार्यक्रम के संचालन द्वारा किस प्रकार के उद्देश्यों एवं प्रयोजनों की सिद्धि होगी ? वे कौन लोग हैं जो इस कार्यक्रम से लाभान्वित हो सकेंगे ? वे शैक्षिक, सामाजिक तथा सांस्कृतिक रूप से किस स्तर के हैं ? उनके पास इस कार्यक्रम द्वारा प्रदत्त अधिगम अनुभवों/संप्रेषण/अंतःक्रिया आदि को उपलब्ध/ग्रहण करने हेतु किस प्रकार के साधन, तरीके या माध्यम उपलब्ध हैं ? प्रस्तुत कार्यक्रम से जुड़ कर शिक्षा ग्रहण करने वालों की कितनी संख्या हो सकती है ? इस कार्यक्रम द्वारा किस प्रकार के अधिगमकर्त्ताओं (स्थानीय, जिले, प्रांत, राष्ट्र या विश्व में कहीं भी स्थित) की अधिगम अनुदेशन आवश्यकताओं को पूरा किया जा रहा है ? आदि।

2. **पाठ्य सामग्री तैयार करना (Development of the Course Material)**—किसी भी दूरवर्ती शिक्षा कार्यक्रम के संचालन में उसके द्वारा प्रदत्त पाठ्य या अनुदेशन सामग्री का बहुत बड़ा हाथ रहता है। इसलिये इसका उचित निर्माण अथवा विकास अपने आप में काफी महत्त्वपूर्ण बात मानी जाती है। अगर यह कार्यक्रम उन लोगों की आवश्यकताओं की पूर्ति हेतु बना है जो कंप्यूटर, इंटरनेट तथा वेब सुविधाओं का उपभोग करने में सक्षम तथा समर्थ हैं तो फिर दूरवर्ती शिक्षा कार्यक्रम से संबंधित पाठ्य या अनुदेशन सामग्री दूरवर्ती शिक्षा संस्थान की वेबसाइट पर डाली जा सकती है। परंतु यह बात उस स्थिति में ठीक नहीं बैठती जबकि कार्यक्रम से लाभ उठाने वाले इन सुविधाओं का उपभोग करने में या तो अज्ञानी होते हैं अथवा आर्थिक कारणों की वजह से इन तक उनकी पहुँच नहीं हो पाती। कई बार ऐसा संभव होने पर भी यह देखा जा सकता है कि अधिगमकर्त्ताओं को मुद्रित सामग्री के रूप में अच्छी तरह विकसित अनुदेशन सामग्री, वेब पेजों में उपलब्ध सामग्री से अधिक उपयोगी और उचित प्रतीत होती है। इस अवस्था में मुद्रित अधिगम/अनुदेशन सामग्री को तैयार करने पर ही उचित ध्यान देना आवश्यक सा ही हो जाता है। परंतु इस सामग्री को तैयार करना मामूली बात नहीं है। यह कक्षा में पढ़ाने हेतु लेक्चर नोट या पाठ योजना बनाने जैसी बात नहीं है। दूर बैठे हुए अधिगमकर्त्ताओं के साथ अंतःक्रिया तथा द्विपक्षीय संप्रेषण चालू रखकर स्व–अधिगम हेतु उचित पाठ्य या अनुदेशन सामग्री के निर्माण में निर्माणकर्त्ताओं को उचित रूप से दक्ष एवं अनुभवी होना अति आवश्यक है। योग्य एवं अनुभवी अध्यापकों एवं विशेषज्ञों के द्वारा उचित पाठ्य या अनुदेशन सामग्री का विकास एक दूरवर्ती शिक्षा कार्यक्रम की सफलता के लिए नितांत आवश्यक बात होती है। अतः ऐसा करने हेतु विशेष रूप से प्रयास किए जाने चाहिएं।

3. **अधिन्यास, मूल्यांकन तथा पृष्ठपोषण के रूप में अनुवर्ती कार्य (Follow up in the form of Assignments, Evaluation and Feedback)**—विद्यार्थियों को अनुदेशन पाठ्य सामग्री (मुद्रित सामग्री या वेब पेजों के रूप में) जो कुछ भी अध्ययन हेतु प्रदान किया जाता है, इसे देकर ही दूरवर्ती शिक्षा संस्थान का कार्य समाप्त नहीं हो जाता। इसके लिए उचित अनुवर्ती कार्य की भी आगे जरूरत होती है। अनुदेशन पाठ्य सामग्री या कोर्स मैटेरियल के साथ जो अधिन्यास कार्य (Assignment work) विद्यार्थियों को सौंपा जाता है उसे ठीक तरह से पूरा कर दूरवर्ती शिक्षा संस्थान को वापिस पहुँचाने के लिए भी उन्हें स्पष्ट निर्देश दिए जाने चाहिए। वे इसे डाक से भिजवा सकते हैं, स्वयं अध्ययन केंद्रों में जाकर इन्हें दे सकते हैं और अगर संभव हो तो इसे ऑन लाइन भी प्रेषित कर सकते हैं। इस तरह के विद्यार्थियों द्वारा पूरे किए जाने वाला अधिन्यासों का फिर अध्ययन केंद्रों या दूरवर्ती शिक्षा संस्थानों में उपलब्ध प्रशिक्षित एवं अनुभवी अध्यापकों द्वारा बड़ी ही सावधानी से जल्दी ही जाँच कर विद्यार्थियों को उचित मार्गदर्शन तथा पृष्ठपोषण प्रदान करने का कर्त्तव्य निभाया जाता है। ग्रेडिंग, सुझाव तथा उपचारात्मक कार्य कोई भी आवश्यक बात इस संदर्भ में उनके द्वारा की जा सकती है। अधिन्यासों की जाँच, उनकी ग्रेडिंग, संबंधित सुझाव और उपचारात्मक कार्य प्रदान करने का कार्य कंप्यूटरों की मदद से किया जा सकता है तथा इसे इंटरनेट सुविधाओं का प्रयोग करके आन लाइन ही विद्यार्थियों को प्रेषित किया जा सकता है, डाक से भेजा जा सकता है अथवा विद्यार्थी स्वयं ही अध्ययन केंद्रों से इसे उपलब्ध कर सकते हैं। तरीका कोई भी अपनाया जाए, ध्यान सदैव यही रखा जाना चाहिए कि अनुवर्ती कार्य के संपादन, उसका मूल्यांकन तथा उसके आधार पर विद्यार्थियों को पृष्ठपोषण/प्रतिपुष्टि प्रदान करने का कार्य सतत रूप से पूरे सत्र में भलीभाँति चलता रहे।

4. **व्यक्तिगत संपर्क कार्यक्रम का आयोजन (Organization of Personal Contact Program—PCP)**—अनुदेशन या अध्ययन सामग्री प्रदान करने तथा अधिन्यास, मूल्यांकन तथा पृष्ठपोषण के रूप में अनुवर्ती कार्य संपन्न कराने संबंधी स्व–अनुदेशन सुविधाएं सुलभ कराने के अतिरिक्त और एक बड़ा काम जो दूरवर्ती शिक्षा संस्थानों द्वारा अपने विद्यार्थियों के लिए किया जाता है वह यह है कि उन्हें अपने–अपने

अध्ययन केंद्रों (Study centres) में योग्य एवं अनुभवी अध्यापकों/अनुदेशकों की शिक्षण तथा प्रशिक्षण सेवाओं हेतु व्यक्तिगत संपर्क कार्यक्रमों के आयोजनों द्वारा उपलब्धि। इन व्यक्तिगत संपर्क कार्यक्रमों की कार्यप्रणाली और उपादेयता पर टिप्पणी करते हुए प्रसिद्ध दूरवर्ती शिक्षा विद्वान बख्शीश सिंह (1995, p. 15) ने लिखा है।

"विश्व के अधिकतर दूरवर्ती शिक्षा संस्थान तथा मुक्त विश्वविद्यालय अपने–अपने विद्यार्थियों के लिए व्यक्तिगत संपर्क कार्यक्रमों का आयोजन करते हैं ताकि उन्हें अपने अध्यापकों के साथ व्यक्तिगत संपर्क में आने के अवसर प्राप्त हो सकें। इसके द्वारा उन्हें आमने–सामने बैठकर (नियमित कक्षा शिक्षण की तरह) शिक्षण तथा परामर्श सुविधाएं प्राप्त करने तथा अध्ययन सामग्री से स्व–अनुदेशन या दिए गए अधिन्यास कार्य को पूरा करते समय उनका निराकरण करने के अमूल्य अवसर प्राप्त होते हैं। इन कार्यक्रमों के माध्यम से दूरवर्ती शिक्षा के विद्यार्थियों को अपने अध्यापकों तथा साथी विद्यार्थियों के साथ प्रत्यक्ष रूप से अंतःक्रिया करने तथा सौहार्द स्थापित करने का अवसर प्राप्त होता है और परिणामस्वरूप नियमित कक्षा या विद्यालय शिक्षण के अभाव से उपजी अलग–थलग पड़ जाने की भावना (Feeling of isolation) से मुक्ति मिलती है।"

5. **समुचित संप्रेषण मीडिया या टेक्नोलोजी का चयन एवं उपयोग (Selection and Use of Appropriate Communication Media or Technology)**—शिक्षण एक द्विमुखी प्रक्रिया होने के नाते यह अपेक्षा करता है कि उसमें शिक्षण स्रोत तथा विद्यार्थी के बीच आवश्यक संप्रेषण प्रवाह सुचारू रूप से बना रहे। दूरवर्ती शिक्षा में तो यह और भी जरूरी हो जाता है कि एक दूसरे से अलग स्थानों और समय पर शिक्षण और अध्ययन में रत शिक्षण स्रोत तथा विद्यार्थियों के बीच संपर्क सूत्र भलीभाँति कायम रहे। यह कार्य संप्रेषण माध्यमों तथा टेक्नोलोजी के उचित चयन और फिर उनके प्रभावपूर्ण उपयोग के द्वारा ही संभव हो सकता है। वर्तमान परिस्थितियों में इलेक्ट्रोनिक तथा संप्रेषण तकनीकियों में आश्चर्यजनक प्रगति के साथ ही हमारे पास आज संप्रेषण तकनीकियों के रूप में काफी कुछ विविधता उपलब्ध है। एक दूरवर्ती शिक्षा संस्थान तथा मुक्त विश्वविद्यालय द्वारा इस कार्य हेतु मुद्रित सामग्री, रेडियो, टेलीविजन, व्यक्तिगत संपर्क कार्यक्रमों द्वारा प्रत्यक्ष संप्रेषण, टेलीफोन, टेलेक्स, ई–मेल, फैक्स, इंटरनेट, आडियो एवं वीडियो कांफ्रेंसिंग, चैटिंग आदि विभिन्न संप्रेषण साधनों का परिस्थिति अनुसार उपयोग किया जा सकता है। कंप्यूटरों के उपयोग तथा संचार उपग्रहों द्वारा विकसित संप्रेषण प्रणाली ने आज देखा जाए तो सभी हदें पार करके दूरी और समय की सभी बाधाओं को लगभग समाप्त कर दिया है और फलस्वरूप अनगिनत विद्यार्थियों तथा दूरवर्ती शिक्षा संस्थान के बीच आज उचित संप्रेषण और अंतःक्रिया स्थापित करने की बात काफी सहज हो चली है। इस प्रकार की उपलब्धता पर अपनी टिप्पणी प्रस्तुत करते हुए दूरवर्ती शिक्षा के विद्वान रामानुजन (2007) ने लिखा है।

"कंप्यूटर टेक्नोलोजी तथा सैटीलाइट कम्यूनिकेशन ने अंतःक्रिया माध्यम के रूप में काफी संभावनाएं बढ़ा दी हैं। इनसे दूरवर्ती शिक्षा के संदर्भ में विद्यार्थियों तथा दूरवर्ती शिक्षा अध्यापक या संस्थान के बीच रहने वाली भौतिक दूरी के कारण पहले जो भी संप्रेषण संबंधी बाधाएं आती थी वे लगभग समाप्त सी हो गई हैं। परंतु इस विकसित टेक्नोलोजी और मल्टीमीडिया को अपने कार्यक्रम में शामिल करने के लिए एक दूरवर्ती शिक्षा संस्थान को इन सभी की अपने लिए उचित उपलब्धि तथा उपयोग, विद्यार्थियों द्वारा इनसे लाभ उठा सकने की संभावना तथा इनके उपयोग की अपने और अपने विद्यार्थियों के लिए सार्थकता आदि सभी पहलुओं पर अच्छी तरह विचार कर ही आगे कदम बढ़ाने चाहिएं। यह अवश्य ही ध्यान रखा जाना चाहिए कि चाहे संसाधनों की उपलब्धि के फलस्वरूप एक दूरवर्ती शिक्षा संस्थान विकसित टेक्नोलोजी का उपयोग कर सकने में पूरी तरह समर्थ हों परंतु उसके द्वारा यहाँ अब यह ध्यान रखना

जरूरी है कि क्या यह बात उससे लाभ उठाने वाले विद्यार्थियों के लिए भी सही है या नहीं। क्योंकि यह भी पूरी तरह सच है कि आज भी अधिकांश विद्यार्थी वर्ग इस विकसित संप्रेषण टेक्नोलोजी का लाभ उठाने में सक्षम नहीं हैं।"

6. **अध्ययन केंद्रों की व्यवस्था (Provision of Study Centres)**—दूरवर्ती संस्थानों के लिए अपने दूरवर्ती शिक्षा कार्यक्रमों को ठीक तरह अंजाम देना तभी भलीभाँति संभव हो सकता है जब वे इस कार्य हेतु उपयुक्त स्थलों तथा शिक्षा संस्थानों का चयन कर उनमें अपने अध्ययन केंद्रों के संचालन की ठीक व्यवस्था करें। ये अध्ययन केंद्र कहाँ–कहाँ स्थापित किए जाएं यह निर्णय काफी सोच समझकर लिया जाना चाहिए। एक दूरवर्ती शिक्षा संस्थान में दूरवर्ती शिक्षा हेतु कितने विद्यार्थियों ने प्रवेश लिया है, वे किस–किस प्रदेश तथा भू–भाग से संबंधित हैं, उनके क्षेत्रों में किस प्रकार के नियमित शिक्षा संस्थान किस रूप में कार्य कर रहे हैं, उनमें किस तरह का अध्ययन–अध्यापन चल रहा है, उन संस्थानों से भौतिक और मानवीय संसाधनों की अध्ययन केंद्र के रूप में, किस प्रकार की उपलब्धि संभव है, कितनी रुचि कोई एक शिक्षा संस्था अध्ययन केंद्र के रूप में दिखा रही है, आदि–आदि ऐसी बहुत सी बातें हैं, जिन पर अच्छी तरह विचार कर ही विभिन्न स्थानों पर उपयुक्त अध्ययन केंद्रों की स्थापना की जानी चाहिए। इन अध्ययन केंद्रों के द्वारा प्रदत्त सुविधाओं को भी अच्छी तरह नियोजित एवं संगठित करने के बारे में भी फिर अच्छी तरह से सोचा जाना चाहिए। जैसे व्यक्तिगत संपर्क कार्यक्रमों के रूप में अधिन्यास देने, मूल्यांकन करने तथा पृष्ठपोषण प्रदान करने संबंधी सभी गतिविधियाँ इनके द्वारा ठीक प्रकार संचालित की जाएं, विद्यार्थियों को पुस्तकालय, प्रयोगशाला तथा कार्यशालाओं का उपयोग करने से संबंधित आवश्यक सुविधाएं ठीक तरह सुलभ कराई जाएं, आवश्यकतानुसार ट्यूटोरियल, परामर्श तथा निर्देशन सेवाएं प्रदान करने का कार्य किया जाता रहे और साथ ही अध्यापन केंद्रों से जुड़े हुए विद्यार्थियों के हितार्थ समय–समय पर विस्तार तथा अतिथि व्याख्यानों, परिचर्चाओं, सेमीनार तथा गोष्ठियों के आयोजन का भी प्रबंध किया जाता रहे आदि–आदि।

7. **संसाधनों का मिलजुल कर उपयोग करना (Sharing of Resources)**—दूरवर्ती शिक्षा व्यवस्था का हित इसी में है कि उससे जुड़े हुए संस्थानों/विश्वविद्यालयों के बीच संसाधनों के उपयोग को लेकर पारस्परिक तालमेल बना रहे। एक संस्थान द्वारा तैयार अधिगम सामग्री तथा उसे प्रदान करने से संबंधित तरीकों, माध्यमों या टेक्नोलोजी का आपस में आदान–प्रदान किया जा सकता है। इस प्रकार के आदान–प्रदान को लेकर संस्थाएं आपस में अपनी शर्तें तय कर सकती हैं परंतु इसका सबसे बड़ा फायदा यह है कि सर्वोत्तम अधिगम सामग्री तथा इसे विद्यार्थियों तक पहुँचाने की विकसित टेक्नोलोजी विद्यार्थियों को भलीभाँति सुलभ कराई जा सकती है। आज के इस वैश्वीकरण तथा कंप्यूटरजन्य सूचना एवं संप्रेषण तकनीकी के दौर में इस प्रकार के आदान–प्रदान का बड़े ही व्यापक रूप में उपयोग दूरवर्ती शिक्षा के प्रसार तथा गुणात्मक प्रगति हेतु अच्छी तरह किया जा सकता है। इंटरनेट, दूरसंचार उपग्रह आधारित संप्रेषण और टेली एवं वीडियो कांफ्रेंसिंग द्वारा एक दूरदर्शन शिक्षा संस्थान द्वारा विकसित भौतिक तथा मानवीय संसाधनों का दूसरे संस्थानों द्वारा अच्छी तरह मिलजुलकर काम में लाने का कार्य अच्छी तरह से किया जा सकता है। इससे बढ़िया से बढ़िया संसाधनों की पहुँच अधिक से अधिक विद्यार्थियों को कम से कम खर्चे में उनकी अपनी आवश्यकता और सुविधानुसार हो सकती है। अतः आपस में इस प्रकार के तालमेल और समन्वयीकरण को सभी दूरवर्ती संस्थानों द्वारा उचित प्रकार से अपनाने के प्रयास किए जाते रहने चाहिएं।

इस प्रकार से अगर एक दूरवर्ती शिक्षा संस्थान द्वारा उपरोक्त वर्णित बातों पर ध्यान देकर अपने दूरवर्ती शिक्षा कार्यक्रम को ठीक तरह नियोजित, संगठित एवं संचालित करने का प्रयत्न किया जाए तो उसे दूरवर्ती शिक्षा के उद्देश्यों को प्राप्त कर न केवल अपने से जुड़े हुए विद्यार्थियों का हित भलीभाँति संपादित करने में सुविधा हो सकती है परंतु उसके द्वारा दूरवर्ती शिक्षा का एक ऐसा आदर्श प्रतिमान प्रस्तुत किया जा सकता है जिससे दूरवर्ती शिक्षा को उसकी गुणवत्ता और उपादेयता की दृष्टि से उचित स्थान और सम्मान की प्राप्ति संभव हो सके। दोयम दर्जे की शिक्षा न समझा जाकर इसे नियमित शिक्षा संस्थानों में प्राप्त और कई अर्थों में उससे भी ज्यादा मूल्यवान समझने की बात जनसाधारण में बिठाई जा सके, अपने इस ध्येय को प्राप्त करने की लगन ही दूरवर्ती शिक्षा संस्थान को शिक्षा क्षेत्र में वह स्थान प्राप्त कराने में सफल सिद्ध हो सकती है जिसके लिए प्रत्येक संस्थान हमेशा कार्यरत रहता है।

सार-संक्षेप
(Summary)

1. दूरवर्ती शिक्षा को एक ऐसी शिक्षा प्रणाली या शिक्षा प्रारूप समझा जा सकता है जिसमें शिक्षण स्रोतों तथा विद्यार्थियों के बीच आवश्यक संप्रेषण एवं अंतःक्रिया बनाए रखने के लिए परंपरागत तथा आधुनिक दोनों ही प्रकार की सूचना एवं संप्रेषण तकनीकी का प्रयोग परिस्थिति अनुसार इस प्रकार किया जाता है कि इच्छुक विद्यार्थियों को स्व–अध्ययन के द्वारा वांछित अनुदेशन प्राप्त करने के लिए अपनी सुविधानुसार स्थान, समय, अधिगम गति, माध्यम तथा पाठ्यक्रम आदि चुनने की पर्याप्त स्वतंत्रता प्राप्त हो सके।
2. दूरवर्ती शिक्षा के प्रयोजन एवं कार्यों में जिनका प्रमुख रूप से उल्लेख किया जा सकता है वे हैं (i) उन सभी अधिगमकर्त्ताओं की अधिगम आवश्यकताओं को पूरा करना जिनके लिए दूरवर्ती शिक्षा एकमात्र या सबसे अच्छे विकल्प के रूप में उनके सामने होती है। (ii) सबके लिए शिक्षा तथा उत्तमकोटि की समान शिक्षा और जनसामान्य शिक्षा जिससे राष्ट्रीय हितों को पूरा करने में सहायता मिले (iii) सस्ते और आसानी से सुलभ होने की दृष्टि से परंपरागत शिक्षा प्रणाली की तुलना में इसकी अधिक उपयुक्तता (iv) स्व–अध्ययन, अपने प्रयत्नों से समस्या समाधान करने की योग्यता, समय और संसाधनों का उचित प्रबंधन आदि अच्छी आदतों के विकास में सहायक (v) समय, स्थान, दूरी, अध्ययन गति, माध्यम, उपलब्धता तथा पाठ्यक्रम आदि में पर्याप्त लचीलापन होने के कारण विवि ध प्रकार के विद्यार्थियों की अधिगम आवश्यकताओं की पूर्ति में सहायक तथा (vi) शिक्षा का मानवीकरण, सार्वभौमिकीकरण तथा वैश्वीकरण करने में सहायक।
3. दूरवर्ती शिक्षा के सिद्धांत दूरवर्ती शिक्षा को कुछ आधारभूत मान्यताओं तथा प्रनियमों के रूप में इसके सफल आयोजन हेतु आवश्यक अंतःदृष्टि तथा पथप्रदर्शन प्रदान करने का कार्य करते हैं। अभी तक विकसित इस प्रकार के सभी दूरवर्ती शिक्षा सिद्धांतों को मुख्य रूप से जिन तीन प्रमुख वर्गों में विभाजित किया जा सकता है वे हैं स्वायत्तता और स्वाधीनता प्रदान करने वाले सिद्धांत, औद्योगिकीकरण संबंधी सिद्धांत तथा अंतःक्रिया एवं संप्रेषण सिद्धांत।
4. स्वायत्तता और स्वाधीनता प्रदान करने वाले सिद्धांत दूरवर्ती शिक्षा के किसी कार्यक्रम के संचालन में अधिगमकर्त्ता को पूरी तरह शिक्षण–अधिगम प्रक्रिया का केंद्र बिंदु बनाकर आगे बढ़ने की बात करते हैं। इस वर्ग में शामिल सिद्धांतों के रूप में हम जिनका प्रमुख रूप से उल्लेख कर सकते हैं वे हैं 'बोजी होमवर्ग, चार्ल्स वेडीमेयर, रूफ डेलिस तथा माइकल मूरे द्वारा प्रतिपादित सिद्धांत। औद्योगिकीकरण सिद्धांत दूरवर्ती शिक्षा के आयोजन हेतु औद्योगिकीकरण मॉडल अपनाने की सिफारिश कर संसाधनों को

इस तरह उपयोग में लाने की सिफारिश करते हैं कि कम खर्चे पर अधिक और अच्छे उत्पादन का लाभ उपभोगकर्त्ताओं यानी विद्यार्थियों को सुलभ कराया जा सके। आटोपीटर्स, डेसमन्ड केगन, रेन्डी गैरीसन तथा जोहन एन्डरसन द्वारा प्रतिपादित सिद्धांत इस वर्ग में शामिल किए जा सकते हैं। अंतःक्रिया तथा संप्रेषण सिद्धांत दूरवर्ती शिक्षा के संगठन एवं संचालन में अंतःक्रिया तथा संप्रेषण प्रक्रियाओं की भूमिकाओं और महत्त्व को अधिक प्राथमिकता देने की सिफारिश करते हैं। इस वर्ग में शामिल सिद्धांतों के उल्लेखनीय सिद्धांत है बोजे हॉमबर्ग, जोहन ए बाथ, कोल्बर्न सी॰ स्मिथ, डेविड स्टीवार्ट तथा जोहन एस॰ डेनियल द्वारा प्रतिपादित सिद्धांत।

5. स्वतंत्रता से पूर्व दूरवर्ती शिक्षा हमारे देश में जनसाधारण के लिए उपलब्ध नहीं थी। यह केवल मात्र उस संपन्न वर्ग के लिए विद्यमान थी जो इसे कोचिंग या पोस्टल ट्यूशन के रूप में किन्हीं विशेष कोर्मसीयल संस्थानों से ग्रहण कर सकते थे। यह कुछ काफी लंबे समय तक चला और 1960 में पहली बार योजना आयोग द्वारा दूरवर्ती शिक्षा को उच्च शिक्षा की बढ़ती हुई माँग की पूर्ति का एक साधन मानकर अपनाने की बात सामने रखी गई। फलस्वरूप 1962 में दिल्ली विश्वविद्यालय द्वारा उच्चतर शिक्षा प्रदान करने हेतु अपने कैंपस में एक पत्राचार तथा सतत शिक्षा विभाग की स्थापना का श्रीगणेश किया गया। विद्यालय स्तर पर (इंटरमीडिएट कक्षा के विद्यार्थियों के लिए) देश का सबसे पहला पत्राचार पाठ्यक्रम 1965 में मध्यप्रदेश राज्य की विद्यालय शिक्षा परिषद् द्वारा शुरु किया गया। 1979 में सी॰बी॰एस॰ई॰ द्वारा माध्यमिक स्तर पर मुक्त विद्यालय की स्थापना की गई जिनमें 14 वर्ष के ऊपर के उन विद्यार्थियों की शिक्षा आवश्यकताओं को पूरा किया जा सकता था जो किसी कारणवश विद्यालयों में नियमित शिक्षा ग्रहण नहीं कर सकते थे। इसकी व्यवस्था की जिम्मेदारी बाद में नेशनल ओपन स्कूल (NOS), जिसे अब नेशनल इंस्टीट्यूट ऑफ ओपन स्कूलिंग (NIOS) कहा जाता है, को सौंप दी गई। यही संस्था अब देश में विद्यालय स्तर की मुक्त अधिगम व्यवस्था के लिए प्रमुख भूमिका निभा रहीं है। उच्चतर शिक्षा के क्षेत्र में इसी प्रकार का राष्ट्रीय उत्तरदायित्व 1985 में स्थापित इंदिरा गाँधी राष्ट्रीय मुक्त विश्वविद्यालय (IGNOU) द्वारा निभाया जा रहा है। इगनू की स्थापना और उसके द्वारा संपादित शिक्षा गतिविधियों ने ही आज पूर्व की पत्राचार तथा दूरवर्ती शिक्षा व्यवस्था को मुक्त अधिगम व्यवस्था (Open Learning System) में परिवर्तित कर दिया है।

6. दूरवर्ती शिक्षा कार्यक्रमों के नियोजन तथा आयोजन हेतु जिन गतिविधियों को अंजाम देने की प्रमुख रूप से आवश्यकता पड़ती है वे हैं (i) अधिगमकर्त्ताओं के बारे में पूर्व धारणा एवं ज्ञान (ii) पाठ्य सामग्री तैयार करना (iii) अधिन्यास, मूल्यांकन तथा पृष्ठपोषण के रूप में अनुवर्ती कार्य कराना, (iv) व्यक्तिगत संपर्क कार्यक्रमों का आयोजन (v) समुचित संप्रेषण मीडिया या टेक्नोलोजी का चयन एवं उपयोग (vi) अध्ययन केंद्रों की व्यवस्था तथा (viii) संसाधनों का मिल जुलकर उपयोग करना आदि।

संदर्भित एवं विशेष अध्ययन ग्रंथ
(References and Suggested Readings)

Anand, S., *University without Walls: Correspondence Education in India*, New Delhi: Vikas Pulications, 1979.

Barker, Bruce O., Anthony G. Fishbie and Kenneth R. Patrick, Broadening the definition of distance education in the light of the new telecommunication technologies, the *American Journal of Distance Education*, **3**(1), 20–29, 1989.

Birbaum, B.W., Foundations and practices in the use of distance education, *Mellen Studies in Education*, Lewiston: The Edwin Mellen Press, Vol. 60, pp. 1–174, 2001.

Chib, S.S., *Teaching by Correpondence in India*, New Delhi: Light and Life Publishers, 1977.

Dohmen Gunther, Das, Fernstudium, Ein news padagogisches for Schungsnand Arbeitsfeld Tubingen, DIFF, 1967. In Beth H. Chaney, History, Theory and Quality Indicators of Distance Education: A Leterature Review (retrieved from http://ohi.tamu.edu/distanced.pdf on May 15, 2008).

Garrison, D. and D. Shale, "Mapping the boundaries of distance education: Problems in Defining the Field", *The American Journal of Distance Education*, 1987, vol. 1, No. 1, pp. 4–13.

Govt. of India, *Report of the Education Commission* (1964–66), Education and National Development, Ministry of Education, New Delhi, 1966.

Govt. of India, Working Group Report on National Open University (unpublished), New Delhi (popularly known as the Partasararthy Committee Report), 1974.

Hanson, D., N.J. Maushak, C.A. Schlosser, M.L. Anderson, C. Sorenson, and M Simonson, *Distance Education: Review of the Literature* (2nd ed.) Washington, D.C.: Association for Educational Communications and Technology, Ames, IOWA: Research Institute for Studies in Education, 1997.

Holmberg, Borje, *Distance Education: A Survey and Bibliography*, London: Kogan Page, 1977.

__________, *Growth and Structure of Distance Education*, London: Croom Helm, 1986.

__________, *The Sphere of Distance Education—Theory Revisited* (ERIC Document Reproduction Service No. Ed 386578), 1995.

__________, *Theory and Practice of Distance Education*. London Routledge, 1989.

Kegan, D., *The Foundation of Distance Education*, London: Croom Helm, 1986.

__________, Open learning: Concepts and Costs, Successes and Failures, in R. Atkinson and C. McBeath (Eds.), *Open Learning and New Technology*. Perth: ASET/Murdoch University, 1990, pp. 230–243.

__________, (Ed.), The Foundation of Distance Education (3rd ed.), London: Routledge, 1996.

Kirshner, D. and J.A Whitson, (Eds.), Situated Cognition: Social, Semiotic, and Psychological Perspectives, Mahwah, NJ: Lawrence Erlbaum Associates, 1997.

Kaufman, R. and R. Watkins, "Assuring the future of distance learning", *Quarterly Review of the Distance Education*, vol. 1(1), 2000, pp. 59–67.

Maddux, C.D., Jacque Ewing-Taylor and D. LaMont Johnson (Eds.), *Distance Education: Issues and Concerns*, New York: Haworth Press, 2002.

Mehrotra, C.M., C.D. Hollister, and L. McGahey, *Distance Learning: Principles for Effective Design, Delivery and Evaluation*, Thousand Oaks, CA: Sage, 2001.

Moore, M., "Toward a theory of independent learning and teaching", *Journal of Higher Education*, vol. 44, 1973, pp. 661–679.

__________, *On a Theory of Independent Study,* Hagen: Fernuniversitat (ZIFF), 1977.

Moore, M., Background and Overview of Contemporary American Distance Education, In M. Moore (Ed.) *Contemporary Issues in American Distance Education* (pp. xii–xxvi), New York: Pergamon, 1990.

Moore, M. and W.G. Anderson, (Eds.), *Handbook of Distance Education*, Mahwal, New Jersey: Lawrence Erlbaum Associates, 2003.

Moore, M.G. and G. Kearsley, *Distance Education: A Systems View*. Belmont, CA: Wadsworth, 1996.

Panda, S., *Higher Education at a Distance and National Development: Reflections on the Indian experiences, Distance Education*, vol. 26(2), 2005, 205–220.

Perraton, H., "A theory for Distance Education in D. Stewart, D. Kegan and B. Holmberg (Eds.), *Distance Education: International Perspectives*, New York; Routledge, 1988, pp. 34–45.

Peters, O., "Distance teaching and Industrial production: A comparative interpretation in online, in D. Stewart, D. Kegan and B. Holmberg (Eds.) *Distance Education: International Perspectives*, New York; Routledge, 1988, pp. 95–113.

__________, *Learning and Teaching in Distance Education: Analysis and Interpretations from an International Perspective*. London, UK: Kogan Page, 1998.

__________, Distance education and industrial productions: a comparative interpretation in online, in D. Kegan (Ed.), *The Industrialization of Teaching and Learning,* London: Routledge, 1944, pp.107–127.

Picciano, A., *Distance Learning: Making Connections Across Virtual Space and Time*, Upper Saddle River, NJ: Merril/Prentice Hall, 2001.

Portway, P., and Lane, C. (Eds.), *Guide to Teleconferencing and Distance Learning*, SanRamon, Cali.: Applied Buisness Communications, 1994, p. 295.

Ramanujam, P. Renga, *Distance Open Learning Challenges to Developing Countries*, New Delhi: Shipra Publications, 2007.

Saba, F., *Learning Instruction for the Distance Learner*, Distance Education Report, 1999, http/www.educator./inserver.net/der/designing.html.

Saba, F., Distance education theory, methodology and epistemology: A pragmatic paradigm, in M.G. Moore and W.G. Anderson (Eds.) *Handbook of Distance Education*, Mahwah, NJ: Lawrence Erlbalom Associates, 2003.

Salomon, G. (Ed.), *Distributed Cognition: Psychological and Educational Consideration*, Cambridge, UK: Cambridge University Press, 1993.

Singh, Bakhshish (Ed.), *New Horizons in Distance Education*, New Delhi: Uppal Publishing House, 1995.

Stewart, I., E. Hong and N. Strudler, "Development of validation of an instrument for student evaluation in the quality of web based instruction", *American Journal of Distance Education*, 2004, vol. 18(3), 131–150.

Wedemeyer, C.A., *Learning at the Backdoor: Reflections on the Non-Traditional Learning in the Life Span,* Madison, WI: University of Wisconsin Press, 1981.

अध्ययन के लिए प्रश्न
(Study Questions)

1. दूरवर्ती शिक्षा क्या है ? इसके प्रयोजन तथा कार्यों का वर्णन कीजिए।
2. दूरवर्ती शिक्षा से आप क्या समझते हैं ? दूरवर्ती शिक्षा व्यवस्था के नियोजन तथा संगठन संबंधी विभिन्न सिद्धांतों का वर्णन कीजिए।
3. देश में दूरवर्ती शिक्षा की व्यवस्था और संगठन की उसके ऐतिहासिक परिप्रेक्ष्य तथा वर्तमान स्थिति के संदर्भ में व्याख्या कीजिए।
4. दूरवर्ती शिक्षा के किसी कार्यक्रम का विधिवत् कैसे अच्छी तरह संगठन और प्रबंधन किया जा सकता है ? विस्तार से चर्चा कीजिए।

लेखक अनुक्रमणिका
(Author Index)

विषय अनुक्रमणिका
(Subject Index)